PRAKTISCHES BIBELLEXIKON

PRAKTISCHES BIBELLEXIKON

UNTER MITARBEIT
KATHOLISCHER UND EVANGELISCHER THEOLOGEN

HERAUSGEGEBEN VON
ANTON GRABNER-HAIDER

HERDER
FREIBURG · BASEL · WIEN

ZWEITE AUFLAGE

Alle Rechte vorbehalten – Printed in Germany
© Verlag Herder KG Freiburg im Breisgau 1969
Herstellung: Freiburger Graphische Betriebe 1977
ISBN 3-451-14819-6

INHALT

VORWORT

Der christliche Glaube ist daran, von seinem Ursprung her neu zu werden. Immer mehr Christen fragen nach der ursprünglichen Botschaft Jesu oder nach dem Glauben des Alten Testamentes. Was wollte Jesus? Wer ist Christus für uns heute? Was heißt christlich glauben, christlich hoffen? Oder, wohin ist Gott? Schweigt Gott heute? Was bedeutet sein „Wort" in der Bibel? Die B i b e l ist sprachlicher Niederschlag von menschlicher Gotteserfahrung und Gottbegegnung. Gott begegnet dem Volk Israel in dessen Geschichte (AT), er begegnet allen Menschen in Jesus Christus. So ist das Neue Testament, das Jesus Christus bezeugt, die sprachliche Fixierung einer neuen Weise der Gottbegegnung. Christus wird als der verkündet, der eine neue Weise des Menschseins und Geschöpfseins ermöglicht hat, der Menschwerdung des Menschen begann, der neues Leben eröffnet hat und der nun in der menschlichen Geschichte dazu einlädt.

Die S p r a c h e d e r B i b e l ist uns heute fremd. Sie entstammt dem Selbstverständnis von Menschen, die vor 1900 und weit mehr Jahren gelebt haben. Ihre Denk- und Vorstellungswelt ist Heutigen weithin unnachvollziehbar. Nun sollen aber vermittels des biblischen Zeugnisses Gott und Christus in jeder geschichtlichen Situation von neuem zur Sprache kommen. Also muß die biblische in heutige Sprache übersetzt werden. Die Frage des Bibellesers lautet: wer ist der „Gott der Väter" für mich heute? Wo begegne ich ihm? Oder was fordert Jesu Botschaft von mir? Was muß ich tun und was darf ich als Christ hoffen? In der Weise fragt die christliche Verkündigung von neuem nach den biblischen Glaubensquellen; in dieser Weise fragen vor allem selbständige, kritische und verantwortungsbewußte Christen nach der ursprünglich christlichen Botschaft. Nicht durch Worte wird diese Botschaft geglaubt, bekannt und verkündet, sondern durch das Leben der Christen, durch die Praxis des christlichen Glaubens. Es geht in der Begegnung mit der Bibel um eine neue Weise des Christseins, um eine neue Kirche, um eine vertiefte Weise des Mensch- und Geschöpfseins.

Das PRAKTISCHE BIBELLEXIKON will zu einer solchen Begegnung mit der Bibel beitragen. Es setzt nicht den theologisch vorgebildeten Leser voraus, es will jedem an der Bibel Interessierten eine Hilfe sein. Es will vor allem der kirchlichen Verkündigung dienen: es will dem Prediger und dem Katecheten eine Unterstützung bieten, die biblische Botschaft zu verstehen und in einer zeitgemäßen Weise zu verkünden.

Es will sowohl der Bibelarbeit in der Gemeinde (Bibelstunde, Glaubensgespräch) als auch der privaten Bibellesung dienlich und nützlich sein. Es will aber darüber hinaus zur Neu- und Weiterinterpretation der biblischen Glaubenswelt beitragen und einer biblischen Hermeneutik dienen.

Was ist biblische Hermeneutik?

Biblische Hermeneutik bedeutet die Übersetzung der biblischen Glaubensbotschaft in das jeweilige Selbstverständnis des Menschen, der der Bibel begegnet. Es wird vorausgesetzt, daß das Selbstverständnis des Menschen der biblischen Zeit nicht gleich ist dem Selbstverständnis des heutigen Menschen, der die Bibel befragt. Solche Hermeneutik ist nicht ein einmaliges Ereignis für den Glauben eines Menschen, sie ist ein andauernder Prozeß, der im Glauben und Leben eines Menschen fortschreitet. So ist biblische Hermeneutik der Übersetzungsprozeß des biblischen Glaubens in das jeweilige Selbstverständnis des Menschen, in die jeweilige Situation seiner gesellschaftlichen Praxis. Weil menschliche Existenz wesentlich für die Zukunft offen ist, ist eine solche Hermeneutik offen für je neue Begegnung und Entscheidung, für je neue gesellschaftliche Situation. Übersetzung des biblischen Glaubens geschieht nicht allein und zuerst im Bereich des Verstehens, sie geschieht vielmehr durch das Leben eines Menschen: insofern einer, seinen Mitmenschen verantwortlich, als Christ zu leben versucht, übersetzt er die christliche Botschaft in sein Leben und in seine Gesellschaft. Eine biblische Hermeneutik will die christliche Praxis.

Ein solches Verständnis von biblischer Hermeneutik wird in dem Buch versucht und durchgezogen. Das ist zugleich das Neuland, das betreten wird: Das Buch begnügt sich nicht mit der Darstellung der biblischen Denk- und Begriffswelt, es will direkt beitragen zu dem Brückenschlag, der die biblische Glaubenswelt mit der heutigen Denk- und Lebenswelt verbinden soll. Deswegen wird der strenge Charakter eines Lexikons überschritten. Das Buch ist vielmehr eine Mischung von A r b e i t s b u c h und L e x i k o n : Als Lexikon bringt es die wichtigsten biblischen Begriffe, Realien und bibeltheologischen Wörter; als Arbeitsbuch bietet es Begriffe, die dem Verständnis oder der Weiterinterpretation der Bibel dienen oder die direkt zur Methodik der Bibelauslegung beitragen.

Die B e a r b e i t e r des Praktischen Bibellexikons sind evangelische und katholische Theologen und Bibliker. Damit will das Buch Ausdruck ökumenischer Bibelarbeit sein und einen Ansatz bieten zu einem ökumenischen Bibellexikon.

INHALT UND AUFBAU DES BUCHES

Als LEXIKON bringt das Buch zwei Grundarten biblischer Begriffe:

a) B i b l i s c h e   R e a l i e n in Auswahl für den Nichtspezialisten, also Ortsnamen, Personennamen, historische, geographische u. ethnographische Sachverhalte in der Bibel.

b) B i b e l t h e o l o g i s c h e   B e g r i f f e ; das sind die wichtigsten Grundbegriffe des biblischen Glaubens. Diese sind in ihren wesentlichen Strukturen dargestellt, oder es ist die Grundproblematik für das Verstehen dieser Begriffe aufgezeigt. Auf Vollständigkeit in der Darstellung und auf Anführung aller Bibelstellen, in denen der Begriff vorkommt, mußte wegen des engen Rahmens verzichtet werden. Inhaltliche Überschneidungen einzelner Artikel ergeben sich von der Sache her, weil in der biblischen Sprache derselbe oder ein ähnlicher Sachverhalt unter verschiedenen Begriffen verschieden zur Sprache kommt. Meist werden Ansätze zur Weiterinterpretation dieser Begriffe versucht.

Als ARBEITSBUCH will es zum Verstehen und zur aktualisierenden Interpretation der biblischen Botschaft beitragen, deshalb bietet es:

a) F o r m g e s c h i c h t l i c h e   B e g r i f f e. Um einen biblischen Text in seiner Redeweise verstehen zu können, muß ich seine literarische Form oder Gattung kennen. Diese lassen sehr häufig den Entstehungsort oder die Entstehungssituation („Sitz im Leben") eines Textes erkennen. So sind die formgeschichtlichen Begriffe unerläßlich für das Verständnis eines Textes, denn sie lenken die Frage des Bibellesers in die genuin biblische Denkrichtung. Deshalb finden sich in dem Buch die literarischen Formen und Gattungen der Bibel fast vollständig, und es werden die einzelnen Methoden der historisch-kritischen Bibelexegese beschrieben.

b) R e l i g i o n s g e s c h i c h t l i c h e   B e g r i f f e. Das Gedankengut der Bibel ist sehr oft nur von seiner religiösen Umwelt her zu erhellen. Die biblische Religionsgeschichte befaßt sich mit dieser religiösen Umwelt, und sie versucht zu zeigen, wo Umweltreligionen (und -kulte) direkt in die Bibel hereinspielen, oder wo sich die Bibel der religiösen Sprache ihrer Umwelt bedient. So finden sich in dem Buch die bedeutendsten biblisch-religionsgeschichtlichen Begriffe, und es werden die wichtigsten religiösen Strömungen der biblischen Zeit skizziert, die die Bibel direkt prägen. Zur leichteren Auffindbarkeit sind diese Begriffe zusammen mit den formgeschichtlichen in einer eigenen Liste zusammengestellt.

c) H e r m e n e u t i s c h e   B e g r i f f e. Darauf liegt ein Schwerpunkt des Buches. Sie intendieren eine biblische Hermeneutik, wie sie oben umrissen wurde. Es handelt sich dabei hauptsächlich um nichtbiblische und bibelfremde Begriffe, die aber einen biblischen Sachverhalt erheben und wiedergeben können. So werden heutige soziologische Gegebenheiten vom biblischen Glauben her beleuchtet (z. B. Emanzipation). Oder es werden gesellschaftliche Strukturen und Tendenzen genannt, die im Ansatz oder sehr ausgeprägt auch in der Bibel schon da sind (z. B. Protest). Weiter werden philosophische Begriffe skizziert, die entweder heutiges Selbstverständnis aussagen oder die das Phänomen des Verstehens und der Sprache, also Hermeneutik, beschreiben. Nur am Rande werden theologische Spezialbegriffe von der Bibel her beleuchtet, denn biblische Hermeneutik will eine neue, auch den Nichttheologen und Nichtreligiösen verstehbare Sprache intendieren. Um die gesellschaftliche Praxis des biblischen Glaubens (oder eine „politische Theologie") ermöglichen zu helfen, ist auf soziologische Begriffe ein Akzent gelegt. Daneben werden noch Übersetzungsversuche stereotyper biblischer Formen (z. B. für uns) geboten sowie die wichtigsten Methoden (z. B. existenziale Interpretation) und Probleme (z. B. Inspiration, Offenbarung) einer biblischen Hermeneutik. Weil biblische Hermeneutik ein lebendiger Übersetzungsprozeß ist und weil sie in der Theologie noch sehr am Anfang steht, lassen sich lexikonreife hermeneutische Artikel schwer formulieren. Diese haben darum oft den Stil theologischer Essays und den Charakter des Experiments. Zur leichteren Auffindbarkeit wird auch hier eine Liste der hermeneutischen Begriffe geboten.

d) Ein Schlüssel zu den biblischen Texten soll der praktischen Bibelarbeit dienen. Die biblischen Schriften sind in größere (AT) und kleinere (NT) Texteinheiten (= Perikopen) gegliedert. Von diesen Texteinheiten aus ist auf die wichtigsten formgeschichtlichen Begriffe verwiesen, die dem Verständnis des betreffenden Textes dienen, sodann auf die bibeltheologischen und z. T. auf die hermeneutischen Begriffe. So kann für eine Bibelstunde, für eine Katechese, für die Predigtvorbereitung oder für privates Bibelstudium jeder Bibeltext sowohl formal als auch historisch-theologisch aufgeschlüsselt werden, und es kann zugleich nach möglichen Neu- und Weiterinterpretationen des befragten Textes gesucht werden.

e) Fachliteratur zum Bibelstudium in Auswahl. Die Auswahl ist für den Nichtspezialisten und Nichtexperten getroffen, es handelt sich zum größten Teil um allgemein verständliche, aber fachlich exakte Literatur. So werden einige wichtige Bibellexika genannt, sodann allgemeine Hilfsmittel zum Bibelstudium, wie Konkordanzen, Einleitungen in das AT und NT, Bibelkunden, Kurzdarstellungen der biblischen Zeitgeschichte und Umwelt, ferner Kommentare zu einzelnen biblischen Büchern, Zeitschriften und kleinere Reihen, Monographien zur biblischen Theologie oder zu einzelnen biblischen Textgruppen. Für die praktische Bibelarbeit wird auch einige Literatur zur biblischen Hermeneutik, zur Bibelkatechese, zur Homilie und Predigt angegeben.

f) Die Zeittafel nennt in 5 Spalten nebeneinander die wichtigsten Ereignisse der Profangeschichte, dann die biblischen Geschichte; daneben die Bibelstellen, die auf diese Ereignisse Bezug nehmen, sowie die Entstehungszeit und -geschichte der einzelnen biblischen Bücher. Da die biblischen Bücher meist eine lange Entstehungsgeschichte haben, wird die Zeit der Endredaktion angegeben, nur bei den Propheten ist der Anfang der Entstehung der Bücher, die Zeit der Predigt des Propheten, angegeben. Im Anhang finden sich 8 mehrfarbige Landkarten zur Bibel.

g) Die Namen sind in der Regel in der Schreibweise der „Jerusalemer Bibel"
wiedergegeben. Sie entsprechen im wesentlichen der Schreibweise, die in der
in Vorbereitung befindlichen deutschen Einheitsübersetzung der Bibel Verwendung findet. Im Abkürzungsverzeichnis der biblischen Bücher sind die bisher
üblichen Namensformen in Klammern hinzugefügt.

h) Im fortlaufenden Text eines Artikels wird nur dann auf verwandte Stichworte
verwiesen, wenn diese für das Verständnis eine wichtige Ergänzung oder
Weiterführung bedeuten. Auf eine schematische Verweisung auf alle im Zusammenhang eines Beitrags als Stichwort vorkommenden Begriffe wurde also
verzichtet.

Der Herausgeber

MITARBEITERVERZEICHNIS

ar   Manfred Arndt,
Marburg/Lahn (ev.)

ba   Alice Baum,
Karlsruhe (kath.)

be   Eleonore Beck,
Tübingen (kath.)

beu   Friedrich Beutter,
Freiburg i. Br. (kath.)

ber   Peter Berghäuser,
Frankfurt/M. (ev.)

br   Christa Breuer,
Bonn (kath.)

bro   Norbert Brox,
Salzburg (kath.)

ca   Bernhard Casper,
Freiburg i. Br. (kath.)

do   Detlev Dormeyer,
Osnabrück (kath.)

fr   Matthias Frindte,
Marburg/Lahn (ev.)

gl   Hildegard Gollinger,
Freiburg i. Br. (kath.)

go   Klaus Gouders,
Düren (kath.)

gr   Anton Grabner-Haider,
Graz (kath.)

gs   Christian Gremmels,
Marburg/Lahn (ev.)

ha   Gotthold Hasenhüttl,
Tübingen (kath.)

he   Gertrud Herrgott,
Freiburg i. Br. (kath.)

hem   Klaus Hemmerle,
Bad Godesberg (kath.)

her   Ingo Hermann,
Köln (kath.)

hi   Gottfried Hierzenberger,
Wien (kath.)

hn   Wolfgang Herrmann,
Marburg/Lahn (ev.)

ho   Margret Horn,
Brühl (kath.)

hü   Peter Hünermann,
Freiburg i. Br. (kath.)

je   Hartmut Jetter,
Schwäbisch Gmünd (ev.)

ka   Odilo Kaiser,
Freiburg i. Br. (kath.)

kl   Wolfgang Klein,
Wiesloch (ev.)

la   Wolfgang Langer,
Osnabrück (kath.)

ma   Liselotte Mattern,
Schorndorf (ev.)

mc   Edwin Mock,
Münster (kath.)

mi   Gabriele Miller,
Tübingen (kath.)

mo   Hella Mohrdiek,
Kiel (ev.)

ne   Brigitte Neumann,
Marburg/Lahn (ev.)

oh   Annemarie Ohler, Hochdorf b. Freiburg i. Br. (kath.)

pa   Karl Pauritsch,
Graz (kath.)

pe   Rudolf Pesch,
Freiburg i. Br. (kath.)

ri   Doris Riemensperger,
Heidelberg (ev.)

ru   Helga Rusche,
Münster (kath.)

sc   Peter Schleicher,
Graz (kath.)

sch   Paul Hubert Schüngel,
Euskirchen (kath.)

schm   Joost Schmithals,
Köln (ev.)

scho   Walter Schober,
Deutschlandsberg (kath.)

schü	Helen Schüngel, Euskirchen (kath.)	tr	Peter Trummer, Graz (kath.)
sm	Adolf Smitmans, Stuttgart (kath.)	ur	Anselm Urban, Bad Wimpfen (kath.)
sö	Dorothee Sölle, Köln (ev.)	we	Peter Weimar, Freiburg i. Br. (kath.)
sp	Gert Sperling, Marburg/Lahn (ev.)	wi	Werner Wiskirchen, Bonn (kath.)
st	Günter Stemberger, Innsbruck/Rom (kath.)	win	Wolfgang Winter, Heidelberg (ev.)
stu	Maria Stumpf-Konstanzer, Karlsruhe (kath.)	wu	Anton Wurzinger, Freiburg i. Br. (kath.)
th	Gerd Theißen, Göttingen (ev.)	ze	Erich Zenger, Münster (kath.)
tho	Christa Thomassen, Münster (kath.)	zi	Kurt Zisler, Graz (kath.)

Für die Beiträge katholischer Autoren wurde die kirchliche Druckerlaubnis vom bischöflichen Ordinariat Graz-Seckau am 9. August 1969 (Zl. 14 Ap 16–69, Generalvikar Rosenberger) erteilt.

SCHLÜSSEL ZUM AT[1]

Erstellt von Annemarie Ohler

In Klammer stehende Worte gehören nicht zu den nachzuschlagenden Stichworten.

Pentateuch	**I. Die Anfänge Israels.** Pentateuch, Tora, Israel.
Gn 1–11	*1. Die Anfänge der Welt.* Urgeschichte, Geschichte, Ätiologie, Divino afflante spiritu.
Gn 1, 1 – 2, 25	*a) Die Schöpfung*
Gn 1, 1 – 2, 4a	Schöpfung, Schöpfungsberichte, Priesterschrift, Weltbild, Chaos, Sabbat, Urflut, Wort Gottes.
Gn 2, 4b–25	Schöpfungsberichte, Jahwist, Anthropomorphismus, Paradies, Ehe, Name.
Gn 3, 1 – 6, 7	*b) Die Sünde*
Gn 3	Sünde, Adam, Leid, Sündenfall.
Gn 4, 1 – 6, 7	(Anwachsen der Sünde bis zur Gefährdung der Schöpfung): Jahwist, Ackerbaukultur, Stammessage, Mythos, Sohnschaft Gottes.
Gn 5; 11, 10–32	Namenlisten, Urväter, Priesterschrift.
Gn 6, 8 – 11, 9	*c) Inmitten des Gerichtes Gottes neues Heil, neue Sünde und Strafe*
Gn 6, 8 – 9, 17	Gericht, Strafe, Sünde, Heil, Sintflut, Rettung Noachs, Neuanfang, Schöpfung, Segen, Bund, Gilgamesch.
Gn 9, 18–29	Fluch, Segen, Stammessage.
Gn 10, 1–32	Völkertafel.
Gn 11, 1–9	(Sprachverwirrung als Folge der Sünde der Menschheit.) Babel, Turmbau zu; Ätiologie, Babylon, Zikkurat.
Gn 12–50	*2. Die Geschichte der Patriarchen.* Heilsgeschichte, Väter, die; Väterzeit, Väterverheißung, Patriarchen.
Gn 12 – 25, 18	*a) Die Abrahamsüberlieferung.* Überlieferung, Überlieferungsgeschichte, Redaktionsgeschichte, Geschichte.
Gn 12, 1–9	Abraham, Berufung, Mesopotamien, Wort Gottes, Glaube, Erwählung, Segen.
Gn 13	Landverheißung, Kanaan, Fremde.
Gn 14	Abraham, Sage, Melchisedek.
Gn 15–22	(Gefährdung der) Verheißung, Bewährung, Glaube, Führungsgeschichte Gottes.
Gn 15	Bund, Jahwist, Elohist.
Gn 16	Ismael, Hagar, Bote, Stammessage.
Gn 17	Bund, Priesterschrift, Nachkommenverheißung.
Gn 18	Abraham, Nachkommenverheißung, Jahwist, Erscheinung, Gastfreundschaft, Fürbitte.
Gn 21, 1–21	Isaak, Wunder, Kindheitsgeschichte.

[1] Die Einteilung der biblischen Bücher folgt in den Abschnitten I–IV der des jüdischen Kanons und fügt in Abschnitt V die nur in der LXX überlieferten Bücher an. In katholischen deutschen Bibelübersetzungen ist die Einteilung und Reihenfolge der LXX oder der Vulgata (klassische lateinische Übersetzung) gewählt, die jedoch weniger Rücksicht nimmt auf die zeitliche Folge der Entstehung der biblischen Bücher. Innerhalb des Abschnittes II sind die Prophetenbücher nicht in der überlieferten Reihenfolge, sondern nach ihrer zeitlichen Aufeinanderfolge geordnet.

Gn 22	Isaak, Erstgeburt, Moloch.
Gn 24	Isaak, Mesopotamien.
Gn 25, 19 – 37, 1	b) Überlieferungen von Isaak und Jakob
	Isaak, Jakob, Familie. Siehe 2., a).
Gn 26, 1–6	Isaak, Verheißung, Nachkommen, Landverheißung, Segen.
Gn 25, 16–34 ⎫	Erwählung Jakobs anstelle von Esau, Erstgeborener, Segen,
Gn 27, 1–40 ⎭	Stammessage.
Gn 27, 41 – 33, 20	Jakobs (Flucht und Heimkehr), Führungsgeschichte Gottes.
Gn 28, 10–19	Traum, Traumoffenbarung, Himmelsleiter, Bote, Heiligtums-überlieferung, Kultlegende.
Gn 32, 23–33	Erscheinung, Heiligtumsüberlieferung, Kultlegende.
Gn 37, 2 – 50, 26	c) Die Josephserzählung. Joseph, Ägypten, Leiden, Vorsehung, Novelle.
Gn 49, 1–27	Orakel Jakobs (über die) zwölf Stämme. Abschiedsreden, Stammesspruch.
Gn 49, 8–12	Verheißung (des Fürsten aus) Juda. Messiaserwartung, Segen.
Ex 1–18	3. Die Rettung aus Ägypten. Volk Gottes, Israel, Auszug, Ägypten, Erwählung, Exodus-Buch.
Ex 1	Knechtschaft Israels.
Ex 2	(Rettung des) Mose. Kindheitsgeschichte.
Ex 3, 1 – 4, 17	Berufung (des) Mose, Jahwist/Elohist, Gott, Name Gottes, Er-scheinung, Bote, Mittler.
Ex 6, 2–13.28 – 7, 7	Berufung (des) Mose, Priesterschrift.
	Jahwe, Verheißung, Volk Gottes.
Ex 7, 8 – 11, 10	Plagen. Wunder, Verstockung.
Ex 12, 1 – 13, 16	(Das erste) Pascha, (der Tod der) Erstgeburt.
	Aktualisierung, Gedächtnis, Heilsgeschichte.
Ex 13, 17 – 15, 21	Führung Gottes, Rotes Meer. Wunder, Hymnus, Schilfmeer, Schilfmeerlied, Krieg.
Ex 15, 22 – 17, 16	Führung Gottes (in der) Wüste. Wunder, Wüstensituation.
Ex 19 – Ende, Lv, Nm, Dt	4. Die Weisung Gottes für das Volk. Gesetz, Gesetzgebung, Gesetzbuch, Gesetzestafel, Gebot, Tora, Weisung.
Ex 19, 1 – Nm 10, 10	A. Israel am Sinai. Sinai, Sinaitradition, Mose, Volk Gottes.
Ex 19, 1 – 24, 18 ⎫	a) Der Bund zwischen Gott und Volk.
Ex 32, 1 – 34, 35 ⎭	Bund, Israel.
Ex 19, 1 – 20, 21	Gottes Erscheinung (vor dem) Volk Gottes (zur Verkündung des) Dekalogs. Sinai-Offenbarung, Erwählung, Wort Gottes, Recht, Gebotsreihe.
Ex 20, 22 – 23, 33	Bundesbruch, Recht, Volk Gottes, Dekalog.
Ex 24, 1–11	Bund(esschluß im) Opfer (und im) Mahl. Blut, Älteste, Erscheinung, Schauung.
Ex 32–34	Abfall Israels, Bundesbruch, Bundeserneuerungsfest, Stierkult, Paraklet, Schauung, Theophanie, Dekalog.
Ex 25–31;	b) Ritualgesetze. Ritual, Priesterschrift, Priesterordnung.
Ex 35, 1 – Nm 10, 10	
Ex 25–31	(Das Heiligtum und sein) Kult. Heiligtumsüberlieferung, Zelt, Tempel.
Ex 25, 10–22	Bundeslade.
Ex 31, 12–17	Sabbat.
Ex 40, 34–38	Wolke, Zeichen (der) Gegenwart Gottes. Tempel, Kultort.
Lv 1–7	Leviticus-Buch, Opfertora.
Lv 8–10	Priesterordnung.
Lv 11–16	Reinheit.

Lv 17–26	(Heiligkeitsgesetz) Heilig.
Lv 19, 1	(Heiligkeitsgebot) Heilig, Vollkommenheit.
Lv 19, 9–19	Nächster.
Lv 24, 10–23	Talionsgesetz.
Nm 1–4	(Volkszählung), Numeri-Buch.
Nm 3, 40–51	(Auslösung der) Erstgeburt (durch den) Stamm Levi. Stellvertretung.
Nm 6, 22–27	Aarons Segen. Eulogie.
Nm 9, 15–23	Wolke, Zeichen (der) Führung Gottes.
Nm 10, 11 – 36, 13	*B. Israel (in der) Wüste.* Wüstensituation, Mose, Israel.
Nm 10, 11 – 14, 45	*a) Widerspenstiges Murren des Volkes, Gericht Gottes und neue Gnade.* Jahwist/Elohist.
Nm 10, 34–36	Lieder (an der) Bundeslade: Jahwe (Führer der) Heerscharen Israels.
Nm 11, 1–35	(Wiederholtes) Murren. Fürbitte, Manna.
Nm 11, 24–30	Geistausgießung (über die 70) Ältesten. Prophet.
Nm 12, 1–16	Aaron, Mirjam, Mose, Prophet, Schauung.
Nm 13, 1 – 14, 45	Unglaube, Strafe, Vergebung, Kanaan, Schuld, Wüste.
Nm 15–19	*b) Opfer- und Priesterordnung.* Opfer, Priesterordnung.
Nm 16, 1 – 17, 28	(Göttliche Bestätigung der) Autorität (von) Mose und Aaron. Amt.
Nm 20–25	*c) Verzögerungen der Wüstenwanderung*
Nm 20, 2–13	Sünde (von) Mose und Aaron. Amt, Verantwortung.
Nm 20, 14 – 21, 35	Krieg.
Nm 21, 4–9	Eherne Schlange, Wunder, Rettung, Wüste.
Nm 22–24	Fluch, Segen, Bileam, Prophet.
Nm 24, 15–25	Messias, Messiaserwartung.
Nm 26–36	*d) Weitere Gesetze.* Gesetz.
Nm 31	Krieg, heiliger.
Nm 34, 1 – 35, 15	Gelobtes Land, Landnahme.
Dt	*C. Das Deuteronomium als neue Auslegung der Gesetze des Bundes mit Gott.* Mose, Kadesch, Paränese, Bund, Deuteronomium.
Dt 1–11	*a) Zwei Einleitungsreden.* Paränese.
Dt 1–3	Gedächtnis (des) Wüste(nzuges vom) Horeb (zum) Gelobten Land.
Dt 4–5	Aktualisierung (der) Sinaioffenbarung. Heilsgeschichte.
Dt 6, 1–13	Liebe (zu Gott als Zusammenfassung der) Gebote. Gesetz, Weisung.
Dt 6, 14 – 7, 26	Volk Gottes, Erwählung. Fremdgötterverbot, Einzigkeit Gottes.
Dt 8–10	Erwählung (aus freier) Huld.
Dt 12, 1 – 26, 15	*b) Das deuteronomische Gesetzbuch.* Deuteronomium, Gesetzbuch.
Dt 12–18	Kultreform.
Dt 12, 1–14	(Einheit der Kultstätte). Kultort, Tempel, Jerusalem, Zion.
Dt 15, 1–18	(Schutz der Schwachen). Sozialkritik.
Dt 17, 14–20	König.
Dt 18, 9–22	Propheten.
Dt 19–25	Recht (der Volksgemeinschaft).
Dt 26	Kult.
Dt 26, 5–10	Heilsgeschichte.
Dt 26, 16 – 30, 20	*c) Schlußrede.* (Fortsetzung von Kap. 1–11).
Dt 28	Gesetz: Fluch (oder) Segen. Gebot.
Dt 29, 9–27	(Die Fortdauer des) Bundes. Bundesbruch.
Dt 31–34	*d) Tod des Mose.* Mose, Mose-Bücher, Mose-Apokalypse, Mose-Himmelfahrt.

1 Sm 28	Totenbeschwörung.
2 Sm 2, 17–27	Totenklage Davids (um) Saul und Jonathan. Totenlieder.
2 Sm 2 – 1 Kg 2	*c) David, König nach dem Willen Gottes.*
2 Sm 2 – 8	(Aufbau des davidischen Königtums). Stämmebund, David, König.
2 Sm 2 – 4	David, König (von) Juda.
2 Sm 5 – 8	David, König (von) Juda und Israel. Nordreich.
2 Sm 5, 6–12	Jerusalem, (Stadt) Davids. Jebusiter.
2 Sm 6	Bundeslade.
2 Sm 7	Natan, König, Messias, Verheißung.
2 Sm 9 – 1 Kg 2	*d) Die Geschichte der Nachfolge Davids.* Geschichtsschreibung, Königsbücher.
2 Sm 10 – 12	(Die Geburt) Salomos. Gleichnis.
2 Sm 13 – 20 ⎫ 1 Kg 1 – 2 ⎭	(Intrigen um die Nachfolge) Davids. Geschichtshandeln Gottes.
2 Sm 15, 13 – 16, 14	(Flucht) Davids. Kidron, Ölberg, Leiden.
2 Sm 21–24	(Verschiedene Anhänge zum) Samuelbuch.
2 Sm 24	Volkserzählung. Böse, Sünde.
1 Kg 3 – 11	*e) Salomo, Glanzzeit des Königtums.* Salomo, König, Kanaan, Ägypten.
1 Kg 3 – 5, 14	Salomos Weisheit.
1 Kg 5, 15 – 10, 29	Salomos (Bautätigkeit und Reichtum). Fronarbeit, Saba.
1 Kg 5, 15 – 6, 38	(Bau des) Tempels.
1 Kg 8	Bundeslade, Tempel.
1 Kg 9	Verheißung, Drohrede Gottes.
1 Kg 11	(Beginn der Verwirklichung der) Drohrede. Wort Gottes.
1 Kg 12 – 2 Kg 17	*f) Politische und religiöse Spaltung des Volkes Gottes.* Nordreich, Juda, Fremdgötterverbot, Stierkult, Höhen, Volk Gottes.
1 Kg 13 ⎫ 1 Kg 14, 1–18 ⎪ 1 Kg 16, 1–7 ⎬ 1 Kg 20, 35–43 ⎪ 1 Kg 22, 5–40 ⎭	Geschichte: Erfüllung (des) Wortes Gottes (durch die) Propheten. Geschichtshandeln Gottes, Königsbücher.
1 Kg 17 – 2 Kg 13	Elija, Elischa. Prophet.
1 Kg 17–18	(Übermacht) Jahwes (über) Baal. Wunder, Götzendienst.
1 Kg 19	Gottes Erscheinung (vor) Elija. Theophanie, Zeichen, Sendung.
1 Kg 21	(Einschreiten des) Propheten (gegen den) König.
2 Kg 2, 1–17	Entrücken (des) Elija. Berufung (des) Elischa.
1 Kg 17, 17–24 ⎫ **2 Kg** 2, 19–25 ⎪ 2 Kg 4 – 6, 7 ⎬ 2 Kg 13, 20–21 ⎭	Wunder (des) Elia u. Elischa. Totenerweckung, Heilungswunder, Heiden.
2 Kg 3, 4–27 ⎫ 2 Kg 8, 7–15 ⎬ 2 Kg 9, 1 – 10, 16 ⎭	Elischa (bestimmt den Lauf der) Geschichte. König, Salbung. (Eroberung des) Nordreichs, Erfüllung (der) Drohrede (über)
2 Kg 17	Israels Sünde.
2 Kg 18–25	*g) Die letzte Zeit des Südreiches.* Juda.
2 Kg 18–19	Jesajas (Stellungnahme zur Bedrohung) Jerusalems (durch) Assur. Assyrer, Vertrauen.
2 Kg 22, 1 – 23, 35	Kultreform Josijas. Höhen, Götzendienst, Deuteronomium, Tempel.
2 Kg 25, 1–25	(Untergang des Reiches) Juda. Exil.
2 Kg 25, 25–30	Jojachim, Hoffnung, (davidisches) Königtum, Messias.

Js, Jr, Ez, Zwölfprophetenbuch	**III. Die prophetischen Bücher.** Prophet, Prophetenamt, prophetische Rede, Wort Gottes, Geschichtshandeln Gottes.
Am, Hos, Mich, Js	1. *Die Propheten des 8. Jh.* Nordreich, Juda, Gericht Gottes, Prophet.
Am	a) *Die Gerechtigkeit Gottes gegenüber dem Volk des Bundes.* Gericht Gottes, Gerechtigkeit Gottes, Tag Jahwes, Bund, Amos, Amos-Buch.
Am 1, 2 – 3, 8	Gerichtsrede Gottes, Drohwort, Wort Gottes, Rechtsstreit.
Am 3, 9 – 6, 14	Drohworte (über das) Nordreich. Sozialkritik, Strafe, Heimsuchung.
Am 3, 14; 4, 4–5; Am 5, 21–27	Kultkritik, Begegnung (Gottes).
Am 5, 10–15	(Forderung der) Gerechtigkeit.
Am 5, 18–20	Tag Jahwes. Endzeit, Gericht, Gerichtsrede, Gerichtsbilder.
Am 7, 1 – 9, 6	(Fünf) Visionen. Bildrede, Unheil.
Am 7, 10–17	Amos (in) Betel. Prophetenspruch, Wort Gottes, Leiden.
Am 9, 7–15	Unheil (und) Heil (für) Israel. Erwählung, Rest, David.
Hos	b) *Die treue Liebe Gottes.* Geschichtshandeln Gottes, Gericht Gottes, Treue Gottes, Ehe, Hosea, Hosea-Buch.
Hos 1–3	Ehe (des) Propheten: Bild (für) Gottes Bund (mit dem) Volk Gottes. Bildrede, Baal, Hurerei.
Hos 4, 1 – 9, 9	Drohreden.
Hos 4, 11 – 5, 7	Israels Götzendienst. Ehebruch, Umkehr, Bußliturgie, Liebe,
Hos 5, 8 – 6, 6	Opfer, Gotteserkenntnis.
Hos 9, 10 – 14, 9	Israels Geschichte. Geschichtshandeln Gottes, Wüste, Gott.
Hos 11, 1–11	Heilig(keit Gottes verbürgt seine) Liebe. Sohnschaft Gottes.
Hos 12	Schuld Israels. Jakob.
Hos 14, 2–9	Umkehr (und) Heil, Bußliturgie.
Mich	c) *Gericht Gottes und Heil unter der Herrschaft Gottes in Jerusalem.* Micha, Micha-Buch, Gericht, Heil, Jerusalem.
Mich 1–3	Drohrede (über) Samaria (und) Juda. Gericht Gottes, Klagelied, Reichtum, Lügenpropheten, Rechtsstreit.
Mich 4–5	Heil (für) Jerusalem. König, Herrschaft Gottes, Endzeit, Rest, Hirt.
Mich 4, 1–5	Vgl. Js 2, 2–4.
Mich 4, 11 – 5, 5	(Niedergang des) Königtums – Hoffnung (auf den) Messias. Hirt, Endzeit.
Mich 6, 1 – 7, 1	Gericht (über das) Volk Gottes. Rechtsstreit. Umkehr.
Mich 6, 1–8	Gottes Klagelied, Gesetz, Gerechtigkeit, Treue, Demut.
Mich 7, 8–20	Hoffnung, Jerusalems, Rest, Hirt, Verzeihung, Endzeit.
Js	d) *Der Glaube an Gott, den Retter Jerusalems.* Jesaja, Jesaja-Buch, Glaube, Retter.
Js 1–5	Sprüche (über) Juda und Jerusalem (aus der ersten Zeit des) Jesaja.
Js 1	Spruch(sammlung). Rest, Kult, Gerechtigkeit.
Js 2, 1–4	Völkerwallfahrt, Zion, Berg, Weisung, Endzeit.
Js 2, 6–22	Tag Jahwes, Demut.
Js 4, 2–6	Gegenwart Gottes (als) Schutz (des) Zion. Rest, heilig.
Js 5, 1–7	Weinberggleichnis.
Js 5, 8–24 Js 10, 1–4	Weherufe, Reichtum, Gerechtigkeit, Sozialkritik.
Js 6–12	(Das Buch) Immanuel.
Js 6, 1–13	Berufung, Schauung, König, Heilig, Sendung, Verstockung, Rest.
Js 7	(Geburt des) Immanuel: Zeichen (des) Unheils (für den) Unglauben. Glaube, Schweigen, Jungfrauengeburt.

Js 8, 5–10	Immanuel, Hoffnung, Gericht Gottes.
Js 8, 23b – 9, 6	Licht, Finsternis, Messias, David, Königtum, Friede, Friedensfürst.
Js 10, 28 – 11, 9	(Einmarsch der) Assyrer – Hoffnung (auf den gerechten Nachkommen) Davids, Messias, König(tum), Geist Gottes, Friede.
Js 13–23	König, Messias, Geist Gottes, Friede, Unheil.
Js 24–27	Unheil, Orakel (gegen fremde Völker).
Js 28–35	Sprüche (über) Juda (und) Jerusalem (aus der Spätzeit des) Jesaja.
Js 28, 14–22	Bewährung, Glaube, Gericht, Unglaube, Zion.
Js 28, 23–29	Gleichnis (vom Landmann. Gericht Gottes, Erbarmen, Gnade.
Js 29, 1–8	(Völkersturm gegen) Jerusalem. Endkampf.
Js 29, 9–23	Verstockung (in der Gegenwart) – Wunder (in der) Endzeit. Wort Gottes, Anawim.
Js 30, 1–18 } Js 31, 1–9 }	(Kein) Schutz (beim) Menschen. Schweigen Gottes, Glaube, Ägypten.
Js 30, 27–33	Erscheinung Gottes (zum) Endkampf.
Js 34–35	Siehe 4. d).
Js 36–39	Vgl. 2 Kg 18, 13 – 20, 19.
Js 40–66	Siehe 3. b) und 4. c).
Zeph, Nah, Hab, Jr	*2. Die Propheten des 7. und 6. Jh.* Assur, Assyrer, Götzendienst, Kultreform, Deuteronomium, Prophet.
Zeph	*a) Der Tag Jahwes als Gericht über Jerusalem und die Völker und als Vorbote des Heils für die Armen.* Anawim, Endzeit, Weltuntergang, Zorn Gottes, Tag Jahwes, Demut, Zephanja, Zephanja-Buch.
Nah	*b) Rache Gottes an den Feinden des Volkes Gottes.* Kultpropheten, Theophanie, Fluch, Volk Gottes, Nahum, Nahum-Buch.
Hab	*c) Gottes Gerechtigkeit – Ungerechtigkeit Jerusalems.* Endzeit, Verzögerung, Theophanie, Wiederkunft, Habakuk, Habakuk-Buch.
Jr	*d) Die Gottbegegnung des Einzelnen.* Gemeinschaft, Begegnung Gottes, Liebe, Herz, Freund, Schuld, Sünde, Verantwortung, Jeremia, Jeremia-Buch, Deuteronomium.
Jr 1 – 25, 13b	Unheil (für) Jerusalem. Abfall.
Jr 1, 4–19	Berufung (des) Jeremias. Sendung, Erwählung, Immanuel, Wort Gottes, Leiden.
Jr 2, 1 – 4, 4	Abfall Israels (und) Judas Umkehr, Wüste, Treue Gottes, Liebe, Ehe, Ehebruch, Unzucht, Bundeslade, Jerusalem, Reue, Herz.
Jr 4, 5 – 6, 30	(Fall des) Nordreiches: (Warnung für) Jerusalem. Norden, Weltuntergang, Vergeltung, Zorn Gottes.
Jr 7, 1 – 8, 3 } Jr 11, 15–17 }	(Der wahre) Kult. Kultkritik, Tempel, Gehorsam, Opfer, Fremdgötterverbot.
Jr 11, 1–14	Fluch: (Folge des) Bundesbruches.
Jr 11, 18 – 12, 6 } Jr 15, 10–21 } Jr 17, 14–18 } Jr 18, 18–23 } Jr 20, 7–18 }	Dialog (des) Propheten (mit) Gott. Konfessionen, Begegnung Gottes, Leiden, Verfolgung, Rache.
Jr 12, 7–17	Gottes Klagelied (über das) Unheil (des) Volkes Israel.
Jr 14, 1 – 15, 4	Dialog (mit) Gott: Strafe und Verwerfung (des) Volkes Gottes.
Jr 13; 16, 1–13 } Jr 18, 1–12 }	Gleichnisse, Drohrede, Gerichtsbilder, Umkehr, Exil, Zeichenhandlung.
Jr 21 11 – 23, 40	Drohrede (über) Könige und Lügenpropheten.

Jr 25, 1–13b	(Zusammenfassung der Predigt des Jeremias bis zum) Exil. Wort Gottes, Diener.
Jr 19, 1 – 20, 6 Jr 26; 36; 45; Jr (27) 28–29 Jr 51, 59–64 Jr 34, 8–22 Jr 37–44	Baruchs (Bericht über die) Leiden (des) Jeremia. Prophetische Rede, Verfolgung, Wort Gottes (hier aufgeführt in chronologischer Reihenfolge).
Jr 25, 13c – 38 Jr 46 – 51	Drohrede (gegen die fremden Völker).
Jr 24; 30–33	Verheißung (der Wende für die Verbannten), Exil, Trost, Vergebung, Rettung, Liebe.
Jr 31, 31–40	Verheißung: neuer Bund. Endzeit.
Ez; Is 40–55	3. *Die Propheten des Exils.* Exil, Verbannung, Diaspora, Babylon, Jude, Endzeit, Prophet.
Ez	a) *Die Gegenwart Gottes bei seinem Volk in der Fremde.* Priester, Geistesgaben, Bildrede, Allegorese, Ekstase, Ezechiel, Ezechiel-Buch.
Ez 1, 1 – 3, 21	Schauung (bei der) Berufung. Herrlichkeit, Entrücken, Sendung, Wort Gottes.
Ez 3, 22–24;	Drohreden (gegen) Jerusalem.
Ez 3, 22 – 7, 27 Ez 12 – 14, 11	Zeichenhandlung, Flüche, Drohreden, Strafe, Wort Gottes, Lügenpropheten, Diaspora, Rest.
Ez 8 – 11	Entrücken (nach) Jerusalem, Schauung: Götzendienst (im) Tempel; Gericht Gottes (und) Auszug (der) Herrlichkeit Gottes (aus dem) Tempel. Engel, Fürbitte, Neuanfang, Endzeit.
Ez 14, 12–23 Ez 18; 33, 10–20	Prophetische Reden: Verantwortung (des Einzelnen). Schuld, Sünde, Predigt.
Ez 15; 17; 19; Ez 21; 22; 24	Allegorese, Gleichnisse, Drohreden: Sünde (des) Volkes Gottes (und) des Königs.
Ez 16; 20; 23	Allegorese (und) prophetische Reden (über die Geschichte) Israels (als Geschichte des) Abfalls (von) Gott.
Ez 25–32	Flüche (und) Drohreden (gegen die fremden Völker, die Helfer und) Feinde Israels.
Ez 28, 1–19	Allegoresen (von) Tyrus. Paradies, Mythos.
Ez 29, 1–16; 31; Ez 32, 1–16	Allegoresen (von) Ägypten, Mythos, Drache.
Ez 32, 17–31	Bildrede: (die Völker in der) Unterwelt.
Ez 40–48	Tora, Tempel, Kult.
Ez 43, 1–9	(Einzug der) Herrlichkeit Gottes (in den) Tempel.
Ez 47, 1–12	Schauung: Lebenswasser, Tempel.
Js 40–55	b) *Die eschatologische Aufrichtung der Herrschaft Gottes.* Perser, Monotheismus, Erlösung, Schöpfung, Herrschaft Gottes, Jesaja-Buch. (In diesem Buch entwickelt sich ein Gedanke aus dem anderen ohne scharfe inhaltliche und formale Grenze; eine Gliederung in Einzelperikopen ist ohne Gewaltsamkeit nicht möglich. Hier sind darum nur Beispiele für wichtige Themen und Formen des Buches angeführt.)
Js 40, 1–11 Js 55, 10–13	(Einleitung und Schluß: Die Macht des) Wortes Gottes.
Js 40, 12–31 Js 41, 21–29 Js 42, 10–17	Die Macht Gottes (über Völker und Götter als Motiv des) Vertrauens. Hymnus, Siegeslied, Streitgespräch, Schöpfung, Retter.

Js 41, 1–7 ⎫ Js 44, 24 – 45, 7 ⎬ Js 46, 12–16 ⎭	Cyrus, Diener Gottes (beim Werke des) Heils. Rechtsstreit, Hymnus, Gottesspruch, Wort Gottes, Monotheismus, Endzeit.
Js 42, 1–9 ⎫ Js 49, 1–6 ⎪ Js 50, 4–11 ⎬ Js 52, 13 – 53, 12 ⎭	(Prophetische Schau vom Wirken des wahren) Gottesknechtes. Gottesspruch, Prophetenspruch, Vertrauenslied, Erwählung, Mittler, Heiden, Leiden, Stellvertretung.
Js 42, 18 – 43, 7 ⎫ Js 43, 22 – 44, 5 ⎭	(Unverdiente) Erlösung Israels (aus verdientem) Unheil. Mahnwort, Verheißung, Eschatologie, Volk Gottes.
Js 49, 1–6 ⎫ Js 51, 4–8 ⎭	Israel und Gottesknecht: Zeuge (für das) Heil. Heiden.
Js 49, 14 – 50, 3 ⎫ Js 51, 9 – 52, 12 ⎭	Verheißung: (Heimkehr und) Neuanfang (für) Jerusalem. Zion, Endzeit, Neue Schöpfung, Liebe Gottes, Trost, König.
Hag; Sach; Js 56–66; 34–35; 24–27	*4. Die Propheten aus der Zeit des Wiederaufbaus.* Juden, Priester, Hoher Priester, Schriftgelehrte, Prophet.
Hag	*a) Der Wiederaufbau des Tempels als Zeichen der messianischen Zeit.* Messias, Endzeit, Eschatologie, Tempel, Haggai, Haggai-Buch.
Sach 1–8	*b) Visionen vom Anbruch der eschatologischen Heilszeit.* Nachtgesichte, Verzögerung, Bote, Sacharja, Sacharja-Buch, Schauung, Eschatologie.
Js 56–66	*c) Sorge um Tempel, Sabbat, Fasten und die kommende Herrlichkeit Jerusalems.* Sabbat, Fasten, Tempel, Götzendienst, Armut, Heiden, neuer Himmel, neue Erde, Herrlichkeit, Jesaja-Buch.
Js 34–35	*d) Rache Gottes an den Völkern und eschatologische Heimkehr zum Zion.* Apokalyptik, Endkampf, Weltuntergang, Erlösung, Zion, Jesaja-Buch.
Js 24–27	*e) Weltgericht und eschatologische Herrschaft Gottes.* Apokalyptik, Herrschaft Gottes, Weltuntergang, Auferstehung, Jesaja-Buch.
Mal; Jon; Joel; Ob; Sach 9–14	*5. Die Propheten des 5. und 4. Jh.* Nationalgefühl, Prophet, Tag Jahwes, Völkerwelt.
Mal	*a) Predigten gegen die Verflachung des Judentums.* Jude, Kult, Zehnter, Mischehe, Ungerechtigkeit, Tag Jahwes, Bote, Maleachi, Maleachi-Buch.
Jon	*b) Midrasch über die Berufung der Völker zum Heil.* Midrasch, Mission, Universalismus, Jona, Jona-Buch.
Joel	*c) Prophetische Liturgie bei einer Heuschreckenplage.* Kultprophet, Weltgericht, Weltuntergang, Endkampf, Geistausgießung, neue Erde, Gegenwart Gottes, Tempelquelle, Lebenswasser, Joel, Joel-Buch.
Ob	*d) Fluch über Edom: ausgeweitet zum Bild vom Tag Jahwes gegen die Völker.* Edom, Tag Jahwes, Endzeit, Endkampf, Herrschaft Gottes, Obadja, Obadja-Buch.
Sach 9–14	*e) Verheißungen von der eschatologischen Herrschaft Gottes.* Arme im Geiste, Demut, Messias, Herrschaft Gottes, Endkampf, Tempel, Sacharja, Sacharja-Buch.
Ps; Ib; Spr; Hl; Rt; Klgl; Prd; Est; Dn; 1, 2 Chr; Esr; Neh; (aus V: Sir; Weish)	**IV. Die Heiligen Schriften.** (Dieser letzte Teil des jüdischen Kanons versammelt verschiedenartige, erst spät in diese hl. Sammlung aufgenommene Bücher. Sie bilden keine Einheit; darum haben sie auch kaum gemeinsame Stichworte.) Kanon.

Ps

1. *Sammlung liturgischer Lieder für den Kult des zweiten Tempels.* Kult, Tempel, Dichtung, Lyrik, Gebet, Davidlieder, Korach, Psalm, Psalter. (Der Psalter ist aus mehreren kleinen Sammlungen entstanden; diese enthalten Psalmen der verschiedensten Art. Es werden darum nur charakteristische Beispiele für die Gattungen der Psalmen aufgeführt.)

Ps 33; 67; 100; 103; 105; 111; 113; 114; 136; 145–150 } a) Lob Gottes (in) *Hymnen.* Loblied, Eulogie, Segen, Doxologie, Herrlichkeit, Großtaten Gottes, Wunder.

Ps 24; 46; 48; 76; 84; 87 } Zion, Tempel, Jerusalem, Berg, Endkampf, Wallfahrt.

Ps 8; 19; 29; 104 — Loblied, Schöpfung, Mensch, Gewitter, Himmel, Gesetz, Chaos, Urflut, Wort Gottes, Geist.

Ps 47; 93; 96; 97; 98; 99 } Thronbesteigungsfest, Herrschaft Gottes, König, Thron Gottes, Götter, Eschatologie.

Ps 3; 5; 13; 22; 25; 44; 51; 79; 80; 83; 130 } b) *Klage- und Vertrauenslieder.* Treue Gottes, Bußpsalmen, Feinde, Unheil, Schweigen, Gottesferne, Barmherzigkeit Gottes, Retter, Tod, Dank.

Ps 18; 32; 34; 40; 66; 107; 124 } c) *Danklieder.* Dank, Dankopfer, Gelübde, Unheil, Wunder, Vertrauen, Retter.

Ps 2; 20; 21; 45; 89; 110; 132 } d) *Königspsalmen.* König, Salbung, Messias, Stellvertretung, David, Sohnschaft Gottes.

Ps 1; 25; 34; 37; 49; 73 } e) *Weisheitspsalmen.* Alphabetische Lieder, Anthologie, Schriftgelehrte, Weisheit, Gesetz, Vergeltung, Ethik.

Ib; Spr; Prd; (aus V: Sir; Weish) — 2. *Reflektionen über die Weisheit, den rechten Weg des Einzelnen vor Gott.* Universalismus, Profanität, Torheit, Fromm, Furcht Gottes, Gerechtigkeit, Vergeltung, Weisheit.

Ib — a) *Das Problem des Leidens des Gerechten.* Ijob, Ijob-Buch.

Ib 1–2 Ib 42, 7–17 } (Prolog und Epilog), Geduld, Lohn, Volkserzählung.

Ib 3–14 15–21; 22–27 } (Dreifach gegliedertes) Streitgespräch Ijobs (mit seinen Freunden). Vergeltung, Gerechtigkeit, Ungerechte, Leiden, Sünde, Schuld, Revolte.

Ib 19, 25–29 — Vertrauen (auf Gott wider alle) Hoffnung. Erlösung, Tod, Auferstehung des Fleisches.

Ib 28 — Lob (der unzugänglichen) Weisheit. Geheimnis, Hymnus.

Ib 29–31 — Ijobs (Klage und Verteidigung).

Ib 32–37 — (Reden des Elihu zur Rechtfertigung der unbegreiflichen) Gerechtigkeit Gottes. Weisheit, Machttaten, Geist Gottes, Geheimnis.

Ib 38, 1 – 42, 6 — Theophanie (und Reden Gottes als Antwort auf Ijobs Vorwürfe). Gerechtigkeit Gottes, Ratschluß, Schöpfung, Geheimnis, Machttaten.

Spr — b) *Das Leben in Weisheit und Gerechtigkeit als Weg zum Glück.* Sprüche, Weg, Strophengedicht, Mahnwort, Weisheit.

Spr 1–9

Spr 8, 1 – 9, 6 — Personifizierung (der) Weisheit. Erstgeborener, Schöpfung.

Spr 10, 1 – 22, 16 — (Zwei ältere Spruchsammlungen), Spruch, Spruchweisheit,

Spr 25–29 — Sprüche Salomos, Maschal, Parallelismus, Profanität, Furcht Gottes.

Spr 22, 17 – 24, 34 Spr 30, 1–4.15–33 Spr 31, 1–9 } (Jüngere Spruchsammlungen; dreizeilige) Sprüche, Zahlenspruch, Rätsel.

Spr 31, 10–31 — Alphabetisches Lied: Lob (der) Frau.

Prd — c) *Die ungelöste Frage nach der irdischen Gerechtigkeit.* Vergänglichkeit, Tod, Vergeltung, Geheimnis.

Sir	d) *Liebe zur Weisheit und zum Gesetz.* Maschal, Spruch, Zahlenspruch, Hymnus, Tempel, Priester, Gesetz, Weisheit, Kult, Heilige Schrift, Furcht Gottes, Vergeltung, Gerechtigkeit, Heilsgeschichte, Jesus Sirach.
Weish	e) *Die Weisheit, ihre Rolle im Schicksal des Einzelnen und in der Heilsgeschichte.* Spruch, Gebet, Midrasch, Schöpfung, Weisheit, Weisheitsbuch.
Weish 2, 21 – 3, 10	(Lehre von der) Unsterblichkeit. Tod, Auferweckung des Fleisches, Gerechtigkeit, Vergeltung.
Hl; Rt; Klgl; Prd; Est	3. *Die fünf Festrollen, Lesungen zu jüdischen Festen.* Megillot.
Hl	a) *Liebeslieder von Braut und Bräutigam.* Liebe, Liebeslied, Braut, Bräutigam, Ehe, Hochzeit, Volkserzählung, typischer Sinn, Hohes Lied.
Rt	b) *Novelle von der Stammutter Davids.* Beispielerzählung, Heilsgeschichte, Familie, Treue Gottes, Schwagerehe, Erlösung, Fremde, Universalismus, Novelle, Rut-Buch.
Klgl	c) *Fünf Klagelieder über den Untergang Jerusalems und des Tempels.* Klagelied, Totenlieder, Totenklage, Strophengedicht, alphabetische Lieder, Strafe, Leiden, Vergebung, Vertrauen.
Prd	d) Siehe IV, 2. c).
Est	e) Siehe V, 2. a).
Dn	4. *Botschaft vom unaufhaltsamen Kommen der Herrschaft Gottes.* Daniel, Daniel-Buch.
Dn 1–6	a) Legende (vom Sieg Jahwes durch seinen Propheten und seine Diener über Götzen und Götzendiener). Prophetische Rede, Erbauung, Traum, Wunder.
Dn 7–12	b) Schauungen (vom Ablauf der) Weltgeschichte. Apokalyptik, Allegorese, Endzeit, Herrschaft Gottes, Menschensohn, Messias, Jahrwoche.
Dan 13–14	c) Legenden (von der keuschen Susanna und der Niederlage der) Götzen. Erbauung.
1, 2 Chr; Esr; Neh	5. *Das chronistische Geschichtswerk.* Geschichtsschreibung, Anthologie, Heilige Schrift, Midrasch, Weltgeschichte, Chronistisches Geschichtswerk.
1 Chr 1–9	a) *Vom Anfang der Welt bis David.* Namenlisten.
1 Chr 10 – **2 Chr** 36	b) *Die Zeit der Könige:* Zitate (aus dem) Kanon. Herrschaft Gottes, David, Chronik.
Esr; Neh	c) *Vom Exil bis zur Gegenwart.* Perser, Theokratie, Priester, Kult, Jude, Brief, Esra-Buch.
Esr 1–6	(Der Wiederaufbau des) Tempels. Priester, Kult, Sühne.
Esr 4, 6–23 Neh 1–13	(Wiederaufbau) Jerusalems. Nehemia-Buch.
Esr 7–10	(Neuordnung des politischen und religiösen Lebens), Gesetz, Kult, Mischehe, Priesterschrift.
Bar; Tob; Jdt 1, 2 Makk; Weish; Sir	**V. Die deuterokanonischen Bücher.** Kanon, Septuaginta, Apokryphen, deuterokanonische Pseudepigraphen, Hellenismus.
Bar	1. *Weisheitslehre über Sünde und Heil.* Weisheit, Pseudonymität, Ewigkeit, Baruch, Baruch-Buch.
Bar 1, 15 – 3, 8	Bußpsalm.
Bar 3, 9 – 4, 4	Hymnus, Weisheit, Gesetz.
Bar 4, 5 – 5, 9	Prophetische Rede, Mahnwort.
Bar 6	Jeremiabrief. Pseudonymität, Götter.

(Est); Tob; Jdt	2. *Midraschim, Erzählungen zur Erbauung der jüdischen Gemeinde. Haggada, Midrasch.*
Est	a) Rettung (der) Juden (in der) Diaspora.
	Purimfest, Rache, Haß, Heiden, Vorsehung, Ester, Ester-Buch.
Tob	b) Gottes Segen (über dem) Frommen. Weisheit, Weisheitspsalmen, Engel, Furcht Gottes, Glück, Dank, Tobit, Tobit-Buch.
Jdt	c) Rettung (des) Volkes (durch) Judit.
	Nationalismus, Gesetz, Talionsgesetz, Judit-Buch.
1, 2 Makk	3. *Zwei Geschichtswerke über den Widerstand der Juden gegen Religionsverfolgung im 2. Jh.* Jude, Hellenismus, Geschichtsschreibung.
1 Makk	a) (Geschichte der ersten Generation der) Hasmonäer. Makkabäer, Theokratie, Unsterblichkeit.
2 Makk	b) (Rhetorisch ausgeschmückte) Geschichtsschreibung, Erscheinung, Heerscharen, Martyrer, Makkabäer-Bücher.
Sir; Weish	4. *Fortführung der kanonischen Weisheitsdichtung.* Kanon, Weisheit, Weisheitsbuch.
Sir	a) Siehe IV, 2. d).
Weish	b) Siehe IV, 2. e).
Dn 13–14; Est	5. *Zusätze zu Dn und Est.* Siehe IV, 3. e) und IV, 4. c).

SCHLÜSSEL ZUM NT

Erstellt von Anton Grabner-Haider

Mt 1, 1 – 2, 23	**I. Vorgeschichte Jesu.** Matthäusevangelium, Matthäus
Mt 1, 1–17	Stammbaum Jesu, Christus, Sohn Gottes, David, Abraham, Maria.
Mt 1, 18–25	Kindheitsgeschichten, Engel, Geist, Jungfrauengeburt.
Mt 2, 1–23	Stern, Magier, Maria, Herodes, Traumdeutung.
Mt 3–18	**II. Wirken Jesu in Galiläa**
Mt 3, 1 – 4, 16	1. *Vorbereitung des öffentlichen Wirkens*
Mt 3, 1–17	Johannes der Täufer, Umkehr, Reich Gottes, Gericht, Taufe, Geist, Sohn Gottes.
Mt 4, 1–11	Versuchung Jesu, Wüste, Sohn Gottes, Teufel.
Mt 4, 17 – 9, 34	2. *Jesu öffentliches Wirken*
Mt 4, 17 – 7, 27	a) *Die Predigt Jesu (Bergpredigt)*
Mt 4, 12–25	Jünger, Berufung, Nachfolge, Heilungswunder.
Mt 5, 1–48	Bergpredigt, Herrschaft Gottes, Arme im Geist, Licht, Gesetz und Propheten, Ehescheidung, Vergebung, Schwurverbot, Feindesliebe, Feind.
Mt 6, 1–34	Gebet, Vaterunser, Vater, Fasten, Reichtum, Auge, Sorgen, Sorglosigkeit, Gelassenheit.
Mt 7, 1–29	Richten, Gebet, Vertrauen, Lügenpropheten, Dämon, Reich Gottes, Hören, Praxis.
Mt 7, 28 – 9, 34	b) *Die Machttaten Jesu*

Kol 3, 1–17   Auferstehung, Taufe, Eschatologie, Christus, Glied, Jetzt, Alter
                     Mensch, Neuer Mensch, Ablegen–anziehen, Liebe, Friede, Ver-
                     kündigung, Wort Gottes, Paraklese.
Kol 3, 18 – 4, 18   *3. Christliche Haustafel, Mahnung*
Kol 3, 19 – 4, 1   Haustafel, Ethik, Paraklese, Fremdprophetie.
Kol 4, 2–18   Dank, Verkündigung, Weisheit, Paraklese, Vollendung, Huld,
                     Gruß.
1 Thess 1–3   *1. Das Werk des Evangeliums.* Thessalonicherbriefe, Thessa-
                     lonich
1 Thess 1, 1–10   Glaube, Liebe, Hoffnung, Evangelium, Geist.
1 Thess 2, 1–16   Paraklese, Verkündigung, Evangelium, Apostel, Wort Gottes.
1 Thess 2, 17 – 3, 13 Glaube, Mühe, Evangelium, Paraklese, Wiederkunft.
1 Thess 4   *2. Die Verwirklichung des Evangeliums*
1 Thess 4, 1–18   Paraklese, Norm, Naherwartung, Formeln, Christus, Auf-
                     erstehung, Wiederkunft, Einholung.
1 Thess 5   *3. Der Tag des Herrn steht vor der Tür*
1 Thess 5, 1–28   Herrentag, Nähe, Eschatologie, Zukunft Gottes, Paraklese.
2 Thess 1   *1. Gruß, Dank und Bitte.* Thessalonicherbriefe
2 Thess 1, 1–12   Paulusbriefe, Glaube, Liebe, Gericht, Herrschaft Gottes.
2 Thess 2–3   *2. Wiederkunft Christi und Mahnung*
2 Thess 2, 1–17   Naherwartung, Verzögerung, Herrentag, Wiederkunft, Zukunft
                     Gottes, Anfang.
2 Thess 3, 1–18   Paraklese, Praxis, Nachahmen, Urbild, Liebe, Christus,
                     Verkündigung, Bruder.
1 Tim 1–3   *1. Weisungen an die Gemeinde.* Timotheus, Timotheusbrief
1 Tim 1, 1–20   Pseudonymität, Paulusbriefe, Pastoralbriefe, Evangelium,
                     Christus, Liebe, Wort Gottes.
1 Tim 2, 1–15   Paraklese, Apostel, Herold, Frau, Mann, Liebe.
1 Tim 3, 1–16   Bischof, Diakon, Glaube, Geheimnis, Amt, Hymnus.
1 Tim 4–6   *2. Warnung vor Irrlehrern*
1 Tim 4, 1–16   Glaube, Wort Gottes, Verheißung, Leben, Paraklese.
1 Tim 5, 1 – 6, 21   Paraklese, Mahnen, Erscheinung, Herr, Gerechtigkeit, Leben,
                     Lehre.
2 Tim 1–2   *1. Festhalten an der Lehre.* Timotheusbriefe.
2 Tim 1, 1–18   Pseudonymität, Pastoralbriefe, Apostel, Evangelium, Liebe,
                     Herrentag, Glaube.
2 Tim 2, 1–26   Jesus, Christus, Huld, Evangelium, Verkündigung, Wort Gottes,
                     Auferstehung, Gnosis, Eschatologie.
2 Tim 3–4   *2. Weitergabe der Botschaft*
2 Tim 3, 1–17   Endzeit, Lehre, Glaube, Heilige Schrift.
2 Tim 4, 1–22   Paraklese, Verkündigung, Wort Gottes, Lehre, Herrentag,
                     Kerygma, Herr.
Tit 1, 1–16   Apostel, Pseudonymität, Pastoralbriefe, Hoffnung, Wort
                     Gottes, Lehre, Paraklese.
Tit 2, 1–15   Glaube, Amt, Liebe, Wort Gottes, Huld, Christus, Paraklese.
Tit 3, 1–15   Retter, Erbarmen, Rechtfertigung, Hoffnung.
Phm 1–25   Paulusbriefe, Huld, Friede, Dank, Privatbrief, Paraklese,
                     Sklave, Gehorsam, Liebe, Staat, Herr, Freiheit.
Hebr 1, 1 – 4, 13 *1. Die Erhabenheit Jesu Christi.* Hebräerbrief
Hebr 1, 1–14   Wort Gottes, Sohn Gottes, Jesus, Christus, Engel, Pseud-
                     onymität, Paulusbriefe.
Hebr 2, 1–18   Herr, Leiden, Kreuz, Erhöhung, Jetzt, Sünde, Abraham.
Hebr 3, 1–19   Sohn, Mose, Christus, Paraklese.

FORMGESCHICHTLICHE
UND RELIGIONSGESCHICHTLICHE BEGRIFFE

Abschiedsrede
Aktualisierung
Allegorese
Alphabetische Lieder
Anekdote
Annalen
Anthologie
Apokalyptik
Apophthegmata
Ätiologie

Bann
Beispielerzählung
Bekenntnisformeln
Benedictus
Berufungsgeschichten
Beschreibungslied
Bildrede
Bildungsweisheit
Botenspruch
Brief
Brunnenlied
Bußpsalmen

Codex

Danklied
Davidlieder
Deuteronomist
Diatribe
Dichtung
Dodekalog
Dogma
Drohrede

Einleitungswissenschaft
Elohist
Enthusiasmus
Erlebnisbericht
Erlösermythos
Erweiswort
Erzählung
Etymologie
Evangelienharmonie
Evangelium
Exegese
Exhomologie

Fabel
Festlegende
Fluch(psalmen)
Fluch- und Segenssprüche
Formeln
Formen und Gattungen
Formgeschichte
Fragmentenhypothese

Gattungsgeschichte
Gebotsreihe
Gehörerlebnis
Gemeindebildung
Gerichtsbilder
Gerichtsrede
Geschichtspsalmen
Geschlechtsregister
Gesetzespsalmen
Gesetzestafel
Gleichnis
Glosse
Glossolalie
Götterprozession
Götterspaltung
Gottesknecht(lieder)
Gottesspruch

Haggada
Halacha
Hausgötter
Haustafel
Heiligkeitsgesetz
Heilungswunder
Hexapla
Historisch-kritische Forschung
Hodajot
Homilie
Hymnus
Hyperbel

Ich-Bericht
Ich-bin-Worte
Inschriften

Jahweerzählung
Jahwist
Jehovist

Kanon
Kapitel- und Verseinteilung
Katechetische Formeln
Katenen
Kindheitsgeschichten
Klagegebet
Klagelied
Klagelieder des Jeremia
Koine
Komposition
Königspsalm
Konjektur
Konkordanz
Kriegsberichte
Kultlegende

Lasterkatalog
Leben-Jesu-Forschung
Legende
Lehrrede
Leichenlied
Leidensgeschichte
Leidensweissagung
Letzte Worte Davids
Letzte Worte Jesu
Liebeslied
Literalsinn
Literarische Gattung
Loblied
Logienquelle
Logion
Lyrik

Magnificat
Mahnwort
Märchen
Maschal
Memoiren
Metapher
Metrik
Midrasch

nachösterlich
Namenlisten

Opfer
Opfertora
Ortssage

Parallelberichte
Parallelismus
Paränese
Perikope
Personenlegenden
Peschitta
Prahllied

Priesterschrift
Privatbrief
Prophetenspruch
Psalm
Psalter
Pseudonymität

Quellenscheidung
Quellenschichten
Quellenschriften

Rabbinische Erzählung
Rahmenbericht
Rätsel
Recht
Redaktionsgeschichte
Redaktor
Redegattungen
Redestil
Reflexionszitat
Reisebericht
Religionsgeschichte
Rhythmus
Ritual

Sage
Schöpfungsberichte
Schöpfungsmythen
Schriftbeweis
Schriftsinn
Segensformel
Siegeslied
Sitz im Leben
Spottlied
Sprichwort
Spruchweisheit
Stammbaum Jesu
Stammessage
Stammesspruch
Streitgespräche
Strophengedicht
Synoptische Frage

Tauformel
Testament
Textkritik
Theophanie
Totenklage
Totenlieder
Trinklied
Tugendkatalog
Typologie

Überlieferungsgeschichte
Urkunden-Hypothese

HERMENEUTISCHE BEGRIFFE
UND BEGRIFFE ZUR HERMENEUTIK

Absolutheitsanspruch
alle
Analogie
Anfang
Anonymität
Anpassung
Anspruch
Anthropologie
Anthropomorphismus
Antiochenische Schule
Antwort
Arbeit
Atheisten
Autorität

Begegnung
Beruf
Bewährung

Chance
Christsein

Dauerreflexion
Demokratisierung
Denkform
Dialog
Distanz
Divino afflante spiritu
Du

Einladung (Gottes)
Emanzipation
Endzeit
Engagement
Enteignung Gottes
Entideologisierung
Entmythologisierung
Entprivatisierung
Entscheidung
Eschatologie
Eschatologische Existenz
Ethik
Existenziale Interpretation
Experiment

Fortschritt
Fremdprophetie
Führungsgeschichte Gottes

Für andere
Für mich
Für uns

Gegenseitigkeit
Gegenwart (d. Heils)
Geheimnis
Gelassenheit
Geschichte
Geschichtsdenken
Geschlechtlichkeit
Gesellschaftskritik
Gewalt
Gewissensfreiheit
Gleich
Großzügigkeit

Heilsgeschichte
Heimat
Hermeneutik
Hierarchie
Historie
Hoffnung

Ich
Indikativ u. Imperativ
Information
Initiative
Inspiration
Institution
Intention

Jenseits

Katastrophe
Koexistenz
Konfession
Konflikt
Konfrontation
Kontinuität
Kreuzwerdung
Kritik

Leib
Leichtes Gepäck
Liebe

ABKÜRZUNGSVERZEICHNIS

A. Allgemeine Abkürzungen

AT	Altes Testament	lat.	lateinisch
atl.	alttestamentlich	LXX	Septuaginta
bibl.	biblisch	n.C.	nach Christi Geburt
bzw.	beziehungsweise	NT	Neues Testament
ca.	circa	ntl.	neutestamentlich
christl.	christlich	philos.	philosophisch
d. Ä.	der Ältere	sog.	sogenannt
ders.	derselbe	Synopt.	Synoptiker
d. Gr.	der Große	synopt.	synoptisch
d. h.	das heißt	theol.	theologisch
d. J.	der Jüngere	t. t.	terminus technicus
dt.	deutsch	u.	und
Ev.	Evangelium	u. a.	und andere
Evv.	Evangelien	usw.	und so weiter
evtl.	eventuell	V.	Vers
f, ff	folgend, folgende	Vv.	Verse
griech.	griechisch	v.C.	vor Christi Geburt
Hs.	Handschrift	Vg	Vulgata
Hss.	Handschriften	vgl.	vergleiche
hebr.	hebräisch	z. B.	zum Beispiel
Jh.	Jahrhundert	z. T.	zum Teil
jüd.	jüdisch		

B. Abkürzungen biblischer Bücher

Altes Testament

Gn	Genesis	1 Makk	1 Makkabäer
Ex	Exodus	2 Makk	2 Makkabäer
Lv	Leviticus	Ps	Psalmen
Nm	Numeri	Ib	Ijob (Job)
Dt	Deuteronomium	Spr	Sprüche
Jos	Josua	Prd	Prediger
Ri	Richter	Hl	Hoheslied
Rt	Rut	Weish	Weisheit
1 Sm	1 Samuel	Sir	Jesus Sirach
2 Sm	2 Samuel	Js	Jesaja (Isaias)
1 Kg	1 Könige	Jr	Jeremia(s)
2 Kg	2 Könige	Klgl	Klagelieder
1 Chr	1 Chronik	Bar	Baruch
2 Chr	2 Chronik	Ez	Ezechiel
Esr	Esra (Esdras)	Dn	Daniel
Neh	Nehemia	Hos	Hosea (Osee)
Tob	Tobit (Tobias)	Joel	Joel
Jdt	Judit	Am	Amos
Est	Ester	Ob	Obadja (Abdias)

Jon	Jona(s)	Zeph	Zephanja (Sophonias)
Mich	Micha (Michäas)	Hag	Haggai (Aggäus)
Nah	Nahum	Sach	Sacharja (Zacharias)
Hab	Habakuk	Mal	Maleachi (Malachias)

Neues Testament

Mt	Matthäusevangelium	1 Tim	1. Timotheusbrief
Mk	Markusevangelium	2 Tim	2. Timotheusbrief
Lk	Lukasevangelium	Tit	Titusbrief
Joh	Johannesevangelium	Phm	Philemonbrief
Apg	Apostelgeschichte	Hebr	Hebräerbrief
Röm	Römerbrief	Jak	Jakobusbrief
1 Kor	1. Korintherbrief	1 Petr	1. Petrusbrief
2 Kor	2. Korintherbrief	2 Petr	2. Petrusbrief
Gal	Galaterbrief	1 Joh	1. Johannesbrief
Eph	Epheserbrief	2 Joh	2. Johannesbrief
Phil	Philipperbrief	3 Joh	3. Johannesbrief
Kol	Kolosserbrief	Jud	Judasbrief
1 Thess	1. Thessalonicherbrief	Apk	Apokalypse
2 Thess	2. Thessalonicherbrief		

A

Aaron, aus Levis Stamm, Bruder des ↗Mose u. der ↗Mirjam. Als „Mund" u. „Prophet" steht A. dem Mose in den Verhandlungen mit Volk u. Pharao bei. Doch wird auch eine Erhebung A.s gegen Mose berichtet. Nach dem ↗Sinai-Bund wird A. u. seinen Söhnen das Priestertum übertragen. Drum wird in Israel fernerhin nur Priester, wer A., dem Inbegriff des wahren Priesters, entstammt. Ein Gottesurteil u. das Wunder des grünenden Stabes bestätigen A. als ersten Hohepriester. Seine Kleidung u. der Titel „Gesalbter" sprechen ihm königlichen Rang zu. Wegen seiner Sünde bei ↗Meriba darf A. wie Mose das ↗gelobte Land nicht betreten. – Im vollkommenen, ewigen Hohepriestertum Jesu Christi ist das unzulängliche, vorläufige Priestertum A.s aufgehoben (Hebr 5 u. 7 ff). he

Aas, der tote Körper eines ohne Blutverlust umgekommenen oder geschlachteten Tieres. Es ist u. macht unrein (Lv 11, 24–40) u. darf nur von Fremdlingen gegessen u. verkauft werden. Sonst warf man es den Tieren vor. – Die ↗Heidenchristen sollen sich aus Liebe zu den ↗Judenchristen des Erstickten, d. h. des A., enthalten (Apg 15, 20 ff). – Wie A. den Feldtieren preisgegeben ist, so verfällt nach Ez 32, 3–5 Ägypten dem göttlichen Gericht. he

Abba. Das aramäische Wort A. ist die familiäre Anrede des Vaters („Väterchen") u. entspricht unserem „Papa". Nur Familienangehörige, besonders die Kinder, nicht aber Knechte durften den Vater so anreden. Als Anrede Gottes kommt es vor dem NT nicht vor; ein Jude hätte es nie gewagt, sich so an ↗Gott zu wenden. Christus hat mit dieser Anrede Gottes, die er gern verwendet (z. B. Mk 14, 36), eine neue Wendung in der Gottesbegegnung gebracht. In dieser offenbart sich Gott als zärtlich liebender ↗Vater, den auch wir hinfort mit A. anreden dürfen. In Christus sind wir nicht mehr Knechte, sondern Kinder Gottes (↗Kindschaft Gottes) geworden (Röm 8, 15; Gal 4, 6), Christi Brüder (Joh 20, 17). st

Abdias ↗Obadja.

Abel (hebr. wohl Hauch, Vergänglichkeit), zweiter Sohn Adams u. Evas, ein Hirte. Sein Bruder ↗Kain erschlägt ihn, weil Gott das ↗Opfer A.s gnädig ansah, seines aber nicht. Gn 4, 3 ff nennt keinen Grund hierfür. Das Judentum deutet dann A. als Typ des Guten, Kain als den des Schlechten. Das NT nennt A. den ersten Gerechten, rühmt seinen Glauben u. sein Handeln. sieht in seinem unschuldig vergossenen Blut ein Vorbild des Opfers Jesu (Mt 23, 35 par; Hebr 11, 4). he

Abendmahl (Jesu). Die A.sberichte der Synopt. bzw. des Paulus dürfen nicht von vornherein als Reportage des historischen „letzten Abendmahles" Jesu mit seinen zwölf ↗Jüngern unmittelbar vor seinem Tod verstanden werden. Sie sind eindeutig von der Perspektive der ↗Auferstehung, d. h. vom nachösterlichen Glauben an den ↗Herrn her konzipiert (↗Herrenmahl). Drei theologische Motive werden bei ihrer Gestaltung wirksam: 1. Die Verkündigung des Todes Jesu: Gedanke des Sühneleidens (↗Sühne) u. -sterbens, des Opfermahls (↗Opfer), der Erlösungshingabe, der dienenden ↗Liebe (Joh) u. des Gehorsams. Die Beziehung zur ↗Paschalamm-Symbolik wurde erst spät (Joh) hergestellt. 2. Die Bekräftigung des ↗Bundes zwischen Gott u. seiner Gemeinde: Gedanke des ↗Testamentes, des einen ↗Leibes (Paulus), der ↗Menschwerdung, der Gegenwart des Herrn als des Bundesstifters, der Abschiedscharakter. 3. Eschatologische Bedeutung: Gedanke der Vorwegnahme des Messiasmahles

(↗Messias). Das A. als Abschiedsmahl u. Stiftungsanlaß der ↗Eucharistie ist einmalig u. unwiederholbar. Der Stiftungsbefehl bezieht sich deshalb auf die eucharistische Doppelhandlung im Rahmen des A., nicht auf dieses selbst. Trotzdem ist auch darin die Struktur des ↗Mahles vorgegeben. In jeder A.s-Feier muß die dreifache Botschaft des A. Jesu deutlich zur Sprache kommen: ↗Erlösung, ↗Gemeinde Gottes u. ↗eschatologische Existenz.   hi

Aberglaube. Der A. besteht darin, Dingen u. Handlungen übernatürliche Kräfte zuzuschreiben, die sie an sich nicht haben (↗Magie). In Israel war der A., bedingt durch den Einfluß der umliegenden Völker, immer eine große Gefahr. Übliche Formen: Kinder im Feuer opfern, ↗Wahrsagerei, Geheimkünste, ↗Zauberei u. Bannungen sowie Geisterbefragung (Dt 18, 10 f). Beliebt sind auch ↗Amulette (Js 3, 20), eigentümliche Haarschnitte u. Einschnitte am Leib (Lv 19, 27 f). Das Gesetz u. die Propheten kämpfen gegen den A. an. Auf Zauberei u. Wahrsagerei steht die Todesstrafe (Ex 22, 17), doch im Grunde ist der Kampf erfolglos, da immer wieder auch echte religiöse Handlungen durch Unverständnis auf die Stufe des A. absinken. So finden sich auch im NT noch häufige Erwähnungen von A. u. Zauberei (z. B. Apg 8, 9), aber im Prinzip ist er überwunden: Schon im AT hat sich Jahwe stärker gezeigt als jeder A. (Dn 2, 27 f), u. nun hat Christus den ↗Dämonen jede Macht genommen u. so den A. überwunden.   st

Abfall. Israels Geschichte ist ↗Heilsgeschichte, Geschichte mit ↗Jahwe – u. im A. von ihm Geschichte gegen Jahwe. So verleugnet Israel den mit Jahwe am Sinai geschlossenen ↗Bund im A. zum goldenen Kalb (Ex 31, 18 ff). Auf Gottes Schutz vor fremden Völkern beim Zug aus Ägypten ins gelobte Land antwortet Israel immer wieder mit Untreue, z. B. mit dem A. zu ↗Baal Peor (Nm 25, 3 f). Immer wieder vergilt Israel die einstige ↗Erwählung seiner Väter in der Wüste u. die Bundestreue Jahwes mit A., verschmäht es die Gnade, Jahwes Partner sein zu dürfen. Die ↗Propheten zeigen Israels vergangene und gegenwärtige Schuld als A. vom Herrn der Heils-

geschichte auf, nennen das Volk eine Hure (↗Dirne); seine Schuld u. Sünde bezeichnen sie mit Jahwe „nicht mehr kennen", ihn „verlassen", von ihm weg „hinter anderen hergehen" usw. Sie zeigen das Leiden Gottes unter Israels Sünde u. sein Ringen um die rechte Züchtigung, die es zu ihm zurückführt. Sie werden aber auch Künder des Erbarmens und der Liebe Gottes u. verheißen das ↗Heil, das in Jesu Erlösungstat allen Völkern geschenkt wird: „Den, der die Sünde nicht kannte, hat er für uns zur Sünde gemacht..." (2 Kor 5, 21). ↗Israel.   br

Abgaben. Bevor das jüdische Volk (außer den Priestern u. Leviten) A. an Besatzungs- u. Siegermächte zu entrichten gezwungen war, gehörten A. an Gott u. das Heiligtum in Form von Erstlingen, ↗Zehnten u. ↗Hebe zu den atl. Kultforderungen (z. B. Ex 22, 18 f). In der Königszeit gehörte es zum Recht des Königs, z. B. den Zehnten einzufordern (1 Sm 8, 15). Paulus spricht sich für eine loyale Entrichtung der A. aus (Röm 13, 7). Die A. der ersten Christengemeinden waren freiwillig u. begründet im Liebesgebot Jesu, den Nächsten wie sich selbst zu lieben.   br

Abilene, das Gebiet um die Stadt Abila nordwestlich von Damaskus. Vor 37 n.C. war nach Lk 3, 1 u. einer Inschrift Lysanias ↗Vierfürst von A.   he

Abimelech (hebr. mein Vater ist König). 1. König von Gerar, um den die Erzählungen von der Gefährdung der Ahnfrau spielen (vgl. Gn 20 u. 26). Abraham u. Isaak schließen später mit A. in Beerscheba einen Bund (vgl. Gn 21 u. 26). – 2. Sohn des Gideon-Jerubbaal (Ri 9, 1).   he

Ab(i)ner (hebr. [mein] Vater ist eine Leuchte), Neffe u. Feldherr Sauls (1 Sm 14, 50 f). Im Kampf um den Thron steht er lange zu Saul u. seinem Sohn Eschbaal, tritt dann aber auf Davids Seite. David beklagt öffentlich den Mord an A. u. bezeugt so A.s Ansehen u. Bedeutung (2 Sm 3, 28–39).   he

Abinu. Mit A. (hebr. unser Vater) wird Gott im AT zunächst selten bezeichnet, da Israel sich von heidnischen Völkern, die diese Anrede gebrauchten, abschirmte. Zur Zeit Jesu ist A. die feierliche Vateranrede Gottes, ehrerbietig gesteigert durch Hinzufügen des Königstitels (A. malkenu = unser Vater u. König).

br

ablegen – anziehen. Beide Begriffe entstammen der Taufterminologie. Bei der ↗Taufe geht es darum, das ↗Alte u. Bisherige des Lebens wie ein Kleid abzulegen u. etwas ↗Neues anzuziehen. Was für die ↗Mysterienkulte Verwandlung war, sagt die christliche Verkündigung mit den beiden Begriffen aus. Abgelegt wird all das, was sündhaft u. verfremdet war; der „alte Mensch", der durch Unwahrhaftigkeit u. Trug zerstört war (Eph 4, 22). Abgelegt wird alles, was Gottes ↗Zorngericht hervorruft: Haß, Neid, böse Gesinnung u. Gotteslästerung. Der ganze alte Mensch wird abgestreift (Kol 3, 9), denn sein Tun war der Macht der ↗Finsternis u. des ↗Bösen hörig. Angezogen aber wird ein ↗ „neuer Mensch", der durch u. durch erneuert ist nach dem Bild des Schöpfers, der auf Gott hin geschaffen ist u. ↗Gerechtigkeit u. ↗Wahrheit tut (Eph 4, 24). Für den ↗Endkampf wird Gottes Waffenrüstung angezogen, um gegen die bösen ↗Mächte u. Gewalten bestehen zu können (1 Thess 5, 8). Der Getaufte wird ausgerüstet mit den „Waffen des Lichtes", damit er Vorkämpfer des ↗Herrentages sei (Röm 13, 12). Wer eigentlich in der Taufe angezogen wird, ist der ↗Herr ↗Jesus ↗Christus (Röm 13, 14). Wie Jesus gelebt hat, soll der leben, der auf seinen Namen getauft ist. Wie Jesus soll er für die Menschen u. für die Welt dasein.

gr

Abraham, Erstling u. Repräsentant Israels. A. heißt „Völkervater", sprachlich wohl zerdehnt aus babylon. „Abram" (viell. „liebe den Vater"). Die A.-Geschichte steht zwischen der Urgeschichte u. der Auszugsgeschichte. Das zentrale jahwistische ↗Kerygma (↗Jahwist) der ↗Berufung A.s findet sich in Gn 12, 1–4a. Fünffach ist hier das Wort vom ↗Segen variiert. Der Gesegnete lebt mit einer kinderlosen Frau. Er geht ohne Wenn u. Aber. Für Abram selbst besteht der Segen konkret in der Zusage von Land u. Nachkommenschaft. Letztes Ziel seines Segensganges ist der Segen, den die Menschheit in ihm erfährt. A.s „großer Name" ist ein Geschenk Jahwes im Gegensatz zum selbstgemachten ↗Namen der Turmbauer von Gn 11, 4. A. ist durchscheinend auf Israel. A.s Groß ich weitet sich zum Wir der Psalmen Israels. Gn 1–11 erklärt, warum die Menschen Israels Segen brauchen. Fünfmal erscheint die Wurzel „fluchen": 3, 14.17; 4, 11; 5, 29; 9, 25. In ↗Kain u. ↗Kanaan hatte Gottes ↗Fluch Menschen getroffen, die Völkerväter waren. Fluch bringt Unfreiheit, schließt aus der ↗Gemeinschaft aus, fesselt an den Staub, macht unfruchtbar, stößt in Todesangst. Solcher Fluch tobt sich in Kain u. Kanaan in der Menschheit aus. Aber sie überlebt auf ein Ziel zu. Nach A. bleibt es nicht mehr beim alten Fluch. Aus Fluch wird Segen, aus ziellosem Irren u. aus Wirrwarr der Sprachen wird Heilsgang u. ↗Gehorsam. Kurz: es beginnt die ↗Heilsgeschichte Gottes mit den Menschen von neuem. So liegt in Gn 12, 3b die Kernbotschaft des Jahwisten. Im Lichte dieses A.s-Kerygmas wollen alle anderen A.s-Perikopen verstanden werden, z. B. Gn 18, 16 ff. Das straffällige ↗Sodom steht für die Fluchvölker der Erde. A. steht für Israels unermüdlich fürsprechenden Einsatz für die, die dem Tod verfallen sind. Segen ist ↗Vergebung von ↗Schuld, Aufhebung von beschlossener Vernichtung. An Sodom kommt A.s Einsatz nicht zur Erfüllung, die Aufgabe wird an Israel weitergereicht u. bleibt hängen beim „Erstling aus den Toten" (Kol 1, 18). Der Grund des Gottessegens wird Gn 22, 18 deutlich: „Weil du auf meine Stimme gehört hast." Das wiederum wird interpretiert: „weil du mir deinen Sohn, deinen einzigen, nicht vorenthalten hast". Isaak ist nicht nur Sohn, sondern leibhaftiger Segensträger. An Isaak hängt A.s Bewährung, Gottes Wahrheit. Die Völker Kanaans, des bisher verfluchten, geben ihren Göttern die Erstgeburt. Soll A. weniger geben? A. zeigt stellvertretend für Israel, daß seine Bereitschaft zur Freigabe nicht geringer ist als die der Kanaaniter. Der ↗El Abrams will kein Menschenopfer. Anstelle des Menschen tritt das Tier. Anstelle des Menschen u. des Tieres tritt das ↗ „Lamm Gottes" (Joh 1, 29). Isaak ist ↗Typos für Jesus. So wird das Segensmotiv des Urvaters im Erinnerungsbuch des alten u. neuen Bundes oft u. oft neu interpretiert. Die ↗Priesterschrift tut es mit symbolischen Zahlen: Sie verknüpft mit ihren Zahlen A. mit dem Tempel von Jerusalem, wo „die Edlen der Völker versammelt sind als Volk des Gottes A.s" (Ps 47, 10): 75 Jahre ist A., als er auszieht (Gn 12, 4). 25 Jahre später wird Isaak geboren (21, 5). 60 Jahre später werden Isaaks Söhne geboren (25, 26). 130 Jahre später läßt sich Jakob in Ägypten nieder (47, 9). Insgesamt 215 Jahre sind die Väter in Kanaan. 430 Jahre − das Doppelte der Väterzeit − dauert Israels Aufenthalt in Ägypten. 480 Jahre später baut Salomo den Tempel (1 Kg 6, 1). 1200 Jahre vergehen von A.s Geburt bis zum Tempelbau. Die Landverheißung erfüllt sich im festen ↗Tempel. 1200 ist das Hundertfache von 12, der ↗Zahl der Vollkommenheit, der Zahl Israels. − Gal 3, 8 nimmt Paulus diesen zentralen A.s-Segen auf u. erklärt, daß alle, die aus dem ↗Glauben leben, mit dem gläubigen A. gesegnet werden, Gn 12, 3 ist somit ein Völker-Evangelium vor dem Jesus-Ev. Die Botschaft für die Heidenvölker beginnt bei A.s Glaubenstat. Sein „Sichfestmachen-in-Jahwe" war nicht seine ↗Leistung, sondern Werk des durch Gottes freie Zusage gewirkten ↗Glaubensgehorsams. Wer so wie A. lebt, ist A.s wahrer, gesegneter Sohn. Paulus geht noch weiter (vgl. Röm 4, 17 ff). A. ist Testfall der ↗Treue Gottes, die „das, was nicht ist, ruft, so daß es ist". Treu ist der Gott A.s, indem er das Tote belebt. In der Tat der ↗Auferstehung Jesu bewährt ,u. bewahrheitet sich die Segenstreue des lebensmächtigen Vätergottes. Diese seinsschaffende Tat ist Fundament des Glaubens der A.-Söhne. So wird A.s Glaube zum ↗Gericht für alle, die sich an ihn als Vater klammern, ohne das Werk seines Exodus (↗Auszug) zu wagen. Sie werden von seinem Tisch hinausgeworfen (Mt 8, 11), gleich ob sie beschnitten sind in der Weise Israels oder besiegelt sind in der ↗Taufe des ↗Geistes ↗Jesu Christi. In der Rückkehr u. ↗Umkehr zum Auszug des A. liegt auch die ↗Chance der Christen, Israel „zur Eifersucht zu reizen" (Röm 11, 11). Das ist die prophetische Weisung jenes Vätergottes, der „aus diesen Steinen da dem Abraham Kinder erwecken kann" (Lk 3, 8).   wi

Absalom (hebr. Vater ist Friede), 3. Sohn ↗Davids, ermordete seinen Bruder Amnon, um seine vergewaltigte Schwester Tamar zu rächen. Vor Davids Zorn flieht er, kann später aber nach Jerusalem zurückkehren u. sich mit seinem Vater versöhnen. Alsbald sucht er die Thronfolge durch Propaganda u. Verschwörung zu beschleunigen (um ↗Salomo auszustechen?) u. läßt sich in Hebron zum König ausrufen. Im Kampf zwischen David u. A. wird A.s Heer geschlagen; A. wird gegen Davids ausdrücklichen Befehl getötet u. im Wald begraben (2 Sm 13−15; 17). − Das heutige „Grab A.s" stammt aus hellenistischer Zeit.   he

Abschiedsrede. Mit A. wird formgeschichtlich eine literarische Gattung bezeichnet, die in AT u. NT sowie in der außerkanonischen spätjüdischen Literatur eine bedeutsame Rolle spielt (siehe vor allem die ↗Testamente der Zwölf Patriarchen). Die A. ist öfter Gliedgattung der umfassenderen ↗Gattung ↗Testament. Die bibl. A. unterscheidet sich als religiöse Gattung von den profanen A.n der klassisch-griech. u. hellenistischen Literatur (die freilich auch „Offenbarungsreden" sog. „göttlicher Menschen" kennt). Das formale Schema der A. ist durchaus geschmeidig, als wesentliche Züge lassen sich aber folgende nennen: Eine große bibl. Gestalt (Patriarchen, Jesus, Apostel) nimmt angesichts des bevorstehenden Todes Abschied von den Seinen u. spendet in Rückblick u. Vorblick Ermahnungen u. Trost, verheißt Segen u. gibt letzte Verfügungen. Der paränetische Charakter der A.n ist unverkennbar. In den Mahnungen läßt sich zumeist das aktuelle Anliegen des Traditionskreises oder Schriftstellers sicher u. läßt greifen, der die literarische Gattung A. als Form seiner Verkündigung benutzt. Ein gutes Beispiel bietet die lukanische Abschiedsrede Jesu (Lk 22, 21−38), die eine Komposition des Evangelisten ist, der hier verschiedene ihm überlieferte Materialien zusammengestellt hat. Als A. Jesu erhalten die alten Worte einen neuen ↗ „Sitz im Leben", insofern sie nun vom Schriftsteller als Mahnungen für die Eucharistiefeier der Gemeinde verstanden werden: für den Tischdienst, die

Fürsorge der Vorsteher, die Pflege der Predigt, die Wachhaltung der Hoffnung, die Ausdauer u. Leidensbereitschaft. Lukas benutzt die Form der A. sodann auch für die große Rede Pauli in Milet (Apg 20, 17–35), die einen apostolischen Rechenschaftsbericht mit dem prophetischen, für die Zeit des Lk gültigen Vorblick in die nachapostolische Zeit der Kirche verbindet. Aus dem NT wären als Beispiele der Gattung insbesondere noch die johanneischen A.n Jesu (Joh 13, 31 – 17, 26), aus dem AT die A.n Jakobs (Gn 49, 1–27), Josuas (Jos 23–24), Samuels (1 Sm 12, 20–25) u. Davids (1 Chr 28–29) zu erwähnen. Das Buch Dt ist als ganzes eine große A. des Mose. Auf die altchristliche Literaturform der Gespräche des Auferstandenen mit seinen Aposteln, die auch als A.n gelten können, haben ntl. Szenen, wie Mt 28, 16–20; Lk 24, 44–49; Mk 13, eingewirkt. pe

Absolutheitsanspruch. So selbstverständlich man vielfach heute vom A. ↗ Gottes, ↗ Christi, ↗ der Religion, ↗ der Kirche, ↗ des Glaubens usw. spricht, so ist jedoch zu bedenken, daß der Begriff erst im Anschluß an den deutschen Idealismus entwickelt u. von der kirchlichen Apologetik aufgegriffen wurde, um die einzigartige Bedeutung des Christentums zu betonen. Der A. meint eine Forderung, losgelöst von allem Bezugssystem, einmalige Gültigkeit beansprucht u. daher mit der Notwendigkeit in Verbindung gebracht wird. Gegen jeden A. wenden sich die verschiedenen Formen des Relativismus. Der A. der Religion sei daher zu verwerfen. Beide Betrachtungsweisen entsprechen nicht der christl. Offenbarung u. dem christl. Glauben. Die christl. Offenbarung kann weder von ihrem Bezug zur ↗ Geschichte losgelöst werden, noch wird durch ihren geschichtlichen Ereignischarakter ihre absolute Gültigkeit zerstört. Der A. ist stets relativ, d. h., nur in einer ganz bestimmten Situation kann er erklingen. Im Sinne einer letztgültigen, verbindlichen Forderung im Raum der Geschichte erhebt zu Recht der christl. Glaube seinen A. So fordert ↗ Jesus in seinem Auftreten absolute Entscheidung, an der das ↗ Heil oder ↗ Unheil hängt. In seiner zeitlich-geschichtlichen Bedingtheit wird in seinem Vollmachtsanspruch letzte Entscheidung verlangt. In ihm ist Gott nahe gekommen. Das zufällige Zusammentreffen mit Jesus u. die Antwort, die der Mensch darauf gibt, entscheiden über endgültige Gottesnähe oder -ferne. Der A. Jesu ist an die Zeit u. Geschichte jedoch so gebunden, daß er nicht mehr gehört werden kann, wenn seine Stunde vorbei ist. Der A. des Wortes: Ich bin der Weg, die Wahrheit u. das Leben (Joh 14, 6), ist durch Raum u. Zeit bestimmt u. nur in ihr absolute Forderung. Wird A. dieser Dimension entnommen, wird der Mensch in seiner geschichtlichen Bedingtheit nicht mehr ernst genommen u. der A. zum Machtanspruch auf den Menschen. Nur dort, wo mir der ↗ Nächste begegnet u. er mich fordert (in Hunger, Durst, Nacktheit, Armut usw., Mt 25, 31 ff), trifft mich sein A. (was ihr dem Geringsten meiner Brüder getan habt, habt ihr mir [Jesus Christus] getan). Für mich hängt das letzte an meiner Entscheidung gegenüber diesem Anspruch. Ebenso weiß sich die Kirche Jesu A. verpflichtet u. hat diesen für die Menschen weiterzutragen. Insofern die Kirche mit zum eschatologischen, d. h. letztgültigen Ereignis der Offenbarung Gottes gehört, hat sie diesen A. zu erheben. In ihrer ↗ Verkündigung (durch Wort u. Sakrament) trifft Gottes Heilstat auf den Menschen. In Zeit u. Geschichte wird der Mensch durch die Botschaft der Kirche konkret mit Gottes Wirklichkeit konfrontiert, u. so wird der A. hörbar. „Wer euch hört, hört mich", meint nicht ein beliebiges Wort der Kirche, sondern nur *Gottes* Wort, das in meiner Situation gegenwärtig wird. Weder bestimmte Lebensformen u. institutionelle Gegebenheiten noch bestimmte Autoritäten erheben als solche zu Recht den A., sondern nur insofern in ihnen der Mensch mit dem eschatologischen Geschehen in Beziehung gebracht wird, dem der A. immanent ist. So ist äußerste Umsicht geboten, sowohl im Erheben wie im Hören des A. Er ereignet sich nie direkt, sondern stets in einer relativen, kontingenten, d. h. eben geschichtlichen Wirklichkeit, die aber nicht undialektisch mit dem A. gleichgesetzt werden darf. Eine Verlautbarung einer ↗ Institu-

tion, eine Äußerung einer noch so entscheidenden ↗Autorität hat nicht eo
ipso absolute Gültigkeit, sondern nur
inwieweit die eschatologische, letzte
Forderung laut wird. Diese steht aber
nicht von vornherein fest auf Grund der
Autorität oder Lebensform, sondern ist
von der Situation bzw. Relation abhängig.
So ist es richtig, daß die ↗Offenbarung
Gottes in Jesus Christus, weil sie die
endgültige Selbsterschließung Gottes ist,
den A. erhebt, aber nicht als objektivier-
bare Gegebenheit, sondern nur als (eschatologisches) Ereignis, das mich in der
↗Gemeinschaft fordert. So ist es richtig,
daß die Kirche, wenn sie Gottes Heilstat in Christus verkündigt, den A. erhebt, aber nicht als vorgegebene Institution oder exklusive Heilsanstalt, sondern nur insofern Gottes Wort in ihr er-
klingt. So ist es richtig, daß die christl.
Religion absolute Geltung fordert, nicht
aber insofern sie die „beste" der Religionen ist, sondern weil sie im Austausch mit anderen Religionen hoffen
darf, die ↗Gegenwart Gottes authentisch zur Sprache zu bringen. So ist es
richtig, daß der christl. Glaube den Menschen absolut beansprucht, nicht aber
so, daß er seine Sicherheit jenseits von
Zeit u. Geschichte hätte, sondern allein
weil im Menschen (Jesus von Nazaret)
Gott dem Menschen nahegekommen ist
u. der Glaubende so in der Geschichte
je u. je neu Gottes Wirken inne wird.
So kann im ↗Mitmenschen, in der
Kirche u. in der Religion der A. auf den
Menschen zukommen u. Glaube gefordert sein, nie aber ist er von seinem
dialektischen Bezug zu Raum, Zeit u.
Geschichte, d. h. von der Situation zu
lösen u. hat nur in ihr seine Gültigkeit.
                                         ha
Achab (hebr. Bruder des Vaters), König
von Israel. Unter seiner glücklichen Regierung wurde Israel reiche Großmacht.
A.s Mißachtung israelitischen Boden-
rechts führte zum Justizmord an Nabot
(1 Kg 21). Obwohl jahwetreu, duldete
A. den Baal-Kult seiner Gemahlin ↗Ise-
bel u. wird deswegen von Elija u. sonst
oft im AT als Baalsdiener beurteilt (1 Kg
16, 29 – 22, 40). ↗Baal.   he
Achaia, die südliche Halbinsel Griechenlands. Seit 146 v.C. römische Provinz,

wurde A. von einem ↗Prokonsul ver-
waltet, wie auch Apg 18,12 bezeugt. Die
Hauptstadt A.s u. Sitz der römischen
Verwaltung war ↗Korinth. ↗Paulus be-
sucht A. auf seiner 2. u. 3. Missionsreise
(Apg 17, 16 – 18, 18; 19, 21). Er rühmt die
Gebefreudigkeit A.s (2 Kor 9, 2 ff). Auch
↗Apollos besucht die Gemeinden A.s.
„Das Haus des Stephanas ist die Erst-
lingsfrucht von A." (1 Kor 16, 15).   he
Achas (hebr. er hat ergriffen), König von
Juda. In der Bedrängnis durch Syrien u.
Israel verheißt Jesaja (7, 1–17) die Ver-
nichtung der Feinde; doch A. glaubt
nicht, sondern erkauft die Hilfe ↗Tiglat-
pilesers III. u. wird nach dem Sieg sein
Vasall. Das AT tadelt an A. das (↗Mo-
loch-)Opfer seines Sohnes, die Götzen-
opfer sowie den Altar, den er nach as-
syrischem Vorbild errichten ließ (2 Kg
16). ↗Aschera.   he
Ächtungstexte ↗Bann.
Achtzehngebet (hebr. Schemone Esre,
d. h. 18), ein jüdisches Gebet aus 18
Gliedern, das in seinen ältesten Teilen
in die vorchristl. Zeit reicht, aber erst
um 100 n.C. durch Simon den Flachs-
händler feste Gestalt u. Ordnung erhielt.
Damals wurde auch die 12. Bitte eingefügt, die sich gegen die Häretiker
richtet u. so vor allem die Judenchristen
endgültig vom Synagogengottesdienst
ausschloß. Das A. hatte einen festen
Platz im Beten der ↗Synagoge u. wird
auch heute noch vom frommen Juden
dreimal täglich verrichtet. Dabei verwendet man die babylonische Textform;
die palästinensische Rezension, wie sie
in der Geniza von Kairo gefunden
wurde, ist älter. Das A. ist symmetrisch
aufgebaut: die ersten drei Glieder sind
ein Lobgesang, es folgen zwölf Bitten,
abgeschlossen vom dreigliedrigen Dank-
u. Segensgebet. Die ersten sechs Bitten
gehen um Erkenntnis der ↗Tora, Umkehr, Sündenvergebung, Hilfe in der
Bedrückung, Heilung u. tägliches Brot;
die zweite Serie ist endzeitlich ausgerichtet. Sie bittet um die verheißene
Freiheit, die Wiederherstellung der Souveränität des Volkes, gegen Häretiker,
für die ↗Proselyten, für Jerusalem u.
um Erhörung des Gebets.   st
Ackerbaukultur. 1. Mit der ↗Landnahme
übernahmen die (halb-)nomadischen
Gruppen Israels die A. Kanaans, die hier

seit der Natufkultur (ca. 8000 v.C.) nachweisbar ist. Das anbaufähige Gebiet (Talflächen u. Ebenen) ist relativ begrenzt; es wurde teilweise durch mühsame Terrassenwirtschaft an den Gebirgshängen erweitert. Entscheidender Faktor der palästinensischen A. ist, im Unterschied zu den Kulturländern des Nils u. des Zweistromlands, der Regenfall. Die winterliche ↗Regenzeit setzt mit dem „Frühregen" normalerweise Ende Oktober ein, der Hauptregen fällt im Januar, die Regenzeit schließt mit dem „Spätregen" im Mai. Die Aussaat des Wintergetreides (Gerste u. Weizen) erfolgte bald nach dem Einsetzen des Frühregens, die Sommersaat (vor allem Mohrenhirse bzw. Kafferkorn) vor dem Aufhören des Spätregens. Daneben wurden Flachs, Kohl-, Rüben- u. Kürbisarten angebaut. Die Bestellung der Äcker geschieht schon seit Beginn des 2. Jt. v.C. mit dem hölzernen, seit Beginn der Eisenzeit mit dem Metallpflug. Es scheint, daß die Felder nicht oder nur sehr wenig gedüngt wurden (der Mist wurde zum Feuermachen verwendet); der Boden mußte sich in der Brache regenerieren. Gesät wurde mit der Hand oder mit einem am Pflug angebrachten Sätrichter. (Die besonders im Zusammenhang mit dem Gleichnis Jesu vom Sämann vertretene Auffassung, man habe in Palästina erst nach dem Säen gepflügt, ist sehr ungewiß.) Das reife Getreide wurde mit der Sichel geschnitten (die Gerste ab Ende April, der Weizen ab Mitte Mai) u. vom Acker direkt auf die (meist dorfeigene) Tenne, einen ebenen, dem Wind ausgesetzten Platz, gebracht, wo es mit dem Stock, durch über das ausgebreitete Getreide getriebene Tiere oder mit dem Dreschschlitten gedroschen, geworfelt, d. h. durch Hochwerfen im Wind von Spreu u. Staub gereinigt u. gesiebt wurde. Den Ertrag verwahrte man in Tonkrügen (meist in der Erde) oder großen Kornspeichern; nach besonders reichen Ernten wurde Getreide auch exportiert (1 Kg 5, 11; Ez 27, 17). – 2. Die Übernahme der A. brachte für den Jahweglauben eine langwierige Auseinandersetzung mit der kanaanäischen Fruchtbarkeitsreligion, in deren Verlauf Jahwe viele Funktionen Baals übernahm. Auch

die ursprünglich kanaanäischen Agrarfeste (↗Feste) u. Ernteabgaben wurden „jahwesiert", d. h., sie erhielten einen neuen Sinn durch einen Bezug auf die Geschichte Israels mit Jahwe (z. B. Mazzotfest = Gerstenfest: Exodus; Wochenfest = Weizenfest: Sinai; Laubhüttenfest = Obst- u. Weinfest: Wüstenzeit). Gegen die theologische Anpassung an die neue Kulturform sperrten sich lange Zeit viele Kreise Israels mit nomadischem Lebensideal (wie die Nasiräer u. die Rekabiten) u. Gruppen des frühen Prophetentums (Elija, Elischa). – 3. Die A. liefert der bibl. Literatur viele Motive u. Metaphern (vgl. die eschatologischen Aussagen der Propheten, die Weisheit u. die Gleichnisse Jesu).   ze

Adam. Religionsgeschichtlich gehört A. zur Kategorie des „ersten Menschen". Dieser tritt z. B. in den akkadischen Religionen als der weise König Adapa auf. Auch er besitzt ewiges Leben. Durch ein Mißverständnis weist er aber die angebotene Lebensspeise zurück u. verliert dadurch endgültig das ewige Leben. In der Bibel finden sich auch Anspielungen auf einen hebr. Urmenschenmythos, z. B. in Ib 15, 7 f u. Ez 28, 1–10. Nach dieser Vorstellung hat der erste Mensch in einem Gottesgarten oder auf einem Gottesberg gewohnt, weil ihm Gott dort besonders nahe war. Der erste Mensch versuchte auf listige Weise, sich göttliche ↗Weisheit zu verschaffen. So wurde er vom Gottesberg herabgestürzt u. aus dem Garten Gottes ausgeschlossen.

In den beiden Berichten des bibl. Buches Genesis sind diese mythischen Elemente noch deutlich, u. sie sind dort mit ätiologischen Motiven (↗Ätiologie) verbunden. Sowohl der jahwistische (Gn 2, 4b–25) als auch der priesterliche (Gn 1, 1–2, 3a) Schöpfungsbericht versuchen in der Sprechweise ihrer Zeit, eine Antwort zu geben auf die Frage nach dem Woher u. Wohin des Menschen, nach dem Sinn des Lebens u. der Vergänglichkeit, auf die Erfahrung von Schuld u. mitmenschlichem Ungenügen, auf die geheimnisvolle Polarität von Frau u. Mann sowie auf die Frage nach den eigenen menschlichen Möglichkeiten u. Aufgaben. Die bibl. Schöpfungsberichte sprechen aus der Gotteserfahrung des

Volkes Israel, das sich von ↗Jahwe errettet u. geführt weiß; sie sprechen in der Vorstellungswelt eines Bauern-, Hirten- u. Nomadenvolkes u. sind vor allem ein Bekenntnis zu ihrem Führer-Gott Jahwe sowie ein dankender Lobpreis der Menschen an ihren Schöpfer. Im ↗Spätjudentum, vor allem in der ↗Apokalyptik, wird A. als Idealgestalt gesehen (Sir 49, 16). In andern Schriften tritt A. als der erste gefallene Mensch auf (z. B. 4 Esr 4, 11); er wird immer mehr zum ↗Typos für den selbstverschlossenen u. gottfremden Menschen. Er ist der Mensch, der seinem Schöpfer ungehorsam war u. der sich damit selbst verloren hat.

Im NT wird A. in der Genealogie des Lukas (3, 38) als „Sohn Gottes" bezeichnet. Weil Gott den A. gemacht hat, ist dieser ihm ↗Sohn, analog zu den anderen Namen der Genealogie, die als Väter u. Söhne aufgezählt werden. Der ↗Stammbaum Jesu wird bis A. u. damit bis Gott zurückgeführt. Soweit das apokalyptische Denken in das NT hereinspielt, wird von A. in einem typologischen Sinn (↗Typologie) gesprochen, vor allem bei Paulus. Aus der paulinischen Verkündigung wird deutlich, daß im Lebensbereich des A. ↗alle Menschen dem Tod bzw. der ↗Sünde verfallen sind. Insofern der Mensch von A. herkommt, sind Sterben u. Vergehen sein Schicksal. Daran kann kein Mensch an sich u. von sich aus etwas ändern. Nun kam aber ein zweiter A., ↗Christus. Er ist der neue u. letzte A., der neue u. vollendete Mensch. Wie der erste A. das Schicksal aller Menschen bestimmt hatte, so wird der letzte A. alle nach sich ziehen.

Im Bereich Christi werden alle ein neues u. endgültiges ↗Leben finden. Er bedeutet darum Leben, Endgültigkeit, Unvergänglichkeit u. Vollendung für alle, die freiwillig in seinem Gefolge stehen. Christus ist der erste Mensch, der von Gott neues Leben gefunden hat (↗Auferstehung), er wurde aus denen, die tot waren, von Gott auferweckt (vgl. 1 Kor 15, 22.20).

Schon der erste Mensch A. war Leben u. Geist von Gott her, denn er hatte Gottes Lebensodem in sich. Aber der letzte A. ist lebenschaffender ↗Geist

(1 Kor 15, 45–48); Christus ist erfüllt mit Gottes Schöpfermacht, er gibt Gottes Geist weiter an die Seinen. Dieser Geist schafft im Menschen neues Leben. Als der letzte A. ist Christus das einzig gültige Urbild für alle Menschen geworden. Er hat allen die Möglichkeit eröffnet, nach seinem Urbild zu leben, ihn abzubilden. Es bleibt aber weiterhin die Wahl zwischen ihm u. dem ersten A. Jeder kann auch weiterhin dem ersten A. folgen. Nach Röm 5, 14 war der erste A. „das Urbild des Kommenden", insofern er alle Menschen unter seine Herrschaft zwang. Auch Christus wird alle Menschen unter seine ↗Herrschaft rufen. Wie A. alle Menschen meint, so bedeutet auch Christus alle, die ganze Menschheit. Er ist die umfassende Möglichkeit der Menschheit, der „neue Mensch".   gr

Adambücher, jüd., später christlich überarbeitete Schriften, die zu den sog. Patriarchenlegenden gehören u. in verschiedenen Fassungen erhalten sind. Sie erzählen legendenhaft die Geschichte Adams u. Evas vom Sündenfall bis zu ihrem Tod u. Begräbnis.   he

Adonaj. Adon (Herr) bezeichnet im AT denjenigen, der rechtmäßig über jemanden oder etwas verfügt, u. ist Titel für Gott (Götter) u. Menschen. Jahwe wird ↗Herr genannt, weil er sich Israel als sein Volk erworben hat, indem er es aus der Knechtschaft in ↗Ägypten befreite. Er wird „Herr der ganzen Welt" genannt, weil er sie schuf. – Adonaj (mein Herr) wird im AT nur von ↗Jahwe gebraucht. Es ist nicht Gottesname, sondern Gottesanrede, wie die häufige Verbindung „A. Jahwe" zeigt. Im ↗Pentateuch durchweg, oft aber auch in den Propheten u. Psalmen ist A. Gebetsanrede. A. drückt die feste Beziehung u. Nähe des Beters zu Gott aus u. wahrt doch die Distanz, die der Untergebene seinem Herrn schuldet. Diese Bedeutung von A. bleibt auch in der LXX erhalten, die „Jahwe" immer mit Kyrios (Herr) wiedergibt. In den letzten Jahrhunderten v. C. wird A. die übliche Gottesbezeichnung im Judentum, weil man aus Scheu vor Entweihung den Namen Jahwe nicht mehr auszusprechen wagte; gleichzeitig verliert A. den Gedanken der festen Beziehung u. Nähe des Menschen zu Gott u. gewinnt als Ausdruck der absoluten Andersartigkeit Gottes die Bedeutung „Allherrscher".   he

Adoption, die Annahme an ↗Sohnes Statt. Im AT u. im Judentum gewährt allein die Blutsverwandtschaft die Kontinuität des Stammessegens; A. ist im israelitischen Recht unbekannt. Eine geistige A. tritt mit den Propheten u. Weisheitslehrern, auch mit den Rabbinen, in den Blick (z. B. 2 Kg 8, 9; Spr 5, 1). Im NT spricht Jesus seine Jünger als „Kinder" an (Mk 10, 24 u. Joh 13, 33). Für Paulus sind die Christen nach Analogie der hellenistisch-römischen A. durch die Geistausgießung u. durch die ↗Taufe zu Söhnen, Erben Gottes u. Miterben Christi geworden (Röm 8, 14–17). Alle Menschen sind in die ↗Kindschaft u. Sohnschaft Gottes gerufen.   gr

Agape ↗Liebesmahl.

Aggäus ↗Haggai.

Agrapha (griech. ungeschriebene), Jesusworte, die nur außerhalb der kanonischen Evangelien (↗Kanon) überliefert sind: z. B. in anderen ntl. Schriften (Apg 20, 35; 1 Thess 4, 15–17), in ntl. ↗Apokryphen oder bei den Kirchenvätern. Einige A. können echt sein. Viele sind abgewandelte ↗Herrenworte unserer Evangelien. Andere sind sicher unecht, weil sie Jesu Lehre und Würde widersprechen.   he

Agrippa, Julius A. I. (10 v.C. – 44 n.C.), Enkel des ↗Herodes d. Gr., in der Apg Herodes genannt, ließ Jakobus töten u. Petrus verhaften (Apg 12, 1–23). – Vor seinem Sohn Marcus Julius A. II. (28 bis ca. 94 n.C.) verteidigt sich Paulus (Apg 25, 13 – 26, 32).   he

Ägypten. 1. Das uralte, fast immer u. in jeder Hinsicht überlegene Kulturland ist für Israel, bis beide im Römerreich aufgingen, immer ein unheimlicher Nachbar gewesen. Über fast drei Jahrtausende ist die Geschichte Altägyptens von auch uns unbegreiflicher Stetigkeit u. Abgeschlossenheit, ebenso aber auch seine Religion u. Wissenschaft. 2. Vom Ursprung u. religiösen Selbstverständnis Israels her ist Ä. Feindesland: Das ↗Bekenntnis zu Jahwe (↗Bund), der Israel aus Ä., dem Sklavenhause, herausgeführt hat (Ex 20, 2), ist der Anfang des Glaubens u. des Volkes Israel. Zwar ist wohl nur ein kleiner Teil

Israels, vor allem die Josephstämme, aus Ä. ausgewandert (↗Landnahme, ↗Landverheißung), damit war aber die grundsätzlich feindliche Haltung gegen Ä. festgelegt. Die Herausführung aus Ä. ist die Heilstat Gottes, die Israel begründete, daher ist die Drohung, Israel nach Ä. zurückzuführen (Dt 28, 68), also die Heilsgeschichte zu widerrufen, die letzte, höchste Drohung, die das Dt kennt. Js u. Jr wenden sich scharf gegen eine Bündnispolitik mit Ä. (Js 30, 2), die sich zeitweise als eine Art Rückversicherungsvertrag nahelegte. Dazu war für die Propheten Ä. Ursprungsland für sittenverderbende Luxusgüter (Js 3, 16 ff). 3. Trotz dieser Abwehrhaltung blieb das überlegene Ä. nicht ohne Einfluß auf Israel: Salomos Beamtenhierarchie, Hofzeremoniell u. Fronmethoden (1 Kg 5, 27) tragen ägyptische Züge. Wissenschaftliche Einflüsse hat es sicher gegeben u. sind vor allem in der ↗Priesterschrift zu spüren. Die schematische Katalogisierung im ersten ↗Schöpfungsbericht, die Geschlechterlisten u. Chronologieschemata haben ägyptische Vorbilder. Strittig ist der Einfluß Ä.s auf das ↗Recht, z. B. bei der Formulierung des ↗Dekalogs, sicher aber der Einfluß auf die Weisheitsliteratur. – Die Götter- u. Todesvorstellungen Ä.s aber haben Israel offensichtlich nicht beeindruckt. 4. Zwischen NT u. ägyptischer Literatur lassen sich einige parallele Motive aufzeigen (z. B. Flucht der Mutter mit dem Kind; ↗Kindheitsgeschichten). Wichtig aber ist Ä. in der hellenistischen Zeit als Traditionsträger. Hier entstand die griech. Übersetzung des AT (Septuaginta), von hier stammen die ältesten Hss. des NT.   schü

Ahnenkult, die kultische Verehrung Verstorbener, die den Glauben an ein Weiterleben nach dem Tod voraussetzt. Wie andere Völker war auch Israel zugleich von der Ohnmacht u. geheimnisvollen Mächtigkeit der Toten überzeugt. Obwohl nur Schatten, wissen sie doch mehr als die Lebenden (1 Sm 28). A. ist mit dem Jahweglauben unvereinbar. Zum A. gehörende Riten waren streng verboten (Lv 19, 28; Dt 14, 1). In Israel spielte A. keine große Rolle. Zur Zeit der Propheten ist er jedenfalls stark hinter den Jahwekult zurückgetreten, da die

Propheten kaum gegen ihn einschreiten. – Die monotheistische ↗Priester-
schrift verzeichnet die Patriarchengräber
so sorgfältig, weil sie an den Rechtsanspruch Israels auf bestimmte Gebiete
erinnern will.　　　　　　　　　he
Akkad, eine Stadt Nimrods in Nord-
babylonien (Gn 10, 10). Um 2500 v.C.
gründeten die Akkader unter Sargon I.
das erste semitische Reich mit weitem,
auch kulturellem Einfluß, nach ihnen A.
genannt.　　　　　　　　　　　he
Akkadisch (= ostsemitisch), die älteste
uns bekannte semitische Sprache. Sie
wurde im Euphrat-Tigris-Gebiet gesprochen u. in sumerischer Keilschrift geschrieben. Dialekte des A. sind das
Babylonische u. Assyrische.　　　he
Akko, alte Hafenstadt ↗Phöniziens, später Ptolemais genannt. Israel konnte A.
nie erobern (Ri 1, 31). Paulus besuchte
kurz die Christengemeinde in A. (Apg
21, 7).　　　　　　　　　　　he
Akkommodation ↗Anpassung.
Aktualisierung meint die Vergegenwärtigung von Gottes Heilstaten in
der ↗Verkündigung. Wo Gottes ↗Groß-
taten Menschen angesagt werden, dort
werden sie gegenwärtig, werden sie den
Menschen zum ↗Heil. So ist die prophetische Verkündigung (↗Prophet) ein
aktualisierendes Gespräch mit den überlieferten Heilstaten Gottes. Immer wird
um ein neues u. schöpferisches Verständnis der ↗Tradition gerungen. Für
das Glaubensverständnis des AT sind
nicht historische Fakten das Entscheidende, sondern die immer neu sich
vollziehende Vergegenwärtigung von
Gottes Heilshandeln (↗Heilsgeschichte).
So ist z. B. das Buch ↗Deuteronomium
eine einzige A. des ↗Willens Gottes
angesichts spezifisch aktueller Gefahren.
In der Verkündigung der jungen Kirche
nimmt A. einen gewichtigen Platz ein;
im Grunde wird darin das ganze AT aktualisiert u. neuinterpretiert. ↗Herme-
neutik.　　　　　　　　　　　gr
Alabaster, gelblich schimmernder Kalk-
sinter, aus dem die Ägypter seit alters
Gefäße zum Aufbewahren kostbarer Sachen fertigten u. exportierten.　　he
Alabastron heißt im Griech. jedes hen-
kellose Salbgefäß, gleich welchen Materials. Mk 14, 3 par ist A. ein in griech.-
römischer Zeit übliches Glasfläschchen,

das man zum Öffnen am Halse abbrach.
　　　　　　　　　　　　　he
Albinus, Lucceius A., war 62–64 n.C.
Prokurator von Judäa. Seine Geldsucht
u. seine Intrigen förderten die Anarchie
u. führten unter ↗Florus schließlich
zum Ausbruch des jüd.-römischen Krieges.　　　　　　　　　　　　he
Alexander d. Gr., König der Mazedonen
(336–323), eroberte in kurzer Zeit ganz
Vorderasien. Er gründete viele Städte,
sorgte für Ausbau des Straßennetzes u.
einheitliche Währung. Das erleichterte
die Ausbreitung der griech. Kultur in
der damaligen Welt. Mit A.s Werk beginnt die Zeit des ↗Hellenismus. –
1 Makk 1, 1–8 faßt die Geschichte A.s
zusammen. Daniel schaut ihn in verschiedenen Gesichten.　　　　　he
Alexandrinische Schule, bestand aus
einer kirchlichen Schule zum Taufunter-
richt u. mehreren privaten Akademien.
Alexandrien als Zentrum des ↗Hellenis-
mus ermöglicht seit Ende des 2. Jh. eine
rasche Blüte christlicher Theologie, die
mit Hilfe historisch-philologischer Studien (↗Hexapla) u. antik-jüdischer Exegese und Philosophie einen genialen
dogmatischen Entwurf liefert. Entgegen
einer wörtlichen Auslegung versucht die
A. Sch. durch allegorische (↗Allegorese)
u. typologische (↗Typologie) Deutung
zum tieferen – auf Christus bezogenen –
Sinn u. persönlichen Anspruch der Texte
vorzustoßen. Ihr Subjektivismus verleitet
sie zu Irrtümern, die den Widerspruch
der ↗Antiochenischen Schule herausfordern.　　　　　　　　　　tr
All. Das A. ist die Einheit u. Gesamtheit alles dessen, was ist; in der Sprache
der Bibel: Himmel, Erde, Vergangenheit, Gegenwärtiges u. Kommendes. Das
Wort „das A." stammt aus jüd.-helleni-
stischer liturgischer Tradition. Der
↗Schöpfer wird gepriesen, weil das A.
aus ihm kommt, in ihm besteht u. seine
Einheit hat u. auf ihn hingeordnet ist
(Röm 11, 36). Das A. umfaßt aber auch
die ↗„Mächte u. Gewalten", die innerweltlichen Kräfte, die ↗Christus seiner
Herrschaft unterstellen muß (1 Kor 15,
25). Das A. meint somit die Einheit von
Natur, Menschen, Mächten, Höhen u.
Tiefen, ↗Zukunft u. ↗Gegenwart, Sicht-
barem u. Unsichtbarem. Es meint auch
die gesellschaftlichen Kräfte, die mensch-

lichen Möglichkeiten, alles, was von Gott her im Werden ist. Christus muß mit seiner Herrschaft das A. durchdringen u. für Gott dienstbar machen (Phil 3, 21); er muß es umwandeln, neugestalten u. vollends auf den Schöpfer hinordnen. gr

Alle (Menschen) sind durch den ↗Ungehorsam ↗Adams unter die Macht der ↗Sünde gekommen. Erst dadurch, daß Gott durch ↗Mose sein ↗Gesetz gegeben hatte, wurden das Ungenügen, die ↗Selbstentfremdung u. Gottferne der Menschen offenkundig. Keiner konnte von sich aus Gottes ↗Erbarmen und ↗Huld erlangen. Denn seit Adam herrschten über a. in gleicher Weise ↗Tod u. Vergehen. A. haben gesündigt, weil sie von Adam herkommen; sie haben sich von ihrem ↗Schöpfer u. von sich selbst abgekehrt u. sind dadurch dem ↗Zorn Gottes verfallen. Ob Jude oder Heide, a. waren Gott gleich ferne (Röm 2).

Nun aber ist ↗Christus für a. und in ↗Stellvertretung a.r den Verbrechertod am ↗Kreuz gestorben. Gott hat seinen ↗Sohn u. Boten für a. in gleicher Weise dahingegeben (Röm 8, 32). Wenn einer in Stellvertretung a.r stirbt, dann sind a. mit ihm in den Tod gekommen. Nun ist Christus aber auch in Vertretung a.r u. a.n voraus zum neuen u. endgültigen ↗Leben gekommen. Er hat von Gott her a.n Menschen dieses neue Leben als ↗Möglichkeit eröffnet. A. sind in Christus zu endgültigem Dasein gerufen, keiner ist von diesem Ruf ausgenommen. So müssen die Menschen nicht mehr nur für sich selbst leben. Sie sind dazu befreit, für den u. in der Nachfolge dessen zu leben, der für sie starb u. auferweckt wurde (2 Kor 5, 15). gr

Allegorese, jene Auslegung der Heiligen Schrift, die sich der Allegorie bedient als einer Aussage, die anderes, das nicht unmittelbar bezeichnet ist, mit aussagt. Eine Aussage kann nur bestimmte Bereiche der Wirklichkeit aussagen, nie aber die ganze Wirklichkeit. Vor allem bedeutet Allegorie, daß jede Aussage, die gemacht werden kann, relativ ist, nämlich wesentlich auf eine andere u. größere bezogen. In allen Religionen mit heiligen Urkunden spielt A. eine große Rolle. Durch sie wird den feststehenden Formulierungen der heiligen Texte ein neuer u. zeitgemäßer Sinn gegeben. So wird durch A. die Autorität der Schrift gewahrt. In manchen Religionen steht hinter der A. auch die Vorstellung, daß sich die Götter in ↗Mysterien und ↗Orakeln mitteilen. Wenn Götter sprechen, dann sprechen sie nicht eindeutig, denn sonst würden sie sich menschlichem ↗Verstehen ausliefern. So wird z. B. die alte griech. Homerauslegung weitgehend von der A. beherrscht. Ähnliches läßt sich von der alten ↗Stoa sagen. Die griech. Tradition findet in der christl. Exegetenschule von Alexandria (↗Alexandrinische Schule) ihre direkte Fortsetzung. Im AT findet sich A. erst sehr spät, frühestens bei ↗Ezechiel (z. B. 16, 17) u. in den Visionen des ↗Sacharja. Einen sehr breiten Raum nimmt die A. in den Schriften der spätjüdischen ↗Apokalyptik ein (z. B. äth. Hen. 85–90). Dort geht es nämlich darum, daß Gottes ↗Offenbarungen geheimnisvoll sind u. nur von wenigen Menschen verstanden werden. Im NT deuten die ↗Evangelisten die ↗Gleichnisse Jesu als Allegorie; doch zu Unrecht, denn Jesu Gleichnisse haben wenig allegorische Züge an sich. Häufig aber gehen die Bilder der paulinischen Briefe in Allegorien über (z. B. Röm 11, 17–24). Generell ist zwischen allegorischer Darstellung u. allegorischer Deutung zu unterscheiden. Letztere bestimmt vor allem die stoische Mythendeutung. Auch das AT wird vom ↗hellenistischen Judentum allegorisch gedeutet. Nur ganz selten wird es auch vom NT in der gleichen Weise gedeutet (z. B. 1 Kor 9, 9). In der praktischen u. nichtwissenschaftlichen Bibelauslegung nimmt die A. seit der alexandrinischen Exegetenschule u. vor allem seit Origenes einen breiten Raum ein. Sie soll dort der Vertiefung der christlichen Erkenntnis u. des Glaubens dienen. Vor allem soll sie die bibl. Botschaft vergegenwärtigen u. aktualisieren. Heute ist die A. kein legitimes Auslegungsverfahren mehr. gr

Alleluia ↗Halleluia.

Allerheiligstes. Jahwe will inmitten seines Volkes Israel wohnen: Es soll ihm ein Heiligtum errichtet werden (Ex 25, 8); es baute ihm ein hl. Zelt, ein Zelt der Begegnung mit Jahwe, dessen A. – durch einen Vorhang vom Heiligen abgetrennt – Zeichen für Gottes Da-Sein in Israel ist. Im A. wurde die ↗Bundeslade mit den Zehn Geboten aufbewahrt. Salomo baute Jahwe einen ↗Tempel, zu dessen erhöht liegendem A. in Gestalt eines Würfels von 10 m Kantenlänge zwei Zedernholztüren (nach dem Wiederaufbau von 520 v.C. wieder ein Vorhang) führten. Unter den Flügeln zweier ↗Kerube war die Bundeslade aufgestellt (1 Kg 6), über der nach Israels Glauben Gott thronte. Allein der ↗Hohepriester durfte das A., u. das nur am großen Versöhnungstag, betreten (Lv 16, 2), um Jahwe ↗Blut für die Vergehen des Volkes darzubringen. Nach Hebr ist diese Bestimmung Zeichen für die Unvollkommenheit der atl. Opfer. Mit seiner Selbsthingabe setzt sich Jesus an die Stelle des Tempels u. bewirkt durch seine Selbsthingabe die vollkommene Erlösung – als Priester, Opfer u. ↗Mittler des Neuen Bundes (Hebr 9 bis 10). Beim Tode Jesu zerreißt der Vorhang im Tempel – Gott hat seinen Sohn allen Menschen geschenkt. br

Allgemeines Priestertum. Der Ausdruck ↗'Priester' wird im NT nicht (wie seit dem 4. Jh.) für die Amtsträger der ↗Kirche gebraucht (↗Amt), sondern dient zur Bezeichnung für jüdische (z. B. Mk 1, 44) u. heidnische Priester (z. B. Apg 14, 13), für ↗Jesus ↗Christus im Hebräerbrief (z. B. 10, 21) u. für die Christusgläubigen im 1. Petrusbrief (u. in der Apokalypse): "Ihr aber seid ein auserwähltes Geschlecht, eine königliche Priesterschaft, ein heiliger Stamm, ein Volk . . ." (1 Petr 2, 9). Diese Stelle zitiert Ex 19, 6 u. greift damit (wie der Hebräerbrief) atl. Ehrenprädikate Israels auf u. überträgt sie vom alten auf das neue Bundesvolk. Dieses A. P. besteht nicht in bestimmten religiösen Funktionen, sondern gründet im ↗Glauben an den Herrn. Es macht Priester im bisherigen religiösen Verständnis der Juden u. Heiden (als ↗Mittler der Gnade u. des Heils, Vermittler zwischen der Gottheit u. den Menschen) überflüssig. Im mündigen Glauben geschieht ja immer schon das ↗Heil Gottes, das in Jesus Christus "Mensch" wurde (Joh 1, 14) u. dem einzelnen in der Kirchengemeinschaft greif-

bar ist. Das A. P. ist nicht verfügbar, sondern ereignet sich je im Glauben u. erfährt seine Vollendung erst in der ↗Endzeit. hi

Almosen. In der Bibel gibt es keinen eindeutigen Ausdruck für A. Im Hebr. umschreibt man es mit Wörtern wie Gerechtigkeit, Gnade usw.; die LXX verwendet dafür das vielschichtige Wort eleemosyne (davon das dt. Wort). Alle bibl. Ausdrücke für A. können das Verhalten Gottes dem Menschen gegenüber bezeichnen: sein Handeln u. seine Liebe zu uns, die sich am vollsten in ↗Christus gezeigt hat, der, obschon reich, um unseretwillen arm geworden ist (2 Kor 8, 9); darin liegt das wesentliche Motiv für das A.geben (Dt 24, 18). Die Bibel fordert oft zum A.geben auf (Dt 15, 11; Spr 3, 27) u. berichtet von vielen Beispielen dieser Armenfürsorge (so die Kollekte für Jerusalem). Sie sieht darin einen zutiefst religiösen Akt, der dem ↗Opfer gleichwertig ist (Tob 4, 11). Es gehört zusammen mit Gebet u. ↗Fasten u. muß wie diese geübt werden, nicht um nach außen gesehen zu werden, sondern in ehrlicher Gesinnung der Liebe (Mt 6, 1–4). Gegenwärtig bewirkt das A. Vergebung der Sünden (Dn 4, 24), beim kommenden Endgericht Teilhabe am ↗Reich Gottes: was man einem dieser Kleinen tut, tut man Christus (Mt 25, 34 ff). st

Aloe, Bezeichnung für verschiedene wohlriechende Hölzer, speziell das Harz eines in Hinterindien beheimateten Baumes. Als Importgut war A. ein wertvolles Parfüm, das auch bei Einbalsamierung verwendet wurde (vgl. Ps 45, 9; Hl 4, 14; Joh 19, 39). he

Alphabetische Lieder. Beim Lesen von Ps 119 im Urtext fällt auf, daß je acht Verse mit demselben Buchstaben, und die weiteren Strophen mit dem nächstfolgenden im hebr. Alphabet beginnen. Diese kunstvolle Art, die Anfangsbuchstaben der Verse oder Strophen auf das Alphabet abzustimmen, sollte den sprachlichen Wohlklang erhöhen, den Lernenden eine Gedächtnisstütze geben u. in der Darlegung den Eindruck der Vollständigkeit erwecken. Wie beliebt diese Stilform im AT war, bezeugen Ps 111, wo jede Zeile, Ps 25, wo jeder Vers, Ps 9, in dem jeder 2. Vers, und Klgl 3, wo nach je drei Versen ein neuer Buchstabe einsetzt. Heute hilft uns diese Manier, die Ursprünglichkeit des Textes zu überprüfen.   pa

Alpha und Omega. Aus dem Hellenismus drang die im AT noch nicht verwendete Buchstabensymbolik in das Spätjudentum ein u. wurde ein wichtiges Ausdrucksmittel der apokalyptischen Theologie (↗Apokalyptik). Der Verfasser der Apk übernahm diesen sinnbildlichen Gebrauch des griech. Alphabets u. beschrieb mit A. u. O. (erster u. letzter Buchstabe) Gottes (21, 6) u. Christi (22, 3) Allmacht als Schöpfer (↗Anfang) u. Vollender (↗Endzeit). Den Christen in der Verfolgung u. Anfechtung sollte damit in anschaulicher Weise verkündet werden, daß Gott das erste u. letzte ↗Wort spricht u. sie sich in allem an ihn halten können u. sollen.

Altar. Mit dem ↗Opfer gehört auch der A. wesentlich in die Religion. Nicht immer jedoch war der A. nur Opferstätte, sondern zuerst Erinnerung an die Begegnung mit Gott. Wo Jahwe erscheint, bauen die Väter einen A. u. rufen den Namen Jahwes an (Gn 12, 8). Als Erinnerung an die Erscheinung Gottes stehen die A.e an heiligen Orten, besonders auf Bergen (Ps 43, 3 f). Sie stellen die Gegenwart Gottes dar u. sind Symbol für ihn. Wegen seiner Heiligkeit darf der A. nur aus aufgeschütteter Erde oder unbehauenen Steinen errichtet werden. Jede Bearbeitung würde ihn entweihen (Ex 20, 25). Später wird der A. immer ausschließlicher Opferstätte (↗Opfer). Mit der Zentralisierung des ↗Kultes in Jerusalem treten anstelle der vielen die drei A.e des ↗Tempels: Brandopfer-A., ↗Schaubrot-A. u. ↗Rauchopfer-A. (Ex 37). Die hornförmigen Erhöhungen an den Ecken des ↗Brandopfer-A. („Hörner") symbolisieren die Macht Gottes; wer sie ergreift, steht unter seinem Schutz (1 Kg 2, 28 f). Doch auf die Dauer genügt der Schutz dieses A. nicht: im NT tritt an die Stelle des Tempels Christus, an die Stelle des A. sein Kreuz, auf dem er geopfert wird (Joh 19, 14). An diesem A. haben jene Anteil, die in der ↗Gemeinschaft des ↗Blutes Christi stehen (1 Kor 10, 16 ff).   st

Alte, das. Der ntl. Gebrauch dieses Wortes hat im AT keine Entsprechung. Das A. wird dort als das Gute u. Traditionelle dargestellt. Alte Menschen sollen geehrt und wegen ihrer Weisheit geachtet werden; Gott selbst kann „der Alte" genannt werden (Dn 7, 9). Im griech. Sprachgebrauch (u. in der LXX) taucht dagegen als Nebenbedeutung des Wortes „alt" eine Wertaussage im Sinne von „veraltet" bzw. „überaltert" auf u. bedeutet Wertminderung, die im Laufe der Zeit durch ständigen Gebrauch entsteht.

Ungleich stärker und radikaler wertet das NT: „Wenn jemand ↗in Christus ist, so ist er eine neue Schöpfung: das A. ist vergangen, Neues ist geworden" (2 Kor 5, 17). Für Paulus ist mit ↗Jesus ↗Christus eine fragwürdige, unheilvolle Weltepoche zu Ende gegangen. Dieser ist der Wendepunkt. Durch ihn ist eine völlig neue Weltwirklichkeit geworden, die radikal neue Maßstäbe setzt. Dieser Gegensatz von „alt" u. „neu" ist bei Paulus deswegen so scharf, weil darin ethische Bewertungen mitspielen (1 Kor 5, 6–8). Es geht ihm nicht darum, die Zeit vor Christus der Zeit nachher gegenüberzustellen u. sie bloß als überholt u. veraltet zu werten. In seinen Augen war alles Bisherige eine Zeit der ↗Schuld, des Versagens, der Bosheit u. des Scheiterns. So ist es zu verstehen, wenn Paulus davon spricht, daß „unser alter Mensch gekreuzigt worden" ist (Röm 6, 6), wenn er „Freiheit im Geiste" der „Knechtschaft" unter das „alte Wesen des ↗Buchstabens" gegenüberstellt (Röm 7, 6) oder den ↗Bund zwischen Jahwe und dem Volke Israel erstmals „Altes Testament" nennt (2 Kor 3, 14). Das paulinische Bild vom alten u. ↗neuen Menschen wird als ethischer Imperativ verstanden, wenn das ↗„Ablegen" (Eph 4, 22) bzw. „Ausziehen des alten Menschen" (Kol 3, 9) gefordert wird. – Bei der Frage nach dem Ursprung dieser paulinischen Sicht des A. stößt man auf die synopt. Tradition, die in ähnlicher Weise die Unvereinbarkeit des Neuen mit dem A. als Grundthema der Verkündigung Jesu wiedergibt. In den Antithesen der ↗Bergpredigt (z. B. Mt 5, 21) stehen die Aussagen Jesu der atl. Tradition gegenüber; im Bildwort vom neuen Wein, den man nicht in alte Schläuche füllen darf (Mk 2, 21 f), kommt dies klar zum Ausdruck. Freilich wird hier deutlicher als bei Paulus auch die Kontinuität von alt u. neu (das Neue als Erfüllung des A.: Mt 5, 17) verkündet. – Die eigentliche Wurzel dieser Sicht liegt in der Äonenlehre der spätjüdischen ↗Apokalyptik. Mit dieser fast dualistisch klingenden Ausdrucksweise (↗Dualismus) versucht das NT, die Einmaligkeit Jesu Christi auszusprechen, seine Bedeutung für das Welt- u. Selbstverständnis des Menschen; dieser erfährt in der Begegnung mit Christus die Vollgestalt menschlicher Existenz. ↗Neue, das.   hi

Ältester, ursprünglich das Haupt einer bedeutenden ↗Familie sowie der Würdenträger in einer Stadt oder in einer religiösen Gemeinschaft. In Israel liegt in der Hand der Ä.n die Führung u. Repräsentation des Volkes. Im ↗Spätjudentum verlieren sie an Bedeutung gegenüber den ↗Priestern u. ↗Schriftgelehrten. In der jungen Kirche leiten die Ä.n neben ↗Aposteln u. Bischöfen die Gemeinden. Sie sind zuerst eine selbständige Gruppe, werden aber bald zu apostolisch eingesetzten Gemeindeverwaltern. Die ↗Apokalypse kennt die 24 Ä.n als Diener vor Gott.   gr

Altes Testament. 1. Name: ↗Testament ist die lat. Übersetzung vom griech. diatheke = hebr. berith = ↗Bund. Die ↗Bibel begründet selbst die Unterscheidung zwischen „altem" u. „neuem" Bund/Testament: Jr 31,31 verheißt einen neuen Bund Jahwes mit seinem Volk, der sich vom Bund mit den Vätern unterscheidet. Das NT sieht diesen ↗neuen Bund in ↗Jesus ↗Christus verwirklicht (2 Kor 3, 6–18; Hebr 9, 1–14). Paulus wendet die Bezeichnung „Alter Bund" (AB) auch auf die hl. Schriften an, die aus der Zeit des AB stammen u. die wir AT nennen. – **2.** Der AB ist die erste Phase der eigentlichen Offenbarungs- u. ↗Heilsgeschichte der Menschheit. Sie beginnt mit dem Bund Gottes mit ↗Abraham, hat ihren Höhepunkt im ↗Auszug aus Ägypten u. im Bund mit dem erwählten Volk unter ↗Mose am Sinai-Horeb u. findet ihre Erfüllung in Tod u. Auferstehung Jesu Christi u. im damit gegebenen neuen u. ewigen Bund Gottes mit der ganzen Menschheit. Der AB ist also zeitlich u. räumlich begrenzt.

Zeitlich, insofern die Menschheitsgeschichte vor Abraham vom AT selbst als „Vorgeschichte" der speziellen Heilsgeschichte betrachtet wird (Gn 1–11). Räumlich, weil es nach atl., ntl. u. kirchlichem Zeugnis auch außerhalb der besonderen ↗Offenbarung Gottes u. seines aussondernden heilsgeschichtlichen Handelns Gnade gab u. damit eine allgemeine Offenbarung. – **3.** Das *AT* ist das schriftliche Zeugnis der altbundlichen Gottesoffenbarung. Es ist im Lauf des 1. Jh. v.C., ausgehend von den Exodus- u. Sinaiereignissen, aus mündlichen u. schriftlichen ↗Traditionen zu Einzelschriften u. schließlich als Sammlung dieser Einzelschriften, die nur einen Teil der israelitischen Literatur darstellen, zur Hl. Schrift des AB in ihrem heutigen Umfang gewachsen. Die Kirche übernimmt das AT als weiterhin gültiges Zeugnis ihrer eigenen Vorgeschichte, die sie im Lichte Christi neu versteht. Die Reihenfolge u. Zahl der als inspirierte Urkunden (↗Inspiration) des AB angenommenen Schriften sind bei den Juden (u. ev. Christen) u. in der LXX bzw. im AT der kath. Kirche verschieden, da die Kanonbildung zu Beginn des Christentums noch nicht abgeschlossen war. Der jüdische ↗Kanon hält in etwa die Phasen der Entstehung fest, wenn er das AT gliedert in: ↗Tora (Gn, Ex, Lv, Nm, Dt), frühere (Jos, Ri, Sm, Kg) u. spätere (Js, Jr, Ez, 12-Propheten-Buch) *Propheten* u. *Schriften* (Ps, Ib, Spr, Rt, Hl, Prd, Klgl, Est, Dn, Esr, Neh, Chr). Die LXX ordnet die Schriften in: geschichtliche Bücher (Tora u. frühere Propheten), Lehrbücher (Schriften) u. prophetische Bücher (spätere Propheten). Während die Juden nur die hebr. überlieferten Bücher als kanonisch u. inspiriert betrachten, erkennt die kath. Kirche auch die in der LXX nur griech. tradierten ↗deuterokanonischen Texte (Tob, Jdt, Makk, Weish, Sir, Bar u. die griech. Teile von Est u. Dn) als gültigen Niederschlag der atl. Gottesoffenbarung an.   he

Amalekiter, ein mit Israeliten u. Edomitern verwandter nomadischer Stämmeverband. Als Stammvater gilt *Amalek,* ein Enkel Esaus (Gn 36, 12). Gn 14, 7 kennt aber A. bereits in Abrahams Zeit, u. Bileam nennt sie ein uraltes Volk (Nm 24, 20). Sie wohnten auf der Sinaihalbinsel östl. von Ägypten u. im Negeb, wo sie Grenznachbarn Judas wurden. Den einwandernden Israeliten suchten sie den Weg zu versperren u. machten durch Raubzüge das südpalästinensische Wohn- u. Kulturland unsicher (Ri 6, 3 ff). Darum gelten sie als Erbfeinde Israels u. Jahwes. In zahlreichen Kämpfen wurden sie nach u. nach vernichtet (Dt 25, 17–19).   he

Amarna, Tell el A., ein Ruinenhügel östl. des Nil in Mittelägypten. Hier trat 1887 ein reiches Tontafel-Archiv aus dem 14. Jh. v.C. zutage, die sog. *A.-Briefe.* Sie geben uns ein lebendiges Bild der damaligen Verhältnisse im Vorderen Orient u. damit auch in Palästina vor der ↗ Landnahme durch Israel. Einige A.-Briefe bezeugen erstmals die dem bibl. Hebräisch unmittelbar vorangehende Sprache.   he

Amen. Das hebr. Wort bedeutet in der Grundform „fest sein", sinngemäß übersetzt „wahrlich, gewiß". Im AT verwendet man diesen Ausdruck, um seine Zustimmung zur Rede (Auftrag, Eid, ↗ Bund, ↗ Fluch, Beschwörung, ↗ Gebet, Segensspruch) eines anderen feierlich zu bekräftigen. Dadurch macht man die Worte des anderen zu seinen eigenen u. erklärt sich damit solidarisch. Schon damals wurde A. auch liturgisch verwendet, als ↗ Antwort der Kultgemeinschaft auf den Lobpreis Gottes, auf die Verkündigung von Gottes ↗ Gesetz, auf das stellvertretend gesprochene priesterliche Gebet. Das NT übernimmt A. meist unübersetzt, verwendet es aber in erweiterter Bedeutung: als liturgische Akklamation (1 Kor 14, 16), als Abschluß eigenen Betens mit dem Wunsch nach Erfüllung (Gal 6, 18), als Antwort der Kirche auf die ↗ Verheißungen Gottes in ↗ Christus (2 Kor 1, 20). Bei den Synopt. wird es ↗ Jesus in den Mund gelegt, um sein Wort zu bekräftigen (Mk 9, 1); bei Johannes: als Ausdruck des in den Worten Jesu sich ereignenden göttlichen Schwures (Joh 3, 3) u. als Selbstbezeichnung des Erhöhten (Apk 3, 14). In der christl. Liturgie wird A. bis heute unübersetzt verwendet, um Gebete, Hymnen, Psalmen, Segnungen, Sakramentsformeln u. Predigten abzuschließen.   hi

Am ha-arez (hebr. Ansässige), ,Volk des Landes' waren im AT allgemein die freien, grundbesitzenden Bürger eines Gebietes, denen volle militärische und politische Rechte zustanden. Vor dem ↗ Exil erlangten sie oft eine wichtige soziale u. politische Rolle. Nach dem Exil lagen politische Rechte u. Privilegien nicht beim Heimkehrervolk, sondern auf seiten der Samariter, Moabiter u. Ammoniter. Sie oder allgemein die Heiden wurden „Landvolk" genannt. Zur Zeit der ↗ Makkabäer u. Jesu war A. ein Schimpfwort u. eine Bezeichnung für heidnischer Gesinnung verdächtige Juden, für solche, die das ↗ Gesetz nicht kennen oder halten. Im NT werden sie in Joh 7, 49 erwähnt.   pa

Amme. Das Bild von der A.nliebe wird für das Verhältnis des Mose zu Israel gebraucht (Nm 11, 12). Paulus wendet es auf die Art u. Weise seiner Predigt an. Er ist bei seiner Gemeinde in Thessalonich aufgetreten wie eine A., die ihre Kinder liebkost (1 Thess 2, 7), denn das Ev. ist stets gewinnendes Wort.   gr

Ammon, das Reich der *Ammoniter* östlich des Jordans mit der Hauptstadt Rabba(t), heute Amman. Die Ammoniter sind den Israeliten nahe verwandte Semiten. Ammi, ein Sohn Lots, gilt als ihr Stammvater (Gn 19, 30–38). Ihr Gott ist Milkom oder Molech. Sie erscheinen im AT durchweg als Feinde Israels. ↗ David unterwirft sie, kann aber nur ihre Macht, nicht ihre Feindschaft brechen. Hämisch sehen sie die Wegführung der 10 Stämme zu (Zeph 2, 8). Die Propheten richten deshalb oft Drohsprüche gegen die Ammoniter (Am 1, 13–15; Jr 49, 1–6; Ez 25, 1–7).   he

Amnestie, Straferlaß, Begnadigung. Das jüd., römische u. griech. Recht kennt an sich keine A. Trotzdem wird sie bei Königskrönungen u. ↗ Thronbesteigungsfesten gewährt. Nach der prophetischen Verkündigung wird in der ↗ Heilszeit eine A. Gottes für die Menschen erwartet.   gr

Amon. 1. (ägypt. der Verborgene, Erhabene) ursprünglich Gott des oberägyptischen Theben, der Stadt A.s (Nah 3, 8). Später verschmilzt er als Reichsgott mit dem Sonnengott Re zu A.-Re. – 2. (Werkmeister), im 7. Jh. v.C. König von Juda.   he

Amoriter (akkadisch Amurru = Westliche) sind semitische Nomaden, die im

2. Jahrtausend v.C. aus den syrischen Steppen in das fruchtbare Zweistromland u. nach Palästina eindringen u. seßhaft werden. Das AT nennt meist die gesamte vorisraelitische Bevölkerung Palästinas A., oft aber auch nur einen Teil derselben. Unklar ist das Verhältnis der atl. Bezeichnungen A. u. ↗Kanaaniter zueinander. he

Amos, aus Thekoa in Juda, war Hirt u. Maulbeerfeigenzüchter (Am 1, 1; 7, 14). Dem unwiderstehlichen Ruf Jahwes folgend, wird er um 760 v.C. ↗Prophet (3, 8; 7, 15). Er tritt vor allem in ↗Betel auf. Nach einer Anzeige beim König verbietet ihm schließlich der Priester Amazja, weiter in Betel gegen Israel zu künden, u. schickt ihn nach Juda: Dort soll er Prophet sein, dort stört seine Rede in Israel nicht mehr. Doch A. läßt sich nicht beirren (7, 10–17). Sein weiteres Schicksal ist unbekannt. he

Amos-Buch. Das A. ist die 3. Schrift im ↗Zwölfprophetenbuch, die erste in der Geschichte des AT, die die Worte eines Propheten schriftlich festgehalten hat. Sie enthält Worte des Propheten ↗Amos. 1. Gliederung: Der Überschrift (1, 1) folgt eine Einleitung (1, 2) u. das Gedicht gegen die Völker, das in einem Spruch gegen Israel gipfelt (1, 3 – 2, 16 – der Spruch gegen Juda 2, 4 f ist wohl spätere Zutat). 3, 1 – 6, 16; 8, 4–14 ist eine Spruchsammlung, deren einzelne Sprüche mit „Höret" oder „Wehe" beginnen. In 7, 1 – 9, 4 folgen fünf Visionen des Amos; dazwischen ist der biographische Bericht über den Zusammenstoß des Amos mit dem Oberpriester in Betel eingefügt (7, 10–17). Ein nichtauthentisches hymnisches Gedicht (9, 5 f), ein sicher authentisches Drohwort (9, 7–10) u. eine Heilsweissagung, die sicher nicht von Amos stammt (9, 11–15) beschließen das A. 2. Das Hauptthema der Botschaft des Propheten Amos ist: Recht u. ↗Gerechtigkeit im mitmenschlichen Bereich. Amos muß harte Drohworte richten gegen die ↗Reichen in Israel, die nur feudal leben (4, 1; 6, 4 ff), durch Betrug ihren Besitz vermehren (8, 4 ff) u. dazu den Geringen u. ↗Armen wie eine Sache gebrauchen, „zertreten" (2, 6–8; 4, 1; 8, 4 ff). Solches ist Unrecht vor ↗Jahwe (8, 7); kein noch so festlicher Gottesdienst (4, 4 f; 5, 21 ff) kann Jahwe beeindrucken, solange in seinem Volk (2, 10 f) der Arme ausgebeutet u. das Recht gebeugt wird (5, 7. 10 ff; 6, 12b). Wenn Israel sich nicht darauf besinnt (5, 14 f), daß Recht u. Gerechtigkeit wieder herrschen, wird Jahwe mit unerbittlichem ↗Gericht antworten (2, 13–16; 6, 8; 9, 1 ff). he

Amphiktyonie ↗Stämmebund.

Amphipolis (griech. rings umschlossene Stadt), von den Athenern auf der vom Strymon umflossenen Halbinsel in Mazedonien gegründet. Paulus berührt die wichtige Handelsstadt auf seiner 2. Missionsreise von Philippi nach Thessalonich (Apg 17, 1). he

Amraphel, König von Schinear, erbeutete bei einem siegreichen Zug auch ↗Lot u. seine Habe. ↗Abraham gelingt es, seinen Neffen Lot, die sonstigen Gefangenen u. die Beute wieder zu befreien (Gn 14). he

Amt. Ein A. entsteht dort, wo die menschliche Bindung an überindividuelle Ordnungen (z. B. Gemeindeordnung, sittliche Ordnung) derart zur Institution wird, daß einzelne Menschen offiziell die Funktion übernehmen, die Einhaltung der betreffenden Ordnung zu überwachen bzw. zu vollziehen (A.s-Träger). Je nach der Entwicklungsstufe der Gemeinschaft sind diese Ämter verschieden stark durchorganisiert. Das Zeugnis des NT läßt von Paulus bis etwa Lukas (ca. 50 bis 90 n.C.) eine deutliche Entwicklung von spontan, charismatischer zu institutioneller A.s-Auffassung erkennen: 1. Das älteste A.s-Bewußtsein findet sich bei den ↗Zwölf (↗Apostel), freilich ursprünglich im Sinne der Zeugenschaft der Auferstehung u. der Repräsentation des Gottesvolkes, in einem rechtlichen Sinn. ↗Petrus ist Wortführer des Zwölfer-Kollegiums. 2. In Jerusalem (↗Urgemeinde) u. in den im ganzen Römischen Reich entstehenden christl. Gemeinden entwickelten sich verschiedene Ämter, die man zuerst als ↗Charismen verstand (z. B. Apostel, Propheten, Lehrer, Heilkräfte, Hilfsdienste, Verwaltung: 1 Kor 12, 28). Bald aber entstanden daraus dauernde Ämter, wie: Presbyter (Apg 20, 17), ↗Bischof, ↗Diakon (Phil 1, 1). 3. Bei Lukas u. in den Pastoralbriefen ist die Entwicklung am weitesten fortgeschritten. Es ist dort vom A.s-Charisma die Rede (Apg 6, 6; ↗Stephanus). Matthäus u. Johannes betonen das brüderliche Dienen als entscheidende Norm jedes A. – Immer muß zum richtigen Verständnis berücksichtigt werden: der ↗ „Geist" begründet das A., u. alle ntl. Ämter werden zuerst von Christus (↗Mittler) ausgesagt. Jüd. bzw. hellenistische Priestervorstellungen fehlen im NT. ↗Priester, ↗Priesteramt, ↗Kirche. hi

Amulett (griech. phylakterion) heißt Schutzmittel. A. ist ein materieller Gegenstand, wodurch der primitive Mensch seine Welt bewältigen u. sich vor Gefahren aus seiner Umwelt schützen will. Es wird von ihm eine heilende Kraft erwartet sowie vorbeugende Abwehr von ↗Dämonen u. bösen Mächten. Da A.e durch ein Gesetz in Israel nicht verboten waren, waren sie dort auch verbreitet, z. B. die rote Schnur, Quasten an den Kleidern, Edelsteine, Tonfiguren usw. Das A. ist Ausdruck der Angsterfahrung des Menschen sowie einer vergegenständlichten Gottesvorstellung. ↗Magie. gr

Anakiter (Enakiter), hochgewachsene, gefürchtete Krieger, die im Volksglauben als Riesen galten. Bei der ↗Landnahme Israels wohnten sie in u. um ↗Hebron (Nm 13, 22). Kaleb vertrieb sie aus Hebron. Reste der A. lebten dann nur noch in den Philisterstädten Gat, Gasa u. Aschdod (Jos 11, 22). he

Analogie. Das Wort bedeutet „Ähnlichkeit" oder „Verhältnis" u. ist – von der Erkenntnisfähigkeit bzw. -tätigkeit des Menschen ausgesagt – eine der grundlegendsten philos. bzw. theol. Einsichten: man kann die Wirklichkeit ↗Gottes, die christlichen Glaubenswahrheiten (auch die grundlegende menschliche Wirklichkeit) nur „analog" erfassen; ein direkter Zugriff ist weder von der Erfahrung (Empirie) noch aus dem begrifflichen Denken heraus (Reflexion) möglich. Erfahrbar u. von da her begrifflich faßbar sind nur Einzelheiten, Eigenschaften, Gegenstände, Äußerungen usw. (= das „Seiende"). Das Wesen u. der Sinn des Ganzen (= das „Sein") sind nur über das Seiende erschließbar, nie direkt, „an sich" zugänglich (↗Geheimnis). Damit ist z. B. allem Reden über Gott eine

entscheidende Grenze gesetzt, deren man sich ständig bewußt sein muß. Macht man trotzdem Aussagen über Gott (die Welt, die Person des Menschen usw.), so ist dies nur unter der Voraussetzung der A.struktur des Seins bzw. des Denkens möglich u. sinnvoll. Geht man von dieser Grundstruktur des menschlichen Erkennens aus, so ist Folgendes festzuhalten: 1. Eine bleibende Gültigkeit bildhafter Redeweise im religiösen Bereich. Die bibl. ↗Gleichnisse vermitteln unersetzbare Einblicke in die Wirklichkeit Gottes. Bei ihrer Interpretation (↗Entmythologisierung, ↗Geschichte) bzw. beim „Übersetzen" des eigentlich Gemeinten (↗Hermeneutik, ↗Intention, ↗Kerygma) kommt zwar der kritischen Forschung eine wichtige Rolle zu, die ↗Bildsprache bleibt aber unüberholbar. 2. Der Weg schlußfolgernden Denkens vom Bekannten u. Faßbaren zum Unbekannten u. Unzugänglichen ist auch bei kritischem Ansatz dann gerechtfertigt, wenn man die Ergebnisse nicht als adäquate Erkenntnisse (Beweis, Definition), sondern als Grenzerfahrungen versteht, an die man sich nur herantasten kann. 3. Ein anthropologisches Denken (↗Anthropologie), das von personalen Kategorien ausgeht, wird am ehesten in der Lage sein, einen Weg der Gottesbegegnung bzw. Gotteserkenntnis zu eröffnen. Dieses erlaubt, in logisch verantwortlicher Weise (analog) sowohl die Wirklichkeit Gottes als auch die Struktur der Selbstüberschreitung des Menschen sowie der Welt zu denken. ↗Möglichkeit, ↗Selbstverständnis. hi

Ananias ↗Hananja.

Anathema ↗Bann.

Anawim. Im hebr. Bildwort „die Erniedrigten", „die Hingebeugten" treffen drei Bedeutungen für „arm" zusammen: bedürftig, gedrückt und geduldig, still. Nach dem mosaischen Gesetz waren „Arme" Leute ohne Grundbesitz – folgenschwer in der palästinensischen Bauernkultur. Ein solcher durfte nicht mitreden, hatte keinen Einfluß, wurde übervorteilt, auch vor Gericht, er war der „Gedrückte". Endlich sind „Arme" vom Schicksal Getroffene, Kranke, Gebrechliche, Witwen, durch die Schuld anderer Gezeichnete. Diese „Erniedrigten" waren der besondere Gegenstand der Sorge u. Liebe Gottes. Diese beschützt er, an ihnen soll man Gutes tun, Rücksicht üben (Ps 71, 1 ff).

Allerdings: Der Arme „schreit zu Gott", er weiß, wo er Gerechtigkeit u. Erbarmen findet. Den Armen kennt das AT nicht, der verzweifelt u. verbittert ist u. alles kurz u. klein schlagen möchte. Die Würde des „Erniedrigten" liegt darin, daß er in Gott seinen Helfer sieht. Er ist „hingebeugt unter die Hand Gottes". Weil seine Sache bei Gott steht, darum kann er demütig, geduldig u. still sein. So identifizierten die ↗Propheten u. ↗Psalmen die „Demütigen" mit dem wahren Israel. Die Gottesfürchtigen gaben sich später selbst den Ehrennamen „Arme"; in ihren Kreisen wurde der ↗Messias als „Armer" erwartet, „demütig, auf einem Esel reitend" (Sach 9, 9).

„Arme" sind im Leben zu kurz Gekommene, durch Schuld u. Torheit der anderen um Freiheit, Recht u. Würde Beraubte, aber doch im letzten wesentlich von ihrer Haltung zu Gott her Bestimmte: sie finden sich als „Erniedrigte" vor, schauen aber auf Gott, erwarten von ihm Hilfe, bauen auf seine Gerechtigkeit u. Barmherzigkeit, fordern nicht, sondern beugen sich still unter seinen Willen. Diese „Armen" meint denn auch die Seligpreisung Jesu, wenn sie über die ↗„Armen im Geiste" spricht. ↗Armut.   pa

Anbetung. Die atl. Ausdrücke für die A. Gottes bedeuten wörtlich übersetzt: Niederbeugen, zur Erde neigen, sich auf die Knie werfen. In dieser körperlichen Haltung des Sich-klein-machens-vor-Gott liegt das Anerkennen von Gottes Größe u. Macht (vgl. Ps 98, 5). Diese huldigende A. Gottes ist oft verbunden mit ↗Opfern (Dt 26, 10), Lobpreis (Sir 50, 16–18) u. Bitte um Hilfe (1 Kg 18, 42) u. hat meist kultischen Charakter. In der prophetischen Zukunftsschau ist die A. Gottes durch alle Völker u. Nationen (Ps 21, 28) ein Zeichen der eschatologischen Vollendung (vgl. Js 60, 1 ff). In seiner Polemik gegen die ↗Religionen u. jeden ↗Götzendienst betont das NT, daß Gott allein A. gebührt (Mt 4, 10). Der Ort dieser Anbetung ist traditionell ↗Jerusalem (z. B. Apg 8, 27), doch wird dies sowohl von Johannes (Joh 4, 19–24) wie von Paulus (1 Kor 14, 25) entscheidend relativiert: Gott kann überall A. erfahren, wenn es nur in der rechten Gesinnung geschieht. Das ↗Neue dieser A.s-Gesinnung liegt darin, daß gegenüber dem AT (↗Monotheismus) auch Jesus Christus als der ↗Herr A. erfährt (Phil 2, 6–11), weil sich im Auferstandenen u. Erhöhten Gott selbst manifestiert (Lk 24, 52). A. Gottes geschieht von nun an immer ↗durch Christus, d. h. durch den ↗Glauben an ihn u. durch ein Leben nach seinem ↗Wort. Aus der kultischen A. des atl. Menschen ist damit die personale A. Gottes geworden, die überall dort geschieht, wo Menschen in ↗eschatologischer Existenz ihr ganzes Sein auf das ↗Reich Gottes ausgerichtet haben. ↗Entsakralisierung, ↗Gerechtigkeit.   hi

anders. Wo unterscheidet sich der Christ von den Nichtchristen, inwieweit ist er a. als die andern? Grundsätzlich ist er in eine ↗Solidarität gestellt mit allen Menschen, denn wenn er sich auf die ↗Liebe Christi berufen will u. wenn er diese nachvollziehen will, dann trägt er eine ↗Verantwortung für alle. Trotzdem darf er sich nicht einfach durch seine Umwelt nivellieren lassen (Röm 12, 2). Denn in dieser Umwelt sind auch Kräfte der ↗Selbstentfremdung u. Selbstzerstörung am Werk, u. diesen Kräften gilt sein Kampf. Der Christ soll alle Möglichkeiten für einen gesellschaftlichen Umwandlungs- u. mitmenschlichen Erneuerungsprozeß ins Spiel bringen. Er muß darauf bedacht sein, was den Menschen wirklich hilft, für die er verantwortlich ist, was für sie der ↗Wille Gottes ist. Insofern ist der Christ a. als die andern, als er eine schöpferische ↗Hoffnung lebt (1 Thess 4, 13), die sich dem Heilshandeln Gottes verdankt.   gr

Andreas (griech. der Mannhafte), Apostel. Fischer aus Betsaida in Galiläa, Bruder des ↗Petrus. Zuerst Johannesjünger, folgt er auf dessen Hinweis Jesus u. führt seinen Bruder mit (Mk 1, 16–18 par; Joh 1, 35–42). Er ist der Typ des Jüngers, der zu Jesus führt; gehört zu den vertrautesten Jüngern Jesu. Sein Missionsgebiet ist Skythien (A. ist Patron Rußlands) u. Achaia. Nach den ↗Andreasakten wurde er in Achaia gekreuzigt (Andreaskreuz).   zi

Andreasakten, apokryphe Apostelgeschichten (erbauliche Unterhaltungsliteratur, geringe Bedeutung als Geschichtsquellen). Von ihnen ist nur eine Reihe
von Texten erhalten, die die verlorenen
Akten (2. Jh., Reisebericht, Martyrium
des ↗Andreas) zur Grundlage haben.
Sie werden von Eusebius namentlich erwähnt. Er zählt die Akten des Andreas
unter die von den Häretikern verbreiteten Bücher u. empfindet sie als ab-
geschmackt u. gottlos. ↗Apostelakten.

sc

Anekdote rechnet man gewöhnlich neben ↗Mythos, ↗Märchen, ↗Sage, ↗Le-
gende u. ↗Novelle zu den Gattungen
der poetischen Erzählungen. Die A. ist
auffallend kurz. Im Mittelpunkt ihres
Interesses steht nicht der Mensch im
allgemeinen, sondern eine bestimmte,
bedeutende Gestalt. Erzählt wird von
deren geistreichen Worten oder besonderen Taten; sie brauchen nicht unbedingt historisch zu sein, wichtig ist
allein, daß sie die Hauptperson plastisch
charakterisieren. Konkrete Einzelheiten
werden nicht aus Interesse an den genauen Umständen oder größeren Zusammenhängen, sondern aus Freude am
Erzählen erwähnt, doch nur so weit, wie
sie der Konzentration auf die Hauptperson dienen (vgl. 2 Sm 23, 21); alle
anderen Einzelheiten (oft auch die Gegenspieler, vgl. Ri 16, 1–3) werden nur
blaß geschildert. So kann die A. als die
Kurzcharakteristik eines bedeutenden
Mannes durch Schilderung einer für ihn
typischen, oft erfundenen Situation (Tat
oder Ausspruch) begriffen werden. A.n
finden sich vor allem in den atl. Ge-
schichtsbüchern (z. B. die Helden Davids 2 Sm 23; Adoni-Zedek Ri 1, 6 f;
Otniel Ri 1, 12–15). mc

Anfang kommt im bibl. Denken zuerst
im Zusammenhang mit der ↗Schöpfung
zur Sprache. So reflektiert der priesterliche Schöpfungsbericht: „Im A. schuf
Gott Himmel u. Erde" (Gn 1, 1). Dabei
kommt im atl. Glaubensbekenntnis der
A. der ↗Welt erst spät in den Denk-
horizont. Der Glaube ↗Israels leitet
seinen A. zunächst von Jahwes Füh-
rungs- u. Rettungstaten her; Jahwe war
es, der Israel aus Ägypten herausgeführt
hat. Darin erwies sich Israels Bundesgott als treu u. stärker als die anderen
Götter, die die Völker der Umwelt verehren. Daraus entsteht das Bekenntnis
Israels: Jahwe ist der alleinige Herr, die
anderen Götter sind ↗Nichtse (↗Bund).
Israel reflektiert zuerst über den A. seiner eigenen Stammesgeschichte, bevor
es an den A. der Welt denkt. Es wird
dann auch über die Zeit des A. (↗Ur-
zeit) nachgedacht; auch die Umweltreligionen der Bibel reflektieren durchweg über den A. der Welt; er leitet sich
in den orientalischen ↗Mythen durchweg von Götterkämpfen her. Israel aber
nennt ↗Jahwe den alleinigen A. u.
Herrn der Welt; der Mensch ist von ihm
her im ↗Werden, menschliche ↗Ge-
schichte geschieht von ihm her.
Der A. ist eine Zeit, in der der Mensch
alle geschöpflichen Möglichkeiten hat u.
verwirklicht (↗Paradies). Bevor Israel
über den A. der Welt nachdenkt, denkt
es an seine ↗Zukunft. Es lebt auf die
↗Verheißung hin, die Jahwe ihm gab.
Diese Verheißung soll sich in seiner Geschichte einlösen. Als das mehr u. mehr
ausbleibt u. vereitelt wird (↗Exil), wird
die ↗Erfüllung der Verheißungen in die
↗Endzeit verlegt. Die prophetische Verkündigung (z. B. Trito-Jesaja) richtet den
Blick sehr stark auf die Endzeit, wo
Jahwe endgültig seine Verheißungen
einlösen wird. Vollends rückt in der jüdischen ↗Apokalyptik diese Endzeit in
das Blickfeld; jetzt wird aber zugleich
auf die Urzeit zurückgeblickt. Um die
Endzeit zu verstehen u. zu schildern,
muß man die Urzeit kennen, beide entsprechen einander (Urzeit-Endzeit-
Schema; ↗Adam u. neuer Adam). Beide
Zeiten werden in reicher Bildersprache
geschildert.

Auch das NT spricht meist im Zusammenhang mit der Schöpfung vom A. So
ist Mk 10, 6 vom „A. der Schöpfung"
die Rede, denn Gottes Schöpfung geht
in der Geschichte weiter. Oder es ist
gesagt, daß etwas „von A. an nicht so
war" (Mt 19, 8). Der Schöpfer schafft
„von A. an den Menschen als Mann u.
Frau" (Mt 19, 4). Der A. bestimmt die
ganze menschliche Geschichte; er kann
aber auch verlassen u. verleugnet werden (vgl. Mt 19, 8); der Mensch kann
seinem A., das Geschöpf seinem Schöpfer fremd geworden sein (↗Selbstent-
fremdung). Dann aber muß der A. wie-

der zu seinem Recht kommen (↗Identifikation). Wo die ntl. Verkündigung stärker vom apokalyptischen Denken beeinflußt ist, tritt der A. der Welt u. des Kosmos sehr in den Vordergrund. So nennt ein liturgisch geprägter Hymnus im Kol ↗Christus den A. schlechthin (1, 18). Durch seine ↗Auferstehung ist Christus zum A. geworden, zu einem neuen A., denn er ist der „Erstgeborene aus der Toten". Als der Auferstandene ist er allem voraus (V. 17); alles, was ist, besteht in ihm, u. alles, was wird, geschieht in ihm (↗in Christus). Er ist der „Erstgeborene aller Schöpfung", denn in ihm wird der unschaubare Gott u. Schöpfer in der menschlichen Geschichte ansichtig (V. 15). „In ihm" hat der Schöpfer alles geschaffen, das All besteht in seinem Bereich u. ist auf ihn hin im Werden (Vv. 16.17). Christus ist der neue u. endgültige A. der Menschheitsgeschichte; er hat alle geschöpflichen Möglichkeiten in sich; er bestimmt das ↗Neue (Novum), das wird. Als der A. ist Christus zugleich die ↗Zukunft der Welt u. der Menschen. Er ist die ↗Zukunft Gottes, weil in ihm Gott auf seine Schöpfung zukommt. Das Ereignis u. die Begegnis Christi u. seiner Auferstehung interpretierend, ist im NT sodann von der „Neuheit" (↗Alte) oder vom „Angeld des Geistes" die Rede (vgl. 2 Kor 1, 22; 5, 5), denn der ↗Geist ist die Weise, in der Christus im Kommen u. in der menschlichen Geschichte im Werden ist. Oder es ist vom „A. des Evangeliums" die Rede (Phil 4, 15 u. Mk 1, 1), vom Beginn jener weltverändernden Macht u. Botschaft, die in aller Welt Ereignis werden sollen. Eine Schrift des NT reflektiert über den A. von Welt u. Geschichte sehr stark in hellenistischer Denkweise: „Am A. war der ↗Logos" (Joh 1, 1). Mit ganz anderem Sprachmaterial soll auch in diesem Satz das Ereignis Christi als A. verkündet werden.

Philosophisch gesehen, übersteigt A. den Begriff einer formalen ↗Zeit. A. meint das Ganze eines Werdeprozesses; er setzt diesem Ganzen sein Wesen u. die Bedingungen seiner Verwirklichung. Auch im bibl. Denken ist Schöpfung nicht bloß zeitlicher A.; sie bestimmt vielmehr das, was im Werden ist, sie

geschieht ständig weiter. Erst recht ist Christus nicht einfach ein zeitlicher A.; Christus geschieht in menschlicher Geschichte weiter, als ihr neuer A., er bestimmt diese Geschichte.   gr

Angeld, technischer Begriff der antiken Rechts- u. Geschäftssprache. Die Anzahlung nimmt einen Teil der Gesamtzahlung vorweg u. begründet so einen festen Rechtsanspruch. Sie macht einen Vertrag voll gültig. Der Anzahler verpflichtet sich dem Empfänger zu weiterer, termingebundener Leistung. Diesen wirtschaftlichen Begriff verwendet Paulus, wenn er vom ↗Geist Gottes, u. somit von Gottes zukünftigem Heilshandeln, spricht. In der ↗Taufe wurden die Christen der Herrschaft Christi unterstellt; Gott selber hat sie mit seiner Königswürde gesalbt u. besiegelt; er hat ihnen eine „Anzahlung des Geistes" gemacht (2 Kor 1, 22 u. 5, 5). Durch diese Anzahlung hat er sie auf die kommende ↗Auferstehung aus den Toten zubereitet (5, 5 ff). Weil ihnen Gottes Geist angezahlt wurde, haben sie einen Rechtsanspruch auf diesen Geist sowie auf „Heimat im Himmel". Wenn sie als Getaufte unter dem Gesetz Christi leben, dann werden sie vollends an seinem neuen Leben Anteil bekommen.

A. des Geistes heißt, daß das neue Leben tatsächlich schon begonnen hat, seit Christus auferstanden ist; Gottes endgültige Heilsgüter sind den Menschen real möglich geworden. Es gibt für den Menschen eine Vorwegnahme der ↗Zukunft Gottes. Gott gibt sich schon vorweg, wo Menschen bereit sind, ihn vorweg aufzunehmen; denn er hat sich ↗ein für allemal im Leben, Sterben u. Auferstehen Christi der Welt zugesagt u. gegeben.   gr

Angesicht Gottes. Bei diesem bibl. Begriff handelt es sich um eine anthropomorphe, d. h. bildhafte, vermenschlichte Ausdrucksweise. Das AT spricht davon, daß Gott sein A. über den Menschen erhebt, u. es meint damit, daß er sich des Menschen erbarmt; oder, daß Gott sein A. vor einem Menschen verhüllt: ihm seine ↗Gnade entzieht; daß sich das zornige A. Gottes gegen Böse u. Gesetzesbrecher richtet: daß sie zugrunde gehen. Wenn jemand vor das A. Gottes tritt, z. B. um zu beten, so versteht die

Bibel dies im kultischen Sinn u. bringt damit zum Ausdruck, daß sich der betende oder sonst kultisch aktive Mensch der Gegenwart u. Gnade Gottes bewußt ist u. sein kann. Im NT wird dieser Ausdruck im Sinne des atl. Gebrauchs in Zitaten aus dem AT verwendet (1 Petr 3, 12), von Jesus Christus (Hebr 9, 24) oder von den Engeln der Kinder (Mt 18, 10) ausgesagt, um deren Verbundenheit mit Gott anzudeuten. In der Verheißung des Sehens von „Angesicht zu Angesicht" wird den Christen die endzeitliche personale Vollendung verheißen (1 Kor 13, 12) (↗Eschatologie). Letzteres ↗Bild ist gut geeignet, die Personalität Gottes zu bezeichnen. Wie das A. des Menschen seine innere Einstellung den anderen gegenüber zum Ausdruck bringt u. überhaupt erst persönlichen Kontakt ermöglicht, so will die Bibel mit der Verwendung dieses Bildes die Zugänglichkeit u. Erfahrbarkeit Gottes verkünden; will damit aussagen, daß er da ist mit all seiner Freundlichkeit u. Liebe, aber auch mit seinem unerbittlichen Zorn, je nach dem Verhalten des Menschen. In diesem Bild erscheint Gott daher als der Lebendige u. Personale.   hi

Angst. Der Begriff A. bedeutet eine elementare Grundbefindlichkeit des Menschen, die darin der Fragwürdigkeit u. Ungesichertheit seines ↗Heils begegnet u. die A. bestehen muß, wenn er nicht scheitern will. Weil A. die gesamte personale Existenz eines Menschen in Frage stellt, kann sie neurotisch werden u. das Selbstbewußtsein des Menschen zerrütten. Dieser Ur-A. gegenüber vermag nur personaler ↗Glaube ein entsprechendes Gegengewicht zu bilden. – A. als menschliche Grundbefindlichkeit durchzieht schon das AT u. muß als eine der Grundaussagen auch des NT im Zusammenhang mit ↗Schuld u. ↗Erlösung gesehen werden:
1. Ursprung der A. in der ↗Sünde: A. ist Ausdruck der Distanz von Gott im schlechten Gewissen (Gn 3, 8–10), das zu immer weitreichenderer Gottferne führt, ständig das ↗Nichts vor Augen hält (Gn 11, 1–9) u. im endgültigen Scheitern endet (Hebr 10, 39).
2. A. als weltweite Grunderfahrung: Am Beispiel Ägyptens wird A. als Folge je-

den Frevels demonstriert (Weish 17). Die Psalmen wissen eindringlich dieser Grunderfahrung Ausdruck zu verleihen u. weisen zugleich darauf hin, daß der geängstigte Mensch, wenn jede sonstige Hilfe versagt, erkennt: Gott allein kann ihn retten u. trösten. Bei ihm sind Sicherheit, Geborgenheit, Heil zu finden (vgl. z. B. Ps 107, 6). A. wird immer wieder als Grunderfahrung der Menschen im ↗Gericht Gottes interpretiert (Js 13) u. steht der Erfahrung des Glaubens gegenüber (Röm 8, 35).
3. Erlösung von der A. durch ↗Christus: Alle Zweideutigkeit u. Vorläufigkeit in unserer Existenz ist im Ja Gottes durch Jesus Christus (2 Kor 1, 19 f) grundsätzlich lösbar geworden, weil an die Stelle des drohenden Nichts die Heilszusage der Geborgenheit bei Gott getreten ist. Diese erreicht auch u. gerade die extremsten Abgründe menschlicher Verlorenheit (Lk 22, 44; Mt 27, 46). Der ↗Gehorsam Jesu wird in der Kreuzestheologie (↗Kreuz) zum Fundament einer „begnadeten A." (2 Kor 12, 9), der Erfahrung des Mitleidens mit Christus (Röm 8, 17) (↗Leiden).   hi

Anhänger, in manchen Übersetzungen der Bibel Bezeichnung für die ↗Schüler oder ↗Jünger, die einem Lehrer oder einer Lehrmeinung nachgehen. Die alten Prophetenschulen hatten ihre A., ebenso später die ↗Rabbinen u. die ↗Schriftgelehrten. Die Jünger u. die Apostel sind die A. Jesu. Auch Johannes der Täufer hat seinen Kreis von A.n. In der jungen Kirche bildet sich bald hinter jedem Apostel eine bestimmte A.schaft heraus; genannt werden die A. des Petrus, des Jakobus u. des Paulus. Nicht selten gab es Spannungen zwischen den einzelnen Jüngergruppen (1 Kor 1, 11 f).   gr

Animismus, der Glaube an die Beseeltheit der Naturdinge u. daß in den Erscheinungen u. Kräften der Natur selbst persönlich gedachte Wesen wirksam sind.   he

Ankläger (hebr. Satan), im AT juristischer t. t. für den Kläger im Gerichtsverfahren der, wie der Verteidiger, seinen Platz rechts vom Angeklagten (Sach 3, 1) hat. Man sieht im A. vielfach (wahrscheinlich zu Unrecht) auch den Titel eines Staatsanwalts, der nach Vorbild altorientalischer Königshöfe auch für Is-

rael postuliert wird. Er wäre vor allem
als „Bundesanwalt" beim Bundesbruch
Israels im Kult aufgetreten; teilweise
möchte man die ↗Propheten als Träger
eines solchen Amtes verstehen. Inwieweit die juristische Vorstellung vom A.
auf die Gestalt ↗Satans eingewirkt hat,
ist schwer auszumachen; sie spielt sicher
eine Rolle in der ↗Apokalyptik (äth.
Henochbuch 40, 7; Apk 12, 10).   ze

Anna ↗Hanna.

Annalen, ursprünglich Jahrbücher, die
die Hauptereignisse eines Jahres verzeichnen. Sie werden dann zum Fachausdruck für die chronologische historische Literatur. In ihnen wird eine Fülle
historischen Materials dargeboten. In
den Tempel-A. werden Besitzstand, Re-
paraturen u. Neubauten der Tempel-
anlagen verzeichnet; die Hof-A. nennen
Namen, Alter u. Thronbesteigungsdaten
der Könige. Im AT werden die A. ↗Sa-
lomos u. das Tagebuch der Könige Israels zitiert, im NT gehören die ↗Wir-
Berichte u. das Stationenverzeichnis der
Paulusreisen in der Apg zur Gattung der
Annalen.   gr

Annas ↗Hannas.

Anonymität. Nach dem Glaubensbekenntnis der Bibel ist Gott der, der
beim ↗Namen ruft, der Namen gibt,
weil er selbst einen hat, der den Menschen die Fähigkeit gibt, die ↗Schöp-
fung zu benennen. Gott ruft aus an-
onymem Dasein heraus, er beruft sich
Menschen, mit denen er etwas vor hat.
Der menschliche Name bedeutet ↗Be-
rufung, Auftrag u. Sendung. So lebt der
Mensch nicht belanglos. Er hat den Auftrag, im ↗Wort mit dem Mitmenschen
(↗Mitmenschlichkeit) in Beziehung zu
treten. Vollends tritt einer in der
↗Liebe aus der A. heraus. Die Liebe
Gottes leitet sich von Jesu Dasein-für-
Uns her. A. erscheint heute als Gefährdung des säkularen Menschen, der
einzelne wird im gesellschaftlichen Apparat eine meßbare Ziffer, er droht
namenlos zu werden. Andererseits ist der
anonym lebende Mensch radikal seinen
eigenen ↗Entscheidungen ausgesetzt, er
ist von wenig Bindungen u. Traditionen
abhängig. Der Mensch bewältigt seine
A., wo er die Freiheit des andern will
oder wo er um Frieden u. Gerechtigkeit
ringt, wo er für einen Bruder dasein

will. Wo einer liebt, ist A. aufgehoben
in die neue Dimension mitmenschlicher
Begegnung hinein. Der namenlose
↗Bruder ist stets Möglichkeit der anonymen Gottbegegnung.   gr

Anpassung. Inwieweit muß u. inwieweit
darf ein Christ sich seiner Welt anpassen? Es ist einerseits grundlegende Forderung des ↗Evangeliums, den ↗welt-
lichen Gottesdienst zu verrichten (Röm
12, 1–2). Mitten in seiner Welt soll der
Christ Gott dienen, in seinem leiblichen Dasein soll er Gott verherrlichen,
u. in seinem Mitmenschen soll er Gott
begegnen. Er soll den Menschen, mit
denen er zu leben hat, die Möglichkeit
zeigen, Gott zu erfahren. Um diesen
Dienst tatsächlich leisten zu können, ist
eine brüderliche A. erfordert. Aber diese
ist keine bedingungslose, sondern eine
kritische. Der Christ darf sich nämlich
seiner Welt nicht dort anpassen, wo
diese sich selbst fremd geworden ist; er
kann ihr Leben dort nicht mitmachen,
wo sie sich selber verfehlt. Er hat die
Möglichkeit, über sie hinaus zu gehen,
sie umzuwandeln u. sie durch u. durch
zu erneuern (Röm 12, 2). Er muß versuchen, ihr einen Weg auf Gott hin zu
weisen. Er muß in ihr Menschlichkeit ermöglichen; weil Gott Mensch geworden
ist, muß er mitarbeiten an der ↗Mensch-
werdung des Menschen. Um Menschen
zum ↗Reich Gottes einladen zu können,
paßt sich der Apostel Paulus ihnen vollends an: den religiösen Menschen begegnet er als religiöser Mensch, den
nichtreligiösen aber nichtreligiös, um sie
alle für Christus zu gewinnen (1 Kor
9, 21). Er fordert von den Christen, daß
sie Trauer und Freude, eben das Leben
in seiner ganzen Ausgesetztheit u. Gefährdung, mit den anderen Menschen
teilen (Röm 12, 15). Der Christ lebt in
der Spannung zwischen radikaler A. u.
kritischer ↗Distanz.   gr

Anrechnung. In zweifacher Weise verwendet vor allem Paulus diesen Ausdruck: 1. im Sinne der A. des ↗Glau-
bens, 2. als Nicht-A. der Sünde. Den
griech. Sprachgebrauch aufnehmend, gestaltet er dessen Inhalt aber von seinem
theologischen Denkansatz her neu u.
verhilft der prophetischen Auffassung
von ↗Gerechtigkeit zu neuer Gültigkeit.
In der ↗Abrahams-Geschichte des AT

(Gn 15, 6) taucht dieses Wort auf, um die freie ↗Erwählung durch Gott u. die Zuwendung des Heils an den Glaubenden zu verkünden. In der späteren Entwicklung des AT überdeckt der ↗Verdienst-Gedanke (im Glauben liegt ein Wert, der das Heil verdient – der Sünder hat deshalb keine Chance) die gnadenhafte Erwählungsvorstellung u. bringt die griech. Grundaussage des Wortes (Berechnen, Buchen, Anerkennen eines Wertes) erneut zur Geltung. Paulus greift auf das ursprüngliche Verständnis von Gn 15, 6 zurück, lehnt den Verdienstgedanken aber ab u. versteht unter A. ein gnädiges Schenken, das dem Glaubenden u. dem Sünder widerfährt. Diese paulinische Sicht der A. ging aber sehr bald wieder verloren u. machte einem Leistungsdenken Platz, das bis heute das Heilsverständnis vieler Christen bestimmt. A. ist ein bildhafter Ausdruck, der die Heilsbeziehung zwischen Gott u. Mensch veranschaulichen soll. Der offene Mensch erreicht sein Heil nicht durch religiös-fromme Leistung, sondern im Geschenk des Glaubens. ↗Rechtfertigung.   hi

Anspruch. Wenn Gott spricht, dann spricht er an. Seine ↗Botschaft ergeht nie anders, als daß sie Menschen anfordert. Gott ruft, er ruft seine ↗Schöpfung beim ↗Namen, er will etwas von den Menschen. Geschaffensein bedeutet Angesprochensein.

Nach der Erzählweise der Bibel ist das erste Reden Gottes mit seinem Geschöpf, dem Menschen, ein Auftrag und eine Sendung: der Mensch soll sein Leben u. damit seine Welt entfalten, er soll sie weiterentwickeln u. unter seine Kontrolle bringen (Gn 1, 28). Dieser Schöpfungsauftrag ist zugleich der A. des Schöpfers auf sein Geschöpf, auf sein Werk.

Erst recht erhebt das ↗Evangelium ↗Jesu einen A. an die Menschen, an alle, die es hören. Markus faßt in einer Kurzformel das Evangelium zusammen (↗Umkehr) u. sagt: „Voll geworden ist die Zeit, nahe gekommen ist Gottes Herrschaft. Denket um u. glaubt dieser frohen Botschaft!" (Mk 1, 15.) Jesus bringt mit der ↗Bergpredigt den totalen A. Gottes vor den Menschen. Gott will den Menschen für seine Herrschaft endgültig u. vollends in A. nehmen. Er wendet sich denen zu, „die hungern u. dürsten nach Gerechtigkeit" – er will das ↗Engagement des Menschen für die ↗Gerechtigkeit; oder er liebt diese Menschen, die „Frieden stiften", „die ein reines Herz haben" – dann will er vom Menschen die Tat des Friedens, das reine Herz u. die reinen Hände. Wer Jesu Botschaft hört, muß sie in sein Leben umsetzen. Wer sich auf Jesus einläßt, muß damit rechnen, daß sein Leben in A. genommen wird.

Gerade auch aus dem Verkündigungszeugnis des Apostels Paulus wird deutlich, daß das Evangelium immer ein A. ist. Wer sich zur Botschaft von der ↗Auferstehung Christi bekennt, der muß sein ganzes Leben einsetzen für dieses Auferstehungswerk Christi (1 Kor 15, 3–5.58). Wer für sich die ↗Verheißung Geltung haben läßt, daß in der ↗Vollendung alle Menschen an Christi Auferstehung teilhaben sollen, der muß am „Werk Christi" engagiert sein. Weil Gott sich in der Auferweckung Christi endgültig für das Werden seiner Welt entschieden hat, ist es nun am Menschen, sich diesem Werden zu stellen.

Das Evangelium gipfelt in diesem A. In Christus hat Gott letztgültig gesprochen. Nun will er endgültig den Menschen. Christus ist Gottes totaler A. Wer sich auf ihn einläßt, ist zur Tat gerufen. Christsein bedeutet ↗Praxis dessen, zu dem einer gerufen ist.   gr

Anstelle Christi. Gott hat unter den Menschen die „Botschaft von der ↗Versöhnung" aufgerichtet (2 Kor 5, 19). Wenn in Christus die Versöhnung begonnen hat, so schreitet der Prozeß der Sohnwerdung fort in der Zeit und in der ganzen menschlichen ↗Geschichte. Deshalb muß der Apostel Paulus „anstelle Christi" sprechen. Er muß so reden, als ob Gott selber reden würde. „Anstelle Christi" muß er die Menschen bitten, sich mit Gott nun auch versöhnen zu lassen (V. 20). Der Apostel vertritt Christus im Versöhnungsdienst, u. dieser Dienst geht in der ↗Kirche weiter. Kirche ist eben dort, wo dieser Dienst tatsächlich geleistet wird. Die sich auf Christi Versöhnungsbotschaft eingelassen haben, arbeiten daran, daß immer mehr Menschen zu Söhnen u.

Töchtern Gottes werden. Ihnen wurde die ↗Stellvertretung Christi geschenkt, die zugleich ein Dasein für Christus ist (Phil 1, 29). Christi Stelle vertreten heißt nicht nur, an ihn glauben dürfen, sondern vielmehr an seiner Stelle leiden (V. 29). Denn Christi ↗Leiden muß noch weitergelitten u. vollendet werden (Kol 1, 24). Die für Christus u. an seiner Stelle dasein wollen, müssen ihn vor allem im Kreuze (↗Kreuzesnachfolge) vertreten. Die Stelle Christi übernehmen bedeutet von seinem Kreuze her u. auf seine ↗Auferstehung hin leben.   gr

Anstoß ↗Ärgernis.

Anthologie (griech. Blütenlese; lat. florilegium), eine Sammlung von Aussprüchen u. Auszügen aus alten Schriftstellern, Philosophen u. Dichtern. Solche Sammlungen, die einen ethischen Zweck verfolgen, sind in der Antike schon im 2. Jh. v.C. nachweisbar. Die bekannteste nichtchristl. A. ist die des Johannes Stobaeus im 4. Jh. n.C. Die Anthologia Palatina besteht aus teils heidnischen u. teils christl. Spruchsammlungen. Auch im christl. Raum wurden schon früh Bibelstellen zusammengestellt u. nach Sinneinheiten gesammelt. Später wurden Auszüge aus Bibelkommentaren bedeutender Theologen gesammelt. Die älteste christl. A. ist die Philokalia; ein Auszug aus den Werken des Origenes, der von Basilius d. Gr. u. Gregor v. Nazianz zusammengestellt wurde. Dogmatische A.n spielen vor allem in den christologischen Streitigkeiten des 5. Jh. n.C. eine bedeutende Rolle. Unter den asketischen A.n sind die ↗Apophthegmata Patrum die bedeutendste. Ob die christliche Urgemeinde A.n atl.er Bibelstellen hatte, ist umstritten. Sehr wahrscheinlich aber hatte Paulus für seine ↗Verkündigung derartige A.n zur Verfügung. Der ntl. Zeit steht als bekannte jüd. A. der Mischnatraktat Pirqe Abot (↗Sprüche der Väter) nahe.   gr

Anthropologie. Fragt man systematisch nach dem Wesen des ↗Menschen, so stößt man auch auf die biblische A. u. erfährt als erstes, daß im AT wie im NT der Mensch nie für sich, sondern immer in seiner Beziehung zu ↗Gott gesehen wird. Der von Gott Geschaffene ist auch auf ihn hingeordnet u. erfährt sich auf

diese Weise in seinem Woher u. Wohin je geborgen u. angefordert zugleich. Da sich der biblische Mensch zugleich als geschichtlich existierend weiß (↗Geschichte), kann sein Wesen nicht in statischen, sondern nur mit personalen Kategorien beschrieben werden.

Unter den zahlreichen Zeugen sei Paulus herausgegriffen, der zwar keineswegs eine in jeder Hinsicht systematische u. feste Terminologie verwendet, wohl aber die umfassendsten u. reichhaltigsten Aussagen zur Frage der biblischen A. macht: „Soma", der Grundbegriff der paulinischen A., ist am besten mit „menschliche Person" zu übersetzen (wörtlich: Leib). Nach Paulus *hat* man nicht, sondern *ist* man Leib. Durch ihn ist der Mensch ein Teil dieser Welt u. Partner Gottes. Der „Leib" ist Träger der ↗Entscheidungen zum Guten wie zum Bösen. Diese Entscheidungen sind aber von vorhandenen Mächten (↗Welt, ↗Fleisch bzw. ↗Gott, ↗Geist) abhängig, zu denen der Mensch Stellung nehmen muß. Der „Leib" (Person) ist etwas Bleibendes (↗Auferstehungsleib). Sein endgültiges Schicksal hängt davon ab, ob er sich für den Machtbereich der Sünde (Todesleib) oder Gottes (Geistleib) entscheidet (vgl. 1 Kor 15, 42–49). – Durch die „Psyche" (↗Seele) ist die menschliche Person ein lebendiges, geschichtliches Wesen. Durch den „Nus" (↗Geist) ist der Mensch ein Wissender, der die ↗Wahrheit erkennen, prüfen, bejahen oder verneinen kann. Dazu hilft die „Syneidesis" (↗Gewissen), die den Menschen je vor die Entscheidung zwischen Gehorsam u. Empörung stellt. Von seiner „Kardia" (↗Herz) her ist der Mensch immer eine lebendige Einheit. Hier wird sein Ich als ein Wollendes, Planendes, Zweifelndes, Hoffendes, Glaubendes, Begierliches, Liebendes usw. ausgesprochen. Wenn sich der Mensch gegen Gott entscheidet, verfällt er der Welt u. dem Fleisch, damit der Sünde u. dem ↗Tod.   hi

Paulus zeichnet in Röm 7 ein düsteres Bild des Menschen: er ist „Fleisch", in dem „nichts Gutes wohnt", unfähig, das Gute zu tun, selbst wenn er es will. Der Mensch ist „unter die Sünde verkauft" u. deren Gesetz unterworfen – bis er durch Jesus Christus aus dem Gesetz der

Sünde u. des Todes befreit u. unter das Gesetz des Geistes u. des Lebens gestellt wird. Diese paulinische Beurteilung der menschlichen Natur „an sich", d. h. im unbegnadeten Zustand, darf nicht isoliert gesehen werden, sondern nur im Zusammenhang mit dem Kontrast von „Fleisch" u. „Geist". Je düsterer der unbegnadete, ohne Christus lebende Mensch gezeichnet wird, um so leuchtender erstrahlt die heilbringende Erlösungstat Christi (↗Rechtfertigung), der den Menschen aus dem Zustand der Schwäche, der Knechtschaft, der Sünde u. des Todes in den Zustand der ↗Freiheit u. des ↗Lebens, in das „Sein bei Gott" überführt u. ihm so die höchstmögliche Form menschlichen Daseins schenkt.   gl

Anthropomorphismus, Darstellung Gottes nach Gestalt (griech. morphe) eines Menschen (griech. anthropos). So stellt die Bibel Gott in der Leiblichkeit eines Menschen dar: Er empfindet u. handelt wie ein Mensch. Er hat Antlitz (Js 58, 8), Mund u. Stimme (Dt 4, 36), Arme u. Hände (Dt 7, 19). Wie ein Mensch empfindet er Freude, Zorn u. Reue (z. B. Gn 6, 6 f). Die Liebe Gottes hingegen können wir nicht als A. bezeichnen, da diese wirklich zu seinem Wesen gehört. Auch das Handeln Gottes stellt die Bibel in A.en dar: Er formt den Menschen aus Staub, bläst ihm seinen Hauch in die Nase, bekleidet ihn. Er pflanzt einen Garten, in dem er sich beim Tageswind ergeht, u. spricht mit den Menschen (Gn 1–3); er schreibt (Ex 24, 12) usw. Besonders in den älteren Büchern der Bibel findet sich diese Redeweise, während die LXX sie ängstlich zu vermeiden sucht. A.en fehlen aber nie gänzlich, auch nicht im NT. Diese Ausdrucksweise mag etwas naiv erscheinen, doch tut sie der Würde Gottes keinen Eintrag, sondern gehört zu unserem Sprechen von Gott, wenn es allgemein verständlich sein soll, u. ist letztlich berechtigt, weil Gott Mensch wurde. ↗Analogie, ↗Angesicht Gottes, ↗Bildersprache.   st

Antichrist. Der Ausdruck A. findet sich nur in 1, 2 Joh, der Gedanke aber begegnet auch sonst im NT. Seine Wurzeln hat er in der atl. Vorstellung vom endzeitlichen Kampf Gottes mit der Schlange (Js 27, 1) oder dem gottlosen König von

Dn (dessen Modell der Verfolger Antiochus Epiphanes war). Im Anschluß an Dn spricht Paulus vom Menschen der Gesetzlosigkeit, der am Ende auftritt u. vorgibt, Gott zu sein (2 Thess 2). Ebenso ist Dn Vorlage für die Schilderung der beiden Tiere in Apk 13, die Gott lästern u. zum Abfall von Gott verführen, nach einer gewissen Zeit aber von Gott vernichtet werden. Die Synopt. künden für die ↗Endzeit falsche Christusse an (Mt 24, 24). Für Joh mit seiner stark realisierten ↗Eschatologie ist die Endzeit schon da, der A. darum eine gegenwärtige Macht. Alle jene sind A.en, die leugnen, daß Jesus der Messias u. als der Erlöser im Fleische gekommen ist (1 Joh 2, 18 ff).   st

Antiochenische Schule. Benannt nach der Hauptstadt Syriens, bezeichnet die A. Sch. eher eine Methode als eine organisierte Schule, die im Gegensatz zur ↗Alexandrinischen Sch. steht. Ihre Schriftauslegung verwirft die ↗Allegorese als Spekulation, welche die Geschichte verdeckt. Mit Hilfe der historisch-grammatischen Methode erforscht sie den ↗Literalsinn der Texte, dessen Zusammenhang mit der Heilsgeschichte sie – nicht grundsätzlich von der alexandrinischen Theologie verschieden – in der ↗Typologie gewahrt sieht. Rationales Denken, ausgeprägte Bibelkritik u. Ernstnehmen der Menschheit Christi führen sie sehr in die Nähe der heutigen Bibelwissenschaft (z. B. Historischer Jesus). Der von der A. Sch. in der Folge begünstigte Nestorianismus führt nachträglich zu einer Verurteilung ihrer Häupter wie Diodor v. Tarsos, Theodor v. Mopsuestia u. Theodoret v. Kyros.   tr

Antiochus, Name von 10 Königen der ↗Seleukiden-Dynastie. Wichtig für die atl. Geschichte waren: a) *A. IV. Epiphanes* (175–164). Dn 11 u. 1 Makk 1–6 zeichnen ein dunkles Bild von ihm, weil er zur Festigung der Einheit des Reiches die Juden zum Aufgeben ihrer religiösen Bräuche zwingen wollte u. in Jerusalem heidnischen Kult einführen. Sein Bestreben unterstützten hellenisierte Juden, scheiterte aber am (bewaffneten) Widerstand der ↗Makkabäer, die diesen Angriff auf die Religion der Väter nicht zuließen. b) *A. V. Eupator* (164–162) schloß mit Judas dem Makkabäer Frie-

den u. stellte die Religionsfreiheit der
Juden wieder her.   he
Antipas ↗Herodes.
Antipater (griech. Ebenbild des Vaters).
1. Sohn des Jason, wurde mit Numenius
zusammen nach Rom gesandt, um den
jüd.-römischen Freundschaftsvertrag zu
erneuern, u. suchte auch mit Sparta Beziehungen anzuknüpfen (1 Makk 12, 1
bis 23). – 2. Der Idumäer A., Vater ↗He-
rodes' d. Gr., regierte ab 63 v.C. über Judäa, ab 47 als römischer Prokurator.   he
Antisemitismus ↗Judenverfolgung.
Antonia, eine Burg am Tempelbezirk zu
Jerusalem (Neh 2, 8). Herodes d. Gr.
baute sie aus u. nannte sie seinem Gön-
ner zu Ehren A. Von ihr aus bewachte
die römische Besatzung den Tempel
(Apg 21, 31 ff).   he
Antwort. Nach der Vorstellungswelt der
Bibel ist es Gott, der spricht. Er hat das
erste Wort (↗Wort Gottes) gesprochen.
Sein erstes Wort war ein schöpferisches
↗Wort, denn es rief die Welt in das Dasein. Fortan ist jedes menschliche Wort,
das vom Schöpferwort Gottes herkommt, ein schöpferisches Wort; es vermag in dem, der es hört, Neues zu wek-
ken. Gott hat ein Wort, u redet in der
Weise der Menschen. Er teilt sich so seiner ↗Schöpfung mit, daß er spricht. Er
führt so seine begonnene Schöpfung
weiter, daß er die Menschen anspricht.
In seinem Wort sagt Gott sich aus, u. er
sagt sich den Menschen an u. zu. Gott
hat ihn gesprächsfähig geschaffen. Gott
sagt ein Wort, u. er will vom Menschen
A. Nun vermag der Mensch ihm tatsächlich A. zu geben. Doch er kann ihm genauso diese A. versagen. Durch das
Wort ist er mündig vor Gott. Er kann
selbständig u. frei A. geben. Im Wort
Gottes ist er gerufen, angesprochen u.
herausgefordert (↗Anspruch). ↗Dialog.
Was ist nun die A. des Menschen? Wie
soll er auf Gottes Wort antworten? Einmal so, daß er spricht. Er soll den Weg
der ↗Sprache offenhalten, der der Weg
Gottes zum Menschen ist. Er soll sich
mitteilen u. Gottes Schöpfungswort wei-
tersprechen. Wo einer sich sprechend
aussagt, dort antwortet er auf Gottes
erstes Ur-Wort. ↗„Umkehr" ist eine A.
auf die Botschaft Gottes in der Sprache
der Bibel (vgl. Mk 1, 15). Der Mensch
soll sich abkehren von einer Welt, in

der er seit ↗Adam in ununterbrochen
versagter A. lebt.
Jesus erst hat diese Umkehr zu Gott ermöglicht. Umkehr von ↗Sünde u. ↗Ab-
fall ist gefordert, ständiger Aufbruch
zum eigenen Wesen u. zur Berufung
Gottes. ↗Glaube u. ↗Gehorsam sind
Weisen, wie der Mensch auf Gottes Ruf
antworten kann. Die Grund-A. auf Gottes Wort ist die *Liebe* als Dasein für andere. Wie das Wort Gottes „Fleisch geworden" ist (Joh 1, 14) u. unter den
Menschen „Wohnung genommen" hat,
wie der ↗Sohn für die anderen da war,
so sollen die Menschen Menschen werden u. für einander dasein. Weil Gottes
Wort ↗Engagement an der Schöpfung
bedeutet, so ist auch die A. des Menschen Engagement an der Welt u. an der
Gesellschaft. Nicht auf das Hören des
Wortes Gottes kommt es letztlich an,
sondern auf das Tun, auf die gesellschaftliche ↗Praxis. A.en heißt, „Mitarbeiter" (1 Kor 3, 9) sein. Wer für die
Menschwerdung des Menschen lebt, wer
sprechend u. liebend auf seinen Mitmenschen zugehen kann, der antwortet
seinem Schöpfer.   gr
Äon meint dem hebr. Denken nach eine
ferne Zeit, im griech. Denken ↗Ewig-
keit. Für die Sprache des AT ist er ein
ferner, langer, unendlicher Zeitraum.
Als solcher kann die Vorzeit (Gn 6, 4)
oder die Zukunft (Gn 13, 15) vorgestellt
werden. Auf alle Fälle meint Ä. die un-
veränderte Dauer der göttlichen Wirksamkeit, die Souveränität Gottes über
Zeit u. Geschichte. In der spätjüd.
↗Apokalyptik u. in der Weisheitsliteratur (↗Weisheit) wird der Ä. ein Attribut der jenseitigen Welt (äthiopisches
Henochbuch 71, 15). Im NT findet sich
der Ä.begriff häufig in den ↗Doxolo-
gien: Gottes ↗Herrschaft u. ↗Herrlich-
keit werden gepriesen „bis in die Ä.en
der Ä.en" (Phil 4, 20; Gal 1, 5). Nach
dem apokalyptischen Weltbild löst in
einer Kette von Weltzeitaltern eines das
andere ab. Ein Ä. nach dem anderen
drängt in die Gegenwart herein, bis der
letzte, noch ausstehende, „neue Ä." anbrechen wird. Die ganze Welt ist auf
diese neue Weltzeit hin ausgerichtet;
die Gegenwart hat alle Bedeutung verloren angesichts dieser großen Zukunft.
Eine Weltflucht ist die Folge.

Anders das NT: Für dieses ist mit ↗ Jesus ↗ Christus der neue Ä. bereits hereingebrochen, Ä.enwende hat sich ereignet. Allerdings besteht seit diesem Ereignis die alte Weltzeit noch fort, aber die neue Zeit Christi lagert sich bereits über jene u. verdrängt sie mehr u. mehr. Auf die Christen sind die beiden „Enden der Ä.en", das des alten u. das des neuen, gestoßen (1 Kor 10, 11). Darum gilt das ganze ↗ Engagement des Christen der neuen Weltzeit Christi.   gr

Apokalypse des Johannes ↗ Offenbarung des Johannes.

Apokalypsen, jüd. bzw. christl. Werke, die der ↗ Apokalyptik zugehören. Je nach dem Inhalt lassen sich drei große Typen von A. unterscheiden: a) heilsgeschichtlich-endzeitliche A.; ihre Themen sind die Ereignisse der letzten Zeit in der Menschheitsgeschichte, der sog. ↗ Endzeit. Genauer sind es der Sieg der ↗ Gerechten über die Feinde der Gerechtigkeit, die Ausscheidung der Sünder u. der Unreinen, die Wiederherstellung aller Dinge, wie sie von Anfang an in Gottes Plan standen. b) Kosmologische u. theosophische A., die sich hauptsächlich mit dem Kosmos, mit der Engelwelt, mit den sieben Himmeln u. mit dem Flammenthron Gottes befassen. c) Individual-endzeitliche A.; sie beschreiben das Schicksal des Menschen nach dem Tod (Himmel u. Hölle). Die bekanntesten A. sind: das äthiopische u. das griechische ↗ Henochbuch, die fünf sibyllinischen Orakel, die ↗ Testamente der zwölf Patriarchen. Bibl. A. sind Dn, Js 24–27, Mk 13 u. Apk. Überaus bildhafte Sprache zeichnet sie aus.   gr

Apokalyptik. Der Ausdruck A. ist von griech. apokalyptein = offenbaren, apokalypsis = Offenbarung abgeleitet. Unter A. versteht man a) die ↗ literarische Gattung der ↗ Apokalypsen, also der atl., spätjüdischen, ntl. u. späteren christlichen „Offenbarungs"-Schriften, u. b) die dieses Schrifttum bestimmenden Denk- u. Vorstellungsformen, die auch in kleineren literarischen Formen des bibl.-kanonischen Schrifttums ihre Spuren hinterlassen u. die theologische Sprache ntl. Tradenten u. Autoren mitgeprägt haben.

a) Die literarische Gattung der Apokalypsen hat ihre Blütezeit vom 2. Jh. v.C. bis zum 2. Jh. n.C., also etwa von der Entstehung der sog. Jesaja-Apokalypse (Js 24–27) u. des Daniel-Buches bis zur Geheimen ↗ Offenbarung des Johannes. Die Autoren der Apokalypsen kleiden die von ihnen vorgelegten „Offenbarungen" in verschiedenartige apokalyptische Kleinformen, Visionen (↗ Schauungen) u. Auditionen (Hörerlebnisse), Träume u. Himmelsreisen, Belehrung durch Engel u. Himmelsstimmen, Lektüre himmlischer Bücher u. a. In der symbolischen (↗ Bild) u. allegorischen (↗ Allegorese) Sprache der A. lebt das prophetische Erbe ebenso weiter wie der vielfältige fremdländische Einfluß, der in den späten Zeit ins Judentum dringt. Die A. liebt die geheimnisvollen Bilder, die symbolischen Zahlen, die seltsamen Namen, die Periodisierung des Weltablaufs in Zeitalter u. a. Zu diesen Stilgesetzen dieser literarischen Gattung gehören weiterhin die Pseudonymität, die den Offenbarungscharakter des Mitgeteilten verbürgen soll (charakteristischerweise verzichtet die prophetisch-selbstbewußte ntl. Apokalypse auf dieses Stilmittel!), die dualistische Gegenüberstellung von himmlischer u. verderbter, unter der Herrschaft Satans stehender irdischer Welt, von jetzigem u. künftigem ↗ Äon sowie die Herausarbeitung einer Atmosphäre von Geheimnis u. Geheimhaltung. Die Hauptthemen der A. sind unter dem Generalnenner der Belehrung über die übernatürliche Welt „Offenbarungen" über das Weltende (Vorzeichen, letzte Drangsale, eschatologische Heilbringer u. deren Gegenspieler, Gericht, Totenauferstehung, ewige Seligkeit auf der bestehenden oder einer erneuerten Erde, Verdammnis u. Höllenqualen usw.), über die jenseitige Welt des Himmels (Paradies, Zahl der Himmelsräume, deren Funktionen u. Bewohner, Hofstaat u. Thron Gottes, Aufenthaltsorte der Verstorbenen usw.), über die ↗ Engel u. die ↗ Dämonen (Namen, Rangordnungen, Funktionen usw.), auch über kosmologische, astronomische u. metereologische Geheimnisse (Bewegung der Himmelskörper, Entstehung von Regen u. Schnee, Bau des Firmamentes usw.). Für die ganze Apokalyptik ist ihre starke Bindung an das AT u. dessen reiche wie

freie Benutzung charakteristisch. Die kanonischen Apokalypsen verraten eine angesichts der sonstigen apokalyptischen Literatur erstaunliche Konzentration auf religiöse Themen, auf die Fragen von Gottes- u. Satansherrschaft, Heil u. Gericht. Insbesondere der ntl. Apokalypse geht es um die Deutung der notvollen Gegenwart im Lichte der erfolgten Christusoffenbarung, nicht um Zukunftsspekulation oder Vorhersage eines zu berechnenden (Kirchen-)Geschichtsablaufs. Theologisches Denken u. Stilform der A. sind gerade hier nicht dasselbe. Die paränetischen Anliegen der atl. A. (↗Daniel-Buch) in der Tröstung u. Ermahnung der verfolgten u. bedrängten Frommen bzw. Christusgläubigen kommen hier in einzigartiger Weise zum Zuge (vgl. die Hymnen des himmlischen Gottesdienstes).
b) Die das apokalyptische Schrifttum u. damit die A. bestimmenden Denk- u. Vorstellungsformen entstammen teilweise echt theologischem, teilweise neugierig über die Geheimnisse von Mensch, Welt u. Gott spekulierendem Denken (fremde religionsgeschichtliche Einflüsse!). In der Spätzeit einer als Erwählungs- u. Heilsgeschichte erfahrenen Geschichte des jüdischen Volkes, in politisch trostloser u. religiös bedrängter Situation wächst unter dem Einfluß einströmenden dualistischen Denkens eine Geschichtsbetrachtung, die zunehmend auf das Ende der Geschichte, das Eschaton, das Ende des bösen ↗Äons u. der Satansherrschaft, den Beginn der Aufrichtung der ↗Herrschaft Gottes u. seiner Frommen konzentriert wird. Auf das Urchristentum hat insbesondere die Lehre von den zwei Äonen (im Christusereignis ist die Äonenwende erfolgt, die Fülle der Zeit gekommen, Gal 4, 4; Mk 1, 15) eingewirkt, die freilich charakteristisch abgewandelt ist durch die Erfahrung der „Überschneidung" der beiden Äonen, die Ausdruck der eschatologischen Unterscheidung der Wirklichkeit nach Heil u. Unheil ist; ferner die in der A. ausgebildete ↗„Naherwartung", die zur dem Anbruch der Gottesherrschaft (Mk 1, 15) angemessenen eschatologischen Haltung des Christen gewandelt wird.   pe
Apokryphen, „verborgene" Schriften, die

trotz vorgegebener prophetischer u. apostolischer ↗Verfasserschaft (↗Pseudonym) u. religiösen Inhaltes keine öffentliche Anerkennung in ↗Liturgie u. theol. Diskussion fanden (↗Kanon). Hieronymus bezeichnete mit A. im AT jene ↗deuterokanonischen Bücher, welche die griech. ↗Bibelübersetzungen über den hebr. Kanon hinaus enthielten. Dieser Definition schloß sich die evangelische Theologie an, welche die nichtkanonischen atl. Bücher als ↗Pseudoepigraphen bezeichnete. – Als A. des NT gelten jene Schriften, die durch Titel u. sonstige Aussagen einen kanonischen Anspruch erheben, die aber trotz häufiger zeitlicher Nähe zum NT weder dem Kanon noch den ↗Apostolischen Vätern beigezählt wurden. Sie führen die im NT praktizierten ↗Formen u. Gattungen weiter u. versuchen der frommen Neugier vor allem bezüglich der ↗Kindheitsgeschichte u. ↗Auferstehung Jesu, der apostolischen Missionsreisen u. ↗Eschatologie zu genügen oder häretische Lehren zu untermauern. Bedeutsame ↗Handschriftenfunde haben die Kenntnis der atl. u. ntl. A. heute stark vermehrt. Sie bieten für die Kenntnis der bibl. Umwelt maßgebliches Material.   tr
Apollos, Jude aus Alexandria, wurde zunächst mit der Täuferbewegung, in Ephesus dann mit dem Christentum vertraut. Er führt in Korinth mit Eifer u. Geschick die Christusverkündigung des Paulus fort (Apg 18, 24 – 19, 1; vgl. 1 Kor).
                    he
Apophthegmata, knappe u. treffsichere Aussprüche eines Großen (z. B. Lehrers), die dessen ↗Schülern als verbindliche Antwort gelten. Der Begriff wurde aus der griech. Literaturgeschichte in die ntl. ↗Formgeschichte übernommen. Er wird vor allem in den Synoptikeranalysen von R. Bultmann verwendet, während er von M. Dibelius als zu unpräzise abgelehnt wird. A. sind in den synopt. ↗Evangelien Aussprüche Jesu, die als verbindliche Antwort auf eine Frage gewertet werden. Immer wird bei den A. ein knapper, szenischer Rahmen gegeben, ein Hintergrund als Situationsangabe. A. können ↗Streit- oder Schulgespräche sein, wozu häufig die Heilungen Jesu Anlaß geben (z. B. Mk 3, 1–6). Auch das

Verhalten Jesu oder seiner Jünger kann Anlaß dazu sein (z. B. Mk 2, 23–28). Oder es wird der Meister von seinen Jüngern oder von seinen Feinden gefragt (Mk 10, 17–31; 12, 18–27). Biographische A. haben als Anlaß u. Rahmen eine kurze Episode aus dem Leben Jesu; so etwa die ↗ Tempelreinigung (Mk 11, 15–19) oder seine Verwerfung in seiner Heimatstadt (Mk 6, 1–6). Andere Anlässe für A. aus dem Munde Jesu sind die Frage nach der Tempelsteuer (Mt 17, 24–27) u. die Frage nach den wahren Verwandten Jesu (Mk 3, 20 f) oder die Nachricht, daß Herodes Jesus töten lassen will. Immer muß ein knapper Hintergrund für A. gegeben sein.

In den Streitgesprächen ist das primäre Element ein überliefertes ↗ Herrenwort. Ein solches wurde zu einem Streitgespräch ausgebaut, für welches es die Pointe sein sollte. In der christl. Gemeinde ist von Anfang an eine starke Neigung festzustellen, die tradierten Herrenworte in Streitgespräche zu kleiden. Die Formung des überlieferten Stoffes erfolgte zum großen Teil in der palästinischen Urgemeinde. In den kargen Situationsangaben der A. treten die Personen immer nach einem bestimmten Schema u. ohne konkretes Profil auf. Nicht Menschen sind daran beteiligt, sondern bestimmte Typen.   gr

Apostel. Das Wort A. stammt aus der griech. Volkssprache, begegnet jedoch in der griech. Literatur selten. Das Wort weist in die Welt der semitischen Sprache. Dort hat die Wurzel „schalach" eine prägnante Bedeutung: mit Vollmacht senden. Das NT kann verschiedene Menschen „Abgesandte" nennen: die ↗ Zwölf, Paulus, den Herrenbruder Jakobus, verschiedene Missionare u. Sendboten der Urkirche (z. B. Barnabas) aber auch atl. Propheten (Lk 11, 49), Irrlehrer (2 Kor 11, 5), ja sogar Jesus selbst (Hebr 3, 1). Ihnen allen ist gemeinsam, daß man sie als Botschafter Gottes versteht, die besondere Aufträge in seiner Vollmacht zu erfüllen haben. Darin knüpft der ntl. Sprachgebrauch an die atl. Charakterisierung der ↗ Propheten an, die man auch als ↗ Boten Gottes erkannte. Im rabbinischen Denken verstand man diesen Botendienst als Repräsentation.

Der Beauftragte handelt im Namen seines Auftraggebers u. ist wie dieser zu behandeln. Der Gesandte eines Menschen ist gleichsam dieser selbst (vgl. Joh 13, 16). A. ist also ein Funktionstitel, der aus dem urkirchlichen Sprachgebrauch stammt. Als in der zweiten christl. Generation (ca. ab 70 n.C.) in zunehmendem Maße eine Institutionalisierung der kirchlichen Gemeinden stattfand, wurde auch der Titel A. davon betroffen u. zur technischen Bezeichnung des einmaligen Amtes der Zwölf verwendet, das in hervorragender Weise als bevollmächtigter Dienst verstanden wurde. In den Evv. begegnen uns 3 Bezeichnungen für die Männer in Jesu Umgebung: die ↗ Zwölf, die ↗ Jünger, die Apostel. A. im engeren Sinne wird auf die Männer der ersten christl. Generation beschränkt u. enthält folgende Elemente: 1. Die A. wissen sich zwar als von Jesus erwählt (Lk 6, 13 ff), doch geht diese A.wahl auf den Willen des Vaters zurück, von dem sich Jesus selbst gesandt weiß (Mt 10, 40) u. in dessen Auftrag er handelt (Mt 28, 18). Der Auferstandene vollzieht die ↗ A.aussendung; Matthias wird als Nachfolger des Judas Iskariot durch das Los (Entscheidung Gottes) bestimmt, Paulus vor Damaskus durch den erhöhten Herrn bestellt. Seine Berufung deckt sich mit der Erscheinung des Auferstandenen. Der A. ist nicht von Menschen gerufen.

2. Von Gott selbst durch Jesus Christus beauftragt, fassen die A. ihr Amt nach dem Vorbild des Gottesknechtes (Mk 10, 35–45) als Dienst für Gott auf. Als Mitarbeiter Gottes (1 Kor 3, 9) haben sie aber Anspruch auf den Gehorsam der Gemeinden (Röm 15, 18). Ihr ↗ Amt ist vor allem ein Dienst (Apg 20, 24), den sie im göttlichen Auftrag u. in seiner Vollmacht vollziehen (Joh 20, 23). Wie der Dienst Jesu Christi selbst kann er freilich immer wieder verborgen oder verachtet sein (1 Kor 4, 9–13). Das A.amt als Dienst ist vor allem von Paulus im Kampf gegen die gnostischen Superapostel (↗ Gnosis) herausgestellt worden (2 Kor 10–13). Diese Eindringlinge suchten Paulus sein Apostolat streitig zu machen, weil ihm die Autorität der Urgemeinde fehle. Paulus verweist sie auf seine Beauftragung durch den gekreu-

zigten u. auferstandenen Herrn u. auf die Leiden seiner apostolischen Existenz als einer direkten Verkündigung Christi. Mit seinem Apostelamt steht u. fällt sein Evangelium.

3. Als bevollmächtigte Boten verkünden die A. die ↗Botschaft, das ↗Evangelium von ↗Jesus dem ↗Christus. Sie vertreten nicht eine Menschenlehre (2 Kor 2, 17), sondern reden im Bewußtsein, Gottes endzeitliches ↗Wort repräsentativ auszurichten (2 Kor 5, 20). In derselben Vollmacht vollziehen sie die Eucharistie, Taufe u. Handauflegung, gründen u. leiten Gemeinden, schlichten Zwistigkeiten, entscheiden Streitfragen, üben richterliche Funktionen aus u. setzen Wunderzeichen der Macht Gottes (Apg 28, 3–6).

4. Das persönliche Vorbild der A. bedeutete für die urchristl. Gemeinden eine anschauliche Verwirklichung christl. Lebens (1 Thess 1, 6). In der Nachahmung des Beispiels ihres geistigen Vaters (1 Kor 4, 14–17) kann eine Gemeinde sicher sein, den Weg Christi zu gehen u. echtes Glied an seinem ↗Leib zu sein.

5. Die bisher genannten Gesichtspunkte weisen die A. als das Fundament der Kirche aus (Eph 2, 20), die man als „neues Israel" (Gal 6, 16) versteht, d. h. als Erfüllung des ursprünglichen, universalen Auftrages des auserwählten Volkes der ganzen Welt gegenüber. So ist das Arbeitsfeld der A. unter Führung des Petrus (Mt 16, 18–19) die ganze Welt (Mt 28, 19). Als „die Zwölf" bilden sie die Basis der Vollzahl Israels u. werden als endzeitliche ↗Richter die Schuld des ungläubigen Israel aufdecken (Mt 19, 27).

6. Da sie persönlich von Jesus Christus bestellte Gesandte Gottes sind (Joh 21, 15–18), ist ihr Amt von unersetzlicher Einmaligkeit („Zeit der Apostel"; vgl. Mk 5, 14). Als vollverantwortliche Nachfolger Jesu Christi in seinem A.amt sorgen sie dafür, daß das apostolische Fundament der Kirche ständig konkret in Erscheinung treten u. zur Geltung kommen kann (Mk 3, 14). Deshalb delegieren sie Männer, die einen Teil ihres A.dienstes (Wort, Sakrament, Kirchenleitung) weiterführen (1 Tim 4, 14), u. machen ihnen die ständige Weitergabe dieses Dienstes zur Pflicht (2 Tim 2, 1 f).

Darin ist der konsequente Übergang vom persönlichen ↗Charisma eines A. zum kirchlichen Leitungsamt (Bischof) vollzogen. Was die Person der A. anlangt, hat sich wohl eindeutig die nachapostolische Tradition erhalten: die zwölf namentlich in den A.listen Genannten (z. B. Lk 6, 13–16) gelten als A., nur mit einer Ausnahme, Paulus. Er ist „Apostel nicht von Menschen, auch nicht durch einen Menschen, sondern durch den (auferstandenen) Jesus Christus u. Gott den Vater, der ihn erweckt hat von den Toten" (Gal 1, 1 Briefkopf). Ihm ist der Sohn durch Gottes direktes Eingreifen geoffenbart, damit er ihn unter den Heiden verkünde (Gal 1, 16). Sein A.tum ist die Entfaltung dieser speziellen Berufungsoffenbarung unter der ausdrücklichen Billigung der Ur-A. (Gal 2, 1 ff). Die A. – auch Paulus – sind das tragende Fundament der apostolischen Kirche, sie verbinden mit dem AT (zwölf Stämme Israels) u. sind als A.kollegium die Urform des Bischofskollegiums. Das A.amt dieser zwölf Männer, die schon in der Urkirche die geschichtliche Verbindung zu den Worten u. Taten Jesu herstellten, Zeugen seiner ↗Auferstehung waren (d. h. sein Erlösungswerk verkündeten) u. Jesu messianisches Wirken zuerst als Mitarbeiter vervielfältigten (Lk 9, 1–6), später selbständig repräsentierten, ist unwiederholbar u. konnte keine direkte Nachfolge finden. Weil sie aber von Anfang an (vgl. Apg 6, 6) Christen als Mitarbeiter delegierten, die das apostolische Kerygma weitertragen sollten, machten sie das A.amt zu einer bleibenden Aufgabe für die gesamte Kirche zu allen Zeiten.

Wenn wir uns heute als Glieder der „apostolischen Kirche" bezeichnen, bekennen wir demnach unseren Glauben an die Erlösung durch Jesus Christus in gleicher Weise, wie er von den A.n (als von Gott durch Jesus Christus Gesandte, als Mitarbeiter Gottes, bevollmächtigte Boten, Vorbild u. Form der Kirche, Grundlage des neuen Israel, Verantwortliche für die Zukunft) der Urkirche gegenüber repräsentiert wurde. Die Urkirche übernahm ihn von den A.n, gab ihn weiter, begründete u. garantierte so die Kontinuität des Christentums u. der Christenheit. Gleich den Christen der

Urkirche sind auch wir in die ↗Nachfolge Jesu gerufen, d. h., wir erfahren uns im Hören auf die apostolische Botschaft des NT u. der kirchlichen Verkündigung sowie in unserer glaubenden Annahme als gleichfalls delegiert, an der Repräsentationsaufgabe (Apostolat) teilzunehmen, die jeder Zeit aufgegeben ist. Wir haben unsere Existenz an der Heilsbotschaft auszurichten u. an unserem Platz frei charismatisch oder von Amts wegen, im Kirchen- oder Weltdienst, ausdrücklich oder stillschweigend, dem an uns ergangenen Ruf gerecht zu werden. Wenn es sinnvoll sein soll, die A. auch heute Fundament der Kirche zu nennen, u. wenn A.-sein heißt, Christus u. sein Heil zu repräsentieren, dann muß das A.amt heute von der gesamten Kirche geleistet u. verantwortet werden; also nicht nur vom Amtspriestertum, von den Bischöfen, vom Klerus oder von Laienfunktionären. Erst von einer geschichtlichen u. ganzheitlichen Sicht des A.-amtes her bekommen jedes einzelne Amt u. jeder einzelne Dienst Eigenart u. Berechtigung u. wird das Erbe der A. getreu verwaltet.   hi

Apostelakte. Wohl als Ergänzung der ntl. ↗Apostelgeschichte gedacht, wurde etwa seit dem 2. Jh. n.C. eine ganze Reihe zusätzlicher A.n verfaßt, die im Stil des griech.-röm. Romans Aufschluß über die Taten der zwölf Apostel geben wollten. Der historische Wert dieser Schriften ist gering, ihre Tendenz überwiegend moralisierend u. von der damaligen Volksfrömmigkeit geprägt. Letzteres macht sie zu bedeutsamen Zeitdokumenten, die Rückschlüsse auf Denken u. Glauben dieser Zeit ermöglichen u. für Interpretation christlicher Kunst u. Literatur, wie für Dogmengeschichte, wichtig sind. ↗Andreasakte, ↗Johannesakte, ↗Paulusakte, ↗Petrusakte, ↗Thomasakte.   hi

Apostelaussendung. Noch stärker als bei der ↗Apostelwahl muß hier zwischen vor- u. nachösterlicher Sendung der Apostel unterschieden werden. Inhalt des vorösterlichen Apostolates ist die Gemeinschaft der ↗Zwölf mit Jesus, ihre Mitarbeit an der Verkündigung des ↗Evangeliums u. die messianische Bevollmächtigung zur Überwindung der Macht des Bösen (Mk 3, 14–15). Nach Mt 10, 5 ff setzt Jesus die Gemeinschaft mit den Zwölf bereits voraus u. schickt sie mit konkreten Aufträgen als seine Bevollmächtigten. Bei Lk 9, 1 ff sind Wahl u. Aussendung völlig getrennt. Die Selbständigkeit der Gesandten weist auf die ↗nachösterliche Sendung hin. Die Universalität des Auftrages u. die bleibende Gegenwärtigkeit des Herrn (Mt 28, 16–20), besonders durch die Aussagen über das Schicksal der Zeugen (Lk 24, 46–49) setzen jahrzehntelanges Apostelwirken voraus (↗Apostel).   hi

Aposteldekret. Wahrscheinlich beim sog. ↗Apostelkonzil (Apg 15, 22–32), vielleicht aber erst einige Jahre später (Apg 21, 25; vgl. Gal 2, 6, wo das A. nicht erwähnt wird) schickten die in Jerusalem versammelten Apostel an syrische Christengemeinden eine Botschaft, in der sie von ↗Heidenchristen Enthaltung von Götzenopfern, von Blut u. Ersticktem sowie von Unzucht (Blutschande) verlangten (nach Lv 17 u. 18). Sie lehnten die Heilsnotwendigkeit des jüd. Gesetzes auch für die Heidenchristen grundsätzlich ab u. öffneten dadurch entscheidend den Weg zur Universalität des Christentums.   hi

Apostelgeschichte. ↗Lukas stellt sein zweites Werk als Fortsetzung seines Evangeliums (Apg 1, 1) unter das Motto „Zeit der Kirche". Apg 1, 8 ist dies als Grundthema ausgesprochen: „Ihr werdet . . . meine Zeugen sein in Jerusalem u. in ganz Judäa u. Samaria, ja bis an die Grenzen der Erde." Die Darstellung des Lukas darf aber keineswegs in erster Linie als Geschichtswerk oder als Reportage damaliger Ereignisse u. Entwicklungen verstanden werden. Die A. ist vielmehr eine anschaulich gehaltene Theologie des Weges der Kirche von der kleinen, nachösterlichen Jüngerschar in Jerusalem bis zur Tätigkeit des Paulus in der Hauptstadt des römischen Weltreiches. In der A. sind aber sehr alte ↗Traditionen verarbeitet (z. B. die Reden 2, 14–36; 3, 12–26; 4, 8–12). Die berichteten Ereignisse sind nur exemplarische Verdeutlichung des theol. Konzepts: das ↗Evangelium breitet sich unaufhaltsam über die ganze Welt aus; die vielfältigen Probleme vermögen das Voranschreiten der ↗Heilsgeschichte nach dem Plan Gottes nicht zu hindern. Die Bezeichnung A., die dem Inhalt kaum gerecht wird, stammt wohl erst aus späterer Zeit (↗Apostelakte). Lukas beantwortet zwei Fragen, die in der ersten Zeit der Kirche brennend aktuell waren: 1. das Verhältnis der Kirche zu den Juden (↗Judenchristen), 2. das Verhältnis zur heidnischen Umwelt (↗Heidenchristen). Im Sinne von Gal 2, 7 gruppiert Lukas deshalb seine Aussagen zum ersten Punkt um die Person des ↗Petrus, die zum zweiten um ↗Paulus u. bezeugt die Universalität des Christentums als entscheidenden Bestandteil des göttlichen Heilsplanes. ↗Toleranz u. in Christus gründende Versöhnlichkeit gehören wesentlich zur brüderlichen Liebe (↗Bruder) der Christengemeinden. hi

Apostelkonzil. Im syrischen Antiochia entstand die erste größtenteils aus Heidenchristen bestehende Gemeinde. Unter dem Einfluß von ↗Judaisten, die auch für die ↗Heidenchristen die ↗Beschneidung verlangten (Apg 15, 1 ff) u. damit in Gegensatz zur Lehre des Paulus traten (Gal 2, 1 ff), kam es zu einer gefährlichen Krise. Da es sich um eine grundsätzliche Frage handelte, überließ man die Entscheidung den „Aposteln u. Ältesten in Jerusalem". Diese entschieden – vor allem aufgrund der Haltung des Petrus, der als erster Heiden getauft hatte (Apg 10), u. des Herrenbruders Jakobus – gegen die Judaisten für einen direkten Zugang der Heiden zur Kirche. Dieser Entschluß wurde (zwischen 48 u. 50 n.C.) durch Boten mündlich u. schriftlich (↗Aposteldekret) allen durch diese Regelung betroffenen Gemeinden übermittelt. hi

Apostelwahl. Die Auswahl der Zwölf steht in engem Zusammenhang mit ihrem Sendungsbewußtsein, bevollmächtigte Mitarbeiter Jesu sowohl in seinem irdischen Wirken als auch im Auftrag des Erhöhten zu sein. Bei Mk 3, 13–19 liegt der Ton auf der freien Wahl Jesu, bei Mt 10, 1–4 auf der messianischen Bevollmächtigung, bei Lk 6, 12–16 auf der Übertragung des Apostelamtes an die ↗Zwölf. Bei der Interpretation (Frage der Historizität) müssen sowohl die ↗nachösterliche Konzeption und Theologie der Evangelien als auch

die Entwicklungsphasen im Verständnis des ↗Amtes der ↗Apostel berücksichtigt werden. ↗Apostelaussendung. hi

Apostolische Väter, seit dem 17. Jh. Bezeichnung für eine Gruppe frühchristl Schriftsteller. *Apostolisch* heißen sie, weil sie noch persönlichen Kontakt zu den ↗Aposteln hatten oder sich zumindest in ihren Schriften in Inhalt u. Form eng an die Apostelbriefe des NT anschließen. Im strengen Sinn gehören zu den A. V. nur: *Klemens v. Rom* mit dem 1. Korintherbrief, *Ignatius* mit sieben, *Polykarp* mit zwei Briefen u. das *Quadratusfragment*. Als älteste christl. Literatur sind uns diese Schriften sehr wichtig: Sie bezeugen den Übergang der Lehre der Apostel in die erste nachapostolische Generation. Sie geben Einblick in die urkirchliche Gemeindebildung, in das Werden des ntl. ↗Kanons u. die Anfänge einer dogmatischen u. bibeltheol. Reflexion, die auch außerchristl. Gedankengut mitverwendet. – Im weiteren Sinn rechnet man zu den Schriften der A. V. auch den ↗Barnabas-Brief, den *Hirt des Hermas,* den *Diognet-Brief* u. die ↗Didache. he

Araber, in den älteren bibl. Schriften wohl ein Sammelname für die Nomaden der Syrisch-Arabischen Wüste (hebr. araba = Steppe, Wüste). A. im heutigen Sinn kennt das AT nicht; es benennt die Stämme der heutigen arabischen Halbinsel einzeln. In Neh u. Chr sind A. die (edomitischen) Bewohner der persischen Provinz Arabien, aus der sich später das Königreich der ↗Nabatäer bildete. Diese an das palästinensische Kulturland angrenzende Wüste wird noch im NT Arabien u. die Bewohner A. genannt (Gal 1, 17; 4, 25; Apg 2, 11). – Die von den Beduinenstämmen der heutigen Arabischen Halbinsel gesprochene *arabische Sprache* ist für die Erforschung der alten semitischen Sprachen von großer Bedeutung, weil sich hier vielfach ursemitische Sprachelemente erhalten haben. he

Aram, a) atl. Personenname. A. heißt ein Sohn des Sem, Stammvater der ↗Aramäer (Gn 10, 22 f) u. ein Vorfahre Jesu (Mt 1, 3 f). b) Name des von den Aramäern bewohnten Gebietes zwischen Belich u. Chabor, zwei Nebenflüssen des Euphrat, auch A. *Naharajim* genannt (Gn 24, 10), u. später auch Syriens (Ri 3, 8; Ps 60, 2).   he

Aramäer, eine semitische Völkergruppe, die in der Patriarchenzeit am Euphrat (↗Aram) wohnte. In ihrem Gebiet lag Charan, die zweite Heimat ↗Abrahams, dessen Nachkommen A. hießen (Gn 22, 21; Dt 26, 5). Beim Zerfall des Hethiterreiches drangen die A. nach Nordsyrien, Mesopotamien u. in die Libanon-Hermon-Gegend vor. Gegen ihre Vormacht Damaskus mußten sich die Könige von Israel u. Juda wehren, bis Damaskus 732 v.C. den ↗Assyrern unterlag. Die Sprache der A. wurde aber für lange Zeit Weltsprache (↗Aramäisch).
                                        he

Aramäisch, der von den ↗Aramäern gesprochene (nordwest-)semitische Dialekt, aus dem sich um 500 v.C. von ↗Ägypten u. Kleinasien bis zum Indus die *reichsa.* Kanzleisprache bildete; sie ist auch in biblischen Texten (z. B. in Teilen des Buches Daniel) bezeugt. Außerdem entstanden verschiedene Lokaldialekte; sie leben vor allem als religiöse Schriftsprachen weiter: das Jüdisch-A., Samaritanische, Christlich-Palästinensische u. a. – Zu Jesu Zeit sprach man im jüd. Volk a. Das Griech. unserer Evangelien läßt mehrfach die ursprünglich a. Denkwelt durchscheinen. ↗Hebräisch.   he

Arbeit ist Auftrag des Schöpfers. Die biblischen ↗Schöpfungsberichte beschreiben Gottes freie Schöpfungstat als A. So bildet Gott den Menschen aus ↗Erde, genauso wie der Töpfer seine Gefäße aus Ton bildet (Gn 2, 7); u. Gott bläst seinem Gebilde seinen eigenen Lebensodem in die Nase. Oder Gott pflanzt einen Garten, so wie es ein Gärtner tut (Gn 2, 8). In der Sprache der Bibel erscheint Gott als Winzer (= pflanzt einen Weinberg), Bauer (bringt die Ernte ein). So wird er auch müde u. ruht sich aus (vgl. Gn 2, 2). Als das ↗Ebenbild Gottes empfängt der ↗Mensch nun den Auftrag, Gottes Schöpfungstat fortzusetzen. Er soll alles Geschaffene entfalten, die Erde „ausfüllen" u. sich dienstbar machen (Gn 1, 28). Was Gott mit seiner Schöpfung begonnen hat, soll der Mensch fort- u. zu Ende führen. A. ist also freie Fortsetzung von Gottes Schöpfungstat, kei-

nesfalls erst Folge der ↗Sünde, denn längst vor dem Sündenfall nahm Jahwe den Menschen u. setzte ihn in den Garten ↗Eden, damit er ihn bebaue u. behüte (Gn 2, 15). Durch seine eigene schöpferische Tat soll der Mensch Gottes Schöpfung in Gang halten, er soll sie behüten u. verhindern, daß aus dem ↗Werden ein Vergehen wird. Wo der Mensch arbeitet, entwickelt u. entfaltet er Gottes Schöpfung. Gerade dort, wo der Mensch schöpferisch tätig wird, ist er das ↗Bild seines Schöpfers. Als Arbeiter ist er von Gott her u. auf ihn hin. Doch ist A. im Leben des Menschen auch der Bereich, in dem die ↗Sünde in ihrer Macht am stärksten in Erscheinung tritt. Willkür, Gewalttat, Ungerechtigkeit u. Raffgier machen die A. zu einer drückenden Last für den Menschen u. zu einer Quelle des Hasses u. der Entzweiung. Da sind Arbeiter, denen der verdiente Lohn vorenthalten wird (Jr 22, 13; Jak 5, 4), Bauern, die durch ungerechte Steuern ausgesaugt werden (Am 5, 11), Fronarbeit u. Sklavendienst (1 Sm 8, 10–18). Doch hat Jahwe Befreiung verheißen auch aus dieser unmenschlich gestalteten Welt der A. Alle A. wird ihre ↗Frucht tragen, so gilt die endzeitliche ↗Verheißung. Dadurch, daß der Mensch zu Gott nein gesagt hat, hat er auch zu seiner Schöpfung u. Schöpfungsordnung nein gesagt. Er hat sich gerade dort selbst in Frage gestellt, wo er schöpferisch tätig sein will. Er hat sich die Welt der A. verfremdet. Dadurch ist diese unmenschlich geworden oder kann es jederzeit werden. So ist der Mensch gerade dort, wo er durch seine eigene Schöpfung am weitesten über sich hinauswächst, am meisten gefährdet. Er kann sich durch diese radikal in Frage stellen, ja vernichten. Trotz allem gilt ihm die Verheißung des Schöpfers, daß Arbeit ihre Frucht trage, daß sie die Schöpfung fortführe u. vollende.

↗Jesus war Sohn eines Arbeiters (Mt 13, 55) u. hat bis zu seinem dreißigsten Lebensjahr selber gearbeitet (Mk 6, 3). So sind die Bilder u. ↗Gleichnisse in seiner ↗Verkündigung direkt aus der Welt der A. genommen. Er spricht vom Bauern, der den ↗Samen aussät, vom Winzer, vom Kaufmann oder vom Schaf-

hirten. Auch die ↗Jünger Jesu haben gearbeitet, sie hatten Berufe; die meisten waren Fischer. Paulus geht während seiner Missionstätigkeit noch einem Handwerkerberuf nach. Derselbe schließt die Christen aus der Gemeinde aus, die unter dem Vorwand, die Parusie zu erwarten, im Nichtstun dahinleben (2 Thess 3, 6). Allerdings hat Jesus auch sehr stark auf die Vergänglichkeit der menschlichen Tätigkeit hingewiesen – es sei denn, der Mensch müht sich gerade in seiner A. um das ↗Reich Gottes. Erst durch das rechte Verhältnis des Menschen zu seinem ↗Mitmenschen u. zu Gott bekommt sein Tun u. Schaffen bleibenden Wert, Beständigkeit u. Dauer.
Der Christ ist gerade dort, wo der Mensch gefährdet lebt, also auch in der Welt der A., auf den Plan gerufen. Hier muß es sich entscheiden, ob Christus zur ↗Herrschaft kommt oder die Mächte der ↗Selbstentfremdung, ob die Welt im Werden bleibt, oder ob sie sich selbst zerstört. Des Menschen ganze Welt, die, die er jetzt schon hat, u. die, die seiner Planung erst möglich sein wird, ist durch das Gottes neuer Welt werden. So ist A. nie umsonst u. verloren (1 Kor 15, 58), denn sie ist Mit-A. an Gottes ↗neuer Schöpfung. Sie ist vom ↗Kreuz u. von der ↗Auferstehung Christi zugleich geprägt. ↗Beruf.   gr
Arbeitslied. In Altägypten u. Israel pflegte man zur Arbeit zu singen. Bauern eiferten sich u. die Tiere beim Pflügen durch Lieder an (Sir 38, 25); die Behinderung am Wiederaufbau der Mauern in Jerusalem faßte man in ein ↗Klagelied, so Neh 4, 4; beim Brunnenbau erklang Gesang (Nm 21, 17 f). Man schrieb diesen Liedern eine magisch belebende Kraft zu, selbsttätig Erfolg u. Ertrag wirkend. Wenige Zeugnisse nur von Liedern beim Ernten, Lesen, Keltern u. Dreschen wurden überliefert, weil sie zu sehr kanaanäischen Bräuchen u. zu wenig dem Jahweglauben verpflichtet waren.   pa
Archäologie, eine wichtige Hilfswissenschaft der Geschichtsschreibung des Altertums. Sie untersucht alle erhaltenen oder durch ↗Ausgrabung wieder verfügbaren Zeugnisse alter Zeit: vor allem ↗Inschriften, Urkunden, Münzen, Bauanlagen, Gebäude(reste) u. Kunstwerke.

Bibl. A. sucht auf allen diesen Wegen die Kultur Israels u. des Spätjudentums sowie der je damit verbundenen Völker zu erhellen u. darzustellen. Sie ermöglicht oder erleichtert so das Verständnis mancher bibl. Texte u. der darin auch bezeugten Geschichte.   he
Areopag (griech. Hügel des Ares), Name des Felsenhügels bei der Akropolis in ↗Athen u. des Amtssitzes der athenischen Stadtbehörde, die auch für religiöse Fragen zuständig war. Zu diesem Amtssitz führt man Paulus, sei es, weil man seine Lehre bedeutsam fand u. mehr wissen wollte, weil er die Lehrerlaubnis der Behörde holen sollte oder einfach weil man ihn hier besser verstand als im Freien. Hier hält er dann die berühmte A.-Rede (Apg 17). Im Anschluß an eine athenische Altarinschrift verkündigt er den ↗ „unbekannten Gott". Seine Lehre von der Auferstehung der Toten stößt aber bei den philos. Zuhörern auf heftigen Widerspruch. So kann Paulus in Athen nur wenige zum Glauben gewinnen.   he
Ärgernis (griech. skandalon = Falle, Anstoß), bedeutet alles, was Anlaß zu Unglaube oder Sünde ist. Christus selbst, der Sohn des Zimmermanns, ist, wie einst Jahwe (Js 8, 14 f), Stein des Anstoßes. Er erfüllt die Erwartungen des Volkes nicht (Lk 2, 34), verlangt zu großen ↗Gehorsam (1 Petr 2, 9) u. wird so zum Fall vieler, die nicht glauben wollen. Israel verwirft ihn wie einen nutzlosen Baustein (Mk 12, 10). Selbst seine Jünger verlassen ihn (Joh 6, 66). Dieses Ä. Christi erreicht seinen Höhepunkt im Ä. des ↗Kreuzes (Gal 5, 11). Selig, wer da an ihm nicht Ä. nimmt (Mt 11, 6).
Nicht nur Christus gereicht dem Menschen zum Ä., auch er selbst mit seinen Begierden, seine Hand, sein Fuß, sein ↗Auge können ihm Ä., Anlaß zur Sünde, werden (Mk 9, 43 ff). Da muß er auf alles verzichten, um nur nicht Ä. zu nehmen. Jeder aber, der den Kleinen, d. h. den Gläubigen, Ä. gibt, wäre besser nicht geboren (Mk 9, 42). Dieser bringt nämlich den ins Verderben, für den Christus gestorben ist (Röm 14, 15). Die Ä.e sind das Wehe der Welt (Mt 18, 7). Trotzdem müssen sie kommen u. gehören in den Heilsplan Gottes. Jesus hat diese Ä.e besonders für das Ende der

Zeiten vorausgesagt (Joh 16, 1 ff). Aber ein Wehe dem, durch den sie kommen (Lk 17, 1).   st

Aristeas, ein Beamter des Königs Ptolemäus II. Philadelphus (285–246). Unter A.' Namen schreibt ein Unbekannter um 100 v.C. den *A.-Brief.* Er erzählt darin legendenhaft unter anderem, wie der ↗Pentateuch für die Bibliothek des Königs Ptolemäus II. erworben u. übersetzt wurde. Demnach haben 72 jüdische Gelehrte (6 aus jedem der 12 Stämme) den Pentateuch ins Griech. übertragen. Die auf 70 = ↗Septuaginta (LXX) abgerundete Zahl wurde dann Bezeichnung des ganzen ältesten uns erhaltenen griech. AT. Der A.-Brief ist, trotz die legendarischen Charakters, ein wichtiger Zeuge für die Entstehung der LXX im 3. Jh. v.C. in Alexandrien, für die Theologie u. Kultur des alexandrinischen Judentums u. das damals gute Verhältnis zwischen Juden u. Griechen.   he

Arme im Geiste. Die Seligpreisung Jesu benötigt zum Verständnis zwei Voraussetzungen: Sie baut auf dem atl. Begriff der ↗Anawim auf u. steht in der ↗Bergpredigt, einer synoptischen Rede über die wahre „Gerechtigkeit", wir würden sagen: „über das Gutsein vor Gott".

Jesu Botschaft stellt sich einer fundamentalen Frage des Menschen: Warum kann es in der Welt so zugehen? Warum genießt der eine sein Dasein, brutal u. selbstsicher handelnd, während der andere, ebenfalls ein Geschöpf Gottes, nicht hat, was er zum Leben benötigt? Jesu Antwort wird durch das Gleichnis vom „Unkraut unter dem Weizen" (Mt 13, 24 f) und im Lehrstück vom „Reichen und vom Armen" (Lk 16, 19) verdeutlicht: Ihr müßt unterscheiden zwischen Jetzt u. Dann. Die Wende zum nahen Königtum Gottes (↗Herrschaft Gottes) wird die Geschlagenen u. Erniedrigten in die Fülle des neuen Lebens, in die Freiheit u. Würde des Gottesgeschöpfes bringen. Weil die wahren Jünger Jesu in der Verfolgung, in ihrem faktischen Befinden in der Welt, „im Geiste", d. h. in ihrem Inneren, in ihrer Haltung „arm" sind, sich „unter die Hand Gottes beugen", lassen sie in ihrem Herzen das Kommende schon herrschen u. sind inmitten ihrer ↗Armut imstande, die

Preisung Jesu sich zu eigen zu machen: Sie wissen, daß sie selig sind. Wer die Armut in irgendeiner Form fühlt, schaut auf das Kommende u. gewinnt neuen Mut, sein Leben zu tragen.

Der wahre Jünger Jesu, der „Gerechte", lebt also aus seinem Gottesverhältnis. Im Gehorsam u. Vertrauen auf den barmherzigen Willen Gottes hat er seine Sorge vom irdischen Ergehen zum kommenden ↗Reich Gottes hinübergewendet. Durch seine ↗Armut wird er offen für Gott, u. seine Offenheit für Gott macht ihn arm in der Welt. Sein Vertrauen auf die ↗Treue Gottes zu seinen gegebenen ↗Verheißungen läßt ihn „selig" in solcher Armut sein.   pa

Armut. Die A. Jesu ist eine Heilstat u. als solche für uns unnachahmlich. „Ihr wißt ja von der Gnade unseres Herrn Jesus, daß er um euretwillen arm wurde, da er reich war, damit ihr durch seine A. reich würdet" (2 Kor 8, 9). Jesus hat unser Heil als Armer vorgetan u. fürgetan. Für den gebürtigen Gottessohn ist A. nicht die Bescheidenheit der äußeren Verhältnisse. Sicher, jeder weiß, woher Jesus stammt (Joh 7, 52), aus Handwerkermilieu (Mk 6, 3). Sein Wohnort Nazaret wird weder im AT noch bei den Rabbinen erwähnt. Er lebt ehelos. Er hat nichts, wo er seinen Kopf niederlegen kann (Lk 9, 58). Er steht unter einem ↗„Muß", ist dauernd unterwegs, um den Ruf Gottes hören zu können (Lk 13, 33). Die eigentliche A. Jesu ereignet sich im Gefälle seiner Person: „Er entäußerte sich" (Phil 2, 7). Nicht als ob in ihm Gott nicht mehr gegenwärtig wäre. In ihm wohnt Gottes Fülle leibhaftig. Aber Jesus verzichtet darauf, sein Gottgleichsein durchzusetzen. Schon sein Menschsein, nicht erst das, was innerhalb seines Lebens „für uns" geschieht, ist eine Tat der Entäußerung. Wer Jesus begegnet, begegnet dem sich ausliefernden Gottessohn. In Jesus kommt Gottes Hilfe auf uns zu in der Weise der A., als glaubhafte, annehmbare Hilfe, als Angebot für alle. Jesu Abstieg ins Menschsein ist kein Versteckspiel, keine zeitweilige Verkleidung, kein Als-ob, sondern ↗Offenbarung, die uns das Gefälle der Liebe in Gott anzeigt: Wie der Sohn sein Gottsein nur als empfangenes „hat", so hütet er sein Menschsein ebenfalls in der Weise der beschenkten A. Darum kann er es hingeben. „Christus hat nicht sich zu Gefallen gelebt, sondern . . . die Schmähungen derer, die dich (Gott) schmähen, fielen auf mich (Jesus)" (Röm 15, 3). Der Leib des ↗Gottesknechtes ist das Instrument, mit dem er die Sündenrevolte auffängt. Er rebelliert nicht. Jesu Gehorsam ist nicht imitierbar, er offenbart ↗Gehorsam. Er schirmt sich in keiner Weise vom Ungehorsam der Adamssöhne ab. Er begibt sich in die Kümmerlichkeit der kleinen Leute. Alle verstehen ihn, wenn er redet. Obwohl selbst nicht gebeugt durch Krankheit u. Gottesferne, beugt er sich unter unsere Schwachheiten u. trägt unsere Krankheiten (Mt 8, 17). Er will Satan auf dessen ureigenstem Felde schlagen: das Mehr der Habgier u. des Anspruchs der Sünde überwindet er durch den „Mehrwert" seiner A. Im Tod wird offenbar, was von Geburt in ihm angelegt ist: der Gottesknecht hat einzig den Vater im Auge. Er verzichtet, sich selbst zu retten. Am ↗Kreuze richtet er das erste Gebot des ↗Dekalogs als Tat der freien Liebe auf. Er hängt zwischen zwei Banditen, er hat keinen fremden Gott mehr neben sich. Das ist der Tiefpunkt seiner A., weil er auf Nichts ausweichen kann. Es bleibt ihm nur der Vater, der eifersüchtig über seiner Gottesehre wacht. „Blinde u. Lahme werden nicht hineinkommen in das Haus des Herrn" (2 Sm 5, 8 LXX), so wollte es David. „Lahme, Hinkende, Blinde, Taube, Stumme, Aussätzige dürfen sich nicht in der Gemeinde halten" (1 QSa 2, 6 f). Der Tod Jesu will es anders: sein geöffneter Leib wird zur Hülle, zum alle umfassenden Tempel. „Hier ist mehr als der Tempel" (Mt 12, 42). An der Tür zum neuen Jesustempel halten bei Mk zwei Frauen Wache: die arme Witwe, die mit ihren letzten beiden Pfennigen „mehr" in den Opferstock wirft als alle, die aus ihrem Überfluß einwerfen (Mk 12, 41–44), u. die Frau mit der Salbe, über deren Verschwendung die Jünger sich entrüsten. In der Antwort Jesu leuchtet der Mehrwert seiner A. auf: „Arme habt ihr allezeit bei euch, mich aber nicht" (Mk 14, 3–9). Arm sein wie Jesus heißt ja sagen zur Verschwendung der Liebe.

Diese durchlittene Liebestat läßt Jesus durch seine Boten den Verlorenen bringen. Es sind die, die das Herz eines Armen haben (Mt 5, 3), die zerschlagenen Geistes sind. Das Evangelium ist die Botschaft von der A. u. Wehrlosigkeit der Liebe des Vaters. Der Vater ist so reich, daß er sich in Jesus aus der Welt herausdrängen läßt, ohne daß er dabei verliert. Der Schöpfer ist als ↗Bettler gekommen (vgl. Joh 19, 28). Er lädt alle ein, die erschöpft u. belastet sind vom Druck der auftrumpfenden „Reichen" (vgl. Ib 24, 2–12). Darum sollen seine Boten ohne Gepäck sein. Ihr einziger, gültiger Ausweis sind die acht Weisen, schon in dieser Welt das Herz eines Armen zu haben (Mt 5, 3–10). So ergeht das Gericht über allen stolzen Reichtum, der sich selber tröstet u. sichert. So werden die Maßstäbe der Welt gesprengt von einem „demütigen u. geringen Volk" (Zeph 3, 2). Die A. Jesu verpflichtet seine Jünger. Es ist ihnen verwehrt, jemanden auf sein Böses oder Irriges festzunageln. Sie sollen das Umsonst der Gnadentat Gottes ausleiden. Arm u. mit leeren Händen sollen sie nach dem Tag ihres Herrn ausschauen u. so den „armen" Gott verkünden, der sich so lange mit der Welt nicht zufriedengibt, bis sie in einen neuen Himmel u. in eine neue Erde umgewandelt ist. Arm muß auch ihre Theologie sein, wenn sie den Reichtum des Glaubens richtig verwalten will. ↗Anawim, ↗Arme im Geiste.   wi

Artemis, jungfräuliche griech. Göttin, Hüterin der menschlichen Fruchtbarkeit, der Jugend, Hochzeit u. Entbindung. – Ganz ungriech. ist die A. von *Ephesus:* eine zum Typ der kleinasiatischen Großen Mutter gehörende mütterliche Naturherrin. Ihr Kultbild in Ephesus – mit vielen Brüsten als Symbol ihrer Fruchtbarkeit – ist von klassischen griech. Darstellungen wesentlich verschieden (vgl. Apg 19, 27).   he

Arzt. In Israel war der A. anerkannt, doch in Unterordnung unter Jahwe, von dem man die eigentliche Heilung einer Krankheit erwartete (Ex 15, 26; 2 Kg 20, 8). Im NT wird die Tätigkeit des A gelegentlich ironisch (Mk 5, 26; Lk 4, 23), sonst anerkennend (Mk 2, 17) erwähnt. Jesus vergleicht seine Tätigkeit mit der eines A. (vgl. Lk 4, 23). Denn es geht ihm um den heilen Menschen, daß dieser zu sich selber finde, sein Leben annehme u. so zu Gott komme (↗ Heil). Er weiß sich zu den Schwachen u. ↗ Sündern geschickt, zu denen, die mit dem Leben nicht zurechtkommen, denn „nicht die Gesunden brauchen den A., sondern die Kranken" (Mk 2, 17). gr

Asche, im AT häufig Bild des Vergänglichen u. Wertlosen. Daher wird A. zum eindringlichen Zeichen, wenn der Mensch seine existentielle Grenze erfährt: in (lebensbedrohender) Not u. angesichts des Todes. So streut man sich bei Trauer, Bittgebet u. Buße A. aufs Haupt bzw. setzt oder wälzt sich in A. (Js 61, 3; Ib 2, 8; Jon 3, 6; Ez 27, 30). – Auf einfachste Art bäckt man Brot (Aschenkuchen), indem man den auf heißen Steinen liegenden Brotteig mit glühender A. bedeckt (1 Kg 19, 6). – Im israelitischen Kult wurde mit der A. einer Kuh ein Reinigungswasser bereitet (vgl. Nm 19, 1 ff u. Hebr 9, 11 ff). he

Aschera, eine im ganzen phönizisch-kanaanäischen Raum verehrte Vegetationsgöttin. Als Gemahlin des ↗ Baal wird sie mit ihm zusammen verehrt. Neben dem Baals-Altar auf den ↗ Höhen stand ihr Symbol: ein grüner Baum, Sinnbild der den jahreszeitlichen Wechsel überdauernden Lebenskraft, die in A. verehrt wurde. Als Ersatz genügte als Repräsentant der Göttin auch ein Holzpfahl, nach ihr A. benannt. he

Asenat ↗ Joseph u. Asenat.

Asidäer. Die jüd. religiöse Partei der chasidim = Frommen (Chasidäer) aus dem 2. Jh. v.C. wird allgemein als Vorläufer der späteren ↗ Pharisäer betrachtet. Zur Zeit der Makkabäerkämpfe bewog sie das Motiv der Religionsfreiheit, Judas Makkabäus sich anzuschließen. Als „Gesetzes-" und „Bundestreue" forderten sie strenge Gesetzesbeobachtung, weil darin der ↗ Bund mit Gott sich realisiere, u. sie selbst ließen sich am ↗ Sabbat töten, als durch einen Kampf die Sabbatruhe mit den Waffen in der Hand zu stören. Auch lehnten sie jedes Paktieren mit dem Hellenentum prinzipiell ab. pa

Asien, im AT (1, 2 Makk) das Reich der ↗ Seleukiden, also ganz ↗ Klein- u. Vorderasien. Im NT bezeichnet A. die 133 v.C. geschaffene römische Provinz Asia proconsularis mit ↗ Ephesus als Hauptstadt. Sie umfaßt die Landschaften Mysien, ↗ Lydien, Karien u. ↗ Phrygien mit den vorgelagerten Inseln. Apg 2, 9 meint A. den westlichen Teil Kleinasiens ohne Phrygien. he

Askese, ein nichtbibl. Begriff. A. liegt dem AT u. seiner schöpfungsbejahenden Frömmigkeit fern. Erst das wachsende Schuldbewußtsein im späteren ↗ Judentum führt zu Entsagungen, die in ihrer Übertreibung zur Scheinfrömmigkeit ausarten konnten. – Johannes der Täufer predigt die innere ↗ Umkehr. Jesus als Verkünder des Heils u. der Freude verzichtet auf Bußübungen (Mk 2, 19). Er predigt ↗ Kreuzesnachfolge u. Einsatz des persönlichen Lebens (Mk 2, 19). Tiefste christliche A. ist die Übernahme der ↗ Leiden im Dienste Christi (Phil 1, 27–30). sc

Assur, eine alte Stadt am oberen Tigris, zeitweise Hauptstadt von ↗ Assyrien; dann Land, Volk u. Reich der ↗ Assyrer (= Assyrien). A. heißt der Hauptgott von Stadt u. Land A., sowie der Stammvater der Assyrer. he

Assyrer, Semiten, die verschiedene Volksgruppen zum Typ der A. in sich vereinigten. Sie waren vor allem kriegerisch aktiv. Ihre Kultur ist wesentlich sumerisch u. babylonisch geprägt. – Auf dem Höhepunkt ihrer Macht während des neuassyrischen Reiches (911–605) beherrschen sie ganz Mesopotamien (mit Babylonien), Syrien u. Teile Kleinasiens. In dieser Zeit werden sie auch für Israel u. Juda schicksalhaft. Als erster A. greift Salmanassar III. (859–824) Israel an; Achab u. Jehu zahlen ihm Tribut. Tiglatpileser III. (745–727) – als König von Babylon Pul (2 Kg 15, 19) genannt – will nicht nur Zahlungen unterworfener Völker, sondern sie ganz seinem Reich eingliedern; so beginnt er mit Deportationen. Als ihn Achas v. Juda gegen die Angreifer Israel u. Damaskus zu Hilfe ruft, unterwirft er ganz Syrien u. Palästina; Achas wird sein Vasall. Salmanassar V. u. Sargon II. löschen 721 v.C. Israel aus der Geschichte aus; Juda entgeht zwar diesem Geschick, bleibt aber Vasall der A. Später verweigert ↗ Hiskija den Tribut u. führt einen großangelegten Aufstand westlicher

Staaten an; Sancherib (704–681) schlägt zu, bezwingt viele Städte Judas u. deportiert die Bevölkerung; er belagert Jerusalem, kann es aber nicht nehmen (2 Kg 18, 7.13 – 19, 37). – Als die brutale Gewalt, die allein dieses Riesenreich mit so gemischter Bevölkerung zusammenhalten konnte, nachläßt, zerfällt es u. verschwindet vor 605 v.C. aus der Geschichte. he

Assyrien (oder Assur), ursprünglich das auf der Hochebene südlich u. östlich vom heutigen Mossul gelegene Stammland der Assyrer u. Kernland ihres Reiches; im Lauf ihrer langen Geschichte auch Bezeichnung der von den ↗Assyrern unterworfenen riesigen Gebiete Vorderasiens. he

Astarte, entspricht als westsemitische Fruchtbarkeits- u. Muttergöttin der babylonischen Istar. Zahlreiche A.-Figürchen mit hervorgehobenen weiblichen Geschlechtsmerkmalen bezeugen ihre starke Verehrung als Göttin der animalischen u. vor allem der weiblichen Fruchtbarkeit. Der auch bei Israeliten sehr beliebte A.-Kult war mit Höhenkult u. sakraler ↗Prostitution verbunden. Das AT kennt A. als Stadtgöttin in Astarot, Askalon u. Sidon. Sonst heißt A. im AT ↗Aschera oder Astoret. Die echten Jahwegläubigen lehnten den A.-Kult u. das A.-Symbol, die Aschera, entschieden ab. Darum sind die A.n gleichbedeutend mit weiblichen Götzen. he

Asteriscus (griech. Sternchen *), ein textkritisches Zeichen, das in der ↗Hexapla die Ergänzungen zur LXX anzeigt. he

Asylrecht, erscheint im AT eng mit der sanktionierten ↗Blutrache verknüpft u. sollte dazu dienen, deren ungerechte Härten zu mildern u. sie überhaupt einzudämmen. Das A. weist dem Mörder einen Platz an, wo er vor der Blutrache sicher ist. Nach Ex 21, 13 konnte jemand, der einen anderen unabsichtlich getötet hatte, beim ↗Altar Zuflucht finden. Doch gab es seit der Josianischen Kultzentralisation (etwa 620 v.C.) nur einen Altar im Land. Nm 35, 9–34 wird das A. ausführlich behandelt; dort werden sechs Städte genannt, wohin der Totschläger vor dem Bluträcher fliehen konnte. Dt 19, 1–13 enthält genauere Bestimmungen über das A. gr

Atheisten, in der Sprache der Bibel die Menschen, welche keine ↗Hoffnung haben u. ohne Kenntnis des wahren ↗Gottes leben, die ↗Christus nicht kennen u. denen seine ↗Botschaft u. ↗Verheißung fremd sind (vgl. Eph 2, 12). A. (griech. atheioi) werden in der Antike auch die Christen genannt, weil sie die römischen Staatsgötter leugnen u. deren Gesetze u. Kulte verachten. Sie werden dabei auf eine Stufe gestellt mit den aufgeklärten griech. Denkern wie Hemeros, Diogenes u. Epikur (Josephus, Contra Ap. 2, 148; Justin, Apol. I 6, 1). Paulus begegnet denen, die ohne ↗Gesetz leben, in seiner Verkündigung als Gesetzloser, um sie für das Evangelium Christi zu gewinnen (1 Kor 9, 21). Es ist also für den A. nicht nötig, das Selbstverständnis des religiösen Menschen zu übernehmen, um die Botschaft Christi zu verstehen. Für das Tun des Evangeliums hat der religiöse Mensch keinen Vorteil vor dem nichtreligiösen (Röm 10, 12), denn Gott kann sich jedem Menschen in gleicher Weise eröffnen u. mitteilen (Joh 3, 8!). Dort, wo es darum geht, die Botschaft Jesu in das Leben zu übersetzen u. zu verwirklichen, sind die Unterschiede zwischen religiös u. nichtreligiös aufgehoben (vgl. Gal 3, 28). gr

Athen, Hauptstadt Attikas, Kunst- u. Bildungszentrum der Antike, war bekannt für die Freiheit seiner Bürger (2 Makk 9, 15). Paulus besuchte A. auf seiner 2. Missionsreise (Apg 17, 15 ff). ↗Areopag. he

Ätiologie (von griech. aitia = Ursache), will eine besondere Erscheinung erklären oder den Ursprung von Bestehendem aufzeigen. Viele Einzelerzählungen des AT sind Ä.n, da sie irgendwelche stammesgeschichtlichen, örtlichen oder kultischen Gegebenheiten zu erklären suchen. Für das unfruchtbare, verlassene Land am Toten Meer wird als Ursache ein göttliches Strafgericht wegen der Verderbtheit der Bewohner von ↗Sodom u. Gomorra angegeben (Gn 19); weiterhin wird der menschengestaltige Salzkegel (Gn 19, 26) als die unfolgsame Frau des ↗Lot erklärt. Die einzige, aber unbedeutende Stadt in dieser Gegend, Zoar, d. h. die Kleinheit (Gn 19, 26), soll ihren Ursprung darin haben, daß Lot auf göttliche Weisung hin sich mit seiner Sippe dort ansiedelte (vgl. Gn 11, 9 die Erklärung des Namens ↗Babel als „Verwirrung"; Gn 21, 22–34 Beerscheba – Schwurbrunnen; Ri 15, 9–19 Erklärung für Kinnbackenhöhle u. Quelle des Rufers).

Der Glaube an den engen Zusammenhang von Sache u. ↗Name macht es verständlich, daß eine Reihe von Ä.n den Namen erklären. ↗Mose soll heißen: „Ich habe ihn aus dem Wasser gezogen" (Ex 2, 10). In Gn 3, 14 f wird die eigenartige Lebensweise der ↗Schlangen u. warum sie ständig die Menschen gefährden daraus erklärt, daß die Stammmutter ↗Eva durch List der Schlange verführt wurde u. der ↗Fluch über die Schlange nun auf alle Schlangen übergegangen sei. Zum anderen wird in dem rätselhaften, feindlichen Verhältnis der Schlange zu den Menschen die Macht des Bösen anschaubar. Einmal hat der Mensch sich mit dem Bösen eingelassen, u. jetzt soll er zur Strafe immer der Macht des Bösen ausgesetzt sein (vgl. Gn 3, 18 die Verfluchung des Ackerlandes).

Einen weiten Raum nehmen jene ätiologischen Erzählungen ein, die den Ursprung einer Kultstätte zu begründen suchen. Es wird erzählt, wie später bekannte ↗Kultorte überhaupt zur Kultstätte wurden u. wie zum erstenmal die Heiligkeit des Ortes bekannt wurde (Gn 28, 10–22 ↗Betel; 2 Sm 24 Errichtung eines Altars auf der Tenne des Jebusiters Ornan durch David, dem Platz des späteren Salomonischen Tempels). Es ist für die ätiologischen Erzählungen des kultischen Bereiches charakteristisch, daß sie das Erstmalige der Bräuche aufzeigen, um ihre Allgemeingültigkeit zu erweisen (Ex 12, 1 – 13, 16 ↗Pascha- u. ↗Mazzot-Fest; Ex 19, 1–25 Bundeserneuerungsfest). Man muß annehmen, daß ein großer Teil der Überlieferung für die Frühgeschichte Israels ätiologischer Art ist. Die Orts-, Natur- u. Kult-Ä.n werden durchweg keine historische Glaubwürdigkeit beanspruchen, sondern sie entstammen schlichter Frömmigkeit u. wollen „geglaubt" werden. Im Deuten u. Erklären wird das längst Vergangene gegenwärtig u. sogar für die Gegenwart bestimmend.   go

Audition ↗Gehörerlebnis.

Auferstehung (Jesu). *Hinführung:* Leidenschaftlich erschallt in den Kultmythen des Alten Orients der Ruf: Gott ist tot! ↗El, der Hauptgott des ugaritischen Pantheons, verläßt seinen Thron u. klagt: „Baal ist tot! Was soll werden mit dem Volk des Sohnes Dagons?" Der Vegetationsgott ↗Baal schläft in der sommerlichen Trockenzeit den Todesschlaf. Mot, der Totengott, hat das Regiment. Bei Beginn der Regenzeit steht Baal nach hartem Kampf mit Mot wieder auf. El besteigt wieder seinen Thron u. ruft: „Es lebt Baal, es ist wieder da der Fürst, der Herr der Erde!" Ein Naturvorgang wird in die Göttergeschichte umgesetzt.

Das AT weiß nichts von einem Tod ↗Jahwes. „Siehe, nicht schläft noch schlummert der Hüter Israels!" (Ps 121, 4), heißt es gegen die Baale. Israels Gott ist ein lebendiger Gott. „Gott lebt" heißt für Israel, er bleibt als je anderer seinem Wort u. seinem Volke treu (Ex 33, 16). Die Völker nennen Israel „des lebendigen Gottes Söhne" (Hos 2, 1). Wo Jahwe eines Menschen Gott wird, sich ihm in Treue zusagt, kann der Tod nicht absagen oder trennen. Wenn Gott sich einem Menschen zusagt, wird dieser zu vollem Leben erweckt. ↗Abraham hat solche Zusage als erster am eigenen Leib erfahren dürfen (Röm 4, 17–21). Er glaubte an den Gott, „der lebendig macht die Toten u. der das, was nicht ist, ruft, so daß es ist" (Röm 4, 17). So betet schon das rabbinische ↗Achtzehngebet: „Gepriesen seist du, Jahwe, der die Toten lebendig macht!"

Der Glaube Abrahams ist Modell für den christl. Glauben an die A. J. Denn in der A. J. erreicht das geschichtliche Handeln des Bundesgottes seine höchste Konkretheit u. Anstößigkeit, vor allem Endgültigkeit. Was aber heißt A. J.?
                                                          wi

Entfaltung: 1. In einer doppelten Form wird im NT die A. J. bekannt: in der „Bekenntnisformel" u. im „Auferstehungsbericht." a) Zu den frühesten Bekenntnisformeln im NT gehört Röm 10, 9: „Herr ist Jesus – Gott hat ihn auferweckt von den Toten!" (↗Formeln.) Ausführlicher ist die wahrscheinlich katechetische Formel 1 Kor 15, 3–5: „Christus ist für unsere Sünden gestorben nach der Schrift, er ist begraben worden und am dritten Tag auferweckt worden nach der Schrift, u. er ist dem Kephas erschienen . . ." Der Ursprung dieser Formeln liegt wohl im frühchristl. Enthusiasmus, was sich aus dem akklamatorischen Ruf der Gemeinde illustrieren läßt: „Wirklich ist auferweckt worden der Herr u. dem Simon erschienen!" (Lk 24, 34.) Aus solchen eingliedrigen Exhomologesen – es wird nur die A. J. bekannt – wird sehr bald die „Pistisformel" (Glaubensformel), die die A. J. zusammen mit seinem Tod bekennt. Dazu gehört etwa 1 Thess 4, 14: „Jesus ist gestorben u. auferstanden." Diese Grundformel wird sehr bald Basis u. Gegenstand von theol. Reflexionen, besonders bei Paulus.

Anders wird von der A. J. in der Formel zu Beginn des Röm gesprochen (1, 3–4): „der dem Fleische nach geboren wurde aus dem Stamm Davids, der eingesetzt wurde zum Sohn Gottes in Kraft, gemäß des Geistes der Heiligung, aus der Auferstehung der Toten, Jesus Christus, unser Kyrios". In einer ebenso formelhaften Wendung kann Paulus sagen: „weil wir an den glauben, welcher Jesus, unseren Herrn, auferweckt hat von den Toten, ihn, der dahingegeben wurde um unserer Übertretung willen u. auferweckt wurde um unserer Gerechtmachung willen" (Röm 4, 25). Wo Paulus vom Geist Gottes spricht, kommt er auf die A. J. zu sprechen, weil der Geist die lebenschaffende Kraft Gottes ist: „Wenn der Geist dessen, der Jesus von den Toten auferweckt hat, in euch wohnt, so wird er, der Christus von den Toten auferweckt hat, auch euer sterbliches leibliches Dasein zu neuem Leben erwecken" (Röm 8, 11). Die Taufe geschieht auf den Tod Jesu, aber so, daß die Getauften eingeholt werden in das Geschehen der A. J.: „Wir sind mit ihm (Christus) begraben worden durch die Taufe auf seinen Tod, damit auch wir, wie Christus aus den Toten erweckt wurde, in einem neuen Leben leben" (Röm 6, 4). Vor allem sind es die Reden der Apg, die durchweg in formelhaften Wendungen die A. J. bekennen: „ihn (Christus) hat Gott auferweckt, indem er die Wehen des Todes löste" (Apg 2, 24). „Den Anfang des

Lebens aber habt ihr getötet, ihn, welchen Gott von den Toten auferweckt hat, wofür wir Zeugen sind" (Apg 3, 15; vgl. Apg 4, 8–12; 5, 29–32; 8, 30–35; 10, 40 ff u. a.). Generell kann gesagt werden: Die Urkirche hat von der A. J. nur ergriffen bekennend gesprochen, in der Weise der Akklamation u. der ↗ Doxologie.

b) Die andere Form der Verkündigung der A. J. sind die Auferstehungsberichte der Evv. (Mt 28; Mk 16; Lk 24; Joh 20 bis 21), die Erzählungen vom ↗ „leeren Grab" u. von den ↗ Auferstehungserscheinungen. Diese Erzählungen kommen aus recht verschiedenen Überlieferungen, sie hatten ursprünglich keinen Zusammenhang untereinander; sie waren auch nicht mit den ↗ Leidensgeschichten verbunden und lassen sich deswegen auf keinen Fall harmonisieren. So ist z. B. der Ort der Auferstehungserscheinungen verschieden: Mt u. Mk nennen Galiläa, Lk nennt Jerusalem; die Erzählungen vom leeren Grab zeigen Abweichungen u. offene Widersprüche. Welchen Wert also haben solche „Berichte"? Sie wollen keinesfalls ein korrektes Bild eines „Ablaufes" bieten; dies ist ihnen gar kein Bedürfnis; was geschah, kann u. soll nicht festgelegt werden. Die Berichte sind im Horizont damaligen Verstehens, in den Vorstellungen, Formen u. Begriffen, also in der Sprache der damaligen u. dortigen Welt abgefaßt. Bei aller Naivität der Erzählweise sind jedoch die Auferstehungsberichte durch theol.-apologetische Interessen mitgeformt: die massive Essensszene (Lk 24, 41 ff) oder das Betasten (24, 36 ff) sollen die Leibhaftigkeit des Auferstandenen verteidigen.

2. Was meinen die ntl. Schriften, wenn sie von „Auferstehung" sprechen? Solches Reden ist nur vom Gesamt der bibl. Sprache her zu verstehen. Für das frühe AT ist die ↗ Unterwelt die Welt der Toten; sie ist ein Land ohne Rückkehr, ohne menschliche Stimme, ein Land des Schweigens. Nur Zirpen u. Raunen gibt es dort, eine stark verminderte, trostlose Weiterexistenz. Die Unterwelt ist letzte Entfernung von Jahwe, Rückkehr ist unmöglich. Jahwe kann von denen in der Unterwelt nicht mehr gepriesen werden. Allmählich aber

setzt sich das Bekenntnis durch, daß
Jahwe auch der Herr der Unterwelt ist.
Er ist der Beherrscher des ganzen Kosmos in seinen drei Dimensionen
(↗Weltbild). Das ist ein deutlicher Ansatz zur bibl. Auferstehungshoffnung,
soweit ein solcher heute noch feststellbar ist. Diese Hoffnung entstand in apo-
kalyptisch-eschatologischen Kreisen des
frühen Judentums, in nachexilischer Zeit
u. ist eine Antwort auf die Verzweiflung vor dem Tod in der Weisheitsliteratur. „Vernichten wird er (Jahwe)
den Tod auf ewig. Abwischen wird Gott
der Herr die Tränen von jedem Antlitz
u. die Schmach seines Volkes von der
ganzen Erde hinwegnehmen" (Js 25, 8).
„Diese Toten werden leben, werden
auferstehen. Aufwachen u. jubeln werden die Bewohner des Staubes" (Js 26,
19). In dieser Jesaja-Apokalypse gilt die
Auferstehungshoffnung nur dem Volk
Israel: Auch die Toten sollen von der
Schande des Exils befreit werden. Anders wird die Auferstehungshoffnung in
Dn 12, 2 ausgesprochen: „Viele von denen, die schlafen im Erdenstaube, werden erwachen, die einen zu ewigem Leben, die anderen zu Schmach, zu ewigem Abscheu." Dieser Text steht den
Gruppen der ↗Asidäer-Bewegung nahe;
er bezieht auch schon die Frevler in die
erwartete Auferstehung ein, aber er
spricht noch nicht von einer universalen
Auferstehung. Religionsgeschichtlich ist
die frühjüdische ↗Apokalyptik in u.
außerhalb der Bibel die Trägerin der
weltweiten Auferstehungshoffnung. Ihr
Grundbekenntnis lautet: Gott ist der
Herr über die Lebenden u. die Toten!
3. Genau das sagt nun das ntl. Auferstehungsbekenntnis von ↗Jesus ↗Christus:
„Deswegen ist Christus gestorben u.
zum Leben gekommen, daß er Herr sei
über Lebende u. Tote" (Röm 14, 9). In
beiden Grundformen des ntl. Auferste-
hungsbekenntnisses – in den Bekenntnisformeln u. in den Auferstehungsbe-
richten – wird die A. J. als *Ereignis* bezeugt, aber als Ereignis im bibl. Sinn, als
„dabar" (↗Wort). So wie durch das
Wort Jahwes (↗Wort Gottes) die Welt
ins Dasein gerufen u. geordnet wurde,
so wie Gottes Rede an seine Boten oder
an sein Volk geschah u. sich ereignete,
genauso geschah u. ereignete sich A. J.

Sie ist Tat Gottes; ein Geschehen, das
sich menschlicher Erfahrung eröffnet u.
der ↗Sprache zueignet. Dieses Ereignis
ist schöpferisches Handeln der Macht u.
des ↗Geistes Gottes; es wird in den
beiden metaphorischen (bildhaften) Begriffen „auferwecken" u. „aufstehen lassen" ausgesagt. Der tote Jesus ist in die
Lebensmacht Gottes hineingenommen.
Die ntl. Zeugnisse sprechen weiter von
„Erscheinungen" des Auferstandenen
(↗A.s-Erscheinungen). Erscheinen bedeutet in der bibl. Sprache einerseits Aufdecken von etwas absolut Verborgenem,
anderseits eine menschliche Begegnung
u. Erfahrung. Der Auferstandene begegnet, indem er sich entzieht. Als der Unverfügbare u. Unfixierbare eröffnet er
sich selbst der menschlichen Sprache u.
dem menschlichen Leben. A. J. ereignet
sich in der Weise der Selbstbezeugung
des Auferstandenen in die Erfahrung u.
Geschichte des Menschen hinein – eben
wie sich „dabar jahwe" von Gott her in
das menschliche Leben hinein ereignet.
Der gekreuzigte Jesus wird als der Auferstandene erfahren. In dieser Erfahrung
wird neue u. endgültige Erfahrung seines Daseins für die anderen möglich
gemacht. Das Ereignis der A. J. aber bedeutet für die ganze Welt u. für alle
Menschen „Zeitenwende", Anbruch von
etwas völlig Neuem, das das Endgültige
ist. Eine neue Dimension wurde aufgebrochen, es taten sich dem Menschen
alle Möglichkeiten des Menschseins u.
Geschöpfseins auf. „Neues Leben" (Röm
6, 10 f) hat sich als Wirklichkeit u. als
ständige Möglichkeit allen Menschen
aufgetan. Der Tod Jesu, der ein Sterben
für die anderen war, enthüllte sich
in der Auferstehung als Leben; das Sterben am Kreuz tat sich als Leben aus
Gott u. für Gott. Das ↗Kreuz Jesu ist
der nun immer offene Weg zum Leben.
In der Auferstehung enthüllt u. erfüllt
sich die verborgene Lebensmacht des
Kreuzes, des Daseins ↗für andere, der
↗Liebe. Die Situation der Welt hat sich
geändert, menschliches Dasein ist aus
der ↗Selbstentfremdung befreit. Die
A. J. ist der Beginn der allgemeinen
Totenauferweckung, ist Anbruch der
Herrschaft des Lebens. „Wie in Adam
alle sterben, so werden in Christus alle
lebendig gemacht" (1 Kor 15, 22). Chri-

stus ist der „Anführer des Lebens" (Apg 3, 15), der „Erstgeborene aus den Toten" (Kol 1, 18). Die ganze Schöpfung wird in das neue Leben Christi hineingenommen werden (Röm 8, 20 ff). Jesus starb für alle Menschen u. anstelle aller; auch seine Auferstehung geschah für alle u. allen voraus. In Jesu Sterben ↗ für uns erscheint der Tod getötet, in seinem Dasein für andere geht uns sein Leben als Liebe auf. Darin wird sich ↗ Herrschaft Gottes vollenden, daß alle zu Jesu neuem Leben kommen. In der weltweiten Auferstehungswirklichkeit Jesu wird sich Gottes ↗ Zukunft verwirklichen. Als der Auferstandene ist Christus auch schon der „Erhöhte", seine Auferstehung geschah im Zuge der ↗ Erhöhung zu Gott. Erhöhung u. Verherrlichung sind inneres Ziel u. Auswirkung der A. J.

Wo die A. J. bekannt wird, ist es leibliche Auferstehung (↗ Auferstehungsleib, ↗ Auferstehung des Fleisches, ↗ Leib). Christus ist leiblich zu einem neuen Leben gekommen, u. er lebt leiblich in den Seinen weiter (↗ „Leib Christi"). Auch die Menschen dürfen leibliche Auferstehung erwarten, ein leibliches Dasein, das vollends von der Lebensmacht Gottes bestimmt sein wird. Nun gibt sich seit der A. J. den Menschen schon Auferstehungsleiblichkeit vorweg. Leibliche Auferstehungswirklichkeit ist im Werden, Jesu Auferstehung ist ein weltweiter Werdeprozeß. Denn die Kraft, die diese neue Wirklichkeit hervorruft, der Geist Gottes, ist unter Menschen schon am Werk (Röm 5, 5; 8, 11; 2 Kor 5, 5). Gerade im leiblichen, weltlichen u. mitmenschlichen Dasein der Seinen will Christus zu neuem Leben kommen. Seit der A. J. ist „neue Schöpfung" im Werden.

4. So ist das ntl. Bekenntnis der A. J. ein Dreifaches: a) ↗ Botschaft von etwas völlig Neuem, Proklamation der Herrschaft Gottes u. seines Christus; b) Gottes endgültiger ↗ Anspruch an die Menschen: wer diese Botschaft der A. J. hört, hat sich mit seinem Leben dem Auferstehungswerk Christi zu stellen; c) ↗ Verheißung: was Jesus mit seiner Auferstehung begonnen hat, ist unentwegt im Werden u. wird weltweit zur ↗ Vollendung kommen.

Der Tod Jesu am Kreuz, der Tod aus gehorsamer Liebe, ist der Tod des Todes, ist das neue Leben geworden. Von daher ist die Welt nicht im Vergehen, sondern im ↗ Werden. Jesu Dasein u. Sterben für andere erwies sich als Auferstehung. A. J. ereignet sich im Sinn des NT in der menschlichen ↗ Geschichte, im Leben der Menschen, durch seine „Erscheinung" vor Zeugen, also dadurch, daß er Menschen begegnet u. in diesen zu neuem Leben kommt. Wo Jesu Dasein für andere verwirklicht wird, wo die Liebe Gottes im mitmenschlichen u. gesellschaftlichen Dasein mobil gemacht wird, dort kommt Christus leiblich zu neuem Leben. A. J. ereignet sich in der menschlichen Geschichte weiter, weil sich seit Gottes ↗ Menschwerdung Gott u. Christus in dieser Geschichte ereignen. Der Auferstandene geht aber nicht in dieser Geschichte auf, er ist ständig vor den Menschen, er begegnet, indem er sich entzieht. Die Welt steht unter dem Anspruch der werdenden Auferstehungswirklichkeit. Christus ist die real mögliche Zukunft des Menschen. gr

Auferstehung des Fleisches. Die Wurzeln des Glaubens an die A. d. F. gehen bis in die Zeit der Propheten zurück: Hosea (13, 14), Ezechiel (37, 1–14) u. Daniel (12, 1 ff) legen Zeugnis ab vom Entstehen der Hoffnung auf die universale A. d. F. – Die hellenistisch beeinflußte Weisheitsliturgie des AT dagegen übernimmt die Lehre von der Unsterblichkeit der ↗ Seele aus der griech. Philosophie. Die Grundlage der Auferstehungshoffnung ist der Glaube an ↗ Jahwes totale, unbegrenzte, umfassende Macht als „lebendiger Gott" (Jr 23, 36). In der Elija- u. Elischa-Tradition der Königsbücher (1 Kg 17; 2 Kg 4) sind ↗ Totenerweckungen Signal der Macht Gottes, die im Wirken der Propheten zum Ausdruck kommt. Die Erzählung von der wunderbaren Entrückung des ↗ Elija im feurigen Wagen freilich zeigt, daß hier von universaler A. d. F. noch keine Rede sein kann. Dieser Gedanke ist erst im apokalyptischen Schrifttum des ↗ Spätjudentums u. auch dort nur teilweise (z. B. in der syrischen Baruch-Apokalypse) nachweisbar (↗ Baruch-Apokalypsen). Es herrschte Uneinigkeit über den Zeitpunkt, den Kreis der Betroffenen u. den Lebensraum der Auferstandenen. Dieselbe Uneinigkeit zeigen auch noch die Aussagen des NT. Bei den Synopt. etwa fehlt ein ausdrücklicher Hinweis, daß auch die Gottlosen auferstehen, obwohl dies in den Aussagen über das ↗Gericht (z. B. Mt 25, 31–46) vorausgesetzt ist. Eine eindeutig universale Aussage macht Lukas in der Apostelgeschichte (24, 15). In Auseinandersetzung mit den Leugnern der Auferstehung in Korinth, mit den Judaisten, die bloß eine Rückkehr der Gerechten in gewandelte irdische Verhältnisse erwarteten, u. mit den Gnostikern, die eine A. d. F. als Unsinn ansahen, entwickelte Paulus Ansätze einer Theologie der A. d. F.: Ausgehend von der ↗Auferstehung Jesu sieht er die Auferstehung der Christen als Heilsfolge des ↗Lebens „in Christus" u. des ↗Geist-Besitzes (Röm 8, 11). Aus dem Verkündigungscharakter seiner Briefe heraus ist es verständlich, daß Paulus nichts über die Auferstehung der Nichtchristen sagt; diese ist aber aus seinen Gerichtsaussagen deutlich zu erschließen (z. B. 2 Kor 5, 10). Die heutige Bedeutung der ntl. Verkündigung der A. d. F. liegt in Folgendem: 1. Gegen dualistische Ansichten, die nur eine Vollendung der Geistseele erwarten, wird der ganze Mensch als untrennbare Einheit aufgefaßt u. jede Abwertung des ↗Leibes als unchristl. verurteilt. 2. Die apokalyptischen Vergegenständlichungen sind auf die Personalität menschlicher Existenz zu beziehen, die alle innerweltlichen Dimensionen übersteigt. 3. Die Aussagen über die A. d. F. sind keine reinen Zukunftsaussagen, sie spielen als Vorgriff auf die totale ↗Zukunft des Menschen in die Gegenwart herein u. ermöglichen ein volles ↗Leben ↗eschatologischer Existenz. ↗Auferstehungsleib.

Auferstehungserscheinungen. Von den Erscheinungen des Auferstandenen, die der Grund des Osterglaubens sind, spricht das NT in verschiedener Weise. So sagt das älteste Auferstehungszeugnis: „(er ist) am dritten Tag auferweckt worden, gemäß der Schrift, u. ist dem Kephas erschienen, hernach den Zwölfen; sodann erschien er dem Jakobus,

dann allen Aposteln, u. zuletzt von allen, gleichsam als der Fehlgeburt, erschien er auch mir" (1 Kor 15, 4–8). Der Auferstandene „zeigte sich", „er gab sich zu sehen" (Mk 16, 7; Mt 28, 7.10; Joh 20, 18.20.25.29; Apg 9, 27; 22, 17; Lk 24, 37.39); „er offenbarte sich" (Joh 21, 14); „Gott ließ ihn offenbar werden" (Apg 10, 40; Röm 10, 20). Der sich zeigte u. offenbarte, wurde von den Zeugen als der Auferstandene wahrgenommen. Was dem Apostel als Zeugen widerfährt, nennt er selbst ↗ „Offenbarung" u. „Enthüllung" (Gal 1, 12.16), also Aufdeckung eines absolut verborgenen ↗Geheimnisses u. unmittelbare Erfahrung eines unzugänglichen Sachverhaltes. „Erscheinung" (↗Theophanie) ist in der Bibel das Gegenteil von Mitteilung u. ↗Botschaft; sie meint persönliche Erfahrung. „Erscheinen" bedeutet erfahrbar werden, „sehen" bedeutet begegnen. Der als der Auferstandene „erscheint", ist der Gekreuzigte; im Auferstandenen wird der Gekreuzigte gesehen. In den ntl. A. erscheint der Auferstandene immer u. wesentlich im Entzuge: „er entschwand ihren Blicken" (Lk 24, 31); „er wurde vor ihren Augen in den Himmel erhoben" (Lk 24, 51; Apg 1, 9 ff). Der Auferstandene kommt als der, der geht; er begegnet als der, der auf dem Wege ist, unverfügbar. „Erscheinung" meint also Selbsteröffnung des Auferstandenen ins Wort u. Zeichen. Christi Auferstehung ereignet sich in der menschlichen Geschichte als „Begegnis" (Schlier). Seine Begegnis ist Anruf u. Sendung, Trost u. Weisung, Stiftung neuer ↗Gemeinschaft, neuen ↗Lebens. In dieser Begegnis gewährt sich im Auferstandenen der Gekreuzigte. Er gewährt sich zu neuer u. endgültiger Erfahrung seiner Hingabe (↗für andere). Die ursprüngliche Erfahrung des ersten Zeugen sind die uns vielfältig überlieferten A.   gr

Auferstehungsleib. ↗Auferstehung wird im bibl. Bekenntnis nur als leibliche Auferstehung vorgestellt. Die Bibel kennt nämlich in ihrer Anthropologie nicht die (griech.) Trennung von ↗Seele u. ↗Leib. Für den Semiten ist der Mensch grundsätzlich eine Einheit. Das kommt z. B. bei Paulus in den beiden Begriffen „Sarx" u. „Soma" (↗Anthropologie) zur Sprache. Sarx ist der ganze Mensch in seinem Erscheinen u. Tun, der seinem Schöpfer u. somit auch sich selbst fremd geworden ist. Soma meint den Menschen als ganzen in der Hinsicht, daß er sich entscheiden muß u. kann, daß er auf die Tat (↗Praxis) verwiesen ist, vor allem aber, daß er auf den ↗Mitmenschen hin lebt. Der Mensch ist leibliches Dasein, u. dieses ist die Bedingung der zwischenmenschlichen Kontaktmöglichkeit. Soma ist der ganze Mensch, der vor die ↗Entscheidung für oder gegen Gott gestellt ist. Nun bekennt das NT, daß Jesus Christus leiblich auferstanden ist, daß er als ganzer Mensch zu einem neuen u. bleibenden Leben gekommen ist. Er hat aber dieses neue leibliche Dasein allen Menschen als ↗Möglichkeit aufgetan; er ist der „Erstgeborene" unter vielen Brüdern (Röm 8, 29). Von Jesu Auferstehung her ist allen in gleicher Weise Gottes neue Lebensdimension aufgetan. Durch die Schöpfermacht seines ↗Geistes wird Gott auch unser leibliches Dasein in ein neues Leben rufen (Röm 8, 11). Unser sterbliches u. hinfälliges Dasein wird in der Dimension Christi Endgültigkeit erlangen. Gott hat wie ein Sämann leibliches Dasein auf Neues hin gesät (1 Kor 15, 34 ff); jenes wird in der Unvergänglichkeit u. ↗Herrlichkeit Gottes seinen Bestand haben (Vv. 42–44). Gottes Geist wird der neue Bereich u. das endgültige Lebensprinzip des A. sein („soma pneumatikon"). Es wird eine Leiblichkeit sein, die ausschließlich von Gottes Schöpfermacht bestimmt ist, ein Leben, das nicht mehr von Selbstentfremdung u. Vergehen bedroht sein wird. Alle wirklichen u. möglichen Lebensbereiche des Menschen werden bei Gott ↗Vollendung finden. Nun gibt sich nach der Verkündigung des Apostels Paulus A. schon vorweg, denn von Christi Auferstehung her ist Gott schon daran, weltweit endgültiges Dasein u. „neue Schöpfung" heraufzuführen. Der „Anfang des Geistes" ist der Anfang der Erlösung des leiblichen Lebens (Röm 8, 23). gr

Auferweckung. Die Auferstehungsverkündigung bediente sich schon zur Zeit des NT zweier Wortgruppen, um die verschiedenen Aspekte auszudrücken.

Auch in der deutschen Übersetzung greift man auf zwei Begriffe zurück: a) ↗Auferstehung wird verwendet, um die in ↗Jesus ↗Christus möglich gewordene Überwindung der Grenze des Todes (↗Aus den Toten) u. die neue Existenzweise der Erlösten zu bezeichnen. b) A. dagegen legt den Ton auf das Handeln Gottes an u. durch Christus, das im Glauben an die Auferstehung Jesu wirksam wird. Hier liegt der Akzent nicht mehr auf der irdisch-geschichtlichen Wirklichkeit u. Bedeutsamkeit der Osterereignisse u. des Osterglaubens, sondern auf der darin geschehenden Heilszusage u. Anwesenheit Gottes in der Welt. hi

Auf Gott hin. Himmel u. Erde, Vergangenes, Gegenwärtiges u. Zukünftiges, Natur u. Menschen, alles kommt von Gott her u. ist auf ihn hin (Röm 11, 36). Dadurch, daß es von Gott kommt, ist es im ↗Werden. ↗Anfang dieser Entwicklung ist Gott. Er ist zugleich Ziel u. ↗Vollendung dieses Werdens. Insofern ist Gott also der Schöpfer von allem, als er allem Anfang u. Beginn ist. Vor allem ist die Menschenwelt a. G. h. ↗unterwegs. Weil die Menschen Gottes Schöpfung sind, ist er ihnen ↗Vater; er will in der Vollendung allen Vater sein (1 Kor 8, 6). Die Menschen sind daran, Söhne dieses Vaters zu werden (↗Sohnschaft Gottes). Der zuerst Gottes Sohn war, ist ↗Christus. Er hat die Möglichkeit eröffnet, a. G. h. zu sein. Seit Christus ist es offensichtlich u. endgültig verbürgt, daß die Menschen zu Gott unterwegs sind. Christus hat mit seiner ↗Auferstehung diese Entwicklung begonnen; er ist es auch, der sie vorantreibt u. in Gang hält. Er ist zum ↗Herrn der Welt eingesetzt worden, damit er Gottes ↗Herrschaft über die ganze Schöpfung ausdehne. gr

Auftrag. Das Wort A. wird im NT dazu verwendet, Forderungen anzudeuten, hinter denen der A.geber mit vollem Nachdruck steht. ↗Jesus ↗Christus erteilt den Jüngern verschiedentlich A.e, die auf grundsätzliche Handlungsweisen abzielen: „Das gebiete ich euch, daß ihr einander liebet" (Joh 15, 17). Es handelt sich also nicht um billige A.e, die den, der sie erfüllt, zum Handlanger u. Untergebenen machen, sondern um wich-

tige Gebote: „Ihr seid meine Freunde, wenn ihr tut, was ich euch gebiete" (Joh 15, 14). Jesus selbst handelt im A., nicht aus Zwang, sondern aus Liebe u. Einsicht: „Die Welt soll erkennen, daß ich den Vater liebe u. so handle, wie mir der Vater aufgetragen" (Joh 14, 31). In diesem Sinne sollen auch die ↗Apostel ihren A., den sie von Jesus „kraft des Hl. Geistes" empfangen haben, erfüllen u. „in seinem Namen" als seine Stellvertreter (↗Stellvertretung) handeln. Dies gilt über den Kreis der Apostel hinaus für jeden, der aus seinem Glauben an den Herrn heraus die Motive seines Tuns gewinnt u. auf diese Weise im A. des Herrn lebt u. handelt.
hi

Auge. Im A. drückt sich der ganze ↗Leib des Menschen aus. In seinem A. erscheint der Mensch entweder licht u. hell, wenn er gut ist, oder aber finster u. dunkel, wenn die Macht des Bösen ihn beherrscht (Mt 6, 22). Jesus spricht von Menschen, die zwar A.n haben u. doch nicht sehen können, weil ihr ↗Herz verfinstert u. verhärtet ist (Mk 8, 17 f). Damit das A. sehen kann, worauf es ankommt, bedarf es des lauteren Herzens, des Menschen, der mit leeren Händen vor Gott steht. ↗Blind.   gr

Augenblick ↗Kairos.

Augenlust. Die „Begierde der Augen", die sich auf Reichtum u. ↗Vergänglichkeit (Prd 4, 8) richtet, kommt nicht aus Gott (1 Joh 2, 16), sondern vielmehr vom Bösen, das in der Welt wirksam ist. Da sie auf Nichtiges gerichtet ist, schafft sie nichts Bleibendes u. wird vergehen. A. meint die Faszination des Menschen durch Reichtum u. Genuß, die ihn nicht geschöpflich leben läßt. Sie ist in allen Lebensbereichen möglich.   gr

Augenzeuge. Die ↗Jünger Jesu waren zu A.n des Erlösungshandelns Jesu berufen. Das NT knüpft an die atl. Tradition an, in der dem Zeugen eine rechtliche Stellung in einem Prozeß zukam (vgl. noch Mt 18, 16); es ging aber darüber hinaus nicht nur darum, die Ereignisse um Jesus als tatsächlich geschehen zu bezeugen, sondern vielmehr für die ↗Wahrheit des göttlichen Heilshandelns mit ihrer Person einzustehen (Lk 24, 48; Apg 2, 32). Die Jünger sollten, wie auch Paulus nach seiner Bekehrung, bei allen Menschen von dem zeugen, was sie gesehen u. gehört hatten (Apg 22, 15). Die ↗Zeugen des ↗Leidens Christi werden auch Zeugen seiner künftigen ↗Herrlichkeit sein (1 Petr 4, 13; 5, 1). Beim Bekenntnis zum auferstandenen Herrn, das im Mittelpunkt der Verkündigung stand, wird vor allem die Augenzeugenschaft der Jünger hervorgehoben. Im ältesten Auferstehungsbericht des NT (1 Kor 15, 4–8) wird die A.nschaft nicht als aktives Handeln der Jünger gefaßt, sondern als ein Widerfahrnis. Gemeint ist hier mit dem griech. Wort „erscheinen", daß Gott selbst eine Wirklichkeit sichtbar macht, die sonst verborgen ist; Gott allein befähigte die Menschen, A.n zu sein. Spätere ntl. Berichte führten näher aus, wie der Auferstandene gesehen wurde (z. B. Mk 16, 9 ff), doch bleibt für die Christen das Wort Jesu gültig, mit dem das Joh-Ev. ursprünglich schloß: „Selig, die nicht sehen u. doch glauben" (Joh 20, 29). ↗Auferstehung, ↗Auferstehungserscheinungen.   br

Augustus, Beiname des G. Octavius Caesar (63 v.C. – 14 n.C.), erster Kaiser des römischen Weltreichs. Seine Politik eröffnete eine lange Friedensperiode. Unter A.' Regierung wurde ↗Jesus von Nazaret geboren (Lk 2, 1).   he

A u. O ↗Alpha u. Omega.

Aus den Toten. Eine der ärgsten Erfahrungen, die Menschen machen können, ist die Unausweichlichkeit des Todes, der zu jeder Zeit das Leben bedroht. Deshalb ist auch der ↗Tod eines der Hauptthemen jeder ↗Religion. Gegenüber den hoffnungslosen Hades- u. Scheol-Vorstellungen der Griechen (↗Unterwelt) u. des Alten Orients u. den unheimlichen Wiedergeburts- u. Seelenwanderungslehren östlicher Religionen bedeutet die ntl. Sicht des Todes u. der ↗Auferstehung a. d. T. einen entscheidenden Fortschritt. Bei einer heutigen Interpretation der entsprechenden Stellen muß man freilich immer berücksichtigen, daß hinter diesen Vorstellungen die apokalyptische Äonenlehre (↗Äon, ↗Apokalyptik) steht, deren handgreifliche Metaphysik wir nicht mehr mitvollziehen können. Das Jenseits-des-Todes läßt sich eben nicht mit denselben Begriffen fassen wie die irdische Existenz. So handelt es sich immer um Chiffren, die erst übersetzt werden müssen. – In diesem Fall ist es die Vorstellung, daß die Toten in die Unterwelt (vgl. im apostolischen Credo: „abgestiegen zu der Hölle") eingehen u. dort seit Jahrtausenden auf die Erlösung warten, die darin besteht, aus der Unterwelt (nach dem altorientalischen Weltbild lokal unter der Erde vorgestellt) in den Himmel (über der Erde) versetzt zu werden u. damit am Ziel zu sein (Vereinigung mit der Gottheit). In diesem vorchristlichen Erlösungsschema wird ↗ Jesus ↗ Christus als der erkannt, durch den die Auferstehung a. d. T. geschieht. Heute muß sich die Bedeutung der Auferstehung auf das Leben im Glauben an die Wirklichkeit der zugesagten Überwindung des Todes verlagern. An die Stelle der gegenständlichen Jenseitsvorstellungen tritt die ↗ Hoffnung auf die bleibende Sinnhaftigkeit menschlicher Existenz über den Tod hinaus.   hi

Ausgrabung, die wissenschaftlich geplante u. sachgemäß durchgeführte Freilegung von Resten alter Kulturen, die sich unter der Erdoberfläche erhalten haben. Anlaß ist oft ein zufälliger Fund. An alten Siedlungsstätten liegen meist mehrere Schichten übereinander. Sorgfältige A. u. Bestandsaufnahme läßt dann vor uns die Geschichte vergangener Kulturen u. ihrer Schicksale erstehen: Neugründungen, Eroberungen, Naturkatastrophen usw. Oft haben A.en Angaben der Bibel bestätigt u. das zum Verständnis mancher Texte notwendige Anschauungsmaterial erbracht. ↗ Archäologie.   he

Auslegung ↗ Exegese.

Aussatz, im AT Sammelname für Hautkrankheiten. Der A. macht kultisch unrein (Lv 13, 46). Der Aussätzige wurde ausgestoßen, mußte in zerrissenen Kleidern gehen, sein Haar aufgelöst tragen, den Bart verhüllen u. „unrein! unrein!" rufen. Wahrscheinlich wurde der A. als unrein betrachtet, weil er als besondere Strafe für die Sünder galt (2 Chr 26, 20). Krankheit und Heilung mußte der Priester feststellen. Das Aufhören des A. wurde als Segen der messianischen Zeit erwartet (Js 35, 8).   zi

Auszug. Der A. des Volkes Israel aus ↗ Ägypten, der sog. Exodus, wird im ↗ Exodus-Buch beschrieben. Viele atl. Gebete u. Hymnen nehmen darauf Bezug. Dies ist ein Beweis dafür, daß Israel diesem Ereignis aus seiner Frühgeschichte besondere Bedeutung zugemessen hat. Angefangen vom Bileam-Spruch (Nm 24, 8), über die klassischen Stellen Dt 26, 5 ff u. Jos 24, 2 ff, bis zu Dn 9, 15 trifft man auf die bekenntnisartige Formulierung von „Jahwe, der Israel aus dem Knechtshaus Ägypten herausgeführt hat".

Man kann nicht über die Bedeutung des A., über seine Deutung durch die Glaubenstradition Israels reden, ohne die beiden Begriffe ↗ Erwählung u. ↗ Erlösung zu berücksichtigen. Eine weitere Voraussetzung ist die Einsicht in das außergewöhnliche Geschichtsverständnis Israels. Es hängt wesentlich mit seiner Gottesvorstellung zusammen. ↗ Jahwe ist ein geschichtsbezogener ↗ Gott. D. h. einmal, daß er sein Gottsein durch sein Handeln in der Geschichte erweist u. daß er an seinem Eingreifen in die Geschichte erkannt u. erfahren werden kann. Andererseits gab es für Israel so etwas wie eine kontinuierliche Geschichte nur, soweit u. insofern Gott mit ihm war. Für Israel lag die Erstinitiative bei Gott. Sein verheißendes Wort ließ es aus Ägypten aufbrechen in ein Land, das ihm Gott zueignen würde. Erst durch den A. war aus den israelitischen Hirtenstämmen ein Volk Gottes geworden. Es war ein wanderndes ↗ Volk Gottes geworden. Ein solches wird es bleiben, wie es längst das verheißene Land, das „Gelobte Land", in Besitz genommen haben wird. Aber Israel wußte sich auf seiner Wanderschaft nicht auf sich allein gestellt. Jahwe war für das gläubige Israel jener Gott, der ständig mit seinem Volk mitzog u. mitging. Nun stand diese Geschichte Israels, die durch das Verheißungswort Gottes vorangetrieben wurde, unter einer deutlichen Spannung. Was war, wenn die ↗ Verheißung sich scheinbar nicht erfüllte, wenn Gott sein Versprechen offensichtlich nicht einlöste? Denn keine Verheißung ging wörtlich in Erfüllung, u. auch nur im Nachhinein war es möglich, die verworrenen Geschichtsereignisse mit dem auslösenden Verheißungswort in Verbindung zu bringen. Und auch hier mußte man sich im Glauben der Tatsache beugen, daß Verheißung u. ↗Erfüllung nie zwei sich aufhebende Größen ergeben, sondern daß Gott sein Wort immer nur vorläufig einlöst. Jede Erfüllung legt die Verheißung neu aus, bestätigt sie einerseits u. überhöht sie zugleich. Von dieser Geschichts- u. Gottesvorstellung her hat Israel auch das Ereignis seines A. aus Ägypten verstanden u. gedeutet.

Der historische Kern ist nur in etwa zu rekonstruieren. Die israelitischen Nomadengruppen wanderten aus dem hochzivilisierten Nildelta aus, als sozial u. religiös gesehen, der Lebensraum für sie untragbar geworden war. Zeitlich fällt dies wohl unter die Herrschaft des Pharao Ramses II. (1290–1224 v.C.) oder Merenptah (1224–1216 v.C.). Nach einem vereitelten Versuch durch den Pharao, diese Flucht zu verhindern, wanderten sie unter der Anleitung ihres charismatischen Führers ↗Mose längere Zeit durch die Wüstengegenden der Halbinsel Sinai mit dem Ziel, das Land ↗Kanaan in den Besitz zu bekommen. Von diesem Ereignis liegen im AT mehrere Berichte vor. So berichten der ↗Jahwist, der ↗Elohist und die ↗Priesterschrift je von ihrer Sicht aus. Sie bringen darum keine Geschichte im Sinn von Dokumentarberichten, sondern deuten den A. als Großtat Gottes u. die Einzelereignisse als seine Zeichen u. ↗Wunder. Man faßt unter diese sog. Herausführungsberichte (Ex 1–14) das Schilfmeerwunder, die Offenbarung des Jahwenamens, ↗Tetragramm, die Offenbarung u. den Bundesschluß am ↗Sinai u. die Wüstenwanderung (↗Sinai-Offenbarung). An diesen Texten fällt der predigtartige Charakter, der Ton der Unterweisung u. des Bekenntnisses auf. Es soll dem Leser klarwerden, daß Jahwe durch den A. sich als rettender u. naher Gott erwiesen hat. Er hat Israel aus dem Sklavenland Ägypten geführt u. ihm die Freiheit als Geschenk gegeben. Für alle Zukunft sah man darin die Gewähr u. Garantie für den Heilswillen Gottes. In Zeiten der Not u. Anfechtung konnte sich der Glaubende darauf berufen (Ps 74, 2). Für Israel war der A. das Ereignis seiner ↗„Schöpfung" (Js 43, 1). Jahwe hat es aus Ägypten „losgekauft", befreit u. so zu seinem auserwählten Eigentumsvolk gemacht. Damals hat Gott das Volk zu seinem Bundespartner erwählt. Diese Glaubensaussagen waren für Israel so wesentlich u. grundlegend, daß man sie alljährlich beim ↗Pascha-Fest feierlich verkündigte u. bekannte. Es war ein Bekenntnis zur ↗Treue Gottes. Denn nie war das Volk gefeit vor der Versuchungssituation ähnlich der Zeit der Wüstenwanderung (↗Wüste). Hier war es die Versuchung, „zu den Fleischtöpfen Ägyptens zurückzukehren", späterhin, sich eigene Sicherungen bei den Weltmächten zu suchen u. nicht dem weisenden Wort Gottes nachzugehen.

Neue Aktualität erhielt das Ereignis des A. durch die Katastrophe des babylonischen ↗Exils. Ezechiel formuliert: Einst wurde Israel von Ägypten festgehalten, jetzt von den Völkern (20, 32 ff). Israel war im Begriff, sich selbst aufzugeben. Als neue Hoffnung aus dem Befreiungsedikt des ↗Cyrus (538 v.C.) erwachte, wurde auch das Ereignis des A. zum ↗Typos der Befreiung u. Heimkehr. So verkündete ↗Deuterojesaja einen neuen, viel wunderbareren A. Gott werde diesen Zug durch die Wüste begleiten. Man werde sogar „ohne Hast" ausziehen (43, 16 ff). Damit werde endgültig die Heilszeit anbrechen. Wir wissen aus der Botschaft des ↗Tritojesaja, welcher Belastung der nachexilische Glaube ausgesetzt war, als diese hochgesteckten Hoffnungen scheinbar völlig unerfüllt blieben.

Um die Sendung u. das Wirken von ↗Jesus ↗Christus zu beschreiben, hat sich das NT bestimmter typischer A.s-Motive bedient. Das AT erscheint als vor-läufig u. als typische Vorgestalt für den vierzigtägigen Aufenthalt Jesu in der Wüste, in die Versuchungssituation (vgl. Mt 4, 1–11 u. Dt 8, 2 ff): Jesus besteht die ↗Versuchung u. bleibt in der Treue u. im Gehorsam gegenüber dem Vater. Oder der Brotspende in der Wüste, die Umstände bei der Erwählung der zwölf ↗Apostel, die Verklärung Jesu auf dem „heiligen Berg", Jesu Mittlerfunktion (Mose), das ↗Abendmahl als neuer Bundesschluß (Markus), der Tod Jesu als des neuen Osterlammes (Johannes). Man vgl. auch die Weihnachtsepistel (Tit 2, 11 ff) oder das Bild des Durchzugs durch das ↗Schilfmeer als Typos der ↗Taufe (Paulus u. Kirchenväter), oder die Wüstensituation als Typos für die verfolgte Kirche (1 Kor 10; Hebr 3; Apk 12).

Will die Kirche heute Wesentliches über sich selbst aussagen, spricht sie von sich als dem „wandernden Gottesvolk", der „Exodusgemeinde". Anhand von Hebr 13, 13 f fragt sie sich um ihre gesellschaftliche Gestalt u. soziale Aufgabe. Sie wird immer wieder aus dem, was ihr die Gesellschaft zumutet u. von ihr erwartet, einen Exodus wagen müssen, wenn sie dem Anspruch des ↗Evangeliums gerecht werden will. Insofern sie zu ihr einen beständig beunruhigenden u. konfliktgeladenen Partner abgibt, hat sie der ↗Welt ihre eigene ↗Hoffnung anzubieten. pa

Autorität leitet sich in Israel von ↗Gott her, weil er als der Retter u. Führer des Volkes erfahren wird. Abgeleitete A. haben die Häupter des Stammesverbandes u. nach dem Zusammenschluß der Stämme die ↗Ältesten. Später wird der ↗Hohepriester weltliches u. geistliches Oberhaupt zugleich.

Alle A. geht von ↗Jahwe aus. ↗Mose gibt die ↗Gesetze u. Bundessatzungen in dessen A. ↗Jesus aber stellt sich über die A. des Mose, er beansprucht für seine Verkündigung Gottes ursprüngliche A. Er redet u. handelt wie einer, der ↗Vollmacht hat. Die ↗Apostel, als die Abgesandten Christi, sprechen in dessen Namen u. A., oder aber in der A. seines ↗Evangeliums. Alle A. in der ↗Kirche ist fortan eine relative; sie ist bezogen auf die Person Jesu u. muß sich vor seiner Botschaft verantworten können. In der Anerkennung von A. ist der Christ auf seine freie ↗Überzeugung u. sein ↗Gewissen angewiesen. gr

B

Baal (hebr. Herr, Besitzer), eine wichtige westsemitische Gottesbezeichnung. Auch ↗Jahwe wurde B. genannt. Da aber der B. nicht nur Gott des Himmels (in Syrien), sondern (in Kanaan) wesenhaft Vegetationsgott ist, wird in der Auseinandersetzung des Jahweglaubens mit den kanaanäischen Kulten B. im AT gleichbedeutend mit „Götze". Dennoch war auch in Israel der Kult des B., wie der seines weiblichen Gegenstücks ↗Aschera, weit verbreitet. B.s hl. Tier war der Stier, Symbol männlicher Kraft, der Fruchtbarkeit u. des regenbringenden Sturms. Zu seinem Kult gehören ↗Höhen, Altäre u. sexuelle Ausschweifungen. – Die Propheten, vorab Elija, Hosea u. Jeremia, bekämpften B. u. seinen Kult, weil er mit Jahwe u. dem Glauben an ihn wesenhaft unvereinbar ist. he

Baal-Sebub ↗Beelzebub.

Babel, Turmbau zu. Der Erzähler von Gn 11, 1–9 ist der ↗Jahwist. Er ist ein strenggläubiger Nomade der Wüste. Von seinem Standpunkt aus sieht er die Weltstadt Babylon: ihre Stadtkultur, die Ansammlung vieler Völkerschaften, ihren Stufenturm. Dieser Turm (90 mal 90 m im Grundriß u. 90 m hoch) ist für ihn nicht ein Ausdruck der Frömmigkeit, sondern der Gottlosigkeit u. des Aufruhrs gegen Gott. Ihr Sprachengewirr wird ihm nun ein Zeichen dafür, wohin das eigenmächtige Streben nach Einfluß u. Ruhm die Menschen führt: zur gegenseitigen Entfremdung. Wie sie sich in der ↗Sprache nicht mehr verstehen, so auch nicht in der ↗Liebe. Man beachte dabei, daß diese Erzählung im AT an das Ende der sog. Urgeschichte gesetzt wurde. Daran schließt sich die Abrahamsgeschichte. ↗Abraham aber ist derjenige, der am Wendepunkt eines neuen Verhältnisses zwischen Gott u. den Menschen steht. Er wird zum Träger des ↗Segens u. der Mitverantwortung für alle Völker berufen. pa

Das Pfingstereignis (Apg 2, 1–13) bildet den ntl. Gegenpol zur Geschichte vom Turmbau zu Babel. Hatte Jahwe einst die Sprache der Menschen, die sich in stolzer Selbstherrlichkeit bis zum Himmel erheben wollten, verwirrt, so bewirkt der Geist Gottes nun ein gegenseitiges Sich-Verstehen der Völker u. stellt die verlorene Einheit der Menschen in der Verkündigung der ↗ „Großtaten Gottes" wieder her. gl

Babylon, griech. Bezeichnung der am Euphrat gelegenen Stadt Babillum (Tor der Götter), hebr. ↗Babel („Verwirrung", Gn 11, 5–9). B. ist sumerische Gründung, wurde von den Babyloniern im 2. Jahrtausend v.C. zur Hauptstadt ihres Reiches erhoben u. war lange die bedeutendste, größte u. prächtigst ausgebaute Stadt der Antike (↗Turm). Ihre politische Bedeutung lag besonders in der Zeit zwischen ↗Hammurabi u. der Eroberung durch ↗Cyrus. – In der Bibel gilt B. als Symbol gottfeindlicher Weltmacht (Js 13, 1); im NT ist B. auch Deckname für Rom (1 Petr 5, 13; Offb 14, 8). he

Babylonien, nach der Hauptstadt ↗Babylon benanntes Reich der Babylonier im südlichen Zweistromland, das die älteren Sumerer u. Akkader in sich aufnahm. Im AT heißt B. Schinear (Gn 11, 2; 14, 1; Js 11, 11) oder Land der Chaldäer (Js 23, 13; Jr 24, 5). – Die Babylonier sind in B. eingewanderte, mit den ↗Assyrern eng verwandte Semiten (↗Amoriter); sie hängen kulturell von den Sumerern ab; ihre Sprache ist eine Weiterentwicklung des Akkadischen. Im 19. Jh. v.C. gründeten die Babylonier das bis zum Hethiteransturm im 16. Jh. dauernde Altbabylonische Reich mit der Hauptstadt Babylon. Sein bedeutendster Herrscher war ↗Hammurabi. Bis etwa 1155 beherrschten dann die Kassiten B.; sie kamen aus den östlichen Gebirgen u. hatten eigene Sprache u. Kultur. Nach wechselvoller, eng mit Assyriens Herrschaft verknüpfter Geschichte gründeten die ab etwa 1000 in B. eingedrungenen ↗Chaldäer unter Nabopolassar 626 v.C. das Neubabylonische Reich, das ganz Vorderasien umfaßte u. geistiger u. politischer Mittelpunkt der Alten Welt war; es endete 539 mit der Eroberung durch den Perser ↗Cyrus. In dieser Zeit des kulturellen u. politischen Aufschwungs von B. eroberte ↗Nebukadnezar II. (605–562) Juda, deportierte die Bevölkerung (Babylon. ↗Exil) u. zerstörte 587 Jerusalem. Nach 539 blieb B. unter persischer, dann unter hellenistischer u. seleukidischer Herrschaft. – Eine Reihe atl. Texte, z. B. die Schöpfungs- u. Sintfluterzählungen (↗Enuma elisch, ↗Gilgamesch-Epos), manche Pss u. Gesetzestexte, weist nahe Verwandtschaft mit altbabylonischer Literatur auf; in späteren Schriften (z. B. Ez, Dn) zeigt sich der Einfluß chaldäischen Gedankenguts.　　he

Babylonisches Exil ↗Exil.

Balsam, wohlriechendes u. rasch fest werdendes Öl des B.strauches. Man verwendete es zur Schönheitspflege (Hl 4, 10; Js 3, 24) u. Salbung der Toten (2 Chr 16, 14; Mk 16, 1). B. heißt auch ein Harz, wahrscheinlich das des Mastixbaumes u. der Terebinthe, das zur Heilung äußerlicher Wunden diente.　　he

Bann. 1. B. heißt im AT cherem, d. h. „Trennung" bzw. was „getrennt", dem Menschen verboten u. Gott geweiht ist. B. ist eine im Alten Orient verbreitete Institution (bekannteste außerbibl. Parallele: Stele des Königs Mesa von ↗Moab, 9. Jh. v.C.), welche die Vernichtung der Kriegsbeute als Zeichen der Übereignung an den eigenen Gott, dessen Hilfe der Sieg zugeschrieben wird, fordert. Er geht wahrscheinlich zurück auf ein nomadisches Tabu, wonach der nicht zum eigenen Stamm Gehörige samt seinem Besitz dem Bereich einer anderen Gottheit angehört u. deshalb im Falle eines Sieges über ihn „gereinigt", d. h. vernichtet werden muß. Der B. ist seinem Wesen nach total: in Jericho müssen alle Menschen u. Tiere niedergemacht, die Stadt verbrannt u. die Metallgegenstände Jahwe geheiligt

werden (Jos 6, 18–24). Die Nichteinhaltung des B.gebotes wird streng bestraft: Achan wird gesteinigt (Jos 7), Saul verliert sein Königtum (1 Sm 15). In der deuteronomischen Epoche, in der auch die Idee des alten Jahwe-Heeres erneuert wird, dient die Ideologie des B.gebotes der Polemik gegen den religiösen Synkretismus (Dt 7). In der nachexilischen Zeit verfällt dem B., d. h. nun dem Ausschluß aus der Gemeinde u. der Zerstörung des Besitzes, wer sich gegen die Ehegesetzgebung vergeht (Esr 10, 8).
2. Das ↗Spätjudentum differenzierte die nachexilische B.praxis; es kennt den Verweis, den kleinen u. großen B.
3. Die ntl. Urgemeinde übernimmt die jüd. Exkommunikationspraxis als letzten Ausweg (Mt 18, 17 f), schätzt aber die Rückgewinnung als das höhere Gut (Jak 5, 20; Jud 22). ↗Bannformel.　　ze

Banner, Kriegs- oder Siegeszeichen. Die spätjüd. ↗Apokalyptik nennt Feldzeichen für den Endkampf der Auserwählten gegen die Mächte des Bösen. Diese Feldzeichen tragen das als Aufschrift, was das Ziel des Krieges sein soll; so etwa „Erhebung Gottes", „Größe u. Lobpreis Gottes", „Ehre u. Vorwegnahme Gottes" (1 QM 4, 6–10). Die B. verheißen die Siegesgüter.　　gr

Bannformel (Anathema), der beim Ausschluß aus der Gemeinde in der spätjüd. Synagoge gebrauchte u. von Paulus (1 Kor 12, 3; 16, 22; Röm 9, 3; Gal 1, 8 f) übernommene Fluchspruch: „verflucht sei" (griech. anathema), d. h. der Vernichtung durch Gott preisgegeben. In der LXX ist anathema die Übersetzung von cherem (↗Bann).　　ze

Bär, ein apokalyptisches Tiersymbol in der Vision des Daniel (Dn 7, 5). Die vier Tiere sind hier, in der religiösen Betrachtung der Geschichte, die von der eigenen Situation ausgeht, Symbole der vier Weltreiche. Der B. stellt wohl das Mederreich dar. Die Zahl Vier soll die Welt im ganzen vergegenständlichen. Die Vision umspannt die ganze Geschichte vom Anfang bis zum Kommen des Gottesreiches. ↗Daniel-Buch.　　zi

Barabbas (aram. Sohn des Abbas), Verbrecher, den Pilatus zusammen mit Jesus dem Volke vorführte. Das Volk bat

B. frei. Es hat den „Anfänger des Lebens" verleugnet und sich einen Mörder erbeten (Apg 3, 14).   zi

Barbar, für den Griechen ursprünglich ein Ausländer, der eine fremde, unverständliche Sprache spricht, dann (abschätzig) einer ohne griech. Bildung u. Kultur (Röm 1, 14). 2 Makk 2, 21; 10, 4 sind B.en Israels Feinde. Die ntl. Formel „Griechen u. B.en" bezeichnet die Menschheit. Die Kluft zwischen Griechen u. B.en ist wie die zwischen Juden u. Heiden in Christus überwunden (Röm 1, 16; Kol 3, 11).   he

Bar-Jesus, jüd. Zauberer, auch Elymas (= Seher) genannt, wollte Prokonsul Sergius Paulus von der Annahme des Glaubens abhalten. Der Apostel Paulus straft B. deshalb mit zeitweiliger Blindheit (Apg 13, 6–13).   sc

Bar-Jona (aram. Sohn des Jona), Vatername des ↗Simon ↗Petrus in der Seligpreisung Mt 16, 17; semitische Eigenart, die Sohn-Vater-Verwandtschaft auszudrücken. ↗Bartholomäus.   zi

Barmherzigkeit des Menschen. Während das AT die B. d. M. noch auf die Volksgenossen einschränken kann (Dt 7, 2), kennt das NT keine Grenzen für die B. d. M.: „Bleibt niemandem etwas schuldig außer eurer Liebe" (Röm 13, 8). Jesus erzählt auf die Frage: „Wer ist mein Nächster?" das Gleichnis vom barmherzigen Samariter: Jeder ist der ↗Nächste, dem du Barmherzigkeit erweisen kannst. Jesus fordert damit die Verwirklichung der Barmherzigkeit in jeder Situation: „Geh hin u. tue desgleichen." Schon die atl. Propheten verlangen, daß sich die Erfahrung der ↗Barmherzigkeit Gottes im alltäglichen Verhalten der Menschen zueinander niederschlägt, in sozialer Gerechtigkeit u. B. d. M. (Js 1, 17; Hos 6, 6). Die ntl. Predigt führt diese Linie fort: Jede menschliche Unbarmherzigkeit ist ungeheuerlich angesichts der unendlich größeren Barmherzigkeit, die wir von Gott bereits empfangen haben (Mt 18, 23 ff). Der Barmherzige dagegen verwirklicht seine Gotteserfahrung im Alltag; man kann von der ↗ „Menschwerdung" der Barmherzigkeit Gottes sprechen (Eph 4, 32 f). Wie Gott sich auf die Seite der Schwachen u. Schuldigen stellt, sollen das auch die Menschen tun. Diese

Solidarisierung mit den ↗Armen geht so weit, daß ↗Jesus sich selbst mit allen Notleidenden identifiziert (Mt 25, 31 ff). Dadurch werden die Werke der Barmherzigkeit – die auch das AT vom Frommen verlangt (Js 58, 6 f) – zum einzigen Kriterium des ↗Weltgerichtes: Die Haltung des Menschen zu Gott offenbart sich in seiner Haltung zu den Mitmenschen. Auf diesem Hintergrund hebt sich die ↗Seligpreisung der Barmherzigen (Mt 5, 7) deutlich vom Leistungsdenken des ↗Spätjudentums ab (ich muß barmherzig sein, damit ich einst Gottes Barmherzigkeit erlange). Das NT kann die Barmherzigen ↗jetzt schon selig nennen, denn sie nehmen teil an der umfassenden göttlichen Barmherzigkeit.   oh/hi

Barmherzigkeit Gottes. Die B. G., als Grunderfahrung Israels seit dem Anfang seiner Geschichte bezeugt, geht hervor aus der Treue Gottes zum Bund mit seinem Volk (Hos 2, 25: Die Bundesformel „Du bist mein Volk" wird umschrieben mit „Ich erbarme mich"). Die Grundbedeutungen der Wortstämme, die das AT benutzt, erläutern die B. G. als „mütterliche Zuneigung", „Herabbeugen zum Niedrigen", oft auch als „gnädige Bundestreue". Israel kann sich zwar als Bundespartner auf die B. G. verlassen, aber es kann nicht darüber verfügen, sie ist ungeschuldetes Geschenk (Ex 33, 19: Gott nennt seinen Namen „Ich erbarme mich", fügt aber hinzu: „dessen ich mich erbarmen will"). Der Israelit weiß, daß in der Geschichte Gott immer wieder der Ohnmacht seines Volkes aufgeholfen hat (Ex 3, 7 f), darum kann er im Gebet seine Ohnmacht bekennen u. die B. G. anrufen (Ps 4, 2). Selbst Schuld u. Sünde trennen Israel nicht von der B. G. (Ri 2, 18). Strafe u. Gericht führen über die Bekehrung schließlich zu neuer B. G. (Hos 2, 16; 6, 1). Nur wenn sich das Volk freiwillig gegen jede Anrede Gottes verhärtet (↗Verstockung), kann die B. G. es nicht mehr erreichen (Js 6, 10). Erst allmählich erkennt Israel, daß die B. G. an der Grenze seines Volkes nicht halt macht. Nach der jahwistischen ↗Urgeschichte geht ihr Wirken bis an den Anfang der Menschheit zurück (Gn 2, 18; 3, 15), aber erst späte Weisheitsschriften (↗Weisheit) sprechen davon, daß sie

„allem Fleisch" gilt (Sir 18, 13). Im NT erscheint die Zeit Christi als Höhepunkt des Wirkens der B. G. (Lk 1, 50. 54. 72. 78). Das Gleichnis vom barmherzigen Vater (Lk 15, 11–32 – der Ton liegt nicht auf dem „verlorenen Sohn") zeigt, daß die B. G. dem Menschen schon angeboten ist, noch bevor er darum bittet. Gerechtigkeit (dem älteren Bruder gegenüber) u. Barmherzigkeit (dem jüngeren gegenüber) sind keine Gegensätze. Die B. G. ist für jeden Menschen unentbehrlich.   oh

Dies bedeutet freilich nicht, daß die B. G. durch Sünden provoziert werden soll (Röm 6, 1). In den ntl. Briefen ist die Erlösung durch den Herrn Jesus Christus der allgemein übliche Ausdruck für die B. G. (z. B. Röm 9, 22–33), die dadurch als etwas Endgültiges, Bleibendes, Unverlierbares gesehen wird (1 Tim 1, 15–18). Damit ist dem Menschen ein fester Halt gegeben, der es ihm erlaubt, im ↗Vertrauen auf die B. G. all seiner Verlorenheit u. Not die sichere ↗Hoffnung auf endgültiges ↗Heil entgegenzusetzen u. barmherzige Liebe als Grundhaltung christlicher Existenz vollziehen zu können. ↗Erbarmen.   hi

Barnabas (nach Apg 4, 36 hebr. Sohn des Trostes), Beiname des Leviten Joseph von Zypern. Er gehörte früh aktiv zur Jerusalemer ↗Urgemeinde. In Antiochia mit Paulus zur Heidenmission bestimmt, macht er mit ihm die 1. Missionsreise. Auf dem ↗Apostelkonzil verteidigen beide die Freiheit der ↗Heidenchristen vom ↗Gesetz. B. bleibt aber in der Anwendung des gesetzesfreien Evangeliums nicht konsequent (Gal 2, 13); Paulus trennt sich wegen ↗Markus von ihm (Apg 15, 39), hält ihn aber weiterhin für einen ebenbürtigen Apostel. B. geht nun mit Johannes Markus nach Zypern. Das weitere Schicksal dieses bedeutenden Mannes des Urchristentums ist unbekannt (Apg 13–15).   he

Barnabas-Brief, von einem Unbekannten zwischen 95 u. 130 n. C. wohl in Alexandrien geschrieben. Klemens v. A. u. Origenes schreiben den B.-B. dem Apostel Barnabas zu, Eusebius u. Hieronymus rechnen ihn zu den ↗Apokryphen.   he
Bartholomäus (aramäisch Sohn des Talmai), Apostel. Nur in den Apostellisten

erwähnt (Mt 10, 2 parr). Er wird oft mit Nathanael gleichgesetzt. Nach Eusebius soll B. in Indien, Mesopotamien u. Parthien gepredigt u. in Armenien das Martyrium erlitten haben.   zi
Baruch (hebr. der Gesegnete), tritt im AT als der Gehilfe u. Gefährte des Propheten ↗Jeremia in Erscheinung (Jr 36, 4). Er stammt aus einer angesehenen u. einflußreichen Familie des Landes u. konnte sich im Staatsdienst gute Chancen u. eine glänzende Laufbahn ausrechnen. Doch tritt in seinem Leben eine Wende ein; er wird zum Schreiber jener Buchrolle, die die Unheilsverkündigung des Propheten Jeremia enthielt. Er hat sie auch anstelle des Propheten dem Volke vorgetragen u. verkündet. Da die Rolle durch König ↗Jojakim verbrannt wurde, schrieb B. sie ein zweites Mal u. erweiterte sie dabei zugleich (Jr 36, 23.32). Er wurde sodann zusammen mit Jeremia nach Ägypten verschleppt (Jr 43, 6). Später berufen sich viele Schriften auf die Autorität des B. (↗B.-Apokalypsen).   gr
Baruch-Apokalypsen, Zeugnisse der spätjüd. ↗Apokalyptik in den ersten christl. Jhh. ↗Pseudonym geschrieben, berufen sie sich auf einen Großen der Vorzeit, nämlich auf Baruch. 1. Die syrische B.-A., die 1871 gefunden wurde, enthält Mitteilungen Gottes über eine neue Zeitordnung, drei große Visionen vom großen Wald, von der Zeder u. vom Weinstock; sie schließt mit einer Unterweisung des Volkes durch Baruch. – 2. Die griech. B.-A. schildert die Reise des Baruch durch fünf Himmel. Sie weist schon viele christl. Interpolationen auf u. ist nicht genau datierbar. Außer den beiden genannten Apokalypsen sind noch Fragmente einer äthiopischen u. einer lateinischen B.-A. bekannt sowie eine slawische Vision des Baruch. Wie alle ↗Apokalypsen zeichnen sich auch die B.-A. aus durch eine bildhafte Sprache. Auch sie halten sich an das apokalyptische Schema der Aufeinanderfolge von Visionen u. Mahnreden. Die Mahnungen werden begründet durch das, was in naher Zukunft kommen soll.   gr
Baruch-Buch. Es wird dem Mitarbeiter u. Gehilfen des Propheten ↗Jeremia, ↗Baruch, zugeschrieben, ist ursprünglich hebr. verfaßt, aber nur in der LXX

erhalten. In der evangelischen Kirche wird es zu den ↗Apokryphen gezählt, katholischerseits gehört es in den ↗Kanon des AT. Das ganze Buch hat 5 Kapitel u. als angehängtes 6. Kapitel den „Brief des Jeremia". Wie alle anderen Prophetenbücher beginnt es auch mit einer genealogischen Überschrift (1, 1 ff). Dann folgt ein Bußgebet im Stil eines ↗Klageliedes, das allerdings sehr stark an Dn 9 erinnert (1, 15 – 3, 8). Die Mitte des Buches macht ein selbständiges, hymnisch-lehrhaftes Weisheitslied aus (3, 9 – 4, 4). Darin wird die ↗Weisheit Israels besungen, die im ↗Gesetz verkörpert erscheint. Das Buch schließt mit einer Reihe lyrischer Klage- u. Trostlieder um Jerusalem (4, 5 – 5, 9). Der Brief des Jeremia (6) gehörte ursprünglich nicht zum B.-B., dessen Entstehungszeit in das 3. bis 1. Jh. v.C. datiert wird. Das Entstehen u. der Werdegang der Schrift muß etwa so vorgestellt werden: Das Weisheitslied u. der Liederzyklus stellen selbständige Einheiten des prophetischen Teils dar. Diese wurden dann durch ein älteres, vorweggestelltes Bußgedicht verbunden. Schließlich ist die historische Einführung als Verklammerung der bisher zusammengefügten Teile dazugefügt worden. gr

Baschan (hebr. ebener Boden), fruchtbare Hochebene am Jarmuk; Königreich des Og (Nm 21, 33). Das AT rühmt B.s Eichen, sein Weideland u. sein sprichwörtlich fettes Vieh (Js 2, 13; Ez 39, 18; Dt 32, 14). he

Batscheba, Frau des Urija (2 Sm 11, 3; Mt 1, 6). Nach ↗Davids Ehebruch u. Mord an Urija wird B. Frau des David (2 Sm 11, 2–27) u. auf ihr Betreiben ihr Sohn Salomo der Thronfolger Davids (1 Kg 1, 11–40). he

Bauch. Im AT: Bauch(höhle), Unterleib, Eingeweide. Auch der Sitz der Geschlechtsorgane ist damit gemeint. In übertragenem Sinn versteht das AT mit B. das verborgene Innere des Menschen, den Ort der Gedanken u. Empfindungen (z. B. Js 16, 11). – Im NT werden die atl. Bedeutungen wieder aufgenommen. Mk 7, 14 ff bezeichnet mit B. den niedrigen u. untergeordneten Bereich des körperlichen Lebens, dessen Aufgabe die Verdauung ist. Nicht der B. aber ist Träger der ↗Sünde, sondern das böse ↗Herz.

Auch in 1 Kor 6, 13 ist B. nicht Sitz der Sünde. Er ist lediglich deshalb dem Untergang verfallen, weil er Teil der untergehenden kreatürlichen Welt ist. Röm 16, 18 u. Phil 3, 19 sind als polemische Spitze gegen übertriebene Beobachtung der jüd. Speisegesetze gerichtet, wodurch Gott zum B. wird. In Weiterführung der tiefen atl. Bedeutung meint Joh 7, 38 das Innerste des Menschen. sc

Baum der Erkenntnis (des Guten u. des Bösen), Bezeichnung eines der beiden Bäume im Garten ↗Eden, die besonders hervorgehoben u. genannt werden. Gott hatte den ersten Menschen verboten, von diesem Baum zu essen. Denn es war ihm allein vorbehalten, zu bestimmen, was ↗gut u. was ↗böse war. Diese Unterscheidung ist nicht vordergründig eine sittliche, sondern eine seinshafte. Als der ↗Mann u. die ↗Frau von diesem Baum gegessen hatten, entdeckten sie ihre Nacktheit. Nicht das sexuelle Bewußtsein erwächst aus dieser Tat, sondern das Bewußtsein der ↗Schuld, der eigenen Grenze u. des Ungenügens vor Gott u. vor sich selber. gr

Baum des Lebens, stand in der Mitte des Gartens ↗Eden. Nach dem bibl. Paradiesbericht sollte er den ersten Menschen die Unsterblichkeit verbürgen. Wahrscheinlich mußte der Mensch regelmäßig von seinen Früchten essen, um sein Leben zu erneuern. Der heilige Baum ist in der altorientalischen Welt stark verbreitet. So kennt das ↗Gilgamesch-Epos ein Lebenskraut; doch kann das Leben durch tragische Schicksalsumstände verlorengehen. In der Bibel aber geht das Leben durch ↗Ungehorsam verloren; also nicht durch Schicksal, sondern durch freie ↗Entscheidung des Menschen selbst. gr

Beamtentum wird in Israel notwendig mit der Errichtung des davidischen Großreichs, das sich bei der Organisation seiner Verwaltung vor allem an Ägypten orientierte. Das „weltliche" B. ist eine selbständige soziologische Gruppe mit besonderem Standesethos (vgl. „Richterspiegel" in Ex 23, 1–3.6–9 u. den Tugendkatalog für das B. in Spr 22, 17 bis 24, 22) u. Ausbildung an eigenen Beamtenschulen, deren Lehrer u. Schüler die Träger der ↗Weisheit(slehre) sind u. zusammen mit der priesterlichen Tempelschule die Pflege der schriftlichen Überlieferung übernehmen. Die Beamtenliste 1 Kg 4, 2–6 nennt die „Schreiber" (verantwortlich für das staatliche Aktenwesen, wie Annalen, Erlasse, u. die internationale Korrespondenz), den ↗Herold, den Minister für die Gauvögte, den „Freund des Königs" (offizieller persönlicher Berater oder Minister für persönliche Angelegenheiten des Königs bzw. seines Harems), den Palastvorsteher u. die Minister für das Heerwesen. Die obersten Staatsämter waren auf Lebenszeit verliehen u. erblich. Weiter von Bedeutung sind die Gauvögte (vgl. Liste 1 Kg 4, 7–19), die Stadtgouverneure (vgl. 1 Kg 22, 26), die Polizeioffiziere, die Richter u. die „Amtsleute" (schoterim: Notare?). Zum „geistlichen" B. gehören vor allem die Jerusalemer Priesterschaft (1 Kg 4, 2) u. die Hofpropheten (1 Kg 22). Das Ende der Eigenstaatlichkeit 587 v.C. brachte einen von der Fremdmacht eingesetzten Statthalter mit z. T. eigenem B. Dies führte zu einem Erstarken der Priesterschaft u. des Hohenpriesters.　　　ze

Becher, ein Trinkgefäß. Die ↗Ausgrabungen im Vorderen Orient haben verschiedenste Formen von B.n aus Holz, Leder, Ton, Stein oder Edelmetallen zutage gefördert. – B. ist in der Bibel ein vielfältiges Sinnbild: Zeichen des Trostes beim Trauermahl, beim Dankopfer Zeichen des Heiles. Der B. kann das Schicksal des Trinkers, Fluch oder Segen beinhalten (Ps 16, 5; Mt 20, 22). Jahwes Zornes-B. bedeutet sein Gerichtshandeln; ihn leeren müssen heißt großes Unheil erdulden (Jr 25, 15.17.28; Ps 75, 9; Hab 2, 16). – Jesus macht den 3. B. des jüdischen ↗Paschamahles, den „Segens-B.", zum Element des Neuen Bundes. ↗Kelch.　　　he

Becherweissagung. Um das Schicksal zu erfahren, goß man in einen Becher mit Wasser Öl (oder umgekehrt) u. sah in den sich nun bildenden Formen den Willen der Götter offenbart (Gn 44, 5. 15).　　　he

Bedrängnis. Trübsal u. B. waren die bitteren u. zugleich grundlegenden Erfahrungen Israels in seiner Geschichte (vgl. z B. 1 Sm 10, 18 f). Zugleich sah es aber darin die Strafe Gottes für die schwere Schuld ständiger Untreue u. verstand daher B. als Erziehung zum ↗Glaubensgehorsam (2 Chr 20, 9). B.se kamen von außen durch Feinde (Ri 10, 8) oder von innen durch tiefsitzende Ängste (Js 8, 22). Die in der Geschichte des Volkes u. in der eigenen Existenz der einzelnen erfahrene vielfältige B. war aber in den Augen der Propheten nur eine einübende Vorbereitung auf die gewaltige B. am ↗Tag Jahwes (Hab 3, 16) am Ende der Tage (Dn 12, 1). Diese B. wird unerträglich groß sein (Mt 24, 21 f) u. ist ein Zeichen für die Ankunft des ↗Messias (Mk 13, 26), der aus aller B. erlösen kann u. wird. Diese apokalyptischen (↗Apokalyptik) Vorstellungen bestimmen weithin auch das NT u. bilden die Grundlage der Deutung der Bedrängnisse der Urkirche. Wenn B. Strafe Gottes für Sündenschuld u. zugleich Zeichen des hereinbrechenden Endgerichtes ist, dann gehören B.se zur christlichen Existenz, wird darin die Wirkkraft des Todes spürbar (2 Kor 1, 8), bedeuten sie die Gelegenheit, Anteil am ↗Leiden Christi zu nehmen (2 Kor 4, 10 f) u. eben darin auch Teilhabe an der Erlösung. Wer in dieser Weise die B.se im Glauben annimmt, wirkt mit am Aufbau der Gemeinde (2 Kor 1, 4–7) u. übt sich ein, alle irdische Not u. Trübsal als „geringfügige B." (2 Kor 4, 17 f) aufzufassen. Denn er mißt diese an der alles übertreffenden, kommenden ↗Herrlichkeit (Röm 8, 18), die jedem zugesagt ist, der „ausharrt bis zum Ende" (Mk 13, 13).　　　hi

Beduinen, mit Herden u. Zelten in der Syrisch-Arabischen Wüste umherziehende, patriarchalisch gegliederte Stämme. Bekannt ist ihre ↗Gastfreundschaft; ausnahmsweise wird auch ein Stammesfremder – durch gemeinsames Mahl u. Bundesschluß – in einen Stamm aufgenommen. B. mit Kleinviehherden (Schafen u. Ziegen) u. Lasteseln zogen während der ↗Regenzeit weit in die Wüste, in der Trockenzeit aber suchten sie Kulturland auf, wo sie aufgrund von Verträgen weiden sowie Brunnen benutzen u. anlegen durften. Das um 1200 v.C. gezähmte, schnelle u. genügsame Kamel machte die B. freizügig u. vom Kulturland unabhängig. ↗Midianiter u.

↗Amalekiter waren wohl Kamelnomaden. Israeliten, ↗Keniter u. ↗Edomiter leiten sich von Kleinviehnomaden her. Die Stammes- u. Sippenverfassung, die ↗Blutrache, einige Festtage u. das ↗Bodenrecht Israels sind wohl aus seiner beduinischen Vergangenheit zu verstehen, die Hosea als Zeit der Gottesnähe preist u. ähnlich für die Zukunft erwartet.   he

Beelzebub, wohl verächtliche Umbildung aus Baal-Sebub, einem Orakelgott in Ekron (2 Kg 1, 2 f.6.16). B., auch Beelzebul, gilt bei den Zeitgenossen Jesu als Fürst der ↗Dämonen. In B.s Macht, so sagen die Gegner, treibe Jesus die bösen Geister aus (Mk 3, 22 par).   he

Beerscheba (hebr. Grundwasserbrunnen der Sieben; oder auch Schwurbrunnen), eine früh besiedelte Oase an der Südgrenze Palästinas (vgl. die Formel „von Dan bis B."). B. ist alter Erscheinungs- u. Kultort des „Gottes der Urzeit". Die Patriarchengeschichten der Gn führen die reichen Brunnen B.s auf Abraham zurück. Auch Isaak u. Jakob wohnen u. opfern in B. Um den Besitz der Brunnen streiten sich Philister u. Israeliten (Gn 21, 25 ff; 26, 15 ff; 46, 1 ff).   he

Begegnung (Gottes). ↗Gott begegnet dem ↗Menschen in seiner ganzen ↗Schöpfung. In den bildgeprägten Denkschichten der Bibel begegnet er vor allem in den Kräften der Natur, im Sturm u. im Säuseln des Windes, oder in Blitz u. Donner (Ex 19, 18 ff), in der ↗Feuersäule (Ex 13, 21), in einem brennenden Dornbusch (Ex 3, 2 f). Der Mensch kommt so von Gott her, daß er begegnungsfähig ist. Gott begegnet aber auch im Menschen, nämlich in seinen ↗Boten oder selbst als Mensch. So ist er bei ↗Abraham zu Gast, er läßt sich von ihm bewirten, er hat Begleiter um sich (Gn 18, 1–16). Oder er begegnet im Wort seiner Abgesandten, seiner ↗Propheten. Diese sprechen nämlich nicht ihr eigenes Wort, sondern sie sagen das weiter, was sie von Gott her wissen, was sie von ihm her sagen müssen. Gott spricht also, er begegnet in der Weise des menschlichen Wortes. Er ist im menschlichen Wort da. Wo Menschen miteinander sprechen, d. h. einander begegnen, dort begegnet auch Gott. Endgültig u. vollends begegnet

Gott in ↗Jesus ↗Christus. In ihm ist nämlich Gott für alle Menschen da. In Christus begegnet er als ↗Richter, aber auch als der Befreier von ↗Sünde u. Tod. Schließlich begegnet er als der Schöpfer u. ↗Herr der Welt. Wer Jesu Weg nachgeht, der stößt auf Gott. Wer auf dem Weg „von Jerusalem nach Jericho" einen Geschlagenen aufnimmt (vgl. Lk 10, 30–37), dem begegnet Gott. Wer einem Hungernden zu essen gibt, wer Zeit hat für einen Trauernden, wer einem Kranken Trost u. Beistand leistet (vgl. Mt 25, 36 ff), wer für andere dasein will u. nicht nur für sich selber, dem begegnet Christus. Der Bruder u. die Schwester, der Arme u. Entrechtete, der Kranke u. der Gefangene sind der Ort der Christus-B. Wer aber Christus begegnet, der begegnet dem ↗Vater. Das Wort u. die ↗Liebe, die zwischenmenschlichen Relationen, sind seit Christus Chance, Gott zu begegnen.   gr

Begehung. Im Rhythmus der ↗Jahresfeste wurden die bedeutsamsten Ereignisse aus der Heilsgeschichte Israels im Kult verkündet u. begangen. Die Gotteserfahrung aus der Geschichte u. im Offenbarungswort fand ihre Antwort in der kult. B. in Form von ↗Opfern, Liedern u. Gebeten. Paulus sieht die Haltung u. religiöse Antwort der Menschen in eins: Wer weiß, daß er sich Gott u. nicht sich selbst verdankt, wird Gott danken u. loben. ↗Laubhüttenfest.   pa

Begierde. Im AT gibt es kein besonderes Wort für B. Der ↗Dekalog verbietet nicht nur unrechtes Tun, sondern bereits das Verlangen danach (Ex 20, 17). Nach der Zeit des AT entsteht im Judentum die Auffassung, der Trieb zum ↗Bösen, die B., sei in allen Menschen lebendig. Ursache aller ↗Sünden; darum fordere der Kampf gegen die Sünde vor allem Übung im Verzicht, auch sexuelle Enthaltsamkeit. Paulus schließt sich der jüd. Auffassung von der Macht der B. an (Gal 5, 16 ff). Doch nicht asketische Leistungen befreien den Menschen davon, sondern das Geschenk des neuen ↗Lebens aus Christus, das sich in einem neuen Verhalten verwirklichen muß (Gal 5, 25). Die Bibel will keine Wesensaussagen über die menschliche – speziell die sexuelle – B. machen. Sie

spricht von B., ohne über ihren Ursprung zu reflektieren u. ohne ihr einen
festen Platz im Menschenbild zuzuweisen. ↗Anthropologie.   oh

Begräbnis. In Israel begrub man den Toten nach Ausführung der ↗Begräbnis-
riten u. unter den üblichen ↗Trauer-
bräuchen gewöhnlich am Sterbetag in
einem unterirdischen ↗Grab. Einbalsamierung war selten (Gn 50, 2.26). Verbrennung ist seltene Ausnahme u. gilt
als Strafe (Lv 20, 14; 1 Kg 13, 2). Un-
begraben liegen zu bleiben bedeutete
größte Unehre (↗Kreuz), Gottesstrafe
u. Ruhelosigkeit im ↗Totenreich (2 Kg
9, 10; Jr 16, 4). Darum bestattete man
auch Feinde u. Hingerichtete.   he

Begräbnisriten. Nach dem Tod schloß
man dem Toten die Augen, wusch ihn,
hüllte ihn in seine Kleider oder (später)
in Leinen (Mk 15, 46) – gelegentlich
unter Verwendung wohlriechender Mittel wie ↗Myrrhe u. Aloe (Joh 19, 39) –
u. bahrte ihn in seinem Hause auf. Verwandte u. Freunde, ↗Klageweiber u.
↗Flötenspieler hielten die vorgeschrie-
bene ↗Totenklage, bis der Tote auf
einer Bahre (2 Sm 3, 31) – der Sarg
wurde erst in rabbinischer Zeit üblich –
zu ↗Grabe getragen (= „zu seinen Vätern versammelt") wurde. Die B. galten
in Israel als unbedingte Pflicht der Pie-
tät.   he

Beharren ↗Bleiben.

Bei Christus. Ziel des Menschen ist es,
endgültig ↗mit Christus zu sein, vollends an seiner Daseinsweise teilzuhaben u. in das Geschehen einbezogen
zu werden, das er eröffnet hat. Paulus
sehnt sich danach, zu sterben u. endgültig b. Ch. zu sein (Phil 1, 23). Für ihn
bedeutet das ↗Leben schon „Christus",
nämlich ↗Heil, ↗Begegnung u. ↗Kind-
schaft Gottes. Er weiß sich mit seinem
ganzen Leben eingespannt in das Christusgeschehen, u. er geht den Weg dessen nach, der ↗Gottes Sohn war. Aber
erst das Sterben läßt ihn ↗Christus endgültig gewinnen (Phil 1, 21); erst im Tod
kommt das zu Ende, was er im Leben
anstrebte u. woraufhin er ↗unterwegs
war. Sterben bedeutet für den Christen:
vollends b. Ch. zu sein u. an seinem
Dasein teilzuhaben.
Wenn die Welt zu Ende kommen wird,
dann werden alle Christus als den

↗Herrn der Welt empfangen u. einholen; dann werden sie allezeit „beim
Herrn" sein (1 Thess 4, 17). Weil Gott
Christus als ersten auferweckt hat, so
wird er alle Toten mit ihm zu neuem
Leben erwecken u. ihm zur Seite stellen
(1 Thess 4, 14). Alle werden in Christi
neues Leben miteinbezogen werden, u.
sie werden bei ihm sein. B. Ch. sein bedeutet aber daheim sein ↗bei Gott
Wenn einer b. Ch. ist, dann hat alles
↗Vollendung u. Abschluß gefunden,
was immer in seinem Leben begonnen
hatte.   gr

Bei Gott. ↗Christus war als der ↗Logos
von ↗Anfang an b. G., u. durch ihn ist
die Welt geworden. Christus ist von
Gott ausgegangen u. in die Welt gekommen (Joh 16, 28). Er war das ↗Wort
Gottes, in ihm hat sich Gott gesprochen
u. gehandelt. Er war von Anfang an im
↗Geheimnis Gottes umschlossen. Christus ist aber auch das ↗Leben; u. dieses
war b. G.; es war „beim Vater" (1 Joh
1, 2). Im Christusgeschehen ist dieses
vollendete Leben allen Menschen als
↗Möglichkeit aufgegangen. Es entstammt dem Geheimnis Gottes u. wurde
in Christus aller Welt eröffnet. Dieses
neue Leben ist zu einem ↗Licht für die
Menschen geworden (Joh 1, 4). Es erhellt das menschliche Dasein, es gibt
ihm eine Richtung an. Christus war b. G.
als das Wort, als das Leben u. als das
Licht. Er ist von Gott ausgegangen u.
hat Gottes Geheimnis eröffnet. Nun
lichtet sich dieses Geheimnis dem Menschen, es ist mit ihm im ↗Werden, es
teilt sich ihm als ↗Chance u. als ↗An-
spruch mit. Die ganze Schöpfung wird
in das Werden dieses Geheimnisses einbezogen. Christus hat das Leben der
Menschen geteilt, er ist für sie einen
Verbrechertod gestorben, u. wurde erhöht (↗Erhöhung) über alle Schöpfung
„zur Rechten Gottes" (Apg 2, 23). Er ist
nun b. G. (Röm 8, 34) u. sitzt zu seiner
„Rechten" (Eph 1, 20); er übt Gottes
Herrschaft aus u. vertritt ihn bei den
Menschen. Durch sein Leben, durch sein
↗Kreuz u. durch seine ↗Auferstehung
hindurch hat Christus die Schöpfung
wieder zu Gott mitgenommen. Er hat
die Welt endgültig für das Geheimnis
Gottes geöffnet. Die Menschen können
auf Gott hin leben, u. ihr Ziel wird es

sein, ↗bei Christus zu sein, um dadurch wie Christus b. G. zu sein. gr

Beispielerzählung, eine besondere Art von Gleichnissen, der man nur bei Lk begegnet: der barmherzige Samariter (10, 29–37), der reiche Bauer (12, 16–21), der Reiche u. der Arme (16, 19–31), der Pharisäer u. der Zöllner (18, 10–14). Es wird hier nicht ein Bild oder eine „Geschichte" in die religiöse Wirklichkeit übertragen, sondern ein religiös-sittlicher Gedanke durch einen Einzelfall (Beispiel) beleuchtet. Eine B. soll nicht gedeutet, sondern angewendet werden (10, 37). Charakteristisch für die B. ist ihr zeitloser Charakter. sc

Bekehrung ↗Umkehr.

Bekenntnis. Das B. gehört zum Gotteslob. Im Gotteslob äußert sich die ↗Antwort der Gemeinde auf die Heilstat Gottes. Jahwe hat sich Israel nicht als stummes Objekt eines Handelns, sondern zum Gespräch erwählt. Die Offenbarung Gottes ist Ruf, Anrede u. fordert die Antwort in B. u. Lobpreis heraus. Der Ursprung des bibl. B. ist wohl im ↗Kult zu suchen, im offiziellen Gottesdienst des Volkes Israel, das sich als Gemeinde Gottes verstand u. bekannte.

1. B. als Antwort auf Gotteserfahrung: Im ursprünglichen atl. Verständnis richtet sich das B. des Volkes unmittelbar an ↗Gott. „Jahwe ist unser Gott" (z. B. Jos 24, 17), Israel bekräftigte auf diese Weise ↗Bund u. ↗Erwählung, die es durch die Vermittlung seiner religiösen Führer als Berufung u. Heilsangebot erfuhr. „Gott selbst gibt Lobgesänge" (Ib 35, 10). Jeglicher Lobpreis ist geistgewirkt, stammt nicht aus dem Menschen. Das bekennende ↗Lob darf nicht isoliert werden vom Gehorsam, den der Mensch als ganzer seinem Schöpfer leistet. Die Ganzheit der Existenz (↗fromm) ist für Israel das höchste Lob Gottes (Mt 5, 48; 9, 13 zitiert Hos 6, 6). So sollen nach Eph 1, 12 auch die Christen mit ihrer ganzen Heils-Existenz Gott dienen.

2. B. als Anerkennen der Größe Gottes: Gottes Wirklichkeit erfuhr ↗Israel in seiner Geschichte. Deshalb ist der Inhalt des B. das Erlösungshandeln Gottes (Ex 13, 14–16), das in verschiedenster Form ausgesprochen wurde, um die Verbundenheit mit Jahwe zu bekräftigen u. vor

den anderen zu bezeugen. Der Lobpreis ist selbst eine Frucht der Heilstat Gottes. Diese atl. Praxis findet sich auch noch im NT (vgl. das ↗ „Magnificat" u. ↗ „Benedictus": Lk 1, 46–55 u. 1, 68–79). Versuche einer Neugestaltung dieser Art von B. zeigen sich dort, wo derartiger Lobpreis Gottes Jesus in den Mund gelegt wird (z. B. Joh 17, 1–26). Wenn „Gott in Christus war" (2 Kor 5, 19), dann kann auch das Lob nur dem in Christus offenbaren Gott gelten.

3. Sünden-B.: Es war ein gewaltiger Durchbruch, als die Israeliten erfaßten, daß sich jede ↗Sünde unmittelbar gegen Jahwe richtet u. nicht nur die ↗Übertretung einer religiösen Ordnung bedeutet. Das Sünden-B. erhält die Bedeutung des feierlichen Widerrufs (z. B. Spr 28, 13) u. ist Ausdruck der vollzogenen ↗Umkehr (Dn 9, 4–19). Im Spätjudentum drängt das Sünden-B. das Glaubens-B. u. die übrigen Weisen des B. in den Hintergrund u. verlegt damit den Akzent vom personalen Glaubensvollzug auf die Moral. Diese Einseitigkeit wird vom NT korrigiert, wenn es sittliches Verhalten immer als Konsequenz des ↗Glaubens versteht.

4. Glaubens-B.: Im NT wird aus der anerkennenden Antwort auf die geschichtlichen Heiltaten Gottes das B. zu Jesus als dem Verkünder der endgültigen Heilsbotschaft (Röm 10, 9 f): er überwindet alle Vorläufigkeit des AT u. personalisiert das offiziell-kultische Glaubens-B. der atl. Frommen in seinem ↗Gebet zum Vater-Gott (↗Vaterunser). Sehr bald wird dieses persönliche Glaubens-B. zur ↗Bekenntnisformel. Mit ihrer Hilfe drückt die Kirche ihre Einheit z. B. gegen Irrlehrer aus (1 Joh 2, 22 f) bekennt sie sich im Gottesdienst als Gemeinde des Herrn (Hebr 4, 14) u. legt im Glaubenskampf Zeugnis für Christus ab (Mt 10, 17 ff). Das ↗Kerygma als normatives apostolisches Glaubensbekenntnis geht zeitlich u. sachlich dem Evangelium (als Verkündigung) voraus. Aus dem B. ist das ↗Evangelium erwachsen.

5. Tauf-B.: „Wer glaubt und sich taufen läßt, wird gerettet werden", heißt es im Mk-Schluß (Mk 16, 16), der deutlich die Auffassung der „zweiten Generation" der Urkirche wiedergibt. Viele Stücke des

NT stehen wahrscheinlich in Zusammenhang mit der urchristlichen Taufliturgie u. haben von dort her ihren auffälligen B.-Charakter (z. B. Phil 2, 6–11). – Das B. bildete den Grundstock der im NT überlieferten Predigten der ↗Apostel u. Glaubenszeugen: Jesus der ↗Messias, sein Todesleiden, seine ↗Auferstehung, seine ↗Erhöhung u. Bevollmächtigung sind Hauptthemen in der ↗Apostelgeschichte. Noch liegen diese B.-Formeln freilich nicht in festgelegten Formulierungen (Credo) vor, sondern werden je neu den besonderen Bedürfnissen u. Umständen angepaßt. Deshalb gibt es auch die verschiedensten Bezeichnungen dafür: Evangelium (Röm 16, 25), ↗Lehre (Apg 2, 42), Mysterium (Eph 1, 9). All diesen B.sen gemeinsam ist der Inhalt: die apostolische Verkündigung der endgültigen Heilstat Gottes in ↗Jesus ↗Christus. Dieses B. wird von der Gemeinde glaubend angenommen, in der ↗Liturgie zum Preis des Erhöhten verwendet u. in der Verfolgung oder Irrlehrern gegenüber standhaft durchgehalten. Als Richtschnur des sittlichen Verhaltens verwendet, wird das Glaubens-B. zur Grundlage der Sünden-B. Vom Glauben an den Herrn wird das B. der Schuld aber immer zugleich ein Lobpreis des Richtergottes u. seiner ↗Barmherzigkeit. Das Lob ist die einzige legitime Form, wie der Mensch vor Gott u. von Gottes Liebestat reden kann. Wer nicht zum Lobe Gottes bereit ist, bleibt in sich selbst verschlossen. Er lobt sich selbst. Gott nicht loben wollen ist die Sünde schlechthin. Das ist der Sinn des Gedankenganges von Röm 1, 19 ff. Die Heiden haben als Heiden den Anruf vernommen, der in der offenbaren Schöpfermacht u. Weisheit Gottes liegt. Aber sie haben die Antwort verweigert. Sie verzichten darauf, sich Gott zu verdanken, u. haben statt dessen Geschöpfe verehrt. Ihre Undankbarkeit ist ihre Ursünde. Die ↗Erlösung in Christus hat das Ziel, den Menschen wieder zum Loben zu führen. wi/hi

Bekenntnisformeln. Als das personale ↗Bekenntnis des Glaubens an Gott u. sein Heilswerk durch Jesus Christus in der Urkirche liturgische Gestalt annahm, wurden allmählich B. entwickelt, die meist in engem Zusammenhang mit der ↗Taufe stehen u. von der Taufliturgie her geprägt sind. Ihre Wurzel liegt in der Predigt der Apostel, in der Unterweisung der Taufschüler, in der Auseinandersetzung mit Irrlehrern u. im gemeinsamen gottesdienstlichen Hören u. Antworten auf das Wort. Die B. bilden die Grundlage der späteren Glaubensbekenntnisse (Credo). Die ntl. B. lassen eine deutliche Entwicklung erkennen:

1. Das Bekenntnis der Jünger zu Jesus als ihrem ↗Herrn ist vielleicht die ursprünglichste Form der B.: „Wenn du also mit deinem Munde Jesus als Herrn bekennst, wenn du in deinem Herzen glaubst, daß Gott ihn vom Tode auferweckt hat, so wirst du Heil empfangen" (Röm 10, 9). Ausgehend vom Bekenntnis zu Jesus als dem Lehrer u. Führer seiner Jünger, ist vor allem die ↗Auferstehung (vgl. 1 Kor 15, 3–20) Inhalt der B. So kommt es zum Bekenntnis: „↗Jesus ist der ↗Christus" (↗Messias), „Jesus ist der ↗Menschensohn" (apokalyptische Vorstellungen), „Jesus ist der ↗Sohn Gottes" (hellenistische Religiosität), „Jesus ist das Haupt seines Leibes, der Kirche" (gnostische Ausdrücke) usw. Eines der wichtigsten Zeugnisse dieser B. ist der Christushymnus Phil 2, 5–11, der mit Hilfe gnostisch-hellenistischer Ausdrucksweise das Neue u. Einmalige Jesu Christi (Präexistenz, ↗Menschwerdung, Erniedrigung, ↗Erhöhung, endzeitliche Herrschaft) kunstvoll zusammenfaßt u. bekennt.

2. Neben dieser Art von B., die auch noch in den jüngsten Teilen des NT eine wichtige Rolle spielen, gibt es zweigliedrige Formeln des Bekenntnisses zum Vater-Gott u. zum Herrn Jesus Christus: Diese Art der B. verwendet Paulus in den meisten Briefen als Einleitung (z. B.: „Gnade sei euch u. Friede von Gott, unserem Vater, u. dem Herrn Jesus Christus" [1 Kor 1, 3]) u. auch sonst, um die göttliche Autorität Jesu Christi zu verdeutlichen (z. B. 1 Kor 8, 6). Ähnlich sprechen aber auch andere ntl. Schriften (z. B. 1 Petr 1, 3; 1 Joh 1, 3).

3. In einigen liturgisch geformten Stücken gibt es auch dreigliedrige ↗Formeln, die bereits die trinitarische Grundform der späteren Glaubensbekenntnisse erkennen lassen: „Die Gnade des Herrn Jesus Christus, die

Liebe Gottes u. die gemeinsame Gabe, der Heilige Geist, sei mit euch allen" (2 Kor 13, 13). Neben derartigen Segenswünschen gibt es solche B. im Zusammenhang mit der Taufe (z. B. Mt 28, 19). In den B. stoßen wir auf die älteste Christologie. Zugleich finden wir in ihnen den Niederschlag des ersten gemeinsamen Glaubens an Jesus Christus. Aus den B. gingen die späteren Glaubensbekenntnisse hervor.   hi

Belial (hebr. Nichtsnutzigkeit, Heillosigkeit), manchmal im AT vielleicht schon Eigenname: der Böse = der ↗Teufel. „Menschen des B." sind lügnerische, böse Menschen. In ↗Qumran wird B. Inbegriff widergöttlicher Macht. 2 Kor 6, 15 ist B. (Beliar) der Widersacher Christi; nachbibl Eigenname eines ↗Dämons oder des ↗Antichristen.   he

Benedictus. Lk krönt den Bericht von der Geburt des Johannes ebenso wie die vorausgehende Perikope vom Besuch Marias bei Elisabet mit einem ↗Hymnus, der aus vielen atl. Texten zu einer neuen Einheit geformt u. wohl ebenso wie das ↗Magnificat von Lk als ganzer übernommen und durch 1, 76 f der Situation angepaßt ist. Prophetische Erwartung sieht das eschatologische ↗Heil (↗Eschatologie), wie fromme Juden es sich vorstellen, bereits verwirklicht: Gottes Erbarmen u. Bundestreue u. die politische Befreiung Israels. Diese Befreiung ist aber nur Voraussetzung des friedlichen u. gerechten Lebens im Dienst Gottes. Wir lernen hier eine Art jüdischer Frömmigkeit kennen, die für die unpolitische Predigt Jesu vom Anbruch der Gottesherrschaft aufgeschlossen sein mußte.   oh

Benjamin (hebr. Sohn der rechten [Hand] = Glückskind), 2. Sohn der Rachel (Gn 35, 16 ff), Bruder Josephs u. 12. Sohn Jakobs. Er gilt als Stammvater des israelitischen Stammes B., der den ersten israelitischen König, Saul, stellte. Der Stamm B. bleibt bis zum Untergang Judas eigener Gau u. ist beim Wiederaufbau im 6. Jh. v.C. wesentlich beteiligt. – Noch Paulus rühmt seine Abstammung aus B. (Röm 11, 1; Phil 3, 5).   he

Berg. Die B.e sah man als Verbindung von ↗Himmel, ↗Erde u. ↗Unterwelt an. So wurden sie zu Wohnstätten der Götter, u. man baute auf ihnen Heilig-tümer. Das AT nennt B.e als Kultstätten von ↗Baalen. Aber auch die Israeliten verehren Jahwe auf B.en, die nach atl. Auffassung Erstlinge der Schöpfung waren. Jahwe hatte B.e ausgezeichnet: Am ↗Horeb berief er Mose zum Führer Israels u. offenbarte den Gottesnamen. Auf dem ↗Sinai schloß er den ↗Bund mit Israel u. gab die 10 Gebote (↗Dekalog) (Ex 20–24). Der ↗Zion mit dem ↗Tempel ist der hl. B., der B. des Herrn, den er sich zur Wohnung erkor. Er wird in der prophetischen Schau der Endzeit zum B., von dem das Gesetz u. Wort des Herrn ausgehen u. von dem sich Jahwe allen Völkern offenbaren wird. – Auch im NT werden B.e ausgezeichnet. Auf einem B. erwählt Jesus die ↗Apostel u. sendet sie in die Welt hinaus; auf einem B. wird er verklärt (↗Verklärung) u. den 3 Aposteln als ↗Sohn Gottes geoffenbart. Auf dem ↗Ölberg, von wo man Gottes Kommen erwartete, hält Jesus die Wiederkunft-Rede (Mt 24, 3 ff). Auf einem B. verkündet er das neue Gesetz, die ↗Bergpredigt. Der B. bezeichnet die Region des kommenden ↗Reiches Gottes. Jesus führt die Menschen auf den B. zu Gott hinauf. Wer ihn hört u. bereit ist, ihm zu folgen, ist ein Licht für die andern u. leuchtet wie eine „Stadt auf dem B." (vgl. Mt 5, 14).   br

Berggötter, Gottheiten, deren Herrschaft man sich im Alten Orient nur in je bestimmten Berggebieten wirksam dachte. Im AT schimmert in der Sinai-Horeb-Tradition noch die alte Vorstellung vom Berggott Jahwe durch (vgl. auch 1 Kg 20, 23.28).   he

Bergpredigt. Der Ausdruck B. bezeichnet eine Redesammlung, die die sittliche Unterweisung der ↗Jünger Jesu zusammenfaßt. Aus dem breit angelegten Redekomplex Mt 5–7 spricht derselbe Geist wie aus den komprimierten Sätzen Lk 6, 20–47. Diese „biblische ↗Ethik" ist keineswegs als „Ausnahme-Ethik" zu verstehen, die in idealistischer Weise die Vollendung der Sittlichkeit vor Augen führen will. Sie gilt nicht nur für besonders Begnadete, religiöse Genies oder für eine kurze „Zwischenzeit" bis zur endgültigen Parusie des Herrn (↗Wiederkunft). Die Forderungen der B. richten sich vielmehr an alle Menschen u. sind als Einlaßbedingungen der

„Söhne u. Töchter Gottes" in das ↗Reich Gottes zu verstehen. Matthäus faßt folgende Verkündigungsinhalte zur B. zusammen: 1. ↗Eschatologische Existenz: Durch die ↗Seligpreisungen (5, 3–12) wird dieses Thema programmatisch an den Anfang gestellt u. zieht sich durch alle Aussagen der B., die demnach die Ethik der gegenwärtig gewordenen Gottesherrschaft (↗Herrschaft Gottes) verkündet, auf die hin das menschliche Leben in der Welt ausgerichtet werden muß. 2. Für-Existenz (↗Nächster): Alle sittlichen Aussagen gruppieren sich um das Liebesgebot (↗Liebe), das die Offenheit des ↗„Ich" auf das ↗„Du" der anderen radikalisiert (↗Feindesliebe) u. zum Vollzug echter Personalität auffordert. 3. Radikaler ↗Gehorsam: Diese Offenheit muß sich auch Gott gegenüber im ↗Hören auf sein ↗Wort bewähren. Darin „erfüllt sich" das atl. ↗Gesetz, das im jüdischen Bereich zu einer Sakralmacht geworden war. 4. Gesinnungsethik: Die Forderungen der B. richten sich nicht zuerst auf die Erfüllung von Einzelleistungen u. sind auch kein ethisches System, das alle Bereiche menschlichen Lebens kasuistisch erfaßt. Entscheidend ist die Gesinnung des personalen ↗Glaubens, der das Leben prägt. 5. Endgültige ↗Entscheidungen: Die nötigen Entscheidungen, die zu jeder Stunde erforderlich werden können, haben Endgültigkeitscharakter, wirken mit zum endgültigen Schicksal des Menschen, der als „Jünger" zur ↗Kindschaft Gottes u. damit zur Partnerschaft u. ↗Verantwortung gerufen ist. – Die von Matthäus gewählten Beispiele sind exemplarisch gemeint u. sollen den christlichen Gemeinden helfen, das ↗Evangelium Jesu Christi zu begreifen u. es in ihrem Alltag zu verwirklichen. – Außer durch die eben angeführten Verkündigungsthemen, die nach wie vor aktuelle Bedeutung haben, finden wir heute auf neue Weise Zugang zur B., wenn wir die gegenwärtige Erneuerungsbewegung der Kirche begreifen. Wir sind nämlich in ähnlicher Lage wie die judenchristl. Gemeinden des Matthäus, die sich aus der erstarrten Gesetzlichkeit u. Religiosität des Judentums zur offenen, auf den personalen Glauben gerichteten Christlichkeit des Evangeliums hin entwickelten. Die Beispiele der B. mögen nicht mehr in allem zutreffen, andere Probleme stehen heute im Vordergrund, an denen wir uns bewähren müssen. Deren Gesinnung aber bleibt dieselbe u. muß in der erneuerten Kirche deutlich Gestalt gewinnen. ↗Feldrede. hi

Beruf. Nicht direkt spricht die Bibel über den B. des Menschen. Sie berichtet aber, daß ↗Jesus ein B. also auch erlernt hat („Sohn des Zimmermanns"). Auch seine ↗Jünger hatten B.e. Der Apostel ↗Paulus ging während seiner Missionstätigkeit einem B. nach; er war Zelttuchmacher u. wollte sich damit seinen Unterhalt selbst verdienen. Auch ein jüd. ↗Rabbi mußte einen B. erlernt haben, wenn er als Lehrer auftreten wollte. Nach 1 Kor 7, 20 wird einer zu seinem B. berufen. Gott ist es also nach der Überzeugung des Apostels, der den Menschen je nach seinen Fähigkeiten zu einem bestimmten Dienst in der ↗Gemeinschaft ruft (↗Berufung). Je nach seinen Veranlagungen u. Talenten hat er einen Beitrag zu leisten zur menschlichen Gesellschaft. In B. u. ↗Arbeit führt der Mensch Gottes Schöpfungswerk weiter. Der B. ist auch der Ort, wo die Botschaft Jesu verwirklicht werden muß. Der Christ soll seinen B. als ↗weltlichen Gottesdienst ausüben. gr

Berufung. Nach dem Sprachgebrauch der Hl. Schrift ist die B. etwas, was gänzlich aus dem üblichen religiösen Erfahrungsbereich eines Menschen herausfällt. Es ist ein Ruf, der von Gott her unvermittelt, unerwartet u. unvorbereitet an den Menschen ergeht; einmalig u. unwiderruflich. Die B. nimmt den ganzen Menschen in Anspruch. Sie stellt ihn in ein neues Verhältnis zu Gott u. den Mitmenschen. B. ist wesentlich Beauftragung, keineswegs eine Bevorzugung um seiner selbst willen, sondern immer B. für andere, zum Dienst an den anderen. Die Gemeinschaft, um derentwillen einer berufen wird, zeigt nun nach dem Aufweis der Schrift fast immer dieselbe Reaktion. Sie empfindet sein Verhalten, sein Reden u. Tun als provozierenden Anspruch u. verlangt dafür eine Legitimation. Das ist auch der Grund, weshalb uns in der Bibel bestimmte B.s-Erlebnisse geschildert werden. Diese Menschen berichteten von ihrem einmaligen Erlebnis, das sie mit Gott hatten, um ihre ↗ Botschaft u. den Ernst der durch ihr ↗ Wort heraufbeschworenen Entscheidungssituation, aber auch um ihre eigene Lebensführung zu legitimieren. Wie die ↗ B.s-Geschichten Einblick geben, hatte das Phänomen eines B.s-Erlebnisses bei allen davon Betroffenen bestimmte gemeinsame Züge.

Die B. hat ebenso wie die ↗ Erwählung ihren Grund in der freien, ungeschuldeten u. unverdienten ↗ Liebe Gottes. Die Erwählung, die vor aller Zeit ergangen ist u. in der B. an einem einzelnen konkretisiert wird, hat jedoch das Element des Bevorzugens, das bei der B. fehlt. Die Unterscheidung beider Begriffe fällt leichter, wenn man dafür Bilder einsetzt. Zur Erwählung paßt dann besser das Bild des Freundes, zur B. das des Dieners. In der B. wird einer von Gott in den Dienst genommen. Aber nicht weil dieser dafür besonders geeignet wäre u. die Neigung mitbrächte. Die B. des ↗ Jesaja ist typisch dafür, wie unwürdig u. sündhaft sich die Berufenen vorkamen. Der Mensch ist über den Ruf Gottes bis ins Innerste betroffen. Ja er empfindet ihn geradezu als Zumutung. Er macht die Erfahrung, daß Gott in sein Leben einbricht u. es ein für allemal durchkreuzt. ↗ Mose u. ↗ Jeremia wehren sich; sie fühlen sich von Gott überrascht. Andere reden davon, Gott habe sie „gepackt" u. „betört". ↗ Prophet.

Der von Gott so Angerufene macht nun die Erfahrung, daß er sich vergeblich gegen die B. zur Wehr setzt. Wenn Gott ruft, kann der Mensch nicht anders als antworten, ein unbedingtes u. unwiderrufliches Ja sagen, ansonsten würde er daran zerbrechen. Die Angst, nicht zu bestehen, später das Ja nicht verantworten u. leben zu können, wird nun gerade dadurch überwunden, daß einer sich im Gehorsam der Wucht des göttlichen Befehles beugt u. seinem Ja in einem entsprechenden Dienst nachkommt.

Die Hl. Schrift berichtet, daß die Berufenen sehr wohl gewußt haben, was sie durch ihr Ja auf sich nehmen. Sie sagen ein Ja, das ihr ganzes weiteres Leben in

Spannung halten u. bestimmen wird. Sie wissen, daß sie durch die B. aus den bisherigen Lebensbeziehungen herausgenommen werden. Der Berufene wird von Gott ausgesondert u. vereinzelt. B. heißt einer ungewissen Zukunft preisgegeben werden. Dazu ja sagen heißt: sich an ↗ Jahwe binden u. dadurch einer sozialen u. wirtschaftlichen Ungesichertheit ausgesetzt sein; die sozialen Sicherungen für seinen Lebensweg u. sein Geschick zugunsten der Verheißung aufgeben, daß derselbe Gott, der beruft, auch helfend nahe sein werde, daß aber Gott auch durch ihn der Umwelt nahe sein werde, auch wenn diese darin eher Anmaßung u. Entfremdung sehen wird.

B. ist also nicht etwas, was man sich selbst zumutet, wozu man sich drängt, wobei es zuginge wie bei einer Berufswahl. Das Sprachrohr Gottes, der Mund Gottes zu werden, der Umwelt ihre Gottlosigkeit vorzuhalten u. vergeblich auf Umkehr zu pochen, dafür beauftragt sich ein Mensch nicht selbst, dafür muß er sich im Gehorsam von Gott in den Dienst nehmen lassen. Jeremia hat die Größe u. Härte eines solchen Lebens in eine Klage gefaßt: „Nicht sitze ich heiter im Kreis der Fröhlichen. Unter dem Druck deiner Hand sitze ich einsam; denn mit Grimm hast du mich erfüllt" (Jr 15, 17). Die Berufenen selbst sind nun auch, wie sie den Vorgang der B. erlebt haben. Aus den kräftigen äußeren Bildern, mit denen sie die Gottesbegegnung schildern, wird ersichtlich, daß es sich um eine Art mystischer Erfahrung gehandelt haben muß. Einige reden ausdrücklich von einer Vision (↗ Schauung). Immer war damit ein Zwiegespräch, ein ↗ Dialog zwischen Gott u. dem Berufenen verbunden. Meist haben bestimmte Zeichenhandlungen, die die B. beglaubigen sollten, dieses Erlebnis abgeschlossen (Jr 1, 9; Ex 3, 12; Ri 6, 17 f; Apg 9, 6 ff.18).

Das AT sieht die B. ↗ Abrahams als grundlegend für die ganze Heilsgeschichte Israels an. ↗ Deuterojesaja, der erstmalig für den Vorgang des göttlichen Rufens den hebr. t. t. „qara" verwendet, sagt, Gott habe Abraham „aus dem äußersten Winkel" herausgerufen, ihn ausgesondert u. in die Ungesichertheit der Fremde gesandt. Ebenso interpretiert er den ↗Auszug aus Ägypten u. den ↗Bundesschluß sowie die Heimkehr aus dem Babylonischen ↗Exil als B.s-Vorgang Israels. Er verwendet den Begriff auch bei der Bestellung zum ↗Gottesknecht u. für das Auftreten des Cyrus. Letzterer wird von Gott zum Werkzeug der Befreiung Israels aus dem Exil berufen, obwohl er nicht ein Verehrer Jahwes ist.

Deuterojesaja gibt dem Begriff der B. noch eine eigene Färbung, indem er ihn mit dem Schöpfungsgedanken in Verbindung bringt. In der B. setzt Gott sein schöpferisches Rufen fort. Der Berufene wird zur Neuschöpfung, zum Eigentum Gottes.

Die Bibel kennt für gewöhnlich nur Fälle, in denen Gott unmittelbar selbst beruft. Eine Ausnahme findet sich bei der B. des Elischa durch Elija (1 Kg 19, 19 f). Auch ↗Jesus hat seine ↗Jünger selbst zur Nachfolge berufen. Nur Mt 9, 23 wird der Ruf ausdrücklich B. genannt.

Jesus selbst beruft sich nie auf ein B.s-Erlebnis. Die Taufe am Jordan durch Johannes wird zwar so dargestellt, daß er sich dabei selbst zum Diener, zum Knecht Gottes weiht, daß er Kontakt hat mit dem Vater u. die Kraft des Geistes besitzt, die zu ihm selbst gehört. Jesu einmaliges Sendungsbewußtsein kommt im bekräftigenden ↗Amen des Joh-Ev. deutlich zum Ausdruck: Jesus redet im ↗Namen Gottes aus sich selbst.

In den Parabeln (↗Gleichnis) Jesu meint „rufen" die Einladung zum endzeitlichen Hochzeitsmahl. Bei Johannes u. in der Apg meint es profane Zusammenhänge. „Berufen" u. „erwählen" werden nicht mehr genau auseinandergehalten. Im selbständigen Einzelspruch Mt 22, 14 heißt es: „Viele sind berufen, wenige aber auserwählt." Dieses Wort will nachdenklich machen. Nicht alle werden den Heilsruf beantworten u. in Verantwortung aufgreifen.

Bei Paulus hat der Begriff B. eine große Bedeutung. Gott beruft in die ↗Gemeinschaft mit Christus u. in seine ↗Gnade. B. heißt dem Bild des Sohnes gleichgestaltet, geheiligt u. gerechtfertigt werden. B. ergeht auch an die ↗Kirche, die Gemeinschaft derer, die zur einen ↗Hoffnung berufen sind. Sie ist Berufung zum ↗Frieden Christi in einem Leib u. äußert sich in dem einen Glauben u. in der einen ↗Taufe (Eph 4, 4 ff). Gott führt in seinen Berufungen seinen Schöpfungsplan mit den Menschen zum Ziel.

pa

Berufungsgeschichten. Wer mit dem Anspruch auftritt, von Gott berufen worden zu sein, muß sich dafür in der Öffentlichkeit legitimieren. Dies ist der Grund, warum man in der Bibel B. niederschrieb. Die B. bilden eine eigene literarische Gattung. Ihr Charakteristikum ist der Ich-Stil. Solche ↗Ich-Berichte liegen außer in den weiter unten angeführten Stellen noch in Am 7–9; Js 40, 3 u. Sach 1, 7 – 6, 8 vor (vgl. noch 1 Kg 19, 19 ff u. 1 Sm 3, 1 ff). Die hier von ihrer ↗Berufung berichten, rechtfertigen sich damit, Gott sei in ihr Leben eingebrochen u. habe sie zu ihrer besonderen Funktion beauftragt, gesandt u. ermuntert. In einem Punkt nun divergieren die B. In der Art, wie einer auf den Ruf Gottes reagiert. Die B. kennen zwei Verhaltensschemata: Der erste Typ wird von ↗Mose verkörpert. Er wehrt sich gegen den Ruf; er könne nicht reden (Ex 4, 10) (vgl. die elohistische Erzählung in Ex 3, 9–15 u. 4, 10–17). Dieselbe Reaktion zeigt ↗Jeremia (Jr 1, 6 ff), ähnlich ↗Gideon (Ri 6, 12 ff), ↗Saul (1 Sm 9, 14 ff), Sacharja (Lk 1, 11 ff) u. Maria (Lk 1, 28 ff). Dieser erste Grundtyp der B. betont den ↗Dialog zwischen Gott u. Mensch. Der zweite Typ berichtet je von einer Vision (↗Schauung). Die Betroffenen beugen sich freiwillig vor der Wucht des göttlichen Rufes. Typisch ist dafür die Berufung des ↗Jesaja (Js 6, 1 ff). Nach seinem Erzählschema können wir hier auch 1 Kg 22, 19 ff; Ez 2, 1 ff u. Apg 9, 3 ff; 22, 6 ff; 26, 12 ff einordnen.

pa

Beschneidung. Außer bei den Philistern wurde die B. bei allen semitischen Völkerschaften (auch in Ägypten) vollzogen. Hier war er ein Einweihungsritus, eine Befähigung zur Ehe. Für Israel war es ein religiöses Zeichen. Nach Gn 17, 9 ff wurde sie dem ↗Abraham von Gott als Bundeszeichen vorgeschrieben. Als man im Babylonischen ↗Exil unter Völkern lebte, bei denen die B. nicht geübt wurde, galt sie als Zeichen des Bekenntnisses u. der Zugehörigkeit zu ↗Israel

u. Jahwe. Der Ritus der B. selbst, als Entfernung der männlichen Vorhaut, wurde gewöhnlich vom Vater, nie vom Priester, am 8. Tag nach der Geburt vorgenommen. Zur Zeit Jesu übten in Palästina allein noch die Juden die B., sie war wichtiger als das Sabbatgebot (↗Sabbat). Doch schon das AT betont (Dt 10, 16), daß die B. des Fleisches allein nichts nützt, wenn nicht die „B. des Herzens", d. h. seiner verkehrten Neigungen dazukommt. Für die Judenchristen wurde die B. zum Problem (Apg 15, 5 ff). Daraufhin hob das ↗Apostelkonzil auf energisches Betreiben des Paulus diese für die Heidenchristen auf.

pa

Beschreibungslied, hat als Gedichtsgattung eine lange Geschichte von Sumer über ↗Qumran bis in die arabische Zeit. Der Name B. entstammt altarabischer Poetik. Seine früheste Prägung erhielt dieser Gedichtstypus jedoch in Ägypten. Man bediente sich seiner, um in anschaulicher Weise die Rundplastiken der Götterbilder zu schildern. Von dort führen deutliche Verbindungslinien zum B. im ↗Hohenlied-Buch. Das gemeinsame Thema dieser Lieder war die expressive Schilderung der körperlichen Schönheit des Mädchens (Hl 4, 1 ff), seltener der des jungen Mannes (Hl 5, 10 ff). Man rühmte u. veranschaulichte die menschlichen Körperteile mit erotisch-gefühlsgeladenen Bildvergleichen. Etwa: „Deine beiden Brüste sind wie zwei Kitzlein, wie Zwillinge einer Ricke" (Hl 7, 4).

pa

Beschwören, eine Weise der ↗Paraklese. Es drückt die Eindringlichkeit aus, mit der das ↗Evangelium verkündet werden muß, u. die Dringlichkeit, mit der sein ↗Anspruch erhoben wird. Wer diese ↗Botschaft hört, wird beschworen, an ihr festzuhalten; er wird aufgefordert, sie zu tun u. in sein Leben umzusetzen. Der Apostel beschwört die Christen, daß sie sich in ihrem Leben des Rufes Gottes würdig erweisen sollen (1 Thess 2, 12). Erst recht muß er b., wenn einer das nicht tut. Denn es geht in dieser Botschaft um Gottes endgültige ↗Berufung, also auch um letztgültige ↗Entscheidung.

gr

Besessenheit, eine außergewöhnliche Wirkung einer außermenschlichen personalen bösen Macht (↗Mächte u. Gewalten) in der Form einer von außen kommenden Belagerung oder eines inneren In-Besitz-Nehmens. Diese verursacht im Menschen Krankheiten u. psychische Veränderungen. Die Verfügungsgewalt über die eigene Tätigkeit wird dadurch beschränkt, das Personsein jedoch nicht aufgelöst. Die vielfältigen Mächte des Bösen erscheinen als Auswirkungen einer Grundmacht des ↗Bösen, die mit ↗Satan bezeichnet wird und deren Eigenmacht durch ↗Jesus ↗Christus anfangshaft zerbrochen wurde (↗Dämon,　　↗Dämonenaustreibung, ↗Krankheit).

Angesichts der auffallenden Ähnlichkeit zwischen der B. u. parapsychologischen Phänomenen ist heute für eine Annahme von B. äußerste Zurückhaltung geboten. Die Parapsychologie mahnt, nicht voreilig etwas als natürlich unerklärbar zu halten. Deshalb kann manches, was früher als sicheres Zeichen der Echtheit einer B. angesehen wurde, heute nicht mehr ohne weiteres als solches gelten.

wi

Besitz ↗Eigentum.

Besprengung. 1. B. als *Opferritus:* B. des Altars mit dem Blut des geschlachteten Tieres war Charakteristikum des schelamim-(Heils-, Abschluß- oder Bundes-) ↗Opfers (2 Kg 16, 13); von hier dringt der Ritus in das Schlacht- (Lv 3; 7) u. schließlich in das Brandopfer (Lv 1) ein. Diese B. bedeutet Übereignung an Gott u. bewirkt Gemeinschaft mit ihm (Ex 24, 6–8).

2. B. als *Reinigungsritus:* Am ↗Versöhnungstage geschieht siebenmalige B. der Deckplatte der ↗Bundeslade bzw. des Altares mit dem Blut des Sündopferstieres bzw. -bockes zur Entsündigung des Zeltes bzw. des Altars (Lv 16, 15–19). B. mit *Wasser* bewirkt kultische ↗Reinheit: B. mit Reinigungswasser (Wasser vermischt mit der Asche einer roten Kuh, mit Zedernholz, Ysop u. Karmesin) reinigt von der Berührung mit Leichen (Nm 19); B. durch mit dem ↗Blut eines geschlachteten Vogels vermischtes Quellwasser beseitigt die Unreinheit des vom Aussatz Geheilten (Lv 14); B. mit reinem Wasser heilt die Leviten bei ihrer Weihe (Nm 8). B. mit ↗Öl, das mit Opferblut vermengt ist, heiligt Aaron u.

seine Söhne sowie ihre Gewänder bei der Priesterweihe (Lv 8). 3. B. als *Weiheritus:* die siebenmalige „Verspritzung" von Öl (Lv 4, 6) u. Blut (Nm 19, 4) mit dem Blick zum Vorhang des ↗Allerheiligsten soll Öl u. Blut selbst weihen, um ihre Reinigungswirkung zu erhöhen. 4. Im *NT* werden die atl. B.s-Riten hinfällig. Das „B.s-Blut Christi" (Hebr 12, 24) gibt Anteil am neuen Bund (Hebr 9, 18–21) u. schafft vollkommenere Entsündigung als das Blut der atl. Opferstiere u. die reinigende Asche der roten Kuh (Hebr 9, 13 f). Die B. mit dem ↗Blute Christi geschieht in der Taufe (Hebr 10, 22; 1 Petr 1, 2). ze

Betanien. 1. Ort, 15 Stadien (3 km) von Jerusalem entfernt, am östlichen Abhang des Ölbergs. Dem entspricht heute das Dorf El-Azarije. Heimat des Lazarus (Erweckung); Jesus war die letzten Tage vor dem Leiden in B. (Salbung im Haus des Simon). – 2. Taufstelle des Johannes des Täufers, in anderen Hss. Betabara genannt. zi

Betel (hebr. Haus Gottes), altes u. berühmtes Heiligtum mit hl. Baum (Gn 35, 8) zwischen Jerusalem u. Sichem. Hier errichtete ↗Abraham einen Altar, ↗Jakob einen Denkstein (Gn 28, 10–19). Nach der Reichsteilung wird B. Staatsheiligtum Israels mit Tempel u. Stierbild (1 Kg 12, 26 ff; Am 7, 13) (↗Stierkult). he

Beten ↗Gebet.

Betlehem. 1. Ort in Juda, 9 km südlich von Jerusalem. Mit David, der hier zum König gesalbt wurde, u. dessen Familie ist B. in die Geschichte eingetreten. Nach u. nach verliert B. seinen Ruf. Zwar kehren nach dem Exil noch Familien dahin zurück (Esr 2, 21), doch bleibt das kleine Dorf bedeutungslos (Mich 5, 1). Gerade in der Umkehrung der Werte, wo das Kleinste zum Größten wird, liegt B.s wahrer Ruhm begründet. Als der Geringste, als Bettler, wird ↗Jesus in B. als der neue ↗David, der Größte geboren. Seit dem 2. Jh. wird eine Höhle als Geburtsgrotte Jesu gezeigt, über der Konstantin im 4. Jh. eine fünfschiffige Basilika bauen ließ, die noch erhalten ist. – 2. Ort in Sebulon (Jos 19, 15), Heimat des Richters Ibzan. sc

Betsaida (aram. Ort der Fischerei), eine Ortschaft an der Nordseite des Sees Genesaret, Heimat der Apostel Philippus, Andreas u. Simon. Wegen des Unglaubens mit Kapharnaum u. Chorazin von Jesus verflucht (Mt 11, 21). In der Umgebung von B. liegt der Schauplatz der ersten Brotvermehrung (Mk 6, 31 par). Von Herodes Philippus wurde B. zur Stadt erhoben u. zu Ehren der Tochter des Kaisers Augustus in Julias umbenannt. zi

Bet-Schean, uralte kanaanäische befestigte Stadt an der wichtigen Straße von Ägypten nach Damaskus. Unter ↗Salomo gehörte B. zu Israel (1 Kg 4, 12), in ntl. Zeit als *Skythopolis* zum Zehnstädtegebiet. Von den reichen Ausgrabungsfunden sind besonders wichtig einige Stelen mit Inschriften aus dem 2. Jahrtausend v.C. he

Bett, in Israel lange nur bei Vornehmen u. Reichen zu finden: ein Holzgestell, tags zum Liegen beim Essen verwendet, nachts, mit Matratzen u. Decken versehen zum Schlafen; später auch verziert u. gepolstert (Am 6, 4; Ez 23, 41). Einfache Leute schliefen auf dem Boden auf Decken, eingehüllt in den Mantel (Ex 22, 26 f; Dt 24, 13). In Ägypten, von wo das B. nach Palästina kam, besaß auch der einfache Mann ein B. (Gn 47, 31). he

Bettler, im älteren Israel selten anzutreffen, weil Familie u. Sippe für notleidende Angehörige sorgten (Dt 15, 7). Als in der Königszeit sich der Reichtum in wenigen Händen häufte, kam mit dem ↗Lohnarbeiter auch Armut u. B.-tum. Doch galt Betteln immer als ↗Fluch u. ↗Schande (Ps 109, 10; Sir 40, 28 ff; Lk 16, 3). Im NT begegnen infolge der damaligen sozialen Verhältnisse ↗Lahme u. ↗Blinde als B. (Mk 10, 46; Joh 9, 8; Apg 3, 2 f). he

Beutel, zumeist wohl aus Leder, wurden am Gürtel oder um den Hals getragen. Man verwahrte darin Gewichtsteine (Dt 25, 13; Mi 6, 11) oder Geld (Gn 42, 35; 2 Kg 5, 23). Größere Geldmengen wurden im B. versiegelt (Tob 9, 5); daher das Bild vom Leben (1 Sm 25, 29) oder vom Vergehen (Ib 14, 17), die im Beutel versiegelt werden. he

Bewährung. Das ↗Reich Gottes erfordert vom Menschen B. Der, in dem es begonnen hat, muß sich darin bewähren. Denn es kommt nur dort, wo ↗Jesu ↗Botschaft in das konkrete Leben umgesetzt wird u. wo sein ↗Anspruch erfüllt wird. Der diese Botschaft hört, muß sich als geeignet erweisen für die Herrschaft Gottes. Wann aber bewährt sich einer für das Reich Gottes? Jesus sagt, dann, wenn er hungert u. dürstet nach ↗Gerechtigkeit oder wenn er ↗Frieden stiftet u. sich barmherzig erweist (vgl. Mt 5, 3–10). Nicht der bewährt sich für das Reich Gottes, der zu Jesus „Herr, Herr" sagt, sondern der, der den ↗Willen Gottes wirklich tut (Mt 7, 21). B. ist gesellschaftliche ↗Praxis; Jesu Botschaft muß getan u. verwirklicht werden. Sie muß sich im Leben eines Menschen durchhalten. Denn wenn einer in anfänglicher Begeisterung zu dieser Botschaft ja sagt, sich dann aber bald aus dem Staub macht, der bewährt sich nicht für das Reich Gottes. Dagegen kann sich einer dafür bewähren, der diese Botschaft zuerst ablehnt, sie aber dann doch tut (vgl. Mt 21, 28–32).

Die B. der Botschaft Jesu kann nur im Alltag des Lebens erfolgen. Nicht in heiligen u. ausgegrenzten Lebensbezirken erweist sich einer als geeignet für diese Botschaft, sondern im profanen Bereich seines Lebens. Dort, wo einer sich entscheiden muß oder wo einer ↗Verantwortung zu tragen hat, dort ist der Ort seiner B. Wo einer seine Welt u. die Gesellschaft mitgestaltet, dort muß er sich für das Reich Gottes als geeignet erweisen. Denn das Reich Gottes muß wachsen mitten in der Welt, in der Gesellschaft u. in der Kirche. Für den Christen wird die B. zum ↗weltlichen Gottesdienst. Die Welt der Arbeit u. des ↗Berufes, der Politik oder der Forschung ist der Ort der B.   gr

Bibel. Wortbildung wahrscheinlich nach der syrophönizischen Stadt Byblos, dem Umschlageplatz für den ägyptische Papyrus, meint ursprünglich „Blatt", „Buchrolle" u. wird schließlich zur Bezeichnung des „Buches der Bücher". Die B. stellt eine beschränkte Auswahl aus der reichen israelitisch-jüd. u. christl. Literatur dar. Sie hat ihre einende Mitte in der *einen* ↗Heilsgeschichte, die sie bezeugt. Ihre Geschichtlichkeit anderseits bringt auch eine *Vielfalt* religiöser Vorstellungen, theol. Anschauungen u. wechselnder Hörerschaft mit sich (↗Bibelwissenschaft). Der im 1. Jh. n.C.

abgeschlossene hebr. ↗Kanon zählt 39 Bücher mit Gesetz, Propheten u. den (übrigen) „Schriften" – die verschiedenen Zahlenangaben sind nur durch uneinheitliche Abgrenzung untereinander bedingt. Der griech. Kanon enthält darüber hinaus die ↗deuterokanonischen Bücher. Die ntl. Kanonbildung ist gegen Ende des 4. Jh. (mit 27 Büchern) abgeschlossen: 4 Evv., Apg, 13 „Paulusbriefe", Hebr, 7 katholische Briefe u. Apk.   tr

Bibelerklärung vollzieht sich innerhalb der einzelnen bibl. Schriften, die ständig ältere ↗Überlieferung auswählen, umformen u. für eine neue Zeit u. neue Hörer aktualisieren. In Ostern erhält die B. ihren entscheidenden Ansatzpunkt, da der Auferstandene selbst den Sinn der Schrift eröffnet u. die „Notwendigkeit" der ↗Heilsgeschichte erschließt (Lk 24, 26. 32). Infolge der Bildung des ↗Kanons kann die B. nicht mehr selber schriftbildend wirken, jedoch macht der ständig größer werdende zeitliche u. geistesgeschichtliche Abstand von den Quellen eine kritische ↗Exegese immer dringlicher.   tr

Bibelforschung ↗Bibelwissenschaft.

Bibelgriechisch. Die Sprache der ursprünglich griechisch geschriebenen Teile des AT, der LXX (↗Septuaginta) u. des NT ist die ↗Koine. Die Koine der LXX ist in Wortwahl u. Satzbau vom hebr. Urtext beeinflußt. In der Koine des NT finden sich einerseits Semitismen durch den Einfluß der LXX u. des gesprochenen Judengriechisch, anderseits Latinismen durch den Einfluß der römischen Vorherrschaft.   mo

Bibelhandschriften ↗Handschriften.

Bibellesung. Die Urkirche übernimmt das AT als ↗Heilige Schrift u. liest es als festen Bestandteil ihres Gottesdienstes, in dem mit ihrer Kanonisierung (↗Kanon) auch die ntl. Schriften Eingang finden. Daneben wird auch die private B. dauernd geübt u. gefördert. Erst die enthusiastischen Laienbewegungen des 12. u. 13. Jh. rufen eine starke Zurückhaltung seitens der Kirche hervor, die – besonders mit dem Index von 1559 die B. in der Landessprache kontrollieren will. Diese polemische Haltung wurde erst gegen Ende des 19. Jh. völlig überwunden u. von der Bibelbewegung abgelöst.   tr

Bibeltext. Der B. des AT ist mit einigen aramäischen Ausnahmen hebr., seine ↗deuterokanonischen Schriften liegen nur griech. vor; die Sprache des gesamten NT ist das ↗Bibelgriechisch. Da sämtliche bibl. Originale verloren sind, ist es die erste Aufgabe der ↗Bibelwissenschaft, den ursprünglichen B. aus Abschriften u. ↗Bibelübersetzungen zu rekonstruieren. Die ↗Überlieferung in ↗Handschriften mit ihren Fehlerquellen, Korrekturen u. dogmatischen Überarbeitungen bringt eine Unzahl von ↗Varianten mit sich, von denen allerdings nur ein geringer Teil von echter Bedeutung für die ↗Exegese ist. tr

Bibelübersetzungen. Mit der Verdrängung des Hebräischen durch das Aramäische als Volkssprache wird eine Übertragung der atl. Texte ins Aramäische notwendig (↗Targum). In der Begegnung mit dem ↗Hellenismus entsteht in den letzten 3 Jhh. v.C. die ↗Septuaginta, die von der Urkirche als ↗Heilige Schrift benützt wurde, weswegen sich das Judentum in neuen B. davon distanzierte. Textkritisch von besonderem Wert sind die syrischen B. (↗Peschitta). Die christl. Mission Europas bringt schon im 2. Jh. n.C. die ↗Vetus Latina hervor, die durch die ↗Vulgata des ↗Hieronymus als amtliche Kirchenbibel verdrängt wurde. Die erste germanische B. ist die Ulfilas' ins Gotische. Die alten deutschen B. basieren alle auf der Vulgata, während erst Luther wieder auf den Urtext zurückgreift. tr

Bibelwissenschaft. Die ↗Bibel ist nicht unmittelbar ↗Wort Gottes, sondern ↗Antwort des ↗Glaubens an das wirkliche, wirkende Wort Gottes, das in ↗Christus ergeht. Diese Unterscheidung zwischen der Bibel u. dem Wort Gottes, dessen „Vehikel" die Bibel darstellt, ist der Ausgangspunkt der B. Nur in einer Bibelkritik, d. h. in einer sorgfältig wertenden Unterscheidung, kann sich die Möglichkeit neuen Verständnisses historischer Texte erschließen, denn die bis zu 3000 Jahre alten Glaubenszeugnisse sind vielfältigen geistes-, religions- u. zeitgeschichtlichen Einflüssen ausgesetzt, d. h., sie unterliegen der geschichtlichen Bedingtheit durch verschiedene Verfasser u. Hörer, in deren Voraussetzungen sich das Wort Gottes widerspiegelt

(↗Geschichte). Soll nun die bibl. Botschaft neu gehört u. verkündet werden, muß sie in heutige ↗Denkformen u. Sprachmodelle übersetzt werden (↗Übersetzung), wobei sich eine Fülle von Vorfragen stellt, die in der Überlegung nach der grundsätzlichen Übersetzungsmöglichkeit von Glaubensaussagen zum Problem der Theologie überhaupt u. jeder „Sprachlehre des Glaubens" werden (↗Hermeneutik). Der gottmenschliche Charakter der Schrift (↗Inspiration) fordert den Menschen gerade in seinem Verstand heraus. Nur ein kritisches Verständnis schafft ihm die Möglichkeit des je eigenen ↗Verstehens. Doch muß er sich dabei bewußt bleiben, daß sich der ursprüngliche Sinn der bibl. Aussagen nie definitiv u. vollends erschließen läßt. Deswegen ist eine Kritik an der Schrift immer zuvor eine Kritik an ihrem Hörer. Deswegen bleibt die B. immer auch an den Glauben der gesamten ↗Kirche verwiesen, welche die Schrift immer als ganze weitergibt u. auslegt.

Gegenstand der B. sind die Schriften des ↗Kanons, über dessen Grenzen sie jedoch hinausgehen muß, um die bibl. ↗Botschaft in ihrer Umwelt zu beleuchten. Nach Verlust sämtlicher bibl. Originale ist es ihre erste Aufgabe, in der ↗Textkritik den ursprünglichen ↗Bibeltext aus den ↗Varianten mit den Mitteln philologischer Forschung zu rekonstruieren. In der ↗Literarkritik hört sie auf Sprache u. Stil der einzelnen Verfasser (↗Verfasserschaft) u. ermittelt aus historischen Anhaltspunkten die Zeit der Abfassung einer Schrift u. den theol. Standort des oft anonymen oder pseudonymen Verfassers (↗Pseudonym), wobei sie meist mehrere Quellen u. Traditionen aufzudecken vermag, die in den betreffenden Text hineinverarbeitet wurden. Danach ordnet sie die Stoffe nach ihrem Entstehungshintergrund, nach ihrem „Sitz im Leben" u. klassifiziert diese nach vorgegebenen literarischen ↗Formen u. Gattungen, deren reiche Benützung ein Charakteristikum der orientalischen Literatur ist. Diese ↗Formgeschichte führt dann notwendig hin zur ↗Traditionsgeschichte, die in der Untersuchung des vorliterarischen Gutes jene theol. Strömungen freilegt, welche die

Triebkräfte der Traditionsbildung darstellen (↗Formeln, ↗Synoptische Frage). Nach diesen nicht ungestraft zu überspringenden Arbeitsgängen kann die zusammenfassende historische Kritik den Gehalt der in der damaligen Sprache ergangenen Botschaft ermessen. Dieser methodische Weg ist auch für die heutige Zeit unerläßlich, um einer angemessenen Übersetzung der bibl. Botschaft u. damit einer neuen Vergegenwärtigung der Heilswirklichkeit gerecht zu werden. Jede heutige theol. Interpretation bleibt der historischen Bedeutung der ausgelegten Texte verpflichtet. ↗Existentiale Interpretation. tr

Biblizismus. Das Wort markierte verschiedenartigste, gegnerische Meinungen u. disqualifizierte sie, wie die „zismus"-Endung vermuten läßt. Heute bezeichnet B. gewöhnlich jenes Vorverständnis, das „jedes Wort zwischen den zwei Buchdeckeln" der Bibel als ↗Wort Gottes verstehen möchte u. unterschiedslos u. unkritisch für verbindlich erklärt. Diese Position ist durch die heutige ↗Bibelwissenschaft völlig überholt. tr

Bild. Zum Zeichen ihres Herrschaftsanspruches stellten die orientalischen Großkönige in den Provinzen B.nisse ihrer selbst auf. Die Völker der Antike verehrten ihre Götter in B.ern (wobei die kunstvolle Gestaltung dieser Plastiken sekundär war). Man behandelte diese Götter-B.er wie lebende Wesen, salbte, bekleidete u. speiste sie. Denn in B.ern dachte man sich den Abgebildeten mit seiner Macht u. Würde u. seinem ↗Segen gegenwärtig. Der Jahwekult hingegen war bildlos. ↗Jahwe ist der souveräne u. transparente Gott, im sichtbaren Zeichen der Bundeslade gegenwärtig. Man kann ihn im Offenbarungswort (↗Wort Gottes) u. in den Geschichtstaten (↗Geschichtshandeln Gottes) erfahren. Das atl. B.erverbot (Dt 27, 15; vgl. Dt 4, 9–20) sollte der Gefahr begegnen, sich seiner im Kult-B. magisch bemächtigen zu wollen. Ex 20 verbietet, ihn im B. einer anderen Gottheit, etwa eines Stieres, darzustellen. Wohl aber fand das B. als Dekorationsmittel Verwendung (↗Bildersprache, ↗Bildlosigkeit). Nach Gn 1, 26 wurde der ↗Mensch nach dem B.nis Gottes geschaffen (↗Elohist). Als der volle u. ganze Mensch, in

seiner leiblichen Erscheinung (als Mann u. Frau) u. nicht etwa bloß hinsichtlich seiner sittlichen Entscheidungsfähigkeit ist er Ab-B. u. dazu bestimmt, Wahrzeichen der Hoheit u. des Herrschaftsanspruches Gottes auf Erden zu sein.
pa

Bilderschrift. Sie gibt im Unterschied zur Silben- u. Buchstabenschrift jedes Wort durch ein entsprechendes Bild wieder. Die älteste B. in *Sumer* wurde rasch in ↗Keilschrift verwandelt, weil sie schwer mit Griffeln auf Ton zu drücken war. Die im frühen *Ägypten* erfundene B. betrug in der klassischen Zeit etwa 700 verschiedene Zeichen u. war bis ins 4. Jh. n.C. für monumentale ↗Inschriften in Gebrauch. Daneben gab es auch einfachere, kursive Schriften. Wegen des vorwiegend religiösen Inhalts der Texte nannten die Entziffer die ägyptische B. *Hieroglyphen* (= hl. Zeichen). he

Bildersprache. ↗Sprache bedient sich der Begriffe. Diese aber kommen vom ↗Bild her u. tendieren somit immer auf dieses hin. Dies gilt auch von den abstrakten, „bildlosen" Begriffen. Thomas von Aquin nennt den Begriff eine „conversio ad phantasma" (Hinwendung zum Sinnesbild). Es gibt also keine abstrakte Sprache ohne die Tendenz zum Bildhaften. Bilder entstehen aus dem konkreten Leben. Dies gilt gerade auch von der religiösen Sprache, im besonderen für die Sprache der Bibel. Bibl. Denken ist ein bildhaftes, weil ursprüngliches Denken. In lebendigen Bildern spricht die Bibel von der personalen Wirklichkeit Gottes. Gott wird in menschlicher Weise vorgestellt u. erfahren (↗Anthropomorphismus, ↗Analogie). Diese Erfahrung wird in einer lebensnahen B. ausgesagt; z. B. Jahwe ist als orientalischer Großkönig vorgestellt, der mit seinen Vasallen Bündnisse u. Verträge abschließt (↗Bund, ↗Dekalog). Daneben zieht sich durch die ganze Bibel eine mythische Sprache, deren Bilder lebensfremd, phantastisch u. überweltlich erscheinen. Mythische Bilder stellen eine Verfremdung der aus dem konkreten Leben gewonnenen Bilder dar. So wird z. B. in der jüdischen ↗Apokalyptik Gott auf einem Feuerthron vorgestellt; er hat keine menschlichen Züge mehr, er wird von einer Engelwelt umgeben.

Nichtdurchschaubare Naturgewalten werden zur Welt Gottes gemacht. Die bibl. Verkündigung bedient sich durchwegs dieser B., aber sie hat ständig die Tendenz, die mythische B. durch eine personale u. zwischenmenschliche B. zu interpretieren. So kann z. B. ↗Jesus in seiner Verkündigung das ↗Reich Gottes aus einer kosmischen Dimension radikal in eine zwischenmenschliche hereinholen (Mt 5, 3–10). Bibl. ↗Hermeneutik versucht, die bibl. B. aufzuschlüsseln u. zu übersetzen, nicht in eine bildlose Sprache – die es nicht gibt –, sondern in eine personale B., die aus der jeweiligen Lebenssituation erwächst. ↗Existentiale Interpretation der Bibel will diese Grundtendenz der Bibel weiterführen u. je neu aktualisieren; sie will in der ↗Intention der bibl. B. je neues ↗Selbstverständnis ermöglichen (↗Entmythologisierung). So geht es bei der Interpretation der bibl. Glaubenszeugnisse keineswegs um eine bildlose Sprache, auch nicht um Beibehaltung u. Tradierung der alten Bilder, vielmehr um eine neue B., die der Lebenssituation u. dem Selbstverständnis heutiger Menschen entspricht.　　　gr

Bilderverbot ↗Bild.

Bildlosigkeit. Aus der besonderen Gotteserfahrung Israels – im ↗Wort u. im ↗Geschichtshandeln – ergibt sich die rigorose B. des Judentums. Die Kirche der apostolischen Zeit übernahm zunächst im palästinensischen Judenchristentum die atl. B., öffnete sich aber in der Begegnung mit anderen Kulturen u. in der damit verbundenen Neuformulierung der Botschaft Jesu in zunehmendem Maße der Verwendung von Bildern u. Realsymbolen (↗Sakramente). Im Kolosserbrief z. B. wird Christus „das Bild des unsichtbaren Gottes" (1, 15) genannt u. damit in hellenistisch-gnostischer Ausdrucksweise in seiner Bedeutung als Konkretion der Anwesenheit u. Wirksamkeit Gottes begriffen (vgl. Joh 14, 9). Wenn Jesus aber als bleibend geschichtlich gesehen wird, besteht keine Gefahr magischen Mißverständnisses. Damit ist die B. der biblischen Gotteserfahrung keineswegs außer Kraft gesetzt, sie wird im Gegenteil das grundlegende Kriterium christl. legitimer ↗Bildersprache. ↗Bild.　　　hi

Bildrede. Eine charakteristische Redeweise des NT sind die ↗Gleichnisse. Das hebr. Wort dafür bedeutet B. u. hat einen wesentlich weiteren Bedeutungsumfang (Gleichnisse, Vergleiche, ↗Rätsel, Weisheitssprüche, ↗Allegorese, ↗Sprichwörter, ↗Beispielerzählungen, Parabeln, Spottworte). Der Sinn all dieser B.n ist es, mit Hilfe von anschaulichen, leicht faßlichen Bildern eine unanschauliche, schwer faßbare Wirklichkeit zu verkünden oder zu verdeutlichen. Ein typisches Beispiel im NT ist die B. vom Weinstock (Joh 5, 1–16). Jeder kann durch sein Wissen vom Wachsen u. von der Pflege dieser Pflanze unmittelbar erfassen, was Gemeinschaft mit Jesus Christus bedeutet, ohne diese durch Glauben u. Taufe gewonnene neue Existenz in abstrakte Begriffe fassen zu müssen.　　　hi

Bildungsweisheit. In den oberen, aristokratischen Schichten Israels wurde eine ↗Weisheit gelehrt, deren Bildungsideal die Formung des ganzen Menschen umfaßte. Ihr Ausgangspunkt waren Kult u. Glaube, das Wissen um Gott u. seine Offenbarung. Das Ideal ihrer Menschenbildung war (ähnlich dem griechischen Leitbild vom „Maßhalten") der rechte Schweiger, der Kaltblütige, Gelassene u. Langmütige. Die Josephsgeschichte ist im Sinn dieses vervollkommneten Menschenbildes gestaltet. Die B. scheute sich jedoch nicht, auch lehrhafte Anweisungen über einfachste menschliche Grundvollzüge, etwa über anständige Tischsitten, zu geben.　　　pa

Bileam, ein heidnischer Seher. Nach der B.-↗Sage (Nm 22–24) heißt ihn der Moabiterkönig Balak Israel zu verfluchen; im Auftrag Gottes muß B. es aber segnen. – Als messianische Prophetie (↗Messias) wurde der vierte B.-Spruch (Nm 24, 15 bis 19) bekannt. – An anderen Stellen im AT erscheint B. als Verführer Israels zum Götzendienst (z. B. Nm 31, 8.16); so wurde er Apk 2, 17 Typ der Irrlehrer.　　　he

Binden u. Lösen. ↗Petrus u. die ↗Apostel erhalten von Jesus die Vollmacht, so „zu binden u. zu lösen", daß ihr Spruch auch im Himmel gültig ist (Mt 16, 19; 18, 18). Die mit B. u. L. übersetzten rabbinischen Schulausdrücke bedeuten in der Regel „als verboten" bzw.

„als erlaubt erklären", manchmal auch „Verhängen" bzw. „Aufheben des Bannes" – beides mit Anspruch auf Gültigkeit vor Gott. – So umfaßt die Gewalt des B. u. L. nach Mt die autoritative Verkündigung u. Vermittlung des ↗Heils der Gottesherrschaft (↗Herrschaft Gottes) sowie die sakralrechtliche Exkommunikationsgewalt. Die Gewalt des B. u. L. betrifft somit einmal Verkündigung u. Lehre, dann die religiös-sittlichen Bedingungen für das „Eingehen in das Gottesreich" wie auch die Beziehungen des einzelnen zum Gottesreich. Joh 20, 23 verdeutlicht, daß es um die autoritative Entscheidung über den sündigen Menschen geht. B. u. L. ist ein richtender u. begnadigender Akt, der den Sünder ausschließt, den Reuigen wieder in die Gemeinde aufnimmt. So bewirkt die rettende Vollmacht des Lösens sachlich die ↗Vergebung der Sünden.   br

Bischof. Vom griech. epískopos (= Aufseher) abgeleitet, erhält die Bezeichnung im NT (erstmals Phil 1, 1) u. in der nachapostolischen Zeit seine eigenartige Bedeutung, für die es sonst keine Parallele gibt. Nach Apg 20, 17–36 bestand das Amt des B. etwa fünf Jahrzehnte nach dem Tode Jesu darin, zusammen mit einigen anderen fürsorgliche Aufsicht über bestimmte Gemeinden auszuüben: zu raten, mahnen, lehren u. zurechtzuweisen. Darin ist das atl. Bildwort von Gott als dem ↗Hirten Israels aufgenommen (Ps 22, 1) u. nach dem Vorbild Jesu, des „guten Hirten" (Joh 10, 1 ff), Leitbild der kirchlichen Amtsträger geworden (↗Pastoralbriefe). Erst gegen Ende des 1. Jh. gibt es Ansätze des späteren monarchischen Episkopats (Diözesanbischof) u. einer deutlicheren Gliederung des Kirchenamtes. ↗Amt.   hi

Bleiben. Im bibl. Sprachgebrauch meint B. Gottes Beständigkeit im Gegensatz zu weltlicher Vergänglichkeit u. menschlicher Hinfälligkeit: Gott lebt u. bleibt ewig; sein Bund, sein Wort, sein Heil, seine Wahrheit u. Gerechtigkeit bleiben. Auch der Mensch, der auf Gott hofft u. seinen Willen tut, bleibt (Ps 125, 1; 1 Joh 2, 17). Nach dem Hebr bleibt Jesus, der wahre Hohepriester, in Ewigkeit (7 f) wie auch seine erlösende Hingabe allzeit gültig u. wirksam

bleibt. Diesen christologisch-soteriologischen Bezug zeigt auch das Joh-Ev.: Der Sohn bleibt ewig u. befreit zu bleibender Freiheit (8, 35 f). Für Joh erlangt B. die Bedeutung des schon jetzt erwirkten u. ewig bestehenden Heils. Der Glaubende empfängt das göttliche Leben, das ein bleibendes ist u. ihn mit Christus u. durch Christus mit Gott zu einer dauernden Gemeinschaft verbindet u. vereint („Gott bzw. Christus in uns" oder „wir ↗in Christus bzw. in Gott"). Joh fordert aber auch (ähnlich wie Paulus) den Menschen auf, in Gott zu bleiben. Das B. in Christus u. Gott ist zwar geschenktes u. ewig währendes Heil, bedarf aber der antwortenden Bemühung des Menschen: des Verharrens u. Handelns im ↗Glauben, in der ↗Liebe, nach dem ↗Wort Gottes.   br

Blendung, als Strafe in Israel unbekannt, aber von Heiden angewendet bei Simson (Philister) u. Zidkija (Babylonier). Für Israel ist B. eine Schmähung seines Gottes (1 Sm 11, 2). B. wird auch bildlich für Unglauben gebraucht (Js 6, 20).   zi

Blinde (Blindheit) dürfen nicht ↗Priester werden (Lv 21, 18). Auch blinde Tiere dürfen nicht geopfert werden, denn nur Fehlerloses darf an den ↗Altar treten u. auf den Altar kommen. Aber der B. ist nicht von der Gemeinde ausgeschlossen, weil Gott die Sehenden u. die B.n macht. Der B. steht sogar unter Gottes besonderem Schutz. Fürsorge für die Blinden ist Gottes Gebot. Praktisch aber gehörten sie meist zu den ↗Bettlern.   stu

Die prophetischen Bücher des AT verstehen Blindheit vor allem in übertragenem Sinn als Unfähigkeit des Menschen, Gottes Wirken u. Willen zu erkennen u. danach zu leben. Diese Bedeutung hat Blindheit auch im NT. Die Pharisäer glauben zu sehen, sind aber in Wirklichkeit selbst „B. u. Führer von B.n" (Mt 15, 14; Lk 6, 39). Urheber dieser Blindheit ist „der Gott dieser Welt", d. h. der ↗Satan (2 Kor 4, 4). Blindheit ist also der nicht gottgewollte Zustand der Abwendung des Menschen von Gott, des ↗Unglaubens. Nach der Verheißung der atl. Propheten ist die messianische Heilszeit u. a. dadurch gekennzeichnet, daß B. sehend werden. Auf diesem Hintergrund sind die B.nheilungen Jesu zu sehen: sie weisen Jesus als den vollmächtigen Erfüller der atl. Weissagungen aus u. sind ↗Zeichen der in ihm hereinbrechenden ↗Herrschaft Gottes (vgl. Mt 11, 5). Deshalb lehnt Jesus das jüdische Verständnis der Blindheit als von Gott verhängter Strafe ab: der B. ist durch sein Leiden nicht automatisch als schwerer Sünder ausgewiesen, sondern dient der Verwirklichung des göttlichen Heilsplans (Joh 9, 3). Nicht die leibliche Blindheit stammt aus der Sünde, sondern die pharisäische Selbsttäuschung, die zu sehen glaubt, tatsächlich aber unheilbar blind ist, weil sie sich selbst vor Gott verschlossen hat (Joh 9, 41).   gl

Blitz u. Donner, im AT wie im NT als unmittelbare Wirkung Gottes aufgefaßt; B.e gelten als seine Pfeile (Hab 3, 11; Ps 18, 15; Ib 36, 32), D. als Hall seiner Stimme (Ps 18, 14; 29, 3–9). B. u. D. sind typische Begleiterscheinungen von ↗Theophanien (Ex 19, 16; Apk 4, 5), Kennzeichen der ↗Erscheinung göttlicher Wesen (Dn 10, 6; Mt 28, 3) u. der ↗Wiederkunft des ↗Menschensohnes zum ↗Gericht (Mt 24, 27).   he

Blut. Das B. gilt nach alten Vorstellungen als Sitz des ↗Lebens. Darum darf es nicht genossen werden (Dt 12, 16; Apg 15, 20 ff), denn allein ↗Gott ist ↗Herr des Lebens. Diese Herrschaft wird anerkannt, indem man ihm allein das B. weiht. B. ist als Opfergabe der Größe Gottes angemessen (Lv 1, 5). Als Symbol des Lebens kann es ↗Sühne, Ersatzgabe sein für die Abschnitte des Lebens, die man nicht Gott geschenkt hat (Lv 17, 11). Indem Mose einen Teil des B. als Opfer auf den ↗Altar, den anderen über das Volk sprengt (↗Besprengung), stellt er den Bundesschluß zwischen Gott u. Volk wirksam dar (Ex 24). Auch hier ist das B. Symbol des Lebens, dieses Mal des Lebens, das Gott u. Volk gemeinsam führen werden. In Vollendung dieser Tradition kann das NT mit ↗B. Christi die Heilsbedeutung des Todes Christi anschaulich darstellen. Die ↗Abendmahls-Worte Jesu nehmen Bezug auf Ex 24: Das im Tode vergossene B. Christi ist das wahre B. des ↗Bundes, in dem Gott u. Mensch miteinander versöhnt werden (Mk 14, 24).   oh

Blutacker. Nach Apg 1, 19 ist B. der Name eines Grundstückes, das ↗Judas Iskariot erwarb u. auf dem er starb; nach Mt 27, 8 der Name eines Ackers, den das Synedrium (↗Hoher Rat) um das ↗Blutgeld des Judas kaufte u. zu einem Friedhof für Fremde machte.   hi

Blut Christi. Was im AT durch die Opfertier-Symbolik ausgedrückt wurde, sieht das NT durch das am ↗Kreuze vergossene B. Ch. bewirkt. Dieses stiftet ↗Frieden (Kol 1, 20), rechtfertigt die Glaubenden (↗Glaube) (Röm 5, 9), erkauft sie für Gott (Apk 5, 9), erlöst (↗Erlösung) sie (Eph 1, 7) u. erwirbt die Kirche (Apg 20, 28). Auch die Mitteilung der Erlösungsgnade wird in dieser Symbolik ausgedrückt, wenn von ↗Besprengung (1 Petr 1, 2), ↗Reinigung (Hebr 9, 14) oder Reinwaschen (Apk 7, 14) die Rede ist. Es handelt sich aber trotz der Ähnlichkeit doch nicht mehr um dieselbe Art von Symbolik wie im AT. Der Akzent liegt jetzt auf dem personalen Vollzug der Hingabe Jesu, der „gehorsam wurde bis zum Tode am Kreuz" (Phil 2, 8). Der Ausdruck B. Ch. ist Veranschaulichung dieser personalen Hingabe u. darf nicht dinglich interpretiert werden, als ob das physische B. Ch. Heilswirkung hätte. Ein derart magisches Mißverständnis der entsprechenden Stellen bzw. des eucharistischen Blutes (↗Eucharistie) ist vom NT dadurch ausdrücklich abgelehnt, daß B. Ch. für das Lebensopfer des Herrn steht, in dem sein liebender ↗Gehorsam wirklich u. endgültig wurde. Damit sind die ntl. Opfervorstellungen schon vom Ansatz her entsakralisiert (↗Entsakralisierung) u. auf die personale Ebene gehoben, auf der allein ↗Erlösung begriffen werden kann. Die Ausdrucksweisen „Sühnopfer in seinem Blute" (Röm 3, 25), „das Blut, das für euch vergossen wird" (Lk 22, 20), „gewaschen im Blute des Lammes" (Apk 7, 14) werden freilich der atl. Ausdrucksweise entnommen u. auf Jesus angewendet. B. Ch. bedeutet dann zeichenhafte (sakramentale) Heilszusage Gottes in u. durch Christus an jeden, der sich Jesu vorbildhafte Haltung des dienenden, liebevollen Gehorsams (↗für andere) zu eigen macht. Die Eucharistiefeier ist der kirchliche Ort der zeichenhaften Erfahrung der im B. Ch., d. h. in seinem liebenden Gehorsam geschehenen Angebot der Gottesgemeinschaft. ↗Blut, ↗Bund, ↗Opfer. hi

Blutfluß. Bei Mk 5, 24–34 ist B. eine Frauenkrankheit, durch die man levitisch unrein (↗Reinheit) u. vom Verkehr mit anderen ausgeschlossen wird. Hinter diesen Bestimmungen stehen magische Vorstellungen. hi

Blutgeld, Verräterlohn des ↗Judas (Mt 27, 6); so genannt, weil es dazu diente, Jesus ungerechterweise zu töten. Als B. ist es für kultische Zwecke nicht verwendbar. ↗Blutacker. hi

Blutrache. Nach archaischer Auffassung ist die Sippe für die Schuld ihrer Glieder verantwortlich. Sie rächt die an ihr begangene ↗Blutschuld bzw. ist von der B. der Sippe des Opfers betroffen. Die Erfüllung der B. stellte die göttliche Rechtsordnung wieder her. Diese Auffassung wurde im AT relativiert (Ex 21, 12 ff) u. nach dem Exil überhaupt aufgegeben (Dt 24, 16). hi

Blutschande. Bereits in ganz primitiven Jägerkulturen begegnen Strafen für geschlechtlichen Umgang mit den nächsten Blutsverwandten. Die diesbezüglichen Gesetze in Israel (z. B. Lv 18 u. 20) zeigen, daß sich die Israeliten darin ausdrücklich von Bräuchen ihrer Nachbarn unterscheiden wollten. Paulus rügt die B. scharf (1 Kor 5, 1–13). hi

Blutschuld. Wegen des heiligen Charakters des ↗Blutes (Lv 17, 11) glaubten die Juden (mit vielen anderen), daß durch Mord auch die Rechtsordnung Gottes (Herr über Leben u. Tod) verletzt wird. Als Frevel fordert B. deshalb die Rache Gottes heraus (Ps 78, 10). Man glaubte, in seinem Auftrag durch ↗Blutrache Sühne zu leisten. hi

Blutzeuge. Das ntl. Wort „martys" (= Zeuge) bedeutete ursprünglich jemanden, der ↗Zeugnis von der Bedeutung des Lebens u. Wirkens Jesu Christi (↗Auferstehung) ablegte. Erst in nachapostolischer Zeit setzte sich ein engerer Begriffsinhalt durch. Als B. wird nun verstanden, wer für die Göttlichkeit Christi öffentlich Zeugnis ablegt und dies durch Hingabe seines Lebens bekräftigt (vgl. 1 Clem 5, 4). Je mehr man das ↗Leiden Jesu (durch Verbindung von ↗Menschensohn u. ↗Gottesknecht) als unter dem göttlichen ↗ „Muß" stehend (Lk 24, 26) u. als Zeugnis der

erlösenden Liebe Gottes u. des ↗Glaubensgehorsams des Menschen erkannte, begriff man auch, daß jedes echte ↗Bekenntnis in die Nähe des Todes bringt (Joh 9, 22). Der B. tritt dadurch in engste Kommunikation mit seinem ↗Herrn. ↗Kreuzesnachfolge, ↗Zeuge. hi

Böcke u. Stiere. Am ↗Versöhnungstag wurden B. u. St. als ↗Sündopfer, als ↗Sühne für begangene Schuld Gott dargebracht (Lv 16, 3–27). Die St. waren als Sündopfer für Priester u. Gemeinde, der B. als Sündopfer für den Fürsten vorgeschrieben (Lv 4, 3–26). Nach Hebr wird der unvollkommene atl. Opferkult erfüllt u. vollendet durch das einmalige u. ewig gültige ↗Opfer Jesu, die Erlösung aller (Hebr 9–10). br

Böse. 1. Die hebr. u. griech. Grundwörter bezeichnen im bibl. Sprachgebrauch mit „böse", das B.: was nicht im Dienst des ↗Guten steht, was nicht zum Guten führt, wobei eine mehr oder weniger scharfe Akzentuierung dieses Unguten als eines Wider-göttlichen mitgesehen werden muß, mag sie im Einzelfall eigens genannt sein oder nicht.

2. Dementsprechend manifestiert sich b. eigenschaftlich oder auch das B. als eine Macht, als ein Sinnen u. Trachten im Herzen (Gn 6, 5), eine Neigung, die zu Unternehmungen reizt (1 Sm 17, 28; Est 8, 3) u. als das b. Handeln (vgl. Js 1, 16 u. 17). B. sind insbesondere jede Art von Treulosigkeit u. ↗Ungehorsam gegen Jahwe (Jr u. a.).

3. Die b. Gesinnung u. die b. Tat stören das Verhältnis zu Jahwe u. zugleich das gottgewollte Verhältnis des Friedens der Menschen untereinander (Hos 10, 9–15). Gerade die prophetische Verkündigung weist auf, wie sehr das Verhältnis des Menschen zu Jahwe von dem Verhältnis des Menschen zum Menschen bestimmt wird. Wer nach dem B. trachtet, kann sich selbst durch Opfer u. kultische Verehrung Jahwes Huld nicht erringen (Js 1); Jahwe verabscheut den Egoismus u. die Rücksichtslosigkeit im Gewande der Religiosität, weil sie, dem äußeren Schein zum Trotz, zutiefst b. sind. – Jesus wird dieses Anliegen prophetischer Verkündigung aufnehmen u. „vollenden".

4. In der rabbinischen Theologie spielt

der b. Trieb eine wichtige Rolle in dem Versuch, das B. in seinem Woher u. Zustandekommen zu erklären. Der Mensch erscheint aber in diesem Zusammenhang grundsätzlich fähig, den b. Trieb durch dessen Gegenspieler, den guten Trieb, zu überwinden (4 Esr). 5. Für das NT sei beispielhaft auf die Theologie des ↗Markusevangeliums verwiesen. Dort erscheint das B. a) als eine vom Menschen ausgehende, ihn in Denken u. Handeln leitende „Macht", die sich entscheidend offenbart in dem Ja oder Nein, das der Mensch zu dem in u. an Jesus erfolgenden Heilshandeln Gottes als dessen endgültiger Tat sagt; b) folgerichtig als eine Einstellung u. Haltung, die ganz der Verantwortung des Menschen unterliegt: das Christusgeschehen läßt keine Entschuldigung mehr zu; c) als Sünden-Schuld des Menschen, der in Jesus die Macht der Vergebung entgegentritt. – ↗Satan u. die ↗Dämonen (↗Mächte u. Gewalten) sind, als furchtbare Wirklichkeit theol. personifizierte Gegenspieler der Gottesherrschaft (↗Herrschaft Gottes), durch Jesus grundsätzlich überwunden. Durch das Ja zur Gottesherrschaft überwindet der ↗Jünger das B. ka

Böse Winzer. Das ↗Gleichnis, das von allen ↗Synoptikern überliefert ist (Mk 11, 1–12; Mt 21, 33–46; Lk 20, 9–19), entstand in Anspielung an Js 5, 1–7. In der vorliegenden Form stellt es wohl eine Bildung der ↗Urkirche dar. 1. Seine Bildhaftigkeit wird durch stark allegorische (↗Allegorese) Züge gesprengt. Der Blick soll sofort auf die gemeinte Sache gelenkt werden: Die Pächter sind mit ↗Israel, die Knechte mit den ↗Propheten u. der geliebte Sohn mit ↗Jesus zu identifizieren. 2. Das Gleichnis wendet sich an Israel (bzw. seine Führer). Israel trägt die Schuld an Jesu Tod, ein hartes Gericht steht ihm darum bevor (so Mk, Lk). 3. Bei Mt erfährt das Gleichnis eine entscheidende Weiterinterpretation (Schlüsselvers Mt 21, 44). Es geht um nichts Geringeres als um das Erbe der ↗(Königs-)Herrschaft Gottes. Israel hat durch seine Prophetenverfolgungen u. die Tötung Jesu seine „Fruchtlosigkeit" erwiesen. Zur Strafe wird ihm die Gottesherrschaft entzogen. Somit hat es aufgehört, Israel zu sein. Ein neues Volk,

die Jüngerschaft Jesu (Kirche) wird Israel: in der offenen Aufnahme der in Jesus angekommenen u. anwesenden Herrschaft Gottes. wu

Bote. Die atl. Vorstellung vom B. Gottes ist ein Teil des Bildes vom himmlischen ↗Hofstaat, mit dessen Hilfe das AT versuchte, Gottes Herrschermacht zu verdeutlichen. Sie wird vor allem benutzt, um den Abstand zwischen Gott u. Mensch darzustellen. Sobald man Erzählungen als ungehörig empfand, in denen Gott einen Menschen unmittelbar ansprach (z. B. Gn 12, 1), führte man die Gestalt eines B. ein, der Gottes ↗Wort überbringt (Gn 16, 7 ff). Man hört auf das Wort eines königlichen ↗Herolds genauso wie auf das Wort des Königs selbst. So ist auch im B. Gott selbst anwesend. Daher kann in manchen Erzählungen „B. Gottes" plötzlich von „Gott" abgelöst werden (vgl. Ex 3, 2 mit Ex 3, 4). Der ↗Prophet Sacharja treibt die Vorstellung vom fernen Gott auf die Spitze: Wie ein persischer Großfürst bleibt Gott vor seinen Untertanen verborgen u. läßt sich nach außen durch seinen B. vertreten, sogar untergeordneten B.n gegenüber. Der Prophet selbst kann die Vorgänge nur verstehen, weil ein besonderer Dolmetsch-B. sie ihm erklärt (Sach 1, 7 ff). Die LXX übersetzt B. mit griech. angelos; B. Gottes wird in deutschen Übersetzungen des AT meist mit ↗„Engel" wiedergegeben. (Nur selten werden Menschen, Propheten als Boten Gottes bezeichnet: Hag 1, 13; 2 Chr 36, 15 f; Mal 3, 1.) Im Glaubensbewußtsein unserer Zeit spielen Engel kaum noch eine Rolle. Doch läßt sich zur bibl. Vorstellung vom B. Gottes ein Zugang finden. Der Gedanke, daß wir dem unbegreiflichen Gott nicht unmittelbar begegnen können, ist auch heute lebendig. Wir haben Botschaft von ihm empfangen u. wissen nur deshalb, was er uns schenkt u. was er von uns verlangt. Diese ↗Botschaft erschließt sich uns aber nur dann, wenn wir mit dem Auge des ↗Glaubens zu erkennen versuchen, daß in der Welt, in der Geschichte der Menschheit, in unserem Leben nicht nur innerweltlich durchschaubare Kräfte wirksam sind, sondern daß wir hier letzten Endes Botschaft von Gottes unfaßlicher Herrschermacht empfangen. Die-

sen Glauben versucht das atl. Bild vom
Boten zu verdeutlichen.

Im NT (Mt 11, 10; Mk 1, 2) wird in ↗Jo-
hannes dem Täufer der schon von den
Propheten des AT verheißene B. Gottes,
der als Vorläufer dem kommenden
↗Messias die Wege bereitet (Mal 3, 1;
Js 40, 30), erkannt. Sowohl bei Mt wie
bei Mk werden diese Prophetenworte
nach dem Vorbild des ↗Spätjudentums
(Rabbinen) messianisch verstanden u.
auf Johannes den Täufer u. auf Jesus
bezogen. Der Täufer verrichtet durch
seine Bußpredigt B.n-Dienste für Jesus
Christus. Dieser B.n-Dienst für Christus
muß weiter geleistet werden, auch nachdem Christus den Vorläufer abgelöst
hat. Jesus schickt B.n vor sich her, die
seine Ankunft vorbereiten (Lk 9, 52). Bis
Christi Ankunft in der ↗Endzeit vollendet ist, ist es Aufgabe jedes Menschen, sein B. bei den Mitmenschen zu
sein. ↗Zeugnis.   oh/hi

Botenspruch. Der Überbringer einer Botschaft mußte sich im Altertum an eine
besondere Form halten: er hatte im
Ich-Stil des Auftraggebers zu sprechen,
so, als ob dieser persönlich mit dem
Empfänger spräche. Der B. wurde mit
„so spricht..." eröffnet. Im AT finden
wir eine ganze Reihe solch profaner B.e
(Gn 32, 4 ff). Durch die prophetische
Verkündigung aber hat diese Gattung
besondere Bedeutung erlangt. ↗Pro-
phet sein meint wesentlich Abgesand-
ter, ↗Bote Gottes sein. Die Propheten
zitieren denn auch nicht selten den von
Gott an sie ergangenen Botenbefehl.
Häufig findet man ein die Situation erläuterndes Schelt- oder ↗Mahnwort
dem eigentlichen Gottesspruch voran-
gestellt. Als Überleitung dient ein be-
gründendes „darum" u. die Botenfor-
mel „so hat Jahwe gesprochen". Als
Ausleitung kann die Formel „so spricht
Jahwe" oder „dies ist der Ausspruch
Jahwes" stehen.   pa

Botschaft, das, was ein ↗Bote überbringt. Der Bote spricht im ↗Namen, in
der Autorität dessen, der ihn sendet. Er
kann wie ein ↗Herold auftreten, Neues,
Verbindliches u. Endgültiges verkünden.
Auch Gott spricht in der Weise der Menschen. Auch er sendet seine Boten u.
Herolde, auch er läßt eine B. verkünden.
Wenn Gott spricht, dann ist seine B.

etwas Neues u. Endgültiges, sie ist für
alle, die sie hören, verbindlich. Gottes
B. kann entweder Heils-B. oder aber
Gerichts- u. Schreckens-B. sein. Gottes B.
wird vorgestellt wie die B. eines mächtigen Herrschers; sie wird von denen,
die sie hören, entweder mit großer
↗Freude oder aber mit ↗Zittern u.
Zagen aufgenommen.

Im NT heißt Gottes B. ↗Evangelium.
Dieses ist endgültige Heils-B., eine
Kunde, die die Menschen froh macht.
Es ist an ↗alle Menschen adressiert, zugleich ein ↗Anspruch an den ganzen
Menschen. Wer Gottes B. in Christus
hört, der muß etwas tun, der muß auf
Grund dieser B. sein Leben ändern, der
muß sich neu nach seinem Schöpfer ausrichten. Gottes B. ist aber immer zugleich auch ↗Verheißung. Wenn er
etwas Neues an- u. zusagt, dann geht
das wie schon in der ↗Gegenwart auf.
Eine Dimension dieser B. weist in die
↗Zukunft. Was für die Gegenwart angesagt wird, das kommt erst in der Zukunft zur ↗Vollendung. Die B. Gottes
öffnet den Menschen für das Kommende. Gottes endgültiger Bote ist
↗Christus. Er ist Bote u. B. zugleich. In
ihm hat sich Gott allen Menschen letztgültig zugesagt. Er ist Gottes Anspruch
u. Gottes Verheißung.   gr

Brandopfer, auch *Ganzopfer,* ein Opfer,
das nach Handauflegung u. Besprengung
mit Blut vollständig verbrannt wurde.
Lv 1, 3–17 bestimmt genau die Tiere u.
Riten des B. Täglich wurde im ↗Tempel
zu Jerusalem morgens u. abends ein B.
dargebracht (Morgen-, Abendopfer).
Wegen seiner Regelmäßigkeit heißt es
auch immerwährendes ↗Opfer. Neben
den offiziellen gab es auch private B. he

Braut. Im AT, das auch die junge Frau
als B. bezeichnet, wird die Zuneigung
Gottes zu seinem Volk Israel in der
Frühzeit als ↗Vater-Sohn-Verhältnis dargestellt. Hos rückt für Israels Erwählung
die Liebe Gottes stärker in den Mittelpunkt, u. seine ↗Ehe mit der treulosen
Gomer wird zum Abbild des ↗Bundes
Gottes mit Israel. Auch Jr u. Ez kennen
die Ehe als Bild für Gottes Verhältnis zu
Israel, wenn sie den Abfall des Volkes
von Gott als Ehebruch brandmarken. Im
Hl wird das Motiv der bräutlichen Liebe
allegorisch (↗Allegorese) auf Jahwe/Is-

rael bezogen. – Bei Paulus wird das Brautschaftsmotiv von 1 Kor 6, 12–20 zu einem tragenden Motiv des ↗Leib-Christi-Gedankens. Aus der Idee der Einheit von ↗Mann u. ↗Frau entsteht die Zeichnung der Frau als Leib des Mannes, die dann auf die ↗Kirche als B. übertragen wird. Paulus greift zwar die atl. Brautsymbolik auf, geht aber weit über sie hinaus, wenn er den Gedanken der leiblichen Vereinigung auf das Verhältnis Christus–Kirche überträgt (1 Kor 6, 16 f). Dieser Schritt ist möglich, weil in Christus selbst Gott leibhaftige, menschliche Existenz geworden ist. Blieben die Propheten Israels gleichsam vor dem Brautgemach stehen, so darf das neue ↗Volk Gottes (auf der Basis der Christologie) in das Brautgemach eintreten, die Vereinigung empfangen u. ein Pneuma (↗Geist) mit seinem Herrn werden; es wird damit in einer totalen u. endgültigen Weise Eigentum Gottes. Christus u. die Kirche, die wie Mann u. Frau ein ↗Fleisch sind, sind dennoch in ihrer unlöslich geistig-leiblichen Vereinigung unvermischt sie selber. Die Kirche bleibt in dieser Aussage die von Christus gerufene u. von ihm aus ihrem armseligen Stand hervorgehobene B., die in dieser ganzen Geschichtszeit sein Antlitz immer neu suchen muß. B. ist bis zur ↗Endzeit ein Imperativ, der die Kirche immer neu ruft u. fordert, vor dem sie sich bewähren muß oder versagen kann. – Das ntl. Zeugnis vom B.gedanken ist sehr zurückhaltend. Erst am Ende der Apk erscheint die B. als Person u. redet zum ersten u. einzigen Mal im NT direkt. Das eine Wort der B., der Kirche, das sie charakterisiert u. ihr Wesen aussagt, heißt: „Komm!" (22, 17) u. ist der endzeitliche Ruf nach dem Herrn, der geheimnisvoll bereits da ist, doch auf den die Kirche noch wartet. Die Kirche ist zwar schon mit dem Herrn verbunden, aber noch immer auf dem Weg, unterwegs. In diesem Ruf kommt das dynamische Wesen der Kirche, die ihr Sein auf ↗Hoffnung hin sieht, zum Ausdruck.   br

Bräutigam. Die Bezeichnung des ↗Messias als B. war dem AT u. Spätjudentum fremd. Aber im AT war ↗Jahwe der B. des Gottesvolkes Israel, u. die Auffassung des göttlichen Heilsplanes als

↗Hochzeit ist in der jüd. Welt zur Zeit Jesu lebendig. Die Allegorie (↗Allegorese) B.–Messias verwendet zum erstenmal Paulus (2 Kor 11, 2). In den Evv. wird Jesus als der B. der neuen Gottesgemeinde angesehen: Die Jünger Jesu ↗fasten nicht, weil er, der B., bei ihnen ist. Im Leben, Wort u. Handeln Jesu hat die messianische Zeit schon begonnen. So steht im Gleichnis von den klugen u. törichten Jungfrauen (Mt 25, 1–13) der Ruf: „Der B. kommt!" als Weckruf angesichts der bevorstehenden endzeitlichen Wende; er wird in der Urkirche zum Mahnruf an die Christen, das Gleichnis wird zur Allegorie des himmlischen B. Christus u. der ihn erwartenden Gemeinde. ↗Endzeit, ↗Wiederkunft.   br

Brief. Im AT ist keine einzige Schrift in B.form abgefaßt, doch werden B.e erwähnt, wie Schreiben von Königen an Hofbeamte oder B.e von Privatpersonen, darunter Jr 29, 1–23 als erstes Seelsorgsschreiben. Unter hellenistischem Einfluß (↗Hellenismus) entsteht eine Vorliebe für B.e, die sich in vielen, auch unechten Schöpfungen ausdrückt. Von den 27 ntl. Schriften sind 21 als B.e abgefaßt, u. auch sonst werden B.e eingefügt, wie in der Apg u. Apk. Die B.e verstehen sich nicht als rein private Mitteilungen, u. so ist ihre Form stark von der christlichen ↗Verkündigung her geprägt, deren Instrument sie darstellen. Dies bedingt sowohl die Übernahme von vorgeformten Stoffen aus der Gemeinde wie auch die nachträgliche Sammlung der B.e u. ihren Austausch unter den Gemeinden. Die Grenze zwischen wirklichen u. von in B.e gekleideten Abhandlungen ist nicht immer leicht zu ziehen. Ebenso im Fluß ist die Unterscheidung von den als sicher echt anzusprechenden ↗Paulusbriefen (1 Thess, Gal, 1, 2 Kor, Röm, Phil, Phm) u. solchen, die, unter seinem Namen überliefert, deutlich spätere Spuren aufweisen. ↗Verfasserschaft.   tr

Brot. im NT als „tägliches Brot" (Mt 6, 11) Bezeichnung des Lebensnotwendigen schlechthin (Lk 11, 3). Darin kommen atl. u. noch ältere Vorstellungen zur Sprache, die auch heute noch in vielen Kulturkreisen lebendig sind. Wer Mangel an B. hat, hat Mangel an allem (Am 4, 6). Von hier aus muß die ntl. Verwendung des B. als sakramentales ↗Zeichen (1 Kor 10, 16–22) gesehen werden. Das gemeinsame ↗Brotbrechen (Apg 20, 7) wird Hinweis auf die Verbundenheit mit dem Herrn („Ich bin das B. des Lebens" [Joh 6, 35]) u. Ausdruck der engen Gemeinschaft untereinander (1 Kor 10, 17). ↗Brotrede, ↗Eucharistie, ↗Gemeinschaft, ↗Sakrament. hi/oh

Brotbrechen, im Judentum Ausdruck für die Zerteilung der Brotfladen zu Beginn einer Mahlzeit durch den ↗Hausvater, der dazu einen Lobspruch auf Gott, den Spender des ↗Brotes, spricht. Dieser Brauch steht auch hinter dem letzten ↗Abendmahl (Mk 14, 22). Er wurde Anlaß, das urchristl. Gemeindemahl (↗Herrenmahl), bei dem auch die ↗Eucharistie gefeiert wurde, B. zu nennen (Apg 2, 42). Der Ausdruck scheint ursprünglich nicht unbedingt dieselbe Bedeutung wie „Eucharistie" zu haben. Beim B. scheint der Ton auf der sozialen Fürsorge zu liegen, das gottesdienstliche Leben der Urkirche bestimmte (Apg 6, 1 f). In der späteren Zeit wurde der Begriff B. von der „Eucharistie" verdrängt. ↗Gemeinschaft, ↗Urgemeinde. hi

Brotrede. Im 6. Kapitel des Joh-Ev. überliefert der Apostel die sog. B., die Jesus am Tag nach der ↗Brotvermehrung beim Synagogen-Gottesdienst in Kapharnaum gehalten hat. Ganz im Sinne der Theologie des Joh wehrt Jesus ein falsches Verständnis seines Machtzeichens ab (Joh 6, 15). Mit seinen Erklärungen eröffnet er das tiefere Verständnis der Zeichenhaftigkeit seines Wirkens u. Lebens im Auftrag des Vaters. Mit dem zentralen Satz des ersten Teiles (Joh 6, 22–51b) „Ich bin das ↗Brot des ↗Lebens" (6, 35), erhebt Jesus den Anspruch der Einzigartigkeit. Er kann als Einziger das menschliche Verlangen nach wirklichem Leben stillen. Das Bildwort „Brot des Lebens" knüpft an Ex 16, 15 (Speisewunder des ↗Mose) an u. demonstriert die Erfüllung dieses vorbildhaften Geschehens durch die Tat des neuen Mose ↗Jesus ↗Christus. Er führt damit die atl. Tradition zur Vollendung. Der zweite Teil (Joh 6, 51c–59) zeigt deutlich das sakramentale Denken des Johannes: Jesus gibt sein ↗Fleisch u. sein ↗Blut zur Speise u. zum Trank.

Jesus eröffnet durch seinen Opfertod u. in seiner bleibenden ↗Gemeinschaft mit allen, die an sein ↗Wort glauben, den neuen, endgültigen Heilsweg. Dieser findet im eucharistischen Mahl seinen zeichenhaft-greifbaren Ausdruck. Brot ist hier Bildwort für das Notwendige, Lebenerhaltende u. muß je erst in der aktuellen Verkündigung als angebotenes Heil verständlich gemacht werden. ↗Eucharistie. hi

Brotvermehrung. Nach dem Bericht aller vier Evangelisten speiste Jesus mit 5 Broten u. 2 Fischen 5000 Mann (Mk 6, 32–44; Mt 14, 13–21; Lk 9, 10–17; Joh 6, 1–15). Darüber hinaus erzählen Mk 8, 1–10 u. – von ihm abhängig – Mt 15, 32–39 eine zweite B. (7 Brote – 4000 Menschen). Diese ntl. B.sgeschichten sind nur auf ihrem atl. Hintergrund zu verstehen. Das AT berichtet Speisungsgeschichten von Mose (Ex 16 u. Nm 11: ↗Manna u. Wachteln) u. Elischa (2 Kg 4, 42–44). Die ntl. Berichte von der B. sind deutlich in Anlehnung an diese atl. Vorbilder erzählt. Sie wollen zeigen, daß Jesus vermag, was ↗Mose u. ↗Elischa, von denen das AT die größten Wunder berichtet, vermochten, ja daß er diese noch übertrifft. Denn bei genauerem Hinsehen zeigt der Vergleich mit den Mose- u. Elischa-Erzählungen die eindeutige Überlegenheit Jesu. Elischa hatte mit 20 Broten 100 Leute gespeist, Jesus sättigt mit 5 Broten 5000 Mann! Mose mußte Jahwe um Speise für die Israeliten in der Wüste bitten, Jesus aber handelt in eigener Kraft u. Vollmacht. Den Evangelisten geht es nicht so sehr um das historische Geschehen als solches; vielmehr soll dieses transparent sein für die theol. Wahrheit, die in ihm zum Ausdruck kommt: Jesus ist nicht nur der für den Anbruch der Heilszeit erwartete neue Mose, der wahre ↗Hirt, sondern er überbietet die größten Gottesmänner des AT. Er ist mehr als diese, nämlich der endzeitliche göttliche Heilbringer, der ↗Messias oder – wie die Griechen sagen – der ↗Christus. So verstanden, nehmen die Geschichten von der B. einen bedeutsamen Platz in der Christusverkündigung der jungen Kirche ein.

Die Darstellung der B. (Mk 6, 41) erinnert an die eucharistischen ↗Einsetzungsberichte sowie an die frühchristl. Eucharistiefeier. Daran wird deutlich, daß die Kirche die B. nicht rein „materiell" als leibliche Speisung, sondern als Vorbild der ↗Eucharistie versteht. Jesus gibt nicht nur das wahre „Brot vom Himmel" (vgl. Ps 78, 24), sondern er selbst ist dieses „Brot des Lebens" (Joh 6, 35), das wir in der Eucharistie empfangen.

gl

Bruder. Der Ausdruck wird im AT wie im NT in sehr weitem Sinn verwendet. Neben dem leiblichen B. kann damit ein entfernterer Verwandter gemeint sein (Gn 13, 8), aber auch ein ↗Freund (2 Sm 1, 26), ein Amts-B. (2 Kg 9, 2) oder ein Volksgenosse (Ex 2, 11). Im NT ist der Ausdruck darüber hinaus besonders für den Glaubens-B. üblich (Mt 18, 15). Dies geht wahrscheinlich auf den Sprachgebrauch der ↗Rabbinen bzw. der ↗Essener zurück (Parallelen gibt es dafür auch in religiösen Genossenschaften Griechenlands u. des Orients), wird aber in der B.gemeinde der Urkirche in neuer Weise verstanden u. begründet: 1. ↗Jesus als B.: Mt 25, 40 werden alle Menschen insofern Brüder genannt, als Jesus sich mit ihnen identifiziert: „Was ihr auch nur einem von meinen geringsten B.n getan habt, das habt ihr mir getan." Der Verfasser des Hebr-Briefes denkt über die Tragweite dieser Aussage nach u. begründet die Brüderlichkeit Jesu, wenn er sagt: „Derjenige, der heiligt (Christus), u. die geheiligt werden, sind alle von einem (Gott)" (Hebr 2, 11). 2. Jesus der „neue ↗Adam": War „Adam" im AT Ausdruck der Einheit des Menschengeschlechtes im schöpfungsmäßigen Sinn, so wird Jesus im NT als universaler Erlöser der Stammvater u. ↗ „Erstgeborene" (Röm 8, 29) der neuen Menschheit (1 Kor 15, 45), die durch ihn Brüder geworden sind: untereinander u. mit ihm. Mt 12, 49 nennt Jesus seine ↗Jünger Brüder, weil sie den Willen seines Vaters im Himmel tun, auf der neuen Basis der Gotteskindschaft (↗Kindschaft Gottes) leben. 3. Die neue Botschaft Jesu: Von Anfang an ließ Jesus klar erkennen, daß er nicht für sich, sondern für die anderen lebt u. arbeitet. Er sammelt Jünger u. hält enge ↗Gemeinschaft mit ihnen, die seine Botschaft annehmen u. sich von ihm den

Weg zur ↗Herrschaft Gottes weisen lassen. Die Grundhaltung dieser B.gemeinde ist die ↗Liebe (Joh 15, 12–17), die über alle Grenzen u. Schranken von Rasse, Stand, Religion usw. hinweg die Christen untereinander verbindet (1 Petr 5, 9). 4. Brüderliche Liebe: Die Voraussetzung der christl. B.liebe ist nicht Philanthropie oder eine allgemeine Humanität (↗Stoa), sondern die gemeinsame ↗Wiedergeburt durch den Glauben an den Herrn u. seine erlösende Liebe (1 Petr 1, 22 f). Die konkrete Bewährung dieser Liebe ist die notwendige Konsequenz der neuen Existenzweise des Christen (vgl. Röm 14, 10; 1 Joh 2, 9 ff), die revolutionierend wirken muß. Nur so ist es zu verstehen, wenn in der Apostelgeschichte, den Apostelbriefen u. in der Apk B. die allgemeine Bezeichnung für den Christen ist; ein Name, der verpflichtet (Phm 16) u. offenbar auch von Außenstehenden respektiert wird (Apg 2, 47). Liebe darf nicht dazu verführen, die Fehler der B. zu verharmlosen oder zu übersehen. Aus echter B.-liebe muß der mahnende, bittende, taktvolle, tröstende Zuspruch kommen, in dem sich bildhaft das ↗Erbarmen Gottes ausspricht (Röm 12, 1; Röm 15, 7). Dies kann manchmal schwierig werden, die Art u. Weise des Vorgehens muß aber immer von echter B.haltung bestimmt sein (Mt 18, 15 ff). ↗Brüderliche Zurechtweisung, ↗Nächster.   hi

Bruder-Anrede, eine Eigenart der christlichen Verkündigung, speziell der paulinischen ↗Paraklese. Wenn der Apostel mahnt, dann mahnt er als ↗Bruder unter Brüdern. Das Evangelium macht alle, die es hören, zu Brüdern u. Schwestern, zu Kindern Gottes. Weil Christus den Menschen Bruder geworden ist, müssen alle, die sich auf seinen Namen berufen, als Brüder leben. So ist jede ↗Autorität unter Christen, die des Apostels nicht ausgenommen, eine brüderliche – oder sie ist nicht christlich. Die B. ist nur sinnvoll, wenn sie eine Lebenshaltung aussagt. ↗Nächster.   gr

Brüder Jesu. An vielen Stellen des NT ist von B.n J. die Rede (Jakobus, Joseph, Judas, Simon). Durch die Jungfrauschaft (↗Jungfrau, ↗Jungfrauengeburt) ↗Marias entsteht die Frage: Handelt es sich um Kinder ↗Josephs aus einer früheren Ehe? War Maria nur „bis" zur Geburt Jesu Jungfrau, hatte sie also nachgeborene Söhne? Oder sind andere Verwandte Jesu gemeint? Wahrscheinlich sind die B. Angehörige der Sippe, in der Jesus aufwuchs. Eine eindeutige Auskunft ist von den Texten her nicht möglich.　　　　　　　　　　　　hi

Brüderliche Zurechtweisung. Die wörtliche Übersetzung des griech. Wortes für Zurechtweisen heißt „jemandem den Kopf wieder geradesetzen". In der ↗ Gemeinschaft derer, die den Weg Christi nachgehen wollen, ist gegenseitige Zurechtweisung unumgänglich erfordert. Denn jeder macht Fehler u. kommt vom Weg ab, jeder hat auch ↗ Verantwortung für den anderen. Wenn einer zurechtgewiesen wird, dann wird er von neuem auf den Weg Christi gewiesen. Wer sich zurechtweisen läßt, orientiert sich wieder nach dem, dessen Namen er trägt. Zurechtweisung unter Christen muß eine brüderliche (↗ Bruder) sein. Niemals ist einer als Feind oder als verdächtig anzusehen. Selbst wenn einer das Wort Christi nicht hören will, muß er noch immer als Bruder angesehen werden (2 Thess 3, 14 f). Denn es muß gemeinsam nach dem Weg dessen gesucht werden, der allen Bruder geworden ist. Die Zurechtweisung muß aber auch in brüderlicher Weise aufgenommen werden als Bruderdienst in der Nachfolge Christi. ↗ Erbarmen, ↗ Nächster.　　　　　　　　　　gr

Brunnenlied. Wie man es gewohnt war, ↗ Arbeitslieder anzustimmen, erklangen auch beim Graben eines Brunnens derartige Gesänge. In Nm 21, 17–18 wird ein solches B. überliefert. Man erkennt an ihm die typische Auffassung u. Intention dieser Lieder: Wie man Stab u. Zepter der anwesenden Stammesfürsten als Machtsymbole anführt, soll das Singen magisch-beschwörend das Graben nach Wasser unterstützen.　　　pa

Brustschild, Teil des hohepriesterlichen Gewandes, über dem ↗ Ephod getragen. Ursprünglich wohl Orakeltasche (Ex 28, 15.30), später Untergrund für zwölf Edelsteine mit den Namen der zwölf Stämme Israels.　　　　　　　　　　　　he

Buch des Lebens, nach der Vorstellung der Bibel das Buch, in das Gott die Namen der Lebenden geschrieben hat (Ex 32, 32). Die im B. d. L. stehen, sind zum wahren u. endgültigen ↗ Leben auserwählt (Dn 12, 1). Vor allem in der spätjüd. ↗ Apokalyptik spielt das B. d. L. eine wichtige Rolle. Wer dort nicht unter die Lebendigen zu Jerusalem geschrieben ist, wird im Endkampf gegen ↗ Belial zugrunde gehen. Wer aber in dieses B. d. L. eingeschrieben ist, der ist jetzt schon Bürger des kommenden Gottesreiches, u. seine Heimat ist im Himmel (Phil 3, 20); vgl. auch Apk 13, 8; 17, 8; 20, 15.　　　　　　　　gr

Buchrolle, ein ca. 10 m langer u. 25 cm hoher Streifen von aneinandergeklebten Blättern aus ↗ Papyrus. Meist waren beide Enden der einseitig, selten beidseitig beschriebenen B. um Stäbe gewickelt; man rollte jeweils eine Textspalte zum Lesen frei. Eine B. konnte etwa den Text eines unserer Evangelien aufnehmen. Gelegentlich war eine B. auch versiegelt. – Nach dem Haupthandelsplatz für Papyrus, ↗ Byblos, nannten die Griechen die B. „biblion" (= Buch, vgl. das Wort „Bibel").　　he

Buchstabe. „Der B. tötet, der Geist hingegen macht lebendig" (2 Kor 3, 6). B. wird hier nicht in einem mystischen oder magischen Sinn verwendet, als ob er verderbliche Wirkung hätte. Hier ist auch kein bestimmter B. oder eine B.nfolge gemeint, wie in den geheimnisvollen Spekulationen jüdischer Überlieferungen oder in christl. Umdeutungen (↗ Alpha u. Omega). B. bedeutet hier auch nicht den Wortlaut der Heiligen Schrift zum Unterschied von ihrem inneren Sinn als eigentlicher Bedeutung oder eine äußerliche, legalistische Gesetzeserfüllung im Gegensatz zu autonomer Gesinnungsethik. Der Zusammenhang von 2 Kor 3, 2–18 macht vielmehr klar, daß hier mit dem Gegensatzpaar B. – ↗ Geist der wesentliche Unterschied zwischen alter u. neuer Heilsordnung charakterisiert wird. Das mosaische ↗ Gesetz wird durchaus nicht abgewertet oder als Irrtum u. Trugschluß angesehen. Paulus anerkennt darin weiterhin die schriftlich u. traditionell fixierte ↗ Offenbarung des Gotteswillens an sein Volk. Hinter diesem Gesetz steht auch für Paulus Gottes Autorität. Paulus bekämpft jedoch jeden Heilswert des Gesetzes. Es gibt nur mehr einen Heilsweg, den im ↗Evangelium Christi. Jede Heilskonkurrenz ist ausgeschlossen. Wer sich durch Gesetzeswerke bei Gott rechtfertigen möchte (↗Rechtfertigung), verfällt dem toten Buchstaben, dient einer von Gott aufgehobenen Heilsordnung (vgl. Röm 7). In den Bereich des Geistes, des Heils kommt, wer sich im ↗Glauben, ohne Verdienste dem Heilsereignis Christi anvertraut. hi

Bund, zentraler Begriff in der atl. Botschaft. B. meint die Ordnung eines zwischenmenschlichen Verhältnisses im Sinn der Zusammengehörigkeit u. Freundschaft; aber auch in bezug auf das Verhältnis ↗Gott u. ↗Israel hat man diesen Terminus verwendet. Ziel eines B.es-Abschlusses ist die Herbeiführung u. Sicherung des Friedenszustandes, des harmonischen Gleichgewichtes. Man unterscheidet sog. Souveränitätsverträge, in denen ein König seine Beziehungen zu einem Vasallen regelte. Ferner sog. Paritätsverträge zwischen zwei gleichrangigen Partnern. Drittens gibt es noch eine Art Dreiecksvertrag, den ein Souverän zugunsten von zwei anderen abschließt (vgl. Jos 24, 25).

Ein B. war im Alten Orient nie eine rein profanrechtliche Größe. Er hatte seine sakrale Seite. Man besiegelte ihn am Heiligtum bei einer Kulthandlung, wobei ein ↗Mahl eingenommen wurde, bei dem auch die Gottheit als Zeuge anwesend gedacht war. Hier verpflichteten sich die Partner zu einem bundesgemäßen Verhalten, d. h. dafür einzutreten, daß die im B. gestiftete Gemeinschaft in Verbundenheit u. Solidarität gewahrt bleibt. Das AT kennt eine Reihe von göttlichen B.es-Schlüssen. So den Noach-B. (Gn 9), B. mit Abraham (Gn 15 u. 17), den Sinai-B. (Ex 19 ff), den Davids-B. (2 Sm 7) u. den sog. Levitischen B. (Nm 18, 19). Davon steht im Mittelpunkt der B.es-Schluß am ↗Sinai. Er ist als Souveränitätsvertrag, als Vasallenvertrag einzustufen. Die Initiative ging von Jahwe aus, das Volk war als Empfänger gedacht, das von Gott in Pflicht genommen wurde. Um den Ablauf dieses B.es-Schlusses zu verstehen, muß man wissen, daß es dafür ein genau detailliertes Abschlußformular zu beobachten gab. Zuerst stellt sich der Souverän selbst vor. Dann zählt er die am Vasallen geübten Wohltaten u. Gunsterweise auf. Darauf folgt die Verpflichtung zur Gefolgschaftstreue (Hauptgebot) u. eine Aufzählung von Einzelbedingungen, eine Zeugenliste u. a. Den Abschluß bilden Segen- u. Fluchformeln, die bei Einhaltung oder Nichtbeachtung des B. zur Auswirkung kommen sollten. Diese genau fixierte ↗Bundesurkunde wurde schließlich im Heiligtum hinterlegt.

Die Sinaierzählung berichtet zuerst von einer ↗Theophanie ↗Jahwes mit kosmischen Begleiterscheinungen. Die Bundesurkunde wird durch den Bundesmittler Mose in Form der Gesetzestafeln (↗Dekalog) übergeben; sie finden ihren Platz in der ↗Bundeslade. Der Bundesabschluß erfolgt entsprechend den profanrechtlichen Gebräuchen in Art einer Opferhandlung. Opferblut wird auf die beiden Vertragspartner gesprengt, auf den Altar, den Gott vertritt, u. auf das Volk. Gott hat diesen B. allein aufgrund seiner Huld als Gnadengeschenk an Israel gewährt. Die Liebe, die Israel darin erfährt, verpflichtet es zum Gehorsam u. zur Treue, d. h. zur Beobachtung der B.es-Satzungen, der ↗Gebote. Das bedeutete aber nichts anderes als: mit Jahwe eins zu bleiben u. so auch untereinander verbunden zu sein u. dementsprechend die Einheit untereinander zu wahren. Das AT zeigt nun vom ↗Exodus-Buch an, daß Israel das Angebot Gottes, seine Freundschaft u. Treue u. die dadurch bedingte Freundschaft u. Treue untereinander, nicht durchgestanden hat. Von Anfang an reihte sich Glied um Glied zu einer Kette von ↗B.es-Brüchen (Ex 31 f), die wiederum Unheil u. Fluch über das Volk hereinbrechen ließen. Aus diesem Grund verkündigte der Prophet Jeremia, Gott werde einen neuen, unvergänglichen B. schließen, der den Menschen ins Herz geschrieben werden wird (Jr 31, 31). Ezechiel redet von einem „ewigen Friedensbund" Gottes mit Israel (Ez 37, 26). ↗Deuterojesaja macht den ↗Gottesknecht zum „Bund für das Volk", sein Sühnetod wird „die vielen" rechtfertigen (Js 53, 10 ff).

Israel hat in seiner Geschichte sowohl die Wirklichkeit des Bundesverhältnisses als auch die Wirklichkeit der Sünde u.

Schuld erfahren. Wie der B. etwas Personales darstellt, ist auch die Sünde, der B.es-Bruch etwas Persönliches. Dies dem Volk vor Augen zu halten haben die ↗Propheten als ihre vordringlichste Aufgabe angesehen. Die atl. Forschung hat erkannt, daß die prophetischen Gerichtsreden in der Bundestheologie ihre Wurzel haben – ihrem Inhalt nach –, denn formal betrachtet kommen diese prophetischen ↗Gerichtsreden aus dem profanen Rechtsleben der hebr. Rechtsgemeinde. Dies ist insofern sehr aufschlußreich, als die Beziehungen zwischen Jahwe u. Israel offensichtlich in rechtlichen Kategorien gesehen worden sind. Aus diesem Grund haben die Propheten die Redeform der Anklagerede gewählt, wenn sie dem Volk einen B.es-Bruch vorhalten wollten. Aufgrund dieser Verknüpfung mit der B.es-Theologie hat man auch darüber Aufschluß bekommen, wie es zu vereinbaren ist, daß in den Gerichtsreden Jahwe einmal in der Funktion des Klägers, der Rechtspartei u. in einem Atemzug in der Funktion des Richters zu Wort kommt.

Weil die Wirklichkeit des B. im Leben Israels eine so bedeutende Rolle gespielt hat, ist es nicht verwunderlich, daß man in der ↗Beschneidung ein eigenes B.es-Zeichen gefunden hat (man bringt es mit dem Abraham-B. in Verbindung) u. daß man ferner in regelmäßigen Abständen in einem eigenen Fest dieses B. gedacht hat; das ↗Bundeserneuerungsfest wurde am Laubhüttenfest begangen.

Wo im AT nicht eigens das Wort B. aufscheint, kann der B.es-Gedanke trotzdem oft hinter bestimmten Bildern stehen. So steht für B. gerne das Bild von Vater u. Sohn oder das Bild der Ehe. Hier kommt zum Ausdruck, daß Gott den B. aus freier Liebe geschenkt hat, daß er eine Liebesgemeinschaft stiften wollte, die den Menschen zur Freiheit entbindet. So ist es legitim, daß das B.es-Verhältnis im ↗Neuen B. ebengerade im Liebesmahl (↗Eucharistie, ↗Herrenmahl) den tiefsten Ausdruck gefunden hat, das den Menschen die Hingabe u. Zuwendung zum Mitmenschen als Antwort abverlangt. Das NT nimmt die atl. Redeweise auf u. nennt ausdrücklich das ↗Blut Christi als Stiftungszeichen des

Neuen B. (vgl. die Anspielung auf das beim B.es-Schluß vergossene Opferblut: Mk 14, 24 zu Ex 24, 8 u. Js 53, 11). Analog zu Mose ist Jesus der „Mittler des neuen B." (Hebr 12, 24). Durch ihn kommt uns Rechtfertigung u. Teilhabe am Leben Gottes zu. Paulus sieht zwischen Altem (Sinai, Hagar) u. Neuem B. in Christus einen Bruch. Über den Alten B. der Knechtschaft, das verworfene „Israel nach dem Fleisch", hinausgehend, wird wieder bei Abraham, dem Vater des Glaubens, angeknüpft (vgl. Röm 4). Die B.es-Verheißungen an ihn sind in Christus in Erfüllung gegangen. **pa**

Bundesbruch. Man versteht darunter die Untreue eines Bundespartners gegenüber eines bindenden Bundesverträgen. Im Falle des ↗Bundes Jahwes mit ↗Israel wußte das Volk, was es zu erwarten hatte, wenn es in den Bund entlassen wird. Das zeigen die Segens- oder Fluchformeln, die beim Akt des Bundesschlusses ausgerufen werden. Kommt Israel seinen Bundesverpflichtungen nicht nach, so realisieren sich unter dem ↗Zorn Gottes die ausgerufenen Fluchworte. Israel gerät aufgrund seiner Sünde, seines B., in eine Unheilssphäre, aus der es nur in einer sakralen Bußfeier (↗Bußliturgie) zum alten Bundesverhältnis u. somit zum Friedenszustand zurückgeführt werden kann. **pa**

Bundesbuch. Der Name B. entstammt Ex 24, 7. Im heutigen Sprachgebrauch umschreibt er die älteste Rechtssammlung (↗Recht) Israels (Ex 21–23). Dieses B. zeigt ein erstaunlich hohes Maß an Solidaritätsgefühl u. an Sinn für die Rechtsgleichheit aller vor dem Gesetz. Seinen humanen Zug führt man zurück auf die religiöse Gebundenheit u. auf die Verwurzelung in der alten Brüderlichkeitsethik der nachbarlichen, nomadischen Verbände, also der Zeit noch vor der Seßhaftwerdung. Die kasuistischen Formulierungen selbst stammen aus einer Zeit, da Israel bereits im Kulturland Kanaan, aber noch nicht unter einem König lebte. Ein Gutteil der Sätze geltenden Rechts ist einfach aus dem kanaanäischen Stadtrecht übernommen (Ex 21, 1 – 22, 16). Es regelt die Haft- u. Schadensersatzpflicht u. andere zivilrechtliche Fragen; weiterhin etwa das Schuld- u. Blutrecht, kultisch-religiöse

Fragen u. solche über mitmenschliches Verhalten. Das Grundanliegen des B. ist es, durch Rechtsbestimmungen dem Volk ein ungestörtes Gottesverhältnis anzuzeigen. ↗Bund. pa

Bundeserneuerungsfest, fiel heutiger Einsicht nach mit dem ↗Laubhüttenfest zusammen u. wurde als Wallfahrtsfest gefeiert, bei dem man die Sinaierzählung als Festperikope vorlas (↗Sinai-Tradition). Eben diese Sinaigeschichte läßt auf den Ursprung eines B. schließen. Nach Jos 24 scheint es zuerst in Sichem, u. zwar alle sieben Jahre (vgl. Dt 31, 10 f) begangen worden zu sein. Bezüglich des liturgischen Ablaufs läßt sich aus Dt 6, 4 – 28, 31; Ps 50 u. 81 schließen, daß auf einen paränetischen Vorspruch die Verkündigung der Gebote (↗Dekalog u. ↗Bundesbuch) folgte u. sich daran erst der Bundesschluß mit abschließenden ↗Fluch- u. Segenssprüchen fügte. Die Bedeutung eines eigenen B. ermißt man an der Aktualität der Gottesoffenbarung am Sinai für alle nachfolgenden Generationen. Durch die Ausrufung des Gottesrechtes über Israel wurde das Volk auf den Jahwebund verpflichtet. Israel war jetzt Eigentum Gottes. Jedes B. bedeutet dann eine Bejahung dieser Beschlagnahme durch Jahwe u. eine Aktualisierung des Bundesverhältnisses zwischen Jahwe, dem geschichtsmächtigen Bundesgott, u. Israel als dem heiligen Volk, dem Eigentumsvolk Gottes. ↗Bund. pa

Bundeslade (Ladeerzählungen). Die B. war ein heiliger Schrein aus der Wüstenzeit Israels (Beschreibung in Ex 25, 10–22 u. 37, 1–9). Sie heißt auch „Gotteslade", „Lade des Herrn", „Lade des Gesetzes" u. „Lade des Zeugnisses". Sie galt als das sichtbare Zeichen der helfenden u. schützenden Gegenwart Jahwes bei seinem Volk; sie durfte jedoch nicht magisch mißbraucht werden (vgl. 1 Sm 4, 4 f). Da in ihr die Gesetzestafeln aufbewahrt wurden, war sie zugleich ein Zeichen, das Israel an seine Bundesverpflichtungen gegen Jahwe erinnerte. Die Geschichte der B. reicht von Mose über die Wüstenwanderung (wo sie ihren Platz in der ↗Stiftshütte hatte) bis zur Überführung aus ↗Schilo nach ↗Zion (unter David) u. in den ↗Tempel (unter Salomo). Die *Ladeerzählungen* stellen

jene heilsgeschichtliche Linie dar, an der man die ↗Erwählung Israels, Davids u. Jerusalems ablesen kann. Das Schicksal der B. war mit dem Untergang des Jerusalemer Tempels (587 v.C.) mitbesiegelt. ↗Bund. pa

Bundesurkunde. Mit B. benennt man heute sowohl den sog. elohistischen ↗Dekalog (Ex 20, 1–17) als auch die Fassung des jahwistischen Dekalogs (Ex 34, 10–17). Es soll das Volk angewiesen werden, wie es als Eigentumsvolk Jahwes bundesgemäß, d. h. als heiliges Volk leben muß. Diese B. wurde in der ↗Bundeslade aufbewahrt u. zu feierlichen Anlässen (Jos 24) vorgelesen. Sie hat allmählich umfangreiche Erklärungen u. Erweiterungen erfahren u. wurde so einer der Kristallisationspunkte schriftlicher Fixierung des Offenbarungsgutes. Nach der Krise unter ↗Manasse wurde sie 621 v.C. zum Mittelpunkt der Reformbewegung des Josija (2 Kg 22 f). Allerdings wird sie bei dieser besagten Bundesschlußfeier im Gottesdienst in der Form vorgetragen worden sein, wie sie uns in Dt 5–28 überkommen ist: man nennt diesen Komplex die sog. liturgische B. ↗Bund, ↗Elohist, ↗Jahwist. pa

Buße. Das griech. „metanoia" bringt gut zum Ausdruck, was schon dem atl., besonders dem prophetischen Verständnis (↗Prophet) von B. innewohnt: Die B. ist Sinnesänderung. Dabei fällt der Blick zunächst auf die Ermöglichung von B. als einer von Gott unverdient geschenkten ↗Huld, sodann aber auf die Verpflichtung, die dem Menschen durch diese Ermöglichung der ↗„Umkehr" erwächst. Das AT kennt „äußere" Werke der B.: B. „in Sack u. Asche" (1 Kg 21, 27). ↗Gebet, ↗Sündenbekenntnis u. ↗Opfer sind Ausdruck der B. (Neh 9–10). Dabei entstand immer wieder die Gefahr, daß sich die Aufmerksamkeit zu sehr auf die korrekt vollziehbaren u. leicht kontrollierbaren äußeren Akte richtete u. die echte, fundamentale Sinnesänderung in den Hintergrund entschwand. – In Jesu Verkündigung kommt die prophetische Korrektur u. Vertiefung der B. als endzeitlicher Grundhaltung zum Ziel (Hos 6, 6 in Mt 9, 13). B. ist Grundforderung der hereinbrechenden ↗Herrschaft Gottes u. als solche radikale Absage an Selbstgerechtigkeit u. Egoismus (Mt 5–7),

Nachfolge Jesu ohne den Blick, ja Wunsch nach ↗Lohn (Mk 10, 35–45), Bleiben in der Liebe (Joh 15), Schaffung eines ↗ „neuen Menschen" (Eph 4, 23 f).

ka

Bußliturgie, im AT häufig „Fasten" genannt, ist der kultische Ausdruck der von Gott geforderten inneren ↗Umkehr. B.n wurden abgehalten situationsbedingt (bei nationalen Katastrophen, wie Trockenheit, Hungersnot, Seuche, Krieg, Vernichtung einer Stadt oder des Heiligtums) oder, besonders nach dem Exil, kalendermäßig festgelegt (↗Versöhnungstag mit besonderem Ritual; Tag der Zerstörung des Tempels u. a.) oder auch privat (selten). Das Ritual der B. war variabel; es konnte sich aus folgenden Elementen zusammensetzen: man versammelte sich unter Leitung der Ältesten u. Priester am Heiligtum (Joel 2, 16 f), enthielt sich aller Speisen (Js 58, 3), legte die Kleider ab (Js 32, 11) oder zerriß sie (Joel 2, 13), zog den Buß-saq an (Jr 4, 8), schor das Haar (Js 15, 2), brachte sich Schnittwunden bei (Os 7, 14), warf sich zu Boden (Ps 44, 26), streute Asche aufs Haupt (Neh 9, 1), reckte die Hände zum Himmel (Klgl 2, 19), brachte Opfer dar (1 Sm 7, 9) u. goß Wasser aus vor Jahwe (1 Sm 7, 6). Im Mittelpunkt der B. stand ein allgemeines „Weinen vor Jahwe" (Ri 20, 23. 26), das durch das Blasen des ↗Horns verstärkt wurde, damit Jahwe es im Himmel hören sollte (1 Makk 4, 40). Man bekannte seine Sünden (1 Sm 7, 6; Neh 9, 2), sang Bußlitaneien (Ps 74), hörte die Bußpredigt der Propheten oder Priester u. wartete auf ein priester-liches Heilsorakel, das die erflehte gnädige Zuwendung Gottes verkündete. Zufolge dieser neuen Heilserfahrung schloß die B. mit dem Danklied der ganzen Kultgemeinde.

ze

Bußpsalmen gehören zur Gattung der ↗Klagelieder u. haben ihren Ort in der Bußfeier. Das Volk versammelt sich unter ↗Fasten u. anderen Bußriten vor Gott. ↗Buße ist Sache der Gemeinschaft, des Volks, das den ↗Bund gebrochen hat u. nun die lastende Schwere des ↗Zornes Gottes erfährt. In der Gottferne erfährt der Mensch die Hinfälligkeit seiner Existenz. Aus solcher Erkenntnis kann das Volk (der einzelne) den Bannkreis der Schuld sprengen u. Gottes Güte preisend zu ihm zurückkehren. Der Mensch stellt sich Gott als der, der er ist, mit seiner Schuld, die er bekennt, u. mit der Bitte um ↗Vergebung u. ↗Huld. Gott kann u. wird das gebrochene Verhältnis zwischen ihm u. dem Beter wiederherstellen. Der Glaubende ist gewiß: Gott steht zu seinem Volk, er steht zum sündigen Menschengeschlecht. Die B. sind Gebet der Glaubenden aller Zeit. Die heute so bezeichnete Gruppe (Ps 6; 32; 38; 51; 102; 130; 143) erwähnt erstmals Cassiodor († um 580).

be

Byblos, phönizische Hafenstadt, die bereits im 5. Jahrtausend v.C. bestand. Grabungen brachten reiche Funde, vor allem an ↗ Inschriften. – Der in B. verarbeitete ägyptische ↗Papyrus machte die Stadt so berühmt, daß die Griechen das Buch nach ihr „biblion" nannten, was noch heute in „Bibel", dem Buch schlechthin, fortlebt.

he

C

Cäsarea. 1. *C. am Meer,* von ↗Herodes d. Gr. als prächtige hellenistische Mittelmeerhafenstadt erbaut, ab 6 n.C. Sitz der römischen Prokuratoren, Wohnort des Evangelisten Philippus (Apg 8, 40; 21, 8) u. des Hauptmanns Cornelius (Apg 10). Paulus lag in C. gefangen u. redete vor Agrippa II. (Apg 23–25). – 2. *C. Philippi,* von Herodes Philippus an den östlichen Jordanquellen erbaut. Nach Mk 8, 27–30; Mt 16, 13–20 fanden hier das Messiasbekenntnis Petri u. die Primatsverheißung an Petrus statt.   he

Chaldäer, ostaramäische Stämme, die in Südwest-Mesopotamien (↗Ur) seßhaft wurden. Mit den ↗Babyloniern zusammen bildeten sie den Kern des neubabylonischen Reiches. – Im AT ist *Chaldäa* u. Ch. gleichbedeutend mit Babylonien u. Babyloniern (Gn 11, 28; 2 Kg 24, 2). Da in persischer u. hellenistischer Zeit Astrologie u. dergleichen oft aus Babylonien kam, wurde Ch. die Bezeichnung für Sterndeuter, Wahrsager u. Magier (Dn 2, 2).   he

Cham gilt als Sohn ↗Noachs u. Stammvater ↗Kanaans (Gn 5, 32; 9, 18). Die biblische Geographie bezeichnet mit Ch. die nordafrikanischen, südarabischen u. kanaanitischen Völker insgesamt (Gn 10, 6–20). Anderswo bedeutet Ch. nur Ägypten (Ps 78, 51). Die anekdotische Erzählung Gn 9, 20–27 führt die Verfluchung Kanaans durch die Israeliten nach der ↗Landnahme auf Noach zurück.   he

Chance. Seit ↗Christus haben ↗alle Menschen vor Gott die gleiche Ch. Von vornherein hat keiner einen näheren oder einen weiteren Weg zu Gott u. zu sich selber. Wenn es in den religiösen Vorstellungen des Judentums privilegierte Gruppen gab, die ein Vorrecht u. Anrecht auf Gottes Lohn zu haben wähnten, u. wenn es von vornherein disqualifizierte Gruppen gab, die vor Gott keine Ch. hatten, etwa die ↗Armen, die ↗Gesetzlosen, die Krüppel u. die Sünder, dann hat ↗Jesus hinter solche Vorstellungen einen gewaltigen Schlußstrich gezogen. Für ihn sind alle Menschen gleich, er ruft alle in die ↗Umkehr, denn aus sich heraus hat keiner eine Ch. bei Gott (vgl. Mk 1, 15 ff). Er geht gerade zu den religiös disqualifizierten Gruppen, zu den Sündern, Dirnen u. ↗Zöllnern (Mk 2, 16 f), um ihnen zu sagen, daß sie eine Ch. haben bei Gott. Diese haben insofern sogar eine bessere Ch. bei Gott als die anderen, als sie unter Umständen leichter begreifen, daß sie aus sich heraus keine haben. Denn von ↗Adam her sind alle Menschen Sünder, also sich selbst u. Gott fremd. Daher kann niemand vor Gott bestehen (Röm 5, 12 f). In Christus hat sich Gott nun allen Menschen in gleicher Weise zugewandt; er hat sich versöhnt u. niemand von dieser ↗Versöhnung ausgeschlossen. Weil Christus der ↗Sohn Gottes ist, ist allen die Sohnwerdung bei Gott ermöglicht. In Christi Bereich können alle zu Söhnen u. Töchtern Gottes werden. Die Ch. für alle ist Christus, sein Wort, sein Dasein, sein Kreuzestod u. sein neues Leben. Von daher hat jeder einzelne, jederzeit u. in jeder Situation, eine Ch. bei Gott; auch dann noch, wenn er bei Menschen längst keine mehr hat. Christus ist die Ch. Gottes bei den Menschen u. in gleicher Weise die Ch. des Menschen bei Gott.   gr

Chaos, griech. gähnende Kluft oder ungeformte Stoffmasse, die dem Kosmos voranging. Die Bibel kennt das Wort Ch. nicht, wohl aber das damit Gemeinte: den gestaltlosen Urzustand der Welt vor der ↗Schöpfung, bibl. mit ↗tohu wabohu oder ↗Urflut u. Finsternis beschrieben (Gn 1, 2; vgl. 2, 5). Mit Ch. wird aber auch die in apokalyptischen Texten (↗Apokalyptik) erwartete endzeitliche Katastrophe vor der „neuen Schöpfung" bezeichnet. – *Ch.kampf* ist in den außerisraelitischen Weltentstehungsmythen der Kampf des Schöpfergottes mit den Göttern der Finsternis u. Zerstörung; sublimierte Reste sind in der Bibel z. B. das „Schelten" des Meeres u. das Bild vom Zerschmettern der Drachenhäupter durch Jahwe. Das Motiv findet sich auch bei der Schilderung des Schilfmeerwunders u. des endzeitlichen Sieges Gottes über die Feindmächte schlechthin. – *Ch.mächte* sind alle Gewalten, die ihrem Wesen nach wider Gott u. seinen Plan auf Unheil, Unordnung u. Zerstörung aus sind, oft als ↗Meerungeheuer vorgestellt (↗Dämonen). – *Ch.meer* oder *Ch.wasser* bezeichnet die Urflut, das Meer u. die Wasser in ihrer zerstörerischen u. bedrohlichen Kraft. he

Charismatiker nennt Paulus Menschen, die über besondere Gaben verfügen, die der ↗Gemeinde zugute kommen. Der übernatürliche Charakter dieser ↗Geistesgaben u. ihr Ursprung aus dem Heiligen ↗Geist sind erst dann erfahrbar, wenn sie tatsächlich der Allgemeinheit dienen (1 Kor 12, 7). Dieses Kriterium weist einerseits Übertreibungen Exaltierter u. Enthusiasmierter zurück (vgl. 1 Kor 14, 22), stellt andrerseits den Ch. in die ↗Geschichte, da für die Gemeinde unter Umständen zu verschiedenen Zeiten sehr verschiedene Dienste nötig sind. Die im NT genannten Charismen (Weisheitsrede, Erkenntnisrede, Glaubenskraft, Heilungsgaben, wunderbare Machterweise, Rede aus Erleuchtung, Unterscheidung der Geister, entrückte Sprache, Deutung dieser Sprache – vgl. 1 Kor 12, 8–10) erheben keinen Anspruch auf Exklusivität. Es ist vielmehr jeder als Ch. zu bezeichnen, der sich im Sinne Jesu Christi zum Wohl der ↗Kirche engagiert, auch wenn dies u. gerade wenn dies den Rahmen des Gewohnten, Traditionellen u. Konventionellen sprengen sollte. War der Amtsträger in der Urkirche praktisch meist auch ein Ch., so gibt es heute durch die Entwicklung des ↗Amtes einen breiten Raum für das Wirken von Ch.n weit über die Dienste der Amtsträger hinaus. Ein echt partnerschaftliches Zusammenwirken aller im

Sinne von 1 Kor 12, 11 würde viele unerfreuliche Vorkommnisse im gegenwärtigen kirchlichen Leben vermeiden helfen. ↗Dienen. hi

Charismen, die ↗Geistesgaben, die Gott einem jeden Menschen frei zuteilt. Charis (griech.) meint die huldreiche Zuwendung Gottes zu den Menschen. ↗Huld, ↗Gnade. gr

Chasor, alte, schon in den Amarna- u. Maribriefen (19./18. Jh.) genannte Handelsstadt im Stammgebiet von Naphtali (Jos 19, 36). Durch Josue wurde sie eingeäschert (11, 10 ff), unter Salomo aber als Feste ausgebaut (1 Kg 9, 15) u. 733 v.C. durch Tiglatpilesar III. erobert (2 Kg 15, 29). Danach wird Ch. erst wieder 1 Makk 11, 67 erwähnt. we

Chassidäer ↗Asidäer.

Cherubim ↗Kerube.

Chiliasmus, eine Anschauung, daß Christus am Ende der Welt erscheinen werde u. ein 1000jähriges irdisches, messianisches Reich mit den Gerechten errichten werde. Stützt sich auf eine wörtliche Auslegung von Apk 20, 1–10. zi

Christsein. Die Bezeichnung derer, die sich zu ↗Jesus als dem ↗Christus bekennen, als Christen, kam in Antiochia auf (vgl. Apg 11, 26). Sie geschah zuerst von außen u. hatte primär eingrenzende Funktion, breitete sich aber rasch allgemein aus. Eine weitere, auf die Gemeinschaft mit dem Leiden Christi bezogene Stelle des NT, die den Christennamen nennt (1 Petr 4, 16), führt in die innere Tiefe dessen, was Ch. sagt. Von der Sache her ist das Ch. Ziel u. Inhalt der gesamten Predigt Jesu, ja des gesamten NT. Der Gesichtspunkt des Ch. erschöpft zwar allein nicht die christl. Heilsbotschaft, sofern sie eben von Gott u. von dem die ganze Schöpfung umspannenden ↗Reich Gottes spricht; so fern sie aber immer Botschaft an den Menschen ist u. in allem seine glaubende Antwort herausfordert, ist sie dennoch umgreifend u. an jeder Stelle Anweisung zum Ch. Faßt man die wesentlichen Gesichtspunkte zusammen, die vom NT her Ch. als Ch. konstituieren, u. versteht man diese Aussagen auf den Horizont der gegenwärtigen Situation des Ch. hin, so tun sich vier einander ergänzende Hinsichten auf: 1. Ch. als Glaube u. Bekenntnis; 2. Ch. als Nachfolge; 3. Ch. als Gemeinschaft; 4. Ch. als Menschsein.

1. Ch. als ↗*Glaube u.* ↗*Bekenntnis.* Ch. heißt zuerst: sich zu Jesus als dem Christus bekennen. Das bedeutet zunächst: überhaupt eine Hoffnung haben, sich von Gott mit der Möglichkeit beschenken lassen, daß es einen Sinn des Daseins u. der Welt gibt u. daß dieser Sinn nicht bloß durch eigenes Denken u. Tun oder durch ein immanentes Welt- oder Entwicklungsgesetz erschlossen, sondern daß er geschenkt, von Gott offenbart wird. Es heißt des weiteren: diese Offenbarung Gottes in Botschaft u. Werk Jesu glaubend wahrnehmen, Botschaft u. Werk Jesu als die Zusage Gottes verstehen, in welcher er selbst sich schenkt; das schließt aber ein, die Offenbarung Gottes in Jesus als endgültig anzunehmen. Wo Heil u. Sinn des gesamten Daseins u. der gesamten Welt als Selbstzusage Gottes verstanden sind, da ist die Botschaft dieser Selbstzusage von sich her endgültig, nicht nur eine Stimme unter anderen, sondern das „Amen" Gottes selbst zu allem, was die Weltgeschichte an Zeichen der Hoffnung u. Verheißung birgt (vgl. 2 Kor 1, 20; Apk 3, 14). Das Glauben an die Offenbarung Gottes in Jesus ist aber noch mehr, ist Glauben an Jesus selbst. Gott sagt nicht etwas zu, sondern sich u. sich nicht in bloßer Allgemeinheit oder Vieldeutigkeit, sondern in der Person Jesu selbst. Seine Hingabe für die vielen ist Selbsthingabe Gottes (vgl. Joh 3, 16). Jesus ist der „treue Zeuge" (Apk 1, 5; 3, 14), mehr noch: er ist das ↗Wort Gottes selbst, das Fleisch geworden ist (vgl. Joh 1, 1–14), der ↗einziggeborene Sohn. Ch. bedeutet also: die Frage des Täufers an Jesus richten, „Bist du es, der da kommen soll, oder sollen wir auf einen anderen warten?" u. die Antwort Jesu darauf annehmen (vgl. Mt 11, 2–6); anders gewendet: es heißt, sein Leben ein Glauben an den Sohn Gottes sein lassen, der uns geliebt u. sich für uns dahingegeben hat (vgl. Gal 2, 20 b); nochmals anders gewendet: es heißt, den Glauben an Jesus als den Christus als Glauben an die Liebe Gottes selbst vollziehen (vgl. 1 Joh 4, 2 u. 15 f). Glaube schließt von der Radikalität dessen, woraufhin er sich richtet, notwendig seinen Vollzug

als Bekenntnis, als äußeres Bezeugen des innerlich Angenommenen mit ein (vgl. Röm 10, 9 f).

2. Ch. als ↗*Nachfolge.* Der Ruf Jesu, an die Frohe Botschaft vom Nahegekommensein der ↗Herrschaft Gottes zu glauben, ist Ruf zur ↗Umkehr, die das ganze Dasein umwendet, sich also nicht in einem bloß intellektiven Glauben u. bloß verbalen Bekennen erschöpft (vgl. Mk 1, 15). Nachfolge Christi ist nicht Zusatz zum Glauben, sondern konstitutive Weise dieses Glaubens selbst. Es bleibt daher von entscheidender Bedeutung, daß Jesu Predigt nicht als bloße Vermittlung von Information u. Lehre, sondern als Berufung zur Jüngerschaft geschah. Die Sätze: Jesus verkündet das Reich Gottes, und: Jesus beruft ↗Jünger, sagen im Grunde dasselbe (vgl. die Berufungsgeschichten in allen Evv.). Dieses „Prinzip" gilt auch für die apostolische Predigt, ihre Bevollmächtigung durch den erhöhten Herrn geschieht im Auftrag, alle Völker zu Jüngern zu machen (vgl. Mt 28, 19). Die Nachfolge, die verschiedene Gestalten ihrer zeichenhaften Auswirkung von Anfang an kennt, umfaßt aber immer drei Elemente:

a) *das Lassen von Sicherungen u. Fixierungen.* Wo damit Ernst gemacht wird, daß ↗Heil u. Sinn des gesamten Daseins vom Handeln Gottes, von seiner Zusage in Jesus erwartet werden, da muß sich das im Verhältnis zu den welthaften Gegebenheiten ausdrücken. Sie verlieren den Charakter des Einzigen u. Unaufhebbaren, an welchem Glück u. Erfüllung des Lebens unbedingt hängen. Sie werden gehabt, als hätte man sie nicht (vgl. 1 Kor 7, 29–31). Dies bedeutet jedoch nicht nur Freiheit von ihnen, sondern auch neue Freiheit zu ihnen, da das Heil Gottes in Jesus Freigabe der gesamten Schöpfung in ihren Sinn u. in ihre Vollendung bedeutet (vgl. 1 Kor 3, 22 f).

b) *das Handeln, wie Jesus Christus gehandelt hat bzw. handelt.* Nachfolge bedeutet Nachahmung, glaubende Verbindung mit Jesus bedeutet Eingehen in seine Weise, auf den Vater u. auf die Menschen hin zu sein (vgl. z. B. Joh 13, 15; Röm 15, 3–7; 1 Kor 11, 1; 1 Petr 2, 21 u. ö.). Es geht hierbei nicht um eine äußere Kopie, sondern um die Weggemeinschaft mit dem Herrn in den Grundsituationen des Daseins: in der Annahme des Willens des Vaters, auch wo er eigenen Wünschen u. Vorstellungen widerspricht, im ↗ Leiden, in der Hingabe an den ↗ Nächsten, also überall dort, wo der Mensch, der nur von sich oder den Umständen u. Überschaubarkeiten des Daseins das Heil erwartete, selbstherrlich oder verzweifelt wäre. Die Zusammenfassung des Handelns, wie Jesus handelte, ist das neue Gebot (Joh 13, 34 f): zu lieben, wie er geliebt hat. Hier wird deutlich, daß im Handeln wie Jesus nicht nur die persönliche Nähe zu ihm angezielt ist, welche das eigene Dasein „rettet", sondern auch das Zeugnis, in welchem Jesus selbst weiterlebt u. aufgeht in die Geschichte hinein.

c) *im Sein in Christus*. Nachfolge bedeutet nicht nur Orientierung der verfügbaren Vollzüge des Daseins am Vorbild Jesu, sondern daß das eigene Sein in Jesus, dem einzigen Sohn, selbst von Gott angenommen ist u. hineingenommen ist in die ↗ Sohnschaft Gottes (vgl. z. B. Gal 4, 1–7; Röm 8, 14–17). Handeln wie Jesus begründet u. vollendet sich im Sein in Jesus. Nachfolge ist also zuhöchst Geschenk, u. auch die Vollendung des Vollzuges der Nachfolge besteht darin, sich beschenken zu lassen, im Glauben seine eigene Unvollkommenheit anzunehmen als die Stätte, an welcher Gott wirkt u. sich zum Vorschein bringen kann (vgl. 2 Kor 12, 9). Von hier her wird aber auch verständlich, daß es mehr als eine zeitbedingte Kultform ist, wenn Ch. sich nicht nur in den Vollzügen des Glaubens u. Lebens, sondern in den Zeichen seinshafter Verbundenheit mit Christus verankert: in den Sakramenten (vgl. bes. Röm 6, 1–11).

3. *Ch. als* ↗ *Gemeinschaft*. Ch. als Bekenntnis u. als Nachfolge betreffen zwar das Innerste u. Eigenste des Menschen, sind aber von allem Anfang an nicht nur privat. Das Bekenntnis u. der Glaube, der in ihm lebt, binden wesenhaft die Bekennenden u. Glaubenden zur Gemeinschaft zusammen. Die Predigt Jesu versammelt jene, die sie annehmen, der Ruf Jesu stiftet die Gemeinschaft der Jünger. Dies liegt nicht nur an der ↗ Öffentlichkeit, in welcher die Predigt

Jesu u. seiner Apostel geschieht, nicht nur am Wie des Angebotes der Offenbarung Gottes in Jesus, sondern auch an ihrem Was. Wenn Gott ↗ Liebe ist, kann diese Liebe nur in Liebe anwesend sein, Liebe aber hat als ihren einzigen u. entscheidenden Ort das Zwischen, die Gemeinschaft. Es ist ihr Wesen, zu verbinden. Die Gegenseitigkeit der Liebe, wie er geliebt hat, vermag allein das Zeichen zu sein, an welchem die anderen erkennen, daß das eine weiterwährende Wirklichkeit ist, was das Wort der Verkündigung sagt, mehr noch, daß der, den das Wort der Predigt als den Lebendigen verkündet, inmitten der Gemeinde lebt (vgl. Mt 18, 20). Die höchste (nicht nur pragmatische, sondern streng theologische) Intensität u. Leidenschaft erreicht die apostolische Predigt dort, wo es um die Einheit der Christen miteinander geht, gerade sie ist die Stätte u. Weise der Nachfolge Jesu (vgl. bes. Phil 2, 1–11; Eph 4, 1–13; 1 Kor 1, 10–13). Die Bitte des johanneischen Christus um die Einheit der Seinen, wie er u. der Vater eins sind, zeigt die Vollendung u. Mitte des Ch. auf (vgl. Joh 17, 21–23): In solchem Einssein sind die Christen hineingenommen in den Lebenskreis der göttlichen Einheit u. öffnet sich dieser Lebenskreis zeugnishaft ins Leben der Menschheit hinein. Kirchesein ist so kein Zusatz zum Ch., sondern dessen Vollzug. Dann freilich, wenn das Kirchesein bloße ↗ Institution würde, wenn es nicht mehr transparent wäre fürs Ch., wäre es die Verdeckung seiner selbst.

4. *Ch. als Menschsein*. Eine entscheidende Tiefe des Ch. bliebe verborgen, wenn nicht noch auf jene Seite des Evangeliums geachtet würde, die sich gerade nicht vordergründig im Ch. erschöpft. Jesu Botschaft richtete sich ans ganze ↗ Volk Israel, zielte also gerade nicht auf die Gründung einer esoterischen Heilsgemeinde ab. Der ursprüngliche Sinn des Ev. ist das glaubende Volk. Die ausgegrenzte Gemeinde der Christen entstand erst dadurch, daß das Evangelium nicht vom ganzen Volk angenommen wurde. Christentum als „Gruppenglaube" behielt, ja gewann jedoch auf neue Weise seinen universalen Charakter, der ihm vom Ursprung der Predigt Jesu her eignet: ↗ Kirche wurde

zur Kirche aus Juden u. Heiden, somit aber zum neuen Gottesvolk, das die Berufung der gesamten Menschheit zum Heil u. Reiche Gottes durch Jesus ausdrückt u. darstellt (vgl. hierzu bes. Apg 10, 1 – 11, 18; Röm 9–11; 15, 7–13; Eph 2, 11–22). Ch. wird so zum Einssein mit solchen, mit denen man von den natürlichen Voraussetzungen her gerade nicht eins wäre. Dieses Einssein hat aber nicht geschlossenen, sondern wesenhaft offenen Charakter: es genügt nicht, daß in der Kirche Juden u. Griechen, verschiedene Traditionen, Kulturen u. Anschauungen versöhnt sind; es muß auch heißen, daß die eine Botschaft, allen Menschen angeboten, als Antwort auf alle menschlichen Fragen u. Wirklichkeiten bezogen ist. Ch. ist nicht nur Gemeinschaft der Christen miteinander, sondern Gemeinschaft der Christen mit allen. Es muß am Vollzug des Ch. sichtbar werden, daß der Mensch u. alles Menschliche in Jesus angenommen u. berufen sind (vgl. z. B. 1 Petr 2, 1–12). Daher gehören zum selben Ch. die unbedingte Entschiedenheit (vgl. Lk 11, 23) u. die unbedingte Offenheit (vgl. Mk 9, 40). So sehr also die Entschiedenheit von Bekenntnis u. Nachfolge, der Mut zu Kirche u. Gemeinschaft zum Ch. gehören, so offen muß das Ch. sein, Jesus auch dort ernst u. wahrzunehmen, wo er außerhalb aller etablierten Grenzen u. Institutionen lebendig ist. Ch. läßt sich nicht in bloßes Menschsein auflösen, doch nur wo Ch. unverkürztes Menschsein gewährt, vermag es die Wirklichkeit der Erlösung zeugnishaft weiterzugeben. hem

Christus, griech. Christos, griech.-aram. ↗Messias, hebr. Maschiach = Gesalbter. Im Lat. ersetzt die Umschrift „Christus" eine mögliche Übersetzung (unctus). *Christologie* ist die Lehre vom gesalbten Heilsbringer. Der urspr. Titel für den ↗König aus ↗Davids Stamm ist im NT früh zum Eigennamen geworden. Schon im aram. Sprachgebiet dürfte ↗Jesus als Messias bezeichnet worden sein. Das NT vermittelt drei große Entwürfe frühchristl. Christologie: einen paulinischen, einen synoptischen, einen johanneischen. Der synopt. in der Form des Mk soll hier als Beispiel dienen. Das Vorwort dazu steht auf den ersten Seiten der Genesis: „Lasset uns Menschen machen nach unserem Bild, uns ähnlich, sie sollen herrschen über die Fische... Vögel... wilden Tiere" (Gn 1, 26). Der göttlich geartete Mensch (↗Adam) repräsentiert vollmächtig Gott auf der Erde. In Jesus ist Adam ausgeschaffen u. ausgesprochen. Er ist letztzeitlicher Adam, „mit den wilden Tieren" (Mk 1, 13), braucht ein Eselsfüllen, „auf dem noch kein Mensch gesessen hat" (11, 2). Er läßt den Befehlsruf laut werden, wie er dem Menschen über die Schöpfung zusteht (Mk 4, 39 Sturm, Lk 4, 39 Fieber). Aber er „geht vorüber" und „ruft Menschen auf" (Mk 1, 20), wie Gott anfangs das Licht aufruft (Gn 1, 5). „Er schafft ↗Zwölf, daß sie mit ihm seien" (Mk 3, 14), wie Jahwe „Mose und Aaron bestellt" (1 Sm 12, 6). Alle suchen ihn (Mk 1, 37), wie nur Gott gesucht werden darf (Js 55, 6), selbst den Toten suchen die Frauen (Mk 16, 6). Neu an seiner Lehre ist die Vollmacht: er lehrt so, daß etwas geschieht. Sein Ev. überwindet den Gegensatz von Wort u. Werk. Er wirkt im ↗Geiste Gottes (Mk 1, 11), er steht auf der Seite Gottes (Ps 33, 9). In seiner vollmächtigen Lehre ist Gott mit seinem Anspruch da. Die Reaktion auf sein Tatwort: Staunen u. Umkehr, Nachfolge u. Abkehr, Todesbeschluß u. Verhärtung. Die einen sind außer sich: „Gut hat er (Gott) alles (in Jesus) gemacht" (Mk 7, 37). Sie zitieren die Billigungsformel von Gn 1, 3 ff. Welt wird „wiederhergestellt", der Mensch wird wieder „gesehen" (Mk 8, 24–25). Die anderen: „Drauf, wir wollen ihn umbringen, und unser wird das Erbe sein" (12, 7). Die ihm folgen, „sind voll Furcht" (10, 32), mit einem „harthörigen Herzen" (6, 52) „verlassen ihn alle u. flüchten" (14, 50). Welt gerät in Krise. Unreine Geister (↗Dämon) sind ungerufen zur Stelle, nageln ihn auf sein Wesen fest (1, 24). Was ist sein Wesen? Der eigene Geist treibt ihn dem ↗Satan in die Wüste entgegen (1, 12). Satan wird gebunden, aber die ↗Versuchung geht weiter (8, 11). „Die Seinigen" wollen Jesus als Geistesgestörten festhalten (3, 21). Wüste, geistloser Ort, hat sich in den versteinerten Herzen eingenistet (3, 5–6; 7, 23). Die Gesetzesfunktionäre beanspruchen selbst Autorität wie Gott (Gn 3, 5). Im Neid überliefern sie Jesus (Mk 15, 10) dem Tod, weil er es gewagt hat, die Gottestora auf ihren Kern zu verdichten. Der Kern der ↗Tora ist der für Israel noch ausstehende Weg in den Sabbat der Liebesruhe Gottes (12, 28–34). Darum: „Herr ist der Mensch(ensohn) auch über den Sabbat" (2, 28). Ein menschensuchender Gott wird von niemandem gerne akzeptiert. An der so verdichteten Tora entzündet sich die Passion Jesu (↗Leidensgeschichte). Hier erst tritt ein neuer Messias(-Begriff) auf den Plan. „Was sagen die Leute, wer ich sei?" (8, 27.) In dieser Frage liegt die Mitte des Ev. „Jesu Christi, des Sohnes Gottes" (1, 1). Hier trennen sich die Zwölf (mit Petrus als Sprecher) vom „Volk". Jesus interpretiert die Messiasfrage durch das „Lehr"-wort vom ↗Menschensohn: er untersteht dem „es (Leiden) muß sein". Dieses göttliche ↗Muß ist für die noch blinden Augen in der Tora nicht vorgesehen. Gott ist an seiner ↗Herrlichkeit, nicht am Leiden zu erkennen. Dagegen Jesus: er wird Messias, weil er nicht „die Sache der Menschen" im Sinn hat (8, 33). Der Messias als Mensch unter Menschen u. doch ein Skandal. Er befreit Palästina nicht von der röm. Besatzung; proklamiert kein eigenes Reich; verbirgt selbst in den ↗Zeichen sein Messiastum wie eine Blendlaterne. Er unterliegt der Kontrolle durch ↗Hohepriester, ↗Schriftgelehrte, ↗Älteste. Sie ringen ihm mit den Politikern auf dem Weg zur Hinrichtung den Anspruch ab, den er für sich nie erhoben hat: Ich bin es (14, 62). Er bricht sein Schweigen, um im Tode nicht leugnen zu müssen, daß die ↗Heilsgeschichte in ihm in ihre letzte Phase eintritt (↗Zukunft). So isoliert, so unbestätigt, aber auch so frei stirbt er. Er durchbricht „für alle" den Todeszirkel von Gn 2, 17. Er leidet die Schärfe unseres zugezogenen Sündentodes aus, „weil dies der einzige Weg ist, den durch Schlag und Gegenschlag in Gang gehaltenen Mechanismus des Bösen zu zerstören. Die Bereitschaft zum Leiden schließt den Verzicht auf Vergeltung ein, dieser Verzicht aber entzieht dem Bösen in der Welt den Brennstoff" (I. Hermann). „Wie grausam ist ein Gott, der zuläßt, daß seine Ge-

schöpfe ihn nicht erkennen" (Kafka). Diesen ↗Zorn Gottes leidet Jesus in einem dunklen Schrei aus (Mk 15, 34). Das NT ist geschrieben, um zu klären, wie der gekreuzigte Jesus der Messias sein kann (↗Kreuz). Schon das Verhältnis der vorösterlichen Jüngergemeinde zu Jesus ist nur christologisch zu verstehen: Jesus besaß für sie nur dann letztzeitliche Autorität, wenn sich – wie eben gezeigt – schon vor seinem Tod sein Werk in bestimmte Vorstellungen göttlichen Heilshandelns einordnen ließ. Wer in Israel die endzeitliche Heilsansage (↗Reich Gottes) unlösbar an seine Person band, mußte mit dem Würdenamen Messias bedacht werden. Jesus hat keinen damals geläufigen Titel auf sich angewandt. Darum liefert keiner der ca. 50 frühchristl. christologischen Titel (darunter 500 mal Christos, 350 mal Kyrios, 80 mal Menschensohn, 75 mal Sohn Gottes, 20 mal Sohn Davids) einen direkten Zugang zum Geheimnis seiner Person. – Das Grenzereignis der ↗Auferstehung u. die Bezeugung des Erhöhten vor den ↗Aposteln ließ die Gemeinde die Worte u. Taten Jesu nicht wie das Vermächtnis eines großen Verstorbenen tradieren (↗Prophet), sondern als Lebensworte des bei Gott lebenden Ch. „So erkenne das ganze Haus Israel mit Gewißheit: Ihn hat Gott zum Kyrios u. Christos gemacht, diesen Jesus, den ihr gekreuzigt habt" (Apg 2, 36). Jetzt „fand" die Gemeinde Ch. im AT u. damit im Willen Gottes. Die Zeugen erinnerten sich bei der Auslegung der Schrift (AT) durch den Erhöhten Ch. der Worte des irdischen Jesus. Sie hörte in den Worten des Jesus von Nazareth schon den Auferstandenen reden. Er „geht voraus" (Mk 16, 7), uneinholbar. Ihr frühestes ↗Kerygma lautet: Jesus ist der Messias, Jesus ist der ↗Herr, Jesus ist der ↗Sohn Gottes. Das allein ist normative apostolische Überlieferung (gegen die ↗Gnosis). Sie geht zeitlich u. sachlich dem Ev. voraus. Dieses Kerygma liegt dem Ev. als Aufriß zugrunde. In diesem Kerygma liegen die legitimen Wurzeln der christologischen Dogmen (↗Bekenntnisformeln). Das Kerygma ist gedeckt durch die Endzeitgabe des Gottesgeistes. Im Geiste „bleibt" Jesus (↗Bleiben). Im Geiste wird er als Christus je neu präsent. Der Geist enthüllt u. erfüllt erst Jesus als Ch. Er garantiert die Selbigkeit von irdischem u. erhöhtem, von Heil u. Geschichte. Das Werk des Geistes verschärft gleichzeitig den Anstoß der Person Jesu (↗Unglaube), weil der Geistkyrios fortwährend die angemaßte Gegenwart Satans im Terrain des Todes zerbricht. So verkündet das NT Tod u. Auferstehung Jesu als messianisches Ereignis. Zu beidem gibt es keinen neutralen, risikolosen Zugang. Der Zugang (↗Glaube) ist schon erstes Geschenk der ↗Nachfolge. Alle ntl. Christologie ist im letzten ein einziges Gotteslob (↗Bekenntnis). Es besingt die Weltwende, die gegen den Willen der ↗Mächte in Christus gekommen ist. Es bleibt hernach einem jeden die Wahl zwischen Selbstlob u. Gotteslob. Gotteslob ist seither die einzig legitime Form, wie der Mensch vor Gott u. von Gott reden darf. Wer nicht lobt, bleibt dem in Ch. offenbaren Gott verschlossen. Er nimmt dem ↗Vater jene Ehre, die das Geschöpf im Sohn ihm schuldet. ↗Bei Christus, ↗Durch Christus, ↗In Christus, ↗mit Christus.   wi

Christus in uns. Die ↗Christus angehören, in denen hat er „Wohnung genommen" (Röm 8, 10). Denn sie haben seinen ↗Geist empfangen, der in ihnen lebt. Als der Geist, der neues ↗Leben schafft, lebt Christus in ihnen. Wenn Christus in einem Menschen wohnt, dann ist dessen Leben für die Macht der ↗Sünde gestorben, u. er ist lebendig geworden für die ↗Gerechtigkeit Gottes. Insofern lebt Christus in einem Menschen, als dieser Gottes Gerechtigkeit tut u. dessen Schöpfungsauftrag gehorsam geworden ist. Als lebenweckender Geist, der Gottes Schöpferkraft ist, Jesus aus den Toten in das neue Leben gerufen (Röm 8, 11) hat, lebt Christus in den Seinen weiter. Der Geist wird das vergängliche u. unbeständige Dasein der Menschen unvergänglich u. endgültig machen, allen Menschen neues Leben erwecken. Wenn Christus in einem Menschen da ist, dann haben in diesem endgültiges Dasein u. neues Leben bereits begonnen, dann lebt dieser auf die ↗Vollendung des Begonnenen zu. Christus muß in den Seinen

„Gestalt annehmen" (Gal 4, 18). Was Jesus als Mensch gelebt hat, muß von den Seinen verwirklicht werden. Wenn Jesus ↗für uns gelebt hat u. für eine menschlichere Welt in den Tod gegangen ist, dann muß davon in denen etwas Gestalt annehmen, die sich auf ihn berufen. Der Apostel Paulus sagt von sich selbst, daß er nicht mehr für sich lebe, daß vielmehr Christus in ihm zum Leben gekommen sei (Gal 2, 20). Er weiß nämlich, daß er für jede Form der ↗Selbstentfremdung (↗Gesetz) tot ist, seit er Christus nachfolgt. Sein Leben ist jetzt von dem bestimmt, der die Menschen bis zum Tode geliebt hat. Paulus weiß: Wenn Christus in einem Menschen da ist, dann ist auch seine ↗Wahrheit in diesem da. Die Wahrheit Christi verdrängt jede Art von Selbsttäuschung (vgl. 2 Kor 11, 10), so daß der Mensch klar steht, wie er vor Gott steht u. wer er eigentlich ist (↗Glaube, ↗Rechtfertigung). Wie Christus aus dem Mund des Apostels „spricht" (2 Kor 13, 5), so spricht er auch durch jeden Menschen, der in seinem Bereich lebt. Wer das Dasein Christi in sein Leben übernommen hat, der läßt Christus zu Wort kommen. Dieser spricht in jedem, der in seiner ↗Nachfolge steht. In den Seinen ist Christus weiterhin für die Welt da, bietet er Gottes ↗Heil an u. führt eine ↗neue Schöpfung herauf.   gr

Chronik. Die beiden atl. Bücher der Ch. bildeten innerhalb des ↗Chronistischen Geschichtswerkes ursprünglich eine Einheit. Der Name Ch. geht auf Hieronymus zurück, der sie „Chronik der ganzen Heilsgeschichte" betitelte. Im hebr. Text steht „Tagesgeschehnisse, Zeitgeschichte", im griech. „Paralipomenon" = „das Übergangene", d. h. eine Art Nachtragswerk zu den älteren atl. Geschichtsdarstellungen im ↗Pentateuch einschließlich den ↗Königs-Büchern. Doch ist die Sicht der Ch. eher die einer frommen, erbaulichen Geschichtsbetrachtung. Es will ein tieferes Verständnis dafür geweckt werden, wie Gott seit der Erschaffung der Welt bis zum Ende des babylonischen ↗Exils die Geschichte des Gottesvolkes vorangetrieben hat. Das 1. Ch.-Buch umfaßt zuerst in Form von Genealogien die Zeit Adams bis zum Tod ↗Sauls (Kap. 1–10) und aus-

führlicher das Wirken ↗Davids (11–29).
Das 2. Ch.-Buch fährt fort mit der Zeit
↗Salomos (1–9) u. der Geschichte des
Südreiches (↗Juda) bis zum Ende des
Exils (10–36). Der Verfasser, der im 4. Jh.
schrieb, idealisierte die Gestalt Davids
u. machte ihn zum Initiator des Tempel-
baues u. des Tempelgottesdienstes;
dessen Begründung ist ihm die eigentliche Rettungstat an Israel u. nicht der
Auszug aus Ägypten.   pa

Chronistisches Geschichtswerk. Die Bücher der ↗Chronik, ↗Esra u. ↗Nehe-
mia bilden eine literarische Einheit: das
Ch. G. Ihr Verfasser schrieb im 4. Jh.
v.C. Sein Werk hat erbaulichen Charakter. Er will zeigen, daß von der Weltschöpfung über die Erwählung Israels,
die Zeit Davids u. Salomos bis hin zum
Exil, zur Neuerrichtung des nachexilischen Gottesvolkes u. zur Reform Esras
ein Plan Gottes die Geschichte durchwaltet. Das Ziel ist die Herrschaft Gottes im Raume Israels, worunter der
Chronist in seiner Gegnerschaft zum
„gottlosen" samaritischen Norden allein
das Juda u. Jerusalem seiner Zeit an-
sieht. Es allein ist Träger u. Erbe jener
davidischen Dynastie, die für ihn der
Inbegriff u. die Idealgestalt der Gottesherrschaft darstellen. Es ist die Verwirklichung der Zusage an David, seine
Dynastie werde für immer bestehen.
David selbst wird in idealisierter Form
geschildert. Er wird zum eigentlichen
Initiator für den Tempelbau u. die Begründung des Tempelgottesdienstes.
Darin ist für ihn die eigentliche Rettungstat an Israel geschehen (u. nicht
beim Auszug). Die Existenz des Volkes
hängt von seinem Gottesdienst ab.
Würde in Jerusalem das Gotteslob verstummen, hörte Gott auf, seine Geschichte mit diesem Volk zu machen. So
kreist das Ch. G. immer wieder um die
Themen ↗Tempel u. Gottesdienst,
↗Gesetz, Priesterschaft u. davidische
Dynastie. Im Hintergrund steht der
Glaube an einen Gott, der in Treue vergilt (vgl. bes. 2 Chr 28, 9).   pa

Clemensschriften ↗Klemensschriften.

Codex (lat. Baumstrunk). Frühe Buch-
form mit übereinanderliegenden Papy-
rus- oder Pergamentblättern. Seit dem
2. Jh. bald ausschließlich für die christl.
Schriften verwendet im Gegensatz zu
den jüd. ↗Schrift*rollen*. Die C.form ermöglichte das Zusammenbinden mehrerer Schriften – eine Rolle war etwa in
Länge der Apg bereits vollgeschrieben –,
erleichterte das Nachschlagen von
Schriftstellen u. machte durch beidseitige
Beschriftung der Blätter die Herstellungs-
kosten gering, während die Rollen in
der Regel nur einseitig beschriftet waren.
Der sehr anfällige ↗Papyrus (↗Hand-
schriften) wurde im 4. Jh. durch das halt-
bare, aber teure ↗Pergament verdrängt.
– Die wichtigsten der bis ins 9. Jh. in
Großbuchstaben geschriebenen Codices
sind der C. Sinaiticus (4. Jh.), der C.
Alexandrinus (5. Jh.), der C. Vaticanus
(4. Jh.), der C. Ephraemi rescriptus
(5. Jh.), ein Palimpsest, bei dem der
Bibeltext im 12. Jh. abgeschabt wurde
und einer griech. Übersetzung Ephräms
Platz machen mußte; schließlich ist der
C. Bezae Cantabrigiensis aus dem 6. Jh.
hervorzuheben.   tr

Comma Joanneum, Bezeichnung für die
Stelle 1 Joh 5, 7. 8a, die als eine im
4. Jh. erfolgte Erweiterung von 1 Joh zu
betrachten ist. C. J. ist eine apologetische Ergänzung, die als ursprüngliche
Randbemerkung die drei irdischen Zeugen deuten will: diese drei sind eins
(Dreifaltigkeit).   sc

Credo ↗Bekenntnis.

Cyrus, 558–529 v.C. persischer König,
eroberte weite Gebiete des Vorderen
Orient u. begründete das persische Weltreich. 538 erlaubte C. den Juden in der
babylonischen Gefangenschaft (↗Exil)
die Heimkehr u. den Wiederaufbau des
Tempels in Jerusalem, ja er gab geraub-
tes Gerät zurück (Esr 1, 1–8). ↗Deutero-
jesaja rühmt C. darum als den von
Jahwe aus dem Osten gerufenen u. be-
auftragten Hirten u. Gesalbten (Js 41, 2 f;
44, 28; 45, 1; 48, 14 ff).   he

D

Dagon. Vorderasiatischer Fruchtbarkeitsgott mit ähnlicher Funktion wie der
kanaanitische ↗Baal. Sein Kult breitete
sich von Babylon nach Palästina aus. D.
ist Halbgott der ↗Philister (1 Sm 5). Der
ohne Kopf u. Hände zurückgebliebene
Rumpf der D.statue soll die Überlegenheit Jahwes über D. demonstrieren.   sc

Damaskus, alte Stadt in einer fruchtbaren Ebene. Im AT zuerst erwähnt in
der Abrahams-Erzählung. Zur Zeit Davids eine mächtige Aramäerstadt, erlebt
sie ihre Blüte unter den Persern; 64 v.C.
von den Römern erobert. Es gab viele
Juden u. auch Christen dort. Paulus wird
auf dem Weg nach D. bekehrt.   zi

Damaskusschrift, eine der Qumrangemeinde (↗Qumran) nahestehende
Schrift. Ihre Entstehung ist aller Wahrscheinlichkeit nach noch in das 2. oder
1. Jh. v.C. zu datieren. Die erste Schrift
(A 1) beginnt mit einer großen Mahnrede an alle, die die Gerechtigkeit erkannt haben. Diese Mahnung blickt vor
allem auf den großen Tag der Endzeit,
an dem Gott alle Welt „heimsuchen"
wird (8, 3), an dem er vorgehen wird
„gegen alles Fleisch" u. an dem er Gericht halten wird über alle, „die ihn
mißachten" (1, 1 f). Es finden sich in der
Schrift kurze Andeutungen über die Geschichte der Gruppe, die sich „Leute,
die in den neuen Bund im Lande Damaskus eingetreten sind" nennen. Kurze
Rückblicke auf die Geschichte Israels
werden gegeben, wobei vor allem die
Irrwege des Volkes oder einzelner Glieder hervorgehoben werden, die aus Un-
kenntnis der ↗Tora erwachsen sind.
Die *zweite* Schrift (A 2) ist eine Art
↗Mischna mit Vorschriften über den
Sabbat, über den Eid u. die kultische
↗Reinheit, über die Regeln des gemeinsamen Lebens der Gruppe sowie
über den Verzicht auf jeglichen Eigen-
besitz. Die Schrift steht in besonderer
Nähe zur ↗Sektenregel von Qumran
(1 QS).   gr

Dämon, bezeichnet im griech. Volksglauben Wesen mit göttlichen Kräften,
die den Menschen bedrohen u. gegen
die er sich mit magischen Zauberformeln
zu schützen sucht: „überall sind sie,
durchdringen alles, nicht hält sie Tür
noch Riegel, sie bedecken die Erde wie
Gras" (Zaubergebet). Die LXX setzen
D.en u. heidnische Götter-↗Nichtse
gleich. Die D.en gewinnen relative Selbständigkeit. Mit wachsendem persischem
Einfluß im Exil (vgl. ↗Tobit-Buch) werden die D.en als gefallene Geistwesen
(bildlich Js 14, 12) ↗Satan untergeordnet. Im NT dienen D.en dazu, die Tiefendimension der Erlösungstat Jesu aufzuzeigen. In den Evv. hören wir von unreinen Geistern nur im Zusammenhang
mit der ↗Besessenheit (↗Dämonen-
austreibung). Zu beachten ist das jeweilige Gefälle zwischen Aussageinhalt
und Vorstellungsweise. D.en haben ihr
Unwesen dort, wo die innerweltlich erfahrbaren Wirklichkeiten eine vom Menschen nicht mehr verwaltbare Tiefendimension haben. Sie tarnen sich perfekt. Ihre Macht ist Einheit u. zugleich
Vielheit (Mk 5, 9). Sie binden den Menschen in die Widerspenstigkeit eines
anonymen u. zwiespältigen Lebens, das
sich bewußt dem Glanz des Schöpfers
versagt. Jesus selbst galt denen, die vom
Satan her lebten, als dämonisch (vgl.
Joh 8, 44 ff). Umgekehrt wissen die D.en
um die Vollmacht Jesu, sie zu vernichten
(Mk 1, 24). An Jesu sterbendem Leib am
↗Kreuz wird alle menschliche Eigenmacht u. satanische Fremdmacht in der
gehorsamen Liebe des Sohnes ausgehal-
ten u. zerbrochen (Kol 2, 15). Wo in
den verantwortlich handelnden Menschen das Böse das Gute überflutet u.
ausschaltet, wird Geschichte dämonisiert.
Die Erkenntnis der zu Irrnis u. Täu-

schung verführenden Geister (1 Kor 12,
1 ff) ist nur in der Kraft Heiligen Geistes
möglich. Das scheinbar allmächtige Böse
ist im Geiste Christi grundsätzlich entmachtet. ↗Mächte u. Gewalten.   wi

Dämonenaustreibung. Im Mythos von
den antiken Erzählungen über wunder-
tätige „göttliche Männer" leuchtet die
Wahrheit auf, daß Welt u. Menschen
des Heilwerdens bedürfen. ↗Jesus beginnt nach Mk seine Wirksamkeit mit
einer D. Sein Heroldsruf an Israel, der
die unmittelbare Nähe der ↗Herrschaft
Gottes in seiner Person ankündigt, ist
zugleich Kampfruf an alle Arten von
↗Dämonen. „Wenn ich mit dem Finger
Gottes (Mt: im Geiste Gottes) die Dämonen austreibe, ist folglich die Gottesherrschaft bei euch angekommen" (Lk
11, 20). Jesus hat den reinen heiligen
↗Geist u. verjagt als der Stärkere die
starken unreinen Geister aus ihrem
Haus. Dämonen treten vor allem als Ursache von ↗Krankheit u. ↗Besessenheit
in Erscheinung. Durch die D. geschieht
Herrwerdung Gottes über den ↗Satan.
Satan quält u. knechtet als falscher Herr
die gute Schöpfung. Das äußert sich
nach damaliger Anschauung auch in den
Naturkatastrophen, so daß Jesu ↗ „Naturwunder" von daher ihren Sinn bekommen. Jesus will die Schöpfung anfanghaft ins Heile führen. Heil umfaßt
den ganzen Menschen in seiner Welt,
gerade auch die Leiblichkeit. Jeder
Mensch ist in Jesu Augen ein Kranker,
der Heil sucht. Jesu Vollmacht, Dämonen auszutreiben, ist einer der wichtigsten vorösterlichen Ansätze für den
Titel ↗ „Sohn Gottes". Der Kampf Jesu
gegen die Dämonen wird von den Jüngern (Mk 6, 7) u. der Gemeinde (Apg
19, 11–17) fortgeführt. Die Weltmacht
des Aberglaubens u. der falschen Weisheit, die Entartung der politischen Macht
u. ihre kultische Verklärung (vgl. Apk
13, 1 ff) sind endzeitliche Zeichen der
ohnmächtigen Wut Satans, der weiß,
„daß seine Zeit nur noch kurz bemessen
ist" (Apk 12, 12). D. im kosmischen Stil
tut not. Die Kirche ist stark allein im
↗Namen Jesu.   wi

Dan (Richter). – 1. Sohn Jakobs u. der
Bilha (Gn 30, 3–6). – 2. Nach ihm als
Stammvater benannter Stamm. D. be-
wohnte zunächst das Gebiet westlich

von Jerusalem (Jos 19, 40–48), wich aber
unter dem Druck der Amoriter (Ri 1, 34)
nach Norden aus u. ließ sich am oberen
Jordangraben nieder (Ri 18). – 3. Das
vom Stamm D. eroberte Lais, nördlich
Grenzstadt Palästinas (Ri 18, 27–29; 20, 1)
u. bedeutendes Heiligtum (1 Kg 12, 28
bis 30; Am 8, 14).   we

Daniel (hebr. Gott ist mein Richter),
Hauptperson des Buches D.; ein junger Judäer, der z. Z. des Königs Nebukadnezar nach ↗Babylon deportiert
wurde. Ob es einen historischen Daniel
gab, ist unsicher, da dieser in anderen
Texten sonst nie aufscheint. Doch wird
man eher zu einer positiven Annahme
neigen. Die apokalyptische Literatur
wurde nämlich mit Vorliebe unter die
Schutzherrschaft einer historischen Persönlichkeit gestellt. ↗D.-Buch, ↗Apo-
kalyptik, ↗Apokalypsen.   stu

Daniel-Buch. Das D. enthält außer dem
hebr. Hauptteil aram. (2, 4 b – 7, 28) u.
griech., nur in LXX überlieferte Teile;
es umfaßt erzählende (1–6; 13 f) u. pro-
phetisch-visionäre Abschnitte (7–12). In
den Verfolgungen zur Zeit der ↗Makk-
abäer hat ein Autor die verschiedenen,
z. T. schon zu kleinen Sammlungen zu-
sammengewachsenen Stücke unter der
für die Zeitgenossen tröstlichen Leitidee
von der absoluten Überlegenheit des
wahren Gottes über alle Feinde zusammengefügt. Im Stile der ↗Haggada
stellte er in den erzählenden Teilen den
verfolgten Juden das Vorbild ↗Daniels
am babylonischen Hofe vor Augen. Nach
der Gewohnheit seiner Zeit gab er den
Prophetien dadurch besonderes Gewicht, daß er sie diesem Daniel zuschrieb, wohl einer damals allgemein
bekannten Gestalt der Vergangenheit.
Neben einzelnen Stücken in den älteren
Prophetenbüchern (z. B. Js 24–27) ist
dieser Teil des D. die einzige atl. ↗Apo-
kalypse. Eine in der Prophetie unge-
wohnte historische Genauigkeit zeichnet
diese spätjüd. literarische Gattung aus.
In den vier Visionen werden unter Tier-
symbolen u. anderen Bildelementen,
deren Anonymität der Zeitgenosse
durchschauen konnte, das Verhalten u.
Schicksal der großen Reiche und Fürsten
des Orients dargestellt. Die gesamte
Weltgeschichte wird hier zum erstem-
mal als Vorbereitung der Gottesherr-

schaft gedeutet, ein Gedanke, den die ntl. Apk in starker Anlehnung an das D. zu seinem Höhepunkt führt. oh

Dank. Gottes Gnadenerweise verkündet das AT in ↗Dankliedern (↗Psalmen): „Danket dem Herrn, denn er ist gut, seine Gnade währet durch alle Zeit" (Ps 117, 1). Diese D.psalmen wurden wahrscheinlich im Tempelkult beim ↗D.-opfer verwendet (Dt 12, 7), dessen Mittelpunkt das ‚fröhliche Mahl' war, bei dem das Osterlamm verzehrt wurde (↗Pascha). Dadurch sollte die Erinnerung an die Wohltaten des Herrn wachgehalten werden (Jr 33, 10 f). Im NT wird D. zur christl. Grundhaltung, die dem Bewußtsein entspringt, durch das Kommen des Herrn in der erfüllten Zeit zu leben u. die ↗Gnade Gottes erfahren zu haben (Kol 2, 7). Darum ruft Paulus den Christen in Thessalonich zu: „Bei allem saget D.!" (1 Thess 5, 18.) Das ganze Leben ist dem Christen als „neue Existenz" wiedergeschenkt. Er sieht die Welt u. sich selbst mit neuen Augen an u. weiß, daß der Grund seiner freudigen Begeisterung Gott ist, dem er durch Jesus Christus nahegekommen ist. Neben ↗Eulogie u. ↗Doxologie äußert sich diese Haltung der D.barkeit besonders deutlich in vielen Briefanfängen bei Paulus: „Wir danken Gott immerdar für euch alle, indem wir in unseren Gebeten euer gedenken" (1 Thess 1, 2). Dieser D. wendet sich an Gott direkt (1 Kor 1, 4) oder durch Christus (Röm 1, 8) bzw. in seinem Namen (vgl. Eph 5, 20). Er ist immer schon Ausdruck dessen, wofür gedankt wird: der Gotterfülltheit der Erlösten (1 Kor 14, 16). Das Grundelement jedes D.gebetes (schon im AT) ist die Erinnerung an die Heilstaten Gottes. Der Inhalt des ntl. (1 Kor 11, 24 f) wie des urkirchlichen Eucharistiegebetes (↗Eucharistie) ist das ↗Gedächtnis des Herrn etwa in der Art, wie es für die „himmlische Liturgie" in der Apokalypse überliefert wird (Apk 11, 17 f). D. ist immer vom Bewußtsein getragen, auch weiterhin in der Bewährung zu stehen u. damit in der Gefahr, das Erreichte wieder zu verlieren. So verbindet sich dem freudigen D. die hoffnungsvolle Bitte (↗Gebet) auch die Vollendung des Werkes der ↗Erlösung zu erleben.

D. ist vom NT her ein menschlicher Grundvollzug u. setzt das kreatürliche Wissen um Verwiesensein des Menschen auf Gott voraus. Im glaubenden Bejahen des mit Christus neu gewordenen Selbstverständnisses bekennt der Christ, eine neue Beziehung zu Gott, zu den Brüdern u. zu sich selbst gefunden zu haben (↗Bruder). Das wichtigste Merkmal dieser neuen Existenz ist die ↗Freiheit von der ↗Knechtschaft der ↗Sünde, die es dem Menschen ermöglicht, als Mündiger der Verantwortung gerecht zu werden, die er als Anruf und Auftrag Gottes erfaßt. hi

Danklied. Zu den D.ern gehört das älteste im AT überlieferte Lied, das Mirjamlied (Ex 15, 21). Die D.er des einzelnen u. des Volks bilden eine Hauptgattung des ↗Psalters. Ursprünglich gehörte das D. zur Liturgie des ↗Dankopfers. Im D. antwortet das Volk (der einzelne) auf Gottes rettende Tat. Der Aufbau ist einfach. Oft beginnt das D. mit der Formel „ich will danken" u. der Aufforderung an alle Anwesenden, in das Lob einzustimmen. Es folgt ein Bericht über die vorausgegangene Not, die durch das Eingreifen Gottes gewendet wurde. In späterer Zeit erweitert diese Erzählung das D. manchmal zum Geschichtspsalm. Durch sein öffentliches Bekenntnis legt der Beter Zeugnis ab, darüber hinaus will er die Versammelten belehren u. zum Vertrauen auffordern. ↗Dank. be

Dankopfer. Als D. (auch Heils- oder Friedopfer) kann jedes ↗reine Tier dargebracht werden. Der Opfernde führt es in das Heiligtum u. stützt als Besitzer seine Hand auf den Kopf des Tiers, das der ↗Priester schlachtet. Das aufgefangene ↗Blut, Zeichen des Lebens, das Gott gehört, wird am ↗Altar ausgegossen. Ein Teil des Tieres wird verbrannt, ein anderer fällt dem Priester zu. Der Rest dient dem gemeinsamen Mahl, wirkkräftiges Zeichen der Gemeinschaft zwischen Gott u. den Opfernden. ↗Danklied, ↗Opfer. be

Darius, Name der persischen Großkönige. 1. D. I. der Große (522–486), größter Herrscher der Achämeniden. Er organisierte das Weltreich, das im Osten bis Indien reichte; wurde 490 bei Marathon geschlagen. – 2. „D. der Perser"

(Neh 12, 22), wahrscheinlich D. II. Nothos. – 3. D. III., letzter Achämenide, von Alexander 330 besiegt. zi

Dauerreflexion. Religionssoziologie meint damit jene geistige Bewegung des Ich, das sich mit verobjektivierten Wahrheiten nicht mehr identifizieren kann u. sich mit allen Kräften der Reflexion in seine unerschöpfliche u. bodenlose Innerlichkeit wendet. In der D. trachtet das denkende Subjekt, seiner eigenen Vergegenständlichung immer vorauszueilen. So will es seine Überlegenheit über seinen Weltprozeß sichern. Die Haltung der D. als neue Glaubensform ist – nach Schelskys These – wesentlicher Teil der Anpassung des Christentums an die moderne Welt. Anpassung meint nicht Konformismus, sondern den „Vorgang der Veränderung der sozialen Erscheinungsform des Christentums". Veränderung geschieht als einfache „sozio-taktische" Modernisierung der Organisationsform, in christl. Ethik u. auf dritter u. wichtigster Ebene: in Wandlung der Glaubensform. Jene bahnt sich bereits an, als die Reformationsbewegungen vor die Wahl zwischen Wahrheiten stellen, u. wird sozial relevant, als die Aufklärung den bewußten Zweifel allgemein verbreitet. Glaube wird zum bewußten Bekenntnis zu „einem System fester Wahrheiten in Form gegenständlich-eindeutiger, im Bewußtsein objektivierter Aussagen". Mit dem Bewußtsein verbundener Glaube überliefert zugleich religiöse Wahrheiten dem Medium der Reflexion. Idealistische Philosophie zerbricht die naiv-eindeutigen Wahrheitsaussagen der Aufklärung u. bezweifelt damit auch die Wahrheit religiöser Aussagen, sofern sie den Charakter gegenständlich-eindeutiger Aussagen angenommen hatten. Wenn Wahrheit immer wieder neu reflektiert werden muß, das Bewußtsein sich durch die Wahrheit der Widersprüche „hindurcharbeitet", so kann das Christentum legitim den Gültigkeitsanspruch der Offenbarung heute in Form der D. geltend machen. Die Auseinandersetzung mit „Fundamentalisten", dem „geschlossenen Katholizismus", die Forderung nach Offenheit des Glaubens für die Wahrheit anderer ist für Schelsky die Aufforderung zur D. Mit der permanenten kritischen Steigerung des Bewußtseins in sich selbst, die analog zur Überwindung des Gegenstandes in der Kunst sich vollzieht, paßt das Christentum seine Glaubensform der modernen Entwicklung an. Die Frage ist, ob D. – als Kirche z. B. – sich institutionalisieren läßt. Institutionalisierung bedeutet in diesem Zusammenhang eine „Stabilisierung von Verhaltensweisen als Trivialisierung u. Banalisierung". Erst ein Verhalten, das diesen Zustand erreicht hat, ist Grundlage für neue, stabile Institution. Schelsky sieht die D. auf dem Weg, sich zu institutionalisieren, z. B. im Gesprächs-Prinzip der kirchlichen Akademien. Institutionalisierte D. ist aber in sich widersprüchlich: Das seine tiefste Innerlichkeit permanent bespiegelnde Ich soll zu einem darüber hinausgelangenden Handeln unter Menschen geführt werden. Man hat neuerdings gegen die Haltung der D. eingewandt, solche „romantische Metaphysik der Subjektivität" löse das menschliche Subjekt von den versteinerten Verhältnissen und sei sozial irrelevant. Zweifellos ist auch die Kategorie des Individualität ein gesellschaftliches Produkt. ber

David. Keine außerbibl. Quelle berichtet von D., dem zweiten König über Israel (1000–960). Die Bibel berichtet (1 bis 2 Sm; 1 Kg; 1 Chr): Als jüngster Sohn des Isai aus ↗Betlehem in Juda wurde er von ↗Samuel im geheimen zum ↗König gesalbt. An den Hof ↗Sauls kam er nach der einen Überlieferung seines Spiels wegen, nach der anderen wegen seines Siegs über ↗Goljat. Als Heerführer gewinnt D. die Gunst des Volks. Von Saul verfolgt, flieht er, wird Führer einer Freibeuterschar, tritt in die Dienste der ↗Philister. Nach dem Tod Sauls wird D. in ↗Hebron zunächst ↗König über ↗Juda, später über die Nordstämme. Mit eigenen Truppen erobert D. ↗Jerusalem u. macht sie zur Hauptstadt. Innenpolitisch kämpft D. um die Einung der Stämme, außenpolitisch um die Niederwerfung der Feinde u. die Abrundung seines Gebiets. D. läßt die ↗Bundeslade nach Jerusalem bringen, plant den ↗Tempel u. gilt als Begründer des Jahwe-Gottesdienstes in Jerusalem. Er ist Stammvater der Davididen, die nach ihm in die ↗Natan-Verheißung eintreten.   be

Davidide ↗Davidsohn.

Davidlieder. ↗David galt zu aller Zeit als Sänger u. Dichter; das Klagelied um Saul (2 Sm 1, 19–27) u. Abner (2 Sm 3, 33 f) gehen im Kern auf ihn zurück. 73 ↗Psalmen werden ihm in der Überschrift zugeschrieben, bei 13 Psalmen ist eine Situation aus dem Leben Davids Anlaß zur Entstehung. Diese Überschriften wurden den Psalmen in nachexilischer Zeit zugefügt.   be

Davidsgrab. ↗David u. seine Nachfolger wurden auf dem Ophel, dem südöstlichen Hügel ↗Jerusalems begraben. Hyrkanus u. ↗Herodes sollen das D. geplündert haben; letzterer errichtete ein Denkmal zur Sühne, auf das Apg 2, 29 anspielt. Spätere Überlieferung sucht das D. auf dem südwestlichen Hügel, dem heutigen ↗Zion. Dort, beim Abendmahlssaal (Coenaculum) befindet sich die Gedenkstätte.   be

Davidsohn (Sohn Davids), Würdetitel des ↗Messias. Die atl. ↗Messiaserwartung hat eine ihrer Wurzeln in der ↗Natan-Weissagung. ↗David plant den Tempelbau. Da tritt ihm der ↗Prophet im Auftrag Gottes entgegen: Nicht du wirst mir ein Haus bauen, ich werde dir ein Haus bauen. Ich werde deinen Samen nach dir aufrichten. Ich werde ihm ↗Vater sein, er wird mir Sohn sein. So hieß der Kern des Orakels (2 Sm 7, 11–16). Diese ↗Verheißung ist traditionsschöpferisch geworden wie kein anderer Text im AT; sie wird immer neu aktualisiert u. interpretiert. Die absolute Zusage der Herrschaft an Davids Geschlecht wird in manchen Texten als ↗Bund gedeutet (2 Sm 23, 5; Ps 89, 4–5). Bis zur ↗Zerstörung Jerusalems u. der Wegführung herrscht ein D. als König. Im ↗Exil hofft man auf das ↗Reis aus der Wurzel Jesse (Js 11, 1), auf die Wiederherstellung Israels unter einem D. Als Serubbabel nach der Rückkehr mit dem Aufbau des Tempels begann, flammt neue Hoffnung auf; sie wird enttäuscht. Die sog. messianischen Weissagungen der Propheten entstammen nachexilischer, königsloser Zeit. So entsteht die eschatologische Hoffnung, daß Gott am Ende der Tage sein Volk befreien u. ihm einen König aus Davids

Haus geben werde: den Messias. In der apokalyptischen (↗Apokalyptik) und ↗deuterokanonischen Literatur der zwischentestamentlichen Zeit wächst die politische Messiaserwartung. Sie prägt die Aussagen des NT. Man erwartet den Messias aus dem Haus Davids, darum wird ↗Jesus in zwei alten Formeln D. genannt (Röm 1, 3 f; 2 Tim 2, 8). Die Vorgeschichten der Evangelien suchen den Nachweis davidischer Abstammung für Jesus zu führen. Sie stellen einen ↗Stammbaum Jesu auf, der von Abraham (Mt) bzw. Adam (Lk) über David in heilsgeschichtlicher Periodisierung zu Jesus führt. Beim ↗Einzug in Jerusalem wird er als ↗König aus Davids Haus begrüßt (Mk 11, 10). Jesus nennt sich nie D., denn er identifizierte sich nicht mit der national-politischen Messiaserwartung, die seine Zeit mit dem Titel D. verband.

Debora (hebr. Biene), eine Prophetin im alten Israel, die aufgrund eines Gottesspruches zum Kampf gegen die Kanaanäer aufforderte (Ri 4, 4 ff). Den israelitischen Sieg besingt das *Deboralied* (Ri 5, 2–31), einer der ältesten poetischen Texte im AT. Dieses Siegeslied ist ein wichtiges Zeugnis für Sprache, Geschichte u. Religion Israels im 12./11. Jh. v.C.   he

Dekalog (griech. zehn Worte; Zehngebote), im AT doppelt überliefert (Ex 20, 1–17; Dt 5, 6–21) von ↗Mose auf ↗Jahwes Geheiß (Ex 20) bzw. von Jahwe selbst (Dt 4, 13) auf zwei Tafeln geschrieben, in anderer Form Lv 19 und Ex 34, 14–26 (↗Dodekalog) überliefert.

a) Am ↗Sinai (13. Jh. v.C.) schloß Gott den ↗Bund für die Israelstämme u. machte sie zum Volk. Die Bundesinstitution dürfte auf Mose als ↗Mittler zurückgehen, doch was am Sinai geschah, können wir nicht rekonstruieren. Sicher falsch wäre es, anzunehmen, die Bibel berichte ein mystisches Erlebnis, das allen Versammelten zuteil geworden wäre, bei dem Gott den ihr uns überlieferten Wortlaut genau so u. allen hörbar verkündet hätte. Die Erzählungen der Bibel sind vom kultischen Gebrauch vieler Jahrhunderte geprägt, das gilt auch für den wohl in der Richterzeit entstandenen D. Dieser wird in der Folgezeit zu einem der bekanntesten Texte des AT wird.

b) Der D. ist Zusammenfassung des natürlichen Sittengesetzes („Naturrecht"). Er hat seine Wurzeln (abgesehen von 1. Gebot) in Bräuchen, die bei anderen Völkern u. auch den halbnomadischen Patriarchensippen galten. Aus solchen Elementen wuchs er u. wurde schließlich zum allgemeingültigen Israelrecht formuliert, mit dem Ziel, das Böse, das Zerstörende zu nennen u. aus der Gemeinschaft auszurotten. Mit „du sollst" ist das Volk angesprochen.

c) Der D. ist katechetische Zusammenfassung (Beichtspiegel), er legt die äußersten Grenzen der Bundesordnung fest u. fordert je nach der Vielfalt des konkreten Lebens neue Anpassung u. neue Weisung. Das Verbot, ursprünglich nur die vollbrachte Tat betreffend, wird ausgedehnt auf den inneren Akt (Gesinnung). Die Gebote der 1. Tafel ziehen die Grenze zwischen Gott u. den Göttern, zwischen Israel u. den Religionen der Völker. Israel ist berufen zum Zeugen für Gott. Die Gebote der 2. Tafel enthalten die Urordnungen menschlicher Gemeinschaft. Sie schützen das Recht des Nächsten auf Leben (Töten), auf seine Frau (Ehebruch), auf Freiheit (Menschenraub = stehlen), auf seine Ehre (falsche Anklage, falsche Zeugenaussage), auf sein Eigentum. Angesprochen ist der Gewalt- u. Machtmensch aller Zeit.

d) Der D. ist Grundtext des Gottesbundes: Im Kult wird er anstelle einer älteren Bundesurkunde verlesen. Im Lauf der Zeit werden neue Texte im Gottesdienst eingeführt, die vor allem das Hauptgebot entfalten u. interpretieren (z. B. Dt 1–11). Diese Tendenz prägt auch das NT.   be

Dekapolis (griech. Zehnstädte), eine im Ostjordanland gelegene Gruppe von hellenistischen Städten, die zu einem Städtebund zusammengeschlossen waren u. der römischen Provinz Syrien zugehörten (Mk 5, 20).   we

Demokratisierung meint jenen gesellschaftlichen Umschichtungsprozeß, in dem Macht u. Verantwortung in der Gesellschaft von einzelnen Privilegierten auf alle übergeht. Die Bibel leistet keinen direkten Beitrag zum D.s-Prozeß in der Gesellschaft. Sie selbst ist in einer hierarchischen u. monokratischen Gesellschaftsform entstanden. So kann der Apostel Paulus den Christen sogar raten, der monokratischen „Obrigkeit" untertan zu sein (Röm 13, 1), oder er rät den Sklaven, gar nicht das Freiwerden anzustreben. Doch kann das christl. ↗Evangelium als ganzes einen wesentlichen Beitrag zum D.s-Prozeß innerhalb der Gesellschaft leisten. Wenn auch die ↗Kirche selber nie direkt diesen Weg gegangen ist, so waren doch die christl. Verkündigungsinhalte daran beteiligt, diesen Prozeß einzuleiten u. vorzubereiten. ↗Jesus nennt alle seine ↗Jünger „Brüder"; keiner soll unter ihnen als größer oder mächtiger hervortreten, keiner soll sich „Lehrer" oder „Vater" nennen (Mt 23, 8–10). Jesus selbst tritt nicht als Würdenträger, Priester oder Herrscher auf, er ist Mensch unter Menschen, ↗Bruder unter Brüdern (Joh 15, 14 u. Lk 12, 4). Er weiß sich als Bruder gerade der Geringsten u. der Verachteten (Mt 25, 40). Er hebt die kleinen Leute u. die gesellschaftlich Unbedeutenden empor, er weiß sich gerade zu ihnen gesandt (vgl. Mk 2, 17). Unter seinen Jüngern soll es nicht Ränge u. ↗Klassen geben (vgl. Lk 9, 46 ff.) Weil er allen Bruder geworden ist, weil er für alle starb, gibt es für die, die sich auf Christus berufen, keine rangmäßigen Unterschiede mehr; nicht mehr zwischen ↗Mann u. ↗Frau, nicht mehr zwischen religiösen Nichtreligiösen (Gal 3, 28). Das Revolutionäre solcher Sätze kann nur richtig eingeschätzt werden vom Hintergrund der Gesellschaftsordnung jener Zeit her, in der sie gesagt wurden.   gr

Demut, im AT eine geistige Haltung, die sich sowohl Gott als dem Mitmenschen gegenüber positiv auswirkt. Gott gegenüber bedeutet D. Frömmigkeit, ↗Gerechtigkeit. Gott schützt die Demütigen (Mich 6, 8), tröstet (Js 57, 15), erhöht sie (Ps 146, 6) u. hält Gemeinschaft mit ihnen (Ps 50, 19). Die Stolzen dagegen zerstört Gott u. erweist ihre scheinbare Macht als Ohnmacht u. Nichtigkeit. Durch D. dem Mitmenschen gegenüber kann man Gott begegnen (2 Chr 36, 12); D. ist in diesem Fall die echt menschliche Haltung des ↗Dienens. Dies

drückt auch das deutsche Wort D. aus, das in seiner mittelhochdeutschen Form „diemuet" (= dienende Gesinnung) heißt. Neben der Geisteshaltung bezeichnet D. auch die Situation der Niedrigkeit, Not oder ↗Armut, so daß die Armen als die Demütigen gelten können. Diese atl. Auffassung wirkt noch nach in der ↗Seligpreisung bei Lukas (Lk 6, 20). Ansonsten erhält D. aber im NT eine neue Begründung u. vertiefte Bedeutung als die dem Erlösten angemessene Verhaltensweise:
1. Die hereinbrechende ↗Herrschaft Gottes ruft zu neuer Haltung auf, die Jesus selbst vorbildhaft lebte (Mt 11, 28 f). Dies ist nicht nur als Tugend im Sinn persönlicher Sanftmut gemeint, sondern wurzelt in der aktiven Bereitschaft, in ↗Liebe zu dienen (Mk 10, 45).
2. Vom Christen verlangt dies eine bewußte Erniedrigung (Lk 14, 11) des hochmütigen, selbstherrlichen Aus-sich-selbst-leben-Wollens zur Haltung des ↗Kindes (Mt 18, 3 f). Jeder Selbstruhm ist angesichts der ↗Schuld u. der Grenzen des eigenen Glaubens (Röm 12, 3) unsinnig (1 Kor 1, 28–31). Das Bewußtsein, auf das ↗Erbarmen Gottes angewiesen zu sein (Röm 3, 21 ff), soll dazu führen, sich diese erbarmende Liebe Gottes zu eigen zu machen u. sie im Dienst am Nächsten (Röm 12, 10) u. am Schwachen (Röm 14, 1) zu bewähren (Kol 3, 12 bis 14). – D. hat somit nichts zu tun mit Schwächlichkeit oder Passivität, verlangt vielmehr vollen Einsatz im Dienst Gottes u. der Menschen. D. ist nicht die Haltung von Untertanen (daher stammt die Bedeutungsverschlechterung), sondern von freien, liebevollen Menschen.

hi

Denkform. Denken vollzieht sich in Grenzen. Jedes Denken hat seine bestimmte Weise, seine Gewohnheiten, sein Schema. Es vollzieht sich in einer konkreten Sehweise oder Vorstellungsart, es ist Denkart u. Denkungsart, es hat seine Form. Weltanschauliche D.en haben ihre bestimmte Zeit, sie entstehen aus bestimmten Lebenssituationen u. haben für diese Gültiges zu sagen. D.en entstehen ferner durch geistige Schöpfungen u. Entdeckungen. Sie wachsen nach ihrem eigenen Gesetz aus; finden notwendigerweise ihre innere u. äußere

Grenze u. bleiben schließlich stehen. Sie können nur mehr in der kritischen Begegnung mit neuen D.en belebt werden, sonst sterben sie ab. D.en sind, wie das Leben des Menschen, geschichtlich (↗Geschichte), weil sie bestimmten Lebenssituationen entstammen u. nur diese bedenken. Doch sagt sich in den geschichtlichen u. zeitgebundenen D.en ein übergeschichtlicher, nicht zeitgebundener Gehalt aus. ↗Wahrheit ist nie an sich, sondern nur im existentiellen Lebenshorizont erfaßbar. Wo sie so erfaßt wird, entstehen eigentümliche welt- u. lebendeutende Formen u. Formungen. Die Formkraft des Denkens ist die ↗Sprache. Denn die Formen der Welterfahrung u. die Strukturen der Sprache bedingen sich wechselseitig. Auch die D.en der Bibel sind geschichtlich, einer bestimmten Zeit entnommen. Auch sie können nur belebt werden durch kritische Konfrontation mit je neuen D.en. Wenn die Sprache das Denken formt, dann geht es in dieser Konfrontation um eine neue Sprache.

gr

Deportation ↗Exil.

Deuterojesaja. Innerhalb des Jesaja-Buches gelten die Kap. 40–55 als eigener Überlieferungsblock. Ihren namentlich nicht bekannten Verfasser nennt man üblicherweise den zweiten Jesaja, oder D. Er wirkte gegen Ende des ↗Exils unter den Verbannten in ↗Babylon. In seiner prophetischen Botschaft spiegelt sich die Umbruchsituation jener Zeit. ↗Cyrus hatte in Babylon die Herrschaft übernommen u. 538 v.C. für die Exulanten ein Befreiungsedikt erlassen. Für D. ist das ein Zeichen, daß Jahwe nun seinen universalen Machtanspruch durchzusetzen beginnt. Er hat Cyrus als sein Werkzeug berufen. Nun steht Israel ein neuer ↗Auszug aus dem Sklavenhaus bevor, nur ein viel wunderbarer Zug durch die ↗Wüste als beim ersten Exodus. Am Ende wird die Wiedererrichtung u. Verherrlichung ↗Zions u. Jerusalems stehen. Jahwe wird von aller Welt als der „Heilige Israels", der eigentliche Schöpfer des Himmels u. der Erde u. als alleiniger Herr der Geschichte anerkannt werden. Diese hochgespannten Erwartungen sind von einer Theologie getragen, welche die Geschichte Israels nicht mehr einspannt in ein Entweder-Oder zu Jahwe, sondern in ein Vorher-Nachher, d. h., die gegenwärtige Zeit des Unheils wird vom endzeitlichen Heil abgelöst werden. Jetzt gilt es, das trauernde u. klagende Volk zu trösten u. ihm anzusagen, daß die Wende der Not zum Heil bei Jahwe schon geschehen ist (Prolog: 40, 1–11). Im Kernsatz der für die deuterojesajanische Verkündigung typischen Gattung der Heilsorakel, „Fürchte dich nicht", bricht es immer neu durch: Jahwe hat dem Volk seine Schuld bereits vergeben u. sich ihm zugewandt. So ist der wesentliche Teil der Botschaft des D. verheißenden Inhalts (Heilszusagen u. Heilsankündigungen). Daneben finden sich auch Unheilsankündigungen u. Gerichtsworte gegen Israel u. die Heidenvölker, Disputationsworte, sog. eschatologische Loblieder u. die wichtige u. bedeutsame Gruppe der Gottesknechtslieder (↗Gottesknecht). Eine besondere Eigenart des D. ist die Verquickung der Psalmensprache mit dem prophetischen Verkündigungsstil. Das Ziel seiner Botschaft ist es, in Israel durch die Verkündigung der Heimkehr u. des Wiederaufbaus Zions u. Jerusalems aktuelle Hoffnung zu erwecken. Er verkündet die eschatologische ↗Erlösung für Zion, die sich in der Vergebung der Schuld u. in einem ewigen ↗Bund realisieren wird.   pa

deuterokanonisch sind Schriften, deren Kanonizität nicht immer u. überall anerkannt wurde; in AT jene Bücher, welche die ↗Septuaginta über den hebr. ↗Kanon hinaus enthielt, für die sich aber, trotz Handschriftenfunde in ↗Qumran, keine kanonische Wertschätzung nachweisen läßt. Die Urkirche benützt die LXX als Heilige Schrift u. damit auch d.e Schriften in ihrer theol. Argumentation, u. so werden schließlich katholischerseits von den d.en Büchern als kanonisch definiert: 1, 2 Makk, Jdt, Tob, Sir, Weish u. die Zusätze zu Dn u. Est, während Luther die d.en Bücher als ↗ „Apokryphe" in den Anhang seiner Bibel setzt. Im NT waren zeitweise umstritten: Hebr, Jak, 2 Petr, 2, 3 Joh, Jud u. Apk.   tr

Deuteronomist, Verfasser von Dt, Jos, Ri, Sm u. Kg (einige reihen auch die Prosareden bei Jr u. Ez hier ein). Alle

diese Bücher sind als ein Gesamtwerk vom D. konzipiert, wobei er verschiedene u. z. T. unabhängig voneinander existierende Texte als Material verwendet hat (z. B. die Heldenerzählungen in Ri u. Ez). Der D. schreibt zur Zeit des babylonischen ↗Exils. Er beabsichtigt in seiner Darstellung, den Zusammenbruch der Reiche Israel u. Juda als notwendige Strafe für die Übertretungen der von Gott am ↗Sinai gegebenen Gesetze aufzuzeigen. Zugleich schärft er die Einhaltung des Gesetzes neu ein u. hebt dessen Heilswert hervor.   stu

Deuteronomium (griech. = zweites Gesetz), Bezeichnung der LXX für das 5. Buch des ↗Pentateuchs, aus Dt 17, 18 auf das ganze Buch übertragen. Seiner äußeren Gestalt nach ist Dt eine am Ende des Wüstenzuges von Mose gehaltene Mahnrede an Israel, das Gesetz Jahwes zu halten. Kern des Buches sind die Gesetzesvorschriften Kap. 12–26. Die einleitenden Kapitel enthalten Rückblicke auf die Ereignisse der Wüstenwanderung u. Ermahnungen, die abschließenden Kapitel wiederum Mahnreden, geschichtliche Hinweise u. poetische Stücke (Lied u. Segen des ↗Mose) u. abschließend den Bericht über den Tod des Mose. Die ständigen Ermahnungen u. eindringlichen Wiederholungen zeigen, daß die Grundlage des Buches Gesetzespredigt war. Theologisches Leitmotiv ist die Rettung u. Erwählung Israels u. die Liebe Jahwes, des einzigen Gottes Israels, zu seinem Volk. Die literarische Entstehung des Buches ist recht kompliziert. Den Urbestand bilden vermutlich einzelne Rechtsentscheidungen, die im 8. Jh. im Nordreich gesammelt wurden. Da die Kultzentralisation eine Hauptforderung des Buches ist, dürfte es im Zusammenhang mit der ↗Kultreform des Königs ↗Josija stehen (2 Kg 22, 8 ff Auffindung des Gesetzbuches im Tempel). Die Endfassung von Dt geschah in nachexilischer Zeit in Anpassung an die durch die Katastrophe von 586 entstandene neue Situation. ↗Pentateuch, ↗Deuteronomist.   stu

Deuteropaulinen ↗Paulusbriefe.

Deuterosacharja (= II. Sach) nennt man das anonyme Prophetenbüchlein, das als die Kapitel 9–14 dem ↗Sacharja-Buch angeschlossen wurde. (Mt 27, 9 f führt

Sach 11, 12 f als ein Wort des Jeremia an!) Mit guten Gründen darf man aber die Kapitel 12–14 (neue Einleitung in 12, 1) als weitere anonyme Prophetenschrift (↗Tritosacharja) ansehen; dann bezeichnet D. nur die Kapitel 9–11. – Das einende Thema der verschiedenen Sprüche in Sach 9–11 ist das Werden des messianischen Reiches. 9, 1–8 enthält Drohworte gegen Aram, Phönizien u. Philistäa u. die Verheißung göttlicher Hilfe für Juda. Der Verheißung des Friedenskönigs in Jerusalem (9, 9 f) folgt die Ankündigung des Sieges u. der Wiederherstellung von Ephraim u. Juda (9, 11–17). Jahwe allein kann (Heils-?)Regen spenden (10, 1 f). 10, 2–12 ist eine Drohung gegen fremde Hirten u. die Verheißung der Rückkehr des Volkes aus Assyrien u. Ägypten, 11, 1–3 ein Spottlied auf den Sturz des Weltherrschers. 11, 4–17 enthält eine allegorisch-symbolische Hirtenerzählung, die wohl auf zeitgenössisches Geschehen anspielt, das uns aber nicht bekannt ist. he

Diadem, Stirnband aus Edelmetall, gelegentlich mit Edelsteinen geschmückt (2 Sm 12, 30); Insignie des ↗Königs (2 Sm 1, 10; Ps 132, 18) u. ↗Hohenpriesters (Ex 29, 6), aber auch von königlichen Beamten (Est 8, 15) u. von Brautleuten am Hochzeitstag (Ez 16, 12; Hl 3, 11) getragen. Das D. des Hohenpriesters trug die Aufschrift „Heilig für Jahwe" (Ex 39, 30). he

Diakon (griech. „Diener" im allgemeinen Sinn). Allmählich wird D. zum Titel für ein ↗Amt in der sich hierarchisch strukturierenden Urkirche. Der D. ist dem Episkopen (↗Ältesten) zugeordnet (Phil 1, 1). Ihnen sind soziale u. liturgische Aufgaben in der Gemeinde übertragen (Apg 6, 3–4); sie werden durch Handauflegung bestimmt. Für die ntl. D.e gibt es weder in ↗Qumran noch im ↗Hellenismus Parallelen. be

Diakonisse. Vgl. Röm 16, 1. Noch ist umstritten, ob die D.n ein eigenes ↗Amt in der Urgemeinde hatten. Später erfahren wir, daß sie Frauen tauften u. unterrichteten. In Konkurrenz mit dem Stand der ↗Witwe unterliegen die D.n. be

Dialog (Gespräch) zeigt sich als die Grundweise, in der ↗Sprache ursprünglich vorkommt. „Alles Sprechen beruht auf der Wechselrede" (W. v. Humboldt). Seit Denkern wie Feuerbach, der formulierte: „Die wahre Dialektik ist kein Monolog des einsamen Denkers mit sich selbst, sie ist ein Dialog zwischen Ich u. Du", ist D. zu einem Grundwort des modernen Denkens geworden. Es will sagen, daß der Mensch letztlich nie für sich alleine sein u. denken kann, sondern dazu auf das ↗zwischenmenschliche Verhältnis angewiesen ist. Um wirklich zu sein, bedarf der einzelne immer „des anderen u. der Zeit" (Rosenzweig). Menschliche Existenz verwirklicht sich nur in der geschichtlichen Begegnung mit dem ↗Du (↗Geschichte). Diese Einsicht wird im Zeitalter der globalen Interdependenz von immer größerer Bedeutung. Nun darf man allerdings sehen, daß diese Grundeinsicht weitgehend Zügen des bibl. Menschenverständnisses entspricht. Denn nach diesem ist nicht nur der Mensch von seinem eigenen Ursprung her auf den anderen Menschen bezogen (vgl. Gn 4, 9; Lv 19, 18), sondern die Bibel sieht auch alle Menschen im Zusammenhang miteinander. Woraus denn etwa die Lehre, daß in ↗Adam alle Menschen dem Tode verfallen sind, entspringt (vgl. 1 Kg 5, 22). Dieser Zusammenhang aller Menschen miteinander aber ist sprachlich vermittelt. Weshalb sich denn das Unheil im Abbruch der zwischenmenschlichen Kommunikation (Gn 11, 9) manifestieren kann. Sprache ist allerdings bibl. verstanden nur D. von Menschen untereinander, sondern zuhöchst D. des Menschen mit Gott u. Gottes mit dem Menschen. So kann denn Gott in dem D. der Führung des Volkes durch das offenbarende u. prophetische Wort Heil in der Geschichte schaffen. Dieses kulminiert in der Offenbarung in Jesus Christus, durch welche Gott sich zuäußerst in einen D. mit dem Menschen eingelassen hat. Und so menschliche, in der Geschichte Heil schaffende Antwort (↗Glaube, ↗Liebe) ermöglicht. Die Bezeugung des Evangeliums durch christl. Dasein hat deshalb selbst dialogischen Charakter. Sie geschieht in der Entscheidung zur vorbehaltlosen Liebe. Und sie vollzieht sich deshalb wesentlich auch in der liebenden Aufnahme des D. mit allen Menschen (vgl. Apg 1, 9; 1 Kor 9,

19–22; 1 Tim 2, 4). Dies bedeutet einmal, daß die Verkündiger des Evangeliums die Sprachen u. mit ihnen das Weltverständnis derer, denen sie verkündigen, erlernen müssen. Die Botschaft Jesu kann nur so verkündet werden, daß sie in alle Sprachen übersetzt wird. Zum anderen aber bedeutet es auch, daß eben durch diesen Vorgang dem D.partner etwas widerfährt. Er wird seinerseits durch den Eintritt in den D. ein neuer Mensch werden. Man kann diesen dialogischen Grundvorgang schon in den Erstzeugnissen der Offenbarung, den Evangelien, beobachten, welche den Anspruch Gottes durch Jesus Christus ja nicht unabhängig von den Hörern protokollarisch, sondern durch die dialogische Situation vermittelt wiedergeben.   ↗Hermeneutik,   ↗Sprache, ↗Selbstverständnis.   ca

Diaspora (griech. = Zerstreuung), religiöse Minderheit unter einer andersgläubigen Mehrheit, in der LXX u. in der zeitgenössischen außerbibl. Literatur die außerhalb Palästinas lebenden, unter die Heiden zerstreuten ↗Juden. Theologisch ist die D.situation unter einem zweifachen Aspekt zu sehen: als göttliches Strafgericht (Jr 17, 1–4 u. a.), aber auch als Heilserweis, denn durch sie wurde der Name Jahwes unter den Heiden bekannt. Die Entstehung der jüd. Diaspora geht zurück auf die Niederlassung jüd. Kaufleute in Syrien u. Kleinasien u. auf jüd. Militärkolonien in Ägypten. Die Ausweitung nach Babylonien u. in den gesamten Mittelmeerraum war eine Folge des ↗Exils. In ntl. Zeit lebten ca. 4 Millionen Juden außerhalb des Mutterlandes (ca. 1 Million in Palästina). Im römischen Reich war die jüd. Religion als religio licita privilegiert, u. ihre Anhänger waren vom Kaiserkult befreit. Die D.gemeinden waren selbständig, aber Jerusalem blieb ihr geistiger u. religiöser Mittelpunkt. Die Verbindung wurde durch Wallfahrten (Apg 2, 9–11) u. ↗Tempelsteuer aufrechterhalten. Die jüd. D. hatte providentielle Bedeutung für die Ausbreitung der christlichen Botschaft. Das ↗hellenistische Judentum, das sich mit der heidnischen Umwelt auseinandersetzen mußte, hatte diese bereits mit dem Monotheismus u. durch die LXX mit der bibl. Botschaft vertraut

gemacht (vgl. Apg 8, 26 ff). Von den D.-synagogen aus begann die christliche Mission (Apg 13 ff).   ba

Diatessaron, erste ↗Evangelienharmonie, d. h. Zusammenstellung der vier Evangelien zu einer fortlaufenden Erzählung. Verfaßt von dem Syrer Tatian um 170 n.C.   mo

Diatribe, die literarische Form der ↗Popularphilosophie. Sie bedient sich rhetorischer Kunstmittel, um die Massen auf volkstümliche Weise über moralphilosoph. Themen zu belehren. Besonders charakteristisch ist die Einführung eines fingierten Gesprächspartners, der meist die vulgäre Meinung vertritt und dessen Einwände sogleich widerlegt werden. Andere Kunstmittel: Personifikation abstrakter Begriffe; scharfe Antithesen; imperativische, mahnende u. ironische Ausdrucksformen. Da die D. in der hellenistisch-römischen Kultur sehr populär war, boten sich ihre Ausdrucksmittel auch für die älteste christl. Literatur an. Im NT finden sie sich vor allem in den Briefen. Der Einfluß ist hier indirekt durch Vermittlung des ↗hellenistischen Judentums erfolgt.   mo

Dichtung (Dichtkunst). Große Teile des AT sind in dichterischer Form geschrieben. Dazu sind besonders die ↗Psalmen, aber auch ↗Prophetensprüche u. ↗Weisheitspsalmen zu rechnen. Die umfangreichste D. im AT stellt der Dialog des ↗Ijob dar. Die hebr. D. unterscheidet sich von der Prosa durch ihren Rhythmus. Wichtigstes Stilelement ist die Wiederholung (parallelismus membrorum). Zwei Glieder eines Satzes entsprechen einander (Ps 114, 1–6); hier spricht man von einem synonymen ↗Parallelismus. Beim gegensätzlichen Parallelismus steht das zweite Satzglied dem ersten entgegen (Spr 10; Ps 20, 9) oder der Parallelismus wird weitergeführt, indem ein Wort aufgegriffen u. entfaltet wird (Ps 29, 1). Eine regelmäßige Strophenbildung kennt die hebr. D. nicht. Kehrreime gliedern den Sinn der Versgruppen (Ps 42, 6.12; 107, 6.8.17). Als Besonderheit gibt es die ↗alphabetischen Lieder, in denen jede Zeile (Ps 111; 112), jeder V. (Ps 25; Klgl 1–4; Spr 31, 10–31) oder jeder zweite V. (Ps 9 u. 10; 37) in der Reihenfolge des Alphabets beginnen. Das NT übernahm die Formen der jüd. Psalmen-D. (Lk 1, 46–55.67–79; 2, 29–32). In den Christushymnen (z. B. 1 Tim 3, 16; 2 Tim 2, 11 ff). ↗Hymnus.   go

Didache oder *Lehre der 12 Apostel,* eine zwischen 50 u. 150 n.C. abgefaßte, im Altertum hochgeschätzte christl. Schrift. Neben einer christl. Sittenlehre im Bild der zwei Wege (Leben–Tod) enthält sie Anweisungen über Taufe, Fasten u. Gebet, Eucharistie u. die erste rechtliche Ordnung für die Gemeindemitglieder, sowie die Mahnung, Christi Wiederkunft wachsam zu erwarten.   he

Diebstahl. Im Gesetz ↗Hammurabis wird D. mit dem Tode bestraft. Im AT gehört D. eher zum Privatrecht als zum Strafrecht. In der Tat selbst liegt schon der Ersatzanspruch begründet. Bei Vieh-D., der als Normalfall gilt, wird Ersatz befohlen (Ex 21, 37). Die Strafe besteht darin, daß der Ersatz größer ist als der erlittene Schaden. Ex 21, 16 ist das gleiche Wort für Menschenraub verwendet. Moralisch wird D. als schwere Sünde betrachtet u. generell verboten (Ex 20, 15). Das NT bestätigt das atl. Verbot; D. schließt vom Reich Gottes aus, da er das Leben der Gemeinschaft zerstört (1 Kor 6, 10). ↗Recht.   zi

Dienen. Dem Herrn mit Furcht (Ps 2, 11) u. Freuden (Ps 99, 2) d. ist ausdrückliches Gebot des AT (Dt 6, 13); es bedeutet Anerkennung seiner Herrschaft (1 Sm 7, 3) u. ist Ausdruck der totalen Abhängigkeit (Dn 7, 10) der Menschen von ihrem Herrn. Wer den Sinn dieses D. in Frage stellt (Mal 3, 14), verfällt im Wahn seiner Autonomie sich selbst (Phil 3, 19), menschlichen Autoritäten u. Maßstäben (Röm 1, 25) oder den „Naturmächten" (Gal 4, 1–10) u. gerät in die Knechtschaft der ↗Sünde (Röm 6, 16–20). Aus dieser Knechtschaft kann nur der Herr „loskaufen". Seine auf diese Weise erworbenen ↗Diener leben von nun an im Stande von „Freigelassenen" (1 Kor 7, 22 f). Diese neu gewonnene ↗Freiheit ist aber keinesfalls Loslösung aus allen bindenden Normen; denn der Mensch ist im Letzten immer abhängig. Eine derartige Entwurzelung würde Tod u. Verderben bedeuten (2 Petr 2, 19). Freisein durch Christus bedeutet dagegen: in Freiheit D.-Können (Röm 7, 5 f). Dieses D. ist aber kein Müssen

mehr, sondern Dürfen, keine Knechtschaft, sondern Freundschaft (Joh 15, 14) u. Mitarbeit (1 Kor 3, 9) mit dem Herrn Jesus Christus. Nicht nur die Bereitschaft, Gott oder Jesus Christus zu dienen, sondern auch die dienende Liebe der Christen untereinander wird zum neuen Grundvollzug der Erlösten (Gal 5, 13). Paulus stellt 1 Kor 9, 19 sein eigenes Verhalten als Vorbild hin: Er wies finanzielle Abhängigkeiten zurück, um von Menschen u. ihren Maßstäben unabhängig zu sein u. sich voll u. ganz in den Dienst der Verkündigung des ↗Evangeliums stellen zu können. Darin folgt er dem Beispiel Christi, der „nicht gekommen ist, sich bedienen zu lassen, sondern zu dienen" (Mt 20, 28). Der Herr stellte damit einen neuen Maßstab auf: „Wer unter euch groß sein will, sei euer Diener, u. wer unter euch der erste sein will, sei euer Knecht" (Mt 20, 26). Dies prägte entscheidend das Selbstverständnis der ersten Christen (vgl. 1 Tim 1, 12).

Der biblische Terminus D. ist bildhafter Ausdruck, der personale Beziehungen veranschaulichen soll. D. heißt mit seiner ganzen Existenz für einen anderen engagiert sein u. von ihm her bestimmt werden. Dies wird in der Bibel als für den Menschen wesentlich erkannt. Weil der Mensch freie Person ist, ist das Wie seines D.s seiner Verantwortlichkeit aufgegeben. Er ist als Geschöpf völlig von Gott abhängig u. sollte dies in Freiheit bejahen u. in seinem Leben vollziehen. Wenn er sich dieser Abhängigkeit entledigen will, scheitert er (vgl. Mt 6, 24). Wenn er dieses Scheitern erfaßt u. nach Rettung sucht, begegnet er dem Umkehrruf Christi. Wenn er dem Evangelium glaubt u. ihm dient, fügt er sich wieder in die ursprüngliche Ordnung ein. Er empfindet dies nun aber nicht mehr als Zwang, denn er erfaßt am Beispiel Jesu, daß dienende Liebe höchsten Selbstvollzug des freien Menschen bedeutet. Wer in der Ordnung Gottes steht, ist fähig, allen in Liebe zu begegnen; wer allen in Liebe begegnet, steht in Gottes Ordnung. Aus diesem Spannungsfeld darf der Christ nicht herausfallen.   hi

Diener (hebr. ebed = Diener, Knecht, Sklave), kann im AT den Sklavendienst

Israels in Ägypten (Ex 20, 2), die Unterwerfung unter fremde Götter (Ex 23, 33) u. die Abhängigkeit vom wahren Gott (Ri 10, 16) bezeichnen. In jeder Situation ist der Mensch einem Stärkeren unterworfen. Würde liegt nicht darin, daß er sein eigener Herr ist, sondern darin, daß er den rechten Herrn über sich anerkennt. Ähnlich denkt Paulus: als D. der Sünde (Röm 6, 17) ist der Mensch entwürdigt u. vom Tode bedroht, als D. Christi (1 Kor 7, 22) ist er ein Freier (Gal 5, 1). D. Gottes kann zum Ehrentitel für die von Gott Erwählten werden (Dt 18, 5: die Leviten; Ps 89, 4: David; Jr 7, 25: der Prophet; Js 40 ff: der Knecht Gottes schlechthin, u. a.). D. Gottes, des Herrn der Welt, sind letztlich alle, selbst die Mächtigen der Erde, die ihn nicht anerkennen (Jr 25, 9). Einen christl. bedeutsamen Inhalt erhält das Wort D. in 2 Kor 3, 6, wo Paulus sich u. seine Mitarbeiter „D. des ↗Neuen Bundes" nennt u. damit klarmacht, daß er im Auftrag Gottes handelt, von dem er Befähigung u. Berechtigung seines ↗Dienens herleitet. Paulus bezeichnet sich u. Timotheus als „D. Christi Jesu" (griech. diákonos; wörtlich = Helfer). Im gleichen Sinn verwendet er auch das griech. Wort „dulos" (Knecht; Gal 1, 10), durch das noch stärker die totale Abhängigkeit vom Herrn Jesus Christus zum Ausdruck kommt: „. . . nicht mehr ich lebe, sondern Christus lebt in mir" (Gal 2, 20). Wer eine Aufgabe, ein ↗Amt in der Gemeinde hat, ist nur D. (Mt 20, 26), ↗Herr ist ↗Christus allein. oh/hi

Dionysoskult. Orgiastischer Kult für Dionysos, den Vegetations- u. Weingott. In Athen wurden an den Dionysos-Festen Tragödien u. Komödien aufgeführt. Unter Alexander d. Gr., der selbst mit Dionysos verglichen wurde, fand der D. große Ausbreitung, wurde daher auch unter den ↗Seleukiden ausgeübt (2 Makk 6, 7). mo

Dirne. Die Umwelt Israels ist von einer weitgehenden Identifizierung der Naturkräfte mit der Gottheit geprägt. Die ↗Geschlechtlichkeit ist ihr *das* Mittel schlechthin, um zur Vereinigung mit der Gottheit zu gelangen. Daher läßt sich im Alten Orient kaum zwischen einer profanen u. religiösen ↗Prostitution unterscheiden. Israel mit seinem absolut un-

geschlechtlichen Gottesbild reagiert so empfindlich auf jede Form der Prostitution, weil darin das Glaubensbekenntnis zu den fremden Kulten liegt. Sonst ist das Bild im AT eher zwiespältig: einerseits der fanatische Kampf gegen die ↗„Höhen" als Naturkultstätten u. Säuberung des Tempels, wo sich zeitweilig auch D.n einnisten konnten, anderseits gänzlich unbefangenes Reden von der Existenz der D.n u. dem Umgang mit ihnen. So ist die grundsätzlich festgehaltene Gleichheit der Geschlechter durch den geradezu selbstverständlichen Umgang des Mannes mit D.n getrübt. Fehlende Humanität (Sklaventum), ungenügende Rechtsstellung u. Bildung der Frauen u. hohes Heiratsalter führten in der Antike zu einer Verwahrlosung der Geschlechtsmoral, gegen die sich die Ethik der ↗Stoa wandte. In dieselbe Richtung weist das NT: Paulus polemisiert 1 Kor 6, 12–20 gegen die Auffassung, wonach durch den Besitz des Geistes die Grenzen der ↗Ethik nicht mehr von Belang seien. Für ihn berührt der Verkehr mit der D. die ganze Existenz in einer Tiefe, die für das Heil entscheidend ist (↗Unzucht). Die prophetische Predigt sieht in der D. die Untreue Israels gegen Jahwe ausgesagt u. macht gegenüber dem Menschen gebrochenen Treueverhältnis Gottes unbegreifliches Gnadenhandeln deutlich. Die Apk spricht von der D. als dem Synkretismus (↗Religionsmischung) heidnischer Religionen u. stellt der D. die reine ↗Braut des Messias entgegen, zu der nichts Unreines Zutritt hat. tr

Diskussionsworte ↗Streitgespräche.

Distanz. Lebt der Christ in einer D. zu seiner Welt? Grundsätzlich gilt für ihn die Forderung, sich nicht mehr dieser Weltzeit anzugleichen (Röm 12, 2), weil in ihr die Menschen weitgehend sich selbst fremd geworden sind. Vielmehr soll der Christ dieser seiner Welt dadurch eine neue Erscheinungsweise geben, daß er selber von Christus her durch u. durch neu wird. Es soll durch ihn der Welt das Bild Christi auf- u. eingeprägt werden. Menschen sollen so leben können, wie Jesus gelebt hat. Wo es Menschen gibt, die so zu leben, schreitet dieser Umwandlungsprozeß der Welt voran. Christen sind an diesem Prozeß beteiligt. Dieser ist ein hartes Ringen um den gefährdeten Menschen. Deshalb muß der Christ dort leben, wo der Mensch u. seine Welt am ausgesetztesten sind. Es gibt grundsätzlich keine D. des Christen zu seiner Welt. Denn die ganze Schöpfung in allen ihren Bereichen soll ↗neue Schöpfung Gottes werden; alle wirklichen u. möglichen Bereiche der Welt sollen dem Menschen ↗Heimat ermöglichen, Heimat bei sich selbst u. bei Gott. Weil grundsätzlich kein Lebens- u. Wirkungsbereich davon ausgenommen ist, ist auch der Christ aus keinem dieser Bereiche herausgenommen. D. gewinnt dieser nur zu den Mächten der ↗Sünde, der Verfremdung. Nirgends aber ist er vom Kampf um den heilen Menschen distanziert. gr

Divino afflante Spiritu. Rundschreiben Pius' XII. über die Heilige Schrift vom 30. 9. 1943. Es schärft das notwendige Studium der orientalischen Sprachen u. der ↗Textkritik ein, wünscht kritische Ausgaben des bibl. Urtextes u. der alten ↗Übersetzungen; es drängt auf die Erforschung des bibl. ↗Literalsinnes u. auf die Darlegung des theol. Gehaltes der Texte. Der Exeget muß vor allem die Eigenart der bibl. Schriftsteller u. die literarischen Gattungen erforschen. Sodann wird über den Begriff der ↗Inspiration gesprochen. Die Exegeten werden ermahnt, ihr Bemühen fortzusetzen, nach neuen Lösungen zu fragen, die dem bibl. Denken treu bleiben u. zugleich auch mit den Erkenntnissen der profanen Wissenschaften vereinbar sind. gr

Dodekalog (gr. zwölf Worte), Ex 34, 14 bis 26. Spätere, ausführlichere Formulierung des ↗Dekalogs, in dem man, je nach Zählung, zwölf oder zehn Gebote unterscheidet, die auf den bäuerlichen Festkreis abgestimmt sind (auch: kultischer Dekalog). be

Dogma, das, „was als richtig erschienen ist": die Meinung, in spezieller Bedeutung die philos. Meinung, die Lehre; ferner der Beschluß, u. wenn der Beschluß veröffentlicht wird, die Verordnung, das Edikt. In der LXX hat D. nur die Bedeutung Verordnung, Edikt (Dn 2, 13; 6, 8; Est 3, 9; 4, 8). Dieselbe Bedeutung hat D. im NT an den Stellen Lk 2, 1 u. Apg 17, 7 als Bezeichnung für

einen kaiserlichen Beschluß u. Apg 16, 4 zur Bezeichnung der Beschlüsse des sog. ↗Apostelkonzils. Im ↗hellenistischen Judentum konnte auch „die göttliche Verordnung des mosaischen Gesetzes" D. genannt werden. Im NT findet sich diese Bedeutung von D. Eph 2, 15 u. Kol 2, 14. D. als Bezeichnung für die christl. Lehre kommt erst bei den Kirchenvätern auf. mo

Doketismus, der Versuch, das Problem der zwei Naturen Christi dadurch zu lösen, daß das Menschsein Christi teilweise oder völlig geleugnet wird: Christus habe nur zum Schein (griech. dokein = scheinen) einen Menschenleib angenommen, sei also in Wahrheit nicht Mensch geworden u. nicht gestorben. Eine doketische Christologie wird bereits im NT in 1 u. 2 Joh bekämpft. mo

Dornenkrone. Dornen waren in Israel häufig. Die D. Jesu war vermutlich nicht aus Dornen, sondern aus Blättern der Akanthuspflanze. Sie war kaum Marter, wohl aber Spott für Jesu Königsanspruch. zi

Doxa ↗Herrlichkeit.

Doxologie, ein zumeist kurzer, hymnischer Lobspruch auf ↗Gott oder auf ↗Jesus Christus. Durch die D. spricht der sich Gott als Geschöpf verdankende Mensch seinen ↗Dank als Lobpreis u. Anerkenntnis der ↗Herrschaft Gottes aus. Ein Gebet kann mit einer D. beginnen (Lk 1, 68) oder schließen (Eph 3, 21). Aber auch außerhalb eines Gebetszusammenhangs kann beim Sprechen von Gott u. im Alltag des Menschen vor Gott eine D. gesagt werden (2 Kor 11, 31). Im Unterschied zum Gebet, in dem Gott als Du direkt angesprochen wird, steht der Lobpreis der D. meist in der 3. Person. Denn die D. verbindet nicht nur den Beter mit Gott, vielmehr hat sie gleichsam Öffentlichkeitscharakter, weil mit ihr – auch wenn einer allein sie sagt – Gottes ↗Herrlichkeit in der Welt proklamiert wird. Beispiele atl. D.n finden sich vor allem in den ↗Psalmen (z. B. am Ende der fünf Psalmbücher u. des ganzen Psalters: Ps 150), eine besonders ausführliche D. in 1 Chr 29, 10–12. Auch die ntl. D.n gelten vor allem Gott (z. B. Röm 1, 25). Aber die Situation des Neuen Bundes zeigt sich darin, daß sie nun ↗durch

u. ↗ in Christus gesprochen werden
(vgl. Hebr 13, 15). Schließlich kann sich
der Lobspruch an Jesus Christus selbst
wenden (2 Petr 3, 18).
Die ntl. D. steht in der Tradition des
atl. u. spätjüd. Betens, wie die Lob- u.
Dankgebete zu Beginn aller Paulusbriefe
gut zeigen. Nach jüd. Sitte sind der Beginn eines wichtigen Tuns, der Anblick
geschichtlich bedeutsamer Orte, ein Na-
turerlebnis, das Erscheinen des Mondes,
Freude u. Leid Anlässe, eine berakah
(= D.) zu sprechen. Besonders eng ist
die Verbindung der D. mit dem ↗ Mahl,
in dem die Gabe Gottes zum Leben für
den Menschen anschaubar empfangen
wird (vgl. Mk 14, 22 f). Der hymnisch-
liturgische Klang mancher ntl. D.n
scheint auf eine enge Verbindung mit
der ↗ Eucharistie u. anderen gemeinsamen Mahlfeiern der Gemeinden hinzuweisen (1 Tim 6, 15 f). Die jüd. Sitte,
nach der die Anwesenden auf eine D.
mit ↗ Amen antworteten, lebt im NT
(1 Kor 14, 16) u. später im christl. Gottesdienst fort. Der Apostel Paulus versteht sich als mit seiner Gemeinde in
diesem den Lobspruch beantwortenden
Amen geeint (2 Kor 1, 20).
Lebendig u. wahrhaftig kann eine D.
nur sprechen, wer an den lebendigen
Gott glaubt u. an sein Handeln in der
Geschichte des eigenen Daseins u. der
Welt (vgl. den Jubelruf Jesu Mt 11, 25
bis 27). Wie alles Geformte ist die D.
in der Gefahr der Veräußerlichung. Weder im Judentum noch in der Kirche
ist sie dieser Gefahr immer entgangen
(vgl. den Gebrauch des „Ehre sei dem
Vater" u. manche Tischgebetsitten).
Wohl deshalb fehlen D.n im prophetischen Schrifttum des AT fast ganz. Und
während für das spätere Judentum eine
Reihe von D.n als sog. ↗ Achtzehngebet
zu dem Gebet schlechthin geworden
ist, fehlt eine doxologische Formel im
Vaterunser. (In der evangelischen Christenheit wird das Vaterunser nach einem
Brauch schon des 1. Jh. durch eine D.
erweitert.) Wohl hat die erste Gruppe
seiner Bitten („Dein-Bitten") zum Inhalt, daß Gottes Herrlichkeit u. seine
Gemeinschaft mit den Menschen vollendet offenbar werde. Aber dieses Gebet ist in die Zukunft gerichtet u. bekennt, daß Gott selbst seine Herrschaft

herbeiführen muß. Alles Gotteslob in der
Zeit wartet auf diese Vollendung, wenngleich nach Apk 4 u. 5 das Gotteslob der
ganzen Schöpfung schon jetzt der gültige Hintergrund der ↗ Geschichte ist.
In jeder D. spricht sich zugleich der
Glaube an die Enthüllung u. Darstellung
dieses Hintergrundes aus. Ein jüd. Wort
(1./2. Jh. n.C.) sagt: „In der kommenden Welt hören alle Opfer auf, das
Dankopfer bleibt ewig; ebenso hören
alle Bekenntnisse auf, aber das Bekenntnis des Dankes bleibt ewig."   sm

Drache (hebr. tannin), im AT ein
↗ Meerungeheuer der Urzeit, von Jahwe
bei der Ordnung seiner Schöpfung nie-
dergerungen (Ps 74, 13; Js 51, 9). Ps
148, 7 denkt ihn als großen Seefisch,
Ps 91, 13 als schlangenartiges Land-
ungeheuer. In prophetischer Drohrede
ist der „große D." der ↗ Pharao als Repräsentant Ägyptens (Js 27, 1; Ez 29,
3; 32, 2). Im NT kommt der D. nur in
der Apk vor als Symbol widergöttlicher
Macht schlechthin, die Gottes Heilsplan
zu durchkreuzen sucht.   he

Drachme, griech. Silbermünze, Wert etwa 80 Goldpfennig (Lk 15, 8 f). Das
Vierdrachmenstück hieß Stater (Mt 17,
27).   mo

Drei, als Inbegriff des Vollkommenen,
der höchsten Entfaltung des Wesens, des
in sich gerundeten Ganzen bei vielen
Völkern ↗ heilige Zahl; die Herkunft der
Symbolbedeutung ist unklar. Häufig begegnen kosmische Götterdreiheiten.
Auch Sage u. Märchen sind oft durch die
D.zahl bestimmt (z. B. 3 Wünsche). –
AT u. NT bezeugen oftmals das Motiv
der D.zahl: a) 3 Tage, 3 Nächte bedeuten eine befristete Zeit des Unheils oder
Wartens; nach 3 Tagen oder am 3. Tag
bricht dann eine neue Zeit des Heils
oder endgültiges Geschick an (Gn 40,
10–19; Hos 6, 2; Jon 2, 1; Mt 12, 40;
1 Kor 15, 4). – b) Durch dreifachen Vollzug erfahren bedeutsame Handlungen
höchstmögliche Steigerung: Fluch (Gn 9,
25–27), Segen (Nm 6, 24–26; 24, 10), Gotteslob. Gebet (Js 6, 3; Dn 6, 11; Mt
26, 44; 2 Kor 12, 8), Fragen (Lk 23, 22;
Joh 21, 17), Verleugnung (Mt 26, 34). –
c) In entscheidenden Situationen treten
3 Personen auf: Gn 9, 18 f: Sem, Cham,
Japhet, Gn 18, 2: 3 Männer bei Abraham,
bei Ijob die 3 Freunde, Dn 3: die Män-

ner im Feuerofen, Mt 2: die Magier, Mt 17, 1: die Jünger, Joh 19, 25: die Marien. ↗Zahlensymbolik.   he

Dreiheit. Dreier-Formeln, die als Hinweis auf die „Dreifaltigkeit Gottes" verstanden werden können, finden sich im NT, vor allem als Gruß- u. ↗Bekenntnisformeln. Die wichtigsten sind: 2 Kor 13, 13: Der D. „Gnade – Liebe – Gemeinschaft" wird eine andere D., „Herr Jesus Christus – Gott – Heiliger Geist", gegenübergestellt. Das eine göttliche Heilsgut wird unter je verschiedenem Aspekt einem der drei als Geber zugeteilt. – 1 Kor 12, 4–6: Als „Gnadengaben – Dienste – Wunder-Wirkungen" wird dieselbe Wirklichkeit der ↗Charismen einmal dem ↗Geist, einmal dem ↗Herrn, einmal ↗Gott zugeschrieben. – 1 Petr 1, 2 u. ausführlicher Eph 1, 3–14 lösen das eine göttliche Heilswerk auf in den Dreiklang Erwählung (des Vaters) – Erlösung (durch Jesus Christus) – Heiligung (des Geistes). – Mt 28, 19: Die Taufe wird in der Urkirche verstanden als Übereignung des Menschen an Vater, Sohn und Heiligen Geist.   ur

Dreißig, in der Bibel oft ein Einheitswert, der wohl auf die Monatseinteilung zurückgeht. D. bezeichnet eine größere Zahl von Menschen, Tieren oder Dingen (Ri 10, 4; 12, 8 f.14; 14, 11 ff; 2 Sm 23, 18 ff), eine Summe Entgelt (Ex 21, 32; Sach 11, 12; Mt 26, 15) oder eine runde Zahl von Tagen u. Jahren (Dt 34, 8; Dn 6, 8; Lk 3, 23).   he

Dreizehn, eine in ↗Mythos, ↗Sage u. ↗Märchen beliebte Zahl, die wohl in den 13 Mondphasen begründet liegt. Sie war bis in jüngste Zeit wie die ↗Zwölf sowohl gute wie böse Zahl. Nach Nm 29, 13 sind 13 Stiere zu opfern. Mehrfach begegnen 1 + 12 = 13, z. B. Jakob u. seine Söhne, Jesus u. seine Jünger.   he

Dreschen geschieht mit den bloßen Händen (Mk 2, 23), mit Stöcken, Ochsen, Dreschschlitten oder -wagen. Dabei ist das Trennen von Korn u. Spreu mit einer ↗Wurfschaufel mitgemeint. Diese alltägliche, jedem bekannte Arbeit wird ähnlich wie das Keltern (↗Keltertreter) zum beliebten Bild für Vernichten, z. B. für das Zerstören u. Schleifen einer Stadt (Am 1, 3), besonders aber für das verurteilende (Mich 4, 13) oder rettende (Js 28, 27 ff) Gericht Gottes. Hierbei ist

der Vergleichspunkt, daß wie beim D. auch beim ↗Gericht Gottes Vernichten einerseits u. Gewinnen u. Bewahren andrerseits zusammenfallen.   schü

Drohrede. In der prophetischen Botschaft nimmt die Anordnung göttlichen Eingreifens als ↗Strafe u. ↗Gericht einen weiten Raum ein. Die D., die auf einem Gottesspruch beruht, enthält Begründung u. Tadel, die Motive, um derentwillen das Gericht geschieht, u. die Folgen des göttlichen Handelns. Der D. geht meist eine Scheltrede des ↗Propheten voraus. Die schriftliche Fixierung der D.n konnte an die Stelle der mündlichen Verkündigung treten.   stu

Du. Der in der ↗Sprache existierende Mensch erfährt sich ursprünglich nicht nur als ein ↗Ich, das spricht, sondern auch als der, der als er selbst angesprochen wird, als D. In der Ursituation der Sprache, dem Gespräch (↗Dialog), sind Ich u. D. gleichermaßen ursprünglich gegeben. Sprache kommt nur zustande zwischen zwei jeweils als Ich u. Selbst sprechenkönnenden u. hörenkönnenden Menschen. Erst durch die Unverfügbarkeit des mich selbst meinenden anderen weiß ich um mein Selbstsein; wie ich umgekehrt dem D., das ich anspreche u. als es selbst meine, dadurch sein Selbstsein vermittle. Diese Ursituation der Sprache kann dadurch degenerieren, daß ich, sprechend, das unverfügbare D. des anderen vergegenständliche. Die Ich-Du-Beziehung schlägt in die Ich-Es-Beziehung um. Der Mensch begegnet dem Menschen nicht mehr, sondern gebraucht ihn. – Die bibl. Anthropologie versteht den Menschen wesentlich als den durch Gott in seiner Freiheit angerufenen u. so zu sich selbst gerufenen Menschen. Deshalb ist es, wie vor allem Buber entdeckt hat, möglich, die bibl. Lehre von ↗Heil u. ↗Unheil von dem Verhältnis zwischen Ich u. D. (↗zwischenmenschliches Verhältnis) her zu verstehen, in welchem zugleich immer das Verhältnis des Menschen zu seinem Schöpfer, dem in keiner Weise zu vergegenständlichenden „ewigen Du", gelebt u. bezeugt wird. Für die ntl. Botschaft ist dieses Verhältnis dadurch ermöglicht, daß Gott uns in der Hingabe Jesu selbst meint u. zu Söhnen u. Töchtern angenommen hat (vgl. Joh 1,

12; Röm 8, 16; 8, 31 ff; 2 Kor 6, 16–18; Gal 4, 4 ff; 1 Joh 3, 1). ca

Dualismus, von lat. duo = zwei, lehrt die Widersprüchlichkeit der Wirklichkeit u. führt sie auf zwei Grundprinzipien zurück, die nicht auseinander ableitbar u. nicht zur Einheit zu führen sind (z. B. gut–böse). Die bibl. Botschaft vom *einen* Schöpfer u. *einen* Herrn der Welt schließt einen D. in diesem strengen Sinn grundsätzlich aus. In jüd. ↗Apokalyptik kam unter iranischem Einfluß ein endzeitlicher D. auf: Dem jetzigen ↗Äon, in dem das Böse regiert, steht der kommende Äon des Heils gegenüber, in dem Gottes alleinige Herrschaft sichtbar wird. Dieser spätjüd. D. wirkt auf das NT ein, wird jedoch durch die Christusbotschaft gesprengt: Die ↗Herrschaft Gottes greift schon jetzt nach dem Menschen, die ↗neue Schöpfung hat begonnen – obwohl der Christ noch in der Anfechtung lebt u. erst auf die Vollendung hofft. ma

Dublette ↗Parallelbericht.

Durch Christus. Es ist die Mitte der christl. Botschaft, daß Gott dem Menschen ↗Leben u. ↗Heil „durch Christus" gibt. „Es ist *ein* Gott u. ebenso *ein* ↗Mittler zwischen Gott u. den Menschen, der Mensch ↗Jesus ↗Christus, der sich selbst als ↗Lösegeld für alle hingegeben hat, das Zeugnis zur gegebenen Zeit" (1 Tim 2, 5 f). Diese Mittlerschaft Jesu Christi ist nach der Schrift umfassend: Durch ihn ist das ↗All geworden u. die Zeit, aber auch jedes menschliche Leben. Er ist als Licht aufgeschienen in der verfinsterten Welt u. hat von Gott Kunde gebracht. Er hat Gottes vergebende ↗Liebe verkündet u. durch sein Sterben u. Auferstehen bleibend zugänglich gemacht in der Welt. Durch ihn hat Gott die Welt mit sich versöhnt u. einen Dienst der ↗Versöhnung in die Welt eingestiftet. Durch Christus hat er ↗Apostel berufen, die, wiederum durch ihn, das Wort der Vergebung weitersagen in die Zeiten der Geschichte. Durch ihn wird der Mensch in der Taufe u. im Glauben ↗neue Schöpfung, wird einst Gottes ↗Gericht u. Sieg über die Welt ergehen, aber auch seine Rettung u. seine offenbare Liebe unter den Menschen sein (vgl. als Beispiel einer umfassenden Beschrei-

bung des durch Christus Gewirkten Kol 1, 15–20). In besonderer Begrifflichkeit entfaltet den Gedanken der Mittlerschaft Jesu der Hebräerbrief: Anders als im sündigen u. vergänglichen atl. Hohepriestertum ist durch das sündlose Hohepriestertum Christi, durch seine gehorsame Hingabe an den Vater, kraft deren er bleibend Mittler ist, den Menschen ein für allemal der Zugang zu Gott eröffnet (7, 25).

Durch Christus geschieht aber nicht nur Gottes Handeln, sondern auch die Antwort des Menschen. So ist aller Gottesdienst der Kirche nur durch ihn, u. er ist durch ihn etwas ganz Neues – nicht nur menschliche Religiosität. Vielmehr ist Gott in Christus auf die Seite der Menschen getreten. Deshalb ist z. B. der Dank des Paulus immer Dank durch Jesus Christus u. gewinnt so über alles menschliche Danken hinaus Gewicht. Hier wie sonst oft ist die Sprache des Paulus von der Liturgie geprägt. Die so häufig im Gebet der Kirche wiederkehrende Formel „durch Christus" spricht das Unterscheidende christl. Betens aus. Deshalb dürfte sie nicht zur Gewöhnung werden, sondern sollte den Geschenkcharakter unseres Betens u. seine Neuheit bewußtmachen. Aber nicht allein das Gebet, sondern die ganze christl. Existenz gelingt nicht als Menschenwerk, sondern durch Christus; hierin sind Gebet u. Alltag nicht geschieden. Das ist für den Christen der Grund der Hoffnung: Wir sind in unserer Existenz nicht allein, sondern getragen vom Erbarmen Gottes, der durch Christus unsere Worte u. Wege an ihr Ziel bringt.

Wie aber ist die Formel „durch Christus" näherhin zu verstehen? Christus ist ja kein die Interessen zweier gleicher Partner aushandelnder Mittelsmann; er ist aber auch kein Medium. An ein Medium könnte man bei manchen Bibeltexten denken, die sich – gemäß Denkmodellen ihrer Zeit – Christus u. die Kirche als einen geistigen Leib (eine „korporative Persönlichkeit") vorstellen (↗Leib Christi), in den eingegliedert zu sein für den einzelnen Heil bedeutet (vgl. 1 Kor 12, 12–27). Meistens aber hat das „durch" den Sinn einer personalen Kausalität (u. das ist auch bei der Vorstellung vom Leib mitgemeint): Von Gott kommt, durch Christus gewirkt, die Versöhnung (2 Kor 5, 18–20); u. nach dem Hebräerbrief ist Jesus nicht wie Mose Mittler „zwischen" Gott u. Volk, sondern Gottes Sohn u. als solcher „Urheber des Heils" (5, 9). Die menschliche Antwort aber wird so durch Christus gewirkt, daß er es geradezu selbst ist, der in ihr redet u. handelt. Das gilt nicht nur für die unmittelbare Antwort im Gebet, sondern ebenso für jeden Dienst (vgl. 1 Thess 4, 2). Dabei wird das Tun des Menschen nicht ausgeschaltet, wie 2 Kor 1, 20 gut zeigt.

Paulus u. die anderen ntl. Autoren konkretisieren mit der Formel „durch Christus" ihren Glauben an den auferstandenen Herrn, dessen Leben sich ihnen als umfassendes Wirken darstellt. Sie verkünden den lebendigen Herrn, der als der Geist (2 Kor 3, 17) in den Gläubigen wohnt, ruft, drängt. Dabei (also nicht wie vereinzelter vergangener Ereignisse) gedenken sie aber auch der Geschichte dessen, der da handelt, u. bekennen, daß sein gegenwärtiges Wirken in der Geschichte des Menschen Jesus gründet (in seinem Gehorsam, Hebr 5, 7–10; in seinem Leiden, Röm 5, 8 f). Seltener sind Aussagen zuerst auf den Sohn (oder den ↗Logos usw.) bezogen u. auch dann immer im Hinblick auf seine Menschwerdung oder auf den Tod u. die Auferstehung Jesu. Immer ist – nicht der Sprache, aber der Sache nach in Übereinstimmung mit der späteren Christologie – der Sohn, der historische Jesus, der erhöhte Herr als *einer* gesehen. Das Tun des Menschen Jesus darf dabei keinesfalls, wie es im Glaubensvollzug oft geschieht, außer acht gelassen werden. In Jesus Christus ist Gottes Wort Fleisch geworden in der Geschichte; durch den antwortenden ↗Gehorsam des Menschen Jesus aber wurde aus einer durch die Sünde versperrten Welt der Weg zum Vater möglich.

Die Mittlerschaft Christi ist universal. Auch außerhalb eines erkennbaren Christusbekenntnisses kommt einem jeden durch ihn das Leben zu. Damit ist er zuletzt die lebenspendende Mitte des Kosmos, der durch Christus seine jetzt noch verborgene, einst aber offenbare Zukunft gewinnt.   sm

Durst (dürsten). Einen Becher Wasser zu reichen ist in Ländern am Rande der Wüste kein geringes Werk der Barmherzigkeit (Mt 10, 42); im Dürstenden begegnet Christus selbst (Mt 25, 35). – In den Prüfungen des Wüstenzugs sollte Israel lernen, daß Gott allein seinen D. stillen kann. ↗Wasser, die Quelle allen Lebens, wird als unmittelbare Gabe des Schöpfers gesehen, ist Urbild des Segens u. der belebenden Gnade (Ps 65, 10–14; Js 45, 8). Verläßt Israel seinen Gott, den „Quell des lebendigen Wassers" (Jr 2, 13), so straft er es mit Ausbleiben des Regens (1 Kg 17, 1), macht es zur ↗Wüste (Hos 2, 5), damit es den wahren D. lerne: nach dem ↗Wort Gottes (Am 8, 11), nach Gott selbst (Ps 42, 3; vgl. Mt 5, 6). – Jesus erleidet stellvertretend für das Gottesvolk diesen (verschuldeten) D. bis zu Ende (Joh 19, 28). Zugleich erfüllen sich in ihm die Verheißungen, daß Gott einst Wasser in Fülle schenken wird (Js 41, 17 f; 55, 1; als Quelle aus dem Tempel, Joel 4, 18; Ez 47, 1–12): Er spendet denen, die an ihn glauben (Joh 6, 35), Wasser, das nicht mehr dürsten läßt (Joh 4, 14; 7, 37 f). Er gewährt Anteil am endzeitlichen Gastmahl (Js 25, 6; Lk 22, 30) im himmlischen Zion, wo keiner mehr dürsten wird (Apk 7, 16; 21, 6).   ur

E

Ebed-Jahwe-Lieder ↗ Gottesknecht.

Ebenbild. a) Mit Betonung läßt der 1. (priesterliche) ↗ Schöpfungsbericht Gott bei der Erschaffung des ↗ Menschen sprechen: „Laßt uns den Menschen machen nach unserem Bild (oder: als unser Bild), nach unserer Ähnlichkeit!" (Gn 1, 26.) Beide Ausdrücke sind austauschbar u. besagen zusammen, daß der Mensch innerhalb der sichtbaren Schöpfung das Abbild oder E. Gottes darstellt. Während die Bibel im Menschen gewöhnlich das nichtige Geschöpf („Fleisch") im Gegensatz zum unendlich überlegenen Gott sieht, bringt sie mit dieser Aussage – zwar nur an wenigen Stellen, aber in kaum auszulotender Tiefe – die Würde des Menschen, seine unter allen Geschöpfen einzigartige Nähe zu Gott, zum Ausdruck. (Im 2., jahwistischen Schöpfungsbericht steht entsprechend die Aussage, daß Gott ihm Odem von seinem Odem einhaucht: Gn 2, 7.) Gegenüber voreiligen Spekulationen der späteren Auslegung, in welcher Eigenschaft des Menschen, seines Leibes oder seiner Seele, diese Gott-E.lichkeit begründet sei, ist äußerste Zurückhaltung geboten. Der biblische Bild-Begriff weist nach den Vorstellungen seiner Umwelt zunächst in eine ganz andere Richtung: Wie ein Götterbild als sichtbare Erscheinung u. Repräsentant der (unsichtbaren) Gottheit selbst galt, oder wie etwa in Ägypten dem König als dem lebendigen „Bild Gottes" die Herrschaft zukam, so ist auch in Gn 1, 26.28 – allerdings in bemerkenswert demokratisch-humanistischer Ausweitung – der *Mensch* schlechthin berufen, als Gottes „Bild" (= irdischer Stellvertreter) über alle Fische, Vögel u. Tiere der Erde zu herrschen (vgl. im 2. Schöpfungsbericht die Namengebung durch Adam Gn 2, 19, d. h. sich die übrige Schöpfung zu unterwerfen. (In Ps 8 findet sich dasselbe Motiv der Herrschaft über die Tiere; statt „Bild" aber heißt es: „Du hast ihn [den Menschen] nur wenig unter ,elohim' [= Götter, Weltherrscher] gestellt.") – Die Verletzung dieses Repräsentanten wird von Gott selbst geahndet (Gn 9, 6); auch nach dem Sündenfall bleibt er Gottes E. (vgl. Gn 5, 3).

b) Erst das von griech. Philosophie beeinflußte Buch der Weish (2, 23) sucht nach einer Begründung der Gott-E.lichkeit in einer Wesenseigenschaft des Menschen u. findet sie in der ihm ursprünglich zugedachten Unsterblichkeit.

c) Im NT wird der Begriff nur in den paulinischen Briefen aufgenommen u. weiterentfaltet: Der Mensch trägt wohl das Bild des „ersten ↗ Adam" (1 Kor 15, 45–49), in dem er aber der Sünde u. dem Tod verfallen ist; er muß daher umgestaltet werden zur Herrlichkeit des Bildes Christi (2 Kor 3, 18; Phil 3, 21). Damit ist „Bild" zum heilstheologischen u. sittlichen Begriff geworden u. außerdem inhaltlich neu gefüllt: *Christus* ist das Bild, dem wir gleichgestaltet werden müssen, damit er der ↗ Erstgeborene unter vielen Brüdern sei (Röm 8, 29). Hier wird eine von Gn 1, 26 unabhängige Aussage des AT, die die ewige ↗ Weisheit als Bild u. Abglanz Gottes bezeichnet, aufgenommen u. auf Christus angewandt (2 Kor 4, 4; Kol 1, 15; vgl. Hebr 1, 3; an den beiden letzteren Stellen auch bewußt als Herrschaftstitel ausgewertet). Christus (d. i. der menschgewordene, nicht der präexistente Gottessohn) ist also das Bild Gottes, das einerseits (im Sinne des alten Bild-Begriffs) die vollkommene Selbstoffenbarung des unsichtbaren Gottes in sichtbarer Gestalt ist (vgl. Joh 14, 6). Damit stellt er andererseits auch das Urbild dar, nach dem der Mensch schon im

Anfang erschaffen wurde, durch das er jetzt wirksam erneuert u. dereinst vollendet wird.   ur

Ebioniterevangelium, ein griech. geschriebenes, apokryphes Evangelium aus dem 2. Jh. Es stammt aus den Kreisen der Ebioniten, einer judenchristl. Sekte, die aus den während des jüd. Krieges in das Ostjordanland ausgewanderten Jerusalemer ↗Judenchristen hervorgegangen war. Das E. als ganzes ist verlorengegangen, Auszüge sind uns in den Schriften des Epiphanios v. Salamis, Kirchenschriftstellers des 4. Jh., überliefert. Es hat vor allem das Mt-Ev., aber auch andere synoptische Stoffe, untermischt mit Legenden, verarbeitet u. ist nicht frei von gnostischen Einflüssen (↗Gnosis). Bestimmte Tendenzen der ebionitischen Lehre lassen sich aus den Textfragmenten erkennen: Ablehnung des jüdischen Opferkults u. des Fleischgenusses, Opposition gegen den Apostel Paulus.   ba

Edelsteine. Wegen ihrer Seltenheit, Härte, Farbenpracht, ihres starken Lichtbrechungsvermögens legte die menschliche Vorstellung der E.n von jeher geheimnisvolle u. religiöse Kräfte bei. – In der Schrift fällt den E.n symbolischer Charakter zu: E. zierten die Kultgeräte, das ↗Zelt u. das Amtskleid des ↗Hohenpriesters (Ex 28, 15–30), um so die religiöse Autorität des atl. Priesters als Stellvertreters Gottes vor dem Volk zu zeigen. – Das himmlische Jerusalem, das keinen Tempel mehr besitzt, ist mit 12 E.n ausgelegt (Apk 21, 19 f) als Zeichen der unbeschreiblichen Anwesenheit Gottes.   sc

Eden (hebr. Wonne, sumerisch edin = Wüste, Steppe), das Gebiet, in dem nach dem jahwistischen Schöpfungsbericht (Gn 2, 8–15) das ↗Paradies lag. Der „Garten in E." wird wie eine Oase in der Wüste (Gn 2, 8) geschildert, mit allerlei Fruchtbäumen, unter ihnen der ↗Baum der Erkenntnis u. der ↗Baum des Lebens. Nach Ez 28, 13 liegt der Garten auf dem Gottesberg. E. ist hier wohl eine mythische Größe. Gn 2, 10 zählt als Paradiesesströme Euphrat, Tigris, Gihon u. Pison auf. Wesentlich ist der Gedanke, daß die ganze Erde von ihnen bewässert werde. – In 2 Chr 29, 12 wird E. als Personenname verwendet.

In 2 Kg 19, 12 wird von den „Söhnen E.s" gesprochen, womit eine Landschaft in Nordmesopotamien gemeint ist. – All das ergibt: Wegen dieser Unbestimmtheit u. des verschiedenen Gebrauches des Wortes läßt sich die Lokalisierung eines Landstriches nicht bestimmen.   zi

Edom, Land u. Volk der E.iter, ↗Semiten, die im 14./13. Jh. v.C. östlich der Araba vom Toten Meer bis zum Golf von Akaba sich ansiedelten. Das früh entstandene Königtum ermöglichte am Hof erst gerühmte (Jr 49, 7; Bar 3, 23), uns aber nicht erhaltene Weisheitsliteratur. E. wurde reich durch den Besitz der Rotmeerhäfen Elat u. Ezjon-Geber, reicher Erzvorkommen (z. B. in Punon) sowie die Beherrschung der Handelsstraße von hier nach Norden. Da auch Israel die Hafenstädte u. Erzlager begehrte, kam es früh zu Kämpfen zwischen Israel u. E. Zeitweise von Israel beherrscht (2 Sm 8, 13 f), war E. immer wieder aufständig. Seit dem 8. Jh. v.C. stand E. in Tributverhältnis zu Assur. Nach der Zerstörung Jerusalems drangen E.iter unter dem Druck der ↗Nabatäer in das entvölkerte Südjuda ein; darauf zielen die Drohsprüche der Propheten: Ob 6–21; Js 34; Ez 25, 12–14; 35; 36, 5; Ps 137, 7. Ab 300 v.C. bestand E. nur noch westlich der Araba als ↗Idumäa weiter.   he

Effata ↗Ephata.

Ehe. Die Bibel setzt in AT u. NT Heirat u. Ehe, sowohl vom jüd. wie vom griech. Boden her, als selbstverständliche gesellschaftliche Institution voraus. Trotz ihres Charakters als göttlicher Stiftung gilt die E. nach atl. Denken im Wesen zivile, privatrechtliche Einrichtung, als ein „weltlich Ding". Sie wird deutlich vom Mann her aufgefaßt u. dient als betont der ↗Familie zugeordnete soziale Größe vor allem u. zuerst der Erzeugung von Nachkommenschaft, damit dem Fortbestand der Familie. In der E. haben ↗Liebe, gegenseitige Hilfe, Freude an der ↗Geschlechtlichkeit ihren Ort. Die E.schließung ist Angelegenheit der Familien; die ↗Braut geht durch den Brautvertrag aus dem Besitz- u. Verfügungsrecht des Vaters in dasjenige des Mannes über. Die rechtlich-moralischen Forderungen an Mann u. Frau sind sehr verschieden, wie insbesondere die Gesetzesbestimmungen über den E.bruch zeigen. Auch kennt das AT für den Mann nicht die Verpflichtung zur Einehe. Der Mann hat überdies Scheidungsrecht, so daß sukzessive ↗Polygamie möglich ist. Doch kennt das AT die Einehe als Ideal (Tob 8, 7), auch begegnet scharfe Kritik an der Ehescheidung (Mal 2, 14). Die E. an sich beansprucht im NT kein besonderes Interesse. Sie kommt im allgemeinen nur zur Sprache, wenn sog. Grenzfälle, wenn Irregularitäten in Debatte stehen, wenn vor ↗Unzucht gewarnt, vom E.bruch abgemahnt, wenn die ↗E.scheidung verboten wird. Gerade die gelegentlichen Äußerungen legen aber, da sie der Diskussion der Grenzfälle angehören, die Grundlagen der E. in ntl. Sicht bloß. Im Kontakt mit dem ntl. Glaubensverständnis kann man daraus die ntl. Weisung für die E. erfragen. Im Gespräch Jesu mit den Pharisäern über die Erlaubnis der E.scheidung (Mk 10, 2–9) u. der anschließenden Jüngerbelehrung (Mk 10, 10–12) wird schon im Blick auf Jesu Antwort radikal nach der Erlaubtheit der Scheidung *überhaupt* gefragt (anders Mt 19, 3: *aus jedem Grund,* wo dann auch die *porneia* [Unzucht, Ehebruch, Blutschande?] als Grund, der vom Scheidungsverbot ausnimmt, zugestanden wird, vgl. Mt 5, 32). Während aber die Pharisäer nach einer *Erlaubnis,* also egoistisch fragen, fragt Jesus zurück mit einer Frage nach dem *Gebot,* also demütig vom Willen Gottes her. Jesus fragt nach dem freien menschlichen Verhalten, die Antwort der Gegner zielt auf gesetzliche Dispens. Das Gespräch, das im Scheidungsverbot gipfelt, geht so im Grunde um eine Kluft menschlicher Haltungen. Nur die Herzensstarrheit kann zur Scheidung denken; die wahre Grundlage der Ehe aber ist Liebe u. Treue, die dem Schöpfungswillen Gottes entspricht, der den Menschen als ↗Mann u. ↗Frau schuf (Gn 1, 27), so daß Mann u. Frau aneinander u. füreinander haften sollen (Gn 2, 24). Man darf also Jesu Bescheid nicht gesetzlich interpretieren, denn Jesu Antwort führt gerade aus der Enge gesetzlichen Denkens heraus u. prangert die Herzensstarre, die Unmenschlichkeit des Menschen an, der auf Scheidung sinnt. Die Ehe ist auf Bindung u. Haftung hin geschaffen, auf Einheit hin; wer sich mit einer „Erlaubnis" solcher Bindung u. Haftung entziehen will, handelt wider Gottes Willen u. unmenschlich. Der Mensch soll aber nach Gottes Willen leben, also in der E.: im Blick auf deren Einheit leben, seine Bindung u. Haftung todernst nehmen. Diese Forderung Jesu wird durch seine Interpretation des Willens Gottes in den evangelischen Streitgesprächen als Forderung der unbedingten Liebe u. Mitmenschlichkeit erläutert. Die Radikalität der Forderung Jesu wird an seiner Stellungnahme zum E.bruch deutlich; schon der begehrliche Blick eines verheirateten Mannes auf eine fremde Frau ist E.bruch (Mt 5, 27 f). Er widerspricht der Verpflichtung des ↗Herzens, der Treue, welche die Grundlage der E. ist. Treue ist ihrem Wesen nach Wahrhaftigkeit u. Vertrauen, ja Glauben. Im Horizont der Verkündigung Jesu meint Glauben an den ehelichen Partner Glauben an Gottes Möglichkeiten für den anderen, die Jesus den Menschen zusagt: etwa Vergebung der Schuld, Solidarität, ungesetzliches, aber freiwillig gutes Verhalten, Liebe. Denn wer wäre sich Nächster, wenn nicht Mann u. Weib in der Ehe (Mk 12, 30 f)?

Auch Paulus kennt Jesu Scheidungsverbot; seine Formulierung (1 Kor 7, 11 f) zeigt, daß der Apostel die partnerschaftliche Struktur der Ehe ernst nimmt. Er liebt die doppelten Formeln, die die Gegenseitigkeit ehelicher Haltungen ausdrücken (1 Kor 7, 4 f; 11, 11 f). Paulus kennt zwar die E.losigkeit als der Nähe des Endes angemessene Haltung, weiß aber darum, daß „jeder seine eigene Gnadengabe von Gott hat, der eine so, der andere so" (1 Kor 7, 7). Paulus rechnet mit E.scheidung für den Fall, daß ein Ungläubiger sich vom gläubig gewordenen Partner trennen will (7, 15); auch der Apostel interpretiert also das eheliche Band nicht naturhaft, sondern geschichtlich, von der Berufung des Menschen her, die er konkret Berufung zum Frieden nennt. Paulus zeigt am Thema der Hurerei in 1 Kor 6, daß auch für ihn, der schreiben kann, es sei besser, zu heiraten als zu brennen, die Ehe nicht obenhin nur als Heilmittel wider die ungeordnete Geschlechtlichkeit gilt, sondern als eine der Würde der menschlichen Person entsprechende Berufung u. Aufgabe. Gerade in einem relativen Ehepessimismus überwindet Paulus eine naturalistische Sicht der Ehe. Auch der Text, der die E. als Sakrament zu verstehen lehrte, wehrt jedem naturhaften Verständnis (Eph 5, 22–33). Den Männern wird Liebe u. Hingabe gepredigt nach dem Vorbild Christi, der sich in den Tod dahingab. So ist das Mysterium der E. Mysterium der Liebe.   pe

Ehebrecherin. In der johanneischen Perikope von der E. (8, 1 ff) wird das barmherzige u. liebevolle Verhalten Jesu zu den Sündern so wie in den synopt. Evangelien geschildert (vgl. z. B. Jesus u. die Sünderin beim Gastmahl ·des Pharisäers, Lk 7, 36–50). Auch bei Joh stellt sich Jesus gegen die ↗Pharisäer u. ↗Schriftgelehrten, die für die E. die vom ↗Ehebruch festgelegte Todesstrafe fordern (↗Ehebruch). Sie wollen von Jesus eine Stellungnahme u. ihn, dessen Milde gegen Sünder bei ihnen Ärgernis erregt, der Mißachtung des ↗Gesetzes überführen. Jesus erkennt mit seiner Antwort die Schuld der E. u. das Recht des Gesetzes voll an, spricht aber den Pharisäern u. Schriftgelehrten das Recht ab, die Frau zu verurteilen. Denn sie selbst genügen nicht den Anforderungen des Gesetzes, sind nicht ohne Sünde. Mit der Mahnung an die E., nicht mehr zu sündigen, verurteilt Jesus ihre Tat, zeigt aber auch sein Vertrauen auf ihre Bereitschaft, zu Gott umzukehren (↗Umkehr).   br

Ehebruch. Im AT wird E. verboten u. mit der Steinigung der Schuldigen geahndet. E. ist der Umgang der verheirateten Frau mit jedem anderen Mann. Für den ↗Mann gilt der außereheliche Geschlechtsverkehr mit einer verheirateten oder verlobten Frau als E. Da die Vielehe erlaubt ist (↗Ehe), kann der Mann nur die Ehe des Nächsten brechen, dessen Eigentumsrecht er verletzt. Neben diesem Rechtsbruch verurteilt man mit E. auch die Sünde gegen die von Gott geforderte Reinheit. Die ↗Propheten sehen z. T. darüber hinaus im E. den Verrat der gegenseitigen Treue von Mann u. Frau u. den Mann als Brecher der eigenen Ehe an. – Im NT gilt die Untreue des Mannes u. der Frau in

gleicher Weise als E., ebenso die Ehe mit Entlassenen (Mt 5, 32) oder die Wiederheirat nach der Trennung vom Ehepartner (z. B. Mk 10, 11 f). Jesus radikalisiert das atl. Verbot des E. (Mt 5, 28). Nicht erst die Tat, sondern bereits die ehebrecherische Gesinnung ist als E. u. Sünde anzusehen.   br

Ehehindernisse. Verboten ist im AT die Ehe mit nahen Blutsverwandten (z. B. Lv 18, 7 ff), mit Ausnahme der sog. Schwagerehe. Die ↗Ehe mit fremden Stämmen u. Heiden – in der Patriarchenzeit noch erlaubt – wird später aus religiösen Gründen verboten. Priester dürfen eine „Buhlerin oder eine Entehrte, eine von ihrem Mann Verstoßene" nicht zur Frau nehmen, der ↗Hohepriester soll eine ↗Jungfrau heiraten.   br

Ehelosigkeit. E. als Lebensstand kennen das AT u. Judentum nicht. Es gilt sogar als Unglück, unverheiratet zu sterben. So fanden sich z. B. mehrere Frauen zur ↗Ehe mit nur einem Mann bereit, wenn im Krieg sehr viele Männer gefallen waren (Js 4, 1). Im Spätjudentum schätzt man die E. der ↗Witwe. Bei den ↗Essenern wird E. nicht gefordert, aber vielfach ist Verachtung der Ehe ein Grund dafür. Zudem sahen sie sich als Priester am wahren Heiligtum (= Gott) an, für die sich kultisch bedingte sexuelle ↗Enthaltsamkeit ergab. – Die E. ist frei gewählt u. wird, wie 1 Kor 9, 5 zeigt, von den Aposteln u. Jüngern Jesu nicht gefordert. Paulus empfiehlt E., wenn sie charismatisch (↗Charismatiker) ist, um Christus ungeteilt dienen zu können, besonders angesichts der angebrochenen Endzeit (1 Kor 7, 29). – Die ↗Pastoralbriefe fordern E. von verwitweten Amtsträgern sowie von Frauen, die in den urchristl. Witwenstand aufgenommen werden wollten.   br

Eherne Schlange, ein Schlangenbildnis aus Erz, oft in Form einer um einen Stab sich windenden Schlange (= Schlangenstab, Nm 21, 8 f). Die ↗Schlange u. ihr Bild galten im Alten Orient als heilkräftiges Symbol der Lebens- u. Heilgötter. Nm 21, 4b–9 will ätiologisch den Kult der E. S. in Israel rechtfertigen u. die E. S. zugleich entgöttlichen, indem sie sie in einem Gotteswort an Mose begründet. Wohl unter prophetischem Einfluß ist der Kult in Israel verschwun-

den (vgl. 2 Kg 18, 4). – Joh 3, 14 deutet
Nm 21, 8 typologisch auf den am Kreuz
erhöhten ↗Menschensohn, in dem der
glaubend Hinblickende Heil erfährt. he
Ehernes Meer oder „das Meer" war ein
riesiges Bronzebecken mit heiligem
Wasser im Vorhof des Salomonischen
Tempels (1 Kg 7, 23–36.44). Ursprünglich wohl Symbol der ↗Urflut als Quelle
des Lebens u. der Fruchtbarkeit, wurde
es später als Waschbecken für die Priester gedeutet (2 Chr 4, 6). he
Ehescheidung. Die ↗Ehe war in Israel
grundsätzlich lösbar, allerdings nur von
seiten des Mannes. Gründe für die E.
konnten Kinderlosigkeit, ↗Ehebruch,
Mißfallen u. Unverträglichkeit sein. Aber
das AT stellt sich bereits gegen diese
Praxis (Dt 22, 13–19.28 f), wenn auch
das Recht auf E. nicht bestritten wird.
Bei der E. wird der Frau ein ↗Scheide-
brief als Beweis ihrer Entlassung ausgestellt. Nach den Aussagen des NT ist
die E. nicht gestattet, da Mann u. Frau
nach dem Schöpfungsbericht „ein Fleisch"
in der Ehe sind u. im Schöpfungscharak-
ter der Ehe die lebenslängliche Einheit
von Mann u. Frau begründet ist (vgl.
Mt 19, 3–8). Erst der Tod löst das Ehe-
band, so daß die zweite Ehe eines geschiedenen Partners oder die Ehe mit
Geschiedenen Ehebruch ist (Lk 16, 18). br
Ehre ↗Herrlichkeit.
Eid. Die Menschen sind ein Volk mit
unreinen Lippen (Js 6, 5); um die Wahrheit ihres Wortes zu verbürgen, rufen
deshalb die Israeliten (wie alle alten
Völker) Gott zum Zeugen u. gegebenen-
falls zum Rächer (Selbst-Verwün-
schungsformeln: „Gott tue mir dies u.
das an, wenn ich . . ."; oft verkürzt nur
ein Wenn-Satz). Geschworen wird a) zur
Beteuerung eines nicht offenkundigen
Tatbestands (1 Sm 20, 3), insbesondere
der Unschuld eines Angeklagten vor Gericht („Reinigungs-E.", Ex 22, 8.12; Nm 5,
12–28); b) beim feierlichen Versprechen,
etwas Bestimmtes zu tun (1 Sm 20, 12),
zumal wenn ein ↗Bund geschlossen
wird (daher „Jahwebund", 1 Sm 20, 8.
42). So ist auch der Bund, den Jahwe
selbst schließt, mit seinem E. verknüpft
(Gn 22, 16; vgl. Hebr 6, 13 ff; Ps 89, 35 ff).
Er schwört aber auch zum Unheil (1 Sm
3, 11 ff). – Bei fremden Göttern zu
schwören bedeutet ↗Abfall von Jahwe

(Zeph 1, 5); Meineid ist Entweihung seines ↗Namens (Lv 19, 12) u. wird von
ihm bestraft (Mal 3, 5). Sir 23, 9 ff warnt
vor leichtfertigem Schwören; im Spätjudentum wurde dabei der Name Gottes spitzfindig umgangen (Mt 23, 16 ff).
Nach Mt 5, 34; Jak 5, 12 verbietet Jesus
den E. grundsätzlich (wie schon die
↗Essener). ur
Eifer bezeichnet die Erregung der
menschlichen Leidenschaft, von der Begeisterung für eine gute Sache bis zum
Zorn über das Bösen, von der Feind-
seligkeit kleinlichen Neides bis zur Eifersucht der Ehegatten (Nm 5, 14; Spr 6, 34).
Ohne Bedenken schreibt das AT diese
Leidenschaftlichkeit auch Gott zu:
↗Jahwe ist ein „eifernder (eifersüchtiger) Gott" (el kanna); er duldet keine
Götter neben sich (Ex 20, 4; 34, 14; immer in Zusammenhang mit dem 1. Gebot, der Grundforderung des ↗Bundes).
Durch ↗Götzendienst reizt ↗Israel Jahwes E. (Ez 8, 3.5 ist direkt von einem
„Eifersuchtsbild" die Rede), der dann als
Zorngericht über das Volk hereinbricht
(Jos 24, 19) wie Feuer (Ps 79, 5). Im Unterschied zu primitiv-anthropomorphen
Vorstellungen vom Neid der Götter in
anderen alten Religionen ist zu beachten: die Eifersucht Jahwes richtet sich
nicht eigentlich gegen die Götzen (die
ja ↗„Nichtse" sind), sondern auf die
ungeteilte Liebe Israels, das er sich zum
Bundesvolk erwählt hat. Die Schilderung des Verhaltens Jahwes zu Israel als
eines Ehemannes zu seiner untreu gewordenen Frau bei Hos und Jr (die das
Wort E. nicht benützen) steht diesem
Sachverhalt auch sehr nahe. – Einen Wandel
erfährt der Begriff im ↗Exil: Nachdem
Israels Untreue genug bestraft ist, richtet Jahwe seinen E. darauf, seinen ent-
weihten Namen zu heiligen (Ez 39, 25),
indem er die Feinde züchtigt (Js 26, 11)
u. ↗Zion wiederaufbaut (Sach 1, 14; 8, 2).
Auch Jesus war erfüllt vom „E. für das
Haus des Herrn" (Joh 2, 17 = Ps 69, 10),
doch ist er kein ↗Zelot, sondern „sanft-
mütig u. demütig von Herzen" (Mt 11,
29) u. ein Ärgernis für die Gesetzes-
eiferer (vgl. Gal 1, 13 f). Und doch wirbt
Jesus um sein Volk mit der Unerbittlichkeit der Eifersucht Jahwes (ebenso Paulus: 2 Kor 11, 2), die alles oder nichts
will (Mt 10, 37–39) u. nichts so sehr ver-

abscheut wie das Laue (Apk 3, 15 f), vielmehr unseren E. fordert (3, 19; Tit 2, 14). Die ↗Liebe Gottes ist auch im NT ein verzehrendes Feuer (Hebr 12, 29 = Dt 4, 24), ist unerbittlich wie der Tod (Hl 8, 6). Nur so können die Aussagen über Gericht u. ewige Verwerfung verständlich werden (Mt 11, 22 ff; 25, 41; Apk 17–20; vgl. Nah 1, 2 f).   ur

Eiferer ↗Zelot.

Eifersuchtsopfer. Dieses ↗Speiseopfer aus feinstem Mehl (ohne Öl u. Weihrauch) begleitete den magischen Ritus des Priesters an einer Frau, die von ihrem Mann des ↗Ehebruchs verdächtigt u. angeklagt worden war (Nm 5, 11–31). Die Entscheidung über Freispruch oder Schuld galt als bindendes Gottesurteil.
pa

Eigenname ↗Name.

Eigentum. 1. Das *AT* kennt E. an Grund u. Boden, an Beute (Krieg u. Jagd), an Fahrnis, an Tieren u. Menschen (Sklaven). Das profanrechtliche E.s-Verständnis in Israel gründet im wesentlichen auf der ↗Landnahme, die für die israelitischen Gruppen mit der Einordnung in das kulturelle Gefüge Kanaans zugleich eine Auflösung ihrer bisherigen (halb-)nomadischen Lebensformen brachte. Neben den kollektiven Grundbesitz an Brunnen, Oasen u. Weidegebiet trat vor allem das bäuerliche Privateigentum. Die Entstehung von E. aus der Landnahme spiegelt sich noch in der Terminologie nachalah u. jeruschah wider: E. als nachalah ist die Zuteilung an Land, wie sie erstmals bei der Siedlung an die Sippen u. Familien durch Vermessung u. ↗Los erfolgt ist u. wie es von den Erbbesitzern dann in der Generationenfolge weitertradiert wird; über die nachalah besteht nur beschränkte Verfügungsgewalt (die Sippe behält das Vorkaufsrecht, u. im Falle der Verschuldung das Loskaufsrecht; bei Auswanderung oder Verschleppung in Kriegsgefangenschaft fällt der herrenlos gewordene Besitz an sie zurück u. wird neu verteilt); E. als jeruschah ist die Inbesitznahme aus fremder Hand (z. Z. der Landnahme geschah sie durch kriegerische Gewalt), später bedeutet es auch E. aus Erbschaft oder Kauf. Erwerbsberechtigt ist vor dem Exil nur der freie, wehrfähige u. kultberechtigte männliche Volksgenosse. Erst in nachexilischer Zeit erhalten auch Schutzbürger, Beisassen u. die nunmehr voll in den Klerus integrierten ↗Leviten vererbbaren Grundbesitz. Von dieser Zeit an können auch Töchter beerbt werden. Dem Schutz des E. dienen das Verbot der Grenzverrückung (Dt 19, 14), das Gebot der Erstattung von Flurschäden (Ex 22, 4 f) u. die Anfechtungsklage vor Gericht (2 Kg 8, 1 ff). E. verpflichtet zur Unterstützung der Armen; sie haben das Recht der Ähren- u. Traubennachlese (Dt 24, 19 ff), ihnen gehört der Zehnte jeden dritten Jahres (Dt 14, 28 f). Der Protest der Propheten richtet sich oft gegen übermäßige Anhäufung von Grundbesitz (Am, Js, Mich). Letztlich ist für den Israeliten Jahwe der eigentliche Eigentümer (Lv 25, 23); ihm gehören daher die Kultabgaben wie Erstlinge u. Zehnte. Auch die später sozial gedeuteten Institutionen des ↗Sabbatjahres u. des ↗Jobeljahres hängen mit diesem Besitzrecht Jahwes zusammen. – 2. Das *NT: Jesus* betrachtet den irdischen Besitz vom Gesichtspunkt der Liebe zum Nächsten her. E. ist gefährlich, ja widergöttlich, wenn es Menschen zum Mammonsdienst verführt (Lk 12, 15 ff); aber angemessenes E. ist selbstverständlich, wenn es als Mittel der Existenz (Mt 6, 11) u. zur Hilfe den Bedürftigen gegenüber dient (Lk 10, 30 ff). Die ↗Urgemeinde praktiziert im sog. Liebeskommunismus weitgehenden Verzicht auf E. als religiöses Ideal (Apg 2, 44 f; 4, 32 ff), ohne daß dies als Gesetz galt (Apg 5, 1 ff). Für *Paulus* ist E. wegen der ↗Naherwartung von untergeordneter Bedeutung; deshalb soll der Christ alle Dinge dieser Welt nur besitzen, als besäße er nicht, weil die Gestalt dieser Welt vergeht (1 Kor 7, 30 f). Demgegenüber tritt im *nachpaulinischen* Schrifttum die Warnung vor Habsucht u. der dämonischen Gefahr u. die Mahnung zur Wohltätigkeit (1 Tim 6, 9 ff) mehr u. mehr in den Vordergrund.
ze

Einfalt. E. hat auch im bibl. Bereich eine doppelte Bedeutung. Abfällig gemeint ist E. vor allem im Buch der ↗Sprüche, wo E. immer wieder der ↗Weisheit, die um gottgefälliges Leben weiß, gegenübergestellt (Spr 1, 22) oder mit Unerfahrenheit gleichgesetzt wird (Spr 14,

15). – Positiv wird E. aufgefaßt, wenn es im Ps 19, 8 heißt: „Das Zeugnis des Herrn ist verläßlich u. macht Einfältige weise." Damit wird die vorbehaltlose Hingabe an Gott als „E. des Herzens" (Apg 2, 46) bezeichnet u. als gottwohlgefällig angesehen (Ps 116, 6). Diese Kindlichkeit (↗Kind), die von Naivität unterschieden werden muß, rühmt Jesus als Grundlage der Bereitschaft, an die ↗Herrschaft Gottes zu glauben (Mt 18, 3 f). Mt fordert E. als eine der grundlegenden Eigenschaften aller Jünger, wenn er in der ↗Bergpredigt von „Reinheit des Herzens" (Mt 5, 8) u. „klaren Augen" (Mt 6, 22) oder von „Kleinheit" (Mt 11, 25) u. einem Leben „ohne Falsch" (Mt 10, 16) spricht. Auch Paulus fordert Christus gegenüber E. als wichtige Grundhaltung (2 Kor 11, 3) u. meint damit „redliche Gesinnung" (2 Kor 1, 12), „schlichte Herzlichkeit" (2 Kor 8, 2) u. Gebefreudigkeit (Röm 12, 8). Diese Haltung der E. bringt den Christen in die Nähe der ↗Demut u. bewahrt ihn vor Überheblichkeit u. zwiespältiger Berechnung Gott u. den Brüdern gegenüber (↗Bruder). – Weil das Wort E. in unserem Sprachgebrauch eine Bedeutungsverschlechterung erfahren hat, empfiehlt sich eine Übersetzung durch die Ausdrücke „Eindeutigkeit", „Geradlinigkeit", „Lauterkeit" oder „Herzlichkeit".

hi

Ein für allemal. Die Wendung, im Griechischen nur ein Wort (ephapax) fehlt im AT u. kommt nur bei Paulus u. im Hebr vor. 1 Kor 15, 6 ist hier wegen seiner unspezifischen Bedeutung („auf einmal") zu übergehen. Als sehr scharf gewählter christologischer ↗Ausdruck aber kommt die Wendung Röm 6, 10 u. Hebr 7, 27; 9, 12 u. 10, 10 vor. Wie u. weil der Tod Jesu schlechthin endgültig u. unwiderruflich ist, so ist sein Leben als Auferweckter „e. f. a." endgültig u. unwiderruflich, damit aber auch die uns in wirksamer Verheißung zugesprochene ↗Rechtfertigung allein aus ↗Huld (Röm 6, 3–11). Hebr 7, 26–28 lehrt die Endgültigkeit u. Unüberholbarkeit des als Sühnopfer verstandenen Todes Christi. ↗Christus drang, anders als andere Priester, als *der* ↗Hohepriester bis in die ungeschaffene Gegenwart Gottes vor (Hebr 9, 11 f) u. bewirkte dadurch für

die Seinen „e. f. a." die Heiligung (Hebr 10, 10, ↗Messias c). Bei Paulus u. im Hebr ist der Ausdruck polemisch: Gegen ↗Mysterien-Kulte u. atl. Kultfrömmigkeit sichern damit die Einmaligkeit, Vollwirksamkeit, Endgültigkeit u. das alles andere Werk ausschließende Genügen der Heilstat Christi. Sie stellen damit jeder bibl. begründeten Christologie die Aufgabe, die Ausschließlichkeit des alleinigen Heilswirkens Christi, die eine Verdiensttheologie unmöglich macht, verständlich zu machen. Dabei muß die Theologie sich aber hüten, diese Ausschließlichkeit zur Ausschließlichkeit der Kirche u. ihres Sakramentenvollzuges zu verdinglichen u. so in die Kultfrömmigkeit zurückzufallen.   sch

Einholung. Die E. (griech. apanthesis) ging an hochgestellte Personen, Boten u. Abgesandte des Kaisers in der Antike nach einem festen Zeremoniell vor sich. Wenn ein Gesandter des Kaisers in eine Stadt kam, um eine Botschaft seines Herrschers zu verkünden, wurde er an den Stadttoren eingeholt. Die Stadtbewohner zogen ihm entgegen u. trugen Kränze u. Huldigungszeichen mit sich. Wenn der erwartete kaiserliche Gesandte oder der Kaiser selbst in der Ferne sichtbar wurde, brach die Menge in Freuden- oder Angstschreie aus; je nachdem, ob eine Freuden- oder Unheilsbotschaft zu erwarten war. Genau dieses Bild gebraucht der Apostel Paulus für die ↗Wiederkunft Christi (1 Thess 4, 17). Wenn der Herr endgültig kommt, werden ihn die Seinen einholen. Dem antiken Weltbild getreu, spielt sich diese E. auf den Wolken des Himmels ab, denn der Herr wird vom Himmel herabsteigen (1 Thess 4, 16). Um dem Herrn entgegenzugehen, werden die Menschen in die Wolken entrückt, u. wenn beim Posaunenstoß des Erzengels der Herr sichtbar wird, werden sie in Freudenschreie u. Huldigungsrufe ausbrechen (vgl. Phil 2, 10 f), sie werden in die Knie sinken u. Kränze u. Huldigungszeichen schwingen. Paulus nennt die Christen, die auf sein Wort hin zum Glauben kamen, seinen Kranz, den er bei dieser E. schwingen wird (Phil 4, 1). Was hier im mythisch-apokalyptischen Weltbild u. im Bildmaterial des antiken Kaiserkultes gesagt ist, ist dies: wenn das ↗Reich Gottes zur ↗Vollendung kommen wird unter die Menschen, dann wird ↗Christus als der ↗Herr der Welt vollends da sein. Jetzt aber ist er im Kommen, u. er wird eingeholt überall dort, wo Menschen tatsächlich in seiner ↗Nachfolge stehen, wo Menschen wie er ↗für andere dasein wollen.   gr

Einladung (Gottes). Die Geschichte des Volkes ↗Israel ist eine Geschichte der E. Gottes. Er ruft ↗Abraham aus Ur in Chaldäa u. lädt ihn zur Gemeinschaft mit sich. Mit Abraham ist auch seine ganze Nachkommenschaft gerufen. Erneut wird Israel in seinem Führer ↗Mose in die Gemeinschaft Gottes berufen. Der ↗Bund Gottes mit dem Volk ist eine E. zu dauernder Bundestreue. Doch Israel kommt dieser E. nicht oder nur selten nach. Die ↗Propheten u. Boten Jahwes sprechen darum erneut Gottes E. aus. Die letzte u. endgültige E. Gottes an die Menschen ist ↗Jesus ↗Christus. Er ist Gottes ↗Ja u. ↗Amen, in ihm hat sich Gott den Menschen letztgültig zugesagt. So erhebt Jesus selber seine Stimme zur Einladung. Er verkündet das ↗ „Reich Gottes" u. lädt ein, dieser ↗Botschaft zu glauben (Mk 1, 15). Er fordert die Menschen an für dieses Reich Gottes. Dieses ist überall dort, wo es Menschen gibt, die den Frieden wollen u. beginnen, die ein reines Herz haben, die zu ihrem Mitmenschen barmherzig sind (vgl. Mt 5, 3–9). Jesus lädt ein, so zu leben, daß dieses Reich wachse; er lädt ein, um ↗Gerechtigkeit zu ringen in der menschlichen Gesellschaft. Nicht nur Jesu Worte, auch seine Taten sind E.en. Sein ganzes Leben ist eine einzige E. an alle, wie er zu leben, oder es wenigstens zu versuchen. Jesu Dasein ↗für andere ist E. zur Menschlichkeit, zur Verantwortung für den Mitmenschen. Gottes ↗Menschwerdung lädt den Menschen zur Menschwerdung; Gottes ↗Liebe, die in Christus offenbar wurde, lädt zur Nächstenliebe (↗Nächster). Jesus spricht in verschiedenen ↗Gleichnissen von Gottes großer E. an alle Menschen (z. B. Lk 14, 15–24; Mt 22, 1–14). Sehr oft vergleicht er das Reich Gottes mit einem Festmahl oder einem Hochzeitsmahl. Ein König lädt zur Hochzeit des Königssohnes ein. Doch die Ge-

ladenen kommen nicht – die durch den Bund zuerst zur Bundesgemeinschaft Gottes geladen waren, das Volk Israel – kommen nicht. Nun lädt der König wahllos die Menschen von den Straßen u. Gassen der Stadt. Das Gleichnis sagt: nun ergeht die E. Gottes an ↗alle Menschen. Jesus geht gerade zu diesen Menschen, die sich von der E. Gottes ausgeschlossen glaubten oder die von jenen ausgeschlossen waren, die sich als Auserwählte der E. Gottes glaubten. Jesus geht zu den ↗ „Zöllnern u. Sündern" (Mk 2, 16–17), er hält mit ihnen ↗Mahl u. lädt die ein ins Reich Gottes, die sich keinen Anspruch auf dieses ausrechnen. Weil Jesus Christus Gottes E. an die Menschen ist, deswegen ist auch das ↗Evangelium E. Überall, wo es verkündet wird, muß es in der Weise einer E. ausgesprochen werden. Es zwingt nicht, es will die freie Entscheidung u. Antwort jedes einzelnen. Die Gemeinschaft derer, die an Stelle Christi zum Reich Gottes einladen, heißt in der Sprache der Bibel ↗ „Kirche". Um aber andere einladen zu können, muß diese Gemeinschaft zuerst selber für die Menschen einladend sein. Sie muß sich darum trennen von allem, was der E. Gottes hinderlich ist oder was denen im Wege steht, die sie einladen will. Um einladen zu können, muß sie den ↗Dialog mit den Menschen suchen; sie muß die Sprache derer sprechen, die sie rufen will; sie muß wie Jesus das Leben mit denen teilen, die Gott einladen will.   gr

Einleitungswissenschaft. Die bibelwissenschaftlichen Disziplinen der Einleitung in das AT bzw. NT behandeln alle historischen Fragen der Entstehung der atl. u. ntl. Schriften u. ihrer Sammlung im atl. u. ntl. ↗Kanon sowie die Probleme der Textüberlieferung der Schriften. Herkömmlicherweise unterscheidet man zwischen „allgemeiner Einleitung" in AT u. NT (Kanongeschichte u. Textgeschichte) u. jeweilig „besonderer bzw. spezieller Einleitung" (Entstehungsverhältnisse der einzelnen Schriften: Frage nach Verfasser, Adressaten, Zeit u. Ort der Abfassung, Veranlassung u. Zweck, Darstellungsweise, Quellen, Redaktionen, Integrität usw.). Andere bibelwissenschaftliche Hilfsdisziplinen sind der

E. nur vor- u. zugeordnet, gehören aber nicht zu ihr: so die bibl. ↗Hermeneutik, die atl. u. ntl. ↗Zeitgeschichte, die bibl. Philologie (mit ihren verschiedenen Zweigen), die bibl. Archäologie u. Geographie. Die E. hat alle zum Verständnis der Einzelschriften wie des jeweiligen Kanons notwendigen historischen Voraussetzungen zu klären u. darzustellen, ist also bibl. Literaturgeschichte bzw. Geschichte dieser Literatur, als E. zur *Bibel* auch theol. Disziplin.   pe

Einmütigkeit. Das in der ↗Einzigkeit Gottes u. in der Einmaligkeit Jesu Christi (↗Erstgeborener) gründende ↗Einssein der Jünger Christi äußert sich in der E. ihres Denkens, Glaubens, Wollens u. Handelns. Wie im Wort ↗Demut ist auch im Begriff E. „Mut", altdeutsche Bezeichnung für „Gesinnung" oder „Streben", so daß E. „Streben nach Einheit" oder „Gesinnung der Einigkeit" bedeutet. Dies ist auch der Sinn des ntl. Begriffes E., der vor allem in der Apostelgeschichte dazu dient, die Gemeinsamkeit der ↗Urgemeinde im Gebet (Apg 1, 14), im gemeinsamen ↗Bekenntnis (Apg 4, 24) u. im Gottesdienst (Apg 5, 12) zu bekräftigen. Paulus weist darauf hin, daß E. vom ↗Geist Gottes bewirkt wird (Röm 15, 6). Trotzdem ist die Aktivität des Menschen unbedingt nötig (Phil 2, 2). E. ist demnach ein Verwirklichen dessen, was Gott immer schon als Möglichkeit eröffnet hat, ist also Einstimmen in das Sein des ↗neuen Menschen, der im einen Gott seine endgültige Mitte gefunden hat. E. als Bereitschaft zur Gemeinschaft ist wesentliches Element christl. Existenz.   hi

Einsetzungsbericht. Das NT kennt vier verschiedene Berichte über die Einsetzung der ↗Eucharistie: Mt 26, 26 ff; Mk 14, 22 ff; Lk 22, 19 f u. 1 Kor 11, 23 ff. Sie gliedern sich in zwei Typen, a) Mk u. Mt, b) Lk u. 1 Kor. Die E.e sind vom kultischen Vollzug der Urkirche her geprägt. Sie weisen zurück auf liturgische Formulierungen, die älter sind als die Schrift. Der E. besteht aus einer doppelten Formel, den Deuteworten, mit denen Jesus Brot u. Wein (Kelch) auslegte. Die Termini Leib u. Blut, Fleisch u. Blut entstammen der Opfersprache (↗Opfer). Man bezeichnete damit die

beiden Teile des Opfertieres, die bei der Tötung getrennt wurden. Im Rahmen der ↗Pascha-Feier hatte der Hausvater die einzelnen Mahlelemente zu deuten. Jesus vollzieht eine Umdeutung der Gaben. Er spricht von sich selbst als dem Opfer, wenn er von seinem Fleisch u. Blut spricht. Er stellt sich selbst durch die Verwendung der liturgischen Termini als das endzeitliche ↗Pascha-Lamm (vgl. Ex 12) hin. – Die beiden Typen des E. gehen auf verschiedene atl. Vorbilder zurück. Der paulinische Typ stützt sich vorwiegend auf die Gottesknechtsidee (↗Gottesknecht) bei Js (53) u. auf die Verheißung des ↗Neuen Bundes (Jr 31, 31). Der markinisch-matthäische Typ gründet vor allem auf dem Bundesschluß (↗Bund) am ↗Sinai (Ex 24): Jahwe lud 70 Männer, die Repräsentanten Israels, auf den Berg zur Mahlgemeinschaft (↗Mahl) mit ihm. Indem sie einen Teil der Opfermahlzeit verspeisen, gewinnen sie Anteil an der Gottheit. Was auf Sinai geschah, geschieht im Sinn von Jr 31, 31 noch einmal auf höherer Ebene: eine neue Einheit von Gott u. Menschen wird geschlossen, indem hier ein neues Volk gegründet wird. – Der markinisch-matthäische Typ hat statt „Blut, das vergossen wird für euch" „für viele". Jedoch ist „viele" schon im AT nahezu ein Wechselwort für „alle". Im Unterschied zum AT wird der Neue Bund auf die ganze Menschheit ausgeweitet. Im „für" klingt die zentrale Linie aller E.e an. Sie hat in Js 53, im Gedanken vom Gottesknecht, ihr atl. Zentrum u. findet in Mk 10, 45 als der Selbstinterpretation Jesu ihre ntl. Entsprechung: Der Neue Bund beruht auf dem stellvertretenden ↗Dienen Jesu Christi, auf dem Sein des Herrn für den anderen. Das Joh-Ev. kennt keinen E. Man darf wohl annehmen, daß die ↗Fußwaschung Jesu an den Jüngern (13, 1 ff) als johanneische Darstellung des E. zu gelten hat. In ihr stellt der Evangelist den Aspekt des 1. eucharistischen Mahles zeichenhaft dar, der ihm besonders wichtig war: den Dienst Jesu an den Menschen.   br

Einssein. Die Sehnsucht nach dem Einswerden u. E. zieht sich schon durch die Schriften der Propheten, die die Zerrüttung u. den Zerfall des Gottesvolkes miterlebten. Jesaja spricht von der „Sammlung der Zerstreuten" (Js 11, 12), u. Jeremia verkündet Gott als den ⤢Hirten, der den ⤢Rest der ⤢Herde sammeln wird (Jr 23, 3 f).

Das E. der Christen gründet im Wesen u. Wirken des einzigen Gottes (1 Kor 8, 6), in der Einheit zwischen Sohn u. Vater (Joh 17, 21) u. im einen Geist, der alle erfüllt (1 Kor 12, 13). Das E. der Menschen untereinander ist Folge der Erlösungstat Jesu Christi, der „aus zwei Welten eine einzige machte" (Eph 2, 14) u. „einen heilen u. ganzen Menschen neu geschaffen" hat (Eph 2, 15) aus den vielen „Fremdlingen in der Zerstreuung" (1 Petr 1, 1). Durch die eine ⤢Taufe, die im Auftrag des Herrn gespendet wird (Apg 10, 48), ist das E. der Christen grundgelegt u. zugleich ständige Aufgabe (Eph 4, 3–6). Auch die Verkündigung des einen ⤢Evangeliums (Gal 1, 6 ff) u. die Feier des ⤢Herrenmahles (1 Kor 10, 3–4) machen das E. der Christen sichtbar. Paulus fand im Bildwort vom ⤢„Leib Christi", das die ⤢Einmütigkeit glänzend charakterisiert (1 Kor 12, 12–27), den besten Ausdruck dafür. Der äußere Zusammenhalt der Gemeinden geschieht entscheidend im Wirken des ⤢Petrus (Mt 16, 17 ff). Von ihnen her ist das ⤢Amt in der ⤢Kirche eine wichtige Garantie des E. (Eph 4, 12 f). In den johanneischen Schriften wird das E. im Zeichen der beginnenden Irrlehren (⤢Gnosis) besonders betont. Das ⤢Hohepriesterliche Gebet ist ein einziger Wunsch nach Einheit (vgl. Joh 17, 20–26). Heute, im Zeitalter des Ökumenismus ist es an der Stunde, daß alle christl. Kirchen ihr gemeinsames christologisches Bekenntnis vor der Menschheit bezeugen: Das E. im Glauben an ⤢Jesus den ⤢Christus.   hi

Einziggeborener. Der Ausdruck findet sich in den späteren Schriften des NT (Lk, Hebr, Joh). Er hebt die Einmaligkeit u. Bedeutsamkeit Jesu Christi bzw. der sonst noch mit diesem Ausdruck Bezeichneten hervor. Der Jüngling von Naim war e. Sohn seiner Mutter. Es wird dadurch die Schwere des Schicksalsschlages angedeutet, den ihn Mutter traf, um bei Jesus Mitleid zu erwecken (vgl. Lk 7, 22). Im Zusammenhang mit den

Vorbildern echten ⤢Glaubens aus dem Alten Bund weist Hebr 11, 17 auf ⤢Abraham hin, der bereit war, seinen einzigen Sohn ⤢Isaak auf den Befehl Gottes hin zu opfern (Gn 22, 1–2), obwohl auf ihm seine ganze Hoffnung ruhte. Die grenzenlose Bereitschaft zur Hingabe wird hier durch den Ausdruck E. zum Ausdruck gebracht. Im Zuge der johanneischen Christologie, die sehr stark auf die ⤢Sohnschaft Jesu Christi ausgerichtet ist, wird in 1 Joh 4, 9 u. Joh 3, 16 dasselbe Motiv auf Gott bzw. Christus übertragen: „So sehr hat Gott die Welt geliebt, daß er seinen e. Sohn hingab" (Joh 3, 6). In Joh 3, 18 bzw. 1, 14 u. 18 liegt der Akzent dagegen auf der Person Jesu als des E., des einmaligen ⤢Mittlers, durch den die ⤢Menschwerdung Gottes in der Welt geschieht.   hi

Einzigkeit Gottes besagt als im AT allmählich formulierte u. so in das NT übernommene Glaubensüberzeugung, daß Gott 1. der Unvergleichbare, 2. der Alleinige, 3. der Eine ist.

1. Israels Bekenntnis von der Unvergleichbarkeit seines Gottes gehört nicht zum Formelgut überschwenglicher Götterhuldigung wie in seiner Umwelt, sondern meint wirklich, daß keiner unter den Göttern mit ⤢Jahwe zu vergleichen ist. Jahwe ist *unvergleichlich* groß (Ps 77, 14), heilig (1 Sm 2, 2) u. machtvoll in seiner Hilfe (2 Chr 14, 10) u. Wunderkraft (Ex 15, 11). Die Einzigartigkeit Jahwes sieht das alte Israel nicht beeinträchtigt, wenn es den anderen Völkern die Existenz ihrer Götter zugesteht (Dt 32, 8; Ri 11, 23 f; 2 Kg 3, 27).

2. Auch wenn es lange dauerte, bis ⤢Deuterojesaja erstmals ein klares monotheistisches Bekenntnis formulierte, gehört die unreflektierte Überzeugung, daß Jahwe der *alleinige* Gott ist, zum Grundbestand der ältesten Jahwereligion. Die Moseschar ist so sehr von der Erfahrung Jahwes als ihres Retters überwältigt, daß in der Dimension dieser totalen Hilfe der Gedanke an andere Götter gar nicht aufkommt. Der von Mose als ihr alleiniger Retter gepriesene Jahwe ist von da an ihr Gott schlechthin, der ihre bunte Schar zugleich zum „Volk Jahwes" verbindet. Das Verbot „Du sollst keine fremden Götter haben

mir zum Trotz" (Ex 20, 3) ist die Konsequenz, die sich für jedes Glied Israels daraus ergibt (Ex 22, 20). Das Festhalten an diesem „Hauptgebot" entschied in der Auseinandersetzung mit den Kanaanäern über Israels nationales u. religiöses Schicksal. Die theol. Schulen Israels haben dies gesehen u. immer klarer ausgesprochen. Schon im 10. Jh. v.C. ist für den ↗ Jahwisten Jahwe praktisch der alleinige Gott, der die Menschheit schafft u. dessen Wort auch außerhalb Israels Macht hat (es beruft z. B. Abraham aus Mesopotamien u. rettet ihn in Ägypten). Im Kampf gegen den tyrischen Baalskult stellt im 9. Jh. Elija erstmals die Frage nach der Existenzmöglichkeit eines anderen Gottes neben Jahwe (↗ Baal): „Ist Jahwe der (!) Gott, so haltet euch an ihn; ist's aber Baal, so haltet euch an ihn!" (1 Kg 18, 21.) So kann im 8. Jh., ebenfalls im Nordreich, der ↗ Elohist den Gattungsbegriff Elohim mit dem Eigennamen Jahwe gleichsetzen: was ↗ „elohim" bedeutet, kommt allein Jahwe zu. Zur wohl gleichen Zeit predigt umgekehrt Amos von der uneingeschränkten Macht des Gottes Jahwe auch über die anderen Völker, während im Südreich Jesaja die Götter der Weltmacht Assur in kühner Glaubensgewißheit „Gottchen" u. ↗ „Nichtse" (Js 10, 10) nennt. Mit der Bezeichnung „Wind" = Nichts (Jr 2, 5), „Trugwind" (Ps 31, 7), „Nicht-Gott" (Jr 5, 7) spricht man ihnen schließlich jegliche Existenz ab. Erst recht werden, vor allem in der deuteronomischen Epoche u. bei Ezechiel, ihre Bilder als Machwerk der Hände, Greuel, Mistgötzen u. a. verspottet. Voll Ironie ist die Beschreibung der „Götzenfabrik" bei Deuterojesaja (Js 40, 18 ff), der endlich klar formuliert: „Ich bin Jahwe u. keiner sonst; außer mir ist kein Gott" (Js 45, 5). Von da an ist das reflexe Bekenntnis zu Jahwe als dem alleinigen Gott so fest verankert, daß es im Weisheitsbuch bereits ein Problem wird, wie man überhaupt zum Glauben an andere Götter kommen konnte (Weish 13–15). 3. Als der Einzige ist Jahwe zugleich der Eine. Anders als in der Umwelt Israels teilt er Wesen u. Macht weder mit einer ↗ Göttin noch mit dem himmlischen Hofstaat der „Göttersöhne", noch mit dem Kosmos. Weil er der Eine ungeteil-

ten Wesens ist, verlangt er Dienst u. Liebe des ganzen Menschen (Dt 6, 4–7). Dieser atl. Glaube an die ungeteilte Macht u. Lebensfülle des einen Gottes erhält eine neue Dimension in der ntl. Botschaft vom drei-einen, ungeteilten Gott (↗ Dreiheit). ↗ Gott.   ze

Einzug in Jerusalem. Durch den von ↗ Herolden angekündigten E. nimmt der König offiziell Besitz von einer Stadt. Der E. Jesu (Mk 11, 1–11 par) wird von allen vier Evv. berichtet. Der E. bildet den Anfang des mit ↗ Streitgesprächen beginnenden u. am Kreuz endenden letzten Aufenthalts Jesu, den man oft nach dem Schema der heiligen Woche einzuteilen sucht. Von Betphage (Mt) oder ↗ Betanien (Mk/Lk) zieht Jesus auf einem Esel in die Stadt ein. Zurufe aus den Hallelpsalmen (113–118; ↗ Hallel) begrüßen ihn. Der Bericht ist durch atl. Schriftworte geformt u. aufgefüllt, von der Urgemeinde als Erfüllung messianischer Weissagung (Js 62, 11; Sach 9, 9) gestaltet worden: Jesus ist König über Israel (Joh), er bringt das Reich Davids (Mk). Die Erzählung gibt eine Deutung für Leiden u. Tod Jesu aus dem Zeugnis der Urgemeinde vom Erhöhten, den sie als ↗ Herrn u. ↗ König bekennt.   be

Eitel. Das deutsche Wort e. wird in seiner Mehrdeutigkeit („nichts als", „nichtig", „eingebildet") auch zur Übersetzung biblischer Ausdrücke verwendet. 1. „Nichts als", in der deutschen Sprache veraltet, findet sich fast nur mehr in alten Übersetzungen (z. B. Jak 1, 2: „Nehmet es als Anlaß zu lauter Freude"). – 2. „Nichtig" soll die Wert- u. Sinnlosigkeit gottlosen Lebens u. Handelns ausdrücken: „Wäre Christus nicht auferstanden, so wäre unser Glaube e.", warnt Paulus der Korinther (1 Kor 15, 17). – 3. „Eingebildet" wird in der Bibel als Gegensatz zur ↗ Demut verstanden, freilich meist mit anderen Ausdrücken (stolz, hochmütig, überheblich) wiedergegeben, doch klingt im Wort e. deutlicher die Nichtigkeit menschlicher Überheblichkeit durch (vgl. Eph 4, 17).   hi

Ekstase als religiöse Verzückung ist in vielen Religionen u. auch im AT u. NT bekannt. Im ältesten Prophetentum findet sich das Phänomen der Gruppen-E.: Scharen von ↗ Propheten ziehen unter dem Klang von Instrumenten durch das Land (1 Sm 10, 5 ff). In der klassischen Prophetie tritt die Bedeutung der E. zurück, jedoch gibt es auch hier Visionen (↗Schauung) u. Auditionen, besonders bei der Berufung (Js 6, 1 ff). Im NT berichtet die Apg von ekstatischen Erfahrungen in der Urchristenheit, die Stärkung u. Weisung in schwierigen Situationen bedeuteten (7, 55; 10, 10 ff). Ein Phänomen der E. war die ↗Glossolalie. Auch Paulus war Ekstatiker (2 Kor 12, 1 ff), legt aber kein besonderes Gewicht auf seine E.n u. kämpft gegen das Überhandnehmen der E. im Gottesdienst (1 Kor 12–14).   mo

El, eine der ältesten u. verbreitetsten semitischen Bezeichnungen für ↗Gott. E. ist der „Gott schlechthin", der durch die Vielheit der Götter (Elim) verehrt wird, kann aber auch Eigenname eines bestimmten Gottes sein. Die Bedeutung des Namens E.: etwa Starker, Führer, Gebieter, drückt die Distanz zwischen Gott u. Mensch u. das Erschauern des Menschen vor der überragenden Größe der Gottheit aus. Die vielfache Verwendung von Namen wie „Gott erbarmt sich", „Gott ist Richter" zeigt, daß man E. insbesondere als Schützer der sittlichen u. sozialen Bedürfnisse von Volk oder Stamm betrachtete. – Im AT gilt E. seit dem Bund mit Abraham als Gott Israels. Der Ausdruck „Gott meines (deines) Vaters" bezeugt eine spezielle Verbindung des E. mit einzelnen Führern, mit Personen also u. nicht mit Orten. Seine Fürsorge u. Wirksamkeit offenbart sich im Geschick eines Stammes oder des einzelnen Verehrers. So trägt E. im Unterschied zu Naturgöttern u. Lokalnumina einen deutlichen Zug zum Sozialen u. Geschichtlichen. – Die häufig mit E. verbundenen Beinamen unterstreichen die Erhabenheit der Gottheit. So begegnet als Bezeichnung des Vätergottes ↗Schaddai, das wohl „Erhabener" bedeutet (Gn 17, 1). Oft ist E. mit Eljon = „Höchster" verbunden, worin auch die Vorstellung vom Schöpfergott mitschwingt (Gn 14, 19). Der Gedanke der Zeitüberlegenheit Gottes wird deutlich in El olam = Gott der Vorzeit oder Gott der Ewigkeit (Gn 21, 33; Js 40, 28). Die Anrufung El, Gott Israels wird wie ein Eigenname für den Gott gebraucht, der

sich wirklich als Führer u. Gebieter, als Schutzgott Israels erwiesen hat (Gn 33, 20).   he

Elam, Land der E.iter östlich von Babylonien, nördlich des Persischen Golfes. Um 590 v.C. wurde E. dem Großreich der Perser u. Meder einverleibt. ↗Cyrus erhob seine Hauptstadt Susa zur Residenz. – Die Sprache der E.iter, eines alten nichtsemitischen Volkes, die sich bis in ntl. Zeit erhalten hatte (Apg 2, 9), ist noch kaum erschlossen. – Im AT wird E. vor allem von den Propheten als Großmacht genannt in der Reihe der Fremdvölker, unter die Israeliten zerstreut wurden (Js 11, 11; Jr 49, 34–39; Ez 32, 34). Nach E. verbannte Juden kehrten in persischer Zeit zurück (Esr 2; Neh 7, 12). Unter den Kolonisten in Samaria kennt Esr 4, 9 auch E.iter.   he

Eleasar (hebr. Gott hat geholfen), häufiger atl. Name. Ein E. ist der dritte Sohn ↗Aarons, ein bedeutender Mann im kultischen Bereich, auf den sich das Priestergeschlecht E. zurückführte. – Der Schriftgelehrte E. zog unter Antiochus IV. Epiphanes den Martyrertod der Heuchelei vor (2 Makk 6, 18–31). – Im ↗Stammbaum Jesu nennt Mt 1, 15 einen sonst unbekannten E.   he

Elephantine, Insel u. Stadt am Nil, Assuan (Syene) gegenüber. Hier trat – zufällig zunächst, dann durch Grabungen – eine Fülle von Papyri in aramäischer Sprache zutage, die das Leben u. die Religion einer jüd. Militärkolonie im 5. Jh. v.C. beleuchten. Diese Diasporajuden hatten nicht nur eine Synagoge, sondern auch einen ↗Tempel, in dem Jahwe geopfert u. so die Kultzentralisation in Jerusalem ignoriert wurde. Sie verehrten auch andere Gottheiten. Leider fand sich kein bibl. Text. Eine Fülle rechtlicher Urkunden bezeugt eine fast unbeschränkte Rechtsfähigkeit der Frau. – Die E.-Papyri sind in Charakter u. Sprache den kanonischen Büchern Esr/Neh nahe verwandt; sie bestätigen die von da bekannte persische Verwaltungspraxis u. manches andere, was in Esr/Neh bislang als geschichtlich unglaubwürdig angesehen wurde. ↗Papyrus.   he

Eli, eli, lema sabachtani (hebr. mein Gott, mein Gott, warum hast du mich verlassen?), die Eingangsworte von Ps 22, die Jesus in seiner Todesnot am ↗Kreuz dem Vater zugerufen hat (Mk 15, 34; Mt 27, 46). ↗Letzte Worte Jesu.　　　he

Elija (Elia[s], hebr. mein Gott ist Jahwe) aus Tisbe in ↗Gilead war der größte Prophet im Nordreich des 9. Jh. v.C. Die atl. E.-Erzählungen (1 Kg 17–19; 21; 2 Kg 1) malen echt orientalisch Gestalt u. Wirken E.s legendarisch aus, so daß die historischen Fakten nicht leicht zu erheben sind. Die Bedeutung E.s für seine Zeit liegt zweifellos darin, daß er – wie sein Name programmartig sagt – kompromißlos für die ausschließliche Verehrung ↗Jahwes eintrat, die Jahwereligion in Israel festigte u. die Zeitereignisse im Urteil Jahwes sehen lehrte. Jahwe, nicht ↗Baal, ist Herr der Natur (1 Kg 17, 1–7; 18). Jahwe, der Gott des stillen, unmerklichen Waltens (19, 12), ist der Lenker der Geschichte (19, 15 ff; 2 Kg 1, 1 ff), ist Herr über Leben u. Tod (1 Kg 17, 17–24); er will Recht u. Gerechtigkeit u. ahndet das Unrecht (21). – Mal 3, 24 erhofft E.s Wiederkunft vor dem ↗Tag Jahwes u. Sir 48, 10 die Wiederherstellung der 12 Stämme Jakobs durch E. – Das ↗Spätjudentum erwartet E. als Vorläufer des ↗Messias. E. gilt als Fürsprecher für Israel, der auch in irdisches Geschehen eingreift, als Freund der Armen, Retter der Bedrängten u. Lehrer der Tora. – Auch das NT kennt E. als Nothelfer (Mk 15, 35 f); es sieht in der Tätigkeit Johannes' d. T. die Erwartung E.s als Vorläufers des Messias erfüllt (Mk 9, 11 ff par).　　he

Elija-Apokalypse, eine teilweise erhaltene jüd. Schrift, die christl. überarbeitet wurde. Sie schildert die Strafen der Sünder im ↗Jenseits u. enthält Weissagungen über die Endzeit, die dem Propheten ↗Elija in den Mund gelegt sind: der Besiegung des ↗Antichrist u. dem Gericht folgt das ↗tausendjährige Reich des Messias.　　he

Elija-Buch, eine jüd. ↗Apokalypse, wohl aus dem 3. Jh. n.C. Sie läßt den Propheten ↗Elija für die Endzeit erwartete Geschehnisse künden: das Kommen des siegreichen ↗Messias, die Auferstehung der Toten u. das Gericht, die Vernichtung der Gottlosen u. das Heil der Frommen im neuen Jerusalem.　　he

Elisabet ↗Elischeba.

Elisäus ↗Elischa.

Elischa (hebr. Gott hilft) aus Abel-Mechola wurde in der 2. Hälfte des 9. Jh. v.C. durch ↗Elija vom Bauernstand zum ↗Propheten berufen (2 Kg 19, 19 ff). In der Nachfolge des Elija (1 Kg 2) setzte er als (auch bei Hof anerannter [4, 13]) geistiger Führer seiner Zeit den religiösen u. politischen Kampf gegen den Baalskult fort (↗Baal). E. war nicht nur von der Bundestradition bestimmter Jahwe-Eiferer, sondern auch – in tätiger Entsprechung zu seinem Programm-Namen – vielfacher Helfer der Bedürftigen. Aktiv griff er ins politische Geschehen seiner Zeit ein (9, 1–10; 13, 14 bis 19). Wenn er auch nicht die Bedeutung u. Nachwirkung des Elija erreichte, von dessen Geist er sich zwei Drittel erbat (2, 9), so übertreffen doch die Wundererzählungen um E. weit die des Meisters u. haben jene noch nachträglich vermehrt. Im Unterschied zu Elija scharte E. Prophetenschüler (Nabis) um sich, die ihn als großen „Gottesmann" u. Wundertäter verehrten, u. hatte wohl auch feste Wohnsitze (Gilgal, Samaria). – Die Sammlung der E.-Erzählungen entstand nach E.s Tod in Jüngerkreisen u. wurde später in deuteronomistischer Überarbeitung den ↗Königsbüchern eingefügt (2 Kg 2; 3, 4 – 8, 15; 9, 1–13; 13, 14–21).　　he

Elischeba *(Elisabet)* (hebr. mein Gott ist Fülle). 1. Frau ↗Aarons u. Schwägerin Mirjams (Ex 6, 23). – 2. Frau des Priesters Zacharias, aus Aarons Geschlecht, eine Verwandte Marias; sie wurde in hohem Alter (vgl. 1 Sm 1) Mutter Johannes' d. Täufers (Lk 1).　　he

Elohim, ein Abstrakt-Plural von ↗El, ist der Inbegriff umfassender göttlicher Macht u. entspricht unserem Begriff „Gottheit". Im Sinn einer in persönlicher Einheit zusammengefaßten göttlichen Macht ist E. schon in ↗Babylonien gebraucht für den einen Gott über vielen Göttern. Das AT, besonders der ↗Elohist, gibt ↗Jahwe, dem Gott vom Sinai, in seiner Person die Fülle des Göttlichen vereint, den Namen E. u. sagt damit zugleich seine Einzigkeit u. Universalität aus – zumindest für Israel. Doch findet sich im AT E. auch als Bezeichnung der Hauptgottheiten der benachbarten Völker. Verflacht u. verallgemeinert wird der Begriff E. mehrfach

verwendet für „göttliche Wesen" (Gn
6, 2.4; 41, 38; 1 Sm 28, 13; Ib 1, 6).   he
Elohist (E), Bezeichnung für eine der 4
Quellenschriften des ↗Pentateuchs bzw.
deren anonymen Verfasser. Der Name
geht auf die in der Ur- u. Patriarchengeschichte verwendete Gottesbezeichnung Elohim zurück. Erst ab Ex 3 finden
wir den Gottesnamen Jahwe. Noch andere sprachliche Unterscheidungen sind
für E. typisch, z. B. Horeb statt Sinai für
den Gottesberg. Auch durch Erzählstil u.
Theologie hebt er sich von den anderen
Quellen ab. Im Gegensatz zum ↗Jahwi-
sten, seinem Vorgänger, betont E. die
Geistigkeit Gottes, von dem man sich
kein ↗Bild machen darf, den man nicht
„sehen" kann. Gott spricht nicht mehr
unmittelbar zum Menschen, er offenbart
sich durch Träume, Engel oder eine
Stimme vom Himmel. E. weiß um die
Sünde u. radikale Verkehrtheit, der der
Mensch verfällt, daher seine deutliche
Tendenz gegen die fremden Götter. In
der Offenbarung u. im ↗Gesetz, das im
↗Dekalog grundgelegt ist, sind die sittlichen Forderungen Ausdruck göttlichen
Willens. Der kultische Aspekt tritt zurück. Die Verbindung von Gott u.
Mensch verwirklicht sich im ↗Bund. Es
wird allgemein angenommen, daß E. um
750–700 v.C. unter Verwendung älterer
Überlieferungen in prophetischen Kreisen des Nordreichs entstanden ist.   ba
Eltern ↗Familie.
Emanuel ↗Immanuel.
Emanzipation (der Frau). Die E. scheint
eine Errungenschaft des 19. u. 20. Jh. zu
sein u. hat auf den ersten Blick nichts
mit der Bibel zu tun. Im Gegenteil, das
berühmt gewordene Wort des Paulus:
„die Frau soll in der Kirche schweigen!"
(1 Kor 14, 34), scheint die Untertänigkeit der ↗Frau zu einem ntl. Gesetz zu
machen. Trotzdem kann positiv aufgezeigt werden, daß die neuzeitliche
E.s-Bewegung ihre ideelle Grundlage im
NT hat. Die oben zitierte Anordnung
des Paulus beruft sich auf das atl. Gesetz (Gn 3, 16). Dieses gibt aber immer
die zeitbedingte Auffassung der damaligen Gesellschaftsordnung wieder, die
eindeutig patriarchalisch ausgerichtet
war u. die Frau dem Mann unterordnete. Auch noch zur Zeit des Paulus
hatte sich daran kaum etwas geändert;

im jüd. wie im hellenistischen (noch
stärker im orientalischen!) Kulturbereich
galt die Frau zumindest im öffentlichen
Bereich als vom ↗Mann abhängig u.
zweitrangig. In den beinahe zwei Jahrtausenden seither hat sich diese Struktur – von Paulus nicht vorhersehbar –
entscheidend verändert. In unserer Gesellschaft hat sich gerade auch hinsichtlich der Geltung u. Stellung der Frau
ein großer Wandel vollzogen, der mit
dem Schlagwort E. bezeichnet wird. In
diesen soziologisch abhängigen Aussagen der Bibel ist daher keineswegs der
unveränderliche Wille Gottes zu sehen,
sondern eine zeitbedingte Äußerung.
Verfolgt man die Aussagen von 1 Kor
14, 34 („Die Frauen sollen untertan
sein") über Kol 3, 18 („Ihr Frauen, seid
euren Männern untertan, wie es im Herrn
ziemt") zu Eph 5, 21 („Seid euch gegenseitig untertan in heiliger Scheu vor
Christus"), so sieht man, daß in zunehmendem Maß das ntl. „Prinzip der
Gleichbegnadung" wirksam geworden
ist. In Gal 3, 28 wird ausdrücklich gesagt, daß in Christus Mann u. Frau gleich
sind. Nicht mehr Untertänigkeit, sondern freie Partnerschaft im gleichen
Glauben an Christus zeichnet das Verhältnis von Mann u. Frau aus. Dieses
Kerygma muß in der Gesellschaft erst
voll wirksam werden u. überholte Strukturen überwinden helfen.   hi
Emmaus. 1. Ein 1 Makk 3 ff öfters erwähnter Ort in Judäa, später Nikopolis
genannt. – 2. Ein Dorf, wohl identisch
mit el-qubebe, 11 km nordwestlich von
Jerusalem; hier erkannten die beiden
Jünger den unbekannten Wanderer beim
↗Brotbrechen als den Auferstandenen
(Lk 24, 13).   he
Enakiter ↗Anakiter.
Ende ↗Endzeit.
Endkampf. AT u. NT kennen das Bild
von Gottes E. gegen alle widergöttlichen
Kräfte (z. B. Apk 20). Nach der Landnahme verehrten die Israeliten Jahwe
als Anführer des Heiligen ↗Krieg, der
ihnen den Tag des Sieges schenkte.
Diese fast vergessene Tradition wurde
von den Propheten wiederaufgegriffen
u. anders gedeutet: Der ↗Tag Jahwes
ist der Tag der Niederlage Israels (Am
5, 18 ff). Jahwe kämpft in den Feinden
Israels gegen sein untreues Volk; sie

sind sein Werkzeug – darin kündigt sich der Sieg Jahwes über die Völker im E. an; dann wird er allein herrschen (Ez 38 f). Im Bild des. stellt die Bibel dar, daß der Ablauf der Geschichte anscheinend immer weiter von Gott fortführt u. daß nicht menschliches Handeln, sondern nur Gottes Macht das ↗Heil verwirklichen kann. oh

Endzeit. Die bibl. Lehre von der E. verkündet, daß die Welt einer Vollendung entgegengeht, u. der Mensch soll von dieser Erfüllung her leben, denn dort – u. nicht in der Vergangenheit – wird endgültig über ↗Heil u. ↗Unheil entschieden. Das AT kann „Ende" u. „ferne Zeit" sprachlich nicht genau unterscheiden. Das Zeiterlebnis Israels – geprägt vom Rhythmus der Jahreszeiten, der nichts wesentlich Neues erwarten läßt (Gn 8, 22) – machte ursprünglich den Glauben an eine Vollendung in der E. unmöglich. Auch als aus dem Glauben an die vergangenen Taten Gottes ein Geschichtsbild erwuchs, erwartete man keine E., denn man glaubte, daß in der ↗Erwählung bereits alles Entscheidende geschehen war. Die Propheten erst deuten die Krisenzeit Israels als Beginn der E. u. der Vollendung des Heils. Forscher der Neuzeit glaubten zunächst, die Propheten hätten Mythen vom goldenen Zeitalter als Trost im gegenwärtigen Elend in die Zukunft projiziert (Js 11, 6 ff). Doch das mythische, vom jahreszeitlichen Rhythmus bestimmte ↗Kreislaufdenken entspricht nicht der prophetischen Botschaft vom Anbruch einer unerhört neuen Zeit (Js 42, 9; Ez 11, 19). Die Propheten wollen vielmehr Israels Glaubenstradition lebendig halten, in der die Gegenwart aus dem Rückblick auf die vergangenen Heilstaten Gottes gedeutet wurde. Sie können im Elend der Gegenwart nur ein Zeichen sehen, daß Gott wegen der Untreue des Partners den ↗Bund nicht mehr halten kann. Trotzdem zweifeln sie nicht an seiner Treue. Auch jetzt wirkt er – u. nicht die Mächtigen der Welt – zu Israels Heil. Gerade die Größe des Elends wird zum Beweis, daß der treue Gott sich unvergleichlich mehr als früher um sein Volk sorgen muß. Die Propheten glauben also, daß die Endzeit unmittelbar beginnt. Mitten im Nein Gottes zum Volk fängt ein neues Ja an, das die Propheten nur in Entsprechung zu alten Überlieferungen darstellen können (neue Landnahme, Hos 2, 16 ff; neuer David, Js 9, 5 ff; neuer Exodus, Js 40, 3 ff; neuer Bundesschluß, Jr 31, 31).

Im ↗Spätjudentum äußerte sich in ↗Apokalypsen weiterhin gespanntes Interesse an der E. Geheimes Wissen Eingeweihter über die Ereignisse der E. wird weitergegeben. Diese sind im Verborgenen seit Urzeiten festgelegt, die E. ist eigentlich im Jenseits zu suchen, von dort werden ihre Heilsgüter herabsteigen (Dn 7, 13). Anders als die Propheten, die nur an Israels E. gedacht hatten, schauen die Apokalyptiker auf die Weltgeschichte. Diese ist jedoch so stark als das schlechthin Böse schematisiert u. geht von vornherein so unausweichlich auf den Untergang in der E. zu, daß sie im Grunde nicht mehr Geschichte ist.

Fern aller Geheimwissenschaft der Apokalyptik verkündet ↗Jesus, daß die E. unmittelbar jetzt beginnt (Mk 1, 15). Weder die Deutungen, die von einem Glauben Jesu an einen baldigen Ausbruch der E. ausgehen, noch die, die umgekehrt in Jesus bereits die endgültige Erfüllung aller Erwartung sehen (Hebr 1, 2), nach der nichts Neues mehr geschehen kann, werden der Gesamtaussage der ntl. Texte gerecht. Das NT hält vielmehr die Spannung aus zwischen dem in Jesus bereits gekommenen Heil u. der endgültigen Erfüllung in der E. In Jesu Wirken ist das von den Propheten verheißene Heil der E. angebrochen (vgl. Mt 11, 4 f mit Js 35, 5 f; Js 61, 1 f). Damit ist nicht das Ende der Geschichte gegeben, sondern eine letzte von Gott angebotene Möglichkeit, sich für das Heil zu entscheiden (Mt 11, 6). Folgerichtig versteht die ↗Urkirche ihre Jetztzeit als Heilszeit (2 Kor 2, 6), in der die Entscheidung für Gott sofort fallen muß (Eph 5, 16). Da Gottes Heilshandeln auf die Vollendung der Welt hinstrebt, muß der Glaubende sich eilends daraufhin ausrichten (Gal 1, 4; 1 Kor 7, 29–31). Nach der ntl. Apk u. den Reden Jesu über die E. führt Gott die Welt nicht geradewegs auf die Vollendung zu, sondern durch eine furchtbare E. hindurch. Doch gerade diese Schrecken werden dem Glaubenden zum

Zeichen, daß Gott ihn nicht verläßt (Lk 21, 18).

Heute spüren wir mehr als früher die Verantwortung der Gegenwart für die Zukunft der Menschen. Die Christen können von nichtchristl. Bewegungen unserer Zeit lernen, ihren Glauben an die E. wieder ernst zu nehmen. Er war oft nur Glaube an die „letzten Dinge", die uns noch lange nichts angehen. Er sollte sich in der Bereitschaft äußern, Verantwortung für die Zukunft zu übernehmen. Sonst kommt die E. ohne oder gegen uns. Aber die Christen haben auch den Nichtchristen etwas zu sagen: Trotz aller düsteren Zukunftsprognosen können sie zeigen, wie ein Leben aus dem Vertrauen auf die Vollendung der Welt durch den treuen ↗Gott aussieht. ↗Eschatologie, ↗Hoffnung, ↗Naherwartung, ↗Zukunft Gottes.　　　oh

Engagement. Nach bibl. Denkweise ist ↗Gott an seiner ↗Schöpfung engagiert. Er hat den Menschen beim ↗Namen gerufen; Jahwe hat sein Volk aus der Knechtschaft Ägyptens herausgeführt in seine Freiheit; er geleitet die Seinen. Er ist an der Welt des Menschen am Werk. Endgültig engagiert hat sich Gott am Menschen durch seinen ↗Sohn u. Boten ↗Jesus ↗Christus. Christus ist das totale E. Gottes an der Welt. Denn in Christus ist Gott für die Menschen da u. hat er sich versöhnt (vgl. 2 Kor 5, 19 f). Sein E. geht dahin, die Welt heimzuholen, die Menschen zu seinen Söhnen u. Töchtern zu machen. Christus bedeutet E. in Totalität. Sein Leben war ein Dasein ↗für andere; für die Menschen ging er in den Tod, um sie von der ↗Sünde frei zu machen; seine ↗Auferstehung hat nun Freiheit, Endgültigkeit u. Selbst-Identifikation ermöglicht. Als der ↗Herr der Welt ist Christus an dieser engagiert: im Leben jedes einzelnen Menschen, in der menschlichen Geschichte überhaupt, in der ↗Gemeinschaft derer, die seinen Namen tragen. Deswegen ist das Leben derer, die sich auf Christus eingelassen haben, wesentlich E.; denn sie müssen fortführen, was dieser begonnen hat: sie müssen an der ↗Menschwerdung des Menschen mitarbeiten, weil Gott Mensch geworden ist. Jesus will das Tun der ↗Gerechtigkeit, den Einsatz für den ↗Frie-

den, die erbarmende Tat (Mt 5, 6.9.7); er will nicht das Bekenntnis, sondern die ↗Praxis seiner ↗Botschaft, das Tun des Willens Gottes (Mt 7, 21 u. Lk 6, 46). Christsein heißt E. am Menschen, an Stelle Christi u. an Stelle Gottes (↗Stellvertretung). Es gibt nur engagierte Christen, andere sind keine. Der antwortet auf das E. Gottes, der mit seinem Leben dort engagiert ist, wo der Mensch u. die Gesellschaft gefährdet erscheinen. Dieses E. bedeutet Kampf, genauer Entscheidungskampf um Gottes Schöpfung (vgl. Röm 13, 12 u. a.). Es geht darum, ob sie im ↗Werden bleibt u. tatsächlich zur ↗neuen Schöpfung wird oder dem Vergehen anheimfällt. Christen sind an dem engagiert, was Christus der Welt ermöglicht u. eröffnet hat. Ihr E. gilt mehr der Zukunft als der Vergangenheit, denn es ist die ↗Zukunft Gottes.

　　　gr

Engel. Die bibl. Schriften kennen sehr verschiedene E., die sich in Erscheinung u. vor allem im Wirken unterscheiden. Am häufigsten treten E. als Gottesboten u. -sprecher auf: der malak jahwe ruft Abraham zu, seinen Sohn zu schonen (Gn 22, 11). Dieser E. ist von Jahwe selbst nicht zu unterscheiden (Gn 18). Oft wird den E.n eine schädigende oder strafende Macht zugeschrieben, z. B. dem Würg-E., Ex 12, 23, oder dem Geist, der politische Zwietracht hervorruft, Ri 9, 23. Hier kann man die E. nicht von dem Unheil trennen, das sie bringen; dies ist besonders deutlich Ps 78, 49. Bisweilen werden die E. als ↗Kerube, das sind geflügelte Mischwesen, wie sie vor allem in Babylonien bekannt sind, verstanden: Gn 3, 24 bewacht ein solcher E. den Lebensbaum, Ps 18, 11 ist er das Gefährt des herabkommenden Jahwe. Vor allem Ez hat diese Vorstellung aufgenommen. Andere E. bilden einen himmlischen Hofstaat, der Jahwe huldigt (Js 6) oder berät (1b 1, 6 ff). Erst in der Spätzeit erhalten die E. Namen (Dn, Tob), sie werden jetzt als persönliche Schutz-E. (↗Raphael für Tobias), als Beschützer der Völker (Dn 10, 11 ff), als Anwälte vor Gott (Sach 3), als Dolmetscher der himmlischen Pläne (Sach 1, 9.11 ff) verstanden. In der spätjüd. ↗Apokalyptik, aber auch in der ntl. Apk spielen sie eine sehr große Rolle. Der atl. E.glaube ist eine bunte, unausgeglichene Mischung von altem Volksglauben (vgl. Gn 6, 1–4), erniedrigten fremden Göttern (Lv 16, 8 ff) u. verblaßten Gottheiten (↗ eherne Schlange), von babylonischem u. (später) iranischem Einfluß. Wie Röm 8, 38 f zeigt, teilt noch Paulus die Auffassung von den Unheil-E.n, mit „Thronen" u. „Herrschaften" (Kol 1, 16) meint Paulus Völker-E., d. h. vor allem die Macht des heidnischen Rom. Erst bei den Synopt.n werden die E. als Gottesboten u. Interpreten des Heilsgeschehens (Lk 1; 2; Apg 1, 10 f) von den ↗ Dämonen als Urheber von Krankheit u. Besessenheit (Mk 3, 23–27) getrennt. Indem Jesus sich als Herr der Dämonen zeigt, erweist er sich als der, der die Macht des Schöpfers hat u. das endzeitliche ↗ Reich Gottes bringt (Mk 3, 27). ↗ Mächte u. Gewalten.   sch

Entäußerung (Kenosis) ↗ Enteignung Gottes.

Enteignung Gottes. „Christus, der bei Gott war, sah es nicht als sein Privateigentum an, bei Gott zu sein. Er verließ seine ↗ Heimat, verschenkte seine Vorrechte, wurde Sklave u. machte keinen Unterschied zwischen sich u. den anderen. Er übernahm freiwillig die Selbstentfremdung, freiwillig das Zunichtswerden, den Tod am Galgen" (Phil 2, 6–8, übersetzt von D. Sölle). Christus war bei Gott. Er lebte das wirkliche Leben, in der Heimat, in der Identität mit sich selbst. Er kann Gott nicht für sich haben, er will sein Sein-bei-Gott nicht behalten; er enteignet sich, wird den Menschen gleich, ↗ Bruder, um unter ihnen Brüderlichkeit zu ermöglichen. In Christus enteignet sich Gott den Menschen. Gott begegnet im Menschen u. wird in der Geschichte erfahrbar. Christus übernimmt das Schicksal der Versklavten, er teilt die menschliche ↗ Selbstentfremdung freiwillig. Er ist wahrer Mensch u. erlebt an seinem eigenen Leib die Verdinglichung, die wir einander antun; er erlebt die Ferne Gottes (vgl. Mk 15, 34.37). In seinem Tod läßt er sich von der drohenden Vergegenständlichung vollends einholen; als Mensch wird er Gegenstand, ein Ding, das man vernichtet. In Christus hat sich Gott enteignet (↗ Kreuz), da-

mit der Mensch sich er-eigne. E. Christi bedeutet die Aneignung des Menschen. Christus wählt die Heimatlosigkeit, um allen Heimat zu eröffnen. Sein ↗ Gehorsam nimmt die menschliche Selbstentfremdung an, ohne aber auf Heimat bei Gott zu vergessen. Gott enteignet sich, damit wir freier, größer u. liebesfähiger werden.   gr

Entfremdung ↗ Selbstentfremdung.

Enthaltsamkeit *(geschlechtliche).* Die atl. Vorschriften hinsichtlich geschlechtlicher E. (z. B. Ex 19, 15) entspringen alten, religiösen Anschauungen. Jeder Mensch, der mit dem ↗ Heiligen umgeht (als ↗ Priester oder im ↗ Kult), bereitet sich durch geschlechtliche E. besonders intensiv darauf vor. – Ein ausgesprochener geschlechtlicher Asketismus findet sich im AT aber nicht, nur bei den ↗ Essenern von ↗ Qumran, die aber vom orientalischen ↗ Dualismus her eindeutig leibfeindliche Tendenzen zeigen, die in der Bibel fehlen. Im NT wird der Verzicht auf die eheliche ↗ Geschlechtlichkeit „um des Himmelreiches willen" (Mt 19, 10–12) geschätzt, aber als ↗ Charisma aufgefaßt, als von Gott verliehene Fähigkeit (1 Kor 7, 7). Gegen eine Verallgemeinerung der geschlechtlichen E. wenden sich aber sowohl Paulus in 1 Kor 7, 1–5.25–28 wie die Urkirche gegen Ende des Jahrhunderts (1 Tim 4, 3; 5, 12–15). Die Stellen, die geschlechtliche E. fordern, richten sich nicht gegen die Geschlechtlichkeit, sondern gegen die böse ↗ Begierde u. gegen das ↗ Fleisch (als Ausdruck der unerlösten Existenz). Wo jemand in der Kraft des ↗ Geistes ehelos lebt (in geschlechtlicher E.), soll er dies in ↗ Freude u. ↗ Frieden tun. Wo jemand verheiratet ist, soll er in ↗ Liebe u. heiliger Scheu dem Geliebten begegnen. Immer geht es darum, „frei für den ↗ Herrn zu sein" (1 Kor 7, 32–34) u. sich in der Liebe zu bewähren.   hi

Enthauptung, ↗ Todesstrafe, die besonders in der Königszeit bei Majestätsverbrechen u. bei Hochverrat üblich war. Die Hinrichtung erfolgte durch das Schwert (z. B. 1 Kg 2, 25).   sc

Enthusiasmus. E. tritt in den hellenistischen Mysterienreligionen zutage (↗ Gnosis). Wer durch den Kult vom „fleischlichen Menschen" (Sarkiker u.

Hyliker) aufgestiegen ist zum „geistlichen Menschen" (Pneumatiker), hat an der Lebensmacht der Gottheit Anteil bekommen; sie entfacht in ihm E. Der Myste ist zum freien Menschen geworden, dem „alles erlaubt" ist. Auch die Botschaft von der ↗Auferstehung Jesu wurde vor allem unter der hellenistischen Bevölkerung mit E. beantwortet. Einige ntl. ↗Bekenntnisformeln zeugen davon. E. mag die treibende Kraft der christl. Prophetie gewesen sein. So wurde vor allem die Verkündigung des Apostels Paulus von enthusiastischen Kreisen in der Urkirche mißverstanden: diese Enthusiasten glaubten, daß sie mit der ↗Taufe schon mit Christus auferstanden seien u. es keine zukünftige Auferstehung der Toten mehr gäbe. Mit der Bekämpfung u. mit dem Verschwinden der Prophetie verschwand auch der E. aus der jungen Kirche.   gr

Entideologisierung. Zum Vokabular politisch-ökonomischer, philos. u. religiöser Denksysteme aller Richtungen gehören stets vielversprechende Begriffe wie z. B. Friede u. Gerechtigkeit; dennoch kehrt Friede nicht ein, u. den Entrechteten wird immer noch ihr Recht vorenthalten. Diese Inflation großer Worte muß Theologie in ihrem Zentrum berühren, denn es sind ihre eigenen Begriffe, die von den verschiedenen Interessenseiten unterschiedlich gebraucht werden oder zu bloßem Dekor verkommen. Wie verhält sich Theologie angesichts dieser Sprachverwirrung? Will sie ihrer prophetischen Aufgabe gerecht werden, darf sie auf die Substanz jener Begriffe nicht verzichten, kann diese entqualifizierten Vokabeln aber auch nicht immer wieder ruhigen Gewissens verwenden. Offensichtlich wird sie das, was Begriffe wie Friede u. Gerechtigkeit bewahren, in die Veränderung der gesellschaftlichen Wirklichkeit nur einbringen können, wenn sie die Bewußtseinslage derer, die diese Begriffe ständig im Munde führen, bloßlegt, wenn sie den sozialen Funktionszusammenhang aufdeckt, der die Verwendung dieser Vokabeln motiviert, ohne daß Möglichkeiten zu Friede u. Gerechtigkeit tatsächlich genutzt würden. Dies kann sie nur leisten, wenn sie sich einer soziologisch orientierten Ideologiekritik bedient, die in der Lage wäre, die Determinanten falschen Bewußtseins aufzuweisen. Nimmt man freilich mit Marx an, falsches Bewußtsein sei gesellschaftlich notwendiger Schein, so wird darüber hinaus die Rezeption von Gesellschaftstheorie für theol. Denken unabdingbar. Erst vor dem Hintergrund eines brüchigen gesamtgesellschaftlichen Zusammenhangs, innerhalb dessen sich Leben entfalten soll, kann der gesellschaftlich notwendige Schein – z. B. die Vergegenständlichung von Begriffen u. deren Umfunktionalisierung – entlarvt u. dadurch eine Humanisierung vorangetrieben werden (↗Gesellschaftskritik). Kritische Gesellschaftstheorie wäre allerdings nicht länger mehr nur Hilfsmittel der Theologie, sondern ihr anderer Aggregatzustand, der sie allein ihrer Inhalte wieder mächtig werden ließe. Offenbar kann man Theologie nicht verstehen, wenn man nur Theologie versteht; Wiedergewinnung setzt Verlust voraus. Deshalb muß sich Theologie, sobald sie zur Kritik jener Begriffe aufbricht, die sie als die ihren erkennt, auch gegen sich selbst wenden, wenn sie ohnmächtig für sich zu bleiben in Gefahr steht. In einem Prozeß der Selbstreflexion muß sie klären, warum sich ihre Begriffe gegen die gesellschaftliche Wirklichkeit verkapseln u. damit ideologieverdächtig werden. Wollen jene Vokabeln ihre leere, anfällige Zeitlosigkeit überwinden u. in die Geschichte zurückkehren, müssen sie ihr verlorenes gesellschaftliches Wesen zurückgewinnen, das nur in der mühsamen Rekonstruktion des Vermittlungsprozesses von Theologie u. Gesellschaft zutage treten kann. Erst wenn Theologie eintritt in die historische Dynamik der gesellschaftlichen Totalität, in den sich ständig verändernden Prozeß der Lebensproduktion, dem sie ihre Geschichte verdankt, vermag sie zur Einlösung dessen, was sie an fundamentalen menschlichen Interessen durch die Geschichte hindurch bewahrte, beizutragen. Freilich wird das Erhoffte allein in der Solidarisierung mit den Mühseligen u. Beladenen, den Entrechteten u. Unterdrückten, die es nicht nur zu stillen gilt, sondern zu emanzipieren, wiedererkannt werden können. Durch dieses praktische Interesse hütet sich Theologie gleichzeitig davor, ein System verfestigter ideologischer Werte, eine weltverlorene schönere Welt, zu werden, deren Ersatzcharakter bestehende Ungerechtigkeit nur noch stabilisiert; denn bloß theol. Begriffe u. Glaubensbekenntnisse sind von unserer Gesellschaft als ungefährliches Privatvergnügen längst toleriert.   ar

Entmannen ↗ Eunuch.

Entmythologisierung. Die Bibel als ganze wie in ihren einzelnen Schriften ist kein ↗ Mythos. Denn der Mythos ist ungeschichtlich u. Deutung des ↗ Menschen in seiner Welt. Die Evv. z. B. sprechen von Ereignissen, deren Ort u. Zeit bestimmbar sind (Existenz u. Kreuzestod Jesu, um nur Unumstrittenes zu nennen). Die bibl. Schriften verstehen sich gegenüber ihrer religiösen Umwelt selbst als E.: Darin ist Jahwe von den mythischen Naturgottheiten Kanaans geschieden, daß er für sein Volk da ist u. in der Geschichte handelt. Je mehr die bibl. Verkündigung durch Überlieferung u. also mit dem Mythos verwechselbar vorkommt, um so schärfer wird der Unterschied herausgestellt: „Wir haben euch nicht als Anhänger klug ausgedachter Mythen die Macht u. die Ankunft unseres Herrn Jesus Christus kundgemacht, sondern weil wir Augenzeugen seiner Größe waren" (2 Petr 1, 16).

Dennoch finden sich in der Bibel mythologische Texte, weil die mythologische Redeweise zur Sprache der Umwelt ihrer Verfasser gehört. Am unproblematischsten ist die Verwendung mythischer Züge, wenn sie menschlicher Erfahrung u. Geschichte Jenseitiges veranschaulichen, wie oft in der ↗ Apokalyptik. Die Bilder der vier Wesen vor dem Thron Gottes u. vor dem Lamm (Apk 4, 7 ff) u. des Drachen, dessen Schweif die Sterne vom Himmel fegt (Apk 12), entstammen babylonischer Astralmythik. Johannes ist sich ihres Bildcharakters bewußt u. zeigt das, indem er sie mit einer völlig anderen, der Geschichte entnommenen Bildhaftigkeit zusammenbringt: mit der verfolgten Gemeinde (12, 17) u. dem geschlachteten Lamm (4, 6). E. ist hier ebensowenig nötig u. sinnvoll wie bei anderer Bildhaftigkeit.

Wichtiger ist die zweite Weise mythologischer Rede. Der Mensch deutet die Erfahrung seiner selbst u. der Welt im mythischen Bild: so die Zugehörigkeit von Mann u. Frau (Gn 2, 21–24); das Staunen über ungewöhnlich begabte Menschen (Gn 6, 1–4); die Fremdheit u. Feindlichkeit der Völker (Gn 11, 1–9). Gerade solche Texte hat die Auslegung oft in ihrer literarischen Gattung (↗ Formen u. Gattungen) verkannt u. als Geschichte mißverstanden. Für manche ist auch ein sicheres Urteil über die Grenze von Sachaussage u. mythischem Bild noch nicht gefunden.

Zur Aufgabe einer E. ist zu bemerken: 1. Im mythischen Bild haben die Verfasser bewußt einen auch rational mehr oder weniger aussagbaren Sachverhalt dargestellt. 2. Soweit in diesem Zusammenhang von einem Handeln Gottes gesprochen wird, ist dieser Gott immer Jahwe, d. h. der in der Geschichte Israels handelnde, lebendige Gott. Gott ist kein der mythologischen Redeweise immanentes Moment, sondern steht der mythisch beschriebenen Situation gegenüber als ihr Grund u. Herr. Das dem Mythos wesentliche zyklische Geschichtsverständnis ist zu einem linearen aufgebrochen (vgl. ↗ Mythos); damit ist E. geschehen u. eine vom personalen Verhältnis des Menschen zu Gott, d. h. geschichtlich, bestimmte Zukunft offen.

Die wichtigste, aber auch umstrittenste Art mythologischer Rede in der Bibel drückt die Heilsbedeutung eines historischen Ereignisses aus. Beispiel kann die Darstellung der Erlösung ↗ durch Jesus Christus mit Hilfe des sog. Urmensch-Erlöser-Mythos sein. Der Mythos selbst ist Deutung menschlicher Existenz: Der einzelne Mensch findet sich vor als (vorgeschichtlich) gefallenes Lichtwesen, fremd in der Welt, abgeschnitten von seinem Ursprung. Indem er diese seine Situation erkennt, wird er eingegliedert in einen himmlischen Urmenschen. Dadurch der Welt grundsätzlich enthoben, findet er sein Wesen wieder. Eph 4, 8–16 scheint mit diesem Mythos das Erlöserwirken Christi beschrieben zu sein. Doch ist er an die Historie Jesu gebunden u. beschreibt nicht mehr eine dem Wesen des *Menschen* eigentümliche Möglichkeit seiner Heilung, sondern das Handeln *Gottes* durch Jesus Christus am

Menschen, das in Glaube u. Taufe als *Geschenk* angenommen wird (Eph 4, 5–7). Der Mythos ist zum Ausdrucksmittel geworden. Im Streit um die E. steht die Frage zur Debatte, in welchem Umfang in der Bibel auf solche Weise die Bedeutung historischer Ereignisse verkündet wird.

Die an den Namen R. Bultmanns geknüpfte These ist: Jede bibl. Aussage, die die Durchbrechung der natürlichen Geschehenszusammenhänge beschreibt, ist mythologisches Interpretament, will also nicht Historisches aussagen, sondern die Bedeutung des Historischen (der Verkündigung Jesu, des Kreuzestodes usw.), wie sie sich dem Glauben eröffnet. Solche Texte sind auf den in ihnen gemeinten, die Existenz des Hörers betreffenden Sinn hin auszulegen. Bultmanns Begründung ist vielfältig: 1. Ein Eingreifen Gottes, das an die Stelle innerweltlicher Ursachen träte, widerspräche dem begründeten Weltbild des modernen Menschen. 2. Der kritische Historiker könne ein solches Handeln nicht feststellen. Wo immer die Texte es scheinbar behaupten (z. B. in den Wunderberichten u. in der Darstellung des historischen Jesus als Christus u. Gottessohn), ist ihre Gattung (als Predigt, Legende usw.) verkannt. 3. Der Hinweis auf objektives Geschehen ist philos. fragwürdig, weil er keine für die Existenz des Menschen belangvolle Aussage machen kann. Der Mensch existiert nur in der Entscheidung (ontologisch, nicht psychologisch verstanden) für ein ihm angebotenes Selbstverständnis. Dies aber ist von „Tatsachen" unabhängig im Wort der Schrift angeboten. 4. Der Glaube hat es mit dem lebendigen Herrn zu tun, der in der Schrift u. in der Predigt der Kirche redet. An diesem lebendigen Herrn vorbei nach objektiven Begründungen zu fragen ist Unglaube. Bultmann will also den von ihm als Mythos verstandenen Inhalt der bibl. Schriften nicht „abschaffen", sondern einem objektivierenden Mißverstehen wehren u. einem die Existenz betreffenden Verstehen Raum schaffen. Dieser Versuch ist nicht schon damit widerlegt, daß das überkomme christl. Glaubensbewußtsein die bibl. Berichte weithin als Tatsachenberichte verstand u. ↗Glauben als Fürwahrhalten dieser berichteten Tatsachen begriff. Denn dieser Glaubensbegriff nimmt selbst nur einen Teilaspekt des bibl. Glaubens auf u. nicht dessen Mitte: den Lebensvollzug unter dem Anspruch u. der Verheißung Gottes. Auch sind zahlreiche Erkenntnisse über die Gattungen der bibl. Texte, die Bultmann mit der ganzen historisch-kritischen Forschung teilt, ernst zu nehmen. Die Grenzüberschreitungen des Versuchs Bultmanns werden vielmehr gerade dann deutlich, wenn man seine Wahrheitsmomente annimmt. Sie liegen in der Annahme eines fixierten naturwissenschaftlichen Weltbildes u. in einer überscharfen Scheidung von Mensch u. Welt. Die Behauptung, Belangvolles begegne dem Menschen allein im Wort, ist eine Amputation des Menschen. Es bleibt zudem offen, wie ein die Möglichkeiten des Menschen übersteigendes Heilswort in die angebliche Geschlossenheit dieser Welt hineingesprochen werden kann. Auch der historische Befund ist vereinfacht: Wenn der Historiker über Jesus Aussagen machen kann (u. das kann er in größerem Umfang, als Bultmann einräumt), kann das inhaltliche Verhältnis dieser Aussagen zu dem mit Jesus zusammenhängenden Zeugnis der Kirche dem Glaubenden unmöglich gleichgültig sein. Schließlich u. entscheidend umfaßt das bibl. Glaubenszeugnis, so sicher es seinem Wesen nach nicht Fürwahrhalten von Fakten ist, doch Geschehnisse, u. zwar in allen seinen Schichten (vgl. 1 Kor 15, 3–5; die Predigtschemata der Apg; die Evv. als ganze). ↗Hermeneutik. sm

Entprivatisierung als Begriff der neueren Soziologie (J. Habermas) u. Sozialpsychologie bezeichnet eine komplexe, durch geschichtliche Entwicklung geprägte Erscheinung unserer heutigen Gesellschaft, in der durch eine Verschränkung von Öffentlichkeit u. Privatheit in den Lebensbezügen der Privatsphäre des Menschen entprivatisiert wird. In der „bürgerlichen Gesellschaft" des 18. u. 19. Jh. entfaltet sich die Öffentlichkeit im Spannungsfeld zwischen Staat u. Gesellschaft in der Weise, daß sie selbst Teil des privaten Bereichs bleibt. Öffentlichkeit ist gekennzeichnet durch die

Heimstätte, die patriarchalische Klein-
familie, in der eine dauerhafte Intimität
gewahrt ist. Das Leben wird in dem
Maße privatisiert, wie die Privatleute in
der Wahrnehmung ihrer wirtschaftlichen
Autonomie sich sozialpsychisch emanzipieren u. einer repräsentativen Öffentlichkeit (Hof, Adel, Aristokratie) nicht
mehr bedürfen. Die bürgerliche Gesellschaft versteht sich jedoch als privat-
autonom, indem sie den ökonomischen
Ursprung u. somit eine Idee auf die
Wirklichkeit projiziert, die mit ihr
ihr kollidieren muß (Beispiel: Idee der
Liebesheirat u. Realität der Geld- u.
Standesheirat). Diese auf der Basis der
Trennung von Staat u. Gesellschaft beruhende bürgerliche Öffentlichkeit wird
im ausgehenden vorigen Jahrhundert
durch die Konstitutionalisierung einer
politisch fungierenden Öffentlichkeit
aufgehoben u. damit eine Sozialsphäre
geschaffen, die sich der Unterscheidung
von privat u. öffentlich entzieht. Der
Staat politisiert die bürgerlichen Interessen (Import, Export, fremde Märkte
u. ä.), indem er sich tendenziell mit
ihnen gleichschaltet. Sie wirken als politische auf die gesellschaftliche Sphäre
zurück. Daraus resultiert, daß sich Öffentlichkeit u. Privatheit, die sich in der bürgerlichen Gesellschaft in Beruf u. Familie
gleichsinnig abspielen, jetzt gegenläufig
entwickeln. Die Familie wird immer pri-
vater, die Arbeits- u. Organisationswelt
immer öffentlicher. Es entsteht eine Po-
larisierung von Sozial- u. Intimsphäre.
Damit verbunden ist eine Entprivatisierung des Berufslebens. Dem Großbetrieb
ist der Charakter einer Sphäre individueller Privatautonomie genommen. In
dem gleichen Maße, wie sich die Sphäre
des ↗Berufes verselbständigt, zieht sich
die Familie auf sich selbst zurück.
Gleichzeitig aber ist auch sie durch den
Einbruch einer sozialpolitischen Öffentlichkeit (Wohnungs- u. Arbeitsbeschaf-
fung, Arbeitslosenhilfe, Krankenkasse,
Berufs-, Erziehungs-, Eheberatung u. a.),
der ihr den privaten Existenzrahmen
sichert, im eigentlichen Sinne entprivatisiert. Die Privatheit, die die Familie
von der Öffentlichkeit ausgrenzt, ist erst
durch diese gewährleistet; es ist eine
Scheinprivatheit. E. in der Vermittlung
von Scheinprivatheit geht nun viel weiter. Mit der Veröffentlichung des Privatlebens nimmt die Öffentlichkeit Formen
der Intimität an („Nachbarschaft", gemeinsames Fernsehen). Entprivatisiert ist
die Gestaltung des Freizeitraumes, der
als Privatraum beansprucht wird (Cam-
ping, Verein, Massenveranstaltung u. ä.).
Damit verbunden ist die Scheinprivatheit
des Kulturkonsums. Die Kulturindustrie
erzeugt durch Verbreitung mit Hilfe der
Massenmedien im Bewußtsein der Ver-
braucher den Schein bürgerlicher Privatheit. Sie vermittelt als Funktion der
Öffentlichkeit in Werbung u. Reklame,
durch Lesezirkel u. Buchgemeinschaften,
Funk, Film u. Fernsehen eine mit dem
Schein des Privaten versehene Konsu-
mentenhaltung, die die kritiklose Aufnahme einer Konsumentenkultur ermöglicht, die, außerhalb erzeugt, das
Innere privatisieren soll. Tatsächlich bedeutet dies die Entprivatisierung. Sie
wird gefährlich in ihren Auswirkungen
auf die politische Bewußtseinsbildung,
da im Grunde in diesem Vermittlungsprozeß alles manipulierbar wird.
Wie verhält sich nun der Christ in einer
solchen Wirklichkeit? Der Begriff der E.
läßt sich nicht christl. interpretieren, indem man den bibl. Text mehr oder weniger wortgetreu („Alarm um die Bibel"-
Bewegung) auf unsere Wirklichkeit projiziert. Man kann ihm aber auch keinen
bibl. Stellenwert zuerkennen, wollte
man ihn mit historisch-kritischen Methoden („moderne Theologie") dem
Text entnehmen, auch wenn man damit
dem Bibeltext u. seiner Entstehungsgeschichte gerechter wird. Doch macht
diese scheinbar ausweglose Situation ein
charakteristisches Merkmal unserer Zeit
sehr deutlich: Christsein kann nicht nur
heißen, seine Lebenswelt in das Licht
der bibl. Tradition, sondern auch die
bibl. Tradition in unsere Lebenswelt zu
stellen. Betrachten wir in diesem Sinne
die E., dann kann man sein Christsein
auch so verwirklichen: Der entprivati-
sierte Mensch ist tendenziell immer ein
entmündigter u. seiner Wesenserfahrung entfremdeter Mensch. Christentum
würde sich darin erweisen, in diesen
Vermittlungsprozeß der Scheinprivatheit
kritisch u. aufklärend einzutreten, um
dem Menschen in dieser Welt eine neue
Wesenserfahrung zu ermöglichen. Damit

wäre eine elementare Forderung des Nächstenliebegebotes erfüllt (↗Nächster).   sp

Entrücken bezeichnet das Eingreifen Gottes in das Leben eines Menschen, insofern der Fromme in andere Lebensräume versetzt werden kann. Diese Entrückung kann räumlich-real verstanden werden, wenn z. B. der ↗ „Geist Gottes" die ↗Propheten an andere Orte entrückt, u. auch als eine Entrückung zum ↗Himmel. In den bibl. Berichten über ↗Henoch u. ↗Elija wird gesagt, daß sie von Gott ihres Glaubens u. gottgefälligen Lebens wegen hinweg- u. in den Himmel aufgenommen, entrückt seien (Gn 5, 24; 2 Kg 2, 1–12). Unter Umgehung des Todes u. ohne in den ↗Unterwelt hinabsteigen zu müssen, sind sie nach bibl. Verständnis in den Zustand einer dauernden Gottesnähe versetzt worden. Die Entrückung an einen Ort der Gottesnähe, wie sie die Propheten erfahren haben, führt Paulus für sich an (2 Kor 12, 2–4).   la

Entsakralisierung. Die gegenwärtige Lage der Welt fordert von den Christen eine besondere Klarheit über Umfang u. Beschaffenheit ihres sakralen Erbes, „denn einer nur ist ↗Mittler zwischen Gott u. den Menschen, der Mensch ↗Christus ↗Jesus, der sich selbst für alle als ↗Lösegeld gab" (1 Tim 2, 5–6). – Die apostolische Kirche hat sich von allem heidnischen Kultwesen distanziert. Sie übernahm auch nicht den gottgewollten ↗Kult Israels. Sie entwickelte keinen eigenen Kult u. keine eigenen Sakralformen. Sie baute keinen Tempel als „heiligen", ausgesparten Bezirk. Sie trat im römischen Staat nicht als offizielle Kultgemeinde auf wie etwa die Akademie Platons vor den Toren Athens. Sie verstand sich als Bruderschaft, in der alle „Heiligen" unmittelbaren Zugang zum ↗Vater haben. Sie kannte keine eigene kultische Opferhandlung. Christen sind solche, die „Gott im Heiligen Geiste dienen" (Phil 3, 3), ihr Leben ist der konkrete „geistige Gottesdienst" (Röm 12, 1), wie Paulus mit einem Schlagwort der hellenistischen Aufklärung sagt. Die Urkirche kannte keine geweihten Personen. Die Bezeichnungen für die kirchlichen Dienste sind nicht dem sakralen Raum entnommen, sondern der jüd. oder heidnischen profanen Amtssprache: Apostel, Evangelist, Prophet, Lehrer, Episkop, Presbyter, Vorsteher. Die Vorsteher werden nirgends als geweihte Personen bezeichnet, sondern gelten als durch ↗Handauflegung „ordiniert". Jesus selbst ist Geistträger u. Geistspender, Geistlicher schlechthin. Als der „Heilige Gottes" trägt er priesterliche Züge, ist er „Hoher Priester" u. Liturge. Geistlicher Dienst kann nur „durch ihn" gedacht werden.

Im festlichen Mahlgestus des ↗Abendmahles (↗Eucharistie) verläßt Jesus mit der Bechereucharistie die alltägliche jüd. Mahlgestalt (↗Mahl). Entgegen der üblichen Sitte läßt er neben dem Brot auch seinen Becher allen Tischgenossen reichen: Nehmet hin u. teilt ihn auf unter euch. – Und sie tranken alle daraus. Das Deutewort dazu lautet: Dieser Becher ist – in meinem ↗Blut – der ↗Neue Bund (↗Einsetzungsbericht). Seither besitzt die apostolische Kirche eine Zeichenhandlung, die nicht mehr ableitbar ist aus rein innerweltlichem Geschehen u. darum nicht eingeebnet werden darf in die Profanität der „weltlichen Welt". Diese Zeichenhandlung von Brot u. Wein steht störend quer zu allem sonstigen Essen u. Trinken der Menschen. Der Tod Jesu am Kreuz u. seine Auferstehung stehen im letzten aller weltlichen Geschichte entgegen. Die Kirche hat die Aufgabe, das richtende ↗Kreuz als Heilszeichen darzustellen. Darum muß sie selbst das Kreuzzeichen an ihrem Leibe herumtragen. Das ist ihre ganze „Sakralität". Sie ist Christus entliehen. Christus aber ist das Ende des Sakralen. ↗Profanität, ↗weltlicher Gottesdienst.   wi

Entscheidung. E. setzt voraus, daß Existenz im ↗Werden ist (Kierkegaard), daß der Mensch immer auf dem Weg von sich selbst fort oder zu sich selbst ist. Durch E. wird eine Situation angenommen, sie wird zur subjektiven Gewißheit. E.s-Situation ist für den Menschen eine Zwangssituation; es gibt eigentlich kein Ausweichen oder Umgehen. Denn das Unterlassen einer E. stellt in eine neue Situation u. vor neue E.en. Die Notwendigkeit zu entscheiden entsteht entweder aus einer Aufforderung des anderen Menschen oder aber aus einer Herausforderung durch eine bestimmte Lebenssituation.

In der Sprache der Bibel entscheidet sich der Mensch vor allem angesichts seines Schöpfers, und zwar entweder für oder gegen diesen. Er läßt sich auf den gelebten ↗Dialog mit seinem Schöpfer ein, oder aber er bricht diesen ab u. verschließt sich damit seiner Herkunft. Die Geschichte Gottes mit den Menschen ist eine Geschichte der E.en. Gott entscheidet sich als Heilbringer für sein Volk (↗Bund) oder als Richter oder Vergelter gegen dieses. Israel hat immer die freie E. für oder gegen seinen Erretter; es ist aber nicht fähig, seine E. für Jahwe durchzuhalten.

Nun hat sich Gott in ↗Jesus ↗Christus endgültig entschieden; er hat sich für jeden Menschen in gleicher Weise entschieden. Nun aber ist es an den Menschen, auf diese E. in ihren Taten zu antworten. E. bewährt sich als ↗Praxis. Antwortende E. für Gott u. verantwortende E. für den Mitmenschen bewähren sich als Tun des Evangeliums. Von Christus her ist der Mensch zu einer freien E. ermächtigt (↗Meinungsfreiheit). Jeder, der sich auf Christus einläßt, muß frei für sich entscheiden können, was konkret für ihn der Wille Gottes ist, genauer, was für sein Leben das Richtige ist (vgl. Röm 12, 2 u. Phil 1, 9–10). Von Christus her ist der Mensch grundsätzlich mit seiner freien E. belastet; niemand kann sie ihm abnehmen. Denn wenn Gott sich in Christus für uns entschieden hat, dann ist es an uns, dieser E. mit unserem Leben zu antworten. Christsein bedeutet, die endgültige E. Gottes in Christus unter den Menschen zur Sprache zu bringen, sie weiterzuführen u. allen offenzuhalten.   gr

Entsühnung. Eine Verfehlung gegen das ↗Gesetz Jahwes war ein Unrecht u. mußte entsühnt werden. Entsühnt wurde nicht Gott oder die Verfehlung, sondern die Person oder die Sache. Daher mußte für das Unrecht gegen Jahwe eine Gegenleistung geboten werden, damit das Unrecht getilgt u. damit Vergebung erlangt wurde. Das konnte geschehen durch ↗Sündopfer, ↗Almosen oder ↗Fasten. ↗Sühne.   la

Enttabuisierung. Das Judentum kannte als institutionalisierte Religion eine große Anzahl von Tabus, d. h. Ordnungen, die jeder fraglos einhielt. Die geistliche Obrigkeit sorgte dafür u. stützte mit diesen Tabus ihre sakralisierte Religiosität. Der Glaube an den lebendigen Gott war zum Einhalten von Geboten u. Verboten geworden. Neben der ↗Entsakralisierung, die man im AT u. NT verfolgen kann, muß man auch Versuche einer E. feststellen. Dies sei an einigen Beispielen aus den Evangelien dargestellt: 1. Gegen das Tabu der geistlichen Obrigkeit, deren Autorität fraglos hinzunehmen war, wandte sich Jesus mit allerschärfsten Worten (Mt 23, 2–36) u. stellte ihr Wirken radikal in Frage. 2. Gegen das Tabu Gottes im strengen Monotheismus wandte sich Jesus (nach Matthäus), wenn er zu „göttlicher Vollkommenheit" auffordert, Sünden vergibt u. sich Gott gleichstellt (vgl. Joh 5, 18). 3. Gegen das Tabu des mosaischen ↗Gesetzes u. der levitischen Vorschriften verstößt Jesus, wenn er Aussätzige berührt (Mt 8, 3), mit Heiden verkehrt (Mt 8, 5 ff) oder mit einer Samariterin in der Öffentlichkeit spricht (Joh 4, 7 ff), wenn er Gast bei Sündern u. ↗Zöllnern ist (Mt 9, 10 ff), sich nicht an das Sabbat- (Mt 12, 2 ff) u. Fastengebot (Mt 9, 14 ff) u. an die Waschungsvorschriften (Mt 15, 2) hält. 4. Gegen das Tabu der religiösen Gewohnheiten verstößt er bei der „Tempelreinigung" (Mt 21, 12 ff), gegen das Tabu der Verehrung Abrahams, wenn er sich mit ihm vergleicht (Joh 8, 58). – Die Feindschaft der Juden entzündet sich an dieser E., die Jesus im Namen seiner neuen Gottesbeziehung vorantreibt u. die jederzeit erneut zur Aufgabe wird.   hi

Entweihung. Etwas, was im AT ↗heilig oder Jahwe geweiht ist, muß auch dementsprechend behandelt u. geachtet werden. E. heißt damit, das Heilige vom Profanen nicht zu unterscheiden, es wie etwas Profanes zu benutzen. Eine solche Mißachtung richtet sich gegen die Heiligkeit Jahwes u. muß entsühnt (↗Entsühnung) werden, um nicht dem Gericht zu verfallen.   la

Entwicklung ↗Werden, Anfang.

Enuma Elisch („Als droben"). Das babylonische Schöpfungsepos (2. Jahrtausend v.C.) ist der bekannteste u. vollständigste ↗Schöpfungsmythos. Es sieht Ursprung (1. Abschnitt) u. Ordnung des Kosmos (2. Abschnitt) als Einheit u. trägt zum Verständnis der bibl. Schöpfung bei. Aus dem Urchaos werden Götter geboren. Marduk, ihr König, kämpft gegen das ↗Chaos, gegen Tiamat (↗Urmeer, Gn 1, 2). Nach seinem Sieg trennt er Himmel u. Erde u. gibt dem Kosmos Gestalt u. Ordnung. Auch das AT weiß vom siegreichen Kampf Jahwes gegen die Urmächte des Chaos.   be

Ephata, hebr. „Tu dich auf", wird in Mk 7, 34 verwendet. Es besitzt den Charakter des Machtwortes, das Zeichen für das machtvolle Auftreten Jesu ist.   sc

Epheserbrief. Obwohl der E. seit den frühesten Zeiten bekannt war, ist es fraglich, ob die Empfängerangabe „Ephesus" in der Grußformel ursprünglich ist. Das Schreiben ist unpersönlich gehalten, es fehlen Grüße am Schluß. Vermutlich handelt es sich um ein Rundschreiben für eine ganze Gruppe kleinasiatischer Gemeinden. Der Name jeder Gemeinde, an die der Brief weitergegeben wurde, wurde von Fall zu Fall eingefügt. Der E. ist dem Kolosserbrief so ähnlich, daß eine Abhängigkeit beider Briefe voneinander anzunehmen ist. In den kleinasiatischen Gemeinden hatte sich ein Engel- u. Geisterkult breitgemacht, der die absolute Erstrangstellung Christi in Frage stellte. Demgegenüber betont der Apostel die Allherrschaft des „über alle ↗Mächte u. Gewalten" erhöhten Herrn. Der eigentliche Gedanke des Briefes ist Christus, als das ↗Haupt seiner ↗Kirche, der einen Kirche aus ↗Juden u. ↗Heiden (Kap 2 u. 3), die Christus selber aufbaut als seinen Leib (Kap 4; ↗Leib Christi), der er vermählt ist als seiner ↗Braut (Kap 5), die er erfüllt mit der ganzen Fülle seines göttlichen Lebens (Kap. 1). Deshalb ermahnt der Apostel die Kirche zu einem dieser ↗Berufung würdigen Leben (Kap. 6). Die ↗Eschatologie des E. unterscheidet sich wesentlich von der paulinischen, so daß der Brief wohl einem Schüler des Paulus zugeschrieben werden muß. ↗Paulusbriefe.   mi

Ephesus, antike Weltstadt (Handels- u. Verkehrszentrum an der Kaystrommündung in Kleinasien; seit 133 v.C. Hauptstadt der röm. Provinz Asia (Prokonsul). Berühmt wurde E. durch den ↗Artemis-

(=Diana-)Tempel, eines der 7 Weltwunder der Antike (Verehrung einer Muttergottheit schon vor der ionischen Einwanderung um 1000 v.C.). In der jüd. Gemeinde von E. fand auch die christl. Predigt Resonanz. ↗Paulus hat laut Apg 19 mehr als 2 Jahre in E. gewirkt. Eine alte Tradition bezeugt die Anwesenheit des Apostels (Presbyters) ↗Johannes; legendär ist die Nachricht vom Tod Mariens in E. In den christologischen Streitigkeiten war E. Sitz mehrerer Synoden; Höhepunkt: 3. ökumenisches Konzil 431 (Maria „Gottesgebärerin").   mi

Ephod, ein Kultbegriff, der in seiner Bedeutung nicht ganz geklärt ist. E. meint wohl a) einen Schurz, als Teil der Priesterkleidung (Ex 25, 7), b) ein Gottesbzw. Götzenbild (vgl. Ri 17 f). ↗Brustschild.

Ephraim. 1. Einer der 12 israelitischen Stämme, in bibl. Genealogie auf den zweiten Sohn Josephs zurückgeführt (Gn 41, 52), meist mit dem Bruderstamm ↗Manasse zusammen genannt (Gn 46, 20; Dt 33, 13–17). Nach der ↗Landnahme besiedelte E. den Mittelteil des westjordanischen Gebirges (= Gebirge E., Jos 16, 4–10). E. widerstand heftig der Vorherrschaft Judas u. wurde Führer der Nordstämme. Nach der auf E.s Boden vollzogenen Reichsteilung stellte E. in Jerobeam den ersten König des Nordreichs Israel, das gelegentlich einfach E. heißt. 722 v.C. fällt E. an Assur u. verschwindet später aus der Geschichte. – 2. Eine Stadt in E., nahe der Wüste, in die Jesus sich zurückzog (Joh 11, 54). he

Epiktet, ca. 50–125 n.C., einer der letzten bedeutenden Stoiker. Schrieb selbst nichts, seine Lehre ist uns durch Nachschriften seines Schülers Arrian bekannt. Philosophie ist für E. in erster Linie Ethik, die den einzelnen zu innerer Freiheit führen soll. Die Freiheit besteht im rechten Gebrauch der Vorstellungen, denn nur darüber können wir verfügen; allem anderen, „was nicht bei uns steht", muß man sich ruhig fügen. Die vertrauensvolle Ergebenheit in das von der Gottheit Bestimmte u. die brüderliche Menschenliebe scheinen E. mit dem NT zu verbinden, doch die Unterschiede sind größer: „E.s Philosophie ist diesseitig, auf Vernunfteinsicht gegründet, kennt kein Fortleben nach dem Tode;

Offenbarungsglaube u. christl. Demut fehlen ganz." ↗Stoa.   mo

Epikur, griech. Philosoph, 341–270 v.C., gründete 306 v.C. eine Schule in Athen. Das höchste Gut ist nach E. die Lust, die er aber nicht als hemmungslosen Genuß, sondern als Freisein von Schmerz u. Furcht verstand. Körperliche Schmerzen können durch die Seele besiegt werden. Um die Seelenruhe zu bewahren, lebt der Weise zurückgezogen. Die Naturphilosophie, in der alle Erscheinungen auf die Atome u. den leeren Raum zurückgeführt werden, befreit die Seele von der Angst vor dem Tod u. der abergläubischen Furcht vor den Göttern. Auch die Seele besteht aus Atomen u. zerstreut sich im Tod. Die Götter leben in den leeren Räumen zwischen den Welten, die als vergängliche u. unbegrenzt viele gedacht werden, kümmern sich aber nicht um die Welt u. die Menschen.   mo

Epiphanie ↗Erscheinung.

Erbarmen. Neben der ↗Barmherzigkeit Gottes, die zum Maßstab der ↗Barmherzigkeit der Menschen wird (Mt 5, 7), verwendet die Bibel E. zur Bezeichnung der Erfahrung Gottes als des liebevoll Sorgenden (Js 49, 10), gnädig Verzeihenden (Ex 33, 19), Leben u. Heil Schenkenden (Sach 1, 12). Im Vergleich zur Barmherzigkeit liegt hier der Akzent auf der Heilstat Gottes, nicht auf der Haltung verzeihender Liebe. Beide Ausdrücke werden aber weder im AT noch im NT scharf auseinandergehalten. E. dürfte dem bibl. Verständnis vielleicht sogar näherkommen, das Gott vor allem als den Handelnden bekennt u. auf sein Eingreifen in die Geschichte hofft. Barmherzigkeit ist demgegenüber ein eher statischer Begriff, der als Wesensaussage verwendet wird u. der konkreten Denk- u. Sprechweise der Bibel weniger gerecht wird.   hi

Erbauung in der Bibel ist nicht moralisch oder ethisch, sondern seinsmäßig zu verstehen. Niemand erbaut sich selbst, vielmehr baut Gott sich unter den Menschen ein Zelt, in dem er wohnen will. Gott erbaut sich ein Haus, nicht aus toten, sondern aus lebendigen Steinen, aus Menschen. Die sich auf das ↗Evangelium Christi eingelassen haben, die sind „Gottes Hausbau" (1 Kor 3, 9).

In Christus hat Gott begonnen, diesen Bau aufzurichten. Er hat den Grund gelegt, nun ist es an den Menschen, daran weiterzubauen. Weitergebaut wird dort, wo Menschen begonnen haben zu lieben, denn allein die ↗Liebe baut dieses Haus unter den Menschen (1 Kor 8, 1). In der Gemeinschaft der ↗Kirche es darum, daß einer den anderen aufbaue (1 Thess 5, 11).   gr

Erbsünde   ↗Sünde,   ↗Sündenfall, ↗Adam.

Erdbeben, in Palästina ziemlich häufig, aber nur von geringer Ausdehnung, da die Ursache nicht in Vulkanen liegt, sondern in unterirdischer Aushöhlung, die den Oberflächenboden zum Einsturz bringt. Ib 9, 6 führt E. auf die Erschütterung der Säulen der Erde durch Jahwe zurück (↗Weltbild). – E. gehört zu den typischen Begleiterscheinungen der (Gerichts-) ↗Theophanie. Vgl. Ex 19, 18; Mt 27, 51–54; Apk 6, 12.   he

Erde. E. hat in der Bibel einen größeren Bedeutungsumfang als im Deutschen u. weckt Vorstellungen, die wir nicht damit verknüpfen: 1. Für E. u. „Land" im geographischen Sinn haben AT u. NT oft dasselbe Wort. Wichtig ist die Vorstellung vom Land der Verheißung (↗Landverheißung), wo das Volk das Heil findet (Gn 12, 1; Ex 3, 8). Als der Besitz ↗Kanaans Israel das Heil nicht gebracht hat, wird „das-Land-besitzen" zur Verheißung endzeitlichen Heils (↗Endzeit) (Ps 37, 9; Mt 5, 5). 2. ↗„Himmel u. Erde" ersetzt im Hebr. das fehlende Wort Welt (Gn 1, 1). Im Anschluß daran ist auch Apk 21, 1 zu verstehen: Beim ↗„neuen Himmel" u. der „neuen Erde" ist mehr an die kommende Welt des endzeitlichen Heils gedacht als an eine Neugestaltung dieses Himmels u. dieser Erde. 3. Ist im AT E. vor allem der Ort, wo der Mensch Gottes Auftrag ausführen u. zum ↗Heil gelangen oder ihn verweigern u. Unheil ernten kann, wird im NT die E. oft von vornherein als Ort der Vergänglichkeit, des Todes u. der ↗Sünde gesehen (Mt 6, 19; 1 Kor 15, 47; Kol 3, 5). ↗Christus ist der ↗Erlöser, weil er nicht von der E. ist (Joh 3, 31; Eph 4, 9 f). Die Erlösten sind Fremdlinge auf der E. u. haben ihre ↗Heimat im Himmel (Hebr 11, 13; Phil

3, 20). Die ntl. Autoren brauchen damit nur hin u. wieder einzelne Bilder eines orientalischen Mythos, die in der hellenistischen Welt das Heilsereignis durch Christus verdeutlichen konnten. Wir dürfen sie also auch nur als Bilder verstehen. Wir können nicht mit Berufung auf diese ntl. Stellen die Verantwortung für die E. ablehnen, die an anderen Stellen der Bibel dem Menschen aufgetragen ist. Diese ntl. Bilder sollen vielmehr verdeutlichen, daß sich auf unserer E. mit Jesus Christus etwas unerhört ↗Neues ereignet hat u. daß der Mensch in der ↗Nachfolge Christi sich nach grundlegend neuen Gesetzen (z. B. ↗Bergpredigt) richten muß.   oh/hi

Erfüllung. Gottes ↗Wort wie auch die göttlichen ↗Weissagungen zielen auf E. hin (vgl. Js 55, 11). Das AT berichtet oft von der E. der Worte Jahwes, die von den Propheten verkündet waren. E. ist ein Kennzeichen Gottes, der die ↗Berufung der Propheten u. die Wahrheit ihrer Botschaft verbürgt; die E.en der Weissagungen aus der Vergangenheit werden zum Unterpfand für die E.en in der Zukunft. – Das NT ist von der Überzeugung durchdrungen, daß in u. durch ↗Jesus ↗Christus das AT seine E. gefunden hat. In den Evv. (besonders bei Mt) stehen häufig Formeln wie: „damit erfüllt werde, was gesagt wurde"; der Nachweis also, daß in Jesu Leben u. Wirken, in seinem Tod u. seiner Auferstehung die Schrift erfüllt wurde, wird zu einem Hauptelement ntl. ↗Verkündigung über Jesus Christus. Jesu messianische Aufgabe ist es, alles zur E., zur Vollendung zu bringen (vgl. Lk 24, 25 ff). So hat er auch das atl. ↗Gesetz erfüllt, indem er es befolgte. Darüber hinaus brachte er es zur E., indem er den Gotteswillen in ihm zeigte u. über den ↗Buchstaben des Gesetzes hinaus die böse Gesinnung als Ursache der bösen Tat verbot. Er führt es zur E., indem er das Gebot der ↗Liebe als Schlüssel zu allen anderen in seinem ganzen Umfang offenbart (z. B. Mt 7, 12). – In Apg 2 u. 3 sind die Predigten des Petrus vom E.s-Gedanken geprägt. Hier wie in den Evv. zeigen zahlreiche Reflexionszitate die Absicht, die E. der Schrift im Leben Jesu aufzuweisen, u. sie bestimmen als Kompositionselement Aufbau u. Gliede-

rung mit; sie spiegeln das christozentrische Verständnis des AT durch die Urgemeinde wider. Weil in Christus u. in dem von ihm gebrachten Heil die Schrift ihre E. findet, kann sie auch nur von ihm her verstanden u. gedeutet werden (vgl. 2 Kor 3, 12 ff). ↗Verheißung. ↗Heilsgeschichte.   br

Erhöhung. Bereits im AT, vor allem aber im Spätjudentum begegnet die Vorstellung, daß der Gerechte in diesem Leben der Demütige, der Niedrige, der Leidende ist. Für diese jetzige Erniedrigung wird ihm die zukünftige E. als Lohn verheißen. Diese Vorstellung wirkt auch in das NT herein. Wenn jedoch von der E. Jesu gesprochen wird, dann meint dies ein einzigartiges Geschehen: Seine Einsetzung in die himmlische Würde, seine Inthronisation zur ↗Rechten Gottes. Diese Aussagen von der E. Jesu sind im NT meist mit Ps 110, 1 verbunden. Drei Elemente dieses Satzes werden dabei – je nach den verschiedenen geschichtlichen Situation der Gemeinde – aufgenommen: das Sitzen zur Rechten Gottes, die Unterwerfung der Feinde u. die Würdetitel des Herrn. Nach Mk 14, 62 antwortet Jesus auf die Frage des Hohenpriesters, daß der ↗Menschensohn gesehen werden wird als der, der zur Rechten der Macht sitzt u. mit den Wolken des Himmels kommt. Hier sind ↗Wiederkunft u. E. verbunden: Bei der Parusie erscheint der zur Rechten Erhöhte. In den ältesten Bekenntnissen des NT (z. B. 1 Kor 15, 3 ff) wird die ↗Auferweckung Jesu zugleich als Erhöhung verstanden. Nach Apg 2, 32 f hat die ↗Auferstehung zur Folge, daß der Erhöhte den Hl. ↗Geist auf die Gemeinde ausgießt. Dem Hebr ist die Aussage entscheidend, daß der Erhöhte als ↗Hoherpriester für seine Gemeinde eintritt. E. besagt: Jesus ist zur Rechten Gottes inthronisiert, Paulus betont jedoch, daß die damit ausgesagte Herrschaft Jesu zeitlich begrenzt ist: Sie währt, bis alle Feinde unterworfen sind u. Gott alles in allem ist (1 Kor 15, 28). Wird im NT die Gegenwart des Heils unterstrichen u. das jetzige Herrscheramt Jesu betont, dann heißt es, daß Jesus zum Herrn eingesetzt worden ist (Phil 2, 6 ff) u. das königliche Amt des Herrn der Welt übernommen hat, obwohl ihn erst die Gemeinde als Herrn verehrt. Im **Joh-Ev.** wird bereits die Kreuzigung (↗Kreuz) – Jesu leibliche Erhöhung am Kreuz – als E. Jesu zu himmlischer Herrlichkeit verstanden. ma

Erkennen. Das bibl. E. hat einen wesentlich weiteren Bedeutungsumfang als das deutsche Wort. Es geht dem bibl. Menschen um ein unmittelbares Erfassen u. Innewerden des Geschehenden. Das Wissen darum beansprucht den Erkennenden persönlich u. verpflichtet ihn. Überall dort, wo es um personale Beziehungen u. Vollzüge geht, spielt deshalb das E. eine große Rolle.
1. Im Umgang mit einem Menschen erkennt man erst dessen wahre Bedeutung. Dies erlebte die Witwe von Zarephta an Elija (1 Kg 17, 24) u. das Volk Israel an Samuel (1 Sm 3, 20). Dies ist auch gemeint, wenn im NT Matthäus vor falschen Propheten warnt u. Jesus die Worte in den Mund legt: „An ihren Früchten werdet ihr sie e." (Mt 7, 16). Dieses Bekannt- oder Vertrautsein bzw. Bescheidwissen über einen Menschen steht auch hinter dem Wort „E." für geschlechtliche Beziehungen (↗Geschlechtlichkeit): „Der Mensch erkannte sein Weib Eva. Sie empfing u. gebar Kain" (Gn 4, 1).
2. In ähnlicher Weise wird E. auch für den Umgang mit Gott gebraucht. Es war eine der ganz großen Erkenntnisse Israels, Gott in seiner ↗Einzigkeit zu erfahren (Ex 6, 7). Das E. der geschichtlichen ↗Führung durch Gott wirkte sich einerseits weiter aus im Erfassen der individuellen Gottverbundenheit („Ich erkenne, Gott ist mit mir", Ps 56, 10), andrerseits im Wissen, daß auch die Heiden in der Begegnung mit Israel die Macht Gottes erfahren können (vgl. Jr 16, 20 f). Es geht also bei solchem E. nicht um eine bloß theoretische Gotteserkenntnis, sondern immer zugleich um die praktische Anerkennung u. Verehrung Gottes (2 Makk 7, 28).
3. Das Wissen um die Möglichkeiten u. die Tragweite menschlichen E.s führte den atl. Menschen dazu, in seinem E. den Nachvollzug des göttlichen E.s zu sehen. „Siehe, der Mensch ist geworden wie einer von uns, so daß er Gutes u. Böses erkennt" (Gn 3, 22). Erkenntnis von Gut u. Böse bedeutet hier Allwissenheit im weitesten Sinne des Wortes, d. h. die menschliche Erfahrung u. das Vertrautsein mit der vollen Wirklichkeit der Welt. Dieses E. Gottes ist Basis der ↗Angst wie des ↗Vertrauens Gott gegenüber, der jeden erkennt, wie er wirklich ist (Hos 5, 3), u. in diesem E. liebevoll erwählt (Ex 33, 12) oder zornig verwirft (Jr 14, 1 ff).
4. Das NT knüpft an den atl. Gebrauch des Ausdrucks E. an, weitet ihn aber entscheidend aus. In radikaler Weise betont Paulus, daß das zum Heil führende E. Gottes nicht eine ↗Leistung des Menschen darstellt, sondern von Gott geschenkte ↗Weisheit ist (1 Kor 1, 21). Der Gegenstand dieses E. ist nicht eine philos. Gotteslehre oder dgl., sondern „Gottes Weisheit im Geheimnis" (1 Kor 2, 7), die nur dem dafür Offenen (↗Glauben) zugänglich ist. Hier wird das „personale E." des AT radikalisiert: Bloß theoretisches E. führt an Gott vorbei; nur wer sich Gott gegenüber personal aufschließt, d. h. ihn als den anerkennt, der er ist, hat die Möglichkeit, „Gott zu e., wie er ist" (1 Joh 3, 2). Dieses E. Gottes aber bedeutet bei Johannes immer zugleich ↗Gemeinschaft mit ihm (Joh 10, 14 f) u. erfordert ständiges Bemühen (Joh 8, 31 f). Dieses E. der Wahrheit ist aber gerade keine ↗Gnosis, kein geheimnisvolles, nur für Eingeweihte verständliches u. zugängliches Wissen. Das E. Gottes setzt die richtige menschliche Einstellung Gott gegenüber voraus, hütet sich vor Überheblichkeit, ist getragen von ↗Demut u. ↗Einfalt u. steht immer unter dem Vorzeichen der ↗Liebe (vgl. 1 Kor 13, 2). Die Überheblichkeit, die im E. von Gut u. Böse liegen kann u. die zur Empörung gegen Gott u. zur Gottlosigkeit führt, wird im liebevollen u. verständigen Einfügen in die Ordnung der neuen, erlösten Welt überwunden. Der Mensch, der erkennt, daß er „nicht mehr Knecht, sondern Freund" Gottes sein kann (Joh 15, 15), ist der mündige, welthafte Christ, der seine Verantwortung vor Gott erkennt u. in Freiheit übernimmt. hi

Erlebnisbericht, eine literarische Darstellung von wirklich erlebten Geschehnissen, ↗Schauungen oder ↗Träumen in der Art von ↗Ich-Berichten. Die Be-

rufungsvision des Jesaja z. B. wird im
Ich-Stil berichtet u. stellt den Vorgang
göttlicher Berufung als ein persönliches
Erlebnis dar (Js 6, 1–10). Diese ursprüngliche Gattung des E. wird schon in der
mündlichen Tradition eine große Bedeutung gehabt haben, da mit den dargestellten Erlebnissen der Berichterstatter ein Zeugnis abgibt. Später wurde
der E. dann als literarische Stilform, besonders von den Apokalyptikern, als
eine Art Rechenschaftsbericht ausge-
formt.   la

Erleuchtung. Von Gott, dem ewigen
↗Licht, geht die Wirkung der E. aus.
Sein Licht leuchtet hinein in die ↗Fins-
ternis der Welt. Der übertragene Sinn
dieser Aussage ist, daß Gott dem Menschen in seelischer u. leiblicher Not beisteht, ihn stärkt u. neubelebt, den Verstand erleuchtet. Die häufige Bitte im
AT um E. will sagen, daß Gott dem
Menschen seinen ↗Willen kundtun
möge (Ps 67, 2 f). Die E. geschah entweder durch übernatürliche ↗Offen-
barung, durch das ↗Gesetz, die ↗Pro-
pheten oder durch die Weisen. Im NT
ist ↗Jesus ↗Christus das Licht, welches
alle Menschen erleuchtet: gesandt in
die Finsternis der Welt, leuchtete es zunächst in Israel, aber für die ganze Welt
bestimmt.   la

Erlösermythos. Das AT kennt keine mythologische Erlösergestalt; eine solche
gewinnt erst Bedeutung in den Spekulationen der jüd. ↗Apokalyptik in der
Gestalt des ↗Menschensohnes. In der
↗Gnosis ist eine andere mythologische
Erlösergestalt verbreitet. Der Erlöser
wird vom höchsten Gott in die Welt gesandt, um das eigentliche Selbst der
Menschen, den göttlichen Lichtfunken,
aus der Gefangenschaft in der materiellen Welt zu befreien. Er tut das, indem
er die Lichtfunken an ihre Herkunft aus
der göttlichen Sphäre erinnert u. ihnen
die Formeln nennt, die bei der Him-
melsreise nach dem Tod den Durchgang
durch die Gestirnsphäre ermöglichen.
Danach geht er selbst diesen Weg voran.
Insofern der Erlöser aus derselben Substanz wie die Lichtfunken besteht, erlöst er mit ihrer Rückführung sozusagen
sich selbst. Ein ausgebildeter gnostischer
E. ist erst in nachchristl. Zeit bezeugt.
                                                 mo

Erlösung (Erlöser). Die beiden Worte,
mit denen das AT Gott als Erlöser bezeichnet, stammen aus dem Rechts-
bereich. „Erlöser" ist der Verwandte,
der Leben u. Besitz der in Not geratenen Familienmitglieder einlösen oder
auch blutig rächen muß. So nennt
↗Deuterojesaja Gott, der Israel aus der
Verbannung zurückführt, E. Damit stellt
er das Verhältnis von Gott u. Mensch
als Verwandtschaft dar. Diese besteht
aber nicht von Natur aus – denn von
Natur aus steht der heilige Gott im Gegensatz zum sündigen Israel; vielmehr
hat Gott sich durch die ↗Erwählung Israels so gebunden, daß er gerade wegen seiner Heiligkeit nicht von der Löse-
pflicht zurücktreten will (Js 41, 14). Um
Gott als Erlöser Israels aus Ägyptens
↗Knechtschaft zu bezeichnen, wählt das
↗Deuteronomium ein Wort aus dem
Geschäftsleben: „den Preis bezahlen für
Mensch oder Tier, die in fremder Gewalt sind" (Dt 7, 8). Doch weder im Dt
noch bei Js ist jemals die Rede vom
Lösegeld. Vielmehr erlöst Gott sein
Volk bloß durch seinen Willen aus der
Hand der Völker, deren Herr er ist (Js
52, 3). In dem Maße, wie die individuelle Frömmigkeit in Israel erwacht,
wächst auch das Erlösungsbedürfnis des
einzelnen. Man bittet Gott um E. von
den persönlichen Feinden u. um Bewahrung vor dem Tod (Jr 15, 21; Ps 103, 4).
Schließlich geht die Hoffnung auf die E.
über den Tod hinaus: Als Ijob von Gott
tödlich getroffen wird, ruft er Gott
selbst als seinen Bluträcher („Erlöser")
an. In festem Vertrauen sucht er Schutz
beim lebendigen Gott vor Gott, der
den Tod sendet (Ib 19, 25). Es fehlt im
AT fast ganz die Vorstellung von der E.
von der Sünde; immer treten Begriffe wie
↗Sühne, ↗Rettung, Helfen ein. – Wenn
Jesus dagegen sein Leben als ↗ „Lösegeld für die vielen" hingibt (Mt 26, 28),
so denkt er an Befreiung von dem Unglück, das für ihn die Wurzel jedes
Übels ist: Trennung von Gott, Sünde.
Er gebraucht hier einen dritten Begriff
aus dem hebr. Recht: „Lösegeld" ist die
Ersatzgabe, die ein Gläubiger, wenn er
will, als Deckung der Schuld annehmen
kann. Im NT ist E. zunächst ein eschatologischer Begriff u. meint die endgültige
E. der Christen (Röm 8, 23). Doch für

den, der sich ↗Jesus ↗Christus anschließt, durch den allein es E. gibt, ist
sie bereits Wirklichkeit (Kol 1, 14). E. ist
Befreiung von der Sünde u. ihrer Folge,
dem Tod. Christus hat sie Gott nicht
abgerungen, sondern Gott hat ihn zur
E. gesandt (1 Kor 1, 30). Insgesamt spielt
E. im NT eine geringe Rolle; wichtiger
sind z. B. Führung zur ↗Freiheit, Herstellung der ↗Gerechtigkeit.   oh

Ernte. Israel sah in jeder E. ein Geschenk Gottes, u. Segen u. Fluch der E.
waren wichtige Motive atl. ↗Paränese
(Lv 26). Besonders an den großen ↗Fe-
sten (Pascha, Pfingsten, Laubhüttenfest)
zeigte das Volk seine Freude über die
E. u. lobte Gott.

Das Bild von der E. kann im AT Freu-
denzeit oder drohendes Ende bedeuten. Js spricht von der E. als Strafgericht,
das über Israel u. seine Feinde im eschatologischen ↗Gericht kommen wird.
Seit dem ↗Exil werden in Bildern von
der E. Verheißungen über die Heilszeit
verkündet; am Gerichtstag über die
Heiden, der ein Freudentag für Israel
ist, beginnt die E.freude für das Gottesvolk. Auch das NT spricht vom Endgericht als Ernte.zeit. Jesus wird die E.
einbringen, verkündet Johannes d. T.
(Mt 3, 12). Am Tag der E., des Gerichts,
wird der Herr das Unkraut vom Weizen
trennen (Mt 13, 20); denn das Heil des
Menschen ist von seinem Tun abhängig
(vgl. das Wort vom Baum u. der Frucht
Mt 7, 16–20). In den Kontrastgleichnissen, die Anfang u. Ende des Reifens
vergleichen, steht das Bild von der E.
für die ↗Herrschaft Gottes: Sie kommt
so gewiß wie die E.; denn trotz Miß-
erfolgen u. Widerstand wandelt Gottes
Wort die Menschen um, übersteigt die
E. jedes Maß (vgl. Mk 4, 3–8 par). Aus
einer kleinen Schar wächst das ↗Volk
Gottes, in deren Leben Gottes Wille
Wirklichkeit wird, für die die Gottesherrschaft schon angebrochen ist (vgl.
Mk 4, 30–32 par). Die Gottesherrschaft,
die in Jesu Sendung den Anfang nahm,
führt unaufhaltsam zur Vollendung, wie
die Aussaat zur E. (vgl. Mk 4, 26–29 par).
                                        br

Erscheinung (Epiphanie), bedeutet im
Unterschied zur apokalyptischen Vision
(Schau in die jenseitige Welt) (↗Schau-
ung) das Aufleuchten einer jenseitigen

Wirklichkeit in dieser Welt u. Geschichte, sei es in persönlicher Gestalt,
sei es durch Machtzeichen. In der Bibel
„erscheinen" (meist heißt es: „wurde
gesehen"): Gott (↗Theophanien), Engel,
Tote (Mt 27, 53), Heilige der Vorzeit (Mk
9, 4), der auferstandene Christus (↗Auf-
erstehungserscheinungen), Satan (2 Thess
2, 8). In den Patriarchenerzählungen
sind die E.en Jahwes an bestimmte
Ortsüberlieferungen geknüpft; später
ist die ↗Bundeslade im Zelt oder im
↗Tempel der Ort, an dem Gott sich in
seiner ↗„Herrlichkeit" zeigt (↗Wolke).
Bisweilen erscheint Gott im ↗Traum
(Gn 28, 12 ff; fließender Übergang zur
Vision), bisweilen in fremder Gestalt
(Gn 18); im „Engel Jahwes" erscheint
nach den ältesten Texten (Jahwist, Elohist) Gott selbst. Oft ist die E. mit Feuer
(Ex 3, 2), Sturm (1 Kg 19, 11) u. Gewitter
verbunden, so vor allem in der großen
Theophanie am Sinai. Nach späterer,
priesterlicher Theologie ist die E. Jahwes (als Feuer- oder Wolkensäule) wesentlich gestaltlos (Dt 4, 12 – woraus
dann das Bilderverbot begründet wird),
während die ältere Tradition wenigstens
von Mose sagt, er habe die „Gestalt"
Jahwes schauen dürfen (Nm 12, 8; vgl.
Ex 24, 2.9 f). Doch immer liegt der
Hauptakzent nicht auf der Schau, sondern auf dem zu hörenden Verheißungswort, durch das Jahwe die Menschen
einer neuen Zukunft entgegenführt.
Sein machtvolles Eingreifen in die Geschichte wird seit ältester Zeit als Gottesoffenbarung verstanden (Ri 5, 4 f). Die
„Epiphanie" Jahwes ereignet sich grundlegend als Geschichte, u. alle übrigen
E.en Gottes stehen in deren Dienst. Das
„Kommen" Jahwes, das die Propheten
ankündigen, ist zunächst auch als seine
machtvolle ↗Offenbarung in der Geschichte zu verstehen (zum Gericht über
die Völker u. zur Rettung Israels), doch
mehr u. mehr wird das endgültige Erscheinen Gottes als ein persönliches erkannt, das der Geschichte ein Ende bereiten wird (Zeph 1, 18).

Im Neuen Bund offenbart sich Gott in
seinem Sohn ↗Jesus ↗Christus. Dieser
aber bleibt nach den Synopt. trotz aller
Machtzeichen grundsätzlich unter einem
Gesetz der Verborgenheit (Mk 3, 11 f),
u. nur ausnahmsweise leuchtet etwas

von göttlicher Herrlichkeit über seiner irdischen Gestalt auf: bei der ↗Verklärung oder beim ↗Seewandel (mit dem typischen Epiphaniewort: „Ich bin es!" Mk 6, 50). Demgegenüber betont Joh durchgehend den Epiphaniecharakter der Person u. des Wirkens Jesu: Seine ↗Wunder sind ↗„Zeichen" u. offenbaren seine Herrlichkeit (2, 11) bzw. die des Vaters, denn Jesus tut nur, was er den Vater tun sieht u. hört (5, 19. 30). Deshalb sieht, wer ihn sieht, den Vater (14, 9). Im fleischgewordenen Wort, das „unter uns sein Zelt aufgeschlagen hat", war die Herrlichkeit Gottes sichtbar (1, 14; deutliche Anspielung auf die E. Jahwes im AT). Mit seinem Heimgang zum Vater ist die Zeit dieser „Epiphanie" (vgl. 2 Tim 1, 10) vorüber (Joh 14, 22). Aber entscheidend für unser Heil ist ja nicht das Sehen, sondern der ↗Glaube (20, 29), der aus dem Hören auf die Botschaft kommt, welche bleibt u. weiterverkündet wird (20, 31; 1 Joh 1, 3). Für Joh ist Christus in seiner geschichtlichen Sendung mehr das Wort (↗Logos) als das Bild des Vaters.

Die eigentliche Epiphanie Gottes geschieht auch nach dem NT erst am Ende der Tage: beim Kommen des ↗Menschensohnes mit großer Macht u. Herrlichkeit (Mk 13, 26). „Parusie" (↗Wiederkunft) u. „Epiphanie" stehen hier gleichbedeutend nebeneinander (2 Thess 2, 8).   ur

Erster, in der Bibel in zweifacher Hinsicht wichtig: in zeitlicher u. wertender. Beides steht aber unter heilsgeschichtlichem Vorzeichen. Es wird nicht nur zeitlicher ↗Anfang konstatiert, sondern nach der Bedeutung dieses Anfangs unter dem Aspekt des ↗Heils gefragt. Es wird nicht irgendeine Rangordnung von Werten aufgestellt, sondern eine, deren Basis das ↗Reich Gottes ist.
1. Zeitlicher Sinn: Hier spielen zwei Gesichtspunkte eine Rolle. a) In der atl. Weisheitsliteratur gilt das Erstgeschaffene als das, was Gott am nächsten steht u. für alles Folgende den Grund legt. Darum rühmt sich die erstgeschaffene ↗Weisheit, alles später Geschaffene zu durchdringen (Spr 8, 22 ff). Christus ist der „Erste der Auferstehung der Toten" (Apg 26, 23) u. hat damit den Anfang des endgültigen Heils in der neuen

Schöpfungsordnung gesetzt. b) Vom Bewußtsein der messianischen Heilszeit her ist die Zeit vorher etwas Unzulängliches: Wenn von einem neuen Bund die Rede ist, so ist der erste damit für überholt erklärt, u. das Überholte ist dem Verschwinden nahe (Hebr 8, 13). Die Apk bringt dies auf die Formel: „Das erste ist vergangen" (21, 4). Das Heil, das Christus gebracht hat, löst die Vergänglichkeit der ersten Schöpfung ab, denn „der erste Mensch ist von der Erde" (1 Kor 15, 47).
2. Wertmäßiger Sinn: Wenn Gott „E. u. Letzter" ist (Js 44, 6; Apk 1, 17), gibt es ohne ihn keine endgültigen Wertmaßstäbe, dann können „viele, die Erste sind, Letzte u. Letzte Erste sein" (Mt 19, 30). Wenn bei menschlicher Wertung falsche Ordnungen fixiert werden, kann es geradezu sein, daß jemand, „der E. sein will, Letzter sein" muß (Mk 9, 35), um richtig zu leben. Weiterführend interpretiert geht es darum, E. vor Gott zu sein u. ans endgültige Ziel zu gelangen (1 Kor 9, 24).   hi/oh

Erstgeborener. Wie wichtig der E. in Israel war, zeigt sich daran, daß die Sprache einen besonderen Wortstamm mit dieser Bedeutung kennt (Lk 2, 7 nimmt auf dieses atl. Wort Bezug u. sagt nichts über weitere Kinder Marias aus. ↗Brüder Jesu). Das Sonderrecht des E. ist vor allem den ältesten Überlieferungen des AT bekannt: Der E. übernimmt die Nachfolge des Vaters in der Führung der Sippe, da er als Erbe der vollen Kraft des Vaters gilt (Gn 49, 3). Gott aber hält sich nicht an dieses menschliche Recht, er erwählt ↗Jakob vor ↗Esau, Juda vor Ruben (1 Chr 5, 1 ff). In übertragenem Sinn heißen ↗Israel (Ex 4, 22) oder ↗David (Ps 88, 28) E. Gottes: Dem Volk wendet sich Gottes volle Vaterliebe zu, im König offenbart sich Gottes Kraft. Das NT nennt ↗Christus E. Gottes (Hebr 1, 6), E. unter vielen Brüdern (Röm 8, 29), E. vor aller Schöpfung (Kol 1, 15), E. von den Toten (Kol 1, 18). Damit ist nicht zuerst ein zeitlicher, sondern ein funktionaler u. würdemäßiger Vorrang gemeint. Gottes ↗Kraft wirkt in Jesus, er öffnet den Weg u. übernimmt die Führung in der neuen Heilsordnung. Damit wird E. zum christologischen Hoheitstitel.   oh/hi

Erstgeburt. Während die Völker ↗ Kanaans die erstgeborenen Söhne töteten, um sie der Zeugungsgottheit zurückzugeben, kennt das AT nur das ↗ Opfer der Erstlinge der Tiere, die menschliche Erstgeburt wurde gegen Geld ausgelöst (Ex 13, 12 ff) u. der Stamm Levi als Ersatz zum Dienst am Heiligtum bestimmt (Nm 3, 12). Diese Sitte wird nicht mehr wie in der Naturreligion magisch begründet, sondern auf eine geschichtliche ↗ Großtat Gottes zurückgeführt: Jahwe hat Ägyptens E. vernichtet u. Israel befreit. Darum soll er als der Herr über Israels E. anerkannt werden. Nach Lk 2, 23 wird auch ↗ Jesus diesem Gesetz unterworfen.

oh

Erwählung. Im AT: Der hebr. Ausdruck besagt zunächst einfach „wählen", also aus einer Anzahl von Völkern, Personen oder Dingen mit einer bestimmten Absicht eine „Aussonderung" treffen. E. läßt sich am Beispiel ↗ „Israel" aufweisen. Die E. als Aussonderung aus den Völkern steht fest (Dt 7, 6). Ja, Israel gilt der „Heilsruf der E." (Ps 33, 12). Doch geht es in der E. nicht um die Qualitäten, die Israel vorzuweisen hätte: Dt 7, 7 f lenkt den Blick nicht auf die Vorzüge des Volkes, sondern auf die Liebe ↗ Jahwes. Dt 9 weiß sogar die Tiefen der „Unwürdigkeit" Israels darzutun, u. in Ps 33 fällt das Licht eindeutig auf Jahwes Güte u. Erbarmen. Mit Recht kann man sagen: gerade in der E. kommt Jahwes absolute Souveränität in einmaliger Weise zur Erscheinung. Diese Souveränität u. Liebe Jahwes leuchten aber auch auf, so wie auf die Aufgabe schauen, die für die E. mitbestimmend war. ↗ Abraham ist erwählt (Neh 9, 7): aber, was aus den Völkern ausgesondert wurde, soll zuletzt wieder zum ↗ Segen für alle werden (Gn 12, 2 f; 22, 18). Besonders deutlich werden Eigenart u. Sinn der E. um der Aufgabe willen beim deuterojesajanischen ↗ Gottesknecht (Js 42; 53). Eben hier zeigt sich, daß E. nicht mit „Privilegien" im üblichen Sinne verbunden ist – sofern es um eine E. durch Jahwe geht. Die Wahrung der Souveränität Jahwes u. der Charakter seines huldvollen Handelns in der E. werden unterstrichen durch den mahnenden Hinweis auf das Gegenstück zur E.: auf die ↗ Verwerfung. Sie zeigt, daß E. nicht als etwas Unabänderlich-Vorhandenes erachtet, daß mit E. nicht ein „Spiel" getrieben werden darf (Hos 9; Jr 7). Aber mit der Verwerfung ist kein Ziel erreicht, weil Jahwes Handeln stets auf das ↗ Heil ausgerichtet ist. Dementsprechend findet sich gerade in prophetischen Texten der Gedanke der Neu-E.: Jahwe „erwählt wiederum, von neuem" (Js 14, 1). In nichts könnten huldvollunverdient schenkende Liebe, letztes ↗ Erbarmen u. höchste Souveränität stärker durchbrechen als in dem Heilshandeln einer Neu-E. Das Volk, welches das „Todesgericht" verdient hätte, darf in seiner ↗ Umkehr um ein neues, noch innigeres Erwählt-Sein wissen (Hos 9). Im NT: Zahlenmäßig erscheinen E. u. seine umgebende Wortgruppe nicht häufig. Ein Beispiel eigener Art hierzu gibt Mt. Dort wird die Ablösung des alten durch das neue, das wahre Israel (in dem das alte auf-gehoben werden soll), behandelt. Dies geschieht nicht zuletzt im Rahmen der Entfaltung des „Kirche"-Gedankens (vgl. dazu das Gleichnis von den ↗ bösen Winzern [Mt 21, 33–46]). Bei Paulus wird der Gedanke der E. aufgenommen, aber in eigener u. sehr sorgfältiger Weise angewandt. Von einer E.s-„Lehre" sollte man aber vielleicht auch hier nicht sprechen. Daß eine solche ist, zeigt sich besser in manchen spätjüd. Schriften: 4 Esr; viele Hymnen in den Qumranschriften – „die Erwählten" erscheinen dort als ehrende Selbstbezeichnung der Gemeinde. Der Eigencharakter des E.s-Gedankens bei Paulus hebt stärkstens davon ab: a) 1 Kor 1, 27–29. In dreimaliger Akzentuierung wird Gottes E.s-Handeln vorgestellt. Es „hält" die Glaubensgemeinde, die auf nichts anderes ihre Hoffnung setzen kann, weil sie nichts „besitzt" (an Ansehen, Einfluß, „Tradition") u. daher nichts „bedeutet". Aller Ruhm fällt auf Gott! b) In derselben Weise wird der in Eph 1, 4 ausgesprochene E.s-Gedanke sogleich durch V. 6 „ausgerichtet". c) In Röm 9–11 stellt sich Paulus der überaus schwierigen Frage: nach Israels E. gegenüber dem heilsvollendenden Christusgeschehen verharrt Israel im ↗ Unglauben. Macht dieser „Konflikt"

Gottes Heilsplan zunichte? Nein! Der Unglaube wird zu einem vorläufigen, letztlich „dient" er sogar dem Heil aller, die „alte" E. (vgl. oben) wird nicht aufgehoben: 11, 28–32. Gott bleibt stets der unendlich Überlegene: 11, 33–36. Das Verständnis von E. bei Joh ist ganz durch das Christusereignis bestimmt, das die Entscheidung in die Welt bringt, welche in ↗ Glaube u. Unglaube „offenbar" wird. a) Jesus ist der Offenbarer: er ist auch „der Erwählende"; zum Ausdruck kommt das in bedeutungsschweren ↗ Ich-(bin-)Aussagen: 13, 18. b) Die E. u. ihr „Programm" werden in 15, 16–19 entfaltet. c) Das in „Judas" sich stellende Problem kann „geschichtlich-beispielhaft" gelöst werden: 6, 63–71. Der Glaubende ist „erwählt" – wer erwählt ist, „glaubt". So werden Gottes Souveränität u. menschliche Entscheidung in den Größen von „E." u. „Glauben" einzigartig gewahrt. – Ähnlich ordnet sich, auf synopt. Ebene, das oft mißverstandene Wort Mt 22, 14 ein. Die Heilsführung Gottes kommt zum Ziel: das zeigt an den „Erwählten" Mk 13, 19–27.   ka

Erwartung ↗ Verheißung, ↗ Hoffnung.

Erweckung. Die E. kann von Gott ausgehen, aber auch durch das Wort von Menschen geschehen. Gott „bestellt" einen Menschen, er „erweckt" ihn, „läßt ihn aufstehen", um durch ihn dem Volk hilfreich nahe zu sein (Dt 18, 15.18). In der Frühzeit Israels erweckte Gott dem Volk die ↗ Richter. Sie führten das Volk aus dem Unglück heraus, das es sich durch seinen Abfall von Gott selbst heraufbeschworen hatte u. nun bereute. Später wissen sich die ↗ Propheten, besonders Hosea u. Ezechiel, als ↗ Wächter über Israel bestellt. Ihrem Wort wohnte erweckende Kraft inne. Richteten diese „Späher" ihren warnenden Ruf nicht aus, womit sie das Volk vor dem Bundesbruch zurückhalten oder aus diesem zur ↗ Umkehr zurückrufen sollten, waren sie am Tod der Sünder mitschuldig. In Js 56, 10 ist uns ein Gerichtswort gegen diese Wächter gemeint, gemeint sind die Leitenden im Volk, die Propheten u. Priester, überkommen, in dem es heißt, sie seien ↗ blind, d. h., von ihnen gehe keine erweckende Kraft zur inneren Erneuerung u. Aufrichtung des Gottesvolkes aus.   pa

Erweiswort. Die Bezeichnung „prophetisches Wort des göttlichen Selbsterweises", abgekürzt E., ist eine prophetische Redeform. Sie tritt erstmals in 1 Kg 20, häufig im Ezechiel-Buch auf. Das E. ist dreigeteilt. Auf eine einleitende Begründungsrede folgt eine ↗ Weissagung, die von der Zweckaussage „Du wirst erkennen, daß ich Jahwe bin", beschlossen wird. Dieses dritte Element, die Erkenntnisformel, ist für das E. charakteristisch. Es ist nämlich nicht die Absicht des Propheten, ein Geschehen anzukündigen, sondern ein Geschichtsereignis als einen Selbstweis Jahwes aufzudecken. Was Jahwe durch sein Geschichtshandeln offenbart, ist sein universaler Machtanspruch. Er erweist sich darin als der, den man im Gottesdienst als alleinigen Gott verehrt, welcher sich selbst vorstellt mit: „Ich bin Jahwe", d. h. der Mächtige. Seit ↗ Ezechiel u. ↗ Deuterojesaja erwartet u. erhofft man immer dringlicher ein endzeitliches Geschehen als letztgültigen Selbstweis dieses Machtanspruches Gottes: das Aufstrahlen der ↗ Herrlichkeit Jahwes vor den Augen aller Völker   pa

Erzählkunst. Dem israelitischen Wesen entspricht das lebendige, bildhafte u. einprägsame Erzählen, in dem die Sprache vorwärtsdrängt. In vielen kurzen Sätzen spiegelt sich das Fortschreiten vom Wort zur Tat u. von einer Tat zur andern wider. In einer gewissen Eintönigkeit werden die Sätze mit „und" aneinandergereiht, stoßen so aber zum jähen Schluß. Die Stilformen reichen von der Tragödie (1 Sm 28: Saul bei der Zauberin von Endor) bis zur Burleske (1 Sm 25, 36 ff: Nabals Tod). Mit großer Kunstfertigkeit werden in das Dargestellte die Erfahrungen aus der Geschichte eingebracht u. veranschaulicht (Gn 32, 22 ff). ↗ Erzählquelle, ↗ Erzählung.   go

Erzählquelle. Die atl. Bücher lassen sich vielfach in Einzelerzählungen u. Erzählkränze auflösen, die allmählich unter einer übergreifenden Idee zusammengefaßt worden sind. Traditionskreise oder -zentren formten, bewahrten u. gaben die Geschichten weiter. So hafteten die Überlieferungen von Abraham u. Isaak an den Orten auf dem judäischen Gebirge u. im Negeb; die Jakob-

Erzählung im Gebiet von ↗Sichem u.
↗Betel. Geschichtserzählungen hatten
ihren Ursprung in den höfischen Schrei-
berkreisen (1 Kg 14, 25 ff: Einfall des
Pharao Schischak) oder in der ↗Prie-
sterschaft (1 Kg 6–8: Baubericht des Tempels; 2 Kg 22 f: Reform des Josija). Sie
wollten Geschehen u. Zustände beschreiben u. gelehrtes Interesse befriedigen.
Alles Erzählen aber wollte Zeugnis von
↗Jahwes Heilshandeln (↗Heil) in ↗Er-
wählung u. ↗Gericht geben. ↗Erzäh-
lung.   go
Erzählung. Am Anfang stand die in sich
geschlossene, kurze Einzel-E., die in der
mündlichen Tradition über lange Zeit
ein selbständiges Dasein führte. Dem
Leben u. Erlebten wird durch das Wort
dauernde Gestalt gegeben.
a) Ein israelitischer ↗Mythos konnte
nicht aufkommen, da Jahwe allein Recht
u. Anspruch auf Verehrung hatte. b)
↗Märchen sind raum- u. zeitlos; Phantasie wird in ihnen zur Wirklichkeit.
Märchenhafte Motive finden sich oftmals
(1 Kg 17, 7–16; 2 Kg 4, 1–7; Nm 22,
22–35). c) Die ↗Sage verschmilzt überzeitliche, märchenhafte Motive mit Ort
u. Zeit, mit einer Gestalt oder einem
Ereignis. Die volkstümliche Erzählungs-
weise scheint hier durch (Gn 19: Ortssage; Gn 3, 14 ff: Tiersage), die auffallende Erscheinungen erklären will. Die
Stammes- u. Volkssage spiegelt im
Schicksal des Stammvaters (Gn 4: Kain –
Keniter) das Geschick des ganzen Volkes wider. d) Um religiöse Orte (Gn 32,
25 ff) u. Gestalten (1 Sm 1–3) kreisen
↗Legenden, die Geschehenes u. Be-
stehendes erklären wollen. e) ↗Novel-
len u. ↗Anekdoten stellen in unterhalt-
samer Weise vergangene Dinge u. Personen wirklichkeitsgetreu in die Gegenwart (Gn 37; 39–48; 50). Die einzelnen
literarischen Formen, die in der atl. E.
verwoben sind, erschließen eine vertiefte Erfassung der religiösen Seite der
atl. Literatur, weil darin die Aussagen
über Jahwe u. Israel, Gott u. Mensch
entfaltet werden. ↗Erzählkunst, ↗Er-
zählquelle.   go
Erzieher ↗Züchtigung.
Esau (hebr. rauh, behaart), Sohn von
↗Isaak u. Rebekka, Bruder Jakobs. E. u.
Jakob repräsentieren zwei Kulturen –
Jäger u. Hirten – u. zwei Völker:

↗Edom u. ↗Israel (Gn 25, 23.27). E.
verkaufte dem Jakob sein Erstgeburtsrecht (25, 31 ff) u. gab so dem Jüngeren
den Vorrang; ebenso stellte später der
jüngere Staat Israel den mit E. gleichgesetzten älteren Staat Edom in den
Schatten. In gehobener Sprache ist so
E. = Edom (Ob 6; Jr 49, 8–10). – Im NT
ist E. Symbol für das Judentum (Röm
9, 13) u. für Materialismus (Hebr 12, 16).
Die E.sprüche (Gn 25, 23; 27, 39) sind
↗Orakel über das politische Schicksal
Edoms.   he
Eschatologie. E. als „Lehre von den letzten Dingen" (↗Tod, ↗Auferstehung,
↗Gericht u. ↗neue Schöpfung) galt
lange Zeit nur als Schlußkapitel der
Dogmatik, das sich mit Ereignissen in
einer noch unvorstellbar fernen Zeit be-
faßte. Nach bibl. Verständnis ist E. eine
umfassende Haltung, ist Sache der ↗es-
chatologischen Existenz.
Die bibl. E. spricht nicht zuerst von Gericht u. Heil für den einzelnen, ob diese
nun am Ende oder in seiner jetzigen
Entscheidung verwirklicht werden, sondern sie richtet das Augenmerk auf das
endgültige Heil der Gemeinschaft u. auf
die Vollendung der Welt. Ihre Aussagen
sind zugleich von drängender Aktualität.
Der Terminus ↗„Naherwartung", den
man auf solche Vorstellungen atl. Propheten, Jesu u. der Urkirche anwendet,
deutet diese Aktualität der bibl. E. noch
nicht ganz zutreffend. Hätte man nur
für die allernächste Zukunft das endgültige Gericht Gottes u. die endgültige
Verwirklichung seines Heils erwartet,
dann hätte die Enttäuschung schon bald
ein Ende der E. bedeutet. Doch als die
Rückkehr der Juden aus dem ↗Exil nicht
die verheißene Offenbarung der Größe
Gottes u. die Verherrlichung Israels
brachte, deuteten die Propheten auf den
kümmerlichen Neubeginn als Zeichen des unerschütterlichen Heilswillens
Gottes u. seiner unbestreitbaren Macht
über alle Welt (Hag 2, 3 ff). Als der Untergang Jerusalems nicht das Weltgericht
eingeleitet hatte u. das Kommen der
↗Herrschaft Gottes sich weiter verzögerte, bestimmte die ↗Hoffnung auf
die ↗Wiederkunft Christi weiterhin das
Glaubensleben der Christen (Apk 22,
20). Dieser hartnäckige Fortbestand der
E. läßt sich nur verstehen, wenn sie von

Anfang an mehr war als bloße Erwartung künftiger Ereignisse.
Die E. entstand bei den Propheten Israels, als mit dem Niedergang des Volkes auch der Glaube an die ↗Treue Gottes zu seinem Wort in Frage gestellt wurde (Js 63, 15 ff). Ihre Botschaft vom Untergang der gottfeindlichen Mächte (↗Endkampf) u. von der Verwirklichung des Heils für das Volk Gottes (↗Messias, Neuer Bund) sollte nicht über die elende Gegenwart hinwegtrösten, sollte vielmehr das gläubige Vertrauen auf Gottes Wort in allen widrigen Umständen wieder aufwecken u. lebendig halten. Dieser Glaube mußte sich in der Gegenwart bewähren. Die prophetische E. wird damit zum Aufruf an das Volk, sich nicht von der Not der Gegenwart das Verhalten diktieren zu lassen. Aus dem Vertrauen, daß Gott wider allen Anschein zu seinem Wort stehen wird, sollte es schon das Gebot gemäß leben u. so die Herrschaft Gottes vorbereiten (Js 40, 3). Dennoch bleibt das endgültige Heil Gottes Werk (Js 43, 14–21.22–28). Das Volk hat durch die Sünden der Vergangenheit bewiesen, daß es, auf sich allein gestellt, nur den Weg zum Unheil findet. Gott erst ermöglicht ein Leben gemäß dem Anspruch der E. durch das Geschenk eines neuen ↗Herzens (Ez 11, 19 f). Anders ausgedrückt: Die endgültige Entscheidung über Heil u. Unheil übertrifft weit das menschliche Vorstellungsvermögen; deshalb wählen die Propheten in ihren eschatologischen Aussagen Bilder aus der mythologischen Vorstellungswelt (↗Mythos), oder sie überhöhen Bilder aus der Geschichte Israels ins Mythische (Js 51, 9 f). Man darf nicht versuchen, aus diesen sich widersprechenden Bildern einen Ablauf der eschatologischen Ereignisse zu konstruieren.
In der E. liegt eine doppelte Spannung: Zwischen der Gegenwart u. dem Kommenden, zwischen der Forderung einer tätigen Verwirklichung im Leben des Gläubigen u. dem Bewußtsein der alleinigen Wirksamkeit Gottes. Noch deutlicher wird das im NT. In der Apg ist z. B. das Pfingstereignis gedeutet als Erfüllung der eschatologischen Verheißung der überreichen Geistesgabe an alle Menschen (↗Geistausgießung) – es ist aber zugleich der Anfang der Verkündigung dieser Tatsache, durch die die Menschen erst Anteil daran gewinnen können. Die urchristl. E. tritt im Verkündigungszeugnis des Apostels ↗Paulus am deutlichsten zutage. Die Vorstellungswelt u. Begrifflichkeit der paulinischen Endzeitaussagen sind weitgehend von apokalyptischen Traditionen (↗Apokalyptik) herzuleiten. Das Auffallendste ist die prägende Zerdehnung seiner E. in eine präsentische u. in eine futurische Aussagenreihe: das Heil wird den Menschen einerseits schon als gegenwärtig angesagt, andererseits aber als zukünftig u. noch ausstehend. Dies gilt für alle Paulusbriefe gleichmäßig, aber auch für alle Grundthemen seiner Theologie. Zur präsentischen Aussagenreihe gehören etwa: Christus hat das Heil gebracht, als wir noch Sünder waren (Röm 5, 8); Gott hat seinen Sohn gesandt, als die alte Weltzeit ihr Vollmaß erreicht hatte (Gal 4, 4); Christus ist Höhepunkt u. Vollendung der atl. Verheißungen (Röm 1, 1 f; 2 Kor 1, 20); die Gemeinschaft der Christen repräsentiert die neue Schöpfung (Gal 6, 15; 2 Kor 5, 17), das Gesetz ist abgetan (Röm 10, 4), die Freiheit ist erstritten (Gal 5, 1 ff); jetzt ist der Tag des Heiles (2 Kor 6, 2). Zur futurischen Argumentationsreihe gehören die Aussagen: Wiederkunft Christi u. Gericht stehen noch aus (1 Kor 1, 7; 2 Kor 1, 14; Phil 3, 20 f; 1 Thess 2, 19); die Gemeinde u. die Schöpfung halten noch stöhnend nach der paradiesischen Freiheit der Kinder Gottes Ausschau (Röm 8, 22 f); der Apostel selbst weiß sich noch nicht am Ziel (Phil 3, 12 f); Christus muß die Welt überhaupt erst für Gottes Herrschaft freikämpfen (1 Kor 15, 20–28). Beide Argumentationsreihen stehen nicht nebeneinander, sie gehen ständig ineinander über. Dahinter muß eine theologische Absicht des Apostels gesehen werden. Gegenwart u. Zukunft stehen in einer Spannung zueinander: einerseits ist das Heil in ↗Jesus ↗Christus schon da, andererseits steht dessen Vollendung noch aus (↗nicht mehr, ↗noch nicht). Diese Spannung von Gegenwart u. Zukunft beherrscht alle großen Themen der paulinischen Verkündigung, ihre Christologie, Theologie, Kosmologie u. Anthropologie.

Nach der bibl. Lehre greift also die E. in das gegenwärtige Leben des Glaubenden ein. Durch den Glauben an Christus ist er in den Bereich des endgültigen Heils eingetreten. Darum darf er sein Verhalten nicht mehr nur nach den Gesichtspunkten der unmittelbaren Gegenwart ausrichten, sondern muß auch in seinen gegenwärtigen Entscheidungen eintreten in den Gang der Welt auf die endgültige ↗Vollendung zu, die Gott für sie bereitet hat (1 Kor 7, 29–31).

Mit einer an der bibl. Lehre ausgerichteten E. wird der Christ unserer Zeit Gesprächspartner für alle, die einsehen, daß die Menschen nicht nur von den Bedürfnissen der Gegenwart, sondern von der ↗Zukunft her ihre Entscheidungen treffen müssen. In der christl. E. gewinnt die ↗Verantwortung des einzelnen für das Schicksal der ganzen Menschheit neues Gewicht, wenn die eschatologischen Ereignisse nicht nur als Erfüllung des persönlichen Lebens gesehen werden. Diese Erfüllung ist nur möglich zugleich mit der endgültigen Vollendung der Welt. ↗Endzeit, ↗Jenseits.   oh/gr

Eschatologische Existenz. Auf einen kurzen Nenner gebracht, bedeutet e. E. Leben im Bewußtsein, daß die zukünftige Vollendung jetzt schon – wenn auch noch verborgen – gegenwärtig ist, so daß der Christ seine ↗Gegenwart schon als Moment der Verwirklichung dessen, was er endgültig sein wird, annehmen u. verantworten kann. Der ↗Anfang dieses neuen Vorzeichens unseres Lebens liegt in ↗Christus, in dem Vollendung möglich geworden ist, freilich jetzt noch im Vorgriff des Glaubens u. nicht schon als endgültige Wirklichkeit. Die Einsicht in die e. E. hat eine lange Geschichte: 1. Im AT: a) In der Zeit der Salomonischen Aufklärung (um 950 v.C.) richtete sich das Denken Israels als geschichtliches zuerst in die Vergangenheit (↗Urgeschichte), dann auch in die Zukunft (↗Eschatologie). Diese Zukunftsaussagen gingen bald über eine bloße Erwartung der näheren, ankommenden Ereignisse hinaus auf eine entscheidende Wende in der Geschichte, die einen gewandelten Zustand aller Dinge bringen sollte (Gn 49, 1). Diese entscheidende Wende begriff man aber nicht als ge-

schichtliches Ereignis unter vielen, sondern als Zielpunkt der immer schon geschehenden Entwicklung der Geschichte, so daß das derart erwartete Ende deren Verlauf bestimmt u. ihr Sinn verleiht. Dies war die Basis des atl. Glaubens, der vom „Gesetz der ↗Verheißung u. ↗Erfüllung" seine Grundstruktur empfing u. ein „offener Glaube" war, der nie ans Ende kam. Die e. E. bestand der damaligen Auffassung nach darin, den Verheißungen der Propheten u. religiösen Führer zu vertrauen u. sich in seinem ganzen Leben auf die verheißene Zukunft hin auszurichten. – b) Von diesem Verständnis der e. E. her war die atl. ↗Theokratie seit Mose der Versuch, die eschatologische Erwartung dadurch zu beenden, daß man in Jahwe den König u. Führer Israels sah u. anerkannte, daß er jedwede Vollendung schenkt (Dt 28, 1–14). Sehr bald genügte aber diese „geistige" Theokratie den Gegebenheiten Israels nicht mehr, u. es errichtete ein erbliches Königtum. Damit war die e. E. in der Theokratie unmöglich geworden u. verlagerte sich wiederum in die Zukunft. – c) Die ↗Propheten: Die endgültige Wende erwartete man sich nun vom ↗„Tag des Herrn" u. vom zukünftigen Heilskönig, doch sind die (ethische) Umkehr Israels u. das Vertrauen zu Jahwe die entscheidende Voraussetzung (Am 5, 18 ff). Seit der Zeit des Babylonischen ↗Exils geht es nicht mehr nur um Israel u. sein Heil, sondern um Sinn u. Ziel der Gesamtgeschichte (Js 66). Diese Erwartung, daß der Sinn des Lebens u. der Geschichte von Gott her geschenkt wird, ist die Grundlage auch des ntl. Verständnisses von e. E.

2. Im NT: a) Der entscheidende Inhalt des ↗Evangeliums Jesu war die Erfüllung der atl. Verheißungen (Lk 4, 21). Jesus stellte seine Verkündigung einheitlich unter den Gedanken der ↗Herrschaft Gottes, die durch ihn „nahe herbeigekommen" ist (Mk 1, 15), in ihrer Vollendung u. Herrlichkeit freilich noch aussteht; e. E. bedeutet nach Jesus, auf das ↗Erbarmen Gottes zu vertrauen u. sein Heilsangebot zu ergreifen. So gesehen, ist die Gegenwart „Entscheidungssituation" geworden (Lk 12, 8 f), die man durch Bereitschaft u. Wachsam-

keit (Lk 21, 34–36) bestehen muß, um das endgültige Heil zu erreichen. Dieser anfordernde Charakter der Gegenwart liegt freilich nicht offen vor Augen, sondern ist weitgehend verborgen u. bedarf der Haltung der ↗Umkehr, um die ↗„Zeichen der Zeit" zu erkennen. – b) ↗Naherwartung: Im Spätjudentum hatte sich die Prophetenerwartung verstärkt u. zugleich konkretisiert. Man erwartete die Vollendung für die allernächste Zukunft, sah in den Zeitereignissen – in Verkennung der bildhaften Redeweise der Propheten – angekündigte Vorzeichen u. verstand e. E. als Sich-Bereithalten für das Ende. Dies wurde aber bald als Mißverständnis durchschaut. Man verstand die bisherige „Naherwartung" in der Urkirche als „Stetserwartung" u. sah e. E. darin: immer mit dem Ende zu rechnen u. sich dafür bereitzuhalten. Paulus betont, daß e. E. darin besteht, die Spannung zwischen dem schon anwesenden u. doch noch ausstehenden Ende nicht zu verlieren (1 Kor 7, 29–31). Johannes verlegte den Schwerpunkt stärker als Paulus auf die Gegenwart als letzte Entscheidungen fordernde Heilszeit.   hi

Esra-Buch. Das E.-B. setzt mit dem ↗Nehemia-Buch den Bericht der ↗Chronikbücher fort u. bildet mit diesen Schriften zusammen das sog. ↗Chronistische Geschichtswerk. Esra u. Nehemia, ursprünglich ein Buch, wurden aus unbekannten Gründen geteilt. Drei Hauptthemen stehen im Mittelpunkt des E.-B.: Wiederaufbau des ↗Tempels u. der Stadt, Wiederherstellung der jüd. Gemeinde. Zum Inhalt: Kap. 1–2: Heimkehrer unter König ↗Cyrus; Kap. 3–6: Vom Aufbau des Tempels; Kap. 7–8: Rückkehr einer Gruppe unter Esra; Kap. 9–10: Der Kampf des Esra um das ↗Gesetz.   be

Esra-Bücher (nichtkanonisch). a) Das ↗apokryphe Buch 3 Esr besteht zum größten Teil aus ausgewählten Abschnitten aus dem ↗Chronistischen Geschichtswerk. Es erhebt keinen Anspruch auf Historizität u. entstand um die Zeitenwende. b) Das sog. 4. Buch Esr gehört zu den ↗pseudepigraphischen ↗Apokalypsen (die Kap. 12; 15–16 sind christl. Zusätze). In den ersten vier der 7 Visionen ringt der Seher mit den Widerspruch zwischen der Erwählung Israels u. dessen Knechtschaft unter den Mächten der Welt. In der 5. u. 6. Vision erscheint der ↗Messias als Löwe bzw. Mensch, während die 7. Vision berichtet, wie Esra vor seiner Entrückung die 94 heiligen Bücher, unter ihnen die 24 kanonischen Schriften wiederherstellt, die bei der ↗Zerstörung Jerusalems verlorengegangen waren. Das Buch entstand um 100 n.C. Ursprünglich hebr., ist es in mehreren Sprachen des Orients überliefert.   be

Essener. Eine spätjüd. Gemeinschaft. Ihr Gründer, der „Lehrer der Gerechtigkeit" (Name unbekannt), rief ca. 150 v.C. angesichts des erwarteten Weltendes zu strenger Gesetzeserfüllung auf u. gewann Anhänger, mit denen er sich in die Wüste zurückzog u. eine Gemeinde als Endzeitgemeinde gründete, die bis 70 n.C. bestand. Im ↗Dualismus zwischen Gott u. ↗Belial, Licht u. Finsternis, stehen die E. als Söhne des Lichtes auf der Seite Gottes, der nach der Vernichtung des Bösen im Weltenbrand eine neue Welt heraufführt. Zur Zeit Jesu gab es über 4000 E. Die bekannteste der zahlreichen Niederlassungen der E. wurde die „Klostergemeinschaft" von ↗Qumran, seit man ab 1947 in den Höhlen von Qumran Texte gefunden hat, die als „Schriftrollen vom Toten Meer" bekannt wurden. Während aus der ↗Damaskusschrift eine Laienbruderschaft bekannt ist, die die Ehe erlaubt, fordert Qumran Ehelosigkeit u. persönliche Besitzlosigkeit. Nach zweijährigem zweistufigem Noviziat wird der Eintrittseid geschworen (Übernahme der religiösen Pflichten u. Geheimhaltung der Lehren). Das Leben ist streng geregelt. Charakteristisch sind tägliche Waschungen, tägliches Kultmahl; genau festgelegte Rangordnung.   ma

Essen u. Trinken, Urakte des Menschen, decken seine Existenz vor Gott auf u. sind offen auf ↗Heil hin. Lebend aus dem, was er nicht selbst ist, sind sie nie bloß biologisch nutzhafter Vorgang, sondern personale Antwort auf diese Abhängigkeit. Der Mensch formt sein E. u. T. zu Speise u. hält in Freude Mahl (Prd 8, 15; Lk 5, 33 f). In der Wüste erfährt Israel, wie restlos es sich Jahwe verdankt (Ex 16, 4.12–15.19), der selbst begegnen will in dem, was er mit ihnen tut. Auf Gott bzw. Christus ist der tiefere Hunger des Menschen gerichtet (Lk 12, 22–31; Joh 4, 14; 6, 27). Solcherart sind die ↗Armen, die ↗Anawim, die den Herrn suchen. Für sie sorgt er u. mißt die Menschen an der ihnen erwiesenen Liebe (Mt 25, 35 f; 1 Joh 3, 16 f). Um offen zu werden, fastet man u. opfert Jahwe von den Erstlingsgaben in einem Festmahl vor ihm (Dt 14, 22 bis 26). Denen aber, deren Gott der Bauch ist (Phil 3, 19), wird der Zornesbecher des Gerichts gereicht. Ganz dicht verschränken sich Lebenshunger des Menschen u. Menschlichkeit Gottes in der ↗Eucharistie. E. u. T. im gemeinsamen Mahl eint die Seinen mit Christus u. untereinander, indem er selbst als der Hingegebene in sie eingeht. Wo sie sich in seinem Geist leibhaftig auftun u. glauben, ist er in, nicht neben E. u. T. ihr ↗Leben (oder Gericht 1 Kor 11, 29). Die Zukunft aber, aus der wir schon leben, ist das Hochzeitsmahl des Lammes (Apk 19, 9). Dort kommt E. u. T. zu seinem vollendeten Sinn, wo Gott alles in allem ist (1 Kor 15, 28).   ho

Essig, saurer, mit Wasser verdünnter Wein. E. ist ein Volksgetränk, das wegen seiner Säure aber geringgeschätzt wurde. Bei der Kreuzigung wird Jesus wohl dieses Volksgetränk gereicht.   zi

Ester (persischer Name für Hadassa), Hauptfigur des ↗Ester-Buches, eine junge Jüdin, die an Stelle der verstoßenen Waschti zweite Gemahlin des Perserkönigs Achaschwerosch (griech. Xerxes) wurde. Auf Drängen ihres Pflegevaters Mordechai rettete sie durch ihre Fürsprache beim König ihr Volk vor der drohenden Vernichtung.   we

Ester-Buch, wohl im 3. Jh. v.C. in der östlichen ↗Diaspora von einem frommen u. gebildeten Juden in Kunstprosa geschrieben; in einer hebr. u. einer längeren griech. Fassung, die stärker die theol. Aussage hervorhebt, überliefert. In Form einer freien Erzählung wird eine drohende Judenverfolgung u. das Entstehen des ↗Purimfestes geschildert. Die mutige Fürsprache der ↗Ester vereitelt die vom Judengegner Haman angestiftete Vernichtung der Juden; diesen wird dann sogar erlaubt, am 13. Adar ihre Widersacher zu vernichten. Zur Er-

innerung an diese Rettung wird das Purimfest eingeführt, dessen Festlegende das E.-B. ist. Das E.-B. gibt Antwort auf die Frage der Gemeinde nach dem Warum ihres Feierns. Weil das Purimfest ein weltliches Fest ist, finden sich im hebr. E.-B. kaum theol. Aussagen; der Name Gottes wird nicht einmal erwähnt. Doch ist der Verfasser, wie hintergründig deutlich wird, von der Erwählung Israels u. der Lenkung der Geschichte durch Gott überzeugt.   we

Ethik. AT u. NT enthalten zahlreiche sittliche Mahnungen u. Gebote wie auch zusammenfassende Stücke sittlicher Weisungen (z. B. den ↗Dekalog: Ex 20 u. Dt 5; die sozialen ↗Gebote in Dt 24, die Regeln über persönliche Verantwortung in Ez 18, die ↗Bergpredigt in Mt 5–7 u. Lk 6, die ↗Tugend- u. ↗Lasterkataloge sowie die sog. ↗Haustafeln des NT). Der umfassende Gesichtspunkt für alle Gebote u. ↗Weisungen ist ihre religiöse Botschaft. Eine Unterscheidung zwischen sittlichem u. religiösem Inhalt, welche für die moderne Ethik selbstverständlich ist, wie auch eine systematische Darlegung sittlicher Lehren tritt in den bibl. Schriften nicht hervor u. läßt sich auch nicht nachträglich vornehmen. Der Ausdruck „biblische Ethik" ist daher nicht in allem zutreffend, will jedoch aussagen, daß es sich nicht allein um Ethosformen handelt, die einander ablösen. Den sittlichen Weisungen der Hl. Schrift wohnt nämlich insgesamt eine Grundsätzlichkeit u. Endgültigkeit inne, die durch keine bloße Ethosform ausgeschöpft wird. Dennoch geben die atl. u. ntl. Schriften Einblicke in Entfaltungen eines atl. bzw. urchristl. Ethos je nach der Persönlichkeit der Verfasser von Schriften, nach der zeitlichen Abfassung, nach der Verschiedenheit der gesellschaftlichen Verhältnisse, nach den Einflüssen aus der Umwelt des Judentums wie auch der griech. Philosophie. Als Ausdruck der Heilsgeschichte ist das AT Vorbereitung auf die volle Entfaltung im NT.

Schon im AT ist endgültig festgehalten, daß das ↗Gute, dessen Suche u. Verwirklichung jeder Form der Sittlichkeit aufgetragen ist, vom persönlichen Gott kommt u. in ihm seine Vollendung erfährt (Gn 1). Aus freiem Entschluß teilt er sein Gutes in ↗Schöpfung u. ↗Offenbarung (Gn 1 u. 12) den Menschen mit, die er als persönliches Gegenüber (↗Ebenbild, Gn 1, 26 f) beansprucht, obwohl er den Kulturauftrag den Menschen in volle Verantwortung gibt (Gn 1, 28 f). Auch wo er in der Sünde Wege gegen Gott einschlägt, bleibt der Mensch verantwortlich vor Gott (Gn 3 f). Sein Gutes u. auch den Menschen gibt Gott nicht preis. Er erläßt ↗Gesetze zum Schutz des Lebens (Gn 9, 4–7; vgl. 4, 10).

Gott ergreift die Initiative u. schließt mit ↗Israel seinen ↗Bund, der als Vertrag zwischen zwei, wenn auch ungleichen Partnern darauf ausgeht, daß das Verhältnis zwischen Gott u. seinem Volk „recht" ist u. dem von Gott erklärten Recht entspricht (Ex 19–24; 34; vgl. Dt 5–11; Jos 24 [Bundesbekräftigung]; Lv 17–26 [↗Heiligkeitsgesetz]). Die Grundgedanken dieses Bundes liegen aber tiefer. Sie sind Liebe u. Furcht; Liebe als persönliche Freundschaft Gottes zu seinem Volk u. Israels zu seinem Gott. Beide sind füreinander da, sie kennen sich u. reden sich mit „Du" an (Am 3, 2; Os 13, 4). Die Furcht drückt das aus, worüber die Liebe keine Auskunft gibt, daß nämlich Gott der Herr bleibt, der ↗Gehorsam u. Unterordnung unter seinen Willen verlangt. Der Bund ist zugleich Liebe u. Furcht, in denen Israel sein Verhältnis zu Gott (vgl. Ex 20, 1–11) u. sein Leben in der menschlichen Gemeinschaft (vgl. Ex 20, 12–17) gestalten muß. Vergehen gegen menschliches Leben, Auflehnung gegen die Eltern, Bedrückung der Armen, Witwen u. Waisen sind schlecht u. werden scharf verurteilt (Ex 21 f). Von der Hilfe in der Not darf auch der persönliche Feind nicht ausgeschlossen werden (Ex 23, 4 f). Ohne Beachtung der Gebote ist Gottesliebe nicht möglich (Dt 10, 12 f; 11, 13; 30, 16). Unter dem Bild der Ehe stellen vor allem die Propheten das Verhältnis Gottes zu Israel dar u. mahnen zur Treue (Hos 1–3; 11; Jr 2; 31; Ez 16). Zurückweisen der Führung Gottes (↗Führungsgeschichte Gottes) ist ↗Unglaube, nach Jesaja die Wurzel aller Unsittlichkeit (Js 1, 2 ff; 8, 5 ff). In nachexilischer Zeit wird die individuelle Verantwortung stärker betont (Ez 14; 18; vgl. Ex 20).

Die atl. Sittlichkeit will aus der inneren, gläubigen Bindung des ↗Herzens ergriffen u. nicht in äußerlicher Gebotserfüllung geleistet werden.

Das NT zeigt Vollendung dieser Ansätze u. Neues durch ↗Jesu Leben u. Lehre. In seinem Ruf zur ↗Umkehr (Mk 1, 15) knüpft er an die Propheten an; die Zehngebote bekräftigt er (Mk 10, 19 par). Der ↗Wille Gottes ist für ihn höchste sittliche ↗Norm (Mk 3, 35 par), Gehorsam u. ungeteilter Dienst vor Gott die entscheidende menschliche Haltung (Mt 6, 24). Die Forderungen Gottes führt er auf ihre ursprüngliche Klarheit zurück (Mt 19, 8: „im Anfang war es nicht so"). Er lehrt mit letztentscheidender Autorität u. verinnerlicht das sittliche Tun durch seine Betonung der Gesinnung des Herzens (Mt 5 f; Lk 6). Die Motive, die er bietet, sind rein religiös: die ↗Vollkommenheit Gottes ist höchstes Leitbild (Mt 5, 48; vgl. Lv 19, 2); sein eschatologisches Reich (Mt 5, 3–10) u. himmlischer Lohn (Mt 5, 12; Lk 6, 35) erwarten den gottliebenden Menschen, während ↗Zorn Gottes u. ↗Gericht dem Bösen drohen (Mt 5, 21 f). Das Hauptgebot (Mk 12, 28 ff par) der Gottes- und Nächsten-, einschließlich der Feindesliebe (Mt 5, 44), auch zugespitzte Forderungen der Bergpredigt sind an die Menschen in dieser Welt gerichtet (↗Liebe, ↗Nächster). Das urkirchliche Ethos, vor allem der paulinischen Briefe, stellt heraus, daß das christl. Leben keine menschliche Möglichkeit ist, sondern Gottes Werk (↗Rechtfertigung), das der Mensch im ↗Glauben aus eigener Selbstbestimmung aufnimmt u. verwirklicht. Aus Wiedergeburt ist der Christ eine Neue Schöpfung (Gal 6, 15; Eph 2, 10; Tit 3, 5; vgl. Joh 3, 5) mit neuem Leben, das ihm als „Gesetz Christi" (Gal 6, 2) aufgetragen ist. Das NT enthält den vollen Gehalt u. die endgültige Grundgestalt der christl. Sittlichkeit, die aber in der ↗Nachfolge Christi (Mk 8, 34 ff par) auf dem Wege zur endzeitlichen Vollendung in gläubiger Hoffnung innerhalb der kirchlichen Gemeinschaft verwirklicht u. dabei als „Salz der Erde" (Mt 5, 13) der erneuernden Veränderung der Welt dient.   beu

Etymologie findet sich im AT in Form der Volks-E., die unbekannte Wörter

durch ähnlich lautende erklärt. Namen
werden häufig durch eine ätiologische
E. erklärt, d. h., es wird der Grund für
den Namen angegeben. Diese Erklärungen sind theol. bedeutsam, da sie oft
an der Heilsgeschichte orientiert sind,
z. B. Nm 20, 13 das Wasser von Meriba
(= Haderwasser), weil die Israeliten mit
Jahwe haderten. ↗Ätiologie.   mo

Eucharistie. Im griech. Wort E. wird das
Abendmahlsverständnis der Urkirche
deutlich. Das griech. Verbum bedeutet:
sich beschenkt verhalten, die Gaben
weihen; das Substantiv: Danksagung,
Dankesgabe (von Leib u. Blut). E. ist die
durch das dankende Wort erfolgende
Vergegenwärtigung des gesamten Chri-
stusereignisses in u. an den Abend-
mahlsgaben. E. u. ↗Eulogie dürfen nicht
nach ihrer profan-griech. Bedeutung
verstanden werden, sondern sind im
christl. Sprachgebrauch als Semitismen
(Übersetzung des hebr. brk = Gott preisen) zu betrachten. Eulogie kann schon
im AT in der Bedeutung von „materieller Gabe" verwandt werden. So allein
ist es zu verstehen, daß E. sehr früh
schon nicht bloß die E.feier u. das E.-
gebet, sondern auch die eucharistischen
Elemente bezeichnete.
Das NT bietet drei Arten von Texten
über die E.: 1. ↗Einsetzungsberichte, die
uns als Norm der urchristl. überliefert sind: Mt 26, 26–29; Mk 14, 22–25;
Lk 22, 15–20; 1 Kor 11, 23–25. Ihre Prägung ist weitgehend vom aktuellen Kult
der Gemeinde abhängig. Darum die
Typen Mt/Mk u. Lk/Paulus. Die Rekonstruktion einer dahinterliegenden „Urform" ist kaum möglich. 2. Verheißung
der E. Joh hat die Einsetzung der E.
nicht in sein Ev. aufgenommen. Er deutet den Tod Jesu durch die ↗Fuß-
waschung (13, 1–17) u. das ↗Hohe-
priesterliche Gebet (17). Dafür bringt er
eine Lehrstückkatechese über die E. (6,
1–71), in der sich die gesamte Abend-
mahlsterminologie (↗Abendmahl) findet. Das ganze ist ein johanneischer
↗Midrasch über einen Einsetzungsbericht. 3. Urkirchliche Mahlveranstaltun-
gen (↗Mahl). Lk braucht dafür den Ausdruck ↗„Brotbrechen" (Apg 2, 42.46;
20, 7.11). Es ist im jüd. Raum der das
Mahl eröffnende Ritus (Lobspruch, Bre-
chung des Brotes, Austeilung), der als

heiliges Tun galt. Die Bedeutung „Mahlzeit halten" hat er fast nie. Den Ritus
des Brotbrechens hatte Jesus beim
Abendmahl mit neuem Inhalt erfüllt.
Dieser neue Gehalt war der Anlaß, die
Stiftung Jesu „Brotbrechen" zu nennen.
Sonstige wichtige Texte zur eucharistischen Praxis der Urkirche: 1 Kor 11, 23
bis 33; 10, 1–13.14–22; Hebr 13, 9 ff).
                                          wi
Die dankbare Gesinnung, die die Christen erfüllte fand ihren Ausdruck in den
Gebeten u. Danksagungen des NT: „Wir
danken Gott immerfort für euch alle"
(1 Thess 1, 2). – Paulus weiß sich u.
seine Gemeinden von Gott her durch
Jesus Christus beschenkt u. wird nicht
müde, dies immer wieder zu bekennen. Da der Inhalt des Abendmahls Jesu
Person u. Heilstat ist (2 Kor 8, 9), eignet sich E. sehr gut zur Bezeichnung u.
Charakterisierung des Opfermahles. E.
umfaßt inhaltlich das Todesgedächtnis
des ↗Herrn (1 Kor 11, 26), die Vorwegnahme des endzeitlichen Mahles (Lk 22,
16) u. die ↗Gemeinschaft mit dem
gegenwärtigen Herrn (1 Kor 10, 21) u.
der Christen untereinander (Apg 2, 42).
Wer in dieser Weise Anteil hat am
Herrn, ist Glied an seinem Leib (1 Kor
12, 27; ↗Leib Christi). Von hier aus muß
auch das Verständnis der Einsetzungsworte gesehen werden.
Da das NT in seinen Schriften eine beträchtliche Entwicklung erkennen läßt,
müssen die einzelnen Phasen voneinander abgehoben befragt werden:
1. Urapostolische überlieferung: Sie
liegt uns am deutlichsten in Lk 22, 19
bis 20 vor. „Leib" bedeutet dort die
leibhafte Person. Die Hingabe des Leibes weist hin auf den ↗ „Gottesknecht"
(Js 53, 4–12). ↗ „Blut" bezeichnet das
blutgebundene Lebewesen u. weist hin
auf den gewaltsamen Tod des Gottesknechtes. Der ↗ „neue Bund" weist auf
Jr 31, 31 bzw. ebenfalls auf den Gottesknecht als den „Bundesmittler" (Js 49, 8).
Der Auftrag „Tut dies zu meinem ↗ Gedächtnis" ist die Legitimation dafür, daß
Brot u. Wein zur Gegenwartsweise des
Herrn werden, der die Erfüllung der
Gottesknechtverheißung für die dank-
sagende Gemeinde bedeutet. Jesus deutet so die Gaben, die er reicht. Das Dar-
gereichte ist mit seiner leibhaftigen Per-

son identisch. Die Gaben, nicht der Akt des Darreichens brauchen eine Deutung. Die Gaben sind nicht Sinnbilder. Zwischen der Deutung Jesu u. dem Tun des jüd. Hausvaters besteht hier ein wesentlicher Unterschied. Jesus spricht über das Brot: Das ist mein Leib. Der Hausvater deutet: Siehe das Elendsbrot, das unsere Väter aßen, als sie aus Ägypten auszogen.

2. Paulinische Theologie: E. ist Ausdruck der Gemeinschaft mit dem gekreuzigten u. erhöhten Herrn Jesus Christus. Der Akzent liegt daher auf der konkreten, personalen Verbundenheit mit dem Herrn, d. h. auf der Gegenwärtigkeit des Heiles in der E. feiernden Gemeinde. Paulus wendet sich sowohl gegen die Auffassung des Hellenismus (Gedanke der kultischen Vereinigung mit der Gottheit) wie des Judentums (kultisches ↗Opfer als Entsühnung). Im Anklang an Paulus wehrt sich der Hebräerbrief (13, 7–16) gegen magischen Mißbrauch der E.: nicht das „Essen" führt zur Gemeinschaft mit dem Herrn, sondern rechter „Wandel" u. „Glaube".

3. Synoptiker: Durch den Rückgriff auf Ex 24, 8 wurde das ursprüngliche personale Verständnis kultisiert: Leib u. Blut werden als „Opfermaterie" begriffen, Jesus Christus als „neuer Mose" zum Opferpriester der Gemeinde Gottes gemacht u. der eschatologische Aspekt stark in den Vordergrund gestellt. Jesus läßt sich in den Gaben selbst als Abschiedsgeschenk zurück.

4. Johanneische Theologie: E. ist die Konzentration des gesamten christologischen Heilsgeschehens, das im Essen des „Fleisches" u. Trinken des „Blutes" Wirklichkeit wird u. das ↗Leben durch Christus bewirkt. Diese Wirkung geschieht personal. Der starke Akzent auf dem Handgreiflichen bei Johannes soll eine gnostische Verflüchtigung abwehren (↗Gnosis). Deshalb ist seine Verkündigung der E. immer an das „Essen des Fleisches" gebunden (Joh 6, 53 f). Jesus Christus ist immer der sichtbare ↗„Sohn", der die Wirklichkeit des ↗„Vaters", die Heil u. Leben bedeutet, zwar zeichenhaft, aber durchaus konkret erkennen läßt. Die bleibende Gegenwart des Herrn geschieht für Johannes in der Gemeinschaft der ↗Jünger Christi.

Für das heutige Verständnis der E. ergibt sich: 1. E.feier ist Verkündigung der Erlösung, muß also im Vollzug das entscheidend Neue der christl. Existenz erkennen lassen. 2. Die E. soll der danksagenden Gemeinde Begegnung mit dem lebendigen Gott vermitteln, in dessen Liebe sie sich bis zum Grund ihrer Existenz geborgen weiß. 3. E.feier ist Einübung in die ↗eschatologische Existenz, bedeutet Leben aus dem Vorgriff auf den vollen Sinn menschlichen Lebens (↗Hoffnung). 4. E. wird erst im gläubigen Leben aus der ↗Liebe Wirklichkeit, denn sie ist Übernahme des Daseins Jesu, das ein Leben ↗für andere war. ↗Herrenmahl.   wi/hi

Eulogie. Das griech. Wort E., wörtl. „schönes Reden" (in diesem Sinn Röm 16, 18 verwendet), wird bei den Griechen meist u. im NT oft im Sinn von Lobpreis gebraucht (↗Doxologie). Im Anschluß an LXX gibt das NT damit aber auch den atl. Begriff ↗„Segen" wieder. In den primitiven Religionen gilt „Segen" als eine greifbare, fast dingliche Kraft, die einer dem andern mitteilen kann. Sogar die Götter können sie von Menschen empfangen, denn ↗Opfer u. ↗Gebet mehren ihre Segenskraft, Fluch vermindert sie. Die Bibel hat sich von diesem magischen Denken weit entfernt. Letzten Endes spendet immer die freie Liebe Gottes den Segen. Der Mensch segnet in Form einer Bitte an Gott (Gn 49, 25) u. muß den Segen an den weitergeben, den Gott erwählt hat (Isaaks Segen geht z. B. an Jakob, nicht an Esau). In diese Linie der Weitergabe des Segens tritt schließlich im NT ↗Maria als die Gesegnete schlechthin (Lk 1, 28) u. vor allem der ↗Messias (Mk 11, 9 f); ihnen gilt der E. In atl. Zeiten hatte der Segen allmählich feste kultische Formen angenommen (Nm 6, 22 ff). Die vielen Gebetsformeln, die mit „Gesegnet sei" anfingen, hießen in der Zeit Jesu bei griechisch sprechenden Juden E. Solche E.n betete Jesus zu Tisch (Mk 6, 41; 14, 22) u. in seiner Nachfolge die christl. Gemeinde bei ihrer Mahlfeier (1 Kor 10, 16) über Brot u. Wein. Wer durch das Mahl in die ↗Gemeinschaft Christi eintritt, kommt in den Bereich der Segensfülle, die Gott durch Christus mitteilt (Eph 1, 3). Ein dinglich-magisches

Mißverständnis dieser Segensmitteilung kann gerade der Gebrauch des Wortes E. in diesem Zusammenhang ausschließen. Im jüd. Kult „segnen" die Menschen auch Gott; „segnen (E.) des Namens Gottes" wurde sogar zum gebräuchlichen Ausdruck für den Gottesdienst der christl. Gemeinde. Man dachte aber nicht daran, daß man Gott Segen geben, seine überlegene Macht noch vermehren könnte, sondern wußte, daß man Gott die Ehre gab, die ihm gebührte. Die Übersetzung von Segen mit E. = Lobpreis vollendete diese Entwicklung. Lobpreis Gottes galt auch für die christl. Gemeinde als der eigentliche Gottesdienst. Im Lobpreis werden rühmend die ↗Großtaten Gottes genannt (vgl. Eph 1, 3 ff). Die E. bringt die Heilsereignisse dem Lobenden ins Bewußtsein u. macht sie wirksam u. gegenwärtig. ↗Eucharistie.   oh

Eunuch wird der durch Verstümmelung (Kastration) zeugungsunfähig gewordene Mann genannt. Im Alten Orient setzte sich an den Königshöfen die Sitte durch, die vertrauten Diener u. Beamten zu entmannen, um sie fester an sich zu binden u. ihrer selbstlosen Dienste (z. B. als Haremswächter) sicher sein zu können. Apg 8, 27 wird z. B. ein Kämmerer des äthiopischen Königshofes genannt, der von Philippus, einem der sieben Gemeindehelfer der Jerusalemer Urgemeinde getauft wurde. Mt 19, 11 f erscheint diese Sitte im Zusammenhang mit dem ↗Reich Gottes als Hinweis auf die geforderte Ganzhingabe jedes Glaubenden.   hi

Eva, in der jahwistischen ↗Urgeschichte Gn 3, 20 der Name, den ↗Adam seiner Frau gibt, nachdem er sie zunächst „Männin" (2, 23) genannt hatte. Während „Männin" die Ebenbürtigkeit der Frau dem Mann gegenüber betont, bezieht sich der Name E., der als „Mutter der Lebendigen" gedeutet wird, auf die Weitergabe des Lebens in der Mutterschaft. E. ist nach Gn 4, 1 f. 25 Mutter von Kain, Abel u. Set. Paulus führt E. als Beispiel einer Irregeleiteten an (2 Kor 11, 3; 1 Tim 2, 13 f). Mit seiner Lehre vom neuen Adam hat Paulus die bei den Vätern in der folgenden Zeit beliebte Typologie Eva – Kirche/Maria bereits vorbereitet.   he

Evangelien. Ab dem 2. Jh. wird ↗Evangelium zum „Buchtitel" des NT, das allmählich auch seine heutige Gestalt (27 Schriften) erhält. Daß man darüber hinaus auch die vier Schriften, die älteste apostolische Überlieferungen (Logien Jesu, Gleichnisse, Streitgespräche, Wundertaten, Leidensgeschichte usw.) unter verschiedenen Gesichtspunkten zusammenfaßten, E. nannte, zeigt, daß man sie als Missionsschriften verstand. Sie sollen keinem anderen Zweck dienen als die mündliche Predigt: Glauben wecken bzw. befestigen (Joh 20, 31). Der Hauptinhalt der Predigt aller vier E. ist Jesus Christus. Es stehen aber nicht wie in den anderen ntl. Schriften die Reflexionen über die Bedeutung Jesu im Vordergrund, sondern es geht um die Bezeugung Jesu als des ↗Messias, des ↗Sohnes Gottes, des ↗Erlösers, der in allem, was er sagte u. tat, den Willen des Vater-Gottes erfüllte.

Biographische Daten stehen in den vier E. in der Regel nicht im Vordergrund. Dieses Interesse haben erst die sogenannten ↗„apokryphen E.", die – im 2. u. 3. Jh. entstanden – vermeintliche Lücken der „kanonischen E." ausfüllen wollen. Die Verschiedenheit der vier E. erklärt sich daraus, daß ihre Verfasser aus verschiedenen Situationen heraus u. ganz verschiedenen Menschen dieselbe Frohbotschaft verkünden wollten. Mk schrieb für heidenchristl. Leser als erster. Mt schreibt für judenchristl. Gemeinden Palästinas u. will ihnen klarmachen, daß Jesus die atl. Verheißungen erfüllt. Lk schreibt in der hellenistischen Welt, setzt viele Quellen voraus, bearbeitete sie theol. u. stilistisch u. verrät bereits die fortgeschrittene Theologie-Entwicklung der Urkirche. Joh schreibt erst an die Jahrhundertwende u. rundet die schriftlichen Glaubenszeugnisse durch sein antignostisches, theol. weit vorangetriebenes Werk ab. ↗Synoptische Frage.   hi

Evangelienharmonie. Bereits älteste Hss. des NT neigen – bewußt oder unbewußt – dazu, verschieden überlieferte Worte der ↗Evangelien zu harmonisieren. Der Syrer Tatian unternahm ca. 170 n.C. den ersten umfassenden Versuch einer E., d. h., er erarbeitete aus dem Inhalt der vier Evv. eine einzige fortlaufende Erzählung. Sein Werk ist bis auf ein Pergamentfragment verlorengegangen u. muß aus sekundären u. tertiären Quellen erschlossen werden. Eusebius von Cäsarea schuf einen systematischen Überblick über die Parallelstellen der Evangelien. Zwei germanische E.n stammen aus dem 9. Jh.: Der Heliand (altsächsisch) u. das Werk von Otfrid von Weißenburg (südfränkisch). Heute arbeitet die Bibelwissenschaft mit modernen Synopsen (Synopse, griech. Zusammenschau): die parallelen Texte der ersten drei Evv. sind zum Vergleich übersichtlich nebeneinander abgedruckt. Es liegen Synopsen nach dem Urtext, nach der Vg u. in deutscher Übersetzung vor.   ma

Evangelist. Im NT selten vorkommender Titel; er bezeichnet den predigenden Wandermissionar (Apg 21, 8), d. h. einen Stand neben den Aposteln u. christl. Propheten (Eph 4, 11; vgl. 2 Tim 4, 5). Der E. ist nicht vom Jesus selbst ausgesandt, sondern hat ein kirchliches ↗Amt (vgl. zu Philippus: Apg 6, 1–7 „Dienst am Wort"). Erst nachdem ↗„Evangelium" als feste Buchbezeichnung gebräuchlich wurde, nannte man die Verfasser der schriftlichen ↗Evangelien „E.en". Diese Begriffsverengung hat sich im 3. Jh. allgemein durchgesetzt.   gl

Evangelium. Dieses Wort erhielt erst im NT seine eigentümliche Bedeutung. Im griech. Sprachbereich bedeutete der Ausdruck eine gute Botschaft, den Lohn, den einer dafür erhielt; die Siegesbotschaft nach einer Schlacht; im religiösen Sprachgebrauch den Orakelspruch; in der hellenistischen Kaiserzeit jeden Erlaß, Wunsch oder Befehl des Kaisers. Auch im AT wird E. in der LXX verwendet, um eine Freudenbotschaft zu bezeichnen (2 Sm 4, 10). Erst in der Zeit des Babylonischen ↗Exils verwendete man E. erstmals dazu, die Botschaft von der anbrechenden Heilszeit zu charakterisieren („Siehe, auf den Bergen die Füße des Freudenboten, der Heil verkündet!", Nah 2, 1).

Das NT knüpft an die prophetische Überlieferung des ↗Deuterojesaja an. Jesus versteht sich als den verheißenen ↗Herold Gottes, dessen Heroldsruf die göttliche Heilszeit proklamiert u. damit verwirklicht (Lk 4, 18–21). Das eigentümliche Thema des E. ist das Hereinbrechen des endgültigen ↗Heils in der ↗Herrschaft Gottes (Lk 4, 43) als Gegensatz zu aller irdisch-weltlichen Herrschaft.

1. E. in der Auffassung Jesu: Wenn ↗Jesus sich selbst als den Freudenboten der Heilszeit versteht, die mit ihm „nahe herangekommen ist" (Mk 1, 15), betrifft der Inhalt seines E. die Zukunft, richtet sich also nach vorne auf das, was erst eintreten soll. Er versteht sich selbst als ↗Anfang dieser kommenden Ereignisse, die Erfüllung der atl. Verheißung bedeuten (Mt 11, 4–6). Die Person Jesu legt sich in der Botschaft Jesu aus: die Autorität Jesu erscheint in seinen Worten (vgl. Mk 8, 38).

2. E. in der ↗Urkirche: Der ursprüngliche Sinn von E. wandelte sich. Man verstand Jesus nach seinem Tode nicht mehr nur als den Herold des E., sondern als dessen entscheidenden Inhalt. Inhalt des E. ist in der Urkirche deshalb auch nicht mehr zuerst die Frohbotschaft des kommenden ↗Reiches Gottes, sondern des in Jesus ↗Christus gekommenen Heiles. In der Apg bedeutet E. die apostolische Predigt vom Heil durch Jesus Christus (Apg 5, 42), u. Markus beginnt sein Werk: „Anfang der Heilsbotschaft von Jesus dem Christus, dem Sohne Gottes" (Mk 1, 1), u. schafft damit die literarische Gattung des kanonischen Evangeliums. Das eine, viergestaltige E. steht im Gegensatz zu allen hellenistischen Heilandsbotschaften. Seine Sprache ist die der „Lehre in Vollmacht".

3. E. bei Paulus: E. umfaßt bei Paulus ebenfalls den lebendigen Akt der Verkündigung (mündliche Tradition) u. den Inhalt der Freudenbotschaft, der im geschriebenen Wort verwahrt wird. Er verwendet E. ohne Beiwort, weil jeder weiß, was damit gemeint ist (1 Kor 9, 14): Es ist Gottes Heilsbotschaft (Röm 1, 1), die der Apostel im Auftrage Jesu ausrichtet u. deren Inhalt das Heil durch den Herrn ist. In Röm 1, 1–5 sind alle wesentlichen Elemente zusammengefaßt, die das E. charakterisieren. Dieses ist freilich nur für den einen wirklich frohe Botschaft, dem der Gekreuzigte u. als solcher Auferstandene nicht zum Ärgernis u. zur Torheit wird (1 Kor 1, 18–25).

E. ist Wort der Wahrheit (2 Kor 6, 7), dessen Annahme oder Ablehnung das endgültige Schicksal entscheidet (2 Thess 2, 13–15). Der in der Verkündigung des E. eigentlich zu Worte kommt, ist Gott selbst (1 Thess 2, 13), der das Heil am Glaubenden wirkt.

4. E. bei Johannes: Joh verwendet das Wort E. nicht mehr. Er versteht Jesus Christus als das fleischgewordene ↗Wort Gottes (Joh 1, 14), durch das „Gnade u. Wahrheit zur Welt gekommen" sind (Joh 1, 17). In diesem Sinne spricht auch der apokalyptische Seher vom ewigen E. (Apk 14, 6), das ein Engel allen Völkern bringt. Ansonsten bevorzugt Joh den Sprachgebrauch vom ↗Zeugen u. vom ↗Zeugnis. Der Streit um die Wahrheit erscheint ihm im Bild des Prozesses, des Rechtes, des ↗Parakleten.

Schon im 2. Jh. war die Verkündigung des E. nicht mehr zuerst Zeugnis des Glaubens an Jesus Christus in Fortführung der normativen apostolischen Verkündigung, sondern Weitergabe des ntl. u. apostolischen Zeugnisses in der Weise der geschriebenen Evv. In zunehmendem Maße verstand man diese nicht mehr als geschichtliches Selbstdokument des Glaubens der Urkirche, sondern als „Wort Gottes" in einem fixierten Sinn, der den geschichtlichen Hintergrund der ursprünglichen Botschaft zurücktreten ließ. Da sich das Welt-, Gottes- u. Selbstverständnis in der Zeit seither erheblich wandelte u. entwickelte, ist ein unmittelbares Verständnis des Anspruches der bibl. Botschaft sehr schwierig. Erst wenn eine sachgerechte Interpretation den Anspruch, d. h. die Wahrheit der Botschaft erhebt, wird das E. verlebendigt u. seine Aktualität wiedergewonnen. Dieser Aufgabe dient neben der Exegese die ↗existentiale Interpretation, deren hermeneutisches Bestreben (↗Hermeneutik) darauf gerichtet ist, das E. zur aktuellen u. verständlichen Botschaft zu machen, die jeden, der sie hört, ansprechen kann. Worin besteht der Anspruch dieser Botschaft? Sie setzt Menschen voraus, die unter ihrer Schuld u. Schwäche leiden, die um ihre Ohnmacht wissen. Sie gibt ihnen Mut, die Auseinandersetzung mit den vielen Pseudo-Evv. unserer Tage zu

wagen. Sie deutet den trotz aller Mißerfolge vorhandenen Optimismus als ↗ „Angeld der Erlösung" (2 Kor 1, 22), als ↗ „Geist Gottes", der „zum Leben erweckt" (Röm 8, 11). Damit lenkt das E. den Blick des Menschen von sich u. den eigenen ↗Leistungen ab u. macht klar, daß der Mensch nicht aus sich heraus lebt, sondern aus einer Zukunft, die ihm voraus liegt. So ist das E. der revolutionäre Aufruf zur „Freiheit" des Menschen von verabsolutierten Bindungen u. Gesetzen, die Zusage des „Heils", der Möglichkeit voller Menschlichkeit.

hi/wi

Evolution ↗Werden.

Ewigkeit Gottes wird im AT zunächst im Sinne von unbegrenzter Dauer verstanden (Ps 90, 2). Später beschreibt E. inhaltlich das gnädige Schöpferwerk Gottes (Js 40, 27 ff). Entsprechend ist auch die Frage nach der E. menschlichen Lebens (z. B. Unsterblichkeit der Seele) im AT nicht gestellt, da das ↗Leben von vornherein etwas dem Menschen von Gott Zugemessenes u. damit endlich ist. Auch im NT ist die E. Gottes Gegenbegriff zur Zeitlichkeit der erschaffenen Welt (Jud 25). Neu ist die Ausdehnung des Begriffs auf ↗Christus der am zeitlichen Kreuz sein Vor-aller-Welt-Sein offenbart u. damit Gottes gnädige Treue zu seiner Schöpfung (vgl. 1 Kor 2, 7). Die Auslegung dieser Überlegenheit der E. Gottes gegenüber der Zeit geschieht weithin in den Vorstellungsformen der ↗Apokalyptik u. ↗Gnosis. Danach ist die jetzige Weltzeit bestimmt von ↗Sünde u. ↗Tod, während in der künftigen Weltzeit, „wenn enden wird alle Kreatur ... u. die Zeiten vernichtet werden ...", die vom göttlichen Gericht verschonten Gerechten, frei von ihrem bisherigen ↗Leiden unter der Bosheit des alten ↗Äons, an dem machtvollen ↗Reich Gottes teilhaben werden. Zeit u. E. sind für den Apokalyptiker also nicht primär im Sinne einer linearen Zeitfolge unterschieden, unterteilt durch ein Weltgericht, vielmehr scheint diese in sich widersprüchliche formale Vorstellung vor allem den Sinn zu haben, Aussagen über die alle zeitlichen Möglichkeiten übertreffende Wunderhaftigkeit des ewigen Lebens zu ermöglichen. Diese Tendenz hat besonders Paulus noch verschärft: Nicht die Gerechtigkeit der Gerechten, sondern allein die den Sünder rechtfertigende Gnade Gottes sichert die Kontinuität von Zeit u. E. (↗Rechtfertigung). ↗Endzeit, ↗Eschatologie.　　　　　　　　　　　　　win

Exegese (griech. Auslegung) der ↗Heiligen Schrift; geschieht innerhalb eines noch nicht abgeschlossenen ↗Kanons meist durch Überarbeitung der bisherigen ↗Überlieferung, die ständig aktualisiert bzw. neutralisiert werden muß, soll ein historischer Text seinen Anspruch über längere Zeiträume oder für neue Hörer bewahren. Naturgegeben hat so der ↗Pentateuch als ältester Bestandteil der ↗Bibel die meisten auslegenden Überarbeitungen erfahren. Aber auch die prophetische Predigt zeigt im Umgang mit dem Früheren eine erstaunliche Freiheit, auf deren Hintergrund die christl. E. des AT nicht mehr überrascht. Diese liest unter dem zentralen Eindruck des Ostergeschehens das AT als heilige Schriften, ohne dabei einem starren Wortlaut zu folgen oder die ↗deuterokanonischen Bücher auszuschließen. Mit Hilfe sowohl jüd. als auch griech. Auslegungstechnik (↗Midrasch, ↗Allegorese) stößt sie zum typischen Sinn (↗Typologie) der Schriften vor, den sie in ihrem Hinweis auf die mit Christus endgültig angebrochene Heilszeit sieht (↗Schriftbeweis). Im Blick auf dieses eine Christusgeschehen finden auch die verschiedenartigsten Zeugnisse innerhalb des ntl. Kanons ihre Berechtigung nebeneinander. Das ↗„Ein-für-allemal" dieses Geschehens ist auch der Grund, wieso spätere Zeiten keine neuen heiligen Schriften mehr schaffen können, sondern zur Begegnung mit dem im Wort verhüllten Christus auf die atl. u. apostolischen Zeugnisse angewiesen bleiben. Die Hilfe zur Entbergung des göttlichen Wortes in der Schrift leistet die ↗historisch-kritische Forschung der ↗Bibelwissenschaft gleichermaßen wie der Glaube der gesamten Kirche, die aus dem ↗Wort Gottes heraus lebt, auch wenn die E. im konkreten Einzelfall versagen sollte. Die E. wird ihrer Aufgabe nur in dem Maße gerecht, als es ihr gelingt, das Wort Gottes aus den historischen Texten heraus neu zur Sprache zu

bringen, wodurch es jeden Hörer neu in die ↗Entscheidung stellt (↗existenziale Interpretation).　　　　　　　tr

Exhomologie. Das griech. Wort u. seine hebr. Entsprechung schließen zwei Bedeutungen zusammen: „preisen" u. „Sünden bekennen". Diese Doppelbedeutung entstand im AT: Der Mensch antwortet Gott, der sich an ihm mächtig oder als Richter erwiesen hat oder erweisen wird. Lobpreis u. Sündenbekenntnis stehen dabei oft in einem engen Wechselverhältnis. So ist z. B. Ps 32 Bekenntnis des Sünders u. Preis Gottes, weil er dem Menschen die Missetat vergeben, die Sünde zugedeckt hat. – Das Sündenbekenntnis im AT hatte seinen kultischen Ort. Es konnte mit einem Sündopfer verbunden werden (z. B. Lv 5, 5 f) u. hatte vor allem seinen Platz am ↗Versöhnungstag, an dem im Bekenntnis alle Verschuldungen u. Übertretungen auf den Kopf des ↗Sündenbocks übertragen wurden (Lv 16, 21). Auf das Sündenbekenntnis folgte die Vergebung der Sünden, wenn auch die Strafe nicht aufgehoben wurde, sondern die „Schuld der Väter . . . an den Söhnen u. Enkeln bis in das dritte u. vierte Geschlecht" heimgesucht wird (Ex 34, 6 f). Von den großen Gestalten im AT werden Sündenbekenntnisse berichtet: Mose u. Samuel bekannten die Sünden des Volkes vor Gott (Ex 32, 31; 1 Sm 12, 19). Das Sündenbekenntnis kann sich auch an einen Menschen richten, wie z. B. das Sauls vor Samuel (1 Sm 15, 25). Berühmtestes Beispiel der E. ist das Gebet Salomos bei der Einweihung des Tempels, das Preis Jahwes u. Bekenntnis der Sünden des Volkes miteinander verflicht (1 Kg 8, 28–53). Ein Sündenbekenntnis findet sich bei der Berufung des Js (6, 5) u. vor allem in den Drohsprüchen der Propheten gegen das abtrünnige Volk (Jr 3, 13). In der Weisheitsliteratur wie auch in verschiedenen Psalmen tritt das Sündenbekenntnis des Volkes zurück, das des einzelnen in den Vordergrund (z. B. Ps 51). – Das Wort mit der Bedeutung Sündenbekenntnis ist im NT selten (z. B. Mk 1, 15); es ist Voraussetzung dafür, daß Gott dem Menschen verzeiht (vgl. 1 Joh 1, 9). Daneben gibt es das gegenseitige Sündenbekenntnis der Christen (Jak 5, 16). E. ist im NT aber vor allem der enthusiastische Lobpreis des Christusgeschehens, besonders der ↗Auferstehung Jesu.   br

Exil. Deportation besiegter Völker, im Orient üblich, betraf meist die führende Bevölkerungsschicht. Im bibl.-historischen Sprachgebrauch ist die nach dem Feldzug des babylonischen Königs Nebukadnezar II. erfolgte Deportierung der Bewohner Jerusalems u. Judas, 597, 587, 582 v.C., das E. schlechthin. Die Deportierten, die geistige u. politische Führungsschicht (ca. 15 000–16 000), wurden in Südmesopotamien angesiedelt. Für Israels Glaubenserfahrung war das E. von unermeßlicher Tragweite. Allein sein Glaube bewahrte das Volk vor dem Untergang, obwohl er aufs äußerste angefochten war. Hatte Jahwe sein Volk verlassen, seine ↗Verheißungen widerrufen? Waren Babylons Götter mächtiger als Israels Gott? Aber Israel erkannte – die Propheten Jr u. Ez wiesen den Weg – das Geschehen als Gottes gerechtes ↗Gericht, u. in der demütigen Annahme der Strafe wuchs die Gewißheit, daß Gott auch im E. bei seinem Volk weilt, seine Schuld von ihm nehmen u. es in einem neuen ↗Auszug heimführen wird (↗Deuterojesaja). Die neu erstehende Gemeinde erinnerte sich der Machttaten Jahwes in der Vergangenheit u. gewann daraus Hoffnung für die Zukunft. Die alten Überlieferungen u. die Botschaft der Propheten wurden gesammelt u. ergänzt. Tempel u. Opferkult waren vernichtet, doch eine neue Kultform entstand: die Gottes Wort hörende u. zum Gebet versammelte Gemeinde. Israel als Nation bestand nicht mehr, um so mehr wurde geübt, was Israel zu Gottes Volk gemacht hatte: ↗Sabbat, ↗Beschneidung, ↗Gesetz. Ein so erneuertes Israel erfuhr Gottes Treue in der durch den Perserkönig Cyrus 538 v.C. gestatteten Heimkehr nach ↗Zion.   ba

Existenziale Interpretation, auf die existenziale Analyse M. Heideggers zurückgehend. Sie fand durch die theol. Arbeit von R. Bultmann (Neues Testament u. Mythologie, 1941) Eingang in die Exegese. Entscheidend für ihr Verständnis ist die Unterscheidung von existenzial u. existenziell. Diese wiederum beruht auf dem Verständnis des Menschen, der nicht von seinem So-Sein (seiner Natur, seinem Wesen), sondern von seinem Da-Sein her begriffen wird. Dieses wird als Existenz bezeichnet. Die menschliche Existenz ist aber dem Menschen in seinem Begreifen nicht verschlossen, sondern er ist fähig, sie zu verstehen. Indem der Mensch sich selbst zu verstehen trachtet, entdeckt er sich selbst als ein Wesen, das Zugang zum Sein hat. Als solcher hat er selbst Anteil an den Möglichkeiten des Seins, er ist „Sein-können". Dies ist die grundlegende Struktur seiner Existenz. Indem er seine Existenz u. damit sich selbst versteht, kann er sie auch ausdeuten, erklären, zur Sprache bringen, d. h. interpretieren. Die Weise dieser Interpretation bzw. Verdeutlichung seiner Existenz wird existenzial genannt. Das Wort existenzial meint also die Struktur der Existenz des Menschen, sofern sie verstanden wird. Sie bezeichnet nicht den Vollzug des Existierens selbst, sondern die Seinsstruktur, nach der sich menschliches Sein ereignet. Nicht der Vorgang des Existierens, sondern dessen Möglichkeit wird mit dem Wort existenzial bezeichnet.

Der Begriff existenziell ist davon streng zu unterscheiden. Existenziell ist die Verwirklichung der Daseinsmöglichkeiten des Menschen. Es sind wirkliche Vorgänge gemeint, die die Existenz des Menschen betreffen. Die Fragen menschlichen Lebens können letztlich nur durch das Verständnis der Daseinsmöglichkeiten des Menschen gelöst werden, sondern immer nur, indem man sein Leben lebt, indem man existiert. Man existiert aber immer nur durch Entscheidungen hindurch u. nicht auf Grund des Verstehen-könnens. Eine „existenzielle" Interpretation ist daher ein Widerspruch in sich. Etwas ausdeuten, erklären, verstehen ist immer nur im Vorgang, der einen Sachverhalt ausweist, der Möglichkeiten aufzeigt, nie aber diese vollzieht. Der Mensch soll also existenziell sein Leben vollziehen, indem er sich so oder anders entscheidet, u. kann aber seine Existenz immer nur existenzial interpretieren. E. I. geschieht also von menschlicher Existenz her, auf diese hin u. erschließt sie durch das Verstehen. Sie darf nie durch Ablösung vom existenziellen Vollzug formalisiert werden.

Die e. I. hat damit eine wesentliche Grenze. Das Existieren selbst, der Vollzug als gesamtmenschliche Entscheidung kann in ihr nicht aufgehoben werden, sondern geht stets über sie hinaus. Ist dem Menschen ↗ Begegnung Gottes geschenkt, so kann er zwar diese in ihrer Struktur verständlich machen, existenzial interpretieren, aber Gott selbst kann nie im Rahmen der e. I. aufgewiesen werden. Da er nur in der konkreten Begegnung erfaßt werden kann, können von ↗ Gott keine „existenzialen Strukturen" ausgesagt werden. Gott, als die Wirklichkeit, die meine Existenz bestimmt, liegt außerhalb des Horizonts der e. I. Er ist stets nur konkretes Ereignis in meinem Leben.

Dieses Ereignis des Getroffenseins von Gott hat seinen Niederschlag im Text der ↗ Heiligen Schrift gefunden. In ihr soll Gottes Wort für uns offenbar werden. In der Schrift lassen sich „existenziale Strukturen" aufweisen. Sie liegt grundsätzlich im Bereich der e. I. Ein Text wird dann existenzial verstanden, wenn er primär auf das menschliche Seinsverständnis hin befragt wird, das sich in diesem Zeugnis ausspricht. Jeder Text kann daraufhin befragt werden. Dort, wo der Text in seiner Absicht den Menschen in seiner Existenz ansprechen will, ist die e. I. legitim. Was will nun die Aussage der Heiligen Schrift? Offenbar fordert sie vom Menschen, daß er sich selbst neu in diesem Zeugnis versteht. Er selbst soll durch das Wort der Schrift neu werden. Fordert aber die Bibel den Menschen derart, daß er ihre Aussage im Bezug auf sich verstehen muß, dann ist ihr Gehalt mit Hilfe der e. I. zu erheben. Die Schrift zielt also auf die Existenz des Menschen ab, redet ihn an, fordert ihn. In geschichtlicher Darstellung, in Lehrgedichten, Gleichnissen, Mahnsprüchen u. Ereignissen usw. fordert sie den Menschen auf, sich in ihr neu zu verstehen, neu zu werden u. so in ihr Gottes Wort zu finden (↗ Paraklese).

Diese Forderung an den Menschen liegt aber nicht immer klar zutage. Ein Symbol vergangener Zeit, ein Vorstellungsbild eines anderen Volkes kann nicht unmittelbar den heutigen Menschen ansprechen. Nun ist uns aber Gottes Wort in der Schrift in der Weise des ↗ Selbstverständnisses des Menschen vergangener Zeit dargeboten. Wie sie in ihrer Existenz getroffen wurden, ist nicht mehr unsere Weise des Betroffenseins. Gottes Wort aber will jeden von uns erreichen. Darum ist eine Methode notwendig, die gerade den Bezug zum heutigen Menschen herstellt, damit er sich im Zeugnis der Schrift verstehen kann, damit er begreift, daß es in ihr um ihn selbst geht. Die e. I. will diese Methode leisten u. kann durch die Formgeschichtliche Methode (↗ Formgeschichte) zeigen, daß diese Absicht im Text selbst gelegen ist. Im Anruf zur ↗ Umkehr, in der Aufforderung zum ↗ Glauben, zur ↗ Nachfolge u. in der Anrede: tu das gleiche! liegt diese Struktur des Textes auf der Hand. Durch verschiedene Vorstellungen, die uns nicht mehr geläufig sind, kann dieses Ziel der Schrift verstellt sein. Um solchen Verstellungen, die zu Mißverständnissen Anlaß geben, zu begegnen, verbindet sich die e. I. mit der ↗ Entmythologisierung. Die Entmythologisierung leistet gleichsam die negative Arbeit, um die Wahrheit der Schrift zu entdecken u. sie existenzial fruchtbar zu machen. Die e. I. ist die positive Seite derselben Sache. Daher decken sich die e. I. und die Entmythologisierung von ihrer ↗ Intention her.

Die Legitimität der e. I. wird häufig dort bestritten, wo sie angeblich über ihre Grenzen hinausgeht. Es wird eingewendet, daß nicht alle Aussagen der Schrift diesen Bezug zur menschlichen Existenz hätten u. daß in dieser Allgemeinheit geradezu der Mensch zum Kriterium des ↗ Wortes Gottes werde. Wenn menschliche Existenz in der Gewalt des Menschen läge, so daß er über die existenzialen Strukturen verfügen könnte, dann wäre tatsächlich der Mensch (in seiner Willkür) das Kriterium des Gotteswortes. So wird auch oft die e. I. mißverstanden; so kann sie auch mißbraucht werden. Der Mensch entscheidet zwar über seine Existenz, aber nicht darüber, ob er durch die Schrift, durch Gottes Wort gefordert ist. Er kann sich ihr gegenüber so oder anders entscheiden, aber die Forderung trifft ihn in dem Augenblick, in dem er den Bezug auf das menschliche Sein, auf seine Existenz erkennt. Diese Erkenntnis aber muß sachgerecht durch die e. I. erarbeitet werden. Allerdings hält die e. I. daran fest, daß eine Aussage der Schrift nur dann Gültigkeit hat (unmythisch ist), wenn sie diesen Bezug auf das menschliche Dasein wahrt, d. h., wenn sie zugleich anthropologische Aussage ist. Jede theol. muß zugleich anthropologische Aussage sein. Damit gilt die e. I. für alle Aussagen der Schrift, ohne Ausnahme. Jedoch wird nicht der Mensch zum Kriterium, sondern die Beziehung des Gotteswortes auf den Menschen. Der Mensch hat sich vor der Schrift zu verantworten, insoweit sie sich auf seine Existenz bezieht. Was nicht diesen Bezugscharakter hat, kann nicht ↗Offenbarung des Wortes Gottes sein u. nicht zur ↗Verkündigung gerechnet werden. Anderseits muß der Mensch diesen ↗Dialog durchhalten, will er nicht sein Sein verfehlen. Die gottmenschliche Beziehung bildet das letzte Kriterium für die e. I. Weder der Mensch ist das Kriterium noch die Aussage der Schrift, wie sie ohne Bezug auf menschliche Existenz verstanden werden kann, sondern die dialogische Struktur, die Bezugnahme Gottes auf den Menschen u. des Menschen auf Gott. So wird durch die e. I. die dialogische Struktur der Wahrheit enthüllt, so daß offenbar wird, daß Gottes Wort den Menschen so treffen will, daß er sich neu versteht, daß er in seinem Sein neu wird. Aus der Anlage der e. I. geht ferner hervor, daß ihre Ergebnisse stets dem Wandel der Zeit u. der Geschichte unterworfen sind, daß der Dialog mit der Schrift nie abbrechen kann. Ihre Arbeit ist grundsätzlich nie abgeschlossen, solange der Mensch selbst dem Wandel unterworfen ist, in Raum u. Zeit existiert, nie fertig ist, sondern immer wieder neu werden muß unter dem Wort Gottes, das er in der Schrift finden soll u. kann.

So wird man zwar zu den Ergebnissen der e. I. immer wieder kritisch Stellung nehmen, wird aber anderseits ihr so lange verpflichtet sein müssen, wie sie den Gott-menschlichen Dialog gewähren bzw. ihn verständlich für den Menschen der Gegenwart darlegen kann. ↗Hermeneutik.   ha

Exodus ↗Auszug.

Exodus-Buch. Den Namen Exodus (↗Auszug) bekam das 2. Buch Mose von der ↗Septuaginta, weil in ihm die Auszugsberichte beginnen, die in den Büchern ↗Leviticus u. ↗Numeri zu Ende geführt werden. Insofern bilden diese drei Schriften eine Einheit für sich innerhalb des Pentateuchkomplexes. Das E.-B. zeigt in groben Zügen eine zweifache Gliederung: Kap. 1–18 berichtet, wie Gott des in Ägypten versklavten Volkes gedenkt, es befreit u. durch die Wüste bis zum Sinai führt. Die Kap. 19–40 handeln von der Gottesoffenbarung am Sinai, dem Bundesschluß, Israels Treue u. Untreue gegenüber Jahwe. Das Besondere des E.-B. aber ist seine Geschichtsdarstellung. Älteste Überlieferungen Israels werden mit späteren Geschichtserfahrungen so verwoben, daß ein legitimes, überzeitliches Bild dessen zutage tritt, wie Gott seine Geschichte mit dem Volk macht. Der Exodus wird zum Grundvorgang alles Geschichtswaltens u. zum Zeugnis, daß Jahwe von Anfang an mit seinem Volk mitgegangen ist, es errettet hat, wenn es auf seinen Gott vertraute. Von Anfang an ist Jahwe die Rettung der in Not Geratenen (Kap. 1–14). Ihre Antwort ist das Gotteslob (15). Jahwe hinwiederum bewahrt u. führt das Volk (16–18), das sich seinerseits in Gehorsam den Gottesgeboten verpflichtet weiß (19–23). Das Verhältnis zwischen Jahwe u. Israel ist ein personales, eine Liebesgemeinschaft, die ihren Ausdruck in einem Bundesschluß gefunden hat (24). Von Anfang an aber ist Israel in Gefahr, den Jahwebund zu brechen u. untreu zu werden u. so den Fluch u. die Unheilssituation über sich selbst heraufzubeschwören (32–33). Was jedoch Jahwe dazu bewegt, „dennoch" seine Geschichte mit dem Volk zu machen u. immer neu den Anfang zu setzen, offenbart Kap. 34: Jahwe liebt sein Bundesvolk. Trotz dessen Untreue kündigt er den ↗Bund nicht, erneuert ihn vielmehr u. läßt Israel seine Güte zukommen. ↗Pentateuch.   pa

Exorzismus ↗Dämonenaustreibung.

Experiment. ↗Glaube ist E. u. Wagnis. Er verfügt nicht über sich u. seinen sicheren Ausgang. Er weiß nur die Richtung, wohin er zu gehen hat, nicht aber das Ziel, wohin er kommen wird. Denn

↗Abraham, der Vater des Glaubens, zog auf Gottes Ruf hin aus seinem Lande, ohne zu wissen, wohin er käme (Hebr 11, 8). So ist Glaube, wie ihn die Bibel versteht, ↗Auszug aus allem Bisherigen u. Gewohnten, Aufbruch in Neues u. Niedagewesenes. Dieses Neue aber muß gewagt, erobert u. experimentiert werden.

Die treibende Kraft dieses E. ist die ↗Hoffnung. Sie ist eine schöpferische Hoffnung, denn sie weiß, daß sie Gottes Schöpfung weiterzuführen hat. Sie streckt sich vor in das Zukünftige u. holt das Mögliche in das Leben herein. Sie kommt von Christus her, denn als der Auferstandene ist er die letzte u. volle Möglichkeit des Menschen. Diese Hoffnung treibt das Werden der neuen Welt u. des neuen Menschen.

Christen sind die, die sich von Christus her auf den Weg geschickt wissen, die mit jenen Möglichkeiten experimentieren, die Christus allen Menschen eröffnet hat. Sie wagen das E. des Glaubens u. der Hoffnung. Sie versuchen das E. der ↗Liebe dadurch, daß sie in der ↗Nachfolge Jesu für andere dasein wollen. Christsein bedeutet E., nie Sicherheit. gr

Ezechias ↗Hiskija.

Ezechiel (hebr. Gott ist oder macht stark) wirkte zwischen den Jahren 594 u. 571 v.C. unter den israelitischen Exulanten (↗Exil) in Babylon, nach einigen Forschern auch in Jerusalem. Er war ↗Priester, ↗Prophet u. Urheber des ↗E.-Buches. Außerhalb des Heiligen Landes wurde er am Flusse Kebar zum Propheten berufen (1, 1 – 3, 27), wo er Gott in unvorstellbarer Macht u. Herrlichkeit schaute. Vor allem empfing er Gottes Wort in ↗Schauungen u. gab es in zahlreichen symbolischen Handlungen weiter. E. trat als Bußprediger u. Unheilskünder auf, wurde aber auch als Tröster u. „Wächter" (33, 1 ff) bestellt, um die Verzweifelten aufzurichten. In seinem Wesen vereinigten sich leidenschaftlicher Eifer für Gottes Heiligkeit, aus seiner priesterlichen Tradition herrührend, eine gewisse Gefühlskälte, mit der er die Gerichtsworte hinausrief, aber ein tiefes Mitgefühl mit den verbannten Volksgenossen, für die er selbst Zei-

chen sein mußte (12, 6 b) u. die Leiden des Strafgerichts zu ertragen hatte. go

Ezechiel-Buch, ein Sammelwerk aus Einzelsammlungen u. Stücken, die z. T. von ↗Ezechiel selbst u. von Bearbeitern zusammengefügt worden sind. Nach der Prophetenberufung (1, 1 – 3, 27) bringt es Straf- u. ↗Drohreden gegen Jerusalem (4–24) u. gegen die Nachbarvölker (25–32); im zweiten Teil Heilsverheißungen an Israel (33–39) u. in einem abschließenden Anhang die Schau des zukünftigen Tempels u. der neuen Ordnung für das Volk (40–48). Das E.-B. streicht einmal Gottes Heiligkeit heraus u. läßt ihn in seiner absoluten Erhabenheit hervortreten, die nichts Tröstendes, sondern Zerschmetterndes an sich zu haben scheint. Zum andern wird mit den überkommenen Traditionen gebrochen. So ist Gottes Gegenwart nicht an einen bestimmten Ort gebunden, u. der Jerusalemer ↗Tempel bedeutet für das Volk keine Heilsgarantie, wie die Zerstörung des Heiligtums u. die Verbannung zeigen. Im heidnischen Exilsland offenbart Gott sich u. will in seinem Heilshandeln die ganze Welt umfassen. Seine Heiligkeit zeigt sich im ↗Gericht u. im ↗Heil. Ohne Gemeinschaft mit ihm ist kein Leben möglich. Die Verkündigung des E. ist in weiten Teilen von einer Sorge um den einzelnen bestimmt; denn jedes Leben hat eine Unmittelbarkeit zu Gott, u. so steht jeder für sich in persönlicher Verantwortung vor ihm u. entscheidet über sein Heil oder sein Verderben (18). Wie in den andern prophetischen Büchern wird die Mahnung zur ↗Umkehr aufgegriffen u. gezeigt, daß von Gott her die grundlegende Wandlung zu erwarten ist (36, 24–28), in der das steinerne Herz entfernt u. durch ein neues, lebendiges, menschliches Herz ersetzt wird. Gottes Heilshandeln hat die Neuschöpfung eines Volkes, das den Geboten vollen Gehorsam leistet, zum Ziel. Gleichzeitig geht der Neuaufbau der staatlichen Existenz, die ganz von Gottes Ordnung bestimmt ist, vor sich. So kann Gottes Herrlichkeit in das neue Heiligtum seinen Einzug halten, damit alle erkennen, daß er ↗Jahwe ist. ↗Exil. go

F

Fabel. Woher die ersten F.n stammen, ist unbekannt. Ursprünglich sind F.n auf einen bestimmten Fall, nicht auf eine allgemeine Moral gemünzt: Die Einkleidung in eine kurze Geschichte, in der Pflanzen oder (meist) Tiere die handelnden u. sprechenden Personen sind, dient dabei zunächst zum Schutz des Sprechers, erst in zweiter Linie der Verdeutlichung. Musterbeispiele für solche F.n gibt es im AT zwei (Ri 9, 8 ff u. 2 Kg 14, 9), beides politische Polemiken gegen einen König. Eigenheiten u. Motive der F. finden sich aber in der ganzen Bibel, z. B. die sprechende Schlange in Gn 3, das Schaf an der Brust in der Strafrede Natans 2 Sm 12, der Ton des Töpfers Röm 9, 20 u. die verschiedenen Zweige eines Strauches Röm 11, 17. Eine weitverbreitete F. verwendet Paulus 1 Kor 12, 14–21.   schü

Fallen. Wer zum ↗ Glauben gekommen ist, kann aus dem Glauben wieder herausfallen. Einer, der im Herrschaftsbereich Christi steht, kann wieder zu Fall kommen. Aber dann ist es nicht am ↗ Bruder, über diesen zu richten u. zu urteilen (Röm 14, 4). Paulus verbietet solches Urteilen. Denn wenn einer „fällt", dann ist das Sache des ↗ Herrn, u. der kann den Gefallenen jederzeit wieder aufrichten. Keiner hat die Garantie, daß er „steht", daß das ↗ Experiment seines Glaubens gelingt. Für den, der sich auf Christus eingelassen hat, gibt es keine Versicherung. „Jeder, der zu stehen meint u. der sich dessen vielleicht rühmt, der sehe zu, daß er nicht falle" (1 Kor 10, 12). Wann aber steht einer? Dann, wenn er liebt, denn die ↗ Liebe kommt nicht zu Fall (1 Kor 13, 8). ↗ Sünde.   gr

Familie. Im AT ist die F. als „Vaterhaus" die gegenüber „Sippe", „Stamm" u. „Volk" abgegrenzte kleinste gemeinschaftliche Lebensform. Zur F. gehören

↗ Vater, ↗ Mutter, ↗ Kind(er), Enkel, Diener u. zeitweise Gäste. Das Haupt der F. ist, der damaligen patriarchalischen Sozialstruktur entsprechend, der Vater, der sie nach außen vertritt u. zusammen mit der Frau aufbaut. In der älteren Zeit nimmt er auch die rechtlichen Angelegenheiten der F. in die Hand, u. bis zur ↗ Kultreform des Dt (das ihm auch andere Beschränkungen auferlegt, z. B. Erschwerung der ↗ Ehescheidung) übt er auch priesterliche Funktionen aus (z. B. Ex 12, 3 ff). Als höchste Ehre gilt es, durch möglichst viele (männliche) Kinder die F. zu vergrößern. Den Eltern gebührt Gehorsam u. Ehrfurcht (Ex 20, 12). Solidarität, Liebe u. Treue zur F. sind heiliges Gebot. – Im NT werden die christl. F.n als früheste Stätten des Gottesdienstes u. als Kernzellen des Gemeindelebens beschrieben (Apg 16, 15; 2, 46). Die Bindung der F. wird jedoch insofern relativiert, als der, den der besondere Ruf Christi trifft, bereit sein muß, alles zu verlassen, auch die nächsten Angehörigen, um dem Ruf zur besonderen ↗ Nachfolge zu entsprechen. Solche radikale Nachfolge wird zur „Vollkommenheit" gerechnet (Mt 19, 21). Im übertragenen Sinn wird auch die Gemeinde der Glaubenden F. genannt. Die Christen sind das „Haus Christi", weil sie ihre Hoffnung auf ihn setzen dürfen (Hebr 3, 6). Deshalb sind sie nicht mehr Fremde, sondern „Hausgenossen Gottes", miteinander verbunden durch Christus (Eph 2, 19 f).   tho

Familie Gottes. Im AT heißen die, die sich der ↗ Führung ↗ Jahwes anheimgeben, das ↗ „Volk Gottes". Durch die Heilstat ↗ Jesu ↗ Christi werden die, die diesem nachfolgen, zum neuen Gottesvolk, das die F. G. ist. Durch Jesu Tod ist Gott endgültig allen Menschen ↗ Vater geworden. Die ihn als ihren Vater zu erkennen vermögen, sind seine Kinder geworden (↗Kindschaft Gottes). Die sich von Gottes neuer Lebensmacht, von seinem Geist, bestimmen lassen, sind „Söhne Gottes" (Röm 8, 14). Als solche sind sie nicht mehr Knechte, sondern „Erben Gottes" u. „Miterben Christi" geworden (Röm 8, 17). Dafür ist Christus nämlich gestorben u. zu einem neuen Leben gekommen, daß alle Menschen zur F. G. werden können, daß alle bei Gott ↗Heimat finden können. Dieses Ziel der Zukunft muß aber jetzt schon in Angriff genommen werden; es geht darum, konkret eine Familie der Menschheit anzustreben u. zu verwirklichen, um zur F. G. werden zu können. **gr**

Fasten, eine allgemein-religiöse Übung, bei der sich der Mensch zu bestimmten Zeiten der Speise u. des Trankes enthält. Im AT wird die Speise als eine Gabe Gottes betrachtet (Dt 8, 3). Dennoch fastet der atl. Mensch zu bestimmten Anlässen; etwa um von Gott Vergebung für einen schweren Fehler zu erlangen (1 Kg 21, 27) oder um sich für den Empfang einer göttlichen ↗Offenbarung vorzubereiten (Ex 34, 28) oder aus Trauer über ein Unglück in der Familie oder im Volk (2 Sm 12, 16. 22). Der Gläubige fastet auch, um von Gott die Beendigung einer Katastrophe zu erwirken (Joel 2, 12–17) oder vor der Übernahme einer schweren Aufgabe, u. um Gnade zu erlangen, die zur Ausführung einer bestimmten Sendung nötig ist (Ri 20, 26). Durch sein F. drückt der Mensch einerseits aus, daß er von Gott abhängig ist, daß er sich seinem Schöpfer verdankt, daß Gott eigentlich sein Geschick in der Hand hat. Anderseits will der religiöse Mensch durch Beten u. F. auf Gott einwirken u. will dadurch Gott zu etwas bewegen u. von ihm etwas erzwingen. Diese magische Vorstellung beherrscht weithin die atl. F.praxis: Jahwe soll beschwichtigt u. versöhnt werden, Gefahren u. Katastrophen sollen abgehalten werden. Massiv zieht gegen ein solches Verständnis des F. die prophetische Kultkritik zu Feld: die ↗Frommen denken, Gott müsse ihr F. beachten (Js 58, 3). Er achtet nicht darauf, daß einer den Kopf hängen läßt u. sich in Sack u. Asche bettet. Das ist

kein F. Vielmehr heißt F. ungerechte Fesseln lösen, Unterdrückte befreien, Mißhandelte aufnehmen, Hungrigen Brot reichen u. Obdachlosen ein Dach bereiten (Js 58, 6–8). F. bedeutet, sich der Not des ↗Bruders zu stellen u. für diesen dazusein. ↗Jesus steht ganz in dieser prophetischen Tradition, wenn er nicht fastet (Mk 2, 18). Er durchbricht dadurch das mosaische ↗Gesetz, worauf nach Lv 23, 29 f die Todesstrafe steht. Jesus hat für seine Jünger kein F. angeordnet – auch nicht die ntl. Briefe. Er erklärt aber dem religiösen Menschen, worum es eigentlich geht, wenn dieser fasten will (Mt 6, 17 f). F. bedeutet für den Christen nicht Enthaltung von Speise u. Trank, sondern das Offensein für den Bruder, um so für Gott offen zu sein. **gr**

Feigenbaum, stellt neben Ölbaum u. Weinstock den Reichtum des Gelobten Landes dar. Da er sehr spät Blätter treibt, zeigt er bereits das Kommen des Sommers (nicht des Frühlings) an, was Jesus am Schluß der großen Endzeitrede (Mk 13, 28 f parr) als Gleichnis verwendet: So wird das Eintreffen der genannten schrecklichen Ereignisse die ↗Nähe seiner ↗Wiederkunft kundtun (jedoch ohne daß einer den Tag oder die Stunde vorhersagen könnte: 13, 32). Möglicherweise bezog sich dieses Gleichnis ursprünglich auf die in der Person Jesu schon nahe ↗Herrschaft Gottes (↗Naherwartung), die sich in seinen ↗Wundern zeichenhaft kundtat (vgl. Lk 12, 54 bis 56). – In Verbindung mit dem Weinstock oder Weinberg erscheint der F. bei den Propheten auch als Symbol für Israel: Jahwe hat ihn gepflanzt u. erwartet von ihm die Frucht der Gerechtigkeit, wird aber enttäuscht, wenn er zur Lese kommt (Mich 7, 1 f; Jr 8, 13). Auf diesem Hintergrund ist die Verfluchung des F. (Mk 11, 12 ff. 20 ff; Mt 21, 20–22) als Tatprophetie zu verstehen: Jesus kündigt die Verwerfung des verstockten Israel an, das keine Frucht der Gerechtigkeit gebracht u. den ↗Messias nicht aufgenommen hat. – Das Gleichnis vom unfruchtbaren F. (Lk 13, 6–9), das diese Verwerfung erst androht, stellt wohl eine freie Variante dazu dar. **ur**

Feind. Das AT kennt den nationalen F., um dessen Untergang ↗Israel betet.

Denn jeder Angriff auf Israel ist zugleich ein Angriff auf ↗Jahwe, seinen Herrn, der F. der F.e Israels ist. Auch der persönliche F. wird ein F. Jahwes genannt, weil der ↗Fromme unter seinem Schutz steht. So geben die Bitten um Bestrafung der F.e Zeugnis vom Kampf des Frommen u. des Volkes um seinen Jahweglauben u. von seinem Vertrauen auf Jahwes Gerechtigkeit. Gott selbst kann zum F. Israels werden, wenn es sich von ihm abwendet, u. er ist der persönliche F. der Frevler. – Wenn das NT vom F. spricht, bezeichnet das Wort meist die F.e Gottes u. Jesu. Die Heiden waren z. B. vor ihrer Bekehrung F.e Gottes. Nur der ↗Teufel ist im NT der wirkliche F.; jeder Mensch kann dem Christen zum ↗Nächsten werden. ↗Feindesliebe.   br

Feindesliebe. Das AT u. Judentum nehmen keine eindeutige Haltung zur F. ein. So steht im AT die häufige Bitte um die Vernichtung der ↗Feinde z. B. neben der Mahnung, sich nicht über ihren Fall zu freuen (Spr 24, 17) u. der Aufforderung, den hungrigen Feind zu speisen (Spr 25, 21). Liebe zu den Feinden bleibt in der Regel auf die Widersacher unter den Volks- u. Glaubensgefährten beschränkt (z. B. wird Saul von David geschont, 1 Sm 24, 26). Das Judentum kennt das Gebot der Nächstenliebe nur als Verpflichtung gegenüber seinen Volks- u. Religionsangehörigen, das AT auch gegenüber dem ↗Fremden, der im Lande weilt. Feindeshaß ist selbstverständlich, wie es viele Gebete um Vernichtung der Feinde zeigen (z. B. Ps 35). Doch gelten Rachsucht u. Schadenfreude als verwerflich; Rache zu üben ziemt allein Gott. Es wird Verzeihung gefordert, da auch der Fromme nicht ohne Sünde u. auf die ↗Barmherzigkeit Gottes angewiesen ist (Sir 28, 1 ff). Im NT steht unter den Forderungen Jesu in der ↗Bergpredigt das ausdrückliche Gebot der F.: „Liebet eure Feinde u. betet für eure Verfolger . . ." (Mt 5, 44 par). Jesus verbindet das Gebot der F. unlösbar mit dem Gebot der Nächstenliebe; es gilt ohne Einschränkung, ohne Bedingung, ohne die Grenzen von Volks- u. Religionszugehörigkeit. Die F. wird zum entscheidenden Merkmal der Gotteskindschaft. Sie gründet in der ↗Liebe des himmlischen ↗Vaters, dessen Güte *alle* Menschen umfaßt (vgl. Mt 5, 45), u. sie ist Voraussetzung, um die ↗Vergebung des Vaters im Himmel zu erlangen (vgl. die Vater-unser-Bitte, Mt 6, 12). Vergeben-Können u. F. bedingen einander; sie sind die neue Lebensform des Menschen, der schon mitten in der Heilszeit steht. ↗Jesus selbst hat vorgelebt, daß das Gebot der F. keine unerfüllbare Maxime ist: seinen Feinden, die ihn dem Tod überlieferten, vergab er am Kreuz (Lk 23, 34). Gott hatte seinen Sohn – schuldlos – in den Tod gehen lassen, damit er die Menschen -- in der Sünde Feinde Gottes geworden – mit ihm versöhne (vgl. Röm 5, 10).   br

Feldrede. Die lukanische F. entspricht der matthäischen ↗Bergpredigt. Der Name F. geht auf die Rahmung des Evangelisten zurück: während Jesus bei Matthäus „auf dem Berge" lehrt, spricht er bei Lukas „auf einem ebenen Platz", auf dem freien Feld (Lk 6, 17). Gegenüber der Bergpredigt (Mt 5–7) ist die F. (Lk 6) bedeutend kürzer. Statt der acht Seligkeiten bei Matthäus bringt Lk nur vier (Arme, Hungernde, Weinende u. Verfolgte), denen vier Weherufe über die Reichen, Satten, Lachenden u. Geachteten gegenüberstehen (6, 20–26). Ein zweiter Teil vereinigt eine Reihe von Sprüchen zum Liebesgebot (6, 27–36: Feindesliebe, Freigebigkeit) u. zum Richten (6, 37–42: Warnung vor vorschnellem Urteil angesichts der eigenen Unzulänglichkeit). Es folgt der Vergleich des Menschen mit einem Baum, der gute u. schlechte Früchte trägt (6, 43–46). Den Abschluß bildet das Gleichnis vom Hausbau (6, 47–49). Die gemeinsame Vorlage der Bergpredigt u. der F. ist die Redenquelle Q, doch haben Matthäus u. Lukas das überlieferte Spruchgut selbständig verarbeitet u. ihrer theol. Intention dienstbar gemacht. So ist die Bergpredigt in erster Linie eine Jüngerbelehrung, die F. dagegen eine sittliche Unterweisung der Volksmenge. Bei dem für Heidenchristen schreibenden Lukas tritt ferner die Auseinandersetzung Jesu mit den Pharisäern, ein Kernstück der Bergpredigt, ganz in den Hintergrund; andere Teile der Bergpredigt bringt Lukas in anderem Zusammenhang (z. B. das Stück vom Beten u. der Erhörung des Gebets in Lk 11, 1–13, die Warnung vor irdischem Sorgen in 12, 22–34).   gl

Fels. Das AT erwähnt viele in seiner Umwelt bekannten F.en oder F.klüfte; hier seien nur genannt der F. am Horeb (Ex 17, 6) u. der bei Kades (Nm 20, 8–13). In früher Zeit verwendete man F.en als Altäre (Ri 6, 20 f; 13, 19); der Salomonische Tempel wurde über einen F.en gebaut. Vielleicht schließt Jesus daran an, wenn er dem Simon den Beinamen ↗Petrus (= Fels) gibt u. ihn so als Fundament seiner Kirche bezeichnet. – Die Festigkeit des F. ließ ihn zum häufig – besonders von Gott – verwendeten Sinnbild der Unerschütterlichkeit u. Zuverlässigkeit werden (Dt 32, 4.18; 2 Sm 22, 32; Js 44, 8). Wie der F. dem Verfolgten Zufluchtsort ist (Apk 6, 15 f), so Jahwe für den atl. Beter, der ihn darum als seinen Zuflucht u. Schutz gewährenden F. preist (Ps 18, 3.47; 19, 15; 71, 3; Js 17, 10). – Christus ist für den Glaubenden F. des Heils, für den Ungläubigen aber F. des Ärgernisses (Röm 9, 33).   he

Feste (lat. Firmament; hebr. raqah = das Gehämmerte), schließt die gemeinorientalischen Vorstellungen, die die Erde von einer massiven Kuppel überspannt dachten, ein. Die F. ruht an den Rändern der Erde auf Säulen. An ihr ziehen die Himmelsleuchten ihre Bahn, u. über sich trägt sie den Himmelsozean, der aus seinen Schleusen segenspendenden Regen oder zerstörende Fluten, Schnee u. Wind schickt. Die F. tritt als lebendige Macht auf, um Gottes ↗Herrlichkeit zu künden (Ps 19, 2). ↗Weltbild.   go

Feste. Die israelitischen F. sind vom Jahreskreislauf bestimmt u. haben ihren Ursprung im nomadisch-bäuerlichen Bereich. In späterer Zeit verbindet man sie mit bestimmten historischen Ereignissen der ↗Heilsgeschichte.

Das *Paschafest* (↗Pascha) war das bedeutendste Fest u. hat bis heute im Judentum seine überragende Stellung behalten. Es ist ein Nomadenfest, an dem ein junges Tier geopfert wird, um Fruchtbarkeit u. Wohlergehen für die ganze Herde zu erlangen. Sein Ursprung liegt in der Zeit, da die Israeliten noch Halbnomaden (↗Nomaden) waren; vielleicht ist es die israelitische Form des Frühlingsfestes, das den nomadischen Semiten gemeinsam war (vgl. Ex 5, 1).

Das *Fest der ungesäuerten Brote* ist ein bäuerliches Fest, das man nach der Landnahme Kanaans zu feiern beginnt (Lv 23, 10) (↗Mazzot). Weil Pascha- u. Mazzotfest mit dem ersten Vollmond des Frühjahrs zusammenfallen, werden sie zu einem Fest verschmolzen.

Sieben Wochen nach dem Mazzotfest wird das ↗Wochenfest als Abschluß der Ernte gefeiert (Ex 34, 22). Ißt man zu Beginn der Ernte Brote ohne ↗Sauerteig als Zeichen der Erneuerung, so opfert man am Ende der Weizenernte Sauerteigbrot, das alltägliche Brot der Seßhaften.

Nach dem Einbringen von Wein u. Obst feiert man das ↗Laubhüttenfest (Dt 16, 13). Man nennt es das „Fest Jahwes" (Lv 23, 39) oder das „Fest" schlechthin (Ez 45, 25; 1 Kg 8, 2).

Der ↗Versöhnungstag, ein Tag der Arbeitsruhe, der Buße u. des Fastens, soll Sühne schaffen für das Heiligtum, die Priester u. das Volk (Lv 16).

Ein Fest von profanem Charakter ist das ↗Purimfest, welches das Buch Ester rechtfertigt.

Man nimmt weiter ein ↗Neujahrsfest an, ein Feiertag, der durch Lärmblasen hervorgehoben wird (vgl. Lv 23, 24; Nm 29, 1–6); ein ↗Bundeserneuerungsfest, an dem das Jahwerecht verkündet wird (vgl. Ex 20; Lv 18, 7–17; Dt 24, 15–26), u. ein ↗Thronbesteigungsfest Jahwes (vgl. Ps 47; 93; 96–99).

Die F. bedeuten für die Feiernden Erhaltung der gottgesetzten Ordnung u. Vergewisserung des göttlichen ↗Segens.   go

Festlegende. Der Ursprung der ↗Feste liegt meist im Dunkel der Vergangenheit, aber die F. sucht gegenwärtig-feierndes Tun zu erklären. Die Feste sind das Ergebnis eines langen, deutenden Erzählens, das sich mit den Heilsereignissen verbindet. Die F. will keine historischen Tatsachen bezeugen – das historische Geschehen schwingt hintergründig mit –, sondern in der wiederkehrenden Festfeier wird die Erinnerung an Gottes Heilshandeln wachgehalten, gedeutet u. auf die zukünftige göttliche Führung verwiesen. **go**

Festrollen ↗ Megillot.

Feststehen. Mit f. meint Paulus die zu fordernde u. von Gott verliehene Haltung der Christen gegenüber allen Angriffen u. Versuchungen, sie von einem Leben im ↗ Glauben abzubringen. In gleichem oder sehr ähnlichem Sinn werden gebraucht: stehen oder f. im Glauben (z. B. Röm 11, 20), stehen in der Gnade (Röm 5, 2), im ↗ Evangelium (1 Kor 15, 1), f. im ↗ Herrn (1 Thess 3, 8). Gelegentlich verwendet Paulus das Wort stehen oder f. nur als Gegenbild zum Joch der ↗ Knechtschaft (Gal 5, 1). Denn der Christ darf nicht auf seine feste Haltung stolz sein, er muß vielmehr zusehen, daß er nicht wieder fällt (1 Kor 10, 12) – ↗ fallen hier im Gegensatz zu f. Um gegen die Listen des ↗ Teufels festzustehen, sollen die Christen die Waffenrüstung Gottes anlegen; es gilt gegen die bösen Geister zu kämpfen u. am bösen Tage, in allem gerüstet, standzuhalten (Eph 6, 11). Wer aber steht, steht nicht aus eigener Kraft, sondern allein durch Gott (vgl. Röm 14, 4). Der feste Grund in Gott u. deshalb auch die ↗ Hoffnung des Apostels sind unerschütterlich (2 Tim 2, 19). Durch Christus als den Mittler haben wir im Glauben Zutritt zu der Gnade, in der wir stehen (Röm 5, 2). F. im Evangelium schließt auch die Eintracht der Christen untereinander ein; Christus wird die Glaubenden, in denen sein Zeugnis befestigt wurde, selbst stärken (vgl. 1 Kor 1, 6–8).
br

Feuer. 1. Im *AT* ist F. neben seiner Verwendung im täglichen Leben (Haushalt, Handwerk, Krieg) u. im Kult (Brand- u. Rauchopfer) von besonderer Bedeutung als Darstellungsmotiv des sich offenbarenden Gottes. Bei der ↗ Theophanie symbolisiert F. die Unnahbarkeit u. Heiligkeit Jahwes: die Feuerflamme vor Abraham (Gn 15, 17), das F. im Dornbusch vor Mose (Ex 3, 2), F. u. Blitz am Sinai (Ex 19; Dt 4; 5), der F.glanz bei der Berufung Ezechiels (Ez 1). Als Zeichen des göttlichen Zorns u. Strafgerichts vernichtet F. Sodom u. Gomorra (Gn 19, 24), ist F. die siebte ägyptische Plage (Ex 9, 24), gehört F. zur Topik der prophetischen Gerichtspredigt (Am 1; ↗ Feuer-

gericht) u. bringt F. allen Feinden Jahwes die eschatologische Vernichtung (Js 66, 15 f; Ez 38, 12) u. den Leichen der von Jahwe Abgefallenen ewige Peinigung (Js 66, 24). Als Zeichen huldvoller Nähe Gottes führt die F.säule die Israeliten beim Wüstenzug (Ex 13, 21), besiegelt F. die gnädige Annahme eines Opfers (Ri 6, 21; 1 Kg 18, 38), helfen feurige Rosse im Krieg (2 Kg 6, 17), dient F. als Gefährt bei der Aufnahme in den Himmel (2 Kg 2, 11).
2. Das *Judentum* betont das F. als eschatologisches Strafgericht u. wandelt die ursprünglich finstere Scheol immer mehr zur Feuerhölle. Seit dem 2. Jh. n.C. wird dem F. der Gehenna sühnende u. läuternde Funktion zuerkannt („Fegfeuer").
3. Das *NT* kennt wie das AT das F. bei der Theophanie: vor Damaskus trifft Paulus ein Licht vom Himmel (Apg 9, 3); Johannes schaut bei seiner Berufungsvision Christus inmitten von F.- u. Lichtsymbolen (Apk 1, 9 ff). Als Zeichen des eschatologischen Gerichts begegnet F. in der Predigt Johannes' des Täufers (Mt 3, 10), in den Worten Jesu (Mk 9, 43–48), in der Gleichnisdeutung der Urgemeinde (Mt 13, 42) u. im Bild vom schwefligen F.see der Apk (19, 20). Das „Fegfeuer"wort 1 Kor 3, 13 meint kaum das „Fegfeuer", sondern beschreibt sprichwörtlich die Schwierigkeit der Rettung beim ↗ Jüngsten Gericht. Als Symbol himmlischer Herrlichkeit bezeichnen die F.-zungen am Pfingstfest (Apg 2, 3) den himmlischen Ursprung des Geistes. **ze**

Feuergericht. Die zerstörende Macht des Feuers dient dem AT als Bild für das strafende Eingreifen Jahwes im Lauf der Geschichte. Die Vernichtung von ↗ Sodom u. Gomorra durch Schwefel u. Feuer (Gn 19, 24) wird zum Modell späterer Gerichtsvorstellungen. Das Motiv vom „flammenden Feuer mitten im Hagel" (Ex 9, 24) in der siebten ägyptischen Plage hat bis in die eschatologischen Vorstellungen hineingewirkt (Apk 8, 7). Für das richtende Eingreifen Jahwes bildeten sich gewisse formelhafte Wendungen heraus: „Feuer fiel vom Himmel herab" (2 Kg 1, 10); „Feuer ging aus von Jahwe" (Lv 10, 2); „das Feuer Jahwes loderte unter ihnen auf" (Nm 11, 1). Bei den ↗ Propheten gehört das ↗ Feuer zu den geläufigsten Mitteln des göttlichen ↗Gerichts, das ebenso die Feinde Israels trifft wie das widerspenstige Gottesvolk selbst. Die enge Verknüpfung der Gerichtsbilder mit der ↗Theophanie weist darauf hin, daß das Feuer nicht als blinde Naturmacht, sondern als Strafmittel in der Hand des richtenden Gottes verstanden wird. Im NT spielt das F. eine Rolle für die Vorstellungen vom endzeitlichen Gericht, ebenso das Gerichtsbild vom ewigen Höllenfeuer oder von der Höllenqual der Verdammten in der endzeitlichen Gehenna (vgl. Mt 13, 40–42). ↗Apokalyptik. stu

Feuersäule, nächtliches Zeichen Gottes beim Zug durch die ↗Wüste. In diesem Bild soll Gottes schützende u. führende Nähe erkannt werden. Dasselbe gilt für die Wolkensäule als Zeichen bei Tag. Feuer u. ↗Wolken gehören zu den Zeichen göttlicher ↗Theophanie. ↗Feuer. stu

Feuerzungen. Der Ausdruck „Zungen wie von Feuer", stammt aus der jüd. ↗Apokalyptik; in Apg 2, 3 als Erscheinungsform des ↗Geistes zu verstehen. Der Vergleich mit dem Feuer weist auf den himmlischen Ursprung des Geistes. Der Vorgang ist auf wunderbares Eingreifen zurückzuführen. ↗Feuer, ↗Geistausgießung. stu

Finger Gottes, ein Symbol für Gottes ↗Macht (Ps 8, 4). Die Gesetzestafeln sind mit dem F. G. geschrieben (Ex 31, 18). Jesus treibt mit dem F. G. die ↗Dämonen aus (Lk 11, 20). F. G. ist hier Ausdruck des unmittelbaren u. konkreten Eingreifens Gottes. sc

Finsternis. Die Bibel redet über F. nicht im Sinne der Kosmologie u. Mythologie, sondern als menschliche Wirklichkeit, die als Not, Angst u. Todesdunkel erfahren wird. Jahwe erweist sich als ihr Herr, der Licht u. F. schafft (Js 45, 7). Er leuchtet darin auf als der, der ↗Heil gewährt, wo man ihn sucht, erkennt u. an ihn glaubt (Js 60, 1 f), d. h. sich verläßt auf den im Dunkel Verborgenen. ↗Licht u. F. sind also auf Gott hin u. von ihm her entschiedene Menschengeschichte, die erst am ↗Tag Jahwes ganz aufgedeckt wird. Licht ist Lebensfülle, Nähe Gottes u. Heil (Ps 27, 1). F. aber ist die sich verschließende Selbstbehauptung des Menschen, ist in ihm u. durch ihn

verkehrte Welt (Eph 4, 18), ist ↗Schuld, die von ihm ausgeht u. auf ihn zurückfällt als Unheilsmacht. Als in Jesus das Licht für die Welt endgültige Wirklichkeit der Welt, d. h. Fleisch wird, da ballt sich die F. als die Macht des ↗Bösen zusammen (Joh 12, 40; 3, 19–21) u. tötet das Licht (Mk 15, 33). In dieser Stunde deckt die F. den Abgrund menschlicher Schuld auf, erfährt aber zugleich im Sieg des Erhöhten (↗Erhöhung) ihre Ohnmacht. F. als die Macht des Bösen bleibt aber weiterbestehen in der Welt u. möchte die Menschen vom Licht (Christus) abhalten. Am Tag Jahwes erfährt die F. dann ihr endgültiges ↗Gericht: ewigen Tod als Ausschluß von der Vollendung im Licht. Die aber ihr ↗Leben erhellen lassen u. glauben (Joh 8, 12), denen werden die Augen geöffnet (Apg 26, 13), so daß sie die ↗Herrlichkeit Gottes auf dem Antlitz des am ↗Kreuz Erhöhten erkennen (2 Kor 4, 6). Sie sind Licht im Herrn (Dn 12, 3) für die Welt (Mt 5, 16). Das erweist sich in der brüderlichen ↗Liebe, in der das Licht unaufhaltsam siegreich die Welt umgestaltet (1 Joh 2, 8–11) auf den Tag hin, der keine F. mehr kennt (Sach 14, 7). Denn Gott ist Licht u. Heil in allem u. für immer (1 Joh 1, 5; Apk 21, 23). ho

Fischwunder. Im NT werden drei F. erzählt, die Petruslegende vom Stater im Fischmaul (Mt 17, 27), die erzählerisch jedoch unvollständig ist; dann die beiden Fischfangwunder in Lk 5, 1–11 u. Joh 21, 1–14, deren Berichte einander so stark ähneln, daß die Forschung mit Recht annimmt, daß hier zwei Fassungen derselben Ursprungserzählung vorliegen. In beiden Texten werfen die Jünger unter Führung des Simon ↗Petrus auf Jesu Geheiß nach einem erfolglosen Fischzug während der Nacht noch einmal ihre Netze aus u. werden mit einem außerordentlich reichen Fang belohnt. Lukas hat die Fischfangwundererzählung, die in seinem Evangelienbericht den Platz von Mk 1, 16–20 einnimmt, mittels einer Reihe von Markusvorlagen (Mk 1, 16–20; 2, 13; 3, 7.9; 4, 1 f.35) zu einer neuen Erzählung ausgebaut, die dem Fischfangwunder eine Lehrszene (Lk 5, 1–3 nach Mk 3, 7.9; 4, 1 f u. 1, 16–20) vorausgehen u. die Berufung des Simon u. der Zebedaiden (Lk 5, 10 f nach Mk 1, 16–20) folgen läßt. Der Evangelist hat von der Berufung des Andreas nicht mehr berichtet u. das Menschenfischerwort (Mk 1, 17 par Mt) umformuliert u. nur an Simon adressiert. Bei Johannes ist die F.erzählung mit einem Erscheinungsbericht verbunden u. somit in die nachösterliche Situation verlegt worden. Die alte F.erzählung ist in Joh 21, 2–4a.6.11, der Erscheinungsbericht in Joh 21, 4b. 7–9.12 f erkennbar; die übrigen Verse sind redaktionelle Verbindungen zur Verklammerung der beiden Traditionen. Die F. haben an der allgemeinen Problematik der Wundergeschichten (↗Wunder) teil, an derjenigen der ↗Naturwunder insbesondere. Die besondere Rolle des Simon in allen drei F.erzählungen berechtigt, von Petruslegenden zu sprechen. pe

Flammenschwert. Nach Gn 3, 24 bewacht die „Flamme des zuckenden Schwertes" den Zugang zum ↗Baum des Lebens. Die Herkunft des Bildes ist ungewiß. Vielleicht liegt die Vorstellung vom Blitz als dämonischer Macht zugrunde. Der eherne Blitz als Verbotszeichen zum Betreten eines Ortes ist aus einer assyrischen Inschrift bekannt. Bei den Propheten erscheint das rächende Schwert Gottes als selbständige Macht (Js 34, 5 u. a.). ba

Fleisch, sowohl im AT wie im NT ein sehr häufig verwendeter Ausdruck mit vielfältiger Bedeutung:
1. F. als Wort für „Mensch": F. kann das Äußere des Menschen im Gegensatz zu seinem inneren Wesen meinen (Lk 24, 39) u. steht für „Leib", wenn die menschlich-irdische Existenz betont werden soll (Ps 16, 9). F. kann aber auch die menschliche „Person" bezeichnen (Joh 1, 14) oder die „Gemeinschaft" (Gn 2, 23) bzw. die leibliche Abstammung (Röm 4, 1). Kollektivistisch verwendet („alles F."), nimmt F. die Bedeutung „Menschheit" (Gn 6, 12) oder sogar „alle körperhaften Wesen" (Gn 6, 17) an.
2. F. als Bezeichnung der Vergänglichkeit u. menschlichen Schwäche: Im Gegensatz zum ewigen ↗Gott bezeichnet F. die Hinfälligkeit (Jr 17, 5), Unbeständigkeit u. Unzulänglichkeit (2 Kor 5, 16) des menschlich-irdischen Wesens, ohne daß damit ein ethisches Werturteil über das F. gefällt wäre (Phil 1, 22).

3. F. im Widerspruch zu Gott: Wo das Irdische verabsolutiert wird, wird das F. heillos (Phil 3, 3 f) u. zur ↗Sünde (Gal 3, 5). Der Mensch wird zum Feind Gottes (Röm 7, 14). F. kann geradezu eine personifizierte Macht werden, die den Menschen gefangenhält u. zum ↗Tode führt (Röm 7, 5).
4. F. u. Erlösung: Wegen der Schwäche des F. konnte der Mensch die Chance des ↗Gesetzes nicht nutzen (Röm 8, 3), er weiß sich gerade in seinem F. vor Gott schuldig (Röm 7, 18). In eben diesem F. aber sandte Gott seinen Sohn, um uns zu retten (Röm 8, 3). Durch die ↗Taufe erhält der Christ Anteil am ↗Heil Christi, weil er in der Taufe „sein F. mit allen Leidenschaften u. Begierden kreuzigt" (Gal 5, 24) u. es so erlöst. Erst in der ↗Auferstehung gelangt das F. endgültig zur ↗Freiheit von der Vergänglichkeit (1 Kor 15, 44). – Diese ntl. Verwendung des Wortes ist uns heute fremd geworden. Wir müssen deshalb kritisch auf das Gemeinte hören, um Mißverständnisse zu vermeiden. Immer geht es um den ganzen Menschen u. seine Entscheidung, um Tod, Schwäche u. Versagen. Die negativen Aussagen richten sich nie gegen das F. als F., sondern immer gegen die Sünde des Menschen. hi

Fleisch u. Blut. Diese bibl. ↗Formel bezeichnet die Hinfälligkeit u. Vergänglichkeit des Menschen (Sir 14, 18), sein moralisches Angefochtensein (Sir 17, 31) u. seine Erlösungsbedürftigkeit (1 Kor 15, 50). F. u. B. drückt die Gebrochenheit menschlicher Existenz aus, die auch der Glaubende u. Erlöste nicht verliert, sondern durchstehen u. überwinden muß nach Christi Beispiel (Lk 24, 26). Mit Hilfe des ↗Geistes Gottes kann der Mensch die ↗Geheimnisse Gottes begreifen, die Versuchungen bestehen (Mt 26, 41) u. ans Ziel gelangen. F. u. B. meint also nicht die körperlichen Substanzen, sondern ist Bezeichnung für den irdischen Menschen. hi

Fliegengott (hebr. Baal-Sebub = Herr der Fliegen), kaum ein Fliegen abwehrender Gott, eher Verballhornung von Baal-Sebul (Erhabener). Name eines Gottes von Ekron, bei dem Achasja von Israel ein ↗Orakel einholen ließ (2 Kg 1, 2–16). he

Florus. Gessius F., war 64–66 n.C. letzter ↗Landpfleger von Judäa. Seine ungehemmten Gewalttaten führten 66 zum Ausbruch des jüd.-römischen Krieges, der mit der ↗Zerstörung Jerusalems und dem Untergang Judäas 70 n.C. endete.   he

Flötenspieler (Flöte). Der F. bediente sich nach atl. Darstellung verschiedener Instrumente, die aus Rohr, Knochen oder Metall hergestellt waren u. die Form einer Längs- oder Doppelflöte hatten. Mit der Flöte konnte im Gegensatz zum ↗Horn eine Tonfolge erzeugt werden, so daß sie für die Begleitung von Gesang u. Tanz ebensogut wie für eigenständige Melodien geeignet war. Der F. berief sich auf eine lange Tradition, da Jubal, der Sohn Lamechs, als Ahnherr der F. galt (Gn 4, 21). Es wird berichtet, daß der F. bei fröhlichen ↗Festen, ↗Wallfahrten in den Tempel u. zur ↗Totenklage spielte.   la

Fluch (Fluchpsalmen). Der F. ist ein im Altertum gültiges Rechtsmittel zur Abwehr der Feinde, wenn keine andere Möglichkeit der Rechtsfindung besteht. Israel baut nicht auf seine magische Wirksamkeit: Es gibt einen Gott, der Recht schafft auf Erden. Der F. ist letzte, dringlichste Bitte, Gott möge dem „Bösen" seinen Segen nehmen, das Unrecht des Verfolgers offen zutage treten lassen, damit der Unschuldige Recht erlange. Letztes Motiv solcher Flüche ist nicht hemmungslose Rachsucht. Das frühe Israel kannte keine Vergeltung im Jenseits; die Entscheidungen fallen in dieser Welt, darum kann über Recht u. Unrecht, Wahrheit u. Lüge nur im Diesseits entschieden werden. Nicht der Mensch, Jahwe ist es, der den Fluch in Kraft setzt. – Ps 109, 6–20: Ein Gerechter häuft F.- u. Vernichtungswünsche (die Vaterstrafe) auf die Familie seines Anklägers. Die F.psalmen gehören als Rechtsmittel in den „Prozeß des ↗Armen", in den Bereich des Gottesrechts, man kann sie nicht – wie das zuweilen geschieht – als Gegensatz zur Liebesgebot sehen. Im NT ist der F. nach Jesu Wort u. Tat verboten. Der Gegensatz Segen – Fluch läßt Jesu Werk deutlich ans Licht treten (Gal 3, 6–14). In Röm 9, 3 wird F. zum Ausdruck für stellvertretende Opferbereitschaft.   zi/be

Flucht nach Ägypten. Entscheidend für die Gestaltung von Mt 2 ist das Anliegen, Bedeutung u. künftiges Schicksal der Person des ↗Messias schon in den Ereignissen seiner Kindheit aufleuchten zu lassen. Dies geschieht nach Art der jüd. ↗Haggada, die eine Form lehrhafter Verkündigung ist, einen historischen Kern aber grundsätzlich nicht ausschließt. – Die Darstellung der F. n. Ä. ist offenbar beeinflußt von spätjüd. Erzählungen über die Jugendzeit des ↗Mose (vgl. Mt 2, 19 f mit Ex 4, 19 f) u. eine Flucht Jakobs („Israels") vor Laban nach Ägypten, womit er als Stammvater das Schicksal des Volkes Israel vorausnahm. Entsprechend erfüllt sich nach Mt 2 das Schicksal des atl. Gottesvolkes in Jesus, den Gott auch „aus Ägypten berufen" hat (V. 15; vgl. Hos 11, 1). ↗Kindheitsgeschichten.   ur

Fluch- u. Segenssprüche, ursprünglich einzelne, später zu Reihen zusammengefügte formelhafte, of rhythmische Sprüche, die im Alten Orient ihre geglaubte Wirkkraft der magisch-dynamischen Sphäre des ausgesprochenen Wortes verdanken. In Israel haben F.- u. S. ihren Rückbezug auf Jahwe erhalten. werden so zu ihm anheimgestellten F.- u. Segenswünschen bzw. später zum Rache- u. Fürbittgebet. F.- u. S. werden bisweilen durch begleitende Handlungen (Berührung, Handauflegung) verstärkt. Der Fluchspruch enthält gewöhnlich (vgl. Gn 3, 14) den Grund der Verfluchung, die Fluchformel („Verflucht . . .") u. schließlich die oft recht drastische (vgl. Dt 28) Ausmalung des ↗Fluches. Die Form des Segensspruches ist weniger fest; er wird in der Regel eingeleitet mit „Gesegnet" (vgl. Gn 14, 19), besteht häufig aus Imperativen (Gn 1, 28) u. hat meist keine Begründung. Als Bekräftigung der F.- u. S. dient das Wort „Amen" (Dt 27, 15–26). F.- u. S. werden ausgesprochen im täglichen Leben als spontane Reaktion auf eine gute oder böse Tat, institutionell beim Mahlzeit, Gruß, Ernte, am Lebensende u. ä., im Kult (vor allem vom Priester; ↗Segensformel), im Rechtsleben (als bedingter Fluch in bezug auf ein supponiertes Vergehen, vgl. Jos 6, 26) u. als literarische Form (Gn 1, 28). Zu Fluchformularen zusammengefaßte Fluchsprüche begegnen

vor allem in der prophetischen Gerichtspredigt u. in Dt 28; Lv 26.　　　　ze
Flut ↗Sintflut.
Formeln. Die kleinsten u. meist fest-
geprägtesten der von der ↗Form-
geschichte untersuchten u. für die Auslegung der atl. u. ntl. Schriften bedeutsamen literarischen Einheiten werden F.
genannt. F. sind geprägte Wortverbindungen, die meist nur aus einem Satz
oder einem Satzteil, auch aus einem
verkürzten Satz (z. B. Ausruf, Interjek-
tion) bestehen, für sich oder in zugehörigen größeren Zusammenhängen sinn-
volle Einheiten bilden. F. kennt wie jede
so auch die bibl. Alltags- u. Erzähl-
sprache (sog. Redewendungen); ein geläufiges Beispiel ist die Redewendung,
welche eine abwehrende Geste als Ausdruck der Abgrenzung der jeweiligen
Besitztümer bzw. Herrschafts- u. Zustän-
digkeitsbereiche begleitet: „Was habe(n)
ich (wir) mit dir (euch) zu schaffen"
(1 Kg 17, 18; Mk 1, 24; Joh 2, 4). Die Erkenntnis der F. als F. ist sehr wichtig u.
vielfach auch theol. höchst aufschlußreich. So ist z. B. die Kenntnis der sog.
Verwandtschaftsformel („Bein von meinem Bein u. Fleisch von meinem
Fleisch") für die Auslegung von Gn 2,
23 f erforderlich. Eine in atl. Erzählungen
häufiger begegnende „Ausführungs-
formel" („Er [sie] tat[en], wie ihm
[ihnen] geboten hatte der Herr" [Mose,
der Bote des Herrn]), die zu einem dreigliedrigen Schema eines Ausführungs-
berichts gehört (Ex 12, 35; Ib 42, 9), wird
z. B. vom Evangelisten Matthäus bei der
Redaktion seiner Markusvorlage u. seines Sondergutes im Dienste seiner apo-
logetisch-erfüllungstheologisch gesteuer-
ten christologischen (u. ekklesiologi-
schen) Aussagen (Mt 1, 24; 21, 6; 26, 19)
benützt. In anderer Weise gibt die atl.
häufig belegte, für den Vorwurf benutzte F. der Enttäuschung („Warum
hast du mir [uns] das getan?", Gn 12, 18;
29, 25) wegen ihrer Unangemessenheit
Lk 2, 48 die Pointe: die Enttäuschung
der Eltern läßt bei Jesu wahres Wesen aufscheinen. Viele der atl. u. auch der ntl.
↗Formen u. Gattungen haben ihre jeweils zugehörigen F. (z.B. Schwurformeln
im Recht, Akklamationen im Kult, Be-
teuerungen in der Rede, Abschlüsse in
der Erzählung usw.; in den ntl. Wunder-

erzählungen wird etwa der Heilgestus
oft formelhaft beschrieben: „er packte
sie [ihn] bei der Hand", Mk 1, 31 u. ö.).
Von besonderer Bedeutung sind für die
ntl. Exegese die liturgischen, katechetischen, juridischen u. bekenntnishaften
F., auch die festeren Wendungen der
Missions- u. Erbauungssprache. Akklamationen, soweit sie sich im Unterschied zu den aus dem Judentum übernommenen Rufen wie ↗Amen u. ↗Hal-
leluja, ↗Hosianna, auch Anathema in
Ewigkeit als spezifisch urchristl. erweisen (↗Maranatha; ↗Abba, Vater; Herr
Jesus u. a.), geben wichtige Aufschlüsse
über die frühe Christologie, Theologie
u. Eschatologie. Unschätzbare Bedeutung besitzt das bei Paulus greifbare ältere sakramentale F.gut zu Taufe u.
Eucharistie, ebenso der reiche Schatz an
älteren ↗Bekenntnis-F. (Röm 1, 3 f; 1
Kor 15, 3 f), welche die Bedeutung Jesu
Christi auf verschiedene Weisen prägnant aussagen (vgl. z. B. aus der frühen
Mission 1 Thess 1, 9 f). Weitere F. sind
die liturgischen Gottesprädikationen (1
Kor 15, 57; Apk 1, 4), die Grußformeln (in den
Briefen), Segenswünsche u. Flüche, Ma-
karismen (↗Seligpreisungen) u. ↗Wehe-
rufe. Die Übergänge von den F. zu den
↗Liedern u. ↗Hymnen (von denen z. T.
Fragmente überliefert sein) gelten als
fließend. In der weiteren Erforschung u.
einer zusammenfassenden Darstellung
der atl. u. ntl. F. sind der Wissenschaft
noch große Aufgaben gestellt. Daß die
Erforschung der AT u. NT beeinflussen-
den Literaturen zur Erhellung bibl. F.
eine große Rolle spielt, daß insbesondere die religionsgeschichtliche Forschung (↗Religionsgeschichte) die genauere Kenntnis religiöser u. die Unterscheidung spezifisch jüd. oder christl. F.
fördert, bedarf noch abschließender Erwähnung.　　　　　　　　　　　　pe
Formen u. Gattungen. Zum Verständnis der bibl. Literatur, ihrer vorliterarischen Entstehung u. Überlieferung, ihrer
literarischen Geschichte sowie ihres Gehalts ist die Kenntnis sowohl der kleinsten (↗Formeln) wie der kleineren Einheiten (Formen) u. auch der übergreifenden literarischen Großformen (Gattungen) unerläßlich. Um ihre Erforschung
kümmern sich ↗Formgeschichte, ↗Gat-
tungsgeschichte u. auch ↗Redaktions-

geschichte. In der atl. Forschung hat z. B. das Studium der Psalmengattungen zu vertieftem Verständnis des Lobpreises des altbundlichen Gottesvolkes geführt, weil die Zugehörigkeit der Gesänge zu den verschiedenen Begehungen des israelitischen Kults, zur Königsfeier oder zur weisheitlichen Schultradition die je vorausgesetzte Situation des Beters, den Stimmungsumkreis u. a., aber auch die zugehörigen Gebetsschemata (z. B. für Klage, Lob u. Dank, des einzelnen, der Gemeinschaft, Wallfahrt u. a.) begreifen lehrt. Die prophetischen Texte erschließen sich der Auslegung besser unter Berücksichtigung der jeweils benutzten Redeformen (Botenspruch, Ich- u. Erbericht, Schelte, Drohung, Mahnung, Verheißung u. a.). Die Überlieferung des altisraelitischen Rechts ließ sich durch Beachtung der verschiedenen (auch außerisraelitischen) Formen (etwa apodiktische oder kasuistische Formulierung) weiter aufhellen. Denn jeder Gedanke, der ausgedrückt wird, bedarf der sprachlichen „Form"; bindet sich diese Form an vorgegebene, durch die Gemeinschaft geprägte Schemata, so wird der Gedanke in bestimmten Formen ausgedrückt, ein Gedankenzusammenhang u. U. in einer bestimmten Gattung. Dies wird deutlich, wenn wir weitere atl. F. u. G. nennen: ↗Lied (Vers, Strophe usw.), ↗Sage (ätiologische Sagen, Kultlegenden, Heldensagen, Stammessagen, Sagenkränze), ↗Novelle (Wundergeschichte, Prophetenlegende, Martyrerlegende), ↗Fabel; Brief, Urkunde, Vertrag, Rede, Geschichtsbericht usw., Gesetzesbücher, ↗Apokalypsen, Weisheitssammlungen, Spruchsammlungen usw. Unter den vier Gattungen der ntl. Schriften sind zwei originär christliche: Evangelium, Apostelgeschichte (die übrigen: Briefe, Episteln, Apokalypse). Die einzelnen synopt. Evv. werden von der jüngeren redaktionsgeschichtlichen Forschung sogar je als selbständige Gattung aufgefaßt: Matthäus schrieb eine *biblos*, Markus ein *euaggelion*, Lukas eine *diägäsis*. Im johanneischen Schrifttum sind die Formen der Apokalyptik besonders wichtig (hymnische, prophetische u. apokalyptische Formen: Auditionen, Visionen, Reihen usw.), im Joh-Ev. vor allem die Offen-

barungsreden. Auch im paulinischen Schrifttum unterscheidet man neben den Briefformen als Gattungen viele kleinere Formen: Danksagung, autobiographische Berichte, Traditionsstücke, Formelgut, den ↗Schriftbeweis, die ↗Typologie, die ↗Doxologien, ↗Hymnen, ↗Tugend- u. Lasterkataloge, u. a. Am besten erfaßt ist bislang der Überlieferungsstoff der synopt. Evv. Das Material wird grundlegend in Rede- u. Erzähltradition geschieden. In der von der Natur der Sache her (Worte, Sätze können einfach wiederholt werden, Geschehnisse müssen erst erzählt werden) beständigeren Wortüberlieferung unterscheidet man z. B. prophetische Worte, Weisheitsworte, Gesetzesworte, Gleichnisse, Ich-Worte, Nachfolge-Worte, auch Wort-Kompositionen (Gleichnissammlungen, Bergpredigt, Logienquelle); in der Erzähltradition spricht man von Paradigmen, Streitgesprächen, Wunderberichten, Geschichtserzählungen; die ↗Passionsgeschichte gilt als eigene Großform; man kennt auch Erzählkompositionen anderer Art (Zyklen, Schachtelungen, steigernde Anordnungen u. a.). Die formgeschichtlichen Unterscheidungen haben allerdings nur dann einen Sinn, wenn man sich von der Entdeckerfreude für die Zugehörigkeit einzelner Texte zu allgemeineren F. u. G. nicht den Blick für die Individualität der Texte verstellen läßt. Oft sind entscheidende Sinnuancen gerade in kleinen Abwandlungen der form- u. gattungsgemäß vorgeprägten Schemata u. topischen Abläufe zu erkennen. Stilgesetze allein erklären keinen Text. pe

Formgeschichte. Das heutige wissenschaftliche Bild von der Literatur des AT u. NT beruht weitgehend auf den Ergebnissen der formgeschichtlich arbeitenden atl. u. ntl. Forschung unseres Jahrhunderts. Dieser Sachverhalt erklärt die Rolle, welche die F. (worunter meist die formgeschichtliche Methode u. nicht deren Ergebnis, die Darstellung einer „F." der bibl. Literatur verstanden wird) in der Exegese selbst u. in der Diskussion um die Bibel in breiteren Kreisen zukommt. Das kirchliche Lehramt zählt zu den „passenden Methoden", mit denen die Hl. Schrift wissenschaftlich untersucht u. ausgelegt werden muß, insbesondere auch die formgeschichtliche Methode („Dei Verbum", Nr. 23 u. 12). Für das Verständnis der synopt. Evv. ist die formgeschichtliche Betrachtung ein entscheidender Zugang.

Forschungsgeschichtlich muß die F. zwischen den Perioden der vorherrschenden ↗ Literarkritik u. der neuen redaktionsgeschichtlichen Betrachtungsweise eingeordnet werden. Die F. befaßt sich vorzüglich mit der vorliterarischen Überlieferung der bibl. Literatur. Nach dem Vorgang der atl. Forschung (die sich um die Psalmen, die Stammessagen u. a. kümmerte) fand bei den Neutestamentlern die Untersuchung der Texte im Blick auf ihre Prägung u. Weitergabe in mündlicher Tradition besonders bei den synopt. Evv. Anwendung. K. L. Schmidt ebnete mit seiner Arbeit über den „Rahmen der Geschichte Jesu" (1919), welche die Evv. als Redaktionen mündlich oder schriftlich überlieferter Einzelstücke u. Teilsammlungen erwies, den Weg zur Formanalyse der Einzelperikopen. Die F., wie sie dann von M. Dibelius (Die F. des Evangeliums, 1919) u. R. Bultmann (Geschichte der synopt. Tradition, 1921) ausgebildet wurde, sucht die Gesetze der Prägung u. Entwicklung der Einzelstücke in der mündlichen ↗ Überlieferung zu erkennen. Volkstümliche Überlieferung, zu der auch der Großteil der synopt. Stoffe gehört, folgt meist ziemlich festen Stilgesetzen; deren Kenntnis erlaubt Rückschlüsse auf die Überlieferung u. den ersten (u. jeweils den späteren) ↗ „Sitz im Leben". Der „Sitz im Leben" ist durch soziologische Gesichtspunkte charakterisiert, durch die urchristl. Gemeinde u. deren ganz bestimmte Lebensäußerungen u. Bedürfnisse, „die einen ganz bestimmten Stil, bestimmte Formen u. Gattungen hervortreiben" (R. Bultmann, S. 4). So bedient sich z. B. die frühchristl. palästinensische u. hellenistische ↗ Mission („Sitz im Leben") der auch insbesondere hellenistisch bekannten Erzählform der werbenden Wundergeschichte („Literarische Form"), welche nach einem festen Schema („Stilgesetze") gebaut ist, das bei ↗ Heilungswundern z. B. fünf Glieder umfaßt: 1. Situationsangabe; 2. Bitte um Heilung; 3. Heilung (Heilwort, Heilgestus, Anwendung medizinischer Mit-

tel); 4. Feststellung der erfolgten Heilung (oft mit Demonstration); 5. Werbender Schluß (Staunen der Zeugen, oft „Chorschluß"). Die Geschichten sind zudem meist orts- u. zeitlos überliefert. In der Variation des festen Schemas läßt sich verschieden leicht das (meist christologische) Verkündigungsanliegen der christl. Wundergeschichten erkennen; die Christologie hilft den Rückschluß auf den „Sitz im Leben" präzisieren. Die Erkenntnis fester Erzählschemata (auch bei ↗ Streitgesprächen, erzählerischen Fassungen von Jesusworten in Apophthegmen u. a.) hilft zwischen der literarischen Darstellung u. der dieser möglicherweise zugrunde liegenden so oder so gearteten historischen Faktizität zu unterscheiden. Die Motive, die zur Bildung von Erzählungen führen, können verschiedenartig sein; das historische Interesse spielt im allgemeinen eine untergeordnete Rolle. Soviel zur Charakterisierung formgeschichtlicher Arbeit.

Als die wichtigsten Aspekte u. Ergebnisse der F. lassen sich heute etwa folgende nennen. Zum Verständnis der bibl. Literatur, ihrer Entstehung, ihrer Überlieferung u. ihres Gehalts ist die Kenntnis sowohl der kleinsten (↗ Formeln) u. kleinerer Einheiten (Formen) wie der übergreifenden literarischen Großformen (Gattungen) unerläßlich (↗ Formen u. Gattungen). Die Aufhellung der ↗ Gattungsgeschichte sowie der F. kleinerer Einheiten, die Bestimmung des möglichen oder wahrscheinlichen Sitzes im Leben derselben führt zur Rekonstruktion der Überlieferungsgeschichte u. somit zur Entstehungsgeschichte der bibl. Texte. Die grundlegende Einsicht, daß das Leben (im Blick auf die urkirchliche Tradition: das vielfältige Leben der frühen christl. Gemeinden mit ihren missionarischen, katechetischen, apologetischen, disziplinären, kultischen u. a. Interessen) die Vielfältigkeit der literarischen Formen schafft, erlaubt den Rückschluß auf dieses Leben, warnt gleichzeitig aber vor leichtfertiger Rekonstruktion. Der „Sitz im Leben" kann z. B. in der frühen Überlieferungsgeschichte mehrfach gewechselt haben, die Traditionsgeschichte eines Überlieferungsstückes kann verwickelt sein. Einzelstücke werden bei Aufnahme in umgreifende Gattungen verändert, Jesusworte bereits bei der Übernahme in den Dienst der nachösterlichen Verkündigung. Generell kann für die Jesustradition heute ein „dreifacher" Sitz im Leben veranschlagt werden: 1. Jesus; 2. die urkirchliche Überlieferung; 3. die Evangelienredaktion (↗Redaktionsgeschichte). Für jeden einzelnen Sitz im Leben sind wiederum verschiedene, die literarische Form der Überlieferungsstücke mitbestimmende Faktoren erkennbar (für Jesus denke man etwa an die Auseinandersetzung mit Gegnern oder die Unterweisung der Jünger, zur Urkirche s. o., für den Evangelisten an dessen literarische u. theol. Zielsetzung, die wiederum von den Bedürfnissen seines Kirchengebietes, seiner Zeit mitbestimmt ist).

Für die historische Rekonstruktion ist bedeutsam, daß man sich vom letzten zum ersten Sitz im Leben sorgfältig zurücktasten muß. Die Frage nach der Historizität des Überlieferten ist die methodisch letzte. – Die F. hat die ntl. Schriften insgesamt als Verkündigungsschriften, als Glaubenszeugnisse erwiesen. Auch das gehört zu ihrem bleibenden Verdienst.   pe

Fortschritt. Die geschichtsphilos. Kategorie des Fortschritts hat ihre Wurzeln a) in der Wissenschaftswende des 16. Jh. (F. Bacon, Galilei) u. b) in den Anfängen der bürgerlichen Aufklärung (Saint-Pierre, Turgot, Condorcet u. a.). Indem der Gedanke des menschlichen F. den Glauben an die göttliche ↗Vorsehung zu ersetzen trachtet, bezieht auch er sich indirekt auf einen Zeitbegriff, dem die Vorstellung einer sich vollendenden ↗Geschichte zugrunde liegt. Im Unterschied zur griech. Geschichtsauffassung bei Herodot u. Thukydides, denen die Idee eines sinnvollen Fortgangs der ↗Weltgeschichte fremd ist, gründet der Gedanke einer sich von einem Anfang bis zu einem Ende hinstreckenden Zeit in der atl. Prophetie (↗Weissagung) u. ↗Apokalyptik. Die Propheten setzen „an die Stelle eines goldenen Zeitalters in mythologischer Vergangenheit" die „eschatologische Zukunft" (H. Cohen): Jahwe reißt die durch ↗Israels Schuld verwirkte Geschichte zu einem neuen

Anfang auf (↗Heilsgeschichte), Hosea weissagt eine neue Landnahme, Jesaja einen neuen David u. Jeremia einen ↗neuen Bund (Jr 31, 31 ff). Dieser heilsgeschichtliche Entwurf unterscheidet sich von der vergleichsweise deterministischen Periodisierung der Weltgeschichte (Dn 2; 7) durch die Apokalyptik. Das Gemeinsame dieser apokalyptischen Geschichtsschematisierungen (Mt 24; Joachim von Fiore) ist der Gedanke, daß das von Gott bewirkte eschatologisch-zukünftige Heil mit der Vollendung der Geschichte zusammenfällt.

a) Mit dem Aufkommen exakter Naturerkenntnis im 15. u. 16. Jh. formuliert sich allmählich die Vorstellung eines *Fortschritts der Forschung.* Diese ist nur unter der Voraussetzung verständlich, daß die Idee der Vorsehung eines allmächtigen Schöpfers, der gleicherweise in das Natur- u. Weltgeschehen eingreift, ihre allgemeine Verbindlichkeit verlor. Neben den Glauben an die in Christus geschehene Offenbarung Gottes tritt das Wissen über die „neue Offenbarung" (Galilei), vermittelt durch naturwissenschaftliche Forschung. Damit wird die auf ein Endziel u. eine ↗Endzeit bezogene eschatologische ↗Denkform historisiert u. in dieser „Umkehrung" zu einer Triebkraft innergeschichtlichen Fortschritts (Fr. Wagner). Weder Galilei noch F. Bacon meinen, sich von der christl. Tradition gelöst zu haben. Bacon begründet seinen Fortschrittsglauben, indem er sich auf den Vulgatatext zu Dn 12, 4 beruft, der von der „wachsenden Erkenntnis" spricht. Die Weissagung der jenseitigen Endzeit wird so zum Anreiz eines diesseitigen Fortschrittszeitalters, das mit den „modernen" Erfindungen (Kompaß, Schießpulver, Buchdruck), die Bacon als „Nachahmungen der göttlichen Werke" begrüßt, bereits begonnen hat.

b) Im Rahmen der bürgerlichen Aufklärung kommt es in Frankreich zur Übertragung des Fortschrittsprinzips von der Wissenschaft auf die Menschheit, deren soziale Höherentwicklung für Saint-Pierre zum Fortschrittskriterium wird. Dieser *soziale Fortschritt* gipfelt bei Saint-Simon in einem durch Sozialtechnik u. Industrie zu errichtenden „irdischen Paradies", mit dem der französische Graf noch das Schöpfungswerk der Genesis zu übertreffen hofft. Für diesen Fortschrittsoptimismus gilt, daß er nur „*die* Erscheinungen wahrnimmt, die fortschrittsideologisch interpretierbar sind" (Fr. Wagner).

Hiervon muß der F.s-Gedanke unterschieden werden, der sich in der Aufklärung zu einer kritischen Theorie verdichtet, die gegen eine feudale Gesellschaftsordnung die Elemente eines vernünftigen u. „naturgemäßen" Lebenszusammenhangs freizulegen sucht. Diese sozialkritische Intention ist schon in einer positivistischen Soziologie verloren, die mit A. Comte ein „Naturgesetz des Fortschritts" postuliert. Mit der Kritik an der kapitalistischen Gesellschaft durch K. Marx ist im Begriff der ↗ „Selbstentfremdung" die Selbstsicherheit des bürgerlichen Fortschrittsglaubens tendenziell gebrochen. Die heute mit unbestreitbarem Erfolg fortschreitende Entwicklung des industriellen Systems kann den von anthropologischen u. sozialen Bedürfnissen sich ablösenden F. in Wissenschaft u. Technik zum „Verhängnis" machen (K. Löwith). Die Kategorie F. erweist damit ihre Doppeldeutigkeit: der ihr ursprünglich eignende emanzipatorische Charakter wird affirmativ. Um seinen weithin verlorenen kritischen Sinn wiedergewinnen zu können, muß die Idee des F. gegen jene gewandt werden, die ihn positivistisch betreiben. Theologie, die sich ihrer gesellschaftskritischen Verpflichtung erinnert, hat an dieser Aufgabe Anteil. gs

Fragmentenhypothese. Die F. nimmt eine mosaikartige Zusammensetzung des Pentateuchs aus ursprünglich unzusammenhängenden Stücken zu einem Ganzen an. Sie wurde von den Engländer A. Geddes († 1802) vertreten u. von J. S. Vater († 1826) weitergeführt. Man kommt zwar dem Ursprung der Quellen nahe, aber es ist ungenügend berücksichtigt, daß die Sammlungen vor ihrer Übernahme in den ↗ Pentateuch schon ineinander verzahnt vorlagen. go

Fragmentum Muratorianum ↗ Muratorisches Fragment.

Frau. Im AT war, wie bei den meisten altorientalischen Völkern, das Prinzip des ↗ Patriarchates unverkennbar wirksam. Trotzdem gibt es einschneidende Unterschiede, die auf eine andere Sicht der F. im AT schließen lassen: 1. Der ↗ Schöpfungsbericht des ↗ Jahwisten ist vor allem zu nennen. Die F. wird dem Manne von Gott als gleichwertige Gefährtin zugeführt – sie ist also nicht an erster Stelle Mutter, Trägerin der Fruchtbarkeit. Der Mann versteht das sofort, da er gleich den rechten ↗ Namen weiß, der sie als seine Gefährtin kennzeichnet (im Hebräischen ist wegen des Gleichklanges im Wortspiel Mann–Männin möglich). An sie ist der Mann stärker gebunden als an die Eltern (Gn 2, 23 f). Diese Zuordnung von ↗ Mann u. F. stellt das sonstige Verhältnis der Unterordnung in Frage. Die Herrschaft des Mannes über die F. wird auf diesem Hintergrund zur Folge der Sünde, die die Schöpfungsordnung verkehrt (Gn 3, 16). 2. Verlobung u. Heirat waren im Alten Israel patriarchalisch strukturiert: die F. ging aus der Gewalt des Vaters in die des Mannes über (1 Sm 18, 17), Heirat u. schon die Verlobung verpflichten die F. zu unbedingter Treue. Sie hatte kein Recht auf Scheidung wie der Mann (Dt 24, 1–4). Aber das Mädchen wurde gewöhnlich doch um seine Zustimmung gefragt, wurde also als Person ernst genommen. 3. Die Mutterschaft wurde hochgeschätzt (Ex 20, 12). Kinderlosigkeit galt als Schmach (Gn 30, 23), als Zeichen der ausbleibenden Huld Gottes. 4. Sowohl strafrechtlich als erbrechtlich ist die F. dem Mann im großen u. ganzen gleichgestellt. Freilich muß immer bedacht werden, daß F.en nie individuell für sich, sondern immer im Zusammenhang mit ihrer ↗ Familie gesehen wurden (Nm 27, 1–8). 5. Den eigentlichen Bereich der F. sieht das AT im Hauswesen (Spr 31, 10–31). 6. In der Öffentlichkeit waren F.en grundsätzlich vom politischen Leben ausgeschlossen. Obwohl einzelne F.en sogar entscheidend in die Geschicke des Volkes eingriffen (↗ Mirjam, ↗ Deboralied) oder man ihnen dies zumindest zutraute (Ester, Judit), waren dies immer Ausnahmen. 7. Im religiösen Bereich: Vom offiziellen Gottesdienst waren die F.en ausgeschlossen. Im Unterschied zu anderen orientalischen Völkern gab es in Israel keine Priesterinnen, F.en wur-

den höchstens zu Dienstleistungen herangezogen (Ex 38, 8). Sie nahmen aber
gleichberechtigt an den kultischen ↗Fe-
sten teil, brachten auch bestimmte offizielle Opfer dar (Lv 12). In der atl.
Frömmigkeit spielten F.en eine wesentlich größere Rolle: als Prophetinnen
verkündeten sie den Willen Gottes u.
galten grundsätzlich als Partner Gottes
im ↗Bund (Dt 29, 10). 8. Im NT wurde
die F. im allgemeinen ähnlich wie im
AT gesehen. Die schöpfungsmäßige u.
religiöse Gleichrangigkeit entwickelte
sich darüber hinaus zur Erkenntnis der
Gleichbegnadung weiter (↗Emanzipa-
tion der F.): Die F. ist vor Gott dem
Mann völlig gleichgestellt u. wie er han-
delndes Subjekt in der ↗Heilsgeschichte.
Sowohl bei den Synopt. (Mt 15, 21 ff)
wie bei Johannes (4, 1 ff) u. bei Paulus
(Gal 3, 27 f) ist die F. ausdrücklich in
das heilbringende Handeln ↗Jesu
↗Christi einbezogen. Jesus hatte auch
F.en in seiner Gefolgschaft (Lk 8, 2). In
der Gemeinde sollten sie sich freilich
im Hintergrund halten, sollten im Privaten, Familiären, Dienenden ihre Aufgabe sehen u. die „Öffentlichkeit“ den
Männern überlassen (1 Kor 14, 34 ff).
Dies ist aber nicht entwürdigend gemeint, sondern entspricht der damaligen Auffassung u. den soziologischen
Gegebenheiten. Mit dem Wandel des
Selbstverständnisses wandelte sich auch
das Bild von der F. u. brachte Perspektiven zur Entfaltung, die im Ansatz sowohl im AT (Gn 2, 24) wie im NT (Gal
3, 27 f) vorhanden sind.
Allzulange verstand man die bibl. Aussagen als absoluten, d. h. ungeschicht-
lichen Ausdruck des unveränderlichen
Gotteswillens u. mißverstand die zeitbedingten Äußerungen über die F., die
nur als Spiegel der damaligen Gegebenheiten u. Auffassungen aufzufassen sind.
Dies bedeutet, daß man sich z. B. bei
den heutigen aktuellen Fragen des
Engagements der F. in der Kirche (Prie-
sterin, Gemeindeleiterin, Diakonissin,
hierarchische Amtsträgerinnen usw.)
nicht auf die „Lösungen“ der Bibel berufen darf, als wären die Aussagen etwa
von 1 Kor normativ u. unüberholbar.
Unüberholbar ist einzig die in diesen
Aussagen zur Sprache kommende Ver-
kündigungsbotschaft, u. diese ermöglicht

jede Form fraulichen Dienstes in der
Kirche. Was damals unmöglich u. unerträglich war, kann heute durchaus richtig u. positiv geworden sein u. umgekehrt. Es geht bei derartigen praktisch-
organisatorischen Fragen um psycholo-
gische u. soziologische Erwägungen, die
das Grundsätzliche der ntl. Sicht der
Stellung der F. in Kirche u. Gesellschaft
nicht unmittelbar treffen. Die F. ist in
jeder Hinsicht freier u. vollgültiger Partner Gottes.　　　　　　　　　　　hi/lo
Freigebigkeit. Während das Wort „frei-
gebig“ nur einmal im NT vorkommt
(1 Tim 6, 18), wird die gemeinte Sache
durchgängig mit Hilfe der Forderung des
Liebesgebotes ausgedrückt. Wer dieses
Gebot erfüllt, hat alle anderen erfüllt.
1 Tim 6, 18 wird die F. zusammen mit
Gutes-Tun, Reichtum in Werken der
↗Liebe u. Mitteilsamkeit genannt. Mt
6, 1–4 mahnt Jesus zum Geben von Almosen. Dabei wird betont, daß dies im
Verborgenen u. ohne Heuchelei geschehen soll. Während das Almosen in
einer Geldgabe besteht, gehört zur F.
auch: Hungrige u. Durstige bewirten u.
↗Gastfreundschaft üben (Mt 25, 25).
Nach seiner tätigen Liebe zum ↗Näch-
sten wird man einst gerichtet, weil in
diesem Christus begegnet. Jedem, der
einen bittet, soll man geben (Mt 5, 42),
nicht nur dem Freund u. nicht nur dem,
der das Gegebene zurückgeben oder
vergelten kann. Auch die besondere
↗Nachfolge Jesu beginnt damit, daß
man seinen ganzen Besitz verkauft u.
den ↗Armen gibt (Mk 10, 21).　　tho
Freiheit. Im AT im Sinne von Freiheit
von Zwang u. Sklaverei verwendet (Ex
21, 2), doch spielt das Wort nur eine
untergeordnete Rolle. Unser F.s-Ver-
ständnis wurzelt im griech. Denken. Der
Mensch der Polis (Stadt) versteht unter
F. das Freisein von jeder Art Tyrannei;
dies wird für jeden erreichbar, der sich
durch das Gesetz an die Gemeinschaft
bindet u. seinen Teil an Verantwortung
für die Polis übernimmt. F. ist hier nicht
negativ gesehen als „F. von“, sondern
positiv u. paradox als „freiwilliges Dienen“. Als die politische F. der Griechen
verlorenging, wendete sich der Blick des
Menschen auf sich selbst: Der Stoiker
sieht die F. in der inneren Unabhängigkeit von allen bedrohlichen Leidenschaf-

ten. Frei ist für die ↗Stoa, wer denken
kann. Die äußere Un-F. hat demgegenüber nichts zu bedeuten, da sich auch
darin die innere F. bewähren kann. In
der hellenistischen ↗Gnosis wird dieser F.s-Begriff weiter entfaltet: Auf der
Basis des dualistischen Weltverständnisses (↗Dualismus) ist F. Unabhängigkeit
von der heillosen Welt (Stoff, Leib) u.
den darin herrschenden Mächten. Diese
F. versucht man durch asketische ↗Ent-
haltsamkeit, libertinistische Ungebun-
denheit oder kultische ↗Ekstase (↗My-
sterien) zu vollziehen. Gnosis ist eine
Erkenntnis, die schon als Erkenntnis er-
lösend ist. Der Lichtfunke dieser Erkenntnis macht frei. Der Mensch erlöst
sich als Wissender selbst. So weit etwa
hatte sich der F.s-Begriff entwickelt, als
die Urkirche ihr neues Welt-, Gottes- u.
Selbstverständnis mit der Welt des
↗Hellenismus konfrontierte.
Am besten erschließt sich der ntl. F.s-
Begriff aus Röm 7, 15.17–19. Hier erscheint der Mensch als in sich gespalten
u. unfrei, wenn es um ureigene menschliche Entscheidung geht. Wenn er das
↗Gute tun möchte, tut er faktisch das
↗Böse. Er weiß zwar um das Gute, er
kann es aber nicht verwirklichen.
Für Paulus ist es klar, daß die Wurzel
dieser offensichtlichen menschlichen Un-
F. die ↗Sünde ist: der Abfall von ↗Gott
zu den Mächten dieser Welt. Die Folge
ist das Sich-Einkapseln in die Eigen-Welt
des Ich u. das Sich-Verschließen vor
dem Umgreifenden der Welt Gottes.
Das Kreisen um sich selbst, das die
Folge ist, bedeutet Verlust eigener Möglichkeiten, bedeutet Zwang, ↗Knecht-
schaft, Un-F. (↗Anthropologie).
Aus diesem Zustand hat ↗Jesus ↗Chri-
stus den Menschen befreit. F. vollzieht
sich in der Haltung des ↗Glaubens, in
dem der Mensch sein bisheriges, vor
Gott verschlossenes, innerweltlich fun-
diertes, durch gesetzliche Ordnungen u.
dgl. verbarrikadiertes Selbstverständnis
aufgibt u. sich Gott gegenüber öffnet.
Gerade in dieser Öffnung geschieht die
Befreiung von allem, was ihn bisher
band u. knechtete. Die christl. F. wurzelt
im Glauben. Fragt man nach dem Wesen der F., so geht es nicht um Willens-
oder Wahlfreiheit, sondern um die F.
von der Sünde, vom ↗Gesetz u. vom

Tod, um die F. zu Geschichtlichkeit u.
↗Verantwortung, um die F. zu voller,
personaler Existenz u. deren Vollendung.
Das Vorbild christl. F. ist Christus selbst
als der ↗ „neue Mensch", der „frei ist
von Sünde" (Hebr 4, 15), weil er Gott
gegenüber gänzlich offen ist u. als sein
Sohn der ↗Diener aller geworden ist.
Dieser ↗Geist Christi schafft überall
dort F., wo er zur Wirkung kommen
kann (2 Kor 3, 17): in jedem Menschen,
der die Glaubensentscheidung dem
Herrn gegenüber vollzieht. Im dienenden Offensein für Gott u. für den anderen wird auch die ↗Angst genommen (Röm 8, 15), die ein Merkmal der
Knechtschaft ist, werden ↗Friede u.
↗Freude geschenkt (Röm 14, 7), wird
↗Liebe zum Kern der F. (Gal 5, 6.13). –
Diese F. im christl. Verständnis ist stets
angefochten u. noch im Werden. F. von
Sünde, Gesetz u. Tod müssen je neu errungen u. durchgehalten werden. Christl.
F. stellt in die Geschichte u. in die Realität des Alltags, führt nicht davon weg.
Sie befreit von bloßen Konventionen u.
von den von außen her diktierten Mo-
ralordnungen, steht aber immer unter
dem Gewissen u. unter dem Gesetz der
Liebe.
Dem heutigen Menschen ist nicht im
selben Maße wie dem bibl. das Stehen
unter Sünde, Gesetz u. Tod, das Verfallensein an sich selbst klar. Deshalb
muß es der eine Pol christl. Verkündigung sein, die Verengung aufzudecken,
die in einer monologen Lebensweise
liegt. Wenn der zentrale Inhalt der
christl. Botschaft Jesus Christus ist,
dann geht es um den „ganzen Menschen", um die Offenheit Gott und dem
Mitmenschen gegenüber, um den personalen Glaubensvollzug. Dieser wird
dann richtig verstanden u. vermag sich
von einem „religiösen" Mißverständnis
zu befreien, wenn der Mensch im Mittelpunkt steht u. erfaßt, daß es im
Grunde immer um seine F. geht. Die
kirchliche Gesetzlichkeit, ein verschlossenes Denken u. Verhalten können den
Menschen von neuem versklaven, den
freien Zugang zu Gott versperren, Erlösung als etwas rein „Übernatürliches"
erscheinen lassen. Die Verkündigung
der christl. F. muß hier immer wieder
zum Gericht der religiösen Praxis wer-

den, ehe sie tatsächlich zur Geltung kommen u. wiederum Handlungsmotiv u. Prägekraft weltoffener, offensiver Christlichkeit werden kann. In der gegenwärtigen Erneuerungsbewegung der Kirche ist christl. F. am Werk. Wir stehen vor ähnlichen Aufgaben wie die Urkirche, so daß die Ratschläge u. Mahnungen des NT oft sehr unmittelbar anwendbar sind.

Frei-Sein von Sünde, Gesetz u. Tod bedeutet für den einzelnen, daß er nicht dauernd mit sich selbst von vorne anfangen muß. Der vom Herrn Gerufene findet sich immer schon im Bereich des Herrn u. seines Geistes vor. Es ist der Bereich der von Jesus her wirksamen Liebe, die darauf verzichtet, den anderen ändern zu wollen. Es ist der Bereich jener Liebe, die die alte Daseinsangst austreibt (1 Joh 4, 18). So ändert sich in vielen einzelnen „Befreiten" die Welt, bis sie schließlich für alle anders geworden ist. ↗Gewissensfreiheit, ↗Meinungsfreiheit.   hi/wi

Fremder (fremd). Wer nicht im Gottesbund lebt, ist für Israel ein F. Wie überall in den alten Völkern, empfindet man auch in Israel alles Fremde als andersartig, als feindlich. Der F. ist ↗Heide, das will sagen: er gehört nicht zum erwählten Volk. – Das AT unterscheidet einzelne Gruppen von F.en, den Sippen-, Volks- u. Landes-F.en. Der F., der sich zufällig im Land aufhält, ist rechtlos im Machtbereich eines fremden Gottes, auf die ↗Gastfreundschaft angewiesen. Der im Land ansässige F. kann in die Volksgemeinschaft aufgenommen werden, durch die ↗Beschneidung erlangt er volle Gliedschaft in der kultischen u. bürgerlichen Gemeinschaft. Die älteste Gesetzessammlung, das ↗Bundesbuch (Ex 22, 20 ff), verbietet, den F.en zu unterdrücken, das priesterliche Gesetz bezieht ihn in das Gebot der Nächstenliebe (↗Nächster) ein (Lv 19) u. gibt ihm Anteil an der Sabbatruhe. Bestimmte Gruppen waren für immer von der Aufnahme in das Volk ausgeschlossen (vgl. Dt 23, 4–9; 25, 17–19). – Israel selber war fremd u. heimatlos, als Gott es in der Wüste erwählte u. den ↗Bund mit ihm schloß, damit es allein u. ausschließlich ihm diene. Seit seiner Seßhaftwerdung lebt Israel unter Fremdvölkern.

Darum die Mahnung: Gleicht euch nicht den F.en an. Viele Gesetze u. ↗Weisungen des AT wahren die Eigenart Israels u. wehren fremde Einflüsse ab. Diese Tendenz kann in Krisenzeiten überspitzte Formen annehmen u. etwa zum Schweinefleischmartyrium führen (Makkabäerzeit). Gewiß, das Gesetz ist ein Zaun gegen das Fremde, doch nur die Treue zur eigenen Überlieferung u. zum eigenen Gott lassen das kleine Volk Israel in der Begegnung mit der Macht der Völker u. ihrer Kulturen überleben. Gleichwie das Volk Israel bestimmt ist, als Zeichen Gottes mitten unter den fremden Völkern zu leben, so leben die Christen als Fremdlinge u. Beisassen über die Welt verstreut (1 Petr 1, 1), denn ihr Bürgerrecht ist im Jerusalem in der Höhe (Gal 4, 26).   be

Fremdgötterverbot. Gegen die gelegentliche oder ständige Teilnahme an Kulten fremder ↗Götter (der kanaanäischen u. später der assyrisch-babylonischen) wandte sich außer der Gesetzgebung (z. B. Ex 20, 4) besonders die prophetische Kritik. Sie bezichtigte Israel der Untreue, ↗Unzucht u. des ↗Ehebruchs gegenüber ↗Jahwe (vgl. Hos 1–3; Ez 16, 23). Das Volk hat durch sein lasterhaftes Treiben den Ehebund mit Jahwe gebrochen. Jahwe ist Israels Gott, Israel ist Jahwes Volk. Die Götter der Völker werden polemisch verhöhnt (vgl. ↗Deuterojesaja, Gerichtsreden gegen die Götter; Js 41, 20; 43, 10 ff; 44, 9 ff).   mi

Fremdprophetie. Um das ↗Ev. als ↗Botschaft, Anspruch u. Verheißung zu verstehen, bringe ich mein Selbstverständnis mit (↗Verstehen). Dieses ist weitgehend auch das Selbstverständnis meiner Zeitgenossen. Insofern ich selbst als Kind meiner Zeit dem Ev. fremd bin, ist auch mein u. meiner Zeitgenossen Selbstverständnis diesem fremd. Da ich, wenn ich das Ev. verstehen will, in einen schöpferischen ↗Dialog mit seiner fixierten sprachlichen Form trete, vermögen mein Selbstverständnis u. meine Umwelt einen prophetischen Dienst für das Ev. selbst zu leisten. Dadurch wird das Ev. für eine bestimmte Lebenssituation aktualisiert, es wird für bestimmte Menschen konkret, es wird lebendig u. weitergeführt. F. ist nun jener prophetische Dienst am Evangelium, der geschieht, wenn es von Menschen verstanden, geglaubt u. in die Tat umgesetzt wird. F. wird aber auch laut von denen her, die sich nicht um das Ev. bemühen, die es gar nicht kennen. Das Selbstverständnis dieser Menschen ist eine ständige Herausforderung an die bibl. Botschaft. Wenn sich die Wahrheit des Ev. im Gespräch ereignet, dann gerade im Gespräch mit der F. der jeweiligen Zeit. Das menschliche Dasein in seiner ganzen Breite u. in allen seinen Möglichkeiten ist für das Ev. F., denn seit der ↗Menschwerdung Gottes geht es darum, diese Botschaft in alle Lebensbereiche zu übersetzen. Die Botschaft von Christus muß mit allen Möglichkeiten menschlicher Selbstverwirklichung konfrontiert u. ins Gespräch gebracht werden. Wo das Ev. zur ↗Praxis werden soll, muß es das schöpferische Gespräch mit der F. einer bestimmten Zeit u. bestimmter Menschen beginnen. Die Verkündigung des Apostels Paulus ist dafür ein richtungweisendes Beispiel; vor allem in seiner ↗Paraklese führt er ein intensives Gespräch mit der F. seiner Zeit. Er übersetzt die ↗Strukturen des ↗Christseins sehr konkret in das Leben seiner Zeit, u. zugleich nimmt er dieses als F. in sein Ev. herein. Wo das Ev. verstehbar verkündet wird, wird der Hörer zugleich als Fremdprophet in dieses eingeholt.   gr

Freude. Das AT hebt oft hervor, daß der Fromme seine F. in Gott findet (vgl. Ps 16, 11) um der Macht u. Herrlichkeit Gottes willen, die er zum Heil aller einsetzt (Ps 95–98). Auch die Güter der irdischen Schöpfung sind Gegenstand der F. (Dt 12, 7). Israels F. gründet in seiner ↗Auserwählung u. Führung durch Gott (z. B. Js 44, 23) u. dem Wissen um die Erfüllung der ↗Messiaserwartung (Js 9, 1–7 z. B.). Dabei gewinnt die religiöse F. Israels eine endzeitliche Note. Sie äußert sich im endzeitlichen Jubel (Dn 3, 52–90) u. findet ihren bildlichen Ausdruck im Freudenmahl aller Völker auf Zion (Js 25, 6). – Brausender Jubel u. hohe Festes-F. erfüllte die israelitischen ↗Feste, die oft auch mit Gelagen, Musik u. Tanz verbunden waren. Die F. hatte einen demonstrativen Charakter; es war die F. über Gottes Macht u. Hilfe, über seine Herrlichkeit u. seine Werke

(Ps 47, 2 z. B.). Israels F. sollte anders sein als die orgastische F. beim Kult der ↗Kanaaniter (Hos 9, 1 ff). Anlaß zur F. bestand bei jedem Fest Jahwes, sie hatte aber ihren besonderen Platz beim Opfermahl (Dt 12, 7), da dieses nicht nur Anlaß zur F., sondern auch symbolische Aneignung der Heilsgüter war. Die Feste erinnerten das Volk an den „Tag, den der Herr gemacht hat, auf daß es sich freue u. fröhlich sei" (Ps 118, 24).

In noch höherem Maße ist das NT von der F. bestimmt: F. ist mit der Person ↗Christi u. dem in ihm geschenkten ↗Heil verbunden. Die Botschaft von Jesus heißt ↗Evangelium (Mk 1, 1) u. Botschaft der F. (Lk 2, 10). F. ist mit der Geburt des Vorläufers verbunden (Lk 1, 14). Maria jubelt über das an ihr offenbar gewordene Heil (Lk 1, 47). Die Magier freuen sich, den Stern wiedergefunden zu haben (Mt 2, 10). Johannes der Täufer ist erfüllt von F., weil er Christus die ↗Braut zugeführt hat (Joh 3, 20). Jesus freut sich der Jünger willen, die die Auferstehung des Lazarus erfahren sollen (Joh 11, 15). Im Gleichnis vom verlorenen Schaf bekennt Jesus seine F. über den Sünder, der sich bekehrt (Lk 15, 5). Freuen sollen sich die, die um der Gerechtigkeit willen verfolgt werden, da ihr Lohn im Himmel groß ist (Mt 5, 12). Ihre Trauer wird sich einst in F. verwandeln (Joh 16, 20 ff).

F. wird zur gebotenen Verhaltensform der Jünger des Herrn. Sie sollen sich freuen, daß ihre ↗Namen im Himmel aufgezeichnet sind (Lk 10, 20). Wenn sie nach seinen Geboten leben, wird Jesu F. in ihnen sein, u. ihre F. wird vollkommen sein (Joh 15, 11). F. steht im Mittelpunkt der Gleichnisse Jesu. In ihnen wird oft das ↗Reich Gottes mit einem Gastmahl oder einer Hochzeitsfeier verglichen, die für den Orientalen ein Anlaß zur besonderer F. waren (vgl. Mt 9, 15). Die F., Jesus zu folgen u. das Himmelreich zu erlangen, gleicht der F. eines Menschen, der einen Schatz im Acker oder eine überaus kostbare Perle findet: Aus F. über seinen Fund gibt er froh alles hin, was er besitzt, um sie zu erwerben (Mt 13, 44 ff). – Jesus weckt in den Menschen die F. durch Krankenheilungen, Dämonenaustreibungen, Totenerweckungen u. Sündenvergebung.

Der Auferstandene ist eigentlicher Grund für die F. der Gemeinde. Schon die Frauen kehren voll Furcht u. F. vom leeren Grab zurück (Mt 28, 8), u. die Jünger freuen sich, den auferstandenen Herrn zu sehen (Joh 20, 20). Er gibt ihnen die verheißene F. (Joh 17, 13) in der Begegnung mit dem sakramentalen Christus beim ↗Brotbrechen (Apg 2, 46). Die Kirche ist vom freudigen Glauben an Christus erfüllt (z. B. 1 Petr 1, 8). F. im Herrn muß ein Grundzug ihres Wesens sein (Phil 4, 4; man kann den Phil als Brief der F. bezeichnen). Quelle der F. ist für Paulus der ↗Gehorsam der Gemeinde (Röm 16, 19) u. die Stärke ihres Glaubens (z. B. Kol 2, 5). Wie Christus ruft auch der Apostel zur F. auf (z. B. 2 Kor 13, 11). – Ein besonderer Zug des NT ist die F. der Jünger, ↗Leiden für Christus zu erdulden. Paulus hat F. am Leiden, weil er damit das Leiden Christi „ergänzt" (Kol 1, 24).

Das NT setzt die F. in besondere Beziehung zum Heiligen ↗Geist (Apg 13, 52; Röm 14, 17). F. ist Frucht des Heiligen Geistes u. wird nach der Liebe genannt (Gal 5, 22). Sie scheint dem ↗Glauben gleichgesetzt zu werden (Phil 1, 25), sie steht in enger Verbindung mit der ↗Hoffnung (Röm 12, 12) u. dem Frieden (Röm 14, 17). So ist die F. für den Christen in dieser Welt eine Frucht der Erlösung; sie ist mit Frieden u. ↗Freiheit ein wesentliches Element der Heilswirklichkeit. Sie gründet darin, daß der Mensch in der Gnade Christi aus der Verlorenheit an die Sünde u. den Tod errettet wurde. Die christl. Hoffnung richtet sich auf die vollkommene F. in der Ewigkeit (Apk 19, 7). br

Freund. Die Bibel reflektiert nicht über das Wesen der Freundschaft, sondern zeigt, wie sie gelebt wird. Jonatans Seele ist an Davids Seele gefesselt (1 u. 2 Sm), u. u gewinnt ihn lieb wie sich selbst; d. h., F.e erfassen einander in ihrer Wesensmitte (Sir 6, 14–17) u. bürgen dafür, daß es Tiefe, Zuverlässigkeit u. Ehrfurcht von Mensch zu Mensch gibt (Lk 11, 5–8). Man beschenkt den F., schützt sein Leben, teilt mit ihm das Brot u. in der Not den Schmerz. Ihm kann man alles anvertrauen. Anderseits ist man skeptisch. Selbst dem F. u. der Geliebten kann man nicht trauen (Spr

18, 24; Sir 37, 1–6; Mich 7, 5). Der Reiche hat viele F.e, vom Armen aber wenden sich alle ab (Spr 19, 4; Ps 88, 9). Das alles klingt mit, wenn vom Menschen als F. Gottes gesprochen wird.

Freundschaft ist eine Seite des Liebeswillens Gottes, den er vielfältig den Menschen kundtut als ↗Vater, ↗Hirt, ↗Bräutigam, im ↗Bund. Diese Bildwirklichkeiten betonen mehr das ungeschuldete Zuvorkommen der Liebe Gottes als die partnerschaftlich dialogische Seite u. sind vorherrschend in der Bibel. Die als Freundschaft bezeichnete bewußte u. freie Zuwendung in Vertrauen, Mündigkeit u. Treue ist in unserer Welt der Sünde u. Untreue getragen vom unbegreiflichen Geheimnis göttlicher Liebe, der ↗Barmherzigkeit (Jr 31, 3.20; Hos 11, 7–9). F. Gottes ist der, der (von Gott erkannt) ihn kennt (Jr 22, 16), von ihm her denkt u. mit ganzem Herzen Gott sucht (Dt 4, 29). Er ist der Vertraute, der sein ↗Herz dranwagt (Jr 30, 21) u. Gott liebt (1 Kor 8, 3). So ist ↗Abraham (Jak 2, 23; Gn 18, 17), der im konkreten Glauben sich auf Gott verläßt. So lebt Mose, der in Jahwes Dienst Verbrauchte, der mit ihm von Angesicht zu Angesicht vertraut redet (Ex 33, 11). F. Gottes ist der Weise (Weish 7, 27 f), der sein Leben u. die Welt auf Gott hin durchschaut (Jak 4, 4) u. von ihm her erkennt. Denn er lebt aus der in ihm wirkenden ↗Weisheit, die sich als Gottes Wirklichkeit in der Geschichte der Menschen kundtut (1 Kor 2, 10–16). F. Gottes ist der ↗Prophet, der erwählt u. überwältigt ist (Jr 20, 7) von seinem Auftrag, die Zeit zu durchschauen u. zu deuten als stets neues Drama von Liebe u. Untreue (Hos 2, 21 f). Er ist der F. des Bräutigams (Joh 3, 29) u. erfährt darin sein persönliches Schicksal. In Jesus wird offenbar, wie sehr Gott F. der Menschen ist (Tit 3, 4). Gottes Weisheit hat sich in der Erwählung der Armen (Lk 14, 12–14) bis zur Torheit des Kreuzes geoffenbart (1 Kor 1, 17–27). Jesus nennt die Zöllner u. Sünder, die zum Gastmahl Geladenen, den suchenden jungen Mann F.; vor allem aber seine Jünger (Joh 15, 12–15), alle also, die die Wirklichkeit Gottes u. des Heils in ihm spüren, sich auf ihn einlassen u. ihm nachfolgen. In deren

Wort, Hingabe u. Liebe ergeht die Heilsbotschaft an die Welt. Sie selbst aber werden zur vollen Einheit gelangen, wenn sie beim Herrn sind. ho

Friede. Der bibl. Gebrauch des Wortes F. geht weit über die heute üblichen Bedeutungsnuancen hinaus. Das hebr. Wort schalom bedeutet ursprünglich „heil, unversehrt, gesund, geordnet, glücklich sein" u. entstammt der Sehnsucht des gespaltenen Menschen nach neuer Ganzheit. Schalom meint die psycho-physische Harmonie des Menschen, sein Wohlbefinden. Dazu gehört u. a. der ruhige Besitz des Landes (Dt 12, 9–12). Höhepunkt ist die Tempelweihe (1 Kg 8, 56): nach der Zeit mühevoller Wüstenwanderung ist Israel zur Ruhe gekommen unter der Bedingung, daß es Jahwe in Treue „sucht". Im täglichen Gruß kann es heißen „Jahwe sei mit euch" oder „der Friede sei mit euch". Einem Menschen Frieden wünschen bedeutet, Frieden mit Gott haben, unter seiner Segenskraft stehen (vgl. Mt 10, 12–13). Jesus nimmt den jüd. Sprachgebrauch auf: Joh 20, 19. Die Welt wünscht sich Frieden, Christus gibt seinen Frieden als Tagesgruß. Von dieser religiösen Sicht des F. her wird es verständlich, daß ↗Krieg nicht unbedingt der Gegensatz zu F. sein muß, vielleicht sogar gerade um des F. willen geschehen muß. Der Sieg im Krieg wird sehr oft als Ausdruck des F. mit Gott verstanden (Ri 2, 11–22). Zur Zeit der Propheten weitete sich die F.s-Vorstellung aus: Wohl durch die jahrhundertelange Kriegs- u. Niederlagenerfahrung genügte es nicht mehr, sich trotz des Krieges mit Gott im F. zu wissen. Die Sehnsucht nach einem umfassenden, endgültigen F. wurde zu einem Grundfaktor ↗eschatologischer Existenz (Js 4, 2). Damals bedachte man auch die Ursache von Krieg u. F. u. sah sie in Unrecht bzw. Recht: „Das Werk der Gerechtigkeit wird F. sein" (Js 32, 17). F. ist hier Belohnung der Glaubenstreue (Js 26, 12), endzeitliche Gabe (Fruchtbarkeit, Tier-, Menschen- u. Völker-F.), die man für die Zukunft erwartet u. als Umwandlung der ↗Herzen (Ez 36, 24–38) begreift.

Im NT wirkt das bisherige Verständnis stark nach, wird aber noch durch die griech. Auffassung ergänzt. F. als „Segen der Polis" begriffen, läßt ebenfalls magische Wurzeln erkennen u. wird durch das In-Frage-Stellen in der alltäglichen Friedlosigkeit zur Sehnsucht u. zum Gegenstand einer religiösen Heilserwartung (Mysterienreligionen). Die ntl. Verkündigung hat mit dem Wort F. einen vorgeformten Begriff zur Verfügung, mit dem sie sehr leicht die Heilsbedeutung Jesu ↗Christi ausdrücken konnte. Am umfassendsten wird die Tat Christi als F.ns-Stiftung in Eph 2, 14–16 dargestellt. „Christus ist unser F., weil er diese Mauer der Weltmacht, das ↗Gesetz u. seine Feindschaft, zerbrochen hat. Er ist unser F., weil er in einem damit, daß er das Gesetz entmächtigte, die Menschheit, Juden u. Heiden, in sich zu einem neuen Menschen schuf u. alle in seinem Leib Gott versöhnte. Wo geschah das? Am ↗Kreuz u. in seinem Kreuzesleib" (H. Schlier). F. ist demnach Ausfluß des messianischen ↗Heils (Mk 5, 34), Kennzeichen der ↗Kirche Christi (Apg 9, 31), Wirkung des ↗Geistes (Röm 8, 6), wesentlicher Faktor der neuen Existenz im ↗Reich Gottes (Röm 14, 17), durch Christus vermittelt (Joh 6, 15), Zeichen der Vollendung (Joh 14, 27). Der christl. Friedensgruß ist Ausdruck dieser sicheren ↗Hoffnung, im Glauben an den Herrn, von Gott her, im umfassenden F. zu leben u. darin schon Anteil an der endzeitlichen Vollendung zu haben (1 Kor 1, 3).

F. wird heute zuallererst als zwischenmenschliche Haltung verstanden, die man anderen akzeptiert u. gelten läßt u. dasselbe von ihm erwartet. Dies gilt für den privaten Bereich ebenso wie für den öffentlichen, für die enge Nachbarschaft wie für den F. unter den Völkern. Die Basis des F. sieht man nicht mehr in seinem göttlichen Ursprung, sondern im guten Willen u. in der Initiative aller Beteiligten. So ist auch F. nicht etwas, dem man nachtrauert oder den man für die totale ↗Zukunft erwartet, sondern das Ergebnis einer Neuordnung (Koordinierung aller berechtigten Interessen). Wenn das NT Christus F.ns-Stifter nennt, so ist mit diesem Bildwort zunächst die Offenheit des Menschen für Gott gemeint. Wer sich von der Verfangenheit in sich selbst u. in eine „geschlossene" Weltsicht befreit hat u. das Fundament seiner Existenz nicht mehr in der Welt sieht, überwindet mit dem Egoismus eine der stärksten Wurzeln des Un-F. ↗Liebe als Vollzug der Erlösung wird dann gerade auch zum Garanten des F. Wenn F. sodann im NT eschatologisch gesehen wird, so bedeutet dies, daß die Möglichkeit zu seiner Verwirklichung gegeben ist, die zur ausdrücklichen Aufgabe u. Verantwortung des Menschen wird. Keineswegs meint das NT mit seinem F.ns-Verständnis, daß man nun keine eigenen Initiativen mehr ergreifen müßte. – Das gegenwärtige F.ns-Verständnis steht freilich in einer Gefahr, vor der schon das NT warnt: F. darf nicht als etwas Machbares verstanden werden, sondern muß in seiner Eigenart als „Umgreifendes" erst genommen werden. Dies bedeutet, daß der Mensch zwar die Voraussetzungen für echten F. schaffen kann, daß F. aber immer im voraus des Menschen, bibl. gesprochen „in Gott", wurzelt.   hi

Friedensfürst, bei Js der letzte, d. h. höchste der vier Titel des endzeitlichen Heilsbringers in den Friedensutopien Js 9, 1–7 u. 11, 1–10, die für ihre dichterische Kraft u. ihren Mut zur Hoffnung berühmt sind. Der F. wird den Krieg u. jede Rüstung abschaffen, Gerechtigkeit für alle u. paradiesischen ↗Frieden bringen sowie zur wahren Gotteserkenntnis führen, die sich im gerechten Leben aller auswirkt. Er trägt nicht den Titel Messias (König), weil dieses Heil allein von Gott erwartet wird. Bedroht von der Kriegführung der auch in der Alten Welt an Grausamkeit unübertroffenen Assyrer u. in den Wirren einer schrecklichen Zeit (Untergang des ↗Nordreiches 722), ist F. für den Propheten das Stichwort seiner höchsten, religiös begründeten Hoffnung.   schü

Friedfertigkeit. „Selig die Friedensstifter, denn sie werden Kinder Gottes heißen" (Mt 5, 9): ↗Frieden schaffen ist eine der vordringlichsten Aufgaben des Christen. Wo Friede gestiftet wird, ist das ↗Reich Gottes schon gegenwärtig, kann man darauf bauen, im Einklang mit Gott zu leben. Wessen Blick nicht mehr nur auf das Seine gerichtet ist, sondern auch den ↗Nächsten u. seine Vorstellungen u. Wünsche miteinbezieht,

der hat die Fesseln des Unfriedens gesprengt u. die Basis dauernder F. gelegt (Jak 3, 17); d. h., die Berücksichtigung aller in Frage stehenden Interessen schafft Frieden.   hi

Friedopfer ↗Dankopfer.

Fromm(e) bezeichnet im AT einen, der chesed (hebr. die aufgrund des Bundes geschuldete Zuneigung) übt. Die „Frommen Jahwes" sind also die, die den ↗Bund ihres Gottes von Herzen bejahen. Der Ausdruck (fast nur in den Psalmen: 50, 5; 149, 1; LXX übersetzt „heilig") scheint eine Selbstbezeichnung der Verehrer Jahwes im Kult zu sein. Später tritt das Moment der Gesetzeserfüllung in den Vordergrund (f. = gerecht), u. die 1 Makk 2, 42 genannte „Gemeinde der Chassidäer" (LXX: ↗Asidäer) gilt als Vorläufer der ↗Pharisäer. In scharfem Gegensatz zu deren veräußerlichter Frömmigkeit fordert Jesus wieder die Zuwendung des ↗Herzens zu Gott (Mk 7, 6), die sich dann im gesamten sittlichen Leben bewähren muß (vgl. Jak 1, 27). Das Wort „f." spielt im NT mit Ausnahme der Pastoralbriefe eine auffallend geringe Rolle. – Bibl. verstandene Frömmigkeit muß von der Bejahung der doppelten Beziehung des Bundes ausgehen: zum Gott des Bundes u. zur Gemeinschaft des ↗Volkes Gottes.   ur

Fronarbeit, vom Sklavendienst unterschiedene Arbeit im Dienst des Königs, zu der Kriegsgefangene (Js 31, 8), besiegte Völker (Dt 20, 11) u. auch die eigene Bevölkerung verpflichtet wurde. So müssen die Bewohner Kanaans Israel nach der Landnahme F. leisten (Jos 16, 10; Ri 1, 28). Mit der Einführung des Königtums durch Saul wurden auch Israeliten zur F. herangezogen (1 Sm 8, 16 f), besonders durch David u. Salomo (1 Kg 5, 27). – Wie Israels Aufenthalt in Ägypten (Ex 20, 2; Dt 5, 6) wurde auch das Exil als F. angesehen (Js 40, 2). Für die Behandlung der Sklaven soll Israel sich seiner F. in Ägypten erinnern (Dt 15, 15; 24, 18).   we

Führen, Führung. Der Mensch ist nach Auffassung der Bibel nicht fähig, den ↗Weg zu seinem Heil selbst zu finden u. allein zu gehen. Vielmehr muß Gott ihn führen zu einem Ziel, das der Mensch noch nicht kennt, auf einem

Weg, den er erst durch göttliche ↗ „Weisung" erfährt. Die ganze ↗ Heilsgeschichte ist daher ↗ Führungsgeschichte Gottes, oft ausgedrückt im Bild des ↗ Hirten mit seiner Herde. Bisweilen wird diese Führung Gottes in besonderer Weise einem ↗ Engel zugeschrieben oder auch der ewigen ↗ Weisheit (Weish 9, 17 ff), oder dem ↗ Geiste Gottes (Ps 143, 10). Im NT ist es ↗ Jesus ↗ Christus, der uns „in Wahrheit den Weg Gottes lehrt" (vgl. Mt 22, 16); die entsprechende Forderung an die Jünger heißt ↗ Nachfolge Christi. Als neuer „Beistand" ist uns der Heilige Geist gegeben, von dem sich die Kinder Gottes „treiben" lassen müssen (Röm 8, 14).   ur

Führungsgeschichte Gottes. Das ↗ Geschichtshandeln Gottes hat das Ziel, die Menschen zu ihrem Heil zu ↗ führen. In besonderer Weise aber gilt diese Führung dem auserwählten Volk (zuerst des Alten, dann des Neuen ↗ Bundes).
Die F. G. beginnt mit ↗ Abraham, den Gott aus Ur in Chaldäa bzw. – nach anderer Überlieferung – aus Haran herausführt in ein Land, das er ihm erst noch zeigen wird, um ihn zum ↗ Segen für alle Völker zu machen (Gn 12, 1–3). Die Patriarchenerzählungen berichten, wie Gott trotz vielfacher menschlicher Irrungen seine Auserwählten so führt, daß er schließlich zu einem starken Volk werden – allerdings in fremdem Land, in Ägypten. Der ↗ Auszug Israels aus Ägypten stellt dann das Beispiel seiner mächtigen Führung für alle Zukunft dar. Auf dem Zug durch die ↗ Wüste wird die Führung Jahwes besonders augenfällig: Er zieht in der Wolken- bzw. ↗ Feuersäule vor seinem Volke her u. gibt jeweils das Zeichen zum Aufbruch. Ebenso zieht die ↗ Bundeslade voraus beim Einzug in das ↗ Gelobte Land u. bei allen folgenden Feldzügen. Israel braucht keinen König, denn Jahwe selbst führt es an. – Mit dem Seßhaftwerden des Nomadenvolkes gerät diese Tatsache in Gefahr, vergessen zu werden (Dt 32, 1–44). Indem die Israeliten den Fruchtbarkeitsgöttern Kanaans „nachlaufen", sagen sie sich von der Führung Jahwes los, so daß er sie durch immer härtere Schicksalsschläge zur ↗ Umkehr rufen muß (Ri 2, 11 ff). Auch die Wahl eines irdischen Königs wird zunächst als Abfall vom alleinigen Führertum Jahwes gewertet (1 Sm 8, 7). Zwar erwählt Gott sich in ↗ David einen „Mann nach seinem Herzen", der Israel nach seinem Willen führt, doch das Königtum als Ganzes hat in dieser Aufgabe versagt u. das Volk nur noch tiefer in den ↗ Abfall geführt. Gott sendet darum die ↗ Propheten, die immer dringender zur Umkehr rufen. Doch da Israel nicht hören will, muß Gott es ins ↗ Exil führen, gleichsam zurück nach Ägypten (Hos 11) u. in die Wüste, um ihm wieder zu Herzen zu reden (Hos 2, 16) u. es von neuem herauszuführen aus allen Ländern, wohin es zerstreut war. In der Rückkehr aus dem Exil ist diese Sammlung nur unvollkommen verwirklicht. Inzwischen hat sich der Blick immer mehr geweitet auf die universale Geschichte: Alle Menschen u. Völker sollen mit Israel hinziehen zum Berge des Herrn, um seine Wege zu lernen (Js 2, 3). – In Jesus Christus hat Gott den wahren u. bleibenden ↗ Hirten gesandt, der nicht nur die verlorenen Schafe des Hauses Israel wahrhaft „herausführt" aus Sünde u. Todverfallenheit, sondern auch jene sammelt, die „nicht aus dieser Hürde sind" (Joh 10; 11, 52). Bis in die Ewigkeit werden sie dem Lamme folgen (Apk 14, 4).   ur

Fülle (griech. pleroma). Das AT beschreibt vereinzelt die Allgegenwart Gottes mit dem Wort F. (vgl. Jr 23, 24; Weish 1, 7). Im NT meint F., von Gott ausgesagt, Allmacht, Reichtum an ↗ Herrlichkeit, Überfluß des Lebens, d. h. all die Eigenschaften, die Gott in Überfülle innewohnen. Nach Gottes Wohlgefallen wohnt diese F. in Christus, der sich ihrer bei der Menschwerdung entäußerte. Paulus gebraucht in einigen Briefen F. in verschiedenem Sinn, im Eph u. Kol wird der Begriff als t. t. vorausgesetzt. Er spricht von der F. Gottes (Eph 3, 19) oder der Gottheit (Kol 2, 9) oder F. schlechthin, die in Christus ist (Kol 1, 9; Eph 4, 13). Gottes F. hat in Christus leibhaftig Wohnung genommen u. ist in der ↗ Kirche, dem ↗ Leib Christi, gegenwärtig (Eph 1, 23); durch die Kirche nimmt Christus das ↗ All u. den Kosmos in seine F. hinein. Der Gläubige dringt ein, wird einbezogen in das Pleroma durch die Taufe

(Kol 2, 10) u. durch die Gnosis (Eph 3, 19), wobei unter Gnosis das sich in Glaube u. Liebe eröffnende ↗Erkennen der unbegreiflichen Liebe Christi verstanden wird. Im Innewerden der Liebe, die bis zur Selbsthingabe ging, erschließt sich die F. Gottes.   br

Fülle der Zeit, gehört als Vorstellung in die ↗Eschatologie des apokalyptischen Judentums (↗Apokalyptik). Sie besagt, daß Gott Herr über die Zeit ist u. ihr wie allem in der Welt ein bestimmtes Maß gesetzt hat. Im NT bedeutet „die Zeit ist erfüllt" (Mk 1, 15): sie hat ihr Vollmaß erreicht, kommt zum Abschluß in Jesu Ankunft; die von Gott bestimmte u. den Propheten bezeugte ↗Heilszeit hat sich für die Menschen ereignet. Die Zeit der Vorbereitung u. Erwartung, die Zeit des Alten ↗Bundes, ist mit Jesu Kommen erfüllt (↗Neuer Bund): das ↗Reich Gottes ist da. Auch für Paulus hat die Sendung Jesu die F. d. Z. gebracht. In der ↗Menschwerdung des Sohnes Gottes wird die Zeit voll, kommt sie zu ihrem Ende (Gal 4, 4). Mit Jesu Sendung in der F. d. Z. bietet Gott den Menschen die letzte Heilsmöglichkeit an u. ruft sie in die Entscheidung für oder gegen die ↗Nachfolge Christi, vor die alle Hörer des Ev. durch die apostolische Predigt gestellt werden. ↗Endzeit, ↗Eschatologie, ↗Heilsgeschichte.   br

Für andere. Das christl. Grundbekenntnis über Jesus ist, daß er f. a. da war, daß er für ↗alle Menschen in den freiwilligen Tod ging, daß er ↗für uns u. uns voraus zu einem neuen ↗Leben gekommen ist. Er vertritt die Stelle Gottes bei den Menschen, u. er vertritt die Menschen bei Gott. Jesu Dasein für uns ermöglicht u. fordert unser Dasein f. a. Wer sich auf ihn einläßt, übernimmt seine Daseinsweise als ständigen Auftrag für sein eigenes Leben. Christus für uns heißt Dasein f. a.

Alle atl. Bundessatzungen u. alle nur möglichen Forderungen an den Menschen sind in diesem einen Wort zusammengefaßt u. zugleich überhöht: „Deinen Mitmenschen sollst du lieben wie dich selbst!" Denn in der Liebe ist der Mensch zu sich selbst gekommen, sein Menschsein ist in seinen Möglichkeiten gesammelt. Wo einer liebt, ant-

wortet er seinem Schöpfer u. führt das seinsmäßige Gespräch mit seinem Bruder. „Traget einander die Lasten, denn so erfüllt ihr Christi Gesetz!" (Gal 6, 2.) Das ist das Gesetz Christi, dem andern die Last seines Daseins zu erleichtern u. mitzutragen. Denn Christus hat die Last unseres Daseins getragen, er hat die erdrückende Last unseres sinnlosen Seins in der Sünde ans ↗Kreuz getragen, ad absurdum geführt u. für den beseitigt, der sich auf ihn u. den Bruder einläßt. Weil Christus an unserer Stelle die Schwere menschlichen Daseins angenommen hat, ist es an uns, die Last des Bruders zu übernehmen; d. h. diesen als Last anzunehmen, weil ihn Gott angenommen hat. So wird die Last des ↗Bruders zum erlösenden Kreuz für den, der sie trägt. Von daher kann Paulus folgern, daß für Christen gilt, den anderen grundsätzlich höher einzuschätzen als sich selbst (Phil 2, 3). Er weiß, daß dort, wo die Liebe wächst, Christus im Kommen ist; wo Menschen f. a. da sind, dort gehen sie auf den Tag Christi zu, dort ist dieser Tag mit seiner Helle bereits im Anbruch (Phil 1, 9–11). Das Wachsen der Liebe ist der einzige Maßstab für Tun u. ↗Engagement des Christen. Vor allem kann einer dann selbständig u. frei entscheiden (↗Meinungsfreiheit), worauf es in seinem Leben ankommt u. was für ihn konkret der Wille Gottes ist. Ähnlich sagt es auch Jesus in seiner Verkündigung: wenn er als Richter wiederkommen wird, dann wird er jeden einzelnen danach richten (Mt 25, 35 f.). Nun ist Jesus als der Richter aber jeden Augenblick menschlichen Lebens u. menschlicher Entscheidung im Kommen; ↗jetzt geschieht das ↗Gericht; jetzt entscheidet sich, ob einer im Bruder Gott begegnet u. an ihm vorübergeht. Jeder Augenblick birgt in sich die Möglichkeit, für den andern dazusein u. dem Schöpfer zu begegnen. Wer ist mein ↗Nächster, dem meine Verantwortung gilt? Immer der, dem konkret meine Hilfe braucht (vgl. Lk 10, 25–37).

Wie aber kann Dasein f. a. konkret aussehen? Welches sind die Chancen, Forderungen u. Aufgaben für den, der sich auf Christi Dasein für uns einläßt? Einmal, die Freiheit u. das Menschsein des anderen zu ermöglichen. Das könnte die ↗Revolution der Liebe sein: sie muß sich verwirklichen als die unbedingte Entschlossenheit zu ↗Gerechtigkeit, Freiheit u. Frieden für den anderen. Doch das fordert den vollen Einsatz des Christen, auch das ↗Experiment; er muß bereit sein, dafür sich selbst u. sein Leben ins Spiel zu bringen. Dasein f. a. muß in der ↗Öffentlichkeit Gestalt gewinnen. Es kann darin bestehen, Tabus u. Mythen abzubauen, die menschliches Dasein knechten, Traditionen u. Lebensgewohnheiten zu durchbrechen, die der Entfaltung des Menschseins hinderlich sind, Ideologien zu entlarven, die die ↗Geschichte des Menschen bedrohen. Dasein f. a. heißt dort an vorderster Front stehen, wo Menschen um ihr Leben gebracht werden; positiv heißt es, den Heimatlosen Geborgenheit u. Heimat zu ermöglichen oder den Millionen Hungernden das Brot zu beschaffen. Dafür muß Dasein f. a. entprivatisiert (↗Entprivatisierung) werden – sosehr es dabei stets um den einzelnen geht; christl. Liebe muß sich gesellschaftlich mobilisieren für eine „Strategie" gegen den Krieg, für Heimat, Brot, Freiheit u. Menschsein. Wenn es den Christen nicht gelingt, den hungernden Völkern statt Bomben Brot zu beschaffen, dann haben sie Jesu Dasein für uns verleugnet. Ebenso konkret spielt sich Dasein f. a. im engen zwischenmenschlichen Bereich ab, am deutlichsten in der Lebensgemeinschaft zwischen Mann u. Frau. Hier geht es ständig darum, den andern als erlösendes Kreuz u. als Ermöglichung neuen Lebens anzunehmen. Dasein für den andern kann sich nur in der vollen Ausgesetztheit u. Gefährdetheit menschlichen Lebens ereignen, nicht aber dort, wo einer der Begegnung u. dem Konflikt mit dem Mitmenschen aus dem Weg geht. Wer sich nicht vorwagt in alle Möglichkeiten u. Gefährdungen des Menschseins, kann nicht wirklich von Liebe im Sinne Jesu sprechen. Denn Jesus lebte u. starb dort, wo der Mensch am gefährdetsten ist, u. ermöglichte so neues Leben. Wo einer in Jesu ↗Nachfolge für den andern da ist, kommt die Zeit des Menschen zu Ende, beginnen Bleibendes u. „Ewiges", das „Reich Gottes". Nur das sind wir

bleibend u. gültig, was wir f. a. sind. ↗Mitmensch.   gr

Fürbitte, ist ein Ringen des Beters mit Gott um das Volk u. den Mitmenschen, wenn die Israeliten, besonders die Propheten, immer wieder für jemanden zu Jahwe „schreien". Den Propheten, die vermittelnd zwischen Gott u. seinem Bundesvolk Israel auftreten, wird die F. zur wichtigen Aufgabe. König u. Volk wenden sich an sie, damit sie F. bei Gott einlegen (z. B. Jr 42, 1 ff). Im Verlauf der atl. ↗Heilsgeschichte entwickelt sich aus der F. um Abwendung bevorstehender Not die F. um Rettung u. Vorbereitung ↗Israels auf die ↗Heilszeit. – Das NT nennt Christus im Endgericht als den Fürsprecher (↗Paraklet) der Menschen, die sich auf Erden zu ihm bekannten (z. B. Mt 10, 32 f). Im ↗hohepriesterlichen Gebet Joh 17 bittet Jesus den Vater für die Seinen. Er verheißt ihnen den Heiligen ↗Geist (Beistand) als Fürsprecher, der bei ihnen bleiben u. sie leiten wird (Joh 14, 17.26). Wie Jesus am Kreuz noch für seine Feinde bittet, so sollen auch die Christen für alle Menschen, selbst ihre Verfolger, F. einlegen. Aufgrund der Verbundenheit mit Christus im Heiligen Geist kann aus der F. Hilfe für den Glauben, Hilfe für den leidenden u. sündigen Mitmenschen, ein Erstarken der Hoffnung, Liebe u. Einheit der Kirche erwachsen. So bittet Paulus in seinen Briefen Gott für die Gemeinden.   br

Furcht Gottes. Wenn Gott sich zeigt, ruft sein Erscheinen Furcht u. Schrekken hervor, weil der Glaube herrscht, der Mensch müsse vor dem Anblick Gottes vergehen (Js 6, 5). ↗Jahwe hat in der Geschichte furchterregende Taten vollbracht (Ex 34, 10), z. B. die Ägypter vernichtet (Ex 14, 31). Er ist deshalb selbst furchtbar (Jr 20, 11). Im Grunde ist die Furcht das Zeichen der Zerrüttung des Verhältnisses zwischen Gott u. Mensch. So folgt der ↗Theophanie die Ermahnung zur Furchtlosigkeit (Gn 15, 1). Wem Gott die Zusage des Ich-bin-mit-dir (vgl. Ri 6, 12; Jr 1, 8) gibt, gegen den vermag niemand mehr etwas auszurichten (Nm 14, 9; Dt 1, 29). Immer wieder wird „Gott fürchten" als ein Motiv zum sittlichen Handeln angesehen. Von da aus ist es nur ein kleiner Schritt, um ein solches Handeln als „fromm" zu bezeichnen u. einen solchen Menschen als „Gottesfürchtigen" oder als ↗ „Frommen" hinzustellen. „Gott fürchten" kann synonym für den ↗Gerechten stehen (vgl. Ps 1), dessen Lebensweg von Jahwes Rat (Ps 25, 12.14) begleitet ist. Der Gottesfürchtige ist geborgen im Schutze Gottes, der sich als der Gegenwärtige zeigt. Derjenige, der Gott fürchtet u. im ↗Gehorsam den ihm gewiesenen Weg geht, wird ↗Glück u. ↗Segen erben (Ps 1, 3).

Die Mahnungen der Pss nimmt vor allem die Weisheitsliteratur (Spr u. Sir) auf (vgl. Sir 2, 7–11.15.16). Die Gottesfürchtigen folgen gehorsam dem ↗Worte Gottes; sie lieben ihn u. bleiben auf seinen Wegen. Die Furcht des Herrn, der Gehorsam seinem Willen gegenüber, ist der Anfang der ↗Weisheit (Spr 1, 7; 9, 10; Ps 111, 10). Im Gedicht vom „fünffachen Segen der Weisheit" (Spr 2, 5–8) wird als erster Segen die Gottesfurcht aufgezählt, die den Frommen befähigt, seinen Lebensweg in der rechten Weise zu gehen.

Die Pss wie die Weisheitsliteratur wollen zur lebendigen Begegnung mit Gott aufrufen. Gerade in der „Furcht Jahwes" steht der Mensch in der rechten Haltung vor der Wirklichkeit Gottes. Sich vor Gott beugen heißt Jahwe fürchten. Sich klein machen, dazu ist der Mensch geschaffen, u. die sich daran halten, wissen um Gottes Dasein.   go

Furcht u. Zittern ↗Zittern u. Zagen.

Für mich, eine Formel der ↗existenzialen Interpretation. Wenn ich nach der Botschaft Jesu frage, dann frage ich nicht danach, was diese Botschaft an sich heißt, sondern danach, was sie konkret f. m. heißt. Denn wenn ich einen Menschen oder sein ↗Wort verstehen will, muß ich mich auf den ↗Dialog mit ihm einlassen. Dann frage ich nicht nach dem Gesprächspartner an sich – den gibt es im Augenblick des Gespräches nicht mehr –, sondern nach dem Gesprächspartner f. m. Ich verstehe mich auf ihn hin u. von ihm her. Ich lasse mich durch ihn in Frage stellen. Um dieses Gespräch geht es bei der existenzialen Interpretation des ↗Evangeliums. Jede seiner Aussagen hat eine radikal personal-existenziale Struktur. Grundsätzlich eignen dem

Ev. als ganzem, wie auch jeder seiner einzelnen Glaubensaussagen, drei Strukturen: es ist immer zugleich ↗Botschaft, ↗Anspruch u. ↗Verheißung. Als Botschaft sagt es mir etwas Neues u. Niedagewesenes, etwas, das ich von mir oder sonstwoher nicht hätte wissen können. Als Anspruch geht es mich an u. ist es meine eigenste Sache; es will etwas von mir, ich muß etwas tun, ich bin herausgefordert u. angefordert; ich muß vielleicht mein Leben ändern. Als Verheißung weist es meinem Leben eine feste Richtung, es eröffnet mir mögliche Zukunft, neue u. endgültige Möglichkeiten; es schickt mich auf den Weg u. setzt mich in Bewegung. Ein Beispiel, um das zu verdeutlichen: Jesu zentrale ↗Verkündigung ist das ↗Reich Gottes. Es beginnt unter den Menschen, die Frieden stiften, die hungern u. dürsten nach Gerechtigkeit, die barmherzig sind u. mit leeren Händen vor Gott dastehen (vgl. Mt 5, 3–10) (↗Botschaft). Das heißt f. m.: *ich* soll einer sein, der liebt, dem es um den Frieden geht, der für Gerechtigkeit sein Leben aufs Spiel setzt, der verzeihen kann u. vor Gott nichts zu fordern hat (↗Anspruch). Wenn ich mich diesem Anspruch stelle, dann bekommt mein Leben eine Richtung, vielleicht ein neues Ziel; dieses Ziel könnte sein, daß weltweit Friede u. Gerechtigkeit ermöglicht werden, daß der Mensch Mensch wird dadurch, daß er liebt (Verheißung). Doch damit habe ich die Botschaft Jesu vom Reich Gottes noch nicht verstanden. Darum weitere Frage: Was bedeuten Friede, Gerechtigkeit u. Liebe f. m. heute, für die Gesellschaft, in der ich zu leben habe, überhaupt für die Menschheit, deren Zeitgenosse ich bin? Was kann u. was muß ich konkret an dem Ort, wo ich lebe, tun (↗Praxis), um sie zu ermöglichen? Was kann u. was muß ich für meine Zeit erhoffen? Auch wenn ich mir diese Fragen gestellt habe, habe ich Jesu Botschaft erst zum Teil verstanden. Obwohl sie mich als einzelnen in die ↗Entscheidung fordert, so trifft sie mich doch nie nur als einzelnen. Denn ich verstehe mich selbst nie isoliert vom andern, sondern erst in meiner mitmenschlichen Relation. Ich erfahre u. erlebe mich als gesellschaftliches Dasein, vom ↗Mitmenschen her

u. auf ihn hin, u. als solcher verstehe ich mich möglicherweise neu in der Botschaft Jesu. Wenn ich also nach dem Ev. frage, dann tue ich es im Gespräch mit den anderen, die auch danach fragen; eigentlich tue ich es auch im seinsmäßigen Gespräch mit denen, die nicht mehr oder nicht danach fragen. Wenn ich wissen will, was das Ev. f. m. heute heißt, dann muß ich zugleich erfragen, was es für uns u. für die andern heute bedeutet. Das Gespräch ist also ein zweifaches: einerseits wird es mit dem Text des Ev. geführt, anderseits aber mit den Zeitgenossen. Die Frage nach dem F.-M. ist immer zugleich die Frage nach dem Für-uns-Heute. Gerade wenn nach den wesentlichen u. zentralen Aussagen des Ev. gefragt wird, müssen beide Fragen gestellt werden. Die Frage: wer ist Christus f. m. heute? heißt also: wer ist Christus für uns heute, für meine gläubigen u. ungläubigen Zeitgenossen? Erst im seinsmäßigen Dialog mit den andern, in dem ich mich als Glaubender stets radikal in Frage stellen lasse, erfahre ich tatsächlich, wer Christus ist, was sein Anspruch an uns heute ist u. welche unsere neuen Möglichkeiten auf ihn hin sind. Aus der ↗Fremdprophetie meiner Zeit heraus kann ich vor allem erfahren, was christl. Praxis heute sein muß, was Christsein als Dasein ↗für andere in meiner Weltsituation konkret bedeutet.   gr

Fürsprecher ↗Paraklet.

Für uns. Das Dasein Jesu war f. u. Er ist f. u. gestorben u. auferstanden. Das ist die Grundaussage der ntl. Christologie. Die Formeln „für euch", „für die Vielen", „für unsere Sünden", „für uns" sind, soweit historisch feststellbar, die ältesten christologischen ↗Formeln. Mit der Formel f. u. sollen hier alle diese Aussagen zusammengefaßt werden.
Jesu Tod wurde also von Anfang an als Sterben für die Menschen aufgefaßt. Alles, was Jesus ist, das ist er für andere. Hinter der Formel f. u. steht der atl. *Sühnopfergedanke*. Wie das kultische ↗Opfer Gott versöhnen sollte, wie das Opfertier das Volk von den Sünden reinigen sollte, so hat ↗Christus durch sein freiwilliges Sterben (↗Kreuz) Gott endgültig versöhnt. Er hat die Menschen von ↗Schuld befreit. So lautet eine der

ältesten christologischen Formeln im NT, 1 Kor 15, 3: „Christus ist gestorben für unsere Sünden." In der ↗Sünde ist der Mensch sich selbst fremd, u. in dieser ↗Selbstentfremdung geht er auf seinen endgültigen Tod zu. Nun ist aber Jesus an Stelle der Sünder u. für die Sünden der Menschen in den Tod gegangen. Sein Sterben war so, daß er der Macht der Sünde „entstarb" (Röm 6, 10); ↗ein für allemal hat er mit seinem Tod die Macht der Sünde durchbrochen, hat er den Menschen aus seiner Selbstverschlossenheit herausgeholt u. auf Gott hin geöffnet. Jesus hat ein für allemal ↗Sühne geleistet, in ↗Stellvertretung u. im voraus für alle Menschen. Er ist das endgültige Sühnopfer.
Eine ähnliche christologische Formel im Briefeingang des Galaterbriefes (1, 4): „Jesus hat sich selbst hingegeben für unsere Sünden, u. er hat uns damit aus dem gegenwärtig bedrohlichen ↗Äon herausgerissen." Jesus ist frei in den Tod gegangen, um alle Menschen in gleicher Weise frei zu machen. Er hat mit seinem Tod alle losgekauft von der bedrohlichen Weltzeit, die auf die Menschen einen Anspruch erhebt. Die Macht des Bösen beherrscht den Menschen, sie bestimmt sein Dasein. Christus hat mit seinem Sterben den Kreis durchbrochen, er hat den Äon menschlicher Selbstverschlossenheit aufgerissen. Er hat alle in gleicher Weise losgekauft vom Anspruch, den der „böse Äon" an alle Menschen erhob. Der Gedanke des Loskaufes wird in der ntl. Christologie noch verdeutlicht: „Jesus Christus gab sich selbst als Lösepreis für alle" (1 Tim 2, 6). Er ist also selbst der Kaufpreis für diesen Loskauf. Hier wird in der Terminologie des antiken Sklavenrechtes gesprochen: Beim Sklavenverkauf wurde ein Kaufvertrag geschlossen u. ein Kaufpreis festgelegt. Damit ging ein Sklave aus dem Besitz eines Herrn in den des anderen über. Christus ist der Kaufpreis, aber zugleich der Käufer; denn er hat alle Menschen von der Macht der Sünde losgekauft. Er ist der neue ↗Herr, er bestimmt nun ihr Leben. Das Christusgeschehen war dieser einmalige u. letztgültige Freikauf. Dieser Freikauf ist nun in jedem einzelnen Menschenleben im Gange (1 Kor 1, 30).

Alle leben auf den Tag des vollendeten Freikaufes hin; die Getauften sind bereits auf diesen Tag hin „besiegelt" (Eph 4, 30). Hier wird deutlich, daß das Christusgeschehen nicht abgeschlossen oder vergangen ist. Christus geschieht jetzt in einem Menschen, wo einer in seinem Bereich lebt. Dieses Geschehen geht auf ↗Vollendung zu. Vollendung aber bedeutet volles Freisein des ganzen Menschen, seiner leiblichen, weltlichen u. mitmenschlichen Existenz (Röm 8, 23). Wo dieses Freiwerden geschieht, dort geschieht Christus. Jesu Dasein-für-die-Andern sprechen vor allem die eucharistischen Formeln im NT aus: „Das ist mein Leib für euch" (1 Kor 11, 24); „das ist mein Leib, der für euch hingegeben wird" (Lk 22, 20). ↗Leib meint das ganze Dasein Jesu, sein Leben, Sterben u. Auferstehen, er meint sein mitmenschliches u. weltliches Dasein. Er eröffnet Dasein-für-die-Anderen als Möglichkeit u. Aufgabe für alle. Wo Menschen zusammenkommen, um im Zeichen des Mahles das ↗Gedächtnis Jesu zu feiern, dort übernehmen sie dessen Leben als ihren Auftrag. Jesus teilt sich auf diese Weise weiterhin den Menschen mit.

Die andere Formel bekennt: „Das ist mein Bundesblut, das für die Vielen ausgegossen ist" (Mk 14, 24); „dieser Trank ist das neue Bündnis in meinem ↗Blut" (1 Kor 11, 25). Wie das Blut des Bundestieres ausgeschüttet wurde, so ist Jesu Blut für alle ausgegossen. In diesem Blutvergießen wurde der neue u. endgültige ↗Bund zwischen Gott u. den Menschen geschlossen. Dieses Bündnis steht nun jedem in gleicher Weise offen; jeder hat die ↗Chance, zu Gott zu kommen u. bei seinem Schöpfer Annahme u. Heimat zu finden. Eine weitere christologische Formel bekennt: „den, der selbst die Sünde nicht kannte, machte Gott zur Sünde für uns u. an Stelle für uns" (2 Kor 5, 21). Jesus lebte nicht unter der Macht der Sünde; vielmehr war er ganz bei sich selbst u. bei dem, der ihn gesandt hat. Gott aber gab ihn der Verdinglichung u. der Entmenschlichung preis, er gab ihn in die völlige Fremde u. Verlassenheit; durch seinen Verbrechertod wurde Jesus zu einer Sache, ein toter Körper, ein Ding.

Jesus ging dem Menschen in seine Selbstentfremdung nach, er nahm diese auf sich u. durchbrach sie zugleich. Dies geschah einzig für uns u. an Stelle von uns. Jesus ging den Weg zu Ende, der der unsrige gewesen wäre; er brachte diesen Weg zu Ende, der für uns ohne Ausweg verlaufen wäre; er eröffnete uns einen neuen u. bleibenden Weg. Genau dasselbe bekennt das Christuslied im Philipperbrief (2, 5–11) mit anderer Terminologie. Weil Jesus vor Gott unsere Stelle vertrat, weil er f. u. da war u. da ist, ist Gott selbst f. u. da (Röm 8, 31). Sein Dasein f. u. ist zugleich ein Dasein uns voraus. Es holt uns in eine neue ↗Möglichkeit zu leben; es eröffnet unserem Leben eine neue Dimension: Dauer, Gültigkeit, Bleibe. Jesu ↗Liebe hat unsere Liebe ermöglicht u. hält sie uns als Chance weiterhin offen. Alles, was Jesus ist, das ist er ↗für andere, f. u. Alles, was wir gültig sind, das sind wir für die andern.   gr

Fuß, Symbol u. Träger von Macht. Daher bedeutet „unter die F.e legen, fallen oder treten (von Mensch, Ort u. Ding)" soviel wie „unterwerfen" oder „in Verfügung geben" (Ps 8, 7; 1 Kor 15, 27). So setzt der Sieger dem Unterlegenen den F. auf den Nacken (Dt 11, 24; Ps 110, 1; Röm 16, 20). Zum Zeichen von Ergebung (Js 49, 23; 60, 14), von Verehrung (Apk 19, 10), oder um eine Bitte vorzutragen (Mk 5, 22; Mt 18, 29; Joh 11, 32), wirft man sich einem Mächtigeren zu Füßen u. umfaßt (2 Kg 4, 27) oder küßt (Ps 2, 11) sie. Mit Füßen treten kann auch Verachtung besagen (Joh 13, 18; Hebr 10, 29). Mit den Füßen scharren ist Ausdruck hämischer Schadenfreude (Ez 6, 11; 25, 6). Barfuß geht man in Zeiten der Buße (Js 20, 2–4) u. Trauer (2 Sm 15, 30; Ez 24, 17.23) u. immer an heiligem Ort (Ex 3, 5). Der von Gottes Füßen berührte Ort ist heilig (Js 60, 13). – Verschiedentlich bezeichnet „die Füße" auch die Geschlechtsorgane (Js 6, 7), u. bedeutet „die F.e bedecken" (Ri 3, 24; 1 Sm 24, 4) soviel wie „seine Notdurft verrichten". ↗Fußabschütteln.   he

Fußabschütteln. Beim F. (Mk 6, 11; Lk 9, 5; Apg 13, 51) handelt es sich um ein Zeichen radikaler Aufhebung jeglicher ↗Gemeinschaft mit dem Ort u. seinen Bewohnern. Die Verkünder des Ev. dürfen sich nicht aufhalten lassen, sie müssen dieses rasch weiterverbreiten. Für diejenigen, welche die Heilsbotschaft ablehnen, wird sie zum Unheil.   sc

Fußwaschung, gilt als Elementarpflicht der ↗Gastfreundschaft in einem Lande, wo die Wege staubig sind u. die Reisenden barfuß oder in Sandalen gehen. Die F. zu vollziehen ist Sache der Sklaven. – Auf diesem Hintergrund ist der Einspruch des Petrus bei der von Jesus durchgeführten F. (Joh 13, 1–16) verständlich. Muß doch dieses Handeln Jesu als unerhört empfunden werden. Aber gerade darin zeigt sich das „Neue" der Botschaft Jesu: Der menschgewordene Gottessohn offenbart sich nicht in Hoheit u. Macht, sondern in der Niedrigkeit eines Sklaven (13, 1–11). Er faßt sein Kommen als Dienst auf. Dieses Dasein Jesu für die Vielen ist Zeichen zur Verwirklichung im Kreis der Jünger (13, 12–16). Die Gemeinschaft der Jünger mit Jesus ist zugleich eine Gemeinschaft der Jünger untereinander, die sich im Dasein ↗ für andere, in der Tat der dienenden Nächstenliebe immer wieder neu ereignen muß.   sc

G

Gabbata (im Aram. wohl Anhöhe), ein im Zusammenhang mit der Gerichtsverhandlung über Jesus erwähnter Platz, auch Lithostrotos (griech. Steinpflaster) genannt (Joh 19, 13). Gemeint ist wohl der gepflasterte Hof der Burg ↗ Antonia, die wahrscheinlich für die Zeit des ↗ Pascha-Festes Amtssitz des ↗ Pilatus war. he

Gaben ↗ Geistesgaben.

Gabriel (hebr. Mann Gottes), ein ↗ Engel, der nach jüd. Vorstellung wie ↗ Michael zu den vier bzw. sieben Erzengeln gehört u. verschiedene Funktionen ausübt. Er deutet Daniel die Gesichte u. die Schrift (Dn 8, 16; 9, 21; vgl. 10, 4 bis 12, 13). Er kündigt die Geburt Johannes' des Täufers u. Jesu an (Lk 1, 19.26). he

Gad, einer der zwölf Stämme ↗ Israels (Ez 48, 27; Apk 7, 5), der sich von G., dem Sohn Jakobs von der Magd Zilpa, herleitet. Der Stamm G. siedelte im Ostjordanland zwischen ↗ Jabbok u. Arnon. Wiederholt mußte er sich gegen seine südlichen u. östlichen Nachbarn zur Wehr setzen. Auf der ↗ Mescha-Stele ist vermerkt, daß „die Leute von Gad" vernichtet wurden. Später haben die ↗ Ammoniter sein Land in Besitz genommen. ba

Galaterbrief. Der G. ist an die Christengemeinden Galatiens im Innern Kleinasiens gerichtet. Auf seiner zweiten Missionsreise war ↗ Paulus zum erstenmal in jene Gegend gekommen. Wohl durch eine Krankheit wurde er dann bei den Galatern festgehalten (vgl. Gal 4, 13; Apg 16, 6). In dieser Zeit verkündete er ihnen das Ev. von Jesus, dem Christus. Zu Beginn seiner dritten Missionsreise besuchte Paulus die Galater abermals. Dann zog er nach ↗ Ephesus u. blieb mehr als zwei Jahre in jener Stadt. Von hier aus schrieb er den Brief an die Galater (wohl um das Jahr 56 n.C.). Daß Paulus die galatischen Gemeinden, deren Namen wir nicht kennen, zweimal besucht hat, geht auch aus dem Brief hervor. Bei seinem zweiten Aufenthalt fand er dort einen ungebrochenen Glauben an die Frohe Botschaft, die er verkündet hatte. Doch nun in Ephesus erreichten ihn alarmierende Nachrichten. Fremde Missionare bedrohten den Glauben der Gemeinden. Sie vertraten ein extremes Judenchristentum (↗ Judenchristen) u. erklärten, daß die vom jüd. Gesetz geforderte ↗ Beschneidung zum Heil notwendig sei. Diese judenchristl. Eiferer versuchten sich Gehör zu verschaffen, indem sie die Autorität des Paulus untergruben. Sie zweifelten an der Rechtmäßigkeit seines Apostelamtes. Daher verteidigt sich Paulus u. beweist seine ↗ Berufung zum ↗ Apostel. Er betont, daß wir durch ↗ Christus vom ↗ Gesetz befreit sind. In der Entfaltung dieses Themas zeigt der Brief Ähnlichkeit mit den Gedankengängen des ↗ Römerbriefes. Im ersten Teil verteidigt Paulus leidenschaftlich sein Apostelamt (1, 1 – 2, 21), im zweiten Teil dann verkündet er die neue ↗ Gerechtigkeit (↗ Rechtfertigung) aus dem ↗ Glauben (3, 1 – 4, 31), u. zum Schluß (5, 1 – 6, 17) redet er von der ↗ Freiheit in Christus. mi

Galatien, Landschaft im mittleren Kleinasien. In ihr hatten sich seit dem 3. Jh. v.C. keltische Stämme angesiedelt (Galater ist wohl sprachlich verwandt mit Gallier). Als im Jahre 25 v.C. das galatische Reich an die Römer fiel, wurde aus ihm eine ↗ Provinz, die auch noch benachbarte Teile umfaßte (also auch z. T. den Süden Kleinasiens). Neben den reinstämmigen Galatern gab es dort zu der Zeit Griechen, Römer u. einen kleinen Prozentsatz Juden. Paulus nennt die Empfänger seines Briefes an die Gemeinden in G. Galater u. meint damit entweder nur die christl. Bewohner der alten Landschaft Galatien oder aber die der ganzen römischen Provinz G. ↗Galaterbrief.   mi

Galiläa, das Gebiet etwa zwischen Jordangraben u. Küstenebene, zwischen dem Gebirge westlich des Chule-Sees u. der Nordgrenze Samarias; in unruhiger Geschichte wechselten die Grenzen mehrfach. – In G. ließen sich nach der Landnahme nieder die Stämme Naphtali, Aser, Sebulun, Issachar u. Dan. Als nach dem Untergang Israels die israelitische Bevölkerung in G. stark abgenommen hatte, übersiedelte man den Rest später nach Judäa (1 Makk 5, 23). Aristobul I. eroberte G. u. judaisierte es gewaltsam. ↗Herodes d. Gr. brachte G. endlich Frieden u. Wohlstand. Unter seinem Sohne Herodes Antipas begann Jesus v. Nazaret sein öffentliches Wirken in G. Gleichzeitig entstand hier die ↗Zeloten-Bewegung, deren Anhänger man oft einfach Galiläer nannte. Nach dem jüd.-römischen Krieg gingen viele Lehrer aus Jerusalem u. Judäa nach G., das dann zu einem Zentrum rabbinischer Gelehrsamkeit wurde: hier redigierte man die ↗Mischna, hier entstand der palästinensische ↗Talmud.   he

Galle kann außer der Gallenblase auch Gift (Ib 20, 14) bedeuten. Im Altertum war die Verwendung der Fischgalle zur Heilung der Augen allgemein bekannt (Tob 6, 9).   zi

Gamaliel (hebr. Gott hat mir Gutes getan). G. I., wahrscheinlich ein von ↗Hillel abstammender ↗Tannaite, war ein besonnener Gesetzeslehrer, der es ablehnte, die Christen unmittelbar zu bekämpfen, weil man Gottes Werk nicht vernichten könne, Menschenwerk aber von selbst verginge (Apg 5, 34). Nach Apg 22, 3 war er Lehrer des Paulus. Die ↗Mischna rühmt besonders seine Ehrfurcht, Reinheit u. Enthaltsamkeit.   he

Ganzopfer, Bezeichnung für ↗Brandopfer, bei dem das Opfertier nach Handauflegung u. Besprengung mit dem Blut vollständig verbrannt wurde (z. B. 1 Sm 7, 9). Das G. ist wohl nur zu besonderen Anlässen dargebracht worden. Lv 11 beschreibt das Ritual. ↗Opfer.   zi

Gasa (hebr. fester Ort), früh bezeugte Stadt im Südwesten Palästinas, an der großen Heer- u. Handelsstraße von Ägypten nach Syrien, südliche Grenze kanaanäischer Kultur. Zeitweise gehört G. zu dem von ↗Juda beanspruchten Gebiet (Jos 15, 47; 1 Kg 5, 4), wird dann aber ägyptischer Brückenkopf. Von ↗Alexander erobert, wird G. eine glänzende hellenistische Stadt. 1 Makk 11, 61 f weiß G. unter der Oberhoheit der ↗Makkabäer.   he

Gastfreiheit. In der G. Gottes gegenüber ↗Israel in ↗Ägypten ist das atl. Gebot begründet, nun ebenfalls gegenüber ↗Fremden sich gastfrei zu verhalten (Ex 19, 34 f). Dazu gehören ↗Gruß, ↗Fußwaschung, Bewirtung, Schutz u. ↗Asylrecht (Gn 18; Ib 31, 31 f). G. wurde auch bei Kultmählern gewährt (1 Sm 9, 19). Für den Gast sollte man alle Aufmerksamkeit aufwenden (Gn 19, 8). Diese heilsgeschichtliche Verankerung fehlt im ↗Spätjudentum, wo G. als verdienstliches Werk gilt. Im NT wird die atl. Frage nach ihrem Grund wieder aufgenommen: Weil Christus die Menschen „angenommen" hat, deshalb können u. sollen sie sich auch gegenseitig „annehmen" (Röm 15, 7 ff). In der G. bekundet sich also die Brüderlichkeit der Menschen angesichts des Ev.   win

Gastfreundschaft. Im Bild der G. stellt sich atl. ↗Fromme das heilbringende Verhältnis zwischen Gott u. Mensch vor. Damit ist zunächst das vollständige Angewiesensein der Menschen auf Gottes Gnade gemeint, der sie auf seinem Grund u. Boden als „Gäste" u. „Beisassen" wohnen läßt (Lk 25, 23). Weiterhin umfaßt Gottes G. die Freude des endzeitlichen ↗Mahls, das er auf dem ↗Zion mit allen Völkern begehen wird (Js 66, 10 ff). Im NT erscheint Jesus als Verkündiger der G. Gottes u. seiner sich herabneigenden Güte (Lk 14, 15 ff). In Jesu eigenem Verhalten wird sie anschaulich: Die Sünder ruft er an seinen Tisch (Mk 2, 15), er wäscht seinen Gästen die Füße (Joh 13, 1 ff), u. für alle Bedürftigen sorgt er (vgl. den Bezug der ↗Brotvermehrung auf die ↗Eucharistie Joh 6). Zugleich vollzieht sich in der G. Jesu das Gericht über die ursprünglichen Anwärter auf die Freude des endzeitlichen Mahls mit den ↗Urvätern, die sich durch ihren Unglauben verscherzt haben (Mt 8, 11 f). Der „Gast auf Erden" beansprucht also auch seinerseits G. bei den Menschen, u. sie ist das Maß, an

dem diese gemessen werden (Mt 25).
↗Gastfreiheit.   win

Gastmahl-Gleichnis. Das G.-G. steht Mt
22, 1 ff u. Lk 14, 16 ff. Beiden Überlieferungen ist gemeinsam, daß Gäste zu
einem ↗Mahl geladen werden, diese die
Einladung ablehnen u. anstelle der Erst-
geladenen andere gerufen werden. Der
Sinn des Gleichnisses: Es gilt, jetzt sofort die Einladung anzunehmen u. zu
kommen, es gibt ein unwiderrufliches
Zuspät. Die beiden Fassungen des
Gleichnisses zeigen jedoch große Unterschiede: Lk bietet den älteren Text.
Mt hat die einfache Erzählung Zug um
Zug verstärkt (z. B. statt Mann: König,
statt Mahl: Hochzeitsmahl usw.) u. das
Gleichnis allegorisch gedeutet (↗Alle-
gorese): Das alte Gottesvolk hat die Botschaft abgelehnt, die Boten mißhandelt
u. getötet. Gott hat es dafür bestraft
(Zerstörung Jerusalems 70 n.C.) u. ein
neues Gottesvolk, die Gemeinde Jesu,
berufen; aber auch dieses geht noch dem
Gericht entgegen (angefügte Warnung,
Mt 22, 11 ff). Auch Lk vergegenwärtigt
das Gleichnis u. sieht in ihm einen Hinweis auf die Heidenmission.   ma

Gat. 1. Hauptstadt der ↗Philister, die in
den David-Überlieferungen eine bedeutende Rolle spielte (1 Sm 5, 8 – 2 Kg 12,
18). Aus G. stammen ↗Goljat u. andere
Helden. Später in Judas Besitz, baut Rechabeam G. als Festung aus (2 Chr 11,
8). – 2. G.-Hepher in Sebulun, Geburtsort des ↗Jona (2 Kg 14, 25). – G.-Rim-
mon in Dans Gebiet (Jos 19, 45).   he

Gattungen ↗Formen u. Gattungen.

Gattungsgeschichte. G. kann zweifach
verstanden werden: einmal als Geschichte der literarischen Großformen,
der Gattungen, dann im umfassenderen
Sinne als Geschichte der literarischen
↗Formen u. Gattungen. In jedem Fall
gehört die G. als Zweig zur ↗Form-
geschichte. Sie geht von der Erkenntnis
aus, daß sich keine Literaturform einen
längeren Zeitraum hindurch unverändert behaupten kann, u. faßt deshalb die
Wandelbarkeit der literarischen Formen
(bzw. Gattungen) besonders in den
Blick, in dem sie deren Geschichte darstellt, sei es in geschichtlicher oder systematischer Gliederung. Die G. hebt
dabei auf Entstehungszeit, Blüte, Veränderung u. Verschwinden der Gattun-

gen ebenso ab wie auf ihre Festigkeit
oder Wandelbarkeit, ihre Selbständigkeit oder ihre Tendenz zur Verbindung
mit umfassenden Gattungen (Rahmen
u. Gliedgattung). Die G. erlaubt bei entsprechender Präzision der Erkenntnisse
die Datierung von (besonders atl.) Texten, sie verhütet einseitig formalistisch-
ungeschichtliche Auslegung, welche die
spezifische Ausprägung einer Gattung zu
einer bestimmten Zeit u. in einem bestimmten Raum übersähe. So hat z. B.
erst die G. die genauere geschichtliche
Einordnung des ↗Dekalogs ermöglicht,
indem sie apodiktische Gebote durch
vielfältigen Vergleich solcher Texte (klarer Aufbau, Zerdehnung durch Zusätze,
umfassende oder speziellere Tendenzen
usw.) als alte Gattung mit langer Geschichte von der vorköniglichen bis zur
nachexilischen Zeit verstehen lehrte; der
Dekalog gehört weder an den Beginn
noch an das Ende der Geschichte der
Gattung (K. Koch).   pe

Gebein, das Knochengerüst, der feste
Halt des menschlichen Körpers. Wie zerschlagen sind die G.e in schwerem Leid,
vorab in der Erfahrung der Gottesfinster-
nis (Js 38, 13; Ps 22, 15), u. fröhlich,
wenn Gott wieder Freude schenkt (Ps
51, 10). Die Formel „G. u. Fleisch"
meint enge Blutsverwandtschaft (Ri 9, 2;
2 Sm 5, 1). Die G.e der Toten setzt man
oft gesondert bei (Gn 50, 25). ↗Ezechiel
schaut das Wiedererstehen des Volkes
als Wiederbelebung verdorrter G.e (37,
1–14). Der Auferstandene bezeugt seine
Leibhaftigkeit im Hinweis auf sein G.
(Lk 24, 39).   he

Gebet. a) Im AT: Ein Wort für Beten gibt
es im AT zunächst nicht, es werden verschiedene, auch im Alltag verwendete
Verben benutzt wie „rufen", „flehen",
„loben", „weinen" usw., um die verschiedenen Arten des Betens zu bezeichnen. Neben dem G. gibt es noch
besondere G.s-Handlungen, wie ↗Ge-
lübde, ↗Sündenbekenntnis, ↗Wall-
fahrtslieder u. ↗Hymnen. Das G. richtet
sich an Jahwe, den Gott des ↗Bundes.
Man betet sowohl am Heiligtum, vor
allem am Altar, wie an beliebigen Orten, sowohl zu den ↗G.s-Zeiten wie bei
beliebiger Gelegenheit, sowohl allein
wie in der Kult- oder Lebensgemeinschaft. Der Israelit erfleht im G. vor

allem das ↗Leben im vollen Sinn des Wortes, er dankt im Rückblick auf Jahwes geschichtliche Heilstaten (↗Auszug). Mit dem G. sind häufig ↗Opfer verbunden. In der Frühzeit Israels gibt es charismatische ↗Mittler, die mit ihrer Fürbitte bei Gott wirksam eintreten (Ex 32, 30; 1 Kg 17, 20), entsprechendes wird von Am, Jr, Ez u. auch vom ↗Gottesknecht (Js 53) gesagt. Es ist ein Zeichen äußersten ↗Zornes Gottes, wenn er diese ↗Fürbitte abschlägt (Am 7; Ez 9, 8 ff). In der Zeit nach dem Exil nimmt der ↗Hohepriester bzw. sein himmlischer ↗Engel diese Stelle des Fürbitters ein (Sach 3), der Hohepriester vollzieht den Ritus des ↗Versöhnungstages. Die Sammlung der Ps enthält vor allem in Redeform u. Aufbau stark gebundene dichterische Gebete der verschiedensten Art; die ↗Psalmen sind auch das G.buch der christl. Kirchen. Uns sehr befremdende G.e, wie z. B. Vergeltungswünsche (2 Sm 3, 39; Jr 18, 18 ff) oder gar Flüche (Ps 93, 10 ff) einerseits, oder Selbstlob wie Ps 86, 2 u. Ps 1, müssen einmal aus der Kultgebundenheit dieser G.e (Ps 15), zum anderen aus der Gewißheit des ↗Bundes mit Jahwe, der seine ↗Huld nicht entzieht, verstanden werden.
b) Bei Jesus: Vom Beten Jesu wird auffallend häufig berichtet, es hat zweifellos seine Jünger u. die frühe Kirche tief beeindruckt. Mt 6, 5; Mk 14, 34 u. a. überliefern G.s-Weisungen Jesu, Mt 7, 9–11; Mk 11, 23 verheißt er G.s-Erhörung, Lk 18, 1 ff sogar in einem sehr kühnen Vergleich. Das Gleichnis Lk 18, 9 ff stellt falsches, ruhmseliges u. hilfhaftiges, rechtfertigendes Beten gegenüber. Schließlich stammt von Jesus die Anrede Gottes als ↗Vater, vor allem im ↗Vaterunser.
c) Die frühe Kirche hat ihr Beten als etwas Neues, Unerhörtes erfahren. Getragen vom ↗Glauben, daß sie „der Macht der Finsternis entrissen u. in das Reich der Liebe des Sohnes versetzt ist" (Kol 1, 13), wußte sie sich ermächtigt, „im Namen des Herrn" (1 Kor 1, 10) oder „durch Christus" zu bitten. Alle Verheißungen Gottes sind in u. an Jesus bestätigt u. erfüllt worden; indem die Glaubenden das ↗„Amen" sprechen, geben sie Gott die Ehre, daß er getreu ist, denn sie tun es in der Zuversicht,

die gleiche Erfüllung der Verheißungen zu erfahren (2 Kor 1, 20). So beten kann nur der, dem Gott durch Jesus als der getreue u. rettende Gott erschlossen ist u. der in diesem Gottesverhältnis stehen bleibt (Joh 15, 16). Glauben bedeutet also beten können u. der Erfüllung gewiß sein (Joh 15, 7; 16, 23 ff). Christl. Beten hat daher seinen Anlaß im letzten Heilshandeln Gottes, ebenso bleibt es aber auf dieses letzte Handeln Gottes ausgerichtet: es ist eschatologisches Beten; im liturgischen Ruf Maranata bittet die Gemeinde um das endgültige Kommen ihres Herrn. Betend erfährt der Christ seinen Abstand zur Welt, vor allem auch zu seinen eigenen, beliebigen Wünschen; er weiß, daß sein Beten wie überhaupt sein Leben bestimmt ist vom „Nichtshaben u. doch Alles-Besitzen" (2 Kor 6, 10). Solches Beten geschieht im Heiligen Geist, „denn wir wissen nicht, was wir beten sollen, aber der Geist tritt für uns ein mit unaussprechlichen Seufzern" (Röm 8, 26), gerade in diesem Beten stehen wir zusammen mit dem „Seufzen der Schöpfung" (Röm 8, 22 f). Dieses von der Welt enthebende Beten ist also zugleich tiefste Solidarität mit der Welt.   schü

Gebet des Manasse ↗Manasse.

Gebetshaltung. Die ausdrucksvollste G. des Juden (u. auch Moslem) ist das Sich-Niederwerfen, die Proskynese; sie ist dies der gemeinorientalische Huldigungsritus. Die häufigste ist das ehrfürchtige Stehen (1 Sm 1, 26) mit ausgebreiteten, nach oben gekehrten Händen (Js 1, 15) u. mit zum Himmel erhobenem Blick (Lk 18, 9 ff). Man richtet sich meist auf den Altar bzw. den Tempel aus. ↗Gebet.   schü

Gebetsriemen. Nach rabbinischer Vorschrift trägt jede Jude beim ↗Gebet Kapseln mit Pergamentstücken, auf denen folgende Texte stehen: Ex 13, 1–10. 11–16; Dt 6, 4–9; 11, 13–21. Man befestigt sie mit G. an der Stirn u. an der Innenseite des linken Oberarms gegenüber dem Herzen.   be

Gebetsstätte. Heiligtum, ↗Tempel u. ↗Altar, später die ↗Synagogen. Das ↗Gebet zu Gott, der bei seinem Volk da ist, ist nicht an einen Ort gebunden. Häufig betet man mit dem Blick nach Jerusalem.   be

Gebetszeiten, zunächst die Festzeiten, also der ↗Sabbat u. die großen ↗Feste des Jahres, weiter natürlich bestimmte Anlässe wie Not, Krankheit oder auch unerwartete Freude. Feste tägliche G. scheint es nicht gegeben zu haben, doch sind uns Morgen- u. Abendgebete (Ps 4; 5) überliefert. ↗Gebet.   schü

Gebote, im AT die Forderungen Jahwes an Israel auf Grund des Sinaibundes, besonders der ↗Dekalog (Ex 20, 2–17; Dt 5, 6–21) als seine Bundesurkunde, aber auch die stets neu aktualisierten, in einer langen Überlieferung angewachsenen kultischen, rechtlichen u. ethischen G., wie sie im ↗Bundesbuch (Ex 20, 22 bis 23, 33), im ↗Heiligkeitsgesetz (Lv 17 bis 26), im Dt (12–26) u. in der ↗Priesterschrift (Ex 25–31; 35–40; Lv, Nm) gesammelt sind.

Die G. sind keine absolute Größe, wie ihre Einordnung in die Sinai-Überlieferung zeigt, sondern bezogen auf die vorausgehende Heilstat Jahwes an Israel: seine Erwählung, die Herausführung aus Ägypten u. den Bundesschluß am ↗Sinai. In diesem Geschehen gründet Jahwes ausschließlicher Anspruch auf sein Volk, der sich in den einzelnen G.n ausdrückt u. alle Bereiche des Lebens umfaßt. Die entsprechende Haltung des Volkes ist Gehorsam; das Übertreten der G. ist mit ↗Fluch belegt (Dt 27, 15–26; Lv 26). Erst nach dem ↗Exil wurden die G. zum absoluten, voraussetzungslosen ↗Gesetz, an das der einzelne Mensch als einzigem Weg zum Heil verwiesen ist. – Das NT verwirft die atl. G. nicht einfachhin, bündelt sie aber im Gebot der Gottes- u. Nächstenliebe (Mt 5, 17–48; Mk 12, 28–34; Röm 13, 8–10).   we

Gebotsreihe, im AT häufig vorkommende Aneinanderreihung von kurzgefaßten ↗Geboten u. Verboten – meist apodiktischen Rechts –, die ursprünglich wohl aus zwei oder drei Gliedern bestand u. erst auf einer jüngeren Überlieferungsstufe zu einer Reihe von zehn oder zwölf Rechtssätzen anwuchs. – 1. G.n, die im apodiktischen Stil die grundsätzlichen Bundesforderungen Jahwes am Sinai enthalten: der ethische ↗Dekalog (Ex 20, 2–17; Dt 5, 6–21) u. ihr priesterschriftliches, im Du- u. Ihr-Stil gefaßtes Gegenstück (Lv 19); der kul-

tische Dekalog (Ex 34, 14–26, ↗Dodekalog), den Ex 23, 14–19 zum Vorbild hat. – 2. G.n im partizipialen Stil, die eine strafwürdige Handlung u. die entsprechende Strafe nennen u. dem kasuistischen Recht zuzuordnen sind: der sichemitische Dodekalog (Dt 27, 15–26), eine Fluchreihe, die nach dem vorangestellten „Verflucht sei" das heimlich begangene Vergehen nennt (vgl. Lv 18, 7–17); die Lv. Ex 21, 12.15–17, die nach Nennung des Verbrechens die einzelnen Sätze mit der Formel abschließt: „er soll unbedingt getötet werden" (vgl. Lv 20, 9–21). – 3. ↗Toraliturgie. ↗Gesetz.
                                                                we

Gebrechen. Lv 21, 17 ff werden die 12 G. aufgezählt, die kein Priester, Lv 22, 20 ff die 12, die kein Opfertier haben durfte. Für die Heilszeit ist die Aufhebung dieser G. verheißen (Js 29, 18). Wenn Jesus durch seine ↗Wunder die G. heilt, ist die ↗Endzeit angebrochen (Mt 11, 5). ↗Aussatz, ↗Blinde, ↗Lahme; ↗Krankheit.   zi

Geburt. Zeugen u. Gebären werden als Erfüllung göttlicher Ordnung verstanden, da Gott die Menschen mit der Segenskraft zur Fortpflanzung beschenkt hat (Gn 1, 26). Das Versprechen von Nachkommenschaft gilt als göttliche ↗Verheißung (Gn 17, 19). Gott schenkt der Unfruchtbaren Kindersegen (Ri 13, 5), denn Unfruchtbarkeit bedeutet Schande (1 Sm 1, 5–11). ↗Unfruchtbar.   go

Geburt Jesu. Die Geburtsgeschichte ↗Jesu ist kein historischer Bericht, sondern eine in konkrete geschichtliche Umstände hineingestellte Glaubenserzählung. Historisch verifizierbar ist die Geburt Jesu unter ↗Herodes, noch vor dem Jahr 4 v.C. in der Regierungszeit des Oktavius ↗Augustus. Nach Lk 2, 1 war eine allgemeine Steuererhebung, die jedoch historisch nicht sicher bezeugt ist, der Anlaß, daß ↗Betlehem zum Geburtsort Jesu wurde. Die Geburt in der Davidsstadt (Mt 2, 5 f) u. die Hervorhebung der davidischen Abkunft ↗Josephs, wodurch das neugeborene Kind zum ↗Davidssohn wird, weisen es als den von den Propheten verheißenen ↗Messias aus. Auf die ↗Jungfrauengeburt nimmt die Geburtsgeschichte keinen Bezug. In den Vorgeschichten bei Mt u. Lk wird durch sie zum Ausdruck gebracht, daß der wahre Ursprung Jesu, der – „vom Weibe geboren u. dem Gesetz untertan" (Gal 4, 4) – teilhat am allgemeinmenschlichen Schicksal, in Gott liegt u. seine Gottessohnschaft im einzigartigen Handeln Gottes begründet ist. ↗Kindheitsgeschichte Jesu.   ba

Geburtsregister ↗Geschlechtsregister.

Geburtswehen. Im übertragenen Sinne bereits bei den ↗Propheten für die „Wehen Israels" (Jr 22, 23) am ↗Tag Jahwes verwendet. In der Sprache der ↗Apokalyptik werden damit die ↗Messiaswehen gekennzeichnet.

Gedächtnis. Das Christentum ist als geschichtliche Religion immer auf das G. der vergangenen Heilsereignisse angewiesen. Sowohl im ↗Glauben wie im gemeinschaftlichen Gottesdienst spielt deshalb das G. eine zentrale Rolle. G. darf aber den Blick der feiernden Gemeinde nicht in einseitiger Weise zurück in die Vergangenheit richten, sondern bedeutet Vergegenwärtigung des einstmals Geschehenen, Vergewisserung der bleibenden Bedeutung, Konfrontation der eigenen Gegenwart u. ausstehenden Zukunft mit dem Anspruch der Vergangenheit.

G. spielt schon im AT eine ähnliche Rolle: 1. Das G. früherer Heilserfahrungen ist die Basis des Glaubens u. der Treue ↗Gott gegenüber; von ihm denkt man ebenso (Ex 2, 24). 2. Wer nicht mehr in der lebendigen Tradition des G. steht, fällt aus der Heilsgemeinschaft heraus u. von Gott ab; deshalb die Teilnahme an den G.feiern (Ex 12, 14). 3. Daraus entwickelte sich in der Folge die ↗Liturgie ↗Israels, dessen ↗Feste durchwegs vom G. her konzipiert u. gestaltet wurden (Lv 23, 43). 4. Bei all diesen Festen ging es aber keineswegs nur um die Erinnerung, sondern jeweils um eine rituelle, d. h. zeichenhafte Vergegenwärtigung der einstigen Heilstaten Gottes, die man darin als bleibend bedeutsam erfaßte (Ex 12, 14). In diesem Nachahmen des göttlichen Heils-Tuns in zeichenhafter Gestalt sieht man ein Unterpfand bzw. eine Vorwegnahme des künftigen ↗Heiles, in dessen Wirkungsbereich man sich bereits durch die G.feier eingliedert. Dahinter steht freilich immer die Gefahr magischen Mißbrauchs, der Manipulation des Heiles.

Im NT konzentriert sich das gesamte Konzept der urkirchlichen ↗Verkündigung auf das G. der Worte u. Taten des ↗Herrn ↗Jesus, dessen Heilsbedeutung man in vielfältiger Form zur Sprache brachte. In der Feier der ↗Eucharistie fand dieses G. des ↗Herrn sozial-religiösen Ausdruck. Die ↗Kirche stellt sich in ihrem G. immer zugleich selbst in Frage u. richtet sich neu aus. Der Akzent liegt auf der eschatologisch verstandenen Gegenwart. ↗Eucharistie.   hi

Gedalja. 1. Nach der Eroberung Jerusalems (587 v.C.) von ↗Nebukadnezar eingesetzter Statthalter über Juda (2 Kg 25, 22; Jr 40 u. 41), der dem Propheten ↗Jeremia nahestand. – 2. Ein Jeremia feindlich gesinnter G. war für die Hinrichtung des Propheten, weil er nur Unheil künde.   he

Geduld. Die im AT u. NT wichtige Tugend der G. meint das Aushalten in Widerwärtigkeiten, u. zwar im Hinblick auf die nur von Gott kommende Hilfe. Sie steht also der für die bibl. Verheißungsreligion so entscheidenden Tugend der Hoffnung sehr nahe, im Hebr. meist mit denselben Verben „harren, warten" u. dgl. ausgedrückt, wobei eigentliches Objekt nicht so sehr das Übel ist, sondern Gott, den man „aushalten" muß (Ps 27, 14). Für die ↗Endzeit gewinnt dies besondere Bedeutung (Zeph 3, 8). Als Muster der G. gilt ↗Ijob, wegen seines fast hartnäckigen – für unsere Begriffe nicht sehr „geduldigen" – Harrens auf das Eingreifen Gottes, der seinen ↗Frommen Recht verschafft.

In der Verkündigung Jesu tritt das Drängende der nahegekommenen ↗Herrschaft Gottes in den Vordergrund, doch die Zeit der Kirche ist wieder wesentlich bestimmt vom Harren auf die ↗Wiederkunft. Dies erfordert konkret: G. in den ↗„Leiden dieses ↗Äons" (Röm 8, 18.25), Standhalten in aufkommender Verfolgung u. in den Nöten der ↗Endzeit (Mk 13, 13). 1 Petr 2, 20 ff führt uns den unschuldig leidenden Herrn als Vorbild der G. vor Augen. G. ist letztlich eine Eigenschaft der ↗Liebe (1 Kor 13, 7).   ur

Gefangenschaftsbriefe. Unter diesem Namen werden Phil, Kol, Eph u. Phm zusammengefaßt, in denen Paulus von seinen „Fesseln" spricht. ↗Paulusbriefe.   ur

Gegenseitigkeit. Der Mensch ist auf seinen Mitmenschen hin, alle zwischenmenschlichen Relationen sind auf G. hin ausgerichtet. Die Bibel leitet die G. des menschlichen Daseins von der geschöpflichen Situation des Menschen her. Weil der ↗Mensch von seinem Schöpfer herkommt, ist er ständig auf diesen hin; weil Gott den Menschen als Gesprächspartner wollte, muß dieser die Antwort sein auf Gottes ↗Wort. Aus dieser dialogischen Existenzweise erwächst G. im menschlichen Dasein. Weil die Menschen Gesprächspartner Gottes sind, können sie auch untereinander im ↗Dialog leben. Alles unter Menschen hat sich in der G. zu bewähren. Es geht darum, einander zu lieben, also ↗Liebe zu geben u. zu empfangen; es geht darum, zu sprechen u. zu hören, den andern beim ↗Namen zu nennen u. sich selbst beim Namen nennen zu lassen. Im Wort u. in der Liebe wird G. begründet. Im Herrschaftsbereich ↗Christi gilt, jeweils den andern höher als sich selbst einzuschätzen (Phil 2, 3). Nur so wird Dasein ↗für andere möglich. Jeder lebt im Gegenüber zu seinem Schöpfer u. zu seinem ↗Bruder.   gr

Gegenwart (d. Heils). Das ↗Reich Gottes ist zukünftig, doch Jesus verkündigt die ↗Nähe des Reiches Gottes so, daß die Frage nach dem Zeitpunkt des Eintreffens überholt ist: Es ist verboten, Beobachtungen anzustellen u. über den Termin zu spekulieren. Es gilt, jetzt, angesichts der Taten u. der Predigt Jesu, sich sofort ganz auf das Reich Gottes einzustellen, d. h. ↗Buße zu tun, denn in den Taten Jesu bricht sich das Reich Gottes Bahn (z. B. Mt 12, 28), u. seine Predigt sagt in Vollmacht das Hereinbrechen der ↗Herrschaft Gottes an. Nach Tod u. Auferstehung Jesu versteht sich die Gemeinde als Volk ↗Gottes, das den Heiligen ↗Geist als ↗Angeld der ↗Erlösung empfangen hat u. in der Hoffnung auf die Vollendung lebt. Obwohl die endgültige Verwirklichung des ↗Heils noch aussteht, bricht in ihrer Predigt, im Ruf zum Glauben, schon das Heil an: ↗Jetzt ist der Tag des Heils (2 Kor 6, 2). Joh unterstreicht diese Gegenwart des Heils: Es gilt, heute im Glauben das ewige Leben zu ergreifen.   ma

Gegenwart Gottes. Mit G. G. war für Israel die Bereitschaft Gottes ausgedrückt, stets helfend in die Geschichte des Volkes einzugreifen. Der ↗Name Gottes, den Mose erfährt (Ex 3, 14), offenbart Gott als den, der stets helfend „da ist". Doch die Art u. Weise seines Daseins kann der Mensch nicht festlegen: „Ich werde dasein, als der ich dasein werde" (M. Bubers Übersetzung des ↗Jahwe-Namens). So gibt es zwar manche ↗Zeichen, an denen das Volk die G. G. erfährt, ↗Erdbeben, ↗Gewitter, vor allem die ↗Wolke (Ex 13, 21), aber diese Zeichen verhüllen ihn zugleich (↗Theophanie). Zwar ist Israel immer in Gefahr, die G. G. fest an das ↗Gelobte Land (1 Sm 26, 19), an ↗Jerusalem, die ↗Bundeslade oder den ↗Tempel zu knüpfen (Jr 7, 4). Doch die Propheten verkünden anderes: Gottes unendliche Größe überragt den Tempel (Js 6, 1); Jerusalem wird er seiner Sünden wegen vernichten (Mich 3, 12). Im ↗Exil waren alle diese Orte verloren. Es wuchs der Glaube an die mächtige G. G. in der ganzen Völkerwelt, oft mit Hilfe des Bildes vom Thron Gottes im ↗Himmel dargestellt (Ps 2, 4). Selbst dort, wo nach dem Glauben Israels keine Beziehung zu Gott mehr möglich war, im Totenreich (Ps 88, 6.12), kann der Mensch nicht aus seiner Hand fallen (Ps 139, 8 ff). Der Verlust der Heiligen Stätten führte bei den Propheten zur Hoffnung auf die endzeitliche G. G. (Js 4, 9 ff; ↗Endzeit, ↗Eschatologie). Das NT macht nur wenige Aussagen über die G. G. Durch Christus ist aber eine völlig neue Situation entstanden: „Keiner hat je Gott gesehen; der eingeborene Sohn, der an der Brust des Vaters ruht, der hat Kunde gebracht" (Joh 1, 17). Wer den Sohn sieht u. erkennt, erkennt auch den Vater. Christus ist die G. G.   oh

Geheimnis. Das griech. Wort „mysterion" bezeichnete ursprünglich geheime kultische Riten, die unter Ausschluß der Öffentlichkeit vollzogen wurden. Den Hintergrund dieser Anschauung bilden die Mysterienreligionen der griech. Spätzeit, die unter orientalischem Einfluß zur Zeit des NT eine große Rolle spielten. Wenn das Wort im NT zur Bezeichnung außerkultischer G. se verwendet wird, scheint es sich deshalb um eine Bedeutungserweiterung zu handeln. Das biblische Verständnis von G. zeigt freilich kaum Beziehungen zu den Mysterien, korrespondiert viel eher dem in ↗Qumran verbreiteten Wortgebrauch, wo G. als Bezeichnung des geheimen göttlichen Ratschlusses verwendet wird. Dabei ist allerdings zu berücksichtigen, daß die Mönchsgemeinde von Qumran den Inhalt dieser G.se Gottes als Geheimwissen verstand, das nur den ‚Söhnen des Lichtes‘ geoffenbart ist. – Das AT übernimmt den Begriff vom ↗Hellenismus u. verwendet ihn teils zur Bezeichnung der heidnischen ↗Mysterien(kulte) (Weish 14, 15. 23), teils zur Benennung zukünftiger Ereignisse (Dn 2, 27–30) oder übernatürlicher Wirklichkeiten (z. B. das Wesen der ↗Weisheit: Weish 6, 22). In den zentralen Schriften des AT fehlt das Wort G. dagegen völlig.

Wenn das NT von G. spricht (25mal), dann ist dieses Wort kein festgeprägter Fachausdruck mehr, es kann vielmehr verschiedene Bedeutungsnuancen annehmen. 1. Die Synopt. verwenden G. im Sinne von: „Euch ist gegeben, die G.se des Himmelreiches zu verstehen" (Mt 13, 11). G. soll hier die Heilsbedeutung des ↗Reiches Gottes zusammenfassen u. zugleich betonen, daß diese nicht jedem zugänglich ist, sondern nur dem im ↗Glauben dafür Offenen. Bei Mk (vgl. 4, 10–12) kommt die besondere Bedeutung des ↗Messiasgeheimnisses hinzu. 2. Paulus verwendet den Ausdruck G. für den Inhalt der ↗Heilsgeschichte, der sich dem forschenden Zugriff entzieht u. nur dem Glaubenden erkennbar wird. G. hat deshalb keinen genau umrissenen Begriffsinhalt: Es kann vom G. der ↗Auferstehung (1 Kor 15, 51) oder vom G. ↗Israels die Rede sein, immer handelt es sich um Gottes geheimnisvolles Wirken (1 Kor 2, 7), das in der Person Jesu Christi erfahrbar wurde (Kol 4, 3). Die nachpaulinischen Briefe (↗Paulusbriefe) sprechen vom G. der ↗Kirche (Eph 5, 32), der Frohbotschaft (Eph 6, 19), des Glaubens (1 Tim 3, 9) u. der ↗Furcht Gottes (1 Tim 3, 16). Sie haben damit einen Ausdruck zur Verfügung, der es erlaubt, der Vielschichtigkeit des ↗Heils in Jesus

Christus gerecht zu werden. Im paulinischen Gebrauch ist neben den selteneren hellenistisch orientierten Gedankengängen (z. B. 1 Kor 2, 7: „Gottes Weisheit im G."; vgl. dazu Weish 6, 22) vor allem die enge Berührung mit spätjüd.-apokalyptischem Denken auffällig. Wenn Paulus sagt: „So soll man uns betrachten als Diener Christi u. Verwalter der G.se Gottes" (1 Kor 4, 1), so versteht er sich als ↗Mittler der geheimnisvollen himmlischen Welt im Auftrage Christi. Er bleibt aber nicht beim Bewundern oder Verwalten der G.se stehen, stellt vielmehr über alle G.se die ↗Liebe, die bereits Leben auf der Basis der im G. erschlossenen neuen Wirklichkeit bedeutet (vgl. 1 Kor 12, 31 u. 13, 2). 3. In der Apokalypse ist ganz im Sinne der zeitgenössischen apokalyptischen Literatur G. die umfassende heilsgeschichtliche Chiffre (10, 7). G. Gottes ist die endzeitlich verstandene Vollendung des Gottesreiches.

Das Geheimnisvolle in der Welt ist eine der stärksten Triebkräfte jeder Religion. Das G. des Lebens u. Sterbens, der Natur- u. der Geisteskräfte, vor allem das G. des Umgreifenden, in dessen Wirklichkeit u. Einflußbereich sich letztlich alles befindet, bringt den Menschen dazu, sich durch die Welt hindurch auf die dahinterstehende Dimension ↗Gottes auszurichten u. sich selbst als den auf ihn hin Verwiesenen zu verstehen. Vom geheimnisvollen Charakter dieses Umgreifenden her ist das bunte Bild der verschiedenartigsten Religionen verständlich. Mit dem immer intensiveren Durchblick, der durch die kritisch-analytischen Denkleistungen des Menschen möglich wurde, lösten sich viele G.se der archaischen Menschheit auf (↗Wunder). Sie erwiesen sich als durchschau- u. erklärbar. Diese Entzauberung der Welt brachte eine gewaltige Religionskrise mit sich. Diese universale ↗Säkularisierung löste zwar viele G.se auf, brachte aber gerade dadurch das eigentliche G. der menschlichen Existenz in der Welt erst richtig zur Geltung. Eine entsprechende ↗Entsakralisierung der Verkündigung kann gerade vom Begriff des G. her mit dem vollen Verständnis des kritischen, aufgeklärten Menschen rechnen.   hi

Gehenna (griech.-aram. Hinnomtal) ist die Feuerhölle für die Verdammten. Seit dem 2. Jh. v.C. lokalisiert man sie im ↗Hinnomtal am Südabhang Jerusalems. Ihr Verhältnis zur Unterwelt als dem Ort für alle Toten bleibt unbestimmt. Im NT bezeichnet G. zumeist den endzeitlichen Strafort der Verdammten (Mk 9, 43 ff), der auch beschrieben wird als ewiges u. unauslöschliches Feuer, Feuerofen u. Feuersee, der von Schwefel brennt.   he

Gehörerlebnis (Audition), eine Art des ↗Offenbarungempfangs; Worte, die ein ↗Prophet hört, um sie dann zu verkünden. Meist eingeleitet mit: „Das Wort Jahwes erging an . . ." G. bricht unversehens u. unberechenbar über den Propheten herein u. wird als worthafte echte Anrede empfunden. Ein G. ist nicht nur ein geistiger Vorgang, sondern das Geschehen des Wortes erschüttert auch den Körper (z. B. Ib 4, 12–17). zi

Gehorsam. Das NT verkündet als den inneren Antrieb der Geschichte ↗Jesu seinen G. „Meine Speise ist es, daß ich den Willen dessen tue, der mich gesandt hat, u. sein Werk vollende" (Joh 4, 34). Ebenso sagen die synopt. Evangelien: Jesus ↗ „muß" leiden nach dem Willen des Vaters. Die Berichte vom Wirken Jesu sind in Szenen gerahmt, die den Rang u. die Eigenart dieses G. zeigen: Jesus tritt nicht jüd. Erwartung entsprechend als der königliche oder priesterliche ↗Messias auf, sondern geht dem Willen des Vaters gemäß den Weg der Solidarität mit dem sündigen Menschen bis hin zum ↗Kreuz (vgl. ↗Taufe Jesu, ↗Versuchung Jesu, ↗Leidensgeschichte). Die Antwort des Vaters auf solchen G. in Niedrigkeit ist die Erhöhung Jesu zur ↗Herrlichkeit. So sagt das Johannes-Ev., nach dem die Stunde, in der Jesus am Kreuz seinen G. „vollbracht" hat, die seiner Verherrlichung durch den Vater ist (17, 1); ebenso nach einem alten vorpaulinischen Hymnus Phil 2, 6–11, in dem der G. Jesu bis zum Tod am Kreuz der Grund seines Herrschaftsantritts über die Welt ist. Durch ihn ist die Unheilssituation der Menschheit, die von ↗ „Adam" her wesentlich in ihrem Un-G. besteht, grundsätzlich gewendet. „Denn wie durch den Un-G. des einen Menschen die vielen zu Sündern ge-

macht wurden, so werden auch durch den G. des einen die vielen zu Gerechten gemacht werden" (Röm 5, 19). Für Paulus ist die Frage des G. nicht eine unter anderen, sondern im Grunde die einzige, die über das Verhältnis des Menschen zu Gott u. damit über sein Leben entscheidet. Denkt man an den ↗Dekalog, betrifft sie nicht das vierte, sondern das erste Gebot. Weil der Un-G. die entscheidende Sünde, die das Unheil des Menschen begründet, ist der G. Jesu der Grund unserer ↗Rechtfertigung, begründet er die ↗neue Schöpfung, gewinnt die Welt durch ihn ihren ursprünglichen Sinn. Eben deshalb ist Jesus durch seinen G. ihr Herr (s. o.). Deshalb gehört aber auch zu Jesus Christus u. damit zur ↗Herrschaft Gottes nur, wer wie er den Willen des Vaters tut. „Nicht jeder, der zu mir sagt: Herr, Herr, wird in das Himmelreich eingehen, sondern wer den Willen meines Vaters im Himmel tut" (Mt 7, 21). Am Tun dieses Willens kennt Jesus die Seinen, u. nur der G. verbindet mit Jesus, der aber immer (Mk 3, 35 – auch dann, wenn in einem gehorsamen Dasein diese Zugehörigkeit zu Jesus nicht bewußt ist, vgl. Mt 25, 31–46).

Fragt man die Schrift genauer nach der Gestalt dieses G., erhält man unerwartete Antworten: Er beansprucht den ganzen Menschen, u. er muß die Gerechtigkeit der ↗Pharisäer u. ↗Schriftgelehrten übertreffen (Mt 5, 20 – an der verschiedenen Auslegung dieser Antworten liegt es, daß der rechte G. für die Christenheit ein solches Problem ist). Nun ist aber auch dem Israel des Alten Bundes bewußt, daß mit G. oder Un-G. vor Jahwe sich Segen u. Fluch, Leben u. Tod für das Volk entscheiden (vgl. Dt 30, 15–19). Zur Zeit Jesu haben die Pharisäer u. Schriftgelehrten die buchstäbliche Erfüllung des Gesetzes Gottes geradezu zum einzigen Lebensinhalt gemacht. Dagegen ist buchstäbliche Gesetzeserfüllung nicht der Anspruch Jesu oder der ntl. Verkündigung (Mt 5, 18 f ist überlieferungsgeschichtlich u. nicht ohne den Zusammenhang zu interpretieren). Diese unterscheidet sich von den Ansprüchen zeitgenössischer Religiosität (z. B. in der Gemeinde von ↗Qumran) gerade dadurch, daß sie

kaum Einzelvorschriften kennt. Nach den
sog. Antithesen der ↗Bergpredigt (Mt
5, 21–48), welche die Forderung der größeren Gerechtigkeit entfalten, entscheidet sich die Frage des G. nicht am äußeren Tun, sondern an der Herzens-
gesinnung (die freilich ein Tun fordert).
Das ist so, weil es Gesetzeserfüllung
ohne inneren G., aber auch (damit verschärft sich die Problematik) weil es
einen Widerspruch gegen das Gesetz
um des G. willen geben kann. Dieser
Widerspruch geschieht in der Verkündigung Jesu nicht nur in der Bergpredigt; ebenso widerspricht Jesus einer
von einem falschen Gottesbegriff
her gedachten Sabbatordnung (Mk 2,
27), dem Ehescheidungsgesetz (Mk 10,
2–9), dem ↗Korban-Gelübde (Mt 15,
1–7). Er tut das aus der Kenntnis des ursprünglich liebenden Schöpferwillens
des Vaters, lebt G. also personal u. nicht
unter dem Gesetz. Damit ist aber, wie
auch die Antithesen der Bergpredigt
zeigen, G. grundsätzlich der Kontrollier-
barkeit entzogen. Der so verstandene
ntl. G. steht nicht dem atl. gegensätz-
lich gegenüber. Auch der G. ↗Abrahams
ist personal (Gn 12, 1–5 – deshalb „Weg"
u. nicht Erfüllung von Einzelvorschriften). Zu personalem u. deshalb totalem
G. rufen die ↗Propheten gegen eine
religiöse Gesetzlichkeit, die im konkreten Leben lieblos sein kann (Js 58, 1–8).
Solcher G. ist aber auch gegenüber dem
Gesetz möglich, wenn über seinen Vorschriften der lebendige Gott erkennbar
bleibt (Ps 119). Bibl. G. widerspricht
nicht äußerer Ordnung; er wird sich zumeist in solcher Ordnung darstellen. Er
ist auch nicht nur Herzenssache des einzelnen; vielmehr muß sich der Christ
Rechenschaft geben, daß er nicht ohne
Not in der Kirche eigenwillig handelt.
Und doch kann sich weder die Gemeinschaft der Kirche noch ein Gesetz an
den Platz des Vaters stellen, den wir
durch Jesus Christus kennen (Joh 14) u.
über den der Gläubige der Belehrung
nicht bedarf (1 Joh 2, 27). Denn es ist
↗Neuer Bund, nicht des ↗Buchstabens,
sondern des ↗Geistes. „Der Herr ist der
Geist, wo der Geist des Herrn ist, ist
Freiheit" (2 Kor 3, 17). In der Geschichte
der Kirche gibt es kein größeres Problem als die Verwirklichung dieser

↗Freiheit. Wer diese Freiheit Un-G.
schilt u. zu binden sucht, bleibt im gesetzlich verstandenen Alten Bund; wer
sie aber als Willkür lebt, verliert das
durch Jesu G. gewirkte ↗Heil. Ihre
christl. Gestalt ist an Jesus Christus anschaubar: Offenbarung des Vaters durch
Dienst in Niedrigkeit.   sm

Geisel, ein Mensch, der mit Leib u.
Leben für die Sicherheit anderer oder
für die Erfüllung von Verträgen bürgt
oder vor künftiger feindseliger Hand-
lungsweise schützen soll. Das AT kennt
nach einem ↗Krieg die Inhaftierung
von Söhnen (aus der Führungsschicht)
der Besiegten als G.n (2 Kg 14, 14; 2
Chr 25, 24).   he

Geißelung, eine römische Form der
↗Züchtigung, die als Strafe für schwere
Verbrechen, als Folter, um Geständnisse
zu erzwingen, u. als Vorspiel zur Kreuzigung bei Sklaven u. nichtrömischen
Bürgern angewandt wurde (Apg 16, 22.
37; 22, 24 ff.) Zur G. diente eine Peitsche
aus Lederriemen oder Stricken, die mit
Knochenstücken oder Metallkugeln
durchsetzt sein konnten.   he

Geist. Im AT: In der bibl. Theologie
spielt der Begriff G. eine sehr wichtige
Rolle, weist aber eine beträchtliche Entwicklung u. eine große Vielfalt der Bedeutung auf: 1. G. als „Wind": Der hebr.
Ausdruck (ruach), den die LXX mit dem
griech. Wort „pneuma" wiedergibt, bedeutet ursprünglich Luftstrom (Js 57, 13),
Wind (Gn 8, 1) oder Sturm (Jr 13, 24).
Besonders Jeremia u. die Pss verwenden das Wort in dieser Bedeutung. Von
der Erfahrung der Wirkung des Windes
her erfaßte man ihn als „Macht" numinoser Art, die im Dienst Gottes stehen
kann (Ex 14, 21), oder überhaupt als
Bildwort der schöpferischen Macht Gottes verwendet wird (Gn 1, 2), der alles
erfüllt, weiß u. schafft (Weish 1, 7). Dies
ist ein Phänomen naturhafter Religiosität, das auch noch bei der übertragenen
Bedeutung des Wortes mitspielt u. bei
jeder Interpretation beachtet werden
muß. 2. G. als „Lebensodem": Neben
der ursprünglichen Bedeutung Wind
spielt „Odem" eine große Rolle. Damit
ist die Lebenskraft gemeint (Gn 45, 27),
die mit dem Atmen in den Menschen
eindringt (Gn 7, 22) u. als von Gott ausgehend gedacht wird (Js 42, 5). Dieser

göttliche Odem steht hinter allen seelischen u. geistigen Regungen (Zorn, Unruhe, Mut, Geduld, Eifersucht, Demut,
Treue usw.) im Menschen. Der Mensch
ist immer der von ↗Gott her Gewordene, von ihm Abhängige, in ihm Ge-
borgene, von ihm Geführte. Der G. ist
Träger dieser Verbundenheit u. weist
hin auf das Bewußtsein des Menschen,
zwar ein Teil der geschaffenen ↗Welt
zu sein, aber doch durch seinen menschlichen G. alle übrigen Geschöpfe zu
übersteigen u. Gott als freier Partner
gegenüberzustehen. Im AT fehlt der
orientalisch-hellenistische ↗Dualismus
von Stoff u. G. Der G. ist als Wind u.
Odem immer Teil der Welt, steht nur
im Dienste Gottes, ist von ihm her bestimmt u. öffnet den G.erfüllten für
Gott. 3. „G. des Herrn": Wie der Mensch
durch seinen G. in den Wirklichkeits-
bereich Gottes hineinreicht, so wirkt
Gott durch seinen G. in der Welt u.
wird so geschichtsmächtig. Der Ursprung
dieser Vorstellung liegt bei den ↗Pro-
pheten, deren Persönlichkeit faszinierte
u. die man mit Hilfe des G.begriffes
mit Gott in Zusammenhang brachte:
„Und der G. Jahwes begann ihn (↗Sim-
son) zu treiben, im Lager von Dan ..."
(Ri 13, 25). So ähnlich heißt es von allen
Menschen, die eine Sonderstellung in
Israel einnahmen. Allmählich sah man
den G. Gottes aber nicht nur im Außergewöhnlichen, sondern rechnete mit
ihm als bleibender Größe (Dt 34, 9). Besonders die Propheten verstand man in
der Folge als geistgeleitete Menschen
(Ps 50, 13), die den Gotteswillen verkündeten (Sach 7, 12). Immer noch wird
der G. des Herrn aber als „Kraft" verstanden u. nicht personifiziert. Gott
kann auch einen G. des Tiefschlafes (Js
29, 10) oder des Schwindels (Js 19, 14)
schicken. Außerdem kann es sich um
einen bösen G. handeln, der zum Abfall
verführt (aber ebenfalls noch nicht als
persönlicher G. gedacht wird). Früh erwacht auch die Sehnsucht nach den universalen ↗Geistesgaben, die man messianisch verstand (Js 11, 2). Jeder, der
glaubt, wird diesen G. empfangen u.
zu den Auserwählten gehören. Dies
war die Erwartung der Frommen vor u.
nach dem Babylonischen ↗Exil. – Als
in der Welt wirksame Kraft stellte man

sich den G. des Herrn als feinsten Stoff
vor, als physische Realität. Wo der G.
des Herrn mit menschlichen Attributen
versehen wird, geschieht dies zur Verdeutlichung der Wirksamkeit Gottes.
4. G. im NT: Die ursprüngliche Bedeutung ist fast völlig verschwunden (außer
Joh 3, 8 u. Hebr 1, 7). Die anthropologische Bedeutung ist vor allem bei Paulus weiterhin im Gebrauch (z. B. Gal 6,
18: „Die Gnade Jesu Christi, unseres
Herrn, sei mit eurem G.e, meine Brüder.
Amen"). Die wenigen Ansätze einer
G.er-Lehre im AT haben sich – wohl
durch den Einfluß der hellenistischen
Weltanschauung – im NT beträchtlich
weiterentwickelt: Neben den „dienenden G.ern" (Hebr 1, 14) werden die
lange Verstorbenen „G.er im Kerker"
genannt (1 Petr 3, 9). Vor allem aber
sieht man das Wirken böser G.er in den
„Besessenen" (↗Dämonen); in diesem
Zusammenhang ist von „unreinen G.ern"
(Mk 1, 23), von einem „stummen G."
(Mk 9, 17), vom „G. der Betäubung"
(Röm 11, 8) usw. die Rede. Die Schriftgelehrten rechnen mit „Beelzebub", dem
obersten der bösen G.er" (Mk 3, 22) ...
Immer handelt es sich um Bezeichnungen, die Wesen u. Wirkung dieser dämonisch gedachten Mächte veranschaulichen sollen. Wir haben es mit der geistigen Welt des ↗Hellenismus zu tun,
der den Menschen u. seine Welt als
Schauplatz der Auseinandersetzung zwischen den guten u. den bösen G.ern
sah. Dahinter steht dualistisches Denken, dessen abstrakte Begrifflichkeit personifiziert wird. Eine neue Sicht der
Wirklichkeit des G. findet sich überall
dort im NT, wo die G.-Aussagen mit
↗Jesus ↗Christus in Zusammenhang
stehen. Von der wunderbaren Empfängnis (Lk 1, 35; ↗Jungfrauengeburt) über
die „Salbung mit Hl. G. u. Kraft" bei
der Johannestaufe im Jordan (Apg 10,
38) u. Jesu Wirken „im Zeichen des
Gottes-G." (Lk 10, 21) bis zu seinem
Erlösungsleiden (Hebr 9, 14) steht sein
Leben im Kraftfeld des G., kann er gar
nicht anders verstanden werden als der
Mensch, der in einmaliger Weise in
dauerndem u. vollem G.besitz lebte.
Das atl. G.verständnis steht wie
von selbst an, die Persönlichkeit Jesu
von Nazaret zu begreifen u. in ihren

Dimensionen zu erfassen. Seit die Jünger Jesus als den Auferstandenen bekannten (↗Auferstehung Jesu), wurde G. einer der wichtigsten Ausdrücke, um die Einzigartigkeit Jesu u. seines Wirkens auszusagen. Im G. des ↗Herrn begegnet Gott selbst als umgestaltendes Prinzip, als ↗Liebe, als Anruf zur Entscheidung u. zum Umdenken. In der Urkirche wird G. zum Ausdruck der ungeheuren Dynamik, die man überall im Bereich des ↗Evangeliums spürte u. die das gesamte Leben der ↗Jünger bestimmte. Wer die Welt als ↗Schöpfung erkennt, sieht in Jesus Christus die endzeitliche Vollgestalt des Menschen vorgebildet, nimmt das Angebot seines G. voll ↗Freude u. unter ↗Dank an u. weiß sich durch ihn untrennbar mit Gott verbunden: „Der G. selbst bezeugt es unserem G., daß wir Kinder Gottes sind" (Röm 8, 16). In diesem G. weiß er sich auch für die Welt verantwortlich: „Die ungeduldige Sehnsucht der Schöpfung harrt auf das Offenbarwerden der Kinder Gottes" (Röm 8, 19). Die ganze Welt kann in diesem Sinn „Wohnung Gottes im G." genannt werden (Eph 2, 22). Der G. Gottes wirkt über den menschlichen G., d. h., man darf sich sein Wirken nicht zauberhaft vorstellen, sondern muß von einer ↗Anthropologie ausgehen, die den Menschen immer in seiner ↗Freiheit sieht. Der G. Gottes ist immer das Zukommende, Angebotene, Mögliche – nie das Verfügbare, nie Besitz. Der Ausdruck Heiliger G., der besonders in den späteren Schriften des NT immer häufiger wird, bedeutet eine ↗Personifizierung der göttlichen Kraft-Erfahrung, will das Personale des Menschen ansprechen, ist aber noch nicht ontologisch im Sinne der späteren Trinitätslehre gemeint. hi

Geistausgießung. Dieses von den ↗Propheten der Exilszeit geprägte Bildwort (Js 44, 3; Ez 39, 29; Joel 3, 1 f) wird nur vom bibl. Geistbegriff her verständlich. Die auserwählten Diener Gottes überkommt die Kraft des ↗Geistes – oft nur für die Erfüllung einer Aufgabe. Die Propheten aber predigen die Hoffnung auf die Zeit, in der diese Gotteskraft verschwenderisch dem ganzen Volk mitgeteilt wird. Dann wird Gott für immer dem Volk zugewandt sein, u. das Volk

Gott, dann braucht es keine Auserwählten mehr als Vermittler. Nach der Pfingstpredigt des Petrus (Apg 2, 17) ist diese endzeitliche Hoffnung in der Geistsendung zu Pfingsten erfüllt: Die Gemeinschaft der an Jesus Glaubenden ist der Ort, wo die Fülle der Gotteskraft allen geschenkt wird u. Gottes Nähe offensteht. ↗Pfingstwunder. oh/hi

Geistesgaben. Schon im AT sprach man aus dem Bewußtsein heraus, vom ↗Geist des Herrn erfüllt zu sein, von G. (2 Kg 19, 7), die von Gott her Kraft zu außergewöhnlichen Erkenntnissen, Botschaften oder Taten vermittelten. Dies wird im NT noch wesentlich stärker ausgeführt. Die G. werden auch Charismen genannt, besondere Begabungen, die zum Aufbau der ↗Gemeinde dienen u. die ↗Verkündigung des ↗Evangeliums unterstützen. Unter den vielen G. unterscheidet z. B. die Apostelgeschichte G. der Verkündigung (Apg 4, 31), der Prophetie (Apg 8, 29) u. Erleuchtung (Apg 11, 12), ausgesprochener Visionen (Apg 7, 55) oder Wundertaten (Apg 3, 1–8). Paulus ergänzt besonders in den Korintherbriefen die G. der entrückten Sprache u. deren Auslegung (1 Kor 12, 30) u. der Unterscheidung der Geister (1 Kor 12, 10). Wenn Paulus auch G., Dienste u. Geisteswirkungen unterscheidet, handelt es sich doch im Grunde immer um dasselbe: um verschiedene Interpretationen der inneren Erfahrung der „Begeisterung". Die im Zusammenhang mit der Firmung aufgezählten „Sieben Gaben des Hl. Geistes" stammen aus dem AT (Js 11, 2) u. dürfen keineswegs exklusiv verstanden werden. Außerdem muß man auch die Gefahr vermeiden, diese G. gegenständlich zu denken, als bekäme man Wissenschaft, Weisheit, Stärke usw. geheimnisvoll geschenkt. Solcher „Heilsmaterialismus" verzerrt das Wesen sowohl des Menschen als des Gottesgeistes. Immer handelt es sich um analoge Sprechweise (↗Analogie), da „Geist" der Erfahrung unzugänglich ist. Die bibl. Verkündigung „erhellt" die Tiefendimension personaler Existenz u. ist eine Wirklichkeit des ↗Glaubens. hi

Gelassenheit. Der Christ ist einer, der weiß, daß er von ↗Gott herkommt u. auf ihn hin ist. Er glaubt u. bekennt, daß sein Schöpfer ihn führt u. leitet (↗Führungsgeschichte Gottes). Schon das atl. Gottesvolk lebte in dieser G. u. Zuversicht, daß Gott mit ihm ist, daß er seine ↗Wege kennt u. daß diese Wege die richtigen sind. Diese G. gibt dem atl. Menschen ein hohes Maß an Seinsvertrauen. Erst recht wird diese G. möglich durch das ↗Bekenntnis: ↗Jesus ↗Christus ist für die Welt gestorben, in ihm hat sich Gott endgültig seiner Schöpfung zugesagt, in ihm ist Gott für die Menschen da. Diese G. will Jesus auch von seinen ↗Jüngern (Mt 6, 25). Der Schöpfer sorgt für seine Geschöpfe; er sorgt ja auch für die Blumen des Feldes u. für die Vögel des Himmels (Mt 6, 26.28). Um wieviel mehr ist er doch um den Menschen besorgt! Dieser Satz Jesu redet in keiner Weise der Passivität u. dem Fatalismus das Wort; er bekennt vielmehr, daß Gott sich um jeden einzelnen Menschen kümmert u. sorgt. Aus dieser G. kann erst die Aktion u. die selbständige menschliche Tat erwachsen. Sie kann aber nie zum Fanatismus werden, oder sie ist nicht christlich. Paulus bringt diese G. in anderer Weise zur Sprache: „Wenn Gott ↗für uns ist, wer kann dann gegen uns sein?" (Röm 8, 31.) „Wer kann uns trennen von der ↗Liebe Christi?" (8, 35.) Der Christ weiß in allen seinen ↗Entscheidungen u. Taten, Gott will für ihn dasein, wenn er für seinen ↗Bruder dasein will. **gr**

Geld, verdrängte im Alten Orient sehr allmählich den Tauschhandel der Naturalwirtschaft. Das G. wurde in Form von Barren, Ringen u. Zungen abgewogen. Das geprägte Edelmetallstück, die ↗Münze, kommt erst unter der Perserherrschaft in Umlauf. In ntl. Zeit waren römische u. griech. Münzen im Gebrauch. Die G.einheiten werden nach dem Gewicht des Edelmetalls bestimmt. Die hebr. Gewichtsmaße sind in der Schrift nicht einheitlich wiedergegeben. Daher werden die bibl. G.einheiten nach den babylonischen Werten berechnet:

Talent	60 600,0 g
Mine	1 010,0 g
Schekel	16,8 g

Die griech. Münzen sind:
Drachme = 6 Obulus = 48 Chalkus.

Römische Münzen sind:
Denar = 16 Assaria (dt. Pfennige) = 64 Quadrans (dt. Heller).
Assarion, Chalkus u. Quadrans sind Kupfermünzen. Der Denar entspricht der Drachme; beide sind Silbermünzen. Ihr Gewicht 3,9 g ($^1/_4$ des Silberschekels) hat nach den heutigen Edelmetallpreisen den Wert von 1,00 bis 1,20 DM. Aber die damalige Kaufkraft lag erheblich höher. 1 Denar Lohn für die Arbeiter im Weinberg ist der normale Tageslohn (Mt 20, 2). Dann ist für 1 Denar = 1 Tageslohn = 20–30 DM einzusetzen. **do**

Gelobtes Land. Das G. L. ist nach Hebr 11, 9 das Land ↗Kanaan, Palästina. Es ist jenes Land, das Gott dem ↗Abraham u. seinen Nachkommen verheißen hat (Gn 15, 18). Der ↗Jahwist preist unermüdlich dieses schöne u. weite Land Kanaan als verheißene Gabe u. als Ziel der göttlichen Führung (↗Führungsgeschichte Gottes). Er hat das davidische Großreich seiner Zeit vor Augen. In ↗David hat Gott seine Zusage, die Landverheißung an Abraham erst voll u. in ungeahntem Maße eingelöst. Abraham selbst hat nach dem Jahwisten das Land gleichsam nur symbolisch für seine Nachkommen in Besitz genommen. ↗Landnahme, ↗Landverheißung. **pa**

Gelübde, Versprechen, Gott oder dem Heiligtum etwas zu schenken, damit eine Bitte Erhörung findet. G. waren Enthaltungs-G., z. B. die Verpflichtung zum Fasten, oder Leistungs-G., mit denen man sich zu einer bestimmten Tat oder zur Darbringung einer Gabe verpflichtete. Anlaß zum G. gaben Notsituationen wie Verbannung, Kinderlosigkeit, mancherlei Gefahren (Gn 20, 28 ff; 1 Sm 1, 11 u. a.). Gelobt wurden fehlerlose Tiere, Besitz, Kinder, Nasiräergelübde (↗Nasiräer). Gelobte ↗Opfer wurden im ↗Tempel dargebracht. G. standen in hohem Ansehen u. wurden meist gewissenhaft erfüllt. Die wörtliche Erfüllung konnte in späterer Zeit durch eine Zahlung an das Heiligtum abgegolten werden. In den Weisheitssprüchen wird vor unüberlegten G.n (wie Ri 11, 30) gewarnt. Jesus übte in der späteren kasuistischen Gelübdepraxis, die zu schweren Verstößen gegen die elementarste Liebespflicht führen konnte, besonders harte Kritik (Mk 7, 9–13).   ba

Gemeinde. Religiöse G. entsteht eigentlich im ↗Kult, um einen ↗Altar, an einem Kultort. So spricht man im AT von Kult-G. Auch die christl. G. versammelte sich von Anfang an zu gemeinschaftsstiftenden Feiern, zum ↗Herrenmahl, zur Agape (↗Liebesmahl), zum Synagogengottesdienst. Der Jüngerkreis Jesu ist eine Vorstufe zur christl. G. konstituierte sich durch den Osterglauben, durch das Bekenntnis der ↗Auferstehung Jesu u. ist getragen von der Überzeugung, daß der Auferstandene in ihr am Werk, also gegenwärtig, ist. Sie feiert sein ↗Gedächtnis im ↗Abendmahl u. konstituiert sich ständig von neuem als ↗Kirche Christi. ↗Eucharistie, ↗Urgemeinde.   gr

Gemeindebildung, formgeschichtlicher Begriff, der besagt, daß die christl. ↗Gemeinde auf Grund ihres nachösterlichen Verständnisses einen schöpferischen Einfluß auf die Formung u. Erweiterung der ursprünglichen Jesusüberlieferung hatte. Die radikale Behauptung, daß gewisse Stücke der Evv. freie Erfindung der Gemeinde seien, wird der Historizität der evangelischen Überlieferung nicht gerecht.   ba

Gemeinschaft. Im AT meint G. vor allem die natürliche G. der Israeliten in ↗Familie, ↗Sippe, ↗Stamm u. Volk. Sie ist aber mehr als eine blutsmäßige Verbindung: G. ist die Frucht des ↗Bundes mit Jahwe, der im Glauben an ihn, im Kult u. im Leben nach dem ↗Gesetz eine G. des Denkens u. Handelns schafft, die Israel zusammenhält. Die Verbindung von Gott, Land u. Volk ist für den Israeliten so eng, daß der ↗Proselyt mit dem Glauben an Jahwe auch in den Volksverband Israels aufgenommen wird. Der ↗Fremde, der nicht der Volks-G. angehörte, wurde durch besondere Gesetze geschützt. – Im ↗Kult trat das Volk in G. mit Gott: Sie kommt besonders in den Friedopfern zum Ausdruck, bei denen die Opfernden einen Teil des Opfers erhielten, mit dem sie ein Opfermahl feierten (Lv 3; Ex 18, 12). Etwas vom ↗Opfer zu essen bedeutete: zum G.s-Mahl mit Gott zugelassen zu sein (vgl. die 70 Ältesten – Ex 24, 11). Die Bundes-G. mit Gott kommt zum Ausdruck im Reden Jahwes mit Mose auf dem Berg (Ex 19, 20 ff) u. im Zelt der Begegnung, indem „der Herr redete mit Mose von Angesicht zu Angesicht, wie jemand mit seinem Freund redet" (Ex 33, 11). In G. mit Gott steht der ↗Fromme, der das Gesetz beobachtet (Ps 119). Begegnung mit Gott geschieht aber auch im ↗Gebet, das Bitte um Gottes Gegenwart werden kann (Ps 42, 2 ff). Der Beter jubelt, weil auch der Tod die G. mit Gott zerreißen kann (Ps 16, 8 ff).

Im NT zeigen sich Formen antiken G.s-Bewußtseins: Eine ganze Haus-G. wird zusammen getauft (z. B. Apg 16, 15). Die Tisch-G. veranschaulicht die besondere Verbundenheit der einzelnen Teilnehmer (Mt 9, 9–13). In den Evv. fehlt das Wort G. im religiösen Sinn. Bei Paulus dagegen erscheint es ausschließlich in religiöser Bedeutung; es wird weder für die ↗Gemeinde noch für die ↗Kirche verwandt. G. meint bei Paulus die durch den ↗Geist gewirkte Einmütigkeit der einzelnen untereinander u. mit Gott, ihr Leben im Geiste Christi. Der Glaubende gewinnt durch die ↗Taufe u. mit Christus (Röm 6, 3 f; Eph 2, 5 f). Er gewinnt im Glauben Anteil am Hl. ↗Geist (2 Kor 13, 13) u. an den ↗Leiden Christi (Phil 3, 10). Paulus nennt die ↗Eucharistie G. des Leibes u. Blutes Christi (1 Kor 10, 16). Diese G. bewirkt eine Umwandlung des Menschen zu einer neuen Wirklichkeit: Der Mensch wird hineingenommen in Jesu Tod u. Auferstehung. Diese neue G. bringt die Vergebung der Sünden (vgl. Röm 8, 17 z. B.). – G. mit Gott u. G. der Menschen gehören zusammen (1 Joh 1, 6). Die G. der Christen untereinander wird im ↗Brotbrechen bei der Eucharistie verwirklicht (Apg 2, 42). Von hier ausgehend, zeigt sie sich dann in der ↗Güter-G. (Apg 4, 32) u. in den für notleidende Gemeinden veranstalteten Kollekten (vgl. 2 Kor 8 u. 9). Diese G. ist die Fortsetzung des G.s-Lebens, das Jesus mit seinen ↗Jüngern führte (Lk 8, 1–3). Die Christen erdulden gemeinsam die Verfolgungen (2 Kor 1, 7) u. nehmen Anteil an der Ausbreitung des Ev. (Phil 1, 5). Sie sind, wie das Bild des ↗„Leibes Christi" zeigt, eine G., in der alle Unterschiede aufgehoben sind, eine G. in ↗Liebe (Gal 3, 28).   br

Genealogie ↗Namenlisten.

Genesis-Apokryphon, eine wohl im 1. Jh. v.C. entstandene, in Qumran gefundene aramäische Schrift, die Gn 1–15 in Art eines ↗Midrasch oder ↗Targum auslegt. we

Genesis-Buch. G. (griech. Entstehung), griech.-lat. Name für das erste Buch des ↗Pentateuchs, so genannt nach dem Inhalt der ersten Kapitel. Kap. 1–11 enthalten die sog. ↗ „Urgeschichte" (Erschaffung der Welt u. des Menschen, ↗Sündenfall, ↗Sintflut, Bund mit ↗Noach, Turmbau zu Babel), Kap. 12–50 die Erzählungen über die ↗Patriarchen. Nach jüd. u. christl. Tradition galt ↗Mose als der wesentliche Verfasser von G. Wir wissen heute, daß das G.-B. aus sehr verschiedenen literarischen Quellen zusammengewachsen ist (↗Jahwist, ↗Pentateuch, ↗Urkundenhypothese). Das G.-B. bietet keine Geschichtsschreibung im modernen Sinn, sondern „Israels Schau in die Vergangenheit". Die einzelnen Kapitel der „Urgeschichte", in der zwei Überlieferungsströme zusammengeflossen sind (Jahwist u. ↗Priesterschrift), sind theol. Aussagen, erwachsen aus der Erfahrung Israels mit dem Bundesgott. Die in der Geschichte erfahrenen Großtaten Gottes bezeugen seine Macht auch in der Natur. Die Erfahrung der Sünde führte zur Überlegung über den Ursprung der Sünde. In der Patriarchengeschichte, die aus kleinen Überlieferungsstücken zusammengewachsen ist, wird sich das erwählte Volk der Erwählung der Stammväter bewußt. Ihnen hat der Bundesgott die Verheißungen des Landes, des Volkes u. des Segens zugesprochen, deren Erfüllung Israel in seiner Geschichte als ↗Heilsgeschichte erfahren hat. ba

Geniza, Bezeichnung einer Kammer bei der ↗Synagoge, in die man abgenutzte ↗Handschriften der Bibel legte. Gewöhnlich übergab man sie später der Erde zu weiterem Zerfall, um sie so vor Profanierung zu bewahren. In der G. zu Kairo vergaß man das einmal; so haben sich hier wichtige alte Hss erhalten. he

Gennesaret (im AT Kinneret), Bezeichnung des Sees in der Jordansenke, im NT auch Meer von ↗Galiläa (Mt 4, 18) oder Meer von Tiberias (Joh 21, 1) genannt. Er liegt 208 m unter dem Spiegel des Mittelmeeres, von Bergen u. fruchtbaren Ebenen begrenzt. Durch ihn fließt der ↗Jordan. Bekannt ist sein Fischreichtum. – Jesus wirkte einige Zeit in den Ortschaften am See G. u. berief hier seine ersten Jünger. he

Gerasa (Gerasener), biblisch von Interesse als Schauplatz der Erzählung einer Dämonenaustreibung (Mk 5, 1–20). Das Gadara der Parallele bei Matthäus (8, 28–34) bzw. das Gergesa einiger Textzeugen des Lukas-Ev. (8, 26–39) sind wohl Variationen der Überlieferung eines einzigen Ereignisses. Der Name G. läßt auf den Ort El-kursi, südlich des Wadi Es-samak, am Ostufer des Sees Gennesaret, im Gebiet der sog. ↗Dekapolis, schließen u. ist nicht unbedingt mit dem heutigen Dscherasch, 55 km östlich des Sees Gennesaret, identisch, einer Gründung Alexanders d. Gr., die in den ersten nachchristl. Jahrhunderten große Bedeutung erlangte. Die Formulierung „Gegend von G." (Mk 5, 1) macht allerdings wahrscheinlich, daß erst die christl. Tradition den Schauplatz der Dämonenaustreibung (die das Seeufer voraussetzt) lokalisierte. hi

Gerber. Der Beruf des Ledererzeugers ist schon im AT bekannt. Wegen der Verarbeitung von Tierexkrementen ist das G.gewerbe im Judentum verachtet (vgl. Js 7, 3, das „Walkerfeld" liegt außerhalb Jerusalems). sc

Gerechte. Diese Bezeichnung spricht im AT wie im NT Personen eine Qualität zu. Die inhaltliche Bestimmung wechselt dabei je nach der vorauszusetzenden Bedeutung bzw. Vorstellung von der ↗Gerechtigkeit Gottes u. der des Menschen. a) Gott ist der G., vor allem in seinem heilschaffenden Wirken (Dt 32, 4) u. in seiner den Kosmos u. die Völker umfassenden richterlichen Tätigkeit (Ps 9, 9). b) Der Mensch ist ein G.r, wenn er Gottes ↗Weisung gehorcht (Gn 6, 9). Das Leiden des G. (↗Gottesknecht, Js 53, 11) macht viele gerecht. – Im NT erscheint vor allem Jesus als der G. Er ist schuldlos im ↗Prozeß (Mt 27, 19). Sein Tod wird zum Ursprung des Heils für die Menschen, die er zu G.n macht (Röm 5, 19). Dadurch hebt sich aber gerade die alte Trennung von G.n u. ↗Sündern auf. Fortan gibt es den G.n einzig durch die Teilhabe an dem Heilswerk Gottes in Jesus Christus. Auch alle im NT als G. bezeichneten Personen werden stets im Blick auf Gottes Heil in Christus so genannt.   ka

Gerechtigkeit des Menschen. 1. Im AT: G. d. M. meint in den atl. Schriften ein Gesamtverhalten des Menschen gemäß dem ↗Willen Gottes (Dt 6, 25). Damit ist die Unter- u. Einordnung der G. d. M. unter bzw. in die ↗Gerechtigkeit Gottes vorausgesetzt oder gewahrt. Gerade wenn ältere Texte die juridische Seite der G. d. M. hervorheben, wird man dies nicht übersehen dürfen. Oft geht es auch bei der G. d. M. im AT um die Beziehungen vom einen Menschen zum andern (Ex 23, 6 ff; Dt 1, 16). Indes „schaffen" strenge Gebetsbefolgung (Ib 4; ↗Gebot, ↗Gesetz) u. ↗Almosen (Tob 12, 9) besonders in später Zeit die G. d. M. 2. Im NT: Verallgemeinert kann man sagen: G. d. M. ereignet sich in totaler, rückhaltloser u. damit alle menschlichen „Sicherheiten" preisgebender Annahme der Gerechtigkeit Gottes (↗Rechtfertigung). Diese neue Gerechtigkeit hat Gott den Menschen im Heilsgeschehen durch Christus angeboten. Sie kann nicht durch eigene ↗Werke u. Verdienste (↗rühmen, sich) erworben werden. Nur im ↗Glauben u. in der gehorsamen Annahme der ↗Botschaft vom ↗Heil in Christus wird der Mensch geschenkweise gerechtfertigt. Als Gerechtfertigter lebt er nun aus der Gerechtigkeit Gottes (Röm 3, 21–26). Gottes Gerechtigkeit ist damit zur Gerechtigkeit seines eigenen Lebens geworden. Wenn Phil 1, 11 für die Gemeinde das Erfülltsein mit „Früchten der Gerechtigkeit" erbittet, so geht es dabei um den Ausweis, wieweit die der Gemeinde zuteil gewordene Gottesgerechtigkeit wirklich u. konkret für sie lebensbestimmend geworden ist. Dies erhofft u. erbittet der Apostel. – Die „Übung der Gerechtigkeit" tritt in der Theologie des Mt (6, 1 ff) in unverkennbarer Eigenbedeutung hervor. Aber gerade die programmentfaltende Komposition der ↗Bergpredigt hebt in den Antithesen (5, 21–48) darauf ab, dem Glaubenden (in der Gestalt des ↗Jüngers Jesu) zu sagen, was jetzt zu tun sei, um „alle Gerechtigkeit zu erfüllen". Vorbild ist

Jesus selbst (3, 15). – Wie sehr jedes rein formale Verständnis einer G. d. M. gegenüber dem anderen Menschen für immer abgetan sein müßte, zeigt Lk 10, 25–37. Die absolute Forderung des Liebesgottes macht jeden zum ↗„Nächsten". Alle den Menschen vom Menschen trennenden Schranken werden als dem Willen Gottes widersprechend offenbar. Noch mehr: in Jesu Wort werden selbst gottesdienstliche Pflichten u. religiöse Gebote eindeutig durch die neue Gerechtigkeit der ↗Liebe überholt. G. d. M. heißt Verwirklichung der Liebe Gottes, die ↗in Christus allen Menschen als ↗Möglichkeit offensteht.   ka

Gerechtigkeit Gottes. Unser heutiges Verständnis von Gerechtigkeit ist vom juristischen Wortgebrauch bestimmt, der im bibl. Denken erst verhältnismäßig spät zu finden ist, nur eine Seite der in Frage stehenden Wirklichkeit ausdrückt u. vom NT (Paulus) entschieden bekämpft wird. Ursprünglich war Gerechtigkeit ein personaler Beziehungsbegriff u. drückte die rechte Ordnung im Verhältnis zweier Personen aus. Da man in der älteren Periode der atl. Schriften alle menschliche Ordnung auf Jahwe bezog (↗Theokratie), sah man auch Gerechtigkeit immer im Hinblick auf Gott u. verstand deshalb den Ausdruck G. G. als das bundesgemäße Verhalten Jahwes u. ↗Gerechtigkeit des Menschen als das bundesgemäße Verhalten ↗Israels (↗Bund). Diese Grundbedeutung nahm im Laufe der Entwicklung des glaubenden Selbstverständnisses Israels verschiedene Bedeutungsnuancen an: 1. G. G. als „dynamischer Begriff", d. h., er bezieht sich mehr auf das Handeln Gottes als auf sein Sein. In diesem Verständnis (etwa bis Jeremia vorherrschend) ist G. G. das mächtige u. siegreiche Eintreten Gottes für sein Volk (vgl. Ri 5, 11; Ps 103, 6), das sich glaubend u. vertrauensvoll an ihn wendet. 2. G. G. denkt man sich als dem Vergeltungsprinzip folgend: für den ↗Gerechten bedeutet das ↗Gericht Gottes das ↗Heil (Jr 9, 23), für den gottlosen Übeltäter dagegen Strafe u. Vernichtung (Js 5, 16). G. G. nimmt also einen doppelten Charakter an. 3. ↗Gnade u. Gerechtigkeit sind deshalb im atl. Verständnis keineswegs Gegensätze, sondern zwei Seiten des göttlichen Handelns, das vom Gerechten u. vom Gottlosen jeweils verschieden erfahren wird. 4. G. G. ist für Israel eine Wirklichkeit, die im ↗Glauben ergriffen werden muß (Jr 12, 1 ff), d. h., sie ist nicht objektivfaktisch u. aller Welt zugänglich, für sie muß sich der gläubige Israelit immer wieder in der Anfechtung seines Alltags entscheiden (Ib 9, 20). 5. Aus der Übermächtigkeit der Anfechtung heraus ist es wohl zu erklären, daß seit dem Babylonischen ↗Exil die G. G. als endzeitliches Heilsgut erwartet wird (Jr 31, 31 ff). Damit findet man eine Antwort auf das Ausbleiben der G. G. hier u. jetzt u. wendet sich voll Hoffnung der zukünftigen Vollendung zu (↗Apokalyptik). 6. Bei den Pharisäern erhält G. G. darüber hinaus in zunehmendem Maße rechtlichen Charakter: wer das ↗Gesetz Gottes peinlich genau in allen Einzelheiten befolgt, wird mit der G. G. belohnt. Gegen diese ↗Werkgerechtigkeit wendet sich das NT entschieden u. legt den Akzent auf die ↗Glaubensgerechtigkeit. 7. G. G. ist nach Matthäus Gabe u. Tat Gottes (↗Herrschaft Gottes), die dem zuteil werden, der sich darum bemüht: „Selig, die hungern u. dürsten nach der Gerechtigkeit, denn sie werden gesättigt werden" (Mt 5, 6). Dieses Mühen geschieht aber nicht auf dem legalistischen Weg der Pharisäer (Mt 5, 20), sondern auf dem Weg des Glaubens an das ↗Ev. Jesu Christi. 8. G. G. gewinnt im NT vor allem bei ↗Paulus besondere Bedeutung. Wie in der durchgängigen Tradition des AT ist auch bei ihm G. G. ein dynamischer Begriff: Indem Gott in Jesus Christus handelt, tut er kund, wer er ist (2 Kor 5, 21). Der Akzent liegt aber bei Paulus eindeutig auf dem rettenden Handeln u. nicht auf dem „Wesen" Gottes, das allen Glaubenden Heil schafft, u. dies nicht über die Natur oder die politische Geschichte, sondern im personalen Lebenseinsatz Jesu von Nazaret (Röm 10, 3 f). 9. Bei Paulus muß man ↗Rechtfertigung u. G. G. unterscheiden: Das Heilshandeln Gottes in Jesus Christus nennt er Rechtfertigung (vgl. Röm 3, 21–28), das Resultat dieses Handelns G. G. (Phil 3, 9),

die im Ev. geoffenbart, im Glauben ergriffen u. darin personale Wirklichkeit wird (Röm 1, 17). 10. So gesehen, bedeutet G. G. dasselbe wie ↗Güte, Gnade, ↗Barmherzigkeit, ↗Erbarmen u. ↗Liebe Gottes, die in der Richtigkeit des Menschseins in der Welt – vor Gott – zur Gerechtigkeit des Menschen wird. 11. Dieses Verständnis wirkte auch noch in den jüngsten Teilen des NT nach (z. B. 2 Petr 1, 1), für die G. G. der zusammenfassende Ausdruck des Heilshandelns Gottes am Gläubigen ist (1 Joh 1, 9).

Diese christologisch-heilsgeschichtliche Schau des NT wurde aber im späteren theologischen Sprachgebrauch der Kirche nicht durchgehalten. Wohl durch den Einfluß der römischen Rechtssprache u. der stark magisch orientierten römischen Religiosität ersetzte der spätjüd. bzw. hellenistische Begriffsinhalt von Gerechtigkeit (iustitia) – als Wesenseigenschaft u. Tugend aufgefaßt – das bibl. Verständnis vom Heilshandeln Gottes am Menschen. Der scheinbare Gegensatz des zugleich barmherzigen u. strafenden Gottes läßt sich vom bibl. Verständnis her leicht lösen, da es der bibl. Verkündigung nicht darum geht, Wesenseigenschaften Gottes zu definieren, sondern den Menschen zur richtigen Einstellung Gott gegenüber aufzufordern. hi

Gericht *(Gottes)*. Weil Gott einen ↗Bund mit ↗Israel geschlossen hat, verpflichtet er es nach dem AT durch seine Gebote zu einem Leben, das dieser Heilszuwendung entspricht. Ist das auserwählte Volk seinem Gott gegenüber untreu, dann fordert er es zur Rechenschaft. Gott hat zwar auch Macht über die Völker, aber er wird die ↗Schuld seines Volkes in ganz besonderer Weise heimsuchen. ↗Propheten können daher das Bild einer Gerichtsverhandlung zeichnen, die Gott mit Israel führt u. in der Himmel u. Erde als Zeugen angerufen werden (Js 1, 2 f). Das G. Gottes ist zunächst – erst später sprengt es diesen Rahmen – als innerweltliche Katastrophe gedacht: Gott, der Herr der Geschichte, kann die Völker zur ↗Strafe für den ↗Ungehorsam seines Volkes zum Krieg gegen Israel herbeiführen. Vor allem das Babylonische ↗Exil wurde als solche Strafe Gottes gedeutet: Das

Volk war in der Zeit seiner Könige von Gott abgefallen u. wurde dafür bestraft – es ist an seinem Schicksal selber schuld. Freilich – hat nun das Geschlecht der Exilszeit für die Schuld der Väter zu büßen? Ez 18, 2 ff unterstreicht, daß jeder für seine eigene Schuld verantwortlich ist. Ein Satz, der in der Situation des Exils äußerst richtig u. notwendig war. Später hat man jedoch, vor allem in der jüd. Gelehrsamkeit, dies im Sinne mechanistischer Vergeltungslehre mißverstanden: Nach genauem Schema vergilt Gott die guten u. bösen Taten eines Menschen – z. T. schon im Diesseits, endgültig dann im ↗Jenseits. Der jüd. ↗Fromme ist darum bemüht, vor dem G. Gottes möglichst viele gute Werke vorweisen zu können, um auf Grund dieser ↗Leistung von Gott gerechtgesprochen zu werden. In spätjüd. ↗Apokalyptik weiß man um die ↗Herrschaft Gottes über die Welt u. sieht zugleich, daß diese Welt von der Gottlosigkeit u. Bosheit beherrscht wird. Die Hoffnung richtet sich darum auf eine neue Welt, die nach dem G. G., der Vernichtung aller Bosheit, errichtet wird. Dann wird sich Gott als der Sieger im Rechtsstreit gegen die Welt erweisen, u. seine Herrschaft wird sichtbar werden.

Das gesamte NT spricht vom G. Gottes. Der Zeitpunkt des Eintreffens des G. Gottes kann u. darf nicht berechnet werden. Das G. Gottes geht über Lebende u. Tote, es setzt also den Gedanken der ↗Auferstehung voraus. Gott ist der ↗Richter, bzw. Gott überträgt das Richteramt ↗Christus. Der Mensch wird vor den Richter gestellt u. muß für sein Leben Rechenschaft ablegen: Kein Wort, kein Glas Wasser wird hierbei unerwähnt bleiben. Das Ergebnis des G. wird im Gegensatz zum Judentum meist nicht ausgemalt. Das Urteil über die Nichtglaubenden, die Verdammnis, interessiert in der Regel wenig. Manchmal findet sich auch die knappe Aussage vom „Heulen u. Zähneklappern". Auch beim Urteil des G. Gottes über die Christen werden nicht die Zustände ausgemalt. Es kommt nur auf die Aussage an: So ernst nimmt Gott seinen Diener, daß der Christ sein ganzes Leben vor Gott verantworten

muß. Gerade die Aussagen vom G. Gottes lassen also im NT nicht zu, daß man über die ↗Zukunft spekuliert u. dabei die Gegenwart vergißt. Es kommt vielmehr alles darauf an, heute zu glauben, d. h. als ↗Diener Gottes zu leben. Unbefangen kann allerdings vom ↗Lohn gesprochen werden, den der Richter dem Christen geben wird – aber dennoch ist ein grundlegend anderes Verständnis des G. Gottes gegeben als im Rabbinat (↗Rabbi): Im Judentum versucht der Fromme, mit Hilfe seiner guten Werke sich den Himmel zu verdienen. Jesus dagegen zerschlägt jeden Anspruch auf Verdienst. Wenn der Weltrichter erscheint u. die Scheidung zu seiner Rechten u. Linken (↗rechts u. links) vollzieht, dann werden die Angenommenen Gott nicht ihre guten Werke präsentieren, sondern verwundert fragen, wann sie Gott gedient haben: Sie haben dem Notleidenden geholfen, sie schielten nicht auf Lohn (Mt 25, 31 ff). Wenn der Christ auch alles getan hätte – was ist er dann anders als ein armseliger Knecht, der nur seine Pflicht getan hat (Lk 17, 10) u. auf Gottes ↗Gnade angewiesen ist? ↗Gerichtsbilder, ↗Gerichtsreden, ↗Zorn Gottes, ↗Jüngstes Gericht.   ma

Gerichtsbilder bilden ein Kernstück bibl. Verkündigung. Die atl. Propheten erkennen, daß sich die Welt, ja sogar Jahwes auserwähltes Volk immer mehr vom ↗Willen Gottes löst u. eigene Wege geht, daß diejenigen, die zum ↗Bund mit ↗Jahwe stehen, verachtet u. verfolgt werden, während es den Frevlern gut geht. Dieser Zustand kann nicht ewig dauern. Eines Tages wird Jahwe gewaltsam in den Lauf der Welt eingreifen u. alle Völker, nach der späteren prophetischen Literatur jeden einzelnen Menschen, zur Rechenschaft ziehen. Die G. wollen diesen Vorgang in bildhafter Darstellung veranschaulichen. Das geschieht in vielfältigen Formen. Seit Am 5, 18 ist das G. vom ↗„Tag Jahwes" ein fester Bestandteil der israelitischen Zukunftserwartung. Dieser „Tag Jahwes" wird als Vernichtungskrieg, als Blutbad Jahwes unter den Völkern vorgestellt (Bild vom ↗Keltertreter: Js 63, 1–6). Bei Ez, Jr, in der Weisheitsliteratur (↗Weisheit) u. im nachexilischen Juden-

tum tritt an die Stelle der Vorstellung vom „Schlachttag" Jahwes das Bild des Gerichtsakts: Jahwe sitzt über Menschen, Engel u. Dämonen zu ↗Gericht (Mal 3, 2 ff; Joel 4, 1 ff). Die Gottesreichs- u. Wiederkunftsgleichnisse der Evv. (↗Gleichnis) sind ebenso G. wie die Plagen(reihen) der Apokalypse (7 Siegel, 7 Posaunen, 7 Schalen), die weitgehend auf atl. Vorlagen zurückgreifen. ↗Zorn Gottes.   gl
Gerichtsrede. Die Tradition der G. beginnt mit Amos (Am 1, 2 – 2, 16); bei Hosea wird sie zum Ruf zur ↗Buße. Von dort stammt das Verkündigungsschema vom Gericht über ↗Israel: ↗Abfall u. Verstockung sind die Ursache des Bundesbruchs. Deshalb Androhung der Bestrafung durch die Feinde Israels. Einzige Rettungsmöglichkeit ist die Rückkehr zu Gott (Js 7, 9). Nach Jeremia u. Ezechiel sind ↗Gericht, ↗Zorn Gottes, ↗Umkehr, Gottes ↗Erbarmen u. Liebe die beherrschenden Themen der G. – ↗Johannes der Täufer greift auf die atl. G. zurück (Elija, Hos, Jr, Ez) u. beruft sich auf die bevorstehende Ankunft der ↗Herrschaft Gottes.   stu
Seine G. gilt nicht mehr dem Volk als Ganzem, sondern vor allem den Pharisäern u. Sadduzäern: nicht durch ihre leibliche Abstammung von Abraham, also durch die Zugehörigkeit zum auserwählten Volk, werden sie vor dem göttlichen Zorngericht bewahrt, sondern nur durch echte Umkehr zu Gott, die sich im Handeln äußert (besonders Mt 3, 7–10). Dieser Grundgedanke durchzieht auch die G.n Jesu. Das Gericht ist die Krisis, d. h. die Scheidung zwischen denen, die sich zu Gott, u. denen, die sich zu seinem Widersacher bekennen, sowie die endgültige Entmachtung aller antigöttlichen Mächte. So ist das Gericht Voraussetzung für die Aufrichtung der Gottesherrschaft, die mit dem Wirken Jesu beginnt. Deshalb vollzieht sich das Gericht in der persönlichen Entscheidung des einzelnen für oder gegen Jesus Christus (Joh 3, 18).   gl
Gerisim, ein hl. ↗Berg südwestlich von ↗Sichem (vgl. Dt 11, 29; Jos 8, 33). Er ist seit dem 4. Jh. v.C. Kultort der ↗Samariter, die noch heute ihr Pascha-Fest auf dem G. feiern. Die alte Streitfrage zwischen Juden u. Samaritern,

ob man nur in Jerusalem oder auch auf dem G. gültig anbeten könne, wird auch im Gespräch Jesu mit der Samariterin berührt (Joh 4, 20).   he
Gesang der drei Männer, Bezeichnung für den nur in der LXX griech. überlieferten Einschub in Dn 3. Er besteht aus zwei ursprünglich wohl selbständigen, in sich geschlossenen Einheiten: dem Gebet des Asarja (3, 25–45) u. dem Lobgesang, den die drei Männer im Feuerofen zum Preis des erhabenen Gottes anstimmen (51–90). Der G. d. d. M. ist ins Ende des 2. Jh. v.C. zu datieren. Der kurze Prosatext Vv. 46–50 stand im hebr. Text vielleicht als Verbindung zwischen den Vv. 23 u. 24 (LXX 91). ↗Daniel-Buch.   he
Geschichte. Parallel mit den politischen u. gesellschaftlichen Umwälzungen in Europa im 18. u. 19. Jh., deren Fanal die Französische Revolution war, parallel auch mit den Ansätzen technischen u. naturwissenschaftlichen Denkens vollzieht sich im Bereich der Geisteswissenschaften die Entdeckung der Geschichte. Friedrich Meinecke nennt diesen Vorgang „eine der größten geistigen Revolutionen, die das abendländische Denken erlebt hat". Der Sinn für die Individualität, stark ausgeprägt durch die Romantik, schärfte den Blick für die Einmaligkeit geschichtlicher Lebensgestalten, für die Unvergleichlichkeit des Selbst- u. Weltverständnisses der einzelnen Epochen u. der verschiedenen geschichtlichen Welten. Die Historiker – wie etwa Droysen – erkannten, daß die historische Methode eine Methode des Verstehens sein muß, nicht eine Methode der Aufdeckung gesetzmäßiger Abläufe nach Art naturwissenschaftlicher Gesetze. Zugleich wurde aber auch die eigentümliche Schwierigkeit klar, die sich bei jedem Versuch eines historischen Verstehens zeigt: Ist die vergangene Auffassung der Welt, der menschlichen Existenz usw. einmalig, so kann man sich diesem Verständnis zwar durch historische Untersuchungen nähern, man wird es aber nie nachvollziehen können, wie es ursprünglich verstanden worden ist. Die eigene gegenwärtige Position wird im Verstehen vergangener Zeiten immer irgendwie mitwirken. Es gibt in der G. keinen absoluten Fixpunkt, von

dem her die jeweilige Relativität auszuscheiden wäre.

Von dieser Einsicht aus lassen sich alle jene Entwürfe kritisieren, die die G. in ein System zu bringen versuchen. Historiker wie Ranke haben im vergangenen Jh. scharf gegen die Hegelsche Philosophie Stellung bezogen, welche die G. als die Entfaltung des absoluten Geistes in einer Abfolge von Gestalten sah. Kritik erfuhren die Versuche der Positivisten, die G. in ein Geflecht soziologisch determinierbarer Funktionen aufzulösen. Auch der von Kant her bestimmte Ansatz, eine psychologisch-erkenntnistheoretische Struktur im erkennenden Subjekt aufzudecken, scheiterte. Ein gleiches gilt für alle Modelle einer rein entwicklungsgeschichtlichen Konzeption. Ist die Geschichte nicht zu systematisieren u. zu definieren, so mag die Frage aufstehen, ob der Mensch der G. nicht als Spielball ausgeliefert ist. Wird ihm durch die historische Relativität die unbedingte Wahrheit nicht grundsätzlich vorenthalten? Nein. Der Mensch erkennt das, was ist. Das, was ist – die Wirklichkeit –, aber ist selbst geschichtlich. Sie ist wandelbar, u. es gehört zu ihrem Wesen, in immer neuen Weisen aufzugehen. So erkennt der Mensch das Wahre auf unbedingte Art, gerade indem er es geschichtlich je anders u. anders erfährt. Das zurückliegende historische Ereignis, welches der Mensch aus der zeitlichen Distanz etwas anders erkennt als der unmittelbar Beteiligte, wird gerade so in Wahrheit erkannt. Es wird so aufgefaßt, wie es dieses Ereignis gibt: als in der Gegenwart Erinnertes. Das Vergangene existiert ja nicht an sich, sondern nur als ein in der Gegenwart Aufgehobenes. Daraus folgt keineswegs, daß sich der Forscher nicht um eine historische Sachlichkeit, die Überwindung von Vorurteilen bemühen müßte, damit sich die Sache, um welche es geht, so zeigen kann, wie sie ist.

Der Wandel im Verständnis geschichtlicher Sachverhalte wie der G. im Ganzen ist eine unübersehbare Anzeige für die Endlichkeit menschlichen Erkennens u. für die Zeitlichkeit der Wirklichkeit. Auf Grund dieser fundamentalen Begrenztheit läßt sich die geschichtliche Realität zwar durch den handelnden Menschen mannigfach verändern, aber nie in einen idealen Zustand verwandeln. Die G. offenbart die paradoxe Existenz des Menschen, der über alle Grenzen hinaus nach reiner Vollendung, nach Heil u. Glück verlangt u. sich doch immer in den Schranken der Endlichkeit bewegt.

Diese Geschichtserfahrung der Neuzeit eröffnet dem heutigen Menschen einen neuen Zugang zum Verständnis der Heilsoffenbarung in AT u. NT. ↗Israel erfuhr in der Stiftung des Bundes, wie Jahwe sich seiner G. annahm. Deshalb formuliert es sein Glaubensbekenntnis als „geschichtliches Credo" (Dt 26, 5–9). Gott hat sich seiner in den Tagen der Väter erbarmt, so darf es auf die Zukunft hoffen. Diese Erwählung bindet Israel zugleich an die gesamte Menschheit. Der Abrahamssegen spricht vom Segen über alle Völker (Gn 12, 3). Die Menschheitsgeschichte ist der Hintergrund der Bundesgeschichte (Gn 1–11). Damit taucht zum erstenmal innerhalb der Weltliteratur der Gedanke einer Universalgeschichte auf, die alle Menschentümer umspannt. Zur Zeit der Propheten vertieft sich Israels Einsicht in die G. Es erfährt mit aller Schärfe die eigene Schuld u. die Sünde der Völker. Die ganze Verlorenheit u. Heillosigkeit der G. tut sich in aller Deutlichkeit auf (vgl. die Gerichtsreden Am 1–2; Js 13–23; Ez 25–30).

Zugleich beginnen die Propheten ein Heilshandeln Gottes anzukündigen, das die G. Israels u. – durch Israel als Mittler – das Geschick der Völker von Grund auf heil machen wird (Jr 16, 19; Js 35, 1–10; 66, 19–21). Die Bilder für diese ↗Verheißung entstammen der Tradition Israels, überbieten sie aber: Jesaja spricht vom idealen Herrscher aus dem Hause Davids (7–12), Deuterojesaja von einem neuen ↗Auszug (Js 52, 11 ff). Es gibt das Bild vom Gottesmahl auf dem Sion (Js 25, 6–8), von der Einbeziehung der ganzen Schöpfung in den neuen ↗Bund (Hos 2, 20). Israel hofft auf das Heil Gottes als die Vollendung der Geschichte.

Gegenüber der Künftigkeit der atl. Verheißung bezeugt die ntl. Gemeinde das Christusereignis als ↗ „Fülle der Zeiten" (Gal 4, 4; Eph 1, 10). In Jesus Christus, seinem Leben, seinem Tod u. seiner Auferstehung ist das Heil Gottes für alle Welt angebrochen. Die Vollendung ist nicht einfach ausständig. Vielmehr waltet in dieser Zeit die Nähe des herbeigekommenen ↗Reiches Gottes (vgl. Lk 17, 21; Mt 12, 28). Weil die glaubende Gemeinde ihre Existenz auf dieses in Christus gekommene Heil setzt, deswegen darf u. muß sie immer neu alle geschichtlichen Schranken übersteigen: Sie ist die eine Kirche aus Juden u. Heiden. „Da ist nicht mehr Jude oder Grieche, Sklave oder Freier, Mann oder Frau . . ." (Gal 3, 28). Sie muß sich allen zuwenden, vor allem den Armen, Ausgestoßenen, Verfemten. Sie darf die binnengeschichtlichen Maßstäbe nicht einfachhin gelten lassen (1 Kor 7, 29 bis 31). Sie darf u. soll alle Schuld, welche die Menschen trennt, verzeihen (Mt 18, 22). Sie ist von Hoffnung erfüllt selbst angesichts des Todes (Phil 1, 21). Damit hat aber die G. ein anderes Antlitz gewonnen. Ihre Fraglichkeit u. Endlichkeit hat durch die Frohe Botschaft eine göttliche Antwort empfangen. Es ergibt sich für den Glauben, daß er zwar in der G. vollzogen wird – sein Ausdruck u. sein Verständnis werden durch den geschichtlichen Wandel jeweils verändert – u. doch der G. nicht unterliegt, da er in Gott als das Heil aller G. glaubt. Dieses Heil aber übersteigt alles Fragen u. Verstehen, d. h. aber auch alle geschichtlichen Auslegungen des Glaubens. ↗Heilsgeschichte.　　　　hü

Geschichtsdenken. Als Rückwirkung des lebendig erfahrenen ↗Geschichtshandelns Gottes entfaltete sich in Israel früh ein G.; das einzigartig dasteht u. in seiner christl. Weiterbildung die abendländische Geistesgeschichte aufs tiefste beeinflußt hat. Während im Denken der übrigen Völker die Natur u. ihr geordneter Kreislauf dem Göttlichen näher zu stehen schien als die von Zufall u. menschlicher Schuld durchsetzte ↗Geschichte, erfährt ↗Israel umgekehrt gerade die Geschichte – trotz des vielfältigen Versagens der Menschen – als den besonderen Wirkbereich seines Gottes. Erst von daher kann die gesamte Menschheitsgeschichte als ein zusammenhängendes, sinnvolles Ganzes gesehen werden: als ↗Heilsgeschichte,

deren positiven Ausgang allein Gott verbürgt. Obwohl in diesem G. den früheren Heilstaten großes Gewicht zukommt, liegt deren eigentliche Bedeutung nicht in dem Vergangenen als solchem, sondern insofern es kraft der ↗„Treue" Gottes in die Gegenwart hineinwirkt (es gab schon im Alten ↗Bund eine Art liturgischer „Vergegenwärtigung"; ↗Gedächtnis) u. als ↗Verheißung für ein noch größeres, endgültiges Eingreifen Gottes in die ↗Zukunft vorausweist. Bibl. G. ist im Grunde immer vorwärts gerichtet; messianische Erwartungen u. ↗Apokalyptik bringen dies nur in besonderer Weise zum Ausdruck. – Zum ntl. G. ↗Fülle der Zeit.　　　ur

Geschichtshandeln Gottes. Die Bibel will nicht so sehr übernatürliche Erkenntnisse mitteilen, als vielmehr das Eingreifen Gottes in die Geschichte berichten. Die bibl. Religion ist in besonderer Weise geschichtliche Religion, denn die ↗Offenbarung Gottes ereignet sich nicht nur in der Geschichte, sondern auch als Geschichte. Auch das (in der Bibel berichtete) Handeln Gottes in der Geschichte, nicht nur was er – etwa durch seine Propheten – spricht, ist Selbstoffenbarung Gottes, in der er den Menschen sagt, wer er ist (der richtende u. begnadende Herr über alles Leben), was er mit den Menschen vorhat, u. wie sie seinen Absichten entsprechen sollen. ↗Wort- u. ↗Tatoffenbarung gehören aufs engste zusammen; das Umgreifende ist aber das erlösende Tun Gottes an den Menschen (↗Heilsgeschichte). Es besteht darin, daß er seinen ↗Bund mit ihnen schließt u. sie zu ihrem Heil führt (↗Führungsgeschichte Gottes).　　　ur

Geschichtspsalmen. Die Darbringung der Erstlingsfrüchte war nach Dt 26, 1–11 verbunden mit einem lobpreisenden Bekenntnis der ↗Großtaten Gottes in der Geschichte, denen Israel den Besitz des ↗Gelobten Landes verdankte. Bei ähnlichen Anlässen dürften die hymnischen G. entstanden sein, die ebenfalls in der Erwähnung der ↗Landnahme gipfeln (Ps 105; 135; 136). In veränderter Lage des Volkes nimmt der Rückblick auf die Geschichte den Charakter eines mahnenden ↗Weisheitspsalmes (Ps 78) oder – im ↗Exil – eines ↗Bußpsalmes (Ps 106) an.　　　ur

Geschichtsschreibung. Die israelitische G. zählt zu den bedeutendsten der Weltliteratur. Sie ist Ausdruck des einzigartigen ↗Geschichtsdenkens des atl. Gottesvolkes. Theologisch gesehen, ist sie mehr als historischer Bericht oder moralische Beispielerzählung: Sie ist vor allem „Frohbotschaft" von den Heilstaten Gottes, nicht G. im heutigen Sinn. Ihre Quellen sind 1. die zunächst mündliche, epische Überlieferung des Volkes (↗Heldensagen, Stammessagen) u. 2. schon früh vorhandene chronikartige Aufzeichnungen: zuerst einfache Listen von Ereignissen, Orten u. Personen (z. B. die Stationen des Wüstenzugs, Nm 33), später die ↗Annalen der Könige von ↗Juda u. ↗Israel, auf die 1 u. 2 Kg u. 2 Chr laufend verweisen (seit Salomo: 1 Kg 11, 14).
Folgende zusammenhängende Geschichtswerke finden sich im AT: 1. Das Jahwistische (9. Jh., ↗Pentateuch) spannt in großartiger theologischer Zusammenschau den Bogen der universalen ↗Heilsgeschichte von der Erschaffung des Menschen (Gn 2) bis in die Königszeit. Es verwendet dazu das Kunstmittel der Geschlechterverknüpfung (↗Völkertafeln). ↗Jahwist. – 2. Das Deuteronomistische (6. Jh.) umfaßt Jos, Ri, 1 u. 2 Kg u. fußt auf vielerlei historisch recht zuverlässigen Quellen. In der glücklichen Verbindung lebensnah erzählter menschlicher Handlung u. heilsgeschichtlicher Deutung stellt es den Höhepunkt atl. G. dar. Seine Theologie (der des Dt eng verwandt) wird in den Reflexionen Ri 2, 11–23 u. 2 Kg 17, 7–23 deutlich. ↗Deuteronomist. – 3. Das Chronistische (um 300 v.C.) umfaßt 1 u. 2 Chr, Esr, Neh u. gibt die priesterliche Tradition (↗Priesterschrift) am neuerstandenen Tempel in Jerusalem wieder. Es enthält zahlreiche alte Quellen ↗Geschlechtsregister, 1 Chr 1–10), doch ist die Darstellung der Einzelereignisse stark überformt von einem theol. Schema. Davidisches Königtum, ↗Tempel u. ↗Gesetz stehen im Vordergrund des Interesses. ↗Historie.   ur
Geschichtsvollendung. Die ↗Verheißungen Gottes im AT wurden zunächst innergeschichtlich verstanden (↗Landnahme, ↗Landverheißung, ↗Nachkommenverheißung). Mit den ↗Gerichtsreden der Propheten vom ↗„Tag Jahwes" kommt erstmals – über das Ende von Israel u. Juda hinaus – ein absolutes Ende aller Geschichte in den Blick (Zeph 1, 2 f. 18), dem dann ein endgültiger Heilszustand folgen wird. Die ↗Apokalyptik malt dieses an sich unvorstellbare Ereignis als politische u. kosmische Katastrophe aus. Die entscheidende Aussage des AT ist aber die Verknüpfung der ↗Endzeit mit dem „Kommen Jahwes" (Ps 96, 13; ↗Erscheinung). Nach dem NT ist er der in Herrlichkeit kommende ↗Menschensohn (Mk 13, 26), der die Geschichte vollendet, indem er alles dem Vater unterwirft, „damit Gott alles in allem sei" (1 Kor 15, 28).   ur
Geschlechtlichkeit. a) Der Welt des Alten Orients war eine Trennung von Sakral u. Profan noch nicht denkbar. In der „Pansakralität" primitiver Religionen (↗Naturgeschehen) trat der Mensch dort, wo immer es um das Leben ging, in den Intimbereich der Gottheit ein. Zeugung, Geburt u. Tod brachten ihn in Berührung mit göttlichen Kräften, deren Macht er sich erst wieder durch den Vollzug heiliger Riten (↗Reinigung) entziehen konnte. Die Gottheit, die nach primitiver Vorstellung im Verhältnis einer „heiligen Ehe" zur Erde steht, wird als die zeugende Kraft verstanden, welche die Erde mit dem Samen des Regens befruchtet. Der Mensch gewinnt Anteil an der göttlichen Kraft der Fruchtbarkeit, indem er die Gottesehe mit der Erde nachvollzieht. So ist die Umwelt Israels, besonders der Kult des kanaanäischen ↗Baal, von einer weitgehenden Identifizierung der G. mit der Religion gekennzeichnet, wie die sexuellen Kultgegenstände u. die Tempelprostitution zeigen (↗Dirne, ↗Hurerei, ↗Unzucht). Israels Glaube lebt in ständiger Polemik gegen alle mythischen Vorstellungen von G. u. vollzieht gerade hierin eine radikale ↗Entmythologisierung u. ↗Entsakralisierung. Seinem Gottesbild ist jede G. im Sinne einer sexuellen Funktion so fremd, daß auch das prophetische Bild von Jahwe als dem Ehepartner Israels (z. B. Hos 2, 2 ff) nicht mißverstanden werden kann. Zwar gab die Anziehungskraft Baals Israel nie ganz frei, aber es versteht entgegen allen mythisierenden

Tendenzen die G. als etwas Geschaffenes, nicht Göttliches. Deswegen konnte die G. in Israel auch nie das Medium der Gottesbegegnung sein, ja es war bisweilen sogar notwendig, sich des Geschlechtlichen zu enthalten, wenn man zu Jahwe in ein unmittelbares Verhältnis treten wollte, wie im Tempeldienst oder im Heiligen. ↗Krieg.   tr

b) Der jahwistische ↗Schöpfungs- u. Sündenfallbericht (Gn 2, 4b – 3, 24) enthält die tiefste Reflexion über die G. im AT. Gott findet die Einsamkeit des Mannes nicht gut. Nachdem sich das Ungenügen der Tiere gezeigt hat, gibt er ihm die Frau als Gegenüber, das „ihm entspricht". Sie wird vom Manne in einem hebr. Wortspiel („Mann – Männin") als seinesgleichen u. ebenbürtig begrüßt, sie brauchen voreinander nicht den Schutz u. die Deckung der Kleider, sie erwarten voneinander nichts Böses. Durch die ↗Sünde aber wird diese Gemeinschaft vergiftet: der Mann sucht seine Schuld auf die Frau u. eigentlich auf Gott abzuschieben (vgl. Gn 3, 12: „Das Weib, das du mir als Gefährtin gegeben hast ..."), die ↗Ehe wird zum Sklaven- u. Ausbeuterverhältnis. Im Gegensatz zu den Fruchtbarkeitskulten u. auch zu dem priesterschriftlichen Segen über die Zweigeschlechtlichkeit (Gn 1, 28) wird hier die G. nicht mit der Fruchtbarkeit verknüpft oder gar begründet, obwohl Kinderreichtum als ein besonderer u. auch wirtschaftlich erwünschter ↗Segen Gottes gilt.

c) Da das AT die G. nicht als persönliche Ausstattung zu individuellem Gebrauch, sondern als Gabe an alle zur ↗Gemeinschaft versteht, ist die im atl. Strafrecht sichtbar werdende Wertung der G. von daher zu erklären. Die Sünde Onans (Gn 38, 8 f) ist nicht eine Sünde gegen die Natur, sondern ein existenzgefährdendes Vermögensdelikt gegenüber der Frau u. ein Raub an Jahwes Recht auf Nachkommen für sein Eigentumsvolk. Die Todesdrohung für ↗Ehebruch u. Vergewaltigung einer Verlobten, die Geldbußen u. Zwangsehen bei Verleumdung der Ehefrau u. Vergewaltigung einer Nichtverlobten (Dt 22, 13–29) wollen weniger die Reinheit der Ehe als die sehr gefährdete Rechtsstellung der Frau schützen. Die Warnungen

vor ↗Blutschande (Lv 18, 6–18) sind ein Schutz innerhalb der im Zelt zusammenlebenden Großfamilie. Kultische ↗Prostitution von Männern oder Frauen (Dt 23, 17 f) oder Sodomie (Dt 27, 21) sind todeswürdige Greuel; ein Entmannter kann nicht in die Jahwegemeinde eintreten (Dt 23, 1). G. schafft Verantwortung vor der Gemeinschaft, die aus ihr entsteht.   schü

d) Die Bibel versteht die G. als Gabe Gottes an den Menschen, welche diesem die Möglichkeit zur personalen Begegnung schafft. G. haftet dem Menschen nicht nur äußerlich an, sondern durchdringt ihn bis in seine tiefsten Schichten hinein (↗Leib) u. richtet so den ganzen Menschen auf ein Du hin aus. Von da her wird der individuelle, monologe Gebrauch dieser Gemeinschaftsgabe ebenso zurückgewiesen wie der anonyme Verkehr mit der Dirne (1 Kor 6, 12 ff) oder die Zurücknahme jener endgültigen Zusage, wie sie durch die G. in der ↗Ehe ermöglicht wird. Wo der Tenor der bibl. Aussagen durch eine andersgeartete Praxis überspielt ist, versteht sich das NT als Korrektur, so z. B. in der nur „vorübergehend" konzedierten Polygamie (Mt 5, 32) oder in der Vorstellung einer kultischen Reinheit (Mt 15, 17 ff).   tr

Geschlechtsregister verzeichnen die väterliche Abstammung. Sie sind in Israel von großer Bedeutung, da der einzelne nur in Zugehörigkeit zu seinem ↗Stamm bestehen konnte (besonders bei den Priestern u. Leviten). Bibl. G. stehen im Dienst der ↗Heilsgeschichte, ihr historischer Wert ist begrenzt. ↗Stammbaum Jesu.   ba/zi

Gesellschaftskritik. Seit je tritt G. ein für die Entrechteten u. Unterdrückten, für alle, denen Emanzipation vorenthalten wird. Sie ist damit immer schon Kritik einer spezifischen sozial-kulturellen Lage, insbesondere auch Widerstand gegen die jeweilige Herrschaftsform, Auflehnung gegen ungerechte Machthaber. In der Negation der Ungerechtigkeit aber wohnt bereits die konkrete Utopie. Bis in unsere Zeit hat G. jene Dialektik der Prophetie bewahrt, eine Dialektik von Gericht u. neuem Zion (Amos), von Kulturverfall u. Sozialutopie. Dieses dialektische Verhältnis gebiert, Weltgeschichte als Weltgericht betrachtend, die „Träume nach vorwärts", die unabgegolten in allem Geistigen schon enthalten sind, deren Verwirklichung aber versäumt wurde (↗ Entideologisierung). G. muß deshalb ständig Geistiges verhören, damit es nicht bloß Geistiges bleibt u. als Surrogat bestehende Ungerechtigkeit noch festigt. Vergegenständlichung, Stillstellen des Geistigen, ist gleichbedeutend mit Entfesselung barbarischer Herrschaft, seine Dynamisierung hingegen, das Pochen auf Einlösung des Versprochenen, der erste Schritt zur Emanzipation. Das Hadern der Propheten mit Jahwe zielt – angesichts der Irrwege Israels – auf Verwirklichung seiner Zusage, kultur- u. gesellschaftskritische Attacken der Neuzeit – angesichts des Inhumanen – auf Rekonstruktion des Humanen.

G. dieser Art findet sich modellhaft im AT bei ↗ Amos. Er zeigt eine sozial zerrissene Gesellschaft: Eine besitzende Oberschicht lebt auf Kosten Abhängiger u. läßt die Rechtsprechung, die sich in ihrer Hand befindet, entarten; Betrug ökonomisch Unselbständiger ist im Wirtschaftsleben üblich; rauschende Kultfeste zementieren dieses System der Ungerechtigkeit. Dagegen tritt Amos auf. Nicht gegen das Wohlleben als solches wendet er sich – jede materielle Lebenssteigerung wird dankbar aus Jahwes Hand empfangen –, sondern er kritisiert die mangelnde Solidarität mit allen Mitgliedern des Gottesvolks, seine Zersetzung durch Herrschaft einzelner Gruppen. Die Kritik des Amos setzt die Hoffnung auf einen neuen, von Jahwe geschaffenen Zustand frei: „Es soll aber das Recht offenbart werden wie Wasser u. die Gerechtigkeit wie ein starker Strom" (Am 5, 24). Vor dieser Utopie erscheinen die Kultfeste als Lästerung, weil sie offenkundiges Unrecht nicht endigen, sondern die Versprechungen Jahwes für das ganze Gottesvolk neutralisieren, die Verwirklichung aussetzen. – Das Eintreten für die Erniedrigten u. Beleidigten bei gleichzeitiger Kritik eines gesetzlich-religiösen Verhaltens bleibt ein Zentralthema des NT. Es gipfelt in dem Satz Jesu: „Was ihr getan habt einem unter diesen meinen geringsten Brüdern, das habt ihr mir getan" (Mt 25, 40 b). Im Unterdrückten, Geknechteten, mit dem sich Christus identifiziert, erscheint sowohl das Gericht über eine bestehende, als auch die Möglichkeit einer zukünftigen Gesellschaft, in der dem Unterdrückten sein Recht wird. Alles Reden von Gott, das nicht den im Geknechteten gegenwärtigen u. auf Recht harrenden Christus meint, ist Lästerung.

In der Neuzeit mußte Religion scharfer Kritik verfallen, weil sie sich ihres Auftrages, für Unterdrückte einzutreten, nicht mehr besann, sondern einen Pakt mit den Herrschenden einging u. häufig genug ein Mittel zur Disziplinierung darstellte. Dennoch endete damit nicht auch die Möglichkeit zur G., sondern die Kritik der Religion war deren Anfang. Im Kampf gegen feudale, später gegen bürgerliche Ideologien bildeten sich kultur- u. gesellschaftskritische Ansätze heraus, in denen sich die prophetische Dialektik, die Identität von Kritik u. Utopie, bewahrte. Wie schon bei Amos wird in der Neuzeit das Verhältnis der Menschen zueinander in bezug auf die gesellschaftliche Totalität – bei Amos das „Gottesvolk" – diskutiert. Die knechtenden u. ein vernünftiges Zusammenleben störenden Antagonismen des allgemeinen gesellschaftlichen Zusammenhangs u. deren Spiegelungen im Besonderen sind für die neuzeitliche G. Gegenstände der Analyse. Das theol. Problem wird in ein soziologisches überführt, ohne daß zentrale Anliegen der Theologie, die Bewahrung der Hoffnung auf Gerechtigkeit u. Friede, aufgefällt wären. Der Vergesellschaftungsprozeß selbst wird nun daraufhin befragt, ob er Unterdrückung fördert oder Emanzipation erlaubt. So hat – neben anderen kritischen Ansätzen – in der Neuzeit die Gesellschaftskritik von Karl Marx eine weltbewegende Bedeutung gewonnen. Die marxistische Lehre geht davon aus, daß Vergesellschaftung, zum Zwecke der Lebensproduktion notwendig, in der bisherigen Geschichte stets Herrschende u. Beherrschte hervorgebracht u. deshalb zu ständigen, die Geschichte forttreibenden Klassenkämpfen geführt habe. Herrschaft von Menschen über Menschen sei soweit als möglich abzuschaffen u. in eine Verwaltung von

Sachen zu überführen, die von den in freier Assoziation lebenden Gesellschaftsmitgliedern als Aufgabe der Selbstbestimmung übernommen werden soll. Marx hat seine aus der Analyse ökonomischer Tatbestände gewonnene Geschichtsphilosophie verbunden mit einer scharfen Kritik an der bürgerlich-kapitalistischen Gesellschaft. Er entlarvt die Lehre der klassischen bürgerlichen Ökonomie (Ricardo, Smith), derzufolge sich die Interessen aller Gesellschaftsmitglieder auf dem Markt ausgleichen, als Ideologie u. weist im Gegensatz dazu einen sich verschärfenden Klassenantagonismus nach, den er auf die bürgerliche Institution des Privateigentums zurückführt. Verwirklichung des Interessenausgleichs sei letztlich nur durch Aufhebung des Privateigentums zu erreichen.   ar

Geser, alte Stadt am Rand des Hügellandes westlich von Jerusalem. Israel konnte G. nicht erobern (Jos 16, 10); auch für David lag G. außerhalb seines Reiches (2 Sm 5, 25). Salomo erhält die von Pharao eingeäscherte Stadt u. baut sie wieder auf (1 Kg 9, 15 ff). Jos 21, 21 erwähnt G. als ephraimitische Levitenstadt. Die ↗Makkabäer eroberten u. verloren G. mehrfach. – Heute ist G. berühmt durch Ausgrabungen (Wassertunnel, ↗Masseben).   he

Gesetz. a) Begriff: Die jüd. Tradition nennt die ersten fünf Bücher des AT, die den Hauptteil des „mosaischen G." enthalten, Tora = ↗Weisung, Lehre. Die LXX übersetzt das hebr. Wort Tora mit nomos = G. u. gibt ihm damit einen stärker juridisch gefärbten Klang, der auf das christl. Verständnis des atl. G. nicht ohne Auswirkung geblieben ist. Das NT hat diesen Begriff übernommen u. ihn darüber hinaus auf das ganze AT übertragen. In der Sprechweise der christl. Theologie wird dann auch die Heilsordnung des Alten Bundes „das alte G." genannt.
b) Inhalt u. Form des G.: Im AT bedeutet Tora ursprünglich die vom Priester gegebene mündliche ↗Weisung im moralischen, rechtlichen u. kultischen Bereich. Die schriftliche Tora ist in den Ablauf der Geschichte eingefügt, in der sich der Heilsplan Gottes entfaltet hat, von den Anfängen bis zur Landnahme

in Kanaan. Sie ist gesammelt im ↗Dekalog, im ↗Bundesbuch (Ex 20, 22 – 23, 33), im Dt, im ↗Heiligkeits-G. (Lv 17 bis 26) u. in Teilen der ↗Priesterschrift (Ex 25–31; 35–40; Lv; Nm). Die Tora umfaßt alle Lebensbereiche des Gottesvolkes. Sie enthält Moralgebote, die den Grundforderungen des Gewissens entsprechen, Zivil-G.e, die die soziale Struktur des Volkes ordnen (Familie, Gesellschaft, Wirtschaft, Recht), u. das Kult-G., das die Art u. Weise der Gottesverehrung Israels regelt. Die neuere bibl. Forschung hat die verschiedenen literarischen Formen der G.es-Texte entdeckt. 1. Sog. apodiktisches Recht, das in kurzen Sätzen Gebot oder Verbot ausdrückt. Du sollst... du sollst nicht... z. B. im Dekalog. In dieser Form wurde dem Volk der Gotteswille verkündet. Es hat keine Parallele im altorientalischen Recht u. ist Eigengut Israels. 2. Kasuistisches Recht. Es ist konditional gefaßt, z. B. Ex 22, 24: „Wenn du... Geld leihst, dann sollst du nicht wie ein Wucherer handeln." Hier liegt altorientalisches Recht vor, das von Israel übernommen u. entsprechend israelitischer Eigenart umgeformt wurde. Auch in diesen profanen Rechtsbestimmungen kommt die Forderung Jahwes zum Ausdruck. 3. Kult-G., das im Dienst der Priester regelt u. in dem die Laien von den Priestern unterwiesen wurden. Es ist z. T. außerisraelitischen Ursprungs u. läßt religionsgeschichtliche Zusammenhänge erkennen.
c) Religiöse Bedeutung des G.: Geschichte u. G. sind im ↗Pentateuch eng miteinander verknüpft, u. diese Verknüpfung ist theol. bedeutsam. Höhepunkt der Geschichte Israels ist der ↗Bund, den Gott mit seinem Volk geschlossen hat. Wie im Alten Orient Bünde zwischen Vertragspartnern auf der Grundlage eines Vertragstextes geschlossen wurden, so ist der Vertragstext für den Bund das G., die Bundescharta. Die Zeremonie des Bundesschlusses enthält die Verpflichtung, das G. zu beobachten. Sein Ziel ist, Israel zu einem „heiligen Volk" zu machen. Heilig sein heißt unbedingter Gehorsam gegenüber dem ↗Willen Gottes, der sich im G. kundtut. Deshalb sind die Zivil-G.e ebenso Ausdruck des göttlichen Willens

wie die Moralgebote. ↗Mose, der Mittler des Bundes, wird somit auch zum G.geber. Deshalb gibt es in Israel kein anderes G. als das G. des Mose, u. kein anderer G.geber hat seine Autorität an die Stelle des Mose gesetzt, wenn auch das G. selbst eine Entwicklung durchgemacht hat u. durch Umformungen u. Erweiterungen immer von neuem an die sich verändernde Gesellschaftsstruktur angepaßt werden mußte. Die Tora ist in der ↗Erwählung gründendes Gnadengeschenk Gottes an sein Volk Israel, ihm allein aus allen Völkern verliehen. Sie ermöglicht ein Leben, das der Bundesforderung entspricht. Deshalb ist sie für Israel nicht Last, sondern Freude (Dt 4, 32 ff). Auch Ps 119 ist ein einziger Lobpreis auf das G. Die Tora ist Israels ↗Herrlichkeit u. Schmuck, sein unverlierbarer Besitz, die Quelle alles ↗Heils u. ↗Lebens. In der nachexilischen Erneuerung unter ↗Esra wird das G. zum Mittelpunkt des Lebens für die Gemeinde u. für die Frömmigkeit des einzelnen, zur Grundlage für das erneuerte jüd. Leben in Israel. Es gilt jetzt als abgeschlossene Einheit, an der nichts mehr verändert werden darf. Es kann nur noch durch Interpretation an die jeweils sich ändernden Verhältnisse angepaßt werden. Daher beginnt zu dieser Zeit die Entstehung der mündlichen Tradition, die gleichwertig neben der schriftlichen einhergeht, bis sie Jahrhunderte später in der ↗Mischna (↗Talmud) schriftlich festgelegt wird. Die Frage der Interpretation des G. löst Differenzen zwischen den verschiedenen religiösen Gruppen im Judentum aus. Die Liebe zum G. birgt die Gefahr der „G.es-Frömmigkeit" in sich, die glaubt, durch rein äußere buchstäbliche Gesetzeserfüllung, Gerechtigkeit vor Gott zu erlangen. Dieser Gefahr ist das Judentum der ntl. u. nachbibl. Zeit nicht entgangen. Es ist aber falsch, zu behaupten, daß die jüd. Frömmigkeit dieser Zeit nichts anderes als äußerliche Gesetzeserfüllung gewesen sei.

d) Jesus u. das G.: Das G.es-Verständnis des NT ist von der Auseinandersetzung der urchristl. Gemeinde mit dem G. bestimmt. Sie hatte die Frage zu lösen, wie das G. als Ausdruck göttlichen Willens vom Christusereignis her zu verstehen sei. Soweit wir auf diesem Hintergrund die Stellung Jesu zum G. aus den Evv. erkennen können, ist sie geprägt von einer gewissen Ambivalenz. Jesus bewahrt u. hält das G., zugleich kritisiert er es hart u. setzt sich darüber hinweg. Er heilt am ↗Sabbat u. betrachtet die ↗Reinheits-G.e als religiös bedeutungslos (Mk 7, 1–23). Im Bewußtsein, die Gottesherrschaft heraufzuführen, beansprucht er, allein autoritativ den Willen Gottes zu verkünden. Damit stellt er sich über das G. (Mt 5, 21 ff: „...ich aber sage euch..."). Das G. muß zwar im Reich Gottes bis ins letzte erfüllt werden, u. Jesus beobachtet es selbst, aber zugleich verkündet er eine radikal neue religiöse Ordnung, in der G. u. Propheten ihr Ende gefunden haben (Lk 16, 16). Einziger Maßstab für das G. ist das Doppelgebot der Gottes- u. Nächstenliebe, denn in ihm findet der Gotteswille seinen absoluten Ausdruck. Wenn das G. diesem Gebot entspricht, wird es bejaht, wenn nicht, wird es verneint oder radikalisiert. G.erfüllung, die sich im äußeren Tun erschöpft, genügt nicht. Entscheidend ist die innere Gesinnung als wahrer Gehorsam gegenüber dem G.

e) Paulus u. das G.: Die Stellung des Apostels Paulus zum G. wurzelt in seinem Christusglauben, aber auch in seinen jüd. Denkvoraussetzungen. Da Jesus im wesentlichen das G. bejaht hat, hielt auch die Urgemeinde daran fest. Mit dem Eintritt der Heiden in die Kirche stellte sich die Frage, ob auch für sie das G. verbindlich sei. Indem Paulus für die ↗Heidenchristen die Freiheit vom G. erkämpft (Gal 2, 14 ff; Apg 15), verneint er zugleich die Heilsnotwendigkeit des G. Auch nach zeitgenössischer Auffassung hat die Tora keine Geltung mehr im messianischen Reich. Wenn also ↗Christus der ↗Messias ist, was er durch seine ↗Auferstehung für Paulus erwiesen hat, ist er das „Ende des Gesetzes". Somit war das G., das an sich gut u. der Ausdruck des göttlichen Willens ist, eine Stufe im Heilsplan Gottes u. der Erzieher auf Christus hin. Da Christus den Menschen von der ↗Sünde befreit hat, steht er nicht mehr unter der Vormundschaft des G. Nach dem ↗Evangelium, das

Paulus verkündet, wird der Mensch nicht gerechtgemacht durch das G., sondern durch die rettende Gnade Gottes „auf Grund der ↗Erlösung in Christus Jesus" (Röm 3, 24), nicht gerechtfertigt durch die ↗Werke des G., die er tut, sondern auf Grund des ↗Glaubens. Seine ↗Rechtfertigung ist reines, unverdientes Gnadengeschenk Gottes. Die negative Seite der paulinischen Gesetzestheologie, die Aussagen vom ↗ „Fluch" des G., vom G., das die Sünde bewirkt (Röm; Gal), stehen im Widerspruch zum jüd. G.es-Verständnis. Für Israel war das G. nicht Fluch, sondern ↗Gnade, nicht Anlaß zur Sünde, sondern Mittel, um in der Gnade zu bleiben. An dieser Spannung wird deutlich, daß atl. u. ntl. Glaubensverständnis nicht immer voll zur Deckung gebracht werden können. ↗Gebot. ba

Gesetzbuch. Die atl. Gesetzbücher, wie das ↗Bundesbuch (Ex 20, 22 – 23, 33), das Dt (12–26) u. das ↗Heiligkeitsgesetz (Lv 17–26), entsprechen dem eigentlichen Sinn des Wortes (vom Gesetzgeber zur ausschließlichen Geltung u. mit der Absicht einer abschließenden systematischen Erfassung des gesamten Rechtsbereichs oder eines größeren Teilbereichs) nur in sehr beschränktem Maße. Der Wille zur Systematisierung ist unverkennbar, doch es fehlt das Streben nach Vollständigkeit u. klarer Abgrenzung der einzelnen Rechtsbereiche, ebenso fehlt die Absicht, Gewohnheitsrecht außer Kraft zu setzen. Deshalb sind es eher Rechtssammlungen. Die Begriffe „G. Jahwes" (oder Gottes, oder des Mose), wie es an vielen Stellen der Bibel heißt (z. B. Neh 9, 3; Jos 24, 26; 8, 31), meinen wohl das priesterliche Gesetz oder den ganzen ↗Pentateuch. ↗Gebot, ↗Gesetz. mi

Gesetzesbeobachtung (spätjüdische) ↗Gebot, ↗Gesetz, ↗Mischna, ↗Tora, ↗Spätjudentum.

Gesetzespsalmen. Einzelne ↗Psalmen gehören zur Weisheitsliteratur an (↗Weisheit). In einem späten Stadium der Psalmendichtung verband sich Weisheitslehre mit Motiven der Psalmen. Zu ihnen gehören auch die G. Ps 119 ist ein solcher Lobpreis des ↗Gesetzes, den 22 Buchstaben des hebr. Alphabets folgend, in 22 Abschnitte mit je 8 Versen gegliedert. In Gebet u. Weisheitslehre werden einzelne Schriftzitate aufgenommen, deutend ausgelegt u. zusammengefaßt zu einer Regel, wie man Gott aus ganzem ↗Herzen diene zum Preis für die ↗Weisung Gottes, die er seinem Volk gegeben. Ps 1 u. Ps 19 folgen der gleichen Thematik. mi

Gesetzestafel. Die Bücher Ex u. Dt sprechen von zwei steinernen Tafeln, die ↗Mose von ↗Jahwe auf dem ↗Sinai empfing, auf die Gott selber (nach Ex 34, 28: Mose) den ↗Dekalog eingeritzt habe. Nach vielfacher bibl. Bezeugung (z. B. Ex 25, 16) lagen die G.n in der ↗Bundeslade. mi

Gesetzeswerke ↗Werke.

Gesetzgebung. Im atl. Sprachgebrauch hat der Begriff G. einen weiten Inhalt: er kann Erlaß u. Verkündigung von Gottes Weisung oder Verpflichtung des Volkes, oder Bundesschließung u. Bundeserneuerung (↗Bundeserneuerungsfest) zwischen Gott u. Volk, oder schließlich die schriftliche Fixierung von Gesetzen bedeuten. Diese atl. Bedeutungen sind Voraussetzung für das Verständnis des NT. ↗Gebot, ↗Gesetz. mi

Gesetzlose (griech. anomoi). Für das in der LXX stehende „anomoi" gibt es kein hebr. Äquivalent. Die ↗Juden bezeichnen die ↗Heiden als G. (vgl. auch Apg 2, 23), weil sie ohne ↗Gesetz u. daher Sünder sind. Das Wort „G." steht in der Schrift manchmal für die Menschen, die kein Gesetz haben, meist aber für die, die das Gesetz nicht beachten oder so handeln, als ob es das Gesetz nicht gibt. Damit tun sie Unrecht vor Gott u. in den Augen der anderen. Die Heiden, die ohne Kenntnis des Gesetzes, als G. sündigen, werden nicht nach dem Gesetz verurteilt (Röm 2, 12), da sie sich nicht daran gebunden wissen; Christen geworden, bleiben sie im strengen Sinn G., denn sie sind allein „Christi Gesetz verhaftet". Als G. werden im NT auch allgemein Menschen bezeichnet, die Böses tun (vgl. z. B. 1 Tim 1, 9). br

Gesetz u. Propheten, ein im NT oft vorkommender Ausdruck für die Offenbarung u. Geschichte des AT, wobei mit „Gesetz" ↗Jahwes ↗Weisungen an ↗Israel, mit „Propheten" seine ↗Boten gemeint sind, durch die er zu Israel gesprochen hat. Jesus u. die Apostel sehen in G. u. P. die Zusammenfassung des AT: In der ↗Bergpredigt sagt Jesus, daß er nicht gekommen ist, G. u. P. aufzulösen, sondern zu erfüllen (Mt 5, 17). Paulus betont, daß er alles glaubt, „was im G. u. in den P. geschrieben steht" (Apg 24, 17), u. daß die ↗Gerechtigkeit aus dem ↗Glauben „vom G. u. den P. bezeugt wird" (Röm 3, 21). In der Erfüllung liegt zugleich die einschränkende Wertung von G. u. P.; sie gelten bis zu Johannes d. T. u. werden durch die Frohbotschaft vom Reich Gottes vollendet (Lk 16, 26). br

Getsemani, Name eines Gartens am ↗Ölberg, in dem Jesus verhaftet wurde (Mk 14, 26 ff; Joh 18, 1 ff). Die genaue Lage von G. ist unsicher; so können heute mehrere Stellen im Ölberggebiet als G. gezeigt werden. ↗Leidensgeschichte. he

Gewalt. Jesus lehnt grundsätzlich jede Form von G. ab; G. darf nicht mit G. erwidert werden. Mit Jesus ist der alte jüdische Rechtssatz „Aug' um Aug', Zahn um Zahn" zu Ende gekommen. Jetzt gilt vielmehr, die böse Tat mit ↗Gutem zu erwidern, sie so aufzufangen u. unschädlich zu machen. Es heißt, das ↗Böse aus der Welt schaffen. „Wer dich auf deine rechte Wange schlägt, dem halte auch die linke hin! Wer dich vor Gericht bringen u. dir den Eibrock nehmen will, dem lasse auch den Mantel!" (Mt 5, 39–40 par.) Nicht dadurch, daß es zurückgegeben wird, kann das Böse aus der Welt geschafft werden, sondern nur durch die ↗Praxis des Guten u. des Menschlichen. Nicht dadurch, daß G. mit G. erwidert wird, kann sie gebrochen werden, sondern allein durch G.-losigkeit, durch ↗Menschlichkeit u. Mitmenschlichkeit. Jesu Forderung des totalen G.verzichts bedeutet aber nicht Passivität. Im Gegenteil, es geht in seiner Forderung darum, alle menschlichen u. gesellschaftlichen Kräfte mobil zu machen, um G. unmöglich zu machen. Um G. abzubauen, muß zuerst ein Testfall der G.losigkeit geschaffen werden, müssen Menschlichkeit u. Freiheit experimentiert werden. Gerade das Experiment der ↗Liebe, der Nächsten- u. der Feindesliebe, bedeutet Umwälzung des bisherigen menschlichen u. gesellschaftlichen Daseins. G.losigkeit ermög-

licht sich nicht von selbst. In der Botschaft Jesu geht es um die gemeinsame u. schöpferische Tat des Friedens, der Gerechtigkeit, der Liebe. Anstelle von G. muß das Humanum treten. So ist ↗Widerstand gegen G. vom Ev. her erfordert: ideologischer Widerstand gegen Ideologien der G., ↗Streik u. Distanz gegen organisierte G., Aufbau u. Experiment neuer Formen der Mitmenschlichkeit. Widerstand gegen G. kann für den Christen Kreuz u. Scheitern bedeuten, denn sein Ernstfall ist in Jesu ↗Nachfolge das Martyrium. gr

Gewissen. Der Begriff G. findet sich nicht im AT. Als ↗„Herz" weist es den nach sich selbst fragenden Menschen von sich weg an den Gott, der sich im geschichtlichen Heilshandeln seinem Volk geoffenbart hat (Ps 22). Dagegen steht die griechisch-hellenistische Anschauung vom G. als der über ↗Gut u. Böse wachenden ↗Stimme Gottes. Diese moralisch-theol. Verengung der ursprünglichen Bedeutung als Bewußtsein bzw. Selbstbewußtsein wird im hellenistischen Judentum (↗Philo, ↗Spätjudentum) weiter ausgedeutet durch die Vorstellung vom G. als Gerichtshof, vor dem die richtende Gottesstimme den Menschen zu Reue u. Umkehr treibt. Im NT begegnet der Begriff G. vor allem bei Paulus. Er bezeichnet die Möglichkeit des Menschen, sein eigenes Verhalten, ob zurückliegend oder erst geplant, zu vergegenständlichen u. am Maß von Gut u. Böse zu beurteilen. Damit gewinnt Paulus Anschluß an den hellenistischen G.s-Begriff: In Röm 2, 15 setzt das Bild der sich gegenseitig anklagenden u. verteidigenden Gedanken die Vorstellung vom G. als Gerichtshof voraus. Paulus interpretiert den Begriff aber neu. Es kommt ihm nicht auf das Resultat des im Menschen stattfindenden Prozesses an, sondern auf den Nachweis, daß allen Menschen Gottes ↗Gesetz gegeben ist u. damit alle dem künftigen ↗Gericht Gottes verantwortlich sind. Die Wahrheit über sich selbst sagt nicht das G. den Menschen – der Begriff „gutes G." kommt bei Paulus nie vor –, sondern Gottes Richterspruch „nach (dem) Evangelium durch Jesus Christus" (Röm 2, 16). Weil das G. keine absolute Größe ist, kann Paulus 1 Kor

8–10 die „Starken" zur Rücksicht auf das G. der „Schwachen" anhalten. Nicht die Durchsetzung der eigenen „inneren Freiheit" fordert er, sie wird gerade vorausgesetzt, sondern deren Bewahrung in der gehorsamen Sorge für den weniger freien ↗Bruder (1 Kor 10, 29 ff). Das von der Sorge um sich selbst befreite G. (vgl. Röm 14, 1: der ↗Glaube) versteht damit sein Wissen um Gut u. Böse als Mitwissen mit dem, was Gott „uns zugute" (↗für uns) in der Welt angeordnet hat, bis hin zu Institutionen wie dem Staat (Röm 13, 4 f). In späteren ntl. Schriften dringt mit dem unpaulinischen Begriff „gutes G." stärker die hellenistische Tradition durch u. weist auf eine beginnende „Verbürgerlichung" der Gemeinde hin (1 Tim 1, 5). ↗Gewissensfreiheit. win

Gewissensfreiheit ist als Begriff nicht in der Hl. Schrift enthalten, sondern erst in der Reformationszeit geprägt worden u. war damals vielfach gleichbedeutend mit Religionsfreiheit; heute sollten beide deutlich unterschieden werden. G. meint grundlegend: Das ↗Gewissen darf frei tätig sein, den Menschen zu seiner Eigentlichkeit zu rufen, ihm die Bindung an die ihn umgebende Ordnung, an das Sittengesetz, an den ↗Willen Gottes zu vermitteln, damit sein Leben die ihm persönlich zukommende menschenwürdige Gestalt erreicht. Auch dem Menschen in Gewissensirrtum steht Anspruch auf G. zu, weil nur über das Gewissen die Selbstverwirklichung der ↗Person möglich ist. Der Irrende sieht hier keine andere Möglichkeit der sittlichen Verpflichtung, obwohl er einer Forderung folgt, die in Wirklichkeit nicht auf diese Weise besteht. Jede Minderung u. Hemmung der G. durch Verengung u. Verfälschung (z. B. Manipulation, Ideologisierung) der sittlichen Information u. ihrer Gestaltwerdung im Ethos des einzelnen u. der Gemeinschaft, jede Gewaltanwendung äußerer Art oder seelischer Druck widersprechen der Selbstwerdung einer sittlichen Persönlichkeit. Gewissenswiderstand unter solchen Umständen, selbst unter größten Opfern, ist hier die entsprechende Antwort. G. ist nicht unbegrenzt, sondern gebunden an die Achtung der ↗Mitmenschen u. ihrer Rechte.

Diese Sachverhalte der G. bringt die Hl. Schrift vielfältig zum Ausdruck. Im AT ist der menschliche ↗Gehorsam gegenüber Gott Sache persönlicher Entscheidung, obwohl Religion u. Sittlichkeit oft gesetzhafte Züge tragen (Gn 2–4; Ex 20; Ez 18); die Propheten wenden sich gegen die Verfälschung u. Verharmlosung der Forderungen Gottes (Am 5; Js 10 f; Jr 3–7; 14; 23; 31), widerstehen in G. aus Treue zu Gott den irdischen Gewalten (Jr 15; 19 f; 1 Kg 18 f; vgl. 2 Makk 7).

Im NT ist G. die Betätigung des persönlichen Vermögens, im Gewissen den Willen Gottes zu vernehmen, sich anzueignen u. zu verwirklichen. Aus der Gesinnung des ↗Herzens bemißt Jesus die Antwort auf Gottes ↗Weisung (Mt 5). Die Verinnerlichung der sittlichen Forderung bewirkt die christl. Freiheit, welche Ergebnis der gläubigen Überzeugung ist. „Was nicht aus gläubiger Gewissensüberzeugung geschieht, ist Sünde" (Röm 14, 23). Paulus betont die ↗Freiheit auch des schwachen u. mahnt zum Ertragen dieses noch nicht entfalteten Gewissens (Röm 14; 1 Kor 8; 10). G. (hier auch zugleich Glaubensfreiheit) ist für die Urkirche so sehr im Innersten der Person des Menschen in ihrem Dialog mit der Person Gottes begründet, daß menschliche Ungerechtigkeit u. weltliche Gewalt sie nicht rauben kann (Apg 4, 19 f; 5, 29). beu

Gewitter treten in Palästina gewöhnlich nur zu Beginn der ↗Regenzeit u. im Frühjahr auf. – Im AT gehören G. zu den furchterregenden Zeichen der Gegenwart Jahwes (Ex 19, 16 ff; Ib 38, 1; Nah 1, 3; Ps 50, 3). ↗Theophanie, ↗Blitz u. Donner. he

Gibeon, wohl an der Hauptstraße nördlich von ↗Jerusalem gelegen, war eine der vier Städte ↗Kanaans, die gegenüber den erobernden Israeliten ihre Unabhängigkeit wahren konnten (Jos 9, 1–21). Berühmt war das Heiligtum G.s, bis zum Tempelbau zu Jerusalem rechtmäßiger Jahwe-Kultort (1 Kg 3, 4). Mehrfach werden militärisch u. politisch folgenreiche Ereignisse bei G. berichtet: so ein Sieg Josuas (Jos 10, 1 ff) u. Davids (2 Sm 2, 12 ff) u. die Bluttat Joabs „am großen Stein bei G." (2 Sm 20, 8 ff). he

Gideon-Jerubbaal, Sohn des Joasch aus

der Sippe Abieser in Manasse, war einer der großen ↗Richter. Der G.-J.-Zyklus Ri 6, 11 – 8, 35 enthält verschiedene, ursprünglich selbständige, Erzählungen. Der von Jahwe berufene G.-J. (6, 11 b bis 18) errang den geschichtlich nicht zu bezweifelnden Sieg über die ↗Midianiter, der bezeichnenderweise Jahwe allein zugeschrieben wird (7, 1 – 8, 3). Nach 6, 11 a. 19–24; 8, 24–27 hat G.-J. den „Jahwe-Schalom(= Friede)-Altar" u. ein Gottesbild in Ophra gestiftet.   he

Gilead. Name einer Ortschaft am Berg G. u. des ganzen Gebietes am ↗Jabbok zwischen Wüste, Arnon, Jordan u. Jarmuk (Ri 10, 8.17 f; Dt 3, 10; 2 Kg 10, 33). G. war berühmt wegen seiner Wälder, Heilpflanzen u. Weideplätze (Jr 8, 22; Nm 32, 1). Bei der ↗Landnahme verdrängten ↗Gad u. ↗Manasse die riesenhaft vorgestellte amoritische Urbevölkerung (Dt 3, 13; Jos 13, 24–32; ↗Amoriter). Nach der Reichsteilung gehörte G. zum ↗Nordreich. Im 9. Jh. wurde es von Damaskus (2 Kg 10, 32; Am 1, 3), 733 v.C. von den Assyrern erobert.   he

Gilgal, Heiligtum bei Jericho in der Jordanebene, Mittelpunkt sakraler Amphiktyonie (↗Stämmebund) u. in der Zeit ↗Josuas u. der Könige auch Sammelplatz des Heeres. Noch Elija betrachtet G. als Jahweheiligtum (2 Kg 2, 1); Hosea (4, 15; 9, 15; 12, 12) u. Amos (4, 4; 5, 5) aber verurteilen G. als Ort des ↗Götzendienstes.   he

Gilgamesch, der Held eines babylonischen Epos (↗Keilschrift), kommt auf der Suche nach der Lebenspflanze auf eine ferne Insel, auf die Utnapischtim entrückt worden u. aus der großen Flut entkommen war. Dieser erzählt dem G. von seiner Rettung. Die atl. Fluterzählung (↗Sintflut) ist stofflich mit diesem älteren Flutbericht verwandt, doch völlig umgeprägt durch den neuen Gottesglauben des AT. Während die heidnischen Götter ängstlich vor der Flut in der höchsten Himmelshöhe zusammenrücken, ist in der Bibel die Flut Beweis der Gottesmacht, die tödlich ist für die Sünde. Während Utnapischtim durch die List eines befreundeten Gottes vom Unheilsratschluß erfährt u. sich mit möglichst großem Vermögen rettet, hilft ↗Jahwe dem ↗Noach, weil dieser sich ganz auf ihn verläßt, u. seinetwegen

kann die Schöpfung von neuem weiterleben.   oh

Ginsterstrauch, ein bis 2 m hoher, weißblühender, blattloser Wüstenstrauch, der nur wenig Schatten bietet (1 Kg 19, 4 f). Man verarbeitet ihn zu Holzkohle (Ps 120, 4) u. ißt in der Not seine Wurzeln (Ib 30, 4).   he

Gläsernes Meer, in der Apokalypse Bezeichnung für das vor Gottes Thron ausgebreitete kristallinische Himmelsgewölbe (Himmelsozean) jenseits des Firmaments (↗Feste), wo die Martyrer Gott preisen (Apk 15, 2 f).   he

Glaube (glauben). a) Im AT: Das dt. Wort „G." trifft das im Hebräischen Gemeinte nur teilweise. Der Stamm aman bedeutet „fest sein", „Bestand haben", die Kausativform he emin „als zuverlässig festhalten", „vertrauen". Mit diesem Wortstamm drückt Israel sein Verhältnis zu Jahwe aus: es „hält fest" an Gott u. seiner ↗Verheißung, auf die es vertraut, auch ohne die ↗Erfüllung zu sehen. Indem es so vertrauend auf die Verheißung Gottes baut, hat das Volk der rechte Gesinnung zum ↗Bund. Der Typus dieses G., der auf Gottes Befehl hin alles verläßt, ist ↗Abraham (Gn 12), der Gott auch vertraut u. glaubt, als er ihm menschlich Unmögliches verspricht (Gn 15, 6). Dies wird ihm „zur Gerechtigkeit angerechnet", d. h., er hat das richtige bundesgemäße Verhalten Jahwe gegenüber. Auch in ausweisloser Prüfung (Gn 22) bewährt sich dieser G. als ↗Treue gegenüber Gottes Befehl. – Bei den klassischen Propheten betont besonders Js den G. als Grundhaltung des Menschen Gott gegenüber. Js sieht wegen der Verfehlung des Volkes die geschichtliche Katastrophe als unabwendbar an (Js 2, 6), „G." bedeutet in dieser Lage den Verzicht auf Selbsthilfe u. die Suche von Festigkeit u. Bestand allein beim Bundesgott, gegen alle Hoffnung u. durch das Gericht hindurch. Kennzeichnend für Js ist das Wortspiel: Glaubet ihr nicht (ta aminu), so bleibet ihr nicht (te amenu) (Js 7, 9). – Bei Hos u. Jr wird das Gottesverhältnis mit dem Ausdruck „Erkenntnis Jahwes" (↗Erkennen) bezeichnet. Auch damit ist nicht eine intellektuelle Gotteserkenntnis gemeint, sondern Entscheidung u. Gehorsam gemäß dem ↗Wort Gottes. G. ist also im AT nicht eine immer gleiche intellektuelle oder willentliche Leistung, sondern das der jeweiligen Situation entsprechende Vertrauen u. Festhalten an Gottes Verheißung.   schü

b) Im NT: 1. Jesus beansprucht in seiner ↗Verkündigung, den Anruf Jahwes, der durch den Mund der Propheten bis zu Johannes dem Täufer an Israel erging, unüberbietbar zu vollenden. Damit unternimmt er es, den G. seiner Zeitgenossen in bisher unerhörter Weise zu aktualisieren. Er will die Hörer seiner ↗Botschaft dazu ermutigen, zu glauben, daß nichts weniger als die ↗Herrschaft Gottes in seinem Wort endzeitliches Ereignis wird (↗Endzeit) u. sich so in die Geschichte u. in die Welt Bahn brechen will (Mk 1, 15). – Um zu dieser Verkündigung Jesu ein rückhaltloses Ja sagen zu können, bedarf es der Erkenntnis, was diese Botschaft für den je Angesprochenen bedeuten kann. Es braucht das Vertrauen in Jesu Wort u. die Bereitschaft, ihm zu gehorchen. Damit sind die Grundelemente, in denen atl. G. an Jahwe sich ausdrückt, genannt – u. auf Jesu Wort u. Person hin ausgerichtet. Zugleich wird offenkundig, wie sehr auch nach der synopt. Überlieferung G. sich als eine alle Bereiche durchdringende Grund-Gestimmtheit des Lebens versteht. G. zentriert sich um Jesu ↗Wort, weil u. wenn die Gottesherrschaft sich „ereignen" soll (Mk 4, 26–32), wie Jesus sie unter Berufung auf den letztverbindlichen ↗Willen Gottes verkündigt. In Jesus leuchtet die endgültige ↗Zukunft des Menschen mit seinem Gott auf. – Vor diesem in lebensbestimmender Gewißheit sich vollziehenden G. fallen die Trugbilder, auch jene in religiösem Gewand: zeitgenössische politische Hoffnungen, nationale Sehnsüchte u. kosmologische Spekulationen können sich nicht mehr als Erwartungen von Gottes endzeitlicher Herrschaft ausgeben (↗Apokalyptik), sie können nicht mehr beanspruchen, Glauben erheischende Bilder gegebener Verheißungen zu sein. Vielmehr entlarven diese sich selbst als offener oder versteckter ↗Un-G. Wie sehr jede G.ns-Erwartung sich an Gottes Handeln in u. an Jesus orientieren muß, zeigt ein

Beispiel: Weit über jede mögliche einmalig-historische Situation hinaus erfährt G.ns-Erwartung in Jesu prophetischer Antwort auf die Anfrage des Johannes ihre warnende Korrektur (Mt 11, 2–6). Aus dieser Sicht erscheint schließlich die Verweigerung eines G. an den gekreuzigten König von Israel durch die jüd. Autoritäten (Mt 27, 42) nur noch als letzte Folge des Un-G. gegenüber Gottes Wort u. Tat in Jesu Verkündigung u. Leben.

2. Älteste Stücke synopt. Traditionen sprechen der Sache nach sehr deutlich von dem, was, ntl. gesehen, G. ausmacht; so etwa, wenn in frühen Überlieferungseinheiten in den ↗Gleichnissen, der ↗Spruchweisheit oder der Erzählung von der Annahme u. Ablehnung „berichtet" wird, welche Jesus mit seiner Botschaft erfährt. Oft geschieht dies in Anspielung auf atl. Vorbilder u. Texte. Am Gleichnis von den ↗bösen Winzern (Mk 12, 1–11; Mt 21, 33–44; Lk 20, 9–18) kann man z. B. noch leicht das vormarkinische Stadium rekonstruieren, die „Ausrichtung" bei Mk erkennen u. die fortschreitenden christologisierenden Tendenzen bei Mt u. Lk ablesen.

3. Namentlich jüngere Schichten synopt. Überlieferungen kennen dann schon eine offene Konzentration des G. auf Jesu Person (Mk 10, 46–52). Der Glaubende erfährt in der Begegnung mit ihm ↗Sündenvergebung u. heilende Macht (Mk 2, 3–12). Jesus wird als der Christus (Mk 8, 29) u. als der Sohn des lebendigen Gottes (Mt 16, 16) erkannt u. bekannt.

4. Im paulinischen Schriftkreis wird jene Seite des Christus-Geschehens, in welcher der Un-G. der Zeitgenossen Jesu ihren in jeder Hinsicht schärfsten Ausdruck fand, zum Urgrund einer weitgreifenden thematischen G.ns-Entfaltung: der Kreuzestod des von Gott gesandten Heilsboten Jesu von Nazaret. Ist das ↗Kreuz den Juden Ärgernis u. den Heiden Torheit, so wird es nun im G. als ↗Weisheit Gottes offenbar (1 Kor 1, 23 f). Der Un-G. „erfährt" dasselbe Geschehen des Todes Jesu ganz anders als der G., in dem die heilschaffende Macht dieses Todes zugänglich wird, neu legitimiert durch Gott selbst in der ↗Auferweckung (Röm 4, 24 f).

Der „rettende" G. wird als ein G. „des ↗Herzens u. des Mundes" vorgestellt (Röm 10, 9–11); er kommt aus der Verkündigung (Röm 10, 14–17). In bekennender Form sagt der G.: Jesus ist der ↗Herr (Röm 4, 24). Immer wieder entfaltet sich der Reichtum des G.ns-Verstehens neu: der G. erscheint als ein G. auf Christus hin (Gal 2, 16), an Christus (Gal 3, 26), in Christus (Gal 2, 20); so kommt die totale Lebensverwirklichung im G. zum Ausdruck (↗Glaubensgerechtigkeit, ↗Rechtfertigung). Aber auch die G.ns-Überzeugung (Röm 14, 23) u. die Treue (Gal 5, 22) werden G. genannt. Eine große Glaubensschau geschieht in Hebr 11: Beispiele aus der „Geschichte" des G. zeigen dessen Kraft u. werden zugleich illustrativ dem ↗Jetzt des G., der „das Leben" gewinnen läßt (Hebr 10, 39), dienstbar gemacht.

5. Bei Joh ist die Rede vom G. äußerst reichhaltig u. vielgestaltig. (Das Hauptwort G. fehlt, es wird nur das Zeitwort „glauben" verwendet.) G.n besagt zunächst: die Selbstoffenbarung Jesu vorbehaltlos annehmen. Wie dies geschehen kann, zeigt Joh in der großen Komposition 4, 1–42: Die ↗Juden glauben nicht an Jesus. Erst bei den Samaritern findet er Annahme. G. ist die angemessene Art der Antwort des Menschen auf das in Jesus erschienene ↗Wort Gottes (↗Logos). Für die Wahrheit dessen, worauf der G. sich einläßt, treten Zeugen auf: Johannes der Täufer, die Werke Jesu, der Vater im Himmel, Mose, „die Schriften" (5, 31–47); aber auch das Selbstzeugnis Jesu wird genannt (8, 14). G.n heißt: das Wort Jesu hören, bejahen, bewahren, befolgen – so, wie Jesus selbst es mit dem Wort des Vaters tut (8, 31–59). G.n besagt auch: Jesus als den erkennen u. bekennen, der er „in Wahrheit" ist (wie Martha 11, 27). Im G. werden die Güter des Heils offenbar: Jesu Wort, das Geist u. Leben spendet (6, 63) u. das den Tod „in Ewigkeit" nicht schauen läßt (8, 51). Jesus selbst ist „das Brot des Lebens" (6, 35). Das Wort der Verkündigung „schafft" G. in späteren Geschlechtern (17, 20).

6. Die ntl. Schriften kennen kein uniformes G.ns-Gefüge. Daher sind sie nicht auf eine Abstimmung verschiedener Glaubensaussagen ausgerichtet. Das ntl. G.ns-Verständnis besitzt aber eine einigende Mitte: das Christusgeschehen. Es bekennt: Gott handelt, stets „gegenwärtig", ↗in Christus u. ↗durch Christus. Neutestamentlicher G. richtet sich also auf Jesu Botschaft u. Person u. „erkennt" darin den so sich offenbarenden Gott; der Ring des G. schließt sich im Einbezug des Glaubenden, der dadurch zu einem neuen Leben ermächtigt ist (2 Kor 5, 17–20). – Im ntl. G.ns-Verstehen liegt eine ungeheure Kraft. Ihre ungebrochene Dynamik kommt besonders darin zum Ausdruck, daß sie in großer Vielgestaltigkeit zu einem immer größeren u. tieferen Reichtum für das Christusgeschehen anerkennenden u. bekennenden Aussage u. Deutung drängt.

Vor allem kommt es der bibl. Verkündigung auf die ↗Praxis des G. an. G.n an Jesus bedeutet das Tun seiner Botschaft. Nicht von einzelnen isolierten Glaubenden kann Jesu Botschaft getan werden, sie wird in der ↗Gemeinschaft, im schöpferischen ↗Team, verwirklicht. G.n ist gesellschaftliche Praxis der Botschaft Jesu. ↗Hoffnung, ↗Liebe, ↗rühmen, sich.   ka

Glaubensgehorsam, eine Lebenshaltung, eine lebensbestimmende Einstellung des Menschen. Bibl. gesehen, geht es im G. nie um ein rein intellektuell-abstraktes Für-wahr-Halten von Sätzen, Vorstellungen oder Ausdrucksweisen. G. ist vielmehr ganzheitlicher Lebensvollzug (↗Praxis, ↗Liebe). Er beinhaltet eine grundsätzliche Bereitschaft zum „Hören u. Tun" (Dt 5, 31–33; Mt 7, 24–27). So wird die Haltung u. Einstellung des G. geradezu zur Größe, welche auf seiten des Menschen den ↗Glauben ermöglicht: im G. unterstellt der Glaubende sich selbst dem Heilswillen Gottes, den er als ↗Offenbarung anerkennt (Röm 16, 26). Darin liegt die „Sicherheit" des G., welche in schärfstem Widerspruch zu der alten Sicherheit steht, die in der Gesetzeserfüllung (↗Gesetz) gründete (↗rühmen, sich). Der G. schafft die Haltung, in welcher sich der Mensch in restlosem Vertrauen zu Gottes Heilstat in Christus mit Gottes ↗Gerechtigkeit beschenken läßt (Röm 3,

21 ff). Paulus kann daher sagen, daß es der Sinn des Apostelamtes (↗Apostel) sei, G. zu schaffen (Röm 1, 5). – Die Vorbildlichkeit des G. Jesu für den ↗Jünger spiegelt sich wider bei Joh, wenn Jesu ganzes Wirken als ein „Hören u. Tun" dargestellt wird: was Jesus beim Vater „gehört" hat, das „tut" er (5, 17–47). – Wieder in neuer Weise zeigt der Hebr die Größe der Vorbildhaftigkeit des G. Jesu u. dessen Wirkung. Nach Hebr 5–7 ließe sich Jesu Sendung geradezu mit dem Ausdruck vom G. überschreiben. Der G. Jesu führt zum G. der Menschen u. wird so zum „Urheber ewigen Heils" (5, 8 f). ka

Glaubensgerechtigkeit. Was G. ist, kann am besten von Paulus her erkannt u. entfaltet werden. Paulus verkündigt ↗Gott, wie er in seinem ↗Christus gehandelt hat u. handelt (1 Thess 1, 9 f). Von hier aus wird für uns die Kontroverse zwischen ↗Glaube u. ↗Gesetz, die bei Paulus einen breiten Raum einnimmt, verstehbar. Es geht um die absolute Heilsbedeutung des Handelns Gottes in Jesus Christus. Unverrückbar steht fest: ↗Heil ist in Christus. Die Hinwendung zu diesem ausschließlich in Christus begegnenden Heil führt zur Absage an die konkurrierende, in Wirklichkeit aber nur scheinbare Heilsmacht des Gesetzes u. seiner Befolgung, der Gesetzeswerke (Röm 3, 21–26; ↗Werke). Paulus weiß, wie sehr menschliche Gesetzesbefolgung den Selbstruhm des Menschen begünstigt (↗rühmen, sich), ja sogar schafft (Röm 2, 17–20). Aber nicht dem Menschen, sondern Gott allein gebührt aller Ruhm (1 Kor 1, 27 ff). Im Christusgeschehen kommt Gott die Ehre zu – u. der Mensch „erfährt", wer er wirklich, d. h. vor Gott, ist (Phil 2, 6–11). Die G. steht im stärksten Gegensatz zur „Selbstgerechtigkeit" des Menschen (Röm 3, 27–31; ↗Gerechtigkeit, ↗Rechtfertigung).

So ist der Glaubende mehr denn je ein Schuldner Gottes. Er ist zur ↗Liebe zu Gott u. Christus, die sich in der Liebe zum ↗Nächsten ausweisen muß, gerufen. G. ereignet sich also da, wo der Glaubende Gottes Heilsangebot in Christus vorbehaltlos bejaht u. ebenso am anderen Menschen handelt, wie Gott an ihm selbst gehandelt hat. Jetzt gilt „das

Gesetz des Glaubens" (Röm 3, 27). Echte G. erweist sich allein wirksam in der ↗Liebe (Gal 5, 6). G. bedeutet, daß der Mensch von Gott angenommen ist u. daß er deswegen den Mitmenschen als ↗Bruder annehmen muß (↗für andere, ↗für uns). ka

Gleich. Im Bereich Christi sind alle g. geworden. Unter denen, die sich auf ihn berufen u. die unter seiner Herrschaft leben, gibt es keinen Rangunterschied mehr nach Herkunft, Bildung, Stand oder Geschlecht (Gal 3, 28). Alle haben die g.en Möglichkeiten u. den g.en Ausgangspunkt, zu Gott zu kommen, ↗Christus. Es müssen auch alle in g.er Weise vor Gottes ↗Gericht hintreten (Röm 14, 10), um ihr Leben vor Gott, vor sich selbst u. vor ihren Mitmenschen zu verantworten. Gott aber will allen ↗Vater werden. Er handelt durch alle Menschen, u. er ist allen als ihr Schöpfer erfahrbar (Eph 4, 6.13). Er hat alle Menschen eingeladen, an seinem Reich mitzuarbeiten. Niemand ist davon ausgenommen. Die ↗Chance aller ist ↗Christus. gr

Gleichbild. Der Mensch ist, wie er von seinem Schöpfer herkommt, G. u. ↗Ebenbild Gottes (vgl. Röm 1, 23). Er spiegelt seinen Ursprung wider. Der einzelne bildet auch die gesamte Menschheit ab. Jeder lebt „im G. der Übertretung des Adam" (Röm 5, 14); jeder einzelne ist sich u. seiner Herkunft fremd geworden. Mit seiner ↗Auferstehung hat Christus eine neue Dimension eröffnet; wer auf seinen ↗Namen getauft ist, der ist „mit dem G. seines Todes verwachsen" u. wird auch mit dem G. seiner Auferstehung zusammenwachsen (Röm 6, 5). Der Getaufte bildet in seinem Leben das Sterben Christi ab; er lebt das Dasein Jesu, das ein Dasein für die andern war. Er wird in seiner ↗Vollendung aber auch das neue Leben Jesu nachbilden. Wer sich auf Christus einläßt, wird G. Christi. Was Christus mit seinem Tod begonnen hat u. was er ermöglicht hat, muß der Christ in sein Leben hereinholen. „Gott sandte seinen Sohn im G. des Fleisches der Sünde" (Röm 8, 3); Jesus teilte das Leben der Menschen ganz, er ging auch ihren Weg in die ↗Selbstentfremdung nach, um ihnen ↗Heimat bei Gott zu ermöglichen. Er wird selbst ein Ding, eine Sache. Gerade dadurch besiegt er die Es-Welt u. bricht sie auf für das Du Gottes. Dasselbe sagt auch das Christuslied im Phil: „er war im G. der Menschen" (2, 7). Er war ganz Mensch u. nahm gehorsam das menschliche Schicksal auf sich, den Tod, die Verlassenheit u. die Ausweglosigkeit.　　　　　gr

Gleichnis(se), Redegattung, in der ein bestimmter Gedanke mit Hilfe eines Bildwortes veranschaulicht wird. Das im NT für G. gebrauchte griech. Wort, parabole, heißt Nebeneinanderstellung. Im G. werden zwei Wirklichkeiten nebeneinander gestellt, eine religiöse, die „Sachhälfte", u. eine aus dem Lebensbereich des Menschen, die „Bildhälfte". Dabei bleibt die Sachhälfte die eigentliche Aussage des G., zumeist unausgesprochen. Der Hörer bzw. Leser muß sie selbst aus der Bildhälfte erschließen. So ist z. B. beim G. von der selbstwachsenden Saat (Mk 4, 26–29) aus dem Bild die Sachhälfte zu ergänzen: das Reich Gottes kommt ebenso unaufhaltsam wie die Ernte nach der Aussaat. – Das G. ist von der *Allegorie* zu unterscheiden. Während bei einer Allegorie jeder Zug des Bildes eine eigene Bedeutung hat, entspricht dem im G. dargestellten Bild nur eine einzige religiöse Wirklichkeit.

In den G.-Reden Jesu lassen sich drei verschiedene Formen unterscheiden: Das eigentliche *G.* nimmt einen alltäglichen Vorgang oder Sachverhalt, um eine religiöse Wahrheit auszusagen (Senfkorngleichnis, verlorenes Schaf u. a.). Die sog. *Parabel* ist eine erdachte Geschichte, die einen manchmal ungewöhnlichen Einzelfall erzählt (zehn Jungfrauen, Mt 25, 1–13; verlorener Sohn – besser: liebender Vater –, Lk 15, 11–32). In der *Beispielerzählung* wird nicht ein Bild über eine Geschichte in die religiöse Wirklichkeit übertragen, „sondern ein religiös-sittlicher Gedanke durch einen Einzelfall beleuchtet". Dabei geht es weniger um die Erkenntnis der Wahrheit als um das rechte Tun (barmherziger Samariter, Lk 10, 30–37; Pharisäer u. Zöllner, Lk 18, 9–14). Die G. Jesu gehören zum „Urgestein der Überlieferung". Sie waren für seine Zuhörer nichts Neues. Wir finden sie auch

im AT u. in der rabbinischen Unterweisung. Neu war ihr Inhalt: die kommende Herrschaft Gottes u. der Anspruch Jesu, deren Bringer zu sein. Die G. Jesu spiegeln das palästinensische Milieu so deutlich wider, daß an ihrer Echtheit nicht zu zweifeln ist. Eine sachgerechte Auslegung ist jedoch nicht möglich ohne die Erkenntnis, daß die G. einen dreifachen ↗ „Sitz im Leben" haben, d. h. aus drei verschiedenen Situationen heraus zu verstehen sind: aus der Verkündigung Jesu, dem Leben der ↗Urkirche u. der theol. Konzeption des Evangelisten.　　　　　　　　　ba

1. *Jesus* benützt die G., um seine Botschaft allen Menschen verständlich zu machen. Die meisten G. sprechen vom sicheren Kommen der ↗Herrschaft Gottes, die schon jetzt in der Verkündigung Jesu angebrochen ist. (Das Wirken Jesu ist wie die Aussaat – die Gottesherrschaft kommt, allen Hindernissen zum Trotz, so sicher wie die Ernte.) Andere G. wenden sich an zweifelnde Anhänger, die ungeduldig werden: wenn der Anfang auch klein u. unscheinbar ist, so wird das Ende doch herrlich sein – wie ja auch das kleine Senfkorn zu einem großen Baum wird. Den Gegnern Jesu wird gesagt: Gott rechnet den Menschen die Fehler nicht auf; er ist vielmehr von überströmender Liebe zu den Sündern, er geht dem Verlorenen nach (↗liebender Vater, verlorenes Schaf, verlorene Drachme; ↗Verlorenes). In der Verkündigung Jesu waren die G. aus der Situation heraus verständlich u. mußten nicht eigens erklärt werden. 2. Die *Urkirche* griff die G. auf, um sie auf die gegenüber dem Leben Jesu veränderte Situation hin zu aktualisieren. Das G. wird ein Mittel zur Ermahnung (a) oder zur Belehrung (b). Dies kann durch Umgestaltung zur Allegorie (c) oder durch eine angehängte Deutung (d) geschehen.
a) Das G. vom verlorenen Schaf ist in der Situation Jesu an die Gegner gesprochen, die dadurch die Liebe Gottes auch zu den Sündern u. das Recht Jesu zur Verkündigung vor diesen Menschen erkennen sollten (Lk 15, 1–7). In der Situation der Urkirche werden die Vorsteher der Gemeinden ermahnt, die abtrünnig gewordenen Gemeindeglieder

nicht zu verstoßen, sondern sich mit echter Hirtensorge um sie zu kümmern (beachte den Zusammenhang von Mt 18, 12–14).

b) Das G. vom Unkraut (Mt 13, 24–30) gipfelt ursprünglich in der Mahnung zur Geduld. Dieses G. wird in der Situation der Kirche zu einer lehrhaften Schilderung über das Kommen des Menschensohnes u. das Gericht ausgestaltet (Mt 13, 36–43).

c) Soweit sich das G. von den ↗bösen Winzern (Mk 12, 1–12; Mt 21, 33–46; Lk 20, 9–19) noch rekonstruieren läßt, erzählt es ursprünglich von drei mißhandelten Boten u. schließlich der Sendung des Sohnes; dieser wird getötet, u. der Weinberg wird zur Strafe an andere Winzer vergeben. In der Situation Jesu kommt es auf den letzten Zug der Erzählung an: Jesus droht an, daß das Heilsangebot von Israel genommen u. „an andere", an die Heiden, gegeben würde.

d) Das G. vom ↗Sämann (Mk 4, 3–8) zeigt, wie sich trotz vieler Widerstände am Ende der große Erfolg einstellt. Die am Erfolg Jesu zweifelnden Jünger sollen am Bild des Samens erkennen, daß am Ende dennoch die Ernte steht. Die allegorisierende Deutung der Gemeinde (Mk 4, 14–20) teilt die Christen in verschiedene Klassen ein u. erklärt damit die Lauheit u. den Abfall, aber auch den Eifer vieler Christen.

3. Im Zusammenhang eines schriftlichen Evangeliums hat das einzelne G. eine neue Funktion. Mehrere G. werden zu „Reden" zusammengestellt (Mk 4; Mt 25) u. sind zugleich Illustrationen für die Aussagen des Evangelisten. So dient z. B. das G. vom Sämann jetzt als Beispiel für die „Lehre" Jesu, die denen „drinnen" Offenbarung, denen „draußen" rätselhafte Rede bietet (Verstockungstheorie; Mk 4, 2.11 f).

Die Bibelwissenschaft vereinigt G. mit ähnlicher Thematik unter einem Sammelnamen. Die wichtigsten dieser G.-arten sind die Kontrast-, die Wachsamkeits- u. die Krisisgleichnisse. Unter Kontrastgleichnissen versteht man solche G., die einem kleinen, unscheinbaren Anfang ein herrliches Ende gegenüberstellen (z. B. ↗Senfkorngleichnis). Diese G. wurden früher fälschlich Wachstums-

gleichnisse genannt, wobei die stetige Entwicklung auf die in der Geschichte anwachsende Kirche bezogen wurde.

Die Wachsamkeitsgleichnisse rufen den Hörern Jesu das baldige Kommen der Gottesherrschaft zu. In der Situation der Kirche wollen sie die stete Bereitschaft der Gläubigen wachhalten (z. B. kluge u. törichte Jungfrauen).

Die Krisisgleichnisse warnen vor voreiliger Trennung in Gläubige u. Ungläubige u. mahnen, diese Scheidung dem Endgericht zu überlassen (G. vom Fischnetz).   gl

Glied, Teil des ↗Leibes Christi, ein Begriff der paulinischen Kirchenlehre. Das Bild muß durchaus realistisch verstanden werden: Ein Christ, der sich der ↗Unzucht hingibt, macht ein G. Christi zu einem G. einer ↗Dirne (vgl. 1 Kor 6, 15). Die Menschen, „ob Juden oder Griechen, ob Knechte oder Freie" werden durch den Geist zu G.ern des Leibes Christi getauft (1 Kor 12, 13) u. immer wieder in der ↗Eucharistie zu einer Einheit zusammengefaßt (1 Kor 10, 16 f). Im Leib Christi hat jeder Christ im Hinblick auf das Wohl des Ganzen eine besondere Aufgabe, wie auch jedes G. am Leib für sich allein nichts ist u. erst in der ↗Gemeinschaft mit den anderen den Leib bildet. Gott hat den Leib so zusammengefügt, nicht damit Spaltung entstehe, sondern daß die G.er in gleicher Weise füreinander Sorge tragen (1 Kor 12, 24). Was für den Leib des Menschen gilt, gilt auch für den Leib Christi. Wie Gott die G.er für ihren Dienst bestimmt hat, so auch die G.er des Leibes Christi zum ↗Dienst als ↗Apostel, ↗Propheten, ↗Lehrer, zum Wunderwirken, zur Heilung, zur Dienstleistung, zur Amtsführung (↗Amt), zur ↗Glossolalie u. zu ihrer Auslegung. G. am Leibe Christi zu sein bedeutet, mit dem anderen mitzuleiden, mit ihm verherrlicht zu werden (1 Kor 12, 26). ↗Kirche.   br

Glosse (griech. Zunge, Sprache), ursprünglich unverständliches Wort, dann auch dessen Erklärung. Ältestes Bibelglossar: im Lexikon des Hesychios von Alexandrien (5. oder 6. Jh.). In der modernen Textkritik werden erläuternde Zusätze als G.n bezeichnet, die vom Rand der ↗Handschriften, wo sie ursprünglich standen (im Unterschied zur ↗ Interpolation), durch spätere Abschreiber in den Text übernommen wurden.

mo

Glossolalie (Zungenrede), unverständliches u. unartikuliertes Sprechen in ↗ Ekstase. Nach 1 Kor 12–14 ist sie ein vom ↗ Geist gewirktes Charisma (↗ Geistesgaben), ein Beten zu Gott. Paulus besitzt die Gabe der G. selbst u. schätzt sie hoch (1 Kor 14, 5.18). Da sie aber nur dem Ergriffenen selbst nützt, nicht der Erbauung der Gemeinde, verlangt Paulus für ihre Ausübung im Gottesdienst, daß ein Dolmetscher sie in verständliche Rede übersetze (1 Kor 14, 27 f), u. stellt das Charisma der Prophetie (Verkündigung) über die G. (1 Kor 14, 5). Es ist ungeklärt, ob es sich bei dem geistgewirkten Sprechen zu Pfingsten (Apg 2) um ein Phänomen der G. handelt.

mo

Glück. Der Mensch als unvollkommenes Wesen versucht, G. für sich zu erlangen, das letztlich nicht vorübergehend in einem zeitlich begrenzten G.s-Gefühl bestehen soll, sondern im Zustand der G.-seligkeit eine vollkommene u. dauernde Erfüllung des Gesamtstrebens des Menschen hervorbringt. Den Ausdruck des G. findet der atl. Mensch in Erfolg u. Wohlergehen, was jedoch nicht schicksalhaft u. zufällig als Befriedigung von Wünschen u. Bestrebungen zu sehen ist, sondern als von Gott gesandt. Von Gott kommen sowohl G. als auch Un-G., da das menschliche Leben in Gottes Hand ruht u. im göttlichen Heilshandeln seinen Grund findet. So wird auch erklärt, daß ↗ Joseph am Anfang seines Aufenthaltes in Ägypten G. u. Erfolg hatte; denn Gott war mit ihm u. ließ ihm alles gelingen (Gn 39, 2 f). G. im Leben des atl. Menschen wird zum Zeichen göttlichen ↗ Segens, während das Unglück die ↗ Strafe Gottes darstellt. Zu einer offenen Frage wird damit, wieso der Gottlose G. haben kann, der ↗ Fromme aber Un-G., da doch auch hier Gott selber Urheber des G. bzw. des Un-G. ist. Nur das Vertrauen des Frommen, daß alles, was er beginnt, Erfolg haben wird u. Gott sowohl sein G. als auch sein Un-G. in seinen Heilsplan aufgenommen hat, läßt ihn dafür Verständnis aufbringen. G. u. ↗ Frieden findet der

Fromme in der ↗ Gemeinschaft mit Gott.

la

Glücklich der Mann. In der Weisheitsliteratur (↗ Weisheit) u. in den Pss gebräuchlicher Segenswunsch. Betont wird aber nicht eine Summe von Tugenden, sondern das harrende Dulden u. Hoffen auf Gottes ↗ Verheißung (vgl. Ps 1, 1; 34, 9; 40, 5; 112, 1).

sc

Glücksgötter. Pantheistische Schicksalsgötter, die man durch Verehrung günstig stimmen will. Israel kannte G. (Js 65, 11): Gad u. Meni. Gad (= eintretender Glücksfall) ist eine semitische Gottheit, deren Einfluß man aus den Orts- u. Personennamen mit -gad sehen kann. Meni ist eine nicht näher bekannte Gottheit.

zi

Gnade. Grundbedeutung des hebr. chen ist nicht wie beim griech. u. lat. Wort (charis, gratia = Liebreiz, Charme) die Wohlgefallen erregende Eigenschaft des Begnadeten, sondern (wie beim deutschen Stammwort) das huldvolle „Sich-Neigen" (chanan) des G. Schenkenden – also Gunst, ↗ Huld, ↗ Wohlgefallen (etwa des Königs, dann vor allem Gottes). Damit ist G. grundlegend als freie Zuwendung Gottes charakterisiert, auf die der Mensch nie Anspruch erheben kann (↗ Erwählung).

Daß Gott „barmherzig u. gnädig, langmütig u. groß an Huld u. Treue" ist – dieses Verhalten Jahwes ist der eigentliche Inhalt der ↗ Offenbarung des AT u. NT. Die ↗ Heilsgeschichte ist nur die fortschreitende Verwirklichung dieses G.n-Willens, den Gott selbst manifestiert im ↗ Bund; chesed, das „bundgemäße Verhalten" (LXX meist: ↗ Erbarmen) besagt deshalb, auf Gott angewandt, soviel wie G. Auch rachamim, mitleidiges Erbarmen (von rechem = Mutterschoß), ist eine Erscheinungsform der G. dem ↗ Sünder gegenüber. ↗ Barmherzigkeit Gottes.

In ↗ Jesus ↗ Christus ist „die G. Gottes, die errettende" (Tit 2, 11) in Person erschienen. Das Wort G. kommt zwar in den überlieferten Jesusworten nicht vor, kennzeichnet aber treffend seine Sendung, wie Jesus selbst sie versteht: von seiner Hinwendung zu den hilfsbedürftigen „Kranken" (Mk 2, 17) bis zur Hingabe seines Lebens „als ↗ Lösegeld für die vielen" (Mk 10, 45). In dieser ↗ ein für allemal geschehenen Heilstat hat sich die G. Gottes vollendet u. beginnt eine neue Heilsordnung der G. (vgl. Joh 1, 17). Spricht Joh mehr von der ↗Liebe Gottes, so entfaltet Paulus eine Theologie der G. ↗Rechtfertigung des Sünders, sein neues Angenommensein von Gott, ist nie aus eigenen ↗Werken, durch Erfüllung des ↗Gesetzes zu erreichen, sondern einzig durch den ↗Glauben an die in der Erlösungstat Christi uns geschenkten Selbstzuwendung Gottes. Diese „G." bleibt dem Menschen nicht nur äußerlich, sie teilt sich ihm vielmehr mit in der umgestaltenden Kraft des ↗Geistes.   ur

Gnosis. a) G. oder Gnostizismus ist die Sammelbezeichnung für eine vielgestaltige, in allen ihren verschiedenen Formen aber letztlich religiöse Erlösungsbewegung der Spätantike. Ihren Namen hat sie daher, daß in einer speziellen „G." (= Erkenntnis) der Heilsweg u. die Erlösungschance erblickt wurde, so daß einzelne Gruppen sich selbst als Gnostiker bezeichneten, weil sie sich als solche verstanden, die die zur Erlösung führende G. besitzen. Der eigentliche Impuls war ein starkes Erlösungsbedürfnis, welches offensichtlich aus einer ganz einseitig pessimistisch gestimmten Welt- u. Selbsterfahrung herrührte. Die menschliche Situation in dieser Welt wurde als unglücklich u. heillos empfunden. Man suchte nach Antwort auf die Frage nach dem Woher u. Wohin des Menschen u. nach der Ursache dieser seiner schlechten Bedingung. Man fand die Antwort eben in der G., welche als Kunde von außerhalb dieser Welt empfangen wurde u. alle quälenden Aporien durch die Aufrichtung eines ↗Dualismus extremster Observanz löste: Nicht diese Welt ist der Ort des Menschen, sondern eine andere, „obere", von der er nicht wußte oder die er vergessen hatte, aus welcher er aber ursprünglich stammt, welcher er noch immer zugehört u. in welche er kraft der Rückerinnerung in der G. aufsteigt. Diese andere Welt ist das Lichtreich des eigentlichen, höchsten, (bislang) unbekannten Gottes, welcher nicht der Schöpfer der von ihm absolut geschiedenen Welt der Materie u. Finsternis ist. In diese „untere" Welt, das

Werk einer untergeordneten Demiurgengestalt, ist der Mensch eingeschlossen in Gefangenschaft, Unwissenheit, Vergessen, Schlaf, Trunkenheit. Sein eigentliches Selbst ist in die Materie als die Welt des Fremden gebannt. Die gnostische Weltentstehungslehre erklärt diesen unglückseligen Zustand als Ergebnis des tragischen Absturzes einer Lichtgestalt (Emanation) bzw. des Kampfes zwischen Licht u. Finsternis. Aus dieser geradezu physischen Unheilslage rettet also allein die G., indem sie über das Selbst u. dessen Verlorenheit aufklärt, an das Wesen (die Herkunft) des Menschen erinnert u. den Weg bzw. die Mittel zur Rückkehr (Aufstieg) in die „Heimat" zeigt. Das verstreute Licht kehrt in sein Reich zurück, der Mensch wird wieder, was er war (u. nie aufgehört hatte zu sein), nämlich Teil des Gottes, wesensmäßig eins mit der oberen Welt, d. h. göttlicher Natur. Mit der Erlösung aller menschlichen „Selbste" oder Seelen ergibt sich innerhalb der gnostischen ↗Eschatologie der Zerfall der materiellen Welt, die damit nämlich ihren Zusammenhalt verliert. Diese Erlösungslehre bedeutet total negative Daseinsdeutung u. weltdistanziertes Selbstverständnis in deren extremer Möglichkeit. – Die konkreten Ausgestaltungen dessen sind so mannigfach u. unterschiedlich, daß die gemeinsame Grundhaltung nicht immer auf den ersten Blick sichtbar ist. Die G. wird in unübersehbar zahlreichen Systemen artikuliert (einige prominente Namen: Simon Magus, Basilides, Valentinus, Markion, Mandäer, Mani), welche im Gewand des künstlichen Mythos, der philos. Heilslehre, der erbaulichen Rede (↗Homilie), des hymnisch-dichterischen Liedes (↗Psalm) begegnen u. Leben u. Lehre ebenso zahlreicher gnostischer Schulen u. Sekten bezeugen. Die soziologische Gestalt der einzelnen Gruppen variiert von der Ähnlichkeit mit Philosophenschulen bis zu geheimen Zirkeln mit vulgär-magischen Praktiken. – Wir kennen viele der gnostischen Systeme sehr genau aus Originalquellen u. kirchlichen Gegenschriften des 2. u. 3. Jh., der Blütezeit der G.; über dem Ursprung der Bewegung liegt dagegen ein undurchdringliches Dunkel. Vermutlich entstand die G. im östlichen Raum (Syrien – Palästina), u. zwar sehr wahrscheinlich kurz vor oder gleichzeitig mit dem Christentum, jedenfalls aber unabhängig von diesem. Sie breitete sich bis Gallien u. Nordafrika aus, lebte in der Form des Manichäismus Jahrhunderte fort u. besteht in ihrer östlichen Variante des Mandäismus noch heute (Irak) als kleine Gruppe. Zur Nachgeschichte zählen auch etliche mittelalterliche Sekten.

Wie sich die G. zur Selbstexplikation ungezählter Elemente aus Dichtung, Mythologie, Philosophie u. AT bediente u. diese Entlehnungen dann auf das System zurückwirkten, so griffen gnostische Schulen sehr früh auch nach der christl. Überlieferung, was in erster Linie ihre Erlöservorstellung beeinflußte. So entstand innerhalb der allgemeingnostischen Bewegung die christl.-häretische G. (häufig speziell Gnostizismus genannt) in der frühkirchlichen Epoche. Die kirchliche Orthodoxie lehnte diese Verbindung von vornherein schärfstens ab, indem sie namentlich gegen das Gottesbild u. den Dualismus der G., gegen ihre Welt- u. Leibfeindlichkeit (u. deren ethische Konsequenz), gegen die Spiritualisierung der Auferstehung (in den Besitz der G.), gegen die Annullierung der Geschichte u. nicht zuletzt gegen die oft vertretene partielle Soteriologie (das Heil nur für die sog. Pneumatiker, nicht für die Hyliker, Psychiker oder Ekklesiastiker) polemisierte. – In östlichen Gegenden war das Christentum zeitweilig nur in seiner gnostischen Interpretation, nicht durch die Großkirche vertreten.

b) Im Zusammenhang mit dem NT ist das Phänomen der G. insofern höchst wichtig, als mit (zwar nicht direkt greifbaren) frühen Ausgestaltungen der späteren G. schon für ntl. Zeit also gerechnet werden muß u. Anzeichen dafür im NT auch antreffbar sind. Zwar lassen sich Einzelvorstellungen u. Systemstücke wegen des synkretistischen Charakters der gnostischen Sprache oft schwer eindeutig als gnostisch identifizieren. Grundsätzlich ist aber zweierlei in der Erforschung des NT anerkannt: 1. In einigen ntl. Schriften wird bereits gegen gnostische Anschauungen Front gemacht.

2. Die Diktion des NT (Joh, Paulus) ist z. T. u. gelegentlich, unreflektiert oder bewußt, gnostisch gefärbt. – Genaue Angaben sind schwer zu machen. Weil die Quellen einer mit dem NT gleichzeitigen G. fehlen, ist man zu der unsicheren Methode gezwungen, von den Dokumenten des 2. Jh. u. der Folgezeit zurückzuschließen auf die Frühzeit, aus welcher man nur fragmentarische, in sich häufig durchaus nicht eindeutige Zeugnisse, eingebettet in die antihäretische Polemik, besitzt. Von den in diesem Zusammenhang stets genannten ntl. Schriften gilt bei vorsichtiger Beurteilung: Die in 1 u. 2 Kor, Kol, 1 Joh attackierten Häresien sind nicht mit voller Sicherheit als spezifisch gnostisch oder unmittelbar „prägnostisch" identifizierbar. Anders dagegen lassen sich durch Berichte bzw. Polemik in Apg, 1 u. 2 Tim, Tit, Jud, Apk hindurch wahrscheinlich gnostische Elemente erkennen. Für Joh, Eph, Kol ist mit einem gnostischen Einfluß zwar nicht von Theologumena, wohl aber von bestimmten Denkschemata zu rechnen. Solche etwaigen gnostischen Topoi (↗Topos) u. Denkwege dienen im NT einer ganz u. gar ungnostischen Theologie. bro

Gog u. Magog, Gog ist bei Ez Führer des endzeitlichen Kampfes gegen das Gottesvolk (Ez 38, 2: „Gog im Lande Magog"). Wie oft in der rabbinischen Literatur wird auch in Apk 20, 8 Person u. Land nicht mehr unterschieden, sondern beides zu einem Doppelnamen der gottfeindlichen Macht verschmolzen. zi

Gold, im AT u. NT Symbol z. B. für Reichtum, Wert, Autorität u. ein Bild für Tugenden der Menschen u. Gaben Gottes an sie, z. B. Glaube u. Weisheit. Das Schmelzen des G. ist Bild für das Leben des Menschen, der aus allen Anfechtungen geläutert wie G. hervorgeht. Jesus u. die Urkirche schätzen G.besitz nicht; so kann G. zum Symbol für das Irdische, das Vergängliche werden. br

Goldene Regel, ein Weisheitsspruch im Munde Jesu, der das Liebesgebot zusammenfaßt (Lk 6, 31; Mt 7, 12). Die g. R. geht von der Erfahrung der Not des einzelnen aus. Was der Mensch in solcher Lage, in der er den anderen antrifft, für sich selbst wünscht, eben das soll er dem anderen gewähren. Rabbi Hillel formulierte sie negativ: „Du sollst deinem Nächsten nicht schaden."   zi

Goldenes Kalb ↗Stierkult.

Goljat, einer der riesenhaften ↗Philister aus Gat (1 Sm 17, 4; vgl. 2 Sm 21, 20). ↗David erschlägt ihn im Zweikampf u. wird damit einer der von Jahwe bestellten Retter Israels. Der aus mehreren Überlieferungen gewachsene u. theol. geformte Bericht 1 Sm 17 unterstreicht den wunderbaren Sieg, indem er David als kriegsunerfahrenen Hirtenbub zeichnet.   he

Gomorra, eine Stadt im Süden Kanaans. G. gehörte zur ↗Pentapolis, wird oft mit ↗Sodom zusammen genannt u. wurde wie dieses durch eine Katastrophe, die man als Gottesgericht auffaßte, zerstört (Gn 18, 17 – 19, 29).   he

Goschen. 1. Fruchtbares Gebiet im östlichen Nildelta, in dem die Israeliten während ihres Aufenthaltes in ↗Ägypten wohnten. – 2. Stadt im Gebirge ↗Juda (Jos 15, 51).   he

Gott. a) Biblisches Reden von G.: Zentrum der bibl. ↗Offenbarung ist die Selbsterschließung G.es in seinem Wort u. Tun an u. mit den Menschen in ihrer Welt. Bibl. Reden von G. ist deshalb vorwiegend gläubiges Anerkennen u. Bekennen der mannigfaltigen G.es-Erfahrungen in der Geschichte des Volkes ↗Israel (AT) u. im Christusereignis (NT). Die Schrift spricht von G. nicht, wie er in u. an sich ist, sondern wie u. was er für die Menschen u. ihre Umwelt ist u. wirkt. Die Existenz G.es ist dabei einerseits die Gegebenheit, hinter die nie zurückgefragt wird; andererseits erhebt keine Einzelaussage den Anspruch, Wesen u. Wirken G.es adäquat auszudrücken. Theol. Impuls bei der Entfaltung des bibl. G.es-Bildes ist nicht die Theorie, sondern die lebendige Glaubenserfahrung. Schon die im AT gebrauchten G.es-Bezeichnungen zeigen die beiden religionsgeschichtlichen Pole, in deren Spannungsfeld das bibl. G.es-Bild steht: Neben u. später synonym mit dem spezifisch israelitischen Eigennamen ↗Jahwe begegnet vor allem der gemeinsemitische Gattungsbegriff ↗Elohim, dessen wahrscheinlicher Etymologie die Vorstellung allgemeiner göttlicher Macht zugrunde liegt. Spätestens seit dem

↗Elohisten wird Elohim aber als Eigenname des G. Israels = Jahwe verstanden. Die Kombination Jahwe Elohim ist, vor allem Gn 2 u. 3, als erklärende Apposition gemeint; mit „Jahwe, nämlich Gott" soll die Identität von Jahwe als dem G. Israels mit dem G. der ganzen Welt ausdrücklich betont werden. In der LXX steht für Elohim nicht das im ↗Hellenismus beliebte Neutrum „das Göttliche", sondern „Gott" (theos), während Jahwe mit ↗„Herr" (kyrios) übersetzt wird; zugleich versuchen kleine Änderungen im Text, anthropomorphe oder nicht genügend orthodox erscheinende Aussagen zu korrigieren. Im Gegensatz zum Judentum, das das Wort Gott meidet u. statt dessen vom Herrn, vom Allmächtigen, vom Höchsten, vom Himmel spricht, gebraucht Jesus das Wort G. in aller Unbefangenheit, seltener „Herr" oder Umschreibungen wie ↗„Himmel" (Himmel = G. vor allem bei Mt!); am häufigsten redet Jesus von G. als dem ↗Vater. In der ↗Urgemeinde wird „Gott", in der Regel mit dem Artikel, die maßgebende Bezeichnung für den „G. u. Vater Jesu Christi", zumal der atl. Kyrrosname (= Jahwe) schon vor, namentlich aber seit Paulus, immer mehr auf Jesus übertragen wird. In einigen Fällen, vor allem bei Joh, heißt auch Jesus „Gott" (theos).

b) Das AT entwirft kein systematisches G.es-Bild, sondern betont der jeweiligen Situation entsprechend die ihm wichtig erscheinenden Züge G.es. Daraus resultierende scheinbare Widersprüche brauchen deshalb nicht vorschnell harmonisiert zu werden. – Es ist nicht leicht, ein verläßliches Bild von der Frühgeschichte der Religion Israels bzw. von der „Genealogie" des israelitischen G.es-Bildes zu erhalten. Die religionsgeschichtliche (nicht nur philologische!) Auswertung von göttlichen Eigennamen, G.es-Bezeichnungen u. Jahweattributen, die sich aus Israels früher Zeit nachweisen lassen, macht es wahrscheinlich, daß sich das Jahwebild des „Anfangs" vor allem in der kultischen u. religiösen Auseinandersetzung mit der Umwelt Israels inhaltlich differenziert u. in seiner Gültigkeit totalisiert (↗Einzigkeit Gottes) hat. Entscheidendes Kriterium für Übernahme oder Abstoßung „fremder" Elemente war die G.es-Erfahrung des Anfangs, die Israel in diese Umwelt mitbrachte. Danach ist Jahwe der die Seinen aus der tödlichen Bedrohung (der Ägypter) Rettende, er ist der in der Not Kommende. Die Erfahrung seines Eingreifens überwältigt die „Israeliten" so sehr, daß sie ihn darin als ihren G. erkennen u. anerkennen; umgekehrt macht die Zugehörigkeit zu diesem G. sie erst zu ihrer Gemeinschaft, d. h. zum „Volk Jahwes" (↗Volk Gottes). Das ist auch die Genealogie dieses G. selbst, der keine Göttergeschichte hat. Solange das Ereignis der Rettung im „Volk Jahwes" noch unmittelbar lebendig war, konnte dieses G.es-Bild des Retters genügen. Je größer aber der zeitliche Abstand vom Erlebten wurde, um so mehr drängte sich die Reflexion über diesen G. selbst auf. Der äußere Anlaß dazu war die Begegnung mit den Bewohnern des Kulturlandes, deren Götterbild von den drei auch aus dem AT noch aufweisbaren G.es-Typen geprägt war: Vatergott, ↗El, ↗Baal. In einem langwierigen Prozeß, der wohl bis in die Zeit Salomos dauerte, absorbierte Jahwe viele Züge dieser Götter u. erhielt dadurch selbst neue Dimensionen: Er wird Herr des sozialen Lebens (Vatergott), des Kosmos (El), des Landes u. dessen Ertrages (Baal); Jahwe, der Retter, garantiert für sein Volk nun gleichsam als kosmosüberlegener El den heilvollen Ablauf des menschlichen Lebens in dessen Abhängigkeit von der Natur.

Der folgende Versuch, die theologischen Grundzüge des atl. G.es-Bildes zu zeichnen, muß notwendig sehr fragmentarisch sein: 1. Jahwe ist vor allem der lebendige G. Diese Aussage gehört nicht in die Vorstellungswelt der sterbenden u. wiederauferstehenden ↗Götter, sondern ist Israels Antithese dazu (Jr 10). G. ist der Lebendige in seinen heilsgeschichtlichen Taten (Jr 23, 7 f), in der Verkündigung u. Erfüllung seines Wortes (1 Kg 2, 24), im Dienst seiner Propheten u. Könige (2 Kg 3, 14), in seinem Eingreifen in das Leben des einzelnen (individuelle Dank-Pss). Als „Quelle des Lebens" (Ps 36, 10) ist er schöpferische Lebensmacht schlechthin, die Mensch, Erde u. Kosmos umfaßt. Als der Lebendige wird er zugleich personhaft er-

fahren, dessen souveränes u. treues Ich verheißt u. erfüllt, handelt u. führt, fordert u. gebietet; er ist den „Söhnen des lebendigen G." (Hos 2, 1–3) nicht eine anonyme Macht, sondern ein Du, auf das sie hören u. blicken, das sie loben u. anrufen, dem sie vertrauen u. in Ehrfurcht dienen. – 2. Jahwe ist der nahe u. zugleich der ferne G. (Dt 4, 7; Jr 23, 23). Immanenz u. Transzendenz stehen unauflösbar nebeneinander. G. ist nahe, indem er „mit . . . ist". Als mitgehender u. geleitender G. ist er ↗Hirt seiner Herde (Ps 23, 4) u. „G. mit uns" (Js 7, 14). G.es Sein ist gnädiges Mitsein (Ex 3, 14), denn er ist „Jahwe, der gnädige u. barmherzige G., langmütig u. reich an Huld u. Treue" (Ex 34, 6). Das Vertrauen auf Jahwe „in unserer Mitte" konkretisiert sich in der Frühzeit im Zelt der Begegnung, in der Lade, in der Wolken- u. Feuersäule, später in den Vorstellungen, die Jahwes ↗Engel, Angesicht, ↗Herrlichkeit, ↗Namen als die dem Menschen zugewandte Seite G.es verstehen, u. in nachexilischer Zeit in den Hypostasen von G.es ↗Wort u. ↗Weisheit. Er begegnet im ↗Traum u. in der ↗Theophanie, nimmt menschliche Gestalt u. Züge (↗Anthropomorphismus) an, ohne daß freilich das Wissen um seine Göttlichkeit vergessen wird. Denn er ist immer auch der ferne u. verborgene G., der von seinem überweltlichen Wohnsitz (Js 40, 22) „herabsteigen" muß, um sich dem Menschen zuzuneigen. Neben der Aussagereihe von der G.es-Schau steht die andere von der Unschaubarkeit G.es. Selbst Mose u. Elija sind davon nicht ausgenommen (Ex 33, 12 ff; 1 Kg 19). Man kann G. nicht sehen, ohne zu sterben (Ex 33, 20). Als der Heilige schlechthin (Js 6, 3), d. h. als der von allem Nichtgöttlichen Getrennte (Hos 11, 9), verbirgt er sein ↗Angesicht vor dem sündigen Volk (Dt 31, 16–18). Er ist der Verborgene schlechthin (Js 45, 15), u. sein Tun bleibt ↗Geheimnis (Js 25, 1). Es ist unmöglich, ihn bildlich darzustellen „mit irgendeiner Gestalt von dem, was im Himmel droben oder was auf der Erde drunten oder was im Wasser unter der Erde ist" (Dt 5, 8). Vor ihm, den die Himmel der Himmel nicht fassen können (1 Kg 8, 27), ist alles wie Nichts (Js 40, 15–17). Vor der Unvergleichbarkeit seines Schöpferwirkens kann der Mensch nur verstummen (Ib 38–41). – 3. Jahwe ist der heilswillige G. In immer neuen Reflexionen zeichnet Israel, gedrängt vom Auf u. Ab seiner Geschichte, diesen Zug seines G. In der Blütezeit der beginnenden Monarchie wird der unangefochtene Glaube an die göttliche Führung u. Fügung zum Leitmotiv des jahwistischen Werkes; ähnlich deuten ↗Jesaja (vgl. Js 14, 24 ff) u. der ↗Elohist die Geschichte als Heilsplan G.es. Das Erlebnis von nationalem Unheil (Bedrohung durch Assur, Untergang des Nord- u. Südreichs usw.) führt bei den großen Schriftpropheten u. in der deuteronomistischen Schule zu einer wichtigen Differenzierung: der G. des ↗Heils ist zugleich der G. des ↗Gerichts, dessen Heilswillen keine flache Heilssicherheit bedeutet. G. ist frei u. souverän, zu retten u. zu strafen. Als der heilswillige G. sprengt er die nationalen Kategorien, denn er will das Heil aller Völker (Deutero-Js); seine liebende Zuwendung hat sogar kosmische Dimensionen (Weish 11, 24 ff).

c) Das *NT* setzt das G.es-Bild des AT voraus u. führt es weiter aus. Es ist der gleiche G., der durch Mose, die Propheten u. durch seinen Sohn gesprochen hat (Hebr 1, 1 f): 1. G. durch, mit u. in Jesus. Die Verkündigung Jesu will den Menschen mit G. konfrontieren. Er beansprucht, in seinem Handeln G.es Handeln zu repräsentieren. Sein Kommen ist der endgültige Anbruch von G.es ↗Herrschaft u. Reich. Die Urgemeinde bekennt in ihren ältesten Glaubensformeln u. in den Predigten der Apg G. als den Urheber des durch Jesus gewirkten Heils (Apg 3, 26): Tod u. Auferwekkung Jesu (Apg 2, 23 f), Erhöhung zur Rechten Gottes (Apg 2, 33) u. Einsetzung in das Richteramt (Apg 10, 42) geschehen nach dem Heilsplan Gottes. Nach Paulus wird hauptsächlich an ↗Kreuz u. ↗Auferstehung Jesu sichtbar, wer G. ist u. was er für die Menschen tut, denn Jesus ist „das getreue Abbild G.es" (2 Kor 4, 4). Zugleich ist „G.es unsichtbares Wesen, seine ewige Kraft u. Gottheit" offenbar in seiner Schöpfung (Röm 1, 20). Nach Joh ist es Jesu Sendung, G.es Namen u. Wesen kundzutun (Joh 1, 18; 17, 4); niemand hat G. je gesehen (Joh

1, 18), nur Jesus kennt ihn, denn er ist von ihm (Joh 7, 29). Wer deshalb Jesus sieht, sieht G. (Joh 14, 9). – 2. Gott ist Vater. Während das AT G. vorwiegend bildhaft als Vater sieht, gehört im NT das Vatertum zum Wesen G.es. Jesus betet zu G. in der vertrauten Anrede ↗Abba = lieber Vater u. lehrt seine Jünger, ebenso zu tun. Jesu besondere Stellung zu G. kommt in seiner konsequenten Rede von „meinem" u. „eurem" Vater zum Ausdruck. Deshalb unterscheidet Joh auch terminologisch zwischen Jesus als dem „Sohn" u. den Jüngern als den „Kindern G.es". G. ist Vater, weil er in Jesus Christus einen göttlichen Sohn hat (Joh 1, 18), der eines Wesens mit ihm ist (Joh 10, 29). Zugleich dürfen auch die, denen G. den ↗Geist seines Sohnes ins Herz sendet, zu G. Abba sagen (Röm 8, 15 f; Gal 4, 6). Sie sind Kinder G.es, weil sie in die Liebe des Vaters zu Jesus hineingenommen sind; für sie ist G. „der Vater der ↗Barmherzigkeit u. G. alles Trostes" (2 Kor 1, 3). – 3. Gott ist ↗Liebe. In Weiterführung der Botschaft von der Fürsorge G.es (Mt 5, 45) formulieren besonders Paulus u. Joh G.es innerstes Wesen als Liebe. In Christus ist die Liebe G.es erschienen (Tit 2, 11), die so groß ist, daß sie sogar Nicht-Liebenswertes liebt: „Dadurch erweist G. seine Liebe zu uns, daß Christus für uns, da wir noch Sünder waren, gestorben ist" (Röm 5, 8). Diese Liebe ist die G. selbst ist (1 Joh 4, 8), will nur unser Heil (Joh 3, 16); deshalb teilt sie sich den Menschen mit, damit diese in der Liebesgemeinschaft mit Gott u. untereinander leben (1 Joh 4, 7–16). – 4. Das trinitarische Geheimnis. Das NT bietet noch keine begrifflich klare Lehre vom dreieinen Gott, es betont aber das Zusammenwirken von Vater, Sohn u. Hl. Geist „um unseres Heiles willen". Das ntl. Heilsgeschehen umspannt die ewige Erwählung durch den Vater, die Erlösung durch den Sohn in seinem Blut, die Lebensspendung u. Heiligung durch den Geist (Eph 1, 3–14). Deshalb gilt der Geist als die Erstlingsgabe der Erlösung die Gabe des Vaters (Röm 8, 23) u. die Lebensmacht des auferweckten Sohnes (Röm 8, 9–11). Am klarsten ist das trinitarische Heilsmysterium formuliert im

Taufbefehl Mt 28, 19 u. in den apostolischen Grußformeln 1 Petr 1, 1–2 u.
2 Kor 13, 13. ↗Dreiheit.　　　　　　ze

Götter (Götzen), soweit sie in der bibl.
Umwelt u. damit in der Bibel eine Rolle
spielen, sind personhaft gedachte Wesen in Menschen- oder Tiergestalt. Ihre
Lebensweise ähnelt der des Menschen,
der deshalb im Kult zu den G.n in Beziehung treten kann. Zwei Grundtypen
von G.n lassen sich unterscheiden: a)
Natur-G., die ein Naturgeschehen verkörpern; b) G., die an menschliche Gemeinschaften gebunden sind.
a) Natur-G. werden nicht als mit dem
Naturgeschehen identisch gedacht, sondern als hinter ihm stehende personifizierte Macht. Die meisten Religionen
kennen eine Mutter- oder Fruchtbarkeitsgöttin (↗Aschera, ↗Astarte, ↗Göt-
tin). Sie ist mit einem jüngeren Gott,
Gatte oder Bruder, verbunden, der das
Vegetationsgeschehen verkörpert. Zu
den Natur-G.n gehören auch Sonnen-
u. Mondgott u. die Personifizierungen
des kosmischen Geschehens (Himmels-
G.). Sie werden nicht selten zu Schöp-
fer- u. Hoch-G.n. So wird der babylonische Gott ↗Marduk vom Sonnengott
zum „Herrn des Himmels u. der Erde".
b) G. menschlicher Gemeinschaften sind
Stammes- oder Volksgottheiten, ursprünglich bei Nomaden. In den Stadt-
kulturen werden Stadt-G. verehrt, die
oft zugleich Natur-G. sind u. in „ihrer"
Stadt ihre Hauptkultstätte haben (die
↗Artemis v. Ephesus, Apg 19). – Im Alten Israel war die Vorstellung, daß neben ↗Jahwe noch andere Götter existieren, durchaus geläufig. Jedes Volk
hat seine eigene Schutzgottheit, u. im
fremden Land muß man fremden G.n
dienen. Erst das 7. Jh. spricht von Jahwe
als dem wahren Gott, der allein Gott
ist u. gegen den alle anderen G. nichts
sind.　　　　　　　　　　　　　　ba

Götterprozession, Festzüge, bei denen
die Standbilder der Götter mitgeführt
wurden bzw. Darstellungen, auf denen
die Götter selbst einen Festzug bilden,
waren in ↗Babylon u. ↗Assur bekannt.
　　　　　　　　　　　　　　　　　ba

Götterspaltung. 1. Wird eine Gottheit
an verschiedenen Kultstätten verehrt,
führt das öfter zur Zersplitterung ihres
Wesens (aus einer Gottheit werden

mehrere), wobei sich auch der Kult jeweils ändert. – 2. Spaltung der Gottheit
in ein männliches u. weibliches Prinzip.
Dem Gott wird zu seiner Ergänzung eine
Throngenossin beigegeben.　　　　ba

Götterthron. Kultgegenstand, der die
Gegenwart des Gottes repräsentiert,
mit dem Symbol des Gottes versehen,
oder auch leer. Im AT gelten ↗Bundes-
lade u. Wagen (Ez) als Zeichen der
göttlichen Gegenwart.　　　　　　ba

Göttervereinigung, der ↗Götterspal-
tung entgegengesetzter Vorgang. Zu-
sammenlegung oder Verschmelzung
mehrerer lokal verschiedener Gottheiten, die im Wesen ähnlich sind oder
ursprünglich schon zusammengehörten.
　　　　　　　　　　　　　　　　　ba

Gotteserkenntnis. Unser Wort G. bezeichnet vor allem das Problem, wie
man Gottes Dasein erschließen kann.
Das hebr. Wort „Erkennen" umfaßt alle
menschlichen Fähigkeiten, den anderen
nicht nur in seiner Existenz, sondern in
seiner ganzen Einwirkung auf das Leben
des Erkennenden zu bejahen. Nicht Ver-
standesüberlegung, sondern das Erlebnis der strafenden Macht Gottes soll
nach Ez die ↗Heiden G. lehren (Ez 28,
23). Mangelnde G. bringt ↗Israel auf
den Weg zum Verderben u. zur Sünde
(Jr 9, 2). Hos ist die Forderung der G.
in den Mittelpunkt seiner Predigt. Sie
ist innere, verwirklichte Zustimmung zu
Gottes Absichten, die wahre Frömmigkeit, die jedem ↗Kult erst den Wert
gibt (Hos 6, 6). Aber erst als endzeitliche Gabe wird diese G. im ganzen
Volk wirksam sein (Js 11, 9), das in der
↗Gegenwart immer versagt. Dieses
Versagen wirft Jesus den Juden seiner
Zeit vor; nicht sie, nur er allein besitzt
G. (Joh 7, 28). Der Vorwurf richtet sich
sogar gegen seine Jünger, denn sie ha-
ben nicht begriffen, daß G. nur durch
Jesus möglich ist. Wenn sie an seine
Sendung glauben, erkennen sie Gottes
Werk u. damit Gott selbst in ihm (Joh
8, 19; 14, 9).　　　　　　　　　　oh

Gottesferne. Die helfende ↗Gegenwart
Gottes bei seinem Volk ist ein zentraler
Gedanke des atl. Glaubens. Sie ist ausgedrückt im ↗Namen Gottes (Ich bin
da) u. garantiert durch den ↗Bund. Das
Erlebnis der G. in den Zeiten des Nie-
dergangs stellte die Grundlage dieses

Glaubens in Frage (Ps 79, 9 f). Den heidnischen Religionen ↗Kanaans galt ein Unglück als Zeichen dafür, daß der segenspendende Gott durch widrige Umstände ferngehalten wurde – während der Dürre schlief der Regengott im ↗Totenreich (1 Kg 18, 26 ff). Die atl. Propheten dagegen verdeutlichen an der G. die strafende Macht Gottes u. den Ernst der ↗Sünde. Sie zerstört den Bund; Gott wird zum Ich-bin-nicht-da (Hos 1, 9). Diese Strenge, die selbst vor dem Heiligsten nicht haltmacht, müßte auch heute alle voreilige Sicherheit erschüttern, daß Gottes Gegenwart in der ↗Kirche garantiert ist; auch dort bewirkt die Sünde G. Trotzdem dürfen wir auf die größere Macht der Verheißung Christi vertrauen, daß er – u. durch ihn Gott – stets bei uns ist (Mt 28, 20). Ein solches Vertrauen zeigen atl. Psalmbeter: Sie halten sich sogar im Erlebnis der letzten G. an das Treueversprechen Gottes, sie rufen den Gott an, der schweigt (Ps 22, 2.11). Einzelne von ihnen geben dieses Vertrauen selbst gegenüber dem ↗Tod nicht auf (Ps 16, 8 ff), der für Israel sonst absolute G. bedeutet (Ps 88, 6). Sterbend betet Jesus Ps 22, 2: Er hält die menschliche Erfahrung der G. im Vertrauen auf Gott durch bis zum Letzten (↗Kreuz, ↗letzte Worte Jesu). Durch Christus können wir nun selbst in der G. Gott begegnen. ↗Schweigen Gottes. oh

Gottesfurcht ↗Furcht Gottes.

Gotteskasten, Kammern am ↗Tempel, die zur Aufnahme des Tempelschatzes dienten (vgl. Neh 10, 38), dann auch Behälter für freiwillige Abgaben der Wallfahrer (↗Wallfahrt). Nach Mk 12, 41 par lehrte Jesus in ihrer Nähe. go

Gottesknecht (Gottesknechtlieder). Im Deuterojesaja lassen sich 4 G.-Lieder abgrenzen (42, 1–4; 49, 1–6; 50, 4–9; 52, 13 – 53, 12). Die Form der Lieder könnte von ihrer Verwendung im Kult geprägt worden sein. Keines der G.-Lieder gibt uns einen Hinweis darauf, wer der Knecht (Ebed) ist, darum ist die Frage ihrer Deutung eines der meistdiskutierten Probleme des AT. Ist ein einzelner gemeint oder ein Kollektiv, etwa das Volk Israel (der eine stünde dann für alle), spricht der ↗Prophet von sich selber oder von einem idealen Pro-

pheten nach dem Vorbild des ↗Jeremia, ist einer der Könige (etwa Cyrus, Josija, Zidkija) gemeint oder der ↗Messias (auch wenn vom Knecht nie gesagt wird, daß er aus davidischem Haus stamme)? Für all diese Meinungen lassen sich Gründe anführen. Doch die verhüllende Redeweise ist bewußt gewählt, darum hat all unser Fragen seine Grenze an der Eigenart des Textes. Wir können nicht zuerst die Frage stellen: Von wem ist hier die Rede? Unsere Frage an den Text kann nur lauten: Was sagt Gott hier zu? Was ist im Prophetenwort vom Knecht gesagt, von seinem Auftrag u. der Art, wie er ihn erfüllt?
a) Js 42, 1–4: Gott bezeichnet einen bestimmten Menschen u. designiert ihn zum Knecht. Gleichzeitig gibt er ihm einen Auftrag. Seine Designation gleicht der Erwählung ↗Sauls (1 Sm 9, 15–17). Sein Auftrag wird dreimal beschrieben: Er bringt die Wahrheit.
b) Js 49, 1–6: Das 2. Lied, im Stil des prophetischen Selbstberichts, zielt auf die Völker. Gott hat den Knecht berufen, denn er will durch ihn ein Werk an den Völkern tun. Der Knecht verzagt, doch Gott macht seinen Auftrag größer, damit sein Heil bis an der Erde Enden reiche.
c) Js 50, 4–9: Das dritte Lied ist auf dem Hintergrund der Klagen des Jeremia zu verstehen. Gottes Auftrag bringt Einsamkeit u. ↗Leiden über den Knecht, doch sein Vertrauen ist stärker. Das Lied ist Bekenntnis des Vertrauens eines Menschen, der im Auftrag Gottes das Wort kündet.
d) Js 52, 13 – 53, 12: Lied vom Auftrag des Knechts u. der Art, wie er ihn erfüllt: Als Unbedeutender wuchs er heran, er litt, ward getötet, begraben u. von Gott erhöht. Diese Linie entspricht dem Glaubensbekenntnis (↗Bekenntnisformel) der Urgemeinde: gelitten, gestorben, begraben, erweckt. Von hier aus liegt die christologische Deutung auf Sterben u. ↗Erweckung ↗Jesu nahe. Wie weit solche Deutung zurückreicht, ist umstritten. Sicher ist, daß sie besonders im Judenchristentum lebendig war. ↗Kreuz. be

Gotteslästerung. Wer den ↗Namen ↗Jahwes mißbraucht, ist des Todes schuldig (Ex 20, 7). Dahinter steht die

Auffassung, daß der Namensträger in seinem Namen geheimnisvoll anwesend ist. So kann, wer den Gottesnamen kennt, sich die göttliche Macht zu eigen machen mit der Wirkung von ↗Segen u. ↗Fluch. Die Auflehnung gegen Gottes Ordnung wird als G. aufgefaßt u. von Gott selbst bestraft, um durch das Strafzeichen zu unterstreichen, daß man ihm nicht ungesühnt fluchen u. ihn nicht lästern kann (Nm 16, 3.30). Alles vorsätzliche Vergehen, die ↗Sünde „mit erhobener Hand", wird als G. bezeichnet. Sie wird mit dem Ausschluß aus der ↗Gemeinde, d. h. mit dem Tode geahndet (Nm 15, 30). Bei der G. wird Gottes rettende Macht (2 Kg 18, 30–35) bestritten, ja sein Name wird durch die Heiden geschändet (Js 5, 25). G. ist ein „Kleinmachen" Jahwes, dessen Name der Ich-Bin heißt, der gegenwärtig ist u. helfend eingreift. Auf G. steht die Todesstrafe, die durch Steinigung vollstreckt wird (Lv 24, 16).   go

Gottesleugnung. Gott leugnen heißt seine Wirkmächtigkeit in Frage stellen. Der Gottesleugner handelt so, als gäbe es keinen Gott, der die Sünde bestraft. Für den ↗Frommen ist ein solches Denken u. Handeln eine schwere Anfechtung. G. wird darum als ↗Torheit hingestellt. Gott wird geleugnet, um sich der Bindung an ihn zu entziehen u. sein ↗Gesetz u. Gebot zu mißachten. Man stellt also sein Wirken in Frage, nicht aber sein Dasein (praktischer Atheismus). Die selbstsicheren Gottesleugner sprechen: „Jahwe tut weder Gutes noch Böses" (Zeph 1, 12). Dieser Haltung tritt der Prophet Zephanja entgegen u. droht mit dem ↗Tag Jahwes.   go

Gottesreich ↗Herrschaft Gottes, ↗Reich Gottes.

Gottesschrift. Um den ↗Willen Gottes besonders herauszustreichen u. ihm eine die Zeiten überdauernde Form zu geben, wird für die göttlichen Gebote das Bild der ↗Gesetzestafeln, die ↗Jahwe geschrieben hat, genommen (Ex 24, 12). In einer vergeistigteren Form kehrt das Schreiben der göttlichen Forderung in das menschliche ↗Herz beim Propheten ↗Jeremia wieder (31, 33). Bei der Buchrolle, die der Prophet ↗Ezechiel essen muß (2, 9 – 3, 3) u. der Schriftrolle, die ↗Sacharja (5, 1–4) schaut, ist an die ma-

gische Wirkung der Schrift gedacht, daß das Geschriebene bewirkt, was es beinhaltet.   go

Gottesspruch. Durch ↗Orakel in vielfältiger Form (2 Sm 5, 22 ff Baumorakel; Gn 15, 11 ff Vogelschau; Ez 21, 26 babylonische Orakelpraktiken; Jon 1, 7 ff Loswerfen) sucht man den ↗Willen Gottes u. seine Absicht zu erfahren. Die Antwort ist ein G.
In Ps 60, 8–10 findet sich ein G. als Antwort auf die flehentliche Bitte der Gemeinde nach Erhörung. Dies wird auch bei anderen Psalmen vorausgesetzt, wo die Bitte erhört wird u. das Gebet in Dank umschlägt (Ps 20, 7; 6, 9–11). Man nimmt an, daß der Priester oder der Kultprophet den Klagenden den ↗„Heilsspruch" übermittelte.
Die Propheten sprechen oftmals mit dem Ich ihres Auftraggebers, also Jahwes, in der Form des ↗Botenspruches (↗Ich-Bericht). Sie geben ihrer Verkündigung durch die ↗Formel „so spricht Jahwe" oder „Ausspruch Jahwes" Nachdruck. Damit stellen sie ihr Sprechen als G. hin u. unterstreichen das Bewußtsein, Vermittler des göttlichen Willens zu sein u. Gericht u. Heil anzusagen.   go

Göttin. Weibliche Gottheiten hatten in den Religionen des Altertums geringe Bedeutung, ausgenommen die Fruchtbarkeits-G.nen, die in Ägypten (↗Isis), in ↗Kanaan (↗Aschera, ↗Astarte) u. in Kleinasien (↗Kybele, ↗Artemis) verehrt wurden. Ihr Kult war mit orgiastischen Feiern u. Tempelprostitution (↗Prostitution) verbunden. Auch Israel erlag immer wieder der Faszination dieses Kultes, der erst im Exil endgültig überwunden wurde.   ba

Gottlosigkeit im bibl. Sprachgebrauch darf nicht mit Atheismus in unserem Sinne verwechselt werden, der in theoretischer Reflexion die Existenz ↗Gottes leugnet u. argumentieren will. G. in diesem Sinn spielte nur im ↗hellenistischen Judentum Alexandrias eine Rolle, das sich mit der philos. Skepsis der Griechen auseinandersetzen mußte. Die Weisheitsliteratur des AT ist ein bibl. Zeugnis dafür (z. B. Weish 13, 1–9). Das bibl. Verständnis von G. bezieht sich immer auf Menschen, die durch ihr ganzes Leben erkennen lassen, daß sie sich um Gott, ein sittlich richtiges Leben

(↗Ethik) u. um Gottes ↗Vergeltung u.
↗Gerechtigkeit nicht kümmern. Ihre G.
äußert sich in Gewalt, Unterdrückung
u. Hochmut (Ps 9, 23–36), u. eben darin
zeigt es sich auch, daß Gott für sie keine
Rolle mehr spielt. Diese Haltung praktischer G. ist das Gegenteil von ↗Weis-
heit, ist bodenlose ↗Torheit (Ps 13, 1),
weil G. übersieht, daß nur das unbedingte ↗Vertrauen auf Gott zu einem
guten Ende führt u. Bestand verleiht
(vgl. Ps 36, 10f.17.28f). G. führt über
kurz oder lang unweigerlich zum völligen Untergang (Ps 36, 35 f).

Im NT ist G. Ausdruck für den ↗Göt-
zendienst (heidnische Religiosität in jeder Form) u. besteht darin, den einen
wahren Gott mit der Welt zu verwech-
seln u. ihr an Gottes Stelle ↗Anbetung
u. göttliche Verehrung zu erweisen
(Röm 1, 18 ff). Dies artet immer zugleich
in Lasterhaftigkeit u. Bosheit aus (z. B.
Eph 4, 18 ff) u. zieht das ↗Gericht Gottes nach sich (Jud 10–15). – G. ist also
ein mangelhaftes, gebrochenes, geschei-
tertes Menschsein, ist Selbsttäuschung
u. Vergessen darauf, daß sich der
Mensch ständig über sich hinaus auf
Gott als sein Woher u. Wohin, als Sinn,
Grund u. Ziel allen Lebens verwiesen
weiß.   hi

Götzendienst, Verehrung fremder Götter. Das AT fordert Anerkennung u. Verehrung ↗Jahwes als des einzigen Gottes, gründend in der Rettung ↗Israels
aus ↗Ägypten. Dieser Ausschließlichkeitsanspruch impliziert das Verbot der
Verehrung fremder Götter, das im 1. Gebot des ↗Dekalogs ausgesprochen ist.
Die Geschichte Israels spiegelt den beständigen Kampf zwischen der göttlichen Forderung u. den zum G. verführenden religiösen u. kulturellen Einflüssen der Umwelt, besonders Kanaans.
Gegen G. wandten sich Gesetzgebung
u. scharfe Kritik der Propheten, die ihn
als ↗Abfall, ↗Unzucht u. Ehebruch
brandmarken. Die fremden Götter werden verhöhnt als Menschenwerk aus
Holz u. Stein, als nicht existent. Nach
dem Exil ist der Glaube an den einen
Gott so weit gefestigt, daß der G. im
wesentlichen überwunden ist.   ba

Grab. Zu allen Zeiten begegnet in Palästina mit seinen vielen natürlichen
Höhlen das *Höhlen-G.* (vgl. Gn 23, 19;

49, 29–32); seine Formen reichen vom
einfachen G., dessen Zugang wieder
zugeschüttet wurde, bis zum kunstvoll
ausgebauten G. mit einer über Treppen
erreichbaren Vorhalle u. der eigentlichen G.kammer, in der die Toten auf
Bänken entlang der Wände oder in
Nischen gebettet wurden, u. die mit
einer Steinplatte verschlossen war. – Daneben gibt es, vor allem in ältester Zeit,
das einfache *Erd-G.,* mit Sand (u. Steinen) überdeckt u. mit Steinen begrenzt. –
Kleine Kinder bestattete man auch in
Krügen (Krug-G.), die in Hauswänden,
G.höhlen oder Friedhöfen beigesetzt
wurden. – Das kostspielige *Felsen-G.*
konnten sich nur reiche Familien leisten,
die es dann durch Jahrhunderte verwendeten. Die Knochen sammelte man an
einer gemeinsamen Stelle, später individuell in einem Knochenkasten (Os-
suar). Der Sarg wurde erst in rabbinischer Zeit üblich. – *G.denkmäler* sind
bei den Israeliten selten (Gn 35, 20);
sie werden erst in griech.-römischer
Zeit häufiger (1 Makk 13, 27; Mt 23,
29). – Familiengräber wurden oft auf
eigenem Grund (Gn 50, 5; 1 Sm 25, 1;
2 Kg 21, 18), öfters innerhalb der Siedlung, errichtet. Gewöhnlich aber, u. nach
dem Exil war dies Gebot, bestattete man
die Toten außerhalb der Stadtmauern.
                                     he

Gras schießt nach dem Frühregen in Palästina überall auf u. verdorrt nach der
↗Regenzeit ebenso rasch (Ps 129, 6).
Dürres G. dient als Brennstoff (Mt 6, 30).
Das frisch aufsprießende G. ist Bild für
das Aufblühen des Gerechten (Js 66, 14),
das rasch verdorrende für die Vergänglichkeit des Menschenlebens, des Reichtums u. der Gottlosen (Ps 90, 5 f; Js 40,
6; Jak 1, 10 f; Ps 37, 2).   he

Greuel der Verwüstung. In der Rede
Jesu über die nachösterliche Zeit (Mk
13) wird der G. d. V. als Vorzeichen für
den unmittelbar bevorstehenden ↗Un-
tergang der Welt angekündigt. Gemeint
ist wahrscheinlich mit dem G. d. V. der
↗Antichrist, der sich in den Tempel
setzt u. durch seine Gottwidrigkeit die
Gläubigen daran hindert, im Tempel zu
beten u. der so den Tempel verödet.
Zwar hat der Tempel durch die Botschaft
Jesu für die Christen seine Bedeutung
verloren, aber die Ankündigung der

Verödung des Tempels soll den Christen eine plastische Vorstellung von dem Schrecken vermitteln, den das Auftreten der widergöttlichen Mächte, die das Werk Christi hindern, verursacht. do

Grieche. Ursprünglich die Bewohner ↗Griechenlands, dann die Bewohner des ganzen hellenistischen Raumes. ↗Paulus macht in seiner Verkündigung grundsätzlich die Unterscheidung zwischen G.n u. ↗Juden. Die Juden sind das Volk der ↗Verheißung Gottes oder das Bild für den religiösen Menschen (↗Religion); die G.n sind die ↗Heiden, die den wahren Gott Israels nicht kennen, u. somit Bild für den nichtreligiösen Menschen. Durch das ↗Evangelium ist nun jeder Mensch zum Glauben u. zum Heil eingeladen, der Jude zwar zuerst, weil ihm die Verheißung Gottes galt, aber in gleicher Weise auch der G. als der Heide (Röm 1, 16). Beide aber, Jude u. G., sind in gleicher Weise angewiesen auf Gottes verzeihende Huld, denn beide sind vor Gott Sünder, leben tatsächlich unter der Macht der Sünde u. geschöpflichen ↗Selbstentfremdung (Röm 2, 9.10; 3, 9; 10, 12). Nun wurde aber im Christusereignis beiden, dem Juden u. dem G., der Zugang zum Heil eröffnet. So ist unter den Getauften kein Unterschied mehr zwischen Juden u. G.n (1 Kor 12, 13), zwischen religiösen u. nichtreligiösen Menschen, alle sind auf einen Leib getauft, alle haben seit Christus vor Gott die gleichen Chancen (Gal 3, 28). „G.n u. Barbaren" meint alle Menschen (Röm 1, 14), den Menschen hellenistischer u. nichthellenistischer Kultur. Paulus sagt vom religiösen Menschen, er grundsätzlich nach Wunderzeichen sucht, während der nichtreligiöse Mensch nach ↗Weisheit strebt (1 Kor 1, 22). Beiden aber ist das Ereignis des ↗Kreuzes Christi unbegreiflich. Den einen muß es als Gotteslästerung erscheinen, den anderen als ↗Torheit. Die Botschaft Jesu Christi gilt dem nichtreligiösen Menschen in gleicher Weise wie dem religiösen; jener muß nicht zuerst religiös werden, um sie zu verstehen u. zu tun. ↗nichtreligiöse Interpretation. gr

Griechenland heißt im AT Javan (= Ionien) u. ist Volksname, den die LXX auch mit „Griechen" wiedergibt. Mit G.

bzw. ↗Griechen sind in der früheren Zeit die kleinasiatischen Griechen gemeint (Gn 10, 2.4; Js 66, 19; Ez 27, 13), in der hellenistischen Epoche sowohl das europäische G. (1 Makk 1, 1; 6, 2) als auch die Griechen im Reich Alexanders d. Gr. u. der Diadochen (Dn 8, 21 f; 1 Makk 1, 10). Im NT wird nur Apg 20, 2 die offiziell (u. sonst im NT) Achaia genannte, seit 146 v.C. bestehende u. Attika, Böotien u. die Peloponnes umfassende römische Provinz G. genannt. mo

Großtaten Gottes. Die entscheidenden Ereignisse, in denen ↗Israel das ↗Geschichtshandeln Gottes erfuhr, werden auch „G. G." genannt, so vor allem die Herausführung aus ↗Ägypten (Dt 11, 2). Diese G. G. zu preisen ist Aufgabe der ↗Frommen in Israel (Ps 71, 19; ↗Geschichtspsalmen); sie zu vergessen ist Beginn der Untreue (Ps 106, 21). ur

Großzügigkeit. Das griech. Wort dazu heißt makrothymia, was eigentlich ↗Geduld u. Langmut bedeutet. G. hat einer, der seinen Ingrimm (thymos) lange hintanhalten kann. G. ist eine Grundweise des Christseins. Sie verdankt sich der G. Gottes. Weil Gott mit den Menschen geduldig u. langmütig ist, weil er in seinem Sohn seine Langmut an die Menschen verschenkt hat, dürfen auch diese großzügig u. großmütig sein. Weil Gott dem Menschen seine Schuld vergeben hat u. weil er sie ihm weiterhin ständig vergibt, muß dieser auch seinem ↗Bruder vergeben können. G. kommt von der ↗Liebe Gottes her. Wo diese Liebe im Menschen Gestalt annimmt, dort schenkt sie ihm G. (vgl. 1 Kor 13, 4). Der Christ muß großzügig sein, weil er weiß, daß ihm in Jesus Christus alle Möglichkeiten für sein Leben geschenkt wurden. Weil er überreich beschenkt worden ist, kann u. muß er großzügig sein im Geben u. im Weiterschenken. G. ist eine Frucht des ↗Geistes (Gal 5, 22); sie erwächst aus der neuen Lebensmacht Gottes, die im Christen am Werk ist. Die Mahnung des Apostels, einander in Liebe zu ertragen, erfordert G. (Eph 4, 2). Nur in ihr kann sich nämlich Liebe entfalten u. kann einer seinen Bruder ertragen. Wo das geschieht, dort lebt einer als Christ „würdig seiner Berufung" (V. 1). gr

Grube, als Falle bei der Wildjagd dem atl. Menschen wohlvertraut, ist im AT häufig Bild für Gefahr (Ps 35, 8) u. Hinterlist (57, 7; Jr 18, 22). G. bezeichnet oft das ↗Grab (Ib 33, 18) u. bildlich Tod (Js 24, 17; Ps 88, 5.7) u. ↗Unterwelt (Js 38, 17 f; Ps 16, 10; Klgl 3, 53).   he

Gruß. Im Orient ist die Form des G. überschwenglich u. umständlich. Die Höflichkeit erfordert, daß der Grüßende u. der Gegrüßte vom Sitzplatz aufstehen, vom Reittier absteigen oder einander entgegengehen. Auch ist ein feierlicher G. gebräuchlich: Kniefall, Berühren des Bodens mit der Stirn. Verwandte oder gute Freunde begrüßen sich mit dem ↗Kuß, die Männer fassen sich beim Backenbart. Es gibt keine profane G.formeln, sondern nur Segenswünsche (↗Segen), damit die Segenskraft des Grüßenden mit Gottes Hilfe auf den Gegrüßten übergehe. Deshalb kommt dem Nichtgrüßen der ↗Fluch gleich. Auch der schriftliche G. ist ein religiöser Heilswunsch u. wird dem Briefkopf neben Adressaten u. Absender beigefügt. Eine übliche Grußformel, die häufig angewandt wird, lautet: „Der Friede sei mit dir."   la

Gürtel, aus Leder (2 Kg 1, 8; Mt 3, 4) oder Leinen (Jr 13, 1) gefertigt, diente vor allem zum Hochbinden des Untergewandes (Ex 12, 11; Eph 6, 14), zum Aufbewahren von Geld (Mt 10, 9) u. zum Tragen von Waffen (Ri 3, 16). In bildhafter Rede ist der G. Zeichen der Bereitschaft (Jr 1, 17; Joh 21, 18), aber auch der Freude, Gerechtigkeit u. Wahrheit (Ps 30, 12; Js 11, 5; Eph 6, 14).   we

Gut (das Gute). G. meint im AT ursprünglich etwas, was im Menschen eine angenehme Empfindung oder Wohlbehagen hervorruft; so wird ein schönes Mädchen g. genannt (Est 1, 11) oder eine Mahlzeit (Ri 19, 6–9), ein Wohltäter in Not (Gn 40, 14). G. ist, was glücklich macht u. das Leben erleichtert. Das hebr. Wort tob meint g. u. schön in einem. Der priesterliche Schöpfungsbericht kennt die stereotype Formel: „Und Gott sah, daß es g. war"; „u. siehe, alles war sehr g." (Gn 1, 31). ↗Gott empfindet seine ↗Schöpfung als schön u. angenehm, die ganze Schöpfung ist g. Das ist eine klare Absage des bibl. Glaubens gegen jeden ↗Dualismus von g. u.

böse. Die ↗Welt kommt als ganze von Gott her, u. als solche ist sie in allen ihren Bereichen g. Auch der ↗Mensch ist g., so wie er von Gott herkommt, Gott hat Freude an ihm. G. ist hier noch kein moralischer Begriff, er meint vielmehr die geschöpfliche Übereinstimmung mit dem Schöpfer u. Ursprung. ↗Böse wird der Mensch nun dadurch, daß er sich seinem Schöpfer verschließt, daß er sich weigert, Geschöpf u. Mensch zu sein (↗Sünde, ↗Selbstentfremdung). Durch seine freie ↗Entscheidung gegen Gott u. gegen den ↗Bruder wird der Mensch böse; er ist es nicht von vornherein. Das AT kennt keinen Dualismus von g. u. böse. Erst durch die spätjüd. ↗Apokalyptik kommt ein solcher Dualismus in das bibl. Denken, speziell in das ntl., herein: die Mächte des Guten u. des Bösen stehen im Kampf gegeneinander. Dieser spitzt sich auf den Endkampf zu. Der Mensch ist der Kampfplatz, in seinen Taten u. Entscheidungen wird dieser Kampf ausgetragen. Gott kämpft gegen die Mächte des Bösen (↗Belial). Im Christusereignis sind diese Mächte des Bösen grundsätzlich schon besiegt. In der ↗Auferstehung Jesu hat sich endgültig erwiesen, daß Gottes Schöpfung g. ist. „Gott allein ist g.", kein Mensch, sagt Jesus (Mk 10, 18). Dieses G.sein Gottes wurde endgültiges Ereignis in der ↗Menschwerdung u. im Tod Jesu; es fordert das G.sein des Menschen heraus. Gott ist für die Welt u. die Menschen da, die ganze Schöpfung soll ↗neue Schöpfung, g., werden.   gr

Güte Gottes. Im AT wird Gott als der Gütige angerufen. Der Beter sieht in Gott den eigentlichen Herrn der Welt u. erwartet von ihm ein Eingreifen in die Weltgeschichte zu seinen Gunsten (vgl. die ↗Klagelieder, die um die Beseitigung eines Übels bitten). Zugleich ist sich der Gläubige bewußt, daß er seine Existenz nur der G. G. zu verdanken hat (Ps 145, 9) u. er dem Tode preisgegeben ist, wenn Gott von ihm seine Güte abwendet. Im NT wird die G. G. als der eigentliche Antrieb der ↗Heilsgeschichte gesehen. Gott beruft durch seinen Sohn alle Menschen in sein Reich (↗Reich Gottes). Mit der ↗Menschwerdung Jesu wird die G. G. allen Menschen offenkundig (Tit 3, 4).

Gott offenbart sich endgültig als derjenige, der den Menschen nur seine Güte erweisen will, während das AT noch vor der völligen Verwerfung der ganzen sündigen Menschheit durch den ↗Zorn Gottes zittern mußte (Dn 2, 44). Die Entscheidung, an Jesus als an den Träger des Reiches Gottes und damit der G. G. zu glauben (Joh 3, 16 f), läßt die Anerkennung der Schöpfungs-G. G. u. das Bitten um einzelne konkrete Wohltaten in den Hintergrund treten, wenn auch dieses Verständnis der G. G. dem NT gegenwärtig bleibt wie in der 4. Vaterunser-Bitte. Die Synopt. betonen, daß die G. G. durch Jesus vornehmlich die Sünder u. Schwachen in das Reich zur Erlösung ruft u. daß die G. G. das Gericht nicht ausschließt, denn die Berufung kann durch ↗Trägheit u. Verhaftet-Sein mit der Welt verlorengehen (vgl. das Gleichnis vom Hochzeitsmahl, Mt 22, 1 ff). Der Mensch ist aufgerufen, die G. G. mit allen seinen Kräften zu erwidern, indem er sie an den ↗Bruder weitergibt. Zwar ist in dieser Welt die G. G. verborgen u. nur für die an Jesus Glaubenden sichtbar, am Ende dieser Welt aber werden alle Menschen sie erkennen, u. sie wird denen, die an sie geglaubt haben, zuteil werden (Eph 2, 7).   do

Güter dieser Welt. Die Stellung der Schrift zu den G.n d. W. ist nicht einheitlich. Gott, der Herr der Schöpfung, verfügt unbeschränkt über die G. d. W. u. bleibt auch deren Eigentümer. Daher erwartet im AT der Gerechte, daß Gott ihn mit einem langen, glücklichen, wohlhabenden Leben belohnt (Ib 1, 1 ff). Die spätjüd. ↗Apokalyptik dagegen sieht diese Welt u. die G. d. W. vom Feinde Gottes beherrscht; die Apokalyptiker verachten daher Besitz u. Ansehen u. ziehen sich z. T. in mönchische Gemeinschaften der Armut zurück (↗Qumran). Das NT wiederum verurteilt nicht grundsätzlich den Besitz. Jesus sieht zwar in der Bindung an die G. d. W. ein Hindernis, die Aufgaben, die die Ausbreitung des ↗Reiches Gottes erfordert, zu erfüllen; aber die Aufforderung, alle Habe an die Armen zu verschenken, hat Jesus nur für individuelle Fälle wie für den reichen Jüngling (Mk 10, 21) gegeben. Sonst ruft Jesus dazu auf, den richtigen Abstand zu den G.n d. W. zu finden, über der Nutzung der G. d. W. Gott nicht zu vergessen. Das Gleichnis von dem Reichen, der nach vielen Anstrengungen einen großen Vorrat an G.n d. W. angehäuft hat u. sich davon ein geruhsames, angenehmes Leben verspricht, der aber überraschend stirbt u. mit leeren Händen vor Gott steht, spricht eine deutliche Warnung aus (Lk 12, 16 ff). Die von einigen Gemeinden der Urkirche durchgeführte ↗Gütergemeinschaft suchte diese Warnung zu beherzigen (Apg 4, 32). Die G. d. W. sollen der ↗Freigebigkeit dienen. Zu diesem Zwecke unterstellen die Gemeindemitglieder einen Teil ihrer Güter freiwillig der Verwaltung der Apostel.   do

Gütergemeinschaft. Laut Apg 2, 42 ff sind G., gemeinsames ↗Brotbrechen u. Gebet die Kennzeichen der Jerusalemer ↗Urgemeinde. Dahinter steht die Absicht des Lk, seinen Lesern eine Idealgemeinde vor Augen zu führen, u. die Tendenz zur Verachtung irdischen Besitzes, vgl. Lk 18, 22. Sicherlich sind Fälle von Besitzaufgabe vorgekommen, aber die Anführung von Einzelfällen zeigt eben, daß es Einzelfälle waren. Deshalb u. weil es keinen gemeinsamen Besitz von Produktionsmitteln gab, ist es falsch, von einem urchristl. Kommunismus zu sprechen. Einen Zwang zur G., wie in ↗Qumran, gab es nicht u. ebensowenig eine Idee von sozialer Gleichheit. Der Grund für die Besitzaufgabe einzelner Gemeindeglieder ist daher wohl nur darin zu sehen, die Armenfürsorge materiell zu sichern.   schm

H

Habakuk, einer der Kleinen ↗Propheten, ist der uns nicht näher bekannte prophetische Visionär u. Autor des ↗H.-Buches. – Die späte Legende Dt 14, 33–39 gibt für das Leben H.s keinen Aufschluß. he

Habakuk-Buch, das achte im ↗Zwölfprophetenbuch, wohl um 600 v.C. entstanden u. nur wenig nachträglich erweitert. Es enthält zwei Klagen des ↗Propheten (1, 2–4.12–17) mit je einer Antwort ↗Jahwes (1, 5–11; 2, 1–5), fünf Wehrufe gegen die gottlosen Bedränger (2, 6–20) u. eine hymnische Theophanieschilderung (↗Theophanie), das „Gebet des H." (Kap. 3). – Das H.-B. verkündet in der Linie deuteronomistischer Geschichtsbetrachtung (↗Deuteronomist) Heilsprophetie: die Gerechtigkeit Gottes in der Völkergeschichte wird sich in der endzeitlichen Rettung seines Volkes durch die Vernichtung der Feindmächte zeigen. Drohworte u. Ermahnungen an das eigene Volk fehlen ganz. Die wesentliche Aussage des Buches liegt in dem Wort, das in der ntl. Botschaft eine neue Tiefendimension erhielt: „Der Gerechte wird leben kraft seiner Treue" (2, 4; Röm 1, 17; Gal 3, 11). he

Habakuk-Kommentar. Der H.-K. ist ein Kommentar zum ↗Propheten ↗Habakuk; die Schrift wurde als Lederrolle in ↗Qumran gefunden. Sie ist fast vollständig erhalten u. gibt wichtige Einblicke in die Entstehung u. Hintergründe der Qumrangemeinde. Die Methode der Auslegung ist allegorisierend (↗Allegorese). Was der Prophet verkündet hatte, wird für die Gegenwart aktualisiert, die sich als ↗Endzeit versteht. Der Ausleger weiß sich mit göttlichem Charisma begabt (↗Geistesgaben). Nach paläographischem Urteil stammt die Handschrift aus dem 1. Jh. v.C. gr

Habgier. Das AT warnt eindringlich vor H. u. Geiz. Die H. läßt den einzelnen in seiner Persönlichkeit verkümmern, die Sorge um die Vermehrung seines Besitzes raubt ihm Ruhe u. Schlaf, macht ihn blind für den ↗Nächsten u. läßt ihn Gott vergessen (Sir 11, 10 ff). Die H. führt außerdem zur Bedrückung der sozial Schwächeren. Dieser atl. Verurteilung der H. schließt sich Jesus an. Er wirft den Schriftgelehrten vor, daß sie aus H. ihr Amt mißbrauchen: sie verprassen das Gut der ↗Witwen (des sozial schwächsten Standes) u. täuschen für dessen Verwendung religiöse Zwecke vor (Mk 12, 40). Die falsche Einstellung zu den ↗Gütern dieser Welt ist Ursache der H. Daher warnt Jesus in der ↗Bergpredigt vor dem übertriebenen ↗Sorgen um irdische Dinge. Gott ist Schöpfer u. Eigentümer der Welt, er teilt in seiner Güte die notwendigen Güter den Menschen aus (↗Güte Gottes). H. ist daher letztlich Mangel an Vertrauen auf Gott. Paulus stellt in seinen Briefen Kataloge auf, die die Gemeinde vor Laster wie der H. warnen u. zu Tugenden aufrufen (↗Lasterkatalog, ↗Tugendkatalog). Er verurteilt die H. am schärfsten. Sie schließt von der Gemeinschaft am ↗Reiche Gottes aus u. übertrifft die anderen Laster darin, daß sie die Welt an die Stelle Gottes setzt u. dadurch die Menschen zum Götzendienst führt (Kol 3, 5). do

Hadad, westsemitischer Fruchtbarkeitsgott, oft einfach ↗Baal genannt. Seine Hauptkultorte sind Aleppo u. Damaskus, später auch Dura-Europos u. Baalbek. Er offenbart sich in Wetter (Sturm) u. Donner. Sein Symbol ist das Stierbild. Im AT erscheint H. nur als Namenselement (Ben-H., H.-Rimmon) u. Eigenname von drei edomitischen Königen (Gn 36, 35.39; 1 Kg 11, 14–22.25). he

Hadad-Rimmon, ein aramäischer Gott oder sein Kultort bei ↗Megiddo (Sach 12, 11). Der Name faßt den westsemitischen Vegetationsgott ↗Hadad u. den gleichartigen Gott Rimmon von Damaskus zusammen.   he

Hagar, ägyptische Magd der ↗Sara, von dieser eifersüchtig verstoßen (Gn 16; 21, 9–21). H. ist Mutter ↗Ismaels u. gilt als Stammutter von zwölf ismaelischen Stämmen (Gn 25, 12 ff). – Gal 4, 21–32 stellt Paulus am Verhältnis Sara–Hagar u. ihren Stämmen typologisch das Verhältnis Neuer Bund – Sinaibund dar.   he

Haggada (hebr. Aussage, Darstellung) bezeichnet bei den Rabbinen alle Schriftauslegung, die nicht ↗Halacha ist. Kerygmatisch legt die H. mit allen Mitteln der Veranschaulichung (Sage, Gleichnis, Allegorese u. a., Verwendung außerbibl. Stoffe) alle Bücher des AT außerhalb des ↗Pentateuchs aus u. in diesem die Texte, die nicht halachisch auszuwerten sind. In ihrer öffentlich-volkstümlichen Schriftauslegung will die H. zu Erkenntnis u. rechtem Verstehen Gottes, der Welt u. des Menschen führen u. so zu richtigem Verhalten in jeder Lebenslage. – Haggadische Auslegung findet sich schon in 1 u. 2 Chr u. den deuterokanonischen Schriften des AT u. den Apokryphen. Ihr eigentlicher Ort ist die Predigt in der Synagoge, ihr Höhepunkt liegt in der rabbinischen Zeit (1.–5. Jh. n.C.). Zunächst wurde die H. nur mündlich weitergegeben, dann aber in Form von fortlaufender oder ausgewählter Auslegung zum AT gesammelt. ↗Midrasch.   he

Haggai (Aggäus) (hebr. Festtagskind), der zehnte der Kleinen Propheten, brachte mit Unterstützung des ↗Sacharja (Esr 5, 1 ff) nach dem ↗Exil den Wiederaufbau des Tempels in Gang. ↗Haggai-Buch.   he

Haggai-Buch. Es enthält vier genau datierte Reden aus dem Jahr 520 v.C., die authentisch, aber wohl nicht vom Propheten Haggai selbst zusammengestellt sind. 1. Haggai fordert zum Wiederaufbau des Tempels auf (1, 1–11). Es folgt der Bericht über den Erfolg des Aufrufs u. den Beginn des Baus (1, 12–15). 2. Der neue ↗Tempel wird herrlicher sein als der frühere (2, 1–9). 3. Haggai muß verkünden, daß das gegenwärtige Volk u. seine ↗Opfer vor ↗Jahwe unrein sind (2, 10–14). Die mit der Grundsteinlegung verbundene Segensverheißung (2, 15–19)

ist wohl nach 1, 15 einzufügen. 4. Haggai verheißt dem Davididen Serubbabel, Jahwe werde ihn nach der Vernichtung der heidnischen Reiche zu seinem „Siegelring", d. h. zum messianischen König machen (2, 20–23). – Wie die vorexilischen Propheten tritt Haggai für den Vorrang der Ehre Gottes vor dem eigenen Wohl ein (1, 4). Deshalb deutet er die gegenwärtige Notlage (1, 6.9 ff; 2, 16 f) als Strafe Gottes dafür, daß man nach der Rückkehr aus dem ↗Exil zuerst an sich statt an Jahwe dachte u. ruft drum energisch zum Wiederaufbau des Tempels auf. Das ist nicht Veräußerlichung der Religion, sondern notwendige Voraussetzung für die Festigung der Jahwe-Religion u. für den in der Endzeit erwarteten Einzug Jahwes selbst auf dem ↗Zion. Wie seine großen Vorgänger ruft Haggai zum Vertrauen auf Gottes Hilfe auf u. verkündigt ein mit Tempel u. Davidshaus verbundenes universale endzeitliches Heil.   he

Hagriter, (von ↗Hagar abgeleiteter?) Beduinenstamm in der syrischen Wüste, der zu Sauls Zeit mit den israelitischen Stämmen im Ostjordanland kämpft (1 Chr 5, 10.19).   he

Hahnenschrei, bei Mk 13, 35 als Zeitangabe verwendet. Nach römischer Zeiteinteilung war die Nacht in 4 Teile zu je 3 Stunden eingeteilt. H. meint die Zeit von 0–3 Uhr.   zi

Halacha (hebr. Wandel), in den ↗Rabbinenschulen eine feste religiöse Norm oder Sitte im Bereich von ↗Kult, ↗Ritual u. ↗Recht. H. wird gewonnen in (kasuistischer) Auslegung u. Aktualisierung des ↗Pentateuchs, aus der mündlichen Pentateuch-Tradition, die schon H. ist, u. aus bereits anerkannter H. Sie gilt bei den Rabbinen als Teil der Offenbarung u. ist wie diese verpflichtend. In Formulierung, Entfaltung u. Weitergabe ist sie der rabbinischen Schultradition verbunden u. differiert je nach Schule (↗Hillel, ↗Schammai). Jesus u. auch Paulus distanzieren sich von der halachisch-kasuistischen Auslegung des Pentateuchs. Ursprünglich nur mündlich vom Meister zum Schüler weitergegeben, wurde die H. seit dem 2. Jh. n.C. in ↗Mischna u. ↗Tosephta gesammelt.   he

Halbnomaden ↗Nomaden.

Hallel (hebr. jauchzen, lobsingen) bezeichnet allgemein den Festjubel, der einem König oder Gott zu Ehren angestimmt wird. – Im speziellen Sinn werden Ps 113–118 (kleines) u. 136 (großes) H. genannt. Das H. wird im jüd. Gottesdienst an ↗Pascha, ↗Pfingst- u. ↗Laubhüttenfest, bei ↗Neumond u. ↗Tempelweihfest feierlich vorgetragen. In der Paschanacht wird das H. in zwei Abschnitten gesungen: vor dem Mahl Ps 113 f, nach dem Mahl u. dem dritten ↗Becher (Becher des Segens) Ps 115–118; 136. Nach dem Lobgesang, wohl dem zweiten Teil des H., ging Jesus mit seinen Jüngern zum Ölberg (Mk 14, 26). ↗Feste.

Halleluja (hebr. preiset Jahwe!), alter liturgischer Ausruf zum Lobpreis Jahwes, der oft am Anfang u. Ende von Pss (104 f; 111 f; 146–150) begegnet u. fester Bestandteil jüd. u. christl. Gottesdienstes wurde. ↗Psalm. he

Halle Salomos, eine der östlichen Säulenhallen, die den Vorhof des Herodianischen ↗Tempels umgaben. Sie wurde für Predigt u. Unterricht benutzt. Auch Jesus u. die Apostel lehrten dort. ba

Hamat, alte bedeutende Stadt in ↗Syrien. Oft wird damit auch die Nordgrenze Kanaans bezeichnet. Um 800 v.C. wurde die Stadt von den Assyrern erobert (2 Kg 18, 34). Diese siedelten Einwohner von H. in Samaria (2 Kg 17, 24) u. Einwohner von Samaria in H. an (Js 11, 11). sc

Hammurabi, Stadtkönig v. Babylon, später Herrscher über ganz Babylonien, Regierungszeit wahrscheinlich 1791–1750 v.C. Berühmt durch seinen Gesetzeskodex (Hammurabi-Stele im Louvre), der das gesamte damals gültige Recht enthält. Zwischen dem Codex H. u. der mosaischen Gesetzgebung bestehen Parallelen, wohl auf Grund der Ähnlichkeit der Rechtstraditionen in verwandten Kulturkreisen. ↗Gesetz. ba

Hananja (hebr. Jahwe ist gnädig; griech. Ananias), 1. Falscher Prophet, Gegner des Jeremia (Jr 28, 1–17). – 2. Einer der drei Gefährten Daniels (Dn 1, 7). – 3. Mitglied der Christengemeinde in Jerusalem, die er mit seiner Frau durch Lüge hintergeht (Apg 5, 1–11). – 4. Judenchrist in Damaskus, macht Paulus sehend (Apg 9, 10–18). – 5. Hoherpriester; führt im Verhör des Paulus den Vorsitz (Apg 23, 2). sc

Handauflegung, eine Symbolhandlung, deren bibl. Grundbedeutung vermutlich Segnung (↗Segnen) ist. Die H. bewirkt ein besonderes Verhältnis zwischen demjenigen, dem die Hand aufgelegt wurde u. demjenigen, der die Hand auflegte. Durch H. kann etwas in Besitz genommen (Ps 139, 5) oder Schuld (Lv 16), Verantwortung (Lv 24, 14), geistige Gewalt (Nm 27, 18–23) übertragen werden. Auch der Segen wird durch H. erbeten oder erteilt (Gn 48, 14–20). Im NT werden durch H. Kranke geheilt (Mt 9, 18). Vor allem aber ist die H. im NT sakramentaler Ritus zur Übertragung des Hl. ↗Geistes an die Getauften, wenngleich Paulus die Mitteilung des Geistes der ↗Taufe selber zuschreibt. In Apg 8, 17–19 zeigt sich die Tendenz, die Geistspendung von der Taufe zu trennen. Daß dies sicher in der nachapostolischen Zeit begann, zeigt Hebr 6, 1–3. mi

Handschriften. Nach Verlust sämtlicher bibl. Originale ist es eine grundlegende Aufgabe der ↗Bibelwissenschaft, den ursprünglichen ↗Bibeltext aus Kopien in H. zu rekonstruieren, wobei neben Alter u. Klassifikation der H. auch inhaltliche Kriterien zu berücksichtigen sind. Die H. weichen infolge der vielen Fehlermöglichkeiten beim Abschreiben oder absichtlicher Änderungen aus dogmatischen Gründen häufig voneinander ab (↗Varianten). Durch die Anfälligkeit der verwendeten Schreibmaterialien u. durch bewußte Ausscheidung liturgisch nicht mehr verwendbarer Texte – so besonders im AT – wurde der H.bestand im Laufe der Zeit stark dezimiert, jedoch fördern ↗H.funde immer wieder Überraschungen zutage. So erhielt der Text des AT, von mittelalterlichen H. überliefert, von denen einige ins 6. Jh. n.C. zurückreichen, durch die Funde von ↗Qumran Zeugen, deren ältestes Fragment auf 250 v.C. zu datieren ist. Für das NT ist durch Papyrusfunde (↗Papyrus) der Abstand zu den bibl. Originalen erheblich verkürzt worden: So sind die Vv. Joh 18, 31–34.37–38 in p 52 (Papyrus Nr. 52) bereits um 120 n.C. bezeugt, die Evv. u. die Apg in p 45 u. 10 Paulusbriefe in p 46 Anfang des 3. Jh. handschriftlich belegt. ↗Codex. tr

Handschriftenfunde. Das im 18. u. 19. Jh. wachsende historische Interesse wurde durch H. reichlich belohnt. Nach der Entdeckung des ↗Codex Sinaiticus durch C. Tischendorf 1859 tauchte gegen Ende des 19. Jh. in Ägypten eine Unzahl von Papyri (↗Papyrus) auf, die das ↗Bibelgriechisch im Lichte seiner Umwelt sehen lehrten u. von denen ca. 80 ntl. Texte enthielten (↗Handschriften). Seit 1890 wurden in der Synagoge von Alt-Kairo über 100 000 Fragmente gefunden, die dem atl. Text bis ins 6. Jh. n.C. belegen. 1933 lieferten die Ausgrabungen von ↗Ugarit wichtige Erkenntnisse für die Umwelt des AT; die atl. Textforschung erhielt seit 1947 durch die H. von ↗Qumran mit über 100 Schriftrollen aus der Zeit von ca. 200 v.C. bis 65 n.C. wertvollstes Material, das noch durch Funde in ↗Murabbaat u. Masada vermehrt wurde. 1945 wurden bei ↗Nag Hammadi in Oberägypten 13 Papyruscodices entdeckt, die mit 50 gnostischen (↗Gnosis), meist koptischen Abhandlungen aus dem 3.–4. Jh. auch für die ↗Bibelwissenschaft von Interesse sind.
tr

Hanna (hebr. Begnadigte; griech. Anna), 1. Frau Elkanas, Mutter ↗Samuels (1 Sm 1, 2 – 2, 21); ihr messianisch geprägtes Loblied (2, 1–10) war Vorbild des ↗Magnificat. – 2. Frau Tobits, Mutter des ↗Tobias (Tob 1, 9). – 3. Frau des Raguel, griech. Edna genannt (Tob 7, 2; 8, 11 bis 19). – 4. Eine ↗Prophetin, Tochter Phanuels, die bei der Darstellung Jesu im Tempel zugegen war (Lk 2, 36–38). – 5. In ntl. ↗Apokryphen wird die Mutter Marias H. genannt.
he

Hannas (griech. Annas), Hoherpriester 6–15 n.C., Sohn des Seti. Seine 5 Söhne waren alle zeitweise Hohepriester, ebenso sein Schwiegersohn ↗Kajaphas. Auch nach seiner Amtszeit behielt er den Titel bei u. übte einen großen Einfluß aus, z. B. unter Kajaphas. „Unter den Hohenpriestern H. u. Kajaphas" (Lk 3, 2) ist daraus erklärlich.
zi

Haran. 1. Terachs Sohn. Bruder Abrahams u. Vater des Lot (Gn 11, 26–29). – 2. Alte nordmesopotamische Handelsstadt, Knotenpunkt der Karawanenstraßen von Babylonien nach Syrien, Ägypten u. Kleinasien, Zentrum des ↗Mondkultes. In H. ließ sich nach der Auswanderung aus ↗Ur die Terach-Sippe nieder. ↗Abraham unternahm von H. aus seine Wanderungen (Gn 11, 31; 12, 5; 24). Die assyrische Eroberung H.s erwähnt 2 Kg 19, 12. Die in H. ausgegrabene Bibliothek u. Inschriften erhellen die Geschichte des Mondtempels in H. u. das Leben des Königs Nabonid. – 3. Eine Stadt in Südarabien (Ez 27, 23).
he

Häresie (griech. Auswahl), bedeutet im ↗Hellenismus philos. Lehre oder Schule. In diesem Sinn werden Apg 5, 17 die ↗Sadduzäer, Apg 15, 5; 26, 5 die ↗Pharisäer u. Apg 24, 5.14; 28, 22 von seiten der Gegner auch die Christen so bezeichnet. Zu der speziell christl. Bedeutung einer außerhalb der Kirche stehenden Irrlehre kommt es dadurch, daß Kirche u. verschiedene Lehren sich gegenseitig ausschließen. Dabei ist im NT noch nicht von bestimmten Irrlehren die Rede. Gal 5, 20 zählt Paulus die H.n unter die „Werke des Fleisches". 1 Kor 11, 18 f wird das Auftreten von H.n für die Endzeit vorausgesagt, 2 Petr 2, 1 spricht von Irrlehrern, die durch ihre H.n den Herrn verleugnen.
mo

Harfe. Jubal gilt als Vater der H.n-Spieler (Gn 4, 21). Sie ist ein Saiteninstrument, jedoch nicht unserer heutigen H. entsprechend, sondern viel kleiner, da sie in der Hand getragen wurde, ähnlich der ↗Leier. Wenigstens fünf Saiten sind vom flachen Resonanzboden zum Rahmen gespannt. Die H. wird gezupft oder mit einem Stäbchen geschlagen. Die festliegende Tonlage ohne Variationsmöglichkeiten beschränkte ihren Gebrauch auf die Begleitung von Gesängen.
la

Harmagedon, hebr. Name des Ortes, an den die drei Dämonengeister die Könige der Erde zum letzten Kampf gegen Gott versammeln werden (Apk 16, 16). Vielleicht ist der Name als Berg von Magedon = Megiddo zu verstehen. In der Nähe von ↗Megiddo wurden wichtige Schlachten geschlagen (Ri 4, 2–16; 2 Kg 9, 27).
mo

Hasmonäer, seit ↗Josephus Bezeichnung der Dynastie der ↗Makkabäer: Simon, Sohn des Mattatias (143–34 v.C.). Sein Sohn Johannes Hyrkanus I. (134–104), dessen Söhne Aristobul I. (104/3) u. Alexander Jannäus (103–76). Alexandra, Witwe des A. Jannäus (76–67), ihre Söhne Hyrkanus II. (67.63–40) u. Aristobul II. (67–63) u. sein Sohn Antigonus (40–37). – Simon führte den Kampf seiner Brüder gegen die Hellenisierung Palästinas fort u. wurde um 140 v.C. als ↗Hoherpriester u. Feldherr u. Ethnarch bestätigt (1 Makk 14, 25–49). Seine Nachfolger erweiterten den jüd. Machtbereich u. judaisierten die neu hinzugekommenen Gebiete. Äußere u. innere Kämpfe aber führten schließlich 63 v.C. zur Eroberung Jerusalems durch Pompeius. Die nichtjüd. Gebiete wurden abgetrennt u. wieder hellenisiert. Hyrkanus II. wurde erneut Hoherpriester u. der Idumäer ↗Antipater den Römern verantwortlicher Herrscher. Nach mehreren mißglückten Aufständen Aristobuls II. konnte Antigonus das Land noch einmal kurz beherrschen, bis es 37 v.C. an ↗Herodes d. Gr. überging.   he

Haß (hassen). In der Redeweise des AT bedeutet hassen bisweilen nur soviel wie „nicht lieben, zurücksetzen" (z. B. die eine von zwei Frauen, Dt 21, 15. Vgl. Lk 16, 13: zwei Herren). In diesem Sinne ist auch im Munde Jesu das „Hassen" der Verwandten als Bedingung der ↗Nachfolge zu verstehen (Lk 14, 26; vgl. Mt 10, 37!). – Eigentlicher H. ist für den leidenschaftlichen Semiten selbstverständlich gegenüber den ↗Feinden (in Ps oft „Hasser") u. wird in anthropomorpher Redeweise auch Gott zugeschrieben: Jahwe haßt die Übeltäter (Ps 5, 7; zwischen Täter u. Tat wird meist nicht unterschieden; vgl. aber Weish 11, 24), den ↗Götzendienst (Dt 12, 31: er ist ihm ein „Greuel"), aber auch den veräußerlichten Gottesdienst seines Volkes (Js 1, 14). Der atl. ↗Fromme schließt sich dem H. seines Gottes an (Ps 139, 21). – Im grundsätzlichen Verbot des H. zeigt sich das Neue der ↗Bergpredigt: Jesus dehnt das Liebesgebot auch auf den Feind aus (Mt 5, 43 ff). ↗Nächster.   ur

Haupt. Im buchstäblichen Sinn steht H. für den Kopf eines Menschen. Das erhobene H. drückt Selbstbewußtsein, Stolz oder Übermut eines Menschen aus (Sir 11, 1; Ps 82, 3; Ib 20, 6); es kann aber auch Ausdruck der Freude u. der Hoffnung sein. Wer sein H. senkt, bekundet damit Trauer oder Angst (Sir

4, 7). Man streut Staub u. ↗Asche auf das H. zum Zeichen der Trauer (Jos 7, 6; Klgl 2, 10). Durch ↗Handauflegung auf das H. wird ↗Segen mitgeteilt (Gn 48, 14); Salböl wird auf das H. gegossen, um Priestertum u. Königswürde zu übertragen (Ex 29, 7; 1 Sm 10, 1). H. bedeutet auch zeitlich das Vorderste, das Erste: so den Anfang der Nachtwache (Ri 7, 19), Monats- oder Jahresbeginn (Ex 12, 2). H. ist schließlich, was Vorrang hat. So ist der König das H. seines Volkes (Js 7, 8). Im NT bekommt der Begriff H. entscheidende theologische Bedeutung erst im Kol u. Eph (Kol 1, 18; 2, 10; 2, 19; Eph 1, 22; 4, 15 f; 5, 23). ↗Christus, der erhöhte ↗Herr, ist das H. seines Leibes (↗Kirche, ↗Leib Christi). Dieser Leib wächst vom H. her u. zum H. hin. Leib u. H. wachsen sich in den „vollendeten Menschen" oder in den ↗„neuen Menschen" aus. In diesem Bild kommt es nicht auf die natürlichen Relationen der H. zum ganzen Leib an, hier spielen vielmehr gnostische Vorstellungen vom Weltenleib herein in die christl. Verkündigung. Christus ist das H., das in der Kirche seinen Leib hat; umgekehrt ist die Kirche der Leib, der in Christus sein H. hat. – Weiter wird Christus in den genannten Texten das H. der ganzen ↗Schöpfung genannt (Kol 2, 10). Er ist der ↗„Erstgeborene aus den Toten", er ist vor aller Schöpfung. Christus ist der Urmensch. Das ↗All hat seinen Bestand in dem Christus, der das H. seines Leibes ist. Mit dieser Aussage ist der Anspruch Christi auf die Welt ausgesprochen: Christus ist von vornherein der Herr der Welt, weil „von vornherein" die Welt in ihm besteht. In seinem Leib bemächtigt sich der Auferstandene der Welt.   gr

Hauptmann. Für die deutsche Übersetzung des AT einigte man sich im Laufe der Zeit auf das Wort H., um eine ganze Reihe jüd. u. sonstiger militärischer Rangbezeichnungen einheitlich auszudrücken. Im NT umfaßt dieses Wort folgende Funktionen: Kommandant der Tempelwache (z. B. Lk 22, 4) u. Führer einer Kohorte (Abteilung von tausend Mann) römischer (z. B. Apg 10, 1) bzw. Herodianischer (z. B. Mt 8, 5) Soldaten.   hi

Hauran, Gebirge im ↗Ostjordanland. Ez 47, 16 meint H. die assyrische Provinz (↗Assyrien), der in römischer Zeit die Auranitis entspricht.   zi

Hausbau Gottes. Nach der Vorstellung des AT wird sich Jahwe unter seinem Volk ein Haus bauen. Er wird sein ↗Zelt unter den Seinen aufschlagen u. bei ihnen Wohnung nehmen. Diese ↗Verheißung begleitet den Glauben ↗Israels, daß Gott einmal ganz bei den Menschen sein werde, daß er am Ende alle Tränen u. alle Traurigkeit aus ihren Gesichtern abwischen werde. Nach dem Zeugnis des NT hat Gott seinen Hausbau schon begonnen; der Grundstein ist gelegt, er ist ↗Christus. Es wird schon auf diesem Grundstein weitergebaut (vgl. 1 Kor 3, 11–13). Überall, wo Menschen im Bereiche Christi leben, wächst Gottes Bau. Jeder einzelne muß auf dem gelegten Grundstein weiterbauen; er kann das mit wertvollen u. edlen Steinen tun, die einen festen Halt bieten, er kann aber auch mit Spreu u. Mist weiterbauen (1 Kor 3, 11 ff). Jedenfalls wird der Tag Christi (↗Tag Jahwes) zeigen, wie einer gebaut hat. Der H. G. hängt von jedem einzelnen Menschen ab, davon, wie einer lebt u. „baut". Die ganze ↗Verkündigung des Apostels geschieht deshalb, um Gottes Haus zu bauen. Dieses muß vor allem inmitten der christl. ↗Gemeinde wachsen. Christen müssen so leben, daß sie miteinander an diesem Haus bauen; sie selber sollen Gottes Wohnung sein. Gott baut sich ja nicht mehr ein Haus mit toten Steinen, wie es der ↗Tempel war, er baut sich sein Haus aus lebendigen Steinen, aus Menschen von Fleisch u. Blut. Nirgends sonst will Gott wohnen als in Menschen. Deswegen mahnt Paulus: „Baut euch gegenseitig auf!" (1 Thess 5, 11.) Davon soll das Handeln des Christen bestimmt sein. Ob für sein Leben etwas erlaubt oder unerlaubt ist, ergibt sich daraus, ob es dem H. G. dient (1 Kor 10, 23). Wenn einer, wie Jesus, Mensch sein will u. für den ↗Bruder u. die Schwester dasein will, dann wird an Gottes Haus weitergebaut, dann ist Gott unter den Menschen. Das Haus Gottes wird aber nicht allein von Menschen erbaut, es wird zugleich von Gott geschenkt (vgl. 2 Kor 5, 1). Es kommt von Gott her, u. Gott eröffnet es den Menschen als endgültige ↗Möglichkeit. Es wird den Menschen dann aufnehmen, wenn sein irdisches Haus (↗Leben) abgebrochen wird. In Gottes Haus wird der Mensch Wohnung u. neues leibliches Dasein finden. Auf diese Verheißung hin lebt aber nur der, der jetzt bereit ist, am H. G. mitzubauen.   gr

Hausgemeinde. Die durch Glaube u. Bruderliebe im Geist des Herrn neugeschaffene natürliche ↗Gemeinschaft des Hauses ist eine der vielfältigen Formen, in denen sich ↗Kirche verwirklichen kann. Sie ist die kleinste Einheit, aus der sich die Ortsgemeinde aufbaut. Weil sich in ihr Heil ereignet, heißt sie ↗Gemeinde (Kol 4, 15). Darum geschieht sowohl öffentlich als in den Häusern (Apg 20, 20) ↗Verkündigung des ↗Evangeliums (Apg 5, 42), Bekehrung u. ↗Taufe (Apg 11, 14; 16, 15.31.34; 18, 8), Gebet u. ↗Brotbrechen (Apg 2, 46). Mit Recht wird von der Umsicht u. Sorge, mit der ein Amtsträger seinem Haus vorsteht u. von der Güte u. Besonnenheit im Zusammenleben mit seiner Frau u. seinen Kindern auf seine Amtsführung in der Christengemeinde geschlossen (1 Tim 3, 4–5.12). So wächst eine H., die ihr alltägliches Leben im Geist Christi lebt, zur Gemeinschaft der Heiligen heran.   ho

Hausgötter (Teraphim, hebr. die Faulenden) sind Götterfiguren in menschlicher Gestalt, die Eigentum, führende Stellung in der Familie u. Erbanspruch des Besitzers sichern (Gn 31, 14–35). Mit ihrer Hilfe gewann man auch ↗Orakel (Ri 17, 5; 18, 5 f; Ez 21, 26). Der Reformkönig Josija ließ alle H. beseitigen (2 Kg 23, 24); doch sind sie offenbar auch später noch in Gebrauch (Sach 10, 2).   he

Haustafel. Bezeichnung für ein in der ↗Stoa entwickeltes Schema einer Pflichtenlehre gegen Götter, Eltern, Geschwister usw. Wie schon das hellenistische Judentum greift auch die urchristl. Katechese das vorgegebene Schema der H. auf u. prägt die Grundmahnungen inhaltlich um entsprechend der bibl.-christl. Sittlichkeitsauffassung. Die ntl. H.n haben die rechte, der neuen Existenz des Christen gemäße Haltung in Familie u. Ehe, das Verhalten des christl. Sklaven gegenüber seinen heidnischen oder christl. Herren sowie das Verhältnis des Christen zur staatlichen Obrigkeit zum Thema. Kol 3, 18 – 4, 1; Eph 5, 21 – 6, 9; 1 Tim 2, 1–15; 6, 1 f; Tit 2, 1–10; 1 Petr 2, 13 – 3, 9.   he

Hausvater, in Israel das männliche Oberhaupt des meist nach ihm benannten „Hauses", d. h. der Großfamilie. In Israels Frühzeit verrichtete er selbst priesterliche Dienste: er bringt das Schlachtopfer am örtlichen Heiligtum (1 Sm 20, 6) oder an einer Zentralkultstätte (1 Sm 1) dar; er ist berechtigt, selbst einen Kultus einzurichten u. sich dazu eigene Priester anzustellen (Ri 8, 27; 17, 5). Nach der ↗Priesterschrift schlachtet er das ↗Pascha im Kreis der Familie (Ex 12). Noch bis in ntl. Zeit vollzieht er die ↗Beschneidung. Er besitzt rechtliche Autorität (nach Gn 38, 24 verurteilt Juda seine eigene Schwiegertochter zum Tode) u. kann für seine Sippe gültige Normen formulieren (vgl. das Sippenethos der Rekabiten in Jr 35). Seine wichtige Stellung spiegelt sich in der ↗Weisheit u. in vielen Gleichnissen Jesu wider.   ze

Hausverwalter war ein Obersklave, der dem Hausgesinde oder dem Anwesen seines Herrn vorstand (Gn 43, 16). H. u. Knechte kommen in den ↗Gleichnissen Jesu vor (Lk 12, 42; Mt 24, 45). Die Treue des H. ist Vorbild für die Jünger Jesu. Der christl. Amtsträger (↗Amt) ist H. Gottes, weil er das ↗Evangelium verwaltet. In 1 Petr 4, 10 wird die Bezeichnung H. für die Christen im allgemeinen u. für die Amtsträger im besonderen verwendet.   stu

Hawila. 1. Das vom Pischon umströmte Goldland in Arabien (Gn 2, 11), in dem Ismaeliter u. Amalekiter wohnen (Gn 25, 18). – 2. Sohn des Kusch (Gn 10, 7). – 3. Sohn des arabischen Stammes Joktan (Gn 10, 29).   he

Hazor ↗Chasor.

Hebe, kultischer t. t., bezeichnet das vom ↗Opfer „Abgehobene", das den Priestern u. Leviten für ihren Unterhalt zustand (bestimmte Stücke vom Opferfleisch). Auch die Erstlinge, bestimmte Abgaben für das Heiligtum u. den Kult wurden H. genannt.   ba

Hebräer. ↗Abraham wird Gn 14, 13 H. genannt. Wir sind gewohnt, dies als Volks- bzw. Rassenbezeichnung anzu-

sehen. Das Wort wird aber in der Bibel nur dann gebraucht, wenn ein Israelit sich in Beziehung zu einem Nichtjuden benennt. H. scheint ursprünglich nicht auf eine Rassengruppe, sondern auf eine gesellschaftliche Stellung bezogen zu sein, die den Betreffenden als Ausländer minderen Rechts kennzeichnet. Wahrscheinlich ist die Bezeichnung H. ein weiterer Hinweis darauf, daß die ↗Patriarchen von jenen nomadischen Völkern abstammen, die ↗Mesopotamien vor u. nach 2000 v.C. besetzt hatten. Im Judentum stieg H. zum Ehrennamen für die Juden auf (Jdt 10, 12). Das NT unterscheidet in der Jerusalemer Gemeinde H. u. Hellenisten (Apg 6, 1); jene waren gläubig gewordene Palästinajuden, diese ↗Proselyten. Auch Paulus betont seinen Gegnern gegenüber, er sei H. (2 Kor 11, 22).   mi

Hebräerbrief. Der H. unterscheidet sich in mancherlei Hinsicht von den anderen Schriften des NT. Der Briefkopf fehlt ganz. Man könnte die Schrift eine Predigt in Briefform nennen, Absender u. Empfänger werden nicht genannt. Der Titel „an die ↗Hebräer" ist nicht ursprünglich, doch ist es eindeutig, daß der Brief sich an Gemeinden wendet, zu denen vor allem Judenchristen gehörten. Der H. ist erst spät unter die ↗Paulusbriefe eingereiht worden. Der Verfasser, ein gebildeter Judenchrist, stammte wohl aus dem Schülerkreis des Paulus. Er war sowohl hellenistisch gebildet wie auch mit den Schriften des AT wohl vertraut u. legte sie nach Art der Schriftgelehrten aus. In der Zeit der Krise motiviert der Verfasser sein Mahnwort mit einer eindrucksvollen Zusammenschau der Heilsgeschichte. ↗Christus ist ↗Sohn Gottes u. Mensch zugleich. Er steht als ↗Mittler des ↗Neuen Bundes über den Heilsmittlern des Alten Bundes. Er ist Priester auf ewig, der durch sein ↗Sühneopfer ein für allemal für die Menschheit die ↗Versöhnung erwirkt hat. Das Gottesvolk ist durch die Tat Christi befähigt, dem Herrn zu folgen, durch alle noch zu erwartenden Gefahren u. Leiden hindurch. So wird es nach vollendeter Wanderschaft durch die Wüste dieser Weltzeit eingehen in die verheißene Sabbatruhe Gottes. Die ersten zehn Kapitel sind lehrhafter Art

u. handeln von der Überlegenheit des Neuen Bundes über den Alten. Dies wird entfaltet an folgenden Themen: Christus ist erhaben über die Engel, über Mose, über den ↗Hohenpriester des Tempels. Christi ↗Opfer ist wertvoller als alle Opfer. Die drei abschließenden Kapitel enthalten Mahnungen zur Standhaftigkeit im Glauben. Über Ort u. Zeit der Abfassung des H. läßt sich nichts Sicheres sagen. Der einzige Anhaltspunkt ist die Tatsache, daß der Klemensbrief den H. kennt (↗Klemensschriften). mi

Hebräerevangelium. Unter den verschiedenen judenchristl. apokryphen Evangelien (↗Apokryphen) hat sich das H. offensichtlich am weitesten von Mt entfernt. Sicheres läßt sich jedoch nicht sagen, da nur Bruchstücke erhalten sind (Präexistenz u. Geburt Jesu, Taufe, Versuchungsgeschichte, Jakobuserzählung, einige ↗Herrenworte). Anscheinend hat im H. ↗Jakobus eine besondere Rolle gespielt. Unverkennbar sind gnostisch-synkretistische Einflüsse (↗Gnosis). Entstanden ist es spätestens in der 1. Hälfte des 2. Jh. mi

Hebräisch. Verhältnismäßig junge Bezeichnung (Sirach-Prolog) der Sprache, in der das AT mit Ausnahme seiner aramäischen Teile geschrieben ist. Dabei handelt es sich um eine Mundartgruppe Palästinas, die mit dem Südkanaanäisch (= Amarnabriefe), dem Phönizisch-Punischen, dem Moabitischen u. Ugaritischen zum Kanaanäischen gehört u. aus einem Kompromiß zwischen Kanaanäisch u. ↗Aramäisch entstanden ist. Die Vorgeschichte des H. ist durch die Texte von ↗Ugarit teilweise aufgehellt. Die Entwicklung der hebräischen Sprache ist hauptsächlich auf Grund der Bücher des AT zu rekonstruieren, was um so schwieriger ist, als diese Bücher nicht alle mit Sicherheit datiert werden können u. die Sprache der Bibel beständig modernisiert u. dem Sprachgebrauch von Jerusalem angeglichen wurde. Seit dem 6. Jh. v.C. wurde H. als Umgangssprache durch das Aramäisch verdrängt. Dennoch entwickelte es sich teilweise unter aramäischem Einfluß auf Wortschatz u. verbale Syntax weiter. Die heute übliche Gestalt des bibl. H. ist das Ergebnis eines Normierungsprozes-

ses, der durch die tiberischen Gelehrten des 8.–10. Jh. n.C. abgeschlossen worden ist. mi

Hebron, 36 km südlich von Jerusalem liegende Stadt, die ursprünglich Kirjat-Arba hieß (Jos 15, 54). In vorisraelitischer Zeit war H. von den ↗Anakitern bewohnt. ↗David fand in H. vor ↗Saul Zuflucht u. ließ sich hier zum König ausrufen. Bis zur Eroberung von Jerusalem blieb H. dann unter David Residenz- u. Hauptstadt. Mit dem Aufstieg Jerusalems verlor diese einst wichtige Stadt ihre Bedeutung. Heute zeigt man in H. das Patriarchengrab. zi

Heer. In der vorköniglichen Zeit gibt es in Israel kein H., sondern geistgetriebene Männer (↗Richter) organisieren in Zeiten der Not etwa durch die Aussendung von zerstückeltem Fleisch das Aufgebot eines oder bisweilen auch mehrerer Stämme. Das ↗Königtum, das sich aus solchen charismatischen Führergestalten entwickelte (↗Saul), versucht Gottes Schutz durch genaue Disposition (↗Volkszählungen) u. Aufstellung eines Berufsheeres in eigener Regie zu garantieren, erfährt aber damit den Protest der Prophetenbewegung, die jeden Synergismus zu Gottes Hilfe mit Skepsis verfolgt. Die mit dem königlichen Söldnerwesen verdrängte Idee des Heiligen ↗Krieges wird erst unter ↗Josija wieder aktualisiert u. mit dem Scheitern dieses Restaurationsversuches u. dem damit unabwendbaren politischen Niedergang (↗Exil) immer stärker auf die ↗Endzeit ausgerichtet, in der Gott alleinige Macht für immer offenbar werden soll. Dabei ist in der Projektion irdischer Verhältnisse auf Gott gelegentlich auch von einem „H. des Himmels" in militärischem Sinn die Rede, welches den ↗Sieg Gottes vorbereiten soll, ansonsten dient der Ausdruck „H. des Himmels" als Synonym für die personifiziert vorgestellten Kräfte Gottes (↗Engel, ↗Heerscharen) oder als Bezeichnung für die Gestirne (Jr 33, 22). tr

Heerscharen (hebr. Pluralbildung von ↗Heer = Zebaot), wird in der atl. Literatur, besonders von den Propheten, in festgeprägter Redewendung mit dem Gottesnamen verbunden. Die genaue ursprüngliche Bedeutung dieses t. t. ist umstritten, doch meint der Ausdruck H.

wahrscheinlich, daß letztlich sämtliche, personifiziert gedachten ↗Mächte u. Gewalten Gott untertan sind. tr

Heiden. Das AT bezeichnet die Menschheit außerhalb ↗Israels, dem Volk ↗Jahwes (Ex 19, 5) als „die Völker" (Dt 4, 27) u. benützt dafür auch zwei verschiedene Wörter, von denen das erstere der Wortbedeutung nach das Verwandtschaftsverhältnis zwischen Gott u. Volk aussagt (↗Volk Gottes), während das zweite ein mehr politischer Begriff ist. „Die Völker" sind zunächst Israels Nachbarn, aber auch Israels Gefahr, denn ihre ↗Götter üben eine Anziehungskraft aus. Von hier aus bekommt der Begriff „Völker" einen negativen Akzent. Doch auch die Völker stehen unter Jahwes Schutz. Er läßt sie bleiben oder vertreibt sie (Ex 34, 24; Ri 2, 21); er benützt sie zur Züchtigung Israels (Am 9, 9); in der ↗Endzeit sind auch sie auf dem Weg zum heiligen Berg (Js 2; 60). Es gibt daher im AT zunächst keine Heidenmission. Auch das NT hält an dieser grundsätzlichen Unterscheidung fest. H. sind alle, die keine ↗Offenbarung empfangen haben (Mt 18, 10; Apg 21, 21; Röm 3, 29) im Gegensatz zum „Volk". Diese Bezeichnung geht auf die Christen über, sie sind das geistige Israel (Apg 15, 14). Die Ausstoßung der Boten Jesu aus Israel führt zur Heidenmission (Apg 18, 6) unter Leitung des Hl. Geistes. Aus ehemaligen ↗Juden u. H. entsteht die ↗Kirche (Eph 2, 11–22). Das deutsche Wort H. bedeutet wohl (ähnlich wie das lat. paganus) den „Flachlandbewohner", der auf der Heide lebt, nachdem die Christen (Stadtbewohner) die Anhänger der alten Religion ins Flachland (lat. pagus) verdrängt hatten. mi

Heidenchristen. Bezeichnung für die aus der nicht-jüd. Umwelt des NT bekehrten Mitglieder der Urgemeinde. In der griech. Welt gewannen durch Paulus die aus ↗Proselyten, Gottesfürchtigen u. ↗Heiden bestehenden H. bald ein Übergewicht in den ↗Gemeinden. Als nach dem Fall Jerusalems die Judenchristen isoliert wurden u. nach u. nach ganz ausstarben, wurde der Gegensatz zwischen H. u. Judenchristen bedeutungslos u. die Geschichte der ↗Kirche im wesentlichen die Geschichte des H.tums. mi

Von da an stand, wie der johanneische Gebrauch des Wortes ↗„Jude" zeigt, das Judentum dem Christentum als Block feindlich gegenüber. Die ersten für den christl. Glauben gewonnenen Heiden sollen der äthiopische Hofbeamte u. Kornelius gewesen sein, deren Taufe durch den Geist veranlaßt bzw. legitimiert wurde (Apg 8, 29.36; 10, 47 f). Die Aufnahme des ↗Kornelius wurde, wie sie bei den Verhandlungen des ↗Apostelkonzils zeigte (Apg 15, 7), von grundsätzlicher Bedeutung. Es führte dazu, daß die Freiheit der H. vom ↗Gesetz anerkannt wurde (Gal 2, 7). Der Zusammenstoß zwischen Paulus u. Petrus (Gal 2, 11–21) läßt freilich erkennen, daß damit noch nicht alle Probleme gelöst waren. mi

Heil. a) Ein allen Religionen gemeinsamer Begriff, der das Ersehnte, von den Göttern Erflehte benennt. Das deutsche Wort hat den Grundsinn von Ganzheit, Unversehrtheit, während lat. salus u. griech. soteria eher ↗Rettung, Überwindung des Schadens bedeuten. Ein einheitliches hebr. Äquivalent fehlt, dem deutschen H. am nächsten kommen schalom (Wohlbefinden, ↗Frieden) u. beraka (Gedeihen, ↗Segen). Oft wird H. objektiv u. kollektiv verstanden als Wachstum u. Macht des eigenen Volkes, als allgemeine Rechtschaffenheit, als Überwindung von Angst, Ausbeutung, Sorge u. Krankheit, oft aber auch subjektiv u. individuell als persönliche Beglückung oder Erlösung vom Übel, als gutes Gewissen, als Rechtfertigung usw. Entsprechend vielfältig sind auch die bibl. H.s-Vorstellungen.
b) In den Vätererzählungen des AT wird das H. durchaus als gegeben, als jetzt wirklich u. für die Zukunft wirksam angesehen. H. ist zunächst der an die Sippe gebundene, erbliche Segen (Gn 27; 48; 49), von dem das Gedeihen der Herden u. Felder u. das Kriegsglück abhängen. Urheber u. Garant des Segens ist ↗Jahwe, wie aus den Segensformulierungen selber hervorgeht. Für den einzelnen bedeutet dieser Segen Wohlbefinden, Wachsen der Familie, Teilnahme am Jahwekult u. Volksleben, hohes Alter u. sanfter Tod im Kreis der Familie. In Psalmen erscheint das H. in der Weise der *Bitte*, u. zwar fast immer mit einem auf

Gott bezogenen Possessivpronomen. Der Beter kennt die Verheißung an die Väter u. wendet sich in seiner gegenwärtigen Not an Jahwe, der ihm „sein H." geben möge. Jahwe heißt dann „Gott meines H." Die „H.s-Ansage" der Propheten *verheißt* das H. als sichere, von Jahwe kommende Zukunft (↗Verheißung). Vor dem Untergang des Nordreiches (722 v.C.) ist Gegenstand solcher H.s-Ansage die Sammlung u. Mehrung des Volkes (Hos 2, 1–3), bei Js der ↗Friedensfürst, bei ↗Deutero-Js der ↗Gottesknecht, im ↗Trito-Js Israel selbst als H. für alle Völker (Js 60), bei Ez (11 u. 18) u. Joel die ↗Geistausgießung u. ein neuer ↗Bund. Insgesamt kann man im AT ein Anwachsen der H.s-Erwartung beobachten, das aus der Spannung zwischen Erfüllung u. Erwartung entsteht. Aus der Erfahrung des H.s-Handelns Gottes an den Vätern heraus wächst in der gegenwärtigen Not der Zuversicht auf Gottes größere Hilfe u. vollkommeneres H. Doch wenn die H.s- u. Rettungserlebnisse, z. B. die Rückkehr aus Babylon, dieser Hoffnung nicht entsprechen, antworten die Propheten nicht mit einem Zaghafterwerden, sondern mit einem Größerwerden der Hoffnung: Sie bekennen Jahwe damit als den Bundesgott, dessen Macht niemals erschöpft u. zu Ende ist, sondern der stets Neues schafft (Ez 37). Die H.s-Erwartung Israels ist also grundsätzlich eschatologisch, ↗Messiaserwartung u. ↗Apokalyptik sind nur Einzelerscheinungen dieses Grundzuges des atl. Glaubens.

c) Für das NT ist Jesus der ↗Christus u. damit der Bringer des endgültigen H. Zunächst zeigen die Abendmahlsworte Jesu (↗Einsetzungsbericht), die zum alterältesten Bestand gehören, sowohl Kontinuität wie Neubeginn des H.s-Geschehens gegenüber dem AT. Das Wort vom Kelch, der der ↗Neue Bund in seinem Blute ist, verweist auf den Bund von Sinai, den Mose mit Tierblut (↗Blut) schloß (Ex 24). Gegenüber diesem Sinaibund, der auf das Halten des Gesetzes verpflichtete, ist dieser Bund darin neu, daß hier das H., bei Mt einschränkend als Vergebung der Sünden interpretiert, auf Grund des Todes Jesu schon anwesend ist. Derjenige also, der den Kelch nimmt, ist in das H. schon hineingenommen, freilich nicht in die Vollendung des H., sondern, wie Paulus interpretiert, in die Erniedrigung u. den Tod Jesu (1 Kor 11, 26). Jesus selbst ist dabei sowohl der neue ↗Mose, der den Bundesschluß mit Blut vollzieht, wie auch der neue Altar, d. h. der Vertreter Gottes, der der andere Partner u. Garant des Bundes ist. – Dieses atl. Heils- = Bundesdenken erfährt nun bei den Synopt. verschiedene Interpretationen. Für Mk ist Jesus der H.s-Bringer, weil er mit der ↗Auferstehung seine Gottheit zeigt, für Mt, weil er das Geschenk der Sündenvergebung bringt u. die neue ↗Ethik der ↗Herrschaft Gottes anbrechen läßt, für Lk schließlich, weil er Tröster u. Heiland aller Unterdrückten u. ↗Armen ist, der aus lauter ↗Barmherzigkeit selbst dem Schächer am Kreuz vergibt. – Bei Joh ist Jesus der wahre u. getreue Offenbarer, der das H. durch Ermöglichung der wahren Gotteserkenntnis u. -begegnung bringt. Gott, den niemand je gesehen hat (Joh 1, 18), begegnet nur in seinem Offenbarer Jesus, denn die beiden sind eins (Joh 10, 38; 17, 21), u. er wird erkannt nur im ↗Gehorsam u. der ↗Nachfolge Jesu (Joh 15, 5 ff). Nur im Geist u. der Wahrheit Jesu ist wahre Gottesverehrung möglich (Joh 4). Jesus heißt daher ↗„Licht", ↗„Leben", „guter ↗Hirt". – Paulus erwartet das H. vom Schöpfer aus Nichts, dem Erwecker der Toten u. Rechtfertiger des Sünders. H. wird allein durch Gott gegen den bestehenden Unheilszustand, das Kreuz Christi ist der paradoxe Ausdruck dafür. Nur durch Anteil an der Erniedrigung Christi aus Gehorsam geschieht der Herrschaftswechsel, der aus der Macht der Finsternis in das Reich der ↗Liebe Gottes versetzt (Kol 1, 13). Das H. besteht daher im ↗Glauben, der zugleich unzerstörbare Hoffnung auf Auferstehung ist (Röm 4, 16 ff) u. die zitternde Gewißheit der ↗Rechtfertigung einschließt (Röm 5, 1–11). Paulus hält so die atl. Spannung von Erfüllung u. Erwartung aufrecht, auch seine H.s-Verkündigung ist H.s-Ansage von noch nicht Gegenwärtigem, dem der Christ mit der ganzen Schöpfung seufzend entgegenharrt (Röm 8). ↗Fülle der Zeit, ↗Heilszeit.　　　schü

Heilen. Nach dem AT ist ↗Jahwe ↗Arzt seines Volkes (Ex 15, 26). An ihn kann, ja soll man sich vertrauensvoll wenden mit Bitte, Klage, Dank, Lobpreis. Heilungen im AT sind so meist Gebetserhörungen. Jahwe zu erkennen ist ihr Ziel (2 Kg 5). Die Propheten sind nur seine Werkzeuge (ihr Wort, ihre medizinische Kenntnis: Js 38). Übertragen wird „H." zum parallelen Glied für Vergebung (vgl. Lk 5), Rettung vorm Untergang (Ps 103), Wiederherstellung der Lebensmöglichkeit, Belebung von Geist u. Herz, Führung des Lebenswegs (Js 57), ist also von ↗Umkehr geprägt (2 Chr 7). Durch die Striemen des ↗Gottesknechtes wird dem Volke Heilung (Js 53, 5; vgl. 1 Petr 2, 24: Jesus). Jesus ist vom ↗Geist Gottes gesalbt, bevollmächtigt u. gesandt, Gottes Verheißungen zu erfüllen, seine heile Welt aufzurichten (Lk 4, 18 f: Bild des Gnadenjahrs; H. im Kontext), der Gottesknecht, der das Darniederliegende in der Wurzel heilt u. aufrichtet, die Hoffnung erfüllt (Mt 12, 15 ff: Js 42). Auf ihn soll man hören u. sehen, sich Gottes heilendem Wirken ausliefern (Mt 13, 15: Js 6, 9 f. Die Heiden werden hören: Apg 28, 27 f). Die Heilungen am ↗Sabbat weisen auf die Segnungen des ↗Reiches Gottes (Sabbat: Vorwegnahme der ewigen Gottesruhe). Wo Nöte u. Krankheiten, als Fehler am Leben, behoben, Kräfte des Unheils gebrochen werden, geschieht zeichenhaft ↗Neue Schöpfung (Mk 7, 37: „Gut hat er alles gemacht"). H. bedeutet aber auch eine Gesundung des Lebensweges (Hebr 12, 12 f: Js 35, 3). Der Heilauftrag an die Jünger u. die charismatische Heilgabe (↗Geistesgaben) der frühen Kirche intendieren den Auftrag, in zeitgemäßer Form weiter für die heile Welt Sorge zu tragen. scho

Heilig. 1. H. heißt das, was für die Gottheit ausgesondert u. in den kultischen Bereich (↗Kult) hineingenommen wird. Furchtgebietend ist ↗Jahwes Erscheinungsort (Gn 28, 17; Ex 3, 5; ↗Epiphanie), h. ist das Land Kanaan (Ps 78, 54; Sach 2, 16); h. vor allem Jerusalem als Gottes heilige Stadt (Js 48, 2), wo er auf dem h. Berg die Versprengten zusammenholen wird (Js 27, 13; Jr 31, 23). Im heiligen Zelt der Begegnung will Jahwe sich offenbaren, „es heiligen" (Ex 29, 44) u. sich in seiner „Herrlichkeit als der Heilige erzeigen" (Ex 29, 43). Jahwe ist eben der Urheilige, der Ganz-Andere, dem kein Gleichnis gegenüberzustellen ist (Js 40, 18). Er wohnt zwar inmitten seines Volkes, aber vergleichen kann sich niemand mit ihm (Js 40, 25). H. erhält als Aussage von Gott die Bedeutung des Göttlichen u. wird zu seiner Wesenseigenschaft (Js 5, 16; 6, 3). In der Heiligkeit tritt sein Wesen im Unterschied zum Menschen heraus: „Denn Gott bin ich u. nicht ein Mensch, ein Heiliger in deiner Mitte" (Hos 11, 9). Machtvoll läßt sich Gottes Heiligkeit erfahren in seinen Zeichen u. Taten, in der Herausführung aus Ägypten (Ex 14, 18 f), in der Errettung vor Assur (Js 10, 5); denn sie sind Zeugnis seiner Treue u. Festigkeit zu seinem Volk. Für den Menschen gibt es nur eins: vor Gottes h. Majestät zu erschrecken u. niederzufallen (Js 6, 5; Ez 1; 3, 14). Weil Jahwe h. ist, will er auch ein h. Volk (Lv 11, 44 u. a.); denn er erweist sich an ihm h., wenn er es aus allen Völkern sammelt (Ez 28, 25). Es wird sogar der Tag kommen, an dem nicht nur das von Jahwe besonders Auserwählte h. ist, sondern die ganze Profanität von Jahwes Heiligkeit verschlungen wird (Sach 14, 20 f). go

2. Im **NT** ist mehr vorausgesetzt denn ausgeführt, daß Gott h. ist (Mt 6, 9; Joh 17, 11; Apk 4, 8); auch Jesus wird nur selten als h. bezeichnet (Mk 1, 24; Joh 6, 69; Apg 3, 14). Vor allem ist aber der Geist Gottes h. genannt (Mt 1, 18; 3, 11; Joh 20, 22). Durch ihn sind die Christen geheiligt (Röm 15, 16; Eph 3, 16; 2 Thess 2, 13), so daß sie berufene Heilige heißen können (Röm 1, 7; 1 Kor 1, 2). Die den Christen geschenkte Heiligkeit ist für sie beständige Aufgabe, h. zu leben (1 Thess 4, 3 ff; 2 Kor 7, 1). we

Heilige Schrift. ↗Christus ist Gottes endgültige Offenbarungstat in der Mitte der Geschichte (↗Heilsgeschichte). Sofern frühere Schriften auf ihn hinweisen u. spätere ihn als den Gekommenen bezeugen, „verlängert" sich das Faktum seiner ↗Menschwerdung hinein in das Wort (↗Wort Gottes) der Schrift. Diese ist trotz der verschiedenartigsten Bezeugungen der einen Heilsgeschichte in Zukunft u. Vergangenheit durch den Blick auf das Christusgeschehen eine Einheit, die der Geist Christi bewirkt (↗Inspiration). Im Glauben an das ↗„ein für allemal" Geschehene ist die Schrift unüberholbar u. stellt deswegen für jeden nachchristl. Glauben als ↗„Überlieferung" die einzige Glaubensquelle dar, die zur Begegnung mit dem in die Knechtsgestalt des Wortes verhüllten Christus u. damit zum Heil führt. ↗Bibel, ↗Bibelwissenschaft, ↗Hermeneutik, ↗Kanon.   tr

Heilige Stätten. Schon durch den atl. Schöpfungsglauben wird die Welt so weitgehend entsakralisiert, daß von H. St. im eigentlichen Sinne nicht mehr die Rede sein kann. Die zwar auch in ↗Israel anzutreffende Vorstellung einer lokalen Gebundenheit Gottes an den ↗Tempel als seiner Wohnstätte steht in einer ständigen Spannung zum Glauben an die personale Begegnung Gottes mit seinem wandernden Volk in der Geschichte (↗Auszug, ↗Wüste). Vollends sprengen Tod u. ↗Auferstehung Christi die Grenze zwischen ↗Heilig u. Profan (↗Profanität). Dies bedeutet jedoch keine Preisgabe des Heiligen, sondern den Anspruch auf die Heiligung der ganzen Welt in einer geistgewirkten ↗Liturgie.   tr

Heiligkeitsgesetz, moderne Bezeichnung der Gesetzes-Sammlung Lv 17–26; es verdankt seinen Namen der formelhaften Wendung „Seid heilig, denn ich bin heilig, Jahwe, euer Gott" (19, 2). Das H. enthält viel altes Material, ist aber erst während des ↗Exils als selbständiges Gesetzeskorpus entstanden; nach dem Exil wurde es in die ↗Priesterschrift eingefügt u. verschiedentlich erweitert. ↗Gesetz, ↗Heilig.   we

Heiligtumsüberlieferung. Bevor die ↗Überlieferungen von der Geschichte ↗Israels schriftlich fixiert wurden, wurden diese Stoffe mündlich weitergegeben. Z. B. an den Heiligtümern der Stämme erzählte man immer wieder von den Ereignissen, die sich dort zugetragen hatten – in ↗Gilgal etwa vom Durchzug durch den Jordan u. dem Fall ↗Jerichos (Jos 2–9). Mit der Aufnahme in die Werke der atl. Autoren wurden diese örtlichen Überlieferungen auf Gesamtisrael bezogen u. damit zum Ausdruck des Glaubens des ganzen Volkes:

Vgl. bei der Überlieferung von ↗Sichem Gn 35 (Absage der Familie Jakobs an die fremden Götter) mit Jos 24 (Bundesschluß Gesamtisraels u. Absage an die Götter).   oh

Heilsgeschichte, bezeichnet das Handeln Gottes am Menschen, das zum ↗Heil führen will u. in der ↗Geschichte verläuft (↗Tatoffenbarung). H. benennt also ein göttliches, Neues schaffendes Handeln, das grundsätzlich quer zur menschlich-innerweltlichen Geschichte steht; sie benennt zugleich die Eigenart des bibl. Gottesbildes gegenüber anderen Gottesvorstellungen: der Gott, „der die Toten lebendig macht u. das, was nicht ist, ins Dasein ruft" (Röm 4, 17), ist nicht einer der Götter, die die ewige Wiederkehr des Gleichen sichern. H. besagt also, daß das Verhältnis zwischen Gott u. den Menschen nicht immer gleicher Art ist, sondern durch Gottes Offenbarungshandeln Veränderungen unterworfen ist. Daher sind der ↗Kult wie die ↗Verkündigung grundsätzlich nicht mythisch, sondern geschichtlich bezogen. Die H. ist Geschichte im eigentlichen Sinne, weil Gottes Handeln den Menschen in seinem konkreten Dasein trifft, bestimmt u. verwandelt u. in einem bestimmten Nacheinander göttlicher Taten verläuft (Sündenfall, Väterberufung, Auszug, Bundesschluß, Landnahme, Menschwerdung des Wortes [↗Wort Gottes], Kreuz u. Auferstehung Jesu, Zeit der Kirche, Wiederkunft). Es liegt nahe, die Abfolge der Heilstatsachen analog zur ↗Historie als eine innerweltliche Geschichte, die auf einem göttlichen Plan beruht u. daher nach Ursache u. Wirkung (↗„Verheißung u. ↗Erfüllung") beschrieben werden kann, zu objektivieren; dies beginnt schon im NT, nämlich bei Lk. Ein Anstoß dazu ist die in der Historie schlechthin analogielose Geschichte des Volkes ↗Israel (↗Volk Gottes). Diese Objektivierung dann fundamentaltheologisch als Argument des Glaubens zu verwenden widerspricht aber wesentlichen Elementen des christl. Glaubens: Die Unmittelbarkeit des Glaubens als Antwort auf Gottes Handeln u. das Wesen des Glaubens als Hoffnung gegen alle, auch alle historische Hoffnung werden gefährdet; statt dessen entsteht eine falsche Sicherheit, ein einseitiges Sich-Gründen auf der Tradition (↗Überlieferung) u. ein gefährlicher Triumphalismus. Vor allem aber führt die Objektivierung der H. zur Trennung von ↗Offenbarung u. ↗Erlösung, denn die Heilstatsachen können sehr wohl intellektuell akzeptiert werden, ohne als Erlösung existentiell erfahren zu werden. Bibl. ist dagegen die Einheit von Offenbarung u. Erlösung, denn Erlösung ist das verwandelnde Betroffenwerden vom offenbarenden Heilshandeln Gottes; das Sprechen davon geschieht primär als ↗Bekenntnis, nicht als Geschichtsschreibung. Dieses wirksame, verwandelnde Handeln Gottes geschieht innerhalb der menschlich-innerweltlichen Geschichte u. hat Folgen innerhalb dieser Geschichte, aber es stammt nicht aus dieser Geschichte; es hat eine nur dem Glauben sichtbare Abfolge u. auch Entwicklung innerhalb der Geschichte, diese ist aber unabhängig von der Abfolge der Geschichte. H. benennt das Paradox, daß „das Wort Fleisch wurde u. unter uns wohnte u. wir seine Herrlichkeit schauten" (Joh 1, 14), daß das Göttlich-Unbedingte sich in den Bedingungen einer Zeit u. einer Existenz manifestierte. Wo dieses bibl. Verständnis der H. nicht durchgehalten wird, geht auch das bibl. Offenbarungs- u. Erlösungsverständnis verloren. ↗Geschichtsdenken, ↗Geschichtshandeln Gottes. sch

Heilsspruch. Man nimmt den H. an in den Psalmen, die von der flehentlichen Bitte plötzlich in ein Danklied übergehen. In der Bitte erfleht der Beter Jahwes Heilszuwendung, die in einem H. (Ps 20, 7; 28, 6 f) ihm am heiligen Ort zugesagt wird. Der H. ist eine Erhörungszusage, die vielleicht der Priester gegeben hat. ↗Heil, ↗Psalm. go

Heilszeit. Wenn ↗Jahwe endgültig sein ↗Heil wirkt, wird es den ganzen Kosmos umgreifen (Js 42, 10 f). Der Glaube an die unumschränkte Schöpfermacht Jahwes dokumentiert sich hier, der die ganze Natur in die Seligkeit des Heilsgeschehens einbezieht (Js 49, 13; 55, 12). In der H. werden die Kraft u. Majestät Jahwes offenbar; denn allen Völkern ist das Heil zugesagt (Js 51, 4; Ps 98). Die H. ist die große Wende, in der die Not des Volkes vom ↗Fluch zum ↗Segen

umschlägt (vgl. Sach 8, 11 ff). In der H. wird Israel neugeschaffen (Ez 36, 26) u. mit der Errichtung des neuen ↗Tempels inmitten des begnadeten Volkes die neue Ordnung besiegelt (Ez 37, 27; Hag 2, 15.18). Zum NT: ↗Fülle der Zeit. go

Heilungswunder. AT: ↗heilen; NT: Die ↗Logienquelle u. das lukanische Sondergut (↗Lukasevangelium) enthalten Belege in Reden (↗Logion), die man begründet auf Jesus zurückführen kann. Die Jüngeraussendung (auch in Mk) bestätigt Jesu eigene Vollmacht. Die Überlieferung über die Heilungstätigkeit Jesu hat also ihren Ursprung einmal in durch Reden gestützter Erinnerung. Ein weiteres, späteres Zeugnis sind die redaktionellen ↗Summarien (vgl. z. B. Lk 7, 21; ↗Redaktionsgeschichte). – Bieten nun die einzelnen H., jeweils nur in einer Quelle, konkrete Erinnerung? Die ↗Formgeschichte unterscheidet: 1. ↗Apophthegmata: H. als Rahmen für einen Ausspruch Jesu; wohl in Palästina geformt (dort akute Fragen), aus konkreter Erinnerung, aus älterer Tradition, auf Grund dessen, was Jesus der Art nach zu tun pflegte; 2. eigentliche Wundergeschichten: Höhepunkt ist das H. Auffallend ist eine Verwandtschaft mit antiken Erzählungen in der Erzählungstechnik: stereotype Züge; Schema: Krankheit – Heilung – Erweis; doch zugleich auch eine Originalität. Man kann sie nicht samt u. sonders als Übertragung umweltlicher H. verstehen u. abtun, wohl aber ist eine Einwirkung in Verkündigung u. Katechese gegeben. Es wäre auch nach dem Einfluß atl. Gebetssprache u. -struktur zu fragen. – Inhaltlich hat zur Überlieferung weiters die Bedeutung geführt, die Jesus seiner Heiltätigkeit zumaß. Dies lehrt ein Blick auf den einzigartigen Geschehens- u. Sinnzusammenhang der Taten u. Reden Jesu, original gegenüber jeder jüd. u. antiken Heilbringererwartung (↗Wundertäter) u. allen Parallelen. Die atl.-jüd. unbekannte Formel „hören u. sehen", bezeichnend für Jesu Botschaft, weist hin auf den Anspruch, daß mit Jesu Wirken das endzeitliche Heilshandeln Gottes eingeleitet ist. Die H. sind alarmierende, die Heilsprophetie erfüllende ↗Zeichen der anbrechenden ↗Herrschaft Gottes, Vorzeichen ihrer endgültigen Aufrichtung. Sie signalisieren die heile Welt Gottes, sind Anrede, Angebot, Anspruch Gottes. Der Mensch soll sich Gott zuwenden, nach ihm greifen, ihn an sich handeln lassen: „glauben" – als sein Beitrag. – Daß nach Ostern die Person Jesu als ↗Messias hervortrat, schlug sich auch in den H.berichten nieder. Was er in der Gegenwart für den ↗Glauben bedeutet, soll verkündet werden. Die H. werden Beispiele, wie der erhöhte ↗Herr auch heute für die heile Welt engagiert ist. ↗Wunder.

scho

Heimat. H. ist ein urbiblisches Thema. Im Land Ägypten erfährt sich das Volk ↗Israel in der Fremde. Es hat Sehnsucht nach dem Land der Väter. Gott beruft einen Führer, Mose, der das Volk heimführen soll. So zieht Israel aus Ägypten aus, es erfährt sich in der ↗Wüste, aber es weiß sich von ↗Jahwe geführt. Die Wüstensituation ist totale Anfechtung dieses Glaubens, aber was sich darin gerade durchhält, ist Sehnsucht nach der H., der Glaube an Jahwes ↗Verheißung (↗Landverheißung). Als ein Großteil des Volkes in die Gefangenschaft Babylons kommt, erwacht wieder die unbändige Sehnsucht nach der H. Israel hat ja nicht nur seine geographische H. verloren, es hat vor allem seine H. u. Geborgenheit bei Jahwe verloren. Es weiß, weil es von Jahwe fortgegangen u. abgefallen ist, deswegen hat es sein Land u. die Stadt verloren. In den ↗Klageliedern des Volkes findet diese Sehnsucht nach der H. ihren Ausdruck (vgl. Ps 74; Ps 79): „An den Strömen Babylons, da saßen wir u. weinten, wenn wir Zions gedachten" (Ps 137, 1). Gerade in der Fremde u. Verlassenheit erwächst die starke ↗Hoffnung, daß Gott sein Volk heimführen werde von überall her, daß er den Zion neu erbauen u. den Bund erneuern werde. Ein neues Volk wird es geben, es wird bei Jahwe daheim sein, u. Jahwe wird unter ihm sein Zelt aufschlagen u. Wohnung nehmen. Indirekt greift auch Jesus in seiner Verkündigung vom ↗Reich Gottes das Thema H. auf. Er nennt Gott seinen „Vater" u. vor allem, er läßt auch seine Jünger zu diesem „Vater" sagen (Lk 11, 2). In ähnlicher Weise spricht das Gleichnis vom ↗ „liebenden Vater" von Gott (Lk 15, 11–32). Der jüngere Sohn zieht vom Vater weg u. will allein im Leben bestehen. Als er daran scheitert, zieht er heim zu seinem Vater, u. dieser nimmt ihn liebevoll wieder auf. Genauso ist Gott bereit, dem Menschen H. zu verschaffen, der von ihm weggegangen ist. Jesus lädt die Menschen ein, bei Gott H. zu finden, zu ihrem Ursprung u. somit zu sich ↗selbst zu kommen. Jesus ist der, der den Menschen bei Gott H. u. Wohnung bereitet (Joh 14, 3). Er geht als erster den Weg zu Gott, damit alle folgen können. Jesu Auferstehung hat allen in gleicher Weise die Möglichkeit aufgetan, bei Gott H. zu finden. Weil er der Sohn war u. ist, sind alle eingeladen, Söhne u. Töchter Gottes zu werden; alle sollen nämlich „Erben Gottes" u. „Miterben Christi" werden (Röm 8, 14.17). Die sich in ihrem Leben vom ↗Geist Gottes u. von Christus bestimmen lassen, die haben schon angefangen, „Kinder Gottes" (↗Kindschaft Gottes) zu sein, die sind zur endgültigen H. unterwegs. Das Engagement des Christen gilt seiner ↗Zukunft, nämlich seiner „H. im Himmel" (Phil 3, 20). Diese wird dann sein, wenn alle Menschen mit ihrem eigenen Wesen u. mit ihren Möglichkeiten identisch geworden sind, wenn bei Gott alles Begonnene ↗Vollendung gefunden hat. Der Christ lebt auf Zukunft hin; er ist an seiner Welt engagiert, die die Welt Gottes ist; er weiß, es „entsteht in der Welt etwas, das allen in die Kindheit scheint u. worin noch niemand war, H." (E. Bloch). Diese H. heißt in der Sprache der Bibel Reich u. ↗Herrschaft Gottes.

gr

Heimsuchung. Außerordentliches Eingreifen Gottes in das Leben seines Volkes oder einzelner Menschen, das Erwählung oder Rettung, aber auch Verwerfung u. Vernichtung bedeuten kann, doch letztlich immer auf Rettung hinzielt. Die in der Geschichte ↗Israels jeweils aufs neue sich ereignenden H.en sind Erweis der Treue Jahwes zu seinen Verheißungen. Die rettende Heimsuchung wird zum ↗Segen. Gott sucht das Land heim, er tränkt es u. macht es reich (Ps 65, 10). Er wird das Volk heimsuchen u. es in das Land führen, das er den Vätern zugeschworen hat, u. er wird es aus dem ↗Exil wieder dorthin zurückführen, um seine Verheißungen zu erfüllen. Das bundesbrüchige Volk aber erfährt den ↗Zorn Gottes, u. die H. wird zum ↗Gericht. So verstehen die vorexilischen Propheten die Katastrophe, die über Israel hereinbricht. „Nur euch habe ich erwählt aus allen Geschlechtern der Erde, darum werde ich euch heimsuchen ob eurer Frevel" (Am 3, 2). Aber auch andere Völker, die sich dem Heilsplan Gottes widersetzen, erfahren den göttlichen Zorn. Die H.en sind zugleich Ankündigung der endgültigen H. Gottes zum Gericht über Israel u. die Völker am ↗ „Tag Jahwes". Diese vom Israel der nachexilischen Zeit mit zunehmender Sehnsucht erwartete göttliche H. wird verwirklicht durch das Kommen Jesu u. der mit ihm angebrochenen Heilszeit (↗Heil, ↗Heilsgeschichte) für alle Völker.　　　　　ba

Hellenismus nennt man den Zeitraum von der Eroberung des Perserreiches durch ↗Alexander d. Gr. (331 v.C.) bis zum Aufstieg des Römischen Reiches (31 v.C.), in dem sich die griech. Kultur über den Nahen u. Mittleren Orient verbreitete. Kulturell reicht der Einfluß des H. bis zum Ende der Antike u. über diese Zeit hinaus. Nach dem Tode Alexanders d. Gr. zerfiel sein Reich unter seinen Nachfolgern, den Diadochen, in die drei Dynastien der Antigoniden (Mazedonien), ↗Seleukiden (Asien) u. ↗Ptolemäer (Ägypten). Verkehrs- u. Kultursprache war überall Griechisch, die ↗Koine. Besonderen Aufschwung nahmen die Wissenschaften der Philologie, Mathematik, Astronomie, Geographie u. Medizin, deren Zentrum das Museion in Alexandria war. Seine größten Schöpfungen brachte der H. in der Philosophie hervor: Epikureer (↗Epikur) u. Stoiker (↗Stoa) gaben auf die Fragen der neuen Zeit Antwort. Im Bereich der Religion kam es zu einem allgemeinen Synkretismus. Charakteristisch sind Herrscherkult (↗Kaiserkult), ↗Mysterien-Kulte, ↗Schicksalsglaube, Verehrung der Gestirne, besonders der Sonne, u. Astrologie. Trotz des Einflusses der Philosophie war primitiver Aberglaube weit verbreitet. Immer größer wurde das Verlangen nach ↗Offenbarung u. ↗Erlösung (↗Gnosis). Die einheitliche Kultur des H. war für das Christentum eine wichtige Voraussetzung zu seiner weltweiten Ausbreitung.　　　　　mo

Hellenistisches Judentum, die in der griech.-römischen Welt in der Folge von Deportierungen (2 Kg 15, 29; 17, 6; 24, 14–16; 25, 11), durch Flucht (Jr 42 f) u. Auswanderungen verstreute Judenschaft. Die Verbindung mit Jerusalem wird durch die ↗Tempelsteuer u. ↗Wallfahrten zu den großen ↗Festen festgehalten. Durch Beschneidung, Sabbatheiligung u. Speisegebote grenzt sich das h. J. von seiner jeweiligen Umgebung ab, gibt aber die eigene Sprache zugunsten der ↗Koine auf. Im 3.–2. Jh. entsteht die griech. Übersetzung des AT, die LXX, u. eine griech.-jüd. Literatur, die nicht nur griech. Literaturformen, sondern auch griech. Denken aufnimmt. Dies wird möglich durch die Behauptung, daß die Griechen ihre Weisheit aus Mose geschöpft hätten. Bedeutendster Vertreter des h. J.: ↗Philo. ↗Hellenismus, ↗Jude.　　　　　mo

Henoch (hebr. hanok). Er wird im Kainitenstamm des ↗Jahwisten (Gn 4, 17) als Sohn des ↗Kain genannt. Nach Gn 4, 17 b ist nach ihm eine Stadt benannt. Es werden von H. ein vertrautes Leben mit Gott u. ein vorzeitiges ↗Entrücken geschildert. Damit ist die Parallele zu babylonischen Urkönigslisten unverkennbar. Mit H. ist eine umfangreiche apokalyptische Literatur verbunden (↗Apokalyptik). ↗Henoch-Bücher.　　　　　gr

Henoch-Bücher. 1. Das *äthiopische Henochbuch:* (Hen I): es gehört zum atl. ↗Kanon der äthiopischen Kirche. Als ↗Handschrift wurde es im 18. Jh. in Europa bekannt. Es beruht auf einem griech. Text, der um 500 n.C. ins Äthiopische übertragen wurde. Das Buch beginnt mit einer Einführungsrede (1–5); dann wird der Fall der Engel geschildert, ↗Noach kündet die Strafe an, u. ↗Henoch vermittelt vergeblich. Es folgen große apokalyptische Bildreden, die Zehn-Wochen-Apokalypse, Visionen vom himmlischen ↗Jerusalem, vom Gericht des ↗Messias u. von der Totenauferstehung. Den Schluß bilden große Sammlungen von Paränesen. Entstanden ist die Schrift in essenischen Kreisen, manches am Anfang ist pharisäischen Ursprungs. – 2. Das *slavische Henochbuch* (Hen II): es geht auf ein griech. Original zurück u. wurde im frühen Mittelalter ins Slavische übersetzt. Stofflich ist es von Hen I abhängig. Es werden die Reisen Henochs durch die sieben ↗ Himmel geschildert, seine Rückkehr auf Erden, seine Rede im Auftrag Gottes u. die Schlußermahnungen, die der Gattung der ↗ Abschiedsreden zugehören. – 3. Hen III ist eine hebr. verfaßte Sammlung von Henoch-Überlieferungen. Sie ist rabbinischer Herkunft aus dem 2. bis 3. Jh. n.C. gr

Herberge, eine Unterkunft für Fremde, wohl einfache Räume oder natürliche Höhlen, in denen Mensch u. Vieh u. notfalls auch Kranke untergebracht wurden (Jr 41, 17; Lk 2, 7; 10, 34). he

Herde. Die Bezeichnung eines Volkes als H. war im Altertum verbreitet. Die einzigartige Auserwählung ↗ Israels besteht darin, daß es nicht einem irdischen „Völkerhirten" (so nennt z. B. Homer den König) angehört, sondern von ↗ Jahwe selbst als sein besonderes „Eigentum" behütet u. geführt wird (↗ Hirt, ↗ Führungsgeschichte Gottes). Das Bild sollte nicht nach modernem Verständnis im Sinne von Unmündigkeit zu deuten. Daß die „H." oder das ↗ „Schaf" Israel der ↗ Stimme Gottes folgt, ist nicht selbstverständlich, sondern erfordert den so schweren u. oft verletzten Glaubensgehorsam (Ps 95, 7 f). – Wie die Zerstreuung der H. Zeichen ihres (durch ↗ Abfall von Gott verschuldeten) Unheils ist, so ist ihre Sammlung Zeichen des messianischen ↗ Heils (Jr 31, 10; Ez 34, 12 f). – Jesus weiß sich ausschließlich zu Israel als der verlorengegangenen H. Gottes gesandt (Mt 10, 6). Die „Seinen" ↗ hören seine Stimme (Joh 10, 3), u. er führt sie mit „anderen Schafen, die nicht aus dieser Hürde sind", zusammen zur einen H. (V. 16) seiner Kirche. ↗ Volk Gottes. ur

Hermeneutik. Im Unterschied zur ↗ Exegese, dem konkreten Vollzug der Textauslegung, dient die H. der Erforschung u. Darstellung der Grundlagen des Verstehens u. der jeder Auslegung angemessenen Grundsätze u. Prinzipien. Als philos. Disziplin hat sich die H. in jüngerer Zeit unter Durchbrechung der älteren Fragestellung, die der Erarbeitung

einer „Kunstlehre des Verstehens" galt, zunehmend mit der Erörterung der Möglichkeit des Verstehens überhaupt befaßt; dabei ist der universale Aspekt der H. insbesondere im Blick auf die ↗ Sprache herausgestellt worden. Die Wirkung der philos.-hermeneutischen Diskussion auf die bibl. H. ist groß, besonders in der protestantischen Theologie. Demgegenüber sind die hermeneutischen Bemühungen der katholischen Theologie bislang noch nicht in wünschenswertem u. notwendigem Maße in Gang gekommen. Die Besonderheit der bibl. H. als theol. Disziplin wurzelt in der Anerkenntnis der kanonischen Schriftensammlungen (↗ Kanon) des AT u. NT als Hl. Schrift, ↗ Wort Gottes, ↗ Offenbarung. Mit der philos. H. teilt die bibl. H. die Aufgabe, die Möglichkeit des Verstehens von Texten, die dazu geforderten Grundsätze u. Prinzipien sowie die methodischen Regeln zu bedenken u. darzustellen.

Die theol. Aufgabe der bibl. H. besteht darin, verständlich zu machen, in welchem Sinne die Hl. Schrift des AT u. NT als Offenbarung u. Wort Gottes angesprochen werden darf. Gegenüber einem weitverbreiteten biblizistischen Mißverständnis (↗ Biblizismus) hat sie zu zeigen, daß Gottes Wort immer lebendiges, im Glauben gehörtes Wort ist, ein lebendiger ↗ Tradition überliefertes Wort. Als Zeugnisse solcher Tradition müssen die Schriften des AT u. NT als Glaubenszeugnisse angesehen werden. Da der Glaube der Ort der Offenbarung ist, sind die Schriften als Glaubenszeugnisse Offenbarungszeugnisse. Das theol. Verständnis von Offenbarung u. Glaube ist demgemäß für das Verständnis der Schriften des AT u. NT in ihrer Einheit u. Unterschiedenheit maßgebend. Das Vatikanum II hat katholischerseits in „Dei Verbum" einem geschichtlich-dialogischen Offenbarungsverständnis u. einem diesem angemessenen Glaubensverständnis den Weg gebahnt. Die wesentlichen Elemente der Verhältnisses von Offenbarung u. Glaube verlangen, Offenbarung als ein in der Tradition vergegenwärtigtes Ereignis zu denken. So entspricht es auch dem eschatologischen Offenbarungsverständnis des NT. Als Zeugnisse des Vorgangs der

Offenbarung bedürfen die Schriften des NT einer Auslegung, die den geschichtlichen Charakter des Vorgangs ebenso ernst nimmt wie seinen eschatologischen Anspruch. Sie bedürfen einer Auslegung, die verstehen lehrt, wie Gott durch Menschen nach Menschenart gesprochen hat, u. wie die Menschen ihren Glauben verkündigt u. gehört haben. Die Schriften des NT bedürfen also der historisch-kritischen Bemühung (↗ historisch-kritische Forschung) ebenso wie des gehorsamen u. nur in der ↗ Gemeinschaft der Glaubenden, der ↗ Kirche, möglichen gläubigen ↗ Hörens. Für die katholische Kirche nennt das II. Vatikanum („Dei Verbum") folgende Grundsätze: a) die lebendige Tradition der Kirche, in welcher der das Hören des Glaubens ermöglichende lebendige Glaube lebt; b) die Hl. Schrift als einheitlicher Größe, die in ihrer Vielfalt gerade das eine Ereignis der Stiftung des ↗ Neuen Bundes bezeugt; c) die Analogia fidei, welche den paradox-parabolischen Charakter der Glaubensaussagen gerade in der Bindung an den Gesamtglauben der Kirche wahren soll. Die Einheit u. Unterschiedenheit von AT u. NT ist ein gegenwärtig vielfältig verhandelter Gegenstand, der noch vertiefter Klärung bedarf. Die historische Auslegung des AT erlaubt nicht, die in Jesus erfolgte eschatologische Offenbarung als ↗ Erfüllung einer im AT geradlinig vorbereiteten Entwicklung zu verstehen. Der geschichtliche Charakter der von den Schriften bezeugten Offenbarung verlangt eine diesem angemessene Auslegung in geschichtlichem Denken, das der historisch vergangenen wie der heutigen Situation der den Glauben verantwortenden Menschen gerecht wird. Solch geschichtliches Denken vergewissert sich der historischen Situation der Texte durch die historisch-philologische Kritik, um die Texte selbst zu Wort kommen zu lassen; es verhilft ihnen aber zum heute verstehbaren Wort in der Übersetzung in die unserer heutigen Welt angemessenen Verstehenshorizont. Das Vatikanum II nennt in Anerkennung solcher Aufgabe der Auslegung drei allgemein-hermeneutische Grundsätze zur Ermittlung des ↗ Literalsinns (was nicht meint: buchstäblicher Sinn

nach heutigem naivem Verständnis), der Aussageabsicht, der je u. je intendierten Aussage des Textes: a) die Beachtung der ↗ literarischen Gattungen; b) die Erforschung u. Beachtung der Entstehungssituationen der Schriften, die Aufschluß geben über deren Sinn; c) die genaue Beachtung der allgemein „vorgegebenen umweltbedingten Denk-, Sprach- u. Erzählformen, die zur Zeit des Verfassers herrschten".   pe

Das Wort stammt aus dem Griechischen u. geht auf Wurzeln mit der Bedeutung „sprechen", „sagen" zurück. Der Begriff H. wurde mit dem Beginn der Neuzeit geprägt u. bezeichnet die Methode der Auslegung. Die Sache, um die es bei der Frage nach der H. zunächst ging, waren die Auslegung u. das rechtgläubige Verständnis der Hl. Schrift, die von evangelischen u. katholischen Theologen verschieden gedeutet wurde. Vor allem wurde um das hermeneutische Prinzip gestritten: Ob die Hl. Schrift zu ihrem Verständnis der ergänzenden Autorität der Tradition bedürfe oder aus sich selbst heraus verständlich sei.

Im Verlauf der weiteren Entwicklung bezeichnete H. dann ebenso die Auslegungsmethode sonstiger Schriften. Man unterschied anfangs noch streng zwischen Hermeneutica sacra u. Hermeneutica profana, gab diese Unterscheidung vom 18. Jh. ab aber auf. Schleiermacher erweiterte den Begriff der H. insofern, als er darunter die Kunst des Verstehens begriff. Er ging von dem Gedanken aus, daß jedes Wort, nicht nur das geschriebene, um recht verstanden zu werden, auf seiten des Hörenden eine eigene Bemühung um das Verstehen voraussetzt. Alles Sprechen trägt allgemeine u. individuelle Züge, denn jeder Satz wird mit Hilfe der vorgegebenen Sprache formuliert u. besitzt so einen allgemeinen Charakter, er ist aber zugleich Äußerung des Sprechenden u. ist deshalb individuell geprägt. Jedes Verstehen von Sprache ergibt sich für Schleiermacher folglich aus einer grammatischen u. einer psychologischen Interpretation. Weil sowohl die Sprache wie die Individualität der Sprechenden nie ganz u. vollständig zu erfassen sind, bleiben beide Typen der Interpretation – u. damit das Verstehen selbst – eine

Kunst. Ihre Grundlage ist die geniale Einfühlung.

Die starke Entfaltung der Natur- u. Geisteswissenschaften im 19. Jh., die schärfere Differenzierung ihres Methodenbewußtseins führte zu der Erkenntnis, daß die H. die Grundlage der gesamten geisteswissenschaftlichen Forschung bildet (W. Dilthey). Zugleich wurde das Schleiermachersche Verständnis von H. weitgehend modifiziert. Die hermeneutische Grundoperation ist ein Vermittlungsvorgang. Jedes Wort, jede Äußerung von Menschen gehört jeweils in einen bestimmten Kontext. Nur in diesem Kontext entfaltet es seinen Sinn. Der Ruf des Schaffners in der sich füllenden Straßenbahn: „Durchgehen zur Mitte!" hat von der Situation her seinen genauen u. verständlichen Sinn. Löst man die Worte von dieser Situation, so wird ihre Bedeutung rätselhaft, vieldeutig. Zu diesem engeren Kontext – Wittgenstein spricht vom „Sprachspiel" – gehört jeweils ein weiterer Kontext, die Welt nämlich, die jedes Wort mitanklingen läßt. Von dieser Welt her empfängt das Wort jeweils noch einmal eine ganz bestimmte Einfärbung. „Arbeit" bedeutet in der technischen Arbeitswelt etwas anderes als in der bäuerlich-handwerklichen Gesellschaft. Zwischen beiden Kreisen, aus denen heraus das Wort jeweils spricht, seiner Welt u. seinem engeren Kontext, gibt es eine ganze Fülle von Feldlinien, die für die Bedeutung konstitutiv sind. Will nun der Hörer das Wort oder die Schrift recht verstehen, so muß er diese Kreise gleichsam ausschreiten. Nun befindet sich aber der Hörer selbst stets in irgendeinen Kontext verflochten.

Er bewegt sich in seinen Kreisen, in seiner Welt. Im Eingehen auf das fremde Wort vollzieht sich so eine Vermittlung. Die beiden Sprachfelder wachsen gleichsam zu einer Landschaft zusammen, die nun jenen Raum bezeichnet, in dem der Hörer sich bewegt. Bei diesem hermeneutischen Bemühen ist es oft notwendig, die Linien jener fremden Welt mühselig aus Indizien zu erschließen. Für die hermeneutische Arbeit lassen sich keine allgemeinen Regeln aufstellen, sondern lediglich Hinweise geben.

Über das skizzierte hermeneutische Verfahren hinaus, geschichtliche Sprachdokumente zu erschließen, wird seit Dilthey, besonders seit Heidegger, H. als *die* philos. Methode angesehen. In jedem Wort werden ja nicht nur irgendein Sachverhalt, sein Kontext u. seine Welt aufgetan. Es spricht sich darüber hinaus der Sinn des Lebens, der Welt im Ganzen aus, freilich auf eine oft verborgene Weise. Es treten die fundamentalen Bezüge des Menschen zur Welt, zum anderen Menschen ans Licht. Die geschichtliche, gesellschaftliche Verfaßtheit menschlicher Existenz, ihre verschiedenen Daseinsformen, ihre Sterblichkeit usw. offenbaren sich im Wort u. können so mittels einer philos. H. eigens erwogen werden. Für das Verständnis der Hl. Schrift bedarf es der H. in beiden Ausformungen. Die Erschließung der Texte erfordert eine Arbeit im Sinne geisteswissenschaftlicher H., die Deutung des bezeugten Glaubens eine Bemühung im Sinne philos. H.   hü

Hermon (arabisch Schneeberg), bildet den südlichen Teil des Antilibanon u. ist somit die Nordgrenze Israels im Ostjordanland. Als ↗Baals u. Sitz des ↗Baals wird er Baal-H. genannt.   sc

Herodeion, von Herodes d. Gr. erbaute u. nach ihm benannte Festung bei Betlehem, in der er begraben wurde.   he

Herodes (griech. Heldensproß). 1. H. d. Gr., Sohn des ↗Antipater, nach schweren Kämpfen 37–4 v.C. König von Judäa (Mt 2; Lk 1, 5). Er rottete das Haus der ↗Hasmonäer aus. Der glanzvolle Bauherr H. gründete mehrere Städte u. Festungen (z. B. Cäsarea, Machärus), baute in Jerusalem den Herodianischen ↗Tempel, den Königspalast u. erneuerte die Burg ↗Antonia. H. war Hellenist, achtete aber die religiösen Anschauungen seines Volkes. Doch war er wegen seines Privatlebens, seiner Förderung des ↗Hellenismus u. der durch seine Bautätigkeit bedingten hohen Steuern beim Volk unbeliebt.

2. H. Philippus, Sohn H.' d. Gr., Gatte der ↗Herodias, nicht mit dem Tetrarchen Philippus identisch.

3. H. Antipas (griech. Ebenbild des Vaters), jüngster Sohn H.' d. Gr., testamentarisch als Nachfolger bestimmt, wurde aber nur Tetrarch über ↗Galiläa u. Peräa

(Lk 3, 1). Er ließ ↗Johannes den Täufer festnehmen u. hinrichten, weil dieser sein Verhältnis mit ↗Herodias rügte. Er zeigte sich an Jesus interessiert, verspottete ihn aber, als er ihm nicht antwortete (Lk 23, 8–12). – 4. H. ↗Agrippa.   he

Herodianer, wohl Hofbeamte (des ↗Herodes Antipas) oder Anhänger der herodianischen Dynastie; Mk 3, 6; 12, 13 f nennt sie neben den ↗Pharisäern als Gegner Jesu.   he

Herodias, Frau des ↗Herodes Philippus, lebte aber mit Herodes Antipas zusammen. H. verlangte durch ihre Tochter ↗Salome die Hinrichtung ↗Johannes' des Täufers (Mk 6, 17–29).   he

Herold. H.e sind Wortführer der staatlichen Gewalt in religiösen, politischen, militärischen, gerichtlichen u. kommerziellen Angelegenheiten. Da sie unter dem besonderen Schutz der Götter stehen, sind sie unantastbar. Das AT erwähnt nur einen H. an einem außerisraelitischen Königshof (Dn 3, 4). Obgleich die Bedeutung von H. der von ↗Apostel nahekommt, wird H. im NT nur dreimal verwendet: 1 Tim 2, 7; 2 Tim 1, 11 für Paulus; 2 Petr 2, 5 für Noach. Offenbar ist H. durch seine Vorgeschichte für das NT nicht so geeignet, besonders wegen der Unantastbarkeit: die ↗Boten Jesu werden ja gerade verfolgt (Joh 15, 20). Auch geht es im NT nicht um die Person des Verkündigers, sondern um die ↗Verkündigung selbst. Deshalb tritt das Verb „(durch Heroldsruf) verkündigen" stark in den Vordergrund.   mo

Herr. Das griech. Wort kyrios bezeichnet ursprünglich den Sklavenhalter, den H. unterworfener Völker, den gesetzmäßigen Vormund. Im Hellenismus wird H. dann auch zur Bezeichnung der Götter verwendet u. bedeutet, daß sie Macht u. Recht auf ihrer Seite haben. Dieses souveräne H.entum übersteigt aber bereits die griech. Geistigkeit u. verweist auf den Alten Orient. In der LXX ist H. vor allem die Übersetzung für den Gottesnamen ↗Jahwe u. drückt das Bewußtsein aus, zu denen zu gehören, die Jahwe als ihren Gott verehren u. bekennen. H. ist im AT ein personaler Begriff, der die Beziehung der Glaubenden zu ↗Gott bezeichnet, nicht ein ontologischer Ausdruck, der das Wesen Got-

tes als des souveränen Gebieters wiedergibt. Im NT wird H. vierfach verwendet: im gesellschaftlichen Bereich, um jemanden als Besitzer oder Gebieter zu bezeichnen; im sakralen Bereich zur Bezeichnung Gottes oder der Götter; im politischen als Attribut des Kaisers u. als Christustitel (↗Christus). Nur der letzte Gebrauch ist in der ntl. Verkündigung bedeutsam:

1. Unter allen Schriften des NT ist in den Paulusbriefen am konsequentesten der Christustitel H. verwendet, um den Glauben an die Bedeutung ↗Jesu auszudrücken. Paulus nennt Jesus H., wenn er ihn als den Erhöhten bezeichnen will: „Darum hat ihn Gott erhöht u. ihm den Namen gegeben, der über alle Namen ist, . . . daß jede Zunge zur Ehre Gottes des Vaters bekenne: Jesus Christus ist der Herr!" (Phil 2, 9.11.) Als der Erhöhte ist der H. Autorität (1 Kor 14, 37), ↗Richter (1 Thess 4, 6), der H. vor allem seiner ↗Diener (2 Kor 10, 8), im Grunde aber aller Menschen (Röm 10, 12). Das wird offenkundig sein, wenn er endgültig kommt (1 Thess 4, 15 ff). H. ist bei Paulus ein Verhältnisbegriff: vom H. ist der Mensch abhängig; zugleich ist der H. der, durch den Gott rettend u. handelnd in die Welt eingegriffen hat u. eingreift. Paulus macht dabei keinen Unterschied zwischen Gott u. H. Jesus Christus übt als H. die Welt gegenüber Gottes Allmacht aus mit dem Ziel, die versöhnte u. gerichtete Welt Gott untertan zu machen (1 Kor 8, 5–6).

2. Der H.en-Name wurde erst allmählich auf Jesus übertragen. Die ↗Urgemeinde, die Jesus als den Auferstandenen (↗Auferstehung) bekannte, wußte ihn „zur ↗Rechten Gottes" u. gewann auf diesem Wege über das Jünger-Meister-Verhältnis hinaus ein auf ↗Glauben gegründetes religiöses Verständnis. Als sich die Jünger mit den Knechten der ↗Gleichnisse identifizierten, lag es nahe, die Aussagen Jesu über den H. (z. B. Mt 13, 27) auf ihn selbst zu beziehen. Dies wurde gefördert durch das Erlebnis des unbedingten Nachfolgeanspruches (↗Nachfolge). Als sich im Glaubensleben der Urkirche, in der Verkündigung des ↗Evangeliums, im ↗Gebet, beim ↗Herrenmahl, in der Liebeshaltung dem ↗Bruder u. sogar dem

↗Feind gegenüber, im gesamten Selbst-, Welt- u. Gottesverständnis Jesus als der totale Mittelpunkt der Gemeinde erwies, der allen bisherigen Bindungen überlegen war, lag die Übernahme des traditionell-religiösen H.en-Titels nahe. Dieser Titel wurde im christl. Bereich absolut genommen u. drückte das unbeschränkte, allumfassende, göttliche H.sein Jesu aus (Mt 28, 18).

3. In den jüngeren Schriften des NT ist der H.en-Titel bereits selbstverständlich: Alle LXX-Stellen (Jahwe = H.) werden fraglos auf Jesus angewendet; dies bedeutet, daß man bekennt: in Jesus handelt Gott so, wie es das AT von Jahwe verkündet. So sendet Gott den H. (vgl. Ps 110, 1) endgültig, um die beschlossene ↗Fülle der Zeit heraufzuführen u. alles, was im Himmel u. auf Erden ist, in Christus, dem Haupte, neu zusammenzufassen (Eph 1, 10). Zugleich sendet aber der „Sohn" den ↗Geist (Apg 2, 33) u. leitet so die christl. Gemeinde, daß sie sagen kann: „Der H. ist der Geist!" (2 Kor 3, 17.) In der kosmisch-heilsgeschichtlichen u. kirchlich-christologischen Theologie des Epheser- u. Kolosserbriefes findet dieses Denken seinen Höhepunkt (Kol 1, 18–20). Im Gebet zum H. (2 Tim 2, 22) gewinnt diese Sicht auch religiös-personalen Ausdruck.

4. Wenn das NT Jesus Christus H. nennt, so ist dies zugleich eine Aussage über den Menschen in seiner Stellung vor Gott: im Glauben an den H. Jesus Christus anerkennt der Mensch sich selbst als Diener Gottes, der aus eigenem heilsohnmächtig ist u. den Grund seiner Existenz nicht in sich oder in der Welt, sondern in Christus sieht (↗Rechtfertigung). Da im vorchristl. Begriff H. schon die Absolutheit vorgegeben war, kam in der christl. Verwendung dem rettenden u. gebietenden H. Jesus Christus totale u. ausschließliche Bedeutung zu. Wer dem H. dient, kann nicht zugleich Diener anderer „H.en" sein (vgl. Mt 6, 24). Dies gab dem jungen Christentum besonders in der Auseinandersetzung mit dem Absolutheitsanspruch des römischen ↗Kaiserkultes, vorher schon mit den jüd. Gesetzesfanatikern (↗Judaisten) das besondere Gepräge. Der Begriff H. stammt aus vorgeprägtem religiösem Sprachgebrauch (teils aus

dem heidnischen Hellenismus, teils aus der LXX). Die Urkirche übernahm ihn u. wendete ihn auf Jesus an, um ihren Glauben an das unbedingt anfordernde Neue, das mit Jesus Wirklichkeit geworden war, auszudrücken. Da durch die soziologischen u. geschichtlichen Umstrukturierungen heute jede „H.schaft" relativiert ist u. problematisch wurde, kann H. nicht mehr in gleicher Weise verwendet werden wie zur Zeit einer fraglosen Untertänigkeit unter ein absolutes H.entum. Dieser Wandel muß sich auf Verständnis u. Gebrauch des christologischen H.en-Titels auswirken, soll nicht das Bekenntnis zum H. Jesus Christus antiquiert erscheinen. Wer Jesus als seinen H. bekennt, drückt damit aus, daß er Jesu Gottes-, Welt- u. Selbstverständnis übernimmt (↗in Christus). Wer sich so auf Christus verwiesen weiß u. auf das Zukommende u. Endgültige hin offen ist (↗eschatologische Existenz), erfährt sich als in ↗Freiheit dienend. In diesem freien Dienen weiß er sich auf den Mitmenschen verwiesen, mit dem er gerade durch den H. verbunden ist. Im Bewußtsein der ↗Kindschaft Gottes weiß sich der Christ der ↗Welt u. aller irdischen Wirklichkeit gegenüber verantwortlich.   hi

Herrenmahl. Der Ausdruck H. legt den Akzent auf die „Verkündigung des Todes des Herrn" (1 Kor 11, 26) als die Mitte des Heils. Der Bezeichnung ↗Abendmahl gegenüber scheint hier die Eucharistiefeier bereits aus dem Rahmen des ↗Paschamahles herausgelöst zu sein, d. h. nicht mehr in die Vergangenheit, sondern in die Zukunft (↗Eschatologie) zu weisen. In ↗Korinth hat man wohl erstmals – im Gegensatz zu den heidnischen Kultmahlzeiten (1 Kor 10, 14–22) – das gemeinsame ↗Mahl, in dessen Rahmen man die Eucharistie feierte, H. genannt (1 Kor 11, 20). Darin steht der Gedanke des Opfermahls im Vordergrund, der in den hellenistischen Gemeinden durch die Auseinandersetzung mit den hellenistischen ↗Mysterien gewonnen wurde. ↗Eucharistie, ↗Opfer.   hi

Herrentag. Das, wohin Welt u. Menschen unterwegs sind, heißt in der Sprache der Bibel der ↗„Tag Jahwes" oder der „Tag des Herrn". Er ist das alles entscheidende Ereignis der Zukunft. Die ganze Gegenwart u. Geschichte des Menschen ist auf diese Zukunft hin offen. Das Volk ↗Israel erwartet dieses Ereignis, weil es ihm Befreiung oder Sieg verspricht. ↗Jahwe wird seine Herrschaft durchsetzen, seine ↗Herrlichkeit offenbaren u. den Auserwählten Leben u. Freude schenken. Die christl. Verkündigung hat den Tag Jahwes auf ↗Jesus ↗Christus übertragen; dieser Tag heißt jetzt der „Tag des Herrn", H. Christus wird kommen u. das, was er in seinem Sterben u. Auferstehen begonnen hat, weltweit zur ↗Vollendung bringen (↗Endzeit, ↗Eschatologie). Sein Kommen bedeutet für alle Menschen Gericht, nämlich endgültige Beurteilung des Lebens, Ende. Sein Kommen bedeutet neues Leben für die, die ihr Leben angenommen u. verwirklicht haben; aber auch letztgültiges Verderben für die, die ihr Leben verfehlt haben. Dieser Tag des Herrn wird mit seiner Helle alles in der Welt hell machen, er wird alles im Leben der Menschen aufdecken (Röm 2, 16), er wird ans Licht bringen, was jeder einzelne wirklich ist (1 Kor 3, 13). Dieser H. ist nun aber nicht eine Größe der fernen Zukunft, er ist im Leben der Menschen stets ganz nahe, ja er ist ständig im Kommen. Denn es ist ja Jesus Christus mit seiner neuen Dimension der Endgültigkeit ständig im Kommen. Der Tag des Herrn bricht an, er ist dabei, die Nacht zu verdrängen (Röm 13, 12), er wirft seinen Schein schon voraus, er macht schon Menschen hell u. licht (1 Thess 5, 2–5). Er kommt überall dort, wo Christus in Menschen Gestalt gewinnt, wo Menschen so zu leben versuchen, wie er gelebt hat; wo einer für den anderen (↗Nächster) Verantwortung trägt, dort ist der Herr mit seinem Tag nahe. Aufgehalten wird dieser Tag, wo Menschen der Macht der ↗Sünde u. der Finsternis verfallen. Daher erhebt der H. einen ↗Anspruch an alle Menschen, so zu leben, daß Christi neue Dimension nicht aufgehalten wird. Der Totalanspruch des H. ist die ↗Liebe. In seinem Sterben und von diesem her eröffnet Jesus den Menschen die ↗Zeit Gottes als Liebe. In einem Wort der Liebe ist alle Zeit eingeholt u. die Geschichte des Menschen vollendet (zu

Ende gekommen). Der Tag des Herrn sind die Menschen, die die Liebe Christi verwirklichen.　　　　gr

Herrenworte. Die H. sind in verschiedenen festen Formen überliefert worden. Nach sachlichen u. formalen Gesichtspunkten unterscheidet man in der Wissenschaft: 1. ↗Logien („Worte") im engeren Sinn, Weisheitssprüche, die allgemeine Lebenserfahrung aussagen; 2. prophetische u. apokalyptische Worte, wie Seligpreisungen, Weherufe, Drohu. Mahnworte; 3. Gesetzesworte u. Gemeinderegeln, die z. T. unter Hinweis auf die Schrift den Willen Gottes verkünden. Zu den H.n werden auch 4. die Ichworte (↗Ich-bin-Worte) gezählt, die von Jesu Schicksal sprechen, u. 5. die ↗Gleichnisse, die für die Verkündigung des ↗Reiches Gottes besonders charakteristisch sind. Zu den H.n kann man auch kurze Erzählungen rechnen, die in einem H. ihren Mittelpunkt haben, ebenso kleine Dialoge: „Schul"- oder „Streitgespräche".　　　　ma

Herrlichkeit. H. ist in der Bibel eines der Hauptworte, mit denen der Mensch seine Erfahrung ↗Gottes aussagt. Die damit übersetzten hebr. (kabod) u. griech. (doxa) Wörter drücken Gewicht, Macht, Ansehen u. Glanz aus. Nach atl. Texten erfährt der Mensch Gottes H. sinnenfällig in der ↗Schöpfung (Ps 19, 1–7; 97, 1–6). Auch für das NT ist dies der Sinn der Schöpfung, wenngleich er in der ↗Sünde gerade nicht erfüllt wird (Röm 1, 19–23). Gottes H. erfährt Israel weiter in seiner ↗Weisung – dies besonders deshalb, weil das ↗Gesetz an die H.s-Offenbarung am Sinai gebunden ist (Lv 19, 6; Ps 19, 8–11). In der Vision des ↗Propheten bricht Gottes H. den einzelnen beanspruchend in die menschliche Existenz ein (Ez 1). Schließlich gründet nach der Theologie der ↗Priesterschrift unter dem Einfluß der Sinai-Überlieferung der Kult im heiligen Zelt u. im Tempel darin, daß sich über der ↗Bundeslade, wenngleich in die Wolke gehüllt, Gottes H. niedergelassen hat (Ex 40, 34 f). Mit all dem ist eine Erfahrung beschrieben, in der Gott sich leuchtend auftut (↗Epiphanie), die den Menschen beglückt u. beansprucht, ihm aber nicht verfügbar wird, sondern eine letzte Verhülltheit u. Fremdheit wahrt. Sosehr deshalb in manchen Texten die H. Gottes den Menschen fast zu überwältigen scheint, bedarf ihre Wahrnehmung doch auch menschlicher Offenheit. Je ohnmächtiger Israel wird u. je glanzloser seine Geschichte ist, je stärker auch die Schöpfung als mehrdeutig erfahren wird (Prd u. Ib), um so mehr erfordert es Glauben, Gottes ↗Weisheit im Walten der Welt u. seine kultische Gegenwart als H. zu erkennen u. zu preisen. Das ist der Sinn der Aufforderung, Gott zu verherrlichen. Gott wird nicht etwas gegeben, dessen er bedürfte; die ihm eigene H. soll anerkannt werden. Für die Zukunft aber erhofft der Glaube als Heil für den Menschen die ↗Offenbarung der unverhüllt schaubaren H. (Js 40, 5).

Im NT behält der Begriff H. zentrale Bedeutung; die H. Gottes offenbart sich in ↗Jesus ↗Christus. Auch wo ein christologischer Zusammenhang scheinbar fehlt (z. B. in den ↗Kindheitsgeschichten), ist die Rede von Gottes H. literarisches Mittel, die Bedeutung der Geschichte Jesu darzustellen. Gottes H. in Jesus Christus wird ursprünglich erfahren in den ↗Auferstehungserscheinungen. Von daher verdeutlicht sich für die Evangelisten ihre zeichenhafte Enthüllung auch schon im irdischen Leben Jesu als die H. des ↗Messias u. ↗Menschensohns (↗Wunder; ↗Verklärung, vgl. Dn 7). Schließlich ist für die gläubige Reflexion das ganze Dasein Jesu Christi von der Menschwerdung Gottes her Offenbarung der H. Gottes: Wie Gott vorbildhaft mit seiner H. im heiligen Zelt des Alten Bundes Wohnung nahm, so zeltet in Christus seine H. vollendet unter den Menschen. „Das Wort ist Fleisch geworden u. hat unter uns gezeltet, u. wir haben seine H. gesehen, eine H. wie die des Eingeborenen vom Vater" (Joh 1, 14). Eine je eigene Theologie der H. entfalten das Joh-Ev. u. Paulus. Nach dem Johannesevangelium offenbart Jesus Christus in seiner Sendung die H. seines Vaters in der Welt. Zugleich aber leuchtet seine eigene H. auf, die er zuvor beim Vater u. von ihm her hatte. Ja, beider H. ist eine: die H. Gottes, die Jesaja sah, ist bereits die H. Jesu (Joh 12, 43). In der Fleischwerdung des Wortes offenbart sie sich in die

Welt hinein; in den Wunderzeichen Jesu leuchtet sie auf (2, 11); im Tod am ↗Kreuz, der zugleich die ↗Erhöhung Jesu zum Vater hin ist, gewinnt sie ihre ↗Vollendung. Jesu H. ist also Zentralthema des Joh-Ev. Dennoch wird die Frage, wie der Evangelist diese H.s-Offenbarung näherhin gedacht hat, nicht einheitlich beantwortet. War sie im Leben Jesu so offenkundig, daß sie seine Menschlichkeit überstrahlt hat (der Evangelist stünde dann in der Gefahr des ↗Doketismus)? Dagegen spricht, daß die ↗Stunde der H. Jesu vor allem die seines Todes ist – eine Stunde, deren H. ja gerade nicht offenkundig, sondern nur im Glauben erkennbar ist; ebenso sind die ↗Zeichen voll H. nur für den, der glaubt. Man muß ganz ernst nehmen, daß das Joh-Ev. einer gläubigen Gemeinde die H. des Christus vor Augen stellen will. Paulus spricht von der überstrahlenden H.s-Offenbarung des ↗Neuen Bundes. Er verkündet „das Evangelium von der H. Christi", die Gottes H. auf dem Antlitz Jesu Christi ist (2 Kor 3 u. 4). Diese H. aber – das ist das Besondere seiner Verkündigung – verwandelt den, der sie im Glauben schaut, so daß der Christ durch den Geist des Herrn selbst in H. verwandelt wird (2 Kor 3, 13). Dies ist schon jetzt so, aber wie der Christ die Erfüllung der „seligen Hoffnung u. die Erscheinung der H. des großen Gottes u. unseres Heilandes Jesus Christus" noch erwartet (Tit 2, 13), so auch das Offenbarwerden der H. der Kinder Gottes (↗Kindschaft Gottes) u. damit verbunden der ↗Neuen Schöpfung (Röm 8). Er ist vorausbestimmt zum ↗Lobpreis der H. seiner Gnade, die aufleuchten in den Heilstaten des Christus (Eph 1, 6), ein Lob, das Johannes in der Apokalypse in himmlischer ↗Liturgie vollendet sieht. Die Einheit des Lobes der Gemeinde mit jener himmlischen Liturgie ist in der neuen Schöpfung deren Antwort auf die offenbare H. Gottes u. des ↗Lammes.   sm

Herrschaft Gottes. Das zentrale Thema der Botschaft Jesu, die H. G., ist bei aller Originalität doch ganz aus der Gedankenwelt des AT herausgewachsen. In der Vorstellung vom „Königtum Gottes", die beide Testamente verbindet, liegt die Größe des bibl. Gottesbildes.

a) Im AT. „Jahwe ist König auf immer u. ewig" (Ex 15, 8). Solche lobpreisenden Bekenntnisse finden sich immer wieder. Ist der Königstitel für ↗Jahwe auch vielleicht erst mit dem politischen Königtum in ↗Israel aufgekommen, so war er doch sachlich längst vorgebildet: auf dem Wüstenzug war Jahwe ↗Hirt u. Führer seines Volkes; er ist Kriegsheld (Ex 15) u. Heerführer (Nm 9, 18). Israel weiß sich in besonderer Weise seiner H. unterstellt (Ex 19, 5). Unter Jahwes Königtum verstand man also nicht einen Titel, eine Institution oder ein fest umschriebenes „Reich", sondern das sorgende Führen u. herrscherliche Handeln Gottes an seinem Volk, während Israel sich in einer umfassenden Lebensordnung (↗Gesetz) seinem Willen zu unterwerfen hat. – Ein irdisches Königtum schien der alleinigen H. G. zunächst im Wege zu stehen (Ri 8, 23), später wurde es dann als ausführendes Organ der Königsherrschaft Jahwes angesehen (2 Chr 13, 8). Eine Vergötterung des Königs, wie sie im Alten Orient üblich war, konnte in Israel nicht aufkommen. – Aber Jahwe ist nicht nur der geschichtlich handelnde König über Israel; er ist zugleich der auf himmlischem Thron sitzende Allherrscher, von himmlischen Scharen umgeben, dessen ↗Herrlichkeit die ganze Erde erfüllt (Js 6, 1 ff; 1 Kg 22, 19). In solchen Aussagen von der kosmischen H. G., die uns vor allem in den Pss u. Propheten begegnen, lebt die Tradition des altkanaanäischen „höchsten Gottes" (↗Gott) fort, dessen Heiligtum sich in der alten Jebusiterstadt Jerusalem befand (vgl. Gn 14, 8) u. beim Einzug der ↗Bundeslade von Jahwe „erobert" wurde. Auch im Namen „Jahwe Zebaot" (↗Heerscharen) u. im Heiligtum der Bundeslade (als Thronsitz Gottes über den Keruben) stoßen wir auf dieselben uralten Vorstellungen. In diesen Motivkreis gehören der Kampf mit den ↗Chaos-Mächten (der Urflut, Ps 89, 10; 93) u. die Götterversammlung, in der Jahwe als Richter aufsteht (Ps 82, 1). Sein Königtum, das ↗Urzeit u. ↗Endzeit umspannt, wird im Kult lebendige, heilbringende Gegenwart. „Jahwe malach", Jahwe ist König – mit diesem Ruf wurde der Eintritt Jahwes in seine H. über Kos-

mos u. Geschichte als je neues Ereignis gefeiert. Der Gedanke, daß diese H. G. einmal ihre volle Verwirklichung in der Welt finden wird, mußte sich hier fast notwendig ergeben (↗Eschatologie). Am ↗ „Tag Jahwes" wird er erscheinen, alle feindlichen Mächte vernichten u. ein universales, paradiesisches Reich des ↗Friedens aufrichten (Js 11, 6–9). Auch die Heiden werden daran teilhaben; sie werden hinziehen zu Jahwes Wohnung auf dem Zionsberg (Js 2, 1–5), wo ihnen das Gastmahl des ewigen Lebens bereitet (Js 25, 6 f). In vielen Weissagungen spielt dabei der ↗Messias aus Davids Haus eine entscheidende Rolle (Js 9, 1–6), in anderen wird er gar nicht erwähnt (so im ganzen Deutero-Js). Bei aller kindlichen Bildhaftigkeit leuchtet hier eine wahrhaft königliche Vorstellung von der weltumspannenden u. -erneuernden H. G. auf.

b) Im ↗Spätjudentum erwartete die Menge des Volkes eine herrlichere Wiederaufrichtung des davidischen Reiches durch den Messias. – Die Rabbinen entfalteten eine ganze Theologie der „Himmelsherrschaft" (= H. G.; der Gottesname wurde vermieden): sie ist im ↗Himmel dauernde Wirklichkeit, auf Erden aber nur in dem Maße offenbar, als sich die Menschen, vor allem Israel, ihr unterstellen. Die entscheidende Frage für jeden einzelnen ist, ob er durch Buße, Gesetzesbeobachtung u. Glaubensbekenntnis „das Joch der Himmelsherrschaft auf sich nehmen" will oder nicht. – Die ↗Apokalyptik ist ganz ausgerichtet auf das Offenbarwerden des Königtums Gottes, das am Ende der Tage urplötzlich kommen wird, als ↗Gericht zuerst, dann als ↗Heil für alle Gerechten. Hier wird, freilich von düsteren Katastrophenschilderungen überwuchert, ein hohes u. reines Bild jenes Heilszustandes sichtbar, der ganz allein von Gott kommen wird.

c) Die Botschaft Jesu. „Erfüllt ist die Zeit, u. nahegekommen ist die H. G. Kehrt um u. glaubt an die Frohbotschaft!" (Mk 1, 15.) Mit diesen Worten beginnt Jesus nach Mk sein öffentliches Wirken. Wir können seine Botschaft, weder seine Gleichnisse noch seine sittlichen Forderungen, noch seine Wunderzeichen, überhaupt sein ganzes Leben

u. Schicksal nicht verstehen ohne diese Mitte, das eigentliche Anliegen, das ihn bewegte: die nahegekommene „Königsherrschaft Gottes". Wenn Mt fast durchgehend von der „Himmelsherrschaft" spricht, so paßt er sich dem Sprachgebrauch der Rabbinen an, die den Gottesnamen vermieden – eine Zurückhaltung, die bei Jesus kaum in Frage kommt: er spricht offen u. wie aus großer Vertrautheit von Gott, ja vom ↗ „Vater". – Jesus tritt nicht nur mit einer neuen Lehre auf, sondern zugleich „mit Vollmacht" (Mk 1, 27): Er treibt ↗ Dämonen aus, heilt Kranke (↗ Heilen), vergibt ↗ Sünden. Was er verkündet, ist zugleich Ereignis: „Die H. G. ist zu euch gekommen" (Mt 12, 28). Wohl ist der Gedanke der immerwährenden H. G. über die Schöpfung Jesus vertraut; er nennt den Vater „Herr des Himmels u. der Erde", Mt 11, 25; der Himmel ist sein Thronsitz u. die Erde der Schemel seiner Füße, 5, 34 f; doch mit H. G. meint er stets das anbrechende endzeitliche Königtum Jahwes. Seine Botschaft ist eine Antwort, zugleich auch eine Absage an die gespannten ↗ Messiaserwartungen seiner Zeitgenossen, die mit dem Erscheinen der Gottesherrschaft „auf der Stelle" rechneten (Lk 19, 11). Die H. G. kommt nicht „unter Beobachtung", so daß man mit dem Finger auf sie hinweisen könnte; sie ist vielmehr „mitten unter euch" (Lk 17, 20 f): wirklich u. wirksam da u. doch noch eine verborgene Wirklichkeit. Sie gleicht einer Saat, die im Stillen wächst (Mk 4, 26–29), oder einem unscheinbaren ↗ Senfkorn, das einst zu einem großen Baum wird (V. 30 f). Die H. G. „ist nahegekommen": sie ist schon nahe, aber doch noch unterwegs, u. deshalb ein Angebot, das ankommen u. u. aufgenommen werden will; ist Ruf zur ↗ Umkehr u. Einladung zum „Eintreten" (Mt 7, 13 f). Dieses drängende Moment, der Ruf zur Entscheidung (Lk 11, 23), ist wichtiger als die ungelöste Frage, wann die Urkirche u. Jesus selbst sich das Kommen der Vollendung gedacht haben. Aussagen, die für eine ↗ Naherwartung sprechen („noch in dieser Generation": Mk 9, 1; 13, 30?), stehen neben solchen, die eine längere Zwischenzeit erwarten lassen (die Wachstumsgleich-

nisse, besonders Mt 13, 24–30; die Gründung der Kirche). Jesus selbst verbietet alle Spekulationen über die Zukunft (Mk 13, 32); er mahnt zur Wachsamkeit u. ständigen Bereitschaft (V. 33–37). – Was versteht nun Jesus unter der H. G., die schon angebrochen ist u. doch noch kommen wird? Im Gegensatz zur Meinung des breiten Volkes u. vieler seiner Führer wird es kein messianisches Reich („unseres Vaters David", Mk 11, 10) sein; diese Auffassung hat Jesus als Versuchung des Satans abgewiesen (Mt 4, 8 ff) u. auch seinen Jüngern verwehrt (Mt 20, 24–28). Aus diesem Grund wollte er sich nicht Messias nennen oder gar zum ↗ König der Juden ausrufen lassen. Das Reich, das er verkündet, wird alle Ordnungen dieser Welt („hoch u. niedrig") auf den Kopf stellen (Lk 14, 11) u. auch den nationalen Vorrang des jüd. Volkes beenden (Mt 8, 11 f). Jesus bringt auch kein irdisches Paradies, wie man es für die „Tage des Messias" erwartet hatte: Heilungen u. Speisewunder (↗ Brotwunder) sind erst Vorzeichen. Das große messianische Mahl wird eine ↗ Gemeinschaft mit Abraham, Isaak u. Jakob sein (Mt 8, 11) jenseits der ↗ Auferstehung der Toten, jenseits auch von irdischer Hochzeit – ein herrlicheres Sein „wie die ↗ Engel" (Mk 12, 24 ff), ein ewiges ↗ Leben (10, 30). Der vollendete Zustand der H. G., den wir richtig ↗ „Reich Gottes" nennen, ist das ganz Andere, etwas, was nur Gott selbst am Ende der Tage (↗ Endzeit) aufrichten kann, eine völlige Neuwerdung oder Neugeburt (Mt 19, 28). Diese Botschaft steht der Erwartung der spätjüd. Apokalyptik recht nahe; doch während dort das Heil allzu gern einer erwählungsbewußten Sondergruppe reserviert wurde, verkündet Jesus das Heil für alle, auch für die ↗ Armen u. Unwissenden (Mt 11, 25; 5, 3 ff), auch u. sogar zuerst für die von den ↗ Frommen verachteten ↗ Zöllner u. Sünder, mit denen er sich ostentativ an einen Tisch setzt (Mk 2, 15). Er bringt – im klaren Gegensatz zur Verkündigung des Täufers (Mt 3, 12) – noch nicht die Scheidung der letzten Ernte u. läßt noch das Unkraut neben dem Weizen wachsen (Mt 13, 29 f). Die Droh- u. Gerichtsworte gelten ausschließlich denen, die sich dem einmaligen Heilsangebot Gottes verschließen (Mt 11, 20 ff; Lk 19, 42). – Gegenüber dem rabbinischen Glauben, durch Buße u. Gesetzestreue könne der Mensch das Heil beschleunigen, ist Gottes H., oder Reich, bei Jesus reine Gabe der Gnade Gottes. Er verleiht sie nach seinem ↗Wohlgefallen (Lk 12, 32). Wenn vom ↗Lohn die Rede ist, so wird gerade hier deutlich, daß unsere Maßstäbe von Verdienst u. ↗Leistung versagen: Gott schenkt Hundertfältiges (Mt 19, 29), u. allen, die er in seinen Weinberg beruft, gibt er den einen vollen Lohn – allein deshalb, weil er „gut" ist (Mt 20, 1–15). – Was Jesu Botschaft mit der rabbinischen Vorstellung von der „Himmelsherrschaft" verbindet, ist der umfassende sittliche Anspruch, den diese an den Menschen stellt. Jesus fordert aber ein „mehr" gegenüber der legalistischen Gerechtigkeit der ↗Pharisäer (Mt 5, 20): Radikales Ernstnehmen des ↗Willens Gottes (7, 21) in allen Bereichen (↗Bergpredigt) – das ist das neue Gesetz Christi, das er selbst uns zur ↗Nachfolge vorgelebt hat: bis zum ↗Kreuz u. zur Hingabe seiner selbst (Mk 8, 34 f). Dies ist der schmale Weg, der zum Leben führt (Mt 7, 13 f). – Und doch ist es ein „weiches Joch", eine „leichte Bürde", die Jesus auferlegt (Mt 11, 29) – im Gegensatz zu den untragbaren Lasten, die die Gesetzeslehrer aufbürden (Lk 11, 46). Der Ernst der sittlichen Forderungen Jesu hat nichts Bedrückendes, sondern etwas Befreiendes: wo ein Mensch sie befolgt, sich unter Gottes H. stellt, kann Gottes heilende u. erneuernde Macht sich auf ihn auswirken. Wer sich dem ↗Licht öffnet, wird vom Licht erfüllt (Lk 11, 34). Die ↗Vollkommenheit, auf die der Mensch verpflichtet wird (Mt 5, 48), ist die ↗Liebe des ↗Vaters, die uns zu Kindern Gottes macht (V. 45).

d) In der Verkündigung der ↗Urkirche tritt das für Jesus zentrale Thema der H. G. auffällig zurück gegenüber der Botschaft von Jesus ↗Christus (nebeneinander genannt Apg 8, 12; 28, 23.31). Dies hat seinen Grund u. seine Berechtigung darin, daß Jesus durch seinen Kreuzestod hindurch zur ↗Rechten des Vaters erhöht (Apg 2, 32–36) u. zum Gottessohn in Macht bestellt wurde

(Röm 1, 4). Die von Jesus verkündete Gottesherrschaft ist nun in seiner ↗Erhöhung bleibende ↗Gegenwart u. Nähe. Die ↗Zeichen der anbrechenden H. G. im Wunderwirken Jesu werden abgelöst durch das machtvolle Wirken des Heiligen ↗Geistes (Apg 2, 32), vor allem in der Kirche – ohne daß diese mit dem kommenden Reich gleichgesetzt werden dürfte. Paulus spricht von der jetzt schon sich auswirkenden H. Christi über die Welt (1 Kor 15, 24 bis 28) u. ihre Mächte u. Gewalten (Kol 2, 15).   ur

Herz. Das Wort wird in der Bibel verhältnismäßig selten als Bezeichnung für das leibliche Organ verwendet, wohl aber sehr oft im übertragenen Sinn. H. ist der Sammelbegriff für das Wesen u. den Charakter des Menschen. Als Simson Delila sein H. bloßlegte, kam er in ihre Gewalt u. wurde ins Unglück gestürzt (Ri 16, 12 f). Das H. umfaßt die ganze aktive Haltung, die aus dem Charakter der Menschen hervorgeht. Wenn jemand eine große Aufgabe übertragen bekommt, erhält er auch ein neues H., d. h., er wird in eine ganz neue Haltung versetzt, die die Lösung der Aufgabe ermöglicht (1 Sm 10, 9). Not, Unglück oder Schuld brechen das H. Wer sich seiner Schuld bewußt ist, tritt mit zerschlagenem H. vor Gott, der sich ihm deshalb zuwendet (z. B. Ps 34, 9). Die atl. Verwendung des Worts ist auch für die ntl. bestimmend. Auch im NT ist das H. die Quelle des Gefühls u. des Denkens. Das H. wird von Leid erfüllt (Joh 16, 6). Die Gottesliebe ist eine Liebe „von ganzem H." (Mk 12, 30). Man versteht mit dem H., denkt, erinnert sich mit dem H. (Joh 12, 40; Apg 7, 23; Lk 2, 51). Das H. ist die Quelle der Lebenshaltung überhaupt. Die „reinen H. sind", sind jene, deren Grundhaltung integer ist u. die demgemäß handeln (Mt 5, 8). Ein unreines H. bringt Konsequenzen für das Handeln. „Gott von ganzem H. lieben" bedeutet die vollständige Hingabe an Gott (Mt 22, 37). In der ganz allgemeinen Bedeutung: Kern einer Sache, Mittelpunkt, wichtigster Teil wird das Wort H. – wie auch in unserm Sprachgebrauch („H. eines Landes") – auch in der Bibel verwendet. ↗Herz u. Nieren.   mi

Herz u. Nieren, innere Organe des Menschen, die für das gesamte Innere, das nur Gott kennt, stehen. Jr 11, 20: „Gott prüft H. u. N." (im NT in Apk 2, 23 ungenau zitiert). Die Nieren sind Sitz des ↗Gewissens, des Schmerzes, der Empfindungen. In der Redewendung drückt sich der Totalitätsanspruch Gottes auf den Menschen aus. ↗Herz.   zi

Hethiter, ein im 2. Jahrtausend v.C. in Kleinasien eingedrungenes Volk mit indogermanischer Sprache. Nach einer ersten Blüte im 16. Jh. stiegen die H. zu einer bis an den Euphrat reichenden Großmacht auf, indem sie Nordsyrien eroberten u. das Mitanni-Reich (↗Horiter) eingliederten. Als das H.-Reich um 1200 unterging, überlebten nur einige Kleinstaaten. – Bedeutsames haben die H. auf dem Gebiet des Rechts (Vasallenverträge) u. der Geschichtsschreibung (↗Annalen) geleistet. – Die im AT erwähnten H. sind meist H. aus den hethitischen Kleinstaaten (1 Sm 26, 6) oder Sammelname für die vorisraelitische Bevölkerung Palästinas (Gn 23).   we

Heuchler. Der H. richtet über den Splitter im Auge seines Bruders trotz des Balkens im eigenen Auge (Mt 7, 5), d. h., er richtet von seiner vermeintlichen ↗Vollkommenheit aus. Daher brandmarkt Jesus das Selbstverständnis der ↗Pharisäer (Mk 7, 6), die in der Erfüllung des atl. ↗Gesetzes die wahre Frömmigkeit sehen, als Heuchelei. Durch die Kritik an den erstarrten Normen des Gesetzes entlarvt ↗Jesus die Unvollkommenheit des Gesetzesgehorsams. So halten sich z. B. die Pharisäer genauestens an die minuziösen Waschungsvorschriften, erlauben aber gleichzeitig, den Eltern die lebensnotwendige Unterstützung zu entziehen, wenn man den Tempelschatz zum Erben des eigenen Vermögens einsetzt (Mk 7, 1 ff). Ein falsches Gesetzesverständnis droht auch der ↗Urgemeinde. Petrus wird in Antiochia zum H., da er auf Drängen von ↗Judenchristen die Tischgemeinschaft mit den unbeschnittenen ↗Heidenchristen abbricht u. über das göttliche Liebesgebot einen jüdischen Brauch (↗Beschneidung) stellt (Gal 2, 13).   do

Heuschrecken wurden von Nomaden u. der ärmeren Bevölkerung Palästinas gegessen (Mt 3, 4). Sie wurden aber zu einer Plage, wenn sie – in Scharen vom Ostwind ins Land getrieben – alles Grün auf Feldern u. Bäumen auffraßen. Eine solche Katastrophe ist die achte ägyptische Plage (Ex 10, 1–20). – Joel 1–2 zeichnet die H. als ein Kriegsheer, das den ↗Tag Jahwes ankündigt. Apk 9, 1–12 betrachtet die H. sogar als dämonische Wesen (↗Dämon).   we

Hexapla, d. h. die ‚sechsfache' Bibel, ist das bedeutendste textkritische Werk des Altertums (↗Textkritik, in dem Origenes das AT in 6 Spalten nebeneinanderstellt: den hebr. Text, dessen griech. Transkription u. 3 ↗Septuaginta-Versionen. Am wichtigsten ist die 5. Spalte, in der Origenes seine Rezension der LXX im genauen Vergleich mit dem hebr. Text gibt. Das Werk, das von Hieronymus noch benützt wurde (↗Vulgata), ist seit dem 7. Jh. verschollen.   tr

Hierarchie (griech. heilige Herrschaft). Religionsgeschichtlich findet sie sich in fast allen Religionen. Gott wird als Herrscher der Menschen vorgestellt, der seine Regierungsvollmachten an bestimmten Rangordnungen an sakrosankte Personen delegiert. Das AT kennt eine feste H. Gott herrscht über sein Volk durch eingesetzte Führer, ↗Hohepriester, ↗Priester u. ↗Könige. In seinen Vertretern ist seine eigene ↗Autorität anwesend. ↗Jesus stellt für seine Jünger eine neue Ordnung auf, die des ↗Bruders. Er nennt alle Menschen Brüder, denn alle dürfen in gleicher Weise zu Gott ↗Vater sagen (Lk 11, 2). Er ist selbst allen Bruder u. ↗Freund geworden. So soll sich unter seinen ↗Jüngern keiner ↗„Rabbi" nennen oder „Meister", oder gar „Vater", denn einer ist der ↗Lehrer, Meister u. Vater aller Menschen: Gott (Mt 23, 8–10). Jesus verteilt nicht Ränge u. Würden u. Titel. Wer sich auf ihn beruft u. ihm folgen will, muß ↗Sklave u. ↗Diener seines Bruders sein. Als seine Jünger sich um Ränge streiten, verbietet er dies generell; er nimmt ein ↗Kind als Beispiel, das in der menschlichen Gesellschaft bedeutungslos u. unmündig ist: Wenn jemand ↗Erster sein will, sei er ↗Letzter u. Diener aller" (Mk 9, 33–37). Im Werden des ↗Reiches Gottes geht es um den „letzten Platz", um den Dienst am Bruder, nicht um H.n.   gr

Hieroglyphen ↗ Bilderschrift.

Hillel. ↗ Pharisäer u. ↗ Schriftgelehrter zur Zeit ↗ Herodes' I. Begründer einer ↗ Rabbinenschule, vertrat eine gemäßigte pharisäische Richtung u. schuf die Grundlage der rabbinischen ↗ Exegese u. ↗ Hermeneutik.   ba

Himmel. In den Religionen der Völker ist H. die Wohnstätte der Gottheit oder überirdischer Mächte u. zugleich ↗ Metapher für das Jenseitige u. Unendliche. In der christl. Theologie ist H. „das Bildwort für den endgültigen Heilszustand der durch Christus mit Gott für immer vereinten, geretteten Menschen". Die bibl. Aussagen über den H. als „Ort" setzen das antike Weltbild voraus, die Bibel unterscheidet aber klar zwischen dem H. als Teil des Weltalls u. dem H. Gottes im Sinne des Bildwortes.

1. H. ist ein Teil des Universums. Die ↗ Feste, das Firmament, ist eine massive Halbkugel, die sich über der Erdscheibe wölbt. An ihr bewegen sich die Gestirne. Über der Feste ist Wasser („die Wasser über dem Himmel"), das durch „Fenster" auf die Erde fällt u. im Kreislauf in den H. zurückkehrt (Js 55, 10). Der häufig wiederkehrende Ausdruck „Himmel u. Erde" bezeichnet die gesamte Schöpfung, den Kosmos. Im ↗ Gericht wird mit der Erde auch der H. vergehen, aber Gott wird den neuen H. u. die neue Erde schaffen.

2. Als Raum über der Welt ist H. die Wohnung Gottes. Im H. (oder: der H.) ist sein Thron (Ps 103, 19; Mt 5, 34). Dort hat er seinen Hofstaat, die „Heerscharen des H.", die seine Befehle ausführen. Er ist Schöpfer u. Herr des H. u. der Erde. Von dort lenkt er die Geschicke der Menschen. Aber schon das AT entmythologisiert diese Vorstellung: H. u. Erde können ↗ Gott nicht fassen. Er ist der ferne Gott (Jr 23, 23 f), u. das Wohnen im H. bedeutet seine Transzendenz. Aber zugleich ist er auch der ganz nahe Gott, dessen ↗ Herrlichkeit die Erde erfüllt (Js 6, 3), der das Flehen jedes einzelnen u. seines Volkes erhört. Im Judentum u. im NT wird H. zum Synonym für Gott u. zur Umschreibung des Gottesnamens (Mt: Reich der H. statt Reich Gottes). In der jüd. ↗ Apokalyptik entsteht die Vorstellung von mehreren H.n übereinander (vgl. 2 Kor 12, 2).

3. Im NT ist H. die Stätte des vorzeitlichen ↗ Logos. Christus kommt vom H. auf die Erde u. kehrt dorthin zurück (Joh-Ev.). Er ist von „seinem Vater im H." gesandt, daß alle Wesen durch ihn versöhnt werden wie im H., so auf Erden (Kol 1, 20). Zeichen bestätigen seine Sendung: der sich öffnende H. u. die Stimme des Vaters. Im H. ist er ↗ Mittler u. Beistand seiner ↗ Kirche. Am Ende der Zeiten wird er vom H. her wiederkommen.

4. Erst in den späten Schriften des AT erscheint die Vorstellung, daß die Gerechten ewig bei Gott (= „im H.") sein werden. Nach dem NT ist „unsere ↗ Heimat im H." (Phil 3, 20). Darauf richtet sich die christl. ↗ Hoffnung. Die Gerechten werden mit Christus im H. sein oder vor dem Thron Gottes stehen (Apk 3, 21). Die Lebensgemeinschaft mit den drei göttlichen Personen (Joh 14, 23) ist der H.   ba

Himmelfahrt Christi darf nicht als sichtbar räumlicher Vorgang nach Art einer „Weltraumfahrt" mißverstanden werden. Die Himmelfahrtsszene im lukanischen Doppelwerk (Lk 24, 50–53; Apg 1, 9–11) veranschaulicht mit Hilfe bibl. Motive u. Stilmittel (Segensgeste, Wolke, Deuteengel) den durch die Erscheinungen des Auferstandenen (↗ Auferstehungserscheinungen) begründeten Osterglauben: die mit der ↗ Auferweckung geschehene ↗ Erhöhung Jesu in die ↗ Herrlichkeit Gottes u. seine Inthronisation als messianischer ↗ Sohn Gottes. Sie schildert so ein reales, aber ganz u. gar übernatürliches Ereignis, auf dessen Unanschaulichkeit das bibl. Symbol der ↗ Wolke hinweist, die verhüllte Gegenwart göttlicher Herrlichkeit. Die vierzigtägige Dauer der Erscheinungen soll nicht die H. Ch. datieren, die auch für Lk mit der Auferstehung zusammenfällt (Kapitel 24), sondern betonen, daß die Apostel über einen längeren Zeitraum die Realität der Auferstehung erfahren haben, wodurch ihre Zeugenschaft Gewicht erhält. Die ↗ Engel dienen schließlich der Interpretation des geheimnisvollen Geschehens: die Erhöhung Jesu garantiert seine machtvolle ↗ Wiederkunft. Zugleich wird die z. Z. des Lukas noch herrschende ↗ Naherwartung zurückgewiesen. Statt Ausschau zu halten nach dem wiederkommenden ↗Herrn, ist jetzt gefordert, Zeugnis für ihn zu geben. Die Zeit der irdischen ↗Gegenwart Jesu ist zu Ende. Es beginnt die Zeit seiner unsichtbaren Gegenwart in der ↗Kirche.

ba

Himmelfahrt des Jesaja, ↗Apokalypse, aus 3 Teilen bestehend: einer jüd. Legende über das Martyrium des ↗Jesaja, einer Weissagung über Christus u. seine Kirche, einer Vision des Jesaja von seiner Auffahrt durch die ↗sieben ↗Himmel u. der kommenden Erlösung durch Christus. Die drei Teile wurden wahrscheinlich im 3./4. Jh. zusammengefügt.

ba

Himmelfahrt des Mose ↗Moses Himmelfahrt.

Himmelreich ↗Reich Gottes.

Himmelskönigin. Fruchtbarkeitsgöttin, deren Kult (Rauch- u. Trankopfer) von ↗Jeremia (7, 18; 44, 17 ff) scharf getadelt wurde. ↗Göttin.

ba

Himmelsleiter (Jakobsleiter). Im Traum ↗Jakobs von der Leiter (oder besser: Treppe), die auf der Erde steht u. in den Himmel reicht (Gn 28, 10 ff), klingt die Erinnerung an die babylonischen Stufentürme (↗Zikkurat) an. Theol. Deutung des Traumes: Gott zeigt dem Flüchtling das Reich Gottes (Weish 10, 10) oder Symbol der göttlichen ↗Vorsehung u. Weltregierung.

ba

Hinnomtal, Tal ohne Wasserlauf im Süden Jerusalems. Seit die Israeliten hier ihre Kinder „durchs Feuer gehen" ließen, d. h. dem ↗Moloch opferten, u. Jeremia das Tal deswegen verfluchte (Jr 7, 31–34), ist das H. ein Ort des Abscheus u. der Schande, an dem sich in der Endzeit die Feuerhölle für die Verdammten auftun soll. Vielleicht war hier auch eine ständig brennende Müllhalde, die dann zusätzlich Anlaß war, hier die ↗Gehenna zu lokalisieren.

he

Hirt. Das Bild vom H. spielt in der Bibel eine große Rolle. Der Beruf wird rückblickend zum großen Ideal: die ↗Väter waren H.en gewesen. Deshalb wird betont, daß ↗David von der Herde weg zum ↗König (2 Sm 7, 8) u. ↗Amos zum ↗Propheten (Am 1, 1; 7, 14) berufen wurden. H.en werden auch in der Weihnachtsgeschichte als die ersten Zeugen genannt (Lk 2, 8 ff). An verschiedenen Stellen der Bibel (z. B. Js 44, 28; Jr 3,

15) werden die Fürsten des Volkes (wie bei den Sumerern, Babyloniern, Assyrern u. Griechen) mit H.en verglichen. Dabei wird zwischen guten (Ez 34, 11–16) u. schlechten (Js 56, 11; Ez 34, 2 ff) unterschieden, je nachdem, ob sie nur ihren eigenen Interessen oder denen des Volkes nachgingen. Auch von ↗Gott wird im Bild des H. gesprochen (Ps 23; Js 40, 11; Jr 31, 10). Er will sich um sein Volk kümmern, besser als die H.en ↗Israels, er will das Verlorene sammeln u. den Seinen geben, was sie brauchen. Auf diesem Hintergrund ist zu hören, wenn im Joh-Ev. ↗Jesu ↗Dienst im Bild vom guten H. gedeutet wird (Joh 10; vgl. 1 Petr 2, 25; Hebr 13, 20) u. in Gegensatz gestellt wird zum Mietling, der die Herde im Stich läßt, sobald er sie bedroht sieht. Schließlich wird das Bild vom H. auch gebraucht für die ↗Jünger u. die Träger besonderer Dienste in der Gemeinde: Petrus soll die Schafe weiden (Joh 21, 15 ff), u. wie im AT (Jr 3, 15; 23, 2) werden auch die Leiter (↗Amt) der ↗Gemeinde als H.en bezeichnet (Eph 4, 11; Apg 20, 28). Die H.en der Gemeinde leben in Treue u. Fürsorge ganz für die Menschen, die ihnen anvertraut sind.

mi

Hiskija (hebr. Jahwe ist meine Stärke), Sohn des ↗Achaz, 725–697 ↗König von ↗Juda. – Die ständige Bedrohung durch Assyrien u. Ägypten veranlaßte H., Jerusalem stärker zu befestigen u. die Wasserversorgung der Stadt durch den unterirdischen Siloachkanal (↗Siloach) sicherzustellen. – Im AT gilt dem AT als frommer, dem Prophetenwort aufgeschlossener u. reformfreudiger König; er beseitigte im Zuge der Kultzentralisation die Jahwehöhen (↗Höhen) mit ihren ↗Masseben u. ↗Ascheren u. sogar die ↗eherne Schlange (2 Kg 18–20; Js 36–39; 2 Chr 29–32).

he

Historie, historisch. Die heute vielfach in bibelwissenschaftlicher Literatur geübte Unterscheidung zwischen H., h. u. ↗Geschichte, geschichtlich muß auch unter bestimmten Bedingungen als sinnvoll anerkannt werden. H., h. bezeichnen demnach den Bereich der umfassenden durch Geschichte, geschichtlich gekennzeichneten Wirklichkeit, welcher durch das methodische, wissenschaftliche Bemühen der h. Forschung als H. u. h. erschlossen wird. Der Geschichte entspricht der geschichtlich existierende Mensch als Zeuge; als solcher gehört er der Geschichte selbst an. Die im Zeugnis des Menschen licht werdende Geschichte ist zu denken als das Gefüge von Welt u. Welten, Mensch u. Menschheit, einbehalten ins Ereignis des Seins u. der Zeit. Wenn wir von der Schrift als *geschichtlichem* Zeugnis (im Sinne der angedeuteten Unterscheidung) sprechen, so deuten wir den verantwortlichfreien, nicht in die überprüfbare u. gleichgültige, letztlich verantwortungslose „Objektivität" versetzbaren Charakter ihres Zeugnisses als eines Zeugnisses von ↗Glaube u. ↗Offenbarung an. Sprechen wir im Blick auf die Schrift von Geschichte (etwa von der Geschichte Jesu oder vom geschichtlichen ↗Jesus), so verweisen wir auf den geschichtlichen Aufgang eines in h. Forschung nicht errechenbaren, ereignishaften Gefüges, das in seiner zukunftsoffenen Bestimmtheit gerade in seiner geschichtlich geschehenden Auslegung aufgeht. Als geschichtliches Zeugnis der geschichtlich ereigneten Offenbarung u. damit der Geschichte der Offenbarung bedarf die ↗Bibel eines ihr angemessenen, die Würde der Geschichte wahrenden geschichtlichen Denkens. Ein solches Denken begreift den demgegenüber abkünftigen Modus h.en Forschens ein, in welchem Geschichte als vergangene „festgestellt" u. als H., als dem Zugriff des Denkens ausgelieferte Faktizität, „vorgestellt" wird. Das der h. Forschung entsprechende, im methodisch wissenschaftlichen Zugriff der h. Kritik erreichbare h. Erforschte ist der jeweils in seiner Faktizität wie in seinen die jeweilige H. erstellenden Bezügen festgestellte Ausschnitt der Vergangenheit der Geschichte. Die h. Forschung macht die H. als das Vergangene, in Zeugnissen, Denkmälern, Quellen, Überresten sich bezeugende präsent. H. steht immer h., d. h. als das Vergangene vor unseren Augen. Geschichte hingegen ist das gegenwärtige Ereignis von Vergangenheit u. Zukunft von Mensch u. Menschheit, Welt u. Welten. Setzen wir die so aufgezeigte Unterscheidung voraus, so ist einsichtig, daß der Schrifterklärer (↗Exegese) *als Historiker* an die

h. Vorgänge, die H. gewiesen ist, die sich ihm mittels ↗historisch-kritischer Forschung erschließt, daß er aber *als* (Glauben u. Offenbarung auslegender) *Theologe* an die (die h. Vorgänge, die H. umschließenden, in verschiedenster Weise einbegreifenden) geschichtlichen Zeugnisse gewiesen ist, die eben nicht nur die H., sondern umfassender die Geschichte bezeugen. Zugleich wird deutlich: die H. u. das, was als h. zu gelten hat, muß h.er Forschung zugänglich, unterworfen sein; ein geschichtliches Zeugnis kann in bestimmter Hinsicht (unter bestimmtem Hinblick h. befragt) h. wertlos sein; ein solcher Ausschnitt der Wirklichkeit entscheidet aber nicht über die ganze, die in Offenbarung u. Glaube zur Entscheidung steht. ↗Hermeneutik.   pe

Historisch-kritische Forschung. Die h.-k. F. an der Bibel ist in der Zeit der Aufklärung ausgebildet, im 19. u. 20. Jh. verfeinert u. vervollkommnet worden. Sie entspricht der Einschätzung der ↗Bibel als einer Sammlung von Glaubenszeugnissen, welche von Menschen aus einer bestimmten historischen Situation in zeitbedingter Sprache für Menschen in einer bestimmten Situation verfaßt wurden. Die h.-k. F. als die heute wissenschaftlich verantwortbare Auslegung kann zusammenfassend so charakterisiert werden: sie ist die umfassende Untersuchung der bibl. Texte, die unter methodisch konsequenter Anwendung der historischen Wissenschaft (↗Historie) nach dem gegenwärtigen Stand ihrer Kunst nachverstehend zu erkennen u. darzustellen sucht, welchen Sinn die bibl. Texte im Zusammenhang ihrer atl. bzw. urchristl. Entstehungs- u. ↗Überlieferungsgeschichte gehabt haben. Die h.-k. F. bedient sich bei ihrer Untersuchung der bibl. Texte selbstverständlich der Urtexte (hebr.-aramäisch-griech.), die sie mit Hilfe der Textgeschichte u. der ↗Textkritik in der erreichbaren Urform zu sichern sucht. Sie bemüht sich um umfassende Kenntnis der Ursprachen (bibl. Philologie) u. deren spezifischer Verwendung durch die einzelnen Hagiographen (theol. Begrifflichkeit). Dazu ist die Kenntnis der kulturellen Umwelt, welche auf Sprache u. Denken der bibl. Schriftsteller einwirkten, nötig, insbesondere die Kenntnis der religiösen Umwelt (↗ Religionsgeschichte). Zur historischen Einordnung der Schriften wie der durch sie bezeugten Ereignisse bedarf es genauer Kenntnis der ↗ Zeitgeschichte zur Bibel. Zu den Aufgaben der h.-k. F. zählt ferner: ↗ Literarkritik, ↗ Formgeschichte, ↗ Redaktionsgeschichte.   pe

Hochzeit. Wie ↗ Ehe ist H. ein bedeutendes Motiv atl. u. ntl. ↗ Verkündigung. Die dem göttlichen Schöpfungswillen (Gn 1, 28; 2, 24) entsprechende Verbindung von ↗ Mann u. ↗ Frau in Liebes- u. Lebensgemeinschaft wird bejaht (Hl), darüber hinaus als Transparent gesehen für die ↗ Liebe zwischen Gott u. Mensch bzw. seinem Volk. So veranschaulicht das AT in anthropomorpher Darstellung den am Sinai vollzogenen ↗ Bundesschluß zwischen ↗ Jahwe u. ↗ Israel als fortbestehenden Liebes- u. Treuebund. Deshalb ist Verstoß gegen den Bund ↗ „Ehebruch", u. der Prophet Hosea kann Israels Treulosigkeit in der H. mit der ↗ Dirne darstellen. Das NT spricht von Jesus selbst als dem ↗ Bräutigam, der schon jetzt unter den H.s-Gästen, seiner Jüngergemeinde, weilt u. darum Freude von ihnen fordert (Mk 2, 19; Joh 3, 29) – wie er sie selbst schenkt als H.s-Gast zu Kana durch die Gabe des Weines als Zeichen der Freude, die er in der Kreuzesstunde dem Glauben eröffnet (↗ Kana-Wunder). Als Bräutigam hat er jene Stelle inne, die nach jüd. Erwartung ↗ Jahwe in der ↗ Endzeit einnehmen wird. Andererseits vollendet sich seine H.s-Feier erst mit der Aufrichtung seines ewigen ↗ Königtums im neuen ↗ Äon. In der Apokalypse wird Jesus Christus als das geschlachtete, erhöhte ↗ Lamm gepriesen, mit dessen Herrschaftsantritt über den gesamten durch ihn erneuerten Kosmos seine H. gekommen ist als Offenbarung seiner ↗ Herrlichkeit. Seine ↗ Braut ist das neue ↗ Jerusalem, das Volk des Alten u. ↗ Neuen Bundes. Wie in der Apokalypse steht das H.s-Motiv auch sonst im NT in Verbindung mit Königtum u. ↗ Mahl: Der Anbruch der ↗ Herrschaft Gottes offenbart sich in seiner uneingeschränkten Liebe (Lk 13, 29, aber auch schon Mk 2, 15), die im universalen ↗ Liebesmahl seiner H. sichtbar u. An-

gebot an alle ist (Mt 22), zugleich aber Anspruch ungeteilter Bereitschaft an die Geladenen. Nur die stets Wachenden (Mt 25, 1–13), deren diesseitiges Leben von der eschatologischen Spannung (↗ Eschatologie) bestimmt ist, sind zum H.s-Mahl geladen.   sm

Hodajot, Hymnenrolle von ↗ Qumran. Sie wurde 1947 in der Höhle 1 von Qumran entdeckt. Die Hs. enthält Danklieder, Not- u. Rettungsberichte, Bitten sowie Preislieder u. Hymnen. Die H. sind durchwegs vom ↗ Ich-Stil geprägt, sie haben nicht reinen Liedcharakter, sie sind vielmehr Meditationen bei den religiösen Übungen der Qumranfrommen. Auffallend ist in dieser jüd.-apokalyptischen Schrift (↗ Apokalyptik) der erste Ansatz zu einer präsentischen ↗ Eschatologie: das Reich der Himmel u. die Herrschaft Gottes werden zwar in einer ganz nahen Zukunft erwartet, aber daneben gibt es Aussagen, daß diese schon im Anbruch, ja schon da sind. Die H. sind somit die wichtigste Übergangsstufe von einer rein futurischen zu einer präsentischen Eschatologie. Sie können wesentlich zum Verständnis der ntl., speziell der paulinischen Eschatologie beitragen.   gr

Hoffnung, hoffen. a) Der Begriff H. ist von Haus aus kein bibl.-theol. Er bezeichnet in einem ganz allgemein anthropologischen Sinn jenes Verhalten, daß der Mensch etwas von seiner ↗ Zukunft erwartet oder erwünscht. Er ist sich aber dabei der Erfüllung seiner Erwartungen nicht gewiß, weil er die Mittel dazu nicht in der Hand hat. Die Möglichkeit zu solchem Verhalten scheint ein unerläßliches Element für den Bestand der menschlichen Vitalität zu sein. Ohne weitere konkrete Füllung bleibt jedoch diese H. etwas nur Formales. b) Davon unterscheidet sich der bibl. Begriff der H. grundlegend. Durch seine Zuordnung zum ↗ Glauben ist ihm sowohl Inhalt als auch Gewißheit implizit gegeben. – Rein zahlenmäßig kommt der Begriff zwar nicht allzu häufig in der Bibel vor. Aber insgesamt ist die Bibel ein Buch voller Erwartungen u. H.en. Sie redet weit mehr von ↗ Verheißungen als von ↗ Erfüllungen, mehr von Noch-Ausstehendem als von bereits Eingetretenem. Der christl. Glaube ist

durch diese Spannung zwischen dem Schon-jetzt u. dem Noch-nicht charakterisiert u. erhält dadurch das Element der H. Sie ist also nicht etwas zum Glauben Hinzukommendes, sondern sie ist innerstes Prinzip des Glaubens. Daher entspricht auch die Redewendung von der „H. des Glaubens" der bibl. Meinung mehr als die Nebeneinanderstellung von Glaube u. H. Darum ist dann auch die H. eine so gewisse Sache wie der Glaube selbst: Der Glaube ist gewiß, daß ↗Gott wahrhaftig ist, die H. erwartet, daß er zu seiner Zeit seine ↗Wahrheit offenbart; der Glaube ist gewiß, daß Gott unser ↗Vater ist, die H. erwartet, daß er sich an uns stets als solcher erweisen wird; der Glaube ist gewiß, daß uns das ewige ↗Leben gegeben ist, die H. erwartet, daß es einst enthüllt wird. Der Glaube ist das Fundament, auf dem die H. ruht, die H. nährt u. stützt den Glauben (Calvin).
c) Diese wesensmäßige Verbindung von Glauben (als Vertrauen) u. Hoffen läßt sich im AT besonders klar an den ↗Psalmen ablesen (vgl. z. B. Ps 25, 1–3!). Die Wirklichkeit des Glaubens beweist sich darin, daß der Beter auf Gottes Hilfe vertraut u. voll H. betet. Vertrauensvolles Beten ist Ausdruck der schon gegenwärtig wirksamen H. Die H. gibt dann auch ↗Geduld zum Warten auf das Eintreffen der Hilfe Gottes. Auf ihn selbst richtet sich alles Hoffen (Jr 17, 13). Darum ist er der Gott der H. (Röm 15, 13). – Diese Zusammengehörigkeit von Glauben u. Hoffen hat ihren entscheidenden Grund im Glauben ↗Israels an den ihm geoffenbarten ↗Namen ↗Jahwes: „Ich bin, der ich bin." Mit dieser Selbstprädikation stellt sich Jahwe dem Mose am brennenden Dornbusch vor (Ex 3, 14). Die hebr. Zeitform, in der sie ergeht, ist die der nicht vollendeten Gegenwart. Darum ist diese Kundgabe Jahwes ebenso futurisch wiederzugeben: „Ich werde sein, der ich sein werde." Israels Gott ist ein „Vorgang", der noch nicht abgeschlossen ist. Jahwe ist, wie E. Bloch prägnant ausgedrückt hat, ein Gott mit Futurum als Seinsbeschaffenheit. Er ist gegenwärtig u. geht doch nicht in der Gegenwart auf, sondern ist aller Gegenwart weit voraus, so daß ihn der Mensch nie

„haben" kann. Der Mensch hat Gott ständig als den Kommenden vor sich. Als der ↗Retter Israels, wie ihn gerade das Exodus-Buch bezeugt, bleibt er der ↗Hirte u. Hüter seines Volkes. Als der ↗Schöpfer der Welt ist er auch gleichzeitig ihr Erhalter, der immer noch u. künftig am Wirken bleibt. Die Welt, die er schuf, ist u. bleibt seine Welt. Darum gibt es für den Glaubenden ein so gewisses Hoffen zu Jahwe. So ist schon im Jahwe-Namen u. dann auch in seinem geschichtsmächtigen Eingreifen dem Volk Israel die Gegenwart seines Gottes verheißen u. verbürgt.
d) Der ntl. H.s-Begriff – er findet sich hauptsächlich in den paulinischen Briefen, während er bei den Synopt. nahezu fehlt – weist die gleichen Strukturmerkmale auf wie der atl.: Die H. gehört unauflöslich mit dem Glauben zusammen (vgl. besonders Hebr 11, 1 ff). Glaube, H. u. ↗Liebe konstituieren christl. Leben u. Handeln (1 Kor 13, 13). – Und auch die ntl. H. geht von einer bestimmten geschichtlichen Wirklichkeit aus: Vom Heilshandeln Gottes in ↗Jesus, dem ↗Christus der Welt, der von den Toten auferweckt worden ist. In dieser neuen Wirklichkeit gründet christl. Hoffen (1 Petr 1, 3). Mit der Osterbotschaft wird der Welt das neue, das ewige Leben nicht nur als zukünftig verheißen, sondern als schon geltende Wirklichkeit bezeugt. Die volle u. ganze Erfüllung dieser Heilsbotschaft steht zwar noch aus; aber im Ansatz ist die christl. H. bereits erfüllt. Es ist etwas geschehen, u. auf Grund dessen wird noch mehr u. Größeres geschehen. Jesus Christus ist auferstanden u. lebt. Darum ist Jesus Christus unsere H. (1 Tim 1, 1). Er ist die H. für den *einzelnen,* insofern der Christ auf die endgültige Rettung aus dem ↗Gericht Gottes zum ewigen Leben hofft (1 Thess 4, 13 ff), u. er ist die H. für die *Welt,* insofern er Himmel u. Erde, d. h. alles, neu machen wird. Auf die ganze Verwirklichung dieser Zukunft richtet sich die H. des Christen.
e) Es fehlt im NT nicht an Bildern u. Symbolen, die diese Zukunft Gottes zum Gericht u. zum ↗Heil der Welt u. der Gemeinde dem Glaubenden verdeutlichen wollen. Im Anschluß an die bilderreichen apokalyptischen Schriften

(↗Apokalyptik) des ↗Spätjudentums haben auch die ntl. Apokalypsen des Joh u. der Synopt. (Mk 13 u. Parallelen) versucht, den Ablauf der Zukunft u. die Verwirklichung der christl. H. näher zu beschreiben. Ihr Zukunftsbild geht davon aus, daß mitten durch kosmische Katastrophen ungekannten Ausmaßes hindurch das Heil Gottes kommt. Die jungen Christen erfahren in den angehenden Verfolgungen den Beginn dieser Katastrophen. Darum sollen sie gerade jetzt ihren Glauben durch Geduld – in diesen Begriff hat die Apk des Joh den Gedanken der H. aufgenommen – bewähren. Für die Deutung der vielen Einzelbilder ist es wesentlich, daß man sie als immer neue Entfaltungen der einen Sinnmitte aller christl. H. versteht: der ↗Wiederkunft des Herrn, aber nicht als eine Möglichkeit, die christl. H. durch zahlreiche nähere Detailangaben für Neugierige zu präzisieren u. durch Festlegung ihrer zeitlichen Abfolge eine Art Fahrplan für die Zukunft der Welt zu entwickeln. Christl. H. wartet nicht auf apokalyptische Spektakel u. anschließende paradiesische Zustände; sie verlegt sich daher auch nicht auf das Vorausberechnen des Eintretens solcher Ereignisse, sondern sie wartet wachsam auf die „Zukunft des Gekommenen" (Tit 2, 13 f). So wie der Glaube auf die Person Jesus Christus bezogen ist, ist auch die H. personal auf ihn bezogen. Nur von ihm her erwartet christl. H. die Erneuerung des Lebens u. die Wiederherstellung der Schöpfung.

f) Das gespannte Warten christl. H. ist aber kein untätiges Zuwarten. Die Zusage der H. erweist sich nicht als Quietiv, sondern als Motiv. Die Ansage der Parusie Christi treibt den Christen in tätiges Handeln: „Handelt, bis ich wiederkomme!" (Lk 19, 13.) Die „Dimension H." als spezifisches Moment christl. Glaubens wird zum entscheidenden Motor christl. ↗Ethik (besonders in Röm 13, 11 ff u. in 1 Petr). Der Christ soll die H., die er in sich trägt, auch vor seiner Umwelt verantworten (1 Petr 3, 15). Die H. leidet am Zustand des Noch-nicht. Sie findet sich nicht damit ab, wie es jetzt in der Welt aussieht. Sie wartet nicht in fatalistischer Ergebenheit ab, was sich „gelegentlich einmal" tun wird.

Sie wird vielmehr ungeduldig über dem Widerspruch zwischen dem tatsächlich Festzustellenden u. dem Verheißenen, aber jetzt immer noch Ausstehenden. Sie begnügt sich nicht mit dem status quo, sondern sie sucht mit der Phantasie der Liebe nach Möglichkeiten, wie das Verheißene in der Welt Wirklichkeit werden kann. Darum betet die christl. H. ungeduldig: „Dein Reich komme!" u. erteilt damit allem bürgerlich-gemächlichen Leben, das sich in der Jetztgestalt der Welt häuslich eingerichtet u. abgesichert hat, klare Absage. Christl. H. ruft: „Ja, komm, Herr Jesus!" (Apk 22, 20) u. trennt sich damit von allen anderen Zukunftsutopien, die sich an Menschen oder Ideen hochranken. Christl. H. wendet sich auch gegen alle menschliche Resignation u. Verzweiflung, weil sie auf die ↗Rechtfertigung des Sünders u. auf die Verheißung neuen Lebens traut. So gibt die H. dem Glauben Impulse, damit er sich in Richtung auf die erhoffte neue Welt, in der ↗Gerechtigkeit u. ↗Friede wohnen, in Bewegung setzen läßt. Die H. gibt dem Glauben Kraft, an den großen Zukunftsaufgaben der Menschheit u. an der Überwindung der schweren Weltnöte mitzuhelfen.

g) Es zählt zu den bemerkenswertesten Ereignissen in der gegenwärtigen christl. Theologie, daß sie die H. als Wesensmerkmal des Glaubens u. als Antriebskraft der Ethik wieder entdeckt u. die Zusammenhänge zwischen H. u. Handeln, zwischen ↗Eschatologie u. Ethik für das theol. Denken wieder bewußt gemacht hat. Die Impulse, die sich hieraus für das Handeln der Kirche in der modernen Gesellschaft u. in der heutigen Welt ergeben haben, sind noch lange nicht in ihrem vollen Ausmaß zum Tragen gekommen. „Theologie der H." – das ist die Antwort des christl. Glaubens auf das 20. Jh. mit seinen zerbrochenen Utopien, zerstörten Idealen u. ständig neu aufbrechenden Krisen. je

Hofstaat. Die israelitischen ↗Könige hielten einen H., der sich hauptsächlich nach ägyptischem Vorbild zusammensetzte: 1. Die Königsfamilie, aus Königsmutter (1 Kg 15, 13) u. Königssöhnen (1 Sm 20, 25), 2. Die Hofbeamten (↗Beamtentum) als die eigentlichen

Ratgeber des Königs (1 Kg 12, 6) u. 3. die Staatsbeamten (2 Sm 8, 16–18; 20, 23 bis 26; 1 Kg 4, 1–6). Analog zum H. des irdischen Königs kennt das AT seit der mittleren Königszeit auch einen H. ↗Jahwes, der vor allem aus ↗Seraphen u. ↗Keruben besteht. Diese Vorstellung begegnet in den Berufungsgeschichten der Propheten (Js 6, 1 ff; Ez 1, 4 ff; vgl. auch die himmlische Ratsversammlung in 1 Kg 22, 19 ff u. Ib 1, 6) u. wird besonders in der ↗Apokalyptik breit ausgestaltet (vgl. die himmlische Thronvision Apk 4–5). gl

Hofstil heißt die an den Königshöfen des Alten Orients, besonders Ägyptens, übliche hyperbolische Formelsprache u. Vorstellungswelt zur Verherrlichung des Königs u. seiner Taten. Israel übernahm den altorientalischen H., da der alte Jahweglaube zunächst keine zureichenden Ausdrucksmöglichkeiten für ein von Gott legitimiertes Königtum hatte, wie Israel es sah. So gilt der ↗König als Sohn Gottes, von ihm gezeugt (Ps 2), mächtiger Gott, ewiger Vater, Fürst des Friedens (Js 9, 5), Engel Jahwes (2 Sm 14, 17), Hirte (2 Sm 5, 2) u. Segensmittler seines Volkes (Ps 72, 16 f), von unvergleichlicher Schönheit (Ps 45), Rechtsbringer der Armen, Witwen u. Waisen, Zepter des Rechts (Ps 72), das die göttliche Gerechtigkeit verkörpert (Ps 101). Er besiegt im Namen Gottes alle Feinde, seine Weltherrschaft reicht bis an die Enden der Erde (Ps 72), sein Priestertum ist ewig (Ps 110) u. ä. Die Eigenart des israelitischen Königtums bedingt es aber, daß im AT die im übrigen Alten Orient beliebten Formen des überschwenglichen Ich-Berichts u. des Selbstverherrlichungshymnus der Könige fehlen. – Die Begriffswelt des H. dient teilweise auch zur Entfaltung der atl. ↗Messiaserwartungen. ze

Höhen (= Hügel, Berge) sind in ↗Kanaan u. bei den Israeliten beliebte Kultplätze, vielleicht, weil man sich hier der Gottheit näher glaubte als in der Ebene. Zu solchen Kult-H. gehörte ein ↗Altar für ↗Opfer, meist auch eine ↗Massebe u. ↗Aschera, oft ein alter hl. Baum (Gn 35, 7 f). Samuel, Salomo u. Elija verehren Jahwe auf H. Nur der kanaanitische H.-Kult mit seinen (sexuellen) Ausschweifungen war verboten; doch gerade er zog das Volk an. Daher wird besonders bei den Propheten „auf H. opfern" gleichbedeutend mit Götzenkult u. entschieden abgelehnt (Hos 4, 13; Js 1, 29 f). Die meisten Könige ließen die H. bestehen, wenn hier Jahwe verehrt wurde, oder förderten sie, selbst zum Götzenkult. Seit dem Dt werden alle H. zugunsten des einen Kultortes ↗Jerusalem verworfen. Die meisten H. werden aber erst nach dem ↗Exil bedeutungslos.

Hohepriesterliches Gebet, eingebürgerte Bezeichnung für Joh 17, ein in sich geschlossenes Stück, das sich durch literarische Eigentümlichkeit, hymnischen Sprachstil, Dichte u. Tiefe der Gedanken auszeichnet u. am ehesten mit dem Prolog des Joh verglichen werden kann. Es ist ↗Jesus beim Abschied von den ↗Aposteln in den Mund gelegt; die Apostel sind in dieser Situation der Trennung Repräsentanten der ganzen ↗Kirche. Das Thema ist das Verhältnis zwischen dem Offenbarer u. der Kirche, die von Jesus geschieden ist u. an den ihr Unsichtbaren zu glauben hat. Das Gebet hat drei Teile.

1. Vv. 1–5, die Bitte um Verherrlichung. Die ↗Herrlichkeit des Sohnes besteht in seiner Macht zu wirken, nämlich durch seine ↗Offenbarung (e) zur Gotteserkenntnis u. -liebe zu führen (↗Erkennen, ↗Liebe). Deshalb ist seine Herrlichkeit zugleich die des Vaters (V. 4) oder besser, die Herrlichkeit des ↗Vaters ist zugleich die des Sohnes (V. 5).

2. Vv. 6–19, die Bitte für die Kirche. Die Kirche ist durch das Offenbarungswort gegründet worden; die dieses Wort annehmen, sind die „Seinen". Sie sind von der „Welt" geschieden, denn glaubend geben sie dem Offenbarer u. damit dem Vater die Ehre, die die ↗„Welt" ihrem Schöpfer „hassend" verweigert. Da Jesu ↗Leiden die Vollendung seines Offenbarungsauftrages ist, ist das „Zum-Vater-Gehen" für die Kirche ein Grund zur ↗Freude (V. 13). Die Kirche bleibt in der Welt zurück, weil sie einen Auftrag für die Welt hat: Jesu Offenbarung weiter zu bezeugen (V. 18). Jesus bittet, daß sie diesen Auftrag erfüllen möge u. Kirche bleibe trotz des Bösen, das die Welt ihr wie ihm selbst antun wird.

3. Vv. 20–26, die Bitte um Einheit u. Vollendung der Kirche. Die Kirche, das sind die zum ↗Glauben Gekommenen (V. 20), ist von Spaltung bedroht, ihre Einheit findet sie allein im Offenbarungsgeschehen, also im Erkennen der Einheit des Vaters u. seines Offenbarers durch den Glauben (V. 22). Die Vollendung dieser Einheit, das „Bei-ihm-sein" u. ↗ „Sehen", liegt aber erst in der Zukunft, darum hat die betonte Bitte („ich will") V. 24 zukünftigen Sinn: die Einheit ist der Kirche als ↗Verheißung gegeben. Der Vater u. sein Offenbarer sind von Anfang an eins, denn der Vater ist nicht ein für sich seiendes Wesen, sondern eins mit dem „Wort", durch das (Urtext: den) er der sich offenbarende Schöpfer ist (Joh 1, 1); nur die Glaubenden erkennen diesen ↗ „Namen" Gottes (V. 25). Die Einheit des Vaters u. des Offenbarers ist die Einheit der Liebe, darum wächst die Kirche ihrer Einheit entgegen im Zeugnis der Liebe; nur in dieser Liebe kann sie die Herrlichkeit Gottes glaubwürdig vor der Welt bezeugen (V. 22 f).   sch

Hoher Priester. In der Königszeit stand an der Spitze der Priesterschaft ein Oberpriester aus der Familie der Zadokiden, die sich auf ↗Aaron zurückführt, als königlicher Beamter. Amt u. Titel des H. P. finden sich erst nach dem ↗Exil. Erster H. P. ist ↗Josua, der als religiöses Oberhaupt neben dem davidischen Statthalter Serubbabel an der Spitze des Volkes steht. Später geht auch die politische Führung auf den H. P. über. Wie früher der ↗König, vertritt er das Volk vor Gott. Seine Befugnisse sind in der ↗Priesterschrift festgelegt. Er allein darf einmal im Jahr das ↗Allerheiligste betreten. Für ihn gelten besondere Reinheitsvorschriften. Sein Ornat besteht aus priesterlichen u. königlichen Insignien. In den religiösen u. politischen Wirren zur Zeit der ↗Makkabäer verfällt das Amt, gerät unter den Römern in politische Abhängigkeit u. erlischt mit dem Untergang des ↗Tempels. Die Gemeinde von ↗Qumran erwartet den hohepriesterlichen ↗Messias der ↗Endzeit. Im Hebr-Brief tritt ↗Christus an die Stelle des atl. Amtes. Im NT bezeichnet der Titel in der Mehrzahl die Mitglieder der hohepriesterlichen Familien.   ba

Hoher Rat (Sanhedrin, Synedrion), höchste jüd. Behörde der griech.-römischen Zeit, zuständig für Anwendung des Religionsgesetzes, profane u. religiöse Gerichtsbarkeit. Er geht zurück auf die in der nachexilischen Zeit zur Selbstverwaltung der Gemeinde eingesetzten ↗Ältesten. In ntl. Zeit hatte er 71 Mitglieder: die Ältesten (Häupter der vornehmen Familien), die ↗Hohenpriester u. die ↗Schriftgelehrten der ↗Pharisäerpartei unter Vorsitz des amtierenden ↗Hohenpriesters. Durch die Römer in seiner Befugnis eingeschränkt, ist nicht eindeutig geklärt, ob der H. R. selbständig Todesurteile aussprechen u. vollstrecken konnte. Höchstwahrscheinlich aber bedurfte ein Todesurteil der Bestätigung des römischen Prokurators.   ba

Hohes Lied (hebr. Lied der Lieder), Sammlung von Liebes- u. Hochzeitsliedern, die in erfrischender Natürlichkeit die ↗Liebe von ↗Mann u. ↗Frau besingen. Die Salomo zugeschriebene Verfasserschaft ist eine literarische Fiktion. Sprachliche Kriterien legen eine Abfassung zwischen 400 u. 200 v.C. nahe. Die Liebeslieder bringen in erotischer Sprache, doch in tiefer Innigkeit den Zauber der Liebe, Sehnsucht u. Hingabe zum Ausdruck. Die in den Hochzeitsliedern geschilderten Bräuche waren in Syrien noch bis ins 19. Jh. üblich (Schwertanz der Braut, „Königswoche" des jungen Paares). Das Hl ist auf vielerlei Weise interpretiert worden u. hat eine lange Auslegungsgeschichte. In ↗Synagoge (liturgische Lesung am ↗Pascha-Fest) u. Kirche (in der Liturgie auf Maria bezogen) hatte es ein hohe religiöse Bedeutung, die auf seiner traditionellen geistigen Auslegung beruht. Die jüd. Überlieferung deutete es allegorisch (↗Allegorese): im Bild irdischer Liebe schildert der Verfasser das Verhältnis zwischen ↗Jahwe u. ↗Israel. Für die christl. Schriftauslegung des Altertums war es ↗Typos der Beziehung zwischen ↗Christus u. der ↗Kirche. Aber die allegorisch-mystische Deutung allein wird dem ↗Literalsinn des bibl. Buches nicht gerecht u. verkürzt die Aussage des Textes: die Mächtigkeit des Eros u. die personale Gemeinschaft der ↗Ehe als gottgewollte Schöpfungswirklichkeit.   ba

Hölle. In der Antike war allgemein die Vorstellung von einem Land der Toten verbreitet, in das alle Verstorbenen eingehen. Auch das AT nimmt an dieser Tradition vom „Land ohne Heimkehr" teil. Dabei herrscht die Anschauung von einer Grube, einem Abgrund vor, in dem die von Gottes Hilfe scheidenden, zerstörenden Mächte der ↗Finsternis u. der Meerestiefen herrschen. Diese räumliche u. zeitliche Begrenzung erschöpft aber nicht das atl. Verständnis vom ↗Totenreich, vielmehr streckt es seinen „unersättlichen Schlund" mitten ins ↗Leben hinein: Anfeindung, Krankheit, jegliches Unheil machen die Nähe der H. als immer u. überall drohende „Sphäre des Todes" deutlich, der den Menschen von ↗Gott, seinem Kult u. damit von seinem Heil, seinen Wundertaten, seiner Gnade u. Treue, d. h. schlechthin vom Leben im ↗Angesicht Gottes trennt (Ps 88). Dabei bleibt Gott aber ↗Herr auch der H., bei ihm liegt es, ob der Mensch in Verzweiflung oder in Frieden in den Tod geht. Das ↗Spätjudentum wandelt dies atl. Verständnis unter dem Einfluß iranischer Vorstellungen von der ↗Auferstehung der Toten ab. Die H. ist jetzt Strafort der Toten, die, zum endzeitlichen ↗Gericht auferstanden, zu ewiger Qual in Finsternis u. Feuer verurteilt wurden. Auch hier ist die räumliche Vorstellung nicht entscheidend, der Ort der H. wird meist unter, aber z. T. auch über der Erde angenommen, vielmehr geht es um die endgültige Verfallenheit – auch Reue gibt es nicht mehr! – der ↗Sünder unter die Macht des von der ↗Herrlichkeit Gottes ausschließenden ↗Todes. Auch im NT ist das über den nur zuständlichen Sinn (jenseitiger Ort der Gottverlassenheit) hinausgehende atl.-jüd. Verständnis der H. vorausgesetzt. Als stets gegenwärtige gottfeindliche Macht bekämpft Jesus sie, aber seine Auferstehung erweist seinen endgültigen Sieg über die „Pforten der H.", deren Schlüssel er in Besitz hat (Apk 1, 18), u. ermöglicht so eine allgemeine ↗Auferstehung in das ↗Reich Gottes. Vor allem Paulus macht dabei den Unterschied zur jüd. Vorstellung deutlich: Der Auferstandene ist der, der uns am ↗Kreuz „vom Fluch des Gesetzes losgekauft" hat. Die Macht von ↗Sünde, Tod u. ↗Teufel überwindet eben nicht menschliches Bemühen, sondern allein Gottes neuschaffendes Handeln am Gottlosen. ↗Mächte u. Gewalten. win

Höllenfahrt Christi. Von einer Predigt Christi in der ↗Unterwelt berichtet nur 1 Petr 3, 19. Verwandt ist ein jüd. ↗Mythos: ↗Henoch habe den bei der ↗Sintflut ungehorsamen Engeln (Gn 6) ihre endgültige Verurteilung verkündigt. Anders ↗Christus: Er predigt den (damals ungehorsamen) Menschen (vgl. 1 Petr 4, 6) die ↗Erlösung. Diese umfaßt auch die Gestorbenen u. die Unterwelt, die vermutlich als in der Luft liegend, den Weg zum ↗Himmel versperrend vorgestellt wird (vgl. Eph 6, 12). H. Ch. bedeutet also: Der Weg zu Gott ist trotz Tod u. Schuld frei. Zur H. Ch. vgl. Röm 10, 7; Eph 4, 8; Mt 12, 40. ↗Weltbild, ↗Hölle. th

Homilie, der zwischenmenschliche Verkehr, die Unterredung; wird später meist von der Predigt verwendet, die im Gespräch mit einem Text u. einer Gemeinde eine historische Offenbarungstat Gottes in glaubende Erinnerung ruft u. damit neu gegenwärtig u. wirkmächtig setzt. Als literarische Gattung (↗Formen u. Gattungen) findet sich die H. bereits im Dt u. bestimmt auch weitgehend ntl. Schriften wie Joh, Eph, Hebr u. 1 Petr. tr

Honig ↗Milch u. Honig.

Horeb, im Dt übliche, sonst im AT nur selten gebrauchte Bezeichnung für den ↗Sinai. H. ist Ort des ↗Bundes ↗Jahwes mit ↗Israel u. der Gottesoffenbarung an ↗Elija (1 Kg 19). we

Hören. Während es bei den bibl. Umweltreligionen hauptsächlich um das Schauen der Gottheit geht, ist die Bibel die Religion des gehörten u. zu hörenden Wortes. Zwar findet sich auch im AT die Redeform der ↗„Schauung Gottes" (Ex 33, 11), aber immer mehr wird im AT das Schauen Gottes zu einer Erwartung der ↗Endzeit. So treten das Reden Gottes u. das H. des Menschen in den Vordergrund. Der entscheidende Satz der Rede Gottes heißt: „Höre das Wort des Herrn!" (Js 1, 10), oder: „Höret, ihr Himmel, horche auf, Erde, denn der Herr redet!" (Js 1, 2.) Der ↗Prophet ist der Träger des Jahwespruches, der Gehorsam u. Erfüllung fordert. Gottgefällig lebt der, der ↗Gottes ↗Gebot hört u. es zu erfüllen trachtet (Jr 29, 13). Im rabbinischen Judentum ist das H. hauptsächlich auf das Gotteswort des ↗Gesetzes bezogen. Auch die ntl. ↗Offenbarung ist ↗Wort Gottes, ↗Verkündigung, ↗Botschaft. Die Synoptiker berichten, was Jesus sagte, d. h., was man hörte. Die Gleichnisse Jesu von der Saat sind Gleichnisse für das rechte H. seiner Botschaft (Mt 13, 1 ff u. Mk 4, 26). Rechtes H. aber bedeutet das Tun der Botschaft Jesu (↗Praxis; Mt 7, 16.24.26), es bedeutet ↗Glauben (Mt 8, 10; 9, 2; 17, 20 u. a.). Gerade die paulinische Verkündigung bezeugt, daß Glaube vom H. kommt u. auf dieses angewiesen ist (Röm 10; 14; 17). Damit Glaube möglich werde, muß zuvor Christus verkündet werden. Wo das H. zum Glauben wird, heißt es ↗Gehorsam oder ↗„Glaubensgehorsam". Wenn Gott spricht, fordert er das H. u. die ↗Antwort des Menschen. In seinem Sohn ↗Jesus ↗Christus hat er endgültig u. ↗ein für allemal gesprochen; also ist dem Menschen durch das Christusereignis endgültiges H. möglich geworden. ↗Ohr.						gr

Horiter (oder Hurriter), ein nichtsemitisches Volk, das vom Gebirge östlich des Tigris nach Mesopotamien, Syrien u. Palästina vordrang u. im 15. Jh. v.C. in ↗Mesopotamien das Mitanni-Reich gründete. – Nach dem AT sind die H. ein Volk im Süden ↗Kanaans (Gn 14, 6), das von den ↗Edomitern vernichtet wurde (Dt 2, 12).						we

Horn. Dieses Blasinstrument wurde ursprünglich aus dem gebogenen Widderhorn gefertigt, diesem in der Form entsprechend später auch aus Metall. Es wurde als Signalinstrument vornehmlich zum ↗Kult im ↗Tempel u. in der ↗Synagoge, beim Opfern u. zu den Anfängen der ↗Feste verwendet (Lv 25, 9); späteren Zeiten diente es auch zu profanen Zwecken. In der prophetischen Literatur erhält es theol. Bedeutung. Der schrille Ton soll das Volk wachhalten, zur Buße u. ↗Umkehr mahnen. Da es auch als Signalinstrument im „Heiligen ↗Krieg" diente, wurde es zum Zeichen für den ↗„Tag Jahwes" (Joel 2, 1).						la

Hosea (hebr. Jahwe hat gerettet), Name mehrerer atl. Personen. 1. Früherer Name Josuas (Nm 13, 8). – 2. Sohn des Beeri, ein ↗Prophet, der zwischen 750 u. ca. 725 v.C. in einer Zeit politischer Wirren u. religiös-sittlichen Verfalls im ↗Nordreich wirkte u. wohl auch von dort stammte: er kennt das Land (Hos 5, 8 f; 6, 8 f), die ↗Kultorte (9, 15; 12, 12), die politischen Verhältnisse (8, 4 ff; 13, 3 ff) u. die religiösen Überlieferungen Israels (2, 17; 12, 4 ff; 13, 4 f). Den Untergang Samarias hat er wohl nicht mehr erlebt. Von seinem Wirken berichtet das ↗H.-Buch. – 3. Letzter ↗König von ↗Israel (731–723); zunächst war er mit ↗Assur, später mit ↗Ägypten verbündet. Den Abfall von Assur beantwortete Salmanassar V. mit seinem Zug gegen ↗Samaria, das er 725–723 belagerte u. nach der Gefangennahme H.s wohl 722 eroberte; damit verschwindet das Nordreich aus der Geschichte.						he

Hosea-Buch, erste Schrift im ↗Zwölfprophetenbuch mit Berichten u. Worten des Propheten ↗Hosea; sie wurden von Zeitgenossen im ↗Nordreich gesammelt u. später von judäischer Hand aktualisierend ergänzt (1, 7; 4, 15; 5, 5). – Das H.-Buch zerfällt deutlich in zwei – nachträglich vereinigte – Teile: 1. Kap. 1–3: Ein Fremd- (1) u. ein Selbstbericht (3) erzählen die wohl geschichtliche Erfahrung Hoseas in seiner Ehe; sie ist zugleich Bild für die Untreue Israels gegenüber ↗Jahwe, die in der Jahwerede (2) zum Ausdruck kommt. Bei Hosea steht so – wie bei ↗Jeremia – das persönliche Erleben in enger Verbindung mit seiner Verkündigung. – 2. Kap. 4–14 enthalten vor allem Schelt- u. Drohworte (↗Drohrede) gegen den ↗Abfall ↗Israels zum Fruchtbarkeitskult des ↗Baal, den Israel mit der kanaanäischen Kultur übernahm (2, 7–15; 4, 12 ff; 7, 14; 11, 7), u. gegen das Königtum u. seine (Bündnis-)Politik (5, 13; 7, 9–11; 8, 8–10; 10, 4; 12, 2), die Absage an Jahwe bedeutet. Diese Untreue Israels sieht Hosea schon im betrügerischen Verhalten des Stammvaters Jakob vorgezeichnet (12, 3–7.13). – Wesentlicher Zug der Gottesauffassung Hoseas ist die nie erlöschende ↗Liebe Gottes (2, 21 f; 3, 1; 11, 1 ff; 14, 5 ff), der Is-

rael wie ein ↗Vater oder wie ein Gatte
liebt. Weil Hosea das Verhältnis Jahwes
zu Israel im Bild der Ehe beschreibt,
nennt er Israels Abfall zum Baalskult u.
auch den baalisierten Jahwekult (8, 5;
10, 1 f. 5; 13, 2) ↗Ehebruch u. ↗Unzucht
(3, 1; 5, 3 f; 6, 10; 9, 1). Gottes ↗Gericht
(5, 8–15; 13, 7 f) ist Ausdruck seiner ent-
täuschten Liebe; er gibt aber nicht wie
ein Mensch seinem Zorn (↗Zorn Gottes) nach, sondern sucht Israel voll ↗Er-
barmen u. Liebe erneut an sich zu ziehen (2, 16–25; 11, 7 ff). Obwohl Gott
nach der menschlichen Untreue zuerst
handelt, kann er nicht auf die Gegenliebe, die innere Hingabe des Menschen an ihn u. entsprechendes Handeln, verzichten (4, 1; 5, 15; 6, 6; 12, 7).
he

Hosianna (hebr. hilf doch!), ursprünglich
Bittruf (Ps 118, 25), dann freudiger Zuruf zu Ehren ↗Gottes u. auch des ↗Kö-
nigs (2 Sm 14, 4). Als liturgische Formel
war H. besonders mit dem ↗Laubhüt-
tenfest verbunden. Beim ↗Einzug nach
Jerusalem wurde das H. an Jesus gerichtet (Mk 11, 10; Joh 12, 13). he

Huld. a) Theol. Sprachgebrauch: H. im
subjektiven Sinne (Herablassung, Wohlwollen) ist theol. ungebräuchlich, die
objektiv gefaßte, aus der H. Gottes kommende, ungeschuldete u. übernatürliche
Gabe heißt theol. ↗Gnade. Als geschaffene Gnade wird sie dinglich gefaßt u.
in verschiedene Arten unterteilt. Dieser
dinglichen Auffassung steht die bibl.
gegenüber: Gnade ist hier immer ein
Geschehen oder ein Verhältnis innerhalb einer ↗Gemeinschaft; darum wird
im folgenden auf diesen theol. belasteten Ausdruck verzichtet, obwohl das
deutsche Wort H. durchaus nicht immer
das bibl. Gemeinte trifft.
b) Im AT: Chen (Gunst, Gefallen) bezeichnet ein einseitiges Mögen, so findet David Gunst bei Saul (1 Sm 16, 22),
Noach bei Jahwe (Gn 6, 8). Rachamim
(Erbarmen) ist stärker affektbetont u.
setzt eine liebende Gebundenheit zwischen Geber u. Empfänger voraus, es
wird gebraucht im Familienkreis (1 Kg
3, 26 Mutter–Kind; Gn 43, 30 Bruder–
Bruder), entsprechend dann auch von
Jahwe (Js 49, 13). Chesed schließlich, ein
zentraler Begriff des AT, bezeichnet ein
Verhalten, das aus einer Bindung auf

Gegenseitigkeit entspringt u. dieser
gegenseitigen Bindung entspricht, z. B.
bei einem Freundesbund (1 Sm 20, 8.
14 f), bei Gastfreunden (Jos 2, 12), bei
der Brautwerbung innerhalb der Sippe
(Gn 24, 49). Dieses gemeinschaftsbezo-
gene Verhalten kann wechselweise bzw.
im synonymen Parallelismus auch mit
emet (↗Treue) bezeichnet werden (Jos
2, 14). Wie gerade das Beispiel der
↗Rachab-Erzählung Jos 2 zeigt, ist mit
H. u. Treue nicht eine ideelle ethische
Norm bezeichnet, sondern das Verhalten gemäß dem Gemeinschaftsverhält-
nis, in dem die Partner sich gerade zu
bewähren haben: Was H. u. Treue ist,
das ist gerade nicht immer das Gleiche.
Weil ↗Israel ↗Gott nicht als überzeitliches, geschichtsloses Jenseitswesen,
sondern als den befreienden, Geschichte
setzenden (↗Geschichtshandeln Gottes),
in Gemeinschaft rufenden u. zum Gehorsam verpflichtenden Gott erfahren
hatte (↗Bund, ↗Offenbarung), konnten diese Gemeinschaftsbegriffe auf
Jahwe bezogen werden. Ja die Verbindung von H. u. Treue wurde bald zur
bekenntnismäßigen Aussage, mit der
Jahwes Eigenart u. Verhalten im Bund
gegenüber anderen Gottesvorstellungen
gesichert wurde (Gn 24, 27; Dt 7, 9 ff).
Daß Jahwe H. u. Treue einhält, auch
wenn er straft, ist ein festes Gebets-
motiv der Pss. Den ↗Propheten ist es
ständiges Anliegen, die Einheit von H.
u. Strafe im ↗Gericht Gottes zu verkünden: je nach dem Stand des Bundesverhältnisses ist das Gericht anders (vgl.
Hos 1; 6 mit 10, 12 u. Ez 38, 18 ff mit
39, 25 ff); sich auf die immer gleiche H.
Jahwes verlassen zu wollen ist Vermessenheit (Jr 7, 4). Obwohl „der Herr ein
barmherziger u. huldreicher Gott, langmütig u. reich an H. u. Treue" ist, gibt
es bei ihm neben H. auch ↗Strafe, wenn
auch in unterschiedlicher Weise (Ex 34,
6 f). Die innerste Hoffnung Israels aber
ist, daß Jahwe sein Volk zu wahrhafti-
gem Halten des Bundes, zum wirklich
bundesgemäßen Verhalten befähigen
wird, so daß „H. u. Treue einander begegnen, ↗Gerechtigkeit u. ↗Frieden
sich küssen; Treue aus der Erde sproßt
u. Gerechtigkeit nieder vom Himmel
schaut" (Ps 85, 11 f).
c) Für Paulus ist charis = H. ein Haupt-

begriff zur Kennzeichnung seines Gottesbildes. H. ist, ebenso wie der ↗Zorn Gottes, nicht eine Eigenschaft oder eine zeitlose Gesinnung oder ein Affekt, sondern Gottes H. u. Zorn sind zwei zusammengehörige Seiten eines Geschehens, nämlich des Gerichtes Gottes. Heißt es Röm 1, 18 ff, daß der Zorn Gottes sich offenbart bei ↗Heiden u. ↗Juden, so ist nicht eine belehrende Mitteilung, sondern das Wirksamwerden des Zorns gemeint; ebenso aber ist bei dem Parallelgedanken Röm 3, 21 ff gesagt, daß Gottes ↗Gerechtigkeit u. H. sich jetzt ereignen als einmalige Tat, ja letzte, weil unüberholbare Tat. Diese Heilstat Gottes wird Röm 3, 24 genannt: die ↗Erlösung, die im ↗Christus ↗Jesus ist. Sie heißt Tat Gottes, insofern er seinen Sohn für uns dahingab, sie heißt Tat Jesu, insofern es sein ↗Gehorsam war, der sie wirksam setzte. Durch die Offenbarung seines letzten Handelns, nämlich der Einheit von Zorn u. H. im Gericht an Jesus wirkt Gott in uns den ↗Glauben, der zur ↗Rechtfertigung führt. Der göttliche Richter spricht beim Vollzug des Gerichtes geschenkweise, ja gegen Verdienst, um des Gehorsams Jesu willen H. statt Strafe zu. Indem Gott hier allein wirkt, wird der Mensch in das ursprüngliche Schöpfungsverhältnis zurückgebracht; indem der Glaubende sich diesem Wirken u. Urteil Gottes anvertraut bzw., da es ja zunächst Verheißung ist, in der Hoffnung darauf lebt, gibt er Gott die Ehre. So erweist sich Gott, indem er gerecht macht, als der, der gerecht (= seinen ↗Verheißungen getreu) ist (Röm 3, 26). H. ist also bei Paulus wie im AT ein Verhältnisbegriff, doch wird dieses Verhältnis als durch die unüberholbare Tat Jesu begründet u. auf alle Menschen, auch die Heiden, ausgedehnt verstanden.

d) Übriger Sprachgebrauch: Auch wo charis = H. nicht direkt auf Gottes eschatologisches Handeln bezogen gebraucht wird, bezeichnet es ein gnädiges Tun Gottes, das vom Menschen als Geschenk erfahren wird. In den Grußformeln der Briefe steht es zusammen mit Frieden zur Bezeichnung des ↗Heils, das Gott wirkt u. schenkt. Die Gabe des Apostelamtes (Röm 1, 5; Gal 2, 8 f), die Befähigung zur Nächstenliebe durch den

Glauben (2 Kor 8, 1 ff), zum christl. Leben überhaupt (2 Kor 9, 8) heißen so. Besondere Gaben an den einzelnen werden Charismen (↗Geistesgaben) genannt (Röm 12, 6), denn all dies wirkt „ein u. derselbe Gott, der alles in allem wirkt" (1 Kor 12, 6). Der gleiche Gebrauch findet sich, wenn auch seltener, in den Pastoralbriefen (1 Tim 1, 14) u. wieder häufiger im Hebr (4, 16), 1 Petr (1, 10), auch in den Segenswünschen der Apk (1, 4; 22, 21). Während das Wort bei Mk u. Mt fehlt, verwendet es Lk häufig u. ganz im Sinne des Paulus.   sch

Hundertschaft. Einheit von 100 Mann im israelitischen Heer unter Führung eines Offiziers (Zenturio im NT).   ba

Hunger. Auf dem Wüstenzug prüfte Gott das Volk Israel durch H. u. ↗Durst in seiner Glaubenstreue (Ex 16). Es sollte erfahren, daß „der Mensch nicht vom Brot allein lebt" (Dt 8, 3 = Mt 4, 4), sondern daß Gott ihn erhalten muß: durch sein Wort, das zum Leben führt. In der Üppigkeit des ↗Gelobten Landes vergaß das Volk diese Erfahrung (Dt 32, 15). Der H. (V. 24) gehört daher zu den Strafen, mit denen Gott es zur Umkehr rufen will (Hos 2, 11.14). „Schwert, H. u. Pest" sind die Plagen des Gottesgerichtes schlechthin (Jr 14, 12; vgl. Apk 6, 8b). Letztlich will Gott hinführen zum wahren H.: nach dem ↗Worte Gottes (Am 8, 11). – Jesus preist die selig, die hungern u. dürsten nach der ↗Gerechtigkeit (Mt 5, 6), denn Gott wird einmal allen H. stillen (Apk 7, 16). Selig zu preisen ist daher, wer „Brot essen darf im Reiche Gottes" (Lk 14, 15) – u. wer die ↗Einladung dazu nicht zurückweist (V. 16 ff). Das Wunder der ↗Brotvermehrung will zeichenhaft kundtun, daß Jesus gekommen ist, den H. der Menschen zu stillen (Joh 6, 35), den die atl. Weisheit nur zu wecken vermochte (Sir 24, 21). Er selbst ist das Brot, das ewiges ↗Leben gibt (Joh 6, 51). – Wenn Gott in seiner ↗Liebe so den H. der Menschen stillt, darf der ↗Jünger des Herrn nicht an der Not seines Bruders vorbeigehen (1 Joh 3, 17). Im hungernden ↗Bruder begegnet Christus selbst (Mt 25, 40), u. das Urteil des Herrn über den reichen Prasser ist von erschreckender Härte (Lk 16, 19 ff).   ur

Hurerei. Das zugrunde liegende hebr. Wort bedeutet „Umgang mit einer (einem) anderen", was sowohl vom Verkehr mit der ↗Dirne gilt als auch vom „Weghuren von Jahwe". Die ↗Propheten meinen damit nicht nur den Umgang mit fremden ↗Göttern u. deren ↗Kult der ↗Geschlechtlichkeit, sondern auch die Zuflucht zu anderen politischen Mächten.   tı

Hyksos (im Ägypt. Herrscher der Fremdländer), eine Völkergruppe (Semiten, Arier u. Horiter), die zwischen 1700 u. 1580 v.C. Palästina u. Ägypten beherrschte; sie führten hier Pferd, Streitwagen u. Sichelschwert als Kriegswaffe ein.   he

Hymnus, Preislied zu Ehren Gottes; im jüd.-christl. Umkreis meist erzählendes Preislied der geschichtlichen Heilstaten Gottes. Ältestes Beispiel ist wohl das Lied Mirjams Ex 15, 21: „Singt Jahwe! Denn hocherhaben ist er; Roß u. Reiter warf er ins Meer!" Es zeigt noch den ↗Sitz im Leben: es ist der ↗Kult u. die Prozession zum ↗Kultort. Dabei war zur Zeit des ↗Tempels der Aufwand an Musikinstrumenten (Ps 98; 150) u. Chören (Neh 12, 17–43) offenbar beträchtlich. Erst in späterer Zeit werden die Hymnen auch zur privaten frommen Erbauung gedichtet u. gesammelt (Ps 103; 104). Der Bau des H. ist zunächst sehr einfach: auf eine Einleitung, die Aufforderungscharakter hat, folgt ein Hauptstück, das die rühmenswerten Taten u. Eigenschaften Gottes aufzählt. Das Hauptstück ist stilistisch dadurch gekennzeichnet, daß es eine möglichst enge syntaktische Bindung anstrebt, es besteht daher fast ausschließlich aus Partizipial- u. Relativsätzen. Bei größeren Hymnen wird das Hauptstück (meist regelmäßig) unterbrochen u. die Einleitung (meist variiert) wiederholt: es entsteht ein ↗Strophengedicht mit Refrain (Ps 147). Die atl. Weisheitsdichtung (↗Weisheit) liebt diese literarisch gewordene Form u. bläht sie oft zu großem Umfang auf (Ib 12; Sir 42, 15 – 43, 33; vgl. Ib 38–41). Bei den Propheten verwendet sie ↗Deuterojesaja gern (Js 42, 10–13; 52, 9–10), er führt, offenbar nach babylonischem Vorbild, die Selbstprädikation Jahwes in der Ich-Form ein (Js 44, 24–28). Im NT gibt es in der Kindheitsgeschichte des Lk mehrere sehr atl. anmutende Hymnen (↗Benedictus, ↗Magnificat), in der ntl. Briefliteratur finden sich altchristl. Kulthymnen (Kol 1, 15–18; Phil 2, 6–11).   schü

Hyperbel ist im literarischen Bereich eine übertreibende Ausdrucksweise. Im NT ist z. B. Mt 5, 29 f hyperbolisch zu verstehen.   mo

I

Ich (Selbst). Der Vielheit der erkennbaren u. erstrebbaren Dinge gegenüber erfährt sich der Mensch als I. Dieser einfache Ausgangspunkt geistiger Tätigkeit ist mit dem Menschen immer schon gegeben. Wo ein Mensch spricht, spricht er, mag er darauf reflektieren oder nicht, als I.: derselbe, der sich in allem Sprechen durchhält. Gründet aber der Idealismus alles Denken schlechthin im I., so sieht die neuere Sprachphilosophie, daß das I. wirklich ist nicht nur in der Relation zu den erkannten Objekten, sondern ursprünglicher noch in der Relation zu dem anderen I., dem ↗Du, dem es begegnet u. mit dem es spricht. Die Wirklichkeitserfahrung des „Ich selbst" entspringt in der Begegnung mit dem Anderen, der, wie ich, ein Sprechender ist u. der doch nicht ich bin. „Ich werdend spreche ich Du" (Buber). Nicht nur indem ich den Anderen anspreche u. er auf mich hört, sondern vor allem auch dadurch, daß der Andere, der mir unverfügbar ist, mich anspricht u. meint, erfahre ich, daß ich I. bin. I. u. der Andere, wir beide erfahren in der I.-Du-Beziehung jeweils uns selbst u. den anderen als freie, auf ihr Selbstsein gestellte Ursprünge, die sich jeder Vergegenständlichung widersetzen. Ich werde zu mir selbst gerufen, d. h. aber auch in meine eigene, mein Selbstsein ausmachende Verantwortung. Ich muß mich *selbst* entscheiden. Das kann mir niemand abnehmen; auch keine vorgegebene Gesetzmäßigkeit, die jeweils nur Material für meine Entscheidung sein kann. Biblisch gesehen, offenbart Gottes Sprechen das nie zu begreifende I. Gottes (vgl. Ex 3, 14: „Ich werde dasein als der ich dasein werde"), welches menschliches Leben erst ins Dasein, zum I.- u. Selbstsein ruft. Ebensowenig aber wie I. u. Du in ihrer Freiheit einander ausschließen, sondern vielmehr aufein-ander angewiesen sind, schließt Gottes I. das I. des Menschen aus. Vielmehr ruft Gott den Menschen beim ↗Namen, d. h. in die Verantwortung (vgl. Gn 3, 9; Ex 33, 12; Js 43, 1; 62, 2) u. läßt ihn gerade so selbst sein. **ca**

Ich-Bericht. Die ↗Propheten haben vor allem ein berechtigtes Interesse, ihre Visionen (↗Schauung) u. ↗Träume, die im ↗Ich-Stil gehalten sind, im selbstbiographischen Bericht zu überliefern. Die prophetischen ↗Berufungsgeschichten werden festgehalten, damit der Prophet sich legitimieren kann, wie es Js 30, 8 heißt: „. . . lege es schriftlich fest, damit es für spätere Zeiten als Zeuge für immer diene." Die I.-B.e geben Rechenschaft darüber, daß die Propheten unter ↗Jahwes forderndem Anspruch stehen u. Künder seines göttlichen Wortes u. Willens sind. Die Propheten, die sich als ↗Boten Jahwes wissen, übermitteln ihre Botschaft in der Form des ↗Botenspruches. Im NT berichtet ↗Paulus von seiner Berufung vor dem Volk u. vor König Agrippa in der Ich-Form (Apg 22 u. 26). Auch sein Lebensbericht ist im Ich-Stil wiedergegeben (Apg 28, 17–20 u. Gal 2, 1–10). **go/ba**

Ich-bin-Worte. Im Joh-Ev. findet sich eine Anzahl Selbstaussagen Jesu, die mit der ↗Formel „ich bin" eingeleitet werden u. in ein Bildwort ausmünden: Ich bin das ↗Licht der ↗Welt, das ↗Brot des ↗Lebens, der wahre ↗Weinstock u. a. Sie zeigen Verwandtschaft mit gewissen atl. Gottesreden in der Ich-Form. Wahrscheinlich hat die Urkirche den einzigartigen Anspruch Jesu mit der atl. Gottesformel ausgedrückt. Die zu den I.-b.-Worten gehörenden Bilder: Licht, Brot, Weinstock, Leben usw., sind nicht atl. Ihnen liegen möglicherweise gnostische Vorstellungen zugrunde (↗Gnosis). Entscheidend ist, daß Jesus mit diesen Bildworten, die durch den Artikel betont oder durch ein Beiwort näher bestimmt sind (der *wahre* Weinstock, das *lebendige* Brot), den unüberhörbaren Anspruch erhebt, „der absolute Offenbarer u. einzig wahre Lebensspender zu sein". ↗Offenbarung. ba

Ich-Stil ↗Ich-Bericht.

Identifikation. Der Mensch wird in der Bibel als der beschrieben, der weitgehend nicht bei sich selbst ist u. also nicht mit sich selbst identisch lebt. Diesen Sachverhalt nennt die Bibel ↗Sünde. Als Geschöpf kommt der Mensch zwar von Gott her. Aber er hat seine Geschöpflichkeit verleugnet. Er hat das Gespräch mit seinem Ursprung abgebrochen. Er versagt diesem die ↗Antwort. Er ist in sich selbst festgefahren. Er hat sich von seinem Schöpfer losgesagt. Und versucht derart selbst das ↗Heil zu leisten. Wer sich aber seinem Schöpfer versagt, wird auch unfähig, im anderen Menschen das ↗Ebenbild Gottes zu sehen. Dadurch bricht die Entfremdung des Menschen von sich selbst in die Geschichte ein.

Durch Jesus Christus wird es dem Menschen nun aber möglich, sich selbst als Geschöpf Gottes ganz u. gar anzunehmen u. so zur I. mit sich selbst zu kommen. Jesus nahm die Knechtsgestalt des Menschseins an bis zum Tode (Phil 2, 5–11). Eben dadurch aber hat er „die Feindschaft getötet durch sich selbst" (Eph 2, 16), d. h. die durch die Sünde in der Geschichte herrschend gewordene ↗Selbstentfremdung aufgehoben. Die Jesus nachfolgen, können so zu einer I. mit sich selbst kommen; was zugleich bedeutet, daß sie den anderen Menschen (↗zwischenmenschliches Verhältnis) als Ebenbild Gottes annehmen. Christi Tod u. Auferstehung bedeuten so den Beginn einer ↗neuen Schöpfung, die Ermöglichung der neuen u. ursprünglichen I. des Menschen mit seinem vom Schöpfer gewollten Wesen. ↗Christsein heißt demgemäß: in der ↗Nachfolge Jesu seine eigenen menschlichen Vorgegebenheiten in die Hand nehmen, sein Mitsein mit dem Anderen annehmen u. in der Liebe verwirklichen u. derart mit den eigenen, je neuen Möglichkeiten identisch werden. Der Christ arbeitet dadurch an der ↗Herrschaft Gottes mit, daß es ihm, der im

Glauben frei, d. h. mit sich selbst eins geworden ist, um das Heil u. die Freiheit des ↗Mitmenschen geht. Und dies gerade auch dann, wenn dies für ihn das Kreuz bedeutet. Denn hier zeigt sich die höchste Möglichkeit des Zeugnisses. Und damit auch die höchste Möglichkeit der I. mit dem erlösenden Tun Gottes. Wer liebt, ist bei dem *anderen Menschen* u. bei *Gott*, der uns den anderen Menschen schickt (vgl. Lk 10, 25–37 u. Mt 25, 40). Gerade dadurch ist er aber auch bei sich *selbst* seiner höchsten Möglichkeit nach. Denn „die vollkommene Liebe treibt die Furcht aus" (1 Joh 4, 18). Die Botschaft des Evangeliums bedeutet die Einladung an alle Menschen, durch die Nachfolge Jesu in dem Heilswillen des Vaters Heimat zu finden u. so mit ihrem tieferen Wesen eins zu werden. gr/ca

Idiot, griech., ist der Privatmann im Gegensatz zu einer Amtsperson; ferner der Laie im Gegensatz zum Fachmann, daher auch einfach der Unwissende, Ungebildete; schließlich allgemein der Außenstehende, ↗Fremde im Gegensatz zum Zugehörigen. Im NT findet sich I. in den beiden letzten Bedeutungen. Apg 4, 13; 2 Kor 11, 6 ist I. der Ungebildete. 1 Kor 14, **16** ergibt sich aus dem Gegensatz zum Zungenredner, daß hier mit I. der gemeint ist, der die ↗Glossalalie nicht versteht. 1 Kor 14, 23 f bezeichnet I. im Gegensatz zum Gemeindeglied den, der nicht zur ↗Gemeinde gehört. mo

Idumäa, in griech.-römischer Zeit Name für Südjuda, das die Edomiter = Idumäer nach 586 v.C. besiedelten, als sie von den ↗Nabatäern aus dem ostjordanischen ↗Edom verdrängt wurden. 128 v.C. wurde I. judaisiert u. stellte in ↗Antipater u. der herodianischen Dynastie die Herrscher des jüd. Staates, mit dem es 70 n.C. unterging. he

Ijob (hebr. wo ist der Vater?), Hauptgestalt des ↗I.-Buches, ist wie Abraham nichtisraelitischer Herkunft. I.s Heimat Uz lag wohl südöstlich von Damaskus; von da kommen auch seine Freunde. Der Name u. das Milieu der Rahmenerzählung (Ib 1–2; 42, 7–17) weisen ins 2. Jahrtausend (Patriarchenzeit); auch Ez 14, 14.20 sieht in I. einen Gottesfürchtigen der Vorzeit. Ib 1, 8; 2, 3; Sir 49, 9

u. Jak 5, 11 zeigen ihn als Vorbild von Gerechtigkeit u. Beharrlichkeit.   he
Ijob-Buch, nach der Hauptgestalt benanntes atl. Buch, von einem jüd. Autor in nachexilischer Zeit, aber vor Sir (49, 9) verfaßt. Der Dichter hat im I.-Buch vorgegebenen Erzählstoff (1) u. eine Folge großartiger Reden (2) zu einem literarischen Werk verbunden, das dem mit seinem Schicksal ringenden u. nach dem Sinn des Leidens fragenden Menschen helfen soll. Aufgrund seiner glänzenden literarischen Gestalt u. seines allzeit bedrängenden Themas zählt das I.-B. zu den bedeutendsten Werken der Weltliteratur.
1. Die Rahmenerzählung nimmt uralte Volksüberlieferung auf, deren soziale u. religiöse Verhältnisse denen der Patriarchenerzählungen nahestehen, u. schildert Ijobs Frömmigkeit u. Glück, seine Prüfung durch schweres Unglück u. Leiden u. den Besuch dreier Freunde (1–2). In 42, 7–17 verurteilt Jahwe die falschen Vorstellungen der Freunde Ijobs über ihn u. schenkt Ijob größeres Glück als je zuvor.
2. Der Dialog: a) In drei Redefolgen mit seinen Freunden (4–14; 15–21; 22–27) führt Ijob bittere Klage über sein schweres Geschick. Er beteuert immer wieder seine Unschuld, macht schließlich Gott für sein Leiden verantwortlich u. erhofft von ihm seine Gerechterklärung. Die Freunde aber vertreten in immer neuen Ansätzen die Meinung: Ijobs Leiden setze seine Schuld voraus, u. ermahnen ihn zu Gottesfurcht, Umkehr u. Buße. b) Kap. 28 ist ein – später eingefügter – Lobpreis der ↗ Weisheit. c) Ijob blickt auf sein früheres Glück u. klagt nochmals über sein Leid. Er beteuert erneut seine Unschuld u. fordert Gott auf, gegen ihn Anklage zu erheben (29–31). d) Wohl späterer Zusatz sind die Elihu-Reden (31–37): Elihu tadelt Ijob, wie seine Freunde es getan, bringt aber den neuen Gedanken: Gott lasse den ↗ Gerechten leiden, um ihn zu läutern u. zu erziehen. e) Jahwe nimmt die Herausforderung Ijobs (c) an u. erscheint „im Sturm". In der 1. Gottesrede (38, 1 bis 40, 2) verurteilt Jahwe die Ansicht der Freunde Ijobs, Leiden sei ↗ Strafe für Sünde, u. verweist Ijob auf die Wunder der Schöpfung als Beweis seiner Macht

u. Weisheit. Ijob muß verstummen (40, 3–5). Die 2. Gottesrede (40, 6 – 41, 26) unterstreicht die Ohnmacht des Menschen angesichts des göttlichen Waltens. Ijob unterwirft sich im Bewußtsein seiner Nichtigkeit vor Gottes unaussprechlichem ↗ Geheimnis (42, 1–6).   he
Ikonium, große u. reiche Handelsstadt auf der fruchtbaren Hochebene der römischen Provinz ↗ Galatien. ↗ Paulus u. ↗ Barnabas gründeten auf der 1. Missionsreise in I. eine Christengemeinde; jüd. Gegner zwangen sie aber, I. zu verlassen (Apg 14, 1–6.19; 2 Tim 3, 11). Später besuchte Paulus die Gemeinde I.s noch mehrfach (Apg 16, 2; 18, 23).
    he
Illyrien, bergiges Gebiet nordwestlich von Mazedonien u. Griechenland, seit dem 1. Jh. n.C. Dalmatien genannt. Auf seinen Missionsreisen kam ↗ Paulus „bis I." (Röm 15, 19), u. auch ↗ Titus hat I. besucht (2 Tim 4, 10).   he
Im Anfang. Wie ↗ von Anfang an wird i. A. im NT in absolutem u. relativem Sinn gebraucht. Auch an den zwei zum Verständnis besonders wichtigen Stellen (Gn 1, 1; Joh 1, 1) besteht dieser Unterschied. Joh 1, 1 („i. A. war das ↗ Wort") meint einen absoluten ↗ Anfang. Das „i. A." ist nicht erstes Glied einer Zeitkette, sondern es liegt aller Zeit voraus in absoluter Jenseitigkeit. Da nach jüd. Denken eigentlich nur ↗ Gott in diesem absoluten Anfang war, wird durch die Aussage, daß das „Wort" (Christus) i. A. bei ihm war, Christus in den Bereich Gottes hineingestellt (↗ Logos). Er wurde nicht, sondern er war. Die Zeitangabe in „i. A. schuf Gott Himmel u. Erde" (Gn 1, 1) meint dagegen einen mit der Zeit einsetzenden Anfang, den ersten Augenblick der Schöpfung. Gottes Sein wird vor diesem „i. A." vorausgesetzt. – Apg 11, 15 bezeichnet i. A. die erste Zeit der ↗ Urgemeinde, näherhin das Pfingstereignis (↗ Pfingstwunder). Petrus berichtet, wie auf die Heiden ebenso heiliger ↗ Geist herabkam „wie i. A. auch auf uns". Während hier der Anfang entsprechend der Grundkonzeption der Apg idealisiert wird, ist i. A. in Phil 4, 15 rein zeitlich vom Anfang der Glaubensverkündigung des Paulus gemeint.   tho
Im Geist. Wir haben es hier mit einer theol. ↗ Formel zu tun, wie sie im NT

besonders für Paulus typisch ist. Darin kommt im Grunde seine gesamte Heilsbotschaft zur Sprache. ↗Geist ist im gesamten NT u. besonders auch bei Paulus Chiffre der neuen Existenzbasis, auf die der Mensch im ↗Glauben an ↗Jesus ↗Christus gestellt ist. „Nun sollen wir Gott dienen in neuem Geiste" (Röm 7, 6); diese Aufforderung kommt aus dem Bewußtsein, daß das ↗Alte (jüd. ↗Gesetz als Heilsweg, ↗Buchstaben-Glaube, religiöse Bindungen u. Vorschriften usw.) endgültig vorbei ist u. ein neuer, unmittelbarer Zugang zu Gott u. seiner Wirklichkeit möglich wurde: der Weg der personalen Offenheit im Glauben an die Botschaft des ↗Herrn. Wer sich darauf einläßt, wer alle bisherigen Sicherungen aufgibt u. sich in allem Christus u. dem ↗Reiche Gottes gegenüber öffnet, der lebt i. G. (Röm 14, 17). Diese neue Existenzbasis ist freilich nicht gegenständlich erfahrbar, sie ist vielmehr Gegenstand der ↗Verkündigung; sie ist das Neue, das Jesus gebracht hat, als er die Menschen lehrte, sich als von Gott bejahte u. geliebte Kinder zu wissen (↗Kindschaft Gottes), als verantwortliche Söhne u. „Miterben Christi" (Röm 8, 17). Dieser „neue Geist" ist aber immer ↗Chance, d. h. setzt die freie Tat des in seine ↗Freiheit Gesetzten voraus: „Wenn wir i. G. leben, so laßt uns auch i. G. wandeln" (Gal 5, 25). I. G. wandeln heißt demnach, sich das Welt-, Gottes- u. Selbstverständnis Jesu zu eigen zu machen, das von Freiheit, Verantwortlichkeit u. ↗Liebe getragen war (Gal 5, 16). Neben Gesetz ist vor allem ↗Fleisch Gegenbegriff des Geistes: „I. G. habt ihr angefangen, u. jetzt endet ihr im Fleisch?" (Gal 3, 3.) „Im Fleisch leben" heißt: nach dem alten, gottfernen u. unerlösten Verständnis leben (Eph 2, 12). I. G. bedeutet keine geheimnisvolle Kraftbegabung von Gott her, durch die seine Liebe u. sein Friede im Menschen wirksam werden, sondern ist das neue Vorzeichen christlicher Existenz.   hi

Immanuel (Emanuel). Der symbolische Name immanu-el = „mit uns (ist) Gott" (Js 7, 14) besagt: die Geburt des verheißenen Kindes (aus einer alma = ↗Jungfrau oder jungen Frau, vgl. Mich 5, 2) ist Unterpfand dafür, daß Gott seinem Volke beisteht (vgl. Js 8, 10; Ps 46, 8) u. Achas die Könige von Israel u. Damaskus nicht zu fürchten braucht (Js 7, 1–9). Das I.-Kind wurde sicher bald erwartet (V. 16), doch ist es bei der Niederschrift des Textes bereits zum Inbegriff des nach der Verwüstung u. Verarmung des Landes (V. 15: Dickmilch u. Honig, vgl. V. 22) kommenden Herrschers geworden, der endgültig zwischen Gut u. Böse scheiden wird (V. 15; vgl. 11, 3–5; 9, 5 f). Diese ↗Messiaserwartung ist in Jesus Christus erfüllt (Mt 1, 22 f): in ihm ist endgültig „Gott mit uns" (vgl. Joh 1, 14).   ur

Im Vater. Jesus erhebt den Anspruch, der ↗Weg zum ↗Vater zu sein. Die Forderung des Philippus nach einer Beglaubigung durch ein ↗Zeichen des Vaters lehnt Jesus ab. Jesus ist i. V., so daß man in Jesus bereits das Ziel, den Vater selbst, sieht. Die ↗Machttaten Jesu kommen vom Vater. Durch den ↗Glauben an den göttlichen Ursprung des Wirkens Jesu gelangt man zum Glauben an die menschliche Vorstellung übersteigende völlige Einheit zwischen ↗Sohn u. Vater (Joh 14, 5 ff). Diese innige ↗Gemeinschaft wird ↗Urbild für die Gemeinschaft der Gläubigen untereinander. Durch Jesus werden die Gläubigen in die Einheit zwischen Vater u. Sohn hineingenommen. Doch solange die Gläubigen an diese gottfremde Welt gebunden sind, bleibt diese Einheit i. V. noch ein durch Christus zu erkämpfendes Ziel (Joh 17, 20 ff).   do

In Christus. ↗Leben u. ↗Heil kommen dem Menschen aus Gottes Handeln ↗durch Christus. Wirkung u. Fruchtbarkeit dieses Handelns werden im NT vielfach mit der Formel „in Christus" ausgedrückt. „Wenn einer i. Ch. ist, so ist er ↗neue Schöpfung. Das ↗Alte ist vergangen, siehe, ↗Neues ist geworden" (2 Kor 5, 17). Wie wenige ntl. Wendungen ist diese in der Gefahr, in nichtverstandener Formelhaftigkeit gebraucht zu werden, zumal „in" in unserer Sprache eine (hier nicht gemeinte) räumliche Vorstellung nahelegt. Die ↗Formel findet sich vor allem bei Paulus u. dient ihm dazu, umfassend das Neue des Evangeliums zu beschreiben: I. ↗Ch. ↗Jesus, d. h. vor allem durch seinen uns loskaufenden Tod am

↗Kreuz, wurden wir vom Fluch des ↗Gesetzes befreit, wurde die ↗Verheißung Gottes an Abraham wieder in Geltung gesetzt u. der ↗Glaube Weg zum Leben (Gal 3, 13 f). I. Ch. hat Gott die Welt mit sich versöhnt – das ist deutlich nicht eine räumliche Vorstellung, sondern meint Gottes Handeln in der Geschichte Jesu, zumal in seinem Sterben u. Auferstehen, durch die Gott das Band zur Menschheit neu geknüpft hat (2 Kor 5, 14–20). Sachlich ist das „i. Ch." hier einem „durch Christus" gleich (vgl. Vv. 18 u. 19). Grammatisch ist es aber nicht instrumental, sondern als Umstandsbestimmung gebraucht, d. h., es drückt nicht allein das Handeln Gottes aus, sondern die neu geschaffene Situation, in der Jesus Christus zum „Ort" der Liebe Gottes geworden ist (Röm 8, 39).

I. Ch. handelt nicht nur Gott, sondern lebt auch der Christ (vgl. 2 Kor 5, 17; Röm 6, 11 u. a.). Damit ist nicht eine mystisch-seinshafte Einigung zum Ausdruck gebracht, sondern auf das Geschehen von Kreuz u. ↗Auferstehung verwiesen, in dessen Wirkungsbereich der Christ lebt, u. von dem her er die ↗Vollendung erhofft („wir werden i. Ch. lebendig gemacht werden"; 1 Kor 15, 22). Auch in diesem Zusammenhang ist die Wendung nicht räumlich, sondern geschichtlich zu verstehen: Der Christ lebt von einem Geschehen her auf dessen Vollendung hin u. zugleich so, daß der ↗Herr dieses Geschehens der Grund u. Herr seines gegenwärtigen Lebens ist. Nicht der einzelne allein lebt so; wie er, sind die Zeiten u. das ↗All schon immer umschlossen vom ↗Geheimnis dieser Geschichte u. finden in ihm ihr ↗Haupt, d. h. ihren Herrn u. ihr Ziel (Eph 1, 9 f). Das ist auch der Sinn jener Texte, nach denen der Christ insofern i. Ch. ist, als er Glied ist der Kirche, seines Leibes (Röm 12, 5). Wohl stehen hier im Hintergrund religionsgeschichtliche Vorstellungen (der ↗Gnosis) von einer „Universalpersönlichkeit", die den einzelnen umschließt; aber diese Vorstellungen dienen der Aussage, daß der Christ im neuen ↗Äon, im Wirkungsbereich Christi, d. h. als Frucht seiner Menschwerdung, seines Sterbens u. seiner Auferstehung lebt – freilich nicht allein, sondern als Glied der ↗Kirche. Daß er so lebt, eröffnet sich ihm nicht naturhaft („von selbst"), sondern im Glauben. Der Glaube ist das Organ, mit dem das I.-Ch.-Sein wahrgenommen wird. Besonders oft gebraucht Paulus die Formel, wenn er von seiner Existenz u. Arbeit als ↗Apostel spricht. Gerade in der eigentümlichen Weise, in der die äußere Drangsal der apostolischen Existenz zum Triumphzug des Evangeliums wird, enthüllt sich, daß, wie das Christusgeschehen ihr Inhalt, so der lebendige Christus ihre wirkende Kraft ist (2 Kor 2, 14–17). Deshalb geschehen in ihm alle Verkündigung u. jegliche Zeugung u. Auferbauung der Gemeinde (1 Kor 4, 15). I. Ch., d. h. von ihm ermöglicht u. getragen, geschieht aber auch die Antwort der Kirche als Dank u. Lobpreis, gewinnt ihr ↗Gottesdienst seine ganz neue Wirklichkeit (Eph 3, 21, vgl. ↗Doxologie).

„I. Ch." ist also das Evangelium zusammengefaßt als die Botschaft vom Handeln Gottes in der Geschichte Jesu Christi, von seiner gegenwärtigen Wirksamkeit u. von der erhofften Vollendung. Diese Heilsverkündigung stellt einen ↗Anspruch (als ↗Indikativ u. Imperativ) an den, der ihr glaubt. Der Wandel des Christen, seine ↗Vollkommenheit, aber auch das einzelne: Sprechen, Sichfreuen, Grüßen, Gastlichkeit, Heiraten u. Ehelosigkeit, schließlich der Tod geschehen in ihm, d. h. von ihm ermöglicht u. verwandelt, aber auch beansprucht. Oft ändert Paulus in solchem Zusammenhang den Ausdruck u. sagt: „im Herrn" (statt: „i. Ch."). So, wenn er von der konkreten Verwirklichung der ↗Gemeinschaft in der Gemeinde spricht oder zu ihr drängen will (besonders schön Phm 15 f). Ebenso wenn er, ohne das vergangene Christusgeschehen u. die zukünftige Heilshoffnung ausdrücklich in den Blick zu nehmen, betonen will, daß der lebendige Herr Hoffnung, Standhaftigkeit, Freude usw. ↗jetzt schenkt (1 Thess 3, 7 f; Phil 4, 4). Dem Joh-Ev. u. dem 1. Joh-Brief ist eigentümlich, daß sie Aussagen vom Sein (bzw. ↗Bleiben) i. Ch. mit solchen vom Sein Jesu im Vater verbinden: „An jenem Tage werdet ihr erkennen, daß ich in meinem Vater bin u. daß ihr in mir seid u. ich in euch bin" (Joh 14, 20). Beide Verhältnisse können auch umgekehrt ausgedrückt werden: der Vater in Jesus Christus, aber auch: Christus oder der Vater in den Jüngern (Joh 17, 20–26; vgl. die Umkehrung bei Paulus 2 Kor 13, 5 u. Kol). Auch im Joh-Ev. liegt weder eine räumliche Vorstellung vor, noch ist an eine mystische Einheit gedacht; es geht ja nicht um Einzelerlebnisse, sondern um den Daseinsvollzug als ganzen. Vielmehr ist die dreifache Einheit von Vater, Sohn (Christus) u. ↗ Jüngern eine personale, wie sie in der ↗ Liebe geschieht u. wie sie sich darin darstellt, daß der eine für den anderen da ist. In dieser Einheit als Ziel faßt sich nach dem Joh-Ev. das ganze Erlösungswirken Gottes in Christus zusammen (Joh 17, 26).   sm

Indikativ u. Imperativ. Unaufgebbares Wesensmerkmal christlicher ↗ Ethik ist ihre enge Verklammerung mit den fundamentalen Aussagen des ↗ Glaubens. Grundlegendes Modell für diese Zusammenordnung von Glauben u. Ethos im AT ist der ↗ Dekalog in Ex 20, 2 ff: Das „Ich bin der Herr, dein Gott, der ich dich aus dem Land Ägypten, dem Sklavenhaus, geführt habe" enthält die grundlegende Zusage Gottes an das erwählte Bundesvolk u. wird zum zentralen ↗ Bekenntnis Israels. Dieser „Gabe" zugeordnet ist Israels „Aufgabe", dargelegt in den Zehn Geboten. Das gleiche Strukturgesetz weist im NT die ↗ Bergpredigt mit Mt 5 auf: Die verschärfte Neuauslegung des Dekalogs durch Jesus fußt auf den ↗ Seligpreisungen (Heil euch!) u. dem folgenden Zuspruch: „Ihr *seid* das Licht der Welt, ihr *seid* das Salz der Erde." Dem ethischen ↗ Anspruch geht der Zuspruch des ↗ Evangeliums voraus.

Im Blick auf diese gegenseitige Zuordnung von Zuspruch u. Anspruch, von göttlicher Gabe u. menschlicher Aufgabe spricht die Theologie von Ind. u. Imp. Es kommt ihr bei diesem Begriffspaar auf zwei Dinge an: 1. Der im Imperativen formulierte Ordnungswille Gottes ruht im Indikativ der Heilsgabe Gottes, wie sie AT u. NT bezeugen. Weder das mosaische ↗ Gesetz noch ein sonstiges Sittengesetz vermögen die ↗ Liebe als Motiv des Handelns zu entbinden, sondern die erfahrene Liebe u. ↗ Barmherzigkeit Gottes. Das gute Werk als Erfüllung des Imperativs kommt aus dem Glauben an das, was Gott durch Christus am Menschen getan hat. 2. Weder Imperativ noch Indikativ dürfen einseitig überbetont werden: Überbetonung des Indikativs (der ↗ Rechtfertigung des Sünders) führt dazu, daß das Sündersein des Menschen vorzeitig aufgehoben wird; Überbetonung des Imperativs führt zur ↗ Werkgerechtigkeit. Daher muß christlicher Ethik sowohl an dieser Nachordnung von Indikativ u. Imperativ als auch an deren Unterscheidung gelegen sein.   je

Information. I. ist dort nötig, wo das Evangelium weiterverkündet u. für das Leben von Menschen aktualisiert wird. Um zu sehen, was ↗ Botschaft u. Forderung Jesu konkret ↗ für mich heute heißen, muß ich es umfassend über meine Umwelt u. gesellschaftliche Situation informiert sein. Um zu wissen, was zu tun ist, um den Forderungen Jesu nachzukommen, um Frieden zu stiften, um Freiheit u. Gerechtigkeit für andere zu ermöglichen, muß ich meine ↗ Möglichkeiten klar sehen. I. ist nötig, um nicht die ↗ Fremdprophetie der Zeit zu überhören, um sich als Christ eine freie u. vertretbare Meinung bilden zu können, um verantwortlich zu entscheiden u. zu handeln. Christen müssen informiert sein, was in ihrer Welt gespielt wird. Das meinen etwa die bibl. Forderungen, „wachsam" zu sein, die „Zeichen der Zeit" nicht zu übersehen u. den Herrn nicht vorübergehen zu lassen (vgl. Mk 13, 35.37). Mangelnde I. verhindert die geforderte ↗ Praxis des Evangeliums. I. ist noch nicht selbst ↗ Verkündigung, sie ist aber ein wesentlicher Beitrag zu dieser.   gr

Initiative. Nach der Denkweise der Bibel ist es immer Gott, der die I. in der Geschichte mit den Menschen ergreift. Als ihr Schöpfer hat er die Menschen zur Partnerschaft eingeladen; als der „Gott der Väter" hat er ↗ Abraham aus einem sündigen in ein neues Land geführt; als der ↗ „Retter" hat er sein Volk Israel aus der ↗ Knechtschaft Ägyptens herausgeführt. Er hat in seinem Sohn ↗ Jesus ↗ Christus die ganze Menschheit aus der Knechtschaft der „Sünde"

(↗Selbstentfremdung) geführt. Somit ist Christus Gottes letzte I. Denn mit ihm begannen eine neue Wirklichkeit u. endgültige ↗Möglichkeiten des Menschseins. Christus hat den Anfang gemacht mit dem gültigen Leben, mit der Freiheit, mit der Liebe Gottes. Nun gilt es, das Begonnene u. Ermöglichte weiterzuführen, die eigene Freiheit zu wagen u. diese für andere zu ermöglichen; es gilt, das erlösende ↗Kreuz Christi anzunehmen u. Gottes Liebe weiterzuschenken. Nicht die eigene I. hat den Menschen ↗Heil, ↗Rechtfertigung u. ↗Erlösung gebracht, sondern Gottes I. Auch ↗Glaube u. ↗Hoffnung sind durch die I. Gottes ermöglicht. Aber Gottes I. fordert die I. dessen, der sich auf Gott einläßt. Christus als lebendige I. Gottes fordert radikale I. der Seinen. Christen sind die, die in der Gesellschaft fortan I. ergreifen, damit größtmögliche Selbstentfaltung u. -verwirklichung für möglichst viele ermöglicht werde, damit Friede u. Gerechtigkeit sich durchsetzen. Christus bedeutet I. des Menschseins. So müssen Christen ihrer Gesellschaft die Fackel vorantragen u. nicht die Schleppe hintennach, die Fackel der Menschlichkeit. gr

Inschriften, (kürzere) Texte, zumeist auf Stein, Ton oder Metall, aber auch auf Leder u. Papyrus. Sie haben aufgrund des beständigeren Materials u. günstiger Umweltsbedingungen die Zeiten eher überdauert als ↗Handschriften. I. sind wichtige Zeugnisse der Geschichte des Altertums. Vielfach sind I. die einzigen außerbibl. Texte, die den zeitgeschichtlichen Hintergrund bibl. Erzählungen zu erhellen vermögen. Die wichtigsten Fundorte sind: Aleppo, Amarna, Babylon, Boghazköy, Byblos, Elephantine, Geser, Jerusalem, Lakisch, Mari, Ninive, Nuzi, Samaria u. Ugarit. Die ältesten Zeugen für den Namen „Israel" sind: die Merenptah- u. die ↗Mescha-Stele. ↗Münzen. he

Inspiration. 1. Begriff: Unter bibl. oder Schrift-I. versteht man den charismatischen Einfluß Gottes auf die Verfasser der bibl. Bücher, durch den Gott zum ersten „Urheber" der Schrift wird, wobei der menschliche Verfasser im vollen Sinn „Urheber" seines Werkes bleibt. Das Wort I. geht zurück auf 2 Tim 3, 16:

„Jede von Gott ‚inspirierte' Schrift ist auch nützlich zur Lehre ..." Das griech. Wort theopneustos (= gottgehaucht) wurde von der Vg übersetzt: divinitus inspirata. 2. Das Zeugnis der Schrift: a) AT. Daß die Schriften des AT an die Menschen ergangenes ↗Wort Gottes sind, ist Glaubensüberzeugung der gesamten jüd. Tradition, die von der Kirche von Anfang an fraglos übernommen wurde. Die Schrift selbst spricht diesen Glauben aus. Die häufig prophetische Verkündigung einleitende oder abschließende Formel „so spricht Jahwe ..." bzw. „Spruch Jahwes" weist darauf hin, daß die Rede der ↗Propheten nicht ihr eigenes Wort, sondern unmittelbar eingegebenes Gotteswort ist. Die Niederschrift dieser Worte zum Zeugnis für die Zukunft geht auf göttlichen Auftrag zurück (Jr 36, 2). Ebenso ist die ↗Tora, die Weisung Jahwes, Gottes Wort, das auf sein Geheiß niedergeschrieben wurde (Ex 34, 27 u. a.). Auch die Verfasser der Weisheitsschriften (↗Weisheit) waren überzeugt, Jahwes Wirken u. Weisung in ihren Schriften darzustellen. Zwar wurden die Schriften nie „Buch Gottes" genannt, sondern „Buch des Gesetzes" (Mose), oder in der Spätzeit des AT „heilige Bücher" (1 Makk 12, 9). Diese Bezeichnungen lassen Raum für den menschlichen Verfasser, doch betrachten die ↗Rabbinen die Bücher als normatives göttliches Wort u. berufen sich auf sie. b) NT: Das gilt ebenso für Jesus u. die Apostel. Auch sie berufen sich immer wieder auf „die Schrift" als entscheidende Autorität (vgl. Mt 4, 1–10; Lk 24, 44; Apg 1, 16 u. a.). Über das AT hinaus bezeugt das NT das *Wie* der Schriftwerdung des göttlichen Wortes als Wirkung des Heiligen Geistes (2 Petr 1, 16–21; 2 Tim 3, 14–17). Daß die Kirche im Lauf der Zeit auch die von ihr selbst hervorgebrachten Schriften als göttlichen Ursprungs erkannte u. mit dem AT verband, folgt aus der Tatsache, daß diese schriftliches Zeugnis des unüberholbar von ↗Christus ausgesagten Wortes Gottes sind (Joh 1, 17 f; Hebr 1, 1 f). 3. Die Lehre der Kirche: Die bibl. Schriften sind Wort Gottes, weil sie Gott zum Urheber haben. Zugleich sind sie menschliches Wort, weil sie von der Hand menschlicher Verfasser stammen. Das Zusammenspiel göttlichen u. menschlichen Wirkens bei der „Buchwerdung des Wortes Gottes" sucht die Kirche mit dem Begriff I. zu erfassen. Dieser Begriff hat eine lange Entwicklung durchgemacht, beginnend bei den Kirchenvätern, über die Theologen des Mittelalters bis zu den lehramtlichen Äußerungen der letzten Konzilien. ba

4. **Heutige Problematik.** Die Erkenntnisse der ↗historisch-kritischen Forschung fordern ein neues Bedenken dessen, was in der traditionellen Lehre der Kirche mit I. gemeint ist. Kaum eines der bibl. Bücher ist nämlich von nur einem Autor verfaßt. Vielmehr sind die bibl. Schriften durchwegs das Ergebnis eines langen Formungsprozesses. Israel weiß sich in seiner Geschichte ständig von seinem Bundesgott geführt, gerettet, gestraft, verlassen, erwählt, begnadigt u. angenommen. I. dieser bibl. Schriften bedeutet dann geschichtliche u. lebensmächtige Gotteserfahrung des ganzen gläubigen Volkes Israel. Ein ähnlicher Entwicklungsprozeß wie bei den ältesten Büchern des AT läßt sich auch im atl. Liedgut (Pss), in der Weisheitsliteratur (Volksweisheit) u. in den Sammlungen verschiedener Gesetzestexte feststellen. Genau derselbe Sachverhalt ist im NT offensichtlich. Am deutlichsten ist das bei Paulus zu sehen. Er schrieb seine Briefe wohl als einzelner, aber gerade er nimmt liturgisches u. katechetisches Glaubensgut (↗Hymnen, ↗Formeln) in seiner Verkündigung auf; er entfaltet diese Traditionen in seiner Predigt. Die Christuserfahrung konkreter Gemeinden ist der formende Ort der apostolischen u. prophetischen Verkündigung. So wäre es völlig verkannt, z. B. für die Paulusbriefe nur den Apostel u. Schreiber Paulus als inspiriert anzusehen. I. bedeutet Begegnung mit dem gekreuzigten u. auferstandenen Christus; diese konkrete u. lebensmächtige Begegnung sagt sich in den ntl. Schriften richtungweisend für spätere Zeit an u. aus. Bei der Verkündigung dieser Christusbegegnung (= Gottbegegnung) nehmen die Apostel, Propheten u. Lehrer oder die Autoren der ntl. Schriften einen besonderen Platz ein. Paulus z. B. beruft sich auf seine persönliche Begegnung mit dem Auferstandenen (1 Kor 15, 7 ff).

So bedeutet I. wesentlich geschichtsmächtige u. geschichtliche Gott- u. Christusbegegnung, das Handeln Gottes an seiner Schöpfung, das in Jesus Christus endgültig u. vollendet wurde. Daß I. mit der bibl. Zeit abgeschlossen ist, bedeutet, daß die normative Bezeugung des Auferstehungsglaubens in den bibl. Schriften (↗Kanon) vorgegeben ist. Nun müssen deren Strukturen in jeder Zeit u. in jeder menschlichen Situation mit Leben gefüllt werden (↗existenziale Interpretation, ↗Hermeneutik), der bibl. Glaube muß je von neuem lebensmächtig werden. Wo Gottbegegnung stattfindet, wo Christus zu neuem Leben kommt, dort geschieht eigentlich weiter I. Christus, als die allen Menschen ermöglichte Gottbegegnung, ist die einzige Norm der I. Allein von ihm erhält das bibl. Zeugnis richtunggebenden u. normativen Charakter. ↗Offenbarung. gr

Institution. Unter I. versteht man die Struktur einer Gemeinschaft, die eine relative Dauerhaftigkeit besitzt, die in irgendeiner Form rechtlich geregelt ist u. die den einzelnen zugleich entlastet u. belastet. Da die Dauerhaftigkeit als institutionalisierte Gewohnheit meist dem Wandel u. der Neuerung widersteht, werden die Institutionen oft als hemmend, lebenshindernd u. repressiv empfunden u. bekämpft. Die Angriffe, die sich gegen die Kirche richten, treffen meist ihre institutionelle Seite, da durch diese Menschen manipulierbar gemacht werden können u. auch wurden. Phänomenologisch hat jede z. Z. existierende Großkirche ihr institutionelles Element. Wird dieses zum letzten entscheidenden Faktor der kirchlichen ↗Gemeinschaft, dann verfällt sie dem Institutionalismus. ↗Kirche lebt stets vom Ereignis der Heilstat Gottes her, u. dieses ist jeder I. vorgängig, da grundlegender. Gottes Heil ist nicht notwendig an I. gebunden. Wohl aber ist für eine Gemeinschaft, die auf die Dauerhaftigkeit ihres Bestandes bedacht ist, I. notwendig. Sie ist Hilfsstruktur für ein geregeltes Zusammenleben, aber nicht Grundstruktur der Kirche. I.

ist nur dann der Kirche wesenswidrig (gegen R. Sohm), wenn in ihr das Wesen der Gemeinde gesehen wird. Die Hilfsstruktur der I. ist jedoch für die Kirche notwendig, da die Berufung der einzelnen zum Dienst in der Gemeinschaft Recht u. Ordnung schafft. Das Recht aber ist ein wesentliches Element für die I. Durch dieses wird der einzelne entlastet. Aufgrund einer geregelten Ordnung stehen ihm bestimmte Dienstleistungen zu. Er weiß, daß im Sein füreinander in der „gebotenen" Handlung Stellvertretung für ihn vollzogen wird. Zugleich wird er aber durch das rechtlich geordnete Gemeinschaftsleben belastet, da von ihm bestimmte Dienste erwartet werden. Die Rechtsordnung der christl. Kirche darf nur zum Aufbau der Gemeinde genutzt werden. Dies gilt auch für den institutionellen Bereich. Zwar hat ↗Jesus weder die Kirche noch ihre I. gestiftet – ein Stiftungsakt läßt sich bibl.-historisch nicht belegen – wohl aber hat er in seiner Aufforderung zur Nachfolge u. zum Glauben Gemeinschaft grundgelegt. Sobald sich seine ↗Jünger von der jüd. I. der Synagoge trennten, wurden institutionelle Hilfsstrukturen für die Glaubensgemeinschaft notwendig (vgl. Ältestenordnung). Sicher ist die charismatische Gemeinde von Korinth noch nicht institutionell geregelt, wohl aber gibt es in ihr Dauerfunktionen, die auf I. hintendieren. Die Art u. Weise, das Wie der institutionellen Ausprägung der Kirche ist noch völlig offen u. variabel. Das institutionelle Element ist jedoch vom menschlichen Dasein selbst gefordert, insofern in seinem Mit-anderen-Sein der institutionelle Ausdruck angelegt ist. Daher wird eine Gemeinschaft der Glaubenden, die menschliche Gemeinschaft ist u. sich auch in Sichtbarkeit vollzieht, nie auf I. verzichten können. Die Gemeinschaft darf aber nie mit der I. gleichgesetzt werden. Kirche ist primär nicht I., sondern Ereignis. Beide aber sind keine Gegensätze, sondern verhalten sich dialektisch zueinander. Die I. darf keinen ↗Absolutheitsanspruch erheben, da sie nie letzte Wirklichkeit ist. Wohl aber hat diese als ihren Ausdruck auch eine rechtliche Dimension. Charisma (↗Cha-

rismen) u. I. sind nicht gegeneinander auszuspielen. Nur dort, wo die I. ihren „Rahmenbereich" verläßt, aufhört, das „Gerüst" für den Bau zu sein, muß sie in ihre Schranken gewiesen werden. I. ist nicht unveränderlich, sondern ist gemäß dem Lebensvollzug der Gemeinschaft zu verändern. Keine I. ist grundsätzlich unveränderbar. Sie ist zeitlich-geschichtlich bedingt u. hat in Zeit u. Geschichte ihre Funktion. So ist für die Kirche ihre institutionelle Dimension zu bejahen als notwendige Hilfsstruktur, in deren Rahmen sich Gottes Heil ereignen kann u. der, wenn er den jeweiligen Bedingungen menschlichen Daseins angepaßt ist, dieses fördert u. das Ereignis der Heilstat Gottes in Christus je neu zur Sprache bringen kann.   ha

Intention. Beim ↗Verstehen eines Textes geht es immer um seine Aussage-I. Bei jeder Aussage muß zwischen sprachlicher Form u. Aussagegehalt unterschieden werden. Eine Aussage wird gemacht innerhalb bestimmter ↗Denkformen, mittels eines bestimmten Vorstellungs-, Bild- u. Sprachmaterials; das, was ausgesagt wird, ist ihre I. Beim Verstehen biblischer Texte ist diese Unterscheidung wesentlich; denn wenn ich eine bibl. Erzählung verstehen will, habe ich zuerst nach ihrer Vorstellungswelt, nach ihrer Denkweise, nach dem ↗Selbstverständnis der Menschen in ihr zu fragen, nach ihrem Sprachmaterial. Erst dann kann gefragt werden: was will mit diesem Material an Sprache überhaupt ausgesagt sein? Ein Beispiel, der ↗Seewandel Jesu (Mk 6, 45–52 parr): Der See ist für den Menschen in der Bibel eine unheimliche u. bedrohliche Macht; im ↗Wasser herrschen die Mächte des ↗Chaos, die die geordnete Schöpfung bedrohen. Jesus aber setzt wie ein orientalischer Herrscher seinen Fuß auf den Nacken dieser Chaosmächte, er schreitet über sie hinweg. Die I. dieser Erzählung ist das ↗Bekenntnis, daß Jesus die zerstörerischen Chaosmächte, die Gewalt des Bösen besiegt, unterjocht u. zerstört hat. Er ist der Herrscher über die ↗„Mächte u. Gewalten", er hat die Menschen von deren bedrohlicher Macht freigemacht. Das Leben ist für den nicht mehr beängstigend u. bedrohlich, der sich auf ↗Christus einläßt.

Ähnlich verhält es sich bei allen ↗Wunderberichten des NT; wer nicht durch alles zeitbedingte Bildmaterial dieser Aussagen hindurch nach der eigentlichen I. fragt, hat den Text nur teilweise verstanden. Nicht immer läßt sich aber diese I. einer biblischen Aussage eindeutig in den Blick bekommen. Dabei ist noch zu unterscheiden zwischen der I. des Autors oder ↗Redaktors, zwischen der I. des ursprünglich von der ↗Gemeinde formulierten Bekenntnisses u. vielleicht noch der I. Jesu selbst. ↗Redaktionsgeschichte, ↗Gattungsgeschichte, ↗Hermeneutik, ↗existenziale Interpretation.   gr

Interpolation ist ein Einschub von fremder Hand in einen Text. I.en finden sich im AT u. NT, die bekannteste ist 1 Joh 5, 7 f (sog. ↗Comma Johanneum).   mo

Iran, Hochland zwischen ↗Mesopotamien u. Indien mit den Herrschaftsgebieten der Elamiter, Meder, Perser u. Chorasmier. – Die Theologie des iranischen Propheten Zarathustra (ca. 630 bis 553) kennt nur einen guten Gott, Ahura Mazda (allweiser Herr), dem eine böse Macht entgegensteht; Schauplatz des Kampfes zwischen Gut u. Böse ist die Erde; der Mensch soll das Gute, die Gerechtigkeit u. Wahrheit lieben u. das Böse verabscheuen. – Seit etwa 500 v.C. beeinflußte die Religion Zarathustras u. ihre synkretistischen Erweiterungen das AT: Es entwickelte sich die bibl. Engellehre sowie eine Reihe apokalyptischer u. dualistischer (Gut–Böse, Wahrheit–Lüge, Licht–Finsternis) Vorstellungen.   he

Irrlehre ↗Häresie.

Irrtum. Hinter dem Wort I. steht im bibl. Gebrauch das orientalische Nomadentum, das Leben in der Wüsten- u. Steppenregion, wo die Kunst, den rechten Weg zu finden u. zu weisen u. Irrwege zu vermeiden, lebenserhaltend ist. Dies ist in vielen Wortverbindungen, die in plastischer Ausdrucksweise eine geistige Wirklichkeit verdeutlichen sollen, klar erkennbar: Ein Mensch kann in seinem Denken, Planen u. Handeln vom richtigen Weg (d. h. von der Wahrheit) abkommen u. in die Irre gehen (d. h dem I. verfallen). 2 Petr 2, 18 u. Eph 4, 22 sprechen vom I. der Heiden u. Ungläubigen, durch den sie in der

↗Knechtschaft des ↗Bösen gefangen sind. Im Jakobusbrief ist die Rede vom I. der Sünder, die vom rechten Weg der Gottverbundenheit abgewichen sind u. dem ewigen Tod zu verfallen drohen (5, 20). Der 1. Joh-Brief spricht vom Geist des I., der radikal vom Geist der ↗Wahrheit unterschieden werden muß u. kann (4, 6). Mt 24, 24 weist darauf hin, daß in den Schrecken der Endzeit sogar die Auserwählten dem I. verfallen könnten, würden sie sich nicht im ↗Glauben als standhaft bewähren. – Das Maß des rechten Weges ist ↗Jesus ↗Christus. An ihm wird sowohl der Weg der Juden wie der Heiden zum I., der von Gott ab u. zum Tod führt. Rettung schafft allein der ↗Herr, der für den Glaubenden „Weg, Wahrheit u. Leben" wird (Joh 14, 6).   hi

Isaak. Dieser Patriarch gilt als „Sohn der Verheißung" (Gn 17 f; 21 f). Seine Geschichte ist eng mit den Erzähltraditionen seines Vaters ↗Abraham verknüpft. Auf I. als den Vater Esaus u. Jakobs wird die Unterwerfung Edoms unter Israel zurückgeführt (Gn 27, 27 ff. 39 f). Denn die I.-Segen wird ↗Esau das Los der Nomaden zugedacht, Landbesitz u. Macht dem ↗Jakob verheißen. Im I.-Testament, einem Pseudepigraph jüd.-qumranitischen Charakters, liegt der Nachdruck auf Reinheitsvorschriften u. dem Fasten. ↗Patriarchengeschichten.
                    pa

Isaias ↗Jesaja.

Isebel, Tochter des Tyrerkönigs Etbaal, Gemahlin ↗Achabs. I. förderte den Baal-Kult in Israel (↗Baal). Ihretwegen errichtete Achab einen Baal-Tempel u. eine ↗Aschera (1 Kg 16, 31–33). Sie war mitbeteiligt am Mord an Nabot (21). I. ließ die Jahwepropheten töten u. bedrohte ↗Elija (19, 2). Apk 2, 20 ist I. Typ der Verführerin zum Götzendienst.
                    he

Isis u. Osiris. Die wohl im Nildelta beheimatete Herrschergöttin I. u. der Vegetations- u. Königsgott O. waren ursprünglich selbständige Gottheiten, die schon bald zu einem Götterpaar zusammenwuchsen. Der alte, von Plutarch ausgestaltete Mythus von I. u. O. erzählt von der Trauer der Isis um ihren Gatten Osiris, den sein Bruder Seth getötet hat. Als sie seinen zerstückelten Leib endlich wiederfindet, belebt sie ihn u. empfängt von Osiris einen Sohn, Horus; dieser rächt seinen Vater, der dann zum Herrscher der Unterwelt wird. – Alljährlich wurde in den Osiris-Mysterien in Tod u. Auferstehung des Gottes Osiris die vergehende u. aufblühende Natur rituell darstellt. Durch diese Riten kam es auch zum Glauben an ein Leben nach dem Tode: Der tote Pharao (später jeder Ägypter) wird zu Osiris u. erlangt so Unsterblichkeit. – Seit hellenistischer Zeit verbreitete sich die Verehrung von I. u. O. (Sarapis) über Ägypten hinaus in einem großen Teil des Römischen Reiches. ↗Mysterien.   we

Ismael (hebr. Gott hört). 1. Sohn ↗Abrahams von seiner ägyptischen Magd Hagar (Gn 16). Nach Isaaks Geburt wurde I. mit seiner Mutter von Abraham vertrieben u. ließ sich in der Wüste Paran nieder (21, 9–21). I., dem Gott viele Nachkommen verheißen hatte (17, 20), galt als Stammvater des Zwölfstämmevolkes der *I.iten.* Diese lebten als Nomaden, Händler u. Räuber in der nordwestarabischen Wüste (25, 12–18). – 2. Sohn Netanjas, der ↗Gedalja, den babylonischen Statthalter in Juda, ermordete. Nach dem Mord flohen viele Juden (unter ihnen Jeremia u. Baruch) aus Furcht vor der Rache der Babylonier nach Ägypten; I. selbst entkam zu den Ammonitern (Jr 40, 7 – 41, 18; 2 Kg 25, 22–26).   we

Israel, das nach seinem Stammvater ↗Jakob = Israel benannte Bundesvolk Gottes.
I. Name: a) Nach Gn 32, 29 u. 35, 10 erhielt Jakob den Namen I. = Kämpfer gegen Gott. In dieser volksetymologischen Deutung des Namens mag sich etwas von der Gotteserfahrung I.s widerspiegeln. b) Seit der Bundeserneuerung (Jos 24) bezeichnet I. den sakralen ↗Stämmebund. Mit Entstehung der Monarchie gewinnt der Name politische Bedeutung (das Reich Sauls = „ganz I.", später das ↗Nordreich I.). c) Die Propheten sprechen von I. im religiösen Sinn. Die Königreiche Juda u. I. sind „die beiden Häuser I." (Js 8, 14). Nach dem Untergang des Nordreiches geht der Name als religiöse Bezeichnung auf das Volk des Südreiches ↗Juda über, später auf das Volk im Exil, das nach der Rückkehr den Namen als religiöse Selbstbezeichnung beibehält, was er auch in ntl. u. nachbibl. Zeit (u. bis heute) für die ↗Juden geblieben ist. Er umfaßt im jüd. Selbstverständnis die Themen Erwählung, Bund u. messianische Hoffnung.
II. Geschichte I.s. a) ↗Patriarchengeschichte: Gn 12–50 berichtet, daß Jahrhunderte bevor I. nach ↗Kanaan einwanderte, seine Vorfahren aus Mesopotamien als Halbnomaden dort hinkamen. Da die I.iten zu den Hebräern gehören, beginnt ihre Geschichte mit dem Hebräer ↗Abraham. Er wird von Gott aus den Völkern erwählt u. empfängt eine ↗Verheißung. Wegen einer Hungersnot zieht die Jakobssippe nach Ägypten. Eine Geschichte der Anfänge I.s läßt sich aus diesen Erzählungen nicht rekonstruieren. Sie spiegeln aber zuverlässig die Welt des Alten Orients zu Beginn des 2. Jahrtausends v.C. wider. Auf diesem geschichtlichen Hintergrund sind das Wanderleben der Patriarchen, ihre Sitten u. Gebräuche, auch die Annahme, daß es sich bei ihnen um historische Persönlichkeiten handelt, glaubwürdig, u. es besteht keine Schwierigkeit, I.s alten Erinnerungen an seine Stammväter echte Historizität zuzuerkennen.
b) ↗Mose, ↗Auszug, ↗Landnahme: Nach bibl. Überlieferung wurden die Nachkommen der Jakobssöhne nach einer Zeit der Bedrückung durch den Pharao von Mose aus Ägypten zum Sinai geführt. Dort wurde der Bund mit Gott geschlossen u. ihnen das Gesetz gegeben, das sie zu einem besonderen Volk macht. Nach längeren Wanderungen kamen sie dann nach Kanaan u. nahmen das Land in Besitz. Die Berichte über Exodus u. Landnahme sind im einzelnen nicht nachprüfbar, doch können wir auf Grund der verfügbaren geschichtlichen Zeugnisse erkennen, daß sie ihre Wurzel im historischen Geschehen haben. Die im ↗ Josua-Buch als kriegerische Unternehmung des ganzen Volkes geschilderte Landnahme dürfte von den einzelnen Stammesgruppen in der zweiten Hälfte des 2. Jahrtausends vollzogen worden sein. Nach u. nach entstand ein ↗Stämmebund, d. h. ein Zusammenschluß um ein gemeinsames Heiligtum, um „die Lade des Gottes Is-

raels". Der Stämmebund bildete die Grundlage der späteren Volkswerdung. Die zunehmende Bedrohung durch die ↗Philister forderte einen engeren militärisch-politischen Zusammenschluß. Deshalb wählten die Stämme einen König, ↗Saul aus dem Stamm Benjamin.

c) Die Könige ↗David u. ↗Salomo: Sauls Nachfolger David vereinte in seiner Hand das Königtum über die beiden Staatsgebilde Juda u. Israel, die in den Wirren am Ende der Regierungszeit Sauls aus dem Zwölfstämmeverband entstanden waren (ca. 1000–961). Er machte Jerusalem zur Hauptstadt, schlug die Philister endgültig u. unterwarf die noch bestehenden kanaanitischen Stadtstaaten. Er führte Kriege gegen Nachbarstaaten u. errichtete das Großreich I. vom Golf v. Akaba bis zum Libanon. Nach langwierigen Palastintrigen wurde Davids Sohn Salomo sein Nachfolger. Unter seiner Regierungszeit nahm das Land einen erheblichen wirtschaftlichen Aufschwung. Salomo trieb eine geschickte Handelspolitik u. errichtete Industrieanlagen. Der Lebensstandard des Volkes war hoch. Der König erbaute als Vermächtnis seines Vaters David den Tempel u. entfaltete auch sonst eine rege, recht aufwendige Bautätigkeit. Seine Regierungszeit war die Blütezeit der israelitischen Kultur. Aber die Ausgaben überstiegen die Staatseinkünfte, so daß Salomo zu harten Steuermaßnahmen greifen mußte, die Unwillen im Volk hervorriefen. Außerdem führte er Fronarbeit ein. Schon zu seinen Lebzeiten traten Spannungen auf, u. besonders im Bereich des Nordstämme wurde die Monarchie in Frage gestellt.

d) Die Reichstrennung: Nach dem Tod Salomos (922) fiel das Reich in seine ursprünglichen Teile auseinander. Die zehn Nordstämme erkannten Salomos Sohn Rechabeam nicht an u. wählten Jerobeam, einen ehemaligen Beamten Salomos, zum König. So standen sich zwei israelitische Staaten gegenüber: das Nordreich I. mit der Hauptstadt Sichem, später Samaria, u. das Südreich Juda mit der Hauptstadt Jerusalem u. den Davididen als Herrscherhaus. Jerobeam vertiefte die Spaltung, indem er in Betel u. Dan zwei Heiligtümer errichtete, um die Trennung von Jerusalem

zu erzwingen. Jahrzehntelang herrschte Bruderkrieg zwischen beiden Reichen. Später betrieben sie zeitweilig eine gemeinsame Außenpolitik u. standen beide unter der anhaltenden Bedrohung durch die ↗Assyrer. Nach mehrmaligem Wechsel der Dynastie erlebte I. noch einmal eine Blütezeit unter Jerobeam II. (787–747). Als es mit Damaskus eine Koalition gegen Assyrien einging, zu der auch Juda gezwungen werden sollte, rief König ↗Achas von Juda die Assyrer zu Hilfe, die dann 722 Samaria eroberten. Damit hatte das Nordreich aufgehört zu bestehen. Große Teile der Bevölkerung wurden nach Mesopotamien deportiert u. gingen in der dortigen Bevölkerung auf. Juda überdauerte I. noch um 135 Jahre. König ↗Hiskija (Ezechias) fiel 705 auf ägyptisches Drängen von Assyrien ab. Einige Jahre später eroberte der assyrische König Sancherib Juda, konnte aber Jerusalem nicht einnehmen u. zog gegen eine hohe Tributzahlung ab. Die Nachfolger Hiskijas blieben Vasallen Assyriens, das bereits den Höhepunkt seiner Macht überschritten hatte. An seine Stelle trat die neue Großmacht ↗Babylon. Unter König Josia erreichte Juda eine gewisse Selbständigkeit. Der König fällt in der Schlacht bei Megiddo 609 gegen die Ägypter, die den Assyrern gegen Babylon zu Hilfe kamen. Kurz darauf kam Palästina unter die Herrschaft des neubabylonischen Reiches. Die unkluge Schaukelpolitik zwischen Babylon u. Ägypten, welche die letzten Könige Judas betrieben, besiegelte dessen Untergang. 587 wurde nach wiederholter Belagerung u. Deportation großer Bevölkerungsteile Jerusalem von Nebukadnezar erobert (↗Propheten, ↗Exil). Palästina wurde babylonische, u. nach Eroberung Babylons durch die ↗Perser persische Provinz.

e) Die Zeit des zweiten Tempels: 538 gestattete der Perserkönig ↗Cyrus den Verbannten, die jetzt Juden genannt wurden, die Heimkehr u. den Wiederaufbau des Landes u. des Tempels, der 515 unter dem Statthalter Serubbabel u. dem Hohenpriester Josua vollendet wurde. Die Hoffnung auf eine Thronbesteigung des Davididen Serubbabel, an den sich messianische Erwartungen knüpften, erfüllte sich nicht. Jerusalem blieb Kultgemeinde, aber auch ohne politische Selbständigkeit blieb das Bewußtsein, Gottes auserwähltes Volk zu sein, erhalten. Die eigentliche Neuordnung geschah unter Nehemia u. Esra, die von Babylon nach Jerusalem kamen (↗ Esra-Buch, ↗ Nehemia-Buch). Nehemia festigte den politischen Status, Esra reformierte das religiöse Leben durch eine strenge Bindung an das Gesetz, das jetzt zum Garant des Heils geworden war. 333–331 eroberte Alexander d. Gr. das persische Reich. Nach seinem Tod wurde Palästina Grenzland zwischen den Diadochen, den Erben Alexanders (Ptolemäer in Ägypten, Seleukiden in Syrien). Unter den Ptolemäern hatte Palästina eine friedliche Zeit. Doch unter den ↗ Seleukiden begann ab 198 eine harte religiöse Bedrückung. Dazu gefährdete das Einströmen hellenistischer Kultur die Gemeinde von innen her. In der Folgezeit entstanden die Sekten der ↗ Pharisäer, ↗ Sadduzäer u. ↗ Essener (↗ Qumran), die sich dem Eindringen hellenistischer Tendenzen widersetzten, aber gegensätzliche politische Ansichten vertraten. Gegen die religiöse Verfolgung erhoben sich 167 die Hasmonäer, ein Priestergeschlecht, nach dem Beinamen ihres Anführers ↗ Makkabäer genannt. Sie erkämpften gegen die Seleukiden Religionsfreiheit u. vorübergehende politische Selbständigkeit. Sie verbanden das Amt des ↗ Hohenpriesters mit dem Königsamt. Die letzten Vertreter der Dynastie verspielten ihr Ansehen im Volk durch blutige Machtkämpfe innerhalb der Familie. Noch während ihres Streites griffen die Römer in Palästina ein u. ernannten den Idumäer ↗ Herodes zum König (37–4 v.C.). Nach seinem Tod wurde das Land unter seine drei Söhne aufgeteilt, unter Herodes Agrippa I. (41–44 n.C.) nochmal vereint u. zugleich von römischen Prokuratoren verwaltet, deren zahlreiche Übergriffe gegen die Bevölkerung wachsende Auflehnung gegen die römische Herrschaft hervorriefen. Die Partei der ↗ Zeloten, eine religiös-nationalistische messianische Bewegung, schürte den Widerstand, bis 66 n.C. der jüd. Krieg gegen die ↗ Römer begann. Nach jahrelanger Belagerung wurde 70 Jerusalem erobert u. Stadt u. Tempel zerstört. Die Kraft des Volkes war geschwächt, aber nicht gebrochen. Es versuchte 132 noch einmal, unter der Führung des für den ↗ Messias gehaltenen Bar Kochba u. des Rabbi Akiba, das römische Joch abzuschütteln. Erst 135 konnten die Römer den Aufstand endgültig niederschlagen. Den Juden wurde verboten, Jerusalem zu betreten, an der Stelle des Tempels wurde ein Jupitertempel errichtet, auf Golgota ein Venustempel. Die Geschichte I.s als Nation war für fast 2000 Jahre beendet. Das jüd. Volk überlebte in Palästina u. in der Diaspora.

III. 1. **Volk Gottes:** 1. Israels Existenz als ↗ Volk Gottes ist in seiner ↗ Erwählung durch Gott begründet. Diese Erwählung ist keinerlei Verdienst I.s, des „letzten der Völker", sondern freies, unverdientes Gnadengeschenk Gottes, „weil der Herr euch liebte" (Dt 7, 7 f), u. knüpft ein enges Band zwischen Gott u. diesem Volk. „Ihr seid Söhne des Herrn" (Dt 14, 1). Die Erwählung zeigt sich zuerst in Anruf u. Zusicherung an den Stammvater Abraham, die in ihm dem künftigen Volk gegeben werden. Sie wird bestätigt durch das Heilshandeln Gottes in der Geschichte des Volkes, vor allem in der zentralen Heilstat der Errettung aus Ägypten, u. vollendet sich im Bundesschluß am Sinai (↗ Bund). Aber die Erwählung legt I. eine Verpflichtung auf. Es ist seinem Gott ein heiliges Volk, d. h. ausgesondert, ihm allein gehörend, eingegrenzt durch das ↗ Gesetz, das die Schranke aufrichtet zwischen I. u. den Völkern, um seine Heiligkeit zu sichern. Damit steht es ständig in der Spannung zwischen dem fordernden Willen Jahwes u. dem eigenen Willen, „fremden Göttern nachzulaufen", d. h. zur konformistischen Angleichung. Die Geschichte I.s ist ein ständiges Auf u. Ab von Gehorsam u. Abfall, aber zugleich Offenbarung der unwandelbaren Treue u. Liebe Gottes zu seinem Volk.

2. Im NT bezeichnet I. das Gottesvolk mit allen atl. Implikationen. Die Sendung Jesu Christi ist die Aufgipfelung aller altbundlichen Heilstaten Gottes. Im Glauben an die von ↗ Jesus gebrachte ↗ Herrschaft Gottes sollte I. zum endzeitlichen Gottesvolk werden. Weil I. nicht glaubt u. sich im ↗ Ungehorsam

dem von Jesus angebotenen Heil verschließt, wird ihm das Gericht verkündet (↗ böse Winzer). I.s ↗ Unglaube ist für das NT ein zentrales Problem, um das vor allem Paulus ringt. In der Allegorie vom Ölbaum (Röm 11) spricht er klar aus, daß die Juden den I.namen zu Recht tragen u. die Heiden die aufgepfropften Zweige auf den alten Stamm – d. h. I. – sind. Der I.name wird im NT immer nur auf das Volk I. bezogen. Erst die frühchristl. Kirche hat sich als das „neue I." verstanden, auf das alle Vorrechte der Erwählung übergegangen seien, u. damit den Juden das Recht auf den I.-namen abgesprochen. ↗ Neuer Bund. ba

Italien heißt seit Cäsar – so auch im NT (Apg 18, 2) – die Apenninische Halbinsel von den Alpen bis zur Südspitze. Als Paulus nach I. kam, war die christl. Botschaft schon über die zahlreichen Judengemeinden, vorab in Rom u. Puteoli, in I. bekannt geworden (Apg 28, 13 ff; Hebr 13, 24). he

Ituräa, Landschaft nördlich ↗ Galiläas, vom arabischen Stamm der Ituräer (im AT Jetur, Gn 25, 15) besiedelt; politische Hauptstadt war Chalkis, religiöse Baalbek-Heliopolis. I. wurde durch Aristobul I. z. T. erobert u. judaisiert, von Pompeius wieder befreit u. 34 v.C. aufgeteilt in: 1. das Gebiet zwischen Trachonitis u. Galiläa, von Zenodorus, Herodes d. Gr. u. z. T. vom Tetrarchen Philippus (Lk 3, 1) beherrscht; 2. ↗ Abilene; 3. das Kerngebiet um Chalkis, ab 41 n.C. von Herodes II. u. Agrippa II. regiert; 4. das Gebiet Soemus. he

J

Jabbok, östlicher Nebenfluß des Jordan. Er ist im Oberlauf Grenze zwischen ↗Ammon u. den ↗Amoritern (Nm 21, 24), im Unterlauf zwischen Amoritern u. Og von Basan, nach der Landnahme zwischen Gad u. Ost-Manasse (Dt 3, 16).

gr

Jahr (Jahreszeiten). Die Grundlage eines jüd. Kalenderjahres bildeten zwar zwölf Mondmonate (zu je 29 oder 30 Tagen); man war jedoch bestrebt, die Differenz (von den 354$^1/_3$Tagen) auf ein volles Sonnenjahr auszugleichen. Man half sich, indem man je nach Augenschein einen dreizehnten ↗Monat einschob (2. Adar). Erst seit dem 4. Jh. n.C. beobachtete man einen Zyklus von 19 J.en; jedes 3., 6., 8., 11., 14., 17. u. 18. J. sollte ein Schaltjahr sein. Zur Zählung der Tage wurden mit Löchern versehene Tafeln benutzt. Die Qumrantexte reden von der Unterteilung eines J. in 52 volle Wochen, so daß die Feste stets auf denselben Wochentag fallen konnten (↗Qumran). Für die frühe Kirche wird der von Cäsar eingeführte römische Sonnenkalender (12 Monate zu 30 bzw. 31 Tagen) bestimmend gewesen sein. – Palästina kennt zwei J.es-Zeiten: den Winter als Regen- u. somit Aussaatzeit u. den Sommer mit den drei Haupterntezeiten (u. Hauptfesten).

pa

Jahrfest. In Js 1, 14 u. Hos 9, 5 wird von einem regelmäßig gefeierten Fest gesprochen. Manche identifizieren es mit dem ↗Laubhüttenfest (vgl. Ri 21, 19). ↗Feste.

pa

Jahrwoche. Die Einheit eines Sieben-Jahre-Zyklusses (Sabbatjahr) spielt in der apokalyptischen Literatur eine Rolle (vgl. Apk 11, 2–11). Bekannt ist Dn 9, 24–27. Hier wird die von Jr 25, 11 f; 29, 10 geweissagte siebzigjährige Verödung Jerusalems (↗Exil) midraschartig als Zeitraum von 70 J.n interpretiert (7 + 62 + 1 J.n = 490 Jahre). ↗Apokalyptik.

pa

Jahwe, Eigenname des Gottes Israels „vom Lande Ägypten her" (Hos 13, 4). J. sichert durch diesen Namen seinem erwählten Volk Israel seine stete, wenn auch unverfügliche Gegenwart u. Hilfe zu (Ex 3 u. 6). – Kurzformen des J.-namens (Jahu, Jo, Ja) sind vielfach in theophoren Eigennamen enthalten (Jesajahu, Jojakim); ähnliche Kurzformen begegnen auch bei außerisraelitischen Völkern als (Gottes)namen, doch ist ein Zusammenhang dieser mit J. ungeklärt. ↗Gott, ↗Tetragramm.

he

Jahweerzählungen, Bezeichnung der atl. Exegese für Erzählungen, in denen im Grunde ↗Jahwe, nicht der redende u. handelnde Mensch, im Mittelpunkt der Aussage steht. Der von Jahwe berufene Mensch ist im J. Diener Jahwes (1 Kg 17, 1), ohne zum Werkzeug degradiert zu sein; er macht Jahwes Gegenwart u. Wirken in je seiner Zeit sichtbar; in seinem Wort trifft man auf Jahwes Wort. J. sind z. B. eine Reihe Patriarchen-, Mose-, Samuel-, besonders aber die Elija-Erzählungen.

he

Jahweoffenbarung nennt man kurz die verschiedenen, je neuen u. andersartigen Selbstoffenbarungen des Gottes Israels, wie sie sich in den ↗Jahweüberlieferungen niederschlugen. Bezeichnend für die J. ist, daß ↗Jahwe hierin nicht kundtut, wie er ist, sondern wie er sich an Israel erweisen will. Sehr deutlich zeigt sich dies in der Offenbarung des Jahwenamens (Ex 3 u. 6). Von dieser Selbstkundgabe her erkannte Israel in den Offenbarungen u. Verheißungen an die Väter den gleichen Gott am heilsgeschichtlichen Werk u. nannte ihn folgerichtig Jahwe (↗Jahwist). – Die vielfältigen Erfahrungen mit Jahwe, dem persönlichen, welttranszendenten u. doch in Natur u. Geschichte ständig waltenden Gott, haben Israel befähigt zu einer umfassenden Geschichtsbetrachtung u. -darstellung, in die auch die Schöpfung miteinbezogen ist (Gn 1–2).

he

Jahweüberlieferung, die bekenntnishafte Erzählung u. Zusammenfassung der wichtigsten heilsgeschichtlichen Taten u. ↗Offenbarungen ↗Jahwes, die ↗Israel u. seinen Jahweglauben begründeten: Verheißung des Landes an die Patriarchen, Offenbarung des Namens Jahwe an Mose, Herausführung Israels aus Ägypten, Errettung am Schilfmeer, Führung durch die Wüste, Offenbarung am Sinai mit Bundesschluß u. Gesetzgebung, Gabe des Landes sowie Jahwes ↗Bund mit David u. Erwählung des Zion. – Träger, Hüter u. (oft kühne u. radikale) Interpreten der J. für die jeweilige Gegenwart sind die Charismatiker (Richter, frühe Propheten u. Könige), die Priester u. Leviten (Toraerteilung) u. vor allem die klassischen Propheten (Elija, Amos usw.). Gerade die klassischen Propheten betonen immer wieder die entscheidenden Punkte des Jahweglaubens, der in einer Zeit der Staatenbildung mit Bündnispolitik der Könige, der veränderten Rechtslage (Verstädterung, Großgrundbesitzer, Verarmung der Landbevölkerung) u. Aufnahme heidnischer Kultbräuche u. Feste ausgehöhlt wurde: Jahwe ist Herr von Natur u. Geschichte. Seiner freien Erwählung allein verdankt Israel seine Existenz; er hat Israel seinen beständigen Schutz zugesagt; er besteht aber auch auf Einhaltung des im Bundesschluß verankerten Gottesrechts (↗Gebote) u. ahndet das Unrecht.

he

Jahwist (J), älteste der Pentateuchquellen bzw. deren anonymer Verfasser; so genannt, weil sie von Anfang an den Gottesnamen ↗Jahwe verwendet. Sie berichtet in fortlaufender Geschichtenfolge von der Erschaffung des Menschen bis zum Turmbau u. von der Verheißung an Abraham bis zur Landnahme Israels in Kanaan (Gn 2, 4b – Ri 1). Der J., wahrscheinlich ein Zeitgenosse Salomos aus dem Südreich, hat altes Traditionsgut zusammengestellt. Er unterscheidet sich von den übrigen Quellen durch seine lebendige Erzählweise u. seine Geschichtstheologie. Er deutet rückschauend als erster die Geschichte der Menschheit u. des erwählten Volkes als ↗Heilsgeschichte. Der durch die

Sünde verursachten Unheilssituation steht Gottes Heilshandeln gegenüber, der menschlichen Schuld die sich erfüllende göttliche Verheißung.

ba

Jakob. Für Israel waren die J.s-Erzählungen (Gn 25 ff) transparent auf das Problem der eigenen ↗Erwählung. Schon im Namen dieses Patriarchen klingt an, daß Gott inmitten u. trotz der menschlichen Arglist u. Schuld sein Geschichtswalten durchhält u. aus reiner Gnade u. Freiheit erwählt u. handelt. J. heißt „Gott möge schützen", in Gn 25, 26 u. 36 frei abgewandelt u. bezogen auf „Fersenhalter" u. „Überlister". Paradoxerweise wird dieser Zweitgeborene, der sich vom rechtmäßigen Erben ↗Esau das Erstgeburtsrecht erschleicht (Gn 25, 19 ff), zum Träger der ↗Verheißung u. des ↗Segens erwählt u. später trotz seiner Schuld darin bestätigt. An J. sieht der Glaubende, daß Gott ungeachtet der Eignung Menschen in Dienst nimmt, beruft u. führt, segnet u. läutert, treu zu seinem Wort steht u. durch seine Verheißung eine neue Zukunft eröffnet.   pa

Jakobsbrunnen. Der J. wird Joh 4, 6 erwähnt, nie im AT (vgl. Jos 24, 32). Man identifiziert ihn mit einem etwa 30 m tief getriebenen Schacht, der bis ins Grundwasser hinabreicht (also keine Zisterne oder Quelle) u. sich in der Nähe des heutigen Askar, dem ehemaligen Sychar in ↗Samaria, befindet.   pa

Jakobsleiter ↗Himmelsleiter.

Jakobssegen. Hinter Gn 49, dem sog. J., stehen die Erfahrung u. Überzeugung, das prophetische Wort ↗Jakobs habe das Geschick der israelitischen Stämme u. ihrer Ahnherrn vorangetrieben u. sich darin erfüllt. Hervorgehoben sind die Sprüche über Juda (die davidische Dynastie u. den „Gesalbten"), V. 8 ff u. Joseph, V. 22 ff. ↗Segen.

pa

Jakobus (Bruder des Herrn; Mt 13, 55; Mk 6, 3), Sohn von Klopas u. Maria, Bruder des ↗Judas. Er kam, wie die übrigen Herrenbrüder, erst nach der Auferstehung zum Glauben, spielte aber bald eine führende Rolle in der Jerusalemer Urgemeinde. Entscheidend ist seine Stimme beim ↗Apostelkonzil u. der Formulierung des ↗Aposteldekrets. Ihm wird der ↗Jakobus-Brief zugeschrieben. Zuletzt wird er Apg 21, 18 f erwähnt.   be

Jakobus-Brief. Der erste in der Reihe der ↗katholischen Briefe ist ein Sendschreiben an die Judenchristen in der ↗Diaspora. Der Verfasser nennt sich selbst: Jakobus, Knecht Gottes u. des Herrn Jesus Christus (1, 1). Gemeint ist damit eher der Herrenbruder als der Apostel ↗Jakobus. Der Brief beginnt mit einer Anrede, der Schluß fehlt. Doch die öfters eingeflochtene Anrede „Brüder" unterstreicht den Briefcharakter. Er dürfte vor dem Jahr 70 entstanden sein, da die judenchristl. Gemeinde in Palästina danach keine Rolle mehr spielte. Der Brief besteht zum Großteil aus einer Aneinanderreihung von Spruchgruppen u. Mahnungen, die aus der jüd. ↗Weisheit schöpfen u. um Fragen christl. Lebensbewältigung kreisen: von der Bewährung (1, 2–18); von Glaube u. Werken (1, 19 – 2, 26); von der Vollkommenheit (3, 1 – 4, 12); vom Reichtum, dem Gebet für die Kranken (Krankensalbung), Sündenbekenntnis u. brüderliche Zurechtweisung (4, 13 – 5, 20). be

Jakobus der Ältere, Sohn des ↗Zebedäus u. der Salome (Mt 4, 21), erscheint in den synopt. Evv. immer zusammen mit seinem Bruder ↗Johannes, als der Ältere. Nach der Überlieferung wurden beide am See zur Jüngerschaft gerufen, sie gehören von Anfang an zum Zwölferkreis (Mk 3, 17), zu den vertrauten Jüngern, die bei der Erweckung der Tochter des Jairus (Mk 5, 37), der ↗Verklärung (Mk 9, 2 ff), auf ↗Getsemani (Mk 14, 33 ff) dabei sind. Sie werden auch Boanerges (Donnersöhne) genannt. J. d. Ä. wurde vermutlich im Jahr 44 von König ↗Agrippa I. hingerichtet (vgl. Apg 12, 2 f u. Mk 10, 35 ff). ↗ Jünger, ↗Zwölf. be

Jakobus der Jüngere, Sohn des Alphäus, in allen Apostellisten erwähnt als einer der ↗Zwölf (vgl. Mt 10, 3; Apg 1, 13). Sonst wird er im NT nicht genannt. Er verdankt seinen Beinamen einer seit ↗Hieronymus nachweisbaren Verwechslung mit ↗Jakobus, dem Bruder des Herrn. be

Jakobus-Evangelium, eine Mitte 2. Jh. in griech. Sprache entstandene apokryphe Schrift (↗Apokryphen). Von den Geburts- u. Kindheitserzählungen Jesu ausgehend, wird die Geschichte seiner Großeltern ↗Jojakim u. ↗Hanna erzählt. Im Mittelpunkt steht ↗Maria, ihre wunderbare Geburt, ihr Tempeldienst, ihre Heirat mit ↗Joseph dem Witwer, der ihre Jungfräulichkeit schützt, bis Jesus auf dem Weg nach Betlehem in einer Höhle auf der Welt erscheint, u. die Verfolgung durch ↗Herodes. Das J.-E. beeinflußte die Dogmenentwicklung (Jungfräulichkeit Mariens bei der Geburt), die Liturgie (Feste Mariä Empfängnis, Mariä Geburt, Mariä Opferung, Hanna u. Jojakim) u. die Ikonographie. be

Jammertal, seit Luther gebräuchliche Übersetzung für Baka-Tal (= Tal des Weinens oder Tal des Bakastrauches), das nur Ps 84, 7 erwähnt u. – vielleicht weil immer schon Bild – nicht mehr lokalisierbar ist. he

Japhet, jüngster Sohn ↗Noachs, auf den nach der Völkerliste Gn 10, 2–5 die indogermanische Völkergruppe zurückgeht. we

Japho (griech. Joppe, heute Vorstadt von Tel Aviv), seit dem 5. Jahrtausend v.C. besiedelte Stadt mit wechselvoller Geschichte. J. besaß bis zur Erbauung ↗Cäsareas den einzigen Hafen an der palästinischen Küste (Jon 1, 3). Petrus war einige Zeit in J. (Apg 9, 36–43). he

Jauchzen. Äußerung lebhafter Freude der atl. Gemeinde, im Zusammenhang mit dem ↗Kult, über Gottes Hilfe u. wunderbare Werke, über den Erweis seiner Herrlichkeit u. Macht. Anlaß zum J. konnten sein reiche Ernte (Ps 65, 14) oder Sieg über die Feinde. David geleitete die Bundeslade mit J. u. Posaunen nach Jerusalem (2 Sm 6,15). Die ↗Feste, die Israel zu Ehren seines Gottes feierte, waren mit J. u. Jubel erfüllt. Das J. Gottes (Ps 47, 6) drückt bildhaft seine siegreiche Macht aus, mit der er seine Sache wider die Feinde zum Ziel bringt. Ihm, dem Heiligen Israels, dient sein Volk mit J. (Js 12, 6). ba

Jebusiter, Ureinwohner Jerusalems, das daher auch Stadt der J. oder Jebus heißt (Ri 19, 11). ↗David eroberte ihre auf dem Südosthügel Jerusalems, dem ↗Zion, gelegene Festung u. machte sie zu seiner Residenz. Die J. gehörten zu einer vorisraelitischen Bevölkerungsschicht Palästinas (Gn 15, 21; Nm 13, 29 f). we

Jehova ↗Tetragramm.

Jehovist. Als J. bezeichnet man die Zusammenarbeit der jahwistischen (J) u. der elohistischen (E) Quellenschrift des ↗Pentateuchs. Der J. dürfte nach 722 (Zerstörung Samarias) u. vor 621 (Auffindung des Dt) entstanden sein, da er keinen deuteronomischen Einfluß erkennen läßt. Die Überlieferung von J ist weithin lückenlos, während E nur bruchstückhaft erhalten ist. Diese Tatsache läßt vermuten, daß bei der Zusammenarbeitung J zugrunde gelegt u. durch E ergänzt wurde. ↗Elohist, ↗Jahwist, ↗Mose-Bücher. stu/gl

Jehu. 1. Ein ↗Prophet, der gegen die Könige Basa (1 Kg 16, 1–4) u. Josaphat (2 Chr 19, 2 f) predigte. – 2. Heerführer der Könige Achab u. Joram u. durch Revolte König von Israel (845–818). Die Propheten, vorab Elija u. Elischa, begrüßten J. zunächst als Gegner des Baalkultes (↗Baal), wandten sich aber von ihm ab, als sein Fanatismus ihn zu unverantwortbaren Ausschreitungen u. Morden trieb (1 Kg 19, 16 f; 2 Kg 9, 1 – 10, 17). he

Jenseits. Die Vorstellung vom J. leitet sich vom bibl. ↗Weltbild her. In diesem besteht die Welt aus drei Etagen, aus der Unterwelt, der Welt der Menschen u. der Welt der Himmlischen. Besonders deutlich wird das im apokalyptischen Judentum. Zugleich aber wird im bibl. Bekenntnis schon die Einheit der Welt intendiert: ↗Jahwe ist ihr Schöpfer u. einziger Herr, er herrscht über die Himmlischen, die Irdischen u. die Unterirdischen. Im Schöpfer findet die Welt ihre Einheit. Erst recht wird im Heilsereignis ↗Jesu ↗Christi deutlich, daß Christus der einzige ↗Herr über diese Welt ist. Vor ihm müssen in die Knie sinken die Himmlischen, die Irdischen u. die Unterirdischen (Phil 2, 10 f). In Christus wurde die Einheit der Welt endgültig. Von daher ist es nicht mehr zulässig, von zwei Welten, von einem Diesseits u. einem J., zu sprechen. Diese eine Welt gehört dem Herrn, oder sie steht gegen ihn. Weil Christus in dieser einen Welt Mensch geworden u. zu neuem Leben gekommen ist, deswegen flüchten Christen nicht in ein besseres J. J. kann also nur bedeuten, daß etwas jenseits u. außerhalb der menschlichen Möglichkeiten liegt, daß es sich Gott verdankt u. von dessen ↗Zukunft her kommt. Das Reich Gottes kann nur insofern jenseitig genannt werden, als es nicht von Menschen gemacht u. manipuliert werden kann. gr

Jephte ↗Jiphtach.

Jeremia. Sohn des Priesters Hilkijahu aus Anatot (Jr 1, 1) im Stamm Benjamin, geboren um 650 v.C., zum ↗Propheten berufen. Über vierzig Jahre kündete er zu Jerusalem; die letzten von ihm überlieferten Worte stammen aus der Zeit nach der Zerstörung Jerusalems (587/ 586 v.C.). Der Prophet ist uns aus den in sein Buch eingestreuten Bekenntnissen u. Monologen (11, 18 – 12, 6 u. ö.) gut bekannt. Er billigt die Reform vom König ↗Josija. Zwischen 622 u. 609 hören wir fast nichts von ihm. König Jojakim (609 v.C.) stützt sich auf die Hofpropheten u. die Tempelpriesterschaft u. beginnt eine Politik des Abfalls von ↗Babylon unter Berufung auf die Unverletzlichkeit des Tempels u. der heiligen Stadt, die Jahwe gewährleiste. J. tritt als Mahner auf, schließlich wird ihm der Zugang zum Tempel verboten. Da diktiert er Baruch seine Botschaft (Jr 36). Auch die Kapitulation Jerusalems u. die erste Wegführung (598 v.C.) ändern nichts an der grundsätzlichen Einstellung des Königs, dem seine Hofu. Heilspropheten die baldige Unterwerfung Babels zusichern (Jr 28–29). Sein Nachfolger Zidkija läßt sich nicht nur zur Auflehnung gegen Babel überreden, er ist auch zu schwach, J. zu schützen. Während der Belagerung Jerusalems (Jr 37–39) wird J. verfolgt u. gefangen. Die Babylonier befreien ihn u. setzen seinen Freund Gedalja zum Statthalter ein. J. bleibt im Land (Jr 40, 4). Nach der Ermordung seines Freundes Gedalja wird er von einer Gruppe nach Ägypten flüchtender Judäer verschleppt (Jr 41, 6 – 43, 7). Dort verliert sich seine Spur. Jüd. Überlieferung will wissen, er sei vom eigenen Volk gesteinigt worden (vgl. Hebr. 11, 36–37). ↗Baruch-Buch, ↗Jeremia-Brief. be

Jeremia-Brief. Eine unter dem Namen des großen ↗Propheten überlieferte ↗deuterokanonische Schrift (entstanden im 2. Jh. v.C.), die in manchen alten Übersetzungen als 6. Kap. dem ↗Baruch-Buch angehängt wird. In Briefform werden die in Gefangenschaft Ziehenden vor den Gefahren der babylonischen Religion gewarnt: Die Götterbilder sind tot, sie vermögen dem, der ihnen dient, nicht wirkmächtig beizustehen, sie sind keine Götter.   be

Jeremia-Buch. Im J.-B. sind prophetische Worte u. Erzählungen, einige in Ich-Form, andere in Er-Form, ineinander gearbeitet. Diese verwickelte Komposition wie die Unterschiede zwischen dem hebr. u. dem griech. Text (LXX) lassen erkennen, daß das Buch nicht aus einem Guß ist, sondern in langer Überlieferung entstand. Die Wissenschaft unterscheidet drei Quellenschriften, die in den jetzigen Text eingegangen sind. Vom ersten Kern des Buches berichtet Jr 36: Im 4. Jahr des ↗Jojakim diktiert Jeremia seine bisher verkündeten Worte dem Baruch (↗Baruch-Buch). Diese erste Rolle wird Volk u. König vorgelesen u. verbrannt. Baruch schrieb die Worte des Propheten ein zweitesmal auf u. fügte viele andere dazu (Jr 36, 32), nicht zur Warnung für die gegenwärtige Generation, sondern zum Zeugnis für die Künftigen. Auf Baruch mögen wohl auch die Er-Berichte über Jeremia zurückgehen. Doch der Text des Buches wuchs bis in nachexilische Zeit, erste Auslegungen wurden eingefügt, bis es seine jetzige Gestalt erhielt. – Das Buch hat einen ziemlich klaren Aufbau. Chronologische Gliederung: Kap. 1–39: vor dem Fall Jerusalems; Kap. 40–45: nach der Eroberung; Kap. 46–51: Fremdvölkersprüche. – Sachliche Gliederung: Berufung u. Auftrag (Kap. 1); Gerichtsworte über Jerusalem u. Juda (Kap. 2 – 25, 14); Einleitung zu den Gerichtsworten über die Völker (Kap. 25, 15–38); Heilsworte über Jerusalem u. Juda (Kap. 26, 1 – 35, 10); Baruchs Bericht über die Verfolgung des Propheten (Kap. 36–45); Gerichtsworte über die Völker (Kap. 46–51); Anhang: Bericht über die Erfüllung der Prophetenworte, Untergang Jerusalems (Kap. 52).   be

Jericho, älteste bekannte Stadt, 250 m unter dem Meeresspiegel im Jordangraben gelegen, inmitten einer tropischen Oase (deshalb auch „Palmenstadt" genannt, Dt 34, 3). Schon in der Jungsteinzeit war J. stark befestigt. Ausgrabungen zeigten die wechselvolle Geschichte

der Stadt mit Zeiten der Blüte u. des Verfalls. Als die Israeliten im 13. Jh. v.C. Kanaan eroberten, waren die Mauern J.s schon mehrere Jhh. zerstört (was noch hinter der ätiologischen Erzählung Jos 6 sichtbar wird). J. war auch in israelitischer Zeit besiedelt, erlangte aber erst in ntl. Zeit wieder Bedeutung, als Herodes bei J. seinen Winterpalast baute.   we

Jerobeam. 1. J. I., König von Israel (926 bis 907 v.C.) wurde von ↗Salomo gefördert, wagte 927 einen Aufstand gegen Salomo, der aber niedergeschlagen wurde. Nach dem Tod Salomos wird er von den Stämmen Israels als König eingesetzt. – 2. J. II., König von Israel (787 bis 747 v.C.). Seine lange Regierungszeit stellt einen letzten Höhepunkt in der politischen Geschichte ↗Israels dar.   gr

Jerusalem, schwer zugängliche Stadt auf dem Hochplateau Westjordaniens, ca. 760 m über dem Meeresspiegel gelegen. J. war wohl seit dem 4. Jahrtausend v.C. besiedelt. Seine Bedeutung aber verdankt es ↗David, der die Festung der ↗Jebusiter eroberte u. das „neutrale" J. zur Hauptstadt der rivalisierenden Nord- u. Südstämme machte. Durch Übertragung der ↗Bundeslade wurde J. auch religiöser Mittelpunkt des Reiches. Unter ↗Salomo durch ↗Tempel- u. Palastbau erweitert, behielt J. auch nach der Reichsteilung seine bedeutende Stellung. 597 v.C. wurde J. zerstört, seine Bevölkerung deportiert. J. blieb aber weiterhin religiöser Mittelpunkt aller Juden (Js 40–55). Nach dem Rückkehr der Exulanten wurde es wieder aufgebaut u. 70 n.C. durch Titus endgültig vernichtet. ↗Jerusalem, neues.   we

Jerusalem, neues (himmlisches). Zahlreiche atl. Texte erwarten für die ↗Endzeit, daß ↗Jahwe in J. wohnen wird u. sich alle Völker der Erde hier versammeln (Mich 4, 1–3; Js 2, 2). J. wird zum Mittelpunkt der ↗Messiaserwartung. ↗Zion wird zur Residenz des ↗Messias-Königs (Ps 26; 110, 2).   stu

Im späteren Judentum bildet sich die Vorstellung heraus, daß dieses neue J. keine zukünftige irdische, sondern eine schon jetzt im ↗Himmel existierende Größe ist, die in der Heilszeit vom Himmel herabkommt u. an die Stelle des irdischen J. tritt. Deshalb spricht man, vor allem im Zusammenhang mit der ↗Apokalyptik, vom „himmlischen J.". Die „heilige Stadt, das neue J., das herniedersteigt aus dem Himmel von Gott her" (Apk 21, 2; vgl. 3, 12) hat in der ntl. Apokalypse – im Gegensatz zu den atl. Vorstellungen (Js 60, 7.13) – keinen Tempel mehr, „denn sein Tempel ist der Herr" (Apk 21, 22), d. h., es lebt in vollkommener Gemeinschaft mit Gott. Dieses neue (himmlische) J. der Apokalypse ist ebenso Symbol für die christl. Kirche wie das „obere J." in Gal 4, 26. Gemeint ist in beiden Fällen, daß das Wesen der Kirche im Himmel (= bei Gott) begründet ist.   gl

Jesaja, Sohn eines sonst unbekannten Amoz, wurde im Todesjahr des Königs Usija (742 v.C.) im ↗Tempel zu Jerusalem zum ↗Propheten berufen. Da in Jerusalem zu jener Zeit hauptsächlich Königs- u. Tempelbeamte lebten, nimmt man an, er entstamme ihren Kreisen. Er kündete unter den Königen Asarja, Jotam, Achas u. Hiskija. Der babylonische ↗Talmud überliefert die Legende seines Martertods unter Manasse. J. hatte zwei Söhne mit symbolischen Namen: „Eilebeute-Raubebald" u. „Rest-kehrt-um". Auch sein eigener Name „Rettung ist Jahwe" ist kennzeichnend für seine Botschaft, die hineinreicht in den Kampf zwischen Glaube u. Macht, politischer Klugheit u. Vertrauen auf die Hilfe Jahwes. Die zweimalige Belagerung Jerusalems von den Königen Rezin u. Pekach (735 v.C.) u. dem Assyrer Sancherib (701 v.C.) finden in der Botschaft des Propheten Deutung u. Erklärung. – Im NT wird er von Lk u. Paulus ausdrücklich erwähnt. ↗Jesaja-Buch.   be

Jesaja-Buch. Das J.-B. lag nach jahrhundertelanger Entwicklung im 2. Jh. v.C., als die griech. Übersetzung der Bibel entstand, in seiner jetzigen Gestalt von 66 Kapiteln vor. Die Jesajarolle von ↗Qumran ist um 150 v.C. geschrieben.

Das Buch gliedert sich in drei große Überlieferungsblöcke: a) Js 1–39, Sammlung von Worten des ↗Propheten, aufgebaut nach dem Schema: Drohworte gegen Juda u. Jerusalem (1–12); gegen die fremden Völker (13–27); vor allem Verheißungen für Juda u. Jerusalem

(28–35); über den Propheten (36–39; vgl. 2 Kg 18, 13 – 20, 19). Der letzte Abschnitt wurde hier wohl aus dem Bestreben eingeschoben, alles über den Propheten Bekannte in einem Buch zu sammeln. Was dem Propheten selber, was seinen Schülern zugeschrieben werden muß, läßt sich im einzelnen nur ungenau bestimmen. – b) Js 40–55 (zweiter Jesaja, ↗Deuterojesaja), entstanden von einem unbekannten Propheten im Babylonischen ↗Exil. Etwa fünfzig Lieder u. Sprüche, durchgehend Heilsverkündigung, sind in diesen Kapiteln aneinandergereiht. In den Klagefeiern des Exils wurde hier in immer neuem Ansatz dem Volk das mittelbar bevorstehende ↗Heil angesagt. Nicht Israels Verdienst, Gottes ↗Treue zu seinen ↗Verheißungen wird die Wende bewirken: Einen zweiten ↗Auszug unter der Führung Jahwes, die Rückkehr zum ↗Zion, den Wiederaufbau des ↗Tempels u. die Sammlung der Zerstreuten. Jahwe wird den Perser ↗Cyrus als ↗Knecht u. ↗Messias in seinen Dienst nehmen; auf dem Höhepunkt seines Siegeszugs wird er erkennen, daß er nur Werkzeug im Plan des Gottes Israels ist. Israel selber sühnt nicht nur die eigene, sondern auch die Schuld der fremden Völker, sein Schicksal bewirkt weltumspannende Gotteserkenntnis. – c) Js 55–66 (dritter Jesaja, ↗Tritojesaja), eine Sammlung von Prophetenworten aus der Zeit nach der Heimkehr. Einzelstücke aus der Jesaja-Überlieferung werden verbunden mit Mahnworten an die Gemeinde, die durch das Ausbleiben des angekündeten Heils bedroht ist. Das endzeitliche Heil wird anbrechen, Gott wird seine Macht offenbaren. Die Botschaft verengt sich auf Lebensweisungen: Mißbrauch des Rechts, Verachtung der Notleidenden, Hartherzigkeit u. Götzendienst sind Schuld an der Verzögerung des Heils. Auch Israel, das erwählte Volk, ist dem ↗Gericht Gottes unterworfen. ↗Jesaja.   be

Jesus. a) Daß Jesus gelebt hat, kann nicht ernsthaft bestritten werden. Auch wenn die nichtchristl. *Quellen* spärlich fließen u. wenig konkretes Wissen vermitteln, so zeigen sie doch, daß die Historizität der Person Jesu nicht in Frage gestellt worden ist. Die wichtigste nicht-

christl. Erwähnung Jesu findet sich im Bericht des römischen Historikers Tacitus (Anfang 2. Jh. n.C.) über den Brand Roms u. die anschließende Christenverfolgung unter Nero (64 n.C.). Hierin wird die Bezeichnung „Christen" auf Christus zurückgeführt, der vom Prokurator Pontius Pilatus während der Herrschaft des Kaisers Tiberius hingerichtet worden sei. Der jüd. Historiker ↗Josephus (geb. um 40 n.C.) nennt J. nur einmal beiläufig, eine zweite Erwähnung ist, zumal in ihrer jetzigen Form, von christl. Hand. Auch der jüd. ↗Talmud spricht von J.: Er bezeichnet ihn als Zauberer, Verführer des israelitischen Volkes u. politischen Aufrührer. Die beste u. zuverlässigste Nachricht über J. erhalten wir aus den Evv. Zu beachten ist freilich, daß diese nicht in unserem Sinn Geschichtsquellen sind u. auch nicht sein wollen. Auch biographisches Interesse liegt ihnen fern. So erfahren wir nichts über das Aussehen oder die innere Entwicklung Jesu, denn die Evv. sind in erster Linie Zeugnis u. ↗Bekenntnis der frühen christl. Gemeinde zum auferstandenen Herrn.
b) Obwohl aufgrund dieser Quellenlage keine Biographie Jesu geschrieben werden kann, können u. sollen doch *die wichtigsten Fakten des Lebens Jesu* genannt werden. Sicher ist, daß J. im ersten Drittel des 1. Jh. gelebt hat. Die Regierungszeit des ↗Herodes d. Gr., Lk 1, 5 (bis 4 v.C.) u. die seines Sohnes Herodes Antipas, Lk 13, 31 (bis 39 n.C.), ist bekannt. Pontius ↗Pilatus war von 26–36 n.C. Prokurator. Kajaphas hatte das Amt des Hohenpriesters von 18–36 inne. Eine genaue Datierung der Geburt, des Auftretens u. des Todes Jesu stößt jedoch auf Schwierigkeiten, da die Evv. nur eine direkte Jahresangabe nennen: Von ↗Johannes dem Täufer wird Lk 3, 1 berichtet, daß er im 15. Jahr der Regierung des Tiberius (d. h. wohl 27/28 n.C.) auftrat. Außerdem erfahren wir aus Lk 3, 23, daß Jesu öffentliche Wirksamkeit etwa in seinem 30. Lebensjahr begann. Ist J. zur Regierungszeit des Herodes d. Gr. geboren, so muß die Zeit seiner Geburt vor 4 v.C. liegen. Mt u. Lk erzählen in ihren ↗Kindheitsgeschichten, daß J. von der Jungfrau ↗Maria in Betlehem geboren wurde.

Die Evv. des Mk u. des Joh berichten keine Geburtsgeschichte. Die eigentliche Heimat Jesu war ↗Nazaret in Galiläa, seine Muttersprache das galiläische ↗Aramäisch. Es ist textkritisch strittig (Mk 6, 3), ob J. oder Joseph als Zimmermann bezeichnet wird. Historisch sicher ist, daß J. in Beziehung zu Johannes dem Täufer kam. Alle vier Evv. berichten auch von der ↗Taufe Jesu durch Johannes, obwohl diese später der christlichen Gemeinde Schwierigkeiten machte. Nicht sicher auszumachen ist, ob J. erst nach der Gefangennahme des Täufers öffentlich auftrat (Mk 1, 14), oder ob sie beide gleichzeitig wirkten (Joh 3, 22 ff). J. anerkannte die Botschaft des Täufers vom nahen ↗Reich Gottes u. bejahte seinen Bußruf (↗Umkehr). Er predigte wie der Täufer angesichts des nahen Gottesreiches Buße – dennoch ist durch J. eine radikal neue Situation geschaffen: Nicht mehr das nahe u. drohende Gericht, sondern die Freudenbotschaft vom nahen Reich Gottes begründet den Bußruf! J. übernahm darum weder die Bußtaufe noch die asketische Lebensführung des Täufers, sondern kehrte in die Dörfer u. Städte Galiläas zurück, ging den Verlorenen nach, gesellte sich zu Sündern u. Zöllnern (Mt 11, 19) u. heilte Kranke. In Vollmacht rief J. Menschen in seine ↗Nachfolge. Die ↗Jünger – unter ihnen Petrus u. Andreas, Jakobus u. Johannes – ließen alles hinter sich u. folgten bedingungslos seinem Ruf. Die Orte u. Gebiete, in denen J. wirkte, sind bekannt – vor allem ↗Kapharnaum, ↗Betsaida, Nazaret; See ↗Gennesaret –, die Wanderwege können jedoch nicht mehr rekonstruiert werden. Nach Joh wirkte J. öfters in ↗Jerusalem u. Umgebung, nach Mk ging J. nur einmal in die heilige Stadt. Wie dem auch sei, sicher ist, daß J. mit seinen Jüngern u. großen Pilgerscharen zum ↗Pascha-Fest nach Jerusalem hinaufzog, um z. Z. hoher ↗Messiaserwartungen in der heiligen Stadt, dem Ort des ↗Tempels, die Botschaft von der nahen ↗Herrschaft Gottes zu verkündigen. Hatte schon vorher Jesu Auftreten den Widerspruch der frommen Juden hervorgerufen, so mußte vollends sein Einzug nach Jerusalem unter dem Jubelruf begeisterter Anhänger u. seine Reinigung des Vorhofs des Tempels – das dortige Treiben war für keinen Juden anstößig – als Angriff gegen das Fundament der jüd. Religion verstanden werden. Im Wissen um den Ernst der Stunde feierte J. in Erwartung des Reiches Gottes mit seinen Jüngern das ↗Abendmahl. Mit Hilfe des Jüngers Judas Iskariot gelang dann den Gegnern schnell u. unauffällig Jesu Gefangennahme. J. wurde vor den ↗Hohen Rat geführt u. verhört. Ob dieser damals die Blutgerichtsbarkeit besaß oder nicht, ist heftig umstritten (↗Prozeß Jesu). Fest steht, daß J. an den römischen Prokurator Pontius Pilatus, der während des Festes in Jerusalem weilte, ausgeliefert u. von den Römern – der Kreuzestod war eine römische Hinrichtungsart – als politischer Messiasprätendent gekreuzigt wurde (↗Kreuz). Nach allen vier Evv. starb J. an einem Freitag. Nach den Synopt. war dieser Freitag der 15. ↗Nisan, d. h. der erste Tag des Festes; nach Joh war dieser Freitag der 14. Nisan, d. h. der Vortag des Festes, der Tag, an dem das Paschalamm gegessen wurde. Das Todesjahr ist nicht mehr sicher auszumachen, wahrscheinlich 30 n.C. Daß J. nicht im Tode geblieben ist, sondern den zunächst geflohenen Jüngern erschienen ist, ist übereinstimmendes Zeugnis des Osterglaubens der frühen christl. Gemeinde (↗Auferstehung).

c) *Die Botschaft Jesu* ist in die jüd. Welt mit ihren Vorstellungen hineingesprochen. In weiten Kreisen des Judentums z. Z. Jesu war eine diesseitige politische Hoffnung lebendig: Man ersehnte einen Messias, der die heidnische Überfremdung beseitigt u. das Davidreich erneuert. Daneben aber fanden sich im Judentum apokalyptische Erwartungen (↗Apokalyptik), die den diesseitigen Rahmen sprengten: Man litt darunter, daß diese Welt verderbt ist u. erhoffte die Vernichtung aller Gottlosigkeit u. Bosheit auf Erden beim Sichtbarwerden des Gottesreiches. Angesichts dieser Erwartungen verkündigte J. die Botschaft von der Nähe des Reiches Gottes. Die politisch-diesseitige Hoffnung trat bei J. vollständig zurück, politische Fragen wurden nur ganz am Rande berührt. J. nahm jedoch die apokalyptische Vor-

stellung vom kosmischen Reich Gottes, das in der Zukunft von außen her in die Welt einbrechen wird, auf. Damit scheidet eine Deutung des von J. verkündigten Reiches Gottes im Sinne eines sich innergeschichtlich entwickelnden aus. J. korrigiert jedoch auch die apokalyptischen Vorstellungen entscheidend: Die Frage nach dem Termin des Kommens des Reiches wird verboten u. ist überholt. Ist nach J. das Reich noch in der Zukunft, ist es bereits gegenwärtig? Die Deutungen gehen weit auseinander. Es dürfte jedoch für J. charakteristisch sein, daß das Reich Gottes ↗Gegenwart u. ↗Zukunft zugleich ist. Obwohl das Reich erst nahe ist, seine Verwirklichung noch aussteht u. man um sein Kommen beten muß (Vaterunser!), wird das Reich Gottes bereits gegenwärtig: Die ↗Dämonen werden ausgetrieben (Mt 12, 28), J. ruft Sünder u. Zöllner zu sich u. spricht den ↗Armen das ↗Heil zu, an der Stellung zu seiner Person entscheidet sich heute die Zugehörigkeit zum Reich Gottes. Die Botschaft Jesu sprengt die jüd. Erwartungen, sie widerspricht aber auch dem jüd. Verständnis des ↗Gesetzes. In erstaunlicher Freiheit steht J. dem ↗Sabbat-Gebot u. den Reinheitsvorschriften (↗Reinheit) gegenüber. In ungeheurer Souveränität setzt J. sogar dem Wortlaut des Mosegesetzes sein „Ich aber sage euch" entgegen (Bergpredigt!). J. zerschlägt die Gesetzesfrömmigkeit u. setzt ihr die absolute Forderung des ↗Willens Gottes entgegen. Wollte der fromme Jude durch detaillierte Auslegung des Gesetzes möglichst alle Bereiche des Lebens so regeln, daß er vor Gott als Gerechter erscheint, so sagt J., daß Gott nicht dies oder jenes vom Menschen will, sondern den Menschen selbst ganz beansprucht. Gott fordert bedingungslosen ↗Gehorsam u. uneingeschränkte ↗Liebe, die auch vor dem Feind nicht halt macht.

d) Meist wird die Frage nach dem *Selbstverständnis Jesu*, seinem „Messiasbewußtsein" (↗Messias), von den durch Tradition vorgegebenen messianischen Titeln her angegangen u. danach gefragt, ob u. wie J. die Titel ↗Davidssohn, ↗Gottesknecht, ↗Sohn Gottes, ↗Menschensohn u. ↗Christus auf sich bezogen habe. Da J. jedoch die Messiaserwartungen gesprengt hat, ist es richtiger, nicht von den traditionellen Messiastiteln, sondern vom Wirken Jesu selbst auszugehen. Das bisher Ausgeführte sei darum im Blick auf die Frage nach dem Selbstverständnis Jesu zusammengefaßt: In Jesu Wort u. Tat bricht die Herrschaft Gottes an. Er spricht in Vollmacht das Heil zu, er heilt Kranke u. treibt Dämonen aus. Ja J. wagt zu sagen, daß sich an der Stellung zu seiner Person, der Nachfolge oder ihrer Verweigerung, die Teilhabe am Reich Gottes entscheidet. Heil dem, der an J. nicht zu Fall kommt, wehe denen, die nicht zur Umkehr bereit sind (Mt 11, 20 ff). Woher nimmt er die ungeheure Souveränität, mit der er den jüd. Gesetzen gegenübersteht, sich den Verlorenen zuwendet u. der Sünder u. Zöllner Geselle wird? Woher nimmt er die fast unheimliche Vollmacht, dem Gesetz des Mose selbst sein „Ich aber sage euch" entgegenzusetzen? Mit Recht sahen die jüd. Oberen hierin einen Angriff auf die Grundlage ihres Glaubens. Von der christl. Gemeinde aber wird der am Kreuz hingerichtete J. nach den Ostererlebnissen als der bekannt, in dem allein das Heil zu finden ist, in ihm, dem Christus, dem Gottessohn, dem ↗Herrn.   ma

Jesus Sirach, ↗deuterokanonisches Buch, das zu Beginn des 2. Jh. v.C. von Jesus, dem Sohn Eleasars, dem Sohn Sirachs (Sir 50, 27), in Jerusalem verfaßt wurde. Sein Enkel übersetzte es bald nach 132 v.C. für die jüd. ↗Diaspora in Ägypten ins Griech. Lange lag das Buch J. S. nur in griech. u. syrischer Übersetzung vor, bis seit 1896 in der Geniza, der Synagoge vor Kairo, mehrere Blätter von verschiedenen Hss. des hebr. Textes gefunden wurden; hinzu kamen einige Fragmente aus ↗Qumran u. Masada, so daß jetzt etwa drei Fünftel des hebr. J. S. bekannt sind. – Das Buch J. S. gehört zur spätisraelitischen Weisheitsliteratur u. enthält zahlreiche Lebensregeln für das menschliche Zusammenleben, unterbrochen von Gebeten, Hymnen u. Lehrgedichten, so dem Lobpreis der personifizierten ↗Weisheit (24) u. dem Lobpreis der Väter (44–49). Innerlich geeint ist das vielfältige Material

durch den *Gottesfurcht*gedanken. Er durchzieht als Grundthema das ganze Buch J. S., angefangen von der grundsätzlichen Einleitung (1–2) bis zur Unterschrift (50, 27–29). In diesem Begriff faßt der Autor sein eigentliches Anliegen zusammen: Die Erziehung seiner Schüler zu persönlichem Gottesverhältnis u. echter Frömmigkeit.   we

Jetzt. Im NT bezeichnet j. die Qualifizierung einer bestimmten Stunde oder Zeitperiode als einer von Gottes Wirken getroffenen. a) Das J. als gottgezeichnete Zeit: Bestimmte Stunden werden durch die Gegenwart von Gottes Heilswirken aus dem gewöhnlichen Ablauf der Zeit herausgehoben. Die Berufung der ↗Jünger (z. B. des Simon: Lk 5, 10) ist ein solcher göttlicher Eingriff, ebenso die „Stunde" Jesu, die die seines Leidens u. gleichzeitig seiner Verherrlichung ist u. damit die des Gerichtes über die Welt (Joh 12, 27 ff). – Gott hat durch das Christusereignis der Menschheitsgeschichte eine Wendung zum ↗Heil gegeben, doch ist diese Wendung für die ntl. Verkündigung nicht nur Vergangenheit, sondern im J. ist sie gegenwärtig: Nach Röm 5, 9 werden wir j. durch sein „Blut" gerechtgesprochen u. dadurch vor dem Gericht bewahrt (vgl. Kol 1, 22). Nach Röm 16, 26 wird das ewige ↗Geheimnis Gottes j. offenbart. Ebenso bleibt die einmal gefällte Entscheidung des einzelnen für (Röm 11, 30) oder gegen (Röm 11, 31) Christus mit ihrem ganzen Gewicht im J. der Gegenwart bestehen.

Zwei wesentliche Züge wurden bisher erkennbar: Im J. wird Geschichte als ↗Gegenwart erfahren, u. das J. bezeichnet eine(n) Zeit(punkt) mit endgültiger Bedeutung. – Doch nicht nur die Vergangenheit, auch die ↗Zukunft wird im J. gegenwärtig. Wie im AT von den Propheten nicht nur Gerichtsdrohung u. Heilsverheißung, sondern auch ↗Gericht u. Heil selbst als j. geschehend verkündet werden, werden im NT mit Hilfe der Wendungen der „Zwei-Äonen-Lehre" (↗Äon) ähnliche Aussagen gemacht. „Diese Weltzeit" ist die Zeit des Alten Bundes, die Zeit der Unerlöstheit. Anderseits hat die „kommende Weltzeit" mit Christi Kommen schon verborgen angefangen, wartet aber noch auf ihre endgültige Offenbarung in Herrlichkeit, die mit der ↗Wiederkunft Christi eintreten wird. Im J. als einer Übergangszeit sind beide Zeiten gegenwärtig, die alte als grundsätzlich schon überwundene, die aber immer noch ihre Macht ausübt; die neue als die grundsätzlich schon begonnene, die aber noch auf ihre endgültige Offenbarung wartet.

Im J. ist der ↗Herrentag angebrochen, das Heute, in dem die ↗Verheißungen in ↗Erfüllung gehen (Lk 4, 19.21). Besonders Joh sieht im J. die letzte Zeit anbrechen: Mit Christus ist gekommen das Gericht (3, 19; 12, 31), die Auferstehung der Toten (5, 24 f), das Schauen Gottes (14, 7), der Sieg über das Böse (16, 33). Mehr als alle anderen ntl. Schriften sieht das Joh-Ev. im J. des Christus die Vollendung als gegenwärtige. Daneben gibt es jedoch auch im ganzen NT die Vorstellung der noch ausstehenden Erfüllung (Röm 5, 8 f; Eph 1, 13 f; auch Joh!).

b) Auch in der sittlichen ↗Paränese des NT spielt das J. eine Rolle. Weil der Christ das, was er durch Christus ist, immer auch noch werden soll, steht dem J. mit dem Indikativ immer das J. mit dem Imperativ zur Seite (↗Indikativ u. Imperativ). Schon bei den atl. Propheten war das J. die Stunde der Entscheidung, die Gelegenheit zur Bekehrung. Im NT steht das J. der sittlichen Ermahnung zunächst in der missionarischen Verkündigung (Apg 17, 30 f), vor allem aber in der Gemeindeunterweisung: Die Christen, die einst fern von Gott waren, ohne Hoffnung, sind jetzt durch Christi Hingabe befreit von der Herrschaft des ↗Gesetzes u. in Gottes Nähe versetzt (vgl. Eph 2, 12 f). Damit ist ein Leben in der Sünde nicht vereinbar. J. müssen sie der ↗Gerechtigkeit dienen (Röm 6, 19).

Während der ↗Grieche unter der Ziellosigkeit der Zeit litt u. der ↗Jude unter der Vorläufigkeit jedes erreichten Zieles, das immer nur ein Durchgangspunkt zum Kommenden war, kann der Christ sich ganz auf die Gegenwart einlassen, denn diese ist erfüllt vom Christusereignis. Hier proklamiert er in der Feier des ↗Herrenmahles den Tod u. die Wiederkunft des Herrn als gegenwärtig (1 Kor 11, 25 f). Im J. der Verkündigung ist das Christusereignis da, wenn auch erst im ↗Glauben erfahrbar. Das ntl. J. ist die ganze Zeitperiode zwischen der ersten u. zweiten Ankunft Christi, aber für den einzelnen Christen zieht es sich in bestimmten Entscheidungsstunden zusammen. Dabei darf er jedoch nie vergessen, daß das Einst der Zukunft noch nicht da ist, sondern noch seine letzte Erfüllung erwartet (Röm 8, 19 ff).   tho

Jiphtach, ↗Richter in Israel (Ri 10, 6 – 12, 7). Wegen seiner illegitimen Herkunft aus Gilead vertrieben, wird J. Anführer einer Bande haltloser Leute. In der Not ruft ihn aber sein Stamm als Heerführer gegen die Ammoniter zurück; J. besiegt zwar den Feind, verliert aber seine Tochter durch ein Gelübde, das er gemacht hat, bevor er in den Kampf zog (Ri 11, 30 ff). – Im NT wird J. als Beispiel des Glaubens vorgestellt (Hebr 11, 32 ff).   we

Joab (hebr. Jahwe ist Vater), Heerführer ↗Davids, innenpolitisch bedeutendste Persönlichkeit u. Stütze der Monarchie Davids.   he

Joachim ↗Jojakim.

Job ↗Ijob.

Jobeljahr. Man feierte es in Israel jedes 50. Jahr. Zur Eröffnung ertönte das ↗Horn, jobel; daher der Name J. Praktisch wird die Vorschrift Lv 25 jedoch kaum durchgeführt worden sein, weil sie Ähnliches verlangte wie für das ↗Sabbatjahr (dazu noch Rückerstattung des gepfändeten Erbbesitzes), das auf das vorhergehende 49. Jahr fiel. Es blieb ein utopischer (nachexilischer?) Versuch, einen Idealzustand der sozialen Gerechtigkeit u. Gleichheit aufzustellen.   pa

Joch. Vorrichtung aus Holzstäben u. Stricken zum Zusammenspannen zweier Zugtiere. Im übertragenen Sinn bedeutet es die Lasten, die dem Volk vom eigenen oder fremden Herrscher auferlegt werden, sowie Abhängigkeit u. Knechtschaft überhaupt. Das Zerbrechen des J. wird dann, vor allem in der Heilsprophetie, zum Sinnbild der Befreiung (Js 9, 3). Seltener hat J. eine positive Bedeutung: die dem Gottesvolk verliehene Bundesordnung oder die Unterordnung unter Gottes Gebote. Das NT spricht vom J. des ↗Gesetzes als unerträglicher Last (Apg 15, 10; Gal 5, 1) im Gegensatz zum leichten J. Christi (Mt 11, 29 f). ba

Joel (hebr. Jahwe ist Gott). 1. Ältester Sohn ↗Samuels (1 Sm 8, 2). – 2. Sohn des Petuel, ein ↗Prophet, der in nachexilischer Zeit wohl in Jerusalem aufgetreten ist; seine Worte sind im ↗J.-Buch überliefert. he

Joel-Buch, die zweite Schrift des Zwölfprophetenbuches, wohl gegen 400 v.C. entstanden. Das J.-B. ist eigentlich mehr ein apokalyptisches als ein prophetisches Buch. Sein Hauptthema ist der nahe ↗Tag Jahwes (1, 15; 2, 1 f.11; 3, 4; 4, 14); Katastrophen gehen ihm voran, u. das Heil Israels – nach Joel nicht auch das der Völker! – wird ihm folgen. – 1, 2–12 schildert der ↗Prophet eine durch eine Heuschreckenplage verursachte Wirtschaftskatastrophe u. schließt einen Bußruf an (1, 13–20), um das Schlimmste abzuwenden. In 2, 1–11 ist im Bild der vernichtenden Heuschrecken ein nach Jerusalem ziehendes Kriegsheer gezeichnet, das eine furchtbare Katastrophe herbeiführen wird; auch hier folgt ein eindringlicher Bußruf (2, 12–17). 2, 18 erwähnt der Herr nochmals die Not Jerusalems u. verheißt im folgenden die endzeitliche Wende mit reichem Segen (2, 19–27), Ausgießung des Gottesgeistes (3, 1–5), Vernichtung aller Feinde Israels u. Wiederherstellung des Gottesvolkes (4, 1–21). Dadurch wird überall die Erkenntnis durchbrechen: ↗Jahwe, der Gott Israels, ist der einzig mächtige. – Nach Apg 2 ist die Prophetie Joel 3, 1–5 in der urchristl. Gemeinde Wirklichkeit geworden. he

Johannes, Sohn des Zebedäus, wurde mit seinem Bruder ↗Jakobus dem Älteren von Jesus in dessen Begleitung gerufen (Mk 1, 19 f par). Er zählte zur führenden Gruppe unter den ↗Zwölf (Mk 9, 2 par), wirkte mit Ostern mit ↗Petrus zusammen (Apg) u. war eine der „Säulen" der Urgemeinde in Jerusalem (Gal 2, 9). Das in Kleinasien (Ephesus?) entstandene sog. johanneische Schrifttum des NT steht wahrscheinlich in einem (differenzierten) Zusammenhang mit seiner Verkündigung. Die alte Kirche hat J. das Joh-Ev., drei Briefe u. die ntl. Apokalypse zugeschrieben. Für alle diese Schriften ist heute aber sowohl umstritten, ob sie den gleichen Verfasser haben, als auch, wer dieser war (unter diesem Vorbehalt auch die folgenden Urteile). Die ↗Apokalypse gibt als einzige Schrift einen J. als Autor an, aber ihr Verfasser ist kaum einer der Zwölf (vgl. Apk 21, 14). Zu den übrigen johanneischen Schriften weist sie Beziehungen auf, doch überwiegen in Sprache u. Theologie die Unterschiede. Wenn mit dem im ↗Joh-Ev. mehrfach genannten „Jünger, den Jesus liebte", der Sohn des Zebedäus gemeint ist, wäre J. wohl der für die Gemeinde, in der das Ev. entstand, maßgebende Glaubenszeuge; der Endverfasser des Ev., das eine längere Entstehungsgeschichte gehabt hat, ist er kaum. Der Verfasser des 1. ↗Joh-Briefes ist weder der Zebedaide noch der Verfasser des Ev., dem er aber (als Schüler?) nahesteht. Wer die beiden kleineren Joh-Briefe geschrieben hat, ist nicht auszumachen. Ein Urteil in all diesen Fragen ist dadurch erschwert, daß nach Papias (gest. 120–130) in Ephesus auch ein bedeutender Presbyter J. gewirkt hat.
sm

Johannesakten. Die J. gehören zu den ↗Apokryphen des NT u. unter diesen zu den Apostelgeschichten. Sie schildern Reisen, Wundertaten, Predigt u. Tod des Apostels Johannes in Ephesus. Da die J. Gedankengut der ↗Gnosis enthalten, sind sie vermutlich im gnostischen Christentum Syriens oder Kleinasiens entstanden; Abfassungszeit ist etwa das 3. Jh. Die J. wurden von den Manichäern aufgenommen u. lebten in der Kirche des Ostens noch lange weiter. ri

Johannes-Apokalypse ↗Offenbarung des Johannes.

Johannes-Briefe. Die alte Kirche hat drei Briefe des NT ↗Johannes, dem Sohn des Zebedäus, zugeschrieben (an manchen Orten allerdings zögernd u. spät). In den J.-B.n selbst wird diese Verfasserschaft nicht behauptet. Der 1. J.-B. ist nicht so sehr Brief – es fehlen Adresse u. Schlußgruß – wie allgemeines Mahnschreiben gegen innerhalb der Kirche auftretende, der ↗Gnosis nahestehende, Häresie. Die Abwehr erfolgt aus konservativer Grundhaltung: 1. Jesus ist der Christus u. Sohn Gottes; er ist im Fleisch gekommen. Wer nicht in diesem Glauben *bleibt,* ist nicht aus Gott (↗Bleiben). 2. Rechter Glaube u. Gotteserkenntnis erweisen sich in einem Leben der ↗Liebe. Durch die Kritik einer nur intellektuellen oder mystischen Gotteserkenntnis u. im Drängen zur Liebe hat der Brief besonderen Rang u. bleibende Bedeutung. 3. Gegenüber der Häresie richtet sich der Blick auf die verbleibende Gemeinde: In ihr ist die Liebe zu leben. Begrifflichkeit u. Stil des Briefes sind den Reden des ↗Joh-Ev. verwandt; fraglos ist der Verfasser mit dessen Verkündigung tief vertraut. Aber sprachliche Unterschiede (Gebrauch der Präpositionen u. ä.) u. theol. Akzente (die Zukunftserwartung ist stärker betont; der Gedanke, daß Jesu Tod sühnende Wirkung hat) lassen an einen anderen Verfasser im Kreis um das Ev. denken. 1, 1–4 behauptet er nicht Augenzeugenschaft, sondern bekennt sich zur Einheit der Verkündigung von ihren Anfängen her. Der 2. u. 3. J.-B. sind von einem „Alten" (presbyteros) verfaßt. Aber weder ein Alter noch ein Amt sind damit gemeint, vielmehr bezeichnet sich der Verfasser als einen der bei Papias (gest. 120–130) genannten maßgebenden Glaubenszeugen der zweiten Generation (Johannes v. Ephesus?). Der 2. J.-B. warnt eine Gemeinde vor gnostischen Irrlehrern (vgl. 1 Joh). Der 3. J.-B. ist an einen Gaius gerichtet u. läßt eine Auseinandersetzung zwischen dessen Gemeindevorsteher Diotrephes u. dem „Alten" erkennen, ohne daß für uns die geschichtliche Situation aufzuklären wäre. sm

Johannes der Täufer, nach dem NT der Vorläufer Jesu. Von Kindheit an Gott geweiht, war es seine Bestimmung, den Anbruch der ↗Herrschaft Gottes zu verkünden. Seinem öffentlichen Auftreten ging ein längerer Aufenthalt „in der ↗Wüste" voraus. Beziehungen zu ↗Qumran sind möglich. Etwa 28 n.C. (vgl. Lk 3, 1 ff) ergeht der Ruf Gottes an ihn. Er predigt eine ↗Taufe zur Vergebung der Sünden u. mahnt eindringlich zur radikalen ↗Umkehr, denn das ↗Gericht Gottes stehe unmittelbar bevor. Der Zulauf des Volkes ist groß, viele bekehren sich u. lassen sich taufen. Doch stößt J. in ↗Pharisäer- u. Priesterkreisen auf Ablehnung.

Als er den Ehebruch des Königs ↗Herodes öffentlich anprangert, wird er von diesem gefangengesetzt u. später enthauptet. Auch J., der im Volk als Prophet galt u. den Jesus den „Größten vom Weibe Geborenen" nennt, mußte die Angefochtenheit des Glaubens erfahren (Mt 11, 2–6). Einige seiner Jünger schlossen sich Jesus an, andere ließen sich später „auf den Namen Jesu" taufen (Apg 19, 5). Eine Gruppe der J.jünger, die im Täufer den Messias sahen, existierte als Sekte noch bis ins 2. Jh. Auf dem Hintergrund der Auseinandersetzung der christl. Gemeinde mit diesen J.jüngern sind die ntl. Texte über das Wirken des J. u. sein Verhältnis zu Jesus zu verstehen. Konnten sich die Täuferjünger darauf berufen, daß sich Jesus von J. taufen ließ u. sich ihm damit – nach ihrem Verständnis – unterordnete, so antwortete die Kirche, daß J. selbst sich nicht für den Messias hielt, sondern von sich weg auf den kommenden Größeren verwies (Mk 1, 7–8 parr) u. daß er sich selbst ausdrücklich zu Jesus als diesem „Größeren" bekannte (Mt 3, 14; Joh 1, 19–34). ↗Taufe Jesu. ba

Johannes-Evangelium. Das Verständnis des J.-E., das sich in Aufriß, Inhalt u. Sprache so auffallend von den synopt. Evv. unterscheidet, ist in Wandlung begriffen. So wird auf die Fragen nach seinem Verfasser, nach Entstehungszeit u. -ort, nach seiner Begrifflichkeit u. geistigen Umwelt eine breite Skala von Antworten gegeben. Nahezu Übereinstimmung besteht allein darüber, daß das J.-E. gegen Ende des 1. Jh. verfaßt worden ist. Hinsichtlich der geistigen Umwelt scheint ein differenziertes Urteil gefordert: Das J.-E. ist nicht allein von jüd. Milieu geprägt; es ist aber auch nicht „griechisch". Vielmehr gehört es in die synkretistische Welt des ↗Hellenismus u. steht in Fragestellung u. Sprache der Deutung menschlicher Existenz in der ↗Gnosis näher als der Ethik des Pharisäismus u. der Apokalyptik. Für die Frage nach dem Verfasser ist eine Lösung nicht abzusehen; in der katholischen Exegese beginnt hierüber erst die Diskussion. Neben ↗Johannes, dem Sohn des Zebedäus, werden ein bei Papias (gest. 120–130) bezeugter Presbyter Johannes u. a. in Erwägung

gezogen. Die traditionelle Ansicht von
der Verfasserschaft des Zebedaiden ist
durch das Zeugnis der alten Kirche gestützt. Das wichtigste Gegenargument
ist, daß im J.-E. Quellen verarbeitet u.
Schichten der Entstehung zu erkennen
seien. Tatsächlich sind die Brüche im
Aufbau u. die Differenziertheit der
Theologie anders kaum zu verstehen.
Vor allem die These einer Quelle, die
vornehmlich Wunderberichte enthalten
habe, findet auch in die katholische Forschung zunehmend Eingang (vielleicht
muß man aber an ein ganzes Ev. denken). Daß für eine Phase der Entstehungsgeschichte oder für das zugrunde liegende Überlieferungsgut doch
Johannes von Bedeutung war, ist damit
noch nicht ausgeschlossen. Die Antwort
hängt u. a. von der (umstrittenen) Deutung des „Jüngers, den Jesus liebte", ab.
Das J.-E. hat als einziges Ev. ihm allein
eigene historische Nachrichten (vor
allem in den topographischen Angaben).
Andererseits entfernt es sich am weitesten von der Historie: 1. ist in den
Handlungsberichten der Akzent auf die
Zeichenhaftigkeit des Geschehens gelegt; 2. sind Jesu Reden in der vorliegenden Gestalt Bildungen des Verfassers
oder seiner Gemeinde sind. Diese Eigenart läßt sich am besten so verstehen, daß
in ihm nicht nur (wie in den synopt. Evv.
auch) die Bedeutung des Todes Jesu vom
österlichen Glauben her mit dem Material des über ihn umgehenden Zeugnisses erhellt wurde. Vielmehr ist dieses
Zeugnis besonders entschieden auf seine
Bedeutung für Glauben u. Leben der
gegenwärtigen Gemeinde hin ausgelegt.
Das Glaubenszeugnis des J.-E. weiß sich
begründet von der Offenbarung der
Herrlichkeit Gottes in Jesus, d. h. in der
Geschichte. Es unterstreicht diese geschichtliche Offenbarung mit mannig-
fachem Überlieferungsgut (vgl. die gesteigerten Wunderberichte). Aber es redet vor allem vom lebendigen, d. h. vom
erhöhten Herrn. Dessen allein dem
↗Glauben zugängliche ↗Herrlichkeit u.
Einheit mit dem ↗Vater macht es im
überlieferten Gut anschaulich u. verkündet sie in den Redetexten. Handeln u. Reden des Erhöhten sind im J.-E. von ihrem
historischen Grund wie von ihrer über-
geschichtlichen Begründung (Menschwer-

dung u. Erhöhung des Offenbarers) gerade nicht unterschieden, sondern in besonderer Weise mit beiden verbunden.
sm

Johannesjünger ↗Johannes der Täufer.

Johannestaufe. Bei den Juden (↗Essener,
↗Qumran) waren rituelle Waschungen
üblich, die das Verlangen nach innerer
↗Reinheit symbolisierten. Die ↗Pro-
selyten wurden zum Zeichen ihrer Eingliederung in das Gottesvolk getauft.
Die „Taufe des Johannes" unterscheidet
sich von obiger Praxis durch ihre Einmaligkeit u. ihren Vollzug an Juden,
nicht an Heiden. Sie gehört unablösbar
zur Botschaft des Johannes u. sollte auf
die messianische Taufe mit „Heiligem
Geist u. Feuer" vorbereiten. ↗Johannes
der Täufer.
ba

Jojakim (hebr. Jahwe richte auf; Prie-
ster- u. Königsname) gilt seit dem 2. Jh.
n.C. als Name des Gemahls der Hanna
u. Vaters der Mutter Jesu.
he

Jona(s). 1. Ein ↗Prophet im 8. Jh. v.C.,
der Jerobeam II. die Ausweitung seines
Reiches ankündigte (2 Kg 14, 25). – 2.
Hauptfigur des ↗J.-Buches. – 3. Vater
des Petrus (Mt 16, 17).
he

Jona-Buch, 5. Schrift im Zwölfprophetenbuch, um 400 v.C. entstanden, ist nicht
wie sonst atl. Prophetenschriften eine
Sammlung von Prophetenworten, sondern eine sehr humorvolle Lehrerzählung. – Der Prophet Jona aus dem kleinen Juda wird von Jahwe in die Weltstadt Ninive gesandt, um dort das ↗Ge-
richt anzukündigen. Jona aber sucht sich
dem Auftrag zu entziehen u. auf einem
Schiff von Japho nach Tarschisch zu fliehen. Seinen Ungehorsam beantwortet
Jahwe mit einem Wirbelsturm; in großer
Seenot wird Jona, um Schiff u. Besatzung
zu retten, dem Meer überantwortet.
Jahwe aber rettet den Propheten durch
einen Fisch, nachdem Jona in äußerster
Lebensgefahr zum Gebet gefunden hat.
Dem erneuten Befehl Jahwes leistet
Jona Folge; doch ist er sehr enttäuscht
u. hadert mit Gott, als das Gericht durch
die sofortige Umkehr u. Buße Ninives
ausbleibt. Jahwe beschwichtigt mehrfach
den Zorn des Propheten u. macht ihm
anschaulich klar, daß die von ihm theoretisch   gewußte   Glaubenswahrheit
(„Jahwe ist ein gnädiger u. barmherziger Gott"; 4, 2) von Jahwe praktizierte

Wirklichkeit ist – auch den Heiden gegenüber. – Unter Verwendung zahlreicher atl., mythischer u. märchenhafter Motive verkündigt der Verfasser des J.-B. den universalen Heilswillen Jahwes, dessen Gerichtsbeschluß nie unweigerlich feststeht, sondern immer durch entsprechendes Verhalten des Menschen aufhebbar ist. – Im NT ist Jona u. seine Rettung aus dem Bauch des Fisches Vorbild der ↗Auferstehung Jesu (Mt 12, 39 f). ↗Jona-Zeichen. he

Jona-Zeichen. Auf die Forderung nach einem unmittelbar durch Gott ausgewiesenen Beglaubigungswunder (Mt 12, 38 = Lk 11, 28; vgl. Mk 8, 11) hat nach gut begründbarer Ansicht Jesus selbst seine Ablehnung (Mk 8, 12) mit dem Hinweis auf das Zeichen des Jona abgeschlossen (Mt 12, 39 = Lk 11, 29). Dessen Deutung ist umstritten, besonders weil die beiden Deutesprüche bei Mt (12, 40) u. Lk (11, 30) sich beträchtlich unterscheiden. Mt legt das J.-Z. auf Jesu ↗Auferstehung u. sein Kommen zum Gericht (Mt 24, 30) hin aus, Lk ebenfalls (aber unter anderer Verwendung der Jona-Überlieferung) auf Jesu ↗Wiederkunft. ↗Jona-Buch, ↗Menschensohn. pe

Jordan, größter Fluß ↗Palästinas, der aus mehreren Quellen am Hermon entsteht. Der J. durchfließt zunächst eine fruchtbare Ebene, fällt dann steil zum See Gennesaret ab u. durchzieht von da in zahllosen Windungen bis zur Einmündung ins ↗Tote Meer den J.graben. – Die Israeliten durchzogen unter Josua (Jos 3–4) den J. Hier wurde Elischa Nachfolger des Elija (2 Kg 2, 1–14). Johannes taufte Jesus am J. (Mk 1, 9–11). we

Joseph. 1. Patriarch, Sohn ↗Jakobs, wird von seinen Brüdern nach ↗Ägypten verkauft, gelangt nach widrigen Umständen zu hohem Ansehen u. verschafft endlich der Jakobssippe Wohnsitz im Land ↗Goschen. Die J.erzählung (Gn 37; 39–47; 50) ist eine kunstvoll gestaltete ↗Novelle, deren religiöse Aussage die tröstliche Gewißheit ist, daß menschliche Bosheit Gottes Pläne nicht zunichte machen kann. Eine pädagogische Absicht ist in ihr erkennbar: So beherrscht, klug u. gütig wie J. soll sich ein junger Mann verhalten. Damit gehört sie als „weisheitliche Lehrerzählung" zur älte-

ren ↗Weisheit, wahrscheinlich von einem Weisheitslehrer der salomonischen Zeit verfaßt. Über den historischen Hintergrund der J.erzählung läßt sich nichts Sicheres sagen. Ihr ägyptisches Lokalkolorit ist aber unverkennbar.
2. Gatte ↗Marias, Davidide, lebte als Handwerker in Nazaret u. galt als Vater Jesu. Die Evv. erwähnen ihn nur in der ↗Kindheitsgeschichte Jesu. Die Mitteilungen über ihn in den ↗Apokryphen sind historisch wertlos, haben aber sein Bild in der Volksfrömmigkeit u. Kunst geprägt. ba

Joseph u. Asenat. ↗Midrasch aus dem 2. Jh. v.C., der von der Bekehrung Asenats, einer ägyptischen Priestertochter, u. ihrer Heirat mit Joseph erzählt. Er stammt aus den Kreisen der Therapeuten, einer jüd.-alexandrinischen Sekte. Verfasser schrieb für Juden u. Heiden. Den Juden zeigt er, daß Joseph keine Heidin, sondern eine ↗Proselytin geheiratet hat; die Heiden mahnt er, sich wie Asenat zum allmächtigen Gott zu bekehren. ba

Josephus, Flavius, jüd. Historiker (ca. 37–110 n.C.). J. nahm zunächst aktiv am Krieg gegen Rom teil, lief aber 67 n.C. zu Vespasian über, den er als Erfüller atl. Erwartungen betrachtete. Nach 70 verfaßte J. in Rom unter Benutzung zahlreicher Quellen eine Geschichte des jüd. Volkes von der Schöpfung bis zum Krieg gegen Rom, eine Darstellung dieses Krieges, eine Selbstbiographie u. eine Verteidigung der Geschichte u. Überlieferung des jüd. Volkes. Ohne J. wüßten wir von der jüd. Geschichte des 1. Jh. v. u. n.C. kaum etwas, wenn sie auch bei J. oft tendenziös verzeichnet ist. he

Josija. Sohn des Amon, König von ↗Juda (639–609 v.C.). Er erweiterte die Grenzen Judas nach Norden hin über Betel hinaus bis Meggido. Im Kampf gegen Pharao Necho wird er bei Meggido (609) geschlagen u. fällt. Manche Anzeichen deuten auf eine Neuordnung des Heerwesens unter J. hin. Am folgenschwersten aber war die ↗Kultreform unter seiner Regierung: der ↗Tempel wird von Bildern u. Standbildern kanaanäischer u. assyrischer Götter gereinigt, Jahwe wird der alleinige

Herr des Tempels, die Jahwe-Höhen im Lande werden verunreinigt, Jerusalem wird Kultzentrum. gr

Josua. 1. Das Numeri-Buch bezeichnet mit diesem Namen (hebr. Gott ist Hilfe) den Sohn Nuns. Unter ↗Mose war er Unterführer u. einer der nach ↗Kanaan entsandten Kundschafter. Als sein Nachfolger führte er das Volk über den Jordan, leitete die Aktionen der ↗Landnahme u. teilte Kanaan unter die Stämme auf (↗Josua-Buch). Entsprechend diesen Quellen starb er nach der Bundeserneuerung in Sichem u. wurde in Timnat-Serach (Ephraim) begraben. – 2. J. hieß auch der erste nachexilische Hohepriester in Jerusalem. Er erneuerte den Brandopferaltar u. den Opferdienst. pa

Josua-Buch. Der Glaubende lebt aus der Gotteserfahrung, die er entweder im eigenen Leben gemacht hat oder durch das Zeugnis der Glaubensgemeinschaft vermittelt erhält. Er weiß Gott als einen, der führend, leitend u. heilend in die Geschichte eingreift; durch sein Offenbarungswort die Zukunft eröffnet u. treu dazu steht. Für Israel ist das J.-B. ein solches Zeugnis aus der Frühzeit. Es behandelt die Einwanderung israelitischer Stämme unter der Führung ↗Josuas in Kanaan (Kap. 1–12; mehr das benjaminitische Südland betreffend) u. die Landverteilung (13–21; Anhang in 22–24). Diese Ereignisse der ↗Landnahme, die, historisch gesehen, weithin unkriegerische Infiltrationsprozesse waren, erscheinen dem glaubenden Geschichtsbetrachter als eine einzige ↗Führungsgeschichte Gottes an seinem Erwählungsvolk. Er bezeugt, daß Gott damit sein Verheißungswort an die Väter (↗Landverheißung) eingelöst hat; daß er damals nicht nur ein Ziel angegeben, sondern die Geschichte selbst in wunderbaren Heilstaten vorangetrieben hat. Für immer wird dieser Gott in seinem „Erbland" als naher u. führender Bundesgott, der „zur Ruhe bringt" (21, 43), erfahren werden können. Als literarisches Produkt ist das J.-B. vielen Quellenschriften, in der Endredaktion bes. der deuteronomistischen Geschichtsdarstellung, verpflichtet. pa

Jubiläen(-Buch), eine spätjüd. Schrift. Ursprünglich hebr. geschrieben, ist sie in einer äthiop. Übersetzung ganz, in einer lat. zu einem Drittel erhalten. Kleine Fragmente in hebr. Sprache wurden in ↗Qumran entdeckt. Es wird vermutet, daß das Buch den Kreisen der ↗Essener zugehört u. etwa 100 v.C. geschrieben wurde (andere Datierungsversuche gehen bis ins 5. Jh. v.C. zurück). Der Inhalt der Schrift umfaßt Gn 1 – Ex 12, z. T. in der Form einfacher Wiederholung des bibl. Textes, z. T. in der Form des ↗Midraschs, d. h. deutender Auslegung. Wegen dieses Inhalts wird die Schrift auch „kleine Genesis" genannt. Den Namen „J." hat sie auf Grund der Einteilung u. Datierung der Geschehnisse nach Jubiläen (Perioden von 49 Jahren, Lv 25), die ihrerseits in 7 Jahrwochen zu je 7 Jahren gegliedert sind, erhalten. Sie legt Wert auf kultische u. rituelle Ordnungen (z. B. ↗Sabbat, ↗Wochenfest; Speisegebote) u. strenge Reinhaltung des Judentums. ma

Juda. Die in Südpalästina siedelnden „Söhne J.s" (Jos 7, 1) leiten sich von Lea u. Jakob her (Gn 29). Der Hauptort des Stammesgebietes war Betlehem, später Hebron. Durch die Machtübernahme Davids in Israel stieg die politische Bedeutung. Jerusalem wurde (durch Überführung der ↗Bundeslade) religiöser u. politischer Mittelpunkt des Landes. Kriegführung u. Bautätigkeit (↗Tempel) belasteten das Land arg, so daß sich nach dem Tod Salomos (926 v.C.) ein eigenes Nordreich abspaltete. Bei J. blieb nur Benjamin. Aufgrund der davidisch-messianischen Königsideologie behielt J. seine Bedeutung, vornehmlich als J. nach der Zerstörung u. Eroberung des Landes (587 v.C.) u. dem Babylonischen ↗Exil Sammelpunkt der heimkehrenden Juden u. Ausdruck der eschatologischen Hoffnung wurde. Das NT sieht in Jesus die an J. ergangenen ↗Verheißungen (↗Jakobssegen: Gn 49, 12 ff; „Löwe aus J.": Apk 5, 5) erfüllt (Mt 1, 2 f; Hebr 7, 14). ↗Judäa. pa

Judäa. Die Benennung des ehemaligen Gebietes der Stämme ↗Juda u. Benjamin mit J. hat sich in der hellenistisch-römischen Zeit eingebürgert. Die wechselvolle Geschichte dieses südpalästinensischen Landstriches zeigt J. zuerst als Ziel der nachexilischen Heimkehrerzüge. Lange stand es unter persischer Verwaltung. Die größte Ausweitung (bis ins

Ostjordanland) erfuhr es unter den ↗Hasmonäern (140 v.C.) u. Herodes (37–4 v.C.), ab 6 n.C. unterstand es römischen Landpflegern, nach 70 wurde es eine eigene ↗Provinz bzw. Teil der syrischen. pa

Judaisten, extrem gesetzestreue Gruppe unter den ↗Judenchristen. Sie kamen aus bekehrten Pharisäerkreisen, betrachteten aber weiterhin ↗Beschneidung u. ↗Gesetz als heilsnotwendig u. forderten deshalb beides auch für die gläubig gewordenen ↗Heiden. Darüber kam es in der ersten heidenchristl. Gemeinde in Antiochia zu einem heftigen Streit. Das sog. ↗Apostelkonzil entschied für die Freiheit der Heidenchristen vom Gesetz (Apg 15, 1 ff; Gal 2, 1–10). Damit begann die Loslösung der jungen Kirche vom Judentum. Trotz der Beschlüsse des Apostelkonzils traten judaistische Agitatoren in den Gemeinden außerhalb Palästinas auf, was Paulus zu heftigen Auseinandersetzungen mit ihnen zwang (Galaterbrief). Die Mehrheit der Urgemeinde distanzierte sich von ihnen. ba

Judas, griech.-lat. Form des hebr. Namens Juda (Jude).
a) Apostel, Sohn des Jakobus (Lk 6, 16; Joh 14, 22; Apg 1, 13), bei Mt mit dem Beinamen J. Lebbäus, bei Mk J. Thaddäus.
b) Bruder Jesu, erwähnt Mt 13, 35; Mk 6, 3; er gilt in der Überlieferung als Verfasser des ↗J.-Briefs (Jud 1).
c) J. Iskariot (= Mann von Kariot oder Dolchmann), in der Liste der ↗Apostel immer an letzter Stelle genannt. Unter die ↗Zwölf erwählter Jünger Jesu, der den Herrn nach Mt (26, 15) u. Mk (14, 10) aus Habgier, nach Lk (22, 3) u. Joh (13, 2) auf Antreiben des Satans verraten hat. Sein Tod ist doppelt überliefert (Mt 27, 3; Apg 1, 3). be

Judas-Brief. Der Verfasser des J.-B. bezeichnet sich selbst als Bruder des ↗Jakobus (Herrenbruder). Sein Brief (um 80 entstanden) gleicht einem Flugblatt an jene Gemeinden, die von der gnostisch-libertinistischen Irrlehre, deren Anhänger sich höherer Erkenntnis rühmen, bedroht werden (↗Gnosis). Er zitiert das AT u. atl. ↗Apokryphen u. gleicht 2 Petr. Der J.-B. gibt uns Zeugnis vom Kampf der frühen Kirche um

die Reinheit ihres Glaubens u. ihrer Überlieferung. be

Jude. Im bibl. Sprachgebrauch sind J.n die Einwohner des Reiches Juda, in nachexilischer u. ntl. Zeit die Angehörigen des Volkes ↗Israel, vorwiegend von Nicht-J.n so genannt. Die J.n bezeichnen sich selbst meist als Israeliten, um die Zugehörigkeit zum auserwählten Volk zu betonen, doch hat J. die gleiche religiöse Bedeutung. Im NT, bei Paulus u. im Joh.-Ev., erhält das Wort J. einen speziellen theol. Sinn u. wird zu einem Typos (↗Typologie). Bei Paulus ist J., wer am Gesetz des Mose festhält u. das Ev. ablehnt. Zugleich ist J. ein Ehrenname, gründend im Vorrang, den die J.n vor den ↗ „Griechen" (den Völkern) haben. Denn ihnen hat Gott besondere Gnadengaben, ↗Gesetz u. ↗Beschneidung, gewährt. Wer sich J. nennt, doch das Gesetz nicht hält, bei wem Beschneidung nicht auch eine solche des Herzens ist, der ist nur zum Schein J. u. hat kein Anrecht auf den Namen. Der Christ ist der wahre Beschnittene, er ist „innerlich J." (Röm 2, 17–29; Phil 3, 2). Zwar ist kein Unterschied mehr zwischen J. u. Grieche, beide sind unter der Sünde (Röm 3, 9) wie unter der Gnade (Gal 3, 28), doch hält Paulus unbeirrt am Vorrang der J.n fest: Strafe u. Lohn, Bedrängnis u. Herrlichkeit wird „dem J. zuerst, dann dem Griechen" zuteil (Röm 2, 9 f). Im Joh.-Ev. gewinnt die Bezeichnung „die J.n", von einigen Stellen abgesehen, polemische Bedeutung, die auf dem historischen Hintergrund der Auseinandersetzung u. erfolgten Trennung von Kirche u. ↗Synagoge zu sehen ist. Die J.n werden als Gegner Jesu zum Prototyp des Unglaubens. Obwohl das Joh.-Ev. mit seiner antijüd. Polemik nicht die historischen J.n meint, sondern „die J.n" zur theol. Chiffre für eine gottfeindliche Welt, die sich Jesus verweigert, werden, bietet es einer vordergründigen Exegese genügend Handhabe, christl. J.n-Feindschaft bibl. zu fundieren. ba

Judenchristen, Christen jüd. Volkszugehörigkeit, im engeren Sinn die aus dem Judentum stammenden Christen der alten Kirche. Innerhalb der J. lassen sich verschiedene Gruppierungen erkennen: Die sog. Hellenisten (↗hellenisti-

sches Judentum), Diasporajuden u.
↗Proselyten, die bald die Lebensweise
nach dem Gesetz aufgaben (Stephanus,
Barnabas, Paulus). Die Jerusalemer Urgemeinde (u. die meisten christl. Gemeinden Palästinas, Apg 9, 31) bestand
aus Juden, die an Jesus als ↗Messias u.
↗Herrn glaubten, aber weiterhin an
↗Beschneidung u. ↗Gesetz festhielten.
Sie nahmen am Tempelgottesdienst teil
u. kamen in ihren Häusern zu Mahlfeiern
zusammen. Sie wußten sich als die endzeitliche Heilsgemeinde. Nach dem Weggang der Apostel aus Jerusalem wurde
der Herrenbruder ↗Jakobus Oberhaupt
der Gemeinde. Er hielt streng am Gesetz
fest u. sicherte damit der Gemeinde den
Fortbestand als jesusgläubige Juden
unter den übrigen jüd. Religionspar-
teien. Doch wurde er 62 n.C. als „Ge-
setzesübertreter" hingerichtet. Unter
seinen Nachfolgern verlor die Gemeinde
an Bedeutung. Die Nichtbeteiligung der
J. Palästinas am jüd. Krieg wurde ihnen
von den übrigen Juden sehr verübelt.
Um 82 n.C. kam es zu ihrem Ausschluß
als Ketzer aus der Synagogengemein-
schaft u. damit zur endgültigen Trennung
von ↗Synagoge u. Kirche. Nach 135 n.C.
gerieten die noch bestehenden judenchristl. Gruppen schnell unter den Einfluß gnostischer J. (↗Gnosis), die als
Häretiker (Ebioniten, Elkesaiten) von der
Großkirche ausgeschieden wurden. ↗Ju-
daisten.   ba

Judenedikt. Vertreibung der Juden aus
Rom durch Kaiser Claudius im Jahr
49/50, erwähnt Apg 18, 2. Nach Sueton
war der Anlaß eine durch „Chrestos"
(Christi wegen?) verursachte Unruhe. ba

Judenverfolgung. Mit Entstehung der
jüd. ↗Diaspora seit dem 6. Jh. v.C. kam
es zu örtlich begrenzten J.en, vorwiegend aus religiösen Gründen. Bildlose
Gottesverehrung, Beschneidung u. Gesetzesbeobachtung forderten die Abnei-
gung der heidnischen Umwelt u. den
Vorwurf der Absonderung u. Menschen-
verachtung heraus. Als im 4. Jh. das
Christentum Staatsreligion wurde, kam
der Vorwurf des „Gottesmordes" auf,
der bis in die neueste Zeit ein Hauptmotiv christl. Judenhasses blieb u. immer wieder J.en auslöste.   ba

Judit (hebr. Jüdin). 1. Eine Hethiterin u.
Frau Esaus (Gn 26, 34). – 2. Gesetzes-

treue, fromme u. schöne Jüdin aus dem
Stamm Simeon (Jdt 9, 2), Tochter Mera-
ris u. Witwe des Manasse (8, 1 f), Hauptfigur des ↗J.-Buches.   we

Judit-Buch, wohl zur Zeit der ↗Makka-
bäer entstandenes, ↗deuterokanoni-
sches Buch. Der hebr. Urtext des J.-B.
ist nicht erhalten; es liegt nur in drei
griech. Rezensionen u. jüngeren hebr.
Bearbeitungen vor. In Form einer freien
Erzählung schildert das J.-B. die Rettung des jüd. Volkes durch Judit. Als
der assyrische Feldherr Holophernes alle
Völker im Westen des Reiches unterworfen hat, greift er – die Warnung des
Ammoniterfürsten Achior mißachtend –
die ↗Juden an u. belagert ihre Feste
Betylua. In äußerster Not geht Judit ins
feindliche Lager, überlistet Holophernes
u. tötet ihn. Der Feind wird besiegt,
Achior bekehrt sich zum jüd. Glauben,
u. Judit preist in einem Lobgesang
Gott, da er den Sieg gegeben hat. Wenn
das Volk treu das ↗Gesetz erfüllt, wird
Jahwe sein erwähltes Volk nicht verlassen.   we

Jünger. 1. *Jüngerkreis.* Der jüd. Fromme
zur Zeit Jesu, der die ↗Tora kennen-
lernen wollte, suchte sich einen Gesetzeslehrer (↗Rabbi) aus. In seinem
J.kreis lernte er durch Disputieren u.
Zuhören die Gesetze u. ihre Auslegung.
Nach der Vervollkommnung seines Wissens entließ ihn der Rabbi. – Jesus dagegen wählte seinen engsten J.kreis
selbst aus; ihn bildeten die ↗Zwölf
(↗Apostel). Darüber hinaus waren J., die
Jesus als ↗Lehrer anerkannten u. ihm
folgten, besonders jene 70 (vgl. zur Zahl
z. B. Nm 11, 16), deren Aussendung zur
Predigt Lk 10, 1 berichtet. – Von der
Persönlichkeit einzelner J. erfahren wir
wenig. Die Zwölf werden in Listen
aufgezählt (z. B. Mk 3, 16 ff). Nach Apg
1, 14 gehören auch Frauen zum J.kreis.
Kein J. kommt aus den führenden
Schichten. Es sind Fischer, Zöllner, Handwerker, Bauern. Matthäus, der Zöllner,
u. Simon, der Zelot, waren ihrer Herkunft nach politische Todfeinde.
2. *Jüngerschaft.* Zwar gab es auch im
AT Verbindungen von Meister u. Schülern = Jüngern (vgl. Js 8, 16 ff), doch
gibt es für Jesu Verhältnis zu seinen
J.n kein Vorbild. Diese J.schaft besteht
nicht im Studium des Gesetzes, aus dem

dann die Jünger eines Tages selbst als Meister hervorgehen; denn „nur einer ist euer Meister, u. ihr alle seid Brüder" (Mt 23, 8). Die Berufung zur J.-schaft gründet allein im Entschluß Jesu. Beispielhaft sollen die Berufungen zeigen, was J.schaft bedeutet. Auf den Ruf Jesu lassen Simon u. Andreas u. die Zebedäussöhne sofort Netze, Boote, ihren Vater u. die Knechte zurück u. folgen ihm nach (Mk 1, 16–20). Es ist die Entscheidung Jesu über bestimmte Menschen, die nach einer antwortenden Entscheidung des Gerufenen verlangt: Sie sollen alles hinter sich lassen u. ihm nachfolgen. Diese ↗Nachfolge ist zunächst ganz konkret gemeint: Mit Jesus ziehen u. das leidvolle Schicksal der Wanderschaft auf sich nehmen. Wer ja zur J.schaft sagt, muß es sich gut überlegen wie der Bauherr, der einen Turm bauen will, oder der König, der einen Krieg führen will; niemand, der nicht auf alles verzichtet, was er besitzt, kann Jesu J. sein (Lk 14, 28–33). Die Forderungen an die J. sind von äußerster Schärfe u. verlangen das Letzte (vgl. Lk 14, 26 f). Deshalb ist der Ruf auch nicht an alle gerichtet, die zu Jesu Anhängern gehören. Zwar gilt für alle der Ruf zur Umkehr; den J.n gilt jedoch ein besonderer Auftrag u. eine besondere Verheißung. Als der Reiche nach den Bedingungen für das ewige Leben fragt, verweist ihn Jesus zunächst an die Gebote. Erst als jener sagt, daß er sie von Jugend auf beobachte, gibt ihm Jesus die Bedingungen der J.schaft (Mk 10, 17–22). – Aufgabe der J. ist es, die ↗Herrschaft Gottes zu verkünden. Für diesen Dienst fordert Jesus von ihnen die Bereitschaft zu Armut u. Leiden (Mt 10, 12). Wenn sie auch zur Bereitschaft zu Armut, Leid u. Martern berufen sind, ist es den J.n doch verwehrt, dafür einen besonderen Lohn zu verlangen (Mk 10, 34–45); ihr Lohn wird vielmehr sein, daß Jesus im ↗Gericht für sie Zeugnis ablegen wird, wie sie jetzt für ihn Zeugnis abgelegt haben (Lk 12, 8 f). Die Zwölf symbolisieren die 12 Stämme Israels (Mt 19, 28); sie sind das neue ↗Volk Gottes der ↗Endzeit. Die nachösterliche Gemeinde fand in ihnen ihre eigene Situation gespiegelt. Auch sie betrachtete sich als das neue Israel u.

war ebenso wie die Jünger Jesu zu Opfer u. Bewährung ihrer Berufung aufgerufen. Versuchung u. Versagen der J. Jesu, die die Evv. ungeschminkt schildern (vgl. z. B. Mk 14, 66 ff: die Verleugnung des Petrus), wurde zum Bild ihres eigenen Lebens. So wurde schließlich der J.name zum Namen eines jeden Christen (vgl. Apg 6, 1). ↗Kreuzesnachfolge. br

Jungfrau. AT: 1. Die Unberührtheit des unverheirateten jungen Mädchens hatte im sittlichen Empfinden Israels hohe Bedeutung. Sie war wesentliche Bedingung für die Eheschließung u. durch das ↗Gesetz geschützt. Verführung einer noch nicht Verlobten u. Untreue der Braut wurden bestraft, letztere unter Umständen mit dem Tod (Dt 22, 14–19. 28 f). Der ↗Hohepriester durfte nur eine J., keine Witwe oder Geschiedene, heiraten. Doch war bei aller Hochschätzung der vorehelichen Jungfräulichkeit die Virginität als dauernder Lebensstand dem Denken Israels fremd. ↗Ehe u. Nachkommenschaft wurden so hoch geschätzt, daß Ehe- u. Kinderlosigkeit als Schmach u. Schande angesehen wurden. Deshalb galt der Tod einer J. als besonderes Unglück (Ri 11, 37).
2. Die Braut- u. Ehesymbolik, die Jahwes Liebe zu seinem Volk darstellt, schließt die bildliche Gleichsetzung Israels mit einer J. ein u. besagt den ausschließlichen Anspruch Gottes auf die „J. Israel" (Jr 31, 4 u. a.).
3. Der Spruch des Propheten Jesaja (7, 14) von der J., die den Immanuel gebären wird, wird im NT (Mt 1, 22 f) u. in der christl. Überlieferung als Weissagung auf Christus hin zitiert u. verstanden (↗Mutter des Messias).
NT: In ntl. Zeit (schon in Kreisen der Essener) gewinnt das Frömmigkeitsideal einer vorübergehenden oder dauernden Ehelosigkeit Gestalt. Zwar bietet Lk 1, 34 keinerlei Handhabe, aus den Worten Mariens ein Jungfräulichkeitsgelübde abzuleiten, doch kann man sagen, daß die Bezeichnung J. fast im Sinn eines Titels auf sie angewendet wird (Lk 1, 27; Mt 1, 23). In der Apg werden die vier Töchter des Evangelisten Philippus erwähnt, die J.en waren u. prophetische Gaben besaßen. Hier scheint ein Stand in der Gemeinde u. ein mög-

licher Zusammenhang zwischen Jungfräulichkeit u. prophetischem Charisma angedeutet. Unter dem Eindruck der Parusieerwartung betont Paulus, daß es besser sei, jungfräulich zu leben, weil das die ungeteilte Hingabe an den Herrn ermöglicht. Doch ist Jungfräulichkeit kein Gebot, sondern ein ↗Charisma, eine persönliche Berufung Gottes (1 Kor 7, 7; 25–36). Wie im AT Israel, ist jetzt die Kirche die J., die das Kommen ihres ↗Bräutigams erwartet (Mt 25, 1–13). Paulus will die Gemeinde von Korinth als reine J. dem Bräutigam Christus zuführen (2 Kor 11, 2). Das Wort Jesu von der Eheunfähigkeit „um des Himmelreiches willen" (Mt 19,12) gibt der Jungfräulichkeit ihre eschatologische Dimension u. macht sie zum Zeichen der endzeitlichen Erwartung der Kirche in dieser Welt. ↗Braut.   ba

Jungfrauengeburt. Die außerbibl. Religionsgeschichte kennt das Motiv der J. in griech. u. orientalischen Mythen (↗Mythos), die von der wunderbaren Geburt berühmter Männer erzählen, nicht; die wunderbaren Geburten der Heroen werden meist auf den Verkehr zwischen einer menschlichen Frau u. einem Gott zurückgeführt. Für das AT sowie das Judentum sind solche Vorstellungen des Gottesbegriffes (Jahweglaube) wegen unmöglich. Allerdings kennt das ↗hellenistische Judentum in seinen Erzählungen von der Geburt der atl. Gottesmänner (↗Philo) den Einfluß ägyptischer Vorstellungen von der Zeugung durch den Gottesgeist, wenn auch allegorisch-spirituelle Umdeutung vorliegt. Besondere Bedeutung für die ntl. Texte hat die Übersetzung von „junge Frau" in Js 7, 14 (hebr.) durch die LXX erlangt, welche „Jungfrau" (griech.) setzt u. damit die Heilsverkündigung des Propheten im Sinne des Wunders einer vaterlosen Geburt interpretiert. In den sog. ↗Kindheitsgeschichten (Jesu) bei Mt (1, 16.18–25) u. Lk (1, 26–38) wird Js 7, 14 in je charakteristischer Weise (Mt: ↗Reflexionszitat u. Beeinflussung der ganzen Erzählung durch die sprachlichen Wendungen von Js 7, 14; Lk: stärker in die Erzählung verwoben, aber im Engelauftrag V. 31 deutlich hervortretend) zusammen mit dem Motiv der Zeugung aus Hl. ↗Geist (Mt 1, 18.20; Lk 1, 35) benutzt, um Jesus als den aus der Jungfrau Maria geborenen ↗*Sohn Gottes* zu bekennen. Nach der Absicht des Mt (1, 22 f) spricht Gott selbst bereits durch seinen Propheten von seinem *Sohn;* der Verkündigungsengel bei Lk (1, 35) begründet auch mit J. u. Geistzeugung das ↗Bekenntnis zu Jesus als ↗*Sohn Gottes.* Die ↗Überlieferungsgeschichte der Texte wird weiter diskutiert.   pe

Jüngstes Gericht. Das ↗Gericht Gottes, das am „jüngsten", d. h. am letzten Tag dieser Welt stattfindet. Das ganze NT spricht vom Gericht Gottes, aber meist erlaubt es nicht, Vorstellungen vom ↗Ende auszumalen u. über Endereignisse zu spekulieren. Vor einer Berechnung des Jüngsten Tages wird ausdrücklich gewarnt. Dagegen mahnt gerade das J. G. nach dem NT, die ↗Gegenwart ernst zu nehmen.   ma

K

Kadesch, Oase in der Wüste Paran oder
Zin an der Südgrenze Israels, Aufenthaltsort der Israeliten auf der Wüstenwanderung (Nm 20). K. ist wohl ein altes Heiligtum, an dem Recht gesprochen
wurde; darauf weisen der Name K.
(hebr. = geweiht) u. die Bezeichnung
„Gerichtsquelle" (Gn 14, 7) hin.   we

Kain (hebr. ich habe [einen Sohn] erworben), erster Sohn Adams u. Evas,
war Ackerbauer u. opferte von seinen
Feldfrüchten. Warum Gott sein Opfer
ablehnt, das Tieropfer seines Bruders
↗Abel aber annimmt, wird Gn 4, 3 ff
nicht gesagt. Aus Neid darüber erschlägt
er Abel. Zur Strafe wird K. vom Acker-
boden weg in die Unstete verwiesen,
doch steht sein an sich verwirktes Leben
unter Gottes besonderem Schutz.   he

Kaiphas ↗Kajaphas.

Kairos (griech. Zeitpunkt, geeignete
Zeit), Begriff der griech. Philosophie,
der entscheidende Augenblick innerhalb
einer Zeiterfahrung, die Krisis, in der
das Schicksal den Menschen zur Entscheidung zwingt. Im NT hat der Begriff
heilsgeschichtlich-eschatologische Bedeutung u. besagt, daß auch die Zeit
dem absoluten ↗Willen Gottes unterworfen ist. K. ist die vom Menschen
nicht errechenbare, von Gott verfügte,
dem Menschen gnadenhaft geschenkte
Heilszeit, die, von den Propheten verheißen, mit dem Kommen Jesu „erfüllt"
ist (Mk 1, 15). Das Kommen Jesu ist der
K. des Heilsangebotes an Israel (Lk 19,
44) u. die ganze Menschheit (2 Kor 6, 2)
u. zugleich der Beginn des Gerichts über
die das Heilsangebot Ablehnenden.
↗Heil u. ↗Gericht sind, wenn auch verhüllt, schon im „jetzigen" K. gegenwärtig. Darum wird jeder, den das Wort
Jesu trifft, in die persönliche unaus-
weichliche Entscheidung gedrängt. Er
kann u. muß den jeweiligen K. erkennen u. ihn „auskaufen" (Eph 5, 16), d. h.
tun, was zum Heil gefordert ist. ↗Heils-
geschichte, ↗Jetzt.   ba

Kaiserkult. Die kultische Verehrung des
römischen Kaisers wurde unter ↗Augu-
stus eingeführt u. hat ihren Ursprung
im hellenistischen Herrscherkult. Schon
früh wurden in Griechenland große
Männer nach ihrem Tod als Heroen, die
zwischen Göttern u. Menschen stehen,
verehrt. Im 4. Jh. v.C. kommt es zur
Heroisierung lebender Menschen, u.
die Grenze zwischen Heros u. Gott ver-
schwimmt. Bei ↗Alexander d. Gr. vereinigt sich diese griech. Tradition mit
der in Ägypten u. Persien üblichen göttlichen Verehrung der Herrscher. Mit der
Ausbreitung des Römischen Reiches in
den hellenistischen Orient erlangen zuerst römische Feldherren u. Beamte,
dann Cäsar u. Augustus kultische Ehrun-
gen. Der römischen Religion war die
Herrscherverehrung fremd, Augustus
ließ sich daher nur in den Ostprovinzen
zusammen mit der Göttin Roma kultisch verehren. In Rom richtete er den
Kult des Julius Divus (Cäsar) ein. Hier
war der K. ein Kult für die nach dem
Tod vom Senat zu „Divi" (Göttlichen)
konsekrierten Kaiser, außerdem wurde
der Genius des Kaisers verehrt. Erst Ca-
ligula u. Domitian verlangten auch in
Rom die Anerkennung ihrer eigenen
Göttlichkeit.   mo

Dieser offiziell geforderte K. bringt die
Christen in einen schweren Konflikt mit
dem römischen Staat. Sie sind loyale
Bürger, aber sie können nur einen göttlichen Herrn anerkennen: Jesus Christus. Deshalb müssen sie dem Kaiser die
Anbetung versagen. Wohl beten sie *für*
den Kaiser, aber nicht *zu* ihm. Diese
Verweigerung des K. führt zu Verfolgungen unter Domitian (81–96). In dieser Notsituation ist die Apokalypse geschrieben, deren Verfasser auf die Insel
Patmos verbannt ist (Apk 1, 9). In ihr

wird der K. scharf, wenn auch in verhüllender Sprache, angegriffen (Apk 13, 4; 19, 20).   gl

Kajaphas. Beiname des jüd. Hohenpriesters Joseph, Schwiegersohn des ↗Hannas (Joh 18, 13), amtierte während des Auftretens Johannes' des Täufers (Lk 3, 2) u. des ↗Prozesses Jesu (Mt 26, 3.57).   ri

Kalb, goldenes ↗Stierkult.

Kalender ↗Jahr.

Kämmerer. 1. Ursprünglich Kammerdiener fürstlicher Frauenhäuser im Alten Orient, für die man Eunuchen bevorzugte. – **2.** Im allgemeinen: wichtigste Vertrauensleute oder Beamte eines Königs, so Oberste der Leibwache (Gn 37, 36) u. des Heeres (2 Kg 25, 19), Oberschatzmeister (Apg 8, 27).   he

Kampfrüstung. Nach der Vorstellung der Bibel führt Gott einen Kampf gegen alle ↗Mächte u. Gewalten in der Welt, die gegen ihn stehen. Seit dem Christusgeschehen ist dieser Kampf in die Phase des ↗Endkampfes eingetreten. Er wird in jedem Menschen ausgetragen. Speziell wer sich auf Christus einläßt, ist zugleich Kampfplatz u. Kämpfer geworden. Als Kämpfer für Christus hat der Getaufte bei seiner ↗Taufe eine K. angezogen: Glaube u. Liebe als Schild u. die Hoffnung als Helm (1 Thess 5, 8); oder die Gerechtigkeit als Schild, das kommende Heil als Helm u. das ↗Wort Gottes als „Schwert des Geistes" (Eph 6, 14.17; vgl. schon Js 59, 17). Liebe, Glaube, Hoffnung, Gerechtigkeit u. das Wort Gottes, das sind also nach bibl. Vorstellung die Waffen des Christen. Wo er mit diesen kämpft u. siegt, dort ist ↗Reich Gottes im Kommen.   gr

Kanaan. 1. Von Noach verfluchter Sohn des Cham, Stammvater der K.iter (Gn 9). – **2** Geographisch: a) Außerbibl. ist K. ↗Phönizien. Beide Namen bedeuten „Land des roten Purpurs", weil hier Purpur gewonnen u. gehandelt wurde. b) Im AT meint K. meist das gesamte den Israeliten von Jahwe verheißene u. von ihnen unter seiner Führung eroberte Land.   he

Kanaaniter, nach Gn 9, 25 ff die Nachkommen des von Noach verfluchten Kanaan. **1.** Das AT bezeichnet als K. zumeist die ganze, ethnologisch verschiedenartige, oft sehr alte, vorisraelitische Bevölkerung ↗Kanaans. Die Israeliten übernahmen von den K.n z. B. Sprache u. Schrift u. die Kunst des Mauerbaus. Stark war der Einfluß der K. auf religiösem Gebiet: Israel nahm in seine Jahweverehrung die ↗Höhen, ↗Masseben, die hl. Pfähle u. Bäume (↗Aschera), viele Kultbräuche u. Feste auf. Als es aber auch den kanaanäischen Fruchtbarkeitskult des ↗Baal mitmachte, traten die Propheten, die Kämpfer für die reine Jahweverehrung, auf den Plan. In ihrem Gefolge suchte die Kultreform des Königs Josija den Baalkult u. die Verehrung der ursprünglich heidnischen Orte u. Zeichen aus Israel auszumerzen. Andererseits aber bereicherte der Glaube der K. an den Hochgott El u. den Wetter- u. Fruchtbarkeitsgott Baal das Jahwebild um wesentliche Züge: Hos z. B. sieht Jahwe als Spender der Gaben des Kulturlandes u. zeichnet das Verhältnis Jahwes zu Israel als Ehebund (Hos 2). **2.** Da auch in israelitischer Zeit der Handel Sache der K. blieb, ist K. manchmal im AT Bezeichnung für Händler (Kanaanismus = Baalsverehrung).   he

Kana-Wunder. Die vielumstrittene Erzählung vom Weinwunder zu K. (Joh 2, 1–11) ist durch historisch-psychologische Deutung nicht zu erhellen. Dem Evangelisten ist das ↗Wunder ein ↗Zeichen der eschatologischen ↗Freude, die Jesus in der Stunde seines Todes u. seiner Erhöhung den Gläubigen eröffnet (vgl. 16, 20 ff). Deshalb wird Maria, die um Wunderwein bittet, getadelt (2, 4 a) u. auf die Kreuzesstunde verwiesen (2, 4 b), weil am Beispiel ihres Glaubens die Aufgabe jedes christl. Glaubens dargestellt ist: vom innerweltlichen Heilsverlangen hinzufinden zur jener Gabe, die der Erhöhte gibt. Aus dem gleichen Grund erfährt in der Erzählung vom 2. K.-W. der königliche Beamte eine Kritik seines vordergründig auf die Rettung des Sohnes zielenden Glaubens (4, 48).   sm

Kanon (semitisch „Rohr"). Das Wort entwickelte sich in der Bedeutung „Maß" weiter u. wird schließlich zum Begriff der „Norm", des „Höchstmaßes der Vollendung". K. bedeutet dann im theol. Sprachgebrauch das „Maß des Glaubens" u. wird bibl. von jenen

Schriften gebraucht, mit denen sich die ↗Kirche identifiziert. Die K.-Bildung ist durch den Glauben ermöglicht, daß das ↗Wort Gottes durch Menschen zur Sprache kommen kann (↗Inspiration) u. daher auch in einer ↗Hl. Schrift zu finden ist. Soll aber der Anspruch dieses Wortes durch die Geschichte hindurch erhalten bleiben, kann seine ↗Überlieferung nur durch ständige Aktualisierung u. Neuinterpretation geschehen. Dies wird vor allem am ältesten Teil des K., dem ↗Pentateuch, deutlich, der seine Gültigkeit als ↗Gesetz nur durch dauernde Neutralisierung des älteren Bestandes durch neu hinzutretendes Gut bewahren konnte u. erst mit der Promulgation durch Esra um 398 v.C. zu seiner endgültigen Gestalt gelangt ist. Aber nicht nur die Gesetzesschriften begleitet das Bewußtsein, über den Wechsel der Zeit hinaus Gültiges sagen zu können, auch die Prophetensprüche wurden in Sammlungen der Nachwelt weitergegeben, weil oft erst dieser die volle Bedeutung u. Verwirklichung des verkündeten Wortes offenbar werden sollte. Der zweite Teil des atl. K., die Propheten, liegen um 200 v.C. einigermaßen vollständig vor u. werden wie das Gesetz im Gottesdienst gelesen. Viel fließender als bei „Gesetz u. Propheten" verläuft die K.bildung des dritten Teiles, der (übrigen) „Schriften", von denen nur die ↗Psalmen in der Liturgie verwendet werden. Diese „Schriften" können vorerst nicht im selben Grad wie „Gesetz u. Propheten" den Anspruch auf Inspiration erheben, u. doch gibt ihnen die Wertschätzung, daß alle ↗Weisheit letztlich von Gott stamme, den Weg in den K. frei. So entsteht im 1. Jh. v.C. die Sammlung des dritten atl. Teiles, wobei die endgültige Abgrenzung des K. noch zwei Jhh. auf sich warten läßt. Um 100 n.C. setzt die jüd. Synode von Jamnia den hebr. K. des AT mit 39 Büchern fest, doch behauptet sich neben einer strengen Richtung auch jene alte Tradition, die auch den ↗deuterokanonischen Schriften große Wertschätzung zukommen läßt. Dieser Praxis schließt sich auch die ↗Urkirche an, die sich als die wahre Nachfolgerin des AT versteht, das sie in der Fassung der LXX benützt. Dabei wird das AT ganz der Autorität des auferstandenen ↗Herrn unterworfen, neben dessen brennend erwarteter ↗Wiederkunft für die Schaffung eines neuen kanonischen Schrifttums weder Zeit noch Raum bleibt, denn der Erhöhte wird durch die *lebendige* Verkündigung seiner ↗Apostel bezeugt. Aber im Zuge dieser Verkündigung entstehen auch Gelegenheitsschriften, die mit zunehmendem Abstand von der ersten nachchristl. Generation immer mehr an Bedeutung gewinnen, weil sie jetzt das einzig greifbare Zeugnis der apostolischen Verkündigung darstellen. Ihrer kanonischen Wertschätzung geht zuerst nur eine bloße Sammlung voraus, die mit den ↗Paulusbriefen beginnt, deren Kenntnis u. Verwendung bei den ↗Apostolischen Vätern bereits gängig ist. Mitte des 2. Jh. entsteht auch die Sammlung der Evv., wobei für ihre Kanonisierung die Vielzahl durchaus als problematisch empfunden wird u. häretischerseits im Sinne einer Reduktion auf *ein* Ev. entschieden wird (↗Diatessaron). Ketzerischen Antithesen verdankt die K.bildung auch Förderung, wie durch Markions Ersetzung des AT durch Lk als einziges Ev. u. den Paulusbriefen ohne Pastoralbriefe als neuer Schrift auch die kirchliche Kanonisierung des NT forciert wurde, so daß Ende des 2. Jh. der ntl. K. im wesentlichen abgeschlossen vorliegt, wie das ↗Muratorische Fragment bezeugt. Eine endgültige Abgrenzung des K. ist um diese Zeit noch nicht möglich, da der K. aus der tatsächlichen Verwendung ntl. Schriften langsam wachsen muß u. nicht dekretal festzulegen ist. So bleibt die kirchliche Praxis bezüglich der deuterokanonischen Schriften noch in Schwebe u. pendelt sich erst im 4. Jh. in die heutige Lage ein, wobei nur die westliche Kirche zu einer endgültigen Definition des K. weiterschreitet. Der römische K. ist im Vergleich mit dem der anderen Kirchen auch der umfangreichste geworden, wie überhaupt sich die K.bildung mehr als Aufnahme denn Abstoßung kirchlich geschätzter Schriften erweist, wenn man die Mehrzahl der Evv. oder die Aufnahme der deuterokanonischen Bücher in Betracht zieht. Welche Kriterien dabei maßgebend waren, vermag eine spätere Reflexion immer nur unvollkommen zu sagen, was schon das Muratorische Fragment zeigt. Meist wird die apostolische ↗Verfasserschaft als Maßstab für die Kanonizität einer Schrift genannt, doch entscheidet letztlich die Frage, wieweit die Kirche im Inhalt einer bestimmten Schrift ein echtes Zeugnis der Urkirche zu entdecken vermag, eine Reflexion, die bis zu ihrer endgültigen Sicherheit oft beträchtlich lange Zeit in Anspruch nehmen kann, weil die Gewißheit dafür wiederum nur aus dem Ganzen der von der Schrift bezeugten urchristl. Verkündigung zu gewinnen ist. Wenn nun die historische Forschung bezüglich der apostolischen Verfasserschaft genauere Beobachtungen zu machen imstande ist als z. B. die Kirche des 3. Jh., so beeinträchtigt dies noch nicht die Gültigkeit der damals festgelegten Kanonizität, selbst wenn diese damals in Ermangelung besserer Methoden mit apostolischer Verfasserschaft begründet wurde. Kanonizität ist vielmehr dann gegeben, wenn eine Schrift mit dem Glauben der Urkirche identifiziert werden kann, auch wenn ihr Autor der 2. oder 3. christl. Generation angehört. Entscheidend ist, ob ein Zeugnis als Ausdruck jener Zeit erkennbar ist, die unter dem ↗ „Ein-für-allemal" des Christusgeschehens steht, u. insofern ist dann auch der K. für alle späteren Zeiten unüberholbar. Damit ist aber noch nicht gesagt, daß die kanonisierende Kirche nicht auch außerhalb dieser von ihr gezogenen Grenze, etwa in den ↗Agrapha oder den Apostolischen Vätern, noch reine urchristl. Verkündigung zu entdecken vermöchte, ja zum Verständnis der bibl. Botschaft ständig außerhalb der Grenzen ihres K. verwiesen wird, um das spezifisch Christliche in der Bibel zu begreifen. Mit dem K. kann also nur der Bereich abgegrenzt werden, innerhalb dessen das Wort Gottes im Zeugnis atl. u. apostolischer Verkündigung gehört werden *kann* u. innerhalb dessen es die Kirche in ihrer Gesamtheit auch tatsächlich hört. Damit aber ist für eine bestimmte Zeit u. den konkreten Einzelfall noch nicht die Garantie gegeben, daß das Wort Gottes auch wirklich zur Sprache kommt. Schon innerhalb des K. ist die Erfahrung zu machen, daß die einzelnen Schriften

das Zeugnis atl. u. urchristl. Verkündigung in verschiedener Dichte wiedergeben u. somit auch das jeweilige Glaubensbewußtsein einer bestimmten Zeit noch innerhalb des K. seine eigenen Akzente setzen darf u. muß. Indem aber die Kirche immer den ganzen K. liest u. weitergibt, bleibt ihr im Glauben die grundsätzliche Möglichkeit offen, die ganze Fülle des Wortes zu vernehmen. ↗Mitte des Evangeliums. tr

Kapharnaum. 4–5 km westlich der Jordanmündung am See ↗Gennesaret (= telchum). Mittelpunkt des galiläischen Wirkens Jesu („seine Stadt", Mt 9, 1) u. doch wegen ihres Unglaubens verflucht (Mt 11, 23). sm

Kapitel- u. Verseinteilung. Die Lesung der Bibel im Gottesdienst verlangte eine Gliederung des üblicherweise fortlaufenden Textes in kürzere Sinneinheiten. Im AT gab es schon in vorchristl. Zeit neben einer Einteilung in geschlossene u. offene ↗Paraschen die Aufgliederung der ↗Tora in 154 ↗Perikopen für den dreijährigen Zyklus in Palästina u. in 54 Paraschen für den Jahresrhythmus in Babylonien. Auch das NT wurde schon früh in Abschnitte eingeteilt. Die heutige K. stammt vom Pariser Magister Stephen Langton, der sie 1206 für eine Vg-Ausgabe schuf; sie wurde im 14. Jh. in den hebr. Hss. u. im 16. Jh. im griech. NT üblich. Im 16. Jh. wurde die moderne V. mit fortlaufender Zählung (für das NT durch den Pariser Buchdrucker Stephanus) eingeführt. we

Kappadozien, römische Provinz in Kleinasien, Hochland nördlich des Taurus zwischen Armenien u. Galatien. Apg 2, 9 erwähnt Juden aus K.; 1 Petr 1, 1 bezeugt Christen in K. he

Karawane, eine Gruppe von Reisenden, vorab von Kaufleuten mit Eseln u. Kamelen, die sich zum Schutz vor räuberischen Überfällen zusammentaten. An den mit der Zeit ausgeprägten K.n-Straßen entstanden Zisternen u. bedeutende Umschlagplätze (Mari, Damaskus, Petra). he

Karmel (hebr. Baumgarten). 1. Ein Bergrücken zwischen Mittelmeer u. Jisreelebene, mit reichem Baumbestand u. vielen Höhlen. Er war sehr früh bewohnt u. besaß ein altes Baalheiligtum. ↗Elija

kämpfte im 9. Jh. v.C. um die Jahweverehrung auf dem K. (1 Kg 18). – 2. Eine
Stadt in Juda, südlich von Hebron, die
besonders zur Zeit Sauls u. Davids von
Bedeutung war (1 Sm 15, 12; 25, 2 ff). he

Katastrophe. In der bibl. Erzählweise
spielen K.n eine wichtige Rolle. Der
Mensch erfährt in ihnen am deutlichsten
seine Gefährdung u. seine Ausgesetztheit, aber auch sein Geführtsein von
Gott. So wird als Folge der ↗Sünde von
einer weltweiten K. berichtet, von der
↗Sintflut. Im mythischen Denken ist
nämlich das Wasser von Chaosmächten
durchherrscht; in seiner Schöpfung hat
Gott sie zwar gebunden, aber sie können immer wieder losbrechen, weil der
Mensch sich von Gott losgesagt hat.
Hier ist fundamental ausgesagt, daß sich
der Mensch dort, wo er sich selbst
fremd wird (Sünde), auch radikal gefährdet. Gott hat nach der K. wieder
einen neuen ↗Anfang gemacht, er hat
den ↗Noach vor der Flut gerettet u. berufen. Auch diese Aussage ist wesentlich: Gott schafft in u. durch K.n ↗Neues
Das spätere AT wird von der historischen K. Israels bestimmt, von der Zerstörung des Tempels in Jerusalem u.
vom ↗Exil in Babylon. Schon lange vorher war die angekündigte K. in der prophetischen Rede ein Drohmittel, das das
Volk zur ↗Umkehr bewegen sollte. Als
die K. eintritt, wird sie als ↗Strafe Gottes erfahren u. gedeutet, die die Läuterung u. Reinigung des ganzen Volkes
bewirken soll. In der K., die das Volk
im Glauben deutet, erwachsen Israel
neue ↗Hoffnungen u. Verheißungen,
neue Möglichkeiten u. neuer Lebensraum. Gott führt sein Volk wieder aus
der Gefangenschaft heraus. Als die zentrale K. des NT wird der Kreuzestod
Jesu von seinen ↗Jüngern erfahren
(↗Kreuz). Für sie scheint damit alles aus
zu sein, was Jesus begonnen hatte; sie
zerstreuen sich u. gehen nach Hause zu
ihren früheren Berufen. Den sie als König sahen, war als Verbrecher gestorben.
Die Erfahrung der ↗Auferstehung Jesu
aber sammelt seine Jünger von neuem.
Wieder schafft Gott durch die K. Neues,
jetzt Endgültiges. Das Kreuz Jesu ist
schon der Beginn der Auferstehung u.
der ↗Herrlichkeit Jesu (Joh).
Der Mensch gefährdet sich radikal; er

macht K. jederzeit möglich, sei es für
sich selbst, sei es für andere, oder weltweit für alle Menschen. Der Mensch erfährt sich von Grund auf bedroht. Christliches Auferstehungsbekenntnis ringt
um die ↗Hoffnung, daß Gottes ↗Welt
im ↗Werden bleibe u. der Mensch sich
nicht selbst zerstöre.   gr

Katechetische Formeln. Fester Bestandteil der urchristl. Predigt war von Anfang
an die Weitergabe fest formulierter
Sätze. Insbesondere in der schon früh
einsetzenden Taufbelehrung kam es zur
Bildung von leicht einprägsamen k. F.
Der geübte Bibelleser kann sie noch
heute unschwer heraushören. – Im wesentlichen lassen sie sich auf zwei Gruppen verteilen: Sätze, die den Glauben
in der knappsten Form wiedergeben,
vor allem das ↗Bekenntnis zu ↗Jesus
als dem ↗Christus (z. B. das Oster-
bekenntnis 1 Kor 15, 3–5; der Christus-
psalm Phil 2, 5–11; der Hymnus 1 Tim
3, 16). Noch mehr denkt man jedoch bei
k. F. an solche Sätze, die konkrete
ethische ↗Weisungen erteilen, wie z. B.
die sog. ↗Haus- oder Ständetafeln in
Kol 3, 18 – 4, 1; Eph 5, 21 – 6, 9 u. 1 Petr
2, 13 – 3, 7, sowie die ↗Tugend- u.
↗Lasterkataloge in Gal 5, 19 ff; Kol 3,
5 ff; 1 Tim 1, 9 f u. a. Das besondere
Problem dieser k. F. ist ihre Herkunft
aus jüd. Spruchweisheit u. griech. Philosophie; ihren christl. Charakter haben
sie weniger durch die wiederholte Einfügung der Formel „Wie dem Herrn",
als vielmehr durch ihre Einordnung in
die Glaubensunterweisung insgesamt erhalten. ↗Bekenntnisformeln.   je

Katenen (lat. catena = Kette) sind lose
aneinandergereihte kurze Erklärungen
zu bibl. Texten, die den Schriftkommen-
taren der Kirchenväter entnommen u.
dem Bibeltext am Rand oder abschnitt-
weise beigefügt wurden. Die ältesten K.
stammen aus dem 5. Jh. Bekannt ist die
Catena Aurea des Thomas v. Aquin zu
den Evv. In den K. ist uns ein großer
Teil der exegetischen Werke der Kirchenväter erhalten.   ba

Katholische Briefe. Das NT enthält
neben der Sammlung der ↗Paulusbriefe
eine zweite Briefgruppe, die K. B. Diese
Gruppe von 7 Briefen hat sich in langsamer Entwicklung formiert. Sie umfaßt
Jak, 1 u. 2 Petr, 1, 2 u. 3 Joh u. Jud. Die

K. B. sind nach dem jeweiligen Absender genannt, nicht nach dem Empfänger wie die andern Briefe des NT. Was die Bezeichnung „katholisch" hier bedeutet, ist umstritten: Allgemein anerkannt, kanonisch (↗Kanon), oder: für die Allgemeinheit bestimmt? Die Frage wird vermutlich im zweiten Sinn entschieden werden müssen. Allerdings sind jedoch 2 u. 3 Joh an bestimmte Personen gerichtet. Wahrscheinlich ist die Bezeichnung „katholisch" zuerst auf 1 Joh angewandt u. später auf die ganze Gruppe übertragen worden. ma

Keilschrift, von den Sumerern um 3000 v.C. erfundene u. von den Akkadern übernommene Wort- u. Silbenschrift. In ihr wurden später auch verschiedene andere Sprachen des Zweistromlandes u. Kleinasiens geschrieben. In ↗Ugarit wurde die K. zur Buchstabenschrift weiterentwickelt. Ihren Namen verdankt sie den keilförmigen Zeichen, die durch Eindrücken eines Griffels in weiche Tontafeln entstanden. we

Kelch. Der K. wurde im AT als liturgisches Gerät verwandt (1 Chr 28, 17). – Zur Zeit Jesu trank man bei der ↗Pascha-Feier vier Becher Wein, die jeweils an bestimmter Stelle vom Hausvater herumgereicht wurden – wie es auch für die synopt. ↗Abendmahlsberichte vorauszusetzen ist. Das Paschamahl wurde mit einem Becher Wein u. einem Segensspruch eingeleitet (vgl. Lk 22, 17). Nachdem der Hausvater vom Paschageschehen erzählt hatte, folgte der zweite Becher. – Paulus nennt den eucharistischen Becher K. der Segnung (1 Kor 10, 16), ein t. t., der der jüd. Tischsitte, vor allem beim Paschamehl, entlehnt ist. Die Christen können nicht den K. des Herrn trinken u. den K. der Dämonen (1 Kor 10, 21). Denn die ↗Eucharistie begründet eine ↗Gemeinschaft mit ↗Christus, die die Teilnahme der Christen am Götzendienst unmöglich macht. K. wird im AT u. NT auch häufig als Bild verwandt. Als Leidens-K. ist er Symbol für die Bereitschaft zum Martyrium (Mk 14, 36). Mit „K." wird auch das freundliche oder leidvolle Geschick des Menschen umschrieben. K. steht ebenfalls als Bild für den ↗Zorn Gottes: Der Prophet Jeremia nimmt den Becher aus der Hand Jahwes, reicht ihn an die Völ-

ker, „um sie zu einem Trümmerhaufen zu machen, zum Gegenstand des Grauens" (Jr 25, 17 f). br

Keltertreter. Wein- u. Ölpressen waren meist in Felsen (der Weinberge) gehauene zweistufige Kufen. In der oberen zertrat man mit bloßen Füßen die Früchte, aus der tieferen schöpfte man mit Krügen den zufließenden Saft (Ri 6; Jr 48, 33). Vgl. zu den Jerusalemer Königskeltern Sach 14, 10, als Parallelbegriff zur Tenne Hos 9, 2. Das Bild vom Treten der Kelter übertragen die ↗Propheten auf das göttliche Gerichtshandeln an „der Tochter Juda" (Klgl 1, 15), bes. aber an den Völkern. So kehrt Jahwe nach Js 63, 1–6 (eine Art Postenfrage) gleich wieder K., dem der Traubensaft das Gewand gerötet hat, als siegreicher Einzelkämpfer mit blutbespritztem Gewand vom Völkergericht aus Edom zurück (vgl. Apk 14, 19 f). ↗Gericht. pa

Keniter, ein Nomadenstamm im Süden Palästinas mit ↗Kain als Stammvater, der wohl zum Verband der ↗Amalekiter zählte (Nm 24, 21 f; Ri 1, 16); zur Zeit Sauls wurden K. in Juda seßhaft (1 Sm 15, 6); andere begegnen als Nomaden in Galiläa (Ri 4, 17) oder als im Kulturland umherziehende Handwerker. Die K. waren Jahweverehrer. he

Kephas (aramäisch Fels = griech. ↗Petrus), Beiname des ↗Simon, den Jesus ihm gegeben hat (Joh 1, 42); auch Paulus nennt Simon-Petrus oft (1 Kor 15, 5; Gal 1, 18). he

Kereter u. Peleter heißt Davids Leibwache aus fremdstämmigen Söldnern (2 Sm 8, 18; 15, 18; 20, 7); David übernahm sie wohl nach dem Sieg über die ↗Philister aus ihrem Berufsheer, in dem auch Kereter waren. he

Kerube (Cherubim), im AT Geist-Wesen in unmittelbarer Nähe Gottes, ihm unterworfen u. mit verschiedenen Diensten beauftragt, z. B. mit dem Wächteramt (Gn 3, 24). Sie zeigen – auch als Kunstwerke von Menschenhand (1 Kg 6, 23 ff) – die Gegenwart Gottes an; daher die Formel: „der über den K.n thront" (1 Sm 4, 4; 2 Kg 19, 15; Ps 99, 1). In ↗Theophanien sind K. Träger Gottes (Ps 18, 11). Ihre Gestalt in bildlichen Darstellungen u. prophetischen Visionen (vgl. Ez) entspricht wohl den ↗Mischwesen, die wir aus dem vorisraelitischen

Megiddo, bei den Assyrern, Ägyptern u.
Hethitern kennen. ↗Engel.   he

Kerygma bedeutet einerseits das ver-
kündigende Predigen, andererseits das
Ausgesprochene u. Verkündigte, also
den Inhalt der ↗Verkündigung (z. B.
1 Kor 1, 21). Im Grunde ist aber immer
beides zugleich gemeint: Akt u. Inhalt
des Predigens, so daß das K. inhaltlich
im Sinne einer genau definierten
„Lehre" letztlich gar nicht fixierbar ist u.
immer zugleich den ↗Glauben u. das
↗Zeugnis der Verkünder u. der Hörer
voraussetzt (z. B. 1 Kor 2, 4). Trotzdem
läßt sich der Aussageinhalt des K. als
„Botschaft von Jesus Christus" beschreiben (Röm 16, 25). – Nachdem ↗Jesus
zuerst selbst Träger des K. von der
↗Herrschaft Gottes war, wurde er in
der Folge zum Inhalt dieses K. von der
erlösenden ↗Nähe Gottes. Damit ist
schon darauf hingewiesen, daß es beim
christl. K. nicht um die Verkündigung
einer zeitlosen, allgemeingültigen, begrifflichen ↗Wahrheit geht, sondern
um die geschichtlich einmalige Wirklichkeit der Person Jesu Christi, der jeden
zum Umdenken u. zum ↗Neuanfang
aufruft. K. ist deshalb die Frohbotschaft
Jesu für jeden, der sie hören u. sich ihr
stellen will. Die gegenwärtigen Bestrebungen, eine „Kurzformel des Glaubens" zu finden, müssen dies genau beachten: es geht nicht nur u. nicht zuerst um eine inhaltlich u. begrifflich be-
stimmbare Formel, sondern um die
heute verständliche Formulierung der
hier u. jetzt geschehenden, erlösenden
u. heilbringenden Wirklichkeit u. Wirksamkeit des ↗Herrn, die ↗eschatolo-
gische Existenz möglich macht.   hi

Ketib u. Qere heißen Bemerkungen der
↗Masoreten am Rande des Bibeltextes,
die – aus verschiedenen Gründen – ein
Abweichen des zu lesenden Textes (Q.)
vom geschriebenen Text (K.) anzeigen,
da man den Text selbst nicht zu ändern
wagte.   we

Keuschheit meint allgemein die Lauterkeit des Denkens u. Tuns, die im besonderen in der ↗Geschlechtlichkeit von
starken Neigungen zur Eigengesetzlichkeit bedroht wird. Deswegen betont
schon das AT vordringlich die innere
Gesinnung neben der äußeren Forderung nach ↗Reinheit, auch wenn die

Warnung vor der ↗Unzucht mehr praktisch als religiös begründet wird. Im
NT, in welchem dem Begriff der K.
selbst bis auf die Pastoral- u. Kath. Briefe
keine besondere Bedeutung zukommt,
wird die generelle Forderung nach Heiligkeit damit begründet, daß der Mensch
nicht über seinen Leib verfügt, sondern
für den ↗Herrn da ist (vgl. 1 Kor 6, 15.
19). Diese uneingeschränkte Freiheit für
den Herrn ist auch das Maß der K., die
sowohl für die ↗Ehe gilt als auch für
den Verzicht auf sie (↗Jungfrau). So-
wenig das NT in seiner Gesamtheit die
K. im Sinne einer sexuellen Enthaltsamkeit versteht, so stark ist aber doch die
Polemik gegen den Libertinismus der
Antike: Die K., die für Mann u. Frau
gleichermaßen gilt, ist Voraussetzung
zum Eintritt ins ↗Reich Gottes.   tr

Kidron, einst tiefes, heute durch gewaltige Schuttablagerungen flaches Tal zwischen ↗Jerusalem u. ↗Ölberg, das nur
zur Regenzeit Wasser führt. Jesus ging
mit seinen Jüngern über den K. zum
Ölberg (Joh 18, 1).   he

Kind. Das K. wird im AT als Gottesgabe
angesehen (Gn 33, 5), die Gott einerseits als den Schöpfer, andererseits als
den wohlwollend Segnenden offenbart.
Zahlreiche Nachkommenschaft gilt deshalb als hohes Glück (Ps 127, 3) u. K.er-
losigkeit als Schande (1 Sm 1, 6). Die
Eltern vertreten den K. gegenüber die
Stelle Gottes, sie haben deshalb das
Verfügungsrecht (Ex 21, 7), aber auch
die Pflicht zur Betreuung u. Erziehung,
vor allem auch in religiöser Hinsicht (Dt
4, 9). Wegen der angeborenen Neigung
zum Bösen (Ps 51, 7) ist Erziehung eine
vordringliche Aufgabe. Aus all diesen
Gründen hat das K. die Pflicht zu Ehrfurcht u. Gehorsam (Ex 20, 12 u. die
↗Spruchweisheit des AT). So gesehen,
ist das K. total von den Eltern abhängig,
auf sie angewiesen u. ihnen ausgeliefert. Im NT wird die Einstellung des AT
im wesentlichen übernommen. Immer
wieder werden K.er als Beispiel u. Anwendungsbereich derselbe hingestellt (Mk 7, 27). Die Eltern, die
eigentlich „Herren" ihrer Kinder sind,
sollen ihnen mit großer Rücksichtnahme
u. Herzlichkeit begegnen. ↗Jesus ist
darin ein Vorbild (Mk 10, 13–16). Darüber hinaus gelten K.er aber als Typus

der menschlichen Ohnmacht u. totalen Verwiesenheit auf Gott (Mk 10, 15). Ihre Situation stellt Jesus seinen ↗ Jüngern als Vorbild für die Haltung Gott gegenüber vor Augen (Mt 18, 1–6). In den ↗ „Haustafeln" formuliert die Urkirche ausgewogene Grundsätze familiären Verhaltens (z. B. Eph 6, 1–4), die aber keineswegs typisch christl. sind, sondern das Verhalten der Christen im Rahmen der damaligen soziologischen Strukturen regeln sollten. – Theol. bedeutsam wird das K. vor allem in den zahlreichen Aussagen hinsichtlich der ↗ Kindschaft Gottes. Dort geht es aber eigentlich nicht mehr um das Kind im ursprünglichen, sondern in einem übertragenen Sinn des Wortes: um die rechte Gottesbeziehung der Erwachsenen, die sich vor Gott als K.er verstehen u. verhalten sollen.   hi

Kindermord in Betlehem. Als historische Tatsache ist der K. i. B. mit keinem außerbibl. Zeugnis auszuweisen, jedoch vom Charakter des Herodes her auch nicht als unwahrscheinlich abzutun. Zur theol. Eigenart von Mt 2: Schon an dem Kind wird das künftige Schicksal des ↗ Messias sichtbar; Verfolgung durch die Machthaber dieser Welt, der vor die Hand Gottes wunderbar bewahrt.   ur

Kinderopfer. 1. Nach alter Vorstellung gehörte die ↗ Erstgeburt der Gottheit u. mußte ihr geopfert werden. Auch das AT kennt diese Pflicht; da Jahwe aber jedes ↗ Menschenopfer verabscheut (Jr 7, 31; Lv 18, 21; 20, 2 ff; vgl. Gn 22, 1–19), soll in Israel die menschliche ↗ Erstgeburt ausgelöst werden (Ex 13, 12 f; Nm 3, 44 ff). – 2. Wie die Heiden (Mescha, 2 Kg 3, 27) brachten auch Israeliten in der Not zur Besänftigung der Gottheit ihre eigenen Kinder dem ↗ Moloch dar (Ri 11, 30 ff; 2 Kg 16, 3; 21, 6; Ps 106, 37 f; vgl. Mich 6, 7).   hl

Kindertaufe. Die K. ist im NT noch nicht belegt. Sie könnte allenfalls aus den Stellen, die von der ↗ Taufe eines „Hauses" reden (z. B. Apg 16, 15) erschlossen werden. Dann müßte allerdings der Begriff „Haus" Kinder notwendig mit umfassen. Erst seit dem 3. Jh. ist die K. als häufig geübter Brauch eindeutig nachzuweisen. Wegen dieser späten Bezeugung, aber auch wegen der Forderung des NT nach Glauben vor der Taufe,

wird die Praxis der K. manchmal als problematisch angesehen. Doch ist hierbei zu bedenken: 1. Der Glaube des Säuglings muß im Zusammenhang mit dem der Kirche gesehen werden, der stellvertretend für das Kind eintritt. 2. Die Gnade Gottes, die in der Mitteilung des Heils in der Taufe deutlich wird, ist eine Realität, die, um wirksam zu werden, den Glauben zwar voraussetzt, aber von ihm nicht abhängig gemacht werden darf.   ri

Kindheitsgeschichten müssen zunächst als eine auch im AT bekannte ↗ literarische Gattung bezeichnet werden (Ex 1, 15 – 2, 10; vgl. auch die ↗ apokryphen Kindheitsevangelien der ntl. Zeit). Auch die außerbibl. antike Literatur kennt Erzählungen über die Kindheit großer Männer, in denen deren spätere Bedeutung bereits auf vielfältige Weise angekündigt wird. Die sog. ntl. K. Jesu sind von besonderem Rang, weil sie den Evangelisten Mt (1–2) u. Lk (1–2) als theol., wesentliche Themen ihrer Ev.-Verkündigung intonierende Prologe dienen. Im Prolog des Lk sind neben K. Jesu auch solche seines Vorläufers Johannes aufgenommen; zusammen bilden sie einen kunstvoll geflochtenen Kranz von 7 Erzählungen, die nach dem Schema von ↗ Verheißung – Erfüllung u. Überbietung des Johannes durch Jesus angeordnet sind. Die Erzählungen von Jesus (u. indirekt von Johannes) stehen im Dienste des Christusbekenntnisses. Es ist eine „Weise des Erzählens, die den Erfüllungscharakter des Christusgeschehens herausarbeiten, eine pneumatische Erzählweise u. Niederschlag des prophetischen Geistes der Urkirche". Der Sinn der Erzählungen erschließt sich, wenn man besonders auf die Zueinanderordnung der Johannes- u. Jesusberichte, das atl. Traditionselemente in den Erzählungen u. auf die im Dienste heilsgeschichtlicher Theologie angeordnete Geographie achtet. Die Erzählfolge des Mt kommt mit Lk nur in wenigen Berührungspunkten überein, für deren historische Beurteilung zu beachten ist, wie weit sie durch die übrige Evv.-Überlieferung bezeugt sind. Mt stellt Jesus mittels eines Stammbaums (1, 1–17), dessen Schema „A zeugte B" in V. 16 durchbrochen wird, u. mit der nachfolgenden diese Durchbrechung erklärenden bekenntnishaften Erzählung (Vv. 18–25) als Sohn Abrahams (die universale Bedeutung für die Kirche aus allen Völkern), Sohn Davids (die von Mt stark apologetisch hervorgehobene Sendung Jesu an Israel) u. beides überbietend als ↗Sohn Gottes dar (V. 23: ↗Immanuel!). Mt 2 zeigt anhand des Schicksals des Kindes den Erlösungsauftrag des ein neues Gottesvolk begründenden Gottessohnes. Die Erzählfolge des Mt ist besonders durch die Vorbilder u. Motive der atl. Erzählungen weiterbildenden spätjüd. (haggadischen) ↗Midrasch-Literatur beeinflußt. Für die historische Beurteilung der K. ist die Unabhängigkeit der K. des Lk u. Mt u. ihre Übereinkunft in wichtigen Punkten zusätzliches wichtiges Kriterium. ↗Stammbaum Jesu.   pe

Kindschaft Gottes. 1. In den heidnischen Religionen kam es zur Ausbildung eines „Götterhimmels": Die einzelnen Götter standen nicht nur rangmäßig, sondern auch hinsichtlich ihrer Abstammung in ganz bestimmten Beziehungen zueinander. Wieweit diese „Verwandtschaftsbeziehungen" nur bildhaft gemeint waren oder als auf echter Zeugung beruhend angesehen wurden, ist in den meisten Fällen nicht mehr eindeutig festzustellen. In der ↗Stoa wurde die K. G. jedenfalls auf alle Menschen in pantheistischem Sinn ausgedehnt. Sie glaubten sich aber nicht mehr so sehr in ihrem Ursprung von Gott abhängig, sondern wollten auf dem Wege mystischer Vereinigung mit ihrem durch das Irdische verschütteten göttlichen Ursprung Anteil an der K. G. gewinnen. In der ↗Gnosis bildete diese Vorstellung die Grundlage des Menschenbildes (↗Erlösermythos).

2. AT: Die „Gottessöhne" von Gn 6, 2 sind wahrscheinlich nicht als „Wesen der oberen, himmlischen Welt" zu verstehen, sondern als „Heroen" der sagenhaften Vorzeit. Ex 4, 22 wird ↗Israel der „erstgeborene Sohn Gottes" genannt. Diese Art von K. G. wurde aber weder physisch noch mythologisch verstanden, sondern wurzelt im Bundes- u. Erwählungsdenken Israels (Js 1, 2). Auch der ↗König, als Vertreter u. Repräsentant des Volkes, kann „Sohn Gottes" heißen

(2 Sm 7, 14). Diese Vorstellung wurde später individualisiert, so daß sich jeder Jude als Glied des auserwählten Volkes der K. G. rühmen u. ↗Gott ↗Vater nennen konnte (Sir 4, 10). In der Zeit der Ausrichtung auf die eschatologische Zukunft wird die K. G. zum verheißenen Heilsgut (Weish 2, 18), durch die dem israelitischen Gemeinschaftsbewußtsein eine neue Basis gegeben wurde (Mal 2, 10). Nie denkt das AT bei Aussagen über die K. G. ontologisch-physisch-real, sondern bildhaft-analog: K. G. gibt das Bewußtsein der personalen Gottesbeziehung wieder.

3. NT: Die Synopt. führen die Linie des AT weiter. K. G. ist eine endzeitliche Gabe (Mt 5, 9) von universaler, übernationaler Bedeutung (Mt 8, 11). Paulus entwirft darüber hinaus geradezu eine „Theologie der K. G.", die sich auf alle Menschen bezieht (Gal 3, 26 ff), die im Glauben an den ↗Herrn Jesus Christus eins werden. Christus ist der „Erstgeborene unter vielen Brüdern" (Röm 8, 29). Diese K. G. durch den ↗Sohn Gottes bedeutet aber zugleich eine Erfüllung der atl. Verheißung: „Gehört ihr Christus an, so seid ihr damit Abrahams Söhne u. Erben aufgrund der Verheißung" (Gal 3, 29). K. G. geht dann Hand in Hand mit der ↗Freiheit vom ↗Gesetz: „. . . Sollte er doch alle, die unter der Gesetzesherrschaft standen, loskaufen u. wir sollten das Recht von Kindern erhalten. Ja, ihr seid Kinder – sandte doch Gott den Geist seines Sohnes in unsere Herzen, der ruft: ↗Abba, Vater!" (Gal 4, 4–6). K. G. bedeutet demnach Anteil an der Stellung u. am Wesen des Sohnes durch den Geist (Eph 5, 1). Dies ist jetzt ↗ „Angeld" (2 Kor 1, 22), bei der ↗Vollendung aber endgültige Wirklichkeit. In der johanneischen Theologie ist K. G. das grundlegende Kennzeichen des Christen: „Seht, welche Liebe uns der Vater erwiesen hat: wir sollen Kinder Gottes heißen, u. wir sind es . . . Wer aus Gott geboren ist, sündigt nicht; denn seine Lebenskraft bleibt in ihm" (1 Joh 3, 1.9). Dieses Aus-Gott-geboren-Sein ist nicht naturhaft gemeint, sondern ist das anschauliche Bild des gnadenhaft geschenkten Heilsgutes, das noch vollendet werden muß (1 Joh 3, 2).

Die biblischen Vorstellungen von der K. G. sind durchaus keine Eigenprägungen, sondern Allgemeingut der Religionen. Was neu ist, ist lediglich die Intensität u. Personalität der Gottesbeziehung, die darin zum Ausdruck kommt. Wenn das NT Jesus Christus „Sohn" nennt, ist damit ebenfalls diese personale Gottesbeziehung gemeint. K. G. bedeutet, vor Gott als „Sohn", d. h. als Freier, Verantwortlicher, Geliebter, in dieser Welt zu existieren u. dem Mitmenschen als mitverantwortlichem, gottgeliebtem ↗Bruder zu begegnen.　hi

Kirche. 1. Begriff: Griech. Ekklesia = die Totalität der Herausgerufenen. Versammlung der stimmberechtigten, freien Männer als höchste, beschließende Autorität des griech. Stadtstaates. Das Wort meint dabei nur die jeweilige „Sitzung". Dazwischen gibt es keine Ekklesia. Im AT ist Ekklesia theou LXX-Wiedergabe von Qehal JHWH: das zum Gottesdienst u. zum hl. Krieg feierlich aufgebotene Volk ↗Israel, das so zur Versammlung Gottes wird. Konstitutiv ist die Sinaiversammlung, die als Bundesvolk die Weisung Jahwes entgegennimmt u. im Lobpreis des Wortes u. der Tat antwortet. Frauen, Kinder u. die kommenden Generationen sind miteinbegriffen (↗Bund). Für die letzt-zeitliche Zukunft erwartet Israel seine Sammlung aus der Zerstreuung. Ein ↗Messias ohne endzeitlich gesammeltes Gottesvolk ist undenkbar. Ekklesia wird im NT zu einer Selbstbezeichnung der Christen. Das Wort Ekklesia ist im NT ungleich verteilt (3mal in den Evv., oft in Apg u. bei Paulus). Die Sache ist überall da, vor allem in einer Reihe von Ehrentiteln u. Metaphern, die die Christen dem atl. Gottesvolk bzw. ihrer Umwelt entlehnten: ↗Volk Gottes, Israel Gottes, Same ↗Abrahams, Gläubige, ↗Heilige, ↗Jünger, ↗Bruder. – ↗Hausbau Gottes, ↗Braut, ↗Herde, ↗Weg, ↗Leib Christi. Die Sache K. kommt zur Sprache unter: ↗Christus, ↗Zwölf, ↗Kerygma, ↗Eucharistie, ↗Gemeinschaft, ↗Taufe, ↗Armut.

2. Quellgrund der K.: K. hängt wesentlich am Leib des Auferweckten. Im Auferweckten wird der Gekreuzigte gesehen. In den Erscheinungen des Auferstandenen wird Auferweckung geschichtlich u. räumt sich in den ↗Zeugen ein Anwesen in dieser Weltzeit ein. Der Erhöhte sammelt die Erstzeugen zur Gemeinde. Auf den Zwölf steht die K. Ihr Erstzeugenamt ist unwiederholbar. Im ↗Geiste begibt sich Christus in das Wort der Zeugen u. „bevollmächtigt" ihr Kerygma. Vor Ostern noch Repräsentanten der 12 Stämme Israels, werden die Zwölf nach Ostern als ↗Apostel Amtssäulen der K. aus Juden *und* Heiden. Ihr Zeugnis wird tradierbar, auch nach ihrem Tod. So wird das Oster-Ev. kontinuierlich tradiert. Es gibt nie eine amtslose Kirche (↗Amt). Das verbindende Element in der Amtsnachfolge ist nicht ihre formalrechtliche Struktur, sondern das Kerygma, das von Glaubenden empfangen u. an Gläubige weitergegeben wird. Glaube kann in der K. nicht juristisch institutionell abgesichert werden. Auch Amtsnachfolge (Handauflegung) ist geglaubtes Zeichen des anwesenden ↗Herrn, keine Sicherung, die den Glauben erübrigt. Die Selbsterniedrigung des Hl. Geistes in die menschliche Geschichte der K. hinein ist weitaus tiefer als die Erniedrigung (↗Armut) Jesu in eine menschliche Natur u. ihre Geschichte. Jesus war ohne Sünde, der Hl. Geist erniedrigt sich in sündige Menschen hinein. Er beschränkt sich in die Überlieferung des Wortes, Amtes, Sakramentes, um zugleich Wort, Amt, Sakrament in jenen Zeitraum zu entschränken, wo die Zeit „zusammengedrängt" (1 Kor 7, 29) ist, wo Jesu Heilstat für uns präsent bleibt. So empfangen die einmaligen Akte des Todes u. der Auferstehung Jesu durch die K. Dauer. Der ↗Neue Bund ist für immer geschlossen. Das hängt mit der Struktur von Personen zusammen: Wenn Personen einen Bund schließen, ist damit eine bestimmte Intensität der Hingabe verbunden. Dieser Totalakt bestimmt Person so, daß er aus sich selbst nicht mehr rückgängig gemacht werden kann. Die Person tritt in einen Stand, wird „beständig", „bündig". Der Osterglaube, der in der Umkehrtaufe besiegelt wird, ist solch ein Totalakt u. darum konstitutiv für K.n-Gemeinschaft. Die Gemeinde der Getauften ist das Volk, das vom „Leib Christi" lebt u. in der Eucharistie selbst „Leib Christi" wird. Taufe

u. Eucharistie als „geistgewirkte" Gaben bewirken, daß K. mit sich selbst identisch bleibt. Im Ichsagen des Erhöhten sind die Christen als K. miteingeschlossen: „Ich bin Jesus, den du verfolgst" (Apg 9, 4). Ipsi sunt ego. Sie sind ich, interpretiert Augustinus. K. u. Christus wachsen zu einem Groß-Ich zusammen. Dieses Groß-Ich ist nicht *über* den vielen, sondern *in* ihnen, der eine Hl. Geist in Christus u. den Christen. Die Christen sind K., nicht in der K.
3. Dimensionen der K.: Sie stammt aus dem Heilswillen Gottes u. bleibt ↗Geheimnis. Vor der Schöpfung gewollt, von Christus gestiftet, im Hl. Geiste geoffenbart (↗Pfingstwunder), wächst sie als Leib dem ↗Haupte entgegen. Sie ist im Gefüge der Geschichte etwas radikal Neues. Alle Neuheit hat Christus gebracht, indem er sich selbst brachte (Irenäus). In der K. bringt Christus sich in die Welt der Geschichte ein. K. ist seine Bleibe. Sein Tod bleibt ihr auf den Leib geschrieben, als Siegestod, als Todessieg. Sie wohnt in seinen Wunden. Das aus dem Bodenlosen auftauchende Kombinat von totalem Weltstaat u. ideologischem Zeitgeist (Apk 12–13) sucht in der Ausmerzung der arm-seligen K. Christus aus der Welt zu drängen. Darum ist die Normalsituation der K. ↗Bedrängnis, ihr Ernstfall das Blut-Zeugnis. Sie bezeugt im Tod ihrer Zeugen den Liebestod (↗für uns) Jesu als Schlüssel zu allen Dimensionen Gottes u. der Schöpfung. So rückt in der K. der Sieg Christi den ↗Mächten u. Gewalten auf den Leib. Der Sieg Christi ist der Hl. Geist, als für die Menschen entbundener Geist. Der eine Geist ist derselbe im historischen Jesus, im erhöhten Christus, in den Gliedern der K. Dieses Phänomen, daß eine Person über Zeiträume hinweg in vielen anderen Personen leibhaftig präsent ist, ist die analogielose Dimension der K.; freilich ihr Heil, wie ihr eigenes ↗Gericht. In einem einzigen Heiligen ist K. ganz da. In einem einzigen Sünder steht die K. ganz auf dem Spiel. So liegt das Wesen der K. in der ↗Stellvertretung. Ihre Stellvertretung ist grundsätzlich unbegrenzt. Die Grenze liegt im Maß ihrer dienenden Liebe. Die Absolutheit ihrer Stellvertretung ist nicht gegen, sondern für

die anderen aufgerichtet. Wer den Geist der gottgeschenkten ↗Liebe ohne Selbstgerechtigkeit „hat" u. tut, ist gerettet u. rettet andere. K. ist dort K. Christi, wo sie, wie er, ↗für andere da ist (Bonhoeffer). wi

K. ist wesentlich geschichtlich. Ihre ständig nötige Erneuerung bedarf immer der Orientierung in die Zukunft hinein. Wenn man den ntl. Befund ernst nimmt u. nicht mehr eine bestimmte Entwicklungsphase absolut setzt, muß man allen Ernstes die Frage stellen, ob z. B. das hierarchische Verständnis (↗Hierarchie), die bisherigen Verkündigungsformen, die stark sakramental ausgerichtete Religiosität u. die enge Verbindung der christl. Botschaft mit einer theistischen Weltanschauung, zum unaufgebbar Bleibenden oder zum geschichtlich Wandelbaren gehören. Bedenkt man die stark gewandelten anthropologischen u. weltanschaulichen Voraussetzungen, so läßt sich zeigen, daß eine tatsächliche Erneuerung der K. nicht vor den genannten Problemen haltmachen darf, sondern vorbehaltlos nach der Gestalt der K. in einer säkularisierten Welt fragen muß. ↗Dauerreflexion, ↗Institution, ↗Praxis.
Klagegebet. Der Glaube muß sich im ↗Gebet vollziehen. Eine Gebetsstruktur findet sich im AT in den ↗Klageliedern des einzelnen grundgelegt (Ps 102; 142). An einer äußeren Not (Feinde = zerstörte Mitmenschlichkeit) erfährt der Mensch die innere Not seiner Gottverlassenheit. Das betroffene Ich schreit nun zu Gott, dessen Nähe es vermißt. Wo die eigentliche Wende der Not geschieht, zeigt sich im „Bekenntnis der Zuversicht": im „du aber" stößt er zu Gott durch u. durchbricht die innerweltlich verschlossene Situation. Die Nähe Gottes ist die Chance für die Bewältigung seiner Zukunft. Er kann neu hoffen, weil er Gott, den er anruft, vor sich weiß. So wird zuerst um die Zuwendung u. Nähe Gottes gebetet (höre!), um die Wiederherstellung des dialogischen Verhältnisses, u. dann erst um Fakten, die Wende der äußeren Notsituation (rette!). pa
Klagelied (Klagepsalmen). Im AT hat sich in den K.ern eine Gebetsstruktur überliefert, die Auskunft gibt über den

existentiellen Glaubensvollzug von Menschen, die in ihrer Not u. Betroffenheit zu dem Gott schreien, dessen Nähe sie vermissen. Man unterscheidet das K. des einzelnen (↗Klagegebet) u. das ↗Volksklagelied (Ps 74; 79; Js 63, 7 bis 64, 11). Das Grundgefüge dieser Gattungen bilden: 1. Die Anrede an Jahwe mit einleitendem Hilferuf. 2. Die dreigliedrige Klage: die Feinde – wir (ich) – du Jahwe. 3. Das Bekenntnis der Zuversicht. 4. Dreigliedrige Bitte: du Jahwe (höre!) – wir = ich (rette!) – die Feinde (strafe!). Es folgen meist Motive u. der Doppelwunsch (gegen – für). 5. Das Lobgelübde. Im K. des einzelnen folgt meist die Gewißheit der Erhörung bzw. das berichtende Gotteslob, wenn durch ein priesterliches Heilsorakel die Erhörung der Bitten zugesagt wurde. Die göttliche Antwort auf ein Volksklagelied wurde durch Propheten in Form einer Heilsankündigung verkündet. ↗Klagelieder des Jeremia. pa

Klagelieder des Jeremia. Eine Sammlung von fünf Liedern, die von der Überlieferung dem Jeremia zugeschrieben werden u. in der Reihenfolge der bibl. Bücher seinem Buch folgen. Sie entstanden unter dem Eindruck der Zerstörung von Stadt u. Tempel u. mögen ihren Ursprung in der Klageliturgie der Verbannungszeit haben. Die K. d. J. sind Gedichte, wie die Psalmen; Sänger u. Volk wechseln ab in der Klage um die zerstörte Stadt. Die K. d. J. bilden einen Versuch, die tiefe Glaubenskrise zu überwinden, doch findet sich in ihnen kaum eine Hoffnung auf baldige Wende. In der jüd. Liturgie werden die K. d. J. am Jahrestag der Zerstörung des Tempels (9. Mai) durch Titus (70 n.C.), im Gottesdienst der katholischen Kirche in der Leidenswoche gesungen. ↗Klagelied. be

Klageweib. Der gesamte Alte Orient kannte den Berufsstand der Klagefrauen, der aus dem ↗Totenkult stammt. Sie sangen im Trauerhaus zur Flöte ihre traditionsgemäßen ↗Leichenlieder (Am 5, 16; Jr 9, 19), schlugen, wie Darstellungen zeigen, gegen die Brüste u. rauften ihr Haar. pa

Klassen u. Ränge jeglicher Art innerhalb einer Gesellschaft können sich nicht auf die Botschaft Jesu berufen. ↗Jesus hat dagegen gerade eine neue Ordnung aufgestellt, die des ↗Bruders. Daher verbietet er seinen ↗Jüngern generell, Ränge u. K.unterschiede aufzubauen (vgl. Mt 23, 8–10). Das ist ein revolutionärer Zug in seiner Botschaft: alle Menschen sind vor Gott u. folglich auch untereinander gleich; Gott hat ↗alle in gleicher Weise angenommen, er ist für alle da; er ist allen ↗ „Vater" geworden, u. folglich sind alle untereinander „Brüder". Wer in dieser neuen Ordnung des Bruders „Erster" sein will, muß „Letzter" u. „Diener aller" sein (Mk 9, 33–37). Wo Bruder u. Diener unter Christen nur fromme Titel sind, durch die man sich von seinen brüderlichen Verpflichtungen loskaufen kann, kann keine Rede sein von der Brüderlichkeit, die Jesus meinte. Wer sich aber in voller Tragweite auf Jesus einläßt, der glaubt u. hofft, daß die ↗Revolution der Brüderlichkeit möglich sein wird. Christen sind die, die leidenschaftlich daran arbeiten, daß neu entstehende K.unterschiede verhindert u. bestehende abgebaut werden, daß Grenzen zwischen den Menschen jeglicher Art niedergerissen werden. u. daß neue unmöglich gemacht werden. Wo Christen K. in ihrer Gesellschaft einfach hinnehmen, wo sie sich vor der Revolution der Brüderlichkeit aus dem Staub machen (soziale K., Rassentrennung, Entwicklungsländer), haben sie nicht eigentlich mit Jesu Botschaft vom Bruder zu tun. Dasein ↗für andere ist nur in der Ordnung des Bruders möglich. gr

Kleidung. Zu den wichtigsten Kleidungsstücken der Männer gehören der aus Stoffstreifen bestehende Schurz, der ↗Leibrock u. der ↗Mantel. Die Frauen-K. war ähnlich, muß aber doch deutlich von der Männer-K. unterschieden sein (vgl. Dt 22, 5), vor allem wohl durch längeren Schnitt, buntere Farbe u. feineren Stoff. Oft ist die Frau in weißem Kleid mit tief herabfallendem Kopftuch dargestellt (↗Kopfbedeckung). – Von der profanen K. ist die Priester-K. abgehoben (Ex 28; 39, 1–31). Über dem Lendenschurz (2 Sm 6, 14) trugen die Priester Beinkleider zur Verhüllung der Scham, ein Gewand aus Leinen u. eine turbanartige Kopfbedeckung. Die K. des Hohenpriesters war prunkvoller; er trug ein purpurnes Gewand mit Ephod u.

Brustschild u. als Kopfbedeckung ein Diadem. – Die Fest-K. war aus besserem Stoff (Gn 27, 15; Mt 22, 11 f), meist weiß (Apk 3, 4), aber auch purpurn u. scharlachrot (Spr 31, 22; Jr 4, 30). Zum Zweck der Trauer zog man den „Sack" an u. zerriß die Kleider (Gn 37, 34; Mt 26, 65). – Nach bibl. Denken ist K. Ausdruck des Schamgefühls, das durch die Sünde geweckt wurde (Gn 3, 7.21). Deshalb war Nacktheit eine Schande (Gn 9, 22 f), die vor allem Kriegsgefangenen, Verurteilten u. Flüchtlingen widerfuhr (Js 20, 4; Am 2, 16). we

Kleinasien (Anatolien), halbinselförmiges Hochland, das gegen das Schwarze u. das Mittelmeer durch hohe, steil abfallende Gebirge abgegrenzt ist. Im Osten schließt das armenische Hochland K. von Mesopotamien ab; im Westen öffnet es sich in zahlreichen Tälern zum Ägäischen Meer. Das von Ost nach West abfallende, steppen- u. wüstenreiche Hochplateau ist in weitem Bogen vom Halys durchzogen. Als Landbrücke zwischen Europa u. Asien ist seine Geschichte bestimmt von den Völkern, die von Ost u. West in K. eindrangen (u. a. Hethiter, Griechen, Perser, Römer). – K. ist wohl Siedlungsgebiet einiger Gn 10 genannter Völker (Gomer, Togarma, Jawan, Tubal, Meschek, Lud). we

Kleine Propheten ↗ Zwölfprophetenbuch.

Kleingläubig (kleinmütig). Die Bedeutung des Wortes wird erst vom jüd. Glaubensbegriff her recht verstanden, von dem es abgeleitet wird (z. B. Ex 16, 19 f): Demnach ist das ↗ Glauben in Vertrauen, das Treue u. Gehorsam, Hoffen u. Warten miteinschließt. Von daher sind die Vorwürfe Jesu an seine ↗ Jünger zu verstehen: Da sie k. sind u. ihrem Gottvertrauen nur wenig Raum lassen, fallen sie ihrer eigenen Ängstlichkeit in die Arme (Mt 6, 30; Lk 12, 28). Wenn auch der Glaube vorhanden ist, so hat er die Jünger doch noch nicht ganz erfüllt; Sorge u. Furcht treiben sie noch immer zur Kleingläubigkeit (Mt 8, 26; 16, 8). Petrus legt den Zweifel der Kleingläubigkeit erst ab, nachdem er die Hand Jesu ergriffen u. seine Gegenwart erfahren hat (Mt 14, 31). – Paulus ermahnt die Christen, die Kleinmütigen u. Zaghaften immer wieder zu ermutigen (1 Thess 5, 14). sc

Kleinvieh, im Gegensatz zum Großvieh (Rinder), Bezeichnung für Schafe u. Ziegen, die gern zusammen in einer Herde gehalten wurden. Große K.herden gab es vor allem im Ostjordanland u. im Negeb (1 Sm 25, 2). he

Klemensschriften. 1. Der 1. Korintherbrief des Klemens, 92–101 Bischof von Rom. Klemens ruft im Bewußtsein seiner autoritativen Stellung in der Kirche die korinthische Gemeinde zu Friede u. Ordnung. Der Brief – schon im 2. Jh. weit verbreitet u. geschätzt – bezeugt die christl. Glaubens- u. Sittenlehre u. betont die hierarchische Struktur der Gemeinden, die in der Vollmacht Christi von den Aposteln gegeben ist (↗ Apostolische Väter). – 2. Der 2. Korintherbrief, dem Klemens zugeschrieben, von unbekanntem Verfasser, ist die älteste uns bekannte christl. Predigt, wohl um 150 in Korinth entstanden. – 3. Die (Pseudo-)Klementinen, ein umfangreicher Apostelroman des 3./4. Jh. Er enthält die angeblichen Predigten u. Missionsreisen des Apostels Petrus, die Bekehrung des Klemens von Rom u. dessen Erlebnisse als Petri Begleiter. he

Kluge u. Weise. Das Herrenwort Mt 11, 25 (Lk 10, 21) zeigt die Grenzen aller menschlichen ↗ Klugheit u. ↗ Weisheit auf: sie verschließen sich dem Angebot der tieferen Weisheit Gottes, die sich umgekehrt ihnen verschließt (vgl. 1 Kor 1, 18–31). Doch dies war Gottes ↗ Ratschluß, denn sein Heil soll nicht einer „Intelligenz" vorbehalten sein, sondern steht quer zu allen menschlichen Maßstäben. Gott offenbart es den „Kleinen" (Mt 11, 25) u. fordert von uns ein neues ↗ Kind-Werden (Mt 18, 3) u. Arm-Werden im Geiste (5, 3). ↗ Arme im Geiste. ur

Klugheit. Nach bibl. Verständnis ist Frömmigkeit nicht schlechthin zu trennen von „weltlicher" K. oder gar als ihr Gegensatz zu sehen. Das AT zeichnet in Joseph (Gn 41, 39) u. Salomo (1 Kg 3, 12) das Idealbild des „klugen u. weisen" Mannes, der weltgewandt u. gottesfürchtig zugleich ist. Große Teile der Weisheitsliteratur (vor allem Spr) geben Verhaltensregeln in rein praktischen, keineswegs „übernatürlichen" Dingen. Gewarnt wird nur vor selbstsicherer K., die Jahwe nicht fürchtet (Spr 3, 7; vgl.

Röm 12, 16). Grundsätzlich ist auch K. (neben ↗Weisheit) notwendig, um Gottes Wege einzusehen (Hos 14, 10). – Das NT setzt diese Linie fort. Die ↗Gleichnisse Jesu sind meist aus dem praktischen Leben genommen u. appellieren an den gesunden Menschenverstand: ein kluger Mann baut sein Haus auf Felsgrund (Mt 7, 24), kalkuliert vor seinen Unternehmungen (Lk 14, 28 ff) u. weiß mit anvertrautem Kapital zu wirtschaften (Mt 25, 21); sogar ein ungerechter Verwalter kann Vorbild sein in seiner K., d. h. in seiner Vorsorge für die Zukunft (Lk 16, 8). Etwas anderes ist mit der K. der Schlangen (sprichwörtlich, vgl. Gn 3, 1) in Mt 10, 16 gemeint: das Sich-Hüten vor der Bosheit der Menschen (V. 17). Die entscheidende K. ist für Jesus das Bereitsein des Knechtes für das Kommen seines Herrn (Mt 24, 45) oder der „klugen Jungfrauen" für die Ankunft des ↗Bräutigams (Mt 25, 13). Allerdings kann diese auf das Gottesreich gerichtete K. alle menschlich-vorsichtigen Rechnungen umstürzen (Mt 13, 44–46) u. erscheint dann der kleinbürgerlichen „K." der Menschen, die nur sich selbst absichern wollen, als ↗Torheit (1 Kor 4, 10).   ur

Knecht ↗Sklave.

Knecht Gottes ↗Gottesknecht.

Knechtschaft. Mit K. bezeichnete das AT die Zeit der Israeliten in Ägypten. Die ↗Pascha-Feier gedachte der Befreiung u. Herausführung aus dem Land der K. (Ex 13, 14); darauf begründet Jahwe seinen Anspruch, Gott Israels zu sein. Im NT meint K. die Bindung des Menschen unter das alte ↗Gesetz der Unfreiheit. Dem Geist der K., der Furcht einflößt, steht der Geist der Kindschaft gegenüber, der die Freiheit gibt, zu ↗Gott ↗Vater sagen zu können (Röm 8, 15). Denn Christus hat uns für die Freiheit frei gemacht. Die Aufgabe der Christen ist es, festzustehen u. sich nicht wieder mit dem Joch der K. zu beladen (Gal 5, 1). Neben der K. des Gesetzes spricht Paulus auch von der K. der Vergänglichkeit, der die Schöpfung durch die ↗Sünde ↗Adams unterworfen wurde (Röm 8, 21).   br

Kodex ↗Codex.

Koexistenz. Wer in der ↗Nachfolge Jesu für die andern dasein will, muß mit ihnen leben. Weil Christus sich mit allen Menschen solidarisch gezeigt hat, muß der Christ in voller ↗Solidarität mit seinen ↗Mitmenschen leben. Auch Jesu Dasein war ein Dasein mit den andern, eben mit den Menschen seiner Zeit. In seiner K. wurde seine Existenz (↗für uns) offenkundig. Wer sich auf Christus einläßt, nimmt seinen Mitmenschen, wie er ist, weil ihn auch Christus so angenommen hat. Doch genügt für den Christen nicht eine bloß passive K., die nirgends anstößt. K. will schöpferisch entfaltet werden. Vom ↗Evangelium her kann sich der Christ nicht begnügen, daß er tatenlos neben andersdenkenden Menschen lebt; er sucht den verstehenden ↗Dialog mit dem, der ihm überzeugungsmäßig fremd ist. Er will diesen nicht mit seiner eigenen Meinung überzeugen, er will vielmehr mit diesem im Gespräch weiterkommen; für den Christen liegt die Wahrheit im Gespräch. Der Christ will mit dem Andersdenkenden an der ↗Vermenschlichung gemeinsamer Gesellschaftsstrukturen arbeiten. Damit der einzelne überhaupt für K. fähig wird, muß er zu einer selbständigen Überzeugung gelangen (↗Meinungsfreiheit), die offen ist u. nicht von einer Ideologie dirigiert ist. Nur so werden verstehendes Gespräch u. Kooperation möglich. Auch die Kirche lebt in K. u. Kooperation mit anderen Weltanschauungen. Glaubensverkündigung muß solche K. fördern u. ermöglichen helfen.   gr

Kohelet ↗Prediger-Buch.

Kohorte, zehnter Teil einer ↗Legion. Die im NT genannten K.n rekrutierten sich (außer Apg 10, 1) aus der nichtjüd. Bevölkerung der Provinz. In Jerusalem lag immer eine K. in der Burg Antonia.   mo

Koine, griech., die „allgemeine (Sprache)", griech. Gemeinsprache in der Zeit des ↗Hellenismus (ca. 300 v.C. – 500 n.C.), die an die Stelle der Vielzahl der vorher gesprochenen griech. Dialekte tritt. In ihr überwiegt der attische Dialekt, der schon im 5. u. 4. Jh. durch die Vorrangstellung Athens im staatlichen u. kommerziellen Verkehr größere Verbreitung gefunden hatte. Durch Alexander d. Gr. wurde dann der attische Dialekt für alle Griechen u. den barbarischen Orient verbindlich, wobei er aber die Eigenheiten verlor, die er allein gegenüber allen oder den meisten anderen Dialekten hatte. Außerdem nahm die K. auch Einflüsse von anderen Dialekten, besonders dem Ionischen, auf. In der K. sind auch die LXX u. das NT abgefaßt (↗ Bibelgriechisch).   mo

Kolosser, die Einwohner der Stadt Kolossä in Kleinasien, im Süden der Landschaft Phrygien, in der Nähe der Städte Hierapolis u. Laodizea. Die Gemeinde ist Paulus persönlich unbekannt (Kol 2, 1). Sie wurde wahrscheinlich von dem Kolosser Epaphras (1, 7), einem Paulusschüler, gegründet. Der vorwiegend heidenchristl. Gemeinde drohte Gefahr von Irrlehrern. Gegen sie wendet sich der ↗ Kolosserbrief.   ma

Kolosserbrief. Der K., mit Eph, Phil u. Phm zu den ↗ Gefangenschaftsbriefen des Apostels Paulus gerechnet, zeigt eine in sich geschlossene Gedankenführung: Kap. 1 u. 2 haben die Lehre, Kap. 3 u. 4 die Ethik zum Inhalt. Im 1. Kap. ragt ein geprägter zweistrophiger ↗ Hymnus auf Christus, den Schöpfungsmittler u. Welterlöser heraus (1, 15–20). 2, 6–23 setzen sich grundsätzlich u. scharf mit Irrlehren auseinander. Auf Mahnungen, die an Taufparänese erinnern, folgt in 3, 18 – 4, 1 eine ↗ Haustafel, in der die einzelnen Stände der Gemeinde auf ihre Pflichten hingewiesen werden. 4, 7–18 schließt der Brief mit Empfehlungen u. Grüßen. Der Brief ist vom Kampf gegen Irrlehrer geprägt. Diese wollen zwar Christen sein, „erleuchtet" zu Erkenntnissen verborgener ↗ Geheimnisse, lehren sie aber in ihrer „Philosophie" auch die Verehrung von Geistermächten u. kosmischen Gewalten u. fordern Askese, Einhaltung von Speise- u. Reinheitsvorschriften (↗ Reinheit) u. von heiligen Zeiten. Der K. stellt dieser Häresie entgegen, daß diese Mächte für Christen keine Bedeutung haben: Christus hat sie entmächtigt u. über sie triumphiert. In der weltweiten Kirche offenbart sich diese Unterwerfung der Gewalten: In der Völkermission tritt Christus die Herrschaft über den Kosmos an. In der ↗ Taufe sterben die Christen mit Christus u. werden auferweckt, sie erlangen Vergebung der Sünden. Als Christen sind sie darum

von der Herrschaft der Mächte (↗ Mächte u. Gewalten) befreit u. in die Herrschaft Christi versetzt. Ein gehorsames Leben folgt dieser Erlösung. – Der K. zeigt in Stil u. Inhalt große Verwandtschaft mit Eph, jedoch Unterschiede zu echten Paulus-Briefen: So wird z. B. im K. die Gegenwart des Heils betont, u. die Rechtfertigungslehre tritt zurück. Darum wird z. T. der K. nicht Paulus, sondern einem Paulus-Schüler zugeschrieben. ma

Komposition. Viele bibl. Bücher sind aus ursprünglich einzelnen, mündlich überlieferten Verkündigungs- u. Sprucheinheiten von sog. Redaktoren zusammengestellt worden. Ihre Kompositionsarbeit hielt sich an Stichwort- u. Sachzusammenhänge oder an den Gesichtspunkt der zeitlichen Entstehung, meist an ein theol. Konzept. Es war kein Verstoß gegen die Ehrfurcht vor diesem Überlieferungsgut, wenn sie erklärende, glättende u. überleitende Zusätze u. Auslassungen vornahmen. So erhielten die Sprüche im Gesamtaufbau des Buches durch die gegenseitige Interpretation oft eine Neuinterpretation, Sinnvertiefung, Horizonterweiterung u. neue Schwerpunktsetzung. ↗ Pentateuch, ↗ Redaktionsgeschichte, ↗ synopt. Frage.   pa

Konfession (lat. confiteri = zugestehen, bekennen, kirchenlat. bekennen u. danken, loben). Das NT kennt viele ↗ Bekenntnisformeln, die die Vielfalt des Glaubens an den *einen* Herrn Jesus Christus ausdrücken (1 Kor 15, 3b–5). Diese Bekenntnisformeln werden nicht dogmatisch-autoritär, sondern zur Begründung theologischer Überlegungen benutzt (↗ Paulusbriefe). Es gibt im NT keine K., es gibt nur eine ↗ Kirche Gottes, die sich als Gemeinde der ↗ Endzeit versteht. Es gibt weder eine kirchliche ↗ Organisation noch eine gefestigte ↗ Autorität, die eine ↗ Lehre u. damit eine K. bindend festlegen kann. Entscheidungen über wahre Lehre u. ↗ Häresie sind im NT Ergebnis von theol. Auseinandersetzungen, nicht aber Ergebnis von kirchenoffiziellen Entscheidungen. Die späten ↗ Pastoralbriefe (Timotheus, Titus) gebrauchen den Begriff des „Apostolischen" u. lassen Züge von Organisation u. Lehramt in der Kirche erkennen. Ende des 2. Jh. bildet sich die „katholische Kirche", die sich gegen Häresie lehrmäßig u. organisatorisch absichert durch die Festsetzung des ntl. ↗Kanons, durch die Aufstellung einer verbindlichen Glaubensregel u. durch die Betonung der bischöflichen Sukzession als Garant der reinen Lehre (↗Kontinuität). 1054 trennt sich die Griech.-Orthodoxe Kirche von Rom ab (1. Schisma). 1302 haben sich endgültig zwei K.en gebildet: Die Bulle „Unam Sanctam" beginnt mit dem ↗Bekenntnis zu der einen, heiligen, katholischen u. apostolischen Kirche, außerhalb deren es kein ↗Heil gibt, u. schließt mit der Heilsnotwendigkeit der Unterwerfung unter den Papst. Durch die Reformation wurde der Prozeß der lehrmäßigen u. organisatorischen Vereinheitlichung gestört. Seit Mitte des 16. Jh. erscheint die christl. Kirche in ihrer historischen Realität nur noch in Form von einzelnen K.en. Jede K. behauptet für sich die Una Sancta, Radikalisierung der K. u. Häresie ist die Folge. Die Aufklärung relativiert das konfessionelle Denken, sie bekennt sich zu religiöser u. konfessioneller ↗Toleranz. Demgemäß wird der Einheitsgedanke wiederbelebt. Wissenschaftliche Theologie kennt heute keine K. Die Weltsituation zwingt die K.en zu weniger Lehre u. zu mehr Handeln aufgrund des Liebesgebotes. Dem konfessionstrennenden Prinzip der reinen Lehre tritt das Prinzip der gemeinsamen Aktion gegen Welthunger, Bevölkerungsexplosion u. existenzbedrohende Weltkonflikte zum Wohl aller Menschen entgegen.   fr

Konflikt. Die bibl. Verkündigung bringt den Hörer in K.situation; der Widerstreit gilt den herkömmlichen Lebensgewohnheiten, sofern sie den Weg zu Gott verstellen; er gilt ferner unmenschlichen Satzungen u. gesellschaftlichen Institutionen, sofern diese den Weg zum ↗Mitmenschen verbauen. So kommt es in der prophetischen Verkündigung zum K. mit weltlichen u. religiösen Obrigkeiten; denn prophetische Rede fordert zum Widerstreit heraus, vor allem dort, wo sie als ↗Drohrede u. ↗Gerichtsrede in Erscheinung tritt. Erst recht kommt ↗Jesus mit seiner Verkündigung vom ↗Reich Gottes in K.situation mit den herrschenden Meinungen u. mit den führenden Schichten

des Volkes. Weil es ihm grundsätzlich um den Menschen geht u. nicht um Menschensatzungen u. religiöse Gesetze (vgl. Mk 2, 27), fordert er alle zum Widerstreit heraus, denen es zuvorderst um strenge Gesetzesbeobachtung geht. Er wagt den K. mit den Obrigkeiten, mit den Lehrern der Hl. Schrift, mit der Volksgruppe der ↗Pharisäer; furchtlos deckt er auf, was in diesen Menschen unlauter ist u. verkehrt, was nur Schau ist u. Selbstbetrug; mit letzter Entschiedenheit tritt er ein für Freiheit u. Menschwerdung des Menschen. Dieser K. bringt ihn in den Tod; er hatte den Widerstreit für die andern geführt u. mit seinem Leben bezahlt. Wer sich auf Jesus einläßt, wer seine ↗Botschaft leben will, kommt um den K. mit den herrschenden Unmenschlichkeiten seiner Zeit u. seiner Umwelt nicht herum. Der Christ drückt sich nicht um diesen K., wenn es um den heilen Menschen geht.   gr

Konfrontation. Wo die Botschaft Jesu verkündet wird, scheut sie nicht die K. mit anderen Meinungen u. weltanschaulichen Systemen. ↗Verkündigung heißt K. mit dem Fremden, Neuen u. Bisher-Unbekannten. Aus solcher K. soll nämlich verstehendes u. weiterführendes Gespräch entstehen. Wo dieses entsteht, wird das Fremde u. Neue in der K. zur möglichen ↗Fremdprophetie für die christl. Botschaft. Wie Verkündigung als K. möglich ist, zeigt die Missionstätigkeit des Apostels ↗Paulus. Er stellt sich in der hellenistischen Welt den herrschenden Meinungen u. Lebensregeln; er setzt sich mit diesen auseinander, aber er nimmt diese auch in seine Verkündigung herein (z. B. Einzelgebote in der ↗Paraklese). Wo diese K. nicht möglich ist, bleibt es bei der K., denn er macht keine Abstriche von seiner Botschaft. Zu jeder Zeit muß das ↗Evangelium mit dem jeweiligen ↗Selbstverständnis des Menschen konfrontiert werden, so, daß Gespräch möglich wird.   gr

König (Königtum). In dem Titel „K." vereinigen sich die verschiedenen Aspekte höchster Würde u. Macht aus den Bereichen des Politischen, Rechtlichen u. Religiösen. K. im AT: Dem entspricht, daß im AT ↗Jahwe selbst als K. erscheint. Eine Reihe von – namentlich prophetischen – Texten zeichnet Jahwe nicht etwa als Urbild des menschlichen K., sondern sagt unzweideutig: Jahwe ist „der K." ↗ Israels – u. zwar der gegenwärtige wie der zukünftige (Zeph 3, 15; Js 33, 22). Diesem Verständnis von der Ausschließlichkeit des K.tums Jahwes im strengen Sinn entstammt auch die alte prophetische Ablehnung jeden menschlichen K.tums über Israel (Hos). Der menschliche K. wird als Konkurrent Jahwes gesehen. Geschichtlich erklärt sich dies aus zwei Faktoren: die Jahweverehrung hat ihre Tradition im Nomadentum, das keinen K. kannte; das kanaanitische K.tum war heidnisch u. deshalb dem Jahweglauben gefährlich. In anderen Traditionen freilich erscheint der menschliche K. in sehr positiver Beziehung zu Jahwe. Die ↗ Erwählung des K. wird zur Sache Jahwes (1 Sm 10, 1 ff). Der K. wird von Jahwe „adoptiert" (2 Sm 7, 14), er ist mit Jahwes Geist begabt (1 Sm 16, 13 f). So wird er zum Garanten für die Jahwes Willen entsprechende Führung des Volkes (2 Sm 5, 2) u. zum Vollstrecker des Rechtes Jahwes (Ps 101). Zwei Funktionen zeichnen den K. aus: er vermittelt zwischen Jahwe u. dem Volk (2 Sm 6, 18) u. ist zugleich der verantwortliche Repräsentant des Volkes vor Jahwe (1 Kg 8). Der K. trägt Sorge für den Tempel u. das gesamte Kultwesen (1 Chr 23–25). ↗ Propheten stehen dem K. zu Diensten in der Ausübung seines Amtes (2 Kg 3, 11 ff). Verfehlt sich der K. gegen Jahwe, so kann das Folgen für das ganze Volk haben (2 Sm 24). Die Abgrenzung des atl. K.tums gegenüber dem seiner Umwelt wird besonders deutlich darin, daß es als Gleichsetzung des K. mit Jahwe kennt; ebenso wird der K. weder im Leben noch nach dem Tod Gegenstand kultischer Verehrung. Das Aufkommen des K.tums in Israel steht in engem Zusammenhang mit der grundsätzlichen Veränderung seiner Lebensverhältnisse, die im Übergang vom Nomadentum zum „Besitztum" des Kulturlandes eintrat. Die historischen Stationen des K.tums in Israel führen von ↗ Saul (gegen Ende des 11. Jh.) über ↗ David, unter dem Jerusalem Hauptstadt wird, zu ↗ Salomo, der das K.tum in jeder Hinsicht ausbaut („stehendes"

Heer in Garnisonsstädten, Einteilung des Reiches in 12 Bezirke u. Errichtung des Beamtenwesens, Einführung von Abgabenordnungen, Bau des Tempels als Reichsheiligtum). Nach der Reichstrennung (um 925 v.C.) zeigt das ↗ Nordreich (Israel) gegenüber der Dynastiebildung im Südreich (↗ Juda) eine Rückkehr zur charismatisch orientierten Form des K.tums: 1 Kg 11, 29 ff. Wurde das K.tum des Nordreichs durch das Prophetentum bestimmt, so gewann im Südreich die Priesterschaft des Tempels Einfluß auf die Entwicklung (2 Kg 11). – Nachdem das Nordreich bereits um 722 v.C. den Assyrern erlegen war, bringt die Beherrschung Judas durch das babylonische Großreich für lange Zeit das Ende des K.tums. Auch dem makkabäischen K.tum (↗ Makkabäer) sind weder eine lange Zeit (ca. 104–63) noch größere politische Erfolge beschieden. Anders wird dieser Zustand auch nicht durch eine gewisse Eigenständigkeit des K.tums innerhalb enger Grenzen während der römischen Herrschaft. Indes bringt der Niedergang des K.tums eine auch ins Politische hineinreichende Stärkung des Hohepriestertums (↗ Hoher Priester). K. im NT: Jesus verkündigt Gottes K.tum (Mk 1, 15). Auf Jesus wird angewandt ein K.s-Titel in Mt 2, 2: er ist der neugeborene K. der Juden. Die K.s-Titulatur (messianisch verstanden) spielt sodann eine Rolle im Rahmen der ↗ Passionsgeschichte, vorab im ↗ „Prozeß" Jesu sowie in der Szene der Kreuzigung (↗ Messias, ↗ König der Juden). An der Gestalt des Priesters u. K. Melchisedek weist Hebr 7 die überragende Erhabenheit des Hohepriestertums Christi auf. Vom königlichen Priestertum der Glaubenden spricht 1 Petr 2, 9.   ka

König der Juden. Nach dem Erlöschen der Monarchie verband sich der Königstitel in nachexilischer Zeit mehr u. mehr mit der Erwartung des kommenden königlichen ↗ Messias aus dem Hause David. Dieser wurde, zumal seit Beginn der Römerherrschaft (63 v.C.), immer mehr als politischer Befreier gesehen. ↗ Jesus hat es abgelehnt, sich zum K. d. J. machen zu lassen (Joh 6, 15), und sein Einzug in Jerusalem als Friedenskönig (nach Sach 9, 9) war eine Absage an jeden politischen Aufstandsgedanken (vgl. die Steuerfrage Mk 12, 13 ff). Dennoch wurde nach synopt. Darstellung sein angeblicher Königsanspruch zum entscheidenden Anklagepunkt vor ↗Pilatus (Lk 23, 2) u. auch zur Ursache seines Todes, wie die Kreuzesinschrift (↗Kreuz) zeigt (Mk 15, 26). Bei Joh. gewinnt dieser „Titel" (19, 21), den Pilatus nicht mehr ändern wollte, den Charakter einer prophetischen Proklamation Jesu als des wahren K. d. J. – dessen Reich „nicht von dieser Welt" ist (18, 36). – In der Verkündigung der Urkirche spielt der Titel K. d. J. wegen seiner Mißverständlichkeit nur eine geringe Rolle (Mt 2, 2; Apg 17, 7). ↗König, ↗Prozeß Jesu.   ur

Königsbücher. Die Geschichte ↗Israels wird nach den ↗Samuelbüchern unmittelbar von den K.n fortgesetzt. Ursprünglich waren beide Teile der K. ein Buch, wurden aber im Anschluß an die LXX u. Vg. – nicht ganz dem Inhalt entsprechend – in zwei Bücher aufgeteilt. Dagegen ist eine inhaltliche Dreiteilung auffällig: a) die Königsherrschaft ↗Salomos (1 Kg 1–11); b) die Geschichte von der Reichstrennung bis zum Untergang des Nordreiches (1 Kg 12 – 2 Kg 17); c) die Geschichte ↗Judas bis zum ↗Exil (2 Kg 18–25). Die K. sind nicht einheitlich, sondern greifen auf verschiedene, ältere Quellen zurück. Hinweise auf drei Quellen werden genannt: Das Buch der Geschichte Salomos; die ↗Annalen der Könige von Israel bzw. Juda. Weitere Berichte, die uns heute nicht mehr bekannt sind, müssen dem Verfasser vorgelegen haben. Dazu gehören vor allem die Erzählungen u. Erzählungskränze über die Propheten ↗Elija u. ↗Elischa. Der Verfasser ist jedoch nicht nur Sammler von ihm vorgegebenen Darstellungen, sondern auch Kommentator, da er neben den Aufzeichnungen aus den Quellen auch seine eigene Ansicht über sie darlegt u. damit zugleich eine Sinndeutung dieser Geschichte gibt. Hinweise auf die Abfassungszeit bald nach der Reform des Josija bzw. während des Exils könnten auf zwei Redaktoren schließen lassen. Doch diese Frage ist nicht eindeutig zu entscheiden. Sicher ist dagegen, daß die K. im Charakter dem deuteronomistischen Geschichtswerk entsprechen u. somit wenigstens eine Redaktion aus der Hand des ↗Deuteronomisten stammt. Kennzeichnend dafür ist die Idee von der Einheit u. Reinheit des Kultes unter Zurückweisung der alten Lokalheiligtümer. Hierin zeigt sich schon ein theologischer Grundgedanke der K., die nicht Historie darstellen, sondern Geschichte als ↗Heilsgeschichte fassen: Die Undankbarkeit des auserwählten Volkes zeigt sich in der Reichstrennung u. im Exil als göttliche Antwort. Doch Gottes Plan ist nicht zum Scheitern verurteilt, denn eine Gruppe von Getreuen bewahrt auch weiterhin den Bund. Die Unwandelbarkeit des göttlichen Heilswillens erweist sich im Weiterbestehen des Hauses ↗Davids, dem Träger messianischer Verheißung.   la

Königspsalm. Zu dieser Gattung zählt man Ps 2; 18; 20; 21; 45; 72; 89; 101; 110; 132; 144. – Ursprünglich meinen diese Lieder einen der historischen Könige in Israel u. Juda, doch in nachexilischer Zeit verstand man sie als Hinweis auf den künftigen König, den man von Gott her erwartete, nachdem die Institution des Königtums in Israel erloschen war. Ps 89 z. B. nimmt die ↗Natanverheißung wieder auf. Diese eschatologische Deutung liegt nahe, denn was in den K.en gesagt wird, geht weit über alles hinaus, was im Rahmen des israelitischen Königtums je Wirklichkeit war. ↗Thronbesteigungsfest.   be

Königsritual, das bei der Thronbesteigung eines Königs übliche Zeremoniell. Das judäische K. geht teilweise zurück auf das vordavidische Stadtkönigtum Jerualems u. hat große Ähnlichkeit mit dem ägyptischen K. Es umfaßt einen kultischen u. einen weltlichen Akt (vgl. 1 Kg 1, 32–48; 2 Kg 11, 12–20): 1. Im *Tempel* erfolgen nach der Huldigung der Leibwache an den Königssohn (Erbmonarchie) die Überreichung des Stirnreifs u. des Königsprotokolls (Schriftrolle, die Thronnamen u. Herrschaftsbeauftragung durch Jahwe enthält, ↗Hofstil), die Salbung durch den Priester u. die Akklamation des Volkes (Königsrufe: „König geworden ist N. N.", 2 Sm 15, 10; „Es lebe der König", 1 Kg 1, 25). – 2. Nach feierlichem Geleit zum *Palast* vollzieht sich dort die Thronbesteigung, die Selbstproklamation des Königs mit Namenskundgabe u. Thronrede; schließlich die Huldigung der Beamten u. ihre Bestätigung im Amt. Das im Nordreich verwendete K. ist aus dem AT kaum zu erkennen. ze

Konjektur, eine Vermutung, nach der ein Text geändert wird, wenn die Textzeugen keinen sinnvollen Wortlaut bieten. we

Konkordanz, nach heutigem Verständnis ein alphabetisches Verzeichnis aller Wörter, die in der Bibel vorkommen, mit ihren jeweiligen Belegstellen. we

Kontinuität. Als philos. Begriff hat Kontinuität („Stetigkeit" bei Aristoteles; Leibniz) eine lange Tradition. Die ↗historisch-kritische (Er)forschung der Bibel versucht mit Hilfe dieses Schlüsselbegriffs vor allem heilsgeschichtliche u. hermeneutische Fragen zu stellen u. zu beantworten.

Die Aufnahme atl. Zitate im NT wie auch das Schema von „Verheißung u. Erfüllung" erweist formal die K., die zwischen Altem u. Neuem ↗Bund besteht. Inhaltlich wird diese K. durch die Gewißheit der ntl. Gemeinde bestätigt, wenn sie sich als „Beschneidung", als Bundesgemeinde versteht, die „Abraham" zu ihrem Vater hat (Röm 4). Röm 9–11 zeigt jedoch, daß es sich bei dem Verhältnis von ntl. Gemeinde u. ↗Israel um eine „gebrochene Kontinuität" handelt.

Auf einer zweiten Ebene wiederholt sich innerhalb des NT das Problem der K.: unter der Frage nach der K. bzw. Diskontinuität behandelt die Forschung das Verhältnis zwischen der historischen Person Jesus u. dem Christus des Glaubens („kerygmatischer Christus"). Die strikte Alternative K. oder Diskontinuität zwischen AT u. NT, historischem Jesus u. kerygmatischem Christus wäre jedoch unangemessen, um den theol. sehr schwierigen Sachverhalt zureichend erhellen zu können: weil K. u. Diskontinuität dialektisch zusammengehören, kommt es darauf an, die K. mit der Botschaft Jesu in der Diskontinuität der fortschreitenden ↗Geschichte zu wahren. Wo K. von vornherein feststeht, ist sie kaum gegeben. K. ereignet sich nämlich nicht in der Verwendung eines ständig sich gleichbleibenden Sprachmate-

rials, sondern in der Wahrung der ↗Intention bibl. Aussagen.

Um K. wahren zu können, bedarf der Glaube der Theologie. Sie erörtert K. systematisch an den Begriffen von ↗Dogma u. Sukzession, homiletisch im Begriff der ↗Verkündigung. gs

Kopfbedeckung. In der älteren Zeit sind bei den Israeliten als K. Stirnbänder, Kappen oder Dreieckstücher bekannt. Später trugen Männer wie Frauen ein Kopftuch (Js 3, 20; Ez 24, 17) oder ein großes, turbanartig gebundenes Tuch (Js 3, 23; 62, 3) bzw. eine eingeschnittene Spitzmütze. Jdt 10, 3 bezeugt für Frauen auch die griech. Mitra. – Priester u. Könige trugen eine Art Turban (Ex 28, 4; Ez 21, 31; ↗Diadem). Zum Zeichen von Schmerz u. Trauer verhüllte man den Bart (Ez 24, 17.23; Mich 3, 7) oder das ganze Haupt (2 Sm 15, 30). – In Gottes Gegenwart bedeckte der Israelit sein Haupt mit einer K. oder dem ↗Mantel (Ex 3, 6; 1 Kg 19, 13); noch heute behält darum der Jude beim Gebet seine K. auf. – Nach Paulus sollen, damaligem Brauch entsprechend, die Frauen beim Gottesdienst ihr Haupt verhüllen (1 Kor 11, 4–15). he

Korach. 1. Sohn Jizhars, ein ↗Levit, der während der Wüstenwanderung einen Aufstand gegen Mose u. Aaron anzettelte u. durch Gottesurteil vernichtet wurde (Nm 16, 1 – 17, 15). – Die K.-iten aus der Sippe K.s versahen ursprünglich niedere Tempeldienste (als Hüter des Tempeltores u. der hl. Geräte, 1 Chr 9, 19; Nm 3, 27.31) u. erreichten in nachexilischer Zeit als Tempelsänger eine bedeutende Stellung (1 Chr 6, 22; 2 Chr 20, 19). he

Korban bezeichnet im AT das (Gott) Nahegebrachte, das ↗Opfer (nur Lv, Nm u. Ez), im Spätjudentum auch den Tempelschatz (vgl. Mt 27, 6) u. ein besonderes Gelübde. Durch das K.gelübde wurde ein Besitz zur Weihegabe erklärt: er fiel dem Tempel zu, meist erst nach dem Tod des Eigentümers. Die mindeste Auswirkung des K.gelübdes war eine Einschränkung der profanen Nutznießung des Besitzes (oft zum Vorteil des Eigentümers). So konnte ein Sohn seinen Eltern alle Unterstützungsmittel entziehen. Jesu Kritik daran (Mk 7, 6 ff) zeigt, daß es für ihn keinen Gottes-Dienst gibt, der von der Verpflichtung den Menschen gegenüber entbindet. Auch die ↗Rabbinen haben dem Mißbrauch des K. zu begegnen versucht. mc

Korinth. Durch die günstige Lage an zwei Meeren war K. schon über acht Jhh. vor der Tätigkeit des ↗Paulus ein bedeutsamer Mittelpunkt des Handels u. der Kultur. Im Krieg mit den Römern zerstört, wurde es von Caesar neu begründet u. 27 v.C. als Hauptstadt der Provinz ↗Achaia Sitz des Prokonsuls. Römische Veteranen u. Freigelassene, Griechen, Orientalen u. Juden bildeten die Bevölkerung u. lassen das bunte Bild des religiösen Synkretismus (↗Religionsmischung) ahnen, dem Paulus sein ↗Evangelium gegenüberstellte. In den eineinhalb Jahren seines Aufenthaltes bildete sich eine ansehnliche Gemeinde, mit der er auch weiterhin in Verbindung blieb. Von Ephesus bzw. Troas aus richtete er die beiden ↗Korintherbriefe an sie u. griff auf diese Weise aktiv in ihre Probleme ein, ehe er sie etwa 57 n.C. ein letztes Mal persönlich besuchte. hi

Korintherbriefe. Wie aus 1 Kor 5, 9 u. 2 Kor 2, 4 zu erschließen ist, schrieb ↗Paulus wahrscheinlich mehrere Briefe an die Christengemeinde in ↗Korinth, von denen aber nur mehr zwei erhalten u. in das NT aufgenommen sind. Die Theorien, nach denen der 3. u. 4. (E. Dinkler), evtl. sogar ein 5. u. 6. (W. Schmithals) Korintherbrief in die beiden kanonischen eingearbeitet wurden, sind nicht ohne weiteres von der Hand zu weisen.

1. Der 1. Korintherbrief wurde durch Streitigkeiten veranlaßt, die in der Gemeinde ausbrachen, nachdem Paulus sie verlassen u. Apollos seine Nachfolge angetreten hatte. Von Ephesus aus, wo Paulus unterdessen die ↗Mission im westlichen Kleinasien leitete, schrieb er wahrscheinlich gegen Ende des Jahres 56 n.C. diesen sehr bedeutsamen Brief, der praktische Fragen u. Probleme vom theol. Gesamtkonzept her lösen will u. deshalb eine der wichtigsten Quellen unserer Kenntnis der paulinischen Verkündigung u. theol. Argumentationsweise darstellt. Die Ausführungen über ↗Kreuz (Kap. 1 u. 2), ↗Kirche (Kap.

3, 4, 12, 14), ↗Geist (Kap. 2, 3, 6, 12–14), ↗Liebe (Kap. 13) u. ↗Auferstehung (Kap. 15) gehören zu den zentralen Aussagen des NT über diese Themen. Wichtig für die Interpretation ist immer die Kenntnis der damaligen Situation des Paulus. Die Gemeinde war von ihm gegründet u. unterwiesen worden. Sie bestand zu einem kleineren Teil aus ↗Juden (die später von ↗Judaisten Zuzug erhielten, vgl. 2 Kor), war aber entscheidend vom ↗Hellenismus geprägt, der in vielfältiger Gestalt, vor allem in Form enthusiastischer ↗Gnosis, das religiöse Denken u. Verhalten bestimmte (vgl. 1 Kor 9, 20–22). In diesem Mehr-Fronten-Kampf entwickelte Paulus ein beachtliches dialektisches Geschick u. stieß zu großer Freiheit in der Formulierung u. Akzentuierung des eigentlich Christlichen durch, die es ihm erlaubte, das Positive aller vorhandenen Standpunkte aufzugreifen u. auf Christus hin auszurichten. Darin ist der Brief aktuelle Schulung angesichts der Verkündigungsaufgabe der Kirche in der pluralistischen Gesellschaft.

2. Der 2. Korintherbrief läßt erkennen, daß man die Bemühungen des Paulus mißverstand oder sich doch nur sehr widerstrebend gefallen ließ. Er ist das wohl persönlichste Zeugnis des Paulus, das seine leidenschaftliche Liebe u. seinen verständigen ↗Dienst als ↗Apostel Jesu Christi deutlich erkennen läßt. Wiederum argumentiert er auf der Basis des ↗Evangeliums (↗Geist, ↗Freiheit, ↗Liebe, ↗Versöhnung) u. leitet daraus die Imperative seines eigenen Verhaltens u. der Haltung der Gemeinde ab, die offenbar in das Fahrwasser der Judaisten geraten war, die in den paulinischen Gemeinden eine starke Opposition gegen das gesetzesfreie Evangelium organisierten. Die damaligen Schwierigkeiten werfen ein klärendes Licht auf die gegenwärtigen Auseinandersetzungen zwischen konservativen u. progressiven Gruppen in der Kirche u. lassen den Weg einer Lösung erkennen. hi

Kornelius, der Hauptmann von Cäsarea am Meer, zu dem ↗Petrus zu sich rief (Apg 10, 1–33). Er war von der „italienischen Kohorte", hatte also römisches Bürgerrecht. Er kam durch Petrus zum Glauben u. ließ sich mit seinem Hause taufen. In Fortführung der Pfingstgeschichte wird ein ↗Heide im Neuen Bund zu ↗Israel gerechnet. gr

Körper. Das AT kennt noch kein eigenes Wort für K.; es umschreibt ihn vorwiegend mit dem Begriff ↗„Fleisch" (hebr. basar), unter dem es jedoch den Menschen in seiner Ganzheit, also Leib u. ↗Seele umfassend, versteht. Erst in hellenistisch beeinflußten atl. Schriften wird der K. von der Seele unterschieden. – Das NT übernimmt weitgehend die Begrifflichkeit des AT. Eine besondere Bedeutung erhält der Begriff K. (griech. soma) bei Paulus. Hier meint K. ebenfalls den ganzen Menschen, ja K. ist geradezu mit „Person" identisch. Der K. soll Gott verherrlichen (Röm 12, 1). Aber der K. kann auch der Sünde verfallen (Röm 6, 12; 7, 23 ff). Daher kann sich Paulus die Erlösung des Menschen aus dem Bereich des Todes u. der Sünde nur als eine Erlösung des K. vorstellen (Röm 6, 11). – Das griech. Wort für K. (soma) meint bei Paulus auch oft die ↗Kirche (↗Leib Christi). ri

Kosmogonie, griech., Lehre von der Entstehung der Welt. In den K.n der altorientalischen Mythen werden Teile des Kosmos personifiziert u. gestalten durch ihre Wirksamkeit den Kosmos. Die Bildung von Erde, Meer u. Himmel wird als ein Vorgang der Trennung geschildert, wobei die Erde als kreisförmig u. vom Wasser umgeben, der Himmel als halbkugelförmige Glocke, die sich darüber wölbt, vorgestellt wird; weiter kann sich noch über dem Himmel u. unter der Erde Wasser befinden. Ganz ähnlich ist das Weltbild von Homer u. Hesiod. Von diesem Weltbild ausgehend, fragten die vorsokratischen Philosophen als erste nach einer rational begründeten K. Das AT nimmt die Vorstellungen altorientalischer Mythen auf, stellt aber im Gegensatz zu diesen die K. als ↗Schöpfung durch ↗Jahwe dar. Jedoch spielt der Schöpfungsgedanke im AT nur eine untergeordnete Rolle: Denn dieses sieht das Heilshandeln Gottes vor allem in der Geschichte, u. zwar in der Geschichte des erwählten Volkes verwirklicht u. ist von daher nur wenig an kosmologischen Vorstellungen interessiert. ↗Weltbild. mo

Kosmokrator (griech. Weltherrscher). Das griech. Wort K. ist ziemlich selten u. erst spät belegt. Es ist zumeist in der astrologischen Literatur verbreitet, wo es die Planeten bezeichnen. Diese werden zunächst als Beherrscher himmlischer Welten, sodann als Herrscher des Weltalls u. damit des Schicksals der Menschen betrachtet. In diesem Zusammenhang gehört wohl auch das im NT nur Eph 6, 12 vorkommende Auftreten dieses Begriffs; hier sind mit den K.en die Mächte „dieser Welt" (↗Äon) gemeint, die in den verschiedenen „Himmeln" regieren, eine Art Geister oder teuflischer Kräfte (↗Mächte u. Gewalten). Mit ihrem unheimlichen Einfluß haben die Gläubigen zu kämpfen. – Auch als Bezeichnung von Göttern – wenngleich selten – begegnet K. – Schließlich taucht der Begriff K. seit dem 3. Jh. n.C. als Kaisertitel auf u. wurde vor allem für die oströmische Kaiseridee wirksam. So sah sich der oströmische Kaiser zu allen Zeiten als K., auch wenn dieser Anspruch mit den tatsächlichen politischen Verhältnissen nicht übereinstimmte. – In der christl. Kunst erscheint Christus als K. (Symbol dafür ist die Weltkugel) in Apsismosaiken altchristl. u. mittelalterlicher Kirchen. ri

Kosmologie ↗Weltbild.

Kosmos ↗Welt.

Kraft. Die Begriffsgruppe K. faßt physische Stärke, Macht, Vermögen u. Herrschaft über andere zusammen. Der hebr. Teil der Bibel kennt fast 50 verschiedene Ausdrücke, die Formen der K.äußerung oder des K.besitzes bezeichnen. So wird das Wort on von Gott ausgesagt u. vom Nilpferd (Ib 40, 16); es meint auch die Zeugungskraft des Mannes (Gn 49, 3), das Vermögen u. den Reichtum (Hos 12, 9) sowie eine rechtskräftige Verkaufsurkunde. An der Spitze jeglicher K.entfaltung steht die bibl. Weltanschauung die persönliche K. des einen Gottes. Sie wird offenbar in der Schöpfung, im persönlichen Eingreifen Gottes in die Menschheitsgeschichte, vor allem beim ↗Auszug aus Ägypten. Jahwe entfaltet die Fülle seiner K. in Natur u. Geschichte. Eine besondere Äußerung der K. Gottes ist die auf den ↗Propheten ruhende K. (Mich 3, 8) oder die K. des ↗Messias (Jr 9, 5). Diese Vorstellung wird im NT weitergeführt: In ↗Jesus von Nazaret ist diese messianische K. ganz da, als seine Wunder-K. geht sie von ihm aus (z. B. Mk 5, 30), sie beweist seine ↗Vollmacht. Sie zeigt sich vor allem in Christi Auferstehung u. wird bei seiner Wiederkunft vollendet sein. Diese K. Gottes ist als die K. des Auferstandenen am Werk in der menschlichen Geschichte; sie führt neue Schöpfung herauf. Es gibt aber auch die K. des Bösen u. der Finsternis, die durch die K. Christi besiegt werden muß. Die K. Christi ist am Menschen am Werk u. verdrängt menschliche ↗Schwachheit. Das ↗Evangelium ist Gottes K. (Röm 1, 16) zum ↗Heil aller Menschen. In der Botschaft Jesu Christi ist Gott selbst daran, weltweit neues Leben zu schaffen.   gr

Krankheit. a) K. wird nach dem AT von Gott geschickt. Zunächst glaubt man, daß Gott sie als persönliche ↗Strafe verhängt (Js 1, 5 f), aber in den Spätschriften des AT sucht man eine andere Begründung. Ijob wird von Satan mit K. geschlagen, allerdings mit der Erlaubnis Gottes (Ib 1). Da Ijob ein gerechtes Leben ohne jede ↗Schuld geführt hat, kann man sich nicht der Erkenntnis verschließen, daß der Übeltäter gesund u. glücklich leben, der Gerechte aber mit K. geschlagen werden kann. Daher stellt man die sozialen Auswirkungen der Sünde heraus. Menschliche Taten schenken bzw. nehmen Gott nichts, sie treffen aber den Mitmenschen; ↗Sünde kann eigene K. oder die K. anderer verursachen. Daß Gott diese K. den einen heimsucht u. nicht den andern, beruht auf der innerweltlichen Kausalität, letztlich aber im unergründlichen ↗Willen Gottes. Heilmittel der K. sind daher im AT Werke der Frömmigkeit, Gebet, Fasten, Gelübde u. Opfer, um Gottes Erbarmen anzuflehen. Man verzichtet allerdings nicht auf die Nachhilfe menschlicher Heilmethoden (Sir 38, 1 ff).

b) Im NT herrscht gleichfalls die atl. Auffassung, daß die K. von Gott kommt. Jesus lehnt aber wie das Ijob-Buch scharf die Deutung der Schriftgelehrten ab, daß K. Strafe für persönliche Schuld oder für die Schuld der Familie sei. Vielmehr heilt er K. durch seine ↗Machttaten, denn das ist ein Zeichen,

daß mit ihm die ↗Endzeit angebrochen ist: „Blinde sehen, Lahme gehen, Aussätzige werden rein, Taube hören, Tote stehen auf, u. Armen wird die frohe Botschaft verkündet" (Mt 11, 5). Damit erfüllt sich die Verheißung des Propheten (Js 35, 5 f u. 61, 1). Jesus ist gekommen, den Menschen heil zu machen. Jesus führt eine heile Welt herauf, das Reich Gottes. K. bedeutet für den Christen Teilhabe am ↗Kreuz Christi; das ↗Leiden Christi geht in den Seinen weiter (Kol 1, 24), bis Gottes „neue Schöpfung" vollendet ist. ↗Heilen.   do/gr

Kreislaufdenken. Die stoische Lehre (↗Stoa) von der „Wiederkehr", von einem periodischen Entstehen u. Vergehen der Erscheinungsform dieser Welt, bezeichnet das, was unter dem Schema des K. zu verstehen ist. Zwar findet sich in der altorientalischen Literatur u. in den atl. Schriften häufiger das Bild vom Kreislauf der Natur, z. B. die kreisende Sonne (Prd 1, 5), doch darf daraus nicht auf eine deterministische, zyklische Zeitauffassung geschlossen werden. Die ↗Zeit ist in der Bibel zu verstehen als etwas, das nie mehr zurückkehrt, das somit einmalig ist. Selbst die Aussage des Predigers: „Was war, wird wieder sein" (Prd 1, 9), ist nicht von stoischem Gedankengut her zu verstehen, sondern nur als eine konzentrierte Aussage darüber, daß der Mensch der Zeit als einem Geheimnis gegenübersteht im Glauben an den göttlichen Heilswillen.   la

Kreta, Insel im Mittelmeer südlich von Griechenland, die schon in der Jungsteinzeit, vor allem aber in minoischer Zeit (2700–1400 v.C.) eine großartige Kultur besaß. Zahlreiche Funde beweisen in Kunst, Religion u. Schrift die enge Beziehung K.s zum Vorderen Orient, zu Ägypten, zum Donauland, Balkan u. zur Ägäis. – Das AT kennt Kreter im Küstenstreifen Palästinas (1 Sm 30, 14; Ez 25, 16). 1 Makk 10, 67 u. Apg 2, 11 erwähnen Juden auf K. Auf seinem Weg nach Rom fuhr Paulus an K. vorbei (Apg 27, 7–13). Titus wirkte auf K. (Tit 1, 5).   he

Krethi u. Plethi ↗Kereter u. Peleter.

Kreuz. K.es-Tod u. ↗Auferstehung zusammen bilden das älteste Glaubensbekenntnis (Apg 3, 13.26; 8, 32 f). In stereotypen Formeln wird verkündet:

„Den ihr getötet habt, er lebt!" Aus dem Auferstehungserlebnis heraus beginnt sich der Zusammenhang von K.es-Tod u. ↗Heil zu entfalten, scheint in diesem Stadium aber noch nicht deutlich vorzuliegen. Doch gibt es diese Bemühungen, wie aus einzelnen, in den Paulusbriefen aufgenommenen Formeln hervorgeht: 1 Kor 15, 3–5, Tod Jesu „für unsere Sünden"; 1 Kor 11, 24, die „Einsetzungsworte"; Röm 3, 24.25; 4, 25, mit den Anklängen an Js 53.
Die innere Beziehung zwischen K.es-Geschehen u. Heil hat erst Paulus durchdacht. Die überkommene Tradition aufnehmend, hat er, neben Joh, die K.es-Theologie im NT geschaffen. Er macht die K.es-Botschaft zum zentralen Inhalt seiner Predigt (1 Kor 1, 23). Auch für Paulus stehen Tod u. ↗Auferweckung in engem Zusammenhang. Aus dem Heilsereignis der Auferstehung erschließt sich dem Glaubenden erst der Sinn des Todes Jesu (1 Kor 15, 14.17). Der ganze Heilsweg Jesu bewirkt das ganze Heil: Jesus Christus ist wegen unserer Sünden u. um unserer Rettung willen hingegeben u. auferweckt worden (Röm 4, 25). – Trotz dieser grundsätzlichen Beziehung zur Auferstehung ist das K.es-Geschehen bei Paulus stärker an die ↗Menschwerdung Jesu gebunden. Diese erscheint sozusagen bereits im Lichte des K. Der Hymnus Phil 2, 6 ff bringt dies zur Geltung. Jesu Menschsein ist als solches Verzicht auf das Eigene, Entäußerung seiner selbst „... der es nicht für eine Beute hielt, Gott gleich zu sein ..." (V. 6). In der Gabe u. Hingabe für uns (Röm 5, 15b; 2 Tim 1, 9 f) „erniedrigte er sich selbst u. wurde gehorsam bis zum Tod am Kreuze" (V. 8). Für Paulus kommt dieses Menschsein im Tod am K. zur Erfüllung u. zum Ziel. – Zugleich offenbart das zum K. hinführende Menschsein Jesu das Handeln Gottes. In der Annahme der „Knechtsgestalt" (V. 7) übernimmt Jesus das Schicksal des ↗Gottesknechtes. Der „Erweis der Liebe Gottes" (Röm 5, 8) erfüllt sich in der Gehorsamstat Jesu (5, 18). Seiner inneren Einheit nach ist das Leiden u. Sterben Christi die Selbsthingabe der Liebe Gottes in der Liebe Christi. – Die innere Einheit von Menschwerdung, K. u. Heil wird in ver-

schiedenen Wendungen ausgedrückt. Die umfassende Formel lautet: ↗„Für uns" (1 Thess 5, 9 f) oder „um seinetwillen" (Röm 14, 15). Der innere Sinn der Formel: „zuliebe", „zugunsten". Im konkreten Sinn bedeutet diese Aussage: Christus ist für unsere Sünden, für unsere Übertretungen gestorben (Röm 4.25; 1 Kor 15, 3; Gal 1, 4).
Ein weiterer Hauptgedanke ist die Sühne. Die zentrale Stelle: Röm 3, 25 „... den Gott als Sühnemal u. Opfer in die Öffentlichkeit stellte ..." Christus ist das aufgestellte Sühnemal, durch das Gott die ↗Sünde erlassen hat. In diesem Sinne ist Christus auch das Paschalamm: Opfer, das die Sünden sühnt (1 Kor 5, 7b), das Bundesopfer (1 Kor 11, 24). Die Sühne versöhnte uns mit Gott u. eröffnete das „Heil" (2 Kor 5, 18). Im paulinischen Sinne heißt das alles zusammen, daß in der Selbsthingabe Christi die ↗Gerechtigkeit Gottes geschieht, indem Jesus Christus die Sündenschuld der Menschen gehorsam auf sich nimmt, sozusagen für uns zur Sünde gemacht (2 Kor 5, 21), u. bis zum Tod durchträgt, dabei die Schuld u. Sünde des Menschen vernichtend.
Ein weiterer Gedanke ist der des Lösegeldes (1 Kor 6, 20, vgl. auch 1 Petr 1, 18). Nach typisch paulinischem Verständnis betätigt sich auch das ↗Gesetz als Macht, indem es den Menschen zur Sünde führt. Mit seinem Sterben unter dem K. vernichtet Christus auch diese als Heilsmacht sich gebärdende Unheilsmacht (Gal 3, 13). Indem Paulus den K.es-Tod in Beziehung zu den Unheilsmächten bringt, die diesen ↗Äon beherrschen u. von dem befreit werden soll (Gal 1, 4), wird die umfassende Heilsbedeutung der K. hervorgestrichen. Der Sinn des Sterbens Jesu von innen her als „für uns" schließt die Befreiung von diesen Mächten ein u. bewirkt dadurch ↗Rechtfertigung (Röm 4, 24.25), ↗Versöhnung (2 Kor 5, 18–20; vgl. Kol 1, 20.22; Eph 2, 16) u. ↗Rettung. – Der Gerechtfertigte gehört nun nicht mehr sich selbst, sondern dem Herrn (2 Kor 5, 14 ff). Weil Christus der zweite Adam ist (1 Kor 15, 21), sind wir in ihm alle gestorben u. werden mit ihm leben. Christi Tod ist nicht nur die Voraussetzung, sondern Weg u. Mittel seiner

Herrschaft über die Menschen. „Wir leben dem Herrn" (Röm 14, 8). – Letzter wichtiger Aspekt von Eph 2, 14 ff: In dieser schwer verständlichen Stelle geht es um den Sinn des Todes Christi. Die Ankunft des Erlösers zerschnitt die Wand zwischen Gott u. den Menschen, bereinigte die Feindschaft zwischen Juden u. Heiden. Diese werden in ihm ein neuer Mensch. Im K.es-Leib werden alle versöhnt, Gott dargebracht. So ist durch Christus der allumfassende ↗Friede entstanden.

Im Rückblick auf die konsequent durchdachte K.es-Theologie des Paulus wird verständlich, warum er in Galatien u. Korinth so unerbittlich um die Anerkennung der K.es-Botschaft kämpft. Er will in seinen Gemeinden Christus den Gekreuzigten verkündet wissen (1 Kor 2, 1–5). Entschieden verwirft er den Heilsweg des Gesetzes, weil für ihn Christus der einzige Weg zum Heil ist (Gal 2, 21; 8, 2–4). Der Mensch soll sich nicht mehr seiner Gesetzesleistung rühmen können, sondern fraglos glaubend das Heil im Wort vom K. entgegennehmen. Die unerhörte Zumutung u. Provokation des schmachvoll am Galgen endenden Erlösers (1 Kor 1, 18–25) muß bewältigt werden, indem verkündet wird, daß sich in der Torheit des K. die Weisheit Gottes geoffenbart hat.

Zum Verständnis der Berichte des K.es-Geschehens in den Evv. sei die antike Gepflogenheit der Kreuzigung vorausgeschickt: Dieses grausamste Marterwerkzeug der Antike, vermutlich von den Persern erfunden, wurde auch von den Römern als schwerste Todesstrafe für Sklaven, Aufrührer u. Freiheitskämpfer verhängt. Die Juden selbst kannten die Kreuzigung nur in Form der Zusatzstrafe, d. h., sie hängten einen gesteinigten Gotteslästerer nachträglich zum Fluche auf: „Jeder, der am K. hängt, ist ein von Gott Verfluchter" (Dt 21, 22 f). Der Ablauf einer Kreuzigung vollzog sich folgendermaßen: Der Verurteilte mußte das Querholz des K. selbst zur Richtstätte schleppen. Dort wurde er ausgezogen, verhöhnt, ausgepeitscht u. schließlich an einen senkrechten eingerammten Pfahl hochgezogen. Die Füße wurden dann entweder am Pfahl angebunden oder angenagelt. Nun hing der Verurteilte, je nachdem ob angenagelt oder angebunden, oft tagelang lebend am K. Der Tod wurde gelegentlich beschleunigt, wenn den Verurteilten mit Stangen die Leiber zerschlagen wurden. In der Regel aber blieb ein Gekreuzigter bis zur Verwesung am K. hängen. Die Verweigerung des Begräbnisses u. der Totenehre gehörte mit zur Strafe der Kreuzigung. Es war bei Strafe verboten, einen solchen Toten zu begraben. Nur auf dem Weg eines ausdrücklichen administrativen Gnadenaktes konnte dem Toten die bevorstehende Schmach erspart bleiben. – Alle 4 Evv. schildern im Rahmen ihrer ↗Leidensgeschichte den Ablauf des Kreuzigungstodes Jesu (Mk 15, 20 ff par). Ihre Darstellung entspricht im allgemeinen der oben geschilderten römischen Kreuzigung. Hinzu kommen jüd. Elemente (Mk 15, 23; Joh 19, 31) u. die Inspiration durch atl. Schriftbeweis. Abgesehen vom unumstößlichen Faktum der Hinrichtung Jesu, bleiben die evangelischen Berichte, rein historisch gesehen, karg. Trotz spitzfindiger medizinischer Überlegungen ist die unmittelbare Todesursache Jesu nicht zu erweisen. Die Hinrichtungsstätte läßt sich beispielsweise nicht eindeutig lokalisieren. Das zwingt dazu, auf die Intention u. den besonderen Erzählstil der Evv. zu achten. Die Berichte wollen immer bereits verkünden. Dem Glaubenden soll der tiefere hintergründige Sinn des entscheidenden Geschehens aufgehen. – Die K.es-Inschrift, als die offizielle Todesschuld, wird zum Anlaß der Verkündigung: Jesus, von den Juden verklagt, weil er sich für den Messiaskönig ausgibt, wird als Aufrührer verurteilt. Pilatus will mit dieser Inschrift zwar die Juden ärgern, gibt aber, ohne zu wollen, Zeugnis für den erwarteten Messiaskönig: „(Jesus von Nazaret), der ↗König der Juden" (Mk 15, 26; vgl. Joh 19, 19–21); ja noch mehr: In der dreisprachigen K.es-Inschrift proklamiert er Jesus zum König der Welt (Joh 19, 20).

Die älteste Deutung des Todes Jesu in den erzählenden Berichten, erreichbar noch im Mk-Text, entstand in Anlehnung an Ps 22 (Mk 15, 35.29.34). Die im Psalm zum Urleiden gesteigerte Not des atl. Beters wird bis zur Urheilserfahrung gesteigert. Mit dem aus dem Tode errettenden Heilshandeln Gottes wird die Ankunft der ↗Herrschaft Gottes erwartet. Wenn nun Jesus mit dem Anfangszitat von Ps 22, 2 (eli, eli . . .) auf den Lippen stirbt, hat sich die atl. Erwartung erfüllt: Jesus, der Verkünder der Gottesherrschaft, führt sie in seinem Tod herbei. Hier greift Mk die Tradition auf. Jesu wortloser Verzweiflungsschrei ist bei Mk in engstem Zusammenhang mit Ps 22 zu verstehen u. darum weder außergewöhnlich noch anstößig. Mk verschleiert den Zusammenhang freilich in der Einführung des Elija-Mißverständnisses (V. 35). Er führt das Motiv des sterbenden, verborgenen Messias ein. In der Weiterentwicklung der Interpretation des unmittelbaren Sterbens Jesu wird Jesu Verzweiflungsschrei immer anstößiger empfunden. Der enge Zusammenhang zum ganzen Ps 22 wird undeutlicher. Mt hat sich im wesentlichen an Mk gehalten, mildert aber die furchtbare Todesszene durch Hinzufügen von „er gab den Geist hin" (27, 50). Lk streicht das Zitat Ps 22, 2 u. ersetzt es durch Ps 31, 6: „In deine Hände befehle ich meinen Geist" (23, 46). Jesus stirbt betend, in Gott geborgen. Das entspricht ganz der lukanischen Christologie.

Vollends neue Züge erlangt, viele Jahre später, der K.es-Tod im Joh-Ev. Erfüllte Ruhe liegt über der Todesszene, wenn Jesus spricht: „Es ist vollendet." Dieses Wort faßt den Sinn des K.es-Geschehens in einer im Joh-Ev. bereits ausgeprägten Passionstheologie zusammen. – Der K.es-Tod entspricht absolut dem ↗Willen Gottes. Jesu Werk geschieht im Hingang zum Vater, der für den Sohn die „Stunde des Todes" festgelegt hat (12, 27). Im gehorsamen Gang zum K. geschieht die „Erhöhung". Kreuzigen u. Erhöhen entsprechen sich (7, 39; 12, 16. 23.28b). Indem Jesus am K. stirbt, wird er vom Vater „verherrlicht". Passion schließt die „Verherrlichung" ein. – Jesu Weg ist zugleich ein Weg für die Menschheit. Er ist gekommen, um sich für die Menschen hinzugeben; als „Lamm Gottes" (Joh 1, 29; vgl. auch 1 Joh 3, 5 mit 1 Joh 1, 7). Die Wirkung der Erhöhung Jesu als „Liebe bis zum Ende" (13, 1.34) trägt reiche Frucht: Weg-

nahme der Sünden, unter denen die Welt steht (1 Joh 4, 10). Vornehmlich aber entsteht im Anblick des Erhöhten der ↗Glaube. Dazu wird das Symbol der gekreuzigten Schlange verwendet (3, 14). „Der Geist des Lebens" für die Gläubigen wird frei (7, 39; 14, 16; 15, 26). Bei der Erhöhung vollzieht sich auch das Gericht für die „Welt". In dem Augenblick, wo in den Augen der Welt Jesu Werk scheitert, wird der Fürst dieser Welt – er ist am Werk, um Jesus ans K. zu bringen – entmachtet (12, 31). Nun ist in Wirklichkeit das ganze Werk Jesu, der die Menschen bis zum Tode liebt, „vollendet" (19, 28). – In der johanneischen Darstellung ist Jesus weniger ein leidender als ein verborgener König. Vom K. herab herrscht der Herr der Welt. ↗Kreuzesnachfolge, ↗Letzte Worte Jesu, ↗Prozeß Jesu. wu

Kreuzesnachfolge. Unmißverständlich ergeht in den Evv. die Aufforderung zur K. (Mt 10, 38; Lk 14, 27; Mk 8, 34 par). Die bedingungslose Entscheidung für Jesus, die vom ↗Jünger verlangt wird, kann das Martyrium um Jesu willen mit sich ziehen (Mt 10, 34–38). Der Haß der ↗„Welt", den Jesus heraufbeschwor, überträgt sich auf die Jünger (Joh 15, 18.20). In diesen Worten spiegelt sich die Verfolgungssituation der Urkirche. Verfolgung gehört zu ihrem Ursprung. – Das Martyrium kann für den Christen zum Ernstfall werden. Doch sucht er es sich nicht selbst aus, sondern es bedarf dazu eigener Berufung (Mt 10, 19 f). Diese Einzelsprüche erfahren in der paulinischen u. johanneischen Theologie zwar nicht dem Wortlaut, aber der Sache nach ihre Vertiefung. Im Tod am ↗Kreuz hat Christus die Menschheit in seinen Tod mit hineingenommen (2 Kor 5, 14 f). Christl. Existenz wird erst vom Kreuze her möglich: „Mit Christus bin ich gekreuzigt worden. Ich lebe nicht mehr als ich, in mir lebt Christus" (Gal 2, 19 f). Im ↗Glauben spricht der Christ sein volles Ja zum Kreuze Christi, das ihn aus der Unheilssphäre in ein neues erlöstes Dasein mit Gott geführt hat. K. heißt also zunächst: sich durch die Kreuzeshingabe Christi in Gott geborgen wissen. K. kann sich nicht als mißverstandene imitatio Christi erschöpfen: sei es durch mystisch geschwängerte Versenkung oder durch asketische Übungen u. Abtötungen. K. verlangt eine ganzheitliche Antwort: Sie begnügt sich nicht mit einem Beteuern der Liebe Christi, sondern geschieht in der eigenen Liebestat an die Menschen. In der Freigabe seiner eigenen, gnadenhaften Existenz an die ↗Mitmenschen manifestiert sich echte K. (1 Joh 3, 16). Die ↗Liebe Gottes, die sich in der Liebe Christi am Kreuze geoffenbart hat, will in der Liebeshingabe der Gläubigen weiter dargestellt werden (Joh 13, 34; 15, 12.17). In diesem Sinne ist die bildhafte Rede von der „täglichen" Kreuzesaufnahme (Lk 9, 23) zu verstehen: im schlichten Alltag die Liebe zu den Mitmenschen verwirklichen (1 Joh 4, 20). In dieser Tat werden anonyme u. nichtanonyme Christen erst zu Vollchristen. So gibt es den Ernstfall der K. für alle: in der Erfüllung der Nächstenliebe (↗Nächster). ↗Nachfolge.   wu

Kreuzigung ↗Kreuz.

Kreuzwerdung. Paulus weiß, daß durch das Christusgeschehen die widergöttliche Welt „gekreuzigt" wurde, d. h. zu Ende gekommen ist (Gal 6, 14; vgl. Röm 6, 10). In seinem Sterben am ↗Kreuz hat Jesus die Macht der gottfeindlichen u. selbstentfremdeten Welt durchbrochen. Der Christ, in dem Christi Kreuz weiter gegenwärtig bleibt, ist grundsätzlich aus dieser Macht befreit. Jesu Kreuz entstand u. entsteht weiterhin aus der Macht der ↗Sünde, aus der menschlichen Gottferne. Die Sünde ist für Christus zum todbringenden Kreuz geworden. In der ↗Auferstehung aber wurde dieses Kreuz zu einem erlösenden, denn es hat die ↗„neue Schöpfung" gebracht (Gal 6, 16). Welt u. Menschen sind zum Kreuz Christi geworden; Welt u. Geschichte werden zum erlösenden Kreuz, um Gottes neue Schöpfung zu werden. Die ganze Geschichte partizipiert an Christi heilschaffendem Kreuz. Welt u. Mitmensch sind dem Christen erlösendes, lebenweckendes Kreuz. Begegnung mit dem ↗Du geschieht durch die Wirklichkeit des Kreuzes hindurch, denn ↗Liebe kommt vom Kreuz Jesu her. Jesu Kreuz, u. darin Gottes Liebe, ereignen sich in der menschlichen Geschichte weiter. ↗Kreuzesnachfolge.   gr

Krieg, heiliger. Das altorientalische Denken kennt keine Trennung von „Heilig" u. „Profan". Ähnlich wie in der ↗Geschlechtlichkeit tritt im K. die „primitive Pansakralität" deutlich hervor, doch bildet sich im Gegensatz zur Entmythologisierung des Sexuellen in Israel eine förmliche Theologie des K. heraus. Im K. erfährt Israel am greifbarsten die Führung Gottes. Es lernt in seiner militärischen Hilflosigkeit, was Glaube überhaupt bedeutet, denn es ist allein auf Gott angewiesen. Dieser erweckt in Zeiten der Not charismatische Führergestalten (↗Richter), die Israel aufbieten, während das Königtum später den Schutz Israels in Eigenregie garantieren will u. dadurch mit den Propheten in einen Konflikt gerät, über dem es letzten Endes selber scheitert. Die einzelnen Pentateuchredaktionen (↗Pentateuch) haben die Kriegsberichte stark umgebildet: Wie zeitgeschichtliche u. archäologische Vergleiche zeigen, waren K.e viel seltener u. bescheidener, als es die spätere Geschichtsschreibung zu berichten weiß, welche aber auch das tatsächliche kriegerische Geschehen so weitgehend spiritualisiert, daß Israels Anteil am K. nur im abschließenden Lobpreis auf Gottes Hilfe besteht, die so persönlich verstanden ist, daß sie Kern aller ↗Messiaserwartung wird.   tr

Kriegsberichte, kleinste literarische Einheiten, die ihrer Form nach zu den Werken der Geschichtsschreibung, genauer der Annalistik gehören. Wie die ↗Annalen versuchen sie, in einfacher, knapper Art bestimmte kriegerische Geschehen festzuhalten (2 Sm 10, 6 – 11, 1; 12, 26–31; 1 Sm 14, 1–23).   gr

Kriegsgefangener. Erst in der bibl. Spätzeit wandelt sich das Los der Besiegten (↗Sieg) von Tod u. Sklaverei zur Form der Deportationen (↗Exil) u. Abgaben. – Für Paulus ist der Ausdruck K. Bild für den ↗Gehorsam gegenüber der Sünde bzw. Christus.   tr

Kriegsrolle (Milhama). „Krieg der Söhne des Lichtes wider die Söhne der Finsternis", hebr. Name einer Schrift von ↗Qumran. Inhaltlich geht es um den endzeitlichen Kampf zwischen dem Volk Gottes u. seinen Widersachern. Es werden Waffenrüstung, Feldzeichen, Trompeten, Heeresorganisation u. Schlachtordnung beschrieben. Der ↗Endkampf wird als realer Krieg vorgestellt. Die Schrift ist apokalyptischer Natur; der Ausgang des 40 Jahre währenden Endkampfes wird bereits mitgeteilt: Nach Rückschlägen u. Verlusten werden die „Söhne des Lichtes" mit der Hilfe Gottes u. der himmlischen Heerscharen den Endsieg erringen (I, 13 ff). Die Schrift ist stark mit liturgischen Texten durchsetzt, es finden sich Gebete, Fluch- u. Segensformeln, Feldpredigten u. Mahnreden sowie Dankhymnen nach siegreichen Schlachten. Da es sich um einen heiligen ↗Krieg handelt, sind alle von der Beteiligung davon ausgeschlossen, die nicht „vollkommen an Geist u. Fleisch" sind. Die Datierung der Schrift ist nicht eindeutig, sie wird von der frühen Makkabäerzeit bis 100 n.C. angegeben. gr

Krippe. Die K. von Betlehem (Lk 2, 7.12) ist sicherlich eine in jedem palästinensischen Bauernhaus üblichen Futter-K.n gewesen. In Betlehem gibt es Häuser, die über eine Höhle gebaut sind; die Höhle wird als Stall verwendet. Die Futter-K., in die Jesus gelegt wurde, ist dann entweder eine freistehende Holz-K. oder eine in den Felsen gehauene Stein-K. gewesen. ↗Kindheitsgeschichten. do

Kritik, ein Wesensmerkmal prophetischer Verkündigung. Der ↗Prophet tritt auf als Bote u. bevollmächtigter Gesandter Gottes, der nicht sein eigenes ↗Wort sagt, sondern das Wort dessen, der ihn sendet. Das ↗Wort Gottes aber bedeutet für den, der es hört, immer Krisis (↗Gericht); es ist Scheidung zwischen Richtigem u. Falschem im menschlichen Tun. Jahwe legt sein Wort in den Mund des Propheten, u. dieses Wort ist ein richtendes: Jr 1, 10.

Wo das prophetische Wort ergeht, dort baut es Herkömmliches u. Gewohntes ab, das wider Gott steht; dort zerstört es Traditionen u. Menschensatzungen, die wider den Menschen stehen; denn es will ↗Neues ermöglichen, es will ungeahnt neue Möglichkeiten des Mensch- u. Geschöpfseins auftun. Das prophetische Wort eröffnet uneingeschränkt den Schöpferanspruch Gottes. So müssen die Propheten gegen das eigene Volk u. ihre Führer auftreten; sie stehen in heftigem Gegensatz zu

den eigenen Königen u. zur Priesterschaft. So muß Natan vor den König ↗David hintreten, als dieser sich an seinem Feldherrn Urija versündigt hatte; Natans Rede ist drohende ↗Gerichtsrede, u. sie fordert vom König ↗Buße u. ↗Umkehr (2 Sm 12, 1–15).

Auch ↗Jesus steht in seiner ↗Verkündigung in einer prophetischen Tradition. Als Gottes letzter Bote verkündet er das Kommen des ↗„Reiches Gottes". Wie der Prophet das Verkündete mit seinem Leben bezeugt u. dafür sein Leben einsetzt u. hingibt (z. B. ↗Elija, ↗Johannes der Täufer), so gibt auch Jesus sein Leben hin für die Richtigkeit seiner Botschaft. Seine Botschaft ist leidenschaftliche K. an den Menschensatzungen seiner Zeit – etwa an der jüd. Praxis des ↗Fastens (Mk 2, 18–19); sie ist Auseinandersetzung mit den führenden Schichten u. herrschenden Meinungen seiner Zeit. Er durchbricht religiöse Vorschriften u. die buchstäbliche Gesetzesbeobachtung (↗Gesetz) dort, wo diese unmenschlich sind; er tut es um des heilen Menschen willen (vgl. Mk 2, 23–28). Weil er am ↗Sabbat heilt, gehen die ↗Pharisäer hin u. beraten, wie sie ihn ins Verderben bringen können (Mk 3, 6). Er aber legt das Verhalten der Schriftgelehrten u. der religiösen Autoritäten des Volkes offen an den Tag: „Wehe euch, daß ihr das Reich der Himmel vor den Menschen zuschließt, denn ihr kommt nicht hinein, u. die, welche hineinwollen, laßt ihr nicht hinein!" (Mt 23, 13–14; vgl. Mt 23). Nach der Darstellung der Evangelisten wird Jesus ein Opfer seiner K., seiner Überzeugung u. seiner Verkündigung. Er tritt mit seinem Leben für seine Botschaft ein, besiegelt sie mit seinem Tod u. eröffnet so den Zugang zum Reich Gottes, schafft neue Möglichkeiten der ↗Kindschaft Gottes. Wer sich auf Jesus beruft, muß gerade hierin seine ↗Nachfolge antreten. Wenn der Christ die Botschaft Jesu in seinem Leben verwirklichen will, dann muß er sich für die Ermöglichung des „Reiches Gottes" einsetzen; dann muß er bereit sein, auszureißen u. zu zerstören, was diesem entgegensteht (vgl. dazu besonders auch 2 Kor 10, 3–10), um das neue Mögliche u. Geforderte pflanzen u. aufbauen zu können. Vom Evangelium her hat der Christ eine eminent kritische Funktion innerhalb seiner Gesellschaft (↗Gesellschaftskritik). Um K. üben zu können, muß er vom ↗Evangelium her ständig um eine selbständige Überzeugung (↗Dauerreflexion) bemüht sein. Seine K. muß durch sein Leben gedeckt sein. Christsein als gesellschaftskritische Funktion will an der ↗Menschwerdung des Menschen u. an der ↗Vermenschlichung des Daseins mitarbeiten.

gr

Kult. Bibl. gesehen spielen in diesem Begriff drei Gedanken zusammen. Gott dienen heißt primär hören auf sein Wort (horchen u. gehorchen). Der ↗Mensch findet sich als Angesprochener (als Du) vor; er hat dem anwesenden ↗Gott als Antwort seine Hingabe zu bezeigen. K. ist weiters keine zweckbestimmte Anstrengung, sondern eine Lebensform des Menschen bzw. der Gemeinschaft. Sie erleben sich als Bundesgemeinschaft (mit Gott u. untereinander), d. h., indem sie im K. in den Lebensbereich Gottes hineingenommen werden, leben sie, was sie sind: das Bundesvolk Gottes. Die dritte Komponente weist nach außen (Sendung). Die gottesdienstliche Gemeinde ist keineswegs dispensiert vom Gehorsam im weltlichen Handeln. Es darf keine Flucht in den K. geben (↗Tempelrede).

a) Die Entwicklung des atl. K. ging konform mit der antiken Scheidung der Lebensbereiche in kultisch u. profan. Gottes Heiligkeit (↗Heilig) u. Ausschließlichkeitsanspruch qualifiziert das kultische Handeln. Bereits in der Königszeit zog man daraus die Konsequenz. Inmitten sich verselbständigender Bereiche bildete sich der K. als etwas Abgegrenztes mit Eigengesetzlichkeit heraus. Nicht mehr allein das Wort, sondern die Institutionen ↗Tempel (↗Zelt u. ↗Bundeslade), ↗Opfer u. ↗Priester hatten die Gegenwart Gottes in der Gemeinde zu vermitteln. Diese göttlichen Einrichtungen sollten die „unreine" Gemeinde vor dem tödlichen ↗Zorn Gottes schützen bzw. wirksam den Gemeinschaftswillen Gottes (↗Bund) ausdrücken. Die Polemik der ↗Propheten zeigt, daß im K. auch eine große Gefahr lag. Das äußere Funktionieren, wofür Festrituale u. K.gesetze

garantierten, konnte leicht ein trügerisches Gefühl der Sicherheit u. Geborgenheit bei Gott aufkommen lassen u. über eine innere Krise hinwegtäuschen. Herzstück u. Kriterium des K. sollte das Erbarmen mit dem Mitmenschen sein (Hos 6, 6). (↗Kultkritik.)

Es gab ein reiches kultisches Leben, worüber wir wohl viele Einzelheiten, aber keinen genauen Ablauf wissen. Stets waren Opfer, Gebet u. Lied integrierende Bestandteile. Erst der Synagogengottesdienst verselbständigte das Wortelement. Die für den K. bestimmte Psalmensammlung (↗Psalm) zeigt, daß im Gottesdienst die großen Themen der Heilsgeschichte Israels (Festperikopen, ↗Kultlegenden), aber auch die Erfahrungen einzelner in Form von Lobu. Dankliedern, von Klage, Bitte u. Bekenntnis, aber auch Ermahnung u. lehrender Zuspruch, daß Segens- u. Fluchformeln vorgetragen wurden. Unsicher ist man sich über ein Mitwirken von ↗Kultpropheten.

Gegenüber den vielen ↗Kultorten Israels wurde der Staatskult (wo man die Erwählung Davids u. Jerusalems wachhielt) am Jerusalemer Tempel immer dominanter. Täglich brachte man Morgen- u. Abendopfer dar. Man feierte den ↗Sabbat u. Neumond. Den Lebensrhythmus bestimmten das ↗Sabbat- u. ↗Jobeljahr, besonders aber die großen ↗Feste.

b) Das NT berichtet zwar von ↗Jesus u. der ↗Urgemeinde, daß sie an kultischen Feiern teilnahmen (an Sabbat, Pascha u. Gebetszeiten). Doch ist für den ntl. K.begriff wesentlich seine Entsakralisierungstendenz (↗Entsakralisierung). Jesus hat mit Mk 7, 15 die alte Scheidung in rein u. unrein, kultisch u. profan außer Kraft gesetzt. Das Heilige vollzieht sich im Profanen, in den menschlichen Situationen. Nach Röm 12, 1 wird der ganze Mensch vom K. erfaßt. Damit ist die Gebundenheit an Ort u. Zeit nicht mehr konstitutiv, sind Mose u. der Tempel zu Ende (↗Vorhang). Nicht die Dinge sind rein oder unrein, sondern der Mensch. Dieser wird von Gott gerufen, von ihm aus rein zu sein (1 Tim 4, 4).

K. war damals noch kein Problem; wir finden auch keine grundsätzliche Erörterung. Versammelte sich die Gemeinde (in Privathäusern), wußte sie den erhöhten ↗Herrn gegenwärtig u. feierte dies in ↗Hymnen u. Bekenntnissen u. im ↗Herrenmahl. Im Gottesdienst war sie wirklich die endzeitliche Heilsgemeinde. Hier lebte sie von Christus her; aus ihm, in ihm u. auf ihn als die Zukunft zu. Christliche K.idee war somit im NT bereits untrennbar mit der Christologie u. Ekklesiologie verbunden. ↗Opfer.

Die gottesdienstlichen Handlungen gruppierten sich um ↗Taufe u. Herrenmahl. Über die paulinischen Gemeinden gibt besonders 1 Kor 14 Aufschluß. In ihren gottesdienstlichen Versammlungen waren Lehre, Ermahnung, Erbauung u. Zuspruch von Charismatikern getragen, den ↗Propheten u. Glossolalen (↗Glossolalie). Erstere sollten der Gemeinde zur Auferbauung dienen, indem sie eine bestimmte Botschaft für ihre Zuhörer aktualisierten, letztere die Gemeinde nicht überfordern u. darum durch einen Dolmetsch ihre Zungenrede übersetzen lassen. Denn nur dazu kann die Gemeinde ↗ „Amen" sagen, was sie verstanden hat. Oberstes Prinzip sollte die Liebe sein. Sie legt sogar dem Geist, dem Ekstatischen, die Zügel an. An sich konnte jeder das Wort ergreifen. Aufgabe der Gemeinde war die Akklamation („Hosianna", „Amen", „Komm, Herr Jesus"). Auch konnte jeder diese Versammlung besuchen. Sie sollte darum so sein, daß ein zufällig anwesender Ungläubiger bekennen mußte: Hier ist Gott anwesend! Dieser Gott ist der erhöhte Herr, der Geber u. Richter. Darum geht man weg als einer, der den Stempel des Gerichtes empfangen hat.

Grundsätzlich kann man sagen: Über die Struktur des ntl. K. wissen wir wenig (ob etwa das Vorlesen des AT ein konstitutives Element war). Ein einheitliches Schema gab es nicht. Ein direkter Einfluß der ↗Synagoge oder eine Anpassung an hellenistische K.e ist auszuschließen. Die anfänglich sehr lockere Struktur verfestigte sich gegen Ende des 1. Jh.; in dieser Zeit hat sich eine feste Gemeindeleitung herausgebildet (vgl. Apg u. die Apk mit der Darstellung des himmlischen Gottesdienstes als Präfiguration des irdischen). ↗Weltlicher Gottesdienst.　　　　pa

Kultgemeinschaft ↗Gemeinschaft.

Kultgeschichtliche Forschung. Die vergleichende ↗Religionsgeschichte erbrachte wesentliche Einsichten in die Traditionszusammenhänge vom AT u. dem Alten Orient, aber zugleich eine Überbewertung der Gemeinsamkeiten. So sprach man im englischen u. skandinavischen Raum von einem gemeinsamen Kultschema. Auch Israel habe ein Jahrfest (↗Thronbesteigungsfest) gekannt, bei dem im Kultdrama der (göttliche) König den Mythos vom sterbenden u. auferstehenden Gott darstellte. Doch ist die atl. Schöpfungsvorstellung weder mythisch noch die Zeitauffassung zyklisch zu verstehen, sondern eigenständig. Die K. F. – inneratl. betrieben – erbrachte, was noch sehr umstritten ist, für Israel ein ↗Jahrfest (↗Bundeserneuerungsfest), auf dem der König, die ↗Bundeslade u. die Verkündigung der Auszugs- u. Bundestraditionen eine Rolle spielten.　　　　pa

Kultkritik. Den bloß äußerlichen Frömmigkeitsübungen stellen die ↗Propheten des 8. u. 7. Jh. die Forderung gegenüber, Gott aufrichtig zu gehorchen (Hos 6, 6). Sie erklären, daß nicht einmal die heiligen Stätten einem sündigen Volk Schutz bieten (Jr 7, 1–15). Mit ihrer K. wollten die Propheten dem überlieferten Glauben Israels in einer Zeit neue Kraft geben, da der ↗Kult, z. T. durch das Versagen der Priester (Hos 4), nicht mehr das ganze religiöse Leben regeln konnte. Auch Jesus steht in der Tradition prophetischer K. ↗Entsakralisierung, ↗weltlicher Gottesdienst.　　oh

Kultlegende. Es gibt atl. Erzählungen von der Entstehung eines Heiligtums (oder kultischen Brauches), die bezwecken, dessen Legitimität zu sichern. Man nennt diese „heiligen Geschichten" K.n, wenn sie auch beim Heiligtumsfest feierlich vorgetragen wurden. Die K. erzählt von der Erscheinung der Gottheit, vom ersten Opfer (am ehemed profanen Ort) u. der Errichtung eines Altars (der „bis heute" noch steht). Man zählt darunter die K. von ↗Sichem (Jos 24), vom ↗Sinai (Ex 19 f; 24), von ↗Gilgal (↗Schilfmeer; Jos 3), vom Pascha-Mazzotfest (Ex 5–12) u. Ps 132.　　pa

Kultort. Der Gott des AT ist nicht wie die Lokalgötter an einen K. gebunden. Doch bildeten sich als Orte der Offenbarung u. Begegnung besonders Sichem, Schilo u. a., später als ↗Zentralheiligtum der Jerusalemer ↗Tempel heraus (vgl. Apg 1, 4). pa

Kultpersonal. Die einzelnen Funktionen an Israels Heiligtümern besorgten: die Priester mit Orakel-, Toraerteilung u. Opferdienst, die Leviten bei untergeordneten Diensten (nachexilisch), weiters die Sänger u. Türhüter (erst nach dem Exil den Leviten eingegliedert; ↗Tempeldiener). Zum K. gehörten vor dem Exil auch Sklaven (Gegebene), nie aber Frauen, vielleicht auch ↗Kultpropheten.

Kultprophet. In der ↗kultgeschichtlichen Forschung tauchte erstmals die Frage nach einer engeren Beziehung der Propheten zum Kult auf. Man lehnt zwar die Extrempositionen ab, die im Kult die Heimat der gesamten Prophetie sehen bzw. die Kultfeindlichkeit zum Kriterium des Prophetischen erheben, ist sich aber nicht klar, wieweit es überhaupt Propheten als autorisierte Kultsprecher gab. So weisen einen manche die Funktion der Fürbitte, der Verkündigung der Heilsankündigung als Antwort auf die ↗Volksklagelieder u. a. zu. Einen Kultbezug verraten die Bücher des Nahum, Habakuk (Joel, Klgl?), umgekehrt enthalten die Psalmen prophetische Passagen. Jr 26 u. a. erwähnen Priester u. Propheten zusammen, 1 Chr 25, 1 könnte die Deutung der nachexilischen Sänger als Nachkommen von Prophetengilden zulassen (↗Kultpersonal). pa

Kultreform. Wie alle Versuche der ↗Propheten, Israel dem Einfluß fremder Götzenkulte zu entziehen u. es allein auf Jahwe zu verpflichten, blieb auch die K. von Ezechias (2 Kg 18; 2 Chr 29 bis 31) u. Josija, zweier Könige Judas, ohne längeren Erfolg. Sie schafften die Höhenheiligtümer ab, reinigten den Tempel von synkretistischen Kulteinflüssen, reorganisierten u. zentralisierten das Kultpersonal in Jerusalem. Josija soll dazu durch die Auffindung des „Ge-

setzbuches" (Ur-Deuteronomium? 621 v.C.) angeregt worden sein (2 Kg 22 f; vgl. Mt 1, 10 f). pa

Kundschafter, zur militärischen Erkundung eines fremden Landes ausgesandte Krieger (Gn 42, 9 ff; Nm 14; Jos 2, 1).

Kuß, im Alten Orient Begrüßungszeichen (Gn 29, 11; 13; Ex 4, 27; Lk 15, 20), dann Ausdruck der Liebe u. Freundschaft (1 Sm 20, 41; Hl 1, 12), aber auch der Verehrung den Göttern (1 Kg 19, 18; Hos 13, 2), den Eltern (Ex 18, 7) u. den Rabbinen (Mt 26, 49) gegenüber. Der Sinn des K. ist im Judas-K. verkehrt (Mk 14, 44 f; vgl. 2 Sm 20, 9 f). Die christl. Gemeinde grüßte einander mit „heiligem K." (Röm 16, 16; 1 Kor 16, 20; 1 Thess 5, 26). we

Kybele (lat. Magna Mater), phrygische Ausformung einer in ganz Kleinasien als Mutter des Lebens verehrten Fruchtbarkeitsgöttin; sie bildete zusammen mit Attis, der als sterbender u. auferstehender Gott die vergehende u. aufblühende Natur symbolisierte, ein Götterpaar. In Pessinus war der Mittelpunkt ihres Kultes; ihr Fest war von orgiastischen Riten mit Selbstverstümmelung u. -verwundung begleitet. Im 5. Jh. v.C. fand der K.kult in Griechenland Eingang. Seit 204 v.C. wurde K. in Rom verehrt, aber erst in der Königszeit (Claudius) wurde ihr Fest als Frühlingsfest mit prachtvoller Prozession feierlich begangen. Ihr Kult fand von Rom aus im Westen des Reiches Verbreitung u. wurde bis ins 4. Jh. n.C. gefeiert. ↗Mysterien. we

Kyniker, Philosophen in der Nachfolge des Diogenes von Sinope (ca. 400–320 v.C.) ohne Schule mit offiziellem Schulhaupt. Diogenes lehrte u. lebte ein Leben völliger Bedürfnislosigkeit u. Nichtachtung aller Konventionen: er schlief in einer Tonne, aß nur das Billigste, trug immer dasselbe Kleidungsstück. Daher wurde er „Hund", griech. kyon, genannt u. seine Anhänger K. In der Kaiserzeit zogen viele K. als Bettelphilosophen herum u. hielten auf der Straße Vorträge (↗Popularphilosophie). mo

L

Lachen, in der Bibel Ausdruck (echter oder vermeintlicher) Überlegenheit. So lacht Gott über Gottlose, die ihn in ihrem Unverstand trotz ihrer Nichtigkeit nicht als Gott gelten lassen (Ps 2, 4; 37, 13; 59, 9). Im Vertrauen auf Gottes Hilfe lacht der Gerechte über den, der ihm bös will (52, 8). Vom L. im Sinn endzeitlicher Freude über Rettung u. Heil ist Ps 126, 2 u. Lk 6, 21 die Rede. Toren äußern im L. ihre mangelnde Einsicht in den Ernst der (endzeitlichen) Gegenwart (Lk 6, 25; Jak 4, 9). Feinde drücken ihren Hohn über Besiegte durch L. aus (Hab 1, 10; Klgl 1, 7). Abraham u. Sara bezeugen durch L. ihren Zweifel an Gottes ↗Verheißung eines Kindes (Gn 17, 17; 18, 12 ff).   he

Lachisch, seit der Frühbronzezeit besiedelte Stadt im Südwesten Palästinas. Durch ↗Josua (10, 32) wurde L. erobert, später zur Festung ausgebaut u. 588 v.C. von ↗Nebukadnezar zerstört. Aus der Zeit der Zerstörung sind 21 Briefe auf Tonscherben in althebr. Schrift erhalten.
                                                        we

Lade ↗Bundeslade.

Lahm. Beachtenswert wird die Erwähnung dieses Fußgebrechens (2 Sm 4, 4) in der Bibel dort, wo es in Sprichworten (2 Sm 5, 6 ff; Mt 18, 8) oder Bildvergleichen aufscheint. Man vgl. die Stellen vom heilen Menschen der ↗Endzeit (Js 33, 23; Mt 11, 5), dazu das ↗Heilen Jesu (Mt 15, 30 u. a.). Dienstunfähig waren lahme Priester (Lv 21, 18), kultuntauglich lahme Tiere (Lv 15, 18).   pa

Laie (griech. laikos = zum Volk gehörig, von laos = Volk), die Masse, das nicht unterrichtete Volk. In der griech. Literatur bezeichnet laos auch das zu einer Versammlung (ekklesia) Kommenden oder die nicht in den ↗Kult Eingeweihten. Im AT bestand ein Unterschied zwischen ↗Priestern u. Volk. In der LXX steht laikos manchmal im Gegensatz zu Priestern u. bedeutet „weder Priester noch Levit". In diesem Sinn kommt es im NT nicht vor. Dort bedeutet laos (wie ekklesia = Kirche) das christl. Volk, das, von Gott zum Glauben berufen, Eigentumsvolk Gottes u. ein königliches Priestertum ist (1 Petr 2, 9 f), im Gegensatz zur Welt. L. im Sinn des NT impliziert also noch nicht die Unterscheidung zwischen L.n u. Priestern innerhalb der Kirche, sondern unterscheidet das Volk Gottes vom „Nicht-Volk". Doch zeichnet sich im NT auch innerhalb des Volkes Gottes eine Aufgliederung in ↗Dienste ab. Der t. t. L. für den Gläubigen im Unterschied zum Klerus ist seit dem 3. Jh. nachweisbar.

Lamm (Lamm Gottes). Kleinvieh – Schafe oder Ziegen – waren die gebräuchlichsten Opfertiere im AT; ein einjähriges männliches u. fehleloses L. (als Inbegriff der Unschuld u. Arglosigkeit: Lk 10, 3) galt als besonders angenehme Opfergabe (↗Opfer). Für das Paschamahl (↗Pascha) war ein solches L. ausdrücklich vorgeschrieben (Ex 12, 5). Im 4. ↗Gottesknecht-Lied Js 53 wird der Knecht Jahwes (im Anschluß an Jr 11,19) mit einem L. oder Schaf verglichen – nicht nur wegen seines Verhaltens: seines stummen, geduldigen Ertragens (V. 7), sondern als Deutung seines Schicksals überhaupt, weil er wie ein Opfertier der ↗Sünde der Vielen trägt u. sein Leben als Schuldopfer (V. 10) hingibt. Zahlreiche Anspielungen im NT, zumal in den Passionsberichten, lassen erkennen, daß die Urkirche u. vielleicht schon der historische Jesus selbst diesen Text auf seine Person gedeutet haben. Eine Beziehung zum Pascha-L. (1 Kor 5, 7) ist schon durch das Datum seines Todes u. die vorherige Feier des Paschamahles mit seinen Jüngern gegeben. Nach dem Joh-Ev. hat sogar schon Jo-

hannes der Täufer auf Jesus hingewiesen mit den Worten: „Seht das L. Gottes!" (1 Joh 1, 29.36). Zwar gibt es im Aramäischen ein Wort talja, das sowohl „Knabe, Knecht" als auch „L." bedeuten kann, doch ist es zweifelhaft, ob es sich hierbei um ein historisches Wort des Täufers handelt. Es wird eher theol. Deutung des Evangelisten sein.
Die Apk spricht durchgehend von Christus als dem L., allerdings mit einem anderen griech. Wort, das mehr an einen jungen Widder denken läßt. Hier verbindet sich das Bild vom geschlachteten Opfer-L. (5, 6) mit dem des königlichen Leittieres: Es führt die Erlösten zur Lebensquelle (7, 17) u. empfängt die Huldigung aller Wesen (5, 12).   ur

Lampe. Zur Beleuchtung im Haus dienten Öl-L.n. Ihre früheste Form ist eine flache offene Schale, die an einer Seite eine Ausbuchtung hatte zur Aufnahme des Dochtes. In römischer Zeit hatte man geschlossene Schalen mit einer Öffnung zum Öleingießen u. einer Schnauze für den Docht. Die L. brannte die ganze Nacht, wohl zur Abwehr der ↗Dämonen. Damit sie besser leuchte, wurde sie auf einen Untersatz gestellt (Mt 5, 15).   ba

Landnahme. Am Ereignis der Seßhaftwerdung Israels (↗Auszug) in Kanaan zeigt das AT, wie für die Glaubenden die Geschichte zum Ort der Gotteserfahrung (u. wie diese nach Dt 26, 5 ff im Kult wachgehalten) wird. ↗Pentateuch u. ↗Josua-Buch bezeugen (in jahwistischer Sicht): Mit der L. (wohl friedliche Unterwanderung anläßlich des Weideplatzwechsels u. beginnenden Ackerbaus) hat Gott seine ↗Landverheißung in Treue eingelöst u. in einer einzigartigen Führungsgeschichte das Volk in Kanaan „zur Ruhe gebracht" (Dt 12, 9; Jos 21, 43 f). Damit ist die ↗Verheißung jedoch nicht beiseite gelegt. Weiterhin bleibt Israel im Land ein Fremdling (2 Sm 7), gefährdet von Feinden u. in Gefahr, diese „Ruhe" durch einen Bundesbruch zu verlieren. Ri 1 f sieht die Landverheißung erst im Großreich Davids eingelöst. ↗Deuterojesaja erhofft die Heimkehr aus dem Exil als zweite L. Vollends sieht das NT erst im Christusgeschehen die volle Einlösung (Mt 5, 5; Mk 10, 29 f). Hebr 3 f (aus Ps 95 u. Gn

2, 2 f) stellt die „Ruhe" als jenseitiges Heilsgut in Aussicht.   pa

Landpfleger. In ntl. Zeit wurde Palästina (ab 6 n.C.) auch in Sachen Finanz u. Steuer von römischen L.n (Prokuratoren) verwaltet (↗Judäa, mit dem Sitz in Cäsarea); von Pontius ↗Pilatus, Felix, Faustus.   pa

Landtag zu Sichem. Im L. z. S. haben wir die Spiegelung von liturgischen Vorgängen, die das Stiftungsfest des ältesten israelitische Stammeszusammenschlusses wiedergibt. Es wird an die alte Bedeutung des ↗Kultortes angeknüpft u. im L. z. S. der ↗Bund zwischen Jahwe u. seinem Volk geschlossen (Jos 24, 25), für den der große Stein u. der heilige Baum als Zeuge angesehen werden. Josuas Bund soll Fortsetzung u. Bestätigung des Mosebundes sein.   go

Landverheißung. Im Glaubenszeugnis des AT erscheint Israel als ein Volk, das seinen gesamten Existenzbereich auf das Eingreifen Gottes in die Geschichte begründet sah. Gott gab der Geschichte Anstoß u. Ziel, als er ↗Abraham (Gn 12, 1–3) unter Schwur u. Bundesschluß ein Land verhieß (u. zahlreiche Nachkommen), das er ihm als Lebensbereich zuteilen werde (Gn 15, 7 ff). Diese L. zieht sich als roter Faden durch die Vätergeschichten bis hin zur ↗Landnahme unter Josua (Gn 50, 24; Ex 3, 7 u. a.) u. läßt in den Augen des jahwistischen (u. priesterlichen) Geschichtsbetrachters das Bild einer einzigen planvollen, göttlichen Führung Israels entstehen (↗Jahwist). Die L. erscheint hier (im Pentateuch u. Josua-Buch) auf Gesamtisrael u. die Landnahme unter Josua ausgeweitet, ursprünglich war sie wohl unmittelbar auf Abraham selbst bezogen (vgl. Gn 12, 7; 23).   pa

Laodizea, Name einer phrygischen Stadt, von Antiochus II. zu Ehren seiner Gattin Laodike erbaut. L. war Mittelpunkt der damaligen Heilkunde. Früh fand in L. auch das Christentum Eingang, als dessen Gründer u. Leiter wohl Epaphras angenommen werden kann. Paulus sorgte sich besonders um L. (Kol 2, 1). Kol 4, 16 wird die Gemeinde von Kolossä aufgefordert, den Brief des Paulus mit L. auszutauschen. Apk 3, 14–22 ergeht ein Sendschreiben an diese Gemeinde. ↗Laodizeer-Brief.   zi

Laodizeer-Brief. 1. Einer der sieben Gemeindebriefe in der Apk (3, 14–22), der den Zustand der Gemeinde von ↗ Laodizea tadelt. – 2. Kol 4, 16 erwähnt einen L.-B., den sich die Gemeinde von Kolossä zum Lesen verschaffen sollte. Ob damit der Epheser-Brief gemeint ist, der von Zeugen des 2. Jh. als L.-B. bezeichnet wird, ist unsicher. – 3. Ab Mitte des 6. Jh. taucht in vielen Vg-Hss. unter den Paulusbriefen ein kleiner L.-B. auf, der bis zum Konzil von Trient für echt, aber nicht kanonisch gehalten wurde. Er war als Ersatz für den vermißten L.-B. (Kol 4, 16) gedacht u. besteht aus 20 Vv. mechanisch aneinandergereihten Wendungen aus den Galater- u. Philipper-Briefen. zi

Lasterkatalog nennt man die fast schematische, der jeweiligen Situation der Angeredeten angepaßte Aufzählung von Lastern. Die kynisch-stoische ↗ Popularphilosophie fand ihn als einprägsames Mittel sittlicher Lehre. Einige Spätschriften des AT, vor allem aber das Spätjudentum u. ↗ Qumran greifen den griech. L. auf u. prägen ihn von der bibl.-religiösen Ethik her um. Das NT übernimmt nach Form u. Wortgut den L. der griech. u. atl.-jüd. Tradition u. stellt ihn, vorab in den Paulus- u. Petrusbriefen, in den Dienst der Verkündigung an die Heiden. Kontrastierend kennzeichnet hier der L. eindrücklich die verdorbene, aussichtslose Situation der Heiden vor u. ohne Christus u. stellt das Heilswerk Christi, das auch ihnen zuteil wird, in um so helleres Licht. – Da der L. das menschliche Handeln nur nach der negativen Seite hin beschreibt, steht im NT (wie auch in Qumran) dem L. öfters ein ↗ Tugendkatalog gegenüber. L. u. Tugendkatalog zeichnen so die Wege menschlichen Handelns – zu Heil oder Verderben (Röm 1, 29–31; Gal 5, 19–23). he

Laubhüttenfest. Das bedeutsamste der drei israelitischen Wallfahrtsfeste war das L. Es wurde auch einfachhin „das Fest" oder das „Fest Jahwes" genannt. Ursprünglich hatte das L. einen bäuerlichen Charakter u. entsprach am Ende des Jahresablaufes der Natur mit der Einbringung der Ernte dem Erntedankfest: Man dankte Gott für den Ertrag des Bodens. Schon in der Richterzeit

wurde die Feier an der zentralen Kultstätte gehalten, die dann später in Jerusalem ihren festen Sitz hatte. Während der sieben Tage wohnten die Israeliten in Hütten aus grünen Zweigen. In dieser Zeit brachte man die reichsten ↗ Opfer des Jahres dar u. verlas die ↗ Tora. Die ↗ Priesterschrift knüpft an die ↗ Heilsgeschichte des Volkes an, indem sie erklärt, daß die Israeliten in Hütten wohnen sollten zur Erinnerung an die Wohnstätten der Väter nach dem ↗ Auszug aus Ägypten. Die nachexilische Feier fand vom 15. bis zum 21. Tag des 7. Monats, das ist die erste Oktoberhälfte, statt. ↗ Feste. la

Laufen wird im AT oft mit dem Prophetenwort in Verbindung gebracht. Unter dem ↗ Worte Gottes läuft der Fromme den Weg der ↗ Gebote Gottes (Ps 119, 32). Jahwe sendet sein Wort zur Erde, u. es läuft schnell voran (Ps 147, 15). Von da ist auch das Paulusgebet in 2 Thess 3, 1 zu verstehen: „daß das Wort des Herrn laufe". Zweimal sagt Paulus: „ins Leere l." (Gal 2, 2; Phil 2, 16). Er denkt dabei, wie es sei, wenn am Tage Christi die Schar der Gläubigen nicht da stünde, die zu gewinnen seine Aufgabe war. Sein L. ist um so weniger ein L. ins Leere, je mehr Menschen mit ihm u. unter dem Worte Gottes mitlaufen. Ziel des L. ist Christus (1 Kor 9, 24–27). Letztlich kommt es nicht auf das L. an, sondern auf Gottes Erbarmen (Röm 9, 16). zi

Lazarus. Die Auferweckung des L. ist nur in Joh 11 berichtet. Die Erzählung entstammt älterer Überlieferung u. hat eine späte, das Wunderbare überzeichnende Gestalt (11, 39.44). Der Evangelist deutet die Erweckung als Zeichen der Auferstehung u. des Lebens, die Jesus selbst ist u. die der Glaube an ihn schon jetzt als Gabe erhält (11, 25 f, vgl. 5, 25). Nur zufällig findet sich in der Lehrerzählung Lk 16, 19–31 der gleiche Name. sm

Lea, ältere Tochter ↗ Labans, die dem Jakob als Frau anstelle ihrer schöneren Schwester ↗ Rachel untergeschoben wurde (Gn 29, 16–28). Sie ist Mutter von Ruben, Simeon, Levi, Juda, Issachar, Sebulun u. Dina, durch ihre Magd Silpa auch von Gad u. Aser (29, 31–35; 30, 9–21). L. wurde in der Höhle Machpela begraben (49, 31). we

Leben. In den bibl. Schriften wird die Größe L. nicht „neutral" behandelt, etwa als „Grundkraft kosmischer Entwicklung", obschon man Ansätze zu einer solchen Betrachtungsweise auch aus bibl. Denken (z. B. in der Weisheitsliteratur) durchaus erheben kann. L. tut sich dar als ein höchstes Gut, ein Zustand, ein Besitz. Für den Menschen trägt es grundsätzlich den Charakter eines Geschenks. L. wird bibl. durchweg als eine Größe „von Gott her", „vor Gott", „auf Gott hin" verstanden. Von hier aus wird sinnvoll: a) In den weiten Räumen bibl. Denkens findet sich nicht nur die Thematik des physischen L. (sei es des Menschen, des Leibes, der Seele). b) Zu den Gegengrößen des L. gehört nicht nur der physische ↗Tod (u. was ihn verursacht), obschon er als „das Beispiel" des Gegensatzes zum (physischen) L. denkbar geeignet ist, auch dem bibl. Verständnis von L. insgesamt „Gestalt" zu verleihen. c) Die entscheidende Gegengröße zu „L." ist die ↗„Sünde", die als „Tod vor Gott" auftritt. Daß die Sünde auch den physischen Tod „verursacht" habe, ist nachfolgende Deutung; diese ist, bibl. gesehen, spät u. auch dann keineswegs allgemein. L. findet sein eigentliches, also gott-gewolltes Maß darin, ob u. wieweit es Erfüllung des ↗Willens Gottes ist. Das meint auch: Einordnung in den mit seinen Gesetzen unter Gottes Willen stehenden Ablauf des Weltgeschehens. Der Wunsch nach einem andauernden u. auch den physischen Tod überdauernden L. erscheint im Horizont bibl. Denkens als ↗Hoffnung, die aber Gottes unerforschlicher Weisheit u. Liebe vertrauend anheimstellt, was nur in seiner unergründlichen Macht liegt. Bibl. Hoffnung auf L. verselbständigt sich so nie zu dem Gedanken eigener „Unsterblichkeit".
1. L. im AT: Jahwe „besitzt" das L. (Ps 102, 28) u. ruft alles ins L. (Gn 1). Dem L. des Menschen setzte er ein Maß (Ps 39, 6). Über ein L. nach dem Tod gibt es verschiedene Anschauungen: verneinend Ps 88; Ib 16, 22. Hoffnungen entfalten sich in Weish 4, 14; Dn 12, 2; die Martyrien der Makkabäerzeit spielen eine große Rolle (2 Makk 7, 36). Einen L.s-Pessimismus zeigen Ib 3; Prd 1. Auch ein solcher findet sich im AT! Die

Sicht, die Dt 8, 3 kennzeichnet, verstärkt sich: danach machen Jahwes ↗„Weisung" u. seine „Nähe" das eigentliche L. aus (Ps 73, 23–28; 84, 11). Das rein physische L. tritt zurück, hat weniger Bedeutung.
2. L. im NT: L. ist ein zentraler Inhalt johanneischer Glaubensverkündigung. Schon der sprachliche Ausdruck unterscheidet in Joh „das L." (= ewiges L.: zoe) vom physischen L. (bios, psyche) u. seinen Äußerungen. Gott ist das L. in Fülle. a) Deshalb ist er der Urgrund, von dem alles L. ausgeht (1, 1–4). Wie der Vater, so hat auch der Sohn das L. „in sich selbst" (5, 26). b) Für den Menschen gilt es, „das L." zu haben, denn um seinetwillen erfolgte die Sendung des Sohnes (10, 10). Nur im Sohn gewinnt der Mensch Anteil an dem L., das aus Gott stammt (14, 6) u. das Gott als Vater durch seinen Sohn schenken will (3, 16). Der Zugang zum L. eröffnet sich im ↗Glauben an den Sohn (3, 36); der ↗Unglaube schließt vom L. aus (hier zeigt sich, daß es nicht um physisches Leben geht). Der Glaubende „hat" das ewige L. (6, 47). Die im Glauben gefaßte „Erkenntnis" über die Verwirklichung des Heilswillens Gottes im Christusgeschehen „ist" das ewige L. (17, 3). Das Wort des Sohnes ist „Geist u. L." (6, 63). Die Situation des Menschen wird offenkundig in der glaubenden u. bekennenden Antwort des Simon Petrus: allein „der Herr" hat Worte „ewigen L.s" (6, 68). Der Christus ist das Brot des L. (6, 35); der Genuß seines Fleisches u. Blutes schenkt das L. (6, 53 f). Die ↗Liebe ist der Ausdruck des L. (15, 9–13). c) Gott ist der Herr „über" L. u. Tod. Seine im Christusereignis kundwerdende Macht findet auch am physischen Tod keine Grenze. Diese Glaubensüberzeugung spiegelt sich in den Zusicherungen von der ↗Auferweckung am Jüngsten Tage (6, 40.44.54).   ka

Leben Adams u. Evas, poetische Erzählung, die zu den jüd. Patriarchenlegenden gehört; später christl. überarbeitet, in lat. Übersetzung erhalten. Sie schildert das Leben der ersten Menschen nach dem Sündenfall. Verfaßt zwischen 20 v.C. u. 70 n.C.   ba

Leben-Jesu-Forschung. Weder im christl. Altertum noch im Mittelalter gab es eine wissenschaftliche L.-J.-F., denn die Übereinstimmung zwischen dem historischen ↗Jesus u. dem verkündigten ↗Christus war unbestritten. Die L.-J.-F. begann mit der Aufklärung u. dem Einsetzen der rationalistischen Bibelkritik. Als erster behauptete der Orientalist Reimarus (1778), der Jesus der Evv. sei nicht der historische Jesus. Er leugnete die Gottheit Christi u. erklärte Jesus „natürlich" als einen politischen ↗Messias. Seitdem wurde die L.-J.-F. zu einem Programm der liberalen evangelischen Theologie. Den entscheidenden Anstoß gab der Tübinger Theologe D. F. Strauß mit seinem Buch „Das Leben Jesu, kritisch bearbeitet". Man begann nach den Quellen der Evv. zu forschen (↗Zweiquellentheorie) u. versuchte, aus dem ↗Markusevangelium ein Leben Jesu zu rekonstruieren. Eine reichhaltige Literatur begann, die Persönlichkeit Jesu psychologisch zu deuten, ihn als Vorbild der Humanität u. Lehrer einer Ethik darzustellen. Entgegen einem solchen modernen Jesusbild, dem eine bestimmte Philosophie u. eine unbiblische Vorstellung vom „Wesen des Christentums" zugrunde lagen, erklärte die religionsgeschichtliche Schule (eine Richtung innerhalb der evangelischen Theologie, welche die „Religion" der Bibel aus dem Zusammenhang mit der Religion ihrer Umwelt zu verstehen suchte) Jesus aus den messianisch-eschatologischen Vorstellungen seiner Zeit. Daneben erkannte die Quellenforschung mit Hilfe der formgeschichtlichen Methode immer deutlicher, daß die Evv. nicht historische Berichte, sondern Glaubenszeugnisse der nachösterlichen Gemeinde sind. Deshalb sind alle Versuche, aus den Evv. eine Biographie oder ein vollständiges Bild Jesu zu entwerfen, zum Scheitern verurteilt. Die Evv. zeichnen nicht den historischen Jesus, sondern verkünden den Christus des Glaubens. Anliegen der heutigen ntl. Forschung ist es, von diesen Erkenntnissen her zurückzufragen nach dem Verhältnis der nachösterlichen Christusbotschaft zum historischen Jesus. Entgegen der liberalen protestantischen Bibelkritik hat die katholische L.-J.-F. unbeirrbar an der Gottheit Christi festgehalten. Ihr Jesusbild ist geprägt vom ntl. Glaubenszeugnis u. von den dogmatischen Aussagen der Christologie. Unbeschadet dessen sind die Ergebnisse der ↗Literarkritik u. der ↗Formgeschichte, losgelöst von ihrem philosophischen Vorverständnis, zum Gemeingut auch der modernen katholischen Bibelwissenschaft geworden. ba

Lebenswasser. Das Motiv vom L. beruht auf der mythologischen Vorstellung von der lebenspendenden u. lebenerneuernden Kraft des ↗Wassers, die ↗Unsterblichkeit verleiht. Sie wird für den Menschen durch Besprengung u. Waschung oder durch den Trank wirksam. Auch ins AT u. NT hat diese wohl bei allen Völkern tief verwurzelte Vorstellung Eingang gefunden (Js 12, 3; Ps 36, 10; Joh 4, 14; 7, 37; Apk 7, 17). ba

lebenweckend. Gott ist der, der ↗Leben schafft; er vermag, was tot ist, zu neuem Leben zu wecken (Röm 4, 17), er ist der ↗Herr über die Lebenden u. die Toten. In ↗Jesus ↗Christus, in dessen Sterben u. ↗Auferstehung wurde Gottes l.e Kraft offenbar; so sollen ↗in Christus alle zu neuem Leben kommen (1 Kor 15, 22). Gottes Lebensmacht heißt in der Sprache der Bibel ↗Geist; dieser ist es, der lebendig macht (Gal 3, 6). In seiner Auferstehung ist Christus in die Lebensmacht Gottes eingegangen, als der „letzte Adam" ist er zum l.en Geist geworden (1 Kor 15, 45). Er schafft insofern neues u. gültiges Leben, als er Menschen in seine Dimension hineinnimmt, als er geschöpflichen Zugang zum Schöpfer eröffnet. gr

Leeres Grab. Die Evv. berichten vom l. G. Jesu, um seine ↗Auferstehung zu bekennen. Nun wird aber das l. G. nicht als Beweis der Auferstehung Jesu vorgebracht, sondern als Hinweis auf sie u. als Zeichen für sie (Schlier). Der Glaube an die Auferstehung Jesu entsteht nicht am l. G. Aber dieses stellt auf den Weg, auf dem sich der Auferstandene bezeugt (Nauck). So ist die Grabeserzählung nur ein Nebentrieb des Kerygmas von der Auferstehung Jesu; sie ist ein frühes Interpretament des Auferstehungsereignisses, Sprachmaterial für das Bekenntnis des Auferstandenen. Die historische Frage nach dem l. G. ist weder positiv noch negativ verifizierbar. Im Sinne der Bibel muß allein danach gefragt werden, was das NT mit den Erzählungen vom I. G. sagen wollte, was es bekannte u. was es glaubte: Jesu Tod am ↗Kreuz war nicht das Ende. Sein Sterben für die andern erwies sich als neues u. bleibendes Leben. ↗Auferstehungserscheinungen.   gr

Legende. Die L. gehört neben der ↗Sage zu den poetischen Prosaerzählungen der Bibel (↗literarische Gattung). L. u. Sage lassen sich nicht genau voneinander abgrenzen, doch steht die L. vorwiegend in Beziehung zum Glauben u. Kult. Sie ist keineswegs eine erdachte Geschichte ohne Bezug zum wirklichen Geschehen. Die L. ist auch nach ihrem „historischen Kern" zu befragen, aber sie sagt mehr aus, als ein nüchterner Tatsachenbericht es je könnte. Sie interpretiert das Geschehen aus dem Glaubensverständnis u. vermag so das Handeln Gottes transparent zu machen. Darum ist sie als literarische Gattung geeignet, ↗Heilsgeschichte darzustellen. Im AT erzählen Personal-L.n von Helden u. Gottesmännern, die für das Volk besondere religiöse Bedeutung hatten, weil durch sie Jahwe machtvoll an seinem Volk handelt. Propheten-L.n bildeten sich um die großen Prophetengestalten u. stellen sie als Helfer u. Wundertäter vor. In der nachexilischen Zeit entstanden Martyrer-L.n, die von der Glaubenstreue frommer jüd. Männer u. Frauen berichten. Kult-L.n handeln von heiligen Orten, Zeiten u. Bräuchen, deren Ursprung meist im Dunkel liegt. Die L. erklärt die Entstehung einer Kultstätte mit der Erscheinung der Gottheit, die dort verehrt werden will, oder berichtet von Entstehung u. Bedeutung kultischer Bräuche (Beschneidung, Pascha) oder Gegenstände (eherne Schlange u. a.). Auch im NT steht die L. im Dienst der Heilsverkündigung. L.n sind u. a. die Wunderberichte (↗Wunder). Wären sie in Form eines Protokollberichtes abgefaßt, bliebe kein Raum für eine Glaubensaussage. Die L. macht offenbar, was die Taten Jesu sind: Erweise göttlicher Macht u. ↗Zeichen der gekommenen ↗Herrschaft Gottes. Ebenso ist die ↗Leidensgeschichte der literarischen Form nach L., die das historische Geschehen des Leidens u. Todes Jesu theologisch interpretiert.   ba

Legion, militärische Einheit von 6000 Mann Fußvolk und 120 Reitern. Im NT wird L. nie im militärischen Sinn gebraucht, sondern bezeichnet eine sehr große Zahl: Mt 26, 53 von ↗Engeln, Mk 5, 9.15 von ↗Dämonen.   mo

Lehre (lehren). Nach dem biblischen Glaubenszeugnis ist es ↗Jahwe selbst, der sein Volk lehrt u. ihm seine ↗Weisung gibt. Weiter sind es seine Boten, die seine Wege lehren u. kundtun. Doch versteht den atl. Glaube nicht als L., sondern als ↗Bekenntnis, als Weisung u. Gebot Jahwes. Im NT heißt die Glaubensbotschaft Jesu vor allem ↗Evangelium; Jesus ist der Herold Gottes, der Künder von Gottes endzeitlicher Freudenbotschaft. Daneben wird diese Botschaft an einigen wenigen Stellen auch als L. bezeichnet (z. B. Mt 7, 28; Mk 4, 2; Joh 7, 16). Vor allem Mt schildert Jesus als Lehrer: Wie die jüd. Gesetzeslehrer tritt er in den Synagogen auf; aber er legt nicht nur das mosaische ↗Gesetz aus, er modifiziert u. korrigiert es. Er steht über dem Gesetz des Mose („Euch wurde gesagt . . . ich aber sage euch"). Auch nach der johanneischen Darstellung hat Jesus eine L. vom Vater empfangen, die er an die Seinen weitergeben muß. Trotzdem läßt sich Jesu Verkündigung nicht mit dem Begriff L. fassen, sie ist vielmehr Proklamation des ↗Reiches Gottes, Ruf zur ↗Umkehr; sie ist ↗Botschaft, ↗Anspruch u. ↗Verheißung. In der frühen Kirche gibt es einen eigenen Stand der Lehrer; sie nehmen neben den Aposteln u. Propheten den dritten Platz ein (1 Kor 12, 28). Ihre Aufgabe ist es vor allem, den Anspruch des Ev. zu erheben (↗Paraklese), ↗Überlieferungen weiterzugeben u. zu aktualisieren. Nach dem Rückgang der Apostel u. Propheten gewinnen sie immer mehr an Bedeutung. Der Eph spricht von „Hirten u. Lehrern" (4, 11) in der Kirche. Erst recht bezeugen die Pastoralbriefe eine führende Stellung der Lehrer.

L. ist in der paulinischen Gemeinde eine der vier Redeweisen im Gottesdienst: Es kann einer eine Weisheitsrede halten (↗Weisheitslehrer) oder eine Offenbarungsrede, eine prophetische Rede oder eine Lehrrede (1 Kor 14, 6). Die Lehrrede hat es neben der Paraklese mit praktischen Anweisungen u. Anordnungen zu tun. Gelehrt werden z. B. die „Wege in Christus", Normen des praktischen Lebens. Wem Christus verkündet wird, der wird „in ihm" belehrt (Eph 4, 21), d. h., er wird aufgefordert, den alten Menschen auszuziehen u. den neuen anzuziehen. In den Pastoralbriefen wird aber die ganze Glaubensbotschaft immer mehr als eine L. verstanden. Von daher ist es nicht mehr weit, von einer Glaubens-L. u. von einem kirchlichen Lehrgebäude zu sprechen. Doch das ursprüngliche Verständnis des Ev. ist damit verlorengegangen. Die christl. Botschaft ist keine religiöse L., sie ist vielmehr Heilsproklamation, Ruf zur Praxis, Provokation schöpferischer Hoffnung.   gr

Lehre der zwölf Apostel ↗Didache.

Lehrer ↗Rabbi.

Lehrrede (Lehrgedicht, Lehrvortrag). Texte didaktischen Charakters finden sich bereits in alten Prophetenbüchern. Das ↗Jona-Buch ist eigentlich eine Lehrerzählung. Die Elijareden enthalten Lehrvorträge, auch Elischa hielt solche (2 Kg 4, 38; 6, 1). Jeremia behandelte in L.n Probleme der Exilgemeinde. Der eigentliche Ort dieser Literaturgattung ist jedoch die Weisheitslehre (↗Weisheitslehrer). Nach dem Exil nahm ihr Einfluß rasch zu (vgl. Sir). Der Psalter enthält viele derartige Lehrgedichte, Lieder geistlicher Dichtung (ohne primär gottesdienstlichen Zweck). Sie behandeln Fragen des gemeinsamen Lebens (Ps 127), das Schicksal von Frevlern u. Frommen (Ps 37), die Leidensfrage u. Gottesgemeinschaft (Ps 73; vgl. Ps 1; 112; 128), die ↗Heilsgeschichte (Ps 78), die gottgewollte Lebensführung (Ps 14) u. a. Hierher gehören die „alphabetischen" Psalmen (9/10). Man wollte das ↗Gesetz preisen (Ps 119), ermahnen, erbauen, Beispiele zeigen usw.   pa

Leib (Leiblichkeit). Der Mensch hat nicht nur einen L., er ist wesentlich L. Das ist eine Grundaussage der Bibel. Das bibl. Denken teilt nämlich nicht den griech. L.-Seele-Dualismus. Für den Semiten ist der Mensch eine unteilbare Einheit; er ist als ganzer L. In der hellenistischen Umwelt ist eine auffallende Verbindung zwischen L. u. Kosmos festzustellen. Weil das Weltall von zwei gegensätz-

lichen Mächten beherrscht ist, ist es auch der Mensch. Sein L. ist der Kerker der ↗Seele (Plato). Ganz anders die Bibel. Das ins Griechische übersetzte AT, die LXX, nennt den Menschen *soma*. Dieser Begriff hat kein einheitliches hebr. Äquivalent. Soma meint den ganzen Menschen, wie er lebt u. handelt, oder aber es meint den Menschen hinsichtlich seiner sexuellen Funktion (↗Geschlechtlichkeit), worin sich nach atl. Auffassung der Mensch als Ganzer aussagt. Der Begriff des Soma wird erst im apokalyptischen Judentum näher entfaltet. Gott formt den L. nach dem Gleichbild des Geistes. Der L. hat aber eine Kraft in sich, die den Geist zu bestimmen vermag (vgl. Testamentum Naphtali 2, 2–5). Gott kennt die Fähigkeit des L., er weiß, wie weit seine Kraft im Guten wie im Bösen reicht (V 4). Der ganze Mensch in seiner Geschöpflichkeit wird hier L. genannt. In seinem L. ist der Mensch eingespannt in einen Kampf zwischen Gut u. Bös. Der L. besitzt eine Kraft, die das Werk eines Menschen zu bestimmen vermag. Durch seinen L. ist der Mensch auf die Tat hin gedrängt. L. bedeutet also die Möglichkeit, zu handeln, zu entscheiden, sich zu entfalten – mehr noch, die Notwendigkeit, sich selbst in der Tat zu verwirklichen. Nach dem apokalyptischen Weltbild (↗Apokalyptik) ist in der Welt ein Kampf im Gange zwischen den Mächten des Guten u. des Bösen. Leibliches Dasein des Menschen ist nun die Angriffsdimension für diese Mächte (vgl. Testamentum Dan 3, 2 f). In seinem leiblichen Dasein hat sich der Mensch zu entscheiden entweder für das Gute oder das Böse. Er ist insofern L., als er sich entscheiden muß u. als er auf die Tat (↗Praxis) hin lebt. Weiter ist der Mensch als leibliches Dasein u. in seinem L. auf den ↗Mitmenschen hin angelegt. L. ist so die Möglichkeit der Kommunikation mit anderen u. des intersubjektiven Kontaktes. In seinem L. ist der Mensch zugleich ↗Welt. Leibliches Dasein bedeutet die grundlegende Weltbezogenheit des Menschen. Nun ist im AT u. im apokalyptischen Judentum leibliches Dasein nicht in naturhafter Vorfindlichkeit gesehen, sondern in geschichtlich-tathafter Bezogenheit zum Schöpfer u. zu den Mitmenschen. L. ist mithin keine Aussage über die Natur des Menschen, sondern über sein geschichtliches u. mitmenschliches Dasein (↗Geschichte). Für die Bibel ist der Mensch einheitlich das, was an ihm getan wird, oder was er als leibliches Dasein selber tut: entweder Geschöpf, das seine Herkunft vom Schöpfer verwirklicht, oder gefallenes Geschöpf, das sich seinem Schöpfer u. zugleich sich selbst versagt.

Diesen komplexen Begriff der Leiblichkeit übernimmt der Apostel Paulus, nur orientiert er ihn neu vom Bekenntnis der ↗Auferstehung Christi her. ↗Christus ist aus dem Tod in ein neues ↗Leben gekommen; er hat mit seiner Auferstehung eine neue Dimension aufgebrochen. Damit hat er aber den Anfang gemacht für alle Menschen, denn er ist der „Erstgeborene" unter vielen Brüdern (Röm 8, 29). Er wurde als erster in ein neues Leben u. in ein vollendetes leibliches Dasein hineingeboren (vgl. Kol 1, 18). Dieses neue u. endgültige Dasein Christi ist nun zur Möglichkeit für alle Menschen geworden. Auch unser sterbliches u. hinfälliges Dasein als L. wird in der neuen Dimension Christi Endgültigkeit finden. Paulus bestimmt Leiblichkeit neu von der ↗Auferstehung Christi her. Diese bedeutet, daß nicht Tod u. Vergehen das Letzte sind, sondern das Leben u. das ↗Werden; sie bedeutet weiter, daß Gott vollgültig ↗Herr geworden ist über ein einzelnes Leben, daß er es als sein Schöpfer bestimmt. Die leibliche Auferstehung Christi hat den Menschen grundsätzlich frei gemacht zur ↗Entscheidung für Gott, für die Welt u. für den ↗Mitmenschen. Der „Auferstandene" lebt leiblich in den Seinen, in allen Menschen, die sich für ihren Ursprung öffnen lassen; sein Auferstehungs-L. gewinnt Gestalt in allen, die ↗für andere dasein wollen, die ihr Leben u. ihre Welt annehmen, die sich mit ihrem Schöpfer als ihrer Herkunft versöhnen lassen (vgl. 2 Kor 5, 19 f).

Zwar erscheint der Mensch in seinem leiblichen Leben jetzt „schwach, vergänglich u. bedeutungslos", doch hat Gott wie ein Sämann gerade diesen Leib auf Neues hin gesät (1 Kor 15, 34–39). Dieses individuelle leibliche Dasein

eines jeden soll „auferweckt" werden, es soll Gültigkeit empfangen, es soll an Gottes Unvergänglichkeit u. Herrlichkeit teilhaben (V. 42–44); alle Lebensbereiche u. alle Möglichkeiten eines Menschen sollen bei Gott ↗Vollendung finden, alles, was jetzt im Leben eines Menschen anfanghaft da ist, soll im ↗Geheimnis Gottes aufgehoben werden. Dies nennt Paulus völlig ungriechisch u. unidealistisch „Soma pneumatikon" (V. 44): eine neue Leiblichkeit also, die ausschließlich von Gottes Schöpfermacht u. Lebenskraft (↗Geist) bestimmt sein wird; ein Leben, das nicht mehr von Selbstentfremdung u. Vergehen bedroht sein wird. Seit Christus ist aber Gottes Geist schon am Werk unter den Menschen; er gibt sich schon als ↗ „Angeld", d. h. als verbindliche Vertragsanzahlung, vorweg (2 Kor 5, 5), er ermöglicht schon gültiges Leben. Also eröffnet sich von Christus her schon vorweg Auferstehungsleiblichkeit. Wo sich Gottes Geist vorweggibt u. im leiblichen Dasein eines Menschen verwirklicht, dort gewinnt Gott schon gültige Herrschaft über Leben, Leib u. Welt (vgl. Röm 8, 30). Auferstehung u. ihre neue Leiblichkeit sind ein Werdeprozeß, der teilhat am Kommen der ↗ „neuen Schöpfung" Gottes.

Wie der Mensch weitgehend tatsächlich lebt, verleugnet er seine Geschöpflichkeit; er ist gerade in seinem leiblichen Dasein von der Macht der ↗Sünde beherrscht (vgl. Röm 7, 20; 8, 3 u. a.). Dies nennt der Apostel „Sarx". Der Mensch ist insofern Sarx (Fleisch), als er in seinem leiblichen u. mitmenschlichen Dasein in der Illusion der Selbstmächtigkeit lebt, als er sich vor seinem Schöpfer u. den Mitmenschen verschließt, als er sich selbst zum Maß geworden ist. In der Weise der Sarx kommt der Mensch von ↗ „Adam" her, d. h., der Mensch ist sich grundsätzlich selbst fremd geworden. Christus hat ihm die Möglichkeit eröffnet, mit sich selbst u. seinen geschöpflichen Möglichkeiten identisch zu werden. Deswegen gilt das ganze Engagement dessen, der sich auf Christus berufen will, seinem leiblichen, weltlichen u. mitmenschlichen Dasein (Röm 12, 1–2). In diesem Bereich muß sich entscheiden, ob einer zu Gott, zu sich selbst u. zum Bruder findet. Dort spielt sich der alleinige u. endgültige „Gottesdienst" (↗weltlicher Gottesdienst) des Christen ab, dort ereignet sich der Kampf Gottes gegen die Mächte des Bösen, dort entscheidet sich, ob die Welt zur „neuen Schöpfung" Gottes wird. ↗Heil ist wesentlich leibliches, mitmenschliches u. weltliches Heil (Tertullian: caro cardo salutis), oder es ist Unheil. Leiblichkeit bedeutet die bleibende Individuiertheit des Menschen, seine mögliche Selbstverwirklichung in der Tat u. in der ↗Praxis, die Ermöglichung der mitmenschlichen Kommunikation sowie die Notwendigkeit der Entscheidung. Leibliches Dasein ist wesentlich mitmenschliches u. gesellschaftliches Dasein; als L. ist der Mensch auf den Mitmenschen hin. Deswegen eignet dem L. die Struktur der ↗Sprache. Das Wort u. die ↗Liebe, die beiden Urphänomene menschlichen Daseins, schaffen den mitmenschlichen Bezug als Gespräch, ermöglichen „dialogische Existenz" (F. Ebner). Von der Sprache her eignet dem L. auch die Struktur des ↗Spieles (G. Gadamer). Der Bereich, in dem der Mensch sich am verdichtetsten seiner leiblichen u. dialogischen Existenz bewußt ist, ist der Bereich des Geschlechts. Darin vermag er sich ganzheitlich auszusagen u. ins Spiel zu bringen. Doch ist im biblischen Denken dieser Bereich keinesfalls von vornherein zwielichtig oder gefährdet. Denn immer ist der ganze Mensch von Sünde u. Selbstentfremdung bedroht. Es geht darum, daß sich der Mensch gerade dort in allen seinen Möglichkeiten entfalte, wo er sich am dichtesten seiner selbst als leibliches Dasein bewußt wird. Denn christliches Auferstehungsbekenntnis ist Bekenntnis des vollendeten leiblichen Daseins.   gr

Leib Christi. Paulus verwendet den Begriff L. Ch. als Bezeichnung für die ↗Kirche, um damit die innere Einheit der Gläubigen untereinander u. zugleich ihre Einheit mit ↗Christus zu veranschaulichen. Die Einheit der Gläubigen untereinander besteht einmal darin, daß sie alle gleichberechtigt der Auferbauung der Gemeinde dienen, jeder an dem Ort, der ihm durch die von Gott verliehene Gabe (↗Geistesgaben) zugewie-

sen ist (1 Kor 12, 12–31; Röm 12, 4–8: hier knüpft Paulus an die in der stoischen ↗Diatribe weitverbreitete Fabel vom Kampf der Glieder untereinander an). Zugleich sind die Gläubigen durch das Band der Liebe (Röm 12, 9 f) zusammengeschlossen; mit Christus sind sie verbunden durch den ↗Geist u. die ↗Taufe, durch die die Christen in den L. Ch. eingegliedert werden. Sichtbar für die Gläubigen wird diese Einheit in der Teilhabe am L. Ch. im ↗Abendmahl (1 Kor 10, 14–22).

Im Kol u. Eph sind diese Vorstellungen noch weiter entwickelt u. entfaltet. Kol 1, 15–20.24–27 u. Eph 4, 4–16 wird Christus ausdrücklich als das ↗Haupt des L. Ch., der Kirche, u. die Kirche ausdrücklich als L. Ch. bezeichnet. Diese Überordnung Christi über die Kirche kommt so in Röm u. 1 Kor noch nicht zum Ausdruck. Daneben wird aber in Kol u. Eph die Verschiedenheit der Gemeindeglieder, wie sie durch die verschiedenen von Gott verliehenen Gaben entstanden ist, u. ihre durch den gemeinsamen Dienst geschaffene Einheit festgehalten. Darüber hinaus wird im Eph eine ausgebaute Lehre über das Verhältnis zwischen Christus u. seinem Leib, der Kirche, entwickelt, die vielleicht durch Vorstellungen gnostischer Kosmologie beeinflußt ist u. sich in solch ausgeprägter Form noch nicht in Röm u. 1 Kor findet.   ri

Leibrock. Seit der Eisenzeit übliches, langes, hemdartiges Gewand, das aus Leinen oder Wolle gefertigt war u. von Männern u. Frauen (Hl 5, 3) getragen wurde. Beim Gehen u. bei der Arbeit wurde der L. hochgebunden (Ex 12, 11; Apg 12, 8). Eine besondere, von den Vornehmen getragene Art des L. ist das vor allem bei den Hethitern bekannte Wickelkleid (Gn 37, 3.23; 2 Sm 13, 18). ↗Kleidung.   we

Leiche. Wer den toten Körper eines Menschen berührte, wurde unrein (Lv 21, 1; Nm 5, 2; 19, 11–13). Da der Verstorbene abhängig ist von dem, was mit seiner L. geschieht, verwendete man in Israel größte Sorgfalt auf ↗Begräbnisriten u. ↗Trauerbräuche.   he

Leichenklage war im Alten Orient ein Teil des Totenkultes. Im AT ist die L. vielfach bezeugt, meist neben anderen

↗Trauerbräuchen (Gn 50,10; 2 Sm 3,31; 1 Kg 14, 13.18; Jr 16, 5 ff; Ez 24, 17.22 f; 27, 30 f). Ursprünglich bestand sie wohl nur im lauten Schreien der Angehörigen, später wurde sie in vorgeschriebener Form auch berufsmäßig durch ↗Klageweiber besorgt. ↗Leichenlied.

he

Leichenlied. Gattungsmäßig gehört das L. zu den profanen ↗Liedern u. ist dem Spottlied ähnlich. Charakteristisch ist die einleitende Formel: „Ach wie!" u. meist ein bestimmtes Versmaß, der Qinavers, mit drei Hebungen im ersten Versglied u. zwei Hebungen im zweiten. Ursprünglich bezog sich das L. auf einen einzelnen, dessen Tod betrauert wurde, gesungen von berufsmäßigen ↗Klageweibern, Freunden oder Verwandten. Relativ früh erfuhr es dann eine Übertragung auf den „Tod" von Stämmen, Städten u. Völkern als „politisches" L. So findet es sich häufig bei den Propheten als Ankündigung von Zukünftigem (prophetisch-politisches L.) u. in spöttischem Sinn. Dieses spöttische L. weist fast immer auf auswärtige, nicht-israelitische, politische Größen hin. Es ist nicht von Mittrauer u. Schmerz gekennzeichnet, vielmehr von bitterem Hohn u. Ironie. Das L. im Jesaja-Buch gegen den König von Babel ist hierfür beispielhaft (Js 14, 4–21). ↗Begräbnisriten. la

Leichtes Gepäck. Als Jesus seine ↗Jünger ausschickte, befahl er ihnen, sie sollten nur einen Stab auf den Weg mitnehmen, aber kein Brot, keine Tasche, kein Geld im Gürtel, nicht zwei Mäntel (Mk 5, 8–10). Wenn sie das ↗Evangelium verkünden, sollen sie beweglich sein. Nicht Armut ist hier gemeint, sondern gottvertrauende Sorglosigkeit. Christen sind auf den Weg geschickt; l. G. ist Voraussetzung für diesen Weg. Es ist ein Weg der ↗Hoffnung. Wo sie diesen Weg wagen, müssen sie immerzu Gepäck abwerfen, Gewohntes u. Bekanntes aufgeben, um das Neue wagen zu können, das in der ↗Zukunft Gottes liegt. gr

Leiden. Das AT deutet das L., das ↗Israel im Laufe seiner Geschichte oft traf, als Strafgericht für die Untreue gegen den Gottesbund, das zur ↗Umkehr rufen u. damit Erlösung bewirken soll. Vgl. vor allem das Geschichtsbild des Richter-Buches: Sünde – Strafe – Bekehrung – Rettung – neue Sünde bestimmen den Ablauf des Geschehens (Ri 2, 10–19). Die große Katastrophe der Exilszeit wird von den Propheten als ↗Strafe u. zugleich als Vorbote des kommenden ↗Heils verstanden (Jr 29, 10–14 u. a.). Oft erklärt das AT das gegenwärtige L. eines Volkes als Folge des Fluches, der den Stammvater traf (Gn 9, 25 u. a.). Nach dem gleichen Denkschema werden die L. der Menschheit als Folge der Ursünde ihres Stammvaters gesehen. Man könnte nun mit dem Hinweis auf die Schuld des Stammvaters den Vorwurf u. den Anruf zur Umkehr, der im L. liegt, von sich fernhalten. Doch das geschieht nicht, vielmehr bekämpfen die Propheten solche Gedanken im Volk (Ez 18, 2). Denn gerade deswegen sind die L. des Volkes so schwer, weil Väter u. Söhne in der Sünde solidarisch sind. Dennoch wagt das AT Gott gegenüber manchen Protest gegen das L. Unschuldiger (Gn 18, 23 ff) u. gegen unverdientes L. (Ex 5, 22), zuweilen sogar bitteres Aufbegehren (Jr 12, 1 ff; Ijob). Selbst auf beinahe lästerliche Vorwürfe geht Gott mit großer Milde ein. Denn er will nicht den standhaften Dulder, sondern den Menschen, der sich im L. an ihn wendet als den einzigen, der helfen kann. Auch dem Leidenden bleibt er treu. Seine Diener müssen leiden, damit sein Heilsplan sich durchsetzen kann (vgl. die Josephsgeschichte). Die Propheten müssen als Knechte Gottes in der Durchführung ihrer Aufgabe Verfolgung u. L. ertragen. In Js 53 entwickelt sich daraus der Gedanke des stellvertretenden L. Der Prophet stellt den ↗„Gottesknecht" vor, der „unsere Frevel" u. „unsere Schmerzen" „für unser Heil" getragen hat u. dadurch „die Vielen rechtfertigte". oh

Mit dem Judentum weiß die Kirche des NT um die L., die diesen ↗Äon charakterisieren. Sie kennt auch die Vorstellung der endzeitlichen, letzten L., der sog. „großen Trübsal" (Mk 13; Mt 24; Apk 7, 14). Dennoch besteht ein grundlegender Unterschied: Die endzeitlichen L. haben – im Gegensatz zum Judentum – im L. u. Kreuzestod Jesu bereits begonnen. ↗Jesus, der ↗Messias, hat als der Gottesknecht in seinem Sühneleiden die messianischen L. auf sich genommen. Vgl. das Logion vom Lösegeld (Mk 10, 45; vgl. Js 53, 12; 1 Tim 2, 6); die eucharistischen Einsetzungsworte mit Betonung des Stellvertretungsgedankens (Lk 22, 19 f; vgl. Js 53, 12). Das ↗ „Muß" des L. Jesu (Mk 8, 31) läßt den dahinter waltenden Heilswillen Gottes erkennen (Js 53; Ps 22). – Seit dem Passionsgeschehen Jesu heißen die L. der Apostel u. der Christen im qualifizierten Sinne die „Christusleiden" (2 Kor 1, 3; Phil 3, 10). Die Bedeutung der „L. Christi" reicht von L., die um Christi willen (2 Kor 4, 11) erduldet werden, bis zu Christi eigenen L., die von den Aposteln oder Gläubigen ausgetragen werden. Dahinter steht der Gedanke, daß Christus in seinem Todesleiden alle L. der Menschheit übernommen hat, auch die zum Teil noch ausstehenden; in den letzteren gibt er den Seinen Anteil. Wenn nun Paulus L. erfährt, kommt darin Christi eigenes, noch nicht ausgelittenes L. zur Geltung (Kol 1, 24). Auf den letzten Sinn befragt, gibt Paulus den „Christus-L." eine solch tiefe Bedeutung. – Wenn die Gemeinde Bedrängnis erfährt, dann Paulus unvergleichlich mehr (1 Kor 4, 9 ff). Er trägt die „Tötung Christi" an sich herum (2 Kor 4, 10), d. h., seine L.s-Erfahrung ist so stark, daß sie einer andauernden Todeserfahrung gleichkommt (2 Kor 11, 23). In den Leidenskatalogen (2 Kor 6 ff; 11, 23 ff) zählt er summarisch auf, was er als Apostel u. Missionar erduldet. Der große Martyrer der Urkirche erkennt die tiefere Funktion seiner L. u. läßt sie zum Grund der ↗ Freude werden (2 Kor 6, 10). – Die L. u. Lebensbedrohungen sind für die Christen eine dauernde Versuchung (1 Thess 1, 6). Wer das Wort vom Kreuz angenommen hat, kann in die Todesnähe geraten (Apk 2, 10). In den L. muß der Christ sich in ↗ Geduld bewähren, muß in seiner konkreten irdischen Situation „darunter" bleiben (Röm 5, 3). Aus der Geduld schöpft er neue ↗ Hoffnung (Röm 5, 4). In seinen nicht zu umgehenden irdischen L.s-Erfahrungen gewinnt er den Trost einer durch Christus garantierten, unvergleichlich herrlicheren (Röm 8, 17) u. leidlosen (Apk 21, 4) Zukunft.   wu

Leidenschaft. Das AT kennt keine genaue Entsprechung für unseren Begriff „L.", wohl aber die L. als heftiges Begehren u. plötzlichen Stimmungsumschwung, L. im positiven u. negativen Sinn. Nach dem AT ist das ↗ Herz des Menschen Sitz der L.; daher können die atl. Berichte über Sünde u. Schuld Leidenschaftlichkeit voraussetzen oder ausdrücklich nennen, wie z. B. bei der Sünde Kains (Gn 4, 5). Leidenschaftlichkeit zeigt sich besonders in den Vergehen gegen Gott (z. B. Götzendienst) u. die Menschenwürde (z. B. Unterdrückung, Mord). Gotteswidrige L. nennt das AT einen Rausch, der die Sinne des Menschen gegenüber Gott verschließt (vgl. Js 29, 9 ff). Im positiven Sinn zeigt sich die L. in der Liebe des Menschen zueinander wie auch in der heftigen u. rückhaltlosen Hinwendung des Menschen zu Gott.   br

Leidensgeschichte. Die L., in allen vier Evangelien ein zusammenhängender, fortlaufender Bericht, gilt der ntl. Forschung als einer der ältesten größeren Überlieferungskomplexe. Obwohl sie auch in Leseabschnitte gegliedert ist, besteht die L. doch nicht wie die übrigen größeren Abschnitte der (synopt.) Evv. aus einzelnen (bloß redaktionell verbundenen), ursprünglich selbständigen Perikopen. Die L. ist nach vorwärts u. rückwärts durch Zeit- u. Ortsangaben sowie Motivverbindungen fest verknüpft. Ihre älteste Form findet sich bei Mk, allerdings auch bereits in einem entwickelteren Stadium (aus dem ältere Stufen mit großer Wahrscheinlichkeit rekonstruierbar sind). Der kerygmatische Charakter des als heilige Geschichte verstandenen Berichts tritt in der Redaktion der Großevangelisten Mt u. Lk (Mt betont die Erfüllung der Schrift u. die Schuld der Juden; Lk zeichnet Jesus als Martyrer, u. meidet noch den Bruch mit den Juden im Blick auf die ersten Kapitel der Apg usw.) u. in der Überlieferungsvariante des Joh (der die königliche Hoheit u. freie Selbstbestimmung des Gottessohnes in seiner „Erhöhung" ans Kreuz herausarbeitet) deutlicher hervor, ist aber auch für die ältere Mk-Fassung u. deren Vorstufen bereits kennzeichnend. Aus nachösterlichem Rückblick wird von Anfang an im Lichte der atl. Weissagungen (Ps 22; Js 53 u. a.) erzählt. Die L. „ist ebenso Bericht wie

Heilsverkündigung vom Tode des Herrn"
(K. H. Schelkle). Apologetische Motive
(z. B. Entlastung der Römer!) spielen zunehmend, paränetische (z. B. Verleugnung des Petrus im Kontrast mit dem
Bekenntnis Jesu), ätiologische (Abendmahl, Grablegung?) u. dogmatische Züge
von Anfang an eine Rolle. Der älteste
Bericht (Stundenschema, Kreuzesschrei,
Finsternis u. a.) scheint insbesondere
durch eine apokalyptische Deutung des
Geschehens bestimmt gewesen zu sein.
Die historischen Probleme der L. (↗Pro-
zeß Jesu, Datierung des Todes, Abend-
mahlsüberlieferung u. a.) werden in der
gegenwärtigen Forschung noch lebhaft
erörtert. ↗Kreuz.　　　　　　　　　　pe

Leidensweissagung. Der urkirchlichen
Verkündigung lag daran, zu betonen,
daß Jesus seinen Tod deutlich voraus-
gesehen habe; die L.en dienen in der
synopt. Tradition u. dann in den Evv.
zur Kennzeichnung des göttlichen Wissens Jesu u. zur Hervorhebung der
Gottgewolltheit seiner Passion (scanda-
lum crucis!). Vor allem die drei großen
„thematischen" L.en (die z. T. Einzelheiten der Passion reflektieren), die in
planmäßiger Steigerung u. Verteilung in
Mk 8,31; 9,31; 10,33 f begegnen, geben
als ihren „Sitz im Leben" die Verkündigung der frühen Kirche zu erkennen
(bzw. die Evangelienredaktion). Neben
diesen programmatischen L.en kennen
die Evv. eine Reihe verdeckter Ansagen
des Leidens Jesu, welche z. T. auf dem
Hintergrund des unbezweifelbaren Wissens Jesu um das ihm bevorstehende
Ende in Jerusalem großen Anspruch auf
„Echtheit" als Jesusworte machen können, z. B. das Wort von Todeskelch u.
-taufe (Mk 10, 38) oder Jesu Antwort an
Herodes (Lk 13, 32). Andere verdeckte
L.en lassen sich hingegen besser als Bildungen der urkirchlichen Verkündigung
verstehen, so z. B. das Wort von der
Wegnahme des Bräutigams (Mk 2, 19 f)
oder das über den Menschensohn u.
seinen Vorläufer (Mk 9, 12). Bei Joh vgl.
z. B. 2, 19–22. ↗Weissagung.　　　　　pe

Leier, ein Saiteninstrument, das zu Pro-
zessionen auf dem Arm getragen wurde.
Die wenigen Saiten ohne Griffbrett
konnten zur Gesangsbegleitung mit den
Fingern angeschlagen werden. ↗Musik-
instrumente.　　　　　　　　　　　　la

Leistung. Im Zusammenhang mit ↗Glau-
ben u. ↗Werken spielt L. vor allem in
der paulinischen Theologie eine wichtige Rolle: Das L.s-Denken des rabbinischen Judentums (↗Gesetz) u. heidnischer ↗Religionen (↗Opfer) hat magischen Ursprung; es glaubt, durch das
Erbringen von L.en Gegen-L.en Gottes
provozieren zu können. So gesehen,
wäre jeder sein eigener ↗Erlöser, also
fähig, seinem Leben bleibende Gültigkeit zu verleihen. Dieses innerweltliche
Denken hat aber keine Chance, die
Grenzen des Menschseins zu überschrei-
ten. Es hat Gott längst aus dem Blick
verloren u. richtet sich nach einem Idol
oder Götzen. Dem stellt Paulus den Glauben gegenüber, der die Grenzen sieht
u. sie eben darin überschreitet, weil der
glaubende Mensch seine Verwiesenheit
auf Gott akzeptiert, nicht mehr auf L.en
pocht, sondern in aller Offenheit auf
ihn vertraut (vgl. Röm 3, 27–30).　　hi

Leiten, steht als Ausdruck der treuen
Fürsorge Gottes im Zusammenhang mit
dem Bild vom ↗Hirten seines Volkes.
L. bezieht sich auch auf Gottes ↗Füh-
rung beim Zug der Israeliten durch die
Wüste (Ps 78, 14). Gott leitet sorgsam,
wie ein Hirt, die Mutterschafe (Js 40,11).
Der Fromme bittet, daß Gottes Licht u.
Wahrheit ihn l. mögen (Ps 25, 5). – Das
NT spricht von der Leitung des Geistes
der Wahrheit, der, von ↗Christus verheißen, die ↗Jünger zur vollen Wahrheit führen wird (Joh 16, 13). Die Apk
spricht von der Fürsorge des ↗Lammes,
das jene, die aus der großen Drangsal
kommen, weiden u. zu den Quellen
des lebendigen Wassers l. wird (7, 17). –
„Leiter" nennt die Bibel auch falsche
Führer, die das Volk Israel vom Wege
Gottes abbringen wollen (Js 3, 12; Mt
23, 16). Paulus nennt sie „Führer von
Blinden" (Röm 2, 19).　　　　　　　br

Lende, gilt als Sitz der Zeugungskraft
(Gn 35, 11); an den L.n zeigen sich
Stärke (Ib 40, 16) wie Schwäche (Ez 29,
7). Man umgürtete sie zum Zeichen von
Aufbruch, Kampfbereitschaft (Ex 12, 11;
Js 5, 27; Ib 38, 3; Lk 12, 35) u. Trauer
(Gn 37, 34).　　　　　　　　　　　　he

Lesefest, Hauptfest der Israeliten, wegen des Wohnens in Laubhütten in jüngeren Texten auch ↗Laubhüttenfest genannt. Das L. wurde immer am Jahres-

ende nach der Ernte gefeiert (Ex 23, 16; Dt 16, 13). we

Letzter. Die Lebensregel: „Wer der ↗Erste sein will, sei allen gegenüber der L. u. allen gegenüber ein Diener" (Mk 9, 35), mit der Jesus den Streit der Jünger um die Rangfolge schlichtete, erhielt für die Urgemeinde grundlegende Bedeutung, als sie begann, sich organisatorisch durchzubilden; denn sie schuf Führungsstellen (Presbyterium u. Diakonat), die den Ehrgeiz einzelner erwecken konnten. Dieser Ehrgeiz auf eine leitende Funktion hat sich also auf das Gegenteil, auf die bescheidenste Tätigkeit zu richten: auf den ↗Dienst am ↗Nächsten. Vor Gott, der mit anderen Maßstäben wertet, ist dieser L. dann in Wahrheit der Erste. Von dieser Diskrepanz zwischen äußerem Schein u. Geltung vor Gott handelt auch Mt 19, 30. Dem voraus geht die Verheißung Jesu an seine Jünger, sie würden für ihre ↗Nachfolge an seinem Richteramt über die Welt u. die zwölf Stämme Israels beim ↗Jüngsten Gericht teilnehmen. L. u. Erster werden bezogen auf die Stellung beim Endgericht. Die Hoffnung des AT u. der Zeitgenossen Jesu, Israel, das durch den Alten ↗Bund von Gott auserwählt wurde, werde die Völker am Ende der Welt richten, wenn es den Bund hält, d. h. alle religiösen Gesetze peinlich genau erfüllt (Js 2, 3), erweist sich als trügerisch. Die Stellung beim Endgericht hängt allein davon ab, ob man Jesus nachgefolgt ist oder nicht. Das ungläubige Israel wird daher nicht Erster sein, d. h. beim Endgericht nicht mitrichten dürfen, sondern L., d. h. gerichtet werden. Vor den ungläubigen jüdischen Zeitgenossen erscheinen die ↗Jünger als L., da sie alles verlassen haben, um Jesus zu folgen, u. die religiösen Gesetze nicht mehr strikt befolgen. Vor Gott ist das Verhältnis umgekehrt, u. dieses eigentliche Verhältnis zwischen den Jüngern Jesu u. Israel wird beim Endgericht aller Welt offenkundig. Zugleich enthält dieser Spruch Mt 19, 30 eine Warnung an die Gemeinde. Die Berufung in die Kirche Jesu Christi allein genügt nicht, wenn auch der Gläubige dadurch zum Ersten, zum Mitrichter Jesu beim Endgericht bestimmt wird; wenn der Gläubige Jesus nicht radikal nachfolgt, wird er beim Endgericht statt Erster L. werden. do

Letzte Worte Davids (2 Sm 23, 1–7), ein dem alten König ↗David in den Mund gelegtes Lied. In Form eines prophetischen Spruchs wird der immerwährende ↗Bund, den Jahwe mit David geschlossen hat, ihm u. seinem Haus garantiert. Die Stelle gehört zu den ältesten Schichten der Bundeszusage. Der König selbst wird als vom Geist Jahwes erfüllter Seher geschildert, der das Idealbild des Herrschers in der ↗Furcht Gottes entwirft. Sein Amt ist es, zu wachen über Recht u. Gerechtigkeit. Die Vv. 3–4 scheinen auf den göttlichen Herrscher der Zukunft zu zielen; somit ist das Lied ein Zeugnis ältester Heilshoffnung in Israel. ba

Letzte Worte Jesu. Die vier Evv. zusammen überliefern sieben l. W. J. am ↗Kreuz, Mt u. Mk nur ein Wort Jesu, entnommen aus Ps 22, 2, das in aramäischer (Mk 15, 34) u. hebr.-aramäischer Mischfassung (Mt 27, 46) zitiert wird. Es zeigt Jesus in der tiefsten Not seines Leidens, darf jedoch nicht, wie der ganze Ps 22, als Bekenntnis eines Verzweifelten, sondern als Ruf des leidenden ↗Gottesknechtes an den Vater in höchster Bedrängnis verstanden werden. Lk überliefert drei andere l. W. J.: Jesus bittet für seine Verfolger (Lk 23, 34; in Apg 7, 60 von Stephanus übernommen); er spricht dem Schächer am Kreuz die Gemeinschaft mit ihm in seinem Reich zu (23, 43) u. wendet sich in der größten Not in Liebe u. mit der Vollmacht, zu vergeben, denen zu, die seine Gemeinschaft suchen. Den von Mk bezeugten Schrei (15, 37) deutet Lk als Gebetsruf (23, 46): Jesus betet das Abendgebet des frommen Juden (Ps 31, 6). Joh überliefert auch drei l. W. J.; Jesus vertraut seine Mutter der Obhut des Joh an (19, 26 f). Mit „Mich dürstet" erinnert Joh an Ps 69, 22. Das letzte Wort Jesu (19, 30) zeigt an, daß er den Auftrag des Vaters erfüllt hat (vgl. Joh. 17, 4). br

Leuchte. 1. ↗Lampe. – 2. Bild für Jahwe u. sein lebenspendendes Wort (2 Sm 22, 29; Ps 119, 105). Symbol für Leben (Ib 21, 17; Spr 13, 9). ↗David, dessen Führung Israel seine gesicherte Existenz verdankt, wird 2 Sm 21, 17 „L. Israels" genannt. he

Leuchten. Das geschichtliche (Ps 76, 5; 77, 19) u. das endzeitliche Kommen Gottes (Hab 3, 4) wird oft als Aufscheinen im Lichtglanz (↗ Herrlichkeit) beschrieben. Von seiner Offenbarung im Gesetz als „Licht der Gerechtigkeit" u. „Sonne" spricht Weish 5, 6. Älter u. häufiger ist die Redeweise, daß Gott „sein Angesicht l. läßt" über den Menschen (Nm 6, 25), als Urbild für „Gnade". Vgl. Mt 5, 45: das L. der Sonne als Bild der Vatergüte Gottes. Vom kommenden ↗ Heil als Auf-L. eines großen ↗ Lichtes spricht Js 9, 1. In der Ewigkeit wird Gott selbst über seiner heiligen Stadt l. (Js 60, 19 f; Apk 21, 23). – Das NT bringt die Botschaft, daß schon ↗ jetzt, in der Fülle der Zeit, Gottes Erbarmen uns heimgesucht hat als „Aufgang aus der Höhe" (Lk 1, 78 f). Es ist das ewige Wort, das in der ↗ Finsternis leuchtet (Joh 1, 5) u. jeden Menschen erleuchtet (1, 9). Das Auf-L. der Erkenntnis Jesu Christi in unseren Herzen vergleicht Paulus mit der Erschaffung des Lichtes im Anbeginn (2 Kor 4, 6), doch kann der „Gott dieser Welt" den Sinn der Menschen blind machen (V. 4). – Wenn er ein reines Auge hat, wird der Mensch selber „licht" (Lk 11, 34–36; vgl. Eph 5, 13). Jerusalem sollte licht werden, wenn Jahwes Glanz über ihm aufstrahlt (Js 60, 1). So soll die Kirche, die ↗ „Stadt auf dem Berge", nun zum „Licht der Welt" werden. Einst wird der Lichtglanz Gottes in den Gerechten aufleuchten (Mt 13, 34).   ur

Leuchter, ein Ständer für eine oder mehrere ↗ Lampen (Mt 5, 15). – L. mit immer brennenden Lampen (Ex 27, 20 f) zeigten im israelitischen Heiligtum die ständige Gegenwart Jahwes an. Im ↗ Tempel Salomos waren zehn goldene L. mit je einer Lampe (1 Kg 7, 49). Sonst ist für den Jerusalemer Tempel meist der – Ex 25, 31–40 beschriebene – *siebenarmige* L. (Menora) genannt. Einen solchen erbeuteten die Römer 70 n.C. u. stellten ihn am Titusbogen dar.   he

Levi. 1. Dritter Sohn ↗ Jakobs von ↗ Lea (Gn 29, 34). – 2. Ein auf ihn zurückgeführter, bald untergegangener israelitischer Stamm, der wegen des Überfalls auf Sichem (34) von Jakob verflucht wurde (49, 5–7). – 3. Jünger Jesu (Mk 2, 14), der in der Parallelerzählung (Mt 9, 9) ↗ Matthäus genannt wird.   we

Leviatan, ein mythologisches ↗ Meerungeheuer, ist in poetischen Texten des AT Personifikation der Unheilsmächte. Man dachte sich L. als im Meer lebenden ↗ Drachen mit mehreren Köpfen, die Jahwe zerschmetterte, als L. zusammen mit dem Meer gegen ihn aufbegehrte (Ps 74, 13 f), oder als riesige Seeschlange (Js 27, 1; Ib 26, 13). Dieselben Vorstellungen finden sich in ↗ Ugarit. – Ps 104, 26 nennt L. als Spielzeug des souveränen Schöpfergottes; so hat in der Theologie Israels das unbezähmbare, gottfeindliche Ungeheuer der außerisraelitischen Kosmogonie seinen Platz in der großen Weltordnung Jahwes.   he

Levirat ↗ Schwagerehe.

Levispruch, schwer deutbarer Spruch im ↗ Mosesegen über ↗ Levi (Dt 33, 8–11). Der L. ist eine Bitte um das Priestertum für Levi, die begründet wird durch Hinweis auf geschichtliche Ereignisse. Er wendet sich offenbar dagegen, daß Levis Priesteramt in Frage gestellt wird.   we

Leviten, Bezeichnung des Priesterstammes, der sich vom Jakobsohn ↗ Levi herleitet u. sich wohl aus den Resten des zerschlagenen Stammes Levi gebildet hat. – Am Sinai wurde den L. der Kultdienst übertragen (Nm 1, 50). Da Jahwe ihr Erbteil ist, erhielten sie nach der Landnahme kein Stammgebiet, dafür aber den Zehnten u. die L.städte (Nm 18, 20–32; 30, 1–8). Während es noch zu Beginn der Königszeit nichtlevitische Priester gab, war seit dem 8. Jh. v.C. das Priestertum den L. allein vorbehalten. Im Dt (10, 8; 18, 1–6) haben Priester u. L. dieselben Aufgaben. Durch die Kultreform des ↗ Josija verloren die L. der Landheiligtümer an Bedeutung u. wurden gegenüber den Jerusalemer Priestern (Zadokiden u. Aaroniden) zu untergeordneten Tempeldienern degradiert (Ez 44, 6–31; Nm 3, 6–9). Die Chronikbücher zeigen ein starkes Interesse an den Rechten der L.; dahinter steht das Bemühen um Aufwertung der L., das bis zur Zerstörung des Tempels andauert.   we

Leviticus-Buch, drittes Buch des Pentateuchs, das vor allem kultische u. rituelle Fragen behandelt; es ist kein einheitliches Gebilde, sondern in langer mündlicher u. schriftlicher Tradition zu seiner jetzigen Gestalt angewachsen. Das L.-B. gehört ganz zur priesterschriftlichen Geschichtsüberlieferung (↗Priesterschrift). Doch nur die Berichte von der Einsetzung des aaronitischen Priestertums (8–10) u. des großen Versöhnungstages (16) führen die priesterschriftliche Exodus-Erzählung fort. In diesen Zusammenhang sind aufgenommen u. durch kurze Einleitungsformeln mit der Sinaisituation verbunden mehrere, im Kern ältere Gesetzessammlungen verschiedener Herkunft, so die ↗Opfertora (1-7), die Gesetze über die ↗Reinheit (11–15) u. das ↗Heiligkeitsgesetz (17–26). Später nachgetragen wurden die Bestimmungen über die Gelübde u. den Zehnten (27).   we

Libanon (hebr. das weiße [Gebirge]), in zwei Zügen parallel zur syrischen Küste verlaufendes Gebirge, dessen Gipfel fast immer schneebedeckt sind. Der südliche Teil des östlichen Gebirgszuges (Anti-L.) heißt im AT ↗Hermon. – Im ganzen Altertum war der L. bekannt für seinen reichen Baumbestand (Zedern, 2 Kg 19, 23); Ägypten u. Assur, auch Salomo bezogen vom L. wertvolles Bauholz. Heute sind nach langer Ausbeutung nur wenige Zedernhaine übrig.   he

Licht, ist im AT Bezeichnung des Schöpfungswerkes u. Symbol für Glück u. ↗Heil. Gott schenkt beides. L. bezeichnet auch seine ↗Herrlichkeit u. die der himmlischen Welt. Die Totenwelt ist das Land der ↗Finsternis. – Der „Mensch zwischen zwei Welten" wird dann in ↗Qumran durch den ethisch-kosmologischen Gegensatz L.–Finsternis charakterisiert (1 QS III, 13). Die Sektenmitglieder als „Söhne des L." stehen im endzeitlichen Kampf mit den übrigen Menschen, den „Söhnen der Finsternis". Der ↗Dualismus beruht auf der Vorherbestimmung jedes Menschen zu den Bereichen L. oder Finsternis im Schöpfungsplan Gottes, ist also mit dem atl. Gottesbegriff verbunden: „Gott hat die beiden Geister des L. u. der Finsternis geschaffen", deren Kampfplatz Welt u. Mensch sind. – Für das Verständnis der ntl. L.-symbolik ist vor allem diese jüd. Vorgeschichte wichtig: Paulus weitet ihre Anwendung auf das Christusgeschehen in der Taufparänese ethisch-eschatologisch

aus, Röm 13, 11–14: L. u. Finsternis sind wie in Qumran die Machtbereiche, in denen sich der Wandel des Menschen vollzieht, aber nicht durch Vorherbestimmung, sondern durch die Entscheidung zum ↗Glauben bzw. ↗Unglauben. Das Bild von der Nähe des „Tages" ist Begründung für das Ablegen der „Werke der Finsternis" u. das Anziehen der „Waffen des L." Die Nähe der ↗Wiederkunft bedeutet also Kampf: „Dieser Kampf ist identisch mit dem zwischen Glauben u. Unglauben." Bei Joh kommt Christus, das „L. der Welt" (Joh 8, 12), in den finsteren Kosmos. Mit dem Kommen des „wahren L." ist die eschatologische Heilszeit Gegenwart geworden: Das L. als Heil ist nicht mehr nur Bild, es bezeichnet das geschichtliche Wesen des Offenbarers. Die Begriffe L. u. Finsternis dienen der Kennzeichnung der durch Christus hervorgerufenen Scheidung der Menschen (Joh 1, 11 f). Das ↗Gericht ist identisch mit der Entscheidung des Unglaubens, wie das Heil mit der des Glaubens. Von diesem Entscheidungsdualismus her bezeichnen L. u. Finsternis zwei Existenzweisen: „die doppelte Möglichkeit menschlichen Existierens entweder von Gott her oder vom Menschen selbst her". Diese Bedeutung des „Wandels" als Lebensvollzug ist im NT fast ganz auf Paulus u. Joh beschränkt.   kl

Liebe. Im AT: Die Überlieferungen der Geschichte Israels erzählen, wie Gott sich von Anfang an ständig um sein Volk bemüht. Aber erst die Propheten wagen es, als Motiv dieser Treue Gottes freie L. zu nennen (Jr 31, 3; Js 41, 8). In kühnen Bildern schildern sie die L. Gottes als die des Vaters zum Sohn (Hos 11), der Mutter zum Säugling (Js 49, 15), des Bräutigams zur Braut, des Ehemannes zu seiner Frau (Hos 2 f; Jr 2, 2; Ez 16; 23). In Liebeswerben u. Enttäuschung, Eifersucht, Zorn u. nachfolgender Reue äußert sich diese L., die nicht einmal das abtrünnige Volk vergessen kann. Statt seinen Zorn am Volk auszulassen, ficht Gott einen Kampf mit seinem Zorn in seinem Innern aus, denn L. gehört wesensmäßig ebenso zu Gott wie Heiligkeit. So verdankt Gottes Volk nicht nur seine Entstehung, sondern auch seinen Fortbestand dieser L. Gottes (Hos 11, 9; Js 43, 3 f). Daß die Propheten Bilder aus dem Erlebnisbereich menschlicher L. wählen, zeigt, wie hoch diese in all ihren Formen eingeschätzt wurde. Um den Menschen aus der Einsamkeit zu lösen, die ihn zu Selbstsucht u. damit Gottesferne führen kann, hat der Schöpfer ihm in seiner Fürsorge die geschlechtliche L. zugedacht; diese wird darum besungen u. hoch gepriesen (↗Hohes Lied). Sind die Predigten der Propheten vielleicht „ein einsames Wagnis" (G. v. Rad), so bezeugt das Deuteronomium eine breite Praxis der Gesetzespredigt, in der als einziges Motiv für die ↗Erwählung ↗Israels aus den Völkern die unerklärliche L. Gottes zu diesem Volk erscheint (Dt 4, 37; 7, 7 f; 10, 14 f). Die Liebeserklärung Gottes geht allen Gesetzen voraus, in ihr ist darum das Heil begründet, nicht in der Erfüllung der Gebote. Vielmehr wird der Gesetzesgehorsam verstanden als selbstverständliche dankbare Erwiderung der göttlichen L. So sind alle Gebote zusammengefaßt im Gebot der L. zu Gott (Dt 6, 4 f). In enger Nachbarschaft zum Liebesgebot steht die Mahnung zur Furcht Gottes (Dt 6, 2). Denn Gottes unbegreifliche Größe u. Furchtbarkeit gehören eng mit seiner L. zusammen. Seine leidenschaftliche Eifersucht fordert das Volk ganz u. ungeteilt für sich. Sosehr das AT den Glauben an die L. zwischen Gott u. Volk vertieft hat, so hat es doch nur erste Ansätze zum Verständnis der allumfassenden L. Gottes. Der Schöpfungsbericht Gn 2 zeigt, wie Gott dem Stammvater aller Menschen besondere Fürsorge angedeihen läßt. Wenn in späteren Zeiten des AT von Gottes Güte zu allen Geschöpfen die Rede ist, so wird sie doch nie als so warm u. heftig dargestellt wie die L. zu Israel. Dem entspricht auch die Haltung der Menschen zueinander. Die L. zum Nächsten ist die L. zum Volksgenossen (Lv 19, 15 ff); eingeschlossen sind darin nur die Fremdlinge, die im Volke Heimatrecht suchen (Lv 19, 34). Während die späte Weisheitslehre die L. Gottes zu seinen Geschöpfen darin sieht, daß er allen das Leben schenkt u. erhält, kennt die alte Lehre vom heiligen ↗Krieg den ↗Bann: Alle Besiegten werden durch den Tod Jahwe geweiht.

Die Psalmenbeter sprechen zu Gott vom Haß gegen ihre Feinde u. können ihn um deren Vernichtung bitten (Ps 35; 55). Nur vereinzelt sind Mahnungen zur Nachsicht gegen den Feind zu hören (Ex 23, 4 f; Spr 25, 21).   oh

Im NT: Es ist die frohe Botschaft des NT, daß Gott in Jesus Christus seine L. endgültig u. unwiderruflich geschenkt u. zugesagt hat. In Christus hat sich allen Menschen Gottes L. eröffnet: „Was kann uns trennen von der L. Gottes, die uns in Jesus Christus, unserem Herrn, offensteht?" (Röm 8, 39.) In seinem Sohn ist Gott bleibend für die Menschen, für die Welt, für seine Schöpfung da. Gott ist für uns, u. „wenn Gott für uns ist, wer kann dann gegen uns sein?" (Röm 8, 31), fragt Paulus. Wann hat sich aber näherhin Gottes L. eröffnet u. ereignet? Damals, „als Christus für uns starb, als wir noch Sünder waren" (Röm 5, 8). Jesu Sterben also war das Ereignis der L. Gottes. In Jesu Dasein ↗für andere, in seinem Sterben ↗für uns wurde Gottes Schöpfer-L. zum vollendenden Weltgeschehen, u. fortan hält sich diese L. allen Menschen als einladende ↗Möglichkeit offen. Die L. Gottes ist aber das Ereignis u. das Geschehen des ↗Geistes Gottes: „die L. Gottes ist ausgegossen in unsere Herzen durch den Geist (u. in dessen Bereich), der uns geschenkt ist" (Röm 5, 5). Der Geist, Gottes Schöpfermacht, ereignet sich als L. So ist L. die Lebensmacht Gottes unter den Menschen. Sie schafft neues ↗Leben, jederzeit u. überall. Sie ist die Konkretisierung des Geistes. Enthusiastische Kreise in der Gemeinde in Korinth fragen Paulus nach einem „Weg in Christus", nach den größten Gnadengaben Gottes (1 Kor 12, 31 a). Der Apostel zeigt ihnen einen solchen Weg, einen „Weg des Übermaßes", eigentlich den einzigen Weg für Christen, die L. (1 Kor 13). Ohne L. nennt er sein Leben eine „klingende Schelle" (V. 1), sinnlos u. nutzlos (V. 2). Erst die L. schafft Leben u. gibt diesem Sinn. Wo ein Mensch liebt, dort ist er großzügig u. gütig, dort sucht er nicht das Seine, dort rechnet er dem anderen das Böse nicht an, dort erträgt er alles, glaubt, hofft u. erduldet er alles (V. 4—7). L. läßt den Menschen in allen seinen geschöpflichen Möglichkeiten, in Totalität, leben. Wo diese L. da ist, dort ist das Endgültige u. Eigentliche, das Bleibende; denn sie „fällt nicht", sie vergeht nicht, wie etwa Prophetenrede, Zungenrede oder Weisheitsrede; sie ist die bleibende Geistesgabe; sie ist das Vollendete, das sich durchhält in der ↗Zukunft Gottes. Unter den Daseinsweisen des Christen ↗Glaube u. ↗Hoffnung ist sie als dritte die größte (V. 13), denn Glaube u. Hoffnung werden in ihr konkret: Was einer glaubt u. was einer hofft, das verwirklicht sich als L. Glaube ist die schöpferische ↗Praxis des Ev., er verwirklicht sich einzig u. allein als L. (Gal 5, 6). Er muß im zwischenmenschlichen u. gesellschaftlichen Bereich Ereignis werden, es gibt keinen weltlosen, innerlichen oder privaten Glauben. Wo er sich im Bereich der Öffentlichkeit verwirklicht, ist er L. Daher mahnt Paulus die Christen, vor allen Geistesgaben die L. zu suchen, nach ihr bestrebt zu sein, sie zu verwirklichen (1 Kor 14, 1). Wer tatsächlich die L. Gottes in sein Leben hereinnimmt, der erfüllt das ganze „andere Gesetz", das es sonst noch gibt oder je gab (Röm 13, 9); wer in Jesu Nachfolge liebt, erfüllt damit alle göttlichen u. menschlichen, alle religiösen u. profanen Gesetze, Gebote u. Satzungen. Das ganze mosaische Gesetz ist in einem einzigen Satz zusammengefaßt u. aufgegipfelt: „Lieben sollst du deinen Nächsten wie dich selbst!" (Vgl. Lv 19, 18; Mt 19, 18; 7, 22; 26, 45; ↗Nächster.) Liebe ist Fülle u. Erfüllung der religiösen Verpflichtung; sie ist deren Ende (Röm 13, 11 u. Gal 5, 14). Angesichts der L., die sich in Christus eröffnet hat, kann kein religiöses, heiliges oder göttliches Gesetz mehr bestehen. Die Radikalität dieser paulinischen Sätze darf hier nicht abgeschwächt oder in eine religiös-mystische Sprache umgebogen werden. Denn L. u. Nächstenliebe sind ganz profane Wirklichkeiten. Sie leiten sich von Jesu Sterben her, das die völlig unsakrale Wirklichkeit eines Verbrechertodes am Galgen war. Als zwischenmenschliche u. geschöpfliche Wirklichkeit spielt sich L. ab in der Ausgesetztheit u. Gefährdetheit mitmenschlichen Daseins. Sie nimmt den anderen, wie er ist, u. tut

ihm neuen Lebensraum auf: Freiheit, Geborgenheit u. Angenommensein. L. spielt sich in der ↗Öffentlichkeit menschlichen Daseins ab, sie ereignet sich als gesellschaftsverändernde Kraft (↗Revolution). Sie ermächtigt den Menschen zu selbständiger Überzeugung u. freier Meinung; denn wenn unter Menschen die L. wächst, dann werden sie selbständig erkennen, worauf es für sie in ihrem Leben ankommt (Phil 1, 9 f). In der Sprechweise des NT ist durch die L. unter Menschen der „Tag des Herrn" im Kommen: wo Menschen lieben, gehen sie auf den „Tag Christi" zu (Phil 1, 11), dort rückt die „Nacht" der Welt vor, dort ist der „Tag" ganz nahe (Röm 13, 11 ff). L. bedeutet die ↗Nähe des ↗Herrn, die Zukunft Gottes. In der L. bricht die ↗Herrschaft Gottes an, ist Gott mit seinem Christus im Kommen, bricht Gottes „Zeit" in die Menschenzeit ein u. kommt diese zu Ende. L. ist das Ende der ↗Zeit (Schlier), sie ist die „Zeit" Gottes, die keine mehr ist. Die johanneischen Schriften sehen L. als das Wesen u. als das Ereignis Gottes. Gott *ist* L. Er ereignet sich als u. in der L., er ist in ihr eingeholt u. gibt sich als L. Menschliche L. kommt von Gott her, wer liebt, der ist aus Gott geboren, der kennt, erfährt u. begegnet Gott (1 Joh 4, 7–8). Geschaffensein u. Ebenbildlichkeit des Menschen bewähren sich als L.; geschöpflich leben heißt lieben. In menschlicher L. wird deutlich, woher der Mensch ist u. wohin er geht. Gott ist L. u. gerade als solche nie einholbar, sondern dem Menschen immer voraus. L. ist nie endgültig verwirklicht, sie eröffnet dem Menschen immer ↗Zukunft. L. ist der Weg zu Gott; sie ist auch der Weg menschlicher u. geschöpflicher Selbstwerdung. „Ich bin. Aber ich habe mich nicht. Wir sind im Werden, einer am anderen" (Bloch).   gr

Liebender Vater (Gleichnis), Lk 15, 11 bis 32, auch „Gleichnis vom verlorenen Sohn" genannt. Im engeren Sinn bezeichnet man dieses ↗Gleichnis als Parabel, weil hier nicht zwei Sachverhalte miteinander verglichen werden, sondern eine reine zweiteilige Erzählung vorliegt. – Jesus erzählt Frommen, die über seinen Verkehr mit Sündern erbost sind, von der fast widersinnigen Liebe des

Vaters zu seinem verkommenen Sohn u. zeigt, daß diese Liebe für den älteren, stets gehorsamen Sohn höchst ärgerlich ist. – So verhält es sich mit der Liebe Gottes: Seine ↗Gnade gilt bedingungslos jedem, aber seine Vergebung ist höchst anstößig für sichere ↗Fromme, die von Gott ↗„Gerechtigkeit" fordern, dem Sünder die vergebende Liebe nicht gönnen u. sich damit selbst von der Liebe Gottes ausschließen.   ma

Liebesäpfel. Pflanze mit hellroten, wohlriechenden Früchten, die als Aphrodisiakum gilt u. zu leichter Geburt verhelfen soll. In der Bibel erwähnt Hl 7, 14 u. Gn 30, 14–17. Hier spielt sie eine Rolle in der Rivalität der beiden Frauen Jakobs, ↗Leas u. ↗Rachels. Daß gerade die auf die L. verzichtende Lea schwanger wird, könnte als Hinweis gelten, daß Schwangerschaft u. Geburt von Gott kommen.   ba

Liebeslied. Die Brautzeit u. Hochzeit hatten schon immer den Menschen angeregt, im L. seiner Freude Ausdruck zu geben. Die L.er im AT sind zumeist profane, teilweise religiös orientierte Dichtung, die hauptsächlich im Buch des ↗Hohen Liedes gesammelt sind (z. B. 1, 9–17; 3, 1–4). Vornehmlich sind sie für die Hochzeitsfeier gedichtet u. auf ihr vorgetragen (Gn 29, 27 f). Andere haben keinerlei Beziehung zur Hochzeit u. stellen in derb-natürlicher, erotischer Form die Sehnsucht der Liebenden zueinander u. die Freude über ihre Vereinigung dar. Die Gewalt der ↗Liebe u. ihr Ausdruck im L. unterliegen jedoch der Macht Jahwes, so daß das Verstummen der L.er zum Zeichen des Gerichtes wird.   la

Liebesmahl (Agape). Neben der eucharistischen Feier im Anschluß an das ↗Abendmahl kamen die urkirchlichen Gemeinden zu einem gemeinsamen abendlichen ↗Mahl zusammen, das die wohlhabenden Gemeindemitglieder (bzw. die Vorsteher mit deren Geld) veranstalteten, um der Brüderlichkeit Ausdruck zu verleihen. Die einleitenden u. abschließenden Gebete u. Gesänge u. der Segensspruch über Brot u. Wein weisen einerseits auf den jüdischen Ursprung (vgl. auch ↗Qumran) hin, lassen anderseits die Verbindung

mit der Feier der ↗Eucharistie erkennen. Als sich diese aber im Laufe der Zeit immer mehr zum ↗Herrenmahl verselbständigte u. kultischen Charakter annahm, wurde das L. zur karitativen Veranstaltung (vgl. z. B. Apg 6, 1 f), die freilich schon zur damaligen Zeit nicht frei von Mißbrauch (vgl. 1 Kor 11, 18–22) geblieben ist.   hi

Lied. Das Leben des atl. Menschen fand häufig seinen Ausdruck im L., welches vom Wiegenlied bis zum ↗Leichenlied alle wichtigen Ereignisse des Lebenslaufes eines einzelnen erklingen läßt oder das Handeln u. Erleben einer Gemeinschaft in gebundener Form besingt. Viele L.er werden schon vorliterarisch im Leben der Israeliten einen festen Platz gehabt haben. Neben profanen L.ern stehen im AT Kultlieder, die religiöse Inhalte, häufig künstlerisch durchformt, darstellen. Die größte Sammlung atl. Kultlieder liegt im ↗Psalter vor. Jedoch kann nicht immer zwischen profanen u. kultischen L.ern scharf getrennt werden, da diese Grenze im AT fließend ist.   la

Limes, römische Anlagen zur Sicherung der Grenzen u. des dahinter liegenden Kulturlandes, in Europa fortlaufende Wälle mit Türmen, im Vorderen Orient in Anpassung an das Gelände (oft Wüste) in Abständen angelegte Kastelle u. Wachttürme.   he

Linsen, Hülsenfrucht, die in Notzeiten auch zu Mischbrot verwendet wurde (Ez 4, 9). ↗Esau verschenkte um ein Linsengericht seine ↗Erstgeburt (Gn 25, 29 ff).   we

Literalsinn oder Wortsinn ist der Sinn, den der bibl. Schriftsteller meint u. mit den von ihm verwendeten Worten ausdrücken will. Von Paulus u. den Kirchenvätern wird er „Buchstabe" genannt u. gilt wenig gegenüber dem „Geist" bzw. geistigen Sinn. Doch ist der L. der von Gott beabsichtigte Sinn, da der menschliche Schriftsteller das sagt, was Gott sagen will. Ihn mit den verfügbaren wissenschaftlichen Mitteln u. Methoden festzustellen ist erste Aufgabe der Exegeten. Der eigentliche L. ergibt sich aus den Worten unmittelbar; beim uneigentlichen L. haben die Worte eine übertragene oder bildliche Bedeutung. ↗Exegese.   ba

Literarische Gattung. Jeder Gedanke, der ausgedrückt wird, bedarf der sprachlichen Form; bindet sich diese Form an vorgegebene, durch eine Gemeinschaft geprägte Schemata, so wird der Gedanke in einer bestimmten Form ausgedrückt, ein Gedankengang in einer bestimmten übergreifenden Form. Solche übergreifenden literarischen, durch stilistische u. sachliche Eigenart bestimmten Formen nennen wir l. G.en. Die Kenntnis der l. G.en zur Interpretation der bibl. Bücher ist unerläßlich, weil die Art u. Weise des Sprechens u. Schreibens, die Form, den Gehalt (den von der Form nicht ablösbaren „Inhalt") bestimmt. Die l. G.en sind teilweise literarische Schemata, die verschiedene individuelle Ausprägungen zulassen, so daß gerade in der je eigenen Abwandlung der l. G. die besondere Wendung des ausgedrückten Gedankens erkennbar wird. ↗Formen u. Gattungen, ↗Formgeschichte.   pe

Literarkritik gehört zur ↗historisch-kritischen Forschung, einem wissenschaftlichen Verfahren, das geeignet ist, Schrifttexte vergangener Zeiten, zu denen auch die Bibel zählt, zu interpretieren. Die L. hat die Aufgabe, Verfasserschaft u. Entstehungszeit jeder einzelnen bibl. Schrift zu ermitteln. Sie bestimmt die ↗literarische Gattung eines Textes, um seine Aussage zu erhellen. Sie untersucht die verwendeten Quellen u. fragt nach dem geistigen Hintergrund einer Schrift, ihrem ↗„Sitz im Leben", der besonderen theologischen Absicht des Verfassers. Damit hilft sie zu einem wesentlich vertieften Verständnis der bibl. Botschaft. Besondere literarkritische Probleme bilden im AT die Entstehung des ↗Pentateuchs, im NT Entstehung u. gegenseitiges Verhältnis der Evangelien. ↗Formgeschichte, ↗Gattungsgeschichte, ↗Redaktionsgeschichte.   ba

Lithostrotos ↗Gabbata.

Liturgie, d. h. ursprünglich Dienstleistung im Interesse der staatlichen oder religiösen Gemeinschaft, erfährt in der kultischen Verengung eine starke Polemik in den bibl. Schriften. Tod u. Auferstehung Christi sprengen die Grenzen von ↗heiligen Stätten u. Zeiten, beanspruchen jeden Glaubenden in priesterlicher Funktion u. proklamieren die gesamte Welt zum Ort einer L., der kultische Formen allein nicht genügen. Die sakramentale Feier der Tat Christi ruft vielmehr in den Gehorsam zum ständigen Gottesdienst inmitten der Welt. ↗Weltlicher Gottesdienst.   tr

Lob (Lobpreis), ist die dem Menschen gemäße ↗Antwort auf das Tun Gottes. Das L. wird hingestellt nicht als Gegengabe des Menschen an Gott, sondern als eine Gabe, die Gott dem Menschen in den Mund legt (Ps 40, 4). Der Sinn der Existenz des Menschen ist der Lobpreis Gottes (Ps 6, 6; 30, 10; 88, 11 ff; 115, 17), denn nur der Lebende kann Gott loben. Das L. Gottes soll nicht aufhören; deshalb schreit der Beter zu Jahwe, daß er ihn nicht in die Unterwelt stoße, da er doch den Sinn u. Inhalt seines Lebens darin gefunden habe, ihn zu preisen u. zu loben.

Auf Jahwes Heilstaten hat Israel im feiernden Lobpreis der kultischen Vergegenwärtigung geantwortet u. diese Taten wachgehalten. Es hat vor allem Jahwe als den machtvollen, immer gegenwärtigen u. helfend eingreifenden Gott gepriesen. Das L. ist ↗Israels Antwort auf Jahwes Heilstat, wie es aus der Ereignis- u. Erlebnisnähe der Vernichtung der Ägypter u. der Errettung des Volkes Israel am Meer im Mirjam-Lied verdichtet wurde: „Singet Jahwe, denn hoch erhaben ist er; Roß u. Reiter stürzt er ins Meer. Meine Stärke u. mein Loblied ist Jahwe; er ward mein Heil, er ist mein Gott, ich will ihn preisen" (Ex 15, 1 f). Ein solcher Ausspruch zeigt, wie diese Taten auf Israel gewirkt haben, wie Israel seine Abhängigkeit von ↗Jahwe bejaht u. ihn preist als den Urheber seiner Existenz. Die Urform eines Geschichtshymnus ist offensichtlich das Credo von Dt 26, 5 ff, in dem die Fakten der gnadenhaften Zuwendung Jahwes aufgezählt werden. In ähnlicher Weise zählen die Psalmen (Ps 13, 6; 77, 16 ff; 105; 114; 135) Jahwes Taten für Israel auf u. mahnen zum Dank u. Lobpreis. Selbst die Gebete, die das Versagen u. Fallen des Volkes als Ganzes (Ps 106) wie des einzelnen (Ps 78) zum Anlaß ihrer Betrachtung genommen haben, werden zu einem Lobpreis, da sie Jahwes Gnade u. Barmherzigkeit herausfordern. Sie werden zu einem Bekenntnis des göttlichen Gnadenwaltens, denn die Gemeinde weiß, daß sie unter der „Glut des Zornes Jahwes" (Esr 10, 4) steht. Der Beter gibt unter allen Umständen Jahwe recht u. erkennt ihn als seinen Herrn an (Ps 51, 19). Wenn der einzelne Beter vor Gott tritt, um ihm Dank zu sagen, dann preist er Jahwes rettende Hand, die er in seinem persönlichen Leben erfahren hat (Ps 31, 15 f). Was der einzelne erfahren hat, das will er weitersagen (Ps 30, 13; 35, 18; 40, 10 f).

Auf der andern Seite werden Jahwes Schöpfungswerk u. sein ordnendes Walten in der Natur gepriesen. Jahwe hat das Chaos geordnet (Ps 104, 7; 74, 13 f; Ib 26, 10 ff); auf sein gebietendes Wort entstehen die Wunder der Schöpfung (Ps 33, 6.9). Die ganze Welt ist von Jahwes Taten durchwaltet. Jahwe schafft, lenkt, erhält alles, u. er bestimmt die Zeit zum Vergehen in souveräner u. doch gütiger Macht. Die Schöpfung ist von ihm abhängig, aber auch auf ihn hin offen; ohne ihn stirbt sie dahin (Ps 104). Der Mensch kann auf die Durchsichtigkeit der Welt auf den Schöpfergott hin nur mit dem freudigen L. antworten. Im L. wird Gott bejaht u. anerkannt (Ib 1, 11), wie die hebr. Bedeutung für loben heißt.   go

Im NT begegnet man ↗Hymnen u. Lobgesängen, die wahrscheinlich aus dem urkirchlichen Gottesdienst stammen u. ein wichtiges Element der apostolischen Verkündigung waren. Neben den drei großen Lobliedern des Lukas-Ev. (↗Magnificat, ↗Benedictus, Nunc dimittis [Lk 2, 29–32]) sind es vor allem einzelne Briefe (vgl. Eph, Kol, Hebr) u. die Apokalypse, die den altkirchlichen Lobpreis überliefern. Besonders die ↗Offenbarung des Johannes läßt erkennen, daß man den ständigen Lobpreis als die eigentliche Existenzform der Gemeinde ansah (in der permanenten himmlischen Liturgie vorgebildet). Wenn von „geistbeseelten Liedern" die Rede ist (Eph 5, 19), so soll damit deutlich gemacht werden, daß es sich nicht nur um menschliche Initiative handelt, sondern daß sich der Mensch in seinem Lobpreis der Wirklichkeit Gottes öffnet. Jesus Christus ist in seinem Leben u. Wirken selbst zum ständigen L. Gottes geworden (vgl. z. B. Mt 11, 25–27) u. fordert auch darin zur Nachfolge auf. Das Leben des Menschen muß zu einem L. Gottes in Christus werden. ↗Dank.   hi

Lobgesang der drei Jünglinge ↗Gesang der drei Männer.

Loblied. Eine der verbreitetsten Gattungen des religiösen ↗Liedes ist das L., welches auch bei den meisten Religionen zu finden ist. Ursprünglich sind die L.er zum Zweck kultischer Verwendung gedichtet u. wurden zu Gottesdiensten u. Kultfeiern unter Begleitung von ↗Musikinstrumenten u. Chören gesungen. Der Aufbau dieser Gattung ist nicht sehr streng, häufig aber ausgeprägt durch eine imperativische Einleitung mit folgendem Hauptstück, in dem Gott gefeiert, seine ↗Herrlichkeit gepriesen wird. Das Hauptstück ist verschiedentlich unterbrochen u. beschlossen von einer erneuten Aufforderung zum Lobpreis. Das L. ist die begeisterte Antwort auf die ↗Offenbarung Gottes u. sein Heilswirken. Im ↗Psalter haben wir die meisten Zeugnisse dieser Gattung (z. B. Ps 98). ↗Lob, ↗Hodajot.   la

Lobopfer. Als ↗Schlachtopfer (mit einem zusätzlichen ↗Speiseopfer) dargebracht (Lv 7, 12 ff), sollte mit dem L. (Toda) Gott Dank erwiesen u. die Einheit mit ihm geschaffen werden.   pa

Logienquelle. Die Lösung des synopt. Problems durch die sog. ↗Zweiquellentheorie rechnet damit, daß Mt u. Lk neben dem Mk-Ev. als zweite Quelle eine Sammlung von ↗Herrenworten benutzt haben, die sog. L. (Sigel: Q). Die verschiedene Anordnung des Mt/Lk über Mk hinaus gemeinsamen Stoffes (bei Mt vorwiegend im Zusammenhang mit Mk-Stoff, bei Lk mit seinem Sondergut) macht die gegenseitige Kenntnis von Mt/Lk unwahrscheinlich. Diese Unabhängigkeit erlaubt den Rückschluß auf die von beiden Evangelisten benutzte L., insbesondere aus Doppelüberlieferungen (Mk u. Q), wörtlichen Übereinstimmungen u. für Q spezifischen Wendungen bei Mt u. Lk. Eine genaue Abgrenzung der L. ist angesichts der redaktionellen Überarbeitung ihres Stoffes durch Mt u. Lk nicht möglich. Es ist nicht ausgemacht, ob die L. beiden Evangelisten in derselben Gestalt vorlag.   pe

Logion. Mit L. wird im profanen Griechisch seit Herodot ein kurzer Spruch (meist einer Gottheit) bezeichnet. Auch in der LXX (Ausnahme Ps 19, 15) steht L. stets für ein Gotteswort; es kann an Propheten oder (durch diese) an das Volk gerichtet, ein Gebot oder eine Verheißung sein. In der christl. Überlieferung werden dann die Worte Jesu, die ↗Herrenworte, Logien genannt. Die Logien Jesu bilden neben den Erzählungen von Jesus den bedeutsamsten Teil der synopt. Überlieferung. Sammlungen von Herrenworten gehören zum ältesten Überlieferungsbestand. Das wird daraus verständlich, daß die Überlieferung von Logien (im Unterschied zu der vom Wirken Jesu) leicht vollzogen werden kann: durch bloßes Wiederholen, während die Erzählung auf den die Taten deutenden Erzähler angewiesen ist. Zudem spielt die Überlieferung von Worten u. Kompositionen von Wortsammlungen auch in der atl. u. jüd. Umwelt eine besondere Rolle (Sammlungen der Prophetensprüche; Pirque Abot). Die bedeutsamste urchristl. Sammlung von Herrenworten ist die sog. (aus dem Vergleich der über Mk hinaus Mt u. Lk gemeinsamen Traditionen hypothetisch rekonstruierbare) ↗Logienquelle (Sigel: Q). Unter den Evangelisten hat insbesondere Mt die Logienüberlieferung zu eindrucksvollen Redekompositionen zusammengestellt. Die ↗Formgeschichte hat sich um eine Unterscheidung der verschiedenen ↗Formen u. Gattungen der Logien Jesu bemüht. Grundlegend unterschieden wird die Großform der ↗Gleichnisse von den Einzelsprüchen; zu diesen zählen: prophetische Worte (Drohungen, Mahnungen, Heilsankündigungen), Weisheitsworte, apokalyptische Worte, eschatologische Imperative, Einlaßsprüche, Jüngerweisungen, Gesetzesworte, apodiktische Verkündigung des Gotteswillens, Aussagen der Heilsbedeutung Jesu (Leidens- u. Auferstehungsvoraussagen, Menschensohnworte, Worte vom Kommen Jesu, Worte des Auferstandenen) u. a. Eine besondere Stellung nehmen die Herrenworte ein, die (unlösbar oder lösbar) mit einem Erzählzusammenhang verbunden sind: ↗Apophthegmata, ↗Streit- u. Schulgespräche, Logien innerhalb von Erzählungen, etwa der ↗Leidensgeschichte.

Für die Frage nach der Authentizität der Logien Jesu (ipsissima verba bzw. vox) spielt die Rückübersetzung der griech. überlieferten Worte ins Aramäische eine besondere Rolle. Manche stilistische Eigentümlichkeiten, die im Aramäischen besonders beliebt sind (Parallelismus, Assonanzen, Wortspiele, Stabreim), Rhythmus u. Reim bilden wichtige Kriterien. Daneben müssen als Kriterien natürlich auch sachkritische Erwägungen zum möglichen bzw. unmöglichen ↗„Sitz im Leben" Jesu ernst genommen werden. Denn Logien Jesu sind sowohl im Überlieferungsprozeß verändert wie auch (besonders von urkirchlichen Propheten) sekundär gebildet worden.   pe

Logos (griech. Wort, Rede, Denken, Vernunft). Bei Heraklit ist der L. die der Welt immanente Vernunft; bei den Stoikern (↗Stoa) wird er zu einem dynamischen Prinzip, das den Kosmos ordnet u. in jeden Menschen den Keim der Vernunft legt. Im Gegensatz zu diesem weltimmanenten L. der griech. Tradition ist der L. von Joh 1, 1 transzendent, vor der Schöpfung bei Gott. Obgleich Joh 1, 1 mit „am Anfang" Gn 1, 1 u. mit L. die Schöpfung durch das Wort von Gn 1 aufnimmt, kann der L. von Joh 1,1 nicht mit dem ↗Wort Gottes im AT gleichgesetzt werden, wo Gottes Wort sein jeweils gebietendes Machtwort, nicht ein ewiges Wesen neben Gott ist. Näher kommt dem L. von Joh 1, 1 die Gestalt der ↗Weisheit, die in den späteren Schriften des AT als Gehilfin bei der Schöpfung vorgestellt wird (Spr 8, 22 ff). Dieser Gestalt verwandt ist der L. in den Systemen der ↗Gnosis: Hier ist der L. ein Zwischenwesen zwischen Gott u. Welt, ↗Mittler bei der Schöpfung u. Erlösung. In diesen Traditionen steht Joh 1, 1, modifiziert sie aber dadurch, daß keine mythologische Spekulation über die Entstehung des L. angestellt wird, sondern der L. in paradoxer Aussageweise von Gott unterschieden u. doch mit Gott gleichgesetzt wird. Damit ist ausgedrückt, daß der Offenbarer Gott ist, daß Gott aber nicht in seiner ↗Offenbarung aufgeht.   mo

Lohn. Im AT hatte sich eine L.gerechtigkeit herausgebildet. Wer die religiösen

↗Gesetze erfüllte, glaubte damit Gott zu einer Gegenleistung zu verpflichten (Ib 31, 35 ff). Diese wurde ihm entweder im Diesseits oder im Jenseits zuteil. Die ↗Schriftgelehrten zur Zeit Jesu entwickelten einen L.mechanismus. Wer im Leben Erfolg hat, aber Böses tut, wird im Jenseits mit der ↗Hölle bestraft; wer dagegen Gutes tut, aber im Leben erfolglos bleibt, wird nach dem Tode mit dem ↗Himmel belohnt; wer Gutes tut u. ein wohlhabendes Leben führt, hat Gottes Wohlgefallen zu Lebzeiten u. nach dem Tode. Gegen diesen kaufmännischen Rationalismus wendet sich Jesus. Wer Gottes Gebote erfüllt, tut nur seine Schuldigkeit. Einen Anspruch auf L. kann er nicht erheben (Lk 15, 7 ff). Denn der Mensch ist Gottes Geschöpf, der nur die Aufgabe erfüllt, für die er geschaffen worden ist, wenn er Gottes Gebote befolgt. Was Gott dagegen dem Menschen schenken will, die Aufnahme in das ↗Reich Gottes, ist im eigentlichen Sinne kein L., sondern die Tat seiner ↗Güte. Sein Reich ist von solch einem unendlichen Wert, daß es zu der menschlichen Tätigkeit, die in einer vollkommenen Erfüllung der Gebote gipfeln kann, dennoch in kein rechnerisches Verhältnis gesetzt werden kann. Jesus fordert zwar ausdrücklich von seiner Gemeinde die Erfüllung seiner Gebote, aber er drängt den L.gedanken als Sinn dieser Gebotserfüllung zurück. Wer dem ↗Nächsten gute Taten erweist, hat Jesus selbst das Gute getan (Mt 25, 34 ff). Die Liebe zu Gott u. dem Nächsten wird Antriebskraft, die Gebote zu erfüllen u. Gutes zu tun; die Erwartung eines L. wird zu der Erwartung geläutert, daß Gott dieser Liebe mit seiner göttlichen Liebe antwortet, mit der endgültigen Aufnahme in sein Reich. Das Fragen oder Forschen nach einer abgestuften Belohnung im Himmel ist daher überflüssig; denn der Himmel besteht in dieser vollkommenen Liebesgemeinschaft zwischen Gott u. Mensch. do

Lohnarbeiter (Gleichnis). Im ↗Gleichnis von den L.n im Weinberg wird über die Abstufung des ↗Lohnes, den Gott in seinem Reiche zu vergeben hat, gesprochen (Mt 20, 1 ff). Das Ärgernis des Gleichnisses besteht darin, daß allen Arbeitern, die zu unterschiedlicher Zeit eingestellt wurden, der gleiche Lohn (1 Denar = der normale Tageslohn) ausgezahlt wurde. Das Murren der ersten Arbeiter ist rechtlich nicht haltbar, da ihr Arbeitsvertrag auf einen Denar lautete; es erfolgte aus Neid denen gegenüber, die weniger gearbeitet hatten. Sinn des Gleichnisses ist die ↗Güte Gottes, die über Verdienst mit der endgültigen Aufnahme in das Reich Gottes lohnt. Die Murrenden werden indirekt aufgefordert, die gleiche Güte denen gegenüber aufzubringen, die weniger Verdienste haben. do

Los (Loswerfen), ein urreligiöser Brauch zur Herbeiführung einer Gottesentscheidung. Ausführende waren im AT die Priester; sie trugen die L.e ↗Urim u. Tummim in einer Tasche ihres ↗Ephods. Durch Loswerfen wurden Rechtsstreitigkeiten entschieden (Spr 18, 18), Schuldige ermittelt (Jos 7, 13 ff), liturgische Dienste zugewiesen (1 Chr 24–26), Amtsträger bestellt (Saul zum König: 1 Sm 10, 20 ff; Matthias zum Apostel: Apg 1, 26), Güter Gestorbener verteilt (Sir 14, 15; vgl. Mk 15, 24) u. auch die Landaufteilung theologisch legitimiert (Nm 26, 52 ff). Im übertragenen Sinn meint L. Anteil u. Stellung, die jemandem zufallen (AT: Js 34, 17; NT: Kol 1, 12). mc

Lösegeld, ursprünglich die Summe, mit der ein Sklave oder Kriegsgefangener losgekauft wurde. Im AT ist L. die materielle Leistung zur Abgeltung einer Schuld. Das Wort ging in den kultischen Sprachgebrauch ein u. bedeutet dann die Sühne für begangene Sünden, die diese „bedeckt" (hebr. Grundbedeutung) u. austilgt. Der Begriff L. gewann eine religiöse Dimension, die den Glauben an die sühnende Kraft stellvertretenden Leidens einschloß. Wenn das NT sagt, daß Jesus sein Leben gibt „als L. für viele" (Mk 10, 45), kennzeichnet es den Tod Jesu als Sühnopfer, das stellvertretend geschieht u. im freiwilligen Sühnetod des ↗Gottesknechts vorherdargestellt war (vgl. Js 53, 10). ↗Kreuz. ba

Lot, Neffe ↗Abrahams, der mit ihm nach ↗Kanaan zog u. sich im Jordangraben niederließ (Gn 13, 1–13). L. entging dem Untergang ↗Sodoms u. wurde Stammvater der Moabiter u. Ammoniter (Gn 19). we

Löwe, lebt vor allem am Jordan (Am 3, 4; Jr 49, 19); man fürchtet seinen Überfall auf Herden (Js 31, 4; Mich 5, 7) u. Menschen (1 Kg 13, 24). Ri 14, 5 f u. 1 Sm 17, 34 f erzählen von Heldenkämpfen mit L.n. – Der L. ist Bild für Kraft (Js 38, 13), für starke Menschen (Ri 14, 18) u. Stämme (Gn 49, 9; Dt 33, 20.22); für Gewalt (Ez 19, 2 ff) u. Feinde (Ps 22, 14). – Da der L. nach altorientalischer Vorstellung zur Gottheit in Beziehung steht, findet sich sein Bild im Tempel (1 Kg 7, 29; Ez 41, 19). – Der L. symbolisiert die Macht göttlichen Redens (Am 1, 2; 3, 8; Jr 25, 30) u. Richtens (Hos 5, 14; 13, 7 f). – Im NT ist L. Sinnbild feindlicher Heiden- (2 Tim 4, 17) u. Vernichtungsmacht (Apk 9, 8.17) u. Satans (1 Petr 5, 8). – Jesus heißt im Anschluß an Gn 49, 9 f „L. aus Juda" (Apk 5, 5).   he

Lud (Luditer), im AT Namen für bestimmte Volksgruppen in ganz verschiedenen Gegenden: 1. Nach Gn 10, 13; Jr 46, 9 u. Ez 30, 5 ist L. ein afrikanisches Volk. – 2. Gn 10, 22 zählt L. neben Elam, Assur u. Aram zu den Semiten. – 3. Js 66, 19 meint mit L. wohl die Lyder in Kleinasien.   he

Lüge. Die verschiedenen atl. Wörter für L. bedeuten auch Trug, Betrug, Falschheit u. „Nichtiges, Wertloses" u. machen so das Wesen der L. als Täuschung offenbar. Das AT verurteilt – trotz einer gewissen Schadenfreude über gelungene L.n der Väter (z. B. Jakob) – die L. in Reden (Ex 20, 16; Jr 9, 1–8) u. Handeln („Wege der L.": Ps 119, 29.104; Jr 23, 14) u. vor allem die Haltung der L., die Gott nicht ernst nimmt (Jr 5, 12), sich auf eigene Kraft oder Nichtiges (Am 2, 4; Js 44, 20) verläßt, was für einen Israeliten mit seiner Erwählung durch Jahwe unvereinbar ist. Propheten, die ohne Sendung durch Jahwe mit göttlichem Anspruch auftreten, Heil verkünden u. so das Volk verführen, entlarvt das AT als ↗L.n-Propheten (Jr 14, 4 f; Ez 6, 6 f). – Das Judentum verurteilte nur die groben L.n. In der Theologie ↗Qumrans bezeichnet L. oft die gottlose Welt als solche. Das NT sieht die L. als *das* Werk des ↗Teufels (Joh 8, 44) u. verurteilt sie scharf (Apg 5; Eph 4, 25; Kol 3, 9). he

Lügenapostel sind nach 2 Kor 11, 13 (gnostische?) Missionare, die in Korinth unberechtigt mit Apostelanspruch auf-traten. – Ähnlich bezeichnet die Gemeinde in Ephesus Leute als „Lügner", die als Apostel auftraten, ohne es zu sein (Apk 2, 2).   he

Lügenpropheten oder falsche Propheten sind Propheten, die „Lüge" weissagen, d. h., die im eigenen Namen ohne Sendung durch Jahwe (Ez 13, 2) oder im Namen eines anderen Gottes (Jr 23, 13) auftraten. L. gaben zwar vor, von Jahwe gesandt zu sein (Jr 23, 21 f; 28, 2; Ez 13, 6). Sie verkündigen, was das Volk gern hört: Heil (1 Kg 22, 12; Jr 5, 30; 6, 14; 8, 11; Ez 13, 10), u. sie weigern sich, in bestimmter geschichtlicher Stunde Jahwes Gericht anzusagen u. zur Buße aufzurufen – sei es, um angesehen zu bleiben, sei es aus Gewinnsucht (Mich 3, 5; Jr 6, 13; 8, 10). So verführten sie das Volk zu falscher Sicherheit (Jr 23, 16 f.23; 28, 15 f). Dt 13, 2 ff; 18, 20 ff sieht darum für L. die Todesstrafe vor. – Da prophetische Weissagung aber nicht sogleich an ihrer Erfüllung bzw. Nichterfüllung als wahr oder falsch erkannt werden kann, ist die Unterscheidung des wahren ↗Propheten vom L. oft schwierig. Sehr deutlich wird das im Konflikt zwischen Jeremia (Jr 28). – Nach 1 Kg 22, 17 ff stellt zuweilen Gott selbst sein Volk durch L. auf die Probe. – 2 Petr 2, 1 bezeugt, daß L. auch in der Kirche nicht fehlen.   he

Lukas. Der inschriftlich mehrfach belegte Name L., eine Kurzform von Lucanus (oder Lukios), begegnet im NT dreimal: Kol 4, 14; Phm 24; 2 Tim 4, 11. In diesen drei Belegen wird dieselbe Person gemeint sein, die Heidenchrist (Kol 4, 14); eine Gleichsetzung des L. mit dem Apg 13, 1 erwähnten Lucius von Kyrene ist nicht möglich, weil dieser ein „Stammverwandter" des Paulus, also ein Jude ist. Für das Verhältnis des L. zu Paulus ist das Urteil über die Echtheit der drei Briefe von Belang, in denen L. erwähnt wird. Man wird am besten vom Phm-Brief ausgehen; L. wird hier neben Markus, Aristarchus u. Demas als „Mitarbeiter" des in einer Gefangenschaft gehaltenen Apostels genannt. Wenn der Kol von einem Paulusschüler stammte, würde er in seiner Grußliste (4, 10 ff) L. ebenso als Schüler u. Mitarbeiter Pauli bezeugen, wie wenn er paulinisch ist. L. wird hier, Kol 4, 14, „der Arzt, der geliebte", bezeichnet u. wiederum in der Nähe des gefangenen Apostels vorgestellt. Wie Kol 4, 14 könnte auch 2 Tim 4, 11 (als nachpaulinisches Zeugnis) eine besondere Nahstellung des L. zu Paulus bezeugen: „Lukas als einziger ist bei mir." Da die Gefangenschaft(en) des Apostels Paulus nicht sicher lokalisiert werden können, lassen sich aus den Angaben über den Aufenthalt des L. in seiner Nähe ebenfalls keine sicheren biographischen Aufschlüsse gewinnen. Der Kanon Muratori nennt den „Arzt Lukas" als Verfasser des dritten Evangelienbuchs u. der Apg; die spätere kirchliche Tradition hat an dieser Zuweisung festgehalten, die von der modernen Forschung jedoch nicht allgemein geteilt wird.   pe

Lukasevangelium. Der Verfasser des L. gibt in seinem Vorwort (1, 1–4) Rechenschaft über die Absichten, die er mit seinem Werk verfolgt. Dabei beruft er sich auf viele Vorgänger, auf Quellen. Zu diesen Quellen zählt vor allem das ↗Markusevangelium, von dessen 661 Versen Lk 350 (wenn auch stilistisch geglättet u. häufig gekürzt) übernimmt. Den aus der ↗Logienquelle u. Sondertraditionen übernommenen Stoff hat Lk, abgesehen von der sog. ↗Kindheitsgeschichte (1–2) u. den Erscheinungsberichten (24, 13–53), vorwiegend in zwei großen zusammenhängenden Abschnitten (6, 20 – 8, 3; 9, 51 – 18, 14) in den (umgearbeiteten) Rahmen des Markus-Ev. eingefügt (Mk 6, 45 – 8, 26 wird gestrichen). Das gegenüber Mk fast doppelt so umfangreiche L. (1149 Verse) läßt sich in eine Vorgeschichte (1, 5 bis 4, 13: a] Verheißung, Geburt u. Kindheit des Täufers u. Jesu, b] Auftreten des Täufers, Taufe u. Versuchung Jesu) u. 3 Hauptteile gliedern. Der 1. Teil (4, 14 bis 9, 50) schildert Jesu Wirken in Galiläa, der 2. Teil (9, 51 – 19, 27) enthält den sog. Reisebericht (von Galiläa nach Jerusalem), der 3. Teil (19, 28 – 23, 56) die Tage in Jerusalem mit Tempelpredigt, Parusierede u. Passion. Kap. 24 schließt mit den Ostergeschichten das L. ab. Die Bearbeitung des Markus-Stoffes u. der Logienquelle (wie charakteristische Züge seines Sondergutes) erweisen den Verfasser des L. nicht nur als literarisch gebildeten Stilisten, sondern auch als Theo-

logen mit eigenständiger Konzeption. Lk verbessert Wortschatz u. Stil seiner Quellen u. ahmt im Bewußtsein, heilige Geschichte zu schreiben, Sprache u. Stil der LXX nach. Die ↗Logien gibt Lk im engen Anschluß an seine Quellen wieder, die Erzählungen bearbeitet er stärker. Durch sorgfältigere Verknüpfungen erreicht Lk trotz Verzichts auf eigentliche Chronologie über Mk hinaus den Eindruck einer fortlaufenden Erzählung (u. a. Rück- u. Vorverweise, bessere Erzähllogik). Auf seine heidenchristl. Leser nimmt Lk durch weitergehenden Verzicht auf den jüd. Hintergrund der Darstellung Rücksicht. Zu den theol. Akzenten des L. zählen vor allem die Auffassung des Lebens Jesu (nicht mehr als Endzeit, sondern) als „Mitte der Zeit" zwischen der Zeit Israels u. der Zeit der Kirche, die in der Apg als Zeit der Mission dargestellt ist. Dieser Auffassung entspricht die Darstellung Jesu als des Geistträgers, seiner Zeit als der satansfreien Zeit. Die so qualifizierte Mitte der Zeit verbürgt die Sicherheit des christl. „Weges" als der Fortsetzung des „Weges Jesu"; durch die „Augenzeugen und Diener des Wortes" (1, 3) wird die Kontinuität gewahrt, die von Lk im Rückblick auf die Anfangszeit (Jesu u. in der Apg: der Kirche) nun ausdrücklich bedacht wird. Dieser Umstand verrät bereits, daß das L. wohl erst gegen Ende des 1. Jh. geschrieben ist. Die Hoffnung auf die nahe Parusie weicht der Mahnung zu anhaltender Wachsamkeit im Gebet, im Fortgang der Geschichte muß vor Erschlaffen u. Verweltlichung gewarnt werden (21, 34). Charakteristisch für das L. sind auch seine Warnungen vor dem Reichtum (6, 24 f; 12, 13–21 u. a.). Weitere Züge der lukanischen Theologie sind: ein ausgeprägter Heilsuniversalismus, die Zeichnung Jesu als Heiland der Sünder u. Ausgestoßenen (19, 10), die Hochschätzung der Frauen, die Betonung der ↗Freude als Zeichen des Christlichen. Die spezifisch lukanische Theologie läßt sich im ganzen nur im Blick auf L. u. ↗Apostelgeschichte verstehen. Mit dem Doppelwerk bewältigt deren Verfasser für seine Zeit das Problem, welches das Vergangensein des Heilsgeschehens stellt, indem er es mit dem Heute der

Gegenwart Christi verbindet. Die Tradition nach der Mitte des 2. Jh. nennt den Begleiter des Paulus, den Arzt ↗Lukas, als Verfasser von L. u. Apg. Spezifisch paulinische Gedanken enthält die Theologie des L. aber nicht, u. das Paulusbild der Apg ist ein anderes als das, welches aus den echten Paulusbriefen zu gewinnen ist. Dieser Sachverhalt u. die geforderte Spätdatierung (90er Jahre) dürften eine Gleichsetzung des Verfassers des L. mit dem Paulusschüler verbieten. Das L. wird als einziges Ev. von der Überlieferung mit keinem der führenden Zentren der alten Kirche in Zusammenhang gebracht.   pe

Lustgräber, Lagerplatz der Israeliten auf der Wüstenwanderung, an dem sie Wachteln als Nahrung erhielten (Nm 11, 34 f; Dt 9, 22).   he

Luzifer (Lichtbringer), aus der Verbindung von Js 14, 12 u. Lk 10, 18 entstandener Name für den ↗Satan.   he

Lydien, Land an der Westküste Kleinasiens, auch Ionien genannt, weil hier die Ionier siedelten u. bedeutende Städte schufen. Zeitweise war L. Mittelpunkt eines großen Reiches, kam später unter die Herrschaft der Perser u. Seleukiden (1 Makk 8, 8) u. wurde dann Teil der Provinz Asia. Apk 1–3 nennt von den Städten L.s Smyrna, Thyatira, Sardes u. Philadelphia.   he

Lykaonien, Gegend im Innern Kleinasiens, seit 25 v.C. mehreren römischen Provinzen zugeteilt. In den wichtigsten Städten L.s, ↗Lystra u. Derbe, wirkte ↗Paulus auf seinen Missionsreisen (Apg 14, 6–23; 16, 1–5).   he

Lyra ↗Leier.

Lyrik (lyrische Dichtung). Israels Dichtkunst hat sich vorwiegend in der L. entfaltet. Wir finden im AT profane ↗Lieder, Arbeits-, Ernte-, Trink- u. Hochzeitslieder. Zu ihnen gehört als lyrische Dichtung das ↗Hohe Lied. Die religiöse L. fand ihren vollsten Ausdruck im ↗Psalter. Auch außerhalb des Psalters finden sich religiöse Lieder (Schilfmeerlied: Ex 15, 1–19; sehr alt das Deboralied: Ri 5, u. a.).   ba

Lystra, Stadt in ↗Lykaonien. Auf der 1. Missionsreise kam ↗Paulus auch nach L. u. heilte hier einen Gelähmten; auf Anstiften der Juden aus Antiochia u. Ikonium wurde er gesteinigt u. aus L. vertrieben. Auf dem Rückweg von Derbe war er nochmals in L. (Apg 14, 6–22; 2 Tim 3, 11). Die 2. Missionsreise brachte ihm in L. die Bekanntschaft mit ↗Timotheus (Apg 16, 1–5).   he

Lyzien, Gegend in Südwestkleinasien mit nach Süden vorlaufender, gebirgiger Halbinsel. Die z. T. aus Kreta stammenden Lyzier, mit alter, eigenartiger Kultur, büßten in langer Geschichte fast nie ihre politische Selbständigkeit ein; auch die Römer ließen ihnen ihre Freiheit. 1 Makk 15, 23 erwähnt L. als Adressat eines Briefes. Paulus kam an den lyzischen Handelsstädten Patara (Apg 21, 1) u. Myra (27, 5) vorbei.   he

M

Machärus, Ort an der Südgrenze Peräas, von Alexander Jannäus zur Burg u. nach der Zerstörung durch Pompeius (63 v.C.) von Herodes d. Gr. zur Festung ausgebaut. In M. wurde Johannes d. T. gefangengehalten. he

Mächte u. Gewalten. Die Vorstellung von M.n u. G. im NT entspricht dem antiken Weltbild, das den Kosmos als ein dynamisches Ganzes versteht. Charakteristisch für die Bibel ist, daß sie alle Gott unterworfen sind (Ps 82). – Allein von ↗Christus her können ihr Wesen u. ihre Bestimmung erschlossen werden: Christus, der Schöpfungsmittler, ist der Herr aller M. u. G., er hat sie als gute geschaffen (Kol 1, 15 ff), aber sie nehmen an dem Doppelcharakter der ↗Welt teil u. repräsentieren so auch die gefallene Seite der Schöpfung als Entfaltung der einen satanischen Macht. So ist die Schöpfung der Nichtigkeit u. Vergänglichkeit unterworfen (Röm 8, 20 ff). Diese manifestieren sich als ↗Sünde, ↗Tod u. ↗Teufel, sind die Mächte der Versuchung u. Anfechtung. Sie sind „Existentialien", u. die Erfahrung von Welt u. Dasein in Angst vor dem Tod, in Sorge u. Haß ist Auswirkung dieser eigen-mächtigen Gewalten. Diese Mächte hat Christus durch ↗Kreuz u. Auferstehung offenbar gemacht u. sie zugleich entmächtigt (Kol 2, 10.15; Eph 1, 20 ff). Ihre öffentliche Entmachtung, zuletzt die des ↗Todes, erfolgt erst mit der öffentlichen Machtergreifung Christi bei seiner Wiederkunft (1 Kor 15, 24 ff). Durch die ↗Taufe bekommt die Gemeinde schon jetzt Anteil an diesem „Herrschaftswechsel" u. vermag dadurch wider die M. u. G. zu streiten. Sie weiß, daß sie durch nichts mehr von der Liebe Gottes in Christus getrennt werden kann (Röm 8, 38 f). kl

Machttaten. Während Johannes mehr den Zeichencharakter der Wunder Jesu betont, sind diese nach den Synopt.n in erster Linie Ausdruck der in ihm wirksamen Gotteskraft u. heißen deshalb M. (griech. dynameis). Sie sind nicht als Beglaubigungswunder für die Person Jesu zu verstehen (solche Legitimationswunder lehnt Jesus ausdrücklich ab!), sondern als Ausfluß der in Jesus hereinbrechenden ↗Herrschaft Gottes, „ja als die vernehmlichste u. meistverpflichtende Manifestation des in seinem Wirken beginnenden endzeitlichen Handelns Gottes" (A. Vögtle). War die Welt bisher – nach dem Glauben des zeitgenössischen Judentums – von ↗Satan u. den ↗Dämonen beherrscht, die Krankheiten, Tod u. Naturkatastrophen bewirkten, so bricht Jesus diese Herrschaft durch ↗Dämonenaustreibungen, Krankenheilungen (↗Heilen), ↗Totenerweckungen u. ↗Naturwunder u. zeigt damit, daß die Herrschaft Gottes sichtbar auf dieser Welt aufgerichtet ist (Lk 11, 20). Aber die M. Jesu sind keine bloße Demonstration, sondern ein Appell an die Menschen, das in Jesus an sie ergehende letzte u. entscheidende Heilsangebot Gottes zu ergreifen, indem sie an Jesu Botschaft glauben. Die M. Jesu stehen also im Dienst seiner Verkündigung. Sie wollen Glauben wecken. Das gilt insbesondere für die M., deren Zeugen nur die Jünger Jesu sind. Diese M. wollen eine bestimmte Aussage über Jesus machen u. haben daher die Person Jesu zum Mittelpunkt (↗Seesturmerzählung, ↗Seewandel). gl

Magd heißt im AT besonders die von der Frau in die Ehe mitgebrachte Leibsklavin (Gn 24, 61; 29, 24.29); sie bleibt auch nach der Eheschließung in Verfügung der Frau u. kann bei Kinderlosigkeit ihre Stellvertreterin sein (Gn 16, 1–4; 30, 1–12). Ihre Stellung als ↗Nebenfrau ist im Rahmen des Sklavenrechts (Ex 21, 3 ff; Dt 21, 10 ff) geregelt. –

Die M. hat die schwere Arbeit des Korn-
mahlens zu verrichten (Js 47, 2). – Häufig ist M. Ausdruck der ↗Demut vor
Gott (Ps 86, 16; Lk 1, 38.48) u. Mensch
(1 Kg 1, 13.17).   he
Magdala (aram. Fischturm), Stadt am
Nordwestufer des Sees Gennesaret mit
bedeutendem Fischhandel. In der Gegend von M., mit dem wohl Magadan
(Mt 15, 39) u. Dalmanuta (Mk 8, 10)
identisch sind, beendete Jesus sein Wirken in Galiläa. ↗Maria Magdalena. he
Magie (magisch). Unter M. versteht man
Vorstellungen u. Praktiken, die auf dem
Glauben beruhen, daß gewisse Menschen, Gegenstände u. Riten eine geheimnisvolle Macht besitzen, durch bestimmte Mittel eine zwingende, meist
negative Wirkung auszuüben. Das AT
zeigt, daß M. auch in Israel geübt
wurde. Beispiele dafür sind die ↗Liebes-
äpfel, Aarons Zauberstab, die Versuche,
durch magische Praktiken die Zukunft
zu enträtseln (↗Totenbeschwörung,
↗Wahrsagerei). Die zahlreichen Verbote
gegen Wahrsagerei u. ↗Zauberei zeigen, daß M. mit dem Jahweglauben unvereinbar ist. Sie widerspricht der Heiligkeit Gottes, ist ↗Götzendienst u. verdient die Todesstrafe. Segen u. Fluch,
Reinheitsvorschriften u. Opfer haben
ihre ursprünglich magische Bedeutung
mit der Aufnahme in den Jahweglauben verloren. Im NT wird jede M. scharf
abgelehnt. Zauberer sind Feinde des Ev.
(Simon Magus, Barjesus in der Apg).
Paulus zählt die M. zu den Lastern (Gal
5, 20). Die Christen von Ephesus, die
nach der Taufe ihre heidnischen Praktiken noch nicht aufgegeben hatten,
verbrannten ihre magischen Bücher auf
Veranlassung von Paulus.   ba
Magier, ein medischer Volksstamm, der
in der persischen Religion das Priesteramt innehatte. Weil die persischen Priester Astrologen waren u. als Träger
einer Geheimwissenschaft galten, wurde
in der Literatur die Bezeichnung M. für
↗Zauberer gebraucht (vgl. Apg 8, 9).
Mt 2, 1ff nennt die Weisen aus dem
Morgenland M. im Sinn von „Gelehrte".
                                   ba
Magnificat. Lk 1, 46–55 ist ein formal
geschlossener, aus einer Vielzahl atl.
Texte geformter ↗Hymnus, entstanden
außerhalb des heutigen Textzusammen-

hangs (vgl. die Situationsgelöstheit u.
den Übergang V. 45 zu 56). Umstritten
ist, ob er ursprünglich jüdisch oder aus
der Gemeinde ↗Johannes' des Täufers,
oder christl. Bildung ist. Weil eine Situation der Erfüllung vorausgesetzt ist u.
der christl. Redaktor der Täufer- u. Je-
susgeschichten (vor Lk) bei der Jesus
über Johannes stellenden Szene nach
christl. Liedgut gegriffen haben wird,
ist christl. Herkunft wahrscheinlich. Die
Gemeinde des Verfassers steht aber in
atl.-jüd. Denken u. preist Gottes Heilshandeln von Abraham her bis zu ihrer
Erwählung als eines. An ↗Maria zeigt
sich Gottes Erbarmen gegenüber den
Niedrigen; so ist sie Chorführerin der
Gottes Handeln preisenden Kirche. sm
Mahl. Das M. spielte im Instrumentarium der religiösen Ausdrucksformen
schon immer eine große Rolle. Wer Anteil hat an einem M., gehört zur ↗Ge-
meinschaft (vgl. die symbolischen Gesten der ↗Gastfreundschaft). M. ist das
Erkennungszeichen der Zusammengehörigkeit u. steht für Lebensgemeinschaft
im umfassenden Sinn. Im Rahmen archaischer Religiosität wird das M. deshalb aus immer kultisch verstanden als
Selbstvollzug der Gemeinschaft, an der
auch die „Jenseitigen" (Dämonen, Ahnen, Stammesgottheiten, Götter usw.)
als Lebensprinzip der Gemeinschaft teilhaben (vgl. den Brauch der Trank- u.
Speiseopfer bei den M.zeiten). u. eben
dadurch Erneuerung u. Bekräftigung der
Gemeinschaft bewirken. Teilnahme am
M. ist in diesem Verständnis immer zugleich kultische Eingliederung. Von hier
aus gesehen, bedeutet Ausschluß von
der M.gemeinschaft Abbruch der Lebensbeziehungen. Der Ausgeschlossene
gilt als heil- u. friedlos, als ↗Fremder,
Entwurzelter, der an der geheimnisvollen, magischen Einheit u. Verbundenheit keinen Anteil mehr hat. Die Speise
wird in dieser Sicht des M. zur handgreiflichen, physischen Verkörperung
des zugrunde liegenden Lebensprinzips
(vgl. das Essen des Totemtieres, der Erstlingsfrüchte oder -tiere u. den Kanni-
balismus). Wer im M. die Speise genießt,
eignet sich die geheimnisvolle Lebenskraft u. damit die volle Gliedschaft in
der Gemeinschaft an. Die Parallele zum
↗Herrenmahl (↗Eucharistie, ↗Abend-

mahl, ↗Liebesmahl) ist deutlich: Die religiöse Ausdrucksform M. wird im Christentum entsakralisiert verwendet (↗Entsakralisierung), um die Verbindung untereinander u. mit dem ↗Herrn personal zu vollziehen.   hi

Mahlopfer. Über die entsühnende Wirkung des ↗Opfers hinaus erwartet sich der archaische Mensch vom M. (als physischer Aufnahme machtgeladener Substanz) Überwindung des Todes u. Anteil am vollen jenseitigen Leben. Sowohl im AT (Ex 24, 11 ist das kultische ↗Mahl das Zeichen der Nähe Jahwes, der das Volk Israel aus Tod u. Knechtschaft befreit u. in das Verheißene Land führt) wie im NT (das Lk 22, 30 verheißene Mahl ist Zeichen der vollendeten Gottesherrschaft, der bleibenden Gottesgemeinschaft) wird diese religiöse Form aufgegriffen, muß aber gegen Mißverständnisse abgesichert werden (vgl. z. B. 1 Kor 10, 20 f), um das Eindringen magisch-sakraler Religiosität in die entsakralisierte christl. Gemeinde zu verhindern (↗Entsakralisierung). Im Verständnis der ↗Eucharistie als M. floß aber immer wieder überholte Religiosität in das christl. Glaubensbewußtsein ein.   hi

mahnen ist eine Weise der ↗Paraklese. Der Christ muß ermahnt u. aufgefordert werden, in seinem Leben die Botschaft des ↗Evangeliums zu verwirklichen. M. ist ein eigener Dienst (↗Dienen) innerhalb der Gemeinde, für den, der nämlich, der dazu in besonderer Weise begabt ist (↗Geistesgaben, vgl. Röm 12, 8). Darüber hinaus ist es Aufgabe aller Getauften, einander zu m. (z. B. 1 Thess 4, 18; Röm 15, 14); jeder trägt für den anderen ↗Verantwortung. Es geht unter Christen darum, gemeinsam einen Weg zur Verwirklichung u. ↗Praxis der christl. Botschaft zu finden. Das gegenseitige M. muß zu einem gemeinsamen Suchen u. Experimentieren werden. Denn keiner weiß allein oder von sich aus den richtigen Weg. Überall, wo Mahnung geschieht, hat sie in einer brüderlichen Weise zu geschehen; denn es geht darum, sich gegenseitig zu bestärken u. anzuspornen, Enttäuschte aufzurichten u. Müde zu trösten; es müssen Fehlhaltungen kritisiert u. korrigiert werden. Ermahnung muß so geschehen, daß freie

Meinung u. selbständige Überzeugung jedes einzelnen Christen ermöglicht werden.   gr

Mahnwort. Als eine der ursprünglichen prophetischen Redeformen läßt es sich aus dem ↗Orakel herleiten. Häufig bildet das M. den Anfangsteil eines ↗Heilsspruchs, insofern es als erläuterndes Menschenwort auf die gegenwärtige Lage der Hörer hinweisen u. deren Aufmerksamkeit wecken will. Die selbstformulierten Mahngedichte der Propheten legen später den Ton auf ↗Umkehr u. gehorsame Hingabe an Gott (Jr 25, 3–7). Ursprünglich war jedoch das Thema Umkehr in den Gerichtsworten beheimatet u. kam erst über den Heilsspruch (Jr 3, 21 ff) in das M., das so grundsätzlich niemals als bedrohlichen, sondern stets einen einladenden Charakter gewinnt. Man beachte am M. neben seiner paränetischen auch seine häufige didaktische Abzweckung. Im NT finden sich vornehmlich in brieflicher Form gehaltene Mahnreden (vgl. „Wort der Mahnung", Hebr 13, 22).   pa

Majuskel (Unziale) heißt eine (Inschriften- u.) Buchschrift aus unverbundenen Großbuchstaben; sie wird fortlaufend, ohne Wort- u. Satztrennung, geschrieben. Zum rascheren Schreiben gibt es daneben eine M.-Kursive; sie verbindet je einige Buchstaben miteinander u. kennt auch Abkürzungen. Aus ihr entwickelt sich seit dem 9. Jh. n.C. die Minuskel, eine Kursivschrift aus Kleinbuchstaben. Da die Minuskel weniger Raum u. Zeit beanspruchte als die M., verdrängte sie diese seit dem 11. Jh.   we

Makkabäer, zunächst Beiname des Judas (1 Makk 2, 4), der nach dem Tod des Vaters Mattatias den jüd. Aufstand um Religionsfreiheit organisierte u. Jerusalem dem jüd. Kult zurückgewann (166 bis 160 v.C.). Dann den Beiname seiner Brüder Jonatan (160–143) u. Simon (143–134), der die Unabhängigkeit Judäas erreichte. Außerbibl. heißen die M. u. die durch sie begründete Dynastie ↗Hasmonäer (1 u. 2 Makk).   he

Makkabäer-Bücher, vier in der LXX überlieferte Bücher. 1 u. 2 Makk zählen im röm.-kath. Kanon zu den deuterokanonischen, 3 u. 4 Makk zu den apokryphen Schriften des AT. – 1 Makk, wohl gegen Ende des 2. Jh. v.C. hebr. geschrieben,

aber nur griech. erhalten, berichtet die
Vorgeschichte u. den Anlaß der Makkabäerkämpfe: Antiochus IV. wollte durch
gezielte Gesetzgebung u. Tempelschän-
dung die jüd. Religion ausrotten (1–2).
2, 7 – 16, 24 schildert die Kämpfe des
Mattatias u. seiner Söhne Judas, Jonatan u. Simon um die jüd. Religionsfreiheit u. den Aufstieg der Dynastie der
↗Hasmonäer. 1 Makk ist eine wichtige
Urkunde der jüd. Geschichte im 2. Jh.
v.C., da es unter Benutzung einschlägi-
ger Quellen bestrebt ist, den natürlichen Verlauf des Geschehens u. seine
innergeschichtliche Motivierung darzustellen; darum ist auch nirgends von
unmittelbarem Eingreifen Gottes in den
Gang der Ereignisse die Rede. – 2 Makk,
vor 70 n.C. verfaßt, ist kein Geschichtsbericht, obwohl z. T. 1 Makk parallel
laufend, sondern religiöses Erbauungs-
buch. Die 6, 18 – 7, 42 beschriebene
Gesetzestreue bis in den Tod u. der
Glaube an die Auferstehung (7, 14.26 bis
36; 14, 37–46) zeigen die Nähe des Verfassers zu pharisäischen Kreisen. 2 Makk
ist wichtiges Zeugnis für die Religion
des Spätjudentums, seine Geschichtstheologie u. seine Auseinandersetzung
mit dem Hellenismus. – 3 Makk, Ende
des 1. Jh. v.C. griech. verfaßt, hat mit
den Makkabäern nichts zu tun. Es erzählt, wie die ägyptischen Juden aus der
Bedrängnis durch Ptolemäus IV. wunderbar errettet wurden. 3 Makk ist
wohl – ähnlich wie Est u. Jdt – Festlegende eines (ursprünglich heidnischen)
Freudenfestes, das die ägyptischen Juden zur Erinnerung an diese Rettung
begingen. – 4 Makk ist eine philos.-
theol. Abhandlung, die an atl. Beispielen, besonders aus 2 Makk, den stoischen Grundsatz der Herrschaft der Vernunft über die Triebe, die das geoffen-
barte Gesetz erst wirklich ermöglicht,
darstellt. ↗Makkabäer.　　　　　　he
Malachias ↗Maleachi.
Maleachi (hebr. mein Bote), eigentlich
kein Personenname; das Wort M. gelangte wohl von Mal 3, 1 in die Überschrift (1, 1) u. wurde dann als Name
des unbekannten Autors des ↗M.-
Buches verstanden.　　　　　　　　he
Maleachi-Buch, letzte, ursprünglich anonyme Schrift im ↗Zwölfpropheten-
buch, wohl aus der 1. Hälfte des 5. Jh.

v.C. Es enthält sechs Wechselreden zwischen Jahwe bzw. dem ↗Propheten u.
den Hörern: 1, 2–5, Jahwe liebt Jakob
(Israel) noch immer, während er das
Brudervolk Esau (Edom) der Vernichtung preisgab; 1, 6 – 2, 9 bedroht die
Priester mit Fluch, weil sie minderwer-
tige Opfer darbringen; 2, 10–16 tadelt
Ehescheidungen u. Mischehen; 2, 17 bis
3, 5 kündigt den nahen Gerichtstag an;
3, 6–12, die gegenwärtige Not (Miß-
wachs, Heuschrecken) ist Folge religiöser Gleichgültigkeit, die es mit dem
Zehnten nicht genau nimmt; 3, 13–21
verheißt den ↗Frommen Belohnung am
Tage des Gerichts, den Gottlosen aber
Vernichtung. Der Nachtrag, 3, 22–24,
mahnt abschließend, das Gesetz des
Mose zu halten, u. kündigt Elija als Vor-
boten des ↗Tages Jahwes an. – Indem
das M.-B. großen Wert auf Kultisches
legt (1, 6 ff; 3, 3 f), bereitet es schon das
Judentum vor. In seiner Ehrfurcht vor
dem erhabenen Gott (1, 14), seinen
ethisch-religiösen Forderungen für die
Ehe (2, 10.14.16), seiner Forderung nach
aufrichtiger Buße (2, 2) u. Gerechtigkeit
(3, 5) u. seiner Haltung den Heiden
gegenüber (1, 11) steht das M.-B. aber
den großen Propheten u. dem Geist
des NT nahe.　　　　　　　　　　he
Malta, Insel im Mittelmeer, Stützpunkt
des Verkehrs zwischen Ost u. West; in
M.s Häfen legten viele Schiffe zum
Überwintern an. Auf M. wurden Oliven
u. Getreide angebaut; man stellte Gewänder u. Polster her u. bearbeitete
Korallen. – ↗Paulus fand nach dem
Schiffbruch vor M. durch Publius drei
Monate lang Unterkunft u. Verpflegung
(Apg 27, 41 – 28, 11).　　　　　　he
Malzeichen, eingeritztes Zeichen oder
↗Siegel, das den Bezeichneten in Ver-
fügung u. Schutz Gottes oder anderer
Mächte stellt (Gn 4, 15; Ex 13, 9; Ez 9,
4.6; Apk 13, 16 – 20, 4). Meist ist in der
Bibel an ein den Menschen unsichtbares
M. gedacht (Apk 7, 2); das M. des ↗Anti-
christ aber ist sichtbar (13, 16). – M.
stehen in Zusammenhang mit der an-
tiken Sitte, Menschen zu signieren oder
Urkunden zu besiegeln.　　　　　　he
Mammon, aramäisches Fremdwort, das
Luxus u. Reichtum bedeutet. Der Dienst
dem M. gegenüber beansprucht der-
artig den Menschen, daß der Dienst

Gott gegenüber unmöglich wird (Mt 6, 24). Als dämonische Macht erklärt M. die ↗Güter dieser Welt zum Selbstwert u. zum Sinn des menschlichen Lebens, so daß für Gott kein Raum mehr bleibt.   do

Mamre, altes Heiligtum in der Nähe von ↗Hebron, mehrfach mit Hebron selbst gleichgesetzt (Gn 23, 19). Bei der Eiche von M. ließ ↗Abraham sich nieder (Gn 13, 18); hier erschien ihm auch Jahwe in Gestalt dreier Männer (Gn 18, 1). Nahe bei M. lag die Höhle von Machpela, die Begräbnisstätte der Patriarchen (Gn 23, 17).   we

Manasse. Die Erzählung vom gottlosen König M., der in babylonischer Gefangenschaft Buße tat, erwähnt auch im Gebet des M., das von Gott erhört wurde (2 Chr 33, 12.19). Aufgrund dieser Erzählung wurde wahrscheinlich zwischen dem 2. Jh. v.C. u. dem 1. Jh. n.C. in jüd. Kreisen das Gebet des M. gedichtet. Es ist ein ↗Klagelied mit hymnischer Anrufung, Sündenbekenntnis u. der Bitte um Vergebung.   la

Mandäer, Bezeichnung für eine im Iran beheimatete gnostische Sekte, die sich früher Nazoräer (ursprünglicher Name der syrischen Christen) nannte. Ihre kultischen Schriften enthalten jüd.-christl. Traditionsgut, vermischt mit iranischen Elementen. Wahrscheinlich sind die M. Nachkommen einer jüd.-gnostischen Täufersekte in der Jordangegend. Ihre ältesten Traditionen werfen ein Licht auf die Umwelt des NT, auf ↗Qumran u. den Sprachgebrauch der johanneischen Schriften.   ba

Mandelbaum. Da der M. schon am Ende des Winters blüht, bedeutet der hebr. Name „der Wachende" u. wird somit zum Symbol für die Wachsamkeit (vgl. Jr 1, 11 f).   la

Mann. Entsprechend der patriarchalischen Gesellschaftsstruktur Israels ist in der Bibel ein deutlicher Vorrang des M. gegenüber der ↗Frau erkennbar. Dieser Vorrang wird aber nirgends ausdrücklich thematisch, d. h., derartige Aussagen spiegeln nur die damaligen soziologischen Gegebenheiten u. sind nicht unveränderlich bleibender Verkündigungsinhalt. 1. Bedeutung des M. im AT: Der ↗Jahwist zeigt gegenüber der ↗Priesterschrift bei der Erschaffung des Menschen insofern einen Unterschied, als er eine zeitliche Priorität der Erschaffung des M. (Gn 2, 7), die Abhängigkeit u. Beiordnung der Frau (Gn 2, 18–23), ihre Rolle als Verführerin beim Sündenfall (Gn 3, 6) u. die Herrenrolle des M. als Straffolge (Gn 3, 16) aussagt. Die Geschichte Israels ist eine Geschichte, die von Männern gemacht wird (Abraham, Patriarchen, Mose, Richter, Könige, Hohepriester) – Frauen spielen freilich trotzdem oftmals eine wichtige Rolle (Sara, Rebekka, Debora . . . Maria). Zusammenfassend läßt sich sagen, daß entsprechend der altorientalischen Umwelt die Männer dominieren, daß aber gerade deshalb die große Wertschätzung der Frau auffallen muß. 2. Bedeutung des M. im NT: Soziologisch gesehen, ist zwischen der atl. u. der ntl. Zeit kein gravierender Unterschied festzustellen. So dominieren auch im NT die Männer (Jesus, die Zwölf, die Jünger, die urkirchlichen Amtsträger usw.), aber die Frauen spielen keineswegs eine untergeordnete Rolle (↗Maria, die Frauen im Gefolge Jesu, die Mitarbeiterinnen in den Gemeinden). 3. Bedeutung des M. im Laufe der Entwicklung: Die ↗Emanzipation der Frau bedeutet eine Verwirklichung der im AT (z. B. Gn 1, 27) u. NT (z. B. Gal 3, 28) grundgelegten Gleichwertigkeit und Gleichbegnadung der M. u. Frau bei voller Berücksichtigung der Verschiedenheit der Geschlechter auf allen Ebenen der menschlichen Persönlichkeit. Daß es bis in unsere Zeit hinein dauerte, ehe sich diese biblisch fundierte Sicht durchsetzte, läßt erkennen, welch großen Einfluß die zeitbedingten anthropologischen Voraussetzungen (Sitte, Konvention, Leitbilder) auf das christl. Selbstverständnis nehmen. Man muß sich heute z. B. davor hüten, geschichtlich gewordene kirchlich-organisatorische Festlegungen (daß z. B. nur Männer kirchliche Amtsträger sein können) als biblisch begründet oder sogar gefordert anzusehen. Es handelt sich in den allermeisten Fällen bloß um den soziologischen Hintergrund, der nicht Gegenstand des ↗Kerygmas, sondern zeitbedingtes Gewand ist, das unter Umständen gegen das heute Passendere ausgetauscht werden muß.   hi

Manna, wunderbare Speise der Israeliten auf der Wüstenwanderung (Ex 16; Nm 11, 6–9). Als das Volk vor Hunger murrt, werden ihm nach Ex 16 M. u. Wachteln gegeben, während es nach Nm 11 die Wachteln erst erhält, als ihm das M. zuviel wird. Das M. war körnig u. fein wie der Reif, sah aus wie Koriandersame, weiß oder gelblich, u. schmeckte wie Honigkuchen. Es wurde zermahlen u. zerstoßen, gekocht u. gebacken (Ex 16, 14.31; Nm 11, 7 f). Jeden Morgen mußte der tägliche Bedarf gesammelt werden; was entgegen dem Verbot des Mose bis zum nächsten Tag verwahrt wurde, war verdorben. Da aber am Sabbat kein M. fiel, mußte am Vortag die doppelte Menge aufgelesen werden. Zur steten Erinnerung an dieses Geschehen sollte ein Krug mit M. vor ↗ Jahwe im Heiligtum aufgestellt werden. – Der Name M. wird erklärt durch die Frage der Israeliten: „Was ist das?" (hebr. man hu). – Das M. stammt wohl von der sog. M.-Tamariske auf der Sinaihalbinsel; von ihren Blättern tropft es – durch Stiche von Schildläusen ausgesondert – zu Boden. Den Israeliten war diese natürliche, ihnen aber unbekannte u. seltsame Nahrung ein Zeichen der besonderen ↗ Führung Gottes beim ↗ Auszug aus Ägypten: Jahwe selbst hilft seinem Volk, weshalb das M. auch „Brot vom Himmel" (Ex 16, 4, vgl. Ps 78, 24; 105, 40) u. „Brot der Engel" (Ps 78, 25, vgl. Weish 16, 20) genannt wird. Zugleich ist die M.speisung auch anschauliche Begründung der Sabbatordnung. – Im Gegensatz zur jüd. Erwartung des M. als Speise der Endzeit bezeichnet Jesus sich selbst als das wahre ↗ Brot (Joh 6, 32.48). Das M. ist Vorbild der ↗ Eucharistie (1 Kor 10, 3 f) u. der Seligkeit (Apk 2, 17).   we

Mantel, grobes, fast quadratisches Tuch, das als Obergewand u. nachts als Decke diente, weshalb es nicht gepfändet werden durfte (Ex 22, 15 f). Beim Gehen u. Arbeiten wurde es abgelegt (Mt 24, 18; Mk 10, 50).   we

Maranatha, ein liturgischer Gebetsruf der Urkirche (1 Kor 16, 22), ist ein aramäisches Wort u. bedeutet „Der Herr ist gekommen" oder „Herr, komm!" Diese Doppelbedeutung von M. kennzeichnet die eschatologische Spannung,

in der die christl. Gemeinde lebt: Sie bekennt sich zu Jesus als dem, wenn auch in der Verborgenheit, bereits gekommenen ↗ Herrn u. bittet zugleich um die unverhüllte Offenbarung seines Herrseins über die ganze Welt. ↗ Wiederkunft.   gl

Märchen (u. ↗ Fabeln) gehören zur Literaturgattung der poetischen Prosaerzählungen. Das M. erzählt von wunderbaren Begebenheiten, hat aber keinerlei Bezug zur Wirklichkeit. Es weiß nichts von Raum u. Zeit. Die Bibel enthält keine ausgeprägten M., jedoch eine Fülle von M.motiven. Da ist die Rede von der sprechenden Eselin Bileams, von den sich streitenden Pflanzen, von Ölkrug u. Mehltopf, die nicht leer werden, von ↗ Jona im Bauch des Fisches, von der an die Wand schreibenden Hand u. a. Diese M.motive stammen sicherlich aus uralter mündlicher Überlieferung der israelitischen Nomadenstämme. Das AT nimmt sie auf, verknüpft sie mit einer konkreten geschichtlichen Situation u. macht sie so der göttlichen Botschaft dienstbar. Auf ihre Weise erzählen auch sie von Gottes mächtigem Wirken. ↗ Erzählung.   ba

Mardochäus ↗ Mordechai.

Marduk (im AT Merodach oder Bel genannt, Jr 50, 2), Stadtgott von ↗ Babylon. Unter ↗ Hammurabi wurde er zum Herrn der Götter u. der Welt erhoben u. trat so an die Spitze des babylonischen Pantheons. Im Schöpfungsepos ↗ Enuma elisch wurde sein politisch bedingter Aufstieg theologisch motiviert: Da M. die Chaos-Macht Tiamat im Kampf besiegt hatte, wurde ihm von den übrigen Göttern der erste Rang u. die Weltherrschaft übertragen. Am Neujahrsfest, dem Hauptfest M.s, wurde dieses Epos dramatisch dargestellt. – Beißend ist der Spott des AT über M.s Machtlosigkeit (Dn 14, 1–22).   we

Mari, bedeutende Stadt am mittleren Euphrat. Aus dem 3. Jahrtausend sind mehrere Tempel, ein Stufenturm u. zahlreiche Statuen erhalten. Den Höhepunkt seiner Geschichte erlebte M. im 19. u. 18. Jh. v.C. Nach seiner Zerstörung durch Hammurabi um 1760 v.C. war M. politisch ohne Bedeutung. Von der babylonischen Blütezeit zeugen besonders eine gewaltige Palastanlage u. das

Archiv mit ca. 20 000 Keilschrifttafeln. Diese enthalten vor allem Korrespondenzen, die uns die politische, wirtschaftliche u. soziale Lage der Hammurabizeit erhellen. Für das AT, besonders für die Patriarchengeschichte, sind die Nachrichten über die Nomaden, ihre Organisation u. ihre Wanderungen wichtig (vgl. Gn 11, 31). Häufig werden Chabiru u. Binujamina genannt.   we

Maria, die Mutter ↗ Jesu, des ↗ Sohnes Gottes. Unser ↗ Herr wurde von einer menschlichen Mutter geboren (Gal 4, 4). M. gehört zum Volk ↗ Israel, dem Gott Wort u. Bund geschenkt hatte; M. unterstellt sich u. ihr Kind den Geboten ihres Glaubens (↗ Beschneidung, Tempelbesuch). Am Ende ihres Lebens gehört sie als „Mutter Jesu" (Apg 1, 14) zur Jüngergemeinde, die durch den Heiligen ↗ Geist zur Gemeinde der Endzeit wird. Alle Evv. nennen M., aber aus ihrem Leben berichten sie nur wenig. Immer tritt M. hinter ihrem Sohn zurück: „Das Kind mit seiner Mutter" (Mt 2, 11.13). Wir hören aus Jesu Munde nie die Anrede „Mutter". Jeder, der „den Willen Gottes tut" (Mk 3, 35), der Gottes Wort „bewahrt" (Lk 11, 28; 2, 19.51), jeder, der in seine Jüngerschaft tritt, gilt ihm als „Mutter u. Bruder". Am Kreuz erst stellt Jesus M. ausdrücklich als „Mutter" für die Zukunft zu den Seinen (Joh 19, 25 ff). So wird sie für die Kirchenväter Mutter der Kirche, ja zum Typos der Mutter Kirche.

Maria im Heilsplan Gottes: Das NT hat kein Interesse an biographischen Einzelheiten (anders die apokryphen ↗ Kindheitsgeschichten späterer Zeit), aber an der Einordnung M.s in Gottes Plan. Wenn alles auf Christus hin geschaffen wurde (Kol 1, 16), dann vor allem M. (↗ Stammbaum Jesu, Mt 1, 16). In ihr ist der ↗ Logos Fleisch, d. h. Mensch geworden (Joh 1, 14) u. hat das Wort Gottes Bezug zu ihr bekommen. Sie ist ↗ Jungfrau, die den „Immanuel" gebiert (Js 7, 14 LXX; Mt 1, 23), die ↗ Bundeslade, die von der Wolke der Gegenwart Gottes beschattet wird (Ex 40, 35; Lk 1, 35), u. Bild der Tochter Zion der neuen Zeit (Lk 1–2, nach Zeph u. Mich). Ihr Glaube: Souverän sucht Gott die Stunde seines Eingreifens aus (die „erfüllte Zeit"). So muß M., zwar schon verlobt mit ↗ Joseph, aber noch nicht heimgeführt, als Jungfrau empfangen ohne Zutun des Mannes. „Denn bei Gott ist kein Ding unmöglich" (Lk 1, 37). Dieses Wort u. die Art, wie M. antwortet, erinnert an Abraham (Gn 18, 49 LXX). Beide Glaubende gehen – jeder in seiner Stunde – einen Weg, den sie nicht kennen, er führt über die Hingabe ihres Sohnes (Gn 22; Kreuz). Immer wird von M. gefordert, die „Stunde" zu achten (Lk 2, 40 ff; Joh 2, 1 ff). Und sie beugt sich der Bestimmung als „Magd des Herrn". Mit „mir geschehe nach deinem Wort" spricht sie das tiefste Glaubenswort. Im ↗ Magnificat vereint sie ihre Stimme mit dem Chor früherer Beter u. bekennt, daß Gott sie „ansah", um als der Barmherzige sich aller Armen u. Niedrigen anzunehmen.   ru

Maria Magdalena (= Maria aus ↗ Magdala), eine der von Jesus geheilten Frauen (Lk 8, 2). M. M. begleitete Jesus, stand unter seinem Kreuz (Mt 27, 55 f; Joh 19, 25) u. begegnete beim Besuch des Grabes Jesu am Ostermorgen als erste dem Auferstandenen (Joh 20, 11 bis 18; Mk 16, 9). Später setzte man sie der reuigen Sünderin (Lk 7, 37–50) gleich.   he

Maria von Betanien; nach Joh Schwester der Martha u. des Lazarus. Nach Lk 10, 38 lauscht sie dem Wort Jesu, wobei sie von den anderen mißverstanden wird u. von Jesus verteidigt wird. Nach Joh 12, 3 salbt M. Jesus.   zi

Markus, ein ursprünglich römischer Name, er begegnet Apg 12, 12.25; 15, 37 als „Beiname" (oder Wechselname) eines Jerusalemer Johannes, der zuweilen auch einfach Johannes (Apg 13, 5.13) oder M. (Apg 15, 39) genannt wird. M. war Sohn einer Maria, deren Haus der Jerusalemer Gemeinde als Versammlungsort diente (Apg 12, 12–17). ↗ Paulus u. ↗ Barnabas haben M. mit nach Antiochia genommen (Apg 12, 25), von wo M. sie auf der Missionsreise nach Zypern als „Gehilfe" begleitet. Auf kleinasiatischem Boden in Perge in Pamphylien „trennte sich Johannes von ihnen u. kehrte nach Jerusalem zurück" (Apg 13, 13). Paulus weigerte sich, M. auf der zweiten Missionsreise mitzunehmen u. trennte sich dieser Streitfrage wegen von Barnabas; dieser ging mit M. nach Zypern (Apg 15, 36–39). – Falls Johannes M. mit M., dem Vetter des Barnabas (Kol 4, 10), gleichgesetzt werden darf, dürfte er wohl auch mit dem M. von Phm 24 u. 2 Tim 4, 11 identisch sein. Die Entscheidung dieser Frage hängt ebenso wie die Gleichsetzung des M. von 1 Petr 5, 13 mit Johannes M. u. a. von der Verfasserfrage der genannten Briefe ab. 1 Petr 5, 13 dürfte jedenfalls bei der Zuweisung des zweiten Ev. an M., den Dolmetsch Petri, in der kirchlichen Tradition eine Rolle gespielt haben. pe

Markusevangelium. Das der kanonischen Reihenfolge nach 2. Ev., das M., ist das älteste. ↗Markus gilt als „Erfinder" der ↗literarischen Gattung ↗„Evangelium". Er hat (wohl) eine Auswahl aus dem ihm überkommenen Traditionsstoff (Worte Jesu u. vor allem Erzählungen über Jesus) in einen quasibiographischen (chronologischen u. geographischen) Rahmen von der Taufe Jesu durch Johannes am Jordan bis zur Auffindung des leeren Grabes in Jerusalem gespannt. Innerhalb dieses Rahmens, den Markus durch überleitende u. verbindende, die überlieferten Einzelperikopen oder Teilsammlungen zusammenschließende Bemerkungen schafft, ist ein sachlich-theol. Aufbauprinzip maßgebend. Selbst die geographischen u. chronologischen Angaben stehen weithin im Dienst der theol. Aussagen, die der „konservative" (in den Überlieferungsstoff im Vergleich mit Mt u. Lk wenig eingreifende) ↗Redaktor Markus vor allem durch die Anordnung u. (in Zusätzen, Verklammerungen, Verweisen erkennbare) Interpretation der Überlieferung vorträgt. Der Aufriß des M. ist sechsteilig, die 6 Hauptteile sind in je 3 Abschnitte (ein kurzes Mittelstück von annähernd gleichlangen Seitenstücken umschlossen) untergegliedert. Mk 13 ist als aktuelles, polemisch-apologetisches Nachtragskapitel eingeschoben. Der 1. Teil (1, 1 – 3, 6) umfaßt nach dem Prolog (1, 1–15) die Jüngerberufung (1, 16–20) u. den Tag vollmächtigen Wirkens Jesu in ↗Kapharnaum (1, 21–34), dann als Mittelstück den Höhepunkt des Wirkens Jesu in „ganz Galiläa" (1, 35–45), als 3. Abschnitt

schließlich die Auseinandersetzungen (↗Streitgespräche) mit den Gegnern, in denen Jesus erneut seine Vollmacht demonstriert (2, 1 – 3, 6). Der 2. Teil spannt in den Rahmen zweier Jüngerperikopen (3, 12–19; 6, 7–13), des Sammelberichts vom erfolgreichen Wirken Jesu (3, 7–12) u. des Berichts vom Tod des Täufers (6, 14–29). Überlieferungsstoffe, welche die durch Jesu Verkündigung (4, 1–34) bewirkte Scheidung seiner Hörer, der wahren u. falschen Familie (3, 20–35), verdeutlichen; das Mittelstück (4, 35 – 5, 20) zeigt den Vorgriff der Verkündigung zu den Heiden, der 3. Abschnitt (5, 21 – 6, 6.7–29) verdeutlicht Jesu Ablehnung in seiner Heimat trotz seiner überwältigenden Wundertaten. Dadurch wird der Weg zu den ↗Heiden gewiesen, der Thema des 3. Teiles (6, 30 – 8, 26) wird. Dem Gespräch über Rein u. Unrein (7, 14–23) im Mittelabschnitt korrespondieren die Streitgespräche, welche die Pharisäer für die Reservierung des Heils für die Juden (7, 1–13), die Syrophönizierin für das Heil der Heiden (7, 24–30) führen, sodann die beiden Speisungswunder (für Juden: 6, 34–44; für Heiden: 8, 1–9), die Seegeschichten (6, 45–52; 8, 13–21) u. die übrigen Perikopen, welche überdies das Unverständnis der Jünger für den Weg Jesu stark hervorheben. Die Blindenheilung (8, 22–26) leitet zum Petrusbekenntnis u. damit zum 4. Teil (8, 27 – 10, 52) über, der durch die 3 Leidens- u. Auferstehungsweissagungen (8, 31; 9, 31; 10, 33 f) gegliedert ist u. vom Schicksal Jesu u. der Jünger in seiner Nachfolge handelt. Der 5. Teil (11, 1 – 12, 44) berichtet vom Jerusalemer Aufenthalt Jesu u. den Auseinandersetzungen, die Jesu Tod herbeiführen. Höhepunkt im Mittelstück sind Vollmachtsfrage (11, 27–33) u. Weinberggleichnis (12, 1–12); vorauf geht die symbolisch durch die Verfluchung des Feigenbaums gerahmte Tempelreinigung (11, 12–26), es schließen sich an die Streitgespräche mit den einzelnen Gruppen der jüd. Führung (12, 13–40). Da Jesus den Tempel zum letztenmal verläßt, fügt der Evangelist Kap. 13 an, mit dem er eine angesichts der Tempelzerstörung entzündete falsche ↗Naherwartung bekämpft, indem er durch die Interpretation eines apokalyptischen Flugblatts Tempelzerstörung u. Ende voneinander trennt u. mit Jesusworten u. eigenen Bildungen die rechte Naherwartung (Wachsamkeit) lehrt. Der 6. Teil des M. bringt schließlich die Passionsgeschichte u. als Abschluß (16, 1–8) die Osterverkündigung des Markus (14, 1 – 16, 8). Im Mittelstück rahmen die beiden Verhörszenen (14, 53–65; 15, 1–5) die Verleugnung des Petrus (14, 66–72). Auf die Passionsgeschichte als Höhepunkt u. Abschluß des Ev. hin hat der Evangelist sein ganzes Ev. ausgerichtet, das gerne als „Passionsgeschichte mit ausführlicher Einleitung" bezeichnet wird. Der Hauptmann unter dem Kreuz spricht ein vollgültiges Bekenntnis zu Jesus als dem ↗Gottessohn (15, 39), den das ganze M. für heidenchristl. Leser verkündigen will (1, 1.11). Der Weg Jesu ans Kreuz wird zugleich als Weg zu den Heiden dargestellt. Die missionarische Tendenz des M. ist unverkennbar, ihr ordnet sich auch die Konzeption des ↗Messiasgeheimnisses zu. Die altkirchliche Tradition von der Abfassung des M. in Rom hat gute innere Gründe für sich. Daß der Verfasser des M. Markus hieß, braucht nicht bezweifelt zu werden, auch wenn eine Gleichsetzung mit Johannes Markus mit überzeugenden Gründen bezweifelt werden muß. Die in jüngerer Zeit mehr gewürdigte „theol. Leistung" des Markus verändert die alte Frage nach dem Verfasser.   pe

Martha. Der aramäische Frauenname M. ist bei Johannes der Name einer Schwester des Lazarus aus Betanien in der Nähe von Jerusalem. M., ihre Schwester Maria u. ihr Bruder waren Freunde Jesu (Joh 11, 5). Bei der Auferweckung des ↗Lazarus bekannte sich M. zu Jesus als dem ↗Messias u. ↗Gottessohn (Joh 11, 27). – Auch Lukas berichtet von den Schwestern M. u. Maria, doch ist M. hier (Lk 10, 38 ff) die geschäftige Hausfrau, die über den Anforderungen der Gastfreundschaft das ↗Hören auf das ↗Wort vernachlässigt u. dafür getadelt wird.   hi

Martyrer (griech. Zeuge). Das Wort wird in der ntl. Literatur zunächst nur in seiner profanen juridischen Bedeutung gebraucht. Da aber die Verkündigung des ↗Evangeliums die Welt vor die ↗Entscheidung u. ins ↗Gericht stellt, erfährt auch die Funktion des Zeugen eine eingehende theol. Reflexion, wobei der Begriff des Bezeugens zum t. t. der Verkündigung überhaupt werden kann wie etwa im Johannes-Ev., in dem es aber mehr um die Person Christi selber geht als um die historischen Tatsachen wie im lukanischen Schrifttum, das den Zeugenbegriff pointiert in Verbindung mit dem Ostergeschehen verwendet. Die Deutung des ↗Leidens Christi durch die urchristl. Theologie u. die aufbrechenden Verfolgungen veranschaulichen immer mehr die Möglichkeit, daß der Glaubende in seinem Zeugnis vor der Welt bis in den Tod gefordert sein kann. So wird der Begriff M. um die Mitte des 2. Jh. allmählich für den Blutzeugen reserviert. ↗Kreuzesnachfolge.
                    tr

Martyrium des Jesaja, jüd. Martyrerlegende um 100 v.C. Der Prophet Jesaja wird vom König Manasse verfolgt u. zersägt. Die Legende spiegelt vielleicht die innerjüd. Auseinandersetzungen der Makkabäerzeit wider. ↗Himmelfahrt des Jesaja.   ba

Maschal. Israel bezeichnete mit M. die Gattungen des ↗Spottliedes u. Spottspruches, aber auch das ↗Sprichwort. Denn „zum Sprichwort werden", „ins Gerede der Leute kommen" heißt ebensoviel wie der Gegenstand ihres Spottes werden.   pa

Masoreten, jüd. ↗Schriftgelehrte des 7. bis 11. Jh., die den hebr. Bibeltext wortgetreu überlieferten u. endgültig festlegten. – Da im Hebr. nur die Konsonanten geschrieben wurden, erfanden die M. ein Vokalisations- u. Akzentsystem, das den Text vereinheitlichte, seine Aussprache bis ins letzte regelte u. die textlichen Unsicherheiten weitgehend behob. Der Sicherung des Textes dienten auch die Randnoten, Masora genannt, die statistische Bemerkungen u. Hinweise auf Besonderheiten der Schreibweise enthielten (↗Ketib u. Qere).   we

Massebe, ein als Malstein aufgerichteter unbehauener oder gestalteter Stein, der eine hl. Stätte oder ein Grab bezeichnet, oder an Jahwe-Offenbarungen erinnert (Gn 28, 18 ff; 35, 14). Solche M.n wurden in Israel fraglos verehrt. Zumeist versteht das AT unter M. aber einen

Stein, der wesenhaft zum kanaanitischen Kult gehörte u. auf oder neben einem Altar (des ↗Baal), vor allem auf ↗Höhen, stand. Er galt als mit der Kraft der männlichen Gottheit begabt u. wurde entsprechend verehrt. Da unter kanaanitischem Einfluß die israelitische M.n-Verehrung Jahwe als lokal gebundene Naturgottheit mißverstand, verurteilten jahwetreue Israeliten jegliche M.n-Verehrung als Götzendienst (Dt 16, 22; Hos 10, 1 ff; Mich 5, 12).   he

Maße u. Gewichte in bibl. Zeit sind nur unsicher zu bestimmen, da sie geschichtlichen Veränderungen unterlagen u. von verschiedenen Kulturen bestimmt wurden.

a) Längenmaße:

	m	hebr.	griech.
Klafter		1,85	
Elle	1	0,444	0,462
Spanne	2	1	0,222
Handbreite	6	3	1	0,074
Finger	24	12	4	0,0185

Das NT wird wahrscheinlich die griech. Elle als Längenmaß benutzt haben, so daß die übrigen Maße (1 Elle = 2 Spannen usw.) sich geringfügig ändern. Wegemaße wie Steinwurf u. Bogenschuß lassen sich nicht festlegen. Tagereise bezeichnet wahrscheinlich 7–8 Stunden Fußweg. Das Stadion (die Länge des Stadions in Olympia) beträgt 185 m.

b) Hohlmaße:

	hebr.				kg oder l
Homer/Kor	1				220
Letech	2	1			110
Epha/Bath	10	5	1		22
Seah	30	15	3	1	7,333
Gomer	100	50	10		2,2
Kab	180	90	18	6	1,222

Der Scheffel des NT entspricht dem lat. Modius von 8,75 l oder dem griech. Saton von 13,125 l; das griech. Maß beträgt 39,5 l.

c) Gewichte siehe ↗Geld.   do

Matriarchat, besser Mutterrecht, ist eine Gesellschaftsform, in der Abstammung, Verwandtschaft u. Erbrecht nach der Mutter bestimmt werden. Ihr Wohnsitz ist für Mann u. Kinder bestimmend. Wenn auch die Frau eine herausgehobene Stellung einnimmt, so ist doch das M. nicht notwendig gezeichnet durch eine besondere Autorität der Mutter. Im AT ist eine matriarchalische Gesellschaftsstruktur nicht mehr eindeutig zu fassen, wenn es sie auch in vorisraeliti-

scher Zeit gegeben haben mag (vgl. Gn 2, 24). Eine besondere Form des M. ist die Besuchsehe, bei der Mann u. Frau in ihrem Familienverband bleiben u. der Mann seine Frau nur besucht (vgl. Ri 14).   we

Matthäus, gräzisiertes Matthanja (hebr. „Gabe Jahwes"), ist der Name eines in den Apostellisten (Mt 10, 3; Mk 3, 18; Lk 6, 15; Apg 1, 13) an siebenter (Mk, Lk) bzw. achter (Mt, Apg) Stelle genannten Mannes aus der ↗Zwölf. Über die Nennung in den Listen hinaus spielt M. nur noch in dem (wohl) nach ihm benannten Ev. eine Rolle. Der Mt-Evangelist (der nach den Ergebnissen der heutigen Forschung nicht mit dem Zwölferapostel gleichgesetzt werden kann) hat den Zöllner ↗Levi (Mk 2, 14; Lk par) Mt 9, 9 nicht mit dem M. aus dem Zwölferkreis identifiziert, sondern ihn durch M. ersetzt. Gegen die Identifizierung sprechen eindeutige literarische Beobachtungen (z. B. der unterschiedene Gebrauch von bloßem „legomenos" u. determiniertem „ho legomenos" im Mt-Ev.). Die Unterdrückung des Levi durch M. wird aus den Absichten des Redaktors der Mt-Ev. voll verständlich: Der Evangelist setzt die Zwölf u. ↗Jünger gleich u. kann so keinen dreizehnten namentlich genannten Jünger brauchen; der Evangelist unterdrückt auch die Namen sonstiger ihm unbekannter Personen (Herodianer, Donnersöhne, Jairus, Philippus, Bartimäus, Alexander u. Rufus, Salome); insbesondere bestätigt die Ersetzung der Salome durch die Mutter der Zebedaiden bei Mt das Urteil über die Ersetzung des Levi durch M. Mt 9, 9 ist vom Evangelisten gegenüber Mk 2, 14 redaktionell formuliert, die Beifügung „der Zöllner" in Mt 10, 3 zu M. stammt ebenso aus der Feder des Evangelisten, der möglicherweise einem in seinem Kirchengebiet besonders verehrten Apostel ein Denkmal setzte. Der Zusammenhang mit der Überlieferung über M. als Verfasser dieses Ev. ist ungeklärt.   pe

Matthäusevangelium. Wie für das ↗Lukasevangelium ist auch für das M. das ↗Markusevangelium die Hauptquelle. Das M. hat den Mk-Stoff fast vollständig aufgenommen u. die Reihenfolge der (87) Perikopen bis auf sieben Abweichungen beibehalten. Das Plus des

M. über Mk hinaus, das fast ganz aus Redestoff besteht, stammt etwa zur Hälfte aus der ↗Logienquelle, der Rest ist matthäisches Sondergut. Obwohl Matthäus weithin dem Mk-Aufriß folgt, treten in seinem Aufriß, der weitaus stärker nach katechetisch-systematischen Gesichtspunkten gestaltet ist, die Reden beherrschend in den Vordergrund, was der Evangelist durch die wiederkehrende Schlußformel (z. B. 7, 28: „Und es geschah, als Jesus mit diesen Reden geendet hatte, waren die Scharen außer sich über seine Lehre"; vgl. 11, 1; 13, 53; 19, 1; 26, 1) unterstreicht. Dieser Umstand zeigt bereits, daß der vielfach übliche, dem M. künstlich überzogene biographische Aufriß irreführt. Das M. bietet zunächst einen umfangreichen „Prolog" (1, 1 – 4, 11) mit der sog. ↗Kindheitsgeschichte (1–2) u. dem Mk 1, 1–13 entsprechenden Abschnitt vom Täufer (der bei Mt im Dienst der Apologetik gegen das ungläubige Judentum schon Jesu Botschaft von der Nähe der Gottesherrschaft verkündigt), der Taufe u. der Versuchung Jesu (3, 1 – 4, 11). Nach einer Überleitung, die Jesu Gottesreichpredigt (4, 12–17), die Jüngerberufung (4, 18–22) u. das erste Wirken in Galiläa (4, 23–25) summarisch erzählt, folgt die erste große Rede, die ↗Bergpredigt, die Jesus als den vollmächtigen Herrn des ↗Wortes, den Verkündiger des Gotteswillens, der neuen Gerechtigkeit zeigt (5–7). Matthäus schließt einen Zyklus von 10 Wundergeschichten an (8–9), in dem er Jesus als den vollmächtigen Herrn der heilenden Tat verkündet, als den, „der unsere Gebrechen fortgenommen u. unsere Krankheiten weggetragen" (8, 17) hat, der ↗Wunder tut, wie man sie noch nie „in Israel gesehen" (9, 33) hat. Jesu Wirken in Wort u. Tat sollen seine Jünger fortsetzen; der Herr der Ernte sendet Arbeiter zu seiner Ernte (9, 33). Dies ist das Thema des folgenden Jüngerabschnitts, der Aussendungsrede (10), des 2. Redeabschnitts. Der folgende Abschnitt (11–12) handelt von der angesichts des Wirkens u. der Botschaft Jesu geforderten Entscheidung („Bist du es, der da kommen soll?" 11, 8). Wieder folgt eine Rede, die Sammlung von 7 Gottesreichgleichnissen in Kap. 13. Im nächsten Abschnitt (14–17) folgt Matthäus genau dem Erzählfaden des Mk (6, 14 ff), der schon die Jüngerthematik in den Vordergrund gestellt hatte. Bei Matthäus mündet sie nun in der 4. Rede, der sog. Gemeinderegel (18). Die Kap. 19–22 führen nach Jerusalem u. bieten die Jerusalemer Streitgespräche, die mit der großen Weherede gegen die Schriftgelehrten u. Pharisäer (23) abgeschlossen werden. Darauf folgt unmittelbar die (gegen Mk nur auf das Weltende bezogene, von der Jerusalemthematik, die 23, 37–39 vorweggenommen ist, gelöste) Parusierede, die um mehrere Parusiegleichnisse erweitert ist (24–25). Dann folgt die Passionsgeschichte (26–27) u. die matthäische Osterverkündigung (28) mit dem abschließenden großartigen Missionsmanifest (28, 16–20). Ähnlich wie Lk glättet das M. den holperigen Stil seiner Quellen, scheinbar chronologische Klammern („Und dann", „Danach") verbinden die einzelnen Perikopen stärker miteinander. Die Vorliebe des M. für formelhafte Wiederholungen u. Angleichungen ist auffällig; der ↗Redaktor arbeitet mit äußerster Sorgfalt, indem er Widersprüche ausgleicht, Anstöße beseitigt, Personen- u. Ortsnamen streicht oder einander angleicht u. a. Selbst kleinste Partikel wie „Siehe" (zur Hervorhebung besonderer, vor allem übernatürlicher Vorgänge) sind mit genauem Bedacht gesetzt. Die Kürzungen des Erzählstoffs dienen dem theol. Interesse, vorab der Konzentration auf den als göttlichen Herrn dargestellten ↗Messias ↗Jesus (↗Sohn Gottes). Schon im Prolog verrät Matthäus sein dreifaches Anliegen, Jesus als den an Israel gesandten Messias, den Heilsträger für die Menschheit u. den Gottessohn zu erweisen. Das irdische Wirken Jesu wird (historisierend) streng auf Israel, das sich seinem Messias, wie Matthäus betont, schuldhaft versagt, beschränkt; das Heil der Heiden, dem das abschließende Manifest gilt, bleibt aber ständig im Blick. Dem Nachweis, daß Jesus wirklich der verheißene Messias ist, dienen die atl. Erzählfarbe, die Matthäus benutzt, u. vor allem die Erfüllungszitate, insbesondere die charakteristischen ↗Reflexionszitate (1, 22; 2, 15.23; 4, 14; 8, 17 u. a.). Die ↗Jünger, die Matthäus mit den ↗Zwölfen identifiziert (Begrenzung des Jüngerkreises auf die Zwölf!), repräsentieren bereits das wahre Israel derer, welche in der Erfüllung des von Jesus verkündigten Gotteswillens die vollkommene Gerechtigkeit üben. Die Zeichnung der Jünger hat deutlich paränetische Funktion. Das ekklesiologische Interesse des Matthäus ist ein starkes Gestaltungsmotiv des M., das als einziges auch die sog. ↗Primat-Verheißung an Petrus, das Kirchenbauwort Mt 16, 17 ff überliefert. Das planmäßig angelegte, sorgfältig redigierte, ursprünglich griech. geschriebene M. ist nicht die Übersetzung eines älteren aramäischen Ev. Der Verfasser dürfte für eine heidenchristl. Gemeinde geschrieben haben, die in Auseinandersetzung mit dem sich nach 70 n.C. konsolidierenden Judentum stand. Verfasser u. Abfassungsort sind unbekannt. ↗Matthäus.   pe

Matthias. Nach Apg 1, 23 ff wurde M. durch das Los gegen Joseph Barsabas ausgewählt u. anstelle von Judas Iskariot dem Zwölferkreis beigezählt. In diesem Zusammenhang wird der apostolische Ursprung der Sukzession sichtbar. Über das weitere Leben des M. haben wir keine historisch gesicherten Berichte. Ein apokryphes Ev. trägt seinen Namen.   zi

Maulbeer-Feigenbaum. Der M.-F., griech. Sykomorea, hat Früchte, die äußerlich den Feigen gleichen, aber nicht so gut schmecken. Der bis zu 16 m hohe Baum hat eine gewaltige Krone, in der sich ein Mann wie der Oberzöllner Zachäus gut verbergen konnte (Lk 19, 4).   do

Maultier, eine Kreuzung zwischen Esel u. Pferd. Es eignet sich zum Reiten u. zum Lasttragen auf unwegsamem, felsigem Gelände. Den Israeliten war die Züchtung des M. verboten, da sie die Gattungseinteilung der Schöpfung verletzte (Lv 19, 19), so daß die Juden das M. von anderen Völkern kaufen mußten.   do

Mazedonien, Gebiet an der Nordküste des Ägäischen Meeres, ursprünglich von illyrischen Stämmen bewohnt, später hellenisiert. Alexander d. Gr. stammte aus M. Im 2. Jh. v.C. wurde M. nach vielen Kriegen römische Provinz mit Thessalonich als Hauptstadt. – Paulus gründete auf seiner 1. Missionsreise die ersten christl. Gemeinden M.s in Philippi, Thessalonich u. Beröa (Apg 16, 9 bis 17, 14) u. besuchte sie auf seiner 3. Reise (20, 1–4).   he

Mazzot. Dieses hebr. Wort ist die Bezeichnung für Brote, die ohne Säuerung bereitet sind. Sie konnten in Eile, ohne die Zeit der Säuerung, gebacken werden u. deckten unvorhergesehenen Bedarf. In Erinnerung an den ↗Auszug aus Ägypten wurden die M. als Bild für die Eile u. Überstürzung dieses Ereignisses übernommen. Nach der ↗Landnahme feierten die Israeliten das ↗Gedächtnis in Form eines Festes mit gleichem Namen, wahrscheinlich angeschlossen an ein bäuerliches, kanaanitisches ↗Fest, welches die Erntezeit mit der Einbringung der Gerste einleitete. In Israel war dann das M.fest, in späterer Zeit verbunden mit dem ↗Pascha-Fest, das erste der drei Wallfahrtsfeste.   la

Medien, Staat im nördlichen Iran, südlich des Kaspischen Meeres mit indogermanischer Bevölkerung (vgl. Gn 10, 2). M., das zunächst unter assyrischer Herrschaft stand (2 Kg 17, 6), eroberte zusammen mit Babylonien 612 v.C. Ninive u. wurde für kurze Zeit zum Großreich; Hauptstadt M.s war Ekbatana (Jdt 1, 1). 553 v.C. gliederte Cyrus d. Gr. M. in das Perserreich ein (Dn 6; Esr 6, 2; Est 1, 3.19).   we

Meer (hebr. jam). 1. In geographischem Sinn: das Mittelmeer, das Rote, Tote, Galiläische (See Gennesaret) u. Adria-M. – 2. In symbolischer Bedeutung: M. ist Inbegriff chaotischer, dämonischer Macht, die der ordnende Schöpfergott in der Urzeit niederzwang u. in der Endzeit endgültig besiegen u. vernichten wird (Js 51, 10; Ib 26, 12; Apk 21, 1). Es ist Wohnort der oft mit dem M. gleichgesetzten chaotischen Mächte, die man als ↗Meerungeheuer dachte. Die alles verschlingenden Wogen machten das M. zum Sinnbild des Totenreiches (Ez 26, 19 f). M. kann auch das Welt-M. bedeuten, das vor der Schöpfung die ganze Erde bedeckte, oder das Urmeer der Tiefe (↗Urflut, ↗Weltbild). Oft ist M. Bild für Feindvölker u. lebensbedrohende Mächte Israels oder eines einzelnen (Js 17, 12 f). – 3. Im kultischen Raum:

↗Ehernes M. – 4. Als Allegorie der Taufe sieht 1 Kor 10, 1 ff das Ereignis am Roten M. – 5. M. ist auch Symbol der Welt (Lk 5, 4 ff; Joh 21, 1 ff).   he

Meerungeheuer. Gottfeindliche Mächte der Unordnung u. Zerstörung wurden in den Mythen vieler Völker u. auch in der Bibel der Urgewalt des ↗Meeres zugeordnet. Man stellte sie sich als riesige Ungeheuer vor, die von Wassern u. Finsternis umgeben im Meer wohnen. Als Gestalten der chaotischen Seite des Meeres begegnen im AT u. NT: Jam (= Meer), Tehom (= ↗Urflut) u. die schlangenartig gedachten Wesen: ↗Leviatan, ↗Rachab und Tannin (↗Drache). Nach bibl. Anschauung wurden sie in der Urzeit durch den souverän ordnenden Schöpfergott gebändigt, behalten aber bis zur Endzeit eine gewisse Mächtigkeit; dann wird Gott sie endgültig entmachten u. vernichten. – In apokalyptischen Texten stehen M. für antigöttliche Mächte schlechthin. ↗Dämonen, ↗Teufel.   he

Megiddo, kanaanäische Festung in der Jisreelebene (Jos 12, 21), zeitweise unter ägyptischer Herrschaft. Von Israel wurde M. erst unter David erobert u. durch Salomo Hauptstadt eines Gaues (1 Kg 4, 12) u. Standort einer Garnison (9, 15). Josija fällt hier 609 v.C. im Kampf gegen Necho (2 Kg 23, 29 f).   we

Megillot (hebr. Buchrollen) heißt im nachbibl. Judentum eine Gruppe von fünf Büchern, die als Festlesung an den jüd. Hauptfesten diente: Hl wurde am ↗Pascha-Fest, Rut am Wochen- oder ↗Pfingstfest, Klgl am Gedächtnistag der Tempelzerstörung, Prd am ↗Laubhüttenfest u. Est am ↗Purimfest gelesen. Von Est, das als Festlegende des Purimfestes aus einer „Buchrolle" (Megillah) vorgelesen wurde, ist diese Bezeichnung auf die vier anderen Bücher übertragen worden.   we

Meinungsfreiheit. Inwieweit kann u. inwieweit muß ein Christ innerhalb seiner ↗Institution, der ↗Kirche, u. innerhalb seiner Gesellschaft eine freie Überzeugung haben u. vertreten? Der Apostel Paulus bittet u. ermahnt die Christen in Philippi, sie sollen so leben, daß unter ihnen die ↗Liebe wächst u. auf die anderen überfließt. Wenn das der Fall ist, werden sie nämlich selb-

ständig erkennen können, worauf es in ihrem Leben ankommt u. was für sie das Richtige ist (Phil 1, 9–10). Die Liebe ist also der Maßstab, nach dem ein Christ sich frei u. selbständig orientieren muß. Der Gläubige hat aus einem Komplex von traditionellen Lebensregeln u. Milieugewohnheiten (griech. ta diapheronta) das menschlich Wesentliche u. das für ihn Richtige auszuwählen. Wer sich auf ↗Christus beruft, kann sich nicht einfach von Lebensgewohnheiten u. Vorgegebenheiten seiner Umwelt tragen lassen; vielmehr muß er selbständig entscheiden, was davon der Liebe dient u. was nicht. Der Christ wird eben mit der freien u. eigenständigen ↗Entscheidung, mit der ganzen Ausgesetztheit u. Gefährdung menschlichen Lebens, nämlich mit der Liebe Christi, belastet. Dazu müssen die Getauften in ihrem Entscheidungsvermögen von Christus her „durch u. durch erneuert" werden (Röm 12, 2). Denn nur dann werden sie selbständig erkennen, was für sie konkret der „Wille Gottes" ist. Um in seiner Welt Gott zu dienen (↗weltlicher Gottesdienst), muß sich einer in seinem Leben durch Christus neu orientieren lassen. Wer sich danach richtet, was Jesus gelebt hat, wer wie er für die andern dasein will, der vermag zu erkennen u. zu entscheiden, was für ihn Gottes Auftrag ist, was „das Gute, das Gültige u. das Richtige" ist. Freilich ist der Christ in seiner freien Meinung auch gefährdet, daß er sich darin wieder der selbstentfremdeten Welt, dem „jetzigen ↗Äon", anpaßt. Jesu Sterben u. Auferstehen haben den Menschen grundsätzlich dazu befreit, Mensch zu sein, das eigene Leben in die Hand nehmen zu können u. es voll u. ganz zu verantworten. Darin werden Ausgesetztheit u. Gefährdung des Menschen offenbar. Der Christ ist der, der die Befreiung, Mensch zu sein, wahrnimmt u. annimmt, der die frei verantwortete Entscheidung wagt. Daß z. B. Paulus auch die falsche Meinung der Gegner achtet, zeigt eine Stelle im Phil; den dortigen gnostischen Auferstehungsleugnern sagt er: „Die sich nun schon als Vollendete dünken – ich jedenfalls denke so! Und wenn ihr in irgendeinem Punkt anders denkt, Gott

wird euch das Richtige schon offenbaren.
Was wir sind (u. wovon wir überzeugt
sind), danach müssen wir leben" (Phil
3, 15–16). Der Apostel vertraut, daß Gott
jedem den richtigen Weg zeigen wird.
Der Christ muß sich selbst ein Urteil bilden in Fragen des Glaubens, der Moral
u. des kirchlichen Lebens. Denn jeder
einzelne erfährt z. B. an seinem Leib
u. in seinem Leben die Wahrheit des
Kreuzes anders; erst recht fordert das
Ereignis der Liebe jeden auf seine eigenste Weise. Im Ringen um eine freie
u. verantwortbare Überzeugung muß
der Christ einen kritischen u. weiterführenden Beitrag zu seiner Gesellschaft
leisten. ↗Gesellschaftskritik, ↗Gewis-
sensfreiheit. gr

Meister ↗Rabbi.

Melchisedek (hebr. „Melek ist gerecht"
oder „König ist Sedek"), König von Salem u. Priester des höchsten Gottes. Gn
14, 18–20 will die Verbindung des
Stammvaters Abraham zu Jerusalem zeigen u. den ↗Zehnten für die dortigen
Priester begründen. Nach Ps 110, 4 wird
den Davididen als den Stadtkönigen von
Jerusalem die priesterliche Würde übertragen. – Der Hebr legt Gn 14, 18 ff u.
Ps 110, 4 midraschartig aus u. erweist
an der Gestalt des M. die Alleingültig-
keit des Hohepriestertums Jesu (5, 6.10;
6, 20; 7). we

Melech (hebr. König), Sohn Michas, Enkel Meribaals u. Urenkel Jonatans (1
Chr 8, 35; 9, 41). – Aus M. ist wahrscheinlich durch Umvokalisierung ↗Mo-
lech entstanden. we

Memoiren. Die Nehemia-M., ein Rechenschaftsbericht des Nehemia, bilden
eine Quelle des Nehemia-Buches; sie
werden in Neh 1–7; 10; 11–13 benutzt.
Fraglich ist, ob in Esr 7, 12 – 9, 15 sog.
Esra-M. zugrunde liegen. – Die Evv. können nicht zur antiken M.literatur gerechnet werden. Denn diese beschrieb
aus biographischem Interesse Worte u.
Taten großer Männer, die Evv. aber
wurden nicht aus biographischem Interesse geschrieben, sondern um Glauben zu wecken. Die Bezeichnung „Apo-
stel-M.", unter der Justin die Evv. zusammenfaßt, ist daher nicht sachgemäß.
ri

Mene-tekel ... ist der Anfang einer geheimnisvollen Schrift an der Wand des
Königspalastes Belsazars. ↗Daniel deutet die drei Worte als göttliche Gerichtsworte über das frevlerische Tun Belsazars, so daß er verworfen u. sein Reich
unter Medern u. Persern geteilt werde
(Dn 5, 24 ff). la

Mensch. Im AT wird der M. nie als Objekt der Reflexion analysiert, sondern
immer ganzheitlich gesehen (↗Fleisch,
↗Leben, ↗Herz). Zum vollen M.sein
gehört immer die lebendige Beziehung
zu ↗Gott. Der gottlose Mensch gilt als
verloren, schuldhaft heillos u. in seinem
Wesen pervertiert. Der in dieser Weise
von Gott als Bedingung der Möglichkeit
seiner Existenz abhängige M. bekennt
ihn als seinen Schöpfer u. ↗Herrn u.
weiß sich ihm gegenüber in den ↗Ge-
horsam gerufen. Darin liegt aber nicht
nur die geschöpfliche Ohnmacht dessen,
der nichts aus sich ist (Js 2, 22), sondern
zugleich das Bewußtsein, von Gott in
gewissem Sinn als Herr der übrigen
Schöpfung eingesetzt zu sein (Ps 8, 6 ff),
ihm gegenüber allein verantwortlich (Ps
2, 11 f). Der so gesehen „große" M.
steht aber ständig in der Anfechtung,
diese seine Herrenstellung in der Welt
zu mißbrauchen u. sich von Gott zu lösen (Ps 10, 2–11). Dies aber bedeutet
↗Sünde u. Verderben. – Der M. ist in
seiner personalen Struktur ernst genommen. Deshalb vermeidet das AT alle Ab-
straktionen, die den M. (u. damit auch
Gott, vgl. Gn 1, 27) vergegenständlichen würden. Eine derartige begriff-
liche Manipulation des M. dringt erst
mit dem ↗Hellenismus in das spätjüd.
Denken ein u. führt zur Unterscheidung
von ↗Leib u. ↗Seele, Geist u. Fleisch,
guten Anlagen u. bösen Trieben usw. –
Das NT bietet bereits ein buntes Bild:
Einmal wird das atl. Selbstverständnis
beibehalten u. in Richtung auf die ↗Er-
lösung ausgeweitet u. radikalisiert (paulinische ↗Anthropologie). Anderseits
wird auch eine Antwort auf die im Hellenismus aufgeworfenen Fragen versucht, indem man vom Vorbild des Voll-
menschen Jesus Christus her die verschiedenen Aspekte seines Menschseins
beurteilt u. wertet (↗Geist, ↗Begierde,
↗Glaube, ↗Liebe, Leib usw.). Auch im
atl. Sinn ↗Gerechte ist auch im NT das
Leitbild verantworteten M.seins: der M.,
der sich im Glauben als von Gott her u.

auf ihn hin sieht u. dieses Übersteigen seiner selbst u. der ↗Welt als seinen Grundvollzug versteht, entgeht dem Mißverständnis der Religionen u. wird frei, die Welt als Raum seiner Bewährung zu begreifen. In dieser Grundhaltung hat der Mensch immer schon die Sünde überwunden, lebt in der ↗Nachfolge Christi u. auf der Grundlage des Geistbesitzes. In dieser seiner Welt sieht er sich aber immer auf den ↗Mitmenschen als Gleichbegnadetem verwiesen, dem gegenüber er sein neues Sein auf Gott hin bewähren muß (↗Liebe).   hi

Menschengebot (Menschensatzung). In Js 29, 13 unterscheidet der Prophet Gottesverehrung mit dem Herzen u. eine äußerliche, die nur „angelernten M.en" folgt. Mit diesem Text stellt Jesus nach Mk 7, 7 f par dem M. der ↗Pharisäer u. ↗Schriftgelehrten das Gebot Gottes entgegen. Der Text verdeckt, daß Jesus sich in der Reinheitsfrage nicht nur gegen die „Überlieferung der Alten", sondern gegen das AT selbst wandte. Er bewahrt aber, daß Jesus den Schöpfungswillen Gottes über Kult u. Ritus gestellt hat (vgl. Mk 7, 1–23 par). Paulus steht in der Linie der Verkündigung Jesu, wenn er den Eifer für religiöse M.e (Enthaltung von Speise u. Trank, Beachtung heiliger Tage, „Frömmigkeit" u. leibliche Kasteiung) als „Befriedigung des Fleisches" entlarvt (Kol 2, 22). Es bedarf der kritischen Unterscheidung der religiösen Tradition, der Achtsamkeit, daß sie nicht der Selbstverherrlichung des Menschen dient u. die Notwendigkeit der nicht in ein M. zu fassenden ↗Umkehr des ↗Herzens verdeckt.   sm

Menschenopfer sind in altorientalischen Religionen bezeugt. In Israel waren sie von ↗Gesetz u. ↗Propheten verpönt u. verboten, doch gab es sie vereinzelt, eindeutig belegt in Ri 11, 30–40. Bei anderen Texten ist es strittig, ob es sich tatsächlich um M. handelt. In der Königszeit, als heidnische Einflüsse den Jahwekult zu überwuchern drohten, kamen Kinderopfer vor (2 Kg 16, 3; 21, 6), doch waren sie nie Bestandteil des Opferrituals.   ba

Menschensohn. Das bibl. Wort M. bedeutet zunächst einfach „Mensch" als Gattungsbegriff, etwa im Sinn unseres „Menschenkind". Im AT wird es dort

gebraucht, wo der Abstand zwischen Gott u. Mensch hervorgehoben werden soll, häufig in der Anrede Gottes an den Propheten Ezechiel. In der jüd. ↗Apokalyptik gewinnt M. die Bedeutung einer Hoheitsbezeichnung u. wird zum Titel für einen besonderen ↗Mittler, der am Ende der Zeiten erscheinen soll. Dn 7, 13 f ist die Rede von einem mit den ↗Wolken des Himmels kommenden M., dem unvergängliches Königtum über alle Menschen verliehen wird. In V. 27 wird dieser M. mit dem „Volk der Heiligen des Höchsten", also kollektiv mit Israel identifiziert. Doch ist dahinter mit einer Tradition vom M. als individueller Gestalt zu rechnen, dem Himmelsmenschen (oder auch dem Urmenschen), der als Vollender der Schöpfung u. Richter der Welt erwartet wurde. Diese Tradition fand ihren Niederschlag in der außerbibl. Apokalyptik, u. auch der danielische M. ist später als individuelle Gestalt verstanden worden. Im ↗Henoch-Buch, einer apokalyptischen Schrift, ist der M. eine eschatologische Gestalt himmlischen Ursprungs, der die Gerechten retten u. alle Menschen richten wird. Er trägt Züge des Messiaskönigs u. des ↗Gottesknechts, jedoch ohne den Aspekt des Leidens. Unabhängig von seiner Datierung spiegelt das Henoch-Buch Lehrmeinungen gewisser jüd. Kreise der ntl. Zeit wider, die auf die Verwendung des Ausdrucks M. im NT abgefärbt haben. – Im NT ist M. nach der Darstellung der Synoptiker Selbstbezeichnung Jesu. Außerhalb der Evv. ist sie selten, Paulus verwendet sie gar nicht. In den Evv. wird sie nie als Anrede oder Aussage über Jesus gebraucht. Die Frage, ob Jesus sich selbst als M. bezeichnet hat, gehört zu den vieldiskutierten Problemen der ntl. Wissenschaft. Ein Teil der M.worte sind klare Hoheitsaussagen: Der M. hat die Vollmacht der ↗Sündenvergebung, ist Herr über den ↗Sabbat, wird auf den Wolken des Himmels zum ↗Gericht wiederkommen. Andere sind Niedrigkeitsaussagen vom M., der keinen Ort hat, sein Haupt hinzulegen, der gekommen ist zu dienen, der leiden u. getötet werden muß. Diese Ambivalenz der Aussagen hat zu der Annahme geführt, daß die M.worte nicht aus dem Mund

Jesu selbst stammen, sondern als nachösterliche Verkündigung in die Evv. eingegangen seien. Dagegen spricht die
Tatsache, daß in den urchristl. ↗Be-
kenntnisformeln dieser Titel nicht enthalten ist (wohl der Messiastitel). Weil
außerdem der jüd. Apokalyptik die Vorstellung vom leidenden M. fremd war,
ist es unwahrscheinlich, daß es sich bei
den M.worten ausschließlich um Bildungen der Urgemeinde handelt. So
scheint es, daß mindestens ein Teil der
M.worte auf Jesus selbst zurückgeht. Er
hat mit dieser Selbstbezeichnung die
bisherige Vorstellung vom M. als dem
kommenden Weltenrichter mit der des
leidenden u. sich opfernden Gottes-
knechts verbunden u. so seine Jünger
auf seine messianische Aufgabe hingewiesen. ↗Jesus, ↗Christus.   ba

Menschlichkeit. a) Für die hebräisch-
christl. Denkweise bezeichnen die Begriffe „menschlich" u. „dem Menschen
nach" zunächst einfach die Stellung des
Menschen in Kosmos u. Geschichte,
seine Fähigkeiten u. Möglichkeiten: die
objektiven u. subjektiven Bedingungen
der einzelnen Existenz. Was als „menschlich" gilt, ist also abhängig von der bibl.
↗Anthropologie im ganzen. Wie die
Auffassung vom ↗Menschen, so ist auch
die Vorstellung von M. nur dialektisch
zu beschreiben. Der Mensch ist gleichzeitig Abbild u. Hoheitszeichen Gottes
in Natur u. Geschichte (Gn 1, 27), Herr
der Schöpfung (Ps 8, 6–9) *und* das ohnmächtige, vergängliche, sündige Nichts
(Js 40, 6; Ps 39; Röm 5, 12). „Menschlich" ist demnach alles, was durch die
Spannung zwischen Würde u. Abhängigkeit, Größe u. Niedertracht des Menschen konstituiert wird. Es ist „menschlich", über die Schöpfung zu verfügen
(Gn 2, 19), frei auch über sich selbst
verfügen zu können (Röm 6, 18 f; 8, 2),
Gott zu erkennen (Röm 1, 19 f), Adressat seiner Gnade (Joh 1, 16), Zeuge u.
Gewinner der Auferstehung Jesu (1 Kor
15) u. Träger der eschatologischen ↗Zu-
kunft zu sein (1 Kor 11, 26); es ist aber
auch „menschlich", anfällig u. hinfällig,
versklavt u. unfrei zu sein (Ib 25, 6; Mk
7, 8). „Menschlich" ist somit ein anderer
Ausdruck für „kreatürlich". Daß der
Mensch Geschöpf ist, macht ihn verletz-
lich u. unzulänglich, ja bedroht ständig

sein Leben u. dessen Sinnhaftigkeit. Daß
er aber Gottes Geschöpf ist, gibt ihm
Größe u. Würde, ja die Fähigkeit, Gottes Zuwendung zu akzeptieren u. zu
beantworten.
b) Das ntl. Menschenbild ist von dem
Glauben bestimmt, daß mit der Existenz
Jesu eine neue, ↗Möglichkeit u. Wirklichkeit des Menschen verändernde Situation entstanden ist (Röm 6). Die negativen Momente treten zurück bzw.
werden dem „alten Menschen" (Röm 6,
6; Eph 4, 22) zugeordnet. Die Elemente
dagegen, die Rang u. Würde des Menschen betonen, treten als Merkmale des
↗„neuen Menschen" (Eph 2, 15; 4, 24)
in den Vordergrund des Bewußtseins.
Der neue, von Jesus u. seiner Botschaft
zu einer neuen Existenz befreite Mensch
ist auch zu einer neuen M. befähigt –
womit für ntl. Denken zugleich auch ein
neuer ethischer Anspruch geltend gemacht ist. „Menschlich" ist damit die
Chiffre für den Anspruch, die der
Würde des Menschen als des ersten
aller Geschöpfe Gottes entsprechenden
Kräfte zu mobilisieren u. in Übereinstimmung mit der Botschaft Jesu, insbesondere mit seinem Liebesgebot, einzusetzen. In dieser Gedankenfolge –
daß dem neuen Menschsein in Christus
auch ein neuer ethischer Imperativ entspricht – liegt die Wurzel für die christl.
Interpretation der M. als einem Inbegriff für den ehrfurchtsvollen, humanen ↗Dienst am ↗Bruder u. am
↗Nächsten. Auch der moderne Entwurf
eines humanen Humanismus bibl.-
christl. Herkunft u. Prägung sucht u. findet seine Begründung u. Basis in der ntl.
Anthropologie des „neuen Menschen",
der sich unter den ethischen Anspruch
seiner durch die Botschaft Jesu eröffneten Möglichkeiten gestellt sieht.   her

Menschwerdung. 1. M. Gottes: Sie ist
eine zentrale Aussage der ntl. Verkündigung: Gott ist im Menschen ↗Jesus
Christus da. In ↗Christus begegnet Gott
allen Menschen in gleicher Weise; er ist
der „Sohn Gottes", sein letzter Gesandter u. Bevollmächtigter. Wer den Sohn
sieht, der sieht in ihm den Vater; wer
Christus begegnet, der begegnet Gott.
In Jesu Tod u. Auferstehung hat sich
Gott bindend der Welt zugesagt. „Christus Jesus war in der Gestalt Gottes; er

aber glaubte, sein Gott-gleich-Sein nicht wie ein Privateigentum festhalten zu müssen; sondern er machte sich selbst arm (leer), nahm die Gestalt eines Knechtes an u. lebte im Gleichbild der Menschen" (Phil 2, 5–7). Hier wird im NT in hellenistischer Sprache etwas ausgesagt, was hellenistischem Denken schlechterdings unmöglich ist: Gott ist Mensch geworden. ↗Philo faßte dagegen die Vorstellung der Mysterienreligionen, die eine Vereinigung des Menschen mit Gott u. einen Aufstieg zu Gott kennen, in dem Satz zusammen: „Eher wird der Mensch Gott, als daß Gott Mensch wird." Das ntl. Grundbekenntnis der M. Gottes wird in verschiedenen Vorstellungs- u. Sprechweisen ausgesagt: Gottes Sohn wurde seinem menschlichen Leben nach geboren aus dem Stamm Davids; er wurde aber zum Sohn eingesetzt in (Gottes) Kraft aus der Auferstehung von den Toten gemäß des ↗Geistes der Heiligkeit (Röm 1, 3–4). Der der Sohn Gottes war, wurde als Mensch geboren; Gottes Schöpfermacht hat ihn aus dem Tod in ein neues Leben gerufen u. endgültig zum Sohn u. ↗Herrn der Welt gemacht. Dasselbe sagt der Prolog des Joh in einer anderen Vorstellungsweise: „Der ↗Logos ist ↗Fleisch geworden u. hat unter uns sein Zelt aufgeschlagen; wir haben seine Herrschermacht gesehen, die Herrschermacht des Einzig-Geborenen beim Vater" (1, 14). Die atl. Erwartung blickt auf die Zeit, wo Gott endgültig unter den Seinen wohnen wird, wo er mitten in seinem Volk unverrückbar sein Zelt aufschlagen wird. Im Menschen Jesus Christus hat nun Gott endgültig unter den Menschen Wohnung genommen. Denn in Jesus ist Gott ↗für uns da, u. er begegnet fortan nirgends sonst als in diesem Menschen u. folglich in jedem Menschen. M. Gottes bedeutet, daß Gott fortan nicht mehr an heiligen Orten, in der Natur oder im Kosmos, auch nicht in der Tiefe der eigenen Seele (griechische Mystik) begegnet, sondern in Jesus Christus, im ↗Mitmenschen, in allen zwischenmenschlichen Beziehungen u. Begegnungen. Der ↗Bruder, die Schwester, sind ↗Chance der Gottbegegnung. 2. M. des Menschen: Die M. Gottes hat

die M. des Menschen begonnen u. ermöglicht. Weil Gott Mensch geworden ist, ist es am Menschen, Mensch zu werden, menschlich u. geschöpflich zu leben. Das setzt aber voraus, daß der Mensch sich selbst u. seiner Herkunft (seinem Schöpfer) fremd ist (↗Sünde). Christus bedeutet für die Menschen die Möglichkeit, zu Gott zu kommen. Wer wie Jesus für die andern dasein will, der ist auf dem Weg zu geschöpflichem Dasein. Wem es wie Jesus vordringlich um die ↗Freiheit des Mitmenschen geht, wer sich so selbst verantwortet, indem er seinen Bruder verantwortet, der hat begonnen, in geschöpflicher Weise Mensch zu werden. Wer seine eigene Freiheit wagt, noch mehr, wer die ↗Liebe wagt, wird Mensch. Denn immer in der menschlichen Geschichte sind das Menschsein u. Geschöpfsein bedroht; der Unmensch (die Sünde) sitzt einem jeden im Genick. M. des Menschen ist von Christus her die Aufgabe der menschlichen Geschichte, insbesondere in einer Zeit, in der die eigenen Schöpfungen des Menschen diesen selbst bedrohen u. gefährden. Denn Jesus ist es um das heilen Menschen gegangen, daß er sich entfalte u. zu seinem Ursprung finde – nicht um religiöse Gesetze (vgl. Mk 2, 27). Das Ev. von der M. Gottes bedeutet: M. des Menschen ist möglich; sie ist gefordert gerade dort, wo sich dieser selbst am meisten gefährdet. Christus kommt dort zu neuem Leben, wo Menschen im Bruder Gott begegnen u. zu sich selber finden, wo Menschen ihr Menschsein, also ihre Freiheit u. die Liebe, wagen. Christus ist der Sohn Gottes, er hat es ermöglicht, daß alle zu Söhnen, Töchtern u. Erben Gottes werden. Darum ist Gott Mensch geworden, damit der Mensch Mensch werde. gr

Meriba (hebr. Hader, Zank) heißt eine hl. Quelle, die nach atl. Überlieferung in der Wüste Zin in oder bei Kadesch lag, für uns aber nicht mehr lokalisierbar ist. Der Name M. = Haderwasser weist hin auf die Auseinandersetzung, die die Israeliten hier mit Mose wegen des Wassermangels hatten, u. auf den darin geäußerten Zweifel an ↗Jahwes ↗Führung (Ex 17, 1–7; Nm 20, 1–13; Dt 32, 51). he

Mescha-Stele, in Dibon gefundener schwarzer Basaltstein, auf dem in phönizisch-althebr. Schrift vom Abfall des Moabiterkönigs Mescha von Israel nach Achabs Tod (vgl. 2 Kg 3, 4) u. seiner Bautätigkeit berichtet wird – Zeugnis damaliger Schwäche Israels.					we

Mesopotamien (Land zwischen den Flüssen), seit hellenistischer Zeit u. in der LXX Bezeichnung des oberen Zweistromlandes, d. h. des Gebietes am Mittellauf von Euphrat u. Tigris. Im hebr. AT heißt dieses Gebiet „Aram der beiden Ströme" (Gn 24, 10) u. „Paddan-Aram" (Gn 28, 2). – Im weiteren Sinne meint M. das im Norden gelegene Assyrien u. Babylonien im Süden (so auch Apg 2, 9; 7, 2). – M. war in seiner wechselvollen Geschichte von zahlreichen Völkerschaften (Sumerer, Akkader, Babylonier, Assyrer) besiedelt. Bedeutendes hat es vor allem auf kulturellem Gebiet geleistet (Keilschrift, Gesetzgebung, Literatur, Astronomie).					we

Messen hat im AT insofern eine theol. Bedeutung, als es das Gerichtshandeln Gottes bezeichnen kann (Js 34, 11; 2 Kg 21, 13). Anderseits ist seine ↗ Barmherzigkeit für Israel ohne Maß (Jr 31, 35–37). Auch im NT wird Mt 7, 1 f M. in der Bedeutung von Richten gebraucht. Nicht deshalb wird hier das ↗ Richten verworfen, weil es letztlich unmöglich ist, einen Menschen richtig zu beurteilen, sondern weil der Richtende damit dem eschatologischen ↗ Gericht Gottes vorgreifen würde. Jesus sagt nicht: Richtet oder meßt mit dem Maß der Güte, dann wird auch Gott euch einst gnädig richten, sondern: richtet überhaupt nicht! Deshalb wird in V. 2 nicht ein genaues Verhältnis zwischen ↗ Schuld u. ↗ Strafe dargelegt, sondern nur ein Zusammenhang zwischen dem Gericht Gottes u. dem Verhalten des Menschen gegenüber dem ↗ Mitmenschen ausgesprochen. Einen ähnlichen Gedanken entfaltet das Gleichnis vom großmütigen König u. dem unbarmherzigen Knecht (Mt 18, 23–35). Das Logion Mt 7, 2 b findet sich auch Lk 6, 38 b, hat aber dort wegen des anderen Zusammenhangs einen abgewandelten Sinn: Wo wir dem anderen geben, zumessen, was er braucht, wird auch Gott uns überreich beschenken.					tho

Messias, d. h. (hebr.) Gesalbter (des Herrn), a) ist seit Saul der eigentliche Würdename der Könige Israels, die nicht den semitischen Titel melek = König führen. Solange Israel Könige kannte, war dies also ein wesentlich politischer Terminus; wohl deshalb heißt der von Gott gesandte, endzeitliche Heilsbringer bei den Propheten niemals M., sondern ↗ Friedensfürst oder ↗ Menschensohn usw. Der M. schlechthin ist natürlich ↗ David, u. die späteren politischen Erwartungen Israels knüpften sich an die Rückkehr eines Herrschers wie David (↗ Messiaserwartung). M. u. Sohn Davids sind also gleichbedeutend. Im 2. Jh. v.C. wird in der Hasmonäerdynastie u. später in ↗ Qumran die M.idee auf den ↗ Hohenpriester übertragen, der M. wird zum siegreichen Priesterkönig. Seit dem Aufstand des Simon Bar Kochba (135 n.C.), den Rabbi Aqiba als M. anerkannt hatte, ist die politische M.idee im Judentum nur vereinzelt u. erfolglos lebendig geworden, sie lebt aber im jüd. Kult fort.

b) Im NT tritt der M.titel fast ausschließlich in der griech. Übersetzung Christus auf u. wird nur ↗ Jesus von Nazaret zuerkannt. Doch ist es recht unwahrscheinlich, daß Jesus selbst zu seinen Lebzeiten diesen Titel für sich in Anspruch genommen hat (↗ Messiasgeheimnis); dies muß man nach den allgemeinen Umständen wie nach dem Ausweis der synopt. Traditionsgeschichte – der Titel fehlt in der ↗ Logienquelle – annehmen, denn sonst wäre eine politische Fehldeutung der Sendung Jesu wohl unvermeidlich gewesen. Wie die Kreuzesinschrift zeigt, ist diese Fehldeutung wohl trotz der Vorsicht Jesu eingetreten. In allen ntl. Schriften ist darum das Herrschaftsmoment, das im M.titel lag, radikal entpolitisiert u. allein auf das geschichtliche Eingreifen u. Neubeginnen Gottes in Jesus bezogen worden. Jesus ist der M., weil mit ihm die Macht des Bösen gebrochen (Lk 10, 18) u. die Zuwendung Gottes u. der ↗ Neue Bund aufgerichtet wird. Doch hat diese Entpolitisierung des Herrschaftstitels bald zu seiner Entleerung geführt. Schon bei Mk wird Christus gleichbedeutend mit ↗ Sohn Gottes u. ↗ Menschensohn, Lk dient er vor allem zur Interpretation der Passion: als Auferstandener ist Jesus als M. erwiesen (vgl. die Missionspredigten der Apg). Nur Mt verbindet einen besonderen heilsgeschichtlichen Sinn mit ↗Christus = Davids Sohn: er erweist die Kirche als das neue, bessere Gottesvolk, das vom Gewalthaber über Himmel u. Erde geführt wird (Mt 28, 18). Bei Paulus u. erst recht später verliert Christus seine ursprüngliche Aussagekraft als Herrschertitel u. wird zum bloßen Eigennamen.

c) Der Hebr ist die einzige Schrift des NT, die die spätjüd. Verbindung von M. u. Hohenpriester aufgenommen u. zur Interpretation des Christusgeschehens verwendet hat. Ziel des Lebens u. Sterbens Christi ist die Heiligung der Menschen, die hier genuin jüd. als Reinigung, als Stehen u. Bestehenkönnen vor Gott verstanden wird (Hebr 9, 13.21). Jesus ist priesterlicher Herrscher u. Opfergabe zugleich, so daß durch sein Blut endgültig u. für immer der Zugang zu Gott u. das Bestehenkönnen vor ihm gesichert ist. schü

Messiaserwartung. Da die jüd. Enderwartungen immer theozentrisch waren, wurde der ↗Messias nie als selbständige Heilsperson, sondern immer nur als Repräsentant des Heilswirkens Gottes verstanden. Die verschiedenen M.en des AT knüpfen an die Gestalt ↗Davids an, der in der glorifizierenden Rückschau als idealer Herrscher gilt. Anlaß ist die Natanweissagung 2 Sm 7, die das Bleiben des davidischen Königtums verheißt. Andere, evtl. ältere Weissagungen, wie der Judaspruch Gn 49, 8 ff u. die Bileamsprüche Nm 24, werden auf David gedeutet. Für die daraus entstehenden politischen M.en geben Am 9, 11 ff u. Jr 23, 5 Beispiele. Diese Erwartungen wurden aber abergläubisch u. überheblich, Jr 7, 4 bekämpft der Prophet den Wahn, Jerusalem sei wegen des Tempels uneinnehmbar. Anlaß zu dieser Auffassung gaben wohl die Ereignisse von 701, als die Assyrer Jerusalem nicht erobern konnten, worauf die Thronfolgerweissagung Js 7, 14 messianisch aufgefaßt wurde. Mit dem Ende des Königtums kommt die M. in eine Krise, am deutlichsten sichtbar darin, daß die ganze ↗Priesterschrift keine messianischen Vorstellungen u. Über-

lieferungen kennt. Nach dem ↗Exil wird unter dem Druck der Verhältnisse die M. auf den ↗Hohenpriester übertragen, Hag 2, 20 ff u. Sach 4, 6 ff sehen in Serubbabel den Messias. Die Kriege der Makkabäer sind sowohl Ergebnis wie Verstärkung neuer M.en, es entsteht die reiche Literatur der ↗Apokalyptik. Die letzten geschichtlich bedeutenden Messiasprätendenten waren Menachem zur Zeit der Tempelzerstörung u. Simon Bar Kochba im Aufstand von 132–135 n.C. schü

Messiasgeheimnis. Unter dem Stichwort M. werden seit Beginn unseres Jh. die im Markus-Ev. begegnenden „Schweigegebote" diskutiert, die z. T. in logischer u. historiographischer Hinsicht unüberwindliche Schwierigkeiten stellen u. sich nur im Blick auf die kerygmatische Funktion der Texte in der vormarkinischen Tradition u. markinischen Redaktion verstehen lassen. Wichtig ist, daß man die Schweigegebote an die ↗Dämonen (Mk 1, 24 f; 1, 34; 3, 11 f), an geheilte Menschen (Mk 1, 44; 5, 43; 7, 36 f; 8, 26?) u. an die ↗Jünger (Mk 8, 30; 9, 32; bes. 9, 9) unterscheidet. Die Dämonen, die als Geister um Jesu übernatürliches Wesen wissen, dürfen davon nicht sprechen (obwohl sie es doch tun), weil dem Leser u. Hörer des Ev. gesagt sein soll, daß Jesus erst nach Ostern u. nur im Glauben erkannt wird. Die Schweigegebote an die Geheilten haben eine andere Funktion; sie wehren einerseits einer falschen Wundersucht u. unterstreichen anderseits (da sie durchbrochen werden) die unerhörte Macht, mit der sich Jesu Wirken durchsetzt. Die Redeverbote für die Jünger sollen Jesu Leidens- u. Auferstehungsgeheimnis wahren, „bis der Menschensohn von den Toten auferstanden ist" (9, 9). Das M. ermöglicht die Fassung eines Berichts über Jesu Wirken als „Evangelium", als glaubenfordernde Botschaft. pe

Messiaswehen, nach apokalyptischem Verständnis die Schrecken, die das Kommen des ↗Messias bzw. ↗Menschensohnes einleiten. Dazu gehören gewaltige Kriege der Völker untereinander u. Zwietracht in den Familien ebenso wie kosmische Katastrophen: Feuerregen, Verfinsterung u. Herabstürzen der Gestirne. Mit alldem erweist sich zum letztenmal die Macht „dieses ↗Äons", denn das ↗Gericht des Messias ist zugleich das „Ende der Zeiten". Die Vorstellung von den M. ist auch im NT vorausgesetzt, vor allem bei den Synopt. (Mk 13; Mt 24; Lk 21). Dabei werden aber Messias u. Menschensohn mit Jesus identifiziert. Damit werden die M. zur Zeit der Anfechtung u. Verfolgung der Christen um ihres Bekenntnisses willen, zugleich aber zur Zeit der christl. Verkündigung (vgl. die Ergänzung der jüd. Vorlage, Mk 13, 9–11: Allein der Geist Jesu, im verkündigten Evangelium gegenwärtig, kann über die Nöte der M. hinweghelfen). win

Metamorphose (griech. Verwandlung). Die M. von Göttern ist sei Homer eine geläufige Vorstellung der Antike. Besonders verbreitet ist sie in der hellenistisch-römischen Welt, die eine eigene Literaturgattung der M.n ausgebildet hat (Ovid, Apuleius). In Mystik u. ↗Apokalyptik wird der Gedanke der M. eines Menschen von irdischem zu überirdischem Sein besonders betont. In den hellenistischen ↗Mysterien geschieht diese M. durch viele Riten, die zu ↗Wiedergeburt u. Unsterblichkeit des Mysten führen. In der Apokalyptik ist die Vorstellung von einer Verwandlung in himmlischen Lichtglanz vorherrschend, auf die auch die synopt. ↗Verklärung (Mk 9, 2) hindeutet. Die paulinische Vorstellung von der M. eines Christen (Röm 12, 2; 2 Kor 3, 18) dagegen meint eine durch den Geist gewirkte Verwandlung im Leben des Christen. ri

Metapher, eine bildhafte Redeweise, bei der ein Wort nicht in dem eigentlichen Sinn, der ihm im Sprachgebrauch eignet, verwendet wird, sondern in einem uneigentlichen, übertragenen Sinn (↗Literalsinn). Bei der M. besteht eine Ähnlichkeit zwischen der Sache u. dem Bild. „Gesiegt hat der Löwe aus dem Stamme Juda" (Apk 5, 5) = Christus. Die Ähnlichkeit zwischen Christus u. dem Löwen ist die unbezwingliche Stärke. In Ps 91, 4 wird im Vorgang aus der Natur (der Vogel, der seine Jungen unter seine Flügel birgt) zum Bild für die liebende Sorge Gottes. Die M. ist ein verkürzter Vergleich, bei dem die Worte direkt übertragen werden. M.n liegen besonders da vor, wo in ↗Anthropomorphis-

men von Gott gesprochen wird (z. B. „Arm Gottes" u. a.). ba

Metaphysik. Als Ausdruck der griech. Philosophie („nach der Physik" zu lernende „erste" Philosophie bzw. Begriff für die jenseits der Gegenstände der Physik liegende Grundwirklichkeit) ist M. der Bibel fremd. Als aber der ↗Hellenismus auf sie einzuwirken begann, drangen auch metaphysische Spekulationen, zumindest die dabei verwendete Denk- u. Sprechweise, in den bibl. Bereich ein. Sowohl in der atl. Weisheitsliteratur wie in den spekulativen Gedankengängen paulinischer u. johanneischer Theologie ist M. zum gängigen Ausdrucksmittel der christl. ↗Kerygmas geworden. Die Fragen nach dem ↗Anfang, nach dem Prinzip der ↗Schöpfung (↗Weisheit, ↗Logos, ↗Geist), nach dem Ganzen der ↗Welt (↗All, ↗Fülle, ↗Vollendung), nach der ↗Ewigkeit u. nach der ↗Unsterblichkeit verraten u. neben vielen anderen deutlich das metaphysische Problembewußtsein der bibl. Theologen. Nirgendwo wird M. freilich systematisch betrieben, immer bedient man sich ihrer nur, um das ↗Neue u. Eigentliche des Ev. begreiflich u. verständlich zu machen. Seit der Zeit der Apologeten im 2. Jh., die mit Hilfe metaphysischer Kategorien die christl. Lehre zu interpretieren u. vor den philos. Denkern ihrer Zeit zu rechtfertigen versuchten, muß man bei jeder bibl. Auslegung die personal-bildhaften Kategorien des ursprünglichen Kerygmas von den späteren metaphysischen abheben, um das eigentlich Gemeinte herausarbeiten u. Menschen verkünden zu können, die der klassischen M. kritisch gegenüberstehen. hi

Metrik. Die lange Geschichte der hebr. Poesie u. die Unsicherheit, inwieweit der heutige masoretische Bibeltext des AT die ursprüngliche Aussprache wiedergibt, machen es schwierig, für das Versmaß ähnlich gültige Prinzipien aufzuzeigen wie für den ↗Parallelismus. Man schreibt heute dem alternierenden System, das die Silben zählt u. ihre Quantität wägt, weniger Wahrscheinlichkeit zu als dem akzentuierenden. Dieses legt einer Verseinheit vierzeitige Takte zugrunde, die einen anapästischen Akzent tragen; Versakzent u. Wortakzent fallen hier zusammen. Die Zeilen zählt man je nach Hebungen als Zweier, Dreier oder Vierer.　　　pa

Meuchelmörder ↗Sikarier.

Micha (hebr. wer ist wie Jahwe?), häufiger atl. Personenname. 1. Sohn Jimlas, ein ↗Prophet des 9. Jh. v.C., der gegen Achab von Israel u. seinen Angriffskrieg auf Aram-Damaskus auftrat (1 Kg 22, 4–28). – 2. Prophet aus Moreschet (Jr 26, 18), der vor dem Fall Samarias (721 v.C.) auftrat (Mich 1, 1.5–7). Da er Zeitgenosse des Jesaja war u. unweit von Tekoa, der Heimat des Amos, wohnte, ist seine geistige Nähe zu diesen Propheten nicht verwunderlich. Wie diese ist M. ganz der ↗Jahweüberlieferung verpflichtet u. findet harte Worte vor allem gegen die Oberschicht Samarias u. Jerusalems, die durch veräußerlichten Kult, durch Macht, Rechtsbruch u. Ausbeutung die sittlich-religiöse Verderbtheit u. das Elend der einfachen (Land-) Bevölkerung verursacht hat. ↗M.-Buch.
　　　　　　　　　　　　　　　　he

Micha-Buch, die sechste Schrift im ↗Zwölfprophetenbuch. Das M.-B. enthält in Kap. 1–3 Gerichtsdrohungen, 4, 1 – 5, 8 Verheißungen, 5, 9 – 7, 7 Gerichtsdrohungen u. 7, 8–20 eine abschließende Verheißung. – Der Text des M.-B. ist schlecht erhalten; außerdem ist die Sammlung der Micha-Sprüche mehrfach erweitert u. aktualisiert worden, so daß nicht immer auszumachen ist, was vom Propheten selbst stammt. Die sicher authentischen Sprüche (1, 2 – 2, 11; 3, 1–12; 4, 9.10.14; 5, 1–4.9–13; 6, 1 – 7, 1) erweisen Micha als einen der größten ↗Propheten des AT. Im Bewußtsein seiner Sendung durch Jahwe (3, 8) tritt er mutig für die Unterdrückten u. Ausgebeuteten ein (2, 2.8; 3, 1–3) u. zeigt schonungslos die Ursache des Elends seines Volkes auf: die Mißachtung des Gottesrechts durch die Mächtigen u. Reichen in Samaria u. Jerusalem, die in Wirtschaft, Gesellschaft u. Politik nur ihre Interessen verfolgen; so sind an der Tagesordnung: Enteignung (2, 1 ff; 3, 2b–4), Bestechlichkeit der Richter u. Beamten (3, 1–3.9–11; 7, 3), Gewinnsucht u. Pflichtvergessenheit der Propheten (2, 6 ff; 3, 5 ff) u. Priester (3, 11) Unbußfertiger Zionglaube (1, 5; 3, 10–12) u. kanaanisierter Kult (5, 11–14; 6, 6 ff)

führten zu falscher Sicherheit. Drum droht Jahwe Vernichtung an (3, 12; 6, 9 ff); Friede u. Heil gewährt Jahwe nur, wenn seine Bundesordnung gelebt wird, die Micha klassisch kurz formulierte: Recht tun, Liebe üben u. in Demut wandern mit Gott (6, 8).　　　he

Michael (hebr. wer ist wie Gott?), 1. Name mehrerer atl. Personen (Nm 13, 13; 1 Chr 5, 13; 2 Chr 21, 2; Esr 8, 8). – 2. Name eines Engels, der Dn 10, 13.21 „einer der ersten Fürsten" genannt wird. M. ist – in Parallele zu den Völkerengeln – der Engel Israels (12, 1). Er führt die himmlischen Heere an u. bekämpft den ↗Satan (Jud 9; Apk 12, 7 ff). Als erster Erzengel steht er immer vor Gott, bringt die Gebete der Menschen zu ihm u. seine Offenbarung zu den Menschen.　　　he

Midian(iter), Verband von Nomadenstämmen, die Gn 25, 2 auf Abraham zurückführt. Die M. sind die ältesten uns bekannten Kamelnomaden (Ri 6, 5; Js 60, 6). In der Frühzeit herrschten zwischen Israel u. den M.n gute Beziehungen (vgl. Ex 2, 15–22; 3, 1; 18). Als später die M. auf der Suche nach Weide ins Kulturland eindrangen, kam es zu Zusammenstößen mit Israel (Ri 6, 1 ff). Ihr Wohngebiet – wohl südlich von Moab auf der Sinaihalbinsel – ist wegen ihrer Freizügigkeit schwer auszumachen.　　　he

Midrasch (hebr. Forschung, Auslegung), eine Methode u. literarische Gattung der jüd. Schriftauslegung, die sich in der nachexilischen Zeit herauszubilden begann. 1. Der halachische M.: Die ↗Halacha hatte die Aufgabe, den in der ↗Tora niedergelegten Gotteswillen zu erforschen u. aus ihm Verhaltensregeln für die jeweils konkrete Situation abzuleiten. Diese Schriftdeutung entstand in den Kreisen der Priester u. Schriftgelehrten, dann auch der Laien, die sich eine besondere Lebensregel gaben (↗Qumran). Die aus der Schrift abgeleiteten Erklärungen u. Weisungen wurden in Kommentaren zur Tora u. in Kompendien gesammelt. – 2. Der haggadische M.: Die ↗Haggada ist die ausmalend erzählende homiletische Auslegung bibl. Bücher. Ihr Ziel war die geistliche Schulung u. Erbauung der Gläubigen. Diese Form der Unterweisung wurde

vor allem in der Synagogenpredigt geübt. Der haggadische M. umfaßt eine
Vielfalt von literarischen Gattungen
(Dichtung, Gleichnis, Spruch, Geschichtserzählungen, wissenschaftliche Abhandlungen u. a.). Er vermittelt tiefe Einsicht
in Religion u. Kultur des jüd. Volkes.
Die Sammlung u. Kodifizierung der
Midraschim begann im 2. Jh. n.C. in
den rabbinischen Gelehrtenschulen.   ba
Mietling, ein Taglöhner, der seine Ar-
beitskraft gegen Entgelt zur Verfügung
stellt. Joh 10, 12 f verwendet M. im Gegensatz zum Hirten als dem Eigentümer
der Schafe in negativem Sinn: auf ihn
ist im Falle einer Gefahr für die Schafe
(z. B. durch Diebe oder Wölfe) kein
Verlaß, weil ihm die Schafe nicht am
Herzen liegen. Im Zusammenhang dieser Stelle mit Jr 23, 1–4 erhält die Bildrede vom guten Hirten heilsgeschichtliche Bedeutung: Die M.e sind die religiösen Führer Israels, die das ihnen
anvertraute Volk Gottes in die Irre u.
in den Untergang führten, als die Gefahr des Abfalls u. der ↗Gottlosigkeit
drohte. Ihnen fehlte die Liebe, die
↗Jesus erfüllt, der die Seinen als guter
Hirt in Frieden u. Sicherheit bewahrt. hi
Milch u. Honig. Für einen Nomaden war
neben H. die M. von Kühen, Schafen u.
Ziegen ein lebenswichtiges Nahrungsmittel. Man bewahrte sie in Schläuchen
auf u. setzte sie als Köstlichkeit Gästen
vor (Gn 18, 8). So bedeutet es Überfülle
u. Fruchtbarkeit, wenn in Ex 3, 8 von
Kanaan als einem „Land, das von M. u.
H. überfließt", gesprochen wird. Auch
die ↗Immanuel-Weissagung Js 7 wird
so zu verstehen sein (andere sehen darin
eine Einschränkung der Nahrung in
schlechten Zeiten) (vgl. Joel 4, 18). In
1 Kor 3, 2; Hebr 5, 12 f u. 1 Petr 2, 2 ist
M. Sinnbild des Wortes in der Glaubensunterweisung.   pa
Milet, sehr alte griech. Stadt in Kleinasien an der Mäandermündung, gründete als blühende Handelsstadt viele
Kolonien. M. war berühmt wegen seiner
Philosophen (Thales), später berüchtigt
wegen seiner Verschwendung u. Sitten-
losigkeit. – Paulus war auf seiner 3. Missionsreise kurz in M. (Apg 20, 15–38). he
Minderheit. ↗Israel erfuhr sich unter
den Völkern seiner Umwelt als M. Diese
Erfahrung prägt sein Bekenntnis zu

Jahwe. Es weiß sich von ihm aus Ägypten herausgeführt, aber ständig von den
anderen Völkern bedroht u. gefährdet.
Diese Gefährdung festigt sein Bekenntnis u. weckt Erwählungsbewußtsein.
Selbst im eigenen Volk ist es immer nur
eine M., die Jahwe im Kult u. im Leben die Treue hält. Dieser M., die sich
auch als „heiliger Rest" bezeichnen
kann, gilt Jahwes ↗Verheißung. Auch
die junge ↗Kirche teilt die Erfahrung
der M., sie weiß sich von Gott als endgültig erwählt u. sieht bald zu allen Völkern gesandt. Sie versteht sich als „Salz
der Erde", als „kleine Herde" (Lk 12, 32)
oder als „Licht der Welt" (Mt 5, 14) u.
als solche zu allen Menschen gesandt.
Auch heute erfährt sich die Gemeinschaft der Christen immer mehr als M.
unter den Nichtchristen. Diese Erfahrung kann zum Ursprung des Ev. zurückführen. Christsein als M. bedeutet Hoffnung für die anderen. ↗Rest.   gr
Minuskel ↗Majuskel.
Mirjam. 1. In der ↗Priesterschrift Schwester des Mose u. Aaron (Nm 26, 59), dagegen in der älteren Überlieferung nur
Schwester Aarons (Ex 15, 20). Zu Pau-
ken u. Reigen singt sie den alten Hymnus, der Jahwes heilsmächtiges Wirken
am ↗Schilfmeer preist (15, 20 f). Wegen
dieses Liedes heißt sie wohl ↗Prophe-
tin. Als sie mit Aaron Mose wegen seiner kuschitischen Frau u. seiner (un-
berechtigten) Vorzugsstellung Vorwürfe
macht, wird sie aussätzig, auf Fürbitte
des Mose aber geheilt (Nm 12). M. stirbt
in Kadesch u. wird hier begraben (Nm
20, 1). Mich 6, 4 steht M. als Führerin
Israels neben Mose u. Aaron. – 2. Ein
Judäer (1 Chr 4, 17).   we
Mischehe, im AT Ehe zwischen Israeliten u. Angehörigen anderer Völker. Wegen der Gefahr des ↗Abfalls uner-
wünscht, wurde sie später gesetzlich verboten (Dt 7, 3). Im NT Ehe einer christl.
Frau mit heidnischem Partner (evtl. umgekehrt). Unter bestimmten Voraussetzungen war Scheidung möglich (pau-
linisches Privileg, 1 Kor 7, 12–15).   ba
Mischna (nachbibl.-hebr. Studium, Unterricht, Norm), Methode für das Studium kasuistischer Normen u. Sammlung solcher Normen (↗Halacha). Die
M. erhielt ihre hohe Autorität durch die
Ansicht, es gebe neben der ↗Tora in

der Hl. Schrift auch eine mündliche Tora von Mose her. Die M. ist der Versuch, durch Regelung auch der kleinsten Kleinigkeiten ein Handeln nach dem Willen Gottes zu ermöglichen. – M.sammlungen der ↗Tannaiten gab es ab 120 n.C. (↗Tosephta). Die wichtigste Sammlung ist die des Rabbi Jehuda ha-Nasi (um 200), die im 1. Teil des ↗Talmud Aufnahme fand.   he

Mischwesen, halb-menschliche u. halbtierische Wesen, um so die Kräfte darzustellen, die über den natürlichen Bereich hinausgehen. Weit verbreitet waren solche Darstellungen in Ägypten u. Assyrien. Die Bibel kennt den ↗Kerub (vgl. Gn 3, 24; Ex 25, 18; 1 Kg 8, 6 ff u. a.) u. den ↗Seraph (Js 6, 2) als geflügelte Wesen.   go

Mißerfolg. Die „ungerechte" Verteilung von Erfolg u. M. in diesem Leben macht den Menschen des AT zu schaffen (Ps 73; Prd 9, 11). Für den Prd ist überhaupt alles menschliche Mühen „eitel u. Haschen nach Wind". Der Psalmist (90, 17) bittet um Segen für das Werk unserer Hände in unserem kurzen Leben – wer weiß, ob Gott seine Heilsverheißungen nicht erst an einer künftigen Generation erfüllt (102, 25 ff). Erfolg u. M. können jedenfalls kein Maßstab für die Gottgefälligkeit eines Menschen sein (darum geht es in den Verteidigungsreden Ijobs). Selbst der erwählte ↗ „Gottesknecht" muß sich scheinbar vergeblich mühen (Js 49, 4). Man hielt ihn für einen von Gott Geschlagenen, u. doch sollte durch ihn der Plan Jahwes gelingen (53, 4.10). Gerade M. seines Lebens, in seinem Tode, gewann er die Vielen (V. 12) u. hatte „Erfolg" (52, 13). In ↗Jesus ↗Christus hat diese prophetische Vision ihre Erfüllung gefunden. Die Kreuzigung war das Scheitern seiner Sendung. Doch sterbend bringt das ↗Samenkorn viele Frucht. Dies ist das Geheimnis des neuen Lebens, das auch in uns wirksam ist: Im Herrn ist keine Mühe mehr umsonst (1 Kor 15, 58). ↗Kreuz.   ur

Mission. ↗Israel lebte unter den Völkern u. sagte das Lob Gottes, ohne unter die Völker hinauszugehen. In der ↗Endzeit strömen die Völker von selbst zum Gottesberg u. suchen die Begegnung mit dem Gotte Jakobs, weil er seine Herrlichkeit in Israel gezeigt hat.

Jesaja und Jeremia sind Propheten „für die Völker". Der Anstoß zur M. ging von der jüd. ↗Diaspora aus, die in der hellenistischen Welt eine rege Werbetätigkeit entfaltete. Für das 1. Jh. n.C. schätzt man die Zahl der Juden im Römischen Reich auf 4,5 Millionen. Wer sich zur Befolgung der jüd. Grundgebote verpflichtete (Sabbat-, Speisegesetze, sittliche Weisung), galt als Gottesfürchtiger. An solcher M. hat ↗Jesus scharfe Kritik geübt (Mt 23, 15). Sie ist eigenmächtige Vorwegnahme der Sammlung der Völker durch Gottes Tat. Die Sendung der „Zwölf" u. der „Siebzig" hat mit Heiden-M. nichts zu tun. Sie richten sich an ganz Israel, dem zuerst (Röm 1, 16) die Nachricht von der Proklamation des ↗Neuen Bundes gilt. Wegen des Endes des alten ↗Äons ist Jesus zu Israel gesandt. Erst der Gehorsam Israels sollte die Völker anschließen. Israel verwirft Jesus u. damit sich selbst. Das ↗Kreuz ist die Begründung der M., das ↗Gericht „für viele" (Mk 14, 24), in dem Gott mit der ganzen Welt handelt (Joh 11, 52).

Alle Berichte des NT stimmen mit der Tatsache überein, daß die ↗Jünger Jesu nicht von sich aus dazukamen, die frohe Botschaft von Jesus, d. h. von seiner ↗Auferstehung u. Erhöhung, ihren jüd. Brüdern mitzuteilen, geschweige denn, das Ev. über den Rahmen Israels hinaus zu den Heiden zu tragen. Es war der Auferstandene selber, der den Befehl zur M. gab. Dieser Befehl ist bei Mt Höhe- u. Zielpunkt des ganzen Ev. Voraussetzung der M. ist also der erhöhte Herr, anwesend in seinem vollmächtigen Tatwort. Paulus wird auf dem Weg nach Damaskus zum „auserwählten Werkzeug" (Apg 9, 15) des ↗Wortes Gottes an die Heiden. So erfüllt sich in ihm die Botschaft des Deuterojesaja. Lk markiert den Tod des Stephanus als die „Öffnung" der Kirche u. als Wende der urkirchlichen M. Die aus Jerusalem Vertriebenen verkündeten spontan das Ev. in Samaria, Galiläa u. Antiochia. Neben die spontane Verkündigung setzte die antiochenische Gemeinde als erste Gemeinde die zielbewußte M. (Apg 13, 1–3).

Solche M. bewahrt die Gemeinde Christi vor der Gefahr des Rückfalls in eine

jüd. Sekte. Solche M. macht es unmöglich, das Christentum als eine neue Gnosis in die Welt der Religionen einzuebnen. Akt u. Inhalt der M. decken sich. Das Ev. ist in keiner Weise ablösbar von dem Akt seiner ↗Verkündigung. „Wehe mir, wenn ich das Ev. nicht verkündigte" (1 Kor 9, 16). wi
Die Kirche durchforscht in der gegenwärtigen Phase der Erneuerung kritisch auch ihr M.s-Verständnis u. versucht, einerseits im Geist der urkirchlichen M.s-Tätigkeit, andererseits getragen von weltanschaulicher Toleranz im Sinn der ↗Religionsfreiheit ihre M. auf eine neue, dialogische, partnerschaftlich-brüderliche Basis zu stellen. Man will nicht mehr Mitglieder sammeln, Menschen ab- bzw. anwerben u. um jeden Preis „bekehren", sondern versucht, das Christentum zu bezeugen u. zu leben u. die Heilsbedeutung Jesu Christi jedem gegenüber faßbar zu machen. Dieser missionarische Elan steht hinter den Neuerungsbestrebungen u. Reformen, hinter den kritischen Bestandsaufnahmen u. Anpassungsversuchen, hinter der ↗Entmythologisierung u. ↗Entsakralisierung ebenso wie hinter allen „Übersetzungs"-Versuchen der Theologie u. Verkündigung. Wie zur Zeit des Paulus gilt auch heute sein M.s-Grundsatz: „Allen bin ich alles geworden" (1 Kor 9, 22). ↗Einladung. hi
Mißverständnisse. Im ↗Johannes-Ev. begegnen Worte u. Taten Jesu dem M. der Menschen (11mal ausdrücklich; öfter in der Erzählung vorausgesetzt). Jesus bietet der Samariterin lebendiges Wasser an u. meint den in der Taufe geschenkten ↗Geist; die Frau mißversteht, er spräche von irdischem Quellwasser (4, 10–15). Ebenso verstehen nach der Brotvermehrung die Juden Jesu Gabe als irdisches Wunderbrot u. nicht als Zeichen der Gabe, die Jesus selbst für die Welt ist (6, 14 f. 26 f. 35). Grund der M. ist das Nichterkennen Jesu als vom Vater gesandt (4, 10; 6, 42; vgl. 3, 31). Ihr Thema ist der ↗Glaube: Während das Verlangen der Menschen auf irdische Güter geht, erkennt der Glaube, daß der erhöhte Jesus durch seinen Tod selbst Gabe ist, auf die irdische Taten u. Worte nur verweisen. Formal drückt der Evangelist die dem Glauben auf-

gegebene Wende dadurch aus, daß er der Umgangsbedeutung von Worten u. Handlungen jenen Sinn gegenüberstellt, den sie in Leben u. Sprache der frühen Kirche gewonnen haben. sm
Mitarbeiter. Nach der Vorstellung u. Verkündigung der Bibel arbeitet Gott an einem „Werk". Schon nach den beiden atl. Schöpfungsberichten ist die ↗Schöpfung Gottes Werk u. Handarbeit. Wie ein Töpfer arbeitet, so bildet Gott den Menschen aus Ton (Gn 2, 7). In der Sprache der Bibel arbeitet Gott; er pflanzt einen Weinberg (das Volk ↗Israel), er führt Kriege, verzeichnet Siege u. Niederlagen. Das endgültige u. letzte Werk hat Gott in ↗Jesus ↗Christus begonnen; es will die Schöpfung zum Ziel bringen u. vollenden. Gott hat Christus aus dem Tod erweckt, u. er hat ihn zum ↗Herrn der Welt eingesetzt; dieses Werk wird in der menschlichen ↗Geschichte fortgeführt, konkret dort, wo sich Menschen auf Christus einlassen. So wird Röm 14, 20 ein Getaufter, der Christus nachfolgen will, das „Werk Gottes" genannt. Die Christen in Rom werden aufgefordert, einen Mitchristen nicht wegen verletzter Speisevorschriften zu verurteilen u. zu zerstören, denn das würde bedeuten, das „Werk Gottes" zerstören. Gott hat in dem Christen ein „gutes Werk" begonnen, u. er ist daran, dieses Werk weiterzuführen u. es zu vollenden auf den Tag Christi zu (Phil 1, 6). Dieses Werk Gottes wächst weltweit dem „Tag Christi" entgegen; es wächst überall dort, wo die ↗Liebe unter Menschen wächst (vgl. V. 9); es bereitet den Tag Christi vor, u. es wird selbst, wenn es vollendet ist, der Tag Christi sein (vgl. V. 10). Nur wächst dieses Werk nicht selbst, nicht Gott allein betreibt es; er hat es begonnen; nun muß es der Mensch weiterführen; er muß dort weiterbauen, wo Gott in Jesus Christus den Grundstein gelegt hat (1 Kor 3, 11). Menschen, die sich auf Christus einlassen, sind „↗Hausbau Gottes", „Gottes Ackerfeld" (V. 9). Sie sind zugleich, wie der Apostel selbst, „Gottes M." Denn sie müssen selbst auf dem gelegten Grundstein (Christus) weiterbauen. Sie müssen in ihrem Leben das entfalten, was Christus begonnen u. ermöglicht hat. So müssen sie

an Gottes Hausbau, der sie selber sind, mit ausgesuchten u. haltbaren Steinen weiterbauen. Denn sie sollen zu Gottes endgültiger Wohnstätte werden, zum neuen „Gottestempel". Provisorisch ist Gott schon in diesen Neubau eingezogen, denn sein ↗Geist wohnt schon in denen, die im Bereich Christi leben wollen. Nachdem Paulus sehr lange vom Auferstehungswerk Christi gesprochen hat (1 Kor 15), mahnt er die Christen, reichlich am „Werk des Herrn" mitzuarbeiten (V. 58); sie wissen, daß ihre ↗Mühe nicht umsonst ist, sondern ein ganz bestimmtes Ziel hat. In seiner Auferstehung hat Christus Gottes „neue Schöpfung" begonnen; diese muß nun unter den Menschen Gestalt annehmen. Es geht darum, daß alle Menschen in die neue Dimension Christi, in die neuen Möglichkeiten des Menschseins, einbezogen werden; daß alle Welt zur Auferstehungswirklichkeit werde (vgl. V. 25–28). Wo einer liebt, wo einer ↗Verantwortung kennt u. die ↗Freiheit des andern ermöglichen hilft, wo es ihm um ↗Frieden u. ↗Gerechtigkeit geht, dort ist er im M. Gottes. Der ist M. Gottes u. Christi, wer Gott weltlich dient u. am ↗Reich Gottes baut, wer seine Freiheit wagt u. auf ↗Zukunft hin lebt, wer sein Leben annimmt u. die ↗Menschwerdung des andern ermöglicht, der im ↗Mitmenschen Gott begegnen will (↗Praxis des Ev.). Mitarbeit am Werk Gottes bedeutet nicht Mitarbeit an der Ermöglichung des Heiles – diese ist allein das Werk Christi –, sie bedeutet Verwirklichung u. Fortführung dessen, was Christus begonnen hat.

gr

Mit Christus. ↗Paulus beschreibt die Stellung Christi im Handeln Gottes u. seine Bedeutung für den erlösten Menschen oft mit präpositionalen Wendungen. Neben den Formeln ↗durch Christus u. ↗in Christus betont „mit Christus" die personale ↗Gemeinschaft. Es finden sich zwei Gruppen von Aussagen: 1. Texte, die von der Gemeinschaft m. Ch. bei seiner ↗Wiederkunft oder nach dem persönlichen Tod (nur Phil 1, 23) sprechen. 1 Thess 5, 9 f sagt Paulus vom Verhältnis des Geschicks der bei der Wiederkunft Lebenden zu dem der schon Gestorbenen: „Gott hat uns nicht

zum Zorn bestimmt, sondern zur Erlangung des Heils durch unseren Herrn Jesus Christus, der für uns gestorben ist, damit wir, ob wir wachen oder schon entschlafen sind, (alle) zusammen mit ihm leben werden." – 2. Texte, die von einer sakramentalen Gemeinschaft m. Ch. u. deren Auswirkung im gegenwärtigen Leben sprechen, vor allem von der Gleichgestaltung mit seinem ↗Kreuz u. seiner ↗Auferstehung (vgl. Röm 6, 3 bis 11). Paulus scheint die eschatologisch orientierte Aussagereihe in der Verkündigung der Kirche schon vorgefunden zu haben, während die der sakramentalen Gemeinschaft in Zusammenhang mit seiner eigenen Theologie der ↗Taufe steht. Beide sind dadurch verbunden, daß der einzelne in der Taufe schon vorweg in die neue Schöpfung aufgenommen wird, an dieser Anteil zu haben aber Frucht des Taufgeschehens ist. Grundlegend für beides ist Gottes Handeln in Christus ↗für uns (vgl. oben 1 Thess 5, 10), d. h. Tod u. Auferstehung Jesu. Dadurch ist die Situation der Welt schon gewendet u. Jesus der ↗Herr, wenn auch diese Wende erst zu ihrer vollendeten Offenbarung kommt in der Wiederkunft. In dieser (der ntl. Verkündigung allgemeinen) Spannung zwischen „schon" u „noch nicht" steht auch die Verkündigung der Gemeinschaft m. Ch.: Sie ist schon wahr in der Gegenwart. In der Taufe ist der Christ in sie eingetreten. Sein Leben ist schon eschatologische Existenz. Das wird anschaulich in der Gleichgestaltung mit dem Tod wie mit der Macht des Lebens Jesu Christi (vgl. 2 Kor 13, 4). Diese Gleichgestaltung ist nicht einmalig u. statisch, sondern ein dynamischer Lebensprozeß, wie die zahlreichen (14) „mit"-Komposita zeigen. Es gibt eine ausgedehnte Diskussion, wie diese sakramentale Gemeinschaft zu denken sei; näherhin darüber, in welchem Maß sie von den hellenistischen ↗Mysterien beeinflußt ist, bei dem der Eingeweihte Anteil am Schicksal u. an der Kraft seines Gottes erhält. Daß solche Vorstellungen die Sprache des Paulus mitbestimmt haben, ist wahrscheinlich. Deren Hauptmotiv aber ist der Glaube an den lebendigen u. erhöhten Herrn. In dessen Auferstehung hat die ↗neue Schöpfung so

begonnen, daß nunmehr jede gegenwärtige u. zukünftige Gemeinschaft mit
Gott Gemeinschaft m. Ch. ist. Paulus ist
voll Verlangen nach der noch ausstehenden Offenbarung dieser Gemeinschaft.
In ihr wird sich der in der Taufe begonnene Lebensprozeß der Gleichgestaltung m. Ch. zur Gleichgestaltung mit
seiner ↗Herrlichkeit vollenden. Die
Kraft dieses Verlangens u. der personale
Charakter der „Mit Christus"-Aussagen
machen sie zu wichtigen Zeugnissen
christl. ↗Hoffnung (vgl. noch Kol 3, 3 f).
In der gegenwärtigen Krise der überkommenen eschatologischen Vorstellungen vermag die Hoffnung, m. Ch. zu
sein, wenn man sie nicht individuali-
stisch einengt, das in jeder Vorstellung
Gemeinte gültig festzuhalten.   sm

Mithras (Mithra), eine indo-arische Gott-
heit, die bei den Iranern vom Gott des
Vertrages an die Spitze der Götter als
Sonnengott rückte. Nach der Zerstörung
des Persischen Reiches vermischte sich
der M.glaube mit der hellenistischen
Religion zum M.kult. Der M.kult sym-
bolisiert in der Tötung eines Stieres die
Tötung des kosmischen Urstieres durch
M., die das Bringen der vegetativen
Fruchtbarkeit bewirkt. Die Mysten er-
hoffen auf Grund der Himmelfahrt des
M. einen Astralleib für das Jenseits.
↗Mysterien.   do

Mitmensch (Mitmenschlichkeit). Mitmenschlichkeit als Mitsein ist für das
vorindividualistische Denken der Antike
u. damit auch der bibl. Welt eine so
selbstverständliche Determinante des
menschlichen Lebens, daß darüber gar
nicht begrifflich reflektiert wird. Obgleich also der Begriff Mitmenschlichkeit fehlt, ist die Sache in AT u. NT
nahezu allgegenwärtig. Weder die atl.
u. ntl. Anthropologie (↗Menschlich-
keit) noch die jüd. u. christl. Ethik können ohne die Mitmenschlichkeit als Voraussetzung u. Bedingung menschlich-
geschöpflicher Existenz gedacht werden.
Das Lv 19, 18 formulierte, Mk 12, 31 par
wiederholte, Röm 13, 9; Gal 5, 14 u.
Jak 2, 8 bekräftigte u. in seinen Konsequenzen erörterte Gebot der Nächstenliebe setzt die Erkenntnis der „onto-
logischen Bedingung Mitmenschlichkeit"
in einen ethischen Imperativ um. Damit ist zugleich gesagt, daß für das bibl.

Denken die Basis eines jeden ethischen
Handelns in der Mitmenschlichkeit zu
suchen ist. Das bedeutet: die Nächstenliebe hat partnerschaftliche, intersubjektive Strukturen, sie macht den Nächsten
nicht zum Objekt oder Anlaß ethischer
Wertverwirklichung, sondern versteht
auf Grund der Mitmenschlichkeit ihr
Engagement als Solidarität mit dem, der
Hilfe braucht. Die Beispielerzählung
vom barmherzigen Samariter (Lk 10,
25–37) arbeitet mit großer Sorgfalt die entscheidenden Akzente der
Solidarität heraus: Der aufmerksame
Mensch, der auf die Situation zu antworten imstande ist, wird dem Hilfsbedürftigen zum ↗Nächsten (Lk 10, 36),
wird ihm auf Grund der Situation u. auf
Grund seiner Offenheit zum M. Er er-
ledigt nicht den „Bedarfsfall" so gut u.
so schnell wie möglich, zieht sich nicht
so bald wie möglich aus der „Affäre":
„Am andern Tag zog er zwei Denare
heraus, gab sie dem Wirt u. sagte: sorge
für ihn, u. was du darüber hinaus auf-
wendest, bezahle ich dir auf dem Rückweg" (Lk 10, 35). Der Helfende bleibt
also über die erste Hilfe hinaus zur Verfügung, er versteht seine Hilfe als ↗Ver-
antwortung. Die Kategorie mitmenschlicher Verantwortung ist über Lk 10,
25–37 hinaus der Schlüssel zu allen übrigen Implikationen ntl. Ethik. Nicht die
Einhaltung der Gesetze, nicht die Anerkennung von sozialen u. religiösen
Tabus, sondern allein die mitmenschliche Verantwortung – die nicht gegen
die Verantwortung gegenüber Gott aus-
gespielt werden kann, ohne die Grundlagen bibl. Denkens zu verlassen, vgl.
u. a. Joh 4, 20 – verlangt ↗Gehorsam
gegen Gottes Willen (vgl. Röm 13, 9;
Gal 5, 14). Deshalb tritt das Solidaritäts-
gebot an die Stelle des Gesetzes. Vor
dem religionsgeschichtlichen Hintergrund der pharisäischen Gesetzeserfüllung als Beobachtung unzähliger Einzelvorschriften bedeutet dies nicht nur eine
Konzentration der ethischen Kräfte, sondern auch eine Reduktion der Verhal-
tensnormen auf die Schlüsselnorm der
Mitmenschlichkeit, die nun als neues
Gesetz das Leben bestimmen soll – nicht
als äußeres Gesetz, sondern als innere
Motivationsstruktur, nicht als ↗Buch-
stabe, sondern als ↗Geist. Wenn im NT

Einzelgebote genannt werden (z. B. Mt 19, 19), dann sind sie immer abhängig gemacht vom „größten Gebot" u. auf die Grundhaltung rückbezogen, die „des Gesetzes Erfüllung" ist u. „dem Nächsten nichts Böses tut" (Röm 13, 9). Das Zentrum der Verkündigung Jesu, die sog. ↗ Bergpredigt, erweist diese ethische Konzentration als Konkretisierung u. zugleich als Radikalisierung („ihr habt gehört . . ., ich aber sage euch") bis zur äußersten Konsequenz, dem Gebot der ↗ Feindesliebe. Konstitutiv für die Mitmenschlichkeit der atl.-ntl. Ethik ist schließlich die Vorstellung, daß das Gebot der Nächstenliebe weder ein Gefühl noch abstrakt eine „Weltanschauung" meint, sondern ein Handeln (↗ Praxis). Den Nächsten „lieben" heißt: hilfreich u. gut an ihm bzw. für ihn handeln (Jak 2). Diese Feststellung impliziert nicht nur das individualethische Tun „von Mensch zu Mensch", sondern auch die sozialen, also die gesellschaftlichen u. politischen Dimensionen der mitmenschlichen Verantwortung.   her

Mitte des Evangeliums. Das ↗ Evangelium ist Gottes endgültige ↗ Botschaft von ↗ Jesus ↗ Christus, die allen Menschen ↗ Heil zusagt. Diese Botschaft ist derart, daß in ihr Jesus Christus, u. in ihm letztlich Gott, selbst zu Wort kommt. Ev. ist nicht bloß Botschaft; es ist ein Ereignis, nämlich Gottes Heilshandeln an den Menschen, das er in Jesus Christus begonnen hat. Das Geschehen des Ev. ist von Christus her weiterhin im Gange in der ↗ Geschichte der Menschen. Es nimmt Gottes ↗ Zukunft vorweg, es eröffnet dem Menschen seine endgültigen ↗ Möglichkeiten, es ist Vorausnahme des ↗ Vollendeten u. des Bleibenden. Das Ev. geschieht überall dort, wo Christus geschieht. So ist die eindeutige M. d. Ev. *Jesus Christus* als der Sohn u. letzte Bote Gottes. Er ist der eigentliche u. einzige Inhalt dieser Botschaft. Er wird verkündet als der „Sohn Gottes", der, aus dem Stamme Davids geboren, Mensch wurde, der aber zum ↗ Sohne Gottes erweckt wurde, in Macht nach dem ↗ Geist der Heiligkeit, der aus den Toten auferstand u. unser ↗ Herr geworden ist (Röm 1, 3–4). ↗ Kreuz u. ↗ Auferstehung Jesu sind also näherhin der zentrale Inhalt

des Ev.: „Christus ist für unsere Sünden gestorben gemäß der Schrift, er wurde begraben, er ist auch erweckt worden am dritten Tag gemäß der Schrift" (1 Kor 15, 3–4). Was M. d. Ev. ist, wird am deutlichsten in Jesu Tod u. Auferweckung ausgesagt. Was Jesus lebte, lebte er für die anderen; was er war, war er in ↗ Stellvertretung der Menschen; was er tat, tat er im voraus für die Menschen. Er kam für uns in den Tod, er nahm die menschliche ↗ Selbstentfremdung auf sich, er starb „für unsere ↗ Sünden". Dies wurde nach Ansicht des NT in den Schriften des AT vorausverkündet u. erwartet; sein Leben wurde ausgelöscht u. er begonnen hatte, begraben. Doch am Tag der Entscheidung (↗ Drei) zwischen Heil u. Unheil hat Gott ihn auferweckt. Das, was er gelebt hat u. was er gestorben ist, hat Gott als neue Dimension für alle Menschen aufgetan. Sein Kreuz erwies sich als neues Leben. Christus wurde zur endgültigen Möglichkeit des Mensch- u. Geschöpfseins. Er wurde zur neuen Dimension der ↗ Welt, die im ↗ Werden ist; Gott hat zu diesem Werden ja gesagt, u. es sind fortan nicht mehr das Vergehen u. der ↗ Tod das Letzte. Jesus ist zu einem neuen leiblichen Dasein gekommen, ist leiblich auferstanden. Er lebt leiblich weiter in denen, die sich auf ihn einlassen. Er gewinnt Gestalt in allen, die wie er für die andern dasein wollen. Eine andere ↗ Formel im NT lautet auf ähnliche Weise: „Er enteignete sich selbst, nahm Knechtsgestalt an, wurde Mensch u. teilte in allem das menschliche Leben; er war gehorsam bis zum Verbrechertod am Kreuz. Deswegen hat Gott ihn erhöht . . ." (Phil 2, 5–11). Jesus ging, seinem ↗ Vater gehorsam, den Weg menschlicher Selbstentfremdung nach; er starb als Verbrecher, er wurde zum Ding, zu einer leblosen Sache. Doch Gott hat ihn aus dem Tod herausgerissen, er hat ihn erhöht, er hat ihn zum Herrn gemacht über alle Menschen. Der Auferstandene ist fortan Weg u. Ziel für alle; er will über alle „herrschen", d. h., er will mit seinem Dasein alles menschliche Leben ausfüllen, bestimmen u. einholen; er will das Menschsein vollenden. Er will die ↗ Herrschaft Gottes in der Welt heraufführen (1 Kor 15, 25–28). Christus ist die endgültige Möglichkeit für den Menschen, dem Schöpferauftrag Gottes gehorsam zu werden u. mit sich selbst einig zu werden.

Jesu Dasein für die anderen, sein Sterben für uns, sein Auferstehen uns voraus sind das eigentliche Ereignis des Ev. Dieses begann in Christus, u. es ereignet sich in der menschlichen Geschichte weiter. Wo Menschen erfüllt u. frei leben, dort geht Gottes ↗Menschwerdung weiter, dort lebt Christus leiblich fort. So gibt es auch in den Strukturen des ↗Christseins eine Mitte u. eine Peripherie. Diese Mitte ist das, was Jesus gelebt hat u. was er gefordert hat; sein Leben als ↗Chance u. Auftrag ist darum auch die Mitte des Christseins. Diese hält sich in der Geschichte des Menschen durch. Sie ist das Gültige u. das Bleibende. Freilich muß diese Mitte des Christseins für den geschichtlich lebenden Menschen jeweils neu übersetzt werden. Es muß ständig nach einer neuen Sprache gesucht werden, um die M. d. Ev. als ↗Einladung weitersagen zu können. Alles, was in der Bibel, speziell im NT, gesagt wird, ist von dieser M. d. Ev. her zu verstehen u. bekommt allein von ihr her ihr Gewicht u. ihre Bedeutung. ↗Glaubensformeln. gr

Mittler. Religionsgeschichtlich: Der M.begriff ist eine der zentralen Religionsvorstellungen, die von dem Geheimnis ↗Gottes u. des ↗Heiligen her verständlich werden. Wenn „Gott" Bezeichnung der numinosen oder transzendentalen Wirklichkeit ist, dem direkten, empirischen Zugriff unzugänglich bleibt, bedarf es religiös Begnadeter, die trotzdem den Zugang ermöglichen können. Was der einfache Mensch nicht kann, vermittelt ihm der mit göttlicher Kraft begabte M. Wer dem M. ehrfurchtsvoll vertraut, erhält durch ihn Zugang zu Gott u. über ihn Anteil an göttlicher Hilfe, die er in seinen Nöten braucht. Sobald die magische Religiosität überwunden war, suchte man nach dem *einen* M., der über alle menschlichen Möglichkeiten hinaus den endgültigen Zugang zu Gott verschafft.

1. M. im AT: Die M.schaft der Priester im Volke Israel wird in doppeltem Sinn verstanden: „nach oben" vertreten sie das ↗Volk Gott gegenüber, „nach unten" vermitteln sie Gottes Gnade (durch Opfer, Gebete, Gesänge) u. Schutz im genauen Einhalten der vorgeschriebenen kultischen Ordnungen (vgl. Lv 8; 17, 21 u. ö.). Neben dieser institutionalisierten Form des M.tums waren es vor allem die großen Männer der Urzeit Israels, die im ↗Bund mit Gott M. seines ↗Erbarmens u. seiner ↗Verheißungen waren u. den Glauben an den einen Gott weitergaben: Noach (vgl. Gn 9, 9–17), Abraham (vgl. Gn 18, 22 ff), die Richter (vgl. Ri 2, 18) u. die Könige (vgl. 1 Sm 10, 1 ff). Mit zunehmender Verweltlichung des Königtums u. Ritualisierung des Priestertums übernahmen die ↗Propheten die Funktion der M. in Israel. Sie waren ↗Charismatiker (vgl. z. B. Jr 1). Auch ihr M.dienst ist zweiseitig: einmal leisten sie Fürbitte bei Gott (Jr 7, 16) u. treten für die anderen bei ihm ein (1 Kg 17, 20), zum anderen vermitteln sie die ↗Offenbarungen Gottes an das Volk (Jr 2, 1 f) u. werden so zu den eigentlichen Lehrern u. Glaubensführern. Besonders ↗Mose gilt in diesem Zusammenhang als *der* M. des Gotteswillens (↗Gesetz), als Höhepunkt der mittlerischen Verbindung zwischen Gott u. dem Volk (Dt 5, 5 ff). Sein Ansehen steigert sich noch durch die Gesetzesfrömmigkeit der spätjüd. Zeit (↗Rabbi) u. verdeckt für die gesetzesgläubigen Juden die Erwartung des ↗Gottesknechtes u. des ↗Messias. Daneben gewinnen aber auch die Vorstellungen von ↗Engeln als M.n des göttlichen Ratschlusses (Tob 12, 14 f) größere Bedeutung. Auch die fast selbständige Wirksamkeit des ↗Wortes Gottes, der ↗Weisheit u. des ↗Geistes haben vermittelnde Bedeutung, da sie Menschen durch göttliche Kraft dazu befähigen, M. zu sein. Dieser Überblick läßt erkennen, welche Bedeutung der M.gedanke im AT hat, zeigt aber auch, wie eng dieser Vorstellungskomplex mit anderen Religionen verwandt ist.

2. M. im NT: Die vielfältigen M.vorstellungen des AT sind im NT auf Jesus ↗Christus konzentriert: „Es ist ein Gott u. ein M. zwischen Gott u. den Menschen: Christus Jesus, der Mensch, der sich selbst zum Lösegeld für alle dahingegeben hat" (1 Tim 2, 5 f). Darin läßt

sich deutlich eine Erfüllung der atl. Sicht des M.tums erkennen: Jesus Christus ist als der ↗Hohepriester nach der Ordnung des Melchisedek (Hebr 6, 20; 8, 6), als Prophet (Joh 1, 18), Messias (Mt 16, 16) u. Gottesknecht (Mt 16, 21), als neuer Mose (Hebr 3, 3) „M. eines ↗Neuen Bundes" (Hebr 9, 15), der dem ↗Alten gegenübergestellt wird, d. h. einen entscheidenden Schritt nach vorn bedeutet. Im ↗Hebräerbrief wird dies geradezu thematisch, hier wird mit deutlicher Verwendung hellenistischer M.vorstellungen (↗Opfer, ↗Sühne) eine Theologie des M.tums entworfen. Jesus Christus ist der auf Grund seines ↗Gehorsams zu Vollendung gelangte Sohn u. Erlöser, der „für alle, die ihm gehorchen, zum Urheber ewigen Heiles" (Hebr 5, 9) geworden ist. In diesem Gedankengang gründen die lobpreisenden Aussagen über Jesus als der Rekapitulation des Universums (Eph 1, 10), als ↗Haupt der Kirche (Eph 1, 22), Urgrund der Schöpfung u. Erstgeborener von den Toten (Kol 1, 14–20). Der Weg zu Gott führt deshalb nicht mehr über das Gesetz des M. Mose oder über die religiösen Riten der Priester, über die Zugehörigkeit zum Volk Israel oder über die künftige Verwandlung, sondern über Jesus Christus: „Dies ist der neue, lebenbringende Weg, den er uns durch den Vorhang, d. h. durch sein irdisches Leben, hindurch erschlossen hat" (Hebr 10, 20). Dies bedeutet die Wende aller bisherigen Erwartung u. aller religiösen M.versuche. Von hier aus ist jede Religion im bisherigen Sinn überholt, hier ist das Ende des religiösen Priestertums u. des gottgegebenen Gesetzes. Das Heil geschieht einzig im ↗Glauben an den Herrn Jesus Christus, der „Weg, Wahrheit u. Leben" im exklusiven Sinn geworden ist (Joh 14, 6).

Das Christentum bedarf als geschichtliche Größe der bleibenden personalen Vermittlung der Verkünder, Amtsträger, Theologen, Gläubigen usw. Die überragende M.stellung Jesu Christi ist darin bleibend aktuell, daß sein neues Selbst-, Welt- u. Gottesverständnis das Menschsein auf eine neue Basis stellt u. vollgültig aktiviert.   hi

Mizpa (hebr. Warte), mehrere im AT erwähnte Orte, u. a.: 1. frühisraelitischer Versammlungsort in Benjamin (Ri 20 f; 1 Sm 7, 5 ff; 10, 17), später Grenzfestung (1 Kg 15, 22) u. Stätte eines großen Bittgottesdienstes (1 Makk 3, 46). – 2. Heiligtum u. Siedlung im Ostjordanland (Gn 31, 49; Hos 5, 1).   he

Moab (Moabiter), ein den Israeliten verwandtes Volk (vgl. Gn 19, 30–38), das im Ostjordanland die fruchtbare Hochebene zwischen dem Toten Meer u. der syrisch-arabischen Wüste, dem Arnon u. dem „Weidenbach" (Js 15, 7) bewohnte. Wohl im 13. Jh. v.C. eroberte M. das von Emitern (Dt 2, 10) besiedelte Land. M. versuchte immer wieder, sein Gebiet nach Norden zu erweitern (Nm 21, 26), worunter vor allem die Stämme Gad u. Ruben zu leiden hatten; es griff aber auch auf westjordanisches Gebiet (Jericho) über (Ri 3, 12–30). So kam es zwischen Israeliten u. M. mehrfach zu Kriegen. Saul bekämpfte es (1 Sm 14, 47), aber erst David machte es tributpflichtig (2 Sm 8, 2). Nach der Reichsteilung blieb M. bis zum Tode Achabs Israels Vasall, fiel dann aber von ihm ab u. weitete seine Gebiete wieder nach Norden hin aus. Die dauernden Auseinandersetzungen mit M. sind der Hintergrund der prophetischen Drohreden gegen M. (Js 15; Jr 48). Im 8. Jh. v.C. verlor M. seine Unabhängigkeit. Als Götter verehrte es Kemos, Baal-Peor (Nm 25, 1–5) u. Aschtar.   we

Mobilität. M. meint sowohl geistige u. überzeugungsmäßige als auch soziologische Beweglichkeit u. Bewegung. Bibl. Denken entstammt dem Leben eines Nomadenvolkes, genauer verschiedener Nomadenstämme. Deswegen ist Jahwe kein ortsgebundener Gott, er begleitet vielmehr sein Volk in allen seinen Wanderungen u. Wandlungen. Das älteste atl. Glaubensbekenntnis bekennt Jahwes Führung aus Ägypten. ↗Israel erfährt seinen Bundesgott immer auf dem Weg, auf Wanderschaft, in Bewegung. Jahwe führt u. leitet sein Volk, die ↗Bundeslade ist dafür Zeichen. Er ist der Herr der menschlichen ↗Geschichte. So wird ↗Abraham aus seiner Heimat fortgerufen in ein fremdes Land; im Auszug erfährt er Gottes ↗Nähe. Abraham gilt den Christen als der Vater des ↗Glaubens (Röm 4, 1 ff), seine Situation des ↗Auszugs u. der ↗Wüste ist die Situation des gläubigen Menschen. Wer sich auf Jesu Botschaft einläßt, ist auf den ↗Weg geschickt, er weiß die Richtung, aber nicht mehr. Jesu Forderungen müssen experimentiert werden (↗Freiheit, ↗Liebe, ↗Praxis). Glaube bedeutet M. Vom Ev. her ist der Christ offen für je neue Begegnung; er ist wach u. hellhörig für die Aufgaben u. Anforderungen seiner jeweiligen Situation. Der Christ experimentiert seinen Glauben dort, wo der Mensch seiner Umwelt u. er selbst am gefährdetsten sind. Der Christus nachfolgt, kann sich nicht auf feste Positionen verlassen, er muß vielmehr ständig bereit sein, diese aufzugeben, aus Allzubekanntem in ein neues Land auszuziehen; er ist in die ungeschaute ↗Zukunft Gottes gerufen. Das erfordert vor allem eine geistige M. Wenn der Christ Jesu Botschaft seiner jeweiligen Zeit übersetzen will, muß er bereit sein zum ↗Dialog mit anderen, für das weiterführende Gespräch mit der ↗Fremdprophetie seiner Zeit. Er hat sich den Gefährdungen u. zugleich neuen Chancen des Menschen seiner Umwelt auszusetzen. Die M. des Christen wird in seiner Gesellschaft wirksam, es können durch ihn u. durch die Praxis seines Glaubens gesellschaftliche Wandlungen u. Bewegungen entstehen. Die Wandlungen des Menschen, die im Christusereignis begonnen haben, setzen sich in der Geschichte fort.　　gr

Modell bedeutet Muster oder Probegestaltung. Ein M.fall hat formende Konsequenzen für das folgende Experiment. M. ist Bild des Zieles, wohin Entwicklung gehen kann oder soll. So ist der ↗Glaube Israels M. für den Glauben der Christen; der durch die Wüste ziehende ↗Abraham oder der Wüstenzug Israels sind M.e für die ↗Wüstensituation des Glaubenden. Jahwes Strafe, die die Vorväter Israels traf, ist M.fall u. Warnung für die Christen (1 Kor 10, 6–11). ↗Jesus ↗Christus ist das ↗Urbild des Menschen; was er lebte, ist endgültiges M. für Menschsein u. geschöpfliches Dasein. Sein Leben für andere fordert zum Nachvollzug heraus, sein ↗Kreuz, das Leben schafft, ist letzter M.fall für menschliches Dasein im Leid. Vor allem ist seine ↗Auferstehung weltweites M. dafür, wohin der Mensch

unterwegs ist. Für Christen geht es darum, das M. des Gekreuzigten u. Auferstandenen in das eigene Leben einzuholen; der M.fall Jesu Christi muß sich in der Geschichte weiterereignen. Christus ist unüberholbares M., für Menschen nicht voll einzuholen; so bedeuten Menschsein u. Christsein wesentlich Experiment. Das M. weckt schöpferische Kräfte des Nachbildens: Christsein heißt, das schöpferisch nachzuleben, was Jesus lebte.　　　　　　　　　　　gr

Möglichkeit. Gottes Schöpfung bedeutet zugleich Wirklichkeit u. M. Sie ist nicht abgeschlossen, sie ist vielmehr im ↗Werden. Im besonderen ist der Mensch, wie er von Gott herkommt, unterwegs zu seinen eigenen M.en. Gott hat ihn, nach bibl. Vorstellung, als Gesprächs- u. Geschichtspartner geschaffen. So bleibt dem Menschen diese Partnerschaft als M. auch dann noch offen, wenn er das Gespräch mit seinem Ursprung abbricht. Auch die Gesprächs- u. Handlungspartnerschaft der Menschen untereinander ist stets Realität u. M. zugleich. Nur wo der Mensch seinem geschöpflichen Wesen fremd wird (↗Sünde), dort verbaut er sich seine eigenen M.en. Wie der Mensch von ↗„Adam" herkommt, d. h., wie er tatsächlich u. vorfindlich lebt, hat er seine geschöpflichen M.en u. Chancen weitgehend aus dem Auge verloren; er lebt in sich verschlossen, seiner Herkunft u. Zukunft fremd. In dieser heillosen Situation hat Gott seiner Schöpfung eine neue u. letzte M. aufgetan: ↗Jesus ↗Christus. Er ist die endgültige M. für den Menschen. Er ist zugleich Gottes M. bei den Menschen u. des Menschen M. bei Gott. Was Jesus gelebt hat, hält sich für alle in gleicher Weise als reale M. offen. Wenn er für die andern da war, für alle gestorben ist. auferstanden ist, dann ist es damit allen Menschen möglich geworden, füreinander dazusein. Wenn er stellvertretend (↗Stellvertretung) den Weg menschlicher ↗Selbstentfremdung nachgegangen ist u. wenn er dieser ein für allemal „entstorben" ist (Röm 6, 10), dann ist es jedem einzelnen möglich geworden, aus der Macht der Sünde auszubrechen. Diese M. wird sogar zur Forderung u. zum Auftrag für alle, die sich auf Jesus einlassen, die seinen ↗Namen tragen. Vor allem bedeutet die ↗Auferstehung Christi die neue u. endgültige M. für den Menschen; wenn Christus damit neues ↗Leben eröffnet hat, dann gilt es, dieses Leben zu ergreifen; wenn Gott unwiderruflich ja gesagt hat zum Werden seiner Welt, dann gilt es, dieses Werden voranzutreiben; wenn Christus allen die Freiheit ermöglicht hat, dann heißt es, diese Freiheit in die Tat umzusetzen u. sie für alle Menschen zu ermöglichen. Wenn mit Gottes ↗Menschwerdung die Menschwerdung des Menschen eingeleitet wurde, dann gilt es, alle M.en des Menschseins u. der Mitmenschlichkeit (↗Mitmensch) zu entfalten u. zu wagen. Mit Christus beginnt das „Reich Gottes"; also heißt es, dieses Begonnene weiterzuführen u. voranzutreiben. Im Christusgeschehen hat Gottes ↗neue Schöpfung angefangen; nun gilt es, diese M. zu nützen, selbst zur Neuschöpfung zu werden. Vor allem bedeutet Christus die M., zu lieben; sein Dasein ↗für andere hat den Menschen zur ↗Liebe befreit. Nur wer liebt, erlebt die neue u. endgültige M. Christi. Christus bedeutet die radikale Ermöglichung, Mensch zu sein. Christus ist für die ganze Schöpfung die M. der ↗Vollendung – aber eben nur M. u. Beginn, nicht mehr; niemals Garantie. Das Menschsein kann in einem einzigen Augenblick der Geschichte weltweit vertan sein. Der Christ ist einer, der „verliebt ist in das Mögliche" (E. Bloch). gr

Molech (König), in Israel mit Milkom, dem Gott der ↗Ammoniter, gleichgesetzt. M. wurde im AT Inbegriff des Greuels, weil im 8./7. Jh. auch Israeliten dem M. im ↗Hinnomtal opferten, indem sie ihre Kinder „durchs Feuer gehen" ließen, d. h. verbrannten, obgleich Jahwe Menschenopfer verabscheut (Gn 22, 1–14; Jr 7, 31). he

Moloch ↗Molech

Monat. Israel teilte das ↗Jahr in 12 Mond-M.e von abwechselnd 29 u. 30 Tagen ein. Die ältesten, lange verwendeten (Dt 16, 1) M.s-Namen sind kanaanäischen Ursprungs; vier von ihnen sind bekannt: Etanim (Herbst-M., 1 Kg 8, 2), Bul (Regen-M., 1 Kg 6, 38), Abib (Ähren-M., Ex 13, 4) u. Ziw (Blumen-M., 1 Kg 6, 1). Daneben gebrauchte man M.s-Namen (vgl. Ex 23, 16; ↗Qumran), wie

sie auch der Bauernkalender von Geser kennt. Nach Einführung des babylonischen Kalenders benannte man die M.e mit Ordinalzahlen, während die babylonischen M.s-Namen erst nach dem Exil üblich wurden: Nisan (März/April), Ijar, Siwan, Tammus, Ab, Elul, Tischri, Marcheschwan, Kisleu, Tebet, Schebat, Adar. In hellenistischer Zeit wurden mazedonische M.s-Namen (im AT nur Dioskoros [2 Makk 11, 21], Xanthikos [2 Makk 11, 30] u. Dystros [Tob 2, 12] genannt) eingeführt. we

Mond. Im Alten Orient wurden ↗Monat u. ↗Jahr nach dem Umlauf des M. bestimmt (Gn 1, 14; Ps 104, 19). Der Volksglaube setzte den zu- u. abnehmenden M. in Beziehung zur Fruchtbarkeit, Geburt u. Tod. Vor allem bei den Nomaden wurde der M. kultisch verehrt. In Israel aber war der M.kult verboten (Dt 4, 19; 2 Kg 23, 5), doch stellte er eine fortwährende Bedrohung des Jahweglaubens dar (Ib 31, 26 f; Zeph 1, 5). In eschatologischer Vorstellung ist die Verfinsterung des M. Vorzeichen des Gerichts (Joel 4, 15; Mk 13, 24). we

Monogamie (griech. Einehe), gilt im AT als Normalfall der ↗Ehe (Gn 2, 24; Tob 8, 6 f; Spr 15, 15–18), doch wurde ↗Polygamie bis in späte Zeit geübt. Die Propheten setzen M. voraus, wenn sie Jahwes Verhältnis zu Israel im Bild der Ehe beschreiben (Hos 2, 18–23; Jr 3, 7–10; Ez 16, 8; Js 54, 5). Das NT kennt nur die M. u. betont ihre Unauflöslichkeit (Mt 19, 3 ff). he

Monolatrie, Verehrung eines einzigen Gottes, wobei die Existenz anderer Götter nicht ausgeschlossen, sondern vorausgesetzt ist. M. war auch die Jahweverehrung in Israels Frühzeit (Ex 20, 3).
we

Monotheismus, Glaube an einen einzigen transzendenten u. persönlichen Gott, der ausschließlich verehrt wird, u. zugleich Leugnung der Existenz anderer ↗Götter. – In Israel war der reine M. nicht von Anfang an gegeben: Die ↗El-Verehrung der Patriarchen u. die Jahweverehrung der Mosezeit war nur praktischer M. (↗Monolatrie, Ex 20, 3 ff); erst die Propheten schließen die Existenz der anderen Götter eindeutig aus, wenn sie diese als Nichtse u. Nicht-Gott abtun u. ↗Jahwe als einzigen Gott preisen (Js

41, 1–5.21–29; 43, 9–13; 44, 9). Im Judentum, das den M. im täglichen Schema bekannte, u. im NT ist der M. fraglos da. we

Mord. Das mosaische Gesetz unterscheidet zwischen M. u. Totschlag. Die absichtliche Tötung eines anderen ist M. Als Strafe für M. gab es grundsätzlich nur die Todesstrafe (Ex 21, 12 ff). Für Jesus vollzieht sich bereits in der inneren Gesinnung gegenüber dem anderen der M. Wer gegenüber seinem ↗Nächsten im Zorn verharrt, ist des M. schuldig; das Fehlen der Tat selbst wegen mangelnder Gelegenheit befreit nicht vom Schuldspruch (Mt 5, 21 ff). do

Mordechai, nach der Erzählung des ↗Ester-Buches ein 597 v.C. deportierter Jude am Hofe des Perserkönigs Xerxes in Susa. Zusammen mit seiner Pflegetochter ↗Ester führt er als Gedenktag für die Errettung der Juden vor der Vernichtung das ↗Purimfest, auch M.-Tag genannt (2 Makk 15, 36), ein. we

Morgenland, Land des Ostens oder (Sonnen-)Aufgangs. Mt 2, 1 f.9 denkt wohl an Babylonien. he

Morgenstern. Wird in der Bibel öfter in übertragener Bedeutung gebraucht: Js 14, 12 für den König von Babylon (von den Kirchenvätern mit Lk 10, 18 verbunden, daher Luzifer, lat. M., = Satan); 2 Petr 1, 19 auf die Parusie, Apk 22, 16 auf Jesus bezogen. Apk 2, 28 ist er wohl ein Symbol für die Herrschaft über die Welt. mo

Morija, im AT zwei verschiedene Orte. Abraham sollte im Lande M. seinen Sohn opfern (Gn 22, 2). Auf dem Berge M. baute Salomo den ↗Tempel (2 Chr 3, 1). we

Mose, dessen Name ägyptischer Herkunft ist, gilt in den atl. Überlieferungen als Gesetzgeber u. Begründer Israels, der das Volk aus Ägypten herausgeführt hat. Die mit M. verbundenen Traditionen sind vor allem im ↗Pentateuch gesammelt; sein Bild ist aber in den Quellenschichten des Pentateuchs (Jahwist, Elohist, Dt, Priesterschrift) verschieden ausgeprägt. – M. wurde in Ägypten zur Zeit der Unterdrückung Israels geboren u. am Hof des Pharao erzogen. Als er einen Ägypter erschlagen hatte, floh er nach Midian; hier heiratete er Zippora, die Tochter des Priesters Jetro. Am

↗Horeb offenbarte ↗Jahwe in der Erscheinung im Dornbusch dem M. seinen ↗Namen u. beauftragte ihn mit der Befreiung seines Volkes aus der ägyptischen Knechtschaft. Unter großen Wundertaten (Plagen, Durchzug durch das Schilfmeer, Speise- u. Wasserwunder) führte M. das Volk an den Sinai, wo Jahwe seinen ↗Bund mit Israel schloß u. das ↗Gesetz gab. Vom Sinai führte M. das Volk nach Kadesch, wo es, durch den Bericht der Kundschafter entmutigt, sich gegen Gott auflehnt; deshalb wurde es zu einer vierzigjährigen Wüstenwanderung verurteilt. M. führte das Volk an die Grenze Kanaans u. starb auf dem Berg Nebo, da er das Land nicht betreten durfte. Zuvor hatte er Josua zu seinem Nachfolger bestimmt (Dt 31) u. die Stämme Israels gesegnet (Dt 33). – Außerhalb des Pentateuchs, wo er im Mittelpunkt des Auszugs- u. Wüstentradition steht, wird M. erst in jüngeren Schriften häufiger erwähnt; er erscheint dann vor allem als Gesetzgeber u. ↗Prophet. Wenn auch trotz des reichen atl. Materials die historische Gestalt des M. im dunkeln bleibt u. sich keine genauen Daten erheben lassen, so ist dennoch nicht an seiner Geschichtlichkeit u. seiner Bedeutung für die Gründung Israels u. seine Religion zu zweifeln. – Das ↗hellenistische Judentum erhob M. zum Idealmenschen, während das palästinensische Judentum eher das bibl. M.-Bild ausgestaltete: M. ist Verfasser des Pentateuchs, großer Gesetzgeber u. der Prophet schlechthin; wie Elija wird er am Ende der Zeit wiederkommen; der ↗Messias selbst ist als zweiter Mose vorgestellt. – Im NT ist M. der Gesetzgeber (Mk 10, 4 ff), der Prophet, der Jesus verkündet hat (Lk 24, 44), Vorbild des Glaubens (Hebr 11, 23 ff) u. Vorbild Jesu (Hebr 3, 2 ff) we

Mose-Apokalypse, 1. Bezeichnung einer griech. Schrift über das „Leben Adams u. Evas", die weitgehend der lat. Fassung parallel läuft. Beide Fassungen gehen wohl auf eine hebr. Vorlage zurück, die zwischen 20 v.C. u. 70 n.C. entstanden ist. – 2. Bezeichnung des Buches der ↗Jubiläen, auch „Kleine Genesis" genannt; die midrashartige Ausdeutung von Gn 1 – Ex 12 gibt sich als Gottesoffenbarung am Sinai, die dem Mose durch einen Engel zum Aufschreiben mitgeteilt wird. we

Mose-Bücher, 1. Der ↗Pentateuch oder die ↗Tora. Die M.-B. enthalten die Geschichte des Volkes Israel von der Schöpfung bis zum Tod des ↗Mose. Ihre Aufteilung in fünf Bücher ist von der LXX als bekannt vorausgesetzt. Die mosaische Verfasserschaft des ganzen Pentateuchs ist erst bei Philo, Josephus, im Talmud u. im NT (Mk 12, 26; Joh 1, 45; Apg 28, 23) eindeutig bezeugt, während mit „Buch des Mose" (Esr 6, 18; Neh 13, 1) u. „Gesetz des Mose" (2 Chr 25, 4; Mal 3, 22) wahrscheinlich die gesetzlichen Teile gemeint sind. Im Pentateuch selbst werden nur einige Abschnitte auf Mose als Autor zurückgeführt, z. B. das ↗Bundesbuch (Ex 24, 4), der kultische ↗Dekalog (Ex 34, 27) u. besonders das Dt (1, 5; 4, 45; 31, 9). Von der Kirche wurde die jüd. Tradition übernommen. Wenn es auch schon früh Zweifel an Mose als Verfasser des ganzen Pentateuchs gab, zeigte erst die moderne Pentateuchkritik, daß die M.-B. ein anonymes, in einem langen mündlichen u. schriftlichen Überlieferungsprozeß gewachsenes Werk sind. – 2. Apokryphe Schriften, die unter dem Namen des Mose umliefen, so ↗Mose-Apokalypse, ↗Moses Himmelfahrt, Moses Testament.

Mose-Lied (Dt 32, 1–43), in das Dt eingefügter Hymnus, der von Jahwes Heilstaten u. Gericht an Israel erzählt. we

Mose-Segen (Dt 33), eine von einem Psalm (2–5.26–29) gerahmte Sammlung von Sprüchen des sterbenden ↗Mose über die Stämme Israels, die nachträglich in den jetzigen Zusammenhang eingefügt wurde. Der M.-S. ist jünger als der Jakobssegen (Gn 49, 1–27) u. wohl in vorköniglicher Zeit im Nordreich entstanden. we

Moses Himmelfahrt, kurz nach 4 v.C. entstandene apokalyptische Schrift, die der Gedankenwelt ↗Qumrans nahesteht. M. H. ist nur in einer lat. Fassung überliefert, die aber wohl auf eine hebr. Vorlage zurückgeht. Von M. H. ist allein der erste Teil erhalten, das Testament des Mose: Der sterbende Mose offenbart Josua die Geschichte Israels von der Landnahme bis zur Endzeit. Dagegen ist die Schilderung der Himmelfahrt, auf die wahrscheinlich Jud 9 anspielt, verlorengegangen. we

Moses Lobgesang ↗Schilfmeerlied.

Moses Testament ↗Moses Himmelfahrt.

Mühe, a) ein Zentralwort der urchristl. ↗Paränese. M. hat der zu ertragen, der als Missionar das ↗Evangelium verkündet; denn er hat Verfolgungen von seiten der Juden u. der heidnischen Obrigkeit zu ertragen, er muß die Unbequemlichkeiten des damaligen Reisens zu Wasser u. zu Lande erdulden u. sich um seinen Lebensunterhalt sorgen (vgl. 2 Kor 11, 16 ff). Aber M. trifft überhaupt jeden Gläubigen, der sein Christentum verwirklichen will. Wenn dieser auch durch die Taufe in ↗Christus eingegliedert ist, so bleibt er doch anderseits im Bereich der irdischen Welt u. muß sich gegen deren Anfechtungen verteidigen. Der Schutz u. die Verkündigung des Werkes Christi bereiten also M. Aber die M. ist nicht umsonst; sie führt das Kreuzesopfer Christi weiter u. leitet zum endgültigen Besitz des ↗Reiches Gottes (1 Kor 15, 58).

b) M. soll sogar zwischen Mensch u. Gott herrschen. Wie ein Mann von seinem Freund nur dadurch um Mitternacht Brot erhält, daß er ihm durch anhaltendes Klopfen M. bereitet, so soll der Mensch durch inständiges Bitten Gott M. bereiten, u. er wird Erhörung finden (Lk 11, 5 ff). Die M. verhindert, daß das Verhältnis Mensch–Gott durch Gewohnheit leer u. gleichgültig wird. Die Gemeinde von Laodizea z. B. ist wohlhabend, kennt keine M. u. glaubt daher, von Gott nichts nötig zu haben. Sie verfällt dem Zustand der Lauheit, der vor Gott eine abscheuliche ↗Sünde ist, so daß ihr, wenn sie sich nicht bekehrt, das Reich Gottes verlorengeht (Apk 3, 14 ff).

c) M. kann von Gott auch mit heilsgeschichtlicher Absicht verhängt werden. Die gottfeindliche Menschheit wird von M.n drangsaliert, um sie zur Einsicht zu bringen, daß sie nicht aus sich Herr dieser M. werden kann, sondern nur durch Gott. Aber die Bekehrung wird dennoch ausbleiben (Apk 16, 10 f). So wird Gott die Widerspenstigen in das Reich der ewigen M. werfen, die Bekehrten aber dafür immer von jeder M. befreien. do

Mühselige u. Beladene ruft ↗Jesus zu sich; sie sollen durch sein „weiches" Joch zur erquickenden Ruhe finden (Mt 11, 28–30; vgl. Sir 51, 23.26 f). Das Wort „Beladene" erinnert an die Gesetzeslasten, die die Schriftgelehrten den Menschen aufladen (Lk 11, 46); auch ↗„Joch" ist ein geläufiges Bild für ↗Gesetz. Die M.n u. B.n sind also die unter der Gesetzeslast Seufzenden (vgl. Apg 15, 10), denen Jesus einen neuen Weg zum ↗Frieden mit Gott weist: obwohl er die Verpflichtung auf den ↗Willen Gottes verschärft (Mt 5, 21 ff), ist sein Joch doch nicht hart, wenn wir von seiner Haltung der ↗Demut lernen (Mt 11, 29). Jesus vermittelt den Demütigen, die ihm folgen, zugleich die Erkenntnis des Vaters (V. 27), die sie zur selben ↗Freude befähigt, welche aus Jesu Jubelruf spricht (V. 25). Erst aus der Sohneshaltung Jesu erwächst auch uns ein frohes Ja zu aller „Mühsal" des Lebens. ↗Mühe.   we

Münzen, das nach Gewicht u. Gehalt vom Staat durch Prägung garantierte Geld. Unter der Perserherrschaft beginnt die Provinz Juda mit der Herstellung eigener Silber-M. Münzeinheit ist der Schekel. In der Seleukidenzeit u. später unter der römischen Besatzungsmacht kamen griech. u. römische M. in Umlauf, so daß es zur Zeit Jesu drei verschiedene M.systeme gab. Den Wert des Schekels, der griech. Münze Mine (dem Gewicht der hebr. Mine entsprechend), Tetradrachme (= 4 Drachmen), Didrachme (= 2 Drachmen), Drachme u. der römischen M. Denar, Assarion u. Quadrans ↗Geld.   do

Murabbaat, etwa 30 km südöstlich von Jerusalem gelegenes Tal, das im Jahre 1952 von belgischen Forschern durchforscht wurde u. Fundplatz zahlreicher ↗Papyri wurde. ↗Qumran.   zi

Muratorisches Fragment, römisches Verzeichnis von 22 ntl. Schriften (es fehlen Hebr, Jak, 1, 2 Petr u. ein Joh-Brief) aus der 2. Hälfte des 2. Jh., das auch die Auswahlmotive bei der Bildung des ↗Kanons zu erklären sucht.   tr

Murren. Als dem ↗Glauben entgegengesetzte Haltung (Nm 14, 11) ist M. nicht nur Ausdruck der Unzufriedenheit, sondern Zeichen des Widerstandes u. der Auflehnung gegen Gott. Mit Ausnahme von Jos 9, 18 ist M. die Haltung des Volkes Israel auf der Wüstenwanderung. Wenn es auch gegen Mose allein (Ex 15, 24; 17, 3) oder gegen Mose u. Aaron (Ex 16, 2; Nm 14, 2) murrt, so zielt das M. letztlich gegen Gott (Ex 16, 7 f). Das NT kennt das M. gegen den Weinbergsbesitzer (Mt 20, 11), gegen Jesus (Lk 15, 2; Joh 6, 41.43.61) u. seine Jünger (Lk 5, 30). M. ist Schuld u. wird deshalb von Gott bestraft (1 Kor 10, 10).   we

Musikinstrumente. Eine der urtümlichsten Ausdrucksformen des Menschen sind ↗Lied, musikalisches ↗Spiel u. ↗Tanz. Die ursprüngliche Einheit von profaner u. sakraler Sinndeutung fiel später auseinander. Beherrschend in der musikalischen Betätigung zu atl. Zeit war der Rhythmus. So sind auch die primitivsten Arten instrumentaler Musik das Händeklatschen u. Stampfen mit den Füßen. Das menschliche Nachahmungsstreben gab dann diesen Geräuschen in Schlag- u. Schüttelinstrumenten neuen, vielgestaltigen Ausdruck; die Blas- u. Saiteninstrumente bildeten technisch die Stimme nach. Besondere Bedeutung erhielten im AT die M. durch ihre Funktion im ↗Kult, wobei aber die selbständige Funktion der M. der Begleitung von sakralem Gesang u. Tanz wich. In nachexilischer Zeit wurden verschiedene M. zu Orchestern gruppiert u. bildeten zusammen mit Chören die Tempelmusik. ↗Flötenspieler, ↗Harfe, ↗Horn, ↗Leier, ↗Posaune, ↗Trommel, ↗Zymbel.   la

muß, steht im NT, entweder um ein von Gesetz, Sitte, Pflicht oder Situation gefordertes Verhalten oder um Ereignisse zu bezeichnen, die mit göttlicher Notwendigkeit eintreten (vor allem Ereignisse am Ende der Tage u. die Passion). Dies auf Geschehnisse bezogene M. ist dem AT im großen u. ganzen fremd: Gott kann einen Entschluß wieder zurücknehmen (↗Jona. Die Propheten sagen nicht: es m., sondern: es wird geschehen, worin sie sich von einem Apokalyptiker wie Daniel unterscheiden, der dem König weissagt, was am Ende der Tage geschehen m. (Dn 2, 28): Gott hat alles nach einem zielgerichteten Plan bestimmt. Von daher – nicht vom Griechentum, das ein unpersönliches Schicksal, aber kein Ziel der Geschichte kennt – erklärt sich das M. in der Weissagung endzeitlicher Schrecken (Mk 13,

7; Apk 1, 1), womit man sich angesichts des ↗Leidens tröstet. Vielleicht hängt damit das M. in der ↗Leidensweissagung Mk 8, 31 (vgl. Joh 3, 14) zusammen. Warum die Passion sein m., wird nicht gesagt, nur daß sie Gottes Wille ist. Lk, der m. besonders häufig in der Apg verwendet, betont so, daß auch die Kirchengeschichte unter göttlicher Notwendigkeit steht.   th

Mutter. Im AT war die M. angesehen, besonders wenn sie zahlreiche Kinder hatte (Ps 113, 9). Das Kind hatte nach dem 4. Gebot des ↗Dekalogs die M. wie den Vater zu ehren (Ex 20, 12). Urbild der M. als Vermittlerin des Lebens ist ↗Eva, die M. aller Lebendigen (Gn 3, 20). Das Bild der M. wird gelegentlich für das von Jahwe geliebte Volk Israel verwandt; jeder Israelit ist ihr Kind (Js 50, 1 z. B.). – Im NT wird die Wertschätzung der M. besonders dadurch hervorgehoben, daß Jesus der von einer menschlichen M. Geborene genannt wird (Lk 1, 34; Joh 2, 1). Jesu Sorge für seine M. dauert bis zum Kreuz (Joh 19, 27). Jedoch verlangt Jesus vom ↗Jünger, auch die Bindungen an die M. wegen der Gemeinschaft mit dem Herrn zu lösen (z. B. Mt 10, 35 ff). Das himmlische Jerusalem wird die M. aller Gläubigen genannt (Gal 4, 26), Babylon die M. der Greuel der Erde (Apk 17, 5).   br

Mutter des Messias. Js forderte den König Achas, der von Feinden bedrängt wurde, auf, von Gott ein Zeichen zu verlangen. Dem Achas, der aber den Herrn nicht auf die Probe stellen wollte, gab Gott ein Zeichen: „Die junge Frau wird empfangen u. einen Sohn gebären u. wird seinen Namen ↗Immanuel nennen." Damit war die Weissagung verbunden, daß Gott Juda Tage des Heils senden werde (Js 7, 14.17). Die LXX hat über den ursprünglichen Sinn hinaus „junge Frau" mit ↗ „Jungfrau" übersetzt u. den Immanuel als Heilsbringer verstanden. Im NT wird diese Weissagung auf die ↗Jungfrauengeburt ↗Marias u. auf Jesus als den von den Propheten verkündeten ↗Messias angewandt (Mt 1, 23): Marias Sohn ist der verheißene Messias.   br

Myrrhe, Harz aus Terebinthazeen. Die wohlriechende, aber bitter schmeckende M. (Mk 15, 23) wurde zum „hl. Salböl"

(Ex 30, 23–25), als Huldigungsgabe (Mt 2, 11), bei Hochzeit (Ps 45, 9; Est 2, 12; Hl 3, 6; 4, 14; 5, 5.13) u. ↗Begräbnis (Joh 19, 39) verwendet.   he

Mysterien (Mysterienkulte) sind religiöse Feiern, an denen nur Eingeweihte teilnehmen dürfen u. über deren Inhalt sie schweigen müssen. Die Einweihung geschieht durch ein einmaliges Initiationssakrament, zu dessen verschiedenen Teilen oft auch eine Waschung gehört. Das zweite Sakrament wird öfter empfangen, stellt in heiligen Handlungen das Schicksal der Kultgottheit dar u. gibt den Geweihten daran Anteil. Die Götter der M. sind Vegetationsgottheiten, sie verkörpern das Vergehen u. Wiedererwachen der Natur. Indem der Myste an dieser göttlichen Lebenskraft teilhat, kann er auf ein heilvolles Los im irdischen Leben u. besonders im Jenseits hoffen. M. waren vom 7. Jh. v.C. bis zum 4. Jh. n.C. verbreitet. Die Zugehörigkeit war nicht exklusiv. In der Zeit des ↗Hellenismus entwickelten sich orientalische Religionen zu M.kulten. Die bekanntesten waren die M. der ↗Isis, der Hauptgöttin Ägyptens; die M. der „Großen Mutter" ↗Kybele aus Phrygien, die in Ephesus als ↗Artemis verehrt wurde (Apg 19, 23 ff); die ethisch ausgerichteten M. des ↗Mithras, Religion der römischen Soldaten u. seit dem 2. Jh. n.C. größter Konkurrent des Christentums. Im NT finden sich Analogien zu den M. in der Auffassung von den Sakramenten. Im Unterschied zu den M. ist aber der im NT verkündigte Erlöser eine geschichtliche Person, keine zeitlose Naturgottheit, u. das neue Leben wird nicht magisch durch die Sakramente vermittelt, sondern im Freiwerden von der Sünde verwirklicht (Röm 6, 4 ff).   mo

Mythos (mythisch). Der M. ist eine Weise des Menschen, die Erfahrung seiner selbst u. der Welt auszusagen. So handelt er inhaltlich von der Herkunft u. von der Zukunft, aber von beiden nur, um die gegenwärtige Struktur des Daseins zu erhellen. Das, wovon er redet, geschah nie u. ist doch immer: Es ist das gleichbleibende kosmische Geschick des Menschen. So ist der M. (dem Traum verwandt) nur der Form nach Erzählung; Personifikation u. Dramatisierung gehören zu seiner Bildhaftigkeit. Vielmehr setzt er ein zyklisches Existenzbewußtsein voraus, das einem linearen Geschichtsbewußtsein (von einem Anfang auf ein Ende zu) entgegen ist. Er steht nicht in Gegensatz zur Wahrheit, wie oft verstanden wird, sondern zur Geschichte. Der M. beansprucht eine die individuelle Erfahrung des Menschen übersteigende Autorität. Bildlich drückt sich dies so aus, daß er meist in der Vorzeit spielt u. vom die Gegenwart begründenden Handeln der Götter redet. Der Sache nach gründet diese Autorität aber darin, daß die im M. ausgesprochene Erfahrung 1. kollektiv u. 2. in der „Kindheit"

der Menschheit gewonnen ist. Der M. vermag das rationale Erkennen des Menschen nach Form (als Bild) u. Inhalt (als Vorbewußtes) zu ergänzen. Ihn zu mißachten bedeutet deshalb Verlust an Wirklichkeit. Bleibt sein Charakter als menschliche Rede bewußt, so ist er für Offenbarung offen u. vermag – wie er die Situation des Menschen ansichtig macht – auch deren Sprachform zu werden. In welchem Umfang das überkommene Bibelverständnis mythische Redeweise als geschichtliche Aussagen mißverstanden hat, wird in der Diskussion um die ↗Entmythologisierung erörtert.　　　　　　sm

N

Naaman, ein Aramäer – Lk 4, 27 Syrer genannt –, Heerführer aus Damaskus, der durch ↗Elischa vom Aussatz befreit wurde (2 Kg 5). he

Nabatäer, semitische Nomaden in der arabischen Wüste, die im 5./4. Jh. v.C. am Rand des Kulturlandes seßhaft wurden, allmählich die ↗Edomiter nach Westen verdrängten u. schließlich das ganze Ostjordanland in Besitz nahmen. Sie errichteten ein großes Reich, das im 1. Jh. v.C. u. n.C. seine Blüte hatte; von ihrer Hauptstadt Petra aus beherrschten die N. die wichtigen Karawanenstraßen zwischen Indien, Südarabien, Äthiopien u. Europa. Die N. waren mit den ↗Hasmonäern u. Herodes freundschaftlich verbunden. Ihr Reich wurde 105/6 n.C. durch Trajan zerstört. he

Nabel der Welt, Begriff mythischer Kosmologie, Bezeichnung des Mittelpunkts der Erde, wo die religiösen u. politischen Zentren lagen. In Palästina galten als N. d. W. der ↗Gerisim (Ri 9, 37) u. ↗Jerusalem (Ez 38, 12). he

nachahmen. Mit n. wird im NT ein für alle Christen geltender ↗Imperativ ausgedrückt, bei dem der Akzent gegenüber der verwandten ↗Nachfolge („Beruf" des Verkündigers des Ev.) mehr auf der sittlichen Bewährung liegt (wobei beide Ausdrücke nichts mit asketischer Leistung zu tun haben). Während der Ruf zur Nachfolge nur wenigen gilt u. ursprünglich an die irdische Gegenwart Jesu gebunden ist, hat die Forderung zum N. ihren vorzüglichen Platz in der nachösterlichen Verkündigung u. gilt allen Gläubigen. Gegenstand des N. ist ein vor Augen gestelltes Beispiel, das Richtschnur für das eigene Handeln sein soll. Man kann Gottes Nachahmer werden, was sich in der tätigen Liebe äußert (Eph 5, 1). Vor allem sollen die Gläubigen Christus n. Während nach

1 Petr 2, 21 (Gehen in den Fußstapfen des leidenden Christus) das N. noch eng mit dem Nachfolgen verbunden ist, löst sich sein Anwendungsbereich jedoch mehr u. mehr von diesem. Paulus mahnt 1 Kor 11, 1 die Gemeinde, Christi Nachahmer zu werden, u. zwar dadurch, daß sie ihn, Paulus, n. Nicht äußerliches Imitieren ist gemeint, sondern durch sein Verhalten will Paulus den Gemeinden ein richtungweisendes Vorbild geben: Er hat ihnen gedient, ohne seinen Nutzen zu suchen (1 Kor 10, 33), damit die Christen ebenso handeln. Nach Phil 3, 17 sollen sie sich nicht nur an Paulus, sondern auch an dessen Nachahmern ein Beispiel nehmen. – Doch nicht nur durch das Wort „n." wird der gemeinte Tatbestand erhellt, sondern besonders durch die vielen Hinweise auf das vorbildliche Verhalten Christi, das als Motiv für ein bestimmtes sittliches Tun, die Liebe, angeführt wird. Im Mittelpunkt dieser Ermahnungen steht immer die Forderung zur Liebe zum ↗Nächsten. Vgl. Mk 10, 43 ff: Wer unter den Jüngern groß sein will, soll aller Diener werden, wie Christus es war. Dabei wird dieser Liebesanspruch nie aus eigener Kraft erfüllt, sondern durch ↗Glaube u. ↗Taufe mit seinem Herrn verbunden, ist der Christ in die Lage versetzt, die ihm bereitstehende Möglichkeit zu realisieren. Denn nicht mehr er lebt, sondern Christus lebt in ihm. Deshalb ist n. immer ↗Antwort, u. zwar Antwort auf Heilswort u. Heilshandeln Gottes in Jesus Christus, der uns zuerst geliebt u. uns erwählt hat, Frucht zu bringen in der Bewährung des Glaubens. tho

Nachfolge. Wie der jüd. ↗Rabbi sammelt auch Jesus ↗Schüler um sich, die er in seine N. beruft. Während sich jedoch die Rabbinenschüler ihren Meister selbst wählen u. ihr Ziel ist, einmal selber Rabbi zu werden, liegt in der Jesus-N. nach dem synopt. Zeugnis alle Initiative bei Jesus, der in der nur Gott eigenen Hoheit die Menschen in seinen Dienst beruft, u. diese Jüngerschaft ist eine dauernde. Es geht um ein Bekenntnis zu Jesus, um eine unwiderrufliche Antwort auf seinen Ruf, der den Menschen ganz beansprucht (Mk 10, 21). Jesu Ruf fordert das Aufgeben aller bisherigen Bindungen. Er ruft in eine radikale Lebensgemeinschaft mit sich zum Zweck der Teilhabe an seinem messianischen Werk (Mk 1, 17). Die ↗Jünger haben teil an seiner Sendung: Die Verkündigung des Anbruchs des Gottesreiches durch das Wort u. durch ↗Machttaten. Gleichzeitig werden die Jünger in Jesu Schicksalsgemeinschaft hineingezogen (Mk 10, 39). Wie er müssen sie bereit sein, im Dienst an der Heilsbotschaft Gottes eventuell in den Tod zu gehen. Während die beschriebenen scharfen Forderungen der N. nur wenigen von Jesus gestellt werden, werden in der späteren Reflexion die N.sprüche ausgeweitet auf alle, die sich zu ihm bekennen. Als Antwort auf Gottes Liebesangebot gilt die Artikulation der N. z. B. in der täglichen ↗Kreuzesnachfolge für alle, nicht nur für den engen Kreis der Mitarbeiter Jesu (Mk 8, 34). – Da das ursprüngliche Verständnis der N. an die irdische Existenzweise Jesu gebunden ist, wird der gemeinte Inhalt nach seiner Auferweckung neu artikuliert, z. B. durch den ↗Glauben. Bei Joh wird das äußere Nachfolgen oder Bei-Jesus-Sein zum Zeichen der inneren Bindung an ihn (Joh 6, 67–69; 8, 12). Die Jünger „bleiben in" ihm, wenn sie nach dem Vorbild des Meisters (↗nachahmen) sich in ↗Liebe füreinander hingeben (vgl. die „Abschiedsreden", Joh 13–17). Wie an seiner Erniedrigung werden sie dann auch an seiner Verherrlichung teilhaben. Bei Paulus wird die nachösterliche Artikulation der N. durch das Glauben noch deutlicher. Der durch den Glauben mit Christus Verbundene wird zum Werkzeug Gottes im Dienst an den Gliedern der Gemeinde. Im ↗Bekenntnis zu seinem Herrn erfüllt er dessen Auftrag. Hier ist nicht nur das Bekenntnis des Wortes gefordert, sondern auch das Tat u. des Lebens. Es gibt je-

doch als Brücke zwischen vor- u. nachösterlicher Zeit nicht nur das Bekenntnis des Glaubens, sondern auch eine soziologische Kontinuität, die in dem einen Jüngerkreis besteht, den Jesus vor Ostern in seine N. berief u. der nach Ostern diese Sendung fortsetzt. Demnach ist die Christusverkündigung nach Ostern u. damit die Christologie der späteren Kirche Explikation der vorösterlichen Jüngerschaft.   tho

Nachkommenverheißung. Unter den ↗Verheißungen Gottes an sein Volk ↗Israel ist die N. von größter u. weittragendster Bedeutung für die Geschichte, da durch ihre Erfüllung die Geschichte der Menschheit zur ↗Heilsgeschichte wird. Die Verheißungen Gottes an ↗Abraham sind Besitz des Landes, reiche Nachkommenschaft, Segen für alle Völker (Gn 12, 1–3 u. ö.). Hier sprengt die N. den Rahmen der Verheißungen an einen einzelnen u. weitet sich aus zur Verheißung für ganz Israel u. für die Welt. Getragen von der ↗Treue u. dem unverbrüchlichen Heilswillen Gottes, steht der atl. Mensch im Bewußtsein der Verheißungen, die sich trotz vieler Widerwärtigkeiten, wie Unfruchtbarkeit u. Zerstreuung des Volkes im Exil, durch Machterweise Gottes in der Geschichte bewahrheiten.

Noch deutlicher u. lebendiger erscheint die N., wenn sie auf dem Hintergrund orientalischen Denkens gesehen wird. Wie heute im Orient war auch zu bibl. Zeit eine große Kinderzahl Zeichen göttlichen Segens. Viele Kinder zu haben war eine Ehre, u. bei Hochzeiten wurden entsprechende Wünsche ausgesprochen. Eine besondere Stellung unter den Nachkommen hatten die Söhne, da sie das Geschlecht u. den Namen zum Ruhm der Väter fortsetzten. Hier hinein tönt dann das Gotteswort: „Schau doch zum Himmel u. zähle die Sterne, wenn du sie zählen kannst . . . So wird deine Nachkommenschaft sein" (Gn 15, 5). Für Israel ist die N. an ↗David höchst bedeutungsvoll (2 Sm 7, 12 ff). Wie die Propheten später noch deutlicher sagen, ist hier schon der messianische Davidssproß angedeutet (Lk 1, 32 f). Mit dem Erscheinen Jesu ist die vorläufige Erfüllung der einst in Abraham u. David geschehenen N. gegeben.   la

Nachösterlich. Terminus der kritischen Exegese, die damit die erst nach Ostern geformte Tradition über Jesus von den ins irdische Leben Jesu zurückreichenden Teilen trennt. Der Ausdruck n. hat besonders in der Evangelienforschung Verwendung gefunden. Die Bibelwissenschaft hat erkannt, daß die in den Evv. verarbeitete Jesusüberlieferung weitgehend nach Ostern geformt wurde, wobei der Akzent weniger auf dem zeitlichen „nach" als vielmehr auf der mit der Erfahrung der Auferstehung Jesu gegebenen neuen Sichtweise der Jünger liegt.

Eine extrem kritische Richtung will die gesamte Tradition der Evv. als Erzeugnis des n. Glaubens darstellen. Demgegenüber wird heute wieder versucht, verschiedene Worte u. Taten Jesu in geschichtlichen Begebenheiten seines Lebens zu verankern. So kommt man zum Beginn einer bereits vorösterlichen Traditionsbildung.   gl

Nächstenliebe ↗ Nächster.

Nächster. Die Bibel bezeichnet jeden Menschen, dem man begegnet, als N. Die Verbundenheit zwischen zwei Menschen kann dabei vorübergehender Natur sein (Lk 10, 33); sie kann aber auch auf dauerhafter Freundschaft (Dt 13, 7) oder Liebe (Hl 1, 15) beruhen. N. wird auch synonym gebraucht mit Genosse, Bruder u. Freund. N. ist im AT nicht nur der Nahestehende, sondern gelegentlich auch der Fremde (Ex 11, 2), ein Untergebener (Jr 22, 13). N. im Sinne eines Freundes wird auch auf das Verhältnis Jahwes zu Mose angewandt (Ex 33, 11). N. in der Bedeutung Bruder kann die leiblichen Brüder bezeichnen oder auch die Familienmitglieder überhaupt. N. kann auf den Volksgenossen, auf den Bewohner derselben Stadt angewandt werden (z. B. Lv 19, 18). Erst im späteren Judentum (nach dem Exil) wird N. immer mehr ausschließlich mit dem Bruder, dem Volksgenossen u. beschnittenen Proselyten gleichgesetzt. Die LXX aber verstand weiterhin den N. als den anderen Menschen im Augenblick der Begegnung. – Das NT knüpft in der Diskussion um die Frage: „Wer ist mein N.?", die zur Zeit Jesu entbrannt war, eindeutig an die LXX an. Die Texte des NT, die von dem N. handeln, sind Zitate des AT oder doch mit Zitaten aus dem AT verbunden (Lk 10, 28; Lv 19, 18; vgl. Röm 13, 9; 15, 2; Jak 4, 12). Das atl. Gebot der Nächstenliebe schließt ursprünglich auch den ↗ Fremden mit ein, der sich beim Volk aufhält; denn die Israeliten sind ja auch Fremdlinge in Ägypten gewesen (Lv 19, 34). Erst das spätere Judentum schränkt das Gebot der Nächstenliebe auf die Volksgenossen u. die Proselyten ein. Jesus greift die Frage „Wer ist mein N.?" in der Erzählung vom barmherzigen Samariter (Lk 10, 30–37) an einem beispielhaften Einzelfall auf. Es war für die Zuhörer Jesu verletzend, daß ein Samariter die Rolle des Barmherzigen erhält. Denn die Juden sahen den ↗ Samariter als Ketzer an u. begegneten ihnen mit unversöhnlichem Haß. Nächstenliebe, sagt Jesus ihnen, ist nicht auf die Volks- u. Religionsgemeinschaft beschränkt, sondern muß die Haltung sein, in der jeder Mensch dem anderen begegnen soll. Maßstab der Nächstenliebe ist allein die Not des N. Jesus verbindet das Gebot der Gottesliebe u. der Nächstenliebe, indem er die im AT auseinanderliegenden Stellen (Dt 6, 5 u. Lv 19, 18) verbindet (Mk 12, 29–32). Die Gottesliebe bewährt sich in der Nächstenliebe. Gottes- u. Nächstenliebe sind die Summe des ↗ Gesetzes u. wichtiger als z. B. das Sabbatgebot (Mk 3, 1–7). Allein nach dem Maß der Nächstenliebe wird der Herr beim letzten ↗ Gericht richten (Mt 25, 35–46). Für Paulus ist die Nächstenliebe die Erfüllung des Gesetzes, die erste Frucht des Geistes; der ↗ Glaube wird allein in der ↗ Liebe wirksam (Gal 5, 6.14.22). Jak nennt es das königliche Gebot (2, 8). Auch für 1 Joh liegt der Maßstab des Christseins in der Bruderliebe; erst ihre Verwirklichung in der Gemeinde ist Erweis der Liebe zu Gott (2, 9 u. ö.). Die Nächstenliebe war innere Lebensform u. äußeres Kennzeichen der frühen Gemeinden (Apg 4, 32); sie blieb aber, wie die Briefe des NT immer wieder zeigen, zugleich die ständige Aufgabe des Christen.   br

Nacht. Der Mensch erfährt N. als unheimlich, schreckhaft, drohend, dem Tod verwandt (Ps 91, 5). Sie ist aber auch für den, der sie durchschaut u. hoffend ausharrt (Ps 130, 5–7), Zeit des schöpferischen Schweigens, aus dem der Tag neu u. licht hervorgeht. Diese Ambivalenz der N. u. ihre zeitliche Dauer geben ihr in der Bibel den vollen menschlichen Sinn eines Heilszeichens. In ihr spricht der Herr; in ihr geschieht u. entscheidet sich ↗Heil (Weish 18, 14 ff). In ihr befreit Jahwe sein Volk (Ex 12, 42), bewacht u. erhellt in der Feuersäule seinen Weg (Ex 13, 21 f). Den Feinden Israels aber bringt dieselbe N. Dunkel u. Verwirrung (Ex 14, 24; Js 15, 1). Denn der Herr verfügt über Tag u. N. (Ps 74, 16; 139, 12). Für den Menschen ist sie Zeit der Prüfung (Ps 17, 3) u. Entscheidung auf den ↗Tag Jahwes hin, der als ↗Gericht u. ↗Finsternis (Am 5,18; Mich 3,6) über die Treulosen hereinbricht, die hoffenden Gerechten aber zum strahlenden ↗Licht eines Tages ohne N. (Sach 14, 7; Apk 21, 25) aufweckt (Js 26, 19; Dn 12, 2; Kol 3, 1). Seit Jesus als der Christus durch die N. des Verrates (1 Kor 11, 23), der Verlassenheit (Mt 26, 31.40; 27, 45; Mk 14, 50), der Gottfeindlichkeit u. Gottferne hindurchging (Joh 13, 30) u. sie endgültig auf Auferstehung u. neue Schöpfung hin entschied, ist alle Unsicherheit, Verworrenheit u. Unentschiedenheit des Menschen schon gottfeindliche Finsternis. An Christus, dem Licht der Welt, entscheidet sich, ob die N. sich ihm lichtet oder endgültig verfinstert (Joh 9, 4; 11, 10). Denn die Vollendung der Gottesherrschaft ist vorgeschritten, der Tag ist unmittelbar nahe (Röm 13, 11 f), der ↗Bräutigam kommt (Mt 25, 6), der Morgenstern geht auf in den Herzen der Glaubenden (2 Petr 1, 19). Denn sie sind Söhne des Lichtes u. des Tages (1 Thess 5, 5; Eph 5, 8), ihr Denken ist nicht mehr verfinstert, ihr Herz nicht verstockt (Eph 4, 18), ihr Auge nicht blind, sondern ihr Antlitz schaut unverhüllt – wenn auch noch wie im Spiegel – die ↗Herrlichkeit des Herrn (2 Kor 3, 18). ho

Nachtgesicht, Offenbarungsempfang in Form einer nächtlichen Vision, besonders die acht N.e des Propheten Sacharja (1, 7 – 6, 1 ff). ba

Nachtwächterlied. Zu den profanen ↗Liedern, die bei der Verrichtung der Arbeit gesungen wurden, gehört das N., welches im AT jedoch nur noch in Anklängen, besonders bei den Propheten

u. im Psalmen-Buch erkennbar ist. Es erinnert an die verantwortungsvolle Wachsamkeit u. auch an die bange Sehnsucht in der Erwartung des Morgens (z. B. Ps 130, 6). la

Nacktheit, zunächst etwas Natürliches, wird aber durch die Sünde Adams u. Evas als etwas Schamloses angesehen (Gn 2, 25). Von daher ist Betrachten der N. verwerflich (vgl. Noach u. seine Söhne), N. eine Schande. N. kommt aber auch in der prophetischen Ekstase vor. – Da N. auch ein Zeichen von Armut ist, wird im AT u. NT Hilfe für Nackte u. Hungrige gefordert. In der Apk wird mit N. das geistige Nicht-bereit-Sein bezeichnet (3, 18; vgl. 2 Kor 5). br

Nadelöhr kann eine kleine Mauerpforte in Jerusalem bezeichnen. In der Rede gegen die Reichen (↗Reichtum) aber veranschaulicht der Kontrast zwischen dem N. als kleinster Öffnung u. dem Kamel als größtem palästinensischem Tier, das durch dieses N. gehen soll, die Unmöglichkeit, daß ein Reicher, der sich an den ↗Mammon klammert, in das Reich Gottes gelangt (Mk 10, 25). do

Nag Hammadi, Ort in Oberägypten, Fundort von 13 Papyruskodizes in koptischer Sprache, die ca. 400 n.C. geschrieben wurden. Sie enthalten zahlreiche, meist gnostische Werke – wohl aus dem 2. Jh. n.C. –, darunter mehrere apokryphe Evv. (Ev. der Wahrheit, Thomas- u. Philippus-Ev.). Die Hss. von N. H. sind wichtig für die Kenntnis der frühchristl. Gnosis u. die ntl. Textgeschichte. we

Nähe. Nach dem atl. Bekenntnis ist es ↗Jahwe, der seinem Volk ständig nahe ist. Er ist mit u. bei ihm u. führt es mit starker Hand wie ein ↗Hirt seine Herde. Doch erfährt Israel auch immer wieder die Ferne Gottes, weil es nach eigener Darstellung ständig von seinem Bundesgott abfällt. Erwartet wird eine bleibende N. Gottes, eine Zeit, da Jahwe unter seinem Volk sein Zelt aufschlagen wird; erwartet wird im späteren AT die ↗„Herrschaft Gottes“, da alle Menschen Gottes Herrscherrechte anerkennen werden. ↗Jesus beginnt seine Verkündigung mit den Worten: „Nahe gekommen ist die Herrschaft Gottes!“ (Mk 1, 15.) Die N. des Gottesreiches ist derart, daß dieses mit der Verkündigung Jesu schon beginnt. Nach der Verkündigung des Apostels Paulus ist der „Tag des Herrn" ganz nahe gekommen (Röm 13, 12), die Nacht der selbstentfremdeten Welt ist vorgerückt, sie ist im Vergehen, u. ein neuer Tag ist im Kommen. Der ↗ Herr selbst ist es, der im Kommen u. ganz nahe ist (Phil 4, 4); er löst mit seiner Zeit die alte Weltzeit ab; wo er mit seiner Liebe da ist, ist Menschenzeit zu Ende gekommen. Die N. des Herrn bedeutet für die Menschen die N. des ↗ Heils. Diese N. war nicht immer so, sie ist angewachsen, denn „das Heil ist näher gekommen" (Röm 13, 11). Jesus Christus als der auferstandene Herr der Welt ist der nahe Horizont menschlichen Daseins. In seiner N. ist eigentlich Gott den Menschen nahe, wo seine N. zur Gegenwart wird, begegnet Gott. Wo wird die N. des Herrn zur Gegenwart? Dort, wo einer liebt u. wie Jesus ↗ für andere da ist, denn dort ist zeitliches Nahesein aufgehoben. So ist die N. nicht in erster Linie eine zeitliche, sondern eine personale: Der Herr ist mit seinem ↗ Anspruch nahe, oder mit seiner ↗ Liebe; er ist es ständig im ↗ Bruder u. im Mitmenschen (vgl. Mt 25, 40). Zeitlich wird die N. des Herrn dann zur Gegenwart, wenn Christus tatsächlich über alle Menschen zum Herrn geworden ist, wenn alle bei Gott Heimat gefunden haben. Wo der N. des Herrn u. ihrem Anspruch ausgewichen wird, kommt der Mensch in die Ferne Gottes, ist Gott für ihn tot u. abwesend. Für Christen geht es darum, der Welt die N. Gottes u. seine Liebe offenzuhalten. Die N. Gottes aber erfordert u. schafft zugleich die geschöpfliche u. brüderliche N. der Menschen untereinander. **gr**

Naherwartung als ein Phänomen religiöser ↗ Hoffnung (oder Furcht) ist aus der prophetischen Verkündigung (vgl. Js 13, 6; 56, 1; Ez 12, 23) u. der apokalyptischen Literatur (vgl. Syr ApkBar 20, 1 f) bekannt. Im NT gilt es die N. in der (synopt. Darbietung der) Verkündigung Jesu (z. B. Mk 1, 15; 9, 1; 13, 30.32; Lk 10, 9.11; Mt 10, 23) u. die N. der ↗ Wiederkunft Jesu in der ↗ Urgemeinde (vgl. Paulus: 1 Thess 4, 15 ff; 1 Kor 7, 29 ff; Röm 13, 11 f u. a.; Jak 5, 8; Hebr 10, 25. 37; Apk 1, 3; 3, 11 u. ö.) zu unterschei-

den, die freilich auch in synopt. Texten reflektiert wird (z. B. Mk 13, 26). Die wissenschaftliche Diskussion des Phänomens der ntl. N. ist deshalb verwickelt, weil nicht nur Tatsache u. Deutung der N. Jesu, sondern auch Ursprung u. Entwicklung der urkirchlichen N. umstritten sind, beides aber in Zusammenhang steht. Mit guten Gründen läßt sich folgendes allgemeine Verständnis vertreten: Jesus hat seine Verkündigung mit dem Hinweis auf die „Nähe" der ↗ Herrschaft Gottes insofern dringlich gemacht (Mk 1, 15), als die ↗ Gegenwart dadurch zur endgültigen Entscheidungszeit erhoben wird (vgl. die Krisisgleichnisse). Ob Jesus dabei im Sinne einer apokalyptischen Weltanschauung mit einem zeitlich-nahen Termin des Weltendes „gerechnet" hat, darf bezweifelt werden, da Mk 9, 1 ein urkirchlich-prophetisches Trostwort ist (so Mt 10, 23) u. Mk 13, 30 der markinischen Redaktion der synopt. Apokalypse (Mk 13) zugehört. Apokalyptisch-weltanschauliche Elemente scheinen mehr in die urkirchliche N. eingeflossen (über die Menschensohnerwartung?) zu sein, die durch den Ausblick auf den ↗ Tag Jahwes (als den Tag Jesu) bestimmt ist. Gegen apokalyptisch-schwärmerischen Mißbrauch der N. angesichts der Tempelzerstörung in Jerusalem (70 n.C.) kämpft der Evangelist Markus mit seinem Kapitel 13 an. An der Umformung der N. zu einer „Stetserwartung" arbeitet vor allem Lukas. In spätneutestamentlicher Zeit begegnet der Verfasser des 2. Petrusbriefes Parusiespöttern (Parusieverzögerung) noch mit der N. (3, 8.11). Die Apk benutzt die N. als apokalyptischen Topos, als Trost in der Verfolgungszeit. **pe**

Nahum (hebr. Tröster), 1. Prophet aus dem nicht mehr lokalisierbaren Elkosch (Nah 1, 1), der nach 663 v.C. (Eroberung No-Amons = Theben, Nah 3, 8) den – 612 eingetretenen – Untergang der Assyrerhauptstadt Ninive ankündigte u. damit für Juda die Befreiung von der verhaßten Assyrerherrschaft. ↗ Nahum-Buch. – 2. Ein Vorfahre Jesu (Lk 3, 25). **he**

Nahum-Buch, siebte Schrift im ↗ Zwölfprophetenbuch. Der Überschrift „Ausspruch über Ninive, Gesicht des Nahum" (1, 1) folgt ein theophanialer Hymnus (1, 2–9) auf den machtvoll eifernden

Gott, der Rache an seinen Feinden übt u. seine Getreuen schützt; er ist vielleicht erst nach dem Fall Ninives entstanden. In 1, 10 – 2, 3 folgen Drohsprüche gegen Ninive u. Heilsworte für Juda (1, 12.13; 2, 1–3). 2, 4 – 3, 17 enthalten in eindrucksvoll-erregendem Stil die Ankündigungen des Untergangs von Ninive. 3, 18 f ist ein Spottklagelied, das auf den Fall Ninives zurückblickt. – Das N.-B. zeigt, „daß auch die großen Weltmächte sich nicht in kühner Vermessenheit dem Strafgericht Gottes entziehen können" (Weiser), u. steht so – obwohl als Völkerorakel gegen Ninive Heilsprophetie für Juda – in echt prophetischer Überlieferung: Der große Gott Jahwe (1, 2 ff) waltet machtvoll u. gerecht in der Weltgeschichte. – Möglicherweise ist das N.-B. in seiner vorliegenden Gestalt für einen Festkult (vgl. 2, 1) zum Dank für die Befreiung von der Assyrerherrschaft zusammengestellt worden. he

Name, wesentlicher Bestandteil der Persönlichkeit seines Trägers, denn wer keinen N. hat, existiert nicht (vgl. Prd 6, 10). Es herrscht die Überzeugung, daß der N. etwas über Wesen u. Eigenschaften seines Trägers aussagt. Es gilt vielfach: „Er ist so, wie sein N. sagt: Tor heißt er, u. Torheit tut er" (1 Sm 25, 25). Mit der Frage nach dem N. fragt man nach der Person, ihrer Existenz u. Mächtigkeit, u. mit dem Wissen um den N. hat man Gewalt über seinen Träger (vgl. Gn 32, 30; Ri 13, 17). Somit kann man durch das Aussprechen des N. eine Sache oder eine Person in seine Verfügungsgewalt bekommen. Erst mit dem N., den der Mensch den Tieren gibt, existieren sie u. werden für ihn verfügbar (Gn 2, 19 f), u. der Mensch richtet dadurch ihm von Gott verliehene Herrschaft auf (Gn 1, 28). Eine Stadt gehört einem, wenn man seinen N. darüber ausruft (2 Sm 12, 28). Schreibt man sich den N. Gottes in die Hand, so bekennt man seine Zugehörigkeit zu ihm (Js 44, 5).

Der N., den die Eltern ihrem Kinde geben, drückt etwas von dem aus, was sie als Erwartungen in das Kind setzen. Bei der Geburt Kains werden Eva die Worte in den Mund gelegt: „Ich habe einen Sohn erworben mit Jahwes Hilfe"

(Gn 4, 1; vgl. 1 Sm 1, 20). Jakob wird nach der Aussage der Bibel als der Betrüger (Gn 25, 26; 27, 36) gedeutet. Dieser N. steht über seiner Lebensgeschichte, bis er nach dem nächtlichen Kampf an der Jabbokfurt umbenannt wird in Israel, Gottesstreiter; denn er hat mit Gott u. Menschen im Streit gelegen u. ist oben geblieben (Gn 32, 29); vgl. die Umbenennung Josephs durch den Pharao in Zophnat Paneach (Gn 41, 45). Bei der Zulegung von Tiernamen (Debora – Biene; Jona – Taube) wünscht man, daß die hervorragenden Eigenschaften des Tieres auf den N.ns-Träger übergehen. Häufig finden sich N.n mit der Anfangssilbe Jo, die eine Kurzform für Jahwe ist (vgl. Johannes – Jahwe ist gnädig; Jonatan – Jahwe hat gegeben), oder mit der Vorsilbe El, was Gott bedeutet (vgl. Elischa – Gott hat geholfen; Elkana – Gott hat geschaffen). Diese N.n wollen das Verhältnis ihres Trägers zu Gott umschreiben (vgl. Gn 29, 31 ff). Ähnliches drücken auch die N.n aus, die Jahwes Gnade verbürgen (vgl. Js 7, 14: Immanuel – Gott mit uns; Js 9, 6; Jr 23, 6: Jahwe unsere Gerechtigkeit).

Benennt Gott ausdrücklich ein Kind mit N.n, dann hat dies meist eine prophetische Bedeutung. Der Prophet Hosea soll seine Tochter „Nichtbegnadigte" nennen, um das Verhältnis zwischen Jahwe u. dem Volk Israel, das untreu geworden ist, zum Ausdruck zu bringen. Seinen Sohn soll er „Nicht-mein-Volk" rufen, um die Trennung zwischen Jahwe u. dem Volk im Aufkündigen des Bundes zu symbolisieren (vgl. Hos 1, 6.9). Der N. des Kindes des Propheten Jesaja „Eilebeute-Raubebald" (Js 8, 1 ff) soll zu einem Zeichen für die Wahrheit der prophetischen Verkündigung werden, denn es soll dadurch der Fall von Damaskus u. Samaria als nahe bevorstehend angekündigt werden.

Bei aller N.n-Gebung u. Benennung spielt hintergründig der Glaube an die Macht des N. u. seine enge Verbindung mit seinem Träger eine gewichtige Rolle. Die prophetische Bedeutung eines N. läßt sich an der Festlegung des N. Johannes' des Täufers (Lk 1, 13) u. Jesu (Lk 1, 31; Mt 1, 21) aufzeigen. Hier wird zwar keine Deutung des N. gegeben, aber alles, was über Johannes u. Jesus gesagt wird u. was sie tun werden, liegt in ihren N.n. Im N. Jesus wird die Sendung Gottes ausgesprochen. Gott will durch Jesus Retter von den Sünden (Mt 1, 21; ↗Name Gottes, ntl.) sein, wie im Propheten Zephanja steht: „Der Herr, dein Gott, in deiner Mitte, der hilfreiche Held" (3, 17).

Der N. bezeichnet vielfach die Aufgabe seines Trägers (Mt 16, 18; vgl. Joh 1, 42, Simon Petrus), so daß man von einer unlöslichen Verbindung zu seinem Träger sprechen kann u. die im neuen N. angedeutete Aufgabe zum Namen schlechthin werden kann (Apg 2, 14). So wird den beiden Brüdern Jakobus u. Johannes der Beiname Boanerges, d. h. Donnersöhne (Mk 3, 17), wohl wegen ihres Eifers gegeben. Der Wert solcher Namengebung liegt darin, daß Jesus sie gibt u. damit den Trägern große Zeugniskraft verspricht.   go

Name Gottes. Ältester Gottesname ist ↗El, dem vielleicht die Bedeutung „stark sein", „Macht haben" zugrunde liegt. Er wird mit einer näheren Bezeichnung verbunden, z. B. El eljohn (Gn 14,18) – Gott der Höchste; El schaddai – Gott der Allmächtige (Gn 17, 1); Jakob kennt den El von Betel (Gn 35, 7). Daneben kommt als Gottesbezeichnung ↗Elohim vor. Sie sieht wie ein Plural aus, aber der normale Sprachgebrauch ist singularisch, hinter dem vielleicht die Vorstellung steht, daß Elohim in sich alle Gottheiten einschließe u. sämtliche Gottesmächte in personeller Einheit zusammenfasse. Es lebt auch in der israelitischen Überlieferung die Erinnerung an den Gott Abrahams (Gn 26, 24), an den Schrecken Isaaks (Gn 31, 53 b), an den Starken Jakobs (Gn 49, 24), kurz an den Gott der Väter (Ex 3, 6; 6, 3) weiter. Mit dem Gott der Väter verknüpft die Überlieferung die Offenbarung des ↗Jahwe-Namens in Ex 3, 14 ff. Hier wird das Neue der Kund- u. Preisgabe des göttlichen ↗Namens aufgezeigt; zum andern wird gerade durch den Rückverweis auf schon Bekanntes u. auf früheres Geschehen Jahwe als der Bekannte eingeführt, eben als der Gott der Väter (vgl. Ex 6, 2 f). Der Rückverweis auf die bisherige Geschichte Gottes mit den Vätern ist offensichtlich das entscheidende Element, denn hintergründig

schwingt in der Bezeichnung „Ich bin der Gott deines Vaters" die ganze Geschichte der Führung, des ↗Segens u. der eingelösten ↗Verheißungen mit. In der Kundgabe seines Namens will Jahwe nicht sagen, wie er ist, sondern wie er sich ↗Israel erweisen wird. Er manifestiert seine Existenz u. offenbart sich als eine gewichtige Person. „Ich bin der Ich-bin" ist eine nachdrückliche Betonung der Existenzmächtigkeit, um damit der ständigen Geneigtheit, sich für Israel einzusetzen, Ausdruck zu verleihen. Es ist die Selbstinterpretation Jahwes, Aussage seiner Geschichtsmächtigkeit: ich bin da u. habe Kraft, zu helfen. Dieser Name will ein Zuspruch an Menschen sein, die in einer aussichtslosen Lage stecken u. keine Hoffnung auf Errettung haben. Durch die Preisgabe seines Namens ist Jahwe nicht der ferne ↗Gott, sondern der Gott, der da ist, immer wenn man ihn ruft. Der Name ist Garantie für das helfende Eingreifen in der Not. Mit der Preisgabe seines Namens gibt sich Jahwe in die Hand seines Volkes u. seiner Erwählten. „Ich selbst will meine ganze Schönheit vor dir vorüberziehen lassen u. den Namen Jahwe vor dir ausrufen u. gnädig sein, wem ich gnädig bin, u. mich erbarmen, wessen ich mich erbarme" (Ex 33, 19; vgl. Ex 34, 6). Hier ist Jahwes Gegenwärtigsein ausgesprochen, wenn er gerufen wird u. wo ein Mensch sich ihm anvertraut. Wo ein Mensch in seine Nähe kommt, ist auch er nahe; denn Jahwe ist der geschichtsmächtig handelnde Gott (vgl. Ex 20, 2; Ez 20, 5). Schließlich wird der Name Gottes so etwas wie ein Doppel des Wesens Jahwes. An heiligen Orten baute man einen Altar u. rief den Namen Jahwes an (Gn 12, 8; 13, 4). Jahwes Name sollte wegen seiner helfenden Taten heiliggehalten werden (Js 29, 23), denn in ihm liegt Macht (Ps 20, 8), Segen (Dt 10, 8) u. Fluch (Ps 44, 6).

Der N. G. soll verherrlicht (Joh 12, 28) u. geheiligt werden (Mt 6, 9; Lk 11, 2), lautet die Forderung Jesu an seine Jünger. Der N. G. ist die uns zugewandte Seite seines Wesens; denn dazu ist Jesus in die Welt gekommen, um den Namen seines Vaters den Menschen zu offenbaren (Joh 17, 6.26).

Jesus redet Gott als ↗Vater an (Joh 17, 1; vgl. Mt 6, 9 par) u. offenbart ihn als Vater, der seine Liebe zeigt (Joh 3, 16; 14, 8 ff; 17, 26). Der N. G. bekommt im Vatersein seinen Inhalt, denn in Jesus Christus ist Gott der Vater u. Versöhner der Welt. Die Gläubigen werden in den Bereich der Kraft des göttlichen Namens gezogen u. damit vor dem Bösen bewahrt (Joh 17, 11 f.21), selbst dann, wenn Jesus die Welt verlassen hat; denn die väterliche Liebe Gottes zum Sohn wird auch in den Gläubigen sein (Joh 17, 26). Die Jünger werden in den Machtbereich der Göttlichkeit hineingenommen, wie es im Aussendungs- u. Taufbefehl (Mt 28, 19) heißt. Der Name des Vaters, des Sohnes u. des Geistes drücken die Hineinnahme in die gemeinsame göttliche Wesenheit aus.

Der Name ↗Jesus (Mt 1, 21; Lk 1, 31; Phil 2, 9) wurde ausdrücklich von Gott gegeben u. wird mit „er wird sein Volk von seinen Sünden retten" (Mt 1, 21) erläutert. Der Name Jesus beinhaltet, was letzte Aussage des NT ist, daß die Scheidung zwischen Gott u. Mensch aufgehoben wird u. in ihm die Erwartung des AT in Erfüllung geht (Apg 10, 43). Die Selbstaussagen Jesu, die mit „ich bin" eingeleitet werden (vgl. Joh 6, 35. 51; 8, 12; 10, 9 u. ö.), nehmen die atl. Aussage „Ich bin Jahwe" (vgl. Ex 3, 14; Js 42, 8; Ez 5, 13 u. ö.) auf u. wollen ihn als Offenbarer erweisen. Zugleich liegt darin ein Absolutheitsanspruch (Joh 10, 12.14: „guter Hirt"; Joh 15, 1.5: „wahrer Weinstock"), der besagt, ohne ihn können die Seinen nicht leben, u. nur in ihm ist Heil (Apg 4, 12) u. in seinem Namen Rettung (vgl. Apg 10, 43; 1 Kor 6, 11), aber auch Gericht; denn wer nicht an seinen Namen glaubt, ist gerichtet (Joh 3, 18).

Die Selbstbezeichnung Jesu als ↗Menschensohn erscheint nur in den Evv. Die Bedeutung ist sehr umstritten. Als gesichert gilt, daß Jesus sich der Menschensohnerwartung (vgl. Dn 7, 13 f) bediente, um seine Wiederkunft als Richter der Endzeit anzusagen (Mk 8, 38; Lk 12, 8 f). Jesus ist der ↗Sohn Gottes (Lk 1, 35; Mt 3, 16 f; Lk 9, 35; Mt 17, 5), in der Name Sohn ist der Name für ihn schlechthin (Hebr 1, 5). Auch Jesus bezeichnet sich als der Sohn Gottes (Mt 11,

27), um seine Herkunft aus Gott zu unterstreichen (Joh 1, 14.18).

Der Name ↗Herr (Kyrios), der in der LXX die Wiedergabe für Jahwe ist, wird auch Jesu Christi Name (Phil 2, 9 f). Der Herrenname ist Gottes u. Jesu Christi Name zugleich u. damit Name über alle Namen (vgl. Eph 1, 21; Apk 19, 16). Jesus wird König der Könige (Apk 19, 16) genannt. Er bekannte sich vor Pilatus als ↗König (Joh 18, 37). Seine Königsherrschaft ist zwar verborgen (vgl. Mt 2, 2: Huldigung der Weisen; Mt 21, 5: Einzug Jesu in Jerusalem; Mt 27, 29 par: Verspottung, Dornenkrönung usw.; Joh 18, 36), aber sie lenkt den Blick auf die am Ende der Zeiten allen sichtbar werdende Herrschaft (Mt 25, 34; Apk 17, 14). Daneben treten Benennungen wie „Priester" (Hebr 5, 6), „Lamm" (Joh 1, 29; vgl. Joh 19, 30 f; 1 Kor 5, 7; 1 Petr 1, 19; Apk 5, 6 u. ö.), „Prophet" (Joh 6, 14), das „Wort" (Joh 1, 1–3; Apk 19, 13) u. schließlich „Immanuel" (Mt 1, 23), „Löwe" (Apk 5, 5) u. „Bräutigam" (Mt 9, 15; 25, 1).

Den Namen Jesus glauben (Joh 2, 23) heißt seine messianische Sendung annehmen, weil Gott an seinem Christus in Tod u. Auferstehung wunderbar handelte (vgl. 1 Kor 15, 20 ff).

Die Jünger können, da sie in den Wirkungsbereich Jesu Christi gestellt sind, in seinem Namen handeln (Lk 10, 17; Mt 18, 5; Apg 3, 6; 4, 10 u. a.), denn er wird in seinem Namen gegenwärtig.

Berufung der Gläubigen ist es, in sich den Namen des Herrn Jesus zu verherrlichen (2 Thess 1, 12), um so selbst zur Herrlichkeit zu gelangen. Wer den Namen Jesu Christi anruft, gehört zur Gemeinschaft der Heiligen (1 Kor 1, 2), wie umgekehrt der Christusname über sie ausgesprochen ist (Jak 2, 7) u. sie sich danach benennen (Apg 11, 26).   go

Namengebung. Die Wahl des ↗Namens, den das Kind erhielt, war normalerweise Sache der Mutter (vgl. Gn 29, 31–30, 24; 1 Sm 1, 20), seltener des Vaters (vgl. Gn 16, 15; Ex 2, 22) u. erfolgte unmittelbar bei der Geburt. Oftmals werden die Namen durch besondere Vorkommnisse bei der Geburt veranlaßt (Gn 35, 18: Ben Oni – Benjamin – Sohn meines Schmerzes). Einen Menschen beim Namen nennen heißt Gewalt über

ihn ausüben. Daraus erklären sich die Namenwechsel (Gn 32, 29: Jakob in Israel; Gn 41, 45; 2 Kg 24, 17: Mattanja in Zidkija).
Am achten Tag nach der Geburt wurden die Knaben beschnitten u. erhielten in ntl. Zeit ihren Namen (vgl. Lv 12, 3; Lk 1, 59 ff; 2, 21). Vielfach wählte man den Namen des Großvaters oder des Vaters (vgl. Lk 1, 59). ↗Name Gottes.
                                                                go

Namenlisten (Genealogien) sind eine Aufzählung von Namen, um die Geschlechterfolge nachzuweisen (Gn 5, 1 ff: auf Adam; Gn 6, 9 ff: auf Noach) oder die Abstammung eines Volksstammes bis auf seinen Stammvater (Gn 10, 1 ff). Vielleicht hat es ein Buch gegeben, das nur aus N. bestand u. das als Grundbestand der ↗Priesterschrift anzusehen ist. Die nüchternen Listen geben Zeugnis von Gottes heilschaffendem Wirken durch die Zeiten hindurch. ↗Stammbaum Jesu.
                                                                go

Naphtali, Sohn ↗Jakobs von Bilha, der Magd Rachels, die bei der Geburt seinen Namen erklärt: „Gotteskämpfe . . . habe ich gekämpft" (Gn 30, 8). – Der auf ihn zurückgeführte Stamm N. hatte sein Gebiet am Westufer des Sees Gennesaret u. am Oberlauf des Jordan; in der Geschichte Israels war N. – mit Ausnahme Baraks (Ri 4, 6) – ohne Bedeutung. Der Sinn der Sprüche über N. (Gn 49, 21; Dt 33, 23) ist dunkel.   we

Narde, aus der Wurzel einer in Indien beheimateten Pflanze gewonnenes, kostbares Öl; man bewahrte es in kleinen Flaschen auf u. verwendete es wie ↗Aloe als Parfüm (Hl 1, 12; 4, 13 f; Mk 14, 3; Joh 12, 3).   he

Nasiräer (Nasiräergelübde). N. ist ein Gottgeweihter in Israel, ursprünglich Träger eines lebenslangen Charismas (↗Gnadengaben), das den zum Dienst Gottes Berufenen mit besonderer Kraft erfüllte (↗Simson). Später wurde aus dem Nasiräat ein zeitlich begrenzter Stand auf Grund eines Gelübdes, das nach Nm 6, 1–21 verlangte, Wein, kultische Unreinheit u. Scheren des Haupthaares zu vermeiden u. am Ende der gelobten Zeit Opfer darzubringen. Paulus bezahlte die Opfer für arme N. u. bezeugte damit sein Festhalten an der Tora (Apg 21, 23 f).   ba

Natan (hebr. [Gott] hat gegeben), im AT häufiger Personenname. 1. Im ↗Stammbaum Jesu (Lk 3, 31) genannter Sohn Davids (2 Sm 5, 14). – 2. ↗Prophet zur Zeit Davids u. Salomos u. als Berater des Königs einflußreiche Gestalt am Königshof. Er verfaßte eine Geschichte Davids (1 Chr 29, 29) u. Salomos (2 Chr 9, 29). Im Namen Jahwes verdammt N. Davids Ehebruch mit Batscheba u. die Ermordung ihres Mannes Urija (2 Sm 12, 1–15). Durch geschickte Intrigen erreicht er die Thronbesteigung Salomos anstelle Adonijas (1 Kg 1, 11 bis 40). N. verwirft Davids Plan, Jahwe einen ↗Tempel zu bauen; dafür erhält David die ↗Verheißung: Nicht du wirst mir ein Haus bauen, sondern ich werde dir ein Haus bauen (2 Sm 7, 4–17). Jahwe ist so in ein Bundesverhältnis zu David getreten u. hat in ihm die ganze Dynastie erwählt u. ihr ewigen Bestand zugesichert.   we

Nationalgefühl. Das N. ↗Israels hat seine Wurzeln im Erwählungsbewußtsein u. im Gottesbund. Durch den ↗Bund wird aus dem losen Stämmeverband eine nationale Einheit u. durch das Bewußtsein, Gottes Volk zu sein, gewinnt alle nationale Erfahrung eine religiöse Bedeutung. Der Versuchung eines falschen Nationalismus, der auf Gottes Heilstaten Anspruch zu haben glaubt, ist Israel nicht immer entgangen.   ba

Naturgeister, ↗Dämonen, die das Unheimliche in der Welt verkörpern u. an unwirtlichen Stätten (in Wüsten, Trümmern) wohnend gedacht sind (Js 13, 21 f). Im AT werden – z. T. als verächtliche Bezeichnung für Götzen oder auch als poetisches Bild – erwähnt: Haarige, bocksgestaltige Feldgeister (Lv 17, 7; Js 34, 12.14), die „Schwarzen" (Dt 32, 17), das Nachtgespenst Lilit (Js 34, 14), die „Trockenen" (13, 21) u. Asasel, zu dem der „Sündenbock" in die Wüste geschickt wird (Lv 16).   he

Naturgeschehen. Es scheint keine Sache u. kein Ereignis schlechthin ungeeignet zu sein, Träger von Göttererscheinungen zu werden. Steine, Gewässer, Haine, Witterungserscheinungen usw. können Medien göttlicher ↗Offenbarung sein (↗Kultort). Derart ist die Erzählung vom brennenden Dornbusch, Ex 3, 2 ff oder die Schilderung der Herrlichkeit

Jahwes als Licht- u. Feuererscheinung,
Ex 19, 16 ff oder Ez 1. Doch gehen die
orientalischen Fruchtbarkeitsgottheiten
in ihrer örtlichen Erscheinung auf, wenn
sie ihr Wohlwollen für ihre Gegend u.
ihre Zeit bestätigen, während die
Jahweoffenbarungen, die Auftrag, Drohung u. Verheißung einschließen
(↗Wortoffenbarung), über die Gegenwart u. die betreffende Landschaft hinausweisen (↗Hoffnung). Gegen die
heidnische Tendenz, die Macht der Götter in der Mächtigkeit der Naturerschei-
nungen aufgehen zu lassen, richtet sich
die Horeberzählung 1 Kg 19. Jahwe ist
nicht in den Elementargewalten, sondern
im stillen Säuseln der Luft, u. er gibt
Drohung u. Verheißung für die Zukunft.
Bei den ↗Wundern Jesu wird dadurch,
daß Jesus den Glauben als Voraussetzung fordert, stets von der vordergrün-
dig-sichtbaren Mächtigkeit auf den
grundweisenden Zeichencharakter ein
hintergründiges Geschehen verwiesen.
↗Naturwunder.   sch

Naturwunder. Die Klassifizierung bestimmter Wundererzählungen als N.ge-
schichten ist keine bloße Erfindung der
modernen ↗Exegese. Schon die bibl.
Erzähler machen einen Unterschied zwischen den N.n u. den Heilungen u. Exor-
zismen, insofern bei den N.n nur die
Jünger als Zeugen des Wunders auftreten bzw. überhaupt keine Beglaubigung
des Wunders durch Zeugen statthat, wie
bei den Speisungswundergeschichten
(↗Brotvermehrung) u. der Weinwunder-
geschichte (Hochzeit zu Kana, Joh 2, 1
bis 11). Die frühe Kirche hat die N. bezeichnenderweise nicht zum öffentlichen
Wirken Jesu gerechnet.
Als N. bezeichnet man jene Wunder,
welche Jesu Herrschaft über die „Natur"
(Wasser, Sturm, Fische, Brot u. Wein)
demonstrieren sollen. Sie werden in
den Erzählungen von den beiden Brot-
vermehrungen (Mk 6, 34–36 parr; Mk
8, 1–9 par), der Hochzeit zu Kana, dem
reichen Fischfang (Lk 5, 1–11; Joh 21,
1–13; ↗Fischfangwunder), der Sturmstil-
lung (Mk 4, 47–41 parr) u. dem ↗See-
wandel Jesu (Mk 6, 45–52 parr) berichtet. Ein besonderer Fall ist die Geschichte von der Verfluchung des Feigenbaums (Mk 11, 12–14.20 parr); hier
handelt es sich um ein Strafwunder.

N. werden auch in jüd. u. hellenistischer
Überlieferung von großen Männern erzählt. „Es wäre methodisch ebenso verfehlt, a priori die Möglichkeit von N.n
auszuschließen wie die historische
Glaubwürdigkeit der Geschichten vorauszusetzen. Was uns zweifeln läßt, sind
sehr ernsthafte Gründe: ihre theologische Symbolträchtigkeit, das Fehlen jeder Anspielung auf N. in Q (↗Logien-
quelle) u. im übrigen Redestoff" (R. H.
Fuller). Die N.geschichten sind historisch nicht durch Jesusworte verbürgt,
hingegen leben sie stark von dem Motiv, Jesus als den in der Kraft Jahwes
selbst handelnden, epiphanen Gottessohn zu feiern (deshalb auch Epiphanie-
wundergeschichten genannt). Der atl.
Textboden der Erzählungen ist (bis auf
das Wein- u. das Fischfangwunder) sehr
dicht, bis hin zu wörtlichen Anspielungen u. Zitaten. Die N.geschichten lassen
sich daher weniger gut als theologisch
stilisierte historische Erinnerungen begreifen, sondern viel besser als kerygmatische Erzählungen, die auf dem Hintergrund des AT (u. seiner Berichte von
den atl. Gottesmännern bzw. vom Wirken Jahwes selbst) u. der religiösen Umwelt des Christentums (etwa beim Weinwunder der Dionysoskult) die Hoheit
u. Macht Jesu preisen u. seine Gegenwart als Anbruch der eschatologischen
Zeit ansagen wollen. ↗Seesturmerzäh-
lung.   pe

Nazaräer-Evangelium. Das N.-E., das zu
den ↗Apokryphen des NT gehört, ist
ein judenchristl. Ev. (vgl. ↗Ebioniter-
evangelium, ↗Hebräerevangelium), das
im Inhalt eine starke Verwandtschaft
mit Mt aufweist. Ursprünglich wohl aramäisch verfaßt, dürfte es in der 1. Hälfte
des 2. Jh. in den Kreisen der Nazaräer
im syrischen Raum entstanden sein.   ri

Nazaret, unbedeutende Stadt an der Südgrenze Galiläas auf einem Berg, von wo
man einen weiten Rundblick hat. N. war
Wohnort Josephs u. Marias (Lk 1, 26 ff)
u. Heimatort Jesu bis zu seinem öffentlichen Auftreten (Lk 4, 24). Als ↗Jesus
einmal in der ↗Synagoge von N. Js 61,
1 f vorlas u. auslegte, wurde er aus der
Stadt verstoßen (Lk 4, 16–30; vgl. Mk
6, 1–6).   he

Nebenfrau, eine Frau von gleicher Stellung, aber rangniedriger als die eigent-

liche Ehefrau, was sich vor allem im Erbrecht der Söhne zeigt. Die auch im AT bezeugte Sitte, eine N. zu haben, ist im babylonischen Recht verankert u. wurde besonders bei Kinderlosigkeit der Hauptfrau von Bedeutung (Gn 16, 2; 30, 9). Dt 21, 15 ff gibt Anweisungen für die Kinder einer N. – Das Judentum verwarf mit der ↗ Polygamie auch das Recht auf N.en; das NT kennt keine N.en.   he

Nebo, 1. Auch Pisga (Nm 23, 14; Dt 3, 27) genannter Berg im Ostjordanland, von dem aus Mose ins Gelobte Land blicken durfte u. wo er starb (Dt 32, 49; 34, 1). – 2. Stadt in Moab (Nm 32, 38). – 3. Stadt in Juda (Esr 2, 29).   he

Nebukadnezar II., babylonischer König (603–562 v.C.). Noch als Kronprinz bekriegte er die Völker im Westen des Reiches, vorab Ägypten, das er 605 bei Karkemisch besiegte (vgl. Jr 46, 2). Nach seiner Thronbesteigung unternahm N. mehrere Feldzüge im Westen zur Sicherung seines Reiches; 597 eroberte er Jerusalem, führte Jojachin in die Gefangenschaft nach Babylon u. setzte Zidkija zum König ein (2 Kg 24, 10 ff). Zidkija fiel aber von ihm ab, u. N. eroberte 587 erneut Jerusalem u. deportierte den Großteil der Bevölkerung (2 Kg 25, 1 ff). Jr 25, 9 (vgl. Ez 26, 7) bezeichnet N. als Knecht Jahwes, der das Gericht an Israel u. den Völkern vollzieht. – N.s Inschriften berichten nichts von seiner Kriegs-, sondern fast nur von seiner prachtvollen Bautätigkeit.   we

Nehemia ↗ Nehemia-Buch.

Nehemia-Buch, bildete ursprünglich mit Esr eine Einheit u. berichtet von der Tätigkeit des Nehemia in Jerusalem, wohin er als persischer Statthalter kam. Trotz zahlreicher innerer u. äußerer Schwierigkeiten gelingt es ihm, in kurzer Zeit die Mauer zu errichten (1–7). Als ↗ Esra das ↗ Gesetz verlesen (8) u. das Volk Buße getan hat (9), wird die Gemeinde auf das Gesetz verpflichtet (10) u. die Mauer geweiht (12). Noch ein zweites Mal war Nehemia in Jerusalem, um mehrere Reformen durchzuführen (13). – Grundlage des N.-B. ist die von Nehemia in Ich-Form verfaßte Denkschrift (1–7; 10; 12, 27–43; 13), in die er wohl selbst die Mauerbau- (3) u. Heimkehrerliste (7) eingefügt hat. Seine end-

gültige Form erhielt das N.-B. durch den Chronisten, der die Nehemia-Denkschrift durch Listen (z. B. die Liste der Bewohner Jerusalems u. Judas, 11) u. durch die Esra-Memoiren (8–9) erweiterte. Zusammen mit 1 u. 2 Chr bildete Esr–Neh das chronistische Geschichtswerk. Abgeschlossen war der literarische Prozeß wohl im 3. Jh. v.C.   we

Neid ist die Mißgunst dem anderen gegenüber (1 Sm 18, 9). N. wird zur Quelle der Sünde u. des Unheils (↗ Kains Brudermord, Gn 4, 3 ff) für den ↗ Nächsten. Das AT warnt darum vor der gefährlichen sozialen Haltung des N. (Sir 14, 8), das NT verurteilt ihn ebenfalls als Laster (Mt 20, 15; Röm 1, 29; 1 Tim 6, 4). Oft hat N. die Bedeutung von ↗ Eifer.   do

Neuanfang. Aus der verfahrenen Situation Israels im ↗ Exil entstand die ↗ Hoffnung auf einen N., der hinter alles Bisherige einen Schlußstrich zieht u. eine radikale Wandlung bringt (Js 43, 19). Besonders ↗ Jeremia (z. B. 31, 31) u. ↗ Ezechiel (z. B. 11, 19) schürten diese Sehnsucht nach dem ↗ Neuen, das man sich im Spätjudentum in apokalyptischer Vorstellungsweise vom Kommen des ↗ Messias erwartete. Dieser N. ist aber nach dem Zeugnis des NT weder als neuer politischer Aufschwung noch zauberhaft als geheimnisvolle Umwandlung von Gott her zu verstehen, sondern geschichtlich-personal wird der N. durch ↗ Jesus ↗ Christus gesetzt (Kol 1, 18), der in Wort u. Tat neue Maßstäbe setzte u. die menschliche Existenz auf eine neue Basis stellte (↗ Auferstehung, ↗ Heil, ↗ Erlösung). Dieser N. durch Jesus Christus bedeutet keinen Bruch mit der Vergangenheit (wie man z. B. Apk 21, 5 interpretieren könnte), sondern Bruch mit der ↗ Sünde. ↗ Gottlosigkeit (↗ Altes), die keine Macht mehr über den Menschen haben, der im Glauben u. in der Liebe fest steht. Dieser N. Jesu ruft zur Selbsttätigkeit, ↗ Umkehr u. Verantwortung auf, ist die Chance zu vollem Menschsein, kann deshalb auch wieder verspielt werden (Hebr 6, 1–9).   hi

Neue, das, ist eine urbibl. Kategorie. Die ↗ Hoffnung Israels richtet sich auf ein neues Land, auf das ↗ Gelobte Land; sie richtet sich auf einen neuen ↗ Bund mit Jahwe oder auf ein neues Jerusalem. Aus der Erfahrung des eigenen Ungenügens vor seinem Bundespartner Jahwe wird im Volk ständig der Wunsch nach Neuwerdung laut. Weil Israel nicht Gesprächspartner Jahwes bleibt, weil es aus dem Bund immer wieder herausfällt, hofft es, daß Jahwe das Gespräch immer wieder von neuem beginnen wird; es hofft, daß ein neues Bündnis endgültig Bestand haben wird. In Jesus Christus ereignet sich endgültig der ↗Neue Bund; es ist aber ein Bund mit allen Menschen. In Jesu ↗Kreuz u. ↗Auferstehung ist Neues u. Endgültiges in die menschliche Geschichte hereingebrochen, u. dieses ermöglicht sich nun allen Menschen als ↗Möglichkeit. Es hat real ↗ „neue Schöpfung" begonnen (Gal 6, 11 u. 2 Kor 5, 17). Wer sich jetzt auf Jesu Leben einläßt, der wird zur vollendeten Schöpfung Gottes; wer von Jesu Kreuz her auf seine Auferstehung zu lebt, der arbeitet mit an Gottes neuer Schöpfung. Wer von Gottes ↗Liebe herkommt u. diese anderen ermöglicht, der ist bereits zum „neuen Menschen" (Eph 4, 23 f) geworden; der ist „neuer Teig", der von Christi neuem Leben durchsäuert ist u. der somit den alten Teig menschlicher Selbstentfremdung durchsäuern kann (Kol 3, 10 u. 1 Kor 5, 7). Im Leben, Sterben u. Auferstehen Christi ist „neues Leben" in das bisherige hereingebrochen (Röm 6, 4), Menschen können bereits im „neuen Geiste" leben (Röm 7, 6). Dieses Neue verdankt sich der Schöpfermacht Gottes, seinem ↗Geist, u. hat in diesem Bestand. Wer sich auf Christus einläßt, wird von diesem her durch u. durch erneuert (Röm 12, 2), der muß sein ganzes Denk- u. Entscheidungsvermögen neu orientieren. Das N. ist nicht eine Neuheit innerhalb einer fortlaufenden Kette ständiger Neuheiten; es bedeutet Endgültigkeit, Bleibendes, Vollendetes, es bedeutet die ↗Zukunft Gottes, es ist Realität der menschlichen Geschichte, u. es ist dem Menschen ständig vorausliegende Möglichkeit. Es kann vom Menschen allein nicht verfügt werden, denn es eröffnet sich von Gott her. Es ist Vorweggabe des Vollendeten. Dieses N. muß sich in der menschlichen Gesellschaft schon als

wirksam u. verändernd erweisen. Im Leben des Christen kommt es an auf die ↗Praxis des N. u. Möglichen, auf die neue Liebe u. die neue Gerechtigkeit, auf den neuen Gottesdienst, auf die Freiheit für andere, auf gültiges Menschsein. Das N. im Bekenntnis des Christen bedeutet eschatologische Praxis, es heißt, das aus der Zukunft Gottes Werdende zu ergreifen, nicht sitzen zu bleiben im Warteraum der Zukunft. Christus, als der auferstandene Herr, ist das Novum der Schöpfung, die bleibende Wirklichkeit u. die endgültige Möglichkeit für Welt u. Menschen.   gr

Neuer Bund. Die Treulosigkeit des Volkes ↗Israel führte zum Bruch des ↗Bundes mit Gott. Die Strafe war die Zerstörung Jerusalems, das Exil, die Zerstreuung. Der Bundeswille Gottes bestand jedoch weiter. Ein n. B. sollte in den Tagen der Heilszeit das Verhältnis des Volkes zu seinem Gott neu ordnen. Das am Sinai gegebene ↗Gesetz wird zum Gesetz des eigenen Innern werden; die Gehorsamspflicht wird umgewandelt in freiwillige Erfüllung (Jr 31, 31 ff). Der n. B. bringt die Umwandlung der ↗Herzen (Ez 36, 26 ff). An die Verheißung des Propheten ↗Jeremia knüpfen die ↗Einsetzungsberichte des NT an. Jesus nennt den eucharistischen ↗Kelch den „n. B. in meinem Blute, das für euch vergossen wird" (Lk 22, 20). In der Selbsthingabe ↗Jesu wird der n. B. gegründet. Die den ↗Kelch empfangen, werden in die neue Bundesordnung aufgenommen. Für Paulus ist der alte Bund nur der Schatten, der „typos", des neuen (Kol 2, 17). In ↗Christus offenbart sich das Geheimnis der ↗Heilsgeschichte (Kol 1, 26 f). Die Christen sind als Diener des n. B. nicht mehr Diener des ↗Buchstabens, sondern des ↗Geistes (2 Kor 3, 6); denn sie sind zur ↗Freiheit in Christus berufen (Gal 4, 24 f). Der Hebr entfaltet die Theologie des n. B., den er gegenüber dem alten den besseren nennt (Hebr 8, 6). Christus hat die unvollkommenen Opfer des alten Bundes abgelöst durch sein vollkommenes Opfer, durch das er uns für immer Zugang zu Gott verschaffte (Hebr 10, 1–22). Durch seinen Tod gelangten die „Vielen" in den Besitz des verheißenen Erbes. Durch sein ↗Blut wird er zum Mittler des neuen, ewigen Bundes (Hebr 12, 24; 13, 20).   br

Neuer Himmel, neue Erde. Durch die Erkenntnis, daß diese Welt voll Not u. Schlechtigkeit ist, u. durch den Glauben, daß dies erst seit dem ↗Sündenfall so ist, da die ↗Schöpfung an sich gut war, kommt es zur Ausbildung der Hoffnung auf eine erneute Schöpfung eines n. H. u. einer n. E. Das Thema „Erneuerung" beherrscht zwei vom Judentum entwickelte Gedankenkreise, die jedoch nicht scharf zu trennen sind: a) Die nationaljüd. messianische Erwartung hofft auf eine neue Ordnung, die Elija bringen soll, vgl. Mk 9, 11 ff. b) Unter dem Einfluß des griech. Kosmosbegriffs weitet sich diese nationale zu einer jenseitigen religiösen Hoffnung aus, die das Vergehen dieser Welt erwartet: Nach vielen Vorzeichen des Endes (vgl. Mk 13) ereignen sich ↗Weltuntergang, Auferstehung der Toten, das Herabsteigen des präexistenten, himmlischen ↗Menschensohnes zum ↗Gericht u. die Ankunft des n. H. u. der n. E. – Nach der Vernichtung von Sünde, Not u. Tod werden sich Himmel u. Erde nicht mehr unterscheiden, sondern als Ganzes das ↗Paradies, das himmlische ↗Jerusalem (neues), die Wohnung der Seligen sein, die ewig Gott schauen u. leben werden. – Von Jesus u. Paulus entscheidend ausgeprägt, wird dieser zweite Komplex bestimmend für die Zukunftshoffnung der Christenheit, obwohl die Vorstellungen im einzelnen sehr unterschiedlich sind.   schm

Neuer Mensch. Nach Paulus wird der ↗Mensch, wenn er die Botschaft des Ev. annimmt, zu einem n. M., der zwar noch in dieser Welt lebt, sie aber doch gleichzeitig überwunden hat. Diese Verwandlung geschieht dadurch, daß er den Weg des Gesetzes überwindet, d. h. nicht mehr auf Grund eigener Leistung vor Gott bestehen will, sondern im ↗Glauben an das ↗Evangelium die Gnade Gottes, die den Menschen vor Gott gerecht macht, annimmt (Röm 3, 21 ff). Damit ist grundsätzlich jede Möglichkeit, aus den Bedingungen u. Gegebenheiten der Welt heraus leben u. sich auf sie verlassen zu müssen, überwunden, wie es exemplarisch an der Biographie des ↗Paulus deutlich wird

(Phil 3, 4 ff). Wer an Christus glaubt, ist eine neue Schöpfung (2 Kor 5, 17). Durch die ↗Taufe ist der alte Mensch in den Tod gegeben, damit er von der Sünde frei werden u. allein Christus leben kann (Röm 6, 6; 7, 6). Dieses Leben des n. M. in Christus erweist sich immer wieder im voraussetzungslosen Dienst der Liebe am ↗Nächsten, der die Maßstäbe der Welt überspringt u. sich in völliger Freiheit dem Menschen kann (Röm 12, 2; 2 Kor 4, 16). Zur Vollendung gelangt der durch den Glauben neu gewordene Mensch nach Paulus jedoch erst in der Zukunft mit der Auferstehung der Toten (1 Kor 15), im zukünftigen Leben zusammen mit Christus (Röm 5, 10).   ri

Neuer Teig. Das Bild entnimmt Paulus in 1 Kor 5, 6 ff den rituellen Gebräuchen des Paschafestes. Die Juden durften am ↗Pascha keinen ↗Sauerteig essen (Ex 12, 19 f). Auch für die Christen ist das Osterlamm geschlachtet, nämlich Christus. Wie Israel haben deshalb auch die Christen den alten Sauerteig liegen zu lassen. Sie selbst sollen neuer, ungesäuerter Teig sein. So wird das Bild des n. T. von der Ebene einer Festvorschrift zur Ebene der christl. Lebensführung verschoben. Der alte Sauerteig symbolisiert Bosheit u. Schlechtigkeit, der n. T. Lauterkeit u. Wahrheit als Kennzeichen des Christen.   br

Neue Schöpfung. Das AT weiß, daß die Welt von Gott her kommt u. Gottes ↗Schöpfung ist. Die Menschen aber haben sich von Gott abgewandt, sie erfüllen nicht Gottes Schöpferauftrag, die Welt liegt im argen. So wird in der atl. Prophetie eine n. Sch. Gottes angekündigt u. erwartet. Sie wird ursprünglich nicht für die ↗Endzeit erwartet, vielmehr soll sie in der menschlichen Geschichte anbrechen u. diese soll nachher friedlich weitergehen (Jr 31, 21 f; Ez 36, 26; Js 43, 10 f; 65, 17 f; Ps 51, 12). Erst das apokalyptische Judentum erwartet die n. Sch. am Ende der Zeit (äthiopischer Henoch 72, 1; Jubiläen 1, 29; 1 QS 4, 25; 1 QH 3, 19 ff). Für die Qumrangemeinde erfolgt Neuschöpfung eines Menschen mit dessen Eintritt in deren Gemeinschaft. Paulus greift in seiner Verkündigung das Thema von der n. Sch. auf: „wenn einer in Christus ist, dann ist da n. Sch." (2 Kor 5, 17). Wenn einer im Herrschaftsbereich Christi lebt, wenn sich einer in seinem Leben vom Dasein Jesu bestimmen läßt, dann hat n. Sch. begonnen. ↗Christus ist der eigentliche Beginn der n. Sch. Gottes; sein Dasein ↗für andere, sein Tod u. seine ↗Auferstehung haben diese ermöglicht; sein Scheitern am ↗Kreuz, sein Sterben in ↗Stellvertretung aller erwies sich als n. Sch. Diese steht nun allen Menschen als reale ↗Möglichkeit u. als ↗Einladung offen; jeder kann zur Neuschöpfung Gottes werden, kann bleibend u. gültig leben. Wer wie Jesus für andere dasein will, wer sein Leben als erlösendes Kreuz annimmt, wer liebt, ist Gottes n. Sch. geworden. Dort ist ↗Neues, Bleibendes u. Dauerhaftes in sein Leben eingebrochen. Wo einer in Jesu ↗Nachfolge lebt, wo es einem um Freiheit für den anderen geht, dort ist n. Sch. im Kommen.   gr

Neuinterpretation, eine Methode der Schriftauslegung, die den Text für eine jeweils neue Situation aktualisiert. In der Bibel selbst ist ein solches Auslegungsprinzip zu erkennen. Im AT wurden ältere Überlieferungen von den Redaktoren wieder aufgenommen u., leicht verändert, in einen neuen Zusammenhang gestellt (vgl. die Natanweissagung 2 Sm 7 u. 1 Chr 17). Der Text wird der je neuen geschichtlichen Lage angepaßt, u. vorher verborgene heilsgeschichtliche Aspekte treten hervor. In zahlreichen Psalmen läßt sich N., Anpassung an die veränderte Situation der betenden Gemeinde, nachweisen. Wendet man das Prinzip der N. auf das Verhältnis beider Testamente an, dann geschieht im NT eine N. des AT auf das Christusereignis hin. ↗Aktualisierung.   ba

Neujahr, ursprünglich im Herbst beim ↗Laubhüttenfest gefeiert (Ex 23, 16). Für das kultische N. wurde auch nach Einführung des babylonischen Frühlingsjahres (Jr 36, 22; Ex 12, 2) der Herbsttermin beibehalten (Lv 23, 24). Ein N.s-Fest ist im AT nicht sicher belegt.   we

Neumond wurde als Beginn des Monats in Israel festlich begangen (Nm 10, 10; Ps 81, 4); der N. ist Ruhetag (Am 8, 5), an dem Jahwe besondere Opfer dargebracht wurden (Nm 28, 11–15; Js 1, 13 f). ↗Jahr, ↗Mond.   we

Nichtchristen. Der Versuch, das Verhältnis Christen–N. bibl. zu bestimmen, scheitert an der Widersprüchlichkeit bibl. Aussagen: Die Positionen innerhalb der Urgemeinde sind paradox. Einerseits behauptet sie: Wer nicht für uns ist, ist gegen uns (Lk 9, 50: Variante), wobei sie den ↗Absolutheitsanspruch des Christentums (z. B. Joh 14, 6) hervorkehrt u. den Missionsbefehl (Mt 28, 18 bis 20) radikal versteht; anderseits finden wir Toleranz gegenüber N.: Wer nicht gegen uns ist, ist für uns (Mk 9, 40). Diese Paradoxie innerhalb des christl. Verhaltens gegenüber den N. läßt sich durchgängig durch die gesamte Geschichte des Christentums u. seiner Kirche (bzw. Konfessionen) feststellen. Missionsbefehl u. Absolutheitsanspruch konnten dann radikal durchgesetzt werden, wenn das Christentum u. seine Kirche mächtig u. innerlich gefestigt war. Ohnmacht u. innere Uneinigkeit erzwangen von der Kirche Toleranz gegenüber Andersgläubigen u. Andersdenkenden, wobei die Kirchen oft ihren Absolutheitsanspruch inquisitorisch verteidigten. Innerhalb der theol. Wissenschaft ergibt sich heute die Unmöglichkeit, das Proprium des Christentums, des Glaubens oder der Kirche festzustellen. Dadurch verliert der Absolutheitsanspruch des Christentums seine radikale Intoleranz, u. die christl. ↗Mission verlagert sich auf eine christl.-kirchliche ↗Praxis des Liebesgebotes, das säkularisiert angewandt wird. Als Kriterium kirchlicher Praxis wird das Liebesgebot zum Kriterium innerhalb des Verhältnisses Christen–N. Toleranz gegenüber den N. – seien es nun Andersgläubige (Fremdreligionen), Marxisten oder Humanisten – wird zur praktischen Konsequenz des christl. Liebesgebotes für den einzelnen wie für die Kirche. Innerhalb des humanen Gedankenguts der humanistischen oder marxistischen Bewegungen findet die christl. Kirche Aspekte ihrer eigenen Verkündigung wieder: Christianum u. Humanum drängen als christl. *oder* marxistische, *oder* humanistische Ethik auf Weltveränderung, die den Menschen ein lebenswürdigeres Dasein verschafft. Das Liebesgebot bleibt christl.-ethisches Kriterium sowohl für das Verhältnis Christen–N. als auch für eine gemeinsame Aktion mit den N.   fr

Nichtigkeit. Nach der Überzeugung des atl. Frommen ist das Leben des Gottlosen nichtig; es vergeht wie das Gras auf dem Felde, es hinterläßt keine Spuren. Das Leben des Gottesfürchtigen aber hat Bleibe u. Dauer bei Gott. Das apokalyptische Judentum sieht die ganze jetzige Schöpfung als nichtig, es fordert seine Frommen auf, diese Welt zu fliehen. Die ntl. Verkündigung sieht den Menschen u. seine vorfindliche Welt als nichtig an, weil sich diese von ihrem Schöpfer u. Ursprung losgesagt haben. Doch sind N. u. Sinnlosigkeit nicht die letzten Bestimmungen dieser Welt. Die Schöpfung ist nur insofern der N. unterworfen (Röm 8, 20), als Welt u. Menschen sich u. ihrem Ursprung fremd geworden sind. So trachten u. sinnen die Völker auf Nichtiges (Eph 4, 17). Das muß nicht so sein. ↗ Christus hat die N. der Schöpfung durchbrochen, er hat den Menschen gültiges ↗ Leben (↗ Liebe) eröffnet, er ist daran, ↗ „neue Schöpfung" zu schaffen.   gr

nicht mehr. Tod u. ↗ Auferstehung Jesu Christi haben das Alte u. Bisherige in der menschlichen Geschichte durchbrochen u. aufgebrochen, es geschah eine ↗ Zeitenwende. Wenn der Mensch bisher seinem Ursprung (Schöpfer) u. sich selbst fremd war u. so lebte (↗ Sünde), wenn alles in seinem Dasein vergänglich war (↗ Tod) oder wenn er unter dem todbringenden ↗ Gesetz lebte, dann hat er seit dem Heilsereignis in ↗ Christus die ↗ Möglichkeit, n. m. in diesen alten Wirklichkeiten zu leben, zumindest sich n. m. von diesen bestimmen zu lassen. Christus hat neue Dimensionen aufgebrochen. Wer sich auf ihn einläßt, muß u. darf n. m. vom Gesetz das Heil erwarten; der muß u. darf n. m. unter der versklavenden Macht der Sünde leben; in seinem Leben haben Bleibendes u. Gültiges begonnen. Der Christ muß die neuen Möglichkeiten Christi ergreifen u. darf n. m. unter die alten Wirklichkeiten zurückverfallen, so als ob Christus nicht auferstanden wäre; er darf sich n. m. der bisherigen verfremdeten Weltzeit, dem alten ↗ Äon, angleichen (Röm 12, 2). N. m. bedeutet nicht ein Heraus-

genommensein aus den bisherigen menschlichen Lebensbedingungen u. -wirklichkeiten; es bedeutet aber Möglichkeit u. Anspruch, sich der neuen Wirklichkeit zu stellen, die im Werden ist; es bedeutet Abschied von der ↗ Selbstentfremdung, Ausbruch aus der Selbstverschlossenheit, Öffnung für das mitmenschliche Du, Aufbruch in die ↗ Zukunft Gottes. N. m. bedeutet ständigen Abschied vom Gestern u. Aufbruch in die neue Dimension Christi. ↗ noch nicht.   gr

Nichtreligiöse Interpretation. Das Problem der n. I. bibl. Begriffe wurde in aller Schärfe von D. Bonhoeffer gestellt. Es geht um die Frage: Wie können die wesentlichen bibl., speziell ntl., Aussagen in einer „weltlichen" u. alltäglichen Sprache weiterhin gemacht werden? Wie kann für den nichtreligiösen Menschen das religiöse Sprechen der Bibel durch ein nichtreligiöses ersetzt werden, ohne daß dabei Bekenntnisse u. Verkündigungsinhalte verkürzt werden? Dies ist eine wesentliche Frage der bibl. ↗ Hermeneutik überhaupt. Zwar wurde die Bibel immer schon, wo sie interpretiert wurde, auch nichtreligiös u. weltlich interpretiert, denn das bibl. Bekenntnis wurde immer schon in das alltägliche Leben hinein „übersetzt", wo es gelebt wurde; es wurde u. wird durch das konkrete Leben der Glaubenden übersetzt. Zu beachten ist, daß die Bibel ja nicht nur in religiöser Sprache u. Vorstellungswelt spricht, sie spricht auch, gerade im AT, eine sehr weltnahe u. profane Sprache (z. B. das Hohelied der Liebe). Anderseits hat die ganze Bibel die Tendenz, aus mythisch-religiöser Denkwelt auszubrechen (z. B. die atl. ↗ Schöpfungsberichte); so wird der ↗ Kult ständig kritisiert, angefangen von den Propheten (Js 58, 1–9) bis zu Jesus (Mk 2, 27); in der christl. Gemeinde kommt der Kult im Christusbekenntnis zu Ende (↗ weltlicher Gottesdienst). Neben den Entkultungstendenzen der Bibel sind solche der ↗ Enttabuisierung unübersehbar. Damit tritt auch die bibl. Sprache immer mehr heraus aus dem engen kultisch-religiösen Bereich, sie wird erstaunlich weltlich u. verdankt sich konkreten menschlichen Lebenserfahrungen. Der Höhepunkt u. Ab-

schluß dieser Tendenz ist das Bekenntnis der ↗Menschwerdung Gottes in Jesus von Nazaret. Im Menschen Jesus ist
Gott da; er ist endgültig u. für alle da.
Im ↗Kreuz u. in der ↗Auferstehung
Jesu ist die Welt von Gott letztgültig
angenommen worden. Vom Bekenntnis
der Menschwerdung her ist die Möglichkeit offen, daß Gott in einer völlig
weltlichen u. menschlichen Sprache zu
Wort kommt. Sakrale Sprache ist eigentlich verabschiedet. So verkündet Jesus
selbst das ↗Reich Gottes als eine Wirklichkeit unter Menschen, über die die
Menschen aber nicht verfügen. N. I.
fragt: Wie kann Jesu Botschaft auch von
profan denkenden Menschen verwirklicht werden? ↗Praxis.   gr

Nichtse. Der in den Geboten geforderte
Glaube an den einen Gott ↗Jahwe bestimmt das bibl. Denken. Gott ist der
Urgrund allen Seins, die alles umfassende Wirklichkeit. Folgerichtig entwickelt sich daraus die Erkenntnis, daß
die ↗Götter der Heiden N. vor Jahwe
sind. Von ihm sind sie nicht geschaffen,
deshalb können sie keine Existenz haben. Von den Propheten werden häufig
die Götzen verhöhnt u. verspottet, da
ihre Nichtigkeit sich schon darin zeigt,
daß Menschen sie aus Holz oder Stein
anfertigen. Im Verhältnis zu Jahwe sind
sie nichts. Besonders von ↗Deutero-
jesaja wird ihre Existenz mit scharfen
Worten bestritten (Js 44, 9 ff). Nicht der
Mensch kann sich einen Gott schaffen,
sondern allein der rechtmäßige Gott
verleiht das Sein. Im NT lebt die atl.
Auffassung weiter, daß die Götter, die
N., Erfindungen menschlicher ↗Torheit
sind (Röm 1, 23).   la

Nieren ↗Herz u. Nieren.

Nikodemus wird nur in Joh genannt (3,
1 ff; 7, 50 ff; 19, 39). Er war ein gelehrter
jüdischer ↗Rabbi, gehörte dem ↗Hohen
Rat an u. war Mitglied der Partei der
↗Pharisäer, der streng religiösen, ortho-
dox-jüdischen, römerfeindlichen Volks-
partei (wir würden sagen: N. war alles
in allem: Theologieprofessor, Abgeord-
neter u. hoher Parteifunktionär). Nach
Joh 3, 2 besuchte er Jesus des Nachts,
um sich in Ruhe über Jesu Botschaft zu
informieren. Was ist zum Heil notwendig? war wohl die Frage, die er Jesus
stellte. Johannes demonstriert mit sei-

nem erzählenden Bericht über dieses
Gespräch die Verständnislosigkeit des
rabbinischen Judentums gegenüber dem
↗Evangelium Jesu. Die beiden anderen
Stellen zeigen N. als geheimen Anhänger Jesu, der seine Stellung dazu
benützt, für Jesus (freilich erfolglos) zu
intervenieren (7, 50 ff) u. zusammen mit
seinem Kollegen Joseph von Arimatäa
für ein würdiges Begräbnis Jesu zu
sorgen.   hi

Nikodemus-Evangelium, auch Pilatus-
Akten genannt; aus der 1. Hälfte des
5. Jh. n.C., schildert novellistisch Prozeß,
Hinrichtung u. Auferstehung, eine Ver-
sion auch die Höllenfahrt Jesu. Der Stoff
ist z. T. wesentlich älter.   hi

Nikolaiten sind nach den spärlichen
Zeugnissen, die die Apokalypse über sie
vorlegt, eine gnostisierende christl. Irrlehre (Apk 2). „Sie haben die Tiefen des
Satans erkannt", d. h., durch die Erkenntnis des Wesens Satans sind sie von seiner Macht befreit, u. sie können daher
unbeschadet Werke des Satans ausüben:
„Götzenopferfleisch essen" u. „Unzucht"
treiben. Allein die Erkenntnis gibt die
Seligkeit, ohne Umsetzen dieser Er-
kenntnis in moralisches Handeln.   do

Ninive, sehr alte Siedlung am Tigris, die
nach Gn 10, 11 f Nimrod gegründet hat.
N. besaß einen bedeutenden Ischtar-
tempel u. war seit dem 8. Jh. v.C.
Hauptstadt Assyriens. Vor allem durch
Sancherib (vgl. 2 Kg 19, 36) u. Assur-
banipal (Bibliothek) erhielt N. pracht-
volle Paläste u. Tempel. 612 v.C. zerstörten Babylonier u. Meder die Stadt;
auf dieses Ereignis beziehen sich die
Drohsprüche Nah 1–3 u. Zeph 2, 13–15.
N. ist der Ort der Umkehrpredigt des
Jona.   we

Nisan, 1. Monat (März/April) im jüd. Ka-
lenderjahr, mit dem das religiöse Jahr
begann. (Im bürgerlichen Jahr der 7. Monat.) Vom 14.–21. N. wurde ↗Pascha gefeiert. Der Name ist babylonischen Ursprungs.   ba

Noach (hebr. Ruhe; dagegen Gn 5, 29
mit „trösten" erklärt), letzter der zehn
↗Urväter, Sohn des Lamech (5, 28),
Landmann u. Weinbauer (9, 20). Das
entscheidende Ereignis seines Lebens
war die ↗Sintflut, aus deren vernichten-
dem Gericht er mit seiner Familie durch
Gott gerettet wurde. Nach der Flut

schloß Gott mit N. einen ↗Bund, dessen Zeichen der ↗Regenbogen ist (9, 1–17). Durch seine Söhne Sem, Cham (Kanaan) u. Japhet ist N. Stammvater der neuen Menschheit. In den N.-Sprüchen (9, 25–27) verflucht er den schamlosen Kanaan, der seinen Brüdern dienen muß. – Im Judentum ist in apokalyptischen Schriften (N.-Buch) die Sintflut Warnung vor dem plötzlich hereinbrechenden Gericht; N. selbst wird als Gerechter gezeichnet (Sir 44, 17). Beide Vorstellungen finden sich auch im NT (Mt 24, 37–39; Hebr 11, 7; 1 Petr 3, 20 f).   we

Noach-Buch ↗Noach.

Noach-Sprüche ↗Noach.

noch nicht. Was Jesus begonnen hat, ist weltweit im ↗Werden, aber nicht vollendet. Dies ist eine Grundaussage der ntl. ↗Eschatologie. Mit seiner ↗Auferstehung aus den Toten hat ↗Christus weltweit Auferstehung begonnen, eine neue Dimension aufgestoßen. Er ist „der erste unter den Entschlafenen" (1 Kor 15, 20), er ist „der Erstgeborene unter vielen Brüdern" (Röm 8, 29). Er hat allen Menschen neues ↗Leben, bleibendes u. gültiges Dasein eröffnet. Aber die Menschen sind erst auf dieses neue Leben hin unterwegs, sie haben es n. n.; es steht ihnen als ↗Möglichkeit u. ↗Einladung offen. Es hat in denen bereits begonnen, die sich tatsächlich auf Christus eingelassen haben, es beginnt in allen, die wie Jesus ↗für andere dasein wollen, aber es ist immer erst im Werden. Es kann aufgehalten, gehindert, ja ausgelöscht werden. Es kann einer, der sich zu Christus bekennt, wieder aus dessen neuer Dimension herausfallen. Die „Erlösung des leiblichen Daseins" wird immer erst erwartet (Röm 8, 23). Die sich auf Christus einlassen, sind in die ↗Hoffnung hineingestellt. Nur im Bereich der Hoffnung geschieht an ihnen anfanghaft „Rettung", ↗Erlösung u. ↗Heil (Röm 8, 24). Der Christ ist auf den Weg geschickt. Bleibend bestimmt das Noch-Nicht sein Leben. Mit Tod u. Auferstehung Christi hat Gott endgültig über seine Schöpfung zu herrschen begonnen, Christus ist beauftragt u. bevollmächtigt, Gottes Herrschaft über die Welt durchzusetzen. Der Vater hat dem „Sohn" alles in der Welt unterstellt, damit dieser dem Vater zu seinem Herr-

scherrecht verhelfe (1 Kor 15, 28). Nun ist aber auch die Herrschaft Christi erst ein Beginn, sie ist n. n. vollendet oder schon durchgesetzt. Ihr Ausgang ist noch offen. In seiner Auferstehung hat Christus zu herrschen begonnen, u. er ist daran, diese Herrschaft weltweit auszudehnen. Wo Menschen in Jesu ↗Nachfolge leben, ist diese Herrschaft im Kommen. Das Noch-Nicht Gottes u. Christi ist von Menschen mit abhängig gemacht (↗Mitarbeiter). Wer auf Christi Namen getauft ist, hat bereits das „Angeld des Geistes" empfangen (2 Kor 5, 5); Gottes ↗Geist ist in ihm am Werk, aber dieser Mensch ist n. n. voll zum geistbestimmten Menschen geworden (vgl. 1 Kor 15, 44). Wer im Bereich Christi lebt, ist schon „neue Schöpfung Gottes" geworden (2 Kor 5, 17). Doch ist auch dies ein ↗Anfang; ↗Vollendung steht aus. Christi Auferstehungswirklichkeit u. Gottes Herrschaft sind ein Werdeprozeß, der n. n. zu Ende gekommen ist, dessen Ausgang nicht erschaubar ist (↗Zukunft Gottes), der noch sehr am Anfang steht, der verzögert u. behindert werden kann, der aber nicht mehr rückgängig zu machen ist (↗ein für allemal). In Jesu Auferstehung hat sich Gott endgültig für das Werden der Welt entschieden. So lebt der Christ wesentlich im Noch-Nicht. Dieses ist die treibende Kraft seines Lebens, es bedeutet, daß Gott ständig vor dem Menschen ist u. auf ihn zukommt, es fordert vom Menschen eine weltverändernde, schöpferische Hoffnung.   gr

Nomaden sind wandernde Hirten, die mit ihren Herden regelmäßig die Weiden u. Steppen zwischen Kulturland u. Wüste aufsuchen. Typisch für das N.tum sind die Zusammenfassung der Familien in einem ↗Stamm, Gastfreundschaft, ↗Asylrecht u. ↗Blutrache; ferner die fast kultfreie Religion u. der Glaube an einen persönlichen (Himmels-)Gott. Halbnomaden sind N. auf dem Weg zur ↗Seßhaftwerdung. ↗Beduinen.   he

Norden, Himmelsrichtung, Gegend der Unheils- u. Feindmächte. Vom N. her entfacht Jahwe das ↗Gericht über Israel (Js 14, 31; Jr 1, 14; 4, 6). Daher bezeichnet N. oft die Weltmächte Assur (Zeph 2, 3) u. Babylon (Sach 2, 10; 6, 6.8). – Im äußersten N. liegt der Götterberg (Js 14, 13; Ps 48, 3). Auch Jahwe kommt von N. her (Ez 1, 4). – Dn 11, 5–40 ist N. = Seleukiden. he

Nordreich. Nach dem Tod Salomos brach die alte Personalunion des Zwölf-Stämme-Bundes auseinander. Mehrere Dynastien regierten ab 926 v.C. das N., meist ↗ Israel genannt, u. das Südreich Juda. Im N. wurden Sichem (später Samaria) politischer u. Betel u. Dan religiöser Mittelpunkt des Reiches. Vgl. die Polemiken bei Elija, Elischa, Jesaja u. Micha. 722 v.C. setzte Sargon II. (Assur) dem N. ein Ende (Provinz ↗ Samaria). pa

Norm. Die christl. Verkündigung vermittelt N.en des ↗ Glaubens u. der christl. ↗ Praxis, die sich gegenseitig bedingen. Bibl. Grund-N. sind die ↗ Freiheit vom ↗ Gesetz u. die ↗ Liebe (Röm 8, 12). Mit dem Bekenntnis zur Herrschaft Christi (↗ Herrschaft Gottes) läßt sich der Christ im Glauben auf die Dialektik von Liebe u. Freiheit vom Gesetz, also auch Freiheit von der N. ein. Die ↗ Paränesen im NT sind nicht allzeit gültige, moralisch-ethische Richtlinien für die Christen, sondern sind zeitlich bedingt, indem sie in konkreten, historisch vorgegebenen gesellschaftlichen Bezügen sprechen. Freiheit vom Gesetz ist weder gesetzlose Anarchie noch Anpassung an bibl.-traditionelle oder gesellschaftliche N.en. Die unter der Herrschaft Christi geschenkte Freiheit der ↗ Kindschaft Gottes (Gal 5, 1.13 f; Röm 8, 21) ist im Glauben geprägt durch die Annahme der Liebe Jesu ↗ für andere, für uns. In der christl. Praxis wird dieser Glaube zur praktizierten Liebe zum ↗ Mitmenschen. Liebe ist N. der christl. Praxis. Die Methode dieser Liebe ist weder moralisch-sittlich noch bibl.-traditionell fixiert, sondern sie ist je neu zu erforschen aus den Situationen des alltäglichen, des gesellschaftlichen Lebens. Die Dialektik von Freiheit u. Liebe muß also vom einzelnen Christen wie von der ↗ Kirche in den je konkreten gesellschaftlichen Verhältnissen öffentlich (= verkündigend) reflektiert werden. Eine christl.-normative ↗ Ethik kommt dadurch nicht ohne Absorbierung der Ergebnisse der sozialen Handlungswissenschaften (Soziologie, Psycho-logie u. a.) aus. Mit Hilfe dieser kritischen Wissenschaften ermittelt die christl. Ethik gesellschaftstranszendente N.en u. macht diese zum Bestandteil der christl. Verkündigung u. zum Gegenstand des christl. Glaubens. Dadurch vermittelt sich die N. in der Dialektik von Freiheit u. Liebe wieder zur Herrschaft Christi. Liebende Phantasie u. schöpferischer Gehorsam sind Handlungsaxiomatiken (= N.en) für christl. Praxis. Die N.en als Maßstab für gutes oder schlechtes ↗ Christsein zu gebrauchen wäre Mißbrauch der N.en (Gal 5, 13), würde die Dialektik von Freiheit u. Liebe durchbrechen u. den Sinn der N.en in sein Gegenteil verkehren. fr

Novelle. Einige bibl. Erzählungen sind ihrer literarischen Gattung nach N.n, d. h. poetische Erzählungen eines Einzelschicksals, das zugleich Allgemeingültigkeit hat. Die Bezeichnung N. trifft die bibl. Gattung nicht genau, weil sie der modernen Literatur entnommen ist, sie sagt aber auch nichts aus über die Wirklichkeit, die hinter der Erzählung steht. N.n sind im AT manche Josephs-erzählungen, z. B. die Versuchung u. Verleumdung durch Potiphars Frau, die Rut-Erzählung, auch die Susanna-Erzählung des Daniel-Buches, die allerdings in der vorliegenden Form auch zur ↗ Legende gebraucht werden könnte. ba

Nüchternheit. Theol. Bedeutung hat das Wort N. in der Bibel, wenn es im übertragenen Sinn verwandt wird. Dann meint es die dem Christen angemessene Haltung. Zur N. ermahnt werden, besonders in den Pastoralbriefen, die Bischöfe, die Diakonfrauen, die Alten, die jungen Männer, Timotheus. Vornehmlich für die Träger der verschiedenen Dienste in der ↗ Gemeinde wird sie gefordert. Zu den Verpflichtungen, die mit N. umschrieben werden u. zu deren Erfüllung sie hilft, gehören: hoffen auf die Gnade, die Christus brachte (1 Petr 1, 13), Bereitsein zur Annahme der Glaubensbotschaft (1 Thess 5, 8). Zusammen mit dem Wachen u. Beten gibt sie Kraft, dem Bösen zu entgehen (1 Petr 5, 8). Besonders das nahe Ende mahnt zur N. ↗ Gebet u. ↗ Liebe (1 Petr 4, 7 ff) sind die besonderen Weisen, wie sich der Christ bereitet für das Kommen des Herrn. Nicht in Sünde u. rein irdischer

Befriedigung soll er sich verlieren, sondern in offener Bereitschaft für den ↗Herrn leben, der ihn jederzeit wachend finden soll.   tho

Numeri-Buch, viertes Buch des ↗Pentateuchs, das die Geschichte der Stämme Israels von den letzten Sinai-Ereignissen bis zum Beginn der ↗Landnahme erzählt; dabei wird der Erzählungsfortgang immer wieder von gesetzlichen, der ↗Priesterschrift zuzurechnenden Bestimmungen u. Anordnungen unterbrochen, so daß ein klarer Aufbau nicht zu erkennen ist. Nachdem 1–10 als Abschluß der Sinaiperikope die Ordnung des Volkes u. der Leviten berichtet hat u. weitere Anordnungen zur Sinaigesetzgebung nachgetragen sind, stehen im weiteren Verlauf der Erzählungen zwei Themen im Vordergrund: das Murren der Israeliten gegen ↗Mose u. Jahwe (vgl. 11–12; 13–14; 16–17; 20, 1 bis 13) u. die beginnende Landnahme. – An den hier überlieferten Erzählungen haben alle Pentateuchquellen Anteil; aber nur das priesterschriftliche Material (vor allem Listen u. Gesetze) läßt sich eindeutig bestimmen.   we

O

Obadja (Abdias; hebr. Diener Jahwes), häufiger Personenname im AT. Die Überschrift des vierten des ↗ Zwölfprophetenbuches nennt einen sonst unbekannten Propheten O. als Autor des ↗ Obadja-Buches. he

Obadja-Buch. Das O.-B. ist die vierte u. kürzeste Schrift im ↗ Zwölfprophetenbuch. Auf Überschrift u. Einleitung (V. 1) folgt ein Spruch über ↗ Edom, der Edom Vernichtung ansagt (2–9), weil es sich über ↗ Judas Schicksal hämisch freute (10–14.15b). V. 15a kündet den nahen ↗ Tag Jahwes über die Völker an. Eine Weissagung über Juda beschließt das O.-B. (16–21): Judas Geschick wird heilvoll gewendet, das Haus Jakobs u. Josephs wird über das Haus Esaus siegen, Juda wird seinen verlorenen Besitz zurück, u. Jahwe allein wird König sein. – Der 1. Teil (1–14.15b) ist nach den Ereignissen von 587 v.C. verfaßt. Er zeigt deutliche Parallelen zu Jr 49, 7–22. Der 2. Teil (15a.16–21) stammt aus anderer Situation, aber wohl vom selben Autor. Ähnliche Gedanken finden sich bei ↗ Joel. – Das O.-B. zeigt die Leiden u. Hoffnungen der nach dem Zusammenbruch Judas in Palästina verbliebenen Jahwetreuen u. die enge Verbindung von Religion u. nationalen Strebungen, wie sie für israelitische Heilspropheten kennzeichnend ist. Deutlich tritt der Ernst des Gottesglaubens hervor im Gedanken der endzeitlichen Herrschaft Jahwes u. in der ethisch-religiösen Begründung des ↗ Gerichts über die Völker. Die enge nationale Heilshoffnung ist nicht von fanatischem Haß, sondern vom Gedanken der ausgleichenden Gerechtigkeit Jahwes getragen. Es fehlt aber die Weite deuterojesajanischer Heilsgedanken u. die Tiefe des ans eigene Volk gerichteten Bußrufs der Propheten u. des Deuteronomium. he

Oben. Gott ist nirgends verfügbar zu lokalisieren. Dennoch kann der Mensch sein Geheimnis nur in den Kategorien dieser seiner Welt entdecken. So ist für die Bibel O. nicht nur bildhaft poetische Formel, auch keine kosmische Wirklichkeit für sich (↗ Weltbild), sondern eine anthropologische Dimension. O. ist der menschlichem Zugriff entzogene unzugängliche Bereich der Transzendenz Gottes, des souveränen Schöpfers u. Herrn, des Heiligen u. Ewigen (Ps 115, 3.15 f). Unten ist die Welt seiner Geschöpfe, insofern sie vergänglich u. sündig ist (Joh 8, 23). Dieses O. kommt räumlich u. zeitlich auf uns zu als Heilswirken, Heilsgegenwart u. Heilsgabe Gottes, der unsere Welt u. unser Leben umgestalten will. Jesus kommt von o. (Joh 3, 13) u. weilt dort, wo der ↗ Vater ist (Joh 13, 1). Er ist endgültig dieses O. (Kol 3, 1 ff) für jeden, der aus Wasser u. Geist von o. geboren wird (Joh 3, 3.31), der als der ↗ neue Mensch, der Auserwählte Gottes, mit Christus auferstanden ist u. aus seinem ↗ Geiste lebt als Kind der Freien, des ↗ Jerusalem von o. (Apk 21, 10; Gal 4, 26). ho

Obergemach. Auf dem Flachdach des palästinensischen Hauses errichtete man häufig ein O., das zur Ruhe oder wie beim Paschamahl Jesu als Gastzimmer diente (Mk 14, 15). do

Obstlese, die zur Sommerzeit stattfindet, ist für das hauptsächlich von der Agrarwirtschaft lebende Israel von größter Bedeutung. Daher wird der unverborgene Anbruch des ↗ Reiches Gottes mit der O. verglichen (Mk 13, 28 f). do

Odem ↗ Geist.

Oden Salomos, 42 Lieder aus christl. Kreisen; sind in der 1. Hälfte des 2. Jh. entstanden. Ihre Ursprache ist nicht mehr sicher festzustellen; sie dürften zuerst griech. oder syrisch abgefaßt worden sein. Sie sind vollständig in syrischer, z. T. auch in koptischer u. griech.

Sprache überliefert. Die O. S. stehen Ignatius u. ↗Johannes nahe. Sie sind durch ein gnostisches Christentum geprägt, das wiederum auf eine jüd. ↗Gnosis zurückgehen dürfte, da sie direkt von Johannes nicht abhängig sein können. Die O. S. sind daher für die Frage einer vorchristl. Gnosis wichtig. ri

Offenbarung (offenbaren). a) Begriff. Der deutsche Wortsinn bedeutet offenmachen, Verborgenes emporheben, der lat. (revelare) Verhülltes aufdecken, während im bibl. Griechisch u. erst recht Hebräisch sehr verschiedene u. vielschichtigere Begriffe auftreten. O. wird meist als eine besondere Erkenntnisquelle verstanden; man meint die Enthüllung eines Sachverhaltes, der dem Menschen grundsätzlich verborgen war, aber durch Gott bekannt gemacht wurde. Nur in diesem intellektualistischen Sinne kann man von einer mit dem Tod der Apostel abgeschlossenen O. sprechen oder von einem Schatz offenbarter Wahrheiten, die auf Grund göttlicher Autorität u. Wahrhaftigkeit in verstandesmäßiger Zustimmung angenommen werden. Bultmann dagegen bezieht O. auf die vom Tod bedrohte Existenz des Menschen: O. ist gerade keine Wissensmitteilung, sondern ein Geschehen, das mich in eine neue Lage meiner selbst versetzt. Buber trennt O. als eine Ich-Du-Beziehung strikt von einer Ich-Es-Beziehung: O. ist eine personhafte Beziehung, in der ein Jemand einem anderen gegenübersteht, diese Gegenseite als personhaft erfährt u. dies im ↗Dialog bezeugt; niemals ist O. ein sachliches Verhältnis, das bewiesen oder dargelegt wird. Beide sind sicher dem bibl. O.s-Verständnis näher gekommen, das nach Moltmann seine Eigenart darin hat, daß O. stets mit ↗Berufung u. ↗Verheißung, also mit der Eröffnung neuer Möglichkeit u. Zukunft verknüpft ist.

b) Musterbeispiel des atl. O.s-Verständnisses ist die Berufung des ↗Mose: Ex 3, 1–15. Angelockt durch ein auffälliges ↗Naturgeschehen tritt Mose wißbegierig heran, wird aber durch den Zuruf Gottes aufgehalten. Gott stellt sich vor als der Gott der Väter, der sich in der Vergangenheit als der geschichtsmächtige u. Neues schaffende Gott erwiesen

hat (vgl. die begründende Einleitung des ↗Dekalogs Ex 20, 2). Es folgt der Auftrag (V. 10) u. auf den Einwand des Mose hin das Versprechen der Hilfe (V. 12a) u. die Verheißung eines Zeichens: „Wenn du das Volk aus Ägypten führst, werdet ihr an diesem Berge Gott verehren." Das Zeichen wird also für eine Zukunft versprochen, die erst mit der Berufung des Mose anfängt; die Berufung ist Ruf ins Wagnis, nicht Heimholung in die Sicherheit. Sicherheit aber möchte Mose, wenn er den Namen Gottes wissen möchte: Gott möge sich legitimieren. Die Gottesantwort V. 14a: „Ich bin da, als der ich da sein werde" (Buber), verweist auf das zukünftige Handeln Gottes, das seine ↗Herrlichkeit u. ↗Treue erweisen wird (↗Tatoffenbarung). ↗Jahwe offenbart sich als der freie Herr der Geschichte, der berufende Souverän, der unbedingbare Gestalter der Zukunft.

c) Die Berufung zum ↗Propheten erfolgt immer in einer persönlichen Anrede, oft verbunden mit einer Vision (↗Schauung). Die übermächtige Erfahrung des Berufungsereignisses führt zu schweren seelischen u. körperlichen Erschütterungen (Jr 20, 1; Ez 3, 15). Bei den Visionen wird durchweg nicht beschrieben, was zu sehen war: nur das Bleilot (Am 7, 7), der Saum des Gewandes (Js 6, 1) oder der Fußboden (Ex 24, 10), nicht die Gottheit (erst vorsichtig Ez 1, 26 ff) werden beschrieben. Es fehlt ein spekulatives Interesse an den jenseitigen Dingen. Statt dessen liegt der Ton auf dem oft sehr harten, in den geschichtlichen Alltag eingreifenden Aufträgen. Das ↗ „Wort" Jahwes ist dabei nie sachliche Information, sondern unwiderstehlicher, wirksamer Befehl, der nicht aufzuhalten ist (Am 3, 3–8).

d) Das O.s-Verständnis der Weisheitsliteratur geht von dem Anstoß der erweiterten Naturerkenntnis u. -beherrschung u. dem Staunen über die Weltordnung in der Zeit des Hellenismus (Ib 28; 38) aus. Schon im Dt war Israel das Leben durch Haben u. Halten der weisen Gebote Gottes zugesprochen (Dt 30, 15 ff) (↗Willensoffenbarung), die erstmals in Spr 1–9 personifizierte göttliche ↗Weisheit tritt nun mit ultimativem Appell direkt an den einzelnen heran, sich ihr anheimzugeben, indem man ihr „nachspürt" (Spr 2, 4), „sie findet" u. „hütet" u. so das „Heil erlangt" (Spr 8, 32 ff). Die Identifizierung der Weisheit mit dem Mose-Gesetz findet sich aber erst Sir 24, 12–23.

e) Im NT wird O. ebenfalls sehr verschieden verstanden trotz der Ausrichtung auf ↗ Jesus als den entscheidenden Offenbarer (Hebr 1, 2); eine einheitliche Terminologie fehlt wie im AT. Die Synopt. stehen dem unter b) dargelegten Verständnis nahe, zentraler Begriff bei ihnen ist das ↗ Reich Gottes. Sie führen das atl. Heils- = Bundesdenken weiter, indem sie Jesus als den gottgesandten Heilsbringer in verschiedenen Interpretationen verkünden (↗ Heil c). Das O.s-Verständnis des Paulus trägt vor allem in seinem Berufsbewußtsein als ↗ Apostel prophetische Züge. O. ist für Paulus zugleich Anruf zum ↗ Glauben, Angebot der ↗ Gerechtigkeit aus Gnaden, Berufung zum Dienst nach den jeweiligen Fähigkeiten u. dem verliehenen ↗ Charisma u. ↗ Verheißung des ewigen Lebens u. der künftigen Herrlichkeit. Christl. Verkündigung offenbart mit den Taten Gottes dessen ↗ Treue, denn Gott ist mächtig, „Tote lebendig zu machen u. das, was nicht ist, ins Dasein zu rufen". Abraham glaubte dies Gott, der ihm gegen alle Hoffnung Nachkommen verhieß, auf Grund ebendieser Verheißung u. wurde gerechtfertigt (Röm 4, 18–22), ebenso wird uns, denen in der Predigt von der Auferweckung Christi Rechtfertigung u. ewiges Leben verheißen wird, die Macht Gottes in der Auferweckung Jesu offenbart u. glaubbar (Röm 4, 23–25). O. ist also Verheißung, die sich dadurch als Verheißung Gottes ausweist, daß sie Neues schafft, nämlich Leben, Handeln, Hoffen u. Leiden des Empfängers bestimmt, u. nicht umgekehrt die Erfüllung der Verheißung vom Verhalten des Empfängers abhängt. Darum ist der ↗ Glaube als rechtfertigende Antwort auf die O. bei Paulus nicht ein Werk des Menschen, sondern Gottes, nämlich des Geistes Gottes, durch den wir vertrauensvoll rufen: „Abba, lieber Vater!" (Röm 8, 15.) – Johannes beschreibt das O.s-Verhältnis zwischen dem Vater, dem Sohn u. den

Seinen als ein wechselweises „Kennen" (Joh 10, 14). „Kennen" ist hier nicht das rationale Einsehen des erkannten Objekts, sondern das Innewerden der verwandelnden Betroffenheit, wenn der andere sich als Liebender erschließt; deshalb kann es mit „lieben", „bleiben in", „sein in" wechseln. Bei diesem wechselseitigen „Kennen" ist die Reihenfolge Offenbarer – Betroffener einlinig; V. 10, 30 heißt daher bei Johannes: in Jesus u. in ihm begegnet Gott, aber auch die ganze Wahrheit Gottes. – Ein weisheitliches O.s-Verständnis, das die rechte Tradition u. die Autorität der amtlichen O.s-Vermittler betont, findet sich in den Pastoralbriefen. – In Jak 5, 10 f u. Hebr 11, 17 ff werden die Großen der Geschichte Israels zu zeitlosen Beispielen frommen Lebens, in Hebr 12, 2 u. 1 Petr 2, 21 beginnt Jesus selbst zum moralischen Vorbild zu werden, dem man nachstrebt: Damit ist das paulinische O.s-Verständnis umgekehrt.

f) Eine „natürliche O.", nicht im Sinne von O. durch Natur (↗ Naturgeschehen), sondern als Betroffenheit durch Gott auf Grund verstandesmäßiger Einsicht in die Natur, gibt es im bibl. Denken nicht. Es gibt aber zwei klassische Stellen, die sie zu lehren scheinen. Weish 10, 1–7, ein erbaulicher Text, polemisiert gegen jede Naturverehrung, es fehlt, trotz der irenischen Schlußwendung, das Verständnis, daß man aus dem Werk nicht den Urheber erkennt. Der lehrhafte Text Röm 1, 18 ff lehrt eine grundsätzliche Erkennbarkeit der Schöpfermacht Gottes, nicht Gottes selber, die aber faktisch nicht zur Ehrung Gottes, sondern zur Torheit u. Perversion des Bilderdienstes geführt hat. Beiden Texten ist natürliche O. nicht Anfang der Gotteserkenntnis oder gar Glaubensgrund, sondern umgekehrt wird auf Grund der Gotteserfahrung u. des Glaubens die Natur als Werk Gottes verstanden u. behauptet.　　　sch

Offenbarung des Johannes, auch kurz Apokalypse genannt, das letzte in der üblichen Aufzählung der bibl. Bücher, ist die einzige apokalyptische Schrift des NT. Die Schrift, die der Seher während eines Exils auf Patmos, also während einer Verfolgungszeit (wohl zu Ende der Regierung Domitians, † 96), verfaßt hat, nennt einen Mann mit prophetischem Anspruch namens Johannes (1, 1.4.9; 22, 8 f) als ihren Verfasser, den die heutige Forschung entgegen der (auch nicht einhelligen) altkirchlichen Überlieferung meist nicht mehr mit dem Apostel ↗ Johannes identifiziert, auch nicht mit dem möglicherweise von diesem zu unterscheidenden Verfasser des ↗ Johannes-Evangeliums. Entgegen dem in der ↗ Apokalyptik gepflegten literarischen Brauch der Pseudonymität tritt der prophetisch-selbstbewußte Autor der O. d. J. mit seinem Schreiben an die Gemeinden Kleinasiens (2–3) unter seinem Namen hervor. Mit der von Gott über Christus u. den Seher den Christen übergebenen „Offenbarung" über das, „was bald geschehen muß" (1, 1–3), will der Apokalyptiker seine Leser ermahnen u. trösten. Er tut das mit einem in einem kompositorischen Anlage wohldurchdachten Buch. Auf den briefartigen Eingang (1, 4–8) folgt eine großartige Christusvision (1, 9–20), welche die sieben Mahnschreiben (2–3) an die kleinasiatischen Gemeinden (Ephesus, Smyrna, Pergamon, Thyatira, Sardes, Philadelphia, Laodizea), die mit Tadel, Lob, Drohung u. Verheißung formell gleich gebaut sind, vorbereitet. Der paränetischen Einleitung folgt der apokalyptische Hauptteil (4, 1 – 22, 5), der in planmäßig gesteigerten Visionenreihen (Siegel-Vision 5, 1 – 8, 1; Posaunen-Vision 8, 2 – 11, 14; Schalen-Vision 15, 1 bis 16, 21) das Gericht über die Gegner Gottes u. die Feinde der Christen ausmalt, in Darstellungen des himmlischen Gottesdienstes mit seinen Hymnen die im Christusgeschehen bereits erfolgte Erlösung u. den schon entschiedenen Sieg der Christen feiert u. die christl. Hoffnung mit Ausblicken auf die vollendete Gottesherrschaft im himmlischen Jerusalem antreibt. Der Schluß des Buches (22, 6–21) versichert die Zuverlässigkeit der Schauungen, gibt einer lebhaften ↗ Naherwartung Ausdruck u. sucht das Buch vor Fälschungen zu schützen. Die Auslegung der O. d. J. hat davon auszugehen, daß der Autor keine „Voraussagen" über den Lauf der Welt oder der Kirchengeschichte machen, sondern mit den meist traditionellen symbolischen Zahlen, Bildern u. Szenen die Leser im Vertrauen auf Gottes Endsieg zum Ausharren ermahnen u. trösten will.   pe

Offenbarungsempfang. Die Schrift kennt zwei eng miteinander verknüpfte Arten, wie der Mensch die ↗ Offenbarung (Selbstmitteilung Gottes) erfahren kann: Er erlebt das Handeln Gottes an seinem Volk (Befreiung aus Ägypten; ↗ Israel) oder an sich selbst (Berufungserlebnis der ↗ Propheten, des Paulus; Begegnung des Zachäus mit Jesus), oder er hört das ↗ Wort, das diese Taten Gottes verkündet u. ihren Sinn erschließt.   oh

Öffentlichkeit. Die atl.-ntl. ↗ Verkündigung (Kerygma) ist in doppeltem Sinn auf eine Ö. bezogen: Der einzelne Verkündiger (↗ Prophet, ↗ Apostel, ↗ Jünger) steht der Ö. des Gottesvolkes (↗ Israel bzw. ↗ Kirche) gegenüber, dieses als ganzes der Ö. der ↗ Welt. Verkündigung als Ausrufen einer neuen Wirklichkeit, als ein diese Wirklichkeit zugleich erschaffendes u. garantierendes Zeugnis vom ↗ Heil versteht sich in AT u. NT als interpretatorischer Vermittlungsprozeß zwischen den Intentionen Gottes u. der Ö., zwischen der Botschaft u. den Adressaten. Der Verkündiger ist dabei das Instrument, das „laut ins Gehör bringen muß, was der Herr spricht" (Jr 2, 2). An Straßen, Kreuzungen u. den Toren der Stadt (Spr 8, 1–3), also vor aller Ö., spielt sich dieser Vorgang der Vermittlung u. Interpretation ab. Das prophetische Modell der Verkündigung zeigt: Adressat der Rede vom Heil ist nicht ein Zirkel von Eingeweihten, sondern die offene Gruppe der jeweils Angeredeten – wobei diese dem eigenen Volk u. Glauben (Js 6, 9), aber auch einem ganz anderen Lebenskreis angehören können (Jeremia als Völkerprophet, Jr 1, 5; Jon 1, 2). Die Existenzform u. Verkündigungsweise Jesu entsprechen dem prophetischen Modell. Seine Botschaft ist Zeugnis vor der Ö. seines Volkes (Joh 18, 20), aber auch vor Nichtjuden im Ostjordanland u. aus diesem Gebiet (Mt 4, 25). Selbst wenn ↗ Jesus sich in die Einsamkeit zurückzieht oder wenn er in der vorletzten Phase seiner Wirksamkeit, ausschließlich die Jünger ausbildet, bleibt der Ö.-s-Charakter seiner Tätigkeit unverkennbar. Die Verkündigung der Jünger u.

Apostel ist dann konsequent ein weiterer Schritt vor die Welt-Ö. (vgl. Apg 17, 16–33). Grundsätzlich-theologisch auf der Linie des AT u. des Ev. Jesu, wird hier auch geschichtlich-soziologisch die Konsequenz aus dem atl.-ntl. Verkündigungsbegriff gezogen. Dabei richtet sich das ↗Kerygma – als Bekenntnis, Appell u. Interpretation – immer zugleich an die Ö. der Welt u. an die Kirche. Die Kirche ist also nicht nur vermittelndes Subjekt, sondern immer auch Adressat des Kerygmas (2 Tim 2, 2) u. damit auch der Aufforderung zur ständigen Umkehr u. Versöhnung mit Gott (2 Kor 5, 20). Dem Auftrag des Verkündigers entspricht als Grundhaltung Offenheit u. Freimut (Joh 7, 25; Apg 4, 29; 9, 28 f). her

Ohr. Durch das O. ist der Mensch fähig, das ↗Wort Gottes zu vernehmen (Ib 12, 9–11). Darum wird das O. des Priesters mit Opferblut geheiligt (Ex 29, 20). Das O. ist als wichtigstes Organ für Verkündigung u. Glauben oft synonym mit ↗Herz, der personalen Mitte des Menschen, an die Gott sich wendet u. die sich ihm zuwendet. Hören ist messianisches Heilsgeschehen (Js 35, 5; 50, 4 f; Mt 13, 16). Jesus vollbringt dieses Heilszeichen: er heilt den Taubstummen (Mk 7, 33–35). Hier u. jetzt will er das O. seiner Hörer treffen (Lk 4, 18–22). Im Innewerden des Gehörten wird der Anbruch der Gottesherrschaft erkannt u. die Schrift erfüllt. Auf besondere Geheimnisse der Heilszeit macht die Weckformel aufmerksam: Wer O.en hat zu hören, der höre (Mt 11, 14 f; u. a.). Die Frucht dieses hörenden Aufnehmens kann nur noch ↗Glaube oder ↗Verstockung sein, ↗Heil oder ↗Gericht. Verstehendes Hören erweist sich im Glauben (Röm 10, 17), wo jemand sein Herz aufschließt u. gehorcht (Apg 16, 14), d. h. im Tun des Wortes den Herrn sucht (Mk 4, 20). Das sind die Gerechten, für die Jahwe ein O. hat (Ps 17, 3–6), die seine Gedanken denken (1 Joh 5, 14), seinen Frieden suchen, die auf sein Wort eingehen u. es befolgen (Mk 4, 11 f; Apk 1, 3), die einträchtig, brüderlich, barmherzig, demütig wie die ↗Armen (Ps 86, 1; 1 Petr 3, 8–12) leben. Die aber nicht aus Gott sind (Joh 8, 43.47), bleiben Halsstarrige u. Un-

beschnittene an Herz u. O. (Apg 7, 51; 28, 27; Jr 6, 10). ↗Hören. ho

Ohrenzeuge. Die Autorität der Jünger in der frühen Kirche beruht darauf, daß sie O.n u. ↗Augenzeugen des irdischen Wirkens Jesu sind. So begründet der Verfasser des 1 Joh seine Lehrautorität damit, Augen- u. O. des menschgewordenen Wortes gewesen zu sein (1 Joh 1, 1 ff): Der durch sein Zeugnis bewirkte Glaube schafft ↗Gemeinschaft mit Christus u. dem Vater u. den Gläubigen untereinander. br

Öl wurde aus Oliven gewonnen. 1. Um reines Ö. zu erhalten, zerquetschte man Oliven mit einem Mörser u. preßte sie unter Druck eines schweren Steines in einem Korb aus. Man verwendete es fast ausschließlich für den Kult: als Brennstoff für die Lampen, Salböl u. Beigabe zu den Brandopfern. – 2. In der Kelter getretenes Ö. (Mich 6, 15; Ib 24, 11) verwendete man zu Speisen, als Salböl für Haut u. Wunden u. als Brennstoff für die Lampen. Es war auch wichtige Ausfuhrware (1 Kg 5, 25; Esr 3, 7; Ez 27, 17; Hos 12, 2). – Man bewahrte das Ö. auf in Krügen (1 Kg 17, 12 ff; 2 Kg 4, 2 ff), kleinere Mengen in Ölhörnern (1 Sm 16, 13; 1 Kg 1, 39) u. Alabastergefäßen (Mt 26, 7). he

Ölbaum, immergrüner, sehr zäher, höchstens 10 m hoher Baum im ganzen Mittelmeergebiet. In Palästina, dessen Boden für Ö.e sehr geeignet ist, finden sich viele Ö.gärten (Dt 28, 40; 33, 24). Die Frucht des Ö. ist die Olive; sie wird im Oktober durch Schütteln u. Abschlagen mit Ruten (Js 17, 6; 24, 13) geerntet u. dient in bibl. Zeit ausschließlich zur Gewinnung von ↗Öl. he

Ölberg (Berg der Ölbäume), durch den ↗Kidron von Jerusalem getrennter, von Norden nach Süden abfallender Höhenzug mit mehreren Kuppen; er bietet Jerusalem Schutz vor den Nord- u. Ostwinden u. fängt die Westwinde mit den für die Stadt wichtigen Niederschlägen vor der Wüste Juda ab. – Den seit alters heiligen, eigentlichen Ö. erwähnt das AT nur in der Davidsgeschichte (2 Sm 15, 30.32) u. als Ort des Gerichts (Sach 14, 4). Im NT ist der Ö. oft im Zusammenhang mit Jesus genannt: Jesus ging über den Ö. nach Jerusalem (Mk 11, 2 par); oft nächtigte er hier (Lk 21, 37;

Joh 8, 1); am Ö. hielt Jesus die eschatologische Rede (Mk 13, 3 par) u. betete
in der Nacht vor seiner Gefangennahme
(Mk 14, 26 ff par).   he

Ölkuchen, hochgeschätztes Gebäck (Nm
11, 8) aus ungesäuertem, mit Öl an-
gerührtem oder bestrichenem Brot (Lv
2, 4; 1 Kg 17, 12 f).   he

Onias (im hebr. wohl Jahwe ist gnädig),
Name mehrerer Hoherpriester. O. I.
(ca. 300 v.C. erstrebte ein Bündnis mit
Sparta (1 Makk 12, 7 f); sein Enkel O. II.
(ca. 240 v.C.) verweigerte Ägypten die
Steuer; dessen Enkel O. III. verhinderte
die Plünderung des Tempelschatzes,
wurde später abgesetzt u. ermordet (ca.
170 v.C.; 2 Makk 3–4; Dn 9, 26); sein
Sohn O. IV. mußte nach Ägypten fliehen u. baute in Leontopolis einen jüd.
Tempel.   we

Onomastikon, alphabetisches Verzeichnis der in der Bibel genannten Ortsnamen Palästinas von Eusebius († 339).
Auch heute noch wichtig für die Topo-
graphie Palästinas.   mo

Opfer. a) Für Israel war das O. der wesentliche u. lebensnotwendige Kultakt.
Es nimmt darin die Chance wahr, sein
Gottesverhältnis zu konkretisieren u. in
einen kontinuierlichen Lebensverkehr u.
in den Horizont der geistig-persönlichen
Begegnung mit Gott einzutreten. Die
atl. O.praxis, wie sie uns in den nachexilischen Ritualen (Lv 1–7 u. a.) begegnet, hat in einer langen Geschichte
viele Umwelteinflüsse (bes. kanaanäi-
ische) u. Motivumbildungen durchgestanden. O. darzubringen war ursprünglich
ein Vorrecht des Familienoberhauptes,
zur Zeit des ↗Tempels ein solches der
↗Priester (doch vgl. ↗Salomo). Die
Priester hatten die wesentliche Aufgabe,
im ↗Opferbescheid laut zu verkünden,
ob eine dargebrachte Gabe (eines einzelnen oder der Volksgemeinschaft)
„wohlgefällig" u. vor Gott angerechnet
war. Diese Gabe konnte eine blutige
oder unblutige, tierische oder pflanz-
liche sein; sie mußte nur den Reinheitsvorschriften entsprechen (↗Brand-,
↗Schlacht-, ↗Trank-, ↗Speise-,
↗Rauchopfer, ↗Schaubrote). Insofern
sie aus dem Bereich des Lebensnotwendigen genommen wurde, war die Darbringung des O. zuerst einmal eine Huldigung u. ein Dank an den souveränen

Herrn über alles Leben. Darum wurde
das Brand-O. auch vollständig verbrannt.
Ein zweiter Gedanke kam im Schlacht-
O. zur Darstellung. Ein Teil des O.tieres
wurde von einer Mahlgemeinschaft verzehrt. D. h., im O. gewährt Gott konkret seine Bundesgemeinschaft u. stiftet
Gemeinschaft unter den Menschen. Dieses O. nannte man Bundes-O. Dieses
gemeinschaftstiftende Element hat in der
Ausgießung des O.blutes am Altar u.
über die Opfernden ein weiteres Symbol gefunden, das zugleich den dritten
O.aspekt ins Spiel bringt: den Gedanken der Sühne u. Entsündigung (↗Sühn-
u. ↗Sündopfer). An das O. bindet Gott
seinen Vergebungswillen. Aus dem O.
geht der Mensch heil hervor. Die Geschichte des O. ist ein Spiegelbild der
Glaubensgeschichte Israels. In den Aus-
zugsereignissen u. im Bundesschluß am
Sinai (dessen Besiegelung ein O. war;
Ex 24) hat Israel Jahwe als nahen, rettenden u. sich schenkenden Gott erfahren. Ihm verdankt es seine Existenz.
Darum kann seine Antwort im Gottesdienst u. die eigentliche Lebensform
nur Dank u. Huldigung an Gott sein.
Indem nun Gott seinerseits mit Freundschaft u. Vergebung antwortet, ist im
letzten im O. nicht Gott, sondern der
Mensch der Beschenkte. Wie ↗Israels
Geschichte ist aber auch das O. offen
für Gericht u. Fluch. Dies zeigt die Polemik der Propheten. Der Mensch wird
dort im O. nicht mehr in die Lebensgemeinschaft mit Gott hineingenommen, wo er Gott nur sein Tun u. nicht
auch sein Du anbietet; wo die Haltung
des Gehorsams u. der Hingabe weg-
fällt u. O. rein äußerliches, formalisti-
sches u. totes Werk wird; wo man opfert
u. zugleich Frevel übt.
b) Das NT hat viele Denkmodelle dem
AT entnommen. So wird auch Jesu Tod
am ↗Kreuz, worin er seiner Lebenshaltung als Hingabe u. Dienst an Gott u.
die Menschen treu geblieben ist, unter
die Begriffe O. u. ↗Blut (↗Sühne;
Röm 5, 9) gefaßt; als Typus u. Hinweis
auf das Geschehen in Christus. Im AT
war das Töten des Tieres nicht das Wesentliche (dies bewerkstelligte, wer die
Gabe brachte), sondern die Voraussetzung des O. Man symbolisierte das An-
bieten des Geschenkes, das Hineinbrin-

gen des O. in Gottes Bereich durch die Verbrennung (das Aufsteigen-Lassen) oder in der Weise der Blutbesprengung. Das NT hat nun das O. verinnerlicht, als ↗Gehorsam dem Vater gegenüber (Hebr). Das O. einer lebendigen Person ist an die Stelle des atl. Sach-O. getreten. Jesu Tod ist dann Hingabe an den Vater u. an uns (er ist uns treu geblieben). Für das NT ist O. also eng mit Diakonie, Dienst verwandt (↗Dienen). Für das Verständnis der ↗Eucharistie besagt dies, daß sie immer Gabe an Gott u. an die Menschen ist (damit wir uns an Gott u. an die Menschen hingeben). In der Eucharistie wird nicht ein alter ↗Kult durch einen neuen ersetzt, sondern das atl. Sach-O. durch das Erbarmen mit dem Mitmenschen abgelöst. Zugleich präsentiert sich darin das Erbarmen Gottes selbst. Blut ist, biblisch gesehen, nicht Zeichen des Todes, sondern ist das Prinzip des Lebens (Lebenssaft). Das Besprengen von Altar u. Volk mit Blut heißt dann, daß Gott u. Volk in einem Bund des Lebens zusammenkommen. Das Lebens-O. Jesu hat alle Tempel-O. ersetzt (↗Opferlamm) u. den Neuen Bund, ein neues Bundesvolk geschaffen. Teilnehmen an der Eucharistie, am Mahl (vgl. oben Bundes-O.), bedeutet Entsündigung u. Gemeinschaft, ein Ja zum Bund.

c) In Röm 12, 1 meint Paulus mit O. einen Grundzug christl. Existenz. Gott hat seine Gerechtigkeit u. sein Erbarmen in Christus erwiesen, in ihm hat er sich uns zur Verfügung gestellt. Darum soll sich der Christ leibhaftig als lebendiges O. nun Gott zur Verfügung stellen. Das geschenkte Leben erweist der Glaubende, indem er sich vom Innersten her an Gott freigibt; nicht sich selbst zu gefallen sucht u. nicht in sich selbst verfangen bleibt. Die weitere Konsequenz wäre der radikale Nonkonformismus gegenüber der Welt (Röm 12, 2).   pa

Opferbescheid. Es lag im Sinn der jüd. Kultpraxis, sich durch ein ↗Opfer vor Gott „wohlgefällig" zu machen (Lv 1, 3 f). So hatte der Priester die Aufgabe, über ein Opfer laut die Erklärung auszurufen, ob es vor Gott anrechenbar sei (↗Opfertora). Auch die Propheten (vgl. Js 1, 16 f; Am 5, 21 ff) haben den Stil priesterlicher O.e aufgegriffen, um ihre Gerichtsbotschaft zu erhärten: Bei bundeswidrigem Verhalten des Volkes ist der ↗Kult vor Gott nutzlos u. beleidigend.   pa

Opferfleisch (Götzenopferfleisch). Von den bei Gemeinschaftsopfern geschlachteten Tieren bekam der Opfernde einen Fleischanteil zurück (Fett- u. Weichteile wurden für Gott am Altar verbrannt, Priester bekamen Brust u. Keule). Diesen hatte er am 1. oder 2. Tag mit seiner Familie zu verzehren. Das O. von heidnischen Opfern, das man entweder im „Götzenhaus" oder in Privathäusern aß, aber auch auf dem Markte feilbot, wurde von Juden gemieden; Judenchristen sollten es um des Friedens in der Gemeinde willen nicht essen, besonders das ausdrücklich als Götzen-O. Bezeichnete (1 Kor 8 ff). ↗Opfer.   pa

Opferlamm (Opfertier). Je nach Ritual waren zu ↗Brand- u. ↗Schlachtopfern (außer den unreinen) alle Haus- u. Herdentiere (auch Vögel) zugelassen. Bevorzugtes O. war das Lamm (2 Sm 12, 1 ff). Als Symbol u. Bildwort (Js 53, 7) hat es in bezug auf Jesus im NT besondere Aussagekraft bekommen: Er ist das ↗Lamm Gottes, das Paschalamm (Joh 1, 29.36 u. a.; vgl. Apk 5, 6.12).   pa

Opfertora. Es stand in Israel den ↗Priestern zu, auf Grund ihres Berufswissens den Laien mündlich Auskunft u. Weisung darüber zu erteilen, ob u. wodurch einer rein (kultfähig) oder unrein ist (Hag 2, 12 ff). Eine O. gab auch darüber Aufschluß, ob ein bestimmte Gabe für ein ↗Opfer geeignet ist u. was damit vor u. nach der Darbringung zu geschehen hat.   pa

Orakel, Spruch der Gottheit, in dem sie ihren Willen u. ihre Absicht kundtut, zugleich die Stätte, an der diese Willenskundgabe erfolgt. Der göttliche Wille wurde durch gewisse Praktiken ermittelt (durch Loswerfen, durch Eingeweideschau der Opfertiere, aus dem Geräusch von Bäumen oder Quellen u. a.) oder durch ein inspiriertes Medium verkündet. O. waren in den heidnischen Religionen weit verbreitet, dagegen verbot das atl. ↗Gesetz alle magischen Praktiken (Lv 19, 26 u. a.). Deshalb finden wir im AT technische O. nur vereinzelt, mit Ausnahme des Los-O., das ein legitimer Brauch war (z. B. Jon 1, 7 ff; noch Apg 1, 26). Ein besonderes Los-O. waren die ↗Urim u. Tummim in der Hand der Priester, deren Gebrauch aber nicht mehr klar erkennbar ist u. schon in der Königszeit außer Übung gewesen sein dürfte. Kundgabe des göttlichen Willens durfte in Israel nicht durch magische Mittel erzwungen werden, sondern geschah durch freie Selbstmitteilung Gottes in der ↗Offenbarung.   ba

Ordal, Gottesurteil, Verfahren, das es Gott überläßt, einen Rechtsfall zu entscheiden (z. B. Elija u. die Baalspriester), oder Feststellung eines Schuldigen durch das Los bzw. eines Unschuldigen durch den Reinigungseid.   ba

Organisation. ↗Praxis des Evangeliums ist nicht Sache einzelner; sie ist nur im ↗Team u. in der ↗Gemeinschaft möglich, wenn sie gesellschaftlich wirksam werden will. Dazu ist O. nötig. Diese ist planende Zusammenarbeit einzelner Personen oder Gruppen auf ein bestimmtes Ziel hin. Geprägt wird sie durch dieses Ziel u. durch die konkrete Situation, in der dieses Ziel erreicht werden soll. Sie ist flexibel, sie bekommt durch je neue Probleme u. Möglichkeiten auch je neue Schwerpunkte u. Formen. O. ist darum zukunftsorientiert. Die Bibel kennt kultische u. religiöse O.en, die von den ↗Propheten u. auch von ↗Jesus kritisiert werden (↗Kultkritik). So will Jesus nicht starre Ordnungen u. unmenschliche Satzungen, sondern den freien, persönlich entscheidenden Menschen (↗Bergpredigt). Zur Verwirklichung seiner Botschaft will er die Gemeinschaft seiner ↗Jünger. Er gründet keine O., er schickt seine Jünger zu zweit aus, er erwählt sich einen engeren Jüngerkreis (↗Zwölf). Die junge ↗Kirche muß sich von Anfang an organisieren, um Jesu Botschaft weitertragen zu können; so richtet sie ↗Ämter ein, z. B. das der ↗Apostel, der ↗Propheten u. der ↗Lehrer (1 Kor 12, 28–31). Die O. dieser frühen Kirche richtet sich nach den Gnaden- u. ↗Geistesgaben, also nach den besonderen Veranlagungen u. Begabungen der Menschen (Röm 12, 6 ff). Wo seine Begabung liegt, wird einer eingesetzt (Röm 12,

7–9). Als Bild für die O. der Kirche dient dem Apostel der menschliche Körper, dessen Glieder verschiedene Funktionen haben (Röm 12, 4). – O.en christl. Praxis müssen flexibel sein, offen für die Probleme u. neuen Möglichkeiten ihrer Zeit u. Situation. Der Anspruch des Ev. muß immer neu erkannt werden. O.en christlicher Glaubenspraxis müssen die freie Entscheidung jedes einzelnen Christen ermöglichen; sie müssen aber auch bereit u. fähig sein zum weiterführenden Gespräch u. zur konstruktiven Zusammenarbeit mit anderen, auch nichtchristl., O.en.   gr

Ortsnamen. Zur historischen u. philologischen Erforschung bibl. O. liegt reiches Quellenmaterial vor. Viele O. weisen auf Besonderheiten des Geländes oder gewisse Kennzeichen des Ortes hin (Zusammensetzungen mit Ain = Quelle, Beer = Brunnen u. a.). Manche tragen den Namen der dort verehrten Gottheit (Betel = Haus des El; Bet Schemesch = Haus der Sonne). Namenserklärungen in bibl. Erzählungen (Babel Gn 11, 9 u. a.) sind Namensätiologien (↗Sage), keine wissenschaftlichen Etymologien. O. mit der Endung -on stammen wohl aus vorisraelitischer Zeit. In hellenistischer Zeit erhielten viele Ortschaften zu Ehren eines Herrschers neue Namen griech.-römischer Herkunft (Samaria/ Sebaste; Akko/Ptolemais u. a.).   ba

Ortssage. Die O.n sind mit bestimmten Orten verknüpft. Sie sind meist ätiologischer Art (↗Sage). So gibt Gn 19 eine Erklärung für die unfruchtbare Gegend am Toten Meer. Ri 15, 9–19 knüpft an eine auffällige Bodenformation an, von der sich der Name herleitet (etymologische Sage). Unter den O.n gibt es sog. Wandersagen, d. h., die Sage, die um einen bestimmten Ort entstanden war, wurde später auf einen anderen Ort übertragen.   ba

Osee ↗Hosea.

Osiris ↗Isis.

Osten, Himmelsrichtung, in der die Sonne aufgeht (daher auch „Aufgang"). Aus dem O. kommt Heil wie Unheil (Apk 7, 2; 16, 12). – Nm 32, 12 meint O. das Ostjordanland. – „Söhne des O." sind nichtisraelitische Beduinenstämme in der syrisch-arabischen Wüste (Ri 6, 3; Jr 49, 28; Ib 1, 3).   he

Osterfest ↗ Pascha.

Osterlamm ↗ Pascha.

Ostjordanland, östlich des ↗ Jordans, zu diesem hin steil abfallendes Bergland mit einer Reihe großer, in Ost-West-Richtung verlaufender Täler (Arnon, Jabbok, Jarmuk), geht am Ostrand allmählich in die syrisch-arabische Wüste über. Um 1200 v.C. wurden hier Halbnomaden aus der angrenzenden Wüste u. der israelitische Stamm Gad seßhaft. Die im Westjordanland ansässigen israelitischen Stämme Ephraim u. Manasse griffen später auf das Gebiet um den Jabbok über. David machte die Völker des O. zu Vasallen seines Reiches, doch bemächtigten sich bald Damaskus von Norden u. Moab (Mescha) von Süden her des O.   he

Ostraka (Tonscherben), als Schreibmaterial verwendete Scherben von Tongefäßen (nicht: Teile beschrifteter Gefäße!); die Inschriften wurden geritzt oder mit Tinte aufgetragen. O. aus vielen Jahrhunderten, mit verschiedensten Schriften u. Sprachen wurden in Palästina, vorab in Esjon-Geber, Lakisch, Petra u. Samaria, gefunden.   he

Ostwind, ein alles versengender Glutwind aus der östlichen Wüste (Jr 4, 11). Er manifestiert Gottes ↗ Gericht (Ex 10, 13; 14, 21) u. ist Bild für Assur (Hos 12, 2) u. eschatologische Kriegsstürme (Jr 18, 17; Ez 17, 10).   he

P

Palast, das „Haus des Königs", aber auch allgemein das große oder feste, das bedeutende Haus einer Stadt. Der P. Salomos (1 Kg 7, 1–12), der mehrere Bauten umfaßte, lag südlich des Tempelbezirks innerhalb des großen Vorhofs. Der teilweise wieder freigelegte P. der Könige Omri u. Achab in Samaria umfaßte 11 Räume u. mehrere Höfe. Herodes d. Gr. ließ etliche P.bauten über das Land verstreut errichten, wohl aus strategischen Gründen, u. übernahm dabei auch römische Bautechnik. Vor allem erweiterte er in Jerusalem die Bauten aus der Makkabäerzeit, die beim Tempel gelegene Akra (Burg Antonia) u. seinen Haupt-P. beim Jaffator. ba

Palästina, ursprünglich Name griech. See- u. Kaufleute für das von ↗Phöniziern u. ↗Philistern bewohnte Gebiet an der Ostküste des Mittelmeeres. 135 n.C. benannten die Römer die Provinz Judäa in P. um. In der Patristik bezeichnet P. den Schauplatz bibl. Geschichte. – Geographisch umfaßt P. die Küstenebene (Saron, Schephela), den Negeb, das ↗West- u. ↗Ostjordanland u. den Jordangraben. P. ist begrenzt vom Sinaimassiv, vom Mittelmeer, vom Libanon-Hermon u. von der syrisch-arabischen Wüste. – Als Landbrücke zwischen Mesopotamien u. Ägypten hat P. zahlreiche Völker- u. Kriegszüge erlebt. P. war seit der älteren Steinzeit besiedelt. Im Bronzezeit ließen sich hier (ab 3100 v.C.) die Kanaaniter, (ab 2100 v.C.) die Amoriter, Horiter u. Hyksos, (ab 1500 v.C.) die Hethiter u. Chabiru nieder. Um 1200 v.C. nahmen die Philister die Schephela u. die Israeliten das west- u. z. T. das ostjordanische Bergland ein. – Die Archäologie konnte durch unzählige Funde die wechselvolle Geschichte P.s erhellen. he

Palästinalisten, in Siegesinschriften an den Wänden ägyptischer Tempel genannte Namen von unterworfenen Orten in Palästina. Die P. erhellen die palästinensische Siedlungsgeschichte u. die ägyptischen Unternehmungen in Palästina in der 2. Hälfte des 2. Jahrtausends v.C. he

Palastwache. Die Könige hatten eine Schutztruppe, die „Läufer", die ihrem Wagen voranliefen. Sie hatten ihre Wachräume am Eingang des Palastes u. überwachten Palast u. Tempel. ba

Palimpsest, eine Papyrus- oder Pergament-Hs., die abgeschabt wurde, um sie erneut beschreiben zu können. Der ausradierte Text ist für uns meist bedeutender u. kann durch Infrarotphotographie wieder lesbar gemacht werden. we

Palme (hebr. Tamar), gerader hoher Baum mit immergrünen Zweigen. – Bild für den Gerechten (Ps 92, 13) u. die Gestalt der Braut (Hl 7, 8 f). Palmzweige wurden beim ↗Laubhüttenfest (Lv 23, 40), bei Festzügen (1 Makk 13, 51) u. zur Huldigung (Joh 12, 13; Apk 7, 9) verwendet. Die Stadt Jericho wird gern Palmenstadt genannt (Dt 34, 3; Ri 3, 13). ↗Tamar. he

Pamphylien, schmales Gebiet an der Südküste Kleinasiens (Apg 27, 5) mit wechselvoller Geschichte. – 1 Makk 15, 23; Apg 2, 10 bezeugen Judengemeinden in P. – Paulus kam mehrfach nach P. u. besuchte die Städte Perge u. Attalia (Apg 13, 13; 14, 24–26). he

Panther bezeichnet sowohl den schwarzen als auch den gelb-schwarz gefleckten Leoparden. Der P. galt in Israel als überaus gefährliches Raubtier u. symbolisiert daher in der ↗Apokalyptik die unheilvolle, aus der ↗Unterwelt aufsteigende Macht des römischen Kaisertums (Apk 13, 2); anderseits dient das friedliche Nebeneinander des P. mit Haustieren der Veranschaulichung des eschatologischen Friedensreiches (Js 11, 6). do

Panzer. Ursprünglich trug nur der König zu seinem Schutz einen P. (1 Sm 17, 38; 1 Kg 22, 34), später alle Krieger (2 Chr 26, 14; Neh 4, 10). – Der P. ist Bild für die Gerechtigkeit Gottes (Js 59, 17). Paulus mahnt die Christen, den P. der Gerechtigkeit (Eph 6, 8) u. den P. des Glaubens u. der Liebe (1 Thess 5, 8) anzuziehen. ⋅we

Paphos (Neu-P.), Hafenstadt an der Südwestküste von Zypern, Sitz des Statthalters der Provinz Zypern. ↗Paulus trat hier auf seiner 1. Missionsreise gegen den Zauberer Barjesus auf (Apg 13, 6ff). mo

Papyrus, eine heute seltene, bis zu 4 m hohe Sumpfpflanze, die vor allem im Nildelta wuchs u. wegen des Stengelmarkes angebaut wurde. Dieses ergab, in dünne Streifen geschnitten, kreuzweise aufeinandergelegt, befeuchtet, geklopft u. an der Sonne getrocknet ein Schreibblatt, den Vorgänger unseres Papiers. Für einen größeren Text klebte man mehrere Blätter zu einer ↗Buchrolle zusammen; nur im christl. Bereich ist auch die Form des ↗Codex für P.-blätter bekannt. he

Parabel ↗Gleichnis.

Paradies, ein dem Altpersischen entlehntes Wort, das „Park" bedeutet (Hl 4, 13; Prd 2, 5). Der Begriff erhielt eine religiöse Färbung, als die LXX damit den Garten ↗Eden bezeichnete (Gn 2, 8; 13, 10; Ez 28, 13). Am deutlichsten wird die bibl. P.vorstellung im P.- u. Sündenfallbericht des ↗Jahwisten (Gn 2–3), der zeigen will, daß alles Leid Folge menschlicher Sünde ist. Diese Erzählung hat eine Parallele im P.mythus des Ez (28, 11–19), wo der Urkönig vom Götterberg herabgeschleudert wird. Da sich ↗Endzeit u. ↗Urzeit entsprechen, vergleicht das AT die messianische Zeit mit dem P. (Ez 36, 35; Js 52, 3). Das Judentum baut diesen Gedanken aus, identifiziert das P. der Endzeit mit dem der Urzeit u. kennt auch ein P. der Zwischenzeit als Aufenthaltsort der Gerechten. Diese jüd. Vorstellungen übernimmt das NT (Apk 2, 7; Lk 23, 43; 2 Kor 12, 4). we

Paradigma ↗Beispielerzählung.

Paraklese, eine Weise, das ↗Evangelium zu verkünden. Sie spricht die frohe Botschaft Gottes den Menschen zu, u. zugleich erhebt sie in konkreter Weise den Anspruch, der sich aus dieser Botschaft ergibt. P. ist nie bloß ↗Paränese, Mahnung, Vorschrift oder Moral, sie ist immer zugleich Ev. Es dreht sich alles darum, daß das Ev. getan wird, daß diese Botschaft verwirklicht u. in das Leben eines Menschen umgesetzt wird; es geht um die ↗Praxis dieser Botschaft. P. richtet nun das Ev. auf die Tat des Menschen hin aus; deswegen ist sie eigentlich die Spitze des Ev. Dieses ist nie bloß Botschaft, es ist immer auch ↗Anspruch – u. da dieser Anspruch im Leben eines Menschen nicht voll u. ganz zu verwirklichen ist, ist es zugleich auch ↗Verheißung. Jeder Aussage im Ev. eignen also die drei Grundstrukturen von ↗Botschaft, ↗Anspruch u. ↗Verheißung. P. aber macht den Anspruch konkret. Sie geschieht in der Weise des Mahnens; der Hörer der Botschaft muß aufgefordert werden, diese zu tun; er muß in seinem ↗Glauben ermuntert u. angespornt werden; er muß aber auch getröstet u. bestärkt werden, wenn er unsicher ist. So ist P. ein prophetischer Dienst (↗Dienen) in der Gemeinde: sie muß nämlich Falsches im Leben der Christen aufdecken u. korrigieren, sie muß tadeln u. zurechtweisen; sie muß ferner feste Anordnungen u. Weisungen geben. Die Christen müssen fähig werden, einander den Anspruch des Ev. zu sagen u. zu ermöglichen. Wo das geschieht, wird Gemeinde aufgebaut, wächst der ↗Hausbau Gottes. Auch das ↗Gebet u. die ↗Fürbitte sind Weisen der P. Immer, bevor Paulus die Stimme zur Mahnung erhebt, dankt er Gott für den Glauben seiner Gemeinde u. er bittet für die Christen, daß unter ihnen dieser Glaube u. die Liebe wachsen (z. B. 1 Thess; 1 Kor 1, 4; 2 Kor 13, 9f; Phil 1, 9f). Wenn der Apostel mahnt, tut er es in einer brüderlichen oder väterlichen Weise; er weiß sich mit den Glaubenden vor die gleiche Aufgabe des Ev. gestellt. Wie im Ev. eigentlich Gott selber zu Wort kommt, so ist es auch in der P. Gott selber, der seinen Anspruch an die Menschen erhebt; er tut es durch seinen Sohn u. Boten Jesus Christus, denn dieser ist Gottes menschgewordener Anspruch an die Schöpfung. Das Dasein Jesu fordert vom Menschen Nachvollzug; denn Jesus ist die Herausforderung des wachen u. offenen Menschen. Der Anspruch des Ev. muß für jede Zeit konkret gemacht werden; das tut der Apostel für seine Zeit in der Weise, daß er weitgehend Lebensregeln u. Normen aus seiner Umwelt übernimmt u. diese auf Christus hin orientiert. Weil der Mensch geschichtlich lebt, muß dieser Anspruch jeweils neu übersetzt werden. Diese Übersetzung (Moral) geschieht im Gespräch mit dem sich je neu verstehenden Menschen. Die Grundstruktur ist vom Christusgeschehen her vorgegeben. Die Konkretisierung dieses Anspruchs geschieht im ↗Dialog mit der ↗Fremdprophetie der jeweiligen Zeit, aus konkretem Erleben heraus. Sie geschieht im seinsmäßigen Gespräch mit dem sich wandelnden Menschen. Wie die Botschaft des Ev. selbst geschichtlich ist, so ist auch dessen Anspruch geschichtlich, wandelbar u. offen für je neue Möglichkeiten u. Aufgaben. Diese zu zeigen ist Sache der P. Begründet wird die ntl. P. hauptsächlich im zukünftigen u. endgültigen Handeln, im Kommen des Herrn Jesus Christus u. seiner Herrschaft. Die P. muß den Menschen auf diese seine Zukunft hin ausrichten u. orientieren. Der Anspruch des Ev. muß so erhoben werden, daß dadurch Gottes Zukunft ermöglicht wird. ↗Weltlicher Gottesdienst.   gr

Paraklet (griech. der Herbeigerufene), bezeichnet jemanden, der zugunsten eines anderen auftritt: den Fürsprecher, Helfer, Mittler, seltener den Advokaten. So wird in 1 Joh ↗Christus unser P. bei Gott genannt, der für unsere Sünden Fürbitte tut. In den Abschiedsreden des Joh (14–16) ist dagegen von einem „anderen P." die Rede, der mit dem „Geist der Wahrheit" identifiziert wird. Seine Aufgabe in der Gemeinde ist Bewahrung u. Vollendung der Offenbarung in Christus, seine Aufgabe gegenüber der Welt: Anklage der Sünde u. Gericht über den „Fürsten dieser Welt". Joh sagt von ihm dasselbe wie von Christus: er ist vom Vater gesandt, nur dem Glauben offenbar, lehrt die Wahrheit. Durch diese Parallelisierung erhält die Frage eine Antwort: wie können die Christen als zu Christus Gehörende in dieser Welt weiterleben, wenn Christus aus dieser Welt gegangen ist u. seine Wie-

derkehr aus dem Blickfeld der Gemeinde geraten ist? Hier tritt nun der P., der ↗Geist, an die Stelle Christi, u. zwar nicht als ein minderwertiger Ersatz. Denn der P. wird in die ganze Wahrheit einführen, die die Jünger zu Lebzeiten Jesu nicht ertragen konnten (16, 12 f). Weil der P. das Werk Christi so weiterführt, ist es für die Jünger gut, wenn Christus zum Vater geht, damit der P. kommt (16, 7 f). Fast scheint es so, als sei von aufeinanderfolgenden Offenbarern die Rede. Deshalb hat man vermutet, daß diese Vorstellung hier aufgegriffen u. abgeändert wurde: Der P. ist keine selbständige Offenbarung neben Christus, sondern erinnert nur noch an seine Worte (14, 26).   th

Parallelberichte. Begriff der Literarkritik zur Bezeichnung von bibl. Texten, die jeweils dasselbe Ereignis wiedergeben, doch sind dabei Form u. Verfasser verschieden. (Handelt es sich um den gleichen Verfasser, spricht man von Dubletten, vgl. Mk 6, 30 ff u. 8, 1 ff.) P. kamen dadurch zustande, daß verschiedene Quellenschriften u. Traditionsschichten von den Redaktoren der bibl. Bücher ineinander gearbeitet wurden. Sie sind relativ häufig im ↗Pentateuch anzutreffen (Schöpfungsgeschichte Gn 1 u. 2 u. a.). Die unterschiedliche Darstellung ein u. desselben Ereignisses mag auch darauf beruhen, daß ein späterer Verfasser das Geschehen auf die jeweilige Situation hin uminterpretiert hat. Im NT bringen die Synopt. mehrfach P. ↗Synopt. Frage.   ba

Parallelismus (membrorum). Entsprechend der meistvertretenen Ansicht hat man in der hebr. ↗Dichtung eine rhythmische Einheit meist nicht aus einem Versglied gebildet, sondern aus zwei (oder drei) Halbversen oder Reihen u. hat sie nach dem P. der Versglieder aufgebaut; Sinn- u. rhythmische Gliederung fallen dabei zusammen. Man findet 4 Typen ausgeprägt: a) den synonymen P.: Der zweite (parallele) Halbvers variiert den ersten mit sinngleichen (synonymen) Worten (Ps 19, 1); b) den antithetischen P.: Der zweite Stichos variiert den ersten mit dessem Gegensatz (Antithese; Ps 147, 6); c) den synthetischen P.: Der Hauptgedanke wird im parallelen Halbvers weitergeführt u. ergänzt (Ps 96, 1);

d) den klimaktischen P. (Stufenrhythmus): Der zweite Halbvers nimmt einen Teil des vorhergehenden auf u. variiert ihn durch Steigerung (Klimax; Ps 29, 1). Manche Forscher finden es richtiger, nicht vom P., sondern vom wiederholenden u. oft parallelisierenden Stil zu sprechen. pa

Paränese. Einen Text, der nur Mahnungen von allgemeinem sittlichem Inhalt enthält, bezeichnet man mit P. Meistens richten sich paränetische Stücke an bestimmte Gruppen in der Gemeinde, wie Frauen, Sklaven, junge oder alte Christen. Jegliche individuelle Anrede aber fehlt, da diese Regeln u. Anweisungen allgemein allen Christen gelten u. weder einer bestimmten Gemeinde noch für einen bestimmten Fall gegeben sind. – Diese Eigenschaften unterscheiden die P. von der Predigt; jedoch gehört die P. mit in die urchristl. Predigt hinein, meist an ihr Ende. So schließen die ntl. Briefe häufig mit einem paränetischen Teil: einzelne Mahnungen, die entweder lose aneinander gehängt sind oder ganz unverbunden nebeneinander stehen, manchmal auch in Form eines Spruches. Inhaltlich fallen die paränetischen Stücke durch das Fehlen einer Beziehung zur Briefsituation auf. – Festere Stilformen der P. finden wir da, wo die Mahnungen bereits in eine gewisse Ordnung gebracht sind. So z. B. in den ↗Tugend- u. ↗Lasterkatalogen u. in den sog. christl. ↗Haustafeln. Obwohl nicht alle P. in der Bibel ursprünglich christlich ist, galt sie doch, durch den Zusatz der Wendung „im Herrn" verchristlicht, grundsätzlich als vom ↗Geist oder vom ↗Herrn eingegeben. Durch ↗Apostel u. ↗Lehrer vermittelt, erwuchs den Gemeinden in der P. ein Schatz an Belehrungen u. Ratschlägen für die Situationen des täglichen Lebens, für die es keine Anweisungen Jesu gab. schm

Parasche, Textabschnitt des AT. – Für die Liturgie zunächst teilten die Ostjuden die ↗Tora in P.n (= ↗Perikopen) ein. Daneben gab es eine Aufteilung des ganzen AT (ohne Pss) in größere u. kleinere Sinneinheiten, offene u. geschlossene P. genannt. we

Parther, ursprünglich in Nord- u. Nordostpersien wohnhafter iranischer Stamm, der ab 248 v.C. Großmacht wurde. Mi-

thridates I. (ca. 171–137 v.C.) beherrschte ganz Iran u. Mesopotamien. Im langen Kampf um Armenien wurden die P. Roms gefürchtete Gegner. – P. unterstützten zu Pferd den ↗Hasmonäer Antigonus gegen Phasael u. Herodes. – Apg 2, 9 erwähnt unter den jüd. Pilgern auch P. he

Parusie ↗Wiederkunft.

Pascha (-mahl, -lamm). Das P.fest wurde in Israel als sakrales Mahl unter Opferung des P.lammes gefeiert.
a) Das P.mahl hat in der atl. Geschichte im Ritus u. in der Sinndeutung eine wechselhafte Entwicklung erlebt. Die Herleitung von einem nomadischen ↗Fest mit einem dieser Lebensform entsprechenden Mahl scheint wahrscheinlich. Charakteristisch dafür sind das im Feuer gebratene Opfertier, welches mit ungesäuertem Brot u. den in der Wüste wachsenden Bitterkräutern gegessen wurde, u. die Kleidung bei diesem Mahl: die Hüften gegürtet, in Sandalen u. mit dem Hirtenstab wie für eine lange Wanderung bereit. Nach der Schlachtung wurden die Türpfosten u. Oberschwellen mit dem Blut des Opfertieres bestrichen, zur Abwehr des Verderbers. Die ältesten Belege im AT verbinden das P.mahl mit dem heilsgeschichtlichen Ereignis des ↗Auszuges aus Ägypten. Die sakrale Handlung sollte zum immerwährenden ↗Gedächtnis der Heilstat Jahwes werden (Ex 12, 21–27). Die einzelnen Elemente des P. wurden umgedeutet auf die Situation des Aufbruchs. Nach der Seßhaftwerdung in Kanaan legte man das P. mit der siebentägigen Feier des ↗Mazzot-Festes zusammen. Auch nach dem Exil hielt man an der unter Josija erfolgten Kultzentralisation fest: die Feier am Zentralheiligtum in Jerusalem. Im ↗Tempel wurde das Opfertier geschlachtet u. anschließend im Familienkreise verzehrt. Zu ntl. Zeit war der Ritus des P.mahles so, wie wohl auch Jesus das ↗Abendmahl gefeiert hat: Weintrunk, Gebet, Lesung u. Speisung in bestimmter Abfolge. Durch Jesus wurde das atl. P.mahl zum P. des ↗Neuen Bundes u. in der Urkirche zum Gedächtnis der Heilstat Gottes in Jesus Christus.
b) Das P.lamm ist das Opfertier des atl. P.festes u. mußte ein fehlerloses, männ-

liches, einjähriges Tier sein. Als Opfertiere sind Schaflämmer oder Ziegenböckchen genannt (Ex 12, 5), nach einer anderen Quelle auch Schafe oder Rinder (Dt 16, 2). Am Abend fand die Schlachtung des P.lammes statt. Bis gegen Mitternacht mußte es dann im Kreise der Gläubigen verzehrt sein. Was übrigblieb, verbrannte man. Im NT wird Christus bildlich als P.lamm bezeichnet: Wie das P.lamm der Juden geschlachtet wurde zum Gedächtnis an den Auszug aus Ägypten, so ist ↗Christus das P.lamm für die Christen zum Gedächtnis seines Opfertodes am Kreuz (1 Kor 5, 7).   la

Passionsgeschichte ↗Leidensgeschichte.

Pastoralbriefe. Die P. oder Hirtenbriefe (1 u. 2 Tim, Tit) sind eine Gruppe von Briefen des NT, die sich durch ihre theol. Eigenart von den übrigen ntl. Briefen abheben. Sie sind an zwei der nächsten Mitarbeiter (↗Timotheus, ↗Titus) des ↗Paulus gerichtet u. enthalten Anweisungen zur Gemeindeordnung (Führung des Hirtenamtes, Mahnungen vor Irrlehrern). Die paulinische Herkunft der P. ist umstritten; folgende Argumente werden gegen sie ins Feld geführt:
1. Sprache u. Stil der P. zeigen einen von den übrigen Paulusbriefen stark abweichenden Charakter. 2. Die in den P.n angedeuteten geschichtlichen Situationen lassen sich mit den aus den anderen Paulusbriefen bekannten Nachrichten über das Leben des Paulus nicht in Einklang bringen. 3. Bei den Irrlehrern, gegen die sich die P. wenden, handelt es sich vermutlich um judenchristl. Gnostiker. Ihr Auftreten wäre allerdings auch zu Lebzeiten des Paulus denkbar. Jedoch werden sie anders als bei Paulus bekämpft: Ihre Anschauungen werden nicht – wie bei Paulus – durch eine Gegenüberstellung mit der Predigt Christi widerlegt, sondern mit dem Hinweis auf die überlieferte rechte Lehre abgewiesen. Es fehlt also im Grunde eine sachliche Auseinandersetzung. 4. Das gewichtigste Argument ist jedoch die Theologie der P., die eine entwickeltere Stufe im Verhältnis zu den anderen Paulusbriefen zeigt. Dies wird an mehreren Punkten deutlich: a) Zwar finden sich auch in den P.n zentrale Gedanken der paulinischen Theologie (z. B. Rechtferti-

gung nicht aus Werken, Tit 3, 5), daneben aber tauchen viele neue, meist hellenistische Begriffe für das Heilsgeschehen auf, die Paulus fremd sind. b) Die bei Paulus stark ausgeprägte Hoffnung auf die Zukunft, die die Vollendung des in der Gegenwart schon angebrochenen Heils bringen soll, hat in den P.n spürbar nachgelassen. Die Christen leben nicht mehr von der Erwartung eines nahen Weltendes her, sondern das Bewußtsein des gegenwärtigen Heils tritt in den Vordergrund. Die Christen richten sich daher allmählich auf die Gegebenheiten der Welt ein. Dies äußert sich vor allem darin, daß nun nicht mehr mit dem Begriff ↗„Glauben" die christl. Existenz beschrieben wird, sondern an dessen Stelle der Begriff „Frömmigkeit" tritt. Wichtig wird also jetzt ein gottgefälliges Verhalten, ein ehrbarer Wandel (1 Tim 2, 2; 5, 4). c) Dem Nachlassen des intensiven Zukunftshoffnung entspricht auch die Ausbildung der kirchlichen Ämter, wie Presbyter, Episkopen (1 Tim 3, 1 ff) als Gemeindeleiter, die durch Handauflegung ordiniert werden (1 Tim 5, 22). Das bedeutet, daß der Geist, das ↗Charisma, nunmehr mit dem ↗Amt verknüpft wird. Geistträger u. Propheten treten ganz in den Hintergrund. Die P. zeichnen sich also durch einen weiterentwickelten Paulinismus aus, der aus dem Nachlassen der ↗Naherwartung zu erklären ist. Da sie wegen der oben genannten Gründe nicht von Paulus stammen können, kann ihr Verfasser nicht mehr eindeutig bestimmt werden. Vermutlich sind sie Anfang des 2. Jh. entstanden, vielleicht im kleinasiatischen Raum, worauf eine gewisse sachliche Verwandtschaft der P. mit Polykarp schließen läßt.   ri

Patmos, eine Insel des Ägäischen Meeres, 39 qkm groß mit steilen Felsen. ↗Johannes kam bei einer unbedeutenden kleinasiatischen Christenverfolgung unter Domitian (um 94 n.C.) nach P. (Apk 1, 9).   do

Patriarchat, eine Gesellschaftsform, in der Abstammung, Verwandtschaft u. Erbrecht nach dem ↗Vater bestimmt werden u. in der der ↗Mann als Oberhaupt der (Groß-)Familie eine beherrschende Stellung einnimmt u. auch priesterliche

Funktionen verwaltet. – Nach dem AT ist die israelitische Familie eindeutig patriarchalisch strukturiert. Die Familie wird als „Haus des Vaters" (vgl. Gn 12, 1) bezeichnet; auf den Stammvater ist das ganze Geschlecht zurückgeführt (vgl. Gn 10). Der Mann gilt als der Herr der Frau (Gn 20, 3). In seiner Familie übte er uneingeschränkte Herrschaft aus; er konnte seine Kinder als Sklaven verkaufen (2 Kg 4, 1; Neh 5, 2) u. hatte in früher Zeit auch das Recht über Leben u. Tod (Gn 38, 24). Bis zur Zeit der Kultzentralisation durch das Dt übte der Familienvater auch priesterliche Funktionen aus (Gn 21, 4; Ex 12, 3 ff; Ri 6, 26; Ib 1, 5).   we

Patriarchen. In den P.geschichten hat sich an alten Überlieferungen erhalten, was den ↗Vätern ↗Abraham, ↗Isaak, ↗Jakob u. ↗Joseph widerfahren ist. Sie sind Zeugnisse des Jahweglaubens u. wollen nicht im streng historischen Sinne verstanden werden, denn in ihnen haben sich die Erfahrungen u. die Erkenntnisse späterer Generationen niedergeschlagen.

Der Kompositionsplan der P.geschichten wird an den formelhaften Wendungen Gn 11, 27; 25, 19 u. 37, 2 deutlich. Der Abrahamssegen wird in Isaak, der ↗Isaaks-Segen in Jakob u. der Jakobssegen in Joseph als erfüllt gesehen. Hinter den Erzählungen steht, von Gott her gesehen, die den Vätern gegebene ↗Verheißung u. auf der andern Seite das menschliche Verhalten der Väter dieser Zusage gegenüber. Abraham ist der „Vater aller Glaubenden" (Röm 4, 11), denn er gibt auf Gottes Anruf in ↗Erwählung u. Verheißung die rechte Antwort (Gn 15, 6). Zum Glauben gehört das Feststehen im Zukünftigen. Die Jakobserzählung stellt in all den unerbaulichen Menschlichkeiten Gottes verborgenes Handeln heraus. Gott steht zum sündigen Menschen u. segnet seinen Erwählten (Gn 28, 10 ff; 32, 22 ff). Der Unwürdige wird zum Auserwählten u. zum Ahnherren des Gottesvolkes (vgl. Gn 32, 29). Das wird in der in sich geschlossenen Josephsgeschichte, die eine weisheitliche Lehrerzählung ist, weitergeführt. Gottes Führung lenkt alles zum Guten (Gn 45, 5 ff; 50, 20). Einen merkwürdig breiten Raum neh-

men die Verheißung des Besitzes des Landes Kanaan u. die Zusage einer unzählbaren Nachkommenschaft (Gn 12, 2 ff; 13, 14 f) ein. Das sind irdisch-materielle Gottesverheißungen, die aber auf die Aussage hinauslaufen: Gott plant ein Volk zu schaffen, das im Irdischen leben muß. Der Hinweis auf die Gottesgemeinschaft ist unübersehbar: „Ich will euer Gott sein" (Gn 17, 8). Diese Wendung wird in der Sinaibundesformel (Ex 6, 7; Lv 26, 12; Dt 26, 17; Jr 7, 23; Hos 1, 9) aufgenommen u. dahin weitergeführt, daß Israel zum Gottesvolk wird (Ex 19, 5 ff). Die P.geschichten wollen bezeugen: Jahwe selbst hat Israel als Volk ins Leben gerufen. Er greift deshalb an den entscheidenden Punkten der P.geschichten als der Redende, Handelnde u. Lenkende ein: Berufung Abrahams (Gn 12, 1 ff), Bundesschluß mit Abraham (Gn 15), Gott zu Gast bei Abraham (Gn 18, 1–16), die Forderung des großen Opfers (Gn 22, 1–19), die Gotteserscheinung vor Isaak in Gerar (Gn 26, 1–5) u. Beerscheba (Gn 26, 24), die Erscheinung im Traum vor Jakob (Gn 28, 10–22) u. der nächtliche Kampf am Jabbok (Gn 32, 22–32). Durch das menschliche Handeln hindurch greift Gottes Hand lenkend ein u. bezieht gerade das Allzumenschliche in seine Pläne ein. Die P.geschichten sind der Niederschlag von Erzähltem, das die Zusage der Inbesitznahme des Landes unter Josua schon erfüllt weiß, aber die Bewegung der Heilsgeschichte bis zur Landnahme von diesen göttlichen Zusagen ausgehen sieht. Die P.geschichten sind entstanden im Nachdenken Israels über sich selbst u. wollen auf das Werden des Volkes eine Antwort geben, u. diese Antwort heißt: Israel ist eine Schöpfung aus Gnade; denn in den Erzählungen der Erzväter Abraham, Isaak, Jakob u. Joseph wird der sich auswirkende ↗Segen dargestellt. Sie wollen Glaubenszeugnisse sein, die bestimmt sind durch Erwählung, Verheißung u. Führung. Israel erkannte in den P.geschichten den Gott wieder, dem es anvertraut worden war, u. heute finden wir in diesen Geschichten den Gott, der uns in Christus Jesus berufen hat.   go

Paulus. Obwohl wir für P. umfangreiche Geschichtsquellen haben, kann keine

Biographie über ihn geschrieben werden. Denn was wir aus seinem Leben erfahren, steht in einem unmittelbaren Zusammenhang mit seinem ↗Evangelium, das jedoch nicht von der Person des Verkündigers abzulösen ist. Von der unter dem Namen des P. überlieferten Briefsammlung gelten 1 Thess, Gal, 1 u. 2 Kor, Röm, Phil u. Phm als authentisch, während 2 Thess, Kol, Eph u. die ↗Pastoralbriefe (1 u. 2 Tim, Tit) mehr oder minder große Bedenken an einer persönlichen Autorschaft des P. aufkommen lassen, jedoch deutlich in der Tradition des Apostels stehen. Das P.-Bild der Briefe wird durch die Berichte der Apg ergänzt, doch tragen diese oft stark schematisierenden Charakter. Lukas ordnet P. seinem theol. Konzept unter, weswegen im Falle einer von den Briefen abweichenden Darstellung Zurückhaltung u. Reduktion auf das historisch mögliche Maß gefordert ist, wie etwa in der Frage der Kirchenverfolgung durch P. – P. nimmt innerhalb der Urkirche eine besondere Stellung ein, u. bis heute scheiden sich die Geister in der Beurteilung seiner Theologie im Rahmen der gesamten Hl. Schrift. Doch nur eine totale Absage an jede Schematisierung seiner Theologie u. Persönlichkeit im Sinne einseitiger Antithesen oder einer Harmonisierung von Texten, die aus je eigenen Situationen entstanden sind, kann die Konturen seiner Person freilegen, über die er nur dann spricht, wenn in ihr sein Ev. in Frage gestellt wird. Seit seiner Begegnung mit dem Auferstandenen (↗Auferstehungserscheinungen) (von einer „Bekehrung" zu reden ist mißverständlich!) ist dieser die beherrschende Größe seines Lebens geworden. Die ↗Berufung Christi trifft ihn so unvermittelt, daß sie weder religionsgeschichtlich noch psychologisch adäquat erfaßt werden könnte. Trotz seiner menschlichen Voraussetzungen (Herkunft aus dem hellenistischen Diasporajudentum, streng pharisäischer Erziehung, röm. Bürgerrecht usw.) ist er nicht zum ↗Apostel geeignet, sondern absolut voraussetzungslos für die Gnade, die ihm zuteil wird. Er ist von der menschlichen ↗Überlieferung weitgehend unabhängig, doch erhalten seine Selbständigkeit u. Freiheit in dem Ver-

antwortungsbewußtsein für die gesamte Kirche ihr Korrektiv. Er verteidigt das Recht des Apostels auf Ehe u. Lebensunterhalt, doch verzichtet er für seine Person darauf. Er ist stolz auf sein Judentum u. hält es doch von der überwältigenden Offenbarung Christi her für nichts. Er bekämpft leidenschaftlich alle Tendenzen, die das Heil Christi nur über den Umweg der ↗Synagoge (↗Beschneidung, jüd. Kalender usw.) für erreichbar halten. Er weiß sich als Apostel direkt zu den ↗Heiden gesandt u. bewahrt dadurch das Christentum vor der Stagnation in einer jüd. Sekte. Seine Predigt ist nicht eine Wiederholung der Worte Jesu, vielmehr ringt er in oft schwerverständlicher Begrifflichkeit um eine Deutung von ↗Tod u. ↗Auferstehung Christi, stimmt aber gerade in dieser Weiterbildung sachlich mit der Predigt Jesu überein. Seine – wie seine eigenen Darstellungen immer wieder zeigen – sehr umstrittene Person wirkt auch in späteren Zeiten noch nachhaltig (↗Verfasser, ↗Pseudonymität). Seine Briefe geben einen reichen Einblick in sein Wirken, seine Mißerfolge u. Pläne (nach Röm 15, 24 wollte er bis nach Spanien), das Ende des Apostels bleibt jedoch im dunkeln.   tr

Paulusakten. Apokrypher Paulus-Roman, der Ende des 2. Jh. in Kleinasien entstanden ist. Die P. beinhalten noch einen unechten Briefwechsel mit den Korinthern u. eine legendäre Darstellung seines Martyriums.   sc

Paulusbriefe. Die P. bilden den ältesten Teil des NT u. nehmen eine zentrale Stellung unter den 27 ntl. Schriften ein. Nach den Forschungsergebnissen heutiger Bibelwissenschaft stammen wohl 7 Briefe direkt von ↗Paulus: Röm, 1 u. 2 Kor, Gal, Phil, 1 Thess u. Phm. Die übrigen unter dem Namen Paulus verfaßten Briefe führen in verschiedenartiger Weise paulinische Gedankengänge u. Intentionen weiter u. stellen sich deshalb unter die Autorität seines Namens; sie stammen aber aus späterer Zeit. Man nennt sie deshalb die „Deuteropaulinen": Eph, Kol, 2 Thess. Die Urkirche nahm vierzehn Schriften unter dem Namen des Paulus in den ↗Kanon des NT auf. ↗Hebräerbrief, ↗Pastoralbriefe, ↗Pseudonymität.   hi

Peitsche, Züchtigungswerkzeug (Rute, Schaft mit Riemen). Das AT kennt Auspeitschung als Strafe im Zivilprozeß (Dt 25, 2), das Judentum für Widerspenstige in ↗ Synagogen, was die Jünger Jesu trifft (Mt 10, 17; Apg 5, 40; 22, 19). Da 40 Schläge nicht überschritten werden durften (Dt 25, 3), beließ man es zur Sicherheit bei 39 (2 Kor 11, 24). ↗ Geißelung.   he

Pelikan, eine Kropfgans, ist bekannt für den Sack unter seinem Schnabel. Weil die Jungen aus dem Schnabelsack fressen, entstand die christl. Fabel vom P., der seine Jungen mit dem Blut aus seiner Brust zum Leben erweckt. Da Christus gleichfalls durch sein Blut die Seinen zum Leben erweckt, wird der P. zum Symbol Christi.   do

Pentapolis (griech. 5 Städte), ein Verband der Städte: Sodom, Gomorra, Adma, Zebojim u. Bela (Zoar), vorab zu gemeinsamer Verteidigung (Gn 10, 19; 14). Gn 19 berichtet eine katastrophale Zerstörung der P., der nur Zoar entging (Gn 19, 21; Jr 48, 34). Die Lage der P. ist bis heute nicht geklärt. Bibl. u. außerbibl. Schriftsteller lokalisieren sie im Südteil des Toten Meeres.   he

Pentateuch (griech. fünf Schriftrollen) wurden, wohl in Anlehnung an die LXX, die ersten fünf Bücher der AT genannt, deren Titel ↗ Genesis, ↗ Exodus, ↗ Leviticus, ↗ Numeri, ↗ Deuteronomium sich auf ihren Inhalt beziehen u. aus der LXX fast unverändert ins Lat. übernommen wurden. Die Juden nannten diese Bücher Tora = Weisung, Gesetz. Als das ↗ Gesetz Israels bildeten sie die Lebensgrundlage des erwählten Volkes u. haben für Israel eine außerordentliche religiöse Bedeutung, mehr als die Propheten u. die übrigen Schriften des AT. Der P. enthält die Vorgeschichte u. die älteste Geschichte Israels von der Schöpfung bis zum Tod des Mose vor der Landnahme in Kanaan. In diese Erzählungen hineinverwoben ist die Masse der Gesetzestexte.

Nach jüd. wie christl. Überlieferung galt ↗ Mose als der Verfasser des P., was, von Ausnahmen abgesehen, bis zur Mitte des 18. Jh. nicht bestritten wurde. Von da ab begann die historische u. literarkritische Forschung am P.; denn man hatte erkannt, daß vieles gegen eine mosaische Verfasserschaft spricht. Unterschiede in Sprache u. Darstellung, Doppelberichte, fehlende Zusammenhänge u. Widersprüche lassen erkennen, daß an der Abfassung mehrere Autoren beteiligt gewesen sein mußten u. daß der P. ein sehr komplexes, aus vielerlei Quellen u. Überlieferungsschichten zusammengewachsenes Gebilde ist. Die Forschung versuchte, die einzelnen Schichten voneinander abzuheben, u. kam schließlich über verschiedene Hypothesen (Urkunden-, Fragmenten-, Ergänzungshypothese) zu den heute ziemlich allgemein anerkannten Ergebnissen: Im P. sind vier Quellenschriften zusammengearbeitet worden, ↗ Jahwist, ↗ Elohist, ↗ Deuteronomium u. ↗ Priesterschrift. Nächste Aufgabe der P.kritik war es, die von den Verfassern der Quellenschriften verwendeten literarischen Gattungen festzustellen. Dabei stieß man auf ↗ Sagen, ↗ Novellen u. ↗ Legenden, die auf eine lange vorliterarische mündliche Tradition zurückgehen. Die Forschung ermöglichte es, jüngere u. ältere Traditionen voneinander abzuheben. Die Erzählstoffe hatten schon mancherlei Umformungen durchgemacht, ehe sie in die einzelnen P.quellen eingingen. Das Zusammenwachsen der Quellen bis zur vorliegenden Endgestalt des P. dürfte um die Mitte des 5. Jh. v.C. abgeschlossen gewesen sein. ↗ Mose-Bücher.   ba

Pentateuchkritik ↗ Pentateuch.

Pergament, ein in besonderem Verfahren, das im 2. Jh. v.C. in ↗ Pergamon entwickelt wurde, aus dem Fell von Kalb, Ziege oder Schaf hergestelltes Schreibblatt. P. verdrängte ab dem 3./4. Jh. n.C. den ↗ Papyrus u. wurde im 12.–14. Jh. vom Papier abgelöst. Die P.blätter, für Pracht-Hss. purpurn gefärbt, wurden zu einem ↗ Codex gebunden. Der Dauerhaftigkeit des P. verdanken wir den größten Teil der klassischen Literatur u. eine Fülle bibl. Hss.   he

Pergamon, Stadt in Mysien, berühmt durch ihr reges religiöses u. kulturelles Leben u. wegen ihrer bedeutenden Bibliotheken (nach P. ist ↗ „Pergament" benannt!). – Der blühende heidnische Kult, Verfolgung u. Irrlehren (↗ Nikolaiten) fochten die christl. Gemeinde P.s stark an (Apk 2, 12–17).   he

Perikope, Abschnitt der Bibel für die Lesung im Gottesdienst. – Schon im Spätjudentum wurde das AT für die fortlaufende Lesung in der Synagoge in P.n eingeteilt. Einer P. aus der ↗Tora folgte eine aus prophetischen Büchern. – Entsprechend dieser Sitte las wohl auch die frühchristl. Gemeinde fortlaufende Abschnitte aus den Schriften des AT u. dann auch des NT. – Später ist P. oft Bezeichnung eines für die Tagesliturgie aus dem Zusammenhang gelösten Schriftabschnitts.   we

Perser, indogermanischer Stamm, der um 1000 v.C. in das iranische Hochland einwanderte u. sich später im Gebiet östlich von Elam ansiedelte. Das persische Großreich (vgl. Est 1, 1) wurde von Cyrus II. (559–530 v.C.) gegründet, als er Medien in sein Reich eingliederte. Unter seiner Herrschaft kehrten die Juden aus der Gefangenschaft in Babylon nach Palästina zurück (Esr 1, 1–4; vgl. Js 45, 1) u. unter Darius I. (522–486 v.C.) konnten sie ihren Tempel aufbauen (Esr 6). Trotz seiner Niederlagen gegen die Griechen behauptete Xerxes I. (486 bis 465 v.C.) das Reich. Artaxerxes I. (465–425 v.C.) schickte Nehemia als Statthalter nach Jerusalem u. gestattete den Neubau der Stadtmauer. Die folgenden, im AT nicht mehr erwähnten Könige sind bedeutungslos. 333 v.C. brach das persische Weltreich durch Alexander d. Gr. zusammen.   we

Person, lat. persona, bezeichnet zunächst die Maske, weiter die Rolle eines Schauspielers, von da aus dann die soziale Rolle u. den Charakter eines Menschen. Was heute unter P. verstanden wird, dürfte erst durch das bibl. Denken u. durch das Christentum erschlossen worden sein. Die Antike unterschied nämlich nicht P. von geistiger Individualität (Pannenberg). Der ↗Mensch ist dadurch P., daß er ↗Gott als P. sich gegenüber erfährt. Der Mensch der Bibel weiß sich von Gott angesprochen, beim ↗Namen gerufen, um selbst Namen geben zu können. Der bibl. Gott ist wesenhaft P., weil er immer neues Geschehen hervorbringt, weil er in der menschlichen ↗Geschichte handelt. Weil Gott eine Geschichte mit den Menschen eingeht, macht er ihn zur P., zum Gesprächspartner, zum Du. Daß der Mensch so auf Gott hin offen ist, macht seine P.alität aus. Das P.sein des Menschen realisiert sich entweder in geschöpflicher Gottbegegnung u. in Offenheit für Gott oder aber in widergöttlicher Selbstverschlossenheit u. ↗Selbstentfremdung. Die P.alität des Menschen ermöglicht den Bezug zum ↗Mitmenschen, Begegnung u. seinsmäßiges Gespräch. Der Begegnungspartner bleibt unverfügbar, kann nie ganz zur Sache gemacht werden. P.sein des Menschen zielt auf ↗Gemeinschaft, ereignet sich im geschöpflichen Miteinander u. Füreinander der Menschen. P.alität vollendet sich in der liebenden Begegnung mit dem Du, in der liebenden Hingabe für den andern. In der schöpferischen Tat der ↗Liebe holt P. ihre Möglichkeiten ein, kommt sie zu sich selbst. Im Christusereignis hat sich menschliche P.alität vollends ereignet: in Jesu Dasein ↗für andere, in seinem Liebestod ↗für uns, in seiner ↗Stellvertretung. So ist Liebe das Ereignis freier menschlicher P.alität u. geschöpfliche Begegnung mit der P. des Schöpfers. ↗Ich, ↗Du, ↗Wir.
                                          gr

Personenlegenden. Die ↗Legende, die aus einfältiger, gläubiger Frömmigkeit heraus erzählt wird, umrankt gern hervorragende Männer u. Frauen, weil das Volk seine Helden glorifiziert wissen will. So ist ↗Mose der Prophet schlechthin; einen größeren Propheten wird es in Israel nicht mehr geben (Dt 18, 15). Er wird zum Maßstab für andere. Er ist Prophet, Priester u. charismatischer Führer zugleich. Ähnlich wollen die Prophetenlegenden einmal die Person des ↗Propheten herausstellen u. zum andern Gottes Macht zeigen, die sich in ihrem Leben u. in ihren Wundern dokumentiert (1 Sm 15: Sauls Sieg über die Amalekiter; 1 Kg 18: Elija u. die Baalspropheten auf dem Karmel; 2 Kg 6: Elijas Wundertaten; vgl. 2 Kg 8, 7–15; 18, 17 – 19, 37; 20, 1–12 u. a.). Jeremia wird als der Prophet hingestellt, der um Jerusalems Untergang Klagelieder anstimmt, u. er gilt als der große Fürbitter (2 Makk 15, 11–16). Auch bemächtigte sich die Legende der Männer u. Frauen, die mutig für ihren Glauben eingetreten sind (vgl. Dn 1; 3; 6; 2 Makk 6–7). Aber hinter den Geschichten um die Helden steht die Geschichte; hinter den Legenden liegen oftmals historische Tatsachen. go

Personifizierung. Der personal-plastisch-bildhaften Denk- u. Sprechweise des Menschen in der Bibel entsprechend werden die Grundstrukturen ausgedrückt. Ordnungskräfte menschlicher Existenz in der Welt vor Gott nicht in abstrakten Begriffen, sondern sehr oft in Form von P.en ausgedrückt. Die ↗Weisheit Gottes (in der gesamten Weisheitsliteratur des AT), die ↗Sünde (z. B. Joh 8, 34), der ↗Tod (z. B. 1 Kor 15, 26), aber auch der ↗Geist (z. B. Gal 3, 14), das ↗Wort (z. B. Joh 1, 14), der Friede (z. B. 2 Tim 2, 22) u. ähnliche Worte werden in der Weise der P. verwendet. – Wo durch Berührungen mit anderen Religionen religiöse Vorstellungen übernommen werden, sind auch polytheistische P.en wenigstens teilweise in die atl. u. ntl. Religiosität eingedrungen. Die Dämonenvorstellungen (z. B. Lk 11, 14), ↗Satan, der ↗Böse, der ↗Teufel (z. B. Lk 11, 15), die ↗Mächte u. Gewalten, Fürsten der Luft, die „stoicheia" (= Ordnungskräfte der Welt), aber auch die ↗Welt bzw. der ↗Äon u. die ↗Engel-Vorstellungen sind deutliche Indizien einer durchgängigen Ausdrucksweise der gesamten bibl. Literatur. Durch den Einfluß der griech. Geistigkeit findet man freilich parallel immer auch eine relativ begrifflich gehaltene Sprechweise in unserem Sinn (↗Metaphysik). – Derartige P.s-Vorstellungen sind heute nicht mehr in der gleichen Weise wie damals verwendbar, weil wir nicht mehr in gleicher Weise bildhaft-plastisch denken, d. h., sie müssen entsprechend interpretiert werden. Kriterien einer solchen Interpretation müssen aus einer Analyse des bibl. Sprachgebrauches gewonnen werden. Wesen, die im Auftrag Gottes auftreten u. handeln, meinen z. B. immer die Wirklichkeit u. Wirksamkeit Gottes selbst. Die gottfeindlichen Wesen dagegen verweisen eindringlich auf die Möglichkeit u. Tatsächlichkeit von Schuld u. Unordnung, falscher Entscheidung, Versagen u. Scheitern. Eine moderne Verkündigungssprache wird alle diese P.en am besten anthropologisch verstehen, d. h. von der Betroffenheit des Menschen ausgehend in-

terpretieren. Dadurch wird keineswegs etwa die Existenz von Engeln oder des Teufels geleugnet oder hinweginterpretiert; immer muß die neue Formulierung von der Voraussetzung des mit derartigen P.en Gemeinten ausgehen. Ein Beibehalten der bibl. P.en würde unweigerlich eine unzulässige Vergegenständlichung geistiger u. personaler Größen u. Beziehungen bedeuten u. bewirken u. dem Glauben des heutigen Menschen einen schlechten Dienst erweisen (↗Entmythologisierung). hi

Peschitta, die „allgemeine", syrische Kirchenbibel, die zu Beginn des 5. Jh. den altsyrischen ↗Kanon von einem Ev. (↗Diatessaron), Paulusbriefen u. Apg auf 22 ntl. Bücher erweitert. tr

Pest, eine verheerende Seuche ohne nähere Kennzeichnung, so daß es sich nicht um die Krankheit P. handeln muß. P. wird von Gott als ↗Strafe über das bundesbrüchige Israel verhängt (Lv 26, 25). ↗Krankheit. do

Petrus (griech. petros, aram. kepha, Fels), ursprünglich Beiname, später Personen- u. Amtsbezeichnung des ↗Apostels Simon. Geboren als Sohn des Jonas (Mt 16, 17) in Betsaida (Joh 1, 44), lebte er mit seiner Familie in Kapharnaum (Mk 1, 21; vgl. 1 Kor 9, 5), als Jesus ihn zur Jüngerschaft rief (Mt 4, 18). Mit ↗Johannes u. ↗Jakobus gehörte er zu den Zeugen der Erweckung der Tochter des Jairus (Mk 5, 37), der Verklärung (Mk 9, 2) u. der Todesangst des Herrn (Mk 14, 33). Über die Verleihung des Beinamens ↗Kepha(s) sind im NT zwei Überlieferungen aufgenommen: Nach Joh 1, 42 erhielt er ihn bei seiner Berufung, nach Mt 16, 17 als Antwort auf sein Bekenntnis zu ↗Jesus als ↗Messias. Das sog. ↗Petrusbekenntnis kennzeichnet ihn als Ersten der Apostel. Doch alle vier Evv. berichten, daß P. den Herrn verleugnete (Mk 14, 66–72 par). Trotzdem gilt er als einer der ersten Zeugen des Erstandenen (Mk 16, 7). Als Leiter der Jerusalemer Urgemeinde tritt er bei der Wahl des ↗Matthias (Apg 1) u. an Pfingsten (Apg 2) hervor. Die ersten 12 Kapitel der Apg enthalten Überlieferungen von seinem Künden u. Wirken. Er unternimmt Missionsreisen u. vollbringt Machttaten (Apg 8–9). In ↗Cäsarea tauft er den heidnischen Hauptmann ↗Kornelius u. verteidigt seinen Entschluß vor der Gemeinde zu Jerusalem (Apg 10–11), in der Jakobus an seine Stelle getreten war. Die Apg weiß von seiner Gefangennahme u. seiner wunderbaren Befreiung (12, 1–19). Er zieht sich zurück, ist aber beim ↗Apostelkonzil wieder in Jerusalem (Apg 15) u. greift in die Diskussion um die Beschneidung ein. Nach begründeter Überlieferung starb er unter Nero (64–67) in Rom. Seinen Namen tragen zwei ntl. Briefe u. mehrere apokryphe Schriften. be

Petrusakten, eine nur fragmentarisch überlieferte ↗apokryphe Schrift (entstanden um 175 n.C.), griech. geschrieben mit der Tendenz, Lücken in der Darstellung der Apg auszufüllen. be

Petrusapokalypse, im 2. Jh. n.C. entstandene ↗apokryphe Schrift. Nach einer Auslegung des Gleichnisses vom Feigenbaum schaut Petrus die höllischen Strafen der Verdammten. Bilder u. Vorstellungen der P. haben nicht nur Dantes, sondern manche allgemein übliche Darstellung von Himmel u. Hölle beeinflußt. be

Petrusbekenntnis. Der vieldiskutierte Abschnitt Mt 16, 13–20 gliedert sich in zwei Teile: Bekenntnis des Petrus (Vv. 13–16) u. Verheißung an Petrus (Vv. 17 bis 19). Diskutiert wird, ob das erst bei der Redaktion des Mt in den Kontext eingefügte P. ursprünglich in den Zusammenhang des Abendmahls (Lk 22, 32) oder eher zu den nachösterlichen Überlieferungen (Joh 21, 5 ff) gehört; vor allem darüber, ob u. wie weit nachösterlicher Glaube das P. geformt habe (↗Menschensohn). – Petrus bekennt Jesus als ↗Messias, als ↗Sohn Gottes. Danach erhält er Verheißung u. Auftrag. Im Namen ↗Kepha(s) = Fels wird seine Stellung angedeutet. Der ↗Tempel zu Jerusalem, Zentrum des Gottesvolkes, wurde auf dem Fundament des Zionsfelsens erbaut. Die Gemeinde des neuen Gottesvolkes ist auf Petrus, dem Felsenfundament gegründet. Die Gemeinschaft des Neuen Bundes wird als ↗Kirche (hebr. kahal = Versammlung des heiligen Volks) bezeichnet. Sie beginnt in dieser Weltzeit als organisierte Gemeinschaft, die ihr Fundament in Petrus hat. Mit den Schlüsseln des Himmelreichs empfängt Petrus die Verantwortung für

das kommende Reich (vgl. Js 22, 22). ↗Binden u. lösen meint verdammen u. begnadigen; Petrus gewährt u. versagt den Zutritt zur Gemeinschaft der Glaubenden im Auftrag Gottes. Die Binde- u. Lösegewalt teilen die ↗Apostel mit ihm (Mt 18, 18; Joh 20, 23). be

Petrusbriefe. Die beiden P. gehören zu den ↗katholischen Briefen des NT; der zweite setzt den ersten voraus (3, 1).

a) 1 Petr ist ein allgemeines Hirtenschreiben, gerichtet an mehrere römische Provinzen in Kleinasien. Als Absender gilt ↗Petrus, der erste Apostel, als Schreiber zeichnet der Paulusschüler Silvanus (5, 12). Vier Themen lassen sich in dem Brief, der noch mit der baldigen Wiederkunft des Herrn rechnet, unterscheiden: Die Taufe ist Gabe u. Aufgabe für den Christen in der Welt. Die Kirche ist Haus Gottes u. Volk Gottes. Das Volk Gottes lebt in der Ordnung von Zeit u. Welt. Es ist gemahnt, in der Verfolgung auszuharren. – Man kann den ganzen Brief als paränetisch erweiterte Taufpredigt verstehen unter Anspielung auf Taufspendung, Taufliturgie u. nachfolgende Eucharistiefeier.

b) 2 Petr, ebenfalls ein allgemeines Lehr- u. Mahnschreiben, unterscheidet sich wesentlich von 1 Petr. Ein unbekannter Lehrer benutzt Ende 1. Jh. den Namen des Petrus, um seine Predigt als apostolisches Schreiben zu qualifizieren. Als solches wurde sie in den ↗Kanon aufgenommen. Dem ganzen Brief geht es um eine Antwort auf das Problem des sicher bevorstehenden Endgerichts u. der sich verzögernden Parusie des Herrn. Im 2. Kap. werden 19 der 25 Verse des Jud zitiert. be

Petrusevangelium. Um 150 n.C. entstandene ↗apokryphe Schrift, setzt die Berichte der Evv. voraus. Das uns erhaltene Bruchstück enthält ein Stück aus der Passionsgeschichte: Händewaschung des Pilatus, Verurteilung, Tod, Auferstehung u. erste Erscheinung am See. be

Pfahl, Balken zur Hinrichtung von Verbrechern oder Feinden, die daran aufgehängt oder aufgespießt wurden. Letzteres geschah meist mit dem schon verstümmelten Leichnam. Im Alten Orient u. AT bekannt. ba

Pfand, ein Gegenstand, durch der der Gläubiger seine Schuldforderung absicherte (vgl. Gn 38, 17; Ez 18, 12). In Israel war das Pf.recht durch Verbote eingeschränkt u. gemildert. So mußte der gepfändete Mantel, der Decke für die Nacht war, vor Sonnenuntergang zurückgegeben werden (Ex 22, 25 f; Dt 24, 12 f; Am 2, 8); auch war alles, was zum Leben notwendig war, nicht pfändbar (Dt 24, 6–17). Im NT wird der Geist Unter-Pf. zukünftigen Heiles genannt (2 Kor 1, 22; 5, 5; Eph 1, 13 f).   we

Pfingstfest. Das zweite der drei atl. Wallfahrtsfeste ist das Pf. Ursprünglich war es ein bäuerliches ↗Fest zur Zeit der Weizenernte. Charakteristisch für die Zeremonie am Pf. ist das Opfer zweier Brote, die mit Sauerteig gebacken sind (Lv 23, 15 ff). Die Verbindung zum ↗Mazzot-Fest wird hier deutlich, da der Zyklus mit den ungesäuerten Broten beginnt u. mit gesäuerten endet. Auch zeitlich orientiert sich das Pf. nach dem Mazzot-Fest, da es sieben Wochen nach diesem gefeiert wird; bezeichnend dafür ist der Name „Fest der Wochen". Erst in spätjüd. Zeit wird das Sinaigeschehen zum dominierenden Festinhalt. Das Geschehen am Pf. im NT (Apg 2) – Ausgießung des Geistes u. Gründung des neuen Gottesvolkes – muß auf dem Hintergrund des jüd. Festes gesehen werden.   la

Pfingstwunder. Nach dem Bericht des Lukas (Apg 2, 2–13) teilte sich der Heilige ↗Geist unter sturm- u. feuerähnlichen Begleiterscheinungen „allen" versammelten Jüngern mit, das sind nach 1, 15 etwa 120 Personen. Sie redeten „in anderen Zungen"; nach V. 6 hörte jeder (der Ausländer) sie in seiner Sprache („Dialekt") reden. Lk meint nicht nur ein Hör-, sondern ein Sprechwunder (V. 4). Doch gab es nach V. 13 offenbar „andere", denen dieses Reden unverständlich war. Die Verwechslung mit dem Zustand der Trunkenheit läßt an das ekstatische Phänomen der ↗Glossolalie (Zungenrede) denken, wie wir es aus 1 Kor 14 kennen (Verzückung). Mit solchen Erscheinungen wußte Lukas nicht viel anzufangen: Apg 10, 46 deutet er sie als Lobpreis Gottes (vgl. 2, 11!) u. 19, 6 als „prophezeien" (vgl. 2, 18); anderseits werden sie 11, 15 ff von den Aposteln als „dieselbe Gabe" anerkannt, die sie „am Anfang" empfangen

hatten. Es darf also angenommen werden, daß es sich beim Pf. um ekstatische Zungenrede gehandelt hat – freilich (nach Lukas) um eine außergewöhnliche Form. Möglicherweise ist die Darstellung des Lukas beeinflußt von der rabbinischen Tradition eines Sprachenwunders bei der Gesetzgebung am Sinai (jüd. Pfingstfest; weniger wahrscheinlich von Gn 11, 7). Das Anliegen des Lukas ist, zu zeigen, wie in der Kraft des Heiligen Geistes, von Jerusalem ausgehend, die Verkündigung des ↗Evangeliums Jesu Christi an alle Völker des Erdkreises beginnt (vgl. Lk 24, 47.49).   ur

Pflicht. Während die jüd. Gesetzesfrömmigkeit den ↗Bund als zwei Seiten verpflichtenden Vertrag sieht – der Gläubige hat Gott gegenüber Pf.en, u. umgekehrt hat Gott ihm gegenüber Pf.en –, lehnt Paulus diese Sicht ab. Wenn man mit guten Werken Gott für verpflichtet hält, wird Gott lediglich nur nach diesen Werken ↗Lohn erteilen, nicht nach seiner Gnade (Röm 4, 4), so daß man unerlöst bleibt (↗Rechtfertigung). Von Pf. läßt sich daher nur im innermenschlichen Bereich sprechen, in dem die Pf.en da sind, um die zwischenmenschlichen Beziehungen zu regeln.   do

Pharao, bibl. Benennung der Könige ↗Ägyptens. Der Ph. zugrunde liegende ägyptische Ausdruck bedeutet „Großes Haus"; damit war zunächst der Palast des Königs gemeint, seit dem 15. Jh. v.C. aber auch der König selbst. Im AT wird Ph. teils als Titel vor dem Königsnamen (2 Kg u. Jr), teils absolut wie ein Eigenname (in den Erzählungen über die Patriarchen u. den Auszug u. in Ez) gebraucht. – Der ägyptische König wurde immer als Gott betrachtet. In der älteren Zeit galt er als Inkarnation des Weltgottes Horus, durch den er die jährliche Nilüberschwemmung wirkte u. so die Fruchtbarkeit schenkte. Durch seine Krönung wurde der König Gott-Mensch; im Tod verlor er das Menschliche u. wurde ganz Gott u. als solcher in den Totentempeln (Pyramiden) verehrt. Als in der 5. Dynastie die Verehrung des Sonnengottes Re offizielle Religion wurde, sank die Stellung des Ph.: er blieb zwar Gott, galt aber nur als Sohn des Re, dem er Sonnentempel baute.   we

Pharisäer, eine religiöse Gruppe im Judentum, deren Anfänge in die Zeit des zweiten Tempels zurückgehen. Näheres über sie wissen wir durch den jüd. Geschichtsschreiber ↗Josephus Flavius. 1. Der *Name* Ph. geht auf das hebr. Wort Peruschim = die „Abgesonderten" zurück, wohl im Hinblick auf ihre rigorose Gesetzesobservanz, die zu einer Absonderung von den weniger Strengen führte. – 2. *Geschichte:* Die Ph. haben ihren Ursprung in der Bewegung der ↗Chasidäer, von denen sie sich abspalteten, weil sie deren messianisch-apokalyptische Naherwartung nicht teilten. Gegen Ende des 2. Jh. v.C. traten sie als Gegner der ↗Hasmonäer in Erscheinung, deren weltliche Politik u. hellenisierende Tendenzen sie bekämpften. Nach dem Ende der Dynastie gewannen sie Einfluß auf den ↗Hohen Rat u. auf das Volk, für das sie die geistig-religiöse Autorität darstellten u. von dem sie geachtet u. verehrt wurden. Nach der Zerstörung Jerusalems waren sie die einzig überlebende Religionspartei, u. ihre Geistesrichtung wurde für das Judentum maßgebend. – 3. *Lehre:* Die Ph. bemühten sich um eine genaue Gesetzeserfüllung, denn nach pharisäischer Lehre ist die ↗Tora das Werkzeug, mit dem Gott die Welt erschaffen hat, u. Israels Vorzug besteht darin, daß ihm mit der Tora dieses Werkzeug gegeben wurde. Sie ist das Zeichen seiner Erwählung. Das Gesetz manifestiert den absoluten Gotteswillen, u. seine Erfüllung bewirkt das Heil. Doch war es der jeweiligen menschlichen Situation anzupassen. Der Mensch durfte durch Gesetzeserfüllung keinen Schaden leiden. Damit war das pharisäische Gesetzesverständnis weit weniger radikal als das der ↗Qumran-Essener. Dem schriftlich fixierten Gesetz kam die mündliche Tradition, die Gesetzesauslegung der Schriftgelehrten (die mündliche Tora), gleich, weil diese bereits in der schriftlichen Tora implizit enthalten sei. Trotz der Absonderung von allem „Unreinen" (d. h., was bzw. wer nicht den Gesetzesvorschriften entspricht) war es pharisäische Lehre, daß auch Sünder u. Nichtisraeliten am Heil teilhaben werden. Bei aller hohen Bewertung der eigenen Frömmigkeit wußten die Ph. um die Notwendigkeit der

Gnade. – 4. Das *NT* schildert die Ph. als die eigentlichen Gegner Jesu, doch muß man anderseits sehen, daß Jesus viel mit den Ph.n gemeinsam hat, daß er ihre Frömmigkeit ernst nimmt u. selbst in den ↗Streitgesprächen noch um sie ringt. Der Gegensatz entzündet sich an der unterschiedlichen Stellung zum Gesetz. Für Jesus (u. für das junge Christentum – Paulus) konnte die Tora keine absolute Heilsnotwendigkeit besitzen. Nicht die „Überlieferung der Alten", sondern Jesus war der authentische Interpret des absoluten Gotteswillens. Daher seine souveräne Freiheit gegenüber dem Gesetz, was für den Glauben der Ph. an den göttlichen Ursprung der Tora nicht nachvollziehbar war. Die andere Ursache des Konflikts war die Distanz der Ph. von allen messianisch-eschatologischen Naherwartungen, so daß der Messiasanspruch, den Jesus in Wort u. Tat kundtat, für sie unannehmbar war. Sicher lag im Gesetzesverständnis der Ph. die Gefahr einer veräußerlichten Frömmigkeit, u. sie sind ihr oft genug erlegen. Die Vorwürfe, die das NT gegen sie erhebt, finden sich auch in den rabbinischen Schriften. Doch aus der Radikalisierung u. zugespitzten Polemik des NT zu schließen, die Ph. seien samt u. sonders Heuchler gewesen u. der Pharisäismus nur äußere Gesetzeserfüllung, widerspricht den historischen Tatsachen. Sonst hätte er nicht die großen Gestalten der nachbibl. Zeit hervorbringen u. das Judentum nach 70 u. 135 mit neuer Lebenskraft erfüllen können.   ↗Pharisäisch.   ba

Pharisäisch im polemischen Sinn meint jene Geisteshaltung, für die im NT die ↗Pharisäer als Prototyp stehen: Selbstgerechtigkeit, die glaubt, durch äußere Gesetzeserfüllung vor Gott gerecht zu sein; Heuchelei, bei der äußeres Tun u. innere Gesinnung auseinanderfallen; die Sünde des anderen, aber nicht die eigene Sünde zu sehen, kurz jene Haltung, die im Widerspruch zum Geist des Ev. steht. Jeder Fromme ist in Gefahr, ihr zu verfallen. Davor schützen kann ihn nur das Wissen um die eigene Sündhaftigkeit u. um die Ungeschuldetheit der ↗Gnade.   ba

Pheresiter, Teil der Bevölkerung Kanaans, die Israel bei der Landnahme

vorfand; sie sind nur aus den listen-
mäßigen Aufzählungen des AT bekannt
(Gn 15, 19–21; Ex 3, 8; Dt 7, 1; Jos 3, 10).
Die Ph. sind wohl eine von den Kanaanäern verdrängte Bevölkerungsschicht.
Sie wurden von Israel unterworfen (Jos
17, 14–18; Ri 1, 4 f); doch werden Reste
von Ph. noch zur Zeit Salomos u. Esras
erwähnt (1 Kg 9, 10; 2 Chr 8, 7; Esr 9, 1).
　　　　　　　　　　　　　　　　　　we
Philadelphia. 1. Griech. Name von
Rabba, der Hauptstadt des Ammoniter-
reiches (2 Sm 12, 27–29), zur ↗ Dekapolis gehörend. – **2.** Hellenistische Stadt
in Lydien. Im 6. Sendschreiben der Apk
(3, 7–13) wird ihre Christengemeinde
wegen der standhaften Haltung in der
Verfolgung gelobt.　　　　　　　　　we
Philemon, Adressat des ↗ Philemonbriefs;
Bürger von Kolossä, der wohl von Paulus zum Christentum bekehrt wurde
(Phm 19). Ph. unterstützte die christl.
Liebestätigkeit großzügig mit seinem
Besitz u. stellte der christl. Gemeinde
sein Haus als Versammlungsort zur Verfügung. Paulus nennt ihn „Freund u.
Mitarbeiter" (Phm 1).　　　　　　　　gl
Philemonbrief, Brief des Apostels Pau-
lus aus der Gefangenschaft an ↗ Phile-
mon, den Herrn des Sklaven Onesimus.
Onesimus (griech. „der Nützliche") war
seinem Herrn davongelaufen u. hatte
ihn dabei wohl materiell geschädigt
(V. 18). Er war zu ↗ Paulus gestoßen u.
von ihm zu Christus bekehrt worden.
Paulus könnte Onesimus gut als Mitarbeiter brauchen (V. 13). Nach antikem
Recht ist der Sklave jedoch Eigentum
seines Herrn. Wer einen entflohenen
Sklaven unterstützt, macht sich strafbar.
Deshalb schickt Paulus Onesimus zu seinem Herrn zurück. Um ihn vor der üblichen schweren Bestrafung (evtl. Todesstrafe) zu schützen, gibt er ihm ein Emp-
fehlungsschreiben an seinen Herrn Philemon mit, den Ph.
Dieser Brief ist trotz seiner Kürze (25
Verse) ein kostbares Dokument, denn
er zeigt besonders gut die feine Menschlichkeit des Paulus. Der Ph. wirft für
uns das Problem der Stellung des Christentums zur Sklaverei auf. Paulus anerkennt die bestehende rechtliche u. soziale Ordnung, aber er relativiert sie.
Denn Onesimus ist in erster Linie der
„geliebte Bruder" seines Herrn, „sowohl

in menschlicher Hinsicht als auch im
Herrn" (V. 16). Damit ist die Sklaverei
nicht abgeschafft, aber sie wird von innen heraus überwunden durch die Betonung der Würde des Sklaven als
Mensch wie als Christ. Mit der Lehre
von der Gleichwertigkeit aller Menschen
ist der entscheidende Schritt zur formellen Abschaffung der Sklaverei getan.
Das Christentum verändert das Gesicht
der Welt – aber nicht durch die Gewalt
der Revolution, sondern durch die Evolution der Liebe.　　　　　　　　　　gl
Philipperbrief. Der Ph. ist ein echter
↗ Paulusbrief. Der Gruß (1, 1–2) nennt
↗ Paulus u. ↗ Timotheus als Absender,
„die Heiligen in Christus Jesus in Philippi" als Empfänger („Aufseher" u.
„Diakone" sind Gemeindeglieder). Nach
Dank u. Fürbitte sprechen 1, 3–26 von
der Gefangenschaft des Paulus: sie ist
wichtig, weil u. soweit sie Bedeutung
hat für das Ev. Mahnungen zur Selbst-
losigkeit (1, 27 – 2, 18) lassen auf Christus als Vorbild schauen: ein vorpauli-
nischer Hymnus wird aufgenommen (2,
6–11). Auch persönliche Mitteilungen
stehen im Dienst des Ev. (2, 19 – 3, 1).
Es folgen scharfe Warnungen vor falschen Vollkommenheitsidealen (3, 2 bis
4, 3). Freude, Hilfe u. Mahnung bestimmen thematisch 4, 4–20. Grüße u. Wünsche schließen den Brief (4, 21–23).
Viele Beobachtungen begründen die Annahme, die uns vorliegende Einheit
„Ph." sei aus ursprünglich mehreren
Briefen später künstlich hergestellt worden. Einzelne Abschnitte setzen auf seiten der Gemeinde grundverschiedene
Situationen, auf seiten der Absender ein
recht unterschiedliches Wissen hierüber
voraus. Die „Mahnungen" vervielfachen
sich – ähnlich den „Briefschlüssen" (3, 1;
4, 3), denen jeweils wieder neue Gedanken folgen. – Man könnte mit W.
Marxsen drei „ursprüngliche" Briefe rekonstruieren: a) 4, 10–20; b) 1, 1–3 u.
4, 4–7.21–23; c) 3, 2 – 4, 3.8 f.
Über Abfassungszeiten u. -orte gibt es
seit der Frühzeit verschiedene Auffassungen. Vielleicht legt sich der längere
Aufenthalt des Paulus in Ephesus während der 3. Missionsreise nahe.　　　ka
Philippi. Die im Osten Mazedoniens liegende Stadt Ph. erhielt ihren Namen
nach dem König Philipp II. von Maze-

donien. Dieser war der Vater Alexanders d. Gr. u. der Begründer der mazedonischen Vorherrschaft in Griechenland. Die Stadt war in ntl. Zeit durch ein römisch-militärisch geformtes Leben bestimmt, da sie unter Antonius römische Kolonie geworden u. unter Octavian Augustus mit römischen Privilegien beschenkt worden war. Die Einwohner bezeichneten sich nach Apg 16, 21 als Römer. Nach Ausweis von Apg 16, 11–40 war Ph. die erste Stadt Europas, in der ↗Paulus missionierte. ka

Philister, Teil der „Seevölker", die um 1200 v.C. das Küstengebiet Syriens u. Palästinas eroberten. Die Ph. kamen wohl von Kreta her u. besiedelten den Raum von Ekron, Gat, Gasa, Askalon u. Aschdod. Zeitweilig unterwarfen sie die Israeliten (1 Sm 4, 1 ff), wurden aber von David in ihr Gebiet zurückgedrängt (2 Sm 5, 17–25; 21, 15–22). Die militärische Stärke der Ph. beruhte auf ihrem Monopol in der Eisenverarbeitung (vgl. 1 Sm 13, 19–22). Von ihrer Kultur u. Sprache ist sonst wenig bekannt, da sie bei ihrer Seßhaftwerdung die vorgefundene Kultur u. Sprache übernahmen. ka

Philo von Alexandria, ca. 25 v.C. bis 40 n.C., jüd. Religionsphilosoph, verbindet jüd. Theologie mit griech. Philosophie, besonders stoischen u. platonischen Lehren. Mit dieser Verbindung wirkt er später stark auf die Theologie der Kirchenväter. Ph. selbst versteht sich ganz als Ausleger der Schrift, in der er mit Hilfe der ↗Allegorese die ganze Wahrheit findet, die hier zum erstenmal offenbart vorliegt u. von der nach seiner Meinung die griech. Philosophie abhängt. So ist Ph.s Auswahl aus dem heidnischen Gedankengut von der Schriftauslegung her bestimmt. Gott als Schöpfer steht über der Welt, Mittler bei der Schöpfung ist der ↗Logos, der erstgeborene Sohn Gottes, Ort der Ideen u. identisch mit der ↗Weisheit. Durch ihn schafft Gott die Welt aus ungeschaffener Materie u. gibt dem Menschen Anteil an Gott u. führt ihn zur Tugend. Höchste Tugend ist der Glaube, eine Verfassung der Seele, in der der Mensch von Gottes Existenz überzeugt ist, auf seine Vorsehung vertraut u. bis zur mystischen Gottesschau kommen kann. mo

Phöbe (griech. Reine), Heidenchristin, wohl Überbringerin des Röm. Von Paulus wird Ph. als Dienerin (griech. diakonos; wahrscheinlich Amtstitel) der Gemeinde von Kenchreä bezeichnet (Röm 16, 1 f). we

Phönix. 1. Hafen an der Südküste Kretas (Apg 27, 12). – 2. Wunderbarer Vogel, der nach der Sage mit seinem Nest verbrannte u. aus der Asche verjüngt wiedererstand (vgl. Ib 29, 18; jüd. u. christl. Literatur). we

Phönizien, Küstenstreifen nördlich des Karmel zwischen Mittelmeer u. Libanon mit den Zentren Tyrus, Sidon u. Byblos, im AT „Kanaan" (Ex 16, 35; Jos 5, 12) u. „Sidon(ier)" (1 Kg 5, 20; Dt 3, 9) genannt. Seine Bewohner sind Semiten, sprechen eine dem Hebr. verwandte Sprache u. verehren semitische Gottheiten mit ↗El als Götterherr des Pantheon. Vor allem treiben sie Handel u. Seefahrt (1 Kg 9, 27 f; Ez 27). Im 12. Jh. v.C. zerbrach die ägyptische Oberherrschaft über Ph. Israel hatte besonders unter David (2 Sm 5, 11) u. Salomo (1 Kg 5, 15–32; vgl. Gn 49, 13; Ri 5, 17) enge Beziehung zu Ph. Achab heiratete ↗Isebel, die Tochter des Sidonierkönigs Etbaal (1 Kg 16, 31), wodurch der Kult des ↗Baal in Israel gefördert wurde (vgl. Js 23; Ez 26–28). Im 8. Jh. v.C. verlor Ph. seine Unabhängigkeit. u. kam schließlich 68 v.C. zum Römerreich. – Flüchtlinge aus Jerusalem verbreiteten in Ph. das Christentum (Apg 11, 19); Paulus u. Barnabas durchzogen das Land (15, 3), u. Paulus besuchte es auf dem Weg nach Jerusalem (21, 2–7). we

Phrygien, Landschaft in Kleinasien mit einer im 12. Jh. v.C. eingewanderten indogermanischen Bevölkerung, zeitweise unabhängig, dann aber dauernd unter Fremdherrschaft. Paulus durchwanderte Ph. zweimal (Apg 16, 6; 18, 23). ↗Kybele. we

Phylakterien, Gebetsriemen, die jeder männliche Jude nach Ex 13, 6 beim Morgengebet tragen mußte. Mit ihnen waren Kapseln mit dem Text von Ex 13, 1–6; Dt 6, 4–9; 11, 13–21 auf Stirn u. Arm befestigt. we

Pilatus, Pontius, 26–36 n.C. Statthalter der ↗Provinz Judäa, entschied den ↗Prozeß Jesu u. ordnete die Kreuzigung an (Mk 15, 15). Im einzelnen ist

seine Stellungnahme nicht sicher feststellbar, da die christl. Quellen schon
in den Evv. die wachsende Tendenz zeigen, P. die Unschuld Jesu bezeugen zu
lassen (↗Pilatus, Brief des). In jüd.
Quellen erscheint er als rücksichtslos,
ungerecht u. grausam gegen die Untertanen. Daß er hart durchgreifen konnte,
bezeugt auch die Bemerkung Lk 13, 1.
Als römischer Statthalter mußte er aber
in jedem Fall den Unwillen der Juden
erregen.   mo
Pilatus, Brief des, erdichteter Brief an
den Kaiser Claudius (irrtümlich statt Tiberius) vom Ende des 2. Jh. n.C., berichtet über die Wunder Jesu u. die Bezeugung einer Auferstehung durch römische Soldaten (nach Mt 28, 11 ff). mo
Pirqe Abot ↗Sprüche der Väter.
Pisidien, Gebirgslandschaft im Süden
Kleinasiens, deren Bevölkerung als Räuber gefürchtet war. 25 v.C. wurde P. römisch u. auf die Provinzen Pamphylien
u. Galatien aufgeteilt. Paulus durchzog
P. auf der ersten Missionsreise u. predigte in Antiochia (Apg 13, 14–43).   we
Pithom (im Ägypt.: Tempel des Gottes
Atum) war nach Ex 1, 11 wie ↗Ramses
eine Proviantstadt im Nildelta, für Pharao (wohl Ramses II.) durch Fronarbeit
der Israeliten erbaut.   we
Plagen. Von der göttlichen Heimsuchung spricht die Bibel häufig im Zusammenhang mit der Bestrafung von
einzelnen oder Völkern, als Mittel der
Warnung, Prüfung u. Anleitung zur
Buße. Allgemein bekannt sind die sog.
zehn ägyptischen P. (Ex 7–12; Ps 78, 43 ff),
mit der eindrucksvollsten letzten Macht-
demonstration Jahwes über den ↗Pha-
rao u. seine Zauberer, nämlich die Tötung jeder ägyptischen Erstgeburt in der
↗Pascha-Nacht. Analog dazu werden in
der Apk (8–21) die Endzeitkatastrophen
beschrieben.   pa
Planeten. Da sie in der babylonisch-
assyrischen Religion als Götter verehrt
wurden, sind 2 Kg 23, 5 wohl die P. gemeint (nicht die Tierkreiszeichen). Jdt 13,
wo die Irrlehrer P. genannt werden,
knüpft an einen spätjüd. ↗Mythos an,
nach dem die P. zur Strafe für das Verlassen ihrer Bahn an einen grausigen
Ort eingeschlossen wurden.   mo
Plinius der Jüngere schrieb als Statthalter von Bithynien 112 n.C. einen Brief

an den Kaiser Trajan, in dem er fragt,
wie er mit den Christen verfahren soll.
Trajan bestätigt sein bisheriges Vorgehen: kein Aufsuchen der Christen
vom Staat aus, auf Anzeige Bestrafung,
wenn sie sich als Christen bekennen.
                                            mo
Pluralität. Eine thematische Reflexion
des Pluralismusproblems – wie sie für
die moderne Philosophie u. Theologie
selbstverständlich geworden ist – lassen
die ntl. Texte nicht erkennen. Dennoch
gehört das Phänomen der P. zu den
Voraussetzungen u. Bedingungen ntl.
Welt- u. Existenzverständnisses, wobei
unter P. sowohl die Vielfalt möglicher
subjektiver Erfahrungen als auch die
Vielfalt objektiv vorgegebener Realitäten zu verstehen ist. P. in allen Lebensbereichen wird im NT offensichtlich als Vorgegebenheit akzeptiert, u.
zwar vorwissenschaftlich u. unreflektiert,
dafür aber um so selbstverständlicher.
Dieses Verhältnis zur P. entspricht historisch u. soziologisch der Situation
der ntl. Gemeinden, insofern der hellenistische Kontext de facto pluralistisch
war, aber auch insofern die Anerkennung der P. für die ↗Judenchristen eine
Vorbedingung der anfänglich ja nur teilweise vollzogenen Loslösung von der
jüd. Religion war. (Wäre die Loslösung
von Anfang an praktisch u. theoretisch
perfekt vollzogen worden, könnte sie
auch als Antithese – ohne Anerkennung
von P. – interpretiert werden. Die ursprüngliche Nähe zum jüd. Glauben
läßt das urchristl. Selbstverständnis jedoch als Variation zum jüd. erscheinen.) Ideologischer Totalitarismus ist
also den urchristl. Gemeinden fremd.
Dies offenbart sich im ntl. Verständnis
des Glaubensaktes, der Glaubensinhalte
u. des Gemeindelebens. Der stärkste
Beweis für die selbstverständliche Hin-
nahme der P. sind die ntl. Ermahnungen zu Einigkeit u. Einheit (Joh 17, 20
bis 23; Röm 15, 16; 1 Kor 1, 10; 12),
denen dann – im Rahmen theolog. Reflexionen – die Erläuterungen nach dem
Modell der paulinischen Leib-Metaphern
folgen. Die Aufrufe zur Liebe u. Solidarität sowie die Hinweise auf *einen*
Leib u. *einen* Geist werden von der apostolischen Generation nie im Sinn einer
uniformen „Weltanschauung", einer

monolithischen Doktrin oder einer zentralistischen Gemeinde- oder gar Gesamtkirchenordnung interpretiert. Dies zeigt sich besonders deutlich in der Gemeindetheologie des 1 Kor (10–12), zeigt sich aber auch in der sozialen Integration von „Juden u. Griechen", „Sklaven u. Freien" (1 Kor 12, 13 u. a.). Die Polarität von Einheit u. P. wird nie kurzschlüssig aufgelöst. In immer neuen Variationen der Bildvorstellung vom einen Leib mit vielen Gliedern erläutert Paulus die Einheit in der Vielfalt u. konkretisiert dieses ekklesiologische Grundgesetz auch gemeindesoziologisch, indem er den verschiedenen „Gliedern", also den einzelnen Gemeindemitgliedern, verschiedene Funktionen zuerkennt – diese Funktionsteilung aber nicht etwa als zweckmäßigste Form der Arbeitsteilung, sondern als eine in der Vielfalt der ↗Geistesgaben (Charismen, vgl. 1 Kor 7, 7; 12, 8–11) begründete Gegebenheit versteht. Ekklesiologische u. gemeindesoziologische P. kann jedoch nur bejaht werden auf dem Boden der Anerkennung einer allgemein erkenntnistheoretischen u. auch dogmatischen P. Die Einheit in Glaube u. Bekenntnis hat die ntl. Überlieferung nie daran gehindert, verschiedene Interpretationen dieses Glaubens u. dieses Bekenntnisses anzuerkennen u. selbst zu entwickeln. Historisch gesehen, signalisiert vor allem der Prozeß der sog. Kanonbildung (↗Kanon) die „offizielle" Anerkennung einer P. von Theologien, wie sie in den verschiedenen Schriften des NT zum Ausdruck kommen. Vor diesem Hintergrund kann man P. nicht als Entsprechung kompromißfreudiger Toleranz verharmlosen. Sie ist vielmehr Ausdruck einer erkenntnistheoretischen u. theologisch-hermeneutischen Position, m. a. W.: sie ist Ausdruck der Einsicht, daß keine theol. Sprache ihren Gegenstand umfassend, endgültig u. übergeschichtlich erfassen kann. Erst vulgärphilos. Tendenzen der Spätantike schufen in Verbindung mit der Herausbildung des weströmischen Zentralismus ein Klima, in dem die P. des theol. Denkens u. des kirchlichen Lebens theoretisch geleugnet u. praktisch unterdrückt werden konnte. Deshalb gehört heute zu den

Implikationen einer Analyse des historischen Befunds u. der ntl. Texte die theol. u. kirchensoziologische Revision der machtpolitisch u. ideengeschichtlich bedingten – theologisch also nicht als übergeschichtlich oder iure divino legitimierbaren – Verneinungen der P. als einem Lebensprinzip der Kirche. ↗Einsseins. 					her

Pneuma ↗Geist.

Pneumatiker (griech. Geistbegabter). Im griech., speziell im hellenistisch-gnostischen Denken (↗Mysterien, ↗Gnosis) werden die Menschen eingeteilt in Sarkiker (auch Hyliker), die in ihrem Leben auf der untersten Stufe des Sarx (↗Fleisch) stehengeblieben sind; sodann in Psychiker, die schon höher aufgestiegen sind, u. schließlich in P., die die Höhen des Geistes erklommen haben. Auch in christl.-enthusiastischen Kreisen wurden solche Unterschiede eingeführt. Paulus bekämpft sie schärfstens; er nennt alle Getauften P. (Gal 6, 1), denn alle haben in der ↗Taufe Gottes ↗Geist als ↗„Angeld" ihrer Vollendung empfangen. Alle Christen sind „Geistträger u. Geistbegabte". 					gr

Polis (griech. Stadt) heißt in klassischer Zeit der politisch selbständige Stadtstaat. Da diese Selbständigkeit mit Alexander d. Gr. aufgehört hat, bezeichnet P. im NT jede städtische Ansiedlung. 			mo

Politik. Der Begriff des Politischen leitet sich ab von der Polis, dem antiken Stadtstaat. Nach vielfältigem Wandel der Staatsformen muß Politik heute im Rahmen des demokratischen u. sozialen Rechtsstaates bestimmt werden (↗Staat).

a) Grundlegend für eine demokratische Gesellschaft ist eine von Herrschaft freie kritische ↗Öffentlichkeit, z. B. als Meinungs- u. Pressefreiheit. Diese Öffentlichkeit bestimmt sich durch die vielfältigen gesellschaftlichen Interessen u. individuellen Bedürfnisse. Durch widersprüchliche Interessen gesellschaftlicher Gruppen, z. B. der Verbände oder repräsentiert durch Parteien, entstehen *Konflikte* bis hin zum unversöhnlichen Klassenkonflikt. Die politische Aufgabe besteht darin, Konflikte auf legalem Wege auszutragen. Im Rechtsstaat ist deshalb alle gesellschaftliche *Gewalt* öffentlicher Kontrolle unterworfen u.

staatlich monopolisiert. Darum ist der vertragsmäßige *Kompromiß* die angemessene Form zum Austrag der Konflikte, aus denen die gesellschaftliche Dynamik immer wieder aufbricht. Fundamentale Widersprüche können freilich zur ↗*Revolution* führen, die neue Verhältnisse schafft, um offene oder verschleierte Unterdrückung abzuschaffen.
b) Politisches Handeln steht im Dienst der *Gerechtigkeit* u. ist deshalb an das *Recht* gebunden, sofern dieses nicht ungerechte Verhältnisse verfestigen hilft u. selber verändert werden muß. Gerechtigkeit als immer konkrete Gerechtigkeit für Menschen in ihren je besonderen sozialen Verhältnissen ist demzufolge relativ, d. h. geschichtlichem Wandel unterworfen. Dieser Wandel der Gesellschaft muß aber seinerseits als politische Aufgabe unter die Ziele menschlichen Glücks u. menschlicher Würde gestellt werden. Daraus legitimiert sich auch das *Widerstandsrecht* der Bürger.
c) In praktischer Hinsicht müssen politische Willensbildung u. politisches Handeln im Dialog zwischen den Politikern u. den Fachleuten für die zu entscheidenden Sachfragen entwickelt werden, allerdings nicht unter Ausschluß der Öffentlichkeit als bloße Arbeitsteilung zwischen politischer Bürokratie u. technokratischem Forschungsbetrieb, sondern zusammen mit kritischer Diskussion der Bürger. Die Sachentscheidungen unterliegen also einem *mehrfachen Übersetzungsprozeß* zwischen wissenschaftlicher Forschung, politischer Entscheidung u. öffentlicher Kritik. Nur unter diesen Bedingungen können die großen politischen Aufgaben gelöst werden: weltweite soziale Gerechtigkeit u. Entwicklung des Weltfriedens, d. h. Abwendung der Hungerkatastrophe u. Abschaffung des Krieges als Mittel der Politik. Gewalttätige Konfliktregelungen werden freilich noch lange nicht auszuschließen sein, müssen aber zunehmend überwunden werden.
d) Dieses Verständnis von Politik begründet sich christlich in den zentralen bibl. Themen der ↗*Gerechtigkeit* u. des ↗*Friedens*. Sie sind, wie das Auftreten der Propheten u. das Verhalten Jesu zeigen, immer auf die konkreten sozialen Verhältnisse bezogen (↗Sozialkri-

tik), die dadurch in den Horizont der Liebe Gottes rücken. Der Christ hat die Befreiung von Schuld erfahren u. kann sich so frei von traditionellen Bindungen u. inhumanen Ideologien für die Befreiung aller Menschen aus Not u. Unterdrückung einsetzen. Die Christenheit hat heute dafür einzustehen, daß „Entwicklung, der neue Name für Friede" (Paul VI.), kein leeres Wort bleibt. hn

Polygamie (griech. Vielehe, d. h. die Ehe eines Mannes mit mehreren Frauen) ist im AT vielfach bezeugt (Gn 29, 15 ff), obwohl ↗Monogamie weithin üblich war. Maßgeblich für die P. war wohl der Wunsch nach vielen Kindern, vor allem Söhnen (Gn 16, 1 ff; 30, 1 ff). Die atl. Gesetzgebung (Ex 21, 10; Dt 21, 15 bis 17) setzt die Ehe eines Mannes mit zwei Frauen (↗Nebenfrau) voraus; nur Reiche u. Könige (Ri 8, 30; 2 Sm 3, 2–5; 5, 13; 1 Kg 11, 1–8) konnten sich eine größere Anzahl von Frauen leisten u. so auch Macht u. Reichtum demonstrieren. Auch im Judentum gab es noch P.; der Hohepriester aber durfte nur eine Frau haben. Erst im NT ist die P. zugunsten der Monogamie ganz verdrängt. he

Polyglottenbibel, eine Bibelausgabe, in der nebeneinander Urtext u. mehrere Übersetzungen abgedruckt sind. Eine P. ist ein wichtiges Hilfsmittel der vergleichenden Textforschung. Bedeutend sind die Complutenser, Antwerpener, Pariser u. Londoner P.n des 16. u. 17. Jh. we

Polytheismus, Glaube an eine Vielzahl von ↗Göttern, auch wenn sie nicht alle verehrt wurden (↗Monolatrie). Für Israel war der P. Kanaans eine ständige Bedrohung seines Glaubens an ↗Jahwe als einzigen Gott. we

Pontus. 1. Landschaft in Kleinasien an der Südküste des Schwarzen Meeres. – 2. Römische Provinz (seit 64 v.C.). P. hatte jüd. (Apg 2, 9) u. christl. (1 Petr 1, 1) Gemeinden u. war Heimat des Aquila (Apg 18, 2). we

Popularphilosophie, eine zusammenfassende Bezeichnung für die Hinwendung der Philosophie zu der Masse des Volkes im ↗Hellenismus, als durch die politischen Umwälzungen der alte Götterglaube erschüttert wurde u. viele Menschen nach einer neuen Ausrichtung für ihr Leben suchten. Vor allem ↗Kyniker u. ↗Stoiker traten vor dem Volk auf u. predigten in der Form der ↗Diatribe für jedermann verständlich ein sittliches Lebensideal. In der römischen Kaiserzeit erreicht die P. ihren Höhepunkt. Gegen ein Leben in Luxus oder nutzloser Geschäftigkeit ruft sie den Menschen zur Besinnung über sein Wesen u. sieht sein Glück in der inneren Unabhängigkeit von den äußeren Lebensbedingungen, in der Freiheit von Leidenschaften u. in der Erfüllung der Pflichten gegen andere Menschen.   mo

Posaune, ein aus Metall hergestelltes, lang gezogenes Trompeteninstrument mit einem Schallstück. Es dient zum Signalblasen für kriegerische, öffentliche u. kultische Zwecke. Daher wird der P.n-Schall Signalruf für das Endgericht Gottes. Christus sendet seine Engel aus, die mit lauten P.n die Auserwählten zusammenrufen u. den Verdammten das Gericht ankündigen (Mt 24, 31). Die P. gehört also mit zur bildhaften Ausmalung der kommenden Ereignisse. do

Pragmatismus, ist das Interesse, ob eine Sache funktioniert. Nicht nach dem, was er ist, wird der Mensch gefragt, sondern nach dem, was er tut. In der funktionalen Periode unserer Welt geht es vordringlich um die ↗Praxis. Die Bibel reflektiert nicht vordergründig darüber, was der Mensch seinsmäßig ist, sondern sie sagt, was er tut u. was er tun soll. Der Schöpfer beauftragt die Menschen, sich die Erde untertan zu machen (Gn 1, 28). Erst recht geht es ↗Jesus in seiner Botschaft darum, was der Mensch tun soll (↗Paraklese); er spricht von der neuen Gerechtigkeit, die verwirklicht werden muß; er spricht von der Freiheit, die dem ↗Mitmenschen ermöglicht werden muß; er gibt keine Definitionen dieser Freiheit, er zeigt durch sein Leben, was diese Freiheit ist. Jesus fordert generell ↗Liebe, auch ↗Feindesliebe; wiederum gibt er nicht Definitionen von ↗Liebe, sondern er liebt, er ist für die Menschen da, er stirbt für sie. Aus Jesu Leben u. Sterben wird deutlich, was Dasein ↗für andere heißt. Erst recht ruft das Bekenntnis der Auferstehung den Menschen in die Tat; es geht darum, das neue Leben vorwegzunehmen, die ↗Herrschaft Gottes zu verwirklichen. Christen werden gefragt

nach dem, was sie tun, u. danach werden sie eingestuft. Christsein bedeutet waches Interesse daran, ob die Botschaft Jesu getan wird, ob menschliche Freiheit funktioniert. Christsein erfordert schöpferische Gedanken, daß Menschsein ermöglicht werde, daß Liebe funktioniere, d. h. gesellschaftlich mobil werde.   gr

Prahllied. Im P. rühmt sich der Singende seiner Vorzüge, die er wirklich hat oder nur vorgibt zu haben. Die Wurzel dieser Liedgattung liegt wohl in der Zeit, in der Auseinandersetzungen kriegerischer oder persönlicher Art zwischen einzelnen zum Prahlen Anlaß gaben. So prahlte Lamech (Gn 4, 23 f) mit seinen kriegerischen Fähigkeiten u. setzte einen unglaublichen Preis für seine Selbstbehauptung im Kampf. Später wurde das P. auch übertragen auf Auseinandersetzungen zwischen größeren Gruppen. la

Prätorium bezeichnet im NT die Amtswohnung des Statthalters einer ↗Provinz, nur Phil 1, 13 könnte damit auch die kaiserliche Leibwache in Rom gemeint sein. Dem Statthalter von Judäa diente in seinem Amtssitz Cäsarea ein Palast von Herodes d. Gr. als P. (Apg 23, 35). Auch in Jerusalem bewohnte er wohl den Herodespalast. mo

Praxis. Nach bibl. Denken ist der Mensch immer auf ↗Entscheidung u. Tat hin verwiesen. Dies wird besonders dann deutlich, wenn vom Menschen als „Soma" die Rede ist. Soma (↗Leib) ist nämlich der Mensch als ganzer u. als ↗Person hinsichtlich seiner Leiblichkeit. Leib ist der Bereich der menschlichen P. Durch seine P. ist der Mensch auf seine ↗Mitmenschen u. auf seine Welt hin ausgerichtet. Auch für Paulus ist der Mensch in seinem leiblichen Dasein der Kampfplatz zwischen der Auferwekkungsmacht Gottes u. der Todesmacht der ↗Sünde (Röm 6, 12 f); in der P. des einzelnen u. der Menschen überhaupt fällt jeweils die Entscheidung in diesem Kampf. Nach dem Bekenntnis des AT tritt Gott als Handelnder auf. Durch seine Tat ruft er die Welt ins Dasein (Gn 2, 4b ff). Der Mensch bekommt von seinem Schöpfer den Auftrag der P.: er soll die Erde ausfüllen u. sich untertan machen, er soll sich vermehren, er soll

über das Tierreich herrschen (Gn 1, 28).
Auch der Gottesdienst des gläubigen
Menschen besteht in seinem Handeln.
So wendet sich die Kultkritik des Propheten ständig gegen einen magischen
u. tatenlosen ↗Kult (z. B. Js 58, 5 ff). Die
rechte Gottesbeziehung erfordert die
Tat des Menschen: ungerechte Fesseln
sollen gelöst werden, jedes Joch soll
gesprengt werden, Mißhandelte sollen
befreit u. aufgerichtet werden, Armen
soll Brot gegeben werden u. Obdachlosen ein Heim (Vv. 6.7). Genau das
greift auch ↗Jesus in seiner ↗Verkün-
digung auf: Nur Menschen der Tat sind
die Söhne des Reiches; nämlich die, die
Hungrigen zu essen gaben u. Durstigen
zu trinken, die Fremde beherbergten u.
Nackte bekleideten, die Kranke aufrich-
teten u. Gefangene freisetzten (Mt 25,
35–36). Das ↗Reich Gottes kommt nur
unter Menschen der Tat; es kommt unter Menschen, die um Gerechtigkeit ringen u. um den Frieden, die um der Gerechtigkeit willen ihr Leben aufs Spiel
setzen, die sich nicht abfinden können
mit einer friedlosen u. ungerechten
Welt (vgl. Mt 5, 6.8.9). In der ↗Nach-
folge Jesu geht es um die P. der ↗Liebe.
Alles kommt auf das Tun der Botschaft
Jesu an; wer sie nur hört u. nicht tut,
der hat auf Sand gebaut (Mt 7, 26 f).
Christsein entscheidet sich am „Frucht-
tragen" (Lk 6, 43–45). Den ersten Jüngern u. folglich allen Christen gilt der
Vorwurf Jesu als Warnung: „Was sagt
ihr nur Herr, Herr zu mir u. *tut* nicht,
was ich sage!" (Lk 6, 46.) „Ihr wollt immer Zeichen u. Wunder sehen u. *tut*
nicht, was ich sage!" „Nicht wer zu mir
sagt Herr, Herr, wird in das Himmelreich eingehen, sondern wer den Willen meines Vaters in den Himmeln *tut*"
(Mt 7, 21). Christsein ist P., oder es ist
keines. Nicht das ↗Bekenntnis ist
christl. ↗Glaube, sondern allein die bekennende u. hoffende Tat. So spielt sich
auch der neue u. endgültige Gottesdienst der Christen nicht eigentlich im
liturgischen Bekenntnis ab, sondern im
Bereich des Alltags, im Bereich des leiblichen, weltlichen u. mitmenschlichen
Daseins (Röm 12, 1!). ↗Christus bedeutet die vollendete P. Gottes, denn in
ihm hat Gott letztgültig gehandelt.
Folglich ist Christsein P. der ↗Mensch-

lichkeit; es bedeutet ↗Kreuzwerdung
der Welt, Heraufführung der ↗neuen
Schöpfung Gottes. Christsein bedeutet
schöpferischer Nachvollzug des Daseins
Jesu, der Mensch war ↗für andere.
Christl. P. ist aber niemals bloß P. einzelner voneinander isolierter Indivi-
duen; sie ist Teamwork, brüderliches
Miteinander, Zueinander u. Füreinander. Nicht im privaten Glauben, nur im
↗Team kann am Reich Gottes mit-
gebaut werden. Durch Jesu Tod u. Auferstehung sind die Menschen zu ↗Mit-
arbeitern Gottes geworden; auf diese
kommt nun alles an. Es geht für Christen um die gemeinsame Verwirklichung u. Ermöglichung der Freiheit
für andere. ↗Entprivatisierung, ↗Revo-
lution.　　　　　　　　　　　　　　gr

Prediger-Buch, ein wohl im 3. Jh. v.C. in
Palästina (Jerusalem) von einem unbekannten Weisheitslehrer (12, 9) geschriebenes Buch. Der Verfasser nennt sich
„Kohelet (hebr. der Versammler), Sohn
Davids, König zu Jerusalem" (1, 1), womit Salomo gemeint ist (1, 12). Die Aufnahme des P.-B. in den ↗Kanon war
lange umstritten, wie schon der zweite
Epilog (12, 12–14) zeigt. – Nach einem
einleitenden Gedicht (1, 3–11) u. einer
grundsätzlichen Behandlung des Themas
(1, 12 – 3, 15) folgt eine Ergänzung u.
Vertiefung der vorher angeschlagenen
Themen, in steter Auseinandersetzung
mit der überkommen Spruchweisheit.
Diese ↗Weisheit zerbricht unter den
bohrenden, nicht zur Ruhe kommenden
Fragen Kohelets. Die Erkenntnis, die
rahmend am Anfang u. Ende des P.-B.
steht (1, 2; 12, 8): „Alles ist eitel", gewinnt Kohelet in der Erfahrung des Todes als einer unüberwindlichen Grenze,
die alles menschliche Planen u. Tun,
auch das des Weisen, unberechenbar
durchkreuzt u. zunichte macht. Unmittelbare Folge sind Lebenshaß u. Verzweiflung (2, 17–23). Da die Zeit der
Verfügung des Menschen entzogen ist,
ist er auf die Gegenwart verwiesen, in
der er Glück u. Freude findet (3, 1–13)
u. die er als Geschenk Gottes annehmen
muß. Indem der Mensch das für den
Augenblick von Gott Verfügte tut, ist
er gottesfürchtig (3, 14). Wenn auch
Kohelet ruhelos bohrend fragt, so glaubt
er doch an Gott, der fraglos über allem

steht u. als Herr der Geschichte alles verfügt. An ihm finden Kohelets Fragen ihre Grenze, wenn auch nicht ihre Lösung. we

Predigt ↗Verkündigung, ↗Kerygma.

Presbyter (griech. Ältester). Im Judentum ein Teil des ↗Hohen Rates. – In der Leitung der Gemeinden werden im NT die P. als eigene Gruppe genannt (Apg 11, 30; 15, 2). ↗Apostel, ↗Lehrer, ↗Prophet. zi

Prestige. ↗Jesus verkündete den ↗Willen Gottes, ohne auf sein Ansehen bei den Menschen zu achten. Seine Verwandten halten ihn für „verrückt" (Mk 3, 21), weil er mit aller Radikalität für die Forderung Gottes gegen die herrschende Meinung im Volk auftritt. Er lädt die Menschen wahllos ein zum ↗Reich Gottes, er sieht nicht auf das P. der Menschen; er geht gerade zu denen, die keines haben, zu den ↗Zöllnern u. ↗Sündern (Mk 2, 17). Das Christuslied (Phil 2, 5 ff) bekennt, daß Jesus nicht an seinem göttlichen P. festhielt; er gab es hin, weil er sich selbst für die Menschen hingeben wollte. Sein P. ist sein Dasein für die Menschen. ↗Christus ist das P. Gottes bei den Menschen, denn in ihm ist Gott endgültig u. für alle Menschen da u. fortan nirgends sonst. So fordert Jesus auch von seinen ↗Jüngern, nicht auf Ansehen bei den Menschen zu achten, sondern den Willen Gottes zu tun. Er sagt denen das Reich Gottes zu, die um der Gerechtigkeit willen verfolgt werden (Mt 5, 9), die ihr P. drangeben u. ihr Leben aufs Spiel setzen, damit Friede u. Freiheit unter den Menschen ermöglicht werde. Das einzige P. des Christen liegt in seiner Entschlossenheit zur Botschaft Jesu, in seiner Entschlossenheit zur gesellschaftlichen ↗Praxis, in seiner Tat der ↗Liebe u. ↗Menschlichkeit. gr

Priester. Ursprünglich übten Familien- u. Stammeshäupter priesterliche Funktionen aus. Israels Heiligtümer (bes. der Tempel) erforderten jedoch einen eigenen P.stand. Dieser war eine erbliche Institution, ↗P.amt. Unter den verschiedenen P.familien (Nachkommen Aarons u. Levi) nahmen seit David die Zadokiden (↗Zadok) eine beherrschende Rolle ein; nach dem ↗Exil hatten die anderen (↗Leviten) bloß untergeord-

nete Funktionen inne. Die hierarchische ↗P.ordnung u. Aufteilung in ↗P.klassen sorgten für einen geregelten Tempeldienst. Dem P. oblag der gesamte Verkehr mit Gott. Als „Mund Jahwes", als Mittler, erteilte er ↗Orakel (↗P.-dienst), ↗Tora (Belehrung u. Laienunterweisung), führte den Altardienst (↗Opfer) aus; wichtig war dabei das rituelle Verzehren des Sündopferfleisches (als Austilgung des Bösen). Es war also kein Pastoraldienst im heutigen Sinn. P. hatten eigene Kleidung. Sie konnten außerhalb der Dienstzeit beliebigen Wohnort u. Beruf haben. Das NT anerkennt z. T. ihre Autorität (Mt 8, 4; Mk 1, 40 ff). Viele wurden Christen. Das NT kennt kein eigenes P.tum. Christus ist ↗Mittler, einziger P. u. vollkommenes Opfer. An ihm hat das Volk Gottes als „königliche Priesterschaft" (1 Petr 2, 4 ff) Anteil (durch Taufe u. Firmung). Es dient (oft unbewußt) durch ein Leben aus geistlicher Gesinnung (Hebr 10, 6) der Welt. pa

Priesteramt. In Israel wurde man nicht auf Grund göttlicher Berufung ↗Priester. Priestertum war ein Amt, in das man eingesetzt wurde, weil man der priesterlichen Linie (Aaron–Levi) entstammte (Hindernis in Lv 21, 16 ff). Es fehlt eine rituelle „Priesterweihe" (mit Gnaden- u. Amtsverleihung), später gab es die Salbung (Ex 40, 12 ff). Zum Priester „heiligen", für den Dienst an Jahwe aussondern, hieß „seine Hand füllen" (Ri 17, 5 ff), wohl, ihn erstmals die rituelle Opfergeste vollziehen lassen (vgl. aber Lv 8; Ex 29). pa

Priesterdienst. Zum ↗Priester als Mittler zu Gott (u. von Gott her) ging man in Israel, um „Jahwe zu befragen" (Dt 33). P. heißt zuerst also Orakelerteilung, dann Unterweisung in der ↗Tora (später Leviten- u. Synagogen-Funktion), schließlich Altardienst (wurde immer wesentlicher). pa

Priesterklasse. ↗Priester u. ↗Leviten (u. Sänger, 1 Chr 25) waren in 24 Kl. eingeteilt, um jeweils eine Woche den Tempeldienst zu versorgen (1 Chr 24 führt dies auf David zurück). ↗Priesterordnung. pa

Priesterordnung. Der Klerus am nachexilischen Tempel (↗Priester u. ↗Leviten) war hierarchisch geordnet. Vor-

steher waren der ↗Hohepriester, Zweit-
priester (↗Tempeloberst), Schwellen-
hüter, Älteste der Priester (Priesterfamilien; ↗Priesterklasse). Zacharias
war aus der 8. P. (Lk 1, 5.8).　　　　pa

Priesterschrift. Mit P. bezeichnet man
die jüngste Quellenschicht des ↗Penta-
teuchs, weil sie ein gelehrtes Interesse
für kultische u. rituelle Einrichtungen u.
priesterliche Ordnungen zeigt. Charakteristisch ist die Chronologie, durch die
die Geschehnisse datiert werden u. das
Werk gegliedert wird. Deutlich wird
dies an den Überschriften „Das sind die
Zeugungen von N. N." (vgl. Gn 5, 1;
6, 9; 10, 1; 11, 10; Nm 3, 1), um von
der größeren Gruppe auf die kleinere
überzugehen u. schließlich von der
Weltgeschichte (Gn 1, 1 – 2, 4a) zur Geschichte Israels (Gn 11, 27). Hier liegt
der Hauptakzent auf der Moseüberliefe-
rung, denn auf ↗Mose werden alle
wichtigen Anordnungen zurückgeführt.
In die priesterliche Überlieferung sind
ältere Traditionen eingegangen, z. B. die
Schöpfungserzählung, die Sintfluterzäh-
lung.
Die Geschichtserzählungen dienen
eigentlich nur zur Illustration der religiösen, für spätere Zeit verbindlichen
Einrichtungen (Gn 2, 3: ↗Sabbat; 9, 3 ff:
Speisegebote; 17, 9 ff: ↗Beschneidung;
Ex 12, 1–14: ↗Pascha; vor allem die
Sinaigesetzgebung Ex 25–31; 35–40; Lv 8).
Die Erzählungen wollen die Gesetze,
die von Jahwe selbst erlassen sind, für
die vergangene wie für die gegenwärtige u. zukünftige Zeit als verbindlich
erklären. Die priesterliche Überlieferung
entstand in der Exilszeit u. enthält ein
Programm für den Wiederaufbau der
Gemeinde nach dem Exil. Die P. will
gesetzliche Grundlagen für die Kultgemeinde bieten u. ihnen durch die Zu-
rückführung der ↗Gesetze, meist auf
die Sinaioffenbarung, göttliche Autorität
verleihen. Die P. betont die völlige
Transzendenz Gottes, der nur seine
Herrlichkeit, die den Menschen zugewandte Seite, schauen läßt; aber dies
auch nur von Mose; wie eben Gott nur
zeitweilig in der Wolke sich mit seiner
Herrlichkeit zeigt. Zwischen Gott u.
Mensch bedarf es des ↗Priesters als
↗Mittlers (vgl. Nm 2), u. nur durch
Mose u. Aaron spricht Gott zum Volk.

Man nimmt an, daß die P. im 5. Jh. v.C.
entstanden ist, später um das Heiligkeitsgesetz (Lv 17–26) erweitert wurde
u. ca. 445 v.C. mit den Quellschichten
J, E, D vereinigt wurde. Nach Neh 8 f
hat Esra die Jerusalemer Gemeinde auf
das Gesetz verpflichtet.　　　　　　go

Primat. Eine ntl. Begründung der späteren monarchischen P.s-Vorstellungen der
Kirche läßt sich nur teilweise erkennen.
Eine Vorrangstellung des ↗Petrus ist
zwar schon in den ältesten Schriften des
NT zu belegen (z. B. Gal 1, 18), den Fel-
senfundament-Aufgabe (Mt 16, 18) teilt
dieser aber mit den Zwölfen (Eph 2, 20),
als deren Wortführer ihn die Evv. zeigen. Die geschichtliche Entfaltung hin
zur Ausbildung des Papsttums ist von
zeitbedingten Einflüssen abhängig. Wie
die ↗Kirche über die Zeit der ↗Apostel
hinauswuchs u. doch auf ihrem Fundament ruht (vgl. Apk 21, 14), so reicht
auch die fundamentale Funktion des
Petrus über seinen Tod hinaus u. bis in
die Gegenwart herein. Heutige Aufgabe
ist es, in kritischer Sicht der kirchlichen
Vergangenheit, mit dem Blick auf die
Erfordernisse der Gegenwart u. Zukunft,
im Geist des NT ein P.s-Verständnis zu
erarbeiten. ↗Hierarchie.　　　　　　hi

Privatbrief, schriftliche Mitteilung, meist
persönlichen Inhalts, die nicht zur Veröffentlichung bestimmt war, im Gegensatz zur Epistel, die eine literarische Abhandlung in Briefform darstellt. Aus
bibl. Zeit sind zahlreiche P.e durch
Funde bekannt geworden. Von den Briefen des NT sind Phm u. 2 u. 3 Joh P.e.
　　　　　　　　　　.　　　　　　　ba

Profanität. Der Begriff der P. stammt aus
dem Lateinischen u. bezeichnet als pro-
fanum „das vor dem geheiligten Bezirk
(fanum) Befindliche". P. ist der umfassende Begriff für alles, was als unheilig,
ungeweiht u. unreligiös bezeichnet werden kann.
Im folgenden geschichtlichen Rückblick
kann der Begriff nur im Zusammenhang
mit seinem Gegensatz, dem „Heiligen",
betrachtet werden. Die Geschichte des
Menschen ist von Anfang an religiös
bestimmt. Die moderne Religionsgeschichte hat nachgewiesen, daß bereits bei den „primitiven" Kulturen die
lebensbestimmende Grundtendenz vor-
herrscht, das menschliche Leben u. die

erfahrbare Umwelt religiös zu begreifen u. als heilig zu erkennen. Allen verschiedenen Ausprägungen dieses religiösen Selbstverständnisses gemeinsam ist die Unmöglichkeit, in einer profanen, unheiligen Welt zu leben. Der Lebensvollzug u. die erfahrbare Umwelt sind gebunden in ein magisches Wirklichkeitsverhältnis. Beides wird verstanden als Nachahmung eines bereits von den Göttern vorgelebten Seins, in der die reale Welt mit der Heiligung der auf die Existenz der Götter hinweisenden Gegenstände ihren Seinsgrund erfährt. Mit jedem heiligen Baum, Berg, Stein o. ä. verbindet sich die Vorstellung einer Manifestation des Heiligen. Er hat Hinweischarakter u. Symbolwert für das Sein, das der erfahrbaren Welt verborgen bleibt. Für den religiösen „Primitiven" wird die unmittelbare Realität in eine übernatürliche Realität verwandelt. Dieser Vorgang, den er zur Begründung seines Seins lebensnotwendig braucht, liegt allen Heiligtümern, Riten, Kulten u. Festen zugrunde, bis hin zu Formen, die wir heute nur noch als profan bezeichnen würden (Hausbau, Städtegründung; Jahresfeste; Geburt, Hochzeit, Tod u. a.). Der Bogen dieses magischreligiösen Selbst- u. Umweltverständnisses ist somit über die Ausbildung höherer Kultur- u. Religionsformen bis in unsere heutige, säkularisierte (↗Säkularisierung), profane Welt gespannt, wo solche Vorgänge zwar ihrer religiösen Bedeutung entkleidet wurden, aber unbewußt in anderer Form fortleben.

Der Grund für diese Profanisierung liegt in der jüdisch-christlichen Tradition. Das AT versteht den Gott Jahwe als einen in der Geschichte ↗Israels handelnden Gott. Sie weist sich aus als ↗Heilsgeschichte Jahwes an seinem auserwählten Volk aus, u. in ihr erfährt es seinen religiösen Seinsgrund. Dort, wo sich der geschichtsmächtige Gott offenbart, kennt es zwar heilige Bezirke, die aus dem Profanen ausgegrenzt sind (brennender Dornbusch, ↗Himmelsleiter), es hat Riten, Kulte u. ↗Feste, aber die erfahrbare Welt hat als vom Schöpfer geschaffene u. in die Heilsgeschichte eingetretene die Dimension des Magischen verloren. Die P. ist zu einer zweiten Seinsweise geworden, die in der „primitiven"

Religiosität keine Existenz hatte. Mit der Entzauberung der Natur durch die Schöpfung ist ein anderer Mensch entstanden, der eine Welt vorfindet, die ihres magischen Charakters entkleidet ist. Der Einbruch der P. in eine religiös verstandene Welt hat hier seinen Ursprung. Eine zunehmende Bedeutung der P. finden wir im NT. Der von Christus gelebte Entwurf der Nächstenliebe (↗Nächster) als irdische Form der Gottesliebe löst die sakral verfestigte Gesetzesreligion des Judentums ab, um den Menschen im profanen Bereich zu erfassen u. in dieser Form die Gottesforderung zu erfüllen. Der sakrale Bereich bleibt freilich bestehen, aber er hat sich in problematischer Weise mit dem Profanen verbunden. Heute stehen wir in der Konsequenz dieses Desakralisierungsprozesses, indem unsere Lebens- u. Zeiträume vollends profanisiert sind. Das gilt auch für den noch als sakral erachteten Raum der Kirche. Er ist heute, um ein Beispiel zu nennen, ebenso das Objekt einer kunsthistorischen Exkursion, wie er gleichzeitig Wallfahrtsort ist (Ronchamp). P. u. Heiligkeit sind durch Räume u. Zeiten nicht mehr abzugrenzen. Religiöses Interesse kann in profanen Räumen ebenso wahrgenommen werden, wie ein profanes Interesse den sakralen Raum nicht scheut. Bereits im reformatorischen Gedanken des Gottesdienstes in Form der alltäglichen Handlungen ist die P. einbezogen. Sie hat vielmehr ihren christl. Ort erwiesen u. ist der Bereich, in dem sich der Christ der Forderung der Nächstenliebe zu stellen hat (↗Christsein). Gerade in einer entsakralisierten, unreligiösen, profanen Welt ist mit dem Auftrag der Nächstenliebe der Blick frei für das Ziel, den Menschen in dieser Welt wahrhaft Mensch sein zu lassen.

sp

Profanrecht. Nach dem Übergang von der halbnomadischen Lebensweise der israelitischen Stämme zur Seßhaftwerdung in Kanaan reichte das für Israel verbindliche Gottesrecht nicht mehr aus, die komplizierter werdenden Formen des Gemeinschaftslebens zu regeln. Neue zusätzliche Rechtsordnungen mußten gefunden werden, die den veränderten soziologischen Gegebenheiten ent-

sprachen. Das sog. Bundesbuch Ex 21–23
enthält im ersten Teil 21, 1 – 22, 16 Zivil- u. Strafrecht. Dazu gehören u. a.
Schuld- u. Pfandrecht, Blut- u. Asylrecht,
Schadenersatz- u. Haftpflicht, also profanes Gesetzesmaterial. Es dürfte weitgehend dem kanaanäischen Stadtrecht
entnommen sein u. steht somit im Zusammenhang mit der allgemeinen orientalischen Rechtstradition. Da aber für
Israel alles Recht seinen Ursprung in
Gott hat, gewann auch das P. sakralen
Charakter u. wurde mit dem apodiktischen Gottesrecht verknüpft. ↗Gesetz.
ba

Prokonsul, Leiter einer zivil verwalteten
↗Provinz des römischen Senates.   do

Prokurator ↗Landpfleger.

Prophet. a) Im AT meint „Nabi" (P. ist
griech. Bezeichnung) dem Wortsinn
nach einen im Auftrag Jahwes „Rufenden" bzw. von Gott „Gerufenen". Alte
Texte nennen diese Charismatiker
↗Seher (1 Sm 9, 9) u. Gottesmänner
(doch gab es auch P.innen, etwa Hulda,
Mirjam, die Frau des Jesaja, Debora).
Aus ihnen hat sich der klassische P.ismus
herauskristallisiert, wie wir ihn in der
doch relativ eng begrenzten Epoche der
Königszeit (einschließlich Exil) in Israel-
Juda antreffen, u. auch da nur in deren
Krisenzeiten. Außerdem ist das Vorverständnis über die P.en dahingehend
einzuschränken, daß die großen Einzelgestalten, die Schrift-P.en, der großen
Gruppe der Berufs-P.en gegenüber
lange Zeit den weitaus geringeren Einfluß ausübten. Die Berufs-P.en als Institution waren die legitimierten Gottessprecher am königlichen Hof u. an den
Heiligtümern (↗Kult-P.) u. trafen mit
ihrer oft sehr opportunistischen Heilsverkündigung auf bereitere Ohren als
jene, die dem König u. später (ab Amos)
dem ganzen Volk immer wieder das
göttliche Gericht u. den Untergang ankündigten. Erst der Eindruck des Exils u.
der Einfluß der deuteronomistischen
Theologie bewirkten eine allgemeine
Anerkennung der sog. Schriftprophetie
(↗Lügenpropheten).
Ein P. im klassischen Sinn legitimierte
sich durch einen Verweis auf eine persönlich erfahrene ↗Berufung durch
Gott (↗Berufungsgeschichten). Diese
war der Anfang u. bleibende Grund sei

ner ganzen Verkündigung. Fürderhin
sprach er aus der Erfahrung, von Gott im
Inneren ergriffen u. in seinen Dienst
hineinbefohlen worden zu sein. Er
sprach ein bewußtes Ja zu einer neuen
Existenzweise, die ihm hartes Schicksal,
Vereinsamung, scheinbare Erfolglosigkeit u. Leiden einbrachte. Er war nun
„Mund" u. Bote Gottes in der Öffentlichkeit, um den Willen Gottes zu proklamieren. Er mußte stets neu den Appell an das Volk, die erwählte Bundesgemeinde Jahwes, ausrichten, sie möge
endlich beginnen, sie selbst zu werden.
Der P. hatte darum in den Bereichen
des Sozialen (vgl. Am u. Mich), der Politik (vgl. Hos, Js u. Jr) u. des Kultes die
Fehlhaltungen u. das Abweichen vom
Bund durch Anklage u. Gerichtsankündigung aufzudecken u. das tödlich Bedrohliche ihrer Situation bewußt zu
machen. Dabei zielten sie mit ihrem
Wort (dem zugeordnet ihre ↗Zeichenhandlungen) im letzten auf ↗Umkehr u. Erweckung. Ihre Heilsbotschaft
wollte einen neuen Horizont aktueller
Hoffnung, mit Gott ins Einvernehmen u.
so zum Sinn der eigenen Existenz innerhalb der Geschichte zu kommen, eröffnen (↗Prophetische Rede).
P.en haben also nicht „prophezeit" u.
(auch nur in speziellen Fällen) „Künftiges vorhergesagt". Ihr Wort war stets
auf den Entscheidungscharakter der gegenwärtigen Stunde, auf konkrete Situationen u. die Ereignisse der Geschichte
bezogen. Sie wollten keine allgemeingültigen Wahrheiten verkünden. Sie redeten von der Vergangenheit u. der Zukunft stets um der Gegenwart willen.
Ihr Sprechen wollte weder billig provozieren, vertrösten, noch revolutionär,
reformatorisch oder traditionell sein,
sondern auf Grund der eigenen Gotteserfahrung die eigentliche, bedrohliche
Wirklichkeit der Stunde aufdecken u.
die allein Gott verfügbare Chance eines
Neuanfanges ankündigen (neuer Exodus;
neuer Bund; neues Zion; neuer David;
Messias). So verstanden sie sich auch als
Wahrer u. Mahner des alten Gottesrechtes, als Erwecker des lebendigen
Glaubens der Mosezeit. Sie riefen auf
zur Integration aller Lebensbereiche in
eine bundesgemäße Gesinnung u. Haltung (↗Prophetenamt).

b) Religionsgeschichtlich gesehen, war entsprechend dem Jahweglauben der atl. Prophetismus etwas durchaus Eigenständiges. Es führen keine direkten Verbindungslinien zu ähnlichen Phänomenen in der Umwelt Israels (vgl. das Orakelwesen in Babylonien u. Assyrien oder die Mari-Briefe aus dem 17. Jh. v.C., worin an den König von Gottessprechern im Traum empfangene u. öffentlich überbrachte Weisungen angeführt werden). Wohl aber kann man zwei Wurzeln erkennen, die in den Bereich des Nomadischen bzw. des altorientalischen Kulturlandes zurückreichen. Im Phänomen des Seher- u. Ekstatikertums um 1000 v.C. treten sie noch klar zutage. Zum Seher gehören der ↗Traum u. die vorahnende Schau. Er war die charismatische Führergestalt nomadischer Stämme, wohl auch der israelitischen, als sie in Kanaan einzogen. Hier fanden sie das Ekstatikertum vor (vgl. Baals-P.en in 1 Kg 18, 19 ff). Man vgl. als Parallele die Ekstatikergruppen zur Zeit Samuels u. Sauls (1 Sm 10, 5 ff), die um Elischa u. an den Heiligtümern (↗Prophetenjünger).

Die Bezeichnung „Gottesmann", die man etwa Mose, Samuel, Elija u. Elischa zugelegt hat, läßt neben dem Element der Wortverkündigung u. des Ekstatischen noch einen Aspekt am P.en-Amt deutlich werden: man erwartete sich von ihnen die Kraft, Wunder zu wirken (↗Zeichenhandlungen).

Prophetie ist immer geschichts- u. gegenwartsbezogen gewesen. Wendepunkte u. Krisenzeiten in Israel, markiert etwa durch die Bündnispolitik der Könige u. die dadurch geförderte Abgötterei (Heiratspolitik), zeitigten auch ein stärkeres Hervortreten der P.en u. beeinflußten die Art ihrer Verkündigung. In der ersten Phase (vgl. die Aramäerkriege des 9. Jh.) dominierte darum auch die Gerichtsbotschaft gegen das Königshaus. Doch sind diese Worte meist nur im Zusammenhang mit Berichten überliefert worden. Die eigentliche Schrift-Prophetie setzt mit Amos (um 750) ein. In Anklage u. Gerichtsankündigung richtet sie sich nun gegen das selbstsichere u. bundesbrüchige Volk. Ereignisse der Geschichte werden zu Marksteinen der Prophetie. Um den

Fall Samarias (721) konzentriert sich die Prophetie des Hosea, Jona, Jesaja u. Micha. Um die Zeit des Untergangs von Assur (612) u. der Eroberung Jerusalems (587) erheben Zephanja, Nahum, Habakuk, Jeremia u. Ezechiel ihre Stimme. Die Phase des Exils erleben neben Ezechiel auch Daniel u. Deuterojesaja. Die Heilsbotschaft tritt in den Vordergrund, bes. unter dem Erlebnis des Zusammenbruchs Babylons u. der aufstrebenden Perserherrschaft (um 539). Mit den nachexilischen P.en Haggai, Sacharja, Obadja (↗Tritojesaja) um die Wende zum 5. Jh., endlich mit Maleachi u. Joel, ist das P.entum ausgeklungen. Die Weisheitslehre u. aufkommende ↗Apokalyptik haben dann manche seiner Funktionen in ihrer Intention aufgenommen u. weitergeführt.

c) Die atl. Prophetie ist kein einheitlicher Komplex. Man kann sie nicht auf ein gleichbleibendes, eschatologisches Schema zurückführen. So ist die Geschichtsschau ab ↗Deuterojesaja grundsätzlich von der vorexilischen unterschieden. Nun erwartete man, daß auf die bis zum Exil reichende Periode des Unheils in naher Zukunft eine solche ewigen Heils folgen werde (↗Eschatologie).

Die ↗Prophetensprüche waren je eigenständige, aus der unmittelbaren Gotteserfahrung hervorgegangene, lebendige Worte. P.en waren keine Hüter alter sakraler Überlieferungen. Wo sie bestimmte Erwählungstraditionen (Exodus-, Davids-, Zion-Tradition) aufgreifen, wollen sie diese nicht einfach für ihre Zeit aktualisieren. Vielmehr dienen sie ihnen als Kontrast- oder Entsprechungsmotive, um ihre eigene Botschaft verständlicher zu machen. Sie führen die großen Themen der Heilsgeschichte Israels an, um zu zeigen, daß Gott treu zu seinem Wort u. zu seiner Gemeinde steht trotz ihrer ständigen Bundesbrüche. Israel wird von den P.en aufgerufen, die Treue des Anfangs wiederaufzunehmen u. durchzuhalten.

Hier aber setzt die Kritik u. Anklage der P.en ein. Statt gehorsam zu sein, umzukehren, pocht das Volk auf die einmal ergangene Erwählung u. auf den perfekt vollzogenen Kult. Dies aber ist die gottlose Möglichkeit der Religion. Die Kultkritik trifft den kultischen Menschen, der sich mit Opfer u. Tempel in Sicherheit wiegt, indem er Gott sein Tun, nicht aber seine Gesinnung u. Hingabe anbietet: die offene Bereitschaft, auf ihn zu hören.

Was hilft der Kult, der den Sozialbereich, das Ethische u. die mitmenschliche Komponente außer acht läßt? Daher die Protesthaltung gegen den charakterlosen Opportunismus der Priesterschaft u. anderseits gegen die Verruchtheit der Mächtigen u. Reichen. Sie alle verletzen das alte Gottesrecht. Daher auch die Rebellion gegen die Könige, die in ihrer Politik eigene Sicherungen suchen u. sogar den Götzendienst mit einplanen. Hier wird der letzte Bezugspunkt, das Vertrauen auf den Bundesgott, übergangen, u. Gott kann nur mit Gericht, Fluch u. Unheil antworten. Wenn die P.en so in die Öffentlichkeit u. Politik eingriffen, setzten sie stets nur ihr Wort ein. Nie haben sie versucht, selbst eine Institution, etwa den König, mit Hilfe von Gesinnungsgenossen abzusetzen.

Die Worte der P.en sind somit stets nur aus ihrem geschichtlichen Ort heraus zu verstehen. Die Gebundenheit an bestimmte Redeformen (↗Prophetische Rede) darf nicht darüber hinwegtäuschen, daß jedes Wort situations- u. funktionsbedingt u. vom Erlebnis der Berufung geprägt war. Aus ihrer Gottunmittelbarkeit deckten sie die Wirklichkeit auf, riefen aus den innerweltlich verschlossenen Situationen die Menschen zur Umkehr u. kündigten das erlösende, endzeitliche Tun Gottes an (↗Tag Jahwes). Doch war ihre Enderwartung immer Naherwartung, u. stets sahen sie im Kommenden das Ganze des Heilshandelns Gottes an Israel u. der Welt.

d) Das NT zeigt Jesus in endgültiger Gottunmittelbarkeit. In ihm vollendet sich das P.en-Amt des AT. Er ist der wahre Gottgesandte (Joh 6, 14) u. erleidet das P.en-Schicksal (Lk 13, 33). Den Titel P. tragen aber auch ↗Johannes der Täufer u. ↗Anna. Eng steht jedoch der P.en-Begriff mit den Paulusgemeinden in Verbindung. Das prophetische Charisma wurde an Autorität dem der Apostel u. Lehrer an die Seite gestellt. P.en

waren die Träger u. Leiter der gottesdienstlichen Versammlungen. Ihnen oblagen die Ermahnung, der Zuspruch u. die Erbauung. Doch war ihre Verkündigung der öffentlichen Beurteilung durch die Gemeinde ausgesetzt, ob wirklich der ↗Geist Gottes nach „Maßgabe des Glaubens" aus ihnen sprach. Denn es gab auch „falsche P.en", die für Geld weissagten. Nach 1 Kor 14 gehört zum paulinischen P.en-Begriff, daß der P. unmittelbar von Gott ergriffen ist u. das im Geist Geschaute mit vollem Bewußtsein u. Willen an die versammelte Gemeinde verkündet. Er kann das Innerste des Herzens an den Tag bringen (V. 25) u. göttliche Geheimnisse offenbaren. Bei Paulus kommt das griech. Verständnis mit zum Tragen. P. war hier ein Dichter, der als Gottbegeisterter sprach, aber auch der Interpret, der einen Anspruch für die Zuhörer verbindlich konkretisierte. Für Paulus ist Prophetie primär nicht Enthüllung der Zukunft, sondern die verständlich ausgerichtete u. auf eine bestimmte Gemeinde hin aktualisierte Botschaft Gottes durch einen Charismatiker. Deren aber gab es z. B. in Korinth sehr viele (auch Frauen; Kap. 11). Das P.en-Bild der Apk zeigt ein stärkeres Hervortreten des seherischen Elementes. P.en gelten als Nachfolger der ↗Apostel u. haben in der Gemeinde die höchste Autorität.   pa

Prophetenamt. Am königlichen Hof u. an den Heiligtümern Israels gab es beamtete ↗Propheten (Berufs-, ↗Kultpropheten) mit bestimmten Funktionen (Orakelerteilung; ↗Fürbitte). Doch auch die großen Einzelpropheten wirkten im Bewußtsein, ein Amt auszuüben, jedoch nicht kraft der Sukzession oder menschlicher Einsetzung, sondern legitimiert durch eine persönliche ↗Berufung von seiten Gottes. Der Anspruch u. die Freiheit, womit sie Funktionen u. Aufgaben bewältigten, kam aus dem Erlebnis der inneren Betroffenheit von Gott. Entsprechend der je einmaligen, geschichtlichen Situation, in die hinein jeder Prophet gesandt wurde, gab es zwar verschiedene Auffassungen vom P., doch waren einige Strukturen u. Modelle dominierend.

Das P. wurde von vielen als Last empfunden, wohinein man von Gott gezwungen werden mußte u. woran man zerbrechen konnte. Ein beredtes Beispiel ist ↗Jeremia. Von Gott in den Dienst seines Wortes genommen („Mund Jahwes", Ex 4, 16) zu werden bedeutete: mit Leib u. Leben von Gott eingefordert zu werden, nicht bloß dem Volk Gericht u. Unheil ankündigen zu müssen, über das Gottesrecht zu wachen u. es anzusagen (↗Amos, ↗Jesaja), sondern es in Gottverlassenheit zeichenhaft selbst auszuleiden. Ez 13, 5 wird vom Propheten verlangt, er müsse für das Volk „in die Bresche springen", „eine Mauer um Israel ziehen". Hier klingt eine der wesentlichsten Seiten des P. an: Seine Leiderfahrung, daß er sich in vorderster Front Gott aussetzen u. das Volk mit dem eigenen Leben decken muß, mündet in die Fürbitte. Der Aspekt der Fürsprache bzw. des stellvertretenden Ausleidens, um den göttlichen Zorn vom Volk abzuwenden, setzt bei Mose, dem „Erzpropheten" (Dt), ein, beschäftigt Jeremia u. findet seine letzte Aussagedichte im ↗Gottesknecht (bes. Js 53, 12). Jeremia ist fast am Leid u. so an seinem P. zerbrochen. Erst ↗Baruch sieht im Scheitern u. Zerbrechen ein Siegel der Echtheit des prophetischen Dienstes.

Bei einigen Propheten (Elija, Elischa) hat man an ihr P. die Erwartung geknüpft, daß sie Wunder wirken können. Bemerkenswert sind schließlich die Bilder, mit denen die Propheten die Verkündigungsfunktion an ihrem P. verdeutlicht haben. Das gemeinsame Wasserzeichen all dieser Texte, die von Erweckung, Umkehr oder Gericht reden, ist der Begriff ↗„Bund". Das Bemühen, das Volk in dieses personale Einvernehmen mit Gott zurück- u. so aus der tödlichen Bedrohung des Gerichtes herauszurufen, bezeichnet Ezechiel als Wächteraufgabe, als Amt des Spähers u. Warners. Im P., das in Js 62, 1.6 zum Tragen kommt, erscheint dieses Wächteramt verbunden mit dem des Fürbitters. Jeremia hinwiederum vergleicht sich bei der Verkündigung des göttlichen Willens mit dem Metallprüfer an der Volksschmelze (6, 27).   pa

Propheten, falsche ↗Lügenpropheten.

Prophetenjünger. Im 9. Jh. v.C. gab es an den Heiligtümern in Israel verschiedentliche, soziologisch tiefstehende Prophetengemeinschaften, die sich um einen Leiter, den „Vater", zu Lehrvorträgen scharten. Man nannte sie P. Elischa leitete eine solche Gruppe (2 Kg 4, 38; 6, 2); manche stellen sie sich als Prophetenschulen vor bzw. reden von den P.n als von Prophetensöhnen. Möglicherweise sind aus ihnen die Hof- u. ↗Kultpropheten hervorgegangen. Ihr Verdienst ist der radikale Einsatz für die Reinerhaltung des Jahweglaubens. Auch (↗Deutero-)↗Jesaia u. a. hat man P. als Sammler ihrer Worte zugeschrieben. ↗Prophet.   pa

Prophetenspruch. Die Prophetenbücher bestehen großteils aus P.en, d. h. aus Worten, die als Botschaft von Gott her in eine bestimmte, geschichtliche Stunde ergingen. Ihre Sprecher, die Propheten, verstanden sich als Boten Gottes, dazu beauftragt (↗Berufung) u. ermächtigt, einen Heil oder Unheil wirkenden Ruf Gottes zu überbringen u. auszurichten. Von daher liegen dem P. auch die Strukturen des Botenwortes zugrunde: die Botenbeauftragung mit Angabe des Adressaten, die Botenspruchformel („So spricht Jahwe") u. der Botenspruch selbst (Gn 32, 4 ff). ↗Prophetische Rede.   pa

Prophetie ↗Weissagung.

Prophetin heißen in der Bibel mehrere geistbegabte Frauen, die – außer den Neh 6, 14; Ez 13, 17–23 erwähnten – keinen Prophetenkreisen zugehören. So: ↗Mirjam (Ex 15, 20), ↗Debora (Ri 4, 4), Hulda unter König Josija (2 Kg 22, 14 bis 20), ↗Hanna (Lk 2, 36) u. die Töchter des Evangelisten Philippus (Apg 21, 9). Vgl. Apg 2, 17 (Joel 3, 1); 1 Kor 11, 5.   he

Prophetische Rede. Die Aussagekraft des ↗Prophetenspruches ist bedingt durch die Situation, die er bei den Hörern vorfindet. Zugleich aber macht dieses Wort eine Situation als solche erst bedrängend u. bewußt; sie verändert sie zum Guten oder Bösen. Dies kommt in den Grundformen der P. R. zum Tragen. Mit ihrer Unheilsankündigung an einzelne, das Volk u. an die Fremdvölker deckten sie Abfall u. Bundesbruch, u. so die Wurzel einer unheil- u. fluchvollen Situation auf. Die Wende einer

Not aber formulierten die ↗Propheten als Heilszusage an einzelne u. als Heilsankündigung an das Volk. Analog zum ↗Prophetenamt machte auch die P. R. einen Wandel durch. Neue Funktionen bedingten andere Redeformen. Gattungen aus dem ↗Kult, der ↗Weisheit u. dem Rechtsleben wurden einbezogen (Fürbitte, Lob- u. Klagelied, Tora, Gerichtsreden, Streitgespräch, Gleichnisreden u. a.). Diese Worte wollten Anruf u. Weisung auf die Zukunft sein. So fügten manche, um die Hörer bereit u. aufmerksam zu machen, der Gottesbotschaft eigenständige Mahnungen u. Warnungen bei. Hinführend u. erläuternd stellte man den Unheilssprüchen eine Scheltrede, den Verheißungen ein ↗Mahnwort voran. Bemerkenswerterweise war die P. R. durchwegs rhythmisches Sprechen (↗Metrik). Die P. R. endete mit der aufkommenden Apokalyptik. pa

Proselyten (griech. Hinzugekommene) heißen die durch Tauchbad, Opfer u. ↗Beschneidung in nachexilischer Zeit zum jüd. Glauben übergetretenen Heiden (Apg 2, 11; 6, 5; 13, 43). he

Prostitution, kultische, seit alters in der Religion Ägyptens, Babyloniens u. besonders Kanaans geübt. Frauen (u. Männer) boten sich – im Ritus der „hl. Hochzeit" – in den Heiligtümern dar, um die Gottheit (↗Isis, ↗Astarte) zu ehren u. die Fruchtbarkeit von Land u. Volk zu sichern. Der Brauch der k. P. drang unter kanaanäischem Einfluß in Israel ein, wurde aber von den Propheten scharf abgelehnt (Hos 4, 12–14), vom Gesetz verboten (Lv 19, 29; Dt 23, 18 f) u. durch Maßnahmen einiger Könige bekämpft (1 Kg 15, 12; 22, 47). ↗Dirne, ↗Unzucht. he

Protest. Die neuere Entwicklung der P.-praxis macht eine doppelte Fassung des P.begriffs sinnvoll. Für beide Fassungen finden sich Äquivalente in AT u. NT.
a) P. als Widerspruch: Der prophetische Widerspruch gegen die wortbrüchige Untreue des Bundesvolkes (Jr 2–4), der Einspruch gegen den Rückfall in den Götzendienst (Ex 32), aber auch der Widerspruch des Gottes- u. Weltverständnis der „Völker" (Lv 19, 26–31) spiegeln die Kraft zum P., die auf dem „festen Grund" des jüd. Vertrauens-

glaubens gewachsen ist, auf dem Selbstverständnis eines Volkes, das sein Verhältnis zu Gott mit der Chiffre ↗„Bund" zu umschreiben wagt. ↗Jesus ist ein Exponent dieser Tradition, wenn er mit seinem „ich aber sage euch ..." (Mt 5) den Anspruch erhebt, die ursprünglichen Absichten Gottes gegen die zur Inhumanität verhärtete Tradition der „Alten" zu vertreten: wenn er den ↗Sabbat (u. damit pars pro toto alle Gesetzesvorschriften) dem Wohl u. Glück des Menschen unterordnet (Mk 2, 27), wenn er mit sozial Verachteten Mahlgemeinschaft hat (Mk 2, 15–17) u. gegen inhumane Ehescheidungspraktiken (Mt 5, 31) u. verlogene Ritualgesetze (Mk 7, 1–23) protestiert. Auch die apostolische Kirche kennt den P. als Widerspruch im Namen „der Wahrheit des Ev." (Gal 2, 14).
b) P. als direkte Aktion u. Provokation: Neben dem rational argumentierenden Widerspruch kennen AT u. NT auch den P. als provozierende Aktion: der nackte Prophet (Js 20, 2–5), Jesus im Vorhof des Tempels (Mk 11, 15–19 par). Das Ziel ist auch hier, Gottes ursprüngliche Absichten gegen traditionelle Verfallsformen geltend zu machen – notfalls in penetranter u. die „guten Sitten" verletzender Form. her

Protoevangelium (= „erstes Evangelium"). Man nannte Gn 3, 18 P., weil man diese Stelle in der kirchlichen Tradition, angefangen von den Kirchenvätern, als Vorausverkündigung des Erlösers Jesus ansah. – Im jahwistischen Geschichtswerk ist der Text nicht als Verheißung des Kommens Christi gemeint. Doch will der ↗Jahwist zeigen, daß inmitten der Strafe Gott das ↗Heil wieder anbietet (nicht aber den Heilbringer verheißt). Im Laufe der Zeit wurde im AT immer klarer, worin dieses Heil besteht, bis es endgültig in Christus offenbar wurde. So ist Gn 3, 18 offen auf eine spätere christologische Deutung. oh

Provinz. Von Rom unterworfenes außeritalisches Gebiet, das von einem römischen Statthalter verwaltet wurde; 27 v.C. teilte Augustus die P.en in kaiserliche u. senatorische. In kaiserlichen P.en (z. B. Judäa) standen Truppen, sie wurden von auf beliebig lange Zeit ernannten Proprätoren, die kleineren von Prokuratoren (↗Pilatus) verwaltet. Die Statthalter der senatorischen P.en waren Prokonsuln u. regierten je ein Jahr. Die Provinzialen mußten Steuern zahlen, ihre eigene Kultur u. Religion wurde jedoch weitgehend toleriert, sie behielten die lokale Verwaltung u. die niedere Gerichtsbarkeit. mo

Prozeß Jesu. Eine Rekonstruktion des P. J. wird durch das Fehlen amtlicher P.-protokolle erschwert, doch läßt sich folgendes *historisch* sichern: 1) *Judäa* wurde seit 6 n. Chr. von einem römischen Statthalter regiert. Die Römer setzten den Hohenpriester ein und verwahrten seine Gewänder; um an den Festtagen amtieren zu können, mußte er sie beim Statthalter ausleihen. So sicherte sich Rom das Wohlverhalten des Hohenpriesters. Die Gerichtsbarkeit des Hohen Rates endete, wo römische Interessen berührt wurden; die Verhängung der Todesstrafe blieb den Römern vorbehalten; jüdische Behörden waren zur Amtshilfe verpflichtet. – 2) *Pilatus* war nach zeitgenössischen Quellen ein skrupelloser Statthalter, der die Juden verachtete und Unruhen durch willkürliche Hinrichtungen im Keim erstickte. Aus Furcht vor einem Aufstand unter den Festpilgern verlegte er jeweils zum Paschafest seine Residenz von Cäsarea nach Jerusalem. – 3) Die *Kreuzigung* ist die römische (nicht: jüdische) Strafe für Unruhestifter in den Provinzen. Demnach wurde Jesus nicht aus religiösen, sondern (primär) aus politischen Gründen hingerichtet. Dieser Befund wird bestätigt durch die Verspottung Jesu durch römische Soldaten (Mk 15, 16 ff) und die Kreuzesinschrift „König der Juden", die nach römischer Sitte den Grund der Hinrichtung nennt. Anlaß und Art des Auftretens Jesu in Jerusalem lassen eine politische Interpretation als durchaus möglich erscheinen: ausgerechnet am Paschafest, das an die Befreiung aus Ägypten erinnert und die Hoffnung auf Befreiung von der Römerherrschaft je neu aktivierte, zieht Jesus vom Ölberg her (der mit messianischen Erwartungen verbunden ist) in Jerusalem ein und sucht sich als den kommenden Befreier feiern. Zudem kommt er aus Galiläa, wo mehrere Aufstandsbewegungen ihren Ausgang genommen

haben. Auch die Vertreibung der Händler aus dem Vorhof des Tempels kann mißtrauische Ordnungshüter in dem Verdacht bestärken, Jesus wolle einen Aufruhr anzetteln. Zweifellos ist Jesus kein politischer Revolutionär, aber in einer brisanten Atmosphäre wird das Eingreifen der politisch Verantwortlichen schon dadurch provoziert, daß sein Verhalten als Gefahr für Ruhe und Ordnung (miß)verstanden werden *kann*. – 4) Der *eigentliche P. J.* findet vor Pilatus statt. Die in den Evangelien geschilderte Verhandlung vor dem Hohen Rat weicht in entscheidenden Punkten von der jüdischen P.ordnung ab und kann daher nicht als „P." bezeichnet werden. Dennoch sind Juden und Römer am Zustandekommen des P. J. beteiligt. Diese Tatsache läßt zwei Interpretationen zu: (a) Juden betreiben den Tod Jesu und benützen Pilatus zur Durchsetzung ihrer Interessen. Diese Hypothese wurde in der christlichen Theologie unter Berufung auf das NT einhellig vertreten, bis sich die historisch-kritischen Methoden der Bibelauslegung durchsetzten. Heute zwingen vertiefte Erkenntnisse über die Entstehungsgeschichte und Intention der ↗Leidensgeschichte und ihre Konfrontation mit außerbiblischen Nachrichten über römische Rechtsprechung in den Provinzen und die Person des Pilatus zur Korrektur. Die Vorstellung, daß sich der Judenhasser Pilatus zum Handlanger der Juden machen ließe, widerspricht seiner rechtlichen Stellung, seiner Persönlichkeit und seiner Amtspraxis. Historisch wahrscheinlicher ist daher folgender Ablauf: (b) Die römische Besatzungsmacht ist auf Jesus aufmerksam geworden und befürchtet Unruhen. Sie zwingt den Hohen Rat zur Verhaftung und Auslieferung Jesu auf dem Wege der Amtshilfe (s. o.). Damit findet die ntl. Darstellung der Verhandlung vor dem Hohen Rat eine Erklärung: diese findet nicht nach geltendem P.-recht statt, weil es sich nicht um einen P., sondern um ein der Auslieferung vorausgehendes Vorverhör handelt. Jüdische Rechtsexperten entnehmen den ntl. Passionsgeschichten sogar, daß der Hohe Rat versucht, Jesus vor der Auslieferung an die Römer zu retten: der Hohepriester zerreißt sein Gewand zum

Zeichen der Trauer darüber, daß das nicht gelingt. – Für beide Interpretationen gilt: wenn eine jüdische Gruppe Interesse am Tod Jesu haben konnte, so waren es die ↗Sadduzäer, die zur Erhaltung von Ruhe und Ordnung mit den Römern zusammenarbeiteten. Dagegen spielen die ↗Pharisäer beim P. J. nach der ältesten Überlieferung keine Rolle.

Um die Passionstexte der *Evangelien* zu verstehen, muß man ihre Abfassungszeit (68–100) berücksichtigen. Evangelisten wie Leser interessieren sich nicht für das Geschehen an sich, sondern für seine *christologische Bedeutung;* die Theologie der Evangelisten prägt auch die Darstellung des P. J. Innerhalb der Evangelien ist eine kontinuierliche Entwicklung in der Schuldfrage festzustellen: während Markus noch zwischen dem jüdischen Volk und seinen Führern unterscheidet und durch bewußte Parallelisierung des P.ablaufs die Schuld auf den Hohen Rat und Pilatus verteilt, belasten die späteren Autoren die Juden und entlasten Pilatus. Diese Tendenz ist nicht in der (historischen) Erinnerung, sondern in der geschichtlichen Entwicklung der jungen Kirche begründet: zur Zeit der Abfassung der Großevangelien hat sie sich längst vom Judentum getrennt und sieht ihr eigentliches Missionsfeld im römischen Weltreich. Von daher wird verständlich, daß es den Evangelisten nicht um ein historisch getreues Bild von Pilatus oder um den historischen P.verlauf geht, sondern um den Nachweis, daß der offizielle Vertreter der römischen Weltmacht die Unschuld Jesu bezeugt; die Anstößigkeit des Kreuzestodes wird gemildert durch das Bekenntnis des Pilatus, daß Jesus unschuldig stirbt. Erst die zeitliche und räumliche Entfernung von der Umwelt Jesu ermöglicht die Verbindung seines Todes mit seiner Lehre. Daß sich die Mehrheit des jüdischen Volkes nicht zu Jesus bekennt, bedeutet für die neutestamentlichen Autoren Mitschuld an seinem Tod. So dominiert z. B. bei Markus die Deutung des Kreuzes als der eigentlichen Epiphanie Jesu so stark, daß er sein ganzes Evangelium mit zahlreichen Hinweisen auf Jesu Tod überzieht. Bemerkungen wie Mk 3, 6 sind also nicht historisch, sondern auf der Ebene theologischer Reflexion zu verstehen.

Für die *Verkündigungspraxis* ergibt sich daraus: 1) die Leidensgeschichte ist kein P.bericht und darf nicht als solcher dargestellt werden; vielmehr ist ausdrücklich auf ihre Abweichung vom historischen Befund hinzuweisen. – 2) Die Passion Jesu kann historisch nicht als direkte Konsequenz seiner Lehre (Gesetzesauslegung) verstanden werden, weil die historisch gesicherten Fakten auf eine politische Motivierung des P. J. hinweisen. – 3) Wichtiger als die Schuldfrage ist schon für die Urkirche die Bedeutung des Todes Jesu: sein Verständnis als Sühnetod für *alle* Menschen verbietet es, ihn zum Anlaß von Schuldvorwürfen gegen Juden oder Römer zu nehmen.   gl

Psalm. Ein griech. Wort, das von den Bibelübersetzungen übernommen wurde. Es bezeichnet das Zupfen der Saiten eines harfenähnlichen Instruments, wie das von diesem Instrument begleitete Lied. Die P.en sind nach Formgesetz u. Metrik gegliederte Gedichte. Als solche wollen sie verstanden u. gebetet werden. In ihnen kommen Grundhaltungen des Menschen vor Gott zur Sprache: Klage, Bitte, Vertrauen, Anbetung, Dank, Lobpreis. Aus vorbibl. Zeit sind uns babylonische u. akkadische P.en überliefert. In Israel entstehen P.en seit der Königszeit, nicht alle sind im Psalter vereinigt (z. B. Ex 15, 1–9 u. ö.). Auch spätere gottesdienstliche Lieder des Judentums werden P.en genannt, so die ↗P.en Salomos u. die ↗Hodajot. Näheres: ↗Psalter.   be

Psalmen Salomos. Eine Sammlung von 18 ↗Psalmen, ursprünglich hebr. geschrieben, nur in griech. u. syrischer Übersetzung überliefert. Sie werden ↗Salomo zugeschrieben, um ihre Bedeutung zu unterstreichen. Sie entstanden wohl in Jerusalem; auf die Eroberung der Stadt durch Pompejus (63 v.C.) wird angespielt. In den beiden letzten (PsSal 17, 18) spiegelt sich die damalige ↗Messiaserwartung. Man bittet um das Kommen des wahren Königs aus Davids Haus.   be

Psalter. Der P. überliefert uns eine etwa um 200 v.C. abgeschlossene Auswahl von

150 rhythmisch geformten Liedern, die gleichermaßen Wort an Gott wie Wort an uns sind. Die 150 einzelnen Lieder wurden auf fünf Rollen (Bücher) aufgeteilt, die jeweils mit einem Lobpreis abschließen: 1. Buch: Ps 1–41; 2. Buch: Ps 42–72; 3. Buch: Ps 73–89; 4. Buch: Ps 90–106; 5. Buch: Ps 107–150. Die einzelnen ↗ Psalmen werden gezählt, doch weicht die hebr. u. die griech. Zählweise voneinander ab:

Hebräischer Text	Griechischer Text
1–8	1–8
9/10	9
11–113	11–112
114–115	113
116, 1–9	114
116, 10–19	115
117–146	116–145
147, 1–11	146
147, 12–20	147
148–150	148–150

a) Der P. enthält heilsgeschichtliche Überlieferungen aus der Königszeit Israels, Rückblicke in die Vergangenheit, Lieder aus der Zeit der Babylonischen Gefangenschaft, Gebete der einzelnen u. der Kultgemeinde aus der Zeit nach der Rückkehr. Die Pss wurden in Jerusalem, am Königshof, im Tempel, in Priesterkreisen bewahrt u. weitergegeben. So entstanden einzelne Sammlungen, die sich nicht mit der Einteilung in die fünf Bücher decken.
b) Die Überschriften u. andere Angaben wurden den einzelnen Liedern nachträglich, im Lauf der Sammlung zugefügt. Sie enthalten also keine Angaben über die Zeit der Entstehung oder den Verfasser.
c) Die einzelnen Pss werden nach Gattungen unterschieden: Am häufigsten ist die Klage des einzelnen (50 Pss) u. des Volkes. Alle das Leben bewegenden Probleme werden vor Gott ausgesprochen. Man darf ja nicht vergessen, daß Israel die Vergeltung, den Ausgleich im Diesseits erwartete. Von da her haben manche Fragen ihre besondere Dringlichkeit: Warum muß der Gerechte leiden? Warum geht es dem Frevler gut? Das besiegte Volk fragt, wie sein geschichtliches Los zu verstehen ist, denn die Niederlage des Gottesvolks ist ja nicht nur politische Krise,

jede Niederlage bedeutet eine Glaubenskrise, eine Daseinskrise für das Volk, das weiß, daß es seine Entstehung der ↗ Erwählung verdankt. Alle ↗ Klagelieder münden in das Lob. – Klagelieder des einzelnen, in denen das Sündenbekenntnis im Mittelpunkt steht, nennt man ↗ Buß-Pss; andere, in denen die Bitte um Vergeltung an den Feinden besonders akzentuiert ist, ↗ Fluch- oder Rache-Pss. Lieder, in denen einer dem Gottesrecht gemäß seine Unschuld beschwört, ↗ Unschulds-Pss. Den Klage-Pss entsprechen die ↗ Loblieder des einzelnen u. der Gemeinde. Zu ihnen gehört der ↗ Hymnus, in dem das Volk seinen Gott besingt, u. als beschreibende Loblieder die Schöpfungs- u. ↗ Geschichts-Pss, in denen Gott als Weltenschöpfer, Welt- u. Völkerrichter bekannt wird. In der Liturgie haben Lob-Pss einzelner ihren Ort, Wallfahrtslieder, Sionslieder, ↗ Königs-Pss u. Thronbesteigungslieder. Die ↗ Weisheits- u. Lehr-Pss stammen zumeist aus späterer Zeit.
In all seinem Preise, Loben u. Bitten legt das Volk Gottes Alten u. Neuen Bundes Zeugnis ab für seinen Gott vor dem eigenen Volk u. vor den Völkern.

be

Pseudepigraphen, „die unter falschem Namen nachgeschriebenen" Schriften. Evangelische Bezeichnung für die ↗ Apokryphen des AT. Unter dem Namen berühmter atl. Gestalten oder heidnischer Autoritäten entfaltet das Judentum vom 200 v.C. – 100 n.C. ein reiches Schrifttum, das sich besonders mit Fragen der Auferstehung u. ↗ Eschatologie beschäftigt. Die P. stellen die Brücke vom AT zum NT dar u. sind für das Verständnis der bibl. Botschaft eine wertvolle Hilfe.

tr

Pseudonymität, gängiges Stilmittel des ↗ Hellenismus, der seine literarischen Produkte gerne historischen Personen in den Mund legt. Zwar ist eine genaue Grenze vom ↗ Kanon hin zu den ↗ Pseudepigraphen u. ↗ Apokryphen nicht immer eindeutig zu ziehen, doch läßt sich ein Großteil der bibl. ↗ Überlieferung bis hin zu ihrer schriftlichen Fixierung *nicht* unter das damalige u. moderne Phänomen einer psychologisch orientierten P. einordnen. In der

Weitergabe der Offenbarung geht es nämlich primär um die Sache und nicht um die Tradenten, u. spätere Schreiber sprechen zu Recht im Namen früherer Charismatiker, wenn sie in deren Tradition stehen (↗Propheten- u. Jesusüberlieferung). Erst gegen Ende der Entstehung der ntl. Schriften rückt die Person der ↗Verfasser derart in den Vordergrund, daß die Möglichkeit entsteht, die Autorität früherer Persönlichkeiten für Fälschungen zu beanspruchen, die jedoch aus inneren Gründen meist als solche zu erkennen sind.   tr

Ptolemäus (griech. Krieger), 1. Name der mazedonischen Herrscher, die 323–30 v.C. die letzte ägyptische Dynastie bildeten. Unter P. I. Soter (323–283), dem Feldherrn Alexanders d. Gr., entwickelte sich Ägypten zum reichsten hellenistischen Land u. entfaltete sich das hellenistische Judentum. Um Palästina, das ab 320 v.C. zu Ägypten gehörte, gab es 274–168 sechs Kriege (Dn 11, 6–30) zwischen Ptolemäern u. ↗Seleukiden, denen P. V. Epiphanes 200 v.C. Palästina abtreten mußte. Später unterstützten Ptolemäer die Juden im Kampf gegen die Seleukiden, erlaubten ihnen den Bau des jüd. Tempels in Leontopolis u. ehrten Jonatan (1 Makk 10, 51–66). Das Schreiben 1 Makk 15, 16–21 ist an P. VIII. Euergetes (145–116) gerichtet. – 2. P. Makron, Statthalter von Zypern, dann im Dienst Antiochus' IV. u. V., war um judenfreundliche Politik bestrebt (2 Makk 10, 12 f). – 3. P., Statthalter von Cölesyrien u. Phönizien (2 Makk 8, 8) u. Feldherr Antiochus' IV., war Gegner der Makkabäer (1 Makk 3, 38; 2 Makk 6, 8). – 4. Schwiegersohn u. Mörder Simons (1 Makk 16, 11–21).   he

Purimfest, ein jüd. Freudenfest am 14. u. 15. Adar, das die Errettung der persischen Juden durch ↗Mordechai u. ↗Ester feiert, die im ↗Ester-Buch, der Festlegende des P., erzählt wird. Der akkadische Name „Purim" bedeutet „Los" u. hält die Bestimmung des Vernichtungstages durch das Los fest. – Vielleicht war das P. ursprünglich ein persisches Frühlingsfest, das von den Juden übernommen u. judaisiert wurde.   we

Purpur, Farbe, die aus den Ausscheidungen der Murex-Schnecke gewonnen wird. Zunächst weiß, wird die Flüssigkeit durch Sonnenbestrahlung blau-violett, kann aber durch Hinzufügen von Farbstoffen rot umgefärbt werden (blauer u. roter P.). P. wurde in Phönizien (Sidon) hergestellt, von wo er nach Ägypten, Mesopotamien u. Palästina exportiert wurde. P.stoffe wurden vor allem für den Kult verwendet: an den Decken des Zeltes der Begegnung (Ex 26, 1–4), für den Vorhang im Zelt (26, 31) u. im Tempel (2 Chr 3, 14), als Decke für die Lade u. anderes Kultgerät (Nm 4) u. für das Gewand des (Hohen-)Priesters (Ex 28). Nach Jr 10, 9 waren Götterbilder mit P. bekleidet. Daneben ist P. die Kleidung von Fürsten (Ri 8, 26; Ez 23, 6) u. reichen Leuten (Spr 31, 22; Lk 16, 19).   we

Q

Qohelet ↗ Prediger-Buch.

Quadratschrift oder syrische Schrift, eine in der Nachexilszeit (4.–2. Jh. v.C.) aus der aramäischen Schrift entwickelte Schriftform mit quadratischen Buchstaben. Nach jüd. Überlieferung hat Esra die Qu. anstelle der althebr. Schrift für die atl. Bücher eingeführt. Zur Zeit Jesu war die Tora in Qu. geschrieben, da nur sie das Jota als kleinsten Buchstaben kennt (Mt 5, 18). we

Quellenscheidung. Seit die redaktionsgeschichtliche Forschung erkannt hat, daß die bibl. Autoren vor allem alte Traditionen wahren, zugänglich machen u. deren Sinn für ihre Zeitgenossen erschließen, ist die Qu. eine wichtige Methode der Schriftauslegung geworden. Sie erlaubt die Unterscheidung der dem bibl. Buch zugrunde liegenden ↗ Quellenschriften u. anderer Überlieferungsformen. Die Art u. Weise, wie die ↗ Redaktoren diese Quellen benutzen, gibt wichtigen Aufschluß über ihre Aussageabsicht. ↗ Redaktionsgeschichte. oh

Quellenschichten. Die heute weitestgehend angenommene Aufgliederung des Hexateuchs in die Erzählungsstränge des ↗ Jahwisten, ↗ Elohisten, der ↗ Priesterschrift u. des ↗ Deuteronomisten unterliegt dem Mangel, daß die Quellen nicht immer einen einheitlichen Charakter besitzen. Unter der Annahme von Qu. versuchen einige Forscher, diesen Mangel zu beheben: Mehr oder weniger selbständige Unterquellen ergeben Schichtungen oder „Erzählungsfäden", die dann zusammengefaßt die Erzählungsstränge des Jahwisten usw., die Quellen, ausmachen. la

Quellenschriften. Die bibl. Bücher können im allgemeinen nicht wie moderne Literatur von den Absichten eines einzigen Autors her verstanden werden, sondern als Zusammenfassung alter Traditionen in einer Gesamtkonzeption des letzten Autors. Dieser bemühte sich durchweg, ehrfürchtig die übernommene Tradition zu wahren u. seinen Zeitgenossen neu zugänglich zu machen. Dadurch wird es nicht nur möglich, die Art der zugrunde liegenden Traditionen zu erkennen, sondern auch notwendig, diese Erkenntnis für den Zugang zur Aussageabsicht des bibl. Buches nutzbar zu machen. Oft lagen diese Traditionen in bereits ausgeformten Qu. vor. Die Qu. des Pentateuchs u. der synopt. Evv. (↗ synopt. Frage) sind wohl weitgehend erschlossen. Aber auch andere Bücher verarbeiten Qu.: Jr z. B. eine prophetische u. eine deuteronomistisch geprägte Redesammlung u. den Bericht des ↗ Baruch. oh

Qumran. a) Chirbet Q. (= Ruine von Q.) liegt im östlichen Teil der Wüste Juda am Nordufer des ↗ Toten Meeres, etwa 1 km von den Höhlen entfernt, in denen 1947 die ersten Handschriftenfunde gemacht wurden. Bei der archäologischen Erforschung von Chirbet Q. (1952–1956) wurden eine Gräberanlage u. ein Gemeinschaftsgebäude gefunden, das in der Mitte oder am Ende des 2. Jh. v.C. errichtet u. 68 n.C. endgültig vernichtet wurde. Die Handschriften wurden vermutlich während des Aufstandes gegen die Römer (66–70 n.C.) von den Bewohnern Q.s in die Höhlen gebracht, um sie so vor der Zerstörung zu bewahren.

b) Bei den Bewohnern von Q. handelt es sich um eine der jüd. Sekten, die unter den ↗ Hasmonäern entstanden waren, weil sie deren politische Auffassung des Hohepriesteramtes ablehnten. Ihr Gründer war der „Lehrer der Gerechtigkeit" (um 150 v.C.), wohl ein Priester, der sich in besonderer Weise auf die rechte Schriftauslegung verstand. Im allgemeinen bringt man heute die Q.sekte mit den ↗ Essenern in Verbindung, da ein Vergleich der ↗Qumranschriften u. Ausgrabungsbefunde mit den bei ↗Philo, ↗Josephus u. Plinius d. Ä. überlieferten Nachrichten über die Essener diese Identifizierung noch am ehesten nahelegt. ri

c) Die Theologie dieser Gemeinschaft läßt sich durch folgende Motive kennzeichnen: 1. Die Q.sekte fühlte sich als die von Jahwe erwählte „Gemeinde des Bundes", die sich durch ihre genaue Beobachtung des ↗Gesetzes vom übrigen, in Mißachtung des Gesetzes verfallenen Judentum abgesondert weiß. Sie überbot noch den Gesetzesgehorsam, wie er z. B. in den Kreisen der Pharisäer geübt wurde. Diese genaue Gesetzesbeobachtung forderte ein intensives Studium der Schrift, das z. B. in den Abschriften u. Kommentaren bibl. Bücher, wie sie in der Q.sekte verfaßt wurden, seinen Niederschlag gefunden hat. – 2. Dem strengen Gesetzesgehorsam entsprach die streng geregelte Ordnung, in der die Q.gemeinschaft lebte. Sie war hierarchisch gegliedert. Wiederholte kultische Waschungen dienten der rituellen Reinheit, wie die Gesetzesbeobachtung der ethischen, beides notwendige Voraussetzungen für die Teilnahme an den feierlichen Gemeinschaftsmahlen der Sekte. Der größte Teil der Mitglieder lebte in Ehelosigkeit. Das bei dem Eintritt in die Sekte mitgebrachte Privatvermögen wurde der Gütergemeinschaft der Sekte übereignet. – 3. Ein weiteres Merkmal der Q.sekte ist ihr stark dualistisches Denken: Der Eintritt in die Sekte läßt ihre Mitglieder durch die Achtung des Gesetzes zu „Söhnen des Lichts" werden, denen die Gesetzesverächter als die „Söhne der Finsternis" gegenüberstehen. Aber auch die „Söhne des Lichts" müssen einen Zwiespalt in ihrem Inneren überwinden: Der „böse Trieb", der sich dem Gesetzesgehorsam widersetzt, muß immer wieder mit Hilfe des „guten Triebes" überwunden werden. Dies dualistische Denken deutet auf außeratl. Einflüsse hin – vielleicht aus dem Iran oder der ↗Gnosis –, da es aus dem AT allein nicht abzuleiten ist. Allerdings wird der Dualismus dem jüd. Monotheismus untergeordnet: Jahwe hat beides, das Gute u. das Böse, geschaffen. – 4. Die Q.sekte wurde auch

von Vorstellungen der ↗Apokalyptik stark geprägt. Sie betrachtete die Gegenwart als die Endzeit, sich selbst als die Gemeinde der Endzeit. Den Anbruch des Endes dachte sie sich in naher Zukunft bevorstehend. Sie verband ihn mit der Vorstellung eines Kampfes zwischen den „Söhnen des Lichts" u. den „Söhnen der Finsternis". In diesem Krieg sollten die Feinde des Gesetzes endgültig vernichtet, während sie selbst nach diesem Sieg als die „Söhne des Lichts" das Heil erlangen würden.

d) Die Q.funde haben für die Erforschung des AT, Spätjudentums u. NT große Bedeutung: 1. Die in Q. entdeckten Hss. bibl. Bücher sind fast 1000 Jahre älter als die bisher bekannten hebr. Hss. des AT u. sind daher für die Kenntnis der Entstehung u. Überlieferung des ↗Masoreten-Textes von großem Wert. – 2. Die Q.schriften vermitteln einen tiefen Einblick in das Leben einer spätjüd. radikalen Sekte, der die bisherige Vorstellung vom Spätjudentum wesentlich erweitert hat. – 3. Schließlich erhellen die Q.schriften den religionsgeschichtlichen Hintergrund des NT, wenn auch die Beziehungen zwischen NT u. Q. zunächst von manchen Forschern überschätzt wurden. Am ehesten scheinen sich noch die apokalyptischen Vorstellungen von Q. u. NT nahezukommen. Die Interpretation der Q.schriften bietet jedoch viele schwierige Probleme, so daß ein sinnvoller Vergleich zwischen den Q.schriften u. dem NT erst durchgeführt werden kann, wenn die Q.forschung weiter fortgeschritten ist. ri

Qumranschriften. Die Q. umfassen als die Frucht der schriftgelehrten Arbeit der Qumransekte Hss. u. Kommentare bibl. Bücher, von denen die Js-Rolle u. der ↗Habakuk-Kommentar besonders zu erwähnen sind. Hinzu treten Regeln der Sekte, wie die ↗Sektenregel, ↗Kriegsrolle u. Fragmente aus der ↗Damaskusschrift, Psalmen (↗Hodajot), das ↗Genesis-Apocryphon, eine midrashartige Auslegung der Gn, u. Fragmente aus apokryphen Schriften. Im allgemeinen werden die Hss. auf Grund paläographischer u. historischer Erwägungen in das 2. Jh. v.C. oder in das 1. Jh. n.C. datiert. ri

R

Rabbi, Anrede „mein Herr", später Titel der jüd. ↗Schriftgelehrten. Rab (Raw) = groß ist derjenige, der eine angesehene Stellung hat, im AT der Oberste (2 Kg 25, 8) oder der Anführer. Später bekommt Rab die Bedeutung Herr. Rabbi = mein Herr ist dann die höfliche Anrede gegenüber dem Höhergestellten. Sie wurde besonders vom Schüler gegenüber dem Lehrer gebraucht. Rab in der Bedeutung „Lehrer" ist schon in vorchristl. Zeit üblich. Der Schüler mußte bei seinem Lehrer um Aufnahme in den Schülerkreis bitten, um in dieser Gemeinschaft dem Studium von Schrift u. Tradition nachzugehen. Gehorsam u. Respekt kamen in der Anrede R. zum Ausdruck. Hatte der Schüler nach jahrelangem Studium den überlieferten Stoff erlernt, konnte er selbst ein Lehramt ausüben u. erhielt den Titel R. Die ↗Schriftgelehrten standen beim Volk in so hohem Ansehen, daß sie nicht nur von ihren Schülern, sondern auch von der Allgemeinheit mit R. angesprochen wurden. Seit Mitte des 1. Jh. n.C. wird in den palästinensischen Schulen R. zum Titel für alle, die nach einem ordnungsgemäßen Studium zu Gesetzeslehrern ordiniert wurden. Die von Rab abgeleitete Steigerung Rabban = Gebieter wurde besonders berühmten Schriftgelehrten als Titel gegeben (z. B. Gamaliel I., vgl. Apg 5, 34, u. Jochanan ben Zakkai, der durch Gründung der Schule in Jamnia das Überleben des Judentums nach 70 ermöglichte). Im allgemeinen Sprachgebrauch heißen die großen jüd. Lehrer aller Zeit meist Rabbinen, während Rabbiner Titel des Leiters der neuzeitlichen jüd. Gemeinde ist. Im NT kommt die Bezeichnung Rabbi nur in den Evv. vor. ↗Jesus wurde von seinen Jüngern u. vom Volk so angeredet, u. er bestätigt, daß ihm diese Anrede zukommt (Joh 13, 13). Obwohl er kein studierter Schriftgelehrter war, trat er wie ein solcher auf. Er lehrte in der ↗Synagoge, er interpretierte die Schrift u. hatte einen Schülerkreis. Und doch unterscheidet er sich von den Schriftgelehrten, denn er gibt nicht die überkommene Tradition weiter, sondern lehrt in eigener Machtvollkommenheit u. Autorität, nicht als rite Ordinierter, sondern unmittelbar von Gott berufen. Weil er allein der wahre Lehrer ist, sollen seine Jünger sich nicht R. nennen lassen. Später tritt in den Evv. die Anrede R. zurück. An ihre Stelle tritt Kyrie = Herr, denn die Gemeinde ist sich bewußt, daß Jesus nicht Lehrer im jüd. Sinn, sondern ↗Herr der Seinen ist. ba

Rabbinenschulen oder Lehrhäuser waren die Ausbildungsstätten der jüd. Gelehrten. Sie wurden von berühmten Männern geleitet, die neben der Tradition ihre eigenen Auffassungen zu deren Interpretation lehrten. So entstanden Schulen verschiedener Richtung (z. B. Hillel-Schammai), die sich seit dem 3. Jh. zu Akademien entwickelten. Berühmt waren Tiberias u. Cäsarea in Palästina, Pombeditha in Babylonien. ba

Rabbinische Erzählung. Die Sammlungen rabbinischer Literatur sind erst nach dem NT entstanden. Dennoch bringen sie uns, da sie ältere Überlieferungen enthalten, die Umwelt des NT nahe. Die knappen Erzählungen vom Wirken eines ↗Rabbi, meist Einleitungen zu den Worten dieses Rabbi, zeigen manche Ähnlichkeiten mit den ntl. Einleitungen der Reden Jesu. Die Midraschim der ↗Haggada, frei geformte, aus der bibl. Vorstellungswelt schöpfende Erzählungen, geben einen Eindruck von dem Denken der frommen Juden in Jesu Umgebung. oh

Rabe, ein in Palästina in mehreren Arten vorkommender Vogel, der zu den unreinen Tieren gezählt wurde (Lv 11, 15)

Öfters ist der R. Bild für Gottes Sorge um alle Lebewesen (Ib 38, 41; Lk 12, 24). ↗Reine u. unreine Tiere.   we

Rachab, kanaanitische ↗Dirne zu ↗Jericho, die israelitische Kundschafter bei sich versteckte u. ihnen zur Flucht verhalf, weil sie Jahwe als Gott des Himmels u. der Erde erkannte (Jos 2); wegen dieser Tat blieb sie mit ihrer Familie bei der Zerstörung Jerichos verschont (Jos 6). Judentum u. NT (Hebr 11, 31; Jak 2, 25) rühmen R.s Tat u. Glauben. Mt 1, 5 nennt R. in der Ahnenreihe Jesu. R. gehört zu den ↗Heiden, die im AT die Berufung der Heiden zum Heil andeuten.   he

Rache meint im AT die R. Gottes, die das verletzte ↗Recht wiederherstellt. So erhofft Israel gegen die Bedrückung durch seine Feinde die R. Gottes (Js 47, 3). Aus diesem Grund verwirft Paulus die persönliche R. für ein erlittenes Unrecht u. verweist auf die R. Gottes (Röm 12, 19). ↗Blutrache.   do

Rachel (hebr. Mutterschaf), Tochter Labans u. Lieblingsfrau ↗Jakobs (Gn 29, 6–30). Durch ihre Magd Bilha ist R. Mutter von Dan u. Naphtali (30, 6–8) u. selbst Mutter von Joseph (30, 22–24) u. Benjamin, bei dessen Geburt sie starb (35, 16–20).   we

Radikalisierung. Nicht immer ist die ntl. Verkündigung etwas prinzipiell Neues im Vergleich zum Bekenntnis des AT. Sehr häufig aber ist sie R. der atl. Forderungen. So wird z. B. die prophetische Kultkritik durch ↗Jesus radikalisiert (vgl. z. B. Js 58, 5 ff; Mt 25, 35–36): Der eigentliche Gottesdienst spielt sich im Bereich des ↗Mitmenschen u. der ↗Geschichte ab. In souveräner Weise stellt sich Jesus über das mosaische ↗Gesetz u. radikalisiert dessen Forderungen grundlegend: es wurde gesagt, „Du sollst nicht töten" – wer seinen Bruder haßt, der tötet ihn schon (Mt 5, 21–26); ↗Ehebruch spielt sich nicht erst im Äußeren, sondern im ↗Herzen eines Menschen ab (Mt 5, 27–28); Schwören u. Rachenehmen werden verboten (Mt 5, 33–42). Das atl. Liebesgebot wird zugespitzt auf die ↗Feindesliebe (Mt 5, 43–48), weil alle Menschen Söhne des einen ↗Vaters im Himmel sind. Das ganze Gesetz wird reduziert (u. somit radikalisiert) auf das Doppelgebot der Gottes- u. Nächstenliebe (Lk 11, 27). Erst recht wird dies deutlich in der Verkündigung des Apostels ↗Paulus: alle Gebote, Gesetze, religiösen u. menschlichen Satzungen sind in dem einen Wort erfüllt: „Liebe deinen Nächsten wie dich selbst." Die ↗Liebe ist die Erfüllung des ganzen Gesetzes (Röm 13, 8–9; Gal 5, 14). Jesu Dasein für andere hat das menschliche Dasein radikalisiert. In Jesu Leben wurde offenbar, was Freiheit u. was Liebe heißen. Menschsein wurde endgültig radikalisiert durch die ↗Menschwerdung Gottes, durch Jesu ↗Kreuz u. ↗Auferstehung. Von daher wird deutlich, was Menschsein heißt: Es heißt Dasein ↗für andere. Wo Menschen das begreifen u. zu verwirklichen beginnen, dort ist das ↗Reich Gottes im Kommen, dort lebt ↗Christus leiblich weiter. Christus bedeutet die R. des Schöpferanspruches Gottes an die Menschen. Er ist endgültige R. menschlichen Daseins.   gr

Rahab, ein ↗Meerungeheuer, in der ↗Urflut wohnend oder mit ihr identisch gedacht. Jahwe hat R. in seinem urzeitlichen Sieg über die Chaosmächte zerschmettert (Ps 89, 11). R. bezeichnet auch die Feindmacht Israels schlechthin: Ägypten (Js 30, 7).

Rahmenbericht. Viele bibl. Ereignisse wurden ursprünglich als selbständige Darstellungen berichtet, bis sie literarisch einem bibl. Buch eingeordnet wurden. Der Verfasser oder ↗Redaktor nahm diese Berichte dann auf u. stellte sie im Bewußtsein des Heilswillens Gottes in die Geschichte des Gottesvolkes hinein. Um eine kunstvolle Einheit der aus vielen Einzelberichten bestehenden Erzählung zu erreichen, bedienten sich die Verfasser verschiedener literarischer Mittel. Eines davon ist der R. Der Bericht erhielt somit ein äußeres „Gerüst", welches aus einem zeitlichen, geographischen, theol. usw. Rahmen bestehen konnte. So wurde auch dem ersten Schöpfungsbericht (Gn 1, 1 – 2, 4) das zeitliche Schema der Wochentage als Rahmen zugeordnet.   la

Rama (hebr. Anhöhe), Name mehrerer Orte in Israel. Die bedeutendsten sind: 1. R. in Benjamin (Jos 18, 25; Mt 2, 18), umkämpfte Grenzfeste zwischen Juda u. Israel (1 Kg 15, 17–22; 2 Chr 16, 1–6),

Sammelpunkt der Deportierten nach dem Fall Jerusalems (Jr 40, 1), Grabstätte Rachels (Jr 31, 15; anders Gn 35, 19). – 2. R. in Ephraim, auch Ramatajim genannt, Geburts-, Wohn- u. Begräbnisort Samuels (1 Sm 1, 1; 7, 17; 25, 1).   we

Ramses (Haus des R.), von Ramses II. im Nildelta gegründete u. von den Israeliten in Fronarbeit erbaute Hauptstadt ↗Ägyptens (Ex 1, 11). In R. begann der ↗Auszug aus Ägypten (Ex 12, 37).   we

Raphael (hebr. Gott hat geheilt), nur in Tob genannter ↗Engel, der die Gebete der Frommen vor Gott bringt (Tob 12, 15) u. die menschliche Not heilt (Tob 3, 17; 8, 2 f; 11). Im Juden- u. Christentum ist R. einer der Erzengel.   we

Ras Schamra ↗Ugarit.

Räte (Rätestand). Hinsichtlich der sog. 3 evangelischen R. findet sich die klarste Aussage im NT über die ↗Ehelosigkeit: Es gibt Ehelose um der Gottesherrschaft willen, doch ist dies eine Gabe, die nicht jeder fassen kann (Mt 19, 12). Das Wort „R." legt allerdings die Vorstellung nahe, daß es sich bei der Wahl Ehe oder Ehelosigkeit um zwei für jeden in gleicher Weise offenstehende Wege handelt, von denen einer der „geratenere" wäre. Jesus spricht aber von einer Gnadengabe, die nur wenigen gegeben ist. ↗Armut als freiwilliger Güterverzicht wird in den Nachfolgeworten öfters genannt („alles verlassen" oder „verkaufen"). Es ist aber nicht völlig klar, wieweit bei der ↗Berufung (etwa des reichen Jünglings, Mt 19, 16 ff) zu einer besonderen ↗Nachfolge nicht zugleich ein Exempel der allgemeinen Jüngerschaft gegeben werden soll. (V. 24 geht es um das Heil schlechthin.) Jedenfalls können Christusnachfolge u. Vollkommenheit (V. 21) nicht für einen besonderen Stand reserviert werden. ↗Gehorsam gegenüber Menschen kennt das NT nur als ↗Glaubensgehorsam gegenüber dem Ev. u. seinen Boten (Lk 10, 16), in der Gemeindedisziplin (Mt 18, 17) u. im sozialen Bereich (1 Petr 2, 13 ff). Das Vorbild Christi im Gehorsam gegen den Willen des Vaters ist für alle Christen verpflichtend (Mt 6, 10b). – Der Ausdruck „3 evangelische R." erweist sich so vom NT her als fragwürdig. Sicher gibt es einen Weg der besonderen Christusnachfolge in charismatischer

Ehelosigkeit u. damit den „Stand der christl. Ehelosigkeit" (besser als Rätestand). Sicher ist dieser auch berufen zu einer besonderen, zeichenhaften Weise der Christusnachfolge in Armut u. Gehorsam (aber nicht nur darin). Die Formen der Verwirklichung dieses Rufes Christi können nicht in der Schrift gesucht, sondern müssen für jede Zeit in Wachsamkeit gegen die Stimme des Geistes neu gefunden werden.   ur

Ratschluß. Wieviel die Menschen auch planen mögen, was geschieht, kommt letztlich allein aus Gottes R. (Spr 19, 21; Js 46, 10). Kein Mensch kann ihn ergründen, schon gar nicht die ↗Klugen u. Weisen (Js 44, 25); nur Jahwe selbst konnte ihn offenbaren durch seine Propheten (Js 43, 10 ff). Uns bleibt nur staunende Anbetung (Röm 11, 33 ff). – Der „ganze R. Gottes" (Apg 20, 27) ist in ↗Jesus Christus offenbar geworden. Dieses „Geheimnis" des Heilsplans von Anbeginn der Welt wird in Eph (1, 9; 3, 9) hymnisch gepriesen: unsere Erwählung zur Sohnschaft in Jesus Christus.   ur

Rätsel (Rätselrede), eine volkstümliche Redegattung, im Alten Orient weit verbreitet u. eine besondere Form der ↗Weisheit, die beim Lösen von R.n offenkundig wurde. R. scheinen auch in Israel sehr beliebt gewesen zu sein. Ein ausgeführtes Doppel-R. ist in Ri 14, 12–18 überliefert. Simson kleidet ein Erlebnis in eine R.rede u. gewinnt damit Macht über seine Gegner, die ihm durch List wieder entrissen wird. Auch die Lösung geschieht in Form eines R. Solchem R.streit scheinen magische Vorstellungen zugrunde zu liegen. Die Königin von Saba stellt Salomo mit R.n auf die Probe (1 Kg 10, 1 ff). Die Erzählung zeigt, daß R. u. Weisheit zusammengehören, denn Salomos Weisheit soll damit herausgestellt werden. In der ↗Spruchweisheit läßt sich bei bestimmten Sprüchen noch die Herkunft aus dem R. erkennen. Spr 1, 6 wird R. als Synonym für Weisheitsspruch gebraucht. Auch in prophetischen Worten u. Gleichnishandlungen finden sich R.elemente.   ba

Räuber. Die Bedeutung des Wortes ist im NT nicht einheitlich. Mt 21, 13 protestiert gegen die Angehörigen des Priesteradels, die den ↗Tempel zu einer R.-

höhle gemacht haben, indem sie Gottesdienst nur in Erfüllung eines Zeremoniells sehen. – In Lk 10, 30.36 u. ähnlich Joh 10, 1 ff können mit R.n ↗Zeloten gemeint sein, die sich jeglicher Fremdherrschaft mit Gewalt widersetzen u. als Wegelagerer ihrem Gegner auflauern. – In Ablehnung seiner Sendung stellt man Jesus den R.n, den rebellierenden Zeloten, gleich (vgl. Gefangennahme, Mt 26, 55); Gleichsetzung mit dem R. Barabbas (Joh 18, 40), die Kreuzigung zwischen zwei R.n (Mt 27, 38 ff).

zi

Räucheraltar. Im heiligen ↗Zelt (Ex 30), im Salomonischen (1 Kg 6, 20 f; 7, 48) u. Herodianischen Tempel (Lk 1, 11) brachte man das ↗Rauchopfer auf einem vergoldeten ↗Altar dar. pa

Räucherwerk. Zur täglichen Räucherung morgens u. abends (Ex 30) u. zum ↗Rauchopfer verwendete man in Israel ein Gemisch von Weihrauch, Balsam, Stakte, Galbanum u. Salz. Zur Räucherung gebrauchte man ein Räucherfaß (mit Holzkohlenglut). Dieses Räuchergemisch (später mit 7 weitere Zutaten ergänzt) war allein der kultischen Verwendung vorbehalten. pa

Rauchopfer. Im israelitischen ↗Kult verwendete man Weihrauch u. anderes ↗Räucherwerk entweder zusätzlich zu anderen Opferarten (zum ↗Speiseopfer, Erstlingsopfer u. zu den ↗Schaubroten) oder auch als selbständiges R. Für die spätere Zeit ist bezeugt, daß die Darbringung dieses R. auf dem ↗Räucheraltar den Söhnen Aarons vorbehalten war (Ex 30). pa

Realismus. Christsein hat es nicht mit Idealen u. Idealismus zu tun. Nach dem bibl. Schöpfungsbekenntnis hat ↗Gott die Welt ins Dasein gerufen, u. er hat sie angenommen, wie sie ist. Erst recht wird dies deutlich aus dem Bekenntnis der ↗Menschwerdung Gottes: In ↗Jesus ↗Christus ist Gott Mensch geworden, ist Gott für alle da; hat Gott grundsätzlich alle Menschen angenommen. Jesus von Nazaret ist kein Idealmensch; was er verkündet, sind nicht Ideale, sondern menschliche Realitäten u. konkrete geschichtliche Möglichkeiten. Wenn er von der neuen Gerechtigkeit spricht, dann lebt er diese Gerechtigkeit, dann will er sie verwirklichen. Das

↗Reich Gottes, das er verkündet, ist keine weltfremde Wirklichkeit u. kein unerreichbares Ideal; es ist eine Wirklichkeit Gottes, die mit Jesus schon in die Welt einbricht. Im Leben Jesu wird das Realität, wovon er spricht u. was er von den Menschen fordert. Wenn er vom Frieden, von Barmherzigkeit u. von der Freiheit spricht, dann wird in seinem Leben offenbar, was konkret der Friede u. die Barmherzigkeit Gottes ist, was menschliche Freiheit ist. In seinem Dasein ↗für andere wird Menschsein konkret, ereignet sich real Gottes Liebe. Vor allem wird im Kreuzestod Jesu Gottes R. offenbar; Gott hat sich so weit der Realität seiner Schöpfung ausgeliefert, daß er im ↗Kreuz Jesu Christi scheitert. Aber gerade in diesem ↗Scheitern beginnt er etwas Neues, bricht er eine neue Realität menschlichen Daseins auf. Jesu R. ist sein bewegender, revolutionärer R. Wo sich einer der neuen Realität Christi öffnet, dort geht Gottes Schöpfung weiter, dort bleibt die Welt des Menschen im ↗Werden, dort kommt der Mensch zu sich selbst. Der neuen u. endgültigen Wirklichkeit Jesu Christi kann sich aber nur einer öffnen, der sein Leben u. seine Welt annimmt, wie sie real u. tatsächlich sind, der wie Jesus bereit ist, mit dieser seiner vorgegebenen Welt auch zu scheitern. Der Christ lebt nicht in einer Idealwelt, oder in einer besseren Welt über den Wolken; er lebt konsequent sein vorgegebenes Leben u. seine vorgegebene Welt – wenn anders er sich zur Menschwerdung Gottes u. zum Kreuz Jesu bekennen will. Aber der R. des Christen ist nicht ein passiver, sondern ein gesellschaftsverändernder. Der Christ wird vom Bekenntnis Christi her, daß Tatsachen geändert werden können u. müssen. Was Tatsachen ändert, ist die schöpferische ↗Liebe. gr

Realpräsenz (scholastischer Terminus der ↗Eucharistie), meint die bleibende, tatsächliche Gegenwart des ↗Herrn in seiner Kirche u. in der Eucharistie. Nach den ntl. Aussagen ist Christus auch real präsent in seinem Wort, im Geist, in den Seinen. hi

Rebekka, Tochter Betuels (Gn 22, 23), Schwester Labans (24, 29) u. Frau Isaaks (24). Nach zehnjähriger Kinderlosigkeit gebar sie die Zwillinge Esau u. Jakob (25, 21–26). Durch ihre List erhält anstelle Esaus Jakob den Erstgeburtssegen (27, 1–29); R. verhilft Jakob auch zur Flucht vor seinem Bruder (27, 42 – 28, 5). R., die als eine schöne Frau (24, 16) geschildert wird, wurde in der Höhle Machpela begraben (49, 31).   we

Rechenschaft bezieht sich auf das ↗Gericht Gottes. Der Mensch hat von Gott Talente erhalten u. muß über die Verwaltung des übertragenen Gutes R. ablegen (Mt 25, 14 ff). Die gewinnbringende Anlage der Talente besteht darin, mit ihnen dem ↗Nächsten u. damit Jesus selbst zu dienen. Ähnlich sieht das Lukas-Ev. R. Der ungerechte Verwalter wird bei der R. entlarvt werden. Er schafft sich daher mit dem Gut des Herrn Freunde, um nach seiner Absetzung von diesen Freunden unterhalten zu werden. Ebenso soll der Gläubige mit dem Gute Gottes, d. h. mit seinen Anlagen u. den ↗Gütern dieser Welt, sich Freunde verschaffen; denn die R. seiner eigenen Tätigkeit kann ihm nie den Anspruch auf den ↗Lohn des Himmels geben, da er immer als Schuldner vor Gott stehen wird. Erst die liebende Fürbitte der Mitmenschen wendet den Schuldspruch ab (Lk 16, 1 ff).   do

Recht ist gegenüber Sitte, Brauchtum u. Ethik abzugrenzen. Es wird in Sätzen formuliert u. geht auf die äußere Handlung, die mit Gewalt erzwungen oder verboten werden kann (↗Strafe). Während im Alten Orient das R. bei den verschiedenen Völkern in Kodizes gesammelt ist (z. B. Kodex ↗Hammurabi, Altassyrisches Gesetz, Hethitergesetz), die einen einheitlichen Stil haben, besitzt das AT kein einheitlich formuliertes R. Vielmehr finden sich im ganzen AT R.s-Sätze, entweder als relativ geschlossene Sammlungen wie das ↗Bundesbuch oder einzelne R.s-Sätze, oft auch (implizit) in Erzählungen. Die formulierten R.s-Sätze werden in drei Gattungen aufgeteilt: die apodiktische, die kasuistische u. die partizipiale Form, letztere eine Mischform der beiden ersten. Die apodiktischen R.s-Sätze bringen in einem kurzen, unbedingten Satz ein Verbot oder einen Imperativ, das Allgemeingültigkeit beansprucht (z. B. Ex 23, 7). In dieser Form ist der ↗Dekalog formuliert. Die kasuistischen R.s-Sätze geben einen genau bestimmten Fall an mit evtl. Unterfällen u. Strafbestimmungen. Bei der partizipialen Formulierung wird der Tatbestand des Vergehens mit einem Partizip ausgedrückt (z. B. Ex 21, 12). Der Sitz im Leben des apodiktischen u. kasuistischen R. ist verschieden. Das apodiktische R., das häufig in Reihen vorkommt (Dekalog), galt lange Zeit als „genuin israelitisch" gegenüber dem von den Kanaanäern übernommenen kasuistischen R. Doch wurden in neuerer Zeit auch außerhalb Israels R.s-Sätze im apodiktischen Stil gefunden. Zweifellos sind aber die Israel am meisten bestimmenden Gebote u. Verbote, die im ↗Kult verwendet wurden, in apodiktischer Formulierung abgefaßt. Als Ursprung des apodiktischen R. wird neuerdings die Sippenordnung angenommen. Als R. im weltlichen Sinne kann nur das kasuistische angesehen werden, das mit Strafbestimmungen für ein konkret begangenes Vergehen verbunden ist, während das apodiktische R. prinzipielle Forderungen erhebt, die in der Zukunft liegen. ↗Gebot, ↗Gesetz, ↗Weisung.
                    schü

Rechte Gottes. Der Mensch hat schon frühzeitig die rechte Hand als Kraftträger u. die Verrichtungen mit ihr als besonders bedeutsam betrachtet. Bezeichnend sind das Erheben der rechten Hand zum Eid, der Handschlag als Bürge u. Bekräftigung eines Vertrages. Das AT überträgt die Macht u. Autorität im Bild der rechten Hand auf die Eigenschaften Gottes. Die R. G. ist daher das Sinnbild der Macht u. Kraft Gottes, die sich in Schöpfung u. Geschichte ebenso wie in Gericht u. Heil kundtun. Von feindlichen Mächten befreit die R. G. u. kann auch den Menschen „an die Hand nehmen", ihn führen, ihn mit ihrer Kraft ausstatten. So ist auch der Ehrenplatz des Königs von Israel an dieser Seite Gottes ein Zeichen göttlichen Schutzes (Ps 110, 1). Weiterhin ist der Platz zur R. G. als Sinnbild göttlicher Huld zu sehen. Es ist der Ort, wo ewige Freude ist, dort, wo der ↗Messias einst thronen wird (Mt 26, 64). Im Gericht zeigen sich dann Heil u. Unheil bildlich, wenn der ↗Menschensohn den Gerichteten zu seiner Rechten oder Linken stellen wird (Mt 25, 31 ff). 1a

Rechtfertigung. Der bibl. Begriff der R. stammt aus der paulinischen Theologie u. setzt den Kampf des Paulus gegen den Heilsweg des spätjüd. Pharisäismus voraus; deswegen spielt er bei den übrigen ntl. Theologen keine Rolle. Das damit Gemeinte aber ist eine der Grundaussagen der Bibel u. bereits im AT Gegenstand der Glaubensverkündigung. 1. *Im AT:* Da R. von ↗Gerechtigkeit abgeleitet ist, muß die in Frage stehende Wirksamkeit Gottes auch schon dem atl. Menschen bewußt geworden sein. Da es aber bei der R. um das ↗Heil des einzelnen geht, der in Gottes Urteil u. Gericht für gerecht erklärt wird u. darin Heil u. Rettung erfährt, scheidet die altisraelitische Phase, d. h. die Zeit der ↗Bundes-Religion Israels vor dem ↗Exil, für das Verstehen des Begriffes aus. Trotzdem gibt es in dieser Periode der Theologie Israels bereits Ansätze u. Vorstellungskomplexe, die später zur Entwicklung einer eigenen R.s-Theologie führten: a) Verheißung der ↗Barmherzigkeit Gottes neben den Voraussagen seiner Vergeltung (z. B. Ex 34, 5 ff); b) das Vertrauen auf Gottes ↗Erbarmen trotz tiefen Schuldbewußtseins (z. B. Ps 50); c) gläubiges Bauen auf Gott als Grundlage einer heilvollen Existenz (z. B. Js 7, 9); d) die Erwartung eines neuen Gnaden-Bundes trotz Schuld u. Abfall (z. B. Ez 36, 25 ff). 2. *Im Judentum:* Mit dem Eindringen der orientalischen u. der hellenistischen Weltanschauung in den Glaubensbereich Israels seit dem Exil u. durch das Zerschlagen der politischen Souveränität u. die dadurch bedingte Abhängigkeit u. Auflösung der völkischen Einheit trat das gemeinsame Schicksal Israels als ↗Volk Gottes gegenüber dem Heilsverlangen des einzelnen in den Hintergrund. In diesem Heilsindividualismus wußte sich jeder auf sich selbst verwiesen. Die Tradition hatte nur mehr insofern Bedeutung, als sie das ↗Gesetz u. darin den Willen Gottes überlieferte. Die Gemeinschaft vermittelte Kenntnis dieses Gesetzes u. hielt die einzelnen Mitglieder dazu an, die persönliche Lebensweise peinlich genau nach den Geboten u. Verboten Gottes auszurichten.

Das Heil hing von der sittlichen Anstrengung jedes einzelnen ab. Gesetzestreue wurde als verdienstlich angesehen u. konnte dazu führen, daß Gott beim ↗Gericht den Gerechten gerechtspricht oder feststellt, daß er zu wenig Verdienste aufzuweisen hat u. ihn deshalb verdammt. R. ist hier also ein äußerlicher, gerichtlicher Akt Gottes, der die vorgegebene Wirklichkeit (Gesetzestreue oder Gottlosigkeit) errechnet, offiziell feststellt u. rechtskräftig macht. – In ↗Qumran wird das atl. Verständnis von der Gerechtigkeit Gottes als Gnadengeschenk an sein Volk eschatologisch gedeutet, zugleich aber mit radikaler Gesetzestreue im Sinne des Pharisäismus kombiniert, die man als Voraussetzung für Gottes Erbarmen ansah. 3. *Im NT:* a) ↗Jesus verkündet R. durch Gott als seine Heilsbotschaft. Das Neue daran ist die gegenwärtige Realisierung der R.: in Jesu Wirken geschieht bereits die gnadenhafte Rettung, aber nicht auf Grund der Verdienste der Gerechten, sondern auf Grund der barmherzigen Liebe Gottes („Ich bin nicht gekommen, Gerechte zu rufen, sondern Sünder", Mk 2, 17). Der Sünder freilich bedarf der ↗Umkehr u. des ↗Glaubens an Jesu Botschaft, d. h., er muß wieder in das richtige Verhältnis Gott gegenüber eintreten wollen (↗Kindschaft Gottes) u. demütig um Verzeihung bitten (vgl. Lk 18, 10 ff). Darin ist dann auch der Sinn des Gesetzes erfüllt (Mt 5, 17) u. aller Legalismus als Perversion u. sündiges Selbsterlösertum aufgedeckt u. distanziert. – b) Diesen Grundgedanken des ↗Evangeliums führt ↗Paulus in seiner Auseinandersetzung mit dem pharisäischen Heilsweg (↗Judaisten) breit aus. Vor allem im Römer- u. im Galaterbrief entwickelt er geradezu eine Theologie der R.: Röm 2 verweist auf die Unmöglichkeit eigener R.; Röm 3 auf die gnadenhafte R. durch Jesus ↗Christus; Röm 4 verkündet den Glauben als das einzige Mittel der R., u. Röm 5 stellt R. als zugleich gegenwärtige u. zukünftige Rettung dar. In den weiteren Kapiteln (vor allem 9–11) wird dies noch heilsgeschichtlich ergänzt. Sehr ähnlich ist der Gedankengang Gal 2, 15 bis 5, 26. – In deutlichem Gegensatz zum jüd. „gerechtsprechen" ist bei Paulus von „gerechtmachen" die Rede, d. h., Gott rechtfertigt nicht die Gerechten, sondern die Sünder (Röm 4, 5; 5, 19), die auf keine ↗Leistung u. kein Verdienst pochen u. pochen können. Paulus ist der Meinung, daß niemand vor Gott aus sich heraus u. auf Grund seiner Gesetzeserfüllung gerecht ist (Röm 3, 19 u. ö.). – Wenn das Wort R. auch aus der Gerichtssprache stammt, so erfährt es im Sprachgebrauch des Paulus doch eine grundlegende Bedeutungswandlung: „Gerechtmachen" bedeutet nämlich: über einen Freispruch von Schuld u. eine Vergebung der Sünden hinaus auch eine innere Befreiung des Menschen von der ↗Sünde u. ihrer Macht, also eine innere Umgestaltung (vgl. 1 Kor 6, 11: „. . . jetzt seid ihr gewaschen, seid geheiligt, seid gerechtgesprochen worden im Namen unseres Herrn Jesus Christus, durch den Geist unseres Gottes"). Dies darf freilich nicht magisch gedacht werden (z. B. dingliche Wirkung der Taufe), sondern personal: Wer im Glauben an den Herrn dessen Welt-, Selbst- u. Gottesverständnis übernommen hat, hat alle Unrichtigkeit seines bisherigen Lebensvollzugs grundsätzlich überwunden u. lebt in neuer ↗Freiheit ein Leben im Geiste Gottes. Diese neue Basis bleibt freilich stets angefochten durch die Gefahr des Rückfalls in das Selbsterlösertum (vgl. Röm 6). – c) In diesem Sinn müssen auch die scheinbar gegensätzlichen Aussagen im Jakobusbrief (2, 14–26) verstanden werden: Glaube u. Werke bedeuten hier die Bewährung der im Glauben gewonnenen neuen Existenzbasis im Alltag des Lebens. Dies ist keinesfalls ein Widerspruch zu Paulus (wie z. B. Luther meinte), der an vielen Stellen von der Vollendung der R. im Gericht nach den Werken spricht (z. B. Gal 6, 7–10). – Die gegenwärtige Problematik im Verständnis der R. liegt nicht mehr zuerst in den Fragen der Kontroverstheologie, sondern der ↗Anthropologie. Die Grundfrage lautet: Was bedeuten die bibl. Ausdrücke, Bilder u. Vorstellungen hinsichtlich der R. in unserem heutigen Selbstverständnis? – Analysiert man die bibl. Aussagen über die R. des Menschen durch Gott, so kann man folgende Aussagekomplexe unterscheiden: a) R. u. Gericht Gottes:

Die Gerichtsvorstellungen der Bibel sind stark vom apokalyptischen Denken getragen u. dienen vorwiegend der ethischen Motivation. Diese stark bildhaften Aussagen betonen die Souveränität Gottes u. zugleich die Verwiesenheit des Menschen auf Gott als Grund seiner Existenz. R. bedeutet dann den bibl. Aufruf zur Entscheidung, sich voll u. ganz auf die tatsächlichen Gegebenheiten des Menschen vor Gott auszurichten u. darin endgültigen Bestand zu erwarten u. zu erlangen. β) R. u. eschatologische Erwartung: ↗Eschatologische Existenz bedeutet im NT Leben im Ergreifen des Heilsangebotes Gottes durch Jesus Christus im Glauben. R. ist also etwas Gegenwärtiges, hier u. jetzt dem dafür Bereiten u. Offenen möglich; zugleich ist sie freilich immer auch angefochten u. im Werden, da das Leben des Menschen von Vorläufigkeit geprägt ist u. Endgültigkeit erst im ↗Tod erreichbar ist. γ) R. u. Glaube: Die konkret-bildhaften Gerichtsaussagen können dazu verführen, R. als etwas Erfahrbares u. Vorhandenes, als eine „Versicherung" aufzufassen, mit der man „rechnen" kann. R. ist aber eine Wirklichkeit des Glaubens, d. h. eine Wirklichkeit jenseits des Erfahr- u. Verrechenbaren, die man annehmen oder ablehnen kann. δ) R. u. Selbsterlösertum: Die jüd. Werksgerechtigkeit ist überholt, aber neue Selbsterlösungsvorstellungen machen den paulinischen Kampf weiterhin aktuell. Wer glaubt, einer R. von Gott (d. h. von dem Jenseits-seiner-Selbst) her nicht zu bedürfen, hat sich in Überheblichkeit verrannt, täuscht sich über die Ungesichertheit seiner Existenz, tut so, als hätte er sein Sein u. Leben in der Hand u. aus sich selbst. Der moderne Säkularismus hat sich diese Haltung zu eigen gemacht. – Hier muß die gegenwärtige Verkündigung neu einsetzen u. klarmachen, daß jeder Mensch ohne Ausnahme auf Gott verwiesen ist; daß die christl. Botschaft, bezeugt durch Jesus, die ↗Apostel u. die lange ↗Tradition seither, eine Erlösungszusage bedeutet, die nicht als innerweltliche Utopie abgetan werden kann, sondern die den Weg weist u. begehbar macht, mit Gott u. darin mit sich selbst endgültig ins reine zu kommen. **hi**

Rechtsprechung. In der Frühzeit Israels geschah die R. durch die Stammesältesten, später durch Richter u. Beamte, die in den einzelnen Ortschaften die Rechtsangelegenheiten der Bevölkerung zu regeln hatten (Dt 16, 18). In der Königszeit war der König auch der oberste Gerichtsherr (vgl. 1 Kg 3, 16–28). Zu dieser Zeit entstand ein berufsmäßiger Richterstand. König Jehoschaphat schuf eine oberste Gerichtsbehörde in Jerusalem, bestehend aus Priestern, Leviten u. Laien. Gerichtsverhandlungen waren öffentlich. Kläger u. Beklagter hatten vor der Gerichtsbehörde zu erscheinen, wo der Kläger seine Anklage vorbrachte. Danach wurden die Zeugen gehört, die von den Kontrahenten beigebracht werden mußten. Mindestens zwei Zeugen waren vorgeschrieben. Auf Grund ihrer Aussagen fällte der Richter das Urteil. In ntl. Zeit lag die Gerichtsbarkeit beim ↗Hohen Rat, Kapitalsachen waren dem römischen ↗Landpfleger vorbehalten.

                           stu

Rechtsstreit. Die Propheten verwenden oft Redeformen aus dem Ablauf einer Gerichtssitzung. Es lag insofern nahe, das Verhältnis zu Gott im Bilde des R. darzustellen, als bei jeder Rechtsprechung in Israel Gott selbst gegen den Schuldigen auftrat (vgl. Ex 21–23: Gesetze, formuliert als ↗Wort Gottes). Im R. mit seinem Volk tritt Gott nach der prophetischen Predigt oft vor der ganzen Welt auf – denn sie ist ja von Israels Versagen mitbetroffen (Js 1, 2). Er ist der Ankläger u. der Richter, der die Strafe festsetzt (Hos 4, 4.9). Er führt auch die Strafe aus (Mich 1, 7). Doch Rechtskategorien können Gottes Handeln am Volk nur unzureichend erklären; seine Anklage wird zur Klage der verletzten Zuneigung (Mich 6, 3 ff), die Liebe hindert Gott an der Vollstreckung des Gerichtes (Hos 11, 9). ↗Recht.   oh

Rechts u. links. a) Unterscheiden die beiden Seiten: rechte u. linke Hand, r. oder l. gehen (Gn 13, 9). R. ist auch der Schutz Gottes (Js 63, 12). Folglich bedeutet r. glücklich u. l. unglücklich (vgl. Mt 25, 33). b) R. u. l. bezeichnen die Himmelsrichtungen: Blickt man nach Osten, so liegt r. (Süden) das glückliche Arabien u. l. (Norden) ein feindliches Reich in Nordsyrien (vgl. Js 54, 3).   sc

Redaktionsgeschichte (auch Redaktionskritik, redaktionsgeschichtliche Methode) nennt sich der aus der ↗Formgeschichte herausgewachsene jüngste Zweig atl. u. ntl. Forschung. Hatte die Formgeschichte als Überlieferungsgeschichte den Weg der Einzelstücke bis zu ihrer Aufnahme in abschließenden Redaktionen zu verfolgen u. zu erhellen gesucht (mit dem Ziel, zur ältesten feststellbaren Traditionsstufe zurückzugelangen), so gilt das Interesse der R. umgekehrt den Endredaktionen bzw. der Abfolge von Redaktionen, d. h. also der Tätigkeit von ↗Redaktoren in Sammlung, Rahmung, Zusammenstellung von Überlieferungsstücken, bei der sprachlichen u. theol. Überarbeitung derselben, bei Anlage u. Aufbau größerer Sammelwerke bzw. darüber hinaus eigenständiger literarischer Kompositionen mit eigenem theol. Gewicht. Die R. hat es mit dem schriftlichen Text zu tun, den sie auf dem Hintergrund von ↗Formen u. Gattungen, des ↗Sitzes im Leben der überliefernden Gemeinde u. der Redaktion selbst, kurz im Rückblick auf die Überlieferungsgeschichte wie im intensiven Vergleich mit dem kontrollierbaren Kontext des gesamten Redaktionswerkes interpretiert. Die Aufgaben der R. stellen sich freilich je nach der einer Redaktion vorausliegenden Überlieferungsgeschichte anders, z. B. für das Mk-Ev., dessen Autor wohl als erster die ihm überkommenen Traditionen in einen quasi-biographisch-chronologisch-geographischen Rahmen vom Auftreten des Täufers bis zum Tode Jesu einspannt, anders als für das Mt- u. Lk-Ev., denen das Mk-Ev. mit seinem Aufriß als literarische Vorlage dient, deren Bearbeitung durch die Redaktoren der Großevangelien folglich genau kontrolliert werden kann. Im AT sind die Aufgaben der R. etwa bei der Erforschung der Redaktion der Geschichtsbücher oder der Prophetenbücher recht verschieden; hier rechnet man nicht nur mit einzelnen Männern, den Redaktoren, sondern mit Lehr- u. Überlieferungsinstitutionen, sog. Schulen (etwa von Priestern u. Propheten). Da die R. mit dem festen Wortlaut des überlieferten Textes in seiner Endgestalt arbeitet, kann sie in der Regel umfänglicher gesicherte Aussagen machen als die notwendig mit Rekonstruktionen u. erschlossenen Vorstufen arbeitende Formgeschichte. Die R. muß deshalb auch als Ausgangspunkt der Formgeschichte notwendig zu Rate gezogen werden, ebenso wie die R. auf die Hilfe der Formgeschichte nicht verzichten kann. Die beiden Methoden müssen im „Zirkel" Hand in Hand arbeiten. Die R. ist überdies auf die besondere Hilfe der ↗Literarkritik (also der Quellenscheidung innerhalb der Gesamtwerke zwischen Elementen traditioneller u. redaktioneller Herkunft) angewiesen; Hilfsmittel redaktionsgeschichtlicher Arbeit im einzelnen sind die (nicht mechanisch zählende, sondern die Einzelbelege wertende) Vokabelstatistik, die Untersuchung von Grammatik u. Stil (die den Redaktor charakterisieren), die Erforschung des Aufbaus u. der leitenden theol. Gedanken der Werke anhand charakteristischer Rahmenbemerkungen, theol. Begriffe u. Vorstellungen. Die redaktionsgeschichtliche Arbeit mündet in der Regel unmittelbar in die Auslegung der vorliegenden überlieferungsgeschichtlichen Endgestalt, der Texte im einzelnen wie der Gesamtwerke.   pe

Redaktor. R.en heißen im Sprachgebrauch der Bibelwissenschaften jene Männer, welche mündliche oder schriftliche Einzelüberlieferungen zu Teilsammlungen bzw. zusammen mit Teilsammlungen zu größeren Schriften zusammenfassen u. sie dabei „redigieren", d. h. sichten, sprachlich überarbeiten, zusammenordnen, durch Rahmenbemerkungen verbinden, auch theologisch akzentuieren oder umprägen. ↗Redaktionsgeschichte.   pe

Redegattungen. Im politischen Leben Israels spielte die Kunst der Rede ebenso wie bei anderen Völkern eine große Rolle. Das AT überliefert verschiedene Formen: die ↗Abschiedsrede des politischen Führers (Jos 24), die außenpolitische (2 Kg 18, 19 ff) oder militärische (1 Makk 9, 44 ff) Kampfrede, die innenpolitische Hetzrede (Ri 9, 7 ff). Die mehr rational geformte religiöse Rede, die Predigt, trat seit dem 6. Jh. häufig an die Stelle des stärker ekstatisch geprägten ↗Spruchs der Propheten oder Priester (vgl. Jr 7; Dt 1–11).

Geschichtsbetrachtung u. religiöse Mahnung waren in diesen Reden verbunden (↗Paränese).

Die ↗Formgeschichte hat die Bedeutsamkeit der R. für das NT hervorgehoben: Die Evv. sind entstanden aus der urchristl. Missionspredigt. Beispiele dieser Predigt haben wir nur noch indirekt in den Reden der Apg, die Lukas sozusagen als Muster für die Missionspredigt dieser späteren Zeit (um 80–90) komponierte. – Die Reden Jesu in den Evv. sind keine einheitlichen Kompositionen, sondern aus einzelnen Sprüchen u. Spruchsammlungen (↗Logien) zusammengewachsen.   oh

Redestil. Im AT wie im NT finden sich typische Elemente orientalischen R.s. Im AT sind uns etliche Reden überliefert: Der ↗Jakobssegen, die Reden Ijobs u. seiner Freunde u. a. Am deutlichsten treten die orientalischen Stilelemente in der prophetischen Rede zutage: Bilderreichtum, Wechsel von Prosa u. Poesie, ↗Parallelismus membrorum, Symbolhandlungen sind für diesen R. charakteristisch. Im NT finden sich die gleichen Stilelemente in den Reden Jesu. Diese sind zwar redaktionelle Kompositionen, doch sind seine ↗Logien deutlich vom R. der Propheten u. Weisheitslehrer geprägt. Die Reden der Apg geben, entsprechend dem griech. R., nicht das gesprochene Wort wieder, sondern sind eine eigene literarische Kunstform, in die der Verfasser seine Gedanken kleidet.   ba

Reflexionszitat. Der Begriff R. begegnet speziell in der Mt-Forschung als Bezeichnung für die 10 Zitate aus dem AT, vor allem aus den prophetischen Schriften, die der Evangelist einführt oder (meist) abschließt mit den Worten „damit erfüllt würde . . ." oder „so wurde erfüllt . . ." (Mt 1, 23; 2, 15.18.23; 4, 15 bis 16; 8, 17; 12, 18–21; 13, 35; 21, 5; 27, 9–10). Diese R.e ordnet der Evangelist in Übersetzung u. Redaktion seiner theol. Intention unter u. stellt sie in den Dienst seiner Erfüllungstheologie. Dabei legt er Wert auf den Nachweis, daß die prophetischen Weissagungen in Jesus wortwörtlich, ja sogar überwörtlich erfüllt sind, daß Jesus so eindeutig derjenige ist, auf den die atl. Propheten hingewiesen haben. (Ein Bei-

spiel für überwörtliche Erfüllung findet sich in Mt 21, 2–7: Die atl. Vorlage Sach 9, 9 spricht vom endzeitlichen Friedenskönig, der „demütig auf einem Esel reitet, auf einem Hengst, einer Eselin Füllen". Dabei handelt es sich um einen ↗Parallelismus membrorum; gemeint ist nur ein Esel. Um zu zeigen, daß sich diese prophetische Voraussage an Jesus bis in die kleinste Einzelheit erfüllt hat, läßt Mt Jesus auf zwei Eseln, „einer Eselin *mit* ihrem Füllen", reiten.)
gl

Regel (griech. ↗Kanon), Richtschnur, in übertragener Bedeutung Norm, Maßstab. Paulus faßt in diesem Begriff einmal seine Predigt von der neuen Seinsweise der Christen zusammen (Gal 6, 16; Phil 3, 16); zum andern beschreibt er damit die ihm gegebene Sendung u. Gnade oder das ihm zugeteilte Missionsgebiet (2 Kor 10, 13–16).
we

Regenbogen (hebr. = Kriegsbogen). Nach dem Strafgericht der Sintflut ist der R. Zeichen des Bundeswillens Jahwes, der gleichsam seinen Kriegsbogen für immer beiseite gestellt hat (Gn 9, 12–17). – Die Farbenpracht des R. ist Emblem der Herrlichkeit Gottes, eines Engels oder des Hohenpriesters (Ez 1, 28; Apk 4, 3; 10, 1).
he

Regenzeit ist in Palästina von Oktober bis April. Ab Mitte Oktober fällt der Frühregen; er weicht den in der fünfmonatigen Trockenzeit ausgedörrten Boden auf u. ermöglicht so Pflügen u. Säen. Vom Spätregen (März/April) hängt eine gute Ernte ab (Dt 11, 14; Jak 5, 7). Dazwischen liegt eine Periode häufiger, meist plötzlicher u. heftiger Regen (Ez 13, 13 f; Mt 7, 25.27). Nur rechtzeitige u. ausreichende Regen bedeuten Fruchtbarkeit, ausbleibende oder zu geringe Dürre u. Hungersnot. Da der Israelit sein ganzes Leben von Gott her begreift, gilt ihm Regen als Segen Jahwes (Jr 5, 24; Ez 34, 26 f), Dürre aber als sein Gericht (Dt 11, 17; Hag 1, 11).
he

Reich Gottes. Der griech. Ausdruck basileia theou („Königtum Gottes", hebr. malchut Jahwe) bezeichnet in erster Linie die ausgeübte Macht, das königliche Herrschen Gottes. Deshalb empfiehlt sich die Übersetzung „Herrschaft Gottes". Doch bisweilen ist ein besonderer Bereich oder Zustand gemeint, in dem

sich die Gottesherrschaft voll auswirkt; hier sprechen wir vom R. G. „Himmelreich" (bei Mt; besser „Himmelsherrschaft") umschreibt nur den Gottesnamen. u. wäre als „Reich über den Wolken" gründlich mißverstanden: es geht um den Herrschaftsanspruch Gottes auf diese Welt. – Im AT ist viel von Jahwes Königsherrschaft die Rede, aber selten im Sinn von „R. G." 1 Chr 17, 14 wird das davidische Königreich so bezeichnet (theokratisch idealisiert); in den Visionen des Dn werden die Weltreiche abgelöst vom Reich des Menschensohnes (7, 14 – bzw. des Volkes der Heiligen, wie V. 27 deutet). Während im rabbinischen Judentum die „Himmelsherrschaft" eher eine spirituelle Größe ist, lebt u. entfaltet sich in der ↗Apokalyptik (freilich neben düsteren Endzeitspekulationen) die große Vision der Propheten weiter (etwa Js 11): ein universales Reich des Friedens u. des Heils, das auch die Schöpfung umgestaltet; ein geläutertes Leben der Menschen jenseits von Schuld u. Tod, unter der umfassenden Ordnung der göttlichen Gesetzes. – Jesus verkündet weder ein politisches noch ein bloß geistig-moralisches R. G., sondern knüpft an die prophetischen Visionen an. Das Aufrüttelnde ist aber das Nachricht, daß das alles „nahe" ist (Mk 1, 15), „vor der Tür steht" (13, 29). Das R. G. kommt nicht durch unser Bemühen, sosehr wir zur Arbeit im Weinberg bestellt sind (Mt 20, 1 ff), sondern es wächst allein aus Gottes Kraft (vgl. Mk 4, 26–29). Man kann wohl „Mitarbeiter für das R. G." sein (Kol 4, 11), aber „das R. G. aufbauen" kann nur Gott allein. Uns bleibt die demütige Bitte: „Es komme dein R.!" (Mt 6, 10.) Näheres: ↗Herrschaft Gottes.
ur

Reichsheiligtum. König Jerobeam I. von Israel machte nach der Reichsteilung die alten Kultstätten Betel u. Dan zu Reichsheiligtümern, um die Wallfahrt zum Jerusalemer Tempel zu unterbinden (1 Kg 12, 26 ff), u. stellte dort zwei Stierbilder auf, die jedoch nicht Bilder, sondern Attribute Jahwes darstellten.
ba

Reichtum (Reiche). Im AT wurde der Reiche als ein besonders von Gott gesegneter Mensch angesehen. R. war ein Kennzeichen besonderer göttlicher Huld

(z. B. Abraham, Gn 13, 2). Als man aber später den R. mißbrauchte, haben die ↗Propheten die Reichen oft getadelt (z. B. Jr 34, 8 ff). Im NT wird angesichts der Frohbotschaft vom Gottesreich u. der Naherwartung die völlige Hingabe um des Himmelreichs willen verlangt (vgl. das Gleichnis von der überaus kostbaren Perle, Mt 13, 45 f). Vor allem Lk verurteilt immer wieder den schlechten Gebrauch des R. Die Reichen u. Satten werden vom Gottesreich ausgeschlossen; den ↗Armen u. Hungernden wird der Lohn im Himmel verheißen (Lk 6, 20 ff). Das Streben nach irdischen Gütern ist eine Torheit. Der Reiche kann das, woran er seine Seele hängt, nicht behalten, wenn der Tod kommt (Lk 12, 16). Der Mensch kann nur einem Herrn dienen: Gott oder dem ↗Mammon (Lk 16, 13). Die Bedeutung des Besitzes für das ewige Heil des Menschen enthüllt das Gleichnis vom reichen Mann u. dem armen Lazarus (Lk 16, 19–31). Wer in das ↗Reich Gottes eingehen will, muß sein Herz von der Gebundenheit an den R. lösen (Lk 18, 29 f). Für den Glaubenden aber ist der R. eine Gabe Gottes, die zum Dienst am ↗Nächsten verwandt werden soll (Lk 16, 10–12).   br

Reine u. unreine Tiere kennt wie alle Völker auch Israel (Gn 7, 2.8; Lv 11; Dt 14, 3–21). Als unrein galten Landtiere, die nicht wiederkäuen u. keine gespaltenen Klauen haben, Wassertiere ohne Flossen u. Schuppen, Raubvögel u. Kriechtiere. Sie durften nicht gegessen u. geopfert werden u. wurden wohl für unrein erklärt, weil sie als dämonische Wesen galten oder im Kult der Nachbarvölker geopfert wurden.   we

Reinheit ist ein Begriff, der in antiken Religionen eine wichtige Rolle spielt. R. ist die Verfassung, die den Menschen befähigt, mit der Gottheit in Kontakt zu treten. Dabei handelt es sich zunächst nicht um sittliche, sondern um kultische R. Die Heiligkeit Gottes fordert, daß der Mensch aber rein frei ist, was als verunreinigend gilt (↗Heilig). Un-R. wird durch bestimmte Dinge, Handlungen oder Zustände hervorgerufen, die alten magischen Vorstellungen zufolge mit geheimnisvollen u. gefährlichen Kräften geladen sind (Tabu). Die große Bedeutung, die das AT der kultischen

R. zumißt, ist bedingt durch die Heiligkeit Gottes. Weil Jahwe heilig ist, duldet er nichts Unreines. Die R. befähigt zur Teilnahme am ↗Kult u. am Leben der Volksgemeinschaft. Un-R. entsteht vor allem durch die Berührung mit dem Heidentum. Das Land der ↗Heiden ist unrein, deshalb muß die Kriegsbeute vernichtet werden (↗Bann, vgl. Jos 6, 24 ff). Gewisse Tiere galten als unrein; ihr Genuß war verboten, vermutlich, weil sie in heidnischen Kulten eine Rolle spielten. Die hauptsächlich in Lv 11–16 enthaltenen R.s-Gesetze gelten jenen Gegebenheiten, durch welche die kultische R. verlorenging: Sexualvorgänge, bestimmte Krankheiten, Blutgenuß, Berührung von Toten (vgl. Nm 19). Israel hat hier alte Tabuvorstellungen übernommen, vielleicht aus einem Wissen um die Heiligkeit u. Gefährdung des Lebens. Durch ihre Eingliederung in das ↗Gesetz wurden sie zu verpflichtenden Forderungen Jahwes, die mit dazu beitrugen, das Volk im Gehorsam unter Gottes Willen zu stellen. Die R.s-Gesetze sonderten Israel von den Heiden ab u. schützten den Monotheismus. Gegen einen Formalismus, der sich mit kultischer R. begnügt u. die sittliche außer acht läßt, wandten sich die Propheten mit heftiger Kritik. Immer wieder halten sie dem Volk vor, daß äußere R. vor Gott wertlos ist ohne Gehorsam gegenüber den göttlichen Geboten, die Erbarmen, Recht u. Treue fordern (Hos 6, 6; Am 5, 21–25; Js 10, 1–17 u. a.). Im NT wird die prophetische Linie weitergeführt. ↗Jesus hat sich wohl an die R.s-Gesetze gehalten, aber radikal die sittliche R. als das einzig Entscheidende verkündet (vgl. Mk 7, 1–23). Denen, die ein reines Herz haben, verheißt er die Gottesschau (Mt 5, 8; vgl. Ps 24, 4). Es dauerte einige Zeit, bis das junge Christentum sich von kultgesetzlichen Vorstellungen lösen konnte (vgl. Gal 2, 11 bis 14 u. a.), was mit der Trennung vom Judentum nach u. nach erfolgte.   ba

Reinheitsgesetze ↗Reinheit.

Reinigung war erforderlich, um eine kultische Unreinheit zu beseitigen. Sie erfolgte durch bestimmte Riten: Waschungen, Bäder, ↗Opfer (↗Reinheit). Am ↗Versöhnungstag geschah die R. des ganzen Volkes durch Ausstoßung des

Bockes, der mit den Sünden aller beladen wurde. R. als göttliche Heilstat versprachen die Propheten den Erwählten (Ez 36, 33 u. a.). Nach dem NT schenken Glaube u. Taufe R. u. Heiligung (Röm 6, 4; Eph 5, 26). Nach dem Hebr-Brief reinigt der Opfertod Christi die Getauften. – R.s-Eid war ein ↗Eid, den der Angeklagte leisten mußte, wenn er keine entlastenden Zeugenaussagen beibringen konnte (Ex 22, 10; Lv 5, 22). Etwas ähnliches ist das sog. Eifersuchtsopfer (Nm 5, 11–31), das der unter dem Verdacht des Ehebruchs stehenden Frau von ihrem Mann abverlangt werden konnte. ba

Reis, Sproß oder junger Trieb einer Pflanze (Ib 14, 7); Gott kann es wachsen lassen (Ps 65, 11) oder verderben (Gn 19, 25). – R. ist Bild für Einpflanzung u. Ausbreitung des Volkes in Geschichte (Ps 80, 12) u. Endzeit (Hos 14, 7; Js 4, 2). – Bei Jesaja bezeichnet die R. den gerechten Herrscher der Endzeit aus dem Hause David (11, 1) u. den Knecht Gottes (53, 2); ähnlich erwartet Jeremia einen gerechten Sproß (23, 5; 33, 15). Bei Ezechiel ist ein gebrochenes R. Bild für die Exilierung (17, 4) u. für die Rückkehr nach Jerusalem (17, 22). – Wie ein R. sind die Heidenchristen dem judenchristl. Ölbaum eingepflanzt (Röm 11, 17). he

Reisebericht. Der R. ist eine sehr alte literarische Art. Lk kleidet einen Großteil seines Ev. in die Form eines R. Jesu (von Galiläa nach Jerusalem: 9, 51 – 19, 28). Er hat dabei weniger biographisches Interesse (nach Joh ist Jesus mindestens dreimal nach Jerusalem gereist) als ein theologisches: Die drei Jahre seines öffentlichen Wirkens sind ein einziger Weg Jesu nach der heiligen Stadt; sie ist das Ziel seines Lebens, dort sollte er „aufgenommen" werden (Lk 9, 51; Apg 1, 2). „Denn es geht nicht an, daß ein Prophet außerhalb Jerusalems umkommt" (Lk 13, 33; vgl. 9, 31). ur

Religion. Das NT verkündet, daß der einzige Weg zum ↗Heil das gläubige Vertrauen auf die Botschaft von der ↗Erlösung durch ↗Jesus ↗Christus ist. Damit stellt es alle R.en in Frage, die mit Hilfe religiösen Instrumentariums (Frömmigkeit, Kult, Opfer, Gebet) über ↗Gott u. das Heil der Menschen verfügen zu können glauben. Die magisch-religiöse Haltung, in der man das Göttliche als den geheimnisvollen Teil der Welt verstand, gehört einer frühen Entwicklungsstufe des menschlichen Weltverständnisses an; sie ist ein tastender Versuch der Antwort auf das Geschenk des Lebens u. seine Ängste, möglich geworden, weil Gott auch diese Menschen schon vorher angeredet hat (Röm 1, 19 f). Mit dem Eintritt der Masse des römischen Volkes (4. Jh.) strömte vorchristl. Religiosität in die Kirche ein; die christl. Neuansätze wurden wieder in Frage gestellt, eine kaum aufzulösende Symbiose des Christentums mit vielen Elementen heidnischer R.en entstand. Das Christentum wurde dadurch zum Verfechter einer Weltanschauung, die nicht zum Kern seines Wesens gehörte u. die im Laufe der Zeit mehr u. mehr überwunden wurde. Eine Auswirkung war z. B. die feindliche Einstellung der Kirche zu manchen naturwissenschaftlichen Erkenntnissen. Infolgedessen wandten sich in der Neuzeit die aus der magisch-religiösen Weltanschauung emanzipierten Menschen auch von der Kirche ab, im Namen mancher Forderungen des Christentums (Freiheit, kritische Offenheit, Kampf gegen Aberglaube u. Ideologie) traten sie gegen das Christentum auf. Als Antwort darauf entwickelte sich innerhalb der Kirchen die ↗nichtreligiöse Interpretation des Christentums, d. h. die radikale Absage an alles magisch-religiöse Selbstverständnis u. an die R. als Garantin einer unveränderlichen Weltanschauung u. ↗Ideologie. Diese Richtungen moderner Theologie (u. a. Bultmann, Bonhoeffer, Robinson) stützen sich auf das bibl. Verständnis des ↗Glaubens: Das unbedingte Vertrauen auf Gottes Heilszusage braucht keine Sicherungen (Vorbild Abrahams, ständige Bereitschaft zum ↗Auszug ins Unbekannte auf Gottes Wort hin). Sie wenden sich gegen die Verengung des Glaubensverständnisses auf das Für-wahr-Halten kirchlicher Doktrin u. verwerfen die Haltung, die den Glauben als Tugend u. sicheren Weg zum Heil mißversteht. Doch selbst ein Glaube ohne Sicherungen braucht bestimmte Ausdrucksformen u. schafft sich ein religiöses Weltverständnis. Solange diese Religiosität personal gefüllt bleibt, kann sie dem Menschen zeigen, daß er über sich hinaus auf einen letzten unverfügbaren Sinn verwiesen ist, u. kann ihn zu entsprechender Lebensführung anhalten. Wir sind aufgerufen, vom Glauben an die unveränderliche ↗Treue Gottes her stets neu einen Entwurf von der Welt zu wagen. Damit gewinnnen wir neuen Einblick in den Wert nichtchristl. R.en, denn auch in ihnen wird das Bemühen der Menschen deutlich, die Welt von einem letzten Sinn her zu verstehen. Der bibl. Polemik gegen die Nichtigkeit des Glaubens der Völker steht die Aussage des Konzils gegenüber: Die nichtchristl. R.en sind Zeugnisse für die bibl. Lehre, daß sich Gottes Heilsratschlüsse auf alle Völker beziehen (Weish 8, 1; Apg 14, 17; Röm 2, 6 f), daß sein Licht jeden Menschen erleuchtet (Joh 1, 9).   oh/hi

Religionsfreiheit. Von der Überwindung des Standpunkts der ↗Religionen her vertritt die Urkirche in zunehmendem Maße R., weil sich durch das ↗Evangelium der Heilsweg der religiösen ↗Leistungen als Holzweg u. Sackgasse herausgestellt hat. Vor allem Paulus macht immer wieder klar, daß die religiöse Vergangenheit des Glaubenden belanglos geworden ist vor Gottes ↗Rechtfertigung, der vorausgsetzungslos das ↗Heil jedem dafür Offenen zuteil werden läßt (vgl. Röm 3, 27–30). Er geht sogar noch weiter u. bemüht sich, das Positive jeder religiösen Anschauung zu sehen u. gelten zu lassen (1 Kor 9, 20 bis 23). R. in diesem Sinn bewies u. a. auch die zum ↗Apostelkonzil versammelte Urkirche, als sie den engen Standpunkt der ↗Judaisten ablehnte u. das Christentum den ↗Heiden öffnete (Apg 15, 1–29). Diese tolerante Haltung nahm mit zunehmender ↗ Institutionalisierung der Kirche zusehends ab u. wurde von einer engen, ideologisch-unduldsamen Auffassung verdrängt, die das Christentum zur Religion im überwundenen Sinn machte. Heute besinnen sich die Christen wieder neu auf die R. der Urkirche u. beginnen Barrieren abzubauen, hinter denen sich im Laufe der Geschichte Unduldsamkeit u. Selbstüberschätzung eingenistet haben. ↗Freiheit, ↗Gewissensfreiheit.   hi

Religionsgeschichte. ↗Offenbarung ergeht nicht in einem überzeitlichen Rahmen, sondern ereignet sich in einer konkreten geschichtlichen Situation. Von diesem Tatbestand ist auch die ↗Bibel nicht auszunehmen, die nur in Verkennung ihres geschichtlichen Charakters zu einem Lehrbuch ewig gültiger theologischer Begrifflichkeit erklärt werden kann. Das statische Bild einer am Rande zur Magie sich bewegenden Auffassung von ↗Wort Gottes wurde durch das mit dem Humanismus sich anbahnende neue Verständnis der Glaubensquellen immer mehr in Frage gestellt. Das in der Aufklärung ständig stärker werdende Interesse an der Historie hat zu reiche Funde gelohnt (↗Handschriftenfunde), welche die durch das Kanonprinzip isolierte ↗Hl. Schrift immer mehr in das Licht ihrer Umwelt stellten. Die Kenntnis der im Bereich des AT u. NT lebenden Religionen erschütterte zusammen mit der Skepsis gegen das Irrationale auch den Absolutheitsanspruch des Christentums. Das rein historische Interesse u. die hegelianische Geschichtskonstruktion mit der Suche nach den Gegensätzen u. weitertreibenden Kräften der Geschichte erhielt durch den Stand der bibelwissenschaftlichen Forschung vor der Jahrhundertwende reiches Material. Die philologisch-kritischen Methoden zur Erfassung historischer Zusammenhänge wurden immer mehr ausgebaut u. fanden in den Hypothesen der ↗Quellenscheidung (z. B. Pentateuchquellen, Mk-Priorität u. ↗Logienquelle) immer klarere Erkenntnishilfen. Die Einbeziehung der Vorstellungswelt des Iran, der phönizischen Religion, der ägyptischen u. hellenistischen ↗Mysterien, des Hermetismus, des rabbinischen u. hellenistischen Judentums, der ↗Gnosis u. besonders der ↗Apokalyptik sprengte die Grenzen des ↗Kanons u. stellte die Frage nach dem Spezifikum christl. Botschaft in aller Radikalität, wobei den jeweils neu auftauchenden Texten eine erhöhte Bedeutsamkeit zugesprochen wurde u. wird u. dadurch noch so geniale Entwürfe einer geschichtlichen Darstellung des Werdens der christlichen Religion an Einseitigkeit leiden. An dem philosophischen Vorverständnis u. den Einzelergebnissen der sog. Religionsgeschichtlichen Schule (u. a Eichhorn, Gunkel, Bousset, Troeltsch, Reitzenstein, Dalman, Deißmann, Baudissin, Bertram) kann oft Kritik geübt werden, ihre grundsätzliche Methode aber hat sich auch nach dem Niedergang der Schule in den zwanziger Jahren dieses Jh. noch erhalten. Sie besteht in einer gewissenhaften Interpretation der bibl. Zeugnisse aus dem Lichte der Umwelt heraus u. steht so jeder durch historische Texte angeregten Eigenspekulation entgegen. Die heutige ↗Bibelwissenschaft, welche mit der historisch-kritischen Methode arbeitet, hat in den Texten von Ugarit, Nag Hammadi, Qumran u. Murabbaat zusätzliches Vergleichsmaterial erhalten. Die Einbeziehung des religionsgeschichtlichen Hintergrundes – wobei ↗Religion als Teil einer gesamtmenschlichen Geschichte zu fassen ist – gehört zur grundlegenden Voraussetzung, auf die ein Verständnis konkret veranlaßter historischer Texte aufbauen kann. Dabei ist einerseits der Tatsache Rechnung zu tragen, daß die bibl. Texte nicht immer klar den religionsgeschichtlichen Hintergrund deutlich werden lassen, wie etwa die von Paulus bekämpften Anschauungen. Anderseits ist auch ständig damit zu rechnen, daß Begriffe, Riten u. ä. bei dem Übergang von einzelnen Kulturkreisen in andere auch einen Bedeutungswandel erfahren können (Pseudomorphose). Viele Fragen der heutigen Bibelwissenschaft, etwa das Verhältnis von AT u. NT, Jesus u. Paulus, jüd. u. hellenistischem Christentum, die Probleme der Gnosis, der Entmythologisierung usw., sind nur von der religionsgeschichtlichen Forschung her zu verstehen. Nur im Gespräch der Bibel mit ihrer Umwelt erhellt auch für uns heute das Spezifikum der bibl. Botschaft.   tr

Religionsmischung (Synkretismus). R. ist eine allgemeine religionsgeschichtliche Erscheinung. Besonders zur Zeit der Entstehung des NT, im Zeitalter des ↗Hellenismus, mischen sich verschiedenste Religionen u. Kulte (↗Gnosis, ↗Mysterien). Im allgemeinen wehrt sich der bibl. ↗Glaube ständig gegen das Einsickern fremder Kulte, so z. B. die atl. Propheten gegen den kanaanäischen Baalskult. Freilich ist dem nicht immer Erfolg beschieden. Die Umweltreligionen beeinflussen mancherorts direkt das bibl. Glaubensbekenntnis (Schöpfungsbericht) u. den bibl. Kult. Auch das NT bedient sich mit einer großen Selbstverständlichkeit verschiedenster Elemente religiöser Sprache aus seiner Umwelt, um das Ereignis von Tod u. Auferstehung Jesu ↗Christi zu bekennen u. verstehbar zu verkünden. Weil es im wesentlichen die atl.-jüd. Tradition bewahrt, kann nicht eigentlich von Synkretismus gesprochen werden. Das NT verdankt sein sprachliches Gewand einerseits der hellenistischen Denk- u. Vorstellungswelt, anderseits der atl.-jüdischen.   gr

Rest, im AT theologisch bedeutsamer Begriff, der besagt, daß in den über ↗Israel hereinbrechenden Katastrophen, die als Strafgericht Gottes verstanden wurden, ein kleiner Teil des Volkes gerettet u. damit Israels Zukunft garantiert wird. Der R.gedanke, erwachsen aus der Spannung zwischen Erwählungsglaube u. Gerichtserfahrung, ist ein Element prophetischer Verkündigung. Der Begriff hat eine Entwicklung durchgemacht. Bei den vorexilischen Propheten sind R. die Überlebenden der Assyrereinfälle (Am, Js) sowie der heilige R. am Ende der Zeiten (Mich). Für die Propheten der Exilszeit sind es die Verbannten, die einmal zurückkehren werden (Ez, Deutero-Js), nach dem Exil die nach Zion Heimgekehrten, der gerettete Rest. Der R.gedanke, der bei den älteren Propheten eine Strafandrohung war, wird seit dem Exil zur Heilsverheißung, daß Gott einen R. seines Volkes retten wird. Immer ist der R. der Träger des messianischen Heils, das Jahwe an ihm verwirklichen wird. Da auch die nachexilische Volksgemeinschaft nicht genügend geläutert war, kündigten die letzten Propheten (Trito-Js, Mal, Sach) einen eschatologischen R. an, dem auch die Heiden eingegliedert werden. Im Judentum wandelt sich der R.gedanke. Er wird jetzt auf eine Auslese innerhalb Israels übertragen. Nach den Vorstellungen apokalyptischer Kreise wird nur der kleine Teil der Frommen aus den Drangsalen der Endzeit durch den ↗Messias gerettet. Die Qumrangemeinde glaubte, dieser R. zu sein, auf den die

Heilsverheißungen Gottes übergegangen
seien. Im NT greift Paulus den R.gedan-
ken auf, wenn er Röm 9, 27 f sagt, daß
neben den Scharen der Heiden nur ein
R. Israels gerettet wird, der durch den
Glauben an Jesus das verheißene messianische Heil erlangt (vgl. Röm 11, 26 f).

ba

Restauration. Unter R. versteht man einmal die kultische u. politische Erneuerung unter König Josija von Juda, zum
anderen die Maßnahmen Nehemias u.
Esras zur Konstituierung der nachexilischen Gemeinde. ba

Retter (retten). Der Begriff R. gehört ursprünglich in den militärischen Zusammenhang u. meint: jemanden aus der
Macht des Feindes befreien; ihm die
Freiheit wiedergeben dadurch, daß man
den Feind vertreibt. In der Bibel ist der
Begriff R. immer von der Erfahrung der
jeweiligen Not, aber ebenso von der
Heilserwartung des Volkes Gottes bestimmt. ↗Israel hat in der Frühzeit seiner Geschichte Jahwe als R. erfahren. In
den späteren Interpretationen der eigenen Geschichte (↗Heilsgeschichte), die
in den bibl. Büchern ihren Niederschlag
fanden, erkennt das Volk: Jahwe ist R.,
Erlöser u. Heiland, nicht nur Israels,
sondern aller Völker. Rettend greift er
ein in die fixierbare Geschichte seines
Volkes, in die existentiell umschreibbare
Situation des einzelnen. Die Befreiung
aus der ägyptischen Knechtschaft u. den
Zug durch das Schilfmeer (Ex 14, 3; 15, 2)
versteht Israel als die Rettungstat seines
Gottes schlechthin. Ihre Vergegenwärtigung begeht es im alljährlichen ↗Pas-
cha. Aus der vorköniglichen Zeit des
↗Stämmebundes überliefert uns das
↗Richterbuch modellartige Erzählungen
vom rettenden Eingreifen Gottes. Sie
alle sind nach demselben Schema aufgebaut: Das Volk wird dem ↗Bund untreu, Gott läßt es in die Gewalt der
Feinde fallen. Das Volk kehrt um zu
Gott u. dem Bund; Gott erweckt einen
R., der in seinem Namen u. Auftrag den
Heiligen ↗Krieg führt u. dem Volk Befreiung verschafft. Auch in der Bedrän-
gung des ↗Exils gilt Jahwe als R. seines
Volkes (Js 46, 13 u. a.). Gleichwie Jahwe
für das Volk rettend eintritt, so rettet er
jeden einzelnen aus den ausweglosen
Situationen seiner Existenz, er befreit

ihn von den Mächten der Sünde (vgl.
Js 33, 22–24; Ez 26, 25–30 u. a.).
Die Evv. bezeugen ↗Jesus als den von
Gott verheißenen u. gesandten R. seines
Volkes u. aller Menschen. Er ist Herr
über ↗Krankheit, ↗Tod u. ↗Sünde, er
heilt u. rettet, doch mit der Befreiung
von der Krankheit schenkt er das eschatologische Heil (Lk 7, 50; Mk 5, 36
u. a.). Er bringt das ↗Heil Gottes, die
↗Erlösung, er führt die Seinen aus dem
Reich des Todes in das Reich des Lebens
(Eph 2, 5). Auf ↗Hoffnung hin sind wir
gerettet (Röm 5, 9; 8, 24 u. a.). Gott hat
die Menschen erschaffen, er will alle
retten (1 Tim 2, 4); er ist R. aller (1 Tim
4, 10); er hat Jesus gesandt als R. u. Heiland der Welt (Joh 4, 42). be

Rettung. Das hebr. u. griech. Wort R.
hat vielerlei Bedeutung: herausreißen,
Weite geben, Raum schaffen, indem
man den Feind vertreibt, herausgehen
lassen, heil erhalten, aus Bedrängnis befreien. Im AT werden ↗Krankheit, Hungersnot, Niederlagen, ↗Sünde, ↗Gott-
ferne als Situationen erfahren, aus
denen der Mensch sich selber nicht befreien kann. Darum meint R. die Rückkehr zum Leben mit Gott, den Übergang aus dem Bereich des ↗Todes
(Scheol) in den des ↗Lebens. Gott allein
kann Heilung, ↗Sieg, ↗Segen, ↗Ver-
gebung geben. Auch im NT meint R.
immer ein Herausgerettetwerden aus
den Machtbereichen von Krankheit,
Sünde, Gottferne, ↗Zorn u. ↗Finsternis
(Mt 6, 13; Apg 2, 40; Röm 7, 24 u. ö.) in
das Reich des Lebens, des ↗Lichtes u.
der ↗Freude. ↗Christus bewirkt die R.
schon jetzt, er wird als ↗Retter u. Erlöser wiederkommen. ↗Erlösung. be

Reue (bereuen). Atl. Schriften sprechen
von einer R. Jahwes über sein eigenes
Tun: im Einzelfall (1 Sm 15, 11), aber
auch sehr kategorisch (Gn 6, 6). Dabei
wird dem Menschen aufgezeigt, wie
wenig er Jahwes Erwartung entspricht;
es geht also nicht um das, was „in Jahwe
vor sich geht"! – Röm 11, 25–32 verkündet: Gottes Heilsplan ist zielgerichtet,
über ihn gibt es keine R. All dem entspricht, daß R. beim Menschen des AT
wie NT nur als Sinnesänderung,
↗Umkehr wirksam wird. So verstanden,
kann es der R. zukommen, dem Menschen die Zukunft eines Lebens vor Gott

zu erschließen (Jr 8, 4–6; Apg 8, 22; 11,
18; Apk 2, 5). ka

Revolte. Das Bild von der R. der Engel
gegen ihren Schöpfer u. vom Sturz der
Engel entstammt nicht eigentlich bibl.,
sondern spätjüdisch-apokalyptischem
Denken. Wohl aber weiß die Bibel um
widergöttliche ↗Mächte u. Gewalten
in der Welt u. im Menschen. Für die Bibel
ist es vor allem der ↗Mensch, der in
der R. lebt gegen seinen ↗Herrn u.
Schöpfer. Ps 2, 1–4 ist ein Bekenntnis
↗Israels zu ↗Jahwe als dem Herrn der
Menschen. Diese leben zwar im Widerspruch zu ihrem Schöpfer, sie haben sich
von ihrem Ursprung abgewandt u. wollen ihre eigenen Herren sein. Dies ist
auf andere Weise auch in der bibl. Sündenfallerzählung ausgesagt; die Schlange
verspricht dem Menschen, zu sein wie
Gott u. zu erkennen, was gut ist u. was
böse (Gn 3, 5). Der Mensch will sein wie
Gott, d. h. gut u. böse bestimmen; er
will sein eigener Herr sein, er verleugnet seinen Ursprung; so wird er diesem
u. auch sich selbst fremd (↗Selbstent-
fremdung). So lebt er ständig in der R.
Dies wird letztlich deutlich im Christusgeschehen. ↗Jesus ist der Mensch, der
von Gott her u. auf Gott hin lebt; er ist
der Sohn, der den ↗Willen (Gottes)
seines Vaters tut. Er steht gegen die
bösen Mächte u. Gewalten im Menschen, er kämpft gegen die Selbstentfremdung des Menschen, er will das
Böse aus der Welt schaffen; er lehrt die
Menschen, Gott als Vater anzunehmen,
in der Haltung der Kinder u. der Armut
im Geiste vor Gott zu stehen. Doch die
Mächte der R. (↗Sünde, ↗Gesetz,
↗Tod) bringen Jesus zum ↗Scheitern;
er stirbt am ↗Kreuz. Doch gerade dadurch durchbricht er die widergöttlichen
Mächte. Durch sein Kreuz u. durch seine
↗Auferstehung befreit er den Menschen
grundsätzlich aus der R. Sein neues Leben eröffnet neuen Zugang zu Gott u.
eine neue menschliche Daseinsweise.
Nun ist es an jedem einzelnen Menschen, zu dieser Befreiungstat Christi ja
zu sagen oder diese abzulehnen. Der
Mensch kann auch weiterhin in der R.
leben – Paulus nennt ein solches Leben
Sarx (↗Fleisch), u. er beschreibt ein solches Leben in der R.: „. . . nicht was ich
will, führe ich aus, sondern was ich

hasse, tue ich. . . . Nun aber vollbringe
nicht mehr ich es, sondern die Sünde,
die in mir wohnt" (Röm 7, 16.17). Die
R. des Menschen gegen seine Herkunft
hat R. gegen sich selbst u. R. gegen
seine Umwelt, die ↗Mitmenschen, zur
Folge. Aus dieser R. erwachsen Haß,
Krieg, Unfrieden u. Unrecht. R. ist das,
was die Bibel unter Sünde meint. Christus hat den Menschen grundsätzlich aus
der R. befreit, er hat ihn befreit zur
↗Revolution der ↗Liebe. Wo einer
liebt, wo einer wie Jesus für die andern
dasein will, wo einer sein Leben angenommen hat, wo einer in der Weise
des Kindes seinem Schöpfer begegnet,
dort ist R. zu Ende gekommen. Allein
die Liebe ist ihr Ende. gr

Revolution. Für die abendländische
Theologie war der Begriff der R. negativ bestimmt. Ausgehend vom Konzept
der „rechtmäßigen Obrigkeit" im Sinn
von Röm 13, 1, wurde mehr oder weniger direkt deren Legitimität gleichgesetzt
mit der Legalität bestehender politischer
Herrschaftsverhältnisse. R. als gewalt-
samer Umsturz mußte von daher als
grundsätzlich unzulässig u. kategorisch
unchristl. gelten. Eine Ausnahme bildete
nur die bedingte Erlaubtheit des Tyran-
nenmordes. Erst das Aufkommen demo-
kratischer Staats- u. Gesellschaftsformen
seit der französischen u. amerikanischen
R., erst der Fortschritt der Sozialwissen-
schaften seit Karl Marx, nicht zuletzt
aber auch Erfolg u. Theorie der R.en im
20. Jh. (russische R., chinesische R., Theorien der R. in Lateinamerika, studenti-
sche ↗Gesellschaftskritik) haben der
christl. Theologie Variationen des R.s-
Begriffs zum Bewußtsein gebracht, die
eine Neuorientierung des christl. Denkens zugleich ermöglichen u. erfordern.
1966 haben auf der Genfer Weltkonfe-
renz „Kirche u. Gesellschaft" vor allem
die Theologen der sog. „Dritten Welt"
den Anspruch des Menschen auf revolutionäre Emanzipation geltend gemacht.
Seither arbeiten evangelische u. auch
katholische Theologen an einer „revo-
lutionären" oder „politischen" Theologie bzw. an einer „Theologie der R."
oder „Theologie der Politik". Der Ansatzpunkt dieser Bemühung ist nicht primär bibeltheologisch, sondern sozialethisch. Man geht aus von einer Ana-

lyse der Gesellschaft: ihrer Herrschaftsformen, ihrer sozialen Strukturen, ihrer
Repressionsmechanismen, ihrer Verteilung von Armut u. Reichtum, ihrer Ver-
steinerungen u. ihrer Zukunftspotenzen.
Wo diese Analyse dann zu dem Ergebnis kommt, eine bestimmte gesellschaftliche Situation erfordere das humane
Engagement der Christen, dort werden
bibeltheologische Topoi relevant u. konstitutiv für ein allgemein theol. Welt- u.
Selbstverständnis.
Für eine bibeltheol. Begründung der R.
als humaner, sozialer u. mithin gesell-
schaftspolitischer Emanzipation genügt
jedoch nicht der Hinweis auf einzelne
„Stellen" in AT u. NT u. ihre textimma-
nente Interpretation. Es bedarf vielmehr
einer Reflexion auf das Ganze der bibl.
Botschaft: Leben, Auftrag u. Schicksal der
↗Propheten, jüd.-christl. Zukunftserwar-
tungen sowie das atl. Verständnis von
↗Gerechtigkeit u. ↗Frieden (Schalom)
werden dabei ebenso wichtig wie das
prophetische Auftreten ↗Jesu, insbesondere seine Parteinahme für die Unterdrückten u. sein Einspruch gegen die
inhumane Repression der zeitgenössischen Gesetzinterpretation (↗Protest);
auch Elemente der urchristl. Theologie
wie die paulinische Koinonia-Theologie
(1 Kor; 2 Kor) werden zu Bausteinen
eines revolutionstheologischen Entwurfs.
„Abkehr von der Welt" wird zur Abkehr von der bestehenden Gesellschaft
aus Unterdrückern u. Unterdrückten, soziale R. wird zum Vollzug der „Bekehrung" u. Hinwendung zu Christus,
Glaube ist nicht mehr bloß subjektive
Haltung, sondern intersubjektive Entschlossenheit zur sozialen Gerechtigkeit,
christl. Gemeinschaft – z. T. abgelöst von
den historisch etablierten Kirchen – wird
zur gesellschaftskritischen ↗Institution
der permanenten Veränderung. „Alle
Fragen sind der Einsicht untergeordnet,
daß R. um Gottes willen nötig ist, ja
daß die Teilnahme an seinem Handeln
in der Geschichte eo ipso revolutionä-
ren Charakter hat" (T. Rendtorff).
Die Theologie der R. steht am Anfang.
Sie bedarf der Diskussion u. der Gegen-
proben, wenn sie nicht der Gefahr er-
liegen will, eine Ideologie zu werden. Ihre biblische Begründung ist zwar
noch unvollständig, doch steht die Mög-

lichkeit einer solchen Begründung schon
jetzt außer Frage.   her

Rezension heißt die Bearbeitung der
Überlieferung oder der Übersetzung
eines (Bibel-)Textes.   we

Rhythmus. Es ist bekannt, daß man in
Israel Lieder zu Musikbegleitung u. Tanz
im Chor gesungen hat (Ex 15, 20 f; 1 Sm
18, 6 f), daß die Poesie dort also rhythmische Bewegtheit besaß. Aus atl. Texten lassen sich denn auch gewisse Ge-
setzmäßigkeiten ihrer ↗Metrik aufweisen.   pa

Richten. An mehreren Stellen des NT
wird nachdrücklich vor dem R. gewarnt,
ja das R. wird verboten. Wird damit das
weltliche Gerichtswesen grundsätzlich in
Frage gestellt? Gewiß, die Christen sollen nachgeben u. nicht prozessieren,
vor allem nicht vor heidnischen Gerich-
ten. Doch das ntl. Verbot des R. meint
etwas anderes, es geht noch tiefer: Es
bezieht sich auf das mitmenschliche R.
schlechthin. Nach Paulus in 1 Kor 4, 3 ff
u. Röm 14, 3 ff z. B. bedeutet dieses R.
nämlich letztlich Eingriff in das ↗Jüngste
Gericht u. damit Eingriff in die Rechte
Gottes. Das folgt aus der Begründung
des Verbotes: 1. Das R. ist noch nicht
an der Zeit. Die Zeit des Gerichts ist die
Zeit der ↗Wiederkunft Christi. 2. Dem
Menschen wird grundsätzlich das Recht
zum R. abgesprochen, denn er ist a) selber vor Gott schuldig, u. er hat b) nicht
das Recht, über den Knecht eines anderen zu r. Jeder Christ ist aber Knecht
seines Herrn u. darum nur ihm verantwortlich. Wenn also ein Christ über den
andern richtet, maßt er sich an, an der
Stelle Gottes zu sitzen. – Auch das Wort
der ↗Bergpredigt Mt 7, 1 f warnt eindringlich vor dem R.: Der Maßstab, den
ein Mensch jetzt an seinen ↗Bruder an-
legt, wird beim Jüngsten Gericht an ihn
selber angelegt.
Neben diesen Verboten des R. stehen
im NT jedoch auch Aussagen, die das
R. nicht nur erlauben, sondern sogar
fordern. Wenn die Christen schon
Rechtshändel miteinander haben, sollen
sie nach Paulus nicht heidnische Gerichte bemühen, sondern die Sache unter
sich abmachen. Über einen offenkundigen Sünder hätte die Gemeinde in Korinth schon lange r. u. ihn bestrafen
sollen (1 Kor 5, 1 ff). Paulus wirft außer-

dem 1 Kor 11, 28 ff der Gemeinde vor, daß sie versäumt habe, über sich selbst zu r. So hat nun Gott r. u. strafen müssen. An diesen beiden Stellen ist das Gericht Pflicht der Gemeinde, es wird den Christen nachdrücklich geboten zu r. Dieses Gebot wird damit begründet, daß das R. dem andern helfen u. ihn vor dem Gottesgericht über den Nichtchristen, der Verurteilung, bewahren würde. Das Gebot widerspricht dem Verbot des R. nicht: Das r. ist dem Christen geboten, wenn er damit dem andern hilft, ihm dient. Das R. ist dagegen dem Christen streng verboten, wenn er damit über den andern herrschen will, denn damit würde sich der Christ an die Stelle Gottes setzen. ↗Messen.   ma

Richter (Richterzeit). R. werden die Männer genannt, die als charismatische Führer u. Retter Israels in Kanaan vor der Königszeit wirkten. Das ↗R.-Buch erzählt von sechs „großen R.n", Otniel, Ehud, Barak mit Debora, Gideon, Jephte u. ↗Simson. Daneben werden noch 6 „kleine R." erwähnt, deren Aufgabe es war, „Israel zu richten", d. h. in den einzelnen Stämmen Gesetz u. Recht zu wahren. Die „großen R." waren Männer, auf denen der Geist Jahwes ruhte. Von ihm erweckt, erhoben sie sich in Zeiten der Gefahr, wenn Israel von Fremdherrschaft bedroht war, u. führten das Volk in den Kampf. Nach dem Sieg über die Feinde war ihre Aufgabe erfüllt, u. sie traten wieder in den Hintergrund. Ihre Wirksamkeit war auf einzelne Stämme u. Aktionen beschränkt. Erst die spätere Geschichtsschreibung stellt sie als gesamtisraelitisches Wirken dar. Die R.zeit, ca. 1200–1000 v.C., ist die Zeit der mühsamen Inbesitznahme ↗Kanaans durch die israelitischen Stämme, die durch Kleinkriege mit den kanaanitischen Stadtstaaten u. das ständige Eindringen der ↗Philister ins Landesinnere immer wieder in schwere Bedrängnis gerieten. Die Berührung mit der alten kanaanitischen Kultur u. die Vermischung mit der Bevölkerung bedeuteten eine Gefahr für den Jahweglauben. Die Zeit bietet ein „Bild politischer u. religiöser Anarchie" (vgl. Ri 17, 6).   ba

Richter-Buch. Der Name stammt aus dem Buch selbst. 2, 16 werden die Heldengestalten, von denen es berichtet,

↗Richter genannt. In der Einleitung, Kap. 1–2, 5, wird die von Rückschlägen begleitete Eroberung Kanaans durch die israelitischen Stämme geschildert. Den Hauptteil, 2, 6 – 16, 31, bilden die Erzählungen über die einzelnen Richter, die nach einem bestimmten, die theol. Aussageabsicht des Buches verdeutlichenden Schema erfolgen: Abfall Israels von Jahwe zu den fremden Göttern, Strafgericht Jahwes durch die Feinde, Israels Reue u. Umkehr, Rettung durch Jahwe, der einen Richter erweckt – dann hat das Volk Ruhe bis zum neuen Abfall. Die abschließenden Kap. 17–21 schildern die Gründung eines illegitimen Heiligtums in Dan u. die Untat der Benjaminiten. Das Buch, das ein Teil des deuteronomistischen Geschichtswerkes ist, weist eine Vielfalt von literarischen Gattungen auf: Listen (10, 1–5), die auf festgeprägte alte Überlieferungen hindeuten, Geschichtserzählungen (z. B. Gideons Kampf), poetische Stücke, wie das Deboralied (Ri 5) oder die Pflanzenfabel Jotams (9, 8 ff), Heldensagen, Kultlegenden u. den volkstümlichen Sagenkranz der Simsonerzählungen. Kap. 17 bis 21 bieten sehr alte Stammesgeschichten. Die Entstehungsgeschichte des Buches ist kompliziert. Wahrscheinlich hat der deuteronomistische Redaktor bereits eine größere Sammlung der Richtergeschichten, zusammengewachsen aus verschiedenen Überlieferungen, vorgefunden, die er ausgebaut u. in den eigenen geschichtstheol. Rahmen hineingestellt hat. Seine endgültige Gestalt dürfte das R.-B. in der nachexilischen Zeit erhalten haben. ↗Deuteronomist.
          ba

Richtergräber, nördlich von Jerusalem gelegene Felsgrabanlage mit 59 Gräbern aus hellenistisch-römischer Zeit, seit dem Mittelalter als Sanhedrin-Grab angesehen.   we

Richterstuhl, ein Stuhl, meist auf erhöhtem Platz aufgestellt, von dem aus der Richter sein Amt ausübte, erwähnt bei Salomo (1 Kg 7, 7), Pilatus (Mt 27, 19) u. a. Im Zusammenhang mit der Vorstellung vom Endgericht ist auch vom R. Gottes, Christi u. der Apostel die Rede (Mt 19, 28; Röm 14, 10; 2 Kor 5, 10).   ba

Riesen, übermenschlich große Wesen, die wie alle Völker auch Israel kennt.

Gn 6, 1–4 benutzt den Mythus von der Verbindung der Gottessöhne mit den Menschentöchtern, aus denen R. hervorgingen, zur Zeichnung menschlicher Bosheit vor der Sintflut. Auch für die spätere Zeit erzählt das AT von R.: Israels Kundschafter berichten von riesenhaften Bewohnern Kanaans (Nm 13, 33); Og, König von Basan (Dt 3, 11), der Philister Goljat (1 Sm 17, 4) u. Simson (Ri 13–16) werden als R. geschildert.   we

Rippe. Nach der Paradies- u. Sündenfallerzählung des ↗ Jahwisten wurde die Frau aus der R. des Mannes geschaffen (Gn 2, 21 f). Diese bildhafte Erzählung soll die ursprüngliche Zusammengehörigkeit von Mann u. Frau veranschaulichen u. ihr Zueinanderstreben in der Liebe erklären.   we

Ritual, jede kultische Begehung (Opfer, Gottesdienst, Feste), die durch ein Formular in ihrem Ablauf geordnet ist. Im AT werden (einengend) als R. jene Anordnungen der ↗ Priesterschrift für den ↗ Kult bezeichnet, die in kurzen Sätzen den richtigen Vollzug der kultischen Handlungen bestimmen. Sie finden sich vor allem in den Opfer- (Lv 1–5) u. Reinheitsgesetzen (11–16), aber auch in den Bestimmungen für den Bau der Stiftshütte u. die Einrichtung des Priestertums (Ex 25–40).   we

Römer, in der Bibel Bezeichnung 1.: der in Rom geborene oder lebenden Juden u. Christen (Apg 2, 10; Überschrift des Röm). – 2. der römischen Bürger, d. h. der Personen, die das römische Bürgerrecht besaßen (Apg 16, 21.37 f; 22, 25–29). Dieses schloß gewisse Vorrechte ein; so konnte ein römischer Bürger ohne richterlichen Spruch nicht gegeißelt werden (Apg 16, 37; 22, 25). Ihm stand das Recht zu, seinen Prozeß direkt vor den Kaiser zu bringen (Apg 25, 10 f; 26, 32). – 3. des R.reiches oder seiner Behörden (1 Makk 8; 12, 16; 14, 20; 2 Makk 11, 34; Joh 11, 48). Zur Zeit der Makkabäerkämpfe (161 v.C.) schlossen die Juden mit den R.n ein Militärbündnis. Nachdem Pompeius 64 v.C. das Seleukidenreich besiegt u. als Provinz Syrien dem R.reich eingegliedert hatte, kommt 63 v.C. auch Judäa unter römische Herrschaft. Trotz der Abhängigkeit von den R.n blieb seine innere Verwaltung erhalten; auch behielt Palästina

gewisse Vorrechte. Zur römischen Provinz wurde es erst nach der Zerstörung Jerusalems durch Titus. – Die Stellung der Christen zum römischen Staat war zunächst positiv (Mk 12, 13–17; Röm 13, 1–7; 1 Tim 2, 2; Tit 3, 1). Unter dem Eindruck von Verfolgungen nahm das NT jüd. Aussagen auf u. zeichnete die R. als gottfeindliche Macht (1 Petr 5, 13; Apk 14, 8; 17, 1 – 19, 10).   we

Römerbrief. Der Röm ist ein echter Paulusbrief. Absender u. Empfänger finden sich im Brief selbst verzeichnet. Diese Angaben stehen aber unter verkündigungstheol. Interesse, wie bereits das Vorwort klar zeigt. Fragt man nach Abfassungsort u. -zeit, so wird man am ehesten auf Korinth u. die Jahre 55–58 verweisen können. Der Röm ist nicht einfach einer bestimmten, schon anderwärts bekannten Literaturart zuzuweisen; so ist er kein antiker „Kunstbrief" (Epistel), obwohl er, namentlich in einer kunstvoll-dichterischen Sprach- u. Stilgestaltung, Einschläge dieser Art zeigt. Er ist auch nicht ein pastorales Mahnschreiben, wie das Spätjudentum es kannte, wiewohl Anklänge daran sich in ihm finden. Schließlich ist er auch kein „systematischer Glaubensabriß", wie spätere Zeiten ihn in Form eines Katechismus kennen. Und ebensowenig ist er ein „Gelegenheitsschreiben"; dem widersprechen seine theol. umfassende Thematik u. seine programmatische Zielsetzung. Als verkündigungstheol. Schrift enthält der Röm hymnisches, liturgisches u. katechetisches Gut. Er kennt eine vielgestaltige Verwendung atl. Vorstellungen, Anspielungen, Bilder u. Texte. Sein Ziel ist die Verdeutlichung u. Verherrlichung des Christusgeschehens. ↗ Paulus behandelt im Röm jene zentralen Fragen, in deren Beantwortung sich Wirklichkeit u. Wirksamkeit des Heilsgeschehens in Christus in der damaligen Welt, einer „Welt aus Heiden u. Juden", ausweisen mußten. So finden Fragen, die in der ganzen Welt der Antike ihre (offene oder verborgene) Aktualität besitzen, ihre glaubensgemäße Antwort. Diese bleibt aber gerade in ihrer Grundsätzlichkeit dynamisch u. so frei von den Hemmnissen starrer Lehren. Das zentrale Anliegen des Röm könnte an einer römischen

Gemeinde abgelesen sein. Doch mahnt vieles zur Vorsicht. Die programmatische Thematisierung greift weit über jede örtlichen Verhältnisse hinaus. Dazu finden sich im Hauptteil des Röm keinerlei örtliche Angaben. Wichtiger dürfte das Verkündigungsinteresse am staatlichen Zentrum des Reiches sein: Was „Rom" gesagt wird, wird „der Welt" gesagt.

Schon das Vorwort (1, 1–7) ist bedeutsam für das Verständnis des ganzen Schreibens. Die Auszeichnung der Empfänger beruht einzig auf ihrer Teilhabe an der Heilstat Gottes in Christus. Eben daraus leitet Paulus aber auch die eigene Berufung u. seinen Auftrag ab, u. so sind Absender u. Empfänger „verbunden" (Paulus ist ja keineswegs der Gründer einer römischen Christengemeinde). Zwischen der „Nennung" von Absender u. Empfängern liegt die theol. entscheidende Höhe im Gedankenzug des Vorworts: die Universalität der Bedeutung, die der Heilstat Gottes in seinem Christus zukommt, begründet, legitimiert u. garantiert die universale Gültigkeit von Berufung u. Apostolat des Paulus. Der Abschnitt 1, 8–17 rückt die zentrale Thematik ins Blickfeld: „Die ↗Gerechtigkeit Gottes, aus ↗Glauben, zu Glauben", wie sie im ↗Evangelium offenbar wird. Unter dieser Überschrift erscheinen nun ↗Heiden (1, 18–32) u. ↗Juden (2, 1 – 3, 20). Paulus stellt sie so dar, wie sie „im alten Äon", also in der Zeit, die im Jetzt des Glaubens Vergangenheit ist, einmal waren. Er tut dies, um die Gegenwart der Heilswirklichkeit um so leuchtender herausstellen zu können. Heiden u. Juden haben weder einen Grund, sich vor sich selbst zu ↗rühmen, noch sich gegenseitig etwas vorzurechnen. Jeder von ihnen steht vor Gott in derselben Schuld u. ist deswegen gleichermaßen auf Gottes ↗Huld angewiesen. Dasselbe zeigt der folgende Briefteil (3, 21 – 8, 39). Freilich geschieht dies in Ansetzung neuer, ganz anderer Perspektiven. Er spricht vom Menschen „im neuen Äon", also in der Gegenwart u. Zukunft des Glaubens. Durch Gottes huldvolle Tat ist dem Glaubenden – mag er nun dem Juden- oder Heidentum entstammen – in Christus die neue Gottesgerechtigkeit

geschenkt (3, 21 – 4, 25). Abraham ist das Vorbild der Glaubenden. Christus, „der zweite Adam", bringt „das Leben" (5, 12–21). Die Kapitel 5–8 führen der Reihe nach vor, wie ↗Fleisch, ↗Sünde, ↗Gesetz u. ↗Tod für den Glaubenden ihre im alten Äon lebensbestimmende Macht verloren haben. Entscheidend ist es daher, zum „wahren" Israel zu gehören, zu dem nun jeder zählen kann, der sich in Christus mit der neuen Gottesgerechtigkeit beschenken läßt. Demgegenüber erscheint jenes Israel, zu dem einer durch leibliche Abstammung u. Gesetzesbefolgung gehörte, als nicht (mehr) heilsmächtig. Es besaß seine Bedeutung in der Zeit der Vorbereitung auf jene Erfüllung hin, die jetzt in Christus da ist. – Was aber, vom Menschen aus gesehen, nur als Schuld u. Sünde gelten kann, muß letzten Endes doch Gottes unübertreffbar großem Heilsplan dienen: Der „Unglaube" der Juden wird so dem Heil der Heiden dienstbar, u. das Heil der Heiden wird zuletzt zur Rettung der Juden führen (Kap. 9–11). Aller Ruhm gebührt daher allein der unerforschlichen Weisheit des unendlich großen Gottes (11, 33–36).

Münden alle Erkenntnisse in die Preisung Gottes, so leiten 12, 1–2 als thematisch richtungweisende Überschrift weiter zu Fragen der Gestaltung dieses neuen Lebens aus dem Glauben: Kap. 12–15. Die Kennzeichnung dieses Briefteils als „Ermahnung" ist, biblisch gesehen, richtig; sie bringt aber die hohe glaubensmäßige u. theol. Bedeutsamkeit dieses Abschnitts nicht sonderlich gut zur Geltung. – Röm 12 zeigt: Verschiedenheiten in der Gemeinde können in unterschiedlichen Gnadengaben begründet sein. Es wird nun nicht „in Liebe" eine Lösung gefunden – nein, „die Liebe" ist „die Lösung": die Verschiedenheiten bleiben bestehen! – Röm 13 spricht vom Verhältnis der Glaubensgemeinde zur staatlichen Autorität. Paulus entwirft dabei aber keine abstrakte Lehre über das Verhältnis des Christen zu „dem Staat" überhaupt. – Röm 14–15 handeln vom Leben der Glaubensgemeinde unter dem Vorzeichen der „Starken" u. „Schwachen". Wiederum ist bedeutsam, daß verschiedene Gewissensentscheidungen als geradezu selbstverständlich vorausgesetzt werden. Trotzdem, ja gerade darin dienen alle dem einen u. gleichen Herrn. Die Liebe allein ermöglicht u. begründet notwendige Rücksichten. Sachlich ändert sich an der Feststellung, daß es kultische Reinheit, Zeiten u. Opferspeisen „an sich" nicht mehr gibt, nichts. Ziel ist, daß alle Glaubenden „Starke" seien, aber die Liebe läßt keinen Zwang zu, auch dazu nicht. – Röm 16 läßt sich sinnvoll in 5 Teile zerlegen: Empfehlung der Gemeindedienerin Phöbe (Vv. 1–2), zwei Grußlisten (Vv. 3–16 u. 21–24), Warnung vor Irrlehrern (Vv. 17–20), eine Doxologie (Vv. 25–27). Dieses Kapitel wird von den meisten Forschern als nachpaulinisch angesehen.   ka

Rotes Meer wird in der LXX u. im NT (Apg 7, 36; Hebr 11, 29) das ↗Schilfmeer genannt. Dieses kann in der atl. Überlieferung den Golf von Akaba (Ex 23, 31; 1 Kg 9, 26) u. den nicht näher bestimmbaren Ort des Schilfmeerwunders im Westen der Sinaihalbinsel (Ex 13, 18) bezeichnen. Bei Paulus (1 Kor 10, 1 f), den Kirchenvätern u. in der Liturgie der Kirche ist der Durchzug durch das R. M. ein Vorbild der ↗Taufe.   we

Ruben, ältester Sohn ↗Jakobs von ↗Lea (Gn 29, 32). Da R. sich an Bilha, einer Nebenfrau seines Vaters, verging (Gn 35, 22), wurde ihm das Erstgeburtsrecht genommen (Gn 49, 3 f). – Bei der Landnahme erhielt der Stamm R. den Südteil des Ostjordanlandes (Jos 13, 15–23); schon früh aber scheint er bedeutungslos gewesen zu sein (Dt 33, 6). Apk 7, 5 ist R. nach dem Königsstamm Juda genannt.   we

Rühmen, sich. Mit dem Begriff s. r. beschreibt Paulus eine dem ↗Glauben entgegengesetzte Haltung: man sich rühmt, tut so, als hätte er nicht alles von Gott empfangen (1 Kor 4, 7), als wären vor Gott nicht alle hergebrachten Maßstäbe nichtig. Das macht Paulus gegenüber folgenden Gruppen geltend: 1. bei den Korinthern, die auf ihre spekulative Weisheit stolz sind (1 Kor 1, 26 ff); 2. bei den Juden, die sich der Verheißungen u. des ↗Gesetzes r. (Röm 2, 23); 3. bei den in 2 Kor 10–13 bekämpften Missionaren, deren religiöse Begabungen der Gemeinde imponierten u. die auf ihre hebr. Herkunft u. Tra-

dition stolz waren (11, 22). In allen Fällen geschieht der Selbstruhm auf Kosten anderer: die Weisen r. s. gegenüber anderen Christen, die Juden gegenüber den Heiden, die „Überapostel" (2 Kor 11, 5) gegenüber Paulus. Daher mahnt Gal 6, 4, daß man nicht im Hinblick auf einen anderen seinen Ruhm habe, sondern im Hinblick auf sich selbst. Ferner bezieht sich dieses S.-R. immer auf wirklich Wertvolles. Zu vergleichen wäre in unserer Zeit ein Selbstbewußtsein, das sich auf theol. Wissen, Moral u. abendländische Traditionen stützt. Auch das Höchste, ja gerade das Höchste, kann dazu dienen, sich Gott zu entziehen, den Nächsten herabzusetzen, kann somit Ausdruck u. Mittel der Sünde sein, wenn man sein Vertrauen auf diese Werte setzt u. nicht auf Gott. Paulus spricht den Sich-Rühmenden ihre ↗Leistungen nicht etwa ab, sondern betont: auch er war untadelig im Gesetz u. könnte sich dessen mit Recht r. (Phil 3, 2 ff); aber der Ruhm auf Grund von Leistungen ist für Paulus ausgeschlossen (Röm 3, 27). Wenn er sich aber rühmt, so ist es nur eine Karikatur des Sich-Rühmens, denn er rühmt sich nicht seiner Vorzüge, sondern seiner ↗Schwachheit (2 Kor 11, 16); oder er rühmt sich Christi, weil ihm durch Christus die Welt u. ihre Maßstäbe von Leistung u. Ruhm, das Gesetz, gekreuzigt sind (Gal 6, 14). Er lebt in der Welt, aber nicht aus ihr.   th

Rüsttag, Vorbereitungstag auf den ↗Sabbat. Der Todestag Jesu war entweder der R. auf den Sabbat u. Paschatag (Joh 19, 31) oder der Paschatag (15. Nisan, Ex 12, 6 ff) selbst, der zufällig R. zum Sabbat war, so daß der Todestag Jesu auf alle Fälle ein Freitag war.   do

Rut-Buch, eine aus einer Volkserzählung erwachsene Novelle, die wohl nach dem Exil um die Wende vom 5. zum 4. Jh. v.C. entstanden ist. Das R.-B. gehört zu den fünf ↗Megillotbüchern u. wird am ↗Wochenfest verlesen. – Wegen einer Hungersnot wandert Elimelech aus Betlehem mit seiner Familie nach Moab aus. Nach seinem Tode heiraten seine Söhne Machlon u. Kiljon moabitische Frauen, Orpa u. Rut. Da jene aber bald sterben, will ihre Mutter Noemi nach Betlehem zurückkehren. Obwohl sie ihre Schwiegertöchter zum Bleiben in Moab auffordert, geht Rut mit ihr. Als sie auf dem Feld des reichen Verwandten Boas Ähren sammelt, findet er an ihr Gefallen. Auf Noemis Anraten geht Rut in der Nacht zu Boas auf die Tennen, um ihn an seine Leviratspflichten zu erinnern (↗ Schwagerehe). Nachdem ein anderer, näherer Verwandter von seinem Recht zurückgetreten ist, heiratet Boas Rut. Ihr Sohn wird von Noemi adoptiert u. erhält den Namen Obed. Im nachträglich eingefügten Stammbaum gilt er als Großvater Davids (vgl. 1 Chr 2, 4–15). – Wenn auch in der Erzählung mehrere Motive zusammenkommen, so ist doch der eigentliche Sinn der Novelle, Gottes verborgene Führung in der Geschichte zu preisen (vgl. 2, 12).   we

S

Saba, Land u. Volk (Sabäer) in Südarabien (Ib 1, 15; Js 60, 6), berühmt wegen seines durch Handel erworbenen Reichtums. – Die Königin von S. suchte Salomos Weisheit (1 Kg 10, 1 ff) u. wird auch beim Gericht zugegen sein (Mt 12, 42).   he

Sabaoth ↗Heerscharen.

Sabbat. Alte Textbelege lassen darauf schließen, daß man in Israel bereits in früher Zeit nach sechs Arbeitstagen den siebenten, den S., als Ruhetag hielt (jahwistisch ist Ex 34, 21; vgl. im Bundesbuch Ex 23, 12 ff). Woher er stammt, ist noch ungeklärt. Es fehlt jede zeitgenössische Parallele. Die Bibel führt ihn auf Mose zurück (↗Dekalog) u. begründet ihn theologisch entweder im Sinn der Schöpfungswoche (Ex 20, 8 ff: am 7. Tag, da er die Schöpfung vollendete, ruhte Gott) oder verweist auf den Aufenthalt in Ägypten (Dt 5, 12). Ursprünglich haftet dem S. nur ein sozialer Aspekt, kein theologischer, an. Mensch (Sklave) u. Tier sollten ruhen. Sie sollten voneinander freigestellt sein. Auch der Kleinste sollte an diesem Tag vor seinem Nächsten gesichert sein. Erst allmählich wurde aus dem S. ein Feiertag, ausgezeichnet durch Opfer. Mit dem ↗Exil vollzog sich endgültig ein Bedeutungswandel hin zum „Gott geheiligten Tag". Nach Ezechiel u. der Priesterschrift wurde der S., wie die Beschneidung, zum Zeichen des Bekenntnisses u. des ↗Bundes mit Gott, zum Merkmal der Jahwezugehörigkeit. Vor allem in spätjüd. Zeit gab es viele Gebote (↗Sabbatweg, Verbot des Feueranzündens u. a.), um eine „Entweihung" des S. zu verhindern (Ex 31, 15). Jesus stellte sich gegen die engherzige Auslegung, das Gebot der Liebe geht vor (Mk 2, 27; 3, 4; Lk 13, 15 f u. a.). Für die frühe Kirche war bald der Sonntag als Tag des Herrn bestimmend (1 Kor 16, 2).   pa

Sabbatjahr. Analog zur Sieben-Tage-Woche hielt man in Israel im 7. Jahr das S. Aus Gründen sozialer Gleichstellung ließ man zugunsten der Armen die Äkker ungeerntet u. unbebaut u. die israelitischen Schuldsklaven frei (Ex 21; Dt 15, 15).   pa

Sabbatweg. Nach jüd. Bestimmungen durfte man am ↗Sabbat höchstens 2000 Ellen (880 m) zurücklegen (vgl. Ex 16, 29; Apg 1, 12). Ausnahmen wurden eingeräumt.   pa

Sacharja (hebr. Jahwe hat sich erinnert), häufiger atl. Personenname. 1. Einer der Kleinen Propheten, jüngerer Zeitgenosse des ↗Haggai, wohl der Neh 12, 1 erwähnte Vorsteher einer Priesterabteilung. Er setzte sich wie Haggai in der schwierigen Zeit nach dem Exil für den Tempelbau u. die innere Erneuerung der Gemeinde ein. Sprüche des S. aus den Jahren 520–518 v.C. sind im ↗S.-Buch – wohl von S. selbst – gesammelt. – 2. Ein im Tempel ermordeter Prophet (2 Chr 24, 20–22); da 2 Chr im jüd. Kanon am Ende steht, ist er wohl mit dem Mt 23, 35; Lk 11, 51 genannten identisch. – 3. Vater Johannes' d. T. (Lk 1, 5 ff.67), Mann der ↗Elischeba, aus priesterlichem Geschlecht u. Priester der Klasse Abija.   he

Sacharja-Buch, elfte Schrift im ↗Zwölfprophetenbuch mit drei Sammlungen von Prophetenworten. 1. Kap. 1–8 enthalten genau datierte Worte des Propheten ↗Sacharja aus den Jahren 520 bis 518 v.C. Der Einleitung mit Mahnung zu Buße u. Verheißung der Gnade Gottes (1, 2–6) folgen acht Nachtgesichte, in denen die Vorbereitung der Heilszeit bildhaft geschildert wird (1, 7 – 6, 8); dazwischen sind verdeutlichende u. aktualisierende Sprüche eingefügt (1, 16 f; 2, 10–17; 3, 8–10; 4, 6b–10a). 6, 9–15 berichtet die symbolische Krönung des messianischen Königs. Kap. 7–8 enthal-

ten einzelne Worte im Zusammenhang einer Anfrage über Fasttage. – Sacharja, Prophet u. Priester, ruft wie die alten Propheten zu sittlicher Erneuerung auf, die Voraussetzung ist für das erwartete messianische Heil, das sich in der Rückkehr der Gefangenen u. im begonnenen Tempelbau bereits ankündigt. In den vollendeten Tempel wird Jahwe einziehen, um sich vor der Welt zu verherrlichen. Wie Ezechiel betont Sacharja die Transzendenz Gottes, von dem der Prophet nur durch Engel göttliche Offenbarung empfängt. Die Verbindung prophetischer u. nationalreligiöser Heilseschatologie macht Sacharja zum Wegbereiter des Judentums. – 2. Kap. 9–14 bewahren zwei anonyme Prophetenschriften. ↗Deutero-, ↗Tritosacharja.
he

Sadduzäer. Die S. bilden neben den ↗Pharisäern u. ↗Essenern eine vorwiegend politische Partei des Judentums. Ihr Name leitet sich von dem Hohenpriester ↗Zadok ab. Sie hatten vorwiegend in den Kreisen des Jerusalemer Adels u. der Priesterfamilien ihre Anhänger. Erstmals traten die S. unter dem ↗Hasmonäer Jonatan (160–144 v.C.) hervor; doch existierten sie schon vor den Makkabäerkämpfen; vermutlich gingen sie aus den Kreisen der hellenisierenden Juden hervor, die wie die S. stark an politischem Einfluß interessiert waren. Die S. lehnten die mündliche Lehre (↗Halacha), auf die sich die Pharisäer bei ihrer Auslegung des Gesetzes des Mose beriefen, ab. Sie blieben daher religiös auf einer archaischen Stufe stehen; so leugneten sie die Auferstehung der Toten, weil sie diese im Gesetz nicht fanden, wie sie überhaupt jede von außen in das Judentum eingedrungene Lehre ablehnten. Mit dieser in religiösen Dingen konservativen Haltung verband sich eine politische Aufgeschlossenheit, durch die sie sich ein gutes Einvernehmen mit dem jeweiligen Herrscherhaus erwarben. Auf das religiöse Leben des Judentums jedoch hatten die Pharisäer einen weit größeren Einfluß, an die die S. schließlich auch zeitweilig – unter der Hasmonäerin Alexandra (76–67 v.C.) – ihre politische Vormachtstellung verloren. – Im NT erscheinen sie als Leugner der Auferstehung (Mk 12, 18–27) u. als die Gegner der Pharisäer. Bei den Rabbinen gelten sie später als Häretiker (↗Rabbi). ri

Sage, poetische Erzählung, verwandt mit der ↗Legende. Sie ist als literarische Gattung im AT häufig. Die S. ist kein Phantasieprodukt, sondern durchaus mit einem realen Geschehen verknüpft. Sie ist die lebendige Erinnerung eines Volkes an seine Vergangenheit u. seine Ursprünge, die von der Gegenwartserfahrung her verstanden u. gedeutet werden. Geschichtsberichte geben zwar historische Fakten wieder, sind aber nicht offen für das hinter den Fakten wirkende Heilshandeln Gottes. Die S. kann dieses Heilshandeln zur Darstellung bringen, daher die Freude des AT gerade an dieser Gattung. S.n kreisen entweder um Orte oder Naturgegebenheiten (↗Orts- u. Natur-S.n) oder um Menschen bzw. einen menschlichen Verband (Helden- u. Stammes- oder Volks-S.n). Viele S.n sind ätiologisch, d. h., sie wollen eine auffallende Erscheinung oder einen zu Fragen anlaßgebenden Tatbestand erklären (Gn 19, 26 erklärt eine auffallende Gesteinsformation). Häufig sind S.n etymologisch, erklären also einen Namen (Gn 11, 1–9 ist eine solche Namensätiologie). Der Kern einer S. ist meist eine kurze Erzähleinheit, die in der mündlichen Weitergabe erweitert u. ausgebaut wurde. Werden die verschiedenen S.n, die um eine bestimmte Person oder einen Ort kreisen, miteinander kombiniert, entsteht ein S.n-Kranz (Simsonerzählungen u. a.). ba

Saitenspiel ist ein Sammelbegriff für Instrumente, deren Töne durch Anschlagen oder Zupfen von Saiten erzeugt werden. Das S. dient zur Begleitung von Gesängen (2 Sam 6, 5), denn es ist infolge seiner starren Tonlagen nicht für eigenständige Melodien geeignet. ↗Musikinstrumente. la

Sakrament. Der Ausdruck S. weist auf die hellenistische Religiosität hin, deren ↗Geheimnis-Begriff stark vom Rituellen geprägt war u. in dieser Hinsicht auch auf die Urkirche einwirkte. ↗Taufe u. ↗Eucharistie scheinen schon verhältnismäßig früh sakramentalen Charakter gehabt zu haben. Auch der Brauch der Krankensalbung, ↗Sündenvergebung u. ↗Handauflegung weisen schon auf die späteren S.e hin. Daneben scheint man aber auch anderen Vollzügen (↗ Glossolalie, prophetische Rede, wunderbare Machterweise, Lobpreis u. dgl.) ähnliche Bedeutung zugemessen zu haben (vgl. z. B. 1 Kor 12 u. 14). Die Gestalt der S.e weist meist in den jüd. Kulturkreis, die Verknüpfung des Ritenvollzugs mit zugehörigen Gnadenwirkungen (z. B. Apg 19, 5–7) läßt dagegen hellenistische Religiosität u. deren Verständnis der Kultmysterien erkennen. Hier muß eine ↗ Entsakralisierung des Christentums einsetzen, sollen die S.e als geheimnisvolle Zeichen des anwesenden ↗ Heils nicht mißverstanden werden. hi

Säkularisierung. Der in seinen Wortbedeutungen sehr unterschiedlich, oft auch mit „Säkularisation" oder „Säkularismus" synonym verwandte Begriff der S. verdankt sich einer komplizierten begriffsgeschichtlichen Entwicklung. Zugrunde liegt das lat. Wort „saeculum" (bzw. „saecularis"), das vor allem durch den engführenden Sprachgebrauch Augustins zu „Welt" bzw. „weltlich" sich zusammenzog u. damit zugleich das später als Gegenbegriff empfundene „geistlich" bzw. „kirchlich" mitanklingen ließ. S. begegnet heute als Zentralbegriff theol., geschichtsphilos. u. geistesgeschichtlicher Theorien, welche die moderne Zivilisation samt ihren technischen u. kulturellen Leistungen im Verhältnis zu ihrer christl. Herkunft untersuchen (H. Lübbe).

a) Bei dem Versuch, die *geistesgeschichtlichen* Ursprünge der S. zu analysieren, verweisen die neueren Arbeiten (M. Stallmann, H. Lübbe u. a.) übereinstimmend auf G. J. Holyoake, M. Weber u. E. Troeltsch. Holyoake – englischer Sozialpolitiker, Gründer der Londoner „Secular Society" (1846) – verband mit dem Titel „secularism" eine „praktische Volksphilosophie", in die die ethischen Prinzipien des Christentums in dem Maße eingehen sollten, als sie dem Wohl der Gesellschaft entsprachen. Seine Nachfolger machten jedoch die „Secular Society" zu einer Ersatzkirche, in der ein aggressives Freidenkertum atheistischer Prägung vorherrschte. „Damit wurde das Verhältnis von Säkularismus u. Christlichkeit zu einem ausschließenden Gegensatz verschärft"

(H. Lübbe). In den englischen Sprachgebrauch von S. als Parteiprogramm gingen auf diese Weise kulturpolitische (secular teaching, secular school, secular education) u. weltanschauliche Forderungen ein, die auf eine Befreiung des Menschen von Religion u. Kirche zielten.

Im Unterschied zu dieser propagandistischen Funktion des Begriffs bewahrt S. als soziologischer Terminus bei M. Weber seine Neutralität: In den Untersuchungen zum „Geist des Kapitalismus" spricht Weber gelegentlich von der „säkularisierenden Wirkung des Besitzes"; die Ansammlung von Kapital u. Besitz führe zu einer „Verweltlichung", die als „utilitaristische Diesseitigkeit" sich von der religiösen Wurzel abschneide. Die S. ist bei Weber zugleich Folge jener „Entzauberung der Welt", deren Prinzip in einer neuen Form der Rationalität gründet („Durch Berechnen beherrschen").

Im Anschluß an M. Weber kommt es zu einer wesentlichen Präzisierung des Begriffs S. durch E. Troeltsch. Der „Philosoph des Historismus" interpretiert den Ablösungsprozeß rein religiöser Gedanken durch rationalistische Ideen als S. Diesem Prozeß verdanken sich die Säkularisation des Staates als „der wichtigsten Tatsache der modernen Welt", die Trennung von Staat u. Kirche u. die Toleranzidee. Troeltsch wertet diese S. positiv: der christl. Glaube muß sie durchmessen, um zu „neuen Begründungen" übergehen zu können.

b) Der *theologische* Begriff der S. Die kulturhistorischen u. soziologischen Analysen, die unter S. die Emanzipation der modernen Welt aus ihrer christl. Herkunft begreifen, gehen zwar als Material, nicht aber als Begründung in den theol. Begriff der S. ein. Die Theologie redet von S., indem sie den Ursprung der „weltlich gewordenen Welt" mit der Offenbarung Gottes zusammensieht: S. entspringt dem christl. ↗ Glauben. Denn indem der Glaube die mythischen Gewalten u. „Elemente" zerbricht, erlöst er den Christen von deren Vormundschaft (Gal 4, 9 f; Kol 2, 8 ff) u. macht ihn zum mündigen „Sohn Gottes", zum „Miterben Christi" (Gal 4, 1 ff). Befreit von der mißverstandenen Herrschaft der Welt, wird der Christ zugleich frei, die im Glauben zu ihrer Weltlichkeit gebrachte Welt im Auftrag Gottes geschichtlich zu verantworten. Diese These Friedrich Gogartens, die S. sei als „die notwendige u. legitime Folge des christl. Glaubens" zu verstehen, eröffnet dem Glauben u. der Kirche theologisch die Möglichkeit, sich der modernen Welt zu stellen, statt sie mit pessimistischer Beklagung über Unchristlichkeit u. Kulturverfall zu verraten. Von dieser S. müssen einige ihrer Verfallserscheinungen unterschieden werden, die Gogarten unter dem Begriff des „Säkularismus" zusammenfaßt. Dieser liegt vor, wenn die geschenkte Freiheit zur Welt ersetzt wird durch die selbstbeanspruchte Herrschaft über die Welt: säkularistisch sind sowohl die Heilslehren u. Ideologien, nach deren Anweisungen das Weltheil machbar in die ausschließliche Verfügung des Menschen gerückt wird, wie auch die Versuche, unter Ausklammerung der Frage nach dem Weltganzen sich positivistisch auf partikulare Interessen zurückzubeugen. Die Einordnung u. Wertung der S. ist lange Zeit zwischen katholischer u. protestantischer Theologie strittig gewesen. Man meinte, daß gerade die Stellung zur S. dasjenige Moment sei, an dem heute der Unterschied der beiden christl. Religionen hervortrete (K. E. Løgstrup). In dieser Frage bahnt sich jedoch ein neues Einverständnis an: „Die Weltlichkeit der Welt, wie sie im neuzeitlichen Verweltlichungsprozeß entstand u. in global verschärfter Form uns heute anblickt, ist in ihrem Grunde, freilich nicht in ihren einzelnen geschichtlichen Ausprägungen, nicht gegen, sondern *durch* das Christentum entstanden; sie ist ursprünglich ein *christliches* Ereignis u. bezeugt damit die innergeschichtlich waltende Macht der ‚Stunde Christi' in unserer Weltsituation" (J. B. Metz).   gs

Salböl, Olivenöl, von Salbenmischern (Ex 30, 25) mit aromatischen Stoffen (z. B. Myrrhe) durchsetzt u. in Fläschchen aufbewahrt. Man verwendete das hochgeschätzte (Spr 27, 9) S. im Kult (Ex 30, 22–25; ↗Salbung), zur Körper- (Rt 3, 3; 2 Sm 12, 20; Mt 6, 17; Lk 7, 38.46) u. Krankenpflege (Js 1, 6; Mk 6, 13; Lk 10, 34; Jak 5, 14).   he

Salbung (Salbe, salben). Das AT nennt den antiken Brauch, nach dem Bad den Körper mit wohlriechender Salbe (Olivenöl, Narde) zu pflegen. Sich den Körper zu salben war ein Zeichen der Freude, des Überflusses u. wurde nur zu Zeiten der Trauer u. des Fastens unterlassen (2 Sm 10, 20 f; Mt 6). Mit Olivenöl heilte man Kranke (Jak 5, 14). Aus religiösen Gründen gab es die S. von Gegenständen (Gn 28, 18) u. Personen (Priester, Könige ↗Messias, Propheten, 1 Kg 19, 16). Ex 30, 20 f erwähnt das hl. ↗Salböl für das heilige ↗Zelt (vgl. unser Chrisam). In Js 61, 1 meint die Geist-S. nicht den körperlichen Vollzug, sondern „bevollmächtigen", „mit einem charismatischen Amt betrauen" (vgl. Lk 4; 2 Kor 1, 21 f; 1 Joh 2, 20.27).   pa

Salmanassar. S. V., assyrischer u. babylonischer König (727–722 v.C.). Unter seiner Regierung erhob sich eine Reihe von syrisch-palästinensischen Königen gegen die assyrische Herrschaft; unter ihnen Hosea, der König des israelitischen Rumpfstaates von Samaria (2 Kg 17, 3 f). Dadurch wurde S. zum militärischen Eingreifen gezwungen.   gr

Salome. 1. Tochter der ↗Herodias, Frau des Tetrarchen Herodes Philippus. Sie forderte auf Drängen ihrer Mutter die Enthauptung ↗Johannes' d. T. (Mk 6, 17–29). – 2. Frau des Zebedäus, Mutter von Jakobus d. Ä. u. Johannes (Mt 20, 20); sie folgte Jesus schon in Galiläa (Mk 15, 40 f) u. stand auch unter seinem Kreuz (Mt 27, 56). Joh 19, 25 setzt S. der Schwester der Mutter Jesu gleich.   he

Salomo, Sohn ↗Davids von Batscheba, ↗König von Israel u. Juda (ca. 965–926; 1 Kg, 2 Chr 1–9), der schon zu Lebzeiten Davids anstelle des älteren Adonija den Thron bestieg. S. schaffte vor allem einen zentral regierten Staat (Einteilung des Reiches in 12 Provinzen) u. ein modernes Berufsheer mit Streitwagen. Durch seine rege Bautätigkeit wurden viele Städte erweitert u. befestigt, ↗Jerusalem selbst baute er zur prachtvollen Residenz mit Jahwetempel u. Palast aus. Kriege hat S. nicht geführt, dafür aber rege diplomatische Beziehungen gepflegt. Das Eindringen fremder Geistigkeit bedeutete eine Bedrohung des

Jahweglaubens. Durch harte Besteuerung u. Frondienst vertiefte sich die Kluft zwischen König u. Volk. Später wurde seine Gestalt idealisiert u. ihm zahlreiche Sprüche u. Psalmen zugeschrieben.   we

Salomos Testament, im 4. Jh. n.C. von einem unbekannten Christen verfaßte Sammlung legendärer Erzählungen über Salomos übermenschliche Macht (über Dämonen u. Krankheiten), der eine jüd. Vorlage zugrunde liegt.   we

Salz. Das in Palästina gewonnene, lebenswichtige S. (Gn 14, 3; Dt 3, 17; Sir 39, 26) diente zum Würzen der Speise (Ib 6, 6) u. war als Zusatz zu jedem Opfer notwendig (Ex 30, 35; Lv 2, 13; Ez 43, 24). Gemeinsames Essen von S. bedeutet „Bund" (Nm 18, 19). – „S. der Erde" ist Bild für die unabdingbare u. verantwortungsvolle Aufgabe der ↗Jünger Jesu an der Welt (Mt 5, 13; Mk 9, 50).   we

Salzzins, Steuer, die unter den ↗Seleukiden erhoben wurde, in Palästina für die Salzgewinnung am Toten Meer. 1 Makk erwähnt eine Befreiung vom S.
                                          ba

Sämann (Saat-Gleichnis). Das ↗Gleichnis vom Sämann ist Mk 4, 3 ff; Mt 13, 3 ff u. Lk 8, 5 ff überliefert. Die Erzählung entspricht den palästinensischen Verhältnissen: Nach der Ernte im Juni überwuchern Dornen u. Disteln den Acker u. verdecken auch den bis nahe an die Oberfläche reichenden Felsen. Unmittelbar nach dem Säen wird die Saat mit dem Gestrüpp untergepflügt. Auffallend ausführlich schildert aber das Gleichnis Mk 4, 4–7 das weitgehende Mißraten des Gesäten. Dennoch wird danach von überreicher Ernte gesprochen. In diesem Nebeneinander von Mißerfolg u. Erfolg liegt offensichtlich das Ziel der Erzählung. – Zum Verstehen eines Gleichnisses kommt es darauf an, die mit dem Bild gemeinte Sache zu erkennen, denn das Bild „gleicht" einer Sache. Es ist dabei entscheidend, den Vergleichspunkt zwischen Bild u. Sache zu finden. – Ist bei der Erzählung vom S. das Ziel des „Bildes", u. damit der Vergleichspunkt zwischen Bild u. Sache, das Nebeneinander von Erfolg u. Mißerfolg, so wird das Gleichnis sagen: Auch wenn es zunächst nur nach Miß

erfolg aussieht, kommt Gott doch zu seinem herrlichen Ziel. Antwortet Jesus damit Gegnern, die über seinen „Erfolg" spotten?   ma

Samaria (heute Sebastiye), Hauptstadt des Nordreichs Israel, später auch Name des umliegenden Gebiets, Provinz S. Die Stadt wurde 880 v.C. von König Omri gegründet, sein Sohn Achab baute sie aus u. errichtete einen Baalstempel (1 Kg 16, 24 ff), der später von König Jehu zerstört wurde, doch blieb S. für die Propheten Inbegriff der Sünde. 722 wurde S. von den Assyrern erobert. In den folgenden Jhh. erlebte die Stadt abwechselnd Aufbau u. Zerstörung, bis Herodes d. Gr. sie prunkvoll ausbaute u. zu Ehren des Kaisers Augustus Sebaste nannte. In ntl. Zeit wirkten dort Philippus, Petrus u. Johannes (Apg 8, 5 ff).   ba

Samaritaner (Samariter), Einwohner der Stadt u. Provinz ↗Samaria, die nach der Reichsteilung zum Kernland des Nordreichs wurde. Nach der assyrischen Eroberung 722 v.C. wurden Teile seiner Bevölkerung deportiert u. an seiner Stelle assyrische Kolonisten angesiedelt, die sich mit den zurückgebliebenen Israeliten vermischten. Als die aus dem Babylonischen ↗Exil heimkehrenden Juden mit dem Wiederaufbau des Tempels begannen, lehnten sie die von den S.n angebotene Mitwirkung ab. Mißtrauen gegen das als kultisch unrein angesehene Mischvolk, im Grunde aber der alte Gegensatz zwischen Nord u. Süd war die Ursache der Ablehnung, die erbitterte Feindschaft zur Folge hatte. Die S. behinderten jetzt Tempel u. Mauerbau u. konstituierten sich in der Folge als eigene Religionsgemeinschaft, mit eigenem Kult u. Rückgriff auf älteste Traditionen. Sie erbauten einen Tempel auf dem Berg ↗Gerisim. Das Verhältnis zwischen Juden u. S.n blieb gespannt bis in die ntl. u. nachbibl. Zeit. Diese Juden betrachteten die S. als Heiden u. ihren Kult als illegitim. Die S. erwiderten die Ablehnung. Jesus wendet sich ihnen zu, gerade weil sie als Heiden u. Ausgestoßene galten, u. verkündet ihnen das Ev. (Joh 4). Die S. hielten streng am Monotheismus u. am Gesetz fest. Heilige Schrift ist nur die ↗Tora (mit erheblichen Varianten), der sog. samaritanische ↗Pentateuch. Alle übrigen bibl. Bücher u. spätere Lehren der jüd. Tradition werden nicht anerkannt. Es gibt aber eine eigene samaritanische Überlieferung. Die S. erwarten den (nicht davidischen) ↗Messias nach Dt 18, 15 als Wiederhersteller des Kultes. Heute gibt es noch ca. 400 S., die in Nablus (Sichem) u. in der Nähe von Tel Aviv leben.   ba

Samariter ↗Samaritaner.

Same (Samenkorn). Das Samenkorn, das die Fülle des künftigen Lebens in sich birgt, läßt etwas von der Schöpfermacht Gottes ahnen (Gn 1, 11 f); Gott verhieß auch dem Abraham, seinen „S." (Nachkommenschaft) zahlreich zu machen wie die Sterne des Himmels (Gn 15, 5). Sein ↗Segen ruht auf dem S. der Gerechten, doch der S. der Frevler wird zugrunde gehen (Ps 37, 26.28). Weil Israel ein S. von Übeltätern geworden ist (Js 1, 4), muß es ausgerottet werden bis auf einen Wurzelstock, der „heiliger S." ist (6, 13). Bei Deuterojesaja ist die sprossende Saat Bild für das wachsende Heil (Js 45, 8; 55, 10), das vom ↗Worte Gottes als dem befruchtenden Regen hervorgerufen wird. – Vor diesem Hintergrund sind die Wachstumsgleichnisse Jesu zu sehen (↗Gleichnis). Das Wort („vom Reiche", Mt 13, 19) ist jetzt selbst der ausgestreute S., der sich in wunderbarer Weise fruchtbar erweist (Mt 13, 8.20), ganz ohne weiteres Zutun des Sämanns (Mk 4, 35 ff): Im Vertrauen auf die göttliche Kraft seiner Botschaft kann Jesus die ↗Ernte getrost anderen überlassen (Joh 4, 35–38). Ja sein Zurücktreten ist notwendig: Er selbst ist das Samenkorn, das in die Erde fallen und sterben muß, um viele Frucht zu bringen (Joh 12, 24). Für Paulus ist der aufgehende S. Bild des ↗Auferstehungsleibes (1 Kor 15, 36 ff).   ur

Sammelberichte ↗Summarien.

Sammlung. S. der zerstreuten ↗Herde ist Zeichen der messianischen Heilszeit (Jr 31, 10; Joh 11, 52). Gott sammelt in der ↗Endzeit seine Auserwählten (Mk 13, 27) wie den Weizen bei der Ernte (Mt 13, 30); er sammelt aber auch die Völker zum ↗Gericht (Joel 4, 2; Mt 25, 32) wie die Garben auf der Tenne (Mich 4, 12) oder wie die Fische im Netz (Mt 13, 47).   ur

Samuel, Sohn Elkanas u. Hannas aus Rama (1 Sm 1, 20). In der Überlieferung ist S. als Priester, Heerführer (7), Nasiräer (1, 11), aber vor allem als ↗Richter u. ↗Prophet gezeichnet. Zum Propheten wurde er am Heiligtum von Schilo, wo er aufwuchs, berufen (3); er steht in Verbindung mit ekstatischen Prophetengruppen (19, 18 ff); prophetische Verkündigung ist die Abwertung des Opfers gegenüber dem Gehorsam (15, 22); daneben zog er als Richter in Israel herum, sprach in Gilgal, Betel u. Mizpa Recht u. verkündete Jahwes Willen (7, 15 f; 8, 1), auch vor dem König. An der Einführung des Königtums in Israel hat S. entscheidenden Anteil gehabt (8–9). Daß S. eine bedeutende, eindrucksvolle Gestalt war, zeigt noch die spätere Überlieferung (Jr 15, 1; Sir 46, 13–20; Apg 3, 24; 13, 20; Hebr 11, 32).   we

Samuel-Bücher. Die S.-B. bildeten ursprünglich eine Einheit; die LXX teilt sie – wahrscheinlich wegen ihres Umfangs – in zwei Bücher auf u. gliedert sie (als 1 u. 2 Kg) in den größeren Zusammenhang der Königsbücher ein. Nach jüd. Tradition sind die S.-B. von Samuel oder von Samuel, Natan u. Gad verfaßt. – Die S.-B. berichten von der Entstehung des Königtums in Israel, bei dem ↗Samuel als letzter Richter eine bedeutende Rolle spielt. ↗Saul ist von Jahwe zum König erwählt; als er aber von ihm abfällt, wird er verworfen, u. ↗David wird zu seinem Nachfolger bestimmt u. noch vor Sauls Tod zum König gesalbt (1 Sm 8–16). Mittel- u. Höhepunkt der Davidsüberlieferung ist die Natanweissagung, die dem davidischen Haus ewigen Bestand verheißt (2 Sm 7). Abgeschlossen werden die S.-B. mit der Geschichte von Davids Regierungszeit, dem Bericht über die Thronfolge (2 Sm 9–20) u. einigen Anhängen (2 Sm 21 bis 24). – Obwohl die S.-B. eine fortlaufende Erzählung sein wollen, enthalten sie mehrfach Doppelungen u. widersprüchliche Berichte (so die Erzählungen über die Salbung Sauls zum König u. seine Verwerfung u. über das Kommen Davids an den Königshof). Deshalb wurden – ähnlich wie beim Pentateuch – mehrere, von einem Redaktor vereinigte Quellenschichten angenommen; es lassen sich aber keine fortlaufenden Erzählfäden herausschälen; vielmehr sind wahrscheinlich verschiedene Einzelüberlieferungen in langem Prozeß zu größeren Erzähleinheiten zusammengearbeitet, chronologisch geordnet u. ergänzt worden. Schließlich erfuhr das ganze Buch noch eine (schwache) deuteronomistische Bearbeitung.   we

Sancherib. Dieser assyrische Herrscher (Sohn Sargons: 704–681 v.C.) eroberte Judäa, ohne Jerusalem einzunehmen (2 Kg 18 f; Js 36 f), deportierte viele Judäer u. zwang ↗Hiskija zu schweren Abgaben.   pa

Sängergilde, Sippe oder Gruppe von Sängern, die bei Festen u. Gottesdiensten Musik u. Gesang besorgten (1 Chr 25, 1 ff; 2 Chr 5, 12 f, ↗Tempelsänger). 1. Die S. Asaph (1 Chr 16, 5; 2 Chr 35, 15), der die Pss 50 u. 73–83 zugeschrieben wurden. Sie war unter den ersten Heimkehrern aus dem Exil (Esr 2, 41). – 2. Die auf Davids berühmten Sänger Heman (1 Chr 15, 17.19; 16, 41) zurückgeführte S. (1 Chr 25, 1–6). – 3. Die S. Jedutun (1 Chr 25, 3 ff).   he

Sanhedrin ↗Hoher Rat.

Sara (hebr. Fürstin). 1. Halbschwester u. Frau ↗Abrahams (Gn 20, 12; 11, 29). Im hohen Alter wurde die bis dahin unfruchtbare S. Mutter ↗Isaaks (21, 2 f); um die Bedeutung dieses Ereignisses zu unterstreichen, wird bei der Ankündigung dieser Geburt ihr ursprünglicher Name Sarai in S. geändert (17, 15 f). S. wurde begraben in der Höhle Machpela, die Abraham als erstes Stück des Verheißenen Landes erworben hat (23). – Als Mutter des Sohnes der Verheißung, Isaaks, ist S. auch Mutter des erwählten Volkes (Js 51, 2) u. aller Kinder der Verheißung (Röm 9, 8 f). – 2. Tochter Raguels u. Frau des Tobias (Tob 3, 7 ff; 7–8).   we

Sarepta, Hafenstadt an der phönikischen Küste zwischen Sidon u. Tyrus, wo sich Elias während einer Hungersnot aufhielt (Speisewunder, Totenerweckung; 1 Kg 17, 7–24, vgl. Lk 4, 25 f). Nach Ob 20 ist S. nördliche Grenzstadt.   we

Satan heißt hebr. ursprünglich jeder, der sich gegnerisch oder feindlich verhält. So begegnet das Wort vor allem in der David- u. Salomogeschichte, für den Prozeßgegner (Ps 106, 9) u. vielleicht als

t. t. für ↗Ankläger (Staatsanwalt). Sach 3, 1 ff u. Ib 1–2 ist S. Mitglied des himmlischen Hofstaates Jahwes. Man deutet hier S. vielfach als öffentlichen Ankläger, der nach dem Vorbild altorientalischer Königshöfe die Schuld der Menschen vor Jahwe bringt. Kaum haltbar ist die Deutung, die Rolle S.s sei aus der babylonischen Vorstellung herzuleiten, nach der jeder Mensch neben seinem Schutzgott einen diesem bzw. dem Menschen selbst widerstreitenden Dämon habe. Am besten versteht man das Wort S. als Wesensbezeichnung: S. ist das dem Menschen feindlich u. gegnerisch gesinnte Himmelswesen. Dabei werden zwei Theologumena, die man zunächst mit Jahwe selbst verbunden hatte, aus diesem herausverlegt u. unter Einfluß der persischen Religion allmählich personifiziert. Der „böse Geist von Jahwe“, der 1 Kg 22, 19–22 zum Lügengeist in den Propheten wird, wird Ib 1–2 bereits zu einer sich von Jahwe absetzende Figur. Der Zorn Jahwes, der 2 Sm 24, 1 David zur Sünde verleitet, wird 1 Chr 21, 1 zum S. (hier bereits Eigenname!). Damit ist die Entwicklung eingeleitet, die zu der spätjüd. Auffassung vom S. als Feind des Menschen u. vor allem als Gegenspieler Gottes führt, mit der sich das NT auseinandersetzt (↗Teufel).   ze

Satrapen, Stellvertreter der persischen Großkönige in einer Satrapie. Jede Satrapie war wieder in Provinzen unterteilt. Judäa gehörte während der Perserherrschaft als Provinz zur Satrapie Syrien (Esr 5, 6 ff).   do

Sauerteig. Gemeint ist gärender Teig (Hefe), der in eine Teigmasse gemengt wird, um sie zum Aufgehen zu bringen. Im AT spielt S. bei der Gedächtnisfeier des ↗Auszugs aus Ägypten insofern eine Rolle, als der Verzicht auf den S. den Neuanfang, das Unterwegs- u. Bereitsein Israels zum Ausdruck bringt (Ex 12, 15 ff). Im NT spielt S. eine Rolle als Bildwort: Mt 13, 33 wird S. zum Hinweis auf die alles durchdringende Wirksamkeit des ↗Reiches Gottes verwendet. Mt 16, 6 dagegen ist vom S. der ↗Pharisäer u. ↗Sadduzäer die Rede, d. h. von der verderblichen Wirkung ihrer Lehre u. Lebensweise im Hinblick auf die Gottesbeziehung Israels bzw.

des gläubigen Jüngers. Ähnlich verwendet Paulus im 1. Korintherbrief S. als Bildwort für die alte Lebensweise der Selbstgefälligkeit u. Gottlosigkeit, von der sich jeder im ↗Glauben radikal befreien muß (1 Kor 5, 6–8), um als neuer Mensch in Reinheit u. Wahrheit Anteil an Jesus Christus, dem Osterlamm, zu erhalten (1 Kor 5, 7).   hi

Saul (hebr. Erbetener). 1. König von Edom (Gn 36, 37 f). – 2. Sohn Simeons (Gn 46, 10; Nm 26, 13). – 3. Levit (1 Chr 6, 9). – 4. Sohn des Benjaminiten Kisch aus Gibea u. erster König Israels (ca. 1012–1004). Wegen der komplexen, in 1 Sm gesammelten Überlieferung tritt S.s Gestalt nicht ins helle Licht der Geschichte, sondern ist nur umrißhaft sichtbar. Wohl wegen seines Sieges über die Ammoniter, der ihn als geistbegabt ausweist, wird er in Gilgal von ↗Samuel zum König gesalbt. Seine Regierung ist vor allem durch die Auseinandersetzung mit den Philistern bestimmt, die er aber nicht endgültig besiegen kann. Wegen seines Abfalls von Jahwe wurde er von ihm verworfen u. verliert so in Samuel eine Stütze seines Reiches. In seinen letzten Lebensjahren ist S. von krankhaftem Mißtrauen gequält. Im Kampf mit den ↗Philistern auf dem Gilboagebirge kommt er ums Leben.   we

Säule. Neben der Bezeichnung als architektonisches Element wird S. im AT auch als Zeichen der wegweisenden Anwesenheit Gottes verwendet (Ex 3, 21 f). Im NT spricht Paulus in Gal 2, 9 von Jakobus, Kephas u. Johannes als den drei S.n der Kirche in Jerusalem. Apk 3, 12 sieht im bewährten Christen eine S. des himmlischen Gottestempels. 1 Tim 3, 14 leitet von der S. das Verhalten des einzelnen innerhalb der Gemeinde ab.   sc

Schächten, besondere Art der Schlachtung, wobei der Hals des Tieres unterhalb des Kehlkopfes durchschnitten wird u. das Tier durch Ausbluten stirbt (Dt 12, 15 f.21; vgl. Gn 9, 4).   we

Schaddai, eine atl. Gottesbezeichnung, die vor allem in alten oder altertümlichen Texten begegnet u. wohl „Erhabener" bedeutet; die LXX gibt Sch. entsprechend mit Kyrios (Herr) oder Pantokrator (Allherrscher) wieder. Sch. ist oft zur besonderen Kennzeichnung des Vätergottes an ↗El als Beiname angehängt (Gn 17, 1; 28, 3; Ex 6, 3), findet sich aber auch als selbständiger Gottesname, vor allem in Ijob.   he

Schädelstätte (= Golgota), nach dem NT der Ort der Kreuzigung Jesu. Der Name meint wohl einen Hügel, der als Hinrichtungsstätte außerhalb der Stadt lag; in seiner Nähe ein Grab (Joh 19, 41). Hügel u. Grab werden heute innerhalb der Grabeskirche lokalisiert. Daß es sich um das historische Grab Christi handelt, ist nicht gesichert, doch möglich im Hinblick auf die Erweiterung der Stadt unter Hadrian. ↗Kreuz.   ba

Schafe, Herdentiere, die für Nahrung u. Bekleidung gehalten wurden; eine große Schafherde war Zeichen des Reichtums; Sch. wurden im AT als Opfertiere verwendet. – Bildlich genommen ist das Sch. Zeichen der Wehrlosigkeit, die des Schutzes bedarf, u. der Gutmütigkeit. So wurde das unschuldige ↗Lamm Symbol für das stellvertretende Leiden Christi (vgl. Js 53, 7). Im NT ist die Schafherde Bild für das ↗Volk Gottes (z. B. Mt 10, 6), das des ↗Hirten bedarf. Die an Christus Glaubenden sind „aus seinem Schafstall"; der Trieb des Schafes zum Hirten ist das Vertrauen des Menschen zu Gott (Joh 10, 3), die Hirtenliebe ist Bild der Liebe Gottes zu jedem einzelnen Menschen (Joh 10, 11–16), insbesondere zu denen, die in Not sind. Die Herde ohne Hirt wird zum Bild des orientierungslosen Menschen (Mt 9, 36).   zi

Scham, die geschlechtlich bestimmte Scheu der Menschen voreinander, Zeichen der Trennung von Mensch zu Mensch als Folge der Sünde (Gn 3, 7). – Sch. ist ferner die elementare Reaktion des Menschen auf Schuld vor Gott (Esr 9, 6; Jr 3, 25; Dn 9, 7) u. Mensch (Lk 14, 9) sowie auf die vergebende u. erneuernde Gnade Gottes über vergangene Sünden (Ez 16, 61; Röm 6, 21). Sich seiner Schuld nicht schämen ist Zeichen von Verblendung u. Unbußfertigkeit (Jr 3, 3; 6, 15). Sch. u. Schmach werden die befallen, die beim Gericht ihre Entlarvung u. ihren ganzheitlichen Zusammenbruch erleben müssen (Ps 35, 4; 71, 13; 97, 7). Nicht schämen sollen sich die Christen, die um Jesu u. des Ev. willen verfolgt werden (1 Petr 4, 16); wer sich aber Jesu u. seiner Worte schämt, dessen wird er sich schämen beim Gericht (Mk 8, 38).   he

Schammai, Zeitgenosse u. Disputgegner ↗Hillels, gründete u. leitete eine bedeutende Rabbinenschule (Sch.ten) u. war in seiner Toraauslegung äußerst streng.   he

Schande, Gegenteil von Ehre vor Gott oder den Menschen. Der Fromme erfährt oft Sch. vor Menschen (Ps 42, 11; 2 Kor 6, 8); so kann Sch. vor Menschen Ehre vor Gott sein (Hebr 12, 2; Apg 5, 41; 1 Kor 1, 27). Wer Gott mißachtet, wird im ↗Gericht zuschanden (Hos 4, 19; Js 37, 27; Ps 132, 18); daher die Bitte u. Hoffnung des Frommen, im Endgericht nicht zuschanden zu werden (Ps 25, 3; 71, 1; Röm 5, 5; Phil 1, 20).   he

Schatten, 1. Der in der Hitze des orientalischen Sommers besonders geschätzte Sch. ist Bild für Schutz (Js 25, 4; Ps 121, 5). Weil Person u. Sch. eng verbunden gedacht sind, bedeutet Gottes Sch. unmittelbare Nähe Gottes (Js 49, 2; Ps 17, 8). Petri Sch. hat sogar Heilkraft (Apg 5, 15). – 2. Die Flüchtigkeit des Sch. ist Bild für die Vergänglichkeit (Ps 109, 23; Ib 8, 9; Prd 6, 12) u. das Dasein im ↗Totenreich (Js 14, 9). – 3. Abbild der Wirklichkeit (Kol 2, 17).   he

Schätzung (lat. census), Volkszählung u. Besitzstanderhebung zur Steuerveranlagung. In Rom üblich, wurde sie seit ↗Augustus auch auf die Provinzen ausgedehnt, nicht ohne Widerstand der betroffenen Bevölkerung. So verweigerten die ↗Zeloten sie mit der Begründung, daß Gott allein König sei. Bei der in Lk 2 erwähnten Sch. des Quirinius handelt es sich wohl um den syrischen Census i. J. 6/7 n.C., dessen Verknüpfung mit der Geburt Christi im lukanischen Geschichtsbild begründet sein mag.   ba

Schaubrote, zwölf Brote, die in zwei Schichten auf einem Tisch im Heiligtum lagen; da sie vor dem Angesicht Gottes lagen, heißen sie auch „Brot des Angesichts" (Ex 25, 30). Ursprünglich als Gottesspeise gedacht, wurden sie später zum Zeichen des ↗Bundes umgedeutet (Lv 24, 5–9). Jeden ↗Sabbat wurden die alten Sch. von Priestern gegessen u. durch neue ersetzt. – ↗David aß auf der Flucht vor Saul von den Sch.n (1 Sm 21, 1–7); das ist im NT ein Beispiel für die Freiheit vom Gesetz (Mk 2, 23–28).   we

Schauung (Vision). Das Gottesverhältnis Israels ist auf das ↗Hören Gottes gestellt; das Schauen Gottes bleibt eschatologische Verheißung. So haben auch die Propheten das Wort, den „Spruch Jahwes", zu verkünden, der seine Weisung enthält u. Glauben fordert. Sie selbst empfingen dieses Wort wohl häufig im Sch.en: Mit „ich schaute ein Gesicht", „er sah ein Wort" (!), „Jahwe ließ mich schauen" beginnen viele ↗Prophetensprüche. In der Frühzeit nannte man die Propheten überhaupt „Seher" (1 Sm 9, 9). Oft wird dann nur eine worthafte Botschaft vermittelt (Js 1, 1 ff), bisweilen sind es symbolische Handlungen (Am 7, 7) oder Gegenstände (Jr 1, 11). Hierher gehört auch die Sch. des Petrus, Apg 10, 11 ff. Klar unterscheidet die Schrift zwischen Gesichten, die Jahwe eingegeben hat, u. Trugbildern des eigenen Herzens (Jr 23, 16). In einigen Fällen sind noch andere Sinne (Jr 1, 9), ja der ganze Mensch in das Geschehen der Sch. einbezogen (Jr 1, 6 f; Ez 3, 3). Sch.en sind als innere Erlebnisse zu unterscheiden von den Gottes-↗Erscheinungen, etwa am Sinai, die von örtlicher, seinsmächtiger Gegenwart u. wenigstens in ihren Begleitumständen dem ganzen Volk erfahrbar waren. Während bei den Propheten die Sch. in dienender Funktion unter dem „Spruch Jahwes" steht, treten in der ↗Apokalyptik die Sch.en immer mehr in den Vordergrund; sie sind aber weithin zur literarischen Form, zur bloßen Einkleidung, geworden.   ur

Scheffel, Hohlmaß für Getreide von ca. 8,7 Liter (vgl. Mt 5, 15).   we

Scheidebrief, in Israel, Mesopotamien u. Elephantine Bedingung u. Urkunde der rechtmäßigen ↗Ehescheidung (Dt 24, 1; Hos 2, 4 ist ein kurzes Sch.formular, die sog. „Scheideformel"). Das Recht zur Ausstellung des Sch. hatte nach jüd. Recht allein der Mann, die Frau konnte die Ausstellung erzwingen, wenn ihr Mann sie verpflichtete (was in seinem Belieben stand), ehrenrührige Dinge zu tun, u. wenn er an einer ansteckenden oder widerwärtigen Krankheit litt. Der Sch. ermöglichte der Frau die Wiederheirat. Römischen Rechtseinfluß spiegelt Mk 10, 12 wider, wo von der Ausstellung des Sch. durch die Frau (wie in Elephantine) die Rede ist.   mc

Scheitern ist ein urbibl. Thema. Es ist einerseits ein Sch. des Menschen an sich selbst u. an seiner Situation, u. anderseits wird ein Sch. Gottes an den Menschen, an seinem Volk, beschrieben. Weil der Mensch zu Gott nein gesagt hat u. sich seinem Schöpfer verschlossen hat (↗Sünde), deswegen scheitert er an sich selbst, an seiner Umwelt. So kommt das Volk ↗Israel unter die Knechtschaft Ägyptens oder in die Gefangenschaft Babylons (↗Exil). In solchem Sch. erfährt Israel das Ende seiner Kraft. Doch ↗Jahwe beläßt sein Bundesvolk nicht in diesem Sch., er führt es immer wieder aus Knechtschaft u. Gefangenschaft heraus. Immer erwachsen aus dem Sch. Neues, Niedagewesenes, neue Lebensmöglichkeiten. Auch Jahwe scheitert mit seiner Liebe an seinem Volk. Dieses verschließt sich vor ihm, es bricht das Gespräch mit ihm. Gott scheitert an seinem Volk u. an den Menschen offenkundig im ↗Kreuz ↗Jesu; schon vorher waren seine Boten, die ↗Propheten, gescheitert. Nun scheitert aber sein letzter Bote, sein Sohn. Er wird als Verbrecher angesehen u. stirbt am Galgen. Aber aus diesem letzten Sch. erweckt Gott neues u. endgültiges Leben, bleibende Möglichkeiten des Menschseins. Gerade im Sch. Gottes in Jesus Christus wird Gottes ↗Liebe allen Menschen aufgetan. Jesus ist der Mensch, der seinen vorgezeichneten Weg geht, der sich total dem ↗Willen Gottes ausliefert, der restlos für die Menschen dasein will. Nur durch sein Sch. wird die Macht der Sünde durchbrochen, wird der Mensch aus seiner ↗Selbstentfremdung befreit. ↗Auferstehung geschieht nur durch das Kreuz hindurch, gültiges Leben erwächst aus dem menschlichen Sch. Der Christ ist einer, der diesem Sch. nicht ausweichen kann u. will; wenn es ihm wie Jesus um den freien Menschen geht, wird er an seiner Umwelt u. Gesellschaft scheitern müssen. Aber solches Sch. ist ein Beitrag zur fortschreitenden ↗Menschwerdung u. Befreiung des Menschen, zur ↗Vermenschlichung der Gesellschaft. Das Kreuz Jesu muß genauso wie seine Liebe gesellschaftlich mobil werden; es kann sich im ↗Protest, im ↗Streik, in der ↗Revolution ereignen, genauso wie im stillen u. ver-

borgenen selbstlosen Dienst am ↗Mitmenschen. Das Sch. Gottes hat das Sch. des Menschen zur Folge, aber aus solchem Sch. erwächst gültiges Leben, weil aus dem Kreuz die Liebe erwachsen ist.

gr

Schekina. Mit der Bezeichnung Sch. umschrieb man (vgl. Dt 12, 11 u. viele atl. u. rabbinische Stellen) das Wohnen des Gottesnamens im ↗Tempel. Man wollte damit zugleich das Aussprechen des ↗Namens ↗Elohim u. ↗Jahwe verhindern.

pa

Schema (hebr. höre), jüd. Bekenntnis u. Hauptgebet, das mit den Worten beginnt: Höre, Israel, der Herr ist unser Gott, der Herr ist Einer. Aus vorchristl. Zeit stammend (Dt 6, 4–9; 11, 13–21; Nm 15, 37–41), ist es Hauptteil des Morgen- u. Abendgebets. Die jüd. Martyrer aller Zeiten gingen mit diesem Bekenntnissatz auf den Lippen in den Tod.

ba

Schemel. Die Fußstütze orientalischer Thronsessel (vgl. Jak 2, 3) findet sich auch in der Bildrede vom ↗Throne Gottes erwähnt (Ps 99, 5). Hier ist er entweder der Tempel (die ↗Bundeslade; 1 Chr 28, 2), die Erde (Js 66, 1) oder Jerusalem (Klgl 2). Hebr 1, 3 (Mt 22, 44) hat Ps 110,1 christologisch ausgelegt. pa

Schemone Esre ↗Achtzehngebet.

Scheol, atl. Bezeichnung des ↗Totenreiches, deren Bedeutung unsicher ist.

he

Scherflein ist die dt. Übersetzung für griech. Lepton. Lepton ist als Münze nicht nachgewiesen u. wird daher lediglich Kleinmünzen aus Kupfer wie Quadrans (↗Geld) bezeichnen. do

Schicksalsglaube. Der Glaube an ein Schicksal als eine unpersönliche, das Leben des Menschen unabwendbar bestimmende Macht ist ein religiöses Phänomen des ↗Hellenismus: hinter den politischen Umwälzungen konnte kein planender Götterwille mehr erkannt werden. In dem wechselhaften Geschehen schien vielmehr der Zufall, griech. Tyche, zu walten u. ohne Grund Glück oder Unglück zu bringen. Soweit Tyche das Glück bedeutet, wurde sie sogar kultisch verehrt. In einer anderen Form der Sch. erscheint der Ablauf des Schicksals als Naturnotwendigkeit u. als Verhängnis, griech. Heimarmene. Damit verband sich die Vorstellung der orientalischen Astrologie, daß die Konstellation der Sterne bei der Geburt des Menschen sein ganzes Schicksal bestimmt. Erlösung von dem Zwang der Heimarmene versprachen die ↗Mysterien, die ↗Gnosis u. auch die christl. Botschaft (Gal 4, 3 f.9). In der ↗Stoa ist die Heimarmene mit der Lehre vom alles durchwaltenden Logos verbunden. Das Schicksal ist hier zwar auch unentrinnbar, aber von Vernunft gelenkt, u. daher kann der Weise es bejahen. Die Bibel kennt keinen Sch. Was den Menschen trifft, ist weder vom Zufall noch von unabänderlicher Notwendigkeit bestimmt, sondern allein vom ↗Willen Gottes. So steht auch hinter dem unpersönlichen ↗„Muß", das die „Notwendigkeit des eschatologischen Geschehens" ausdrückt (Lk 9, 22), der Plan des persönlichen Gottes.   mo

Schild, Abwehrwaffe im Nahkampf (1 Sm 17, 7–41), aus Holz oder Rohrgeflecht u. mit Leder überzogen, das mit Öl eingerieben wurde (2 Sm 1, 21; Js 21, 5), oder aus getriebenem Gold (1 Kg 10, 16 f). – Im AT der Sch. oft Bild für Jahwe, der dem Frommen Schutz bietet (Ps 18, 3). – Am Sch. des Glaubens (Eph 6, 16) prallen die Pfeile Satans ab. ↗Kampfrüstung.   he

Schilfmeer (Schilfmeerwunder). Der ↗Auszug aus Ägypten war für die Gotteserfahrung Israels grundlegend u. für immer bestimmend. Seinen Höhepunkt bildete die Rettung des Volkes am Sch. vor der Streitwagenmacht des Pharaos. Die ineinanderverwobenen Erzählschichten von Ex 13, 17 – 14, 31 führen sie einzig auf das wunderbare Einschreiten ↗Jahwes zurück. Er hat, wie durch ↗Mose angekündigt (Ex 14, 13 f), gegen die Feinde gekämpft, das Meer „gespalten" (als Weg für Israel, als vernichtende Falle für jene; so die priesterliche Redeweise) bzw. durch einen Gottesschrecken die Ägypter ins Meer getrieben (jahwistisch). Für alle Zukunft hat er sich dadurch als Retter verherrlicht. Die Antwort kann nur sein: Gottesfurcht u. Glaube (↗Schilfmeerlied; Ps 136 u. a.). Das Stichwort Sch. (Jamsuf; Rotes Meer, wohl Sirbonischer See oder Golf von Akaba) erinnert an die Chaoswasser (Ps 106, 9; 114, 3) u. verweist auf die Stil-

lung des Seesturms, auf Jesus, den Retter u. Helfer, dem „Wind u. Meer gehorchen" (Mt 8, 27; vgl. Mt 16, 18). Apg 7, 36 gibt ihm eine neue Perspektive, Paulus nennt das Sch. „eine Taufe des Mose" (1 Kor 10, 1 ff).   pa

Schilfmeerlied. ↗Jahwe ist für alle Zeit der ↗König Israels. Seinem Wort kann die Gemeinde Glauben schenken. Er rettet aus aller Not. Als dem Mächtigen, Hilfreichen u. Heiligen ist ihm im Gottesdienst das Bekenntnis u. Gotteslob darzubringen. So kann u. muß es Israel auf Grund seiner Geschichtserfahrung bezeugen u. halten. Denn am ↗Schilfmeer hat es Gott als wunderbaren Retter erfahren (u. so unmittelbar darauf im ↗Siegeslied der ↗Mirjam besungen; Ex 15, 20 f). Seiner Führung verdankt es die Bewahrung in der Wüstenzeit u. die ↗Landnahme Kanaans. Diese Heilserfahrungen sind im Sch. (Ex 15, 1–18) zusammengefaßt, einem ↗Geschichtspsalm, auch genannt das „Loblied Moses". Man hat es im Paschafestkult vergegenwärtigend gesungen (vgl. die Ausweitung in Apk 15, 3).   pa

Schilo, Stadt in Ephraim (Ri 21, 19). Als Standort der ↗Bundeslade war Sch. einige Zeit Zentralheiligtum der israelitischen Stämme. An ihm war Eli Priester, u. ↗Samuel wuchs hier auf (1 Sm 1–3).   we

Schiloach, Bezeichnung der Kanäle, die das Wasser der Gichonquelle außerhalb Jerusalems in die Stadt leiteten. Der ältere Kanal führte offen am Südosthügel entlang (vgl. Js 8, 6). Unter Hiskija wurde ein unterirdischer, von zwei Seiten vorgetriebener Kanal angelegt (2 Kg 20, 20 u. Inschrift!), der im S.teich endete (Joh 9, 7).   we

Schisma, griech., der Riß, die Spaltung, bezeichnet in Joh die Spaltung in Gläubige u. Ungläubige (7, 43), in 1 Kor die Spaltungen in der Gemeinde, die durch Parteienbildung entstehen (1, 12).   mo

Schlachtlied. Um die eigene Kampfmoral zu stärken u. den Feind zu erschrecken, rief man sich vor bzw. während einer Schlacht Parolen u. Lieder zu. Man vgl. Ex 17, 16: „Hand an das Feldzeichen Jahwehs! Krieg hat Jahwe mit Amalek für u. für!" Dazu die Kampfrufe Ri 5, 12; 7, 20 u. den Ladespruch Nm 10, 35 f; 2 Sm 10, 12.   pa

Schlachtopfer. Es konnten dieselben Tiere wie beim ↗Brandopfer verwendet werden; diese durften männlich oder weiblich, jedoch keine Vögel sein. Nach Lv 3 hatte der Opfernde vor dem ↗Priester die Hand auf den Kopf des Tieres zu legen; eine Geste des Besitzrechtes u. der Opferintention. Nachdem er es selbst geschlachtet hatte, goß der Priester das ↗Blut (Lebenssaft) am ↗Altar aus u. verbrannte darauf Kopf, Eingeweide u. Pfoten. Brust u. Keule fielen dem Priester zu, das übrige dem Opfernden, der es mit seinen Angehörigen innerhalb zweier Tage zu verspeisen hatte. Sch. brachte man als ↗Lob-↗Sühn- u. ↗Sündopfer dar.   pa

Schlaf. 1. Natürliche Erholung des Körpers. Fromme haben ruhigen Sch. u. werden trotzdem reich (Ps 3, 6; 127, 2; Spr 3, 24). Böse dagegen gönnen sich keinen Sch. (Spr 4, 16). Fleißige kürzen den Sch. (Gn 31, 40; Spr 6, 4), Faule frönen ihm u. verarmen (Spr 6, 9–11; 20, 13). – 2. Gott sendet den Tief-Sch. vor großen Taten (Gn 2, 21; 15, 12), aber auch um Unheil zu verhindern (1 Sm 26, 12) u. um zu verstocken (Js 29, 10). Wer sich Gott u. seinem Auftrag entziehen will, flieht in den Sch. (1 Kg 19, 5; Jon 1, 5). – 3. Der Gott Israels schläft nicht (Ps 121, 4); doch wird bildlich von seinem Schlafen gesprochen, wenn er nicht handelt, die Not nicht wendet, die ersehnte Heilszeit nicht herbeiführt (Ps 44, 24; 78, 65; vgl. Jesu Schlafen, Mk 4, 38); dem entspricht der häufige Ruf „erwache" (Ps 7, 7; 35, 23; 59, 5 f; Js 51, 9). – 4. Der Tod ist wie immerwährender Sch. (Ib 14, 12), aus dem es aber in der Auferstehung Erwachen gibt (Dn 12, 2; Mk 5, 39; 1 Thess 4, 14). – 5. Der Christ ist erwacht vom Sch. u. hat entsprechend zu leben (1 Thess 5, 6; Röm 13, 11).   he

Schlange. Die Sch. gilt als listig (Gn 3, 1) u. wird wegen ihrer Giftigkeit (Ps 140, 4) gefürchtet; auf der anderen Seite wird ihre Klugheit hervorgehoben (Gn 3, 4 ff; Mt 10, 16). Gn 3 macht die Sch. zum Unheilstier, das den Tod bringt. Gn 3, 14 f ist eine ätiologische Erzählung (↗Ätiologie) für die eigenartige Lebensweise der Sch.n u. ihre Feindschaft zum Menschen. Die Sch. gewann kultische Bedeutung, nachdem Mose im Auftrage Jahwes eine ↗eherne Sch. verfertigte

(Nm 21, 4–9; 2 Kg 18, 4). Vielleicht spielt hier die Anschauung von der Sch. als Symbol einer heilenden Gottheit hinein.   go

Schlauch. Für den Nomaden war der Wasser-Sch. ein Gebrauchsgegenstand des täglichen Lebens, in dem er vor allem das Wasser aufbewahrte u. mitführen konnte (vgl. Ps 32, 7). Die sorgfältig gegerbten u. zusammengenähten (verpechten) Ziegenhäute dienten auch zum Aufbewahren von Wein u. Most. Daß bereits gebrauchte Sch.e nicht mehr zur Aufnahme frischgepreßten Mostes geeignet sind, weil sie durch die Kraft des gärenden Weines leichter zersprengt werden können als wesentlich elastischere neue Sch.e, ergibt einen anschaulichen Hinweis (Mt 9, 17) auf die Notwendigkeit einer grundlegenden Gesinnungs- u. Lebensänderung dessen, der in die ↗Nachfolge ↗Jesu eintritt (Das ↗Alte, Das ↗Neue).   hi

Schleier, ein kleines Tuch, mit dem man zum Schutz vor Hitze u. Staub Gesicht u. Nacken verhüllte. Die Frau, besonders die Braut, verschleierte zum Zeichen ihrer Ehrbarkeit ihr Gesicht vor dem Mann (Gn 24, 65; Hl 4, 1.3; 2 Kor 11, 6); das Abnehmen des Sch. bedeutet ihre Entehrung (Js 47, 2). – Wenn Mose Jahwe gesehen hatte u. sein Angesicht erstrahlte, verhüllte er es mit einem Sch. (Ex 34, 29–35). Paulus verwendet den Sch. als Bild für die Verstocktheit der Juden (2 Kor 3, 7–18).   he

Schleuder, Jagdgerät u. Angriffswaffe des Hirten (1 Sm 17, 40), zuweilen auch des Kriegers (Ri 20, 16; 1 Chr 12, 2); sie war ein in der Mitte zur Aufnahme eines Steines verbreiterter Lederriemen oder Wollgeflecht. In den Schlitz am einen Ende der Sch. steckte der Schleuderer seinen Mittelfinger; nachdem er die Sch. im Kreis geschwungen, ließ er das andere Ende im richtigen Augenblick los, um so den Stein auf sein Ziel hin freizugeben.   he

Schlinge. 1. Ein Gerät, um Kleintiere zu erjagen; hierzu legte man ein Seil mit einer Sch. auf den Boden, das der Jäger anzog, wenn sich ein Tier in der Sch. verfangen hatte (Ib 18, 9 f; Ri 2, 3). – 2. Bild für unerwartete, todbringende Gefahr (Lk 21, 35). Das AT spricht von Sch.n der Unterwelt u. des Todes (2 Sm

22, 6; Ps 116, 3); das NT von Sch.n des Teufels (2 Tim 2, 26).   he

Schlüssel. Wer den Sch. zum Davidshaus hatte, konnte über den Zutritt zum König befinden (Js 22, 22). Der Inhaber der Sch. des Gottesreiches vermittelt Gericht u. Gnade (Mt 16, 19; 18, 18; Joh 20, 23). Christus hat den Sch. zum Todesreich erobert (Apk 1, 18) u. so den Tod entmachtet.   he

Schminke. 1. Aus Schwefelantimon hergestellte braune oder schwarze Augentusche, die mit einem Stift auf Augenlider u. -brauen aufgetragen wurde (2 Kg 9, 30; Jr 4, 30; Ez 23, 40). – 2. Aus Henna oder Seetang gewonnenes Mittel, mit dem man Haut, Finger, Zehen, Nägel u. Haar rotgelb färbte. Man mischte u. verwahrte es in kleinen runden Schalen, die in Palästina häufig gefunden wurden.   he

Schönheit. Die Erfahrung des Schönen unterscheidet sich in Israel nicht viel von der anderer Kulturkreise; sie entspricht dem allgemeinmenschlichen Sch.s-Erlebnis. So preisen die atl. Schriftsteller die Sch. der Menschen, besonders der Frauen (Jdt 8, 7), die Sch. der Gestirne, des Liedes usw. Erfahrung u Erlebnis dessen, was gefällt, regen zur Beschreibung an. Das Problem des Schönen, was Sch. in sich ist, liegt außerhalb bibl. Denkens, da es beim aller Abstraktion weniger an Definitionen interessiert ist als vielmehr am Geschehen selbst.

Die Besonderheit im Erlebnis u. in der Darstellung von Sch. im AT muß auf dem Hintergrund des heilsgeschichtlichen Handelns Jahwes gesehen werden. Das Schöne ist ein Ausfluß göttlichen Handelns, Gott ist der Urheber der Sch. (Weish 13, 3–5). Alles, was geschaffen ist, hat von Jahwe her seine Sch.; es ist also die Erfahrung des Schönen eine religiöse Erfahrung, die vom Glauben an Jahwe als dem Inbegriff von Sch. getragen wird. Das verheißene Land, der Zion u. der König sind von besonderer Sch., sie von Gott erwählt, ihre heilsgeschichtliche Bedeutung in Israel erhalten. Wenn auch die Gegenstände der Welt betrachtet werden, so gilt der Lobpreis nicht ihnen als in sich schön, sondern allein in ihrem Bezug auf Gott.

Dort, wo Jahwe erscheint u. machtvoll in der Geschichte handelt, ist höchste Sch. In den Kunstwerken wie Erzählungen u. Dichtungen feiert Israel das Erscheinen Jahwes als größte Herrlichkeit. Die Erfahrung Gottes in der ↗ Theophanie steigert die Sch. zur ↗ Herrlichkeit, erhält eine Weite u. Größe, die schon ausgerichtet ist auf die eschatologische ↗ Vollendung. Der Genuß dieser Sch. ist „geglaubtes Schauen u. geschauter Glaube".   la

Schönheitspflege, in Israel wie sonst in der Alten Welt gut bekannt. Zur Sch. zählt alles, was außer der üblichen Körperpflege u. kultischen Waschungen der Verschönerung des menschlichen Leibes dient: neben Kleidung u. Schmuck das Einreiben des Körpers nach dem Bad mit Öl u. wohlduftenden Mitteln (↗ Aloe, ↗ Narde), das ↗ Schminken von Augen, Gesicht, Händen u. Füßen; die Pflege des Haares mit Kamm, Schere, Salböl, das Färben des Haares, die Pflege des Bartes durch Scheren usw. Js 3, 16–24; 1 Tim 2, 9 wenden sich gegen den übertriebenen Aufwand bei der Sch.   he

Schöpfung (Schöpfer). Sch. bedeutet die Entstehung der Welt als Werk Gottes. AT: a) Israels Sch.s-Glaube. Daß Gott die Welt erschaffen hat, ist Glaube des AT wie des NT, doch gehört die Vorstellung von Gott als dem Schöpfer u. der Welt als seiner Sch. nicht zu den ältesten Glaubensaussagen Israels. Das schließt nicht aus, daß einzelne Schriftzeugnisse u. die ihnen zugrunde liegenden mündlichen Traditionen sehr alt sind. Denn Israel mußte sich schon früh mit den vielfältigen ↗ Sch.s-Mythen seiner Umwelt auseinandersetzen. Aber Israels Gotteserfahrungen sind nicht aus dem Bemühen erwachsen, Natur u. Kosmos zu begreifen, sondern aus den Erfahrungen des machtvollen Wirkens Gottes in der Geschichte, u. daraus kam die Erkenntnis, daß Gott auch Herr der Natur sei. Die Geschichtlichkeit der Gotteserfahrung, die von Anfang an auf den Monotheismus hin angelegt war, hat Israel dazu geführt, das Problem Gott–Welt, entgegen den Sch.s-Mythen, in einem Prozeß sich vertiefenden Glaubens in die Heilsgeschichte einzugliedern.

b) Terminologie. Für das Schaffen Gottes werden verschiedene Wörter gebraucht: machen, gründen, gestalten, bilden, wobei letztere eigentlich das Formen des Töpfers meinen, eine Vorstellung, die sich im Lauf der Zeit vergeistigt. Eine besondere Bedeutung hat das Verb bara = schaffen, das nie vom menschlichen Schaffen, sondern nur vom Schaffen Gottes gesagt wird, sei es von der Sch. des Anfangs (Gn 1 u. a.), sei es von der von den Propheten verheißenen Neuschöpfung (bes. Js 40–66). Wenn bara den schöpferischen Akt Gottes bezeichnet, ist dabei nie von einem vorgegebenen Stoff die Rede. Ob daraus geschlossen werden kann, daß das AT eine „Erschaffung aus dem Nichts" (creatio ex nihilo) lehrt, ist nicht sicher. Implizit mag sie in bara mitgedacht sein, klar ausgesprochen wird sie erst in der hellenistischen Zeit (2 Makk 7, 28).

c) Die Entfaltung des Sch.s-Glaubens. Der älteste Bericht, in dem Gott als Schöpfer hervortritt, ist der des ↗Jahwisten (↗Schöpfungsberichte): Gn 2, 4b–24. Er handelt nicht eigentlich von der Erschaffung der Welt, sondern vom Menschen, dem sich Gottes Heilswillen zuwendet (Sch.s-Berichte). Gn 14, 19 heißt es, daß Gott „Schöpfer des Himmels u. der Erde" ist. Hier scheint die kanaanitische Vorstellung vom Schöpfergott El auf Jahwe übertragen worden zu sein. Bei vorexilischen Propheten u. in älteren Psalmen bezeugen die Sch.s-Werke Gottes Größe. Die hymnische Form dieser Aussage verweist auf ihre Verwendung im Kult. Doch erst im Exil u. in der nachexilischen Weisheitsliteratur erhält der Sch.s-Glaube größeres Gewicht. In die atl. Sch.s-Aussagen sind sehr altertümliche Vorstellungen eingegangen, die babylonischen u. kanaanitischen Sch.s-Mythen entstammen (Ps 74, 13: „Du hast das Meer zerspalten mit deiner Kraft u. die Häupter der Drachen über den Fluten zerschmettert"; vgl. Ps 104 u. a.). Hier spielt eine Vorstellung vom Kampf u. Sieg Gottes über die Mächte des Chaos hinein. Doch werden solche mythischen Züge im AT nur noch als Bilder in der Dichtung gebraucht. An anderen Stellen werden sie historisiert, d. h., die Bilder vom Kampf Gottes mit den Chaosmächten werden zum Symbol für das Wirken Gottes

gegenüber den Mächten der Geschichte. Wohl kann sich der Sch.s-Glaube in überkommenen mythischen Vorstellungen ausdrücken, doch werden diese von Israel umgestaltet. Das AT weiß nichts von einem Hervorgehen Gottes u. der Welt aus dem All oder vom Kampf guter u. böser Urmächte. Gott schafft in souveräner Freiheit. Alles – Gestirne, Pflanzen, Tiere – ist sein Geschöpf, u. alles ist gut (Gn 1). In der vom griech. Denken beeinflußten Weisheitsliteratur vertieft sich der Sch.s-Glaube im Nachdenken über die Natur u. ihre Geheimnisse. Die Erkenntnis setzt sich durch, daß in der Sch. die ↗Weisheit Gottes offenkundig wird u. daß er selbst aus der Sch. erkannt werden kann. Die Weisheit Gottes, die manchmal als Person erscheint, hat an allem Wirken Gottes teil. Sie war bei der Sch. zugegen (Spr 3, 19 f) u. lenkt die Welt. Was hier von der Weisheit gesagt wird, sagt das NT von Christus. Das heilsgeschichtliche Verständnis der Sch. entfaltet sich in der verzweifelten Situation des Exils (Deuterojesaja). Jetzt erwacht die Glaubensüberzeugung, daß der Schöpfer der Welt seine Macht an Israel erweisen u. es von seinen Feinden erretten wird (Js 43, 1 f u. a.). Der die Welt geschaffen hat, hat auch Israel geschaffen u. erwählt. „Denn dein Schöpfer ist dein Gemahl, u. dein Erlöser heißt ... der Gott der ganzen Erde" (Js 54, 5). Heilsglaube u. Sch.s-Glaube ist hier zur Einheit geworden. Aus diesem Glaubensbewußtsein hat dann ein unbekannter Redaktor die beiden Sch.s-Berichte an den Anfang aller Heilsgeschichte gestellt.

NT: Das NT führt die atl. Sch.s-Lehre weiter u. eröffnet zugleich eine bisher unbekannte Perspektive. Der Schöpfergott des AT hat sich geoffenbart als der Vater Jesu Christi. Als ↗Wort Gottes, als Logos, der vom Anbeginn beim Vater war, ist Christus der Mittler der Schöpfung (Joh 1, 1 ff; Kol 1, 16 f: „denn in ihm wurde alles geschaffen, u. in ihm hat alles Bestand"). An vielen Stellen bezeugt das NT, daß die Welt durch Christus u. in ihm geschaffen ist. Es lehrt ferner, daß diese Welt, weil die Sünde in sie eingedrungen ist, vergeht (1 Kor 7, 31), daß aber die von den Propheten verheißene ↗„Neue Schöpfung" bereits begonnen hat. Das gilt für den Menschen, der durch die Taufe in ↗Christus eine „neue Sch." geworden ist (Gal 6,15), aber auch für die Welt, die durch ihn neu geschaffen wird (Apk 21, 5).   ba

Schöpfungsberichte. Das AT beginnt mit den zwei Sch.n Gn 1, 1 – 2, 4a u. Gn 2, 4b–24. Der beiden gemeinsame Hintergrund ist das Weltbild der altorientalischen Umwelt. Doch liefert diese dem bibl. Redaktor nur die Einkleidung seiner eigentlichen Aussageabsicht. Er will keine Weltentstehungslehre bieten, sondern das Handeln Gottes mit der Welt u. vor allem mit den Menschen darstellen.

a) Der ältere Bericht, Gn 2, 4b–24, stammt aus jahwistischer Tradition (↗Jahwist). Sein ↗Sitz im Leben war ein Wüstengebiet, in dem Trockenheit u. Dürre die Existenz des Menschen bedrohen, denn das Wasser wird als belebendes Element dargestellt. Jahwe ist der freiwaltende Schöpfer. Der Mensch, der Erde zugehörig, empfängt sein Leben von ihm. Er wird zuerst erschaffen u. damit über alles in der geschaffenen Welt erhoben. Die ganze weitere ↗Schöpfung geschieht für ihn (Tiere, Lebensraum). Von allen Geschöpfen ist er allein fähig, auf Gottes Wort zu hören. Die Erschaffung der Frau aus der ↗Rippe geht wohl auf ein altes Fruchtbarkeitssymbol (Rippe = Monddarstellung) zurück. Indem sich Jahwe seiner bedient, wird er zum Herrn des Lebens. Gn 2, 23 betont die volle Gemeinschaft zwischen Mann u. Frau u. deren Ebenbürtigkeit. Die gesamte Schöpfung ist gut u. richtig für den Menschen. Unordnung u. Fluch kommen erst durch die Sünde in die Welt (Kap. 3).

b) Der viel jüngere Bericht Gn 1, 1 – 2, 4 a entstammt der ↗Priesterschrift u. dürfte im 5. Jh. im Babylonischen Exil entstanden sein. Er ist nach einem bestimmten Schema abgefaßt, das die planvolle, in der Welt waltende Ordnung darstellen will. In ihm spiegelt sich eine fortgeschrittene theol. Erkenntnis wider. Gottes Schaffen wird nicht mehr als dem menschlichen Tun vergleichbar dargestellt. Er schafft durch sein ↗Wort, das die Dinge ins Dasein ruft. Gott erschafft zunächst das Weltall aus dem Chaos der Urzeit (hier ist Wasser das

bedrohende Element, also dürfte der räumliche Hintergrund des Berichts eine durch Überschwemmungen gefährdete Gegend gewesen sein). Dann werden die vorhandenen Räume ausgeschmückt u. mit Leben erfüllt. All das ist das Werk des Schöpfers, das gekrönt wird durch die Erschaffung des Menschen nach dem Bild Gottes. „Bild Gottes" soll wohl besagen, daß dem Menschen eine gottähnliche Würde u. das Personsein eignet, das ihn befähigt, Partner Gottes im Bund zu werden. Der zeitliche Rahmen des Wochenablaufs, in den das Schöpfungswerk hineingestellt ist, zielt darauf ab, die Heiligkeit u. Heilighaltung des Sabbats einzuschärfen. Deshalb sind die Versuche, das Sechstagewerk auf irgendeine Weise mit den Zeiträumen der Weltentstehung zu harmonisieren, abwegig.

c) Beide Schöpfungserzählungen sind keine geschichtlichen Berichte über die Entstehung der Welt, sondern die aus Israels Glauben erwachsene Antwort auf die Frage nach den Anfängen. Israels zentrales Gotteserlebnis war die Errettung aus Ägypten. Von da an hat es Gott erfahren als Schützer u. Helfer u. Bundesgott. Aus dieser Erfahrung fragt es zurück, wie denn sein Gott früher gewirkt habe, u. kommt zu der Erkenntnis, daß der Gott, der Israel erwählte, der die Stammväter erwählte, am Anfang die Welt für den Menschen geschaffen u. im Dasein erhalten hat.   ba

Schöpfungsmythen. Daß Welt u. Mensch Werk eines Schöpfergottes sind, war eine in der altorientalischen Umwelt Israels geläufige Vorstellung, die in Sch. oder Kosmogonien der einzelnen Völker ihren Niederschlag fand. Manche Züge der Sch. sind in die Bibel eingegangen, doch nicht ohne vorher entmythologisiert zu werden (↗Schöpfung). In den mesopotamischen u. syrischen Sch. kann der Schöpfergott erst nach einem Kampf mit den Chaosmächten den Kosmos hervorbringen. Der bekannteste Schöpfungsmythos ist das babylonische Epos „Enuma elisch" (Als droben . . .), das erzählt, wie der Gott ↗Marduk, der selbst aus einem Götterkampf hervorgegangen war, den Leib der Göttin Tiamat (Urmeer u. weibliches Chaosprinzip) spaltet u. aus einer Hälfte das Himmelsgewölbe mit dem Himmelsozean macht, aus der anderen die Erde. Auch in poetischen bibl. Schöpfungstexten tauchen Bilder vom Kampf Gottes gegen die Chaosmächte auf, die im AT Leviatan u. Rahab heißen. In der ägyptischen Kosmogonie von Heliopolis, die keine Götterkämpfe kennt, gebiert ein Götterpaar Himmel u. Erde. ba

Schoß. Im Sch. werden die Kinder getragen (Gn 25, 24), Menschen u. Tiere gehegt (2 Sm 12, 3.8). Setzt man das Neugeborene auf den Sch., so bedeutet das die Aufnahme in die Familie (Ib 3, 12). Mit Sch. wird der Mutterleib bezeichnet, der von Jahwe zur Fruchtbarkeit geöffnet (Gn 29, 31) oder verschlossen werden kann (1 Sm 1, 5; Ib 3, 10). Der Sch. ist Sitz der Empfindungen (Ps 89, 51). go

Schoß Abrahams. Dem Motiv (Lk 16, 22) liegen jüd. Vorstellungen zugrunde. ⬈Schoß (oder Busen, vgl. Joh 13, 25) ist ein Bild für den Ehrenplatz beim Gastmahl. In den Schriften der Kirchenväter bezeichnet Sch. A. den für die Gerechten bestimmten Ort in der Unterwelt. ba

Schrecken oder Furcht, in der Schrift oft synonym gebraucht, überkommt den Menschen, wenn unvorhergesehene Ereignisse über ihn hereinbrechen, wie Naturkatastrophen oder Krankheiten, denen er wehrlos ausgeliefert ist, ebenso wenn er in Berührung mit dem Göttlichen kommt, weil er dessen überwältigende Macht spürt u. zugleich die eigene Ohnmacht u. Nichtigkeit erfährt (⬈Theophanie). Deshalb rufen die Gotteserscheinungen Sch. hervor (vgl. Ex 20, 18 ff u. a.), auch dann, wenn der ⬈Engel an die Stelle Gottes tritt (darum häufig die Einleitungsformel: „Fürchte dich nicht...“; vgl. Lk 1, 30 u. a.). ⬈Gericht, ⬈Tag Jahwes. ba

Schreiber. Wie im ganzen Orient war auch in Israel u. Juda der Sch. ein hoher u. einflußreicher Beamter am königlichen Hof, der wohl vor allem Sekretär des Königs war, so Seraja (2 Sm 8, 17) u. Seja (20, 25) zur Zeit Davids, Elichaph u. Achija (1 Kg 4, 3) zur Zeit Salomos (vgl. 2 Kg 18, 18; 22, 3; Jr 36, 10); daneben verwaltete er andere Aufgaben wie Tempelkasse (2 Kg 12, 11) u. Militär (2 Chr 26, 11). In der Nachexils-

zeit ist aus den Sch.n wahrscheinlich der Stand der Schriftgelehrten entstanden (2 Chr 34, 13; Esr 4, 8 f). Das NT meint mit Sch. jüd. (Mt 2, 4) oder christl. (Mt 23, 34) Schriftgelehrte. we

Schreibmesser, Gerät, das der Schreiber benutzte, um damit das Schreibrohr zu spitzen. Wurde auch sonst zum Schneiden gebraucht (vgl. Jr 36, 23). ba

Schrift. Um 3500 v.C. entwickelten die Sumerer u. etwas später die Ägypter die ⬈Keil- bzw. Hieroglyphen-Sch. (⬈Bilder-Sch.), die als Wort- u. Silben-Sch. zahlreiche Zeichen benötigte. Entscheidend vereinfacht wurde die Sch. durch die Erfindung der alphabetischen Buchstaben-Sch., die mit nur 22–30 Zeichen auskam. Jeder Buchstabe vertrat einen Lautwert, wobei die Semiten nur die Konsonanten schrieben u. erst die Griechen ca. 850 v.C. Vokalzeichen hinzufügten. Die Buchstaben-Sch. wurde in verschiedenen Versuchen im 2. Jahrtausend v.C. in Syrien-Palästina entwickelt. Dabei setzte sich die phönizisch-kanaanäische Sch. durch. Sie wurde auch von den Israeliten übernommen u. in Form der althebr. Sch. bis nach dem Exil benutzt, als sie durch die ⬈Quadrat-Sch. abgelöst wurde. we

Schriftbeweis. In der Heiligen Schrift wird häufig auf frühere Darstellungen bibl. Bücher zurückgegriffen, um dem jüngeren Bericht einen entsprechenden Ort in der Heilsgeschichte zuzuweisen oder auf Grund der Autorität des schon ergangenen Gotteswortes einen „Beweis“ für die Gültigkeit der neuen Aussage zu erbringen. Mit dem Sch. ist ein Glaubenszeugnis ausgesprochen, das die Treue u. Kontinuität im Geschichtshandeln Gottes aufweist. Vornehmlich wendet das NT den Sch. an, indem das ganze AT als ⬈Verheißung aufgefaßt wird. Diese Verheißung findet im Verhältnis einer konsequenten Abfolge ihre ⬈Erfüllung in ⬈Christus. Das AT wird somit verstanden als der Ausdruck unvollkommenen Sehnens u. Hoffens auf das in Christus Geschehene. Besondere Bedeutung erhält der Sch. in den Themenkreisen um die zentralen Aussagen ntl. Lehre: das Leiden Jesu, Verwerfung u. Verherrlichung Christi, messianische Würde u. Erhöhung, Verstockung Israels. Hier ist das atl. Zitat ein „Beweis" für die ntl. Wirklichkeit. Es ist jedoch vielfach festzustellen, daß der ursprüngliche Wortsinn eines Zitates nicht eingehalten ist, sondern im Textzusammenhang als Erklärung u. Beweis nach eigentümlichen Auslegungsprinzipien einen neuen Sinn erhält. Die Methoden u. Regeln des ntl. Sch. decken sich weitgehend mit den spätjüd., rabbinischen. Ein anderes Beweisverfahren gestaltet sich nach dem schon erwähnten Schema von Verheißung u. Erfüllung (z. B. 2 Sm 7, 14 in Hebr 1, 5). Die typologische Auslegung im Sinne von Vorbild u. Vollendung (Gn 4, 10 in Hebr 12, 24) u. die allegorische (Hebr 10, 20), bei welcher der geistige Sinn dem eigentlichen Wortsinn vorrangig ist, sind weitere Prinzipien, die dem ntl. Sch. zugrunde liegen. Zumeist sind Sch.e erkenntlich an typischen Einleitungsformeln, z. B.: „Wie geschrieben steht . . ."   la

Schriftgelehrte, eigentlich Schreiber, bilden einen Stand, dessen Entwicklung im nachexilischen Judentum unter ↗Esra begann. Ihre Aufgabe war es, die ↗Tora, die zur Norm des gesamten Lebens geworden war, kasuistisch zu interpretieren, woraus ein zunächst mündlich tradiertes Gewohnheitsrecht (↗Halacha) entstand. Sie betrieben eine erbauliche Schriftexegese (↗Haggada), lehrten in den Synagogen u. waren als Richter Mitglieder des ↗Hohen Rates. Ihre Ausbildung umfaßte Theologie, Jurisprudenz u. Philosophie. Die Mehrzahl der Sch.n gehörte zur Richtung der ↗Pharisäer, die nach 70 normativ für das Judentum wurde. Berühmte Sch. waren Hillel u. Schammai ca. 20 v.C., Gamaliel I., ca. 35 n.C., Jochanan ben Zakkai ca. 70 n.C., Gamaliel II., ca. 90 n.C. Im NT werden die Sch.n meist zusammen mit den Pharisäern genannt u. treten als Gegner Jesu auf. ↗Rabbi, ↗Midrasch.   ba

Schriftpropheten nennt man die Großen u. Kleinen ↗Propheten, weil ihr Wirken in atl. Büchern schriftlich festgehalten ist. Diese Bücher geben Name u. Zeit des Wirkens an (Überschrift) u. enthalten Spruchsammlungen, Selbst- u. Fremdberichte, die meist von Zeitgenossen, manchmal auch vom Propheten selbst niedergeschrieben (Js 30, 8–15; Jr 29) oder diktiert sind (Jr 36, 4.32). – Im Unterschied zu den Sch. haben wir von anderen Propheten nichts oder nur Fremdberichte mehr legendarischer Art (so von Samuel, Natan, Elija u. Elischa); öfters sind Worte oder Berichte anderer (z. T. unbekannter) Propheten in Büchern von Sch. erhalten (Js 40–66; Jr 26, 20–24). ↗Zwölfprophetenbuch.   he

Schriftrolle, 1. ↗Buchrolle (Jr 36, 2–32; Ez 2, 9; 3, 1–3). – 2. Tora- (Gal 3, 10) oder Prophetenrolle (Lk 4, 17.20) für den liturgischen Gebrauch.   we

Schriftsinn. Als historisches Dokument kann die ↗Bibel zunächst nur mit den sehr diffizilen Methoden der modernen Geschichtswissenschaft sachgemäß erfaßt u. ausgelegt werden. Nur von der konkreten geschichtlichen Situation einer Schrift, d. h. nur von den Vorgegebenheiten eines Schriftstellers u. seiner Adressaten, her erhellt der konkrete *historische* Sch. In den Anfängen der modernen ↗Bibelwissenschaft von kirchlicher Seite mit Skepsis verfolgt, hat sich heute die ↗historisch-kritische Forschung als die dem modernen Geschichtsverständnis einzig angemessene Möglichkeit einer wissenschaftlichen Beschäftigung mit der Bibel herausgestellt. Die so zu konstatierende Verschiedenheit der einzelnen bibl. Aussagen u. die moderne wissenschaftliche Erkenntnistheorie, die nur die Nichtobjektivierbarkeit der eigentlich theol. Aussagen feststellen kann, stehen in deutlicher Spannung zu der Tatsache, daß die im ↗Kanon gesammelten Schriften die eine ↗Heilige Schrift ausmachen. Dadurch wird den berichteten Geschichten ein Sinn zuerkannt, der über die konkrete historische Situation der Texte in irgendeiner Weise hinausweist. Diesen Sinn suchte jede theol. Beschäftigung mit der Schrift als den eigentlichen zu erforschen, wobei die Namen für diesen Sch. je nach den einzelnen theol. Schulen u. ihren Methoden verschieden sind u. auch innerhalb der einzelnen Systeme noch weiter differenziert werden (↗typologischer Sch., Sensus plenior u. a.). Allen gemeinsam ist der Versuch, den Anspruch der Schrift über ihre konkrete Zeit hinaus zu erhalten, wobei gelegentlich der historische Sch. vernachlässigt wurde (↗Allegorese). Sosehr uns heute dieser Weg verschlossen ist, so sicher ist auch, daß die theol. Deutung der Schrift nur dem historischen Sch. folgen kann, der bis zur gegenwärtigen, je eigenen Bedeutung weiterzuverfolgen ist (↗Existenziale Interpretation). Mit der Aufgabe einer einheitlich vorgestellten Welt u. Geschichte in der Neuzeit ist dieser eine eigentliche Sch. immer schwieriger zu definieren. Doch kann sich die bibl. Verkündigung nicht von der Frage dispensieren, in welcher Weise das Ereignis mit Jesus von Nazaret als das für alle Menschen u. Zeiten entscheidende Faktum verstanden werden kann. Die Erkenntnis dieses Sch. kann letztlich nur vom Geist Christi selber geschenkt werden.　　　　　tr

Schulammit (hebr.), heißt Mädchen aus Schulem (Schunem). Von dort stammte Abischag, die durch ihre Schönheit berühmte Dienerin Davids (1 Kg 1, 3). Sch. ist Prototyp für die weibliche Gestalt der Liebenden im ↗Hohen Lied. Sie wird die „Schönste der Frauen" genannt (Hl 7, 1; 1, 8; 5, 9; 6, 1). Manche Forscher denken beim Namen Sch. an eine Beziehung zur babylonischen Göttin Schulmanita.　　　　　gr

Schuld bezeichnet in der Rechtssprache eine nicht erfüllte Verpflichtung (z. B. Zahlungsrückstand). Erfolgt die Ablösung nicht rechtzeitig, sind Zwangsmittel (in alter Zeit Schuldhaft, Sch.knechtschaft) zu erwarten. Das Gleichnis Mt 18, 23 ff benutzt diesen Vorstellungskreis u. zeigt, daß rechtliches Denken im Verhältnis von Gott u. Mensch unmöglich ist. Die Sch. des Menschen Gott gegenüber ist so groß, daß er sich nie von der Verpflichtung gegen ihn ganz frei machen könnte. Gottes Güte verzichtet auf eine Ablösung u. schenkt ihm Freiheit. Wenn der Beschenkte sich aber gegenüber seinem Mitmenschen, der ihm unvergleichlich weniger schuldet, auf die Grundlage rechtlichen Denkens stellt, handelt Gott ebenso u. läßt den Menschen auf ewig der Sch. verhaftet bleiben.

Das AT unterscheidet sprachlich nicht die sündige Tat von der ↗Sünde als bleibender Sch. Doch weiß es, daß jedes Vergehen weiterwirkt u. zu tieferer Verstrickung in die Sünde führt. Die Sünden der Väter setzen sich fort in den Sünden der Kinder, so daß schließlich Gottes Strafgericht ein Ende setzen muß (z. B. Ez 20). Die Propheten bekämpfen aber die volkstümliche Meinung, daß wegen der Sünden der Väter auch die schuldlosen Kinder gestraft werden (Ez 18, 1 ff). Auch Jesus muß gegen abwegige Sch.vorstellungen seiner jüd. Zeitgenossen vorgehen. Sie verstehen jedes Unglück als Strafe für die persönliche Sch. des Betroffenen. Sie unterstellen z. B., daß die Galiläer, die Pilatus ermorden ließ, Sünder gewesen sind. Doch erklärt Jesus, daß das Übel Folge der Sch. aller Menschen ist. Die Herrschaft des Bösen ist nur durch ↗Umkehr zu Gott zu brechen (Lk 13, 1 ff). Ebenso deuten die Paulusbriefe die Sch. des einzelnen als Aspekt der Sch.knechtschaft der ganzen Menschheit. Deshalb kann sich der Mensch aus eigener Kraft daraus nicht befreien. Jesus hat durch sein ↗Kreuz den Sch.schein vernichtet. Objektiv ist die Menschheit bereits von der Sch. erlöst (Kol 2, 14). Aber die Sch. herrscht noch in ihren geschichtlichen Wirkungen (Krieg, Haß). Der einzelne kann die Wirkung der ↗Erlösung nur erfahren, wenn Gottes ↗Gnade ihn dazu beruft. Die Menschheit wird erst in der ↗Endzeit die Befreiung aus der Herrschaft der Sch. erleben.　　oh/do

Schuldschein. Der Sch., der „wider uns" gerichtet ist, bezeichnet das unheilvolle Bündnis des Menschen mit den ↗ „Mächten u. Gewalten" (Kol 2, 14 f). Gott macht durch Christi Tod dieses Bündnis zunichte; indem er diesen Sch. tilgt. ↗Kreuz.　　　　　zi

Schule. Die zentrale Stellung des atl. ↗Gesetzes im Leben des Juden verlangte genaue Unterrichtung u. weitergehendes Studium des Gesetzes. Daher trat neben Verlesung u. Auslegung des Gesetzes in der ↗Synagoge ein Unterricht in der der Synagoge meist angeschlossenen Sch. An eine Sch., wie wir sie heute kennen, darf dabei jedoch nicht gedacht werden. Immerhin ermöglichte die hebr. Buchstabenschrift auch einfachen Volksschichten ihre Kenntnis. – Als Ort der Verkündigung Jesu u. der Apostel, Mt 4, 23; Apg 9, 20, bekommen diese Sch.n für die Urgemeinde dann grundlegende Bedeutung. ↗Rabbi.　　schm

Schüler in unserem Sinne kennt das NT, wie überhaupt das Judentum u. die Antike nicht, da es, abgesehen von einer

Art Elementarschule, keine Schulen in Palästina gab. Vielmehr gab es Lehrer, sog. ↗Schriftgelehrte, die einen Kreis von Sch.n um sich scharten. Diese Sch. waren zugleich Diener u. Verfechter der spezifischen Lehrmeinung ihres Lehrers; sie paßten sich in jedem Lebensbereich ihrem Lehrer an. Mk 2, 18 ff zeigt dies sehr anschaulich: Johannes der Täufer u. seine Sch. fasten wie die ↗Pharisäer u. ihre Sch.; im Gegensatz zu ihnen stehen Jesus u. seine ↗Jünger. Daß man für das Verhalten der Sch. nicht diese, sondern ihren Lehrer verantwortlich machte, zeigt die anschließende Frage an Jesus. Der Ausdruck Jünger kennzeichnet daher ihren Status treffender. – Wichtig ist aber, daß das Wort „Jünger" im NT sehr viel mehr bedeutet als nur Sch., wenn von den Jüngern Jesu gesprochen wird. – Wichtiger, als daß sie auf die Lehren ihres „Meisters" hörten u. nach der Himmelfahrt Jesu selbst zu Lehrern dessen wurden, was Jesus sie gelehrt hatte, Mt 28, 19, ist die Tatsache, daß sie nicht nur Sch., sondern vor allem Nachfolger u. Bekenner ihres ↗Herrn wurden. ↗Rabbi.   schm

Schutz, neben Nahrung ein menschliches Grundbedürfnis. – In Israels Frühzeit suchte man Leben u. Eigentum des einzelnen zu schützen durch Zusammenschluß in Familien, Sippen u. Stämmen, sowie durch ein diese übergreifendes u. von ihnen anerkanntes Recht. Später traten Verträge mit anderen Mächten u. Verteidigungsanlagen hinzu. – In vielen Bildern wird ↗Jahwe als Sch. gepriesen (Ps 9, 13; 17, 8; 18, 3; 33, 2). – Das NT kennt keinen Gottes-Sch. in der von ↗Leiden gekennzeichneten Zeit bis zur Parusie (1 Thess 3, 3 f); es erwartet aber Bewahrung oder Errettung vor dem ewigen Untergang (Lk 9, 24; Joh 12, 15; 1 Kor 5, 5; Apk 3, 10).   he

Schwachheit. Der Ausdruck bedeutet die körperliche Sch., vor im umfassenden Sinne die Unfähigkeit. Das AT weiß darum, daß der Mensch schwach u. auf die Schöpferkraft Gottes angewiesen ist. Von dieser menschlichen Sch. spricht auch das NT (z. B. Mk 14, 38). Paulus kann einmal schwach mit gottlos gleichsetzen (Röm 5, 6.8; vgl. auch Hebr 4, 15) u. den Menschen ohne Christus als

schwach bezeichnen. Doch auch der Christ lebt in dieser Welt noch in Sch. u. Ängstlichkeit (Röm 14), er lebt in Anfechtung u. ist in seiner Sch. auf Gottes Geist angewiesen (Röm 8, 26). Anderseits aber ist Sch. geradezu Kennzeichen des Christen: Gott hat das Schwache erwählt, er ist in den Schwachen mächtig. Darum kann sich Paulus seiner Sch. ↗rühmen (2 Kor 11, 30).   ma

Schwagerehe (Levirat). Um den Namen (das Erbe) einer Familie nicht aussterben zu lassen, stellt Dt 25, 5 ff die Pflicht auf, daß eine kinderlos gebliebene Witwe von ihrem ältesten Schwager („Löser") einen Sohn (nach Nm 27, 36 wenigstens eine Tochter) gezeugt bekommen sollte; vgl. Mk 12, 18 ff. Weigerte er sich, erfolgte die Geste des „Schuhausziehens", Dt 25, 9 (Aufgabe des Eigentumsrechtes).
          pa

Schweigen. Kern vieler bibl. Erzählungen ist das Sprechen Gottes zum Menschen. Heute dagegen kann die Gotteserfahrung der meisten Gläubigen mit dem Satz umschrieben werden: Gott schweigt (↗Schweigen Gottes). Das Erlebnis, daß ↗Gott in den Nöten und Ängsten des Lebens kaum anzutreffen ist, war für den atl. Psalmbeter nur ein Grund mehr, um so intensiver das Gespräch mit Gott zu suchen. „Schweige nicht!" flehen viele Psalmen, denn wer vom ↗Wort Gottes getrennt ist, ist so gut wie tot (Ps 28, 1). Wer aber Gottes Sch. als Zeichen der Schwäche deutet u. sein Leben nicht auf Gottes Wort gründet, wird erfahren, daß ein Lufthauch seine Stützen umbläst (Js 57, 11). Nicht Gottes Schwäche, sondern seine strafende Macht enthüllt sich in seinem Sch. Er entzieht sein Wort den Widerspenstigen (Ez 3, 26; Am 9, 11). Im Exil hält ↗Deuterojesaja die Hoffnung wach, daß Gott sein langes Sch. beenden wird, indem er machtvoll dem Volk zu Hilfe eilt (Js 42, 14). Endgültig hat Gott sein Sch. in ↗Christus gebrochen. Jetzt kommt es nur noch darauf an, daß der ↗Glaube alle Menschen befähigt, auf dieses Wort Gottes zu hören (Röm 16, 25 f). – Die Tatsache, daß viele Menschen heute bei der Suche nach Gott auf Gottes Sch. stoßen, führt dazu, daß diese Menschen umgekehrt auch vor Gott in Sch. verfallen. Die atl. Gerechten dagegen beklagen sich Gott gegenüber sogar darüber, daß sie ihn nicht mehr finden. Besser als trotziges Sch. ist es, vor Gott seine Schwäche einzugestehen (Ps 32, 3–5). Vor Gott ziemt sich nur ein Sch. der Ehrfurcht (Hab 2, 20); wenn er redet, verstummen selbst Ijobs heftige Vorwürfe (Ib 40, 2). Bei Deuterojesaja ist das Sch. des ↗Gottesknechtes in allen Mißhandlungen Zeichen der äußersten Schwäche, die er stellvertretend für die vielen Sünder trägt (Js 57, 11) u. die Gott umwandelt in neue Herrlichkeit.   oh

Schweigen Gottes. Es ist die Grundaussage der Bibel, daß ↗Gott ein ↗Wort hat u. redet. Er spricht zum Menschen, u. er hat ein letztes Mal gesprochen in seinem Sohn ↗Jesus ↗Christus. Gott ist Wort (Joh 1, 1). Nun weiß die Bibel auch vom Sch. G. zu berichten. Wenn der Mensch seinem Schöpfer die ↗Antwort schuldig bleibt, wenn er sich in sich selbst verschließt, dann kann Gott schweigen. Gott zieht sich dann vom Menschen zurück u. erscheint diesem ferne. Nichts aber weiß das AT vom Tod Jahwes: „Siehe, nicht schläft noch schlummert der Hüter Israels" (Ps 121, 4), heißt es gegen die ↗Baale, die in der Trockenzeit tot sind. ↗Jahwe zürnt seinem Volk, wenn dieses von ihm abgefallen ist, er schweigt u. verläßt den Menschen (Ps 22, 2). Doch Jahwe bleibt nicht in diesem Sch., er bricht es, er ruft den Menschen von neuem beim ↗Namen. Endgültig hat Gott durch seinen Sohn Jesus Christus gesprochen (Hebr 1, 2). Jesus Christus ist das andauernde ↗Wort Gottes an die Menschen. Seit Jesu Tod spricht Gott nicht anders als durch den Gekreuzigten u. Auferstandenen. Jesus selbst hat am ↗Kreuz das Sch. G. u. die Gottferne voll u. ganz erfahren; er stirbt mit dem Verzweiflungsschrei: „Mein Gott, warum hast du mich verlassen!" (Mk 15, 34.37.) In ↗Stellvertretung aller hat Jesus diese Gottferne getragen. Jesus stirbt im Sch. G. Gerade darin hat Gott bleibend gesprochen. Kreuz u. Auferstehung Jesu sind Gottes letztes Wort; dieses ist dauerndes u. lebenschaffendes Wort. Für viele Menschen schweigt Gott heute, ist er fort u. ferne, tot. Diese wissen nicht, daß er die Sprache des heilschaffenden Kreuzes spricht, daß er im ↗Bruder spricht oder in den Aufgaben u. Möglichkeiten der Welt, die seine Schöpfung ist, daß er eine sehr menschliche Sprache spricht. Er spricht dort, wo Menschen in Jesu ↗Nachfolge ↗für andere dasein wollen, wo durch das ↗Scheitern hindurch gültiges Leben gefunden wird. Die Erfahrung des Sch. G. kann zur Erfahrung des heilschaffenden Kreuzes Christi werden. Im Sch. G. offenbart sich Gott als der je Größere, als der menschlichem Verstehen nicht Einholbare, als der Unfaßbare, der ständig vor uns ist. Wem sich das Reden Gottes nie in Frage stellt, für den schweigt Gott bereits.   gr

Schweißtuch, ein Tuch, mit dem der Schweiß vom Gesicht abgewischt u. das Gesicht der Toten bedeckt wurde (Joh 11, 44; 20, 7). Das Sch. diente auch zum Aufbewahren von Geld (Lk 19, 20). In Ephesus wurden durch das Sch. des Paulus Kranke geheilt (Apg 19, 12).   we

Schwert, Angriffswaffe für den Nahkampf, als Hieb- oder Stichwaffe in verschiedenen Formen gebräuchlich. Auch Gott u. dem Messias wird ein Sch. beigegeben als Zeichen des Kampfes gegen seine u. Israels Feinde (Jos 5, 13 ff u. a.), als Zeichen des eschatologischen ↗Gerichts (Js 34, 5 u. a.). Bildlich bedeutet das Sch. den Krieg. ↗Flammenschwert.   ba

Schwester umfaßt im NT als Bezeichnung des Verwandtschaftsgrades die weiblichen Verwandten derselben Generation in der Großfamilie, kennt also nicht die heutige Unterscheidung von Sch. u. Kusine. Die Sch.n Jesu sind daher Verwandte zweiten Grades (Mk 6, 3). Jesus hebt gegen die jüd. Sitte die Bedeutung der leiblichen Verwandtschaft auf zugunsten der Jüngergemeinschaft (Mk 3, 35). So wird in der Urgemeinde Sch. die übliche Bezeichnung für die weiblichen Mitglieder, um die neue Gemeinschaft in Christus hervorzuheben.   do

Schwur (schwören). Der Sch. war bei den alten Völkern mit Anrufung der Gottheit u. Selbstverfluchung verbunden, wodurch sich der Schwörende der Gottheit auslieferte u. sie so zum Garanten seines Wortes machte. Im AT ist der Sch. häufig bezeugt. Man schwört beim ↗Namen oder Leben ↗Jahwes, ruft ihn zum Zeugen oder Richter an, um das Halten eines Versprechens oder die Wahrheit einer Aussage zu bekunden. Der Sch. hat wichtige Bedeutung beim Abschluß eines ↗Bundes (vgl. Gn 21, 31 ff). Nur bei Jahwe darf man schwören, deshalb ist der Sch. zugleich ein ↗Bekenntnis zum einen Gott (Js 19, 18). Meineid ist Mißbrauch des Gottesnamens u. Götzendienst. Den Sch. begleitende Gesten sind Aufheben der Hände oder Berührung des Zeugungsgliedes des Eidfordernden. Im Alten Israel wurde der Sch. heiliggehalten, später warnen besonders die nachexilischen Propheten vor dem Mißbrauch, der sich einerseits im leichtfertigen Schwören, anderseits in Scheu vor dem Eid zeigte. In ntl. Zeit hatten die Pharisäer eine Kasuistik über die verschiedene Verbindlichkeit des Sch. entwickelt, die Jesus verurteilte (↗Schwurverbot). Dagegen verboten die ↗Essener grundsätzlich den Sch., ausgenommen den Eintrittseid in die Ordensgemeinschaft.   ba

Schwurverbot. In der Bergpredigt (Mt 5, 33 ff) hat ↗Jesus ein radikales Sch. ausgesprochen. Er fordert die absolute Wahrhaftigkeit in Gesinnung u. Verhalten, die eine Aussage des Menschen so verläßlich macht, daß die Anrufung Gottes zum Zeugen überflüssig wird. Jede Beteuerung, die über Ja oder Nein hinausgeht, ist deshalb „vom Bösen" (V. 37), weil sie die Unwahrhaftigkeit des Menschen voraussetzt u. nur noch dem beschworenen Wort traut. Eine Rechtfertigung des ↗Eides kann aus der Antwort Jesu auf die „Beschwörung" des Kajaphas (Mt 26, 63 f) nicht abgeleitet werden. Sie war nur eine Bejahung ohne das zum Eid gehörige ↗Amen.   ba

Seele ist im AT zunächst das, was den lebenden Menschen vom toten unterscheidet: Atem, Lebendigkeit, sodann Träger der Gedanken u. Empfindungen. Im AT wird S. nie getrennt vom Körper gesehen: S. kann „Leben" bedeuten (Jos 9, 24), den ganzen Menschen (Gn 2, 7) u. das Ich des Menschen (Ps 103, 1) bezeichnen. In der griech. Philosophie steht die S. im Gegensatz zum Körper: als Träger der Erkenntnis vom Sein u. der Gottheit ist sie selber göttlich u.

nicht vom körperlichen Tod betroffen. Das NT steht hauptsächlich in der atl. Tradition, auf dem Gegensatz von ↗Leib u. Seele (1 Petr 2, 11) liegt kein Gewicht: Tod u. Auferstehung betreffen den ganzen Menschen (1 Kor 15, 35 ff). In den bekannten Stellen Mt 16, 26 u. Mk 8, 37 wird die S. als das Kostbarste des Menschen genannt, das er zu verlieren hat. Leib im Gegensatz zur S. ist hier im Sinne von ↗ „Fleisch" (Sarx) zu verstehen.   mo

Seesturmerzählung. Die von den Synopt. verschieden eingeordnete u. theol. akzentuierte S. (vgl. Mt 8, 23–27; Lk 8, 22–25) liegt in der älteren (auch redaktionell bearbeiteten: Vv. 35 f.40) Fassung bei Mk 4, 35–41 vor. Die literarische Form der S. dürfte als eine Epiphaniewundergeschichte zu bestimmen sein, welche ↗Jesus als den die Propheten überragenden, in der Macht Jahwes selbst handelnden ↗Herrn über die Elemente feiert (↗Naturwunder). Historische Grundlage der Erzählung dürfte ein Jesuswort wie Mt 12, 41 / Lk 11, 32 („Mehr als Jona ist hier"!) sein; die von Jesus ausgesprochene Wahrheit wird vom christl. Verkündiger in der stilechten Form einer Wundergeschichte (vgl. etwa das Schema der nahe verwandten Austreibungsgeschichte Mk 1, 21b.23–28) in einer überbietenden „Neuerzählung" von Jon 1 inszeniert. Der Chorschluß (V. 41) mit seiner Frage fordert den Leser (Hörer) auf, ein Bekenntnis zu Jesus als dem in Gottes Macht handelnden Herrn abzulegen. Mk unterstreicht den ↗Glauben als „Voraussetzung" des ↗Wunders (V. 40).   pe

Seewandel Jesu. Wie die ↗Seesturmerzählung gilt die Erzählung vom S. J. der heutigen Forschung als Epiphaniewundergeschichte, zu deren Abfassung weniger (bzw. nicht) historische Erinnerung als Christusbekenntnis u. Verkündigungsinteresse geführt haben. Die Perikope vom S. J. ist in zwei verschiedenen Überlieferungsvarianten bei Mk 6, 45–52 u. Joh 6, 16–21 erhalten. Mk 14, 22–33 ist redaktionelle Verarbeitung der Mk-Vorlage unter Anfügung der Erzählung vom Seewandel Petri. Die in beiden Fassungen (Mk u. Joh) erkennbare Verkündigungstendenz der ursprünglichen Erzählung vom S. J. geht offenbar dahin, ↗ Jesus als den wie Jahwe selbst auf den Höhen des Meeres, auf dem chaotischen Element als Herrn dahinschreitenden (vgl. zu Mk 6, 48 / Joh 6, 19: Ps 77, 20; Js 43, 16; Ib 9, 8) ↗ Herrn zu feiern, der sich mit der Offenbarungsformel „Ich bin es" (Mk 6, 50 / Joh 6, 20) den Jüngern vorstellt u. deren der Epiphanie des Göttlichen gemäße Furcht mit dem alten Ruf „Fürchtet euch nicht" begegnet. Für eine ins Leben Jesu vordatierte Ostererzählung sollte man diese kerygmatische Wundergeschichte, deren einzelne Züge ganz in den Dienst der zentralen Verkündigungsaussage („Jesus als göttlicher Herr") gestellt sind, nicht halten.   pe

Segen. 1. Im AT ist S. die Zusage heilvoller Kraft (vgl. Gn 1, 22.28). Die der Sippentradition entstammenden Vätergeschichten (Gn 12–50) zeigen noch deutlich eine magische Auffassung vom S. (vgl. Gn 27). Der S. wurde dem Sohn vom Vater in einem aus Handlung u. Wort bestehenden Ritus gegeben; dabei ist der einmal erteilte S. widerruflich wirksam. Diese ungeschichtliche u. untheol. S.s-Vorstellung wurde vom ↗ Jahwisten aufgehoben, daß er sie in der Verheißung des S. mit der Geschichte verband (Gn 12, 1–3) u. Jahwe selbst zum allein Segnenden wurde (vgl. Nm 22–24). Im Dt gilt der S., der sich vor allem in den Früchten des Landes zeigt (Dt 28, 3–6), dem Volke ↗ Israel. Wirksam wird dieser S. aber nur, wenn Israel Jahwe gehorcht; im Fluch findet der S. seine Grenze (Dt 7, 12–16; 28, 1 ff.15 ff). In der Spätzeit hat der S. seinen eigentlichen Platz im Gottesdienst der Gemeinde, wie vorab die Psalmen u. die priesterschriftliche S.s-Formel Nm 6, 22 bis 27 zeigen. Der S. wurde vom Priester (vgl. Ps 118, 26) am Ende des Gottesdienstes erteilt, wie er auch ursprünglich beim Abschied gegeben wurde (vgl. die S.s-Reihen Gn 49 u. Dt 33). – 2. Das NT schließt sich den atl. u. jüd. Auffassungen an. Der Segnende ist hier vor allem ↗ Jesus (Mk 10, 16; Lk 24, 50; Mt 26, 26; Apg 3, 26), dann aber auch die Jünger (Mt 5, 44; Röm 12, 14; 1 Petr 3, 9). Das Loben u. Danken Gottes kann als „Gott ↗ segnen" bezeichnet werden (Lk 2, 28; 24, 53). ↗ Segensformel.   we
Segen des Mose ↗ Mosesegen.

Segensformel ist ein geprägter Dankbzw. Lobspruch gegenüber Jahwe, der vor allem im ↗ Hymnus beheimatet ist. Auf die Wendung „Gesegnet (gelobt) sei Jahwe!" folgt im partizipialen oder relativen Nachsatz (hymnischer Stil) die Angabe des Grundes, warum Jahwe gepriesen wird: eine anderen (Rt 4, 14; Ex 18, 10) oder einem selbst (1 Sm 25, 32) von Jahwe erwiesene Wohltat. Im Judentum wird die S. zur häufig gebrauchten Gebets- u. Dankesformel, die der gläubige Jude noch heute an jede Erwähnung Gottes („Gesegnet sei sein Name"!) anschließt   ze

Segnen wurde ursprünglich als ein Vermitteln einer dinglich gedachten Zauberkraft verstanden, verbunden mit Zeichenhandlungen wie Handauflegen usw., später aber von dieser magischen Anschauung getrennt. In der Bibel wird S. von Gott u. von den Menschen ausgesagt. Wo Gott segnet, ist es eine Bekundung seiner Gunst u. Liebe, ein Bekenntnis zum Menschen: Gott segnet den Menschen gleich nach der Schöpfung, Gn 1, 28, wie er alle Frommen u. Erwählten mit seinem ↗ Segen begleitet. Gottes S. ist sein Versprechen: „Ich will dein Gott sein", Gn 17, 7. Der so Gesegnete erhofft ein langes Leben u. viele Nachkommen. Eine schwangere Frau ist daher „gesegneten Leibes"; u. Maria als die Mutter des Messias ist „die Gesegnete unter den Frauen". – Aber auch umgekehrt segnet der Fromme seinen Gott; dann hat S. die Bedeutung von „loben" oder „preisen". Dieses S. findet im Gottesdienst u. im Hause, in den Tisch- u. Tagesgebeten, statt. Hier ist es der Familienvater, der „Gott segnet" u. Gottes Segen erbittet. Er, der sich durch langes Leben u. Nachkommenschaft als Träger des Segens erwiesen hat, kann selbst Kinder u. Haus s.; vgl. Gn 27, 1 ff, wo die alte Vorstellung vom Überströmen einer magischen Kraft noch durchscheint. Hier wird aber schon deutlich, daß jeder Gesegnete fähig ist, selbst zu s. So segnet Jesus, vom Volk als der gesegnete Messias erkannt, Mk 11, 9 f, in den ↗ Seligpreisungen alle die, die sich selbst nicht zu den Gesegneten zählen. – Denn: Gott hat den Christus „zu euch gesandt, euch zu s.", sagt Petrus, Apg 3, 26.   schm

Sehen. Neben dem üblichen Sprachgebrauch für die sinnliche Wahrnehmung steht der Begriff S. in der Bibel für den visionären Vorgang der Zukunftsschau. Propheten (Js 1, 1; ↗Seher) u. Priestern (im Sinn der Orakelpraxis) wird diese Fähigkeit zuerkannt. Es kann auch das Erkennen tieferer Wesenszusammenhänge (die Gottbezogenheit) von Dingen u. Vorgängen meinen (1 Sm 16, 17; Lk 10, 18). Das ↗Angesicht Gottes schauen heißt, seine Nähe im Gottesdienst erfahren. Das NT erkennt nur ↗Jesus zu, Gott zu s. (Joh 1, 18); den Glaubenden, die „reinen Herzens sind", ist dies als endzeitliche Gabe vorbehalten (Mt 5, 8; 1 Kor 13, 12). ↗Blinde.

pa

Seher (Sehertum). In Altisrael kannte man bereits diese Gottesbegabung, ohne sie begrifflich genau präzisieren zu können. Oft finden sich ↗Prophet u. S. als synonyme Termini parallel verwendet, so in bezug auf die Gottesmänner Gad (1 Sm 22, 5; 2 Sm 24, 11), Amos (Am 7, 12), Micha u. a. Die S.gestalt schlechthin war ↗Samuel (1 Sm 9, 9 ff). Einen S. nannte man einen visionär begabten Mann, zu dem man kam, um Aufschluß über göttliche Wirklichkeiten zu erhalten, die hinter den Dingen u. Ereignissen zutage traten oder als zukunftsträchtige Möglichkeiten bei Gott noch geborgen u. verborgen waren u. aufgedeckt werden sollten (vgl. Js 30, 10). ↗Sehen, ↗Orakel. pa

Sektenregel. Die S. gehört zu den Schriften von ↗Qumran; sie unterweist die Mitglieder der Qumrangemeinde, wie sie in strenger Beobachtung des Gesetzes Moses zu leben haben. So enthält sie Belehrungen über die Lebensordnung u. Organisation der Qumrangemeinschaft, Bedingungen für die Aufnahme von Novizen, Strafbestimmungen u. schließlich Anweisungen zum Verhalten gegenüber den Außenstehenden. Sie wird durch ein hymnenartiges Stück abgeschlossen. Aus diesen Belehrungen fällt ein Abschnitt, der von der Lehre von den zwei Geistern u. den zwei Wegen handelt, heraus. Der Dualismus, der in dieser Lehre sichtbar wird, deutet vermutlich auf iranischen oder gnostischen Einfluß hin. Allerdings wird dieser Dualismus durch den jüd. Monotheismus aufgeho-

ben; denn Licht u. Finsternis, gute u. böse Geister werden beide als von Gott geschaffen betrachtet. ri

Selbstbezeichnung Gottes. Wenn Gott sich offenbart, beginnt er seine Rede im Ichstil, um zu dokumentieren, daß er alles für sich in Anspruch nimmt (Gn 15, 7; Ex 20, 2 ff; Dt 32, 39 ff). In den Prädikationen „Ich bin dein Schild" (Gn 15, 1), „Ich bin der Ich-Bin" (Ex 3, 14 ff), „Ich bin ein eifersüchtiger Gott" (Ex 20, 5), „Ich bin gütig" (Jr 3, 12) u. a. will Gott sein Wesen zeigen. Gott bezeichnet sich so, um damit die Exklusivität seiner Macht, die in der ↗Selbstvorstellung an Israel zur Gotteserkenntnis führen soll, herauszustellen. go

Selbstentfremdung. Entfremdung bedeutet in der philos. Fachsprache die Entäußerung der Idee an die Natur u. die Entäußerung des Menschen in die Arbeit (Hegel). Der Begriff wurde von Feuerbach zur S. weiterentwickelt u. meint die Entäußerung der anthropologisch-eigenen Schätze in ein ↗Jenseits, die Flucht des Menschen in einen Himmel über der Erde. Dieser religionskritische Begriff wird von Karl Marx auf den Menschen im Wirtschaftsprozeß angewandt: S. ist die Entäußerung der menschlichen Werte, des Humanums, in die Ausbeutung. In allen Fällen ist der Mensch sich selbst, seiner Herkunft u. seinen Möglichkeiten, fremd geworden. Erst wenn er sich dessen bewußt wird u. darum weiß, kann die Rückbewegung einsetzen, kann er sich aufmachen, mit sich selbst identisch zu werden. In der Sprache der Bibel ist der Mensch sich selbst fremd geworden, weil er sich vor seinem Schöpfer verschlossen hat, weil er das Gespräch mit diesem ablehnt, weil er sein eigener Daseinssinn sein will (↗Sünde). So wie der Mensch von ↗Adam herkommt, d. h., so wie er tatsächlich lebt, ist er sich u. seinen eigenen, menschlichen Möglichkeiten fremd, lebt er an seinen geschöpflichen Chancen vorbei. Er hat sich vor seinem ↗Bruder verschlossen, er kann u. will ihm nicht Gesprächspartner sein; er weiß nicht mehr, daß er auf den ↗Mitmenschen hin lebt, daß er sich nur von diesem her gewinnen kann. S. in der Bibel bedeutet Entäußerung der geschöpflichen u. mitmenschlichen Seinsmöglichkeiten in autozentrische Selbstverschlossenheit. Gerade in der Bibel wird deutlich, daß sich der Mensch in Kult u. religiöse Satzungen hinein entfremden kann. Die Propheten kämpfen ständig gegen magisch verstandenes ↗Fasten oder gegen kultische ↗Opfer, wo nicht gesehen wird, daß der Bruder in Unterdrückung u. Unfreiheit lebt (vgl. Js 58, 1–9). Auch ↗Jesus lehnt solche S.en radikal ab (Sabbatgebot, vgl. Mk 2, 27), weil dadurch die Freiheit des Menschen geopfert wird. In der Verkündigung des Apostels Paulus heißt die religiöse Form menschlicher S. ↗„Gesetz": Wo sich der Mensch daraus Heil schaffen will, hat er seine eigenen Schätze preisgegeben; das Gesetz, das ursprünglich gut u. gottgewollt ist, wird Anlaß zur S. Es übt eine unheimliche Macht über den Menschen aus, es knechtet das Humanum (vgl. Röm 7, 7–24). Der Mensch kann sich nicht aus dieser S. befreien. Das NT bekennt generell, daß Christus mit seinem Tod u. seiner Auferstehung menschliche S. durchbrochen hat; der Mensch lebt nun grundsätzlich in der Möglichkeit, zu sich selber zu finden u. seine geschöpflichen Möglichkeiten einzuholen. Jesus ist der Mensch, der jeden aus S. heraus in seine ↗Freiheit u. zur ↗Liebe ruft. In Jesu Dasein wurde deutlich, was Selbstidentifikation des Menschen ist, denn Jesus ist der Mensch, der vollends zu sich selbst gekommen ist. Wo einer in seiner ↗Nachfolge ↗für andere da ist, ist er auf dem Weg zu sich selbst; wo einer liebt, gewinnt er sich selbst. Gottes ↗Menschwerdung hat die Menschwerdung des Menschen eingeleitet u. möglich gemacht. Auferstehung Jesu bedeutet für die Menschen Beginn u. Ermöglichung geschöpflicher Selbstidentifikation.   gr

Selbstmord ist bei den Israeliten u. Juden selten u. wird in der Bibel fast nur bei politisch-militärischer Ausweglosigkeit (Ri 9, 54; 1 Sm 31, 4 f; Mt 27, 5), aber auch bei Krankheit oder Lebensüberdruß bezeugt.   he

Selbstverleugnung besteht in der Fähigkeit, von sich selbst völlig abzusehen u. sich ganz in den ↗Dienst Christi zu stellen (Mk 8, 34). Der einzelne wird so radikal gefordert, daß er Vater, Mutter, Frau, ja sein eigenes Leben hassen muß,

wenn sie seiner Jüngerschaft im Wege stehen (Lk 14, 26), d. h., er muß unabhängig von menschlichen Bindungen sein. Diese S. kann natürlich der einzelne nicht aus sich leisten, sondern er erhält die Kraft zu dieser Haltung von Jesus, der selbst als Vorbild diesen Weg radikaler S. gegangen ist, der Mutter u. Familie verleugnet hat (Mk 3, 34) u. sein Leben für nichts geachtet hat, um den ↗Willen Gottes zu erfüllen. ↗Jünger, ↗Nachfolge.   do

Selbstverständnis. Der Mensch, der als sprechendes, geschichtliches Wesen (↗Sprache, ↗Geschichte) in der Welt ist, bringt für das Verstehen in einer bestimmten geschichtlichen Situation immer schon bestimmte Voraussetzungen mit. Die einheitliche Gesamtheit dieser Voraussetzungen, die nicht mehr hinterfragt werden u. als Bedingungen des Verstehens mit in dieses eingehen, kann man das jeweilige S. des Menschen nennen. Im Akte des Verstehens eines fremden ↗Wortes oder Textes wird dieses S. als Vorverständnis jedoch aufgebrochen u. verändert. Das Verstehen durchläuft so mit Notwendigkeit eine negative Phase. Mein S. wird von dem zu Verstehenden in Frage gestellt. Ich werde von dem zu verstehenden Text, etwa dem Anspruch des Ev., „überwunden" (H. Braun). Erst durch diese negative Erfahrung hindurch kommt die „Horizontverschmelzung" (Gadamer) zustande, in der wirkliches Verstehen sich als *neue* Erfahrung zuträgt. Ich verstehe mich nun in dem, was ich verstanden habe, selbst neu. ↗Hermeneutik, ↗existenziale Interpretation, ↗Verstehen.   ca

Selbstvorstellung Gottes. Die S. G., die mit „Ich bin ↗Jahwe" beginnt, soll die Einzigkeit des Gottes Israels herausstreichen, der den anderen Göttern ihre Existenz streitig macht. Die formelhafte Wendung „Ich bin Jahwe" drückt die Geschichtsmächtigkeit aus, die Furcht u. Bewunderung hervorruft u. vor allem aber die unbegreifliche Huld, die in dem Versprechen an ↗Abraham u. seinen Nachkommen, „ihnen Gott sein" (Gn 17, 7) zu wollen, liegt. ↗Selbstbezeichnung Gottes.   go

Seleukia, Name mehrerer hellenistischer Städte, von denen in der Bibel nur das von Seleukos I. als Hafenstadt Antiochias gegründete S. genannt ist. S. wurde von Ptolemäus VI. erobert (1 Makk 11, 8); Paulus begann hier seine 1. Missionsreise (Apg 13, 4).　　we

Seleukiden, von Seleukos I. begründete mazedonische Dynastie (312–64 v.C.), die in der Nachfolge des Alexanderreiches das Gebiet von Indien bis Syrien u. Kleinasien beherrschte u. hellenisierte. Nach langen Kämpfen mit den ↗Ptolemäern kam 200 v.C. unter Antiochus III. d. Gr. (223–187) auch Palästina zu ihrem Herrschaftsgebiet (vgl. Dn 11, 10–20; 1 Makk 8, 6 ff). Der Versuch seines Sohnes Antiochus IV. Epiphanes (175–164), die jüd. Religion auszurotten u. das Judentum zu hellenisieren, führte zum Aufstand der jahwetreuen ↗Makkabäer (Dn 11, 21–45; 1 Makk 1–6; 2 Makk 3–9). Danach zerfiel das S.reich u. wurde 64 v.C. römische Provinz.　　we

Selig. „Glücklich, wer…!" („Heil dem…!") ist eine alte Form des Weisheitsspruchs, die auch im täglichen Umgang gebräuchlich war. Es geht dabei nicht um die S.keit der Götter (so das griech. Wort makários ursprünglich) oder um die „ewige S.keit" der verstorbenen Gerechten, sondern zunächst um irdisches ↗Glück, das gepriesen wird: Wohlergehen, Ansehen (Ib 29,11), wohlgeratene Kinder u. eine gute Frau (Sir 25,7 f). Sir 11,28 warnt dagegen: „Preise niemand s. vor seinem Ende!" Die ↗Weisheit zeigt ihren Wert gerade darin, daß sie unterscheiden lehrt, was letztlich gut ist für den Menschen, im Hinblick auf sein ↗Ende: dem Gelde nicht nachzulaufen (Sir 31, 8), dem Bösen nicht nachzugehen (Ps 1, 1), sogar von Gott gezüchtigt zu werden (Ib 5,17). S. ist, wer sein Leben richtig, d. h. nach der Weisheit, einzurichten versteht (Sir 14, 20 ff); letztlich, wer allein auf Gott vertraut (Spr 16, 20), seine Gesetze beobachtet (Ps 119, 1) u. von ihm Verzeihung der Sünden erlangt (Ps 32, 1 f). S. zu preisen ist darum Israel, weil Jahwe ihm nahe ist (vgl. Ps 89, 16). ↗Seligpreisung.　　ur

Seligpreisung. Die S.en im Munde ↗Jesu haben einen eigenen Klang. ↗Selig preist er die Augen, die Zeugen seines Wirkens sind, u. die Ohren, die seine Botschaft hören dürfen (Mt 13,16 f). Selig

ist, wer diese entscheidende Offenbarung gläubig aufnimmt (Mt 16, 17; vgl. Lk 1, 45) u. keinen Anstoß nimmt (Mt 11, 6). Die S. des ↗Glaubens gilt weiter, gerade wenn die besondere Heilsstunde des Sehens vorüber ist (Joh 20, 29). – S.en stehen am Anfang der großen ↗Bergpredigt bzw. ↗Feldrede (Mt 5, 3–12; Lk 6, 20–23) u. damit bei Mt am Anfang der Verkündigung Jesu überhaupt. In der kurzen Form bei Lk stehen den vier „Selig" vier „Wehe" gegenüber (vgl. die Gegensatzpaare Js 65, 13 f), was das Paradoxe dieser „Seligkeit" noch unterstreicht: sie wird das ↗Armen u. Bedrückten zugesprochen, die in den Augen der Menschen die Bedauernswerten sind. Gerade diesen aber bringt ↗Jesus nach Lk 4, 18 f seine „Frohe Botschaft". Das Ev. von der ↗Herrschaft Gottes, die jetzt nahegekommen ist (Mk 1, 15), bedeutet „Umwertung aller Werte". Nur um dieses einen absoluten „Wertes" willen (vgl. Mt 13, 44–46) kann jemand in Wahrheit seliggepriesen werden. Alle S.en verheißen ein zukünftiges Heil, das vollendete ↗Reich Gottes, das aber doch schon jetzt zugesprochen wird, für das man „im Himmel eingeschrieben" sein kann (vgl. Lk 10, 20). – Selig nennt die ganze Schrift nicht den Zustand der Vollendung (etwa Lk 14, 15; sonst ↗Leben, ↗Freude), sondern den Menschen, der auf dem Wege dorthin ist, zwischen Berufung (Apk 19, 9) u. Bewährung (Jak 1, 12).　　ur

Sem (Semiten), ältester Sohn Noachs (Gn 5, 32). Im Segen Noachs nach der Sintflut ist schon in S. Israel das Land Kanaan verheißen (9, 26). S.s Stammbaum wird bis auf Abraham, den Stammvater Israels, ausgezogen (11, 20–26). – Auf S. zurückgeführt werden die Semiten (10, 21 ff), eine vorderasiatische Völkergruppe, die derselben Sprachfamilie angehört. Allgemein unterscheidet man im Semitischen drei Sprachgruppen: 1. das Ostsemitische oder Akkadische, wie es in verschiedenen Dialekten in Assyrien u. Babylonien gesprochen wurde; 2. das Nordwestsemitische in Syrien u. Palästina (das ↗Aramäische u. Kanaanäische, wozu auch das ↗Hebräische gehört); 3. das Südwestsemitische in Arabien u. Äthiopien.　　we

Sendung (senden). S. ist ein anthropologischer Begriff u. bedeutet die Beauftragung eines anderen mit einer ↗Botschaft, Vermittlung oder sonst einer Aufgabe, die man selbst nicht tun will oder tun kann. Im NT gewinnt S. eine besondere Bedeutung, weil ↗Jesus nach dem Zeugnis der Evangelisten von einem starken ↗Sendungsbewußtsein erfüllt war. Besonders Johannes sieht in der S. des ↗Sohnes durch den ↗Vater den Grund für Jesu Wirken. Fragt man nach dem Entstehen der S.s-Vorstellungen im religiösen Bereich, so merkt man die enge Verflochtenheit mit dem ↗Mittler-Begriff. Wer im religiösen oder im Glaubensbereich Führungsansprüche stellt, wird nach seiner Legitimation gefragt. Von der Unbegreiflichkeit ↗Gottes u. der gesamten Glaubenswirklichkeit her sind äußere Legitimationen nicht zu erwarten oder für das kritische Bewußtsein fragwürdig (↗Wunder). So kann es sich nur um personale, innere Legitimation handeln, um die Überzeugung, daß sich der betreffende Mensch auf eine S. berufen kann, weil er etwas zu sagen u. zu bringen hat, das Heilsbedeutung hat u. neue Horizonte erschließt.

Jesus ist der Gesandte Gottes nach dem Vorbild der atl. ↗Propheten: Js 6, 8 f. Auch die Urkirche versteht Jesus als den Gesandten Gottes: „Darin hat sich die Liebe Gottes an uns erwiesen, daß Gott seinen einzigen Sohn in die Welt gesandt hat, damit wir durch ihn leben" (1 Joh 4, 9). Daß Gott tatsächlich Jesus gesandt hat, läßt sich nicht empirisch nachweisen, es ist Sache der Glaubensüberzeugung u. wird nur im Selbstverständnisses Jesu (vgl. Lk 4, 18 ff). Der Inhalt seiner S. bestand in der guten Botschaft von der ↗Herrschaft Gottes (Lk 4, 43). Damit erfüllt er die S. der Propheten u. aller übrigen Mittler des AT (Mt 5, 17), handelt aber nicht in eigenem Namen, sondern verweist ständig auf Gott, in dessen Auftrag er wirkt (Joh 8, 42). So versteht Jesus seine S. auch nie als seine persönliche Auszeichnung, sondern als ↗Dienst (Mt 20, 28).

Wie Jesus seine S. als Repräsentation der erlösenden Liebe Gottes mitten unter den Seinen verstand (vgl. Joh 1, 9 ff), so sendet er selbst andere (↗Apostel, ↗Jünger, ↗Zwölf), um seine S. in der Welt u. in Zukunft bleibend präsent zu machen (Joh 17, 18 f). – Dieser S.s-Gedanke spielte in der Urkirche eine große Rolle, verlieh ihr Dynamik u. den Geist der ↗Mission u. trug viel dazu bei, daß sich die Jüngergemeinde als ↗Kirche konstituierte u. verstand. Die S. der Propheten, vor allem Jesu Christi u. der urkirchlichen Glaubensboten war nicht institutionalisiert, sondern wurde in der persönlichen Begegnung mit ihnen erfahren. Dies bedeutete unmittelbare, echte, sachliche Autorität. Neben dem Vermeiden eines gegenständlichen S.s-Verständnisses, das die Bildhaftigkeit übersieht, muß in der gegenwärtigen Situation der Kirche darauf Bedacht genommen werden, daß die Gesandten der Kirche (alle Christen) um ein echtes, personales, glaubwürdiges S.s-Bewußtsein bemüht sind u. allen Schein u. Formalismus vermeiden lernen. Die S. Jesu wird durch die Glaubwürdigkeit der S. der Christen bezeugt.
                              hi

Sendungsbewußtsein. Das S. der Großen des AT (↗Patriarchen, ↗Mose, ↗Richter, ↗Propheten usw.) u. der Urkirche (in bezug auf sich selbst u. vor allem auf ↗Jesus) entsprang nicht einem religiösen Systemdenken, sondern echtem Transzendenzerlebnis (d. h. der Erfahrung, daß menschliches Dasein über sich selbst hinaus verweist). Sie wußten als Grund ihrer Initiativen, ihrer Glaubensüberzeugung u. ihres Lebenswerkes ↗Gott als den, der sie dazu gesendet hat, sich in seinem Namen u. in seiner Sache (↗Herrschaft Gottes) zu engagieren. Die Gefahr eines enthusiastischen Messianismus oder einer ideologischen Fixierung des S. läßt sich nur dann vermeiden, wenn die betreffenden Menschen im Gespräch mit ihren Mitmenschen leben u. ihr Tun als Antwort auf einen persönlichen Ruf verstehen (↗Glaube).
                              hi

Senfkorngleichnis. Vgl. Mk 4, 30–32 par. Die Einleitung ist verkürzt: Nicht das Senfkorn ist dem ↗Reich gleich, sondern das ↗Gleichnis als ganzes sagt darüber aus. Es verkündet Gottes Handeln, der aus dem kleinen Anfang der Verkündigung Jesu u. der ersten Gemeinden wunderbar die große Vollendung seiner eschatologischen Herrschaft wirkt. Der Gegensatz von Anfang u. Ende (keine Entwicklung: das Wachsen der Kirche o. ä.) ist betont, aber doch auch gesagt, daß schon im Anfang die Kraft zu solcher Entfaltung verborgen ist. Der ↗Kirche, die biblisch immer Gemeinde der „Kleinen" ist, wird im S. ein Wort voll Verheißung gesagt.   sm

Senir ↗Hermon.

Sense ↗Sichel.

Septuaginta (LXX), Sammlung der ins Griech. übersetzten u. der deuterokanonischen Bücher des AT. – Als die griech. sprechenden Diasporajuden den hebr. Text des AT nicht mehr verstanden, wurde im 3. Jh. v.C. in Alexandria zunächst die ↗Tora (↗Aristeas), nach u. nach auch die übrigen kanonischen Bücher ins Griech. übertragen. Im Judentum war die S. hoch angesehen u. weit verbreitet, wurde aber völlig abgelehnt u. im 2. Jh. n.C. durch mehrere neue Übersetzungen (Aquila, Theodotion, Symmachus) ersetzt, als die Kirche die S. übernahm u. daraus ihre Dogmen begründete. Für die Auseinandersetzung mit den Juden bearbeitete Origenes in seinen großen textkritischen Werken die verwilderte S., indem er sie dem hebr. Text anpaßte. Die angestrebte Vereinheitlichung des Textes aber wurde nicht erreicht, so daß bald neue Textbearbeitungen nötig wurden (Hesychius, Lukian). – Die Bedeutung der S. liegt darin, daß sie das AT der griech.-hellenistischen Kulturwelt zugänglich machte u. so der christl. Mission den Weg bereitete.   we

Seraph(e) (hebr. Brennende), 1. Himmlische Wesen, vorgestellt mit Angesicht, Händen u. sechs Flügeln, die lobpreisend den Thron Jahwes umgeben u. Mittler sind zwischen Gott u. Mensch (Js 6, 2–7). – 2. Eine feurige Giftschlange (Nm 21, 6–9; Dt 8, 15). – 3. Ein fliegender Drache (Js 14, 29; 30, 6).   he

Seßhaftwerdung heißt der Prozeß, in dem ohne festen Wohnsitz umherziehende Nomadenstämme sich sippenweise im Kulturland niederlassen. Während sie mit ihren Großviehherden sonst nur das Weideland des Kulturgebietes aufsuchen, beginnen sie im Prozeß der S. sich am Rand des Kulturlandes anzusiedeln, indem sie feste

Häuser bauen, das Feld bestellen u. Kleinvieh züchten. Von da dringen sie mit der Zeit ins ganze Kulturland ein, wo sie die vorgefundene Kultur u. Religion mit ihrer eigenständigen verbinden. Für die israelitischen Stämme vollzog sich diese Entwicklung im 2. Jahrtausend v.C., zur Zeit der ↗Patriarchen u. der ↗Landnahme.   he

Set (hebr. Ersatz), Sohn ↗Adams, der ihm für den ermordeten ↗Abel geboren wurde (Gn 4, 25 f). Die sog. Setitenliste (Gn 5) zählt von Adam bis Noach zehn Generationen mit hohen Lebensaltern auf. Lk 3, 38 rechnet S. zu den Ahnen Jesu. ↗Stammbaum.   we

Sexualität ↗Geschlechtlichkeit.

Sibylle (sibyllische Orakel), eine durch ihre Orakel berühmte Prophetin der Antike, auf deren Wohnsitz mehrere Städte Anspruch erheben. Die sibyllischen Orakel sind Geschichtsprophezeiungen, die auf jene legendäre S. zurückgeführt werden. Diese lockeren Orakelsammlungen wurden von Juden in vorchristl. Zeit (200 v.C.), später von Christen überarbeitet. Themen der Überarbeitung waren Monotheismus, Polemik gegen Heidentum u. Götzen, die Ankündigung des Weltgerichts.   do

Sichel, Erntewerkzeug, gekrümmtes, mit Feuersteinspitzen besetztes Holz, später auch ein krummes Messer, mit dem man Getreide schnitt (Dt 16, 9; 23, 26). Bild für friedliche Arbeit (Js 2, 4; Mich 4, 3) oder göttliches ↗Gericht (Joel 4, 13; Mk 4, 29; Apk 14, 14 ff).   he

Sichelschwert oder Krummschwert, von Mesopotamien bis Ägypten verbreitet, war Prunkwaffe u. Herrschersymbol.   he

Sichem (hebr. Rücken), Stadt im Gebirge Ephraim zwischen den Bergen Ebal u. Gerisim. Ihre Blüte erlebte die seit 4000 v.C. besiedelte Stadt zur Hyksoszeit. Beim kanaanäischen Heiligtum von S. bauten Abraham (Gn 12, 6 f) u. Jakob (Gn 33, 19 f) einen Altar. Nach der Eroberung Kanaans war S. eine Zeitlang Zentralheiligtum der Stämme Israels. Durch Josua (Jos 24) wurde hier der Bund mit Jahwe erneuert. Nach der Reichsteilung war S. unter Jerobeam kurze Zeit Hauptstadt des Nordreichs (1 Kg 12, 25). Erst nach dem Exil gewann es als Zentrum der ↗Samaritaner wieder an Bedeutung.   we

Sidon, Hafen- u. bedeutendste Stadt ↗Phöniziens, weshalb die Phönizier auch S.ier hießen (1 Kg 5, 20; 16, 31; vgl. Gn 10, 15). Später verlor S. seine Vormachtstellung an Tyrus u. erlangte sie nur kurze Zeit unter den Persern wieder. Im NT ist S. neben Tyrus genannt (Mt 15, 21; Lk 6, 17). Paulus war auf der Reise nach Rom in S. (Apg 27, 3). we

Sieben, im AT wie im Alten Orient sinnbildlicher Ausdruck für ein geschlossenes Ganzes in seiner Vollkommenheit, besonders für die göttliche Struktur irdischer Dinge u. Vorgänge. An 7 Tagen geschieht das Schöpfungswerk (Gn 1, 1 bis 2, 4). Der 7. Tag (Sabbat, Ex 20, 10; 23, 12) u. das 7. Jahr (Sabbatjahr, Ex 23, 11) ordnen Zeit, Arbeit u. Gottesdienst. Die S.zahl beherrscht den Festkalender (Ex 12, 15; Lv 25, 4 ff; Dt 15, 1; 1 Kg 8, 65), das Ritual (Lv 4, 6–17; 2 Kg 5, 10; Ib 42, 8) u. die Kultgeräte (Ex 25, 31 ff; Nm 23, 1 ff). S.fältig geschehen Vergeltung (Gn 4, 15.24; Ps 79, 12; Spr 6, 31) u. Vergebung (Mt 18, 21; Lk 17, 4). S.mal am Tag ruft man Jahwe an (Ps 119,164). Das Joh-Ev. bringt 7 Wunder Jesu u. 7 mit „Ich bin" eingeleitete Selbstzeugnisse. Besonders bedeutsam ist die S.zahl in der Apk (1, 4.20; 5, 1.6; 8, 2; 10, 3 f; 12, 3). he

Siebenarmiger Leuchter ↗Leuchter.

Siebzig ist als 10 × 7 Idealzahl der Fülle u. Vollendung. Gn 11 zählt 70 Völker der Erde auf. Jakob hat 70 Nachkommen (Gn 46, 27; Ex 1, 5). 70 Älteste vertraten Israel vor Jahwe (Ex 24, 1.9–11); 70 Israeliten trugen mit Mose die Last des Volkes (Nm 11, 16 f). 70 Jahre währt die Babylonische Gefangenschaft (Jr 25, 11 f; 29, 10), ebensolange das Gericht über Tyrus (23, 12 ff). Dn 9, 24–27 bezeichnet einen runden Zeitraum. – Als vollkommene Zahl begegnet zweiundsiebzig (6 mal 12); 72 Mitglieder zählte das Synedrium. Jesus sendet 72 Jünger aus (Lk 10, 1). – Siebzigmal siebenmal bedeutet die menschliche Vergebungsbereitschaft, die Jesus von seinen Jüngern verlangt (Mt 18, 22). he

Sieg (siegen) meint in vielfältigen Nuancierungen eine Überlegenheit im physischen, forensischen u. übertragenen Sinn, die vor der Allgemeinheit zutage tritt. An militärische Geschehen wird mit der Entwicklung der atl. Theologie in Richtung auf eine Spiritualisierung so selten gedacht, daß die hebr. Wortstämme „für gerecht erklären", „verlangen" u. „strahlen, überragen" in der LXX durch das griech. Wort „siegen" wiedergegeben werden können, wodurch es zu starken Bedeutungsverschiebungen gegenüber dem hebr. Original kommt. Zwar spricht auch das AT gelegentlich von einem S. nach einem Waffengang, doch weiß es auch von einem solchen S., der nicht durch die Menge der Heeresmacht errungen werden kann, sondern von Gott gegeben wird u. daß der Glaubende auch in der augenscheinlichen Niederlage eines unschuldig erlittenen Todes Sieger bleiben kann (↗Martyrer). In dieser Weise versteht auch die urchristl. Theologie das Werk Christi als die Überwindung des Starken durch den Stärkeren (vgl. Lk 11, 22) u. als S. über die Welt (vgl. Joh 16, 33), während sie die Wortgruppe „siegen" im innerweltlichen Sinn vermeidet. Eine Ausnahme davon scheint nur die Apk zu machen, die vom S. pointiert als einem S. gegen die Gemeinde sprechen kann. Dadurch wird deutlich, daß gerade das geschlachtete Lamm der endgültige Sieger ist u. ↗Christus eben als der Gekreuzigte bei seiner ↗Wiederkunft vor aller Welt als der Herr offenbar werden wird u. die im Kampf mit der Welt Besiegten als Sieger mit dem Herrn herrschen werden. So wird die ganze Siegesterminologie zum Ausdruck für die eschatologische Hoffnung der Glaubenden auf die Teilhabe an ↗Kreuz u. ↗Auferstehung Christi als des entscheidenden Ereignisses jeder menschlichen Geschichte. tr

Siegel. Wie die ↗Beschneidung für Abraham ein Zeichen seiner Glaubensgerechtigkeit ist u. von Paulus S. genannt wird (Röm 4, 11), werden die Christen mit dem S. des ↗Geistes Gottes versehen (2 Kor 1, 22; Eph 1, 13). Hier wird deutlich, daß der S.begriff auf die ↗Taufe bezogen wird u. deren Wirkung umschreibt. In der Taufe wird das Ja des ↗Glaubens von Gott besiegelt. In Christus empfangen die Gläubigen durch die Taufe das S. der Gotteskindschaft, d. h. ihrer Erlösung. Als solche, die der Macht des Bösen entzogen u.

Christus übereignet sind, haben sie teil an seinem Erbe bei Gott. Nach der Apk werden die Diener Gottes von Engeln mit dem S. Christi bezeichnet, wodurch sie Gottes Zorngericht entgehen. Hier liegt wahrscheinlich auch eine Beziehung auf die Taufe vor. Dies Heilszeichen entspricht dem eschatologischen Aspekt des S. bei Paulus. Wie die Taufe ist das S. nicht nur ein individuelles Heilszeichen, sondern wie sie gliedert es ein in die Gemeinschaft der Glaubenden, wie sie verlangt es die sittliche Bewährung der Besiegelten in einem Leben nach Gottes Willen.   tho

Siegeslied. Wir besitzen verhältnismäßig viele literarische Produkte, in denen Israels Siege feiernd besungen werden. Doch das einzige ausführliche u. zu einem hymnischen Kunstwerk ausgeformte S. ist uns im ↗Debora-Lied (Ri 5) erhalten geblieben. Aus Ri 16, 23 ff ersehen wir, daß diese ↗Lieder aus den Siegesfeiern erwachsen sind u. daß es vornehmlich die Aufgabe der Frauen war, bei der Rückkehr des siegreichen Heeres unter Musik u. Tanz derartige Gesänge vorzutragen. Es waren dramatisch lebendige, kurze Sätze, die von den Frauen in zwei Gruppen abwechselnd wiederholt wurden (vgl. Ex 15, 20 f).   pa

Siegespreis. In 1 Kor 9, 24 f (Phil 3, 14; 4, 1) zieht Paulus zwischen dem entsagungsvollen Einsatz im Bereich des Sports u. dem Christenleben eine Parallele. Sieger griech. Wettkämpfe bekamen zur Belohnung einen Preis (Standbilder, Gastmahlplätze, Geldsummen). Dieser Ansporn gilt auch für den Christen (u. die Gemeinde). Sein S. ist ewiges Leben, die ewige Gemeinschaft mit Gott.   pa

Siegeszeichen. Weil Israel den ↗Sieg nicht als seine eigene Leistung betrachten kann, sondern nur als die Treue Gottes zu seinem Volk im Heiligen ↗Krieg erfährt, fehlt schon im AT die Voraussetzung zu S. in der gemeinsamen Manier des Alten Orients (↗Masseben), sondern der Sieg wird nur im Danklied adäquat gefeiert. – Zurückhaltend ist auch das NT, das ein S. überhaupt nicht kennt, sich aber im Bild des Wettkampfes den Siegeskranz als Aufforderung zum vollen persönlichen Engagement

des Christen vor Augen hält u. diesen als Umschreibung für das zu erlangende Heil selber nimmt. Bezeichnenderweise aber wird dieser Siegeskranz dem dornengekrönten Jesus (Mk 15, 17) zuerkannt u. mit ihm auch den ↗Martyrern, so daß von einem S. im profanmartialischen Sinn überhaupt keine Rede mehr sein kann.   tr

Sikarier, eine radikale, religiös-fanatische Gruppe der zelotischen Widerstandsbewegung gegen Rom (Apg 21, 38), S. genannt, weil sie mit Dolchen (lat. sica) ihre Gegner hinterrücks umbrachten. ↗Zelot.   we

Silberling. Die S.e, die Judas für seinen Verrat erhielt (Mt 26, 15), entsprachen den S.en, die das ungetreue Israel dem gerechten Propheten zum Abschiedslohn gab (Sach 11, 12). Da in ntl. Zeit der S. nur als Tempelsteuer gültig war, wird mit S. die Tetradrachme gemeint sein, die wie der atl. S. das Gewicht eines Schekels hatte u. eine Kaufkraft von ungefähr 100 DM besaß (↗Geld, ↗Münzen).   do

Silo ↗Schilo.

Simeon (hebr. Erhörung), 1. ↗Patriarch u. Stammvater; Sohn des Jakob u. der Lea. Wegen der Entehrung seiner Schwester rächt er sich an den Sichemiten. Der israelitische Stamm S. geht dann im Stamme Juda auf. Er ist im ↗Mosesegen (Dt 33) u. im ↗Debora-Lied (Ri 5) nicht mehr erwähnt. – 2. S. der Greis; nach Lk 2, 25–35 Zeuge der Darstellung Jesu im Tempel, wo er den Lobgesang über das Kind anstimmt.   zi

Simon, 1. S. von Kyrene; er wird gezwungen, Jesu Kreuz nach Golgota zu tragen (Mk 15, 21 par). Gnostische Spekulationen des 2. Jh., die den Skandal des Kreuzestodes Jesu wegdeuten wollten, behaupteten, S. sei anstelle Jesu am Kreuz gestorben. – 2. S. der Magier, nach Apg 8 ein Zauberer, den man mit besonderer Gotteskraft ausgestattet glaubte. Erst das Auftreten des Diakons Philippus zeigt die wahre Gottesmacht: nicht Krankenheilungen u. Dämonenaustreibungen sind der höchste Besitz der Kirche, sondern die Mitteilung des Geistes Gottes (vgl. Apg 8, 17). – 3. S. ↗Petrus. – 4. S. Zelotes (↗Zelot), ist Mitglied des Zwölferkreises (Apg 1, 13).   zi

Simson (Samson), Held der Richterzeit
(Ri 13–16), doch keine charismatische
Führergestalt wie die anderen ↗Richter.
Ein volkstümlicher Sagenkranz erzählt
von seinen Streichen u. Händeln mit
den Philistern u. Abenteuern mit heidnischen Frauen. Eine theol. Deutung erhält die S.-Geschichte durch die Vorgeschichte seiner Geburt: möglicherweise die, daß hier ein Gottbegnadeter
sein Charisma verspielt.   ba
Sinai, Halbinsel zwischen dem Golf von
Suez u. dem Golf von Akaba u. ein auf
ihr gelegenes Bergmassiv. ↗Sinai-Of-
fenbarung.   we
Sinai-Offenbarung. Der Name des Ber-
ges, an dem ↗Jahwe seinen ↗Bund mit
↗Israel schloß, wird in der Bibel nicht
eindeutig bezeichnet. Er heißt beim Jahwisten u. bei der Priesterschrift Sinai u.
Horeb beim Elohisten u. Dt (oft auch nur
„der Berg", seltener „Gottesberg"). Die
bibl. Angaben lassen an einen ↗Berg
in der Nähe des palästinischen Kulturlandes denken; auf der Sinaihalbinsel ist
der Name sekundär; er wurde von
christl. Mönchen nach dort übertragen.
Es ist allerdings wahrscheinlich, daß sich
am Sinai-Massiv schon im 2. Jahrtausend
v.C. eine Wallfahrtstradition nachweisen
läßt. Doch das reicht nicht aus für die
Lokalisierung des bibl. Gottesberges,
ebensowenig wie die Hypothese, er sei
östlich vom Golf von Akaba zu suchen
wegen der dort zu beobachtenden vul-
kanischen Erscheinungen (vgl. Ex 19).
Auf Grund der schwierigen Überliefe-
rungslage ist es für uns nicht möglich,
den Berg zu identifizieren. Man kann
sogar sagen, wir wissen nicht, wann u.
wo Jahwe seinen Bund mit Israel schloß
So wie die Verkündigung des ↗Deka-
logs in der Bibel erzählt wird, haben
sich die Ereignisse nicht zugetragen.
Hinter der Erzählung von der Offenbarung am Sinai steht wohl der liturgische Ablauf eines alten ↗Festes. Von
Bundeserneuerungsfesten berichtet die
Bibel bei allen wichtigen Ereignissen
des Volkes. Bei diesen Festen wurde
das Volk erneut auf die ↗Weisung Jahwes verpflichtet. Die Gebote wurden
neu verlesen u. so der Bund erneuert
zwischen Gott u. seinem Volk. Auf diese
Weise wurden die ↗Gesetze in einer
langen Tradition geformt. In heiliger

Schau entstand so das vom Kult geprägte Bild vom ersten Bundesschluß am
heiligen Berg zur Zeit des großen Volks-
führers, der die Stämme gesammelt
hatte, als sie durch die Wüste zogen,
um das Land in Besitz zu nehmen.   mi
Sinai-Syrer, ↗Palimpsest-Handschrift aus
dem 5. Jh.; gehört in die Gruppe der
altsyrischen Evangelienüberlieferung. be
Sinai-Tradition. Wenn sich auch der Ort
des ↗Berges geographisch nicht festlegen läßt, so ist doch die mit ihm verbundene Tradition sehr bedeutsam. Sie
spielt im ↗Pentateuch eine relativ selbständige Rolle. Sie unterbricht zwischen
Ex 18 u. Nm 11 Szenen des Wüstenzuges, die bei der Oase Kadesch spielen. Der sekundäre Einbau der S.-T. ist
aus literarischen u. sachlichen Gründen
kaum zu bestreiten. Wahrscheinlich ist,
daß einerseits eine ältere Sinai-Überlieferung vorliegt, d. h. eine Wallfahrt
zum Sinai, ein Bericht von der Gottesoffenbarung u. anderseits die Überlieferung von den Stämmen, die aus
Ägypten herausziehen u. dann später
nach Palästina eindringen. Die S.-T.
dürfte wohl nordisraelitischen Ursprungs
sein, wodurch das Schweigen der Propheten aus Juda über das Sinaigeschehen
für die vorexilische Zeit erklärbar würde.
Erst später gewann die S.-T. auch für
Juda verbindlichen Charakter. Dem
komplizierten Traditionsprozeß entsprechen die verschiedenen Angaben
über Name u. Lage des Gottesberges.
↗Sinai.   mi
Sintflut. Flutkatastrophe, aus der nur
Noach mit seiner Familie gerettet wurde
(Gn 6, 5 – 9, 17). Die bibl. S.berichte
sind auf dem Hintergrund der S.mythen
anderer Völker, besonders Mesopota-
miens (↗Enuma elisch, ↗Gilgamesch),
zu sehen. Im Unterschied zur pessi-
mistischen Geschichtsschau der außerbibl. Erzählungen verkünden die bibl.
Berichte einen im Heilswillen Gottes
gründenden Optimismus. Trotz der Unterschiede (z. B. Dauer der Flut, Zahl
der Tiere) zeigen die beiden zusammen-
gearbeiteten Traditionen (die jahwistische u. die priesterschriftliche) dasselbe:
Gottes ganzes Wirken, Gericht wie Rettung, sind Ausdruck seiner Liebe u. zielen auf das Heil des Menschen. – Im NT
ist im Anschluß an Themen jüd. Weis-

heit u. Apokalyptik die S. Vorbild der ↗Taufe (1 Petr 3, 20 f) u. Beispiel des plötzlich hereinbrechenden Gerichtes (Mt 24, 38 f). we

Sippe, Zusammenschluß mehrerer Familien unter einem Oberhaupt (vgl. Gn 24, 38; Nm 1, 2.16; 36, 1), aus der sich als größere Einheit der Stamm aufbaut (1 Sm 10, 21). Die Gliederung des Volkes Israel in S.n war während seiner ganzen Geschichte wichtig, vor allem vor der Zeit der Seßhaftwerdung, aber auch noch in nachexilischer Zeit (1 Chr 9, 4 ff; Neh 11, 4 ff). Nicht nur Israel (Jr 2, 4; 31, 1), sondern die ganze Welt (Ps 22, 28; 96, 7; Apg 3, 25) bestand aus einzelnen S.n; auch ganz Israel kann S. genannt werden (Am 3, 1 f). – Die S. verehrte oft eine bestimmte Gottheit als „Gott ihres Vaters" (vgl. Gn 26, 24); die besondere Verehrung der Patriarchen galt dem Hochgott des kanaanäischen Pantheons, El. we

Sitte, Gewohnheit, Norm des Handelns oder Brauchtum. Das AT bezeichnet mit demselben Wort das Gebot Gottes (Lv 3, 17) u. Volksbräuche (Ri 11, 39 f; 21, 21; 1 Sm 25, 7 f). Das AT lehnt heidnische S.n ab (Lv 18, 30; 2 Kg 17, 8.19; Jr 10, 2; 2 Makk 4, 11), achtet aber die S. der Väter (2 Makk 11, 25). – Jesus u. Paulus klagte man der Auflösung der väterlichen S. an (Apg 6, 14; 21, 21), Paulus weist den Vorwurf von sich (28, 17); er möchte ehrbare S. erhalten wissen (1 Kor 15, 33). we

Sitz im Leben, Begriff der ↗Formgeschichte. Die Erforschung der ↗literarischen Gattungen hat zu der Erkenntnis geführt, daß jede Gattung nach Form u. Inhalt ihren Ursprung in einer bestimmten menschlichen Situation hat, von dem geschichtlichen u. sozialen Milieu geprägt ist, dem sie entstammt. Die Vielfältigkeit der sozialen Größen, der psychologischen u. historischen Gegebenheiten bringt die Vielfalt der Gattungen hervor, die ihrerseits auf den Lebensbereich rückschließen lassen, aus dem sie erwachsen sind. Für diese Verwurzelung der Gattungen im Volksleben wurde von dem evangelischen Exegeten H. Gunkel die Bezeichnung S. i. L. in die Bibelwissenschaft eingeführt. Der Begriff hat eine solche Bedeutung erlangt, daß er als t. t. häufig

unübersetzt in die anderssprachige bibl. Fachliteratur eingegangen ist. Aus der Textform läßt sich erkennen, daß soziale Größen, wie Stamm, Volk, Staat, oder Institutionen, wie der Kult, die vorliterarischen u. literarischen Formen hervorgebracht haben. So haben nicht nur etliche Psalmen, sondern auch größere Partien erzählender Texte ihren Sitz im kultischen Leben. Stamm u. Sippe, interessiert an der eigenen Vergangenheit, schufen die ↗Sagen, der Staat Berichte, Listen u. Urkunden. Recht u. Gesetze haben ihren Ursprung in Priesterkreisen. Die ntl. Literatur hat ihren S. i. L. der Urkirche. Die Verkündigung der Frohbotschaft, der Gottesdienst u. die christl. Glaubensunterweisung haben die verschiedenen ntl. Gattungen hervorgebracht. Für die kleinen literarischen Einheiten läßt sich ein mehrfacher S. i. L. feststellen. So war z. B. der Einsetzungsbericht längst Bestandteil der christl. Eucharistiefeier, die ihn geformt hat, bevor er im Mk-Ev. zum Bericht über das letzte Abendmahl geworden ist. Für die Worte u. Taten Jesu läßt sich von ihrem S. i. L. der Urkirche zurückfragen auf den Sitz, den sie im Leben Jesu hatten. Da Inhalt, Form u. S. i. L. eines Textes sich gegenseitig bedingen, muß letzterer möglichst genau miterfaßt werden, will man zu einem richtigen Textverständnis gelangen. ba

Sklave. Zur Stellung des S. in der Bibel ↗S.n-Recht. S. kann vor allem auch theol. Bedeutung haben. Im AT drückt „S. Gottes" als Selbstbezeichnung die Ausschließlichkeit aus, mit der sich der Mensch Gott verpflichtet fühlt (Ps 19, 14), oder ist ein Titel für die großen Männer, die Gottes Anspruch vorbildlich gerecht wurden (Jos 24, 29; ↗Gottesknecht). Im NT werden die Glaubenden als „S.n Christi" bezeichnet (Eph 6, 6), besonders die Träger eines ↗Amtes nennen sich so (Phil 1, 1). Bevor die Menschen zum Glauben kommen, sind sie S.n der Sünde (Röm 6, 6). Von dieser Knechtschaft kauft Christus sie los, indem er sie an sich bindet (Gal 3, 13). Diese Bindung ist also wesentlich Freiheit, daher können Joh 15, 15 die Jünger statt S.n „Freunde" Jesu genannt werden. mo

Sklavenrecht. Sklaven sind Besitz ihres Herrn wie Sachen oder Tiere. Auch in Israel hatte man Sklaven, vor allem von Unterworfenen (Dt 20, 13 f). Ebenso wird die Sklaverei im NT vorausgesetzt u. nirgends ihre rechtliche Aufhebung verlangt. Alle Christen sind gleich, auch die Sklaven, denn alle unterstehen demselben Herrn (Gal 3, 28). Dennoch wird die Konsequenz ihrer rechtlichen Freilassung im NT nicht gezogen. Nur innerhalb der gegebenen Rechtslage wird der Herr ermahnt, den Sklaven gut zu behandeln, u. der Sklave, dem Herrn mit aufrichtigem Herzen zu dienen (Kol 3, 22 – 4, 1).   mo

Skythen, wohl aus dem Iran kommendes, kriegerisches Nomadenvolk (2 Makk 4, 47; Kol 3, 11; auch Askenasiter genannt, so Gn 10, 3), das im 7. Jh. v.C. nach Kleinasien u. Palästina einwanderte (vgl. Jr 4, 5 – 6, 26).   we

Smyrna, Stadt an der Westküste Kleinasiens, seit hellenistischer Zeit bedeutendes Handelszentrum. 133 v.C. wurde S. römisch u. erhielt in der Kaiserzeit neben Pergamon einen Kaisertempel. An die Christengemeinde von S. ist das 2. Sendschreiben der Apk (2, 8–11) gerichtet.   we

Sodom, eine Stadt der ↗Pentapolis im Süden ↗Kanaans. Nach der Trennung von Abraham ließ sich Lot in S. nieder (Gn 13 u. 19). Die sozialen Ungerechtigkeiten S.s sind im AT sprichwörtlich (Gn 13, 13; Jr 23, 14; Ez 16, 48–50); der katastrophale Untergang S.s ist Modell göttlichen Strafgerichts (Dt 29, 22; Js 13, 19; Jr 49, 18; Am 4, 11; Mt 11, 23 f).   he

Sohn. Ein S. galt dem Volk Israel als besondere Gottesgabe u. als Beweis göttlichen Segens (Gn 4, 1). In dieser stark patriarchalisch strukturierten Gesellschaft stärkte jeder männliche Nachkomme (↗Mann) die Macht der Sippe u. trug zum allgemeinen Wohlergehen bei (Spr 17, 6). Keinen S. zu haben war Grund großen Kummers (1 Sm 1, 6–11) u. galt als Schande (Gn 30, 1), ja sogar als Strafe Gottes (Jr 36, 30). Im Spätjudentum kam noch dazu, daß man seine ↗Messias-Erwartung wenigstens auf dem Wege über den S. erfüllen zu können hoffte, da dieser die gesamte Familie repräsentiert wird (Fortleben der Gestorbenen in den Kindern). Die Geburt eines S. war deshalb Grund zur Freude (Lk 1, 14). Von hier aus wird es verständlich, daß man die S.e vor den Töchtern bevorzugte, sie besonders sorgfältig unterwies u. erzog (z. B. Dt 6, 20 ff; Spr 3, 12), daß man über den Tod des einzigen S. in Verzweiflung geriet (Jr 6, 26), daß auf den ↗erstgeborenen S. die ↗Verheißungen übergingen (Gn 27, 27–30). Von hier aus wird auch verständlich, was es bedeutet, wenn ↗Jesus als ↗Gottessohn bezeichnet wird (z. B. Apk 21, 7) u. Paulus die Christen S.e u. Töchter Gottes (↗Kindschaft Gottes) nennt (Gal 4, 6): Es geht um die Verantwortlichkeit u. Mündigkeit, um Freiheit u. echte ↗Stellvertretung Gottes in der Welt (vgl. Röm 8, 19). Der Ausdruck S. Gottes – vom Menschen ausgesagt – wird zum Hinweis darauf, daß sich der Mensch im ↗Glauben in seinem ganzen Sein vom Gott her u. nicht mehr von der Welt her versteht u. alle falschen Bindungen an das Nur-Irdische abgeworfen hat (↗Gesetz, ↗Sünde, ↗Fleisch). Wer sich als S. weiß, verwechselt nicht mehr die Welt mit Gott, sondern lebt in einer „entzauberten" Welt (↗Säkularisierung) in Gottes Nähe, Freundschaft u. ↗Liebe (↗Vater).   hi

Sohn Gottes. a) In Ägypten trägt der Pharao seit der 4. Dynastie (um 2600 v.C.) den Würdetitel „Sohn des (Sonnengottes) Re", der den älteren, höheren Titel „Inkarnation des Horus" ablöst, also eine Machtminderung u. Betonung der Verantwortlichkeit bedeutet. Die Sumerer u. Babylonier haben ihre Könige (Adoptiv-)Söhne eines oder mehrerer Götter genannt. Dies ist verständlich, weil man den Staat als Gründung der Götter u. die staatliche Ordnung als heilig ansah; dies führte noch in der sonst so aufgeklärten römischen Kaiserzeit zum ↗Kaiserkult, ja noch im christl. Mittelalter u. der Neuzeit zur Sakralisierung der Kaiser- bzw. Königtums. Auch der König in Israel wird, zumindest poetisch u. bei feierlichen Anlässen, S. G. genannt (Ps 2, 7; 89, 27 f), im Ps 45, 7 wird ihm sogar der Gottesname elohim zugelegt. In den Heroensagen ist die Abstammung des Helden von einem Gott ständiger Topos. – Hiervon zu trennen sind die häufigen Personen-

namen vom Typ „Sohn des Gottes NN.",
die den Namensträger unter den Schutz
des betreffenden Gottes stellen.
b) Im NT ist S. G. Würdetitel ↗ Jesu,
der aber sehr verschieden häufig auftritt. Er fehlt völlig in den Pastoralbriefen, im Jak u. 1 Petr u. fast ganz in
Apg u. Apk, ist dagegen bei den Synopt.
u. Paulus häufig u. wird bei Joh zum
christologischen Zentralbegriff, hier oft
wechselnd mit der Selbstbenennung
„der Sohn" schlechthin im Munde Jesu.
Meist wird die Entstehung des Titels
im hellenistischen Heidenchristentum
gesucht, wo er den wundermächtigen,
in Menschengestalt erschienenen Gott
bezeichnet, so am deutlichsten in Mk 5,
25 ff. Diese Erklärung aus den hellenistischen Religionsvorstellungen ist die einfachste. Doch hat schon die ↗ Logienquelle mit der Versuchungsgeschichte
Jesu (Mt 4; Lk 4) diese Auffassung kritisiert: Der wahre S. G. ist gehorsam,
ist nicht eigenmächtiger Gott. Aus dem
Judenchristentum Palästinas, d. h. der
eigentlichen Urgemeinde selbst, stammt
vielleicht das alte Glaubensbekenntnis,
das Paulus Röm 1, 3 f zitiert u. das den
jüd. Davidssohntitel gegenüber dem
S.-G.-Titel abwertet, wobei wie in den
Tauf- u. Verklärungserzählungen (Mk
1, 11 u. 9, 7) die Gottessohnschaft nach
dem Vorbild von Ps 2 als Adoption des
messianischen ↗ Königs verstanden
wird. Für Jesus selbst muß man den Gebrauch des Titels als Selbstbezeichnung
wohl ausschließen. – Paulus u. Johannes
gebrauchen beide den Titel im Sinne des
präexistenten S. G. (Röm 8, 3; Joh 1, 1).
Für Paulus ist Jesus der S. G. nicht auf
Grund einer besonderen Beschaffenheit,
sondern auf Grund von Sendung u. Auftrag, dem der Gehorsam des Sohnes
entspricht (Röm 5, 19). Daher ist der,
der im Glaubensgehorsam (Röm 1, 5)
steht, auf Grund von Adoption, d. h.
geschenkweise, ebenfalls S. G. u. darum
Miterbe Christi, wie es das christl. ↗ Gebet (Röm 8, 15) ja auch bezeugt (↗ Vater b).
Während Paulus so die Gottessohnschaft Jesu u. die des Glaubenden parallel setzen kann, wechselt Joh bezeichnenderweise die Benennung: Der *Sohn*
Gottes gibt den Glaubenden die Macht,
Kinder Gottes zu werden (Joh 1, 12; 1

Joh 3; ↗ Sohnschaft Gottes). Joh betont
so die Einzigkeit Jesu als wesenhafter
S. G., der mit dem Vater eins ist (Joh
10, 38; 17, 21), für das ↗ Heil der Menschen Fleisch angenommen hat u. als
Offenbarer erschienen ist. Damit legte
Joh den Grund für die spätere dogmatische Entwicklung, die zur Zwei-Na-
turen-Lehre von Chalzedon führte.   schü
Sohnschaft Gottes: I. S. G. in der Umwelt der Bibel: 1. In fast allen Religionen erfaßten die Menschen ihr Verhältnis zum persönlichen ↗ Gott als das des
Sohnes zum ↗ Vater, der Vertrauen u.
zugleich Unterordnung verlangte. Die
semitische Umwelt Israels unterschied
diese Sohnschaft von naturhafter S., d. h.
Abstammung von den Göttern; sie verstand sie als Bild für die Abhängigkeit
von dem Gott, dem der Mensch Dasein
und Fortleben verdankte. 2. Dagegen
nahmen Könige des Alten Orients u. in
ihrer Nachfolge römische Kaiser für sich
in Anspruch, Anteil an der göttlichen
Natur u. damit S. G. zu besitzen. 3. Ferner erzählen Mythen, daß von einem
Vatergott andere Götter, daß von Göttern halbgöttliche Heroen abstammen.
4. Da in semitischen Sprachen „Sohn
des . . ." auch „jemand von der Art
des . . ." bedeuten kann, ist „Gottessöhne" Bezeichnung von Wesen göttlicher Art (im AT zuweilen „Engel", zuweilen Götter/Götzen).
II. S. G. im AT: 1. Gedanken an eine
naturhafte Abstammung von Gott (vgl.
I, 3) haben im atl. Glauben an den
einen, transzendenten Gott keinen
Raum. Die S. G. beruht vielmehr darauf,
daß Gott ↗ Israel durch die ↗ Erwählung zu seinem Volk gemacht hat (Dt
32, 5 f), daß er es aus Ägypten (Hos 11,
1) u. aus dem Exil (Js 43, 6) befreite.
Wenn das AT von S. G. spricht, denkt
es daran, daß Gott das Volk machtvoll
führt u. ihm zärtliche Vater- u. Mutter-
liebe schenkt (Hos 10, 3 f; Js 49, 5). Nur
als Glied des Volkes hat der einzelne
Israelit Anteil an der S. G. 2. David u.
seinen Nachfolgern wird eine besondere S. G. zugesprochen. Sie beruht
nicht auf göttlichen Kräften des ↗ Königs (vgl. I, 2), sondern allein auf der
Verheißung Gottes (2 Sm 7, 14). Trotzdem weichen diese Könige von Gottes
Wegen ab u. werden deshalb hart ver-

urteilt (2 Kg 23, 36 f). Die Verheißung ist nicht dem König persönlich, sondern dem Träger der Herrschaft gegeben, die Gott auf ewig zu festigen versprochen hat. III. S. G. im NT: In der Predigt Jesu ist Gott Vater aller Menschen u. nicht nur Israels. Nachdem das Spätjudentum begonnen hatte, von S. G. auch des einzelnen zu sprechen, verkündet Jesus die gütige Fürsorge des Vaters selbst für den Geringsten (Mt 10, 29). Oft nennen die Synopt. Gott „Vater", aber nur zweimal die Menschen „Gottes Kinder" (Mt 5, 9.45). Hier ist die S. G. noch kein gegenwärtiger Besitz, sondern den Friedfertigen verheißen u. denen, die ihre Feinde lieben. Die Menschen sind nicht von vornherein Kinder Gottes, sondern erst durch die von Gott geschenkte Anteilnahme an der S. Christi (Gal 4, 5). S. G. gewinnen die Menschen nicht in der natürlichen, sondern erst in der völlig neuen endzeitlichen Ordnung, die Christus eröffnet. Joh will diese Tatsache verdeutlichen: Um Kind Gottes zu werden, muß der Mensch noch einmal geboren werden (Joh 1, 13; 3, 3). Im Anschluß an Paulus (Röm 8, 19.23) könnte man unsere jetzige S. G. wie eine Anzahlung verstehen, die uns Hoffnung gibt auf eine Vollendung dieser Gabe in der ↗Endzeit. Anders als die Menschen kann ↗Christus schon jetzt uneingeschränkt ↗Sohn Gottes genannt werden. ↗Kindschaft Gottes.   oh/hi

Soldaten. Die ursprünglichen Heiligen ↗Kriege werden nicht von S. gekämpft, sondern von Gott selbst für sein Volk entschieden. Erst in der Königszeit gleicht sich Israel der Sitte seiner Umwelt an u. führt seine Kriege mit einem Söldnerheer, welches unter ↗Hiskija weitgehend zerschlagen wird. In der Folge dieses äußeren Niederganges kann das Soldatentum in die Idee der Heiligen Kriege integriert werden (↗Deuteronomium), u. die ganze damit verbundene Terminologie (↗Waffen, ↗Kriegsgefangener u. ä.) wird allmählich frei zu einem übertragenen Ausdruck höchsten Engagements im religiösen Sinn.   tr

Solidarität. ↗Jahwe erweist sich in der Geschichte mit seinem Bundesvolk ↗Israel solidarisch, solange dieses auf seine Stimme hört u. seine Wege beachtet. Jahwe hält zu seinem Volk, er führt es aus Knechtschaft u. Gefangenschaft, er läßt es in der ↗Wüste nicht im Stich. Doch Israel bricht ständig die S. mit seinem Retter u. Bundesgott. Erst in ↗Jesus ↗Christus wird Gottes S. mit den Menschen wiederhergestellt; jetzt nicht mehr nur für ein bestimmtes Volk, sondern grundsätzlich für alle Menschen u. Völker. In Jesus Christus hat sich Gott seiner Schöpfung bleibend zugesagt, er ist für die Menschen da u. mit ihnen solidarisch. Jesus, der Mensch, der für die andern da ist, der in ↗Stellvertretung aller starb, ist der solidarische Mensch schlechthin; er fordert dieselbe S. von den Seinen. Gottes ↗Menschwerdung hat die Menschwerdung des Menschen eingeleitet, Jesu Leben, Sterben u. Auferstehen hat den Menschen die Möglichkeit aufgetan, füreinander dazusein. Jesu S. verpflichtet die Menschen zur S. untereinander u. auch zur S. mit ihm. Wer ist aber mit Jesus solidarisch? Der, der auf seine ↗Botschaft hört u. diese tut; der um Frieden, Gerechtigkeit u. Freiheit ringt, der barmherzig ist u. verzeihen kann. Wer geschöpflich lebt, erweist sich solidarisch mit Jesus. Was Jesus begonnen hat, muß in der menschlichen ↗Geschichte weitergeführt werden, es geht um das Kommen des ↗Reiches Gottes, um das Werden einer neuen Schöpfung, um Mitarbeit an der Auferstehungswirklichkeit (vgl. 1 Kor 15, 58). S. mit Jesus vollzieht sich im alltäglichen Leben, in der christl. ↗Praxis, im ↗weltlichen Gottesdienst. Jesu S. mit den Menschen fordert S. der Menschen untereinander; der für die andern da war, will ein Dasein der Menschen füreinander. So lebt der Christ grundsätzlich solidarisch mit seiner Welt; er lebt in echter Zusammenarbeit mit seiner Umwelt, er sucht mit allen das verstehende u. weiterführende Gespräch. Die S. hat aber dann ihre Grenzen, wenn es um eine ungerechte Sache geht, wenn er gegen seine Überzeugung handeln soll. Seine S. ist eine kritische u. stets verantwortete S.   gr

Sonnenjahr. Israel bestimmte zwar das Jahr nach dem Mondlauf mit 354 Tagen, doch war auch das S. mit 365 Tagen bekannt (Gn 5, 23; 7, 11; 8, 14; ↗ Jubiläen, ↗ Henoch, ↗ Qumran).   we

Sonnenkult. Neben dem Mond wurde im Alten Orient, vor allem in Ägypten, die Sonne göttlich verehrt. Auch in Israel fand der S. – obwohl verboten (Dt 4, 19) – Eingang (Js 17, 8; Ez 6, 4; 2 Kg 21, 3 ff; 23, 5.11).   we

Sonnenuhr, eine schon in Mesopotamien u. Ägypten bekannte Form der Uhr, die aber im AT nicht genannt wird. 2 Kg 20, 8–11 u. Js 38, 7 f meinen „die Stufen" wohl eine Treppe im Palastgelände.

Sonntag, erster Wochentag (Mt 28, 1) oder Herrentag (Apk 1, 10) – Tag der Auferstehung Jesu (Mk 16, 2; Joh 20, 1.19) –, an dem sich die urchristl. Gemeinde zur ↗ Eucharistie versammelte (Apg 20, 7; vgl. 1 Kor 16, 2).   we

Sophonias ↗ Zephanja.

Sorge. Daß Gott für den Menschen sorgt, sagen das AT u. NT. Mangelndes Gottvertrauen u. Unglaube ist es darum, wenn der Mensch sorgt. ↗ Sorglosigkeit ist Kennzeichen des ↗ Glaubens. Doch *eine* S. wird dem Christen in der ↗ Bergpredigt nicht nur erlaubt, sondern sogar geboten: die S. um das ↗ Reich Gottes. Zwischen dem Gebot u. dem Verbot des Sorgens besteht kein Widerspruch, sondern ein enger Zusammenhang: Übergibt der Christ getrost seine S. Gott, ist es dem Christen Ernst mit dem Glauben an Gott als den Herrn seines Lebens, dann heißt dies zugleich, daß sein ganzes Leben nicht mehr auf sich, sondern auf den Herrn ausgerichtet ist, d. h., der Christ sorgt nicht mehr für sich, sondern für die Sache des Herrn, seine S. gilt dem Reich Gottes. Die Freiheit von der S. um sich u. seine Zukunft u. die Freiheit von der Angst um die eigene Existenz öffnen dem Christen die Augen für die Not des andern u. schenken ihm den Mut, ohne Rücksicht auf den morgigen Tag nüchtern heute das Notwendige zu tun u. sich so auch unter Einsatz des Lebens für die Sache Gottes einzusetzen. Diese S. ist Kennzeichen echten christl. Glaubens.   ma

Sorglosigkeit. ↗ Sorge ist eine Grundeigenschaft menschlicher Existenz. Man sorgt um Nahrung u. Kleidung, man sorgt um seine Existenz, denn man will das Leben meistern u. sich für seine Zukunft sichern. Mehrere Worte der Bibel warnen jedoch vor dem Sorgen u. mahnen zur S. Ja das Sorgen wird in der ↗ Bergpredigt verboten. Dieses Verbot richtet sich nicht nur gegen ein übermäßiges u. ängstliches Sorgen, das Verbot richtet sich grundsätzlich gegen das Sorgen, das das Denken u. Handeln des Menschen beherrscht. Dennoch hat die geforderte S. nichts mit Fatalismus, grenzenlosem Leichtsinn oder blindem In-den-Tag-Hineinleben zu tun. Die geforderte S. meint vielmehr dies, daß für den Glaubenden das Sorgen unnötig sei, weil er wisse, daß Gott für ihn sorge. Nur der Zweifelnde wage nicht, Gott die ganze Sorge zu überlassen. Die Sorge ist aber nicht nur Merkmal mangelnden Gottvertrauens, sie ist zugleich Zeichen des ↗ Unglaubens u. damit für den Christen unmöglich. Sorgen ist Sache der ↗ Heiden, nicht der Christen. Der Christ weiß nämlich, daß nicht er Herr seines Lebens ist, daß nicht er über seine Zukunft verfügen kann, sondern daß er einen ↗ Herrn hat, der sein Leben u. seine Zukunft bestimmt. Die S., die dem Christen zugemutet wird, ist darum nur Konsequenz des Ernstnehmens Gottes als des Herrn des jetzigen u. künftigen Lebens u. Ausdruck des radikalen ↗ Vertrauens auf Gott, der sorgt. So ist S. letztlich nichts anderes als Kennzeichen des Glaubens: Der Christ ist bereit, im Vertrauen auf Gott die Sorge um sich u. seine Sicherheit fahren zu lassen.   ma

Soteriologie, vom griech. soteria, ↗ Heil, ↗ Erlösung, also die Lehre von der Erlösung, u. zwar von der erlösenden Tat Christi, im Zusammenhang mit der Christologie. ↗ Christus.   mo

Sozialisierung. Um Mitglied einer Gesellschaft zu werden, muß der Mensch in einem Sozialisierungs-(oder Sozialisations-)prozeß soziales Verhalten erlernen. In diesem in erster Linie bis zur Erreichung des Erwachsenenstatus durchlaufenen Prozeß lernt er, bestimmten Verhaltenserwartungen zu entsprechen u. dadurch am sozialen Leben teilzuhaben. Zur S. ihrer Mitglieder bedient sich eine Gesellschaft sozialer Mittler – einzelner Personen, kleiner Gruppen oder auch unpersönlicher Medien (z. B. Massenmedien) –, die als ihre Agenten fungieren. Die früheste Phase der S. wird in der Familie durchlaufen. In der langen Zeit hilfloser Abhängigkeit des Kindes von seinen Eltern lernt es, insbesondere in der engen Beziehung zu seiner Mutter, später in der Identifikation mit dem gleichgeschlechtlichen Elternteil, eine Anzahl der in seiner Gesellschaft üblichen ↗Normen, eignet sich die Sprache an u. entwickelt durch Internalisierung der strafenden Instanz ein Schuldgefühl für abweichendes Verhalten. Erster Schritt auf dem Wege der Ablösung des Heranwachsenden von der Familie ist häufig die Mitgliedschaft an formellen oder informellen Gruppen Gleichaltriger, in denen statt des familiären Autoritätsverhältnisses Gegenseitigkeitsverhältnisse eingeübt werden. Diese Phase der S. weist durch die hohe Statusunsicherheit der Betroffenen eine besondere Problematik auf. Einerseits beziehen die Heranwachsenden eine Frontstellung gegen ihre Familie u. die Erwachsenenwelt überhaupt, andrerseits sehen sie sich zur Imitation der Erwachsenen, mit deren Normen sie sich jedoch nicht voll identifizieren können, genötigt („Subkultur" von Jugendlichen u. Heranwachsenden). Oftmals kommt es zu krisenhaften Identitätsdiffusionen (mangelnde Integration der Gesamtpersönlichkeit) oder negativen Identifizierungen (Jugendkriminalität). Eine äußerst wichtige Aufgabe fällt hier der Schule – einer weiteren „Agentur" der Gesellschaft – zu, die nicht nur die zur Berufsausübung nötige Wissensvermittlung im S.s-Prozeß zu leisten hat, sondern auch der kritischen Interessenartikulation der Heranwachsenden dienen muß. Der S.s-Prozeß ist jedoch mit Beendigung der Ausbildung u. der Übernahme von Berufsrollen noch nicht abgeschlossen. Verbände, Massenmedien, Werbung etc. tragen in der Dynamik des gesellschaftlichen Wandels immer neue Formen sozialen Verhaltens an den Erwachsenen heran u. durchdringen sein Leben bis in den Intimbereich hinein. Damit stellt sich die Frage nach dem Verhältnis von individueller Autonomie u. sozialem Zwang. Mit dieser Problematik stößt allerdings eine Sozialwissenschaft, die lediglich eine formale Analyse des S.s-Prozesses liefert u. sich dem Inhaltlichen des sozialen Zwanges verweigert, an ihre Grenze. Will sie nicht Stabilisator eines irrationalen, von partikularen Interessen beherrschten Gesellschaftssystems werden, muß sie das im S.s-Prozeß zu Vermittelnde immer neu zu bestimmen suchen. Die vermittelten Normen u. Denkstrukturen sind daraufhin zu befragen, ob sie den Menschen interessenbedingter Unterdrückung ausliefern oder seine Entfaltung gestatten, ob – theologisch gesprochen – heilloses Verhalten gefördert oder ein Bewußtsein geprägt wird, das die eschatologische Hoffnung auf eine endlich geheilte Welt bewahrt. Deshalb darf sich auch Theologie nicht gleichgültig gegen einen Prozeß verhalten, der den ganzen Menschen formt. Indes, will sie an den Inhalten des S.s-Prozesses Kritik versuchen, darf sie ihre verfestigten Begriffe nicht wiederum nur als Norm entgegensetzen; die Fülle ihrer Begriffe erschließt sich erst, wenn sie sich auf die Gesellschaft u. deren Mechanismen einläßt, wenn die Voraussetzungen, besonders auch die anthropologischen Implikationen jener Begriffe (z. B. Schuld) durch eine Verhaltenswissenschaft in Frage gestellt werden. Vielleicht vermag sich Theologie als zur ↗Gesellschaftskritik aufgerufene Wissenschaft sogar nur in dem Maße wiederzugewinnen, wie sie ihren eigenen Horizont überschreitet.   ar

Sozialkritik. Die ↗Propheten klagen ihre Zeitgenossen immer wieder wegen ihres unsozialen Verhaltens an: den reichen Großgrundbesitzer, den bestechlichen Richter, den leichtfertigen Genießer (Js 5, 8.11.23), die ganze Oberschicht, die auf Kosten der Armen lebt (Am 5, 11; 8, 6). Sie verstehen sich indessen nicht als revolutionäre Vertreter der Unterdrückten, sondern bringen das alte Gottesgesetz neu zur Geltung, das den Schwachen schützt (Ex 20, 22–26; 23, 6). Nicht den ↗Armen als einer sozialen Klasse bringen sie die frohe Botschaft von Gottes Heil, sondern denen, die ihr Vertrauen auf Gott statt auf die eigene Kraft gründen (Js 61, 1).   oh

Spaltung. Seit den frühesten Zeiten gab es in der Kirche S.en („Schisma", 1 Kor 1, 10 f; 11, 18). Entzweiungen, ↗Häresien zählt Paulus zu den Werken des ↗Fleisches, des sündigen, ichbezogenen Menschen, die vom Reiche Gottes fernhalten (Gal 5, 20). Nur in der Einheit des ↗Geistes kann der ↗Leib Christi auferbaut werden (Eph 4, 3 ff; vgl. 1 Kor 12, 25). Joh stellt eindringlich die Einheit in der Liebe als letzten Willen Jesu heraus (17, 21).   · ur

Spätjudentum. a) S. ist eine Bezeichnung für die verschiedenen geistigen Strömungen innerhalb des Judentums, die etwa von den Kämpfen der ↗Makkabäer bis zur Zeit der Entstehung des ↗Talmuds wirksam waren. Sie ist allerdings ungenau, wenn man sie zu dem Begriff Judentum in Beziehung setzt; denn dieser bezeichnet im allgemeinen die Entwicklung des Volkes Israel in Palästina u. in der ↗Diaspora vom Untergang Judas (587 v.C.) an bis zur Gegenwart, so daß das sog. S. eigentlich keine Spätzeit des Judentums darstellt. Trotzdem hat sich der Begriff S. eingebürgert; dies erklärt sich von einer Auffassung des NT als der Erfüllung u. einzig legitimen Fortsetzung des Judentums her, durch die das Judentum unmittelbar vor u. neben der ntl. Zeit als eine abschließende u. späte Epoche des Judentums erscheint.

b) Als Quellen für das S. sind vor allem die 2 ↗Makkabäerbücher, ↗Josephus, Bemerkungen in den ↗Apokryphen, ↗Pseudepigraphen u. die Schriften von ↗Qumran zu nennen.

c) Durch die Hellenisierung des Orients seit Alexander d. Gr. waren innerhalb des Judentums zwei verschiedene Gruppen entstanden, die erstmals bei den Makkabäerkämpfen hervortraten u. seitdem – in sich wandelnder Form – bis zum Ende Israels (70 n.C.) eine wichtige Rolle spielten. Es waren dies: 1. die Kreise, die der hellenistischen Bildung gegenüber aufgeschlossen waren u. dadurch ein gutes Verhältnis zu dem jeweiligen Herrscherhaus zu erreichen suchten, also stark an politischem Einfluß interessiert waren. Dieses Interesse teilten die späteren ↗Sadduzäer mit ihnen; 2. die sog. Frommen (Chassidäer), die eine strenge Beobachtung des Gesetzes forderten u. deshalb die hellenistische Bildung als unvereinbar mit der Verehrung Jahwes ablehnten. Aus

ihren Kreisen gingen die erstmals unter Johannes Hyrkanus I (134–104 v.C.) auftretenden ↗Pharisäer hervor. Diese Frommen bildeten zunächst die Anhängerschaft der ↗Hasmonäer bzw. Makkabäer beim Makkabäeraufstand, der durch Eingriffe des Seleukiden Antiochus IV. Epiphanes in die religiösen Angelegenheiten der Juden ausgelöst wurde. Die Frommen sahen ihr gesetzesstrenges Leben gefährdet, als er sich in die Besetzung des Hohepriesteramtes einmischte u. schließlich 167 v.C. im Jerusalemer Tempel ein Heiligtum des Zeus Olympios (↗ „Greuel der Verwüstung") einrichtete. Mit der Rückgabe des Tempels an den Jahwe-Kult durch Judas den Makkabäer 164 v.C. war für sie das Ziel ihres Aufstandes erreicht. Die weiteren machtpolitischen Ziele der Hasmonäer, die zur Beseitigung der seleukidischen Oberherrschaft u. der Errichtung einer Hasmonäer-Dynastie führten, unterstützten die meisten Frommen nicht mehr. Sie lehnten die Verknüpfung des religiösen Hohepriesteramtes mit dem eines politischen Herrschers, wie sie seit 152 v.C. von den Hasmonäern geübt wurde, ab, weil sie ihrem gesetzesstrengen Leben widersprach. Die Sadduzäer dagegen, denen es, obgleich religiös sehr konservativ eingestellt, vor allem um politischen Einfluß ging, unterstützten die Hasmonäer.

d) Die Pharisäer, die Nachfolger der Frommen, hatten daher politisch wenig Bedeutung, spielten aber im geistigen Leben des Judentums eine große Rolle. Ihre Frömmigkeit war durch die Auslegung u. Befolgung des Gesetzes, aber auch durch die Aufnahme neuer religiöser Motive geprägt, z. B. der ↗Apokalyptik, die seit Antiochus IV. in das Judentum eingedrungen war. Die Verfolgungen dieser Zeit ließen die Hoffnung auf den Anbruch einer paradiesischen Friedenszeit, eines Reiches Gottes, entstehen, das die Gegenwart mit ihrer Bedrängnis ablösen sollte. Zeuge dieser Gedankenwelt ist die reiche apokalyptische Literatur des S. – Auch die Vorstellung von der Auferstehung der Toten wurde von den Pharisäern aufgenommen. Diese war wohl ebenfalls während der Makkabäerkämpfe entstanden.

e) Einigen Kreisen, die ebenfalls das Machtstreben der Hasmonäer ablehnten, genügte die pharisäische Gesetzesfrömmigkeit noch nicht. Sie sonderten sich daher vom übrigen Judentum ab u. waren z. T. auch für asketische Tendenzen aufnahmebereit. Zu ihnen gehören die Täufersekten, die ↗Essener u. auch die Sekte von ↗Qumran.

f) Unter den Römern, die seit dem Ende der Hasmonäer-Dynastie (40 v.C.) u. unter ↗Herodes d. Gr. (37–4 v.C.) u. seinen Söhnen verstärkten Einfluß gewannen, änderte sich das innere Leben des S. nicht wesentlich, obgleich die Pharisäer allmählich auch politisch eine Rolle spielten. Eine neue Partei, die der ↗Zeloten, entstand jedoch, als 44 n.C. die Provinz Juda ganz unter römische Verwaltung geriet u. die Prokuratoren sich immer stärkere Eingriffe in innerjüd. Angelegenheiten erlaubten. Die Zeloten, von apokalyptischen Vorstellungen erfüllt, wollten durch einen bewaffneten Aufstand den Anbruch des Gottesreiches herbeiführen. Dieser Aufstand endete aber mit der Zerstörung Jerusalems u. des Tempels durch die Römer (70 n.C.); damit war für die Juden der Mittelpunkt ihres Kults verloren.

g) Neues Zentrum des Judentums wurde zunächst Jamnia, wo sich die Pharisäer, die einzige überlebende Gruppe des Judentums, nun ganz der Aufzeichnung der Gesetzestradition (↗Mischna, ↗Talmud) u. der Schriftauslegung widmeten. Aus der Arbeit dieser ↗Rabbinen ging die Festsetzung des jüd. Kanons u. die Bestimmung des orthodoxen Judentums überhaupt hervor. Die Apokalyptik wurde nun von ihnen für häretisch erklärt, da ihre fanatische Übersteigerung durch die Zeloten zum Untergang des Jerusalemer Tempels geführt hatte.

h) Das S. ist also durch eine Vielfalt geistiger Bewegungen geprägt. Es war auch offen für außerjüd. Einflüsse, so vor allem in der Apokalyptik, in der sich die Weiterbildung atl. Ansätze mit Motiven orientalischer Frömmigkeit verband. Als Wurzelboden der Botschaft Jesu ist das S. für ein Verständnis des NT von großer Bedeutung.   ri

Speise. Das atl. Verbot, bestimmte Tiere, etwa das Schwein (Wildeber), zu essen (Dt 14, 8), ist nur verständlich als Ab-

wehr von ↗Götzendienst: Vom Eber zu essen hieße sich in den Machtbereich der Göttin ↗Astarte zu begeben, der er heilig ist. Hatten die atl. Speisegebote also eine aktuelle Bedeutung als Bekenntnisakt, so werden sie im Judentum zu starren Gesetzesforderungen. Jesus dagegen radikalisiert noch den atl. Sinn: Nichts Äußeres, ob sakral oder profan, sondern allein sein ↗Herz kann den Menschen unrein machen (Mk 7, 14 ff).   win

Speisemeister. Joh 2, 8 f setzt den antiken Brauch voraus, für die Ordnung beim Mahl einen Sklaven, den Festordner, verantwortlich zu machen.   pa

Speiseopfer. Die ↗Priesterschrift versteht darunter ein nichttierisches ↗Opfer; Öl u. Weihrauch wurden dabei mit Hartweizengrieß dargebracht (Lv 2). Das für S. verwendete hebr. Wort mincha hieß ursprünglich auch die profane „Gabe" (Gn 32, 14) oder überhaupt jedes unblutige u. blutige Opfer (Gn 4, 3 ff). Im jüd. ↗Kult gab es später für das S. verschiedene Anlässe. Meist wurde es zusätzlich zu einem blutigen Opfer (↗Brandopfer, ↗Dankopfer) dargebracht; genau unterschieden, ob in gebackenem oder ungebackenem Zustand. Der auf dem ↗Altar verbrannte Anteil – das übrige bekam der Priester – sollte den Darbringer bei Gott in „Erinnerung" bringen. Als selbständiges S. begegnet es beim täglichen Opfer des ↗Hohenpriesters (Lv 6), beim ↗Sündopfer der Armen (Lv 5, 11) u. Eifersuchtsopfer.   pa

Spezerei, wohlriechende Drogen, die im Kult, beim Begräbnis u. in der Schönheitspflege verwendet wurden: ↗Räucherwerk, ↗Aloe, ↗Balsam, ↗Myrrhe, ↗Narde, ↗Salböl.

Sphinx, Mischwesen mit dem Leib eines Löwen u. dem Kopf eines Menschen, das in Ägypten den gottmenschlichen König, später auch Königinnen darstellte. Über Kleinasien verbreitete sich ihre Gestalt im 2. u. 1. Jahrtausend v.C. bis nach Griechenland, wo sie immer weiblich ist.   we

Spiegel, aus Metall gegossen u. geschliffen (Ex 38, 8; Ib 37, 18; vgl. Sir 12, 11), mit (verziertem) Griff, wurden in Palästina aus Ägypten eingeführt u. erst in der späten Königszeit allgemein ge-

bräuchlich. In röm. Zeit gab es auch S.
aus Glas.   he
Spiel. S. ist religionsgeschichtlich eine
Weise des ↗Kultes. In der kultischen
Begehung gibt es verschiedene Formen
des S. So wird z. B. in den orientalischen
Religionen die Göttergeschichte (↗My-
thos) durch den kultischen Tanz ver-
gegenwärtigt; auch Musik u. gesproche-
nes ↗Wort gehören zum kultischen S.
Dieses hat die Absicht, den Kreislauf
des Lebens zu erhalten, den Weiter-
bestand des Weltalls zu sichern, die
Götter zu beeinflussen u. den Sieg des
Guten über die Chaosmächte herbeizu-
führen. Auch das AT kennt das rituelle
S. in seinem Kult (↗Tanz). In der bibl.
Weisheitsliteratur spielt die ↗Weisheit
Gottes in der Welt. Diese Weisheit hat
die Welt geschaffen u. geordnet, u. die
Welt erhält dadurch ihren Bestand, daß
Gottes Weisheit in ihr spielt (vgl. Spr 8,
30–31). Schöpfung u. menschliche Ge-
schichte werden als S. der Weisheit
Gottes beschrieben. So erfährt der pri-
mitive Mensch sein Leben als S.: „Der
Wilde selbst kennt keinen begrifflichen
Unterschied zwischen Sein u. Spielen"
(Huizinga). Leben bedeutet S., hat in
sich die Beliebigkeit u. Leichtigkeit des
S. S. verweist auf den ↗Mitmenschen,
auf den Mitspieler; es ist das Hin u. Her
einer Bewegung, nicht das subjektive
Verhalten des einzelnen; der einzelne
geht in diese Bewegung auf. So haben
das menschliche Wort u. das Gespräch
(↗Dialog) unzweifelhaft ein Moment
des S. an sich (Gadamer): Man wagt ein
Wort u. reizt es im andern hervor, u.
das weist auf die gemeinsame Struktur
von ↗Verstehen u. Spielen. Im S. der
Sprache spielt sich das Miteinander der
Menschen ab. Wir spielen uns aufeinan-
der ein, bis das S. des Gebens u. Neh-
mens, das eigentliche Gespräch oder die
↗Liebe beginnen. Liebe hat ebenso die
Struktur des S. Auch Jesus gebraucht in
seiner Verkündigung das Bild des S., er
spricht von den spielenden Kindern, die
dazu einladen, mit ihnen mitzuspielen.
Glaube ist nicht vom tödlichen Ernst getragen; weil er sich dem Verstehen verdankt, eignet ihm wesentlich ein Moment des S. Christus ist nach dem NT
die Weisheit Gottes, die in der Geschichte der Menschen spielt: Christsein

heißt als Glaubender u. als Liebender
mitzuspielen mit Christus.   gr
Spielende Kinder. Das Bild des s. K.
findet sich bereits in der Weisheitsliteratur des AT (z. B. Spr 8, 30 f) als Ausdruck der von den Menschen bejahten
friedvollen Ordnung Gottes, dessen
↗Weisheit den Menschen lehrt, in
selbstverständlicher Weise das Richtige
zu tun. – Im Bildwort von den s. K.n
Mt 11, 16–19 (vgl. Lk 7, 31–35) dürfte
diese Vorstellung mitschwingen, sie
dient hier aber dazu, die Ungerechtigkeit u. die Sünde bloßzustellen, die den
Zugang zum ↗Reich Gottes verwehren.
Die Uneinigkeit der s. K. wird zum Hinweis auf die Haltung der Menschen, die
sich nicht von Gottes Weisheit (Mt 11,
19), sondern von ihrer Eigensüchtigkeit,
Machtgier u. weltlichen Gesinnung treiben lassen. Bei Matthäus (Lukas) sind
damit die ungläubigen Juden gemeint,
die sich dem Wort ↗Johannes' des Täufers u. ↗Jesu verschlossen haben u. in
ihrer Feindschaft blind wurden für die
↗Wahrheit. – Dieses Bildwort wird
heute zur Aufforderung, in echter brüderlicher ↗Gemeinschaft nach der
selbstverständlichen Weisheit zu streben,
die zur ↗Gerechtigkeit führt.   hi
Spontaneität. Jesu ↗Nachfolge bedeutet
Unbedingtheit u. S. ↗Jesus sagt einem,
der ihm nachfolgen will, der aber zuvor
noch seinen Vater begraben will: Folge
mir nach u. laß die Toten ihre Toten begraben!" (Mt 8, 22.) Jesus fordert spontane Entschlossenheit u. unbedingte Entschiedenheit für das ↗Reich Gottes. Die
Verwirklichung dieses Reiches ist dringlich, sie kann nicht hinausgeschoben
werden – keine Minute ist zu verlieren.
Wen der Ruf Jesu trifft, der hat spontan
zu antworten. ↗Entscheidung erfordert
S. Vor allem erfordert der ↗Bruder, der
in Not ist, spontane Hilfe (Lk 10, 33 f).
Jesus selbst hilft dem Menschen in dem
Augenblick, in dem einer seine Hilfe
braucht; er heilt auch am Sabbat (Mk 3,
1–6). Nachfolge Jesu bedeutet S.
↗Glaube u. ↗Liebe sind unbedingte
Entscheidung. Auf den Augenblick der
Begegnung mit dem Bruder kommt es
an; er kann zum Augenblick der Gottbegegnung werden.   gr
Spötter treten im AT gegen Gott u.
seine Boten auf. Sie bekunden ihre Ver-

achtung gegenüber der Macht des Herrn u. höhnen den ↗Propheten wegen des Fehlens einer sichtbaren Hilfe Gottes (Jr 20, 7). In gleicher Weise spotten die Feinde über das ohnmächtige ↗Israel, das den Anspruch erhebt, den Schutz Jahwes zu genießen (Ps 80, 7). Die Leidensgeschichte sieht in Jesus den leidenden ↗Gottesknecht, der wie Israel u. die Propheten S. ertragen muß wegen der Diskrepanz zwischen äußerer Ohnmacht u. dem Anspruch, von Gott gesandt zu sein. So spottet der Hohe Rat über Jesus als den Sohn Gottes, indem er von ihm Weissagungen über geringfügige Dinge u. ↗Wunder zur Selbsthilfe fordert (Mt 26, 68; 27, 40). Die Soldaten wiederum spotten über den Königsanspruch Jesu, indem sie die Krönungszeremonie in grausamer Weise persiflieren (Mt 27, 27 ff).   do

Spottlied. Es ist wie der Spottspruch (u. das Sprichwort) unter dem Namen ↗Maschal bekannt. Von einem anderen „heruntergemacht" zu werden war in Israel gefürchtet, weil man diesen Sprüchen u. Liedern eine magisch beschwörende u. verwünschende Wirkung zuschrieb. Ihre Wurzel ist in den Wortgefechten der Einzelkämpfer zu suchen (1 Sm 17). Ein S. konnte sich also auf einen Einzelmenschen beziehen (Js 23, 15 f), auf Stämme, Städte u. Völker, ihre Götter u. Götzenfabrikationen (Js 41, 6 f) oder gar ein künftiges Ereignis spöttisch besingen (Js 47). Seine Funktion ist dann in die ↗Gerichtsreden gegen die Völker einbezogen worden.   pa

Sprache. I. Unter allen Wesen zeichnet sich der Mensch dadurch aus, daß er sprechen kann. S. bedeutet deshalb für den Menschen nicht nur ein Vermögen unter anderen, sondern das Vermögen, durch das er allererst Mensch ist. Alles, was für den Menschen „da ist", was er erkennen kann, kann er auch zur S. bringen. S. bedeutet die Fähigkeit, die Welt erkennend zu durchdringen u. zu ordnen. Für den Menschen ist deshalb die S. das „Haus des Seins" (Heidegger). a) Diese dem Menschen immer schon gegebene Fähigkeit, die ihn Mensch sein läßt, ist nun freilich zunächst einmal nie als ein für allemal fertiges Instrumentarium da. Sondern sie entsteht immer neu, geschichtlich (↗Geschichte).

Jeder Mensch muß neu, auf seine unverwechselbare Art zu sprechen beginnen. Damit hängt es nicht nur zusammen, daß es eine Vielzahl von S.n gibt, sondern auch, daß alle S.n dauernd neu werden. Und nur dadurch lebendige S.n bleiben. Dies gilt auch für die Bibel, deren Aussagen man erst dann recht versteht, wenn man die Geschichtlichkeit der bibl. S. beachtet (↗Hermeneutik). Die Offenbarung gibt sich in der S. von Menschen kund. Diese S. aber ist immer die S. von bestimmten geschichtlichen Menschen.

b) Fragt man dem Ursprung von S. nach, so wird deutlich, daß zur vollen Wirklichkeit von S. immer schon mindestens zwei Menschen gehören. Denn S. ist wesentlich S., die verstanden werden kann, d. h. das Medium, in dem sich mehrere Menschen miteinander über das, was ist, verständigen. Dieser soziale Charakter ist der S. von vornherein eigen. „Alles Sprechen ruht auf der Wechselrede" (W. v. Humboldt). Wechselrede (↗Dialog) bedeutet, zeitlich gesehen, aber Tradition, d. h. Vermittlung von vergangener S. zu künftigem Verstehen durch das gegenwärtige Ereignis des Gesprächs.

c) Die neuere Sprachphilosophie hat dabei erkannt, daß sich die Sprachbewegung als die Weise, in der der Mensch das, „was ist", zu Wort bringt, im wesentlichen nach zwei Grundrichtungen hin entfaltet. Der Mensch kann *über* etwas sprechen, es objektivierend in der 3. Person als Gegenstand einer Ich-Es-Welt (Buber) vorliegen lassen. Die wissenschaftliche S. ist weitgehend so geartet. Oder der Mensch kann *sich selbst* aussprechen (Reden in der 1. Person) u. *den anderen ansprechen* (Reden in der 2. Person); wobei das unobjektivierbare Gegenüber dieser Ich-Du-Begegnung vornehmlich der andere Mensch ist, aber nicht unbedingt sein muß. Vielmehr kann ich in der freigebenden Sprachgebärde des Redens in der 2. Person jeder Wirklichkeit begegnen. Für S. überhaupt erweist sich die zweite S.-bewegung als die ursprünglichere. In ihr entspringt S. als Entwurf des „Hauses des Seins" in die Zukunft hinein. In ihr gründet deshalb auch die Möglichkeit des „Redens über". Die S. der Gotteserfahrung, des Gebetes u. der Verkündigung hat immer den Charakter der begegnenden S.gebärde.

II. Überblickt man, was S. für das bibl. Menschenverständnis bedeutet, so ist zunächst einmal

a) zu sagen, daß schon Gn 2, 20 (vgl. 1, 26) im Vermögen zu sprechen die Gottebenbildlichkeit des Menschen sieht. Jedoch bedeutet S. für die Bibel nicht nur die Fähigkeit, den Dingen ihren ↗Namen zu geben u. so die Welt zu ordnen, sondern zuhöchst die Fähigkeit, Gott antworten zu können (Gn 3, 9 ff; 15, 1 ff; Ex 3, 4 ff; Ib 42, 1–6). Umgekehrt wird Gottes Schöpfersein als Schaffen durch das Wort beschrieben (Gn 1, 3 ff; Ps 33, 6; Js 48, 13). Ihrer höchsten Möglichkeit nach ist die S. dauernd das Medium, in welchem Gott dem Menschen durch das offenbarende u. prophetische Wort begegnet (↗Wort Gottes). Dabei ist zu beachten, daß S. zumal für das AT einen viel stärker ereignishaft-geschichtlichen Grundcharakter hat als das statischere griech.-abendländische Verständnis von S. als ↗Logos. Das griech.-abendländische Verständnis von S. speist sich eher aus der Grunderfahrung des zeitlosen Sehens u. Vorliegenlassens; das biblische dagegen aus der des zeitgebundenen Hörens u. der sich im Worte des Partners zusagenden Treue.

b) Führt Gott sein Volk immer wieder durch sein Wort, das sich in Menschen-S. verleiblicht, so ist nach Hebr 1, 1 ff Jesus das Wort Gottes, in dem Gott „zuletzt in diesen Tagen durch den Sohn" zu uns gesprochen hat. Das, was in Jesu Leben, seinem Tod u. seiner Auferstehung unter Menschen „zur S. kam", bedeutet für alle, die dieses Wort hören u. mit ihrem Leben in es eintreten, die entscheidende Offenbarung Gottes. Diese allerdings verleiblicht sich sofort in geschichtlich konkrete Menschen-S.n hinein, was etwa in der Verschiedenheit der ntl. Theologien, die je auf ihre Weise von demselben sprechen, zum Ausdruck kommt.

c) Existentiell bedeutet die ↗Nachfolge Jesu die Befähigung zu der „neuen S.", die sich in dem pfingstlichen S.n-Wunder zeigt. Wird schon dem Gerechten des Alten Bundes das „rechte Wort" geschenkt (vgl. Ps 118, 105), so wird dem,

der das Ev. annimmt, die geistgewirkte S. gegeben, die auf das endzeitliche „neue Lied" (vgl. Apk 5, 9; 15, 3) vorverweist. Diese S., die wesentlich S. der Liebe ist, muß sich als S. des konkreten christl. Daseins jedoch immer neu in die verschiedenen geschichtlichen S.n von Menschen hinein übersetzen. ↗Selbstverständnis, ↗Dialog, ↗Wir.   ca

Sprichwort, volkstümliche Redeweise, in der eine allgemeinmenschliche, sich immer wieder bestätigende Erfahrung ausgedrückt wird. Sprichwörter liefen, wie bei anderen Völkern, auch in Israel zahlreich um. Sie sind eine Vorform des in späteren Zeiten so beliebten, metrisch gegliederten Weisheitsspruches. Wie dieser, heißt auch das S. ↗Maschal, was ursprünglich Zauberspruch bedeutet haben mag. Die Sprichwörter weisen Prosa- oder Kurzversform auf, können aber auch schon metrisch gegliedert sein. Ein älteres, ausdrücklich als Maschal bezeichnetes S. findet sich 1 Sm 10, 12: „Ist auch Saul unter den Propheten?" Andere werden durch eine Formel: „. . . darum sagt man . . ." als S. erkennbar (2 Sm 5, 9; Gn 9, 10). Viele alte Volkssprichwörter sind in die Weisheitsliteratur eingegangen. Sie kommen dort wiederholt, aber in jeweils anderem Zusammenhang vor (vgl. Spr 10, 6 u. 10, 11). Sicher hat Israel viele Sprichwörter aus seiner Umwelt übernommen. Die allgemeinmenschlichen Erfahrungen, aus denen ein S. wächst, sind überall die gleichen, deshalb wandert ein S. von einem Volk zum anderen. Genauso können aber auch die gleichen Formulierungen u. Bilder unabhängig voneinander entstehen. Eine besondere Form des S. ist das ↗Rätsel.   ba

Spruch (Spruchsammlung). Der S. im AT ist eine sprichwortartige Sentenz, die nach den Regeln der Poetik geformt ist. Er umfaßt die verschiedenen Lebensbereiche des einzelnen oder der Gemeinschaft. Die einzelnen Spruchgattungen lassen sich nicht leicht gegeneinander abgrenzen. Man unterscheidet (nach O. Eißfeldt): Rechts-S., Kult-S., Propheten-S. u. Weisheits-S.; doch ist eine solche Gruppierung nicht unbedingt zutreffend. Andere S.formen sind der Prahl-S. (z. B. 1 Sm 17, 44, Goljat zu David), der Spott-S. (Hos 9, 7), der Kriegs-S., der zum Kampf ermunterte (2 Sm 10, 12) oder einen Kampf begleitete (Ex 17, 16). S.sammlungen sind lose oder nach einem bestimmten Thema aneinandergereiht. Sie bilden einen wichtigen Bestandteil der bibl. Weisheitsliteratur. ↗Sprüche, Buch der.   ba

Sprüche, Buch der. Das B. d. S. kann als Summe der israelitischen Weisheitsliteratur gelten, da es Niederschlag des Unterrichts der Weisen ist. Es ist eine Sammlung von Sprüchen, die unter der Gesamtüberschrift „Sprüche Salomos" überliefert sind. Die einzelnen Teile tragen nochmals besondere Überschriften, die darauf hinweisen, daß die Teile anfangs als selbständige Sammlungen bestanden haben.

1. 1–9 mit der Überschrift „Sprüche Salomos" bringen Weisheitssprüche u. Weisheitsgedichte teils als Ermahnungen eines Vaters (Lehrer) an seinen Sohn (Schüler), teils spricht die personifizierte ↗Weisheit u. Torheit (vgl. 8; 9). Für die Entstehungszeit weist vieles in die nachexilische Zeit, da, auf griech. Einfluß zurückgehend, Weisheit u. Torheit personifiziert erscheinen; dazu kommt, daß möglicherweise die Sprache vom Griechischen geprägt ist. Dadurch ist ein Anhaltspunkt für die Entstehungszeit dieser Sammlung gegeben, die im ausgehenden 4. Jh. v.C. anzusetzen ist. Als jüngste Sammlung wurde sie an den Anfang des Buches gesetzt. 2. 10 – 22, 16 sind 375 wahllos zusammengefaßte Einzelsprüche. Sie behandeln das Verhalten u. Ergehen der Weisen u. Toren, der Gottlosen u. Frommen. 3. 22, 17 – 24, 22 ist eine Sammlung von Sprüchen mit der Mahnung zum Guten u. der Warnung vor dem Bösen. Sie sind zum Teil verwandt mit der ägyptischen Weisheitslehre des Amenemope, die zwischen dem 10. u. 6. Jh. v.C. entstanden sein dürfte. Diesem Teil wird ein hohes Alter zugeschrieben. 4. 24, 23–34 bringt fünf Sprüche über Parteilichkeit u. Faulheit. 5. 25–29 in der Form eines Vergleiches werden allgemeine Lebensregeln aufgeführt, die der Überschrift nach „Auch dies sind Sprüche Salomos, welche die Männer Hiskijas, des Königs von Juda, gesammelt haben" um 700 v.C. entstanden sein müßten. 6. 30, 1–33 erinnern in ihrem Rahmenvers an das Buch Ijob (vgl. Ib 40, 4–5; 42, 2–6). Dem Menschen erscheint Gott als unbegreiflich, u. es ist daher seine Pflicht, zu schweigen. Es folgen Zahlensprüche, die wohl aus den Rätseln entstanden sind. 7. 31, 1–9 enthalten eine Warnung vor dem Umgang mit Frauen u. vor Weingenuß u. eine Mahnung zur Hilfeleistung. 8. 31, 10–31 bringt in der Form eines alphabetischen Gedichtes das Lob der guten Hausfrau, wohl als Gegenstück zu 31, 2–3. „Furcht vor Jahwe ist Anfang des Wissens; Weisheit und Zucht – nur Toren verachten sie" (1, 7) gilt als oberstes Gebot u. soll die Gesamtheit menschlichen Lebens u. Verhaltens bestimmen. Die Sprüche zeigen eine positive Schau der Welt; denn durch Weisheit, Frömmigkeit u. Klugheit wird ein Leben in Glück u. Wohlergehen in Aussicht gestellt. Die Erfahrungsweisheit von Generationen ist im B. d. S. verdichtet, u. es hat deshalb bleibenden Wert. ↗Spruchweisheit.   go

Sprüche der Väter (hebr. Pirqe Abot), ein haggadischer Mischnatraktat, der Sprüche der Väter von Mose ab enthält u. durch ununterbrochene Traditionsreihe die pharisäisch-rabbinische Theologie legitimieren will. Die S. d. V. sind von hohem religiösem u. sittlichem Niveau u. stehen in der Nachfolge von Spr u. Sir. Sie werden im jüd. Gottesdienst verlesen u. bezeugen eindrücklich den Ernst u. die Tiefe jüd. Frömmigkeit in ntl. Zeit.   he

Sprüche Salomos. Salomo wird von der Überlieferung als der Verfasser des Buches der ↗Sprüche, wie die Überschriften (Spr 1, 1; 10, 1; 25, 1) zeigen, angenommen. Salomo u. seine Zeit haben die ↗Weisheitsdichtung gepflegt (1 Kg 5, 9–14; 10, 1–3), u. er gilt deshalb als der Weise schlechthin, dem man die Weisheitssprüche vieler Generationen zuschreibt.   go

Spruchweisheit, die sich in den Weisheitssprüchen verdichtende Lebenserfahrung, die der Alte Orient u. mit ihm Israel beobachtend u. nachdenkend gewonnen hat. Aus diesen Erfahrungen leitet die S. Lebensregeln ab, die dem Menschen zur Richtschnur seines individuellen u. sozialen Verhaltens dienen sollen. Anfang aller ↗Weisheit u. Gerechtigkeit ist die Furcht Jahwes. Sie garantiert Leben u. Glück. Gerechtigkeit u. Liebe, gegenüber dem Nächsten, Freundes- u. Gattentreue werden gepriesen. Almosen u. Vergebung zugefügten Unrechts rufen Gottes Segen herab. Glück u. Unglück des Menschen folgt aus seinem eigenen Verhalten. Die Idee einer innerweltlichen Vergeltung, aus der S. anderer Völker übernommen, hat Israel von seinem Jahweglauben her zunehmend religiös verstanden.　　　ba

Staat. a) Die verschiedenen Auffassungen vom St. lassen sich in die antike Philosophie zurückverfolgen. Plato entwarf den Aufbau des *idealen* St., den die Philosophen regieren sollen, weil sie die Erkenntnis der Gerechtigkeit haben, nach deren Gesetzen die Gesellschaft streng zu organisieren ist. In dieser Linie stehen die verschiedenen Sozialutopien u. die idealistischen St.s-Theorien, z. B. Hegel. Aristoteles beschrieb dagegen den *realen* Kreislauf der Herrschaftsformen: der Monarchie, Aristokratie u. Demokratie, die einander ablösen, wenn die jeweils herrschende Form dem Gemeinwohl nicht mehr dient u. zur Tyrannis bzw. Oligarchie (Herrschaft einer Gruppe) oder Ochlokratie (Massenherrschaft) wird. Er schlug eine gemischte St.s-Form als stabile Lösung vor. In dieser Linie stehen Analysen der Machtverhältnisse wie die von Machiavelli. Die marxistische Theorie verbindet realistische u. utopische Linie: Kommunismus als Abschaffung der Klassengegensätze ist die Aufhebung des St. als Herrschaft über Menschen. Eine dritte Komponente ist das von der Stoa entwickelte *Naturrecht,* das in Form der Menschenrechte in die Grundlegung der modernen Welt einging.

b) Das Verhältnis von Kirche u. St. läßt sich folgendermaßen skizzieren. Im heidnischen *Römischen Weltreich* lehnte die Kirche Kaiserkult u. Kriegsdienst ab u. erlitt Verfolgung, war aber nicht staatsfeindlich. Mit der Erhebung zur *St.s-Religion* seit Konstantin begann die folgenschwere Zeit weltlicher Herrschaft durch die Kirche. Im Osten gewann eine vom Herrscher geleitete St.s-Kirche Gestalt; im Westen dagegen bestand das spannungsreiche Neben- u. Gegeneinander von Kaiser u. Papst. Der immer weiter ausgebaute universale Anspruch der Kirche führte zur Opposition der werdenden National-St.en. Nach der Reformation bildete sich in Deutschland das Landeskirchensystem heraus. Mit der Toleranzforderung der Aufklärung begann der Prozeß der *Trennung von St. u. Kirche.* Die eigenständig gewordenen Kirchen schließen nunmehr Konkordate oder St.s-Verträge ab.

c) Der demokratische St. bildete sich im bürgerlichen Kampf gegen die absolute Souveränität der Fürsten (Gottesgnadentum), die seit dem 16. Jh., begünstigt durch die aufblühenden wirtschaftlichen Verhältnisse, ein rationales Geldwesen, stehende Heere u. einen Beamtenapparat aufgebaut hatten. Zwei Wurzeln der Demokratie lassen sich unterscheiden: Die Idee der *Volkssouveränität* nimmt die mittelalterlichen Genossenschaftsprinzipien in sich auf, wobei nach Rousseau der St. als Ausdruck des Gemeinwillens auf einem Vertrag gleicher u. freier Bürger beruht. Radikaldemokratische Vorstellungen wurzeln hier, z. B. Französische Revolution 1789, Rätedemokratie. Der *Liberalismus* dagegen geht aus von der Idee der Persönlichkeit u. will dem unternehmenden Bürger möglichst viel individuelle Freiheit garantieren. Prinzipien der Demokratie (↗Politik) sind Teilung u. Kontrolle der Gewalten u. die durch eine Verfassung geschützte Rechtsstaatlichkeit. Dem in der Konsumgesellschaft entwickelten *Sozial-St.* ist die Sorge um das materielle Wohl jedes einzelnen Bürgers aufgetragen. Die Souveränität der National-St.en ist heute teilweise aufgehoben durch internationale Bündnisse u. Verflechtungen u. steht im Horizont der durch die Nachrichtentechnik entstandenen *Weltöffentlichkeit.* Bedroht wird die Demokratie heute einerseits durch totalitäre Systeme, andererseits durch bürokratisch-technokratische Manipulation der Menschen.

d) Im *AT* ist der Kampf um den St. im Gelobten Land ein wichtiges Motiv. Der Verlust der Eigenstaatlichkeit ist eine Wurzel des Messianismus, der sich mit der apokalyptischen Hoffnung auf ein 1000jähriges Friedensreich verbindet. Das *NT* entwickelt keine eigene St.s-Lehre. Der Christ wird nüchtern zum *Dienst* (↗Dienen) in den bestehenden

Verhältnissen gerufen, in denen sich die Freiheit bewähren soll. So begründet Paulus die Annahme der gesellschaftlichen Zustände seiner Zeit, setzt aber der Einordnung in den St. mit der Betonung des ↗Gewissens (Röm 13, 5) eine kritische Grenze.　　　　　hn

Stadion ↗Maße u. Gewichte.

Stadt auf dem Berge. Die vordringlichste Frage des Jesaja ist die der ↗Erwählung u. des Geschicks der Gottesstadt Zion auf Grund der Natanverheißung (↗Natan). In Kap. 2 (vgl. Js 60; Hag 2) beschreibt er die endzeitliche Verherrlichung u. universale Heilsbedeutung der St. a. d. B. im Zusammenhang mit der eschatologischen ↗Völkerwallfahrt. Nach dem NT ist das Heil allen offen, es wird aber durch die Kirche geschenkt. Die Christen sind berufen, eine St. a. d. B. zu sein u. so zu zeigen, daß durch Jesus das Verlangen nach letzter Sinngebung, Wahrheit, Güte u. nach Liebe als Letztes u. Tiefstes von allem erfüllt wird (vgl. Mt 5, 14 ff).　　pa

Stamm, soziale Einheit, die sich aus Familien, Großfamilien u. Sippen aufbaut. Das Zusammenwachsen der kleineren Einheiten zum St. ist ein komplexer Vorgang, abhängig von bestimmten geschichtlichen Voraussetzungen. Die einzelnen israelitischen St.e gewinnen erst mit der Seßhaftwerdung in Kanaan klare Konturen. Ihre Herleitung von den Jakobssöhnen dürfte spätere Konstruktion sein.　　　　　　　　ba

Stammbaum ↗Namenlisten.

Stammbaum Jesu. Die im AT begegnenden St.e belegen vielfach, daß die Geschlechterregister keinesfalls nur der genealogisch-historischen Dokumentation dienen, sondern etwa im Dienst heilsgeschichtlicher (vgl. Gn 5; 11, 10 bis 26) oder anderer theol. Aussagen stehen. So ist verständlich, daß die beiden voneinander unabhängigen ntl. Genealogien Jesu, die sehr stark voneinander abweichen, von der heutigen Forschung als ein literarisches Genus aufgefaßt werden, das mehr von Verkündigungsabsichten als von historischen Rücksichten bestimmt ist. Die unter historischem Aspekt kaum miteinander auszugleichenden St.e J. (die Hypothesen, welche mit der Schwierigkeit der bereits bei dem Vater Josephs einsetzenden Diver-

genz fertig zu werden suchen, überzeugen nicht) sind je für sich von den Evangelisten geschickt benutzte Verkündigungsstücke. Mt 1, 2–17 führt der St. J. in dreimal vierzehn Generationen (V. 17) über den „König" ↗David als einen Höhepunkt israelitischer Geschichte u. das Babylonische ↗Exil als deren Tiefpunkt zur Fülle der Zeit in der Geburt des ↗Messias Jesus, der nicht von Joseph, sondern aus Hl. Geist, aus Gott gezeugt ist (Vv. 16.18–25). Möglicherweise läßt der Evangelist in der letzten Reihe (Vv. 12–16) den Leser absichtlich nur dreizehn Generationen zählen, um auf die Besonderheit der Zeugung Jesu aufmerksam zu machen, der nicht nur als Abrahamssohn (Sendung für die Völker) u. Davidssohn (Sendung an Israel), sondern beides überbietend als ↗Sohn Gottes (↗Jungfrauengeburt) verkündet werden soll. Mt leitet mit dem St. J. sein „Buch der Abstammung Jesu Christi" (1, 1) ein, Lk benutzt den anderen St. im Anschluß an seine Taufperikope in 3, 23–38. Während der St. des Mt nach dem genealogischen Schema „A zeugte B" von Abraham zu Jesus herabführt, bietet Lk jeweils durch angehängten Genitiv (Sohn des . . . des) eine aufsteigende Linie von Jesus bis Adam u. Gott selbst, als dessen Sohn Jesus auch in der lukanischen ↗Kindheitsgeschichte bekannt u. im St. durch die Wendung „er war, *wie man glaubte*, Sohn Josephs" (V. 23) festgehalten wird. Der lukanische St. mit seinen 77 Gliedern dient den universalistischen Aussagen des Evangelisten; er feiert Jesus als neuen Adam u. Gottessohn, als Anfänger einer neuen Menschheit. In dieser Beziehung ist seine Stellung bei Lk vor der Versuchungsgeschichte (4, 1–13) besonders sprechend. ↗Namenlisten.
　　　　　　　　　　　　pe

Stämmebund. Seit der ↗Landnahme unter Josua (Landtag zu Sichem) gab es einen Verband der israelitischen Stämme – seit Saul aber erst die traditionellen Zwölf (Gn 49). Dieser war eine primär sakrale Gemeinschaft, weniger eine politische Größe (heiliger ↗Krieg). Diese Vereinigung, die sog. Amphiktyonie, verkörperte sich bei den regelmäßigen Wallfahrten zum gemeinsamen Heiligtum, der ↗Bundeslade; insofern diese später im Tempel stand, wurde dieser das Zentralheiligtum Israels. Die spätere Prophetie sprach von einer Wiederaufrichtung des alten St.es (Js 49, 1 ff; Ez 47, 13).   pa

Stammessagen. Stammes- oder Volks-St.n bilden sich um historisch nicht mehr greifbare Vorgänge bei der Entstehung u. in der Vorzeit der Völker. Sie kreisen um einen Ahn, z. B. Gn 9, 20–27; Gn 29, 31 – 30, 24.   ba

Stammesspruch, einzelnen Stämmen beigegebener Spruch, der, an den Namen des Stammes anknüpfend, diesen charakterisiert (vgl. Gn 49: ↗ Jakobssegen; Dt 33: ↗ Mosesegen).   ba

Standbild, aus Metall gefertigte Darstellung eines Menschen oder einer Gottheit in aufrechter Haltung (Dn 2, 31 – 3, 18; vgl. Ez 16, 17).   we

Statthalter (↗ Prokonsul, ↗ Landpfleger). Der St. übt im Auftrag eines Königs oder einer Großmacht Befehlsgewalt über eine Provinz oder Region aus. In der Königszeit gab es in Israel St. des eigenen Volks, im Lauf der Geschichte wurde das Land von St.n der jeweiligen Siegermacht verwaltet: Assyrer, Babylonier, Perser, Syrer, Römer.   be

Staunen. In der Bibel ist der Begriff vielschichtiger als in unserem heutigen Sprachgebrauch; das Element der ↗ Ekstase, aber auch des Entsetzens schwingt mit. a) Im AT ist St. die Haltung des Menschen vor allem, was sein Verstehen übersteigt, was von Gott her kommt: Man staunt vor den Werken der Schöpfung, vor dem ↗ Bund, vor dem Recht schaffenden Eingreifen Gottes in das Leben des Menschen oder in die Geschichte. Doch kann auch das Erschrekken vor dem Unbegreiflichen, Furchtbaren, ganz anderen mitschwingen. b) Im NT kennzeichnet St. die Reaktion der Menschen auf ↗ Wort u. Machttat Jesu. In der lukanischen Vorgeschichte erscheint das Wort viermal (Lk 1, 21.63; 2, 18.33), um den wunderbaren Charakter des nachfolgenden Berichts zu unterstreichen. Immer reagieren die Zeugen der ↗ Wunder Jesu mit St. (Mt 12, 23; 15, 31 u. ö.); auch seine Worte rufen St. hervor (Lk 4, 22 u. ö.). Joh bezeugt, daß alle, die Jesus begegneten, von St. ergriffen werden (Joh 5, 20; 7, 21 u. ö.).   be

Stein des Anstoßes, im AT (LXX: Skandalon) bildhafter Ausdruck für einen Anlaß, vor Gott schuldig zu werden. ↗ Götzen etwa sind so ein Anlaß u. damit zugleich Ursache des Verderbens Israels (Ri 2, 3). Im NT wird ↗ Jesus selbst zum St. d. A., in der Entscheidung ihm gegenüber geht es um endgültiges Heil oder Unheil des einzelnen. Damit wird der atl. Bedeutungszusammenhang aufgenommen u. präzisiert. Jesus selbst, sofern man an ihm „Anstoß nimmt", wird zum St. d. A., der ↗ Unglaube ihm gegenüber ist die eigentliche Schuld der Menschen. Israels Berufung, so heißt es bei Paulus, auf die eigenen Werke statt auf den Glauben ist gerade ein Scheitern am St. d. A., der allen Menschen in Christus, dem Ende des Gesetzes, gesetzt ist (Röm 9, 32 ff).   win

Steinigung, die in Israel gebräuchliche Todesstrafe, die vor allem bei Gotteslästerung (Lv 24, 14 f; Lk 20, 6), Götzendienst (Dt 17, 2–5), Sabbatschändung (Nm 15, 35 f) u. Unzucht (Dt 22, 20 f; Joh 7, 53 – 8, 11) verhängt wurde. Die St. wurde außerhalb der Stadt vollzogen (1 Kg 21, 10). An ihr beteiligte sich die ganze Volksgemeinde, wobei die Zeugen den ersten Stein warfen (Dt 17, 7; Joh 8, 7). Die St. ist auch Schicksal der Propheten (vgl. 2 Chr 24, 20–22; Mt 23, 37) u. der ntl. Boten Gottes: Jesus suchten die Juden zu steinigen; Stephanus wurde gesteinigt (Apg 7, 58 ff).   we

Stellvertretung, a) bedeutet in der dogmatischen Tradition, daß ↗ Christus ↗ für uns Sünder vor Gott eintritt u. unser Heil vermittelt, indem er 1. unsere ↗ Schuld, 2. die ihr notwendig folgende ↗ Strafe übernimmt. Beide Gedanken wurzeln im magischen Denken u. sind durch zahlreiche religionsgeschichtliche Parallelen belegt. Auf Borneo wird ein Boot mit den Sünden des Stammes beladen u. aufs offene Meer geschickt; häufig vertritt auch ein Tier die Stelle des schuldigen u. zu bestrafenden Volkes. Lv 16 stemmt der Priester die Hände auf den Kopf eines Bockes, bekennt alle Sünden des Volkes über ihm u. schickt ihn in die Wüste. Übertragung u. Fortschaffen der Sünde als die wesentlichen Züge solcher St. müssen von einem christl. Verständnis der ↗ Person her kritisiert werden.

b) Das NT bedient sich magischer Kategorien wie Befleckung, Reinigung, Opfer u. Strafe, um den Sinn des Sterbens Christi für uns auszudrücken. Aus der jüd. Kultusanschauung stammt der juristisch gefärbte Gedanke des Sühneopfers u. des auf ↗ Jesu ↗ Blut bezogenen Sühnemittels; aus dem ↗ gnostischen Mythos kommt der Gedanke vom erlösten Erlöser, der mit den ihm zugehörigen Menschen zu einem „Leib" verbunden ist u. dessen Schicksale, wie Sterben u. Auferstehen, zugleich denen widerfahren, die zu seinem Leibe gehören. Aber beide Grundvorstellungen – St. als *Sühnopfer* u. St. als *Anteilgabe* – werden im NT nicht durchgehalten, es sind auswechselbare Bilder einer sich der magischen Sprache entziehenden Wahrheit. Sie werden aufgelöst, weil das NT eine ihnen widersprechende Anthropologie hat, die den Menschen als Person denkt: in unauflöslicher Verantwortung für die Welt, in vollständiger Angewiesenheit auf andere. Angewiesen auf Vergebung, Hilfe, Trost u. Wahrheit der anderen u. verantwortlich für das Gelingen ihres Lebens, gewinne ich mein Leben *nur* vom andern her. Seine Ganzheit heilt mich, seine Zerstörung zerstört mich, was im magischen Schuldverständnis weggeschoben wird. Niemand kann meine Schuld wie ein Ding wegnehmen, aber es kann mich einer in ihr auffangen u. mir eine neue Zukunft eröffnen. Ich habe nicht nur Sünden getan, ich *bin* ein Sünder, d. h., ich habe immer schon zuwenig weltverändernde ↗ Liebe aufgebracht. Der Zustand meiner Welt klagt mich an. Die Strafe trifft nicht, wie magisch-religiöses Denken versichert, den stellvertretenden Christus, sie betrifft vielmehr in den konkreten Folgen meiner Sünde die, die unschuldig leiden, ohne daß ich es ändere, und die, die mit meiner Hilfe bzw. zu meinem Profit ausgebeutet werden. Wenn St. benutzt wird, das hier gemeinte radikale u. personale Sündenbewußtsein abzuwehren oder zu verdrängen, so zerstört sie die Substanz des Glaubens. Personalität ist das Ende aller Magie. Vergebung ist nicht verstanden, wo ihr das auf Gott projizierte sublime Rachebedürfnis der „Sühneleistung" vorangehen muß. Gott will

uns in Christus resozialisieren u. nicht strafen.

c) Ein neues, Christus nicht mit dem Sündenbock verwechselndes Verständnis der St. hat als christologische Grundlage den Satz, daß Christus der Mensch ist, wie ihn Gott gemeint hat, nicht „mehr" u. nichts anderes. Als dieser „Erstgeborene unter vielen Brüdern" (Röm 8, 29) vertritt er uns vor Gott. Das bedeutet: er repräsentiert die Menschheit. Stellvertretend spricht er die Wahrheit unseres in Resignation u. Verlogenheit erstickten Lebens aus; er erinnert daran, wie wir gemeint sind. In ihm ist erkennbar, was es heißt, menschlich zu leben, die Humanität Jesu läßt sich nicht überbieten. Daß er uns „vor Gott" vertritt, macht seinen Anspruch zu einem absoluten: Alle Menschen haben ein Recht auf das wirkliche, von ihm ewig genannte Leben. Das enthält die Forderung an uns, daß wir für das Leben auf unserer Erde verantwortlich sind, Verhältnisse herzustellen, in denen Menschen die ihnen heute weithin verweigerte Möglichkeit haben, sich auf den Weg Christi einzulassen. Christus vertritt uns vor Gott bedeutet: Christus repräsentiert allen gesellschaftlichen Mächten, also auch den Kirchen, gegenüber die Chance eines jeden Menschen, ein Mensch zu werden (↗ Menschwerdung), d. i. lieben zu lernen.

d) Die St. Christi enthält also eine Forderung an uns, aber auch ein Versprechen. Christus vertritt Gott bei uns: Er läßt „Gott" Ereignis werden, auch dort, wo man ihn nicht kennt, bzw. wo der Mißbrauch Gottes herrscht. In Christus ist anschaulich, was „Gott" zwischen Menschen bedeutet, wie Gott in uns leben kann. Er bietet uns an, jetzt u. hier in Gott zu sein, indem er das ewige Leben weder auf später vertagt noch von religiösen oder sittlichen Leistungen abhängig macht. Er gibt uns Liebe – aus keinem anderen Grunde, als weil wir sie brauchen, und nichts so wie sie. Der Mensch, dem Christus Gott verspricht, wird in die unendliche Bewegung der Liebe hineingenommen, in der er sich selber, obwohl doch ein Sünder, annehmen kann (simul peccator) u. die Welt zu verändern vermag (simul iustus). Christus spielt für ihn die Rolle Gottes, indem er auf die unendliche Bewegung hinweist auch dann, wenn der einzelne an sich selber u. an der Welt verzweifelt, u. wenn er an einen unmittelbar eingreifenden, wunderwirkenden Gott nicht mehr glaubt. Gerade den am Sinn u. an der Würde ihres Lebens Verzweifelten vertritt Christus Gott, versichert sie der Wahrheit ihres Lebens.

e) Es ist notwendig, „Christus" zu interpretieren, wenn nicht religiöse Magie von neuem uns betrügen soll. „Er" ist hier nicht in seiner historischen Gestalt gemeint, deren Humanität den stellvertretenden Anspruch an alle u. für alle Menschen stellt, sondern in seiner Auferstehungsgestalt, die wir sind. Dieser Christus hat sich von uns abhängig gemacht. Er lebt nicht anders als in uns; er ist, immer wieder, umsonst gestorben, nicht anders als an uns. Wir vertreten den abwesenden Gott füreinander darin, daß „einer dem andern ein Christus werde" (M. Luther).   sö

Sterben. a) Für den Hebräer ist das St. zunächst etwas Natürliches, das ohne Furcht zu erwartende Ende des Lebens. „Alt u. lebenssatt" zu sterben hat nichts Schreckliches. Die Beisetzung im Familiengrab auf eigenem Grund u. Boden (↗Begräbnis) mildert den negativen Aspekt des St.: Der Tote wird „zu seinen Vätern versammelt". Es gibt zwar einige Bestattungsbräuche (↗Totenklage), aber keinen ↗Totenkult. Das St. hat nur dann etwas Schreckliches u. Furchtbares, wenn es beispielsweise vorzeitig geschieht, ohne Hinterlassung von Nachkommen, in fremdem Lande oder als Strafe (↗Todesstrafe). Das St.*müssen* ist zunächst weniger problematisch als die *Art* des Todes. Da das AT ein ganzheitliches Menschenbild hat, kann das St. nicht als Trennung von Leib u. Seele definiert werden. Es werden die sichtbaren Phänomene geschildert, z. B. „der Odem entflieht", „der Geist kehrt zu Gott zurück" oder (bei gewaltsamem Tod) „das Blut fließt aus", dadurch ist das Leben dahin.

b) Mit fortschreitender Zeit wird die Reflexion auf den Sinn des Lebens, wenn doch alles vergänglich ist, immer stärker (vgl. Prd). Da es oft dem Sünder gut geht, der Gerechte aber viel leiden muß, wird die Frage nach der ↗Ge-

rechtigkeit Gottes gestellt. Bei Ijob wird diese Frage noch mit einer diesseitigen Vergeltung gelöst (Reden Elihus) bzw. im unbegrenzten Gottvertrauen zurückgewiesen (Kap. 42). Bald aber gibt es Reflexionen über einen Ausgleich nach dem Tode. Damit verliert vor allem das frühzeitige oder durch Unrecht verursachte St. viel von seinem Schrecken. Tod u. St. werden aber nicht nur im rein biologischen Sinn verstanden, sondern auch auf das Leben mit Gott bezogen. So ist einer, der nicht in der kultischen Gemeinschaft mit Gott lebt, schon eigentlich tot (vgl. die Pss). Von daher ergibt sich die Folgerung, daß einer, der in dieser ↗Gemeinschaft lebt, auch nicht durch das biologische St. aus ihr herausfallen kann.

c) Das St. ist eine Folge der ↗Sünde sowohl im AT wie im NT, doch wird dies im NT reflexer erfaßt als im AT, vor allem in Röm 5. Das Neue im NT ist nicht die ↗Anthropologie, sondern die neue Sinngebung des St. durch den Tod Jesu. Die ↗Auferstehung Jesu ist für den Glaubenden unumstößliche Verheißung der eigenen Auferstehung (Röm 4, 23 ff). Nicht der Tod selbst, sondern seine Macht, die in Angst u. Verzweiflung um das Ich besteht, ist damit vernichtet (1 Kor 15, 54 ff; Phil 1, 21 ff), der Glaubende zu einem neuen Leben befreit. ↗Tod.   schü

Stern (Sternkunde, Sterndeutung). Der sternenbesäte klare Himmel der Wüstennächte mußte auch das israelitische Nomadenvolk in Staunen versetzen u. etwas von Gottes Größe u. Macht ahnen lassen (vgl. Gn 15, 5; Js 40, 25 f). Man kannte die St.bilder mit Namen (Ib 38, 31; Orion u. Plejaden sind mit Sicherheit zu identifizieren). 2 Kg 23, 5 werden die Tierkreiszeichen erwähnt, u. zwar im Zusammenhang mit Götzendienst. Die besonders in Babylonien gepflegte Kunst der St.beobachtung, d. h. vor allem der rätselhaften Bewegung der Planeten in den „Himmelsabschnitten" (vgl. Js 47, 13), war unlöslich verknüpft mit Astrologie, dem Versuch, aus den „Zeichen des Himmels" (Jr 10, 2) die Zukunft zu ergründen. ↗Magier.
          ur

Sternanbetung. Dem „Himmelsheer" der Sterne wurde bei den Nachbarvölkern

Israels göttliche Ehre erwiesen. Immer wieder drang dieser Kult auch in Israel ein u. wurde von den Propheten bekämpft (Jr 7, 18). Auch die atl. Religion versuchte, die Sterne in ihr Weltbild einzuordnen: als Engelwesen (Ib 38, 7) u. Thronassistenten (1 Kg 22, 19) sind sie Jahwe als dem Gott der „Heerscharen" unterstellt. Gn 1, 16 entmythologisiert weiter: sie sind von Gott geschaffen u. nichts als „Lampen".   ur

Stern der Weisen. Der Stern, den die Magier aus dem Morgenland (Mt 2, 1) in seinem „Aufgang" (2, 2) gesehen haben, dessen Erscheinungszeit Herodes von ihnen zu erkunden sucht (2, 7) u. der die ↗Magier von Jerusalem bis zum Geburtshaus Jesu in Betlehem führt (2, 9 f), ist im Zusammenhang der Magiergeschichte (2, 1–12) auf Grund atl. u. spätjüd. Vorbilder u. des midraschartigen Charakters der sog. matthäischen ↗Kindheitsgeschichte klar als „Wunderstern", als literarisch-stilistisches Mittel im Dienst einer theol. bestimmten Erzählung zu erkennen. Nach einer historischen Sternkonjunktion zu suchen ist sinnlos u. schon durch das Vokabular (astär = Einzelstern) verboten.   pe

Steuer ↗Abgaben.

Steuermünze, eine in den römischen Provinzen erhobene Kopfsteuer in Höhe von einem Denar; sie trug Bild u. Aufschrift des Kaisers (Mt 22, 19 f).   we

Stierkult. Im Alten Orient wurde der Stier als Symbol der Stärke (vgl. Js 34, 7) u. Zeugungskraft allgemein verehrt. Während in Ägypten der lebende Stier als Inkarnation der Gottheit galt (Apis, Jr 46, 15), war er in Vorderasien meist Träger der Gottheit. Im AT ist der Stier vor allem Haus- (Jos 6, 21) u. Opfertier (Ex 29, 1); einen St. kennt es nicht. Die Errichtung eines Stierbildes durch Aaron in der Wüste (Ex 32) u. durch Jerobeam in Betel·u. Dan (1 Kg 12, 28 f) als Postamente der unsichtbar thronenden Götter wird als Götzendienst u. Abfall von Jahwe gebrandmarkt (Hos 8, 4–6; 10, 5 bis 15; 1 Kg 14, 8 f).   we

Stiftshütte, seit Luther Bezeichnung des „Zeltes der Begegnung", ist ein tragbares Zeltheiligtum in der Zeit der Wüstenwanderung Israels, in dem Jahwe erscheint (Ex 33, 7 ff) u. wohnt (Ex 26). ↗Zelt, heiliges.   we

Stimme Gottes. Im Donner vernimmt Israel wie viele alte Völker die St. G. (Ps 18, 14; 29), wobei aber der Gedanke an eine „Vergöttlichung" der Naturgewalten fern liegt. Zu sehr steht Israel unter dem Eindruck des sich offenbarenden Gottes, der allen Mächten dieser Welt überlegen ist. Er hat wohl am Sinai mit der Gewalt des Donners geredet (Ex 19, 19), doch das Entscheidende ist, daß diese St. G. auch weiterhin im ↗Gesetz vernehmbar ist (Dt 28, 1). Die St. G. zu hören ist Israels Würde u. Auftrag zugleich: „Höre, Israel . . ." (Dt 6, 4). – Das NT erwähnt dreimal eine St. aus dem Himmel, die Zeugnis gibt für Jesus als den erwählten Sohn: Mk 1, 11 parr; 9, 7 parr; Joh 12, 28. „Ihn sollt ihr hören!" Seine St. ist die St. der Wahrheit (Joh 18, 37), die aus dem Tode zum Leben erweckt (Joh 5, 25). ↗Theophanie.   ur

Stirnband, allgemein übliche Kopfbedeckung im Vorderen Orient. Ein aus Wolle gedrehter oder gewebter Streifen, der um den Kopf geschlungen wurde.   ba

Stirnblatt, gehörte nach Ex 28, 36 ff zur Amtstracht des ↗Hohenpriesters. Aus Gold verfertigt, mit der Aufschrift „Heilig dem Herrn", wurde es mit einer Schnur auf der Vorderseite des Turbans befestigt.   ba

Stoa (Stoiker), Philosophenschule des ↗Hellenismus mit größter Wirkung, gegründet in Athen um 300 v.C. von Zenon. In ihrer Geschichte bis zum 3. Jh. n.C. entwickeln sich verschiedene Ausformungen. Im Ganzen steht wie bei ↗Epikur die praktische Lebensbewältigung im Vordergrund. Im Gegensatz zur epikureischen Lehre ist ein vernunftgemäßes Leben das höchste Ziel, da der ganze Kosmos von der Vernunft, dem Logos, in der Gestalt von Feuer durchwaltet u. beseelt werde. Der Kosmos bzw. das allgemeine Gesetz der Natur ist selbst Gott, so vollzieht sich alles mit Notwendigkeit, ist aber von der göttlichen Vorsehung zum Besten geordnet, wie Zweckmäßigkeit u. Schönheit der Welt zeigen. Aufgabe des Menschen ist die Tugend, d. h. in Übereinstimmung mit dem ↗Logos zu leben u. die Affekte zu überwinden. Die Tugend reicht zur Glückseligkeit, alles andere ist indifferent, wenn auch mehr oder weniger vorzuziehen. So ist der stoische Weise frei gegenüber allem, was ihm von außen begegnet (↗ Epiktet).   mo

Strafe. Im AT ist St. Bestandteil des ↗ Gerichtes Gottes über den, der aus dem Bereich seiner Gerechtigkeit, d. h. seiner Frieden u. Wohlstand schaffenden Segensmacht heraustritt (↗ Gerechtigkeit Gottes). Bestand hat diese gerade erst im antwortenden Tun des Menschen, der sie Gott u. den Mitmenschen gegenüber aktualisiert. Nur auf solch eine Gemeinschaftstreue hin gibt Gott immer wieder sein ↗ Heil, entsprechend dient die Bestrafung des Frevlers der Erhaltung der Sphäre des Heils u. besteht in dessen Vernichtung. St. ist also nicht von einem absoluten Rechtsbegriff her verständlich, sie hat ja ihren Sinn nicht in sich selbst, vielmehr ist sie auf Gottes Recht bezogen, d. h. auf die frei von Gott gesetzte Verpflichtung zur Treue seinem Heilshandeln gegenüber. Auch nach der spätjüd. ↗ Apokalyptik gilt der ↗ Zorn Gottes dem Frevler, der das ↗ Gesetz, jetziges Pfand zukünftigen Heils, vernachlässigt. Eine ähnliche Vorstellung von der St. derer, die nicht in der Nachfolge Christi das Gesetz erfüllt haben, liegt Mt 25 zugrunde. Paulus dagegen markiert scharf den Unterschied zum Judentum: Gottes heilschaffende Gerechtigkeit gilt gerade dem Gottlosen, Strafwürdigen. Strafendes u. heilsames Handeln Gottes bestimmen sich also nicht mehr durch das Gesetz – „Christus hat uns vom Fluch des Gesetzes losgekauft" –, vielmehr wird der strafende Zorn Gottes erst durch das ↗ Evangelium offenbar u. zugleich überwunden (Röm 1, 18; 3, 21).   win

Streik. Der Begriff stammt aus der Arbeitswelt u. bezeichnet eine Kampfhandlung zur Wahrnehmung von Interessen verschiedener am Arbeitsprozeß Beteiligter. Der Arbeitskampf ist die von den Parteien des Arbeitslebens vorgenommene Störung des Arbeitsfriedens, um durch Druck ein bestimmtes Ziel zu erreichen. Dabei geht es im wesentlichen um gerechte Wirtschafts- u. Sozialordnungen in dem Bestreben, einen Ausgleich der Interessenspannungen zu schaffen. St.s, die dieses Ziel verfolgen, sind geordnete St.s u. setzen organisierte, mit Autorität versehene u.

zur vertraglichen Beendigung der Kampfhandlung ermächtigte Parteien voraus, die Arbeitgeberverbände u. Gewerkschaften. Der St. hat seine Anwendung in Form des Vorlesungsboykotts auch an den Hochschulen gefunden, indem Informations- u. Aufklärungsarbeit über ungelöste Hochschulprobleme geleistet u. öffentlich gemacht wird. Da der St. eine Kampfhandlung darstellt, ist seine ↗ Ethik in zweierlei Hinsicht problematisch. Individualethisch ist die Frage nach dem durch den St. betroffenen einzelnen gestellt. Mit der gleichen Arbeitssituation ist nicht bei jedem eine gleiche Motivation zur St.bejahung gegeben. Private Verhältnisse können ihn für die Aufrechterhaltung der ↗ Arbeit eintreten lassen, wenn dadurch seine Existenz gesichert ist, die im St.fall nicht mehr gesichert wäre, was er u. U. nicht mehr verantworten könnte. Ebenso wird der nichtorganisierte Arbeiter mitbetroffen. Er wird in eine Lage versetzt, über die er nicht mehr mitbestimmen kann. So obliegt es den St.willigen, in sachlicher Information den Arbeitswilligen von der Bedeutung des St.zieles in Kenntnis zu setzen u. ihm zu helfen, eine abgewogene Entscheidung zu treffen. Sozialethisch ist die Frage nach den Auswirkungen des St. auf fernere Betriebszweige u. Sozialpartner gestellt. Da sie unweigerlich in Mitleidenschaft gezogen werden, muß sich der Streikende seines Zieles in sachlich begründeter Abwägung bewußt geworden sein, um sodann mit großer Übersicht die Kampfhandlung einem Ende zuzuführen. Nach Erreichung des St.zieles ist es seine Pflicht, für die durch die Kampfhandlung entstandenen Spannungs- u. Konfliktzonen Sorge zu tragen u. dafür einzutreten, den gestörten Arbeits- u. Sozialfrieden wiederherzustellen. Mit dem Phänomen des St. ist eine brisante sozialpolitische Form der öffentlichen Auseinandersetzung umrissen, die vom Streikenden ein hohes Maß an Sach- u. Menschenkenntnis erfordert, an dem sich die Wahrnehmung seiner hohen Verantwortung erweist. Der St. erfährt seine ethische Rechtfertigung in der nach Kriterien der Individual- u. Sozialethik bemessenen Form seiner Durchführung.   sp

Streitgespräche. Am 3, 3 ff versucht der Prophet in einer herausfordernden Antwort die Frager zum Nachdenken zu bringen u. sie zu überzeugen. Auch sonst finden sich bei atl. Propheten Diskussionsworte (z. B. Mal 3, 6 ff). St. sind den Rabbinen geläufig. In den Evv. werden zahlreiche St. überliefert (z. B. Mk 2, 1 – 3, 6). Eine Handlung oder ein Verhalten Jesu bzw. der Jünger werden für die Gegner Jesu zum Anlaß, einen Vorwurf oder eine Frage vorzubringen. Jesus antwortet mit einer Gegenfrage, einem Bildwort oder einem Schriftzitat. In diesem ↗Herrenwort findet das St. seinen Höhepunkt. In den St.n geht es um grundsätzliche Fragen, die vor allem die palästinensische Urgemeinde in Auseinandersetzung mit dem Judentum brennend interessierten, wie z. B. ↗Sabbat, ↗Fasten, ↗Sündenvergebung.   ma

Streitwagen, zweirädriger, schneller u. widerstandsfähiger Wagen aus Holz mit Eisenbeschlag, von zwei oder drei Pferden gezogen. Der S. wurde von Salomo in Israel eingeführt (1 Kg 10, 26–29). – Der Sturm gleicht Jahwes St., auf dem er zum Gericht einherfährt (Js 66, 15; Hab 3, 8).   he

Strophengedicht. Man nimmt an, daß viele metrisch-rhythmische Texte des AT strophisch zu gliedern sind. Man spricht von Strophe als metrischer Größe, wenn dieselbe Verszahl mit derselben ↗Metrik zur Textaufgliederung verwendet wird. Geläufiger ist sie uns als stilistische Größe, insofern man durch dieselbe Verszahl kleinere Textabschnitte markiert findet. So trifft man häufig auf Kehrverse (Ps 42/43) u. alphabetische Psalmen, in denen jeder Buchstabe eine gleich große Zeileneinheit eröffnet (Ps 9/10).   pa

Struktur. Der Begriff St. gehört seit den Anfängen der Soziologie bei A. Comte u. E. Durkheim zu ihren zentralen Kategorien. Bei den Gesamt- (z. B. westliche Industriegesellschaft) u. Teil-St.en (Familie, Beruf) meint der Begriff a) das für die zeitliche Dauerstellung eines jeden sozialen Systems notwendige innere Gefüge, das zugleich b) für die wissenschaftliche Untersuchung Voraussetzung ist, um zu objektiven, d. h. wertungsfreien Erkenntnissen sozialer Zusammenhänge kommen zu können (R. König).

Die sich von kirchlichen u. anderen traditionellen Wertordnungen freisetzende empirische Forschung konnte am Phänomen des Selbstmordes zu ersten Ergebnissen kommen. Durkheim, am Verhältnis von Gesellschaft u. Individuum interessiert, wollte an Hand der Selbstmordstatistik beweisen, wie stark individuelles Verhalten von Gruppen-St. u. -moral abhängig ist (Verbrechen als soziale Krankheit). Mit seinen „Regeln zur Unterscheidung des Normalen u. des Pathologischen" ist er zum Begründer der strukturell-funktionalen Gesellschaftsanalyse geworden.

Mit ihr können soziale Gebilde nach weiteren St.aspekten gegliedert werden. Mit St. kann das für einen bestimmten Zeitraum „typische" Netz der zwischen den Mitgliedern bestehenden sozialen Beziehungen angesprochen werden (Herrschafts-St.en); von St. spricht man auch dann, wenn an die Gliederung der Mitglieder eines sozialen Systems zu einem bestimmten Zeitpunkt (Alters-St.) oder in bezug auf bestimmte Tätigkeiten (Berufs-St.) gedacht wird (K. M. Bolte). – Gegenläufige St.en, von funktionalen u. dysfunktionalen Kräften flankiert, treiben in einem dynamischen Prozeß den *sozialen Wandel* voran. Dabei ist zu sehen, daß die auf Veränderung drängenden gesellschaftlichen Kräfte nicht schon deswegen als sozialpathologisch diskreditiert werden können, weil sie sich gegen unter Umständen statische Ordnungs- u. Herrschafts-St.en richten. Eine Lehre vom „sozialen Wandel" (vgl. dazu R. Dahrendorf), die eine neue Bestimmung des St.begriffs implizieren müßte, ist daher für die soziologische Theoriebildung unumgänglich.

Das theol. Interesse an diesem Begriff haftet an der Einsicht, daß ethische Normen u. Wertvorstellungen, soll sie das Individuum verinnerlichen, von der Sozial- u. Gesellschafts-St. mitvermittelt werden müssen, an sie gebunden ist. So muß z. B. die traditionelle Idee individueller christl. Liebestätigkeit (Diakonie, Caritas) heute im Rahmen organisatorischer Groß-St.en („Adveniat", „Brot für die Welt" etc.) geübt werden.

Die in der Bibel geforderte Sorge für den ↗Nächsten muß heute in der „Liebe durch St.en" verwirklicht werden. Dem entspricht, daß diese Hilfsleistungen in z. T. langfristigen Programmen für St.-planungen (Verbesserung der Infra-St. industriell unzureichend entwickelter Länder) ausgegeben werden.　　　　gs

Stumme u. Taube. Die bibl. Sprache kennt nur ein Wort für die beiden Gebrechen, die oft gemeinsam auftreten. Die Fähigkeit, zu sprechen, unterscheidet den Menschen von allen übrigen Geschöpfen; ihr Fehlen wird auf das Einwirken numinoser Kräfte (↗Dämonen) zurückgeführt. Im übertragenen Sinn wird Israel als stumm u. taub bezeichnet, wenn es nicht auf Jahwe u. seinen Boten hört (z. B. Js 35, 5). Letztlich macht Jahwe stumm u. taub. Vom ↗Messias erwartet man, daß er bei seinem Kommen die Sinne öffne, darum werden die beiden in den Evv. erzählten Heilungen (Mk 7, 31–37; 9, 14–27 par) als Beweis für Jesu messianische Sendung angesehen. ↗Heilen.　　be

Suchen. Die Bibel verwendet die religiöse Bedeutung dieses Begriffes einmal ganz allgemein für die Frömmigkeitshaltung des Menschen (ein „Sich-Halten an Gott"). Der Mensch der Bibel weiß, daß ihm dies nur möglich ist, wenn u. weil Gott sich ihm zuvor gnädig zugewandt hat (Js 65, 1). Der Leidende sucht Gott im Heiligtum auf, um mit Gebet u. Opfer die Wende der Not zu erheischen. Im Sinn kultischen Befragens erwartet sich der Suchende den Gottesbescheid im ↗Orakel (↗Prophetenspruch; Am 8, 12). Der Mensch kann aber auch in selbstsüchtiger u. abwegiger Verkehrung sich selbst u. nicht Gott zum Objekt seines S. erwählen (Js 57, 10; 58, 3.13).
Im NT heißt S. weltanschauliches Fragen des Menschen oder im Sinn des Griechischen ein S. nach ↗Weisheit u. tieferer Einsicht (Apg 17, 27; 1 Kor 1, 22). Sich um die Gottesherrschaft sorgen, sich auf den Anspruch Gottes einlassen u. nicht im Irdischen absichern meint S. in Mt 6, 33. Im Sinn des beharrlichen Betens, dem Gott Erhörung zusagt, steht der Begriff in Mt 7, 7 ff. Als vermessenes S. wird die Zeichenforderung in Mk 8, 11 f zurückgewiesen. Vom Menschensohn

wird gesagt, daß er den Verlorenen wie ein Hirte nachgehe, um sie zu retten (Lk 19, 10). Joh 8, 50 geht es um die Ehre des Sohnes. Jesus sucht nicht selbst seine Ehre, sondern der Vater tritt im Streit der Welt für sie ein.　　pa

Süden, 1. Himmelsrichtung, Gegend des Glücks. – 2. Negeb (= Südland), südlich des Gebirges Juda, z. T. Wohn- u. Weideland (Jos 15, 21 ff; Gn 12, 9), z. T. Wüste mit unheimlichen Tieren u. furchtbaren Stürmen (Js 30, 6; 21, 1). – 3. ↗Saba. – 4. Dn 11, 5–40 = Ptolemäer.　　he

Südquelle ist die Bezeichnung für eine angenommene älteste Quelle des Genesisbuches, die schon dem ↗Jahwisten u. ↗Elohisten vorgelegen habe. Sie soll im 10. Jh. v.C. in Seir, im Süden Palästinas, entstanden sein.　　la

Sühne. Das AT verzeichnet ein vielschichtiges S.verständnis. Das erklärt sich aus der Entwicklung, in der „Glaube" u. „Offenbarung" sich entfalten u. deren Niederschlag wir in den verschiedenen atl. Schriften begegnen. Darin eingebettet liegt das jeweilige Bedeutungsfeld von ↗ „Sünde" – u. mit diesem ist das von S. engstens verknüpft. Im Laufe der Geschichte Israels kommt es geradezu zu einem „Überwuchern" des S.gedankens: die politischen, militärischen u. wirtschaftlichen Rückschläge der Exils- u. Nachexilszeit werden als Folge der Sünde gedeutet, es bildet sich ein personal orientiertes Sünden- u. daher auch S.bewußtsein aus. Alles wird der S. unterzogen: Priester u. Volk, Tempel u. Altar (Ez 43). Die S.riten gewinnen an Bedeutung, sie werden „kalendergemäß" vollzogen: Nm 28; 29. Der S.charakter der ↗Opfer verstärkt sich, u. selbst das ↗Pascha wird von diesem Prozeß ergriffen, wie 2 Chr 30 zeigt. – Im NT wird auch das atl. S.verständnis zu seinem Ende gebracht. Es braucht nun keine eigenständige S. u. kein S.opfer mehr, weil Gott seinen Christus vor aller Welt als „das S.opfer dargestellt" hat (Röm 3, 25). Was „von Gott aus" an S. zu leisten gewesen wäre, das hat Gott selbst bereits in seinem ↗Christus verwirklicht. Im lebensbestimmenden Akt des ↗Glaubens wird die S.tat Christi im Menschen wirksam (Röm 3, 21–28). ↗Rechtfertigung.　　ka

Sühnopfer. Jede Schuld, gegenüber Gott oder den Mitmenschen, beeinträchtigt u. zerstört das Gottesverhältnis. Die Gemeinschaft, den Bund mit Gott wiederherzustellen war der Zweck der S. Im AT begegnen zwei Arten: das ↗Sünd- u. Schuldopfer. Die Grenze zwischen beiden verläuft nicht immer klar. Beide waren als ↗Schlachtopfer darzubringen (Lv 1–7), wobei beim Schuldopfer nur ein Widder (z. T. mit zusätzlicher Geldstrafe), u. dann auch wiederum nur für eine Einzelperson, in Frage kam (Lv 5, 14 ff). Man hat versucht, bei allen Ungereimtheiten der Quellenschriften eine Regel aufzustellen: Die Sündopfer kämen bei unbeabsichtigten Vergehen gegen Mitmenschen u. die Schuldopfer bei unfreiwilligen gegen Gott bzw. bei vorsätzlichen gegen Gott u. die Mitmenschen als eine Art Wiedergutmachung in Frage.   pa

Sukkot (Hütten, Gn 33, 17), 1. erster Aufenthaltsort der Israeliten in der Wüste beim Auszug aus Ägypten (Ex 12, 37; 13, 20; Nm 35, 5 f). – 2. Ort im Ostjordanland, in der Nähe des Jabbok im Gebiet des Stammes Gad gelegen (Jos 13, 27; Ri 8, 5–16; 1 Kg 7, 46).   we

Sumerer, ein wohl im 4. Jahrtausend in das südliche Zweistromland eingedrungenes Volk von unbekannter Herkunft. Die S. waren in einzelnen, einander befehdenden Stadtstaaten organisiert, an deren Spitze als Vertreter der Gottheit ein König oder Fürst stand. Ihre hohe Kultur zeigen die Erfindung einer ↗Bilderschrift, aus der sich die ↗Keilschrift entwickelte, u. eine umfangreiche Literatur, die meist in späteren Abschriften überliefert ist. Neben Listen u. Gesetzen sind vor allem Hymnen, Mythen u. Epen erhalten, in denen auch die Gestalt des Gilgamesch zuerst begegnet.   we

Summarien. Zusammenfassende Notiz des Evangelisten als Abschluß einer größeren Einheit von Worten oder Taten Jesu. Der Stoff der Evv. u. der Apg ist aus der lebendigen Verkündigung geschöpft worden. Der Form nach (↗Formgeschichte) war er in kleinen Einheiten – Worte, Erzählungen, Szenen – überliefert. Schon bei Markus sind diese durch S. ergänzt, welche Einzelszenen verknüpfen u. einen umfassenderen Eindruck vom Wirken Jesu, der Apostel u.

der Gemeinde geben sollen (vgl. Mk 3, 7–12; Apg 2, 42–47). – Was Jesus am einzelnen getan hat (Heilung, Dämonenaustreibung), wird in den S. auf „viele" oder „alle" übertragen (z. B. Mk 1, 32 bis 34 parr; 6, 54–56 parr). Damit soll gezeigt werden, daß das Wirken Jesu nicht einem einzelnen gilt, sondern alle Menschen umfaßt. – Die S. haben innerhalb der Evv. gliedernde Funktion u. sind von den einzelnen Evangelisten ihrer theol. Ausrichtung entsprechend formuliert.   gl/sm

Sünde. 1. Der „Ort", an dem S. im AT in Erscheinung tritt, Macht gewinnt, ist der des Lebens des Menschen. Jahwe selbst zeigt das in offenbarendem Wort auf (Gn 3). Aus dem Leben erklärt sich, was S. ist: ein Abweichen vom „rechten" Weg; S. richtet sich gegen Jahwe (Ri 10, 10) u. gegen den anderen Menschen (Gn 20, 9). S. wird charakterisiert als Widerstand u. Auflehnung: so zerstört sie das zwischenmenschliche Verhältnis, vor allem aber den zwischen Jahwe u. seinem Volk geschlossenen ↗Bund (Hos 8, 1; ↗Dekalog: Ex 19; 20). In den Versuchen einer genaueren Bestimmung u. Umgrenzung der S. spielt das Rechtsdenken eine Rolle. Trotz großer Leistung liegt hier der Grund zu entscheidendem Versagen: Die Ausfächerung von Geboten entmachtet die S. keineswegs. – Soweit die Frage nach einem Woher der S. sich stellt, antworten atl. Schriften mit dem Hinweis auf den ↗Sündenfall oder auch auf die grundsätzliche Anfälligkeit des Menschen (Ib 25, 4–6; Ps 51).

2. ↗Jesus geht in seiner Verkündigung nicht von einem theoretischen Menschenbild aus: weder von einem zeitgenössisch-spätjüd. noch von einem hellenistisch-griech. Somit zeigt sich schon, warum in Jesu Botschaft keine der damals bekannten „S.n-Lehren" Platz haben kann. Die Begründung reicht aber weit über diese bloße Feststellung hinaus. Jesus faßt den konkreten Menschen so ins Auge, wie dieser in der Begegnung mit dem anderen Menschen sich selbst enthüllt. Darum trifft Jesus im Menschen seiner Zeit zugleich das, was den Menschen stets „unbedingt angeht". Jesu Anruf richtet sich an alle. Das zeigt sich noch in dem freilich dem Rahmen

des Mk eingepaßten u. daher stilisierten Ruf zur Umkehr (Mk 1, 15). Was dort zusammengefaßt erscheint, läßt sich aus der ganzen Breite der Verkündigung Jesu belegen: Nirgendwo bezieht sich Jesus positiv auf die seiner Zeit so geläufige Einteilung der Menschen in „Gerechte" u. „Sünder". Im Gegenteil: die großen Kataloge der „Merkmale", welche diesen Unterscheidungen dienen, erfahren eine mehr als nur gewöhnliche Ablehnung. Die Abgrenzungen von sakral u. profan, die für das S.n-Verständnis der Zeitgenossen so entscheidend waren, verlieren in Jesu Verkündigung ihre Gültigkeit u. damit ihre das Selbstverständnis des Menschen vor Gott qualifizierende Aussagekraft. – Das Gesagte läßt sich an dem großen Gespräch über die ↗Reinheit (Mk 7, 1–23) ablesen. Jesus entdeckt den wahren Ursprungsort der S.: das ↗Herz des Menschen (V. 15). Die gesamte Ausrichtung der Botschaft Jesu erweist den Unterschied zwischen Jesu Wort u. der spätjüd. Lehre vom bösen Trieb, die hier anzuklingen scheint. In den Vv. 17–23 werden nach Art einer katechetischen Unterweisung Einzelungen der S. aufgezählt – zur „Orientierung" der Gemeinde. Der „Katalog" wirkt wie eine Konkretisierung des Dekalogs; zu beachten ist auch, was nicht aufgeführt wird! In den Vv. 1–13 erfolgt keineswegs nur eine Korrektur des S.n-Verständnisses. Es geht um eine totale Wandlung. Hier wird nämlich aufgezeigt, wohin menschlicher Gebotseifer unter dem Mantel des Gott-dienen-Wollens führen kann: mitten hinein in die S., wie Jesus sie verstehen lehrt. – Wie sehr das neue Selbstverständnis des Menschen vor Gott, zu dem Jesu Wort ermächtigt, ein gewandeltes Denken über die S. voraussetzt, kommt auch in der lukanischen Überlieferung zur Sprache. Lk 10, 30–37: Der Mensch ist die von Gott dem Menschen gestellte große Aufgabe. Was den anderen Menschen nicht zum ↗Nächsten werden läßt – das ist S. Die neue, von Gott in Jesu Wort angebotene Selbstverwirklichung des Menschen findet ihre Grundregel in der ständigen Neuausrichtung auf das, was „das größte Gebot" in der unaufgebbaren Vereinigung von Gottes- u. Nächstenliebe verlangt (Mk 12, 28–34

mit parr). Hier wird die S. entmachtet, weil sie keinen Ansatzpunkt mehr finden kann. Bringt die S. den Tod, so schenkt die ↗Liebe das ↗Leben (nach Lv 18, 5 in Lk 10, 28). Jesus selbst überwindet die S., indem er seine Botschaft radikal lebt. Bis in den Vollzug des Todes hinein läßt er sein Leben nicht von den Mächten bestimmt sein, die der S. dienen.

3. Paulus entfaltet im Römerbrief ein weitfassendes u. sorgfältiges Denken über die S., wie es sonst keine ntl. Schrift kennt. Ausgangspunkt ist auch hier nicht eine „S.n-Lehre", sondern einzig das Christusgeschehen, in dessen Licht Paulus alles neu sieht u. deutet: Vergangenheit, Gegenwart, Zukunft. Der Heilswille Gottes ist übermächtig: erst im ↗Jetzt des Christusgeschehens wird der wahre Charakter der S. offenbar. Die Tiefe der Heilsverlorenheit der S. wird, gleichsam nachträglich, aus der Größe der bereits vollzogenen Rettung ermessen (5, 6–21). Die ↗Taufe wird zum „Zeichen" dafür, daß der Glaubende „in Christus" tot ist für die S. – u. für Gott lebt (6, 1–23). Darum gilt fortan nur noch der Anerkennung das die S. überwindenden Christusgeschehens dient: das aber ist der Glaube, der „das Leben" bringt – nicht das Gesetz, das die S. gerade nicht überwinden konnte u. so zum Tode führte (7, 7–25). Der Glaubende weiß darum, daß durch Christus die Macht der S., die den Menschen durch das ↗Fleisch, das ↗Gesetz u. den ↗Tod beherrschte, grundsätzlich gebrochen ist.

4. Die Bedeutung der Heilstat Gottes in Christus ist so groß, daß diese alles endgültig „erfüllt". Ein äußerst illustratives Beispiel für eine solche Glaubensschau bietet der Hebräerbrief. Die interpretatorischen Elemente, in denen sich die sündenüberwindende Macht des Christusgeschehens ausweist, sind dem AT entnommen: ↗Hoherpriester u. ↗Opfer. – Der Dienst Christi in Wort u. Tat wird zur Erfüllung jeden Hohepriestertums; das atl. erscheint nur noch gültig, insoweit es als vorausgehendes Zeichen des künftigen heilshinweisend war (4, 14 – 5, 10; 7 u. 8). In gleicher Weise überbietet u. beendet die einmalige Opfertat des Christus jede andere (9, 11

bis 27; 10, 1–10). Nun ist aber das Verhältnis zwischen Hohepriestertum, Opfer u. S. von einer grundlegenden Unmittelbarkeit. Das Zeugnis des Hebr für die Entmachtung der S. ist daher durchschlagend: Die endzeitliche Ablösung von Hohepriestertum u. Opfer ist da, weil die abschließende Sühne für die S. geleistet ist (10, 15–18). 5. Eine klare Schau auf das zentrale Anliegen der Botschaft Jesu u. auf die Deutungen des Christusgeschehens ist vonnöten, so man die verschiedenen Konkretisationen von S. richtig verstehen will, die sich in ntl. Schriften finden. Grundlegend bleibt: Das Heilsgeschehen ist keine Heilsmechanik. Es verlangt vielmehr vom Glaubenden den aktiven u. personalen Mitvollzug in der Wirklichkeit seines Lebens. Weil Gott eben Gott ist, vermag er auch in seinem Heilshandeln der Eigenart u. Würde des Menschen restlos zu entsprechen. Ist ↗ „in Christus" ↗ Heil ermöglicht, so muß der Glaubende es „in Christus" mitvollziehen: so wird die Vorbildlichkeit der Entmachtung der S. durch Christus konkrete, lebensbestimmende Wirklichkeit (Phil 2, 1–8). – Im NT finden sich sehr weitflächige u. umfassende Konkretisationen von S.: so, wenn bei Joh der ↗ Unglaube als „die S." erscheint (16, 9). S. ist hier Infragesetzung des ganzen Heilswerkes. Personale Mitverwirklichung des Heilsgeschehens verlangt auch Hebr 10, 19–31. – Engere Konkretisationen zeigen die sog. ↗ Tugend- bzw. ↗ Lasterkataloge; eine Entgegenstellung bringt Gal 5, 22–23 gegen 19–21. – Garanten für die Entmachtung der S. sind fortan allein die Liebe – das Ziel aller Gebote ist die Liebe (1 Tim 1, 5) – u. der Glaube. Denn alles, was nicht aus Glauben geschieht, ist S. (Röm 14, 23). ↗ Selbstentfremdung. ka

Sündenbekenntnis. Der hebr. u. der griech. Ausdruck, die hinter unserem Wort S. stehen, besitzen eine doppelte Bedeutung: „Preisung" u. „S." Jahwes Macht steht für Israel – sie wird gerühmt (Ps 105, 1 f); sie steht gegen Israel – der Mensch fürchtet sich u. legt ein „S." ab (Ps 32). Trotz zunehmender Individualisierung des S. im AT (Ps 38, 19) erscheint es dort wie im NT meist als ein grundsätzliches Bekenntnis, „Sünder zu

sein" (Mt 6, 12; Lk 5, 8), seltener als eine Aufzählung böser Taten (Apg 19, 18). – Die „Antwort" Gottes auf das S. des Menschen ist die Vergebung (Ps 32, 5; 1 Joh 1, 9). ↗ Sünde. ka

Sündenbock. Am ↗ Versöhnungstag legte der Hohepriester einem Ziegenbock die Hand auf u. übertrug auf ihn mit einem Bekenntnis die Sünden des Volkes. Dann jagte man den S. in die Wüste. pa

Sündenfall. Die Erzählung des ↗ Jahwisten Gn 3, 1–24 erläutert die Herkunft des Bösen u. des Leidens in der guten ↗ Schöpfung Gottes. Ihre Gattung ist teils ↗ Fabel (sprechendes Tier), teils ↗ Ätiologie; sie ist geschichtlich im Sinne des Typos, der das immer wieder Geschehende als bestimmenden Anfang erzählt. Die Schlange ist eines der von Gott geschaffenen Tiere, sie ist Dialogpartner des Menschen (nicht Gottes!). Die ↗ Sünde stammt aus dem Menschen, denn die ungeheuerliche Behauptung der Schlange, Gott habe sein Gebot nicht des Menschen, sondern seinetwegen gegeben, wird erst glaublich u. damit zur Versuchung, wenn der Mensch Gott mißtraut. Der ↗ Unglaube ist also die Wurzel der Sünde, daneben sind sinnliches Gefallen u. Wohlbehagen u. der Wunsch nach Lebenssteigerung Anlässe zur Sünde. Die Folgen der Sünde sind Scham, Angst vor Gott u. das Zerbrechen der Solidarität unter den Menschen, so daß sie ihre Unbefangenheit voreinander verlieren (↗ Ehe, ↗ Geschlechtlichkeit). Die Gottesstrafen begründen das klägliche Leben der Schlange (anthropomorphe Biologie) u. das Leiden im menschlichen Leben. Der sündhafte Mensch wird aus der Nähe Gottes vertrieben, das ↗ Leben wird ihm entzogen, er wird aber von Gott mit dem Nötigsten ausgestattet u. bleibt unter seiner Fürsorge (↗ Proto-Evangelium). ↗ Unheil. schü

Sündenvergebung. Der Begriff S. findet sich vor allem bei den Synopt. u. in der Apg. Paulus u. Joh beschreiben dagegen das ↗ Heil als ↗ „Rechtfertigung", ↗ „Versöhnung" bzw. ↗ „Leben". Auch reden sie von der ↗ Sünde in der Einzahl. Vielleicht tritt das Wort S. bei ihnen zurück, weil man es dahin mißverstehen kann, es meine einen auf einzelne, vergangene Taten bezogenen Straferlaß, aber nicht die Erneuerung des ganzen Lebens. Die S. geschieht zwischen Gott, Gemeinde u. einzelnem Menschen: 1. Nicht weil Gott der „liebe" Gott ist, den man sich irrtümlich als zornig vorgestellt hat, vergibt er, sondern weil er ↗ durch Christus die Sünde beseitigt hat. 2. Die Gemeinde vermittelt S. durch ihre freisprechende Macht (Mt 18, 18), den Hl. ↗ Geist (Joh 20, 22), die Sakramente (Apg 2, 38; Mt 26, 28). 3. Der die S. empfangende Mensch muß nur zwei „Bedingungen" erfüllen: die Anerkennung von Gottes Urteil über sich im Sündenbekenntnis (1 Joh 1, 9) u. die Bereitschaft, auch anderen zu vergeben (Mt 6, 12). th

Sünder. Im AT. Der Mensch ist ein S. Diese Überzeugung steht einhellig hinter allen atl. Schriften. In manchen wird sie ausgesprochen, in anderen vorausgesetzt. Im Aufweis, „worin" u. „wodurch" der Mensch S. sei, finden sich indes große Unterschiede. Sie erklären sich aus der literarischen u. theol. Verschiedenheit der einzelnen Schriften. – Für die große Psalmendichtung geht es dabei „. . . um die vor Jahwes Angesicht sich ereignende Ausleuchtung der letzten Tiefen u. Urgründe der menschlichen Existenz" (H. J. Kraus). Die prophetische Verkündigung enthüllt den Menschen in seinem Herzen u. in seinem Verhalten zum anderen Menschen als Sünder.

Im NT. Die Tiefe dieser Schau des AT bestätigt sich in Jesu Wort: sie wird zur endzeitlichen u. damit zur endgültigen. Ihr entspricht der Aufruf zu vollkommener Gottes- u. Nächstenliebe, durch die der S. im Menschen erstirbt. Diesem „Ziel" hat jedes Gebot als Mittel zu dienen: seine Eignung hierzu entscheidet über seine Gültigkeit (Mt 22, 34–40). Angesichts des wahren Willens Gottes entlarvt Jesu Wort jene atl.-jüd. Kategorien, welche eine Teilung der Welt in „Gerechte" u. „S." erlaubten oder forderten, als menschliches Rankenwerk: Volkszugehörigkeit, Kult, Gesetz, Überlieferung (Mt 8, 11). – Die Ausrichtung auf die Bedürfnisse der Gemeinde erbringt im Zuge der Traditionsbildung oft einen ethischen Einschlag (Mt 9, 10 bis 13). Obwohl Mt eine ethische Quali-

fizierung des Glaubenden als eines „Gerechten" kennt, kommt es nicht wieder zu einer Zweiteilung der Welt – oder gar der Gemeinde – in „Gerechte" u. „Sünder". ↗ Sünde. ka

Sündopfer. Man zählt es unter die ↗ Sühnopfer (Lv 4, 27 ff). Häufig begleitete es andere Opfer bzw. Weihungen. Auffallend sind Blutritus u. Opferfleischverwendung (vgl. Lv 17, 11; Hebr 9, 22; 2 Kor 5, 21). pa

Symbol ↗ Bild.

Symbolnamen sagen etwas über die Erwartung aus, die die Geber der S. auf ihre Träger setzen. Diese Erwartung richtet sich häufig auf die Beziehung des Namensträgers zu Gott. So heißt Johannes „Gott ist gnädig". Wenn der S. eines Kindes von Gott vorher festgesetzt wird, hat er gewöhnlich prophetische Bedeutung. Daher wird Maria beauftragt, ihren Sohn ↗ Jesus, deutsch: Retter, zu nennen (Lk 1, 31). do

Synagoge (Synagogengottesdienst). Weil das Gesetzesstudium (Weisheitsschulen) einen großen Aufschwung nahm u. die Zerstörung des ↗ Tempels u. damit der Ausfall eines geregelten Opferkultes eine neue Form des Gottesdienstes verlangte, wird der Ursprung der Synagogengottesdienste wohl bereits im ↗ Exil zu suchen sein. Bei diesen opferlosen Kultversammlungen, am Sabbat u. an Festtagen, sprach man Gebete (Höre, Israel u. ↗ Achtzehngebet), hörte Lesungen aus dem Gesetz (Pentateuch) u. den Propheten sowie deren Auslegung; diese Unterweisung konnte jeder Schriftkundige (später nur Rabbinen) vortragen. Jesus (Lk 4, 14 ff) u. die christl. Missionare (Apg 13) haben diese Gelegenheit oft für ihre Verkündigung genutzt. Die Häuser, in denen man sie unter dem Vorsitz eines ↗ Synagogenvorstehers abhielt (mindestens zehn Männer mußten anwesend sein), nannte man S.n. Man verwendete S. aber auch als Bezeichnung für die Gemeinde oder ihre Zusammenkunft. Es gab neben dem wiedererbauten Tempel deren viele in Palästina u. in der Diaspora (in Ägypten für das 3. Jh. v.C. bezeugt). Meist waren es rechteckige, dreischiffige Basiliken mit einer nach Jerusalem orientierten Längsachse. Im Vorraum befand sich ein Reinigungsbrunnen, im Innenraum vorne

war das „Heilige" mit dem Schriftrollen-
schrein, davor das Vorlesepult; für die
Vornehmen waren Stühle (Moses Stuhl)
reserviert. Man kannte auch den Ausschluß aus der S. u. den ↗Bann.   pa

Synagogenvorsteher. Der Oberste einer
↗Synagoge mußte die Gottesdienste
leiten, für Ordnung sorgen u. Vorleser
bzw. Sprecher anweisen (Mt 5, 35 ff; Apg
18, 8). Ihm unterstand ein Synagogen-
diener.   pa

Synedrium ↗Hoher Rat.

Synergismus. Dieser theol. Ausdruck
kommt vom griech. Wort „synergeín" =
mitwirken u. meint das Mitwirken des
Menschen bei der Erlangung des Heils.
Die spätere theol. Bedeutung ist aber
nur Jak 2, 22 andeutungsweise ausgesagt: „. . . der Glaube wirkt mit seinen Werken zusammen." Erst in der
Auseinandersetzung zwischen Melan-
chthon u. Luther spielt der S. eine Rolle
u. bedeutet dort die Mitwirkung des gefallenen Menschen bei seiner ↗Umkehr
zu Gott u. bei seiner ↗Rechtfertigung –
im Gegensatz zur Lehre von der Allein-
wirksamkeit Gottes (Luther). Vom Menschenbild des NT her muß an einem S.
insofern festgehalten werden, als der
Mensch in der Rechtfertigung durch Gott
ja nicht auf magische Weise „verzaubert"
wird, sondern in personalem ↗Glauben
das angebotene ↗Heil dankbar ergreift
u. sich darin bewähren muß. ↗Mit-
arbeiter.   hi

Synkretismus ↗Religionsmischung.

Synopse (griech. Zusammenschau). Eine
S. stellt in 3 Spalten die Texte der drei
ersten ↗Evangelien (manchmal auch
noch des Joh) nebeneinander, so daß
Gemeinsamkeiten u. Abweichungen
augenfällig werden. ↗Synopt. Frage. th

Synoptiker, Bezeichnung für Mt, Mk u.
Lk, die eine ähnliche Sicht (Optik) der
Geschichte Jesu haben.   th

Synoptische Frage. Die enge Verwandtschaft der ↗Synoptiker bis in einzelne
Formulierungen hinein verlangt nach
einer Erklärung, sei es durch Annahme
gegenseitiger Benutzung, sei es durch
Erhebung gemeinsamer Quellen. Die
s. F. ist also die Frage nach der literarischen Beziehung der Synopt. (zu unterscheiden ist die traditions- u. formgeschichtliche Frage nach den gemeinsamen mündlichen Überlieferungen).

Seit dem vorigen Jh. wird die s. F. fast
allgemein mit der ↗Zweiquellentheorie
beantwortet. Danach haben Mt u. Lk
das vorwiegend aus Erzählstoff bestehende Mk-Ev. benutzt, daneben eine
gemeinsame Quelle, die vor allem
Sprüche Jesu enthielt, die sog. ↗Logien-
(= Spruch)-Quelle, abgekürzt Q, schließlich noch Sondergut, das weder aus Mk
noch aus Q stammt – abgekürzt Mt^s,
Lk^s –, für das eine schriftliche Quelle jedoch nicht mehr erkennbar ist. Gra-
phisch dargestellt:

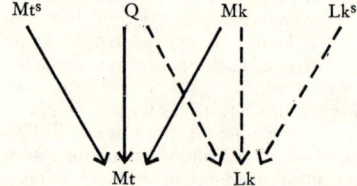

a) Für die Abhängigkeit des Mt/Lk von
Mk sprechen folgende Argumente:
1. Fast der ganze Mk findet sich bei Mt
u. Lk wieder. Die wichtigsten Ausnahmen für Mt u. Lk: das Saatgleichnis, Mk
4, 26 ff (Mt hat statt dessen das Gleichnis vom Unkraut unter dem Weizen),
ferner die zwei Wundergeschichten, Mk
7, 31 ff u. 8, 22 ff, die vielleicht wegen
ihrer magischen Handlungen weggelas-
sen wurden. Bei Lk fehlt vor allem Mk
6, 45 – 8, 26, die sog. „große Lücke"
nach Lk 9, 17. Evtl. will Lk Verdoppe-
lungen, z. B. Speisung der 5000 u. 4000
vermeiden. 2. Mt/Lk stimmen in der
Reihenfolge nur soweit überein, wie sie
mit Mk übereinstimmen. Weichen sie
von dessen Reihenfolge ab, so lassen
sich besondere Gründe dafür nennen;
z. B. faßt Mt in 8–10 zehn Wundertaten
Jesu zusammen, die bei Mk an verschiedenen Stellen stehen: er will nach Jesu
Lehre (Bergpredigt 5–7) Jesu Taten schildern. 3. Inhaltliche Abweichungen des
Mt u. Lk lassen sich meist als bewußte
Abänderungen verständlich machen:
Wenn Mt anstatt der Antwort Jesu in
Mk 10, 18: „Was nennst du mich gut"
den Satz hat „Was fragst du mich über
das Gute?", so hat er die anstößige Aussage Jesu bewußt gemildert. Mk 1, 34:
„er heilte viele" wird bei Mt 8, 16 u. Lk
4, 10 aus ähnlichen Motiven heraus ab-

Syrien

geändert zu: „er heilte alle bzw. einen jeden".

b) In den Mk-Stoff haben Mt u. Lk auf verschiedene Weise die Worte Jesu aus Q eingeschoben: Mt macht aus ihnen mehrere größere, thematisch geordnete Reden, z. B. die Bergpredigt 5–7, die Aussendungsrede 10, die Rede gegen die Pharisäer 23. Lk bringt den Q-Stoff vor allem in zwei sog. „Einschaltungen", der kleinen in 6, 20 – 8, 3 u. der großen in 9, 51 – 18, 14, wobei er in der großen Einschaltung die Lehren Jesu in einer Reise Galiläa–Jerusalem unterbringt. Dafür, daß Mt für seine Reden u. Lk für seine Einschaltungen eine Quelle benutzen, sprechen folgende Argumente: 1. Trotz des verschiedenen Anordnungsprinzips stimmen Mt u. Lk in der Reihenfolge häufig überein. Am Anfang der gegen Mk gemeinsamen Stücke stehen Teile der Predigt des Täufers, die Versuchung Jesu, Feld- bzw. Bergpredigt, am Ende stehen Stücke über die Endzeit. 2. Mt u. Lk bringen Stücke, die sie beide aus Mk übernommen haben, noch einmal in etwas anderer Form, z. B. den Nachfolgespruch Mt 16, 24 u. Lk 9, 23 (aus Mk 8, 34) in Mt 10, 38 u. Lk 14, 27. Solche Dubletten erklären sich am ehesten so, daß dieselbe Überlieferung in zwei Quellen stand u. mit diesen Quellen auch zweifach übernommen wurde. 3. Eine schriftlich fixierte Quelle darf wohl deshalb angenommen werden, weil der Wortschatz in den genannten Stücken bei Mt u. Lk zu 50 % übereinstimmt. – Die Quelle Q ist nur schwer rekonstruierbar. Es fehlen Erzählungen (Ausnahmen: Versuchung, Hauptmann von Kapharnaum), vor allem die Passion, u. zwar auch Hinweise auf sie. Eine formal ähnliche Sammlung von Sprüchen Jesu ist das spätere, in Ägypten gefundene Thomasevangelium.

c) Es bleiben viele Probleme: 1. Da ist das Sondergut, das Mt/Lk am Anfang (Kindheitsgeschichten), Ende (Ostergeschichten) u. in der Mitte (bei Lk z. B. Gleichnisse vom Verlorenen 15, bei Mt etwa die Antithesen 5, 21 ff) einbauen. 2. Umstritten ist, ob Mt/Lk Mk in seiner jetzigen Form vor sich hatten oder einen Ur-Markus, in dem die Stücke, die beide auslassen, fehlten. 3. Mk hat evtl. eine Spruchsammlung gekannt (Q), aus der er nur Auszüge bringt, vgl. 1, 22 u. 12, 28, wo von Jesu Lehren die Rede ist, ferner 4, 33, wo die drei Gleichnisse des Mk als Beispiele für viele charakterisiert werden. 4. Wegen der Besonderheiten des Lk in der Passionsgeschichte vermutet man oft hier eine besondere Quelle. ↗ Matthäusevangelium, ↗ Markusevangelium, ↗ Lukasevangelium. th

Syrien. Der wohl von „Assyrien" abgeleitete Begriff S. bezeichnet einmal das schmale Gebiet zwischen dem Mittelmeer u. der Syrisch-Arabischen Wüste, dann unter der Perserzeit das ganze Gebiet des früheren neuassyrischen Reiches, später den Nordwesten des Reiches. In der LXX ist S. Übersetzung von Aram. Als typisches Durchgangsland stand S. meist unter Fremdherrschaft. David konnte es für kurze Zeit erobern (2 Sm 8), aber schon unter Salomo wurde es wieder unabhängig (1 Kg 11, 23–35) u. war dann dauernder Gegner des Reiches Israel (1 Kg 15, 20). Seit 64 v.C. war S. römische Provinz (so Lk 2, 2; Apg 15, 23; Gal 1, 21). we

T

Tabor, 1. Berg im Grenzgebiet der Stämme Sebulun, Issachar u. Naphtali (Jos 19, 12.22.34). Schon in vorisraelitischer Zeit war der T. ein heiliger ↗Berg; auf ihm hatte Israel eine Kultstätte (Dt 33, 19), die Hosea bekämpft (Hos 5, 1). Der im NT nicht genannte Berg wird später als Berg der Verklärung Jesu (Mk 9, 2 ff) betrachtet. – 2. Levitenstadt in Sebulun (1 Chr 6, 62). we

Tabu ↗Enttabuisierung.

Tag Jahwes. Das Christentum redet vom Weltgericht am „Jüngsten Tag", wobei es die prophetische Redeweise vom T. J. aufgreift. Diese ist ihrerseits in der alten Vorstellung vom heiligen ↗Krieg verwurzelt. Analog dazu entwickelte sich bei den Propheten allmählich die Lehre von einer eschatologischen Wende in der Weltgeschichte. ↗Jahwe werde am Tag der Vergeltung zum Kampf gegen seine Feinde erscheinen (Js 34). In kosmisch-universaler Überhöhung wird von dieser Kriegstheophanie ein Bild des Schreckens gemalt. Finsternis u. Erdbeben werden die unerträgliche Angst der Menschen steigern, wenn unter Jahwes Kampfruf das Gefolge vieler Völker zum Schlachtfest antritt (Zeph 1, 7 ff). Nur verwüstetes Land wird zurückbleiben (Js 13). Gegen jeden Nationalismus verkünden die Propheten, der T. J. werde ebenso für das halsstarrige, verhärtete u. selbstsüchtige Israel ein Gerichtstag sein. Doch an „jenem Tag" wird ein ↗Rest in Israel bestehen. So werde sich Jahwes Königtum u. Heilswille vor aller Welt erweisen u. dem Gottesvolk Heil u. Verherrlichung bringen. Besonders nach dem Exil betont man diesen Heilsaspekt. Im ↗Spätjudentum wird der T. J. zum Tag des ↗Messias. Im NT kommt der Tag des Herrn (↗Herrentag) wie ein Dieb in der Nacht u. bringt die Wende zum neuen ↗Äon (mit kosmischen Be-

gleiterscheinungen). Er ist der Tag des Menschensohnes (Lk 17, 24), der Tag des Christus (Apg 2, 20), an dem er als Richter u. Retter offenbar werden u. den Endkampf gegen die Fürsten dieser Welt bestreiten wird (Apk 6, 14); für Heiden u. Christen ein Gerichtstag (1 Kor 1, 8). pa

Taglöhner. Die T. sind im Gegensatz zu den ↗Sklaven u. ↗Fronarbeitern freie Männer, die sich für Hirten-, Ernte- u. Weinbergsarbeiten verdingen. Ihr sozialer Status ist nicht hoch, darum verbietet die Bibel, ihnen ihren Lohn erst am nächsten Tag auszuzahlen. be

Talionsgesetz, Bezeichnung für die Bestrafung, die genau dem Vergehen entspricht. Das hier gemeinte atl. „Auge um Auge, Zahn um Zahn" (Ex 21, 23–25) lehrt nicht rächende Vergeltung, sondern ist als Norm für den Richter gedacht u. will gerade die Eskalation der Vergeltung verhindern. Deshalb ist ein wertender Vergleich mit der radikalisierten ethischen Individualforderung Lk 6, 29 nicht sachgerecht. ba

Talita kumi, aramäisch: Tochter, steh auf! Jesu Wort an die Tochter des Jairus, von Mk (5, 41) aramäisch übernommen, bei Mt (9, 25) ausgelassen, bei Lk (8, 54) ins Griechische übersetzt. be

Talmud (hebr. Lehre, Studium), Bezeichnung der Sammlung von ↗Mischna u. Gemara. Der T. enthält ↗Halacha, d. h. das jüd. Religionsgesetz u. die Diskussionen darüber, u. ↗Haggada, d. h. alle nichthalachische Schriftauslegung. Der T. liegt in zwei Formen aus den beiden Zentren der Schriftgelehrten („Amoräer") der Zeit zwischen ca. 200 u. 500 n.C. vor: 1. der etwa 400 n.C. abgeschlossene palästinensische (Jerusalemer) T.; 2. der umfangreichere babylonische T., der um 500 n.C. vollendet wurde. Beide T.e, besonders der babylonische, erlangten im Judentum hohe Geltung u. sind sehr aufschlußreich für das frühe Judentum wie für die spätantike Kultur- u. Religionsgeschichte. he

Tamar, Personen- u. Ortsname. 1. Schwiegertochter des Stammvaters Juda, die sich nach dem Tod des Gatten Er von jenem, als Dirne verkleidet, Nachkommen erschlich. – 2. Tochter Davids. – 3. Tochter Absaloms. – 4. Stadt an der Südgrenze Kanaans. zi

Tamariske, Baum in Palästina mit nadelförmigen Blättern. Abraham pflanzte eine T. in Beerscheba (Gn 21, 33). Unter der T. von Gibea befahl Saul die Ermordung der Priester von Nob (1 Sm 22, 6), u. unter der T. von Jabesch wurde er begraben (31, 13). – Auf der Sinaihalbinsel wächst die ↗Manna-T. we

Tannaiten, Bezeichnung der jüd. Schriftgelehrten zwischen 10 u. 200 n.C.; ihre Nachfolger bis etwa 475 heißen Amoräer. he

Tanz. Das AT spricht öfters vom T. als Ausdruck der Freude (Prd 3, 4), etwa nach einem Sieg der Reigen-T. der Mädchen (1 Sm 18, 6). Anderseits werden Händeklatschen u. „Füßestampfen" (wohl ein langsamer Schreit-T.) als Ausdruck der Trauer genannt (Ez 6, 11). Aus der bibl. Sicht des Menschen als leibseelischen Einheit erscheint es natürlich, daß Freude u. Schmerz sich in dieser Weise verleiblichen wollen. Ex 15, 20 zeigt, daß auch Gebete (Psalmen) getanzt werden konnten. Hier wird der Übergang fließend zum eigentlich kultischen T. Um einen solchen handelt es sich beim „T. um das Goldene Kalb" (Ex 32). David scheute sich nicht, trotz seiner königlichen Würde vor der heiligen Lade zu tanzen (2 Sm 6, 14), was als Ausdruck religiöser Verzückung zu werten ist. ur

Targum. Die T.e sind mehr paraphrasierende Interpretationen als wörtliche Übersetzungen des AT ins Aramäische, als man das Hebr. nicht mehr allgemein verstand. Zunächst mündlich vorgetragen, wurden die T.e meist erst in christl. Zeit schriftlich fixiert. Sie erhellen die Auslegungsgeschichte des AT. he

Tarschisch, nicht genau lokalisierbares Land (oder Stadt), mit dem vor allem Tyrus Handelsbeziehungen unterhielt (Js 23, 6; Jon 1, 3); von dort wurden Metalle eingeführt (Ez 27, 12). T.schiffe waren Erzschiffe oder allgemein große seetüchtige Schiffe (1 Kg 10, 22; 22, 49). we

Tarsus, Stadt in Zilizien, durch die Seleukiden hellenisiert u. seit 64 v.C. römische Provinzhauptstadt, Heimat des Paulus (Apg 9, 11; 21, 39; 22, 3), wo er auch nach der Bekehrung kurze Zeit lebte (9, 30; 11, 25). T. war berühmt als Zentrum des geistigen Lebens. we

Tatoffenbarung. Schon die ältesten Glaubensbekenntnisse Israels (das Kleine Geschichtliche Credo, Dt 26, 5 ff, oder der Refrain, Ex 15, 21) bezeugen ↗Jahwe als den ↗Herrn der *Geschichte*, der nach seinem Willen die Völker lenkt u. sich sein Eigentumsvolk Israel schafft. Anders als die Naturgottheiten der Völker ringsum, die die ewige Wiederkehr von Tod u. Leben, Herbst u. Frühling bewirken, schafft Jahwe gänzlich Neues, Unerhörtes. Jahwe heißt darum der lebendige Gott, sein Name wird erklärt als „Ich bin da, als der ich dasein werde" (M. Buber). Gottes eigentliche T. ist erst in der Zukunft zu erwarten; die geschichtliche Zeit wird so auf Zukunft hin erschlossen. Die christl. ↗Eschatologie hat dies mit dem Glaubensartikel von der ↗Wiederkunft Christi festgehalten. sch

Tau ist in Palästina während der regenlosen Zeit (Mai–Oktober) die einzige, aber reichliche Feuchtigkeit, die der Westwind heranträgt. Er ermöglicht das Wachstum der Sommerfrüchte u. bedeutet so Segen (Gn 27, 28; Dt 33, 28; Sach 8, 12), sein Ausbleiben aber Unglück (Gn 27, 39; 2 Sm 1, 21; Hag 1, 10). he

Taub ↗Stumme u. Taube.

Taube. Im AT von den Armen gezüchtet; der einzige Vogel, der geopfert werden durfte – als Reinigungsopfer für die Mütter oder als Opfer der Armen; deshalb wurden T.n im Tempelvorhof verkauft. T. als Zeichen der Arglosigkeit, der lauteren Jüngergesinnung (Mt 10, 16), als Erscheinungsform des Geistes (Mt 3, 16). zi

Taufe. a) T. des ↗Johannes des Täufers. Die T. Jesu durch Johannes ist eines der sichersten Fakten des Lebens Jesu; bei Johannes, nicht bei Jesus ist der historische Ursprung der christl. T. zu suchen. Die T. des Johannes ist etwas durchaus Eigenständiges u. Neues, sie hat nur sehr entfernte Ähnlichkeit mit den in allen Religionen vorkommenden religiösen Waschungen. Insbesondere kann die Johannes-T. nicht aus den rituellen Bädern der Essener, der Leute von Qumran, hergeleitet werden. Dies sind nämlich wiederholbare u. wiederholte Selbst-Bäder, ausschließlich für die Mitglieder der Sondergemeinde, während Johannes jeden zu seiner einmaligen Fremd-T. aufruft. Bedingung für ihren Empfang ist die ↗ Umkehr; die T. vollendet u. besiegelt die Umkehr u. bewahrt im nahen Strafgericht Gottes, dessen Ankündigung die Predigt des Johannes ausmacht (Mt 3, 7 ff). Die T. des Johannes hat sakramentalen Charakter, sie ist Zuwendung des Heils von außen durch ein Zeichen. Da ein Teil der Jünger Jesu vorher Schüler des Johannes war, ist die Nachricht, daß sie auch während des Wirkens Jesu tauften (Joh 3, 22; 4, 1), durchaus wahrscheinlich, die Versicherung aber, daß Jesus selbst nicht taufte (Joh 4, 2), wird oft als Glosse angesehen u. ist daher zweifelhaft. Es gibt keine T.anweisungen u. -worte, die sicher dem historischen Jesus zugeschrieben werden können.

b) T. in der Urkirche. Von Anfang an wurde man durch die T. in die Kirche aufgenommen (vgl. Apg 2, 14 ff), die T. war also immer der christl. Initiationsritus. Von einer T. der Apostel hören wir allerdings nichts. Wie die Johannes-T. wurde die T. zur Vergebung der Sünden empfangen (Apg 2, 38) u. bewahrte ebenso vor dem endzeitlichen Strafgericht Gottes, bedeutete aber darüber hinaus die Eingliederung in die sichtbare neue Gemeinde, in das neuberufene Gottesvolk (hier ist eine Analogie zur jüd. T. bei der Aufnahme eines ↗ Proselyten nicht unwahrscheinlich). Vor allem unterstellte die T. den Täufling einem neuen Herrn, nämlich dem erhöhten Christus (Kol 1, 13 f). Die T. wird deshalb „auf den Namen des Christus" (1 Kor 1, 13) gespendet, Voraussetzung ist nicht nur die Bußgesinnung, sondern auch der ↗ Glaube an Jesus als den erhöhten Herrn (Röm 10, 9, das Zitat eines vorpaulinischen T.bekenntnisses). Bei der T. erfolgt die Bezeichnung mit dem ↗ Kreuz bzw. dem X, daher die Benennung „Siegel". Die T. ist

Sakrament, d. h., sie wirkt nicht psychologisch als Zeichen, sondern wunderhaft durch ihren Vollzug (ex opere operato), wenn die Voraussetzungen (Umkehr, Glaube, ritueller Vollzug) gegeben sind. Deshalb war es in manchen Gemeinden möglich, sich stellvertretend für Verstorbene taufen zu lassen (1 Kor 15, 29); Paulus hat zwar diesen Brauch nicht übernommen, aber auch nicht ausdrücklich verworfen. Die Wirkungen der T. sind neben Sündenvergebung u. Aufnahme in die Kirche die Befähigung zum christl. Beten u. Bekenntnis (Hebr 10, 22, hier wird die T. als Entsühnungsritus verstanden) u. die Gabe des Hl. Geistes (1 Kor 12, 13), deshalb ist eine T. ohne Geistempfang unvollständig u. ergänzungsbedürftig (Apg 8, 14–17), während umgekehrt dem, der den Geist empfangen hat, die T. nicht verweigert werden kann (Apg 10, 44–48). Noch vor Paulus interpretiert man die T. auch als Teilnahme an Tod u. ↗ Auferstehung Jesu, so daß ihre Wirkung in der Überwindung des Todes u. im Gewinn des Lebens gesehen wird (Röm 6, 2 ff); sie heißt dann „Wiedergeburt". Dieser in Analogie zu den hellenistischen Mysterienkulten gewonnene Gedanke konnte so weit radikalisiert werden, daß man die Zukünftigkeit der Auferstehung leugnete (2 Tim 2, 18) oder die Gleichgültigkeit zukünftiger Sünden behauptete. Paulus wehrt sich gegen dieses Verständnis, wenn er Röm 6, 4 gegen die Logik des Satzes sagt, daß wir getauft werden, „um in einem neuen Leben zu wandeln", u. im folgenden Satz die Auferstehung als durch Verheißung zugesagt versteht (vgl. auch Röm 6, 6 u. 6, 8). Die Paulus eigentümliche Interpretation der T. ist die der Eingliederung in den ↗ Leib Christi. Wir werden „auf den einen Leib getauft" (1 Kor 12, 13) u. sind daher eins in der Einheit der Kirche (ekklesiologischer Aspekt); „auf Christus getauft", haben wir „Christus angezogen" (Gal 3, 27) u. sind daher von gleicher Art wie er (soteriologischer Aspekt), wenn jemand „in Christus ist, ist er ein neues Geschöpf" (2 Kor 5, 17) u. lebt daher nicht mehr aus sich selbst u. für sich selbst, sondern aus Gott u. für den Bruder (anthropologischer Aspekt). Der Christ steht zugleich im Schon u. Noch-

Nicht, es ist ihm gegeben, aber nur im „Angeld", als Verheißung, aus dem Indikativ folgt der Imperativ, nicht die Sicherheit, denn auch die Getauften sind gefährdet (1 Kor 10, 1 ff). Die trinitarische Formel des T.befehls Mt 28, 18 ff ist Paulus noch unbekannt (trotz 2 Kor 13, 13), sie spiegelt den T.brauch gegen Ende des 1. Jh., der sich dann durchgesetzt hat. – Insgesamt bieten die ntl. T.aussagen eine überraschende, hier nicht ausschöpfbare Vielfalt, die von einer lebendigen u. vielschichtigen Diskussion u. einem an neuen Deutungen fruchtbaren geistigen Leben Zeugnis geben.   sch

Taufe Jesu. Daß Jesus vor Beginn seines öffentlichen Wirkens von ↗Johannes dem Täufer im Jordan getauft wurde, ist ein reich bezeugtes u. historisch unbezweifelbares Datum der urkirchlichen Überlieferung. Die in der evangelischen Tradition vielfach spürbare antitäuferische Polemik läßt vermuten, daß die Johannesjünger, die den Täufer als messianische Gestalt verehrten, die T. J. gegen die Jünger Jesu auszuspielen suchten. Der urkirchlichen Predigt war deshalb daran gelegen, die Überlegenheit Jesu über seinen Täufer auf mannigfache Weise zu betonen. So scheint z. B. die Ankündigung des „Stärkeren" durch den Täufer nach Mk 1, 7 f parr, auch die hier begegnende Gegenübersetzung von Wasser- u. Geisttaufe (vgl. auch Apg 19, 1–7 als den möglichen ↗„Sitz im Leben" veranschaulichenden Hintergrund) antitäuferischer Jesusverkündigung zu entstammen. Auch die Taufperikope Mk 1, 9–11, die betont, daß Jesus nicht durch das Taufwasser des Johannes, sondern durch den ↗Geist Gottes ausgerüstet wird, verrät solche Herkunft. Sie verkündet mittels der apokalyptisch geläufigen Stilmittel von Vision (V. 10) u. Audition (V. 11), in einer Inszenierung von Js 42, 1 (der nichtzitierte Schluß steckt in V. 10: Geistverleihung), daß Jesus der mit dem Geist ausgerüstete ↗Sohn Gottes ist.   pe

Täufer ↗Johannes der Täufer.

Täuferbewegung (Täufersekte), jüd., später auch judenchristl. Splittergruppen, die sich in das Ostjordanland zurückgezogen hatten. Eine dieser Gruppen wird unter verschiedenen Namen (Täu-

fer, Sabäer) von frühchristl. Schriftstellern erwähnt. Sie war wohl mit den Juden verwandt, gehörte aber nicht zur Gemeinschaft Israels. Sie teilte den jüd. Glauben u. hielt die noachitischen Gebote. Ihr Hauptritus war das Bad im Jordan. Wahrscheinlich waren sie Vorfahren der ↗Mandäer. Sie hatten manche Berührungspunkte mit dem Christentum u. wurden von den Juden für Christen gehalten.   ba

Taufformel. Die T. ist eines der äußeren Zeichen der Taufe; sie besteht in der Anrufung der drei göttlichen Personen, die die Taufhandlung des Untertauchens begleitet. Die älteste T. ist eingliedrig (vgl. Gal 3, 27 f; Taufe auf den Namen Jesu). Mt 28, 19; ↗Didache 7, 1–3 findet sich dann die trinitarische T. – In liturgischem Gebrauch ist die heutige trinitarische T. allerdings im Abendland erst seit dem 6. Jh. nachweisbar. In der Alten Kirche wurde, wie Hippolyt erkennen läßt, bei der Taufe nicht die T. gesprochen, sondern es wurde im Anschluß an die drei Artikel des Glaubensbekenntnisses, die in Frageform verfaßt waren, getauft.   ri

Taufvertrag. Nach der Verkündigung des Paulus wurden Christen bei der ↗Taufe an einen T. übergeben (Röm 6, 17). Mit dieser Vorstellung bewegt sich der Apostel in der Terminologie des antiken Sklavenrechtes. Beim Sklavenverkauf wurde zwischen Käufer u. Verkäufer ein Tauschvertrag ausgestellt, der Sklave war diesem Vertrag ausgeliefert. Ebenso werden die Christen bei der Taufe, von einem Herrschaftsbereich in den anderen übergeben: von der alten Herrschaft der Sünde in die neue Herrschaft Christi. Die Getauften sind an Christus verkauft, der T. legt fest, wie sie zu leben haben. Dieser enthält einerseits das Grundbekenntnis des christl. Glaubens, anderseits die Grundnorm des Christseins.   gr

Tausendjähriges Reich, ein Zwischenreich zwischen dieser Welt u. dem Reich Gottes; 1000 Jahre umfassen 1 Gottestag (Ps 90, 4). Die Vorstellung von einem Zwischenreich entstammt dem Spätjudentum, doch wird dort die Dauer des Reiches verschieden angegeben. Apk 20 erscheint die Vorstellung vom t. R.: Nach Fesselung Satans u. Auferstehung der Christen werden die Christen zusammen mit Christus 1000 Jahre auf dieser Erde herrschen. ma

Team. Wenn ↗Gott spricht, dann werden Menschen angesichts seines ↗Wortes zu einem ↗Wir. Menschen kommen als ↗Gemeinschaft von ihrem Schöpfer her, u. nur in Gemeinsamkeit kann der Auftrag des Schöpfers (Gn 1, 28) verwirklicht werden. Erst recht hat Gottes letztes u. endgültiges Wort, sein Sohn ↗Jesus ↗Christus, alle Menschen zu einer Gemeinschaft gemacht; genauer: allen ist Gemeinschaft, nämlich Miteinander, Zueinander u. Füreinander, ermöglicht worden. Was Jesus wollte u. was er forderte, soll im T. verwirklicht werden. So sendet er selbst seine ↗Jünger zwei u. zwei aus, um zu seiner Botschaft u. eigentlich zum ↗Reich Gottes einzuladen (vgl. Mk 6, 7). Im T. wird also zum Reich Gottes eingeladen. Jesus will nicht die Tat des einzelnen, vom Mitmenschen isolierten Menschen (↗Entprivatisierung), er will nicht eine innere u. weltferne Gesinnung; er will die ↗Praxis des Ev. in der ↗Öffentlichkeit u. in der Gesellschaft. In der Öffentlichkeit muß um Gerechtigkeit u. Frieden gerungen werden (vgl. Mt 5, 5 ff), oder es muß Freiheit für andere ermöglicht werden. Im T.work kann Jesu Botschaft in das Leben umgesetzt werden, kann sie gesellschaftlich mobil gemacht werden. Solchem T.work sagt Jesus seine Gegenwart zu: „Wo zwei oder drei in meinem Namen versammelt sind, bin ich unter ihnen" (Mt 18, 20), d. h., wo Menschen versammelt sind, um das zu tun, was Jesus lebte u. was er wollte, dort ist Jesus, dort geschieht sein Dasein ↗für andere. Jesu ↗Liebe, die von seinem Kreuz her kommt, kann nicht anders verwirklicht werden als in gemeinsamer Praxis; Liebe als Dasein für andere spielt sich nämlich nicht in geistigen, gefühlsmäßigen, innerlichen oder privaten Bereichen ab; sie gerade muß in der Öffentlichkeit getan werden; sie muß als revolutionäre Kraft in der Gesellschaft mobil gemacht werden. Wo im T. um Jesu Botschaft gerungen wird, wo sie ansatzhaft verwirklicht wird, dort ist ↗Kirche; dort ist Elite Gottes, die zur Elite der Gesellschaft werden kann, zur Avantgarde der ↗Menschlichkeit. gr

Technische Welt. Im Unterschied zum Menschen der Bibel erfährt sich der Mensch heute in einer t. W., die weitgehend aus den eigenen menschlichen Schöpfungen besteht, die manipulierbar ist u. ungeahnte Möglichkeiten menschlicher Selbstverwirklichung in sich trägt. Der bibl. Mensch erfährt sich weitgehend in einer numinos beherrschten Welt, über die er selbst nur recht wenig verfügt. Doch weiß gerade er sich von seinem Schöpfer gesendet, die Erde „untertan" zu machen (Gn 1, 28), die Dinge u. Lebewesen zu benennen, die Schöpfung Gottes zu entdecken u. weiterzuführen. Das bibl. Schöpfungsbekenntnis ist ein uneingeschränktes Bekenntnis zu den Schöpfungen des Menschen, zur Selbstverwirklichung des planenden Geistes. Durch das Heilsereignis in ↗Jesus ↗Christus ist der Mensch grundsätzlich von allen numinosen, magischen u. anonymen Kräften u. Mächten befreit, die ihn beherrschten. Er kann u. muß nun seine Welt selbst in die Hand nehmen. Nur kann sich einer aber wieder von neuem beherrschen lassen, wenn auch von den eigenen Schöpfungen u. Entdeckungen. Er kann diese wie ehemals Götzen verehren. Dagegen wehrt sich die ntl. Verkündigung: Der von Christus generell befreite Mensch darf sich nicht von neuem u. anonymen Mächten beherrschen lassen. Er darf sich nicht mehr der bisherigen, selbstentfremdeten Welt angleichen (Röm 12, 2), er muß seine je neuen Möglichkeiten, vor allem seine ↗Freiheit, wagen. Dies ist die bleibende christl. Botschaft, die sich zur ↗Auferstehung Jesu bekennt: Der Mensch soll sich in seinen Schöpfungen u. Möglichkeiten voll entfalten, er soll so Gottes Schöpfung weiterführen, der ↗„neuen Schöpfung" entgegen. Wo aber der technische Mensch dabei wieder unfrei u. versklavt wird, wo er sich selbst gefährdet, ist er zur ↗Umkehr gerufen. Der bleibende Maßstab einer t. u. manipulierbaren W. ist der geschöpflich lebende Mensch. Wo seine Freiheit u. seine ↗Liebe ermöglicht werden, ist neue Welt im ↗Werden. In seiner t. W. kann der Mensch mehr u. mehr zu sich selbst u. zu seinem Schöpfer kommen; er kann sich aber auch mehr u. mehr selbst verlieren. gr

Teich, Wasserspeicher, im Orient meist zu gewerblichen Zwecken verwendet. In Jerusalem waren mehrere T.e, u. a. der Siloach-T. (erwähnt bei der Blindenheilung, Joh 9, 7) u. der T. Betzata in der Nähe des Schaftores, auf dessen Bewegung die Kranken warteten (Joh 5, 2 ff).   zi

Teilhabe (Teilgabe). Die Christen haben bei der Feier des ↗Abendmahles teil am ↗Leib Christi (1 Kor 10, 16–17). Wer sich zur Feier der ↗Eucharistie versammelt, hat teil am Leben Christi, an seinem Dasein für andere, an seinem Sterben u. Auferstehen. Diese T. bedeutet aber zugleich Verpflichtung, Jesu Leben als Auftrag für das eigene Leben zu übernehmen; sie bedeutet, Jesu ↗Kreuz für das eigene Leben anzunehmen, sie bedeutet in der ↗Nachfolge Jesu für andere dazusein; sie bedeutet schließlich auf ↗Auferstehung, d. h. auf gültiges u. bleibendes ↗Leben, hin zu leben. Paulus will den Christen in Rom Anteil geben von seinen Gnadengaben (Röm 1, 11). Er ist davon überzeugt, daß er die Huld Gottes, die sich ihm zugewandt hat, weiterschenken kann u. muß. Alles, was Gott am Menschen tut, tut er für andere. Die sich auf ↗Christus einlassen, haben teil an der ↗Liebe Gottes, sie haben teil am Leben Christi, vor allem, sie übernehmen Jesu Dasein als ihren konkreten Auftrag.   gr

Tempel. Für Israel war die ↗Bundeslade der Ort, wo Gott nahe war, wo er sich offenbarte. Als sie im Allerheiligsten des Jerusalemer T. aufgestellt wurde, übernahm dieser diese Bedeutung. Im T. wohnte Gott (↗Schekina). Hier beantwortete man seine erfahrene Nähe durch geregelte Kultfeiern (↗Opfer). So war der T. auch ein Zeichen der Erwählung. Man sah im T.berg Zion den Mittelpunkt der Welt. Dieser von Salomo erbaute T. in Jerusalem, bestehend aus Vorhalle, Heiliges, Allerheiligstes (1 Kg 6; Ez 40–42), bildete mit dem Königspalast ein Ganzes. (Über seine Geschichte ↗Tempelbau.) Wenn er auch zeit seines Bestehens das Staatsheiligtum, den religiösen Mittelpunkt des Volkes bildete, blieb seine Existenz doch nicht ohne Widerspruch. Berechtigterweise sah man in ihm die Gefahr des Synkretismus u. ein Abgehen vom reinen

Jahweglauben der Wüstenzeit. Jahwe habe keinen ↗Kultort nötig (2 Sm 7; Js 66, 1 f; Apg 7, 48). – Die Kirche erfährt in Jesus Gottes Nähe u. Heil. In der Endzeit wird die vollkommene Liebesgemeinschaft mit ihm einen eigenen T. erübrigen.   pa

Tempelbau. Nach 1 Kg 6 f errichtete ↗Salomo (vom 4. bis 11. Regierungsjahr) mit Hilfe der zum Frondienst gezwungenen Israeliten u. ausländischer Spezialarbeiter den ↗Tempel in Jerusalem, der 587 v.C. durch die Babylonier zerstört wurde. Auf seinen Trümmern entstand 520–515 der nachexilische Tempel. Nach mehrmaliger Vernichtung bekam er unter Herodes (20 bis 10 v.C.) eine neue Gestalt. 70 n.C. besiegelten die Soldaten des Titus auch sein Schicksal. Vgl. die Vision Ez 40–44.   pa

Tempel des Heiligen Geistes. „Wißt ihr nicht, daß euer Leib Tempel des Heiligen Geistes ist, der in euch wohnt, den ihr von Gott habt?" (1 Kor 6, 19.) Nach der Erwartung des AT wird Gott am Ende der Zeit unter den Menschen sein Zelt aufschlagen; er wird endgültig unter Menschen Wohnung nehmen. Mit dem Christusgeschehen hat sich diese Erwartung erfüllt: Gott ist Mensch geworden, begegnet im Menschen ↗Jesus u. hat bleibend unter Menschen Wohnung genommen (vgl. Joh 1, 14). In der ↗Auferstehung Jesu war Gottes Schöpfermacht am Werk, der ↗Geist Gottes; dieser wird auch unser sterbliches Dasein zu einem neuen Leben erwecken (Röm 8, 11). Dieser Geist hat sich in der ↗„Angeld" vorweggegeben (2 Kor 1, 22); er wohnt bereits in den Getauften (Röm 8, 11), er ist in ihnen schon am Werk; er ist daran, neue Schöpfung, Auferstehungswirklichkeit heraufzuführen. Er schafft ein leibliches Dasein, das allein von ihm bestimmt sein wird (soma pneumatikon; 1 Kor 15, 44). Im leiblichen, weltlichen u. mitmenschlichen Dasein spielt sich das Wirken des Gottesgeistes ab (↗Leib). Daher ist leibliches Dasein T. d. H. G. Im weltlichen u. mitmenschlichen Lebensbereich des Christen muß sich zeigen, daß Gottes Geist am Werk ist. In den zwischenmenschlichen Relationen will Gott eine ↗neue Schöpfung heraufführen, will er zur Herrschaft kommen (1 Kor 6, 20). Der Christ erfährt sein mitmenschliches Dasein als Ort des ↗weltlichen Gottesdienstes.   gr

Tempeldiener. Die Verrichtung niederer Dienste beim Kult, bei der Tempelreinigung, als ↗Tempelwache oblag an den alten Heiligtümern nichtisraelitischen Kultsklaven (Jos 9, 3 ff). Auch in Jerusalem gab es solche (dem Heiligtum) „Gegebene" als Diener der Leviten.   pa

Tempelkult. Am Jerusalemer Tempel allein gab es einen ständigen u. geregelten Opferkult. Prophetische Polemiken richteten sich jedoch meist gegen die äußere Perfektion u. den gesetzlichen Ritualismus, die Mißachtung der mitmenschlichen Komponente zugunsten der kategorialen Seite der Religion; die Kritik galt weniger dem Kult als dem kultischen Menschen (Js 29, 13; Mk 7, 6 f). In Jesu Wort fehlt jede Polemik gegen den damals treu, jedoch meist als Gehorsamsakt vollzogenen T. Außerdem war die ↗Synagoge mit ihrer Interpretation des das tägliche Leben bestimmenden Gesetzes damals bereits wichtiger geworden.   pa

Tempeloberst. Als „Vorsteher der Priesterschaft" assistierte er dem ↗Hohenpriester, beaufsichtigte Kult u. Ordnung im Tempelbereich u. war Befehlshaber der ↗Tempelwache (Apg 4, 1; 5, 24.26).

Tempelquelle meint die Gichonquelle an der Ostseite des Tempelhügels, die zum Siloachteich geleitet wurde. Sie mag der Vorstellung vom Segensstrom, der vom Tempel ausgehen wird, zugrunde liegen (Ez 47, 1 ff).   ba

Tempelrede. Inmitten der Feindbedrohung beim Regierungsantritt des Jojakim (Jr 26, 1) hielt Jeremia die berühmte T. (Jr 7, 1–15). Was nützt es einem Volk, im Tempel Zuflucht u. Sicherheit zu suchen? Mißachtet es das Gottesgebot, ist der Kultort wertlos, nicht mehr unantastbar.   pa

Tempelreinigung (Jesu). Für das älteste Christentum ging es bei der T. Jesu um mehr als einen Akt reformatorischen Eifers. Reinigung des Kultes war in der apokryphen jüd. Literatur ein Zeichen messianischer Autorität. Nach den Synopt. stellte die T. den Wendepunkt in der Passionsgeschichte dar. Die Heraus-

forderung der Tempelbehörde besiegelte sein Schicksal. Das Johannes-Ev. stellt, von dogmatischen Überlegungen beeinflußt, den Bericht über die T. an den Anfang der Wirksamkeit Jesu.   mi

Tempelsänger, ↗Leviten, die bei Festzügen u. beim Gottesdienst am Tempel mit Musik u. Gesang beauftragt waren (1 Chr 6, 16; 15, 16–24; 16, 4–6; Neh 12, 31.38). Die T. trugen Psalmen vor (1 Chr 16, 8–38), z. T. in ↗Wechselgesang mit dem Volk (vgl. Ps 24). ↗Sängergilde.   he

Tempelsteuer. Abgabe, die seit der nachexilischen Zeit alle erwachsenen männlichen Juden, in Palästina wie in der Diaspora, an den Tempel für den Vollzug des Kultes zu zahlen hatten. In ntl. Zeit betrug sie $^1/_2$ Schekel = 1 Doppeldrachme (Mt 17, 24 ff). Nach der Tempelzerstörung wurde sie freiwillig für die Gelehrtenschulen in Palästina gezahlt.   ba

Tempelwache. Sie rekrutierte sich aus ↗Priestern u. ↗Leviten. Unter dem Befehl des ↗Tempelobersten oblag ihr die Aufsicht im Tempelbereich. Das NT nennt einige ihrer Polizeiaktionen (Apg 4, 1 ff).   pa

Tempelweihfest. Analog zum christl. Kirchweihfest feierte man im Spätjudentum (8 Tage lang am ↗Laubhüttenfest) das Hanukka-, Lichtfest. Es erinnerte an die Reinigung u. Wiedereinweihung des unter Antiochus IV. Epiphanes (164 v.C.) geschändeten Tempels bzw. an die Tempelweihen unter Salomo u. Serubbabel.   pa

Teraphim ↗Hausgötter.

Terebinthe, im AT ein mächtiger Baum, der auch als heilig gilt (Gn 35, 4; Jos 24, 26); die Propheten verwerfen ihre Verehrung als Götzendienst (Ez 6, 13; Hos 4, 13).   we

Testament, 1. juristisch: Urkundlicher Ausdruck des letzten Willens in Hinblick auf den eigenen Tod. So an wenigen Stellen des NT. – 2. theologisch: Testamentum ist die lat. Übersetzung des griech. Wortes diatheke, womit die LXX das hebr. berit = Bund wiedergegeben hat. In dieser Bedeutung erscheint es im NT häufiger. In der altchristl. Literatur setzte sich der Begriff testamentum für die beiden „Bünde" durch, danach wurden auch die Schriften des Alten u. Neuen ↗Bundes AT u. NT genannt. – 3. literarisch: T. ist eine Literaturgattung, die im AT u. NT u. in der außerbibl. jüd. Literatur anzutreffen ist: Ein Gottesmann gibt den Seinen vor seinem Tod in einer ↗Abschiedsrede Ermahnungen. Im AT gehört der Jakobssegen etwa zu dieser Gattung. Im NT sind wohl die Abschiedsreden Jesu u. die Rede des Apostels Paulus (Apg 20, 17 ff) von ihr beeinflußt. ba

Testamente der zwölf Patriarchen, apokryphe apokalyptische Schrift aus dem 1. vor- oder nachchristl. Jh., die zur literarischen Gattung der ↗Testamente gehört. Die T. stammen aus essenischen Kreisen u. enthalten Gedankengut der Qumrangemeinde. Auch hellenistische Einflüsse sind zu erkennen. Jeder der zwölf Jakobssöhne stellt in seiner Rede einen bestimmten Moralbegriff (Mut u. a.) dar. Daneben finden sich jüd. Messiasvorstellungen. Die verschiedentlich vertretene Ansicht, es handle sich bei den T.n um ein christl. Werk, läßt sich nicht aufrechterhalten. Die T. haben eine komplizierte Textgeschichte. Das hebr. Original ist verlorengegangen. Erhalten sind verschiedene griech., armenische u. slawische Fassungen. ↗Essener, ↗Qumran. ba

Tetragramm (griech. vier Buchstaben), seit Philo Bezeichnung des atl. Gottesnamens jhwh, ↗Jahwe ausgesprochen; Jehova ist falsche mittelalterliche Lesung. we

Tetrarch ↗Vierfürst.

Teufel. Im AT wird der T. als Widersacher Gottes vorgestellt, der als chaotische Macht (Meeresdrache) die Schöpfung ständig bedroht u. in Gestalt politischer Mächte oder als „Feind" des einzelnen (↗Psalmen) das Leben der Menschen im Heilsbereich Gottes zerstört. Doch bleibt er in der Gewalt Gottes. In der Vorstellung vom himmlischen Hofstaat ist er geradezu beamteter ↗Ankläger menschlicher Schuld vor Gottes Gericht (Ib 1–2). Darüber hinaus bedient sich Gott des „bösen Geistes" als Werkzeug, um Unheil über die Menschen zu bringen (↗Verstockung). Das spätjüd. Bild vom T. trägt stärker mythologische Züge. Der T. (Belial, Sammael) gilt als einst von Gott abgefallener ↗Engel, der nun die Menschen ebenfalls zum Ungehorsam zu bewegen sucht u. nur durch verschärften Gesetzesgehorsam abgewehrt werden kann; die Gemeinde von ↗Qumran rechnet sogar damit, daß die Zugehörigkeit zum Engel der Finsternis oder des Lichts jedem Menschen von Gott vorbestimmt ist u. nur die Zugehörigkeit zu ihrer Gemeinde Gewähr der Erwählung u. der Rettung bei der zukünftigen Vernichtung des T. ist. Im NT ist es Jesus selbst in seiner Verkündigung des Reiches Gottes u. seinem die vergebende Liebe Gottes vergegenwärtigenden Verhalten, der den T. entmächtigt, auch wenn er bis hin zum Auftreten des ↗Antichrists die Gemeinde immer neu bedroht als Macht der den Menschen total bestimmenden ↗Sünde (Joh 8, 44), aus der ihm nicht „Werk", sondern nur Gottes Gnade helfen kann. ↗Satan. win

Teufelsbeschwörer waren im ↗Spätjudentum wenige auserwählte Männer, die sich von Gott zu dieser Aufgabe berufen fühlten u. meistens aus dem geistlichen Stande stammten (Rabbiner u. Priester, Apg 19, 13). Mit Amuletten, z. B. Wurzeln, die vor dem Besessenen verbrannt wurden, festgefügten magischen Formeln u. unter Anrufung Gottes suchten sie den Teufel zu vertreiben. ↗Jesus dagegen heilt die Besessenen in der Vollmacht Gottes durch sein Machtwort (Mk 1, 23 ff) u. übergibt diese Vollmacht über den Teufel seinen Jüngern. do

Textkritik. Seit der Abfassung der Bibel sind 1900 bis 3000 Jahre vergangen. Sie wurde häufiger abgeschrieben u. übersetzt als jedes andere Buch. So überrascht es kaum, daß es durch Seh- u. Hörfehler bei den Handschriften zu vielen Textabweichungen gekommen ist; man vgl. etwa den kritischen Apparat in den wissenschaftlichen Bibelausgaben. Die T. ist nun bemüht, den ursprünglichen Wortlaut möglichst getreu wiederherzustellen, u. hält sich dabei an 10 Regeln: Die bestbezeugte Lesart ist die ursprünglichere. Man beachte die Verwandtschaft der ↗Handschriften untereinander, wäge die einzelnen Zeugengruppen gegeneinander ab u. berücksichtige beim AT die Einwirkung der ↗Septuaginta-Übersetzung u. die zusammenhängenden Lesarten. Die schwierigere u. kürzere Lesart ist die ursprünglichere. Die bevorzugte Lesart hat mit dem Kontext im Einklang zu stehen u. die anderen Varianten erklärbar zu machen. Eine ↗Konjektur soll nur im äußersten Fall zu Hilfe genommen werden.   pa

Thaddäus. Beiname des Apostels ↗Judas in Mt 10, 3 u. Mk 3, 16, der in Lk 6, 16 u. Apg 1, 13 Judas „des Jakobus" genannt wird, was Bruder oder Sohn bedeuten kann. Im NT wird er nur noch Joh 14, 22 erwähnt, wo er ausdrücklich als „nicht der Iskariot" bezeichnet wird.   zi

Theokratie, ein von Josephus Flavius geprägter Begriff u. bedeutet soviel wie „Gottesherrschaft". Das altorientalische Königtum ist von der Vorstellung des „vergöttlichten Königs" geprägt, der in eigener Macht herrscht. Th. bedeutet dagegen, daß Gott selbst die oberste Gewalt der Regierung besitzt, die er durch einen von ihm unmittelbar bestimmten Stellvertreter sichtbar ausüben läßt. Das ist in reinster Form gegeben, wenn Gottes Herrschaft von einem Priester wahrgenommen wird. Im weiteren Sinne kann der Stellvertreter Gottes auch ein charismatischer Führer sein, wie z. B. Mose oder David. Gott allein gibt in der Th. die Gesetze (1 Sm 8, 7), verkündet von seinem Stellvertreter. Eine Verfehlung gegen die Staatsgesetze wird somit zu einem Verstoß gegen den Willen Gottes.   la

Theophanie (griech. Gotteserscheinung), 1. Obwohl das AT überzeugt ist, der Mensch könne ↗Gott nicht schauen, ohne zu sterben (Gn 32, 31; Js 6, 5), berichtet es häufig, daß ↗Jahwe seinen Erwählten erschien, um ihnen seine Gunst zu bezeigen u. Heil anzukündigen. Bei solchen Th.n wird Jahwe menschlichen Sinnen erkennbar (Gn 12, 7; 18, 1 ff; Nm 12, 8; 1 Sm 3, 10) – seine Gestalt aber nie beschrieben! Als Offenbarungsformen werden genannt: Jahwes Angesicht (Gn 32, 31), Name (Js 30, 27 f), Lichtglanz (Ex 24, 16 f), „Bote" (Gn 22, 11.15; Ex 3, 2; Ri 6, 11) u. während der Wüstenwanderung die „Wolke" Ex 13, 21 f; Ps 78, 14). 2. Daneben finden sich Th.schilderungen, bei denen nur die Begleitumstände Jahwes Erscheinen anzeigen (Ri 5, 4 f; Nah 1, 2–8; Hab 3,

3–15; Ps 18, 8–16; 97, 2–5; 144, 5 f). Jahwe kommt (vom Sinai, Zion, Himmel usw.) in Sturm, Gewitter u. Feuer zu großen Taten; Blitz (Hab 3, 9.11), Donner (Am 1, 2) u. Feuer (Ps 18, 9; Js 30, 27; 66, 15 f) sind seine Waffen, Wolken u. Sturm sein Streitwagen (Ps 18, 11; Js 66, 15). Bei seinem Kommen erbebt u. vergeht die Natur (Ps 68, 9; Am 1, 2; vgl. Mt 27, 51) u. packt den Menschen lähmender Schrecken (Js 19, 1; vgl. Mt 27, 54). Solche Th.schilderung preist im Hymnus Jahwe als Herrn des Universums u. seine unwiderstehliche Macht; sie begegnet in der rückblickenden Darstellung der Heilsgeschichte, vor allem des Schilfmeerwunders (Ps 77; 114). In der prophetischen Gerichtsrede beschreibt sie das Kommen Jahwes zum Gericht über Israel u. die Völker (Js 26, 21; Jr 25, 30 ff) oder über die Völker allein zum Heil Israels (Js 19, 1–15; 30, 27–33). ↗Auferstehungserscheinungen.   he

Thessalonich, blühende Handelsstadt in Mazedonien, durch die Römer im Jahr 146 v.C. zur Hauptstadt des 2. Bezirks von Mazedonien erhoben. Freistadt mit großer Bevölkerungszahl u. beachtlicher jüd. Gemeinde. Das heutige Saloniki. ↗Paulus kam auf seiner sog. 2. Missionsreise mit Silas u. Timotheus nach Th. u. konnte aus einzelnen Juden u. Heiden eine Gemeinde gründen (Apg 17, 1 ff). Jüd. Umtriebe mit politischer Anklage brachten jedoch die Behörden zum Eingreifen, so daß Paulus die Stadt verlassen mußte. Danach schrieb er Briefe an die Gemeinde dieser Stadt. Wahrscheinlich kam er auf seiner 3. Missionsreise wieder nach Th. ↗Thessalonicherbriefe.   mi

Thessalonicherbriefe. ↗Paulus hatte mit Silas u. ↗Timotheus wohl im Jahre 50 (51?) in ↗Thessalonich eine Gemeinde gegründet, die neben Juden vor allem aus „Gottesfürchtigen" bestanden hatte. Die jüd. Gegner des Paulus brachten es jedoch so weit, daß er bei Nacht die Stadt verlassen mußte (Apg 17, 5–10). Nach mehreren vergeblichen Versuchen der Rückkehr (1 Thess 2, 18; 3, 6) schickte er von Athen aus den Timotheus, damit er nach der Gemeinde in Thessalonich sehe. Die guten Nachrichten u. Fragen, die Timotheus mitbrachte, veranlaßten Paulus zum 1 Thess. Der 1 Thess ist somit der älteste der ↗Paulusbriefe, den wir besitzen; er wurde wohl zu Beginn des Jahres 52 (51) geschrieben. Im ersten Teil des Briefes (1, 1 – 3, 8) spricht Paulus von der herzlichen Verbundenheit mit der Gemeinde. Er dankt Gott für die Aufnahme seiner Verkündigung u. freut sich, daß die Gemeinde trotz Verfolgung am Wort festhält. Daran schließen sich Belehrungen u. Weisungen für die Gemeinde an (3, 9 – 5, 24). Vor allem gibt Paulus Antwort auf die brennende Frage nach dem Geschick der Verstorbenen u. ihrem Anteil am kommenden Tag des Herrn, an dem Christus Lebende u. Tote zusammenführen wird in seinem Reich. Die letzten Verse sind Einzelermahnungen für die Gemeinde. Der 2 Thess spricht noch einmal vom Kommen des Herrn. Offenbar hatte 1 Thess Mißverständnisse verursacht. Schwärmer in der Gemeinde erklären, die Wiederkunft des Herrn stehe unmittelbar bevor. Sie arbeiten nicht mehr, betteln u. versetzen sogar mit gefälschten Briefen die Gemeinde in Unruhe. Durch die Auseinandersetzung mit den Thesen dieser Gruppe enthält der Brief Abschnitte, die uns heute schwer deutbar sind. Doch auch dieser Brief gibt Zeugnis von der drängenden Endzeiterwartung, in der die urchristl. Gemeinde lebte. Der Apostel weist die Thessalonicher darauf hin, daß die Kirche aus der Hoffnung lebt, in Wachen u. Bereitschaft bis zum Anbruch des Tages des Herrn, bis zum Tag der Vollendung der Herrschaft Gottes. Der Brief schließt mit einem kurzen Gruß u. der Unterschrift. Echtheit u. Einheit von 1 Thess wird heute kaum bestritten. Anders ist es mit 2 Thess. Sprache u. Stil sind zwar ganz paulinisch, u. die Tradition hält 2 Thess sogar für gesicherter als 1 Thess, denn schon Polykarp zitiert den Brief. Doch die Tatsache, daß der 2 Thess mit dem 1 Thess mehr Parallelstellen enthält als alle anderen Briefe zusammen, u. der fast gleiche Aufbau der Briefe bestärkten den Zweifel an der Verfasserschaft durch Paulus.   mi

Thomas, hebr. Kurzform von toma (Zwilling), ein Jünger Jesu aus dem Kreis der ↗Zwölf (Mt 10, 3; Apg 1, 13). Joh schildert Th. als Typ des Jüngers, der, von Zweifeln angefochten, nach der Anschauung des Auferstandenen verlangt (Joh 11, 16; 14, 5; 20, 24–29). Th. bekennt Jesus als Herrn u. wird einer Erscheinung des Auferstandenen gewürdigt (Joh 21, 1 f).   gr

Thomas-Akten, christlich-gnostischer Apostelroman, der nach dem Schema antiker Unterhaltungsliteratur von Thomas erzählt, er sei als Missionar bis nach Indien gekommen, habe phantastische Wundertaten vollbracht u. sei schließlich den Tod eines ↗Martyrers gestorben. ↗Apokryphen.   tr

Thomas-Evangelium, Sammlung von 114 Logien in teilweise stark gnostischer Form. 1947 in einer koptischen Übersetzung gefunden, beschäftigt das Th.-Ev. vor allem die synopt. Forschung als die umfangreichste Sammlung von Jesusworten (↗Logion) außerhalb der kanonischen Überlieferung. Da das Th.-Ev. im Gegensatz zu den kanonischen Evv. des erzählenden Rahmens völlig entbehrt u. die Worte u. Gleichnisse Jesu unverbunden aneinanderreiht, ist einerseits die Möglichkeit einer reinen ↗Logienquelle auch für die ↗synoptische Frage bekräftigt worden, anderseits erschwert es gerade dieser Umstand, die einzelnen Überarbeitungen des Th.-Ev. genauer abzuheben u. die ursprüngliche Tradition zu datieren, die möglicherweise aus einer orthodoxen judenchristl. Quelle stammt.   tr

Thronbesteigungsfest(-lieder). Man nimmt an, Israel habe in Anlehnung an die Feier des babylonischen Th. des Gottes ↗Marduk ein Th. ↗Jahwes am Anfang des Jahres gefeiert. Als liturgischer Niederschlag dieses Festes fänden sich die Ps 47; 93; 95–100, in denen Jahwe als der König mit dem Ruf „Jahwe ist König geworden" gepriesen wird. In einem Kultakt habe Jahwe in Jerusalem feierlich den Thron, der mit der Lade, dem Gottesthron, in Verbindung gebracht wird, bestiegen. Seit der späteren Königszeit sei dieses Ereignis in der Liturgie vergegenwärtigt worden u. Jahwe sei neu inthronisiert u. als König u. Schöpfer gefeiert worden. Hauptgegenargument gegen ein Th. ist die Tatsache, daß dieses Fest im AT nicht erwähnt ist.

Zum Verständnis der Jahwe-König-Lieder (Ps 47; 93; 95–100), die durch die Formel „Jahwe malak", d. h. „Jahwe ist König" oder „Es ist Jahwe (u. kein anderer Gott), der als König herrscht", gekennzeichnet sind, ist ein Th. nicht notwendig, da in diesen Liedern die Vorstellungen von Jahwes Königsherrschaft (vgl. Js 6; 44, 6; 45, 5) u. der Alleinigkeit Jahwes als Gott ihren Niederschlag gefunden haben. Man wird weniger in den Jahwe-König-Liedern die liturgische Darstellung eines Kultvorganges als vielmehr das Gotteslob suchen müssen, das Jahwes Wirken in der Geschichte besingt (vgl. Ps 96, 13; 98, 9). Jahwe tritt in die Völkerwelt hinaus (Js 40, 10; 59, 19; 60, 1) als der König u. Weltenrichter.   go

Thronfolge. Im Königreich Juda galt das Prinzip der Th. Sie setzte jedoch immer göttliche ↗Erwählung voraus, so daß nicht notwendig der ↗Erstgeborene der Thronfolger war (↗Salomo).   ba

Thron Gottes ist in der atl. Redeweise ein Bild der universalen Königsherrschaft Gottes. Der Th. G. ist im Himmel (Ps 103, 19) oder der Himmel (Js 66, 1). In der Berufungsvision sieht Jesaja Jahwe auf seinem Thron, umgeben von seinem himmlischen Hofstaat (6, 1 ff). Auch die ↗Bundeslade gilt als Th. G. In der messianischen Heilszeit wird Jerusalem der Th. G. sein (Ez 43, 7). Gottes Heiligkeit u. Macht u. seine Gerechtigkeit werden im Th. G. dargestellt. Das NT spricht vom Th. der ↗Herrlichkeit u. der Gnade u. überträgt die apokalyptische Vorstellung vom thronenden ↗Menschensohn als Weltenrichter auf ↗Christus (Apk 20, 11 ff; vgl. Dn 7, 9 ff). Am „Th. G. u. des Lammes" entspringt das Heil (Apk 22, 1). „Ihm, der auf dem Th. sitzt", wird Anbetung dargebracht (Apk 4, 9 ff).   ba

Thronnamen. Daß der König bei der Thronbesteigung einen neuen ↗Namen erhielt, ist aus dem ägyptischen Krönungsritual bekannt. Vielleicht bestand der Brauch auch bei den Königen von Juda. Sicher bezeugt ist er bei den Königen Jojakim u. Zidkija.   ba

Throntiere. Am Thron angebrachte Tierdarstellungen waren u. a. in Assyrien üblich. Meist waren es Löwen, die neben den Sitzflächen oder Lehnen dargestellt waren oder als Throntiere fungierten. An ägyptischen Thronen fanden sich geflügelte Tiere. Der Thron Salomos stand auf sechs Stufen, die von zwölf Löwen flankiert waren (Kg 10, 18–20).

Tiberias, Hauptstadt ↗Galiläas, von ↗Herodes Antipas 20 n.C. am Westufer des Sees ↗Gennesaret erbaut, nach Kaiser Tiberius benannt. Nach der Zerstörung Jerusalems gewinnt T. entscheidend an Bedeutung. Der See T., bekannt wegen seines Fischreichtums, wird im NT nur Joh 6, 23 u. 21, 1 erwähnt.   zi

Tieropfer. Das AT erwähnt beim ↗Brandopfer als verwendbare Tiere makellose, reine Schafe, Ziegen u. Rinder (Nm 28 f), fürs ↗Sündopfer noch Stiere u. Tauben.   pa

Tierreich. Das T. wird in Gottes Lob über die Schöpfung einbezogen (Gn 1). So wird das T. Gegenstand des Preisgebetes über die Schöpfungstat Gottes. Daher ist das Leben des T. zu achten u. Tierquälerei untersagt (1 Kor 9, 9). Die Unterscheidung des T. in reine u. unreine Tiere erstreckt sich nur auf den kultischen Bereich.   do

Tiersymbole können einerseits die Eigenart von Stämmen, Personen u. das Wesen Gottes veranschaulichen. Issachar ist ein starker Esel, Joseph ein Stier (Gn 49, 14 ff). Löwe, Adler, Krokodil stellen Könige dar, u. Gottes Stärke versinnbildlicht der ↗Löwe. Anderseits dienen T. dazu, das Eingreifen Gottes oder der Dämonen in der Welt darzustellen. Mischgestaltige Tiere (das Lamm mit Hörnern) sind dem Thron Gottes zugeordnet u. wirken mit göttlicher Kraft (Apk 5, 6). Diesen stehen die T. der dämonischen Kräfte gegenüber: Die Schlange wird zur Verführerin des Menschen u. ist das Chaosungeheuer ↗Leviatan, der ↗Drache u. Panther stehen gegen die Kirche auf. Im Kampf zwischen den T. siegt endgültig das Lamm Gottes, Christus (Apk 19, 7 ff).   do

Tiervergleich. Der T. zieht Parallelen zwischen dem Verhalten von Tieren u. der Lebensweise eines Volkes oder einer Person. Ochs u. Esel kennen ihren Besitzer, Israel aber kümmert sich nicht um seinen Herrn (Js 1, 3); wie eine brünstige Stute stürzt es sich auf den Partner, der sich in unmittelbarer

Nähe befindet, d. h., es drängt sich zum
Götzendienst Kanaans (Jr 2, 23 f). Für
Jesus ist das religiös führerlose Volk
eine Herde ohne Hirten. Daher sammelt
er eine neue Herde um sich, die weiß,
daß er der wahre Hirt ist, u. ihm daher
willig folgt (Gleichnis vom guten Hirten,
Joh 10). do

Timotheus. Er war der Sohn einer Jüdin,
die den christl. Glauben angenommen
hatte, u. eines „Griechen", also eines
heidnischen Vaters. Er lebte in Lystra u.
war in den kleinasiatischen Gemeinden
wohl angesehen. Als ↗Paulus ihn auf
Missionsreise mitnahm, beschnitt er ihn
mit Rücksicht auf die Juden (Apg 16,
1–3). Als Begleiter u. Mitarbeiter des
Apostels tritt er als Mitabsender von
Paulusbriefen auf, um dessen Wort zu
bekräftigen. Er verhandelt in seinem
Auftrag mit den Gemeinden oft unter
schwierigen Verhältnissen. Zwei der
↗Pastoralbriefe sind an seinen Namen
gerichtet. Dabei wird vorausgesetzt, daß
er in Ephesus zurückgelassen worden
ist, um gegen gnostische Kreise aufzu-
treten (1 Tim 1, 3); offenbar gilt er als
Bürge apostolischer Überlieferung (2
Tim 1, 5). Das Christentum wird als notwendige Konsequenz des jüd. Glaubens
aufgefaßt. Timotheus gilt als Vorbild
eines jugendlichen Gemeindeleiters,
den man nicht verachten soll (1 Tim 4,
12). Von einer Freilassung des T. offenbar aus Gefangenschaft weiß der Hebräerbrief (12, 23). mi

Timotheusbriefe. Die beiden Paulus zu-
geschriebenen Briefe an seinen Schüler,
den Gemeindevorsteher in Ephesus, bilden mit dem ↗Titusbrief die sog. ↗Pa-
storalbriefe. Die Frage nach dem Verfasser ist bis heute lebhaft umstritten.
Sie setzte voraus, daß Paulus aus der
ersten römischen Gefangenschaft frei-
kam u. das östliche Mittelmeer nochmals durchreiste. Dies ist durchaus möglich; doch der Stil der Briefe weist darauf hin, daß es sich zwar um ein Paulusschüler handeln mag, der aber eigenständig gearbeitet hat. Sollte Paulus
noch der Anreger der T. sein, dürften
sie in der Zeit zwischen 63 u. 66 verfaßt
sein. Sie passen aber am besten in eine
spätere Gemeindesituation (um die Jh.-
Wende oder kurz danach). Konkreter
Anlaß für die T. waren Irrlehrer, die

die Gemeinde von innen her zu zer-
setzen drohten; es handelt sich um jüd.
gnostische Kreise, die unter Berufung
auf das Gesetz doketisch-synkretistische
Auffassungen vertraten. In der Auseinandersetzung mit ihnen zeigt sich die
polemisierende Abwehrhaltung der
zweiten Generation, deren Aufgabe es
war, zu sichten, zu beurteilen u. auszuscheiden. Gemeinde u. Häretiker werden scharf getrennt (1 Tim 4, 7; 2 Tim
2, 23). Dem gegenüber werden die
Kennzeichen rechten Glaubens u. rechter Lehre angegeben. Sie sollen in der
rechten apostolischen Überlieferung (2
Tim 3, 14) u. im Einklang mit der Schrift
stehen (2 Tim 3, 16). In diesem Zusammenhang werden bekenntnisartige,
überlieferte Formeln zitiert (1 Tim 1,
15; 2, 5 ff; 3, 1; 2 Tim 2, 8 ff; 4, 1).
Garant u. Tradent von Leben u. Lehre
ist der Amtsträger, dem ein Gremium
von Ältesten, Diakonen u. Witwen zur
Seite steht (1 Tim 3, 1–13; 5, 3–22). Der
2 Tim unterscheidet sich vom 1 Tim
dadurch, daß er als ganzer eine an
Timotheus gerichtete Mahnung ist; er
ist stärker persönlich gehalten u. enthält keine ausführlichen Gemeindeord-
nungen. Dem Brief eigentümlich ist die
Aufforderung zur Leidensnachfolge. mi

Tinte, ein Schreibstoff, der aus Ruß u.
Öl (nichtmetallische T.) oder aus Gall-
äpfeln u. Vitriol (metallische T.) hergestellt wurde (Jr 36, 18; 2 Joh 12; 3
Joh 13). we

Tisch. Die Nomaden u. die einfache israelitische Bevölkerung kannten als „Eß-
T." nur ein am Boden ausgebreitetes
Leder oder eine Matte (Js 21, 5). Der T.
war als Kult- (Ex 25, 23) u. Arbeits-T. bekannt; als Eß-T. war er nur bei Vornehmen (Ri 1, 7; 2 Kg 4, 10), sonst erst in
späterer Zeit (Neh 5, 17; NT) üblich. he

Titus, Mitarbeiter des ↗Paulus, vermutlich aus Zilizien, von Paulus bekehrt
(Tit 1, 4). Er war der erste nur heidenchristl. Missionar. Paulus nahm ihn mit
zum ↗Apostelkonzil (Gal 2, 1–5), um
an der Person seines Mitarbeiters seine
gesetzesfreie Heidenmission zu demonstrieren u. ihr die Anerkennung der
Altaposteln zu verschaffen. Daß T. für
Paulus Hilfe u. Stütze bedeutete, zeigt
sich 2 Kor 2, 13; 7, 6 f; 7, 13 ff. T. stand
dem Apostel in seiner wohl schwierig-

sten Situation zur Seite (2 Kor 8, 23). T.
führte auch die Kollekte für Jerusalem
durch (2 Kor 8, 6.16–24; 12, 18). Lukas
übergeht T. in der Apg ganz; das zeigt,
daß T. nicht zum festen Stab des Paulus
gehörte u. daß er auch Paulus gegenüber selbständig war. In Dalmatien u.
auf Kreta soll T. missioniert haben (2
Tim 4, 10; Tit 1, 5). mi

Titusbrief. Der Brief steht dem 1 Tim
näher als dem 2 Tim. Auf den Eingangs-
gruß folgt ohne Übergang eine Ordnung für die ↗Ältesten, die zugleich
für Bischöfe gilt (dabei ist nicht klar, ob
es sich um das gleiche Amt handelt).
Wie in 1 Tim hat das Amt die Irrlehre
abzuwehren. Die ↗Haustafel erteilt
Mahnungen an einzelne Stände u. stellt
eine bekenntnisartige Zusammenfassung
des christl. Glaubens dar. Entsprechend
werden die wenigen Einzelermahnungen in einer Umschreibung des Tauf-
bekenntnisses begründet. Hervorgehoben ist dabei die Mahnung zum Gehorsam gegen die Obrigkeit. mi

Tobias ↗Tobit.

Tobit (hebr. Gott ist gut), ein überwiegend ostjüd. Name; die erste Hauptfigur des ↗T.-Buches. gr

Tobit-Buch. Das Buch Tobit ist in der
LXX, nicht im hebr. ↗Kanon des AT
enthalten. Es erzählt in Anlehnung an
den Achiqar-Roman, der zur antiken
Weisheitsliteratur gehört, von einem jüd.
Frommen, Tobit, der nach der assyrischen Eroberung Israels in Ninive lebt,
in der Fremde Gott die Treue hält u.
seine Frömmigkeit auch in der Verfolgung bewahrt. Der 2. Teil schildert die
Erlebnisse seines Sohnes Tobias, der mit
Hilfe des Engels ↗Raphael die Tochter
eines Verwandten von einem bösen Dämon befreit u. nach seiner Hochzeit mit
ihr nach Ninive heimkehrt. Das Buch
ist ein historischer Roman, dessen theol.
Aussage an der Gestalt des alten Tobit
deutlich wird. Er ist die Verkörperung
eines gerechten u. gottesfürchtigen Lebens, das sich in der Treue zum Gesetz
u. im Dienst am Nächsten auswirkt.
Auffällig ist die transzendente Gottesvorstellung u. die entwickelte Engel- u.
Dämonenlehre des Buches, die von den
Anschauungen des nachexilischen Judentums geprägt ist. Seiner literarischen
Qualität nach gehört es zu den schön-

sten Büchern der Bibel. Es dürfte im
2. Jh. v.C. von einem frommen Juden
in aramäischer Sprache verfaßt worden
sein. Überliefert ist es nur in mehreren
griech., einer syrischen u. einer altlat.
Fassung. Reste hebr. u. aramäischer
Übersetzungen wurden in Qumran gefunden. ba

Tochter. Für die israelische Auffassung
der ↗Familie stand der Gedanke der
Gemeinschaft im Vordergrund. Daher
betrachtete man die T. in erster Linie
als Mitglied der Familie ihres Vaters
(z. B. Dt 22, 19.29). Die Tochter unterstand der Autorität der Eltern, bes. des
Vaters (Gn 29, 21 ff). Ein freier Mann
durfte seine Tochter als Sklavin verkaufen, doch behielt sie besondere Rechte
gegenüber einer gewöhnlichen Sklavin
(Ex 21, 7–11). Durch Heirat trat die T.
in eine neue Familiengemeinschaft ein
u. verließ die Familie ihres Vaters. Im
Talmud wurde die väterliche Autorität
teilweise im Blick auf das Alter der T.
eingeschränkt. Im weiteren Sinn bedeutet T. auch Enkelin, Schwieger-T. u. dgl.
(Gn 24, 48; Rt 1, 11). Auch eine Schutz-
suchende kann so bezeichnet werden
(Mt 9, 22). Im Stammbaum werden alle
Frauen einer Familie mit T. bezeichnet.
An manchen Stellen wird T. auch als
personifiziertes Kollektiv verwendet (Js
1, 8; Ps 9, 15). mi

Tod (↗Sterben). a) ↗Leben u. T. werden im AT nicht als sich ausschließende
Gegensätze gesehen, der sanfte Alters-
T. im Kreise der Kinder u. Enkel gehört
mit zu dem Leben, das Jahwe verheißt
(Gn 15, 15). Im Gegensatz zum Leben
stehen allerdings der vorzeitige, der ge-
waltsame T. oder das Sterben ohne Hinterlassung von Nachkommen (2 Sm 3,
33 f). Während ↗Jahwe der alleinige
Herr des Lebens ist u. der Mensch deswegen niemals ein Recht hat, Blut zu
vergießen, kann von Jahwe nicht gesagt
werden, er sei der Herr des T. Der Bereich des T. gehört nicht zu Jahwe, die
Toten sind fern von ihm (vgl. Ps 88),
Jahwe erhört sie nicht. Aber auch alle,
die nicht dem Gesetz gehorchen u. damit den ↗Bund brechen, gehören nicht
dem Leben, sondern dem T. zu: Das
↗Gesetz ist das Leben u. der Segen, der
Ungehorsam ist schon T. u. Fluch (vgl.
Dt 30, 15 ff).

b) Im NT ist der T. die Macht, die dieses Leben beendet u. in einen Zustand völliger Ohnmacht u. Nichtigkeit versetzt, weil sie vorläufig oder für immer von Gott dem Schöpfer trennt. Eine theol. Reflexion fehlt weithin: der T. wird als unbestreitbare allgemeinste Erfahrung hingenommen u. als das – in der Verwesung sichtbare – totale Ende der leibgebundenen Existenz des Menschen verstanden; eine natürliche Unsterblichkeit der ↗Seele ist dem NT fremd. Jesus (Mt 9, 24 par; Lk 7, 12 ff; Joh 11, 44) u. Apostel (Apg 9, 40; 20, 10; Mt 10, 8) haben das Leben Gestorbener durch Totenerweckung verlängert, ohne die Sterblichkeit aufzuheben. Diese Vorzeichen werden erfüllt in der ↗Auferstehung Jesu, die die Macht des T. als nicht endgültig, sondern als begrenzt u. beherrscht durch die schöpferische Macht Gottes ausweist.
c) Paulus übernimmt die allgemeine Tradition, daß der T. die Strafe Gottes für die Sünde ist (Röm 1, 32; 6, 23). Doch gewinnt bei ihm dieser Gedanke auf Grund seiner ↗Anthropologie innere Notwendigkeit. Paulus versteht den Menschen nicht als das denkend-betrachtende, sondern als das wollend-trachtende Wesen. Wonach der Mensch trachtet, ist das Gute = Leben; wie er aber danach trachtet, nämlich im „Begehren“, das bringt ihm das Böse = den T. (Röm 7, 13–25). Denn der Mensch trachtet notwendigerweise nach Selbstbehauptung u. -bestätigung (Röm 8, 7); alle Mühen u. Erfolge des „nach dem ↗Fleische Leben“ oder „Begehren“ tragen ihm nichts anderes als den T. ein (Röm 7, 5), weil dieses „sich ↗Rühmen“ Gott die Ehre bestreitet u. von ihm trennt. Die Macht des T. reicht also so weit wie das eigenmächtige Begehren des Ichs. Davon kann der Mensch sich selbst nicht befreien, sondern die Macht des T. ist gebrochen in der Vollkommenheit des Gehorsams Christi am ↗Kreuz u. wird immer wieder gebrochen in der Erfahrung der ↗Huld (c) Gottes durch die ↗Offenbarung (d), die das eigenmächtige Begehren zum Glaubensgehorsam wandelt (Röm 6, 16 ff). Gläubig werden kann daher als Sterben u. Auferstehen des Ichs beschrieben werden (Röm 6, 2–11; Gal 2, 19 f), ja

sogar als ↗neue Schöpfung (2 Kor 5, 17; Gal 6, 15). Christl. Glaube ist Überwindung der Angst vor dem T., weil er die Zuversicht der Auferstehung gewinnt. Dies geschieht durch die in der Auferweckung Jesu offenbar gewordene Macht Gottes.   schü

Todesschatten. Der atl. Begriff bezeichnet eine tiefe Finsternis (Js 9, 1), die vor allem im Totenreich herrscht (Ib 10, 21 f, 38, 17); von da wird T. im NT Ausdruck der verzweifelten Lage der Menschheit vor Jesu Kommen (Mt 4, 16; Lk 1, 79).   he

Todesstrafe bedroht im AT folgende Verbrechen: Mord, Gotteslästerung, grobe Pietätsverletzung den Eltern gegenüber, Ehebruch, Homosexualität, Sodomie. Die übliche Art der T. ist die ↗Steinigung, dagegen finden Verbrennung u. Enthauptung nur gelegentlich im AT Erwähnung, die Kreuzigung wird von den Römern eingeführt. Bei Mord wird durch die Waffe die T. vollzogen, die der Bluträcher zur Hand hat. Die Steinigung vollzogen wahrscheinlich die Bürger des Ortes, in welcher das Verbrechen geschah. In ntl. Zeit müssen die Todesurteile, vom zuständigen Prokurator oder Vierfürsten bestätigt werden.   do

Tohu wabohu (hebr., etwa „Irrsal u. Wirrsal“). Tohu bedeutet Wüste, Leere oder Nichts (Js 40, 17), bohu – nur in Verbindung mit tohu – etwa dasselbe. Der lautmalerische Ausdruck T. w. beschreibt den chaotischen Urzustand der Erde ohne Leben (Gn 1, 2) oder das endzeitliche ↗Chaos, das der neuen Schöpfung vorangehen soll (Jr 4, 23).   he

Toleranz. Gott hat in Jesus ↗Christus endgültig gesprochen, aber das Christusereignis kann nie endgültig verstanden werden; es wird immer nur zum Teil u. vorläufig begriffen. Christus kann nie eingeholt werden. So ereignet sich das ↗Verstehen der ↗Botschaft Jesu im verstehenden u. weiterführenden ↗Dialog. Wie alle ↗Wahrheit ist auch die Wahrheit des ↗Evangeliums Dialog-Wahrheit. Gerade im Gespräch mit Andersdenkenden u. mit Nichtchristen erschließt sich die Wahrheit Jesu. Dieses Bewußtsein erfordert vom Christen entschieden T. Jeder Mensch hat auf seine je eigene Weise einen unersetzlichen

Beitrag zum seinsmäßigen Gespräch in der menschlichen Geschichte zu leisten. Christen müssen die T. Jesu bezeugen: „Wer nicht wider uns ist, ist für uns" (Mk 9, 40), sagt er seinen Jüngern. Er war für alle da u. hat die Sünden aller ans ↗Kreuz getragen. T. heißt eigentlich, den andern in seinem Anderssein ertragen. Die Last des anderen mitzutragen oder den ↗Bruder als erlösendes Kreuz anzunehmen heißt eine der Grundforderungen des Ev. (Gal 6, 2). Wo unter Christen T. fehlt, ist das Gesetz Christi nicht verstanden. Auffallend ist die T. des Apostels Paulus selbst seinen Gegnern gegenüber: „wenn ihr in einem Punkt anders denkt als ich, Gott wird euch das Richtige schon offenbaren" (Phil 3, 15). Freilich bedeutet T. nicht das Aufgeben der eigenen Überzeugung oder Abstriche davon. Nichts am Ev. wird durch sie verkürzt oder abgestrichen. T. fordert zum Dialog heraus; sie ist eine Grundweise der Mitmenschlichkeit. Der Christ ist aufgefordert, in seiner Gesellschaft T. durchzusetzen, Ideologien abzubauen u. neue zu verhindern, Gewalt abzulehnen. T. bedeutet, jeden ↗Mitmenschen als möglichen Gesprächspartner u. als gottgewolltes ↗Du anerkennen.　　　gr

Tongefäß. Das prophetische Bild vom Töpfer u. seinem T. (Js 29, 16; Jr 18, 6) will das absolute Verfügungsrecht Gottes über den Menschen als sein Geschöpf zum Ausdruck bringen (Weish 15, 7; Sir 33, 13 f). Paulus wendet das Bild Röm 9, 21 auf die zeitweilige ↗Verwerfung Israels an.　　　ur

Töpferacker, Bezeichnung für einen Platz im Hinnomtal, wo Töpfer ihr Handwerk betrieben (Jr 19, 2). In ntl. Zeit war hier eine Begräbnisstätte, die nach dem Verrat des ↗Judas den Namen „Blutacker" erhielt (Mt 27, 7 ff).　la

Topos (griech.) bedeutet ganz allgemein „Stelle". a) Zunächst bezeichnet T. einen lokalen Ort, dann wird T. im übertragenen Sinne gebraucht für den Raum des Herzens; Paulus warnt davor, dem Teufel einen T. zu geben (Eph 4, 27). Schließlich bedeutet T. eine Funktion innerhalb des hierarchischen Aufbaues der Kirche. Der Aposteldienst ist ein T. innerhalb der Kirche (Apg 1, 25).
b) Gleichfalls in übertragener Bedeu-

tung verwendet die Literaturwissenschaft T. T. bezeichnet den Gemeinplatz, der in der Form eines feststehenden Denk- u. Ausdrucksschemas immer wieder in der Literatur Verwendung findet. So gibt es den Unsagbarkeits-T., mit dem das Johannes-Ev. schließt: Der Verfasser sieht sich nicht in der Lage, den Stoff seines Werkes voll auszuschöpfen. Das Paradies wird als „lieblicher Ort" geschildert, um den Glückszustand der Stammeltern sinnfällig darzustellen (Gn 2, 8). Die Selbstbeurteilung des Paulus als „Fehlgeburt", d. h. als „Letzter der Apostel" (1 Kor 15, 8 f), gehört zum Demuts-T. eines Autors.　　　do

Tora, ursprünglich mündliche ↗Weisung, die im Namen Gottes vom ↗Priester am Heiligtum gegeben wurde. Obwohl die jüngere Überlieferung des AT in einem allgemeinen Sinn eine T. von Propheten (Js 8, 16), Weisheitslehrern (Spr 13, 14) u. Laien (1, 8; 31, 26) kennt, ist die T.erteilung die eigentliche Aufgabe des Priesters (Dt 33, 10). Sie behandelt vor allem kultische, rein u. unrein, heilig u. profan unterscheidende Fragen (Lv 10, 10 f), darüber hinaus allgemeine Fragen des ↗Rechts u. der sittlichen Ordnung (Dt 17, 11; ↗T.liturgie). Als mündliche Belehrung der Laien ist die T. kurz u. prägnant formuliert: als Imperativ (Am 4, 4 f), in reihenhafter Aufzählung (Ps 15) oder als Bejahung bzw. Verneinung der gestellten Frage (Hag 2, 10–13). Empfänger der T. ist das ganze Volk, wenn es zur Wallfahrt am Heiligtum versammelt ist (vgl. Dt 31, 10 f), eine Gruppe von Pilgern, die am Tempeltor die Einlaßbedingungen erfragt (Ps 15) oder ein einzelner (Hag 2, 10 ff). Als schriftlich niedergelegte ↗Gesetze T. (vgl. Hos 8, 12) genannt wurden, ist ein entscheidender Begriffswandel vorangegangen. In der ↗Priesterschrift wurde das nicht für den Laien bestimmte Berufswissen der Priester unter diesen Begriff gefaßt, wobei T. das einzelne Kultgesetz (Lv 6, 2), aber auch die Gesamtheit (26, 46) meinen kann. Dieses Verständnis überstieg im Anschluß an Hosea (4, 6; 8, 1) das Dt, indem es unter T. die ganze vielfältige, dennoch eine Willensoffenbarung Jahwes an Israel zusammenfaßte (17, 19; 31, 9 f). Hier liegt der Ansatz für die jüd. u. christl. Bezeichnung des ↗Pentateuchs (Prolog Sir, Qumran; Mt 5, 17) u. des gesamten AT (Röm 3, 19; 1 Kor 14, 21; vgl. Ps 1, 2) als T.   we

Toraliturgie, oder Einzugstora, heißt eine beim Einzug in den ↗Tempel innerhalb einer dreiteiligen Liturgie gegebene ↗Tora (Ps 15; 24, 3–6; Js 33, 14–16; Mich 6, 6–8). Vor dem Heiligtum werden vom Pilger die Bedingungen für den Eintritt erfragt (Ps 15, 1; 24, 3), die ihm in der Antwort des Priesters, der Tora, genannt werden (15, 2–5a; 24, 4). Eine priesterliche Segensverheißung beschließt die T. (15, 5; 24, 5). Einlaßbedingung ist nicht die Erfüllung kultischer Reinheitsgesetze, sondern der Gehorsam gegen Jahwes Bundesforderung im mitmenschlichen Bereich. ↗Reinheit. we

Torheit. Die Botschaft vom ↗Kreuz, vom Verbrechertod Jesu muß den Menschen als T. erscheinen. Diese Botschaft ist vor allem eine T. für den griech. Weisen, der selbst auf alle Lebensfragen Antwort weiß; sie ist T. für den Gnostiker der ↗Mysterienkulte, der sich selbst erlösen will, um zum geistbegabten Menschen aufzusteigen: „der Psychiker nimmt das nicht an, was vom ↗Geist Gottes stammt. Es erscheint ihm als T." (1 Kor 2, 14). Ein gekreuzigter Welterlöser ist dem religiösen Menschen, dem Juden, ein Skandalon, dem Nichtreligiösen eine eine T. (1 Kor 1, 23). Gerade um diesen Frevel u. um diese T. des Kreuzes geht es in der christl. Botschaft: Der sinnlos starb, kam zu einem neuen u. gültigen Leben; er starb stellvertretend für die anderen. Nicht ein beliebiger Tod, Jesu Kreuzestod, erwies sich als neues Leben. In diesem Sterben ↗für andere hat Gott alle menschliche Berechnung u. Weisheit zur T. gemacht (1 Kor 3, 19). Jesu Dasein für andere ist denen weiterhin T., die für sich selbst leben u. sich so selbst erlösen wollen, sie werden darin scheitern (1 Kor 1, 18). Jesu Leben u. Sterben ist aber denen endgültig zur Weisheit geworden u. zur neuen Möglichkeit des Daseins überhaupt, die sich für den ↗Bruder öffnen wollen u. darin ↗Heil finden, indem sie anderen zum Heil werden.   gr

Tosephta, Sammlung des tannaitischen Traditionsmaterials, das nicht in die Mischna aufgenommen wurde, z. T. aber als Gemara (= „Ergänzung") im Talmud erhalten ist. ↗Tannaiten.   he

Totenbefragung. Die altorientalisch weitverbreitete ↗Totenbeschwörung u. T. hatte von Kanaan auch auf Israel übergegriffen. Die T. beruht auf dem Glauben, mit Toten in Kontakt treten zu können. Sie werden befragt nach schwierigen Problemen u. Orakeln über die Zukunft unter magischer Beschwörung durch Wahrsager (1 Sm 28, 7 ff). Der Geist des Toten gibt Auskunft. In Israel war T. gesetzlich verboten (Lv 19, 31), da sie als Verachtung der Souveränität Jahwes aufgefaßt wurde: man suchte ja vom Toten zu erfahren, was Gott verborgen hielt.   la

Totenbeschwörung. Zumeist magische Handlungen, von ↗Zauberern oder Wahrsagern durchgeführt, sollen den Toten veranlassen, auf Befragung hin im Orakel zu antworten. Wie die ↗Totenbefragung war auch die T. in Israel verboten, wurde jedoch trotzdem heimlich praktiziert.   la

Totenerweckung. Daß die Erinnerung an eine Erweckertätigkeit Jesu zur Formung der diesbezüglichen Berichte (Mk 5 par; Lk 7; Joh 11) geführt hat, ist durch Reden Jesu (↗Logion) nicht sicher gestützt, da die Authentizität von Mt 11, 4 ff par; Mt 10, 8 (gegen Lk!) fraglich ist. Die Evangelisten erwähnen sie in den Zusammenfassungen (↗Summarien) der Tätigkeit Jesu nicht – sie kann also nicht ein regelmäßiges Merkmal derselben gewesen sein. Dem Sinnzusammenhang der Werke u. Reden Jesu u. seinem Sendungsanspruch würden auch die ↗Heilungswunder genügen. Man muß zudem die Originalität im Erzählungsstil derselben bei den (nur 3!) T.en der Evv. vermissen. Die volkstümlichen Motive fallen auf (vgl. auch Apollonios von Tyana), weiter das (im NT singuläre) ungebetene Eingreifen Jesu Lk 7 u. die Namens- bzw. Ortsangabe sowie die atl. Motive u. Anklänge. Vielleicht sind die T.en Bilder aus Predigt u. Katechese der christl. Gemeinde. Im Hintergrund stünden der allgemeine Glaube ↗Israels u. des ↗Spätjudentums an Jahwe, der „tot u. lebendig macht", u. an die allgemeine ↗Auferweckung des Fleisches sowie die Elija-Elischa-Legenden (1 Kg

17, 17 ff; 2 Kg 4, 18 ff; 13, 12 f). Diese
T.en sind Zeichen, die auf Jahwe zurückführen (1 Kg 17, 24). Der Stoff
scheint von ↗Elischa auf ↗Elija übertragen zu sein, der als Wundertäter in
Erinnerung blieb, eine eschatologische
Gestalt des Spätjudentums. Die nachösterliche Gemeinde scheint sehr früh
von ↗Mose u. Elija her verkündet zu
haben: Hier ist die Überbietung dieser
Erwartung, hier ist Gott selbst am Werk,
befreiend von den Menschen fesseln-
den, vernichtenden Kräften (übertragene
Bedeutung „geistig Tote": Mt 8, 22; Einfluß des Todesbegriffes der Psalmen).
Nun hat der Tod seine Gültigkeit verloren, inmitten der Todesbedrohung
(Mk 9, 21 f). Die Rückkehr ins einst-
weilige Leben als Zeichen dafür ist Weiterführung der Mk 9 dargestellten Rettung, hinzielend auf das rechte Verhalten: den ↗Glauben (9, 19.23). Gott ist
das Leben, wird bekannt. Diese Linie ist
ausgezogen in Joh 11 (Dialoge). Die
Neuheit des Lebens durch Gottes
↗Nähe ist real, nicht bloß eine geistige
Vorstellung. ↗Jesus ist, durch sein
Kommen, die Auferstehung. Die T. ist
also letztlich von der ↗Auferstehung
Jesu her zu sehen. Diese ist der endgültige Sieg, Errichtung einer neuen
Ordnung (vgl. Mt 27, 52 f). Die T. ist
eschatologisches Zeichen. Die Apostel
tragen dieses Ev. von der heilen Welt
weiter (Apg 9, 36 ff z. B.).   scho

Totenklage. Die T. reicht vom lauten
Schrei u. bitterlichen Jammern über
Klagerufe wie „Ach, Herr" bis zu kunstvollen Totenliedern. Zur T. wurden be-
rufsmäßige ↗Klageweiber mit herangezogen (Mt 9, 23).   do

Totenkult. Der jüd. T. ist auf ein Erd-
begräbnis ausgerichtet, Feuerbestattung
ist verboten. Dem Toten werden die
Augen zugedrückt, die Leiche wird gewaschen, gesalbt (Mk 14, 8) u. dann auf
einer Bahre zu Grabe getragen. Während man in atl. Zeit den Toten in seinen Kleidern bestattete, schlägt man ihn
in römischer Zeit in Tüchern ein. In die
Grabkammern legt man stark riechende
Spezereien, die den Todesgeruch vertreiben sollen. Die Bestattung findet wegen des heißen Klimas noch am Todestag statt (Mk 15, 46; 16, 1). ↗Begräbnis.
                                      do

Totenlieder gehören zur Totenklage.
Sie werden beim Leichnam, im Trauerhaus, auf dem Wege zum Grab, beim
Grab oder beim Eintreffen der Todes-
nachricht angestimmt. Bekannte T. sind
die Klagen Davids auf den Tod Sauls,
Jonatans u. Abners (2 Sm 1, 19 ff; 3, 33).
In den T.n wird die Art des Todes betrauert u. die Lebensführung des Toten
gepriesen. Die Propheten verwenden
die Form der T., um ihrem Spott oder
ihrer Trauer um den noch zukünftigen,
aber schon vorgestellten Untergang
eines Volkes Ausdruck zu geben; anstelle des Preises tritt die Anklage über
das Verhalten des Volkes oder seines
Führers (Js 14, 4 ff).   do

Totenreich (Scheol, Abaddon), nach
bibl. Vorstellung Ort in der Tiefe (Ps
63, 10; ↗Weltbild), an dem sich die
Toten als einzige Bewohner versammeln. Das T. ist Land ohne Wiederkehr
(Ib 7, 9); durch Krankheit u. Tod bestimmt es die irdische Existenz des Menschen. Im T. herrschen tiefe Finsternis
(Ib 10, 21 f; 18, 18) u. Schweigen (Ps 94,
17). Die Toten sind kraftlos (Js 14, 10),
untätig (Prd 9, 10) u. wissen nicht, was
auf Erden geschieht (Ib 14, 21 f). Deshalb ist das T. Ort des Vergessens u.
Vergessenwerdens (Ps 88, 13; Prd 9, 5 f),
Ort der Gottesferne, an dem man Jahwe
nicht mehr loben kann (Ps 6, 6; 88, 12 f;
Sir 17, 27; Js 38, 18). Dennoch ist Jahwe
Herr des T. (1 Sm 2, 6; Ps 139, 8 ff). Das
Beste, was das T. bietet, ist Ruhe (Ib 3,
17 ff; Sir 30, 17). – Js 24, 22 u. Sir 21, 10
bezeichnen das T. als Strafort. – Das Judentum denkt sich den Aufenthalt im
T. zeitlich begrenzt (vgl. Js 26, 19) u.
kennt – wie Ez 32, 17–32 – verschiedene
Räume für Gerechte u. Gottlose. – Auch
das NT stellt sich das T. im Innern der
Erde vor (Mt 11, 23), als Stadt mit To-
ren (Mt 16, 18), zu der man hinabsteigt
(Röm 10, 7). Es ist eine zwischenzeitliche
Größe u. nimmt die Seelen nach dem
Tod auf (Apg 2, 27.31), um sie erst bei
der Auferstehung, die das Ende des T.
setzt (Apk 20, 14), wieder freizugeben
(Apk 20, 13). Danach ist die ↗Gehenna
Strafort der Verdammten. – Nach an-
derer ntl. Vorstellung sind im T. nur die
Seelen der Ungläubigen (Lk 16, 23;
1 Petr 3, 19 f), die der Gerechten in
„Abrahams Schoß" (Lk 16, 22 f), im „Pa-

radies" (Lk 23, 43) oder „beim Herrn" (2 Kor 5, 8; Phil 1, 23). Wie Jahwe ist Christus ↗Herr des T. (1 Kor 15, 25 ff; 1 Petr 4, 6; Apk 1, 18). ↗Unterwelt.   he

Totenunreinheit. Wohl aus hygienischen Gründen, um sich an dem im heißen Klima schnell verwesenden Leichnam nicht zu infizieren, hat das mosaische Gesetz den Toten für unrein erklärt. Die durch die Berührung des Toten entstandene kultische Unreinheit währt eine Woche (Nm 19, 11 f).   do

Totes Meer heißt seit dem 2. Jh. n.C. der Rest eines versalzten Süßwassersees im Jordangraben (85 km lang, 16 km breit u. ca. 390 m unter dem Meeresspiegel). Der Nordteil des Binnensees ist bis 400 m tief, der später eingebrochene Südteil dagegen flach. Der hohe Salzgehalt des Sees macht jedes Leben unmöglich; daher der Name T. M. – Die Bibel belegt das T. M. mit verschiedenen Namen: Salzmeer, Wüstenmeer (Dt 3, 17) u. – im Gegensatz zum Mittelmeer – Vorderes Meer (Sach 14, 8).   we

Tötung eines Menschen ist in folgenden Fällen erlaubt: im Kriege, im kriegerischen Zweikampf, ferner wenn der Getötete in Israel für ↗Götzendienst geworben hat (Dt 13), als Vollzug der Blutrache u. Todesstrafe. Mord u. T. der Israeliten um ihres Glaubens willen ist dagegen ein schweres Verbrechen. Fahrlässige T. wird zwar grundsätzlich mit dem Tode bestraft, aber der Täter kann in den Genuß des ↗Asylrechts kommen. Weder als Mord noch als fahrlässige T. gilt die T. eines bei nächtlichem Einbruch ertappten Diebes (Ex 21, 13; 22, 1).   do

Trachonitis, Lavaplateau südlich von Damaskus. Herodes d. Gr. besiedelte das von räuberischen Nomaden bewohnte Gebiet u. vererbte es seinem Sohn Philipp. Lk 3, 1 versteht unter T. vielleicht auch die angrenzenden Gebiete Auranitis im Süden u. Batanäa u. Gaulanitis im Westen, die ebenfalls zum Reich Philipps gehörten.   mo

Traditionsgeschichte ↗Überlieferungsgeschichte.

Trägheit. Nach der atl. Weisheitsliteratur besteht die T. in der Unlust an der Arbeit u. in der Freude am Schlaf u. führt daher leicht zur Armut (Spr 6, 6 ff). Das NT geht über die volkswirtschaftliche Deutung der T. hinaus. Am Gerichtstag ist ↗Rechenschaft abzulegen. Es stellt sich dann heraus, daß die T. überhaupt in der Unlust bestand, das von Gott Gegebene zu entfalten. Das Talent ist vergraben worden (Mt 25, 24 ff), das Herz hat sich an irdische Freuden u. Sorgen gehalten u. an der Aneignung u. Ausbreitung des ↗Reiches Gottes nichts getan (Lk 21, 34), die natürlichen Gaben u. die Zugehörigkeit zum Reiche Gottes sind vertan worden. Die Ablegung der T. ist daher die Voraussetzung, den Wettkampf dieses Lebens gegen die ↗Sünde zu gewinnen (Hebr 12, 1).   do

Trankopfer. Der jüd. Kult kannte keine selbständigen T. Vielmehr goß man Wein (oder Öl) am Fuße des Altars (früher einen Teil ins Feuer) aus, wenn man ↗Brand- oder Speiseopfer darbrachte (Ex 29, 28 f).   pa

Trauer (trauern). Man trauert über den Verlust eines Gutes, eines Menschen, den Verlust der Gemeinschaft mit Gott. Die Jünger Jesu trauern, weil Jesus ihnen seinen Fortgang ankündigt; aber diese T. hat nur vorläufigen Charakter, da der Herr ihnen nach seiner Erhöhung den Geist als Beistand senden wird als Unterpfand für die neue zukünftige Gemeinschaft mit ihm (Joh 16, 5 ff). Ebenso soll die T. über den Tod eines geliebten Menschen abgelöst werden von der Gewißheit, daß die in Christus Entschlafenen beim Herrn sind u. wir in der zukünftigen Welt wieder mit ihnen vereinigt werden (1 Thess 4, 13 ff). ↗Traurigkeit.   do

Trauerbräuche in bibl. Zeit waren durch die Sitte genau geregelt. Sie wurden von den Angehörigen, den Anteilnehmenden u. bei bedeutenden Persönlichkeiten vom ganzen Volk ausgeübt. Man weinte, fastete, schlug sich an Hüfte u. Brust, machte sich Einschnitte, löste den Kopfbund, scherte das Haupt, stutzte oder verhüllte den Bart, streute sich Erde aufs Haupt, zerriß seine Kleider, legte den Sack an u. ging barfuß. Nach dem feierlichen ↗Begräbnis sprach man den Leidtragenden Trost zu.   do

Trauerzeiten währten für die Leidtragenden mindestens sieben Tage, da die Reinigungszeit wegen der Berührung eines Toten sieben Tage betrug u.

der Totenkult eine Berührung des Leichnams mit sich brachte. Während dieser Zeit wurden die Trauerbräuche streng beobachtet u. die Totenklagen täglich wiederholt. Den Lebensunterhalt für die Trauernden besorgten in der T. die Freunde. In minder strenger Form wurden die T. auf dreißig Tage, beim Tod der Eltern auf ein ganzes Jahr ausgedehnt.   do

Traum. Der T. ist seit jeher ein den Menschen tief beunruhigendes Erleben: Er hat zuviel mit der erlebten Tageswirklichkeit gemein, um bloß unwirksame Einbildung zu sein; er ist anderseits zu fremd, um Teil der Tageswirklichkeit zu sein. Der T. wird verstanden als Teilnahme an einer anderen Welt, entweder indem die Seele im Schlaf wandert oder eine Offenbarung erfährt (↗Traumoffenbarung) oder ein fremder Geist vom Schlafenden Besitz ergreift. Eine große Rolle spielen T.e in den bibl. Schriften nicht. Jahwe oder sein ↗Engel teilen im T. einen Befehl oder eine Botschaft mit, so vor allem beim ↗Elohisten (Gn 20; 31, 11), der Gott nicht unmittelbar, sondern aus der Ferne sprechen läßt. – In der Kindheitsgeschichte bei Mt werden T.e zum stereotypen Motiv.   schü

Traumdeutung. Da dem ↗Traum eine wichtige Bedeutung zugemessen wird, er aber oft dunkel ist, verlangt er nach T. Diese Wissenschaft war im ganzen Alten Orient verbreitet u. wurde von Wahrsagern, ↗Zauberern usw. mit Hilfe von Traumbüchern ausgeübt (vgl. Dn 2). Obwohl das AT Zauberer u. Wahrsager ablehnt (Dt 18, 10), kennt es Traumdeuter, die mit Gottes Hilfe die Träume richtig erklären (Joseph: Gn 40, 8; Daniel). Damit stellt das AT die T. in den Dienst Jahwes u. beläßt ihr keine selbständige Bedeutung. ↗Wahrsagerei.   schü

Traumoffenbarung. Das Sprechen Gottes ist an keine feste Form gebunden, so offenbart sich Jahwe den ↗Vätern auch in Gesichten u. Träumen, vorzüglich an heiliger Stätte: In Betel spricht Gott zu Jakob im ↗Traume (Gn 28, 10 ff) u. erneuert seine Segensverheißungen für die Zukunft (↗Väterverheißung). Jahwe schließt den ↗Bund mit Abraham, während ein Tiefschlaf auf diesen fällt (Gn

15, 13 ff). Durch Träume zum Menschen zu sprechen ist eine der menschlichen Schwäche angemessene Art: Nm 12, 6–8 wird die Größe u. Einzigartigkeit des Mose herausgehoben, weil Gott mit ihm „von Mund zu Mund" redet u. nicht in Gesichten u. Träumen wie bei den übrigen Propheten (↗Naturgeschehen, ↗Wort Gottes). T. behält für das AT immer etwas Zweideutiges: Jeremia lehnt sie ab, weil sich die falschen Propheten solcher T. bedienen (Jr 23, 15 ff; 29, 8 f), ebenso verbindet das Dt T. mit fremden Kulten u. lehnt sie deshalb ab (Dt 13). Das Kriterium für jede von Gott kommende T. ist das Wort Gottes.   schü

Traurigkeit. Das AT wie das NT künden von Gottes Heil, d. h., sie wollen „Frohe Botschaft" sein in aller T. dieser Welt. Die ↗Freude im Herrn ist die Stärke seiner Gläubigen (Neh 8, 10); doch es gibt eine laute, oberflächliche Fröhlichkeit, die hinwegtäuscht über die Notwendigkeit beständiger ↗Umkehr, zu der die Propheten aufrufen. ↗Buße ist – auch in ihren äußeren Formen: Trauerkleider, Wehklagen usw. – die bewußte Annahme der T., die aus der Sünde folgt: Bitter ist es, den Herrn verlassen zu haben (Jr 2, 19). Doch gibt es auch eine T. der Welt, die zum Tode führt (2 Kor 7, 9 f), weil sie sich dem frohmachenden Angebot Gottes verschließt (Mk 10, 22). – Jesus Christus ist gekommen, um die Trauernden zu trösten (Mt 5, 4), u. zu heilen, die gebrochenen Herzens sind (Lk 4, 18 viele Hss.). Doch wie konnte dies anders geschehen, als daß er selbst alle T. unserer Gottferne durchlitt (Joh 11, 33 f; Mk 14, 34)? – Dieser ↗Äon bleibt auch für die Gläubigen voller T. u. ↗Leiden. Erst für die ↗Zukunft ist verheißen, daß Gott alle Tränen abwischen wird (Apk 21, 4). ↗Trauer.   ur

Treue Gottes. Die Grundbedeutung des hebr. Wortes für T. bezeichnet Stabilität u. Sicherheit; auf Personen bezogen, ein Verhalten, das es ermöglicht, sich auf Personen zu verlassen. Im AT findet sich häufig die Formel „Huld u. T." (z. B. Ps 25, 10), zwei Begriffe, die sich gegenseitig ergänzen u. in der Bedeutung von „beständiger Huld", mit der Jahwe in seinem erwiesenen Heilswillen bleibt, stehen.

Die T. G. kann sich in Wort, Tat u. Haltung äußern. Diese drei Äußerungen in der Verbindung mit T. kennzeichnen dann Wahrheit, Beständigkeit u. Zuverlässigkeit u. schwingen mit, wenn das AT von T. G. spricht. Gott ist derjenige, auf den man sich schlechthin verlassen, dem man sein Leben anvertrauen kann. Sein ↗Wort erfüllt sich in der ↗Geschichte, welche durch die T. G. zur ↗Heilsgeschichte wird; er wacht über sein Wort, damit es geschieht, u. zieht es nicht zurück. Wort u. Tat, Wahrheit u. Beständigkeit beschreiben die T. G. als dauerhaft u. zuverlässig von Geschlecht zu Geschlecht (Ps 119, 89 f).

Gott kann nur der sein, der sich selbst getreu ist, dessen Wesen T. beinhaltet; seine Heiligkeit zeigt sich in seiner T., die seit der Schöpfung das Heil ↗Israels u. der Welt bestimmt. In den ↗Verheißungen an die Väter Abraham, Isaak u. Jakob gewährt Jahwe seine Huld u. Gnade aus freiem Ermessen. Die Manifestation dieser Verheißungen ist der ↗Bund mit seinem Volke Israel, der Bestand haben wird. Hat Jahwe den Bund geschlossen, dann bindet er sich selbst freiwillig daran, u. das Wort des Bundesvertrages ist zuverlässig u. wahr, weil Gott nicht gegen die Verpflichtungen in den Verheißungen verstößt. Beständigkeit u. Wahrheit haben eine innewohnende Kraft, die sich in der Geschichte durch Heilstaten äußert u. in der T. G. behauptet (Dt 7, 8 f).

Jahwes T. ist nicht eine ruhende Eigenschaft, sondern beweist sich in der Tat. Sie ist eine enge Beziehung zwischen ihm u. dem Bundesvolk u. drückt sich aus in Rettung aus der Not, wie die Herausführung aus Ägypten u. die Führung in das Verheißene Land dem Menschen des AT beweisen. Selbst wenn Israel sich in Schuld u. Sünde verstrickt, einseitig den Bund mit Jahwe bricht, zeigt sich die T. G. in der Vergebung, auch dann bleibt Jahwe seinen Verheißungen treu. Das einmal gegebene Versprechen beinhaltet die Durchführung des Planes göttlicher ↗Weisheit. Die T. G. ist Ausfluß der Güte u. Liebe u. überwindet auch so die Schwachheit des Menschen. Die menschliche Sünde setzt die T. G. richtig ins Licht u. bezeugt in diesem Gegensatz die Macht u.

Kraft der göttlichen Verheißung, offenbart von neuem die ↗Herrlichkeit Gottes. Hier sieht man, daß T. G. zutiefst die heilwirkende Zuwendung Gottes zum Menschen, ein Beweis immerwährender Liebe ist.

Die Erfahrung des gleichbleibenden Willens Gottes führte den atl. Menschen zur Erkenntnis der T. G. In Glauben u. Vertrauen mußte der Mensch sich auf Jahwe stützen, denn der Prophet Jesaja sagt: „Wenn ihr nicht glaubt, so habt ihr keinen Bestand" (Js 7, 9). Die Zeit der Not u. der Sünde, des Elends u. Leids in der Abwendung von Jahwe, ließ die T. G. als verschwunden erscheinen. Dann fragte der Gläubige in tiefster Erschütterung nach der ↗Gerechtigkeit, die Jahwe seinem Volk zukommen lassen möge. Die Frage nach Gerechtigkeit wird somit zur Frage nach Verwirklichung der Bundes-T. Doch Jahwe bleibt auch im Strafen der Sünde der Gerechte u. Treue. Es wird sogar gesagt, daß die T. G. sich auch in der Verlassenheit des ↗Exils bewährt, daß es Hilfe ist, den Menschen zur Besinnung auf Gott zu führen, Mittel der Vollendung des Heils. In seinem Glauben kann Israel alles göttliche Wirken als treu bezeichnen, was in dem Ausruf gipfelt: „Du Gott der Treue" (Ps 31, 6). Gläubiges Vertrauen auf die T. G. wird dann auch Gegenstand des Lobpreises u. Gebetes, des bekennenden Credo. Israels Dasein ist schon ein Zeugnis u. zugleich ein Bekenntnis des treuen Gottes, der sich ein Volk zu eigen genommen hat u. mit ihm ist. Dessen sollte sich der hörende Mensch ständig im Glauben bewußt sein u. dieses von Geschlecht zu Geschlecht verkünden.

Ob etwas beständig u. zuverlässig ist, muß die Zukunft beweisen. Die Verheißung Gottes an David hat sich selbst in den Wirren der Geschichte Israels durchgehalten, deren Höhepunkt u. vorläufige ↗Erfüllung in ↗Jesus ↗Christus erscheint. Er tritt in den Raum des Volkes ein als Siegel der T. G. zum Bund mit Israel. Die Hoffnung auf den ↗Messias ist erfüllt (Joh 19, 28), die Hoffnung auf Vollendung bleibt. Doch die T. G. begleitet den Menschen, die bezeichnende Eigenschaft, Merkmal u. Ziel göttlichen Handelns (Hebr 10, 23).   la

Trinker (trinken). Die Propheten, Jesus u. die Apostel warnen davor, in der Sorge um Speise u. Trank aufzugehen oder gar in Trunkenheit die Forderungen des Gottesreiches zu überhören (Lk 21, 34). Dennoch: Essen u. T. sind eine Gabe Gottes, die der Mensch aus Gottes Hand annehmen soll (Prd 2, 24). Die Aufforderung in 1 Tim 5, 23, doch auch Wein zu trinken, richtet sich wahrscheinlich gegen auftauchende rigoristische Sekten. Jesus selbst fastete nicht (↗Nasiräer) u. wurde ein T. genannt (Mt 11, 19). – Im übertragenen Sinn steht trinken: vom Becher des Zorngerichtes (Ps 75, 9) oder des Leidens (Mt 20, 22; 26, 42) u. vom Wasser des Lebens (Joh 4, 14; 7, 37). ur

Trinklied. Unter all den belegten Beispielen ist das polemische Zitat bei Js 22, 13 klassisch geworden: „Essen u. Trinken! Denn morgen sind wir tot!" (Vgl. Js 56, 12; Weish 2, 1 ff.) Es deckt die innere Brüchigkeit der Einstellung Israels im sozialen u. religiösen Bereich auf. Angesichts der sich abzeichnenden Katastrophe werden lebenslustige u. selbstsichere Parolen ausgegeben; man sichert sich im Lebensgenuß gegen die Forderungen Gottes ab (vgl. Am 6, 4 ff; Js 5, 11 ff). pa

Tritojesaja. So nennt man den (oder die) Verfasser von Js 56–66. Man ist sich unschlüssig, ob ↗Deuterojesaja oder ein Schüler von ihm, oder mehrere (in verschiedenen Jhh.) diese Worte verkündet haben. Doch kann man ihre Einheitlichkeit kaum noch vertreten. Vielmehr entstanden sie in Jerusalem zwischen 538 (bzw. 520) u. 510 v.C. (Js 63, 7 – 64, 11 um 587) in einer Zeit tiefer Enttäuschung über die von Deuterojesaja angekündigte, aber ausgebliebene Endoffenbarung Gottes u. damit verbundene Verherrlichung Jerusalems anläßlich der Heimkehr aus dem ↗Exil. Der ↗Wiederaufbau Jerusalems u. des Tempels stieß auf Schwierigkeiten. Unsoziales u. synkretistisches Verhalten erschwerten das Gemeindeleben u. weckten so Zweifel an der Treue des Bundesgottes Jahwe. Wie kann er schweigen u. mit dem Erweis seiner Geschichtsmächtigkeit vor den Völkern zögern? Ist es die Sünde im Volk (59), oder fehlt es an seinem Heilswillen? Neben der weis-

heitlich geprägten Behandlung solcher Probleme (56–59; 65 f) werden die alten Heilsankündigungen erneuert (60–62). Es ist noch ↗Segen im Volk (65), u. Gottes Herrlichkeitsoffenbarung über Zion u. die große ↗Völkerwallfahrt (60) stehen nahe bevor. So wird in den Hörern des Buches, die vielleicht in Babylon zu suchen sind (vgl. 56, 3–7), neue Hoffnung auf die Bewältigung der Zukunft erweckt. Js 61, 1 ff meint ihre Gegenwart. pa

Tritosacharja nennt man die zweite anonyme Prophetenschrift, die als Kapitel 12–14 dem Sacharja-Buch angefügt wurde. Sie stammt wohl aus dem 4. Jh. v.C. u. hat den endzeitlichen Kampf der Heidenvölker gegen Juda-Jerusalem u. die Rettung u. Läuterung des Gottesvolkes vor dem eschatologischen Glück zum Thema. 12, 2–8 schildert die Vernichtung des eschatologischen Völkersturmes gegen Jerusalem. Nach 12, 9–14 tut Jerusalem Buße für einen (Justiz-)Mord. 13, 1 verheißt die wunderbare Quelle, die die Voraussetzung für den Beginn der Heilszeit schaffen wird, sittlich-religiöse Läuterung (13, 2–6). Diese endzeitliche Läuterung wird nur ein Rest überstehen (13, 7–9). 14 schildert nochmals den Kampf der Völker um Jerusalem. Jerusalem wird erobert, doch Jahwe befreit es, u. die Völker bekehren sich zu Jahwe als ihrem Gott. he

Triumphlied. Bei siegreicher Heimkehr der Truppen oder unmittelbar nach dem Sieg wurde unter der Anteilnahme an diesem Geschehen u. in freudiger u. befreiter Stimmung der Triumph häufig in der Form eines T. angestimmt. Ein Zeugnis davon ist das T. der Philister im Richter-Buch (Ri 16, 23 f). la

Troas, Landschaft u. Hafenstadt an der Westküste Kleinasiens, die Paulus auf der 2. u. 3. Missionsreise besuchte (Apg 16, 8 ff; 2 Kor 2, 12; Apg 20, 5–12). Von T. setzte Paulus nach Europa über (Apg 16, 11). we

Trommel (oder Pauke), ein Schlaginstrument, das zur rhythmischen Begleitung des Fest- u. Kulttanzes diente (Js 24, 8; 2 Sm 6, 5; 1 Chr 13, 8). Die T. bestand aus einem Holzrahmen, der einseitig mit Fell bespannt war. Kleinere T.n wurden auch von Frauen mit dem Handrücken oder den Fingern geschlagen

(Ex 15, 20; 1 Sm 18, 6), große meist von zwei Männern gehalten u. von einem dritten geschlagen (1 Sm 10, 5; Ps 81, 3). he

Trost (trösten) ist zunächst eine allgemein menschliche Regung. Man spricht z. B. Trauernden sein Mitgefühl aus, wie die Schwestern des Lazarus bei seinem Tode von ihren Bekannten getröstet werden (Joh 11, 19). Über die Übel der Welt kann der Reichtum trösten, aber dieser T. ist vergänglich u. kann vom eschatologischen T. ausschließen, den Jesus durch die Errichtung des ↗Reiches Gottes den Menschen ermöglicht hat (Mk 10, 23). So sehnt sich das AT, das in der Hoffnung auf das Reich Gottes lebt, intensiv nach dem unvergänglichen T., den der ↗Messias spendet, wenn er sein ewiges Friedensreich aufrichtet (Js 61, 2). Das ↗Wort Gottes, das diesen T. verheißt, wird daher als mittelbarer T. verstanden. Mit der Ankunft Jesu Christi wird die Erwartung auf den T. Israels erfüllt, Simeon stimmt daher bei der Darstellung Jesu im Tempel sein Preislied an (Lk 2, 29 ff). Doch muß die Jüngerschaft Jesu erfahren, daß die Kreuzigung des Herrn die Herbeiführung des vollkommenen T. verhindert hat. Der in seiner Kirche fortlebende Christus spendet zwar den endzeitlichen T., der unvergänglich u. Angeld der vollkommenen Tröstung ist (2 Thess 2, 16 f), aber dieser T. ist den Anfeindungen der Welt ausgesetzt. Daher muß sich die Gemeinde im Trösten unterstützen. Die Verkünder des Ev. nehmen geduldig ihre ↗Mühen auf sich, um die Festigkeit ihres Vertrauens auf die Kraft des eschatologischen T. der Gemeinde vorzuleben u. sie auf diese Weise im wahren T. zu bestärken, im Glauben an Jesus Christus (Kol 2, 1 f). Umgekehrt werden die Verkünder durch den standhaften Glauben der Gemeinde u. ihre aufopferungsvolle Mitarbeit an der Ausbreitung des Ev. getröstet. Untereinander kann die Gemeinde sich trösten, indem sie durch Worte u. durch ihr Verhalten sich gegenseitig auf Christus hinweist. Denn im Wort des Ev. spricht Christus sich selbst als T. zu (1 Thess 4, 18), u. das gegenseitige Helfen zur Tröstung macht das Reich Gottes bereits

auf dieser Welt wirksam, das in der jenseitigen Welt dann den vollen Trost spenden wird. do

Tröster ↗ Paraklet.

Trunkenheit. Obwohl die Schrift dem ↗Wein bei Kult- (Dt 14, 26) u. Festfeier (Joh 2, 1–10) seinen rechtmäßigen Platz zuerkennt, wird T. fast durchgehend als Laster verworfen, weil sie Beherrschung (Gn 9, 21) u. Verstand (Js 29, 10) raubt, zu Schande (Gn 9, 21) u. Schmach (Hab 2, 15 f) führt, zu Pflichtvergessenheit (Spr 31, 4 f), Unzucht (Hos 4, 11 f) u. Gottlosigkeit (Js 5, 12) verleitet. T. der Frau ist skandalös (Sir 26, 8). Im NT wird T. oft übertragen verstanden; sie hindert die geforderte Wachsamkeit (Lk 12, 45), verstrickt in Finsternis (1 Thess 5, 5), macht kampfunfähig (1 Thess 5, 8), führt in des Teufels Stricke (1 Petr 5, 8), zu Unzucht (1 Petr 1, 13) u. Irrlehre (2 Thess 4, 4). ↗Lasterkataloge. pe

Tugendkatalog, Aufzählung von Tugenden für die sittliche Predigt; der T. ist wie der ↗Lasterkatalog im griech. Raum entstanden. Das NT griff die Form des T. auf (Gal 5, 22 f; Eph 4, 2 f; Phil 4, 8; 1 Tim 6, 11; 2 Petr 1, 5–7). Während die griech. T.e vor allem die Kardinaltugenden nennen, betonen die ntl. T.e die spezifisch christl. Tugend der Liebe u. ihre Entfaltung in Freude, Friede usw., die bezeichnenderweise nicht als selbsterworbenes Werk des Menschen, sondern als Gabe Gottes, Frucht des Geistes (Gal 5, 22) betrachtet werden. he

Tür. Gott kann Gefangenen die T. öffnen (Apg 16, 26); er muß auch der Botschaft seiner Apostel eine T. auftun (2 Kor 2, 12). Christus selbst steht „vor der T." u. klopft an (Apk 3, 20). – Schmal ist die T., die zum Leben führt (Lk 13, 23); wer nicht hineingeht, wird einmal vor verschlossener T. stehen (Lk 13, 24 bis 27). Christus ist es, der die T. auftut; er hat den „Schlüssel Davids" (Apk 3, 7 f). Joh 10, 9 nennt sich Jesus selbst die T. Er ist die T. schlechthin, die zum ↗Leben führt. ur

Turm, 1. In Palästina ist der T. eine wichtige Verteidigungsanlage (Jr 31, 38) u. Wacht-T. (2 Kg 9, 17; Mt 21, 33). Der T. ist Bild der Sicherheit (Ps 61, 4); für Jesus ist der eingestürzte T. am Siloach

Mahnung zur Umkehr (Lk 13, 4). – 2. Die babylonischen Tempel-T. ↗Zikkurat.

we

Typischer Sinn. Die Urkirche übernahm das AT als seine ↗Heilige Schrift, deren Bedeutung ihr von Ostern her erschlossen wurde (↗Schriftauslegung). Von der Auferstehung her erweist sich das ganze AT als Hinführung auf das Christusgeschehen, u. darüber hinaus finden sich auch noch konkrete Ähnlichkeiten in Personen, Ereignissen oder Einrichtungen, die als Typos (↗Typologie), d. h. als Vorausbildungen der neuen Heilszeit verstanden werden können, wobei die ntl. Wirklichkeit das atl. Vorbild bei weitem übersteigt (z. B. Adam-Christus-Vergleich). Diese einheitliche Schau der Heilsgeschichte, die im Hinweis des AT auf Christus dessen tieferen Sinn zu entdecken vermag, erhält das AT als Buch der Kirche entgegen seiner leidenschaftlichen Ablehnung durch Marcion im 2. Jh. (↗Kanon). Im Gegensatz zur ↗Allegorese (↗Alexandrinische Schule) wird jedoch beim t. S. die Historizität des im AT Berichteten keineswegs relativiert, sondern die Geschichte selbst bekommt ihren vollen Sinn erst durch die ↗Erfüllung des AT in Christus. ↗Schriftsinn.   tr

Typologie (Typos) ist die auf dem christl. Verständnis der Schrift beruhende Lehre vom typischen Sinn des AT. Dieser besteht darin, daß Ereignisse, Personen oder Einrichtungen, von denen das AT berichtet, über die ihnen immanente Bedeutung hinaus noch auf eine höhere Wirklichkeit hinweisen. Sie sind Typen-Vorbilder zukünftiger Ereignisse, Personen oder Einrichtungen. Die typologische Deutung entstammt dem NT selbst. Es verwendet das griech. Wort Typos = Vorbild, Modell, wenn es einer atl. Wirklichkeit eine vorherbildliche Bedeutung für die neue Heilszeit gibt. 1 Kor 10, 6 erklärt Paulus: die Dinge im AT „sind als Vorbilder (typoi) für uns geschehen". Röm 5, 14 ist Adam das Vorherbild Christi.

Die dem atl. Vorbild entsprechende Wirklichkeit wird Antitypos genannt (1 Petr 3, 21: Taufe Antitypos der Sintflut, doch verwendet Hebr Antitypos im entgegengesetzten Sinn, 9, 24). Voraussetzung für ein solches Schriftverständnis ist der Glaube an die Kontinuität göttlichen Heilshandelns. Demnach entspricht das Verhältnis Alter Bund – Neuer Bund dem Prinzip Verheißung–Erfüllung, u. das Prinzip der Vorherbildlichkeit ist gleichsam die beide miteinander verknüpfende Klammer. Das Heilswerk Gottes ist ein einziges in beiden Testamenten. Sein Handeln geschieht nach einem Heilsplan, der sich stufenweise in den Heilstaten des Alten Bundes verwirklicht, bis er sich im Christusereignis, auf das er hinzielte, erfüllt hat. Damit findet der Alte Bund seine Erfüllung im Neuen, der vollendet, was jener vorbereitete. Wie nun der Alte Bund in seiner Gesamtheit Vorherbild des Neuen ist, können nach ntl. Schriftverständnis auch einzelne Geschehnisse oder Einrichtungen des AT Vorherbilder des Neuen sein. Jesus selbst bezieht das Jonaereignis auf seinen Tod u. seine Auferstehung (Mt 12, 39 f; vgl. Joh 3, 14 f: Eherne Schlange – Erhöhung am Kreuz). Der Hebräerbrief stellt das Priestertum Melchiseks dem Priestertum Christi gegenüber. Das Vorhandensein des ↗typischen (Schrift)sinnes darf aber nicht willkürlich angenommen werden, wie das in der Exegese der Kirchenväter mitunter geschehen ist. Da er im Heilsplan Gottes begründet ist, kann sein Vorhandensein nur aus der Offenbarung erkannt werden. Er muß also durch Schrift u. Tradition begründet sein. Das typologische Schriftverständnis kommt besonders in der Liturgie zum Ausdruck (Osternacht, Fronleichnam u. a.). Für die Exegese ist es wichtig, zu erkennen, daß einem Typos nicht unbedingt eine historische Realität eignen muß. Es gibt literarische Typen. Das gilt z. B. für die Jonageschichte oder für Gn 3, 15.   ba

U

Überfließen, in der Bibel ein Ausdruck der ↗ Fülle. Unter Christen soll die ↗ Liebe ü., sie soll für andere weiterfließen (1 Thess 3, 12; Phil 1, 9). Oder es ist die ↗ Huld Gottes allen Menschen in überreichem Maß zugeflossen, sie ist übergeflossen (Röm 5, 15). Die Christen können u. sollen in der ↗ Hoffnung ü. (Röm 15, 13) oder „im Werk des Herrn" (1 Kor 15, 58). Bildhaft ist damit gesagt, daß Gott den Menschen Fülle schenkt u. daß Menschen in dieser Fülle leben sollen. gr

Überlieferung. Menschliche Kultur ist ohne Ü. überhaupt nicht denkbar. Jeder geistige Prozeß fußt auf früheren Erfahrungen, die er entweder annimmt u. weiterführt oder die er mit sachlicher Begründung abzulehnen hat. Besondere Bedeutung kommt dem Phänomen der Ü. im Bereich des Religiösen zu, da jede Generation neu ihre Stellung zum religiösen Erbe antreten muß. Von dieser religionsgeschichtlich allgemein bekannten Gesetzmäßigkeit ist auch die ↗ Bibel nicht ausgenommen. Sie stellt sich in ihrem Werden nicht als eine Addition einheitlicher u. gleichlautender Aussage dar, sondern erschließt sich mit Hilfe immer besser entwickelter Methoden philologisch-historischer Forschung als die Verbindung von oft schweren, aber entwicklungsträchtigen Gegensätzen, die schon lange vor der Abfassung der einzelnen Schriften da sind u. auch durch ihre Aufnahme in den ↗ Kanon nicht aufgehoben sind. Das ↗ Wort Gottes ergeht nämlich nicht jenseits der Kategorie der Zeit, sondern ist in eine konkrete ↗ geschichtliche Situation hineingesprochen, weswegen die Weisung Gottes eines ständigen Nachdenkens u. neuer Aussagen bedarf. Dies wird durch die traditionsgeschichtliche Forschung (↗ Bibelwissenschaft) immer deutlicher: So erweist sich z. B.

der ↗ Pentateuch nicht als eine homogene Größe, sondern setzt sich aus vielschichtigen, einander ergänzenden u. überholenden Ü.s-Strömen zusammen, oder die synopt. Tradition erschließt sich immer mehr als sehr differenzierter theol. Vorgang. Darüber hinaus ist das Schaffen der Hagiographen nicht dem abendländischen Individualismus vergleichbar, sondern greift in reicher Fülle vorgeformtes mündliches u. schriftliches Gut auf (↗ Formen u. Gattungen, ↗ Formeln), welches es redigiert u. modifiziert. Durch die traditionsgeschichtliche Forschung wird auch der Begriff der ↗ Inspiration verdeutlicht: Das Wort Gottes fällt nie wie ein Stein vom Himmel, es ergeht nicht an jede Generation unmittelbar, sondern es kommt ihr ebenso zu als Erinnerung an bereits geschehenes Handeln Gottes an anderen Menschen u. als Applikation der in anderen Situationen ergangenen ↗ Weisungen. In qualifizierter u. unvergleichlicher Weise hat Gott sich in Jesus Christus ausgesagt u. in ihm gehandelt, u. deswegen ist jeder nachchristl. ↗ Glaube auf die Ü. dieses einmaligen Geschehens angewiesen. In dieser Ü. geht es aber nicht nur um die Aufzählung historischer Fakten, sondern noch mehr um die Frage, welche Bedeutung diesen Fakten im Glauben zukommt. Ü. ist so ihrem Wesen nach nicht nur Darstellung von Vergangenem, sondern untrennbar mit der Interpretation für die je eigene Existenz verbunden (↗ Existenziale Interpretation). Interpretation jedoch bedeutet keine Verfälschung der Ü., wohl aber zeigt sich in der Vielfalt der Deutungsversuche dieses einen Geschehens, daß eine Aussage darüber nur in Annäherungswerten u. ständig zu überholenden Begriffen gewagt werden kann. Nicht einmal der Begriff „Königsherrschaft Gottes", der t. t. der jesuanischen Verkündigung nach den Synopt.n, steht außerhalb dieser Entwicklung, vielmehr bedarf auch dieser Begriff einer ständigen Neufassung durch die urkirchliche Theologie (↗Gerechtigkeit, ↗Gnade, ↗Leben u. ä.), die in verschiedenen Glaubensformeln bis hin zu den *vier* Evv. das *eine* ↗Evangelium verkündet, welches Jesus Christus selber ist. Gerade innerhalb dieser im NT greifbaren apostolischen Verkündigung wird in aller Schärfe klar, daß Ü. nicht etwas Starres, Abgeschlossenes u. für ewige Zeiten Gleichlautendes sein kann, sondern nur dann ihren Wahrheitscharakter ausweist, wenn sie in der Erinnerung an das in Christus endgültig erschlossene ↗Heil Gottes dieses gerade für die Gegenwart u. Zukunft zur Sprache bringen kann. Damit ist die christl. Ü. von einer ungeheuren Dialektik gekennzeichnet: Einerseits ist die göttliche ↗Offenbarung nie von der menschlichen Ü. ablösbar, aber anderseits kann die Ü. die Bedeutung der Tat Christi nicht nur verdeutlichen, sondern auch verdecken, vor allem dann, wenn sie in der Diskussion mit extremen Positionen selber in eine solche abgedrängt wird. Auch die Wahrheit hat eine Geschichte, aber ihr Anspruch wird erst dann gefährdet, wenn bestimmte Termini in einem solchen Grade fixiert werden wollten, daß sie einer späteren Überlegung nicht mehr bedürften. Erst in diesem Fall wäre ein Festhalten an der Ü. keine Möglichkeit der Wahrheitsfindung mehr, sondern ein Abweichen von der Wahrheit in dem Ausmaß, in dem die Aussagemöglichkeiten einer neuen Sprach- u. ↗Denkform sich ändern. – Der bibl. Befund zum Thema der Ü. ist sehr weitgespannt: Während sich ↗Paulus nach seinen eigenen Aussagen von einer Ü. u. von einem Amt im Sinne einer historischen Vermittlung unabhängig verstehen kann, zeigt sich bereits in der nachpaulinischen Literatur im Zuge der Ketzerbekämpfung u. gewisser Restaurationsbestrebungen im Römischen Reich eine Betonung der Ü., welche mehr die „wahren Lehren" als das Ereignis in Jesus ins Auge faßt. Nach den ↗Pˀstoralbriefen wird die wahre Ü.

durch die Ordination der Amtsträger gewährleistet, ein Gedanke, der in der lukanischen Theologie mit dem der apostolischen Nachfolge verbunden wird. Gelegentlich macht sich in der Auseinandersetzung mit der antiken Philosophie der Wunsch bemerkbar, den gelehrten Wahrheiten ein hohes Alter u. womöglich die Präexistenz zuzuschreiben. Damit wird der antiken Erkenntnistheorie entsprochen, nach der die Wahrheitsfindung als eine Wiederentdeckung vergessener alter Wahrheiten verstanden wurde (Plato, Aristoteles), u. so wird schließlich nur das als rechtgläubig angesehen, was sich im Rahmen des Bisherigen bewegt. „Was immer u. überall u. von allen geglaubt wurde" wird zum Maßstab für die Orthodoxie. Dies führt notwendigerweise zu einer Nivellierung der Ü., weil dem Spannungscharakter einer geschichtlich gewordenen Offenbarung nicht immer Rechnung getragen werden konnte: Einerseits gibt es keinen Zugang zum Ereignis Jesus Christus als vermittels der Ü., anderseits aber kommt gerade dieser Ü. keine Eigenständlichkeit gegenüber diesem Ereignis zu. Auch in Kanon u. Ü. wird Gottes Wort nicht verfügbar u. zu fixieren, vielmehr ist es gerade ein Kriterium für echte Ü., daß sie in sich nicht abgeschlossen ist, sondern nach immer neuen Aussagemöglichkeiten sucht. Die Frontstellung gegen die Reformation bewirkte innerhalb der römischen Kirche eine Restauration des scholastischen Denkens mit seiner Appellation an frühere Autoritäten u. verschärfte damit die Spannung zum aufbrechenden modernen Bewußtsein, welches die Wahrheit in der Erforschung des noch Unbekannten u. im Fortschritt in eine Zukunft sucht. Die damit verbundene Krise des modernen Menschen im Bibel- u. Kirchenverständnis wird jedoch in dem Maße abgebaut, in dem es gelingt darzulegen, daß Ü. nie auf das apostolische Zeugnis von Jesus Christus verzichten kann, aber sich beständig um neue Interpretation, Explikation u. Applikation mühen muß, eine Aufgabe, für die ihr Christi Geist zugesagt ist. tr

Überlieferungsgeschichte. In einem weiteren Sinn könnte man unter Ü. die Geschichte der Weitergabe der bibl. Botschaft von der ersten Kundgabe bis zur Endredaktion der bibl. Bücher verstehen. Mit der Überlieferung u. Redaktion der bereits schriftlich greifbaren (bzw. vorauszusetzenden) Quellen befaßt sich jedoch die ↗Redaktionsgeschichte, so daß unter Ü. im engeren Sinne die Geschichte der vorliterarischen, also mündlichen bibl. Traditionen verstanden wird. In beiden Verständnissen befaßt sich die Ü. mit den (von der ↗Form- u. ↗Gattungsgeschichte zu bestimmenden) abgeschlossenen Überlieferungsstücken, die auch kurz Überlieferungen oder Traditionen genannt werden. Die Ü. sucht deren Geschichte von der Entstehung (dem ersten „Sitz im Leben") über mögliche u. erkennbar wirkliche Veränderungen während des Überlieferungsprozesses hinweg bis zur schriftlich fixierten Endgestalt (u. in der Redaktionsgeschichte deren redaktioneller Verwandlungen) zu verfolgen u. nachzuzeichnen. Daß der Forschungsprozeß angesichts der großen Zeiträume im AT u. der kurzen Zeitspannen im NT verschieden verläuft, ist verständlich. Die Fragen nach Ursprung, Echtheit (im Sinne der Zuschreibungen der Überlieferung), Historizität (im Sinne von faktischer Überprüfbarkeit etwa bei Berichten) sind meist die schwierigsten, wenn auch das Dunkel längerer Überlieferungsstrecken (etwa auch im räumlichen Sinne!) nicht selten vor große (u. längst nicht immer lösbare) Probleme stellt. Die Ü. darf nicht positivistisch (mit bloß historischem Interesse an den Fakten) betrieben werden; ihr muß es auf die Geschichte des Glaubens u. des theol. Denkens ankommen. „Der eigentliche Wert überlieferungsgeschichtlicher Darstellung liegt darin, daß sie das Gefälle des Glaubens, Denkens u. Verkündigens jener Menschen sichtbar werden läßt, die uns die Bibel überliefert haben" (K. Koch). pe

Übermut. Die Schrift betrachtet wie die griech. Religion den Ü. als die vermessene Überhöhung des Menschen gegenüber Gott. Maria preist in ihrem Hochgesang den Sturz der Übermütigen durch Gott (Lk 1, 51). Im AT bedeutet bereits das feindliche Verhalten gegenüber Israel Ü., da die Auserwählung des Volkes Israel zu Gottes Eigentum mißachtet wird (Ps 2, 1 ff). do

Übersetzung ist die Übertragung einer Aussage in ein anderes sprachliches Kleid. Dies gilt sowohl innerhalb derselben Sprache, in der Ü. über die Abstände der Zeit oder den verschiedenen Sprachgebrauch differenzierter soziologischer Gruppierungen notwendig ist, als auch von der Verdolmetschung in eine andere Sprache. Weil aber die Aussage eines Satzes immer mehr ist als die Summe seiner Wörter, geht es bei der ↗Bibel-Ü. mehr als um die Wiederholung des ursprünglichen bibl. Wortlautes in einer modernen Sprache. Ü. heißt immer schon ↗Bibelauslegung u. ↗Verkündigung. Ebenso ist zu bedenken, daß das ↗Wort Gottes auch von den bibl. Zeugnissen nie endgültig u. voll adäquat eingeholt werden kann. Eine Ü. des mit dem bibl. Wortlaut tatsächlich Gemeinten u. Intendierten ist daher nicht nur regressiv mit Hilfe der ↗historisch-kritischen Forschung zu bewältigen, sondern Ü. eines Offenbarungsinhaltes bedeutet eine ständige Herausforderung, im Gespräch mit der ↗Überlieferung u. einer neuen Zeit das Wort Gottes neu zur Sprache zu bringen. ↗Hermeneutik, ↗Offenbarung. tr

Übertretung, ein juristischer Begriff, meint die Überschreitung der durch ein Gesetz u. eine Ordnung gezogenen, dem Übertreter bekannten Grenze. Ü. kennzeichnet in der Bibel die sakralrechtliche Sphäre der ↗Sünde des ↗Ungehorsams gegen die Forderung Gottes, die den Zorn des göttlichen ↗Gerichts herausfordert, das den Menschen verwirft. – Paulus erklärt Röm 4, 15, es gebe keine Ü.en, wo es kein ↗Gesetz gebe, so daß das Gesetz die Aufgabe habe, die Sünde des Menschen aufzudecken u. zu mehren (Röm 7, 7) u. nicht etwa den Ü.en zu wehren (Gal 3, 19). Das Gesetz ist ein „Zuchtmeister" auf Christus hin, denn die Erlösung vom Gesetz u. seinen Ü.en, damit das Heil brachte erst Christus, der „Mittler" eines neuen Bundes (Hebr 9, 15), der gekennzeichnet ist durch die Vergebung der Sünden. Der unausweichlichen Kausalkette des Alten Bundes: Gesetz – Ü. – ↗Zorn Gottes steht jetzt antithetisch die von Glaube – Verheißung – Gnade im Neuen Bund gegenüber. „So wird der Mensch durch das Gesetz u. seine Ü.en als der dargestellt, der er ist (als der Mensch im Widerspruch zu Gott u. damit im Widerspruch mit sich selbst); er hat vor Gott nichts aufzuweisen, er bleibt auf Gnade angewiesen" (Gal 3, 24 ff). kl

Überzeugung. Der Christ soll seiner Ü. leben. Damit das tatsächlich möglich sei, muß dieser um eine selbständige Meinung ringen. Paulus kann formelhaft sagen: „Wohin einer (in seiner Ü.) gekommen ist, danach muß er leben" (Phil 3, 16). Jeder hat danach sein Leben zu gestalten, wovon er überzeugt ist. Der Apostel Paulus gesteht sogar seinen eigenst. Gegnern seine eigene Ü. zu; nur bittet er, daß Gott sie dort korrigieren möge, wo sie falsch denken (Phil 3, 15). So bestimmt der Apostel auch die Wirklichkeit der Sünde völlig neu: „Alles, was nicht aus Glauben (Ü.) geschieht, ist Sünde" (Röm 14, 23). „Glaube" ist hier zweideutig, er meint einerseits das überzeugte ↗Bekenntnis zu ↗Christus, anderseits aber einfach menschliche Ü. Schuld ist für einen Christen das, was er gegen seine Ü. tut u. was er nicht mit seinem Bekenntnis zu Christus in Einklang zu bringen vermag. Vom Bekenntnis des Kreuzes u. der Auferstehung Christi her ist der Christ mit einer selbständigen Ü. belastet; diese ist ihm bleibend aufgebürdet, er kann ihr nicht ausweichen, er kann nicht einfach nach dem Trend der Umwelt, nach Konventionen u. Lebensgewohnheiten, leben. Vor allem muß er dann gegen solche Gewohnheiten oder gesellschaftliche Tabus sein, wenn diese offensichtlich unmenschlich sind (vgl. Mk 2, 27). Der Christ muß selber darauf kommen, worauf es in seinem Leben ankommt, er muß schöpferisch ausfindig machen, wie ↗Liebe konkret zu verwirklichen ist (Phil 1, 9–10). Die Ü. des Christen ist keine isolierte, sie kommt vielmehr vom Gespräch her u. ist offen für jeden ↗Dialog. Sie sucht das weiterführende Gespräch mit dem Nichtchristen genauso wie mit dem Mitchristen. ↗Gewissensfreiheit. gr

Ugarit, schon im 7.–6. Jahrtausend besiedelte phönizische Hafenstadt an der nordsyrischen Küste. In seiner Blütezeit (16.–12. Jh.) befand sich U. unter ägyptischem u. hethitischem Einfluß. Im 12. Jh. ging es durch den Einbruch der Seevölker unter. U. wird im AT nicht genannt, ist aber aus den Amarna- u. Maribriefen u. durch Ausgrabungen bekannt. Zahlreiche Tontafeln in den bekannten altorientalischen Sprachen u. in ugaritischer Sprache enthalten Listen, Briefe, Mythen u. Epen, die wegen sprachlicher u. religiöser Entsprechungen zur Erhellung des AT von großer Bedeutung sind. we

Uminterpretation (Umdeutung), die bei einem bibl. Text oder einer Institution erfolgte neue Sinngebung, z. B. beim Paschamahl, das von einem Nomadenbrauch zum Mahl des Alten u. weiter des Neuen Bundes „umgestiftet" wurde. ↗Neuinterpretation. ba

Umkehr gehört sachlich zu den bibl. Aussagen über die Rettung des Menschen, wird in der Schrift nicht thematisch abgehandelt, sondern situationsgebunden, nicht indikativisch, sondern imperativisch: U. ist nicht bloße Möglichkeit, sondern Notwendigkeit. Das hebr. AT kennt keine Substantivbildung U.; es spricht davon nur in Verbalformen. Sie ist demnach nie abgeschlossenes Ereignis oder menschliche Eigenschaft, sondern versäumtes, gefordertes oder verheißenes Tun bzw. Geschehen. Das Wortfeld ist mannigfaltig: Jahwe suchen, nach ihm fragen, sich ihm demütig unterwerfen, sein Herz auf ihn richten, neigen u. a. Grundlegend ist: „eine Wendung machen, umkehren". Es entstammt dem profanen Sprachgebrauch u. meint eine ganze Wendung, also Abkehr von u. Hinkehr zu. Zugleich wohnt dem Verbum das Moment der Wiederholung inne. U. im theol. Sinn bedeutet demnach Abkehr, Hinkehr, Rückkehr; sie verlangt die personale Tat des ganzen Menschen, in der er die bisherige abwegige Richtung des eigenen Lebensweges aufgibt, sich zu Gott hinkehrt u. so zurückkehrt zur ursprünglichen Gottverbundenheit, in der Gott sein Volk bzw. den einzelnen gewollt u. „geschaffen" hat. Die deutschen Worte „bereuen, Buße tun, sich bekehren" u. a. bezeichnen nur Teilaspekte der bibl. Wirklichkeit.

Im AT begegnet U. in der Prophetie im Drohwort (nicht erfolgte U. führt zum ↗Gericht) u. im Heilsspruch (das zugesagte ↗Heil ermöglicht U.), nur sekundär im Mahnspruch. Diesem Gattungsbefund entsprechend liegt der Akzent bei Am, Js, Mich, Zeph mehr auf dem Tun des Menschen u. bei Hos, Jr, Ez, Deutero-Js mehr auf demjenigen Gottes. Das erste Wort zur Sache sprechen Amos und Jesaja. Sie drohen das bevorstehende Gericht an, weil Israel nicht umgekehrt ist. Der Name des Js-Sohnes „Rest-kehrt-um" (Js 7, 3) ist nur für den Rest des Volkes Verheißung, dem Volk kündet er Untergang. Auch Hosea wirft dem Volk Unfähigkeit zur U. vor, die freilich Jahwe durch sein Gericht heilen wird (Hos 14). Er wird Israel in die Wüste des Anfangs locken, um es von seinen politischen (Assur) u. kultischen (Baalsdienst) Liebhabern abzukehren u. – was nach dem israelitischen Eherecht ungeheuerlich ist – es zurückzuführen zu sich als dem Mann der „ersten Liebe" (Hos 2). Die ↗Liebe Gottes zwingt zur Gegenliebe der U. u. schafft ein neues Dasein; denn diese U. ist so radikal wie der Neubruch eines Ödlands (Hos 10, 12 f). Der eigentliche „Prophet der U." ist Jeremia. Ruf zur U. ist das Leitmotiv seiner Botschaft u. unterscheidet nach ihm den wahren vom falschen Propheten (Jr 23). Als Hinkehr zum liebenden Gott ist U. Folge des von Gott gewirkten Heils (Jr 3, 14). In der Zeit der Josijanischen Reform fordert Jr von einzelnen U. „mit ganzem Herzen" statt U. „zum Schein" (Jr 3, 10), d. h. Aufgabe des Starrsinns u. der bösen Gedanken. Für das Leben im Exil betont Ezechiel besonders die Abkehr zur Unterscheidung von der heidnischen Welt. Bei Deutero-Jesaja ist U. Hinkehr zum erlösenden u. vergebenden Gott (Js 44, 22), dessen Heilswillen „alle Enden der Erde" umgreift (Js 45, 22). Der Weltschöpfung durch Gott entspricht die Welterlösung; ihre Folge ist die universale U., die sich konkretisiert in aktiver „Wegbereitung" (Js 40, 1–11) u. Zeugendienst für Gott (Js 43, 10 ff). Js 52, 13 – 53, 12 sieht im Leiden des Gottesknechtes die Eröffnung der U. für alle Menschen. Nach dem Exil betonen Sacharja (1, 3–6) u. Joel

(2, 12) die radikale innere U., Maleachi die Abkehr von der Übertretung der einzelnen Gesetzesvorschrift, Jona die Universalität. Im deuteronomistischen Geschichtswerk gilt U. an geschichtlichen Höhepunkten als der konkrete Weg zur Rettung aus der Not des Exils: Bekehrung des Herzens zu Jahwe ist das Programm Josuas auf dem Landtag von Sichem (Jos 24); die Mahnrede Samuels beim Übergang zur Monarchie (1 Sm 12) u. das Tempelweihgebet Salomos (1 Kg 8) proklamieren U. als den Ausweg aus Verfehlung u. Gericht. Vor allem ist das Testament des Mose Ruf u. Weg zur U. (Dt 4; 30). Sie geschieht in Gebet u. Hören auf die Stimme Jahwes; sie ist weniger menschliche Tat denn Frucht des Gerichts u. eschatologisches Heilsgut. Unter dem Einfluß der Vergeltungstheologie wird U. im Spätjudentum mehr u. mehr menschliches Mittel zur Wiederherstellung der gestörten Ordnung.

Dagegen wendet sich Johannes der Täufer mit seiner Forderung radikaler U. Nur der Baum, der wirkliche „Früchte der U." bringt, entgeht der bereits angesetzten Axt des eschatologischen Gottesgerichts (Mt 3, 8 ff). Echte U. ist in der U.taufe zuteil werdende Gabe Gottes. Die *Verkündigung Jesu* gibt schon nach ihrer Kurzfassung Mk 1, 15 dieser U.predigt neue Tiefe: „Erfüllt ist die Zeit, u. genaht hat sich das ↗Reich Gottes. Kehret um u. glaubt der Frohbotschaft." U. u. ↗Glauben sind die einige Grundtat des Menschen, in der er dem Anspruch des Ev. antwortet. U. ist das bedingungslose Sich-treffen-Lassen vom Einbruch der Gottesherrschaft in Wort u. Tun Jesu. Gott wirkt die U., indem er dem Menschen nachgeht wie dem verirrten Schaf u. der verlorenen Drachme (Lk 15, 3–10), indem er sich finden läßt wie ein Schatz im Acker oder wie eine kostbare Perle (Mt 13, 44 f). Eine solche U. geschieht in ↗Freude, in der der Umkehrende alles verkauft u. auf das eigene Leben verzichtet, um ein neues Sein zu empfangen (Lk 17, 33). Nur wer vor Gott wird wie ein Kind, wie ein unnützer Knecht, wie ein reuiger Zöllner, kann in das Himmelreich eingehen. U. heißt also: die bislang gültigen Kategorien aufgeben u. sich ganz Jesus anschließen, um in seiner Nachfolge die andersartigen Schätze der messianischen Zeit mit den Jüngern Jesu zu teilen. So ist Jesus selbst Krisis der Umkehr; versäumtes oder nur halb gegebenes Ja zu ihm führen zum Gericht (Mt 11, 20–24; Lk 9, 62). Von diesem Gesetz gibt es keine Ausnahme (Lk 13, 3). Die Urkirche deutet die U.predigt Jesu für ihre Situation. Neben der radikalen U. des Neuanfangs kennt das Mt-Ev. U. auch als innerkirchliche Verhaltensweise. In der Haustafel der Gemeinde Mt 18 ist U. eine Grundforderung christl. Brüderlichkeit. Im lukanischen Werk (Lk u. Apg) zeichnen die Missionspredigten den Heilsweg der Bekehrung in detaillierten Schritten: U. u. Buße, Taufe, Sündenvergebung, Geistempfang, Leben in der Kirche, Heilsbesitz (Apg 2, 38–40). Hier bahnt sich eine Verengung des Begriffs U. an (die in die spätere Bußtheologie einging): U. u. Sündenvergebung werden als aufeinanderfolgende Schritte getrennt (Apg 8, 22). Bei Paulus u. Johannes tritt die traditionelle U.terminologie zurück. Das Thema U. wird sachlich integriert in die Theologie der Neuschöpfung (Paulus) bzw. des ↗ Glaubens (Johannes). Die oft mißverstandene Stelle Hebr 6, 4–8 ist nicht dogmatisch, sondern Formulierung des Seelsorgers, der einer lau werdenden Gemeinde mit der Ablehnung einer Neubekehrung den Ernst der ersten U. einschärft. Demgegenüber betonen die Sendschreiben der Apokalypse die Notwendigkeit der fortwährenden U., die als Rückkehr der ganzen Gemeinde zur ersten Liebe (vgl. Hos) in der Abkehr von konkreten Vergehen geschehen muß.　　ze

Unbekannter Gott. Nach Apg 17, 23 entgegnet Paulus in seiner Rede auf dem Areopag in Athen dem Vorwurf, fremde Götter zu verkündigen, er predige nur den Gott, den die Athener unwissend bereits verehrten: den ihnen bis jetzt unbekannten, allein wahren Gott. Paulus weist dabei auf eine Altarinschrift in Athen hin: „Dem u. G." Diese Inschrift ist zwar in dieser Form bis heute nicht gefunden worden. Nach antiker Überlieferung hat es jedoch in Athen Altäre u. G.er (!) gegeben. Wahrscheinlich waren damit Altäre gemeint, die

keinen bestimmten Gottheiten gewidmet waren.　　ma

Unfruchtbarkeit galt im Alten Israel als Unglück u. Strafe, da das ↗ Kind als Gabe Gottes angesehen wird. So bedeutet die Schwangerschaft der hochbetagten, unfruchtbaren Elisabet nicht so sehr ein biologisches Wunder, sondern dient dazu, Maria die freie Gnadenwahl Gottes vor Augen zu führen. Gott erwählt die Frau zur Mitwirkung an seinem Heilsplan, die in den Augen der Juden wegen ihrer U. als von Gott bestraft gilt. Fruchtbarkeit der Felder u. Pflanzen ist Zeichen des ↗ Segens Gottes, der auf dem Lande ruht. U. wird daher zum Ausdruck des ↗ Zornes Gottes. Jesus nimmt die Fruchtbarkeit bzw. U. der Natur zum Gleichnis für die Lebensführung der Jünger, deutet aber die U. um. Wenn die Menschen, die das Saatkorn des Ev. aufgenommen haben, unfruchtbar bleiben, d. h. die Verwirklichung des Ev. im täglichen Leben von den Sorgen um Reichtum u. irdische Dinge ersticken lassen, ist es ihre Schuld, nicht die Tat Gottes (Mk 4, 18 f).　　do

Ungehorsam. Nach atl. Verkündigung entscheidet sich am ↗ Gehorsam oder U. des Volkes wie des einzelnen gegen ↗ Gott das Gottesverhältnis, d. h. aber auch das Leben (Dt 30, 15–19). Israel findet sich vor in der Geschichte des ↗ Bundes u. ist angerufen, Jahwes ↗ Erwählung u. Führung zu hören u. zu beantworten. Der diese Antwort verweigernde U. ist das Wesen der ↗ Sünde. Israel macht sich solchen U. schuldig: „Es ist ein widerspenstiges Volk, es sind verlogene Söhne, Söhne, die auf die Weisung Jahwes nicht hören wollen" (Js 30, 9). Konkret ist dieser U. ebenso Götzendienst wie Ungerechtigkeit gegen den Nächsten. In der prophetischen Predigt wie in der atl. Geschichtsschreibung ist zumal die Zeit nach David bis zum Exil, aber auch schon die Wüstenwanderung gedeutet als Zeit wachsenden U.s, der Jahwes Strafgericht herbeizieht. Es entstehen bestürzende Darstellungen einer Geschichte des U. (vgl. Ez 20; Ps 106), die aber die Hoffnung auf einen neuen Anfang festhalten, den Gott mit seinem Volk machen wird (Ez 20, 41–44; Ps 106, 45–48). Jesus lebt u. ermöglicht neu Gehorsam u. überwindet den U.

seit Adam: „Denn wie durch den U. des einen Menschen die vielen zu Sündern gemacht wurden, so werden auch durch den Gehorsam des einen die vielen zu Gerechten gemacht werden" (Röm 5, 19; vgl. Gn 3). Weil dies aber Gottes eschatologisches, d. h. endgültiges Handeln ist, bekommt der U. Israels, aber auch der Heiden, einen neuen Stellenwert, wird er doch für Juden u. Heiden Grund göttlichen Erbarmens (Röm 11, 30 ff). – Spätere Texte sprechen vom U. der Heiden u. Irrlehrer, verstehen darunter also die Ablehnung oder Verfälschung des christl. Glaubens. Im johanneischen Schrifttum stehen Glaube u. U. ausdrücklich gegenüber: „Wer an den Sohn glaubt, hat ewiges Leben. Wer aber dem Sohn ungehorsam ist, wird das Leben nicht sehen" (Joh 3, 36). – 2 Kor 10, 6 weiß Paulus sich als Apostel befugt, den U. gegen Christus innerhalb der Gemeinde zu bestrafen.   sm

Ungerechtigkeit. Im griech. Denken die Verletzung einer Götter u. Menschen verpflichtenden Rechtsnorm, die das soziale Leben, ja den Weltzusammenhang befestigt. Sie äußert sich in der Parteilichkeit des Richters oder im Unrechttun des Verbrechers. Im AT dagegen ist das ↗Recht Setzung Gottes u. in seinem heilsgeschichtlichen Handeln an Israel begründet. Rechttun ist daher zugleich dankbare Antwort auf seine Gnade, U. entsprechend Auflehnung gegen den Gott, der durch seine Rechtsordnung Israel einen Lebensraum in Gemeinschaft mit sich ermöglicht hat. So wird der Gottlose zum Gegenspieler des Gerechten, Gottlosigkeit u. U. werden identisch (Ps 37, 12 ff). Auch Gottes Strafgericht über den Frevler ist also nicht unparteiische Bewertung u. Bestrafung am Maß einer absoluten Rechtsnorm, vielmehr ist der Sinn der Strafe – Gott ist Richter u. Partei zugleich! – die Durchsetzung seines Gehorsam fordernden Heilswillens gegenüber Israel. Ähnlich ist für den spätjüd. Apokalyptiker U. Abfall vom ↗Gesetz u. damit von Gott, der es zum Zeichen zukünftiger Erlösung von der Bosheit dieses Äons gesetzt hat. Statt dessen wird der Abtrünnige den „Lohn der U." ernten. Auch im NT herrscht das atl.-jüd. Verständnis von U. Vor allem Pau-

lus aber hat dieses radikalisiert: Im Licht der Offenbarung des Ev. erweist sich ihm auch u. gerade das, was ihm früher, d. h. zur Zeit seiner Zugehörigkeit zum jüd. Kultverband, Gewinn war, als Schaden, nämlich die auf eigenen Werken beruhende Gerechtigkeit aus dem Gesetz (Phil 3, 7 ff). Sie ist in Wahrheit U., Ungehorsam gegenüber Gott u. damit Quelle aller weiteren sozialen Vergehen (Röm 1, 18 ff, ↗Lasterkatalog). Christi Tod am Kreuz offenbart aber nicht nur das Verfallensein der Welt unter Sünde u. Tod, sondern auch die neuschaffende Macht Gottes, der den Gottlosen rechtfertigt.   win

Ungesäuerte Brote ↗Mazzot.

Unglaube. a) Im AT. Für Israel ist entsprechend seinem Verständnis vom ↗Glauben als Festhalten an Gottes ↗Verheißung U. nicht Atheismus – erst Weish 10, 1–7 polemisiert gegen einen theoretischen Agnostizismus (↗Offenbarung) – u. auch nicht ↗Häresie, denn diese setzt ein Israel fremdes, intellektualistisches Glaubensverständnis voraus, sondern der Zweifel an der Zuverlässigkeit göttlicher Verheißung, das Infrage-Stellen von Gottes ↗Treue. Ein Beispiel dieses U. ist der ↗Sündenfall, denn das Weib nimmt die Frucht, weil es dem Gebot Gottes, das in seiner Strafdrohung die Verheißung des Lebens einschließt (Gn 2, 16 f), mißtraut. U. ist die Mut- u. Hoffnungslosigkeit, in die das Volk auf den Bericht der Kundschafter Nm 13 hin fällt, denn sie ist „Verachtung" Gottes (Nm 14, 11). U. ist die Sünde des Mose, der Gottes Verheißung, Wasser zu spenden, wenn Mose an den Felsen schlüge, nicht traut u. so Jahwe nicht verherrlicht (Nm 20, 1–13). Geschichten von solchem U. sind die von der Flucht des Elija 1 Kg 19 (vgl. Jona) u. die Achas-Erzählung Js 7. Vor allem in der Königszeit verfällt Israel dem U., seine Existenz durch kultische Leistungen, durch Gewinnstreben ohne Rücksichtnahme auf die sozial Schwachen, durch Königtum, Militär- u. Bündnispolitik sichern zu können. Diese Selbstherrlichkeit ist U. (vgl. Gn 11) u. Bundesbruch, die Hinwendung zu den Götzen ist dann die Konsequenz dieses U. Die Propheten drohen das ↗Gericht über diesen U. an u. fordern zur inneren ↗Umkehr auf: nur in ihr liegt Heil u. Stärke (Js 30, 15; Hab 2, 4). Daneben gibt es natürlich zu allen Zeiten das Übersehen der Verheißungen Gottes, weil man im gedankenlosen Genießen des Augenblicks gut ohne Hoffnung u. daraus erwachsende Verpflichtung meint leben zu können; Js kennzeichnet solche mit dem Zitat: „Lasset uns essen u. trinken, denn morgen sind wir tot" (Js 22, 13). – Nach dem Exil engt sich das Glaubensverständnis Israels ein: Jahwe ist der Geber des ↗Gesetzes, in dem sein Wille zu finden ist; U. ist jetzt jeder Ungehorsam gegen das Gesetz.

b) Im NT. Jesus wendet sich in Wort u. Tat gegen das Mißverständnis des Gesetzes als Summe des Gotteswillens: Gutes, das zu tun möglich ist, wegen des Buchstabens des Gesetzes zu unterlassen ist Sünde, u. die entsprechende Haltung ist Verstocktheit = U. (Mk 3, 1–6 par). Der Gehorsam Gott gegenüber fordert den ganzen Menschen u. besteht nicht in abgrenzbaren Leistungen (Mt 5, 21 ff; Gleichnis vom Samariter, Lk 10, 25 ff). Weil der Wille Gottes nicht in die Gebote eingeschlossen ist, sondern immer neu auf das konkrete Gute geht, kann es keine überpflichtigen Werke geben (Lk 17, 7–10). So ist für Jesus jede Selbstrechtfertigung u. Werkgerechtigkeit U. Aber andererseits ist für ihn jeder Zweifel an der Fürsorge des himmlischen ↗Vaters U.; der Glaubende ist geborgen in Gottes Hand (Mt 10, 29 par) u. der Sorge enthoben (Mt 6, 25 ff): U. ist, nicht die Gottesherrschaft u. ihre Gerechtigkeit, sondern das Eigene zu suchen. Der Anruf, die ↗Herrschaft Gottes bei sich einzulassen, begegnet in Jesus selbst, vor allem in seinen ↗Wundern, darum ist die Ablehnung Jesu Ablehnung seines Auftrages u. U. Darum kann Jesus dort, wo er auf diesen U. trifft, keine Wunder wirken (Mk 6, 5 par). U. ist jede Haltung der Gleichgültigkeit oder des Schon-Bescheid-Wissens, die sich gegenüber dem neu ergehenden Anruf Gottes verschließt (vgl. die drei ersten Weherufe der Bergpredigt, Lk 6, 24 f). – Paulus u. Joh bewahren in je eigener Weise die Kontinuität mit der Verkündigung Jesu, wenn sie wie er den Glauben als Begründung einer neuen Existenz von

Gott aus verstehen u. mit dem ↗Heil verknüpfen, andererseits den U. als *die* ↗Sünde verstehen. Paulus fragt nach dem Heilsweg, der Weise der ↗Rechtfertigung: U. ist nach ihm der Wahn, sich die Gerechtigkeit vor Gott aus eigenen Werken erringen zu können; dieser U. ist Sünde, weil er Gott die Ehre streitig macht. Insofern Christus unsere Rechtfertigung ist, ist der U. auch Ablehnung Christi u. die Ablehnung Christi U. Joh fragt nach dem Heil selbst, dieses Heil ist das ↗Leben, aber nicht wie die „Welt" es in ihrer Selbstbezogenheit versteht u. zu kennen meint (Joh 5, 39), sondern wie Gott es will u. durch seinen Offenbarer mitteilt: die Gemeinschaft, die aus dem Betroffensein u. Getragenwerden von der Liebe Gottes entsteht u. für die das Sich-Gott-Anheimgeben Voraussetzung ist. Insofern Christus Gott, der die Liebe ist (1 Joh 4, 8), offenbart, ist der U., die Ablehnung der Liebe Gottes um der Selbstliebe willen, auch Ablehnung Christi (↗Hohepriesterliches Gebet). – Erst in den Pastoralbriefen u. vollends im Jak wird der Glaube intellektualistisch verstanden, er besteht jetzt im rechten Bekenntnis, U. ist darum Häresie, jede Diskussion mit ihr wird strikt abgelehnt (1 Tim 1, 3 f; 6, 20; 2 Tim 2, 23); im Jak schließlich ist Glaube, allerdings in einem polemischen Zusammenhang, nur noch das Bekenntnis zum Monotheismus, das sogar den Dämonen zugeschrieben wird (Jak 2, 19 f), U. ist also polytheistisches Heidentum.   sch

Unheil. Nach den Schöpfungserzählungen beginnt die Hl. Schrift mit einer Geschichte aussichtslos wachsenden U.s (Gn 3–11). Vom ersten ↗Sündenfall bis zum Turmbau in ↗Babel zeigen die Menschen, daß „alles Wollen u. Trachten ihres Herzens immer nur böse ist" (Gn 6, 5). Erst der ↗Glaube Abrahams bringt eine Wendung zum ↗Heil, aber dieses auf Gottes Berufung u. ↗Verheißung beruhende Heil bleibt begrenzt, für Esau z. B. ist kein Segen übrig, er wird ins U. verwiesen (Gn 27). Aber auch Jakob, „der Überlister" (Hos 12, 4), erfährt in seiner Familie mannigfaches U.; das von Menschen gewollte U. wird von Gott schließlich zum Heil gewendet (Gn 50, 20). Die Darstellung des Wüstenzuges, vor allem im Dt, steht unter der Alternative Heil u. U.; das Volk hat zu wählen zwischen Segen u. Fluch (Dt 30, 15–20). Für die Verfasser des Dt war dabei schon entschieden, was Israel gewählt hatte: Durch Untreue u. Ungehorsam hatte es sich Verwerfung u. U. zugezogen. Dieser Überzeugung sind auch die Propheten. Js 1 u. Jr 2 sind voll dieser schmerzlichen Erkenntnis der religiösen Situation Israels. In dieser Situation muß der Prophet U. verkünden (Jr 28, 8 f; ↗Gericht, ↗Tag Jahwes), nicht mehr bloß als U.s-Drohung, die eine Alternative, die Bekehrungsmöglichkeit, offenläßt (Jr 3), sondern als U.s-Wort, das das unaufhaltbare, im eigentlichen Sinne schon eingetretene U. ansagt (Hos 4, 1–14; Jr 11, 11 ff). Die Vorstellung von einer stetigen, fortschreitenden Heilsgeschichte ist dem AT also durchaus fremd. In der extremen Aussage Js 45, 7 wird Jahwe sogar in gleicher Weise zugeschrieben, daß er Licht u. Finsternis, Heil u. U. schaffe. – Das NT erneuert mit der Heilsansage auch die U.s-Drohung: In der Bergpredigt Jesu stehen neben den Seligpreisungen die Weherufe; für Paulus u. Joh ist der ↗Unglaube zugleich das Unheil.   schü

Universalismus ist ein religionsgeschichtlicher Begriff u. U. steht im Gegensatz zum Partikularismus in der Bedeutung, daß es neben Universalreligionen auch Volksreligionen gibt. Der Gott wird im U. als allmächtiger Herr über die ganze Welt gesehen. Im AT besteht eine fortlaufende Spannung zwischen U. u. Partikularismus, da einerseits Jahwe der Schöpfer u. Herrscher des Alls ist, anderseits der Gott Israels mit seinem Volk einen Bund schließt, ihm Verheißungen gibt, sein Heilshandeln auf die Auserwählten konzentriert. Doch schon früh bewegt sich die Tendenz der religiösen Anschauung hin auf die ganze Welt u. auf ↗alle Menschen u. Völker (Am 9, 7). Für den Endpunkt der Welt hat der Jahwetag vollends universale Bedeutung (Js 2, 12). Im NT sind dann alle in Jesus Christus erschaffen (Kol 1, 15 ff), in ihm sollen alle das Heil sehen (Lk 3, 6).   la

Unmittelbarkeit ist keine inhaltliche, sondern eine strukturelle Aussage über das der Bibel zugrunde liegende Verhältnis von ↗Gott u. ↗Mensch. Der Glaubende hat Gott erfahren als den, der ihm nahe sein will u. sich selbst in freier Liebe (Apk 21, 3; 2 Petr 1, 4) sein Heil gewährt (Nm 6, 24–26). Die Initiative solchen personalen Gewährens u. Verfügens in Wort u. Tat liegt allein bei dem, der *da* ist, als der er *da*sein will (Ex 3, 14; 33, 19). Nicht durch den vergegenständlichenden, verfügbar machenden Begriff, durch das Sehen, sondern durch Gottes zuvorkommende ungeschuldete Erwählung (Dt 7,8; Röm 11, 6) u. seine den Menschen stets umgreifende unbegreifliche Freiheit hat er mit Gott zu tun. So bedient sich Gott der Fülle des Sichtbaren, um sich unmittelbar darin vernehmbar zu machen (↗Theophanie). Jesus ist die absolute, endgültige vermittelte U. zu Gott, seine Gegenwart für uns u. darin unser Weg, unsere Wahrheit, unser Leben (1 Tim 2, 5).   ho

Unmündige. Unmündigkeit besagt den Mangel an Geschäftsfähigkeit; der U. hat z. B. noch keine Verfügungsgewalt über sein Erbe. Die Rechte des U. werden statt dessen von einer voll geschäftsfähigen Person wahrgenommen. Nach jüd. Recht erhält das Kind, das als unmündig gilt, mit dem vollendeten 12. (für Mädchen) bzw. 13. (für Jungen) Lebensjahr eine bedingte Geschäftsfähigkeit. Sie sind z. B. von diesem Zeitpunkt ab heiratsberechtigt u. erhalten bei der Gründung eines eigenen Haushaltes volle Geschäftsfähigkeit. Da Israel sich anmaßt, Gott gegenüber völlig mündig zu sein, also in einem gleichberechtigten Rechtsverhältnis (↗Bund) zu ihm zu stehen, läßt sich Gott von U.n u. Säuglingen das Lob singen, da allein diese noch in der Lage sind, das wahre Abhängigkeitsverhältnis des Menschen von Gott anzuerkennen. So sind es auch die U.n, die Jesus als den Messias preisen, da sie aufgeschlossen sind für die Freiheit u. Unverfügbarkeit des Gnadenhandelns Gottes u. nicht auf einen angeblich von Gott vertraglich zugesicherten, politischen Messias warten (Mt 21, 15 f).   do

Unrecht bezeichnet den Verstoß gegen das von Gott gegebene ↗Recht. Für das AT war daher die Verletzung des mosaischen ↗Gesetzes in allen seinen kasuistischen Entfaltungen, die wie das Gesetz selbst als von Gott erlassen galten, U. Jesus hat das Gesetz auf seinen Kern zurückgeführt, den Willen des Vaters. Dieser wird erkennbar in den Worten Jesu, u. nur derjenige, der diese Worte hört u. befolgt, handelt nach dem Recht (Mt 7, 21 ff). Mit dieser Bestimmung des U. vermeidet Jesus eine neue Kasuistik, die in menschlichen Rechtsnormen den Willen Gottes darlegen zu können glaubt. Kennzeichen der moralischen Forderungen Jesu ist ihre Überspitzung, die eine wortgetreue Befolgung heute unmöglich macht (↗Bergpredigt). Dadurch zwingt Jesus den Hörer, über die situationsbedingte Forderung hinaus auf das Wesen des Willens Gottes zu achten, auf das Gebot der Gottes- u. Nächstenliebe (Mt 22, 37 ff). Wer in irgendeiner Weise gegen dieses von Gott aufgestellte Recht verstößt, begeht U. So kann das buchstabenmäßige Befolgen der moralischen Normen, die die Kirche verkündet, zum U. werden, wenn dadurch die Einhaltung dieses Rechtes beeinträchtigt oder gar verhindert wird. Was U. ist, kann daher letztlich nur unser ↗Gewissen entscheiden u. nicht ein formaler Gesetzeskodex (Röm 2, 14 ff). Das formulierte Recht darf nur als Anleitung des Gewissens verstanden werden, wie das Recht zu tun u. U. zu meiden ist.   do

Unschuld. Für das AT ist es ein brennendes u. ungelöstes Problem, daß Gott dem Unschuldigen Leid aufbürdet (Ps 73, 13 ff). Erst der Tod Jesu, „des unschuldigen u. unbefleckten Lammes" (1 Petr 1, 19), gibt die endgültige Antwort: Das durch Schuld der Menschen verursachte Leid kann nur durch die Übernahme des Leides durch einen Unschuldigen überwunden werden. So wird Jesus – strafrechtlich u. moralisch unschuldig – von Judas an den Hohen Rat überliefert u. von Pilatus zum Tode verurteilt (Mt 27, 4.24). Da aber die Schuld, wenn auch in ihrer Herrschaft gebrochen, bis zur ↗Wiederkunft Christi auf dieser Welt noch fortdauert, weist Jesus jeden, den er von Schuld erlöst hat, in seine ↗Nachfolge ein, d. h., er hat wie er unschuldig die Schuld dieser Welt auf sich zu nehmen (Mk 8, 34). ↗Gottesknecht.   do

Unschuldspsalmen. In den U., die zur Gruppe der ↗Klagelieder gehören, beteuert ein Angeklagter vor Jahwe seine Unschuld (vgl. Ps 17, 3–5.13–14; 27). Der Beter setzt sich der prüfenden Gegenwart Gottes aus, der keine Schandtat an ihm finden wird. In einem Heilswort erwartet er Hilfe gegen die feindlichen Ankläger u. die Eröffnung einer neuen Lebensmöglichkeit durch Jahwe. ↗Heilsspruch.   go

unsichtbar. Das für den griech. Gottesbegriff so wichtige Wort u. wird im AT nie gebraucht. Die Transzendenz Gottes kommt eher im Begriff der Heiligkeit zum Ausdruck (↗heilig). Der sündige Mensch darf Gott nicht sehen (Ri 13, 22), und doch: die Propheten konnten ihn schauen (Js 6) und verkünden seine endzeitliche ↗Erscheinung. – Nach dem NT hat sich der u. Gott (Röm 1, 20; 1 Tim 6, 16) in ↗Jesus kundgemacht (Joh 1, 18); wer ihn sieht, sieht den ↗Vater (Joh 14, 9).   ur

Unsterblichkeit ist das Kennzeichen der homerischen Götter im Gegensatz zur Sterblichkeit der Menschen, die nach ihrem Tod nur ein schattenhaftes Dasein im Hades, in der Unterwelt, erwartet. – Älteste Belege für die U. des einzelnen Menschen finden sich in der ägyptischen u. iranischen Religion. Platon begründet dann im „Phaidon" mit Hilfe der Ideenlehre die U. der Seele. – Dem AT ist die Vorstellung von einer U. des Menschen zunächst fremd; erst in seinen literarisch jüngsten Teilen (z. B. Js 24–27) taucht sie als die Vorstellung von der Auferstehung der Toten auf. Diese wird im Sinn der atl. Anthropologie (↗Körper) als eine Auferstehung u. ein Weiterleben des Menschen in seiner ganzen Leiblichkeit aufgefaßt u. nicht im platonischen Sinn als U. nur der Seele verstanden. – Auch das NT kennt nur eine Auferstehung des ganzen Menschen (1 Kor 15). – Schließlich versprachen die hellenistischen ↗Mysterien ihren Anhängern U., ↗Wiedergeburt u. Gottgleichheit.   ri

Untergang. Im AT wird der U. der gesamten organischen Natur oder der ganzen Welt in einer kosmischen Katastrophe erwartet, von der nur die vom Herrn Auserwählten verschont bleiben (Js 13, 9 ff). Das NT übernimmt diese

Erwartung. In der Rede Jesu über die nachösterliche Zeit (Mk 13) wird der U. der Welt ausgemalt. Es wird das atl. ↗Weltbild vorausgesetzt (Gn 1, 14 ff). Die größeren Leuchten verlieren ihre Leuchtkraft, die kleineren fallen von der Himmelsfeste, an der sie angeheftet sind. „Von der Spitze der Erde" (Mk 13, 27), dem Zionsberg, werden die Auserwählten in den Himmel aufgenommen. Diese Prophezeiungen aber sind nicht wörtlich zu nehmen, sie dienen nur als Anschauungsmaterial für den Glauben, daß die unverborgene Herrschaft des ↗Reiches Gottes anbrechen wird, wenn Gott durch ein besonderes Eingreifen aus dieser Welt einen neuen Himmel u. eine neue Erde erschafft (Apk 21, 1). Solange aber noch die alte, sündhafte Erde besteht, wird jedes Lebewesen seinen U., die Vernichtung seines Fleisches erfahren. Nur einer ist von diesem U. verschont worden, Jesus, der auferstanden ist (Apg 13, 34). Er ist der Garant, daß unser ↗Leib nicht endgültig wie die selbstentfremdete Welt dem U. geweiht ist, sondern zu einem neuen Leib auferweckt wird (1 Kor 15, 40). ho

Unterscheidung der Geister. Paulus nennt im 1. Korintherbrief die U. d. G. im Zusammenhang mit den ↗Geistesgaben u. spricht ihr eine wichtige Aufgabe „zum allgemeinen Besten" zu (1 Kor 12, 7; vgl. 12, 7–10). Wie für die übrigen Geistesgaben gilt auch für die U. d. G., daß sie kein persönliches Können bedeutet, auf das man sich etwas einbilden dürfte, sondern als freies Geschenk Gottes verstanden werden muß (1 Kor 12, 11). Freies Geschenk bedeutet, daß ein Mensch über diese Gabe nicht eigenmächtig verfügen darf, daß er darin vielmehr seine Verwiesenheit u. ↗Verantwortung gegenüber Gott u. der Gemeinde gegenüber erfährt, daß er verpflichtet ist, seine Geistesgabe zum Wohle der ↗Brüder einzusetzen. ↗Geist ist für Paulus Bezeichnung der ungeheuren Dynamik, die vom ↗Evangelium Jesu Christi ausgeht u. das Denken, Reden u. Tun der Jünger bestimmt u. trägt. Die in der Formel genannten „Geister" weisen auf die hellenistisch-orientalische Weltanschauung, die jedwede geistige Dynamik, aber auch alle naturhafte Energie in einem dynamisti-

schen Sinn in Geistwesen „übernatürlicher" Art personifiziert sieht. Wenn von U. d. G. die Rede ist, geht es um die Fähigkeit der Unterscheidung, ob die Dynamik eines Menschen von Gott oder von gottfeindlichen ↗Dämonen ausgeht, ob sie dem Menschen dient oder ihn gefährdet. hi

unterwegs. Schon zur Zeit des Paulus wurde das ursprüngliche ↗Bekenntnis zu ↗Christus dahin mißverstanden, daß in einigen paulinischen Gemeinden Leute meinten, mit der ↗Taufe sei ↗Auferstehung schon geschehen, seien die Getauften schon zum Ziel u. zur Vollendung gekommen. Darum umreißt in Phil 3, 12–14 der Apostel in einem Selbstbekenntnis die Situation des Christen. Dieser ist auf den Weg geschickt, u. es gilt, alles daranzusetzen, um ans Ziel zu kommen. Es gilt, diesen Weg mit letztem Einsatz eines Rennläufers in der Rennbahn zurückzulegen (1 Kor 9, 24–27). Jesu Botschaft schickt Menschen auf den Weg des ↗Glaubens. Dieser ist kein sicherer u. fest vorgezeichneter Weg. Er kann durch die Wüste führen (↗Wüstensituation). ↗Abraham, der durch die Wüste zog, ist Urbild für diesen Weg des Glaubens (Röm 4, 1 ff). Was Christus mit seiner Auferstehung begonnen hat, ist erst im Werden. In diesen Werdeprozeß ist der Christ hineingestellt. Er ist immer unterwegs, nie am Ziel. Er geht diesen Weg nicht isoliert von anderen, vielmehr in ↗Solidarität mit allen Menschen. Christen u. Nichtchristen sind Weggenossen. Dieser Weg steht nie von vornherein fest, er muß gesucht u. erfragt werden. Durch Christus ist die Richtung angegeben, nicht mehr. Es kann einer auch stehenbleiben auf diesem Weg oder vom Weg abkommen. Wer in der ↗Nachfolge Jesu lebt, der ist unterwegs zu Gott, u. Gott ist unterwegs zu ihm. gr

Unterwelt (Scheol), im AT wie im Alten Orient unter der Erdscheibe in der Tiefe (Dt 32, 22) liegend gedachte Welt der Toten (↗Weltbild). Sie wird beschrieben als Stadt mit Toren (Ps 9, 14; Js 38, 10) u. Riegeln (Jon 2, 7) oder, weil sie alles Leben aufnimmt, als Schlund eines unersättlichen Tieres (Nm 16, 30 ff). ↗Totenreich. he

Unverfügbarkeit Gottes. In seinem Grundbekenntnis weiß der Mensch im AT, daß ↗Gott der Schöpfer u. Herr der Welt ist, daß der Mensch als Geschöpf somit nicht über seinen Schöpfer verfügen kann. So bestaunen die Psalmen u. die Weisheitsliteratur die Größe u. Erhabenheit Gottes. Mit starker Hand führt Jahwe sein Bundesvolk durch die Geschichte. Doch nicht immer wird die U. G. in gleicher Weise erkannt u. respektiert. Der fromme Mensch versucht, auf Jahwe einen Einfluß auszuüben, ähnlich wie heidnische Religionen ihre Götter zu beeinflussen trachten. So werden in Israel Gebet u. Fasten als Mittel verstanden, um Jahwe gütig zu stimmen; vor allem durch Kult u. Opfer soll Jahwe versöhnt u. besänftigt werden. Der fromme Mensch will Gott zum Handeln zwingen. Sehr massiv wehrt sich dagegen die ↗Kultkritik der Propheten. In religiösen Kreisen des Spätjudentums wird die Tendenz noch stärker, auf Jahwe einzuwirken: man erwartet allgemein die baldige Ankunft des ↗Reiches Gottes; durch buchstäbliche Gesetzeserfüllung will man das Kommen dieses Reiches beschleunigen u. erzwingen. Ähnlich ist es auch in pharisäischen Kreisen dieser Zeit. Jahwe soll zur entscheidenden endzeitlichen Tat gedrängt werden. Dagegen wehrt sich Jesus energisch: er lehrt, um dieses Reich demütig zu bitten u. es unter Menschen schon zu verwirklichen. „Wer hat den Sinn des Herrn erkannt, wer ist sein Ratgeber gewesen?" (Röm 11, 34; vgl. Röm 11, 33.) Ähnlich bekannten es auch schon die Propheten (Js 40, 13; Jr 23, 18; vgl. Ib 41, 3). Gott ist der Bundes- u. Gesprächspartner des Menschen, aber gerade als solcher der souveräne Herr der Geschichte u. des menschlichen Lebens. Wer über Gott zu verfügen meint, verehrt einen Götzen.
gr

Unvergänglichkeit. Die Sehnsucht des Menschen im AT richtet sich nach der U. Gottes. So bittet der Psalmenbeter Gott, daß er sein Leben rette aus dem Untergang u. aus der Unterwelt. In ↗Jesus ↗Christus hat sich nach der Verkündigung des NT Gottes U. allen Menschen als bleibende Möglichkeit aufgetan. Die U. kommt von der Auf-

erstehungswirklichkeit Christi her. Die Christus „lieben", die in seiner ↗Nachfolge leben, nehmen teil an der U. des Auferstandenen (vgl. Eph 6, 24). U. ist eine Weise des neuen Lebens Christi. „Fleisch u. Blut können nicht das Reich Gottes erben. Ebensowenig kann Vergängliches U. erben" (1 Kor 15, 50). So wie der Mensch jetzt tatsächlich lebt, seinem Schöpfer fremd, kann er nicht die U. des ↗Reiches Gottes erben. Er muß sein Dasein ändern, u. muß sich auf seine Herkunft orientieren. Das ist durch Jesus Christus möglich geworden. „Es muß nämlich das Vergängliche U. u. das Sterbliche Unsterblichkeit anziehen" (1 Kor 15, 53). Wer sein Leben nach Christus ausrichtet, der zieht bereits U. u. Unsterblichkeit an. Was nicht vergeht, ist die ↗Liebe (1 Kor 13, 8 f), ist Jesu Dasein ↗für andere. Das ist Jesu Auftrag, u. das wird zugleich sein Sieg sein: Die Welt soll teilhaben an der U. der Liebe Gottes.
gr

Unziale ↗Majuskel.

Unzucht, gemeinschaftswidriges geschlechtliches Verhalten, das alle Formen der ↗Prostitution (↗Dirne, ↗Hurerei), Knaben- u. Tierliebe usw. umfaßt, wobei das gestörte personale Verhältnis im Vordergrund steht. So z. B. bei der Sünde Onans, der die Erfüllung seiner Bruderpflicht verweigert (Gn 39, 9 f) oder bei den U.s-Sünden, die das Heiligkeitsgesetz (Lv 20) für todwürdig erachtet. In späterer Zeit weitet sich der Begriff der U. auch auf jede Form illegitimer Ehe (↗Ehescheidung) oder außerehelichen geschlechtlichen Umganges aus, wobei aber in der Praxis für den ↗Mann losere Regeln galten als für die ↗Frau. – Schon der ↗Dekalog hatte seine Forderung nicht auf den Bereich des äußeren Handelns beschränkt (Ex 20, 17), u. vollends tritt mit dem NT eine Radikalisierung der ethischen Forderung ein: Schon das ↗Herz treibt U. (Mt 5, 28); jede Art von U. verwehrt den Eintritt ins ↗Reich Gottes (Mk 7, 21 f); der Unzüchtige ist aus der Gemeinde auszuschließen (1 Kor 5, 13); die U. befleckt den ganzen ↗Leib u. entehrt ihn (1 Kor 6, 18; Röm 1, 24). U. ist im bibl. Sprachgebrauch jedoch kein ausschließlich sexueller Begriff, sondern die ↗Geschlechtlichkeit umfaßt den ganzen Menschen in seiner Beziehung zu seinen Mitmenschen u. wird so auch zu einem klaren Bild der menschlichen Beziehung zu Gott.   tr

Ur, „Ur der Chaldäer", Heimat Abrahams (Gn 11, 28.31; 15, 7; Neh 9, 7), alte, schon im 5. Jahrtausend besiedelte Handelsstadt in Südbabylonien u. Zentrum des Kultes des Mondgottes Sin. Durch die Sumerer erlebte Ur um 2000 v.C. eine letzte politische u. kulturelle Blütezeit, verlor danach aber bald an Bedeutung.   we

Urbild. In der bibl. Literatur ist ein U.-Abbild-Schema festzustellen. Darin hat das Abbild seinem U. (Typos) genau zu entsprechen. Das eigentliche U. des Menschen ist Gott, der Mensch ist als Gottes ↗Ebenbild geschaffen. Durch seine Auferstehung wurde ↗Christus zum U. für alle Menschen, zur realen Möglichkeit für die ganze Schöpfung. Menschen, die sich auf ihn einlassen, sollen sein Dasein ↗für andere in ihrem Leben abbilden u. realisieren. Die das tun, werden selbst zu U.ern für andere. So weiß sich Paulus in der ↗Nachfolge seines Herrn als U. seiner Gemeinden. In der menschlichen ↗Geschichte muß Gott als der Schöpfer abgebildet werden, muß Christus zu neuem Leben kommen.   gr

Urflut (tehom) ist das große Weltmeer, das nach den altorientalischen Schöpfungsmythen u. dem bibl. Schöpfungsbericht vor dem ordnenden Werk des Schöpfergottes die ganze „Erde" bedeckte (Gn 1, 2; Ps 104, 6). Am 2. Schöpfungstag teilt Gott die U. in ein himmlisches u. ein irdisches Meer (Gn 1, 6–8); beide nennt man wegen ihrer Unheilsseite auch Chaosmeer. Dem himmlischen, in Speicher eingeschlossenen Meer entströmen Quellen des Segens (Gn 49, 25) u. Wasser zum Gericht (Gn 7, 11; ↗Sintflut). Die U. um u. unter der Erde speist die Quellen u. Flüsse u. ermöglicht so auf der Erde Leben u. Fruchtbarkeit (Dt 8, 7; 33, 13); als „große Wasser" u. Ozean zeigt sie ihre chaotisch-dämonischen Züge (Ex 15, 5–8; Jon 2, 6); drum kann sie auch gleichbedeutend sein mit ↗Unter- u. Totenwelt (Ez 26, 19 f). Die griech. Entsprechung zur unterirdischen U., abyssos (= Abgrund, Tiefe), bezeichnet im NT

den vorläufigen Strafort der Teufel (Lk 8, 31). – U. ist im AT ein geläufiges Detail bei Theophanieschilderungen (vgl. Ps 77, 17; 93, 3 f). – Poetisch personifiziert begegnet U. als Geschöpf, das Jahwe preist u. ihm antwortet (Ps 148, 7; Ib 28, 14). ↗Weltbild.   he

Urgemeinde. Die christl. ↗Gemeinschaft in ↗Jerusalem von ihrer Entstehung etwa um 30 n.C. bis zu ihrer Flucht vor den Römern etwa um 66 n.C. nennt man U. Die Begriffe Urkirche u. Urchristentum werden üblicherweise etwas weiter gefaßt u. unschärfer für die erste Zeit des Christentums gebraucht. Hauptquelle für die U. ist die Apg, von den Briefen vor allem der an die Galater, das Ergebnis der formgeschichtlichen Analyse der Evv. u. einige Autoren der nachapostolischen Zeit. Die U. verstand sich als das neue ↗Israel, das auf die baldige Wiederkunft ihres Herrn wartete. Zunächst allerdings vollzog sich das Leben der U. ganz im Rahmen der jüd. Gemeinde (Apg 2, 46; 3, 1; 5, 12). Doch das ↗Bekenntnis zu ↗Jesus dem Herrn, auf dessen Namen man getauft wurde, u. das gemeinsame Brotbrechen ließen bald ein eigenständiges Leben in der U. entstehen. Den Kern bildeten zunächst die Zwölf, deren bedeutendster Vertreter ↗Petrus war (z. B. Gal 1, 18; Apg 1, 15–26; 2, 14–40). Die Verkündigung der Gruppe führte zum Zusammenstoß mit der jüd. Behörde (z. B. Apg 4, 1–22). Jakobus der Ältere wurde schon um das Jahr 44 von Herodes Agrippa I. hingerichtet (Apg 12, 1 f). Mit dem ausgesprochenen Gemeinschaftssinn u. der Armenpflege (Apg 2, 44 f) hing auch die Wahl der sieben ↗Diakone zusammen, deren bedeutendster Vertreter Stephanus aus dem Kreis der Hellenisten stammte (Apg 6) Gegen diese Gruppe u. richtete sich vor allem die jüd. Behörde. Auseinandersetzungen zwischen Palästinajuden u. Diasporajuden wurden so in die christliche Gemeinde hineingetragen. Dies führte zum Prozeß gegen Stephanus (Apg 7) u. zur Ausweisung der Hellenisten aus Jerusalem (Apg 8, 1.4) u. so zur ersten Missionstätigkeit außerhalb der Stadt (Apg 8, 5 ff; 11, 19–21). Die Heidenmission brachte die Auseinandersetzung zwischen streng gesetzlich den-

kenden Judenchristen u. den heiden-
christlichen Missionaren, in deren Ablauf das ↗Apostelkonzil sich zugunsten
der Heidenchristen für die ↗Freiheit
vom ↗Gesetz entschied (Apg 15; Gal
2, 1 ff). Die Leitung der U. übernahm
nach dem Weggang des Petrus (Apg
12, 17) der Herrenbruder Jakobus. Er
lebte zwar streng gesetzlich, war aber
ein Mann des Ausgleichs. Er wurde im
Jahre 62 in Jerusalem hingerichtet. Zu
Beginn des jüd. Krieges (66–70 n.C.)
verließen die Angehörigen der U. Jerusalem u. wanderten nach Pella im Ostjordanland aus. Damit ging die geschichtliche Wirksamkeit des Juden-
christentums zu Ende.   mi

Urgeschichte. Die U. ist zurückschauende
Prophetie, die aus dem Bedürfnis entstanden ist, die Erwählungsgeschichte Israels bis zu den Anfängen zurückzuver-
folgen. Die ˉ↗Heilsgeschichte wird bis
in die Schöpfung vorverlegt, um auch
die Schöpfung als Jahwes Heilswerk
herauszustellen. In der U. findet sich
eine erschütternde Aufzählung menschlicher Abwendungen von Gott u. als
Antwort von seiten Gottes der strafenden Gerichte, die aber wieder in gnädige Zuwendung umschlagen. Es ist die
Darstellung der Heilsgeschichte der Ge-
samtmenschheit, die zuläuft über Set,
Noach u. Sem auf die Berufung Abrahams.
Die bibl. U. will keine historischen Aussagen machen, sondern theol., eben die
Heilsgeschichte begründende. Hier ist
Wesentliches von Gott u. Mensch gesagt, denn im Handeln zeigt sich das
Wesen des Handelnden. Erkenntnisse
des Glaubens werden anschaulich vergegenwärtigt u. gehen damit weit über
das historisch Feststellbare hinaus.   go

Urim u. Tummim, in Aussehen u. Form
nicht näher bekannte Losorakel zur Befragung Jahwes, deren Gebrauch dem
Priester (Dt 33, 8) u. nach Ex 28, 30 dem
Hohenpriester vorbehalten war u. die
sich in der Brusttasche des Hohenpriesters befanden. Die Fragen waren so gestellt, daß Ja oder Nein als Antwort genügte (Jos 7, 13 ff; Ri 20, 18 ff); manchmal wurde eine Antwort auch verweigert (1 Sm 14, 37). Nach David waren
die U. u. T. wohl nicht mehr im Gebrauch (vgl. Esr 2, 63).

Urkundenhypothese, eine der Erklärungen zur Entstehung des ↗Pentateuchs.
Nach der älteren U. ist das Buch ↗Ge-
nesis aus einer elohistischen u. einer
jehovistischen (nach der damaligen Lesart Jehova statt Jahwe) Quelle entstanden. Die neuere U. führt den gesamten
Pentateuch auf drei ursprünglich selbständige Quellen zurück, zwei elohistische u. eine jahwistische.   ba

Urväter (Vorväter). Analog zur mythologisch geprägten Überlieferung von
den 10 sumerisch-babylonischen Ur-
königen nennt das AT in Gn 4 u. 5 die
Genealogien von 10 Ahnen der Menschheit sagenhaften Alters. Anhand der
Geschlechterlisten (↗Kain, Set) will das
AT die Unheils- u. ↗Heilsgeschichte
der vorsintflutlichen Menschheit von
↗Adam bis ↗Noach darlegen. Im Judentum wie im NT (Sir 44; Lk 3, 36 f;
Jud 14) verweist man auf sie.   pa

Urzeit. Der Beginn der Gottesgeschichte
wird bis in die ↗Schöpfung hinaus-
verlegt u. als Werk Jahwes am äußersten Anfang gesehen. Der Welt- u.
Menschenerschaffung Jahwes werden
andere Schöpfungswerke folgen. Deshalb stellt der priesterliche Lobpreis
(Gn 1) bewußt die Schöpfung in die
Zeit hinein, um sie der mythischen Zeitlosigkeit zu entreißen.   go

V

Varianten. Schon innerhalb des ↗Kanons finden sich verschiedene Formulierungen desselben Sachverhaltes, z. B. in den einzelnen Pentateuchquellen oder den synopt. Evv. Aber auch die Überlieferung der kanonischen Texte in ↗Handschriften bringt eine Fülle von V. mit sich, aus denen die ↗Textkritik (↗Bibelwissenschaft) den ursprünglichen ↗Bibeltext zu rekonstruieren sucht. tr

Vater. a) Im AT. Fast überall u. zu allen Zeiten benutzt der Fromme den V.-namen, wenn er die Gottheit benennt oder anruft; es ist deshalb verwunderlich, daß V. – auf Gott bezogen – in den älteren Schichten des AT völlig fehlt. Verständlich wird dies, wenn man darauf sieht, wie sich die Umwelt Israels die V.schaft der Götter vorstellt. Die Götter sind dort V. u. Mütter im physischen Sinne, die zeugend alles aus sich hervorgehen lassen. So heißt der Mondgott Sin in einem babylonischen Hymnus „V., Erzeuger der Götter u. Menschen". Alles Leben, alle Fruchtbarkeit ist Gabe der zeugenden u. gebärenden Götter, durch Üben der eigenen ↗Geschlechtlichkeit ehrt man diese Götter u. gewinnt Anteil an ihrer Gabe. Daher konnte man vor einem Stein, der als Bild des Zeugungsgliedes aufgerichtet war, beten: „Du hast mich geboren" (Jr 2, 27). Hier mußte sich Israel wehren u. konnte daher den V.namen für Jahwe zunächst nicht übernehmen. Offenbar nach fremdem Vorbild geschieht die Übernahme zum erstenmal im Krönungsritual Israels, wenn der neue König durch den Mund des Hofpropheten ↗„Sohn Gottes" (durch Adoption) genannt wird (Ps 2, 7; 89, 27 f; ↗König). Dabei bleibt zwar das Vokabular das gleiche wie bei den altorientalischen Vorbildern, tatsächlich aber ist die Vorstellung der Zeugung durch die der Berufung u. Beauftragung ersetzt. Erst

durch diese grundlegende Uminterpretation konnte Israel den V.namen auf Jahwe anwenden, denn es wußte sich dadurch als Volk entstanden, daß Jahwe in die Geschichte eingegriffen u. „aus Ägypten seinen Sohn gerufen" hat (Hos 11, 1; ↗Bund). Nur auf Grund der machtvollen Herausführung aus Ägypten, auf Grund von ↗Erwählung u. Berufung konnte sich ↗Israel „Jahwes Sohn" u. „Erstgeborener" nennen (Ex 4, 22). Von der immer gleichen V.schaft der Götter auf Grund von Zeugung oder der V.schaft Gottes auf Grund der Schöpfung, wie man später im Judentum dachte, unterscheidet sich diese durch eine geschichtliche Berufungstat gesetzte V.schaft dadurch, daß sie selber geschichtlich, d. h. wandelbar ist: Jahwe u. Israel sind nicht immer in gleicher Weise V. u. Sohn. Wenn Israel den Bund verlassen hat, hat es damit seinen V. verloren. Daher wird das Kindschaftsmotiv zusammen mit dem Ehemotiv bei den Propheten (Js 1, 2; Jr 3, 19 f) u. im Dt (32, 5.6.18) zur Anklage der Untreue Israels. Erst in den nachexilischen Schriften wird die V.schaft Jahwes immer mehr in seinem Schöpfungswirken gesehen; das ermöglicht einerseits eine Entfaltung auf den einzelnen hin (Spr 3, 12; Weish 2, 16.18.23), andererseits eine Ausweitung auf die Heiden hin, als Parabel der frei berufenen Güte Gottes im Buch Jona (4, 10 f), im humanistischen Sinne der allgemeinen Gleichheit Weish 11, 23 f; 12, 1.

b) Im NT ist, ähnlich wie beim ↗Gebet überhaupt, das Neue bei der V.-nennung Gottes auf Jesus selbst zurückzuführen. Zwar hat Jesus in seiner Verkündigung den V.namen für Gott offensichtlich nur recht selten gebraucht (in den Logien 7–9, im Lk-Sondergut 6 Belege gegen 42 bei Mt insgesamt u. 109 bei Joh), doch ist völlig sicher, daß er im Gebet Gott V. genannt hat, u. zwar in der aramäischen Anredeform „Abba" (Vokativ u. status emphaticus) (unübersetzt Mk 14, 36 u. bei Paulus, übersetzt in allen Traditionsschichten der Evv.). Dieses Wort, das der Kindersprache entstammt u. ursprünglich Lallform wie unser „Papa" ist, hat als Gebetsanrede im Judentum kein Vorbild u. keine Parallele; Gott mit diesem familiären, unehrerbietigen Wort anzureden war neu u. unerhört. Für Jesus aber war es der rechte Ausdruck seines Gottesverhältnisses. Mit der Anrede „Abba" macht Jesus seinerseits Ernst mit seiner verheißungsvollen Forderung „Wer das Reich Gottes nicht annimmt wie ein ⌐Kind, wird nicht hineinkommen" (Mk 10, 13 ff par). Was der atl. Beter in seiner Anfechtung ersehnt u. erspürt (Ps 73, 23 ff), wird hier zur grundgebenden u. furchtbannenden Sicherheit: Gott ist der an der Hand leitende, fürsorgliche V., der seinen Kindern schlechthin jede Sorge abnimmt (Mt 6, 25 ff), denn die ihm unendlich Lieben wird er niemals fallenlassen (Mt 10, 29 f par, Gleichnisse vom ⌐Verlorenen, Lk 15). Die Gebetsanrede „Abba" setzt also die Erfahrung der schlechthinnigen Geborgenheit in Gottes Hand voraus; diese Geborgenheit wird bei Jesus selbst zum Bewußtsein der Zusammengehörigkeit u. Einheit mit dem V., so daß er sich nicht mit den Jüngern zum gemeinsamen „unser V." zusammenschließt, sondern zwischen „mein V." u. „euer V." scheidet (vgl. Mt 10, 29 mit 10, 32 f; so durchgehend bei allen Synopt.n). Hier liegt eine christologische Unterscheidung der Synopt. vor, die grundsätzlich der des 4. Ev. u. dem Chalzedonense entspricht. – Die frühe Kirche hat die Anrede „Abba" dankbar in der Ursprache übernommen (Gal 4, 6; Röm 8, 15), um ihrerseits ihr Gottesverhältnis darin auszusprechen. Paulus schließt aus dem Gebrauch dieser Gebetsanrede nicht nur den Empfang des Geistes Gottes, der allein uns diese Anrede ermöglicht, sondern auch die Befreiung von der Knechtschaft durch ⌐Sünde, ⌐Gesetz. Sie ist das Zeichen der Berufung zur ⌐Kindschaft: Der Christ hat Christus zum ⌐Bruder u. ist daher wirklich Sohn Gottes u. Miterbe Christi.

c) Für die heutige Verkündigung ist die V.benennung Gottes unaufgebbar. V. ist das umfassende Symbol für den Herrschaftsanspruch Gottes (parallel mit ⌐Herr, König), für seine fürsorgliche u. auch den Sünder erhaltende Liebe (parallel mit ⌐Hirt, Schöpfer), für Gottes Strafen, Erziehen u. Begnadigen (parallel mit ⌐Richter, ⌐Retter). Wird diese umfassende Spannweite nicht durchgehalten, so wird Gott entweder zum dämonischen Willkürgott oder zum sentimentalen „lieben Gott". Die V.benennung stellt Gott nicht in eine familiäre Beziehung zum Menschen, sondern bekennt den richtenden Herrn, der den Menschen liebend annimmt, obwohl er unannehmbar ist. Das Unsicherwerden des V.bildes in der heutigen gesellschaftlichen Situation ist bei der Verkündigung Erschwerung u. Chance zugleich. Die Chance liegt in der Befreiung des gesellschaftlichen V.bildes von seinen autoritären, willkürlichen Zügen, die ihm bisher anhafteten. Das Ungenügen jeder irdischen V.erfahrung ist ebenfalls Chance, wenn sie uns hindert, die bestehende ⌐Analogie zwischen menschlicher V.schaft u. Gottes V.schaft zur Identifikation zu verfälschen. Hier muß die schroffe Mahnung Christi beachtet werden, nur *einen* V. zu nennen (Mt 23, 9). Schließlich darf die V.nennung Gottes nicht dazu führen, die weiblich-mütterlichen Elemente, die die Bibel dem Handeln Gottes am Menschen zuschreibt (Js 49, 15; 66, 13; auch Mt 23, 37), zu verdecken. Die kath. Kirche hat dies nie getan, sondern in der Marienverehrung einen Ausgleich des einseitigen V.bildes geschaffen, der aber nicht ohne große Bedenken ist.   *sch*

Väter, Die. Die Erz-V. Israels werden abot genannt: Sie sind Vorfahren nicht nur der Abstammung nach, sondern vor allem im Glauben an die ⌐Verheißung Gottes. Die größten, typologischen V.-gestalten sind von den ⌐Patriarchen ⌐Jakob u. vor allem ⌐Abraham. 1 Kor 10, 1 ff heißt das Volk auf dem Wüstenzug „unsere V.", in diesem, meist negativ bewerteten Sinne auch öfter in den Evv. (Mt 23, 30.32).   *schü*

Vätergott. In der Urzeit Israels hat ⌐Gott viele Namen, die häufig mit bestimmten Kultstätten verbunden u. mit ↗El gebildet werden (z. B. el schaddai: Gn 17, 1; el olam: Gn 21, 33). Zunächst handelt es sich wohl um verschiedene Lokal- oder Familiengötter, die aber in den Jahweglauben eingingen. Denn der Gott der Verheißung stellt sich bei Isaak vor als der „Gott deines Vaters Abraham" (Gn 26, 24); entsprechend nennt Jakob ihn den „Gott meines Vaters, den Gott Abrahams u. den Schrecken Isaaks" (Gn 31, 42). Nach dem ↗Elohisten wird erst Mose der Gottesname ↗Jahwe offenbart. Doch dieser Jahwe ist nicht ein neuer Gott, sondern der „Gott der Väter", der „Gott Abrahams, Isaaks u. Jakobs" (Ex 3, 6.15). Der Gott der Vorfahren, der Erwählung u. Verheißung ist auch der Gott des Heute. Damit wird die Gottheit nicht mit einer besonderen Kultstätte oder einem bestimmten Ort verbunden, sondern mit den Personen der Stammväter u. den ↗Väterverheißungen, die an sie ergingen. Schon der Jahwist u. der Elohist haben den Gedanken des ↗Bundes bis zu den Vätern zurückgeführt, die Priesterschrift gar bis ↗Noach.   schü

Vätersünden. Wollen atl. Texte den Grund für die fluch- u. unheilvolle Situiertheit der Hörer aufdecken, geschieht dies häufig unter dem Aspekt der V. Wie die Vorfahren sich durch ↗Bundesbrüche von Gott abwandten (Js 63, 10), vollzieht das jetzige Volk in freier Entscheidung diese Sünde nach, als „nein" zum Heilsplan Gottes, zur vollen Liebesgemeinschaft zwischen ihm u. den Menschen (Js 59, 1 ff). Die Folge ist Wertblindheit – man erkennt nicht mehr, was jetzt gegenüber Gott u. der Gemeinschaft zu „wählen" wäre –, von seiten Gottes aber das Gericht (Js 65, 7).   pa

Vaterunser. Das V. ist im NT in 2 Fassungen überliefert: die uns vertrautere Mt 6, 9–13, eine kürzere u. ursprünglichere Lk 11, 2–4. Beide sind vom kirchlichen Gebrauch in unterschiedlichen Gemeinden geprägt u. geben doch das Gebet Jesu im wesentlichen übereinstimmend wieder. Gott ↗Vater zu nennen ist alte Übung der Menschheit (sumerische Texte; 15mal im AT). Im V. hat die Anrede jedoch besonderen Klang, weil mit ihr der Beter Anteil ge-

winnt am Gottesverhältnis Jesu, der zuerst Gott als abba („lieber Vater" – ein Wort kindlicher Intimität) angeredet hat. So zu beten ist dem Menschen nicht aus sich möglich, sondern allein durch den Geist des Sohnes, den Gott ins ↗Herz gegeben hat (Gal 4, 6; Röm 8, 15). Eine 1. Gruppe von drei (Lk: zwei) Bitten zielt auf die eschatologische (endgültige) Offenbarung Gottes: Gott soll seinen ↗Namen, d. h. sich selbst, enthüllen zur Anerkenntnis durch die Welt; die ↗Herrschaft Gottes soll die Geschichte bestimmen; sein Wille ↗Gehorsam finden. Es geht also um Gottes Handeln, in das der Mensch in seinem Gebet einschwingt u. das er herbeibittet; inhaltlich um die vollendete Einigung Gottes mit seiner Schöpfung. Die 2. Gruppe von vier (Lk: drei) Bitten trägt die Not des Menschen in seiner vergehenden Zeit vor Gott. Er bedarf des Brotes für diesen Tag (nicht der Vorräte); der Vergebung seiner Schulden, d. h. seines Zurückbleibens hinter Gottes Anspruch; der Rettung vor der Übermacht des Bösen. „Versuchung" ist die Gefahr, im Dasein als ganzem zu scheitern. Das nicht zu erhellende Geheimnis solchen Scheiterns angesichts des Vaters läßt bitten, nicht in Versuchung zu führen. Endet so das Gebet mit einem Hilferuf, dem aller Ernst menschlicher Existenz bewußt ist, so bleibt doch bis in dieses letzte Wort hinein sein Anfang gültig u. Verheißung: Vater. – Der Brauch, das V. mit einer ↗Doxologie zu schließen, findet sich schon in der Didache, ca 100 n.C.   sm

Väterverheißung. a) Im AT. Die ↗Offenbarung im AT ist durchgehend eine Offenbarung in ↗Verheißung. ↗Gott offenbart sich den ↗Vätern in Befehlen, Weisungen u. Versprechen. Die Berufung ↗Abrahams ist Befehl, Heimat u. Sippe zu verlassen, u. Verheißung des ↗Segens (Gn 12, 1 ff). Die V., die immer neu wiederholt u. variiert wird, umfaßt in ihrer Endgestalt dreierlei: Abraham soll Nachkommenschaft haben, die niemand zählen kann; seine Nachkommen sollen das Land besitzen; durch ihn wird eine gesegnete Gottesgemeinschaft entstehen (Gn 17, 6–8, P). Diese V. ist die Klammer, die die riesigen Erzählmassen des Hexateuchs zu einem theol. Ganzen zusammenfügt: Die Erfüllung der V. schiebt sich weiter u. weiter hinaus. Die Landverheißung erfüllt sich für Abraham nicht, er bleibt Fremdling im Lande u. kann nur einen Begräbnisplatz erwerben (Gn 23); die älteren Quellen des Pentateuchs sehen diese V. in der Landnahme unter Josua erfüllt, aber schon für das Dt ist dieser Besitz wieder gefährdet. Auch die V. der Nachkommenschaft verzögert sich für Abraham über die Zeit natürlicher Fruchtbarkeit hinaus, doch Abraham, „wohl wissend um seinen erstorbenen Leib ... u. den erstorbenen Leib Saras, zweifelte nicht an der Verheißung Gottes, sondern wurde stark im Glauben" (Röm 4, 19f; vgl. Hebr 11, 11). Das Verziehen der V. kann so weit gehen, daß Gott seine Zusage aufzuheben scheint, als er die Opferung Isaaks befiehlt (Gn 22). In dieser Glaubensanfechtung, in der das Wie der Erfüllung völlig unsichtbar wird u. der Mensch sich von Gott verlassen sieht, hat Israel seine Erfahrungen mit Gott bestätigt gefunden; es sammelte diese Vätergeschichten, weil es darin seinen ins Wagnis rufenden, auf Hoffnung stellenden Gott *wiedererkannte*. Damit bekennt es seinen Glauben, daß Gott gegen alle Verzögerungen u. durch alle Verdunkelungen hindurch die V. erfüllt, ja in der Erfüllung übertrifft. Das NT folgt dieser Überlieferung des AT, wenn es mit seiner Auslegung der V. über alle Zeit u. alle Menschen hin ausgreift: Christus ist der Abrahamssame, in dem alle Völker gesegnet werden (Gal 3, 15ff). AT u. NT kennen u. bekennen den gleichen Gott der Geschichte u. Verheißung u. sind sich einig in der Aufforderung: „Halten wir fest, ohne zu wanken, am Bekenntnis zur Hoffnung, denn treu ist der, der die Verheißung gab" (Hebr 10, 23). Der Glaube ist die hoffende Ausrichtung des Menschen auf die Zukunft, in der Gott seine Verheißungen ganz erfüllt; Offenbarung, Glaube u. Verheißung sind durch ihre Beziehung auf das Ende der Zeit miteinander verknüpft. Wo Gott offenbar wird, wird er in seinen Berufungen u. Segensverheißungen als der personhafte, in Verantwortung stellende Ich-Gott offenbar,

aber zugleich wird seine Allmacht über die Ereignisse u. die Geschichte, also seine ↗Herrlichkeit offenbar, so daß der Glaube als die Zuversicht auf die ↗Treue Gottes bestehen kann. Davon betroffen zu werden, wer Gott ist u. was er verheißt, ist ein u. das gleiche Geschehen. Die bibl. „Erkenntnis" Gottes ist darum immer mit geschichtlicher Erinnerung u. hoffender, ja utopischer Erwartung verbunden. Das Offenbarungsgeschehen erschließt die Zeit, es setzt nämlich Vergangenheit u. Zukunft u. macht den Menschen bewußt zu einem Wesen auf Zeit. Bibl. Offenbarung setzt dem Leiden aus, sie verklärt nicht die Wirklichkeit, sondern als Gericht über die menschliche Wirklichkeit ist sie auf Veränderung, ja Übersteigung dieser Wirklichkeit aus. Bei dieser „Wanderung ohne bleibende Stätte" wird der Glaubende gezogen von der Zuversicht auf die Vollendung, die die Treue Gottes schaffen wird.
b) Im NT. Es ist die theol. Eigenart des Lk, die Geschichte Jesu u. der frühen Kirche als die von Gott geplante u. folgerichtige Erfüllung der V. darzustellen. Er beginnt sein Ev. mit dem Bericht über das Paar Sacharja u. Elisabet, die „beide gerecht vor Gott u. in allen Geboten u. Satzungen untadelig waren" (1, 6); die Geburt Jesu wird als Erstehen eines neuen David angekündigt (1, 32f), u. Maria faßt die Ereignisse im Magnificat zusammen: „Er hat sich Israels angenommen ... wie er gesprochen hat zu unseren Vätern" (1, 54f). Dies ist ein freies Zitat aus Mich 7, 20, Lk bezieht sich damit auf den Kreis messianischer Weissagungen bei Js u. Mich, die einen – wie einst David – aus Betlehem kommenden (Mich 5, 2), aus dem „Wurzelstock Isais" (Js 11, 1) hervorgehenden Heilsbringer ankündigen (↗Messias, ↗Friedensfürst). Obwohl Jesu Auftreten, gerade auch in der Darstellung des Lk, nichts Königliches, Davidisches an sich hat, sieht Lk doch durch ihn diese Weissagungen erfüllt (2, 1; Simeon-Anekdote). Folgerichtig wird dann in den Predigten der Apg der Auferstandene mit den Worten Davids als Herr u. Messias verkündet (Apg 2, 25–28.34f), wobei das Kreuz den Charakter eines Unfalls bekommt. Der sich

hier anbahnende Triumphalismus ist
dann ohne Verständnis für die Situation Israels, das die – in dieser Auffassung – so folgerichtige Erfüllung der
V. nicht anerkennen *will* (Apg 7, 51–53
u. das Schlußwort 28, 26 f); die wahrhaft schrecklichen Folgen dieses Triumphalismus in der Kirchengeschichte für
das Verhältnis zwischen Christen u. Juden sind bekannt, wenn auch kaum anerkannt u. bedacht worden. – Demgegenüber faßt Paulus das Verhältnis
von Verheißung u. Erfüllung dialektisch
auf. Gewiß sind in Jesus die V.en ↗ein
für allemal bestätigt u. erfüllt worden
(2 Kor 1, 19 f), u. zwar gegen den ↗Un-
glauben Israels, aber seine Vorzüge hat
Israel dennoch nicht verloren, u. unter
diesen Vorzügen sind die Verheißungen
u. die ↗Väter die größten (Röm 9, 4 f).
Deshalb sind die Juden, die Christus
ablehnen, „zwar in Hinsicht auf das Ev.
Feinde um euretwillen (d. i. der Glaubenden aus den Heiden), in Hinsicht
auf die Erwählung aber Geliebte um
der Väter willen" (Röm 11, 28). Ihr Unglaube steht wie der der Heiden unter
dem unerbittlichen Gericht Gottes, aber
nicht zur Vernichtung, sondern zur Rettung beider, „denn Gott kann seine
Gnadenverheißung u. Berufung nicht bereuen" (Röm 11, 29–32): das ↗Heil ist
für beide. Im Ölbaum-Gleichnis Röm
11, 17–24 warnt Paulus daher eindringlich vor dem überheblichen Triumphalismus der Christen gegenüber den Juden, denn beider Heil ist nicht unum-
stößlicher Besitz, sondern Verheißung.

           sch

Väterzeit. Die in der Patriarchengeschichte (Gn 12–50) gesammelten, verschiedenartigen Überlieferungen machen
eine genaue Datierung der V. unmöglich. So schwankt auch der Zeitansatz
erheblich: 1. Abraham hat im 19. Jh.
v.C. gelebt; im Zusammenhang mit der
Hyksosbewegung sind seine Nachkommen im 18. Jh. nach Ägypten abgewan-
dert; 2. die Zeit der Nuzi-Texte (15. Jh.)
oder 3. die Amarnazeit (14. Jh.). Auf
jeden Fall deuten Namengebung u. gesellschaftliche u. rechtliche Verhältnisse
(vgl. Gn 15, 4; 16, 2; 25, 32) auf das
2. Jahrtausend als geschichtlichen Hintergrund der Erzählungen hin. ↗Väter.

           we

Vaticinium ex eventu, lat., ↗Weissa-
gung auf Grund des bereits Geschehenen, so Dn 11, 2–39, wo die zur Zeit
der Abfassung (ca. 165 v.C.) vergangene
Geschichte von Seleukiden u. Ptolemäern vorausgesagt wird. In den Evv.
sind v. e. e. z. B. die Weissagungen
von der Zerstörung Jerusalems (Lk 19,
42–44) u. die ↗Leidensweissagungen
(Mt 20, 17–19).

           mo

Verantwortung. Dieser anthropologische
Begriff ist eine verhältnismäßig späte
Prägung, kommt zwar formal in der
Bibel nicht vor, bildet aber inhaltlich
einen wichtigen Faktor des bibl. Menschenbildes. Begriffe, die das mit V. Gemeinte umschreiben, sind: „seine Sache
vertreten" (Apg 24, 10), „sich verteidigen" (Apg 26, 24), „Rechenschaft geben"
(1 Petr 3, 15), „Rede stehen" (Apg 19,
40), „Abrechnung halten" (Mt 18, 23).
Schon dieser kurze Überblick läßt erkennen, daß es jeweils um ein dialo-
gisches Verhältnis geht: Ein Mensch verantwortet sich vor einem anderen, vor
der ↗Gemeinschaft, vor seinem ↗Herrn,
vor Gott. V. ist damit als personaler
Grundvollzug charakterisiert, als Wirklichkeit vollen Menschseins. 1. V. als
„Antwort": Das deutsche Wort drückt
sehr gut aus, daß es um ein „Gegen-
Wort" geht, das bereits ein ↗„Wort"
voraussetzt. Wort aber ist schon im AT
eine der Grundaussagen über die Wirksamkeit ↗Gottes: Im Schöpfungshym-
nus der Genesis hat das Wort schöpferische Bedeutung (Gn 1, 3 u. ö.); bei den
Propheten ergeht durch den Mund des
Gottesmannes das ↗„Wort Gottes" als
Trost, Mahnung, Warnung, Gericht, Verheißung oder Heilszusage an die Menschen (vgl. z. B. Jr 1, 1 ff); in der Weisheitsliteratur wird das Wort zum Schöpfungsmittler (z. B. Weish 9, 1). Dies
wird im NT weitergeführt: Das Gotteswort schafft Leben (Mt 4, 4); die ↗Apo-
stel sind „Diener des Wortes" (Lk 1, 2).
Im Wort Gottes, das auf derart vielfältige Weise den Menschen trifft, erfährt er immer zugleich den Anruf zur
Antwort, d. h. zum ↗Glauben, zur
„Wahrheit" u. zum ↗Gehorsam (vgl.
z. B. Röm 10, 16 f). Wer nicht zur Antwort bereit ist, fällt in ↗Sünde, weil er
die Rechenschaft verweigert oder nicht
besteht. 2. V. als „ganzmenschlicher

Vollzug": Dem ganzheitlichen Denken der Bibel entsprechend ist eine Antwort nie bloß intellektuell gemeint, sondern muß vom Personkern (↗Herz) des Menschen aus gegeben werden. Eben dies drückt aber V. aus: eine Antwort „ganz" geben, d. h. dem anrufenden Wort mit der ganzen Persönlichkeit entsprechen. 3. V. „vor u. für sich selbst": Alle V. muß jederzeit gegeben werden können, d. h., sie ist abhängig vom konkreten Anruf, Rechenschaft abzulegen. Verantwortlich leben heißt dann: wachsam sein u. dem ↗Gewissen folgen (Röm 14, 23). Wer im bibl. Sinn auf sich selbst hört, sieht sich jeweils als auf Gott verwiesen, d. h., er weiß sich stets als „Hörer des Wortes" u. erkennt sich als Verwalter Gottes, dem er jederzeit Rechenschaft zu geben hat (vgl. z. B. Mt 25, 19 ff). Wenn der heutige Mensch weithin eine sittliche Bindung durch Gebote ablehnt u. der Meinung ist, nur sich selbst gegenüber verantwortlich zu sein (nicht Gesetzen u. Vorschriften), so muß dies durchaus nicht immer Überheblichkeit u. Zeichen für Gottlosigkeit sein. Wenn er sich als offen auf die anderen (↗Bruder, ↗Liebe) u. auf Gott hin weiß, ist seine Haltung im Gegenteil sogar ein Zeichen seiner personalen Mündigkeit (vgl. z. B. 1 Kor 10, 23 ff). 4. V. u. „Liebe": Liebe als Grundthema des Ev. ist für den Christen anforderndes Wort, das seine Antwort u. ganzmenschliche V. herausfordert. Indem er sich in Liebe öffnet, vollzieht er sein Wesen, erfüllt er Gottes Auftrag, wird er erst ganz er selbst. – So eröffnet sich vom Wesen der V. her dem heutigen Menschen, der sich der kirchlichen Tradition entfremdet hat, ein neuer Zugang zum Zentrum bibl. Verkündigung, die ihn in seiner ↗Freiheit u. Mündigkeit anspricht, ernst nimmt u. ihm dazu verhilft, zu sich selbst zu kommen. Das Ev. ist in diesem Fall in gutem Sinn „Existenzerhellung", d. h., es ermöglicht den Durchblick bis zu den Grundstrukturen menschlicher Existenz.   hi

Verbannung gehört zur Rechtsvollmacht der Synagoge u. ist aus dem atl. ↗Bann entstanden. V. staffelt sich von einem Verweis, der den Betroffenen eine Zeitlang vom Gemeindeleben ausschließt, zum kleinen Bann, der für kürzere oder

längere Zeit isoliert, bis zum schweren Bann, der Isolierung auf Lebenszeit bedeutet, der aber gelöst werden kann. Isolierung besagt, daß nur die engsten Familienangehörigen mit dem Gebannten verkehren dürfen, allen anderen ist jegliche Annäherung untersagt, sonst fallen sie selbst unter den Bann. Der kleine Bann konnte von jedem Israeliten über einen anderen bei entsprechender Verfehlung gesprochen werden, den schweren Bann konnte nur ein Gerichtshof verhängen. In der nachapostolischen Zeit belegen die Juden in der Auseinandersetzung mit den Christen diese mit dem schweren Bann (Joh 9, 22), d. h., sie führen durch die offizielle V. den endgültigen Bruch mit der Judenchristenheit herbei. In die kirchliche Bußpraxis wird die V. als schärfste Strafe aufgenommen. Der ungehorsame Sünder kann von der Gemeindeleitung so lange aus der Kirchengemeinschaft ausgeschlossen werden, bis er von der Sünde Abstand genommen hat u. zur ↗Umkehr bereit ist (Mt 16, 19: binden = V.).   do

Verborgenheit. Die Bibel verkündet, daß Gott sich offenbart. Er erscheint in gewaltigen Zeichen vor Israel am Sinai (↗Theophanie) – aber nicht er selbst wird sichtbar, er ist nur im Erdbeben, Gewitter, Donner, in seinem Wort erfahrbar (Ex 19). Ähnliches zeigt das NT: Obwohl der Auferstandene in langem Gespräch mit den Jüngern zusammen ist, bleibt er unerkannt – im Zeichen des Brotbrechens tritt er aus der V. (Lk 24, 16 ff). Jesu Werk u. Person ist Höhepunkt der Selbstmitteilung Gottes, doch zugleich bleibt sein eigentliches Wesen selbst seinen Vertrauten verborgen (Joh 14, 9). Die Evv. benutzen zur Kennzeichnung dieser Situation das in der Tradition bereitliegende Bild vom verborgenen ↗Menschensohn. Er ist schon mitten unter den Menschen, aber sie kennen ihn nicht (Joh 1, 26). Diese Verbindung unmittelbarer Nähe u. V. gilt auch von Gottes Werk. Die Juden, die den zweiten Tempel aufbauen, sind enttäuscht über seine Ärmlichkeit angesichts der von den Propheten geweckten Erwartungen des Anbruchs der Gottesherrschaft. Doch in diesem kläglichen Anfang bricht die weltweite ↗Herrschaft

Gottes an (Hag 2, 3 ff) Während die ↗ Apokalyptik die Neugestaltung der Erde vom Himmel her erwartet, wo das neue Jerusalem in der V. bei Gott ist (Apk 21, 2), erkennt die eschatologische Erwartung der Propheten in den geschichtlichen Gegebenheiten die verborgenen Anfänge der endzeitlichen ↗ Herrlichkeit.

Zum heutigen Glaubensbewußtsein gehört fast immer Skepsis gegenüber der Möglichkeit, Gott u. sein Handeln unmittelbar zu erleben. Diese Haltung kann ihre Begründung u. ihre Grenze in diesem biblischen Paradox finden: Gott u. sein Werk sind den Menschen zugleich nahe u. vor ihnen verborgen. oh

Verbrennung als Form der Bestattung war bei den Juden untersagt. Nur bei Verbrechern konnte nach Vollzug der Todesstrafe als Strafverschärfung der Leichnam verbrannt werden. V. gehört außerdem zu den Schrecken des Weltuntergangs; entweder läßt Gott die ganze Welt oder einen großen Teil von ihr durch V. vernichten (2 Petr 3, 10; Apk 8, 7). do

Verdammen bezeichnet die Tätigkeit des Verurteilens. Wenn Gott einen Menschen verdammt, erklärt er den Betreffenden der ↗ Sünde schuldig u. des Heiles verlustig (Mk 16, 16). Am Urteil Gottes beim Endgericht sind die beteiligt, die wie die Niniviten auf die Gerichtspredigt des von Gott Gesandten gehört u. sich bekehrt haben (Mt 12, 41). In dieser Welt aber steht keinem das V. zu; so verteidigt Jesus die auf frischer Tat ertappte Ehebrecherin gegen ihre Ankläger, die die für dieses Vergehen vorgesehene Todesstrafe vollziehen wollen, mit dem Argument, daß nur derjenige Sünder v. u. töten darf, der ohne Sünde ist. Jesus macht nicht die Ausübung des gesetzmäßigen Richteramtes von der persönlichen Sündelosigkeit abhängig, sondern verlangt diese nur von den Anklägern, die über die Anklage hinaus den Sünder noch v. wollen (Joh 8, 3 ff). do

Verdienst ↗ Werke.

Verfasserschaft. Der moderne Begriff der V. ist innerhalb der bibl. Schriften nur mit großer Zurückhaltung für Fragen der Echtheit einer bestimmten Schrift anwendbar. Soweit diese nämlich ↗ Wort Gottes vermitteln will, beansprucht sie auch in erster Linie Gottes V. (↗ Inspiration), während der menschliche Autor in den Hintergrund tritt, auch wenn er das Wort Gottes nur mit seinen je persönlichen Fähigkeiten u. zeitgeschichtlichen Ausdrucksformen wiedergeben kann. Gottes Offenbarung wird in menschlicher Gemeinschaft erfahren u. für diese überliefert, so daß der konkrete Schriftsteller außer bei ↗ Briefen in der Regel sogar anonym bleibt u. die V. meist erst im Laufe der Kanonbildung rekonstruiert u. nachgetragen wird. Auch wenn oft erst spätere Generationen eine frühere ↗ Überlieferung schriftlich niederlegen, ist eigentliche ↗ Pseudonymität im Kanon selten. tr

Verfolgung. Israel hatte oftmals von dem Übermut seiner Feinde V. zu ertragen. Aber erst in der nachexilischen Zeit unter den ↗ Seleukiden wächst die V. zu einer Glaubensbedrohung an. Israel soll seine Religion aufgeben. Dagegen bricht der Aufstand der ↗ Makkabäer aus, der mit der Unabhängigkeit Judäas erfolgreich endet. Auch innerhalb Israels werden von der eigenen Obrigkeit V.en durchgeführt. Einzelne Fromme, wie die ↗ Propheten, werden wegen ihrer Glaubensstrenge verfolgt (vgl. Isebel gegen Elija, 1 Kg 19, 2 f). Diese Erfahrungen wurden im ↗ Spätjudentum auf die eschatologische Ebene transponiert. Vor dem ↗ Untergang der Welt wird eine große Glaubens-V. Israel heimsuchen (Dn 7). Eine ähnliche Erfahrung macht die ntl. Gemeinde. Jesus wird von seinen Gegnern seines Auftrages wegen, den Glauben zu erneuern, bis auf den Tod verfolgt. Die Gemeinde wird ebenso von ihren jüd. Mitbürgern wegen ihres erneuerten Glaubens verfolgt. Die V. reiht in die ↗ Kreuzesnachfolge Christi ein u. prüft die Standhaftigkeit des Glaubens (Mk 4, 16). Die Gemeinde kann die V. ertragen, weil ihr für das Ausharren die endgültige Rettung versprochen ist (Mk 13, 13). Die Verfolger dagegen werden beim ↗ Gericht verurteilt werden. In Paulus ist der Verfolger zum Verfolgten geworden. Aus dem Christenverfolger wird der verfolgte Apostel, der an seinem Leibe die ↗ Leiden Christi herumträgt. do

Verfolgungszeiten gegen die Urgemeinde entstanden spontan u. waren
regional begrenzt. Nach Jesu Tod entwickelte sich die Gemeinde zunächst
ungestört; die wiederholte Festnahme
des Petrus u. Johannes durch den
↗Hohen Rat blieb ohne größere Folgen
(Apg 4, 1 ff). Mit der Steinigung des
Stephanus begann eine von dem Hohenpriester Jonatan angefachte Verfolgung
(36 n.C.), die bald darauf durch dessen
Absetzung durch die Römer eingestellt
wurde. 42 n.C. ließ (Herodes) Agrippa
aus Freundlichkeit den Juden gegenüber
die Häupter der Jerusalemgemeinde
verfolgen: Jakobus wurde hingerichtet,
Petrus entfloh. Unter Nero fand die
erste große Christenverfolgung statt,
die allerdings auf Rom beschränkt blieb
(64–68 n.C.). Erst um 113 n.C. brachen
dann in Asien wieder regionale Verfolgungen aus.   do

Verfremdung ↗Selbstentfremdung.

Vergänglichkeit. Der orientalische
Mensch erfährt V. zuerst einmal an der
Natur, dann an sich selber. Wenn der
Vegetationsgott ↗Baal in der alljährlichen Trockenzeit stirbt, stirbt mit
ihm die Schönheit der Natur, das Gras
verdorrt, die Blütenpracht verschwindet.
Diese V. in der Natur dient im AT auch
als Bild für die V. des Menschen: „Wie
des Feldes Blumen sind Menschen. Sie
verdorren wie Gras auf dem Feld.“ Aus
dieser schmerzlichen Erfahrung aber erwächst das Bekenntnis: ↗Jahwe stirbt
nicht. Er vergeht nicht. Der Hüter Israels
schläft u. schlummert nicht. Bei Jahwe
sind Dauer u. Bleibe. Das NT führt dieses Bekenntnis weiter: ↗Christus hat
neues, bleibendes ↗Leben geschaffen.
Wer zu ihm findet, der findet Dauerhaftes in seinem Leben, ↗Unvergäng-
lichkeit. Wer aber unter der Macht der
↗Sünde lebt, der ist weiterhin der V.
unterworfen, sein Leben verläuft spur-
los, bedeutet „Untergang“. „Gesät wird
in V., auferweckt in Un-V.“ (1 Kor 15,
42). Im Herrschaftsbereich Christi, in
seinem Dasein ↗für andere kommt V.
zu Ende.   gr

Vergebung (vergeben). Die Bibel kennt
für V. verschiedene Worte, die oft unterschiedlich übersetzt werden: aufheben, wegnehmen; verzeihen; bedecken, verhüllen; abwischen; ↗ver-

söhnen, tilgen, bezahlen, abtragen.
a) Die Frage nach der V. wird nur akut
auf dem Hintergrund der ↗Schuld, in
die sich ein Mensch gegen andere u.
damit gegen Gott verstrickt. Schuld gehört unablösbar zum Dasein des Menschen, keiner kann sich selbst befreien.
Die Schuld stört das dialogische Verhältnis der Menschen untereinander u.
zu Gott; V. stellt es wieder her. b) Das
AT behält die V. Gott vor (Ex 34, 9; Jr
5, 1 u. ö.); seine ↗Barmherzigkeit ist
größer als alle Schuld, er verzichtet auf
Strafe, seine V. bedeckt die Schuld (Ps
32, 1; 103, 8–18). Er vergibt jedem, der
umkehrt, u. schenkt ihm neues Leben.
↗Opfer können die Versöhnung erwirken u. V. für den ↗Sünder erlangen.
c) Im NT ist die V. nicht mehr nur Gott
vorbehalten. ↗Jesus hat Vollmacht, auf
Erden Sünden zu vergeben (Mk 2, 5
u. ö.). Er hat Gemeinschaft mit ↗Zöll-
nern u. Sündern (Mt 9, 9–13 u. ö.). Am
Kreuz bittet er um V. für seine Verfolger (Lk 23, 34), vom Kreuz her gilt die
V. Juden (Apg 13, 38) u. Heiden (Apg
10, 34 u. ö.). Im Leben u. Sterben Jesu
geschieht die endgültige u. unaufheb-
bare Versöhnung (Mk 10, 45). d) Die
Vollmacht der V. ist den ↗Aposteln gegeben (Joh 20, 23), ihre Voraussetzung
ist ↗Umkehr u. ↗Sündenbekenntnis
(Lk 24, 47; Apg 2, 38 u. a.). V. wird dadurch möglich, daß Jesus durch Leiden
u. Tod Versöhnung bei Gott erwirkt
hat. Ohne Blutvergießen kommt Versöhnung nicht zustande (Hebr 9, 22).
Wir erlangen V. in Christus (Eph 1, 7),
durch seinen ↗Namen (Apg 10, 43),
durch die ↗Taufe (Apg 2, 38). e) V. wird
allen Menschen angeboten durch die
Verkündigung der Heilstaten Gottes.
Die selber V. erlangt haben, stehen unter dem Auftrag, die Botschaft weiterzutragen (Joh 21, 15–17; 1 Tim 1, 12–16)
an alle Menschen (Lk 24, 47). Von ihnen
ist auch gefordert, einander zu vergeben, wie sie V. empfangen (Eph 4, 32;
Kol 3, 12 ff; Mt 18, 21 u. ö.). Der Mensch,
der sich weigert zu vergeben, kann von
Gott keine V. erlangen (Mt 6, 12.14–15;
18, 23 ff).   be

Vergeltung (vergelten). Der Begriff ist
nur zu verstehen von Bundestreue u.
↗Gerechtigkeit Gottes her, der ↗Lohn
u. ↗Strafe zuteilt u. auch die Gedanken

der Herzen kennt (Mt 6, 4 u. a.). a) Nach dem atl. ↗Gesetz soll die V., die man sich nur innerhalb des irdischen Lebens vorstellen kann, dem Vergehen entsprechen. In diesem Zusammenhang gehört der Grundsatz: Gleiches soll mit Gleichem vergolten werden (ius talionis, Ex 21, 23 ff u. ö.). Wo das AT die kollektive Person voraussetzt, trifft auch die V. kollektiv, die ganze Familie (1 Sm 2, 31; 2 Sm 12, 10 u. a.), das ganze Volk. Umgekehrt ist Gott bereit, um weniger Gerechter willen viele zu retten (Gn 18, 22 ff; Jr 5, 1). Die Propheten künden die V. Gottes für das bundesbrüchige Volk an, sie rufen zur ↗Umkehr (Am 3, 2; Hos 12, 7 u. a.) u. sagen seine Vergebung zu (Jr 18, 1–8 u. a.). b) Die Lehre von der irdischen V. verschärft sich in nachexilischer Zeit, so daß ↗Krankheit, Unglück u. Not als offensichtliche V. Gottes für bekannte oder unbekannte ↗Sünden angesehen werden (Joh 9, 2 u. a.). Daneben erhebt sich die Frage nach dem Leiden Unschuldiger u. dem Glück der Gottlosen. Die ↗Apokalyptik bietet eine Lösung auf diese Fragen u. verlegt ↗Gericht u. V. in das Jenseits. c) Das NT überschreitet die jüd. V.s-Lehre (Lk 13, 1 ff u. a.). Krankheit u. Not können im Vertrauen auf Gott getragen u. bewältigt werden. Die V. geschieht am ↗Tag Jahwes (vgl. Mt 11, 22–24). Kriterium für das Urteil sind Glaube u. Verhalten dem Nächsten gegenüber (Joh 12, 47–50; Mt 25, 31–46 u. a.). Verschiedene Bildworte umschreiben das Glück der Geretteten (Mt 5, 12 par; 6, 20; 13, 29; 24, 47 u. a.), u. das Strafgeschick der Sünder (Mt 25, 12; Lk 13, 28; Mt 13, 42; 18, 8 u. a.). Paulus u. Johannes lehren, daß über die V. schon im irdischen Leben entschieden wird: Die Gerechten haben jetzt schon das Leben durch den Glauben an Christus; auch der ewige Tod, das Los des Sünders, beginnt schon in diesem Leben (Röm 6, 21–23 u. a.).　　be

Verheißung ist ein Wort, das im AT keinen spezifischen Begriff als Entsprechung hat, sondern sachlich in den Wendungen vom Sprechen Jahwes den Gehalt umschreibt. Eine solche Wendung lautet: „Jahwe sagt zu . . ." Es ist eine in feierlicher Form von Gott für die Zukunft gegebene Zusage, die sich im profanen Gebrauch weitgehend mit dem Begriff „Versprechen" deckt. Im Verhältnis zur Weissagung sagt die V. aus, daß hier keine Drohung Inhalt einer V. sein kann, sondern allein ↗Segen, Glück u. Heil. Der ↗Wille Gottes drückt sich aus in Wort u. Geschichte, getragen von der Wahrhaftigkeit u. ↗Treue Gottes. Die V. ist mehr als bloßes Wort, da Gott seine Macht u. Wirksamkeit in sein Wort hineinlegt; dadurch wird die V. geschichtsmächtig. Es kann somit gesagt werden, daß in der V. wesentlich göttliche Offenbarung vorliegt, die den eigentlichen Ausdruck in der persönlichen Durchführung der ↗Heilsgeschichte erhält. Der theol. Hintergrund der atl. V.en sind der Erwählungs- u. Bundesgedanke, da Israel sich als das auserwählte Volk sieht, das mit seinem Gott Jahwe einen ↗Bund geschlossen hat. Der Bund soll Bestand haben u. richtet sein Ziel nach den V.en auf die uneingeschränkte Gottesherrschaft. Die V.en an ↗Abraham wurden in eine Situation hineingesprochen, da die Patriarchen noch kein Volk waren, sie waren noch nicht in das später für ↗Israel so eigentümliche Gottesverhältnis eingetreten, sie besaßen noch kein Land. Theol. u. heilsgeschichtlich von Bedeutung werden nun die folgenden Zusagen, da nicht nur für einzelne allein die V.s-Güter angekündigt werden, sondern diesen Rahmen sprengen. In der Heilsverkündigung für Abraham als „Vater einer Völkermenge" stellt die V.en in die bibl. Geschichtsauffassung u. religiöse Heilshoffnung wesentlich geprägt. Jahwe schließt mit Abraham einen Bund (Gn 17, 1 ff) unter den V.en der Volkwerdung, eines neuen Gottesverhältnisses („Ich will dein Gott sein") u. des Landbesitzes. Die ↗Priesterschrift greift hier ältestes Traditionsgut auf, welches bis in die Väterzeit zurückgeht u. auch beim ↗Jahwisten u. ↗Elohisten grundlegend das Verhältnis zwischen Gott u. Mensch ordnet: die Doppel-V. von Nachkommenschaft u. Land. In je eigener theol. u. heilsgeschichtlicher Ausdeutung stellen dann die V.en ein wesentliches Element bibl. Geschichte dar, insofern sie die einzigartige u. unzerstörbare Grundlage der Existenz Israels bedeuten. Bibl. Geschichte kann nun verstanden werden als die Geschichte der V.en.

Doch die Zusagen Gottes in den V.en stehen in einer eigentümlichen Spannung von Ankündigung u. Erfüllung. Diese Erfüllung der versprochenen Heilsgüter scheint der ständigen Gefahr menschlichen Unvermögens zu unterliegen. So ist die Volkwerdung gefährdet durch Kinderlosigkeit (Gn 15, 2 f), der Landbesitz durch Auswanderung nach Ägypten (Gn 12, 10 ff) u. kriegerische Gefährdung durch andere Völker (Gn 14). Doch Gott bleibt seinen V.en treu, indem er machtvoll in die Geschichte eingreift. Einen vorläufigen dramatischen Höhepunkt erreicht die Geschichte, als das Volk in Ägypten unterdrückt wird (Ex 1 ff) u. die Erfüllung der V.en in aussichtslose Ferne rückt. Aber auch hier verheißt Gott wieder das scheinbar Unmögliche: die Herausführung u. ↗Landnahme (Ex 3, 8). Der ständige Unwille des Volkes während der Wüstenwanderung als Ausdruck des Unglaubens gegenüber der Treue Gottes kann jedoch den Heilswillen Gottes u. die Erfüllung der V.en nicht erschüttern. Das Volk erreicht das Verheißene Land, wenn auch unter Verzögerungen. Die häufige Vernachlässigung der Bundestreue des Volkes Israel gegen Jahwe bestimmt entscheidend die Heilsgeschichte. Wenn auch „alle Völker" als Erben der Segens-V. gelten (Gn 12, 3), so konzentriert sich doch die Verheißungslinie allein auf diejenigen, welche die Treue ihrem Gott bewahren. Das geschieht unter der Einschränkung der V.en nach Abraham auf Isaak, dann auf Jakob, wobei alle anderen aus dieser Linie ausscheiden. Eine solche Auswahl bestimmt auch weiterhin die Geschichte Israels.

Die Sonder-V. an David wird für Juda u. Jerusalem sowie für ganz Israel besonders wichtig, da hier der Fortbestand der Dynastie in ihm als „ewig" verheißen wird (2 Sm 7, 5–16). Eine Erschütterung im Glauben an diese Zusage entsteht durch die Untreue des Volkes u. seine Verschleppung ins Babylonische ↗Exil. Es entsteht der Gedanke von der messianischen V. des Davidsprosses. Doch auch jetzt bleibt der Gedanke von der Vollendung des israelitischen Staatswesens u. der Kultgemeinde lebendig. Wie auch die Propheten weissagten, richtet sich das Hauptinteresse in der Folgezeit auf das anbrechende Gottesreich (Js 2, 2 ff) u. den kommenden ↗Messias. Besonders in den apokalyptischen Schriften werden die V.en auf dem eschatologischen Hintergrund gesehen.

In ↗Jesus ↗Chistus laufen alle atl. V.en zusammen u. erfüllen sich in ihm. Doch auch in seiner Zeit wird die endgültige ↗Vollendung der V.en nicht in der Person Jesu gesehen, sondern diese gehen in neuer Form von ihm aus u. gestalten weiterhin die Heilsgeschichte der ganzen Menschheit. Die eschatologische Zukunft steht noch aus, das ↗Reich Gottes wird zum Ziel eines jeden Christen.   la

Verheißungsschema. Die ↗Verheißungen des AT treten zumeist in der Gattung der Verheißungserzählung auf, deren zentraler Bestand in der Patriarchengeschichte des Genesis-Buches zu finden ist. Die literarischen Formen der Verheißungen eines Sohnes, reicher Nachkommenschaft u. des Landes lehnen sich an ein V. an, nach dem die Verheißungserzählungen formal strukturiert sind. Jedoch darf dieses Schema nicht „gepreßt" werden, da häufige Abweichungen u. Mischformen festzustellen sind. Die Verheißung in Gn 15, 1–5 möge als Beispiel eines V. dienen: Auf die anfänglich noch leere Verheißung des „Lohnes" folgt die Klage Abrams über seine Kinderlosigkeit. Die Antwort Jahwes darauf ist die Verheißung eines leiblichen Sohnes als Erben, gesteigert in einer zweiten Verheißung reicher Nachkommenschaft u. abschließendem Jahwewort.   la

Verheißungsspruch. Ein Teil der prophetischen Verkündigung ist der V., mit dem Inhalt des Zukunftswirkens Jahwes. Der V. ist geschichtsmächtig u. hat Rechtskraft, da Gott seinem ↗Willen u. seinen ↗Verheißungen treu bleibt. Als Beispiel des V. kann die Verheißung auf das Wiedererstehen des Davidreiches im Amos-Buch dienen (Am 9, 11–15).   la

verkehrt. Verkehrtes Geschlecht bezeichnet im AT das jüd. Volk, das den ↗Bund mit Gott nicht hält (Dt 32, 5).

Anstatt sein Herz auf Gott u. seine Gebote zu richten, v. es seinen Sinn auf Götzen u. Sünde. Den gleichen Vorwurf erhebt Jesus. Das Volk erwartet von ihm ↗Machttaten als Show, seiner Botschaft gegenüber v. es aber seinen Sinn (Mt 17, 17) u. erkennt daher nicht seine wahre Messianität. do

Verklärung. Der Bericht von der V. Jesu (Mt 17, 1–9 par) steht bei allen Synopt.n in engem Zusammenhang mit der vorausgehenden ersten Leidensankündigung, die für die Jünger noch unfaßlich war. In der V. sollte ihnen Jesus als der wahre ↗Messias geoffenbart werden, zuerst durch das Zeugnis des Mose u. Elija (Gesetz u. Propheten), dann durch den ↗Vater selbst (aus der Lichtwolke der „Herrlichkeit" Jahwes). Eine Deutung des Geschehens will Mt 16, 28 geben (anders Mk 9, 1): Die Jünger schauen in Jesus den ↗ „Menschensohn" nach Dn 7, 13, der „auf den Wolken des Himmels kommt". – Hinter allen Überlieferungsschichten ist ein außergewöhnliches Ereignis sicher anzunehmen. V. 2 spricht von einer „Verwandlung" Jesu (Metamorphose). Religionsgeschichtliche Parallelen (Metamorphose der Eingeweihten in den Mysterienkulten) kommen hier kaum in Betracht. V. 9 bezeichnet das Erlebnis der Jünger als „Vision" (nur Mt) die offenbar den Ostererscheinungen nahestand. Die V. Jesu ist eine Epiphanie des „geliebten Sohnes", dessen Herrlichkeit sich gerade in seinem Gang zum ↗Kreuz offenbart. ↗Erscheinung, ↗Auferstehungserscheinungen. ur

Verkündigung. Weil Gott ein ↗Wort hat u. zu den Menschen spricht, deswegen muß seine ↗Botschaft unter Menschen weitergesagt werden. Die Menschen kommen so von ihrem Schöpfer her, daß sie ihm ↗Antwort geben u. sein können; sie sind mögliche Gesprächspartner Gottes. Gott spricht nun durch seine Boten zu seinem Volk; so gibt er dem Abraham die ↗Verheißung, oder er sagt sich dem Mose u. damit seinem Volk zu. Die eigentlichen Boten Gottes im AT sind die ↗Propheten, sie haben das Reden Gottes auszurichten. Sie werden vom ↗Wort Gottes getroffen, es überfällt sie, u. sie können ihm nicht ausweichen. Die von diesem Wort

Betroffenen wehren sich gegen dieses, sie fühlen sich überfordert, und dies gehört zum ↗Topos der atl. ↗Berufungsgeschichten. So sagt Jeremia: „Ach Herr, mein Gott, ich verstehe ja nicht zu reden. Ich bin noch zu jung" (Jr 1, 6). Der Herr antwortet: „Fürchte dich nicht, denn ich bin mit dir... Ich lege meine Worte in deinen Mund..." (Jr 1, 8–10). Das Wort Gottes, das immer von seinem Schöpferwort herkommt, ist ein richtendes u. zerstörendes Wort, es vernichtet alles, was gegen Gott zu den Menschen steht, aber es schafft u. baut auf, was Gott gefällt u. was dem Menschen dient.

Endgültig u. zum letztenmal hat Gott gesprochen in seinem Sohn ↗Jesus ↗Christus (Hebr 1, 1 ff). Dieser ist der letzte Bote Gottes, der Gottes Botschaft aller Welt zu künden hat. In dieser Botschaft hat sich Gott völlig ausgesagt u. zugesagt, so daß dieser letzte Bote Gottes mit dem „Wort Gottes" identisch ist (Joh 1, 14). Jesus kündet die Botschaft nicht nur, er ist selber Gottes Botschaft, Gottes Zusage, Gottes Verheißung. Er ist aber selber der Inhalt der Botschaft, er ermöglicht es allen Menschen, dem Schöpfer in geschöpflicher Weise Antwort zu geben. Deswegen muß die Botschaft Jesu Christi allen Menschen verkündigt werden, alle müssen mit ihr konfrontiert, alle zu ihr eingeladen werden: „Gehet hin u. macht alle Völker zu Jüngern!" (Mt 28, 18.) Die beiden Grundworte, die das NT für die V. der Botschaft Jesu verwendet, heißen euaggelizesthai u. keryssein. Das erste wird schon im klassischen Griechisch gebraucht u. bedeutet „eine gute Botschaft bringen", „eine freudige Nachricht übermitteln". So wird ein Erlaß des Kaisers verkündigt, es werden Feldzüge, Siege u. Bündnisse öffentlich angesagt. Auch in Israel werden Siegesbotschaften oder der Tod des Feindes verkündet; weil dort der Krieg ein heiliger Krieg ist, ist die V. eines Sieges ein kultisches Ereignis. Wenn Sieg verkündet wird, gibt Jahwe selbst das Wort zum Siegesgesang (Ps 68, 12).

Das zweite Grundwort für V. bedeutet, etwas durch einen ↗Herold bekanntmachen. Dieser zieht im römisch-hellenistischen Raum von Stadt zu Stadt u.

ruft Erlässe u. Verordnungen des Kaisers aus. Das, was der Herold ausruft, heißt „Evangelium". Dieses ist in der griech. sprechenden Welt t. t. für die Siegesbotschaft: „Freuet euch, wir haben gesiegt!" Vom Ev. ist im AT vor allem im Buch Deuterojesaja die Rede. Es ist die Zeit, wo die Babylonische Gefangenschaft zu Ende ist u. die Gefangenen heimwärts nach dem Zion ziehen. Ein Herold eilt dem endlosen Zug voran. Die Bewohner Jerusalems erwarten auf der Mauer ihrer Stadt den Zug der Heimkehrenden. Da wird man in der Ferne des Herolds ansichtig, der von einem Hügel die Freudenbotschaft ausruft: „Friede! Heil! Jahwe ward König!" (Js 52, 9.) Damit bricht Jahwes Königsherrschaft über Israel an.
Jesus ist der neue u. endgültige Herold der ↗ (Königs)herrschaft Gottes, er verkündet das „Evangelium Gottes": „Die Zeit ist erfüllt! Die Herrschaft Gottes ist nahegekommen! Kehret um! Glaubt dieser Freudenbotschaft!" (Mk 1, 15.) Ev. wird zum t. t. der ntl. Predigt. Er ist, so wie er sich im NT findet, wohl eine Neuschöpfung der christl. V. Jesus Christus wird denen, die ihn als den Auferstandenen erfuhren, zum Inhalt des ↗ Evangeliums. Sie verkünden ihn, sein Leben, sein Sterben, sein Auferstehen (↗ Auferstehung Jesu), sie verkünden seine Botschaft weiter, seinen Ausspruch (↗ Bergpredigt). Für die junge Kirche ist diese Botschaft die große Siegesbotschaft für ↗ alle Menschen: Christus hat gesiegt über die Unheilssituation der Welt; sein Sterben für die anderen erwies sich als neues u. bleibendes Leben. Der Auferstandene hat dem Menschen die endgültige Möglichkeit aufgetan, zu sich selbst zu finden; die Weltsituation hat sich geändert, die ↗ Liebe Gottes ist für die Menschen real möglich geworden. Dies ist die Freudenbotschaft, die die junge Kirche allen Menschen verkünden will. Weil die ersten Christen Christus als den Auferstandenen erfahren haben (↗ Auferstehungserscheinungen), müssen sie diese Erfahrung weitergeben. Christl. V. wurzelt in der „Begegnis" mit dem Auferstandenen, sie kommt direkt von Jesu Auferstehung her. Denn Jesus hat mit seiner Auferstehung die

Herrschaft über die Welt angetreten. Diese neue Herrschaft muß nun aller Welt proklamiert werden. So ist z. B. Paulus überzeugt, daß er im damals bekannten Erdkreis die Herrschaft Christi proklamieren muß. Das, was Christus begonnen hat, muß in der menschlichen ↗ Geschichte weitergehen, u. es kann nur zu Ende kommen, wenn alle Menschen davon informiert wurden; die ↗ Wiederkunft Christi kann erst stattfinden, wenn allen Menschen das Ev. verkündet ist. Was Christus begonnen hat, muß von Menschen weitergeführt werden; es wird erst dann vollendet sein, wenn alle daran beteiligt u. davon betroffen sind. Diese Überzeugung hat wesentlich zum Missionseifer der frühen Kirche beigetragen. Dabei ist die V. der frühen Kirche nicht von einer Ideologie geleitet; die Menschen sollen nicht zur Botschaft Jesu überredet, sondern dazu eingeladen werden. So gibt Paulus Rechenschaft über seine V.: er tritt nicht mit List u. Schmeichelrede auf, wie es z. B. die stoisch-kynischen ↗ Wanderprediger zur gleichen Zeit taten (1 Thess 2, 3 ff); er will die Menschen von der ↗ Wahrheit seiner Botschaft überzeugen. Immer wird christl. V. durch das Leben bezeugt: die Boten des Ev. geben ihr Leben für die Wahrheit ihrer Botschaft. Wer der Botschaft Jesu begegnet ist, muß diese in seinem Leben verwirklichen, dann wird sein ganzes Leben zur Sprache, zur V. Die Botschaft von Jesus Christus muß deswegen weiterverkündigt werden, damit das Werk Christi in der Geschichte weitergehen kann: Jesu Dasein für andere muß ↗ Liebe unter Menschen ermöglichen; Jesu Forderung muß weiterhin erhoben werden, damit das Reich Gottes u. die neue Schöpfung Gottes unter Menschen mehr u. mehr Wirklichkeit werden. V. bedeutet so Fortführung u. Ermöglichung der Heilstat Christi.
Was aber kann christl. V. für den heutigen Menschen bedeuten? Auf Grund des sich wandelnden ↗ Selbstverständnisses des Menschen ist es nicht ohne weiteres möglich, das urkirchliche Verständnis christl. V. zu übernehmen. So muß nach einem neuen Selbstverständnis christl. V. gefragt werden. Nach der Darstellung der synopt. Evv. weiß sich

Jesus nicht nur als der Herold der kommenden Gottesherrschaft, er ist wesentlich auch der, der zum Reich Gottes einlädt. Diese Einladung ergeht an alle Menschen in gleicher Weise, es gibt für sie nicht mehr Privilegierte u. Unqualifizierte. Jesus will gerade die Gesetzlosen u. Unfrommen, die Menschen „draußen" einladen (Mk 2, 17). Im Gleichnis vom großen Abendmahl (Lk 14, 16–24) u. vom königlichen Hochzeitsmahl (Mt 22, 1–10) wird die Einladung Gottes ausgesprochen; die ursprünglich Geladenen, das Volk ↗Israel, ist Gottes Einladung nicht gefolgt. So sind jetzt alle Menschen wahllos u. voraussetzungslos geladen zum endzeitlichen Freudenmahl Gottes. So lädt Jesus ein zur Freiheit des Menschen, zur menschlichen u. geschöpflichen Selbstverwirklichung. Sein Sterben am Kreuz ist Einladung zur Liebe. So ist es legitim, wenn sich christl. V. heute mehr u. mehr als Einladung verstehen will. Einladung erfolgt im ↗Dialog, im verstehenden u. weiterführenden Gespräch; wer einladen will, muß die Sprache dessen sprechen, den er einladen will. Einladung zur Botschaft Jesu erfolgt durch das konkrete Leben eines Menschen; wer dazu einladen will, muß also einladend leben; er muß sich der Fremdheit des Einzuladenden aussetzen. Nur aus dem gelebten Gespräch mit den Einzuladenden erwächst die Sprache der Einladung, also die Sprache der christl. V. Christl. V. muß vor allem die Grundthemen der Botschaft Jesu zur Sprache bringen. Dafür muß sie radikal zurückfragen zu den ersten schriftlichen Niederschlägen dieser Botschaft, zur Bibel, zum NT. Historisch-kritische Exegese der bibl. Texte ist also vorausgesetzt für verantwortliche V. Diese muß aber auch durch eine bibl. ↗Hermeneutik u. durch ↗existenziale Interpretation des bibl. Sprachmaterials hindurchgegangen sein. Nicht das Nachsprechen bibl. Sprache (Biblizismus) ist christl. V., sondern die ↗Übersetzung der bibl. Botschaft in die heutige Situation des Menschen. V. ist vom NT her nicht bloß Aufgabe weniger Verkündiger (↗Amt); grundsätzlich ist jeder Christ beauftragt, auf je seine Weise Christus zu verkündigen; jeder, der dem

Auferstandenen begegnet, bezeugt ihn je nach seinen Möglichkeiten u. Begabungen. Weil Sprache immer aus dem konkreten Leben von Menschen kommt, gibt es auch keine einheitlich genormte Sprache christl. V. Jeder, der erfährt, was Menschsein heißt was Freiheit heißt, was Liebe heißt, der verkündet Christus, sei es in oder ohne dessen Namen. So setzt sich das von Christus Begonnene in der menschlichen Geschichte fort.   gr

Verleugnung. ↗Petrus verleugnet beim ↗Prozeß Jesu aus Angst den Herrn. Diese V. hat exemplarische Bedeutung. Jesus sagt Petrus Schwankungen des ↗Glaubens voraus. Aber Petrus verläßt sich für die Festigkeit seines Glaubens auf seine eigene Kraft. So muß er bei seiner schmählichen V. erfahren, daß Standhaftigkeit eine Gnade Gottes ist u. daß sie die Stärkung durch die Mitglaubenden erfordert (Lk 22, 32.54 ff). do

Verlobung war im AT u. Judentum ein der Eheschließung vorausgehender öffentlich rechtlicher Akt, der durch Bezahlung des Brautgeldes an den Brautvater zustande kam. Damit war die ↗Braut dem ↗Bräutigam rechtskräftig verbunden, u. auf ihrer Untreue stand Todesstrafe (Dt 22, 23–27). Die eigentliche ↗Hochzeit bestand in der Heimführung der Braut, die zeitlich von der V. getrennt war (vgl. Mt 1, 18 ff). ba

Verlorener Sohn ↗liebender Vater.

Verlorenes. a) *Verlorenes Schaf* (Lk 15, 1–7). Das Schaf ist ein Herdentier, wenn es sich verirrt, ist es dem sicheren Untergang preisgegeben. Darum wird das Bildwort vom v. Schaf schon im AT für den v. Menschen gebraucht; der von Gott gesandte Hirt wird die gefährdete Herde retten (Ez 34, 16; Mt 12, 12–14). Die Gegenüberstellung eins zu neunundneunzig bedeutet nicht, daß das eine Schaf mehr wert ist als die anderen; die überspitzte Formulierung betont die Freude des Findens. b) *Verlorene ↗Drachme* (Lk 15, 8–10). Auch in diesem zweiten ↗Gleichnis vom V. liegt der Kernpunkt auf der Freude des Findens. – Aus beiden Gleichnissen sollen wir lernen, daß Gott nicht weniger hartnäckig ist in seiner Suche nach den vom Weg Abgekommenen, den Verlorenen. Den Höhepunkt in dieser Anein-

anderreihung vom „Verlorenen" stellt
das Gleichnis vom ↗liebenden Vater
dar (Lk 15, 11–32).   be

Vermenschlichung. Die bibl. Religion
hat einen wesentlichen Beitrag geleistet
zur V. der Gesellschaft u. der menschlichen Daseinsformen. Zwar zeugt das
AT selbst von Unmenschlichkeiten; es
kennt dieselben grausamen Strafen wie
seine Umwelt; den ↗Feinden wünscht
man, daß ihre Kinder auf Steinen zerschmettert werden; auch Menschenopfer
scheint es in der Frühzeit gegeben zu
haben. Auffallend früh hat sich die
bibl. Religion von solchen Unmenschlichkeiten abgekehrt. So richtet sich die
prophetische Kultkritik eindeutig gegen
↗Selbstentfremdung des Menschen in
↗Tabus u. ↗Kult: Js 58, 5–7. „Gerechtigkeit will ich, nicht Opfer", heißt ein
charakteristischer Satz prophetischer
Kultkritik. Immer waren es Propheten-
kreise, die gegen Unmenschlichkeiten
ihrer Herrscher, der Könige, der Priesterschaft auftraten; sie nahmen den
Kleinen, ↗Armen u. Machtlosen in
Schutz. Doch wird solche Kritik von
den religiös-etablierten Kreisen nicht
verstanden. Zur Zeit Jesu geht es den
↗Pharisäern u. essenischen Kreisen
(↗Essener) um buchstäbliche Gesetz-
erfüllung, um das Reich Gottes herbei-
zuzwingen. Der einzelne Mensch wird
einer religiösen Idee, einem ↗Gesetz,
geopfert. Dagegen tritt ↗Jesus auf:
„Der Sabbat ist für den Menschen da,
nicht der Mensch für den Sabbat" (Mk
2, 17). Der Mensch darf nicht dem Gesetz geopfert werden. Jesu Forderungen
der ↗Bergpredigt intendieren konsequente V. der zwischenmenschlichen
Relationen: Es geht um Gerechtigkeit,
Frieden, Barmherzigkeit; es geht um
die Freiheit für den anderen, um die
Selbstverwirklichung des ↗Bruders, um
Nächstenliebe, also um konkretes Dasein für den ↗Mitmenschen. Jesu Dasein wurde von der frühen Kirche als
Dasein ↗für uns u. ↗für andere gesehen. Daraus leitete sie den Auftrag
ab, in Jesu ↗Nachfolge für andere dazusein. Christl. ↗Liebe bedeutet, dem
Mitmenschen freie Selbstverwirklichung
zu ermöglichen, unmenschliche Gesellschaftsstrukturen zu vermenschlichen.
So ist es dringliche Aufgabe der Chri-

sten, Jesu Botschaft zu verwirklichen,
an der Humanisierung der Gesellschaft
mitzuarbeiten. Gott ist Mensch geworden, damit der Mensch menschlicher (u.
geschöpflich) lebe.   gr

Verrat Jesu. Die Passionsgeschichte
wird mit dem Entschluß des Hohen Rates eröffnet, Jesus mit List u. ohne Auf-
sehen gefangenzunehmen. So findet das
Angebot des Jüngers Judas, Jesus zu
verraten, freudige Aufnahme. Beim Beginn des ↗Pascha-Festes läßt Judas
heimlich Jesus an seinem gewöhnlichen
abendlichen Aufenthaltsplatz, dem Ölberg, festnehmen (Mk 14, 1 ff). Die Motive des Judas sind unklar. Matthäus betont gegenüber Markus die Geldgier
(Mt 26, 15), doch sind die Anhaltspunkte
dafür zu gering. Entscheidend ist, daß
Jesus von dem Verrat weiß u. ihn zuläßt, also freiwillig sein Leiden auf sich
nimmt. ↗Prozeß Jesu.   do

Versammlung. Die griech. Bezeichnungen synagoge und ekklesia (Kirche) sind
Übersetzungen desselben hebr. Wortes
kahal. Es meint das Volksaufgebot, die
durch Trompetenzeichen „zusammen-
gerufene" V. der wehrfähigen Männer
zu Beratung oder Kriegszug (Nm 10, 7),
dann auch zum Gottesdienst, der wesentlich Akt der ganzen Volks-V. ist: Sie
schließt u. erneuert den ↗Bund mit
Jahwe. Die ↗Kirche, als das Gottesvolk
des Neuen Bundes, ist von Gott zusam-
mengerufen, um die in Jesus Christus
geschehene Erlösung zu leben u. zu bezeugen. Zeichenhaft geschieht dies bei
ihrer V. zum ↗Herrenmahl (1 Kor 11,
20.26).

Verschlossenheit. Der Mensch u. seine
Welt kommen so von Gott her, daß sie
auf ihren Schöpfer hin offen sind. Nun
ist der Mensch von Anfang an daran,
diese Offenheit einzugrenzen, die Gespräch mit seinem Schöpfer abzubre-
chen, auf sich selbst zu stehen. Er will
sich niemandem verdanken, er will
nirgendwo herkommen u. nirgendwo-
hin unterwegs sein; er will niemandem
verpflichtet leben, sondern sich selbst
genügen. Er verschließt sich in sich
selbst, will kein Gegenüber, kein ↗Du.
Dieses Geschehen beschreibt die Bibel
in vielerlei Weisen: ↗Sündenfall, ↗Sint-
flut, Turm zu ↗Babel, ↗Abfall, ↗Bun-
desbruch. Dies führt die ntl. Verkün-

digung weiter. So wie der Mensch vorfindlich u. tatsächlich lebt, ist er in sich selbst verschlossen, seiner Herkunft fremd u. seinem Bruder fern. Nun hat aber ↗Christus durch sein Dasein ↗für uns, durch seinen Tod der Liebe u. durch seine Auferstehung die menschliche Grundsituation geändert. Er hat die V. des menschlichen Daseins aufgebrochen, er hat neue u. bleibende Offenheit geschaffen. Wer sich auf Christus einläßt, ist offen für seine Herkunft u. Zukunft, für seinen Bruder. In der ↗Liebe entgeht der Mensch der Selbst-V. seines Daseins. gr

Versöhnung. Im AT: Schon dem sprachlichen Ausdruck nach lassen sich die Aussagen um V. von denen über ↗Sühne kaum unterscheiden. Darüber hinaus aber finden sich in den atl. Schriften sehr verschiedene Verstehensarten von V. a) Wird das „Eintreten" einer ↗Sünde sehr vom Faktischen her gesehen, so ist das Verständnis von V. dementsprechend. Es dominiert eine – zuweilen sogar mechanistisch verfaßte – Sühne-Ritualität (↗Versöhnungstag). Letzteres erklärt sich vor allem aus der Vorstellung vom mechanischen Ablauf von „Sünde–Schuld–Strafe", einem Komplex, dem V., hier in Gestalt „sühnender" Aktivität des Menschen verstanden, entgegenwirken soll (Lv 4; 5). b) Trotzdem setzen sich einige Grundzüge des Verständnisses von V. durch, welche vor allem durch die Verkündigung der Propheten angestoßen u. ausgebildet werden. Als Voraussetzung für eine V. erscheint ein bestimmtes Verhältnis zu Jahwe (↗Bund), dessen „Herr" Jahwe ist u. bleibt. Wird es getrübt, so liegt es bei Jahwe, V. zu gewähren. Aus dieser Sicht heraus gewinnt ein „sühnendes" Handeln des Menschen insoweit Sinn u. Bedeutung, als es ihn auf den Weg führt, an dessen Ende die aus Jahwes ↗Huld geschenkte V. steht. In diesem V.s-Verständnis ist die „Sühne-Ritualität" bereits überholt. Der Mensch muß Jahwe suchen (Hos 5, 15). Er muß sich ein neues Herz u. einen neuen Geist schaffen (Ez 18, 31). Er muß eine ↗„Umkehr" vollziehen, wie die Propheten unzählige Male sagen – die trotzdem ganz Jahwes Werk bleibt (Jr 31). Diese unter der V. stehende neue

Haltung des Menschen muß im Handeln ihren Ausdruck finden (Jr 7, 3–7). In dem Vollzug der Umkehr erscheinen auch sehr allgemeine, wohl deswegen aber auch so grundsätzliche Sünden- u. Schuldbekenntnisse (Ps 32; 38). Die führende Rolle, die in der Ermöglichung wie im Vollzug von V. allein Jahwe zukommt, zeigt sich schon im Bereich der Grammatik an: Jahwe ist Subjekt, von dem V. ausgeht – u. nicht ein „Objekt", das „versöhnt wird". Dies gilt auch für die Sühne-Riten; sie werden als von Jahwe dem Menschen ermöglichte „Mittel" zur V. verstanden. Noch stärker zeigt sich, wie V. aus der Sphäre Jahwes hervorgeht, an den Stellen, die von der Bereitschaft zur Verweigerung der V. sprechen. Jahwe ist „ein Gott der V." (Ps 103). Die verschiedenartigen „Verweigerungssprüche" bei den Propheten (Js 22, 14; Jr 7, 16) wollen gerade in ihrer Härte die Umkehr „erzwingen", damit Jahwe wieder V. schenken kann (Hos 5, 15 – 6, 6). Für atl. Verstehen bringt V. nicht unbedingt die Aufhebung der durch die Sünde „in Gang gesetzten" Strafe; es gibt indes Aufschub (Ex 32, 34) u. Minderung (2 Sm 12). – Auch ein „Austilgen" aus dem Volk kann zur V. nötig sein (Lv 17, 4.9.10).

Im NT: Im gesamten NT findet sich das Wort V. nur in wenigen Schriften der paulinischen Briefliteratur, u. dort außerordentlich selten. Ein gleiches gilt für die Zeitwörter, die mit „versöhnen" zu übersetzen sind. Und das Bild änderte sich auch dann nicht, wenn man die unserem Wort V. sinngemäß nahestehenden, bibl. gesehen indes unterzuordnenden Ausdrücke um „Sühne" hinzunähme. Das atl. V.s-Verständnis bietet ein in jeder Hinsicht reichhaltiges Angebot an Vor- u. Darstellungen, Inhalten u. Formen von „V." Demgegenüber finden nur wenige Elemente dieses Denkens Eingang in die paulinische Verkündigungstheologie. Sie unterliegen dabei verschiedenen Bedingungen: Sie sind stets von einer bestimmten Verkündigungssituation erfordert, durchweg qualitativ hervorstehend u. zur Erfüllung der neuen großen Aufgabe, zur Interpretation des Christusgeschehens, besonders geeignet. Damit sind wir wie-

der auf die jede ntl. Verkündigung bestimmende Mitte gestoßen: auf das
Heilshandeln Gottes durch ↗Christus.
Aus dieser Mitte heraus wird die Rede
von der V. dem Christusgeschehen
dienstbar gemacht: als Kategorie einer
lebensmächtigen, in alle Dimensionen
einziehenden Glaubensdeutung erweitert sich in ihr der Anspruch des Christusgeschehens auf die Totalität jeder
„Welt". So erschließt „V." dem Christusglauben neue Räume u. größere Tiefen. – Zu einer „thematischen Entfaltung" von „V." kommt es in 2 Kor 5,
18–20 u. Kol 1, 20–22. Die V.s-Thematik
ist in 2 Kor 5, 18–20 in mehreren Schichten eingebettet. Text u. Kontext zeigen
keine Spuren, die auf eine „Aussortie-
rung" von V.s-Motiven schließen ließen.
Es sieht so aus, als seien alle Motive,
die in dem der Verkündigung als Aufgabe sich präsentierenden Welthorizont
zur Verfügung standen, aufgenommen
worden. Damit offenbart sich das dem
Text leitende Bestreben, die unterschiedlichen Interessen an V. zu vereinigen.
Dies geschieht, indem verschiedene,
keineswegs miteinander ausgeglichene
Verstehensweisen von V. Aufnahme finden. In der „Aufnahme" vollzieht sich
oft eine Korrektur, immer aber eine
neue Orientierung u. Akzentuierung
der V.s-Motive. Die V. mit Gott (Vers 18)
ist ermöglicht durch das Christusereignis – seine „Verwirklichung" am Menschen eingebunden in den V.s-Dienst. –
Von der V. der ↗Welt zu sprechen
(Vers 19) ist schwerlich genuin atl. Hier
wird eine dem ↗Spätjudentum u. dem
↗Hellenismus eigene Sicht von der Verlorenheit der Welt aufgenommen. Korrektur u. Neuausrichtung folgen sogleich: Die Einführung „der Sünde" als
entscheidende Größe bewirkt, daß ein
ursprünglich kosmisch ausgerichtetes
Interesse an der V. der Welt nun auf
die Menschen-Welt einschwenken kann:
Die V. der Welt wird wesentlich als V.
des Menschen mit Gott verstanden. Der
Verkündigung kommt so die Qualität
des V.s-Wortes zu. Die Selbstverantwor-
tung des Menschen wird im „Ruf zur
V." (Vers 20) unüberhörbar. – Im Vordergrund von Kol 1, 20–22 steht zunächst
V. als All-V. Einzelzüge der im Text vor-
oder ihm zugrunde liegenden Inhalte

dieser Verstehensweise von V. können
durch traditions- u. redaktionsgeschichtliche Forschung erhoben werden. Folgende Grundlinien ergeben sich dabei:
Alles, was sich an „Mächten" auf Erden
u. in den Himmeln findet, oder: worin
immer Erde u. Himmel „mächtig" sind –
alles hat „Ort" u. „Bedeutung" unter
(u. nicht neben oder über) dem allein
maßspendenden Christusgeschehen. Es
umfaßt alles, wandelt alles um, „versöhnt" alles. V. erscheint als eine Konkretisierung des Christusgeschehens
(Hymnus 1, 15 ff). Die All-V. zentriert
sich wiederum in der Menschenwelt:
auf den „Leib", auf die ↗„Kirche" hin;
so stark, daß sie in u. durch den Glauben der Gemeinde erst „wirksam" werden will u. muß.   ka

Versöhnungsbotschaft. Wird das Christusereignis als ein Versöhnungsgesche-
hen verstanden, so erscheint folgerichtig
die Verkündigung darüber als V. In ihr
wird angesagt, was ↗„ein für allemal"
(Hebr 10, 10) geschehen ist. Wie alle
Größen des Verstehens, in denen das
Christusereignis seinen Ausdruck findet,
so verlangt auch die Verkündigung in
der Gestalt der V. eine rückhaltlos-ver-
trauende Annahme im Glauben. Daß
die V. letzten Endes nichts anderes ist
als „das Evangelium", zeigt sich aus Kol
1, 22 u. 23.   ka

Versöhnungsdienst. Wird die Botschaft
vom Heil als eine von der ↗Versöh-
nung dargeboten, so wird der Dienst
der Verkündigung zum V.: 2 Kor 5, 18.
Kennt das AT – wenngleich keineswegs
ausschließlich – einen V. in der Ebene
des Rituell-Kultischen, so wird der V.
im NT unwiderruflich zu einem ↗Dienst
des ↗Wortes. Wiederum im Gegensatz
zu weiten Teilen des AT, welche den
V. im Rahmen eines durch Abstammung
überkommenen, ererbten Priestertums
kennen, erscheint der ntl. V. als „ver-
liehener". Dies entspricht ganz dem Geschenkcharakter des Heils im NT.   ka

Versöhnungstag. Der V. ist ein Tag
strenger Ruhe u. Kasteiung: Lv 23, 27–32.
In seinem Ritual (Lv 16) unterscheidet
man vornehmlich zwei Riten: der erste
umfaßt die Entsündigung des Hohenpriesters, der Priesterschaft, des Volkes,
des Tempels u. des Altars (Vv. 11–19)
durch Darbringung eines Stieres. Beim

zweiten wird ein Bock als Sühneopfer dargebracht, ein weiterer „mit Sünden (des Volkes) beladen" in die Wüste gejagt (Vv. 8–10 u. 20–22, ↗ Sündenbock). ↗ Versöhnung.   ka

Verspottung ↗ Spötter, ↗ Spottlied.

Verstehen meint eine Weise von Erkenntnis mit einer eigentümlichen Struktur. Einige sprachliche Wendungen lassen diese Struktur sichtbar werden: Man spricht von einem „Sich-Verstehen auf eine Sache", von der Art, wie zwei „einander verstehen" oder „sich verstehen". Immer ist im Verstehen der Verstehende selbst mit einbezogen, obwohl er gar nicht im Mittelpunkt steht, sondern die Sache, um welche es geht, oder der andere Mensch. Die Sache oder der andere Mensch aber sind im V. ganz gegenwärtig. Wer sich auf eine Sache versteht, der vermag gerade aus seiner Kenntnis des Ganzen diesen oder jenen einzelnen Aspekt aufzuklären. Wer einen anderen Menschen versteht, der vermag aus seinem Wissen um diesen Menschen auch eine ihn selbst überraschende Handlung dieses Menschen zu erklären. V. meint deshalb keine addierbare Einzelkenntnis, sondern ein Vertrautsein mit dem Ganzen. Erst wo nach einem Herumrätseln am einzelnen der ganze Zusammenhang aufgegangen ist, wo aus dem Umgang mit einem Menschen dieser selbst einem nahegekommen ist, kann man von V. in einem qualifizierten Sinne sprechen. Über dieses V. von einzelnen Sachverhalten oder Personen hinaus tut sich ein weiterer Bereich des V. auf: Der Mensch bewegt sich immer in einem gewissen Weltverständnis. Er findet sich, wenn er zu sich selbst erwacht, jeweils in einer Welt. Diese Welt, sie mag ihm zu gewissen Stunden noch so bedrohend erscheinen, ist ihm doch je schon in einer gewissen allgemeinen Weise vertraut. Zumeist achtet der Mensch gar nicht darauf. Er bewegt sich ganz selbstverständlich in seiner Welt, fragt zwar nach diesem u. jenem, ordnet all dies aber jeweils in sein Weltverständnis ein. Dieses Weltverständnis, welches jeder Mensch in irgendeiner Weise besitzt, ist eine deutliche Anzeige dafür, daß der Mensch eine geistige Offenheit für alles Seiende besitzt. Der Mensch geht jeweils mit konkreten Menschen u. einzelnen Dingen um, ist aber dabei zugleich geöffnet für die Wirklichkeit im Ganzen. Dieses Weltverständnis, in welchem der Mensch sich zugleich auch selbst versteht, er gehört ja in diese Welt, kann von Grund auf erschüttert werden. Solche Erschütterung kann durch die Konfrontation mit anderen Weltverständnissen ausgelöst werden. Sie kann aber noch radikaler durch die Erfahrung des Leidens, des Todes, der Ungerechtigkeit u. Schuld in der Welt bewirkt werden. In solcher Erfahrung zeigt sich, daß das Weltverständnis von einer tiefen Fraglichkeit durchzogen ist. Es ist keineswegs selbstverständlich, daß es die Welt gibt. Es gibt keine Sicherung dafür, daß die Welt mit allem, was sie enthält, von einem letzten Sinn getragen ist. Das V. der Welt ist kein letztes, unbedingtes V., das alles in die Klarheit zu heben vermöchte.

Gerade weil menschliches V. so zutiefst ein fragliches u. damit begrenztes bleibt, eröffnet sich hier, an der Grenze des V., der Raum des ↗ Glaubens. Der glaubende Christ wagt es auf das Zeugnis Jesu Christi hin, die Welt u. die Geschichte, seine eigene Endlichkeit, die vielfältigen Spannungen, Fragen, ungelösten Probleme, alle Widerwärtigkeiten, auch sein eigenes Nicht-V., in Hoffnung auf das bereits angebrochene Reich Gottes zu übernehmen. Dieser Glaube hat jeweils ein Glaubensverständnis bei sich. Auch Glaube meint ja in gewisser Weise ein Sich-V. auf die Welt u. den anderen Menschen. Freilich ist dieses Sich-V. nicht gegründet auf das Vertrautsein mit der Welt u. den anderen Menschen, sondern auf das Wort Gottes als Zusage an den Menschen. Der Glaube entspringt aus der Bekehrung (↗ Umkehr), durch welche der Mensch sein eigenes Weltverständnis mit seiner Fraglichkeit freigibt an Gott, der größer ist (vgl. Mk 1, 15). So wischt das Glaubensverständnis das Dunkel des Weltverständnisses nicht einfach hinweg u. hellt es doch von innen her auf.   hü

Verstockung (verstocken). Der Mensch des AT weiß um zwei Wirklichkeiten in seinem Leben, um den ↗ Bund, durch den Gott seinen Heilswillen bekundet,

u. die ↗Sünde, in der er die Verwirklichung des Heilsplanes Gottes verneint.
Er weiß aber auch, daß Gott nicht in
Konkurrenz zu ihm steht, d. h., daß Gottes Eingreifen im wirkmächtigen Prophetenwort sein eigenes Tun nicht
schmälert, sondern erst zur vollen Freiheit entbindet. Wie geht dieses Vorverständnis nun konform mit den atl. Aussagen, die Gott selbst für die V. des
Königs u. Volkes (Hos 4, 12; Mk 3, 5;
Röm 2, 5) verantwortlich machen? Jesaja
wird geradezu damit beauftragt, mit
seinem Prophetenwort das Herz Israels
zu verhärten (Js 6, 9 f; vgl. Ps 95; Hebr
3, 7 ff) u. so das Kommen des Gerichtes
zu beschleunigen. Denn an seiner Botschaft entscheiden sich Glaube u. Unglaube. V. meint, daß einer in seiner
Herzensverhärtung u. abgestumpften
Haltung durch das Entscheidung fordernde Gotteswort noch mehr in seiner
trotzigen u. eigenmächtigen Selbstbehauptung verfestigt wird. V. heißt
sich gegen Gott absichern, seine Hilfe
nicht annehmen, kurz, den Bund in
Frage stellen. So gerät der Mensch in
eine Wertblindheit (im sozialen, religiösen u. ethisch-sittlichen Bereich, jedoch nicht bloß erkenntnistheoretisch),
aus der nur Gott selbst herauszuführen
vermag (Js 29, 18 f). Der Mensch in der
V. führt selbst das Gericht (Fluch u. Unheil) über sich herauf. Israel wird das
am eigenen Leib erfahren. Indem jedoch Jesaja selbst ankündigt, ein ↗Rest
werde daraus gerettet werden (Js 6, 13;
Röm 11, 5), erhält sein V.s-Wort den
Charakter eines Appells zur Umkehr,
eröffnet es Hoffnung auf die Zukunft.
Mk 4, 10–12 greift Js 6, 9 f auf, um daran
die unbegreifliche Ablehnung, die Jesus
durch den Unglauben der Juden erfahren hat, sowie die negative Abzweckung
der Gleichnisrede an der Tatsache der
V. aufzudecken. Paulus wertet das Problem als Heilschance für die Heiden aus
(Röm 9–11).　　　　　　　　　　　pa

Verstümmelung als Strafe war im Alten
Orient üblich, in Israel nur bei schweren körperlichen Verletzungen als Vergeltung (↗Talionsgesetz, Ex 21, 23 ff).
Als Maßnahme gegenüber gefangenen
Feinden scheint sie selten gewesen zu
sein. Bestimmte Organ-V. schlossen
von der Gemeinde Jahwes aus (Dt 23, 2).

Selbst-V. wird von den Propheten verurteilt (Hos 7, 14).　　　　　　　　ba

Versucher. Im Gegensatz zum AT spricht
das NT von personalen Geistmächten,
die als V. den Glaubenden bedrohen;
für den Ungläubigen gibt es die Situation der ↗Versuchung nicht. Im NT findet sich die Erfahrung der Versuchung
ausgesprochen in den Denk- u. Vorstel-
lungskategorien damaliger Anthropologie. Nach ihr steht der Mensch zwischen
den guten u. bösen Mächten, zwischen
↗Gott u. ↗Satan. Diese Auffassung findet sich deutlich formuliert in der Gemeinderegel von ↗Qumran (3, 19–25).
Gott hat die beiden Mächte geschaffen,
doch nicht er versucht den Menschen,
sondern der Widersacher, der die Macht
der Finsternis vertritt. Der Glaubende
wird vom Satan (2 Kor 2, 11), vom V.
(1 Thess 3, 5), vom ↗Teufel in Gefahr
gebracht, denn sein Ziel ist es, den Plan
Gottes mit dem Menschen durcheinan-
derzubringen (Ib 1, 6 – 2, 7). Wer im
↗Geist lebt, wacht u. betet (Mt 26, 41;
1 Thess 5, 6), wird standhalten, denn
Christus hat die ↗Mächte u. Gewalten
entmachtet (Kol 2, 15).　　　　　　be

Versuchung (versuchen) heißt: jemand
auf seinen Wert, seine Beständigkeit hin
prüfen; ihn von den als recht erkannten
Werturteilen abbringen, ihn in ↗Sünde
führen. Der Begriff enthält das Moment
der Entscheidung gegen Gott u. sein
Wort, gegen das Vertrauen auf seine
Wirklichkeit. – a) Gott prüft den Menschen u. seine Treue. Das Modell
↗Abraham (Gn 22, 1–9) zeigt den ge-
danklich nicht austragbaren Widerspruch
zwischen den Tatsachen (Unfrucht-
keit) u. der Zusage Gottes, die vertrauend angenommen wird. Manchmal
fehlt der Begriff, doch der Tatbestand
solcher V. durch Gott ist gegeben (↗Je-
remia, ↗Jona, ↗Ijob). In der V. erfährt
der Glaubende seinen Gott, er gewinnt
neue Einsicht (Ps 66, 10–12 u. a.). Gott
wird durch Menschen versucht, die dem
Wort nicht vertrauen, den ↗Bund
brechen (Ex 17, 2.7); sie trifft die Strafe
Gottes. – b) In der V. wird der Mensch
auf die Probe gestellt (Jak 1, 2–4); doch
Gott versucht nicht zum Bösen (Jak 1,
13), er läßt nicht zu, daß die V. die Kraft
des Menschen überschreitet (1 Kor 10,
13). Daneben redet das NT vom ↗Ver-

sucher (↗Teufel, der Trieb zum Bösen im eigenen ↗Herzen), der die kritische Situation des Glaubenden ausnützt, um ihn zu Fall zu bringen. Das gilt ganz besonders für die Prüfungen der ↗Endzeit (Apk 20, 7). Im besonderen Sinn wird von der V. als Verfolgung um des Ev. willen gesprochen (Apg 20, 19); doch wird auch die Zusage gegeben, daß Gott bewahrt in der Stunde der V. (Apk 3, 10). Um diesen Beistand in der endzeitlichen Stunde der Konzentration aller Gegenmächte, die zum Abfall führen, bitten wir im ↗Vaterunser (Mt 6, 13; Lk 11, 4). Die durchgehaltene V. ist identisch mit der ↗Bewährung im ↗Glauben (Röm 5, 4; 1 Kor 11, 19). – c) Anfechtung u. V. gehören wesenhaft zum Glauben, der in der Realität des Lebens durchgehalten u. sich in ihr verwirklichen muß als allzeit bedrohter u. in Frage gestellter Glaube. Denn die V. ersteht auch im Irrewerden an der Wirklichkeit Gottes, an seiner Nähe, seiner Treue. Die Dunkelheit seiner Ratschlüsse ist gerade für den glaubenden Menschen ein ständiger Anstoß.

Versuchung Jesu (Mt 4, 1–11; Mk 1, 12 bis 13; Lk 4, 1–13), eine in der Gemeinde in lehrhafter Erweiterung weitergegebene Jesusüberlieferung, die im Zusammenhang mit der ↗Taufe Jesu verstanden werden will. In ihr spiegelt sich Jesu Auffassung über sein öffentliches Wirken: Es ist Kampf gegen ↗Satan, der Jesus auf das Messiastum im Sinne irdischer Macht u. Herrlichkeit hin anspricht, Kampf um die Durchsetzung der Königsherrschaft Gottes im Sieg über die widergöttlichen Mächte. a) Bei Markus (1, 12–13) steht die ↗Wüste im Mittelpunkt. Dorther kommt ↗Johannes der Täufer, dorthin wird Jesus vom ↗Geist getrieben. Satan macht den Versuch, den Geist, der über Jesus gekommen war, in den Dienst weltlicher Macht zu stellen. In der V. J. fällt eine Entscheidung für Gottes Geist gegen weltliche Macht u. Herrlichkeit. Jesus wird erprobt u. bewährt sich, darum kann er mit den Tieren leben, darum dienen ihm Engel. Die paradiesische Heilsordnung, Friede zwischen den Geschöpfen (Js 11, 6–11), ungebrochene Gemeinschaft zwischen Mensch u. Gott, wird hergestellt. Der Schluß der Markus-

perikope mit den beiden Motiven Sein mit den Tieren u. den Engeln steht in einem großen Überlieferungskomplex. b) Matthäus (4, 1–11) erweitert den knappen Bericht des Mk. Dreimal wird Jesus versucht; jedesmal antwortet er in der Disputation mit dem ↗Versucher mit einem Schriftwort u. weist so alle falschen ↗Messiaserwartungen zurück. Sein Gehorsam besteht darin, frei vom Gesetz den Willen des Vaters zu erfüllen u. den Weg seiner Sendung zu gehen. c) Lukas (4, 1–13) übernimmt den Text des Mt, doch sind bei ihm die drei Szenen der V. J. umgestellt, Jerusalem ist Höhepunkt. Wie der erste ↗Adam (Lk 3, 38) erlag, so bewährt sich der zweite (Lk 4, 1–13). Auch die Eingangs- u. Schlußverse (4, 1–2.13) weisen eigene Akzente auf. Erst in der Passion tritt der Satan wieder als Versucher auf (Lk 22, 3).
be

Vertrag. Das AT erwähnt V.e zur Regelung von Grenzfragen (Gn 31, 48 ff) oder über Nutzung von Brunnen u. Weideland. Salomo schloß mit König Hiram von Tyrus einen Handels-V. (1 Kg 5, 24–26). V.e wurden auch zwischen ungleichen Partnern geschlossen. Der Mächtige verspricht dem Schwächeren seinen Schutz, u. dieser verpflichtet sich zum Dienst den Mächtigen (Jos 9, 11–15). Geht der Wunsch nach einem V. vom Schwächeren aus, diktiert der Mächtige die Bedingungen (Ez 17, 13 f). Der V.s-Abschluß geschah nach einem bestimmten Ritual, wobei sich die Partner durch einen Eid verpflichteten. Solche Vasallen-V.e waren im Alten Orient allenthalben üblich. Sie lieferten das Modell für den ↗Bund zwischen ↗Jahwe u. ↗Israel.
ba

Vertrauen. Man könnte das hebr. Wort für „glauben" mit „festen Stand in etwas/jemand suchen" wiedergeben. Sicherheit im V. auf Gott u. sein Wort zu suchen, ist Kern der gläubigen Haltung. ↗Abraham, der auf Gottes verheißendes Wort hin Heimat u. Familie verließ u. kinderlos in der Fremde lebt, verläßt sich ganz auf dieses Wort (Gn 15, 6). Jesaja verlangt von dem König, der aus Furcht vor der übermächtigen Feinden zittert (Js 7, 2), festen Stand im V. auf Gottes Schutz zu suchen; so allein ist der Bestand seines Landes zu sichern (Js 7, 9). V. schöpft Abraham aus der Erfahrung, daß Gott ihn bisher auf seinen Wanderungen nicht verlassen hat; der König könnte V. schöpfen aus der Zusage Gottes, daß er den Thron Davids erhalten wird, u. aus der Erfahrung, daß Gott sich bisher trotz aller menschlichen Untreue an dieses Wort gehalten hat. V. bewährt sich also in auswegloser Situation, in der sich nach menschlichem Ermessen Gottes Wort nicht mehr durchsetzen kann. Die Psalmisten halten an diesem unbedingten V. sogar dann noch fest, wenn kein Zeichen der helfenden Gottesnähe mehr wahrzunehmen ist. Selbst den schweigenden Gott rufen sie an (Ps 22). Ps 73 u. 49 durchdenken bis zur letzten Konsequenz das Problem: Wie wirkt Gottes ↗Segen an dem, der ihm vertraut u. im Unglück lebt, wenn es den Gottlosen das ganze Leben hindurch gut geht? Die Antwort lautet: Gott bleibt seinem Frommen treu, selbst der Tod – im allgemeinen als Eintritt in die ↗Gottesferne verstanden – kann daran nichts ändern. V. besteht nicht in der Gewißheit, so oder so mit Gottes Hilfe aus einer auswegslosen Situation herauszukommen, sondern im lebendigen Bewußtsein, daß der Mensch, der Gott treu bleibt, sich selbst in der scheinbaren Gottesferne auf die ↗Gegenwart Gottes verlassen kann. oh

Vertrauenslieder, Psalmgattung, in der sich das Vertrauen auf Gott ausspricht. „Zuflucht fand ich beim Herrn" (11, 1), „von Gott kommt mir Hilfe" (62, 2 u. a.). Die Anschläge der ↗Feinde können dem Beter nichts anhaben, denn Jahwe schützt ihn. Fels, Burg, Schild sind Bilder, die das Vertrauen auf Gottes machtvolle Hilfe ausdrücken. Bei manchen V.n ist ihre Herkunft von den ↗Klagepsalmen noch ersichtlich, in denen schon das Vertrauen auf Jahwe anklingt. ↗Psalter. ba

Verwerfung ist ein bibl. Begriff mit religiös-rechtlichem Charakter. „Er ist im AT Pendant zum Thema der ↗Erwählung." u. geht als solcher auf die Aufkündigung des Bundesverhältnisses zwischen Gott u. Mensch. Im NT hat der Begriff seine Besonderheit durch die Konzentration auf die V. Jesu u. die dialektische Situation des christl. Daseins, bestimmt

von empfangenem ↗Heil u. bevorstehendem ↗Gericht, in der es sich zu bewähren hat. – Subjekt der V. ist einerseits der Mensch, der Gott, sein Wort, den Menschensohn usw. verwirft (Nm 11, 20 f; Js 30, 12; Mk 8, 31; 1 Petr 2, 4–7). – Auf diese end-gültige Stellungnahme des Menschen hin erfolgt anderseits das Nein Gottes zum Menschen. kl

Verwüstung. Nach atl. u. ntl. Verkündigung steht hinter aller in der Geschichte geschehenden V. (bes. Jerusalems, Mk 13, 14 par) Gott als ↗Richter u. Herr der Geschichte. Nach apokalyptischer Vorstellung geht die Geschichte auf dem Weg zu Vollendung u. Neuschöpfung durch eine umfassende V. hindurch (Js 24; Apk 6–19). Nach dem tiefen Verständnis von Apk 11, 18 bringt Gottes endgültige Herrschaft V. nur denen, die selbst die Erde verwüsten. sm

Verzögerung der ↗Wiederkunft des Herrn. Während Paulus noch im festen Glauben an das baldige Wiederkommen Jesu steht, 1 Thess 4, 15, spürt die Urgemeinde nach dem Fall Jerusalems 70 n.C. u. nach dem Nichteintreten des im Zusammenhang mit diesem Ereignis erwarteten Weltendes deutlich das Problem der Parusie-V. Unter dem Eindruck des Ausbleibens der Parusie u. dadurch bedingt, kommt es zu den ersten Ansätzen zur Entstehung der ↗Kirche. Zwar verlor der Glaube an das Kommen Jesu u. des ↗Reiches Gottes kaum an Kraft, aber man wurde sich doch bewußt, daß es galt, sich in dieser Welt einzurichten, u. das hieß: neue Organisationsformen finden u. die Überlieferungen der Worte u. Taten Jesu schriftlich zu fixieren, nicht zuletzt um sie vor der zunehmenden Legendenbildung zu schützen. Daß die Christen des ausgehenden 1. Jh. das Problem der V. der Parusie kannten, zeigen uns ihre verschiedenen Versuche, es zu lösen. Markus stellt sich die Zeit zwischen ↗Auferstehung u. Wiederkunft Jesu als Zeit der ↗Mission in der Welt vor, Mk 13, 10. Für Mt u. Lk ist es die Zeit der Kirche. – Den falschen Weg, mit der V. der Parusie fertig zu werden, geht die apokalyptische Literatur. Hier wird versucht, Tag u. Stunde der Parusie zu berechnen, ein Unternehmen, das bereits Jesus als unmöglich bezeichnet. Vgl. Mk 13, 32.   schm

Verzweiflung ist kein bibl. Begriff, Entsprechungen sind „Qual" (Ps 73, 16), „Galle u. Mühsal" (Klgl 3, 5), „mutlos" (Apk 21, 8), „bitter" u. a. Ergiebiger für das bibl. Denken über die V. sind zwei exemplarische Erzählungen: die V. Kains (Gn 4, 13 f) u. die letzten Worte Jesu (Mk 15, 34). Den Brudermörder Kain trifft der Fluch Gottes: Der Acker, der das Bruderblut getrunken hat, wird dem Bauern Kain weder Frucht noch feste Heimat mehr geben. Kain versteht, daß seine Tat ihm jede Lebensaussicht u. -möglichkeit genommen hat; alles ist ihm zu nichts geworden. Weil nichts den Brudermord ungeschehen machen kann, weil ihm auch kein neuer Anfang auf Grund der Vergebung Gottes möglich scheint, meint Kain, nichts könne ihm noch Gutes bringen. Kain findet sich am aussichtslosen Ende, er leugnet, noch auf dem Weg zu sein. Der folgende Gottesspruch Gn 4, 15 hebt gerade dies auf; er eröffnet einen Weg u. stellt Kain, um den Weg zu sichern, unter den ausdrücklichen u. im Zeichen sichtbaren Schutz Gottes. V. ist also einerseits das Endstadium der Sünde, das Am-Ende-Sein des Menschen (vgl. Ps 32, 3 f), anderseits ist Gott aber auch der V. überlegen, er verwandelt sie in sein bleibendes Gericht, in dem aber auch Zuwendung u. Heil enthalten ist. – Wie Jesu Tod überhaupt, so zeigen auch seine letzten Worte am ↗Kreuz: „Mein Gott, mein Gott, warum bist du mich verlassen" (Mk 15, 34) seine Teilnahme an der Endlichkeit menschlichen Lebens: Sterbend hat Jesus das Gefühl, daß seine Absicht zerbrochen, sein Werk vergebens sei, doch bleibt bei Jesus, als er seine Situation hinausschreit, die Zuwendung zu Gott erhalten. Die V. über sein messianisches Werk stammt nicht aus eigener Sünde, sondern aus dem Widerstand der Umwelt, aber deutlicher noch als bei Kain ist es die Situation des Am-Ende-Seins, des aussichtslosen Nichts, die weder durch Heroismus noch durch Auferstehungs- u. Siegesgewißheit gemildert ist. So erscheint die Antwort Gottes – das Gläubigwerden des Heiden (Mk 15, 39) u. die

Auferweckung Jesu – als etwas schlechthin Neues, als unbedingter Anfang, der Gott als Sieger auch über die V. zeigt.

b) Pastoral. Der heutige Mensch erfährt seine Situation weithin als Zerrissenheit u. V. Besonders intelligentere Jugendliche, vereinsamte alte Menschen u. Kranke erleben Alleinsein u. V. als „die Krankheit zum Tode" (Kierkegaard). Das Leiden, das dem Menschen seine Schwachheit u. Nichtigkeit zum Bewußtsein bringt, wird für den Glaubenden zum Anruf, ja Zwang, den Verzicht auf das eigene Vermögen zu vollziehen, für den Nichtglaubenden aber ist es die Erfahrung der aussichtslosen Ohnmacht u. Sinnlosigkeit. Glaube als „getroste Verzweiflung" (2 Kor 4, 8) u. völlige hoffnungslose V. sind zwar entgegengesetzt, aber einander benachbart. Die echt existentielle, nicht die resignierte, müde lächelnde V. ist heilsbedeutsam, sowohl individuell wie allgemein. Denn in der letzten Wahrhaftigkeit u. Ernsthaftigkeit der V. erfährt der Mensch oft Gott als das Letzte u. Unbedingte, freilich Richtende. Dabei haben wir keinen Grund, zu behaupten, daß dieses richtende Handeln Gottes am Verzweifelten, anders als das Gericht über den Sünder, nicht das Heil als Geschenk einschließt. ↗Geduld, ↗Leiden, ↗Letzte Worte Jesu.   sch

Vetus Latina nennt man zusammenfassend die Vielfalt der altlat. Bibelübersetzungen vor u. neben der Vg. Die V. L., deren Vorlage die LXX ist, liegt uns vor allem in einer älteren afrikanischen (2. Jh.) u. einer jüngeren europäischen (3. Jh.) Form vor. Ihre handschriftliche Überlieferung ist wegen der später vorherrschenden Stellung der Vg mangelhaft.   we

Vier. Die V.zahl hat von den Himmelsrichtungen her die Bedeutung der Vollständigkeit u. Ganzheit. So bezeichnet sie die ganze Erde (Gn 2, 10; Ez 37, 9; Mk 13, 27; Apk 7, 1), die Jahwes Macht umfaßt (Js 11, 12), u. in den 4 Weltzeitaltern – entsprechend den Jahreszeiten – das Gesamt der Geschichte (Dn 7).   he

Vierfürst, Titel des Herrschers über ein Gebiet des von den Römern in vier Teile aufgegliederten Palästina. Der V. von Judäa trägt als Römer statt V. den Titel Prokurator (Lk 3, 1).   do

Vierzig bezeichnet als Zahl der Vollendung das heiratsfähige Alter (Gn 25, 20; 26, 34), die Lebensdauer der Richter (Ri 3, 11.30; 5, 31) u. die Regierungszeit Sauls (Apg 13, 21), Davids (2 Sm 5, 4) u. Salomos (1 Kg 11, 42). V. bestimmt von Gott gesetzte Zeitabschnitte der Not (Gn 7, 4; Ri 13, 1), der Gnade (Ex 16, 35), des Friedens (Ex 3, 11), der Strafe (Nm 14, 33 f) u. Buße (Dt 9, 18). Mose war 40 Tage auf dem Berg (Ex 24, 18), Elija wanderte 40 Tage zum Horeb (1 Kg 19, 8), u. Jesus war 40 Tage in der Wüste (Mk 1, 13).   he

Vision ↗Schauung.

Vokalisierung. Die hebr. Schrift kennt ursprünglich nur Konsonanten. Die Vokale wurden erst im 8.–10. Jh. n.C. hinzugefügt (Masoreten-Text). In der griech. Übersetzung der LXX ist uns für die Eigennamen die Vokalisierung des 3. bis 2. Jh. v.C. erhalten.   ur

Völkeransturm. Wiederholt taucht in prophetischen Texten das Thema von einem geheimnisvollen V. gegen ↗Zion auf, der durch das Eingreifen Jahwes vereitelt wird. Besonders Jesaja greift dieses offenbar einer alten Jerusalemer Tradition entstammende Motiv auf u. aktualisiert es im Hinblick auf die politische Situation seiner Zeit. Ez 38 schildert den V. als eschatologisches Ereignis.   ba

Völkerorakel. Die Propheten des 8. bis 6. Jh. antworteten auf die ständige Bedrohung durch die Nachbarvölker mit ↗Orakeln (im Namen Gottes ausgesprochene Worte) gegen die Fremdvölker. Am 2, 4 ff stellt die Drohsprüche gegen das sündige Juda u. Israel an das Ende der Gerichtsrede gegen die Völker – wie in der Sünde, so ist das auserwählte Volk auch im Unheil mit den Völkern solidarisch. In manchen Prophetenbüchern, z. B. Js, Ez, haben die Sammler der ↗Prophetensprüche die V. als eine Einheit zwischen die Sammlung der ↗Drohreden gegen Israel u. die Sammlung der Verheißungen eingeschoben, so daß das Unheil der Völker als Vorbedingung des Heils Israels erscheint.   oh

Völkertafel. Im AT eine Gn 10 aufgeführte Liste von 71 Namen von Völkern oder Einzelpersonen, die auf die drei Noachsöhne Sem, Cham u. Japhet

zurückgeführt werden. Offenbar wollte der Verfasser die ihm bekannten Völker nach gewissen, vielleicht politischen Gesichtspunkten klassifizieren. Im NT die Aufzählung der zum Pfingstfest gekommen hellenistischen Juden (Apg 2, 9 ff).   ba

Völkerwallfahrt. Js 60 behandelt einen alten Traditionsstoff (Js 2, 1–4; 49, 14 f; Hag 2, 6–9). In der ↗Endzeit wird die Herrlichkeit Gottes über Zion, der ↗Stadt auf dem Berge, aufstrahlen, sie aus ihrer Unansehnlichkeit herausholen u. zum Ziel einer großartigen, friedlichen V. machen.   pa

Völkerwelt. Israel spielte während der längsten Zeit seines Bestehens eine unbedeutende Rolle in der Geschichte des Alten Orients. Es sah vor allem in der Zeit der Krise (8.–6. Jh.) in der V. eine tödliche Bedrohung. Aus dieser Situation sind die ↗Völkerorakel der Propheten zu verstehen. Die Beurteilung der V. in der priesterschriftlichen ↗Völkertafel (Gn 10, 1 ff) steht dem entgegen: Während sonst im Alten Orient die Herkunft des eigenen Volkes aus mythische Urzeit hergeleitet wird, weiß Israel, daß es aus der geschichtlichen V. hervorgegangen ist.   oh

Volk Gottes. Das AT bezeugt, daß Gott sich ein Volk aus allen Völkern zum Eigentum erwählte (Ex 19, 5–6): ↗Israel, das sich selbst als Erbe der an ↗Abraham gegebenen ↗Verheißungen versteht. Israel steht unter der Forderung, heiliges Volk u. Königreich von Priestern zu sein (Ex 19, 6); für dieses Volk schließt Gott den ↗Bund u. gibt ihm ↗Weisung u. Gebot. Die politische Geschichte des V. G. wird in der ganzen Bibel von dieser ↗Erwählung her verstanden u. gedeutet. Die ganze Bibel ist aber auch voll von der permanenten Versuchung dieses von Gott aus der Völkerschar herausgenommenen Volkes, das nichts anderes sein will als werden, wie die Völker sind. Diese Versuchung kennzeichnet die Geschichte des V. G. mit immer neuen Marksteinen des Abfalls, des ↗Bundesbruchs. Aus freier Liebe hat Gott sein Volk erwählt, er läßt es nicht im Stich, er hält zu ihm wie der Vater zum Sohn (Ex 4, 22–23; Dt 32, 6 u. a.), wie der Gatte zu seiner treulosen Ehefrau (Hos 1–3; Jr

3, 6–13). Dem widerspenstigen Volk
künden die Propheten für die ↗Endzeit
einen ↗Neuen Bund an, den Gott mit
den Treuen schließt (Jr 33, 31–34 u. a.).
Oft ist auch vom heiligen ↗Rest die
Rede, den Gott durch alle Katastrophen
hindurchrettet, um aus ihm sein Volk
neu erstehen zu lassen. Diesem endzeitlichen V. G. ist der ↗Messias, die
↗Herrschaft Gottes u. sein Reich verheißen. Aus solchem Erwählungsbewußtsein verstehen sich die in der ↗Damas-
kusschrift u. in den Qumranschriften bezeugten Gemeinschaften.
Jesus bringt Israel, dem V. G., die frohe
Botschaft (Mt 10, 5–15; 15, 24 u. a.). Als
die Erstgerufenen die Botschaft u. den
Boten ablehnen, stiftet Gott den Neuen
Bund in Tod u. Auferweckung Jesu (Lk
22, 20) für alle, die glauben (Mk 16, 16).
So wächst das V. G. aus den Glaubenden aller Völker.
Die ↗Urgemeinde versteht sich selbst
als das endzeitliche V. G., das Gott sich
erwarb durch den Tod seines Sohnes
(Apg 20, 28); als das Israel Gottes (Gal
6, 16), das frei ist vom Gesetz (Gal 4,
21–31). So werden ↗Heiden aus allen
Völkern dem V. G. eingegliedert (Eph
2, 11–22 u. a.), doch bleibt der Vorrang
Israels, des Erstberufenen (Röm 9–11);
ihm ist die endzeitliche Umkehr verheißen. In dieser Zeit ist das V. G. auf
der Wanderschaft; am Ende der Zeiten,
wenn Gott mit seinem Reich kommt,
wird es keine Trennung mehr geben;
ein einziges Volk wird seinem Gott dienen (Apk 21, 3 u. a.). ↗Braut, ↗Ge-
meinschaft, ↗Kirche, ↗Leib Christi. **be**

Volkserzählung. Neben Erzählungen, die
letztlich aus der Hand eines einzelnen
stammen (z. B. prophetische Selbstbiographie) oder zunächst nur für bestimmte Gruppen wichtig waren (z. B.
königliche Geschichtsschreibung), gibt es
im AT viele Erzählstoffe, die – meist in
poetischer Form – als ↗Sagen, ↗Legen-
den, ↗Märchen, ↗Novellen, ↗Anek-
doten lange im Volk lebendig waren,
bevor bibl. Autoren sie in ihre Werke
einbauten. Diese Feststellung des ↗Sit-
zes im Leben ist z. B. wichtig für die
Beurteilung des geschichtlichen Aus-
sagewertes eines Textes. – Das NT kennt
keine V., da die erzählenden Überlieferungen von Jesus vor ihrer literari-

schen Fixierung in einer begrenzten,
geformten Gemeinschaft weitergegeben
wurden, wobei die apostolische Predigt
stets regulierend eingreifen konnte. **oh**

Volksetymologie, volkstümliche Deutung eines Eigen- oder Ortsnamens mit
Hilfe ähnlich lautender Wörter, häufig
im Rahmen einer ↗Sage (z. B. Babel:
Gn 11, 9; Mose: Ex 2, 10). **ba**

Volksklagelied. An Fast- u. Bußtagen u.
bei Klagefeiern anläßlich äußerer Katastrophen u. Feindgefahr verwendete
man in Israel Formulare der sog. V.er.
Man flehte den Bundesgott unter Hinweis auf seine früheren Hulderweise
um Zuwendung u. Wende der Not an.
Diese kollektiven ↗Klagelieder haben
den Wir-Stil (vgl. Ps 44; 60; Js 63, 7 bis
64, 11). **pa**

Volkwerdung. Nach Ex 1, 7.9 ist in Ägypten aus der eingewanderten Jakobssippe
das Volk Israel geworden. Von da ab
erscheint es als geschlossene Volksgemeinschaft in allen Ereignissen von
Ägypten bis zur ↗Landnahme. Doch hat
die historische Forschung gezeigt, daß
ein „Volk Israel" als geschichtliche
Größe vor der Einwanderung in Palästina nicht nachweisbar ist. ↗Israel war
der Name des sakralen Stämmebundes,
der sich dort nach der Einwanderung
konstituiert hat. Er bildete die Grundlage für die spätere V., einen Prozeß,
der erst in der Königszeit abgeschlossen
war. Das Volk Israel des Sinai-Ereig-
nisses, des Wüstenzuges u. der Landnahme geht zurück auf die Vorstellung
einer Zeit, die vergessen hatte, daß es
damals nur Stammesgruppierungen gab,
die in das spätere Israel eingegangen
sind. **ba**

Vollendung. Gott hat mit seiner
↗Schöpfung ein Werk begonnen, das
in der menschlichen Geschichte vollendet werden soll. Schöpfung ist nicht
Abgeschlossenes, Fertiges, sie bedeutet
Entwicklung u. Werden. Das Begonnene
u. das Mögliche sollen sich entfalten.
Dieser Prozeß hat eine bestimmte Richtung, ein Ziel; dies heißt V. Gott selber ist es, der durch den Menschen die
V. seiner Schöpfung heraufführt. Erst
recht wird Gott das, was er in seinem
Sohn ↗Jesus ↗Christus begonnen hat,
zu Ende führen: „Der in euch das große
Werk begonnen hat, der wird es auch

vollenden bis zum Tag Christi", sagt Paulus den Christen in Philippi (Phil 1, 7). Was Jesus in seinem Dasein für andere, in seinem Sterben für alle u. in seinem Auferstehen allen voraus möglich gemacht hat, das wird jetzt allenthalben von Menschen verwirklicht. Die ↗Liebe Gottes, die sich in Jesu Kreuz eröffnet hat, ist in der ganzen Schöpfung am Werk u. will weltweit zur V. kommen. Der Zeitpunkt, da diese V. eintreten wird, heißt der „Tag Christi". Dieser wird dann dasein, wenn alle Welt auf Gottes Liebe antwortet, wenn die Menschen in geschöpflicher Liebe zu sich selber finden. Nach den Aussagen des Joh-Ev. ist es Christus selbst, der das Werk des Vaters vollenden wird (vgl. Joh 4, 34). Das Vollendete wird von der Zukunft erwartet, es bricht mit dieser herein in die menschliche Geschichte: „Wenn aber das Vollendete dasein wird, dann wird alles Stückwerk aufhören" (1 Kor 13, 10). Paulus sagt von der gegenwärtigen Situation des Menschen, daß sie vorläufig ist, Stückwerk, daß sie auf etwas hin ist; alles im menschlichen Leben ist von dieser ↗Vorläufigkeit geprägt. Dieses Vorläufige hat aber schon eine bestimmte Richtung, es läuft schon vor in das Eigentliche, Gültige u. Bleibende der Schöpfung Gottes. Seit dem Christusgeschehen ist nämlich das Endgültige u. Vollendete schon eingebrochen in die Vorläufigkeit menschlichen Daseins. So begegnet in der Liebe Christi, in seinem Dasein für andere, schon das Vollendete. Es bietet sich dem Menschen an als reale Chance. Nur ist der Apostel Paulus überzeugt, daß V. innerhalb der menschlichen Geschichte nicht möglich ist. So haben judenchristl. Enthusiasten in Korinth u. in anderen hellenistischen Gemeinden seine Auferstehungspredigt falsch verstanden; sie glaubten sich mit der Taufe auf den Namen Christi schon als vollendete Menschen. Dieses Mißverständnis bot sich aus den hellenistischen ↗Mysterien an: Dort konnte der Myste, der Mensch, der sich verschiedenen Kulten u. Reinigungsriten unterzog, aufsteigen zum „vollendeten Menschen". Christl. Enthusiasten verstanden die Taufe als ähnlichen Mysterienritus. Solchem Mißverständnis muß Paulus

entschieden entgegentreten: für ihn ereignet sich Auferstehung der Christen allein in der Zukunft (1 Kor 15, 12 ff), für ihn gibt es noch keinen vollendeten Menschen.
Allein Christus ist allen voraus eingegangen in die V. Gottes. So hofft Paulus, daß Gott denen, die sich schon vollendet dünken, das Richtige zeigen wird (Phil 3, 15 f). Damit hält die christl. Botschaft dem Menschen echte Zukunft offen, etwas, das dem Menschen ständig vorausliegt, über das er nicht verfügt, das nicht in der eigenen Geschichte aufgeht. V. ist eine Bezeichnung solcher Zukunft. Alles, was im Leben eines Menschen anfanghaft da war, soll in der Zukunft Gottes V. finden. V. bedeutet, daß nichts im menschlichen Dasein sinnlos u. vergebens ist, daß vielmehr alles aufgehoben werden wird im Geheimnis Gottes. V. aber gibt sich anfanghaft vorweg, dort, wo Menschen ihr Leben u. das des Bruders gehorsam annehmen.   gr

Vollkommenheit wird im NT meist im Hinblick auf sittliche V. gebraucht. Vollkommen im absoluten Sinn ist nur Gott. Trotzdem werden die Christen zur selben V. aufgefordert: „Seid vollkommen, wie euer Vater vollkommen ist" (Mt 5, 48). Der reiche junge Mann, dem Jesus den völligen Eigentumsverzicht zur Erlangung der V. empfiehlt (Mt 19, 21), soll dadurch frei werden zur ↗Nachfolge. Wer ein vollkommener ↗Jünger ist, ist wie sein Meister. Der Jünger Jesu muß deshalb dessen selbstloses Dienen u. Lieben ↗nachahmen.   tho

Vollkommene sind in Phil 3, 15 die Christen, die so gesinnt sind, wie Paulus es Vv. 12–14 beispielhaft von sich beschreibt. Sie wissen um die Einheit mit Christus im ↗Glauben, der Grund u. Ziel des neuen Lebens ist: a) der Vollkommene ist „schon" vollkommen im Glauben, d. h. gerecht auf Grund der Heilstat Christi am Kreuz; b) der Vollkommene ist zugleich „noch nicht" vollkommen im Blick auf das Ziel seiner Existenz ↗„in Christus", d. h. auf die auf Grund von Ostern erhoffte Auferstehung; der Vollkommene ist also der „Mensch unterwegs" zu diesem Ziel. c) Glauben an Christus bedeutet für ihn leben ↗„mit Christus", d. h., der absolute Maßstab seines Handelns ist das Doppelgebot der ↗Liebe. Er weiß, welcher Zukunft er entgegengeht, u. ist daher offen zu verantwortlichem Handeln in Liebe u. Solidarität mit der Welt.   kl

Vollmacht. Jeder Abschnitt der vier Evv. zeugt von einer ungeheuren Souveränität Jesu. Mit seinem Wort bricht sich das ↗Reich Gottes Bahn. Sein Wort ist Tat, es geschieht in V. Seine ↗Wunder sind Zeichen dieser V.: Wenn der Stärkere kommt, dann weichen die ↗Dämonen. Kennzeichnend für die Botschaft des Mk-Ev. ist der Satz, daß sich das Volk über ↗Jesus u. seine Lehre entsetzt. In V. spricht Jesus den Armen das Heil zu. Mit souveränem u. unbedingtem Befehlswort ruft er Menschen in seine Nachfolge u. macht von der Stellung zu seiner Person die Zugehörigkeit zum Reiche Gottes abhängig. Zahlreiche Schul- u. ↗Streitgespräche berichten, wie vollmächtig Jesus zu seinen Hörern u. Gegnern spricht. Ganz unerhört ist es für jüd. Ohren, mit welcher Freiheit Jesus dem ↗Gesetz gegenübersteht. Woher nimmt Jesus die V., die jüd. Reinheitsvorschriften aufzuheben u. mit Zöllnern u. Sündern zusammenzusitzen? Woher nimmt Jesus die V., die allein Gott zusteht, die Sünden zu vergeben? Woher nimmt er die V., das Sabbatgebot anzutasten u. in den Antithesen der ↗Bergpredigt dem Gesetz Moses sein „Ich aber sage euch" entgegenzusetzen? Es versteht sich von selbst, daß die Gegner Jesu die Frage nach der Berechtigung zu diesem ungeheuren V.s-Anspruch stellten. Doch Jesus beruft sich auf keine menschliche Autorität, seine V. ist unmittelbar u. unableitbar. Er lehnt auch jeden Beweis für sein Recht ab. Die Gegner konnten darum seine V. auf den Satan zurückführen u. ihn verurteilen. Dem Auferstandenen aber ist nach Mt 28, 18 die V. im Himmel u. auf Erden übergeben.   ma

Von Anfang an wird im NT in verschiedenen Bedeutungen gebraucht, wobei der jeweilige Sinn aus dem Zusammenhang zu erschließen ist. Zunächst meint v. A. a. einen ↗Anfang, der vor aller Zeit liegt: 1 Joh 1, 1 verkündet das, „was v. A. a. war", nämlich Christus. Auch

1 Joh 2. 13 f wird Christus als der, der v. A. a. ist, gekennzeichnet, womit wie bei der Aussage ↗im Anfang (Joh 1, 1) eine Präexistenzaussage von ihm gemacht wird. Joh 17, 5 spricht Christus selber in diesem Sinn von sich: Gott möge ihm die ↗Herrlichkeit geben, die er bei ihm hatte, „ehe die Welt war". – Die zweite Verwendungsart von v. A. a. bezeichnet einen in der Zeit liegenden ersten Zeitpunkt: Der Anfang der ↗Schöpfung ist gemeint in Mt 19, 4 u. 8: Gott hat v. A. a. den Menschen als Mann u. Frau geschaffen, u. dem Willen Gottes gemäß gibt es die Ehescheidung nicht v. A. a. Geschehnisse also, die nicht nur erst in der Geschichte begannen, sondern auch vom ursprünglichen Plan Gottes abweichen, waren nicht v. A. a. – Joh 16, 4 ist gemeint der Beginn des Auftretens Jesu: Die Jünger sind v. A. a. bei ihm gewesen. Den Beginn des Christseins oder der Predigt der Ev. bezeichnet 1 Joh 2, 24: Wenn sie das Wort der Erstverkündigung bewahren, bleiben sie mit Gott verbunden. Dadurch, daß das Auftreten Christi, die Glaubenspredigt der Apostel u. das Gläubigwerden der Christen als v. A. a. gekennzeichnet werden, werden diese drei Ereignisse zusammengefaßt als das Heilsereignis für die, die ihrem Leben dadurch einen neuen Anfang geben lassen.   tho

Vorgegebenheit ist all das, worüber der Mensch in seinem Leben nicht verfügt. Vorgegeben sind etwa leibliches Dasein, Welt u. Umwelt, der Mitmensch. Der Christ versucht, V.en seines Lebens gelassen anzunehmen, aber in der gläubigen Hoffnung, sie schöpferisch zu verändern. So wehrt sich z. B. Paulus gegen die V. einer körperlichen Krankheit, u. er bittet den Herrn, daß er ihn davon befreien möge. Doch er erfährt als Antwort: „Meine Gnade genügt dir!" (2 Kor 12, 7–9.) Der Christ versucht, die V.en seines Lebens in der Auferstehungsmacht (↗Geist) Christi zu bestehen.   gr

Vorhalle. Vorbei an zwei 18 Ellen hohen Bronzesäulen betrat man das dreigeteilte Innere des Jerusalemer ↗Tempels u. des Königspalastes durch eine überdachte Eingangshalle (Ulam), die unter Herodes zu einer hellenistischen Säulenhalle umgebaut wurde (1 Kg 7, 6).   pa

Vorhang. Im Tempel wie im heiligen ↗Zelt gab es zwischen Vorhof u. Tempel (Zelt) den äußeren V. Der innere V. verbarg das ↗Allerheiligste (Debir). Dieser wurde am ↗Versöhnungstag mit Opferblut besprengt. Das Zerreißen des inneren V. beim Tod Christi (Mt 27, 51) manifestiert die neue Heilsordnung: Durch den Tod Christi ist die Stätte der Begegnung u. Versöhnung mit Gott allen offen (Hebr 6). pa

Vorherbestimmung. Insofern Gott in seiner ↗Gerechtigkeit u. ↗Liebe den Menschen zum ↗Heil u. zur Vollendung führen will, spricht die Bibel von V. u. drückt damit die Glaubensüberzeugung aus, daß Gott der absolute Herr ist (Ps 89), der Schöpfer (Joh 6, 44) u. Planer der Welt u. der Menschen (Spr 16, 4). V. im bibl. Verständnis ist getragen vom Geheimnis der erbarmenden Liebe Gottes (Röm 11, 32; 1 Joh 4, 8), auf die man sicher bauen kann (1 Kor 13, 8). – Von "Prädestination" im späteren, theol. Sinn als V. zur ewigen Seligkeit oder Verdammnis ist weder im AT noch im NT die Rede. Bei allen Aussagen, die den göttlichen Plan, sein Vorherwissen, sein Berufen u. Erwählen u. sein Verwerfen zum Inhalt haben, ist die menschliche ↗Freiheit gewahrt. Sie ist freilich immer an das Bewußtsein gebunden, sein Leben nicht aus sich selbst zu haben, sondern auf Gott verwiesen zu sein. hi

vorhersagen. Die eigentliche Aufgabe der ↗Propheten ist es, dem Volk u. seinen Führern den ↗Willen Gottes kundzutun u. sie in seinem Namen zur ↗Umkehr zu rufen. Damit ist oft, aber keineswegs immer u. notwendig ein V. künftiger Ereignisse verbunden (↗Weissagung). Dies kann eine bedingte Voraussage sein (Drohprophetie), die nicht eintrifft, wenn der Betreffende sich bekehrt (2 Sm 12, 10.13). Sonst erkennt man daran, ob der verkündete Spruch sich erfüllt oder nicht, die Wahrhaftigkeit des gottgesandten Propheten (Dt 18, 22). ↗Wahrsagerei. ur

Vorhof. War der Salomonische ↗Tempel- u. Palastbezirk zuerst von einem (oberen) u. später von zwei V.en umgeben, so gab es im Herodianischen Tempel den Priester-, Israeliten (= Männer-), Frauen- (Mk 12, 41) u. den äuße-

ren Heiden-V. Herrliche Säulengänge umgaben sie. pa

Vorläufer. Der Glaube, daß ein V. als Wegbereiter Gottes oder des ↗Messias dessen Kommen ankündigt, war im Judentum z. Z. Jesu vorhanden. Nach Mal 3, 1.23 f erwartete man den Propheten ↗Elija, von dem es hieß, er werde Israel sammeln u. erlösen u. es wiederherstellen. Von dieser Erwartung sprechen Mk 9, 11 f; Mt 17, 10 f u. Jo 1, 21. Ebenso wurde von Jeremia gesagt, daß er vor dem Kommen des Messias wiederkehren werde. Auch die Erwartung von Henoch, Baruch u. Esra ist belegt. In ↗Qumran erwartete man das Auftreten eines Propheten vor dem endzeitlichen Kommen der beiden Messiasse. Die Erwartung des Propheten Elija als V. des Messias ist noch heute im Judentum lebendig. ↗Johannes der Täufer. ba

Vorläufigkeit. Nach der Vorstellung des NT kommt Welt u. Menschen eine ↗Zukunft zu, die ihnen erst das Eigentliche bringen u. entbergen wird. Diese Zukunft ist einerseits ↗Gott, der Schöpfer der Welt, andererseits ↗Christus, der auferstandene ↗Herr der Welt. Nun hat mit der ↗Auferstehung Jesu schon Gottes Zukunft begonnen, die Gegenwart ist von ihr bestimmt, Welt u. Menschen sind auf sie hin. Deshalb hat alles im Leben des Menschen einmal vorläufigen u. relativen Charakter. Das Eigentliche u. Vollendete steht noch aus, ist im ↗Werden. Es ist so im Werden, daß es schon in die Gegenwart hereinsteht u. diese mitbestimmt. So steht der „Tag des Herrn" schon in die gegenwärtige Weltzeit herein, er wirft schon seine Helle in das Dunkel der Weltennacht (vgl. Röm 13, 12 f). Oder es hat der neue Herr der Welt schon seine Herrschaft angetreten; es gibt schon Menschen, die unter seiner Herrschaft dienen. So läuft die gegenwärtige Weltzeit vor in ihre Zukunft, u. sie wird von dieser mehr u. mehr eingeholt. Vorläufig ist daher z. B. das ↗Richten u. Verurteilen der Menschen, denn Gott allein ist es, der gültig u. bleibend richten wird. Er wird alles, was jetzt verborgen ist, aufdecken u. in das rechte Licht setzen (vgl. Röm 14, 3 ff). Vorläufig sind auch die Begabungen der Menschen: Prophetengaben, Sprachen, Weisheit hören auf.

Alles gegenwärtige Erkennen ist Stückwerk (1 Kor 13, 8–9). Wenn aber das Vollendete dasein wird, dann wird das Vorläufige, das Stückwerk, vorbei sein. Auch der ↗Glaube wird zu Ende kommen in der Zukunft Gottes; er wird einem Schauen weichen; ebenso wird ↗Hoffnung zum Ziel kommen, dann, wenn Gott vollends dasein wird. Eines ist aber schon der V. entnommen: die ↗Liebe. Sie hört nicht mehr auf (1 Kor 13, 8). Sie kommt vom ↗Kreuz Christi her. Sie bedeutet wie dieses Endgültigkeit. Wo der Mensch tatsächlich für den andern da ist, dort hat er Endgültigkeit erlangt; wo einer liebt, ist V. zu Ende gekommen. Denn die Liebe ist das Ende der Menschenzeit, sie holt diese ein in die Zeit Gottes. Der Christ ist sich seiner V. bewußt: der V. seines Bekennens u. Glaubens u. Hoffens, der V. seiner Glaubenssätze seiner moralischen Regeln, seines Erkennens u. Verstehens. Der Christ nimmt die V. seines Lebens an; er macht sich nicht zur Regel für den andern. Aber er weiß, daß er in der Liebe auf Endgültigkeit, Dauer u. Vollendung stoßen kann, auf die Zeit Gottes.

gr

Vorlesung. Heilige Schriften wurden durch V. einem größeren Zuhörerkreis zur Kenntnis gebracht. Das AT erwähnt die V. des Bundesbuches durch Mose (Ex 24, 7) u. des Jeremia-Buches durch Baruch (Jr 36, 6). Esra verlas das ↗Gesetz des Mose vor dem versammelten Volk. Später kamen im ↗Synagogengottesdienst Abschnitte aus Gesetz u. Propheten zur V. Dazu wurden Männer aus der Gemeinde aufgerufen (vgl. Lk 4, 16). Paulus fordert zur V. seiner Briefe in den Gemeinden auf (1 Thess 5, 27).

ba

Vorsehung. Schon im AT ist der Glaube an Gottes geschichtslenkende Macht ein Hauptgedanke. Im ↗Spätjudentum entsteht ein Konflikt bei der Frage nach der Vereinbarkeit von göttlicher V. u. menschlicher Freiheit. Im NT – wo die genannte Frage nicht gelöst wird – bezieht sich der Vorsehungsglaube auch auf den Heilsplan Gottes, u. zwar ↗jetzt auf die ewige Liebe Gottes in Christus, mit der er uns erwählt hat u. die der Grund unseres Heiles ist. Deshalb wird denen, die Gott lieben u. die er berufen hat, alles zum Guten dienen (Röm 8, 28). Dies „Gute" besteht nicht in unseren eigenen Wünschen, sondern darin, daß nichts uns trennen kann von Gottes Liebe (Röm 8, 38 f). Gottes Wege sind unerforschlich (Röm 11, 33 f). Auch der Kreuzestod Jesu, der, menschlich gesehen, sinnlos erscheint, erfüllt sich sein ↗Ratschluß (Apg 2, 23; 4, 28). Lukas spricht hier von einem göttlichen ↗„Muß" (z. B. 24, 26). – Nicht aus dem Naturgeschehen u. dem Ablauf der Weltgeschichte ist Gottes Plan abzulesen, sondern in seinem Wort der ↗Offenbarung wird er uns zugänglich. Nicht mit unserer Vernunft können wir den Sinn der Welt erkennen, sondern allein durch die Erfahrung der im AT u. NT bezeugten Heilsereignisse, die, durch die Schrift als solche gedeutet u. im Glauben angenommen, uns erkennen lassen, daß Gottes Macht schließlich alles Böse besiegen wird. Besonders Paulus denkt über den göttlichen Heilsratschluß nach, der, vor aller Zeit mit der Schöpfung beginnend, in der Sendung Christi vollendet wurde u. in der kommenden Gottesherrschaft seine endgültige Erfüllung finden wird (Eph 1, 3–14).

tho

Vor uns. ↗Israel weiß sich von seinem Bundesgott ↗Jahwe geführt, aber es kennt seine Wege nicht. Es durchschaut nicht Gottes Pläne. Gott ist vor seinem Volke her u. für dieses nicht einholbar. Er gibt seine ↗Verheißung, er fordert Hoffnung. Das spätere Israel weiß, daß Gottes Heilstat am Ende der Zeit liegen wird. In ↗Jesus ↗Christus wird offenbar, daß Gott vor den Seinen bleibt, daß die Menschen auf ihn hin sind. Jesus Christus ist Gottes Zukunft, denn in ihm kommt der Schöpfer auf seine Schöpfung zu. Wenn im Alten Bund das V.-U. Gottes ständig fraglich war, so ist es seit Jesu Auferstehung bleibend verbürgt; es bedeutet ↗Vorläufigkeit u. ↗Zukunft. Das V.-U. Gottes ruft in das ↗Experiment des ↗Glaubens, in eine schöpferische ↗Praxis der ↗Liebe. Gott ist in Jesus Christus in der Weise für uns da, daß er als unsere Zukunft v. u. ist. Nur dieses V.-U. schützt den christl. Glauben vor Ideologie u. öffnet ihn für das verstehende Gespräch mit Nichtchristen. Wenn Gott v. u. ist, dann ist er auch vor den anderen, vor seiner ganzen Schöpfung.   gr

Vorurteil. Der religiöse Mensch begegnet seinem Mitmenschen mit V.en. Das wird in der Bibel vor allem bei den Gruppen der ↗Pharisäer, ↗Priester u. ↗Schriftgelehrten deutlich. Diese ordnen ihre Mitmenschen in religiöse Schemen ein, sie pflegen mit Gottlosen, ↗Sündern u. ↗Armen keine Gemeinschaft. Anders ↗Jesus. Er begegnet dem Menschen ohne V., er geht zu den ↗Zöllnern, Dirnen u. ↗Gesetzlosen, um alle voraussetzungslos zum ↗Reich Gottes einzuladen. Er verbietet seinen Jüngern generell zu urteilen u. zu richten, weil Gott allein richtet (Lk 6, 37). Er blickt nicht auf das äußere Erscheinen u. Ansehen eines Menschen, er nimmt jeden, wie er ist. Ebenso verbietet es die frühchristl. Verkündigung, irgend jemand zu richten oder zu verurteilen (Röm 14, 10 f). Der Christ ist einer, der V.e abzubauen versucht, bei sich selbst u. bei anderen. Er will in der Nachfolge Jesu die Freiheit des Bruders; er sieht den Menschen in seinen ständigen Möglichkeiten, vor allem in seiner Fähigkeit, zu lieben.   gr

Vorverständnis ↗Verstehen.

Vulgata heißt seit dem 16. Jh. die von Hieronymus geschaffene lat. Bibelübersetzung; sie ist Bearbeitung der ↗Vetus Latina nach dem griech. Text u. z. T. auch Neuübersetzung aus dem Hebr. Nach anfänglichem Widerstand wurde sie seit dem 8. Jh. allgemein anerkannt.   we

W

Wächter waren in Israel zu Kriegszeiten mit einem Signalhorn ausgerüstet zur Wache vor dem Feind. Auch in Zeiten des Friedens hatten W. über Städte u. Güter zu wachen, um sie vor Brand oder Dieben zu schützen. Übertragen wird dann auch von Gott gesagt, er sei W. über sein Volk. Die Führer des Volkes u. die ↗Propheten erhielten häufig in diesem Sinne den gleichen Titel.   la

Waffen. Mit dem Scheitern der politischen Hoffnungen in der Geschichte Israels wird der Ausdruck W. in zunehmendem Maße frei für eine religiöse Interpretation. Während erst die Endzeit die Sinnlosigkeit irdischer W. endgültig offenbaren wird, kann der Glaubende jetzt schon die Kraft Gottes als die eigentlich wirkmächtige erfahren. Er ist aber dadurch nicht zu einer Tatenlosigkeit entlassen, sondern zu einem W.dienst Gottes berufen u. darf mit „W. der Gerechtigkeit zur Rechten u. Linken" (2 Kor 6, 7), d. h. in Angriff u. Verteidigung auf die Kraft Gottes seine Hoffnung setzen. ↗Kampfrüstung.
                                                    tr

Wagen, im Alten Orient seit frühsumerischer Zeit bekannt. 1. Zunächst kannte man nur schwerfällige W. mit zwei oder vier Scheibenrädern, als Kult-, Herrscher- u. Kriegs-W. verwendet. Sie waren Privileg des Königs. 2. Seit dem 18. Jh. v.C. wurden W. aus Holz mit Eisenbeschlägen u. zwei Speichenrädern gebaut, die seit dem 17. Jh. v.C. vom Pferd gezogen wurden; solche – oft kampfentscheidenden – Streit-W. wurden in Israel von David (2 Sm 8, 4) u. vor allem von Salomo (1 Kg 10, 26–29) eingeführt. 3. Daneben gab es den von Rindern gezogenen Karren zum Transport von Menschen (Gn 45, 19 – 46, 5), von Kultgeräten (Nm 7, 3.6 ff) u. anderen Lasten; er wurde auch beim Dreschen u. für die Ernte verwendet (Js 28,

27). 4. Das NT erwähnt leichte hellenistische Reise- u. Streit-W. mit zwei Speichenrädern (Apg 8, 28 f. 38) u. den großen gallisch-römischen Reise-W. mit vier Rädern (Apk 18, 13). – Die alte Vorstellung vom W. als Götterfahrzeug wirkt noch im AT nach in der Vorstellung vom Himmels- oder Gottes-W. (2 Kg 2, 11; 6, 17) u. vom Sturm als Streit-W. Gottes, auf dem er zum Gericht einherfährt (Js 66, 15; Hab 3, 8; Sach 6, 1–8).   he

Wahrheit. a) Der griech. Weise blickt aus dem verwirrenden Treiben der Welt auf das ewige Reich der Ideen, „wo alles seine Ordnung hat u. ewig in gleicher Weise sich verhält, weder sich gegenseitig Unrecht tut noch Unrecht empfängt, wo alles wohlgefügt u. nach Verhältnissen da ist. Ihm folgt er nach u. macht sich ihm so ähnlich, wie er vermag. Oder glaubst du, man könne in Bewunderung mit etwas verkehren, ohne es nachzuahmen?" (Platon, Staat, 500 c.) So ist die W. nicht nur der vergänglichen Welt entgegengesetzt. Daß sie zugleich „gut" ist, heißt, daß sie sich ihr mitteilt, Anteil an sich (Sinn) gibt. Ihre „Schönheit" schließlich macht sie anziehend u. erweckt Sehnsucht („Eros") nach ihr. So ist die Welt in steter Bewegung des Strebens zur wahren Ordnung (Kosmos), u. der Mensch ist höchster Fall dieser kosmischen Lebendigkeit. In immer neuen Entscheidungen gegen alles Vergänglich-Chaotische bildet er sich, dem Zug des Ewigen im Eros folgend, im Denken zur W., im Handeln zum Guten, im ästhetischen Erfahren zum Schönen.

b) Dem griech. Ordnungsdenken widerspricht die hellenistische ↗Gnosis mit einem kosmologischen ↗Dualismus. W. denkt sie nicht mehr von der Form her als Ordnungskraft, die den Kosmos bestimmt; denn dieser wird vom Gnostiker ja gerade in seiner alles Ungestaltete ausschließenden Begrenztheit als Gefängnis seines Selbst erfahren, dessen Ursprung vielmehr jenseits des Kosmos beim „Vater der W." liegt. Entsprechend ist W. nicht mehr Bildungsziel menschlicher Vernunft, sondern im „Anruf" des himmlischen Boten offenbarte Erlösungsmacht, die das dem Kosmos verfallene Selbst des Gnostikers zu seiner jenseitigen Heimat zurückführt. In den Oden Salomos (38) bekennt der Gerettete: „... Die W. führte u. leitete mich ... sie riß mich aus Schlünden u. Tälern empor ... u. legte mich dem ewigen Leben in die Arme. Sie ging mit mir u. brachte mich zur Ruhe, sie ließ mich nicht irren, denn sie ist die Wahrheit."

c) Gründet sich dem Griechen die Gewißheit seiner selbst auf die Vernunft, die ihm Anteil an der Idee gibt, u. dem Gnostiker auf sein eigentliches, im „Himmel" beheimatetes Selbst, zu dem ihn der jenseitige Bote nur erinnernd zurückzurufen braucht, so steht dem atl. Frommen fest, daß allein in Gottes gnädigem Wort (↗Wort Gottes) die Menschen Bestand haben. „Er sandte sein Wort u. heilte sie u. errettete aus der Grube ihr Leben" (Ps 107, 20). D. h., dies Wort ist nicht nur Anlaß zur Besinnung auf eigene „pneumatische" Qualitäten, vielmehr ist es unverfügbare Anrede: in ihm ereignet sich die Gemeinschaft Gottes mit seinen Geschöpfen, die sich in Heilstaten erweist u. erweisen wird. Mein (d. h. Gottes) Wort „kommt nicht leer zu mir zurück, ohne daß es wirkt, was ich will, u. ausrichtet, wozu ich es gesandt habe" (Js 55, 11). Bürge dafür ist Gottes W., die also nicht eine ruhende Eigenschaft ist, sondern Treue seinem gegebenen Wort gegenüber. Als solche ermöglicht u. bewahrt sie Gemeinschaft, ist „Bundestreue", „Gemeinschaftstreue" Israel gegenüber (↗Gerechtigkeit Gottes). Der Prophet verkündigt sie der bittenden u. flehenden Gemeinde (Ps 85, 9 ff): „Sie sollen ohne Hoffnung nicht bleiben! Wahrlich, nahe ist seine Hilfe den Frommen, daß seine Herrlichkeit (wieder) wohne in unserem Land. Huld u. Treue (= W.) begegnen sich, Gerechtigkeit u. Friede treffen sich ..." Die W. Gottes

wird sich also endzeitlich erweisen als real wirksame Heils- u. Segensmacht. Sie eröffnet Israel einen Raum gemeinschaftlichen Lebens, in dem Sittlichkeit, Wohlstand, Frieden mit den Nachbarvölkern herrschen. Vor dem Forum der ganzen Welt pocht Gott auf seine Treue: Als der, vor dem kein Gott gewesen ist u. nach dem keiner sein wird, hat er Israel Heil verkündet u. geschaffen u. wird es auch in Zukunft tun (Js 43, 9 ff). Damit ist die Dimension der W. Gottes noch einmal gesteigert: Sie ist die gnädige ↗Treue Gottes zu seiner Schöpfung.

d) „Bleiben" aber kann das Geschöpf nur im Heilsbereich der Treue Gottes, wenn es sich selbst wiederum in der gleichen Treue auf sein Verheißungswort einläßt (Js 7, 9). So hat der Mensch seine W. nicht verfügbar, sondern nur darin, daß er sich W. wahr sein läßt. Damit ist das Tun der Gebote Gottes eben nicht „Leistung", sondern als Bekenntnis zu Gottes Gemeinschaft stiftender Treue ebenfalls „Gemeinschaftstreue". Aber Israel hat auch das Zerbrechen dieser Gemeinschaft in der Gerichtsverkündigung seiner Propheten erfahren. Zur „Hure" ist Jerusalem geworden, u. nur ein ganz neues Einsetzen des göttlichen Heilshandelns kann es wieder zur „Rechtsburg" u. „treuen Stadt" machen (Js 1, 21 ff). Von dieser Korrelation zwischen einer gesteigerten Intensität der W. (Treue) Gottes u. ihrem gänzlichen Fehlen auf menschlicher Seite weiß auch die ↗Apokalyptik. „Treuer Gott" steht auf den Feldzeichen der Gemeinde von ↗Qumran, die als Gottes Heer in den endzeitlichen Kampf mit Belial ziehen wird. Aber diese sich machtvoll durchsetzende Treue des Weltschöpfers u. Bundesgottes ist zugleich die wunderbare Gnade Gottes gegenüber dem Sünder. „... Du hast mich den Rat deiner W. wissen lassen ... deine Wunder hast du mir offenbart ... u. Vernichtung ist ohne dein Erbarmen ..." (Loblieder 11, 7 ff).

e) Der Begriff W. wird im NT sowohl vom Griechentum u. Hellenismus als vor allem auch vom AT u. der Apokalyptik her gedacht. Während besonders die Synopt. das Wort im populären (griech.) Sinn von voll erschlossener

Wirklichkeit, Tatsächlichkeit (Mk 5, 33) verwenden, scheint Paulus eher in israelitischer Tradition zu stehen. Röm 3, 3 ff fragt er die Juden: „Wenn etliche untreu gewesen sind, sollte ihre Untreue die Treue Gottes aufheben? Das sei ferne! Vielmehr muß Gott zuverlässig (wahrhaft) sein, jeder Mensch aber ein Lügner . . ." Ja, an dieser Treulosigkeit dem göttlichen Bund gegenüber ist die Bundestreue Gottes (W.) „noch erhöht worden zu seinem Ruhm". Dabei schließt die W. Gottes seinen Zorn über die Untreuen nicht aus, vielmehr ist er die Kehrseite der Offenbarung der Gerechtigkeit Gottes, die „ohne" das den Sünder verurteilende Gesetz erschienen ist: Die Unerbittlichkeit des durch das Gesetz verdammenden Zornes treibt den Menschen zur Totalität der Gnade, die den Gottlosen rechtfertigt. Damit ist aber das atl.-jüd. Verständnis der W. Gottes noch einmal verschärft: Die von Paulus verkündigte Treue Gottes zu seinem ↗ Bund, mehr: zu seiner Schöpfung erweist sich in der Auferweckung dessen, „der uns vom Fluch des Gesetzes losgekauft hat", von den Toten. So ist das Wort der W. schöpferisch als Wort dessen, „der die Toten lebendig macht u. das, was nicht ist, ins Dasein ruft". Die Verwirklichung dieses Wortes an der ganzen Schöpfung hat also begonnen, wer im Machtbereich Christi ist, der ist schon – u. das konnte eben kein alles von der Zukunft erwartender Apokalyptiker sagen – ein „neues Geschöpf" (2 Kor 5, 17) u. in wirklicher, d. h. nicht schließlich doch noch menschlicher Gehorsamsleistung anvertrauter Anwartschaft auf die endgültige Offenbarung der Treue Gottes.
f) Erklärt bei Paulus die W. das Wesen der Gerechtigkeit Gottes, so ist sie bei Joh selbst Inbegriff der ↗ Offenbarung; nicht durch „Werke" (Joh 6, 28) ist sie zugänglich, sondern nur „wer aus der W. ist", hört Jesu Stimme. Damit akzentuiert Joh in den Denkformen des Dualismus seine ganz ungnostische Verkündigung von der unermeßlichen Liebe Gottes zu seiner gefallenen Schöpfung u. der menschlichen Freude an Gott.
                                    win

Wahrsagerei. Die bei allen Völkern üblichen vielfältigen Formen der W. (Dt 18, 10, neben Zeichendeutung, Magie, Totenbeschwörung) sind den Israeliten verboten. Jahwe wird ihnen seinen Willen durch Träume, priesterliches Losorakel (↗ Urim u. Tummim) u. Prophetenwort kundtun (1 Sm 28, 6). Jeder andersartige Versuch, die Zukunft zu ergründen, ist Untreue gegen Jahwe.   ur

Wallfahrt (Wallfahrtslieder). Dreimal im Jahr (Pascha, Pfingsten, Laubhüttenfest) sollen die Männer nach Jerusalem ziehen, um zu danken u. zu opfern (Dt 16, 16; Ps 42, 5).
Die W.s-Lieder (Ps 15; 24; 122; 132) sind für den Besuch des Heiligtums gedacht. Es spiegeln sich in ihnen die Auffassungen vom Gehorsam gegen Jahwe als Bedingung für den Eintritt in den heiligen Bezirk (Ps 24, 3), das kultische Zeremoniell des Umzugs der Bundeslade (Ps 24, 7 ff) u. die Hoffnung auf Rechtsprechung (Ps 122, 4) wider. Die Sammlung Ps 120–134, die die Überschrift „Ein W.s-Lied" trägt, bezeichnet man treffend als „W.s-Liederbuch", das Gebete u. Gesänge bringt. ↗ Feste.   go

Wanderprediger. Im hellenistisch-synkretistischen Raum gab es zur Zeit des NT verschiedene religiöse W. Die christl. Missionare hatten sehr oft Mühe, nicht mit solchen W.n verwechselt zu werden, denn diese standen wegen ihrer Gewinnsucht u. Habgier bei der Bevölkerung in schlechtem Ruf. So muß sich Paulus z. B. deutlich von solchen W.n abgrenzen (vgl. 1 Thess 2, 3 ff).   gr

Warten ↗ Hoffnung, ↗ Wiederkunft.

Waschung. Das Unreine u. das ↗ Heilige übertrugen sich durch Berührung; es war deshalb erforderlich, Wasser zu nehmen, um sich von dieser Berührung zu waschen. Bevor die ↗ Priester ihren Dienst in der Stiftshütte verrichteten, mußten sie sich waschen (Ex 29, 4; 30, 18 f; Lv 8, 6), um die Unreinheiten zu tilgen u. ohne Gefahr in den Bereich des Heiligen eintreten zu können. In den Reinheitsgesetzen (Lv 11, 24 f. 28. 32. 40; 15; 22, 6) werden W.en vorgeschrieben zur Reinigung von Gefäßen, Kleidern u. Personen, die durch Unreinheit befleckt wurden (↗ Reinheit). Auf der andern Seite dienen W.en dazu, eine Berührung des Heiligen zu tilgen. Der ↗ Hohepriester, der am Versöhnungstag das ↗ Allerheiligste betreten hat, muß seine Kleider waschen (Lv 16, 24) u. sich baden, ebenso der Mann, der den sog. ↗Sündenbock in die Wüste getrieben hat (Lv 16, 25), u. diejenigen, die das Ritual der „roten Koh" vollziehen (Nm 19, 7–10.21). Die Teilnehmer am heiligen ↗Krieg müssen sich entheiligen, außerhalb des Lagers bleiben u. die Kleider waschen. Schließlich werden die äußerlichen W.en als Bild für die Reinigung von Sünden, die Gott vornimmt, gebraucht (Ps 51, 4–9; Js 1, 16; 4, 4; Jr 4, 14). In ntl. Zeit haben die W.en der Juden nahezu gottesdienstlichen Charakter bekommen (vgl. Mk 7, 27).   go

Wasser. Die elementare Erfahrung von W. als bedrohende, vernichtende Flut, als Quelle des Lebens u. der fruchtbaren Fülle, als reinigend u. heilend wird in der Bibel zum vielfältigen Erleben u. Bekunden der Schöpfer- u. Heilsmacht Gottes. Er hat die W. geschaffen, ihnen ihre Grenzen gesetzt u. damit die Chaosmächte überwunden (Ps 104). Gegen die Flut, das Meer als bedrängende Unheilsmacht hält er seine Hand erhoben (Ex 15, 1–18) u. rettet sein Volk vor den Gottlosen. Wie Jahwe gebietet Jesus den tobenden Fluten, er geht über sie hinweg (Mk 6, 48; 4, 35 ff) u. ermächtigt im Glauben auch die Seinen, nicht in der Unheilsflut zu versinken (Mt 14, 28 ff), die es am Ende der Tage nicht mehr geben wird (Apk 21, 1). In der ↗Wüste erfährt Israel, wie sehr Jahwe sein Leben erhält u. ist (Ex 17, 5 f), weil er mit seiner Heilsnähe die segnen möchte, die nach ihm dürsten (Ps 42, 2 f), weil er Israel zu einem fruchtbaren Garten, zu einer Heilsquelle für die Wüste machen möchte (Ez 47, 1 ff). Diese Zeichen der Heilszeit erfüllen sich in Jesus, der in seinem Geist die endzeitliche Gabe ist, die als Quelle für die ewige Leben von innen her den neuen Menschen schafft (Joh 4, 5–14; 7, 37 ff). Vom Thron Gottes u. dem Lamm geht das lebenspendende W. aus u. tränkt die von der Erde Erkauften. Den zum Untergang preisgegebenen Gottlosen aber sind alle W. vergiftet u. versiegt (Apk 16, 4 f.12). Die reinigende Kraft des W. wird Heilszeichen für die innere ↗Umkehr u. Gottes endzeitliche Vergebung. Nicht in dinglicher Reinheit, sondern in Umkehr, Liebe u. Glauben

erweist sich einer als reinen Herzens. Statt der Fußwaschung nimmt Jesus die Tränen der Sünderin an, er wandelt das für die kultische Reinigung bereitete W. in die endzeitliche Fülle des Weines (Joh 2, 1 ff). Im W. seiner Taufe als Träger u. Spender des ↗Geistes, als Erwählter Gottes erwiesen, im Blut seines Todes vom Geist bezeugt (1 Joh 5, 5–8), eröffnet er in Taufe u. Eucharistie dieses sein Leben für die Welt u. macht so das Leben aus dem Tod zum Weg der Wiedergeburt, zur Auferstehung jedes Christen (Joh 3, 3 ff; Tit 3, 5).   ho

Wassersucht, eine Ansammlung von wässeriger Flüssigkeit im Gewebe oder in der freien Bauchhöhle, ist kein selbständiges Leiden, sondern ein Symptom verschiedener Erkrankungen.   do

Wechselgesang, abwechselnd zwischen Sängern oder zwischen Vorsänger (Chor) u. Volk – vor allem im Gottesdienst – vorgetragene Lieder, wobei das Volk Zeile um Zeile nachsingt oder nur kurz mit ↗Amen oder ↗Halleluja antwortet (Ex 15, 20 f; Jdt 15, 14; Neh 12, 27 ff; Dn 3, 52–90; Ps 115, 9–11; 136).   he

Wechsler ist der Bankier, der u. a. den Tempelzinspflichtigen ihr Geld in die vom Tempel anerkannte Währung umwechselt, u. zwar in hebr. u. griech. Münzen (Schekel, Halbschekel, Didrachme). Jesus vertreibt die W. aus dem äußeren Vorhof des Tempels, da der Tempelbezirk ausschließlich dem Gottesdienst geweiht ist (Mk 11, 15 ff).   do

Weg. Es kann nicht verwundern, daß das Nomadenvolk ↗Israel seine Geschichte als ein Unterwegssein verstand, das schon mit seinem Stammvater begann: Auf Gottes Ruf hin zog ↗Abraham aus in ein unbekanntes Land (Gn 12, 1), doch mit der ↗Verheißung, daß Jahwe mit ihm sein werde (26, 3); das ist Gottes ↗Bund mit den Menschen. Israel selbst mußte sich auf dem Wüstenzug einüben in das Unterwegssein mit Gott, zwischen Verheißung u. Versuchung (1 Kor 10, 1–11; Hebr 3, 7 bis 4, 11). Jahwes Bundesgabe ist seine ↗Weisung, d. i. die ganze erlebte ↗Führungsgeschichte Gottes. Als das Volk seßhaft geworden war, sollte es immer wieder an die Vorläufigkeit des erreichten Zieles erinnert werden: es sollte, zum Aufbruch gerüstet, das Paschalamm essen (Ex 12, 11), an einem anderen Fest in Laubhütten wohnen (Lv 23, 42 ff) u. sich dreimal jährlich auf den Weg machen zur ↗Wallfahrt ins Heiligtum. Doch immer wieder weicht Israel vom W. ab (Dt 11, 28). Darum ist der beständige Ruf der Propheten: „Bekehret euch von euren schlimmen W.en!" (2 Kg 17, 13.) Wenn aber Jahwe auch strafen muß – seine W.e sind doch über die Menschen-W.e so erhaben wie der Himmel über die Erde (Js 55, 9): Er kommt mit neuem Heil, u. seine Rufer bereiten ihm den W. in der ↗Wüste (Js 40, 3 f). – Auch die Weisheitslehrer wollen auf den rechten W. führen u. vor den falschen W.en warnen: führt doch der eine zum Leben, der andere zum Tod (Spr 12, 28; Ps 1). Ein ähnliches Bild verwendet Jesus Mt 7, 13 f. Jesus selbst hat ein Wanderleben geführt ohne „Höhle u. Nest" (Mt 8, 20), u. wer ihm ↗nachfolgen will, muß ebenso bereit sein, alles zurückzulassen (Mt 19, 29). Aber Jesus lehrt nicht nur in Wahrheit den W. Gottes (Mt 22, 16); er ist nach Joh 14, 6 selbst „der W.", der allein zum Vater führt. ur

Weherufe. Verhältnismäßig häufig werden in der Bibel W. ausgesprochen. So rufen im AT ↗Propheten das Wehe über Frevler aus u. schelten die Sünden. Oft folgt diesen mit „Wehe" beginnenden Scheltworten noch die Ankündigung einer Strafe. Bekannt sind vor allem die W. des Propheten ↗Jesaja (Js 5, 8 ff): Sie gelten den Großgrundbesitzern, den Zechern usw. Die Sünde wird gerügt u. Strafe angedroht. – Auch im NT sind zahlreiche W. überliefert. Lk 6, 20 ff stehen den vier Seligpreisungen vier W. gegenüber: So werden die Armen seliggepriesen, über die Reichen aber wird das Wehe ausgerufen u. ihnen Strafe angesagt. Berühmt sind die W. über die Pharisäer u. Schriftgelehrten, Mt 23, 13 ff: Ein 7faches Wehe leitet eine ungeheure Anklage gegen die selbstgerechten Frommen ein. Den W.n folgt z. T. die Ankündigung einer Strafe am Jüngsten ↗Gericht. Auch an anderen Stellen des NT wird angesichts des drohenden Gerichtes das Wehe ausgesprochen. In der Apk kennzeichnen W. den Vollzug des Gerichtes. ma

Weihe. Die scharfe Trennung zwischen Profanem u. Heiligem im AT erfordert einen Akt, wodurch das Profane befähigt wird, in die Nähe des Heiligen zu treten. Gott ist der Inbegriff der Heiligkeit. Wenn nun jemand oder etwas geweiht wird, bedeutet das die Übereignung in das Eigentum Gottes, dem der Geweihte oder die Weihegabe fortan ausschließlich angehören. Die Weihe vollzieht sich unter bestimmten Riten durch Salbungen mit heiligem Öl (Ex 30, 22–33). Hier wird Mose aufgetragen, bestimmte Kultgeräte u. -orte ebenso wie ↗Priester zu weihen. Auch ↗Könige u. sonstige Amtsträger werden geweiht. Im NT wird Jesus ↗Christus als Hoherpriester bezeichnet. ist dadurch auch der Geweihte oder der Gesalbte. Durch ihn sind auch die Getauften geweiht (1 Kor 6, 11). la

Wein. In ganz Palästina (vgl. Dt 8, 8) wurde der meist rote W. (vgl. Gn 49, 11) in W.gärten an Berghängen angebaut, die zum Schutz vor Tieren eingezäunt waren (Js 5, 1–7). Die W.lese im Herbst war eine Zeit der Freude (Js 16, 9 f; Jr 48, 33). Die gesammelten W.trauben wurden in der Kelter zertreten u. der Saft in Krügen (Jr 13, 12) u. Schläuchen (Mt 9, 17) abgefüllt. – W. war eines der wichtigsten Nahrungsmittel (Sir 39, 26) u. gehörte besonders zu jeder festlichen Mahlzeit (1 Sm 25, 36; Joh 2, 1–11); er wurde aber auch als Heilmittel (Lk 10, 34; 1 Tim 5, 23) u., mit Myrrhe vermischt, zur Betäubung (Mk 15, 23) verwendet. – Im ↗Kult war der W. keine selbständige Opfergabe, sondern als Trankopfer nur Zusatzopfer (Ex 29, 40 f). Beim Opfermahl u. vor allem beim Paschamahl trank man W. (Dt 14, 26; Mk 14, 25). – W. macht das Herz des Menschen froh (Ri 9, 13; Prd 9, 7); er ist Gabe Jahwes, nicht Baals (Hos 2, 10.17); seine Fülle ist Zeichen göttlichen Segens (Gn 27, 28; Joel 2, 23 f) u. der messianischen Heilszeit (Am 9, 13; Joel 3, 18). Ein übermäßiger W.genuß wird besonders von den Propheten verurteilt (Js 5, 11 ff; Eph 5, 18). Enthaltung vom W. war oft Protest gegen das Leben im Kulturland (Jr 35); dem Nasiräer war W.genuß durch Gelübde verboten (Nm 6, 3 f), dem Priester nur vor Erfüllung seines Amtes (Lv 10, 8 ff). – Im Bilde vom W.-

berg u. W.stock sind Israel u. Jahwes Handeln u. Gericht an ihm gleichnishaft dargestellt (vgl. Ps 80, 9 ff; Js 5, 1 ff). Jesus verwendet diese Bilder oft in den Gleichnissen (Mt 20, 1–16; 21, 23–46; Joh 15, 1–8).   we

Weinberggleichnis. Weinberge werden in Palästina sowohl in der Ebene (Jericho) wie an Abhängen (Js 5, 1 ff u. ö.) gepflanzt, durch eine Hecke oder Mauer geschützt, mit einem Wachtturm u. einer Kelter versehen. In bildhafter Rede bezeichnet der Weinberg das Volk ↗ Israel. Der Weinberg dient in ↗ Geichnissen Jesu als Bild u. Veranschaulichung (Mt 20, 1–16). Das sog. Gleichnis von den Arbeitern im Weinberg (Mt 20, 1–16) veranschaulicht das freie Verfügen Gottes, der nicht nach menschlichem Urteil mißt. – Das Bildwort vom Weinbergbesitzer Mk 12, 1–9; Mt 21, 33–41, der Rechenschaft fordert von den Verwaltern seines Weinberges u. zuletzt seinen Sohn sandte, reflektiert Sendung u. Schicksal Jesu u. enthält eine indirekte Aussage über seine Vollmacht (vgl. Js 5, 1–7; Lk 13, 6–9).   be

Weinberglied. Die ntl. Allegorie von den ↗ bösen Winzern (Mk 12, 1–9; vgl. Mt 20, 1 ff) greift auf das W. des Jesaja (Js 5, 1–7) als auf ein Meisterwerk der Weltliteratur zurück. Die Kulisse für sein Liebeslied (allen ist der Vergleich Weinberg u. ↗ Braut vertraut) ist scheinbar ausgezeichnet: die sorglose u. ausgelassene Stimmung beim Herbst- u. Lesefest (↗ Laubhüttenfest) in Jerusalem. Doch schrittweise wird den Hörern noch eine andere Doppelsinnigkeit der Parabel bewußt: Sie selbst sollen als die treulose Braut u. als bundesbrüchiges Gottesvolk entlarvt werden. Dies verdeutlicht auch der Aufbau des Wortes: Er folgt der Anklagerede.   pa

Weinen u. Wehklagen bezeichnet einerseits ein exemplarisches Verhalten des Menschen, der Gottes Zeit er- oder verkennt, andererseits das Offenbarwerden von Gottes Endgültigkeit in dieser Zeit u. zusammengeballt am ↗ Tage Jahwes als ↗ Heil u. Freude oder als Unheil u. ↗ Gericht über eine endgültig verpaßte Heilszeit (Ps 126; Mt 22, 13). Diese erfüllt u. entscheidet sich in Jesus, der keine Totenklage um ihn, den Lebendigen, duldet (Lk 23, 27), sondern auf

die Todessituation derer verweist, die sich an ihm das Leben verwirkten. Sein ↗ Kreuz wandelt Totenklage in Freude, wenn auch die Seinen die Paradoxie der Gemeinschaft mit ihm aushalten müssen, die Abschied, Einsamkeit, ja Haß der in Frage gestellten Selbstsicherheit der Welt ist (Joh 16, 20–23). Das W. u. W. der Jünger wird so zum Zeichen ihres Wartens, daß Gott sich als Gott erweise in huldvoller Gemeinschaft mit den Seinen.   ho

Weinstock. Der Stamm des W. lag gewöhnlich am Boden, die fruchttragenden Zweige wurden gestützt. Manchmal läßt man den W. an stützenden Feigenbäumen ranken; so entsteht das eschatologische Bildwort vom friedlichen Sitzen unter W. u. Feigenbaum (1 Kg 5, 5; Sach 3, 10 u. a.). Der Ertrag des W. hängt von sorgfältiger Pflege ab (Js 5, 6; 18, 5; Joh 15, 2); die Weinernte dauert von September bis Mitte Oktober. Die Arbeit des Winzers wird im AT zum Gleichnis für Gottes Handeln an seinem Volk (Ps 80, 9–14; Js 5, 2; vgl. Mk 12, 1–9).

Weinstockgleichnis (Joh 15, 1–8): Im AT meinte das Bildwort vom W. das Volk Israel, hier ist es als Selbstbezeichnung Christi überliefert. Er ist Ursprung allen Lebens für seine Jünger. Der Abschnitt setzt die Feier der ↗ Eucharistie voraus.   be

Weiser (weise). Der W. ist das Bildungsideal des Alten Israel, ursprünglich des Beamtenstandes am königlichen Hof. Der W. ist der in jeder Hinsicht „Kundige". Erst in späterer Zeit wird das religiöse Moment beherrschend: weise ist, wer beständig über das ↗ Gesetz des Herrn nachsinnt u. den Weg der Gerechtigkeit wandelt (Ps 1). Wie der W. aus der Erfahrung früherer Generationen schöpft, so will er seine eigenen Erkenntnisse den Kommenden vermitteln (Sir 51, 23 ff). – Im NT entspricht der „Hausvater" Mt 13, 52 etwa dem Bild des atl. W. Auch Jesus wurde als W. angesehen (V. 54), doch ist er mehr als Salomo, der weiseste der Menschen (Mt 12, 42). ↗ Kluge u. W.   ur

Weisheit bezeichnet eine geistige Bewegung, die in allen Kulturen des Alten Orients beheimatet war u. ihren schriftlichen Ausdruck in einer besonderen Literaturgattung, der W.s-Dichtung, gefunden hat. Die W. zeugt vom Bemühen des Menschen, Einsicht in die Zusammenhänge der Welt u. des menschlichen Lebens zu gewinnen u. aus solcher Einsicht sein Leben zu ordnen u. es glücklich u. erfolgreich zu gestalten. Das gelingt, wenn der Mensch die in der Welt waltenden göttlichen Ordnungen erkennt u. sich ihnen fügt. Es geht der W. vor allem um praktische Lebensführung. Erst später beginnt sie spekulativ nach letzten Prinzipien zu fragen u. wandelt sich in Philosophie. Die aus Beobachtung u. Erfahrung gewonnene Erkenntnis wird als ↗Sprichwort, Erfahrungssatz oder Mahnung formuliert u. weitergegeben. Da die W. Welt u. Menschen in einem sehr allgemeinen Sinn betrachtet, ist sie international. Die W.s-Lehren der orientalischen Völker sind miteinander verwandt u. wandern von Volk zu Volk. – W. im AT: Israel hat die W. anderer Völker gekannt u. unbefangen übernommen, wobei es sie seinem Jahweglauben angeglichen hat. So geht z. B. Spr 22, 17 bis 23, 11 auf ein ägyptisches W.s-Buch zurück. Während die ägyptische W., die in den Schreiberschulen gepflegt wurde, auf Schreiber u. Beamte ausgerichtet war, bleibt die israelitische W. nicht auf einen bestimmten Stand begrenzt, sondern wendet sich an alle. Die W.s-Literatur Israels stammt vorwiegend aus nachexilischer Zeit, vorexilisch sind nur die älteren Teile der ↗Sprüche Salomos u. einige ↗W.s-Psalmen. In vorexilischer Zeit unterscheidet sich Israels W. kaum von der anderer Völker. Ihre Pflege begann am salomonischen Königshof nach orientalischem Vorbild. Salomo selbst stand im Ruf vielbewunderter W. Zu dieser Zeit begann man, das Spruchgut zu sammeln. In den Kreisen der ↗Weisheitslehrer entstand der Kunstweisheitsspruch, daneben bedeutende Schöpfungen der W.s-Literatur wie die Josephsgeschichte u. das Buch Rut. Die W. dieser Zeit ist Erfahrungs-W., erwachsen aus der Beobachtung des Lebens. Das Buch der ↗Sprüche enthält Ratschläge zur rechten Lebensgestaltung u. Regeln, nach denen der Mensch zu Glück u. Erfolg gelangt. Dabei wird ein Zusammenhang vorausgesetzt zwischen dem Verhalten des Menschen u. seinem Ergehen im Rahmen eines innerweltlichen Vergeltungsprinzips, an dem jedoch schon früh die Kritik der W. einsetzt. Doch ist Israels frühe W. kein rein weltlicher Humanismus. Ihr Fundament ist die gelebte Religion. „Anfang aller W. ist die Furcht Jahwes" (Spr 1, 7 u. a.), u. ihr Ziel ist das Handeln in Gottesfurcht u. Gerechtigkeit. In der nachexilischen Zeit erfährt die W. eine tiefgreifende Uminterpretation u. wird zu einem Schlüsselbegriff der jüd. Theologie. Sie tritt jetzt an die Stelle der prophetischen Verkündigung u. wird zum Mittelpunkt der heilsgeschichtlichen Konzeption Israels. Die ganze ↗Heilsgeschichte wird als Wirken der W. dargestellt. War W. früher eine vom Menschen erworbene Größe, tritt sie jetzt mit höchster Autorität dem Menschen gegenüber (vgl. Spr 1–9). Jahwe selbst spricht durch sie. Da die W. sich an die Erkenntnis wendet, wird sie zur Offenbarungsmittlerin. Sie lehrt auf Straßen u. Plätzen (Spr 1, 20 f). Als Tora ist sie Israel gegeben u. kann sich in Israel niederlassen (Sir 24, 8 ff). Die W. steht in enger Beziehung zur ↗Schöpfung. Sie ist vor aller Schöpfung erschaffen als Liebling Gottes (Spr 8). Es wird ihr ein eigenes Wirken zugeschrieben: Sie ist selbst an der Weltschöpfung beteiligt. Sie durchwaltet das All u. leitet die Menschen. Sie ist Gottes Throngenossin u. hat teil an der göttlichen Natur (vgl. Weish 7, 22 – 8, 1). Hier liegt eine poetische Personifikation vor, die theol. bedeutsam ist. Sie besagt, daß die W. kein abstrakter Begriff ist, sondern dynamisch schöpferische göttliche Kraft. Die nachexilische W.s-Lehre findet eine Fortsetzung in verschiedenen christologischen Aussagen des NT (↗Logos bei Joh u. a.). Nachexilische W.s-Schriften: Ib, Prd, Sir, Weish. ba

Weisheitsbuch, die jüngste Schrift des AT aus dem 1. Jh. v.C. Es gehört zu den nicht im hebr. Kanon enthaltenen sog. ↗deuterokanonischen Büchern in griech. Sprache u. trägt in der LXX den Namen „Weisheit Salomos". Doch ist die salomonische Verfasserschaft literarische Fiktion. Der unbekannte Verfasser war vermutlich ein gebildeter Diasporajude aus Alexandria, vertraut mit hellenistischer Kultur u. Philosophie. Inhalt: Kap. 1–5 schildert den Sieg der ↗Weisheit über die Scheinweisheit der Gottlosen. Kap. 6–9 mahnt die Könige, Weisheit zu suchen, u. beschreibt die Weisheit als ein hohes Gut, das wert ist, erstrebt u. geliebt zu werden, aber nur durch Gebet erlangt werden kann. Kap. 10–19 schildert das Wirken der Weisheit in der Geschichte Israels. Lehraussage: Das W. ist für die Juden in der ↗Diaspora geschrieben, denen sich in ihrer hellenistischen Umwelt vielerlei Heilslehren anboten, um sie im Glauben zu stärken. Der Verfasser verbindet den jüd. Gottesglauben mit hellenistischem Geist. Worte u. Begriffe griech. Philosophie ermöglichen ihm eine Neuinterpretation atl. Aussagen. Die Weisheitslehre wird entfaltet, ihre Rolle bei der Weltschöpfung, ihr Wirken in der Welt dargestellt. Die Existenz Gottes kann von der menschlichen Vernunft aus der Schöpfung erkannt werden (13, 1–5). Der Glaube an die Präexistenz der Seele ist angedeutet (8, 20). Die Vorstellung vom Leib als Belastung der Seele (9, 15) läßt eine gewissen Dualismus anklingen, ähnlich den ↗Qumranschriften. Klarer als die übrigen (atl.) Schriften spricht das W. vom ewigen Leben. Die Weisheit schenkt Unsterblichkeit als Teilnahme an der Ewigkeit Gottes. Das jüngste Buch des AT führt an die Schwelle des NT. ba

Weisheitslehrer bildeten einen eigenen Stand neben ↗Priestern u. ↗Propheten seit der Königszeit. In ihren Kreisen entstanden der Kunstweisheitsspruch u. die Teilsammlungen, die dann die Grundlage der Weisheitsbücher bildeten, sowie diese Bücher selbst. Jesus Sirach, der selbst ein W. war, entwirft ein Bild seines Standes. Man hörte ihre Lehre in den Versammlungen der Ältesten (Sir 6, 34), in Gesprächen bei Festmählern u. am Stadttor (Spr 1, 20 f; Sir 38, 24 – 39, 11). Das in der Weisheitsliteratur häufig gebrauchte Bild von Lehrer u. Schüler läßt vermuten, daß die W. schulmäßigen Unterricht erteilten. Später ging der Stand der W. in den der ↗Schriftgelehrten über, u. die Erziehung zur Weisheit vermischte sich mit dem Studium des ↗Gesetzes. ↗Weisheit. ba

Weisheitspsalmen, besondere literarische Gattung der ↗Psalmen. Sie sind Lieder lehrhafter Art, die wahrscheinlich weniger für den kultischen Gebrauch als für die Unterweisung bestimmt waren. Manche dieser Lieder werden als Weisheitsspruch (maschal) bezeichnet (49, 5). Wie die Weisheitssprüche ermahnen sie zum rechten Verhalten oder sinnen nach über das Schicksal des Frommen u. des Gottlosen (37; 49; 73). Manche beginnen mit den Worten: „Heil dem . . ." oder „Selig, wer . . ." (1, 1), einer Formel, die aus dem Kreis der Weisheitslehrer stammt. Einige W. preisen im hymnischen Stil das ↗Gesetz, das auch hier als Tora, als heilbringende Weisung u. Willenskundgabe Jahwes, verstanden werden muß (1; 19 B; 119). Die Tora ist Geschenk Gottes wie die ↗Weisheit u. tritt an deren Stelle (andere W. 78; 91; 105; 106; 112). ba

Weissagung. Eine Eigenart der prophetischen W.en ist es, daß sie über die unmittelbar angekündigten Ereignisse hinausweisen in eine fernere Zukunft: Das ↗Gericht über Jerusalem wird in den Farben des Endgerichtes geschildert (Jr 4, 23 ff; vgl. Mk 13), oder in der Geburt eines Königssohnes wird schon das Kommen des ↗Messias geschaut (Js 9, 1–6). Dies liegt in der Natur der echten Prophetie, die im nahen Gericht oder Heil, weil es von Gott kommt, immer schon einen Teil des absoluten Gerichtes oder Heils sieht, das am Ende der Zeiten kommen wird. Deshalb ist auch die Grenze zwischen indirekt u. direkt messianischen W.en fließend; ältere W.en können in späteren Schichten der Schrift (erst recht im NT) neu interpretiert u. messianisch gedeutet werden. ur

Weissagungsbeweis. Der W. ist eine christl. Interpretation des AT. Der Nachweis, daß sich in Jesus Christus, vor allem in seinem Tod u. seiner Auferstehung, die ↗Weissagungen des AT erfüllt haben, war für die Verkündigung der Urkirche von entscheidender Bedeutung. Neben den Reden der Apg beherrscht dieses apologetische Anliegen vor allem das Mt-Ev.; Wendungen wie: „So sollte das Wort in Erfüllung gehen . . ." wollen z. T. auch bei nebensächlichen Ereignissen einen W. erbringen. Um einen zwingenden „Beweis" kann es sich hier, wo es um Glaubenserkenntnis geht, von vornherein nicht handeln. Aber auch die Durchführung nach den Grundsätzen rabbinischer Exegese befriedigt uns heute vielfach nicht. Wichtiger u. von bleibender Bedeutung ist jedoch die zugrunde liegende theol. Aussage über das Verhältnis von AT u. NT.

ur

Weisung (hebr. tora), ursprünglich ein auf Befragung erteilter göttlicher Einzelentscheid (Js 2, 3; Mich 4, 2), der durch ↗Priester am Heiligtum vermittelt wird (Jr 18, 18; Hag 2, 11; Mal 2, 6–9); die jüngere Überlieferung kennt auch eine menschliche W. (Spr 1, 8; 31, 26), wobei der Begriff oft die Bedeutung „Unterricht" hat. Zunächst nur mündlich gegeben, wurde durch Erweiterung des Begriffs später auch das schriftliche ↗Gesetz, das einzelne (Lv 6, 2) wie die ganze göttliche Willensoffenbarung (Hos 4, 6; Dt 17, 19), W. genannt. – Indem das atl. Gesetz als W. bezeichnet wird, die der grundlegenden Zuwendung Jahwes an Israel in Erwählung u. Bundesschluß am Sinai erst nachfolgt, ist ein nomistisches Verständnis des Gesetzes abgewehrt: Im Sinaibund wird das Geschehen der Erwählung Israels in die Form eines sittlichen Imperativs (Gesetz) übertragen; darin ist dieses Volk von seinem Bundesgott ausschließlich u. total in Anspruch genommen. Die erwartete, dennoch freie Antwort ist unbedingter Gehorsam, in dem Israel seine Abhängigkeit von Jahwe anerkennt. In seinen vielen Einzelforderungen will das Gesetz diese grundsätzliche Haltung Gott gegenüber ermöglichen. Als W. ist das Gesetz keine absolute, überzeitliche Größe – eine solche wurde es erst nach dem Exil –, sondern wird im Laufe der Geschichte des erwählten Volkes immer neu interpretiert u. dem Volke zu Gehör gebracht. Das Gesetz hilft Israel, Gott in der Haltung liebenden Gehorsams als den Herrn seiner Geschichte anzuerkennen; darum vermag Israel auch das Gesetz zu loben (Dt 4, 6–8; 30, 11–14; Ps 19, 8–11; 119). ↗Tora, ↗Gebot.

we

Weizen, Getreideart, in Palästina entweder roh gegessen (Dt 33, 26; Mt 12, 1) oder geröstet (1 Sm 17, 17), oder gemahlen. Fein gemahlenes W.mehl wurde zu Brot verbacken (1 Kg 5, 2) u. war auch zum Opfern bestimmt (Ex 29, 2). Der W. gilt als Geschenk Gottes (Ps 81, 17); im NT ist das W.korn Bild der Auferstehung (Joh 12, 24; 1 Kor 15, 37).

we

Welt. Das bibl. W.verständnis steht in deutlichem Gegensatz zur griech. Auffassung, die auf dem Wege über die Theologie Eingang in das christl. Denken fand u. in vielfacher Weise bis heute das W.verständnis prägt. Die griech. Vorstellung, daß Gott (Götter) u. W. ein allumfassendes, göttliches Ganzes bilden, einen wohlgeordneten Kosmos, ist ein Grundbestandteil der magisch-religiösen Mentalität in der Umwelt der Bibel. Das atl. W.bild bedeutet demgegenüber eine ↗Entsakralisierung: Wenn ↗Gott der Andere (Ps 97, 5 ff), der Partner (Ps 24, 1), der Schöpfer (Gn 1; 2; Ps 104) der W. ist, dann ist sie als seine Schöpfung nichts Göttliches mehr (vgl. Ex 20, 2–6), sondern säkularisierter Lebensbereich des Menschen, Schauplatz der ↗Heilsgeschichte, ↗W. im Werden, dem Menschen aufgegeben (Gn 1, 26 ff) u. zugeordnet. Dieses neue W.verständnis, das gegen die eingewurzelten Mythen u. Kosmogonien der Umwelt durchgekämpft wurde, zieht sich auch durch das NT. Deutlicher noch als im AT ist hier die akute Auseinandersetzung der Urkirche mit dem sakralisierten W.verständnis ihrer Umwelt zu erkennen. Die Folge ist ein vielschichtiger W.begriff: 1. Das NT hat wenig Interesse an „naturhaften" W.aussagen. Wo sie vorzuliegen scheinen, stehen sie jeweils im Dienste der heilsgeschichtlich gemeinten Verkündigung u. spiegeln das altorientalische W.bild, sind also nicht zentrales ↗Kerygma. 2. Die meisten W.aussagen sind daher anthropologisch gemeint (z. B. Joh 3, 16) u. müßten eigentlich mit „Menschheit" übersetzt werden. 3. Die W.aussagen bei Paulus u. Johannes zeugen fast durchwegs von der Auseinandersetzung mit dem gnostisch-dualistischen W.bild ihrer Zeit, demzufolge die W. eine Eigengröße geworden ist u. die gottlose Menschheit repräsentiert. Der ↗Mensch, der von Natur aus W. ist, steht deshalb in ständiger Gefahr, sich in der Haltung der eigengesetzlichen Gottlosigkeit zu verfestigen. 4. Die W.aufgabe derer, die sich im ↗Glauben an Jesus Christus aus der Gottlosigkeit lösten u. der W. wieder den ursprünglichen Charakter der Schöpfung zurückgaben, besteht weder in W.seligkeit noch in W.flucht, sondern im W.dienst.   hi

Weltbild (Kosmologie). 1. Das AT teilt das W. seiner Zeit, das vom Augenschein her einige Aspekte zusammenfügt, ohne sie zu einer einheitlichen Welt-Vorstellung zu harmonisieren. Sie beansprucht nicht, die wirkliche, innere Struktur der „Welt" zu erklären, zumal ihr der Begriff „Welt, All, Kosmos" fremd ist. – Meist stellte man sich die Welt dreigeteilt vor in: Himmel, Erde u. Wasser unter der Erde = Unterwelt (Ex 20, 4; Ps 135, 6). a) Der Himmel liegt als Halbkugel am Rand des Horizonts auf den als Säulen vorgestellten Bergen auf (Ib 26, 11) u. hat mehrere (3 oder 7) Sphären: „die Himmel". Er gilt als Wohnung Gottes (Ps 115, 3; Prd 5, 1). Das Firmament schließt das obere Chaosmeer ein (Gn 1, 6–8; 7, 11; Ps 148, 4–6); daran sind die Gestirne wie Leuchter (Gn 1, 16) angebracht. b) Die Erde dachte man sich als runde Scheibe (Js 40, 22), getragen von Säulen (Ib 9, 6; Ps 75, 4), umgeben vom Ozean oder an den (4) Enden mit dem Ende des Himmels zusammenstoßend (Js 13, 5; Ps 19, 7). Sie ist der Bereich der Pflanzen u. Tiere, besonders aber des Menschen (Gn 1, 11.28; Ps 115, 16). c) Die ↗Unterwelt besteht aus dem unteren Chaosmeer, auf dem die Erde ruht (Dt 33, 13; Ps 136, 6), u. dem darunter liegenden ↗Totenreich, als Stadt mit Toren u. (7) Mauern gedacht. he 2. Auch das NT hat das W. seiner Umwelt, der jüd. u. hellenistischen, übernommen. Wichtigster Begriff des ntl. W. ist der aus dem hellenistischen Judentum stammende Begriff Kosmos (Welt). Er wird im NT vor allem anthropologisch verstanden: Der Kosmos ist die Menschenwelt, die Gott feindlich gegenübersteht u. in Sünde u. Tod verstrickt ist (Paulus, Johannes). – Wie auch schon das AT (Js 51, 6; Ps 102, 27 f) blickt das NT auf ein Ende dieser Welt (Mt 5, 18; 24, 35) u. die Schaffung einer neuen

Welt aus (2 Petr 3, 13; Apk 21, 1). ↗Kosmogonie.   ri

Weltenbrand als Form des ↗Weltgerichts findet sich in der Bibel nur 2 Petr 3, 7.10. Diese Vorstellung geht zurück auf die ↗Apokalyptik u. hat ihren Ansatzpunkt im AT, wo das ↗Feuer zu den Mitteln des göttlichen ↗Gerichts gehört (Js 66, 15 f). Für den Unterschied zu dem in der ↗Stoa gelehrten W. ↗Weltuntergang.   mo

Weltgericht. Gott als Schöpfer u. Herr der Welt ist immer auch ihr ↗Richter (Gn 18, 25). Mit der Ausbildung der ↗Eschatologie bei den Propheten kommt es zur Erwartung eines künftigen W. (Js 24–27): Am ↗ „Tag Jahwes" wird alles Unrecht gestraft, zugleich das Heil für Israel, ja für alle Menschen aufgerichtet werden (Js 2, 2–4). Die Erwartung des W. ist ganz aus der atl. Gotteserfahrung erwachsen, auf Einfluß der altorientalischen Religionen weist nur die Schilderung der kosmischen Begleiterscheinungen. Dieser Einfluß nimmt in der ↗Apokalyptik zu. Hier steht das W. am Ende des alten ↗Äons u. nimmt universale Ausmaße an: Nicht nur die Lebenden, sondern auch die Toten (↗Auferstehung), nicht nur die Menschen, sondern auch die ↗Engel u. ↗Dämonen werden gerichtet werden. Der Gerichtsgedanke kann so weit gehen, daß Gottes Sieg erst vollkommen erscheint, wenn die ganze Welt vernichtet wird. Das W. wird hier zum ↗Weltuntergang, bzw. der Weltuntergang ist ein Teil des W., auf den der eigentliche Gerichtsakt folgt. Im NT ist die Vorstellung vom W. nicht zu trennen von der Predigt des Ev.: An der Stellung zu Christus wird sich Heil oder Untergang entscheiden (Mt 10, 32 f), auch die Glaubenden sind des ↗Gerichts nicht enthoben, aber sie können zuversichtlich auf Rettung hoffen (Röm 5, 9). Nach dem Joh vollzieht sich das W. schon in der Scheidung von Gläubigen u. Ungläubigen (3, 18).   mo

Weltgeschichte. Für ↗Israel gab es ↗Geschichte nur, soweit ↗Gott an seinem Volk gehandelt hat. Die einzelnen Stationen dieses Heilshandelns ergeben aneinandergereiht den Inhalt des geschichtlichen Bewußtseins des atl. Menschen (↗Heilsgeschichte). Bis in die

Zeit der ↗Richter reicht diese Auffassung zurück. Das universale Weltgeschehen als Geschichte begriff erst der Verfasser des ↗Daniel-Buches von seiner apokalyptischen Perspektive her, die im Rückgriff auf den ↗Anfang (↗Schöpfung) u. im Vorgriff auf das Ende (↗Eschatologie) erstmals den Gedanken der W. zur Sprache brachte. – Dieser Ansatz wird im NT auf ↗Christus hin weitergeführt, der das endgültige Schicksal aller Menschen zu allen Zeiten entscheidend bestimmt (z. B. Eph 1, 10). Vor dieser grandiosen Totalschau der W. verblassen die einzelnen geschichtlichen Ereignisse zu relativer Bedeutungslosigkeit. – Unser heutiges, modernes Geschichtsbewußtsein hat sich durch die stattgefundene ↗Säkularisierung u. geistesgeschichtliche Entwicklung erstaunlich weit von diesem bibl. Verständnis der W. entfernt. Die kritische Geschichtswissenschaft setzt die – ursprünglich religiös fundierte – tatsächliche Einheit aller Geschichte als selbstverständlich voraus, sieht diese nicht mehr in Gott, sondern im Wesen des Menschen begründet (↗Anthropologie) u. weist den apokalyptischen Rück- u. Vorgriff auf Ur- u. Endgeschichte als bloße Spekulation zurück. W. ist grundsätzlich nach oben hin offen u. ruft den Menschen im ↗Jetzt zu verantwortlicher Entscheidung, die auch im religiös neutralen oder religionslosen Milieu von ↗Hoffnung getragen bleibt.   hi

Weltherrschaft. Der soziologischen Struktur der bibl. Zeit entsprechend, dachte man sich auch die ↗Welt als Herrschaftsbereich eines Gebieters u. Besitzers, des ↗Herrn der Welt. Dieser ist für den atl. Menschen Gott (Ps 24, 1) u. für den ntl. der ↗Vater (Mt 11, 25) bzw. ↗Christus (Apk 11, 15). Gott hat aber dem Menschen W. gegeben (Ps 8, 7), die er in seinem Auftrag stellvertretend ausüben soll. Wenn sich der Mensch gegen Gott empört u. seine Verantwortung nicht mehr erkennt, verliert er seine W. an den „Fürsten dieser Welt" (Joh 14, 30), den ↗Teufel (Mt 4, 8 ff). ↗Erlösung schenkt ↗Freiheit im ↗Dienste Gottes, des wahren u. einzigen Herrn der Welt.   hi

Weltlicher Gottesdienst. a) Der Begriff muß zunächst als Gegensatz zum ↗Kult verstanden werden. Christen dienen Gott nicht allein durch liturgische Feiern, sondern auch durch ihr Tun in der Welt. Die Bibel hat z. B. die ↗Arbeit durchaus als Gehorsam gegen Gottes Gebot verstanden (Gn 2, 15). Indem der Mensch Welt verändert u. gestaltet, dient er Gott. Dies ist selbst in spiritualistischsten Zeiten der Kirchengeschichte nicht ganz vergessen worden. Die Orden etwa blieben nicht bei der eremitischen „Weisheit der Wüste" stehen, sondern dienten vielfach in Theorie u. Praxis dem Fortschritt der Welt. Sogar die gegen „Werkgerechtigkeit" so allergische Reformation entwickelte eine ausgeführte Lehre von der Arbeit u. war stolz darauf, deren Dienstcharakter wiederentdeckt zu haben. Bis heute zeigen Sozialenzykliken, Denkschriften u. kirchliche Hilfsorganisationen, daß man auch in der Amtskirche nicht nur liturgisch Gott dient. Allerdings hat man in der Vergangenheit den w. G. sehr vernachlässigt: Zweifellos wurde asketische Frömmigkeit u. kontemplative Arbeit in der kirchlichen Werthierarchie höher eingestuft als weltliche Funktionen; Luthers Berufslehre hat viel Unheil angerichtet; durch Arrangement mit den Herrschenden hat die Kirche die Arbeiterklasse verloren. Päpstliche Sozialenzykliken kamen zu spät u. haben wenig bewirkt. Die in den letzten Jahren aufgekommene „politische Theologie", die nicht mit dem verhängnisvollen Integralismus von einst verwechselt werden darf, u. eine „Theologie der ↗Revolution" haben ein neues, stürmisches u. aufrührerisches Interesse am weltlichen Handeln geweckt. Solches Handeln kann sich in Caritas, Sachlichkeit u. Hoffnung der Welt überlassen u. sie zugleich transzendieren, ohne sie verkirchlichen zu wollen. Caritas protestiert mit heilendem Erbarmen gegen die widerwärtigen Zustände (↗Protest). Die dem Christen geschenkte Sachlichkeit entdeckt die der Sache (= Welt, Materie u. a.) innewohnende evolutionäre Kraft u. ist deshalb kein Gegensatz zu säkularer Naturwissenschaft u. Technik. Weil es im Christentum um eine ↗neue Schöpfung geht, können die Probleme der Welt nicht affirmativ, restaurativ gelöst werden; christl. Caritas u. Sach-

nkeit haben immer eine eschatologi-
che Qualität: Das Gegenwärtige kann
noch nicht das letzte Wort sein, denn
Gott will die Vollkommenheit (Röm
12, 2). Freilich ist nicht ausgemacht, ob
Vollkommenheit je einmal wird. Angesichts quälender Verhältnisse sind
viele resigniert u. verzweifelt. Christen
können diesen Zweifel in ihre Hoffnung „aufgehoben" sein lassen. Auch
das ist Gottesdienst.

b) Sucht man nach einer weltlichen Form
unserer Gottesdienste, so ist zuvor zu
klären, ob die bisherige Scheidung zwischen geistlich, heilig u. weltlich, profan theologisch noch zu rechtfertigen
ist. Hat die ↗Tempelreinigung nicht
eine deutlich antikultische Spitze, mag
sie nun historisch sein oder nicht? Jesus
trennte seine Welt offenbar nicht in
zwei Bereiche, wenn er mit Zöllnern u.
Sündern Tischgemeinschaft hielt u. sie
Gottes Güte gewiß machte. Er behauptete, der unverfügbare, heilige Gott
wolle den Sündern gnädig sein; Gott
heiligt die profane, nachgerade unhei-
lige Welt der Sünder, indem er sich ihr
zuwendet. Davon reden die christologischen Formeln (z. B. Phil 2, 5–11)
eindringlich genug. Kann man die Worte
des Joh.-Ev. von der Liebe Gottes zur
Welt anders verstehen? Freilich ist dieser die „Religion" von innen her spren-
gende Zug des Christentums spätestens
in der konstantinischen Reichskirche
untergegangen. Erst unser Jh. hat ihn
wiederentdeckt. Die Diskussion um die
↗Entsakralisierung des Gottesdienstes
als Veranstaltung der Gemeinde ist im
evangelischen Bereich besonders durch
Bonhoeffers Programm der „religionslosen Interpretation theologischer Begriffe" u. E. Brunners sakramentslose
Dogmatik neu belebt worden u. ist
keineswegs abgeschlossen. Neuerdings
wird im „Bremer Modell" eine Gottes-
dienstform versucht, die Anklänge an
„Weihestunden" radikal vermeidet. Der
ehemals sakrale Kirchenraum ist in einen
Gemeinschaftsraum umgewandelt; Ta-
lar, Orgel, gemeinsame Gebete, mono-
logische Predigt u. Liturgie gibt es nicht
mehr. Auf katholischer Seite sind solche
Bestrebungen aus mehreren Gründen
problematischer (↗heilig, ↗Eucharistie,
↗Liturgie); dennoch liebt es auch der

Papst, Messen in Fabrikhallen zu lesen;
das „Heilige" entschlägt sich des sakralen Raumes, will sich profanisieren. Re-
formversuche aller Kirchen, in denen
die gottesdienstliche Vermischung von
Geistlichem u. Weltlichem als Sakrileg gilt, sind nur oberflächlich;
diese vergessen die von Jesus begon-
nene Heiligung des Profanen.   ber

Weltuntergang. Die griech. Kosmologie
kennt eine periodischen W. (z. B. als
↗Weltenbrand): wie die Welt entstanden ist (z. B. aus Feuer), bildet sie sich
umgekehrt zurück u. entsteht dann wieder neu. Davon zu unterscheiden ist die
Vorstellung von einem einmaligen W.
als ↗Weltgericht in der ↗Apokalyptik
u. im NT.   mo

Weltvollendung. Dieser Ausdruck u. die
damit gemeinte Wirklichkeit stammen
aus dem apokalyptischen Denken, das
von seiner heilsgeschichtlichen Konzeption her den Abschluß der bisherigen
Perioden der ↗Weltgeschichte in einer
W. sah. Die Urkirche stand stark im
Banne dieser Erwartungen u. verwendete deren Diktion immer wieder dazu, den Glauben an die kosmische Bedeutung der Erlösungstat Jesu Christi zu
formulieren. Besonders wichtig ist in
diesem Zusammenhang die ↗Offen-
barung des Johannes: „Da sah ich den
neuen Himmel u. die neue Erde: der
erste Himmel u. die erste Erde sind vergangen ... Der auf dem Throne sitzt,
sprach: Siehe, ich mache alles neu"
(Apk 21, 1.5). Neben dieser Aussage,
die am vollendeten Zustand der Welt
als etwas radikal Neues erwartet, gibt
es auch Vorstellungen, die den Aspekt
der Entwicklung stärker betonen u. ein
allmähliches Sich-Durchsetzen der Erlösung Christi erwarten: „Die Sehnsucht der Schöpfung wartet ja auf das
Offenbarwerden der Kinder Gottes"
(Röm 8, 19). Bei der gegenwärtigen Diskussion über die Bedeutung der bibl.
W.s-Aussagen setzt sich immer stärker
die ↗existenziale Interpretation durch:
Es geht nicht um die ↗Welt, sondern
um den Menschen u. seine Vollendung.
                                     hi

Werden ist eine Grundkategorie bibl.
Denkens. Zwar wird nicht darüber reflektiert, sie wird vorausgesetzt. So ist
von ↗Gott her die ↗Welt geworden u.

im W.: „aus ihm, durch ihn, auf ihn hin ist alles geworden u. ist alles im Werden" (Röm 11, 36). „Wir haben einen Gott u. Vater, von dem her alles im Werden ist, u. wir sind auf ihn hin" (1 Kor 8, 6). Die Welt bekommt ihre Einheit dadurch, daß sie von Gott her im W. ist. Sie ist zugleich das in Möglichkeit Seiende, das auf Gott hin Werdende. Ihre Möglichkeit ist Gott. Sein ist im Werden. Der den Prozeß der Weltwerdung ausmacht u. vorantreibt, ist der Mensch. Er ist mit der ganzen Schöpfung Gottes im W., in Möglichkeit. Deswegen ist sein Dasein ein geschichtliches, wandelbares u. sich tatsächlich wandelndes. Gott, der Ursprung u. Schöpfer des Menschen, begegnet in der ↗Geschichte, in den menschlichen Entscheidungen, Taten u. Handlungen. Gott begegnet so sehr in der Geschichte des Menschen, daß er selbst geschichtlich wird. Er wird Mensch; in seinem Sohn ↗Jesus ↗Christus geht er ein in die Geschichte: „Und der ↗Logos ist Mensch geworden u. hat unter uns sein Zelt aufgeschlagen" (Joh 1, 14). Gottes Menschwerdung hat die Menschwerdung u. Geschöpfwerdung des Menschen möglich gemacht. Seit der ↗Auferstehung Jesu ist eine ↗„neue Schöpfung" im W.; Gott hat ja gesagt zum W. seiner Welt. Sie ist nicht länger im Vergehen. Nun ist es am Menschen, mitzuarbeiten am Auferstehungswerk Christi, Gottes neue Schöpfung voranzutreiben, Menschwerdung fortzuführen. Alles, was ist, steht in Möglichkeit, in Entwicklung, im W. Christus ist die treibende Kraft dieses W. **gr**

Werke. Schon im AT gelten W. als Ausfluß u. Konsequenz der Gesinnung eines Menschen, die ethisch wichtiger ist als die W. (Js 1, 10 ff). Damit wird einer magisch-dinglichen Auffassung begegnet, die vorher zu tragischen Mißverständnissen führte (1 Sm 13, 8 ff) u. im spätjüd. Pharisäismus erneut den Ton angab (↗Werkgerechtigkeit, ↗Rechtfertigung). Im NT werden W. dann positiv bewertet, wenn sie als Früchte einer geschöpflichen Haltung verstanden u. vollzogen werden (Lk 6, 43 ff). Die Grundgesinnung eines Christen muß der ↗Glaube sein; W., die dem Glauben entspringen, muß jeder jeden Tag voll-

bringen (Joh 6, 28 f); W., die aus dem Gehorsam gegenüber dem mosaischen ↗Gesetz hervorgehen (Gal 2, 16) oder aus religiöser Berechnung getan werden (Mt 6, 1 ff), sind heilsohnmächtig u. wegen der zugrunde liegenden Werkgerechtigkeitsvorstellung ↗Sünde. Die guten W. der Gläubigen sind Wirkungen des ↗Geistes, deren man sich folglich nicht rühmen kann (Gal 6, 3), die aber die Verheißung ewigen ↗Lohnes haben (Kol 3, 24). **hi**

Werkgerechtigkeit. Dieser Ausdruck wird dazu verwendet, die jüd.-legalistische Einstellung Gott gegenüber zu bezeichnen. Er ist zwar nicht im NT geprägt worden, kombiniert aber zwei bibl. Begriffe (↗Werke, ↗Gerechtigkeit), die in der Lehre von der ↗Rechtfertigung eine bedeutende Rolle spielen. „Gerechtigkeit" bedeutet in diesem Zusammenhang das geordnete Verhältnis zwischen Gott u. Mensch. „Werk" bedeutet die menschliche Aktivität, insofern ihr Heilsbedeutung zukommt bzw. zukommen soll. Wenn nun ein Mensch meint, durch bestimmte religiös-sittliche ↗Leistungen mit Gott in ein geordnetes Verhältnis zu kommen u. so das endgültige ↗Heil erlangen zu können, so spricht man von W. – Besonders Paulus geht immer wieder in seiner Auseinandersetzung mit dem jüd. Heilsweg (↗Judaisten) auf dieses Thema ein u. lehnt W. als Selbsterlösertum u. magische Religiosität radikal ab (vgl. z. B. Gal 5, 4–6). Warum? Wer glaubt, sich durch bestimmte Leistungen eine Gegenleistung Gottes verdienen zu können, behandelt Gott als seinesgleichen, mit dem man rechnen u. rechten, den man manipulieren, mit dem man sich arrangieren kann. Gott wird auf eine Gerechtigkeit festgelegt, wird zu einer Art Umschlagplatz religiöser „Geschäfte". Darin verfehlt der Mensch entscheidend das Wesen ↗Gottes, behandelt ihn als innerweltliche Größe, d. h. als Götzen u. tut so, als könne er selbst über sein Heil verfügen. Dies ist aber eben die Haltung der Hybris u. ↗Sünde, gegen die sich sowohl das AT wie das NT entschieden wenden, die sie als Heidentum, Götzendienst u. Gottlosigkeit deklarieren u. bekämpfen u. gegen die sich das neue Gottesbild des personalen Glaubens u.

die Verkündigung der ↗Glaubens-
gerechtigkeit richten.   hi

Westen, Himmelsrichtung, in der die
Sonne untergeht (daher auch „Abend"
u. „Untergang", Gn 12, 8; Mt 8, 11).
Vom W. = Meer kommt der ersehnte
Regen (1 Kg 18, 41 ff; Lk 12, 54).   he

Westjordanland, Gebiet westlich des
↗Jordans mit in Nord-Süd-Richtung ver-
laufendem Gebirgszug, der sich im Norden in den ↗Karmel u. das galiläische
Gebirge teilt. Der zum Jordan u. Toten
Meer steil abfallende Osthang ist weithin Wüste, da er im Regenschatten liegt
u. keine Flüsse hat. Südlich von Beerscheba schließt das Hügelland des Negeb
an u. geht unmerklich in das Sinai-
gebirge über. Dem judäischen u. samaritischen Gebirge ist eine breite, fruchtbare Küstenebene vorgelagert. Im Bergland siedelten nach der Landnahme die
Israeliten; das Küstengebiet bewohnten
die Philister u. Phönizier.   he

Wettergott, bei den Westsemiten der
sich in Wettern offenbarende Vegetationsgott ↗Hadad bzw. ↗Baal. – Im AT
ist Jahwe Herr der Natur u. damit des
Wetters; er allein schenkt das der
Fruchtbarkeit günstige Wetter (vgl. Ib
37–38).   he

Widersacher, ursprünglich Gegner im
Prozeß, der gegen einen anderen auftritt; vgl. Lk 18, 3. Das Gleichnis vom
Gang zum Richter rät, sich mit dem W.
vor dem Gericht zu versöhnen. Der
↗Teufel wird deshalb W. genannt, da
er im Gericht gegen den Menschen aussagt (vgl. Sach 3, 1).   zi

Widerspenstig. Immer wieder verfällt
das Volk ↗Israel im AT in Verstocktheit
gegen die Botschaft Jahwes. Entschieden
erheben die ↗Propheten gegen diese
drohende Versuchung der Widerspenstigkeit ihre Stimme (z. B. Hos 4, 16;
Zeph 3, 1). Als warnendes Beispiel wird
es im NT erwähnt (z. B. Apg 7, 51).   zi

Widerstand. Die ganze Bibel kennt den
W., dort wo es um das ↗Recht Gottes
u. um das Recht des ↗Menschen geht.
Nach ↗Davids Ehebruch widersteht ihm
der ↗Prophet ↗Natan; er hält ihm die
Strafrede Gottes (2 Sm 12, 1–15). Natan
muß sich im Auftrag Gottes gegen die
religiöse u. staatliche Obrigkeit, gegen
den von Gott eingesetzten ↗König
wenden. Die Propheten leben sehr oft

im W. gegen die staatliche u. religiöse
Obrigkeit u. gegen den ↗Kult. ↗Johan-
nes der Täufer widersteht dem König
↗Herodes, als dieser die Frau seines
Bruders geheiratet hatte. Er riskiert, wie
auch viele andere Propheten, damit sein
Leben. Erst recht lebt ↗Jesus im W.
gegen unmenschliche, religiöse ↗Ge-
setze (Mk 2, 27), er stellt sich über das
Gesetz des Mose (Mt 5, 38 ff); er lebt in
prophetischer Tradition; er steht in Auseinandersetzung mit den ↗Pharisäern u.
↗Schriftgelehrten. Er kämpft dagegen,
daß diese den Menschen Lasten auf-
legen, die zu tragen sie selber nicht bereit sind (Mt 23; bes. V. 4); er kämpft
für die Befreiung des Menschen; u. dafür geht er in den Tod. Er stirbt den
Tod eines Partisanen, den Verbrechertod am ↗Kreuz. W. ist eine Forderung
des Lebens u. der Botschaft Jesu. Wer
Jesus nachfolgen will, muß bereit sein,
sein Leben aufs Spiel zu setzen u. dort
W. zu leisten, wo der Mensch bedroht
wird (↗Nachfolge). – Es gibt einen legitimen u. erforderten W. innerhalb der
Gemeinschaft der Christen, innerhalb
der ↗Kirche – Paulus widerstand dem
Apostel Petrus „ins Angesicht" (Gal 2,
11), weil sich dieser vor den Judenchristen fürchtete. Im Ringen um die
Botschaft Jesu sind Auseinandersetzungen u. W. oft unausweichlich. W. ist für
Christen aber auch legitim u. erfordert
gegen eine staatliche Obrigkeit, die das
freie Gewissen des einzelnen knechtet
oder die Unmenschlichkeit befiehlt (W.s-
Recht). Christen verleugnen überall dort
die Botschaft Jesu, wo sie von blindem
Gehorsam reden u. dem einzelnen das
W.s-Recht absprechen, wo sie den W.
gegen Unmenschlichkeit fürchten.   gr

Wiederaufbau (Restauration). Für ↗Deu-
terojesaja war die durch ↗Cyrus ermöglichte Heimkehr aus dem ↗Exil die
große Hoffnung. Mit dem W. des ver-
wüsteten Jerusalem würde auch die endzeitliche Offenbarung Gottes u. die Verherrlichung Zions eintreffen. Enttäu-
schend war die Wirklichkeit beim W.
des Tempels (520–515 v.C.), voll von
Schwierigkeiten das Leben (vgl. ↗Trito-
jesaja, ↗Sacharja, ↗Haggai). Erst mit
dem Mauerbau durch Nehemia u. dem
Restaurationsakt Esras, also ab 445 v.C.,
trat Ordnung ein.   pa

Wiedergeburt. a) Die Vorstellung von einer W. findet sich schon bei den Pythagoreern in Form der Lehre von der Seelenwanderung, bei den Stoikern u. vor allem in den hellenistischen Mysterienreligionen. Deren Anhänger versuchten durch die Teilnahme an sakralen Handlungen zu einer W. zu gelangen, die sie als ein mystisches Einswerden mit der verehrten Gottheit verstanden. Auch die ↗Gnosis stellte sich die W. als eine Befreiung von den Fesseln der Gegebenheiten des menschlichen Lebens, als einen Zustand der Weltentrückung u. Weltüberwindung vor. b) Im AT entspricht der W. der Gedanke einer Wiederherstellung des Volkes Israel (Jr, Ez). In ↗Qumran ist die W. mit dem Eintritt in die Qumransekte identisch. c) Im NT tritt das griech. Wort für W. nur Mt 19, 28 u. Tit 3, 5 auf. Der Vorstellung von der W. entspricht die einer „neuen Schöpfung" bei Paulus (2 Kor 5, 17; Gal 6, 15) u. einer „Geburt von oben" bei Johannes (Joh 3, 3). Wie Tit 3, 5 u. Röm 6, 1–14 zeigen, ist die W. eng mit der Wirkung der Taufe verknüpft. Der Getaufte hat den alten Menschen, den Todesleib, abgestreift u. befindet sich nun im Zustand eines neuen Lebens. Dieser verpflichtet den Getauften zu einem neuen, dem Nächsten gewidmeten Lebenswandel (Gal 5, 13 ff), im Gegensatz zur W. der Mysterienreligionen, wo der Eingeweihte sich ganz dieser Welt enthoben glaubt. Im NT aber bleibt der Christ, obwohl er zur W. gefunden hat, durch das Gebot der Nächstenliebe doch der Welt verpflichtet u. nimmt auch an ihrem Leiden teil.   ri

Wiederkunft. Die Erwartung der W. Jesu Christi bzw. der „Parusie" (= Ankunft) des ↗Herrn in messianischer ↗Herrlichkeit gehört zu den Grundaussagen der urkirchlichen Verkündigung. u. ist eine der Wurzeln ihrer Dynamik. Das damit Gemeinte klingt uns aber heute wie ein ↗Mythos. Zum vollen Verständnis der Bedeutung ist deshalb eine Einführung in die Denkzusammenhänge jener Zeit notwendig: 1. Im atl. Glauben an die wunderbaren Eingriffe Jahwe-Gottes in Natur u. Geschichte (↗Theophanien, ↗Wunder) u. in den vertrauensvollen Trostreden der ↗Propheten muß die Wurzel des ntl. Glaubens

an die W. Christi gesehen werden (z. B. Jr 23, 5 f). Diese Erwartung ging nicht mehr auf einen neuen ↗König oder einen politischen Aufschwung (Jeremia lebte in der Zeit des Untergangs des Südreiches), sondern auf die Zukunft, auf den ↗Tag Jahwes (Am 5, 18) u. das ↗Gericht. 2. Diese noch sehr vagen u. mißverständlichen Ansätze wurden in der apokalyptischen Literatur weiter ausgemalt u. systematisiert (vgl. z. B. Dn 7). Man erwartete das neue Jerusalem, einen neuen Himmel u. eine neue Erde u. das endgültige Durchsetzen der Herrlichkeit Gottes in der ganzen Welt. Man erwartete vor allem den „Gesalbten" (↗Messias = Christus), der die Kluft zwischen Gott u. Mensch überbrücken u. als Vollender des israelitischen Königtums, priesterliche u. politische Gewalt in sich vereinigend, die göttliche Heilszeit einleiten wird. Die verschiedenartigsten, auch z. T. widersprechenden Überlieferungen u. Vorstellungen wirkten in dieser Erwartung zusammen, die auch durch den ↗Kult gestärkt wurden (vgl. die ↗Königspsalmen) u. zur Zeit Jesu eine breite Erwartung der Ankunft des Messias für die allernächste Zeit bewirkten. 3. Obwohl Jesus sich selbst wahrscheinlich nie mit dem messianischen Titel bezeichnet hat (er sprach vom kommenden ↗Menschensohn, z. B. Lk 20, 8; vgl. die vielen Aussagen bei Matthäus), sah die Urkirche auf Grund ihres Glaubens an ↗Auferstehung u. ↗Erhöhung in Jesus den verheißenen u. erwarteten ↗Christus, mit dessen Ankunft die Heilszeit u. Königsherrschaft Gottes Wirklichkeit geworden sind. Mit apokalyptischen Farben wurde in den Evv. das Leben u. Wirken Jesu als verhüllte Macht u. Herrlichkeit Gottes geschildert (Wunder, Kindheitsgeschichte, Gottessohn usw.), wurden alle traditionellen Messiasprädikate auf ihn übertragen, galt er als die „Zusammenfassung des Alls" (Eph 1, 10). Die ↗Vollendung seines Wirkens, d. h. die Beendigung der bisherigen Weltzeit u. die endgültige Ankunft der ↗(Königs)herrschaft Gottes, erwartete man für die nächste Zukunft (↗Naherwartung). 4. Als sich die erwartete Vollendung u. W. verzögerte, stellte sich eine allgemeine Ernüchterung ein. Der bedrückende Alltag (Verfolgungen) forderte sein Recht, u. man erkannte die Bedeutung der „Zwischenzeit" zwischen der Erhöhung Jesu Christi u. seiner W. am Ende der Tage (vgl. die lukanische Theologie). Fast unbemerkt, aber doch deutlich in den ntl. Schriften zu belegen, vollzog sich ein Abbau der dramatischen apokalyptischen Naherwartungs-Spekulation zugunsten einer personal-ethisch verstandenen „Stetserwartung" der Vollendung im Ereignis des ↗Todes. Die Verkündigung der W. Christi war darin interpretiert worden, die apokalyptische Sprache wurde durch personale Kategorien ersetzt, u. die Erwartung der Vollendung wurde zum Handlungsmotiv u. zur Grundlage der ↗eschatologischen Existenz (vgl. z. B. 1 Kor 7, 29–31). An vielen Stellen der Evv. (vgl. z. B. das Gleichnis von den klugen u. törichten Jungfrauen, Mt 25, 1 ff) u. in den jüngeren Schriften des NT (z. B. in den ↗Pastoralbriefen) ist dieser durch den Kampf der Urkirche gegen Lauheit bedingte „Wachsamkeits"-Akzent deutlich zu erkennen. Bei Johannes erscheint die urkirchliche W.s-Verkündigung abgeschwächt: Jesus Christus ist der angekommene Messias; im Glauben an ihn vollzieht sich das Gericht (Joh 3, 18), ist die Herrlichkeit Gottes Wirklichkeit, ist das endgültige Ziel vor Augen (vgl. z. B. Joh 14, 6). Es gilt nur mehr, sich im Leben zu bewähren.

Diese Entwicklung im NT gilt es zu beachten, wenn man nach dem heutigen Verständnis der W. Christi fragt. In den apokalyptischen Erwartungen spiegelte sich die Sehnsucht u. Hoffnung auf das Heil. Im Erfassen der Heilsbedeutung Jesu wurde dieses Heil als gegenwärtig erkannt u. als jeder Zeit gegenwärtig verkündet. Der darin verborgenen gnostischen Gefahr entging schon das NT durch seine geschichtliche u. personale Grundhaltung: die Vollendung ist immer noch ausständig, der Mensch lebt weiterhin in der Angefochtenheit. Damit ist das Grundanliegen der Apokalyptik gewahrt, heilsgeschichtlich zu denken. Wir dürfen aber nicht hinter den anti-mythischen Ansatz des NT (vor allem des Johannes) zurückgehen u. meinen, die bibl. W.s-Aussagen müßten wörtlich verstanden werden. Ihr Sinn u.

ihre Bedeutung sind gewahrt, wenn der Blick des Glaubenden u. Erlösten in die Zukunft geht (↗Hoffnung), wenn er in den heilsgeschichtlichen Zusammenhängen bleibt (Glaube an Jesus Christus) u. den universalen Aspekt (das Heil der ganzen Menschheit) berücksichtigt. Die Weltende-Spekulationen entstammen der zeitgenössischen Vorstellung, müssen aber durch unserem heutigen wissenschaftlichen Weltbild entsprechende Vorstellungen ersetzt werden. W. Christi ereignet sich in der menschlichen Geschichte, liegt dieser aber ständig voraus u. geht nicht in ihr auf.   hi

Wille des Menschen. Die Bedeutung des W. d. M. ist im AT nicht scharf umrissen. Der Wille ist das Zentrum, der Sitz der beeinflußbaren Regungen des Menschen (2 Chr 15, 15). Im NT bezeichnet Wille eindeutiger das vom Bewußtsein des Menschen gelenkte Verhalten gegenüber Gott. In der gottfeindlichen Welt ist der W. d. M. grundsätzlich Gott gegenüber verschlossen, erst ↗Jesus vermag den W. d. M. der Finsternis zu entreißen u. in das Reich der Freiheit zu versetzen (Joh 1, 13). Wer sich aber dem Ruf Jesu verschließt, dessen Wille bleibt in der Sklaverei der ↗Sünde.   do

Wille Gottes kann umschrieben werden als göttlicher Ratschluß, der sich in Schöpfung u. Geschichte offenbart. Die hebr. u. griech. Ausdrücke bezeichnen das Wortfeld, in dem sich die Bedeutung erhellt: Wunsch, Begehren, Absicht. Der W. G. schafft alles, was ist. Er bleibt nicht beim „Wollen" stehen, sondern ist im Willensentschluß schon Vollzug, Handlung u. Äußerung. In der bibl. Botschaft wird nicht vom Schicksal gesprochen, sondern vom W. G., der Anruf, Gebot u. Forderung bedeuten kann. In Wort u. Tat äußert sich der W. G. u. ist so dem Menschen erkenntlich. Damit wird aber auch die Verpflichtung deutlich, daß dem W. G. der Mensch sich zu unterwerfen hat (Röm 9, 19 f).

Die Fülle göttlichen Willens findet der Israelit im offenbarten ↗Gesetz, an das er sich halten muß, ebenso wie im heilvollen Eingreifen Gottes in der Geschichte, die nach seinem Willen zur ↗Heilsgeschichte wird. ↗Verheißung u. ↗Berufung, ↗Gericht u. ↗Heil tun den

W. G. kund. In völliger Unabhängigkeit (Weish 12, 12) u. in ↗Weisheit lenkt Gott die Geschicke der Welt in seiner Liebe. Sein Volk ist zum Heil auserwählt, so daß nicht Tod, sondern Leben, nicht Unheil, sondern Heil den Gesamtplan Gottes als Heilswillen charakterisieren.

Doch der Mensch war sich dessen nicht immer bewußt. Der Liebeswille Gottes wurde nach Adam von vielen abgelehnt. ↗Jesus ↗Christus glich die Schuld aus, erfüllte den W. G.; er ist das Heil der Welt. Seinem Vater gehorchend, gipfelt die Hingabe für die Menschen in dem Ausruf: „Nicht mein Wille, sondern der deine geschehe" (Lk 22, 42). la

Willensoffenbarung. Indem Gott sich in der ↗Heilsgeschichte selbst offenbart, um eine personale Gemeinschaft in Glaube, Opfer u. Gebet zu begründen (↗Bund, ↗Erlösung), offenbart er zugleich seinen Willen in den ↗Geboten, die der Mensch entweder auf Grund der Gottesgemeinschaft grundsätzlich erfüllt (so vor allem Paulus u. Johannes) oder die der Mensch zur Erlangung seines ↗Heils zu erfüllen hat. sch

Wind. Das hebr. Wort ruach (Wind, Hauch) kann – wie griech. pneuma u. lat. spiritus – zugleich Atem u. Geist (des Menschen oder Gottes) bedeuten. Joh 3, 8 benützt diesen Doppelsinn, ebenso Ez 37, 9. Das Sturmesbrausen am Pfingsttag (Apg 2, 2) ist daher Symbol des mit Macht herabkommenden Gottesgeistes (V. 4). ↗Geist. ur

Wir. Wo Ich-Du-Begegnung stattfindet, entsteht ein Wir: das *eine* Verhältnis, in dem ↗Ich u. ↗Du miteinander da sind (↗Zwischenmenschliches Verhältnis). Wo Ich u. Du in der Sprache einander begegnen, entsteht das Gespräch, das wesentlich zukunfteröffnender ↗Dialog ist. Die beiden Gesprächspartner sind durch das Gespräch in eine gemeinsame Bewegung hineingenommen. Nur als Gesprächspartner können sie in dieser Bewegung verbleiben, nicht als einzelne. Wo Ich u. Du einander leiblich u. welthaft begegnen, entsteht ein leiblich-welthaftes W. Es entsteht Aktion, ↗Praxis, Teamwork. Die Partner der Begegnung sind in ein gemeinsames Leben hineingenommen, das schöpferische Tat bedeutet, planvolles Handeln

u. die Einholung neuer ↗Möglichkeiten. Nach der bibl. Sprechweise sind die Menschen durch das Schöpferwort ↗Gottes zu einer Lebens- u. Handlungsgemeinschaft geworden. Die Bibel kennt deshalb an vielen Stellen die Sinnfigur der Kollektivperson (↗Adam, ↗Israel, ↗Gottesknecht, ↗Personifizierung). Weil Gott die Menschen beim ↗Namen ruft, können diese einander ansprechen, beim Namen rufen u. als W. handeln. Die Offenbarung Gottes (Ex 3, 14) bedeutet, daß Gott Menschen zu seinem Volke (↗Volk Gottes, ↗Bund) macht. Der Anruf Gottes ermöglicht das W. der Menschen. Weil Gott mit den Menschen ist u. weil er für sie da ist, können Menschen miteinander u. füreinander dasein. Also bedeutet das W. der Menschen: miteinander sprechen u. handeln, füreinander leben u. dasein. Gottes Schöpferwort hat menschliches W. ermöglicht. Gottes Rettungstat, die Herausführung Israels aus Ägypten, hat ein neues W. geschaffen. Gott hat sich damit ein Volk bereitet. Israel weiß sich als Gottesvolk zusammengehörig. Gottes Bundesschluß am ↗Sinai hat dieses W. erneut bestärkt u. bekräftigt. Doch hat sich dieses W. des Gottesvolkes immer als gefährdet erwiesen. Das Volk hat vielfach den Bund gebrochen u. seinem Retter die Antwort verweigert. – Schafft Gottes Anruf schon im Alten Bund ein W. der Menschen, so wird dieser Vorgang in Jesus Christus radikalisiert u. gewinnt universalen Charakter (vgl. Röm 9, 25; Tit 2, 11–14; 1 Petr 2, 9; Apk 7, 9). In Jesu Tod u. Auferstehung wird das endgültige eschatologische W. von Menschen ermöglicht, das gleichwohl in der Geschichte nur anfänglich u. als gefährdetes, die Entscheidung von Menschen immer neu herausforderndes ist. In diesem Sinne ist die Kirche die Gemeinschaft der „Herausgerufenen", die sich auf den Weg der ↗Nachfolge Jesu begeben haben. Getragen wird dieses neue menschliche W., das von Jesus Christus herkommt, von der ↗Liebe. Diese aber kommt vom Kreuze Christi her u. ist von diesem nicht abtrennbar. Da dieses neue W. Christi ein leibliches u. weltliches ist, bedeutet es Aktion u. Praxis; es bedeutet Ermöglichung von

↗Freiheit für andere, Durchsetzung von ↗Gerechtigkeit u. ↗Frieden, Ermöglichung u. Fortführung der Menschwerdung des Menschen. Es bedeutet Kampf gegen jede Form von menschlicher Selbstentfremdung. Es bedeutet gemeinsames Kreuztragen, ↗Gottesdienst im Alltag. Es bedeutet schließlich ↗Revolution der Liebe. In diesem neuen W. wird Liebe gesellschaftlich wirksam als gemeinsame Praxis dessen, was uns in Jesus als Anruf Gottes trifft. Das neue W. ereignet sich dort, wo tatsächlich um den Frieden u. um Gerechtigkeit gerungen wird, wo Menschen füreinander u. für andere da sind. Wo solches geschieht, führen Menschen die Schöpfungstat Gottes fort u. arbeiten an Gottes ↗neuer Schöpfung mit. Jesus Christus bedeutet so einerseits das endgültige Du Gottes für uns. Anderseits gründet in ihm das heile W. der Menschen. „Ich bin. Aber ich habe mich nicht. Darum werden W. erst, einer am anderen" (Bloch). gr/ca

Wir-Bericht. In der Apg werden folgende Abschnitte im Wir-Stil berichtet: 16, 10–17; 20, 5–15; 21, 1–18; 27, 1 – 28, 16. „Wir" umfaßt in der Regel Paulus, seine Mitarbeiter u. den Berichterstatter u. setzt anscheinend dessen Augenzeugenschaft voraus. Die Frage ist, ob sich der Verfasser der Apg selbst zeitweilig bei Paulus befand oder ob er an diesen Stellen den Bericht eines Augenzeugen eingearbeitet hat. Eine weitere Möglichkeit der Deutung wäre die, daß der Verfasser der Apg mit der Einfügung des „Wir" den Leser unmittelbar in die Erzählung einbeziehen u. so mit dem Leben des Paulus verbinden wollte. Es ist bis heute noch nicht gelungen, dieses Problem überzeugend zu lösen. Bei allen Überlegungen muß man jedoch beachten, daß die W.-B.e innerhalb der Erzählung abrupt einsetzen u. plötzlich wieder verschwinden. Außerdem fällt auf, daß sich die W.-B.e auf die Beschreibung der Reise zwischen Troas, Philippi, Jerusalem u. Rom erstrecken u. vorwiegend die Seereise mit Anfang u. Ende an der Küste schildern. Die W.-B.e interessieren sich also für die Meerfahrt u. die Gefangenschaftsreise u. weniger für die eigentliche Missionstätigkeit des Apostels Paulus. ma

Witwe. Nach dem Tod des Mannes war die Lage einer Frau im Alten Orient im allgemeinen ungesichert; deshalb zählt die W. neben den Waisen im AT zu denen, die eines besonderen gesetzlichen Schutzes bedürfen (Ex 22, 22 ff; Dt 24, 19 ff) u. deren Unterdrückung Gott richtet (Mal 3, 5). Jahwe selbst verschafft den W.n Recht (Dt 10, 18; Ps 68, 6). Die Propheten (Jr 7, 6; Ez 22, 7; Sach 7, 10), das Judentum (2 Makk 8, 28; Sir 35, 17 f) u. Jesus (Mk 12, 4; Lk 7, 11 ff) beklagen in ihrer Predigt das Unrecht an den W.n. Die urchristl. Gemeinde kannte eine besondere Sorge für die W. (Apg 6, 1 ff; Jak 1, 27). Nach 1 Tim 5, 9–16 gab es einen Stand der W., der sich vor allem karitativer Arbeit widmete. we

Wochenapokalypse. Die W. – im sog. äthiopischen ↗Henochbuch 93 u. 91, 12 bis 17, einer jüd. apokalyptischen Schrift – schaut die in 10 Wochen eingeteilte Weltgeschichte als Einheit. Vgl. die ↗Stammbäume Jesu Mt 1 u. Lk 4. th

Wochenfest. Als zweites großes Jahresfest hat man in Israel beim W. die Weizenernte gefeiert (7 volle Wochen nach dem ↗Mazzot-Fest = der 50. Tag, zeitlich entspricht ihm das ↗Pfingstfest). In der Festperikope vergegenwärtigte man an ihm die Ereignisse am Sinai (↗Bundeserneuerungsfest). Das Ritual steht in Ex 23, 14 ff. pa

Wohlgefallen, eines der Worte, die den Begriff ↗Gnade zum Ausdruck bringen: die huldvolle Zuwendung Gottes (selten von Menschen), seine frei erwählende Liebe, die aber doch ein entsprechendes Verhalten des Menschen voraussetzt. Die formelhafte Wendung in der levitischen Gesetzgebung vom „wohlgefälligen" Opfer (oder bildlich: „zu lieblichem Wohlgeruch für Jahwe") stellt bereits eine Verflachung des Begriffes dar. Die Propheten bekämpfen die Illusion, daß man Gottes W. mit Gaben erkaufen könnte (Am 5, 22). Nicht um Opfer geht es Gott, sondern um Bundestreue (Hos 6, 6) u. Gehorsam (Jr 7, 23). Aber auch die ernsthafteste Buße erwirbt keinen Anspruch auf sein W. (Jon 3, 9: „Vielleicht wendet sich Gott wieder"). – Jahwes besonderes W. ruht auf seinem erwählten Knecht (Js 42, 1). ↗Jesus ↗Christus ist dieser Geliebte, der Sohn seines W. (Mt 3, 17; 17, 5); er seinerseits tut immer, was dem Vater gefällt (Joh 8, 29). Um seinetwillen hat Gott auch uns sein W. geschenkt (Eph 1, 5.9; ↗ Ratschluß). Daher lautet die Engelsbotschaft bei seiner Geburt: „Friede den Menschen des (göttlichen) W." (Lk 2, 14).   ur

Wohlgeruch. Nach antiker Vorstellung offenbart sich die Gottheit wie in Klang u. Bild so im W. Anders kennt Israel nur den W. des ↗ Opfers, der aber Zeichen der machtvollen Nähe Gottes sein kann (Tob 8, 3). So ist Paulus „W. für Gott" (2 Kor 2, 15): In seiner Existenz als Apostel ist er Opfer, in dem Gottes mächtiges Wirken anwesend ist.   sm

Wohlstand. Der Begriff des W. entstand im Frühindustrialismus in der Nationalökonomie mit der Forderung nach Wirtschaftsfreiheit (Adam Smith). Er wurde wiederaufgenommen in der Bevölkerungslehre als W.s-Theorie bei L. Brentano. Wesentliche Kritik am liberalen u. wirtschaftsoptimistischen Gedanken des W. bei Smith haben Ricardo (Lohntheorie), Lasalle (ehernes Lohngesetz) u. vor allem Marx (Verelendungstheorie) geübt. In der modernen Industriegesellschaft ist W. weitgehend zum gesellschaftlichen Symbol geworden (W.s-Gesellschaft, Überflußgesellschaft) in der Ausweitung eines hohen Lebensstandards auf alle mittleren Schichten der Bevölkerung. Soziale Sicherheit, Einkommen, Konsum, Freizeit, Beschäftigung sind weitgehend vorhanden. Materielle Grundlage der W.s-Gesellschaft ist die durch ständig neue Bedürfnisweckung (Werbung) erfolgende Produktion von Massenkonsumgütern, die auf Sozialprestige ausgerichtet werden (Riesmann).

Im AT u. NT begegnet die Auseinandersetzung mit dem Wohlstand als ↗ Reichtum. Grundlage ist eine positive Einstellung zu Besitz (Land, Vieh, Nachkommen) als Zeichen der ↗ Gerechtigkeit Gottes (Gn 12–50). Sie hängt mit einer Lebensauffassung zusammen, die alles Heil in diesem Leben erwartet. In dem Zusammenhang steht die Ijobgeschichte, in der die Gerechtigkeit Jahwes durch den Verlust des Reichtums für den Frommen in Frage gestellt wird. Zugleich wird der Zusammenhang zwischen Ge-

rechtigkeit Jahwes u. Reichtum hier durchbrochen, begleitet als Kritik die ältere Einstellung u. schlägt sich in der Frömmigkeit der Armen u. Elenden in den Psalmen nieder, die sich von den Reichen u. Gottlosen unterscheiden. Eine radikale Kritik am W. wird hauptsächlich durch die ↗ Propheten geübt, die den Abfall von Jahwe durch den städtischen Reichtum verursacht sehen, mit dem das Vergessen der Barmherzigkeit gegenüber den Armen, Witwen u. Waisen als von Jahwe gebotener sozialer Grundpflicht in Israel zunimmt (Am 4–6; Mich 2; 6). Daneben werden Reichtum u. langes Leben von den späten Heilspropheten als endzeitliche Gabe Gottes an das ganze Volk neu angesagt (Js 60).

Im NT stellt sich durch die Ankündigung des hereinbrechenden Gottesreiches bei Jesus u. der damit verbundenen Naherwartung das Verhältnis zum W. nur als wenig relevantes oder als kritisches. Reichtum verstellt die Ausrichtung auf die kommende ↗ Herrschaft Gottes (Mk 10, 17–27 parr; Lk 16, 19 ff). Das Fehlen von Reichtum ist für die christl. Gemeinden charakteristisch, wie die Gütergemeinschaft (Apg 5) oder die Kollekten zeigen (1 Kor 16). Spätere, veränderte Gemeindeverhältnisse führen zu einer rein formalen negativen Einstellung zu Reichtum (1 Tim 2. 3; 6, 17; Tit 1).

Die moderne ethische Konfrontation unterscheidet sich durch die veränderte gesellschaftliche Bedeutung des W. für breite Bevölkerungsschichten u. durch das säkulare Verständnis des W. (im Unterschied etwa zum Calvinismus) als Ergebnis volkswirtschaftlicher Vorgänge. W. bedeutet jedoch nicht die Lösung aller gesellschaftlichen Probleme, wie Kriminalität, Erziehung, Bildung, ↗ Emanzipation, Sinngebung des Daseins für den einzelnen, Minderheitendiskriminierung, Entwicklungshilfe. Die hier aufbrechenden Fragen fordern über eine technische Lösung hinaus Grundorientierungen des Verhaltens. In der W.s-Gesellschaft stellt sich der christl. Sozialethik (↗ Ethik) ein neues Problem, das über die Bekämpfung der Armut hinausreicht. Christl. Sozialethik wird sich bei den obengenannten Fragen neben den Aufgaben in der Industriegesellschaft selber zunehmend mit der Entwicklungshilfe für Länder der Dritten Welt zu befassen haben, die auf Kosten des steigenden W. der Industrienationen gegenwärtig latent ausgebeutet werden (Gollwitzer). ne

Wohltätigkeit. Die ↗Armen zu unterstützen war schon im AT geboten (Dt 15, 7–11), vor allem an den Festen, da man der Wohltaten Jahwes gedachte. Begründet wurde diese Pflicht aus der gemeinsamen Zugehörigkeit zum Bundesvolk („dein Nächster" = dein Volksgenosse; vgl. dazu die Kritik Jesu Lk 10, 29 ff). „Wer sich des Hilfsbedürftigen erbarmt, leiht Jahwe aus" (Spr 13, 17) – dieses Wort findet in Christus, der unser ↗Nächster geworden ist, eine ungeahnte Erfüllung (Mt 25, 40). ur

Wohnung (wohnen). Die Verheißung Gottes, seine Erwählten nach aller Wanderschaft (↗Weg) u. Ungeborgenheit in Sicherheit wohnen zu lassen (Jr 23, 6), ist in der Geschichte immer nur unvollkommen in Erfüllung gegangen; wir bleiben als Fremdlinge unterwegs (Hebr 11, 13–16) zu den ewigen W.en im Hause des Vaters (Joh 14, 2). – Doch schon auf dem Wege hat Jahwe inmitten seines Volkes W. genommen: im Zelt der Offenbarung (Nm 9, 15: „die W."), dann im Heiligtum von Schilo u. schließlich auf dem ↗Zion, den er zu seiner bleibenden W. erwählt (Ps 132, 13). Salomo hat ihm ein Haus zur W. erbaut (1 Kg 8, 13), obwohl er weiß, daß Gott den Himmel überragt u. kein ↗Tempel ihn fassen kann (V. 27; vgl. Apg 7, 48) u. sein „Name" wird dort wohnen (d. h., Jahwe wird sich anrufen lassen; V. 29 f). Ez (10, 18; 11, 23) sieht die „Herrlichkeit Jahwes" von dort ausziehen, aber auch wieder einziehen in einen neuen Tempel (43, 4). Sir 24, 8 sagt von der göttlichen ↗Weisheit, daß sie, von ihrer himmlischen W. herabgesandt (V. 4), in Israel ihr „Zelt aufgeschlagen" hat (durch die Offenbarung des Gesetzes). – Nach Joh 1, 14 hat das ↗Wort Gottes unter uns sein „Zelt aufgeschlagen", indem es Fleisch wurde. Jesus ist der Tempel, der niedergerissen u. wiederaufgebaut wird (2, 19.21). Jesus kommt zu denen, die ihn lieben; er kommt mit dem Vater, um W. zu nehmen (Joh 14, 23; vgl. Eph 3, 17). Das himmlische ↗Jerusalem wird ein einziges „Zelt Gottes", eine Wohngemeinschaft der Menschen mit Gott u. dem Lamme sein; deshalb gibt es dort keinen Tempel mehr (Apk 21, 3.22). ur

Wolken (des Himmels) können zur Veranschaulichung göttlichen Handelns dienen. So bildet die Wolke bei der Verklärung Jesu das Medium des sich offenbarenden Gottes (Mk 9, 7). Ebenfalls bei der Gesetzgebung am Sinai spricht Gott aus einer Wolke. Denn die Wolke offenbart u. verhüllt Gott zugleich. Wegen ihrer ungebundenen Bewegungsfreiheit im Luftraum werden die W. zum Symbol der Allgegenwart Gottes. Am Gerichtstag kommt Christus auf den W. des Himmels, d. h., er wird mit seiner Macht auf der ganzen Welt anwesend sein (Mk 13, 26). ↗Apokalyptik, ↗Bildersprache. do

Wort. Im W. sagt sich der ↗Mensch selbst aus, er teilt sich seinem ↗Mitmenschen mit, er gibt sich zu verstehen. Im W. wird ein schöpferischer Bezug zum andern Menschen hergestellt. Der bibl. Mensch reflektiert über die Worthaftigkeit seines Daseins: weil Gott ein W. hat u. spricht, hat auch der Mensch ein W. Rolle des Geschöpfes ist es, dem Schöpfer ↗Antwort zu geben u. zu sein. Der Mensch ist Gesprächspartner Gottes; nun kann er sich dieser geschöpflichen Antwort versagen, aber dann wird auch sein mitmenschliches W. leer u. unverständlich. Wenn Gott schweigt, kommt auch der Mensch zum Schweigen, d. h., er spricht leere W.e. Wo sich der Mensch seinem Ursprung, seiner Herkunft u. Hinkunft versagt, dort versagt er sich auch seinem Bruder. Solches wortlose Dasein ist weithin die Situation des Menschen. Nun hat Gott aber ein letztes Mal gesprochen, in seinem Sohn ↗Jesus ↗Christus (Hebr 1, 1 ff). Jesus ist das ↗Wort Gottes. Damit wurde dem Menschen von neuem u. endgültig die Möglichkeit des W. aufgetan. Der in sich selbst verschlossene Mensch wurde aufgebrochen (↗Sünde), er wurde dazu befreit, sich auszusagen, sich mitzuteilen, zu sprechen u. zu lieben. In Jesus Christus wurde der Mensch zum W. u. zur ↗Liebe befreit. So sind das W. u. die Liebe die beiden Grundweisen des Menschseins (Ebner). Das W. wird in der Liebe konkret, denn nur sie kann das W. einholen. So wurde das W. Gottes in der Liebe Christi endgültig, konkret u. eingelöst. Menschsein bedeutet sprechen u. lieben können.   gr

Worte Jesu ↗ Logien.

Wort Gottes. Das ↗ Wort ist heute meist nur ein Mittel der Verständigung, Benennung der Wirklichkeit. Die vorwissenschaftliche Zeit kannte das Wort als Kraft, die den Dingen erst Gestalt u. Unterschied gibt u. eine neue Wirklichkeit schafft (Magie). Die Erinnerung daran hat die atl. Theologie über die ↗ Offenbarung Gottes bewahrt u. erhöht. – Wenn die alten Erzählungen erklären wollen, wie Gott den Stammvätern erlebbar wurde, haben sie dafür fast nur den Satz: „Gott sprach." Darin, daß das Wort allein die Begegnung Gottes mit dem Menschen vermittelt, wird sichtbar, daß Gott grundsätzlich zur Partnerschaft mit dem Menschen bereit ist; denn ein Wort ist nur sinnvoll, wenn es Mitteilung für jemanden ist. In jede Aussage geht etwas vom Sprechenden selbst ein. Wie sehr Gottes Größe in seinem Wort gegenwärtig ist, zeigt der Bericht vom Sinai: Gott erscheint in mächtigen Naturphänomenen, in Zeichen, die ihn zugleich verbergen (↗ Theophanie). Er offenbart sich dem Volke nur in seiner Rede; von dieser fühlt es sich so bedroht, daß es Mose um Vermittlung bittet. Es zeugt von der Ehrfurcht Israels vor Gottes Größe, wenn im AT W. G. fast immer das durch ↗ Propheten vermittelte W. G. meint (93 % der Stellen nach G. v. Rad). In der gängigen Formel: „Es geschah das W. G. zu ..." ist das W. G. als geschichtliches Ereignis verstanden, in dem in jeweils verschiedener Weise Gott ganz zugegen ist – es heißt nämlich immer „das", nie „ein" W. G. Das W. G. geht ein in Leib u. Leben der Propheten; sie verkünden es durch ihre Ehe, ihre Ehelosigkeit, ihre Fremdheit unter Freunden u. a. (Hos 1–3; Jr 16). Es bringt unwiderstehlich Unheil über das untreue Volk (Am 1, 2; Js 9, 7; Jr 23, 29), selbst die Gegner der Propheten fürchten seine Macht (Am 7, 10), denn sobald es ausgesprochen ist, beginnt es zu wirken. Mit dieser unbedingten Verläß-

lichkeit des W. G., das jeder Kraft überlegen ist u. das Volk erlösen wird (Js 40, 8; 55, 10 f), tröstet ↗ Deuterojesaja das Volk während des Exils. Die ↗ deuteronomistische Geschichtsschreibung zeigt auf, wie Israels Geschichte von der wirksamen Macht des W. G. gelenkt wird. In den Katastrophen erfüllt sich z. B. der Fluch, der die Gesetzesverkündigung begleitet hat (Dt 28), in der Erhaltung der Davidsdynastie die Natansverheißung (2 Sm 7). Die Priestertheologie (↗ Priesterschrift) fügt die Schöpfung der Welt durch das W. G. hinzu (Gn 1). Gottes Macht u. Weltherrschaft zeigt sich in der Mühelosigkeit seiner Befehle, seine vollständige Überlegenheit über die Welt in der Tatsache, daß nur das Wort die Welt mit Gott verbindet. Vor allem aber ist der Mensch, auf den die Schöpfung ausgerichtet ist, vom W. G. her.   oh

Wie im AT ist in ntl. Verkündigung das W. G. umfassend wirkende Macht: Es ruft Israel wie den einzelnen in seine besondere Geschichte; es trägt die Schöpfung. Neu ist, daß das W. G. vollendet ergangen ist in ↗ Jesus ↗ Christus. „Zu vielen Malen u. auf vielerlei Weise hat Gott früher zu den Vätern durch die Propheten gesprochen, jetzt am Ende dieser Tage hat er zu uns gesprochen durch seinen Sohn, den er zum Erben des Alls bestellt ... er trägt das All durch das Wort seiner Kraft" (Hebr 1, 1–3). Jesus *ist* selbst das W. G. (Joh 1, 1–5.10 f), das Fleisch geworden ist (Joh 1, 14) u. sich so dem Menschen erkennbar „geäußert" hat. In ihm faßt sich alles schöpferische, verheißende, richtende, rettende, vollendende Reden Gottes, das immer auch Handeln ist, zusammen (vgl. den Bogen von Joh 1, 1 zu Apk 19, 13). Das atl. W. G. wird durch ihn erfüllt (Lk 4, 21), aber zugleich als überholbar erwiesen. „Das Gesetz ist durch Mose gegeben worden, die Gnade u. die Wahrheit wurde uns durch Jesus Christus" (Joh 1, 17). Deshalb kann die atl. Gesetzgebung kritisiert werden (vgl. Mt 5, 17–48 u. den Streit um die Ehescheidung Mk 10, 1–12), u. die atl. Messiaserwartung wird nicht nur erfüllt, sondern durch Jesu Weg zum Kreuz auch korrigiert. – Ist in Jesus Christus das W. G. endgültig ergangen, so muß es doch in der Kirche bewahrt u. stets neu gesagt werden. Die ↗Apostel reden als Gottes Knechte Gottes Wort (Apg 4, 29). Sie sprechen dabei nicht nur ein vergangenes, ihnen überliefertes W. G. Vielmehr redet Gott selbst durch sie, u. deshalb schenkt ihr Wort seine Vergebung (2 Kor 5, 18 bis 20). Insofern ist die apostolische Verkündigung „W. G. ..., nicht Menschenwort" (1 Thess 2, 13). Sie geschieht in der Kraft des Beistandes, welcher der Kirche für die Zeit nach Ostern verheißen ist (Joh 14, 27). Wie jedoch die ↗Verkündigung selbst aus dem Hören auf Jesus Christus kommt (1 Joh 1, 1–5), bringt sie Frucht nur, wo sie gehört u. aufgenommen wird (Mk 4, 20). – Weil die in ihr bewahrte Verkündigung vom Geist gewirkt ist, heißt die ↗Bibel W. G. Aber auch weil der lebendige Gott in ihr redet. Deshalb kann, wer sie hört, Vergebung der Schuld erbitten. Zugleich ist die Bibel aber menschliches Wort, der Bedingtheit u. Begrenzung menschlicher Rede unterworfen. Die alte Kirche hat das Geheimnis dieses Redens Gottes im menschlichen Wort ineins gesehen mit dem der Menschwerdung des ↗Sohnes Gottes, das „Wort im Buch" verglichen mit dem „Wort im Fleisch". Wie das Glaubensbekenntnis der Kirche das vollständige Menschsein Jesu gegenüber jedem ↗Doketismus festgehalten hat, so muß es auch mit der Schrift sein. Sie ist in ihrem Welt- u. Menschenbild, ihrem Geschichtsverständnis, ihrer Begrifflichkeit, ihren literarischen Gattungen, in den Situationen, die sie anspricht, an ihre Zeit gebunden. In all dem ist sie deshalb überholbar u. der Übersetzung in Neues bedürftig (↗Hermeneutik). Im „Streit um die Bibel" geht es oft nur scheinbar um die Bewahrung des W. G., in Wahrheit um die Annahme seiner Menschengestalt. Daß die Schrift W. G. ist, läßt sich nicht von außen beweisen, sondern eröffnet sich nur dem, der sie liest u. im Glauben annimmt. Sie nimmt dem Menschen nicht die Vorläufigkeit seines Daseins ab, sondern stellt ihn auf einen Weg. Erst an dessen Ziel, wenn der Glaube zum Schauen wird, offenbart sich die Treue Gottes zu seinem Wort, das er vollbringt (vgl. Apk 19, 11.13).   sm

Wortoffenbarung. Darunter versteht man die oft höher gewerteten inneren Inspirationen (z. B. Abrahams Berufung Gn 12) im Gegensatz zu den äußeren, sichtbaren Manifestationen der Macht Gottes (z. B. Durchzug durch das Schilfmeer, Ex 13, 17 ff), die man ↗Tatoffenbarung nennt. Biblisch aber sind beide stets in *einem* Offenbarungsgeschehen verknüpft.   sch

Wortspiel. Im W. werden ähnlich klingende Wörter aufeinanderbezogen, um tiefere u. verborgenere Inhalte freizulegen. Solche W.e finden sich im AT: Am 8, 2; Jr 1, 11 f; Mich 1, 10–15; Js 10, 29–31.   go

Wunder. a) Das Hebräische hat kein Wort für das, was wir unter W. verstehen. Am deutlichsten wird der atl. W.begriff bei den Ereignissen, die sich um den Auszug aus Ägypten u. die Wüstenwanderung gruppieren: „Ich werde meine ↗Zeichen u. W. zahlreich machen im Land Ägypten; daran sollen die Ägypter ↗erkennen, daß ich Jahwe bin" (Ex 7, 3–5). Das Kernwort „erkennen" meint einen umfassenden Vorgang, der durch Zeichen u. W. in Gang gesetzt wird. Zeichen u. W. sind Ereignisse, die Erkenntnis vermitteln. Wenn ein W. geschieht, muß nicht unbedingt eine übernatürliche Kraft am Werk sein, ein Naturgesetz durchbrochen werden. Doch in jedem Fall wirkt das W. Erkenntnis der Größe Gottes. Aus den Zeichen u. W.n sollen die Ägypter Jahwe als den mächtigen Gott erkennen. Sie sind Beweis für seine Überlegenheit über die Götter Ägyptens. Jedes Geschehen, das diese Wirklichkeit erkennen läßt, kann Zeichen u. W. sein, unabhängig von der literarischen Gestalt, in der es uns überliefert ist (↗Legende), unabhängig davon, ob es die Kräfte der Natur übersteigt oder nicht (z. B. ↗Manna). Jedes Ereignis, durch das Gott seine Macht u. Größe offenbar werden läßt, so daß der Mensch Gott erkennt, ist ein W. im Sinne der Bibel. Eine Diskussion darüber, ob u. in welchem Maß z. B. die sog. ägyptischen Plagen W. waren, wird der Intention des Textes nicht gerecht. Ihm geht es lediglich um den Nachweis, daß in diesen Phänomenen Gottes Macht offenkundig u. erfahrbar wurde.

b) Das Zeugnis der vier Evv. verbindet die W. unlösbar mit dem öffentlichen Auftreten Jesu von Nazaret. Die W. gehörten selbstverständlich in den Vorstellungskreis des antiken Menschen. Man rechnete damit, daß ein großer Gottesmann W. vollbringe, es fragt sich nur, ob er es in der ↗Macht Gottes oder des ↗Dämons tue. Als die Pharisäer Zeichen von ↗Jesus forderten, zweifelten sie nicht daran, daß er sie vollbringen könne. Die W. des NT haben ihre Parallelen außerhalb der Bibel, sie werden nach demselben Schema erzählt. Den Evangelisten geht es dabei nicht um Dokumentation historischer Fakten, sondern um den Nachweis, daß in Jesus die Heilszeit angebrochen ist. Die W.-erzählungen sind in den Jahrzehnten mündlicher Überlieferung gewachsen. Mk 6, 47 z. B. lokalisiert das Boot beim Seewandel Jesu mitten im See, Mt 14, 24 weiß es viele Stadien vom Land, Joh 6, 19 konkretisiert 25–30 Stadien. Nach Mt (14, 28–33) ist auch Petrus auf dem Wasser gegangen, nach Joh (6, 21) war das Boot mit einemmal am Ufer. Die volkstümliche Erzählung neigt zur Vergröberung, das erweist sich auch durch einen raschen Vergleich mit den ↗apokryphen Wundergeschichten. Für die Auslegung ist festzuhalten: Manche der in den Evv. erzählten W. können heute natürlich erklärt werden, nicht alle sind so geschehen, die Evv. sind keine Dokumentensammlung, doch steht fest, daß Jesus W. gewirkt hat. Die W.erzählungen weisen in ihrer heutigen Form legendarische Züge auf, doch diese Erzählungen gehen auf Erinnerungen wirklicher Machttaten Jesu zurück. Man kann die W.erzählungen der Evv. also weder samt u. sonders als unhistorisch abtun, noch kann man sie für wortwörtlich so geschehene Fakten halten.
c) Gleichzeitig mit dem W. fragt das NT nach seiner Bedeutung. Die Forderung des W. wird abgelehnt (Mk 8, 11 bis 13; Mt 12, 38; Lk 11, 16; Joh 6, 30 bis 33 u. a.). Das W. erreicht nur dann seinen Zweck, wenn es den Menschen zu Umkehr u. Dank ruft (Lk 5, 8–11; Apg 14, 14 u. a.). Im Joh-Ev. münden die W.erzählungen in deutende Reden. Durch das W. wird ↗Glaube geweckt oder gestärkt, nur der Glaubende sieht

im W. ↗Offenbarung Gottes. Darum finden wir häufig den Satz: Dein Glaube hat dich gerettet (geheilt) (Mk 5, 34; 10, 52 u. a.) oder bei Mt Glaubensgespräche um W.erzählungen gruppiert. Das eigentliche W. geschieht nicht nur sichtbar, sondern in ↗Umkehr u. Sündenvergebung (Mk 2, 1–12). Im W. wird jetzt schon deutlich, daß Gott endzeitlich den ganzen Menschen wandeln wird (vgl. Mt 11, 5); die W. gipfeln in der Verkündigung des ↗Evangeliums. Jedes W. ist ein Zeichen für das Hereinbrechen der Zukunft Gottes in die gebrochene Gegenwart des Menschen, die mißverständlich u. vieldeutig ist. Sie alle sind ausgerichtet auf das W. schlechthin, das Gott in Tod u. Auferweckung Jesu wirkte. – Die entscheidende Frage ist also nicht, ob wir die W. für historisch oder unhistorisch halten, entscheidend ist, ob einer in ihnen Gott am Werk sieht, sich selber angesprochen u. betroffen weiß u. zum Glauben kommt. be

Wundertäter. Die Vorstellung, daß hervorragende Männer ↗Wunder vollbringen können, ist in der Antike allgemein verbreitet. In hellenistischer Zeit bildet sich ein besonderer Typ des W., der „Gottesmann", heraus: Er steht im Dienst eines Gottes, für den sein Lehren u. Wirken zeugen soll. Seine Lehre ist göttliche ↗Offenbarung, seine Wunder beruhen auf göttlicher Kraft. So tut er die Wunder auch nicht um ihrer selbst willen oder zu persönlichem Vorteil, sondern um für seinen Gott zu zeugen, seine Sendung zu legitimieren oder den bedrängten Menschen zu helfen. Seine Wundertaten erstrecken sich auch auf die unbelebte Natur: er kann Winde abwehren u. Regen herbeiführen. Vor allem aber tut er ↗Heilungswunder an Kranken u. treibt ↗Dämonen aus. Auch Erweckung von Toten kann ihm zugeschrieben werden. Überhaupt ist sein Lebensweg von Wundern begleitet: Träume u. Göttersprüche künden seine Geburt an; schon als Kind erweisen sich seine überragenden geistigen u. sittlichen Fähigkeiten. Dieses Bild vom W. ist im NT auf ↗Jesus u. in geringerem Maße auch auf die Apostel übertragen. Hier verbinden sich aber die Wunder mit einem eschatologischen

Anspruch: In den Wundern Jesu u. seiner Jünger wird der Anbruch der Heilszeit offenbar (z. B. Mt 12, 28).   mo

Wurfschaufel, Schippe zum Sondern der Spreu vom Korn; auf hochgelegener Tenne warf man das Ganze in die Höhe, damit der Wind die Spreu davontrug (Js 30, 24). – Bild für den Krieg als Strafe Gottes (Jr 15, 7) u. das endzeitliche ↗Gericht (Mt 3, 12).   he

Wurzel, in der Bibel häufig Bild für den ↗Rest (Js 5, 24; 37, 31; Röm 11, 16–18); wie ein ↗Reis wird der Messias aus dem unbedeutenden Rest des Hauses David, der „W. Jesse" hervorgehen (Js 11, 1.10; Jr 23, 5).   he

Wüste gilt im AT allgemein als Land des Schreckens (Dt 1, 19), das niemand durchzieht (Jr 2, 6), voller Gefahr (Klgl 5, 9), Trübsal u. Angst (Js 30, 6), Ort der Dämonen (Js 13, 21) u. des Zornes Jahwes (Jr 4, 26 f). Besondere Bedeutung hat W. als Zeit u. Ort zwischen Israels ↗Auszug u. ↗Landnahme: 1. Der Wüstenzug als Wanderweg der Mose-Schar von Ägypten nach Kanaan ist aus Ex 15 bis 19; Nm 10–14; 20–22; Dt 1–3 kaum zu rekonstruieren, da die Texte „historische Geographie" bieten, d. h., die Ortsangaben entstammen nicht immer den gerahmten Traditionsstücken, sondern sind teilweise anderen Traditionen entnommen (z. B. Stationenverzeichnis eines Wallfahrtsweges von Kanaan zum Sinai in Nm 33) oder sind Symbolwerte bzw. Erfindungen, die in die historischen Traditionen eingingen. Die heute meist angenommene doppelte Route eines älteren kurzen (an der Mittelmeerküste entlang direkt nach Kadesch) u. eines jüngeren langen (über die Südspitze der heutigen Sinaihalbinsel) W.n-Zuges wird man von daher nicht als Ausgangspunkt historischer Rekonstruktionen nehmen können, zumal die Lage des ↗Sinai/Horeb nicht zu klären ist. Die überlieferungsgeschichtlich junge Angabe der 40 Jahre des W.n-Zuges ist weniger chronologisch denn theologisch interessiert (Abgrenzung der rebellischen Auszugsgeneration, die das Verheißene Land nicht betreten darf). Ebensowenig will die mehrmalige Angabe eines Dreitageweges eine exakte Zahl sein. Der Tetrateuch (die Bücher Gn bis Nm) sieht den W.n-Zug als Zeit

der Wunder (Wasser-, Manna-, Wachtelwunder), der Strafen (Schlangen, Untergang Datans, Abirams u. der Korachiten, Aussatz der Mirjam, Verweigerung des Einzugs für die ganze Auszugsgeneration mit Ausnahme von Josua u. Kaleb) u. vor allem der Gottesbegegnung (Sinai). 2. Besonders die Propheten deuten die W.n-Zeit als Zeit des ↗Heils bzw. des ↗Gerichts. Hosea u. Jeremia sehen sie als ideale ↗Urzeit u. Epoche ungetrübter Harmonie zwischen Gott u. seinem Volk, das in der Liebe der Brautzeit u. in der Treue der Jugend hinter Jahwe einherging (Jr 2, 2). Die Gottesbegegnung des Sinai wird, ohne Nennung des Sinai/Horeb, zum Deuteprinzip des ganzen W.n-Zeit: statt von ↗Theophanie sprechen Hos u. Jr theozentrisch vom Sehen, Finden, Erkennen, Vorübergehen Jahwes in der W., der sich dabei ↗Israel als ↗Frau, ↗Braut oder ↗Kind erwählt. Diese W.n-Zeit der „ersten Liebe" ist der Spiegel, den sie dem abtrünnigen Volk ihrer Zeit vorhalten; zugleich verheißen sie eine neue W.n-Zeit der ↗Umkehr (Hos 2, 16 ff). Ganz anders deuten Ezechiel u. die deuteronomistische Schule (Dt 1–3; Ps 78; 106) die W. als Zeit des fortwährenden ↗Abfalls von Jahwe u. des großen Strafgerichts. Auch Ez verheißt einen neuen Exodus in die W. (Ez 20), dessen Höhepunkt, wie am Sinai, das Sprechen Gottes mit Israel „von Angesicht" sein wird, dann freilich in den Worten des Richters, der streng scheidet zwischen Gerechten u. Ungehorsamen. Ähnlich betrachtet Dt 8 Gott als Erzieher seines Volkes, indem er es in der W. in kritische Situationen bringt. Bei Deuterojesaja wird das Vorbild des W.n-Zuges zur Mitte seiner Befreiungsbotschaft an die Exilierten. Der neue W.n-Weg von Babylon nach Palästina wird zu einer kunstvollen Prozessionsstraße (Js 40, 1 bis 11), die durch eine sich ins Paradies verwandelnde W. mit wunderbarer Speise u. frischem Quellwasser führt. Auf diesem W.n-Zug schaut Israel erneut Jahwe; ja seine Herrlichkeit wird allem Fleisch offenbar (Js 40, 5). – Das NT betont beide Aspekte der W. Hebr 3, 8 f. 17 stellt den Tod der ungehorsamen W.n-Generation als warnendes Beispiel hin, während im heilsgeschichtlichen Rückblick der Stephanusrede der W.n-Zug zugleich besondere Gnadenzeit Israels ist (Apg 7, 36 ff). Vor allem gilt die Einsamkeit der W. als Ort der Gottesnähe. ↗ Johannes der Täufer u. ↗ Jesus ziehen sich in die W. zurück (Mk 1 par), um mit Gott allein zu sein. In jüd. Kreisen wird der Heilscharakter der W. so sehr gesteigert, daß sie zum Heilsort schlechthin wird, von dem her auch der ↗ Messias kommen muß (vgl. Mt 24, 26). Auch das „Weib", d. h. die Kirche, wird nach Apk 12, 6.14 in die W. entrückt, um dort geborgen vor dem Treiben ↗ Satans der Wiederkunft Christi entgegenzusehen. Ähnlich erwartet die Qumran-Gemeinde das eschatologische Heil in der W. Juda. ze **Wüstensituation.** Der Zug ↗ Israels durch die ↗ Wüste wird zum Bild für den ↗ Glauben. Was Israel in der Wüste widerfuhr, wird zum Vorbild u. zur Warnung für die Getauften (1 Kor 10,

6 f). Auch der Zug ↗ Abrahams durch die Wüste wird zum Bild für den Glauben: „er zog aus u. wußte nicht, wohin er käme" (Hebr 11, 8). Er gehorchte bedingungslos dem Ruf Gottes. Auch ↗ Jesus bereitet sich wie die Propheten des AT in der Wüste auf seine Sendung vor (↗ Versuchung Jesu); in ähnlicher Weise geht ↗ Paulus nach seiner Bekehrung in die Wüste Arabia. Die Wüste ist der Ort größter Ausgesetztheit u. Ungesichertheit für den Menschen. In ähnlicher Ausgesetztheit muß sich christl. Glaube bewähren. Er hat keine Sicherheit, keine Garantien, er hat nur die ↗ Verheißung Gottes. Glaube hat keinen festen Ort; er läßt Vergangenes hinter sich u. bereitet sich für das Kommende. Der Glaubende ist auf den ↗ Weg geschickt. Er muß durch Dunkelheit u. Gottferne, durch Wüsten u. Durststrecken des Lebens. Er kennt allein die Richtung: die Botschaft Jesu Christi.
gr

Y

Ysop, kleiner aromatischer Busch mit dichten Blättern an den Zweigen, die man zum Besprengen u. beim Reinigungsopfer benützte (Ex 12, 22; Lv 14, 4.6, bildlich Ps 51, 9). – Da das Aufstecken eines Schwammes einen festen, längeren Stengel bedingt, ist Joh 19, 29 vielleicht eine andere Pflanze gemeint.
he

Z

Zacharias ↗Sacharja.

Zachäus, Oberzöllner in Jericho. Jesus kehrt bei ihm ein, obwohl ↗Zöllner als Sünder galten (Lk 19, 1–10).   zi

Zadok (hebr. Gerechter), Oberpriester unter David u. Salomo (2 Sm 8, 17). Seine Nachkommen behielten das Priesterprivileg in Jerusalem auch nach der ↗Kultreform (Ez 44, 10 f). Sie behielten die führende Stellung bis zur Absetzung des Onias III. (2 Makk 4, 7), dann sahen sie sich gezwungen, gegen den Kult in Jerusalem zu protestieren u. schließlich nach Ägypten auszuwandern. Eine Verbindung zu den ↗Sadduzäern ist ungewiß. Die ↗Qumran-Gemeinde nennt ihre Priester „Söhne Zadoks".   gr

Zahl, bei den Semiten meist durch Buchstaben des Alphabets bezeichnet; dadurch konnten bei Verschreibung verschiedene Zahlwerte entstehen (vgl. 2 Sm 24, 13, mit 1 Chr 21, 12). – Die Hebräer übernahmen das Dezimalsystem der Ägypter (Gn 18, 26–32; Nm 11, 19) u. das Sechzigersystem der Mesopotamier (vgl. Mt 13, 8). ↗Zahlenspruch, ↗Zahlensymbolik.   he

Zahlenspiel oder Zahlenrätsel nennt man im Hebr. u. Griech., das keine besonderen Zahlzeichen kannte, sondern dafür die Buchstaben des Alphabets verwendete, den in Worten ausgeschriebenen Zahlenwert, der sich aus den Buchstaben eines Namens ergibt u. diesen verhüllt angeben soll, z. B. David = 14, Nero = 666 (Apk 13, 18).   he

Zahlenspruch, eine im Alten Orient beliebte Stilform, die sich auch in der Literatur Israels findet. Eine Zahlenreihe (eins, zwei; drei, vier usw.) bildet den Rahmen für die einprägsame Aufzählung verschiedener, aber unter bestimmtem Gesichtspunkt zusammengehöriger Dinge: Gottes Taten (Ps 62,

12 f; Ib 13, 20–22), Wunderbares (Spr 30, 18 f), Großartiges (Spr 30, 24–31), Freveltaten (Am 1, 3 – 2, 6) u. Furchtbares (Ib 5, 19–22; Spr 30, 15 f.21–23).   he

Zahlensymbolik. Häufig werden in der Bibel die ↗Zahlen nicht in ihrem Zählwert allein, sondern in sinnbildlicher Bedeutung verwendet (vgl. die Artikel zu den einzelnen Zahlen). Die symbolische Chronologie z. B. Gn 5 u. 11, 10 bis 26 besagt: durch die Zehnzahl von Zeugungen ist die Reihe der Urväter abgeschlossen. Z. begegnet vor allem auch als Ordnungsprinzip bibl. Texte: Gn 1, 1 – 2, 4 erwähnt 7mal das göttliche „Schaffen". 7mal erdröhnt in Ps 29 Jahwes Donnerstimme. Ps 150 ruft 10mal zum Gotteslob auf. Weish 7, 22 f nennt 21 (= 3 × 7) Eigenschaften der göttlichen Weisheit. Das Vaterunser enthält 7 Bitten (Mt 6, 9–13). Besonders in der Apk spielt die Z. eine große Rolle.   he

Zahlungsmittel waren in der frühen Zeit des AT Naturalien u. Edelmetalle. Der schwerfällige Tauschhandel ist aber in ntl. Zeit vollständig vom ↗Geld (in ↗Münzen- u. Barrenform) als Z. abgelöst worden.   do

Zarathustra ↗Iran.

Zarephta ↗Sarepta.

Zauberbücher. Die Predigt des Paulus in Ephesus bewegt die Gläubiggewordenen, ihre Zauberpraktiken zu bekennen u. ihre Z. öffentlich zu verbrennen (Apg 19, 18 ff). Aus Ägypten sind zahlreiche Z. (Papyrusblätter, 2. bis 5. Jh. n.C.) erhalten. ↗Zauberei.   sm

Zauberei. Z. meint Vorstellungen u. Praktiken, die auf dem Glauben an die in Menschen, Gegenständen oder Riten wirkende geheimnisvolle Kraft beruhen, durch bestimmte Mittel eine zwingende Wirkung auszuüben. In Israel wurde Z. immer wieder ausgeübt. Man glaubte an ihre Macht u. an die von ihr beschworenen ↗Dämonen. Beispiele sind die Erzählungen von den ↗Liebesäpfeln der Lea (Gn 30, 14), von den präparierten Stäben Jakobs (Gn 30, 37 f), vom Zauberstab Aarons (Ex 7, 12). Durch Z. meinte man auch einen Blick in die Zukunft tun zu können. So sucht Saul die Hexe von Endor auf (1 Sm 28). Manasse verläßt sich auf Vogelschrei, Wahrsager u. Zeichendeuter. Auch die Sterndeutung gehört in den Rahmen der Z. (Jr 10, 2; Js 43, 13). Gegen Dämonen suchte man mit einem Gegenzauber vorzugehen (↗Amulett). In den Trauerbräuchen wurde den Dämonen Einhalt geboten. Auch die Leberschau (Tob 6, 2 f) soll Dämonen abhalten. Wo aber Jahwe verehrt wird, sind Z. u. ↗Magie ausgeschlossen. Das zeigen die vielen Verbote gegen die Wahrsager, Zeichendeuter, ↗Zauberer u. gegen Vogelschau (Ex 22, 17; Dt 18, 10 ff; Jr 27, 9). Z. wird als Götzendienst verurteilt (Dt 18, 9–13). Weil Gott heilig ist, kann es in Israel keinen Raum geben für Z. Auch im assyrischen Gesetz steht Todesstrafe auf Z. Im Judentum zur Zeit des NT waren jüd. Zauberer in der ganzen antiken Welt verbreitet (vgl. Apg 19, 13). Im NT werden Simon u. Barjesus (Elymas) als Zauberer genannt. Die Z. wird im NT genauso eindeutig abgelehnt wie im AT (Gal 5, 10; Apk 21, 8; 22, 5). gr

Zauberer übten auch in Israel zu atl. u. ntl. Zeit ihre Praktiken aus. Wo ↗Jahwe verehrt wurde, war jedoch für ↗Magien u. den Z. kein Raum, er wurde der Gefahr der Todesstrafe ausgesetzt. ↗Zauberei. la

Zauberspruch. Z.e sollen die Gottheit oder ↗Dämonen dienstbar machen. Neben Material u. Ritus entscheidet die Kenntnis der richtigen ↗Namen u. Formeln (unförmig, fremdsprachlich) über die Wirkung (vgl. Apg 8, 20–23). sm

Zaun des Gesetzes. Das Bild vom Zaun als Schutz findet sich in der altjüd. Literatur. Die ↗Tora ist für Israel der Zaun gegen die ↗Sünde. Z. d. G. oder „Z. um die Tora" sind die zusätzlichen Gesetzesbestimmungen, die von den Rabbinen aufgestellt wurden, um die Tora vor Übertretungen zu schützen. Diese Bestimmungen gehörten zu den „Überlieferungen der Alten" (vgl. Mt 15, 2),

die seit dem Exil neben die schriftliche Tora traten, um diese für jede aktuelle Situation neu zu interpretieren. Der Tradition nach haben die Männer der „großen Synagoge" (deren Aufgabe in der nachexilischen Zeit die Entwicklung des Gesetzes war) die Tora empfangen u. befohlen: „Machet einen Zaun für die Tora." Darauf beriefen sich die ↗Pharisäer. ba

Zebaot ↗Heerscharen.

Zebedäus (hebr. mein Geschenk). Fischer u. Vater der Söhne des Z., Johannes u. Jakobus d. Ä. Ihre Mutter Salome bittet Jesus (Mt 20, 20) um die ersten Plätze in der Herrlichkeit für ihre Söhne. (Bei Mk 10, 35 bitten die Söhne selbst.) Jesus weist dieses Trachten nach Größe zurück; sein Weg u. somit auch der seiner Jünger) geht über Leiden in die Herrlichkeit, in der der Vater die Plätze vergeben wird. zi

Zebra, möglicherweise andere Bezeichnung für den Wildesel (Ib 39, 5).

Zedekia ↗Zidkija.

Zehn meint oft eine beträchtliche Zahl (Gn 31, 7; Apk 2, 10). Als Begriff der vollendeten, abgeschlossenen Reihe (10 Geschlechter von Adam bis Noach, Gn 5) u. Ganzheit charakterisiert die Z.zahl die Vollkommenheit göttlichen Tuns: Gn 1 nennt zehn Schöpfungswerke, Ex 7, 14 – 12, 28 z. Plagen, Ex 20, 2–17 z. Gebote, Mt 8–9 z. Wunder Jesu. he

Zehnschaft, Abteilung des Heeres, von Ex 18, 21 u. Dt 1, 15 schon in die Wüstenzeit zurückverlegt. Ismael ist wohl der Anführer einer Z. (Jr 41, 1). we

Zehngebote ↗Dekalog.

Zehnstädte ↗Dekapolis.

Zehnt, ↗Abgabe des 10. Teils des Ertrages an den König (1 Sm 8, 15.17) u. vor allem an die Priester u. Leviten (Gn 14, 20). Nach dem Dt (14, 22–29) sollen die Israeliten alljährlich den Z. von Korn, Wein u. Öl am Tempel abgeben u. dort selbst essen, ihn aber jedes 3. Jahr den Leviten u. Armen geben. Dagegen gehört nach der Priesterschrift der ganze Z., einschließlich des Z. vom Vieh (Lv 27, 30–33), den Leviten (Nm 18, 20–32). Das Judentum verlangte 1. den Leviten-Z., 2. den Z. des Dt u. 3. den Armen-Z. (Tob 1, 6–8). Die Pharisäer dehnten den Z. auch auf Kleinigkeiten aus (Mt 23, 23). we

Zeichen. Im griech. Sprachgebrauch ist Z. als Kennzeichen oder Anzeichen Hinweis auf einen Sachverhalt, den zu erkennen es erleichtert. Ein ähnlich formaler Begriff von Z. findet sich auch im AT. So ist etwa der „Bogen in den Wolken" Hinweis, ja Unterpfand der Bundestreue Gottes gegenüber Noach u. seinen Nachkommen (Gn 9, 12 ff). Eine noch engere Beziehung zwischen Z. u. Bezeichnetem ist in den „Z.handlungen" der atl. ↗Propheten vorausgesetzt: die aus dem Bereich des sakralen Ritus stammende Anschauung von der Wirkungsmacht der Z. Daß etwa Ez seiner Frau keine Totenklage hält, ist eine Vorwegnahme des zukünftigen Geschicks Israels, dessen Verwirklichung im Z. selbst schon beginnt. Darüber hinaus aber ist Z. auch Verkündigung an die Zeitgenossen – ein Charakteristikum gerade der klassischen Prophetie. Nicht nur das Daß des zukünftigen Ereignisses sagt Ezechiels Z. ja an; es ist geradezu den Zuschauern vergegenwärtigte Abbildung des Kommenden. Bei den Synopt.n herrscht das formale Verständnis von Z. als Anzeichen oder Kennzeichen vor. In der Apokalyptik wußte man von bestimmten Ereignissen als Anzeichen des Endes „dieses Äons", u. diese Anschauung ist auch in Mk 13, Mt 24, Lk 21 vorausgesetzt. Die Bedeutung Kennzeichen, Beweis ergibt sich in Mt 12, 38 ff: Mit einem Z. soll ↗Jesus sich vor den Juden legitimieren. Er antwortet aber mit dem „Z. des Propheten Jona", d. h. wohl mit dem Z., welches die Gestalt Jona selber ist, nämlich als Hinweis auf den in seiner Bußpredigt gegenwärtigen Gott (↗Jona-Zeichen). Bei Joh findet sich vor allem ein inhaltlich bestimmtes Verständnis von Z. als ↗Wundern, die Jesus in seiner ↗Herrlichkeit tut. Allerdings weisen sie ihn nicht eindeutig als Gottes Sohn aus. Nur dem, der von der „Stunde" der Passion Jesu weiß, d. h. dem Glaubenden, sind sie verständlich, nämlich als Offenbarung der Liebe Gottes zur sündigen Welt (Joh 2, 1 ff).   win

Zeichen der Zeit erwartet die ↗Apokalyptik, an denen sie unmißverständlich ablesen kann, wann der ↗Untergang der Welt eintritt (Dn 7). Mit diesen Erwartungen wird auch Jesus konfrontiert.

In der Rede über die nachösterliche Zeit (Mk 13) zählt er ↗Zeichen auf, anhand deren das Spätjudentum glaubte, das Ende der Welt berechnen zu können. Kriege, Erdbeben, Hungersnöte werden als Wehen betrachtet, die wie bei einer Geburt das Ende einleiten. Das Auftreten des ↗Greuels der Verwüstung führt unmittelbar den Untergang herbei. Aber Jesus warnt vor solchen Berechnungen: Zeit u. Stunde des Weltendes kennt niemand als Gott allein. Die Zeichen zeigen nur an, daß diese Welt im argen liegt u. einmal untergehen wird. Wie für das Weltende erwartete man auch vom ↗Messias ein untrügliches Zeichen vom Himmel, das ihn eindeutig als den von Gott Gesandten bestätigt; die Forderung der Pharisäer nach solch einem Beglaubigungszeichen lehnt Jesus ab (Mk 8, 12). Sein Z. d. Z. ist die Aufrichtung des ↗Reiches Gottes. Dessen Anwesenheit wiederum wird durch Zeichen kundgemacht, die Jesus wirkt. Wer von vornherein seinen ↗Glauben einer Reform verschließt, der ist auch für diese Z. d. Z. blind. Um diese Zeichen zu verstehen, ist gläubige Offenheit erforderlich, die auf einen Messias wartet, wie ihn Gott schicken wird u. nicht wie menschliche Selbstsucht ihn erwartet, nämlich als politischen Befreier. Ein Zeichen, das den Glauben an die Verkündigung Jesu überflüssig macht, wird den Zeitgenossen daher nicht gegeben werden. Die ↗Machttaten u. die Verkündigung Jesu sind die Zeichen, die gemeinsam die Anwesenheit des Reiches Gottes anzeigen (Mt 11, 5). Dabei ergänzen sich Machttaten u. Verkündigung in ihrem Zeichencharakter: die Machttaten veranlassen, auf die Verkündigung zu hören, die Verkündigung gibt den Machttaten erst ihren Sinn.   do

Zeichendeuter gibt es nach bibl. Darstellung in Israel (1 Sm 28, 3) ebenso wie in Ägypten u. Babylonien. Als Wahrsager können sie die Zukunft aus dem Verhalten des Wassers, der Lage ausgeschütteter Pfeile u. dem Zustand der Leber von Opfertieren voraussagen. Im AT wird die Betätigung als Z. als Sünde betrachtet, da sie Götzendienst sei.   la

Zeichenhandlung. Grundsätzlich wirkt Jesus seine ↗Machttaten durch das

↗Wort, es kann aber auch eine Z. hinzutreten oder überhaupt die Z. an die Stelle des Wortes treten. Einem Taubstummen legt Jesus seine Finger in dessen Ohren, berührt mit Speichel dessen Zunge u. spricht das Machtwort (Mk 7, 33 f). Die Schwiegermutter des Petrus heilt er dadurch vom Fieber, daß er nur ihre Hand ergreift (Mk 1, 31). Z. kann auch dann vorliegen, wenn der Sinn der Machttat nur im ↗Zeichen liegt. Ein Feigenbaum wird zum Verdorren verflucht, weil er zu unrechter Zeit (im Frühjahr) keine Früchte trägt. Dieser Vorgang soll eine Z. für das Schicksal Israels sein. Israel hat es versäumt, im Alten Bund Früchte zu bringen, es hat vielmehr den ↗Bund gebrochen; es ist daher beim Kommen Jesu nicht aufnahmefähig für seine Botschaft. Jesus verlangt zur unrechten Zeit Früchte von Israel u. droht für diese schuldhafte Unzulänglichkeit die Verwerfung an (Mk 11, 13 f). do

Zeit. Die bibl.-atl. Zeiterfahrung kann nicht mit unserem heutigen Zeitschema (Vergangenheit, Gegenwart, Zukunft) in Einklang gebracht werden. Das hebr. Zeitwort kennt keine Tempora in unserem Sinn; es kennt nur vollendete u. unvollendete Handlungen. Die Z.erfahrung des Menschen in der Bibel ist stark vom ↗Werden geprägt; entweder ist etwas abgeschlossen, oder es ist erst im Werden. So kann das prophetische Perfekt auch Zukünftiges als bereits feststehend ansehen. Vergangenes wird vor allem im kultischen ↗Gedächtnis als neu gegenwärtig erfahren; so werden Jahwes Heilstaten in der Vergangenheit von jeder Generation neu gefeiert u. dadurch erfahren. Vergangenes u. Zukünftiges kann so in die Gegenwart hereingeholt werden. Somit unterscheidet sich bibl. Z.verständnis vom ↗Kreislaufdenken der bibl. Umwelt (sowohl der Alte Orient als auch das Griechentum); es unterscheidet sich auch von heutigem linearem Z.denken. Die genuin bibl. Z.erfahrung ist eine „rhythmische Z.": sie verdankt sich der Erfahrung des regelmäßigen Wechsels im Naturablauf, der jeweils erlebten eigenen Lebenssituation u. vor allem der je neuen Gotteserfahrung. Freilich spielt sowohl das mythische Kreislaufdenken in die Bibel herein (Prd 1, 4–11) als auch das lineare Z.denken. Das zweite kommt immer mehr in den Vordergrund, je mehr der Geschichtsablauf als ↗Heilsgeschichte erfahren wird: Gott steht als Schöpfer am ↗Anfang der menschlichen Geschichte, u. er führt das Begonnene zu Ende; er schafft Israel ↗Heil (AT), er schafft der ganzen Welt Heil (NT); er führt eine neue Schöpfung herauf, Gottes Welt ist im Werden u. geht einer Vollendung entgegen. Das AT kennt keine abstrakte oder neutrale Z. Entweder ist es erfüllte Z., vorläufige Z. oder leere Z. Gott qualifiziert die Z. eines Menschen. Die spätjüd.-apokalyptische (↗Apokalyptik) Z.vorstellung weicht erheblich von der genuin atl. ab. Z.en werden als Z.räume gedacht. Diese Weltzeiten (Äone) üben eine unbedingte Herrschaft über die in ihnen lebenden Menschen aus, sie versklaven diese. Ein ↗Äon nach dem anderen löst sich ab. Es wird aber ein letzter Äon erwartet, der der Menschenwelt die Vollendung bringt. Der Blick des Apokalyptikers richtet sich einzig auf diesen kommenden letzten Äon. Die Gegenwart wird unwichtig, alles wird von der ↗Zukunft erwartet – für den atl. Menschen war einzig die Gegenwart Z. der Gottbegegnung, also erfüllte oder sinnlose Z. Der Apokalyptiker flüchtet aus der Gegenwart in eine ferne oder nahe Zukunft, er flieht aus seiner Welt in ein ↗Jenseits.

Die ntl. Botschaft teilt weitgehend das apokalyptische Z.verständnis, aber mit einer grundlegenden Korrektur. Die Welt-Z. hat einen Anfang u. ein Ende; es wird eine alles erneuernde Zukunft erwartet, ein neuer Äon. Es gibt dabei aber kein einheitl. ntl. Z.verständnis. In der paulinischen Verkündigung hat mit dem Sterben u. mit der Auferstehung Jesu Christi dieser neue Äon begonnen. Durch das Christusgeschehen ereignete sich ↗Zeitenwende. Doch dieses Ereignis ist erst ein Anfang, kein Abschluß. Der alte Äon, die bisherige böse u. selbstentfremdete Welt-Z., besteht noch fort, ja er beherrscht noch die meisten Menschen. Aber mit ↗Christus ist der Anfang der neuen u. letzten Welt-Z. gemacht. Der Mensch hat von daher die doppelte Möglichkeit, entweder weiterhin dem alten Äon anzugehören oder aber schon dem neuen. Wo sich Menschen auf Christus u. seine Botschaft einlassen, geht das Ereignis der Zeitenwende weiter, bricht der neue Äon weiter in der Welt an. Vollendet wird diese neue Welt-Z. dann sein, wenn alle Menschen sich dem Äon Christi stellen. Gottes neue Welt ist im Werden. Sie wird überall dort, wo Menschen auf die ↗Liebe Gottes antworten. Gottes Liebe aber ist den Menschen seit Christus möglich geworden; sie ist zugleich Ende u. Vollendung jeglicher linearer u. zyklischer Z. Liebe ist die Z. Gottes, das Ende der Menschenzeit (Schlier).   gr

Zeitenwende. Im Gegensatz zur traditionellen atl. Erwartung einer innerweltlichen Heilszeit, die der kommende Messiaskönig nach einem großen Sieg über alle Feinde Israels heraufführen wird, rechnet die ↗Apokalyptik mit einer zukünftigen Z. In ungeheuren geschichtlichen u. kosmischen Katastrophen (↗Messiaswehen) wird sich die teuflische Macht „dieses ↗Äons" aufs höchste steigern, um dann von der richterlichen Gewalt Gottes bzw. des jenseitig-himmlischen ↗Messias oder ↗Menschensohns vernichtet zu werden. Dieses „Ende der Zeiten" ist aber zugleich Beginn des „kommenden Äons". Der sachliche Sinn dieser formal widersprüchlichen Vorstellung zweier Zeiten liegt offenbar die scharfe Abgrenzung der Heilssphäre Gottes von der sündhaften Welt zugrunde. Nur den Gerechten, d. h. denen, die sich der sündenvergebenden Macht Gottes anvertrauen u. sich in radikalem Gesetzesgehorsam bewähren (vgl. die ↗Hodajot), ist der neue Äon schon gegenwärtig in der Gewißheit zukünftiger Erlösung. Im NT wird diese apokalyptische Spannung zwischen dem ↗Jetzt u. dem ↗Noch-Nicht der Z. vor allem bei den Synopt.n u. Paulus vorausgesetzt, zugleich aber auch abgewandelt: Die endgültige Entscheidung über die Menschen fällt nicht erst in der Zukunft am Maßstab des Gesetzes, sondern schon jetzt in der Verkündigung des ↗Evangeliums (Mk 13, 10–27), das allein auf Gottes Gnade hoffen läßt.   win

Zeitgeschichte zur Bibel umfaßt das Weltgeschehen, in das die Geschichte ↗Israels u. das ntl. Geschehen verflochten sind. Der geographische Raum dieses Weltgeschehens ist der sog. „fruchtbare Haldmond", jene Landstriche, die sich sichelförmig von Mesopotamien über die Mittelmeerküste Palästinas nach Ägypten ziehen. In der ntl. Zeit verlagert sich das Geschehen nach Kleinasien u. den Mittelmeerländern.

Nach bibl. Überlieferung beginnt die Geschichte Israels (eigentlich seine Vorgeschichte) mit der Wanderung der ↗Patriarchen von Mesopotamien nach Kanaan. Diese Wanderung geschah innerhalb der großen allgemeinen Völkerbewegung, die in der ersten Hälfte des 2. Jahrtausends über Vorderasien hinwegging. Eine der nomadisierenden Völkergruppen waren die semitischen ↗Amoriter, zu denen auch die ↗Aramäer – die Vorfahren Israels (Dt 26, 5) – gehörten, die von Westen her in Mesopotamien einfielen u. nach u. nach alle Städte des Zweistromlandes unter ihre Herrschaft brachten. Schon vorher waren sie nach Kanaan eingedrungen, wobei nicht geklärt ist, ob die Amoriter u. die Kanaanäer zwei verschiedene Volksgruppen waren, oder eine mit einer doppelten Bezeichnung. Der Amoriterkönig Hammurabi errichtete von Babylon aus ein Großreich.

Ägypten konnte während der Zeit des „Mittleren Reiches" (ca. 2000–1785) seinen Einfluß über Palästina bis nach Damaskus ausdehnen, geriet aber nach 1700 unter die Herrschaft der Hyksos (semitische Nomaden), die seit 2000 in Vorderasien an Einfluß gewonnen hatten u. von 1700 bis 1580 Nordägypten, Palästina u. Syrien beherrschten. Die Hyksosherrschaft (XV. u. XVI. Dynastie) bildet den Hintergrund der Josephsgeschichten. Um 1580 wurden die Hyksos von ägyptischen Fürsten verjagt, 1530 stürzte in Babylon die 1. (amoritische) Dynastie durch die aus Kleinasien vordringenden Hethiter, die in der Folgezeit auch Ägypten bedrohten. In Nordmesopotamien entstand das Reich der Mitanni, ein Reststaat der Hyksos. Zwischen 1500 u. 1450 gewann Ägypten die Vorherrschaft in Syrien u. schlug die Hyksos endgültig bei Megiddo. Doch sank ab

1400 die ägyptische Macht trotz diplomatischer Beziehungen bis nach Babylon. Unter Pharao Seti I. wurde nach der Bibel ↗Mose geboren. Jener u. sein Nachfolger Ramses II. zwangen die Jakobstämme in Ägypten zur Fronarbeit beim Festungsbau gegen die Hethiter. Ramses II. ist wahrscheinlich der Pharao des ↗Auszugs (um 1250). Um 1220 suchte Ägypten erneut, die Vorherrschaft in Palästina zu gewinnen. Auf der Siegesstele des Pharao Mernephtha II. wird Israel zum erstenmal außerhalb der Bibel genannt. Um 1200 v.C. endete die ägyptische Vorherrschaft über Palästina.

Auch das Hethiterreich stellte nach 1200 keine Großmacht mehr dar. Es wurde wahrscheinlich durch die Philister bis auf einige Stadtkönigreiche zerstört. Babylonien war um 1250 assyrisch geworden, doch das Großreich ↗Assyrien, das schon einmal (um 1770) Mesopotamien beherrscht hatte, sollte erst 400 Jahre später wieder auf den Höhepunkt seiner Macht kommen. Die Atempause im Ringen der Weltmächte begünstigte die Eroberung Kanaans durch die Jakobstämme. Das Land war in der zweiten Hälfte des 13. Jh. in eine Reihe kleiner Stadtstaaten zersplittert, deren Könige lange Zeit Vasallen des Pharao gewesen waren. Damals entstand eine Reihe aramäischer Stadtstaaten am Euphrat u. im Libanongebiet. Ein Zentrum der Aramäer (auch Syrer genannt) war Damaskus.

Nach 1000 erlebte das unter ↗David u. ↗Salomo geeinte Israel die Höhe seiner politischen Macht, die 922 mit der Reichsteilung bereits überschritten war. Assyrien stieg von neuem zur Großmacht auf, u. das geteilte Israel wurde zum Spielball der Großmächte, wozu es durch seine geographische Lage als Durchgangsland geradezu prädestiniert war. Die Eroberungstendenz der assyrischen Könige zielte nach Westen, um die Landbrücke Syrien–Palästina dem ägyptischen Einfluß zu entziehen. Nach mancherlei Auf u. Ab begann der eigentliche Aufstieg Assyriens unter dem König Tiglatpileser III. 745. Das ↗Nordreich Israel trat einer Koalition palästinensischer Staaten gegen Assyrien bei, die ihm wenig nützte. Von König Achas v. ↗Juda gegen die Koalition zu Hilfe gerufen, unterwarf der assyrische König weite Teile Nordpalästinas u. Syriens, eroberte Damaskus u. zwang auch Achas v. Juda zum Gehorsamseid. Auf der Höhe seiner Macht unterwarf Tiglatpileser 729 Babylon. Sein Nachfolger Salmanassar V. belagerte Samaria, das dann unter Sargon II. erobert u. zerstört wurde. Das Nordreich Israel existierte nicht mehr. Juda wurde ein assyrischer Vasallenstaat. Nachdem es den folgenden assyrischen Königen noch gelungen war, einen Teil Ägyptens zu erobern, der aber 654 wieder aufgegeben werden mußte, verfiel die assyrische Macht.

Um 625 begann der Aufstieg des neubabylonischen Reiches, 614 wurde Assur von den Medern zerstört, 612 Ninive, 605 übernahm der chaldäische König Nebukadnezar die Regierung in Babylon. Er zog gegen Ägypten u. siegte in der Schlacht bei Karkemisch. Durch diesen Sieg kam ganz Syrien einschließlich Juda unter die Herrschaft ↗Babylons. Die verschiedenen Aufstände gegen dessen Herrschaft u. das Bündnis Judas mit Ägypten führten zur Zerstörung Jerusalems durch Nebukadnezars Truppen. Nach seinem Tod war das Ende des babylonischen Reiches nahe. Die neue Großmacht Persien entstand.

550 eroberte der Perser Cyrus das Reich der Meder, zu dem die Perser gehört hatten. Das neue persische Reich umfaßte den Iran, Teile Nordmesopotamiens, Armeniens u. Kleinasiens. Der machtvolle Aufstieg des Cyrus bildet den historischen Hintergrund zur Botschaft ↗Deuterojesajas. 539 eroberte Cyrus Babylon u. damit das neubabylonische Reich, 538 stand ganz Westasien bis zur ägyptischen Grenze unter seiner Herrschaft. Sein Sohn Kambyses eroberte 525 Ägypten. Zum erstenmal war der ganze Vordere Orient in der Hand eines Großkönigs. Darius I. organisierte nach einigen niedergeworfenen Aufständen das persische Großreich in 20 Satrapien. Jerusalem gehörte mit Samaria zur 5. Satrapie Syrien. Der Sohn des Darius, Xerxes I., herrschte von Indien bis Äthiopien. Seine Regierungszeit liefert den geschichtlichen Rahmen des Esterbuches. Sein Nachfolger Arta-

xerxes I. sandte Nehemia als Gouverneur nach Jerusalem. Seit 486 suchte Ägypten sich der persischen Herrschaft zu entledigen, was ihm 404 noch für ein halbes Jahrhundert gelang. 341 brachte Artaxerxes III. Ägypten wieder in persische Hand. Unter Darius III. ging das persische Weltreich unter, Alexander d. Gr. zerschlug es 333 bei Issos u. eroberte kurz darauf Ägypten. Seit 331 war er Herr des gesamten Orients. Damit war die Zeit des Alten Orients zu Ende gegangen, u. es begann das Zeitalter des ↗Hellenismus, die Verbindung griech. u. orientalischer Kultur. Mit dem Tod Alexanders verfiel sein Reich. Seine Feldherren, die sog. Diadochen, teilten es in drei Teile. Ägypten fiel den ↗Ptolemäern zu, Mesopotamien u. Nordsyrien den ↗Seleukiden. In der Folgezeit wurde Palästina zum Streitobjekt der Diadochen u. kam während des 3. Jh. unter ägyptische Herrschaft, bis es der Seleukide Antiochus III. nach einer Niederlage der Ptolemäer seinem Reich eingliedern konnte. Die Maßnahmen zur zwangsweisen Hellenisierung, die sein Nachfolger Antiochus IV. Epiphanes ergriff, führten zum erfolgreichen Aufstand der ↗Makkabäer um 167. Da das Seleukidenreich durch Thronstreitigkeiten mehr u. mehr zerfiel, konnte Jerusalem die seleukidische Herrschaft abschütteln, u. es entstand noch einmal für kurze Zeit ein selbständiger jüd. Staat unter den ↗Hasmonäern (Bezeichnung für die Dynastie der Makkabäer), die ihre Herrschaft über Idumäa u. Galiläa ausdehnten. Die Machtkämpfe der Hasmonäer führten zum Eingreifen der ↗Römer (Pompeius 63), die nun auf Jahrhunderte Palästinas politisches Schicksal bestimmten. ↗Jesus, ↗Prozeß Jesu, ↗Urgemeinde.　　ba

Zeitlichkeit. Die Z. des Menschen wird nicht in erster Linie an der Bewegtheit der Natur abgelesen, sondern an der Bewegtheit des menschlichen Daseins selbst, an der Geschichtlichkeit des Menschen. Der Mensch erfährt sich insofern als zeitlich, als er sich selbst wandelt u. verändert. Z. wird sodann erfahren an der mitmenschlichen Begegnung u. zuletzt im Ablauf der Natur. An seinen eigenen Möglichkeiten, Chancen, Schöpfungen u. Entdeckungen erfährt der Mensch seine Z. Er lebt in der ↗Zeit u. teilt diese mit seiner Umwelt. Diese Z. ist einerseits von ihm selbst qualifiziert, anderseits von seinen ↗Mitmenschen. Z. bringt die Wandelbarkeit, die Wandlungen, die Geschichtlichkeit des Menschen zur Sprache. Die bibl., speziell die ntl. Botschaft löst nun den Menschen aus einem mythischen Naturablauf u. Zeitablauf heraus; als Geschöpf bekommt der Mensch sich u. seine Welt selbst in die Hand. Er qualifiziert fortan selbst seine Zeit. Dadurch wird er befreit zu je neuem ↗Selbstverständnis, zu je neuer Welterfahrung, vor allem zu je neuer Gottbegegnung. Der Mensch ist als Geschöpf Gottes im ↗Werden. Er hat es selbst in der Hand, ob er zu sich u. zu seinem Schöpfer findet, ob er ↗neue Schöpfung wird oder ob er sich selbst verliert (an die Natur oder an eigene Schöpfungen) u. sich selbst zerstört. Jesu ↗Auferstehung aber ist Beginn u. Ermöglichung der neuen Schöpfung, des ↗neuen Menschen. Jeder ist eingeladen, diese Möglichkeit in sein Leben hereinzuholen, freilich nicht für sich privat, sondern mit u. für den Bruder. Die bibl. Botschaft entläßt den Menschen voll u. ganz in Z.: In jeder geschichtl. Situation ist es möglich, Gott zu begegnen; das Wie ist nicht festgelegt; in jedem wie immer gearteten menschlichen Dasein kann ↗Christus zu neuem Leben kommen; in jeder menschlichen Zeit kann Gottes Zeit anbrechen.　　gr

Zeitrechnung. In den Evv. findet sich nur eine direkte Zeitangabe (Lk 3, 1), die das Auftreten des Täufers in das 15. Regierungsjahr des Kaisers Tiberius datiert (28 n.C.). Die Dauer des öffentlichen Wirkens Jesu beträgt nach den Synopt.n nur ein Jahr, nach Joh mehr als zwei Jahre. Die Passion datieren die Synopt. auf Freitag, den 15. ↗Nisan (Mk 14, 12 ff), Joh 13, 1.29 auf Freitag, den 14. Nisan. Ein Ausgleich ist nicht möglich. Als Jahr, in dem der 14. bzw. 15. Nisan auf einen Freitag fiel, läßt sich etwa das Jahr 30 ermitteln (= Todesjahr Jesu). Die Geburt Jesu zu Lebzeiten des Herodes (bis 4. v.C.) kann aus Lk 1 u. Mt 2 gefolgert werden. Als einziges sicheres Datum der urchristl. Z. bleibt so die

Gallio-Inschrift, die den Aufenthalt des Paulus in Korinth (Apg 18, 12 ff) auf 51–53 n.C. festlegt. ri

Zelot. Die Z.en („Eiferer") waren eine radikale, von politisch gefärbtem Messianismus erfüllte Gruppe im Judentum des 1. Jh. n.C., deren Wurzeln wohl bis in die Makk-Zeit zurückreichen. Unter den Galiläern war sie besonders verbreitet (vgl. Apg 5, 37). Ihr Ziel, die Befreiung von der Römerherrschaft, suchten sie auch mit Waffen zu erreichen (Apg 21, 38: „Dolchmänner"). – Unter den ↗Zwölfen war ein Simon mit Beinamen „der Z." (Lk 6, 15). Jesus selbst war erfüllt vom ↗Eifer für die Sache Gottes, doch distanziert er sich von den aufrührerischen Galiläern (Lk 13, 1–3). ur

Zelt. 1. Heute noch ist die übliche Wohnform vorderorientalischer Nomaden das Z. Auch die Israeliten lebten in ihrer vorpalästinensischen Zeit in diesen leichttransportablen Behausungen aus Fellen u. Stoffen (aus Ziegen- u. Kamelhaaren). Nach der Seßhaftwerdung ist es nur noch bei den Rechabiten (Jr 35, 7) u. in Kriegssituationen in Verwendung (2 Kg 7, 7 ff). Doch erhielt sich die Z.vorstellung in Bildworten u. Sprichwörtern („Herausreißen", „Zu deinen Z.en, Israel!") bzw. als Parallelvorstellung zum Wohnhaus (Z. der Bestechung, des Frevels). Im NT vgl. Lk 16, 9; 2 Kor 5, 1.

2. *Das heilige Z.* Dieses transportable Heiligtum aus der Wüstenzeit (ein mit feinen Stoffen u. Fellen überspannter Holzrahmen: 30 mal 100 Ellen, 10 Ellen hoch, getrennt in das ↗Heilige u. ↗Allerheiligste) heißt im AT die Wohnung, Bundes- (= Zeugnis-), Offenbarungs-Z. (vgl. ↗Stiftshütte), Z. der Vereinigung u. Begegnung. Hier war Gott gegenwärtig (↗Wolke), verkehrte er mit Mose u. vermittelte durch ihn ↗Orakel. Der Tempelbau löste seine Bedeutung ab. Ntl. Bezugsstellen: Apg 7, 44; Hebr 8, 2; Apk 15, 5. pa

Zentralheiligtum. Der ↗Tempel in Jerusalem, das Staatsheiligtum Judas, hat ungeachtet der vielen Höhenkultorte u. des Tempels in Betel (Nordreich) die Vorrangstellung wahren können (vgl. die Bemühungen unter Hiskija u. Josija). pa

Zephanja (hebr. Jahwe verbirgt, schützt), 1. Ein Prophet, der vor 621 v.C. unter Josija in Juda gegen vielfältige politische, soziale u. religiöse Mißstände predigte u. so die deuteronomische Reform vorbereitete, ein Zeitgenosse des Nahum u. Jeremia. Von seinem Wirken berichtet das ↗Z.-Buch. – 2. Ein Priester in Juda zur Zeit des letzten Königs Zidkija (Jr 21, 1; 29, 25–29; 37, 3). – 3. Ein Levit (1 Chr 6, 21). – 4. Vater eines bekannten Exulanten (Sach 6, 10.14). he

Zephanja-Apokalypse, eine nur als Zitat bei Klemens v. Alexandria u. in einem koptischen Fragment aus dem 5. Jh. n.C. erhaltene apokalyptische Beschreibung einer Reise zum Aufenthaltsort der Verdammten u. dem der Gerechten. he

Zephanja-Buch, neunte Schrift im ↗Zwölfprophetenbuch; sie enthält – außer einigen Erweiterungen – Worte des ↗Zephanja aus dem 7. Jh. v.C. – Der Überschrift mit Angabe über Zeit u. Genealogie des Zephanja (1, 1) folgen: 1. fünf Orakel gegen Jerusalem mit der Ankündigung des Tages Jahwes als Gerichtstag für Götzendienst, ausländische Sitten, Unrecht u. Geldgier u. eine Mahnung an die Gerechten, Jahwe zu suchen, um so vielleicht am Tag Jahwes bewahrt zu werden (1, 2 – 2, 3); 2. eine Drohrede über die Fremdvölker: Philister, Moab, Ammon, Kusch u. Assur (2, 4–15); 3. Drohworte gegen die korrupten Führer Jerusalems (3,1–8); 4. eine Verheißung für die Völker (3, 9 f) u. für Jerusalem (3, 11–13); 5. abschließend ein Aufruf zur Freude (3, 14 f) u. ein Trostwort (3, 16–20). – Zephanja rief – wie seine Vorgänger Amos, Jesaja u. Micha – besonders die Führungsschichten zu verantwortlichem Handeln auf in einer Zeit, deren Abfall von Jahwe sich in bewußter politischer u. geistig-religiöser Abhängigkeit vom Ausland äußerte. Er bekämpfte Überheblichkeit u. rief die Demütigen im Lande auf, nach Gerechtigkeit u. Demut zu streben (2, 3). So bereitete er die deuteronomische Reform vor, die König Josija 621 v.C. begann. Zephanjas Theologie ist ganz beherrscht vom Gedanken an den souveränen Gott, der der ganzen Welt u. Natur, nicht nur dem kleinen Juda, mit seiner strafenden Gerechtigkeit begegnen kann, allerdings nicht, um zu zerstören, sondern um zu läutern (3, 12).

he

Zeremonialgesetz, Teil des atl. ↗Gesetzes, umfaßt Anordnungen für Opfer, Feste, Sabbat, Reinheitsvorschriften, Heiligkeits- u. Priestergesetz, kurz die gesamte Ordnung des Kultes. Es ist vorwiegend in den Büchern Ex, Lv u. Nm enthalten. Das Z. konstituierte das Volk als Kultgemeinschaft u. ist darum für das Gottesverhältnis Israels wesentlich, auch wenn es vom NT her überholt ist.

ba

Zerstörung. Jesus sagt die Z. ↗Jerusalems u. des ↗Tempels voraus (Lk 21, 20 ff). Allerdings sind bei diesen Voraussagen zwei Schichten auseinanderzuhalten. Der irdische Jesus hat ein Drohwort gegen den Tempel u. Jerusalem gesprochen, das aber allgemein gehalten war. Bereits die Propheten des AT sprechen von der Z. Jerusalems u. des Tempels als Strafe für die Sünden des Volkes (Jr 4, 16 ff). Der Strafspruch Jesu ist ebenfalls wegen des Unglaubens Israels ergangen. Der Tempel hat wegen der Verwerfung Jesu durch Israel nicht mehr das Recht, als Stätte Gottes zu existieren. Die anschauliche Darstellung von Einzelzügen dagegen in den Prophezeiungen hat Lukas erst aus der Erfahrung der tatsächlichen Z. hinzugefügt. Im römisch-jüd. Krieg (66–70 n.C.) wird Jerusalem belagert, mit einem Wall eingeschlossen u. Stadtteil für Stadtteil erobert, der Tempel geht in Flammen auf u. wird anschließend geschleift, die Bewohner werden als Sklaven verkauft.

do

Zeuge (griech. martys). Der Begriff stammt aus dem Prozeßrecht u. bezeichnet eine Person, die durch ihr Wort dazu beiträgt, eine offene Frage nach der einen oder anderen Seite, als Be- oder Entlastungs-Z. zu entscheiden. Nach israelitischem ↗Gesetz hatte der Angeklagte, im Gegensatz zu unserem Recht, seine Unschuld nachzuweisen. Zum Erweis einer Anklage ist die übereinstimmende Aussage von drei oder doch zwei Z.n unerläßlich (Dt 19, 15; Mt 18, 16; 1 Tim 5, 19 u. a.). Todesurteile dürfen auf die Aussage nur eines Z. hin nicht gefällt werden (Lv 35, 30). Das Zeugnis von Frauen u. Sklaven ist nicht rechtsgültig.

Auch Gott selber kann zum Z. angerufen werden: vom Unschuldigen (Pss u. Ib); als Bürge eines Abkommens (Gn 31, 50 u. a.), als Garant für einen Eid. Diese rechtlichen Grundsätze gelten in ntl. Zeit, beim Prozeß gegen Jesus (Mt 26, 59) u. Stephanus (Apg 6, 11).

be

Zeugnis, ein Begriff aus dem Prozeßrecht. Die Wahrheitsfindung hängt von der bezeugenden Aussage ab, darum muß das Z. wahr sein, unbeeinflußt u. ohne Hinterhalt (Ex 23, 1–3). Einer der Sätze des ↗Dekalogs (Ex 20, 26) verbietet in Namen u. Autorität Gottes das falsche Z. Wer falsches Z. gibt, verfällt der Strafe Gottes (Spr 9, 16 u. a.). Das ↗Gesetz, in dem Gott seinen Willen kundtut, ist Z. (Dt 6, 17 u. a.), darum wird auch das ↗Zelt, in dem die ↗Bundeslade mit den Tafeln aufbewahrt wurde, Zelt des Z. genannt (Ex 35, 22; 38, 31 u. ö.).

be

Zeugnis geben. a) Die ganze Schöpfung gibt Z. für den Schöpfer; wenn der Mensch die Welt recht gestaltet u. verwaltet, gibt er Z. für Gott. Dem ↗Volk Gottes als ganzem, nicht nur den ↗Propheten u. ↗Königen, ist der besondere Auftrag gegeben, Z. zu g. vor den Völkern, indem es dem ↗Bund gemäß lebt u. die ↗Großtaten Gottes verkündet.

b) Im NT verschiebt sich die Bedeutung des Begriffs. Die Urgemeinde erfährt, daß sie ihren Glauben bekennen muß vor den Mächtigen der Welt bis zur Hingabe des Lebens. Diese Erfahrung findet in Mt 10, 18 par ihren Niederschlag. Z. g. kann Martyrium (↗Martyrer) bedeuten.

c) Bei Joh kommt das Verb 30mal vor: Jesu Verkündigung ist Z. für den Vater (Joh 3, 11); der Vater gibt Z. für den Sohn durch die Werke, die er vollbringt (Joh 8, 15 u. a.); Johannes der Täufer (Joh 1, 7 u. a.), die Schrift (Joh 5, 39), der Geist (Joh 15, 26), die Jünger (Joh 15, 27), der Evangelist (Joh 21, 24), Geist, Wasser u. Blut (1 Joh 5, 6) geben Z. für Gottes Tat in Jesus Christus.

d) Alle Verkündigung des Ev., alle um Glauben werbende Missionsarbeit (Apg 22, 18) steht unter dem Auftrag, Z. zu g., d. h. öffentlich zu bekennen, was man gesehen u. gehört hat. Die zunächst Gerufenen sind die ↗Jünger als Augen- u.

Ohrenzeugen der Worte u. Taten Jesu u. seiner Auferweckung (Apg 2, 32 u. a.); doch gleich ihnen hat jeder Christ den Auftrag, Z. zu g. u. für das Ev. einzustehen, wenn es gefordert ist bis zur Hingabe des eigenen Lebens (Apg 22, 20).   be

Zidkija (hebr. Jahwe ist meine Gerechtigkeit) wurde nach der ersten Eroberung Jerusalems 597 v.C. von Nebukadnezar an Stelle des nach Babylon deportierten ↗Jojachin zum letzten König von Juda eingesetzt. Unter dem Druck der nationalen antibabylonischen Richtung u. gegen ↗Jeremia versuchte er, im Vertrauen auf ägyptische Hilfe, sich von Nebukadnezar zu lösen, worauf dieser 589 die Belagerung Jerusalems begann, das er 587 einnahm. Z. floh, wurde im Jordantal gefangen, nach Ribla gebracht, dort geblendet u. nach Babylon deportiert, wo er starb (2 Kg 25, 1–7).   ze

Zikkurat, stufenförmiger Tempelturm in Mesopotamien. Gn 11, 1–9 ist er Bild menschlicher Überheblichkeit gegen Gott. ↗Babel, Turmbau zu.

Zimbel oder Becken, ein Schlaginstrument, das aus zwei kupfernen Deckeln bestand. Sie wurden zur Begleitung des kultischen Tanzes rhythmisch aufeinandergeschlagen (2 Sm 6, 5; 1 Chr 15, 16. 19.28).   he

Zion, ursprünglich Bezeichnung des Südosthügels Jerusalems, auf dem die von David eroberte alte Jebusiterfestung lag u. der deshalb auch Davidsstadt hieß (2 Sm 5, 7). Als sich Jerusalem unter Salomo durch Residenz- u. Tempelbau auf den Nordosthügel ausdehnte, wurde der Tempelberg u. schließlich die ganze Stadt Z. genannt (2 Kg 19, 31; Ps 51, 20). – Z. ist der heilige Berg (Ps 2, 6; 48, 3; Js 31, 4), den Jahwe sich erwählt hat (Ps 78, 68) u. auf dem er wohnt (Ps 74, 2). In der prophetischen Verkündigung wird Z. zur Hauptstadt der messianischen Heilszeit (Js 2, 2–4; 4, 5; 10, 12; Joel 4, 16 f. 21) u. im NT zum Bild des himmlischen Jerusalem (Hebr 12, 22; vgl. Apk 14, 1).   we

Zisterne, eine im Fels ausgeschlagene oder auszementierte, meist birnenförmige Grube, die zum Auffangen von Regenwasser für die Trockenzeit diente (Dt 6, 11).   we

Zitat (zitieren). Innerhalb des AT ist der Prophetenspruch der Ort, wo dem zitierten Wort anderer Menschen eine besondere Bedeutung u. Funktion zukommt. In Anlehnung an das profane Prozeßverfahren verwendeten die ↗Propheten im begründenden Teil ihrer Unheilsankündigung Worte aus dem Mund der Angeschuldigten, um ihre Schuld vor Gott bloßzulegen; sie sollten gleichsam gegen sich selbst Anklage erheben. Somit ist im ↗Prophetenspruch der feste Ort des Z. die Entfaltung der Anklage.

Werden im NT atl. Stellen zitiert, um ihre Erfüllung am Schicksal Jesu u. der Kirche auszusagen, so vollzieht sich die Interpretation u. Deutung ihres geistigen Sinnes je unter dem Glaubenshorizont der Hagiographen.   pa

Zittern u. Zagen erfüllt den Menschen angesichts des drohend nahe hereinstehenden ↗Gerichtes Gottes. Wenn der endzeitliche Richter ansichtig werden wird, wird unter den Menschen Weinen u. Wehklagen ausbrechen. So schildern es durchweg die spätjüd. ↗Apokalypsen. Paulus übernimmt dieses Wort: „Mit Z. u. Z. wirket euer Heil! Aber Gott ist es, der in euch das Wollen u. Tun bewirkt nach seinem Wohlgefallen" (Phil 2, 12.13). Auch der Christ geht auf das Gericht zu. Deshalb muß er in vollem ↗Engagement an seinem Heil mitarbeiten (↗Mitarbeiter). Doch zugleich wird ihm Heil je geschenkt. Denn Gott allein ist Initiator u. Vollender des Heils. Das apokalyptische Bildwort Z. u. Z. meint den totalen Einsatz des Christen für das Neuwerden der Schöpfung Gottes.   gr

Zoll ist ein Wertbetrag, der von Passanten u. für mitgeführte Waren an festgesetzten Plätzen durch ↗Zöllner erhoben wird; denn die Römer setzten für die Benutzung des von ihnen unterhaltenen Straßennetzes einen Z. fest. Die Steuern u. der Z. wurden aber nicht vom römischen Staat eingezogen, sondern an Personen verpachtet, denen für eine bestimmte Zeit nach Vorauszahlung einer bestimmten Summe die Vereinnahmung der fälligen Zölle zustand. Diese Oberzöllner teilten ihren Bereich wiederum für einen vorher festgesetzten Betrag an Pächter auf, die dann wie

Levi (Mk 2, 14) an einem bestimmten Platz berechtigt waren, Z. einzuziehen. Dieses Pachtsystem ermöglichte die persönliche Bereicherung durch betrügerische Manipulation der Z.tarife.   do

Zöllner. Die Synopt. nennen Z. so oft (20mal) u. in allen Überlieferungsschichten, daß ein auffallendes Verhältnis Jesu zu den Z.n historisch gewiß ist (vgl. Mt 11, 19 par). Wegen willkürlicher Nutzung des Spielraums bei der Steuererhebung, Kollaboration mit der Besatzungsmacht u. „verunreinigendem" Umgang mit Heiden galten die Z. als „Sünder" (↗Zoll). Jesus nimmt ihre – wie aller sozial Deklassierten – Gemeinschaft an (Mk 2, 15 par) u. ruft einen aus ihnen (nach wahrscheinlicher Überlieferung Levi) in seine Nachfolge. Damit widerspricht er dem herrschenden Begriff gesetzlicher Heiligkeit u. macht die Liebe des Vaters, die jeden Menschen in seiner Situation erreicht, ansichtig in der Geschichte. Insofern der Z. sich (wie der ↗Arme u. das ↗Kind) auf diese Liebe bes. angewiesen weiß, ist er Vorbild der ↗Umkehr (Lk 18, 9 bis 14).   sm

Zorngericht. Das Phänomen göttlichen Zorns ist nur begreiflich, wenn es im Zusammenhang mit Gottes Heiligkeit u. Liebe gesehen wird, als Reaktion auf die Verletzung seines Heilswillens durch ↗Sünde u. ↗Bundesbruch. Gottes Zorn wird zum Gericht, doch als solches wiederum zum Ausdruck seiner erbarmenden Liebe, weil es die Menschen zur Umkehr ruft. Nach dem AT wirkt sich der ↗Zorn Gottes in Strafgerichten aus, die Israel wie die Völker treffen. Sintflut, Zerstörung Sodoms, Untergang des pharaonischen Heeres, die Plagen des Wüstenzuges gelten als Z.e Gottes. Die Propheten, für die sich die gesamte Geschichte Israels als einziger Abfall von Gott darstellt, deuten die nationalen Katastrophen, vor allem das Exil, als göttliche Z.e u. sehen in ihnen zugleich Vorherbilder der letzten Zornesoffenbarung Gottes im eschatologischen Gericht am Tag Jahwes, der ein „Tag des Zorns" sein wird. Im NT findet der Gedanke vom Z. Gottes als eschatologisches Ereignis seine Fortführung bei Johannes dem Täufer (Mt 3, 7) u. in der Apk, nach der das letzte Z. Gottes zum

endgültigen Sieg über die gottfeindlichen Mächte wird.   ba

Zorn Gottes. Sehr häufig spricht das AT vom Z. G., denn der Z. G. ist geradezu kennzeichnend für den heiligen u. eifernden Gott. Der Z. G. ist jedoch keineswegs eine zornige Aufwallung u. auch weit entfernt von einer Eigenschaft oder einem Affekt. Z. G. ist vielmehr die Antwort auf den ↗Ungehorsam des Menschen. Z. steht nicht im Widerspruch zur Gerechtigkeit, sondern ist Bezeichnung für das gerechte ↗Gericht Gottes. Der Z. G. richtet sich vor allem gegen Israel. Die Auserwählung des Volkes u. der Bund Gottes mit dem Volk garantieren ↗Israel gerade nicht die Sicherheit des Heils, sondern verpflichten es zur Bundestreue u. zum Gehorsam. Unerbittlich warnen die Propheten vor einem Murren gegen Gottes Führung, vor einem Abfall zu Götzen, vor dem Ungehorsam gegen die Gebote, der sich auch als ungerechtes Verhalten im sozialen, wirtschaftlichen u. politischen Bereich äußern kann. Der von vielen Israeliten als Freudentag erwartete Tag Gottes wird sich sonst als Tag des Z. gegen das eigene ungehorsame Volk wenden. Gott kann dabei sogar heidnische Völker als Werkzeuge seines Z. gebrauchen u. mit Krieg u. Verbannung sein Volk für den Bundesbruch bestrafen. Freilich, der Z. G. wird auch die Völker u. deren Herrscher treffen, denn Gott ist auch Herr über sie. Nach Am 2, 1 ff setzt Gott selbst über Recht u. Ordnung zwischen heidnischen Völkern. Die Propheten der exilischen u. nachexilischen Zeit sprechen vor allem vom Z. G. gegen die ↗Heiden. Ja der Z. G. wird nach späteren Vorstellungen die gesamte Gott ungehorsame Menschheit bedrohen u. über die ganze Erde gehen. Neben den innergeschichtlich sich vollziehenden Z. G. tritt dabei immer mehr die Vorstellung von einem Zorngericht am Ende dieser Zeit u. Welt. Nach spätjüd. apokalyptischem Verständnis trifft der Z. G. alle Gottlosen, die sich dem Gesetz Gottes nicht gebeugt haben. Auch die Rabbinen sprechen vom Z. G., obwohl der Ausdruck „Tag des Zorns" nur selten auf den Tag des gerechten Gerichtes Gottes angewandt wird.

Dem NT ist der Gedanke des Z. G. selbstverständlich. Z. G. ist Bezeichnung für das kommende Gericht Gottes. Keine Rede davon, daß im NT anstelle des Z. G. eine „billige" Liebe Gottes träte. In den Evv. findet sich jedoch der Begriff Z. G. nur selten. Nach Johannes dem Täufer vermag nur noch die ↗Umkehr vor dem drohenden Z. zu erretten. Im Munde ↗Jesu erscheint der Ausdruck Z. nur beim Hinweis auf die Zerstörung Jerusalems Lk 21, 23. Paulus dagegen spricht öfters vom Z. G. Doch nie malt er den Vollzug des Z. G. aus. Z. G. bedeutet jedoch auch nach Paulus das Jüngste Gericht. Am Ende der Zeit bringt der Tag des Z. die gerechte Strafe Gottes über alle Völker. Die ganze Menschheit lebt in Gottlosigkeit u. Ungerechtigkeit u. steht darum schon heute unter dem kommenden Gericht. Nur der ↗Glaube an das ↗Evangelium spricht gerecht u. vermag den Christen aus dem drohenden Vernichtungs- u. Zorngericht zu erretten. Nach Joh 3, 36 bleibt der Nichtglaubende unter dem Z. G., der Glaubende dagegen hat schon heute das Leben. In glühenden Farben spricht die Apk vom kommenden Z. G. Aus dem Becher des Z.weines G. wird getrunken werden am Tag des großen Z., der ein Tag des Z. des Lammes sein wird (Apk 14, 10; 3; 6, 16 f).   ma

Züchtigung. Als Erziehungsmittel wurde im AT neben Lehre, Mahnung u. Strafwort von den Eltern u. Weisheitslehrern vor allem die körperliche Z. angewandt. Ein Kind wurde gezüchtigt, damit es durch den körperlichen Schmerz zur Einsicht u. Reue gelangte (Spr 22, 15). Bildlich wird die Z. dem väterlichen Gott zugeschrieben, indem er den Menschen seiner Verschuldung wegen straft. Hier ist das Maß menschlichen Leides der göttlichen Z. entsprechend (Js 26, 16). Das heilsgeschichtliche Verständnis des AT sieht dann im Leid ein Zeichen der Liebe Gottes, der nur durch Besserung der Sünder dem auserwählten Volk seine Treue bewahren kann (Ps 94, 10 ff). Das Leid des Volkes wird somit aufgefaßt als heilsame Z. in der Hoffnung auf Vergebung.   la

Zuflucht. Das hebr. Wort meint eine auf steilem Fels gelegene, unangreifbare Fliehburg (Ps 61, 3 f neben „Fels"

u. „Turm") u. wird in den Pss gern als Bild auf ↗Jahwe angewandt: „Ein feste Burg ist unser Gott" (Ps 46, 2).   ur

Zukunft (Zukünftiges). Bibl. Denken ist auf Z. hin ausgerichtet. ↗Jahwe gibt Abraham die „Verheißung", er werde Stammvater eines großen Volkes sein (Gn 13, 16 u. a.). Oder Jahwe führt sein Volk aus Ägypten heraus u. verheißt ihm ein Land, das von Milch u. Honig fließt (Ex 2, 8). ↗Verheißung richtet den Blick des Menschen auf seine Z. Jahwe sagt sich dem Mose, u. damit seinem ganzen Volke zu als der, der dieses Volk führen u. begleiten wird: „ich werde mit dir sein" (Ex 3, 12). So bedeutet der ↗Name des Bundesgottes Jahwe: „Ich bin der, der mit euch sein wird" (Ex 3, 14). Jahwes Name, also sein Wesen, bedeutet für den Menschen Z., Geborgenheit, Geführtsein. Es ist das Wesen Jahwes, daß er dem Menschen Z. eröffnet. Auch die beiden bibl. Schöpfungsberichte reflektieren die Z. des Menschen. Das eine Mal beauftragt der Schöpfer die Menschen, die Tiere, die Pflanzen, die ganze Schöpfung zu benennen (Gn 2, 19). Wer Namen gibt, gibt den Benannten Sinn, Zweck u. Bestimmung. Das andere Mal werden die Menschen aufgefordert, fruchtbar zu sein, die Erde zu erfüllen u. unter ihre Herrschaft zu bekommen (Gn 1, 28). Es ist bleibende Aufgabe des Menschen, die Geheimnisse der Schöpfung zu ergründen, zu entfalten u. zu beherrschen. Die ↗Schöpfung entläßt die Welt in eine ungeahnte Z., sie entläßt vor allem die Menschen in eine freie u. erst jeweils zu schaffende Z. Von der Schöpfung her ist die Welt im Werden, von einem Ursprung her, auf eine Z. hin. Sie hat eine Herkunft u. eine Hinkunft; beides ist Gott: „aus ihm, durch ihn, auf ihn hin ist alles im Werden" (Röm 11, 36).

Fast für das ganze AT ist Z. etwas, das innerhalb der menschlichen Geschichte in Sicht ist, innerweltlich erwartet wird: das Gelobte Land, oder das Ende des Exils u. die Wiederherstellung des Reiches Israel, ein ↗Messias-König, ein neuerbautes Jerusalem, ein neuer Tempel u. ein neugeordneter Kult. Je ferner aber die Realisierungschancen des Erwarteten rücken, um so mehr rückt dieses Erwartete aus der ↗Geschichte hinaus, in ein zeitliches ↗Jenseits. Diese Tendenz zeichnet sich bereits in der späten Prophetie ab u. kommt in der spätjüd. ↗Apokalyptik vollends zum Tragen: Die Verheißungsgüter werden in ein zeitliches u. weltliches Jenseits verlegt. Das will im Grunde aber nur bedeuten, daß diese erwarteten Heilsgüter nicht in der Macht des Menschen liegen, daß sie vielmehr von Gott geschenkt werden müssen. Für die spätjüd.-apokalyptische Zeitvorstellung sind die Äonen charakteristisch: Es löst ein ↗Äon (Zeitraum) den anderen ab, eine unüberschaubare Kette von Äonen ist im Kommen. Es wird aber ein Äon erwartet, der letzte in dieser Äonenkette, der das Ende für die Welt u. die Menschen bedeuten wird: der „neue Äon". Mit dem Christusgeschehen ist dieser angebrochen, u. er lagert sich über den noch fortbestehenden alten Äon. Vergangenes, Gegenwärtiges u. Zukünftiges sind Mächte, die den Menschen beherrschen (Röm 8, 36). „Gegenwärtiges" u. „Zukünftiges" sind genau solche Mächte wie Tod u. Leben, aber sie alle vermögen die nicht mehr eigentlich zu beherrschen, die unter der Herrschaft Gottes u. seines Christus stehen (1 Kor 3, 22). Mit Christus kommt etwas Neues, Endgültiges u. Bleibendes auf die Menschenwelt zu; Christus ist das ↗„Urbild" dieses Zukommenden (Röm 5, 14), die Menschen werden ihn in ihrer Z. abbilden. Dieses Zukommende aber ist die ↗Zukunft Gottes. So gibt es in der christl. Botschaft bleibende u. echte Z., eine Z., die nicht in der menschlichen Geschichte aufgeht, die im letzten nicht von Menschen einholbar u. verfügbar ist. Z. im bibl. Sinn meint die ↗Unverfügbarkeit Gottes u. seines Kommens, aber auch die Grenze der menschlichen Selbstmanipulation. Freilich kommt die Z. Gottes nicht ohne das Zutun des Menschen (↗Mitarbeiter), sie aktiviert den Menschen vielmehr zum ↗Experiment seiner eigenen Z. Eingeholt werden die Z. Gottes u. die Z. des Menschen allein in der ↗Liebe, denn diese ist das Ende aller menschlichen ↗Zeit (Schlier).   gr

Zukunft Gottes. Die Welt u. die Menschen sind auf eine nahe hereinbre-chende ↗Zukunft hin unterwegs. Diese bringt erst das Vollkommene u. das Eigentliche (vgl. 1 Kor 13, 10). Sie macht die jetzige Weltzeit zu einer vorläufigen. Diese Zukunft ist nach den Aussagen des NT der ↗Herr ↗Jesus ↗Christus (Phil 4, 5), denn er kommt mit seinem „Tag" (↗Herrentag) auf die Menschenwelt zu (vgl. Röm 13, 12; 1 Thess 5, 2). Seit seiner Auferstehung ist er der Zukommende schlechthin; die Erwartung der Menschen richtet sich eigentlich auf ihn. Freilich ist sein „Tag" noch ausstehend, doch hat er schon begonnen, über der Welt aufzugehen. Er greift nach dieser aus u. bedrängt sie fortan ständig als ↗Nähe. Die Menschenwelt kommt schon in den Vorschein dieses „Tages" zu liegen, denn es gibt bereits Menschen, die diesem Tag zu- u. angehören (1 Thess 5, 8). Wo Jesus Christus mit seiner Zeit auf die Welt zukommt, dort kommt Gott selber auf seine Schöpfung zu. Die Herrschaft des Sohnes bereitet die Herrschaft des Vaters vor (1 Kor 15, 28).

Wo aber kommt Gott auf seine Schöpfung zu? Jeder Augenblick ist Chance der Z. G.; denn im endzeitlichen ↗„Jetzt", das Jesus Christus ist, ist Fülle der Zeit angekommen (Gal 4, 4) u. hat sich die Verheißung des Heilstages bereits erfüllt (2 Kor 6, 2). Wo sich Menschen frei entscheiden, gehen sie auf Gott zu. Keine Situation des Lebens ist neutral. Immer ist der Mensch vor die doppelte Möglichkeit gestellt, für Gott bereit zu sein oder sich vor ihm zu verschließen. Es lebt einer dann in Bereitung für Gott, wenn die ↗Liebe in ihm wächst u. auf andere Menschen weiterströmt; denn dann erwartet einer dessen „Ankunft" (1 Thess 3, 12 f; Phil 1, 9 f). In Jesus Christus hat Gott seine Liebe den Menschen eröffnet, und diese ist nun daran, die Welt zu einer neuen Schöpfung zu schaffen. Die sich von dieser Liebe formen lassen, vermögen bereits zu siegen über alle Bereiche u. Kräfte, die ihr Leben gefährden u. die gegen Gott stehen (Röm 8, 37). Sie ist der Ort der Z. G. In sie hinein ist menschliche ↗Zeit aufgehoben, u. wo sie ist, hat bereits Gottes endgültige Zeit begonnen. Wo Menschen wie Jesus ↗für andere dasein wollen, wo sie ihr

Leben als erlösendes ↗Kreuz annehmen, auf Auferstehung hin, dort kommt Gott auf seine Schöpfung zu. Z. G. ist einerseits die Botschaft, daß Welt u. Menschen auf ein bestimmtes Ziel hin unterwegs sind; sie birgt in sich den konkreten Anspruch an die Menschen, in schöpferischer ↗Hoffnung an der vorgegebenen Welt engagiert zu sein. Z. G. ist schließlich die Verheißung, daß nicht Tod u. Vergehen die letzten Wirklichkeiten sind, sondern daß es bleibendes Menschsein u. gültiges Leben gibt, daß Gott einer werdenden Welt entgegenkommt.   gr

Zunge. „Tod u. Leben sind in der Hand der Z." (Spr 18, 21). Die Z. als das eigentliche Sprechorgan wird meist in ihrer Gefährlichkeit geschildert, ist sie doch das Werkzeug der häufigsten Sünden des Menschen. Gern wird sie mit einem scharfen Schwert verglichen. Die Weisheitsbücher kennen eine ganze Liste von Z.n-Sünden: falsches Zeugnis, Prahlerei, trügerische, glatte oder doppelte Z., auch die „dritte Z." (des Verleumders, Sir 28, 13). Nur Wachsamkeit über seine Z. kann vor dem Verderben bewahren (Sir 22, 27). Im NT steht Jak dieser typisch jüd. Tradition am nächsten (3, 1–13). Doch auch die positive Möglichkeit wird gesehen: die Z. zum Lobe Gottes zu gebrauchen (V. 9; vgl. Ps 66, 17). Als Sitz der Sprachengabe kann sie sogar in besonderer Weise vom ↗Geiste Gottes bewegt werden, der an Pfingsten in Gestalt feuriger Z.n auf die Apostel herabkam (Apg 2, 3 f). ↗Verzückung, ↗Glossolalie.   ur

Zwei meint oft „einige" (Nm 9, 22; Mt 18, 20). Häufig bedeutet die Z.zahl Gegensatz u. Ergänzung (vgl. Himmel–Erde, Licht–Finsternis, Gn 1; zwei Gesetzestafeln, Ex 31, 18; zwei Zeugen, Dt 19, 15; zwei Jünger, Mk 6, 7).   he

Zweifel. Der Z. als die Haltung des Ja-Aber, als Geteilt- u. Zerspaltensein, als Verlust des gläubigen Ein-falt des ↗Herzens, findet erst im NT (angesichts der unbedingten Verheißung u. Glaubensforderung) besondere Aufmerksamkeit. Der Z. ist keine Sache des reflektierenden Verstandes, sondern des Gebetes u. der Handlung, u. zwar deren Lähmung. Der Z. steht im Widerspruch zum Berge versetzenden (Mk 11, 22 f) oder über

das Wasser tragenden (Mt 14, 31) ↗Glauben. Der Z., der sich in den Falten des Herzens als Furcht, Sorge, Mißtrauen, Ängstlichkeit (vgl. dagegen Mt 6, 19 ff.25 ff u. a.) u. Kleinglaube einnistet, lähmt ↗Hoffnung u. Zuversicht, damit auch das Tun der ↗Liebe. Der Zweifler ist zwiespältig, haltlos, unbeständig, lügnerisch, streitsüchtig, hochmütig, er verkörpert Unmenschlichkeit (Jak). ↗kleingläubig.   pe

Zweiquellentheorie, bestbegründete Hypothese, um den Entstehungsprozeß der drei synopt. Evv. zu erhellen u. ihre gegenseitige Übereinstimmung wie Verschiedenheit zu erklären. Danach ist Mk das älteste Ev.; Mt u. Lk sind von Mk abhängig u. benutzten außerdem die sog. Logienquelle, die vorwiegend Herrenworte enthielt. Sie ist nicht erhalten u. kann nur aus Mt u. Lk erschlossen werden. ↗Synopt. Frage.   ba

Zwischenmenschliches Verhältnis. Das moderne Denken hat seit der Mitte des 19. Jh. immer mehr erkannt, wie entscheidend das z. V. für die Verwirklichung menschlicher Existenz ist. Der Mensch ist nie nur einzelner. Sondern er ist wesentlich dadurch Mensch, daß er in einem Verhältnis zum Mitmenschen steht. Jedoch ist diese Erkenntnis nicht nur bereits im AT angelegt, sondern sie ist sogar eine der Grundthemen bibl. Verkündigung. Denn der Mensch ist nach Gn 2, 19–20 zunächst einmal dadurch ↗Ebenbild Gottes, daß er als *sprechendes Wesen* erschaffen ist. Das bedeutet, daß er allen Dingen ihren ↗Namen geben kann. Das bedeutet aber ebenso, daß er den ↗Mitmenschen, das menschliche „Gegenüber" sucht, mit dem er sprechen kann, ja sprechen muß. Und es bedeutet schließlich, daß er von Gott angerufen (Gn 3, 9), beim Namen gerufen (Ex 33, 12) ist u. Gott antworten muß. Diese drei Verhältnisse der Verantwortung vollziehen sich jedoch nicht unabhängig voneinander. Vielmehr verwirklicht sich die Verantwortung dem Schöpfer gegenüber gerade so, daß dadurch das z. V. aus der Verstellung u. Verfremdung (↗Sünde) heraus in das ↗Heil gebracht wird. Die ↗„Herrschaft Gottes" wird geschichtlich wirklich dadurch, daß der Mensch den Menschen nicht mehr un-

terdrückt u. negiert, sondern Gerechtigkeit u. Friede zwischen den Menschen
einkehren (Js 1, 27; 2, 2–5; 26, 9; Jr 23, 5;
31, 23; Sach 7, 9–10; 8, 16–17). Das Gebot der Nächstenliebe (↗Nächster), das
darauf ausgeht, daß der Mensch im anderen Menschen den sieht, der „ihm
gleich" ist, findet sich schon Lv 19, 18.
Und die prophetische Verkündigung
weiß darum, daß Gott nicht durch den
isolierten ↗Kult verehrt wird, sondern
wahrhaft erst dadurch, daß Menschen
ihr Verhältnis zueinander in Ordnung
bringen (vgl. Js 1, 11–17; 58, 1–9; Am 5,
21 ff). Das z. V. wird so zum Prüfstein
für die wahre Religiosität. – Die Verkündigung Jesu verstärkt diesen Zug
noch u. führt ihn zur Vollendung. Die
Menschen „seiner Gnade" (Lk 2, 14), die
durch Jesus in die Herrschaft Gottes geraten, zeichnen sich dadurch aus, daß für
sie das ganze Gesetz u. die Propheten
an dem einen Gebot der Gottes- u.
Nächstenliebe hängt (Mt 22, 40). Das
z. V. wird so zum Kriterium für die
↗Nachfolge Jesu schlechthin. Wie denn
auch im Gerichte offenbar werden wird,
daß in der Begegnung mit dem Mitmenschen die Begegnung mit Jesus
vollzog (Mt 25, 40). Jesus selbst versteht
sein Sterben als Hingabe für die Vielen
(Mk 10, 45; Joh 15, 13). Durch diese
Hingabe aber, die der Vater in den Sieg
der Auferstehung führte, werden die
Glaubenden zu einer „neuen Schöpfung" (2 Kor 5, 17). Diese zeigt sich aber
gerade darin, daß das z. V. zwischen
den Glaubenden untereinander u. zwischen den Glaubenden u. anderen Menschen ein Verhältnis der Liebe, der
Güte, der Gerechtigkeit u. des Friedens
(vgl. Gal 5, 22; Eph 5, 9) ist bzw. immer
neu wird. Denn auch in dem durch
Christus eröffneten Äon muß gegen
den „Mörder von Anbeginn" (Joh 8, 22),
die Macht „des Bösen" (1 Joh 2, 13),
welche den Menschen dazu verführt,
den Mitmenschen zu unterjochen u. zu
verneinen, das heile z. V. immer neu

errungen werden. Jedoch konkretisiert
sich hier so grundlegend wie nirgends
sonst das in Jesus geschenkte Vermögen,
in die Herrschaft Gottes einzutreten. –
In dem Maß, in dem in der technischen
Zivilisation die z. V.se bedeutungsvoller
u. für das Weiterbestehen der menschlichen Welt entscheidender werden,
sind die Glaubenden berufen, gerade in
diesem fundamentalen Daseinsbereich
Zeugnis für das Ev. abzulegen. Wie sich
die Offenbarung wesenhaft in ↗Sprache,
d. h. im Medium der zwischenmenschlichen Kommunikation ereignet, so muß
sich auch die Verkündigung wesenhaft
in dem konkreten z. V. vollziehen.   ca

Zwölf ist die Zahl der Fülle u. Vollendung, vielleicht auf Grund der Einteilung des Jahres in 12 Monate. Das atl.
Gottesvolk ist in 12 Stämmen zusammengefaßt (Gn 49; Nm 26, 5–51); das
ntl. Gottesvolk repräsentieren 12 ↗Apo-
stel, oft einfach „die Z." genannt (Mk 3,
14 ff; 1 Kor 15, 5). Das neue Jerusalem
hat 12 Tore (Ez 48, 31–35; Apk 21, 12.21).
Gelegentlich ist Z. eine größere runde
Zahl (Mt 14, 20; Mk 5, 25; Apg 19, 7).
                                        he

Zwölfprophetenbuch heißt die Sammlung der zwölf Prophetenschriften Hos–
Mal. Es entstand in langer Geschichte:
Zunächst faßte man die Überlieferungen
der einzelnen Propheten zu Büchern u.
diese zu kleineren Sammlungen zusammen, für die frühen Propheten wohl in
der Zeit des Exils. Nach u. nach kamen
die übrigen Schriften hinzu, bis nach
mehrfacher Bearbeitung wohl im 3. Jh.
v.C. das eine Buch „der zwölf Propheten" (Sir 49, 10) in heutiger Gestalt vorlag. Seit Augustin u. Vg heißen die Autoren des Z. „Kleine Propheten", weil
ihre Schriften – im Unterschied zu denen
der „Großen Propheten" – auf einer
einzigen Schriftrolle Platz fanden. Diese
Bezeichnung bezieht sich also nur auf
den Umfang der Texte. An Bedeutung
stehen die meisten Kleinen Propheten
den „Großen Propheten" nicht nach. he

AUSGEWÄHLTE LITERATUR
Zusammengestellt von Hildegard Gollinger

I. ALTES TESTAMENT

1. Einleitung in das Alte Testament

Robert, A. – Feuillet, A. (Hrsg.), Einleitung in die Heilige Schrift, 1. Teil, Wien - Freiburg i. Br. - Basel 1963.
Eißfeldt, O., Einleitung in das Alte Testament. Tübingen ⁴1976.
Arenhoevel, D., So wurde Bibel. Ein Sachbuch zum Alten Testament. Stuttgart 1974.
Trutwin, W., Erinnerung und Hoffnung. Düsseldorf ²1972.

2. Theologie des AT

Deissler, A., Die Grundbotschaft des Alten Testaments. Freiburg i. Br. ⁴1974.
Goldmann, Ch., Ursprungssituationen biblischen Glaubens. Göttingen ²1975.
Schreiner, J. (Hrsg.), Wort und Botschaft des Alten Testaments. Würzburg ²1970.
Rad, G. v., Theologie des Alten Testaments. München I ⁶1969; II ⁵1968.
Wolff, H. W., Anthropologie des Alten Testaments. München 1973.
Zimmerli, W., Grundriß der alttestamentlichen Theologie. Stuttgart 1972.

3. Geschichte Israels und des AT

Ehrlich, E. L., Geschichte Israels. Sammlung Göschen 231/231a. Berlin 1970.
Gunneweg, A. H. J., Geschichte Israels bis Bar Kochba. Stuttgart 1972.
Herrmann, S., Geschichte Israels in alttestamentlicher Zeit. München 1973.
Vaux, R. de, Das Alte Testament und seine Lebensordnungen. I/II, Freiburg i. Br. - Basel - Wien ²1964/²66.
Avi-Yonah, M. (Hrsg.), Geschichte des Heiligen Landes. Wiesbaden 1969.
Kollek, T. – Pearlman, M., Jerusalem. Seine Geschichte in vier Jahrtausenden. Frankfurt 1969.
Lessing, E., Die Bibel. Die Geschichte Israels und seines Glaubens in Bildern erzählt. Freiburg i. Br. 1969.
Yadin, Y., Hazor. Die Wiederentdeckung der Zitadelle König Salomos. Hamburg 1976.
Yadin, Y., Bar Kochba. Hamburg 1971.
Yadin, Y., Masada. Hamburg ⁶1975.

4. Lexika und Hilfsmittel zum Verständnis des AT

Bibellexikon, hrsg. von H. Haag. Einsiedeln - Zürich - Köln ²1968.
Bibeltheologisches Wörterbuch, hrsg. von J. B. Bauer. I/II. Graz - Wien - Köln ³1968.
Biblisch-historisches Handwörterbuch, hrsg. von Bo Reicke und L. Rost. I–III. Göttingen 1962–67.
Koehler, L. – Baumgartner, W., Lexikon in Veteris Testamenti libros. Leiden ²1958.
Lisowski, G., Konkordanz zum hebräischen Alten Testament. Stuttgart 1958.
Praktisches Bibelhandbuch, Wortkonkordanz, hrsg. vom Kath. Bibelwerk. Stuttgart ⁸1962.

Theologisches Wörterbuch zum AT. Hrsg. von G. J. Botterweck u. H. Ringgren. Stuttgart 1973 ff.

5. Kommentarreihen

Die Bibel. Deutsche Ausgabe mit den Erläuterungen der Jerusalemer Bibel, hrsg. von D. Arenhoevel, A. Deissler, A. Vögtle. Freiburg i. Br. [11]1977.
Handbuch zum Alten Testament, hrsg. von O. Eißfeldt, Tübingen 1937 ff.
Das Alte Testament Deutsch, hrsg. von V. Herntrich und A. Weiser, Göttingen 1949 ff.
Die Heilige Schrift in deutscher Übersetzung. Echter-Bibel. Das Alte Testament. Hrsg. von F. Nötscher, neubearb. I–V, Würzburg 1955–60.
Biblischer Kommentar, Altes Testament, hrsg. von M. Noth, Neukirchen 1956 ff.
Kommentar zum Alten Testament, hrsg. von E. Sellin, Leipzig 1917–39; neu hrsg. von W. Rudolph, Gütersloh 1962 ff.
Stuttgarter Kleiner Kommentar, Altes Testament. Stuttgart 1970 ff.

6. Zeitschriften

Bibel und Kirche, Stuttgart 1946 ff.
Bibel und Liturgie, Klosterneuburg 1926 ff.
Biblica, Roma 1920 ff.
Biblische Zeitschrift, Freiburg i. Br. 1903; Paderborn 1931–39; 1957 ff.
Internationale Zeitschriftenschau für Bibelwissenschaft und Grenzgebiete, Stuttgart 1952 f; Düsseldorf 1954 ff.
Journal of Biblical Literature, Philadelphia (Penn.) 1881 ff.
Revue Bibliqque, Paris 1892 ff; Nouvelle Série 1904 ff.
The Catholic Biblical Quaterly, Washington 1939 ff.
Vetus Testamentum, Leiden 1951 ff.
Zeitschrift für die alttestamentliche Wissenschaft, Gießen 1881 ff; Berlin 1934 ff.

7. Serien

Alttestamentliche Abhandlungen, Münster 1908 ff.
Bonner Biblische Beiträge, Bonn 1950 ff.
Forschungen zur Literatur des Alten und Neuen Testamentes, Göttingen 1903 ff.
Studien zum Alten und Neuen Testament, München 1960 ff.
Stuttgarter Bibelstudien, Stuttgart 1965 ff.
Die Welt der Bibel (Kleinkommentare zur Heiligen Schrift), Düsseldorf 1958 ff.

II. NEUES TESTAMENT

1. Einleitungen

Kümmel, W. G., Einleitung in das Neue Testament. Heidelberg 1973.
Wikenhauser, A. – Schmid, J., Einleitung in das Neue Testament. Freiburg i. Br. [6]1973.
Vögtle, A., Das NT und die neuere kath. Exegese. Freiburg i. Br. [3]1967.

2. Lexika (vgl. Altes Testament)

Theologisches Wörterbuch zum Neuen Testament, hrsg. von G. Kittel, fortgesetzt von G. Friedrich. Stuttgart 1933 ff.

Bauer, W., Griechisch-deutsches Wörterbuch zu den Schriften des Neuen Testamentes und der übrigen urchristlichen Literatur. Berlin ⁵1958.

Richter, G., Deutsches Wörterbuch zum Neuen Testament (Registerband zum Regensburger Neuen Testament). Regensburg 1962.

Die Religion in Geschichte und Gegenwart, hrsg. von K. Galling. Göttingen ³1957–63.

Léon-Dufour, L., Wörterbuch zur biblischen Botschaft (dt.). Freiburg i. Br. - Basel - Wien 1964.

Coenen, L. – Beyreuther, E. – Bietenhard, H., Theologisches Begriffslexikon zum NT. Wuppertal 1965 ff.

Kleines Stuttgarter Bibellexikon. Stuttgart 1969.

3. Hilfsmittel zum Verständnis des NT

Huck, A. – Lietzmann, H., Synopse der ersten drei Evangelien. Tübingen 1950.

Schmid, J., Synopse der ersten drei Evangelien. Regensburg 1956.

Bultmann, R., Die Geschichte der synoptischen Tradition. Göttingen ⁸1970.

Dibelius, M., Die Formgeschichte des Evangeliums. Tübingen ⁶1971.

Schmoller, A., Handkonkordanz zum griechischen Neuen Testament. Stuttgart ¹²1960.

Blaß, F. – Debrunner, A., Grammatik des neutestamentlichen Griechischen. Göttingen ¹³1970.

Westermann, C., Abriß der Bibelkunde. Altes und Neues Testament. Fischer Bücherei 935.

Rienecker, F., Sprachlicher Schlüssel zum griechischen Neuen Testament. Gießen - Basel ¹⁴1974.

Aland, K., Synopsis quattuor Evangeliorum. Stuttgart ⁶1969.

Zürcher Evangelien-Synopse, hrsg. von C. H. Peisker. Wuppertal ¹³1973.

Patmos-Synopse, hrsg. von F. J. Schierse. Düsseldorf 1977.

4. Umwelt des NT

Dommershausen, W., Die Umwelt Jesu. Politik und Kultur in ntl. Zeit. Freiburg i. Br. 1977.

Hengel, M., Judentum und Hellenismus. Tübingen ²1973.

Herford, R. T., Die Pharisäer. Köln 1961.

Eckert, W. P. – Henrix, H. H. (Hrsg.), Jesu Jude-Sein als Zugang zum Judentum. Aachen 1976.

Maier, J. – Schreiner, J. (Hrsg.), Literatur und Religion des Frühjudentums. Würzburg – Gütersloh 1973.

Maier, J. – Schubert, K., Die Qumran-Essener. UTB 224. München – Basel 1973.

5. Theologie des NT

Bultmann, R., Theologie des Neuen Testaments. Tübingen ⁷1976.

Conzelmann, H., Grundriß der Theologie des Neuen Testaments. München ³1976.

Schreiner, J. – Dautzenberg, G. (Hrsg.), Gestalt und Anspruch des Neuen Testaments. Würzburg 1969.

Schnackenburg, R., Christliche Existenz nach dem Neuen Testament. I/II München 1967/68.

Schelkle, K. H., Theologie des Neuen Testaments. I–III. Düsseldorf 1968–73.

Vögtle, A., Das Neue Testament und die Zukunft des Kosmos. Düsseldorf 1970.

Vögtle, A., Das Evangelium und die Evangelien. Düsseldorf 1971.

6. Kommentarreihen

Das Neue Testament Deutsch. Neues Göttinger Bibelwerk, hrsg. von G. Friedrich. Neubearbeitung Göttingen 1970 ff.

Evangelisch-Katholischer Kommentar zum Neuen Testament. Zürich – Neukirchen-Vluyn 1975 ff.

Geistliche Schriftlesung. Erläuterungen zum Neuen Testament, hrsg. von W. Trilling. Düsseldorf 1961 ff.

Handbuch zum Neuen Testament, begründet von H. Lietzmann, fortgesetzt von G. Bornkamm, Tübingen 1906 ff.

Herders Theologischer Kommentar zum Neuen Testament, hrsg. von A. Wikenhauser †, A. Vögtle, R. Schnackenburg. Freiburg i. Br. 1953 ff.

Kritisch-exegetischer Kommentar über das Neue Testament, begr. von H. A. Meyer 1832 ff, seither in immer neuen Bearbeitungen und Auflagen.

Theologischer Handkommentar zum Neuen Testament. Neu hrsg. von E. Fascher. Berlin 1957 ff.

Regensburger Neues Testament, hrsg. von O. Kuss. Regensburg 1938 ff.

6. Einzelstudien

Berger, K., Die Gesetzesauslegung Jesu in der synoptischen Tradition und ihr Hintergrund im Alten Testament und im Judentum. Neukirchen-Vluyn 1972.

Blank, J., Paulus und Jesus. München 1968.

Blank, J., Jesus von Nazareth. Freiburg i. Br. ⁴1975.

Bultmann, R., Jesus. Siebenstern-Tb. 17.

Brocke, M. – Petuchowski, J. J. – Strolz, W. (Hrsg.), Das Vaterunser. Freiburg i. Br. 1974.

Dexinger, F. u. a. (Hrsg.), Ist Adam an allem schuld? Erbsünde oder Sündenverflochtenheit? Innsbruck 1971.

Fiedler, P., Jesus und die Sünder. Frankfurt - Bern 1976.

Fiedler, P. – Zeller, D., Gegenwart und kommendes Reich. Stuttgart 1975.

Goldschmidt, H. L. – Limbeck, M., Heilvoller Verrat? Judas im Neuen Testament. Stuttgart 1976.

Grabner-Haider, A., Paraklese und Eschatologie bei Paulus. Münster 1968.

Greshake, G. – Lohfink, G., Naherwartung – Auferstehung – Unsterblichkeit. QD 71. Freiburg i. Br. 1975.

Haag, H., Teufelsglaube. Tübingen 1974.

Hahn, F., Christologische Hoheitstitel. Göttingen ⁴1974.

Hoffmann, P. (Hrsg.), Orientierung an Jesus. Zur Theologie der Synoptiker. Freiburg i. Br. 1973.

Kertelge, K., Die Wunder Jesu im Markusevangelium. München 1970.

Kertelge, K., Rechtfertigung bei Paulus. Münster 1967.

Kertelge, K. (Hrsg.), Der Tod Jesu. Deutungen im Neuen Testament. QD 74. Freiburg i. Br. 1976.

Kertelge, K. (Hrsg.), Rückfrage nach Jesus. QD 63. Freiburg i. Br. 1974.

Kremer, J., Die Osterevangelien – Geschichten um Geschichte. Stuttgart 1977.

Kuss, O., Paulus. Regensburg 1971.

Pesch, R., Naherwartungen. Tradition und Redaktion in Mk 13. Düsseldorf 1968.

Pesch, R. – Kratz, M., So liest man synoptisch. Frankfurt 1976.

Pesch, R. – Schnackenburg, R. (Hrsg.), Jesus und der Menschensohn. Freiburg i. Br. 1975.

Scheffczyk, L. (Hrsg.), Erlösung und Emanzipation. QD 61. Freiburg i. Br. 1973.

Schilson, A. – Kasper, W., Christologie im Präsens. Freiburg i. Br. ²1976.

Schürmann, H., Jesu ureigener Tod, Freiburg i. Br. ²1976.

Speidel, K. A., Das Urteil des Pilatus. Stuttgart 1976.

Weiser, A., Was die Bibel Wunder nennt. Stuttgart 1975.

7. Zeitschriften

New Testament Abstracts. Weston (Mass.) 1956 ff.

Novum Testamentum. An international Quarterly for NT and related Studies. Leiden 1956 ff.

Theologische Rundschau. Tübingen 1897 ff.

Verbum Domini. Roma 1921 ff.
Zeitschrift für die Neutestamentliche Wissenschaft und die Kunde der alten Kirche. Gießen und Berlin 1900 ff.
Zeitschrift für Theologie und Kirche. Tübingen 1891 ff.
Freiburger Rundbrief. Beiträge zur christl.-jüd. Begegnung. Freiburg i. Br. 1949 ff.

8. Reihen

Abhandlungen zur Theologie des Alten und Neuen Testaments. Basel - Zürich 1942 ff.
Neutestamentliche Abhandlungen. Münster 1909 ff.
Neutestamentliche Forschungen. Gütersloh 1923 ff.
Untersuchungen zum Neuen Testament. Leipzig 1912 ff.
Wissenschaftliche Untersuchungen zum Neuen Testament. Tübingen 1950 ff.
Wissenschaftliche Monographien zum Alten und Neuen Testament. Neukirchen 1959 ff.

III. HERMENEUTIK

Frör, K., Wege zur Schriftauslegung. Biblische Hermeneutik für Unterricht und Predigt. Düsseldorf 1966. Kath. Lizenzausgabe.
Fuchs, E., Hermeneutik. Bad Cannstatt ³1963.
Léon-Dufour, X. (Hrsg.), Exegese im Methodenkonflikt. München 1973.
Lohfink, G., Jetzt verstehe ich die Bibel. Stuttgart ⁴1975.
Marlé, R., Das theologische Problem der Hermeneutik. Mainz 1965.
Mildenberger, F., Gottes Tat im Wort. Erwägungen zur alttestamentlichen Hermeneutik als Frage nach der Einheit der Testamente. Gütersloh 1964.
Miskotte, K. H., Wenn die Götter schweigen. Vom Sinn des Alten Testaments. München 1964.
Robinson, J. M. – Cobb, J. B., Die neue Hermeneutik. Zürich – Stuttgart 1965.
Schreiner, J. (Hrsg.), Einführung in die Methoden der biblischen Exegese. Würzburg 1971.
Werkstatt Bibelauslegung. Stuttgart 1976.
Zimmermann, H., Neutestamentliche Methodenlehre. Stuttgart ⁴1974.

IV. BIBLISCHE VERKÜNDIGUNG

Baldermann, I., Der biblische Unterricht. Braunschweig 1969.
Grabner-Haider, A., Verkündigung als Einladung. Mainz 1969.
Halbfas, H., Fundamentalkatechetik. Düsseldorf ³1970.
Kamphaus, F., Von der Exegese zur Predigt. Mainz 1968.
Langer, W., Praxis des Bibelunterrichts. Stuttgart - München 1975.
Linnemann, E., Gleichnisse Jesu. Göttingen ⁶1975.
Nastainczyk, W., Biblische Unterweisung zwischen gestern und morgen. Freiburg i. Br. 1971.
Sorger, K. H., Gleichnisse im Unterricht. Essen 1972.

ZEITTAFEL

Erstellt von Annemarie Ohler

Vorbemerkung

Die zweite Spalte (nach den Jahreszahlen) nennt Ereignisse der allgemeinen, die dritte Ereignisse der biblischen Geschichte. In der vierten Spalte sind Bibelstellen angegeben, die auf diese Ereignisse Bezug nehmen; in der fünften wird die Entstehungsgeschichte der biblischen Bücher skizziert. Für diese Spalte sind die Zeitangaben nie punktförmig zu verstehen. Die biblischen Bücher sind fast alle Textsammlungen, die über längere Zeitabschnitte hinweg nach und nach zusammengestellt werden. Meist ist die Zeit der Endredaktion angegeben – bei den Propheten allerdings der Anfang der Entstehung der Bücher, die Zeit der Predigt des Propheten.

um 1850	Mesopotamische Epen von der Schöpfung u. der Sintflut (Enuma elisch; Gilgamesch) Hyksos in Ägypten		
	Wanderung Abrahams von Haran nach Kanaan	Gn 12	Mündliche Überlieferung in Familie, Kult, Stamm o. ä.
um 1700	Ansiedlung Israels in Ägypten	Gn 37 ff	
um 1250	Auszug aus Ägypten	Ex	Älteste Gesetze (z. B. Ex 20, 22 f)
um 1200	Einwanderung in Kanaan	Jos	Mündliche Weitergabe der Patriarchen-, Mose- u. a. Erzählzyklen
um 1200–1010	Die Zeit der Richter; Saul	Ri; 1 Sm	Älteste Dichtungen (z. B. Ri 5)
um 1010–970	David, Vereinigung des Königtums über Israel u. Juda u. Jerusalem	2 Sm – 1 Kg 2	Königliche Schreiberschulen: Königsannalen (Anfänge der Geschichtsschreibung) u. Übernahme der Weisheit; kult. Lieder (Anfänge der Psalmen)
um 970–931	Salomo, Tempelbau	1 Kg 3–11	Geschichte der Thronfolge Davids (2 Sm 10 – 1 Kg 2); Jahwist
um 931	Spaltung des Reiches Im Nordreich Heiligtümer neben Jerusalem	1 Kg 12 ff	Weitere Entstehung von Psalmen, Gesetzessammlungen, Weisheitsliteratur, Geschichtsschreibung in Jerusalem

Datum	Ereignis	Stelle	Literatur
874–853	Baalskult im Nordreich unter Achab; Elija; Elischa	1 Kg 17 ff	Sammlung der Elija-Elischa-Zyklen u. a. geschichtl. Stoffe; Elohist;
841	Assyrien macht das Nordreich tributpflichtig / Jehu gegen den Baalskult	2 Kg 10	
783–745	Schwäche Assyriens / Blüte des Nordreiches	2 Kg 14 / Am; Os	Amos; Hosea; Prophet. Einfluß auf das Gesetz – Vorbereitung von Dt im Nordreich
um 740	Assur erhält Tribut vom Nordreich	2 Kg 15, 19	Jesaja; Micha im Südreich
734	Israel u. Aram gegen Juda / Assur hilft Juda gegen Israel u. Aram	2 Kg 15, 29 / Js 7	
721	Assur erobert das Nordreich, deportiert die Bevölkerung	2 Kg 17	
701	Assur vor Jerusalem – Plötzlicher Rückzug	2 Kg 18 f / Js 8, 5 ff	Weiterführung der Weisheits-literatur (vgl. Spr 25, 1)
um 625	Religiöse Reform im Geiste des Deuteronomium	2 Kg 22 f	Zeph; Jr; Nah; Hab / Vereinigung von Jahwist und Elohist, Dt; Jos; Ri; Sm; Kg
586	Nebukadnezar erobert Jerusalem; Babylonische Gefangenschaft	2 Kg 24; Jr 39 f	Ez; Anfänge der Priesterschrift Deuterojesaja
539	Der Perser Cyrus erobert Babylon		
538	Ein Edikt des Cyrus erlaubt die Rückkehr	Esr 5, 14	
520–515	Wiederaufbau des Tempels, Erneuerung des Kultes	Esr 6, 15 / Hag 5, 16	Hag; Js 56 ff; Sach Psalmensammlungen
um 450	Mission des Esra, Erneuerung des Gesetzes (? evtl. 398)	Esr 7 ff	Spr; Ijob; Hl; Rut / Weiterbildung der Priesterschrift
445–443	Mission des Nehemia, Wiederaufbau Jerusalems	Neh	Mal; Abd; Joel; das chronistische Geschichtswerk; Pentateuch

333	Alexander erobert Syrien, Beginn des Hellenismus		
um 280	Theokrat. Verfassung im jüd. Staat, Herrschaft der Hohenpriester		Jon; Tob
			Entstehung der LXX in Ägypten; Prd; Est
um 180			Sir
168–142	Kämpfe der Makkabäer gegen Hellenisierung; Verfolgung der Juden	1 Makk 1 2 Makk 5 f Dn 11, 30 ff	Dn
um 100	Jüdische Sekten: Pharisäer, Sadduzäer, Qumran		1, 2 Makk
63	Der Römer Pompejus erobert Jerusalem		Jud; Weish
30 v.C. bis 14 n.C.	Augustus Kaiser in Rom	Lk 2, 1	
um 8–6 v.C.	Geburt Christi		
4 v.C. bis 39 n.C.	Herodes Antipas herrscht in Galiläa	Mt 14, 1 ff Lk 23, 7 ff	
26–36	Pontius Pilatus Landpfleger in Judäa	Lk 23	
27	15. Jahr der Regierung des Tiberius in Rom Johannes der Täufer; Beginn des öffentl. Wirkens Jesu	Lk 3, 1 f	
30	Tod Jesu; erstes Pfingsten der Kirche; Urgemeinde in Jerusalem	Joh 19, 31 Mt 26, 17 Apg 2	Anfang der mündl. Verkündigung der Auferstehung und des Wirkens Jesu
um 36/37	Tod des Stephanus; Zerstreuung der Urgemeinde; Bekehrung des Saulus	Apg 9	

			Erste Niederschriften des Evgl.s (z. B. der aramäi. Mt); Thess Phil; 1 Kor; Gal; 2 Kor; Röm
ab 43	Heidenchristl. Gemeinden; Missionsreisen des Paulus	Apg 13 ff	
um 50	Apostelkonzil	Apg 15 Gal 2	
54–68	Nero ist Kaiser in Rom		
61–63	Paulus gefangen in Rom		Kol; Eph
um 64	Christenverfolgung des Nero in Rom, Tod des Petrus		Mk
70	Nach der Eroberung des aufständischen Juda zerstört Titus Jerusalem		
nach 70			Mt; Lk; Apg
90–95	Christenverfolgungen unter Domitian		1–3 Joh; Apk
100–120			Joh